KURZLEHRBÜCHER

FÜR DAS JURISTISCHE STUDIUM

Wolff/Bachof/Stober

Verwaltungsrecht

Band 3

VERWALTUNGSRECHT

Band 3

EIN STUDIENBUCH

Begründet von

Dr. HANS J. WOLFF †
WEIL. O. PROFESSOR
AN DER UNIVERSITÄT
ZU MÜNSTER

Fortgeführt von

Dr. Dr. h.c. mult. OTTO BACHOF
EM. O. PROFESSOR
AN DER UNIVERSITÄT
TÜBINGEN

Neubearbeitet von

Dr. Dr. h.c. ROLF STOBER
O. PROFESSOR AN DER UNIVERSITÄT
HAMBURG

In Zusammenarbeit mit

Dr. WINFRIED KLUTH
O. PROFESSOR AN DER
MARTIN-LUTHER-
UNIVERSITÄT, HALLE
RICHTER DES
LANDESVERFASSUNGSGERICHTS
SACHSEN-ANHALT

und

Dr. MARTIN MÜLLER
PROFESSOR AN DER
FACHHOCHSCHULE
BRAUNSCHWEIG/WOLFENBÜTTEL

5. neubearbeitete Auflage

Verlag C. H. Beck München 2004

Verlag C. H. Beck im Internet:
beck.de

ISBN 3 406 31421 X

Wilhelmstraße 9, 80801 München
Druck und Bindung: Nomos Verlagsgesellschaft
In den Lissen 12, 76547 Sinzheim

Satz: Druckerei C. H. Beck Nördlingen
(Adresse wie Verlag)

Gedruckt auf säurefreiem, alterungsbeständigem Papier
(hergestellt aus chlorfrei gebleichtem Zellstoff)

Vorwort zur 5. Auflage

Nach wie vor konzentriert sich die 1956 begonnene dreibändige Darstellung auf eine systematische Entfaltung der Grundlagen und Grundprinzipien des Verwaltungsrechts unter Einbeziehung sämtlicher verwaltungsrelevanter Aspekte. Deshalb wendet sich dieses Lehrbuch nicht nur an Studierende und an die Wissenschaft, sondern auch an die Verwaltungs-, Anwalts- und Gerichtspraxis. Das Werk wird zur Zeit von *Jiawei Gao* in die chinesische Sprache und von *Antonio Francisco de Sousa* in die portugiesische Sprache übersetzt. Ein Band von *Jiawei Gao* ist bereits erschienen.

Während sich Band 1 mit den Grundlagen der Verwaltung, des Verwaltungsrechts und der Verwaltungsrechtswissenschaft befasst, behandelt Band 2 das Verwaltungshandeln, das Verwaltungsverfahren, die öffentlich-rechtlichen Ersatzleistungen und die öffentlichen Sachen.

Band 3 ist dem Organisationsrecht sowie dem Verwaltungskontrollrecht gewidmet, wobei sich das Organisationsrecht trotz aller Wandlungen soweit wie möglich an den wegweisenden Systematisierungen von Hans Julius Wolff orientiert. Die einzelnen Paragraphen des Bandes 3 wurden völlig neu bearbeitet und auf den Stand von Anfang 2003 gebracht. Zur besseren Erschließung des Buchinhalts wurde auch dieser Band mit Randnummern ausgestattet.

Mit dem Erscheinen des Bandes 3 als Abschlussband liegt erstmals die neue Konzeption des Wolff/Bachof/Stober komplett vor. Sie weicht sowohl aufbaumäßig als inhaltlich teilweise von den Vorauflagen unter der Federführung von Otto Bachof ab. Die Leser werden einzelne Abschnitte der früheren Bände II und III vermissen. Das gilt etwa für die Ausführungen zum Personalrecht oder zur Ordnungs- und Leistungsverwaltung, die den Rahmen einer allgemeinen Darstellung des Verwaltungsrechts sprengen würden. Insoweit wird auf Spezialabhandlungen verwiesen. Demgegenüber wird die Betonung auf neue Entwicklungen wie etwa das Verwaltungskooperations- und Verwaltungsprivatisierungsrecht gelegt. Mit der Neuordnung des Stoffes sind auch personelle Veränderungen verbunden, die bereits bei Band 2 sichtbar wurden. Den Löwenanteil des Bandes 3 hat mein Kollege Prof. *Dr. Winfried Kluth* (Martin-Luther-Universität Halle) und die Aktualisierung des Kapitels Anstaltsrecht mein Kollege Prof. *Dr. Martin Müller* (Fachhochschule Braunschweig/Wolfenbüttel) angefertigt. Die Verteilung der Bearbeitung auf mehrere Schultern war notwendig, um die Kontinuität und das wissenschaftliche Niveau des Werkes in einer Zeit zu gewährleisten, in der auch das Verwaltungsrecht immer weiter verfeinert und ausdifferenzierter wird. Beiden Autoren danke ich sehr herzlich für die

Vorwort

Bereitschaft zur Mitwirkung und zur Übernahme der schwierigen Publikationslast.

Die Autoren sind wiederum zahlreichen Helfern zu tiefem Dank verpflichtet. Ohne den tatkräftigen und unermüdlichen Einsatz vieler Mitarbeiterinnen und Mitarbeiter hätte das Buch nicht innerhalb eines noch vertretbaren Zeitraumes erscheinen können. Am Hamburger Lehrstuhl gilt der Dank an erster Stelle meiner Sekretärin *Angelika Ohm*, die die handgeschriebenen Überarbeitungen in eine druckfähige Form gebracht hat. In den Händen von Assessorin *Birte Steller* lag die schwierige und zeitraubende Redaktion der in Hamburg fertig gestellten Paragraphen. Bei ihr liefen sämtliche Vorgänge zusammen, die sie gekonnt koordinierte. Den ehemaligen wiss. Mitarbeitern *Dr. Gerrit Brauser-Jung* und *Dr. Meik Lange* ist für gelungene Entwürfe zu § 90 „Grundlagen der Beleihung" und zu § 90a „Grundlagen der Verwaltungshilfe" und der Inpflichtnahme zu danken. Der ehemalige wiss. Assistent *Dr. Daniel Frank* hat ebenso maßgeblich zu der Neubearbeitung des § 91 „Die privatrechtlich organisierte Verwaltung" beigetragen, wie der wiss. Mitarbeiter *Sven Eisenmenger,* der punktuelle Aktualisierungen vornahm.

Am Lehrstuhl in Halle haben der wiss. Assistent Privatdozent *Dr. Thosten Franz* zu § 96, der ehemalige wiss. Mitarbeiter *Olaf Jensch* zu §§ 99 und 100 Entwürfe erstellt. Zu weiteren Abschnitten haben die wiss. Mitarbeiter Assessor *Ferdinand Goltz* und *Jana Nuckelt*, L. L. M. occ. Entwürfe beigesteuert. Die wiss. Mitarbeiter *Ferdinand Goltz, Karsten Kujath, Markus Reinhard* und *Frank Rieger* waren an der Erstellung der Verzeichnisse sowie Korrekturen beteiligt. Die studentischen Hilfskräfte *Katharina Born* und *Susanna Much* waren bei der Literaturbeschaffung behilflich und zusammen mit Sekretärin *Helga Süß* mit den Korrekturarbeiten und dem Erstellen des Inhaltsverzeichnisses befasst. Ihnen allen gilt herzlicher Dank.

Hamburg, im November 2003 *Prof. Dr. Dr. h. c. mult. Rolf Stober*

Inhaltsverzeichnis

Neunter Teil. Grundlagen der Verwaltungsorganisation

Erster Abschnitt. Grundlagen und Grundbegriffe des Verwaltungsorganisationsrechts

Zweiter Abschnitt. Die einzelnen Organisationsformen der öffentlichen Verwaltung

Dritter Abschnitt. Kooperation mit Privaten und Privatisierung

Fünfter Abschnitt. Grundlagen des Rechts der funktionalen Selbstverwaltung

Sechster Abschnitt. Grundlagen der Verwaltungsorganisation der Europäischen Union

Zehnter Teil. Grundlagen der Verwaltungskontrolle

Erster Abschnitt. Allgemeines Verwaltungskontrollrecht

Zweiter Abschnitt. Selbstkontrolle und Datenschutzkontrolle

Abkürzungsverzeichnis

Zeitschriften sind, soweit nichts anderes vermerkt, nach Jahr und Seite bzw. Spalte zitiert. – Änderungen einzelner Bestimmungen der nachstehend genannten Gesetze sind nicht angegeben.

aA	anderer Ansicht
AaO	am angegebenen Ort
ÄAppO	Approbationsordnung für Ärzte idF der Bek. v. 14. 7. 1987 (BGBl. I, S. 1593), 21. 12. 1989 (BGBl. I, S. 2549)
AbfallG	Abfallgesetz
Abg.	Abgeordneter
AbgG	Gesetz zur Neuregelung der Rechtsverhältnisse der Mitglieder des Deutschen Bundestages idF der Bek. v. 21. 2. 1996
AbgO	Abgabenordnung
Abk.	Abkommen
ABl.	Amtsblatt
ABlEG	Amtsblatt der Europäischen Gemeinschaften (Ab 1 1 1968: Ausg. C. Mitteilungen und Bekanntmachungen; Ausg. L. Rechtsvorschriften)
Abs.	Absatz
AbsatzfondsG	Gesetz über die Errichtung eines zentralen Fonds zur Absatzförderung der Land-, Forst- und Ernährungswirtschaft (Absatzfondsgesetz) v. 26. 6. 1969 (BGBl. I, S. 635)
Abschn.	Abschnitt
AbwAG	Abwasserabgabengesetz id Bek. v. 6. 11. 1990 (BGBl. I, S. 2432)
AcP	Archiv für die civilistische Praxis (1818–1944; 1948/49 ff.; zitiert nach Band und Jahr)
aE	am Ende
AEG	Allgemeines Eisenbahngesetz (des Bundes) v. 27. 12. 1993
a. F.	alte Fassung
AFG	Bundesarbeitsförderungsgesetz v. 25. 6. 1969
AfK	Archiv für Kommunalwissenschaften
AfP	Archiv für Presserecht, Zeitschrift für Fragen des Presse-, Urheber- und Wettbewerbsrechts (seit 1952)
AFRG	Arbeitsförderungs-Reformgesetz
AFTA	Asean Free Trade Area
AG	Aktiengesellschaft, Ausführungsgesetz
AG	Die Aktiengesellschaft (Zeitschrift seit 1956)
AG VwGO	Ausführungsgesetz zur Verwaltungsgerichtsordnung
AGB	Allgemeine Geschäftsbedingungen
AGBG	Gesetz über die allgemeinen Geschäftsbedingungen
AgrarR	Agrarrecht (Zeitschrift seit 1971)
AK	Kommentar zum Grundgesetz für die Bundesrepublik Deutschland (Reihe Alternativkommentare), 2 Bände, 2. Aufl. 1989

AktG	Aktiengesetz v. 6. 9. 1965
AKP-Staaten	afrikanische-karibische-pazifische Staaten
allg.	allgemein, allgemeine
AllgVerwR	Allgemeines Verwaltungsrecht
a. M.	anderer Meinung
AMG	Arzneimittelgesetz v. 24. 8. 1976 (BGBl. I, S. 2445)
amtl.	amtliche
Anm.	Anmerkung
AO	Abgabenordnung v. 16. 3. 1976 (BGBl. I, S. 613) mit Änderungen
AOK	Allgemeine Ortskrankenkasse
AöR	Archiv des öffentlichen Rechts (seit 1886; bis 1910 Archiv für öffentliches Recht) (zitiert nach Band, Jahr und Seite)
APEC	Asean-Pacific-Economic-Cooperation
ArbGG	Bundesarbeitsgerichtsgesetz v. 2. 7. 1979
ArbZG	Arbeitszeitgesetz
ArbZRG	Gesetz zur Vereinheitlichung und Flexibilisierung des Arbeitszeitrechts
ARD	Arbeitsgemeinschaft der Rundfunkanstalten Deutschlands
arg	Argument
Art.	Artikel
AS	Amtliche Sammlung
ASEAN	Association of the Southeast Asean Nations
AsylVfG	Asylverfahrensgesetz idF der Bek. v. 27. 7. 1993
AT	Allgemeiner Teil
AtomG, auch AtG	Gesetz über die friedliche Verwendung der Kernenergie und den Schutz gegen ihre Gefahren (Atomgesetz) idF der Bek. v. 15. 7. 1985 (Sartorius 835)
AtVfV	Atomrechtliche Verfahrensverordnung
Aufl.	Auflage
AuslG	Bundesausländergesetz v. 9. 7. 1990
AuSM	Arbeits- und Sozialminister
AVB Elt V	Verordnung über Allgemeine Bedingungen für die Elektrizitätsversorgung von Tarifkunden
AVB Gas V	Verordnung über Allgemeine Bedingungen für die Gasversorgung von Tarifkunden
AVG	(Reichs-) Angestelltenversicherungsgesetz v. 1924 idF des Angestelltenversicherungs-Neuregelungsgesetzes v. 23. 2. 1957 (BGBl. I, S. 88)
AVO	Ausführungsverordnung
AVR	Archiv des Völkerrechts
AWD	Der Betriebsberater/Außenwirtschaftsdienst
AWG	Außenwirtschaftsgesetz
AWVO	Außenwirtschafts-Verordnung
BAA	Bundesanstalt für Arbeit in Nürnberg
Badura	P. Badura, Wirtschaftsverwaltungsrecht, in: Schmidt-Aßmann (Hg.), Besonderes Verwaltungsrecht, 10. Aufl. 1995, S. 201 ff.
BAföG	Bundesgesetz über individuelle Förderung der Ausbildung idF der Bek. v. 6. 6. 1983
BAG	Bundesarbeitsgericht in Erfurt/Kassel
BAKred	Bundesaufsichtsamt für das Kreditwesen
BAnz.	Bundesanzeiger (seit 1949)
BauGB	Baugesetzbuch v. 27. 8. 1997

BauGBMaßnG	Maßnahmengesetz zum Baugesetzbuch
BauNVO	Baunutzungsverordnung in der Neufassung v. 23. 1. 1990 (BGBl I, S. 132)
BauProdG	Gesetz über das Inverkehrbringen von und den freien Warenverkehr mit Bauprodukten zur Umsetzung der Richtlinie 89/106/EWG des Rates vom 21. 12. 1988 zur Angleichung der Rechts- und Verwaltungsvorschriften der Mitgliedstaaten über Bauprodukte und anderer Rechtsakte der EG (BGBl. I, S. 1495) idF der Bek. v. 28. 4. 1998 (BGBl. I, S. 812)
BauR	Baurecht, Zeitschrift für das gesamte öffentliche und zivile Baurecht (seit 1970)
BauspKG	Gesetz über Bausparkassen
BAV	Bundesaufsichtsamt für das Versicherungswesen
Bay, bay	Bayern, bayerisch
bayAbfallG	Gesetz zur Vermeidung, Verwertung und sonstigen Entsorgung von Abfällen und zur Erfassung und Überwachung von Altlasten in Bayern (Bayerisches Abfallwirtschafts- und Altlastengesetz) idF der Bek. v. 9. 8. 1996
bayAbmG	Gesetz über die Abmarkung der Grundstücke v. 6. 8. 1981
bayADO	Allgemeine Dienstordnung für Bayern v. 1. 9. 1971
bayAG-BSHG	(bayerisches) Gesetz zur Ausführung der Bundessozialhilfegesetzes idF der Bek. v. 29. 11. 1993
bayAG-VwGO	(bayerisches) Gesetz zur Ausführung der Verwaltungsgerichtsordnung v. 20. 6. 1992
bayBauO	Bayerische Bauordnung idF der Bek. v. 4. 8. 1997
bayBehVO	(bayerische) Verordnung über die Einrichtung der staatlichen Behörden v. 31. 3. 1954
bayBezO	Bezirksordnung für den Freistaat Bayern idF der Bek. v. 22. 8. 1998
bayBG	Bayerisches Beamtengesetz idF der Bek. v. 27. 8. 1998
bayDatSchG	Bayerisches Datenschutzgesetz v. 23. 7. 1993
bayGO	Gemeindeordnung für den Freistaat Bayern idF der Bek. v. 22. 8. 1998
bayGWG	(bayerisches) Gesetz über die Wahl der Gemeinderäte, der Bürgermeister, der Kreistage und der Landräte (Gemeinde- und Landkreiswahlgesetz) idF der Bek. v. 27. 8. 1995
bayHO	Haushaltsordnung des Freistaates Bayern v. 8. 12. 1971
bayKAG	(bayerisches) Kommunalabgabengesetz idF der Bek. v. 4. 4. 1993
bayKG	(bayerisches) Kostengesetz idF der Bek. v. 20. 2. 1998
bayKO	Landkreisordnung für den Freistaat Bayern idF der Bek. v. 22. 8. 1998
bayLK(r)O	siehe bayKO
bayLWahlG	(bayerisches) Gesetz über Landtagswahl, Volksbegehren und Volksentscheid idF der Bek. v. 9. 3. 1994
bayNatSchG	Bayerisches Naturschutzgesetz idF der Bek. v. 18. 8. 1998
bayObLG	Bayerisches Oberstes Landesgericht
bayPAG	Gesetz über die Aufgaben und Befugnisse der Bayerischen Staatlichen Polizei idF der Bek. v. 14. 9. 1990
bayPOG	Gesetz über die Organisation der Bayerischen Staatlichen Polizei (Polizeiorganisationsgesetz) v. 10. 8. 1976
BayVBl.	Bayerische Verwaltungsblätter (Zeitschrift seit 1952; nF seit 1955)

bayVerf.	Verfassung des Freistaates Bayern v. 2. 12. 1946
bayVerfGH	Verfassungsgerichtshof für den Freistaat Bayern in München
bayVGH	Bayerischer Verwaltungsgerichtshof in München
bayVGHE	amtliche Sammlung von Entscheidungen des Bayerischen Verwaltungsgerichtshofes mit Entscheidungen des Bayerischen Verfassungsgerichtshofes (seit 1947/48)
bayVwZVG	Bayerisches Verwaltungszustellungs- und Vollstreckungsgesetz idF der Bek. v. 11. 11. 1970 (BayGVBl., S. 1)
BB	Der Betriebs-Berater (Zeitschrift seit 1946)
BBahnG	Bundesbahngesetz
BBankG	Bundesbankgesetz
BBergG	Bundesberggesetz
BBesG	Bundesbesoldungsgesetz idF der Bek. v. 16. 5. 1997
BBG	Bundesbeamtengesetz idF der Bek. v. 27. 2. 1985
bbg	Brandenburg, brandenburgisch
bbgKAG	Kommunalabgabengesetz für das Land Brandenburg v. 27. 6. 1991
bbgKO	Landkreisordnung für das Land Brandenburg v. 15. 10. 1993
bbgVerf.	Verfassung des Landes Brandenburg v. 20. 8. 1992
BBiG	Berufsbildungsgesetz
BBodSchG	Gesetz zum Schutz vor schädlichen Bodenveränderungen und zur Sanierung von Altlasten v. 17. 3. 1998
BCCI	Bank of Credit and Commerce International
Bd.	Band
Bde.	Bände
BDSG	Gesetz zum Schutz vor Missbrauch personenbezogener Daten bei Datenverarbeitung (Bundesdatenschutzgesetz) idF der Bek. v. 20. 12. 1990
BEG	Bundesentschädigungsgesetz
Begr.	Begründung
Bek.	Bekanntmachung
BEvakG	Bundesevakuiertengesetz
Bespr.	Besprechung
BesVerwR	Besonderes Verwaltungsrecht
BetrVG	Betriebsverfassungsgesetz idF der Bek. v. 23. 12. 1988 (BGBl. 1989 I, S. 902)
BezG	Betzirksgericht
BfA	Bundesversicherungsanstalt für Angestellte
BFAG	(Bundes-) Gesetz über den Finanzausgleich zwischen Bund und Ländern v. 28. 8. 1969 (BGBl. I, S. 1432)
BFH	Bundesfinanzhof in München
BFHE	Sammlung der Entscheidungen des Bundesfinanzhofes, hg. v. den Mitgliedern des Gerichts, Bonn
BFM	Bundesminister(-ium) der Finanzen
BFStrG	Bundesfernstraßengesetz
BG	Bundesgesetz
BGB	Bürgerliches Gesetzbuch v. 18. 8. 1896 mit Änderungen
BGBl. I	Bundesgesetzblatt Teil I
BGBl. II	Bundesgesetzblatt Teil II
BGBl. III	Sammlung des Bundesrechts nach dem Stande vom 31. Dezember 1963 (zitiert nach Ordnungsnummern)
BGH	Bundesgerichtshof in Karlsruhe
BGHSt	Entscheidungen des Bundesgerichtshofes in Strafsachen (zitiert nach Band und Seite)

BGHZ	Entscheidungen des Bundesgerichtshofes in Zivilsachen (zitiert nach Band und Seite)
BHO	Bundeshaushaltsordnung v. 19. 8. 1969
BIM	Bundesminister(-ium) des Innern
BImSchG	Bundes-Immissionsschutzgesetz idF der Bek. v. 14. 5. 1990 (BGBl. I, S. 880)
BinSchVG	Gesetz über den gewerblichen Binnenschiffsverkehr (Binnenschiffsverkehrsgesetz) idF der Bek. v. 8. 1. 1969 (BGBl. I, S. 65)/21. 4. 1986 (BGBl. I, S. 551)
BJagdG	Bundesjagdgesetz idF der Bek. v. 29. 9. 1976
BJagdG	Bundesjagdgesetz idF v. 10. 12. 1990
BJM	Bundesminister der Justiz
BK	Kommentar zum Bonner Grundgesetz (Bonner Kommentar), Loseblatt, Heidelberg 1950 ff.
BKA	Bundeskriminalamt
BKAG	Gesetz über das Bundeskriminalamt und die Zusammenarbeit des Bundes und der Länder in kriminalpolitischen Angelegenheiten (Bundeskriminalamtsgesetz) v. 7. 7. 1997
BKR	Richtlinie über die Koordinierung der Verfahren zur Vergabe öffentlicher Bauaufträge
BLL	Bund für Lebensmittelrecht und Lebensmittelkunde e. V.
Bln, bln	Berlin, berliner
blnASOG	Allgemeines Gesetz zum Schutz der öffentlichen Sicherheit und Ordnung in Berlin v. 14. 4. 1992
blnAZG	Gesetz über die Zuständigkeit in der allgemeinen Berliner Verwaltung v. 22. 7. 1996
blnBauO	Bauordnung für das Land Berlin idF der Bek. v. 17. 7. 1989
blnHG	Gesetz über die Hochschulen im Land Berlin (Berliner Hochschulgesetz) idF v. 5. 10. 1995
blnLWahlG	(berliner) Landeswahlgesetz v. 15. 9. 1987
blnNatSchG	Gesetz über Naturschutz und Landschaftspflege von Berlin v. 30. 1. 1979
blnOVG	Oberverwaltungsgericht Berlin
blnOVGE	Entscheidungen des Oberverwaltungsgerichts Berlin, hg. v. den Mitgliedern des Gerichts, Berlin
blnSOG	siehe blnASOG
blnVerf.	Verfassung von Berlin v. 23. 11. 1995
blnVerfGH	Berliner Verfassungsgerichtshof
blnVwVfG	Gesetz über das Verfahren der Berliner Verwaltung v. 8. 12. 1976
BM	Bundesminister
BMF	Bundesminister der Finanzen
BMWi	Bundesministerium für Wirtschaft
BNatSchG	Bundesnaturschutzgesetz idF v. 12. 3. 1987
BND	Bundesnachrichtendienst
BNotO	Bundesnotarordnung v. 24. 2. 1961
BP	Bundespräsident der Bundesrepublik Deutschland
BR	Bundesrat
BRAGO	Bundesgebührenordnung für Rechtsanwälte v. 26. 7. 1957
BRAK	Bundesrechtsanwaltskammer
BRAO	Bundesrechtsanwaltsordnung v. 1. 8. 1959
BR-Ds.	Bundesratsdrucksache
Bre, bre	Bremen, bremisch

BReg	Bundesregierung
breNatSchG	Gesetz über Naturschutz und Landschaftspflege in Bremen v. 17. 9. 1979
breOVG	Oberverwaltungsgericht Bremen
brePolG	(bremisches) Polizeigesetz v. 21 31983
breStGH	Staatsgerichtshof der Freien Hansestadt Bremen
breVerf.	Landesverfassung der Freien Hansestadt Bremen
BRRG	Beamtenrechtsrahmengesetz
BSchVG	Binnenschifffahrtsverkehrsgesetz
BSE	bovine spongiforme Enzephalopathie (Rinderwahnsinn)
BSG	Bundessozialgericht in Kassel
BSGE	Entscheidungen des Bundessozialgerichts (zitiert nach Band und Seite)
BSHG	Bundessozialhilfegesetz idF der Bek. v. 23. 3. 1994
BStBl.	Bundessteuerblatt (seit 1951)
Bsp.	Beispiel
BT	Bundestag
BT-Ds.	Bundestagsdrucksache
BTO Elt	Bundestarifordnung Elektrizität
BTO Gas	Bundestarifordnung Gas
Btx	Bildschirmtext
Btx-StV	Bildschirmtext-Staatsvertrag v. 31. 8. 1991 (außer Kraft getreten nach § 23 Abs. 3 Mediendienste-Staatsvertrag v. 28.1./17. 2. 1997)
BVerfG	Bundesverfassungsgericht in Karlsruhe
BVerfGE	Entscheidungen des Bundesverfassungsgerichts, hg. v. den Mitgliedern des Gerichts, Tübingen
BVerfGG	Gesetz über das Bundesverfassungsgericht idF der Bek. v. 11. 8. 1993
BVerkM	Bundesminister für Verkehr
BVerwG	Bundesverwaltungsgericht in Berlin/Leipzig
BVerwGE	Entscheidungen des Bundesverwaltungsgerichts, hg. v. den Mitgliedern des Gerichts, Berlin/Leipzig
BVFG	Bundesvertriebenengesetz
B-VG	Bundesverfassungsgesetz (Österreich)
BvR	Verfassungsbeschwerde
BVwVG	(Bundes-) Verwaltungsvollstreckungsgesetz v. 27. 4. 1953 (VwVG)
BVwZG	(Bundes-) Verwaltungszustellungsgesetz v. 3. 7. 1952 (VwZG)
BW, bw	Baden-Württemberg, baden-württembergisch
bwAbfallG	Gesetz über die Vermeidung und Entsorgung von Abfällen und die Behandlung von Altlasten in Baden-Württemberg idF v. 15. 10. 1996
BW AG LMBG	Baden-Württembergisches Ausführungsgesetz zum LMBG
bwAG-VwGO	(baden-württembergisches) Gesetz zur Ausführung der Verwaltungsgerichtsordnung idF v. 16. 8. 1994
BWahlG	Bundeswahlgesetz idF der Bek. v. 23. 7. 1993
BWahlO	Bundeswahlordnung idF der Bek. v. 8. 3. 1994
BWaldG	Bundes-Waldgesetz
bwBauO	Landesbauordnung für Baden-Württemberg idF v. 8. 8. 1995
bwGO	Gemeindeordnung für Baden-Württemberg idF v. 3. 10. 1983
BWiM	Bundeswirtschaftsminister(-ium)

bwKAG	(baden-württembergisches) Kommunalabgabengesetz idF v. 28. 5. 1996
bwKO	Landkreisordnung für Baden-Württemberg idF v. 19. 6. 1987
bwKWahlG	(baden-württembergisches) Kommunalwahlgesetz idF v. 1. 9. 1983
bwLK(r)O	siehe bwKO
bwNatSchG	Gesetz zum Schutz der Natur, zur Pflege der Landschaft und über dic Erholungsvorsorge in der freien Landschaft idF v. 29. 3. 1995
BWO	(Bundes-) Wahlordnung idF der Bek. v.8. 3. 1994
bwPolG	Polizeigesetz Baden-Württemberg idF v. 13. 1. 1992
bwStGH	Staatsgerichtshof für das Land Baden-Württemberg in Stuttgart
BwVBl.	Baden-Württembergisches Verwaltungsblatt
bwVerf.	Verfassung für das Land Baden-Württemberg v. 11. 11. 1953
bwVGH	Verwaltungsgerichtshof Baden-Württemberg in Mannheim
bwVGHE	siehe heVGHE
BWVPr	Baden-Württembergische Verwaltungspraxis
bzgl.	bezüglich
BZRG	Bundeszentralregistergesetz
bzw.	beziehungsweise
C	Communication
ca.	circa
ChemG	Chemikaliengesetz
CE	Communautés Européennes
c.i.c.	culpa in contrahendo
C.I.S.G.	United Nations Convention on Contracts for the International Sale of Goods
CMA	Centrale Marketinggesellschaft der deutschen Agrarwirtschaft GmbH
CO2	Kohlendioxid
COMECON	Council for Mutual Economic Assistance
CR	Computer und Recht
DAR	Deutsches Autorecht (Zeitschrift seit 1926)
DatenschutzG	Bundesdatenschutzgesetz idF der Bek. v.17. 12. 1997 (BGBl. I, S. 3108)
DAU	Deutsche Akkreditierungs- und Zulassungsgesellschaft für Umweltgutachter mbH
DB	Der Betrieb (Zeitschrift seit 1948)
DBGrG	Deutsche Bahn Gründungsgesetz v. 27. 12. 1994 (BGBl. I, S. 2386)
DDR	Deutsche Demokratische Republik
DDR-StHG	Gesetz zur Regelung der Staatshaftung in der Deutschen Demokratischen Republik (Staatshaftungsgesetz) v. 12. 5. 1969
DEGES	Deutsche Einheit Fernstraßenplanungs- und Baugesellschaft mbH
ders.	derselbe
DFS	Deutsche Flugsicherung GmbH
dh, d.h.	das heißt
DHKT	Deutscher Handwerkskammertag
Diss.jur.	juristische Dissertation

dies.	dieselbe(n)
DIFU	Deutsches Institut für Urbanistik
DIHK	Deutscher Industrie- und Handelskammertag
DIN	Deutsches Institut für Normung
DJT	Deutscher Juristentag
DLR	Richtlinie über die Koordinierung der Verfahren zur Vergabe öffentlicher Dienstleistungsaufträge (Dienstleistungsrichtlinie)
DLRG	Deutsche Lebensrettungsgesellschaft
DM	Deutsche Mark
DÖD	Der öffentliche Dienst (Zeitschrift seit 1947)
DÖV	Die öffentliche Verwaltung (Zeitschrift seit 1947)
DRiG	Deutsches Richtergesetz idF v. 19. 4. 1972
DRiZ	Deutsche Richterzeitung
Drs.	siehe Ds
Ds	Drucksache
dt.	deutsch, deutsche
DtZ	Deutsch-Deutsche Rechtszeitschrift
DUZ	Deutsche Universitäts-Zeitung
DVBl.	Deutsches Verwaltungsblatt (Zeitschrift seit 1950; Fortsetzung des Reichsverwaltungsblattes)
DVO	Durchführungsverordnung
DZWiR	Deutsche Zeitschrift für Wirtschaftsrecht (seit 1991)
E	Amtliche Sammlung der Entscheidungen des vorgenannten Gerichts
EAG	Europäische Atomgemeinschaft
EATUGB	Entwurf eines Allgemeinen Teils eines Umweltgesetzbuches
ebd.	ebenda
EBRD	European Bank for Reconstruction and Development
EBTUGB	Entwurf eines Besonderen Teils eines Umweltgesetzbuches
ECU	European Currency Unit
EDV	Elektronische Datenverarbeitung
EFTA	Europäische Freihandelszone
EG	Europäische Gemeinschaft (siehe auch EGV)
EGAB	Erstes Gesetz zur Abfallwirtschaft und zum Bodenschutz im Freistaat Sachsen
EGBGB	Einführungsgesetz zum Bürgerlichen Gesetzbuch idF der Bek. v. 21. 9. 1994
EG-FsRL	EG-Fernsehrichtlinie
EGGVG	Einführungsgesetz zum Gerichtsverfassungsgesetz v. 27. 1. 1877
EGKS	Europäische Gemeinschaft für Kohle und Stahl
EGKSV	Vertrag über die Gründung der Europäischen Gemeinschaft für Kohle und Stahl (Montan-Union) v. 18. 4. 1951
EGMR	Europäischer Gerichtshof für Menschenrechte
EGStGB	Einführungsgesetz zum Strafgesetzbuch
EGV	Vertrag zur Gründung der Europäischen Gemeinschaft v. 7. 2. 1992 idF v. 2. 10. 1997
EIB	Europäische Investitionsbank
EichG	Gesetz über das Meß- und Eichwesen idF der Bek. v. 23. 3. 1992 (BGBl. I, S. 711)
Eildienst LKT NW	Eildienst Landkreistag Nordrhein-Westfalen (Zeitschrift seit 1949)

Einf	Einführung
EinfG	Einführungsgesetz
Einl.	Einleitung
einschl.	einschließlich
EinzelhG	Einzelhandelsgesetz (aufgehoben)
EKD	Evangelische Kirche in Deutschland
EKStG, EStG	Einkommenssteuergesetz id Bek. v. 7. 9. 1990 (BGBl. I, S. 1898)
EMRK, EKMR	Europäische Konvention zum Schutze der Menschenrechte und Grundfreiheiten
EN	Euro(päische) Normenreihe
EnSichG	Energiesicherungsgesetz
EnWG	Energiewirtschaftsgesetz
EnWRNeurG	Gesetz zur Neuregelung des Energiewirtschaftsrechts
Erl.	Erlass, Erläuterung
Ernährungssicherstellungs G	Ernährungssicherstellungsgesetz idF der Bek. v. 27. 8. 1990 (BGBl. I, S. 1802)
ERP	European Recovery Program
ESG	Einlagensicherungsgesetz
ESVGHE	siehe heVGHE
ESZB	Europäisches System der Zentralbanken
ET	Energiewirtschaftliche Tagesfragen
EU	Europäische Union
EuGH	Europäischer Gerichtshof
EuGHE	Entscheidungen des Europäischen Gerichtshofs
EuGHMR	Europäischer Gerichtshof für Menschenrechte
EuGRZ	Europäische Grundrechte-Zeitschrift (seit 1974)
EuR	Europarecht (Zeitschrift seit 1966)
EUR	Euro
EUV	Vertrag über die Europäische Union (Maastricht Vertrag)
EuZW	Europäische Zeitschrift für Wirtschaftsrecht (seit 1990)
EV	Einigungsvertrag
EvSTL	Evangelisches Staatslexikon
Ew.	Einwohner
EWG	Europäische Wirtschaftsgemeinschaft
EWGV	Vertrag zur Gründung der Europäischen Gemeinschaft (EWG) v. 25. 3. 1957 (BGBl. II, S. 766)
EWIV	Europäische Wirtschaftliche Interessenvereinigung
EWR	Europäischer Wirtschaftsraum
EWS	Europäisches Wirtschafts- und Steuerrecht
EZB	Europäische Zentralbank
EzGewR	R. Stober (Hg.), Entscheidungssammlung zum Gewerberecht, Loseblattsammlung, 1989 ff.
F.	Fassung
f.	folgende(r) (Seite/Paragraph)
FAG	Gesetz über Fernmeldeanlagen idF. v. 3. 7. 1989 (BGBl. I, S. 1455), geändert durch Art. 5 Postneuordnungsgesetz v. 14. 9. 1994 (BGBl. I, S. 2325)
FamRZ	Zeitschrift für das gesamte Familienrecht (seit 1954)
FAO	Food and Agriculture Organization of the UN (Weltlandwirtschaftsorganisation)
FAZ	Frankfurter Allgemeine Zeitung
FDA	Food and Drug Authority

FeV .... Verordnung über die Zulassung von Personen zum Straßenverkehr v. 18. 8. 1998 (BGBl. I, S. 2214) idF der Bek. v.25. 2. 2000 (BGBl. I, S. 141)
FG .... Festgabe, Finanzgericht
FGG .... Gesetz über die Angelegenheiten der freiwilligen Gerichtsbarkeit
ff. .... folgende (Seiten/Paragraphen)
F.I.D.E. .... Fédération internationale de Droit européen
FIW .... Schriftenreihe des Forschungsinstituts für Wirtschaftsverfassung und Wettbewerb
FlHV .... Fleischhygiene-Verordnung
FS .... Festschrift
FstrPrivFinG .... Gesetz über den Bau und die Finanzierung von Bundesfernstraßen durch Private (Fernstraßenbauprivatfinanzierungsgesetz) v. 30. 8. 1994
FsÜbk .... Europäisches Übereinkommen über das grenzüberschreitende Fernsehen
FTAA .... Free Trade Area of the Americas

G .... Gesetz
GastG .... Gaststättengesetz
GATS .... General Agreement on Trade in Services
GATT .... General Agreement on Tariffs and Trade
GBl. .... Gesetzblatt
gem. .... gemäß
GemHVO .... Gemeindehaushaltsverordnung
GemO .... Gemeindeordnung
GenTG .... Gesetz zur Regelung der Gentechnik (Gentechnikgesetz) idF der Bek. V. 16. 12. 1993
GewArch. .... Gewerbearchiv (Zeitschrift seit 1955)
GewO .... Gewerbeordnung
GG .... Grundgesetz für die Bundesrepublik Deutschland v. 23. 5. 1949
GGK .... Grundgesetz-Kommentar
GjSM .... Gesetz über die Verbreitung jugendgefährdender Schriften und Medieninhalte
GmbH .... Gesellschaft mit beschränkter Haftung
GmbHG .... Gesetz betreffend die Gesellschaften mit beschränkter Haftung
GMBl. .... Gemeinsames Ministerialblatt
GO .... Gemeindeordnung
GPA .... Government Procurement Agreement
GRUR .... Gewerblicher Rechtsschutz und Urheberrecht
GSG .... Gesetz über technische Arbeitsmittel (Gerätesicherheitsgesetz) idF der Bek. V. 11. 5. 2001
GSM .... Global Standard of Mobile Communications
GSOGB .... Gemeinsamer Senat der obersten Gerichtshöfe des Bundes
GüKG .... Güterkraftverkehrsgesetz
GVBl. .... Gesetz- und Verordnungsblatt
GVG .... Gerichtsverfassungsgesetz
GV. NW .... Gesetz- und Verordnungsblatt für das Land Nordrhein-Westfalen
GVO .... gentechnisch veränderte Organismen
GWB .... Gesetz gegen Wettbewerbsbeschränkungen (Kartellgesetz) idF der Bek. v. 26. 8. 1998

ha	Hektar
HACCP	Hazard Analysis Critical Control Point
HB	Handelsblatt
Hdb.	Handbuch
HdBStR	Handbuch des Staatsrechts, herausgegeben von Josef Isensee und Paul Kirchhof, 10 Bände, 1987 ff.
HdKWP	Handbuch der kommunalen Wissenschaft und Praxis, 2. Aufl., herausgegeben von G. Püttner, 6 Bände, 1981 ff.
HdUR	Handwörterbuch des Umweltrechts, 1987
Hess,He, he	Hessen, hessisch
Hg.	Herausgeber
HGB	Handelsgesetzbuch
HGrG	Haushaltsgrundsätzegesetz
hM	herrschende Meinung
Hmb, hmb	Hamburg, hamburgisch
HRRVwR	Höchstrichterliche Rechtsprechung zum Verwaltungsrecht
HwO	Handwerksordnung
HypBG	Hypothekenbankgesetz
ICSID	International Centre of Settlement of Investment Disputes
idF	in der Fassung
ieS	im engeren Sinne
IHK	Industrie- und Handelskammer(n)
IHKG	Gesetz zur vorläufigen Regelung des Rechts der Industrie- und Handelskammern v. 18. 12. 1956
ISDN	Integrated Services Digital Network (diensteintegrierendes digitales Fernmeldenetz)
ISO	International Organization for Standardization
iSv	im Sinne von
IT	Informationstechnik
ITU	International Telecommunication Union
IuKDG	Gesetz zur Regelung der Rahmenbedingungen für Informations- und Kommunikationsdienste (Informations- und Kommunikationsdienste-Gesetz)
iVm	in Verbindung mit
IVU	Integrierte Vermeidung und Verminderung der Umweltverschmutzung
IWF	Internationaler Währungsfonds
iwS	im weiteren Sinne
JA	Juristische Arbeitsblätter
JAG	Juristenausbildungsgesetz
JAO	Juristenausbildungsordnung
JarbSchG	Jugendarbeitsschutzgesetz
JBl.	Juristische Blätter (Zeitschrift Österreich)
JÖR	Jahrbuch des öffentlichen Rechts
JR	Juristische Rundschau
Jura	Juristische Ausbildung
Juris	juris Gmbh (Juristisches Informationssystem für die Bundesrepublik Deutschland, Saarbrücken, s. im Internet unter http://www.juris.de)
JuS	Juristische Schulung (Zeitschrift seit 1961)
JZ	Juristenzeitung (Fortsetzung der Deutschen Rechtszeitschrift und der Süddeutschen Juristenzeitschrift seit 1951)

KAG	Kommunalabgabengesetz
KAGG	Gesetz über Kapitalanlagegesellschaften
Kfz	Kraftfahrzeug
KG	Kommanditgesellschaft
KGG	Gesetz über kommunale Gemeinschaftsarbeit
KKW	Kernkraftwerk
KOM	Dokumente der Kommission der Europäischen Gemeinschaften
KostO	Gesetz über die Kosten in Angelegenheiten der freiwilligen Gerichtsbarkeit (Kostenordnung) idF der Bek. v. 26. 7. 1957 (Schönfelder 119)
KritV	Kritische Vierteljahresschrift für Gesetzgebung und Rechtswissenschaft
Krw/AbfG	Gesetz zur Förderung der Kreislaufwirtschaft und Sicherung der umweltverträglichen Beseitigung von Abfällen (Kreislaufwirtschafts- und Abfallgesetz) v. 27. 9. 1994
KStZ	Kommunale Steuer-Zeitschrift, Zeitschrift für das gesamte Gemeindeabgabenwesen
KSZE	Konferenz für Sicherheit und Zusammenarbeit Europas
KWG	Kreditwesengesetz
K&R	Kommunikation & Recht
L	Législation/Legislation
LadSchlG	Ladenschlussgesetz
Landmann/Rohmer	Landmann/Rohmer/Eyermann/Fröhler, Gewerbeordnung, Kommentar, Loseblattwerk
LBO	Landesbauordnung
LdRW	Bunte/Stober (Hg.), Lexikon des Rechts der Wirtschaft, Loseblattwerk, 1990 ff. (zit.: Bearbeiter, in: LdRW)
LG	Landgericht
LHO	Landeshaushaltsordnung
lit.	litera
LKR	Richtlinie über die Koordinierung der Verfahren zur Vergabe öffentlicher Lieferaufträge
LKT	Landkreistag
LKV	Landes- und Kommunalverwaltung (Zeitschrift seit 1991)
LKW	Lastkraftwagen
LMBG	Gesetz über den Verkehr mit Lebensmitteln, Tabakerzeugnissen, kosmetischen Mitteln und sonstigen Bedarfsgegenständen (Lebensmittel- und Bedarfsgegenständegesetz) idF der Bek. v. 9. 9. 1997
LMG	Lebensmittelgesetz
LRE	Lebensmittelrechtliche Entscheidungen
LuftVG	Luftverkehrsgesetz v. 27. 3. 1999
LV	Landesverfassung
LVerwG	Landesverwaltungsgesetz
mwN	mit weiteren Nachweisen
MDR	Monatsschrift für deutsches Recht
MDStV	Mediendienste-Staatsvertrag
MERCOSUR	Mercado Común del Sur
MFG	Milch- und Fettgesetz
Mio.	Million(en)
MMR	Multimedia und Recht
MV, mv	Mecklenburg-Vorpommern, mecklenburg-vorpommerisch

nF	neue Fassung
NAFTA	North American Free Trade Agreement
Nds, nds	Niedersachsen, niedersächsisch
ndsFFOG	Feld- und Forstordnungsgesetz für das Land Niedersachsen idF der Bek. v. 30. 8. 1984 (GVBl. S. 215)
NF	Neue Folge
NJW	Neue Juristische Wochenschrift (Zeitschrift seit 1947)
NKR	Richtlinie über die Koordinierung der Rechts- und Verwaltungsvorschriften für die Anwendung der Nachprüfungsverfahren im Rahmen der Vergabe öffentlicher Liefer- und Bauaufträge (Überwachungs- und Rechtsmittelrichtlinie)
NordÖR	Zeitschrift für Öffentliches Recht in Norddeutschland (Zeitschrift seit 1998)
Nr.	Nummer(n)
NStZ	Neue Zeitschrift für Strafrecht
NuR	Natur und Recht
nvCJK	neue Variante der Creutzfeldt-Jakob-Erkrankung
NVwZ	Neue Zeitschrift für Verwaltungsrecht (Zeitschrift seit 1982)
NVwZ-RR	NVwZ-Rechtsprechungsreport
NW, nw	Nordrhein-Westfalen, nordrhein-westfälisch
NWB	Neue Wirtschafts-Briefe
nwFischG	Fischereigesetz für das Land Niedersachsen idF der Bek. v. 22. 6. 1994 (H/R 121)
nwForstG	Forstgesetz für das Land Niedersachsen idF der Bek. v. 24. 4. 1980 (H/R 117)
nwÖGDG	Gesetz über den öffentlichen Gesundheitsdienst für das Land Niedersachsen (Art. 3 des Gesetzes zur Stärkung der Leistungsfähigkeit der Kreise, Städte und Gemeinden in Nordrhein-Westfalen v. 25. 11. 1997, GVBl. S. 430)
NW PolG	Polizeigesetz des Landes Nordrhein-Westfalen
NWVBl.	Nordrhein-westfälische Verwaltungsblätter (Zeitschrift seit 1987)
nwVermKatG	Gesetz über die Landesvermessung und das Liegenschaftskataster in Nordrhein-Westfalen v. 30. 5. 1990 (H/R 105)
NWWO	Neue Weltwirtschaftsordnung
NZA	Neue Zeitschrift für Arbeits- und Sozialrecht
NZBau	Neue Zeitschrift für Baurecht
NZV	Neue Zeitschrift für Verkehrsrecht (Zeitschrift seit 1988)
NZV	Verordnung über besondere Netzzugänge (Netzzugangsverordnung)
o.	oben
ObLG	Oberstes Landesgericht
OECD	Organisation für Wirtschaftliche Zusammenarbeit und Entwicklung
OHG	Offene Handelsgesellschaft
OLG	Oberlandesgericht
ONP	Open Network Provision (offener Netzzugang)
ÖPNV	öffentlicher Personennahverkehr
ÖR	Öffentliches Recht
OVG	Oberverwaltungsgericht
OWiG	Ordnungswidrigkeitengesetz
ÖZW	Österreichische Zeitschrift für Wirtschaftsrecht

Parl. Rat	Parlamentarischer Rat
PBefG	Personenbeförderungsgesetz
PflSchG	Pflanzenschutzgesetz
PKW	Personenkraftwagen
PolG	Polizeigesetz
PostG	Gesetz über das Postwesen v. 22. 12. 1997
PostUmwG	Postumwandlungsgesetz = Art. 3 Postneuordnungsgesetz v. 14. 9. 1994 (BGBl. I, S. 2325)
PostVerfG	Postverfassungsgesetz = Art. 1 Poststrukturgesetz v. 8. 6. 1989 (BGBl. I, S. 1026)
PostVerwG	Postverwaltungsgesetz
PrALR	Allgemeines Landrecht für die preußischen Staaten
ProdSG	Produktsicherheitsgesetz
PrOVGE	Entscheidungen des preußischen Oberverwaltungsgerichts
qm	Quadratmeter
RabelsZ	Zeitschrift für ausländisches und internationales Privatrecht
RdA	Recht der Arbeit (Zeitschrift seit 1948)
RdE	Recht der Energiewirtschaft (Zeitschrift seit 1992)
RdJB	Recht der Jugend und des Bildungswesens (Zeitschrift seit 1968)
RegTP	Regulierungsbehörde für Telekommunikation und Post
RFinStV	Rundfunkfinanzierungsstaatsvertrag
RfStV	Rundfunkstaatsvertrag
RdL	Recht der Landwirtschaft (Zeitschrift seit 1949)
RegTP	Regulierungsbehörde für Telekommunikation und Post
RGBl.	Reichsgesetzblatt
RGebührenStV	Rundfunkgebührenstaatsvertrag
RGSt	Entscheidungen des Reichsgerichts in Strafsachen
RGW	Rat für gegenseitige Wirtschaftshilfe
RiA	Recht im Amt
Rittner	F. Rittner, Wirtschaftsrecht, 2. Aufl., 1987
RIW	Recht der internationalen Wirtschaft
RL	Richtlinie
Rdnr., Rn.	Randnummer
ROG	Raumordnungsgesetz
RP, rp	Rheinland-Pfalz, rheinland-pfälzisch
rpVerfGH	Verfassungsgerichtshof für das Land Rheinland-Pfalz in Koblenz
S.	Seite
s.	siehe
Sa, sa	Saarland, saarländisch
SAARC	Südasiatische Vereinigung für regionale Zusammenarbeit
Sächs, sächs	Sachsen, sächsisch(e)
SächsVBl.	Sächsische Verwaltungsblätter (Zeitschrift seit 1993)
SADC	Southern African Development Community
Sanh, sanh	Sachsen-Anhalt, sachsen-anhaltinisch
SchfG	Schornsteinfegergesetz v. 15. 9. 1969 (BGBl. I, S. 1634)
SchiffsBG	Schiffsbankgesetz
Sh, sh	Schleswig-Holstein, schleswig-holsteinisch
Schmidt	R. Schmidt, Öffentliches Wirtschaftsrecht, Allgemeiner Teil, 1990

Schmidt, BT 1	Öffentliches Wirtschaftsrecht, Besonderer Teil Band 1, 1995
Schmidt, BT 2	Öffentliches Wirtschaftsrecht, Besonderer Teil Band 2, 1996
SchwbG	Schwerbehindertengesetz
SeemG	Seemannsgesetz v. 26. 7. 1957 (BGBl. II, S. 713)
SGb	Sozialgerichtsbarkeit
SGB	Sozialgesetzbuch
SGB III	SozialgesetzbuchTeil III – Arbeitsförderung v. 24. 3. 1997 (BGBl. I, S. 594)
SigG	Gesetz zur digitalen Signatur (Signaturgesetz) v. 16. 5. 2001
SigVO	Signaturverordnung (Verordnung zur digitalen Signatur)
SKR	Richtlinie zur Koordinierung der Auftragsvergabe durch Auftraggeber im Bereich Wasser-, Energie- und Verkehrsversorgung und im Telekommunikationssektor (Sektorenrichtlinie)
Slg.	Sammlung
s. o.	siehe oben
sog.	sogenannte(r)
Sp.	Spalte
Span, span	Spanisch(e)
SpKG	Sparkassengesetz
SprengstG	Sprengstoffgesetz
SRMRL	Richtlinie zur Koordinierung der Rechts- und Verwaltungsvorschriften im Bereich Wasser-, Energie- und Verkehrsversorgung und im Telekommunikationssektor (Sektorenüberwachungs- oder Rechtsmittelsektorenrichtlinie)
StabG	Stabilitätsgesetz
StAnz	Staatsanzeiger
StbG	Gesetz über die Rechtverhältnisse der Steuerberater und Steuerbevollmächtigten (Steuerberatungsgesetz)
StGB	Strafgesetzbuch idF der Bek. v. 13. 11. 1998
StGH	Staatsgerichtshof
StKV	Staats- und Kommunalverwaltung
Stober, Handbuch	R. Stober, Handbuch des Wirtschaftsverwaltungs- und Umweltrechts, 1989
Stober, Quellen	R. Stober, Quellen zur Geschichte des Wirtschaftsverwaltungsrechts, 1986
Stober, Rechtsschutz	Bearbeiter, in: Stober (Hg.), Rechtsschutz im Wirtschaftsverwaltungs- und Umweltrecht, 1993
Stober, WiVerwR I	Stober, Rolf, Allgemeines Wirtschaftsverwaltungsrecht, 13. Aufl. 2002
Stober, WiVerwR II	Stober, Rolf, Besonderes Wirtschaftsverwaltungsrecht, 12. Aufl. 2001
StrlSchV	Strahlenschutzverordnung
StStud	Steuer und Studium
StuW	Steuer und Wissenschaft
StVG	Straßenverkehrsgesetz
StVO	Straßenverkehrsordnung v. 16. 11. 1970
StVollzG	Gesetz über den Vollzug der Freiheitsstrafe und der freiheitsentziehenden Maßregeln der Besserung und Sicherung (Strafvollzugsgesetz v. 16. 3. 1976 (Schönfelder 91)
StVZO	Straßenverkehrszulassungsordnung idF der Bek. v. 18. 9. 1988

StWiss.	Staatswissenschaften und Staatspraxis
s. u.	siehe unten
SubvG	Subventionsgesetz
SubVVO	Subventionsverfahrensverordnung (VO des Rates über besondere Vorschriften für die Anwendung von Art. 93 des EGV v. 22. 3. 1999
TA	Technische Anleitung
TAFTA	Trans Atlantic Free Trade Agreement
TDDSG	Gesetz über den Datenschutz bei Telediensten (Teledienstedatenschutzgesetz)
TDG	Gesetz über die Nutzung von Telediensten (Teledienstegesetz)
TED	Tender Electronic Daily
Thür, thür	Thüringen, thüringisch
ThürVBl.	Thüringische Verwaltungsblätter
TierSG	Tierseuchengesetz idF der Bek. v. 11. 4. 2001
TKG	Telekommunikationsgesetz v. 25. 7. 1996
TKLGebV	Telekommunikations-Lizenzgebührenverordnung
TKV	Telekommunikations-Kundenschutzverordnung
TRIMS	Agreement on Trade Related Investment Measures
TRIPS	Agreement on Trade Related Aspects of Intellectual Property Rights
TUDLV	Telekommunikations-Universaldienstleistungsverordnung
TÜV	Technischer Überwachungsverein
TVG	Tarifvertragsgesetz
ua	und andere, unter anderem
UAG	Gesetz zur Ausführung der Verordnung (EWG) Nr. 1836/93 des Rates vom 29. Juni 1993 über die freiwillige Beteiligung gewerblicher Unternehmen an einem Gemeinschaftssystem für das Umweltmanagement und die Umweltbetriebsprüfung (Umweltauditgesetz) v. 7. 12. 1995 (BGBl. I, S. 1591)
UGB-KomE	Entwurf eines Umweltgesetzbuches durch die Unabhängige Sachverständigenkommission zum Umweltgesetzbuch
UHG	Umwelthaftungsgesetz
UIG	Umweltinformationsgesetz v. 8. 7. 1994 (BGBl. I, S. 1490)
UMTS	Universal Mobile Telecommunications System
Umweltbericht	Umweltbericht 1990 des Bundesministers für Umwelt, Naturschutz und Reaktorsicherheit, Bundesanzeiger Nr. 145 a v. 7. 8. 1990
UN	Vereinte Nationen (United Nations)
UNCITRAL	United Nations Commission on International Trade Law
UNCTAD	United Nations Conference on Trade and Development (Welthandelskonferenz)
UPR	Umwelt- und Planungsrecht (Zeitschrift seit 1981)
usw.	und so weiter
UStG	Umsatzsteuergesetz
UVPG	Gesetz über die Umweltverträglichkeitsprüfung
UWG	Gesetz gegen den unlauteren Wettbewerb

V	Verordnung
v.	vom, von
VAG	Versicherungsaufsichtsgesetz
VBlBW	Verwaltungsblätter Baden-Württemberg
v. Bogdandy	v. Bogdandy/Nettesheim/Mahnken (Hg.), Internationales Wirtschaftsrecht-Außenwirtschaftsrecht, Loseblatt-Textsammlung, München
VDI	Verein Deutscher Ingenieure
Verf.	Verfassung
VerfGH	Verfassungsgerichtshof
VergabeVO	Verordnung über die Vergabe öffentlicher Aufträge (Vergabeverordnung) v. 9.1.2001 (BGBl. I, S. 110)
VerkehrssicherstellungsG	Verkehrssicherstellungsgesetz idF der. Bek. v. 8. 10. 1968 (BGBl. I, S. 1082)
VerpackVO	Verpackungsverordnung
VersG	Gesetz über Versammlungen und Aufzüge (Versammlungsgesetz) idF der Bek. v. 15. 11. 1978
Verw.	Die Verwaltung (Zeitschrift seit 1968, zit. nach Band, Jahr und Seite)
VerwArch.	Verwaltungsarchiv (seit 1893; bis 1942; seit 1957) (zitiert nach Band, Jahr und Seite)
VerwRspr.	Verwaltungsrechtsprechung in Deutschland. Seit 1949 hg. v. Georg Ziegler, seit 1964 hg. v. Otto Groß (bis 1972) und Hans Lothar Wehrl (zitiert nach Band und Seite)
VG	Verwaltungsgericht
VgG	Vergabegesetz
VGH	Verwaltungsgerichtshof
vgl.	vergleiche
VgRÄG	Vergaberechtsänderungsgesetz
VO	siehe V
VOB/A	Verdingungsordnung für Bauleistungen Teil A
VOF/A	Verdingungsordnung für freiberufliche Leistungen Teil A
VOL/A	Verdingungsordnung für Leistungen ausgenommen Bauleistungen Teil A
Vorbem.	Vorbemerkung
VR	Verwaltungsrundschau (Zeitschrift seit 1977)
VRS	Verkehrsrechtssammlung
VSSR	Vierteljahresschrift für Sozialrecht (Zeitschrift seit 1973)
VVDStRL	Veröffentlichungen der Vereinigung der Deutschen Staatsrechtslehrer (seit 1924)
VwGO	Verwaltungsgerichtsordnung
VwVfG	Verwaltungsverfahrensgesetz idF der Bek. v. 21. 9. 1998
WGG	Gesetz über die Gemeinnützigkeit im Wohnungswesen
WHG	Gesetz zur Ordnung des Wasserhaushalts (Wasserhaushaltsgesetz) idF der Bek. v. 12. 11. 1996
WHO	World Health Organization (Weltgesundheitsorganisation)
WiGBl.	Gesetzesblatt der Verwaltung des Vereinigten Wirtschaftsgebietes
WIPO	Weltorganisation für geistiges Eigentum
WiR	Wirtschaftsrecht
WiSt	Wirtschaftswissenschaftliches Studium
WM	Wertpapier-Mitteilungen, Zeitschrift für Wirtschafts- und Bankrecht

Wolff/Bachof/Stober 1	Wolff/Bachof/Stober, Verwaltungsrecht Band 1, 11. Aufl., 1999
Wolff/Bachof/Stober 2	Wolff/Bachof/Stober, Verwaltungsrecht Band 2, 6. Aufl., 2000
WphG	Gesetz über den Wertpapierhandel
WPO	Wirtschaftsprüferordnung
WRP	Wettbewerb in Recht und Praxis
WRV	Weimarer Reichsverfassung
WTO	World Trade Organisation
WuV	Wirtschaft und Verwaltung
WuW	Wirtschaft und Wettbewerb
WWSUV	(Staats-) Vertrag über die Schaffung einer Währungs-, Wirtschafts- und Sozialunion zwischen der Bundesrepublik Deutschland und der Deutschen Demokratischen Republik v. 18. 5. 1990 (GBl. DDR I, S. 323; BGBl. II, S. 537; Schönfelder II Nr. 1)
ZaöRV	Zeitschrift für ausländisches öffentliches Recht und Völkerrecht
ZAU	Zeitschrift für angewandte Umweltforschung
z. B.	zum Beispiel
ZBR	Zeitschrift für Beamtenrecht(seit 1953)
ZDF	Zweites Deutsches Fernsehen
ZfB	Zeitschrift für Betriebswirtschaft
ZfBR	Zeitschrift für Baurecht
ZfK	Zeitschrift für Kreditwesen
ZfU	Zeitschrift für Umweltpolitik und Umweltrecht
ZG	Zeitschrift für Gesetzgebung
ZHR	Zeitschrift für das gesamte Handels- und Wirtschaftsrecht
ZIP	Zeitschrift für Wirtschaftsrecht (bis 1982: Zeitschrift für Wirtschaftsrecht und Insolvenzpraxis)
ZKF	Zeitschrift für Kommunalfinanzen
ZKW	Zeitschrift für das gesamte Kreditwesen
ZLR	Zeitschrift für das gesamte Lebensmittelrecht
ZögU	Zeitschrift für öffentliche und gemeinwirtschaftliche Unternehmen
ZPO	Zivilprozessordnung
ZRP	Zeitschrift für Rechtspolitik (seit 1968)
z. T.	zum Teil
ZUM	Zeitschrift für Urheber- und Medienrecht/Film und Recht
ZVglRWiss	Zeitschrift für vergleichende Rechtswissenschaft
ZVgR	Zeitschrift für deutsches und internationales Vergaberecht (seit 1997)

Neunter Teil

Grundlagen der Verwaltungsorganisation

Erster Abschnitt. Grundlagen und Grundbegriffe des Verwaltungsorganisationsrechts

§ 80 Gegenstand und Begriff des Verwaltungsorganisationsrechts

I. Gegenstand und Rechtsgrundlagen des Verwaltungsorganisationsrechts

Schrifttum: *Becker, B.* Öffentliche Verwaltung, 1989; *Böckenförde,* Organ, Organschaft, Juristische Person, in: FS H.J. Wolff, 1973, 269; *König/Dose* (Hg.), Instrumente und Formen staatlichen Handelns, 1993; *Krebs,* Verwaltungsorganisation, in: HBStR Bd. 3, 1988, § 69; *Loeser,* System des Verwaltungsrechts, Band 2, 1994; *Luhmann,* Funktionen und Folgen formaler Organisation, 5. Aufl. 1999; *Schmidt-Aßmann,* Das Allgemeine Verwaltungsrecht als Ordnungsidee, 1998; *ders./Hoffmann-Riem* (Hg.), Verwaltungsorganisationsrecht als Steuerungsressource, 1997; *Schmidt-De Caluwe,* Verwaltungsorganisationsrecht, JA 1993, 77; *Schnapp,* Zur Dogmatik und Funktion des staatlichen Organisationsrechts, Rechtstheorie 9 (1978), 275; *ders.,* Dogmatische Überlegungen zu einer Theorie des Organisationsrechts, AöR 105 (1980), 243; *ders.,* Grundbegriffe des öffentlichen Organisationsrechts, Jura 1980, 68; *ders.,* Ausgewählte Probleme des öffentlichen Organisationsrechts, Jura 1980, 293.

1. Verwaltung als Organisation

a) Bedeutung und Dimensionen von Organisation

Unter Organisation versteht man die institutionelle Zuordnung von 1
Funktionen zu (natürlichen) Personen und deren wechselseitige Zuordnung im Rahmen einer Leitungsordnung zum Zweck der Erfüllung bestimmter Aufgaben (*Böckenförde,* FS Wolff, 292 [298]). Organisation und Organisationen fungieren damit als institutioneller Rahmen menschlichen Zusammenwirkens und sind insbesondere Ausdruck der Entscheidung für bestimmte Formen der Ausübung und Verteilung von Leitungsmacht bei diesem gemeinschaftlichen Wirken. Die Entscheidung für eine bestimmte Organisationsform ist als Entscheidung für eine bestimmte Zuweisung von Leitungsmacht eng mit der Frage nach der Legitimation von Leitungsmacht verbunden. Das gilt insbesondere für die Staats- und Verwaltungsorganisation. Hinzu kommen weitere Aspekte, wie Effektivität der Aufgabenerfüllung, die Finanzierungsbedingungen (steuerrechtliche Aspekte, Kapitalbe-

schaffung), die Wirtschaftlichkeit, die Möglichkeit der Kooperation mit Privaten usw.

2 Organisationen ordnen die Mannigfaltigkeit sozialer Beziehungen durch planmäßige sachliche und örtliche Aufteilung der gemeinsamen Angelegenheiten auf ineinandergreifende Elemente (Ämter, Organe, Glieder). Dadurch vervielfältigen sie die Wirkungsmöglichkeiten der spezialisierten Inhaber der Leitungsämter, steigern die Leistungsfähigkeit und sichern den Einfluss der Gesamtheit. Erkauft wird dies durch die Erweiterung des Einflusses derjenigen, die die Organisation beherrschen (Politiker, Funktionäre, Manager), durch die Verminderung der Unmittelbarkeit persönlicher Wirkung und die Schematisierung der Sozialbeziehungen (Bürokratisierung).

3 Der Ausdruck Organisation ist mehrdeutig. Er bezeichnet einerseits das soziale Gebilde als solches (Verbände, Anstalten, Stiftungen), teils die innere Ordnung (Struktur) dieser Gebilde, teils (dynamisch) den Vorgang des Organisierens. Hinzu kommt, dass sich verschiedene Wissenschaften mit dem Phänomen der Organisation befassen und dabei gleiche Ausdrücke mit unterschiedlichen Inhalten und Bedeutungen belegen.

4 Die **soziologische Organisationslehre** befasst sich mit Organisationen als sozialen Gebilden (Institutionen) und sucht ihre faktischen Zwecke und Strukturzusammenhänge empirisch-beschreibend zu begreifen. Sie versteht unter Organisation zweckrational gestaltete und arbeitsteilig differenzierte Systeme sozialer Rollen, die durch Stabilisierung (Internalisierung) typisierter bzw. formalisierter Verhaltenserwartungen konstituiert sind (siehe etwa *Luhmann*, Funktionen und Folgen formaler Organisation, 5. Aufl. 1999). Aspekte anführen, die das Rollenverständnis ansprechen: Verwaltung als Dienstleistung etc.

5 Die **betriebswirtschaftliche Organisations- oder Managementlehre** befasst sich mit der Planung und Durchführung einer optimal zweckadäquaten betrieblichen Ordnung. Ihre Erkenntnisse sind im Zusammenhang mit den Bemühungen um eine Modernisierung der öffentlichen Verwaltungen in den letzten Jahren zunehmend berücksichtigt und den spezifischen Erfordernissen der öffentlichen Verwaltung angepasst worden.

6 Auf der Grundlage der soziologischen und betriebswissenschaftlichen Erkenntnisse hat die **Verwaltungswissenschaft** in den letzten Jahren eine deutliche Wiederbelebung erfahren (zu den Anfängen und den älteren Traditionen der Verwaltungslehre siehe Bd. 1 § 14). Vor allem im Zusammenhang mit der Übernahme von Ideen aus dem New Public Management und der daran anschließenden Diskussion über neue Steuerungsmodelle für die Kommunalverwaltung wurde die Verwaltungswissenschaft neu entdeckt und hat zu einer stärker interdisziplinären Ausrichtung des Verwaltungsorganisationsrechts geführt (exemplarisch *Schuppert*, Verwaltungswissenschaft, 2000). Als Leitgedanke ist vor allem das Verständnis der Organisation als Steuerungsressource hervorzuheben. Ob diese Entwicklung Ursache oder Folge eines verstärkten Nachdenkens über die für einzelne Verwaltungsaufgaben passende Organisationsform ist, wird man im Sinne eines Wechselwirkungsprozesses beantworten müssen.

7 Im Zusammenhang mit dem Transformationsprozess in den neuen Bundesländern und im Zusammenhang mit den Bemühungen um eine Verwaltungsreform und Verwaltungsmodernisierung werden auch kulturelle Aspekte stärker in die Überlegungen zur Verwaltungsorganisation einbezogen. Man spricht in diesem Zusammenhang von **Verwaltungskultur** (dazu ausführlich unten Rdnr. 354 ff.).

8 Gegenstand der rechtswissenschaftlichen Organisationslehre ist in erster Linie die innere Ordnung sozialer Gebilde, soweit sie rechtlich normiert ist. Dabei stand lange Zeit die rechtstechnische Zuordnung von Handlungen und damit verbundener Verantwortlichkeit im Vordergrund. Dieser Ge-

sichtspunkt ist auch weiterhin von zentraler Bedeutung, da eindeutige Zuordnungen von Verhaltensweisen eine unverzichtbare Grundlage für eine rechtsstaatlich organisierte Verwaltung sind. Während die rechtswissenschaftliche Organisationslehre besonders in ihrer Ausprägung als Verwaltungsorganisationsrecht lange Zeit ohne intensive Bezugnahme auf den verfassungsrechtlichen Rahmen betrieben und in ihren dogmatischen Prämissen bestimmt wurde, erscheint hier ein **Orientierungswechsel** zugunsten einer stärkeren Einbeziehung des Verfassungsrechts, insbesondere des Demokratieprinzips angebracht. Die **stärker Rückbindung des Organisationsrechts an das Verfassungsrecht** ist in vielen Einzelfragen bereits erfolgreich vollzogen worden. Das gilt insbesondere für den Bereich der Nutzung von privatrechtlichen Organisationsformen (exemplarisch *Ehlers,* Verwaltung in Privatrechtsform, 1984). Aber auch darüber hinaus erscheint es angebracht, die dogmatischen Grundbegriffe und Kategorien des Verwaltungsorganisationsrechts näher an die verfassungsrechtlichen Grundbegriffe anzugliedern (siehe dazu eingehend die Überlegungen in § 81).

Auch unterhalb der verfassungsrechtlichen Ebene wird Organisation 9
heute differenzierter wahrgenommen. Dabei wird den „Leistungen" von Organisationen und den organisationsinternen Prozessen eine größere Aufmerksamkeit geschenkt. Dies hat dazu geführt, dass folgende **verschiedene Funktionen** der Organisationen unterschieden werden (*Schmidt-Aßmann,* S. 212f.):

- Organisationen als *Systeme der Informationsverarbeitung,*
- Organisationen als *Koordinationssysteme,*
- *Machtstrukturen* von Organisationen,
- *formale und informale* Organisationen,
- Organisations*zusammenhänge,*
- Organisation und *Umwelt*

Aus einem ähnlichen Gesichtspunkt hat Luhmann die Funktionen for- 10
maler Organisation analysiert, ohne sich dabei auf die Verwaltung bzw. den Staat zu beschränken (*Luhmann,* S. 54ff.). Als **primäre Systemfunktionen** formaler Organisation bezeichnet er:

- Die Generalisierung von Verhaltenserwartungen;
- die Formalisierung der Erwartungsstruktur (Rollen und Institutionen);
- die Motivation der Mitglieder;
- die Darstellung des Systems für Nichtmitglieder;
- die Formalisierung von Einfluss (Macht, Autorität, Führung);
- die Elastizität und Änderungen der Erwartungsstruktur (Anpassungs- und Reformfähigkeit).

Als **sekundäre Systemfunktionen** werden genannt:

- Rangfragen innerhalb der Organisation;
- Verantwortung und Verantwortlichkeit;
- Formalisierung des Kommunikationsnetzes;
- Führer und Vorgesetze (leadership);

- Grenzstellen (Außenbeziehungen und Außendarstellung);
- Formalisierung von Konflikten;
- Enttäuschungen, Fehler und Sanktionen.

11 Luhmanns aus dem Jahr 1964 stammende Analyse ist nicht nur nach wie vor lesenswert sondern enthält bereits alle wesentlichen Kategorien und Aspekte, mit denen sich die Organisationslehre vor allem im Zusammenhang mit den Bemühungen um eine Reform und Modernisierung der öffentlichen Verwaltung beschäftigt hat.

12 Die differenziertere Wahrnehmung von Organisationen hat nicht nur die wissenschaftliche Analyse angeregt und befruchtet, sondern auch dazu geführt, dass den einzelnen Funktionen in der **Praxis** eine größere Bedeutung zukommt. Vor allem das Neue Steuerungsmodell hat zahlreiche Aspekte aufgegriffen und neue Leitbilder und Organisationsmuster entwickelt, bei denen eine Verbesserung der Informationsverarbeitung und internen Koordination (Controlling und Zielvereinbarungen) zu einer Optimierung der Organisationszusammenhänge (u.a. dezentrale Ressourcenverantwortung) und der Einbindung in die Umwelt (Kundenorientierung) führen sollen. Aber auch dort, wo es nicht zu einer umfassenden Reform gekommen ist, haben diese Erkenntnisse Veränderungsprozesse ausgelöst und z.B. zu Anpassungen der behördeninternen Kommunikation geführt.

b) Organisations-Begriffe

13 **Organisation im weiteren oder externen Sinne** ist *faktisch* der Inbegriff der in wechselseitigen sozialen Beziehungen zueinander stehenden Menschen, insofern diese zur Wahrnehmung gewisse gemeinsamer Angelegenheiten zu einer durch funktionsteilige Organe handelnden Einheit verbunden sind. Dazu gehört *normativ* das System der diese Beziehungen ordnenden Rechtssätze. Insofern *sind* der Staat, der Kreis, die Gemeinde, eine Körperschaft Organisationen.

14 **Organisation im engeren oder internen Sinne** ist *faktisch* der Inbegriff der wechselseitigen Beziehungen der Organe untereinander und zu ihren Trägern und *normativ* das System der die Organe betreffenden, ihre Zuständigkeiten regelnden Rechtssätze und die sie ergänzenden Rechtsakte. Insofern *hat* der Staat eine Organisation, durch die er tätig wird.

15 **Organisation** kann schließlich **in einem dynamischen Sinne** verstanden werden. Darunter ist *faktisch* die auf die Bildung und die Herstellung eines Zusammenhangs von Organen gerichtete Tätigkeit, das Organisieren, zu verstehen. *Normativ* fällt darunter die Schaffung von Organen regelnden Rechtssätzen. Insofern wird die Organisation eines Staates organisiert.

c) Organisations-Arten

aa) Unterscheidung nach Struktur und Stellung

16 Die öffentliche Verwaltung in der Bundesrepublik Deutschland besteht aus einer Vielzahl von Verwaltungseinheiten und Verwaltungsträgern, die in

mannigfachen Beziehungen der Unter- und Nebenordnung zueinander stehen, teilweise aber auch völlig unabhängig voneinander sind. Soweit eine gegenseitige Zuordnung besteht, kann diese nach Struktur und Stellung genauer bezeichnet werden. Dies führt zu folgenden Unterscheidungen:

Gesamtorganisationen sind Organisationen, denen rechtsfähige Glied- 17
organisationen angehören. Dabei ist es ohne Bedeutung, wie dicht und intensiv die Steuerungsmöglichkeiten zwischen den einzelnen Stufen der Organisation ausgestaltet sind. Ausschlaggebend ist, dass der Gesamtorganisation eine politische und rechtliche Letztverantwortung und eine umfassende Leitungsmacht zusteht.

Beispiel: Nach den meisten Landesverfassungen gehören zur Landesverwaltung (im 18
weiteren Sinne) die landeseigene Verwaltung (Ministerialverwaltung einschließlich der mittelbaren Landesverwaltung) sowie die (kommunalen und funktionalen) Selbstverwaltungskörperschaften. Vgl. z. B. Art. 86 Abs. 1 Verf. LSA.

Gliedorganisationen sind rechtsfähige Organisationen, die in der Regel 19
eigenverantwortlich die ihnen zugewiesenen Aufgaben im Rahmen einer Gesamtorganisation wahrnehmen. Typisches Beispiel ist die kommunale Selbstverwaltung.

Unterorganisationen sind Organisationen, im Gegensatz dazu teil- 20
rechtsfähige Organisationen, die im Wirkungskreis einer anderen Organisation einen Ausschnitt ihrer Aufgaben wahrnehmen und dabei über eine gewisse Eigenständigkeit verfügen. Typisches Beispiel dafür sind rechtsfähige Anstalten des öffentlichen Rechts.

Eine andere **Unterscheidung anhand von Strukturmerkmalen** stellt 21
stärker auf die interne Struktur der einzelnen Organisationsformen ab (*Schmidt-Aßmann*, S. 216 ff.). Sie unterscheidet folgende sechs Organisationsformen:

- Organisationen mit hierarchischer Struktur,
- Organisationen mit kollegialer Struktur,
- Organisationsformen wissenschaftlichen Sachverstandes,
- Organisationsformen der Selbstverwaltung,
- Organisationsformen wirtschaftlicher Unternehmen,
- Strukturen für intermediäre Organisationen

Diese vorstehenden Einteilungen und Abgrenzungen dienen in erster 22
Linie der Systematisierung und helfen bei der Erfassung der hochkomplexen Organisationsstrukturen des modernen Staats- und Verwaltungswesens. Dabei sind eindeutige und trennscharfe Zuordnungen zuweilen schwierig, da der Gesetzgeber an derartige Systeme nicht gebunden ist und oft eher pragmatisch vorgeht. Die Übergänge zwischen den einzelnen Formen sind deshalb oft fließend. So können etwa die Kreisverwaltungen, die im eigenen Wirkungskreis als Gliedorganisationen zu qualifizieren sind, in einigen Fällen im übertragenen Wirkungskreis als Unterorganisationen der Landesverwaltung qualifiziert werden.

bb) Unterscheidung nach der Organisations-Rechtsform

23 Nach der Rechtsform, d.h. nach den Rechtssätzen, die die Trägerschaft der Organisation regeln, kann zwischen **mitgliedschaftlichen,** selbst- oder binnengesteuerten und **herrschaftlichen,** fremd- oder außengesteuerten Organisationen unterschieden werden. Typisch für die erste Form ist die Rechtsform der durch die Mitglieder binnengesteuerten Körperschaft auf der einen und der durch den Anstaltsherrn außengesteuerten Anstalt.

24 In der Praxis erweisen sich die beiden beschriebenen Typen als Endpunkte einer Skala von Organisations-Rechtsformen, die vielfältige Misch- und Zwischenformen zulässt. So können die Mitglieder von Körperschaften Träger eigener Interessen sein und weisungsfrei agieren, wie es z.B. bei den berufsständischen Kammern der Fall ist, oder es kann sich bei den Mitgliedern um selbstständige Verwaltungsträger handeln, deren Hauptorgane die Körperschaft durch die Entsendung weisungsgebundener Vertreter steuern, wie dies z.B. bei den kommunalen Zweckverbänden der Fall ist.

cc) Unterscheidung nach der Rechtsfähigkeit

25 Die Unterscheidung nach der Rechtsfähigkeit hat durch die Erkenntnis, dass bei genauer Betrachtung alle Rechtssubjekte lediglich über eine Teilrechtsfähigkeit verfügen (*Fabricius,* Die Relativität der Rechtsfähigkeit, 1963), so dass es eine Vollrechtsfähigkeit im strikten Sinne nicht gibt, an Bedeutung verloren. Dennoch ist es aus systematischen und vor allem prozessualen Gründen weiterhin sinnvoll, die Unterscheidung zwischen rechtsfähigen, teilrechtsfähigen und nicht-rechtsfähigen Organisationen aufrecht zu halten.

26 Unter Vollrechtsfähigkeit versteht man dem entsprechend bei juristischen Personen des öffentlichen Rechts, die durch ihre Beschränkung auf die Verbandskompetenz konstruktionsbedingt nur teilrechtsfähig sind, traditionell die Fähigkeit zur Teilnahme Privatrechtsverkehr.

27 **Rechtsfähige Organisationen** und zugleich Juristische Personen im rechtstechnischen Sinne (davon zu unterscheiden ist der in Art. 19 Abs. 3 GG verwendete weiter gefasste Begriff der Juristischen Person) sind solche Organisationen, denen rechtstechnisch allgemein die Fähigkeit verliehen ist, im Rahmen ihrer Verbandskompetenz Träger von Rechten oder Pflichten zu sein.

28 **Beispiele:** Gebietskörperschaften (Bund, Länder, Kreise, Gemeinden), funktionale Selbstverwaltungskörperschaften (Industrie- und Handelskammern, Handwerkskammern etc.).

29 **Teilrechtsfähige Organisationen** sind solche, die nur hinsichtlich einzelner Rechtssätze oder Gruppen von Rechtssätzen Träger von Rechten und Pflichten sind. Auf sie nimmt das Verfahrens- und Prozessrecht in § 13 Nr. 1 VwVfG und § 61 Nr. 3 VwGO ausdrücklich Bezug.

30 **Beispiele:** kommunale Vertretungskörperschaften (Rat und Kreistag), Fraktionen, Regie- und Landesbetriebe.

Nicht rechtsfähige Organisationen sind solche, die nicht Träger von Pflichten und Rechten gegenüber anderen Personen, sondern nur Zuordnungssubjekt organisatorischer Rechtssätze sind. 31

Beispiele: als nichtrechtsfähige Anstalten organisierte Schulen und sonstige öffentliche Einrichtungen. 32

dd) Unterscheidung nach der Rechtsgrundlage

Nach ihrer Rechtsgrundlage werden **privatrechtliche** und **öffentlich-rechtliche Organisationen** unterschieden. Neben der damit verbundenen formalen Zuordnung, ist diese Unterscheidung deshalb von weitreichender Bedeutung, weil für beide Arten von Organisationen andere Grundsätze gelten. So werden im **Bereich des Privatrechts** durch den Gesetzgeber „vorgefertigte“ Organisationsformen zur Nutzung durch „Jedermann“ – auch durch den Staat und seine Untergliederungen – bereitgestellt. Auch soweit die betreffenden Gesetze Gestaltungsspielräume eröffnen, die insbesondere bei der GmbH sehr weit reichen, bedarf es keiner konstitutiven staatlichen Mitwirkung. Vielmehr beschränkt sich der Staat auf eine Kontrolle der Einhaltung der gesetzlichen Maßgaben. Als Kehrseite der starken gesetzlichen Vorprägung ist es den Landesgesetzgebern und auch der Verwaltung verwehrt, die bundesrechtlichen Vorgaben des Gesellschaftsrechts im Falle ihrer Nutzung durch die Verwaltung zu modifizieren. Überlagerungen der gesellschaftsrechtlichen Rechte und Pflichten sind nur im Rahmen von gesetzlichen Spiel- und Gestaltungsräumen zulässig. 33

Demgegenüber unterliegen **öffentlich-rechtliche Organisationen** einem weitreichenden Vorbehalt des Gesetzes. Nur in wenigen Bereichen werden gesetzlich vorgeprägte Organisationsformen der Verwaltung zur Nutzung bereitgestellt. Ein wichtiges Beispiel dafür sind die Gesetze über die kommunale Gemeinschaftsarbeit. Die öffentlich-rechtlichen Organisationen sind auch nicht in gleicher Weise typisierbar, da der Gesetzgeber an die idealtypischen Modelle von Körperschaft, Anstalt und Stiftung nicht strikt gebunden ist, sondern auch Mischformen schaffen kann. 34

ee) Unterscheidung nach Organisationsmustern

Eine große Bedeutung kommt in der Praxis der Unterscheidung nach Organisationsmustern zu. Dabei werden verschiedene Organisationsformen **anhand von nicht juristischen Kriterien** klassifiziert, die in erster Linie der sozial- und betriebswirtschaftlich orientierten Organisationslehre entnommen werden. 35

Als klassische Organisationsform der öffentlichen Verwaltung wird der Organisationstypus der **Bürokratie,** wie er vor allem von Max Weber beschrieben wurde, angesehen (*M. Weber,* Wirtschaft und Gesellschaft; s. auch Mayntz [Hg.], Bürokratische Organisation, 1968; *Becker,* Öffentliche Verwaltung, S. 57ff.; kritische Ansätze zur Rezeption bei *Derlien,* Die selektive Interpretation der Weberschen Bürokratietheorie in der Organisations- und Verwaltungslehre, VerwArch 80 [1989], 319ff.). 36

37 Das von dem französischen Nationalökonomen und Handelsminister Vincent de Gournay (1712–1759) geprägte Wort „bureaucratie" bedeutet in seinem wertfreien, formalen Sinne Herrschaft vom Schreibtisch aus. Eine Übersteigerung dieser Herrschaftsweise wird „Bürokratismus" genannt. Eine bürokratische Organisation beschränkt sich nicht auf die Schreibtischregierung, sondern verwendet diese Art der Herrschaftsausübung auch auf allen Stufen der Verwaltung und sogar der Gesetzgebung und der Rechtsprechung sowie für die (zahlenmäßig überwiegende) unbürokratische Verwaltungstätigkeit im Bildungswesen und durch die Polizei. Bürokratisch organisiert sind nicht nur die Staaten, sondern auch Leitung und Verwaltung großer Privatunternehmen. Je größer eine bürokratische Organisation ist, desto mehr treten ihre Vorzüge und ihre Nachteile hervor.

38 Als zentrale **Merkmale einer Bürokratie** werden angesehen:
- die **Geltung fester, abstrakter Zuständigkeitsregeln,** durch welche die zur Herrschaftsausübung erforderlichen regelmäßigen Tätigkeiten als amtliche Pflichten verteilt und institutionalisiert und die zu ihrer Erfüllung erforderliche Leitungsgewalt begrenzt werden;
- die Geltung einer **Amtshierarchie mit Instanzenzug** als eines möglichst monokratisch geordneten Systems von Über- und Unterordnung der Bürokraten;
- die vollständige **Trennung der Amtstätigkeit von der Privatsphäre** des Amtswalters;
- die **Inanspruchnahme der vollen Leistungsfähigkeit** des Amtswalters;
- die abstrakt und generell geregelte **Qualifikation der Amtswalter,** deren gründliche Ausbildung hinsichtlich der Amtswaltung im Allgemeinen und der besonderen Fähigkeiten, die das konkrete Amt erfordert;
- die **Schematisierung von Laufbahnen,** auf denen die Amtswalter nach Dienstalter und Bewährung fortschreiten.

39 Viele dieser Anforderungen haben sich im **öffentlichen Dienstrecht** niedergeschlagen und prägen dieses bis heute. Dabei verstärkt das Beamtenrecht die objektiven Grundsätze, indem es sie subjektiviert und zu spezifischen Pflichten der Amtswalter ausgestaltet, die wiederum durch disziplinarrechtliche Regeln effektuiert werden. Partiell spiegeln sie sich auch in verfassungsrechtlichen Regelungen wie Art. 33 Abs. 4 und 5 GG und den entsprechenden Regelungen der Landesverfassungen wider.

40 Exemplarisch kann auf folgende Regelungen des Bundesbeamtenrechts verwiesen werden: zur Amtsführung: §§ 52 f. BBG; zur vollen Hingabe an den Beruf: § 54 BBG; zu den Laufbahnen: §§ 15 ff. BBG i. V. m. der Laufbahnverordnung.

41 Eine Leistungs-Bürokratie bildet einen **Verwaltungsapparat,** dessen sich die wechselnden Regierungen bedienen und den sie zu wechselnden programmatischen Zwecken einsetzen können. Allerdings besitzt der Verwaltungsapparat auf Grund der besonderen Fähigkeiten und Kenntnisse (Aktenkundigkeit und Sachverstand) der Mitarbeiter gegenüber der Gubernative ein **Eigengewicht,** das die Dispositionsmöglichkeiten der Regierung beschränkt. Das geltende Beamtenrecht ermöglicht nur auf den obersten Leitungsebenen einen Eingriff in die Besetzung von Stellen aus politischen Gründen (siehe § 36 BBG).

Das Bürokratiemodell ist grundsätzlich neutral gegenüber der Regierungsform. Es ist in jeder hierarchische verfassten und rechtsstaatlich organisierten Verfassungs- und Staatsform umsetzbar. In Deutschland wurde es im Rahmen der konstitutionellen Monarchie entwickelt. Dabei war das Beamtentum auf den Monarchen als Spitze der Exekutive ausgerichtet. Die damit verbundenen Probleme bei der Neuausrichtung des Beamtentums nach dem Übergang zum demokratischen Verfassungsstaat mit dem Inkrafttreten der Weimarer Verfassung hängt nicht mit dem Wandel der Verfassungsform als solcher zusammen, sondern den politischen Begleitumständen und der weitreichenden inneren Identifikation vieler Beamter mit der Monarchie. Ein spezifisch demokratisches Amtsethos der Beamten hat sich erst nach 1949 durchgängig herausgebildet. Der Prozess der Demokratisierung der Verwaltung hat noch länger gedauert. 42

Das Bürokratiemodell ist immer wieder kritisiert worden. Als **Hauptpunkte der Kritik** werden mangelnde Anreize für die Verbesserung der Leistungserbringung, eine nicht ausreichende Kundenorientierung, die Schwerfälligkeit von Entscheidungsprozessen wegen langer Entscheidungswege und hoher Blockadepotentiale genannt. Wegen des starren rechtlichen Rahmens wird dem Bürokratiemodell auch eine grundsätzliche Innovationsfeindlichkeit unterstellt. 43

In der Verwaltungspraxis wurden die Nachteile des Bürokratiesystems und des öffentlichen Dienstrechts zunächst durch die **Wahl privater Organisationsrechtsformen** vor allem im Bereich der Leistungsverwaltung, der kommunalen und sonstigen öffentlichen Einrichtungen und im Bereich der wirtschaftlichen Betätigung umgangen (ausführlich zu diesem Vorgang *Ehlers,* Verwaltung in Privatrechtsform, 1984 sowie unten § 91). Dies führte aber in zahlreichen Fällen auch zu Missständen und einer zu großen Lösung der privaten Organisationen aus der rechtlichen und politischen Leitung durch den zugehörigen Verwaltungsträger. Die Landesgesetzgeber haben vor allem für den Bereich der kommunalen wirtschaftlichen Betätigung deshalb die Anforderungen an die Einflussnahmemöglichkeiten der kommunalen Leitungsorgane durch entsprechende Gesetzesnovellen erhöht. 44

Im Kernbereich der Staatsverwaltung, der durch die Wahrnehmung hoheitlicher Aufgaben geprägt ist, wirkte sich dies aber nicht aus. Deshalb musste in diesem Bereich nach einem alternativen Organisationsmodell gesucht werden. Anknüpfend an das im angelsächsischen Bereich entwickelte New Public Management wurden für Deutschland das **Neue Steuerungsmodell** entwickelt, das die Kritik in vielen Punkten aufgegriffen hat. Dabei stehen die Kundenorientierung und die Flexibilisierung von Entscheidungsprozessen als Zielvorgaben im Vordergrund, die vor allem durch eine Dezentralisierung der Entscheidungsstrukturen verwirklicht werden sollen (dazu näher unter Rdnr. 301 ff.). 45

Im Rahmen einer **Beamten- und Dienstrechtsreform** haben Bund und Länder in den letzten Jahren versucht, das öffentliche Dienstrecht entspre- 46 chend den Anforderungen dieser Kritik zu modernisieren. Zu diesem Zweck wurden vor allem neue Leistungsanreize im Besoldungs- und Beförderungssystem eingeführt (Übersicht bei *Battis,* Das Dienstrechtsreformgesetz, NJW 1997, 1033 ff.; *Schnellenbach,* Öffentliches Dienstrecht im Umbruch, ZfBeamtR 1998, 223 ff.; s. auch *Weidmann,* Verwaltungsreform und öffentliches Dienstrecht, VR 1999, 90 ff.).

47 Für einzelne Bereiche werden gesonderte Reformdiskussionen geführt, die sich z.T. bereits in Gesetzesnovellen niedergeschlagen haben. Zu erwähnen ist insbesondere der Hochschulbereich, der sich in einem umfassenden Reformprozess befindet (Überblick und Nachweise bei Kämmerer/Rawert [Hg.], Hochschulstandort Deutschland. Rechtlicher Rahmen – Politische Herausforderungen, 2002). Angefangen von den Rechtsformen der Hochschulen (Ermöglichung der Überführung in Stiftungen und private Rechtsformen; dazu Heintzen/Kruschwitz [Hg.], Die Freie Universität Berlin als Stiftungsuniversität, 2002; *Erichsen,* Zulässigkeit, Grenzen und Folgen der Hochschulprivatisierung, 2000) über die Steuerungsinstrumente (insbes. Zielvereinbarungen; dazu *Trute,* Die Rechtsqualität von Zielvereinbarungen und Leistungsverträgen im Hochschulbereich, WissR 33 [2000], 134 ff.) und das Haushaltsrecht (Budgetierung und Globalhaushalte; dazu Pasternack [Hg.], Flexibilisierung der Hochschulhaushalte, 2001) reichen die Reformen bis zum Status- und Dienstrecht der Wissenschaftler (Juniorprofessur, Professur auf Zeit, abgesenkte Grundgehälter mit leistungsbezogenen Elementen; dazu *Battis,* Leistungsorientierte Besoldung von Professoren, ZfBeamtR 2000, 253 ff.).

48 Parallel zum Neuen Steuerungsmodell, das sich in erster Linie um eine Reform der verwaltungsinternen Strukturen bemüht, hat sich ein **zweites Reformmodell** entwickelt, das die öffentliche Verwaltung in ein staatliche und private Akteure umfassendes **Netzwerk** einbeziehen möchte, deren Kontrolle durch ein **Governance-Modell** gewährleistet werden sollt.

49 Das **Denken in Netzwerken** (*Schuppert,* S. 384 ff.) folgt einem aus der Politikwissenschaft übernommenen Ansatz, der sich an den Akteuren orientiert, die gemeinsam und in Konkurrenz ein bestimmtes Politikfeld gestalten. Ausgehend von der Feststellung, dass solche Netzwerke existieren und ihre praktische Wirksamkeit deshalb auch in der Theoriediskussion nicht ignoriert werden kann, wurde die Rolle der öffentlichen Verwaltung in den Politik-Netzwerken genauer analysiert und nach Möglichkeiten der Nutzung und Steuerung von Netzwerken für die Wahrnehmung öffentlicher Aufgaben gefragt (*Schuppert,* S. 385 f.). Neben dem Zusammenwirken von Staat und Gesellschaft (man spricht hier von symbiotischen Beziehungen; siehe dazu die Überlegungen zu Public-Private-Partnerships in § 92), spielen Netzwerke zunehmend auch auf internationaler Ebene, etwa im Bereich des Umweltschutzes, eine bedeutsame Rolle.

50 Aus der Sicht der öffentlichen Verwaltung dient die Mitwirkung an Netzwerken insbesondere der Informationsbeschaffung, der Nutzung der (vorhandenen) Verwaltungskraft privater Akteure (insbesondere angesichts der Aufgabenüberlastung vieler staatlicher Stellen), das Zusammenführen staatlicher und privater Regulierung in deregulierten Bereichen, die Erhöhung der Akzeptanz von (schwierigen) Entscheidungen.

Für das Denken in Netzwerken und die Orientierung an Akteuren ist es kennzeichnend, dass die Unterscheidung zwischen staatlicher und privater Sphäre in ihrer Bedeutung zurückgedrängt wird. Das ist aus der Sicht des (Verfassungs-) Rechts soweit unproblematisch, als daraus keine Forderungen nach der Aufhebung von rechtlichen Bindungen oder der Verzicht auf eine ausreichende rechtsstaatliche und demokratische Legitimation abgeleitet wird. In diese Richtung tendieren aber die sog. **Governance Modelle,** bei denen die interne Legitimation durch eine externe Legitimation, die aus dem Zusammenwirken von Akteuren nach bestimmten Regeln erzeugt wird, ergänzt oder sogar ersetzt werden soll. Governance beruht damit auf dem Gedanken einer horizontalen Legitimation, die auf eine unverzichtbaren Basis gemeinsamer Grundwerte und Regeln aufbaut. Zwar ist die Einführung von Governance-Modellen im Bereich der Exekutive nicht von vornherein verfassungsrechtlich ausgeschlossen. Es muss aber nach Status der beteiligten Akteure, Entscheidungsgegenstand und vorliegenden Rechtsbindungen unterschieden werden (zu Einzelheiten *König,* Öffentliches Management und Governance als Verwaltungskonzepte, DÖV 2001, 617 ff.). 51

2. Verwaltung als Teil organisierter Staatlichkeit

Die öffentliche Verwaltung ist Teil der durch das Grundgesetz und die Landesverfassungen konstituierten funktionsgegliederten Staatsgewalt. Sie steht damit im **Wirkungsfeld des Verfassungsrechts,** das seine Rahmenvorgaben für die Verwaltungsorganisation in mehreren komplementären Ebenen und Formen entfalten (siehe dazu im Einzelnen § 81). 52

Das **Demokratieprinzip** macht verbindliche Vorgaben für die Verwaltungsorganisation unter dem Gesichtspunkt der Verteilung von Leitungsmacht und damit als **Legitimationsordnung.** 53

Aus der **Gewaltenteilung,** den **Kompetenzvorschriften** und **Einrichtungsgarantien** sowie sonstigen Verfassungsvorschriften mit Bezug auf die **Verwaltungsorganisation** lassen sich Vorgaben für die verfassungsrechtliche **Funktionsordnung** ableiten, in die die Verwaltung eingegliedert ist. 54

Schließlich lassen sich aus dem **Rechtsstaatsprinzip** und den **Grundrechten** Vorgaben ableiten, die an die Außenwirksamkeit der Verwaltungsorganisation, insbesondere die Legitimation und Zurechnung von Verwaltungshandeln anknüpfen; insoweit kann von einem Verständnis des Organisationsrechts als **Bewirkungsordnung** gesprochen werden. 55

Die vertiefende Analyse der Einwirkungen der Verfassungsrechts auf das Verwaltungsorganisationsrecht hat zu einer wertvollen **Erweiterung des Blickwinkels** in mehrere Richtungen geführt. 56

Zunächst und vor allem wurden die Einwirkungen der Verfassung auf das Verwaltungsorganisationsrecht genauer erfasst und konnten besser berücksichtigt werden. Daraus haben sich zahlreiche Korrekturen an überkommenen Regelungen und Organisationsstrukturen ergeben. In gewisser Weise 57 kann man von einer Überführung des Verwaltungsorganisationsrecht in den Gesamtrahmen des demokratischen Verfassungsstaates sprechen.

58 Weiterhin ermöglichte die genauere Analyse der Eigenart einzelner Organisationsformen die Erfassung ihrer spezifischen Steuerungspotentiale, wodurch zugleich der gezielte und strategische Einsatz der einzelnen Organisationsformen gefördert wurde.

59 Schließlich traten die Wechselwirkungen von materiellem Recht und Organisationsrecht deutlicher ins Bewusstsein (z.B. Grundrechtsschutz durch Organisation).

60 Die **Wechselbezüglichkeit von Verfassungsrecht und Verwaltungsorganisation** spielt sich damit auf einer weit über die organisatorischen Regelungen der Verfassungen im engeren Sinne hinausgehenden Bandbreite ab. Konnte die Darstellung der Organisationsrechts in der Vorauflage aus dem Jahre 1976 noch ohne ausdrückliche und durchgängige Bezugnahme auf das Verfassungsrecht auskommen, so ist dies nach heutigem Stand der Dogmatik nicht mehr möglich. In fast allen Teilbereichen des Organisationsrechts wurden inzwischen die Bezüge zum Verfassungsrecht herausgearbeitet. Dabei ist insbesondere auf folgende Zusammenhänge und Entwicklungen hinzuweisen:

61 Die Herausarbeitung der **Bedeutung des Demokratieprinzips** als Staatslegitimations- und -organisationsprinzip erfolgte vor allem durch die dogmatische Entfaltung der dem Demokratieprinzip zugeordneten **einzelnen Legitimationsmechanismen** (grundlegend: *Böckenförde,* HStR I, § 22) und ihrer Bedeutung für **Organisations- und Organstrukturen** (*Groß,* Das Kollegialprinzip in der Verwaltungsorganisation, 1999), für die **Bestellung und Stellung von Amtswaltern,** für die **Partizipation von Privaten** (*Schmidt Glaeser,* Partizipation an Verwaltungsentscheidungen, VVDStRL 31 [1973], 179ff.; *Jestaedt,* Demokratieprinzip und Kondominialverwaltung, 1993), die organisatorische und materielle **Privatisierung** (*Ehlers,* Verwaltung in Privatrechtsform, 1984, *Burgi,* Funktionale Privatisierung und Verwaltungshilfe, 1998), die Zulassung von **teil-autonomen Verwaltungsträgern** wie der ministerialfreien Verwaltung (*Klein,* Die verfassungsrechtliche Problematik des ministerialfreien Raums, 1974) und der **funktionalen Selbstverwaltung** (*Kluth,* Funktionale Selbstverwaltung, 1997).

62 Als wesentlicher Ertrag der einzelnen Untersuchungen kann die stärkere **Orientierung des Organisationsrechts an der Ausübung von Leitungsmacht** und die Notwendigkeit ihrer Rückbindung an das Staatsvolk als Träger der Staatsgewalt im System einer **abgestuften Leitungsverantwortung** bezeichnet werden. Hinzu kommt die Notwendigkeit **klarer Zurechnungs- und Zuordnungskriterien** als dogmatische Vorgabe für Entwicklung des Verwaltungsorganisationsrechts, seiner Grundbegriffe und Strukturen.

63 Obwohl alles Staatsgewalt auch im Rahmen ihrer exekutivischen Ausübung vom Volke ausgeht bzw. auf das Volk zurückgeführt werden muss,

verlangen das Grundgesetz und die Landesverfassungen weder einen absoluten Primat der demokratisch unmittelbar legitimierten Parlamente noch eine uniforme und streng hierarchische Verwaltungsstruktur. Das Verfassungsrecht selbst enthält vielmehr zahlreiche Impulse und Vorgaben für eine **gewaltenteilend gegliederte Funktionsordnung,** die der Exekutive ein hohes Maß an Eigenständigkeit zubilligt und aus der eine deutliche Absage an eine vordergründig verstandene Einheit der Verwaltung zu entnehmen ist. Die aus den normativen Vorgaben des Grundgesetzes und der Landesverfassungen abzuleitenden Konzeptionen der Verwaltungsorganisation sind durch **Pluralität** gekennzeichnet. Insbesondere kann dem Verfassungsrecht kein Primat des Organisationstypus der hierarchischen Ministerialverwaltung entnommen werden. Mit der kommunalen und funktionalen Selbstverwaltung sowie einzelnen Ausprägungen teilautonomer Verwaltungsträger stellt das Verfassungsrecht vielmehr eine Mehrzahl von gleichermaßen legitimen und legitimierten Organisationsformen für die Erfüllung von Exekutivfunktionen zur Verfügung (*Schmidt-Aßmann,* Verwaltungsorganisationsrecht als Steuerungsressource, S. 59; *Kluth,* Funktionale Selbstverwaltung, S. 359ff.).

Innerhalb ihrer rahmenartigen Vorgaben eröffnen die Verfassungen dem **64**
Gesetzgeber und der Verwaltung organisationsrechtliche und damit zugleich organisatorische **Gestaltungsspielräume.** Die **Verteilung der Gestaltungsfreiheit** zwischen Parlament und Exekutive wird durch den **organisationsrechtlichen Gesetzesvorbehalt** dirigiert, dessen Ableitung und Reichweite nach wie vor in vielen Einzelheiten ungeklärt ist (dazu im Einzelnen § 82). Das Bundesverfassungsgericht hat zudem betont, das Grundgesetz Gesetzgeber und Verwaltung „einen **weiten Spielraum bei der organisatorischen Ausgestaltung der Verwaltung**" belässt, „um den – verschiedenartigen und sich ständig wandelnden – organisatorischen Erfordernissen Rechnung tragen und damit eine wirkungsvolle und leistungsfähige Verwaltung gewährleisten zu können" (*BVerfGE* 63, 1[34]).

Das Organisationsrecht ist im Grenzbereich von **Innenrecht und Au- 65**
ßenrecht angesiedelt. Zwar ist seit langem anerkannt, dass der verwaltungsinterne Bereich keineswegs als rechtsfreier Raum zu begreifen ist und dass auch die Beziehungen innerhalb der Verwaltungsorganisation als Rechtsbeziehungen zu qualifizieren sind. Auch dies ist nicht zuletzt eine Folge der verfassungsrechtlichen Durchdringung des Organisationsrechts. Gleichwohl hat die Unterscheidung von Innenrecht und Außenrecht ihre Bedeutung nicht verloren und wirkt sich in vielen Einzelfragen aus. Das gilt etwa für die prozessualen Maßgaben für den Innenrechtsstreit, die Frage nach einem subjektiven Recht auf richtige Organisation sowie die Qualifizierung der Rechtsfolgen von Organisationsfehlern.

Besonders hervorzuheben ist in diesem Zusammenhang das Verhältnis **66**
von Organisationsrecht und Dienstrecht bzw. anders gewendet: von **Amtswaltersphäre und Privatsphäre.** Mit der Abkehr vom besonderen Gewalt-

verhältnis ist die Geltung der Grundrechte auch im Rahmen der Dienstverhältnisse erkannt und damit ein grundlegender Wandel bei der Bestimmung der Zuordnung von Amtswaltersphäre und Privatsphäre eingetreten (wegweisend: *Schnapp*, Amtsrecht und Beamtenrecht, 1977). Durch die Stärkung des Rechts auf informationelle Selbstbestimmung und die mit der kulturellen Pluralisierung verbundene vermehrte Berufung auf die Glaubens- und Weltanschauungsfreiheit innerhalb von öffentlichen Dienstverhältnissen ist dieser Bereich allerdings auch starken Spannungen ausgesetzt, die sich zunehmend auch auf das Binnengefüge von Verwaltungsorganisationen auswirken.

3. Begriff und Rechtsgrundlagen des Verwaltungsorganisationsrechts

a) Begriff des Organisationsrechts

67 Neben der allgemeinen Rechtsordnung, die Statusregelungen, Verhaltensgebote und -verbote sowie vielfältige Gewährleistungen bezüglich von Personen des privaten oder des öffentlichen Rechts im Verhältnis zueinander enthält, also dem materiellen Recht, gibt es und gab es zu allen Zeiten eine weitere Gruppe von Rechtssätzen, welche unmittelbar oder mittelbar die Erzeugung, Anwendung und Durchsetzung jenes materiellen Rechts ermöglichen. Man kann sie als **Organisationsrecht iwS** zusammenfassen. Zu ihm gehört das Recht der Schaffung von Organen, ihrer inneren Struktur, ihrer Rechtsstellung, ihrer Beziehungen untereinander und ihres Verfahrens sowie das Recht der Berufung von Menschen zur Ausübung der Organfunktionen und ihrer diesbezüglichen Stellung nebst dem der Bereitstellung der von ihnen benötigten sachlichen Mittel.

68 Teilweise wird bezüglich des Organisationsrechts iwS auch vom „Recht der Aufbauorganisation der öffentlichen Verwaltung" gesprochen, das die Regeln für die Bildung von Verwaltungsträgern und Verwaltungseinheiten, die Innen-Gestaltung der Verwaltungseinheiten sowie die Außenbeziehungen der verselbstständigten Verwaltungseinheiten umfasst (*Loeser*, S. 31 f.).

69 **Organisationsrecht ieS** ist lediglich das Recht der Bildung, Errichtung, Strukturierung, Änderung und Aufhebung der Verwaltungsträger und Organe sowie ihrer Stellung in der Organisation.

b) Rechtsquellen und Rechtsgrundlagen des Verwaltungsorganisationsrechts

70 **Rechtsquellen des Verwaltungsorganisationsrechts** sind neben dem Grundgesetz und den Landesverfassungen, aus denen sich in der Regel nur Rahmenvorgaben ableiten lassen (dazu § 81), den einschlägigen Gesetzen, Rechtsverordnungen und Satzungen auch die verschiedenen Rechtsquellen des Innenrechts, vor allem die zahlreichen Organisationsstatute selbstständiger Verwaltungseinheiten (Satzungen, Grundordnungen etc.), Geschäftsordnungen und Verwaltungsvorschriften, soweit sie sich auf organisatorische Sachverhalte beziehen.

Die **Rechtsgrundlagen des Verwaltungsorganisationsrechts** können vor allem nach dem Rang der Rechtsquelle und ihrem Geltungsbereich unterschieden werden. 71

Nach dem **Rang der Rechtsquelle** kann zwischen (punktuellen) verfassungsrechtlichen Regelungen, gesetzlichen Regelungen (z. B. Landesorganisationsgesetze), Rechtsverordnungen (z. B. Zuständigkeitsverordnungen und Rechtsverordnungen zur Errichtung von Verwaltungsträgern), Satzungen (z. B. Hauptsatzung der Gemeinden), Geschäftsordnungen und Verwaltungsvorschriften unterschieden werden. 72

Nach dem **Geltungsbereich** kann zwischen *allgemeingültigen Regelungen* (das sind in der Regel nur die Vorgaben des Verfassungsrechts), den für *einen oder mehrere Typen von Verwaltungsträgern geltenden Regelungen* (so vor allem die Landesorganisationsgesetze und die organisationsrechtlichen Teile der Kommunalgesetze), sowie den nur für *einzelne Verwaltungsträger geltenden Regelungen* (Spezialgesetze und -verordnungen, Satzungen, Geschäftsordnungen) unterschieden werden. 73

Klärungsbedürftig ist das **Verhältnis der verschiedenen Rechtsgrundlagen zur Dogmatik** des Verwaltungsorganisationsrechts. Angesichts des vielfach festgestellten und beklagten Wildwuchses der Verwaltungsorganisation und der sie betreffenden Rechtsetzung (*Loeser,* S. 33 m. w. N.), gibt es weder im Aufbau der Verwaltung selbst noch in der verwendeten Terminologie Einheit und Klarheit. Zu der praktischen Typenvielfalt gesellt sich eine ebenso bunte terminologische sowie systematische Vielfalt. 74

Die Aufgabe der **rechtswissenschaftlichen Dogmatik,** durch die Bereitstellung eines klaren und möglichst eindeutigen Begriffssystems und Ordnungsrahmens die Rechtsanwendung zu erleichtern und ein Teilrechtsgebiet systematisch zu durchdringen, wird angesichts des Primats der gesetzgeberischen Entscheidung gegenüber der rechtswissenschaftlichen Systembildung erheblich erschwert. Die Verwaltungsrechtswissenschaft hat zu dem heute anzutreffenden dogmatischen Defizit beigetragen, weil sie nicht oder zu spät auf die in der Verwaltungspraxis zu beobachtenden Veränderungen reagiert hat. So wurden etwa die mit dem Neuen Steuerungsmodell verbundenen Änderungen nur unzureichend in den Kategorien des Organisationsrechts erfasst und diskutiert (siehe dazu auch die Kritik bei *Schmidt-Aßmann,* S. 206 ff.). Das hat dazu geführt, dass die organisationsrechtliche Erfassung des Reformprozesses vernachlässigt wurde. 75

4. Die einzelnen Anforderungen an das Verwaltungsorganisationsrecht

Im demokratischen Verfassungsstaat werden die **Vorgaben des Verfassungsrechts** an die Verwaltungsorganisation nicht von außen als Grenze oder Rechtsbindung an diese herangetragen, sondern sie müssen die Strukturen und Zielsetzungen dieses Rechtsgebietes wesentlich und von innen prägen (*Krebs,* § 69, Rdnr. 51). Das gilt vor allem für das Demokratieprinzip, das als Staatsstrukturprinzip die Bauformen öffentlicher Verwaltung prägen muss. Dabei ist jedoch zu beachten, dass als Maßstab nicht auf ein von der Staatslehre oder Verfassungstheorie entwickeltes Demokratieprinzip zugrunde gelegt werden darf, sondern das Demokratieprinzip in seiner 76 konkreten und verbindlich Ausgestaltung durch das Grundgesetz und die Landesverfassungen. Da das positive Verfassungsrecht in vielen Fällen von den Grundsätzen der reinen Lehre abweicht, ist diesem Aspekt gerade im Bereich des Organisationsrechts besondere Aufmerksamkeit zu schenken. Das Verfassungsrecht fungiert demnach sowohl als Richtungsentscheidung wie auch als Grenze des Organisationsrechts. Es belässt dem Gesetzgeber auf Grund seiner Eigenart als Rahmenrecht dabei weite Gestaltungsspielräume, die auch Raum für die Entwicklung dogmatischer Konzeptionen und alternativer Organisationsmodelle lassen.

77 Die verfassungsrechtlichen Vorgaben für die Verwaltungsorganisation, die im nächsten Paragrafen im Einzelnen ermittelt werden, können in einzelne Maximen herunter gebrochen werden, die eine größere Anschaulichkeit besitzen und deshalb als Handlungsanleitung für Gesetzgebung und Wissenschaft besser geeignet sind.

78 Die nach wie vor wichtigste, zuweilen aber vernachlässigte Aufgabe des Verwaltungsorganisationsrechts ist es, eine **eindeutige Zurechenbarkeit** von normativen Bindungen und Verhaltensverantwortlichkeiten innerhalb der Verwaltung zu ermöglichen (so auch *Krebs,* § 69, Rdnr. 24). Es handelt sich dabei um eine sowohl im Rechtsstaats- als auch im Demokratieprinzip verankerte zentrale verfassungsrechtliche Anforderung, die auch bei der Entwicklung neuer Organisations- und Steuerungsinstrumente beachtet werden muss.

79 Von grundlegender, allerdings in den Einzelheiten gewandelter Bedeutung ist Unterscheidung von Innen- und Außensphäre bzw. **Innenrecht und Außenrecht.** Diese Unterscheidung baut heute auf der gesicherten Einsicht auf, dass auch der Innenbereich von Staat und Verwaltung durch Recht geordnet ist. Die monarchische Impermeabilitätslehre, die eine Ordnung des staatlichen Innenbereich durch Rechtsnormen leugnete, ist lange und endgültig überwunden *(Krebs,* § 69, Rdnr. 26). Die damit verbundene Unterscheidung von Innenrecht und Außenrecht ist gerade für das Organisationsrecht von großer Bedeutung, weil seine Rechtssätze nicht selten genau an der Schnittstelle beider Bereiche angesiedelt sind.

80 Eine ebenfalls im Verfassungsrecht gründende Anforderung stellt die Bereitstellung **zweckrationaler und aufgabengerechter Strukturen** des Verwaltungshandelns dar. Dabei müssen die organisationsrechtlichen Strukturen auf die jeweiligen Rahmenbedingungen staatlichen Handelns abgestimmt sein. So ergeben sich aus der Europäisierung, Internationalisierung des Verwaltungshandelns ebenso wie aus der Zunahme der Kooperation mit Privaten neue Anforderungen an das Organisationsrecht (dazu *Schmidt-Aßmann,* S. 208ff.).

81 Im Zusammenhang mit dieser allgemeinen Anforderung ist auf die Sicherung der Handlungsfähigkeit der Organisationseinheiten insbesondere durch eine leistungsfähige Informations- und Kommunikationsordnung sowie die Ausgestaltung der Willensbildungs- und Konfliktlösungsmechanismen in

der organisatorischen Binnenstruktur zu verweisen. Dabei ist ein fließender Übergang zum Verfahrensrecht zu beobachten.

Insgesamt sind die Anforderungen an das Verwaltungsorganisationsrecht 82
und seine Dogmatik durch ein im Vergleich zu früheren Zeiten gewachsenes Maß an Vielfalt, Offenheit und Dynamik gekennzeichnet. Exekutives Handeln ist zunehmend auf Kooperation und damit auf die Anpassung an Umfeldgegebenheiten angewiesen. Das gilt sowohl in Richtung der Gesellschaft als auch in Richtung auf andere öffentliche Akteure auf staatlicher, supranationaler und internationaler Ebene. Die einzelnen Organisationsformen und die Steuerungsinstrumente müssen entsprechend angepasst werden. Das Gleiche gilt für die „weichen" Faktoren, wie Informationsflüsse, Kontrollen und Leistungsanreize.

5. Die einzelnen Regelungsgegenstände des Verwaltungsorganisationsrechts

Regelungsgegenstand des Verwaltungsorganisationsrechts ist im allge- 83
meinsten Sinne die Zuordnung und Verteilung der **institutionalisierten Leitungsmacht** unterhalb der parlamentarischen Ebene (zur Abgrenzung beider Ebenen s. § 82).

Im Einzelnen gehören dazu: 84

- die verfassungsrechtlich geprägten Leitprinzipien des Organisierens (dazu § 81),
- die dogmatischen Grundbausteine und Grundbegriffe des Organisierens und der Organisation (dazu § 83),
- die Regeln der Zuständigkeitsverteilung und der internen sowie externen Steuerung von Verwaltungsorganisationen (dazu § 84),
- funktionsadäquate Organisationsformen einschließlich ihrer Binnenverfassung (dazu §§ 86ff.),
- einschließlich der europarechtlichen Dimension (dazu §§ 99f.) sowie
- die Regeln und Instrumente der (verwaltungsinternen) Kontrolle (dazu § 101f.).

II. Die rechtssystematische Stellung des Verwaltungsorganisationsrechts

1. Verwaltungsorganisationsrecht und Staatsorganisationsrecht

Das Verwaltungsorganisationsrecht unter dem Grundgesetz ist maßgeb- 85
lich durch die Rahmenvorgaben des Staatsorganisationsrechts geprägt. Die früher vielfach angenommene Selbstständigkeit des Verwaltungs(organisations)rechts vom Verfassungsrecht ist durch eine intensive Durchdringung abgelöst worden (s. etwa *Loeser*, S. 41ff.). Das gilt über das Staatsorganisationsrecht im engeren Sinne auch für weitere Verfassungsrechtssätze wie etwa die Grundrechte.

86 Das Staatsorganisationsrecht liefert durch seine zentrale Regelung, das Demokratieprinzip, ein allgemeines **Raster für den Aufbau der Verwaltungsorganisation** und ihre Steuerung. Diese Vorgaben beziehen sich sowohl auf den äußeren als auch den inneren Aufbau der Verwaltungseinheiten. Konkrete Organisations- und Regelungsmuster lassen sich aus dem Staatsorganisationsrecht aber nur punktuell ableiten. Insbesondere die Landesverfassungen begnügen sich mit wenigen allgemeinen Vorgaben über den Verwaltungsaufbau.

87 Unterschiede zwischen beiden Regelungsebenen sind bei der **begrifflichen Systematik** und damit bei der Terminologie zu beachten. Aufgrund seines weiter greifenden Regelungsansatzes sind die Begriffe des Staatsorganisationsrechts oft weniger scharf und weiter zu verstehen als die vom Wortlaut her betrachteten äquivalenten Begriffe des Verwaltungsorganisationsrechts. So verwendet das Staatsorganisationsrecht z. B. den Begriff der öffentlichen Körperschaft nicht selten als Oberbegriff für alle selbstständigen Organisationsformen des öffentlichen Rechts, ohne dass dabei Anstalten und andere Rechtsformen ausgeschlossen wären.

88 Das Verwaltungsorganisationsrecht ist in seiner Begrifflichkeit demgegenüber genauer, detaillierter und Trennschärfer. Nicht selten spielen Nuancen eine wichtige Rolle. Von daher kommt der genauen Begriffsbildung und -verwendung gerade in diesem Bereiche eine große Bedeutung zu. Dies wird jedoch dadurch erschwert, dass selbst zentrale Begriffe, wie etwa der des Verwaltungsträgers, in Wissenschaft und Rechtsprechung nicht einheitlich verwendet werden. Aus diesem Grunde kommt der Vergewisserung über die (Grund-) Begriffe eine besondere Bedeutung zu.

2. Verwaltungsorganisationsrecht und Verwaltungsverfahrensrecht

89 Enge Verbindungen und Wechselwirkungen bestehen zwischen dem Verwaltungsorganisationsrecht und dem Verwaltungsverfahrensrecht. Das zeigt sich bereits daran, dass die Verwaltungsverfahrensgesetze in einigen Punkten Regelungen enthalten, die organisatorische Merkmale betreffen. Dies gilt insbesondere für die Zuständigkeitsordnung (siehe dazu im Einzelnen § 84). Die organisatorische Struktur der Verwaltung ist zudem in vieler Hinsicht prägend für die Verfahrensabläufe. Auch aus der grundrechtlichen Perspektive werden Organisation und Verfahren gemeinsam betrachtet.

3. Verwaltungsorganisationsrecht und öffentliches Dienstrecht

90 Das Verhältnis des öffentlichen Dienstrechts zum Verwaltungsorganisationsrecht war durch zahlreiche Verknüpfungspunkte immer schon sehr eng. Nicht nur, dass die Verwaltung als Organisation nur durch konkrete Amtswalter ihre Wirksamkeit entfalten kann. Die Vorgaben des Dienstrechts sind auch in vieler Hinsicht prägend für die **innere Verfassung** der Ver-

waltungsorganisation. So wird ihre Stabilität wesentlich durch das Prinzip des Lebenszeit-Beamten bestimmt. Das öffentliche Dienstrecht knüpft zudem an die hierarchische Struktur der klassischen Bürokratiekonzeption an und unterstützt durch die Begründung von Amtspflichten die objektiven Vorgaben, die sich aus der Ausübung von Leitungsmacht und Organisationsgewalt ergeben. Die Personalgewalt steht deshalb als Ausdruck der Leitungsmacht in enger Beziehung zur Organisations- und Sachentscheidungsgewalt.

Diese enge Wechselwirkung zwischen Dienst- und Organisationsrecht ist 91 durch die Bemühungen um eine Modernisierung der Verwaltung im Rahmen des Neuen Steuerungsmodells erneut in den Blickpunkt der Aufmerksamkeit gerückt und damit intensiviert worden. Diese Entwicklung legt es nahe, die Belange des öffentlichen Dienstrechts intensiver als bislang in die Erörterungen des Verwaltungsorganisationsrechts einzubeziehen, wobei zugleich eine Öffnung für die Mehrgleisigkeit des öffentlichen Dienstes (Beamtenrecht, Recht der Angestellten und Arbeiter im öffentlichen Dienst) angebracht erscheint (zur „Steuerungsebene Personal" s. *Schuppert,* S. 625 ff.).

4. Verwaltungsorganisationsrecht und öffentliches Haushaltsrecht

Ein vergleichbare Intensivierung wie zum öffentlichen Dienstrecht hat 92 auch die Beziehung des Verwaltungsorganisationsrechts zum öffentlichen Haushaltsrecht erfahren. Auch hier wurde eine gewisse Wechselwirkung, wie etwa die zwischen der notwendigen Verankerung der Organisationsstrukturen der Verwaltung im Stellenplan des Haushaltsgesetzes, zwar immer als selbstverständlich vorausgesetzt. Durch die gezielte Verbindung der Finanzverantwortung mit der Organisationsstruktur im Neuen Steuerungsmodell (Prinzip der dezentralen Ressourcenverantwortung) hat die Beziehung zwischen beiden Rechtsbereichen aber eine bislang nicht bekannte Intensität erlangt, die eine Einbeziehung haushaltsrechtlicher Grundsätze in die organisationsrechtlichen Überlegungen notwendig macht (zu den Neuerung im Haushaltsrecht vgl. *Gröpl,* Haushaltsrecht und Reform, 2001). Die Steuerung durch Haushaltsrecht und Haushaltskontrolle hat sich deshalb als ebenbürtiger und gewichtiger Zweig des Organisationsrechts etabliert (s. *Schuppert,* S. 698 ff.). Die Haushaltsgewalt ist deshalb ein weiterer unverzichtbarer Zweig und Aspekt der Ausübung von Leitungsmacht.

5. Verwaltungsorganisationsrecht und materielles Recht

Die Verwaltungsorganisation stellt den institutionellen Rahmen und die 93 Instrument für die Durchsetzung des materiellen Rechts zur Verfügung. Ihr kommt, ebenso wie dem Verwaltungsverfahren (s. dazu Band 2, § 58, Rdnr. 12), eine dienende Funktion zu. Wichtig ist zudem die Feststellung, dass die Ausübung von Leitungsmacht innerhalb der Verwaltungsorganisation grundsätzlich nicht durch Sätze des materiellen Rechts sondern durch Sätze des Organisationsrechts determiniert ist, das davon systematisch unterschieden wird.

94 Die Grenzlinie zwischen Organisationsrecht und materiellem Recht ist aber nicht immer leicht zu ziehen. So können sich Anordnungen gegenüber Amtswaltern unter Umständen auf deren Privatsphäre auswirken und damit einen materiellen Charakter erlangen. Maßnahmen der Ordnungsgewalt können nur gegenüber Angehörigen der Organisation auf Sätze des Organisationsrechts gestützt werden. Gegenüber Externen bedarf es einer materiellen Ermächtigung.

6. Verwaltungsorganisationsrecht und Europarecht

95 Die Beziehungen des Verwaltungsorganisationsrechts zum Europarecht bewegen sich auf einer anderen Ebene als in den zuvor behandelten Bereichen. Das Europarecht stellt zunächst die Verwaltungsorganisation, ebenso wie den Staat überhaupt, in einen neuen Gesamtrahmen. Daraus ergeben sich vielfältige neue Rechtsbeziehungen, die auch das Verwaltungsorganisationsrecht einschließen. Das Europarecht kann sich auf den Inhalt von Organisationsmaßnahmen ebenso auswirken wie auf das materielle Recht. In einigen Fällen sind beide Ebenen miteinander verbunden. So kann sich das EG-Beihilfenrecht auf die Ausgestaltung der Rechtsbeziehung des Staates zu öffentlichen Unternehmen auswirken (Beispiel: Anstaltslast und Gewährträgerhaftung bei öffentlichen Sparkassen und Landesbanken; dazu *Thode/Peres*, Anstalten des öffentlichen Rechts im Spannungsfeld zwischen deutschem und europäischem Recht, VerwArch. 89 [1998], 439ff.; *Kluth*, Anstaltslast und Gewährträgerhaftung öffentlicher Finanzinstitute angesichts des gemeinschaftsrechtlichen Beihilfeverbots, in: Jahrbuch Bitburger Gespräche 2002, 2003, 109ff.).

96 Neben den Aus- und Einwirkungen des Europarechts auf das deutsche Verwaltungsorganisationsrecht ist die Herausbildung eines eigenständigen Verwaltungsorganisationsrechts der Europäischen Union zu gewärtigen, das wegen seiner engen Verflechtung mit dem deutschen Verwaltungsrecht und der deutschen Verwaltungsorganisation in die Darstellung einzubeziehen ist (s. dazu §§ 99f.).

III. Grundzüge der historischen Entwicklung der Verwaltungsorganisation in der Neuzeit

1. Die Ausbildung der staatlichen Behördenorganisation vom 15. bis zum Ende des 18. Jahrhunderts

Schrifttum: wie zu §§ 7 und 8; *Bieback*, Die öffentliche Körperschaft in der Epoche des Konstitutionalismus in Deutschland, 1976; *Conrad*, Deutsche Rechtsgeschichte,

II. 1966; *Hellbing,* Österreichische Verfassungs- und Verwaltungsgeschichte, 1956, §§ 24, 41–43, 55 II, 57 III, 60 II; *Hartung,* Studien zur Geschichte der preußischen Verwaltung I.: in: *Ders.,* Staatsbildende Kräfte der Neuzeit, 1961, 178–222; *Hubatsch,* Friedrich der Große und die preußische Verwaltung, 1973; *Oestreich,* Verfassungsgeschichte vom Ende des Mittelalters bis zum Ende des alten Reiches: *Gebhard-Grundmann,* Hdb. d. dt. Geschichte II, 8. Aufl. 1955, §§ 90ff., 103; *Rosenthal,* Geschichte des Gerichtswesens und der Verwaltungsorganisation Bayerns, 2 Bde, 1889/1906; *Voigt,* Verwaltung und Justizverfassung in Westpreußen unter Friedrich dem Großen, DVBl. 1973, 12; *Winterlin,* Geschichte der Behördenorganisation in Württemberg, 2 Bde, 1904.

Die Entstehung der modernen staatlichen Behördenorganisation ist ein Teilvorgang der Herausbildung des modernen Staates aus den Herrschaftsordnungen des Mittelalters. Sie ist Ausfluss und zugleich vorantreibendes Mittel einer verfassungsgeschichtlichen Entwicklung, deren Träger in Deutschland, anders als z.B. in Frankreich, aus mannigfachen politischen, sozialen, rechtlichen und ethnischen Gründen nicht das übergreifende politische Gemeinwesen des Reichs (regnum), sondern die ursprünglich diesem eingeordneten Territorien wurden. **97**

Am Anfang dieser Entwicklung stand im 13./14. Jh. die Landesherrschaft der sich dem Reich gegenüber verselbstständigenden Landesherren (Herzöge, unabhängige Grafen, Bischöfe, Äbte) als ein Gefüge verschiedener, auf unterschiedlichen Rechtstiteln beruhender, abgegrenzter Herrschaftssphären, die ohne institutionelle Verklammerung und Organisation nur in der Person des jeweiligen Landesherrn verbunden waren. Am Ende dieser Entwicklung stand zu Anfang des 19. Jh. die einheitliche und zentralisierte, geographisch, hierarchisch und ressortmäßig gegliederte, institutionelle Behördenorganisation des modernen Staates, die sich netzartig über das ganze Staatsgebiet erstreckte und vermöge ihrer rationalisierten bürokratischen (Aktenbetrieb, Bericht, Vorlage) und weisungsgebundenen Arbeitsweise ein wirksames Instrument der Planung, Ausführung und Aufsicht wie auch der vorsorgenden Sozialgestaltung geworden war. Dazwischen lag der in verschiedenen Stufen sich vollziehende allmähliche Aufbau und Ausbau von Ämtern und Behörden, ihre Institutionalisierung und organisatorische Trennung von der Person des Landesherrn, ihre Auffächerung, Ausgliederung und erneut zentralisierende Zusammenfassung zu bzw. unter gesamtstaatlichen Oberbehörden, um so die nur dynastisch verbundenen Landesteile zum einheitlichen, zentral gelenkten Staat zu verschmelzen. Die autogenen grundherrlichen und korporativen Herrschaftsbereiche der Stände wurden im Zuge dieser Entwicklung ausgehöhlt und in die unmittelbar „staatliche" Organisation einbezogen. Zugleich wurde ein fachlich geschultes, aus örtlichen Verflechtungen gelöstes, nur dem Dienst für Herrscher und Staat lebendes Berufsbeamtentum herausgebildet. **98**

Ausmaß und Intensität dieser Entwicklung waren in den einzelnen Territorien sehr unterschiedlich; besonders zielstrebig und vorbildhaft war sie in Brandenburg-Preußen und in den österreichischen Landen, zunächst auch in Bayern, während zahlreiche kleinere Territorien bis zum **99**

Ende des Hl. Reiches (1806) verfassungs- und organisationsmäßig nicht über die Stufe landeshoheitlich-ständischer Ordnung hinausgewachsen waren (insbes. Württemberg, Hannover, Mecklenburg und die geistlichen Territorien).

100 Der Weg zur ausgebildeten staatlichen Behördenorganisation ging in erster Linie über die Errichtung und den Ausbau von Zentralbehörden, zunächst für die Einzelnen, institutionell noch unverbundenen Landesteile, später für das gesamte Herrschaftsgebiet (den Staat) des Landesherrn. Dabei lassen sich – typisierend – folgende Stufen unterscheiden:

101 Aus der fallweisen Heranziehung gelehrter, idR bürgerlicher und landfremder Räte zur Beratung und Erledigung von Landesangelegenheiten entwickelte sich (etwa 15. Jh.) ein ständiger kollegialer Hofrat unter Leitung des Landesherrn als Zentralbehörde zur Erledigung der stetig zunehmenden Verwaltungs- und Justizangelegenheiten („Polizei", Vorbereitung von Landesgesetzen, Verkehr mit den Ständen, Billigkeitsrechtsprechung). Daneben wurde, zuerst von Maximilian I. in den österreichischen Landen, zur Verwaltung der landesherrlichen Einkünfte eine Rentei eingerichtet. Der Hofrat (in den habsburgischen Ländern: „Regiment", in Brandenburg-Preußen: „Ratsstube", sonst oft: „Regierung"), dessen Errichtung von den Landständen idR gebilligt, manchmal sogar im Interesse einer kontinuierlichen Landesverwaltung gefördert wurde, erledigte seine Aufgaben arbeitsteilig nach dem Ressortsystem und in zunehmender Selbstständigkeit gegenüber dem oftmals abwesenden Landesherrn. Aus der Überprüfung der Tätigkeit der Rentei durch einen Hofratsausschuss ging als selbstständige oberste Finanzbehörde die Hof- (Rait-, Rent- oder Amts-) Kammer hervor.

102 Neben der Regierung durch den Hofrat behielt sich der Landesherr wichtige Entscheidungen, insbes. in auswärtigen und Finanzangelegenheiten, zur autokratischen Erledigung in seiner Kammer (Arbeitszimmer) vor. Die Zunahme dieser Regierungsgeschäfte machte allmählich eine neue Institutionalisierung notwendig im Geheimen Rat, einem Kollegium der Kammerräte (Österreich 1527, Sachsen 1574, Bayern 1582, Brandenburg 1604), der idR unter Vorsitz, jedenfalls aber unter Vorbehalt der Entschließung des Landesherrn tätig wurde. Der Geheime Rat war in den größeren Territorien die Erste gesamtstaatliche Zentralbehörde mit Zuständigkeit für alle landesherrlichen Gebietsteile. In dem Maße, in dem er sich als Behörde verfestigte und durchsetzte, wurden die bisherigen Zentralbehörden der Landesteile (Regierungen, Hofkammer etc.) ihm untergeordnet und zT in ihrer Zuständigkeit beschränkt.

103 Durch das Anwachsen der zentralen Aufgaben der Lenkung und Vereinheitlichung wurde der Geheime Rat zunehmend verfachlicht und bürokratisiert. Der Landesherr zog sich aus ihm zurück und regierte nun, wie seine Ahnen aus der „Kammer", so jetzt mit dem Rat frei berufener Hofbeamter (Kabinettsräte) aus dem Kabinett (Kabinettsregierung, Kabinettsjustiz).

Vornehmlich in Brandenburg-Preußen wurde dies die Regierungsweise des absoluten Monarchen (durch Kabinettsordres und Schriftverkehr mit den kollegialen Behörden).

Der Geheime Rat selbst als die gesamtstaatliche Zentralbehörde bedurfte 104
wegen der wachsenden Intensität der polizeistaatlichen Verwaltung und der Aufbringung des großen Finanzbedarfs für das Heer ressortmäßiger Aufteilung (Preußen: Geheime Ratsordnung 1651) durch Ausgliederung bzw. Neuerrichtung selbstständiger oberster Zentralbehörden. Die dadurch begründeten Rivalitäten und Kompetenzkonflikte drängten zu neuer Vereinheitlichung, die über verschiedene Zwischenformen schließlich zum einheitlichen, ressortmäßig gegliederten Staatsministerium führte (Anfang 19. Jh.). In Preußen entstand 1689 die Geheime Hofkammer (seit 1713 Generalfinanzdirektorium) als oberste Behörde der Domänenverwaltung über den provinziellen Amtskammern, 1713 das Generalkriegskommissariat (Sicherung von Finanzbedarf und Versorgung des Heeres) mit großem Einfluss auf Finanz- und Wirtschaftspolitik. Friedrich-Wilhelm I. fasste 1723 diese beiden Behörden zum „General-Ober-Finanz-, Kriegs- und Domänendirektorium" (Generaldirektorium) als oberster Zentralbehörde für die gesamte Finanz- und Wirtschaftspolitik (einschl. der merkantilistischen „Policey") zusammen. Daneben bestand für die auswärtigen Angelegenheiten seit 1728 ein kollegiales Kabinettsministerium, für Justiz-, gerichtliche und Schulsachen seit 1735 ein eigenes Justizministerium (ab 1747 unter der Leitung des Großkanzlers). In Österreich entstand unter Maria Theresia eine einheitliche, fachlich gegliederte Zentralverwaltung für die deutschen und böhmischen Länder: Geheime Haus-, Hof- und Staatskanzlei (auswärtige Politik), oberste Justizstelle, österreichisch-böhmische Hofkammer (innere Verwaltung und Finanzen), Kommerzialdirektorium (Wirtschaftspolitik). Alle diese Behörden waren einander nebengeordnet und der Kaiserin unmittelbar untergeordnet.

Mit der festen Organisation gesamtstaatlicher Zentralbehörden (17./ 105
18. Jh.) bildeten sich in den größeren Territorien auch diesen nachgeordnete Provinzial-(Mittel-)behörden, vornehmlich aus den alten Zentralbehörden der Landesteile (Regiment, Regierung, Hof- und Amtskammer), vereinzelt auch durch neue Institutionalisierungen. So wurden in Brandenburg-Preußen die ursprünglich provinzial-ständischen kollegialen Regierungen, durch die Ausgliederung der Domänen- und Finanzverwaltung auf Rechtsprechung und einige Hoheits-, Kirchen- und Schulsachen beschränkt, zu Appellationsgerichten über den Stadt- und Patrimonalgerichten und zu erstinstanzlichen Gerichten für die privilegierten Stände; über ihnen standen das Kammergericht (urspr. „Regierung" der Mark Brandenburg) bzw. der Geheime Rat. Die kollegialen Hof- und Amtskammern und die im Zuge des Heeresaufbaus entstandenen Kriegskommissariate (Verwaltung und Sicherung der Kontributionen und [Heeres-] Steuern) wurden bei der Bildung des Generaldirektoriums zu Kriegs- und Domänenkammern

zusammengefasst und dem Generaldirektorium unterstellt. Vom fiskalischen Interesse her auch auf Polizei und Wirtschaftsleben ausgreifend (Merkantilismus), bildeten sie die eigentlichen Verwaltungsbehörden im Preußen des 18. Jh. In den österreichischen Ländern wurde im 18. Jh. die gesamte innere Verwaltung, einschl. der bis dahin ständischen Steuerverwaltung, den staatlichen Gubernien als Landes- (Provinzial-)Behörden unterstellt. Die Justiz hingegen wurde den Regimentern (Regierungen) überlassen.

106 Schwieriger war es, die staatliche Verwaltung in die Lokal- und Kreis-Stufen hinabzutragen. Hier traf der vereinheitlichende und zentralisierende Landesherr auf den unmittelbaren Widerstand der Stände, die mit ihren „Freiheiten" und dem „guten Recht" ihre althergebrachten korporativen (Städte) und grundherrlichen (Adel) Herrschaftsrechte über Land und Leute verteidigten. Der absolute Fürst vermochte deren traditionelle Rechtsstellung zwar fortschreitend auszuhöhlen und staatlicher Aufsicht unterzuordnen, zT auch mit der staatlichen Verwaltung zu verbinden, nie aber ganz zu beseitigen. In Preußen bestand die gutsherrliche Polizei bis 1872.

107 Eine unmittelbar staatliche lokale Verwaltung gab es allerdings in jenen Gebieten, in denen der Landesherr zugleich Grundherr, Burgherr, Stadtherr oder Vogt war. Auf diesem „unmittelbaren Staatsland" (Kammergut) entstanden schon früh Ämter als staatliche Gerichts- und Verwaltungsbehörden (Landfrieden!), deren Amtswalter (Amtleute) in beamtenähnlicher Bindung zum Landesherrn standen. Besonders ausgedehnt waren sie in Bayern, wo der Landesherr schon frühzeitig viele Lehns-, Amts- und Vogteirechte durch Heimfall erworben hatte, während diese in Brandenburg über das Domänengut nicht hinausreichten. Gegenüber den Städten wurden in Preußen seit dem 17. Jh. staatliche Aufsichts- und Hoheitsrechte durch die Steuerräte als staatlichen Kommissaren insbesondere zur Erhebung und Beitreibung der Akzise geltend gemacht; im 18. Jh. setzten sie sich vielfach gänzlich an die Stelle der im Zunftsgeist verkommenen autonomen Stadtverwaltungen, denen meist nur die Verwaltung des Gemeindevermögens und örtlich-integraler Angelegenheiten wie Brandschutz, Wege- und Wasserwesen verblieben waren. Die überörtliche, ständisch-ritterschaftliche Kreisverwaltung wurde in Österreich im 18. Jh. den Ständen entwunden und als staatliche Aufsichts- und Kontrollinstanz gegenüber Stadt- und Patrimonialobrigkeiten organisiert. In der Kurmark kam es hingegen im Wege eines Kompromisses zu einer Verbindung von staatlicher und ständischer Verwaltung, indem der ständische Kreisdirektor seit 1702 als Landrat zugleich staatlicher Kreiskommissar und damit staatliches Verwaltungs-(Policey-)Organ wurde.

2. Staatsverwaltung und Selbstverwaltung im 19. Jahrhundert

Schrifttum: Wie zu § 9; *Bauschinger,* Das Verhältnis von städtischer Selbstverwaltung und königlicher Polizei in München im 19. Jh. (Diss. Jur. Mchn) 1968; *Becker, E.*

Grundzüge der gemeindlichen Verfassungsgeschichte, 1941; *ders.*, Entwicklung der deutschen Gemeinden und Gemeindeverbände im Hinblick auf die Gegenwart: KomHdb. I., 62–112; *Bornhak*, Preußen – Behördenorganisation: WBStVR III. 176 sowie die übrigen Länderartikel ebd.; *Brundert*, Kommunale Selbstverwaltung als älteste Form bürgerschaftlicher Mitbestimmung: Festg. f. Kunze, 77–94; *Engeli/Haus*, Quellen zum modernen Gemeindeverfassungsrecht in Deutschland, 1975; *von Esch*, Der bayerische Landrat 1829–1848 (Diss. Jur. Erlangen) 1961; *Gneist*, Die heutige englische Kommunalverfassung und Kommunalverwaltung oder das System des Selfgovernment, 1860, 3. Aufl. 1871; *Hartung*, Studien zur Geschichte der preußischen Verwaltung II. u. III.: *Ders.*, Staatsbildende Kräfte der Neuzeit, 1961, 223–344; *Göz*, Das Staatsrecht des Königreichs Württemberg, 1908; *Hefter*, Die deutsche Selbstverwaltung im 19. Jh., 2. Aufl. 1969; *von der Gröben*, Landräte in Ostpreußen, 1972; *Huber, E. R.*, Deutsche Verfassungsgeschichte seit 1789, I. 1957, II. 1960, III. 1963; *Knemeyer*, Regierungs- und Verwaltungsreform in Deutschland zu Beginn des 19. Jh., 1970; *Knopp*, Die preußische Verwaltung des Regierungsbezirks Düsseldorf in den Jahren 1899–1919, 1974; *Krebsbach*, Die preußische Städteordnung von 1808, 1957; *Ramin*, Die Geschichte der Selbstverwaltungsidee seit dem Freiherrn vom Stein (Diss. jur. Mstr) 1972; *Schinkel*, Polizei und Stadtverfassung im frühen 19. Jh.: Staat 3 (1964) 315ff.; *Schmidt-Eichstaedt*, Staatsverwaltung und Selbstverwaltung bei Rudolf von Gneist: DV 1975, 345ff.; *Schneider, H.* Der preußische Staatsrat 1817–1918, 1952; *Schwab*, Die „Selbstverwaltungsidee" des Freiherrn vom Stein und ihre geistigen Grundlagen, 1971; *Thieme*, Zur Entstehung und Entwicklung der Kreisfreiheit: StTg 1974, 366ff.; *von Unruh*, Der Kreis, 1964, 72–149; *ders.*, Das Ringen um Reformen in Preußen: DöV 1969, 611 bis 614; *ders.*, Der Kreis im 19. Jh. zwischen Staat und Gesellschaft: *Croon u. a.*, Kommunale Selbstverwaltung, 1971, 91–110; *ders.*, Die kommunale Selbstverwaltung und ihr genetisches Modell: Fschr. f. Scupin 391–420; *Wöhrle*, Kreisdirektorien, Kreisregierungen, Landeskommissäre: BwVBl. 1971, 113ff.

Die Entwicklung der Verwaltungsorganisation im 19. Jh. ist durch zwei 108 Grundrichtungen gekennzeichnet. Auf der einen Seite wurde der Ausbau des modernen Staates und seiner Behördenorganisation, wie ihn die absoluten Fürsten betrieben hatten, zur Vollendung geführt. Die französische Revolution und das 19. Jh. setzten insoweit das Werk des Absolutismus kontinuierlich fort. Auf der anderen Seite suchte man den so vollendeten Staat wieder aufzulockern und mit dem Volke zu verbinden, u.a. durch die Schaffung und Anerkennung einer ausgedehnten kommunalen und regionalen Selbstverwaltung und durch die Beteiligung des Volkes an der staatlichen Verwaltung selbst. Die „bürgerliche Gesellschaft", die sich in der französischen Revolution vom absolutistischen Staat emanzipiert hatte, sollte in den konstitutionellen Staat integriert werden. Für die Verwaltungsorganisation ergab sich daraus ein Dualismus von (monarchisch-bürokratischer) Staatsverwaltung und (bürgerlicher) Selbstverwaltung, deren besonders in Preußen erstrebte institutionelle und personelle Verbindung nur unvollkommen gelungen ist.

Die staatliche Behördenorganisation erhielt ihre für das 19. Jh. bestim- 109 mende Gestalt im Wesentlichen durch die Verfassungs- und Verwaltungsreformen, die während und nach der napoleonischen Herrschaft in allen deutschen Staaten durchgeführt wurden. Teils an vorhandene Einrichtungen anknüpfend und diese weiterbildend, teils in Anlehnung an französische Vorbilder neugestaltend, entstand ein festes, den ganzen Staat als gleichförmige Einheit erfassendes Behördensystem als organisatorische Grundlage einer rationalen und planmäßigen Verwaltung.

110 Als oberste Zentralbehörden wurden, unter Abkehr von Kabinettsystem und Kollegialprinzip, selbstständige monokratische Fachministerien errichtet und in einem kollegialen Staatsministerium vereinigt (Bayern 1808 unter Montgelas, Baden 1809, Preußen 1808 und 1814/17, in voller Wirksamkeit erst nach Wegfall des Staatskanzleramts 1822, Württemberg 1819: nur Einzelministerien). Die Minister waren selbstständige Chefs ihrer bürokratisch organisierten Departements (Ministerien) und hatten unmittelbaren Verkehr mit dem Monarchen (Immediatstellung).

111 Die Zahl der Ministerien betrug idR fünf (sog. klassische Ministerien: Äußeres, Inneres, Justiz, Finanzen und Kriegswesen), in Preußen bald zwischen sieben und neun (bleibend seit 1817 Kultusministerium, seit 1819 Ministerium des königl. Hauses), in Württemberg wegen eines eigenen Ressorts für Kirchen- und Schulwesen sechs. Der kollegiale Charakter des Staats-(Gesamt)ministeriums blieb durch das ganze Jh. erhalten; das Amt des Ministerpräsidenten kam erst 1848 auf und gewährte lediglich die Stellung eines „primus inter pares“. Das Festhalten an der Immediatstellung (Vortragsrecht) der Minister durch Kaiser Wilhelm II. war der Anlass zur Entlassung Bismarcks im Jahre 1890.

112 In etlichen Staaten wurde zur Beratung des Monarchen in wichtigen Staatsgeschäften noch ein Staatsrat gebildet (Preußen und Bayern 1817, Hessen 1821, Sachsen 1831). Ihm gehörten bestimmte Mitglieder des regierenden Hauses, die Minister und sonst vom Monarchen berufene verdiente Staatsdiener, in Preußen auch die hohe Generalität, an. Zunächst von beachtlicher Wirksamkeit, insbesondere bei der Vorbereitung von Gesetzen, verlor er auf die Dauer neben Staatsministerium und Volksvertretung zunehmend an Bedeutung.

113 Den Ministerien nachgeordnet wurden in den größeren Staaten teils historisch-traditionell, teils geographisch-zweckhaft gebildete, weisungsabhängige regionale Mittelbehörden (in Preußen seit 1808/1815) „Regierungen“ in Baden 1809–1863 und in Bayern seit 1817 „Kreisregierungen“, in Sachsen 1835–1873 „Kreisdirektionen“, seitdem „Kreishauptmannschaften“). Im Unterschied zu den ressortmäßig gegliederten Ministerien fassten sie zunächst alle Angelegenheiten der inneren Zivilverwaltung zusammen. Ihre materielle Allzuständigkeit wurde jedoch durch die Errichtung mannigfacher Sonderbehörden zunehmend durchbrochen; z.B. Schul- und Medizinalkollegien, Konsistorien, Oberbergämter in Preußen; Obermedizinalrat, Forst- und Domänendirektion, Oberdirektion des Wasser- und Straßenbaus in Baden.

114 Der in Preußen 1815 für jede Provinz eingesetzte Oberpräsident war keine Mittelbehörde oder Zwischeninstanz zwischen Regierungen und Ministerien. Er hatte nur wenige Verwaltungszuständigkeiten, u.a. den Vorsitz in kollegialen Sonderbehörden für die Provinz, wie Schul- und

Medizinalkollegium, sowie – seit 1825 – eine allgemeine „Oberaufsicht“ über die Regierungen; in der Hauptsache war er politischer Vertreter des Königs und „ständiger Kommissar des Ministeriums“ in der Provinz.

Die preußischen Regierungen, in den alten Gebietsteilen aus den Kriegs- 115
und Domänenkammern erwachsen (die alten „Regierungen“ wurden nunmehr Oberlandesgerichte), gliederten sich seit 1815 in vier, später in drei kollegiale Abteilungen: Inneres, Kirchen- und Schulwesen, Domänen, Forsten und direkte Steuern, die viele Aufgaben selbstständig, ohne Bericht und Vorlage an das Ministerium, erledigen konnten. – Im Jahre 1880 wurde, im Zusammenhang mit der Errichtung der Bezirksausschüsse (s.u. IV b 1), der kollegiale Charakter der Abteilung I aufgehoben und sie dem Regierungspräsidenten monokratisch unterstellt.

Auch in Bayern waren die Kreisregierungen nach Abteilungen (Kam- 116
mern) und kollegial organisiert; neben die beiden Kammern des Innern und der Finanzen trat später als dritte Abteilung die Kammer der Forsten.

Die untere Stufe der staatlichen Verwaltung bildeten überall die (Land-) 117
Kreise (Baden: Amtsbezirke; Bayern: Bezirksämter, Württemberg: Oberämter; Sachsen: Amtshauptmannschaften), die sich lückenlos und gleichförmig über das ganze Staatsgebiet erstreckten und für alle Aufgaben der allgemeinen Verwaltung auf ihrer Ebene, insbesondere für die Polizei (in Baden bis 1857 auch für Justizangelegenheiten) zuständig waren. An der Spitze der (monokratischen) Kreisverwaltung stand der vom Monarchen (in Preußen auf Vorschlag der Kreisstände bzw. des Kreistages) ernannte Landrat (Oberamtmann, Bezirksamtmann, Amtshauptmann) als unmittelbarer Staatsbeamter.

In den größeren Städten (Bayern: unmittelbare Städte, Preußen: kreisfreie 118
Städte) wurden die Aufgaben der unteren staatlichen Verwaltungsbehörde ganz (Bayern) oder teilweise (Preußen) den Magistraten (Bürgermeistern) zur Erledigung nach staatlicher Weisung übertragen (sog. Auftragsangelegenheiten)

Einen Einblick in die Verwaltungsverhältnisse der damaligen Zeit ver- 119
mittelt der Verwaltungsbericht eines pr. Landrats um 1880, der mit folgendem Satz begann: „Das königliche Landratsamt hat im vergangenen Jahr aus dem königlichen Landrat und dem königlichen Sekretarius bestanden; zeitweise ist eine Hilfskraft beschäftigt gewesen.“

Eine allgemeine staatliche Verwaltungsbehörde unterhalb der Kreise gab 120
es nicht („Der preußische Staat hört beim Landrat auf“). Nur die Polizeiverwaltung erstreckte sich auch in die Lokalebene hinein, sog. Ortspolizeibehörde, insbes. in Preußen.

In den westlichen Provinzen Preußens wurden diese polizeilichen Aufga- 121
ben durch die Vorsteher der Ämter und Gesamtgemeinden (Amtmann in Westfalen, Bürgermeister im Rheinland), in Hessen-Nassau durch den Ortsbürgermeister wahrgenommen. In den östlichen Provinzen lagen sie noch

bis 1872 in den Händen der (idR adeligen) Gutsherren, sog. gutsherrliche Polizei, danach bei dem dafür geschaffenen Amtsvorsteher.

122 Neben die in dieser Weise ausgebildete staatliche Verwaltungsorganisation trat die der kommunalen und regionalen Selbstverwaltung.

123 Ihre Wiederbelebung und Neugestaltung sollte nach den Gedanken ihres Vorkämpfers, des Freiherrn Karl vom Stein, dazu dienen, den „Gemeinsinn" zu wecken, die Erledigung der eigenen öffentlichen Aufgaben auf die Selbsttätigkeit und Verantwortung der Bürger zu gründen und auf diese Weise aus ehedem bevormundeten Untertanen freie, an den öffentlichen Dingen tätigen Anteil nehmende Bürger eines erneuerten Staatswesens zu machen. Ausgangspunkt dieser Entwicklung war die Erneuerung der städtischen Selbstverwaltung, die zuerst in Preußen unter dem Freiherrn vom Stein verwirklicht wurde.

124 Die preußische Städteordnung vom 19. November 1808, erlassen als Teil des großen Steinschen Reformplanes (Nassauer Denkschrift v. 1807), beseitigte die staatlichen Steuerräte und übertrug die Verwaltung der städtischen Angelegenheiten der nur durch wenige Aufsichtsrechte beschränkten freien Selbstbestimmung der Bürger. Hauptorgan war die nach Stimmbezirken, nicht mehr nach Zünften, Korporationen o. ä. gewählte Stadtverordnetenversammlung, die in allen städtischen Angelegenheiten Beschluss fasste und ihrerseits – bei Vorbehalt staatlicher Bestätigung – den kollegialen Magistrat wählte; diesem oblag die Ausführung der gefassten Beschlüsse und die Erledigung der laufenden Geschäfte.

125 Die so erneuerte Selbstverwaltung bedeutete nicht die Wiederherstellung mittelalterlicher Stadtfreiheit; Gerichtsbarkeit, Polizei und Bürgerwehr blieben auch fortan staatliche Angelegenheiten. Die Stadt der Steinschen Städteordnung war nicht mehr völlig autonomes Gemeinwesen, sondern sich selbst verwaltende Körperschaft im modernen Staat.

126 Sie unterscheidet sich aber nicht minder von der Stadt des 20. Jh. Sie war Bürgergemeinde, deren Bürgerrecht von Geburt oder Aufnahme abhängig und an Grundbesitz oder (später) Vermögen bzw. Einkommen gebunden war. Die Schutzverwandten (Abhängige, Gesinde, auch akademische Berufe) entbehrten der spezifisch bürgerlichen und damit auch der politischen Rechte und Pflichten. Die Stadt war im Wesentlichen personenrechtliche Körperschaft mit besonderer öffentlicher Rechtsstellung, nicht aber gebietliche Institution innerhalb der staatlichen Verwaltungsorganisation.

127 In den süddeutschen Staaten wurde das in der Rheinbundzeit nach französischem Muster geschaffene etatistische Munizipalsystem bald nach 1815 zugunsten gemeindlicher Selbstverwaltung aufgegeben und wurden die Gemeinden sogar im Sinne der belgischen Lehre vom pouvoir municipal als „ursprüngliche", vom Staat unabhängige politische Einheiten verstanden. (Bayern: Gemeindeedikt v. 1818; Württemberg: Verwaltungsedikt v. 1822; Baden: Gemeindeordnung v. 1831). Am fortschrittlichsten war dabei das

württembergische Verwaltungsedikt, das auf Verlangen der Stände ein allgemeines Bürgerrecht einführte und den Gemeinden die Ortspolizei beließ.

In Württemberg und Baden enthielten die Gemeindeordnungen starke Elemente unmittelbarer Demokratie. Organe waren die Gemeindeversammlung aller Bürger (außer in großen Städten), der von der Bürgerschaft gewählte Bürgerausschuss, der gleichfalls unmittelbar gewählte Gemeinderat als das Verwaltungsorgan mit Vorrangstellung, sowie der auf einen Dreiervorschlag der Bürgerschaft staatlich ernannte Schultheiß (Bürgermeister), sog. süddeutsche Ratsverfassung. 128

In Bayern gab es den zunächst mittelbar gewählten Gemeindeausschuss und den von diesem gewählten Magistrat als Stadtvorstand, bei welchem, anders als nach der preußischen Städteordnung, das Schwergewicht der Zuständigkeiten lag. 129

Für die 1815 wieder- bzw. neu erworbenen westlichen Landesteile wurde in Preußen nach längeren Vorberatungen 1831 die sog. revidierte Städteordnung erlassen, die gegenüber der Städteordnung von 1808 einerseits die Stellung des Magistrats verstärkte (gleichberechtigtes Beschlussorgan – „Zweite Kammer" – neben der Stadtverordnetenversammlung) und etliche staatliche Beteiligungs- und Eingriffsrechte begründete (sog. Staatskuratel), andererseits die Gleichstellung von Bürgern und Schutzverwandten (Einwohnergemeinde) und ein Dreiklassenwahlrecht festlegte. 130

Wegen der gleichberechtigten Stellung von Magistrat und Stadtverordnetenversammlung hat sich für diesen Verfassungstyp der Ausdruck „echte Magistratsverfassung" eingebürgert, im Unterschied zur unechten Magistratsverfassung (Vorrang der Stadtverordnetenversammlung) der Städteordnung von 1808. An die Grundsätze der revidierten Städteordnung knüpften auch die 1853 für die östlichen Provinzen erlassene und die seit 1856 in den westlichen Provinzen neu eingeführten Städteordnungen an (Westfalen 1856, Schleswig-Holstein 1869, Hessen-Nassau 1897), die in ihren wesentlichen Zügen bis 1933 gültig blieben. Sie waren notwendig geworden, nachdem eine 1850 für die ganze Monarchie erlassene, sehr liberale Gemeindeordnung 1852 wieder sistiert worden war. 131

In der Rheinprovinz hat sich demgegenüber im ganzen 19. Jh. die aus der napoleonischen Zeit überkommene (echte) Bürgermeisterverfassung erhalten. Der Bürgermeister war danach der alleinige Leiter der Gemeindeverwaltung und zugleich Vorsteher der Stadtverordnetenversammlung (Städteordnung für die Rheinprovinz v. 1856 und GemO für die Rheinprovinz v. 1845 idF v. 1856). 132

Die Übertragung der Selbstverwaltung an die Landgemeinden hatte wegen der dort tiefergreifenden sozialen Wandlungen teilweise mit erheblichen Widerständen zu kämpfen. Verhältnismäßig schnell vollzog sich die Angleichung in den süddeutschen Staaten und im Rheinland, wo das französische Munizipalsystem die alten, herrschaftlichen Ordnungen beseitigt und gewachsene Verschiedenheiten eingeebnet hatte. Die Gemeindegesetze, die 133 hier galten, erstreckten sich mit geringen Abweichungen gleichermaßen auf Stadt- und Landgemeinden.

134 In Preußen hingegen galten (mit Ausnahme von Rheinland und Westfalen) noch §§ 18–86, 87–94 II 7 ALR über die Dorfgemeinden und die Gutsherrschaft, die den Rechtszustand des 18. Jh. kodifiziert hatten. Geplante Reformen scheiterten lange Zeit am Widerstand der bevorrechtigten Gutsherren. Erst die Landgemeindeordnung von 1891 hat die Verhältnisse der Landgemeinde endgültig auf der Grundlage der Selbstverwaltung neu geordnet.

135 Mehrere benachbarte kleine Landgemeinden waren im Rheinland zu Landbürgermeistereien, in Westfalen zu sog. Ämtern als Gesamtgemeinden zusammengeschlossen, die neben kommunalen Aufgaben vornehmlich staatliche Auftragsangelegenheiten wahrnahmen.

136 Auf der überörtlichen Ebene wurde eine Selbstverwaltung zunächst in den Kreisen geschaffen, teils in Anknüpfung an alte, idR ständische Einrichtungen (insbes. in Preußen), teils durch neu vollzogene Bildungen in Parallelität zu den unteren staatlichen Verwaltungsbezirken (so in Bayern [„Bezirke"], Hessen und Sachsen). Ihre Zuständigkeit war lange Zeit sehr begrenzt, sowohl im Verhältnis zur staatlichen Verwaltung als auch gegenüber den Gemeinden. Erst allmählich entwickelten sich die Kreise aus Korporationen oder Zweckverbänden mit vornehmlich passiver Leistungspflicht zu Kommunalverbänden mit aktiver Selbstverwaltung.

137 Seit dem pr Gendarmerie-Edikt vom 30. Juli 1812 hatten allerdings die aus Städten 2. Klasse und ländlichen Gemeinden gebildeten Kreise als Gemeindeverbände „dasjenige zu wirken, was in den Städten 1. Klasse geleistet wird, indem sie überall dort eintreten, wo die Befriedigung der ersten Bedürfnisse der öffentlichen Sozietät über die Kräfte ihrer Gemeinden hinausgeht oder ein höheres, mehr in das Staatsverhältnis eingreifendes Interesse zu gewähren ist". In Preußen war der staatliche Landrat zugleich Leiter der kommunalen Kreisverwaltung, zunächst allein, seit der Kreisreform von 1872 zusammen mit den vom Kreistag gewählten sechs Mitgliedern des Kreisausschusses, dessen Vorsitzender er war. Der Kreistag hatte dafür ein Vorschlagsrecht bei der Ernennung des Landrats.

138 In den übrigen Staaten hatten die kreiskommunalen Verbände (in Bayern: Distriktsgemeinden, in Württemberg: Amtskörperschaften) eine Repräsentationskörperschaft (Distriktsrat, Amts- bzw. Bezirksversammlung) und ein von dieser gewähltes, idR kollegiales Verwaltungsorgan (Distrikts-, Bezirksausschuss, Bezirksrat in Württemberg). In Baden gab es keine den Kreisen entsprechenden Kommunalverbände (s. *Jellinek,* § 4 III, IV 2.).

139 In Preußen, Bayern und Hessen wurden oberhalb der Kreise noch Provinzial- bzw. Bezirksverbände geschaffen, von denen allerdings nur die preußischen Provinzen zu staatspolitischer Bedeutung gelangten. Repräsentativorgane der preußischen Provinzen waren die 1823 errichteten, bis 1875 ständischen Provinziallandtage; sie bestellten den Provinzialausschuss

und wählten den Landeshauptmann (s. *Conrady,* Preußische Provinzialverbände und Landschaftsverbände in NW (Diss. jur. Mstr) 1975, 1–86).

Staats- und Selbstverwaltung standen nicht isoliert nebeneinander, sondern wurden auf verschiedene Weise institutionell und personell miteinander verbunden. **140**

Schon die Gesetzgebungen zu Beginn des 19. Jh. hatten den Städten und Landgemeinden nicht nur die Verwaltung ihrer eigenen Angelegenheiten eingeräumt, sondern sie zugleich auch für die Erledigung bestimmter staatlicher Aufgaben beansprucht, deren Durchführung idR dem Gemeindevorstand (Magistrat, Gemeinderat, Bürgermeister) oder doch einem Mitglied desselben übertragen wurde. Aus diesen staatlichen Angelegenheiten, die an Umfang stetig zunahmen, entwickelte sich der sog. „übertragene Wirkungskreis" von „Auftragsangelegenheiten" im Unterschied zum „eigenen Wirkungskreis" der freien und pflichtigen körperschaftlichen Selbstverwaltung. Innerhalb des übertragenen Wirkungskreises waren die Gemeinden bzw. das beauftragte (entliehene) Organ derselben unmittelbarer und unbeschränkter staatlicher Aufsicht und Weisung unterworfen und insofern der staatlichen Behördenorganisation eingegliedert. Der Staat bediente sich der Sachkunde, Ortsnähe und des Geschäftsbetriebs der kommunalen Verwaltung für seine Zwecke. **141**

Mit Ausnahme von Württemberg, wo sie eigene Gemeindeangelegenheit war, wurde die Ortspolizei überall als derartige übertragene Staatsaufgabe von den Gemeinden (Westfalen: Ämtern) erledigt, soweit nicht in größeren Städten staatliche Polizeidirektionen eingerichtet waren. **142**

In eine andere Richtung gingen die Reformen, die zunächst in Baden (1863–65), vornehmlich aber in Preußen (1872–83) unter dem Einfluss der Lehren und praktischen Vorschläge Rudolf v. Gneists durchgeführt wurden. Sie zielten darauf ab, (gebildete) Bürger als Ehrenbeamte an der staatlichen Verwaltung zu beteiligen, umso das Bürgertum in den monarchischen Staat zu integrieren und mit dessen Verwaltung unmittelbar zu verbinden. **143**

Im Hintergrund dieser Reformen stand Gneists Gedanke vom selfgovernment, worunter er nicht eine der staatlichen Verwaltung entgegengesetzte autonome Selbstverwaltung, sondern die verantwortliche Selbstregierung der Gesellschaft in staatlichen Ämtern und nach staatlichen Gesetzen verstand. Nur auf dieser Grundlage hielt er für Deutschland eine Parlamentsverfassung nach englischem Muster für sinnvoll, wie er überhaupt im öffentlichen Recht stets die Pflicht vor das Recht und das Amt vor die Wahl stellte. **144**

Im Unterschied zur kommunalen Selbstverwaltung hat sich für die Laienbeteiligung an der staatlichen Verwaltung der sehr mißverständliche Ausdruck „politische" oder auch „passive" Selbstverwaltung eingebürgert. S. u. § 84 IV a. **145**

In Preußen beseitigte die Kreisordnung von 1872 die gutsherrliche Polizei und Gerichtsbarkeit und übertrug die Erstere auf staatlich ernannte und **146** beaufsichtigte ehrenamtliche Amtsvorsteher als Leiter der neu gebildeten Amtsbezirke. Für die Kreise (1872), Regierungsbezirke und Provinzen (1875) wurden im Kreisausschuss, im Bezirksrat (seit 1883 Bezirksausschuss) und im Provinzialrat kollegiale Organe aus ehrenamtlichen Mitgliedern (Laien) geschaffen, die dem Landrat bzw. Regierungs- bzw. Oberpräsidenten beigeordnet waren und unter seinem Vorsitz als staatliche Behörden bestimmte staatliche Verwaltungsangelegenheiten, die sog. Beschlusssachen, erledigten. Kreis- und Beschlussausschuss wurden außerdem auch als Verwaltungsgerichte tätig.

147 Der Kreisausschuss, der vom kommunalen Kreistag gewählt wurde, war zugleich Organ der kommunalen Verwaltung im Kreis (s.o. III c). Die zunächst nur für die östlichen Provinzen geltenden Reformen fanden im Landesverwaltungsgesetz und im Zuständigkeitsgesetz, beide von 1883, ihre abschließende Regelung und sind in dieser Form auch in den westlichen Provinzen eingeführt worden (1884–88).

148 Ansätze zu einer solchen Heranziehung von Bürgern zu ehrenamtlicher Mitarbeit in der staatlichen Verwaltung finden sich schon vor *Gneist.* So wurde in Hessen durch Gesetz v. 31. Juli 1949 (RegBl. 217) den aus Berufsbeamten bestehenden Bezirksverwaltungsbehörden (Regierungskommissionen) ein aus 12–24 Bürgern gebildeter Bezirksrat zur Seite gestellt, der neben beratenden und bestimmten verwaltungsrichterlichen Funktionen auch entscheidende Verwaltungsbefugnisse besaß. In Preußen bestanden bereits 1850–53 Bezirksräte, die sich maßgeblich aus den von Provinzialversammlungen und den Kreisen gewählten Laien zusammensetzten (s. prG v. 11. März 1850). Durch Gesetz v. 5. Okt. 1863 (RegBl. 399) wurde schließlich auch in Baden für die Bezirksämter ein Bezirksrat aus sechs bis neun ehrenamtlichen Laienmitgliedern gebildet, der als Beschlussbehörde und untere Instanz der damals neugebildeten Verwaltungsgerichtsbarkeit tätig wurde. Unter dem Einfluss der preußischen Reformen führten dann Hessen (nach zunächst wieder rückläufiger Entwicklung) 1874 erneut und Württemberg (1906/07 im Bezirksrat) eine bürgerschaftliche Beteiligung an der staatlichen Verwaltung ein.

149 Zu einem organischen Einordnungsverhältnis zwischen Staats- und Selbstverwaltung, wie es dem Freiherrn vom *Stein* vorgeschwebt hatte, ist es gleichwohl nicht gekommen. Das „liberale" Bürgertum verstand die kommunale Selbstverwaltung als seine freiheitliche Kampfposition gegen die autoritäre staatliche Beamtenverwaltung und suchte in ihr sein vorzügliches Betätigungsfeld. Der staatlichen Verwaltung stand es das ganze Jh. hindurch fremd und abwehrend gegenüber. Der Versuch, vermittels des Selfgovernments dieses Bürgertum als die tragende Schicht der „Gesellschaft" in den monarchischen Staat zu integrieren, vermochte nicht die durch Jahrhunderte gewachsene bürokratische staatliche Verwaltung strukturell zu verändern, und der politische Sinn des Bürgertums ging mehr auf die Freiheit vom als auf die Verantwortung für den monarchischen Staat.

3. Die Behördenorganisation des Deutschen Reiches (seit 1871) und der Länder 1919 bis 1949

Schrifttum: wie zu §§ 9 u. 10; *Bernhardt,* Die gemeindliche Gebietsreform und das Selbstverwaltungsrecht. Eine vergleichende Studie über die Reformbestrebungen der Weimarer Republik, des Dritten Reiches und Nordrhein-Westfalens (Diss. jur. Mstr) 1972; *Bühler,* Übersicht über die Behördenorganisation des Reiches: HdbDStR I. § 58; *Forsthoff,* I. § 24 b; *Herzfeld,* Demokratie und Selbstverwaltung in der Weimarer Epoche, 1957; *Herzog,* Besatzungsregime: EvStL 191–197; *Hofmann,* Zwischen Rathaus und Reichskanzlei, 1974; *Huber, E. R.,* Deutsche Verfassungsgeschichte seit 1789 III. (1963) u. IV. (1969); *Jellinek* § 4; Rasch-Patzig 57–65; *Klein,* Neues Deutsches Verfassungsrecht, 1949; *Kratz,* Mittelrhein-Saar, 1954; *Lassar,* Die reichseigene Verwaltung unter der Weimarer Verfassung: JöR 14, 1 ff.; *Laue,* Die Entwicklung des Post- und Fernmeldewesens seit der Gründung des Deutschen Reiches: DVBl. 1971, 26–30; *Maunz,* Staatsrecht §§ 1 u. 2; *Medicus,* Reichsverwaltung: JöR 20, 1 ff.; *Meyer, G.,* Lehrbuch des Deutschen Staatsrechts, 7. Aufl., bearb. v. Gerhard Anschütz, 1914–19, §§ 134–137; *Morsey,* Die oberste Reichsverwaltung unter Bismarck, 1957; *Morsey,* Zur Geschichte der obersten Reichsverwaltung im Wilhelminischen Deutschland (1890–1900): DVBl. 1971, 8–16; *Schöne,* Von der Reichskanzlei zum Bundeskanzleramt, 1968; *v. Unruh,* Rückblick auf eine Verwaltungsreform [1945 ff.]: DV 1969, 365–372; *Wagener,* Neubau der Verwaltung, 1969, 104–113; *Weber, W.* Der gegenwärtige Verwaltungsaufbau Deutschlands, 1948.

a) Reichsbehörden bis 1932

Neben und über der Verwaltungsorganisation der deutschen Einzelstaaten sind schon im Kaiserreich die Anfänge einer reichseigenen Verwaltung entwickelt worden. **150**

Eine kollegiale Reichsregierung, entsprechend den Staatsministerien in den Einzelstaaten, gab es im Reich nicht. An der Spitze der Reichsverwaltung stand der Reichskanzler mit dem Reichskanzleramt als der Einzige verantwortliche Reichsminister. Ihm untergeordnet waren etliche, z.T. aus dem Reichskanzleramt ausgegliederte Reichsämter, die funktionell den Ministerien entsprachen, ohne jedoch ministerielle Selbstständigkeit zu haben (Auswärtiges Amt, Reichsamt des Innern, Reichsjustizamt, Reichsschatzamt, Reichseisenbahnamt, Reichspostamt u.a.). Daneben gab es für bestimmte Verwaltungszweige reichseigene Zentralbehörden, die verwaltungsbehördliche und verwaltungsgerichtliche Tätigkeit in sich vereinigten, so z.B. das Reichsversicherungsamt, das Bundesamt für das Heimatwesen, das Reichspatentamt, das Reichsoberseeamt. **151**

Die Leiter der dem Reichskanzler unterstellten Reichsämter, meist Staatssekretäre, waren Berufsbeamte; seit dem StellvertreterG v. 1878 (RGBl. 7) konnten sie für ihren Sachbereich mit der Vertretung des Reichskanzlers in der Gegenzeichnung beauftragt werden. – Für etliche Angelegenheiten bediente sich das Reich preußischer Behörden, so des prKriegsministeriums für das Heerwesen, der prStaatsschuldenverwaltung und der prOberrechnungskammer als Rechnungshof des Deutschen Reiches (in spezieller Besetzung). **152**

Einen reichseigenen Verwaltungsunterbau gab es lediglich für den Auswärtigen Dienst, die Postverwaltung, die Marine und das Kolonialwesen sowie im Reichsland Elsass-Lothringen. **153**

154 Bereits während des ersten Weltkrieges, insbes. aber in seiner Folge während der Geltung der Weimarer Reichsverfassung wurde die Reichsverwaltung auf Kosten der Länder vermehrt und organisatorisch ausgebaut.

155 Die WRV schuf eine parlamentarisch verantwortlich, kollegiale Reichsregierung, die aus dem Reichskanzler und den Reichsministern bestand. Eine reichseigene Verwaltung mit eigenem Unterbau sah die Verfassung neu vor für die Reichswehr, für die Eisenbahn und für die Reichswasserstraßen, für die Post sowie für Zölle und Verbrauchsteuern. Darüber hinaus wurde durch die sog. Erzbergersche Finanzreform (G v. 10. Sept. 1919) für alle Reichssteuern und Zölle eine eigene Reichsfinanzverwaltung geschaffen.

156 Die Zahl der Reichsministerien war schwankend; bleibende Ministerien waren diejenigen für Auswärtige Angelegenheiten, für Inneres, für Finanzen, für die Justiz, für die Reichswehr, für Verkehr, für Wirtschaft, für Arbeit, für Ernährung und für die Post. In den Krisenjahren der Republik wurden im Übrigen vielfach durch NotVO des Reichspräsidenten besondere Staatskommissare für Spezialaufgaben geschaffen, so z.B. für öffentliche Ordnung, für Ortshilfe, für das Bankgewerbe, für das Kleingewerbe, für freiwilligen Arbeitsdienst, für Preisüberwachung und nicht zuletzt ein Reichssparkommissar.

157 Mittelbehörden der reichseigenen Verwaltung waren u.a. die Wehrkreisverwaltungsämter, die Reichsbahndirektionen, die Oberpostdirektionen, die Hauptversorgungsämter und die Landesfinanzämter. Die Arbeitsverwaltung (Landesarbeitsämter und Arbeitsämter) unterstand nicht unmittelbar dem Arbeitsministerium, sondern einer besonderen rechtsfähigen Reichsanstalt für Arbeitsvermittlung und Arbeitslosenversicherung (1927).

158 Unterbehörden der reichseigenen Verwaltung waren neben unregelmäßig errichteten Ämtern der Wehrmacht die Postämter, die Versorgungsämter, die Finanzämter und die Hauptzollämter mit Zollämtern und Zollinspektionen für die gesonderte Verwaltung der Zölle und Verbrauchsteuern.

b) Die Behördenorganisation der Länder 1919 bis 1932

159 Die Behördenorganisation der staatlichen Verwaltung behielt in allen Ländern im Wesentlichen die Gestalt, die durch die verschiedenen Reformen des 19. Jh. geschaffen worden war.

160 In Bayern wurden 1918 und 1920 die bislang kollegialen Kreisregierungen zu monokratischen Behörden umorganisiert. In Württemberg wurde 1924 die staatliche Mittelinstanz abgeschafft. In dem aus zahlreichen Kleinstaaten neu gebildeten Land Thüringen wurde die Verwaltung unterhalb der Ministerien auf staatliche Kreisämter dekonzentriert.

161 Im Bereich der kommunalen Selbstverwaltung blieben die bisherigen Gemeinde- und Kreisordnungen in Kraft; lediglich die Repräsentativorgane wurden, soweit notwendig, der demokratischen Staatsform angepasst (z.B. die pr. Kreistage 1925).

Im Jahre 1920 wurde die Stadt Berlin durch Zusammenschluss von 8 Stadtgemeinden, 59 Landgemeinden und 27 Gutsbezirken sehr erheblich vergrößert und fortan als teils zentralisierte, teils dezentralisierte Stadtgemeinde mit Selbstverwaltung der unmittelbaren Aufsicht des Ministers des Innern unterstellt. Die unmittelbar staatlichen Funktionen versah der Polizeipräsident. – Die Kreise und kreisfreien Städte des rheinisch-westfälischen Kohlenbezirks wurden 1920 zum Siedlungsverband Ruhrkohlenbezirk zusammengefasst, der seitdem alle mit dem Siedlungswesen verbundenen Selbstverwaltungsangelegenheiten (Fluchtlinien- und Bebauungspläne, Erholungsgebiete, Verkehrswesen) mit Verordnungszuständigkeit koordiniert. Die diesbezüglichen Zuständigkeiten der Regierungspräsidenten wurden vom Verbandspräsidenten (seit 1947 vom Minister für Wiederaufbau – Außenstelle Essen –, seit 1961 von der Landesbaubehörde Ruhr) als unmittelbarer Staatsbehörde wahrgenommen. Zur Geschichte des Siedlungsverbandes Ruhrkohlenbezirk (s. *Steinberg*, DV 1968, 165ff.). 162

1926, 1928 und 1929 wurde das rheinisch-westfälische Industriegebiet auch im Übrigen durch Eingemeindungen und kommunale Neubildungen neu geordnet. 163

c) Der Verwaltungsaufbau im nationalsozialistischen Einheitsstaat 1933 bis 1945

Durch das sog. Neuaufbaugesetz von 1934 wurde alle Verwaltung der Länder zu zentral gelenkter Reichsverwaltung; die im Wesentlichen bestehen bleibende Behördenorganisation der Länder wurde „gleichgeschaltet". 164

Die Landesregierungen wurden unter Reichsstatthaltern zur Reichsmittelbehörden, deren Kompetenzen denen der pr. Oberpräsidenten angeglichen wurden; die preußischen Zentralbehörden wurden – außer dem FinM – mit den entsprechenden Reichsbehörden vereinigt. 165

In unmittelbare Reichsverwaltung übernommen wurden die Justiz (1934), das Bergwesen (1938) und vor allem die Polizei unter dem Reichsführer SS und Chef der Deutschen Polizei, der insoweit Kabinettsrang hatte, aber dem Reichsinnenministerium angegliedert war. Neu geschaffen wurden u.a.: Der Beauftragte für den Vierjahresplan (mit Anweisungsbefugnis gegenüber allen Ressorts), das Reichsluftfahrtministerium, der Reichsminister für Volksaufklärung und Propaganda, der Reichsminister für die kirchlichen Angelegenheiten, das Reichsforstamt, der Reichsjugendführer und der Reichskommissar für die Preisbildung. 166

Allgemeine untere staatliche Verwaltungsbehörde war einheitlich der nun auch in Süddeutschland eingeführte staatliche Landrat. 167

Die Deutsche Gemeindeordnung von 1935 ersetzte die demokratische kommunale Selbstverwaltung durch die monokratische „Führung" des vom Beauftragten der NSDAP berufenen (Ober-)Bürgermeisters, der an die Beschlüsse eines ebenfalls von der Partei berufenen Beirates nicht ge- 168 bunden war (dazu *Matzerath,* Nationalsozialismus und kommunale Selbstverwaltung, 1969).

169 Die bestehenden und vielfach neu geschaffenen öffentlichen (meist Zwangs-)Körperschaften, Anstalten und Stiftungen dienten der Disziplinierung der Erfassten und wurden als Träger „mittelbarer Staatsverwaltung" verdichteter staatlicher Aufsicht und z.T. auch staatlicher Lenkung unterworfen (*Weber, W.:* JuJb 8 [1967/68] 144 ff.).

d) Die Behördenorganisation unter der Herrschaft der Besatzungsmächte 1945 bis 1949

170 Mit dem Zusammenbruch des Jahres 1945 ging die Ausübung der deutschen Staatsgewalt an die alliierten Besatzungsmächte über. An die Stelle der Reichs- und preußischen Zentralbehörden traten ein Kontrollrat sowie in den Besatzungszonen der jeweilige Militärbefehlshaber. Die Behörden der Orts- und Mittelstufe blieben erhalten und wurden unter unmittelbarer Leitung der Besatzungsmächte tätig, die ihrerseits einen durchgängigen Verwaltungsapparat von der Zentralverwaltung ihrer Zone hinab bis zu Parallelstellen der Einzelnen deutschen Behörden einrichteten.

171 Die Rückübertragung der Ausübung der staatlichen Gewalt in deutsche Hände erfolgte erst allmählich und stets unter bestimmten Vorbehalten; sie ging von unten nach oben vor sich, zuerst für die gemeindliche (1946), dann für die Länder- (1947) und schließlich für die Bundesverwaltung (1949). In der sowjetischen Besatzungszone ging die Entwicklung eigene Wege (*Foelz-Schröter,* Föderalistische Politik und nationale Repräsentation 1945–1947, 1974).

172 Der Verwaltungsaufbau in den vier Besatzungszonen wurde zunächst in den Grundzügen gleichartig organisiert. In allen Besatzungszonen wurden Länder wieder oder neu errichtet, deren Regierungen zunächst von den Besatzungsbehörden eingesetzt, nach den ersten Landtagswahlen (1946/47) von den Landtagen gebildet wurden.

173 In der sowjetischen Zone wurden die fünf Länder: Sachsen (mit Rest-Schlesien), Thüringen, Sachsen-Anhalt, Brandenburg und Mecklenburg (mit Rest-Pommern) gebildet; in der britischen Zone die Länder Schleswig-Holstein, Niedersachsen (Provinz Hannover mit Braunschweig, Oldenburg und Schaumburg-Lippe), Nordrhein-Westfalen (mit Lippe) und der Stadtstaat Hamburg; in der amerikanischen Zone die Länder Bayern, Württemberg-Baden und Hessen sowie der Stadtstaat Bremen; in der französischen Zone die Länder Baden, Württemberg-Hohenzollern und Rheinland-Pfalz (aus der bay. Pfalz, Teilen der Rheinprovinz und der Provinz Hessen-Nassau, sowie den linksrheinischen Gebieten des Landes Hessen-Darmstadt).

174 Oberhalb der Länder wurden zoneneinheitliche Zentralinstanzen gebildet, jedoch je nach den Dezentralisationsabsichten der betreffenden Besatzungsmacht mit sehr unterschiedlichen Befugnissen und Organisationsformen.

175 So entstanden in der sowjetischen Zone schon 1945 überwiegend beratend und planend tätige deutsche Zentralverwaltungen für Volksbildung, Justiz, Gesundheitswesen, Verkehr, Post, Handel, Industrie, Landwirtschaft, Finanz, Arbeit u.a.; sie wurden 1947 – mit Ausnahme der Verwaltungen für Bildung, Justiz, Gesundheit und Inneres – in der sog. Ständigen Wirtschaftskommission zusammengefasst.

176 In der britischen Zone wurden für die Aufgaben der wichtigsten früheren Reichszentralbehörden einheitliche Zentralverwaltungen geschaffen, die auch RechtsVOen erlassen konnten, so z.B. das Zentral-Justizamt, die Zentralämter für Arbeit, Wirtschaft, Ernährung und Landwirtschaft, die Reichsbankleitstelle. Zur politischen Repräsentation wurde ein sog. Zonenbeirat von den beteiligten Landtagen gebildet, der jedoch bei den Gesetzgebungsakten der Besatzungsmacht oder der deutschen Zentralverwaltung lediglich beratend und koordinierend mitwirken konnte.

177 In der amerikanischen Zone gab es nur einen (staatenbündischen) koordinierenden Rat der Ministerpräsidenten, den sog. süddeutschen Länderrat, dessen Beschlüsse jeweils erst von den einzelnen Ländern als Landesrecht erlassen werden mussten, um allgemeine Verbindlichkeit zu erlangen.

178 Die französische Zone hatte zoneneinheitliche Behörden nur auf Nebengebieten wie der Post- und Sozialversicherungsverwaltung, während die wirtschaftlichen Zentralaufgaben durch die Besatzungsmacht selbst wahrgenommen wurden.

179 Innerhalb der Länder wurde die überkommene Behördenorganisation der Mittel- und Unterstufe im Allgemeinen beibehalten, mit Ausnahme der früheren preußischen Provinzialbehörden und der Länder der sowjetischen Zone, in denen die Mittelbehörden 1947 abgeschafft wurden und der Unterschied von Staats- und Selbstverwaltung zugunsten eines zentral gelenkten Verwaltungssystems der Gemeinde- und Kreisräte entfiel.

180 In den Ländern der britischen und amerikanischen Zone wurden jedoch die Aufgaben der unteren staatlichen Verwaltungsbehörde nicht mehr vom staatlichen Landrat erledigt, sondern den Landkreisen und Städten bzw. deren Vorständen als Auftragsangelegenheiten übertragen. Nur in den Ländern der französischen Zone blieb der staatliche Landrat (in Rheinland-Pfalz bis heute) erhalten.

181 Mit Ausnahme der sowjetischen Zone wurde überall die kommunale Selbstverwaltung auf demokratischer Grundlage wieder neu belebt. In den Gemeinden und Kreisen der britischen Zone galt die monistische Ratsverfassung der rev. DGO v. 1946 mit völliger Abhängigkeit der Hauptverwaltungsbeamten (Gemeinde-, Stadt-, Oberstadt-, Oberkreisdirektor) vom direkt gewählten Gemeinderat bzw. Kreistag (dazu *Galette,* Die Neuordnung des Verfassungsrechts der deutschen Landkreise in der britischen Zone, 1948). In den Ländern der amerikanischen und der französischen Zone ergingen Einzelregelungen für jedes Land, die sich stark an die demokratisierte DGO anlehnten.

182 Als höhere Kommunalverbände blieben Provinzialverbände lediglich in Westfalen und in Kurhessen erhalten, während in der Pfalz und in Hohenzollern solche aus historischen Gründen wieder errichtet wurden.

183 Die drei westlichen Zonen wurden ab 1947 durch die Besatzungsmächte schrittweise zu einem einheitlichen Wirtschaftsgebiet zusammengeschlossen.

184 Für das Gebiet der britischen und der amerikanischen Zone entstand ein „Wirtschaftsrat für das Vereinigte Wirtschaftsgebiet“, der aus einer von den Landtagen gewählten Vertretung, einem Verwaltungsausschuss und fünf Direktoren der Verwaltungszweige bestand (Ernährung und Landwirtschaft, Verkehr, Wirtschaft, Finanzen und Post- und Telegraphenwesen).

185 Dieser Wirtschaftsrat wurde 1948 zu einer „Verwaltung des Vereinigten Wirtschaftsgebietes“ umgebildet, die Rechtspersönlichkeit und ein eigenes Organisationsstatut erhielt. Zugleich schuf man ein zweites, föderatives Vertretungsorgan, den Länderrat, und als Verwaltungsspitze einen „Oberdirektor“. Die Verwaltungsressorts wurden um eine Arbeitsverwaltung und eine Notenbank (Bank Deutscher Länder) vermehrt.

186 Die französische Zone wurde im Zuge der Währungsreform (Juni 1948) ohne Beteiligung an den erwähnten Behörden dem vereinigten Wirtschaftsraum angeschlossen („Währungsgebiet“). Erst mit Inkrafttreten des Grundgesetzes wurde sie auch rechtlich mit den beiden anderen westlichen Zonen vereinigt.

187 In der sowjetischen Zone wurde die 1947 in Zusammenfassung der Zentralverwaltungen gebildete Ständige Wirtschaftskommission als „Deutsche Wirtschaftskommission“ straffer organisiert und mit eigener vorrangiger Rechtsetzungskompetenz ausgestattet. 1949 nahm der nach einer Einheitsliste gewählte „Deutsche Volkskongress“ die erste Verfassung der „Deutschen Demokratischen Republik“ an. Sie wurde in den folgenden Jahren durch verfassungsgleiche Gesetze erheblich umgestaltet.

188 Im Jahre 1952 wurden die fünf Länder beseitigt und an ihrer Stelle vierzehn Bezirke geschaffen, die dem „System der staatlichen Leitung“ völlig eingefügt sind. 1958 wurde auch die bisherige Länderkammer aufgelöst. Damit begann der Übergang von der „antifaschistisch demokratischen“ zur sog. „volksdemokratischen“ Ordnung zum „Aufbau des Sozialismus“.

189 Die Verfassung der DDR als eines „sozialistischen Staates deutscher Nation“ vom 6. April 1968 „vollendet den Aufbau der Grundlagen des Sozialismus“. Nach ihr gliederte sich der Einheitsstaat in Bezirke, Kreise, Städte, Stadtbezirke, Gemeinden und Gemeindeverbände. In jeder dieser „administrativ-territoriale Einheiten“ gab es eine gewählte Volksvertretung, die als „Organ der Staatsmacht“ für alle Angelegenheiten des betreffenden Gebietes zuständig war (Art. 81). „Zur Wahrnehmung ihrer Verantwortung“ wählten diese Volksvertretungen ihre nach Verwaltungs- und Wirtschaftszweigen gegliederten Räte (Bezirks-, Kreis-, Stadt-, Gemeinderäte) und Kommissionen als vollziehende und verfügende Organe, die nicht nur von den jeweiligen Volksvertretungen abhängig, sondern nach dem Prinzip der

„doppelten Unterstellung" (sog. „demokratischer Zentralismus" als „tragendes Prinzip des Staatsaufbaus" – Art. 47 II –) auch den jeweils höheren Räten strikt untergeordnet waren (Art. 83).

Der höchste Rang im „System der staatlichen Leitung" kam nach dem Wortlaut der Verfassung der nach einer Einheitsliste der „Nationalen Front" zusammengesetzten Volkskammer als „oberstem staatlichen Machtorgan" und „einzigem verfassungs- und gesetzgebenden Organ in der DDR" zu. Sie entschied über die „Grundfragen der Staatspolitik" nach dem „Grundsatz der Einheit von Beschlussfassung und Durchführung" (Art. 48). Daher wählte sie auch die Vorsitzenden und die Mitglieder des Staats- und des Ministerrates, den Vorsitzenden des Nationalen Verteidigungsrates, den Präsidenten und die Richter des Obersten Gerichts und den Generalstaatsanwalt (Art. 50). 190

Zwischen den Tagungen der Volkskammer erfüllte als deren „Organ" der Staatsrat „alle grundsätzlichen Aufgaben, die sich aus den Gesetzen und Beschlüssen der Volkskammer ergeben" (Art. 66). Unter Leitung seines Vorsitzenden (Art. 69) war er das Organ, in dem sich die staatliche Macht konzentrierte. Er nahm die eigentlichen Regierungsfunktionen wahr, soweit nicht schon im Sekretariat des Zentralkomitees und im Politbüro der SED die maßgebenden Entscheidungen getroffen wurden. Im Sinne des Prinzips der Gewaltenvereinigung besaß der Staatsrat die Befugnis, jene „grundsätzlichen Aufgaben", nämlich die Verwirklichung der staatlichen Planung, durch rechtsverbindliche Erlasse und Beschlüsse zu regeln und die Verfassung und die Gesetze verbindlich auszulegen (Art. 71). Ihm unterstanden der Nationale Verteidigungsrat (Art. 73). Das Oberste Gericht und der Generalstaatsanwalt unterlagen seiner ständigen Aufsicht (Art. 74). Schließlich versah er die Funktionen des Staatsoberhaupts, sein Vorsitzender vertritt die DDR völkerrechtlich (Art. 66 II). Die oberste Stelle im Verwaltungssystem der Räte nahm der Ministerrat, das Kollegium der obersten Behördenchefs, ein. Er war unter dem Staatsrat oberste Verwaltungsspitze mit vorwiegend wirtschaftsleitenden Aufgaben (Art. 78/79). Die eigentlichen Regierungsbefugnisse wurden ihm genommen. Es gab weder eine Verfassungs- noch eine Verwaltungsgerichtsbarkeit. 191

4. Überblick über die Behördenorganisation in der Bundesrepublik Deutschland

a) Überblick über den Aufbau der Bundesverwaltung

(1) Struktur und Systematik der Bundesverwaltung

Im Einzelnen können folgende Erscheinungsformen der **bundeseigenen** 192
Verwaltung unterschieden werden: (s. auch *Loeser*, S. 115ff.):

- Die obersten Bundesbehörden als Verwaltungsspitzen der Bundesverwaltung;
- die Bundesbehörden der Mittelstufe und Bundesbehörden der Unterstufe;

- öffentliche Bundeseinrichtungen als nichtrechtsfähige Anstalten des öffentlichen Rechts;
- Sondervermögen des Bundes;
- Bundesbetriebe;
- Beiräte;
- Beauftragte
- Projektgruppen
- pluralistische Entscheidungsgremien.

193 Als zweite Ebene fungiert die sog. **mittelbare Bundesverwaltung,** die durch rechtliche Selbstständigkeit und größere Eigenständigkeit gekennzeichnet ist, aber auch Aufgaben des Bundes wahrnimmt (dazu *Loeser,* S. 127ff.).

194 Das gilt auch für die vom Bund gegründeten und beherrschten **privatrechtlichen Organisationen,** die je nach ihrer Zuordnung zu einem Träger der bundeseigenen Verwaltung oder der mittelbaren Bundesverwaltung als unmittelbare oder mittelbare Bundes-Privatverwaltung qualifiziert werden können (vgl. Loeser, S. 139ff.).

(2) Die Bundesministerien und die ihnen zugeordneten Behörden und sonstigen Organisationseinheiten

195 Eine Übersicht über die Bundesverwaltung kann sich an zahlreichen Ordnungskriterien ausrichten. Viele Darstellungen orientieren sich an der Unterscheidung von unmittelbarer und mittelbarer Bundesverwaltung, an den verschiedenen Ebenen sowie an der Rechtsform. Da diese Unterscheidungen bei der späteren Analyse der verfassungsrechtlichen Vorgaben und der rechtlichen Strukturen der Ministerialverwaltung aufgegriffen und vertieft werden, soll an dieser Stelle ein Überblick anhand der Sachmaterien gegeben werden. Zu diesem Zweck wird vorrangig an die Ressortsystematik angeknüpft. Als Bundesbehörde außerhalb der Ressortsystematik angesiedelt ist der Bundesrechnungshof. Nicht ausdrücklich angeführt wird der Bereich der Gerichtsverwaltung, da dieser im Schwerpunkt nicht dem Bereich der Verwaltungsorganisation zuzuordnen ist.

(a) Bundeskanzleramt

196 Dem **Bundeskanzleramt** als Verwaltungsbehörde des Bundeskanzlers sind folgende weiteren Verwaltungsbereiche zugeordnet:

197 Das Presse- und Informationsamt der Bundesregierung ist für die Koordination des Nachrichtenzuflusses zuständig. Es hält alle erforderlichen Verbindungen zu den Nachrichtenträgern des In- und Auslandes und hat dabei die modernsten technischen Mittel zur Verfügung. Darüber hinaus hat das Amt die Aufgabe, die Bevölkerung über die politische Arbeit der Bundesregierung zu informieren und die politische Meinung der Bevölkerung zu erforschen. Zudem erfolgt eine Zusammenarbeit mit dem Auswärtigen Amt, um auch dem Ausland ein Bild von den Tätigkeitsbereichen der Bundesregierung zu vermitteln.

Der Bundesnachrichtendienst ist der Auslandsnachrichtendienst der Bundesrepublik Deutschland. Er sammelt Informationen über das Ausland, die von außen- und sicherheitspolitischer Bedeutung sind, und wertet sie aus. 198

Der Beauftragte der Bundesregierung für Angelegenheiten der Kultur und der Medien, BKM, ist direkt dem Bundeskanzler unterstellt. In seinen Geschäftsbereich fällt ein Großteil der Aufgaben, die die Pflege von Kultur und Historie der Bundesrepublik beinhalten (zugeordnet ist die Bundeskulturstiftung). 199

So gehört das Bundesarchiv zum Geschäftsbereich des BKM. Es wurde durch Beschluss vom 24. 3. 1950 im Jahre 1952 gegründet und findet seine rechtliche Grundlage im „Gesetz über die Sicherung und Nutzung von Archivgut des Bundes" (BArchG). Das Bundesarchiv verwaltet alle zur dauerhaften Aufbewahrung bestimmten Schriftstücke und Filmdokumente der Vergangenheit und der Gegenwart, um die kulturhistorische Entwicklung des Landes anhand von Originalen exakt zu belegen. Durch eine Gesetzesänderung vom 13. 3. 1992 fallen nunmehr die Unterlagen der Parteien und Massenorganisationen der ehemaligen DDR ebenfalls in den Zuständigkeitsbereich des Bundesarchivs. 200

Hinzu kommen das Bundesinstitut für ostdeutsche Kultur und Geschichte sowie eine Vielzahl von vor allem kulturell und historisch ausgerichteten **Stiftungen des öffentlichen Rechts,** namentlich die Stiftung Preußischer Kulturbesitz (Sitz: Berlin), die Deutsche Bibliothek (Sitz: Frankfurt am Main, Leipzig), die Stiftung Bundeskanzler-Adenauer-Haus (Sitz: Bad Honnef), die Stiftung Reichspräsident-Friedrich-Ebert-Gedenkstätte (Sitz: Heidelberg), die Stiftung Bundespräsident Theodor-Heuss-Haus (Sitz: Suttgart), die Bundeskanzler-Willy-Brandt-Stiftung (Sitz: Berlin), die Otto-von-Bismarck-Stiftung (Sitz: Aumühle-Friedrichsruh), das Haus der Geschichte der Bundesrepublik Deutschland (Sitz: Bonn), die Deutsche Welle (Sitz: Köln) und die Stiftung für die ermordeten Juden Europas (Sitz: Berlin). 201

(b) Das Auswärtige Amt

Das Auswärtige Amt behandelt für die Bundesrepublik die in Art. 73 Nr. 1 GG als Gegenstand der ausschließlichen Gesetzgebung vorgesehenen auswärtigen Angelegenheiten. Der Auswärtige Dienst besteht aus dem Auswärtigen Amt und den diplomatischen und berufskonsularischen Vertretungen der Bundesrepublik Deutschland im Ausland, die zusammen eine einheitliche oberste Bundesbehörde bilden. Es ergibt sich eine Gliederung in die Bereiche (1) Zentralabteilung, (2) zwei Politische Abteilungen, (3) Europaabteilung, (4) Abteilung für Vereinte Nationen, Menschenrechte und humanitäre Hilfe, (5) Beauftragter der Bundesregierung für Abrüstung und Rüstungskontrolle, (6) Wirtschaftsabteilung, (7) Rechtsabteilung, (8) Kulturabteilung, (9) Protokoll. 202

Die Vertretungen der Bundesrepublik im Ausland setzen sich aus 141 Botschaften, 56 Generalkonsulaten, 12 Vertretungen bei internationalen 203

Organisationen und 14 sonstigen Vertretungen zusammen. Sie alle sind dem Auswärtigen Amt nachgeordnet.

204 Diesen Status nimmt auch das Deutsche Archäologische Institut (DAI) ein. Es ging aus dem 1829 in Rom gegründeten Institut für archäologische Korrespondenz hervor. Es hat die Aufgabe, Forschungen, insbesondere auf dem Gebiet der antiken Kulturen, durchzuführen und zu fördern und im Sinne der Wissenschaft der Öffentlichkeit zugänglich zu machen. Dafür stehen in Deutschland 5 und im Ausland weitere 9 Abteilungen, Kommissionen und Außenstellen zur Verfügung.

(c) Das Bundesministerium des Innern

205 Den Aufgabenkreis des BMI umfassen folgende Teilbereiche:
- Innenpolitische Grundsatzfragen,
- Angelegenheiten des Verfassungsrechts, des Staatsrechts und der Verwaltung,
- Angelegenheiten der Inneren Sicherheit,
- Polizeiangelegenheiten,
- Angelegenheiten des öffentlichen Dienstes,
- Angelegenheiten der Vertriebenen, Flüchtlinge, Kriegsgeschädigten und Aussiedler einschließlich Mitfederführung bei der Lastenausgleichsgesetzgebung,
- Angelegenheiten des Zivilschutzes und der übrigen zivilen Verteidigung, soweit nicht andere Ressorts zuständig sind, sowie die Gesamtplanung und Koordinierung der zivilen Verteidigung,
- Angelegenheiten der Verwaltungsorganisation, der Informationstechnik, des Datenschutzes, des Kommunalwesens und der Statistik,
- Sportangelegenheiten,
- Angelegenheiten der Parteien und Massenorganisationen sowie des Staatssicherheitsdienstes der ehemaligen DDR.

206 Der Rechtsaufsicht der Bundesregierung und der Dienstaufsicht und dem Geschäftsbereich des BMI unterstehen folgende Verwaltungsbereiche: Der Bundesbeauftragte für den Datenschutz (BfD) hat die Aufgabe, die Einhaltung aller Datenschutzregelungen des Gesetzes sowie anderer Vorschriften über den Datenschutz in allen Bereichen des Bundes zu überwachen. Über seine Tätigkeit hat er dem Bundestag alle 2 Jahre einen Tätigkeitsbericht zu erstatten. Die staatsrechtliche Grundlage für den BfD findet sich mit Wirkung vom 1. 7. 1977 im Gesetz zum Schutz vor Missbrauch personenbezogener Daten bei der Datenverarbeitung (BDSG). Er wird auf Vorschlag der Bundesregierung vom Bundestag mit der Mehrheit seiner Stimmen gewählt und durch den Bundespräsidenten ernannt. Die Amtszeit beträgt 5 Jahre.

207 Der Bundesbeauftragte für die Unterlagen des Staatssicherheitsdienstes der ehemaligen DDR (BstU) gehört zum Geschäftsbereich des BMI. Die Rechtgrundlage findet sich in § 35 des Gesetzes über die Unterlagen des Staatssicherheitsdienstes der ehemaligen DDR und ihm obliegt die Aufgabe,

die Unterlagen des Staatssicherheitsdienstes zu erfassen und zu verwalten sowie öffentlichkeitsgerecht aufzuarbeiten. Darüber hinaus muss er den Betroffenen Einsicht in die Unterlagen gewähren und Auskunft aus den Unterlagen erteilen. Der Bundesbeauftragte hat eine Zentralstelle in Berlin und Außenstellen in allen neuen Bundesländern.

Das Bundesamt für Verfassungsschutz ist auf Grund des Gesetzes über 208
die Zusammenarbeit des Bundes und der Länder in Angelegenheiten des Verfassungsschutzes vom 27. 9. 1950 in der Fassung des Änderungsgesetzes vom 29. 12. 1990 als Bundesoberbehörde errichtet worden; es ist Zentralstelle i. S. d. Art. 87 Abs. 1 S. 2 GG. Oberstes Anliegen ist die Sammlung und Auswertung von Unterlagen über Bestrebungen, die gegen die freiheitliche demokratische Grundordnung gerichtet sind, sicherheitsgefährdende oder geheimdienstliche Tätigkeiten für eine fremde Macht oder Bestrebungen, die durch Anwendung von Gewalt oder darauf gerichtete Vorbereitungshandlungen die auswärtigen Belange der BRD gefährden könnten. Das BfV darf keiner polizeilichen Dienststelle angegliedert werden und dementsprechend kommen ihm auch keine polizeilichen Befugnisse zu.

Das Bundeskriminalamt unterstützt als Zentralstelle für das polizeiliche 209
Auskunfts- und Nachrichtenwesen und für die Kriminalpolizei die Polizeien des Bundes und der Länder bei der Verhütung und Verfolgung von Straftaten mit länderübergreifender, internationaler oder erheblicher Bedeutung. Mit Hilfe eines eigenen Informationssystems hat es alle erforderlichen Informationen zu sammeln und auszuwerten und sie den Polizeien der Länder zukommen zu lassen, umso einen wichtigen Beitrag bei der Kriminalitätsbekämpfung zu leisten.

Das Bundesverwaltungsamt wurde gem. Art. 87 Abs. 3 GG durch Gesetz 210
am 14. 1. 1960 mit Sitz in Köln als selbstständige Bundesbehörde errichtet. Es wurde als obere Bundesbehörde, als der zentrale Dienstleister der Bundesregierung geschaffen und ist ein flexibel einsetzbares Instrument für die Erfüllung von ad-hoc-Aufgaben und Pilotprojekten aller Bundesministerien. Die Bündelung vieler unterschiedlichster Verwaltungsaufgaben macht das BVA leistungsfähiger und wirtschaftlicher als mehrere kleine selbstständig arbeitende Behörden.

Der Bundesgrenzschutz (BGS) hat im Wesentlichen folgende Aufgaben: 211
(1) grenzpolitischer Schutz des Bundesgebietes, (2) Kontrolle des grenzüberschreitenden Verkehrs, (3) bahnpolizeiliche Aufgaben, (4) Wahrnehmung von Luftsicherheitsaufgaben, (5) Schutz von Bundesorganen, (6) Aufgaben in Nord- und Ostsee, einschließlich Umweltschutz, (7) Unterstützung des Bundeskriminalamtes bei der Wahrnehmung von Aufgaben des Personenschutzes, (8) Unterstützung der Länder bei der Bewältigung besonderer polizeilicher Gefahrenlagen, (9) Hilfeleistungen bei Katastrophen und besonderen Unglücksfällen.

Der BGS hat zur Führung der Grenzschutzverbände 5 Grenzschutz- 212
präsidien eingerichtet, denen 19 Bundesgrenzschutzämter nachgeordnet

sind. Den Präsidien insgesamt sind unter anderem die GSG 9 und die Grenzschutz-Fliegergruppe mit 5 Fliegerstaffeln zugeordnet.

213 Die Bundeszentrale für politische Bildung ist eine nichtrechtsfähige Bundesanstalt im Geschäftsbereich des BMI und wurde 1952 als Bundeszentrale für Heimatdienst gegründet. 1963 erfolgte per Erlass die Umbenennung in BpB. Durch zahlreiche Dokumentationen in Wort, Ton und Bild nimmt die BpB ihre Aufgabe – Förderung der politischen Bildung und des politischen Verständnisses in der Bevölkerung, überregionale Maßnahmen in den Bereichen Schule und Weiterbildung – wahr.

214 Die Bundesanstalt Technisches Hilfswerk (THW) als bundesunmittelbare Körperschaft des öffentlichen Rechts nimmt gem. § 1 II des Gesetzes zur Regelung der Rechtsverhältnisse der Helfer der Bundesanstalt Technisches Hilfswerk folgende Aufgaben wahr: (1) technische Hilfe im Zivilschutz, (2) technische Hilfe im Auftrag der Bundesregierung außerhalb des Bundesgebietes (die operativen Einsatzkosten werden vom jeweiligen Auftraggeber getragen), (3) technische Hilfe bei der Bekämpfung von Katastrophen, öffentlichen Notständen und Unglücksfällen größeren Ausmaßes auf Anforderung der für die Gefahrenabwehr zuständigen Stellen, insbesondere im Bergungs- und Instandsetzungsdienst. Die Aufbauorganisation gliedert sich in 665 Ortsverbände (mit ca. 44500 aktiven und 17000 Reservehelfern), 8 Landesverbandsdienststellen und 66 Geschäftsstellen.

215 Des Weiteren gehören zum Geschäftsbereich des BMI noch folgende Behörden und Ämter, die an dieser Stelle nur genannt sein sollen: der Oberbundesanwalt beim Bundesverwaltungsgericht (OBA), der Bundesdisziplinaranwalt beim Bundesverwaltungsgericht (BDiA), das Statistische Bundesamt, die Bundesakademie für öffentliche Verwaltung, die Fachhochschule des Bundes für öffentliche Verwaltung, das Bundesamt für Kartographie und Geodäsie, das Bundesinstitut für Sportwissenschaft, das Bundesamt für Sicherheit in der Informationstechnik, das Beschaffungsamt des Bundesministeriums des Innern, das Bundesamt für die Anerkennung ausländischer Flüchtlinge, der Bundesbeauftragte für Asylangelegenheiten beim Bundesamt für die Anerkennung ausländischer Flüchtlinge, das Bundesinstitut für ostwissenschaftliche und internationale Studien, das Bundesausgleichsamt, das Bundesamt für Zivilschutz und die unabhängige Kommission zur Überprüfung des Vermögens der Parteien und Massenorganisationen der DDR.

216 Hinzu kommen noch folgende Einrichtungen: die Heimkehrerstiftung als bundesunmittelbare Stiftung des öffentlichen Rechts, die Stiftung für ehemalige politische Häftlinge als rechtsfähige Stiftung des öffentlichen Rechts und die Deutsche Ausgleichsbank als Anstalt des öffentlichen Rechts.

(d) Das Bundesministerium der Justiz

217 Das BMJ ist mit dem BMI hauptzuständig für den Bereich des Verfassungsrechts in der BRD. Ferner umfasst seine Zuständigkeit auch die klassi-

schen Rechtsgebiete und die Bereiche des Dienst- und Berufsrechts. Das Ministerium überprüft die Gesetz- und Verordnungsentwürfe der anderen Bundesministerien sowie zwischenstaatliche Vereinbarungen auf ihre Vereinbarkeit mit dem GG und anderen geltenden Rechtsnormen. Es bereitet außerdem die Wahl der Richter des BVerfG und der obersten Gerichtshöfe des Bundes vor.

Zum Geschäftsbereich des BMJ gehören: der Bundesgerichtshof in Karlsruhe, der Generalbundesanwalt beim BGH in Karlsruhe, das Bundesverwaltungsgericht in Berlin, der Bundesfinanzhof in München, das Bundespatentgericht in München, das Deutsche Patent- und Markenamt in München und das Bundesdisziplinargericht in Frankfurt a. M. Darüber hinaus unterstehen die Bundesrechtsanwaltskammer, die Rechtsanwaltskammer beim Bundesgerichtshof, die Bundesnotarkammer und die Patentanwaltskammer als Körperschaften des öffentlichen Rechts und die Deutsche Stiftung für internationale rechtliche Zusammenarbeit e. V. (IRZ-Stiftung) der Rechtsaufsicht des BMJ. 218

(e) Das Bundesministerium der Finanzen

Das BMF umfasst in seinem Geschäftsbereich zwei Aufgabengruppen, nämlich die des Haushaltsministers und die des Fachministers als Spitze der Bundesfinanzverwaltung. Die verfassungsrechtlichen Grundlagen dafür finden sich in den Art. 110–115 und 108 GG. 219

Der Bundesfinanzminister ist verantwortlich für den Entwurf des Bundeshaushaltsplanes und die Rechnungslegung über Einnahmen, Ausgaben, Vermögen und Schulden. Des Weiteren hat er die Durchführung geeigneter Maßnahmen zur Wiedergutmachung, die Liquidation des 2. Weltkrieges in finanzieller Beziehung und die Durchführung des Lastenausgleiches wahrzunehmen. Der Geschäftsbereich des BMF ist breit gefächert. 220

Das Bundesamt für Finanzen wurde durch Erlass des BM für Wirtschaft und Finanzen vom 3. 9. 1971 als Bundesoberbehörde mit Sitz in Bonn errichtet. Nach den §§ 4, 5 FinanzverwaltungsG obliegen ihm u. a. folgende Aufgaben: (1) Mitwirkung an Außenprüfungen der Landesfinanzbehörden zur Wahrung der Einheitlichkeit der Besteuerung, (2) zentrale Sammlung und Auswertung von Unterlagen über steuerliche Auslandsbeziehungen, (3) Fachaufsicht Familienleistungsausgleich, (4) Berechnung und Zahlbarmachung der Beamten- und Versorgungsbezüge, der Angestelltenvergütungen sowie der Arbeiterlöhne für die Bundesfinanzverwaltung und den größten Teil der anderen Bundesressorts. 221

Die Bundesfinanzverwaltung unterteilt sich in die Bereiche der Zollverwaltung, der Bundesvermögensverwaltung, der Oberfinanzdirektionen und der Bundeskassen. Alle Bereiche sind im Finanzverwaltungsgesetz (FVG) geregelt. 222

Die Oberfinanzdirektionen übernehmen die Leitung der Finanzverwaltung des Bundes und des Landes für ihren Bezirk und überwachen die 223

Gleichmäßigkeit der Gesetzesanwendung und die Beaufsichtigung aller nachgeordneten Dienststellen. Es gibt in Deutschland 12 Oberfinanzdirektionen.

224 Weiterhin gehört zum Geschäftsbereich des BMF: das Bundesaufsichtsamt für Versicherungswesen, das Bundesaufsichtsamt für den Wertpapierhandel, das Bundesaufsichtsamt für das Kreditwesen, die Bundesmonopolverwaltung für Branntwein, den Bundesbeauftragten für die Behandlung von Zahlungen an die Konversionskasse, die Bundesschuldenverwaltung und das Zollkriminalamt.

225 Als Bundesoberbehörde tritt das Bundesamt zur Regelung offener Vermögensfragen hinzu. Diese Behörde wurde am 1. 7. 1991 ins Leben gerufen. Hauptaufgabe ist die Koordinierung von Finanz- und Entschädigungsfragen zwischen den alten und den neuen Bundesländern nach dem Beitritt – Entschädigungsfonds, Grundstücksverkäufe, Veräußerungserlöse aus Grundstücksverkäufen.

226 Unter der Rechtsaufsicht des BMF stehen zudem folgende Körperschaften und Anstalten des öffentlichen Rechts: die Bundesanstalt für Post und Telekommunikation (AdöR), die Museumsstiftung Post und Telekommunikation, die Unfallkasse Post und Telekom (KdöR), die Pensionskasse Deutscher Eisenbahnen und Straßenbahnen (KdöR), die Versorgungsanstalt des Bundes und der Länder (AdöR), die Versorgungsanstalt der deutschen Bezirksschornsteinfeger (AdöR), die DGZ DekaBank Deutsche Kommunalbank (AdöR), der Deutsche Sparkassen- und Giroverband (KdöR), die Bundessteuerberaterkammer (KdöR), die Deutschen Beamten-Versicherungen (DBV Öffentlich-rechtliche Anstalt für Beteiligungen), die Bundesanstalt für vereinigungsbedingte Sonderaufgaben (AdöR), die Staatliche Versicherung der DDR in Auflösung und die GBB Beteiligungs-Aktiengesellschaft Berlin (im Hause der Deutschen Ausgleichsbank, Niederlassung Berlin).

(f) Das Bundesministerium für Wirtschaft und Arbeit

227 Das BMWA hat alle Aufgaben wahrzunehmen, die sich für den Bund auf dem Gebiet der Wirtschaft ergeben. Es orientiert sich in der Tradition Ludwig Erhards unverändert an den Prinzipien der sozialen Marktwirtschaft.

228 Das Aufgabenfeld des BMA umfaßt weitere Bereiche:
(1) Arbeitsmarktpolitik/Arbeitsförderung/Arbeitslosenversicherung/Sozialhilfe, (2) Ausländerpolitik, (3) Arbeitsschutz, (4) Arbeitsrecht/Betriebsverfassungsrecht.

229 Das Ministerium ist außerdem für die Gerichtsverfassung und das gerichtliche Verfahren der Arbeits- und Sozialgerichtsbarkeit zuständig. Der Arbeitsminister hat bei seiner Tätigkeit die Möglichkeit, sich einer Vielzahl von Beiräten, Ausschüssen und Gremien zu bedienen.

230 Zum Geschäftsbereich des BMWA gehören: die Physikalisch-Technische Bundesanstalt (das nationale Meteorologieinstitut der BRD mit wissen-

schaftlich-technischen Dienstleistungsaufgaben), das Bundesamt für Wirtschaft und Ausfuhrkontrolle, die Bundesagentur für Außenwirtschaft, die Bundesanstalt für Materialforschung und -prüfung, das Bundeskartellamt, die Bundesanstalt für Geowissenschaften und Rohstoffe, die Regulierungsbehörde für Telekommunikation und Post, die Filmförderungsanstalt (Bundesanstalt des öffentlichen Rechts) und der Erdölbevorratungsverband (KdöR).

Zum Geschäftsbereich des BMWA gehören ferner: die Bundesaus- 231
führungsbehörde für Unfallversicherung, die Bundesanstalt für Arbeitsschutz und Arbeitsmedizin oder das Bundesversicherungsamt, das die Aufsicht über die bundesunmittelbaren Träger und sonstigen Einrichtungen der Sozialversicherung hat oder dem unter anderem die Finanzierung der Rentenversicherung, der Finanzausgleich in der Pflegeversicherung und die Mutterschaftsgeldstelle obliegt. Der allgemeinen Dienstaufsicht unterstehen das Bundesarbeitsgericht (BAG) und das Bundessozialgericht (BSG).

Darüber hinaus unterstehen der Rechtsaufsicht des BMWA noch fol- 232
gende Einrichtungen: die Bundesanstalt für Arbeit (KdöR), dem die Landesarbeitsämter und spezielle Fachvermittlungen nachgeordnet sind, die Bundesversicherungsanstalt für Angestellte (KdöR), die Landesversicherungsanstalt Oldenburg-Bremen (KdöR), die Bahnversicherungsanstalt (KdöR), die See-Berufgenossenschaft und Seekasse (KdöR), die Landwirtschaftliche Berufsgenossenschaft Berlin (KdöR), die Bundesknappschaft Hauptverwaltung (bundesunmittelbarer Träger der knappschaftlichen Kranken-, Pflege- und Rentenversicherung – KdöR), den Gesamtverband der landwirtschaftlichen Alterskassen (KdöR), die Landwirtschaftliche Alterskasse Berlin (KdöR), die Zusatzversorgungskasse für Arbeitnehmer in der Land- und Forstwirtschaft (AdöR), die Versorgungsanstalt der Deutschen Kulturorchester (AdöR) und die Versorgungsanstalt der Deutschen Bühnen (AdöR).

(g) Das Bundesministerium für Verbraucherschutz, Ernährung und Landwirtschaft

Vorsorgender Verbraucherschutz, Qualitätssicherung sowie umwelt- und 233
tiergerechte Erzeugung sind die drei Hauptziele der Verbraucher-, Ernährungs- und Agrarpolitik der Bundesregierung. Sie bieten die wirtschaftlichen Perspektiven für eine wettbewerbsfähige, qualitätsorientierte und unternehmerisch handelnde Landwirtschaft. Lebensmittelsicherheit, gesunde Ernährung, Schutz der Tiere sowie Schutz von Natur und Umwelt müssen Richtschnur des Denkens und der Politik sein.

Mit der Neuausrichtung der Verbraucher-, Ernährungs- und Agrarpolitik 234
und durch die veränderten Schwerpunkte der Förderung eröffnet die Bundesregierung neue Perspektiven für die Land- und Ernährungswirtschaft. Zu den Aufgaben im Einzelnen:

(1) Vorsorgender Verbraucherschutz/(2) Qualität, Umwelt- und tiergerechte Erzeugung/(3) Entwicklung ländlicher Räume/(4) Forstwirtschaft/(5) Fischereipolitik/(6) Forschung/(7) Weiterentwicklung der Gemeinsamen Agrarpolitik/(8) Internationale Verantwortung.

235 Mit Organisationserlass des Bundeskanzlers vom 22. Januar 2001 wurde das Bundesministerium für Ernährung, Landwirtschaft und Forsten (BML) zum Bundesministerium für Verbraucherschutz, Ernährung und Landwirtschaft (BMVEL) umgebildet. Dem neuen Ministerium wurden aus dem Geschäftsbereich des Bundesministeriums für Gesundheit die Zuständigkeiten für den Verbraucherschutz sowie aus dem Bundesministerium für Wirtschaft und Technologie die Zuständigkeit für die Verbraucherpolitik übertragen.

236 Zum Geschäftsbereich des Ministeriums zählen – neben dem neu hinzugekommenen Bundesinstitut für gesundheitlichen Verbraucherschutz (BgVV) – unter anderem (1) das Bundessortenamt/(2) zehn Bundesforschungsanstalten sowie (3) die Zentralstelle für Agrardokumentation und -information (4) die Bundesanstalt für Landwirtschaft und Ernährung (AdöR)/(5) der Deutsche Weinfonds (AdöR)/(6) der Absatzförderungsfonds der deutschen Land- und Ernährungswirtschaft sowie der deutschen Forst- und Holzwirtschaft (AdöR)/(7) die Deutsche Siedlungs- und Rentenbank (AdöR)/(8) die Landwirtschaftliche Rentenbank (AdöR).

(h) Das Bundesministerium für Verkehr, Bau- und Wohnungswesen

237 Das BMVBW leitet das gesamte Verkehrswesen der BRD, soweit es nach dem GG zuständig ist. Gem. der Art. 73 Nr. 6; 74 Nr. 21, 22; 74 Nr. 23; 87 I, 89, 90 GG erstreckt sich der Geschäftsbereich auf das Eisenbahnwesen, den Straßenverkehr, die Binnenschifffahrt, den Seeverkehr, die Luftfahrt, den Straßenbau, die Wasserstraßen und den Wetterdienst.

238 Zu diesem Geschäftsbereich gehören: die Wasser- und Schifffahrtsverwaltung des Bundes, der die Wasser- und Schifffahrtsdirektionen der Länder untergeordnet sind, das Bundesoberseeamt, die Bundesanstalt für Wasserbau, die Bundesanstalt für Gewässerkunde, das Bundesamt für Seeschifffahrt und Hydrographie, die Bundesanstalt für Straßenwesen, das Kraftfahrt-Bundesamt in Flensburg, das Oberprüfungsamt für die höheren technischen Verwaltungsbeamten, der Deutsche Wetterdienst in Offenbach, das Luftfahrt-Bundesamt, die Bundesstelle für Flugunfalluntersuchung, das Bundesamt für Güterverkehr, das Eisenbahn-Bundesamt, das Bundeseisenbahnvermögen, das Bundesamt für Bauwesen und Raumordnung und die Bundeslotsenkammer (KdöR).

(i) Das Bundesministerium der Verteidigung

239 Gliederung und Organisation des Verteidigungsressorts sind zweigeteilt. Zum einen gibt es eine ministeriale Leitung. Diese besteht aus dem Minister, zwei Parlamentarischen Staatssekretären und zwei Staatssekretären. Dieser

Leitung sind unmittelbar unterstellt: Presse, Information, Planung und Organisation sowie die Inspekteure und Abteilungsleiter der einzelnen Truppenverbände. Zum anderen hat der Minister als Inhaber der Befehls- und Kommandogewalt den unmittelbaren Befehl über den Stellvertreter des Generalinspekteurs der Bundeswehr, die Inspekteure des Heeres, der Luftwaffe und der Marine mit den ihnen truppendienstlich unterstellten Teilstreitkräften und den Inspekteur des Sanitätsdienstes der Bundeswehr mit den ihnen truppendienstlich unterstellten Zentralen Sanitätsdienststellen der Bundeswehr.

Dem Bundesministerium der Verteidigung sind folgende Einrichtungen 240
nachgeordnet:
(1) Zentrale Militärische Dienststellen der Bundeswehr, (2) Streitkräfte (Heer/Luftwaffe/Marine), (3) Zentrale Sanitätsdienststellen der Bundeswehr, (4) Rüstung, (5) Militärseelsorge, (6) Truppendienstgerichte, (7) Bundeswehrdisziplinaranwalt beim BVerwG, (8) Bundeswehrverwaltung (bspw. Kreiswehrersatzämter), (9) Bundessprachenamt, (10) Bundesakademie für Wehrverwaltung und Wehrtechnik, (11) Fachhochschulen des Bundes im Bereich Bundeswehrverwaltung, (12) Bundeswehrverwaltungsschulen.

(j) Das Bundesministerium für Familie, Senioren, Frauen und Jugend

Das Bundesministerium für Familie, Senioren, Frauen und Jugend ent- 241
wirft, gestaltet und verantwortet innerhalb der Bundesregierung die Politik für die Familien und die älteren Menschen, die Frauen- und Jugendpolitik einschließlich der damit zusammenhängenden Gesetzgebungsaufgaben. Seine Zuständigkeit umfasst auch die Bereiche der Freien Wohlfahrtspflege und des Zivildienstes.

Zum Geschäftsbereich des BMFSFJ gehören: (1) die Bundesprüfstelle für 242
jugendgefährdende Schriften, (2) das Bundesamt für den Zivildienst, (3) die Stiftung Hilfswerk für behinderte Kinder (Stiftung des öffentlichen Rechts), (4) die Bundesstiftung „Mutter und Kind – Schutz des ungeborenen Lebens" (Stiftung des öffentlichen Rechts).

(k) Das Bundesministerium für Gesundheit und Soziale Sicherung

Im modernen Sozialstaat hat das Bundesministerium für Gesundheit und 243
Soziale Sicherung einen zentralen Stellenwert: Es ist verantwortlich für die wichtigen Sozialversicherungszweige der gesetzlichen Kranken- und Pflegeversicherung, auf deren Schutz rund 90 Prozent der Bevölkerung vertrauen können. Wegweisende Zukunftsthemen wie die Biomedizin und die Humangenetik sowie die Telematik im Gesundheitswesen fallen in den Zuständigkeitsbereich dieses Ministeriums. Es trägt zusammen mit seinen Instituten wesentlich bei zur Situationsanalyse und zur Förderung der Gesundheit und zur Abwehr von Gesundheitsgefahren – Stichworte sind hier die Gesundheitsberichterstattung, die Verhütung von Krankheiten und die Prävention von Drogen- und Suchtgefahren.

244 Die Leistungsfähigkeit der gesetzlichen Krankenversicherung durch Innovation und Umgestaltung für die Zukunft zu erhalten, zu sichern und fortzuentwickeln, ist und bleibt die große Aufgabe des Bundesministeriums für Gesundheit und Soziale Sicherung.

245 Zum Geschäftbereich des BMGS gehören: (1) das Bundesinstitut für Arzneimittel und Medizinprodukte/(2) das Robert Koch-Institut – Bundesinstitut für Infektionskrankheiten und nicht übertragbare Krankheiten/(3) das Deutsche Institut für medizinische Dokumentation und Information/(4) das Paul-Ehrlich-Institut – Bundesamt für Sera und Impfstoffe.

(l) Das Bundesministerium für Umwelt, Naturschutz und Reaktorsicherheit

246 Dieses Ministerium ging 1969 aus einer Anteilung des BMI hervor. Es hat einen breiten Aufgabenkreis, der sich auf folgende Bereiche erstreckt: (1) grundsätzliche und wirtschaftliche Fragen der Umweltpolitik, fachübergreifendes Umweltrecht, internationale Zusammenarbeit, (2) Wasserwirtschaft, Abfallwirtschaft, Bodenschutz, Altlasten, (3) Umwelt und Gesundheit, Immissionsschutz, Anlagensicherheit, Chemikaliensicherheit, (4) Sicherheit kerntechnischer Einrichtungen, Strahlenschutz, nukleare Ver- und Entsorgung. Zur Erfüllung dieser Aufgaben sind dem BMU folgende Einrichtungen unterstellt: das Umweltbundesamt, das insbesondere wissenschaftliche Unterstützung bietet, das Bundesamt für Naturschutz und das Bundesamt für Strahlenschutz.

(m) Das Bundesministerium für wirtschaftliche Zusammenarbeit und Entwicklung

247 Das BMZ ist eine noch „sehr junge“ Einrichtung und in seinen organisatorischen Ausmaßen relativ überschaubar. Es gibt nicht wie in den anderen Ministerien nachgeordnete Behörden und Dienststellen. Das BMZ nimmt die Aufgaben wahr, die sich für den Bund auf dem Gebiet der Entwicklungspolitik ergeben.

(n) Das Bundesministerium für Bildung und Forschung

248 Das Aufgabenfeld des BMBF hat sich durch die Orientierung nach Europa und die Entwicklung der EU stark erweitert. So liegt die Verantwortung nicht mehr nur auf dem *nationalen* Bildungs- und Forschungssektor, sondern umfasst auch die europäische und internationale Zusammenarbeit in Bildung und Forschung sowie die Wahrnehmung deutscher Interessen und Mitarbeit in internationalen Organisationen oder die Beteiligung an europäischen und internationalen Forschungsprogrammen, -initiativen und -organisationen.

249 Zum Geschäftsbereich des BMBF gehören: (1) das Deutsche Historische Institut in Rom (Instituto Storico Germanico), (2) das Deutsche Historische Institut in Paris, (3) das Kunsthistorische Institut in Florenz.

(o) Der Bundesrechnungshof

Eine Sonderstellung nimmt der Bundesrechnungshof ein. Besonders zu erwähnen ist, dass der BRH eine oberste Bundesbehörde ist, die nur dem Gesetz unterworfen ist und als unabhängiges Organ der staatlichen Finanzkontrolle tätig wird. Seine rechtliche Stellung ergibt sich aus Art. 114 Abs. 2 GG und insbesondere aus dem Gesetz über den Bundesrechnungshof und der Bundeshaushaltsordnung. Hauptaufgabe ist die Prüfung der Haushalts- und Wirtschaftsführung des Bundes einschließlich seiner Sondervermögen und Betriebe, d.h. die jährlichen öffentlichen Einnahmen und Ausgaben in einer Größenordnung von ca. 500 Mrd. Euro. **250**

Diese Prüfungserfahrung ist die Grundlage für eine auch beratende Tätigkeit bei den geprüften Stellen, aber auch dem Bundestag, dem Bundesrat und der Bundesregierung. Der BRH macht konkrete Vorschläge für eine Verbesserung von Qualität, Einsparungen und Mehreinnahmen. **251**

Die wichtigsten Ergebnisse seiner Prüfungstätigkeit fasst der BRH jährlich in einem Prüfungsbericht zusammen und legt sie Bundesrat, Bundestag und Bundesregierung vor, als Grundlage für die Entlastung der Bundesregierung durch das Parlament. Der Präsident oder die Präsidentin des BRH ist zugleich Bundesbeauftragter für Wirtschaftlichkeit in der Verwaltung. Die Wahl in diese Position erfolgt durch Bundestag und Bundesrat auf Vorschlag der Bundesregierung. **252**

b) Überblick über die Landesbehörden

Schrifttum: *Belz,* Untere Verwaltungsbehörden im Freistaat Sachsen; SächsVBl. 1997, 92; *Bull,* Recht der Verwaltungsorganisation und des Verwaltungshandelns, in: Hoffmann-Riem/Koch, Hamburgisches Staats- und Verwaltungsrecht, 1998, S. 77; *Burgi,* Verwaltungsorganisation und Verwaltungsmodernisierung in Nordrhein-Westfalen, NWVBl. 2001, 1; *Buß* (Hg.), Die Bundesrepublik Deutschland Staatshandbuch – Schleswig Holstein, Ausgabe 2001; *David,* Verfassung der Freien und Hansestadt Hamburg, 1994; *Drügemöller,* Die Verwaltungsstruktur Berlins, LKV 1995, 393; *Erichsen* (Hg.), Allgemeines Verwaltungsrecht, 1998; *Faber/Schneider* (Hg.), Niedersächsisches Staats- und Verwaltungsrecht (NdsStVwR), 1985; *Feuchte,* Verfassung des Landes Baden-Württemberg, 1987; *Göbel,* Verwaltung, in: Kröning u.a. (Hg.), Handbuch der Bremischen Verfassung, 1991, S. 384; *Grawert,* Verfassung für das Land Nordrhein-Westfalen, 1998; *Gross,* Ausführung der hessischen Verfassung durch die Gesetzgebung, in: Stein (Hg.), 30 Jahre Hessische Verfassung 1946–1976, 1976, S. 269; *Hagebölling,* Niedersächsische Verfassung, 1996; *Hoffmeister,* Besonderheiten des Berliner Verwaltungsrechts, NJ 1999, 393; *Huber,* Vom Aufbau der Staats- und Verwaltungsorganisation in Thüringen, ThürVBl. 1997, 49; *ders.,* Thüringer Staats- und Verwaltungsrecht, 2000; *Kießwetter/Parzefall,* Das Thüringer Landesverwaltungsamt, LKV 1993, 111; *Kilian,* Mittelinstanzen in Sachsen-Anhalt, LKV 1994, S. 271; *Körting/Schmidt,* Der Verfassungsgerichtshof des Landes Berlin, LKV 1998, 121; *Krüger/Apitz,* Wer ist untere Verwaltungsbehörde im Freistaat Sachsen?, LKV 1998, 90; *Krüger,* Untere Verwaltungsbehörden durch Organleihe?, LKV 2000, 189; *Lörler,* Probleme einer zweistufigen Landesverwaltung in einem Flächenstaat, DÖV 1993, 244; Meyer/Stolleis (Hg.), Staats- und Verwaltungsrecht für Hessen, 5. Aufl., 2000; *Mueller-Thuns/Schubert,* Aufbau der Verwaltung in Berlin, LKV 1999, 213; *Reich,* Verfassung des Landes Sachsen-Anhalt, 1994; *Sommer,* Die Berliner Verwaltung nach Vereinigung, Hauptstadtbeschluß und Verwaltungsreform, JR 1995, 397; *Wallerath,* Verwaltungsorganisation, Verwaltungsverfahren, in: Manssen/Schütz (Hg.), Staats-

und Verwaltungsrecht für Mecklenburg-Vorpommern, 1999, S. 177; *Waltner,* Verwaltungsreform in Bayern, BayVBl. 1987, 674.

(1) Der Verwaltungsaufbau in den Flächenstaaten

(a) Baden-Württemberg

253 In Art. 70 bwVerf. ist bestimmt, dass der Aufbau der Landesverwaltung durch Gesetz geregelt wird. Das Landesverwaltungsgesetz (LVG BW) regelt den Aufbau der staatlichen Behörden, teilweise auch deren räumliche Gliederung und Zuständigkeit. Es bestehen Wechselbeziehungen des Gesetzes zur Gemeindeordnung und zur Landkreisordnung. Das Landesverwaltungsgesetz gliedert die Verwaltung grundsätzlich in drei Stufen (siehe *Feuchte,* Art. 70, Rdnr. 23). Die erste Stufe wird durch die obersten Landesbehörden, insbesondere die Ministerien, deren Gliederung (Ressortabgrenzung) sich nach Art. 45 bwVerf. bemisst, gebildet. Die Mittelinstanz bilden die allgemeinen Verwaltungsbehörden, die Regierungspräsidien und Höheren Sonderbehörden. Ebenfalls der Mittelinstanz zuzurechnen sind die Landesoberbehörden, die nur durch Gesetz errichtet und aufgehoben werden können und deren Zuständigkeit sich auf das ganze Landesgebiet erstreckt. Die dritte Ebene wird durch die allgemeinen unteren Verwaltungsbehörden, neben denen die unteren Sonderbehörden stehen, verkörpert. Untere, allgemeine Verwaltungsbehörden sind im Landkreis die Landratsämter (§ 13 Abs. 1 Ziff. 1 bwVerf.), die Großen Kreisstädte und die Verwaltungsgemeinschaften, sofern sie nicht dem Negativkatalog des § 16 bwVerf. unterfallen (vgl. auch § 131 Abs. 2 bwGO), sowie in den Stadtkreisen die Gemeinden (§ 13 Abs. 1 Ziff. 2 LVG BW, vgl. auch § 131 Abs. 3 bwGO).

(b) Bayern

254 Art. 77 Abs. 1 Satz 1 bayVerf. verteilt die Organisationsgewalt zwischen Gesetzgeber und Exekutive. Nach Satz 1 ist dem Gesetzgeber die Organisation der allgemeinen Staatsverwaltung zugeteilt; dagegen obliegt nach Satz 2 der Staatsregierung die Errichtung der Behörden im Einzelnen. Nach diesen verfassungsrechtlichen Vorgaben stellt sich der Aufbau der bayerischen Staatsverwaltung wie folgt dar: In Bayern existiert ein dreistufiger Behördenaufbau. Auf der obersten Stufe der Verwaltungshierarchie stehen die Ministerien, die sich grundsätzlich auf Führungsaufgaben und auf die Entscheidung von Grundsatzfragen beschränken sollen. Ihnen nachgeordnet sind die Bezirksregierungen. Entsprechend der Anzahl der Regierungsbezirke („Kreise") gibt es 7 Bezirksregierungen, denen vor allem Aufsichts-, Koordinierungs- und großräumige Planungsfunktionen, daneben aber auch erstinstanzielle Spezialaufgaben zukommen (*Waltner,* BayVBl. 1987, 674 [675]). Die Regierungsbezirke ihrerseits sind in Landkreise („Bezirke") eingeteilt, wobei nach Art. 9 Abs. 2 Satz 1 bayVerf. die „kreisunmittelbaren Städte" den Landkreisen gleichstehen. Landratsämter und kreisfreie Städte tragen die Hauptlast der staatlichen Verwaltungsaufgaben. Sie bilden die dritte und untere Verwaltungsebene.

(c) Brandenburg

Die Organisation der staatlichen Landesverwaltung ist nach Art. 96 Abs. 1 bbgVerf. durch Gesetz festzulegen. Das die Organisation der staatlichen Landesverwaltung regelnde Gesetz ist das Landesorganisationsgesetz (bbgLOG). Nach § 2 Abs. 1 bbgLOG hat sich das Land für die Zweistufigkeit der Landesverwaltung entschieden. Die erste Stufe bilden die obersten Landesbehörden mit den ihnen nachgeordneten Landesoberbehörden (§ 2 Abs. 2 Satz 1 bbgLOG). Oberste Landesbehörden sind gemäß § 3 bbgLOG die Landesregierung, der Ministerpräsident und die Landesministerien. Den Landesoberbehörden fällt im brandenburgischen System des zweistufigen Aufbaus der Landesverwaltung grundsätzlich eine Unterstützungsfunktion (§ 6 Abs. 1 Satz 2 bbgLOG) gegenüber den obersten Landesbehörden zu. Sie sind keine eigenständige Stufe im Aufbau der Verwaltung, sondern erfüllen lediglich ihnen zugewiesene Aufgaben der Zentralstufe der Landesverwaltung (*Lörler,* DÖV 1993, 244 [247]). Die Landräte und Oberbürgermeister als allgemeine untere Landesbehörden (§ 7 Abs. 2 bbgLOG) sowie die sonstigen unteren Landesbehörden (§ 7 Abs. 3 bbgLOG) bilden die zweite Ebene (§ 2 Abs. 2 Satz 2 bbgLOG) der zweistufigen Landesverwaltung. Das Schwergewicht der Erledigung der Verwaltungsaufgaben liegt damit bei den Behörden der Landkreise und kreisfreien Städte. 255

(d) Hessen

Die hessische Landesverfassung enthält keine differenzierten Regelungen über die Verwaltungsorganisation des Landes. Sie äußert sich auch weder ausdrücklich zur Frage, ob das Organisationsrecht des Landes dem Gesetzesvorbehalt unterfällt, noch sieht sie ein allgemeines Landesorganisationsrecht vor. Im Gegensatz zu einer Vielzahl anderer Bundesländer existiert auch auf der Ebene des einfachen Rechts kein allgemeines Organisationsgesetz. Die unmittelbare Landesverwaltung des Landes Hessen ist dem Grundsatz nach dreigliedrig strukturiert und gliedert sich in die Regierungsebene, die Landesmittelbehörden und die Landesunterbehörden. Die Regierungsebene, d. h. die Ministerien, bilden den Kern der obersten Landesbehörden. Ihre Zahl ist weder durch die Verfassung noch durch Gesetz festgelegt. Neben den Ministerien als den klassischen obersten Landesbehörden gibt es noch einige andere Institutionen, die vom Gesetzgeber ausdrücklich als oberste Landesbehörden geschaffen worden sind. Sie nehmen eine Sonderstellung im Aufbau der staatlichen Verwaltung ein und zeichnen sich dadurch aus, dass sie keiner Ministerialinstanz untergeordnet sind sowie keinen behördlichen Unterbau haben (*Meyer/Stolleis,* S. 81, 85). Beispielhaft sei hier auf den Rechnungshof und auf das Landespersonalamt verwiesen (siehe hierzu *Gross,* in: Stein, 30 Jahre Hessische Verfassung 1946–1976, S. 269 [287 f.]). Zu den oberen Landesbehörden und damit zur Stufe der mittleren Landesbehörden zählen insbesondere die Regierungspräsidien, die auch als „Behörde der allgemeinen Landesverwaltung in der 256

Mittelstufe" bezeichnet werden (siehe § 1 Abs. 1 des Gesetzes über die Mittelstufe der Verwaltung und den Landeswohlfahrtsverband Hessen [sog. Mittelstufengesetz]). Sie haben all jene Aufgaben der mittleren Verwaltungsebene zu erfüllen, die nicht ausdrücklich Sonderbehörden der Mittelstufe übertragen sind (*Meyer/Stolleis,* S. 82). Die Aufgaben der staatlichen Verwaltung werden auf der unteren Ebene von den Landräten (§ 55 heKO) und in den kreisfreien Städten von den Oberbürgermeistern (§ 146a heGO) als Behörden der Landesverwaltung wahrgenommen. Ebenfalls dieser Ebene zugerechnet werden müssen auch eine Vielzahl von Sonderbehörden.

(e) Mecklenburg-Vorpommern

257 Ausführungen zur Verwaltung des Landes Mecklenburg-Vorpommern sind in Art. 69ff. mvVerf. zu finden. Einen organisationsrechtlichen Gesetzesvorbehalt stellt hierbei Art. 70 Abs. 2 mvVerf. auf. Durch Gesetz oder auf Grund eines Gesetzes muss demnach die Organisation der öffentlichen Verwaltung geregelt werden. Während in anderen Bundesländern zum Teil ein Landesorganisationsgesetz besteht, fehlt ein solches in Mecklenburg-Vorpommern, so dass die Regelungen hierzu vielfach in Einzelgesetzen verstreut sind (*Wallerath,* in: Manssen/Schütz, S. 177 [183]). Die unmittelbare Landesverwaltung, als Grundform der Wahrnehmung staatlicher Verwaltungsaufgaben durch eigene Dienststellen des Landes, ist in Mecklenburg-Vorpommern in Abweichung vom überwiegend dreistufigen Behördenaufbau der Länder nur zweistufig strukturiert (siehe auch die Übersicht „Landesbehörden in Mecklenburg-Vorpommern" bei *Wallerath,* in: Manssen/Schütz, S. 177 [212f.]). Die oberste und damit erste Stufe wird durch die obersten Landesbehörden gebildet, welche durch die Landesregierung, den Ministerpräsidenten und die Landesminister verkörpert werden. Ebenfalls der ersten Stufe zuzurechnen sind die Landesoberbehörden, d.h. die Behörden, die einer obersten Landesbehörde unmittelbar unterstehen und für das gesamte Land zuständig sind. Der zweiten Stufe sind die unteren Landesbehörden zuzurechnen. Untere Landesbehörden sind Behörden, die einer Landesoberbehörde unterstehen, wie z.B. die Polizeidirektionen und Schulämter. Im Wege der Organleihe zählen im Landkreis nach § 119 mvKV auch die Landräte als „untere staatliche Verwaltungsbehörde" und in den kreisfreien Städtern die (Ober-)Bürgermeister hierzu (*Wallerath,* in: Manssen/Schütz, S. 177 [187]). Die funktionale Lücke, die durch das Fehlen einer Mittelinstanz entstanden ist, versucht man in Mecklenburg-Vorpommern u.a. dadurch zu schließen, dass man Außenstellen von Landesoberbehörden geschaffen hat (*Wallerath,* in: Manssen/Schütz, S. 177 [186]).

(f) Niedersachsen

258 Eine verwaltungsorganisatorische Verfassungsbestimmung, in der in knapper Form einige Kernaussagen über die unmittelbare Landesverwaltung getroffen werden, stellt Art. 56 ndsVerf. dar. Abs. 2 dieser Vorschrift enthält

dabei einen organisationsrechtlichen Gesetzesvorbehalt. Zu beachten ist in diesem Zusammenhang ferner Art. 38 Abs. 1 ndsVerf., wonach die Organisation der öffentlichen Verwaltung der Landesregierung obliegt, soweit nicht Gesetze die Organisation regeln. Wie sich diese durch Art. 38 Abs. 1 ndsVerf. gewährte Organisationsgewalt der Landesregierung zum in Art. 56 Abs. 2 normierten organisationsrechtlichen Gesetzesvorbehalt verhält, ist allerdings umstritten (zu diesem Streit vgl. *Hagebölling,* S. 140f.). In Niedersachsen existiert keine zusammenfassende gesetzliche Regelung der Organisation der Landesverwaltung in Form eines Landesorganisationsgesetzes. Die Struktur des staatlichen Verwaltungsaufbaus und der Aufgabenverteilung auf die Landesbehörden ergibt sich vielmehr aus vielen einzelnen gesetzlichen und untergesetzlichen Regelungen (*Nedden,* in: Faber/Schneider, NdsStVwR, S. 124). Danach gliedert sich die niedersächsische Verwaltung in drei Stufen. An der Spitze dieses dreistufigen Behördenzuges stehen die obersten Landesbehörden. Oberste Landesbehörden sind in Niedersachen der Ministerpräsident – Staatskanzlei- und die ressortweise gegliederten Ministerien, die von dem jeweiligen Minister geleitet werden, der damit neben seiner Funktion als Mitglied der Landesregierung auch Verwaltungschef des ihm anvertrauten Geschäftsbereichs ist, sowie der Landesrechnungshof (*Nedden,* in: Faber/Schneider, NdsStVwR, S. 127). Die Behörden der Mittelstufe der allgemeinen Landesverwaltung sind in Niedersachsen nach dem Gesetz zur Verwaltungs- und Gebietsreform die vier Bezirksregierungen (siehe *Rudolf,* in: Erichsen, AllgVerwR, § 53 Rdnr. 13). Ebenfalls zur Mittelstufe zählen in Niedersachsen aber auch die Behörden, die für das gesamte Landesgebiet solche zentralen Verwaltungsaufgaben wahrnehmen, die einerseits keinen politischen Steuerungsgehalt haben, andererseits aber sehr speziellen, insbesondere technischen Sachverstand erfordern und die die obersten Landesbehörden zu sehr mit Einzelaufgaben belasten würden. Verfügen diese Behörden über nachgeordnete Behörden, so werden diese im Unterschied zu den Mittelbehörden (Bezirksregierungen) als Landesoberbehörden oder wenn sie über keine nachgeordnete Behörde verfügen als zentrale Landesämter bezeichnet (*Nedden,* in: Faber/Schneider, NdsStVwR, S. 125). Die dritte und unterste Verwaltungsstufe, von der grundsätzlich alle erstinstanzlichen Verwaltungsaufgaben wahrgenommen werden, wird von den Landesbehörden (staatliche Sonderbehörden der Ortsstufe) sowie den Landkreisen und Gemeinden als dezentrale Verwaltungsträger gebildet.

(g) Nordrhein-Westfalen

Ausführungen zur unmittelbaren Landesverwaltung, also zur Verwaltung **259**
durch landeseigene Behörden, finden sich in Art. 77 nwVerf. Nach Art. 77 Satz 1 nwVerf. sind dem Gesetzgeber die „Organisation der allgemeinen Landesverwaltung“ sowie die „Regelung der Zuständigkeit“ vorbehalten und wird beides von der „Errichtung der Behörden im Einzelnen“ abge-

grenzt (*Grawert*, S. 131). Ein systematischer Überblick über die unmittelbare Landesverwaltung lässt sich am besten dadurch gewinnen, dass man der Gliederung des Landesorganisationsgesetzes folgt. Der hierarchische Aufbau der nordrhein-westfälischen Landesverwaltung ist durch ein dreistufiges System mit Zentralbehörden, Mittelbehörden und unteren Behörden gekennzeichnet. Diesem dreistufigen Aufbau der unmittelbaren Landesverwaltung entsprechen allerdings nicht drei, sondern vier Behördenkategorien: Die obersten Landesbehörden, die Landesoberbehörden, die Landesmittelbehörden und die unteren Landesbehörden. Das liegt daran, dass in der Zentralinstanz zwei Behördenkategorien vorhanden sind: Die obersten Landesbehörden und die Landesoberbehörden. Beide haben zentralen Charakter, da sich ihre örtliche Zuständigkeit auf das ganze Land erstreckt. Sie stehen jedoch nicht nebeneinander; vielmehr sind die Landesoberbehörden den obersten Landesbehörden unmittelbar unterstellt und diesen gegenüber weisungsgebunden. Gemäß § 3 nwLOG sind oberste Landesbehörden die Landesregierung, der Ministerpräsident und die Landesministerien. Ihnen obliegen die Leitung und die Beaufsichtigung der Landesverwaltung. Landesoberbehörden sind nach § 6 Abs. 1 nwLOG „Behörden, die einer obersten Landesbehörde unmittelbar unterstehen und für das ganze Land zuständig sind". Gemäß § 9 Abs. 1 nwLOG ist es möglich, dass eine Landesoberbehörde über einen nachgeordneten Bereich („untere Landesbehörden") verfügt. Die zweite Stufe im dreigliedrigen Verwaltungsaufbau Nordrhein-Westfalens wird von den Landesmittelbehörden (Bezirksregierungen) gebildet. Die Bezirksregierungen unterstehen ebenso wie die Landesoberbehörden den zuständigen obersten Landesbehörden unmittelbar. Sie sind jedoch nur für einen Teil des Landes (Bezirk) örtlich zuständig. Gemäß § 8 Abs. 1 S. 1 nwLOG ist die Bezirksregierung die allgemeine Vertretung der Landesregierung im Bezirk. Als solche obliegen ihr nach § 8 Abs. 2 nwLOG die Aufgaben der allgemeinen Verwaltung. So fungieren die Bezirksregierungen, um nur einige wenige Beispiele zu nennen, etwa als „Obere Bauaufsichtsbehörde" gemäß § 60 Abs. 1 Ziff. 2 nwBauO sowie als „Polizeibehörde" gemäß § 2 nwPOG. Der Schwerpunkt des Tätigwerdens der Bezirksregierungen liegt dabei nach § 11 nwLOG auf der Ausübung der Dienst- und Fachaufsicht über die nachgeordneten Behörden. Den Landesmittelbehörden in der Verwaltungshierarchie nachgeordnet sind die unteren Landesbehörden. Diese können sachlich danach unterteilt werden, ob sie mit bestimmten, thematisch umschriebenen Aufgaben befasst (z. B. „Kreispolizeibehörden" – § 3 Abs. 1 nwPOG) sind oder „als untere staatliche Verwaltungsbehörde" (§ 9 Abs. 2 Var. 1 nwLOG) fungieren. Als untere staatliche Verwaltungsbehörde im zuletzt genannten Sinne, d. h. als Verwaltungsbehörden, denen keine spezifischen Aufgaben zugewiesen worden sind, agieren die kommunalen Gebietskörperschaften (Siehe, *Burgi*, NWVBl. 2001, 1 [5]).

(h) Rheinland-Pfalz

Die äußere Organisation der Verwaltung in Rheinland-Pfalz ist dreigliedrig. Ebenso wie in den meisten anderen Bundesländern wird die oberste Verwaltungsstufe durch die obersten Landesbehörden und die Landesoberbehörden verkörpert. Die alte Mittelebene, bestehend aus den Bezirksregierungen, wurde aufgelöst. Sie wurden durch die zwei Struktur- und Genehmigungszentren sowie durch ein Aufsichts- und Service-Center ersetzt. Die untere allgemeine Verwaltungsebene der rheinland-pfälzischen Landesverwaltung bilden die Kreisverwaltungen (§ 55 rpLKO), die damit eine Doppelfunktion wahrnehmen. Nach § 41 Abs. 1 rpLKO wird die Kreisverwaltung vom Landrat als Behörde des Landkreises und als untere Behörde der allgemeinen Landesverwaltung geleitet. 260

(i) Saarland

Die Verwaltung des Saarlandes ist in Art. 112 saVerf. geregelt. Danach erfolgt die Organisation der allgemeinen Staatsverwaltung und die Regelung der Zuständigkeit durch Gesetz (Art. 112 S. 1 saVerf.). Wie aus dem die Organisation der allgemeinen Staatsverwaltung regelnden Landesorganisationsgesetz (saLOG) folgt, hat sich das Saarland demnach grundsätzlich für einen zweigliedrigen Verwaltungsaufbau entschieden. Die oberste Stufe der Verwaltungshierarchie verkörpern die obersten Landesbehörden (Landesregierung, Ministerpräsident und Ministerien, § 3 saLOG) sowie die Landesämter (§ 7 saLOG). Auf eine Mittelinstanz wurde, von einigen Ausnahmen abgesehen (§ 6 saLOG), völlig verzichtet. Vervollständigt wird die Verwaltungshierarchie durch die unteren Landesbehörden, d.h. durch die Behörden, die einer anderen Landesbehörde nachgeordnet und nur für einen Teil des Landes zuständig sind (§ 8 Abs. 1 Nr. 2 saLOG). Dies sind nach § 8 Abs. 2 saLOG die Landräte und der Stadtverbandspräsident sowie in bestimmten Städten die Oberbürgermeister. 261

(j) Sachsen

Nach Art. 83 Abs. 1 S. 1 sächsVerf. werden Aufbau, räumliche Gliederung und Zuständigkeit der Landesverwaltung durch Gesetz geregelt, wobei nach Art. 83 Abs. 2 sächsVerf. die Einrichtung der staatlichen Behörden im Einzelnen der Staatsregierung obliegt, die hierzu Staatsminister ermächtigen kann. Durch diese differenzierte Regelung des Art. 83 Abs. 1 S. 1 und Abs. 2 sächsVerf. wird deutlich, dass die der Staatsregierung als Funktionsträger der ausführenden Gewalt zugewiesene Kompetenz zur Verwaltungsorganisation nicht unbeschränkt ist, sondern durch einen Gesetzesvorbehalt begrenzt wird, dem die grundlegenden Entscheidungen zur Verwaltungsorganisation unterliegen. Ein auf Grund dieses Gesetzesvorbehaltes ergangenes Landesorganisationsgesetz fehlt im Freistaat Sachsen bislang. Wie aus einer Gesamtschau allerdings ersichtlich wird, hat sich der Freistaat für einen dreistufigen Behördenaufbau entschieden. Die Zentralstufe der Landesverwaltung wird von den obersten Landesbehörden und Landesoberbehörden 262 gebildet. Auf der Mittelstufe der allgemeinen Verwaltungsbehörden sind die drei Regierungspräsidien in Chemnitz, Dresden und Leipzig angesiedelt, deren Existenz zahlreiche Normen stillschweigend voraussetzen, indem ihnen vom Freistaat Sachsen Aufgaben zugewiesen werden, wobei es sich hierbei jeweils um den gleichen Behördenträger handelt (*Krüger/Apitz*, LKV 1998, 90 [94]). Die Aufgaben der unteren staatlichen allgemeinen Verwaltungsbehörden sollen nach § 2 Abs. 5 sächsLKO die Landratsämter in den Landkreisen bzw. nach § 3 Abs. 3 sächsGO die kreisfreien Städte wahrnehmen. Ob es sich bei diesen, d.h. den Landratsämtern bzw. Oberbürgermeistern, tatsächlich um untere Verwaltungsbehörden handelt, ist allerdings umstritten (siehe zu diesem Streit *VG Leipzig*, SächsVBl. 1997, 67; *Belz*, SächsVBl. 1997, 92; *Krüger/Apitz*, LKV 1998, 90ff.; *Krüger*, LKV 2000, 189f.). Zum Teil wird vertreten, dass die Aufgaben der unteren allgemeinen Verwaltungsbehörden von den Regierungspräsidien wahrgenommen werden (*VG Leipzig*, SächsVBl. 1997, 67).

(k) Sachsen-Anhalt

263 Art. 86 Abs. 2 sanhVerf. bestimmt, dass der allgemeine Aufbau der öffentlichen Verwaltung und ihre räumliche Gliederung durch Gesetz zu regeln sind. Ein den allgemeinen Aufbau der Landesverwaltung abschließend regelndes Landesorganisationsgesetz existiert jedoch in Sachsen-Anhalt nicht. Dies ist zulässig, da die gesetzlichen Regelungen auch in die Fachgesetze aufgenommen werden können (*Reich*, Art. 86, Rdnr. 2). Die Verwaltung des Landes wurde zunächst, gemäß dem in der Mehrzahl der Bundesländer gebräuchlichen Organisationsmodell, dreistufig gegliedert. Die erste Stufe bilden die obersten Landesbehörden, bestehend aus dem Ministerpräsidenten bzw. der Staatskanzlei als Regierungszentrale und den Ministerien. Auf der zweiten Stufe folgen die Mittelinstanzen (siehe hierzu *Kilian*, LKV 1994, 271ff.). Zu dieser Verwaltungsebene zählen zum einen die sog. Sonderverwaltungen, die mit ihren Fachaufgaben aus der allgemeinen Verwaltung ausgegliedert und einzelnen Fachministern untergeordnet sind sowie zum anderen die drei Bezirksregierungen bzw. Regierungspräsidien als mittlere Stufe der allgemeinen inneren Verwaltung. Letztere bilden den eigentlichen Verwaltungsunterbau des Innen- und Fachressorts, indem sie in ihren Fachabteilungen, die in der obersten Verwaltungsstufe auf verschiedene Ministerien verteilten Fachaufgaben koordinieren und bündeln (*Kilian*, LKV 1994, 271 [274]). Die Regierungspräsidien wurden durch das Verwaltungsmodernisierungsgrundsätzegesetz zum 31. 12. 2003 aufgelöst und durch ein Landesverwaltungsamt ersetzt. Zugleich wurde eine umfassende Aufgabenkritik mit dem Ziel durchgeführt, weitere staatliche Aufgaben auf die Kommunen zu übertragen und die Aufgaben von Fachbehörden weiter zu bündeln. Die dritte und unterste Stufe nehmen die kreisfreien Städte und die Landkreise ein (unter diesen bilden genau genommen die kreisangehörigen Gemeinden eine zusätzliche vierte Stufe). Den Einrichtungen der kommunalen Selbstverwaltung ist die Erfüllung zahlreicher und umfänglicher staatlicher Aufgaben im Wege der Auftragsverwaltung übertragen.

(l) Schleswig-Holstein

Ausführungen zur Landesverwaltung sind in Art. 45 shLV enthalten. Danach steht die Organisation der allgemeinen Staatsverwaltung sowie die Regelung der Zuständigkeit und das Verfahren unter dem Vorbehalt des Gesetzes (Art. 45 Abs. 2 shLV). Diesem organisationsrechtlichen Gesetzesvorbehalt ist das Land Schleswig Holstein mit dem Landesverwaltungsgesetz (shLVwG) nachgekommen. Die Landesbehörden werden nach dem Landesverwaltungsgesetz in oberste Landesbehörden, Landesoberbehörden und untere Landesbehörden unterteilt. Hieraus folgt, dass sich das Land Schleswig-Holstein für einen zweigliedrigen Verwaltungsaufbau entschieden hat. Oberste Landesbehörden sind in Schleswig-Holstein die Landesregierung, der Ministerpräsident, die Ministerien sowie der Landesrechnungshof. Ebenfalls der obersten Verwaltungsstufe zuzurechnen sind die Landesoberbehörden, die als Landesamt bezeichnet werden sollen. Diese Verwaltungsbehörden der ersten Stufe nehmen die überregionalen Aufgaben wahr. Die regionalen Aufgaben werden von den staatlichen Verwaltungsinstitutionen auf Kreisebene wahrgenommen. Auf eine Mittelinstanz wurde völlig verzichtet. Zur Entlastung der Ministerialverwaltung wurden allerdings für eine Reihe von überörtlichen Aufgabenbereichen besondere Dienststellen aus den Ministerien ausgegliedert, ohne dass sie in den bestehenden Verwaltungsaufbau eingegliedert worden wären, d.h. diese Dienststellen sind mit einer gewissen Selbstständigkeit ausgestattet, bleiben jedoch Bestandteil der obersten Landesbehörden (*Buß*, Die Bundesrepublik Deutschland Staatshandbuch – Schleswig Holstein, S. 10). Da diese den einzelnen Ministerien zugeordneten Ämter häufig ressortübergreifende Aufgaben zu erfüllen haben, müssen zur Koordination jeweils interministerielle Arbeitsgruppen gebildet und die Abstimmungsprobleme danach jeweils auf höchster Ebene, nämlich im Kabinett, ausgetragen werden. 264

(m) Thüringen

Art. 90 S. 2 thürVerf. kreiert für Aufbau, räumliche Gliederung und Zuständigkeit der thüringer Behörden eine Art „Verordnungsvorbehalt", indem er für diese Bereiche allein Regelungen „auf Grund eines Gesetzes" fordert (*Huber*, ThürVBl. 1997, 49 [51]). Ein Landesorganisationsgesetz, welches umfassend den Verwaltungsaufbau vorgibt und umreißt, existiert in Thüringen bislang nicht. Einziger Regelungskomplex, der zentrale zusammenfassende Aussagen über den Aufbau der Landesverwaltung enthält, ist die noch auf der Grundlage von § 14 Abs. 2 thürVLS erlassene Anordnung der Landesregierung und Verordnung des Innenministers über die Errichtung von Behörden und Einrichtungen des Landes Thüringen (BehErrVO) vom 18. Juli 1991 (dazu *Huber*, ThürStVerwR, S. 161). Darin findet sich die 265 hierarchische Behördengliederung. Die Zentralstufe in diesem Aufbau wird von den obersten Landesbehörden und Landesoberbehörden gebildet. Zu den obersten Landesbehörden gehören in Thüringen die Landesregierung (Art. 70 Abs. 1, 90 S. 1 thürVerf.), die Ministerien und die Staatskanzlei. Ebenfalls eine oberste Landesbehörde ist, wie in den anderen Bundesländern auch, der Rechnungshof. Der Mittelstufe sind die mittleren Landesbehörden zugeordnet. Landesmittelbehörden sind die Sonderverwaltungsbehörden wie etwa das Polizeipräsidium und das Landesamt für Soziales und Familie. Kernstück der Mittelstufe und gleichsam hervorstehendes Merkmal der thüringer Landesverwaltung ist das Landesverwaltungsamt in Weimar (siehe zum Thüringer Landesverwaltungsamt die Darstellung von *Kießwetter/Parzefall,* LKV 1993, 111 [112ff.]). Das Landesverwaltungsamt ist als die zentrale Mittelbehörde für das gesamte Landesgebiet zuständig. Es ist eine „Bündelungsbehörde", die ressortübergreifend einen Großteil der behördlichen Aufgaben auf der mittleren Verwaltungsebene gebündelt wahrnimmt (*Kießwetter/Parzefall,* LKV 1993, 111 [112]; siehe zur Einordnung des Landesverwaltungsamtes in die Behördengliederung *Huber,* ThürStVerwR, S. 163f.). Die Unterstufe wird auch in Thüringen von den allgemeinen unteren Verwaltungsbehörden der inneren Verwaltung, den Landratsämtern, soweit diese in ihrer Eigenschaft als untere staatliche Verwaltungsträger betroffen sind (§§ 91 S. 2, 111 Abs. 2 thürKO) sowie mehreren unteren (Sonder-)Verwaltungsbehörden (z.B. Schulamt – § 4 Abs. 1 thürSchAG, Polizeidirektion – § 4 Abs. 2 S. 3 thürPAG) gebildet.

(2) Besonderheiten der Stadtstaaten

266 Die Grundzüge der Verwaltungsorganisation der Stadtstaaten sind bereits durch deren Verfassungen ausführlich geregelt. Bedingt durch ihren Stadtstaatencharakter bestehen zur Verwaltungsorganisation der Flächenstaaten erhebliche Differenzen.

(a) Berlin

267 Berlin ist nach Art. 1 Abs. 1 der Verfassung von Berlin v. 23. 11. 1995 (blnVerf.) ein deutsches Land und zugleich eine Stadt. Staatliche und gemeindliche Tätigkeit werden in Berlin nicht getrennt (§ 1 des Allgemeinen Zuständigkeitsgesetzes – blnAZG). Anders als in den meisten Flächenstaaten, die eine dreistufige Verwaltung haben, gibt es in Berlin nur zwei Verwaltungsebenen: die der Hauptverwaltung und die der Bezirksverwaltung (Art. 67 Abs. 1 u. 2 blnVerf.). Die Hauptverwaltung umfasst gemäß Art. 2 Abs. 2 blnAZG die Senatsverwaltung, die ihnen nachgeordneten Behörden (Sonderbehörden) und nicht-rechtsfähigen Anstalten. Gegenüber der Hauptverwaltung stellen die Bezirksverwaltungen die untere Ebene der allgemeinen Verwaltung dar. Die Anzahl der Bezirke ist durch das Zweite Gesetz zur Änderung der Verfassung von Berlin vom 3. 4. 1998 mit Wirkung zum 1. 1. 2001 von 23 auf 12 reduziert worden. Dieser zweistufige Verwaltungsaufbau ist dem Umstand geschuldet, dass einige Stadtgemein-

den der Vereinigung zu Groß-Berlin im Jahre 1920 nur unter der Bedingung fortbestehender eigener Verwaltungsaufgaben zustimmten (*Drügemöller,* LKV 1995, 393). Gemäß Art. 66 Abs. 2 blnVerf. sind die Bezirke an der Verwaltung „nach den Grundsätzen der Selbstverwaltung" zu beteiligen. Von echten Gemeinden unterscheiden sich die Bezirke jedoch dadurch, dass sie keine eigene Rechtspersönlichkeit (§ 2 Abs. 1 blnBezVG) haben und sich daher nicht auf Art. 28 Abs. 2 GG berufen können (Urteil des *blnVerfGH* v. 19. 10. 1992, *VerfGH* 36/92, S. 8 f.; *Sommer,* JR 1995, 397 [399]). Allerdings ist ihnen seit 1994 in Organstreitigkeiten mit der Hauptverwaltung über die Reichweite von Art. 67 blnVerf. ein Beteiligungsrecht nach §§ 14 Nr. 9, 57 blnVerfGHG einzuräumen, da Art. 84 Abs. 2 Nr. 3 blnVerf. ein solches Antragsrecht ausdrücklich vorsieht. Dieses Instrument, das funktional der kommunalen Verfassungsbeschwerde in den Flächenstaaten gleicht (*Körting/Schmidt,* LKV 1998, 121 [124]), gestattet den Bezirken, gesetzliche Abgrenzungen der Zuständigkeit (Art. 67 Abs. 3 VvB) im Einzelfall vor dem Berliner Verfassungsgericht anzugreifen. Die bedeutendste Konsequenz der beschränkten Autonomie der Bezirke ist darin zu sehen, dass sie keine originäre Zuständigkeiten für örtliche Angelegenheiten wahrnehmen, sondern nur solche, die nicht der Hauptverwaltung zufallen (Art. 67 Abs. 2 blnVerf.). Dabei ist darauf abzustellen, ob eine Aufgabe von „gesamtstädtischer Bedeutung" vorliegt oder eine Aufgabe, die wegen ihrer Eigenart zwingend einer „einheitlichen" Durchführung bedarf (Art. 67 Abs. 1 blnVerf.). Alle anderen Verwaltungsaufgaben werden von den Bezirken wahrgenommen. Die konkrete Abgrenzung ergibt sich aus dem Gesetz über die Zuständigkeit in der allgemeinen Berliner Verwaltung (blnAZG) samt Anlage zum allgemeinen Zuständigkeitsgesetz („Zuständigkeitskatalog") und dem Allgemeinen Sicherheits- und Ordnungsgesetz (blnASOG) nebst Anlage, dem Zuständigkeitskatalog Ordnungsaufgaben; letzterer ist an die Stelle des aufgehobenen Gesetzes über die Zuständigkeit der Ordnungsbehörden (blnOrdZG) getreten (*Mueller-Thuns/Schubert,* LKV 1999, 213 [215]; *Hoffmeister,* NJ 1999, 393).

(b) Bremen

Bremens Verwaltungsaufbau ist im Allgemeinen zweistufig und gliedert 268
sich in eine obere und untere Verwaltungsebene. Die obere Stufe wird durch die senatorischen Behörden verkörpert, die Landes- und stadtbremische Kommunalbehörden zugleich sind (vgl. Art. 127 breVerf.) und die Schnittstelle von Regierung und Verwaltung bilden (*Göbel,* in: Kröning, Handbuch der Bremischen Verfassung, S. 384 [402 f.]). Sie erfüllen daher mehrere Funktionen. So sind sie zum einen Hilfsorgane des an ihrer Spitze stehenden Senators in dessen Eigenschaft als Senatsmitglied und zum anderen haben sie die Aufgabe, dem Senator die Leitung seines Geschäftsbereichs zu ermöglichen. Im Rahmen der letztgenannten Aufgabe obliegt ihnen einerseits die Entwicklung von Programmen und andererseits die Aufsicht und Kon-

trolle über die nachgeordneten Behörden. Als dritte Aufgabe obliegt ihnen – in weitaus stärkerem Maße als den Ministerien in den Flächenstaaten – der unmittelbare Vollzug von Verwaltungsaufgaben. Vielfach nehmen die senatorischen Behörden zugleich auch die Aufgabe von Landesämtern wahr, die in den Flächenstaaten durch selbstständige Landesoberbehörden erfüllt werden. Zuweilen sind ihnen darüber hinaus auch noch, wenn selbstständige untere Fachbehörden fehlen, deren Aufgaben übertragen (*Göbel,* in: Kröning, Handbuch der Bremischen Verfassung, S. 384 [403]). Ihnen nachgeordnet sind die Behörden der unteren Stufe. Nach ihrer Aufgabenstellung können diese in reine Landesbehörden oder reine stadtbremische Kommunalbehörden aufgesplittet werden. Die bremischen Behörden der unteren Stufe sind grundsätzlich als Sonderverwaltungsbehörden für bestimmte Aufgaben eingerichtet und dementsprechend dem für die jeweilige Aufgabe zuständigen Senator unterstellt, d.h. sie unterliegen dessen fachlichen Weisungen (*Göbel,* in: Kröning, Handbuch der Bremischen Verfassung, S. 384 [405]).

(c) Hamburg

269 Die grundlegenden Entscheidungen über die hamburgische Verwaltungsorganisation sind in Art. 4, 33 Abs. 2, 42 Abs. 2 sowie 55–57 hmbVerf. enthalten. Nach Art. 4 Abs. 1 hmbVerf. werden in Hamburg staatliche und gemeindliche Tätigkeiten nicht getrennt. Hamburg ist also keine Gemeinde oder Gemeindeverband (wie Bremen) mehr, sondern ein Stadtstaat mit einer stadtstaatlichen Einheitsverwaltung. Eine Unterscheidung von Aufgaben des Gesamtstaates und übertragenen Aufgaben der Verwaltungseinheit für Teilgebiete ist aber in Art. 4 Abs. 2 hmbVerf. vorausgesetzt. Die in Art. 4 Abs. 2 hmbVerf. vorgesehenen „Teilgebiete“ sind die Bezirke, deren Kompetenzen im hmbBezVG geregelt sind. Gekennzeichnet ist die Organisation der hamburgischen stadtstaatlichen Einheitsverwaltung jedoch durch die Trias des Senats, der Fachbehörden und der Bezirksverwaltungen sowie deren Ausrichtung auf den Senat als ihre Spitze. Als Spitze der Exekutive „führt und beaufsichtigt“ der Senat nach Art. 33 Abs. 2 hmbVerf. die Verwaltung. Zugleich ist er auch selbst Verwaltungsbehörde, und zwar oberste Landesbehörde (*Bull,* in: Hoffmann-Riem/Koch, Hamburgisches Staats- und Verwaltungsrecht, S. 77 [82f.]; *David,* Art. 57, Rdnr. 19f.). Was in anderen Ländern die Ministerien sind, das sind in Hamburg die „Fachbehörden“. Aus der Rechtsstellung des Senats folgend gibt es allerdings auch Unterschiede zu den Landesministerien. So sind die Fachbehörden nicht oberste Landesbehörden, dies ist nur der Senat. Von den Mittelbehörden der Flächenländer unterscheiden sich die Fachbehörden durch ihre ministeriellen Funktionen. Andererseits sind sie in einigen Materien wie z.B. im Bereich der Justiz und Kultur „nur“ Unterbehörde, also als erste Instanz zuständig (*Bull,* in: Hoffmann-Riem/Koch, Hamburgisches Staats- und Verwaltungsrecht, S. 77 [91]). Für jeden der sieben Hamburger Bezirke ist ein Bezirksamt eingerichtet worden. Die Bezirksämter nehmen die ihnen vom Senat übertragenen Verwaltungsaufgaben (Bezirksaufgaben) wahr. In der Übertragung der Aufgaben auf die Bezirksämter kommt das Prinzip der stadtstaatlichen Einheitsverwaltung zum Ausdruck. Der Senat überträgt den Bezirksämtern die ortsnah zu erledigenden Verwaltungsaufgaben, soweit nicht Gründe der Wirtschaftlichkeit und Zweckmäßigkeit eine andere Aufgabenzuweisung erfordern (*David,* Art. 57, Rdnr. 47).

5. Die Behördenorganisation in der DDR und der Prozess der Wiederherstellung der Deutschen Einheit im Bereich der Behördenorganisation in den neuen Bundesländern

Schrifttum: *Bath,* Behördenabwicklung nach der Wiedervereinigung, Beilage LKV 2001, 27 ff.; *Bauer,* Zur Verwaltungsstruktur der Deutschen Demokratischen Republik, BayVBl. 1990, 263 ff.; *Becker/Berg/Herzog* u. a., Probleme des Verwaltungsaufbaus in den neuen Bundesländern – Traditionen, Innovationen und Leitbilder, Internet-Publikation der Hochschule Harz in Halberstadt, 1995; *Bernet/Lecheler,* Die DDR-Verwaltung im Umbau, 1990; *Bernet,* Aspekte zur Wiedereinführung der Länder, LKV 1991, 2 ff.; *Brand,* Die Umgestaltung der Verwaltung in den neuen Bundesländern, dargestellt am Beispiel von zwei ausgewählten Kommunalverwaltungen, Verwaltungsrundschau 1994, 253 ff.; *Danker,* Privatisierung versus Rekommunalisierung, 2002, 30–46; *Eggert,* Die Entwicklung der Verwaltung in den neuen Ländern, VOP 1993, 371 ff.; *Fischer,* Aufbau der öffentlichen Verwaltung in den neuen Bundesländern, DVP 1993, 97 ff.; *Gertler,* Auswirkungen der Politik- und Verwaltungsreform Sachsen-Anhalts auf die Landkreise, LKV 1998, 426 ff.; *Hanisch,* Probleme beim Aufbau der ostdeutschen Kommunalverwaltung, VOP 1993, 170 ff.; *Hauschild,* Die örtliche Verwaltung im Staats- und Verwaltungssystem der DDR: auf dem Wege in den gesamtdeutschen Bundesstaat; eine vergleichende Untersuchung, 1991; *Herbst/Ranke/Winkler,* So funktionierte die DDR, Bände 1 und 2, Lexikon der Organisationen und Institutionen, 1994; *Heuer,* Die Rechtsordnung der DDR: Anspruch und Wirklichkeit, 1991; *Hill,* Konzentration und Beweglichkeit als Leitprinzipien für den weiteren Aufbau der Verwaltung in den neuen Ländern, VerwArch. 1994, 1 ff.; *Hoesch,* Probleme des Verwaltungsaufbaus in den neuen Ländern, DtZ 1992, 139 ff.; *Huber,* Transformation der realsozialistischen Verwaltung, DVBl. 1993, 1251 ff.; *Knemeyer,* 10 Jahre kommunale Selbstverwaltung in den „neuen Ländern". Von der DDR-Kommunalverfassung zu eigenständigen Landesselbstverwaltungsgesetzen, DÖV 2000, 496 ff.; *König,* Kaderverwaltung und Verwaltungsrecht, VerwArch. 73 (1982), 37 ff.; *ders.,* Verwaltung im Übergang, DÖV 1991, 177 ff.; *ders.,* Transformation einer Kaderverwaltung, DÖV 1992, 549 ff.; *ders.,* Transformation der realsozialistischen Verwaltung: Deutsche Integration und europäische Kooperation, DVBl. 1993, 1292 ff.; *ders.,* Die Transformation der öffentlichen Verwaltung. Ein neues Kapitel der Verwaltungswissenschaft, VerwArch. 1994, 311 ff.; *König* (Hg.), Verwaltungsstrukturen der DDR, 1991; *König/Meßmann,* Organisations- und Personalprobleme der Verwaltungstransformation in Deutschland, 1995; *König/Schuppert/Heimann* (Hg.), Vermögenszuordnung. Aufgabentransformation in den neuen Bundesländern, 1995; *Loschelder,* Verwaltung, Armee, Gerichte, in: Isensee/Kirchhof, Handbuch des Staatsrechts, Band IX, 1997, § 217; *Miller,* Die Funktionalreform in den neuen Bundesländern, LKV 1998, 216 ff.; *von Oertzen* (Hg.), Rechtsstaatliche Verwaltung im Aufbau, Band II: Sonderbehörden und Einheit der Verwaltung, 1993; Band III: Selbstverwaltung und Aufsicht, 1994; *Pfeifer,* Die Kreisgebiets- und Gemeindeverwaltungsreform in Sachsen-Anhalt, LKV 1993, 405 ff.; *Pitschas* (Hg.), Rechtsvereinheitlichung und Verwaltungsreform in den neuen Ländern der Bundesrepublik Deutschland, 1991; *ders.,* Verwaltungsintegration in den neuen Bundesländern (Schriftenreihe der Hochschule Speyer, Band 110), 1993; *ders.,* „Transformation" oder „Integration"? – Wirkungsgrenzen kommunaler Rechts- und Verwaltungshilfe in den neuen Bundesländern, LKV 1992, 385 ff.; *Pohl,* Verwaltung und Verwaltungsrecht in den neuen Bundesländern, – Transformation oder Neubeginn?, in: König, Verwaltungsstrukturen der DDR, 1991; *Rogas,* Ostdeutsche Verwaltungskultur im Wandel. Selbstbilder von Kommunalverwaltern 1992 und 1996 im Vergleich, 2000; *Scheytt,* Aufbau der ostdeutschen Kommunalverwaltungen, Deutschland-Archiv 1992, 12 ff.; *Schöneich,* Die Kommunalisierung öffentlicher Aufgaben in den neuen Bundesländern nach der Praxis der Treuhandanstalt, VerwArch 1993, 383 ff.; *Seibel,* Verwaltungsreform in den ostdeutschen Bundesländern, DÖV 1991, 198 ff.; *Seibel/Benz,* Verwaltungsreform und Verwaltungspolitik im Prozeß der deutschen Einigung, 1993; *Seibel* u. a. (Hg.), Verwaltungsreform und Verwaltungspolitik im Prozeß der deutschen Einigung, 1993; *Stüer,* Gebietsreform in den neuen Bundesländern – Bilanz und Ausgleich, LKV 1998, 209 ff.; *Tettinger,* Rechtliche Grundlagen einer „Verwaltung des Mangels" in den neuen Bundesländern, DÖV 1993, 236 ff.; *Trute,* Organisation und Personal der DDR (§ 215), in: Isensee/Kirchhof, Handbuch des Staatsrechts, Band IX, 1997; *Veil,* Kommunalreform in Sachsen-Anhalt, LKV 1993, 47 ff.; *Wallerath,* Aufgaben und Aufbau öffentlicher Verwaltung im Wandel. Zum Umbau der Verwaltung in den neuen Bundesländern, Die Verwaltung 1992, 155 ff.; *Weimar/Alfes,* Offene Fragen zur Übernahme betrieblicher Sozialeinrichtungen durch Kommunen in den neuen Bundesländern, DÖV 1993, 688 ff.; *Weiß,* Wiedereinführung des Berufsbeamtentums im beigetretenen Teil Deutschlands – Entwicklung und Darstellung des seit dem 3. Oktober 1990 geltenden Beamtenrechts auf der Grundlage des Einigungsvertrages, ZfBR 1991, 1 ff.; *Wollmann* u. a., Transformation der politisch-administrativen Strukturen in Ostdeutschland, 1997.

a) Die Behördenorganisation der DDR im Überblick

270 Grundlegendes Prinzip des Staatsaufbaus der DDR war gem. § 47 Abs. 2 der Verfassung der DDR das des demokratischen Sozialismus oder **demokratischen Zentralismus** (zu dessen Elementen *Trute,* Rn. 7 ff.; näher *König,* DVBl. 1993, 1292 ff.). Dieses Prinzip war auch für die Verwaltungsorganisation maßgeblich (*König,* DVBl. 1993, 1294). Aufgrund der dann vorgegebenen Hierarchie der Institutionen des politischen Systems unter Führung der SED existierten weder föderalistische Strukturen noch Autonomieräume in Gestalt einer kommunalen oder berufsständischen Selbstverwaltung, sondern eine „Kommandostruktur" (*König,* DVBl. 1993, S. 1294, der aber auch auf die große Bedeutung eines Beratungssystems verweist und diese als „konsultativen Autoritarismus" kennzeichnet). Zwar war auch in der DDR eine verwaltende von einer gesetzgebenden und rechtsprechenden Staatstätigkeit zu unterscheiden, jedoch gab es keine Gewaltenteilung iS liberaler rechtsstaatlicher Vorstellungen. Vielmehr galt das „Dogma der Gewalteneinheit" als Ausdruck „identitärer Demokratie" (*Trute,* Rdnr. 10; vgl. auch *Danker,* S. 32 m. w. Nachw.). Verwaltung war nach Verfassung und Staatslehre der DDR daher keine zweite Gewalt, sondern nur die „verfügend-vollziehende Staatstätigkeit" (*Trute,* Rdnr. 19; ebenso *König,* DVBl. 1993, S. 1293, der auch darauf hinweist, dass der Begriff „öffentliche Verwaltung" keine Verwendung fand). An der Spitze der Verwaltungsorganisation der DDR stand der **Ministerrat** als „Regierung" der DDR (Art. 76 Abs. 1 DDR-Verfassung). Er leitete, koordinierte und kontrollierte die Tätigkeit der Ministerien, der anderen zentralen Staatsorgane sowie der Räte der Bezirke (vgl. Art. 78 Abs. 1 DDR-Verfassung). Der

Schwerpunkt seiner Tätigkeit lag bei der staatlichen Leitung und Planung der Volkswirtschaft der DDR nach den politischen Leitlinien der SED (vgl. § 1 Abs. 2 Ministerratsgesetz der DDR). Hinzu traten weitere wichtige Aufgaben auf dem Gebiet der Außenpolitik (vgl. Art. 76 Abs. 3 DDR-Verfassung). Der Ministerrat war gem. Art. 76 Abs. 1 DDR-Verfassung der Volkskammer verantwortlich, wobei jedoch die Verantwortlichkeit de facto keine große Rolle spielte (*Trute,* Rdnr. 20). Eine enge Verzahnung mit der SED bestand bereits deshalb, weil der SED als stärkster Volkskammerfraktion das Vorschlagsrecht für die Person des Vorsitzenden des Rates zustand (vgl. Art. 79 Abs. 2 DDR-Verfassung). Dem Ministerrat nachgeordnet waren die Ministerien und die sonstigen Verwaltungsbehörden. Nach der Ressortstruktur des Ministerrates dominierte die Wirtschaftsverwaltung. Der Ministerrat verwaltete durch Industrieministerien jeweils einen oder mehrere Industriezweige (Diese entstanden nach Auflösung des Volkswirtschaftsrates im Jahre 1965 durch die Umbildung seiner Industrieabteilungen in selbstständige Ministerien). So waren den Ministerien die Kombinate unterstellt, soweit es sich nicht um bezirksgeleitete handelte (Die Kombinate waren für die Struktur der DDR-Wirtschaft – neben den Landwirtschaftlichen Produktionsgenossenschaften – prägend. Es handelte sich um Zusammenschlüsse von volkseigenen Betrieben zu großen Wirtschaftseinheiten – vgl. Kombinatsverordnung vom 8. 11. 1979, GBl. DDR I S. 355). Auf zentraler Ebene bestanden neben den Ministerien weitere staatliche Ämter, wie etwa die Staatliche Plankommission, als die dem Ministerrat direkt unterstellte oberste Planungsbehörde der DDR, das Amt für Jugendfragen beim Ministerrat oder etwa das Amt für Standardisierung.

Auf der Grundlage eines Volkskammergesetzes aus dem Jahre 1952 271
(Gesetz über die weitere Demokratisierung des Aufbaus und der Arbeitsweise der staatlichen Organe in den Ländern der DDR vom 23. 7. 1952) waren anstelle der bisherigen fünf Länder 14 in Kreise untergliederte **Bezirke** als größte Gebietseinheiten in der Verwaltungsgliederung der DDR gebildet worden. Später wurde Ostberlin zum 15. Bezirk der DDR, ohne Rücksicht auf den alliierten Sonderstatus als Viersektorenstadt. Der Bezirkstag war die Volksvertretung auf regionaler Ebene. Anders als die aufgelösten Länder hatte er kaum eigene politische Kompetenzen. Der Bezirkstag wählte den Rat des Bezirks als Exekutivorgan des Bezirks. Für die Wirtschaftsverwaltung auf Bezirksebene war der Bezirkswirtschaftsrat (BWR) als staatliches Organ für die Planung und Leitung der bezirksgeleiteten Industrie von Bedeutung, der vom Ministerium für bezirksgeleitete Industrie angeleitet wurde und dem Bezirkstag rechenschaftspflichtig war. Den BWR waren alle VEB direkt unterstellt. Die Bezirksplankommission war ein für die regionale Planung zuständiges Organ der Räte der Bezirke.

Unterhalb der regionalen Verwaltungseinheiten in Gestalt der Bezirks- 272
verwaltungsbehörden handelten als örtliche Verwaltungseinheiten die

Kreisverwaltungsbehörden sowie die Städte- und **Gemeindeverwaltungen** (näher hierzu *Hauschild,* a.a.O.; *Danker,* S. 35–46). Man unterschied kreisangehörige Gemeinden bzw. Städte und kreisfreie Städte (Stadtkreise), die in großen Stadtkreisen in Stadtbezirke als unterste Verwaltungsebenen untergliedert waren, sowie Gemeindeverbände. Die Kommunen besaßen kein Selbstverwaltungsrecht (s. Band 1, § 11 Rdnr. 2). Ein Gesetz über die örtlichen Volksvertretungen regelte die Aufgabenzuweisung an diese Gremien (G. v. 4. 7. 1985 [GöV 1985], GBl. DDR I S. 213). Neben die örtlichen Volksvertretungen traten die jeweiligen Räte als Exekutivorgane. Ebenso wie auf Bezirksebene galt auch auf lokaler Ebene das Prinzip der „doppelten Unterstellung" der Räte, wonach der Rat sowohl der jeweiligen Volksvertretung als auch dem übergeordneten Rat verantwortlich und rechenschaftspflichtig war (s. Band 1, § 11 Rdnr. 2; *König,* DVBl. 1993, S. 1294). Die kreisangehörigen Gemeinden und Kreisstädte hatten im Staats- und Verwaltungssystem der DDR nur geringe Verwaltungskraft und verfügten nur über bescheidene Einnahmen. Oftmals gewährleisteten erst Zuwendungen von örtlich ansässigen Betrieben die Finanzierung von Verwaltungsaufgaben (zur Beziehung zwischen Kommunalverwaltung und örtlicher Wirtschaft s. *Danker,* S. 46). Die Kreisplankommissionen waren nachgeordnete Organe der Bezirksplankommission, die Aufgaben im Rahmen der örtlichen Planung wahrnahmen. Die sog. kommunale Wohnungsverwaltung war als VEB organisiert und dem örtlichen Rat unterstellt (trotz der Umbildung zu VEB blieb die Bezeichnung als „kommunale Wohnungsverwaltung" gebräuchlich – vgl. *Herbst/Ranke/Winkler,* S. 530).

273 Betriebe, Kombinate und Produktionsgenossenschaften waren als Staatswirtschaft selbst Verwaltung im materiellen Sinn neben Behörden der Wirtschaftsverwaltung im formellen Sinne wie die Plankommissionen oder die Wirtschaftsräte. Die große Anzahl und Bedeutung von Behörden der Wirtschaftsverwaltung war Ausdruck einer zentral gelenkten Verwaltungswirtschaft (Band 1, § 11 Rdnr. 3). Da die DDR in weitaus stärkerem Maße als die Bundesrepublik die Bereiche Soziales und auch Kultur steuerte, nahm auch die Behördenorganisation in diesen Verwaltungsbereichen mehr Raum ein, als in der Bundesrepublik.

274 Die Unterschiede zwischen beiden Verwaltungen werden durch einen Vergleich des Verwaltungsorganisationsrechts nicht hinreichend deutlich. Für das Verständnis der DDR-Verwaltung ist in weit größerem Maß die Kenntnis der **Verwaltungspraxis** von Bedeutung. Zu berücksichtigen sind insoweit vor allem der die DDR-Verwaltung kennzeichnende beherrschende vielschichtige Einfluss des Parteiapparates sowie eine Rechtswirklichkeit jenseits des Gesetzes. Der unmittelbar und mittelbar bestimmende Einfluss der SED auf die Verwaltung in all ihren Ebenen war durch eine zur Staatsorganisation spiegelbildlich organisierte und übergestülpte Parteiorganisation sichergestellt (*König,* DVBl. 1993, S. 1294). Einflussnahme erfolgte nicht nur durch geregelte Weisungsverhältnisse, sondern auch durch infor-

melle Strukturen. Zudem wurden die Leitungspositionen der meisten Verwaltungsbereiche mit SED-Mitgliedern besetzt (vgl. *Henkel,* Im Dienste der Staatspartei, 1994, S. 52. In einigen Verwaltungsbereichen dominierten Parteimitglieder auch in unteren Ebenen. So war die große Mehrheit aller Volkspolizisten in den achtziger Jahren SED-Mitglied – *Herbst/Ranke/Winkler,* S. 217). Während die Verflechtung zwischen der Deutschen Volkspolizei und der SED mehr oder weniger offen war, wurden solche mit dem MfS erst nach der „Wende" aufgedeckt. Es bestand kein gleicher Zugang zu öffentlichen Ämtern (i. S. v. Art. 33 Abs. 3 GG), sondern eine sog. Kaderverwaltung, wobei die politisch-ideologische Eignung im Vordergrund stand (Band 1, § 11 Rdnr. 5; *König,* VerwArch. 73 (1982), S. 37 ff.). Viele Leitungspositionen der Verwaltung, aber auch untere Ebenen, waren zudem mit Personen besetzt, die mit dem Ministeriums für Staatssicherheit zusammenarbeiteten. Z. T. bestand auch ein direkter Einfluss des Ministeriums für Staatssicherheit wie im Falle der Außenhandelsbehörde „Kommerzielle Koordinierung/Koko" (hierzu *Herbst/Ranke/Winkler,* S. 523 ff.). Der Versuch, einen totalen Überwachungsstaat zu unterhalten bzw. aufzubauen, schuf einen gewaltigen Verwaltungsaufwand bei der Planung, Koordinierung, Anwerbung von Mitarbeitern, Ausbildung und Anleitung der Mitarbeiter, der Überwachungstätigkeit i. e. S. und vor allem der Auswertung des gesammelten Materials. Die Strukturen und das ganze Ausmaß dieser „Geheimverwaltung" mit einer auf einige hauptamtlich Tätige beschränkte Behördenstruktur und ihren zahllosen „Verwaltungshelfern" wurde erst nach dem Zusammenbruch der DDR sichtbar.

Eine grundlegende Reform der DDR-Behördenorganisation erfolgte kurz 275 vor der Wiedervereinigung durch die Erste frei gewählte Volkskammer sowie durch die Regierung Modrow im Jahre 1990. So kam es zunächst zur Streichung der Führungsrolle der Arbeiterklasse und ihrer marxistisch-leninistischen Partei aus Art. 1 Abs. 1 S. 2 DDR-Verfassung. Das Ministerium für Staatssicherheit und die noch vom Ministerrat eingerichtete Nachfolgeorganisation (Amt für nationale Sicherheit) wurden aufgelöst. Die Volkskammer hob die Bestimmungen der DDR-Verfassung über die örtlichen Volksvertretungen und ihre Organe auf (Gesetz vom 17. 5. 1990 GBl. DDR I S. 255) und führte mit der Kommunalverfassung der DDR das kommunale Selbstverwaltungsrecht wieder ein (ebenso § 3 Abs. 3 des Ländereinführungsgesetzes vom 22. 7. 1990; zu Identitätsfragen im Rahmen der Neukonstituierung kommunaler Selbstverwaltungsträger s. Dietlein, Nachfolge im Öffentlichen Recht, 1999, S. 474 ff.). Das Gesetz über das Vermögen der Gemeinden, Städte und Landkreise (Kommunalvermögensgesetz – KVG) vom 6. 7. 1990 (GBl. DDR I S. 660) bestimmte den Übergang zahlreicher zuvor volkseigener Vermögenswerte in das Vermögen der Gemeinden, Städte und Landkreise. Das Kommunalvermögensgesetz führte zur Übertragung ganzer Verwaltungseinheiten auf die Kommunen als Bestandteile der jeweiligen volkseigenen Betriebe und Einrichtungen etwa in Bereichen des öffentlichen Personennahverkehrs oder der Elektrizitäts- und Wasserversorgung.

276 Die DDR war zu diesem Zeitpunkt de iure noch zentralstaatlich organisiert. Das System des demokratischen Zentralismus prägte den Staatsaufbau. Die Umwandlung in einen Bundesstaat erfolgte wenig später auf der Grundlage des Ländereinführungsgesetzes (Verfassungsgesetz zur Bildung von Ländern in der Deutschen Demokratischen Republik [Ländereinführungsgesetz] vom 22. 7. 1990 [GBl. DDR I S. 955]). Die fünf neugebildeten Bundesländer waren bis zu ihrem späteren Beitritt zur Bundesrepublik Länder der DDR (vgl. § 3 Ländereinführungsgesetz). Das Gesetz regelte des Weiteren die Zuordnung der Kreise (deren Fortbestand unangetastet blieb – vgl. § 78 Abs. 1 Kommunalverfassung) zu den neuen Ländern (§ 1 Ländereinführungsgesetz sowie Anlage hierzu).

277 In Anlehnung an das grundgesetzliche System der Verteilung der Verwaltungskompetenzen bestimmte Art. 12 des Ländereinführungsgesetzes, dass die Länder die Gesetze der Republik als eigene Angelegenheit ausführen, soweit dieses Gesetz nichts anderes bestimmt oder zulässt. Im Falle des Ländervollzugs der Republikgesetze als eigene Angelegenheit regelten die Länder die Einrichtung der Behörden und das Verwaltungsverfahren, soweit nicht Gesetze der Republik etwas anderes bestimmen (Art. 13 Abs. 1 Satz 1). Der Ministerrat konnte dazu allgemeine Verwaltungsvorschriften erlassen (Art. 13 Abs. 1 Satz 2) und übte die Rechtsaufsicht darüber aus, dass die Länder die Republikgesetze dem geltenden Recht gemäß ausführten (Art. 13 Abs. 2 Satz 1), wobei er zu diesem Zweck Beauftragte zu den obersten Landesbehörden und mit deren Zustimmung auch zu den nachgeordneten Behörden entsenden durfte (Satz 2). In Art. 14 wurde analog der Bundesauftragsverwaltung eine Republikauftragsverwaltung geregelt. Hiernach blieb auch in diesem Fall die Einrichtung der Behörden zumindest im Grundsatz Ländersache (Art. 14 Abs. 1) und war eine Rechts- und Fachaufsicht vorgesehen (Art. 14 Abs. 3). Beim Gesetzesvollzug durch republikseigene Verwaltung bzw. republiksunmittelbare Körperschaften und Anstalten des öffentlichen Rechts war dem Ministerrat der Erlass allgemeiner Verwaltungsvorschriften sowie die Regelung der Einrichtung der Behörden eröffnet (Art. 15). Die Gegenstände republikseigener Verwaltung mit eigenem Verwaltungsunterbau wurden enumerativ geregelt (Art. 16 Abs. 1). In einer Übergangsbestimmung wurde die republikseigene Verwaltung mit eigenem Verwaltungsunterbau für einzelne Verwaltungsbereiche, wie die Republikswasserstraßen und den Luftverkehr, sowie staatliche Maßnahmen bei Naturkatastrophen und Unglücksfällen geregelt (Art. 18).

278 Das Vermögen der Bezirke ging auf das Land über, dem sie angehörten (Art. 21). Republikvermögen, das überwiegend Verwaltungsaufgaben der Republik zu dienen bestimmt war, wurde auf die neuen Aufgabenträger – bzw. soweit die Aufgaben nun den Ländern oblagen – auf die jeweiligen

Länder übertragen (Art. 21 Abs. 2). Sonstiges Vermögen, das die Republik nicht benötigte, übertrug sie auf ihre Länder (Art. 21 Abs. 3). Mit der Bildung der Länder gingen die Verwaltungsorgane und sonstige der öffentlichen Verwaltung dienende Einrichtungen der Republik, soweit sie nach dem Ländereinführungsgesetz Aufgaben der Länder wahrnehmen, auf die Länder über (Art. 22).

b) Die Bestimmungen des Einigungsvertrages über die Behördenorganisation

Eine Vorstufe zum Einigungsvertrag und damit zur Herstellung der Staats-, Rechts- und Verwaltungseinheit war der Staatsvertrag über die Währungs-, Wirtschafts- und Sozialunion vom 18. 5. 1990 (BGBl. II S. 537). Er enthielt nahezu keine Aussagen zur Umgestaltung der Verwaltung und sah lediglich den Aufbau einer DDR-Finanzverwaltung nach bundesrepublikanischem Vorbild vor (Art. 34). Seine Bestimmungen bewirkten jedoch mittelbar bereits einen starken Umstrukturierungsdruck, zumal der DDR-Verwaltung zahlreiche neue Aufgaben zugewiesen wurden. Dies gilt sinngemäß für die Inkraftsetzung von zahlreichen Rechtsvorschriften der Bundesrepublik Deutschland in der DDR durch das Gesetz vom 21. 6. 1990 (GBl. DDR S. 357). Soweit in § 3 Abs. 1 des Gesetzes bestimmt war, dass anstelle der in den Bundesgesetzen genannten Behörden und sonstigen Stellen der Bundesrepublik „die entsprechenden Behörden oder sonstigen Stellen der Deutschen Demokratischen Republik" treten, provozierte dies angesichts der andersartigen Behördenstrukturen manche Auslegungsunsicherheit. 279

Der Einigungsvertrag vom 31. 8. 1990 (BGBl. II S. 889) enthielt in seinem fünften Kapitel „Öffentliche Verwaltung und Rechtspflege" die zentralen Aussagen zur Umwandlung der DDR-Verwaltung. Nach dem Grundsatz des Art. 13 Abs. 1 Satz 1 EV wurden Verwaltungsorgane und sonstige der öffentlichen Verwaltung dienende Einrichtungen in dem Beitrittsgebiet der Regierung des Landes unterstellt, in dem sie örtlich gelegen waren. Einrichtungen mit länderübergreifendem Wirkungskreis gingen in die gemeinsame Trägerschaft der betroffenen Länder über (Satz 2). Länderübergreifende Einrichtungen gingen in die gemeinsame Trägerschaft der betroffenen Länder über (Satz 3). Selbstständige Teileinrichtungen wurden der Regierung des Landes, in dem sie sich befanden, unterstellt (Satz 4). Die Landesregierungen hatten die Überführung und Abwicklung zu regeln. Abweichend von dem Grundsatz des Art. 13 Abs. 1 EV bestimmte Abs. 2 der Vorschrift, dass Einrichtungen und Teileinrichtungen i. S. d. Abs. 1 S. 1, die bis zum Wirksamwerden des Beitritts Aufgaben erfüllt haben, die nach der Kompetenzordnung des Grundgesetzes vom Bund wahrzunehmen sind, den zuständigen obersten Bundesbehörden unterstehen. Diese hatten auch die Überführung oder Abwicklung zu regeln. Den kommunalverfassungsrechtlichen Rahmen der Selbstverwaltung in Gestalt der neuen DDR-Kom- 280 munalverfassung ließ der Einigungsvertrag in Kraft (Anl. II zum EV, Kapitel II, Sachgebiet B: Verwaltung, Abschnitt I). Der Einigungsvertrag enthielt für alle Verwaltungsebenen den Grundsatz, dass die Angehörigen des Staatsapparates im Interesse der „Verwaltungskontinuität" auf ihren Arbeitsplätzen bleiben sollten, was allerdings nur für die Verwaltungen galt, die fortgeführt wurden. Im Übrigen wurden im EV besondere Kündigungsrechte aufgenommen (vgl. EV Anl. I Kap. XIX. Abschnitt III, 1. Abs. 4 und 5; hierzu *König*, DVBl. 1993, S. 1297).

281 Für die Zuordnung von Behördenstrukturen waren mittelbar die Bestimmungen betreffend den Übergang des Verwaltungsvermögens auf die neuen Verwaltungsträger von großer Bedeutung. Das Verwaltungsvermögen der DDR wurde Bundesvermögen, soweit es nicht nach seiner Zweckbestimmung für Verwaltungsaufgaben der Länder, Gemeinden oder sonstigen Trägern öffentlicher Verwaltung bestimmt war (Art. 21 Abs. 1 Satz 1 EV). Soweit Verwaltungsvermögen nicht dem Bund zugewiesen wurde, stand es mit dem Wirksamwerden des Beitritts demjenigen Träger öffentlicher Aufgaben zu, der nach dem Grundgesetz für die Verwaltungsaufgabe zuständig war (Art. 21 Abs. 2 EV). Der Treuhandanstalt war bereits durch das Treuhandgesetz der Volkskammer die Aufgabe der Rekommunalisierung des volkseigenen Vermögens, das kommunalen Aufgaben und kommunalen Dienstleistungen diente, übertragen worden (vgl. § 1 Abs. 1 Satz 2 TreuhandG vom 17. 6. 1990 [GBl. DDR I S. 300]; hierzu *Danker*, a.a.O.). Von mittelbarer Bedeutung für die Behördenorganisation im Beitrittsgebiet war zudem, dass der Einigungsvertrag die Geltung des VwVfG im Beitrittsgebiet anordnete, wobei das VwVfG für den Vollzug von Landesrecht bis zum Inkrafttreten von LVwVfG galt.

c) Die Umwandlung der Behördenorganisation in den neuen Bundesländern

282 Die Umwandlung der Behördenorganisation in den neuen Bundesländern erfolgte zumeist in Anlehnung an die Organisationsmodelle der jeweiligen Partnerbundesländer der alten Bundesländer (vgl. *König*, DVBl. 1993, S. 1297f.). Hierbei leisteten die jeweiligen Partnerländer sachliche und personelle Aufbauhilfe (zur Leistung von Verwaltungshilfe waren die Altbundesländer gem. Art. 15 Abs. 2 EV verpflichtet). Zahlreiche erfahrene Verwaltungsbeamte aus den Altbundesländern wurden in das Partnerland zeitweilig abgeordnet. Einige übernahmen auch dauerhaft Leitungspositionen in den Verwaltungen. Es kam zu einer sukzessiven Neubesetzung vieler Leitungspositionen mit Personen aus den alten Bundesländern (In den Verwaltungen und der Bevölkerung entwickelten sich Ressentiments gegen die Besetzung der Leitungspositionen mit Verwaltungsbeamten aus den alten Bundesländern und es wurde der Vorwurf einer „Ostkolonisation" durch West-Beamte erhoben). Aufgrund früherer Tätigkeit für das Ministerium für Staatssicherheit und infolge der Neuordnungen der Verwaltungsbehör-

den und des schrittweisen Abbaus des Personalüberhangs verloren zahlreiche Verwaltungsbeschäftige der DDR-Verwaltung ihre Anstellung.

Während die Länder Sachsen, Sachsen-Anhalt und Thüringen die Landes- 283
verwaltung dreistufig aufbauten, entschieden sich die Länder Brandenburg und Mecklenburg-Vorpommern für einen zweistufigen Aufbau ohne Mittelinstanz. Unterschiedliche Verwaltungsstrukturen entstanden vor allem auf kommunaler Ebene. Insbesondere die kommunale Gemeinschaftsarbeit erfuhr eine sehr unterschiedliche Ausprägung in den einzelnen Bundesländern. Auch hierbei wirkte sich meist die Vorbildfunktion des jeweiligen Partnerlandes aus.

Die Neuordnung der Behördenorganisation war nur ein (wichtiger) 284
Mosaikstein der Verwaltungsreform und Bestandteil eines umfassenden Systemwandels. Zugleich mussten im Rahmen von Gebietsreformen neue leistungsfähige territoriale Einheiten geschaffen, qualifizierte Bedienstete gewonnen und Bedienstete für den Vollzug des „neuen" Rechts qualifiziert werden. Dabei musste auch ein anderes Rechtsverständnis sowie eine andere Verwaltungskultur vermittelt werden, zumal das sozialistische Rechtssystem zu einem erheblichen Funktionsverlust des Rechts und zu einer Rechtswirklichkeit neben dem geschriebenen Gesetz geführt hatte.

Vor allem angesichts des enormen Bedeutungs- und Verantwortungszu- 285
wachses der Kommunen ließ sich eine gewisse Überforderung dieser Ebene nicht übersehen. Im zentralistischen Verwaltungssystem der DDR waren die Bezirke und Kreise die verwaltungsstarken Organisationseinheiten, während die Gemeinden eine eher marginale Rolle spielten. So gab es etwa angesichts der Aufhebung der gemeindlichen Planungshoheit des Aufbaugesetzes (vgl. § 9 Nr. 1 und 2 Aufbaugesetz – aufgehoben durch § 24 Abs. 2 Baulandgesetz) keine Erfahrungen der Gemeinde mit dieser Aufgabe und musste das schwierige bundesdeutsche Bauplanungsrecht nun (schrittweise) umgesetzt werden (erst wenige Monate vor dem Beitritt der neuen Bundesländer kam es mit dem Erlass der Bauplanungs- und Zulassungsverordnung vom 20. 6. 1990 [GBl. DDR I S. 739] zur Wiedereinführung der kommunalen Planungshoheit mit den Elementen der Flächennutzungs- und Bebauungsplanung).

Eine große Aufgabe war insbesondere auch der Aufbau einer Sozialver- 286
waltung nach dem Vorbild der alten Bundesländer (vgl. *Weimar/Alfes*, a.a.O.). Die Wahrnehmung neuer Aufgaben, etwa aus dem Bereich des Umweltschutzes und des Gesundheitswesens erforderte ebenso eine weitreichende Neustrukturierung bzw. Errichtung von Behörden (*König*, DVBl. 1993, S. 1295).

Der Umbau der Verwaltung war bis Mitte der neunziger Jahre im 287
Wesentlichen abgeschlossen. In der zweiten Hälfte der neunziger Jahre war die Verwaltung in den neuen Bundesländern bereits (wenn auch zögerlicher als in den alten Ländern) mit Fragen der Verwaltungsmodernisierung und der Einführung des Neuen Steuerungsmodells beschäftigt.

6. Verwaltungsmodernisierung und neue Steuerungsmodelle

a) Entwicklung der Reformdiskussion

Schrifttum: *Aberbach/Putnam,* Introduction to „Bureaucrats and Politicians in Western Democracies", 1981; *Aberbach/Rockman,* Comparative administration: methods, muddles and models, 1987; *Aucoin,* Administrative reform in public management: paradigms, principles, paradoxes and pendulums, 1990; *Bandemer/Blanke/Nullmeier/Wewer,* Handbuch zur Verwaltungsreform, 1998; *Banner,* Von der Behörde zum Dienstleistungsunternehmen. Die Kommunen brauchen ein neues Steuerungsmodell, VOP 1991, 6; *Bäumler,* Wahrung der Grundrechte in der modernisierten Verwaltung, DuD 1995, 640; *ders.,* New Public Management und Persönlichkeitsschutz. Datenschutz in der modernisierten Verwaltung, CR 1997, 169; *Behrens,* Kostencontrolling und Haushaltsflexibilisierung als Instrumente einer modernen Justiz und Verwaltung, ZRP 1998, 386; *Benz,* Privatisierung und Deregulierung – Abbau von Staatsaufgaben?, Die Verwaltung 28 (1995), 337; *Benz, Arthur/Goetz,* A New German Public Sector? Reform, Adaption and Stability, 1996; *Benz,* Innovationsforschung als Gegenstand der Verwaltungswissenschaft, in: Rechtswissenschaftliche Innovationsforschung, in: Hoffmann-Riem/Schneider (Hg.), 1998, 121; *Bitter,* Regionale Bündelungsbehörden – Notwendige staatliche Repräsentanz in der Fläche, Beitrag zur Reformdiskussion in Rheinland-Pfalz, DÖV 1997, 855; *Blanke,* Verwaltungsmodernisierung: Direktionsrecht des Arbeitgebers, Mitwirkungsrechte des Personalrats und Tarifautonomie, Rechtsgutachten im Auftrag der Hans-Böckler-Stiftung, 1998; *Bleicher,* Das Konzept des integrierten Managements. Visionen, Missionen, Programme, 1999; *Bogumil,* Verwaltungsmodernisierung und lokale Demokratie: Risiken und Chancen eines neuen Steuerungsmodells für die lokale Demokratie, 1997; *ders.,* Modernisierung der Landesverwaltungen, 1999; *Boehret,* Verwaltungsmodernisierung im funktionalen Staat: Chancen und Risiken, 1997; *Bovenschulte,* „Neues Steuerungsmodell" und Stellung der kommunalen Volksvertretungen, VR 1996, 115; *Braschos,* „Verwaltungsmodernisierung", neuer Wein in alten Schläuchen? Die Rolle des öffentlichen Dienstes zwischen Reform und Anpassung, ZBR 1988, 380; *Braun,* Konzept des integrierten Kommunalmanagements Betriebswirtschaftliches Plädoyer für eine stärkere Berücksichtigung normativer und strategischer Elemente, Die Verwaltung 32 (1999), 377; *Brohm,* Aufbau- und Funktionsprobleme der Verwaltungsgerichtsbarkeit in den neuen Bundesländern, Jahresschrift für Rechtspolitologie 1992, 271; *Brüning,* Die kommunalrechtlichen Experimentierklauseln: Meilensteine auf dem Weg zur Gemeindeverwaltung als Dienstleistungsunternehmen oder Freibriefe für die öffentliche Verwaltung?, DÖV 1997, 278; *Budäus,* Public Management. Konzepte und Verfahren zur Modernisierung öffentlicher Verwaltungen, 2. Auflage, 1994; *Budäus/Finger,* Stand und Perspektiven der Verwaltungsreform in Deutschland, Die Verwaltung 32 (1999), 313; *Burkhart,* Stand der Verwaltungsmodernisierung in kreisangehörigen Städten und Gemeinden, BWGZ 1999, 958; *Derlien,* Observations on the state of comparative administration research in Europe – rather comparable than comparative, 1992; *Dieckmann,* Zur Modernisierung der Kommunalverwaltung, FiWi 1995, 181; *Diedrich,* Neue Steuerung für eine Bezirksregierung, NWVBl. 1999, 325; *Dose,* Die verhandelnde Verwaltung, Eine empirische Untersuchung über den Vollzug des Immissionsschutzrechts, 1997; *Dunleavy/Hood,* From old public administration to new public management, in: Public Money and Management 14 (1994), 9; *Eifert,* Das neue Steuerungsmodell – Modell für die Modernisierung der Gerichtsverwaltung?, Die Verwaltung 30 (1997), 75; *Ellwein,* Verwaltungsmodernisierung in Deutschland: Bemerkungen zu alten und neuen Schwierigkeiten, in: Für Recht und Staat 1994, 783; *ders.,* Das Dilemma der Verwaltung, Verwaltungsstruktur und Verwaltungsreformen in Deutschland, 1994; *Engelniederhammer/Köpp/Reichard/Röber,* Berlin auf dem Weg zu einer neuen Verwaltung? Eine Skizze zum Forschungsprojekt Verwaltungsreform BERLIN – Die Einführung des „Berliner Führungs- und Steuerungssystems", Beiträge aus dem Fachbereich 1 der FH für Verwaltung und Rechtspflege, Heft 47, 1995; *Freudenberg,* Neues Steuerungsmodell in der Landesverwaltung, Kongreß: Institut für kommunale Wirtschaft und Umweltplanung, 1997, Frankfurt/Main, DVP 1998, 47; *Fujita,* Rechtsprobleme eines Hauptmittels der gegenwärtigen Verwaltung in Japan, Die Verwaltung 15 (1982), 226; *Gerstlberger/Grimmer/Wind,* Innovationen und Stolpersteine in der Verwaltungsmodernisierung, 1999; *Gerstlberger/Kneissler,* Vom schwierigen Zusammenhalt kommunaler Verwaltungen in Zeiten der Dezentralisierung, VR 2000, 253; *Gitschmann,* Verwaltungsmodernisierung im Neuen Steuerungsmodell (NSM) – Erste Erfahrungen des Pilotbereichs Altenhilfe und Pflege, ArchsozArb 1997, 281; *Gitschmann/Offerman/Tumuschat-Bruhn,* Gesamtplanung nach § 46 BSHG im Kontext behindertenpolitischer Innovation und Verwaltungsmodernisierung – Der Ansatz in der Freien und Hansestadt Hamburg, NDV 1999, 362; *Gößler,* Die Funktion der Rechnungshöfe und ihr Beitrag zur Verwaltungsmodernisierung, VBlBW 1995, 257; *Greiving,* Neue Verwaltungssteuerung und ihre Auswirkungen auf die Bauleitplanung, NWVBl. 1999, 46; *Greve,* Exploring contracts as reinvented institutions in the Danish Public Sector, Public Administration 78 (2000), 153; *Grömig,* Reform in den Rathäusern, Neueste Umfrage des Deutschen Städtetages zum Thema Verwaltungsmodernisierung, StädteT 1998, 581; *Grotheer,* Neues Steuerungsmodell – Segen oder Fluch?, DRiZ 1999, 458; *Gruber,* Modernisierung der Verwaltung und Entlastung der Staatshaushalte – Mehr Wirtschaftlichkeit und Haushaltstransparenz durch öffentliche Unternehmen?, VR 1996, 397; *Günther,* Verwaltungsmodernisierung: Anforderungen – Erfahrungen – Perspektiven. Festschrift zum 10jährigen Bestehen des Instituts für Kommunal- und Verwaltungswissenschaften in Nordrhein-Westfalen, Hg. *Albert Günther,* 2000; *Halachmi,* Kann Business Process Reengineering auf den öffentlichen Sektor übertragen werden?, Verwaltung und Management, 1999; *Hartung,* Zur Geschichte der preußischen Verwaltung im 19. und 20. Jahrhundert, in: *Büsch/Neugebauer* (Hg.), Moderne Preußische Geschichte 1648 – 1947, Band 2, 1981, 680; *Heinz,* Kommunales Management. Überlegungen zu einem KGSt-Ansatz, 2000; *Hill,* Qualität in der öffentlichen Verwaltung, StG 1996, 180; *ders.,* Gesetzgebung und Verwaltungsmodernisierung, ZG 1998, 101; *Hoffmann-Riem,* Wahrheit, Gerechtigkeit, Unabhängigkeit und Effizienz – das magische Viereck der Dritten Gewalt?, JZ 1997, 1; *Hofmann,* Kommunalverfassungsrechtliche Bürgerorientierung und ihre Praxis in Nordrhein-Westfalen, VR 1985, 197; *Holtmann,* Die öffentliche Verwaltung, in: *Gabriel/Holtmann* (Hg.), Handbuch des Politischen Systems der Bundesrepublik Deutschland, 1998, 289; *ders.,* Vom klassischen zum politischen Bürokraten? Einstellungen und Einstellungswandel im öffentlichen Dienst in Deutschland seit 1945, in: *Jesse/Löw* (Hg.), 50 Jahre Bundesrepublik Deutschland, 1999, 101; *Homann,* Bürger- und Kundenorientierung in Kommunalverwaltungen durch Marketing, FiWi 1996, 58; *Hood,* Emerging issues in public administration, 1995; *Ipsen,* Grundfragen der kommunalen Verwaltungsreform, DVBl. 1998, 801; *Jann,* Public Management Reform in Germany: A Revolution without a Theory?, in: *Kickert* (Hg.), Public management and administrative reform in Western Europe, 1997; *ders.,* Instrumente innovativer Verwaltungspolitik, in: *Hoffmann-Riem/Schneider* (Hg.), Rechtswissenschaftliche Innovationsforschung, 1998, 145; *ders.,* Politik und Verwaltung im funktionalen Staat, in: *Jann* u. a. (Hg.), Politik und Verwaltung auf dem Weg in die transindustrielle Gesellschaft, Festschrift zum 65. Geburtstag von Carl Böhret, 1998, 253; *Jöhnk,* Kontrolle der modernisierten Verwaltung durch die Gerichte, DuD 1995, 664; *Jun/Muto,* The Politics of Administrative Reform in Japan: more Strategies, less Progress, International Review of Administrative Sciences 1998, 195; *Kaul,* Civil service reforms: learning from Commonwealth experiences, 1996; *Klages,* Verwaltungsmodernisierung durch „neue Steuerung"?, AfK 1995, 203; *ders.,* Verwaltungsmodernisierung: „harte" und „weiche" Aspekte, 1997; *Klie/Meysen,* Neues Steuerungsmodell und Bürgerschaftliches Engagement – Konkurrierende oder synergetische Programme zur Verwaltungsmodernisierung, DÖV 1998, 452; *Knaier,* Kommunales Haushalts- und Dienstrecht im Wandel der Verwaltungsmodernisierung: Auswirkungen der neuen Steuerungsmodelle in der Kommunal-verwaltung, 1999; *Knauf,* Benchmarking, das Lernen vom Besten, VOP 1997, 23; *Kneissler,* Verwaltungen jenseits der Zweckrationalität, 1996; *Knemeyer,* Verwaltungs- und Gebietsreformen in den jungen Bundesländern, Die Verwaltung 26 (1993), 273; *Koetz,* Organisationsentwicklung in der Finanzkrise: Ansatzpunkte und Abläufe – Kulturrevolution für den bürokratischen Super-Perfektionismus, in: Steger (Hg.), Lean Administration. Die Krise der öffentlichen Verwaltung als Chance, 1994, 123; *König,* „Neue" Verwaltung oder Verwaltungsmodernisierung: Verwaltungspolitik in den 90er Jahren, DÖV 1995, 349; *ders.,* Unternehmerisches oder exekutives Management – die Perspektive der klassischen öffentlichen Verwaltung, Die Verwaltung 87 (1996), 19; *ders.,* Markt und Wettbewerb als Staats- und Verwaltungsprinzipien, DVBl. 1997, 239; *ders.,* Verwaltungsmodernisierung im internationalen Vergleich – Acht Thesen, DÖV 1997, 265; *ders.,* Verwaltungsstaat im Übergang. Transformation, Entwicklung, Modernisierung, 1999; *ders./Füchtner,* „Schlanker Staat" – eine Agenda der Verwaltungsmodernisierung im Bund, 2000; *Konzendorf,* Verwaltungsmodernisierung in den Ländern: Überblick und Einblicke, 1998; *Korthals,* Beiträge der Rechnungshöfe zur Verwaltungsreform, DÖV 2000, 855; *Krämer,* Das Tilburger Modell der Verwaltungsorganisation und Verwaltungsführung, 1992; *Kreft,* Verwaltungsmodernisierung im Rechtsrahmen des SGB 8/KJHG, NDV 1999, 108; *Laux,* Über kommunale Organisationspolitik, AfK 1995, 223; *Leutner,* Verwaltungsmodernisierung und Frauenpolitik, StädteT 1996, 73; *Link,* Kommunale Sozialarbeit zwischen Ideologie und Wirklichkeit – Von Almosen bis zu neuen Steuerungsmodellen kommunaler Verwaltung, 1997; *Löhr/Schöneich,* Verwaltungsmodernisierung und notwendige Änderungen des Dienstrechts, VR 1995, 188; *Lowi,* Public Policy and Bureaucracy in the United States and France, in: Ashford (Hg.), Comparing public policies: new concepts and methods, 1978, 177; *Lübking/Bülow,* Kommunale Verwaltungsreform: Von der Binnenmodernisierung zur Bürgerkommune, StG 2000, 163; *Lüder,* Triumph des Marktes im öffentlichen Sektor? Einige Anmerkungen zur aktuellen Verwaltungsreformdiskussion, DÖV 1996, 93; *Maaß,* Mediation in immissionsschutzrechtlichen Widerspruchsverfahren? Zu einigen Gesichtspunkten eines geänderten Verwaltungsbewußtseins, VerwArch. 88 (1997), 701; *Mascarenhas,* Reform of the public service in Australia and New Zealand, 1990; *Maß/Reichard,* Von Konzepten zu wirklichen Veränderungen? Erfahrungen mit der Einführung des neuen Steuerungsmodells in Brandenburgs Modellkommunen, in: Grunow/Wollmann (Hg.), Lokale Verwaltungsreform in Aktion, 1998, 267; *Mehde,* Neues Steuerungsmodell in der Verwaltung – „Juristenprivileg" in der Kritik, ZRP 1998, 394; *Menne-Haritz,* Geschäftsprozesse der Öffentlichen Verwaltung. Grundlagen für ein Referenzmodell für elektronische Bürosysteme, 1999; *dies.,* Steuerungsinstrumente in der Verwaltungsarbeit, Die Verwaltung 33 (2000), 1; *Meyerding,* Auflösung des Landesverwaltungsamtes – vom Verwaltungskombinat zu neuen Steuerungsmodellen, NdsVBl. 1998, 157; *Miller,* Rechtsprobleme modernen Verwaltungshandelns: Das Organisationsrecht als Hindernis auf dem Weg zu einer neuen Verwaltung?, LKV 1998, 421; *Moe/Gilmour,* Rediscovering principles of public administration: the neglected foundation of public law, 1995; *Möller,* Das „Neue Steuerungsmodell" – Konsequenzen für die soziale Arbeit, ZSR 1997, 685; *Moshe/Lane,* Comparative Public Administration, 1999; *Morlok,* Rechts- und Organisationsprobleme der Verwaltungsmodernisierung: (Symposium „Rechts- und Organisationsprobleme der Verwaltungsmodernisierung"), 1997; *Mrohs,* Die Verwaltungsreform und das Besoldungssystem – Stellenobergrenzen vereiteln den Erfolg, PersV 1995, 541; *Müller,* Einrichtung von Bürgerbüros, DÖD 2000, 97; *Naschold,* Modernisierung des Staates – zur Ordnungs- und Innovationspolitik des öffentlichen Sektors, 1993; *Naschold/Jann/Reichard,* Innovation, Effektivität, Nachhaltigkeit. Internationale Erfahrungen zentralstaatlicher Verwaltungsreform, 1999; *Oebbecke,* Verwaltungssteuerung im Spannungsfeld von Rat und Verwaltung – Kommunalverfassungsrechtliche Grenzen der Einführung neuer Steuerungsmodelle, DÖV 1998, 853; *Ohashi,* Verwaltungsvorschriften und informelles Verwaltungshandeln: Zum besseren Verständnis der Verwaltungspraxis Japans, VerwArch. 82 (1991), 220; *Opitz,* Das „Neue Steuerungsmodell" in der Hamburger Versorgungsverwaltung, VersorgVerw 1996, 42; *Otting,* Verwaltungsreform in den Kommunen – Das „Neue Steuerungsmodell",

JA 1997, 237; *ders.*, Kontraktmanagement in der Kommunalverwaltung – Zwischen politischem Anspruch und rechtlicher Verbindlichkeit, VR 1997, 361; *Penski,* Staatlichkeit öffentlicher Verwaltung und ihre marktmäßige Modernisierung – Vereinbarkeit oder Widerspruch?, DÖV 1999, 85; *Pitschas,* Struktur- und Funktionswandel der Aufsicht im Neuen Verwaltungsmanagement, DÖV 1998, 907; *ders.*, Verwaltungsmodernisierung, Dienstrechtsreform und neues Personalmanagement, Die Verwaltung 32 (1999), 1; *Plamper,* Verbesserter Grundrechtsschutz in der modernisierten Verwaltung?, DuD 1995, 653; *Pollitt/Bouckaert,* Public management reform: a comparative analysis, 2000; *Pünder,* Zur Verbindlichkeit der Kontrakte zwischen Politik und Verwaltung im Rahmen des Neuen Steuerungsmodells, DÖV 1998, 63; *Rehbinder,* Öffentlicher Dienst: Reformvorstellungen in der Schweiz, DVBl. 1997, 262; *Reichard,* „Aufschwung Ost" bei der Verwaltungsmodernisierung?, LKV Beilage I/1999, 5; *ders.*, Umdenken im Rathaus. Neue Steuerungsmodelle in der deutschen Kommunalverwaltung, 1994; *ders.*, Der Produktansatz im „Neuen Steuerungsmodell" – von der Euphorie zur Ernüchterung, in: Grundow/Wollmann (Hg.), Lokale Verwaltungsreform in Aktion: Fortschritte und Fallstricke, 1998, 96; *ders.*, Zur Naivität aktueller Konzepttransfers im deutschen Public Management, in: Edeling/Jann/Wagner (Hg.), Öffentliches und privates Management, 1998; *Reinemann,* Modernisierung des Staates: Eine Betrachtung aus der Sichtweise eines Mitarbeiters einer rheinland-pfälzischen Kreisverwaltung und als Ratsmitglied, VR 2000, 121; *Reinermann,* Das Internet und die öffentliche Verwaltung: Von der bürokratischen zur interaktiven Verwaltung?, DÖV 1999, 20; *Ressmann,* Der Bürger soll es richten. Bürgerorientierung verändert politisches Zusammenspiel in der Kommune, DNV 1999, 29; *von Richthofen,* Verwaltungsmodernisierung in deutschen Städten durch Aus- und Weiterbildung, ZBR 1990, 70; *Ridley,* Verwaltungsmodernisierung in Großbritannien, in: Hill/Klages (Hg.), Qualitäts- und erfolgsorientiertes Verwaltungsmanagement. Aktuelle Tendenzen und Entwürfe, 1993, 251; *Rienaß,* Erstickt die Reform an der eigenen Bürokratie?, VOP 1998, 12; *Röber,* Über einige Mißverständnisse in der verwaltungswissenschaftlichen Modernisierungsdebatte: ein Zwischenruf, in: Reichard/Wollmann (Hg.), Kommunalverwaltung im Modernisierungsschub, 1996, 98; *ders.*, „Unternehmen Verwaltung Berlin" – eine Zwischenbilanz zur Verwaltungsmodernisierung, LKV Beilage I/1999, 13; *Rüter,* Rheinland-Pfalz auf dem Weg zu einer modernen öffentlichen Verwaltung, DÖV 1997, 908; *Schäfer,* Verwaltungsreform in anglo-amerikanischen Ländern – Phasen, Instrumente und Verfahren, VR 1998, 253; *Schedler/Proeller,* New Public Management, 2000; *Schink,* Das Zweite Gesetz zur Modernisierung von Regierung und Verwaltung in NRW, Verwaltungsmodernisierung in NRW, DNV 2000, 14; *Schmid,* Neue Steuerungsinstrumente und Budgetierung, ThürVBl. 1998, 52; *Schmidt-Preuß,* Verwaltung und Verwaltungsrecht zwischen gesellschaftlicher Selbstregulierung und staatlicher Steuerung, VVDStRL 56 (1997), 160; *Schnappauf,* Von der öffentlichen Verwaltung zum öffentlichen Dienstleistungsunternehmen, BayVBl. 1993, 578; *Scholz/Hofmann,* Reformen im Haushaltsrecht – ein Beitrag zur Senkung der Staatsquote, Verwaltungsmodernisierung durch flexiblere und kostensparende Haushaltsführung, BB 1996, 2013; *Schuppert,* Verwaltungswissenschaften, 2001; *Schwarting,* Finanznot der Kommunen – Neue Strukturen der Kommunalverwaltung?, StG 1995, 167; *Seibel/Benz/Mäding,* Verwaltungsreform und Verwaltungspolitik im Prozeß der deutschen Einigung, 1993; *Siedentopf,* Experimentierklausel – eine „Freisetzungsrichtlinie" für die öffentliche Verwaltung, DÖV 1995, 193; *ders.*, Führungskräfte in der Verwaltungsmodernisierung, DÖV 1998, 838; *Stein,* Überlegungen zur Modernisierung des kommunalen Haushaltswesens, Abschied von der Kameralistik?, Städte- und Gemeinderat 1995, 346; *ders.*, Reform des kommunalen Haushalts- und Rechnungswesens – Argumente für ein Optionsmodell, ZFK 1999, 50; *Stoebe,* Verwaltungsmodernisierung und Organisationsberatung: Auswertung einer Befragung, 1997; *Strunk,* Das Sozialamt als lernende Verwaltung im Neuen Steuerungsmodell, NDV 1999, 299; *Thieme,* Wiederaufbau oder Modernisierung der deutschen Verwaltung, Die Verwaltung 26 (1993), 353; *Tolbert/Zucker,* Institutional sources of change in the formal structure of organizations: the diffusion of civil service reform, 1880–1935, 1983; *Trogemann,* Was bringt uns ein „Neues Steuerungsmodell" und was kommt danach?, RiA 1998, 17; *Trute,* Die Verwaltung und das Verwaltungsrecht zwischen gesellschaftlicher Selbstregulierung und staatlicher Steuerung, DVBl. 1996, 950; *Voss,* Kostencontrolling und richterliche Unabhängigkeit oder Neues Steuerungsmodell contra unabhängige Rechtsprechung?, DRiZ 1998, 379; *Wallerath,* Aufgaben und Aufbau öffentlicher Verwaltung im Wandel, Zum Umbau der Verwaltung in den neuen Bundesländern, Die Verwaltung 25 (1992), 157; *ders.*, Kontraktmanagement und Zielvereinbarungen als Instrumente der Verwaltungsmodernisierung, DÖV 1997, 57; *ders.*, Kommunale Selbstverwaltung und Verwaltungsmodernisierung – eine Zwischenbilanz, DVP 1998, 53; *ders.* (Hg.), Verwaltungserneuerung. Eine Zwischenbilanz der Modernisierung öffentlicher Verwaltungen, 2001; *Weidmann,* Verwaltungsreform in Berlin zwischen Verwaltungmodernisierung und strukturellem Konservatismus, 1996; *Weismann,* Reform der Landesverwaltung, SächsVBl. 1995, 240; *Weismann,* Schlanker Staat 1998, SächsVBl. 1998, S. 247ff.; *Wichmann,* Verwaltungsmodernisierung in kleineren und mittleren Kommunen, StG 1996, 71; *Wienholtz,* Modernisierung der öffentlichen Verwaltung, DuD 1995, 642; *ders./Mann,* Zwischenbilanz der Verwaltungsmodernisierung in Schleswig-Holstein – Funktionalreform und Deregulierung, NordÖR 1999, 434; *Wirth,* Die Umsetzung der Verwaltungsmodernisierung in der Kommunalverwaltung: untersucht am Beispiel der Kreisverwaltung, 1998; *Wittkämper,* Widerstreitende Interessen bei der Technisierung der Verwaltung, DRV 1981, 137; *Wohlfarth/Ellinghaus,* Sicherung des Datenschutzes im neuen Steuerungsmodell der Gemeinden, RDV 1996, 236; *Wolf,* Verwaltungsmodernisierung in Deutschland – Aktueller Stand auf kommunaler Ebene, VR 1998, 335; *Wollmann,* Verwaltungsmodernisierung: Ausgangsbedingungen, Reformanläufe und aktuelle Modernisierungsdiskurse, in: Reichard/Wollmann (Hg.), Kommunalverwaltung im Modernisierungsschub, 1996, 26; *Wollmann,* Transformation der politisch-administrativen Strukturen in Ostdeutschland, 1997; *ders.*, Politik- und Verwaltungsmodernisierung in den Kommunen: Zwischen Managementlehre und Demokratiegebot, Die Verwaltung 32 (1999), 345; *Wommelsdorff,* Grundzüge der Verwaltungsmodernisierung, Praxis der Gemeindeverwaltung 1999, 18; *Zahn,* Modernisierungsansätze und ihre Umsetzung in der Hamburger Verwaltung, NordÖR 1999, 219; *Zechlin,* Globalhaushalte und Produktinformationen an Hochschulen – Anmerkungen zu dem „Neuen Steuerungsmodell", KJ 1996, 68; *Ziller,* Administrations comparées. Les systèmes politico-administratifs de l'Europe des Douze, 1993; *ders.*, Vorschläge für eine Anpassung der sich durch die Zusammenarbeit in der Europäischen Union stellenden Herausforderungen, in: Verwaltungswissenschaftliche Informationen, 1995, 34; *Zimmer,* New Public Management und Nonprofit-Sektor in der Bundesrepublik, ZSR 1996, 285; *dies./Nährlich,* Krise des Wohlfahrtsstaates und New Public Management, ZSR 1997, 661.

288 Bemühungen um eine Modernisierung der öffentlichen Verwaltung sind seit gut 20 Jahren weltweit in den meisten Industriestaaten zu beobachten. Es handelt sich dabei in mehrfacher Hinsicht um ein **internationales Phänomen.** Zunächst sind die Auslöser in den meisten Staaten identisch oder doch vergleichbar: (1) die Knappheit der öffentlichen Haushalte als Folge der internationalen ökonomischen Krise, die zu erheblichen Steuermindereinnahmen führte, (2) die ebenfalls in vielen Staaten zu beobachtende Politik- und Bürokratieverdrossenheit, die zu einer kritischen Einstellung gegenüber dem Staat, dem von ihm beanspruchten Aufgabenspektrum und den Einflussnahmemöglichkeiten der Bürger führte, (3) die zunehmend kritische Bewertung des herkömmlichen bürokratischen arbeitsteiligen Organisationsmusters der Verwaltung und (4) der zentralen und wenig flexiblen Finanzplanung und Haushaltsführung (Kameralistik). Die Internationalität kennzeichnet aber auch den Reformprozess selbst, da sowohl die **theoretischen Modelle** als auch die **praktischen Erfahrungen** mit neuen Konzeptionen anders als in der Vergangenheit schnell und intensiv weltweit kommuniziert wurden. Dazu hat auch die in der Politik-, Rechts- und Verwaltungswissenschaft international und interdisziplinär geführte wissenschaftliche Diskussion einen wichtigen Beitrag geleistet.

(1) Zentrale Themen der Reformdiskussion

Als **zentrale Themen** bzw. Ziele der Reformdiskussion können sechs **289**
Themenbereiche abgegrenzt werden, wobei die einzelnen Themen je nach Verwaltungsebene, Struktur und Land ein unterschiedliches Gewicht besitzen.

Als übergreifender Gesichtspunkt auf der gesamtstaatlichen Ebene ist der **290**
Versuch auf eine **Reduzierung der Staatsaufgaben** (Besinnung auf Kernaufgaben) und die damit verbundene Deregulierung und (materielle) Privatisierung zu nennen.

Damit einher geht der Wechsel von einem Verständnis staatlicher Ver- **291**
waltung im Sinne einer **Erfüllungsverantwortung** hin zu einer **Gewährleistungsverantwortung,** die durch komplexe Formen der Regulierung agiert.

Als zusätzliches ordnungspolitisches Instrument wird neben der normati- **292**
ven Steuerung die **Wettbewerbsstärkung** und **Marktöffnung** auch im öffentlichen Sektor eingeführt, wobei sich diese Orientierung nicht nur auf das Verhältnis des Staates zu Privaten, sondern auch auf die Beziehung zwischen Verwaltungsträgern (z.B. interkommunaler Wettbewerb) und auf die Innenbeziehungen von Verwaltungsträgern erstreckt.

Im Zusammenhang mit der Deregulierung werden verstärkt **selbstständi- 293**
ge Verwaltungseinheiten in öffentlicher und privater Rechtsform eingesetzt (Agencification) sowie neue Formen der Zusammenarbeit mit Privaten gesucht.

Innerhalb der Verwaltung kommen neue, überwiegend modifiziert aus **294**
der Privatwirtschaft übernommene **Managementkonzepte** und **Organisationsstrukturen** zum Einsatz (dezentrale Verantwortung, Kontraktmanagement, flache Hierarchien, Verbesserung der Kommunikation, stärkere Bürgerorientierung).

Eine ähnliche Orientierung an der Betriebswirtschaft und privatwirt- **295**
schaftlichen Managementlehre ist in den Bereichen **Personal- und Finanzmanagement** festzustellen (Einführung von Leistungsanreizen, Übergang von der Kameralistik zur Doppik, Flexibilisierung und Globalisierung der Haushalte, Controlling).

Die auf internationaler Ebene unter dem Titel **New Public Management** **296**
(NPM) und in Deutschland unter dem Titel **Neues Steuerungsmodell** (NSM) geführte Reformdiskussion ist nicht in allen ihren Elementen neu. Vielmehr lassen sich in den einzelnen Ländern Reformbemühungen in den

einzelnen Bereichen zum Teil sehr lange zurückverfolgen. Sie scheiterten aber regelmäßig daran, dass sie nur auf einzelne Bereiche beschränkt waren, während in anderen Bereichen die alten Strukturen beibehalten wurden. Durch NPM und NSM wurde daher vor allem der Versuch unternommen, das Zusammenspiel der Bereiche Organisation, Personal und Haushalt/Finanzen besser zu berücksichtigen und ein übergreifendes Reformkonzept zu entwerfen, das durch die Wettbewerbs- und Bürgerorientierung zudem externe Orientierungspunkte aufnimmt.

(2) Schwächen der herkömmlichen Verwaltungsorganisation

297 Während die Durchführung einer umfassenden Aufgabenkritik vor allem Aufgabe des Gesetzgebers ist, der sich bislang auf wenige Bereiche der Daseinsvorsorge konzentriert hat, findet der Umbau der Verwaltung inzwischen auf allen staatlichen Ebenen statt (siehe dazu im Einzelnen unter b).

298 Als Ursachen für die Schwächen der herkömmlichen Verwaltungsorganisation werden verschiedene Arten von Defiziten unterschieden. In erster Linie verweist man auf **strukturelle Schwächen,** die ein effizientes Arbeiten der Verwaltung verhinderten. Die Hauptkritik gilt der vom herkömmlichen System praktizierten **Trennung von Ressourcen- und Fachverantwortung.** Sie führe dazu, dass die Fachressorts bei ihren Voranmeldungen für den Haushalt nur daran interessiert seien, ihr Budget zu vergrößern. Eine Verbesserung der Wirtschaftlichkeit gehöre dagegen nicht zu ihren Arbeitszielen. Gespart werde durch den Kämmerer, der die spezifischen Bedürfnisse der Ressorts nur unzureichend kenne. Eine weiteres Defizit bestehe darin, dass es in den meisten Ressorts an Kenntnissen über die tatsächlichen Kosten einzelner Abläufe fehle, eine Selbsteinschätzung deshalb nicht möglich sei.

299 Zweitens wird die **zu starke Arbeitsteilung** in der Verwaltung kritisiert. Sie habe negative Effekte für die Verwaltung selbst, aber auch für den Bürger. In der Verwaltung komme es zu erheblichen Informations- und Reibungsverlusten, wenn für die Genehmigung eines Vorhabens mehrere Ressorts zuständig seien. Und der Bürger müsse nicht nur einen hohen Aufwand betreiben, weil er sich wegen eines Vorhabens an verschiedene Stellen wenden müsse. Er könne auch das Opfer von Kompetenzkonflikten und Unstimmigkeiten zwischen den Ressorts werden.

300 Neben den strukturellen Schwächen werden – drittens – **systembedingte Motivationsschwächen** genannt. Da die öffentliche Verwaltung in den meisten Bereichen nicht in einer Wettbewerbssituation stehe, fehle es an direkten Vergleichsmaßstäben und damit auch an Leistungs- und Innovationsanreizen. Die Kommunen seien mit ihren „hoheitlichen Produkten" Monopolisten, die allenfalls einer indirekten politischen Kontrolle bei der nächsten Wahl unterlägen.

301 Hinzu kommen schließlich **Motivationsblockaden,** die sich aus der Angst vor Machtverlusten durch Reformen ergeben. Wo der Status eines Behör-

denleiters durch steigende Etats und Mitarbeiterzahlen bestimmt wird, kommt es aus dem Blickwinkel der Wirtschaftlichkeit zu Fehlsteuerungen. Auch das dienstrechtliche Anreizsystem sei mit den falschen Indikatoren korreliert.

(3) Rückgriff auf Erfahrungen der Betriebswirtschaft und Managementlehre

Nach einer von *Bernd Becker* (Öffentliche Verwaltung, 1989, S. 919f.) 302
entwickelten Systematik der Verwaltungsmodernisierung sind Reformen in vier Bereichen möglich: *Erstens* beim **Verwaltungsinput.** Damit sind die gesetzlichen und übergeordneten planerischen Vorgaben sowie die Ressourcenzuführung, d.h. Sach- und Personalmittel, gemeint. *Zweitens* bei den **Verarbeitungsprozessen** und der **Organisation** der Verwaltung: Dabei geht es um Veränderungen der Organisationsstruktur, eine Änderung der Rationalitätsanforderungen des Verwaltungshandelns, die Einführung anderer Entscheidungsprozesse sowie die Verwendung neuer Technologien und Methoden. *Drittens* sind Veränderungen auf der **Output-Seite** möglich. Davon ist etwa die Rede, wenn Quantität und Qualität der Verwaltungsprodukte verändert werden sollen, aber auch dann, wenn die Beziehung zum Bürger neu gestaltet wird. *Viertens* können Veränderungen bei den **Feedback-Vorgängen** vorgenommen werden. Hierbei geht es um die Beobachtung der Wirkungen des Verwaltungshandelns, um die innere Analyse- und Lernfähigkeit der Verwaltung sowie die Gestaltung der Austauschbeziehungen zu Wirtschaft und Gesellschaft.

Die erwähnten Mängel der herkömmlichen Verwaltungsorganisation 303
betreffen vor allem den Verarbeitungs- und Entscheidungsprozess sowie die Feedback-Vorgänge. Aber auch die anderen Bereiche sind tangiert. Gefragt ist deshalb eine umfassende Reform der öffentlichen Verwaltung. Das wirft die **Frage nach der Zuständigkeit** für ihre konzeptionelle Entwicklung auf.

Nahe liegend erscheint es, die Verwaltungsreform als Aufgabe des Rechts 304
anzusehen, insbesondere des Verwaltungsrechts. Richtig ist daran, dass eine tief greifende Reform der Verwaltung sicher auch Veränderungen des Gesetzesrechts nach sich zieht. Nicht ohne Grund haben mehrere Bundesländern in ihre Gemeindeordnungen oder Haushaltsgesetze Experimentierklauseln aufgenommen, umso die Erprobung von Reformmodellen zu ermöglichen – denn nach den ernüchternden Erfahrungen mit Reformprojekten in den siebziger Jahren wird ohne eine gründliche Erprobung eine definitive Änderung der Gesetze sicher nicht mehr erfolgen (dazu *Lange*, DÖV 1995, 770ff.; Experimentierklauseln finden sich u.a. in Art. 117a bayGO, § 126 nwGO, § 49 bwGemHVO, § 47 saGemHVO und § 45a shGemHVO). Trotz dieser rechtlichen Implikationen ist die konzeptionelle Entwicklung eines Reformmodells keine genuin rechtliche Aufgabe. Es geht ja nicht in erster Linie darum, die Aufgaben der Verwaltung grundlegend zu ändern, in die Rechtmäßigkeitsanforderungen an die Tätigkeit der öffentlichen Verwaltung einzugreifen oder gar ihre Gesetzesbindung und demo-

kratische Legitimation in Frage zu stellen. Ganz im Gegenteil: gerade die Steuerung der Verwaltung durch die Vertretungskörperschaft soll verbessert werden. Gefragt ist vielmehr die **Erneuerung der internen Entscheidungs- und Arbeitsabläufe,** die Verbesserung der Ressourcennutzung und der Motivationslage sowie die Steigerung der Bürgerorientierung. All dies verlangt einen Sachverstand, der durch andere als rechtliche Kriterien geprägt ist.

305 Über diesen Sachverstand verfügt als Disziplin die Verwaltungslehre. Sie beschäftigt sich mit dem Aufgabenkatalog, den Ressourcen, Organisationsformen, internen Strukturen und Abläufen der öffentlichen Verwaltung (*Püttner,* Verwaltungslehre, 2. Aufl. 1989, S. 19ff.) Dabei greift sie vor allem auf soziologische und betriebswirtschaftliche Erkenntnisquellen, Methoden und Modelle zurück. Kennzeichnend für die jüngeren Vorschläge zur Verwaltungsmodernisierung ist ganz im Sinne ihres methodischen Ansatzes die **Übertragung betriebswirtschaftlicher Managementmodelle auf die öffentliche Verwaltung.** Das ist mehr und etwas qualitativ anderes als die Nutzung privatrechtlicher Organisations- und Handlungsformen, mit deren Hilfe bereits in den zurückliegenden Jahrzehnten Modernisierungseffekte erzielt wurden. Man kann sogar sagen, dass durch die Ausgliederung einzelner Bereiche der Leistungsverwaltung die Defizite in der klassischen Hoheitsverwaltung noch deutlicher zum Vorschein getreten sind, weil sich zwei gegensätzliche Führungskonzepte gegenüberstehen.

306 Dass sich die Reformvorschläge an den Erfahrungen des unternehmerischen Managements orientieren, hat mehrere Gründe. Zunächst kann hier auf eine weltweite Erfahrungsbasis und wissenschaftliche Diskussion zurückgegriffen werden. Das ist möglich, weil die Lage von großen Unternehmen und öffentlicher Verwaltung **in wichtigen Aspekten vergleichbar** sind: Öffentliche Verwaltungen erreichen nach der Zahl ihrer Beschäftigten, der Größe ihrer Haushalte und der Vielfalt ihrer Aufgaben durchaus das Niveau von privaten Konzernen. Hinzu kommt, dass die Privatwirtschaft auf Grund der weltweiten Rezession bereits in der Vergangenheit zur Entwicklung von Reformstrategien gezwungen war. Viele Konzerne mussten gesundgeschrumpft und innerlich modernisiert werden. Neben der Kostenersparnis und der Einführung von Lean Management stand dabei die Suche nach neuen Motiviationsquellen für die Mitarbeiter und die Verbesserung der Kundenorientierung im Vordergrund. Das dabei gewonnene know how der Betriebswirtschaft soll für die Reform der öffentlichen Verwaltung genutzt werden. Dies kommt auch in der von vielen Städten verwendeten Projektbezeichnung „Die Stadtverwaltung als Konzern“ zum Ausdruck.

307 Die Übernahme unternehmerischer Leitbilder für die öffentliche Verwaltung steht indes unter einer Prämisse, der viel Skepsis entgegengebracht wird: der Vergleichbarkeit von Unternehmen und Verwaltung. *Niklas Luhmann* hat bereits 1961 in einer noch heute lesenswerten Abhandlung grundsätzlich bestritten, dass die öffentliche Verwaltung wirtschaftlich han-

deln kann. (*Luhmann,* Kann die Verwaltung wirtschaftlich handeln?, in: VerwArch. 52 [1961], 97; *ders.*, Die Grenzen einer betriebswirtschaftlichen Verwaltungslehre, in: VerwArch. 56 [1965], 303ff.). Diese Skepsis ist auch heute noch zu spüren. Die Übernahme unternehmerischer Leitbilder für die öffentliche Verwaltung steht deshalb unter einem erheblichen Rechtfertigungszwang. Vergleichbar müssen nicht nur die Größe und die Aufgabenvielfalt, sondern auch das Umfeld und die Arbeitsbedingungen sein. Es geht dabei vor allem um die Frage, ob die von den Kommunen zu bedienenden „Märkte" mit den Märkten des normalen Wirtschaftslebens zu vergleichen sind – oder ob hier nicht ganz andere Ziele, Regeln und Gesetzmäßigkeiten ausschlaggebend sind. Letzteres würde eine Übernahme von betriebswirtschaftlichen Modellen ausschließen.

In der Tat darf es **nicht** zu einem „Triumph des Marktes im öffentlichen 308
Sektor" (so *Lüder,* DÖV 1996, 93) kommen. Die Vergabe von Baugenehmigungen, die Bereitstellung öffentlicher Einrichtungen und die Wahrung der öffentlichen Sicherheit und Ordnung dürfen nicht alleine den Grundsätzen von Angebot und Nachfrage unterliegen. Nicht Absatz und Gewinn, sondern die an Gesetz und Gemeinwohl orientierte Tätigkeit werden von der Verwaltung verlangt. Es fehlt in vielen Bereichen auch an einem Markt mit konkurrierenden Anbietern, der für Wettbewerb sorgt und dadurch das Verhalten der Marktteilnehmer kontrolliert. Anders als ein privater Konzern kann die öffentliche Verwaltung auch nicht defizitäre Bereiche einfach abstoßen oder die „Produktion" einstellen, wenn die Nachfrage zurückgeht.

Dieser im Ansatz berechtigte Hinweis auf die unterschiedlichen Rahmen- 309
bedingungen unternehmerischen und behördlichen Handelns, verbietet aber **lediglich die blinde oder undifferenzierte** Übernahme unternehmerischer Modelle und Leitbilder. Als Grundlage für Reformmodelle sind sie nicht tabu. Der auf dieser Basis durchzuführende Entwicklungsauftrag geht nun dahin, für den öffentlichen Sektor adäquate Instrumente zu entwickeln, die als **Wettbewerbssurrogate** fungieren. Es müssen also in den Aufgabenbereichen, die ohne natürlichen Wettbewerb wahrgenommen werden, künstlich Leistungs- und Innovationsanreize geschaffen werden. Diese Instrumente müssen zugleich in der Lage sein, bei den Erfolgskriterien neben rein ökonomischen Faktoren auch die Gemeinwohlbindung zu berücksichtigen.

(4) Zielvorgaben und Instrumente des Neuen Steuerungsmodells

In der theoretischen Diskussion hat man die Entwicklung eines solchen 310
Zwittermodells lange Zeit für unmöglich gehalten und sich auf den Standpunkt der reinen Lehre zurückgezogen, nach der Wettbewerb entweder ganz oder gar nicht zu verwirklichen ist. Inzwischen hat sich jedoch die Ansicht durchgesetzt, dass angepasste Modelle nicht nur denkbar, sondern auch praktikabel sind. Darin liegt der wichtigste Fortschritt in der theoretischen Diskussion der letzten Jahre.

311 Im Einzelnen geht das NSM von folgenden allgemeinen Zielvorgaben aus:

312 Erstens die Entwicklung eines **neuen Leitbildes der Verwaltungstätigkeit,** das in der Formulierung „Von der Behörde zum Dienstleistungsunternehmen“ zum Ausdruck kommt. Dadurch soll vor allem eine **Veränderung auf der Input-Seite** erreicht werden. Die Leitungsorgane der Kommunen sollen nicht mehr selbst die Bedürfnisse der Bürger bestimmen, sondern sich an ihren tatsächlichen Bedürfnissen orientieren, wobei allerdings die gesetzlichen Vorgaben für die Aufgabenerfüllung nicht in Frage gestellt werden.

313 Das neue Leitbild führt zu einer konzernähnlichen Untergliederung der Kommunalverwaltung in selbstständige Fachbereiche. Dabei soll stärker als bisher die Bürgerorientierung den Ausschlag geben. Die Aufgaben eines Fachbereichs sollen demnach in Zukunft alle Zuständigkeiten umfassen, die für die umfassende Bearbeitung eines Antrags erforderlich sind. Dem Bürger soll die Verweisung an eine Vielzahl von Stellen innerhalb der Kommunalverwaltung erspart werden.

314 Bereits diese Bürgerorientierung führt zu einer neuen Aufgabenverteilung zwischen den Fachbereichen. Diese soll durch die Zusammenführung von Fach- und Ressourcenverantwortung ergänzt werden, d. h. die einzelnen Ressorts sind auch für die haushaltsrechtlichen Aspekte und die Wirtschaftlichkeit ihres Handelns zuständig. Dies hat außerdem eine Verlagerung der **persönlichen Ergebnisverantwortung** nach unten zur Folge.

315 Dritte übergreifende Zielvorgabe ist die Einführung eines neuen Erfolgskriteriums. Nicht mehr die hinreichende Effektivität und Rechtmäßigkeit der Aufgabenerfüllung, sondern die **Effizienz,** d. h. ihre wirtschaftliche und qualitätsvolle Erledigung gilt in Zukunft als Merkmal einer erfolgreichen Verwaltungstätigkeit.

316 Um diese Zielvorgaben zu verwirklichen, muss ein neues Koordinatensystem für die Organisation der öffentlichen Verwaltung entwickelt werden. Im Mittelpunkt dieses Systems steht die so genannte Produktorientierung. Unter einem **Produkt** versteht das Neue Steuerungsmodell die Leistungen der Verwaltung, die entsprechend den Abnehmererwartungen zu Steuerungszwecken zusammengefasst und nach festgelegten Kriterien beschrieben sind (*KGSt,* Das Neue Steuerungsmodell. Erste Zwischenbilanz. Bericht Nr. 10/1995, S. 14). Die einzelnen Produkte werden zu **Produktgruppen** und diese zu **Produktbereichen** zusammengefasst.

317 Die Überführung des bisherigen gesetzesvollziehend geprägten Aufgabenverständnisses in eine outputorientierte Produktpalette erfordert, dass die Verwaltung ihre Tätigkeit aus der Perspektive des Bürgers neu erfasst und ordnet. Dies erfolgt in **zwei Schritten:** Zunächst müssen die unzähligen Einzelaktivitäten der Verwaltung zu einer überschaubaren Zahl von Leistungspaketen oder Produkten zusammengefasst werden. Primäre Kriterien der Produktbildung sollen die politisch-strategischen Ziele der Kommune, die Erwartungen der Bürger an einheitliche Leistungsangebote sowie innerhalb der Verwaltung das Erfordernis einer möglichst eindeutigen Ergebnis-

und Kostenverantwortung sein. Die Systematik der Rechtsvorschriften kann dabei wichtige Orientierungspunkte vermitteln. In einem zweiten Schritt ist dann für jedes Produkt festzulegen, welche Ziele mit ihm erreicht werden sollen. Daraus ergibt sich dann die Detailgestaltung des Produkts nach Menge, Qualität, Zielgruppe und Kosten.

Die Produktorientierung wirkt sich auch auf die Struktur des Haushalts- 318
planes aus, der ebenfalls produktorientiert aufzustellen ist. So entstehen dann **Produktbudgets.** Aus der Zusammenfassung aller Produktgruppen ergibt sich dann der **Konzernhaushalt** der Kommune.

Die Produktorientierung soll nicht statisch sein. Es wird vielmehr ein 319
Denken in Produktzyklen verlangt. Hier sind Qualitätsmanagement und eine laufende Anpassung der Produkte erforderlich. Zu diesem Zweck müssen Wettbewerbsstrukturen geschaffen werden. Wo eine Leistung auch durch private Anbieter erbracht wird, sind diese als Vergleichsmaßstab heranzuziehen. Wo dies nicht der Fall ist, wie bei den hoheitlichen Maßnahmen, kann ein Wettbewerbssurrogat durch einen **interkommunalen Leistungsvergleich** erzeugt werden. Das setzt voraus, dass für die Bewertung von Leistungen einheitliche Kriterien in Gestalt von Kennzahlen entwickelt werden. Voraussetzung dafür ist die Verwendung gleicher oder zumindest vergleichbarer Produktbeschreibungen.

Von den Zielen sind die **Instrumente der Umsetzung** zu unterscheiden. 320
Die Umsetzung der Produktorientierung führt zu einer Veränderung der Aufgabenverteilung in der Verwaltung. Die Zuständigkeiten werden den einzelnen Ämtern produkt- und damit bürgerorientiert zugewiesen; der Bürger muss für die administrative Bewältigung eines typischen Lebensvorgangs nicht zu verschiedenen Ämtern. Das ist aber nur der erste Schritt. Er wird ergänzt durch eine Erweiterung der Zuständigkeit und Verantwortung. Die ausführende Stelle übernimmt neben der fachlichen nun auch die haushaltsrechtliche bzw. wirtschaftliche Verantwortung für ihren Produktbereich. Es kommt so zur Herausbildung einer **dezentralen Gesamtverantwortung** der Fachressorts für die einzelnen Produktbereiche.

Die Einführung der dezentralen Gesamtverantwortung im Neuen Steue- 321
rungssystem verlangt **neue Instrumente der zentralen Steuerung.** Damit entsprechend den Anforderungen des Demokratieprinzips die kommunale Vertretungskörperschaft ihren zentralen Einfluss behält, müssen ihre Steuerungsvorgaben der geänderten Aufgabenverteilung angepasst werden. Dazu dient das Kontraktmanagement.

Ein Kontrakt ist eine Vereinbarung, durch die für einzelne Produktgrup- 322
pen oder Produkte Zielvorgaben für einen bestimmten Zeitraum vereinbart werden. Kontrakte können zwischen der politischen Führung (dem Rat) und der Verwaltung, zwischen einzelnen Ressorts der Verwaltung und zwischen der politischen Führung oder Verwaltung und einer verselbstständigten Verwaltungseinheit sowie zur Steuerung von Beteiligungen geschlossen werden. Dementsprechend variieren auch die Inhalte. Kontrakte zwischen

der politischen Leitung und der Verwaltung sind regelmäßig allgemeiner gefasst als Kontrakte, die sich auf ein einzelnes Produkt oder die Steuerung einer Beteiligung beziehen. Ein Berliner Reformmodell unterscheidet entsprechend zwischen „Politischen Kontrakten", „Verwaltungskontrakten" und „Servicekontrakten" (so *Wallerath,* DÖV 1997, 57 [61]).

323 Das Kontraktmanagement wirft eine Reihe von **Rechtsfragen** auf (Einzelheiten bei *Wallerath,* DÖV 1997, 57ff.; *Pünder,* DÖV 1998, 63ff.; *Oebbecke,* DÖV 1998, 853ff.; *Wolf,* NordÖR 1999, 131ff.; *Wolf-Hegerbekermeier,* DÖV 1999, 419ff.). Umstritten ist zunächst der Rechtscharakter von Kontrakten bzw. Zielvereinbarungen. Folgt man der Philosophie des Erfinders dieser Kontrakte, dem Tilburger Reformer Schrijvers, so handelt es sich bei ihnen um ein politisches Abstimmungsinstrument, um eine Absprache im politischen Sinne. Die deutschen Reformer neigen demgegenüber dazu, die Kontrakte als juristische Vereinbarungen und Verträge zu qualifizieren. Aber auch auf der Grundlage dieser Einordnung ist es umstritten, ob und welche Art der Verbindlichkeit ihnen zukommt. Dabei ist besonders zu berücksichtigen, dass die Kontrakte sich auch auf das Budget auswirken und deshalb ihre Vereinbarkeit mit dem haushaltsrechtlichen Bepackungsverbot zu erörtern ist. Auch stellt sich die Frage, welche Auswirkungen Kontrakte in Zusammenhang mit dem Verwaltungscontrolling auf die Ausübung der staatlichen Aufsicht haben (dazu *Pitschas,* DÖV 1999, 907ff.). Eine Lösung muss auch für den in der kommunalen Praxis sicher nicht seltenen Fall gefunden werden, dass man sich nicht über den Inhalt von Kontrakten einigen kann.

324 Produktorientierung, dezentralisierte Gesamtverantwortung und Kontraktmanagement wirken sich auch auf die **Struktur des Haushaltsplans** aus. Er ist nach Produktgruppen gegliedert und übernimmt die Zielvereinbarungen der Kontrakte, die gewissermaßen das Anmeldeverfahren ersetzen.

325 Als eine der Schwächen der herkömmlichen Verwaltungsorganisation hatte sich die mangelnde Transparenz der Arbeits- und Entscheidungsprozesse erwiesen. Durch die Einführung der Produktorientierung und die Neuordnung der Zuständigkeiten nach dem Grundsatz der dezentralen Gesamtverantwortung wird eine größere Übersichtlichkeit geschaffen und damit auch die Transparenz erhöht. Das alleine reicht aber nicht aus. Hinzu kommen muss eine Verbesserung des Informationsflusses zwischen der zentralen Ebene und den Fachressorts – und zwar in beide Richtungen. Die Qualität der zentralen Steuerung ist entscheidend von der Qualität der für die Steuerung benötigten Informationen abhängig. Das gilt umso mehr, wenn durch Kontrakte die Verbesserung der Produktqualität erreicht werden soll.

326 Im neuen Steuerungsmodell sollen die Informationsvermittlung und die Informationsqualität durch die Einführung von **Controlling** auf der zentralen Ebene und auf der Fachbereichsebene verbessert werden. Controlling ist dabei trotz der Ähnlichkeit der Worte strikt von Kontrolle und auch von

Leitung zu unterscheiden. Das Controlling übernimmt eine unterstützende und begleitende Funktion. Man spricht deshalb von **Transparenzverantwortung** im Gegensatz zur **Entscheidungsverantwortung,** die bei der politischen Führung bleibt.

Controlling dient der Informationsversorgung und Koordination in zu- 327
kunftsorientierter Form. Es soll die Führung bei der Entscheidungsfindung in komplexen Systemen unterstützen. Dabei ist die Entwicklung von Langfristperspektiven, die Analyse der Leistungen und Leistungsergebnisse besonders wichtig. Diese Leistungen sind wiederum Voraussetzung für eine outputorientierte Budgetierung, die ein ganz entscheidender Faktor für die Steigerung der Effizienz des Verwaltungshandelns ist.

Ordnet man die durch das Neue Steuerungsmodell herbeigeführten Än- 328
derungen in der Verwaltungsorganisation der von Bernd Becker entwickelten Systematik zu, so führt dies zu folgendem Bild:

- Durch die stärkere Bürgerorientierung wird der **Verwaltungsinput** geändert.
- Die Einführung der dezentralen Gesamtverantwortung, die Produktorientierung und das Kontraktmanagement verändern die Verarbeitungsprozesse und führen zu einer organisatorischen Neuordnung.
- Die Orientierung an der Produktqualität ändert die **Output-Seite**
- und durch die Einführung des Controllings auf der zentralen Ebene und der Fachbereichsebene werden die **Feedback-Vorgänge** verbessert.

Insgesamt führt das NSN damit zu folgenden **Veränderungen bei der** 329
Aufgabenverteilung:

- Die **politische Führung** wird auf strategische Steuerungsaufgaben konzentriert, die durch outputorientierte Zielvorgaben mit Hilfe von Kontrakten umgesetzt werden.
- Den **Ressorts** werden nach dem Prinzip der dezentralen Gesamtverantwortung größere Handlungs- und Gestaltungsspielräume zugewiesen, denen erhöhte Berichtspflichten korrespondieren.
- Die **Informationsbeziehungen** zwischen der zentralen Ebene und den Fachebenen werden durch ein zentrales Controlling und ein Fachbereichscontrolling verbessert, dessen Aufgabe zugleich die Ausarbeitung von Entwicklungsperspektiven ist.

Es soll insgesamt zu einer **deutlicheren Verantwortungsabgrenzung** 330
zwischen Politik und Verwaltung sowie innerhalb der Verwaltung kommen. Innerhalb der Verwaltung ist vor allem die dezentrale Übernahme der Ressourcenverantwortung und die stärkere persönliche Ergebnisverantwortung hervorzuheben.

(5) Anwendung des NSM in der Ministerialverwaltung und im Hochschulbereich

Das in erster Linie für den kommunalen Bereich entwickelte Instrumen- 331
tarium des NSM kann für andere Verwaltungsbereiche wegen der struk-

turellen Unterschiede nur mit teilweise erheblichen Modifikationen übernommen werden (dazu Beispiele aus verschiedenen Bereichen der Landesverwaltung im Sammelband Kißler/Kersting/Lange [Hg.], Politische Steuerung und Reform der Landesverwaltung, 2000). So fehlt in der **Ministerialverwaltung** die für den kommunalen Bereich prägende Trennung zwischen einer politischen Führung und den ausführenden Ämtern. Hinzu kommt, dass die einzelnen Verwaltungsbereiche sehr viel größer und stärker untergliedert sind. Einzelne Elemente des NSM, vor allem aus dem Bereich der Personalführung sowie das Instrument der Zielvereinbarung können aber auch hier zur Anwendung kommen.

332 Besonders intensiv wurde die Übernahme der Grundkonzeption des NSM für den **Hochschulbereich** diskutiert (dazu die Beiträge von *Brinckmann, Praml* und *Breitbach,* in: Kißler/Kersting/Lange [Hg.], Politische Steuerung und Reform der Landesverwaltung, 2000, 53ff., 70ff., 74ff.). Einige Bundesländer haben inzwischen insoweit auch sehr weitreichende gesetzgeberische Reformen durchgeführt. Vor allem das Hamburger Gesetz zur Neuordnung des Hochschulrechts vom 18. Juli 2001 (Drs. 16/5759) ist konsequent an den Grundgedanken des NSM orientiert. Es sieht in § 2 den Abschluss von Ziel- und Leistungsvereinbarungen zwischen dem Land und den Hochschulen vor, § 90 räumt den Hochschulen erhebliche Gestaltungsspielräume bei der Konkretisierung der Organisationsstruktur ein und § 100 schreibt eine leistungs- und belastungsorientierte Verteilung der Haushaltsmittel vor.

333 Der grundlegende Unterschied bei der Implementierung des NSM im Hochschulbereich zur Anwendung bei der Kommunal- und Ministerialverwaltung besteht darin, dass hier zwei Ebenen zu unterscheiden sind. Zum einen werden die neuen Instrumente im Verhältnis Land – Hochschule und damit in einem durch besondere verfassungsrechtliche Vorgaben geprägten Außenrechtsverhältnis eingesetzt. Zum anderen wird auch innerhalb der Hochschule, im Verhältnis der zentralen Ebene zu den Fachbereichen, Fakultäten und Instituten auf die Instrumente des NSM zurückgegriffen. Die rechtliche Qualität von Kontrakten (dazu *Fedrowitz/Krasny/Ziegele* [Hg.], Hochschulen und Zielvereinbarungen, 1999; *Trute,* Die Rechtsqualität von Zielvereinbarungen und Leistungsverträgen im Hochschulbereich, WissR 2000, 134ff.) ist in beiden Beziehungsebenen ebenso verschieden wie die Rahmenvorgaben für die personalwirtschaftliche und finanzielle Steuerung (dazu *Behrens,* Globalisierung der Hochschulhaushalte, 1996; *Karpen,* Vom Zauber des Universitäts-Globalhaushalts, in: FS Friauf, 1996, 507ff.). Damit sind zahlreiche Rechtsfragen verbunden, die hier nicht im Einzelnen angesprochen werden können.

b) Die Umsetzung des Neuen Steuerungsmodells in Deutschland

Schrifttum: wie zu a) und weiter *Budäus* (Hg.), Organisationswandel öffentlicher Aufgabenwahrnehmuing, 1998; *Bürsch/Müller,* Verwaltungsreformen in den deutschen Bundesländern, 1999; *Edeling/Jann/Wagner* (Hg.), Öffentliches und privates

Management, 1998; *Fedrowitz/Krasny/Ziegele* (Hg.), Hochschulen und Zielvereinbarungen – neue Perspektiven der Autonomie, 1999; *Fehling,* Neue Herausforderungen an die Selbstverwaltung in Hochschule und Wissenschaft, Die Verwaltung 2002, 399; *Gröpl,* Haushaltsrecht und Reform, 2001; *Ipsen,* Grundfragen kommunaler Verwaltungsreform, DVBl. 1998, 801; *Hödl/Zegelin,* Hochschulreform und Hochschulmanagement, 1999; *Kißler/Kersting/Lange* (Hg.), Politische Steuerung und Reform der Landesverwaltung, 2000; *Mehde,* Neues Steuerungsmodell und Demokratieprinzip, 2000; *Möller,* Das gewandelte Führungsverständnis in der öffentlichen Verwaltung im Rahmen grundlegender Modernisierungsprozesse, VR 2000, 110; *Naschold/Bogumil,* Modernisierung des Staates – New Public Management und Verwaltungsreform, 1998; *Pasternack* (Hg.), Flexibilisierung der Hochschulhaushalte, 2001; *Reichard,* Umdenken im Rathaus – Neue Steuerungsmodelle in der Kommunalverwaltung, 1994; *ders./ Wollmann* (Hg.), Kommunalverwaltung im Modernisierungsschub?, 1996; *Schaad,* Verwaltungsreform im Gegenwind, DÖV 2000, 22; *Wallerath* (Hg.), Verwaltungserneuerung. Eine Zwischenbilanz der Modernisierung öffentlicher Verwaltungen, 2001.

Deutschland gehört bei der Verwaltungsmodernisierung im internationalen Vergleich zu den late starters. Federführend waren Verwaltungen in Ländern wie Neuseeland, Australien, Großbritannien, die Niederlande und die USA. Auch in den skandinavischen Ländern wurde früher und konsequenter an der Verwaltungsmodernisierung gearbeitet. Dabei ist zu beachten, dass sich die Ausgangslage in den einzelnen Staaten und ihren Verwaltungen zum Teil erheblich voneinander unterschieden haben, so dass allgemeine Schlussfolgerungen nur mit großer Vorsicht gezogen werden können. Auch ist zu berücksichtigen, dass die durchgeführten Reformen neben positiven Entwicklungen teilweise auch mit erheblichen negativen Effekten verbunden waren. So hat z. B. in Großbritannien die Qualität vieler öffentlicher Dienstleistungen, wie etwa im Eisenbahnverkehr und Gesundheitswesen, unter der konsequent betriebenen Privatisierung stark gelitten. In anderen Fällen wurden neu eingeführte Steuerungsinstrumente nicht oder nicht funktionsgerecht umgesetzt, so dass es zu Disfunktionalitäten kam. Dies gilt insbesondere für die vom NPM vorausgesetzte Veränderung im Bereich der politischen Steuerung, die sich in diesem Modell auf allgemeine Zielvorgaben beschränken soll. Tatsächlich wurden die neuen Steuerungsinstrumente in vielen Fällen aber weiterhin zur Feinsteuerung benutzt, während die der Politik überantwortete Kontrollfunktion nicht wirksam wahrgenommen wurde. Daraus erwächst die Einsicht, dass ohne eine gleichzeitige Anpassung des Habitus bzw. der Verwaltungskultur auch neue Steuerungsinstrumente nicht weiterhelfen. 334

Bei der Umsetzung des NSM hat in Deutschland wie auch in den meisten anderen Staaten die **kommunale Ebene** die Vorreiterrolle eingenommen. Das hängt zum einen mit der besonders drängenden Finanznot auf der kommunalen Ebene, zum anderen aber auch mit der in der Regel leichteren Reformierbarkeit kleinerer Verwaltungseinheiten zusammen. 335

Die Entwicklung und Umsetzung des NSM auf kommunaler Ebene in Deutschland kann mit Reichard in **vier Phasen** untergliedert werden. (1) Von 1988 bis 1991 fand die Konzeptentwicklung durch die dem Deut- 336 schen Städtetag angegliederte, seit 1949 existierende Kommunale Gemeinschaftsstelle für Verwaltungsvereinfachung (KGSt – www.kgst.de) statt. In einem ersten richtungsweisenden Bericht wurde das Modell der Dezentralen Ressourcenverantwortung vorgestellt und der Name „Neues Steuerungsmodell" geprägt (Bericht Nr. 12/1991). Es wurde auch auf ausländische Erfahrungen, insbesondere in der niederländischen Stadt Tilburg zurückgegriffen (KGSt Bericht 19/1992: Wege zum Dienstleistungsunternehmen Kommunalverwaltung. Fallstudie Tilburg). (2) Es folgten 1991 und 1992 von der KGSt zusammen mit einigen Mitgliedern initiierte Pilotprojekte in Großstädten wie Hannover, Köln und Nürnberg. (3) In den Jahren 1992 bis 1995 erweiterten sich diese Pilotprojekte zu weiter ausgreifenden Reformversuchen, in die auch Städte mittlerer Größe und Landkreise einbezogen wurden. In weiteren Berichten wurden die einzelnen Elemente des NSM vertieft. (4) Ab 1995 breitete sich das NSM bzw. seine einzelnen Reformkonzepte bundesweit aus. Inzwischen geben mehr als 90% der Kommunen an, dass sie Reformen im Sinne des NSM durchgeführt haben oder dies beabsichtigen. Es wurde eine erste Zwischenbilanz vorgelegt (Bericht Nr. 10/1995) und ein umfangreiches „Produktbuch für Gemeinden, Städte und Kreise" vorgelegt (Bericht Nr. 5/1997), das wegen seiner bürokratischen Perfektion aber auch Kritik auslöste (s. etwa *Reichard,* Zur Naivität aktueller Konzepttransfers im deutschen Public Management, in: Edeling/Jann/Wagener [Hg.], Öffentliches und privates Management, 1998, 53ff.; *Rienass,* Erstickt die Reform an der eigenen Bürokratie?, VOP 1998, 12ff.). Auch darüber hinaus wird gegenüber dem Neuen Steuerungsmodell der Vorwurf erhoben, dass die informellen Rahmenbedingungen des Verwaltungshandelns und die komplexe Verflechtung mit der Politik nicht genügend Beachtung gefunden haben (*Schaad,* DÖV 2000, 22ff.).

337 Auf der Ebene der **Landesverwaltungen** hat der Reformprozess deutlich später als auf der kommunalen Ebene eingesetzt. Spätestens seit Beginn der neunziger Jahre sind aber in den meisten Bundesländern systematische Bemühungen um eine Verwaltungsmodernisierung nachweisbar (Übersicht zu den einzelnen Bundesländern bei *Bürsch/Müller,* Verwaltungsreformen in den deutschen Bundesländern, 1999). Dabei standen und stehen folgende Maßnahmen und Ziele im Vordergrund:

338 Die meisten Bundesländern haben eine **Aufgabenkritik** durchgeführt, mit deren Hilfe eine systematische Erhebung und Bewertung des Aufgabenbestandes und der Methoden der Aufgabenerfüllung vorgenommen wurde. Ein wichtiger Unterschied in der Vorgehensweise besteht darin, dass einige Länder die Aufgabenkritik für alle Aufgabenbereiche durchgeführt haben, während andere sich auf ausgewählte Sektoren beschränkt haben. Ein weiterer wesentlicher Unterschied lag darin, dass die meisten Länder externe Berater für die Aufgabe hinzugezogen haben, während einige die Überprüfung nur mit eigenem Personal durchgeführt haben.

Die meisten Bundesländer reagierten auf die Ergebnisse der Aufgabenkritik mit Bemühungen zu einer **Vorschriften- und Verfahrensvereinfachung.** Unter der allgemeinen Zielsetzung der Deregulierung und Verfahrensbeschleunigung wurde ganze Reihe von Gesetzgebungsinitiativen gestartet, von denen vor allem die Novellierungen im Bereich des Baurechts und des Verwaltungsverfahrensrechts große Beachtung gefunden haben. Ein weiterer Schwerpunkt war der Abbau von Zustimmungs- und Genehmigungsvorbehalten. Außerdem wurden auch die Vorschriften für den internen Verwaltungsablauf revidiert. 339

Ein zweiter, ebenfalls in den meisten Bundesländern in Angriff genommener Reformaspekt bezieht sich auf **Strukturreformen.** Diesem wenig aussagekräftigen Begriff können Maßnahmen ganz unterschiedlicher Reichweite zugeordnet werden. An erster Stelle ist die **Bündelung** von sachlich zusammenhängenden Zuständigkeiten zu nennen, die bislang von verschiedenen Stellen wahrgenommen wurden. An zweiter Stelle ist die **Verschlankung** der Behördenorganisation anzuführen. Darunter werden Maßnahmen verstanden, die teilweise an die Bündelung von Aufgaben anknüpfen und dementsprechend Abteilungen und Referate sowie zum Teil ganze Organisationseinheiten einsparen, deren Zuständigkeiten in Folge der Neuzuweisung von Aufgaben von anderen Stellen übernommen werden. Auf diese Art und Weise wurden z.B. in Baden-Württemberg ca. 100 Sonderbehörden und Außenstellen gestrichen. In Bayern wurden die staatlichen Gesundheits- und Veterinärämter der Kreisverwaltung eingegliedert, die Land- und Finanzbauämter zusammengelegt, in der Gewerbeaufsicht eine Hierarchiestufe gestrichen und die 14 Ausgleichsämter durch eine zentrale Behörde mit Außenstellen ersetzt. In mehreren Bundesländern (Nordrhein-Westfalen, Hessen, Sachsen, Sachsen-Anhalt) wird seit einigen Jahren die **Abschaffung der Mittelebene** (Regierungspräsidien) diskutiert (zur Bedeutung der Mittelebene *Wagener,* VerwArch 1982, 153). Sie sollen durch Regionalverwaltungsämter (dazu *Sponer/Schleer,* LKV 2001, 481) oder Regionalversammlungen (so das Konzept in Hessen) nach dem Vorbilder der bayerischen Bezirke ersetzt werden (für die Beibehaltung der Mittelinstanz *Kilian,* LKV 1994, 271). Diese Pläne konnten bislang nicht umgesetzt werden. In vielen Bundesländern wurden mit Dienstleistungen betraute Einrichtungen der Landesverwaltung (z.B. Staatsbäder, Staatsweingüter, Landeskrankenhäuser) in kaufmännisch geführte Landesbetriebe umgewandelt, für die besondere Regelungen der Haushaltsordnungen gelten (siehe exemplarisch §§ 26, 74, 87 BHO). Auch die Verwaltung der Liegenschaften wurde in einigen Bundesländern zusammengeführt und nach kaufmännischen Gesichtspunkten neu organisiert („Neues Immobilien- und Gebäudemanagement"). Einen Schritt weiter gehen die **formellen und funktionalen Privatisierungen,** die aus verschiedenen Gründen in einem sehr weiten Umfang durchgeführt wurden (dazu ausführlich § 91). Weniger weitreichend haben die Länder sich auch für die **materielle Privatisierung** ent- 340 schieden und dadurch die Aufgabenerfüllung Privaten überlassen (dazu ausführlich § 93).

341 In einigen Bundesländern wurde nach dem Vorbild des interkommunalen Wettbewerbs auf der Grundlage von vergleichbaren Kennziffern ein **Behördenwettbewerb** eingeführt, der Leistungsanreize vermitteln soll.

342 Wichtige Impulse für die Reorganisation der Verwaltung gehen auch von dem Ziel der Verbesserung der Kommunikationsstrukturen (dazu *Schuppert,* Verwaltungswissenschaften, 133f.) und dem Einsatz von neuen Informationstechnologien innerhalb der Verwaltung und für den Kontakt zum Bürger aus. Unter dem Stichwort **eGovernment** wurden in diesem Bereich zahlreiche Pilotprojekte durchgeführt (dazu Überblick bei *Reichard/Schuppan,* LKV 2002, 105; *Gisler/Spahni,* eGovernment. Eine Standortbestimmung, 2. Aufl. 2001; *Meir,* Geschäftsprozesse im eGovernment, 2002). Im Rahmen einer Novellierung der Verwaltungsverfahrensgesetze werden derzeit besondere Regelungen für den Gebrauch elektronischer Kommunikationsmittel implementiert (siehe dazu den Regierungsentwurf eines Dritten Gesetzes zur Änderung verwaltungsverfahrensrechtlicher Vorschriften, BR-Drs. 343/02).

343 Verbesserungen und Modernisierungen wurden in fast allen Bundesländern in den Bereichen **Personalmanagement** und **Mitarbeiterbeteiligung** vorgenommen. Dabei konnte auch auf das System der Leistungsanreize zurück gegriffen werden, das durch die Änderung des öffentlichen Dienstrechts durch den Bundesgesetzgeber bereitgestellt wurde (dazu *Battis,* NJW 1997, 1033; *Weidmann,* VR 1999, 90; zur zeitlich begrenzten Ernennung von Führungspositionen *Studenroth,* ZfBeamtR 1997, 212; zu den Auswirkungen der Modernisierung der Besoldungsstruktur auf das Personalmanagement *Lorse,* ZfBeamtR 2001, 73). Als wesentliche Elemente der Personalpolitik lassen sich der bundesweit praktizierte Personalabbau (insbesondere als notwendige Folge von Strukturreform und Privatisierung), die Dezentralisierung der Personalkompetenzen, die Erstellung von Personalentwicklungsprogrammen, die Einführung von Mitarbeitergesprächen und neuen Leistungsbewertungsverfahren sowie die Erprobung neuer Personalauswahlverfahren anführen (siehe auch *Naschold/Jann/Reichard,* Innovation, Effektivität, Nachhaltigkeit, 1999, 37ff.).

344 Wie auf der kommunalen Ebene, haben die Länder auch bei ihren Verwaltungen in vielen Bereichen die **Kosten- und Leistungsrechnung,** die **dezentrale Budgetverantwortung** und das **Verwaltungscontrolling** eingeführt.

345 Im Bereich der **Bundesverwaltung** wurde die Verwaltungsmodernisierung relativ spät und in den verschiedenen Bereichen unterschiedlich intensiv in Angriff genommen. 1995 wurde der Sachverständigenrat „Schlanker Staat" eingesetzt, der eine grundsätzliche Aufgabenkritik durchzuführen hatte (dazu *Hofmann/Meyer-Teschendorf,* DÖV 1997, 268 und DÖV 1998, 217). Die im Abschlussbericht vorgeschlagenen Modernisierungsmaßnah-

men wurden nicht zuletzt wegen des kurze Zeit später erfolgenden Regierungswechsels nur teilweise umgesetzt. Weit reichende Reformen wurden lediglich durch die europa- und verfassungsrechtlich veranlasste Privatisierung von Eisenbahn und Post ausgelöst. Im Übrigen sind in den letzten Jahren Bedeutendes zum Outsourcing und zur Privatisierung von Dienstleistungen zu konstatieren. Hinzuweisen ist zudem auf das Projekt „Moderner Staat" des Bundesinnenministeriums (www.staat-modern.de), das zahlreiche Projekte zur Verwaltungsmodernisierung und zum eGovernment durchgeführt hat, deren Erkenntnisse schrittweise in die Praxis umgesetzt werden sollen. Bezüglich der einzelnen Instrumente und Methoden unterscheidet sich der Modernisierungsprozess auf Bundesebene kaum von der Entwicklung auf Landesebene, so dass drauf verwiesen werden kann.

Besonders intensiv und vielfältig sind die Aktivitäten zur Verwaltungs- 346
modernisierung in Bezug auf die **Hochschulen.** Neben der Übertragung der Grundsätze des NSM auf das Verhältnis Staat-Hochschule und die hochschulinterne Organisation sind weitere spezifische Reformansätze anzutreffen, deren rechtliche Zulässigkeit und Zweckmäßigkeit zum Teil heftig umstritten ist. An erster Stelle ist als weit reichendste Maßnahme die **Wahl neuer Rechtsformen** zu nennen. Einige Bundesländer haben insoweit lediglich die Option der Hochschulen für die Wahl einer anderen Rechtsform als der öffentlich-rechtlichen Körperschaft durch eine weite Fassung der Öffnungsklauseln in den Hochschulgesetzen eröffnet (zur bisherigen Rechtslage, *Kimminich,* in: Flämig u.a. [Hg.], Handbuch des Wissenschaftsrechts, Bd. 1, 2. Aufl. 1996, 227). Der Bundesgesetzgeber hat dies durch die Streichung der organisationsformbezogenen Vorschriften in § 57 HRG ermöglicht. Als **alternative Rechtsformen** kommen dabei vor allem die öffentlich-rechtliche Stiftung (dazu *Ipsen,* NdsVBl. 2000, 240), eine anstaltlich geprägte Organisationsform, Mischformen zwischen Anstalt und Körperschaft des öffentlichen Rechts, die Stiftung des Privatrechts sowie die (gemeinnützige) GmbH in Betracht (zur Wahl privatrechtlicher Rechtformen: *Erichsen,* Zulässigkeit, Grenzen und Folgen der Hochschulprivatisierung, 2000). Unterhalb der Rechtsformdiskussion haben die Länder verschiedene Modelle zur Verbesserung und Professionalisierung der Leitung der Hochschulen entwickelt und z.T. auch umgesetzt. Im Vordergrund steht dabei die Einführung von teilweise extern besetzten **Hochschulräten** und **Kuratorien** (dazu *Ipsen,* NdsVBl. 2001, 6; *Kersten,* DVBl. 1999, 1704; *Kempen,* BayVBl. 1999, 454; *Groß,* DÖV 1999, 895).

Umfangreiche Reformdiskussionen werden seit einigen Jahren auch in 347
Bezug auf die verschiedenen Bereiche der **Sozial- und Rentenversicherung** (dazu etwa *Boecken,* Verfassungsrechtliche Fragen einer Organisationsreform der gesetzlichen Rentenversicherung, 2000) sowie der **Bundesanstalt für Arbeit** geführt. Diese Diskussion ist sehr eng mit Fragen des materiellen Gesundheits- und Sozialrechts, vor allem mit Finanzierungs- und Risiko-

verteilungsfragen verbunden und daher nur bedingt organisationsrechtlich determiniert (siehe zu den organisationsrechtlichen Aspekten einzelnen Reformgesetzen *Krasney,* NJW 1998, 1737; *Heinze,* SGb 1997, 397; *Ziebeil,* AuA 1995, 41).

c) Strukturelle Probleme der Verwaltungsmodernisierung

348 Die in den letzten 15 Jahren unternommenen Anstrengungen zur Verwaltungsmodernisierung haben ohne Zweifel in vielen Bereichen der öffentlichen Verwaltung positive Entwicklungen ausgelöst. So sind durch die in den meisten Verwaltungen durchgeführte umfassende Aufgabenkritik viele Schwachstellen der überkommenen Art und Weise der Aufgabenerfüllung erkannt und in vielen Fällen reformiert worden. Auch in den Bereichen Bürgerorientierung, Leistungsorientierung und Budgetverantwortung sind wichtige Fortschritte erzielt worden. Auf der anderen Seite sind inzwischen auch zahlreiche Probleme und Mängel der Verwaltungsmodernisierung zu konstatieren, die im Rahmen der Fortführung der Reformbemühungen berücksichtigt werden sollten. Diese Probleme sind auf ganz unterschiedlichen Ebenen angesiedelt. Im Folgenden sollen die wichtigsten Aspekte skizziert werden.

349 Bei der Entwicklung der Reformmodelle wurden die aus der Privatwirtschaft und dem Ausland übernommenen Konzepte teilweise ohne ausreichende Rücksichtnahme auf die anderen Rahmenbedingungen für die öffentliche Verwaltung übernommen. Deshalb wird den Reformen teilweise **Naivität** vorgeworfen (*Reichard,* Zur Naivität aktueller Konzepttransfers im deutschen Public Management, in: Edeling/Jann/Wagener [Hg.], Öffentliches und privates Management, 1998, 53 ff.). Teilweise wurde in der deutschen Diskussion auf ausländische Modelle rekurriert, die dort bereits überholt bzw. modifiziert waren. Es wurde z. T. nicht hinreichend beachtet, dass eine tiefgreifende Verwaltungsreform über einen **längeren Zeitraum** erhebliche **Mehrkosten** verursacht. So setzt etwa der Übergang von der Kameralistik zur kaufmännischen Buchführung erhebliche Investitionen in die Mitarbeiterschulung und Sachmittel voraus und kann nur in einem mehrjährigen Prozess bewältigt werden.

350 Von Beginn an wurden die Reformbemühungen von dem Vorwurf einer zu starken **Ökonomisierung** und **Manageralisierung der öffentlichen Verwaltung** zu Lasten ihrer Rechts- und Gemeinwohlbindung kritisiert (s. etwa *König,* Zur Manageralisierung und Ökonomisierung der öffentlichen Verwaltung, 2000). Diese im Ansatz berechtigte Kritik spiegelt zugleich einen Aspekt der wissenschaftlichen und personellen Umorientierung in den öffentlichen Verwaltungen wieder, der durch das Stichwort vom Juristen zum Betriebs- oder Verwaltungswirt umschrieben werden kann und institutionell durch die Ablösung des Weber´schen Bürokratiemodells durch die Dienstleistungsphilosophie des NSM gekennzeichnet ist. Dieser Prozess ist nicht zuletzt durch die im Rahmen der Globalisierung aufgetretene Skepsis

gegenüber der Steuerungsfähigkeit des (öffentlichen) Rechts und die Bevorzugung von Netzwerkstrukturen und Governance-Modellen geprägt. Die anfänglich zu beobachtende Kluft zwischen beiden Modellen ist inzwischen durch die verwaltungswissenschaftliche Adaptierung der aus dem Bereich der Privatwirtschaft übernommenen Orientierungsmuster wenn nicht überwunden, so doch verringert worden. Dazu haben vor allem die Entwicklungen im Haushaltsrecht sowie die Herausbildung eines auf die Besonderheiten kooperativen und informalen Handelns ausgerichteten Verwaltungsrechts beigetragen. Dieser Prozess steckt aber noch in den Anfängen und viele, z.T. sehr grundsätzliche Fragen sind noch nicht hinreichend geklärt.

Defizite gibt es auch bei der **Implementierung von Leistungsanreizen.** 351
Über die kurzfristige Impulse hinaus, die von der Einführung neuer Modelle ausgeht, wurde es versäumt dienst- und besoldungsrechtliche Rahmenbedingungen zu schaffen, die ausreichende Spielräume für die Entlohnung von Mehrleistung gewähren. Von den Mitarbeitern eine höhere Leistungsbereitschaft zu erwarten, wenn sie zugleich erkennen, dass diese nicht angemessen finanziell belohnt wird, ist jedenfalls auf die Dauer nicht realistisch. Da sich die Lage der öffentlichen Haushalte während des Reformprozesses aber weiter verschlechtert hat und auch das Dienst- und Besoldungsrecht nur zögerlich modernisiert wurde, sind viele Reformbemühungen mangels stimmiger Rahmenbedingungen nach einer Zeit der Erneuerungseuphorie verflacht. Die gesetzgeberischen Maßnahmen in den einzelnen Ländern unterscheiden sich trotz gleicher allgemeiner Zielsetzungen und auf den ersten Blick gleicher Instrumente in manchen Einzelheiten erheblich. Das gilt insbesondere für die Globalhaushalte und Zielvereinbarungen. Da mit diesen Begriffen Regelungen ganz unterschiedlichen Gehalts bezeichnet werden, war es bislang auch nur sehr beschränkt möglich, ihnen allgemeingültige Rechtskriterien zuzuordnen. Hinzu kommt, dass die Verwaltungspraxis selbst in Fällen einer ausdrücklichen gesetzlichen Regelung neuer Steuerungsinstrumente davon abweicht. Dieses Phänomen ist vor allem bei der Handhabung von Zielvereinbarungen zu beobachten. Insgesamt kann insoweit von einer zu wenig koordinierten und nicht weit genug gehenden gesetzgeberischen Absicherung bzw. Flankierung des Reformprozesses gesprochen werden (einen Überblick über die gesetzgeberischen Maßnahmen und die verbliebenen Desiderate gibt *Pitschas,* Verwaltungsmodernisierung, Dienstrechtsreform und neues Personalmanagement, Die Verwaltung 1999, 1 ff.).

In Bezug auf die **rechts- und verwaltungswissenschaftliche Diskussion,** 352
die den Reformprozess begleitet hat, ist (selbst-) kritisch anzumerken, dass sie sich zu lange und zu ausschließlich mit grundsätzlichen Fragen wie den verschiedenen Steuerungsleistungen des Verwaltungsrechtsrechts und dem Aspekt der Privatisierung beschäftigt hat. Das Verwaltungsorganisationsrecht selbst wurde in seinen Einzelheiten kaum weiterentwickelt. Eine der

Philosophie der Verwaltungsmodernisierung entsprechende Vernetzung von Organisations-, Haushalts- und Dienstrecht ist bislang auch in Ansätzen nicht zu erkennen. Forschung und auch die universitäre Ausbildungen haben insoweit auf den Reformprozess nicht nachhaltig reagiert. In den gängigen Darstellungen des Verwaltungsrechts führen die neuen Organisationsmuster und die mit ihnen verbundenen verwaltungsrechtlichen Einzelfragen bis heute ein Schattendasein, wenn sie überhaupt angesprochen werden. Teilweise werden verschiedene Reformansätze auch unkoordiniert vorgestellt, ohne dass sie auf ihre rechtlichen Voraussetzungen und Folgen hin durchdekliniert werden.

353 Ein weiteres grundsätzliches Problem ist die mangelnde Anpassungsbereitschaft der **politischen Führungsorgane.** Sowohl auf kommunaler Ebene als auch auf der staatlichen Ebene erweist es sich als schwierig, die dienstrechtlich nicht eingebundenen politischen Instanzen dazu zu bewegen, die ihnen im NSM zugedachte Rolle der strategischen Steuerung zu übernehmen. Hier fehlt es zum einen in vielen Fällen an der Bereitschaft, auf die bislang praktizierte Detailsteuerung durch das Haushaltsrecht zu verzichten. Vor allem die knappen öffentlichen Haushalten führen dazu, dass der Modernisierungsprozess auf einen Sparprozess verkürzt wird, der für positive Anreize zu wenig Raum lässt. Damit ist ein Aspekt der Verwaltungsmodernisierung angesprochen, der weit über den rechtlichen Rahmen hinausreicht und Fragen der Verwaltungskultur betrifft, auf die unter c) eingegangen wird.

d) Verwaltungsreform und Verwaltungskultur

Schrifttum: *Aberbach/Krauss/Rockman,* Comparing Japanese and American administrative elites, 1990; *Almond/Verba,* The civic culture: political attitudes and democracy in five nations, 1989; *Anechiarico,* Administrative Culture and Civil Society Administration and Society 30 (1998), 13; *Behrens/Stöbe,* Die Entwicklung von Leitbildern – Ein Instrument der Verwaltungsmodernisierung? Verwaltung und Management, 1995; *Berchtold,* Management der öffentlichen Verwaltung der Schweiz. Verwaltungskultur und Führungsorganisation – Zusammenhänge des Kollegial- und des Departementalsystems 1848–1988, 1989; *Bosetzky/Heinrich,* Bürokultur – Eindrücke aus dem Lebensraum „Verwaltung", VR 1986, 37; *dies.*, Erfassung von Bürokultur, Publikationen der Fachhochschule für Verwaltung und Rechtspflege Berlin, 1989; *Boyer,* Bürohelden? Arbeitshabitus und Verwaltungsstil der zentralen Planbürokratie in der formativen Phase der SBZ/DDR, in: Hübner (Hg.), Eliten im Sozialismus. Beiträge zur Sozialgeschichte der DDR, 1999, 255; *Chapman,* The Changing Administrative Culture in the British Civil Service, in: Campell/Peters (Hg.), Organizing Governance – Governing Organizations, 1988, 167; *Chapman/Dunsire,* Style in administration: readings in British public administration, 1971; *Christoph,* The Remaking of British Administrative Culture. Why Whitehall can´t go home again, Administration and Society 24 (1992), 163; *Czybulka,* Umweltschutzdefizite und Verwaltungskultur, JZ 1996, 596; *ders.*, Verwaltungsreform und Verwaltungskultur, in: Merten/Schmott/Stettner (Hg.), Der Verwaltungsstaat im Wandel – Festschrift für Franz Knöpfle zum 70. Geburtstag, 1996, 79; *Damskis/Möller,* Verwaltungskultur in den neuen Bundesländern. Werte und Einstellungen von Führungskräften in den Ministerialverwaltungen von Brandenburg und Sachsen, 1997; *Deligny,* L`administration du futur. Culture et stratégie, 2. Auflage, 1990; *Derlien/Mayntz,* Einstellungen der politisch-administrativen Elite des Bundes, Verwaltungswissenschaftliche Beiträge

25, 1988; *dies.*, Party Patronage and Politicization of the West German, Admininistrative Elite 1970–1987, Governance 2 (1996), 384; *Derlien/Löwenhaupt,* Verwaltungskontakte und Institutionenvertrauen, in: Wollmann u.a. (Hg.), Transformation der politisch-administrativen Strukturen in Ostdeutschland, 1997, 417; *Ellwein,* Über Verwaltungskunst oder Grenzen der Verwaltungsführung und der Verwaltungswissenschaft, Staatswissenschaften und Staatspraxis, 1990; *Feick,* Internationaler Vergleich regulativer Staatseingriffe – Politisch-administrative Kultur: rekonstruierbarer Faktor der Programminhalte und -implementationen?, in: Politikwissenschaft und Verwaltungswissenschaft, Politische Vierteljahresschrift, Sonderheft 13, 1982, 256; *Fisch,* Verwaltungskulturen – Geronnene Geschichte?, Die Verwaltung 2000, 303; *ders.*, Archiv und Registratur in deutscher und französischer Verwaltungstradition. Erfahrungen aus Forschungen zur elsässischen Geschichte, in: Metzing (Hg.), Digitale Archive – Ein neues Paradigma?, 2000, 239; *Goerlich,* Ermessen und unbestimmter Rechtsbegriff – oder: Verwaltungskultur und Rechtskontrolle in den neuen Bundesländern, ThürVBl. 1993, 1; *Gregory,* The attitudes of senior public servants in Australia and New Zealand: administrative reform and technocratic consequence?, 1991; *Grimmer,* Die Gestaltbarkeit von Verwaltungen, Die Verwaltung 31 (1998), 481; *Hood,* The art of the state: culture, rhetoric and public management, 1998; *Jann,* Staatliche Programme und „Verwaltungskultur", Bekämpfung des Drogenmißbrauchs und der Jugendarbeitslosigkeit in Schweden, Großbritannien und der Bundesrepublik Deutschland im Vergleich, 1983; *ders.*, Öffentliche Verwaltung, in: Weidenfeld/Korte (Hg.), Handbuch zur deutschen Einheit, 1996, 526; *ders.*, Verwaltungskulturen im internationalen Vergleich, Ein Überblick über den Stand der empirischen Forschung, Die Verwaltung 2000, 325; *Jun/Muto,* The Hidden Dimensions of Japanese Administration: Culture and its Impact, Public Administration Review 55 (1995), 125; *Keraudren,* In Search of Culture: Lessons from the Past to Find a Role for the Study of Administrative Culture, Governance., An International Journal on Policy and Administration 9 (1996), 71; *Kluth* (Hg.), Verwaltungskultur, 2001; *Koch,* Was bringt die Diskussion um „Verwaltungskultur"?, Verwaltung und Management 3 (1997), 99; *Kreisky/Mayntz,* Bürokratie als Kultur? Über den Bürokraten in uns und neben uns, Österreichische Zeitschrift für Politikwissenschaft 13 (1984), 27; *Nagel/Müller,* New Public Management: (k)ein Wandel ohne Kulturentwicklung(!), 1999; *Pesendorfer,* Verwaltungskultur in Österreich, Zeitschrift für Verwaltung 19 (1994), 133; *Pitschas,* Verwaltungsintegration in den neuen Bundesländern?, NJ 1993, 49; *Prätorius,* Verwaltungskultur – Erkundungen zu einem amorphen Thema, in: Politikwissenschaft und Verwaltungswissenschaft (Politische Vierteljahresschrift Sonderheft 13), 1982, 264; *Priebe,* Anmerkungen zur Verwaltungskultur der Europäischen Kommission, Die Verwaltung 2000, 379; *Putnam,* Die politischen Einstellungen der Ministerialbeamten in Westeuropa. Ein vorläufiger Bericht, Politische Vierteljahresschrift 17 (1976), 23; *Raphael,* Recht und Ordnung. Herrschaft durch Verwaltung im 19. Jahrhundert, 2000; *Reichard/Schröter,* Verwaltungskultur in Ostdeutschland. Empirische Befunde und personalpolitische Ansätze zur Akkulturation ostdeutscher Verwaltungsmitarbeiter, in: Pitschas (Hg.), Verwaltungsintegration in den neuen Bundesländern, Vorträge und Diskussionsbeiträge der verwaltungswissenschaftlichen Arbeitstagung 1992 in Speyer, 1993, 191; *Röber/Schröter,* Verwaltungsführungskräfte in Ost und West – Ein Vergleich ihrer Rollenverständnisse und Werthaltungen, Jahrbuch zur Staats- und Verwaltungswissenschaft 5 (1991), 209; *Rogas,* Ostdeutsche Verwaltungskultur im Wandel. Selbstbilder von Kommunalverwaltern 1992 und 1996 im Vergleich, 2000; *Römer-Hillebrecht,* Verwaltungskultur: ein holistischer Modellentwurf administrativer Lebensstile, 1998; *Schröter,* Verwaltungskultur in den neuen Bundesländern – Design eines Forschungsprojekts zu Werten und Einstellungen in der Ministerialverwaltung des Landes Brandenburg, Beiträge aus dem Fachbereich 1 der FH für Verwaltung und Rechtspflege, Heft 22, 1991; *ders.*, Culture`s Consequences? In Search of Cultural Explanation of Public Sector Reform, in: Wollmann/Schröter (Hg.), Comparing Public Sector Reform in Britain and Germany, 2000, 198; *Simon,* Die kommunale Selbstverwaltung in der politischen Kultur und Verwaltungskultur, in: Verwaltung und ihre Umwelt, Windhoff-Hérieter (Hg.), Festschrift für Thomas Ellwein, 1987, 91; *Smith,* A Model of the Bureaucratic Culture, Political Studies 22 (1974), 31; *Sommermann,* Brauchen wir eine Ethik des öffent-lichen Dienstes, in: Kluth (Hg.), Verwaltungskultur, 2001, 39; *Sturm,* Verwaltungskultur, in: Berg-Schlosser/Schissler (Hg.), Politische Kultur in Deutschland. Bilanz und Perspektiven der Forschung, 1987, 422; *Thedieck,* Verwaltungskultur in Frankreich und Deutschland, dargestellt am Beispiel von französischen und deutschen Gemeindeverwaltungen und unteren staatlichen Verwaltungsbehörden, 1992; *Thieme,* Über Verwaltungskultur: Ein Versuch, Die Verwaltung 20 (1987), 277; *van Waarden,* Verwaltungskultur. Wie lassen sich unterschiedliche Verwaltungsstile und Verwaltungskulturen erklären?, Der Bürger im Staat, 43 (1993), 70; *Wallerath,* Verwaltungserneuerung: Auf dem Weg zu einer neuen Verwaltungskultur?, VerwArch. 88 (1997), 1; *ders.*, Reformmanagement als verwaltungskultureller Änderungsprozeß, in: Kluth (Hg.), Verwaltungskultur, 2001, 9.

354 Parallel zu den Bemühungen um die Verwaltungsmodernisierung hat sich in den letzten Jahren eine intensive Diskussion über die Verwaltungskultur entwickelt. Neben der eigenständigen Bedeutung dieser Thematik besteht ein Zusammenhang mit der Verwaltungsmodernisierung insofern, als die Verwaltungskultur als **Rahmenbedingung** (und damit unter Umständen auch Hemmnis), **Gegenstand** und **Instrument** der Verwaltungsmodernisierung in den Veränderungsprozess mit einbezogen werden kann.

355 Das **begriffliche Verständnis** der Verwaltungskultur ist wie der Kulturbegriff davon abhängig, welcher der beiden Hauptströmungen man folgt. Eine an der angelsächsischen Tradition orientierte weite Konzeption bezieht in den Kulturbegriff neben Werten und Sinndeutungen auch für einen Lebensraum typische Verhaltensweisen, Artefakte und Strukturen ein. Auch Interaktionsmuster, Abläufe und Methoden sollen der Kultur zugeordnet werden. Für die Verwaltungskultur bedeutet dies, dass sie als Zugang zum Verständnis von sozialen und organisatorischen Zusammenhängen dient. In letzter Konsequenz führt ein solches Verständnis zu der Formel „Organisation ist Kultur" (so etwa *Berger,* in: Müller-Jentsch [Hg.], Profitable Ethik – effiziente Kultur, 1993, S. 11 [13]). Ein solch weiter Kulturbegriff hat den Nachteil, dass mit seiner Hilfe Eigenheiten einer Organisation, die über die äußeren Strukturen hinausgehen, schwer abgrenzen und erschließen lassen. Deshalb wird in der Verwaltungswissenschaft ein engeres Verständnis zugrunde gelegt, das durch die Formel „Organisation hat Kultur" umschrieben werden kann. Dabei wird unter Kultur vor allem das mentale Programm verstanden, das in Erfahrungen, Wertvorstellungen und Affekten zum Ausdruck kommt und das Handeln der Menschen in einer Organisation prägt. Verwaltungskultur wird damit zu einem weichen, aber gleichwohl wirksamen Organisationsmerkmal (*Wallerath,* in: Kluth [Hg.] Verwaltungskultur, 2001, S. 9 [14 f.] dort werden auch die Begriffe Software und Unternehmensphilosophie verwendet). Die Beschäftigung mit der Verwaltungskultur zielt darauf ab, die unterschwelligen verhaltens- und entscheidungsprägenden Merkmale (Grundhaltungen, Präferenzen, Wertorientierungen) einer bestimmten Verwaltung bzw. ihrer Bediensteten zu erkennen.

Eine bestimmte Verwaltungskultur erleichtert und begünstigt bestimmte Verhaltensweisen und erschwert andere. Je nach dem, ob die betreffenden Verhaltensmuster erwünscht oder hinderlich sind, bedarf es der Bestärkung oder Veränderung in diesem Bereich. Das gilt vor allem, wenn eine bestimmte Grundhaltung Blockadepotentiale enthält. Vor dem Hintergrund konkreter Zielsetzungen kann auch von einer guten oder schlechten Verwaltungskultur gesprochen werden (*Wallerath,* S. 18).

Aus der Sicht des Organisationsrechts und der Verwaltungswissenschaft **356**
wird bei der Beschäftigung mit der Verwaltungskultur zunächst eine **analytische Zielsetzung** verfolgt. Dabei steht häufig die Suche nach innovationshemmenden Faktoren im Vordergrund. Ebenso wichtig ist aber die Suche nach innovationsfördernden Faktoren, da eine Problemanalyse alleine in den meisten Fällen nicht ausreicht, um die Effizienz und Qualität einer Verwaltung zu steigern. Von besonderer Bedeutung sind in diesem Zusammenhang – positiv wie negativ – die Faktoren, die die Selbstkoordination der Beteiligten steuern. Damit ist zugleich die **reformerische Zielsetzung** der Beschäftigung mit der Verwaltungskultur verdeutlicht. Dieser Aspekt wird auch mit dem Begriff **Verwaltungskunst** umschrieben (*Ellwein,* Staatswissenschaften und Staatspraxis 1990, 89 [99]).

Schwerpunkte der verwaltungswissenschaftlichen Forschung im Be- **357**
reich der Verwaltungskultur sind die Suche nach neuen Leitbildern und „Aktionsparametern" im Zusammenhang mit dem Neuen Steuerungsmodell, die Neuformierung der Verwaltung in den neuen Bundesländern, die Erneuerung des Ethos der Beschäftigten im öffentlichen Dienst u. a. vor dem Hintergrund der Bekämpfung von Korruption sowie die Erhöhung der Leistungsbereitschaft und Leistungsorientierung durch entsprechende Anreizsysteme. Die Entwicklungen können an dieser Stelle nur grob umrissen werden.

Im Zuge der Umsetzung des Neuen Steuerungsmodells bereitet vor allem **358**
die Umsetzung der neuen Aufgabenverteilung in entsprechende Verhaltensmuster Schwierigkeiten. Da nach diesem Modell das ausführende Personal einen größeren Gestaltungs- und Verantwortungsbereich zugewiesen bekommt, muss auf den unteren Ebenen die Selbstständigkeit und Kreativität bei der Aufgabenwahrnehmung die bislang dominierende Vollzugsmentalität ersetzen. Das hat sich vor dem Hintergrund der anzutreffenden Ausbildungsprofile aber auch der bislang in dieser Weise nicht zugemuteten Letztverantwortung als schwierig erwiesen. Zugleich verlangt das Neue Steuerungsmodell von der Leitungsebene, dass sie sich auf eine strategische Steuerung beschränkt und auf Detailvorgaben verzichtet. Diese Selbstbeschränkung wird nicht selten als Machtverlust empfunden und demnach nicht immer praktiziert. Schließlich verlangt auch das begleitende Controlling von allen Beteiligten eine Neuorientierung. Die begleitende Forschung hat zudem darauf hingewiesen, dass die Gefahr einer sog. Reproduktionsdynamik besteht und bei der Umsetzung teilweise auch eingetreten ist

(*Nagel/Müller,* New Public Management, 1999, 62). Damit wird auf den Umstand hingewiesen, dass durch die Reform nicht so sehr starre bürokratische Strukturen durch neue dynamische Verhaltensmuster ersetzt werden, sondern dass es lediglich zu einem Austausch bürokratischer Strukturen kommt. Bei der Umsetzung des Neuen Steuerungsmodells wird insoweit vor allem die akribische Entwicklung von Produktkatalogen als problematisch angesehen (*Wallerath,* 29).

359 In den neuen Bundesländern war nach der Wiedervereinigung eine umfassende Neuausrichtung und Bildung des Personals erforderlich. Sowohl die Leitbilder als auch die normativen, ökonomischen und technischen Rahmenbedingungen hatten sich grundlegend verändert. Hinzu kam, dass parallel dazu die Reformen des Neuen Steuerungsmodells einsetzten, so dass sich in den neuen Bundesländern zwei Reformwellen überlagerten. Da das Verwaltungspersonal vor allem auf der kommunalen Ebene nur behutsam erneuert wurde und vergleichsweise kleine Verwaltungseinheiten mit kaum spezialisiertem Personal dominieren, erweist sich der Transformations- und Reformprozess als sehr zäh und schwierig. Er ist bis heute und auf absehbare Zeit noch nicht (erfolgreich) abgeschlossen.

360 Eine explizite Beschäftigung mit der **Ethik des öffentlichen Dienstes** hat in Deutschland lange Zeit nicht stattgefunden. Das bedeutet indes nicht, dass es an einer ethischen Orientierung fehlte. Sie war jedoch in das Leitbild des Beamten, vor allem das Amtsverständnis und Amtsethos integriert (vgl. *Vogelgesang,* ZBR 1997, 33ff.). Zudem galten Deutschland und seine Beamten als besonders gesetzestreu. Diese nach wie vor verbreitete und im großen und ganzen auch gültige Einschätzung ist jedoch in den achtziger und neunziger Jahren durch eine Reihe schwerer Korruptionsfälle erschüttert worden. Zudem wird davon ausgegangen, dass durch die Ausrichtung am Leitbild des Managers und die größeren Spielräume, die das Neue Steuerungsmodell in finanzieller Hinsicht den einzelnen Amtswaltern einräumt, die Gefährdungen wachsen werden. Diese Entwicklung hat auch in Deutschland eine an ausländischen Vorbildern orientierte Diskussion über eine Veränderung bzw. Verbesserung der Verwaltungskultur durch eine Stärkung der Berufsethik ausgelöst (*Sommermann,* 39ff.).

361 Besonders früh und intensiv haben sich in den USA staatliche Institutionen und die einschlägigen Berufsverbände mit der Thematik befasst. So hat die American Society for Public Administration (ASPA) bereits 1981 eine Reihe moralischer Prinzipien ihrer Mitglieder angenommen und 1984 einen **Code of Ethics** verabschiedet, der 1994 überarbeitet wurde (Quelle: http://www.aspanet.org/ethics/coe.html). Die fünf Hauptprinzipien, die ihrerseits wieder in eine Reihe von Subprinzipien unterteilt sind, lauten: „1. Diene dem öffentlichen Interesse; 2. Achte die Verfassung und das Gesetz; 3. Zeige persönliche Integrität; 4. Fördere Ethikorganisationen; 5. Setze Dich für einen hohen Professionalitätsstandard ein." In Großbritannien wurden nach einem Korruptionsskandal durch das von Premierminister

John Major eingesetzte „Committee in Standards in Public Life“ sieben Prinzipien entwickelt, die auch die Abfassung entsprechender **Codes of Conduct** (Verhaltenskodizes) anderer europäischer Länder beeinflusst haben (weitere Einzelheiten bei *Sommermann,* 43 ff.). Sie lauten: 1. Uneigennützigkeit (selflessness): Handeln allein im öffentlichen Interesse; 2. Persönliche Integrität (integrity): Kein Eingehen von Verpflichtungen, die die Ausübung des öffentlichen Amtes beeinträchtigen könnten; 3. Objektivität (objectivity): Auswahl bei Ernennungen, Ehrungen usw. allein nach Verdienst; 4. Verantwortlichkeit (Accountability): Verantwortlichkeit der Amtsträger für ihre Entscheidungen und Handlungen vor der Öffentlichkeit; Unterwerfung unter Überprüfungsverfahren; 5. Transparenz (Openness): Offenlegung aller Entscheidungen und ihrer Gründe; Zurückhaltung von Information nur, wenn wichtigere öffentliche Interessen entgegenstehen; 6. Aufrichtigkeit (honesty): Pflicht, sich zu erklären, wenn private Interessen mit den Amtspflichten kollidieren können, und Maßnahmen zu ergreifen, Konflikte so zu lösen, dass das öffentliche Interesse geschützt wird; 7. Führung (Leadership): Förderung und Unterstützung der genannten Prinzipien durch Führungsmaßnahmen und vorbildliches Verhalten.

Die Grundsätze einer Ethik des Öffentlichen Dienstes können in einem 362
demokratischen Verfassungsstaat, für den die Gesetzesbindung von zentraler Bedeutung ist, nur innerhalb verbindlicher normativer Vorgaben wirksam werden. Sie können und dürfen deshalb nicht im Sinne eines Korrektivs der normativen Vorgaben verstanden werden (*Sommermann,* 50). Sie tragen vielmehr zur qualitätsvollen Umsetzung der Gesetzesbindung bei und füllen dabei vorhandene Freiräume aus. Dabei ist zu beachten, dass das Recht des öffentlichen Dienstes ebenso wie das Verfassungsrecht Wege zur Lösung von ethischen Konflikten für den einzelnen Amtswalter vorzeichnet. Sie reichen von der Remonstration über das Versetzungsbegehren bis hin zum Amtsverzicht. Vermittelt werden können die ethischen Orientierungen vor allem im Rahmen der Aus- und Weiterbildung der Bediensteten und durch die Vorbildfunktion der leitenden Beamten und Angestellten in den Behörden.

Unter Berücksichtigung des beschriebenen verwaltungskulturellen Rah- 363
mens können als **Bedingungen für den Erfolg** eines Reformmanagements mit Wallerath die folgenden Faktoren angeführt werden: (1) Jede Reform ist zunächst auf eine entsprechende Aufnahmebereitschaft des Systems angewiesen. Dazu sind transparente Rahmenbedingungen und eine Vertrauensbasis nötig. (2) Die Notwendigkeit einer Reform und ihre Zielsetzungen müssen durch strategische Konzepte vermittelt werden. (3) Diese müssen durch konkrete Aktionsprogramme ergänzt und umgesetzt werden. Dabei ist eine institutionelle Begleitung durch Projektgruppen, Qualitätszirkel und Trainingsprogramme sinnvoll. (4) Der gesamte Reformprozess muss zudem von dem Bewusstsein getragen sein, dass Reformen nicht fehlerresistent sind. Es müssen deshalb Experimentierspielräume und die Bereitschaft zur

Anerkennung und Korrektur von Fehlern vorhanden sein. Dies kann durch den Topos „experimentelle Kultur" verdeutlicht werden (*Wallerath*, S. 30ff.).

364 Abschließend ist noch einmal hervorzuheben, dass jede Organisationsreform sich nicht in organisatorischen Maßnahmen erschöpfen kann. Es ist immer zu beachten, dass die Mitarbeiter Träger des Reformprozesses sind und dass ohne ihre aktive Mitwirkung keine Reform erfolgreich sein kann. Aus diesem Grunde wird von der Verwaltungswissenschaft die große Bedeutung des Mitarbeiterverhaltens und seiner Veränderung betont.

§ 81 Verfassungsrechtliche Vorgaben für das Verwaltungsorganisationsrecht

Schrifttum: *Böckenförde*, Das demokratische Prinzip, HBStR Bd. 1, § 22; *Dreier*, Hierarchische Verwaltung im demokratischen Staat, 1991; *Groß*, Das Kollegialprinzip in der Verwaltungsorganisation, 1999; *Jestaedt*, Demokratieprinzip und Kondominialverwaltung, 1993; *Kahl*, Die Staatsaufsicht, 2000; *Kluth*, Funktionale Selbstverwaltung, 1997; *Krebs*, Verwaltungsorganisation, in: HBStR Bd. 3, 1988, § 69; *Mehde*, Neues Steuerungsmodell und Demokratieprinzip, 2000; *Schuppert*, Verfassungsrecht und Verwaltungsorganisation, in: Der Staat 32 (1993), 581; *Schmidt-Aßmann*, Verwaltungsorganisation zwischen parlamentarischer Steuerung und exekutivischer Organisationsgewalt, in: FS Ipsen, 1977, 333; *ders.*, Verwaltungslegitimation als Rechtsbegriff, AöR 116 (1991), 329; *Traumann*, Die Organisationsgewalt im Bereich der bundeseigenen Verwaltung, 1998.

I. Die maßgeblichen Ebenen verfassungsrechtlicher Vorgaben

1. Grundgesetz und Landesverfassungen

1 Die grundlegenden Entscheidungen über den Staatsaufbau und damit die Staatsorganisation werden durch den Verfassungsgeber getroffen. Neben expliziten organisatorischen Entscheidungen (wie z.B. zu den einzelnen Bereichen der bundeseigenen Verwaltung in Art. 87ff. GG) und allgemeineren organisationsrechtlichen Vorgaben, die sich an den Gesetzgeber und die Exekutive richten (wie z.B. Art. 28 Abs. 2 GG und die organisationsrechtlichen Gesetzesvorbehalte in einigen Landesverfassungen, dazu § 82 Rdnr. 36) sind weitere organisationsrechtliche Direktiven zu beachten, die sich aus allgemeinen Verfassungsprinzipien ableiten lassen, insbesondere aus dem Demokratieprinzip (dazu unten Rdnr. 134). Die noch 1965 von *Arnold Köttgen* geäußerte Ansicht, die Verwaltungsorganisation gehöre nicht zu den eigentlichen Themen des Verfassungsrechts (*Köttgen*, S. 215) war schon zu dieser Zeit falsch und ist heute überwunden. Verwaltungsorganisation ist nicht verfassungsneutral (*Krebs*, § 69, Rdnr. 51). Diese Einsicht ist durch zwei Tendenzen in der jüngeren Entwicklung der Staatsorganisation und ihre wissenschaftliche Aufarbeitung vertieft worden: Erstens durch die zu-

nehmende Verbindung des materiellen Verwaltungshandelns mit Organisationsfragen (*Schmidt-Aßmann,* FS Ipsen, 340), die durch das Stichwort der Steuerungsfunktion von Organisation und Organisationsrecht auf einen knappen und zutreffenden Nenner gebracht worden ist (*Groß,* S. 19ff.) und zweitens durch die Vertiefung der Wahrnehmung der Wechselwirkungen zwischen Organisationsrecht und Demokratieprinzip, die zu weiterführenden Einsichten für die verschiedenen Organisationsrechtsformen geführt hat. Neben der ministerialfreien und Kondominialverwaltung sind die funktionale Selbstverwaltung (dazu ausführlich § 97), die Nutzung privatrechtlicher Organisationsformen (dazu § 91) sowie die Public-Private-Partnerships (dazu § 92) als Grenzerscheinung zu nennen.

Die stärkere verfassungsrechtliche Durchdringung des Verwaltungsorganisationsrechts geht aber ihrerseits nicht über eine Rahmenordnung hinaus. 2
Dabei muss jedoch zwischen strikten Vorgaben, wie sie vor allem im Bereich der Zuständigkeiten und Kompetenzverteilung und beim Rechtsstaatsprinzip anzutreffen sind (*Krebs,* § 69, Rdnr. 79), Mindestanforderungen, wie sie z.B. das Demokratieprinzip vermittelt und Optimierungsgeboten unterschieden werden. Wie das Bundesverfassungsgericht betont hat, belässt das Grundgesetz der Verwaltung einen weiten Spielraum bei der organisatorischen Ausgestaltung, den sie benötigt, „um den – verschiedenartigen und sich ständig wandelnden – organisatorischen Erfordernissen Rechnung tragen und damit eine wirkungsvolle und leistungsfähige Verwaltung gewährleisten zu können" (*BVerfGE* 63, 1 [34]).

Die vor einigen Jahren intensiv geführte Diskussion um einen dem Parlamentsvorbehalt entsprechenden **allgemeinen Verwaltungsvorbehalt,** durch 3
den die Eigenständigkeit der Exekutive angesichts einer zunehmenden Regelungsdichte gesichert werden sollte, blieb ohne greifbares Ergebnis (*Maurer,* Staatsrecht, 2. Aufl. 2001, § 17, Rdnr. 15f.; *Janssen,* Über die Grenzen des Legislativen Zugriffsrechts, 1990; *Maurer* und *Schnapp,* VVDStRL 43 [1985], S. 135ff.). Es fehlt an handhabbaren Kriterien, mit deren Hilfe fest umrissene Aufgabenbereiche bestimmt werden können. Gleichwohl besteht Einigkeit darüber, dass der Exekutive ein Kernbereich an Zuständigkeiten verbleiben muss (*Schmidt-Aßmann,* S. 350). Für den Bereich der kommunalen Selbstverwaltung ist dies verfassungsrechtlich abgesichert.

Auch bei der **internen Aufgabenverteilung** spielt der Gedanke eines 4
Mindestaufgabengehalts eine Rolle. Dabei ist der Gestaltungsspielraum in kollegialen Leitungsorganen, wie den Regierungen oder den kollegial ausgestalteten kommunalen Verwaltungsspitzen (Bürgermeister und Beigeordnete) relativ großzügig bemessen. Im Bereich der Verwaltungsebenen unterhalb der Regierung und der kommunalen Wahlämter ist die Aufgabenverteilung dienstrechtlich durch den Anspruch auf ein status- bzw. amtsangemessenes Aufgabenprofil geprägt (dazu *BVerwG* DVBl. 1981, 67; *Scheerbarth/Höffken/Bauschke/Schmidt,* Beamtenrecht, 6. Aufl. 1992, S. 450).

5 Auch der häufig verwendete Topos der **Einheit der Verwaltung** ist trotz zahlreicher Interpretationsbemühungen (siehe vor allem *Bryde* und *Haverkate,* Die Einheit der Verwaltung als Rechtsproblem, VVDStRL 46 [1988], S. 181 ff.) verfassungsrechtlich jedenfalls insoweit ohne greifbare Substanz geblieben, als es keine allgemein formulierbaren verbindlichen Grenzen für die Ausdifferenzierung der Verwaltungsorganisation und erst recht kein Gebot für eine Einheitsverwaltung gibt. Ausdrücklich erwähnt wird er lediglich in Art. 77 Abs. 1 S. 2 BayVerf., dort aber lediglich als Grenze für das in dieser Vorschrift als Grundsatz verankerte Dezentralisierungsgebot. *Schmidt-Aßmann* hat mit Recht die Einheit der Verwaltung als Legitimationsproblem bezeichnet (*Schmidt-Aßmann,* S. 221 ff.) und damit deutlich gemacht, dass bei der Schaffung von selbstständigen Untergliederungen vor allem die Sicherung eines ausreichenden Legitimations-, Verantwortungs- und Steuerungsniveaus entscheidend ist. Daraus lassen sich Anforderungen sowohl an öffentlichrechtliche als auch an privatrechtliche Untergliederungen der Verwaltung ableiten.

6 Einen deutlichen Bedeutungszuwachs haben in der organisationsrechtlichen Diskussion das **Rationalitätsgebot** und das **Gebot optimaler Verwaltungsorganisation** (abgeleitet aus *BVerfGE* 63, 1 [34]) erfahren (*Krebs,* § 69, Rdnr. 77; *Groß,* S. 200 ff.). Dabei ist für die neuere Entwicklung wichtig, dass nach Ansicht des BVerfG auch verwaltungsökonomische Gesichtspunkte bei der organisatorischen Ausgestaltung der Verwaltungseinrichtung eine Rolle spielen und dabei in der Lage sind, atypische Ausgestaltungsformen zu rechtfertigen (*BVerfGE* 63, 1 [43]; *Krebs,* § 69, Rdnr. 77). Diese Einsicht hat auch maßgeblich dazu beigetragen, dass die Entwicklung neuer Steuerungsmodelle vorangetrieben wurde. Dazu bedurfte es vor allem einer Neuerschließung des prinzipienhaften und damit ausgestaltungsfähigen normativen Gehalts des Demokratieprinzips, dessen Konkretisierung zu lange einseitig am überkommenen Muster der hierarchisch verfassten Ministerialverwaltung orientiert war (exemplarisch: *Dreier,* passim). Der damit verbundene Diskussionsprozess ist in vollem Gange (Einzelheiten bei *Mehde,* passim).

7 Die in der Praxis zu beobachtenden Tendenz zur „Subdivision" der Verwaltung, die in der jüngeren Diskussion durch die Forderung nach einem Wettbewerb zwischen Verwaltungen zusätzlich gefördert wird, ist hinsichtlich ihrer verfassungsrechtlichen Würdigung umstritten. Das gilt insbesondere für die Deutung im Sinne einer Gewaltenteilung innerhalb der Exekutive. Dabei wird zu beachten sein, dass der verfassungsrechtliche Grundsatz der Gewaltenteilung sicher nicht innerhalb der Exekutive verwirklicht werden kann. Die ihm zugrunde liegende Idee einer gegenseitigen Kontrolle zugeordneter Funktionen ist aber auch einer Entfaltung innerhalb der Exekutive zugänglich. Die durch eine dezentrale Verwaltung begründete Vielzahl von Entscheidungszentren bedingt insofern einer Rückbindung durch

entsprechende Verantwortungsbeziehungen. Dabei sind auch die intensiv diskutierten Gründe für und wider die Dezentralisation zu berücksichtigen. An erster Stelle sollte dabei die aus der reichen deutschen Praxis gewonnene Erkenntnis stehen, damit die Exekutive durch Dezentralisation nicht geschwächt wird. Vielmehr führt Dezentralisation zu einer Erhöhung des Konfliktlösungspotentials und eröffnet zudem Partizipationsmöglichkeiten, wenn dabei zugleich der Selbstverwaltungsgedanke als Gestaltungsprinzip zur Anwendung kommt (*Krebs,* § 69, Rdnr. 78). Vor allem die Landesverfassungen enthalten in diese Richtung zahlreiche Impulse, die von der Staatslehre und dem dogmatischen Verfassungsrecht bisweilen zu wenig beachtet werden.

Insgesamt ist der Feststellung von *Walter Krebs* zuzustimmen, dass „die Grauzone zwischen normativem Gehalt und appellativen Charakter von Verfassungsnormen nicht vermeidbarer Nachteil, sondern Spezifikum von Verfassungsrecht [ist], dessen Problematik man nicht bewältigt, indem man sie verdrängt" (*Krebs,* § 69, Rdnr. 74). Dies legt es nahe, zwischen verschiedenen Arten oder Gruppen verfassungsrechtlicher Regelungen mit Bedeutung für das Organisationsrecht zu unterscheiden. 8

Am Beispiel des Grundgesetzes können folgende Gruppen verfassungsrechtlicher Regelungen mit Relevanz für die Verwaltungsorganisation nach dem Grad ihrer Konkretisierung unterschieden werden: 9

(1) An erster Stelle stehen die expliziten organisationsrechtlichen **Vorgaben für konkrete Verwaltungsträger** oder -bereiche. Hier ist insbesondere auf Art. 87ff. GG hinzuweisen.

(2) An zweiter Stelle sind allgemeine **typusbezogene Vorgaben** zu erwähnen. Derartige Vorgaben finden sich in Art. 86 GG sowie vor allem in Art. 28 Abs. 1 und 2 GG.

(3) Es folgen an dritter Stelle die aus allgemeinen Verfassungsprinzipien abzuleitenden Vorgaben für die Zuweisung von **Organisationsgewalt** im Verhältnis Legislative – Exekutive; (dazu im Einzelnen § 82) sowie für die Ausübung von (interner und externer) **Leitungsgewalt** (dazu im Einzelnen § 84).

Verwaltungsorganisation lässt sich weder an einer einzelnen noch an bestimmten einzelnen Staatsstrukturbestimmungen festmachen. Sie hat der Verwirklichung der Gesamtheit der Verfassungsziele zu dienen (*Krebs,* § 69, Rdnr. 76). Dementsprechend stehen die verfassungsrechtlichen Vorgaben für die Verwaltungsorganisation im Kontext der drei Hauptfunktionen des Verfassungsrechts: Konstitutionsfunktion, der Legitimationsfunktion und der Steuerungsfunktion. Die verwaltungsrechtliche Kategorienbildung sollte trotz der Gleichwertigkeit dieser Funktionen vor allem an den Steuerungsbeziehungen anknüpfen, da nur bei einer solchen Orientierung die Organisationsgestaltung rationalisiert werden kann (*Groß,* S. 22). Dazu bedarf es eines entscheidungs- und aktionsorientierten an Stelle eines statisch-beschreibenden dogmatischen Rasters. 10

2. Europarechtliche Vorgaben

11 Neben dem Grundgesetz und den Landesverfassungen gewinnt auch das Recht der Europäischen Union zunehmend an Bedeutung für das Verwaltungsorganisationsrecht. Bei diesen Vorgaben handelt es sich indes in den meisten Fällen nicht um genuin organisationsrechtliche Regelungen, sondern um primär anderen Zielen dienende Regelungen, die sich auf die Gesetzgebung im Bereich des Organisationsrechts oder seine Handhabung im Einzelfall auswirken. Diese indirekte Beeinflussung des deutschen Organisationsrechts durch das Gemeinschaftsrecht ist eine Folge der unterschiedlichen Strukturen und Wirkweise beider Rechtsordnungen. Während das Grundgesetz und die Landesverfassungen Bund und Ländern die in der Regel umfassende Gesetzgebungsbefugnis für bestimmte Materien zuweisen und die beiden Verfassungsebenen jedenfalls zusammen einen grundsätzlich umfassenden Regelungsanspruch erheben, ist das Gemeinschaftsrecht und seine Rechtsetzung zielorientiert und querschnittartig veranlagt. Dabei werden Themen und Lebenssachverhalte im Vergleich zum stark ausdifferenzierten System der Gesetzgebungskompetenzen nach dem Grundgesetz eher grob unterschiedenen Bereichen und dabei vor allem nach ihren Auswirkungen erfasst und geregelt.

12 Da der thematische Schwerpunkt des Gemeinschaftsrecht trotz zahlreicher Kompetenzerweiterungen nach wie vor im Wirtschaftsbereich liegt, werden auch die Organisationsentscheidungen der Mitgliedstaaten vor allem dann und insoweit erfasst, als sie sich auf Markt und Wettbewerb auswirken. Angesichts der erheblichen Bedeutung, die sowohl die Erbringung als auch die Nachfrage von Gütern und Dienstleistungen durch den modernen Sozial- und Leistungsstaat hat, resultiert daraus aber keine geringe Schnittmenge. Eine Vielzahl von Konflikten in den letzten Jahren hat dies zunehmend deutlich werden lassen. Folgende Beispiele aus der jüngeren Vergangenheit können dazu beitragen, die Auswirkungen der Gemeinschaftsrechts auf die Verwaltungsorganisation zu veranschaulichen:

13 An erster Stelle sind die durch Richtlinie der Europäischen Union begründeten **Privatisierungsgebote** bei staatlichen Monopolen zu erwähnen, die sich in den Fällen von Eisenbahn, Post und Telekommunikation sogar in einer Grundgesetzänderung und -ergänzung niedergeschlagen haben (Art. 87e, 87f, sowie Art. 143a und 143b GG). Auch die Veränderung der wirtschaftlichen Rahmenbedingungen für die kommunale wirtschaftliche Betätigung infolge der Liberalisierung des Strommarktes hat sich organisationsrechtlich ausgewirkt.

14 Die von der EU-Kommission im Rahmen der Beihilfenaufsicht durchgeführte Überprüfung von Anstaltslast und Gewährträgerhaftung der Landesbanken und öffentlichen Sparkassen hat zu einer Änderung der Rechtsbeziehungen zu den Trägern dieser Anstalten geführt. Der in diesem Zusammenhang von deutscher Seite vorgebrachte und auf Art. 290 EGV

gestützte Einwand, es handle sich dabei um eine organisations- und eigentumsrechtliche Frage, fand keine Beachtung.

Durch die Transparenzrichtlinie und das Vergaberecht hat die Europäische Union Vorgaben aufgestellt, die sich in zahlreichen Fällen auf Organisationsentscheidungen auswirken und die organisatorische Ausgestaltung öffentlicher Einrichtungen determinieren. 15

Die EU-Kommission hat mehrfach die Rechtsetzung von berufsständischen Kammern, die den Status einer Körperschaft des öffentlichen Rechts besitzen, am Maßstab des EU-Wettbewerbsrechts überprüft und die Kammern dabei teilweise auch als Unternehmensvereinigungen qualifiziert. Der Einwand der Mitgliedstaaten, es handle sich dabei um Verwaltungsträger, konnte sich auch im Verfahren vor dem EuGH nicht durchsetzen. 16

In ähnlicher Weise überprüfen EuGH und EU-Kommission die Anforderungen an die Pflichtmitgliedschaft in wirtschaftlichen und berufsständischen Kammern am Maßstab der Grundfreiheiten des EG-Vertrags (dazu *Kluth,* Funktionale Selbstverwaltung, DV 2002, 349 [371 ff.]). 17

Immer wieder diskutiert wird die Vereinbarkeit der **Gebührenfinanzierung des öffentlich-rechtlichen Rundfunks** mit dem Beihilfenrecht (dazu *Oppermann,* Deutsches Rundfunkrecht und europäisches Beihilferecht, 1997; *König/Kühling,* ZUM 2001, 537 ff.). Auch wenn in Bezug auf die deutsche Praxis bislang keine Verfahren eröffnet wurden und im Zusammenhang mit dem Amsterdamer Vertrag eine Erklärung über die Vereinbarkeit mit dem Gemeinschaftsrecht angenommen wurde, besteht hier eine erhebliche Unsicherheit. Im Zusammenhang mit der Reform des **Gesundheitswesens** und dem Übergang von der staatlichen Regulierung zu mehr Wettbewerb ist auch in diesem Bereich mit einem stärkern Einfluss des Gemeinschaftsrecht zu rechnen. 18

Unmittelbar organisationsrechtliche Relevanz hatte auch die Einführung des Kommunalwahlrechts für Unionsbürger durch Art. 19 EGV und eine auf seiner Grundlage erlassene Richtlinie. Dadurch wurde das Legitimationssubjekt der kommunalen Selbstverwaltung entgegen dem Grundgesetz und den Landesverfassungen erweitert. Aus diesem Grunde war zur Umsetzung der Richtlinie auch eine Änderung des Grundgesetzes und der Landesverfassungen erforderlich. 19

Schließlich ist auf die weitergehenden Perspektiven hinzuweisen, die sich aus den im Weißbuch Europäisches Regieren erwähnten Aktionsmuster der **Ko-Regulierung** und der **dreiseitigen Verwaltungsabkommen** für die Verwaltungsorganisation ergeben können (siehe *Kluth,* Funktionale Selbstverwaltung, DV 2002, 349 [375]). 20

II. Verfassungsrechtliche Ableitung und Grenzen des Grundsatzes der freien Wahl der Organisationsform

Schrifttum: *Becker B.,* Methodische Überlegungen zur Auswahl geeigneter Organisationsformen im Bereich betrieblicher Verwaltungsleistungen, Der Städtetag 1973,

477; *Büchner,* Die rechtliche Gestaltung kommunaler öffentlicher Unternehmen, 1982; *Cassese,* Stato e finanza privata, Revista trimestrale di diritto pubblico, 1991, 1088; *Cronauge,* Kommunale Unternehmen: Eigenbetriebe – Kapitalgesellschaften – Zweckverbände, 1992; *Emmerich,* Öffentliche Produktion: Rechtsformen, HdWW 5 (1980), 457; *Engel,* Grenzen und Formen der mittelbaren Kommunalverwaltung, 1981; *Hauser,* Die Wahl der Organisationsform kommunaler Einrichtungen: Kriterien für die Wahl privatrechtlicher oder öffentlich-rechtlicher Organisationsformen, 1987; *Hofmann,* Rechtsformenwahl in Theorie und Praxis, 1987; *Janson,* Rechtsformen öffentlicher Unternehmen in der Europäischen Gemeinschaft, 1980; *ders.,* Die Wahl der Rechtsform bei öffentlichen Unternehmen, ZögU 10 (1987), 117; *Klebe,* Möglichkeiten und Folgen der Wahl eines Trägers öffentlicher Verwaltung zwischen den Gestaltungsformen des öffentlichen und privaten Rechts, Diss. Marburg 1960; Kommunale Gemeinschaftsstelle für Verwaltungsvereinfachung (Hg.) Organisation der Wirtschaftsförderung, 1990; *Laux,* Katalog von Rechtsformen verselbständigter Verwaltungsträger, in: Frido Wagener (Hg.) Verselbständigung von Verwaltungsträgern, 1976, S. 119–124; *Loeser,* Wahl und Bewertung von Rechtsformen für öffentliche Verwaltungsorganisationen, 1988; *ders.,* Die Wahl der Organisationsformen für öffentliche Verwaltungsinstitutionen, VOP 1989, 170 und 222; *Püttner,* Überblick über die Rechtsformen, HdkWP 5 (1984) 119–127; ders., Rechtsform, HÖW, Sp. 1379; *Schiffer,* Verfassungs- und organisationsrechtliche Probleme der Erfüllung öffentlicher Aufgaben durch autonome Organisationen, in: Deutsche Sektion des Internationalen Instituts für Verwaltungswissenschaften (Hg.) Verwaltungswissenschaftliche Informationen, Sonderheft 1, 1975; *Scholz/Pitschas,* Kriterien für die Wahl der Rechtsform, HdkWP 5 (1984), 128; *Schuppert,* Markt, Staat, Dritter Sektor – oder noch mehr? Sektorspezifische Steuerungsprobleme ausdifferenzierter Staatlichkeit, JStVwWiss 3 (1989), 47; *Vogt,* Die Bedeutung der Rechtsform für die Einflußmöglichkeit der Gemeinde auf die Zielbildung kommunaler Versorgungsbetriebe, Diss. Mannheim 1970.

1. Begriffliche und systematische Grundlagen

a) Die Unterscheidung von Organisationsformen und Verwaltungstypen

21 Organisations-Rechtsformen oder **Organisationsformen** sind besondere rechtliche Regelungssysteme, die Status und Rolle einer mit einer bestimmten Aufbau-Rechtsform ausgerüsteten Verwaltungseinheit verbindlich normieren (*Loeser,* System des Verwaltungsrechts, Bd. 2, § 10, Rdnr. 67). Die einzelnen Organisationsformen sind durch folgende (Unterscheidungs-) Merkmale näher bestimmt und abgegrenzt:

22 Die Bestimmung des **rechtlichen Status.** Dabei kommt es zunächst auf die Unterscheidung zwischen den voll- oder teilrechtsfähigen Organisationen an. Von nicht-rechtsfähigen Organisationen zu sprechen, ist nach heutigem Erkenntnisstand nicht sinnvoll, da jede Organisation zumindest teilrechtsfähig ist. Häufig kann eine Organisationsform sowohl als vollrechtsfähige als auch teilrechtsfähige Variante verwendet werden; so gibt es sowohl rechtsfähige (= vollrechtsfähige) als auch nicht-rechtsfähige (= teilrechtsfähige) Körperschaften und Anstalten des öffentlichen Rechts. Der rechtliche Status ist entscheidend für die Art und Weise der Teilnahme am Rechtsverkehr und die Selbstständigkeit der Organisation. Eine teilrechtsfähige Organisation ist in der Regel nicht in jeder Hinsicht Zurechnungsendsubjekt ihrer eigenen Handlungen. Vielmehr werden ihre Handlungen dem zugehörigen und idR vollrechtsfähigen Rechtsträger zugerechnet. In einigen

Fällen ist der Übergang zwischen Teil- und Vollrechtsfähigkeit fließend. So findet z.B. bei den sog. Eigenbetrieben eine weitgehende Verselbstständigung in den Bereichen Leitung, Haushalt und Vertretung statt, so dass sie in der Praxis weitgehend selbstständig agieren können. Auf der anderen Seite können bei rechtsfähigen Anstalten weitreichende Mitwirkungsrechte des Anstaltsträgers vorgesehen werden, die zu einer Beschränkung der Eigenständigkeit führen, die im Ergebnis unter dem Niveau des Eigenbetrieb liegt.

Beispiele: Rechtsfähige Körperschaften sind z.B. die Gebietskörperschaften (Länder, Kreise, Gemeinden), die Verbandskörperschaften (z.B. Zweckverbände), wirtschaftliche und berufsständische Kammern sowie andere Träger funktionaler Selbstverwaltung. Nicht-rechtsfähige Körperschaften sind z.B. die Parlamente und Gemeinderäte, z.T. auch Beiräte und kollegiale Gremien (Ausschüsse) mit eigenem Wirkungskreis. Rechtsfähige Anstalten sind z.B. die Bundesanstalt für Arbeit, die kommunalen Sparkassen und die Rundfunkanstalten. Als nicht-rechtsfähige Anstalten organisiert sind typischerweise (staatliche) Schulen, Bibliotheken und viele weitere öffentliche Einrichtungen. 23

Die Bestimmung der Aufbau-, Legitimations- und Steuerungsstruktur und damit verbunden die Ausbildung eins sog. **Organisationstyps.** Die einzelnen Organisationsformen unterscheiden sich in diesem Punkt am stärksten und erhalten dadurch ihr funktionales Gepräge, das auch für die Verwendung im Einzelfall ausschlaggebend ist. Dabei spiegeln sich im Aufbau einer Organisation gleichzeitig die Legitimations- und die Steuerungsstrukturen wieder, die Vor- und Rückseite ein und derselben Realität sind. Von grundlegender Bedeutung ist die Entscheidung für eine „von unten" (bottom-up) durch ihre Mitglieder gesteuerte und getragene Organisation (Körperschaftstyp) einerseits und eine „von oben" (top-down) durch einen oder mehrere Träger gesteuerte Organisation (Anstaltstyp) andererseits. Alle weiteren Ausprägungen knüpfen daran an. Von nur untergeordneter Bedeutung für die normale Verwaltungstätigkeit ist die Stiftung des öffentlichen Rechts, die der Finanzierung eines bestimmten Zwecks dient und in den meisten Fällen ähnlich wie eine Anstalt „von außen" geleitet wird. 24

Die Unterscheidung zwischen den einzelnen Organisationstypen bezieht sich auf die jeweiligen Idealtypen. Da das Verfassungsrecht ebenso wenig wie die Dogmatik zwingend eine Zuordnung zu einem Idealtypus vorgeben, kommt es in der Praxis der Gesetzgebung und Organisation immer wieder zu Vermischungen und Annäherungen der für die Idealtypen prägenden Merkmale. Es gibt deshalb nicht „die" Körperschaft und „die" Anstalt, sondern nur einzelne Organisationen, die dem einen oder anderen Typus näherstehen. Auch gesetzgeberische Bezeichnungen als Körperschaft oder Anstalt sind deshalb nur von begrenzter Aussagekraft. Gleichwohl ist es sinnvoll, sich die prägenden Merkmale der beiden Typen vor Augen zu führen, da so die Verwendungsmöglichkeiten für bestimmte Aufgaben und Zwecke deutlicher werden. 25

26 Der **Körperschaftstypus** ist durch die **mitgliedschaftliche Verfassung** geprägt. Er entspricht in seiner Struktur dem Verein des BGB und die Leitungsbefugnisse liegen in erster Linie bei den Mitgliedern, die über die Besetzung der Leitungsorgane. Je nach Größe der Mitgliederzahl werden die zentralen Aufgaben durch die Mitglieder selbst oder durch ein repräsentatives Kollegialorgan wahrgenommen. Die Körperschaft ist die ideale Organisationsform für die Vermittlung demokratischer Legitimation von unten nach oben (d.h. vor allem für den ersten, originären Legitimationsschritt) und wird deshalb auf der Staatsebene, bei den Kommunen und der funktionalen Selbstverwaltung verwendet. Zudem wird durch die Bildung der Körperschaft eine deutliche Verselbstständigung gegenüber den Mitgliedern und ihrer Rechtssphäre erzeugt. Körperschaften sind am ehesten in der Lage, einen eigenen Aufgabenkreis zu repräsentieren und wahrzunehmen. Hinzu kommt, dass eine Körperschaft in der Regel über eine große Selbstständigkeit bei der Willensbildung und Aufgabenwahrnehmung verfügt. Innerhalb der Körperschaft prägen die mitgliedschaftlichen (partizipatorischen) Rechte und Pflichten die Binnenverfassung. Körperschaften sind zugleich ein Instrument der dezentralen Aufgabenerfüllung.

27 Der **Anstaltstypus** ist demgegenüber durch die Dominanz des sog. **Anstaltsträgers** oder Anstaltsherrn geprägt, der in der Regel eine ihm obliegende Aufgabe auf die Anstalt delegiert und sich dabei über die Besetzung und Steuerung der Leitungsorgane weiterhin maßgeblichen Einfluss auf die Aufgabenwahrnehmung sichert. Die sogenannten **Benutzer** der Anstalt haben dem gegenüber keinen oder nur einen sehr geringen Einfluss auf die Verwaltungstätigkeit. Die Benutzerrechte sind nicht mit den mitgliedschaftlichen Rechten in der Körperschaft zu vergleichen. Die Anstalt erfährt ihre demokratische Legitimation „von oben" durch den Anstaltsträger und wird in der Regel im Rahmen seiner Verbandskompetenz tätig. Es fehlt also an einem eigenen Wirkungskreis. Anstalten taugen als Instrument der dekonzentrierten und organisatorisch verselbstständigten Aufgabenerfüllung. Ihr Schwerpunkt liegt im Bereich der Leistungsverwaltung.

28 Die privatrechtlichen Organisationsformen der GmbH und der Aktiengesellschaft lassen sich nicht eindeutig dem Körperschaftstyp oder dem Anstaltstyp zuordnen. Bei der GmbH ist auf Grund der großen Gestaltungsfreiheit, die das GmbHG bei der Gestaltung des Gesellschaftsvertrages ermöglicht, eine Ausprägung sowohl in Richtung einer Körperschaft (Schwergewicht der **Leitungsgewalt** bei einer Mehrzahl gleichberechtigter Gesellschafter), als auch in Richtung einer Anstalt (Aufgabendelegation des Alleingesellschafters, dem weitreichende Direktionsrechte vorbehalten werden) möglich. Die Aktiengesellschaft kann mit einer stark verselbstständigten Anstalt verglichen werden, da das Aktiengesetz dem Vorstand eine weitreichende Unabhängigkeit zubilligt und die Aktionäre nur einen geringen Einfluss auf die laufende Geschäftstätigkeit nehmen können.

Die Entscheidung für einen Organisationstyp bestimmt weitgehend die **Binnenstruktur** oder Verfassung der jeweiligen Organisation, d.h. die Zahl und Art der Organe, die Grundsätze der Organbildung und die Aufgabenverteilung zwischen den Organen, wobei auch in diesem Bereich fließende Übergänge zu beobachten sind. 29

Auch hier können typische Strukturen der Körperschaft und der Anstalt unterschieden werden, die mit den bereits erwähnten unterschiedlichen Aufbaumustern zusammenhängen. Bei der Körperschaft „dominiert" in der Regel die Mitgliederversammlung (Vollversammlung) bzw. das von den Mitgliedern gewählte Kollegialorgan (Parlament, Gemeinderat etc.). Diesem Hauptorgan steht die Entscheidung der wichtigsten Sach- und Personalfragen zu, insbesondere die Wahl der übrigen Leitungsorgane. Bei der Anstalt wird demgegenüber das (oder bei mehreren: ein) Leitungsorgan in der Regel durch den Anstaltsträger und damit „von außen" besetzt. In der Regel bestehen zudem Weisungsrechte des Anstaltsträgers gegenüber der Anstalt bzw. ihrem Leitungsorgan. 30

Die **formale Zuordnung** einer Organisation zum öffentlichen oder privaten Recht ist ein weiterer Aspekt, mit dem vor allem Fragen des Rechtsschutzes verbunden sind. Darüber hinaus ist die Wahl einer privatrechtlichen Organisationsform immer dann geboten, wenn eine gleichberechtigte Einbeziehung Privater erfolgen soll (eine untergeordnete Einbeziehung ist auch bei öffentlich-rechtlichen Organisationsformen möglich, wie z.B. bei Zweckverbänden). 31

Von den Organisationsformen zu unterscheiden sind die Einzelnen **Verwaltungstypen.** Mit ihnen werden spezifische Formen der Aufgabenerfüllung bezeichnet, wobei als Unterscheidungskriterium vor allem die Art der Zuweisung der Aufgaben und der Leitungsbefugnisse sowie der Träger fungieren. Die einzelnen Verwaltungstypen sind durch die Verwendung bestimmter Organisationsformen gekennzeichnet, doch mit ihnen nicht identisch. 32

Anders als die Organisationsformen, die in den Verfassungen nicht ausgebildet, sondern allenfalls erwähnt werden, finden sich in den Verfassungen vielfältige, teils explizite, teils aus allgemeinen Verfassungsprinzipien ableitbare Vorgaben für die verschiedenen Verwaltungstypen. Als wichtigste Verwaltungstypen sind zu nennen: die Ministerialverwaltung, die kommunale Selbstverwaltung, die funktionale Selbstverwaltung und die weisungsfreien Verwaltungsträger. Dazu kommen Unter- und Zwischenformen, wie etwa die mittelbare Bundes- und Landesverwaltung und die kommunale Gemeinschaftsarbeit. 33

b) Die unterschiedlichen Funktionen von Organisationsformen und Verwaltungstypen

Im Rahmen der allgemeinen Funktionen des Verwaltungsorganisationsrechts (siehe dazu § 80, Rdnr. 85ff.) werden durch die Organisationsformen 34 und Verwaltungstypen unterschiedliche Akzente gesetzt. Die typisierende Ausprägung der einzelnen Organisationsformen übernimmt zum einen eine **Garantiefunktion.** Die Organisationsformen dienen der Gewährleistung der Einhaltung verfassungsrechtlicher Vorgaben bei der Ausübung von Staatsgewalt, insbesondere der Sicherstellung eindeutiger rechtstechnischer Zurechnung von Maßnahmen und Verantwortung. Hinzu kommt die Aktualisierung der **Bereitstellungsfunktion.** Die Dogmatik der Organisationsformen stellt dem Gesetzgeber geeignete und grundlegenden verfassungsrechtlichen Anforderungen genügende Instrumente zur Verfügung. Diese kann der Gesetzgeber dann seinerseits der Exekutive bereitstellen.

35 Bei den einzelnen Verwaltungstypen steht demgegenüber die Verwirklichung von einzelnen Formen der Ausübung von Staatsgewalt, näherhin die Ausgestaltung der demokratischen Legitimation und bürgerlichen Partizipation sowie zweckrationaler Organisationsmuster im Vordergrund. In den Verwaltungstypen spiegeln sich die Grundentscheidungen der Verfassungen für den Staatsaufbau und die Rückbindung der Exekutivfunktion an den Volkswillen wider.

36 Das körperschaftliche Verständnis des demokratischen Verfassungsstaates wurde lange Zeit durch seine Qualifizierung als Juristische Person behindert, weil es schwer fiel, echte Rechtsbeziehungen innerhalb einer Juristischen Person zu akzeptieren. Böckenförde hat deshalb vorgeschlagen, an die Stelle der Juristischen Person den Staat als Anstalt zu stellen und dabei das Staatsvolk als Anstaltsherrn zu interpretieren (*Böckenförde,* FS Wolff, 1973, S. 269 [296]). Dieser Vorschlag hat aber zu Recht keine Gefolgschaft gefunden, da in einem solchen Modell die Vielfalt der vom Volk ausgehenden Legitimationsstränge nicht adäquat erfasst werden kann. Inzwischen hat sich auf Grund des differenzierten, relativen Verständnisses von Rechtsfähigkeit eine Sichtweise durchgesetzt, die innerhalb des Staates eine Pluralität von originären Legitimationssubjekten (Bundes-, Landes- und Kommunalvolk) und darauf aufbauender Körperschaften zulässt, ohne dass dadurch die Einheit von Staat und Staatsgewalt sowie eindeutige rechtstechnische Zurechnungen gefährdet werden.

c) Die unterschiedliche Ausprägung und Bereitstellung öffentlich-rechtlicher und privatrechtlicher Organisationsformen

37 Die Organisationsformen des öffentlichen und des privaten Rechts werden von der Rechtsordnung in unterschiedlichen Formen bereitgestellt. Während die öffentlich-rechtlichen Organisationsformen vom Gesetzgeber in den meisten Fällen direkt für den jeweiligen Anwendungsfall geschaffen und nur ausnahmsweise typisiert zur Verwendung durch die Exekutive bereitgestellt werden, wie es etwa bei der kommunalen Gemeinschaftsarbeit der Fall ist, werden die privatrechtlichen Organisationsformen durchgehend in typisierter Form zur freien Nutzung für nahe-

zu beliebige Zwecke (eine Begrenzung folgt u.a. aus Art. 9 Abs. 2 GG) bereitgestellt. Das hängt damit zusammen, dass privatrechtliche Organisationsformen auch durch Private genutzt werden können und sich die deutsche Rechtsordnung hier für ein System entschieden hat, das eine möglichst leichte Nutzung dieser Organisationsformen durch den Bürger ermöglichen sollte. Deshalb wurde auf konstitutive staatliche Gründungsakte weitgehend verzichtet und nur ein Anmeldungs- und Eintragungsverfahren vorgeschrieben, das nur begrenzte Kontrollmöglichkeiten eröffnet.

Öffentlich-rechtliche Organisationsformen stehen grundsätzlich nur **38** staatlichen Stellen zur Verfügung (eine Sonderstellung nehmen die aus historischen Gründen als Körperschaften des öffentlichen Rechts verfassten Religionsgesellschaften und die öffentlich-rechtlichen Rundfunkanstalten sowie einige sog. Formalkörperschaften wie das Bayerische Rote Kreuz ein; siehe dazu näher § 87, Rdnr. 13) und sind in der Regel für die spezifischen Anforderungen der Ausübung von Staatsgewalt und die Verfolgung von Gemeinwohlbelangen eingerichtet. Wesentliche Merkmale sind insoweit die strikte Beschränkung auf die jeweilige Verbandskompetenz, die Gesetzesbindung sowie die umfassende rechtliche, politische und haushaltsmäßige Verantwortlichkeit. Die Errichtung einer öffentlich-rechtlichen Organisation mit eigener Rechtsfähigkeit unterliegt dem organisationsrechtlichen Gesetzesvorbehalt, ist also nur durch oder auf Grund eines Gesetzes zulässig (dazu näher § 82).

Demgegenüber dienen privatrechtliche Organisationsformen in erster Li- **39** nie der Umsetzung grundrechtlicher Freiheit (Forum und Form gemeinsamer Grundrechtsausübung, insbesondere der Wirtschaftsgrundrechte, aber auch zur Verfolgung anderer Zwecke und insoweit durch Art. 9 Abs. 1 GG geschützt). Ihre jeweilige gesetzliche Ausprägung trägt dabei ganz unterschiedlichen Interessen Rechnung. An erster Stelle ist die Ermöglichung des gemeinsamen Grundrechtsgebrauchs zu nennen. Dazu gehört auch die Sicherung der Interessen der einzelnen Mitglieder bzw. „Gesellschafter" gegenüber den Leitungsorganen und Mehrheiten (sog. Minderheitenschutz), aber auch der Schutz der Interessen der übrigen Verkehrsteilnehmer und Vertragspartner (hier ist in den letzten Jahren ein grundlegender Wandel der Anforderungen zu beobachten; insbesondere sind die Anforderungen an Transparenz bei den Kapitalgesellschaften deutlich erhöht worden; vgl. dazu *Claussen,* Wie ändert das KonTraG das Aktiengesetz?, DB 1998, 177; *Dörner,* Zusammenarbeit von Aufsichtsrat und Wirtschaftsprüfer im Lichte des KonTraG, DB 2000, 101) sowie des Staates in Bezug auf die Möglichkeit Überwachung hinsichtlich der Beachtung der Rechtsordnung.

Die Organisationsformen des Privatrechts stehen ausgehend vom An- **40** spruch des Privatrechts jedermann und damit auch dem Staat und seinen Untergliederungen, d.h. insbesondere den Verwaltungsträgern, zur Verfügung. Schranken können sich insoweit nur aus den besonderen Regelungen des öffentlichen Rechts ergeben. Hinzu kommen punktuelle Sonderbestimmungen in einzelnen Gesetzen, die spezifisch für den Gebrauch privater Organisationsformen durch den Staat eingefügt wurden, um ansonsten bestehende Spannungsverhältnisse und Unklarheiten zu beheben. Zu erwähnen sind hier die §§ 294f. AktG, die besondere Regelungen für die Berichts- und Verschwiegenheitspflicht bei der Beteiligung von Gebietskörperschaften an Aktiengesellschaften enthalten.

41 Wollen die Landesgesetzgeber ihre Verwaltungsträger besonderen Restriktionen und Pflichten bei der Nutzung von privatrechtlichen Organisationsformen unterwerfen, so kann dies auf Grund der Gesetzgebungszuständigkeit des Bundes für das Vereins-, Handels- und Gesellschaftsrecht nur durch die Begründung von Handlungspflichten in den jeweiligen Organisationsgesetzen geschehen. Aber auch dabei ist der Vorrang des Bundesrechts zu beachten, so dass z.B. Weisungsrechte und Berichtspflichten nur im Rahmen der jeweiligen gesellschaftsrechtlichen Vorschriften begründet werden dürfen (dazu näher unten § 91).

d) Die pragmatischen Gründe für die Wahl einer bestimmten Organisationsform

42 In der Praxis sind die Gründe für die Wahl einer bestimmten Rechtsform äußerst vielgestaltig. In der Literatur sind die Vor- und Nachteile der verschiedenen Organisationsformen in den letzten Jahrzehnten sowohl aus rechtlicher als auch aus betriebswirtschaftlicher Perspektive umfassend analysiert worden. Dabei ist zu beachten, dass viele ältere Untersuchungen auf Grund der zwischenzeitlich eingetretenen Flexibilisierung des öffentlichen Dienstrechts, Änderungen des Haushalts- und Steuerrechts sowie der Modernisierung der öffentlich-rechtlichen Organisationsformen (insbes. des Eigenbetriebsrechts und des neuen Rechts öffentlicher Unternehmen in Anstaltsform) in vielen Grundannahmen inzwischen überholt sind.

43 Trotz eines gewissen Wandels dürfte aber auch heute noch von einer Dominanz vielschichtiger Vermeidungsstrategien und „psychologischer“ Momente (so insbes. *Loeser,* S. 91) auszugehen sein. Vor allem die privaten Rechtsformen gelten als flexibler und wirtschaftlich vorteilhafter, obwohl das in dieser Allgemeinheit nicht zutrifft. Die mit der privaten Rechtsform verbundenen Nachteile, etwa bei der Steuerung, werden dem gegenüber nicht mit gleicher Klarheit zur Kenntnis genommen. Nach wie vor einschlägig sind jedoch die Vorteile der privaten Rechtsformen, wenn es darum geht, mit Privaten zu kooperieren, um auf diese Weise eine Kapitalbeteiligung oder privates Know How in die Wahrnehmung von öffentlichen Aufgaben einzubeziehen. Auch die Vorbereitung einer materiellen Privatisierung ist sinnvoll nur in privater Rechtsform möglich.

2. Die verfassungsrechtliche Verankerung des Grundsatzes der freien Wahl der Organisationsformen

a) Die Aussagen des Grundgesetzes und der Landesverfassungen zu den Organisationsformen

Die Verfassungen äußern sich zur Wahl der Organisationsform im Bereich der Exekutive nur punktuell, indem für bestimmte Bereiche bestimmte Organisationsformen vorgeschrieben werden. Eine generalisierende Regelung von Geboten oder Grundsätzen findet sich im Grundgesetz und den Landesverfassungen nicht. Demnach muss im Wege der Auslegung ermittelt werden, ob und in welchem Rahmen Gesetzgeber und Verwaltungsträger frei sind, zwischen den verschiedenen Organisationsformen zu wählen. 44

Soweit die Verfassungen bestimmte Verwaltungsaufgaben oder -bereiche explizit einem bestimmten Organisationstyp zuordnen oder bestimmte Organisationsformen (insbesondere privatrechtliche) ausschließen, ergibt sich daraus eine zwingende Beschränkung der Wahlfreiheit sowohl des Gesetzgebers als auch der Exekutive (siehe dazu unten Rdnr. 59ff.). 45

b) Die Ableitung der Wahlfreiheit aus dem Charakter des Verfassungsrechts als Rahmenrecht und dem Privatrecht als allgemein zugänglichem Recht

Fehlt es an positiven Direktiven des Verfassungsrechts, so folgt daraus kein Vakuum, sondern das daraus abzuleitende Recht der Staatsorgane, die damit verbundenen Freiräume bei gleichzeitiger Beachtung der Vorgaben allgemeiner Verfassungsprinzipien zu nutzen. Für den (Bundes- oder Landes-) Gesetzgeber ist diese Freiheit nur durch die allgemeinen Verfassungsprinzipien begrenzt. Für die Exekutive kommt die Pflicht zur Beachtung des organisationsrechtlichen Gesetzesvorbehalts als wichtige Maßgabe hinzu. Die privatrechtlichen Organisationsformen kann sie deshalb ohne besondere Ermächtigung verwenden, da der (Bundes-) Gesetzgeber sie ohne explizite Beschränkung jedermann, der selbstständig am Rechtsverkehr teilnehmen kann, zur Verfügung gestellt hat. Daraus folgt auch das „Zugriffsrecht" der Juristischen Personen des öffentlichen Rechts. Ein Rechtssatz, der die ausschließliche Verwendung des öffentlichen Sonderrechts vorschreibt, ist dem deutschen Verfassungsrecht, wie bereits ausgeführt wurde, fremd. 46

3. Die Gestaltungsfreiheit des Gesetzgebers und ihre Grenzen

Bei der näheren Bestimmung der Gestaltungsfreiheit des Gesetzgebers bei der Zuordnung bzw. Wahl von Organisationsformen im Bereich der Exekutive muss zwischen dem Bundes- und dem Landesgesetzgeber unterschieden werden. Der **Bundesgesetzgeber** verfügt einerseits über eine größere Freiheit, weil er auch seine eigenen Regelungen im Bereich des privatrechtlichen Organisationsrechts durch spezielle Regelungen durchbrechen kann. Er hat davon aber nur sehr selten Gebrauch gemacht. Ande- 47 rerseits enthält das Grundgesetz im Vergleich zu den Landesverfassungen sehr viel umfangreichere und detailliertere Vorgaben für die Organisation der einzelnen Verwaltungsaufgaben des Bundes. Die **Landesgesetzgeber** befinden sich in der umgekehrten Lage. Ihnen werden durch die Landesverfassungen kaum konkrete Vorgaben bezüglich der Organisationsformen gemacht. Dafür sind sie an die einfachgesetzlichen Vorgaben des Bundesrechts gebunden und damit nur durch Verbote und die punktuelle Begründung von einzelnen Verhaltenspflichten bei der Gründung von Gesellschaften und der Ausübung mitgliedschaftlicher Rechte in der Lage, Einfluss auf die Nutzung privatrechtlicher Organisationsformen zu nehmen. Eine Anpassung der (vorgefundenen) privatrechtlichen Organisationsformen an die spezifischen Belange des jeweiligen Aufgabenbereichs ist ihnen verwehrt.

48 Welche Grenzen allgemeine Verfassungsprinzipien, insbesondere das Demokratie- und Rechtsstaatsprinzip, dem Gesetzgeber bei der Bestimmung der nutzbaren oder zu nutzenden Organisationsformen setzt, wird nur selten ausführlich untersucht. Soweit diese Frage behandelt wird, weichen die Standpunkte z.T. erheblich voneinander ab. Da die meisten Fragen unter anderen Gliederungspunkten ausführlich behandelt werden, genügt an dieser Stelle ein Überblick über die einschlägigen Themen bzw. Gesichtspunkte.

49 Aus **rechtsstaatlicher Perspektive** steht die Frage der Reichweite des organisationsrechtlichen Gesetzesvorbehalts bei der Nutzung (rechtsfähiger) Organisationsformen des Privatrechtrechts sowie die Bindung an die Verbandskompetenz in diesem Bereich im Vordergrund (diese Frage stellt sich u.a. bei der kommunalen wirtschaftlichen Betätigung außerhalb des Gemeindegebiets; siehe dazu *Gern,* NJW 2002, 2593 ff.).

50 Keine Ausübung hoheitlicher Befugnisse durch privatrechtliche Organisationen; kein Übergang der Aufgabenzuständigkeit; beides nur bei Beleihung, die wiederum eine gesetzliche Grundlage verlangt.

51 Aus dem Blickwinkel des **Demokratieprinzips** ist zunächst die Feststellung wichtig, dass auch über privatrechtliche Mitgliedschaftsrechte demokratische Legitimation vermittelt werden kann (dazu *Kluth,* S. 478 ff.). Die Anforderungen an die Sicherung des Einflusses auf „Trabanten“ durch das für die wahrgenommene Aufgabe zuständige Muttergemeinwesen wird – nicht nur für privatrechtliche Organisationsformen – durch die Lehre von der **Einwirkungspflicht** konkretisiert. Referenzgebiet für die exemplarische Ausbildung der Einwirkungspflicht sowie der übrigen verfassungsrechtlichen Vorgaben sind die Regelungen des kommunalen Wirtschaftsrechts über die Nutzung privatrechtlicher Organisationsformen. Die moderneren Gemeindeordnungen enthalten aus diesem Grunde besondere Regelungen über die Gestaltung der Gesellschaftsverträge, die Entsendung von Vertretern in die Gesellschaftsorgane und regelmäßige Berichtspflichten.

4. Die Wahlfreiheit der Exekutive und ihre Grenzen

Auf der Ebene der Exekutive, d.h. der einzelnen Verwaltungsträger (zu diesem Begriff siehe § 83, Rdnr. 93ff. und 102ff.), ist die Freiheit der Wahl einer Organisationsform für die Aufgabenwahrnehmung nicht nur durch das Verfassungsrecht, sondern auch durch weitere einfachgesetzliche Vorgaben bestimmt. Neben bereichsspezifischen Regelungen, wie den bereits erwähnten Vorschriften des kommunalen Wirtschaftsrechts, sind z.B. die entsprechenden Vorgaben der Bundes- und Landeshaushaltsordnungen zu beachten. 52

Strikte Beschränkungen der Wahlfreiheit gibt es bei der Nutzung der rechtsfähigen öffentlich-rechtlichen Organisationsformen durch die Exekutive wegen des hier durchgreifenden organisationsrechtlichen Gesetzesvorbehalts. Hinzu kommt, dass die bereitgestellten Organisationsformen in der Regel nur geringe Gestaltungsspielräume eröffnen. 53

Bei der Nutzung privatrechtlicher Organisationsformen stellt sich heute die Frage, ob und wieweit die im kommunalen Wirtschaftsrecht ausgestalteten Anforderungen als Ausdruck allgemeiner Verfassungsrechtsgrundsätze anzusehen sind und damit eine entsprechende oder sinngemäße Anwendung auch in anderen Bereichen geboten ist. Eine verlässliche Aussage ist insoweit nur im Rahmen einer Einzelbetrachtung der verschiedenen Vorgaben möglich. 54

Eine **Vorrangklausel** zugunsten der Nutzung öffentlich-rechtlicher Organisationsformen ist verfassungsrechtlich nicht zwingend. Gleichwohl ist zu beachten, dass die Wahl der Rechtsform der Aktiengesellschaft wegen der geringen Möglichkeiten externer Steuerung problematisch ist. Ein völliges Verbot kann aber auch insoweit aus der Verfassung nicht abgeleitet werden. 55

Die förmliche **Festschreibung des Betätigungszwecks** ist ebenso wie die Pflicht zur regelmäßigen **Kontrolle,** ob die Betätigung der privatrechtlichen Organisationseinheit weiterhin an diesem Zweck ausgerichtet ist, zwar auch aus verfassungsrechtlicher Sicht sinnvoll und eine form- bzw. verfahrensmäßige Absicherung der Bindung an die Verbandskompetenz. Als strikte Rechtspflicht können beide Vorgaben aus der Verfassung aber nicht abgeleitet werden. Diese greift erst ein, wenn Betätigungen nicht mehr durch die Verbandskompetenz des bzw. der Verwaltungsträger gedeckt sind, die die Gesellschaft gegründet haben bzw. sie als Mitglieder/Gesellschafter tragen. 56

Die ausreichende Absicherung von **Einwirkungsmöglichkeiten** ist dem gegenüber ein striktes Gebot des Demokratie- und Rechtsstaatsprinzips und damit eine auch in allen anderen Beteiligungsfällen zu beachtender Grundsatz. Die Reichweite der im Gesellschaftsvertrag/Statut oder in einem gesonderten Vertrag mit der Gesellschaft abzusichernden Einwirkungsmöglichkeiten hängt maßgeblich davon ab, um welche Art von Aufgabe es sich handelt und inwieweit deren Wahrnehmung Einwirkungen verlangt. Von 57 besonderer Bedeutung sind die Einwirkungsmöglichkeiten bei (kommunalen) öffentlichen Einrichtungen zur Durchsetzung des Zulassungsanspruchs.

58 Die Reichweite des organisationsrechtlichen Gesetzesvorbehalts ist bei der Nutzung privatrechtlicher Organisationsformen umstritten. Da in diesen Fällen keine Hoheitsgewalt ausgeübt und keine Zuständigkeiten verlagert werden, gelten jedenfalls nicht die gleichen strengen Anforderungen wie bei den öffentlich-rechtlichen Organisationsformen.

III. Verfassungsrechtliche Vorgaben für einzelne Verwaltungstypen

Schrifttum: *Böckenförde,* Die Organisationsgewalt im Bereich der Regierung, 1964; *Dittmann,* Die Bundesverwaltung, 1983; *Loeser,* System des Verwaltungsrechts, Band 2, 1994; *Loschelder,* Weisungshierarchie und persönliche Verantwortung in der Exekutive, HBStR Bd. 3, 1988, § 68; *Schröder,* Die Bundesregierung, in: HBStR Bd. 2, 1987, § 50; *ders.,* Regieren und Verwalten, in: HBStR Bd. 3, 1988, § 67; *Stern,* Staatsrecht, Bd. 2, § 39.

1. Die Vorgaben des Grundgesetzes

a) Das Verhältnis von Regierung und Verwaltung

59 Das Grundgesetz spricht in Art. 1 Abs. 3 sowie Art. 20 Abs. 2 von der vollziehenden Gewalt, die auch als Exekutive bezeichnet wird und nach allgemeinem Verständnis die Bereiche Regierung und Verwaltung umfasst. In den getrennt platzierten einzelnen Bestimmungen zur Bundesregierung (Art. 62 ff. GG) und zur Bundesverwaltung (Art. 86 ff. GG) kommt demgegenüber die Eigenständigkeit beider Bereiche zum Ausdruck. Während aus der grundrechtlichen Perspektive und auch im Hinblick auf das Demokratieprinzip die Zusammenschau von Regierung und Verwaltung geboten ist und im Vordergrund steht, ist für eine organisationsrechtliche Betrachtung die getrennte Behandlung nahe liegend, da beide Bereiche anderen strukturellen Gesetzmäßigkeiten unterliegen. Gleichwohl muss sich auch das Organisationsrecht über das Verhältnis der beiden Ebenen zueinander bewusst sein und darüber auch Rechenschaft ablegen. Nur zu diesem Zwecke ist im Folgenden auf den Bereich der Regierung einzugehen, der im Übrigen nicht Gegenstand des Verwaltungs- sondern des Staatsorganisationsrechts ist (siehe *Stern,* Staatsrecht, Bd. 2, § 39).

60 Die Regierung ist durch die Verfassung in erster Linie als kollegial strukturiertes Verfassungsorgan ausgebildet, das gemeinsam mit den anderen obersten Verfassungsorganen Aufgaben der **Staatsleitung** wahrnimmt (*Schröder,* § 67, Rdnr. 4). Die Leitung der Verwaltung ist dabei nur einer von mehreren gewichtigen Aufgabenbereichen. Besonders hervorzuheben sind das Gesetzgebungsinitiativrecht der Bundesregierung nach Art. 76 Abs. 1 GG, das in der Praxis gegenüber dem Initiativrecht von Bundestag und Bundesrat deutlich dominiert (ungefähr 80% aller Gesetzesinitiativen gehen auf die Bundesregierung zurück), sowie die für die innerstaatliche

Rechtsgestaltung immer bedeutsamere auswärtige Gewalt, die sich auch auf die Wahrnehmung der mitgliedschaftlichen Rechte in der Europäischen Union erstreckt.

Obwohl die Regierung als Organ der vollziehenden Gewalt zuzuordnen ist, kann nicht übersehen werden, dass die Regierungstätigkeit vor allem auf Grund der starken Stellung der Regierung und ihrer Fachministerien im Gesetzgebungsprozess weiter reicht als dies durch den Begriff Vollziehung umschrieben wird. Es ist nicht nur ein praktisches Phänomen, dass die in der Theorie sehr klare Funktionentrennung zwischen Exekutive und Legislative deutlich zu relativieren ist. Da eine von der Parlamentsmehrheit getragene Regierung „ihre" Gesetzesinitiativen in der Regel und vorbehaltlich der Mitwirkung des Bundesrates erfolgreich umsetzen kann, besteht die Möglichkeit, dass sich die Exekutive auf diese Weise die gesetzlichen Grundlagen ihres Handelns gewissermaßen selbst schaffen kann. Damit wird die Eigenständigkeit des Parlaments ebenso wenig geleugnet wie die Bedeutung der durch ein Gesetz erzeugten Bindungswirkung für die Regierung und die von ihr geleitete Verwaltung. Diese Einsicht bewahrt aber vor einer allzu theoretischen Betrachtungsweise, die die Verwaltung auf einen bloßen Gesetzesvollzug reduziert und den Einfluss der Exekutive auf die parlamentarische Rechtsetzung nicht genügend berücksichtigt. Auch die vielfach vorgetragene Kritik an der Europäischen Rechtsetzung als von der Kommission beherrschte Exekutivrechtsetzung sollte vor dem Hintergrund des nicht nur praktischen, sondern auch verfassungsrechtlich sanktionierten Befundes über die Gesetzgebungspraxis in Deutschland zumindest relativiert werden (vgl. *Kluth,* Die demokratische Legitimation der Europäischen Union, 1995, S. 88ff.; siehe zum Thema auch *von Bogdandy,* Gubernative Rechtsetzung, 2000). 61

Die im Verhältnis zur übrigen vollziehenden Gewalt herausgehobene Stellung der Regierung hat zur Folge, dass sie auch in organisationsrechtlicher Hinsicht besonderen Regeln unterliegt, die sich von den für die übrige Exekutive gültigen Grundsätzen unterscheiden. Diese Differenz ist für das Verwaltungsorganisationsrecht vor allem deshalb auch von praktischer Relevanz, weil die einzelnen Minister nicht nur innerhalb der Regierung ein Ressort vertreten, sondern zugleich auch die Leitung des diesem Ressort zugeordneten Verwaltungsapparats innehaben und insoweit doppelfunktional tätig werden: einmal als Regierungsmitglied nach den für diesen Bereich geltenden staatsrechtlichen Grundsätzen, zum anderen als Behördenleiter nach den Grundsätzen des Verwaltungsorganisationsrechts. Diese Doppelstellung spiegelt sich auch bei den Staatsekretären wider. Während der Parlamentarische Staatssekretär dem Minister gem. § 1 Abs. 2 ParlStG iVm §§ 14 Abs. 2, 14a GOBReG als Regierungsmitglied zugeordnet ist, unterstützt der beamtete Staatssekretär den Minister als Behördenleiter. Auch im Falle der Verhinderung macht sich die Differenz bemerkbar, denn im Kabinett wird der Minister gem. § 14 GOBReG durch einen anderen Minister 62 vertreten, im Ministerium jedoch gem. § 14 Abs. 3 GOBReG grundsätzlich durch den beamteten Staatssekretär, während der Parlamentarische Staatssekretär in diesem Bereich nur auf Grund einer besonderen Bestimmung nach § 14a GOBReG und in Einzelfällen zur Vertretung des Minister zuständig ist.

63 Eine enge Wechselwirkung zwischen Regierungs- und Verwaltungsebene besteht auch insofern, als sich Änderungen im Ressortzuschnitt, die der Bundeskanzler auf Grund seiner aus Art. 64 Abs. 1 iVm Art. 65 GG folgenden Organisations- und Personalgewalt bei der Regierungsbildung aber auch zu einem späteren Zeitpunkt beschließen kann (zu den Grenzen der Gestaltungsfreiheit bei der Ressortbildung vgl. *Schröder,* in: v. Mangoldt/Klein/Starck, Grundgesetz Kommentar, Bd. 2, 4. Aufl. 2000, Art. 64, Rdnr. 14), auch auf die Organisation und Zuordnung der zugehörigen Verwaltung auswirken.

64 Die Regierung bildet aus der Perspektive der Verwaltung zudem das entscheidende Verbindungsglied zum Parlament und damit auch zum Staatsvolk. Dieser Zusammenhang ist nach dem herrschenden Verständnis konstitutiv für die von Art. 20 Abs. 2 GG geforderte personelle demokratische Legitimation der Verwaltung (Theorie der sog. Legitimationsketten, vgl. dazu *Böckenförde,* HStR I, § 22, Rdnr. 16ff.) und Grundlage der damit in einem engen Zusammenhang stehenden politischen Verantwortlichkeit und Kontrolle der Exekutive.

65 Dieser Legitimations-, Verantwortungs- und Kontrollzusammenhang zwischen Parlament, Regierung und Verwaltung wird im **herkömmlichen Modell** der bürokratisch verfassten **Ministerialverwaltung** mit Hilfe einer durchgehenden Weisungshierarchie umgesetzt, die von der Ministerebene bis zur letzten ausführenden Verwaltung reicht (*Loschelder,* § 68, Rdnr. 38ff.). Das Weisungsrecht des Ministers stellt dabei eine Leitungs- und Verantwortungsbeziehung her, an die die Verantwortlichkeit des Ministers gegenüber dem Parlament anknüpfen kann (siehe Darstellung und Kritik bei *Mehde,* S. 400ff.).

66 Im Rahmen des **Neuen Steuerungsmodells,** das durch dezentrale Verantwortung und an der Basis gebündelte Entscheidungszuständigkeiten geprägt ist, fehlt es weitgehend an einer solchen Weisungshierarchie. An ihre Stelle treten für längere Zeiträume abgeschlossene Zielvereinbarungen in Verbindung mit einem laufenden Controlling sowie einer Schlussbeurteilung am Ende eines vorherbestimmten Zeitraums. In diesem Modell ist dem Minister der Durchgriff auf Einzelmaßnahmen jedenfalls unter Zweckmäßigkeitsgesichtspunkten weitgehend verwehrt. Dennoch lassen sich auch hier modularisierte Leitungs- und Verantwortungszusammenhänge ausmachen. Sie unterscheiden sich von dem herkömmlichen Modell jedoch dadurch, dass sich Leitung und Verantwortung auf größere Sachzusammenhänge und Zeiträume beziehen. Das gilt sowohl für die Beziehung des Ministers zu den ausführenden dezentralen Stellen als auch die parlamenta-

rische Kontrolle der Verwaltung und die Ministerverantwortlichkeit (dazu *Mehde*, S. 572 ff.). Die mit dem Neuen Steuerungsmodell verbundenen Verschiebungen der Legitimations- und Verantwortungszusammenhänge sind aber verfassungsrechtlich nur akzeptabel, wenn die Leitungs- und Kontrollmechanismen in allen tangierten Bereichen einschließlich des Haushaltsrechts und der Qualifikation des Personals den neuen Anforderungen angepasst werden.

b) Vorgaben für die bundeseigene Verwaltung

(1) Normen und Systematik

Das Grundgesetz trifft in den Art. 86 bis 91 besondere Regelungen für die bundeseigene Verwaltung. Diese können in allgemeinen Regelungen, nämlich Art. 86 GG und Art. 87 Abs. 3 GG, und Regelungen für bestimmte Verwaltungszweige und einzelne Verwaltungsträger unterschieden werden. Einen Sonderstatus nehmen im zweiten Bereich die 1994 eingefügten Art. 87 e und 87 f GG ein, die zusammen mit den Art. 143 a und 143 b GG die Privatisierung von Bundesbahn und Bundespost in besonderer Weise regeln. Weitere Vorgaben für die Bundesverwaltung sind in Art. 108, 120 a und 130 GG sowie in Art. 13 Einigungsvertrag normiert. 67

Aufgrund der Systematik des Grundgesetzes, nach dem der Bund nur dort Zuständigkeiten besitzt, wo diese ihm durch die Verfassung zugewiesen sind, und vor dem Hintergrund der in Art. 83 ff. GG getroffenen Grundentscheidung zugunsten eines Übergewichts der Ausführung auch der Bundesgesetze durch die Länderverwaltungen, sind an die Begründung von Verwaltungszuständigkeiten des Bundes hohe Anforderungen zu stellen. Das erklärt auch die im Vergleich zu den Landesverfassungen hohe Regelungsdichte sowie die Komplexität der getroffenen Regelungen. 68

Der **normative Gehalt** der Art. 86 bis 91 GG ist mehrschichtig, in vielen Einzelheiten umstritten und unterscheidet sich bei den einzelnen Vorschriften z. T. erheblich. Allgemein kann zwischen einem **organisationsrechtlichen,** einem **föderalen** sowie einem **materiellrechtlichen Regelungsgehalt** unterschieden werden. Zudem werden einzelne Normen bzw. Regelungsgehalte als **Zuordnungsnormen** (Zuordnung von Verwaltungskompetenzen) bezeichnet. Ausgehend von der primären Qualifizierung der Art. 86 ff. GG als Kompetenznormen werden die übrigen Regelungsgehalte auch als überschießende oder sekundäre Regelungsgehalte bezeichnet (Einzelheiten und Nachweise bei *Traumann*, S. 29 ff. und 177 ff.; *Burgi*, in: v. Mangoldt/Klein/Starck, Grundgesetz Kommentar, Bd. 3, 4. Aufl. 2001, Art. 86 Rdnr. 5 ff.). Die Vorschriften sind alle auf öffentlich-rechtliche Organisationsformen zugeschnitten, so dass die Zulässigkeit der Verwendung privatrechtlicher Organisationsformen in jedem Fall gesondert anhand der jeweiligen Spezialnorm im Hinblick auf eine mögliche Sperrwirkung sowie anhand der allgemeinen verfassungsrechtlichen Vorgaben für die Verwendung von privatrechtlichen Organisationsformen zu prüfen ist. 69

70 Es lassen sich **fünf unterschiedliche Formen der Wahrnehmung** bundeseigener Verwaltung unterscheiden:

Erstens Bereiche, in denen der Bund zur Eigenverwaltung verpflichtet ist und diese mit einem Verwaltungsunterbau führen muss – sog. Obligatorische unmittelbare Bundesverwaltung mit obligatorisch mehrstufigem Verwaltungsunterbau. Beispiele dafür sind Art. 87 Abs. 1 S. 1, Art. 87b Abs. 1 S. 1 und Art. 89 Abs. 2 S. 1 GG.

Zweitens Bereiche, in denen der Bund zur Eigenverwaltung verpflichtet ist, nicht aber zur Einrichtung eines Verwaltungsunterbaus – obligatorische unmittelbare Bundesverwaltung mit fakultativem Verwaltungsunterbau. Beispiele dafür sind Art. 87d Abs. 1 S. 1, Art. 87f Abs. 1 S. 1, Art. 87e Abs. 2 S. 2 GG.

Drittens Bereiche, für die der Bund zwar keine Eigenverwaltung einrichten muss und sie im Falle der Wahrnehmung auch nicht zwingend mit einem Verwaltungsunterbau führen muss – fakultativ unmittelbare Bundesverwaltung mit fakultativem Verwaltungsunterbau. Beispiele dafür sind Art. 87d Abs. 2, Art. 87e Abs. 1 S. 2, Art. 89 Abs. 2 S. 2 bis 4, Art. 90 Abs. 3, Art. 120a Abs. 1 S. 1 GG.

Viertens Bereiche, in denen der Bund nicht zur Eigenveraltung verpflichtet ist, sie aber mit Verwaltungsunterbau führen muss, wenn er sich zur Aufgabenwahrnehmung entscheidet – fakultative unmittelbare Bundesverwaltung mit obligatorischem Verwaltungsunterbau. Beispiele dafür sind Art. 87 Abs. 1 S. 2, Art. 87 Abs. 3 S. 2, Art. 87b Abs. 1 S. 3, Art. 87 Abs. 2 S. 1, Art. 108 Abs. 4 S. 1 Alt. 2, Art. 108 Abs. 4 S. 1 Alt. 3 GG.

Fünftens Bereiche, in denen der Bund nicht zur Eigenverwaltung verpflichtet ist und sich auf die Zentralstufe beschränken muss, wenn der die Verwaltungsinitiative übernimmt – fakultative unmittelbare Bundesverwaltung mit obligatorisch einstufiger Organisation. Beispiele dafür sind Art. 87 Abs. 1 S. 2 (Zentralstellen), Art. 87 Abs. 3 S. 1 (Bundesoberbehörden).

71 Die durch das Grundgesetz normierten Vorgaben für die Bundesverwaltung spiegeln nur Ansatzweise die tatsächliche Formenvielfalt wieder, die sich in der **Staatspraxis** entwickelt hat. Neben den vielfältigen Formen des Einsatzes von privatrechtlichen Organisationen, die der Bund ganz oder teilweise beherrscht, wird der Überblick auch dadurch erschwert, dass auch das öffentliche Recht die Einrichtung nicht rechtsfähiger Organisationseinheiten ohne gesetzliche Grundlage zulässt. Aus diesem Grunde fehlt es an verlässlichen Informationsquellen, die den tatsächlichen Zustand der Bundesverwaltung verlässlich dokumentieren. Auch der Blick in das jährlich erscheinende Staatshandbuch der Bundesrepublik Deutschland oder die Haushaltspläne des Bundes und der Ministerien reichen insoweit nicht aus (hilfreich ist das vom Bundesverwaltungsamt herausgegebene Loseblattwerk „Die nichtministerielle Bundesverwaltung“). Es verwundert deshalb nicht, dass von einem **Systemchaos** und einem **institutionellen Dschungel** ge-

sprochen wird (vgl. *Traumann,* S. 173f.; *Dreier,* S. 264; *Loeser,* System des Verwaltungsrechts, 1994, Bd. 1, § 1, Rdnr. 54).

(2) Die Regelungen im Einzelnen

In Art. 86 GG wird die **bundeseigene Verwaltung** oder Bundesverwaltung als eigenständiger Verwaltungstypus allgemein begründet. Er ist definiert durch die im Wortlaut angeführten Merkmale „Ausführung von Bundesgesetzen", „durch den Bund" sowie „durch bundeseigene Verwaltung oder durch bundesunmittelbare Körperschaften und Anstalten des öffentlichen Rechts". Die inhaltliche Reichweite und vor allem der abschließende oder begrenzende Gehalt dieser Aussagen ist im Einzelnen durch Auslegung zu ermitteln. Das gilt insbesondere für die Ausführung von Gemeinschaftsrecht und den Gebrauch nicht ausdrücklich erwähnter Organisationsformen. 72

Art. 86 GG trifft für die bundeseigene Verwaltung in vier Ebenen Regelungen: (1) er bestimmt die Bundesregierung als (grundsätzlichen) Träger der Organisationsgewalt für diesen Typus, (2) zählt einzelne Organisationsformen und (3) Organisationsmittel auf und benennt einen möglichen (4) Organisationsakt (*Traumann,* S. 29f.). Als **Grundnorm der Organisationsgewalt** auf Bundesebene (so *Böckenförde,* Die Organisationsgewalt, S. 130ff.) kann die Norm angesichts des begrenzten Regelungsgehalts **nicht** qualifiziert werden. Zudem ist festzustellen, dass es sich nicht um eine Zuordnungsnorm handelt. Die einzelnen Gegenstände der bundeseigenen Verwaltung werden vielmehr in den nachfolgenden Normen zugewiesen. Nicht zuletzt aus diesem Grunde entfaltet Art. 86 GG auch keine Legitimationswirkung zugunsten der Bundesverwaltung. 73

Wichtig ist zunächst die Unterscheidung zwischen der bundeseigenen Verwaltung und den bundesunmittelbaren Körperschaften und Anstalten des öffentlichen Rechts. Diese Differenzierung wird allgemein so verstanden, dass bundeseigene Verwaltung im weiteren Sinne die **zwei Typen der Verwaltung** durch die Bundesministerialverwaltung mit ihrem rechtlich unselbstständigen Unterbau auf der einen und der Verwaltung durch rechtsfähige bundesunmittelbare Körperschaften und Anstalten des öffentlichen Rechts auf der anderen Seite umfasst. Ob man den zweiten Bereich als mittelbare Staats- oder Bundesverwaltung bezeichnen will oder nicht, ist dogmatisch ohne Relevanz, da der Begriff mittelbare Staatsverwaltung nicht eindeutig definiert ist und entsprechend vielfältig verwendet wird. Wichtig ist alleine, dass beide Bereiche maßgeblich durch das Merkmal der rechtlichen **Verselbstständigung in Form der Rechtsfähigkeit** unterschieden sind (*Traumann,* S. 88ff.). Verselbstständigungen in der Form nicht rechtsfähiger Anstalten sind deshalb noch der bundeseigenen Verwaltung im engeren Sinne zuzuordnen. 74

Die bundeseigene Verwaltung in der Form der unmittelbaren Eigenverwaltung kann durch Organisationseinheiten des Bundes als Gebietskörperschaft erfolgen, deren Handeln dem Grundsatz der eigenverantwortlichen 75

Aufgabenwahrnehmung (BVerfGE 63, 1 [41]) unterliegt, also grundsätzlich der umfassenden Leitungsgewalt eines Bundesministers untersteht (*Traumann,* S. 84 f.; *Dittmann,* Die Bundesverwaltung, S. 85). Das sind die Bundesministerien mit oder ohne eigenen Verwaltungsunterbau sowie sonstige nicht voll rechtsfähige Organisationseinheiten des Bundes, wobei es auf deren hierarchische Zuordnung etwa als oberste Bundesbehörde oder Bundes-Oberbehörde nicht ankommt (zu den einzelnen Erscheinungsformen siehe § 80 Rdnr. 192 ff.).

76 Daneben ist in Art. 86 GG als zweite Variante die Verwaltung durch bundesunmittelbare Körperschaften oder Anstalten des öffentlichen Rechts angeführt, wobei jeweils die rechtsfähigen Formen gemeint sind. Maßgeblich für die Zuordnung zur Bundesverwaltung ist in erster Linie die Errichtung der jeweiligen Rechtsträger durch den Bund. Zudem müssen sie seiner Rechtsaufsicht unterstehen. Wie weit darüber hinaus die Einwirkungsmöglichkeiten des Bundes, d. h. konkret: der Ministerien oder anderer Stellen der bundeseigenen Verwaltung, reichen müssen, wird nicht durch Art. 86 GG sondern andere spezielle Regelungen der Art. 87 ff. GG oder durch die auch im Bereich der Art. 86 ff. GG anwendbaren allgemeinen Verfassungsprinzipien, insbesondere Art. 20 Abs. 2 GG vorgegeben. Art. 86 GG lässt sich deshalb auch keine Aussage zur (Un-) Zulässigkeit ministerialfreier Räume entnehmen (dazu im Einzelnen § 86).

77 Nicht von Art. 86 GG erfasst ist die Errichtung von **rechtsfähigen Organisationen in Privatrechtsform.** Das bedeutet jedoch nicht, dass dem Bund die Verwendung dieser Organisationsrechtsformen für den Bereich der Bundesverwaltung verwehrt ist. Vielmehr richtet sich die Gründung privater Organisationen nach den auf diesen Vorgang anwendbaren allgemeinen verfassungsrechtlichen Vorschriften, insbesondere der Vorschriften, die die einzelnen Gegenstände der Bundesverwaltung näher regeln (dazu näher § 91).

78 Durch die Ermächtigung der Bundesregierung, für den Bereich der bundeseigenen Verwaltung Verwaltungsvorschriften zu erlassen und die **Einrichtung der Behörden** zu regeln, wird ihr **Leitungsgewalt** in der Form der Organisationsgewalt zugewiesen. Diese wird zugleich einem parlamentarischen Zugriffsrecht unterstellt. Der Begriff der Einrichtung der Behörden ist dabei weit zu verstehen und ist nur durch den von Art. 86 GG vorgegebenen allgemeinen organisatorischen Rahmen begrenzt. Maßnahmen der Verwaltungsmodernisierung werden ebenfalls der Einrichtung der Behörden zugeordnet (*Burgi,* a. a. O., Art. 86, Rdnr. 80). Dabei ist aber zu beachten, dass eine Verwaltungsmodernisierung ohne gleichzeitige entsprechende Reform der haushalts- und dienstrechtlichen Regelungen nicht möglich ist und es sich deshalb nur um den spezifisch organisatorischen Aspekt der Modernisierungsmaßnahme handeln kann.

79 Bei den **Verwaltungsvorschriften** kann es sich sowohl um organisationsbezogene als auch um verhaltenslenkende Verwaltungsvorschriften

handeln. Sie können sich nur an die von Art. 86 GG erfassten Organisationseinheiten richten. Eine Pflicht zum Erlass von Verwaltungsvorschriften lässt sich aus Art. 86 GG nicht ableiten. Wer für den Erlass der Verwaltungsvorschriften zuständig ist, wird unterschiedlich beurteilt. Nach einer Ansicht ist ausschließlich die Bundesregierung als Kollegium zuständig (*Stern,* Staatsrecht, Bd. 2, S. 820). Die zweite Ansicht orientiert sich an Art. 65 GG und geht damit von einer Zuständigkeit der Minister aus, die durch die Richtliniekompetenz des Bundeskanzlers eingeschränkt werden kann (*Böckenförde,* Organisationsgewalt, S. 139ff.; *Ossenbühl,* Verwaltungsvorschriften und Grundgesetz, 1968, S. 457). Die dritte Ansicht geht grundsätzlich von der Zuständigkeit der Bundesregierung als Kollegium aus, belässt bis zum Erlass von Verwaltungsvorschriften durch dieses aber auch dem Bundeskanzler und den Ressortminister das Recht, Verwaltungsvorschriften zu erlassen (so etwa *Maurer,* Staatsrecht, § 18, Rdnr. 20; vgl. auch *BVerwG,* NVwZ 1985, 497 [498]; weitere Einzelheiten und Nachweise bei *Burgi,* a.a.O., Art. 86, Rdnr. 69).

Eine weitere zentrale Vorschrift für den Bereich der Bundesverwaltung 80
stellt **Art 87 Abs. 1 GG** dar, dessen Bedeutung vor allem in seiner Funktion als **Zuordnungsnorm** liegt, die die allgemeinen Rechtsfolgen des Art 86 GG für die angesprochenen Bereiche auslöst. In Satz 1 wird – wenn auch nicht abschließend – bestimmt, welche Bereiche zwingend in bundeseigener Verwaltung geführt werden müssen. Satz 2 bezeichnet den Bereich der fakultativen bundeseigenen Verwaltung. Viele der in Satz 1 angesprochenen Bereiche sind jedoch in weiteren Spezialvorschriften näher geregelt, so dass Art. 87 Abs. 1 GG für sie keine abschließende Regelung trifft. Dies gilt namentlich für die Finanzverwaltung (Art. 108 GG), die Verwaltung der Bundeswasserstraßen und der Schifffahrt (Art. 89 GG), die Bundeseisenbahnen (jetzt Art. 87e GG) und die Bundespost (jetzt Art. 87f GG).

Eigenständige Bedeutung kommt dem **Auswärtigen Dienst** zu, dessen 81
konkrete Erfassung jedoch einige Schwierigkeiten bereitet. Das hängt vor allem damit zusammen, dass wichtige Bereiche des Auswärtigen Dienstes, vor allem soweit sie durch das Auswärtige Amt wahrgenommen werden, dem Bereich der Regierung zuzuordnen sind (zu den damit verbundenen Abgrenzungsfragen vgl. *Burgi,* a.a.O., Art. 87 Abs. 1 Rdnr. 5 und 11ff.).

In organisationsrechtlicher Hinsicht ist in Art. 87 Abs. 1 S. 1 GG vor 82
allem die Einforderung eines **eigenen Verwaltungsunterbaus** von Bedeutung. Dies wird teilweise so verstanden, dass unterhalb der Ministerien und oberen Bundesbehörden ein Unterbau mit Mittel- und Unterbehörden existieren muss (*Stern,* Staatsrecht Bd. 2, S. 822; *Krebs.* § 69, Rdnr. 16). Die vorzugswürdige Gegenansicht stellt demgegenüber darauf ab, dass Art. 87 Abs. 1 S. 1 GG im Unterschied zu Absatz 3 nicht ausdrücklich von Mittel- und Unterbehörden spricht und deshalb auch eine Untergliederungsstufe reicht (*Burgi,* a.a.O., Art. 87 Rdnr. 28). Umgekehrt ist auch ein vierstufiger Aufbau nicht generell verboten.

83 Auch eine ausschließlich **zentrale Erledigung** von Verwaltungsaufgaben ist ausnahmsweise zulässig, wenn es sich um eine durch Sachgründe gerechtfertigte punktuelle und für den betreffenden Bereich nicht typusprägende Aufgabe handelt (*Burgi,* a. a. O., Art. 87, Rdnr. 29).

84 Unter ähnlich strengen Voraussetzungen wird auch der Einsatz von **privatrechtlichen Organisationsformen** in diesem Bereich für zulässig gehalten (ausführlich und mit Übersicht zum Meinungsspektrum *Traumann,* S. 308 ff.; *Burgi,* a. a. O., Art. 87, Rdnr. 26 f.; Gegenansicht bei *Sachs,* NJW 1987, S. 2338 [2341]; ausführlich § 91), die vor allem in den Bereichen Kultur und Entwicklungshilfe durch den Einsatz von sog. **Mittlerorganisationen** von praktischer Relevanz ist, wie etwa das Goethe Institut e. V. (Beispiele bei *Traumann,* S. 303 ff.). Damit sind die organisationsrechtlichen Gestaltungsmöglichkeiten, die Art. 87 Abs. 1 GG zulässt, deutlich weiter als es der Wortlaut auf den ersten Blick erwarten lässt.

85 Eine besondere Regelung für **landesübergreifende Versicherungsträger** findet sich in **Art. 87 Abs. 2 GG.** Die auf den ersten Blick sehr spezielle Regelung ist praktisch von großer Bedeutung, weil die von ihr erfassten Verwaltungsträger den größten Teil der Bundesverwaltung ausmachen. Erfasst sind die gesamte Arbeitslosenversicherung mit der Bundesanstalt für Arbeit als wichtigsten Behörde, die Rentenversicherung für Angestellte mit der Bundesversicherungsanstalt für Angestellte als wichtigster Behörde, Teile der Rentenversicherung der Arbeiter und der Krankenversicherung sowie Teile der Unfallversicherung.

86 Eine allgemeine Regelung für die fakultative unmittelbare und mittelbare Bundesverwaltung für Bereiche der Bundesgesetzgebung wird in **Art. 87 Abs. 3 GG** getroffen. Es handelt sich um eine sehr offene Regelung, die dem Bund die Möglichkeit zu eigener Verwaltungstätigkeit eröffnet. Die Ermächtigung bezieht sich in Satz 1 nur auf die Errichtung von selbstständigen Bundesoberbehörden sowie bundesunmittelbaren Körperschaften und Anstalten des öffentlichen Rechts. Sie muss durch Bundesgesetz erfolgen. Das Gesetz kann sich auf die wesentlichen Regelungen beschränken und bezüglich der Details eine Verordnungs- oder Satzungsermächtigung vorsehen. Die Vorschrift steht nach h. M. einer Organisationsprivatisierung nicht entgegen (*Ehlers,* Verwaltung in Privatrechtsform, 1984, S. 15 ff.; *Burgi,* a. a. O., Art. 87 Abs. 3, Rdnr. 125). Diese muss aber die in Satz 1 genannten Grenzen und Maßgaben beachten, also auf einem Bundesgesetz beruhen und ohne Verwaltungsunterbau ausgestaltet sein (*Ehlers,* a. a. O., S. 120; *Burgi,* a. a. O., Art. 87 Abs. 3, Rdnr. 126). Nach Satz 2 ist es bei Vorliegen eines dringenden Bedarfs zudem möglich, neue bundeseigene Mittel- und Unterbehörden zu bilden. Dazu bedarf es nach dem Wortlaut der Norm der Zustimmung des Bundesrates und der Mehrheit der Mitglieder des Bundestages. Die h. M. interpretiert dies als institutionellen Vorbehalt des Gesetzes (*Burgi,* a. a. O., Art. 87 Abs. 3, Rdnr. 132; *Lerche,* in: Maunz/Dürig, Komm.z.GG, Art. 87 Rdnr. 213), eine Mindermeinung lässt einen Parlamentsbeschluss genügen

(*Burmeister,* Herkunft, Inhalt und Stellung des institutionellen Gesetzesvorbehalts, 1991, S. 161; zu weiteren Einzelheiten *Traumann,* S. 123 ff.). Umstritten ist, ob die Vorschrift auf Grund der mit ihr verbundenen Gefährdung von Länderinteressen in allen Teilen besonders restriktiv auszulegen ist (dafür etwa *Kratzer,* DÖV 1950, 529; *Britz,* DVBl. 1998, 1167 ff.; anders *Traumann,* S. 138 mit dem Hinweis, die Norm enthalte keine Bedürfnisklausel).

In den Art. 87a bis 90 GG finden sich **weitere Spezialregelungen** für einzelne Verwaltungsbereiche, auf die hier nur hingewiesen werden kann. Es handelt sich dabei um die Streitkräfte und die Bundesverwehrverwaltung in Art. 87a und b GG, die Luftverkehrsverwaltung in Art. 87g GG, die Bundeswasserstraßenverwaltung in Art. 89 GG sowie die Verwaltung der Bundesstraßen in Art. 90 GG. 87

(3) Besonderheiten im Bereich Post- und Telekommunikation nach Art. 87e und 87f GG

Eine Novität in den Regelungen über die bundeseigene Verwaltung stellen die 1994 neu eingeführten Art. 87e und 87f GG dar, die zusammen mit den Überleitungsvorschriften der Art. 143a und 143b GG den vor allem im Post- und Telekommunikationsbereich auch europarechtlich veranlassten (dazu *Trute,* in: Trute/Spoerr/Bosch, Telekommunikationsgesetz mit FTEG, Kommentar, 2001, Einführung II; *Holznagel/Enaux/Nienhaus,* Grundzüge des Telekommunikationsrechts, 2. Aufl. 2001, § 17) Privatisierungsvorgang im Eisenbahn-, Post- und Fernmeldewesen steuern und dabei die verbleibende Verwaltungsorganisation modifizieren (dazu ausführlich in § 91, Rdnr. 21 f.). 88

Beide Vorschriften sind dadurch gekennzeichnet, dass nur noch ein **Kernbereich hoheitlicher Aufgaben in bundeseigener Verwaltung** geführt wird, während die Darbietung der Dienste durch privatrechtlich organisierte Unternehmen erfolgt, die nach den näheren Maßgaben der **Transformationsregelungen** in den Art. 143a und 143b GG sowie den nach diesen Vorschriften zu erlassenden Gesetzen schrittweise in Privatbesitz überführt werden. Als weitere Besonderheit finden sich in Art. 87e Abs. 4 GG für den Eisbahnbereich und in Art. 87f Abs. 1 GG für die Bereiche Post und Telekommunikation jeweils eine **Infrastrukturgewährleistungspflicht** des Bundes (dazu *Hermes,* Staatliche Infrastrukturverantwortung, 1998; *Eifert,* Grundversorgung mit Telekommunikationsdienstleistungen im Gewährleistungsstaat, 1998). Danach ist der Bund subsidiär zur Garantie eines Mindestdienstleistungsangebotes in den jeweiligen Bereichen verpflichtet. In den Bereich Post und Telekommunikation ist diese Pflicht zum Teil europarechtlich durch Bereichsrichtlinien vorgeprägt, die die Mitgliedstaaten zur Bereitstellung eines flächendeckenden angemessenen und ausreichenden Angebots von sog. **Universaldiensten** zu erschwinglichen Preisen verpflichtet (dazu *Windhorst,* Der Universaldienst im Bereich der Telekommu- 89 nikation, 2000). Dies kann auch durch die Inpflichtnahme marktbeherrschender privater Unternehmen geschehen, wobei unter Umständen ein finanzieller Ausgleich nach § 20 TKG bzw. § 15 PostG zu gewähren ist, der über eine Umlageabgabe durch die anderen am Markt tätigen Unternehmen nach § 21 TKG bzw. § 16 PostG finanziert wird (zu damit verbundenen Rechtsfragen s. *v. Danwitz,* NVwZ 2000, S. 615 ff.).

90 Im Bereich der Eisenbahnen ist zwischen der **Eisenbahnverkehrsverwaltung** für Eisenbahnen des Bundes als weiterhin hoheitlicher Tätigkeit auf der einen Seite und den nach Art. 87 e Abs. 3 GG als privatrechtlich organisierte **Wirtschaftsunternehmen** zu betreibenden **Eisenbahnen** zu unterscheiden. Bei letzteren ist zudem zwischen Bau, Unterhaltung und Betreiben von Schienenwegen zu differenzieren (Übersicht und Einzelheiten bei *Schmidt-Aßmann/Röhl,* Grundpositionen des neuen Eisenbahnverfassungsrechts, DÖV 1994, 577 ff.).

91 In **bundeseigener Verwaltung** ist nach Art. 87 e Abs. 1 S. 1 GG die Eisenbahnverkehrsverwaltung zu führen. Satz 2 eröffnet die Möglichkeit, einzelne Aufgabenbereich den Ländern als eigene Angelegenheit zu übertragen. Beide Regelungen beziehen sich nur auf die Eisenbahnen des Bundes. Dabei kommt es auf die Eigentumsverhältnisse an, wie sich aus Art. 73 Nr. 6 a GG ergibt. Erfasst sind Eisenbahnen die ganz oder mehrheitlich im Eigentum des Bundes stehen. Unter den Begriff der Eisenbahnverkehrsverwaltung sind im Wege der Abgrenzung zu Absatz 3 nicht das Erbringen der Verkehrsdienstleistungen und das Betreiben der Eisenbahninfrastruktur zu verstehen. Damit bleibt ein **ordnungsrechtlicher** und ein **infrastruktureller Bereich.** Dieser ist nicht im klassischen Sinne als bloße Überwachungsaufgabe zu verstehen, sondern enthält im Kontext des Gewährleistungs- und Sicherungsauftrages nach Absatz 4 auch eine **Lenkungs- und Steuerungsfunktion.**

92 Mit der Wahrnehmung dieser Aufgaben ist vor allem das **Eisenbahn-Bundesamt** betraut worden, eine selbstständige Bundesoberbehörde, die dem Bundesministerium für Verkehr untersteht. Es fungiert als Aufsichts- und Genehmigungsbehörde für Eisenbahnen des Bundes und Eisenbahnverkehrsunternehmen mit Sitz im Ausland (dazu *Grupp,* DVBl. 1996, 591 ff.; *Studenroth,* VerwArch 87 [1996], S. 97 ff.) und ist auch als Fachplanungsbehörde zuständig (dazu *Steinberg/Berg/Wickel,* Fachplanung, 3. Aufl. 2000, § 1, Rdnr. 83).

93 Eine organisationsrechtliche Besonderheit stellt die **Regelung der Privatisierung** in Art. 87 e Abs. 3 GG dar, die durch Art. 143 a GG sowie die auf dieser Grundlage erlassenen Gesetze ergänzt wird. Erstmalig wird hier die Nutzung privatrechtlicher Organisationsformen für die Darbietung von staatlichen Leistungen vorgeschrieben (dazu eingehend *Hommelhoff/Schmidt-Assmann,* Die Deutsche Bahn AG als Wirtschaftsunternehmen, ZHR 160 [1996], S. 521 ff.). Davon zu unterscheiden ist die ebenfalls neuartige und in Art. 87 e Abs. 3 S. 2 GG geregelte materielle Teilprivatisierung.

Sie sieht vor, dass die Veräußerung von Anteilen des Bundes auf Grund eines Gesetzes erfolgen und der Bund dabei die Mehrheit der Anteile behalten muss.

Da den Bund nach Art. 87e Abs. 4 GG eine **Gewährleistungsverantwortung** trifft, muss er sich bei der Privatisierung nach Absatz 3 entsprechende Einwirkungsmöglichkeiten auf die Wirtschaftsunternehmen siehe Rdnr. Insoweit stellt die Regelung eine spezielle Regelung der allgemeinen Einwirkungspflicht dar (*Gersdorf,* in: v. Mangoldt/Klein/Starck, Grundgesetz Kommentar, Bd. 3, 4. Aufl. 2001, Art. 87e, Rdnr. 77ff.). 94

Für die Bereiche **Postwesen** und **Telekommunikation** trifft Art. 87f GG eine vergleichbare Regelung, die jedoch sehr viel stärker auf europarechtlichen Vorgaben beruht, die zur Privatisierung der ehemaligen Staatsmonopole in beiden Bereichen gezwungen haben. 95

Die durch Art. 87f iVm Art. 143b GG umrahmte Liberalisierung des Post- und Telekommunikationswesens erfolgte in drei Schritten. Durch die **Postreform I** aus dem Jahre 1989 wurde zunächst die bis zu diesem Zeitpunkt als einheitliches Sondervermögen des Bundes geführte Bundespost in drei partiell selbstständige öffentliche Unternehmen Deutsche Bundespost POSTDIENST; POSTBANK und TELEKOM untergliedert. Die Steuerung erfolgte weiterhin zentral durch den Bundesminister für Post und Telekommunikation. Eine weitergehende Privatisierung war auf Grund der Vorgaben des Art. 87 Abs. 1 S. 1 GG a.F. nicht möglich (*Gersdorf,* a.a.O., Art. 87f., Rdnr. 15f.). 96

Die Verfassungsreform von 1994 mit der Einfügung der Art. 87f und 143b GG stellte als **Postreform II** die Weichen für eine echte Privatisierung von Post und Telekommunikationswesen. Dabei wurde ähnlich wie bei den Eisenbahnen der Privatisierungsauftrag mit einer staatlichen Gewährleistungspflicht in Art. 87e Abs. 1 GG verknüpft. 97

Die Umsetzung des Privatisierungsauftrages erfolgte im Rahmen der **Postreform III** schließlich durch den Erlass des Telekommunikationsgesetzes vom 25. Juli 1996 (BGBl. I, S. 1120) sowie des Postgesetzes vom 22. Dezember 1997 (BGBl. I, S. 3294). Beide Gesetze werden durch ein umfangreiches Verordnungswerk ergänzt. 98

Im **Postsektor** wurde die Liberalisierung europarechtlich durch das Grünbuch Post aus dem Jahr 1992 vorgezeichnet, aber erst durch die am 15. 12. 1997 erlassene **Postrichtlinie** (Richtlinie 97/67/EG des Europäischen Parlaments und des Rates über gemeinsame Vorschriften für die Entwicklung des Binnenmarktes der Postdienste der Gemeinschaft und die Verbesserung de Dienstqualität, ABl.EG Nr. L, 15/14) in eine verbindliche Vorgabe überführt. 99

Im **Telekommunikationssektor** wurde die Liberalisierung bereits ab 1988 durch verschiedene Richtlinien europarechtlich gesteuert. Den Anfang machte die Richtlinie 88/301/EWG der Kommission vom 16. 5. 1988 über den Wettbewerb auf dem Markt der **Telekommunikationsendegeräte** 100

(ABl.EG Nr. L 131/73). Es folgte die Richtlinie der Kommission vom 28. 6. 1990 über den Wettbewerb auf dem Markt für **Telekommunikationsdienstleistungen** (ABl.EG Nr. L 192/10). Als weitere wichtige Maßnahme ist die Richtlinie des Rates vom 28. 6. 1990 zur Verwirklichung des Binnenmarktes für Telekommunikationsdienste durch Einführung eines **offenen Netzzugangs** (ABl.EG Nr. L 192/1) zu erwähnen. Zusammen mit weiteren Rechtsakten zwangen diese Richtlinien zur Aufgabe des Staatsmonopols im Telekommunikationsbereich. Sie haben die Verfassungsänderungen im Jahr 1994 wesentlich beeinflusst und sind ein Beleg für die Einwirkungen des Europarechts auf das Staats- und Verwaltungsorganisationsrecht.

101 Während die Erbringung der Dienste im Post- und Telekommunikationsbereich privatrechtlich erfolgt, nimmt der Bund die auch in diesem Bereich verbliebenen **Verwaltungsaufgaben** nach Art. 87f. Abs. 2 S. 2 GG in bundeseigener Verwaltung wahr. Nach Absatz 3 führt der Bund zudem in der Rechtsform der bundesunmittelbaren Anstalt des öffentlichen Rechts einzelne hoheitliche Aufgaben aus, die nicht privatwirtschaftlich wahrgenommen werden können. Für beide Bereiche wird die in den §§ 66ff. TKG im Einzelnen geregelte **Regulierungsbehörde für Telekommunikation und Post** eingesetzt. Dieser Behörde wird durch das Gesetz ein gewisses Maß an Unabhängigkeit zur Wahrnehmung seiner Aufgaben eingeräumt (dazu *Oertel,* Die Unabhängigkeit der Regulierungsbehörde nach §§ 66ff. TKG, 2000). Die Regulierungsbehörde ist in ihrem Aufbau und ihrer Arbeitsweise (u.a. Gliederung in Beschlusskammern) dem Bundeskartellamt nachgebildet.

(4) Besonderheiten der Finanzverwaltung

102 Eine besondere und abschließende Regelung für den Bereich der Finanzverwaltung trifft Art. 108 GG. Nach dessen Absatz 1 werden Zölle, Finanzmonopole, die bundesgesetzlich geregelten Verbrauchsteuern einschließlich der Einfuhrumsatzsteuer und die Abgaben im Rahmen der Europäischen Gemeinschaften durch Bundesfinanzbehörden verwaltet. Es ist ein mindestens dreistufiger Behördenaufbau erforderlich. Der Aufbau dieser Behörden wird durch Bundesgesetz geregelt. Diesem für den Bereich der bundeseigenen Verwaltung atypischen Gesetzgebungsauftrag ist der Bund durch Erlass des **Finanzverwaltungsgesetzes** (G. v. 6. 9. 1950, BGBl. I, S. 448) nachgekommen. Danach sind **Bundesfinanzbehörden** der Bundesminister der Finanzen als oberste Behörde, die Bundesschuldenverwaltung, die Bundesmonopolverwaltung für Branntwein, das Bundesamt für Finanzen, das Zollkriminalamt, das Bundesamt zur Regelung offener Vermögensfragen, das Bundesaufsichtsamt für das Kreditwesen, das Bundesaufsichtsamt für das Versicherungswesen, das Bundesamt für den Wertpapierhandel und die Bundesversicherungsanstalt für Angestellte als Oberbehörden, die Oberfinanzdirektionen als Mittelbehörden sowie die Hauptzollämter einschließlich ihrer Dienststellen, die Zollfahndungsämter, die Bundesvermögensämter und die Bundesforstämter als örtliche Behörden.

Auf der Grundlage des Art. 108 Abs. 2 S. 2 und Abs. 4 S. 1 GG regelt das Finanzverwaltungsgesetz auch die Struktur der **Landesfinanzbehörden.** Insoweit ist vor allem von Interesse, dass die **Oberfinanzdirektionen** zugleich als Mittelbehörde der Landesfinanzverwaltung tätig werden (kann). Daraus ergeben sich Konsequenzen für den Status und die Ernennung des Behördenleiters. Nach § 9 Abs. 2 FVG ist der Oberfinanzpräsident sowohl Bundes- als auch Landesbeamter, wenn die Behörde sowohl Bundes- als auch Landesaufgaben wahrnimmt. Er wird im gegenseitigen Einvernehmen zwischen der Bundesregierung und der zuständigen Landesregierung ernannt. Dies folgt aus den Vorgaben der Art. 108 Abs. 1 S. 3 und Abs. 2 S. 2 GG. Ob die über die gegenseitige Mitwirkung bei der Ernennung des Behördenleiters hinausgehende Verschmelzung von Bundes- und Landesbehörde von Art. 108 GG gedeckt ist, wird unterschiedlich beurteilt (bejahend: *Schlette,* in: v. Mangoldt/Klein/Starck, Grundgesetz Kommentar, Bd. 3, 4. Aufl. 2001, Art. 108 Abs. 4, Rdnr. 81; ablehnend: *Seer,* in: BK, Art. 108, Rdnr. 73; *Siekmann,* in: Sachs (Hrsg.), Grundgesetz Kommentar, 2. Aufl. 1999, Art. 108, Rdnr. 29). Nach Art. 108 Abs. 4 GG kann das Zusammenwirken von Bund und Ländern sehr weitgehend durch ein zustimmungspflichtiges Bundesgesetz geregelt werden. Damit liegt einer der seltenen Fälle grundgesetzlich angeordneter **Mischverwaltung** vor. 103

(5) Die Sonderstellung der Bundesbank

Stellung und Aufgaben der Bundesbank sind in Art. 88 GG geregelt, wobei die Vorschrift nach der Errichtung der Europäischen Währungsunion und der Europäischen Zentralbank den supranationalen Anforderungen angepasst und dabei wesentlich verändert wurde (*Heun,* Die Europäische Zentralbank in der Europäischen Währungsunion, JZ 1998, 866; *Welteke,* Die Bundesbank und der Finanzplatz Deutschland, WM 2000, 20). Die Bundesbank gilt wegen ihrer Freistellung von Weisungen als eine der wichtigsten Beispiele der ministerialfreien Verwaltung (s. ausführlich *Brosius-Gersdorf,* Deutsche Bundesbank und Demokratieprinzip, 1997). Auf Einzelheiten seiner Organisation wird deshalb im Zusammenhang mit der Erörterung dieses Verwaltungstypus eingegangen. 104

(6) Die Einordnung des Bundesrechnungshofs

Der Bundesrechnungshof findet seine verfassungsrechtliche Grundlage in Art. 114 Abs. 2 GG und ist in seinen organisatorischen Einzelheiten im Bundesrechnungshofgesetz (G.v. 11. 7. 1985, BGBl. I, S. 1445) geregelt. Seine einzelnen Aufgaben sind nach den Maßgaben des Art. 104 Abs. 2 GG und der §§ 42 ff. des Haushaltsgrundsätzegesetzes (G.v. 19. 8. 1969, BGBl. I, S. 1273) in der Bundeshaushaltsordnung (G.v. 19. 8. 1969, BGBl. I, S. 1284) geregelt. 105

Da der Bundesrechnungshof sowohl der Regierung bei der verwaltungsinternen Kontrolle hilft als auch dem Parlament zuarbeitet und seine Mitglieder gem. Art. 114 Abs. 2 S. 1 GG richterliche Unabhängigkeit besitzen, 106 wirft seine Zuordnung zur Exekutive und damit verbunden seine Qualifizierung als Verwaltungsbehörde erhebliche Probleme auf. Nach überwiegender Ansicht nimmt der Bundesrechnungshof (das Gleiche gilt auch für die Landesrechnungshöfe) dann auch eine **verfassungsrechtliche Sonderstellung** ein (dazu um zum Folgenden jeweils ausführlich *Stern,* Staatsrecht Bd. 2, S. 444ff.; *Schwarz,* in: v. Mangoldt/Klein/Starck, Grundgesetz Kommentar, Bd. 3, 4. Aufl. 2001, Art. 114 Abs. 2, Rdnr. 75f.). Sie besteht zum einen darin, dass er nicht eindeutig einer der drei Gewalten zugeordnet werden kann, sondern vielmehr Elemente aller drei Gewalten in sich vereinigt. Seine Funktion wird vor allem darin gesehen, die Aufgabenwahrnehmung von Regierung und Parlament im Bereich der Finanzkontrolle zu unterstützen und diese Funktion zudem selbstständig auszuüben. Wegen dieser eigenständigen Funktionen und der richterlichen Unabhängigkeit seiner Mitglieder kommt auch eine Qualifizierung als Hilfsorgan von Regierung oder Parlament nicht in Betracht.

107 Obwohl er im Grundgesetz verankert ist und Verfassungsorganen zuarbeitet ist der Bundesrechnungshof selbst **kein Verfassungsorgan** und auch keine Bundesbehörde sondern ein **oberstes Bundesorgan** (*Stern,* Bundesrechnungshof und Finanzkontrolle aus verfassungsrechtlicher Sicht, DÖV 1990, 261 [264]). In organisationsrechtlicher Hinsicht kann der Bundesrechnungshof trotz seiner Selbstständigkeit gegenüber Regierung und Verwaltung mangels eindeutiger und ausschließlicher Zuordnung zu anderen Bereichen und der fehlenden Anerkennung der Finanzkontrolle als eigenständiger Staatsfunktion gleichwohl als **Verwaltungsbehörde** im weiteren Sinne qualifiziert werden, da dies am ehesten dem Wesen seiner Tätigkeit entspricht (*Schwarz,* a.a.O., Art. 114 Abs. 2, Rdnr. 77f.).

c) Vorgaben des Grundgesetzes für die Landesverwaltung

108 Die Vorgaben des Grundgesetzes für die Landesverwaltung im weit verstandenen, auch die kommunale und funktionale Selbstverwaltung einschließenden Sinne, können in allgemeine Vorgaben über die Homogenitätsklausel des Art. 28 GG und Einzelregelungen unterschieden werden, die sich an verschiedenen Stellen des Grundgesetzes befinden.

109 Am weitesten reichen die Vorgaben in Art. 28 Abs. 1 und 2 GG für die kommunale Selbstverwaltung, die aus staatsrechtlicher Sicht Teil der Landesverwaltung ist und deren organisationsrechtliche Ausgestaltung (Gesetzgebungskompetenz für das Kommunalverfassungsrecht) Aufgabe der Landesgesetzgeber ist. Aus Art. 28 Abs. 2 GG wird eine institutionelle Garantie der kommunalen Selbstverwaltung in dem Sinne abgeleitet, dass es in den Ländern Träger kommunaler Selbstverwaltung geben muss. Ihnen muss zudem nach der näheren Maßgabe des Art. 28 Abs. 2 GG die eigenverantwortliche Aufgabenerfüllung sowie eine ausreichende Finanzausstattung garantiert sein. Nach Art. 28 Abs. 1 S. 2 GG müssen in den Gemeinden und Kreisen Vertretungen des Volkes eingerichtet werden, die aus allgemeinen,

unmittelbaren, freien, gleichen und geheimen Wahlen hervorgegangen sind. Damit werden in materieller Hinsicht demokratische Partizipationsrechte der in den betreffenden Kommunen lebenden Bürger und Unionsbürger und in organisationsrechtlicher Hinsicht Repräsentativorgane vorgeschrieben (zum Ganzen ausführliche Darstellung unter §§ 94ff.).

Sowohl auf die kommunale Selbstverwaltung als auch auf die gesamte übrige Landesverwaltung bezieht sich die Forderung in Art. 28 Abs. 1 S. 1 GG, dass die verfassungsmäßige Ordnung in den Ländern den Grundsätzen des republikanischen, demokratischen und sozialen Rechtsstaats im Sinne des Grundgesetzes entsprechen muss. Dabei kommt vor allem dem Demokratie- und dem Rechtsstaatsprinzip erhebliche Bedeutung für den Bereich der Verwaltungsorganisation zu. Das zeigt sich nicht zuletzt daran, dass das Bundesverfassungsgericht zahlreiche organisationsrechtliche Regelungen der Landesgesetzgeber am Maßstab des Art. 28 Abs. 1 S. 1 GG und des Demokratieprinzips überprüft hat (z.B. *BVerfGE* 83, 60ff.; 93, 37 [66]). Auch die Landesverfassungsgerichte können die Beachtung dieser Vorgaben überprüfen (vgl. *VerfGH NW,* DVBl. 1986, 1196ff.; *VerfGH Rh.-Pf.,* DVBl. 1994, 1059ff.). **110**

Da sich Art. 28 Abs. 1 GG nur auf die **Grundsätze** der angeführten Verfassungsprinzipien bezieht, sind für die Länder nicht alle Einzelheiten der Ausgestaltung der Prinzipien durch das Grundgesetz verbindlich. Den Ländern bleiben deshalb gewisse Spielräume (BVerfGE 4, 178 [189]; 64, 301 [317]; 96, 345 [368f.]). Als strikt zu beachtende Vorgaben können aus dem **Demokratieprinzip** das Erfordernis eines ausreichenden Legitimationsniveaus durch organisatorisch-personelle und sachlich-inhaltliche Legitimationsvermittlung (BVerfGE 93, 37 [66f.]; *Tettinger,* in: v. Mangoldt/Klein/Starck, Grundgesetz Kommentar, Bd. 2, 4. Aufl. 2000, Art. 28 Abs. 1, Rdnr. 50) sowie die Beachtung der elementaren Wahlgrundsätze (BVerfGE 47, 253 [276]; 51, 222 [235]) abgeleitet werden. **111**

Weitere Vorgaben für die Verwaltungsorganisation in den Ländern finden sich für den Bereich der Ausführung der Bundesgesetze als eigene Angelegenheit durch die Länder in Art. 84 GG, sowie in Art. 85 GG für den Bereich der Bundesauftragsverwaltung. Dabei wird neben materiellen Weisungsrechten vor allem dem Bund der Zugriff auf die Einrichtung der Behörden eröffnet (Art. 84 Abs. 1 und Art. 95 Abs. 1 GG) und ein Mitwirkungsrecht bei der Bestellung von Behördenleitern eingeräumt (Art. 85 Abs. 2 S. 3 GG). Ähnliche Optionen werden dem Bund in Art. 108 GG für den Bereich der Landesfinanzverwaltung eröffnet. **112**

d) Sonstige Vorgaben

Von besonderer Qualität sind die Vorgaben, die das Grundgesetz für die Organisation der **Hochschulen** durch die Länder vermittelt. Hier ist zum einen auf die Bedeutung der Rahmengesetzgebungskompetenz des Bundes nach Art. 75 Nr. 1a GG zu verweisen, die der Bund zum Erlass des **113**

Hochschulrahmengesetzes genutzt hat, das je nach der verfolgten hochschulpolitischen Konzeption mit wechselnder Intensität organisationsrechtliche Vorgaben für die Landesgesetzgeber aufstellt. Zuletzt hat der Bund die organisationsrechtlichen Vorgaben reduziert, um den Ländern ausreichenden Spielraum für die Umsetzung von neuen Organisations- und Steuerungsmodellen im Hochschulbereich einzuräumen (Überblick zur Reformdiskussion bei *Fehling,* Die Verwaltung 35 [2002], 399ff.; kritisch *Thieme,* DÖV 1997, 1042ff.; *Müller-Böling,* Die entfesselte Hochschule, 2000). Hinzu kommen neben der Pflicht zur Beachtung des Demokratieprinzips jedoch besondere, aus dem **Grundrecht der Wissenschaftsfreiheit** des Art. 5 Abs. 3 GG abgeleitete Maßgaben, zu denen sich das Bundesverfassungsgericht in grundlegenden Entscheidungen geäußert hat (BVerfGE 35, 79ff.; ausführlich zur Ableitung des Selbstverwaltungsrechts aus Art. 5 Abs. 3 GG *Kluth,* S. 419ff.; *Trute,* Die Forschung zwischen grundrechtlicher Freiheit und staatlicher Institutionalisierung, 1994) und die sich als wirksame Schranke der Gestaltungsfreiheit der Landesgesetzgeber vor allem dort erwiesen haben, wo die demokratische Partizipation zu Lasten der grundrechtlichen Partizipation und Freiräume ausgeweitet werden sollte.

114 Sehr weitreichende organisatorische Vorgaben leitetet das Bundesverfassungsgericht für die Organisation der **öffentlich-rechtlichen Rundfunkanstalten** aus dem Grundrecht der Rundfunkfreiheit des Art. 5 Abs. 1 S. 2 GG ab (s. vor allem *BVerfGE* 12, 205ff.; 31, 314ff.; 57, 295ff.; 73, 118ff.; 74, 297ff.; 83, 238ff.; 87, 181ff.; 90, 60ff.). Obwohl die Tätigkeit der öffentlich-rechtlichen Rundfunkanstalten nicht der staatlichen Verwaltung zuzurechnen, sondern als Emanation grundrechtlicher Freiheit zu qualifizieren ist (*Kluth,* S. 75ff.; nicht überzeugend dagegen *BVerfGE* 31, 314ff. siehe dazu bereits das abweichende Votum *BVerfGE* 31, 337ff.), handelt es sich gleichwohl um organisationsrechtliche Vorgaben für die Landesgesetzgeber, bei denen jedoch der negative Impuls überwiegt. Sie wirken sich aber vor allem in der Art und Weise aus, dass der Staat einen organisatorischen und finanziellen Rahmen für den öffentlich-rechtlichen Rundfunk bereitstellen muss, der durch die Grundsätze der Staatsferne und Programmfreiheit geprägt ist. Damit folgen aus dem Grundrecht der Rundfunkfreiheit organisationsrechtliche Direktiven, die den auf die Sicherung des staatlichen Einflusses abzielenden Vorgaben des Demokratieprinzips diametral entgegenstehen.

2. Die Vorgaben der Landesverfassungen

a) Vorbemerkungen

115 Im Vergleich zu den recht umfangreichen und detaillierten Vorgaben, die das Grundgesetz für bundeseigene Verwaltung enthält, ist der normative Befund in den Landesverfassungen eher spärlich. Es sind in der Regel zwischen fünf und zehn Normen, die die Landesverfassungen (ohne die Normen zur Regierung und zum kommunalen Haushalt) im Vergleich zu den

– je nach Strenge der Qualifizierung – ungefähr 15 Normen des Grundgesetzes der Landesverwaltung widmen, wobei das Schwergewicht in den meisten Fällen bei der Regelung der kommunalen Selbstverwaltung liegt. Das gilt auch für die Verfassungen der neuen Bundesländer. Dieser Unterschied ist auf den ersten Blick der in Art. 30 GG verankerten Grundregel zuzuschreiben, dass Bundeszuständigkeiten nur so weit gehen, wie diese im Grundgesetz ausgewiesen sind. Bei näherer Betrachtung zeigt sich indes, dass diese Erklärung für den Bereich der bundeseigenen Verwaltung nur beschränkt die erhebliche Regelungsdichte für die einzelnen Verwaltungszweige erklärt, soweit die entsprechenden Bundesgesetze dem Bund zur eigenen Ausführung zugewiesen sind. Es zeigt sich vielmehr, dass das Grundgesetz auch unabhängig von der föderalen Kompetenzverteilung die Verwaltungsorganisation in einer deutlich intensiveren Art und Weise verfassungsrechtlich determiniert als dies auf der Ebene der Landesverfassungen der Fall ist. Dies verwundert umso mehr, als nach der Grundregel des Art. 83 GG die Verwaltung eine Länderdomäne ist.

Die Gründe für die deutliche Zurückhaltung der Landesverfassungen 116 gegenüber detaillierten Regelungen der Verwaltungsorganisation dürften vor allem in der ansonsten drohenden Gefahr der Überfrachtung der Landesverfassungen mit Detailregelungen zu erblicken sein. Gerade weil die Landesverwaltung einschließlich der Kommunalverwaltung so breit gefächert und bedeutsam ist, könnte sich eine verfassungsrechtliche Regelung nicht auf wenige Normen beschränken und damit der rahmenartigen Regelungstechnik des Verfassungsrechts entsprechen. Hinzu kommt, dass die Anforderungen an eine verfassungsrechtliche Kompetenzbegründung wegen des die Länder begünstigenden Verteilungsmechanismus der Art. 30, 83ff. GG deutlich geringer ausfallen. Des Weiteren muss erwähnt werden, dass die meisten Landesverfassungen mit einer **Generalklausel zur Verteilung der Organisationsgewalt** zwischen Parlament und Exekutive operieren und damit einen Regelungsansatz wählen, den das Grundgesetz in dieser Form nicht kennt.

Im Folgenden wird anknüpfend an die Darstellung der Strukturen der 117 Landesverwaltung (siehe § 80, Rdnr. 253ff.) ein Überblick über die jeweiligen normativen Vorgaben der einzelnen Landesverfassungen gegeben, ohne dass dabei auf alle Einzelheiten eingegangen werden kann.

b) Das Verhältnis von Regierung und Verwaltung

Die Landesverfassungen unterscheiden wie das Grundgesetz sehr deutlich 118 zwischen Regierung und Verwaltung, gestalten die Beziehung zwischen beiden Ebenen der Exekutive im Einzelnen aber durchaus unterschiedlich aus. Auffällig ist dabei vor allem die unterschiedliche Art und Weise der Einbeziehung in den Verwaltungsbereich.

Die **baden-württembergische Verfassung** weist in Art. 45 Abs. 1 der 119 Regierung insgesamt die Ausübung der vollziehenden Gewalt zu und trifft daran anknüpfend in Art. 69 GG die differenzierende Regelung, dass die Verwaltung durch die Regierung, die ihr unterstellten Behörden und die Träger der Selbstverwaltung ausgeübt wird. Damit wird die Einheit der Exekutive stärker betont als die Abgrenzung der Regierungsebene von der Verwaltung.

120 Ähnliche Tendenzen finden sich auch in Art. 43 Abs. 1 der **bayerischen Verfassung,** wonach die Staatsregierung die oberste leitende und vollziehende Behörde des Staates ist. Auf eine weitere allgemeine Bestimmung über die Verwaltungsausübung im Abschnitt über die Verwaltung verzichtet die bayerische Verfassung.

121 Die Verfassung von **Mecklenburg-Vorpommern** folgt dem bayerischen Modell. Sie bezeichnet in Art. 41 Abs. 1 die Landesregierung als Spitze der vollziehenden Gewalt und bestimmt in Art. 69, dass die öffentliche Verwaltung durch die Landesregierung, die ihr unterstellten Behörden und die Träger der Selbstverwaltung ausgeübt wird. Eine vergleichbare Regelung trifft die Verfassung von **Sachsen-Anhalt** in ihren Art. 64 Abs. 1 und 86 Abs. 1. Ebenfalls diesem Regelungstypus ist die **niedersächsische Verfassung** zuzuordnen, die in Art. 28 Abs. 1 die vollziehende Gewalt pauschal der Landesregierung zuordnet und in Art. 56 bestimmt, dass das Land seine Verwaltung durch die Landesregierung und die ihr nachgeordneten Behörden ausübt. Auch die **sächsische Verfassung** folgt diesem Modell. Nach Art. 59 Abs. 1 steht die Staatsregierung an der Spitze der vollziehenden Gewalt. Ihr obliegt die Leitung und Verwaltung des Landes. Art. 82 Abs. 1 bestimmt, dass die Verwaltung durch die Staatsregierung, die ihr unterstellten Behörden und durch die Träger der Selbstverwaltung ausgeübt wird.

122 Die Verfassung von **Schleswig-Holstein** bezeichnet in Art. 26 Abs. 1 die Landesregierung als oberstes Leitungs-, Entscheidungs- und Vollzugsorgan im Bereich der vollziehenden Gewalt und trifft im Übrigen detaillierte Regelungen für die kommunalen Selbstverwaltung.

123 Die **brandenburgische Verfassung** nimmt auf das Verhältnis von Regierung und Verwaltung nur in der allgemeinen Bestimmung zu den Grundsätzen der Verfassung in Art. 2 Bezug, indem dort die vollziehende Gewalt in die Hände der Landesregierung, der Verwaltungsbehörden und der Selbstverwaltungsorgane gelegt wird. Noch zurückhaltender sind die **hessische,** die **nordrhein-westfälische,** die **rheinland-pfälzische** und die **saarländische Verfassung,** die detaillierte Regelungen nur für die kommunale Selbstverwaltung treffen und im Übrigen die Staats- oder Landesverwaltung nicht näher ausgestalten. Die **Bremer Verfassung** weist in Art. 118 dem Senat die Aufgabe zu, die Verwaltung zu führen und regelt in Art. 143 ff. detailliert nur die Gemeinden. Die **Hamburger Verfassung** weist in Art. 33 Abs. 2 dem Senat die Aufgabe zu, die Verwaltung zu führen und zu beaufsichtigen und ordnet den einzelnen Senatsmitgliedern in Art. 55 die Leitung der von ihnen verantworteten Verwaltungszweige zu.

Eine besondere Regelung findet sich in **Berlin.** Hier weist die Verfassung in Art. 67 Abs. 1 dem Senat die Aufgabe zu, durch die Hauptverwaltung die Aufgaben von gesamtstädtischer Bedeutung wahrzunehmen, während alle anderen Aufgaben nach Absatz 2 durch die Bezirke wahrzunehmen sind. 124

c) Vorgaben für den Aufbau der Landesverwaltung

Eine unterschiedliche Regelungstypik findet sich in den Landesverfassungen auch in Bezug auf die Vorgaben für den Aufbau der Landesverwaltung und die **Zuweisung des Organisationsgewalt.** Vor allem die Länder, deren Verfassungen keine genaueren Regelungen für den Verwaltungsaufbau enthalten, besitzen statt dessen eine Norm, die explizit die Organisationsgewalt regelt und dabei in den meisten Fällen verlangt, dass durch ein Landesgesetz der allgemeine Aufbau der Landesverwaltung geregelt wird. Im Einzelnen sind folgende Regelungen anzutreffen: 125

Einen **allgemeinen Organisationsgesetzesvorbehalt** dergestalt, dass der Aufbau, die räumliche Gliederung und die Zuständigkeiten der Landesverwaltung durch Gesetz zu regeln sind enthalten (mit kleinen Abweichungen) Art. 70 bad.württ. Verf., Art. 77 bay. Verf., Art. 96 brand. Verf.; Art. 70 Abs. 2 m.-v. Verf.; Art. 56 Abs. 2 nds.-Verf., Art. 77 Verf.-NW, Art. 112 saarl.-Verf., Art. 83 Abs. 1 sächs.-Verf., Art. 86 Abs. 2 sa.-anh.-Verf., Art. 45 Abs. 2 schl.-holst.-Verf. und Art. 90 thür.-Verf. (siehe zu weiteren Einzelheiten und dem Inhalt der erlassenen Organisationsgesetze § 82, Rdnr. 75ff.; einen Überblick gibt auch die Darstellung bei *König,* Kodifikation des Landesorganisationsrechts, 2000, S. 114ff.). 126

Nur ein punktueller Gesetzesvorbehalt findet sich in Art. 67 Abs. 3 berl. Verf. für die nähere Abgrenzung der Zuständigkeitsbereiche. Keinen allgemeinen organisationsrechtlichen Gesetzesvorbehalt sehen demnach die Verfassungen von Bremen, Hamburg, Hessen und Rheinland-Pfalz vor. 127

d) Vorgaben für die kommunale Selbstverwaltung

Mit Ausnahme der Stadtstaaten Berlin und Hamburg enthalten die Landesverfassungen sehr detaillierte Regelungen zur kommunalen Selbstverwaltung. Diese umfassen in der Regel Regelungen zur Selbstverwaltungsgarantie als solcher, zur Aufgabenzuweisung, zur Finanzausstattung und zum Finanzausgleich. Die damit zusammenhängenden Fragen werden ausführlich in den §§ 94 bis 96 behandelt, auf die insoweit auch bezüglich der Regelungen in den Landesverfassungen verwiesen wird. 128

e) Vorgaben für sonstige Verwaltungsträger

Neben der allgemeinen Landesverwaltung und der kommunalen Selbstverwaltung sind auch einzelne sonstige Verwaltungsträger Gegenstand von Regelungen und besonderen Garantien in den Landesverfassungen. 129

Am häufigsten anzutreffen sind Regelungen über die **Hochschulen,** wobei diesen ein Selbstverwaltungsrecht garantiert wird. Entsprechende Regelungen finden sich in Art. 20 Abs. 2 bad.-württ. Verf., Art. 138 Abs. 2 130 bay. Verf., Art. 32 Abs. 1 brand. Verf., Art. 60 Abs. 1 hess. Verf., Art. 7 Abs. 3 S. 2 m.-v. Verf., Art. 5 Abs. 3 nds. Verf., Art. 16 Abs. 1 n.-w. Verf., Art. 39 Abs. 1 rh.-pf. Verf., Art. 33 Abs. 2 saarl. Verf., Art. 107 Abs. 2 sächs. Verf., Art. 31 Abs. 2 sa.-anh. Verf., Art. 28 Abs. 1 S. 2 thür. Verf. (näher zum Regelungsgehalt s. *Erichsen/Scherzberg,* NVwZ 1990, 8 [12]).

131 Eine besondere Regelung findet sich in Art. 57 Abs. 1 nds.-Verf. und Art. 71 Abs. 1 bad.-württ. Verf., die neben den Kommunen auch den **sonstigen öffentlich-rechtlichen Körperschaften** das Recht garantieren, ihre Angelegenheiten im Rahmen der Gesetzes in eigener Verantwortung zu verwalten. Die Reichweite dieser Regelungen, insbesondere die Frage, ob sie den sonstigen Körperschaften die gleiche Garantie vermittelt wie den Kommunen, ist umstritten. Der Niedersächsische Staatsgerichtshofs ist der Ansicht, dass die Garantiewirkung zugunsten der sonstigen öffentlich-rechtlichen Körperschaften weniger weit reicht als für die Kommunen (*Nds. StGH,* OVGE 34, 500ff.; anders das abweichende Votum zu dieser Entscheidung, OVGE 34, 507ff.; siehe dazu auch *Kluth,* S. 514ff.).

132 Die Landsverfassungen von Bremen (Art. 57 brem. Verf.), Hessen (Art. 35 hess. Verf.) und dem Saarland (Art. 46 saarl. Verf.) enthalten Regelungen, die die Errichtung von Sozialversicherungsträgern vorsehen und deren Selbstverwaltungsrecht anerkennen (dazu *Kluth,* S. 518).

133 Der Art. 59 Abs. 1 saarl. Verf. enthält schließlich eine Garantie der Wirtschaftskammern (Industrie- und Handelskammer, Handwerkskammer, Landwirtschaftskammer und Arbeitskammer).

IV. Anforderungen an die demokratische Legitimations- und Leitungsordnung

1. Der organisationsrechtliche Gehalt des Demokratieprinzips

a) Grundaussagen

134 Das in Art. 20 Abs. 1 und Abs. 2 sowie Art. 28 Abs. 1 GG verankerte und in weiteren Einzelbestimmungen näher ausgestaltete Demokratieprinzip des Grundgesetzes ist zugleich **Staatslegitimations- und Staatsorganisationsprinzip** (das Gleiche gilt für die entsprechenden Regelungen der Landesverfassungen). Ausgehend vom zentralen Postulat der Volkssouveränität in Art. 20 Abs. 2 S. 1 GG entfaltetet das Grundgesetz selbst sowie die an seine Regelungen anknüpfende Dogmatik, wie sie das Bundesverfassungsgericht (grundlegend u.a. *BVerfGE* 83, 60 [71f.]; 89, 155 [182]; 93, 37 [67]) und die Wissenschaft entwickelt haben (grundlegend: *Böckenförde,* HBStR I, § 22, Rdnr. 21ff.) organisationsrechtliche Rahmenbedingungen, die für die praktische Umsetzung der Herrschaft des Staatsvolkes in allen Zweigen der Staatsgewalt unverzichtbar sind. Im Zentrum steht dabei die Rückbindung aller Ausübung von Staatsgewalt an die **Leitungsgewalt** des Volkes, die ihm als Souverän innerhalb der Verfassungsordnung für alle Bereiche und damit

auch für die öffentliche Verwaltung zugewiesen ist. Dabei ist indes zu beachten, dass das Grundgesetz die Volkssouveränität bzw. genauer: das Staatsvolk als originäres Subjekt demokratischer Legitimationsvermittlung nicht nur im Bundesstaatsvolk verortet, sondern auch dem Volk in den Bundesländern sowie in den Gemeinden und Gemeindeverbänden gem. Art. 28 Abs. 1 S. 2 GG die Funktion eines originären Subjekts demokratischer Legitimationsvermittlung zuweist. Für den Bereich der Exekutive ist dies vor allem für die kommunale Selbstverwaltung und ihre demokratische Legitimation von grundlegender Bedeutung (dazu im Einzelnen § 98). Im Übrigen folgt aus dieser abschließenden Regelung, dass alle übrigen Erscheinungsformen der öffentlichen Verwaltung mittels der allgemein gültigen Legitimationsordnung und ihrer Mechanismen an das Staatsvolk (in Bund und Ländern) und seinen „Willen" rückgebunden werden müssen. Das gilt sowohl in institutioneller und personeller Hinsicht als auch für die jeweiligen Gegenstände und Inhalte staatlichen bzw. exekutivischen Handelns.

Eine Erweiterung der originären Legitimationssubjekte durch den Gesetzgeber ist nicht möglich, da es sich um eine der Verfassungsgebung (einschließlich der Verfassungsänderung) vorbehaltene Frage handelt (*Kluth*, S. 369ff.). Aus diesem Grunde musste auch die Einbeziehung der Unionsbürger in die Kommunalwahlen durch eine Verfassungsänderung (Einfügung des Art. 28 Abs. 1 S. 3 GG) umgesetzt werden. Anders verhält es sich bei der Eröffnung neuer Partizipationsmöglichkeiten für die existierenden Legitimationssubjekte, etwa durch die Einführung von Direktwahlen der Bürgermeister und Landräte und die Ermöglichung von Abstimmungen. 135

Die vom Grundgesetz konstituierten bzw. anerkannten Legitimationssubjekte unterscheiden sich in mehrfacher Hinsicht. So besteht zwischen dem Bundesstaatsvolk und dem Volk in den Ländern im Hinblick auf die Souveränität ein gradueller Unterschied (die Länder sind vor allem wegen der lediglich punktuellen Zuständigkeiten im Bereich der auswärtigen Gewalt nur mit erheblichen Einschränkungen souverän; durch die Einbindung in die Europäische Union und andere internationale Organisationen ist auch die Souveränität des Bundes beschränkt). Auf der kommunaler Ebene fehlt es vollständig an Souveränität; hier verfügt das Volk nur über eine durch das Selbstverwaltungsrecht umschriebene Autonomie. 136

b) Das Legitimationssystem und seine Bauelemente

Diese allgemeinen Vorgaben haben Rechtsprechung und h. L. in ein baukastenförmiges Legitimationssystem transformiert, dessen Grundanforderung und Bezugspunkt die nach Bedeutung der Aufgabe und Gewicht ihrer rechtlichen, politischen und faktischen Auswirkungen eine ausreichende Rückbindung an den Volkswillen verlangt (*BVerfGE* 93, 37 [66f.]; *Böckenförde*, § 22, Rdnr. 14). Für den Bereich der Verwaltung werden daraus folgende Vorgaben abgeleitet: 137

(1) Institutionelle Legitimation

138 Die **institutionelle demokratische Legitimation** kann sich auf entweder auf einen bestimmten Verwaltungstyp (z.B. die kommunale Selbstverwaltung in Art. 28 Abs. 2 GG) oder einen bestimmten Verwaltungsträger einschließlich seiner Verbandskompetenz beziehen (z.B. die Bundesbank in Art. 88 GG). Eine institutionelle demokratische Legitimation kann in erster Linie aus den Verfassungen, in zweiter Linie aus Organisationsgesetzen abgeleitet werden.

139 Die Ableitung der verfassungsrechtlichen institutionellen Legitimation beruht auf der Annahme, dass die Verfassung selbst über ein Höchstmaß demokratischer Legitimation verfügt, so dass auch die von ihr vorgesehenen Verwaltungstypen und Verwaltungsträger alleine durch ihre (textliche) Verankerung in der Verfassung über eine demokratische Grundlegitimation verfügen, die sich auf ihre Existenz und – soweit sie aus der Verfassung ableitbar sind – Struktur und Aufgaben bezieht (vgl. *BVerfGE* 49, 89 [125]; 68, 1 [89]; *Böckenförde,* § 22, Rdnr. 15).

140 Bei parlamentarischen Organisationsakten bzw. -gesetzen beruht die demokratischen Legitimation auf dem Handeln des Parlaments als direkt vom Volk gewählter Vertretungskörperschaft. Da in der Regel auch die in der Verfassung vorgesehenen Verwaltungsträger durch Gesetz errichtet werden, ergänzen sich in der Praxis beide Erscheinungsformen institutioneller demokratischer Legitimation in den meisten Fällen.

141 Die Qualifizierung der unmittelbar aus der Verfassung abgeleiteten institutionellen Legitimation als demokratischer muss aber mit dem Zusatz bzw. der Einschränkung versehen werden, dass sie sich nicht auf das gleiche Legitimationssubjekt bezieht wie alle anderen Formen der demokratischen Legitimation. Diese beziehen sich innerhalb des konstituierten Staates auf das Volk als pouvoir constitué während es hier um das Volk als Verfassungsgeber, also in seiner Funktion als pouvoir constituant geht (*Jestaedt,* S. 277; *Kluth,* S. 357). Um diese nicht unbedeutende Differenz deutlicher zu machen, ist es besser, die aus der Verfassung abgeleitete institutionelle Legitimation auch direkt als verfassungsrechtliche Legitimation zu bezeichnen (*Kluth,* S. 357; *Wegge,* Zur normativen Bedeutung des Demokratieprinzips, nach Art. 79 Abs. 3 GG, 1996, S. 229; *Mehde,* S. 502f.).

(2) Personelle Legitimation

142 Die **personelle demokratische Legitimation** bezieht sich auf die Organ- und Amtswalter in den Verwaltungsträgern. Sie ist im Bereich der Exekutive äußerst vielgestaltig ausgebildet und im Einzelnen mit zahlreichen Problemen und Streitfragen verbunden, auf die bei der näheren Untersuchung der einzelnen Verwaltungstypen eingegangen wird. An dieser Stelle werden deshalb nur die wichtigsten Erscheinungsformen personellen demokratischer Legitimation vorgestellt und die wichtigsten Problemfelder erwähnt.

Nach dem Legitimationssubjekt kann zwischen **originären Legitimationsakten,** die direkt durch das Volk ausgeübten Bestellungen durch Wahl, und der **mittelbaren personellen Legitimation** durch Bestellungsakte eines seinerseits vom Volk gewählten oder mittelbar bestellten Organs (insbesondere der Regierung) unterschieden werden. **143**

Eine **originäre Legitimation** von Organen der Exekutive durch das Volk mittels **Wahl** findet nach dem Grundgesetz und den Landesverfassungen zwingend nur bei den kommunalen Vertretungskörperschaften (Gemeinderat und Kreistag) statt. Hinzu kommt auf einfachgesetzlicher Grundlage in den meisten Bundesländern die Direktwahl der Bürgermeister und Landräte. Die verfassungsrechtlichen Anforderungen an die Wahlakte ergeben sich aus Art. 28 Abs. 1 S. 2 und 3 GG sowie den entsprechenden Vorschriften der Landesverfassungen. Art. 33 Abs. 2 GG und die entsprechenden Vorschriften der Landesverfassungen sind nach h. M. nicht anwendbar. Bei den Trägern funktionaler Selbstverwaltung liegt nach h. M. kein originärer Legitimationsakt vor (*Kluth,* S. 369 ff.). **144**

In der ganz überwiegenden Zahl der Fälle werden die Amts- oder Organwalter der Exekutive durch einen individuellen **Bestellungsakt** personell legitimiert, der je nach rechtlicher Ausgestaltung als Wahlakt (etwa bei der Wahl der Bürgermeister durch den Gemeinderat), Ernennung (bei Beamten) oder Vertragsabschluss (bei Angestellten und Arbeitern im öffentlichen Dienst) ausgestaltet ist. In den beiden letzten Fällen kommt die Zuweisung eines bestimmten Aufgabenbereichs als zweiter Akt hinzu. Die personelle demokratische Legitimation bezieht sich auf beide Aspekte. **145**

In den meisten Fällen wird die personelle demokratische Legitimation durch einen **individuellen Bestellungsakt** vermittelt, bei dem die persönliche Eignung und Befähigung des Amtswalters überprüft wird. Die Auswahlentscheidung muss dabei den Anforderungen des Art. 33 Abs. 2 GG sowie der entsprechenden Vorschriften der Landesverfassungen genügen. Eine Auswahlentscheidung liegt auch bei der Bestellung durch Wahl vor, doch steht nicht so sehr die fachliche Eignung, als vielmehr das politische Vertrauen der Mehrheit der Wähler als konstitutives Element im Vordergrund. **146**

Einen Sonderfall stellt der **kollektive Bestellungsakt** bei den Trägern funktionaler Selbstverwaltung dar. Hier wird einer nach bestimmten gesetzlich festgelegten Merkmalen Berufsgruppe bzw. einer durch eine bestimmte Aufgabe betroffenen Personengruppe die Selbstverwaltung eines näher bezeichneten Aufgabenkomplexes übertragen. Die besondere Eignung und Befähigung wird in diesem Fall nicht für Einzelpersonen, sondern eine Gruppe von Personen durch den Gesetzgeber festgestellt, so dass personelle demokratische Legitimation durch einen kollektiver Bestellungsakt vermittelt wird (siehe dazu näher *Kluth,* S. 376 ff.). **147**

Die personelle demokratische Legitimation führt insbesondere in der Ministerialverwaltung oft zu sehr **langen Legitimationsvermittlungsketten,** die nicht selten fünf oder mehr Vermittlungsstufen umfassen: das **148**

Parlament wählt die Regierung; die Minister ernennen Behördenleiter, diese ihre nachgeordneten Organwalter usw. Auf diese Weise wird der Einfluss des Volkes auf die Auswahl und der Bestellung der Organwalter bis auf Spurenelemente ausgedünnt. Es ist deshalb teilweise bezweifelt worden, ob es Sinn macht, in diesen Fällen noch von einer personellen demokratischen Legitimation zu sprechen. Dieser Einwand ist aber nur insoweit berechtigt, als es um die Zuweisung von Ämtern mit großen Entscheidungsfreiräumen geht. Handelt es sich um weitgehend gesetzlich determinierte Tätigkeitsbereiche, wird die geringere personelle demokratische Legitimation durch die höhere sachlich-inhaltliche Legitimation ausgeglichen.

149 Für die Legitimationsvermittlung innerhalb der Ministerialverwaltung ist die **Weisungsunterworfenheit** der nachgeordneten Ebenen von großer Bedeutung. Auf diese Weise kann die idR stärker legitimierte Spitze der Verwaltungsträger ihre Leitungsgewalt im gesamten Verwaltungsträger zur Geltung bringen. In ähnlicher Weise kann die demokratische Legitimation von selbstständigen Verwaltungsträgern durch Instrumente der **präventiven Staatsaufsicht** (insbes. Genehmigungserfordernisse) erhöht oder ergänzt werden (dazu *Kluth,* S. 270ff.).

150 In vielen Bereichen der öffentlichen Verwaltung ist bei der (Um- oder Neu-) Besetzung von Amtswalterstellen eine **Mitwirkung der Personalvertretung** vorgesehen. Die Personalvertretungen werden durch die Mitarbeiter des öffentlichen Dienstes und nicht durch das Volk gewählt. Aus diesem Grunde bedarf es einer klaren verfassungsrechtlichen Begrenzung dieser Mitwirkungsrechte. Anderenfalls würde einer Gruppe von Personen ein mit dem Demokratieprinzip nicht vereinbarer privilegierter Einfluss auf die Ausübung der Staatsgewalt eingeräumt. Das Bundesverfassungsgericht hat in seiner Leitentscheidung zum schleswig-holsteinischen Personalvertretungsgesetz dazu nähere Kriterien entwickelt (*BVerfGE* 93, 37ff.).

151 Besondere, von den allgemeinen Wahlrechtsgrundsätzen abweichende Bestimmungen gelten z.T. für die Wahlen in den gruppenplural verfassten Trägern funktionaler Selbstverwaltung, namentlich den Industrie- und Handelskammern und den Handwerkskammern.

(3) Sachlich-inhaltliche Legitimation

152 Die personelle wird durch die **sachlich-inhaltliche demokratische Legitimation** ergänzt. Sie bezieht sich auf die einem Verwaltungsträger zugewiesenen Aufgaben und bewirkt zusammen mit der inhaltlichen Steuerung des Verwaltungshandelns dessen demokratische Legitimation. Dabei wird das Maß an personeller demokratischer Legitimation vermitteln, über das die erlassende Stelle verfügt. Führt eine Stelle der unteren Landesverwaltung demnach ein Parlamentsgesetz aus, so wird ihr durch dessen inhaltliche Vorgaben das hohe Legitimationsniveau von Bundestag oder Landtag vermittelt.

Einen Sonderfall der sachlich-inhaltlichen demokratischen Legitimation stellen die **Abstimmungsrechte** auf der kommunalen Ebene dar (Bürgerbegehren und Bürgerentscheid). Durch sie wird dir grundsätzlich repräsentative Ausgestaltung des demokratischen Systems punktuell durchbrochen. 153

Im Bereich der Sachentscheidungen sind die verfassungsrechtlichen Grenzen der **Mitwirkung der Personalvertretung** noch enger zu ziehen als im Bereich der personellen demokratischen Legitimation (dazu *BVerfGE* 93, 37 [72ff.]). 154

(4) Erforderliches Legitimationsniveau

Das Demokratieprinzip verlangt nicht irgendeine Form demokratischer Legitimation durch die verschiedenen Legitimationsmechanismen, sondern ein für die jeweilige Aufgabe angemessenes Legitimationsniveau. Dabei sind die einzelnen Legitimationsformen in ihrem Zusammenwirken zu berücksichtigen. Bei der Anwendung auf den Einzelfall ist zunächst abstrakt das für die wahrzunehmende Aufgabe das erforderliche Legitimationsniveau zu bestimmen und dann in einem zweiten Schritt zu prüfen, ob dieses durch die vorliegenden Legitimationsbausteine erreicht wird. 155

Umstritten ist die Zulässigkeit des vollständigen Ausfalls einer Legitimationsform. Während nach einer Ansicht immer eine personelle und sachlich-inhaltliche Legitimation vorliegen muss (so etwa *Böckenförde,* § 22, Rdnr. 23), so dass der Wegfall einer der beiden Legitimationsmodi verfassungsrechtlich besonderer Rechtfertigung bedarf (zu den dann geltenden Anforderungen siehe unten Rdnr. 170ff.), sind nach der Gegenansicht durchaus Fallkonstellationen denkbar, in denen auch durch nur eine Legitimationsform eine ausreichende Rückbindung erfolgen kann (*Kluth,* S. 360ff.). 156

Die Kriterien für die Bestimmung des erforderlichen Legitimationsniveaus gleichen den Kriterien, die auch für den Bereich der Gesetzgebung zur Konkretisierung des Parlamentsvorbehalts herangezogen werden. 157

c) Kritik und alternative Konzeptionen

Die von Bundesverfassungsgericht und herrschender Lehre entwickelte Interpretation des Demokratieprinzips hat neben viel Zustimmung auch Kritik und – in jüngerer Zeit zunehmend – grundsätzliche Ablehnung erfahren. Dabei wird vor allem kritisiert, dass sich das Demokratieverständnis zu stark am herkömmlichen Bürokratiemodell orientiert, dieses dabei zum Teil idealisiert und von falschen empirischen Prämissen ausgeht; zudem wird in dogmatischer Hinsicht kritisiert, dass die h.L. den Prinzipiencharakter des Demokratieprinzips verkennt und deshalb die Interpretations- und Gestaltungsfreiheit des Gesetzgebers zu sehr einengt (Übersicht bei *Mehde,* S. 444ff.; Einzelnachweise im nachstehenden Text). 158

Neben dieser Kritik, die in einen empirischen und einen dogmatischen Teil untergliedert werden kann, finden sich in der Literatur auch alternative Konzeptionen, die ihren Schwerpunkt in der Entwicklung neuer bzw. zusätzlicher Legitimationsformen haben und weniger auf eine Kritik als auf 159 eine Ergänzung der Konzeption der h. L. abzielen. Die größte Bedeutung haben insoweit die in verschiedenen Bereichen entwickelten Modelle der Erweiterung der (Betroffenen-) Partizipation.

(1) Kritik an den empirischen Grundlagen

160 Das Legitimationsvermittlungsmodell der h. L. beruht wie jede theoretische Aussage über eine reale Organisation auf empirischen Prämissen. Diese beziehen sich insbesondere auf die Voraussetzungen und Rahmenbedingungen der Ausübung von Leitungsgewalt innerhalb der Exekutive als einer bürokratisch im Sinne von Max Weber arbeitsteilig verfassten Organisation. Wie gezeigt wurde, besteht das zentrale Anliegen der Konstruktion darin, auch die Entscheidungen der nachgeordneten Ämter und Behörden an das Staatsvolk und seinen Willen rückzubinden. Dies erfolgt durch eine Verkoppelung der ausführenden Amtswalter mit den dem Parlament verantwortlichen Ministern als Spitze der Exekutive über die zwischen Minister und Amtswalter bestehenden Weisungsmöglichkeit. Die Effektivität dieses Legitimationsvermittlungsmechanismus wird vor allem unter zwei Aspekten in seiner Bedeutung und Effektivität in Frage gestellt.

161 Der erste Ansatzpunkt betrifft die Wirksamkeit der hierarchischen Steuerung durch Weisungsmöglichkeiten. Es wird gezeigt, dass die Verwaltungsspitze nicht in der Lage ist, sich umfassend über die Vorgänge auf den nachgeordneten Ebenen zu informieren. Schon deshalb sind ihre Steuerungsmöglichkeiten begrenzt. Hinzu kommt, dass nur im Falle der Ausübung von Weisungsrechten ein wirksamer Leitungszusammenhang zwischen Spitze und Basis entsteht. Informationsdefizite und die weitgehende Nicht-Ausübung von Weisungsrechten sollen zu einer deutlichen Reduktion der Legitimationsvermittlung durch die Weisungshierarchie führen (zum Ganzen *Mehde,* S. 448 ff. m. w. N.).

162 Kritisiert wird zweitens das von der herrschenden Lehre postulierte idealtypische Bild des neutralen Amtswalters, der gewissermaßen als Teil einer Maschine und Subjekt ohne eigene Interessen qualifiziert wird (siehe dazu auch *Dreier,* S. 36 ff.). Dem werden Erkenntnisse sozialwissenschaftlicher Forschungen entgegen gehalten, die zeigen, dass auch Amtswalter trotz ihrer Bindung an Gesetz und Gemeinwohl in vieler Hinsicht interessengeleitet agieren (dazu *Mehde,* S. 457 ff. m. w. N.).

163 Interessant und für die weiteren Überlegungen wichtig ist in diesem Zusammenhang die Feststellung, dass die Bezugnahme auf die Ministerialverwaltung als bürokratischer Rahmen der Legitimationsvermittlung nicht im Sinne einer unverzichtbaren Rahmenbedingung zu verstehen ist, sondern an sie wegen der seit langer Zeit zu beobachtenden faktischen Dominanz dieses Typus angeknüpft wurde und wird (dazu *Mehde,* S. 467 ff.). Aus dieser Feststellung wird eine grundsätzliche Offenheit der Legitimationsvermittlung für andere organisatorische Aufbaumuster und Verantwortungsbeziehungen abgeleitet.

(2) Kritik an der dogmatischen Konzeption

(a) Verkennung des Prinzipiencharakters

Stärker und weitreichender als die empirische Kritik ist die Kritik am dogmatischen Konzept der h.L. (siehe dazu die Übersicht bei *Mehde,* S. 487ff.). Sie bezieht sich auf den Charakter des Demokratieprinzips als offener Verfassungsnorm und wirft dem Bundesverfassungsgericht und der h.L. vor, eine **Uminterpretation** dieses **Prinzips** in eine **Regel** vorgenommen und damit zugleich den gesetzgeberischen Gestaltungsspielraum unzulässig verkürzt zu haben. Die Kritik bezieht sich insbesondere auf die Entscheidung des Bundesverfassungsgerichts zum schleswig-holsteinischen Personalvertretungsgesetz und die dort vorgenommenen detaillierten Ableitungen zur Ausgestaltung der Mitwirkungsrechte der im öffentlichen Dienst Beschäftigten (*BVerfGE* 93, 37ff.; dazu insbes. *Battis/Kersten,* Demokratieprinzip und Mitbestimmung im öffentlichen Dienst, DÖV 1996, 584ff.; *Mehde,* S. 490ff.). 164

Bei der Kritik muss zwischen verschiedenen Aspekten und Ebenen der Argumentation unterschieden werden. Methodisch geht es zum einen um die allgemeine Frage der Reichweite der Prüfungsdichte und Interpretationsbefugnisse des Bundesverfassungsgerichts im Verhältnis zum Gesetzgeber. Die darauf aufbauende Kritik ist von der Frage abzugrenzen, welche materiellen Vorgaben dem Demokratieprinzip im Wege der Verfassungsinterpretation zu entnehmen sind und wo die Konkretisierung jenseits der Auslegung beginnt. Beide Aspekte sind schwer zu trennen. Als dritter Bereich ist schließlich die Frage anzusehen, welche Legitimationsformen mit dem Demokratieprinzip vereinbar sind. Dabei geht es zwar auch um methodische Fragen, vor allem aber um verschiedene inhaltliche Interpretationen des Demokratieprinzips. 165

Für eine deutlichere **Begrenzung der materiellen Reichweite** des Demokratieprinzips und seine strikte Interpretation als offenes Verfassungsprinzip spricht sich z.B. *Schnapp* aus (*Schnapp,* in: v. Münch/Kunig, GG Kommentar, Band 2, 5. Aufl. 2001, Art. 20, Rdnr. 19ff.). Danach soll es nicht möglich und auch methodisch nicht zulässig sein, aus dem Demokratieprinzip detaillierte Anforderungen zu den Einzelheiten der Legitimationsvermittlung abzuleiten. Die Verfassung gebe nur einen allgemeinen Rahmen vor, der eine wirksame Rückbindung der Exekutivgewalt und der anderen Staatsgewalten an den Willen des Volkes verlange, ohne dass dafür ein abschließender Kanon von Instrumenten vorgegeben werden. Der Gesetzgeber könne deshalb durchaus bereichsspezifische Lösungen wählen, wenn diese als sachlich angemessen erscheinen. Konkret wird so z.B. die gesetzliche Anordnung von Friedenswahlen für verfassungsrechtlich zulässig gehalten. 166

Die in das methodische Argument der Unterscheidung von Regel und Prinzip verpackte Kritik an der h.L. vermag ihrerseits methodisch nicht zu 167 überzeugen. Zunächst deshalb, weil der Hinweis auf die Unterscheidung von Prinzip und Regel viel zu pauschal und undifferenziert ist. Sie enthält selber keine Aussage, wo die Grenzen verlaufen und welche Auslegungskriterien maßstäblich sind und welche nicht. Auch die daran angeknüpfte allgemeine Forderung nach mehr Gestaltungsspielraum für den Gesetzgeber ist als solche zu pauschal, um einen ernsthaften Einwand zu begründen. Vor allem aber verkennt oder übersieht die Kritik die Aufgabe der Dogmatik, vergleichsweise offene Verfassungsprinzipien so zu strukturieren, dass sie handhabbar und anwendbar werden. So werden auch durch die inzwischen sehr ausgefeilte Grundrechtsdogmatik die Grundrechte nicht von Prinzipien in eine Regel uminterpretiert und es kann auch nicht Aufgabe des Gesetzgebers sein, eine Grundrechtsdogmatik zu entwickeln. Ebenso bedarf es beim Demokratieprinzip einer Dogmatik, die diesen weiten Verfassungsrechtssatz strukturiert, ohne dass dabei eine Umfunktionierung oder gar Denaturierung stattfindet. Die Kritik plädiert deshalb genau genommen für eine andere Dogmatik. Ein Streit um die richtige Dogmatik ist indes Teil des normalen Prozesses der Verfassungsinterpretation, an dem die Verfassungsorgane und die Wissenschaft teilnehmen. Eine solche Diskussion sollte auf einzelne Elemente der Dogmatik der h. L. bezogen und nicht auf eine formale Metaebene verschoben werden, die der Kritik auf den ersten Blick ein höheres Gewicht verleiht. Aus diesem Grunde werden die alternativen Vorschläge zur Ausgestaltung des Demokratieprinzips bzw. der Legitimationsformen im jeweiligen Sachzusammenhang behandelt.

168 Unabhängig vom Streit um die dogmatische Konzeption wird eine **Begrenzung der verfassungsrechtlichen Kontrolldichte** gefordert. Vor allem in Bezug auf die Personalvertretungs-Entscheidung des Bundesverfassungsgerichts (*BVerfGE* 93, 37 [70 ff.]) wird insoweit geltend gemacht, dass die Aufgabenverteilung zwischen Gesetzgeber und Verfassungsgerichtsbarkeit von einer Konkretisierungsprärogative des Gesetzgebers und einer Beschränkung der Verfassungsgerichtsbarkeit auf Kontrolle und ggfs. Verwerfung ausgehe. Die Entwicklung gesetzesersetzender detaillierter Vorgaben, wie sie das Bundesverfassungsgericht in seiner Personalvertretungsentscheidung entwickelt habe, sei damit nicht vereinbar (vgl. *Mehde*, S. 490 ff.).

169 Bei dieser Kritik steht der allgemeine Streit um die Reichweite verfassungsgerichtlicher Kontrolle und nicht so sehr die Interpretation des Demokratieprinzips im Vordergrund. Insoweit erscheint die Entscheidung des Bundesverfassungsgerichts zum schleswig-holsteinischen Personalvertretungsgesetz in der Tat mit ihren sehr detaillierten Vorgaben für den Gesetzgeber als bedenklich. Gleichwohl ist das Grundkonzept, dem das Gericht in dieser Entscheidung folgt, überzeugend und schlüssig. Zu beachten ist ferner, dass sich das Gericht in vielen anderen Entscheidungen zum Demokratieprinzip sehr viel offener und zurückhaltender geäußert hat, so dass diese Entscheidung nicht als alleiniger Maßstab herangezogen werden darf.

Schließlich wurden in der Literatur **abweichende Positionen zu Einzelfragen** entwickelt, die nicht als Grundsatzkritik am Modell der h.L. zu verstehen sind. So wird etwa für den Bereich der funktionalen Selbstverwaltung ein abweichender Ansatz zum Legitimationssubjekt vertreten (so z.B. *Emde,* Die demokratische Legitimation der funktionalen Selbstverwaltung, 1991) und der der h.L. unterstellte numerus clausus der Legitimationsformen im Zusammenhang mit den Friedenswahlen und dem Neuen Steuerungsmodell in Frage gestellt (vgl. *Mehde,* S. 514ff.). 170

Die These, nach der h.L. von einem numerus clausus der Legitimationsformen ausgeht, muss zunächst als solche relativiert bzw. in Frage gestellt werden. So findet sich eine entsprechende explizite Aussage nur bei einigen Autoren (etwa *Jestaedt,* S. 347), jedenfalls nicht in der Rechtsprechung des Bundesverfassungsgerichts. Eine Gesamtschau seiner Rechtsprechung bringt vielmehr eine Reihe von Belegen für eine konzeptionelle Offenheit zu Tage, wie z.B. bei den Entscheidungen zur funktionalen Selbstverwaltung (*BVerfGE* 33, 125 [157, 159] und NVwZ 2002, 335), zur Mitwirkung in der Europäischen Union (*BVerfGE* 89, 155 [182ff.]). Abgesehen davon ist aber vor allem zu berücksichtigen, dass sich die Aussagen, soweit sie sich auf das herkömmliche hierarchische Modell der Ministerialverwaltung beziehen, keinen Schluss zulassen, inwieweit innerhalb eines anderen organisatorischen und rechtlichen Rahmens nicht auch andere bzw. neue Legitimationsinstrumente zum Einsatz kommen können, die eine ausreichend wirksame Rückbindung der Verwaltungstätigkeit an den Volkswillen garantieren. Es spricht viel dafür, dass sich von einem abschließenden Charakter der Legitimationsformen allenfalls in Bezug auf das Modell der Ministerialverwaltung sprechen lässt, während für den Fall der Wahl eines anderen Systems überhaupt keine Aussage gemacht wird (das gilt auch für die o.g. Vertreter der Literatur). Aus diesem Grunde erweist sich dieser Kritikpunkt ebenfalls als nicht überzeugend. 171

(b) Personelle Legitimation als bloße Fiktion

Eine weitere fundamentale Kritik bezieht sich auf die bereits in empirischer Hinsicht kritisierte personelle Legitimationsvermittlung. Sie wird auch in dogmatischer Hinsicht als „bloße Fiktion" eingestuft und entsprechend als untaugliches Instrument der Legitimationsvermittlung qualifiziert (besonders deutlich bei *Mehde,* S. 503ff.). Dies wird vor allem damit begründet, dass der zwischen dem Parlament und dem einzelnen Amtswalter konstruierte Verantwortungszusammenhang ein rein theoretisches Konstrukt darstelle, dem keine praktisch fassbare Verantwortungsbeziehung entspreche. Hinzu komme, dass auf den nachgeordneten Ebenen keine zeitliche Befristung und damit auch keine Abrufbarkeit wie bei den Ministern gegeben sei, so dass die Qualität des Bestellungsaktes und die persönliche Verantwortung grundlegend verschieden seien (*Mehde,* S. 505f.). 172

173 Derartige Überlegungen sind nicht auf die wissenschaftliche Literatur beschränkt, sondern wurden auch durch die Rechtsprechung formuliert. Besonders zu erwähnen sind die Ausführungen des OVG NW, das aus dem Blickwinkel des Zeitfaktors argumentiert: „Der Gedanke der ununterbrochenen Legitimationskette büßt jede Aussagekraft im Hinblick auf das Demokratiegebot ein, wenn der Legitimationsstrang des jeweiligen Amtswalters bzw. Organisationsmitglieds zum Volk immer länger wird und je mehr der Legitimationsakt zeitlich zurückliegt. So ist es schwer nachvollziehbar, warum die Amtsführung eines Bediensteten deshalb als demokratisch legitimiert angesehen werden soll, weil ihm sein Amt vor langer Zeit von einem Dienstvorgesetzten übertragen worden ist, der zuvor von der Landesregierung ernannt worden ist, die ihrerseits von der Volksvertretung her legitimiert war. In derartigen Fällen kann sich die konkret personale Beziehung zum Volk in eine bloße Fiktion verflüchtigen, die eine reale Aussage über die demokratische Qualität des amtlichen Handelns nicht mehr erlaubt" (*OVG NW,* NWVBl. 1996, 254 [259]; ähnlich *Fisahn,* Abgeleitete Demokratie, KritV 79 [1996], 267 [275]; *Mehde,* S. 503 ff.).

174 Dieser Kritik ist zuzustimmen, insoweit sie deutlich macht, dass bei der personellen demokratischen Legitimation deutlich zwischen den verschiedenen Arten der Bestellung von Amtswaltern unterschieden werden muss. Die zeitlich befristete Wahl von Abgeordneten durch das Volk und von Regierungschefs durch das Parlament sowie die die ebenfalls zeitlich begrenzte Bestellung von Ministern sind anders zu qualifizieren als die Bestellung eines Beamten der unteren Verwaltungsebene. Allerdings hat die h. L. diese Unterschiede auch nie geleugnet, sondern die Unterschiede in ihren Überlegungen zu den Anforderungen an die Legitimation explizit einbezogen. Sie hat daraus u. a. den Schluss gezogen, dass bei langen Legitimationsketten die sachlich-inhaltliche Legitimation dominieren muss (s. *Kluth,* S. 357 ff.).

175 Soweit die Kritik jedoch von einer Fiktion spricht, verfehlt sie selbst die Realität, und zwar sowohl die rechtliche Realität als auch die tatsächlichen Zusammenhänge. So wird nicht zwischen der idR zeitlich nicht befristeten Einstellung und der in der Praxis regelmäßig befristeten Zuweisung eines konkreten Amtes unterschieden. Im letztgenannten Bereich sind auch Abberufungen möglich und sie werden in der Praxis auch durchgeführt. Hinzu kommt, dass die Kritik nicht hinreichend das Amtsverständnis und die damit verbundenen Dienstpflichten einschließlich des Disziplinarrechts in ihre Betrachtungen einbezieht. Dieser gesamte Komplex orientiert sich an der Verantwortlichkeit des Beamten (und auch des Angestellten) und begründet einen durchaus wirksamen und realen Steuerungsmechanismus, an den auch Art. 33 Abs. 4 GG anknüpft. Insgesamt vermag die Kritik deshalb nicht zu überzeugen. Sie kann allenfalls als Ermahnung verstanden werden, die vorhandenen Differenzierungen nicht zu übersehen und sie im Einzelfall hinreichend zu berücksichtigen.

(3) Einführung weiterer Legitimationsinstrumente

Von der Grundsatzkritik ebenfalls zu unterscheiden sind die Vorschläge, die auf eine Erweiterung der Legitimationsinstrumente abzielen, ohne dabei das System der h. L. als solches in Frage zu stellen. Dabei kann zwischen verschiedenen Konzeptionen erweiterter Partizipation, dem stärkeren Abstellen auf Akzeptanz und der sog. Kunden- und Outputorientierung unterschieden werden. 176

d) Perspektivenwechsel im Neuen Steuerungsmodell

Ein Testfall für die Demokratiekonzeption der h. L. und ihre Offenheit für neue Legitimationskonzeptionen stellt das Neue Steuerungsmodell dar (dazu § 80, Rdnr. 309 ff.), insoweit es ausdrücklich auf bislang praktizierten linearen Leitungsstrukturen verzichtet und an ihre Stelle ein durch starke dezentrale Verantwortung gekennzeichnetes Konzept setzt, bei dem für im Einzelfall zu bestimmende Zeiträume Zielvorgaben verabredet und deren Erreichen erst nach Ablauf des Zeitraumes überprüft werden. Damit wird die jederzeit aktivierbare Verantwortlichkeitsbeziehung des herkömmlichen Systems aufgegeben. Aus diesem Grunde wird die Ansicht vertreten, das Neue Steuerungsmodell genüge nicht den Legitimationsanforderungen des Demokratieprinzips, wenn man die Konzeption der h. L. zur Anwendung bringe (so mit ausführlicher Begründung *Mehde,* S. 292 ff. m. w. N.). 177

Die Überzeugungskraft dieser Schlussfolgerung ist in mehrerer Hinsicht in Zweifel zu ziehen. Zunächst ist zu beachten, dass sich die Aussagen in der Rechtsprechung des Bundesverfassungsgerichts ganz überwiegend auf die Anforderungen im herkömmlichen System der Ministerialverwaltung beziehen. Diese sind auf ein von Grund auf neues und anders strukturiertes Modell nicht ohne weiteres übertragbar. Vielmehr ist daran zu erinnern, dass das Verfassungsrecht auch in anderen Bereichen seine konkreten Anforderungen in Bezug auf das vom Gesetzgeber gewählte System entwickelt. Aus diesem Grunde können die Aussagen zur Ministerialverwaltung nicht eins zu eins auf das Neue Steuerungsmodell übertragen werden. 178

Die Verfassung verlangt nicht generell die Wahl des herkömmlichen Bürokratiemodells als Organisationsform der Verwaltung (zu den Vorgaben im Einzelnen siehe oben, Rn ...); deshalb kann sie auch keine Festlegung auf die für dieses Modell typischen Legitimationsmechanismen enthalten. Sie ist damit zugleich offen für andere Organisationsformen und die für diese angemessenen Legitimationsformen und -instrumente, d. h. für die Entwicklung eines neuen Leitungs- und Legitimationsvermittlungssystems (für den Bereich der Integration in eine supranationale Gemeinschaft wird dies ausdrücklich durch Art. 23 GG und die vor seiner Einführung festzustellende Staatspraxis bestätigt). 179

An diese Einsichten anknüpfend ist des Weiteren zu bedenken, dass das Neue Steuerungsmodell mit seinem konstruktiven Ansatz den im Demokratieprinzip an zentraler Stelle verankerten Gedanken der Herrschaft bzw. 180

Verantwortung auf Zeit für den inneradministrativen Bereich verwirklicht und von daher auch aus der Sicht der h.L. prima facie eine Vermutung für die Verfassungskonformität eines solchen neuen Ansatzes spricht. Bedingung ist insoweit jedoch, dass er konsequent, d.h. systemkonform durchgeführt wird und eine wirksame Verantwortungsbeziehung begründende konstruktive Elemente enthält.

181 Das herkömmliche, auf die Ministerialverwaltung bezogene Legitimationsmodell zielt auf die Gewährleistung einer jederzeit aktuellen bzw. aktualisierbaren Verantwortungsbeziehung zwischen Parlament, Verwaltungsspitze und Verwaltungsunterbau ab. Zentrales Instrument ist dabei das (jederzeitige) Weisungsrecht mit all seinen Facetten (allgemeine Weisungen, Einzelweisungen etc.). Damit verbunden ist eine spezielle Form von Delegation und Mandat. Unausgesprochenes Leitbild ist die Konstruktion des Verwaltungsträgers als homogener juristischer Person mit einem Willen. Bei all dem handelt es sich jedoch um eine idealisierte Konstruktion, die in der Praxis auf Grund der begrenzten Möglichkeiten der Informationsgewinnung und -verarbeitung sowie der faktischen Autonomie vieler nachgeordneter Verwaltungsbereichen nur begrenzt eine entsprechende Verwaltungspraxis entspricht. Deshalb erscheint es sinnvoll, nach einer Organisations- und Leitungsform zu suchen, die diese Umstände berücksichtigt und eine ihnen entsprechende Struktur an die Stelle der herkömmlichen setzt. Dieses Ziel verfolgt das Neue Steuerungsmodell. Es formt die Beziehung zwischen Verwaltungsspitze und den einzelnen ausführenden Bereichen in dezentrale Auftrags- und Verantwortungsbeziehungen um, bei denen an die Stelle von pauschaler Delegation und pauschalem Mandat eine differenzierte Arbeitsteilung tritt, wobei zugleich die Rahmenbedingungen für die Steuerung und Verantwortung genauer als bisher festgelegt und formalisiert werden. Die geschieht mit Hilfe von Zielvereinbarungen (ggf. verbunden mit Nachsteuerungsmöglichkeiten) und Controlling.

182 Das Neue Steuerungsmodell behält die herkömmliche Struktur der personalen demokratischen Legitimation bei. Der Schwerpunkt der Änderungen liegt im Bereich der Aufgabenzuweisung und -kontrolle sowie der Steuerungsinstrumente und damit im Bereich der sachlich-inhaltlichen Steuerung bzw. Legitimation. In diesem Bereich geht es auch nur um Änderungen unterhalb der Steuerung durch Gesetze und damit um einen Bereich unterhalb der verfassungsrechtlichen Wesentlichkeitsschwelle.

183 Die Veränderungen bei der Aufgabenzuweisung im Neuen Steuerungsmodell können nur teilweise beschrieben werden, da die Rahmenbedingungen der Umsetzung sich in den verschiedenen Einsatzbereiche deutlich unterscheiden. Dabei ist zwischen dem Einsatz in der Staatsverwaltung, der Kommunalverwaltung und der funktionalen Selbstverwaltung (hier praktisch nur im Hochschulbereich) zu differenzieren.

184 Gemeinsam ist allen Anwendungsformen des Neuen Steuerungsmodells die Unterscheidung zwischen den durch die Leitungsorgane zu bestimmen-

den strategischen Zielen und der dezentralen Ausführungsverantwortung. Beide Ebenen werden durch Zielvereinbarungen koordiniert, die in der Regel für einen längeren Zeitraum abgeschlossen werden. Bezüglich Rechtsform, Inhalt und Laufzeit der Zielvereinbarungen gibt es ein großes Spektrum an Gestaltungsmöglichkeiten. Die Zielvereinbarungen werden ergänzt durch eine Verbesserung der Informationsbeziehungen zwischen zentraler Ebene und Ausführungsebene mit Hilfe eines Verwaltungscontrolling. Als weitere wichtige Bausteine des Neuen Steuerungsmodells sind die Budgetierung und weitere Instrumente der Flexibilisierung des Haushalts sowie institutionelle Anreize zur Wirtschaftlichkeit durch verwaltungsinternen Leistungsvergleich und -wettbewerb zu erwähnen. Die Kundenorientierung fungiert als übergeordnetes Leitbild, das aber differenziert zu verstehen und umzusetzen ist. Dagegen stellt die Ausbildung eines Produktkatalogs keinen zwingenden Bestandteil der Umsetzung des Modells dar.

Innerhalb der **Staatsverwaltung von Bund und Ländern** wird das Neue Steuerungsmodell verwaltungsintern zur Neubestimmung der Beziehungen zwischen der Behördenspitze und den ausführenden Ebenen benutzt, ohne dass sich daraus weitreichende Änderungen der Organisationsstruktur ableiten. Es handelt sich deshalb mehr um eine Veränderung der Personalführung als der Verwaltungsstruktur. Organisationsrechtlich wird das Neue Steuerungsmodell durch eine Anpassung des innerbehördlichen Mandats und eine Selbstbindung der Verwaltungsspitze bei der Nutzung des Weisungsrechts umgesetzt. Da es für beide Bereiche keine strikten gesetzlichen Vorgaben gibt, ist eine solche Umgestaltung grundsätzlich ohne besondere Ermächtigung auf Grund der Organisationsgewalt möglich. Entscheidend ist, dass eine ausreichende Rückbindung an den Volkswillen durch eine wirksame Verantwortungsbeziehung besteht. Insoweit ist auf zwei Aspekte einzugehen. Erstens ist zu berücksichtigen, dass zur Wahrung der Rechtmäßigkeit des Verwaltungshandels auch im Rahmen des Neuen Steuerungsmodells auf die bestehenden Weisungsmöglichkeit zurückgegriffen werden kann. Das Gleiche gilt bei Direktiven aus dem Bereich der Gubernative, etwa Umsetzung von Anordnungen in Ausübung der Richtlinienkompetenz. Zweitens ist zu prüfen, inwieweit die zeitlich gestreckte Kontrolle eine hinreichende Rückbindung ermöglicht. Ständige Einflussnahme aus Zweckmäßigkeitserwägungen ist ausgeschlossen; diese dienten auch bisher nur der Steuerung innerhalb der Verwaltung; Vorgaben des Parlaments sind nicht verbindlich, so dass es genau betrachtet nicht um die Rückbindung gegenüber dem Volk ging. Es handelte sich um politische Verantwortung und damit um eine Rückbindung im weiteren Sinne. Diese kann aber auch im neuen Modell realisiert werden. Zudem kann praktisch sogar mit einer erhöhten Steuerungsintensität und Verantwortlichkeit im Vergleich zum bisherigen Ist-Zustand gerechnet werden. 185

Die Umsetzung des Neuen Steuerungsmodells innerhalb der **Kommunalverwaltung** unterscheidet sich von dem Bereich der Staatsverwaltung 186 vor allem dadurch, dass es hier zu einer Veränderung der Organkompetenzen des Rates (des Kreistages) und des Bürgermeisters (des Landrats) und seiner „Verwaltung“ kommt. Dabei ist zu beachten, dass die Aufgaben- und Verantwortungszuweisung in diesem Bereich durch das Kommunalverfassungsrecht gesetzlich bestimmt ist, so dass anders als im Bereich der Staatsverwaltung neben dem Verfassungsrecht auch das einfache Gesetzesrecht als Beurteilungsmaßstab heranzuziehen ist.

187 Die herkömmliche Aufgabenverteilung zwischen Vertretungskörperschaft (Rat oder Kreistag) und Verwaltung (Bürgermeister bzw. Landrat mit den „Ämtern“) in der Kommunalverwaltung ist durch drei Standards bestimmt: (1) eine grundsätzliche Allzuständigkeit der Vertretungskörperschaft, bei der zwischen einem Vorbehaltsbereich und einem delegationsgeeigneten Bereich zu unterscheiden ist; (2) einen gesetzlich bestimmten eigenen Zuständigkeitsbereich des Bürgermeisters bzw. Landrats; (3) der Ausführung von Beschlüssen der Vertretungskörperschaft durch den Bürgermeister bzw. Landrat.

188 Die Anwendung des Neuen Steuerungsmodells innerhalb des „Ämterbereichs“ ist unproblematisch und nach den gleichen Grundsätzen zu bestimmen wie bei der Staatsverwaltung; dabei ist zu beachten, dass der Bürgermeister bzw. Landrat direkt gewählt ist und entsprechend über einen hohen Legitimationsstandard verfügt.

189 Bei der Determinierung der Verwaltungstätigkeit durch Zielvereinbarungen zwischen Rat und Verwaltung darf es nicht zu einem Eingriff in den Vorbehaltsbereich kommen, da dies verfassungsrechtlich unzulässig wäre. Im Übrigen geht es um die Ausgestaltung der Steuerung der Ausführung durch den Rat und den Inhalt der Delegation die von einer unechten in eine echte überführt wird.

190 Besondere Schwierigkeiten bereitet die verfassungsrechtliche Beurteilung der Umsetzung des Neuen Steuerungsmodells im **Hochschulbereich,** der hier stellvertretend für die Anwendung auf selbstständige Verwaltungsträger untersucht werden soll. Ähnlich wie im Kommunalbereich muss auch hier zwischen verschiedenen Einsatzbereichen vor allem von Zielvereinbarungen unterschieden werden, wobei es bei Hochschulen und sonstigen selbstständigen Verwaltungsträgern nicht nur zum Einsatz im Innenbereich, sondern auch im Außenverhältnis kommt, wobei auch in diesem Bereich noch zwischen den Beziehungen zur Regierung (dem jeweiligen Fachministerium) und zum Parlament unterschieden werden muss (Letzteres bezieht sich vor allem auf Zielvereinbarungen im Haushaltsbereich, für den das Parlament zuständig ist).

e) Folgerungen für das Verwaltungsorganisationsrecht

191 Die Vorgaben des Demokratieprinzips für die Verwaltungsorganisation sollten an das Verwaltungsorganisationsrecht nicht nur von außen an heran getragen werden, sondern seine begriffliche und systematische Orientierung

von Grund auf prägen. Da das Demokratieprinzip in erster Linie die innerstaatliche **Zuweisung und Ausübung von Leitungsgewalt** determiniert, liegt es nahe, daran anknüpfend den Begriff der Leitungsgewalt als zentralen Begriff der systematischen Entfaltung des Organisationsrecht zugrunde zu legen. Die Gründe für eine solche Orientierung sollen an dieser Stelle zunächst im Überblick verdeutlicht werden, bevor der Begriff und die Erscheinungsformen der Leitungsgewalt im nächsten Abschnitt in den Einzelheiten entwickelt werden.

Mit der Leitungsgewalt wird ein weiter und vielgestaltiger Begriff zum 192
Anknüpfungspunkt für die systematische Entwicklung des Verwaltungsorganisationsrechts gewählt, der die verschiedenen Aktionsformen umfasst. Die Verknüpfung mit dem Demokratieprinzip wird dadurch möglich, dass die Leitungsgewalt zugleich **Medium institutionell-organisatorischer, personeller und materieller Legitimationsvermittlung** ist. Sie deckt damit alle anerkannten Formen der Vermittlung demokratischer Legitimation ab. Zugleich kann sie, ohne dass es zu Brüchen kommt, derart ausdifferenziert werden, dass die einzelnen Schichten und Elemente der Verwaltungsorganisation in ihr verankert werden können (dazu im Einzelnen unten Rdnr. 201 ff.).

Aus einer **makroskopischen Perspektive** kann der Zusammenhang zwi- 193
schen Organisation, Organisationsrecht und Leitungsgewalt dahingehend umschrieben werden, dass Organisation und Organisationsrecht der Kanalisierung und Sicherung von Leitungsgewalt dienen. So ist mit der Wahl einer Organisationsform auf Grund der damit verbundenen Vorentscheidung für bestimmte interne und externe Beziehungen, Organstrukturen und Verfahrensweisen immer zugleich auch eine Entscheidung über die Zuweisung und Verteilung von Leitungsgewalt verbunden, die sich auch auf die zu treffenden Sachentscheidungen auswirkt.

Dieser Zusammenhang kann an folgenden **Beispielen** verdeutlicht wer- 194
den: Mit der Entscheidung für die Rechtsform der Körperschaft ist zugleich die Zuweisung der Leitungsmacht an die Mitglieder und damit eine interne Steuerung durch die „Basis" (bottom up) verbunden, während bei der Entscheidung für eine Anstalt die Steuerung von oben (top down) und zugleich extern erfolgt. Innerhalb einer Organisation kann durch die Ausgestaltung der Organe als Einzel- oder Kollegialorgane Einfluss auf die Verteilung der Leitungsmacht genommen werden. Die Reichweite der rechtlichen Selbstständigkeit einer Organisation bestimmt das Verhältnis von interner und externer Leitungsgewalt (Voll- oder Teilrechtsfähigkeit, Rechts- oder Fachaufsicht).

Die Orientierung an der Leitungsgewalt hat den Vorteil, dass mit ihr kei- 195
ne starre Bindung der organisationsrechtlichen Dogmatik an bestimmte Organisationsmuster wie etwa die hierarchisch verfasste Ministerialverwaltung verbunden ist. Diese für das ältere Verwaltungsorganisationsrecht prägende Orientierung hatte dazu geführt, dass die im Grundgesetz ange-

legte und in der Praxis zunehmende Pluralisierung der Verwaltung nur noch im Rahmen eines zunehmend ausufernden Regel-Ausnahme-Denkens erfasst werden konnte, das nicht nur zu einer erheblichen begrifflichen Unübersichtlichkeit führte (so etwa bei Wolff durch die Einführung des Glied-Begriffs neben dem Organbegriff; siehe zum Problem bereits *Böckenförde,* FS Wolff, 1973, 269 ff.), sondern auch die verfassungsrechtlichen Vorgaben nicht zutreffend widerspiegelte, die die Pluralität der Organisationsformen als Normalfall vorgegeben haben.

196 Die Orientierung an der Leitungsgewalt erleichtert schließlich die organisationsrechtliche Verarbeitung der zunehmenden Internationalisierung des Verwaltungshandelns und der Verwaltungsorganisation (dazu *Tietje,* Internationalisiertes Verwaltungshandeln, 2001, S. 644 ff.) sowie die Übertragung der aus dem Demokratieprinzip abgeleiteten Anforderungen und Grundsätze auf andere Ebenen der supra- und internationalen Rechtsordnung (siehe dazu *Kluth,* Die demokratische Legitimation der Europäischen Union, 1995, S. 78 ff.).

2. Begriff und Erscheinungsformen von Leitungsgewalt

a) Begriff der Leitungsgewalt

197 Eine das Organisationsrecht dynamisch, im Hinblick auf seine Steuerungsfunktion betrachtende Dogmatik, die zugleich eine Verbindung zum Verfassungsrecht und seinen Steuerungsvorgaben wahren will, sollte bei der Leitungsgewalt ansetzen und an die Rahmenbedingungen und Formen ihrer Ausübung anknüpfen. Diese setzt zunächst eine Begriffsklärung voraus, wobei die Funktion der Leitungsgewalt als Grundbegriff zu berücksichtigen und deshalb nach eine möglichst offenen und umfassenden Definition zu suchen ist.

198 Leitungsgewalt bezeichnet die auf den staats- bzw. verwaltungsinternen Bereich bezogene Ausübung von Staatsgewalt. Sie knüpft an Art. 20 Abs. 2 GG und die dort getroffenen Differenzierungen in Bezug auf das Subjekt, das Objekt und die Instrumente an (siehe dazu unten Rdnr. 201 ff.). Im Begriff der Leitungsgewalt kommt der Bezug zur Organisation und ihrer Steuerung deutlicher zum Ausdruck als in dem vergleichsweise blassen und weniger differenzierten Begriff der Staatsgewalt. Beide stehen im Verhältnis von Ober- und Unterbegriff bzw. -kategorie.

199 Die prägenden Merkmale der Leitungsgewalt sind darin zu erblicken, dass sie grundsätzlich **imperativ** ausgeübt wird (das gilt, wie noch zu zeigen sein wird, mit einigen Nuancen auch für das Neue Steuerungsmodell), dass sie vor allem **verhaltenssteuernd** wirkt und dass sie **legitimationsbedürftig** ausgestaltet ist.

200 Es handelt sich bei der Leitungsgewalt um einen gegenstands- und rechtsformenneutralen Oberbegriff, der die Möglichkeit einer weiteren Ausdifferenzierung in sich trägt, um die verschiedenen Aspekte der Aus-

übung von Staatsgewalt in und durch Organisationen auszudifferenzieren. Man könnte die Leitungsgewalt auch als Organisationsgewalt i.w.S. bezeichnen, doch führen derartige doppelten Bezeichnungen eher zu Missverständnissen, als dass sie der Orientierung dienen. Deshalb wird diese Begrifflichkeit hier nicht verwendet.

b) Träger und Erscheinungsformen von Leitungsgewalt

Durch die Rückbindung der Leitungsgewalt an Art. 20 Abs. 2 GG lassen sich erste grundlegende Strukturen bzw. Unterscheidungen gewinnen. So kann anknüpfend an die Differenzierung zwischen Wahlen und Abstimmungen auf der Ebene der Leitungsgewalt ebenfalls zwischen Personal- und Sachentscheidungen unterschieden werden. Hinzu kommt die Unterscheidung zwischen der direkten Ausübung von Leitungsgewalt durch die Bürger, die vor allem auf der kommunalen bedeutsam ist, und der Ausübung der Leitungsgewalt durch Repräsentanten und sonstige Amtswalter, die im Bereich der Exekutive dominiert. Im Einzelnen lassen sich folgende Träger und Erscheinungsformen von Leitungsgewalt unterscheiden: **201**

Subjekte, Träger oder Inhaber der Leitungsgewalt sind: (1) die **Bürger** im Falle der Direktwahl von Verwaltungsorganen und der Mitwirkung an Sachentscheidungen (Bürgerbegehren und Bürgerentscheid). Diese Form der Mitwirkung der Bürger an der Leitungsgewalt wurde organisationsrechtlich bislang vor allem unter dem Aspekt diskutiert, ob die Bürger im Falle eines Bürgerbegehrens bzw. -entscheids als Organ zu qualifizieren sind (siehe dazu *Schliesky,* DVBl. 1998, 169ff.). **202**

In den meisten Fällen wird die Leitungsgewalt durch (2) gewählte bzw. ernannte **Kollegial- oder Einzelorgane von Verwaltungsträgern** ausgeübt. Gewählte Organe sind etwa der Rat, der Bürgermeister, der Kreistag und der Landtag. Dazu gehören auch die Vertretungsorgane in den Trägern funktionaler Selbstverwaltung. Innerhalb der Ministerialverwaltung werden die Leitungsorgane ernannt bzw. bestellt. **203**

Gegenstände oder Objekte der Ausübung von Leitungsgewalt sind: (1) die Personalauswahl und -führung, (2) Sachentscheidungen, (3) Organisationsentscheidungen, (4) Haushalts- und Finanzentscheidungen. Die Ausübung der Leitungsgewalt in Bezug auf die unterschiedlichen Gegenstände ermöglicht eine weitere Differenzierung. **204**

Die **Personalgewalt** umfasst zunächst die Auswahl und Bestellung (i.w.S.) von Amts- und Organwaltern. Speziell für den Bereich der Beamten ist sie mit der Dienstherrengewalt nach § 121 BRRG verbunden. Sie erstreckt sich weiterhin auf die Personalführung und das Beurteilungs- und Beförderungswesen. Begrenzt wird sie durch die Mitwirkungsrechte der Personalvertretung. **205**

Die **Sachentscheidungsgewalt** bezieht sich auf die Entscheidung von Sachfragen. Sie umfasst neben der eigenen Entscheidung auch das Recht zur Steuerung der Sachentscheidung nach- oder untergeordneter Stellen durch **206** allgemeine und Einzelweisungen. Hinzu kommen im Rahmen des Neuen Steuerungsmodells die Steuerungsmöglichkeiten durch Zielvereinbarungen und vergleichbare kooperative Instrumente.

207 Die **Organisationsgewalt** (i. e. S.) Struktur der Verwaltungseinheiten und das Verfahren in ihnen. Dazu gehören auch die Geschäftsordnung, das (interne) Ordnungsrecht, bei Kollegialorganen auch die interne Leitung und das Verfahren.

208 Die **Finanzgewalt** umfasst das Haushalts- und Budgetrecht und schließt, soweit derartige Rechte vorliegen, auch die Abgabenerhebung ein. In einem weit verstandenen Sinne gehören auch die Haushalts- und Rechnungskontrolle zur Finanzgewalt.

209 Es ist zu beachten, dass durch die Auswirkungen des Neuen Steuerungsmodells die Abgrenzung der einzelnen Bereiche schwieriger geworden bzw. die Übergänge nunmehr fließend ausgestaltet worden sind.

c) Ausübungsformen von Leitungsgewalt

210 Die Ausübung von Leitungsgewalt kann in Bezug auf den Adressaten **intern,** d. h. innerhalb eines Verwaltungsträgers, oder **extern,** d. h. in Bezug auf einen anderen Verwaltungsträger oder ein sonstiges mit der Wahrnehmung von Verwaltungsaufgaben betrautes Rechtssubjekt, erfolgen. Die Abgrenzung der internen und externen Ausübung orientiert sich formal an der Organisationsstruktur bzw. Rechtsfähigkeit. Auf die materielle Zuordnung der wahrgenommenen Aufgaben kommt es dabei nicht an.

211 Beispiele für die **interne Ausübung** von Leitungsgewalt sind sachbezogenen allgemeinen und Einzelweisungen innerhalb des Verwaltungsträgers, die Geschäftsverteilung, der Erlass von Geschäfts- und Verfahrensordnungen, die Umsetzung und Versetzung von Amtswaltern, die Aufstellung des Haushaltsplanes.

212 Beispiele für die **externe Ausübung** von Leitungsgewalt sind Weisungen gegenüber (teil-) rechtsfähigen Verwaltungseinheiten und privatrechtlichen Organisationen (soweit diesen Gegenüber durch Gesellschaftsvertrag und Gesellschaftsrecht oder sonstige vertragliche Vereinbarungen entsprechende Rechte bestehen), Genehmigungs- und sonstiges Aufsichtsrechte, personale Bestimmungsrechte (z. B. für den Verwaltungsrat von Sparkassen).

213 In Bezug auf den Modus kann zwischen der **aktiven** und der **diskreten** Ausübung von Leitungsgewalt unterschieden werden. Die aktive Ausübung ist die Regel. Eine diskrete Ausübung von Leitungsgewalt liegt vor allem vor, wenn innerhalb eines Verwaltungsträgers von der Möglichkeit der Delegation oder des Mandats Gebrauch gemacht wurde. In diesen Fällen wird die Leitungsgewalt auf eine Überwachungs- und Korrekturfunktion zurückgenommen. Das Gleiche gilt im Falle der externen Ausübung für die präventiven Aufsichts- und Kontrollrechte im Rahmen von Genehmigungs- und Anzeigevorbehalten sowie noch weniger stark ausgeprägten Aufsichts- und Überwachungsfunktionen.

Von besonderer Bedeutung ist die Unterscheidung zwischen der **unbedingten** oder alleinigen und der **bedingten** oder geteilten, unter Umständen **kooperativen Ausübung** von Leitungsgewalt. Durch diese Differenzierung werden die Formen der Machtzuweisung und -verteilung sowie die legitimatorischen und funktionellen Rahmenbedingungen erfasst, die bei der Ausübung von Leitungsgewalt von besonderer Bedeutung sind und dementsprechend in einer vergleichsweise großen Zahl von Konstellationen zum Ausdruck kommen. 214

An erster Stelle ist insoweit auf die durch die **Organstruktur** vorgegebenen Bedingungen hinzuweisen. Hier ist vor allem zwischen der **monokratischen** und **kollegialen** Ausübung von Leitungsgewalt zu unterscheiden. Das monokratische oder Einzelorgan kann nicht nur ohne Hinzuziehung Dritter sowie die damit in der Regel verbundene Pflicht zur Einhaltung von Form- und Verfahrensvorgaben entscheiden; es ist vor allem jederzeit entscheidungsbereit und verfügt damit über eine höhere Reaktionsfähigkeit. Das Kollegialorgan besitzt dem gegenüber durch seine in der Regel repräsentative Zusammensetzung ein höheres Legitimationspotential. Es ist vor allem für komplexe und grundsätzliche Entscheidungen besser geeignet. 215

Die Leitungsgewalt kann weiterhin **intern** oder **extern geteilt** zugewiesen sein. Eine solche Teilung der Leitungsgewalt liegt immer dann vor, wenn eine weitere Stelle ein Mitwirkungs- oder Mitentscheidungsrecht besitzt oder eine Entscheidung nur gemeinsam mit anderen Stellen der öffentlichen Verwaltung getroffen werden kann. Es besteht insoweit eine weitreichende graduelle Abstufung der Teilung der Leitungsgewalt. Den geringsten Grad der Teilung markieren rein verfahrensrechtlich wirkende Mitwirkungsrechte, wie die Anhörung, die Abgabe einer Stellungnahme usw. Eine mittlere Stufe stellt die Entscheidung im Benehmen mit einer anderen Stelle dar. Die größte Intensität wird durch die Pflicht zu einer einvernehmlichen Entscheidung sowie die Einholung der Zustimmung bzw. Genehmigung erreicht. 216

Eine besondere Form der **internen Teilung** der Leitungsgewalt stellen die Mitwirkungs- und Mitentscheidungsrechte der **Personalvertretungen** dar. Sie unterliegen auf Grund des Demokratieprinzips strikten verfassungsrechtlichen Beschränkungen. 217

Bei der **externen Teilung** der Leitungsgewalt stellt die Beteiligung **anderer Verwaltungsträger** die wichtigste Fallgruppe dar. Zu einer Beteiligung und Mitwirkung anderer Verwaltungsträger kommt es insbesondere in Fällen der Verfahrenskonzentration. Eine besondere Form der externen Teilung der Leitungsgewalt liegt bei **grenznachbarschaftlichen Einrichtungen** gem. Art. 24 Abs. 1a GG vor. Hier werden **transnationale Entscheidungsgremien** gebildet. Möglich ist unter bestimmten Voraussetzungen vielmehr auch die **Partizipation Privater.** Dabei bedarf es jedoch einer genauen Abgrenzung von auf den ersten Blick gleichartigen Partizipationsvorgängen. Wird Privaten durch Gesetz ein demokratisches Partizipations- 218 recht eingeräumt, wie es etwa bei den kommunalen Bürgerbegehren oder der Mitwirkung in den Trägern funktionaler Selbstverwaltung der Fall ist, so liegt keine externe Teilung der Leitungsgewalt vor. Vielmehr wird hier den Bürgern bzw. Betroffenen die Leitungsgewalt unmittelbar zugewiesen. Anders gelagert sind jedoch die Fälle, in denen Privaten Mitwirkungsrechte auf Grund ihrer grundrechtlicher Berechtigungen zugewiesen werden. Derartige Zustimmungs- und Mitwirkungsrechte sind Ausdruck ihrer Privatautonomie und führen zu einer externen Teilung der Leitungsgewalt.

219 Nicht von einer Teilung sondern von einer **kooperativen Ausübung** der Leitungsgewalt kann man sprechen, wenn die Verwaltung mit Privaten auf der Grundlage von privatrechtlichen Verträgen kooperiert, wie dies z. B. bei den verschiedenen Formen der Public-Private-Partnerships der Fall ist (siehe dazu auch *Krebs,* § 69, Rdnr. 81).

V. Spezifische rechtsstaatliche Vorgaben für die Verwaltungsorganisation

220 Ergänzend zu dem im Demokratieprinzip verankerten Vorgaben für die Verwaltungsorganisation und die Ausübung von Leitungsgewalt sind die rechtsstaatlichen Vorgaben zu beachten. Dabei geht es nicht in erster Linie um die Vorgaben für die Ausübung der Sachgewalt, die sich vornehmlich über das materielle Recht in der Ausübung der Sachgewalt manifestieren. Es geht vielmehr um die spezifisch organisationsrechtlichen Vorgaben.

1. Auswirkungen der Gesetzesbindung auf die Verwaltungsorganisation

221 Die Bindung der Verwaltung an Recht und Gesetz schlägt sich in organisatorischer Hinsicht in den Kategorien der Verbands- und Organkompetenz sowie den weiteren Unterkategorien der **Zuständigkeitsordnung** nieder (dazu im Einzelnen § 83, Rdnr. 83 ff.).

222 Da die Existenzberechtigung staatlicher Organisationseinheiten durch die Erforderlichkeit der Wahrnehmung von öffentlichen Aufgaben bestimmt wird, erweist sich die Wechselbeziehung zwischen Kompetenz und Organisation als legitimationsstiftender und unverzichtbarer Zusammenhang. Organisationen, denen keine substanziellen Aufgaben mehr zugewiesen sind, müssen aufgelöst werden. Der Zusammenhang zwischen Organisation und Aufgabe kann durch den Grundsatz: **„keine Organisation ohne Aufgabe“** in ein verfassungsrechtliches Postulat gegossen und durch die weitergehende rechtsstaatliche Anforderung **„keine Aufgabe ohne genaue Zuordnung“** ergänzt werden. Diese Erweiterung knüpft zum einen an das Demokratieprinzip an, indem die Zuständigkeitsordnung als Grundlage der Verantwortungsordnung begriffen wird, sog. Grundsatz der **Verantwortungsklarheit** (zu seiner Ableitung aus dem Grundsatz der Gewaltenteilung vgl.

Sommermann, in: v. Mangoldt/Klein/Starck, Grundgesetz Kommentar, Bd. 2, 5. Aufl. 2000, Art. 20 Abs. 2, Rdnr. 214). Zugleich wird darin aber auch das rechtsstaatliche Postulat der Vermeidung von Willkür und zu großer Machtfülle umgesetzt, indem nur die gesetzlich bestimmten staatlichen Stellen entscheiden und handeln dürfen.

Der beschriebene Zusammenhang hat sich auch im **gerichtlichen Prüfungsprogramm** der Verwaltungs- und Verfassungsgerichte niedergeschlagen (grundlegend für die Verfassungsgerichtsbarkeit *BVerfGE* 6, 32 [41]; dazu *Erichsen,* HStR VI, § 152, Rdnr. 43f., indem diese die Zuständigkeit des handelnden Organs im Rahmen der Begründetheit prüfen und eine in Rechte des Bürgers eingreifende staatliche Maßnahme grundsätzlich auch dann aufzuheben ist, wenn sie lediglich von der unzuständigen Stelle erlassen wurde. Die Existenz von diesen Anspruch begrenzenden Regelungen wie in § 46 VwVfG und vergleichbaren Vorschriften bestätigt dies (zur Verfassungsmäßigkeit *Sachs,* in: Stelkens/Bonk/Sachs, VwVfG, § 46, Rdnr. 5). Einen isolierten, von der Betroffenheit subjektiv-öffentlicher Rechte gelösten Anspruch auf Handeln des zuständigen Verwaltungsbeamten anerkennt das deutsche Staats- und Verwaltungsrecht jedoch gleichwohl nicht. 223

2. Gewaltenteilung und Verwaltungsorganisation

Der Grundsatz der Gewaltenteilung hat sich in der Verfassungspraxis seit langem erheblich von den Vorstellungen entfernt, die Montesquieu entwickelt hat. So wird in der staatsrechtlichen Literatur auch der Begriff der **Funktionentrennung** bevorzugt, da eine strikte Trennung von Gewalten nicht dem verfassungsrechtlichen Befund entspricht (vgl. *Stern,* Staatsrecht Bd. 1, § 20 IV. 3. c) sowie Bd. 2, § 36 II.). Das Leitbild der Verteilung der Macht auf mehrere Träger wird durch die Bezugnahme auf die aus dem amerikanischen Verfassungsrecht adaptiert Formel eines ausgewogenen Systems von „checks and balances“, d.h. der gegenseitigen Kontrolle und Hemmung der Gewalten konkretisiert (vgl. auch *BVerfGE* 34, 52 [59]; 95, 1 [15]; *Sommermann,* in: v. Mangoldt/Klein/Starck, Grundgesetz Kommentar, Bd. 2, 5. Aufl. 2000, Art. 20 Abs. 2, Rdnr. 200ff.). Zwar zielt der damit verbundene Anspruch in erster Linie auf das Verhältnis zwischen den verschiedenen Staatsfunktionen. Es ist aber anerkannt, dass der Grundgedanke der „checks and balances“ auch innerhalb von Organisationen, namentlich von größeren Verwaltungsträgern zu beachten und zu entfalten ist. Deshalb kann in einem weiteren Sinne auch von einer Gewaltenteilung innerhalb der Verwaltungsorganisation gesprochen werden (*Stern,* Staatsrecht Bd. 2, § 36 IV. 5. c). 224

Bezogen auf die **Exekutive als Gesamtbereich** kann eine Gewaltenteilung durch die Wahl eines dezentralen Aufbaus, insbesondere durch die Einrichtung von kommunalen und funktionalen **Selbstverwaltungsträgern** 225 verwirklicht werden (*Stern,* Staatsrecht Bd. 2, § 36 V. 3. b). Mit Einschränkungen gilt dies auch für weniger weitreichende Verselbstständigungen von Verwaltungsfunktionen, wie dies bei der sog. ministerialfreien Verwaltung und der partiellen Unabhängigkeit der Regulierungsbehörde für Post und Telekommunikation der Fall ist (dazu *Oertel,* Die Unabhängigkeit der Regulierungsbehörde nach §§ 66ff. TKG, 2000).

226 **Innerhalb eines Verwaltungsträgers** ermöglicht das Verwaltungsorganisationsrecht die Verwirklichung einer gegenseitigen Hemmung und Kontrolle der Ausübung der Leitungsgewalt zum einen mit Hilfe der Zuordnung der Zuständigkeiten an verschiedene Organe und zum anderen durch die Bereitstellung verschiedener Organstrukturen. Im ersten Fall dient die Aufspaltung der Verbandskompetenz in verschiedene Organkompetenzen als Instrument der innerorganisatorischen Gewaltenhemmung und gegenseitigen Kontrolle. Das gilt vor allem dann, wenn die Organe zur gegenseitigen Rechtskontrolle berufen sind, wie dies etwa in der wechselseitigen Beziehung zwischen Bürgermeister und Rat auf der kommunalen Ebene der Fall ist. Neben dieser Aufgabenverteilung zwischen den Organen kann aber auch durch die Bildung von Kollegialorganen mit Repräsentativfunktion und Minderheitenrechten eine Gewaltenhemmung und -kontrolle verwirklicht werden. Schließlich wird dieser Mechanismus durch Inkompatibilitätsvorschriften verfahrensrechtlich verstärkt.

227 Die Einsicht, dass bestimmte Organisationsstrukturen der Konkretisierung von im Rechtsstaatsprinzip verankerten Vorgaben dienen, ist mit konkreten **Auswirkungen auf die Auslegung** dieser Regelungen verbunden. Dies leuchtet ohne weiteres ein, wenn die betreffende Organisation ausdrücklich durch Rechtssätze des Verfassungsrechts in ihrer Existenz und funktionellen Eigenständigkeit unter Schutz gestellt ist, wie dies bei der kommunalen Selbstverwaltung auf Grund der Regelungen in Art. 28 Abs. 2 GG sowie den entsprechenden Vorschriften der Landesverfassungen der Fall ist. Aber auch dort, wo es ausdrücklichen verfassungsrechtlichen Absicherungen fehlt, kann die einfachgesetzliche Begründung von demokratischen Partizipationsrechten sowie einer organisatorischen und funktionellen Eigenständigkeit eine – wenn auch weniger weitreichende – Schutzwürdigkeit begründen (dazu im Einzelnen *Kluth,* S. 520ff.)

228 Die verfassungsrechtlichen Maßgaben für die Auslegung im Sinne einer möglichst großen Wirksamkeit oder Effektivität wirken aber auch in die Verwaltungsorganisation hinein. So ist mit der direkten Wahl von Organwaltern in Kollegialorgane mit Repräsentationsfunktion die Forderung verbunden, dass die Organwalter ihre mitgliedschaftlichen Rechte (Statusrechte) zur Verwirklichung ihres Repräsentationsauftrags effektiv ausüben können. Deshalb muss ihnen die Möglichkeit eingeräumt werden, die Beachtung dieser Rechte im Streitfalle auch (verwaltungs-) gerichtlich einklagen zu können. Die Anerkennung von wehrfähigen Organwalterrechten und die Zulassung des Innenrechtsstreits sind deshalb notwendige Folgen

und Forderungen der Umsetzung einer gewaltenteilenden, partizipativen Organisationsmusters innerhalb der Exekutive (zum Innenrechtsstreit vgl. *Ehlers,* NVwZ 1990, 105ff.; *Bauer/Krause,* JuS 1996, 411ff.; *Erichsen/Biermann,* Jura 1997, 157ff.).

Aber auch dort, wo es nicht ausdrücklich um demokratische Partizipation 229
geht, ist anerkannt, dass Organkompetenzen als **wehrfähige Rechtspositionen** interpretiert und damit verwaltungsgerichtlich geltend gemacht werden können (*Ehlers,* NVwZ 1990, 110; *Müller,* NVwZ 1994, 120: ob diese Rechtspositionen als subjektive Rechte bezeichnet werden können ist umstritten; vgl. einerseits verneinend *Erichsen/Biermann,* Jura 1997, 159 und andererseits bejahend *Schoch,* JuS 1987, 786). Der in diesem Zusammenhang verwendete Begriff des **Kontrastorgans** knüpft an die Konkretisierung des Grundsatzes der Gewaltenteilung und -hemmung an (dazu näher *Kisker,* Insichprozess und Einheit der Verwaltung, 1968, 38ff.; *Erichsen,* FS Menger, 1985, 211ff.; *Kingreen,* DVBl. 1995, 1337ff.). Er setzt voraus, dass einem Organ oder Organwalter bestimmte Status- oder Mitwirkungsrechte zur eigenständigen, funktionsteiligen Wahrnehmung, insbesondere zur selbstständigen Mitwirkung an der Entscheidungsbildung zugewiesen sind.

Anerkannte Beispiele für derartige wehrfähige Rechtspositionen sind die 230
Mitwirkungsrechte der Rats- und Kreistagsmitglieder, die Mitwirkungsrechte der Gemeinderats- und Kreistagsfraktionen, einzelne Rechte der Bürgermeister und Landräte (als Hauptverwaltungsbeamte) wie das Hausrecht und das Beanstandungsrecht sowie Mitwirkungs- und Informationsrechte von Ausschüssen, soweit ihnen eigenständige Wahrnehmungszuständigkeiten übertragen wurden (weitere Beispiele und Nachweise bei *Erichsen/Biermann,* Jura 1997, 159f.; *Wahl/Schütz,* in: Schoch/Schmidt-Aßmann/Pietzner, VwGO, § 42 Abs. 2, Rdnr. 91ff.).

3. Willkürverbot und Gebot der Systemgerechtigkeit

Innerstaatliche organisationsrechtliche Entscheidungen müssen ein aus 231
dem Rechtsstaatsprinzip abgeleitetes **Willkürverbot** beachten (BVerfGE 21, 362 [372]; 49, 168 [184]; 55, 72 [89]; *Stern,* Staatsrecht Bd. 1, § 20 IV. 2. b); *Hesse,* AöR 77 [1951], 168; *Schoch,* DVBl. 1988, 863 [871]). Daraus folgt, dass Organisationsentscheidungen durch vertretbare Sachgründe gerechtfertigt werden müssen. Die damit verbundenen Anforderungen an die Begründung von Entscheidungen sind zwar nicht sonderlich hoch, bieten aber einen ausreichenden Ansatzpunkt für eine verwaltungs- oder verfassungsgerichtliche Kontrolle zur Abwehr durch sachfremde Erwägungen bestimmter Entscheidungen und Maßnahmen.

Teilweise werden diese Anforderungen auch aus dem Gebot der **System-** 232
gerechtigkeit bzw. **Systemtreue** abgeleitet (*Degenhart* Systemgerechtigkeit und Selbstbindung des Gesetzgebers als Verfassungspostulat, 1976, S. 49ff.; *Kluth,* S. 523ff.; *Huber,* VSSR 2000, 369 [391ff.]).

4. Grundsatz der Verhältnismäßigkeit

233 Umstritten und mit einer Reihe von terminologischen und sachlichen Unklarheiten verbunden ist die Geltung des **Grundsatzes der Verhältnismäßigkeit** im Bereich des Staats- und Verwaltungsorganisationsrechts (dazu ausführlich *Heusch,* Der Grundsatz der Verhältnismäßigkeit im Staatsorganisationsrecht, 2003). Das Bundesverfassungsgericht hat sowohl für das Bund-Länder-Verhältnis als auch bei der Überprüfung von gesetzlichen Eingriffen in das kommunalen Selbstverwaltungsrecht die Ansicht vertreten, dass der Grundsatz der Verhältnismäßigkeit nach seiner Herkunft und seinem Geltungsanspruch auf das Verhältnis Bürger-Staat-Verhältnis beschränkt ist und deshalb im Bereich des Staatsorganisationsrechts nicht herangezogen werden kann (BVerfGE 79, 311 [342]; 81, 310 [338]). Zugleich wird in andere Konstellationen des Kommunal- und Staatsorganisationsrechts betreffenden Entscheidungen jedoch – explizit oder implizit – auf den Grundsatz der Verhältnismäßigkeit zurückgegriffen (vgl. etwa BVerfGE 95, 1, [27]; 103, 332 [366]). Diese Widersprüche in der verfassungsgerichtlichen Rechtsprechung sowie die in der Literatur und landesverfassungs-gerichtlichen Rechtsprechung daran geäußerte Kritik verlangen eine differenzierende Betrachtungsweise.

234 In der **Rechtsprechung des Bundesverfassungsgerichts** selbst muss zwischen den Aussagen zur **kommunalen Selbstverwaltung** sowie zum Bund-Länder-Verhältnis und sonstigen Bereichen der Staatsorganisation (Organrechte, Wahlrecht, Haushaltsrecht) unterschieden werden. So ist das vom Bundesverfassungsgericht in der Rastede-Entscheidung erstmalig verwendete **„gemeindespezifische Aufgabenverteilungsprinzip"** (BVerfGE 79, 127 [149ff.]) als strengeres und anspruchsvolleres Schutzprinzip zu verstehen, so dass die in diese Entscheidung von einigen Autoren hinein gelesene (eine ausdrückliche Formulierung zu dieser findet sich in der Entscheidung nicht; vgl. zur entsprechenden Interpretation etwa *Schoch,* VerwArch 81 [1990], 19 [26]) Absage an die Geltung des Verhältnismäßigkeitsgrundsatzes nicht im Sinne einer Absenkung der Anforderungen an die Eingriffsrechtfertigung zu verstehen ist (die Einstufung als strengerer Maßstab erfolgt ausdrücklich in BVerfGE 103, 332 [367]; *Ehlers,* DVBl. 2000, 1301 [1303] und *Maurer,* DVBl. 1995, 1037 [1044] weisen überdies zu Recht darauf hin, dass das Bundesverfassungsgericht auch in seiner bis zur Rastede-Entscheidung ergangenen Judikatur den Verhältnismäßigkeitsgrundsatz nicht explizit angewendet hat). Allerdings wird der Grundsatz der Verhältnismäßigkeit sowohl in früheren als auch späteren Entscheidungen bei der Überprüfung von Eingriffen in das kommunale Selbstverwaltungsrecht angewendet, die sich nicht auf einen gesetzlichen Aufgabenentzug beziehen (vgl. etwa BVerfGE 50, 50 [51]; 50, 197 [203]; 59, 216 [299] 103, 332 [366f.]). Die Rechtsprechung des Bundesverfassungsgericht zum Bereich der kommunalen Selbstverwaltung ist demnach durch

einen strengeren Maßstab in Gestalt des gemeindespezifischen Aufgabenverteilungsgrundsatzes im Bereich gesetzlicher Eingriffe in den Aufgabenbestand und durch eine Anwendung des Grundsatzes der Verhältnismäßigkeit in den übrigen Fällen des Eingriffs in die Selbstverwaltungsgarantie bestimmt.

Die **Landesverfassungsgerichte** wenden in ihrer Judikatur den Grund- 235
satzes der Verhältnismäßigkeit bei der Überprüfung von Eingriffen in die kommunale Selbstverwaltungsgarantie ganz überwiegend ebenfalls differenziert nach Eingriffskonstellationen an, so dass die skizzierten Grundaussagen des Bundesverfassungsgericht auf dieser Ebene bestätigt werden (vgl. etwa *VerfGH NW,* OVGE 26, 286 [292ff.]; NWVBl. 1990, 51ff.; NWVBl. 1997, 333 [336ff.]; *VerfGH Rh.-Pf.,* DVBl. 1969, 799 [804ff.]; *BayVerfGH,* BayVBl. 1981, 399ff. siehe dazu auch *Lissack,* Das kommunale Selbstverwaltungsrecht nach bayerischem Verfassungs- und Verfassungsprozessrecht, 2000, S. 48ff., *StGH BW,* NJW 1975, 1205 [1212ff.]; *SaarlVerfGH,* NVwZ 1986, 1008 [1009]; *SächsVerfGH,* DVBl. 2000, 1445 [1447f.]; *NdsStGH,* NVwZ 1997, 58 [59]; *VerfG LSA,* LVerfGE 2, 227ff.).

Anders stellt sich die Lage in den **übrigen Bereichen** des Staatsorganisa- 236
tionsrechts dar. Hier hat das Bundesverfassungsgericht sich explizit gegen die Anwendung des Grundsatzes der Verhältnismäßigkeit ausgesprochen (*BVerfGE* 79, 311 [342]; 81, 310 [338]). In der Literatur hat diese Position jedoch keine allgemeine Gefolgschaft gefunden (ablehnend etwa *Sachs,* in: ders. [Hrsg.], Grundgesetz Kommentar, 2. Aufl. 2000, Art. 20, Rdnr. 146f.; *Sommermann,* in: v. Mangoldt/Klein/Starck, Grundgesetz Kommentar, Bd. 2, 4. Aufl. 2000, Art. 20 Abs. 3, Rdnr. 308). Allerdings sieht das Bundesverfassungsgericht in einigen Fällen auch hier andere, in der Verfassung textlich verankerte besondere Schutzmechanismen eingreifen, wie z.B. im Falle des Art. 72 Abs. 2 GG.

Angesichts der Differenzierungen und Divergenzen in Rechtsprechung 237
und Lehre bedarf es einer grundsätzlichen dogmatischen Klärung der Frage, ob der Grundsatz der Verhältnismäßigkeit auf Grund seiner Ableitung und Funktion in seiner Anwendung auf das Staat-Bürger-Verhältnis beschränkt ist, oder ob seine verfassungsrechtliche Grundlage auch eine Anwendung im Bereich des Staatsorganisationsrechts erlaubt.

Soweit der Grundsatz der Verhältnismäßigkeit nicht explizit als Schran- 238
ken-Schranke für Grundrechtseingriffe in der Verfassung verankert ist, wie es in einigen neueren Landesverfassungen der Fall ist (z.B. Art. 20 Abs. 2 Verf. LSA), wird sein Geltungsgrund in Bezug auf die Grundrechten neben einer allgemeinen, nicht sonderlich aussagekräftigen Bezugnahme auf das Rechtsstaatsprinzip (so etwa *BVerfGE* 6, 389 [439]; 29, 312 [316]; 81, 310 [338]) und die Gerechtigkeitsidee (*Grabitz,* AöR 98 [1973], 568 [584]) vor allem in den Grundrechten selbst sowie in Art. 19 Abs. 2 GG gesehen (*Dürig,* AöR 81 [1956], 117 [147]; *Wittig,* DÖV 1968, 817 [825]). Auch der

Prinzipiencharakter der Grundrechte wird zur Begründung herangezogen (*Alexy,* Theorie der Grundrechte, 3. Aufl. 1996, S. 100f.). Schließlich wird der Grundsatz der Verhältnismäßigkeit als Teil der „dirigierenden Verfassung“ abgesehen und damit im Grundsatz des Vorrangs der Verfassung verankert, der eine möglichst effektive Geltung verfassungsrechtlich besonders umhegter und geschützter Bereiche begründet und deshalb Eingriffen besondere Schranken auferlegt (*Lerche,* Übermaß und Verfassungsrecht, 1961, S. 78f.). Als normtextlicher Anknüpfungspunkt für diesen Interpretationsansatz kann Art. 1 Abs. 3 GG dienen. Inhaltlich wird seine Auslegung durch das rechtsstaatliche Verteilungsprinzip (dazu *Böckenförde,* NJW 1974, 1529 [1530]) sowie der Grundsatz der effektiven Auslegung von Verfassungsrechtssätzen (dazu *Maurer,* Staatsrecht, 2. Aufl. 2001, § 1, Rdnr. 65, der vom Prinzip der normativen Kraft der Verfassung spricht) gesteuert.

239 Gerade der zuletzt erwähnte Ableitungsansatz, der über die größte argumentative und methodische Überzeugungskraft für die Begründung des Grundsatzes der Verhältnismäßigkeit verfügt, bietet einen Anknüpfungspunkt, mit dessen Hilfe der Grundsatz der Verhältnismäßigkeit auch in anderen Bereichen als den Grundrechten bzw. der Bürger-Staat-Beziehung zur Anwendung gebracht werden kann. Voraussetzung ist insoweit jedoch, dass – den Vorgaben Lerches folgend – zwei allgemeine Voraussetzungen erfüllt sind: (1) auf der Ebene des Verfassungsrechts muss ein Rechts- oder Wirkungsbereich abgegrenzt sein; (2) auf derselben Ebene wird die Ermächtigung zur Beschneidung dieses Bereichs durch einen Rechtsakt erteilt, der nicht der Verfassungsebene angehört. Der Ausgleich des damit erzeugten Spannungsverhältnisses erfolgt im Sinne einer möglichst weitgehenden Wahrung der Grundentscheidung, d.h. im Sinne einer Beschränkung von Eingriffen auf ein erforderliches und ausgewogenes Maß.

240 Daraus ergeben sich konkrete **Folgerungen für das Verwaltungsorganisationsrecht.** Zunächst ist zu konstatieren, dass nicht ohne weiteres von einer allgemeinen Geltung des Grundsatzes der Verhältnismäßigkeit im Bereich der Verwaltungsorganisation ausgegangen werden kann. Vielmehr ist dieser im Vorrang der Verfassung verankerte Grundsatz nur dort anwendbar, wo einzelne Organ(walter)rechte, insbesondere Zuständigkeiten oder Mitwirkungsrechte, verfassungsrechtlich verankert bzw. begründet sind. Das ist insbesondere im kommunalen Bereich bei den Rechten der Kommunen selbst und in Bezug auf die Statusrechte der Ratsmitglieder der Fall. In den übrigen Fällen bedarf es einer genauen Analyse des Einzelfalls, ob eine bestimmte Rechtsposition verfassungsrechtlich verankert ist. In der überwiegenden Zahl der Fälle ist dies aber nicht der Fall. Vielmehr handelt es sich um einfachrechtlich begründete Positionen, bei deren Beschränkung die besonderen Anforderungen des Grundsatzes der Verhältnismäßigkeit nicht beachtet werden müssen.

5. Bezüge zu weiteren rechtsstaatlichen Grundsätzen

Aus dem Rechtsstaatsprinzip können allgemeine Vorgaben für ein **staatliches Aufsichts- und Verantwortungssystem** in Bezug auf die zahlreichen rechtlich verselbstständigten Verwaltungseinheiten abgeleitet werden. Einen in ihrer Bedeutung zunehmenden Ansatzpunkt bilden insoweit die völkerrechtlichen und europarechtlichen Pflichten des Staates. Es ist Aufgabe der Bundesrepublik Deutschland, die Einhaltung der inter- und supranationalrechtlichen Vorgaben durch allen Träger von Staatsgewalt im eigenen Hoheitsgebiet sicherzustellen. Dazu bedarf es entsprechender, gegebenenfalls mehrstufiger Steuerungsmöglichkeiten, d.h. eines effektiven Aufsichtssystems. In ähnlicher Weise besteht auch eine staatliche Letztverantwortung für die Beachtung des innerstaatlichen Verfassungs- und Gesetzesrechts. 241

Ebenfalls im Rechtsstaatsprinzip verankert werden können die Forderungen nach einen **Transparenz- und Distanzgebot,** mit dessen Hilfe vor allem eigennützige Entscheidungen von Verwaltungsorganen verhindert werden sollen. In den Mitwirkungsverboten, die im Kommunalrecht sowie im Verwaltungsverfahrensrecht (dazu Bd. 2 § 59 Rdnr. 13ff.) verankert sind, wird diesen Forderungen weitgehend Rechnung getragen. Darüber hinaus spielt das Distanzgebot bei der Begrenzung der Mitwirkungsrechte von Personalvertretungen sowie der Rechtfertigung der Betroffenen-Selbstverwaltung in den Trägern funktionaler Selbstverwaltung eine bedeutsame Rolle. 242

VI. Grundrechtliche Vorgaben und Impulse für die Verwaltungsorganisation

Schrifttum: *Bethge,* Grundrechtsverwirklichung und Grundrechtssicherung durch Organisation und Verfahren, NJW 1982, 1; *Huber P. M.,* Grundrechtsschutz durch Organisation und Verfahren als Kompetenzproblem in der Gewaltenteilung und im Bundesstaat, 1988; *Goerlich,* Grundrechte als Verfahrensgarantien, 1981; *Kluth,* Schutz individueller Freiheit in und durch öffentlich-rechtliche Körperschaften, DVBl. 1986, 716; *ders.,* Funktionale Selbstverwaltung, 1997, S. 391ff.; *Stern,* Staatsrecht, Bd. III/1, § 69 V.

1. Differenzierung nach Bereichen und Fallkonstellationen

Die Bedeutung der Grundrechte für die Verwaltungsorganisation und das Verwaltungsorganisationsrecht gehört zu den besonders diffizilen und unübersichtlichen Themenbereichen des Organisationsrechts. Das hängt zum einen damit zusammen, dass zahlreiche Einzelkonstellationen sowie die Bereiche Organisation und Verfahren genau voneinander abgegrenzt werden müssen. Zum anderen divergieren in diesem Bereich aber auch Ansichten und Terminologien besonders stark. Nahezu jeder Autor verwendet andere Bezeichnungen oder misst gleichen Termini eine andere Bedeutung zu (zu diesem Aspekt auch *Stern,* Staatsrecht Bd. III/1, § 69 V. 4.). Aus diesem Grunde ist bereits in sprachlich-terminologischer Hinsicht beson- 243 dere Aufmerksamkeit geboten. Die nachfolgende Darstellung orientiert sich so weit wie möglich an der vom Bundesverfassungsgericht verwendeten Terminologie. Soweit dies nicht der Fall ist, wird auf das zugrunde gelegte Begriffsverständnis besonders hingewiesen.

244 Um die vorhandenen Wirkungszusammenhänge zwischen Grundrechten und Verwaltungsorganisation so deutlich wie zu erfassen, erscheint es sinnvoll, eine Unterscheidung nach verschiedenen Fallkonstellationen vorzunehmen:

245 Ausgehend von den grundrechtlichen Freiheiten kann dabei als erste Konstellation die Ermöglichung und Sicherung des (privaten) Grundrechtsgebrauchs durch (Verwaltungs-) Organisation angeführt werden. Es geht dabei um die „dienende" Bereitstellung von öffentlich-rechtlichen Organisationsformen mit dem Ziel, durch sie und in ihnen privaten Grundrechtsgebrauch überhaupt erst zu ermöglichen. Es liegt auf der Hand, dass damit nur einer kleiner, exklusiver Bereich von Organisationen erfasst werden kann.

246 Aus einer externen grundrechtlichen Perspektive kann als zweite Konstellation die Vereinbarkeit der Einbeziehung Privater in öffentlich-rechtliche Verbände thematisiert werden. Dabei geht es zum einen um die von Rechtsprechung und herrschender Lehre dieser Thematik zugeordnete gesetzliche Pflichtmitgliedschaft in Trägern funktionaler Selbstverwaltung, darüber hinaus aber auch über die verschiedenen Erscheinungsformen des Ehrenamtes, dessen organisationsrechtliche Komponente nicht übersehen werden sollte.

247 An dritter Stelle ist auf die Anforderungen einzugehen, die von den Grundrechten an die interne Organisation von Verwaltungsträgern gestellt werden. Dabei geht es namentlich um die Berücksichtigung der Grundrechte bei der Ausgestaltung von Organen mit grundrechtsrelevanten Befugnissen, wie dies vor allem im Hochschulbereich der Fall ist.

248 An vierter Stelle ist schließlich die nach wie vor interessante Frage nach dem Grundrechtsschutz von Verwaltungsträgern anzuführen. Trotzt der auf den ersten Blick klaren und im Ergebnis ablehnenden Rechtsprechung des Bundesverfassungsgerichts besteht in diesem Bereich auf Grund von strukturellen Wandlungen in vielen Bereichen der Verwaltungsorganisationen, aber auch aus einer grundsätzlichen dogmatischen Perspektive einiger Klärungsbedarf.

2. Ermöglichung des Grundrechtsgebrauchs durch staatliche Organisationen

249 Der Staat ermöglicht durch seine Einrichtungen und Leistungen in vielen Lebensbereichen überhaupt erst den privaten Grundrechtsgebrauch (zur dogmatischen Verortung der faktischen Voraussetzungen des Grundrechtsgebrauchs vgl. *Isensee*, Grundrechtsvoraussetzungen und Verfassungser-

wartungen, HStR V, § 115, Rdnr. 7ff.). Das gilt für die Fortbewegung (Straßen und Wege, Flughäfen, Eisenbahnen und Nahverkehr) ebenso wie für das Bildungswesen, um nur zwei bedeutsame Bereiche zu erwähnen. In diesen Fällen steht aber nicht die Organisation als solche, sondern die **staatliche Leistungsbereitstellung** und damit der materiellrechtliche Aspekt insgesamt im Vordergrund. So sind die organisatorischen Rahmenbedingungen etwa im Bildungsbereich nur ein untergeordneter, wenngleich nicht unwichtiger Aspekt der Bereitstellung von Bildungsdienstleistungen. Im Vordergrund steht dabei jedoch die materiellrechtliche Ausgestaltung des Zugangs zu diesen Leistungen (zu grundrechtlichen Aspekten des Zugangs zu staatlichen Leistungen vgl. *Stern,* Staatsrecht Bd. III/1, § 67; bedeutsame einfachgesetzliche Ausprägungen sind z.B.: die Regelungen über den Zugang zu kommunalen öffentlichen Einrichtungen in den Gemeindeordnungen, die straßenrechtlichen Vorschriften über den Gemein- und Sondergebrauch und die Zulassung zum Hochschulstudium in §§ 27ff. HRG). Organisationsrechtliche Aspekte sind nur mittelbar betroffen, soweit die Leistungserbringung wie bei den Universitäten mitgliedschaftlich oder wie bei den Schulen anstaltlich ausgestaltet ist. Es geht dabei in erster Linie um grundrechtliche Anforderungen an die Ausgestaltung der Rechtsstellung in der Organisation (dazu unter Rdnr. 254ff.).

Strikt auf die Bereitstellung der Organisation beschränkt ist die staatliche 250
Aktivität demgegenüber im Falle der **öffentlich-rechtlichen Rundfunkanstalten.** Da aus dem Grundgesetz ein grundsätzlich Verbot einer staatlichen Betätigung im Rundfunkbereich abgeleitet wird (eine Ausnahme bilden die Deutsche Welle und Deutschlandfunk, mit denen der Staat besonderen Informations- und Betreuungsaufgaben im Ausland nachkommt), ist der Staat hier von Verfassung wegen darauf beschränkt, den rechtlichen, organisatorischen und finanziellen Rahmen für die Ermöglichung eines von privaten Grundrechtsträgern veranstalteten Rundfunks bereitzustellen. Daraus folgt zugleich, dass es sich bei den Rundfunkanstalten nicht um Verwaltungsträger handelt (*Kluth,* S. 75ff.; anders *BVerfGE* 31, 314 LS 1; vgl. aber auch das abweichende Votum *BVerfGE* 31, 337ff.). Auch von einer Bindung an die Grundrechte ist entgegen der Ansicht des Bundesverfassungsgerichts (*BVerfGE* 14, 121 [129f.]; 68, 193 [207] jedoch ausdrücklich nur für die Zuweisung von Sendezeiten an politische Parteien; zustimmend *Stern,* Staatsrecht Bd. III/1, § 71 VII 3 a) nicht auszugehen (*Kluth,* S. 80f.).

In Bezug auf das Gesamtspektrum der Verwaltungsorganisation handelt 251
es sich bei der Ermöglichung von Grundrechtsgebrauch durch Organisation jedoch um ein Randphänomen. In den meisten Fällen, in denen in der Literatur ein Zusammenhang zwischen Grundrechten und Organisation hergestellt wird, geht es um Einzelheiten der Gestaltung von Organisationen und um verfahrensrechtliche Fragen, die unscharf dem Begriff Organisation zugeordnet werden.

3. Grundrechtsschutz gegenüber der Mitgliedschaft in öffentlich-rechtlichen Verbänden und Organisationen

252 Als Gegenstück zur Ermöglichung des Grundrechtsgebrauchs durch Organisation kann der gesetzlich begründete **Mitgliedschaftszwang in Verwaltungsorganisationen,** namentlich in Trägern funktionaler Selbstverwaltung, angesehen werden. Die Rechtsprechung und die herrschende Lehre sehen darin einen Grundrechtseingriff, wobei umstritten ist, ob das von seinem Schutzbereich her einschlägige Grundrecht in der allgemeinen Handlungsfreiheit des Art. 2 Abs. 1 GG (so die Rechtsprechung und h. L.; vgl. nur BVerfG, NVwZ 2002, 335 und BVerwGE 107, 169) oder im Grundrecht der (negativen) Vereinigungsfreiheit des Art. 9 Abs. 1 GG (so eine Mindermeinung; vgl. etwa *Schöbener,* VerwArch 91 [2000], 374ff.) zu sehen ist (Überblick bei *Kluth,* S. 275ff.; *ders.* DV 2002, 349ff.; ausführlich wird auf diese Frage in § 98 eingegangen; dort finden sich auch weitere Nachweise).

253 In einer abgeschwächten Form kann es auch im Zusammenhang mit der Pflicht zur Übernahme und Ausübung von **Ehrenämtern** durch Beschränkungen der Grundrechte von Bürgern kommen (dazu *Stober,* Der Ehrenbeamte in Verfassung und Verwaltung, 1981, S. 129ff.). Exemplarisch kann insoweit auf die entsprechenden Regelungen des Kommunalrechts (dazu *Gern,* Deutsches Kommunalrecht, 2. Aufl. 1997, Rdnr. 568ff.) sowie des Wahlrechts verwiesen werden. Organisationsrechtliche Bezüge bestehen hier insoweit, als es bei der Inpflichtnahme um die Besetzung von Verwaltungsorganen geht.

4. Auswirkungen der Grundrechtsbindung auf die interne Organisation von Verwaltungsträgern

254 Auf die interne Organisation oder Verfassung von Verwaltungsträgern wirken sich die Grundrechte in mehrfacher Hinsicht aus. Erstens können aus Grundrechten **Partizipationsrechte** und damit verbunden Ansprüche auf Mitgliedschaft in (Leitungs-) Organen bzw. auf Mitwirkung an ihrer Besetzung abgeleitet werden (*Kluth,* S. 408ff.). Dies betrifft sachlich vor allem den **Hochschulbereich** und ist thematisch auf das Grundrecht der Wissenschaftsfreiheit aus Art. 5 Abs. 3 GG bezogen (dazu umfassend *Trute,* Die Forschung zwischen grundrechtlicher Freiheit und staatlicher Institutionalisierung, 1994). Hier hat der Staat durch geeignete organisatorische Maßnahmen dafür zu sorgen, dass das Grundrecht der freien wissenschaftlichen Betätigung so weit unangetastet bleibt, wie das unter Berücksichtigung der anderen legitimen Aufgaben der Wissenschaftseinrichtungen und der Grundrechte der verschiedenen Beteiligten möglich ist (BVerfGE 35, 79 [115]; 85, 360 [384f.]). Auch in den **Realkörperschaften** als Untergruppe der funktionalen Selbstverwaltung spielen Grundrechte bei Konkretisierung von Mitwirkungsrechten eine bedeutsame Rolle (*Kluth,* S. 451ff.).

Zweitens können aus Grundrechten unterhalb der Schwelle echter Mitentscheidung weniger weitreichende **Mitspracherechte** abgeleitet werden, die eine organisationsrechtliche Absicherung verlangen. Dies ist etwa im Schulbereich in Gestalt der Schülervertretungen und Elternbeiräte der Fall (dazu *Stein/Roell,* Handbuch des Schulrechts, 2. Aufl. 1992, S. 49; *Niehues,* Schulrecht, 3. Aufl. 2000, Rdnr. 51 ff., insbes. 76 ff.). Wann die Einräumung von Mitspracherechten verfassungsrechtlich erforderlich und wann sie aus verfassungsrechtlichen oder sonstigen sachlichen Erwägungen wie der Nutzung externen Sachverstandes lediglich sinnvoll erscheint (bekannte Beispiele sind die sachverständigen Bürger und Einwohner in beratenden kommunalen Ausschüssen sowie die Mitwirkung Externer in der Bundesprüfstelle nach § 10 GjS), ist in vielen Bereichen nur schwer abzugrenzen (so ist das BVerfG der Ansicht, dass sich aus Art. 6 Abs. 2 GG nicht zwingend ein kollektives Mitwirkungsrecht der Eltern ableiten lässt, *BVerfGE* 59, 360 [380 f.]; die Landesverfassungen sehen aber teilweise derartige Rechte vor; vgl. Art. 17 Abs. 4 bw Verf.; Art. 56 Abs. 6 hess. Verf.; Art. 10 Abs. 2 nw Verf.). Im letzteren Fall muss jedoch beachtet werden, dass die Beteiligung Externer nur im Rahmen der zwingenden Vorgaben des Demokratieprinzips zulässig ist. 255

Drittens können Grundrechte einen Anspruch auf die Schaffung von **Freiräumen für den Grundrechtsgebrauch** innerhalb staatlicher Organisationen begründen. Dies gilt z. B. für die Ausübung der Religion in staatlichen Organisationen die durch einen Anwesenheitszwang geprägt sind, wie dies in Schulen im Rahmen der Schulpflicht und im Strafvollzug der Fall ist. 256

5. Grundrechtsschutz von Verwaltungsträgern

Der Frage nach einem Grundrechtsschutz von Verwaltungsträgern gem. Art. 19 Abs. 3 GG mag angesichts der insoweit konsequent ablehnenden Haltung des Bundesverfassungsgerichts in seinen drei Grundsatzentscheiden (BVerfGE 21, 362 [369 ff.]; 61, 82 [100]; 68, 193 [206]; weitere Einzelheiten und Nachweise bei *Stern,* Staatsrecht Bd. III/1, § 71 VII) kaum größere Aufmerksamkeit gebühren. Abgesehen davon, dass diese Rechtsprechung in weiten Teilen der Literatur auch auf Kritik gestoßen ist (vor allem *v. Mutius,* in: BK, Art. 19 Abs. 3 [Zweitbearbeitung], Rdnr. 107 ff.; für eine differenzierende Betrachtung *Stern,* Staatsrecht Bd. III/1, § 71 VII 4 a), muss aber vor allem vor dem Hintergrund der zunehmenden Zahl organisatorischer Einheiten, an denen neben einem oder mehreren Verwaltungsträgern auch Private beteiligt sind, auf die Thematik eingegangen werden (siehe dazu im einzelnen Band 1, § 34 Rdnr. 13 ff.). Hinzu kommt, dass vor allem im Bereich der funktionalen Selbstverwaltung einige Grenzfälle zu verzeichnen sind, die eine differenzierte Betrachtung verlangen (siehe dazu *Kluth,* S. 413 ff.). Für das Organisationsrecht ist die Fragestellung vor allem insoweit von Bedeutung, als durch einen (partiellen) Grundrechtsschutz Eingriffe in den Bestand, das Vermögen (dieser Aspekt ist von besonders 257 großer Bedeutung) und die Zuständigkeiten eines Verwaltungsträgers höheren Anforderungen unterworfen werden, die über die in einem solchen Fall zu beachtenden allgemeinen rechtsstaatlichen Kriterien (siehe dazu oben Rdnr. 230) hinausgehen.

VII. Die Verwaltungstypen des Grundgesetzes und der Landesverfassungen

1. Funktionen und Kriterien der Typenbildung

258 Zu den verfassungsrechtlichen Vorgaben für die Verwaltungsorganisation gehört auch ihre Zuordnung zu einzelnen Typen. Die damit verbundene Systematisierungs- und Ordnungsfunktion ist weniger das Ergebnis strikter normativer Ableitungen, sondern der Versuch, die vorhandene Vielfalt der Organisationen und Organisationsformen durch eine Rückbindung an eine überschaubare Zahl von Typen leichter erfassbar und rechtlich bewertbar zu machen. Zugleich dient eine Typisierung, wie auch in anderen Bereichen, der Entwicklung von allgemeinen Rechtmäßigkeitsanforderungen, die an die Verwendung eines bestimmten Typus geknüpft sind.

259 Eine Typisierung der Verwaltungsorganisation kann aus ganz verschiedenen Blickwinkeln und anhand unterschiedlicher Kriterien erfolgen. Organisatorische Aufbaumuster, der Grad der rechtlichen Verselbstständigung, die Hierarchiestufen, die Rechtsform und viele weitere Merkmale können hierzu herangezogen werden. Aus der Perspektive des Verfassungsrechts stehen dem gegenüber andere Kriterien im Vordergrund. Hier geht es in erster Linie darum festzustellen, welche Verwaltungstypen durch die Verfassung selbst genauer ausgebildet sind, so dass ihnen der Status einer Regelerscheinungsform zugesprochen werden kann. Diesen sind sodann die nicht im Einzelnen ausgebildeten Erscheinungsformen als Ausnahmetypen gegenüber zu stellen. Dabei geht es jedoch nicht um keine strikte Regel- Ausnahme-Typik im normativen Sinne, da das Verfassungsrecht als Rahmenrecht punktuelle Abweichungen nicht von vornherein ausschließt (engeres Verständnis bei *Jestaedt,* S. 329ff.). Gerade das deutsche Verfassungsrecht ist durch seine Offenheit für eine Vielzahl von Organisationsformen und damit einen pluralistischen Ansatz geprägt. Im Folgenden wird deshalb nicht zwischen Regel- und Ausnahmetypen unterschieden, sondern von verfassungsrechtlich ausgebildeten und sonstigen Typen der Verwaltungsorganisation gesprochen.

260 Die nachstehende Typik der Verwaltungsorganisation orientiert sich an den äußeren Strukturen, d.h. an den Verwaltungsträgern und ihrer Gesamtverfassung. Die Binnenverfassung der jeweiligen Typen wird demgegenüber nicht als Unterscheidungsmerkmal herangezogen. Das hat unter anderem zur Folge, dass die Veränderungen, die durch das Neue Steuerungsmodell in der internen Verwaltungsorganisation ausgelöst werden, nicht in die Betrachtung einbezogen werden. Das Neue Steuerungsmodell wirkt sich vielmehr auf alle Verwaltungstypen aus, wenngleich die spezifischen Auswirkungen bei den einzelnen Typen voneinander abweichen.

2. Die verfassungsrechtlich ausgebildeten Typen der Verwaltungsorganisation

a) Die Ministerialverwaltung

Die Ministerialverwaltung als den einzelnen Ressorts der Regierung zu- 261
und nachgeordnete Organisationsform stellt den klassischen Typ der Verwaltungsorganisation in einem parlamentarischen Regierungssystem dar, ohne jedoch zwingend an diese Staats- und Verfassungsform gebunden zu sein. Ihre Ausprägung ist viel älter und hat ihren Ursprung im Rahmen des Konstitutionalismus. Durch den Übergang zum demokratischen Verfassungsstaat hat sich jedoch die legitimatorische Grundlage sowie die Verantwortungsbeziehung verändert. An die Stelle des Monarchen ist das Parlament getreten (dazu ausführlich *Dreier,* Hierarchische Verwaltung im demokratischen Staat, S. 75 ff.).

Als wichtigste Merkmale der **Ministerialverwaltung klassischer Prä-** 262
gung können ihr hierarchischer, in der Regel mehrstufiger Aufbau, die rechtliche Einheit (d. h. das Fehler einer rechtlichen Verselbstständigung der nachgeordneten Ebenen) und das Bestehen einer von der Verwaltungsspitze (d. h. dem jeweiligen Ressortminister) bis zur untersten ausführenden Stelle reichenden Weisungsunterworfenheit sowie damit verbunden einer zentralen Steuerungsmöglichkeit angeführt werden (siehe zu Einzelheiten *Loschelder,* Weisungshierarchie und persönliche Verantwortung in der Exekutive, in: HStR III, 1988, § 68). Die Ministerialverwaltung tritt trotz ihrer z. T. erheblichen Binnendifferenzierung nach außen als Rechts- und Willenseinheit auf und verkörpert damit in besonderer Weise den Gedanken der Einheit der Verwaltung.

Die nach dem Muster des **Neuen Steuerungsmodells** organisierte Minis- 263
terialverwaltung unterscheidet sich von dem klassischen Modell vor allem durch den zumindest partiellen Verzicht auf eine strikte Weisungshierarchie (siehe dazu oben Rdnr. 177). An ihre Stelle tritt ein Modell dezentralen Aufgaben- und Ressourcenverantwortung, das mit Zielvereinbarungen und Controlling als spezifischen Steuerungsinstrumenten gekoppelt ist. In der Regel ist mit der Umsetzung des Neuen Steuerungsmodells auch ein Abbau der Hierarchiestufen verbunden, doch ist dies kein zwingendes Erfordernis. Auch im Übrigen bestehen große Variationsmöglichkeiten, da das Neue Steuerungsmodell nicht auf konkreten normativen Vorgaben, sondern einem wenig konturscharfen verwaltungswissenschaftlichen Leitbild beruht.

Der Ministerialverwaltung in der Regel zugeordnet ist die sog. **mittelbare** 264
Staatsverwaltung, die sowohl auf Bundes- als auch auf Landesebene anzutreffen ist (Einzelheiten unter § 86). Hinter diesem unscharfen Begriff

verbergen sich rechtlich voll oder teilweise verselbstständigte Verwaltungseinheiten in öffentlicher oder privater Organisationsrechtsform. Ihre Qualifizierung als mittelbare Staatsverwaltung ist daran geknüpft, dass sie nicht über einen eigenen Aufgabenbestand verfügen und grundsätzlich den Weisungen der Ministerialverwaltung unterworfen sind. Anhand dieser Merkmale ist auch ihre Abgrenzung zur Selbstverwaltung sowie zu den weisungsfreien Verwaltungseinheiten vorzunehmen. Die Zuordnung zu Bund oder Land ist anhand des Gründungsaktes vorzunehmen.

265 Die Ministerialverwaltung ist weder im Grundgesetz noch in den Landesverfassungen in ihren Einzelheiten ausgebildet. Während jedoch die Landesverfassungen keinerlei detaillierte Vorgaben enthalten, lassen sich aus den Art. 87 ff. GG jedenfalls für einzelne Bereiche der Bundesverwaltung einzelne Detailvorgaben ableiten. Das grundgesetzliche Regelungsgeflecht ist insoweit enger als das der Landesverfassungen. Die wesentlichen verfassungsrechtlichen Vorgaben werden jedoch aus dem Demokratieprinzip im Wege der Auslegung abgeleitet (siehe dazu oben Rdnr. 134 ff.).

b) Die kommunale Selbstverwaltung

266 Die kommunale Selbstverwaltung, die im Wesentlichen die Gemeinden und Gemeindeverbände umfasst, repräsentiert den zweiten durch das Bundes- und Landesverfassungsrecht ausgeprägte Verwaltungstyp. Seine **wesentlichen Merkmale** sind bundeseinheitlich durch Art. 28 Abs. 1 S. 2–4 und Abs. 2 GG vorgegeben. Es handelt sich dabei um die rechtliche Selbstständigkeit, die unmittelbare demokratische Legitimation der Leitungsorgane, einen eigenen Aufgaben- und Zuständigkeitsbereich, eine partielle Finanzgarantie sowie den besonderen Schutz vor gesetzgeberischen und sonstigen staatlichen Zugriffen auf die geschützten Bereiche (zu Einzelheiten § 94).

267 Das Erscheinungsbild der kommunalen Selbstverwaltung wird durch die vom Verfassungsrecht nur partiell und indirekt erfasste **kommunale Gemeinschaftsarbeit** und die **mittelbare Kommunalverwaltung** vervollständigt (zu Einzelheiten § 96). Bei der mittelbaren Kommunalverwaltung überwiegen in der Praxis privatrechtsförmige Organisationsformen.

c) Die funktionale Selbstverwaltung

268 Die funktionale Selbstverwaltung kann als dritter verfassungsrechtlich ausgebildeter Typ der Verwaltungsorganisation eingestuft werden, wenn diese Zuordnung mit dem Vorbehalt versehen wird, dass es sich um eine punktuelle, nicht alle Bereiche erfassende, mithin exemplarische verfassungsrechtliche Ausbildung und damit zugleich Anerkennung handelt. Zudem ist zu beachten, dass der Schwerpunkt der Regelungen in den Landesverfassungen anzutreffen ist.

269 Die hier vorgenommene Zuordnung ist umstritten und bedarf deshalb, anders als in den beiden vorangehenden Fällen, einer besonderen Begründung. Soweit die funktionale Selbstverwaltung überhaupt als eigenständiger

Verwaltungstyp wahrgenommen und nicht pauschal der mittelbaren Staatsverwaltung bzw. den „sonstigen Körperschaften“ zugeordnet wird, ist die Feststellung anzutreffen, es handle sich aus der Sicht des Verfassungsrechts um eine Ausnahmeerscheinung, jedenfalls nicht um einen Regeltypus (so etwa *Jestaedt*, Demokratieprinzip und Kondominialverwaltung, S. 537ff.). Punktuell wird sogar die Ansicht vertreten, es handle sich wegen der für diesen Typus prägenden, mit Art. 9 Abs. 1 GG nicht vereinbaren Pflichtmitgliedschaft um eine partiell verfassungswidrige Organisationsform (so *Höfling*, in: Sachs [Hrsg.], Grundgesetz Kommentar, Art. 9 Rdnr. 23).

Das **Grundgesetz** enthält keine explizit auf die funktionale Selbstver- 270
waltung als solche bezogenen Regelungen. Jedoch wird aus Art. 87 Abs. 2 GG, der Regelungen für die Errichtung der Träger der Sozialversicherung enthält, die traditionell zur funktionalen Selbstverwaltung gehört, die grundsätzliche Vereinbarkeit des Typus mit dem Grundgesetz abgeleitet (so etwa *Muckel*, NZS 2002, 118ff. m.w.N.). Hinzu kommt, dass die Hochschulselbstverwaltung zumindest partiell in Art. 5 Abs. 3 GG verankert wird (BVerfGE 51, 369; 67, 202; *Erichsen/Scherzberg*, NVwZ 1990, 8ff.; *Kluth*, Funktionale Selbstverwaltung, S. 419ff.). Den **Landesverfassungen** sind weitere Aussagen zu einzelnen Trägern funktionaler Selbstverwaltung zu entnehmen. Dabei stehen nach der Häufigkeit Garantien des Selbstverwaltungsrechts der Hochschulen an erster Stelle (siehe oben Rdnr. 130). Hinzu kommen punktuelle Regelungen zu weiteren Selbstverwaltungsträgern (siehe oben Rdnr. 131ff.). Obwohl die Regelungen zur funktionalen Selbstverwaltung damit nur partieller Natur sind, da sie sich nur auf wenige Bereiche erstrecken, kann daraus insgesamt gleichwohl eine verfassungsrechtliche Ausbildung auch dieses Typus abgeleitet werden. Gerade weil die Entscheidung über die Verwendung dieses Typus der Entscheidung des Gesetzebers überlassen bleiben soll, ist dies auch kein Mangel.

Dieses Ergebnis wird durch die Rechtsprechung des **Bundesverfassungs-** 271
gerichts insoweit bestätigt, als das Gericht in seinen einschlägigen Entscheidungen zu einzelnen Erscheinungsformen der funktionalen Selbstverwaltung nicht nur im Ergebnis ihrer Vereinbarkeit mit dem Grundgesetz bestätigt hat, sondern zudem auf die Verwurzelung des Organisationstypus im Demokratie- und Rechtsstaatsprinzip hingewiesen hat. In der Facharztentscheidung hat das Bundesverfassungsgericht darauf hingewiesen, dass die Prinzipien der Selbstverwaltung und der Autonomie im demokratischen Prinzip wurzeln und dem freiheitlichen Charakter der Sozialordnung des Grundgesetzes entsprechen (*BVerfGE* 33, 125 [159]). In einem Kammerbeschluss vom 15. 12. 2001 zu den Industrie- und Handelskammern wird dieser Gedanke durch den Hinweis auf den Mitgliedern in den Kammern die Chance zur Beteiligung und Mitwirkung an staatlichen Entscheidungsprozessen eröffnet wird und auf den freiheitssichernden und legitimatorischen Charakter der gesetzlichen Pflichtmitgliedschaft hingewiesen

(*BVerfG* NVwZ 2002, 335 [337]). Alle diese Aussagen machen deutlich, dass es sich bei der funktionalen Selbstverwaltung um eine Organisationsform handelt, die grundlegende Verfassungsprinzipien effektiv umsetzt und deshalb nicht nur als verfassungskonform sondern im Hinblick auf die angeführten Regelungen zugleich als verfassungsrechtlich ausgebildeter Typus zu qualifizieren ist.

272 Als prägende **staatsrechtliche Merkmale** des Typus der funktionalen oder Betroffenen-Selbstverwaltung sind demnach die rechtliche Selbstständigkeit, die demokratische Legitimation der Leitungsorgane durch die Mitglieder und die weisungsfreie und eigenverantwortliche Erfüllung „eigener", durch die sachliche und persönliche Betroffenheit qualifizierter Aufgaben anzusehen.

3. Einordnung weiterer Organisationsformen

273 Die verfassungsrechtlich ausgebildeten Organisationsformen erschöpfen nicht die Vielfalt der Organisationsformen im Bereich der Exekutive. Hinzu kommen weitere Typen, die durch das Verfassungsrecht nicht genauer ausgebildet sind. Bei ihnen steht die Frage ihrer Vereinbarkeit mit den allgemeinen verfassungsrechtlichen Anforderungen im Vordergrund. Sie werden in der Literatur teilweise auch als besonders rechtfertigungsbedürftige Ausnahmetypen qualifiziert. Diese Zuordnung soll hier vor dem Hintergrund neuerer Entwicklungstendenzen vermieden werden. Deshalb wird nur von weiteren Organisationsformen gesprochen, die durch die Verfassung nicht näher ausgebildet sind.

a) Ministerial- oder weisungsfreie Verwaltungseinheiten

274 Als wohl wichtigster weiterer Organisationstyp ist die sog. ministerial- oder weisungsfreie Verwaltung zu nennen. Es handelt sich dabei in der Regel um Verwaltungseinheiten, die über eine zumindest partielle rechtliche Selbstständigkeit verfügen und insgesamt oder für Teilbereiche keinen fachlichen Weisungen der Ministerialverwaltung unterworfen sind (dazu *Klein*, Die verfassungsrechtliche Problematik des ministerialfreien Raums, 1974; *Oebbecke*, Weisungs- und unterrichtungsfreie Räume in der Verwaltung, 1986; *Waechter*, Geminderte demokratische Legitimation staatlicher Institutionen im parlamentarischen Regierungssystem, 1994). Da die damit gewonnene Selbstständigkeit nicht der Verwirklichung des Selbstverwaltungsgedankens dient und deshalb auch die mit diesem verbundene demokratische Legitimation nicht erzeugt wird, besteht bei diesem Organisationstypus ein besonderes Rechtfertigungserfordernis im Hinblick auf das Demokratieprinzip (siehe dazu näher § 86 Rdnr. 14ff.). Auch für die ministerialfreien Räume finden sich Regelungen im Grundgesetz, aus denen ihre verfassungsrechtliche Zulässigkeit abgeleitet wird. Jedoch werden diese Regelungen nicht im Sinne der Ausbildung eines Typus sondern der Rechtfertigung einer punktuellen Ausnahme verstanden. Das hängt damit zusammen, dass

in diesem Typus weder das Demokratieprinzip noch ein rechtsstaatlicher Autonomiegedanken zur Entfaltung kommen. Vielmehr geht es um die Erzeugung von politikfreien Bereichen im Interesse der Sicherung eines Vorrangs von Sachverstand bei der Wahrnehmung fachlich sehr anspruchvoller Aufgaben und damit um eine rein funktionale Rechtfertigung. Bedeutsame Beispiele für ministerialfreie Räume sind die Deutsche Bundesbank, der Bundes- und die Landesrechnungshöfe sowie die Bundesschuldenverwaltung (siehe zu alldem *Waechter,* a. a. O., S. 179 ff.).

b) Privatrechtsförmige Verwaltungseinheiten

Die in privatrechtlicher Organisationsform verfassten Verwaltungsein- 275
heiten spielen in der Staats- und Verwaltungspraxis zwar bereits seit der Weimarer Zeit eine bedeutsame Rolle, werden aber durch das Verfassungsrecht schon deshalb nicht näher ausgebildet, weil sie in erster Linie Privaten als Handlungs- und Gestaltungsinstrumente durch den Gesetzgeber zur Verfügung gestellt werden. Der Staat bzw. die Verwaltung bedient sich in diesem Fall einer für die Allgemeinheit der Bürger geschaffenen Organisationsform (*Ehlers,* Verwaltung in Privatrechtsform, 1984; weitere Einzelheiten unter § 91). Das öffentliche Recht einschließlich des Verfassungsrechts trifft deshalb zu diesem Bereich nur mittelbar Regelungen, die in der Regel die Nutzung privatrechtlicher Organisationsformen beschränken oder bestimmten Anforderungen unterwerfen. Stellvertretend kann insoweit auf die kommunalwirtschaftsrechtlichen Vorschriften über die Gründung und Beteiligung von Unternehmen in privater Rechtsform verwiesen werden (dazu *Gern,* Deutsches Kommunalrecht, 2. Aufl. 1997, Rdnr. 756 ff.). Eine Novität stellen die Regelungen in Art. 87 e Abs. 3 GG sowie Art. 87 f Abs. 2 GG dar, insoweit dort die Verwendung privatrechtlicher Organisationsformen vorgeschrieben wird. Die Regelungen stehen jedoch im Kontext eines durch Art. 143 a und b GG näher gesteuerten Privatisierungsvorgangs und besitzen insoweit Ausnahmecharakter.

c) Public-Private-Partnerships

Keinen eigenen Verwaltungstypus sondern einen Grenzbereich markieren 276
schließlich die Public-Private-Partnerships, mit deren Hilfe die herkömmlichen Formen der Kooperation von Staat und Privaten durch gemischte Unternehmen sowie die Beleihung und den Verwaltungshelfer erweitert werden sollen. Dieser Bereich wirft zahlreiche neue Rechtsfragen auf, die sich derzeit in einem umfassenden Klärungsprozess befinden (dazu im Einzelnen unten § 92).

4. Hierarchie – Module – Netzwerke: Wandlungen in der Makrostruktur der Verwaltungsorganisation

Die deutsche Verwaltungsorganisation war schon immer durch eine große 277
Formenvielfalt gekennzeichnet. In der Dogmatik des Verwaltungsorganisa-

tionsrechts und auch in der verfassungsrechtlichen Betrachtung wurde diese lange Zeit aber nur unvollkommen abgebildet. Vielmehr überwog hier die Orientierung an einem hierarchisch verfassten Leitbild der Ministerialverwaltung. Mit Ausnahme der ebenfalls verfassungsrechtlich verankerten kommunalen Selbstverwaltung wurden andere Organisationsformen als Ausnahmetypen qualifiziert. In das System der organisationsrechtlichen Dogmatik wurden sie nur unvollkommen integriert.

278 Dieser problematisch Befund gehört inzwischen der Vergangenheit an. Seit Beginn der achtziger Jahre wurden die verschiedenen Formen Verwaltungsorganisation außerhalb der Ministerialverwaltung und kommunalen Selbstverwaltung zum Gegenstand eingehender Untersuchungen gemacht. So wurden die Verwaltung in Privatrechtsform, die ministerialfreien Räume und die funktionale Selbstverwaltung in das dogmatische System integriert. Hinzu kamen in den neunziger Jahren die Änderungen im internen Bereich, die durch das Neue Steuerungsmodell ausgelöst wurden. Sie bewirkten eine partielle Abkehr vom strengen Hierarchiemodell und führten zu einer neuen Binnenstruktur in den VerwaltungsträgeRdnr. Dieser Prozess befindet sich sowohl aus der Perspektive des Verwaltungsorganisationsrechts als auch des Verfassungsrechts noch in der Phase der Aufarbeitung. Man kann die Umsetzung des Neuen Steuerungsmodells auch als **Modularisierung** bezeichnen, da hierbei kompakte und umfassende Handlungs- und Entscheidungszentren – eben Module – gebildet werden, die nur noch eine Gesamtsteuerung und -kontrolle durch die zentralen Leitungseinheiten unterworfen werden.

279 Die Verwaltungsorganisation ist in ihrer Makrostruktur jedoch weiteren Entwicklungen unterworfen, die an dieser Stelle nur knapp skizziert werden können. An erster Stelle ist die Zunahme einer kooperativen Aufgabenwahrnehmung in so genannten **Netzwerken** zu erwähnen. Dabei geht es sowohl um eine Vernetzung mit anderen staatlichen als auch mit privaten Stellen. Die Entwicklung der Public-Private-Partnerships sowie die Mediation können hier als bedeutsame Phänomene dieser Entwicklung angeführt werden.

280 An zweiter Stelle ist die Zunahme der **transnationalen Verflechtungen** der deutschen Verwaltungen zu erwähnen. Sie ist besonders stark innerhalb des Europäischen Rechtsraums zu beobachten, geht aber auch darüber hinaus und erstreckt sich im Kontext der internationalrechtlichen Entwicklung auch auf andere Organisationen und Rechtsbereiche wie die WTO und einzelne Bereiche des internationalen Umweltrechts. Auch die grenznachbarschaftlichen Einrichtungen gem. Art. 24 Abs. 1a GG können in diesen Kontext gestellt werden (dazu *Schröder,* ThürVBl. 1998, 97ff.; *Heberlein,* DÖV 1996, 100ff.; *Schwarze,* in: FS Benda, 1995, 311ff.; *Beyerlin,* ZaöRV 1994, 587 [610]). Die mit diesen Entwicklungen verbunden materiellen und organisationsrechtlichen Herausforderungen sind inzwischen erkannt und werden Schritt für Schritt aufgearbeitet (vgl. etwa *Tietje,* Internationalisier-

tes Verwaltungshandeln, 2001; *Winkelmüller,* Verwaltungskooperation bei der Wirtschaftsaufsicht im EG-Binnenmarkt, 2002). Mit ihnen sind vermutlich weitere grundlegende Veränderungen, die auch in den kommenden Jahren immer wieder einen Anpassungsbedarf im deutschen Verwaltungsorganisationsrecht auslösen werden.

§ 82 Die Organisationsgewalt und ihre Zuordnung

Schrifttum: *Baedeker,* Die Organisationsgewalt im Bund und der Vorbehalt des Gesetzes, diss. iur. 1969; *Böckenförde,* Die Organisationsgewalt im Bereich der Regierung, 2. Aufl. 1998; *Burgi,* Verwaltungsorganisationsrecht, in: Erichsen/Ehlers, Allgemeines Verwaltungsrecht, 12. Aufl. 2002; *Burmeister G.,* Herkunft, Inhalt und Stellung des institutionellen Gesetzesvorbehalts, 1991; *Butzer,* Zum Begriff der Organisationsgewalt, in: Die Verwaltung 1994, 157; *Chotjewitz,* Die Organisationsgewalt nach den Verfassungen der deutschen Bundesländer, 1995; *Groß,* Das Kollegialprinzip in der Verwaltungsorganisation, 1999; *König,* Kodifikation des Landesorganisationsrechts. Dargestellt am Beispiel Thüringen, 2000; *Köpke,* Ausübung und Grenzen der Organisationsgewalt in den Gemeinden Niedersachsens, 1997; *Köttgen,* Die Organisationsgewalt, VVDStRL 16 (1958), S. 154; *Krebs,* Verwaltungsorganisation, in: Isensee/Kirchhof (Hg.), Handbuch des Staatsrechts, Bd. III, 1988, § 69; *Loeser,* Das Bundes-Organisationsgesetz, 1988; *Maurenbrecher,* Grundsätze des heutigen deutschen Staatsrechts, 1837; *Maurer/Schnapp,* Der Verwaltungsvorbehalt, VVDStRL 43 (1985), S. 135, 172; *Ossenbühl,* Verwaltungsvorschriften und Grundgesetz, 1968; *Richter,* Die Organisationsgewalt, 1926; *Schmidt-Jortzig,* Kommunale Organisationshoheit, 1979; *Schmidt-Aßmann,* Verwaltungsorganisation zwischen parlamentarischer Steuerung und exekutivischer Organisationsgewalt, in: FS Hans Peter Ipsen, 1977, 333; *Schmidt-De Caluwe,* Verwaltungsorganisationsrecht, JA 1993, 115; *Spanner,* Organisationsgewalt und Organisationsrecht, DÖV 1957, 640; *Traumann,* Die Organisationsgewalt im Bereich der bundeseigenen Verwaltung, 1998; *Willamowski,* Zur Verteilung der innergemeindlichen Organisationsgewalt in Nordrhein-Westfalen, 1983.

I. Organisationsrecht und Organisationsgewalt

1. Das Verhältnis von Organisationsrecht und Organisationsgewalt

Im demokratischen Verfassungsstaat müssen alle staatlichen Befugnisse auf normative Grundlagen zurückgeführt werden. Der Rückgriff auf präkonstitutionelle, den Staatsfunktionen immanente Gewalten ist nicht zulässig (*Böckenförde,* S. 33; *Groß,* S. 16). Spätestens seit der „Abschaffung" der besonderen Gewaltverhältnisse (...) und der Anstaltsgewalt (...) gilt dies auch für Rechtsverhältnisse im staatlichen Innenbereich. Weniger eindeutig ist der Befund für organisatorische Maßnahmen. Zwar ist auch insoweit anerkannt, dass etwa die Befugnis zur Gründung und Auflösung von rechtsfähigen Verwaltungseinheiten an bestimmte gesetzliche Vorgaben gebunden ist. Die genaue Reichweite der Anforderungen an die normative Ermächtigung für Organisationsakte ist aber in weiten Bereichen nach wie vor ungeklärt. Selbst die ausdrücklichen Vorgaben einiger Landesverfassungen, die 1 eine gesetzliche Regelung des Verwaltungsaufbaus vorschreiben, werden nicht durchgehend beachtet.

2 Mit dem Hinweis auf die Notwendigkeit der normativen Verankerung der Organisationsgewalt wird auf die Kompetenzfrage verwiesen. Soweit das Grundgesetz und die Landesverfassungen keine expliziten Aussagen zur Organisation bzw. Organisationsgewalt treffen – in der Tat sind die dort anzutreffenden Aussagen sehr spärlich (siehe unter Rdnr. 32ff.) –, ist zu klären, inwieweit die Organisationsgewalt durch Parlamentsgesetze ausgeübt bzw. grundgelegt werden muss und inwieweit sich die Exekutive ohne besondere gesetzliche Grundlage eigenständig organisieren darf. Die in die Bestimmung der Reichweite des organisationsrechtlichen bzw. institutionellen Gesetzesvorbehalts mündende Kompetenzfrage bewirkt eine **gestufte Wechselwirkung zwischen Organisationsgewalt und Organisationsrecht.** Organisationsrechtliche Rechtssätze sind ihrerseits Ausübung von Organisationsgewalt. Zugleich ermächtigen sie im Verhältnis zwischen Parlamenten und Exekutive zur Ausübung von Organisationsgewalt. Organisationsgewalt schafft demnach einerseits Organisationsrecht und ist andererseits auf organisationsrechtliche Rechtssätze angewiesen und durch sie angeleitet.

3 Die Zuordnung der Organisationsgewalt und die Befugnis zum Erlass von Organisationsrecht ist in der durch Föderalismus, die verfassungsrechtliche Garantie der kommunalen Selbstverwaltung und weitere Elemente der Dezentralisation geprägte Staatsordnung des Grundgesetzes durch eine Vielzahl von Bestimmungsfaktoren geprägt und aus diesem Grunde unübersichtlich. Klar wird nur auf den ersten Blick, dass es so etwas wie eine einheitliche Organisationsgewalt als Hausgut der Exekutive nicht (mehr) gibt. Darüber hinaus lassen sich aber allgemeingültige Aussagen kaum noch treffen. Es bedarf vielmehr der genauen Einzelbetrachtung. Diese hat bei der Begriffsklärung anzusetzen.

2. Begriff, rechtliche Grundlage und Abgrenzung der Organisationsgewalt

a) Begriffsbestimmung

4 Die Begriffs- und Sachgeschichte der Organisationsgewalt ist vielfach untersucht und ausführlich beschrieben worden (siehe etwa *Böckenförde,* S. 21ff.; *Lecheler,* S. 78ff.; *Traumann,* S. 18ff.). Demnach entstammt der Begriff den Anfängen des Konstitutionalismus und bezeichnet dort das Recht der Krone bzw. Landesherrn, zu „Ämtern und Würden" zu ernennen. Als juristischer Fachbegriff geht die Organisationsgewalt auf Romeo Maurenbrechers grundlegende Untersuchung „Grundsätze des heutigen deutschen Staatsrechts" von 1837 zurück. Dort wird die Organisationsgewalt als das Recht des Monarchen umschrieben, die Staatsbehörden und die sonstigen notwendigen und nützlichen Einrichtungen im Staat anzuordnen,

über deren Wirkungskreis Instruktionen zu erlassen sowie die Formen ihrer Geschäftsführung zu bestimmen (*Mauerbrecher,* § 185 S. 324).

Mit dem Ausbau der Exekutivfunktionen im Laufe des 19. Jahrhunderts erweiterte sich auch der Bereich der Organisationsgewalt. Dabei wurde diese als „Hausgut der Exekutive" verstanden, das ihr grundsätzlich allumfassend und ohne besondere gesetzliche Ermächtigung zustand, soweit nicht ausnahmsweise und punktuell durch die Verfassung einzelne Befugnisse anderen Staatsorganen, insbesondere den Parlamenten, zugewiesen waren. Sie wurde als „Kern der parakonstitutionellen Kronprärogative" (*Ossenbühl,* S. 252; *Traumann,* S. 18) verstanden. Organisationsgewalt fungierte dabei nicht nur als deskriptiver Begriff einer Staatsfunktion, sondern zugleich als Kompetenztitel. Diese Verbindung hat Albert Haenel zwar bereits 1892 abgelehnt, indem er klarstellte, dass die Organisationsgewalt „Befugnisse in Gesetzgebung und Vollziehung" umfasst (*Haenel,* Deutsches Staatsrecht, 1892, S. 335 f.), doch konnte sich diese Sichtweise nicht durchsetzen, so dass es ganz überwiegend bei einem materiellen Verständnis und der Zuordnung zur Exekutive, vorbehaltlich einzelner Durchbrechungen, blieb (*Meyer-Anschütz,* Lehrbuch des deutschen Staatsrecht, 7. Aufl. 1919, S. 670). Dieses Verständnis kann bis in die fünfziger Jahre hinein verfolgt werden (*Böckenförde,* S. 31 f.). 5

In Bezug auf den Gegenstand der Organisationsgewalt wurde die ursprüngliche Fixierung auf den Ernennungsakt gegen Ende des 19. Jahrhunderts durch eine differenziertere Betrachtungsweise verdrängt. Es wurde zwischen Errichtung, Einrichtung, Veränderung und Zuständigkeitsfestlegung von Behörden unterschieden. Hinzu kam eine stärkere Abgrenzung nach Handlungsformen (durch Rechtssatz oder schlichten Organisationsakt) die mit der Zuordnung zu Legislative und Exekutive verknüpft wurde (*Böckenförde,* S. 27 f.). Die Dienst- bzw. Personalgewalt wurde von der Organisationsgewalt gelöst und als eigenständige Funktion mit zum Teil abweichenden Zuständigkeitszuweisungen erkannt (*Böckenförde,* S. 34; *Traumann,* S. 23). 6

Gegenwärtig wird unter Organisationsgewalt die Kompetenz verstanden, staatliche Einrichtungen – in einem weit verstandenen Sinn – rechtlich und tatsächlich zu verfassen (*Traumann,* S. 26). Dabei wird betont, dass die Organisationsgewalt als solche nicht als Kompetenztitel, sondern als „beschreibender Sachbegriff" zu verstehen ist (*Böckenförde,* S. 38). Die kompetenzielle Zuordnung der Organisationsgewalt ist demnach unabhängig vom Begriff zu klären. 7

Als wichtigste Einzelmerkmale oder Betätigungsformen der Organisationsgewalt werden unterschieden (*Böckenförde,* S. 47 f.; *Traumann,* S. 26 m. w. N.): 8
- die organisatorische Errichtung bzw. Schaffung einer Verwaltungseinheit;
- die Bestimmung des sachlichen Aufgabenkreises und des örtlichen Wirkungskreises (sachliche und örtliche Zuständigkeit, siehe § 84 Rdnr. 13 ff.);

- die (innerorganisatorische) Zuweisung der Zuständigkeiten zur Kompetenzwahrnehmung;
- die nähere Bestimmung der inneren Ordnung oder Verfassung der Verwaltungseinheit;
- die Regelung des Geschäftsbetriebs und des Verfahrens;
- die Bestimmung des Sitzes der Verwaltungseinheit.

9 Umstritten ist, ob auch die Beschaffung der räumlichen, sachlichen und personellen Mittel der Organisationsgewalt (so *Böckenförde,* S. 48) oder der Haushalts- und Personalgewalt zuzuordnen ist. Zutreffend erscheint die Annahme einer gegenseitigen Bedingtheit. Der Beschluss, eine (neue) organisatorische Einheit zu schaffen, impliziert deren Ausstattung mit Räumen sowie Sach- und Personalmitteln. Die Organisationsgewalt als solche kann aber insoweit nur Vorgaben für Ausübung der Haushalts- und Personalgewalt machen, ohne diese zu binden.

10 Die vielfältigen Erscheinungsformen der Organisationsgewalt können typisierend in den beiden Kategorien der **Aufbauorganisation** und der **Ablauforganisation** zusammengefasst werden. Als drittes Element kann auf die **Koordinationsmechanismen** verwiesen werden, die vor allem in Gestalt der Zuständigkeitsordnung wirksam werden (*Burgi,* § 51, Rdnr. 5).

b) Die historische Entwicklung parlamentarischer Zuständigkeiten im Bereich der Organisationsgewalt im Überblick

11 Die für die Praxis wichtige Zuordnung der Organisationsgewalt und die dabei im Mittelpunkt stehende Frage nach Existenz und Reichweite eines organisationsrechtlichen Gesetzesvorbehalts hat sich im Rahmen des Konstitutionalismus entwickelt, bei dem der Monarch als Spitze der Exekutive fungierte und insoweit über die Souveränität verfügte. Parlamentarische und damit verbunden gesetzliche Vorbehalte entwickelten sich dabei nicht auf Grund allgemeiner verfassungsrechtlicher bzw. dogmatischer Vorgaben, sondern als Folge konkreter Machtansprüche, die politisch durchgesetzt wurden (Einzelheiten bei *Burmeister,* S. 47ff.). Aufgrund dieser politischen Prägung ist die Entwicklung des organisationsrechtlichen Gesetzesvorbehaltes auch nicht mit der Entwicklung des grundrechtlichen Gesetzesvorbehalts zu vergleichen, für den es mit dem Theorem der Unterscheidung von Staat und Gesellschaft sowie des Schutzes von Freiheit und Eigentum der Bürger eine tragfähige rechtliche und dogmatische Grundlage gab.

12 Zu einem grundlegenden Wandel kam es erst im Zusammenhang mit dem Übergang zum demokratischen Verfassungsstaat auf Länderebene und 1919 mit der Weimarer Reichsverfassung auf des Reichsebene. Da nunmehr das Volk auch als Souverän im Bereich des Exekutive fungierte, war es möglich, auch die Organisationsgewalt in die Aufgaben- und Funktionsverteilung des Verfassungsrechts einzubeziehen. Bis auf wenige Einzelbestimmungen kam es aber auch unter der Weimarer Reichsverfassung nicht zu einer weitreichenden Neuorientierung. Die demokratische Legitimation und Veranke-

rung der Staats- und Verwaltungsorganisation wurde kaum thematisiert. Dies blieb der Diskussion unter dem Grundgesetz vorbehalten.

c) Rechtliche Grundlagen der Organisationsgewalt

Ausdrückliche Regelungen der Organisationsgewalt sind zunächst auf Verfassungsebene, meist im Zusammenhang mit der Zuweisung von konkreten Organkompetenzen anzutreffen. Ähnliche Regelungen treffen die meisten Landesverfassungen in Bezug auf die Landesregierungen. Zudem schreiben sie teilweise darüber hinaus auch den Erlass von Landesorganisationsgesetzen vor (dazu unten Rdnr. 75 ff.). In den Gemeinde- und Landkreisordnungen werden in der Regel ausdrücklich die Organisationsgewalt der monokratischen Leitungsorgane der Verwaltung (Bürgermeister und Landräte) näher geregelt. Im Übrigen fehlt es an einer einheitlichen Regelungssystematik. 13

Ob die Organisationsgewalt darüber hinaus auch auf **ungeschriebene Rechtsgrundlagen,** insbesondere Gewohnheits- oder Richterrecht gestützt werden kann (insbes. ist insoweit auf die Lehre von der Anstaltsgewalt zu verweisen), ist allgemein kaum zu beantworten und daher im Einzelfall zu prüfen. Grundsätzlich ausgeschlossen ist eine solche Verankerung der Organisationsgewalt jedenfalls dann nicht, wenn es an ausdrücklichen Regelungen fehlt und die zu treffenden Maßnahmen keine Außenwirkung und Grundrechtsrelevanz besitzen. 14

Zu beachten ist, dass die **kommunale Organisationshoheit** als Teil der Selbstverwaltungsgarantie einen besonderen verfassungsrechtlichen Schutz genießt (dazu näher *Schmidt-Jortzig,* Kommunale Organisationshoheit). Bei den Trägern **funktionaler Selbstverwaltung** und anderen teil-autonomen Verwaltungsträgern ist die Organisationshoheit nur punktuell verfassungsrechtlich abgesichert, soweit das Selbstverwaltungsrecht bzw. die Autonomie grundrechtlich, wie dies innerhalb gewisser Grenzen bei den Universitäten der Fall ist, oder landesverfassungsrechtlich verankert ist. 15

d) Abgrenzung von anderen Komponenten der Leitungsgewalt

Die Organisationsgewalt ist Teil der umfassenden (internen und externen) **Leitungsgewalt** (dazu § 84 Rdnr. 144 ff. u. 180 ff.). Da ihre begriffliche Fixierung ebenso wie ihre Ausübung in enger Wechselwirkung zu den weiteren Komponenten der Leitungsgewalt steht, bedarf es der Abgrenzung und Zuordnung. Im Einzelnen soll dies bei der Erörterung der (internen) Leitungsgewalt geschehen (§ 84 Rdnr. 144 ff.). An dieser Stelle ist nur auf die weiteren Komponenten und auf die wesentlichen Unterscheidungsmerkmale hinzuweisen. 16

Die **Dienst- oder Personalgewalt** war ursprünglich, solange das Amt mit dem Amtswalter institutionell zusammenfiel, mit der Organisationsgewalt identisch (*Traumann,* S. 18). Im Zuge der Errichtung komplexer, vielfach untergliederter Organisationseinheiten kam es jedoch zu einer sachlichen 17 und kompetenziellen Separation beider Funktionen (zu den damit verbundenen Problemen und ihrer Überwindung siehe § 84 Rdnr. 152ff.). Die Ausbildung eines eigenen öffentlichen Dienstrechts und die Einführung einer gesonderten Zuständigkeitsordnung für die Personalverwaltung, die mit der organisationsrechtlichen Zuständigkeitsordnung nicht notwendigerweise übereinstimmt, veranschaulichen dies.

18 Die **Haushaltsgewalt,** die sich auf die Zuweisung und Freigabe der Haushaltsmittel bezieht, ist formal leicht von der Organisationsgewalt zu trennen. Aufgrund der Finanzwirksamkeit der meisten Organisationsmaßnahmen kann man sie als Parallelkompetenz bezeichnen. Dadurch soll zum Ausdruck gebracht werden, dass beide Funktionen einander bedingen und deshalb in der Praxis zusammen bzw. koordiniert ausgeübt werden müssen. Die Haushaltsgewalt steht auf Grund der Haushaltshoheit der Parlamente (dazu ausführlich *Kisker,* Staatshaushalt, in: Isensee/Kirchhof (Hg.), Handbuch des Staatsrechts, Bd. III, 1988, § 69 Rdnr. 12ff.; *Gröpl,* Haushaltsrecht und Reform, 2001, S. 67ff.) in einem deutlich weitergehenden Umfang der Legislative zu als die Organisationsgewalt. Es umfasst u.a. das Recht und die Pflicht zur Aufstellung eines Haushaltsplans, das Haushaltsbewilligungsrecht, das Kreditermächtigungsrecht sowie das Kontroll- und Entlastungsrecht. Auch innerhalb der Exekutive ist die Haushaltsgewalt in der Regel besonderen Organen zugewiesen, die zugleich Kontrollfunktionen wahrnehmen (zum kommunalen Bereich *Gern,* Kommunalrecht, 2. Aufl. 1997, S. 399ff.).

19 Abzugrenzen ist die Organisationsgewalt schließlich von der **Sachgewalt,** die sich auf den materiell-rechtlichen Aspekt der wahrzunehmenden Aufgaben bezieht. Die Ausübung der Sachgewalt ist vor allem im Hinblick auf die Ausübung von Weisungsrechten eng mit der Personalgewalt verbunden, die in vielen Bereichen die Pflicht zur Beachtung der sachbezogenen Anordnungen zur Dienstpflicht macht und zudem sanktioniert. Auch insoweit besteht eine enge Wechselwirkung zwischen den verschiedenen Erscheinungsformen der Leitungsgewalt.

II. Grundsätze der Zuordnung von Organisationsgewalt

1. Systematische Unterscheidungen

20 Die Organisationsgewalt der Exekutive als solcher bzw. des einzelnen Verwaltungsträgers kann nur näher bestimmt werden, wenn zugleich die Kriterien für die Verteilung der Organisationsgewalt zwischen Legislative und Exekutive mit in die Betrachtung einbezogen wird. Dies ist zum einen Folge der architektonischen Verschiebungen zwischen den Staatsgewalten in Folge der Demokratisierung der Exekutive, die zur Folge hat, dass die Organisationsgewalt nicht mehr als „Hausgut der Exekutive“ qualifiziert werden kann. Diese Absage an eine ausschließliche oder doch vorrangige

Zuordnung gibt aber noch keine Antwort auf die Frage, nach welchen Kriterien und in welchem Umfang das Parlament auf die Organisationsgewalt zugreifen kann oder das Parlament auf Grund von speziellen verfassungsrechtlichen Anordnungen (ausgeformter organisationsrechtlicher Gesetzesvorbehalt) oder aus allgemeinen verfassungsrechtlichen Gründen (allgemeiner Gesetzesvorbehalt) tätig werden muss. Da das Grundgesetz und die Landesverfassungen in dieser Frage unterschiedliche Regelungstechniken verwenden und zudem die Frage nach Anwendbarkeit und Reichweite des allgemeinen Gesetzesvorbehalts in Bezug auf die Organisationsgewalt umstritten ist, trifft man auf einen überaus komplexen Diskussions- und Meinungsstand. Es ist deshalb sinnvoll, dass die Zuweisung der Organisationsgewalt innerhalb und zwischen den einzelnen Staatsgewalten und -funktionen im Rahmen verschiedener systematischer Koordinaten erfolgt, die jeweils benannt und berücksichtigt werden müssen.

Bereits durch das heute allgemein verbreitete und akzeptierte Verständnis 21
der Organisationsgewalt als Sachbegriff wird eine vorschnelle Zuordnung zum legislativen oder exekutivischen Bereich vermieden und eine gewissermaßen neutrale Zuordnungsregel zur Anwendung gebracht. Das Problem der Zuordnung im Einzelnen wird damit indes nicht gelöst. Klare Antworten geben das Grundgesetz und die Landesverfassungen insoweit, als sie bestimmte Organisationsakte ausdrücklich einem Organ zuweisen (wobei zwischen echten Gesetzesvorbehalten und bloßen Gesetzgebungsaufträgen zu unterscheiden ist). Nimmt man das Ergebnis der Einzelanalyse vorweg, so steht die Organisationsgewalt überwiegend der Exekutive zu. Ausgehend von diesem Befund und der Regelungstechnik der meisten Verfassungen werden die legislativen Gestaltungsrechte in diesem Bereich als **parlamentarische Zugriffsrechte** qualifiziert. Zu erwähnen ist an dieser Stelle zudem, dass in Gestalt der Zustimmungsverordnung (zu ihr ausführlich *Uhle*, Parlament und Rechtsverordnung, 1999, S. 217ff.) ein Steuerungsinstrument existiert, das eine mittlere Position markiert und die Basis für eine gemeinsame Ausübung der Organisationsgewalt durch Exekutive und Legislative schafft (vgl. *Burmeister*, S. 329).

2. Parlamentarisches Zugriffsrecht und allgemeiner Gesetzesvorbehalt

Mit der grundsätzlichen Zuweisung der Organisationsgewalt an die Exe- 22
kutive und insbesondere die Regierung unter dem Vorbehalt des parlamentarischen Zugriffsrechts eröffnen das Grundgesetz und die Landesverfassungen eine Spannungslage, die nach zwei Seiten hin auf Konturen und Grenzziehungen angewiesen ist. Dies betrifft zum einen die Frage, in welchen Bereichen und Fragen die Exekutive nicht alleine gestaltend und organisierend tätig werden darf, sondern auf ein Parlamentsgesetz angewiesen ist. Damit ist die Lehre vom **Gesetzes- bzw. Parlamentsvorbehalt** angesprochen, die von ihrem Ansatz und ihrer Zielsetzung her vom parlamenta-

rischen Zugriffsrecht zu unterscheiden ist und sich mit ihm allenfalls überschneidet (*Lerche,* a.a.O., Rdnr. 78). Zum anderen geht es um die Frage des sog. **Verwaltungsvorbehalts,** d.h. um die Garantie eines Kernbereichs exekutivischer Eigenständigkeit und Gestaltungsfreiheit (dazu *Maurer* und *Schnapp,* VVDStRL 43 [1985], 135ff. und 172ff.). Beim Gebrauch des Zugriffsrechts muss das Parlament beide Vorgaben berücksichtigen und gewissermaßen die „Mitte“ zwischen beiden Polen wahren.

23 Ob der allgemeine Gesetzes- bzw. **Parlamentsvorbehalt** im Bereich des Organisationsrechts überhaupt zur Anwendung kommt, ist heftig umstritten. Die Gegner seiner Anwendung verweisen auf die historische Ableitung aus dem Grundrechtsbereich und führen zur Bestärkung ihrer Position an, dass sich auch in der Rechtsprechung des Bundesverfassungsgerichts nur Beispiele für die Anwendung des Grundsatzes im grundrechtsrelevanten Bereich anführen lassen. Den wenigen Formulierungen, die eine Anwendung in anderen Bereichen nicht ausdrücklich ausschließen, komme kein großes Gewicht zu (*Maurer,* FS Vogel, 342f.; *Böckenförde,* NJW 1999, 1235f.). Die Gegenansicht stützt sich stärker auf die Ableitung des Parlamentsvorbehalts aus dem Demokratieprinzip (zu diesem Aspekt *Ossenbühl,* in: Isensee/Kirchhof, HStR III, § 62, Rdnr. 35ff.) und entgeht damit der beschriebenen Problematik. Sie stellt vor allem darauf ab, dass wesentliche Veränderungen in der Legitimations- und Verantwortungsordnung dem parlamentarischen Gesetzgeber vorbehalten sein müssen (in diesem Sinne etwa *Schmidt-Aßmann,* FS Ipsen, S. 347f.). Diese Ansicht verdient auch den Vorzug, da die Entscheidung über eine Veränderung der Legitimationsstrukturen immer auch verfassungsausgestaltenden Charakter besitzt und deshalb dem Parlament vorbehalten sein muss, das im Rahmen des Art. 20 Abs 2 S. 2 GG zur näheren Ausgestaltung der Legitimationsvermittlungsordnung berufen ist.

24 Die Versuche, den **Vorbehalt des Gesetzes** – soweit man ihn für anwendbar hält – im Bereich der Organisationsgewalt zu konkretisieren, fallen in den meisten Fällen durch die historischen Überlagerungen mit dem institutionellen Gesetzesvorbehalt überaus kompliziert aus (*Burmeister,* a.a.O.) und vermitteln nur selten eine klare Orientierung. Sie teilen damit aber letztlich nur den dogmatischen Nebel, den die Lehre vom Parlamentsvorbehalt sowie das mit ihm verknüpfte Wesentlichkeitskriterium seit jeher umhüllt (siehe *Ossenbühl,* a.a.O., § 62, Rdnr. 41ff.). Aus diesem Grunde bleibt auch in diesem Fall kein anderer Weg, als das mühsame Unterfangen, mit Hilfe eines Kriterienkatalogs Fallgruppen herauszubilden, die der parlamentarischen Praxis eine halbwegs sichere Orientierung vermitteln. Die von Rechtsprechung und Lehre entwickelten Leitlinien haben sich insoweit bewährt und sollen an dieser Stelle zusammen mit ihrer dogmatischen Begründung dargestellt werden.

25 Ausgangspunkt der Konkretisierung ist die **Aussonderung der Regierungsebene** einschließlich des Ressortzuschnitts und damit der Ordnung

der Ministerien. Die Gubernative und die Schnittstelle zur Exekutive ist ausweislich der Regelung der Art. 64 Abs. 1 und 65 GG der Organisationsgewalt der Regierung und hier insbesondere des Bundeskanzlers vorbehalten, der in dieser Frage alleine entscheiden kann (*Böckenförde,* S. 139ff.; *ders.,* NJW 1999, 1235ff.; *Schmidt-Aßmann,* FS Ipsen, S. 347. Zu den Organisationserlassen der Bundeskanzler *Lehngut/Vogelgesang,* AöR 113 [1988], 531ff.; *Brandner/Uwer,* DÖV 1993, 107ff.).

Unterhalb der Regierungsebene ist bei der Konkretisierung der Erheblichkeitsschwelle, jenseits derer der Vorbehalt des Gesetzes greifen soll, der nach wie vor aktuelle Hinweis von Schmidt-Aßmann zu bedenken, dass das Organisationswesen „unter allen Handlungsbereichen der einzige wirklich anfällige Bereich [ist], weil hier schon wenige entschiedene gesetzgeberische Einschnitte eine Exekutive entstehen lassen können, die ‚nicht mehr sie selbst' ist" (*Schmidt-Aßmann,* FS Ipsen, S. 347). Unter Berücksichtigung dieser besonderen Sensibilität lassen sich folgende Einzelmerkmale ableiten (siehe auch *Schmidt-De Caluwe,* JA 1993, 143ff.): 26

Sowohl in der Verfassungstradition als auch aus dem rechtsstaatlichen Blickwinkel, der auf die Auswirkungen für den Bürger abstellt, wird die **Schaffung (neuer) rechtsfähiger Einheiten** als Grundlinie der Orientierung bei der näheren Bestimmung des Vorbehalts des Gesetzes bei Organisationsakten herangezogen (*Schmidt-Aßmann,* FS Ipsen, S. 347; *Maurer,* Staatsrecht, § 8, Rdnr. 22). Der damit verfolgte Ansatz kann bei einer Orientierung am Demokratieprinzip durch das Kriterium der **Verselbstständigung von Entscheidungszügen** bzw. von Leitungsgewalt noch genauer gefasst werden. Es geht darum, dass Brüche bzw. Veränderungen in der Legitimations- und Entscheidungsordnung ihrerseits eine ausreichende parlamentarische Rückbindung besitzen. Damit verbunden ist eine Relativierung des formalen Kriteriums der rechtlichen Selbstständigkeit, wenn etwa bei rechtsfähigen Anstalten des öffentlichen Rechts eine weitgehende Steuerung durch den Anstaltsträger gesichert ist. Umgekehrt unterliegt die Schaffung ministerial- bzw. weisungsfreier Räume (unbeschadet weitergehender verfassungsrechtlicher Bedenken) auch bei fehlender rechtlicher Verselbstständigung dem Vorbehalt des Gesetzes (siehe dazu auch *Burmeister,* S. 307ff.). Im Falle einer Delegation von Entscheidungszuständigkeiten umfasst das durch Gesetz zu regelnde institutionelle Minimum die Bestimmung des Aufgabenbereichs, die Aufsicht (Maßstab, Instrumente und Zuständigkeit) sowie die Geschäftsführung (*Burmeister,* S. 323ff.). 27

Ein nach wie vor aktuelles Problem stellt das sog. **Beiratswesen** dar, dessen Bedeutung auf allen staatlichen Ebenen, angefangen vom Nationalen Ethikrat (zum Verfahren seiner Einsetzung kritisch *Schröder,* NJW 2001, 2144ff.) bis auf die kommunale Ebene, weiter zugenommen hat (Übersicht bei *Brohm,* Sachverständige Beratung des Staates, in: Isensee/Kirchhof, HStR II, 1987, § 36, Rdnr. 21ff.). Zwar sind die Beiräte, ihre Organisation und Zuständigkeiten in vielen Bereichen, vor allem auf der kommunalen 28

Ebene, inzwischen gesetzlich geregelt. Soweit das nicht der Fall ist, kommt es für die Beantwortung der Frage nach der Erforderlichkeit einer gesetzlichen Grundlage vor allem darauf an, welche faktische Entscheidungsmacht ihnen zukommt (*Schmidt-Aßmann,* FS Ipsen, S. 348; weniger streng *Brohm,* a.a.O., Rdnr. 42ff.).

29 Auf weitgehende und überzeugende Ablehnung ist der Versuch des VerfGH NW gestoßen, mit Hilfe der Wesentlichkeitslehre politisch umstrittene Zuständigkeits- und Organisationsveränderungen auf der ministeriellen Ebene einem Parlamentsvorbehalt zu unterstellen (*VerfGH NW,* NJW 1999, 1243; Kritik bei *Arnauld,* AöR 124 (1999), 658ff.; *Böckenförde,* NJW 1999, 1235f.; *Brinktrine,* Jura 2000, 123ff.; *Isensee,* JZ 1999, 1113ff.; *Maurer,* FS Vogel, 2000, 331ff.; *Menzel,* NWVBl. 1999, 201ff.; *Wieland,* DVBl. 1999, 719ff.).

30 Umstritten ist weiterhin, unter welchen Voraussetzungen **Zuständigkeitsänderungen** einer gesetzlichen Grundlage bedürfen (*Burmeister,* S. 199f.; *Stettner,* Grundfragen einer Kompetenzlehre, 1983, S. 349ff.). Teilweise wird eine gesetzliche Regelung nur verlangt, wenn es um Eingriffsermächtigungen geht. Damit wird die Bedeutung der Zuständigkeit an die Außenwirkung der zugewiesenen Aufgabe geknüpft (zu Einzelheiten § 84, Rdnr. 9).

31 Unabhängig von der Reichweite des Gesetzesvorbehalts ist zu berücksichtigen, dass sich die in vielen Rechtsbereichen zu beobachtende **Instrumentalisierung von Organisation** und Verfahren für die Durchsetzung materiellen Rechts in einer Zunahme der gesetzlichen Vorgaben niedergeschlagen hat (*Schmidt-Aßmann,* FS Ipsen, S. 340). Die Pflicht zur Einrichtung von Gleichstellungs-, Datenschutz- und sonstigen Beauftragten, aber auch von Schieds- und Beschwerdestellen macht beispielhaft deutlich, welch weites Spektrum von diesem Steuerungsansatz bereits erfasst ist (aus verfassungsrechtlicher Sicht dazu exemplarisch *BVerfGE* 91, 228ff. und dazu *Schaffarzik,* DÖV 1995, 419ff.).

3. Die parlamentarischen Zuständigkeiten im Bereich der Verwaltungsorganisation im Einzelnen

a) Grundgesetz

32 Das Grundgesetz beschränkt sich hinsichtlich der Bundesverwaltung und ihrer Organisation auf fragmentarische Regelungen (*Lerche,* in: Maunz/Dürig, Komm.z.GG. Art. 86, Rdnr. 5ff., 75). Das gilt insbesondere für die Organisationsgewalt, die von den einzelnen Vorschriften mehr vorausgesetzt als ausgestaltet wird. Aus diesem Grunde kann Art. 86 GG auch nicht als allgemeine Grundnorm der Organisationsgewalt des Bundes (so aber *Böckenförde,* S. 130ff.) interpretiert werden (*Lerche,* a.a.O., Rdnr. 75). Erst recht kommt ihm diesbezüglich kein materieller Gehalt zu. Das bedeutet aber andererseits nicht, dass die Norm inhaltleer wäre. Vielmehr obliegt

nach Art. 86 GG die Organisationsgewalt (und zwar nach Satz 1 für die Ablauf- und nach Satz 2 für die Aufbauorganisation) für die gesamte Bundeseigenverwaltung der Bundesregierung, soweit das Gesetz „nichts Besonderes vorschreibt“ bzw. „nichts anderes bestimmt“. Damit wird eine prinzipiell umfassende exekutivische Organisationsgewalt einem Zugriffsrecht des Parlaments unterstellt, ohne dass dafür besondere Kriterien oder Grenzen formuliert werden. Anders gewendet: die exekutive Organisationsgewalt wird unter parlamentarisches Zugriffsrecht gestellt (*Schmidt-Aßmann,* S. 343). Die normative Zurückhaltung begründet damit einen großen Gestaltungsspielraum, der angesichts der Dynamik der Anforderungen an die moderne Verwaltungsorganisation positiv zu würdigen ist (*Lerche,* a.a.O., Rdnr. 76: „Zurückhaltung heißt hier Vernunft“).

Die allgemeine Regelung des Art. 86 GG wird in den nachfolgenden Vor- 33
schriften zur Bundesverwaltung durch spezielle Ausgestaltungen und Gesetzesvorbehalte ergänzt bzw. verdrängt, auf die im Rahmen der Darstellung der verfassungsrechtlichen Vorgaben für die Verwaltungsorganisation des Bundes bereits eingegangen wurde (vgl. § 80, Rdnr. 192ff.).

Die Regelungszuständigkeiten nach Art. 86 GG erstrecken sich zunächst 34
auf das gesamte Spektrum der **öffentlich-rechtlichen Organisationsformen,** d.h. der einzelnen Gliederungsstufen der unmittelbaren Bundesverwaltung, der bundesunmittelbaren Körperschaften, Anstalten und Stiftungen des öffentlichen Rechts sowie der Beauftragten, Beiräte, Projektgruppen und ähnliche Gremien (*Burgi,* in: v. Mangoldt/Klein/Starck, Grundgesetz Kommentar, Bd. 3, 4. Aufl. 2001, Art. 86, Rdnr. 54). Dem gegenüber ist die Vorschrift auf **privatrechtliche Organisationsformen** weder direkt noch analog anwendbar (*Burgi,* a.a.O., Art. 86, Rdnr. 55ff.; a.A. *Lerche,* a.a.O., Art. 86, Rdnr. 52ff.).

Eine Kooperation von Bundestag und Bundesregierung durch **Zustim-** 35
mungsverordnungen ist im organisationsrechtlichen Bereich durch das Grundgesetz nicht ausdrücklich vorgesehen. Sie wird vielmehr regelmäßig durch die gesetzliche Regelung angeordnet, durch die eine Regelungszuständigkeit auf die Exekutive übertragen wird (*Uhle,* a.a.O., S. 217ff.).

b) Landesverfassungen

Neben dem Grundgesetz sind es vor allem die Landesverfassungen, die 36
unterschiedlich weit reichende organisationsrechtliche Gesetzesvorbehalte und parlamentarische Zugriffsrechte statuieren. Die Regelungen zur kommunalen Selbstverwaltung werden in der nachstehenden Darstellung ausgeklammert (zu ihnen siehe § 94). Im Einzelnen sind folgende Regelungen anzutreffen:

In **Baden-Württemberg** sieht Art. 70 Abs. 1 S. 1 der Verfassung einen 37
Gesetzesvorbehalt für den Aufbau, die räumliche Gliederung und die Zuständigkeit der Landesverwaltung vor. Satz 2 schreibt dabei die Beachtung des Grundsatzes der **Dekonzentration** vor. Der Regierung obliegt nach

Absatz 2 die Einrichtung der einzelnen Verwaltungsbehörden mit der Möglichkeit, diese Befugnis an die Ministerien zu delegieren.

38 Die **bayerische Verfassung** statuiert in Art. 77 Abs. 1 S. 1 einen Gesetzesvorbehalt für die Organisation der allgemeinen Staatsverwaltung, die Regelung der Zuständigkeiten und die Art der Bestellung der staatlichen Organe auf. Die Regierung kann nach Satz 2 die Einrichtung der einzelnen Behörden auf die Ministerien übertragen. In Art. 77 Abs. 2 wird angeordnet, dass „unter Wahrung der notwendigen Einheit der Verwaltung alle entbehrliche Zentralisation vermieden, die Entschlusskraft und die Selbstverantwortung der Organe gehoben wird und die Rechte der Einzelperson genügend gewahrt werden".

39 In der Verfassung der Landes **Berlin** spiegeln sich die Besonderheiten eines Stadtstaates wider, insoweit die Zuständigkeitsverteilung zwischen Senat und Bezirken in Art. 67 sehr detailliert geregelt wird. In Absatz 3 dieser Vorschrift wird für die nicht durch die Verfassung zugewiesenen Aufgaben eine gesetzliche Zuweisung verlangt. Für die Bestimmung der örtlichen Zuständigkeit ist in Absatz 5 Satz 2 eine Zustimmungsverordnung vorgesehen.

40 Für das Land **Brandenburg** sieht die Verfassung in Art. 96 Abs. 1 S. 1 vor, dass die Zuständigkeiten und die Organisationsregelungen der Landesverwaltung durch Gesetz festgelegt werden. Als Zuweisungsmaßstab wird in Satz 2 vorgegeben, dass Aufgaben, die von nachgeordneten Verwaltungsbehörden zuverlässig und zweckmäßig erfüllt werden können, diesen zuzuweisen sind. Die Einrichtung der Behörden obliegt nach Absatz 2 grundsätzlich der Landesregierung, doch kann sie diese Aufgabe auf die einzelnen Ministerien übertragen.

41 Die Verfassung der Freien Hansestadt **Bremen** ist noch stärker als die Berliner Verfassung durch die Besonderheit eines (Zwei-) Stadtstaates geprägt. Die Aufgaben der Landesverwaltung werden durch den Senat als Landesregierung wahrgenommen. Nach Art. 127 brem. Verf. werden die Verwaltungsbehörden und Ämter nach Richtlinien und Weisungen des zuständigen Senators von fachlich geeigneten Personen geführt. Gesetzliche Regelungen über den Verwaltungsaufbau sind nicht vorgesehen. Hinzu kommt, dass die in Art. 143 ff. brem. Verf. geregelten Gemeinden im Bereich der Stadt Bremen nach Maßgabe des Art. 148 brem. Verf. auf die Organe des Landes zurückgreifen und zudem nach Art. 149 brem. Verf. auch darüber hinaus durch Gesetz von der Möglichkeit der Organleihe Gebrauch gemacht werden kann.

42 Im dritten Stadtstaat, der Freien und Hansestadt **Hamburg,** wird in Art. 57 S. 1 der Verfassung angeordnet, dass Gliederung und Aufbau der Verwaltung durch Gesetz zu regeln sind. Die Abgrenzung der Verwaltungszweige voneinander nimmt nach Satz 2 der Senat durch Verordnung (die in Hamburg den Namen Anordnung trägt) vor. Eine gesetzliche Zuständigkeitsregelung wird jedoch nicht getroffen.

Die **hessische Verfassung** trifft keine näheren Regelungen zum Aufbau der Landesverwaltung und statuiert insoweit auch keine Gesetzesvorbehalte. 43

Die Verfassung von **Mecklenburg-Vorpommern** sieht in Art. 70 Abs. 2 S. 1 einen Gesetzesvorbehalt für die Organisation, Zuständigkeiten und Verfahren der öffentlichen Verwaltung vor. Nach Absatz 3 dieser Vorschrift kann die Landesregierung die Befugnis zur Einrichtung von Behörden an die Ministerien delegieren. 44

Nach Art. 56 Abs. 2 der **niedersächsischen Verfassung** von 1993 bedürfen die Entscheidungen über den allgemeinen Aufbau und die räumliche Gliederung der allgemeinen Landesverwaltung eines Gesetzes. Dieser organisationsrechtliche Gesetzesvorbehalt war auch in der vorläufigen Verfassung von 1951 verankert. Hinzu kommt die komplementäre Regelung in Art. 38 Abs. 1. Danach beschließt die Landesregierung über die Organisation der öffentlichen Verwaltung, soweit nicht Gesetze die Organisation regeln. 45

Die **nordrhein-westfälische Verfassung** verlangt in Art. 77 S. 1 für die Organisation der allgemeinen Landesverwaltung und die Regelung der Zuständigkeiten ein Gesetz. In Satz 2 findet sich eine Ermächtigung zur Delegation der Einrichtung der Behörden von der grundsätzlich zuständigen Landesregierung auf einzelne Minister. 46

Eine Besonderheit weist die Verfassung von **Rheinland-Pfalz** auf. In ihr findet sich zwar kein allgemeiner Gesetzesvorbehalt für den Verwaltungsaufbau. Dafür wird aber in Art. 78 eine Regelung über die Selbstverwaltung der einzelnen **Landesteile** getroffen. Nach Absatz 1 dieser Regelung gliedert sich das Land in fünf Bezirke, denen nach Absatz 2 durch Gesetz Selbstverwaltungsrechte eingeräumt werden können. Zu beachten ist in diesem Zusammenhang, dass durch das Verwaltungsorganisationsreformgesetz vom 12. 10. 1999 (GVBl. 1999, S. 325) die mittlere Verwaltungsebene neu organisiert und die bisher existierenden Bezirksregierungen Koblenz, Rheinhessen-Pfalz und Trier zum 1. Januar 2000 aufgelöst wurden. Gleichzeitig wurden zwei Struktur- und Genehmigungsdirektionen mit Sitz in Koblenz und Neustadt an der Weinstraße sowie eine Aufsichts- und Dienstleistungsdirektion mit Sitz in Trier geschaffen. 47

Nach Art. 112 S. 1 der **saarländischen Verfassung** muss die Organisation der allgemeinen Staatsverwaltung und die Regelung der Zuständigkeiten durch Gesetz erfolgen. Die Einrichtung der Behörden obliegt nach Satz 2 der Landesregierung. Sie kann diese Befugnis auf die zuständigen Ministerien übertragen. 48

Die **sächsische Verfassung** legt in Art. 83 Abs. 1 fest, dass Aufbau, räumliche Gliederung und Zuständigkeiten der Landesverwaltung durch Gesetz geregelt werden müssen. Zudem ist in Satz 2 der Regelungen die Dekonzentration verfassungsrechtlich verankert. Die Einrichtung der Behörden erfolgt durch die Landesregierung. Diese kann ihre Befugnisse an die Staatsminister delegieren. 49

50 Nach Art. 86 Abs. 2 der Verfassung von **Sachsen-Anhalt** sind der allgemeine Aufbau der öffentlichen Verwaltung und ihre räumliche Gliederung durch Gesetz zu regeln. Weitergehende Regelungen trifft die Verfassung nicht.

51 Die Verfassung des Landes **Schleswig-Holstein** sieht in Art. 45 Abs. 2 vor, dass „die Organisation der Verwaltung sowie die Zuständigkeiten und das Verfahren" durch Gesetz zu regeln sind. Die Landesregierung kann ihre Einrichtungsbefugnis übertragen und ist dabei dem Wortlaut nach nicht nur auf die Ministerien beschränkt.

52 Nach Art. 90 S. 2 der **thüringischen Verfassung** sind der Aufbau, die räumliche Gliederung und die Zuständigkeiten der Landesbehörden durch Gesetz zu regeln. Abweichend von den anderen Landesverfassungen wird in Art. 90 S. 3, 4 nicht von der Einrichtung, sondern von der *Errichtung* der Behörden gesprochen. Diese obliegt wiederum der Landesregierung mit der Möglichkeit der Delegation auf die Ministerien.

c) Zusammenfassende Würdigung

53 Das Grundgesetz und die Landesverfassungen regeln die Zuweisung der Organisationsgewalt an Legislative, Gubernative und Exekutive nach anderen Grundsätzen und weichen auch in der Regelungsdichte z.T. erheblich voneinander ab. Als gemeinsames Merkmal kann gleichwohl festgehalten werden, dass den Parlamenten nur punktuelle Zugriffsmöglichkeiten eröffnet werden. Zu beachten ist zudem, dass die Landesverfassungen vielfach **Gesetzgebungsaufträge** enthalten, die nicht auf einer Linie mit den Vorgaben des ungeschriebenen Parlamentsvorbehalts verlaufen, so dass das Fehlen einer entsprechenden gesetzlichen Regelung nicht automatisch verfassungsrechtliche Bedenken im Hinblick auf ohne gesetzliche Grundlage getroffene Organisationsmaßnahmen auslöst.

III. Allgemeine Verwaltungsorganisationsgesetze und spezialgesetzliche Regelungen der Verwaltungsorganisation des Bundes und der Länder

1. Geschichte und Funktionen allgemeiner Organisationsgesetze

54 Regelungen der allgemeinen Verwaltungsstruktur und ihrer Verwaltungsabläufe durch Gesetz haben in Deutschland eine lange Tradition. Sie lassen sich, wenngleich unter völlig anderen verfassungsrechtlichen Rahmenbedingungen, bis in das Spätmittelalter zurück verfolgen (*Loeser*, S. 57 ff.). Für die jüngere, für die aktuellen Regelungen vorbildhafte Rechtsentwicklung zu Beginn des 19. Jahrhunderts sind vor allem die in Preußen erlassenen Organisationsedikte und Gesetze von großer Bedeutung, denen gleichartige Regelungen in anderen Ländern wie Sachsen, Kurhessen und Thüringen folgten (*Loeser*, S. 71 ff.). Folgende bedeutsamen Einzelheiten sind dabei hervorzuheben:

Die Rechtsentwicklung der Organisationsgesetzgebung in Preußen beginnt mit dem **Organisationsedikt** vom 24. November 1808 (GS S. 361), das maßgeblich durch den Reichsfreiherrn vom Stein vorbereitet wurde und als ein in Gesetzesform gegossener Organisationsplan der preußischen Staatsverwaltung gekennzeichnet wird (*Huber,* Deutsche Verfassungsgeschichte, Bd. 1, 1957, S. 150). In diesem auch für die preußische Staatsverfassung bedeutsamen Rechtsakt werden die Ministerien und ihre interne Gliederung (Sektionen) sowie die nachgeordneten Behörden geregelt. Es herrscht das Prinzip der Dreigliederung in ministerielle Oberbehörden, Mittelbehörden und Unterbehörden. Prägend ist weiter der Übergang vom Territorial- zum Realprinzip, also der Gliederung nach fachlichen Gesichtspunkten. Diese Ordnung der Staatsverwaltung wurde durch weitere Verordnungen aus den Jahren 1810 (GS 1811, S. 3) und 1815 (GS S. 85) leicht modifiziert und ergänzt. Durch das Gesetz über die allgemeine Landesverwaltung (auch Landesverwaltungsgesetz genannt) vom 30. Juli 1883 (GS S. 195) wurden Veränderungen bei den Mittelbehörden und den kommunalen Behörden vorgenommen (siehe dazu den *Stier-Somlo,* Kommentar zum Landesverwaltungsgesetz, 1902; *Rüfner,* in: Jeserich/Pohl [Hg.], Deutsche Verwaltungsgeschichte, Bd. 3, 1984, S. 678ff.). Der preußische Verwaltungsaufbau war damit durchgehend durch gesetzliche Vorgaben determiniert. Dies garantierte weitgehend Einheitlichkeit und Transparenz und erschwerte Änderungen durch inneradministrative Maßnahmen. 55

Ähnliche Rechtsakte wie in Preußen finden sich im gleichen Zeitraum auch in anderen deutschen Staaten. Zu erwähnen sind die **Kurhessische** Verordnung vom 29. Juni 1821 die Umbildung der bisherigen Staatsverwaltung betreffend (GesSamml. S. 29), das **Sächsische** Gesetz vom 21. April 1873, die Organisation der Behörden für die innere Verwaltung betreffend (GVbl. S. 275) sowie die Landesverwaltungsordnung für **Thüringen** vom 10. Juni 1926 (GS. S. 177). 56

Die Rechtsentwicklung im **Deutschen Reich** von 1871 bis 1933 ist demgegenüber durch das Fehlen einer vergleichbaren Kodifikation gekennzeichnet. Organisationsrechtliche Regelungen wurden jeweils für Einzelbereiche sowohl vom Parlament (dem Reichstag) und der Exekutive getroffen. So wurden etwa die Bundesschuldenverwaltung, das Bundesamt für Heimatwesen und der Rechnungshof des Norddeutschen Bundes durch Bundesgesetze, das Auswärtige Amt durch Kabinettsordre, das Bundeskanzleramt durch Präsidialerlass und die Normal-Eichungskommission durch Erlass des Bundeskanzlers gegründet (Einzelheiten und Nachweise bei *Loeser,* S. 79). Bemühungen zu einer systematischen Ordnung der Reichsverwaltung wurden nicht einmal im Entwurfsstadium unternommen. 57

In der Zeit des **Nationalsozialismus** wurde zwar durch den Minister des Inneren Frick im Jahr 1936 die Forderung nach Erlass eines Reichsverwaltungsgesetzes erhoben (siehe zum geplanten Inhalt des Gesetzes *Frick,* Deutsche Verwaltung 13 [1936], 329ff.). Diese Forderung stand aber im 58

Widerspruch zu der Durchsetzung des Führerprinzips, das auf einer weitgehenden Zurückdrängung des Rechts als Ordnungsfaktor abzielte und nach einem möglichst großen Freiraum für aktionistische Entscheidungen auch im organisatorischen Bereich strebte, der sich in der unsystematischen Einrichtung zahlreicher Sonderbehörden niederschlug (dazu *Rebentisch,* in: Jeserich/Pohl [Hg.], Deutsche Verwaltungsgeschichte, Bd. 4, 1985, S. 765ff.).

59 Zusammenfassend ist die deutsche Rechtsentwicklung im Bereich der allgemeinen Organisationsgesetze durch eine rege Gesetzgebungsaktivität einiger Staaten bzw. Länder und das völlige Fehlen einer übergreifenden und systematisierenden Regelung auf der Reichsebene gekennzeichnet. Überall dort, wo es an allgemeinen Organisationsgesetzen fehlt, wird die Verfassung der Organisation der Staatsverwaltung als „System der Systemlosigkeit" gekennzeichnet (*Loeser,* S. 111) und durch den konkurrierenden und weithin zufälligen Zugriff von Regierung und Parlament auf einzelne Bereich der Staatsverwaltung geprägt.

2. Die Gesetzgebungskompetenz für allgemeine Organisationsgesetze

60 Für den Erlass von allgemeinen Organisationsgesetzen sind nach der Systematik des Grundgesetzes für die Zuweisung der Gesetzgebungskompetenz grundsätzlich Bund und Länder jeweils für ihren eigenen Verwaltungsbereich zuständig. Dabei folgt für den Bund die Gesetzgebungskompetenz als Annex aus der Verwaltungskompetenz (*Loeser,* S. 141f.). Der Rückgriff auf punktuelle Gesetzesvorbehalte reicht im Falle eines allgemeines Organisationsgesetzes zur Begründung der Gesetzgebungsbefugnis nicht aus.

61 Sowohl der Bundes- als auch die Landesgesetzgeber können allgemeine Organisationsgesetze heute nicht mehr erlassen, ohne die Vorgaben des Gemeinschaftsrechts zu berücksichtigen. Obwohl die Europäische Union die Ausgestaltung der Staats- und Verwaltungsorganisation im Rahmen der allgemeinen Homogenitätsanforderungen des Art. 6 EU weitestgehend den Mitgliedstaaten überlässt, existieren punktuell gleichwohl bedeutsame Vorgaben. So müssen etwa bei der Gründung von Selbstverwaltungsträgern und der Zuweisung von Partizipationsrechten die Unionsbürger den Staatsangehörigen gleichgestellt werden. Bei der Übernahme von finanzwirksamen Garantien für Verwaltungsträger, etwa in Gestalt einer Anstaltslast, müssen die Vorgaben der Art. 86 und 87f. EG beachtet werden (siehe dazu *Mann,* a.a.O., S. 343ff.; *Kluth,* Jahrbuch Bitburger Gespräche 2002, 2003, 109ff.; abweichende Sicht bei *Kemmler,* DVBl. 2003, 100ff.). Auch das allgemeine Organisationsrecht ist demnach keine ausschließliche Domäne der mitgliedstaatlichen Rechtsetzung mehr.

62 Soweit der Bund auf Grund spezieller Ermächtigungen, wie z.B. des Art. 84 Abs. 1 GG, Vorgaben für die Organisation der Landes- und Kommunalverwaltung erlassen darf, ist dies für den Erlass allgemeiner Organisa-

tionsgesetze durch die Länder ebenfalls nicht von Bedeutung, da es sich um punktuelle Vorgaben handelt, die den allgemeinen Regelungen vorgehen ohne diese als solche in Frage zu stellen. Das Gleiche gilt für organisatorische Vorgaben, die auf materielle Gesetzgebungsbefugnisse gestützt werden und zur Umsetzung materieller Ziele organisatorische Instrumente einsetzen, wie es z. B. bei den Gleichstellungsbeauftragten der Fall ist.

Schwieriger ist die Lage bei den **privatrechtsförmigen Verwaltungseinheiten.** 63 Anerkannt ist insoweit, dass sowohl der Bund als auch die Länder für ihren Bereich die Inanspruchnahme der durch das Privat- und Gesellschaftsrecht allgemein bereitgestellten Organisationsformen durch die Verwaltungsträger bestimmten Beschränkungen unterwerfen und die Einflussnahme auf diese Organisationen näher ausgestalten können. Exemplarische Regelungen finden sich vor allem in den Kommunalgesetzen im Abschnitt über die wirtschaftliche Betätigung und Beteiligung an Unternehmen der Kommunen (Übersicht dazu bei *Gern,* Deutsches Kommunalrecht, 2. Aufl. 1997). Umstritten ist jedoch, inwieweit der Bund und die Länder in Ausübung ihrer Organisationsgewalt auch Regelungen treffen dürfen, durch die die Regelungen des Gesellschaftsrechts modifiziert werden und es zur Ausbildung eines spezifischen **Verwaltungsgesellschaftsrechts** kommt bzw. kommen kann (dazu *Ipsen,* JZ 1955, 593 ff.; *Kraft,* Das Verwaltungsgesellschaftsrecht, 1982; *von Danwitz,* AöR 120 [1995], 596 ff.; Überblick und kritische Kommentierung bei *Mann,* Die öffentlich-rechtliche Gesellschaft, 2002, S. 279 ff.).

Die herrschende Meinung geht davon aus, dass es jedenfalls dem Landes- 64 gesetzgeber verwehrt ist, bei der Nutzung privatrechtlicher Organisationsformen durch die Landes- und Kommunalverwaltung Vorgaben zu regeln, die mit den bundesrechtlichen Regelungen nicht in Einklang stehen. Das gilt z. B. für Berichtspflichten und Bindungen an Weisungen, die über das gesellschaftsrechtlich zulässige Maß hinausgehen. Der Vorrang des Gesellschaftsrechts wird teilweise auf Art. 31 GG gestützt (*Erichsen,* Die Vertretung von Kommunen in den Mitgliederorganen von Juristischen Personen des Privatrechts, 1990; *Schwintowski,* NJW 1995, 1316 ff.; *Schön,* ZGR 1996, 429 ff.; *Engellandt,* DÖV 1996, 71 ff.), teilweise aber auch damit begründet, dass die gesellschaftsrechtlichen Regelungen abschließenden Charakter besitzen und deshalb abweichende Regelungen der Länder unzulässig sind (so *Fischer,* Die AG 1982, 85 [90 f.]; *Lutter/Grunewald,* WM 1984, 385 [396]). Dementsprechenden können auch in allgemeinen Organisationsgesetzen jedenfalls durch die Länder keine vom Gesellschaftsrecht abweichenden Regelungen für privatrechtsförmige Organisationseinheiten getroffen werden. Es ist nur möglich, im Rahmen der gesellschaftsrechtlich bestehenden Spielräume die Inanspruchnahme dieser Organisationsformen zu beschränken bzw. von konkreten Vorgaben (wie z. B. der Verankerung des öffentlichen Zweck im Gesellschaftsvertrag und der Begründung von Berichtspflichten) abhängig zu machen.

65 Die Gegenposition hält dem gegenüber eine verfassungskonforme Auslegung des Gesellschaftsrechts für möglich und geboten. Sie macht geltend, es gehe bei öffentlichen Unternehmen bzw. Verwaltungseinheiten um die Umsetzung verfassungsrechtlicher Vorgaben und damit um eine Konstellation, die dem Verwaltungsprivatrecht vergleichbar sei. Über die gesellschaftsrechtlichen Regelungen hinausgehende Berichtspflichten und vergleichbare Anforderungen könnten deshalb ohne Verstoß gegen Art. 31 GG umgesetzt werden (*von Danwitz,* AöR 120 [1995], 596ff.; *Stober,* NJW 1984, 449 [454f.]). Dabei wird jedoch verkannt, dass eine verfassungskonforme Auslegung nur dann zulässig ist, wenn ansonsten die Beachtung verfassungsrechtlicher Vorgaben nicht möglich ist. Da aber das Recht der Verwaltung zur freien Wahl der Organisationsrechtsformen von vornherein unter dem Vorbehalt der gesetzlichen bzw. rechtlichen Grenzen steht, wird von der herrschenden Lehre mit Recht geltend gemacht, dass die Konflikte dadurch zu lösen sind, dass nur solche Organisationsrechtsformen genutzt werden dürfen, die den verfassungsrechtlichen Vorgaben entsprechen. Hinzu kommt, dass durch die Lehre vom Verwaltungsgesellschaftsrecht der unter anderem in Art. 20 Abs. 3 GG verankerte Vorrang des Gesetzgebers gegenüber dem Rechtsanwender aufgehoben und in sein Gegenteil verkehrt wird (*Mann,* a. a. O., S. 270ff.).

66 Ausgeschlossen ist damit aber zunächst nur die Modifikation des Gesellschaftsrecht im Wege der Auslegung und durch den Landesgesetzgeber. Letzterer kann in seinen allgemeinen (und auch besonderen) Organisationsgesetzen nur die Wahl privatrechtlicher Organisationsformen beschränken, diese aber selbst nicht verändern. Offen ist aber die Frage nach der Reichweite der Gesetzgebungsbefugnisse des Bundes für die Nutzung privatrechtlicher Rechtsformen durch die Bundesverwaltung, aber auch durch Verwaltungsträger der übrigen Stufen. Gegenüber Regelungen des Bundesgesetzgebers kann weder auf Art. 31 GG noch auf den abschließenden Charakter der gesellschaftsrechtlichen Regelungen verwiesen werden, da insoweit der Grundsatz der spezielleren und späteren Regelung greifen würde, wenn in einem allgemeinen Organisationsgesetz des Bundes Modifikationen des Gesellschaftsrechts für den Fall der Nutzung durch Verwaltungsträger geregelt würden, wie dies im Aktienrecht in den §§ 394, 395 AktG bereits der Fall ist. Dem Bund steht damit grundsätzlich auch die Möglichkeit offen, ein spezifisches Verwaltungsgesellschaftsrecht zu schaffen. Allerdings ist zu beachten, dass auch das Gesellschaftsrecht in vielen Bereichen inzwischen europarechtlich determiniert ist und der Bund insoweit in seiner Gestaltungsfreiheit beschränkt ist.

67 Zusammenfassend ist festzuhalten, dass der Bundesgesetzgeber in einem allgemeinen Organisationsgesetz, bei Beachtung punktueller Vorgaben des Gemeinschaftsrechts, befugt ist, allgemeine Vorgaben für die Bundesverwaltung zu erlassen. Dabei ist es ihm grundsätzlich auch möglich, die Nutzung und Steuerung privatrechtlicher Organisationsformen durch Verwaltungs-

träger besonderen, die allgemeinen Regelungen des Privat- und Gesellschaftsrechts modifizierend zu unterwerfen. Die Landesgesetzgeber sind im Vergleich dazu in allgemeinen Organisationsgesetzen auf Regelungen beschränkt, die öffentlich-rechtliche Organisationsformen betreffen. Bezüglich der Nutzung privatrechtlicher Organisationsformen können sie nur die Wahlfreiheit der landeseigenen und kommunalen Verwaltungsträger beschränken, nicht aber das Gesellschaftsrecht modifizieren.

3. Regelungsgehalte allgemeiner Organisationsgesetze

Durch die Überlegungen zur Reichweite der Gesetzgebungsbefugnisse 68
von Bund und Ländern ist der mögliche Regelungsgehalt allgemeiner Organisationsgesetze nur partiell umrissen. Innerhalb des jeweils eröffneten Bereichs stehen Bund und Ländern weitere Gestaltungsspielräume offen, welche Regelungen mit welcher Intensität und Reichweite in allgemeine Organisationsgesetze aufgenommen werden. Das denkbare Spektrum soll im Folgenden durch die Gegenüberstellung eines Minimal- und eines Maximalmodells umrissen werden.

Als **Minimalmodell** eines allgemeinen Organisationsgesetzes kann man 69
sich eine Regelung vorstellen, die sich darauf beschränkt die allgemeinen Strukturen (Zahl der Stufen der allgemeinen Staatsverwaltung und z.B. allgemeine Zuweisungsgrundsätze bezüglich der Aufgaben) sowie die territoriale Gliederung vorzugeben. Derartige Regelungen werden von einigen Landesverfassungen gefordert und einem Gesetzesvorbehalt unterstellt. Die Steuerungs- und Systematisierungsfunktion eines solchen Gesetzes wäre sehr gering. Es würde sich weitgehend auf die Erfüllung des verfassungsrechtlichen Gesetzgebungsauftrages beschränken.

Das **Maximalmodell** eines allgemeinen Organisationsgesetzes kann neben 70
den allgemeinen Strukturvorgaben nähere Regelungen zu folgenden Bereichen umfassen: Vorgaben für den internen Behördenaufbau (u.U. Angebot mehrerer Modelle), Grundzüge des behördeninternen Verfahrens, Vorgaben für die Struktur und Nutzung von öffentlich-rechtlichen Organisationsformen sowie ihre Beaufsichtigung (mittelbare Staatsverwaltung), Nutzung der privatrechtlichen Organisationsformen, soweit von der Gesetzgebungskompetenz gedeckt, Vorgaben für die Einschaltung von Beliehenen und Verwaltungshelfern, Einrichtung von Beauftragten und Beiräten, Experimentierklauseln (siehe beispielhaft *König,* S. 137ff.; *Loeser,* S. 265ff.). In der Praxis wurden teilweise – wie etwa in Schleswig-Holstein – auch Regelungen des Verwaltungsverfahrens (ggfs. auch der Verwaltungsvollstreckung) in das Gesetz aufgenommen bzw. beide Regelungsbereiche in einem Gesetz vereinigt.

Vor dem Hintergrund der erheblichen Bandbreite möglicher Regelungs- 71
gehalte allgemeiner Organisationsgesetze werden auch die Vor- und Nachteile derartiger Regelungen deutlich. Die **Nachteile** werden in folgenden Punkten gesehen: durch die gesetzlichen Vorgaben werden mit steigender

Regelungsdichte die Eigenständigkeit („Macht") und Anpassungsfähigkeit der Exekutive gemindert; die vorgegeben Struktur können nur durch den Gesetzgeber und damit in einem aufwändigen und zeitraubenden Verfahren an veränderte Umstände angepasst werden; sachangemessene Detaillösungen werden erschwert. Dem stehen folgende **Vorteile** gegenüber: Öffentlichkeit, Transparenz und Systemklarheit der Organisationsstrukturen; hoher Grad an demokratischer Legitimation; Reduktion der Organisationsformen und dadurch Erleichterung (Standardisierung) des Rechtskontrolle.

4. Die Rechtslage auf Bundesebene

72 Auf Bundesebene hat sich nach 1949 die Situation in Bezug auf ein allgemeines Organisationsgesetz im Vergleich zum Deutschen Reich nicht verändert. Die Lage ist durch eine kaum systematisierte Vielzahl von Organisationsstrukturen, eine überbordende Zahl privatrechtsförmiger Verwaltungseinheiten und einem Nebeneinander von gesetzlicher und inneradministrativer Regelung gekennzeichnet. Zwar wurden mehrfach Vorschläge für Organisationsgesetze erarbeitet (es handelt sich dabei um drei Entwürfe, die nur Teilbereiche der Bundesverwaltung erfassen, sowie zwei **Entwürfe für allgemeine Organisationsgesetze:** Entwurf für ein Bundesverwaltungsorganisationsgesetz von 1980 [nicht veröffentlicht, zusammenfassende Darstellung bei *Loeser,* S. 106 f.] sowie den Vorschlag von *Loeser,* S. 258 ff.). Sie fanden aber nicht die für eine Umsetzung erforderliche politische Mehrheit (s. zu Einzelheiten und weiteren Überlegungen *Loeser,* S. 104 ff.).

73 Ein größeres Maß an Ordnung findet sich auf Bundesebene nur dort, wo durch spezialgesetzliche Regelungen einzelne Segmente der Bundesverwaltung von **Fachorganisationsgesetzen** erfasst werden. Nach der Privatisierung von Post und Bahn, für die es früher ebenfalls entsprechende Regelungen gab (dazu *Loeser,* S. 101 f.) sind derzeit vor allem das Finanzverwaltungsgesetz und das Bundesgrenzschutzgesetz zu erwähnen. Hinzu kommt eine unübersehbare Vielzahl von gesetzlichen Einzelregelungen, durch die Verwaltungsträger errichtet und organisiert werden.

74 Kein Bestandteil der unmittelbaren Bundesverwaltung, aber bundesrechtlich geregelt sind auch weitere Bereiche der **funktionalen Selbstverwaltung.** Zu erwähnen sind die zahlreichen Träger sozialer Selbstverwaltung (vor allem die gesetzlichen Krankenkassen und die Kassenärztlichen Vereinigungen, die ihre rechtliche Grundlage im SGB V finden), die Industrie- und Handelskammern, die Handwerkskammern, die Rechtsanwaltskammern, die Wirtschaftsprüferkammer, die Steuerberaterkammern und weitere Organisationen (zu Einzelheiten § 97).

5. Die Landesorganisationsgesetze

75 Auch auf Landesebene wurde nach 1945 an die Entwicklung vor 1933 angeknüpft. Fünf Bundesländer (Baden-Württemberg, Brandenburg, Nord-

rhein-Westfalen, das Saarland und Schwelswig-Holstein) verfügen über vollwertige allgemeine Organisationsgesetze (ein systematischer Vergleich der Regelungen findet sich bei *König*, S. 114ff.). In den übrigen Bundesländern sind nur partielle gesetzliche Regelungen der Verwaltungsorganisation anzutreffen.

Baden-Württemberg hat auf der Basis des Art. 70 Abs. 1 seiner Verfassung ein **Landesverwaltungsgesetz** (BW LVG) erlassen. Das Gesetz unterscheidet zwischen den obersten Landesbehörden, den allgemeinen und den besonderen Verwaltungsbehörden. Die Kommunen werden den als Untergruppe der allgemeinen Verwaltungsbehörden erfassten unteren Verwaltungsbehörden zugeordnet und insoweit auch erfasst. Die Aufgaben der **obersten Landesbehörden** und **Ministerien** werden in den §§ 4, 5 BW LVG vergleichsweise detailliert geregelt. In § 5a BW LVG findet sich eine besondere Regelung über die anderweitigen Rechtsfolgen der Änderung des Geschäftsbereichs von Ministerien. In § 5b BW LVG werden auch die allgemeinen Aufgaben des Rechnungshofs erfasst, soweit sie sich nicht aus der Landeshaushaltsordnung ergeben. Zu den **allgemeinen Verwaltungsbehörden** gehören gem. § 6 BW LVG die Regierungspräsidien (dazu §§ 7 bis 12 BW LVG) und die unteren Verwaltungsbehörden. Letztere umfassen die Landkreise, Großen Kreisstädte, Gemeinden und Verwaltungsgemeinschaften. Ihre Aufgaben und Zuständigkeiten werden in den §§ 15, 16 BW LVG vergleichsweise detailliert geregelt. Bezüglich der **besonderen Verwaltungsbehörden** regeln die §§ 17–19 BW LVG den instanziellen Aufbau, umschreiben den Aufgabenkreis und ordnen an, dass Landesoberbehörden nur durch Gesetz errichtet oder aufgehoben werden können. In den §§ 20–25 BW LVG finden sich detaillierte Regelungen der **Dienst- und Fachaufsicht** über die Verwaltungsbehörden. Die §§ 26, 27 BW LVG konkretisieren die Zusammenarbeit zwischen den einzelnen Behörden. Damit verfügt Baden-Württemberg um ein in seinem Regelungsanspruch recht weitgehendes Organisationsgesetz. Auffällig ist, dass keine besonderen Regelungen für den Bereich der mittelbaren Staatsverwaltung getroffen werden. 76

Obwohl die Verfassung auf Grund ihrer Regelung in Art. 77 den Erlass eines allgemeines Organisationsgesetz nahe legt, hat der **bayerische Landesgesetzgeber** einen anderen Weg gewählt und den Gesetzesvorbehalt durch eine Reihe von Einzelgesetzen umgesetzt (Übersicht bei *Badura/Huber*, BayVBl. 1989, 769ff.). So finden sich die Zuständigkeitsregelungen in den jeweiligen Gesetzen für die besonderen Verwaltungsfachbehörden geregelt. Auffällig ist dabei, dass z.B. für den Bereich der Gefahrenabwehr die Aufgaben und die Organisation in getrennten Gesetzen geregelt werden (PAG einerseits und POG andererseits). Des Weiteren wurde die „Einrichtung" iSd Art. 77 Abs. 1 BayVerf in der BayBehVO „legaldefiniert" und umfasst demnach mit Ausnahme der Zuständigkeitsbestimmung die Errichtung der Behörden durch die ressortmäßig zuständigen Ministerien. 77

78 Der Verwaltungsaufbau in **Berlin** ist durch mehrere Gesetze bestimmt. Der allgemeine Verwaltungsaufbau unterhalb der Senatsebene wird durch das Bezirksverwaltungsgesetz (BezVwG) und das Allgemeine Zuständigkeitsgesetz (AZG) bestimmt. Hinzu kommt das Gesetz über die öffentliche Sicherheit und Ordnung im Land Berlin (ASOG), in dem sich ebenfalls organisatorische Regelungen finden.

79 In **Brandenburg** hat der Landesgesetzgeber den Gesetzesvorbehalt der Verfassung durch den Erlass eines **Landesorganisationsgesetzes** umgesetzt (dazu *Lörler,* Die Verwaltungsorganisation, in: Simon/Franke/Sachs [Hg.], Handbuch der Verfassung des Landes Brandenburg, 1994, § 15). In § 2 Abs. 1 LOG Brbg ist die Stufung der Landesverwaltung in oberste Landesbehörden, Landesbehörden und untere Landesbehörden festgeschrieben. Damit wird ein Verzicht auf Mittelbehörden offenbar. Dadurch ergibt sich aber auch, dass eine Vielzahl an (unteren) Landesbehörden notwendig ist. Um dem zu entgehen, sind diese Behörden in §§ 6 Abs. 2, 7 Abs. 2 und 3 LOG Brbg abschließend aufgezählt. § 20 LOG Brbg regelt die Übertragung staatlicher Aufgaben auf die Kreise und kreisfreien Städte.

80 Durch die stadtstaatliche Prägung gibt es in **Berlin** nur eine oberste Landesbehörde, den Senat als Kollegium mit umfassenden Weisungsbefugnissen über alle anderen Behörden. Durch das VwBehG und das BezVwG erfolgt zusätzlich eine fachliche und gebietliche Gliederung in Fachbehörden und Bezirksämter. Gem. § 5 Abs. 1–4 BezVwG stehen diese Behörden mit dem Senat in einer Art „besonderem Dreiecksverhältnis". Der Grundsatz der Dekonzentration ist hier in § 3 Abs. 2 S. 1 BezVwG verankert, im Zusammenhang mit der Weisungsbefugnis des Senats an die Bezirksämter, woraus sich ergibt, dass diese Ämter *keine* selbstständigen Behörden sind. Im Gegensatz dazu sind die Fachbehörden selbstständige Träger von Wahrnehmungszuständigkeiten. Sie werden in § 4 Abs. 2 S. 1 VwBehG abschließend aufgezählt.

81 Für ein LOG liegen in **Mecklenburg-Vorpommern** zum jetzigen Zeitpunkt lediglich Entwürfe vor. Die Gesetzgebung beschränkt sich noch auf das Haushaltsrecht, die Gerichtsorganisation sowie das Beamtenrecht. Auf der Grundlage von § 4 Abs. 1 S. 2 VorlStatMV ist aber die Errichtung zahlreicher Behörden auf allen Ebenen erfolgt. Hier kann aber nur von der Anwendung einer Globalermächtigung gesprochen werden.

82 Der Verwaltungsaufbau ist durch die klassische Dreistufigkeit mit einer ausgeprägten Bündelungsfunktion der Bezirksregierungen gekennzeichnet. Hervorzuheben ist auch, dass die Bezirksregierungen ebenso wie das Landesverwaltungsamt der Dienstaufsicht des MdI und der Fachaufsicht des ressortmäßig zuständigen Ministers unterliegen. Ein allgemeines Organisationsgesetz gibt es aber nicht. Vielmehr wurde die Organisationsgewalt durch Beschluss auf die zuständigen Minister delegiert. Es existieren keine weiteren gesetzlichen Zuständigkeitsregelungen. Nur durch das Fünfte Gesetz zur Verwaltungs- und Gebietsreform ist die Übertragung von Aufga-

ben auf kommunale Verwaltungsträger durch Gesetz oder Rechtsverordnung vorgesehen.

Mit dem LOG NW von 1962 hat der Gesetzgeber in **Nordrhein-Westfalen** den in Art. 77 NWVerf begründeten Auftrag erfüllt und eine abschließende Normierung der Behördenarten vorgenommen. Durch dieses Gesetz ist eine Vierstufigkeit der Landesverwaltung (oberste Landesbehörden, Landesbehörden, Landesmittelbehörden und untere Landesbehörden) vorgesehen, § 2 LOG NW. Die räumliche Gliederung der Verwaltung erfolgt zentral durch die Landesregierung, §§ 7 Abs. 4, 9 Abs. 3 LOG NW, doch kann diese die Ermächtigung auch übertragen. Bemerkenswert ist, dass zwischen allgemeiner Landesverwaltung und Sonderverwaltung keine gliederungsmäßige Trennung erfolgt, § 7 Abs. 2, § 9 Abs. 2 LOG NW, wie das in anderen Organisationsgesetzen der Fall ist. Aufbau und Organisation der Polizei ist speziell im POG NW geregelt. Die Art und Weise der Regelung wurde vom Saarland und auch von Brandenburg übernommen, deren Verfassungen ähnliche Gesetzesvorbehalte enthalten. 83

Im **Saarland** wurde bereits 1950 der Gesetzesgebungsauftrag der Verfassung durch das „Gesetz über die allgemeine Landesverwaltung" erfüllt und im Jahre 1969 trat das heute gültige LOG Saar in Kraft. Inhaltlich ist es mit dem LOG NW vergleichbar. Die Unterschiede begründen sich durch den unterschiedlichen Verwaltungsaufbau, da es im Saarland keine Mittelinstanz der allgemeinen Landesverwaltung gibt. In den §§ 2–8 LOG Saar findet sich eine abschließende Darstellung der verschiedenen Behördenarten und ihrer Stellung im Verwaltungsgefüge. Die Bildung von Sonderbehörden (Landesmittelbehörden) unterliegt einem Gesetzesvorbehalt, §§ 6 Abs. 3, 7 Abs. 3 S. 1, 8 Abs. 3 S. 1 LOG Saar. Des Weiteren ist die Landesregierung dazu ermächtigt, Landesämter und untere Landesbehörden aufzulösen, zusammenzulegen oder eine Umverteilung der Aufgaben vorzunehmen, §§ 7 Abs. 3 S. 2, 8 Abs. 3 S. 2 LOG Saar, was aus objektiver Sicht für eine Flexibilität in der Bewältigung der Verwaltungsaufgaben spricht, die in anderen Bundesländern nicht zu finden ist, bzw. keinen gesetzlichen Niederschlag findet. 84

In **Sachsen** fehlt eine allgemeine gesetzliche Grundlage für die Verwaltungsorganisation. Nur die Finanzwirtschaft, die Gerichtsorganisation und die allgemeinen Polizeibehörden sowie der Polizeivollzugsdienst sind bisher speziell geregelt. Die fehlende Umsetzung des Gesetzesgebungsauftrags ist wohl damit zu erklären, dass die Landesverfassung 1992 zu einem Zeitpunkt in Kraft getreten ist, als der Aufbau der Landesverwaltung bereits weitgehend abgeschlossen war. Allerdings war die Errichtung der Regierungspräsidien Dresden, Leipzig und Chemnitz durchaus wegen der fehlenden gesetzlichen Grundlage umstritten. Für eine geplante Funktionalreform liegt bislang nur ein Referentenentwurf vor. 85

In **Sachsen-Anhalt** wurde der Gesetzgebungsauftrag des Art. 86 Abs. 2 Verf. LSA ebenfalls noch nicht umgesetzt. Die Landesregierung erließ 1990 den „Beschluss ... über die Organisation der öffentlichen Verwaltung im 86

Land Sachsen-Anhalt". Darin wird unter anderem geregelt, dass die Regierung über die Verwaltungsorganisation entscheidet, soweit dem keine spezielle gesetzliche Regelung entgegen steht, bzw. ein Gesetz erforderlich ist. Angestrebt wird eine Überleitung des nach 1990 geschaffenen dreistufigen Aufbaus der Landesverwaltung in eine zweistufige Struktur. Zu diesem Zweck wurde am 27. 2. 2003 ein Verwaltungsmodernisierungsgrundsätzegesetz – VerwModGrG (GVBl. S. 40) erlassen, das auf eine umfassende Aufgabenkritik, den Wegfall der allgemeinen Mittelinstanz, die Verlagerung staatlicher Aufgaben auf die kommunale Ebene und die Reduzierung von Sonderbehörden vorsieht. Als Leitbilder werden der Grundsatz der Aufgabenbündelung auf der kommunalen Ebene sowie die Einräumigkeit der Verwaltung genannt.

87 In **Schleswig-Holstein** dient das Landesverwaltungsgesetz (SchlHLVwG) der Systematisierung der Organisation- und Handlungsformen der Verwaltung. Positiv hervorzuheben ist dabei, dass die Verwaltung auch durch dieses umfassende Gesetz flexibel bleiben kann, denn es wurde bewusst auf eine abschließende Aufzählung der Behördenarten verzichtet wie man es in einigen anderen Ländergesetzen findet. Das SchlHLVwG bestimmt lediglich den Begriff Behörde, § 3, und zählt die verschiedenen Behördentypen auf, § 4, aber in der Errichtung wird der Landesregierung freie Hand gelassen. Das Gesetz fordert nur eine zweifelsfreie Zuordnung zu einem der Behördentypen, § 4, die Bestimmung des räumlichen Wirkungskreises, § 29, sowie die Regelung der sachlichen Zuständigkeit, § 8 Abs. 2. Im Gegensatz zu allen anderen Ländergesetzen ist im SchlHLVwG die Beleihung Privater zu Kenntnis genommen und ebenso wie eine Aufgabenübertragung auf juristische Personen des öffentlichen Rechts unter einen Gesetzesvorbehalt gestellt worden.

88 In **Thüringen** hat der Landesgesetzgeber bislang kein allgemeines Organisationsgesetz erlassen, obwohl dazu Vorschläge existieren (*König,* Kodifikation des Landesorganisationsrechts). Der dreistufige Behördenaufbau mit einem Landesverwaltungsamt beruht im Wesentlichen auf einer Anordnung der Landesregierung und einer Verordnung des Innenministers über die Errichtung von Behörden und Einrichtungen des Landes Thüringen vom 18. 6. 1991 (GVBl. S. 188), die mehrfach geändert wurde. Ein seit Ende der neunziger Jahre laufender Prozess einer umfassenden Funktionsreform wurde bislang noch nicht abgeschlossen.

6. Spezialgesetzliche Organisationsregelungen auf Landesebene

89 Ergänzend zu den allgemeinen Organisationsgesetzen, soweit diese existieren, oder als alleinige gesetzliche Regelungen der Organisationsstrukturen sind in den Ländern spezial- oder fachgesetzliche Organisationsregelungen anzutreffen. Sie sind gesetzgebungstechnisch dadurch gekennzeichnet, dass die organisationsrechtlichen Regelungen mit den materiellrechtlichen und z. T. auch verfahrensrechtlichen Regelungen in einem Gesetz verbunden sind.

Die umfassendsten und detaillierten organisationsrechtlichen Regelungen finden sich in den die **Kommunalverwaltung** betreffenden Gesetz: die Gemeinde- und (Land-) Kreisordnungen, die Gesetze über die kommunale Gemeinschaftsarbeit sowie weitere Regelungen über Zweckverbände (vor allem Abwasserzweckverbände) sowie die Sparkassengesetze. Das Kommunal(verfassungs)recht gilt deshalb auch als Referenzgebiet des Organisationsrechts und in keinem anderen Bereich spielen organisationsrechtliche Fragestellungen eine vergleichbar große Rolle (zu Einzelheiten siehe §§ 95, 95). 90

Weitere bedeutsame Regelungen mit organisationsrechtlichen Bestandteilen finden sich unter anderem in den Landesgesetzen zu folgenden Rechtsmaterien: (1) Recht der Gefahrenabwehr (Polizei- und Ordnungsrecht, Sicherheitsrecht); (2) Bauordnungsrecht (Landesbauordnungen); (3) Schulverwaltungsrecht; (4) Öffentliches Gesundheitswesen; (5) die Einzelbereiche des Umweltrechts (Naturschutz-, Abfall-, Wasserrecht); (6) Forstrecht; (7) Straßenrecht; (8) Medienrecht (Landesmedienanstalten). 91

Soweit keine bundesrechtlichen Regelungen existieren, ist auch die **funktionale Selbstverwaltung** landgesetzlich geregelt, wie z. B. bei den Wasser- und Bodenverbänden, den Kammern der Heilberufe (Ärzte-, Zahnärzte-, Tierärzte-, Apotheker- und Psychotherapeutenkammern), den Hochschulen (die herkömmlicherweise zugleich Selbstverwaltungsträger und Teil der Landesverwaltung sind) und zahlreichen weiteren Organisationen (zu Einzelheiten siehe § 97). 92

Eine Sonderstellung nehmen die Regelungen zum **Rundfunkrecht** ein, da es sich bei den öffentlich-rechtlichen Rundfunkanstalten nicht um Verwaltungsträger handelt (*Kluth,* Funktionale Selbstverwaltung, 1997, S. 75 ff.). 93

7. Bedeutung und Zulässigkeit von organisationsrechtlichen Experimentierklauseln

Schrifttum: *Brüning,* Die kommunalrechtlichen Experimentierklauseln, DÖV 1997, 278; *Dahlheimer,* Zur Reform des Gemeindewirtschaftsrechts, BWVP 1994, 197; *Lange,* Die kommunalrechtliche Experimentierklausel, DÖV 1995, 770; *Siedentopf,* Experimentierklauseln – eine „Freisetzungsrichtlinie" für die öffentliche Verwaltung, DÖV 1995, 193; *Stober,* Der Gesetzesvorbehalt beim Schulversuch, DÖV 1976, 518.

Sowohl in einigen allgemeinen Organisationsgesetzen als auch in speziellen gesetzlichen Regelungen der Verwaltungsorganisation (vor allem in den Kommunal-, Schul- und Hochschulgesetzen, aber auch in §§ 63 ff. SGB V) finden sich so genannte Experimentierklauseln. Sie eröffnen den Verwaltungsträgern die Möglichkeit, im Rahmen eines in der Regel genau umrissenen Rahmens alternative Organisationsformen – in der Regel mit Genehmigung der Aufsichtsbehörde – für einen bestimmten Zeitraum zu erproben. Bei erfolgreichem Verlauf kann der Zeitraum entweder verlängert werden oder die Genehmigung für eine unbefristete Beibehaltung der neuen Regelung erteilt werden. Häufig beziehen sich die Experimentierklauseln auch 94 auf den Bereich der Haushaltsführung (zu den verfassungsrechtlichen Grenzen *Gröpl,* Haushaltsrecht und Reform, 2001, S. 295 ff.).

95 Experimentierklauseln eröffnen den Verwaltungsträgern begrenzte Gestaltungsspielräume, mit deren Hilfe alternative Organisations- und Verfahrensformen in der Praxis erprobt werden können. Sie dienen damit dem Gesetzgeber zur Sammlung von Erfahrungen über die Vor- und Nachteile der alternativen Organisationsformen und verbessern auf diese Art und Weise die Erkenntnisgrundlage für die Entscheidung über eine Übernahme der alternativen Modelle als neue Regelorganisationsform.

96 Die Einführung von Experimentierklauseln unterliegt einer Reihe von Zulässigkeitsanforderungen. Es bedarf einer zeitlichen Begrenzung und die ermöglichten alternativen Organisationsmodelle müssen als solche mit vorrangigem Gesetzesrecht sowie verfassungsrechtlichen Vorgaben vereinbar sein. Sinnvoll ist zudem die Einfügung einer Evaluations- bzw. Berichtspflicht.

IV. Die Organisationsgewalt der Verwaltungsträger im Einzelnen

1. Träger der exekutivischen Organisationsgewalt

a) Unterscheidung zwischen Verbands- und Organkompetenz

97 Auch bei der Zuordnung der Organisationsgewalt ist zwischen der Verbands- und der Organkompetenz zu unterscheiden. Grundsätzlich steht dabei einem Verwaltungsträger das Recht zur Selbstorganisation im Rahmen der gesetzlichen Vorgaben zu. Von diesem Grundsatz gibt es aber zahlreiche Abweichungen. So können für bedeutsame Organisationsakte Mitwirkungsrechte der Aufsichtsbehörden vorgesehen sein. Bei Organisationen, die von einem oder mehreren Verwaltungsträgern gegründet wurden, um deren Aufgaben wahrzunehmen, wie etwa den Sparkassen oder Zweckverbänden, stehen in der Regel den Trägern Bestimmungs- oder Mitwirkungsrechte bei der Bildung und Besetzung der Leitungsorgane zu.

98 Die Zuweisung der Organisationsgewalt innerhalb eines Verwaltungsträgers und damit die Organkompetenz in diesem Bereich ist in erster Linie auf Grund der vorhandenen expliziten gesetzlichen Zuordnungen zu bestimmen. Vor allem die Kommunalgesetze enthalten insoweit sehr detaillierte Regelungen (zu ihnen § 95). Das Gleiche gilt für den Bereich der allgemeinen Landesverwaltungen für einige allgemeine Organisationsgesetze. Diese detaillierten Regelungen decken aber nur einen kleinen Bereich der Verwaltungsorganisation ab. In den übrigen Bereichen bedarf es, soweit nicht punktuelle Regelungen existieren, des Rückgriffs auf allgemeine ungeschriebene Zuordnungsgrundsätze.

b) Grundsätze für rechtsfähige Verwaltungseinheiten

99 Als Regel der Zuordnung der Organisationsgewalt kann bei **rechtsfähigen Verwaltungseinheiten** von dem Grundsatz ausgegangen werden, dass

dem **Hauptorgan** auch die Organisationsgewalt zusteht, die auch das Recht zur partiellen Delegation auf andere Organe einschließt. Welches Organ als Hauptorgan anzusehen ist, bestimmt sich nach der Zuordnung der Leitungsgewalt und der demokratischen Legitimation. Bei einer körperschaftlichen Verfassung ist das kollegial verfasste Organ, in dem die Mitglieder repräsentiert sind, als Hauptorgan anzusehen. Bei anstaltlich verfassten Verwaltungsträgern kommt diese Funktion dem gegenüber dem Organ zu, durch das die Trägerorganisation ihren Einfluss ausübt und zugleich Legitimation vermittelt (dieses Organ wird z.B. bei den Sparkassen als Verwaltungsrat bezeichnet und vom Vorstand unterschieden).

Besitzt ein Verwaltungsträger mehrere Leitungsorgane, wie es z.B. bei 100 körperschaftlich organisierten Verwaltungseinheiten und bei rechtsfähigen Anstalten die Regel ist, so stellt sich die Frage nach der Verteilung der Organisationsgewalt zwischen ihnen. Denkbar sind insoweit sowohl eine hierarchische Struktur als auch eine formale Gleichordnung bei sektoraler Zuweisung von Organisationsbefugnissen im jeweils „eigenen Bereich“. Soweit der Gesetzgeber eine ausdrückliche Regelung getroffen hat, ist diese maßgeblich. Ein Blick in die Kommunalgesetze und die Regelungen zu den Trägern funktionaler Selbstverwaltung zeigt, dass den demokratisch in der Regel höher legitimierten Hauptorganen, wie dem Rat, die Entscheidung der organisatorischen Grundsatzfragen zugewiesen wird, während dem zweiten Leitungsorgan, in der Regel dem Hauptverwaltungsbeamten als Einzel- oder Kollegialorgan, die Organisation des ihm unterstellten Bereichs im Rahmen der allgemeinen Vorgaben überlassen bleibt.

Fehlt es an einer (detaillierten) gesetzlichen Regelung, so muss auf **allgemeine Rechtsgrundsätze** rekurriert werden. Aus der Verankerung der Organisationsgewalt als Teilaspekt der Leitungsgewalt im Demokratieprinzip kann abgleitet werden, dass dem jeweiligen **Hauptorgan,** das typischerweise auch über das höchste Maß an demokratischer Legitimation verfügt, die Entscheidungsbefugnis über die allgemeinen Organisationsstrukturen des Verwaltungsträgers zusteht. Dazu gehört, soweit die gesetzliche Regelung keinen abschließenden Charakter besitzt, auch das Recht zur Schaffung von weiteren Organen, insbesondere zur Einsetzung einer (hauptamtlichen) Geschäftsführung, soweit diese nicht durch Gesetz vorgesehen ist (so fehlt in der BRAO eine Regelung über die Geschäftsführung bei den Rechtsanwaltskammern und der Bundesrechtsanwaltskammer; ähnlich ist die Lage bei anderen Kammern der freien Berufe). Zulässig ist ohne besondere gesetzliche Grundlage auch die Einrichtung von Beratungsgremien, jedenfalls solange diesen keine Entscheidungsbefugnisse zukommen. 101

Eine Reihe von Besonderheiten bestimmen die Ausübung der Organisationsgewalt bei **Kollegialorganen.** Bei ihrer Bildung muss der mitgliedschaftlichen Struktur des jeweiligen Verwaltungsträgers Rechnung getragen werden. Grundsätzlich muss die Zusammensetzung des Organs die Verteilungsstruktur der Mitwirkungsrechte der Mitglieder widerspiegeln. Vor al- 102 lem zwischen Personal- und Verbandskörperschaften gibt es insoweit gewichtige Unterschiede. Bei einer unmittelbaren demokratischen Legitimation des Kollegialorgans müssen die im Demokratieprinzip verankerten Wahlrechtsgrundsätze beachtet werden. Die jeweilige Struktur muss auch bei der Bildung von Unterorganen (Ausschüssen) zugrunde gelegt werden (Spiegelbildlichkeitsprinzip). Die Beachtung dieses Prinzips ist auch Bedingung für die Bildung von Unterorganen, die ohne besondere gesetzliche Ermächtigung zulässig ist. Ein Kollegialorgan kann das interne Verfahren durch eine Geschäftsordnung regeln. Dabei müssen die allgemeinen Verfahrensgrundsätze für Kollegialorgane (vgl. auch *Groß*, S. 280ff.) berücksichtigt werden.

103 Weitere Besonderheiten sind bei Verwaltungsträgern mit **teilrechtsfähigen Untergliederungen** zu beobachten. Wichtigstes Beispiel dafür sind die Hochschulen. Neben der (teil-) rechtsfähigen Hochschule als solcher verfügen auch die einzelnen Fachbereiche oder Fakultäten über eigene Teilrechtsfähigkeit, die wiederum auf den mitgliedschaftlichen, grundrechtlich begründeten Rechten der einzelnen Hochschullehrer basiert.

c) Grundsätze für nichtrechtsfähige Verwaltungseinheiten

104 Bei **nichtrechtsfähigen** bzw. **teilrechtsfähigen Verwaltungseinheiten** (wie z. B. den Schulen, den Regie- und Eigenbetrieben) steht die Organisationsgewalt grundsätzlich – im Rahmen etwaiger gesetzlicher Vorgaben – dem Rechtsträger zu. Soweit es sich um Kollegialorgane handelt, gelten die gleichen Grundsätze wie bei rechtsfähigen Verwaltungseinheiten.

d) Grundsätze für privatrechtsförmige Verwaltungseinheiten

105 Bei **privatrechtsförmigen Organisationen,** die sich ausschließlich oder überwiegend in staatlicher Trägerschaft befinden, wird ebenfalls Organisationsgewalt ausgeübt. Der privatrechtlich geordnete Rahmen ändert nichts daran, dass hier Leitungsbefugnisse ausgeübt werden, die den entsprechenden Maßnahmen in öffentlich-rechtlichen Organisationseinheiten funktionsadäquat sind. Der wichtigste Unterschied ist indes darin zu erblicken, dass die gesellschaftsrechtlichen Normen die Ausübung der Leitungsbefugnisse und damit auch die Organisationsgewalt sehr viel detaillierter regeln, als dies bei öffentlich-rechtlichen Organisationsformen der Fall ist. Dementsprechend besteht auch ein geringeres Bedürfnis, auf allgemeine Rechtsgrundsätze zurückzugreifen.

2. Instrumentale und formale Anforderungen an die Ausübung der Organisationsgewalt

106 Für die administrative Ausübung der Organisationsgewalt stellt das Verwaltungsrecht verschiedene Instrumente bereit, die je nach Gegenstand und Adressat der Maßnahme unterschiedenen formalen Anforderungen unterliegen. Folgende Differenzierungen sind dabei zu berücksichtigen:

Die Organisationsgewalt kann in einer eine Vielzahl von Maßnahmen betreffender, genereller oder allgemeiner Form sowie einzelfallbezogen ausgeübt werden. Von der Organisationsgewalt kann förmlich durch Rechtssatz oder formlos, insbesondere durch mündliche Anordnung Gebrauch gemacht werden. 107

Ein Rechtssatz-, insbesondere Satzungsvorbehalt kann bei verwaltungsinternen Maßnahmen durch das betreffende Organisationsgesetz angeordnet sein. So müssen die Kommunen die wichtigsten organisatorischen Vorgaben in einer Hauptsatzung regeln, die als Pflichtsatzung zwingend zu erlassen ist. In der Ministerialverwaltung fehlt es an vergleichbaren Vorgaben ebenso wie in der funktionalen Selbstverwaltung. 108

In der Praxis vorherrschendes Instrument der verwaltungsinternen Ausübung der Organisationsgewalt ist die **verwaltungsrechtliche Willenserklärung,** die sowohl einzelfallbezogene Maßnahmen als auch generelle Anordnungen ermöglicht und im letzteren Fall als Verwaltungsvorschrift bezeichnet oder mit vergleichbaren Terminologien (Erlass, Anordnung) versehen wird (dazu näher *Kluth,* Rechtsfragen der verwaltungsrechtlichen Willenserklärung NVwZ 1990, 608ff.). Auch **Geschäftsordnungen** von Kollegialorganen sind hier zuzuordnen. 109

Neben der einseitigen und kollegialen Ausübung der Organisationsgewalt kann diese auch durch Vereinbarung ausgeübt werden, indem z. B. in **Inter-Organ-Vereinbarungen** bestimmte Formen des Zusammenwirkens von Organen geregelt werden. 110

Die **formalen** und **verfahrensmäßigen Anforderungen** an organisatorische Maßnahmen lassen sich nur schwer allgemein und ohne Bezug zum jeweiligen Gegenstand und Adressaten der Maßnahme bestimmen. Anhörungsrechte bestehen in der Regel nicht, können sich aber ausnahmsweise aus den Statusrecht der betroffenen Amtswalter oder Organisationen ergeben; das Gleiche gilt für Begründungspflichten. Die Bekanntgabe an die Adressaten ist auch innerbehördlich Voraussetzung für die Wirksamkeit der Maßnahme. 111

Zu beachten sind die Auswirkungen des **Personalvertretungsrechts,** das sich zwar nicht unmittelbar auf die Organisationsgewalt bezieht, aber insoweit von Bedeutung ist, als organisatorische Maßnahmen zugleich Auswirkungen auf die Beschäftigten haben. 112

3. Organisationsermessen

Soweit es an gesetzlichen Vorgaben fehlt oder diese den Verwaltungsträgern Spielräume belassen, steht die Ausübung der Organisationsgewalt im Ermessen des jeweiligen Verwaltungsträgers bzw. Organs. Zur Verdeutlichung der thematischen Zuordnung kann und sollte dabei von **Organisationsermessen** gesprochen werden. 113

In seiner rechtlichen Struktur ist das Organisationsermessen insofern mit dem Ermessen im materiellen Bereich identisch, als es Gestaltungsfreiheit 114 auf der Rechtsfolgenseite eröffnet. Darüber hinausgehende Orientierungen an der anknüpfend an die exemplarische Regelung in § 40 VwVfG entwickelten Ermessenslehre sind aber nur mit großen Einschränkungen möglich und bedürfen einer sorgfältigen Prüfung und Begründung. Das gilt insbesondere für die Ermessensfehlerlehre und den Anspruch auf ermessensfehlerfreie Entscheidung.

115 Das Organisationsermessen muss wie jedes andere Ermessen sachgerecht ausgeübt werden, d.h. es muss dem Sinn und Zweck der zu treffenden organisatorischen Maßnahme gerecht werden. Neben der Beachtung der für Organisationsmaßnahmen geltenden allgemeinen Rechtsgrundsätze kann als weiterer allgemeiner Orientierungspunkt das im Rechtsstaatsprinzip verankerte **Prinzip der funktionsgerechten Organstruktur** herangezogen werden (*Groß,* S. 200ff.). Dieser Grundsatz besagt, dass die jeweiligen Organisationsstrukturen geeignet und förderlich für die Erfüllung der wahrzunehmenden Aufgaben sein sollen. Deshalb sollen bei organisatorischen Maßnahmen die für die Wahrnehmung der zugewiesenen Aufgaben geeigneten Entscheidungsstrukturen gewählt und dabei die Anforderungen an die Informationsverarbeitung, die Zeithorizonte für Entscheidungsprozesse und ihre Umsetzung sowie besondere Anforderungen an die Legitimationsstrukturen berücksichtigt werden.

116 Als allgemeine Grenze der Ermessensausübung ist auch beim Organisationsermessen das (auch) im Rechtsstaatsprinzip verankerte **Willkürverbot** anzusehen (*BVerfGE* 35, 263 [372]; 89, 132 [141f.]; *BVerwGE* 106, 280 [287]; *Kluth,* Funktionale Selbstverwaltung, 1997, S. 521ff.). Damit wird indes ein sehr weit gefasster Maßstab herangezogen, da als willkürlich nur organisatorische Maßnahmen anzusehen sind, für die jegliche sachliche Rechtfertigung fehlt oder die an offensichtlich sachfremden Erwägungen orientiert sind (*BVerfGE* 83, 1 [23]; 98, 17 [47]). Das ebenfalls aus dem Rechtsstaatsprinzip abgeleitete bzw. ihn konkretisierende **Gebot der Systemgerechtigkeit** (dazu *Kluth,* a.a.O., S. 524ff.) dürfte im verwaltungs**internen** Bereich (anderes gilt deshalb bei organisatorischen Maßnahmen, die rechtsfähige Verwaltungseinheiten im Außenverhältnis betreffen, wie z.B. Maßnahmen gegenüber Kommunen und Hochschulen) keine über die Direktionskraft der oben entwickelten allgemeinen Rechtsgrundsätze hinausgehende Wirksamkeit entfalten.

117 Im Bereich des materiellen Rechts entfaltet die Ermessenslehre einen wesentlichen Teil ihrer Wirksamkeit durch die Begründung eines **Anspruchs auf fehlerfreie Ermessensausübung** bzw. ermessensfehlerfreie Entscheidung (dazu Band 1, § 31, Rdnr. 54f.; *Sachs,* in: Stelkens/Bonk/Sachs, § 40, Rdnr. 132ff.). Mit Hilfe dieser dogmatischen Konstruktion, die an die Lehre vom subjektiv-öffentlichen Recht anknüpft, wird die Pflicht zur korrekten Ermessensausübung wirksam umgesetzt und auch gerichtlich einklagbar gemacht. Das ist umso wichtiger, als bei der verwaltungsinternen Kontrolle Ermessensfehler eher selten beanstandet werden. Im Bereich des Organisationsrechts ist ein Anspruch der von einer Maßnahme betroffenen Untergliederung auf ermessensfehlerfreie Entscheidung grundsätzlich ebenfalls denkbar. Doch setzt dies voraus, dass die betreffende Maßnahme sich auf so genannte **„wehrfähige Organ- oder Organwalterrechte"** das organisationsrechtliche Äquivalent zu den subjektiv-öffentlichen Rechten, auswirkt. Da dies nur ausnahmsweise der Fall ist, kommt dem Anspruch auf ermessensfehlerfreie Entscheidung jedoch eine deutlich geringere praktische Bedeutung zu. Prozessual kann der Anspruch im Wege des Innenrechtsstreites verwaltungsgerichtlich durchgesetzt werden.

Bei Maßnahmen im **Außenrechtsverhältnis** ist von einem Anspruch auf 118
fehlerfreie Ausübung des Organisationsermessens auszugehen, wenn in subjektiv-rechtlich ausgestaltete Rechts- und Funktionsgarantien der Organisation eingegriffen wird. Dies ist vor allem bei verfassungsrechtlich verankerten Selbstverwaltungsrechten, wie sie im kommunalen Bereich und bei den Hochschulen anzutreffen sind, der Fall. Bei lediglich gesetzlich begründeten Selbstverwaltungsrechten kann von einer entsprechenden Rechtsposition ausgegangen werden, wenn es sich um eingreifende Maßnahmen der staatlichen Verwaltung handelt. Gegenüber gesetzgeberischen Maßnahmen kann nur auf das Willkürverbot oder das Gebot der Systemtreue abgestellt werden (*Kluth,* S. 528 ff.).

In enger thematischer Verbindung mit der Anerkennung von Organ- und 119
Organwalterrechten steht die Frage nach der Geltung des **Grundsatzes der Verhältnismäßigkeit** im organisationsrechtlichen Bereich, da dieser Grundsatz, wie im Bereich der materiellen Ermessensbetätigung (dazu *Sachs,* a. a. O., § 40, Rdnr. 83), als weiterer rechtlicher Maßstab auf die Ermessensausübung Einfluss nehmen kann. Entscheidend ist in diesem Zusammenhang die dogmatische Verortung des Grundsatzes der Verhältnismäßigkeit. Ordnet man ihn (ausschließlich) den Grundrechten und dem Bürger-Staat-Verhältnis zu (in diesem Sinne explizit *BVerfGE* 83, 310 [338]), so scheidet ein Rückgriff auf den Grundsatz sowohl im verwaltungsinternen Bereich als auch bei externen Maßnahmen gegenüber Verwaltungsträgern aus, soweit die betroffenen Positionen nicht ausnahmsweise grundrechtlich unterfangen sind (dies ist im Hochschulbereich z. T. der Fall). Leitet man den Grundsatz der Verhältnismäßigkeit aus anderen allgemeinen Rechtssätzen ab, wie z. B. aus dem Vorrang der Verfassung oder dem Geltungsvorrang der jeweils höheren Rechtsquelle (so bereits *Lerche,* Übermaßverbot und Verfassungsrecht, 1961, S. 78 ff.; ausführlich dazu *Heusch,* Der Grundsatz der Verhältnismäßigkeit im Staatsorganisationsrecht, 2003), so ist auch eine Anwendung im Bereich der Staats- und Verwaltungsorganisation nicht von vornherein ausgeschlossen. Es kommt dann darauf an, ob in eine durch einen die handelnde Stelle selbst bindenden Rechtssatz begründete Rechtsposition eingegriffen wird.

Welche Rechtsfolgen ein fehlerhafter Ermessensgebrauch auslöst, kann 120
nicht allgemein, sondern nur im Hinblick auf die jeweils betroffenen

Rechtspositionen entschieden werden. Grundsätzlich führt ein Ermessensfehler aber auch im organisationsrechtlichen Bereich zur Rechtswidrigkeit der Maßnahme.

4. Organisationsgewalt und materielle Befugnisse

121 Die Ausübung der Organisationsgewalt ist nicht auf den Binnenbereich der Verwaltungsträger beschränkt. In einer Vielzahl von Konstellationen sind organisationsrechtliche Maßnahmen außenrechtsrelevant. Davon zu unterscheiden ist die Frage, ob und in welchen Konstellationen aus der Organisationsgewalt auch materielle Befugnisse abgeleitet werden können. Praktisch bedeutsam wird diese Problematik im Zusammenhang mit der Ausübung des Hausrechts, der Ordnungsgewalt sowie bei der Frage nach dem (Fort-) Bestand einer Anstaltsgewalt.

122 Das **Hausrecht** in Einrichtungen der öffentlichen Verwaltung kann, soweit es nicht ausdrücklich geregelt ist (entsprechende Regelungen finden sich in den meisten Kommunalgesetzen im Zusammenhang mit den Vorschriften über die Leitung der Sitzungen des Gemeinderates bzw. Kreistages; vgl. *Gern,* Deutsches Kommunalrecht, 2. Aufl. 1997, Rdnr. 476f.), aus verschiedenen rechtlichen Grundlagen abgeleitet werden. Zum einen kann auf das zivilrechtliche Eigentums- oder Besitzrecht abgestellt werden (*BGHZ* 33, 230). Zum anderen wird auf den Status als öffentliche Sache (*Papier,* Recht der öffentlichen Sachen, 3. Aufl. 1998, S. 34f.) oder einen rechtlichen Annex der zugewiesenen Verwaltungsaufgaben (etwa *BVerwG* DÖV 1971, 137; *OVG NW,* NJW 1998, 1425; *VG Frankfurt,* NJW 1998, 1424; weitere Einzelheiten bei *Berg,* JuS 1982, 260; *Ehlers,* DÖV 1977, 738; *Knemeyer,* VBlBW 1982, 249; *Kunz,* BayVBl. 1983, 424; *Ortmann,* NVwZ 2002, 105; *Ronellenfitsch,* VerwArch 73 [1982], 465 [469ff.]; *Schmidt,* DÖV 1990, 102) abgestellt. Ein Rückgriff auf die Organisationsgewalt ist angesichts dieser Begründungsmöglichkeiten zur Ableitung materieller Befugnisse weder erforderlich noch möglich (inwieweit es einer gesetzlichen Ermächtigung bedarf oder eine gewohnheitsrechtliche Begründung ausreicht, ist umstritten; dazu *Ronellenfitsch,* a.a.O.).

123 In Abgrenzung zum Hausrecht ist die **Ordnungsgewalt** (auch Ordnungsrecht genannt) auf den verwaltungs- bzw. organinternen Bereich bezogen und beschränkt. Soweit keine ausdrückliche Regelung und Zuordnung vorliegt (auch hier ist vor allem auf die kommunalrechtlichen Vorschriften zu verweisen, vgl. *Gern,* a.a.O., Rdnr. 477), kommt insoweit ein Rückgriff auf die Organisationsgewalt im weiteren Sinne in Betracht. Ohne ergänzende Rechtsgrundlage, bei der es sich auch um eine Satzungsregelung handeln darf, kann die Ordnungsgewalt aber nur mit Hilfe von Maßnahmen umgesetzt werden, die sich nicht auf die Privatsphäre der betroffenen Amtswalter auswirken. Sanktionen in der Form von Ordnungsgeldern usw. sind nur bei entsprechender Ermächtigung zulässig. Materielle

Befugnisse können deshalb auch in dieser Konstellation aus der Organisationsgewalt als solcher nicht abgeleitet werden.

In der älteren Rechtsprechung und Lehre wurde im Rahmen von anstaltlichen Benutzungsverhältnissen vom Bestehen einer so genannten **Anstaltsgewalt** ausgegangen, der der Charakter einer ungeschriebenen oder gewohnheitsrechtlichen Ermächtigungsgrundlage für Maßnahmen mit Sanktionscharakter zugeschrieben wurde. Soweit es sich um Maßnahmen mit Außenwirkung und vor allem um solche mit Grundrechtsrelevanz handelt, stellt eine derartige Anstaltsgewalt aber keine heutigen verfassungsrechtlichen Anforderungen genügende Ermächtigungsgrundlage dar (so auch *VGH Mannheim,* NVwZ-RR 1994, 317; *Kluth,* WiB 1994, 530). **124**

§ 83 Funktionssubjekte der Verwaltungsorganisation

Schrifttum: *Bachof,* Teilrechtsfähige Verbände des öffentlichen Rechts, AöR 83 (1958), 208; *Böckenförde,* Organ, Organisation, Juristische Person, in: FS Wolff, 1973, 269; *Budäus* (Hg.), Organisationswandel öffentlicher Aufgabenwahrnehmung, 1998; *Burgi,* Verwaltungsorganisationsrecht, in: Erichsen/Ehlers (Hg.), Allgemeines Verwaltungsrecht, 12. Aufl. 2002, §§ 51–54; *Eggert,* Die deutsche Ultra-vires-Lehre, 1977; *Ehlers,* Die Lehre von der Teilrechtsfähigkeit juristischer Personen des öffentlichen Rechts und die Ultra-vires-Doktrin des öffentlichen Rechts, 2000; *Fabricius,* Relativität der Rechtsfähigkeit, 1963; *Groß,* Das Kollegialprinzip in der Verwaltungsorganisation, 1999; *Krebs,* Verwaltungsorganisation, in: HBStR Bd. 3, 1988, § 69; *Loeser,* System des Verwaltungsrechts, Band 2, 1994; *Luhmann,* Funktion und Folgen formaler Organisation, 5. Aufl. 1999; *Oldiges,* Verbandskompetenz, DÖV 1989, 873; *Schmidt-De Caluwe,* Verwaltungsorganisationsrecht, JA 1993, 77, 115, 143; *Schmidt-Aßmann/Hoffmann-Riem* (Hg.), Verwaltungsorganisationsrecht als Steuerungsressource, 1997; *Schnapp,* Grundbegriffe des öffentlichen Organisationsrechts, Jura 1980, 68; *ders.,* Ausgewählte Probleme des öffentlichen Organisationsrechts, Jura 1980, 293; *ders.,* Dogmatische Überlegungen zu einer Theorie des Organisationsrechts, AöR 105 (1980), 243; *Schuppert,* Die Erfüllung von Verwaltungsaufgaben durch verselbständigte Verwaltungseinheiten, 1981; *Stettner,* Grundfragen einer Kompetenzlehre, 1983; *Wagener,* Typen der verselbständigten Erfüllung öffentlicher Aufgaben, in: ders., (Hg.), Verselbständigung von Verwaltungsträgern, 1976, 31; *Wolff,* Organschaft und juristische Person, Band 1: Juristische Person und Staatsperson, 1933; Band 2: Theorie der Vertretung, 1934; *Wolff/Bachof,* Verwaltungsrecht, Band 1, 9. Aufl. 1974, §§ 32–35.

I. Begriffliche und funktionale Kategorien zur Erfassung der Verwaltungsorganisation

Die öffentliche Verwaltung und ihre Funktionssubjekte können in begrifflich-systematischer Hinsicht von ganz verschiedenen Bezugspunkten ausgehend erfasst und klassifiziert werden. In Betracht kommen dabei sowohl normative als auch faktisch-deskriptive Kategorien. Diese entstammen nicht nur der Rechtswissenschaft, sondern auch der Organisations- und Managementlehre sowie der Sozialwissenschaft. Teilweise werden nicht- 1 juristische Kategorien von der Rechtswissenschaft aufgegriffen und als Anknüpfungspunkt für die eigene Systembildung herangezogen, wobei damit jedoch nicht immer normative Aussagen verbunden sind.

2 Der aktuelle Zustand in Wissenschaft und Praxis in Bezug auf die Bezeichnung der Funktionssubjekte der Verwaltungsorganisation und die zu ihrer Klassifizierung verwendeten Grundbegriffe ist durch ein hohes Maß an Beliebigkeit und Unübersichtlichkeit bis hin zur Verwirrung gekennzeichnet. Kaum einmal wird der Versuch unternommen, die benutzten Kategorien verbindlich zu definieren und von anderen Begriffsverständnissen abzugrenzen. Das gilt sowohl für die Verwendung der Begriffe Voll- und Teilrechtsfähigkeit, als auch für die Kategorien Verwaltungsträger und Verwaltungseinheit (so werden etwa die Eigengesellschaften teilweise als Verwaltungsträger bezeichnet, teilweise aber auch nur als sonstige Verwaltungseinheiten, ohne dass erkennbar wird, warum die Zuordnung so erfolgt und welche Folgen damit verbunden sind). Die begrifflich-terminologische Unklarheit hat aber nicht nur Fehlverständnisse, sondern auch einen weitgehenden Verlust der Steuerungskraft des Organisationsrechts zur Folge. Deshalb soll an dieser Stelle der Versuch einer begrifflich-systematischen Klärung unternommen und dadurch zugleich die Steuerungs- und Orientierungsfunktion des Organisationsrechts so weit wie möglich zurückgewonnen werden.

1. Die einzelnen Funktionen organisationsrechtlicher Grundbegriffe und die daraus abzuleitenden Anforderungen an die Begriffs- und Systembildung

3 Die Klärung der begrifflichen und systematischen Grundbegriffe und -kategorien des Verwaltungsorganisationsrechts im Hinblick auf seine Organisationseinheiten und Funktionssubjekte hat von den verschiedenen Funktionen auszugehen, die diesen Kategorien in der Gesamtrechtsordnung und den jeweiligen Teilrechtsordnungen zukommen. Es bedarf also einer funktionsorientierten und insoweit (binnen-) differenzierten Begriffsbildung.

4 An erster Stelle kommt den Grundbegriffen eine **deskriptive Funktion** zu. Dabei geht es darum, die bestehenden organisatorischen Strukturen erfassbar und zum Anknüpfungspunkt für ihre rechtliche Einordnung zu machen. Um dieser Anforderung gerecht zu werden, müssen die verwendeten Kategorien in ausreichendem Maße differenziert ausgebildet werden, damit verschieden strukturierte Organisationseinheiten auch in dieser Verschiedenheit wahrgenommen werden können. Dabei können unterschiedliche Merkmale der Organisation zum Anknüpfungskriterium für die Begriffs- und Systembildung gewählt werden.

5 Nach wie vor ist die **eindeutige rechtstechnische Zurechnung** im Außen- und Innenverhältnis die wichtigste Anforderung an die organisationsrechtlichen Grundbegriffe und Kategorien. Es geht ganz allgemein gespro-

chen darum, die Ausübung von Leitungsmacht sowie jegliche Form rechtserheblichen Verhaltens sowie die damit unter Umständen verbundene Begründung von Rechtsverhältnissen und Verantwortlichkeit einem konkreten Funktionssubjekt zuordnen zu können. Die zu beantwortende, auf den ersten Blick schlichte Frage lautet: Wer handelt? oder: Wer handelt für wen? Gerade dieser zweite Aspekt stellt das eigentliche Problem bei Organisationen und angesichts der heutigen organisatorischen Vielfalt und Komplexität im Bereich der Verwaltungsorganisation dar. Die Problematik knüpft nahtlos an die Fragestellungen an, die *Otto Bachof* 1958 in seiner Untersuchung zu den Technischen Ausschüssen nach § 24 GewO (AöR 83 [1958] 208ff.) entwickelt hat und die vor dem Hintergrund des heutigen „Reichtums" organisatorischer Konstruktionen an Bedeutung nur noch gewonnen hat.

Die Rede von der „rechtstechnischen" Zuordnung macht deutlich, dass es 6
sich dabei in erster Linie um eine formale Kategorie handelt, die noch keine Aussage darüber trifft, wem in letzter Instanz materiell-rechtlich, also etwa dienstrechtlich oder haftungsrechtlich wie auch politisch ein bestimmtes Verhalten zugerechnet und insoweit seine (Letzt-) Verantwortung begründet werden kann. Allerdings ist es grundsätzlich erstrebenswert, dass beide Kategorien, die rechtstechnische und die materiell-rechtliche Zurechnung, übereinstimmen. In vielen Fällen ist es aber vor allem im Interesse des Bürgers und damit aus rechtsstaatlicher Perspektive sinnvoll, beide Bereiche voneinander zu trennen.

Die Entwicklung von Zurechnungsmerkmalen und -kriterien sollte – ab- 7
weichend von den bisherigen Vorgehensweisen in der wissenschaftlichen Diskussion, die sich ausschließlich an der Außenperspektive orientiert – zunächst aus der **Binnenperspektive** und damit der **Leitungsgewalt** erfolgen. Die Orientierung an der Leitungsgewalt ist deshalb von Bedeutung, weil mit ihrer Hilfe die statusrechtliche Zuordnung eines Handelns (dabei geht es um die Zuordnung zum staatlichen oder privaten Bereich sowie zu einer bestimmten Verbandskompetenz) und damit die genaue Bestimmung der dabei zu beachtenden Rechtsbindungen ermöglicht wird.

Die **Zurechnung von Verhalten aus der Außenperspektive,** bei der es 8
um die Frage geht, wem ein Verhalten mit Außenwirkung zuzurechnen ist und wer damit „Partner" einer Rechtsbeziehung geworden ist, hat vor allem aus der Perspektive der Verantwortung zu erfolgen. In der neueren Rechtsentwicklung ist dabei vor allem die Bedeutung des Rechtsstaatsprinzips stärker in die Betrachtung einbezogen worden. Dies hat im Ergebnis an vielen Stellen zu einer Überlagerung bzw. Korrektur rechtstechnischer durch materiellrechtliche Zurechnungskriterien geführt. Die Zurechnung im Außen- und Innenverhältnis kann infolge dieser Entwicklung voneinander abweichen.

Auf der Grundlage der Anforderungen, die an die Zurechnung aus der 9
Binnen- und der Außenperspektive abzuleiten sind, ist es Aufgabe des Verwaltungsorganisationsrechts, **organisatorische Grundeinheiten** zu konstru-

ieren, die als Handlungs-, Leitungs-, Wirtschafts- und Verantwortungseinheiten dem Handeln der vielfältigen Funktionssubjekte zugeordnet werden können.

10 Im Folgenden werden vor dem Hintergrund der Vielgliedrigkeit moderner Organisation und der Vielschichtigkeit und Relativität von Rechtsbeziehungen die für die Zurechnung maßgeblichen Grundbegriffe geklärt und daran anschließend die organisationsrechtlichen Grundeinheiten konstruiert. Zur Vermeidung von Doppeldeutigkeiten und terminologischen Missverständnissen wird für die weiteren Überlegungen der Begriff des Funktionssubjekts als rein deskriptiver Oberbegriff ohne spezifische dogmatische Funktion für die Vielzahl der Organisationseinheiten im Bereich der Exekutive verwendet.

2. Die Rechtsfähigkeit von Funktionssubjekten

a) Begriff und Funktion der Rechtsfähigkeit

11 Die rechtliche Erfassung und Beurteilung jedweden Handelns, sei es von natürlichen Personen oder von in beliebiger Form organisierten Subjekten (Funktionssubjekten), setzt bei der Frage ihrer Rechtsfähigkeit bzw. Rechtssubjektivität an. Darunter versteht man ganz allgemein die Fähigkeit, Adressat bzw. Träger von Rechten und/oder Pflichten, oder noch allgemeiner: Zuordnungssubjekt von Rechtssätzen zu sein (*Bachof*, 259). Die Rechtsfähigkeit ist damit – mit gewissen Einschränkungen bei den natürlichen Personen – die Folge der Existenz von Rechtssätzen, die auf das jeweilige Funktionssubjekt anwendbar sind und es damit in Rechtsbeziehungen oder Rechtsverhältnisse, somit in die Rechtsordnung und Rechtsgemeinschaft einbeziehen.

12 Da in Organisationen immer natürliche Personen (zusammen-) wirken, wird ihre Qualifizierung als selbstständiges Funktionssubjekt und damit eigenständiges Rechtssubjekt durch die auf sie anwendbaren Rechtssätze konstituiert bzw. werden konkrete Rechtsbeziehungen begründet. Dabei ist es die Rechtsordnung die bestimmt, ob bei einem bestimmten Funktionssubjekt dieses selbst oder die handelnden natürlichen Personen (bzw. Funktionssubjekte) Zurechnungsadressat des betreffenden Handelns sind. Rechtsfähigkeit ist deshalb ein Unterscheidungskriterium für die Bestimmung des Endpunktes von Zurechnungen. Diese von Hans Julius Wolff eingeführte und immer wieder betonte Funktion der Rechtsfähigkeit bzw. Rechtssubjektivität ist auch heute noch von grundlegender Bedeutung.

13 Die Verknüpfung zwischen der Rechtsfähigkeit und der endgültigen Zurechnung von Verhalten ist zwar grundsätzlich geeignet, ein Funktionssubjekt als eigenständiges Rechtssubjekt zu qualifizieren. Die damit verbundene Aussage ist aber aus mehreren Gründen von nur geringer Reichweite. Vor allem und zunächst ist zu beachten, dass nach heutigem Erkenntnisstand auch innerhalb von Organisationen Rechtsbeziehungen und damit auch

Rechte anzuerkennen sind (z. B. Organ- und Organwalterrechte), so dass von Rechtsfähigkeit auch im Innenbereich von Organisationen gesprochen werden kann. Es ist deshalb nicht (mehr) möglich, den Begriff der Rechtsfähigkeit als Anknüpfungspunkt für die Bildung von organisatorischen Grundeinheiten zu verwenden. Vielmehr handelt es sich bei der Rechtsfähigkeit um eine Eigenschaft, die einen so großen Anwendungsbereich bei Innen- und Außenrechtsverhältnissen besitzt, dass sie nur als unverzichtbarer Anknüpfungspunkt für die Existenz eines Zurechnungsendsubjekts, nicht aber für die Beschreibung größerer organisatorischer Zusammenhänge verwendet werden kann.

b) Juristische Person, Vollrechtsfähigkeit und Teilrechtsfähigkeit

Angesichts der sehr begrenzten Aussagekraft der Rechtsfähigkeit bzw. -subjektivität über den Gesamtstatus eines Funktionssubjekts wurde das entscheidende Abgrenzungsmerkmal mit Hilfe einer **quantitativen Betrachtungsweise** gesucht und zur allgemeinen Kennzeichnung der Begriff der juristischen Person verwendet. Ein rechtsfähiges Funktionssubjekt soll demnach vorliegen, wenn sich die Rechtsfähigkeit nicht nur auf wenige Punkte oder Sachbereiche bezieht, sondern ein ganzes Bündel bzw. einen umfassenden Sach- oder Themenbereich erfasst (so etwa *Nawiasky,* Allgemeine Rechtslehre, 2. Aufl. 1948, 174; siehe dazu auch *Bachof,* 263 f.). Noch weiter geht die Unterscheidung, die von einer rechtsfähigen Organisation nur dann ausgeht, wenn dieser eine **generelle Rechtsfähigkeit** zusteht und sie insbesondere zur selbstständigen Teilnahme am Privatrechtsverkehr in der Lage ist (*Bachof,* 264). Speziell für die öffentlich-rechtlichen Funktionssubjekte wird jedoch betont, dass bei diesen nur eine umfassende Zuständigkeit für einen Aufgabenbereich verlangt werden kann, da dies auf Grund der verfassungsrechtlichen Vorgaben für die Kompetenzverteilung, die verlange, dass einem Verwaltungsträger immer nur ein bestimmter und abgegrenzter Aufgabenbestand zugewiesen werden könne, in der Natur der Sache liege (*Bachof,* 268). Die Abgrenzung kann nach diesem Begründungsansatz im Bereich der öffentlich-rechtlichen Funktionssubjekte deshalb nur negativ erfolgen, indem die Rechtsfähigkeit denjenigen Organisationen abgesprochen wird, die innerhalb eines Aufgaben- oder Sachbereichs nur über Einzelzuständigkeiten verfügen. 14

Alle quantitativen Ansätze sind aber mit schwierigen und kaum lösbaren Abgrenzungs- und Wertungsfragen belastet. Sie erfüllen damit nicht die Funktion einer klaren und eindeutigen Orientierung, wie sie für dogmatische Grundbegriffe unverzichtbar ist. Aus diesem Grunde ist eine rein **positivistische Lösung,** die formal auf den Gründungsakt abstellt, vorzugswürdig. Es kommt demnach darauf an, ob dem betreffenden Funktionssubjekt im Gründungsakt die Rechtsfähigkeit förmlich verliehen wurde. Dies entspricht auch der gängigen Gesetzgebungs- und Gründungspraxis. Die Bezeichnung rechtsfähige Organisation ist demnach solchen Funktionssubjek- 15 ten vorbehalten, denen diese Qualität im Grundakt selbst oder in einer gesetzlichen Regelung, von der durch den Gründungsakt Gebrauch gemacht wird, zugesprochen wird. Die wesentliche, damit verbundene Rechtsfolge ist in erster Linie die Fähigkeit zur Teilnahme am Privatrechtsverkehr. Die damit für den Bereich des öffentlichen Rechts verbundenen Anforderungen bedürfen einer gesonderten, nach funktionalen Zusammenhängen differenzierenden Klärung (dazu Rdnr. 87).

16 Dies gilt zunächst für die ebenfalls seit vielen Jahrzehnten kontrovers diskutierte Unterscheidung zwischen **Voll- und Teilrechtsfähigkeit** und ihren Folgen für das Handeln eines öffentlich-rechtlich organisierten Funktionssubjekts. Geht man davon aus, dass öffentlich-rechtliche Organisationen immer nur innerhalb der thematisch begrenzten Verbandskompetenz tätig werden dürfen, so liegt es nahe, ihnen generell nur eine Teilrechtsfähigkeit zuzusprechen. Bedenkt man jedoch, dass auch natürliche Personen und von ihnen getragene Organisationen nicht Träger aller denkbaren Rechte und Pflichten sein können, so müsste konsequenterweise auch bei ihnen von Teilrechtsfähigkeit gesprochen werden (dazu *Böckenförde,* FS Wolff, 282; *Ehlers,* 59f.). Dann aber verlieren die Unterscheidung bzw. der Begriff Vollrechtsfähigkeit ihren Sinn. Es besteht deshalb weitgehende Übereinstimmung, dass mit Vollrechtsfähigkeit (lediglich) die Fähigkeit zur Teilnahme am **Privatrechtsverkehr** zum Ausdruck gebracht werden kann und soll (*Bachof,* 266ff.; *Krebs,* § 69, Rdnr. 35; siehe auch Band 1, § 34, Rdnr. 7).

17 Fragt man nach den Gründen für die funktionelle Heraushebung der Fähigkeit zur selbstständigen **Teilnahme am Privatrechtsverkehr** und ihre Kennzeichnung durch die Vollrechtsfähigkeit, die ihrerseits an die formale Deklaration der Rechtsfähigkeit im Gründungsakt anknüpft, so tritt als leitendes Motiv der Schutz der übrigen, insbesondere der privaten Teilnehmer am Rechtsverkehr und Wirtschaftsleben zu Tage. Es geht darum sicherzustellen, dass nur solche Funktionssubjekte, die über eine entsprechende wirtschaftliche Basis und verantwortliche Leitung verfügen, eigenständig am Rechtsverkehr teilnehmen und Verbindlichkeiten gegenüber Dritten eingehen können.

18 Davon abzugrenzen sind Fälle, in denen durch eine besondere Vertretungsregelung den Leitungsorganen von nicht rechtsfähigen Untergliederungen einer rechtsfähigen Organisation, wie z.B. den kommunalen Eigenbetrieben, das Recht eingeräumt wird, am Zivilrechtsverkehr teilzunehmen. Zurechnungsendsubjekt ist aber in diesen Fällen die Körperschaft und nicht der Eigenbetrieb.

19 Wenn umgekehrt im Bereich der **öffentlich-rechtlichen Funktionen** von einer auf die jeweilige Verbandskompetenz begrenzten (Teil-) Rechtsfähigkeit ausgegangen wird, so ist dies nicht nur die Folge der verfassungsrechtlichen Vorgaben für die Kompetenzzuweisung im gewaltenteilenden demokratischen Verfassungsstaat (zur grundsätzlich begrenzten Zuständigkeit des Staates und seiner Untergliederungen vgl. *Ehlers,* 17; *Barbey,* Bundesverfas-

sungsgericht und einfaches Gesetz, 1986, S. 23), sondern es wird damit ebenso eine Schutzfunktion im Interesse des Bürgers umgesetzt, die in diesem Falle durch die Zuständigkeits- und Funktionsbeschränkung verwirklicht wird. Sie knüpft an die im Verfassungsstaat verwirklichte grundsätzliche Begrenzung der Reichweite der Staatsgewalt (das gilt strikt für die Exekutive; die Legislative kann im Rahmen der Verfassung neue Staatsaufgaben „erfinden“ und verfügt insoweit über eine begrenzte „Kompetenz-Kompetenz“), vor allem dort, wo es um grundrechtsrelevante Maßnahmen geht (in diesem Bereich bedarf es einer besonderen Ermächtigung durch eine sog. Befugnisnorm; problematisch ist insofern die Aufweichung dieses Erfordernisses durch *BVerfG* NJW 2002, 2621 und 2626ff. für den Bereich der Warnungen; siehe dazu *Murswiek,* NVwZ 2003, 1ff.). Diese materielle Schutzfunktion wird durch die korrespondierenden **Klagemöglichkeiten** zudem effektiv ausgestaltet. Auf Grund des Art. 19 Abs. 4 GG können jedenfalls von der Verbandskompetenz nicht gedeckte Maßnahmen, die in Rechte der Bürger eingreifen, gerichtlich angegriffen werden. Diese Möglichkeit ist durch die weite Auslegung der in Art. 2 Abs. 1 GG garantierten Allgemeinen Handlungsfreiheit seit dem Elfes-Urteil des Bundesverfassungsgerichts (*BVerfGE* 6, 32ff. erneut bestätigt durch *BVerfGE* 87, 137ff.; siehe auch *Kahl,* Die Schutzergänzungsfunktion von Art. 2 Abs. 1 Grundgesetz, 2000) auch hinsichtlich der Klagebefugnis abgesichert (*BVerfGE* 6, 32 [41]; *Erichsen,* HBStR VI, § 152, Rdnr. 43ff.). Besonders weit geht zudem die Klagemöglichkeit wegen Überschreitung der Verbandskompetenz bei den Trägern funktionaler Selbstverwaltung (vgl. dazu grundlegend *BVerwGE* 34, 69, zuletzt *BVerwGE* 112, 69ff.).

Bei der nur sehr zögerlichen Zuerkennung der (Teil-) Rechtsfähigkeit von 20
Organen, Organteilen und Organwaltern im **Innenrechtskreis** war nicht der Gedanke der Schutzbedürftigkeit das Leitmotiv, doch standen dabei andere materiellrechtlich geprägte Aspekte im Vordergrund. Zum einen ging es darum, innerhalb von Kollegialorganen, in denen demokratische Repräsentations- und Legitimationsfunktionen ausgeübt werden, die wirksame Wahrnehmung dieser Funktionen durch die einzelnen Organwalter zu sichern. Zu diesem Zweck wurde anerkannt, dass die Mitwirkungsrechte der einzelnen Organwalter und Organteile (vor allem der Fraktionen) als deren „eigenes Recht“ anerkannt und so eine partielle Rechtsfähigkeit begründet wurde, die zudem auch eine gerichtliche Durchsetzung ermöglichte. In anderen Fällen, in denen es nicht um demokratische Repräsentationsfunktionen geht, wurde der Gedanke der funktionsteiligen innerorganisatorischen Aufgabenwahrnehmung im Interesse der Sicherungen einer größtmöglichen Wirksamkeit und Funktionstüchtigkeit der Organisation zur Begründung einer (Teil-) Rechtsfähigkeit herangezogen.

Diese Überlegungen zeigen, dass die Zuschreibung von Rechtsfähigkeit, 21
ihre Reichweite sowie die Differenzierung zwischen Voll- und Teilrechtsfähigkeit entgegen dem ersten Anschein nicht primär von formalen bzw.

rechtstechnischen Kriterien abhängt, sondern durchgängig von übergeordneten rechtlichen Gesichtspunkten mit materieller Prägung getragen ist. Dabei ist der Begriff der Vollrechtsfähigkeit von seinem sprachlichen Aussagegehalt her irreführend, da er entgegen dem Wortsinn keine thematisch umfassende Rechtsfähigkeit zum Ausdruck bringt, sondern lediglich besagt, dass ein Funktionssubjekt selbstständig am Privatrechtsverkehr teilnehmen kann. Im Übrigen ist jedes Funktionssubjekt durch eine thematisch begrenzte Rechtsfähigkeit gekennzeichnet (der Begriff der Relativität der Rechtsfähigkeit ist in diesem Zusammenhang zu wenig aussagekräftig), wobei mit dieser Begrenzung im Bereich von öffentlich-rechtlichen Funktionssubjekten besondere verfassungsrechtliche Vorgaben umgesetzt werden. Prägend für die Begrenzung der Rechtsfähigkeit ist insgesamt eine nach verschiedenen Funktionszusammenhängen und Schutzwürdigkeitskriterien differenzierende Betrachtungsweise, in der zugleich die im Verhältnis zum materiellen Recht dienende Funktion der Dogmatik des Organisationsrechts zum Ausdruck kommt.

22 In den vorstehenden Überlegungen tauchte der Begriff der **juristischen Person** nicht auf. Angesichts der Tatsache, dass ihm auch in neueren Untersuchungen eine Schlüsselfunktion für das Verwaltungsorganisationsrecht zugewiesen wird (*Krebs,* § 69, Rdnr. 30f.; *Schnapp,* Jura 1980, 70; siehe auch Band 1, § 34, Rdnr. 6ff.), ist dies erklärungsbedürftig. Auszugehen ist dabei von der Erkenntnis, dass der Begriff der juristischen Person in der heutigen Rechtswirklichkeit **kein Synonym für Rechtsfähigkeit** ist, ihm also insoweit eine konstitutive Bedeutung weitgehend verloren geht. Vielmehr kommt dieser einer Vielzahl ganz unterschiedlich organisierter Funktionssubjekte zu, die z.T. ausdrücklich als nicht-rechtsfähig bezeichnet werden, wie z.B. der nicht rechtsfähige Verein (zu seiner Teilrechtsfähigkeit vgl. *Medicus,* Allgemeiner Teil des BGB, 8. Aufl. 2002, § 67, Rdnr. 1148ff.; *Schmidt,* Gesellschaftsrecht, 4. Aufl. 2002, § 25 II.). Eine partielle Identität besteht allenfalls noch zwischen der juristischen Person und der Vollrechtsfähigkeit, wenn man diese im Sinne der Fähigkeit zur selbstständigen Teilnahme am Privatrechtsverkehr versteht (siehe oben Rdnr. 16). Darüber hinaus kommt dem Begriff lediglich eine begrenzte veranschaulichende Funktion für rechtliche Zurechnungsvorgänge in Organisationen zu. Dabei ist jedoch zu beachten, dass sowohl bei den öffentlich-rechtlichen als auch bei den privatrechtlichen Organisationsformen seit Jahrzehnten eine Tendenz zur Herausbildung von bereichsspezifischen Zurechnungskriterien und zur Durchbrechung der Zurechnungsendsubjektivität der juristischen Person zu beobachten ist. So wird die nach klassischem Verständnis prägende Impermeabilität der juristischen Person durch vielfältige Formen der Durchgriffshaftung einerseits und die Ermöglichung der selbstständigen Teilnahme am Rechtsverkehr für Organisationen ohne den Status einer juristischen Personen (wie z.B. die OHG) andererseits aufgehoben (siehe dazu *Schmidt,* a.a.O., § 8 II; *Medicus,* a.a.O., § 65, 1105f.; auf Grund dieser

Veränderungen wird seit einigen Jahren über eine Neubestimmung des Begriffs der juristischen Person für den Bereich des Zivilrechts nachgedacht, vgl. *Raiser,* AcP 199 [1999], 104ff. mit einer deutlich erweiternden Tendenz). Bei den juristischen Personen des öffentlichen Rechts ist dies noch stärker der Fall, da bei ihnen in vielen Fällen externe Leitungsbefugnisse sowie externe finanzielle Verantwortlichkeiten (wie etwa bei der Gewährträgerhaftung und Anstaltslast) zu beobachten sind. Die juristische Person ist deshalb beim heutigen Stand der Rechtsentwicklung kein verlässlicher Anhaltspunkt für die Zurechnung von Handeln (das gilt jedenfalls für das öffentliche Recht; etwas anders ist die Einschätzung für den privatrechtlichen Bereich von *Schmidt,* a.a.O., § 8 II 1, der von einer handhabbaren Kategorie und ausgereiften Rechtsfigur ausgeht, an späterer Stelle – § 10 I – aber ebenfalls auf die Defizite des Konzepts der juristischen Person hinweist). Der Status eines Funktionssubjekts als juristische Person begründet lediglich eine widerlegbare Vermutung für die endgültige Zurechnung von Verhalten (das gilt m.E. auch für das Privatrecht). Da eine solche Vermutungsregel für die definitive Klärung der Zurechnung nicht ausreicht, muss für die rechtsdogmatische Klassifikation die Schlussfolgerung gezogen werden, dass der Begriff der juristischen Person die ihm bislang zugewiesene grundlegende Orientierungsfunktion für die Systembildung nicht mehr erfüllt bzw. erfüllen kann (siehe in diesem Zusammenhang bereits die grundsätzliche Kritik von *Böckenförde,* FS Wolff, S. 269ff.).

Insgesamt fehlt es damit an einer dogmatischen Grundkategorie, die in **23**
der Lage ist, in allen Fallkonstellationen eindeutige Aussagen für die Zurechnung von Handlungen zu ermöglichen. Die juristische Person vermag dies ebenso wenig wie die Rechtsfähigkeit mit ihren Varianten der Voll- und Teilrechtsfähigkeit. Der im Gesellschaftsrecht von vielen Autoren an Stelle der juristischen Person verwendete Begriff des **rechtsfähigen Verbandes** (*Schmidt,* a.a.O., § 10 I 3) stellt zwar eine terminologische Alternative bereit, verweist dann aber auf die Frage, wann Rechtsfähigkeit vorliegt und wie weit sie reicht. Eindeutige Aussagen lassen sich nur insoweit treffen, als mit der förmlichen Verleihung der Rechtsfähigkeit an ein öffentlich-rechtlich organisiertes Funktionssubjekt die Fähigkeit zur selbstständigen Teilnahme am Privatrechtsverkehr verbunden ist und das Handeln der Organwalter einer solchen juristischen Person grundsätzlich dieser zuzurechnen ist, wobei Ausnahmen möglich sind. Angesichts dieses Befundes muss es im Folgenden darum gehen, die Kriterien für die Zurechnung von Handlungen und die Folgen eines sog. Ultra-vires-Handeln zu bestimmen.

c) Die Bestimmung der Zurechnungskriterien nach Funktionszusammenhängen

(1) Gegenstände der Zurechnung im Überblick

Bevor auf die Zurechnungskriterien eingegangen werden kann, bedarf es **24**
einer genaueren Bestimmung der einzelnen Gegenstände und Arten der

Zurechnung. Im Vordergrund steht die Zurechnung von **normativ erheblichem Verhalten** in Folge der Abgabe einer entsprechenden **Willenserklärung** in Gestalt einer Rechtsnorm (Verordnung, Satzung, im Innenbereich auch Verwaltungsvorschrift), eines Verwaltungsaktes oder einer Vertragsabschlusserklärung sowie einer sonstigen einseitigen verwaltungs- oder privatrechtlichen Willenserklärung (Aufrechnung, Zustimmung etc.; siehe *Kluth*, NVwZ 1990, 608 ff.).

25 Soweit ein Verhalten nicht selbst rechtsgestaltend bzw. normativ wirkt, können durch ein **faktisches Verhalten** (man spricht auch von Realakten, zu denen auch Wissenserklärungen, Warnungen und sonstige Formen des informationellen Handelns gehören) tatsächliche Veränderungen herbeigeführt und rechtserhebliche Folgen (z. B. Beseitigungs-, Unterlassungs- oder Schadenersatzansprüche) ausgelöst werden.

26 Schließlich geht es um die Grundsätze der **Wissens- und Kenntniszurechnung** innerhalb von Funktionssubjekten (Organisationen), also die Frage, unter welchen Umständen Wissen und Kenntnisse einzelner Stellen (Mitarbeiter, Organwalter etc.) eines Funktionssubjekts diesem selbst oder anderen Stellen (z. B. den Leitungsorganen) zugerechnet werden kann oder muss.

(2) Arten der Zurechnung

27 Auf die Notwendigkeit der Unterscheidung zwischen verschiedenen Arten der Zurechnung in komplexen Organisationen hat vor allem Hans Julius Wolff aufmerksam gemacht. Dabei hat er die Unterscheidung zwischen der **transitorischen** und der **endgültigen Zurechnung** in den Vordergrund gestellt. Von einer transitorischen Zurechnung ist danach auszugehen, wenn das Handeln einer Person (oder eines Funktionssubjekts) diesem nicht endgültig, sondern nur transitorisch, d. h. als Vermittlungspunkt, zugerechnet wird, weil die Person für ein anderes Funktionssubjekt tätig wurde. Es geht mithin um die vielfältigen Formen der (Stell-) Vertretung, die in komplexen Organisationen und Organisationsgeflechten von großer Bedeutung sind.

28 Die herkömmliche Vorstellung, nach der nur eine juristische Person als Zurechnungsendsubjekt in Frage kommt und immer Zurechnungsendsubjekt ist, hat bereits *Wolff* selbst durch die Anerkennung einer Zurechnung zwischen juristischen Personen diesem Umstand durch die Einführung des so genannten Glied-Begriffs (als Ergänzung zum Organbegriff) Rechnung getragen (dazu und zu weiterer Kritik *Böckenförde,* FS Wolff, 269 ff.). Die Bezugnahme auf die juristische Person greift aber auch in die andere Richtung zu kurz, da auch Untergliederungen einer juristischen Person als Zurechnungsendsubjekt fungieren können. Diese Annahme wird insbesondere bei Innenrechtsbeziehungen unausweichlich. Aus diesem Grunde ist auch aus dem Bereich der Zurechung die juristische Person als Fixpunkt der Dogmatik zu verabschieden.

29 Für die Qualifizierung der Zurechnung als transitorische oder endgültige kann deshalb nur auf die jeweilige **materiellrechtliche Zuordnung** des fraglichen Handelns abgestellt werden. Dazu gehört auch die Art und Weise der Übertragung der Wahrnehmungszuständigkeit für eine Aufgabe an eine andere staatliche Ebene (z.B. bei der Ausführung von Bundesgesetzen durch die Länder bzw. staatlichen Aufgaben durch die Kommunen oder die Träger funktionaler Selbstverwaltung). Organisationsrechtliche Kategorien können alleine keine gültige Auskunft geben, sondern nur erste Orientierungen vermitteln.

30 Zu unterscheiden ist zwischen dem Normalfall der **einheitlichen** und dem Sonderfall der **gespaltenen Zurechnung.** In der Regel wird das Handeln eines Funktionssubjekts unter allen rechtlichen Gesichtspunkten einheitlich zugerechnet. Auf Grund der Maßgeblichkeit des materiellen Rechts kann in einigen Fällen jedoch die Zurechnung unter verschiedenen rechtlichen Gesichtspunkten unterschiedlich ausgestaltet sein. Praktisch bedeutsam ist vor allem der Fall, dass eine kommunale Behörde auf Grund einer Einzelweisung im Außenverhältnis tätig wird und dabei die anweisende Behörde eine Amtspflicht verletzt. Da in diesen Fällen die anweisende Behörde die Letztverantwortung trägt, wird für den Bereich des Amtshaftungsrechts das Handeln ihr zugerechnet (*BGH* NVwZ-RR 1991, 171; siehe Band 2, § 67, Rdnr. 135; zu weiteren Fallgestaltungen vgl. *BGHZ* 87, 202; 99, 326; NJW 2001, 2799), während z.B. bei der Anfechtung der Maßnahme die ausführende Behörde am Verfahren zu beteiligen ist. Die haftungsrechtliche Zurechnung weicht in diesen Fällen von der Zurechnung der Maßnahme im Übrigen ab. Eine vergleichbare Konstellation aufgespaltener Zurechnung liegt vor, wenn z.B. eine Ärztekammer eine weisungsfrei arbeitende Gutachterkommission errichtet und mit der Durchführung von Schlichtungsverfahren zwischen Ärzten und Patienten betraut (derartige Einrichtungen sind nach den Heilberufsgesetzen der Länder bei den Ärztekammern einzurichten; vgl. exemplarisch § 6 Abs. 1 Nr. 9 i.V.m. § 8 HeilBerG NW; zu Einzelheiten *Laum,* Statut der Gutachterkommission für ärztliche Behandlungsfehler, 2000). Die Entscheidungen dieser Stelle können der Ärztekammer inhaltlich nicht zugerechnet werden. Vielmehr fungiert die unabhängige Gutachterkommission trotz fehlender Rechtsfähigkeit als Zurechnungsendsubjekt. Kommt es aber zu einer (Amts-) Haftung, so hat die Ärztekammer als Anspruchsgegner für den Haftungsanspruch einzustehen. Dies folgt aus dem Umstand, dass die Gutachterkommission selbst kein Vermögen hat und die Ärztekammer deshalb durch ihre Einrichtung die haftungsrechtliche Verantwortung behält bzw. übernimmt.

31 Zu einer gespaltenen Zurechnung kann es auch kommen, wenn z.B. im Rahmen einer Verfahrenskonzentration für eine Entscheidung interne **Mitwirkungsakte anderer Behörden** vorgesehen sind. In diesen Fällen sind die jeweiligen Mitwirkungsakte nur den jeweiligen Stellen und nicht der für die Gesamtentscheidung zuständigen Stelle in materiellrechtlicher und haf-

tungsrechtlicher Hinsicht zuzurechnen. Die sich daraus ergebenden Probleme für den Bürger, der oft nur die Maßnahme der im Außenverhältnis tätig werdenden Behörde angreifen kann, hat der Gesetzgeber durch entsprechende verfahrensrechtliche Vorkehrungen, wie sie z.B. § 36 Abs. 2 BauGB n.F. vorsieht, zu lösen (siehe dazu *Horn,* NVwZ 2002, 406ff.).

32 Der Gesetzgeber hat für den Bürger die Zurechnung von Handlungen der Exekutive durch verfahrensrechtliche Regelungen erleichtert. Bekanntestes Beispiel ist die Regelung in § 78 Abs. 1 VwGO nach der es ausreicht, wenn der Bürger bei der Erhebung einer Klage die handelnde Behörde bezeichnet. Die Frage, welchem Rechtsträger das behördliche Handeln zuzurechnen ist, wird damit dem Gericht zur Klärung zugewiesen.

(3) Dogmatische Grundlagen der Zurechnung

Schrifttum: *Beuthien,* Gibt es die organschaftliche Stellvertretung?, NJW 1999, 1142; *Gierke,* Die Genossenschaftstheorie und die deutsche Rechtsprechung, 1887 (Nachdruck 1963), 603ff.; *Savigny,* System des heutigen Römischen Rechts, II, 1840, § 90; *Schmidt,* Gesellschaftsrecht, 4. Aufl. 2002, § 10; *Spindler,* Unternehmensorganisationspflichten, 2001; *Wolff,* Organschaft und Juristische Person, Bd. 2, Theorie der Vertretung, 1934 (Nachdruck 1968); *Wolff/Bachof,* Verwaltungsrecht, Band 1, 9. Aufl. 1974, § 35.

33 Die Frage, nach welchen Grundsätzen juristischen Personen und sonstigen rechtsfähigen Funktionssubjekten Handlungen zugerechnet werden, ist seit Ende des 19. Jahrhunderts Gegenstand der wissenschaftlichen Diskussion. Dabei stehen sich die Theorie der **organschaftlichen Zurechnung** (Organtheorie) und **Vertretertheorie** gegenüber. Gemeinsam ist beiden Standpunkten, dass kraft objektiven Rechts das Verhalten eines Rechtssubjekts (des Vertreters) einem anderen (dem Vertretenen) zugeordnet bzw. zugerechnet wird, so dass aus dem Verhalten des Vertreters der Vertretene verpflichtet und berechtigt wird.

34 Die Differenz zwischen den beiden Theorieströmungen, deren Gefolgsleute sich zumindest im Privatrecht bis in die Gegenwart hinein „bekämpfen“ (siehe die Hinweise bei *Schmidt,* § 10 I 2), besteht darin, dass für die Organtheorie der Verband selbst mittels seiner Organe handelt und damit er selbst auch Willens- und Handlungsträger ist, während die Vertretertheorie leugnet, dass eine juristische Person einen eigenen Willen hat und ihr deshalb nur der Wille und das Handeln von Vertretern zugerechnet werden kann. Die hinter diesen Theorien stehenden Konzeptionen über das „Wesen“ der juristischen Person bzw. des rechtsfähigen Verbandes sind zwar inzwischen zugunsten einer vorwiegend rechtstechnischen und pragmatischen Betrachtungsweise überwunden worden. Gleichwohl wirken sich die Theorien auf die juristische Zurechnung aus, weil sie überall dort, wo es an expliziten gesetzlichen Regelungen, wie sie z.B. § 31 BGB für den rechtsfähigen Verein bereithält, fehlt, zur Bildung von allgemeinen Rechtsgrundsätzen herangezogen werden. Dabei bevorzugt die Organtheorie eine entsprechende Anwendung der in § 31 BGB getroffenen Regelung, während die

Vertretertheorie an die Stellvertretung anknüpfende Regelungen bevorzugt. Da im Verwaltungsorganisationsrecht ebenfalls nur für wenige Bereiche explizite Regelungen über die Zurechnung bzw. Vertretung existieren, stellt sich auch hier die Frage, nach welchen Regeln diese zu erfolgen hat.

Im zivil- und gesellschaftsrechtlichen Bereich hat sich weitgehend die Organtheorie durchgesetzt (*Schmidt,* § 10 II 2 c; *Beuthien,* NJW 1999, 1142). Das Handeln der Organe wird dem (rechtsfähigen) Verband als Eigenhandeln zugerechnet. Davon wird die rechtsethische – und auch dienstrechtliche – Verantwortlichkeit der handelnden Person unterschieden, da eine solche Verantwortlichkeit nur einer natürlichen Person zukommen kann. Für den Bereich des Staats- und Verwaltungsorganisationsrechts hat Hans Julius Wolff durch die Unterscheidung zwischen Organ und Organwalter sowie zwischen Amts- und Privatsphäre das dogmatische Fundament für die konsequente Umsetzung dieser Differenzierung geschaffen (diese Systematik wird u.a. von *Beuthien,* NJW 1999, 1142ff. für das Gesellschaftsrecht fruchtbar gemacht). Es liegt deshalb nahe, auch die Dogmatik der Zurechnung im Verwaltungsorganisationsrecht auf der Grundlage der Organtheorie zu entwickeln und das Handeln der Organe den jeweiligen rechtsfähigen Funktionssubjekten als eigenes zuzurechnen. 35

Damit können auch die drei von Karsten Schmidt für den Bereich des Gesellschaftsrechts auf der Basis der Organtheorie formulierten grundsätzlichen Schlussfolgerungen (*Schmidt,* § 10 I 4) mit leichten terminologischen Anpassungen auf das Verwaltungsorganisationsrecht übertragen werden: (1) Die Grundsätze über organschaftliches Wollen und Handeln gelten für jeden Verband, der fähig ist, Träger von Rechten und Pflichten zu sein. (2) Die Grundsätze über organschaftliches Wollen und Handeln sind Zurechnungsgrundsätze, denn der Verband kann nicht wie ein Mensch selbstverantwortlich handeln. Die rechtspolitische Notwendigkeit und der Grundgedanke dieser Zurechnung beruht darauf, dass der Verband im Rechtsverkehr als Träger von Willensmacht fungieren muss. (3) Die organschaftliche Zurechnung ist etwas qualitativ anderes als die Zurechnung des Wissens, Wollens und Handelns eingeschalteter Dritter. Zwar kann sich der Verband im Rechtsverkehr solcher Dritten bedienen, aber dies steht in seinem Belieben (im Belieben seiner Organe). Die Organe dagegen sind unverzichtbare Zurechnungsträger. 36

Die auf der Grundlage der Organtheorie entwickelten Grundsätze müssen für den Bereich des Verwaltungsorganisationsrechts jedoch durch weitere Zurechnungskriterien ergänzt und ausdifferenziert werden, da ansonsten einer Reihe von Besonderheiten des öffentlichen Rechts nicht Rechnung getragen würde. Während im Bereich des Gesellschaftsrechts in der Regel jeder Verband im eigenen Interesse tätig wird, fallen im Bereich des Handelns von öffentlich-rechtlichen Funktionssubjekten wegen der hier anzutreffenden gestuften Kompetenz- und Funktionsordnung Aufgabenträgerschaft und Aufgabenwahrnehmung nicht selten auseinander (eine gewisse 37

Parallele besteht insoweit zu Konzernen; dazu *Spindler,* 945ff.). Das handelnde Funktionssubjekt nimmt mit anderen Worten in vielen Fällen nicht eigene sondern fremde Aufgaben (eigenverantwortlich) wahr. Daraus ergeben sich weitere Zurechnungsprobleme auf die das Verwaltungsorganisationsrecht eine Antwort geben muss.

(4) Unterscheidung zwischen Außen- und Innenrechtskreis

38 Von grundlegender Bedeutung für die Konkretisierung der Zurechnungsregeln ist die Unterscheidung zwischen Außen- und Innenrechtskreis (dazu *Krebs,* § 69, Rdnr. 26ff.; *Schnapp,* AöR 105 [1980], 243 [250ff.]). Dabei sind folgende allgemeine Gesichtspunkte für die Entwicklung der bereichsspezifischen Zurechnungskriterien von Bedeutung:

39 Die Tätigkeitsschwerpunkte im Außen- und Innenbereich unterscheiden sich ebenso wie die Beteiligten Akteure und die Adressaten und die ihnen zustehenden Rechte. Im **Innenbereich** geht es in erster Linie um die Willensbildung in und zwischen den Organen. Dieser Prozess setzt zum einen die Informationsbeschaffung und zum anderen die rechtliche Bewertung sowie die Berücksichtigung verschiedenster Interessen (z.B. politische und ökonomische Interessen) voraus. Aus dem Blickwinkel der Verhaltenszurechnung steht im Innenbereich die Sicherung der Mitwirkungsrechte der einzelnen Organe und Organwalter im Vordergrund. Die Zurechnungsvorgänge sind deshalb daran zu orientieren, welchen Organen und Organwaltern eigene Mitwirkungsrechte zugeordnet sind. Diese sind in der Regel auch als Zurechnungsendsubjekte zu qualifizieren.

40 Bei Maßnahmen mit **Außenwirkung** stehen die Informationsbeschaffung sowie sonstige Formen der Mitwirkung der Verfahrensbeteiligten und die Entscheidungsumsetzung im Vordergrund. Die verwaltungsinterne Aufgabenverteilung ist dabei von geringerer Bedeutung, so dass es in der Regel zu einer einheitlichen Zurechnung des Verhaltens kommt (zu besonderen Fällen einer gespaltenen Zurechnung siehe oben Rdnr. 30).

(5) Zurechnungsgrundsätze im Außenrechtskreis

41 Der einfach zu handhabende **Grundfall** betrifft die Ausführung eigener, d.h. der eigenen Verbandskompetenz zugehöriger Aufgaben (= eigener Wirkungskreis) durch ein Funktionssubjekt (eine Bundesbehörde führt Bundesgesetze, eine Landesbehörde Landesgesetze, eine Gemeinde Angelegenheiten der örtlichen Gemeinschaft aus). Hier wird das Verhalten ohne jegliche weitere Differenzierungsmöglichkeit und -notwendigkeit dem handelnden Funktionssubjekt endgültig zugerechnet.

42 Im Falle der Ausführung fremder, d.h. nur zur Wahrnehmung übertragener Aufgaben (**= übertragener Wirkungskreis)** kommt es auf die rechtliche Ausgestaltung der Aufgabenübertragung im Einzelnen sowie unter Umständen auf den Einzelfall, insbesondere die Existenz einer Weisung, an. Werden die übertragenen Aufgaben vollständig (d.h. auch hinsichtlich der Zweckmäßigkeit) in **eigener Verantwortung** ausgeführt, so erfolgt eine Zurechnung

ausschließlich zur ausführenden Stelle. Erfolgt die Ausführung auf der Grundlage allgemeiner oder einzelfallbezogener **Weisungen,** so kommt es zu einer Aufspaltung der Zurechnung. Die im Außenverhältnis getroffene Maßnahme als solche wird der ausführenden Stelle zugerechnet. Davon abweichend ist jedoch ein Anspruch aus Amtshaftung, der durch eine rechtswidrige Weisung ausgelöst wurde, nach der Rechtsprechung des *BGH* (NVwZ-RR 1991, 171; dem folgend *Wurm,* in: Staudinger, BGB, 13. Bearbeitung 2002, § 839, Rdnr. 74; Gegenansicht bei *Ossenbühl,* Staatshaftungsrecht, 5. Aufl. 1998, 56) gegenüber der anweisenden Stelle geltend zu machen, so dass die haftungsrechtliche Zurechung abweichend zu bestimmen ist.

Eine andere Art der Differenzierung ist in Bezug auf interne **Mitwirkungshandlungen** anderer Behörden vorzunehmen, die vor allem bei gesetzlich angeordneter Verfahrenskonzentration oder anderweitig begründeten Beteiligungsrechten anderer Behörden vorliegen können. Hier sind die jeweiligen Mitwirkungshandlungen ausschließlich den mitwirkenden Behörden und nicht der für die Gesamtentscheidung zuständigen Behörde zuzurechnen. Die sich daraus ergebenden prozessualen Probleme sind, wie die Neufassung des § 36 Abs. 2 BauGB zeigt, nur durch den Gesetzgeber zu lösen, indem dieser z.B. eine Ersetzungsbefugnis einer anderen Behörde oder des Gerichts statuiert. Bei Amtshaftungsansprüchen ist in diesen Fällen nur diejenige (mitwirkende) Behörde verantwortlich, die durch ihre Mitwirkungshandlung eine Amtspflichtverletzung begangen hat (*Wurm,* a.a.O., § 839, Rdnr. 77f.). 43

Das Gleiche gilt auch für Fälle, in denen für abgrenzbare Bereiche eine **Mitverantwortung** einer anderen Stelle besteht (zu einem solchen Fall *BGHZ* 139, 200; dazu *Wurm,* a.a.O., § 839, Rdnr. 79). Davon zu unterscheiden sind Fälle, in denen die für die Entscheidung zuständige Behörde bei anderen Stellen nicht verbindliche Stellungnahmen oder Informationen einholt. Sind diese fehlerhaft, so ändert dies nichts an der Alleinverantwortung der entscheidenden Behörde. Soweit diese aber den Mangel nicht erkennen konnte und deshalb ohne Schuld handelte, kann eine Haftungslücke entstehen, die der BGH durch eine Modifikation seiner früheren Rechtsprechung (*BGH* WM 1990, 2013) geschlossen hat, indem er nunmehr von einer drittgerichteten Amtspflicht der mitwirkenden Fachbehörde ausgeht (*BGH* NVwZ 2001, 1074). Eine Zurechnung des Handelns an die entscheidende Behörde erfolgt dadurch nicht. 44

Im Falle der **Amtshilfe** ist die ersuchte Behörde für alle von ihr in diesem Zusammenhang durchgeführten Maßnahmen alleine letztverantwortlich (dazu näher § 84, Rdnr. 82ff.). 45

Im seltenen Fall der **Organleihe** wird das Handeln derjenigen Stelle zugerechnet, deren Aufgabe das geliehene Organ wahrnimmt. 46

Maßnahmen von **Beliehenen** sind grundsätzlich diesen selbst und nicht der beleihenden Stelle zuzurechnen. Abweichend wird auch hier von der Rechtsprechung für die Amtshaftung entschieden (*BGHZ* 49, 108 [115]; 47

Wurm, a.a.O., § 839, Rdnr. 54; siehe auch Band 2, § 67, Rdnr. 131). Dies wird damit begründet, dass Beliehene nicht in allen Fällen ausreichend vermögend sind, um Amtshaftungsansprüche zu begleichen. Dem Sinn und Zweck des Art. 34 GG entspreche es jedoch, die Haftung auf den grundsätzlich zahlungskräftigen Staat überzuleiten.

48 Bei der Durchführung von **Aufsichtsmaßnahmen,** durch die unmittelbar in die Aufgabenwahrnehmung der beaufsichtigten Stelle eingegriffen wird, bedarf die Ausübung eines Selbsteintrittsrechts, der Ersatzvornahme und der Bestellung eines Beauftragten (d.h. einer Person, die an Stelle der Organwalter des beaufsichtigten Funktionssubjekts tätig wird) einer Abgrenzung und Klärung. Bei der Ausübung eines **Selbsteintrittsrechts,** das nur im Falle einer speziellen gesetzlichen Regelung besteht und nicht automatisch aus der Aufsichtsfunktion folgt, nimmt die Aufsichtsbehörde eine eigene Aufgabe wahr, so dass das Handeln ihr zugerechnet wird. Bei einer **Ersatzvornahme** handelt die Aufsichtsbehörde selbst oder ein beauftragter Dritter (der auch ein Privater sein kann) an Stelle der beaufsichtigten Behörde, nimmt also deren Aufgaben wahr. Ausdrücklich geregelt ist in den meisten Fällen, dass die Kosten von der beaufsichtigten Stelle zu tragen sind. Aber auch die getroffenen Maßnahmen (u.a. Erlass von Verwaltungsakten und Rechtsverordnungen) werden der beaufsichtigten Behörde und nicht der Aufsichtsbehörde zugerechnet (*OVG Münster,* NVwZ 1990, 187; *BVerwG* DVBl. 1993, 886). Das gilt auch für die Beauftragung Privater, d.h. die geschlossenen Verträge kommen nicht mit der Aufsichtsbehörde zustande (*Gern,* Deutsches Kommunalrecht, 2. Aufl. 1997, Rdnr. 814; a.A. *OVG Münster,* NVwZ 1989, 987). Das Gleiche gilt bei der Bestellung eines **Beauftragten** (*Gern,* a.a.O., Rdnr. 815; das gilt auch für die Amtshaftung, da der Beauftragte als Angestellter der beaufsichtigen Behörde gilt; vgl. *BGHZ* 87, 202) und folgt z.T. unmittelbar aus den gesetzlichen Vorschriften über die Einsetzung eines Beauftragten (z.B. § 121 S. 2 GO NW: Der Beauftragte hat die Stellung eines Organs der Gemeinde). Dabei handelt es sich gewissermaßen um einen Fall der Organ(walter)spende.

49 Besondere Regeln für die Zurechnung im Außenrechtskreis gelten im **föderalen System.** Da die Beziehungen zwischen Bund und Ländern sowie zwischen den Ländern grundsätzlich staatsrechtlicher Natur sind (eine Ausnahme bilden Landesgrenzen überschreitende Verwaltungsabkommen), wird das Verhalten der Verwaltungsbehörden im Verkehr zwischen Bund und Ländern und zwischen den Ländern jeweils der staatlichen Ebene und nicht direkt der Verwaltungsebene zugerechnet (*Lerche,* in: Maunz/Dürig, Komm.z.GG., Art. 85, Rdnr. 66; *Badura,* Staatsrecht, 2. Aufl. 1996, Abschnitt G, Rdnr. 51). Aus diesem Grunde werden z.B. Weisungen der Bundesregierung, die sich auf Bundesgesetze ausführende Kommunen beziehen, an die Landesregierung adressiert und nicht direkt an die ausführende Stelle. Umgekehrt werden Rechts- und Pflichtverletzungen im Verhältnis zum Bund dem Land und nicht der Kommune zugerechnet.

Nach den gleichen Grundsätzen erfolgt die Zurechnung auch auf der Ebene des **Gemeinschaftsrechts** und des **Völkerrechts,** wobei in diesem Bereich nur die Bundesrepublik Deutschland und nicht die Länder als Zurechnungssubjekt fungieren können (zum Europarecht: *Streinz,* Europarecht, 5. Aufl. 2001, Rdnr. 157ff.; *Oppermann,* Europarecht, 2. Aufl. 1999, Rdnr. 651ff. Zum Völkerrecht: *Hailbronner,* in: Vitzthum [Hrsg.], Völkerrecht, 2. Aufl. 2001, 3. Abschnitt, Rdnr. 154ff.). Ist ausführende Stelle eine Körperschaft des Landes, so kommt es zu einer Zurechnungskette, die von der Körperschaft über das Land und den Bund auf die Ebene der Europäischen Union oder eines sonstigen Völkerrechtssubjekts führt. 50

(6) Zurechnungsgrundsätze im Innenrechtskreis

Im Innenrechtskreis unterliegt die Zurechnung von Verhalten schon deshalb anderen Grundsätzen, weil die beteiligten Subjekte einen anderen Status besitzen und sich damit auch der Gesamtrahmen für die Zurechnung verändert. Vor allem bedarf es einer Anpassung der Unterscheidung zwischen transitorischer und endgültiger Zurechnung. Diese Unterscheidung führt aus der Außenrechtsperspektive dazu, dass das Handeln einzelner Organe regelmäßig dem durch sie handelnden rechtsfähigen Funktionssubjekt (z.B. einer juristischen Person) zugerechnet wird. Im Innenrechtskreis geht es dem gegenüber um die Zurechnung von Verhalten innerhalb des Funktionssubjekts und zuweilen sogar um Verhalten innerhalb eines einzelnen Organs. Es macht in diesem Zusammenhang keinen Sinn, das jeweilige Verhalten dem Funktionssubjekt als solchem zuzurechnen. Vielmehr muss nach passenden Kriterien für die Zurechnung innerhalb der Organisation und der Organe gefragt werden. 51

Auf der Grundlage der Erkenntnis, dass es auch innerhalb von rechtsfähigen Funktionssubjekten „echte" Rechtsbeziehungen gibt (siehe dazu die Nachweise bei Rdnr. 13), und daran anknüpfend von subjektiven bzw. wehrfähigen Rechten der organisatorischen Untergliederungen gesprochen wird, muss auch bezüglich der Zurechnung danach differenziert werden, ob im konkreten Fall eigene Rechte des Organs bzw. Organwalters oder Rechte des Funktionssubjekts als solchem wahrgenommen werden. Nur im letzteren Fall erfolgt eine Zurechnung des Verhaltens an die übergeordnete Organisationsstruktur. Die Abgrenzung der innerorganisatorischen Eigenrechte von Organen und Organwaltern von sonstigen Maßnahmen, die im Interesse der Gesamtorganisation wahrgenommen werden, hat unter Berücksichtigung der Funktionen zu erfolgen, die dem Funktionssubjekt insgesamt und in diesem Kontext dem betreffenden Organ oder Organwalter zugewiesen sind. 52

Handelt es sich um **interne,** d.h. durch Mitglieder **gesteuerte Funktionssubjekte** mit Repräsentativfunktionen, wie dies etwa bei den verschiedenen Trägern kommunaler und funktionaler Selbstverwaltung der Fall ist, so ist davon auszugehen, dass die den einzelnen Repräsentanten (Mandatsträgern 53 bzw. Amtswaltern) in den Repräsentativorganen zustehenden Mitwirkungsrechte (Teilnahme-, Informations-, Rede- und Abstimmungsrechte) diesen zur effektiven Wahrnehmung der Repräsentationsfunktion als eigene Rechte zugewiesen sind. Das gemeinsame Handeln der einzelnen Repräsentanten (Beschlussfassung etc.) wird jedoch dem Organ und dem Funktionssubjekt zugerechnet.

54 Bei zentral oder **extern gesteuerten Funktionssubjekten** (vor allem bei Anstalten, Körperschaften mit nur einem „Mitglied“ und Eigengesellschaften) ist davon auszugehen, dass „nur“ die Interessen des Trägers wahrgenommen werden, so dass eine differenzierende Zurechnung nicht als sinnvoll erscheint.

55 In beiden Fällen können verschiedenen Organen gegenseitige Kontrollaufgaben übertragen worden sein, die sie eigenständig wahrnehmen, dabei jedoch das Gesamtinteresse der Organisation verfolgen müssen. Gleichwohl wird ihnen das jeweilige Handeln gegenüber den anderen Organen endgültig zugerechnet.

56 Das Handeln von **Unterorganen** wird im Verhältnis zum Hauptorgan diesen selbst, im Verhältnis zu allen anderen Stellen aber dem Hauptorgan zugerechnet. Etwas anderes gilt nur dann, wenn das Unterorgan partiell weisungsunabhängig handelt. Dafür ist das Vorliegen einer echten Delegation eine notwendige, aber keine hinreichende Bedingung.

57 Das Handeln von sonstigen **weisungsfreien Funktionssubjekten** wird nur diesen zugerechnet, auch wenn sie Teil eines anderen rechtsfähigen Funktionssubjekts sind und dessen Aufgaben wahrnehmen.

(7) Allgemeine Grundsätze der Wissenszurechnung

Schrifttum: *Aden,* Wissenszurechnung in der Körperschaft, NJW 1999, 3098; *Baum,* Die Wissenszurechnung, 1999; *Buck,* Wissen und juristische Person, 2001; *Fassbender/Neuhaus,* Zum aktuellen Stand der Diskussion in der Frage der Wissenszurechnung, WM 2002, 1253; *Flume,* Allgemeiner Teil des Bürgerlichen Rechts, Erster Band, Zweiter Teil, Die juristische Person, 1983, § 11 IV; *Hagen,* Wissenszurechnung bei Körperschaften und Personengesellschaften als Beispiel richterlicher Rechtsfortbildung, DRiZ 1997, 157; *Henning,* Wissenszurechnung im Verwaltungsrecht, 2003; *Kohler-Gering,* Wissensvertretung und Wissensorganisationspflicht der Gemeinden im Privatrechtsverkehr, VBlBW 1998, 212; *Römmer-Collmann,* Wissenszurechnung innerhalb juristischer Personen, 1998; *Schmidt,* Gesellschaftsrecht, 4. Aufl. 2002, § 10 V; *Schüler,* Die Wissenszurechnung im Konzern, 2000; *Spindler,* Unternehmensorganisationspflichten, 2001; *Waltermann,* Zur Wissenszurechnung am Beispiel der juristischen Personen des privaten und des öffentlichen Rechts, AcP 192 (1992), 181.

58 Neben der Zurechnung von Verhalten spielt die Zurechnung von Wissen in den verschiedensten Arten von Funktionssubjekten (die Fragen stellen sich gleichermaßen im Zivil- und Gesellschaftsrecht wie im Bereich des öffentlichen Rechts; die einschlägigen Untersuchungen sind deshalb in der Regel gebietsübergreifend angelegt) eine praktisch und rechtlich gleichermaßen bedeutsame Rolle. Nachdem lange Zeit eine vordergründige Einigkeit bestand, dass „eine Körperschaft im Rechtssinne schon und immer dann weiß, wenn nur eine zuständige Person das Wissen für sie erworben hat“

(Grundsatz der absoluten Wissenszurechnung) und dass sie auch „das Ganze weiß, wenn verschiedene Personen unabhängig voneinander nur Teile des Ganzen wissen" (Grundsatz der Wissenszusammenrechnung; siehe zu beidem *Aden,* NJW 1999, 3098 f.), ist in den letzten Jahren sowohl in der (zivilgerichtlichen) Rechtsprechung (vgl. *BGHZ* 109, 327; NJW 1992, 1099 f.; WM 1995, 1145) als auch der wissenschaftlichen Literatur (vor allem *Buck,* passim) eine Abkehr von diesen Standpunkten und eine Hinwendung zu einer differenzierenden, nach zusätzlichen Wertungskriterien verlangenden Sichtweise zu verzeichnen. Damit entwickelt sich im Bereich des Zivilrechts eine wissenschaftliche Fundierung für einen Standpunkt, der in der verwaltungsgerichtlichen Rechtsprechung (vgl. etwa *BVerwGE* 70, 356 [364]) ohne Vorliegen einer ausdrücklichen theoretischen Fundierung für eine bedeutsame Einzelfrage schon seit langer Zeit vertreten wird. Vor der Klärung der rechtsdogmatischen Fragen bedarf es aber zunächst noch der Klärung einiger begrifflicher und systematischer Fragen.

Bei der Zurechnung von Wissen geht es sowohl um **Tatsachen-** als auch 59
um **Rechtskenntnisse.** Die normative Erheblichkeit von Wissen ergibt sich auch aus so genannten Wissensnormen (*Baum,* 32 ff.; *Buck,* 16 ff.), die die rechtliche Grundlage für ein **Wissenmüssen** begründen. Derartige Normen sind dem jeweils anwendbaren materiellen Recht und Verfahrensrecht zu entnehmen. Verbindungen zum Organisationsrecht bestehen aber insoweit, als die Weitergabe des Wissens innerhalb der Organisation durch entsprechende Vorgaben gewährleistet sein muss (siehe dazu Rdnr. 67). Fehlendes Wissen kann ebenso wie die mangelnde Berücksichtigung von vorhandenem Wissen entsprechende nachteilige Rechtsfolgen (Rechtswidrigkeit oder Nichtigkeit der Maßnahme, haftungsrechtliche Folgen) auslösen.

Die für das Organisationsrecht wichtige Frage, wie das Wissen bei einzel- 60
nen Organwaltern oder – ganz untechnisch gesprochen – „Mitarbeitern" eines Funktionssubjekts diesem selbst zugerechnet werden kann, ist ohne einen Rückgriff auf die theoretischen Grundlagen über das Verständnis der juristischen Person (diese im Sinne heutiger Dogmatik verstanden als Statthalter für alle rechtsfähigen Funktionssubjekte oder Verbände) nicht möglich. Dabei stehen sich bis heute die mit einer Fiktion arbeitende Vertretertheorie und die Organtheorie gegenüber. Lange Zeit wurde vor allem im Zivil- und Gesellschaftsrecht die Ansicht vertreten, nach der Organtheorie sei das Wissen der Organwalter automatisch Wissen der Organisation. Diese eine absolute Wissenszurechnung und -zusammenrechnung begünstigende Position ist nach neueren Forschungserkenntnissen nicht mehr haltbar. Sie kann nicht durch einen Verweis auf *Gierke,* den Begründer der Organtheorie, abgesichert werden, da *Gierke* selbst von der Notwendigkeit der Zurechnung auch des Wissens der Organwalter ausging (dazu im Einzelnen *Buck,* 216 ff.). Dies entspricht der für das Verwaltungsrecht besonders wichtigen Position von *Hans Julius Wolff,* der bereits 1934 deutlich gemacht hat, dass das Wissen und Verhalten von Organen von der juristischen Per-

son verschieden ist und es deshalb einer Zurechnung bedarf (*Wolff*, Theorie der Vertretung, 96). Die Frage nach Art und Reichweite der Zurechnung ist damit indes noch nicht beantwortet.

61 Grundlegend für die Bestimmung der Zurechnungsgrundsätze ist zunächst die **Unterscheidung** zwischen **Organen** und (bestellten) **Vertretern,** die es auch bei öffentlich-rechtlich verfassten Funktionssubjekten geben kann. Für letztere greift in vielen Fällen die ausdrückliche Regelung des § 166 BGB, die jedoch für die Zurechnung bei Organen weder direkt noch sinngemäß anwendbar ist (*Buck,* 265ff.; *Schmidt,* § 10 V 2). In Betracht kommt für Organe eine entsprechende Anwendung des § 31 BGB. Diese Vorschrift wird vor allem von *Karsten Schmidt* im zivil- und gesellschaftsrechtlichen Bereich als Ausdruck eines allgemeinen Rechtsgedankens umfassend zur Anwendung gebracht (*Schmidt,* § 10 V 2). Gegen diesen Vorschlag ist eingewandt worden, dass § 31 BGB die Wissenszurechnung nicht explizit regelt und der Gesetzgeber sich bei Erlass dieser Norm ausdrücklich nicht zu einer der Zurechnungstheorien bekennen wollte (*Buck,* 252f.). Der Vorteil der Bezugnahme auf § 31 BGB liegt ohne Zweifel darin, dass auf diese Weise zumindest eine analog geltende gesetzliche Grundlage für die Zurechnung zur Verfügung steht, während die Gegenansicht sich ausschließlich auf dogmatische Erwägungen stützt (zu diesem Aspekt vgl. *Waltermann,* AcP 192 [1992], 180 [216ff.]).

62 Unabhängig davon, ob man § 31 BGB entsprechend anwendet oder direkt auf die Organtheorie Bezug nimmt, gelangt man zu der **Grundaussage,** dass das Wissen von Organen der Organisation zuzurechnen ist (*Buck,* 203ff.). Diese Grundaussage wird jedoch in der zivilrechtlichen Diskussion durch eine Reihe von Unterscheidungen und Abgrenzungen in ihrer Tragweite beschnitten. So wird durch die Beschränkung auf Leitungsorgane bzw. vertretungsberechtigte Organe eine Abgrenzung nicht nur gegenüber sonstigen Mitarbeitern und Angestellten, sondern auch zu anderen Organen vorgenommen (*Buck,* 203ff., 281ff.). Umstritten ist die Behandlung des Wissens von ausgeschiedenen Organmitgliedern (*Buck,* 239ff.; *Schmidt,* § 10 V 2) sowie die Zurechnung von privat erlangtem Wissen (*Buck,* 244ff.).

63 In der neueren zivilrechtlichen Rechtsprechung und Literatur finden sich mehrere Ansätze, die stärker auf materielle Kriterien und **Organisationspflichten** abstellen. So hat der *BGH* in einigen Entscheidungen darauf abgestellt, wie lange ein bestimmtes Wissen „gespeichert" werden muss (*BGHZ* 132, 30; NJW 2001, 359f.). In eine ähnliche Richtung gehen Überlegungen, die von einer Pflicht zur Schaffung angemessener organisatorischer Strukturen für die unternehmensinterne Weitergabe und Speicherung von Informationen ausgehen und im Falle des Nichtwissens daran die Rechtsfolgen anknüpfen (siehe etwa *Spindler,* 963ff. für den Konzern; *Buck,* 393ff.: Informationsorganisation).

64 Obwohl die konstruktiven Grundfragen im öffentlichen und privaten Recht durchaus vergleichbar sind und damit auch der Rückgriff auf die

allgemeinen Theorien eröffnet ist, bestehen gerade für den Bereich der Wissenszurechnung **bedeutsame Unterschiede,** die einer Übertragung der zivilrechtlichen Lösungsmodelle auf das Verwaltungsorganisationsrecht entgegen stehen. An erster Stelle ist die größere Zahl der entscheidenden Stellen und der rechtserheblichen Akte in der öffentlichen Verwaltung zu erwähnen. Dabei ist die interne Zuständigkeit für die Entscheidung nicht auf die Leitungsorgane i. e. S. beschränkt. Vielmehr fungiert nicht selten die gesamte Organisationsstruktur als arbeitsteilig für Entscheidungen zuständiges Organ. So ist etwa bei den Gemeinden die dem Bürgermeister unterstellte Ämterstruktur insgesamt als Organ zu qualifizieren. Durch die vom Neuen Steuerungsmodell geförderte dezentrale Entscheidungs- und Verantwortungsstruktur wird diese Tendenz noch weiter verstärkt. Die Einheit einer solchen hochgradig ausdifferenzierten Organisation mit dem entsprechend ausdifferenzierten Wissen wird zwar rechtlich-formal durch die monokratische (teilweise auch kollegiale) Behördenspitze hergestellt, der die Entscheidungen im Wege des Mandats auch zugerechnet werden. Gleichwohl bedarf es vor diesem Hintergrund einer differenzierenden Betrachtung.

(8) Wissenszurechnung bei Teilnahme am Privatrechtsverkehr

Die geringsten Abweichungen zum Zivil- und Gesellschaftsrecht sind bei der Teilnahme von öffentlich-rechtlichen Funktionssubjekten am **Privatrechtsverkehr** zu konstatieren. Der *BGH* hat für diesen Bereich seine Rechtsprechung in den letzten zehn Jahren auf eine neue Grundlage gestellt (Überblick bei *Kohler-Gering,* VBlBW 1998, 212 [214]; *Baum,* 317ff.). Da sich einige der Entscheidungen auf Fälle der Teilnahme von juristischen Personen des öffentlichen Rechts am Privatrechtsverkehr bezogen und andere, vor allem neuere Entscheidungen, ausdrücklich eine Geltung für alle Arten von Organisationsformen beanspruchen (so *BGH* NJW 2001, 359 [360]) können diese Grundsätze an dieser Stelle insgesamt herangezogen werden. Den Ausgangspunkt der Entwicklung bildet die Feststellung, dass sich juristische Personen des öffentlichen Rechts in Analogie zu §§ 31, 89 BGB das Wissen ihrer vertretungsberechtigten Organe zurechnen lassen müssen (*BGHZ* 20, 153; NJW 1990, 976). Dieser allgemeine Grundsatz wurde durch den Hinweis ergänzt und relativiert, dass im Rahmen einer wertenden Betrachtung auf die Risikoverteilung beim jeweiligen Geschäftstyp und den Vertrauensschutz des Geschäftspartners abgestellt werden müsse (*BGH* NJW 1990, 976). In der sog. Schlachthof-Entscheidung entschied der *BGH* sodann, dass sich eine Gemeinde bei umfangreichen Grundstücksgeschäften das von ihrem Organvertreter einmal vermittelte, typischerweise aktenmäßig festgehaltene Wissen anrechnen lassen müsse, auch wenn die betreffende Person nicht mehr Amtsinhaber ist (*BGHZ* 109, 327 [331f.] = NJW 1990, 975). Daraus wurden das **Relevanz-** und das **Zeitkriterium** als begrenzende Merkmale der Wissenszurechnung abgeleitet. Nur das typischerweise aktenmäßig festzuhaltende Wissen ist relevant und

65

es muss auch nicht für alle Zeit präsent sein (zur Problematik des „vergessenen Wissens“ siehe auch *Buck*, 169ff., 246, 425ff.).

66 In einer weiteren bedeutsamen Entscheidung wurde der Kreis der Wissensträger erweitert. Nach den Grundsätzen der §§ 31, 89 BGB ist der **Kreis der Wissensträger** auf Personen begrenzt, denen durch Organisationsnormen der juristischen Person bestimmte Aufgaben zur eigenverantwortlichen Erledigung übertragen sind und die die juristische Person auf diese Art und Weise repräsentieren (*BGHZ* 49, 21). Damit sind bei Gemeinden neben dem Bürgermeister nur der Verhinderungsstellvertreter und der Erste Beigeordnete erfasst. Der BGH hat dann aber entschieden, dass je nach Ausgestaltung des Geschäftsverteilungsplans auch einem Dezernenten, einem Amts- und Verwaltungsleiter eine ausreichend **selbstständige repräsentative Aufgabenzuweisung** zukommen muss, damit er zum Wissensträger werden kann (*BGHZ* 117, 104 [106f.] = NJW 1992, 1099f.). Damit sind auch Mitarbeiter ohne Organstellung einbezogen, wenn ihnen die Erfüllung von Aufgaben in eigener Verantwortung zugewiesen ist und sie die dabei anfallenden Informationen zur Kenntnis zu nehmen und weiterzuleiten haben. Eine ausdrückliche Bestellung zum Wissensvertreter ist dabei nicht erforderlich. Da diese Erweiterung des Personenkreises jedoch dazu führt, dass in einer Verwaltung in hohem Maße Wissen dezentral vorliegen kann, musste der *BGH* sich zusätzlich mit der Frage beschäftigen, ob auch dem in einem anderen Bereich tätigen Sachbearbeiter das an anderer Stelle vorliegende Wissen zuzurechnen ist. Er prüfte deshalb das Vorliegen einer Pflicht zum **ämterübergreifenden Informationsaustausch.** Diese bestehe allgemein nur dann, wenn die betreffenden Sachbereiche thematisch eng verzahnt seien. Fehle es an dieser Voraussetzung, so könne eine Pflicht zum Informationsaustausch im Einzelfall nur bei Vorliegen **konkreter Anhaltspunkte** angenommen werden. Es genüge nicht, dass nach allgemeiner Erfahrung in einem anderen Bereich zusätzliches Wissen vorliegen könne (*BGH* NJW 1992, 1100).

67 Die damit bereits in die Überlegungen einbezogene **Organisationspflicht** in Bezug auf die Informationsweitergabe und -beschaffung wurde in einer weiteren Entscheidung zur Grundlage für eine Wissenszurechnung ausgebaut (BGHZ 132, 30 [37] = NJW 1996, 1339; siehe auch *BGH* NJW 2001, 359f.). Demnach muss eine am Rechtsverkehr teilnehmende Organisation so strukturiert sein, dass vorhandene Informationen, deren Bedeutung für andere Personen innerhalb dieser Organisation erkennbar sind, tatsächlich an diese Personen weitergegeben werden. Die Organisation muss zudem sicherstellen, dass anderweitig in der Organisation erkennbar vorhandenes Wissen von denjenigen abgefragt wird, die dieses Wissen für ihre Arbeit benötigen (*BGH* NJW 1996, 1341; siehe dazu auch *Bohrer,* BNotZ 1991, 124ff.). Auf diese Weise wird die Organisationspflicht zum Anknüpfungspunkt für eine Wissenszurechnung und eine Haftung bei unterlassener Informationsweitergabe gemacht. Damit diese Pflicht ihrerseits zumutbar bleibt, entwickelt der *BGH* folgende **begrenzende Kriterien:** (1) Eine

Pflicht zur Wissensspeicherung besteht nur, soweit im Zeitpunkt der Wahrnehmung damit gerechnet werden muss, dass dieser Umstand später rechtserheblich werden kann, sog. Relevanzkriterium. (2) Als Wissen dürfen abgespeicherte Informationen nur zugerechnet werden, soweit in der konkreten Situation ein besonderer Anlass besteht, das Wissen abzufragen, sog. Anlasskriterium. Hierbei soll auf die Bedeutung des Anlasses und die Schwierigkeit der (Informations-) Suche abgestellt werden.

Umstritten ist die Behandlung **privat erlangter Kenntnisse** von Organmitgliedern. Sie werden teilweise den in Ausübung amtlicher Funktion erlangten Kenntnissen gleichgestellt (so insbes. *Buck,* 244ff.). Dafür spricht, dass beide Sphären in der Regel nur schwer voneinander abzugrenzen sind und auch vom Ansatzpunkt der Organtheorie ausgehend die Annahme getrennter Wissenssphären im Organwalter schwer zu konstruieren ist (davon zu unterscheiden ist die Frage, ob privat erlangte Erkenntnisse für hoheitliches Handeln genutzt werden dürfen; dies ist eine Frage des anwendbaren materiellen Rechts). In der Rechtsprechung des *BGH* finden sich dem gegenüber Ansätze für eine differenzierte Behandlung (*BGH* WM 1990, 1025 [1027] zum GmbH-Geschäftsführer), ohne dass dabei jedoch allgemeine Abgrenzungskriterien entwickelt werden. Ein möglicher Ansatzpunkt für eine Abgrenzung könnte im Anschluss an die vom *BGH* entwickelten Grundsätze für die Wissenszurechnung darin bestehen, ob es sich um Kenntnisse handelt, die typischerweise aktenkundig gemacht werden. 68

Die vom *BGH* entwickelten Kriterien der Wissenszurechnung und ihre Verknüpfung mit einer Pflicht zur Schaffung einer internen Informationsorganisation werden sehr weitgehend den besonderen **Strukturen in der öffentlichen Verwaltung** gerecht. Sie berücksichtigen das vor allem in jüngerer Zeit durch die Verwaltungsmodernisierung verstärkte Konzept einer dezentralen Aufgabenwahrnehmung und vermeiden eine übertriebene, zur Fiktion verkommende Wissenszurechnung. Soweit an der Rechtsprechung aus dogmatischer Perspektive Kritik geübt wird, weil über die Organisationspflicht Verschuldensmomente in den Prozess der Wissenszurechung integriert werden (so die Kritik von *Buck,* 439ff., die als alternative Grundlage auf den Rechtsmissbrauch abstellt), stellt das die herausgearbeiteten Kriterien und Ergebnisse nicht in Frage. Sie können deshalb auch als Grundlage für die Entwicklung von Kriterien der Wissenszurechnung in anderen Bereichen des Handelns öffentlich-rechtlicher Funktionssubjekte herangezogen werden. 69

(9) Wissenszurechnung bei öffentlich-rechtlichem Handeln

Eine solche Übertragung auf andere Aufgabenbereiche, insbesondere das öffentlich-rechtliche Handeln im Außenverhältnis, muss jedoch bereits bei Zugrundelegung der vom *BGH* sehr früh entwickelten allgemeinen Grundsätze die **Besonderheiten der jeweiligen Rechtsbeziehung** sowie den Aspekt der Schutzwürdigkeit der am Rechtsverhältnis beteiligten Rechts- 70 subjekte berücksichtigen. Im Falle von öffentlich-rechtlichen Rechtsbeziehungen ergeben sich aus dieser Perspektive gewichtige Abweichungen zum Privatrechtsverkehr, der weitgehend durch den Grundsatz der Gleichordnung der Verkehrsteilnehmer gekennzeichnet ist. Hoheitliches Handeln ist demgegenüber auf der einen Seite durch die Gemeinwohlorientierung, die demokratische Legitimation und die Gesetzesbindung geprägt; auf der anderen Seite sind die grundrechtlich geschützten Interessen der Bürger in die Betrachtung einzubeziehen, die unter anderem eine andere Art von Vertrauensschutz begründen, als er im Privatrechtsverkehr anzutreffen ist.

71 Ein Unterschied von weitreichender Bedeutung ist bei öffentlich-rechtlichem Handeln darin zu erblicken, dass zahlreiche hoheitliche Entscheidungen in gesetzlich ausgestaltete und in der Regel zwingend zu beachtende **Verfahren** eingebunden sind, die auch den eigenen Wissenserwerb, die Wissensbeschaffung bei anderen privaten und öffentlichen Stellen (siehe dazu §§ 24, 28, 66, 73 VwVfG; zum Untersuchungsgrundsatz siehe Band 2, § 60, Rdnr. 28ff.), die Wissensdokumentation und die Wissensauswertung regeln (speziell entfaltet sind diese Grundsätze für das Planfeststellungsverfahren; siehe dazu Band 2, § 62, Rdnr. 155ff.). Das unabhängig vom Verfahren bei sonstigen Stellen vorhandene Wissen kann der entscheidenden Stelle nicht zugerechnet werden, unabhängig davon, ob dies für die Behörde oder den Bürger von Vor- oder von Nachteil ist (zu den Folgen fehlerhafter Sachverhaltsermittlung *Stelkens/Kallerhoff,* in: Stelkens/Bonk/Sachs, VwVfG, § 24, Rdnr. 58ff.; im verwaltungsgerichtlichen Verfahren ist gem. § 86 VwGO die Richtigkeit des von der Behörde bei ihrer Entscheidung zugrunde gelegten Sachverhaltes zu kontrollieren). Es kommt deshalb alleine darauf an, welches Wissen in das betreffende Verfahren einbezogen wurde und den handelnden Amtswaltern in der Entscheidungssituation zur Verfügung stand. Eine unterbliebene Berücksichtigung von Wissen anderer Stellen ist über die verfahrensrechtlichen Regelungen auf seine rechtlichen Folgen hin zu überprüfen (dies ist u.a. Teil der fachplanungsrechtlichen Abwägungsfehlerlehre; vgl. *BVerwG* 45, 309ff.). Fehler bei der Aufklärung des Sachverhalts oder der Abfrage von Wissen bei anderen Behörden im Rahmen ihrer Beteiligung am Verwaltungsverfahren sind nach den für das jeweilige Verfahren geltenden Regeln zu bewerten. Da das bei der Entscheidung zugrunde gelegte Wissen in der Regel in der Begründung schriftlich zu dokumentieren ist (vgl. § 39 VwVfG), scheidet eine Berufung auf sonstiges, latent vorhandenes Wissen aus.

72 Wissen von am Verfahren beteiligten Behörden, das nicht an die entscheidende Stelle weitergeleitet wurde, kann bei der Beurteilung der Frage, ob der Antragsteller unrichtige Angaben machte, zu seinen Gunsten berücksichtigt werden (*BVerwGE* 88, 278 [284f.] zu § 48 Abs. 2 Nr. 2 VwVfG).

73 Speziell für die Bestimmung des maßgeblichen Zeitpunkts für die Kenntnis der Rücknahme- und Widerrufsfrist nach § 48 Abs. 4 und § 49 Abs. 2 und 3 aE VwVfG stellt die Rechtsprechung auf die Sach- und Rechtskennt-

nis der zuständigen **Organisationseinheit** (**nicht** jedoch des einzelnen Sachbearbeiters, so *OVG Berlin*, NVwZ-RR 1999, 9 [11]; *Sachs,* in: Stelkens/Bonk/Sachs, VwVfG, § 48, Rdnr. 215; anders insofern *VGH Mannheim*, NVwZ 1998, 87 [89]; *OVG Magdeburg*, LKV 2000, 545 [546]) ab (*BVerwGE* 70, 356 [364]; *BSGE* 63, 224 [228 f.]; *BGHZ* 117, 104 [107]; *Stadie*, DÖV 1992, 247 ff.; zu einem Sonderfall *BVerwGE* 110, 226 [234]). Es genügt also nicht, dass ein behördenintern unzuständiger Beamter Kenntnis erlangt hat (*Sachs,* a. a. O., § 48, Rdnr. 217). Das Gleiche gilt für die Aufsichtsbehörde (*Sachs,* a. a. O., § 48, Rdnr. 218). Dass die behördeninternen Abgrenzungen je nach Größe der Organisation sehr unterschiedlich ausfallen können und es damit zu erheblichen Abweichungen in der rechtlichen Beurteilung kommen kann, muss die Bezugnahme auf die jeweilige Organisationseinheit ihrerseits relativiert werden. Arbeiten Behörden bzw. Abteilungen jedoch eng zusammen, so ist eine Wissenszurechnung grundsätzlich möglich (*BGH* NJW 1994, 1150 [1151]; *Sachs,* a. a. O., Rdnr. 217).

Die für Entscheidungen über die Rücknahme und den Widerruf von Ver- 74
waltungsakten entwickelten Grundsätze, die weitgehend vom *BGH* für die Teilnahme am Privatrechtsverkehr entwickelten Kriterien übereinstimmen, können auch für andere Bereiche des Verwaltungshandelns im Außenrechtsbereich zugrunde gelegt und damit als allgemeine Grundsätze einer **Wissenszurechnungs- und Informationsordnung** qualifiziert werden. Es ist dabei jedoch zu berücksichtigen, dass die Anforderungen an die interne Informationsweitergabe bzw. die Organisation einer internen Informationsordnung auch von der Eigenart der jeweils wahrgenommenen Aufgabe abhängen. So sind z. B. bei Aufgaben der Gefahrenabwehr und Gefahrenvorsorge (dies gilt z. B. für die Herausgabe von Warnungen zum Gesundheitsschutz im Nahrungsmittelbereich) höhere Anforderungen an die Informationsweitergabe und entsprechende behördliche Organisationspflichten (die in einigen Fällen den Status einer drittgerichteten Amtspflicht besitzen und demnach Amtshaftungsansprüche auslösen können) zu stellen als in Bereichen, die weniger bedeutsame Rechtsgüter oder Interessen zum Gegenstand haben.

Besondere Probleme wirft auch die **Wissenszurechnung zwischen selbst-** 75
ständigen Organen auf. Als Beispiel sei auf die Beziehung zwischen Gemeinde- oder Stadtrat und Bürgermeister bzw. Kreistag und Landrat auf der kommunalen Ebene verwiesen. In den Kommunalgesetzen finden sich in Gestalt der Informations- und Auskunftsansprüche der Vertretungskörperschaften bzw. der einzelnen Mandatsinhaber sowie der Informationspflicht von Bürgermeister und Landrat immerhin Grundzüge einer gesetzlichen Informationsordnung, deren Einzelheiten aber noch der wissenschaftlichen Aufarbeitung bedürfen.

(10) Normative Beschränkungen der Wissenszurechnung

Die Wissenszurechnung innerhalb und zwischen Organen und Organisa- 76
tionen kann durch rechtliche Vorgaben, die sich auf die Informationserhe-

bung, -weitergabe und -verwendung sowie die Anforderungen an die fachliche und persönliche Qualifikation des Amtswalters beziehen, eingeschränkt sein. Dies gilt insbesondere im Anwendungsbereich der Datenschutzgesetze sowie der Vorschriften über den Geheimnisschutz und die Sicherheitsüberprüfung.

77 Das **Datenschutzrecht** unterwirft sowohl die Erhebung als auch die Verarbeitung und Weitergabe von personenbezogenen Daten Anforderungen, die auch die Verwendung und Weitergabe im öffentlichen Bereich begrenzen und damit Grenzen der Wissenszurechnung markieren. Vor allem die durchgängig zu beachtende strikte Zweckbindung wirkt sich dabei aus (siehe zu Einzelheiten Band 2, § 59, Rdnr. 21 ff.).

78 Der **Geheimnisschutz,** der sich auf schutzwürdige Informationen aus der staatlichen und der privaten Rechtssphäre beziehen kann und dessen Bedeutung für die Nutzung von Information durch die Verwaltung allgemein in der Regelung des § 30 VwVfG zum Ausdruck kommt, kann ebenfalls die Zurechnung von Wissen begrenzen (dazu *Schnapp,* NJW 1980, 2165 ff.; *Knemeyer,* NJW 1984, 2241 ff.; *ders.,* DB 1993, 721 ff.; *Heckel,* NVwZ 1994, 224; *Ebert/Tiller,* LKV 2001, 255 ff.).

79 Eine personenbezogene Begrenzung für die Weitergabe von Informationen bzw. die Wissenszurechnung wird anknüpfend an die Vorschriften über den Geheimnisschutz durch die Gesetze des Bundes und der Länder über die **Sicherheitsüberprüfung** (SÜG) begründet (Gesamtdarstellung bei *Denneborg,* Sicherheitsüberprüfungsgesetz, 14. Aufl. 2003; speziell zum SÜG des Bundes *Hund,* NJW 1994, 1333 ff.; *Riegel,* BayVBl. 1996, 358 ff.; zu den Regelungen der Länder *Denneborg/Eicholt,* BayVBl. 1998, 646 ff.; *dies.,* RDV 1997, 16 ff.; *Ernst/Laß,* LKV 2002, 453 ff.; *Schaffer,* NdsVBl. 1999, 131 ff.).

d) Die Bedeutung der (Teil-) Rechtsfähigkeit für Zurechnung und Handlungsfolgen

(1) Rechtsfähigkeit und Kompetenz

80 Die Bedeutung der Rechtsfähigkeit eines Funktionssubjekts und ihrer Reichweite hat auch Bedeutung für die Legitimation sowie die rechtlichen Folgen des Handelns. Dieser Zusammenhang wird aus staatsrechtlicher Perspektive durch den Zusammenhang zwischen Rechtsfähigkeit und Kompetenz verdeutlicht (*Stettner,* 327 ff.). Nur soweit ein Funktionssubjekt durch die rechtliche Zuweisung von Aufgaben bzw. Funktionen zum Handeln ermächtigt ist, reicht seine so genannte **Verbandskompetenz,** die sowohl die Reichweite als auch die Grenze rechtmäßigen und legitimen Handelns beschreibt (dazu *Oldiges,* DÖV 1989, 873 ff.). Die Verbandskompetenz ist eine juristische Kategorie, in der sich der föderal gegliederte und durch Selbstverwaltungsträger dezentral organisierte Staats- und Verwaltungsaufbau widerspiegelt (*Oldiges,* DÖV 1989, 873 [877]). In Einheitsstaaten kommt einer derartigen Unterscheidung keine über den Aspekt der innerorganisatorischen Zuständigkeitsverteilung hinausgehende Bedeutung zu.

Der **begrenzende Charakter** der Verbandskompetenz wirkt sich in zweifacher Weise aus. Zum einen wird dem Funktionssubjekt „untersagt", in sachlicher, örtlicher und personeller Hinsicht außerhalb des ihm zugewiesenen Wirkungskreises tätig zu werden. Maßnahmen außerhalb der Verbandskompetenz (ultra-vires) sind rechtlich mit einem Mangel behaftet, wobei die genaue Rechtsfolge jeweils näher zu bestimmen ist (sie hängt maßgeblich von der Art der Maßnahme und den für sie geltenden Fehlerfolgenregelungen ab; für Verwaltungsakte ist z.B. § 44 VwVfG maßgeblich). Zum anderen wird auch die Geltung der erlassenen Maßnahmen beschränkt, soweit es nicht auf Grund von übergeordneten (insbesondere föderalen [dazu z.B. *Seibert,* Die Bindungswirkung von Verwaltungsakten, 1989, 271 ff.] und gemeinschaftsrechtlichen) Normen zu einer Anerkennung und damit rechtlichen Wirkung auch im Zuständigkeitsbereich anderer Hoheitsträger kommt (sog. transterritoriale oder transnationale Geltung; siehe zu ihr *Happe,* Die grenzüberschreitende Wirkung von nationalen Verwaltungsakten, 1987; *Neßler,* NVwZ 1995, 863 ff.). **81**

Von der Verbands- ist die **Organkompetenz** zu unterscheiden, der eine weniger weitreichende Bedeutung zukommt, da Aufgaben als solche immer Funktionssubjekten und nur selten direkt und ausschließlich bestimmten Organen zugewiesen werden. Soweit dies aber der Fall ist, können Verbands- und Organkompetenz sachlich zusammenfallen. Gleichwohl sind sie in ihrer Funktion und in Bezug auf die Rechtsfolgen ihrer Verfehlung zu unterscheiden (dazu näher Rdnr. 83 ff.). **82**

(2) Die Überschreitung der Verbandskompetenz und ihre Folgen für die Zurechnung

Unabhängig von bzw. vor der Frage, welche rechtlichen Folgen im Falle einer Überschreitung der Verbandskompetenz eintreten, stellt sich die Frage nach der Zurechnung eines solchen Verhaltens. Nimmt man die Aussage ernst, dass ein öffentlich-rechtliches Funktionssubjekt nur insoweit rechtlich konstituiert, d.h. rechtsfähig ist, wie die ihm zugewiesenen Aufgaben reichen, so wäre die nahe liegende Folge dieser Annahme, dass die betreffende Maßnahme rechtlich nicht existent, d.h. nichtig sein muss (so etwa *BGHZ* 20, 110 [122 f.]; 52, 283 [286]; *BSGE* 11, 1 [6]; in diese Richtung, jedoch ohne explizite Qualifikation auch *BVerwGE* 34, 69 [74 ff.]; 59, 231 [237]; 64, 115 [117 ff.]). Diese Rechtsfolgenanordnung ist z.T. auch gesetzlich ausdrücklich geregelt, etwa in § 44 Abs. 2 Nr. 3 VwVfG. Die Begrenzung dieser Regelung macht aber andererseits deutlich, dass ein allgemeines Nichtigkeitsdogma für den Fall des Handelns ultra vires gerade nicht vorausgesetzt werden kann (siehe auch Band 1, § 32, Rdnr. 9). **83**

Dieser Einsicht folgend sind die konstruktiven Grundlagen und rechtlichen Folgen eines Überschreitens der Verbandskompetenz in der neueren Literatur und Rechtsprechung modifiziert worden. Insbesondere *Dirk Ehlers* hat unter Hinweis auf die unbilligen Rechtsfolgen und die verfassungs- **84** rechtlich gebotene Berücksichtigung der Interessen der Bürger und etwaigen Vertragspartner der öffentlichen Hand gezeigt, dass auch das Handeln ultra vires dem handelnden Funktionssubjekt zugerechnet werden kann und muss (*Ehlers,* 68ff.). Dafür spricht auch, dass der Rechtsordnung auch in diesem Fall ausreichende Möglichkeiten bleiben, um die Folgen des fehlerhaften Handelns zu sanktionieren.

85 Wenig überzeugend ist es aber, aus diesen Überlegungen die Forderung abzuleiten, jedem rechtsfähigen Funktionssubjekt die Vollrechtsfähigkeit zuzusprechen (so aber *Ehlers,* 76). Einer solchen Schlussfolgerung bedarf es nicht, weil es ausreicht, die Fehlerfolgenlehre anzupassen. Zudem würde durch einen solchen Schritt die verfassungsstaatlich begründete grundsätzliche Beschränkung der öffentlich-rechtlichen Funktionssubjekte auf einen thematisch beschränkten Aufgabenbereich und die nur unter bestimmten Voraussetzungen zu bejahende Fähigkeit zur Teilnahme am Privatrechtsverkehr (siehe dazu auch Rdnr. 87) verdeckt.

(3) Die Überschreitung der Organkompetenz und ihre Folgen

86 Überschreitet ein Organ die ihm zugewiesene Kompetenz, indem z.B. der Bürgermeister in einer Frage entscheidet, die dem Rat zwingend vorbehalten ist, so unterscheiden sich die Rechtsfolgen insoweit von der Überschreitung der Verbandskompetenz, weil das betreffende Funktionssubjekt jedenfalls im Außenverhältnis im Rahmen seiner Zuständigkeit gehandelt hat. Aus diesem Grunde wird bei Verfehlungen der Organkompetenz strikt zwischen den Folgen im Innenrechtskreis und im Außenrechtsverhältnis unterschieden (siehe z.B. *Gern,* Deutsches Kommunalrecht, 2. Aufl. 1997, Rdnr. 431ff.). Das Organ, in dessen Zuständigkeit eingegriffen wird, kann intern die Nichtigkeit der Maßnahme geltend machen. Im Außenrechtsverhältnis wird man demgegenüber grundsätzlich nur von einer „schlichten" Rechtswidrigkeit ausgehen können, wobei die Fehlerfolgen letztverbindlich nur für die verschiedenen Maßnahmearten bestimmt werden können.

e) Anforderungen an die Verleihung der Vollrechtsfähigkeit an öffentlich-rechtlich verfasste Funktionssubjekte

87 Im System der Zuweisung von Rechtsfähigkeit an öffentlich-rechtliche Funktionssubjekte kommt nach den bislang gewonnenen Erkenntnissen der Verleihung der Fähigkeit bzw. Berechtigung zur selbstständigen Teilnahme am Privatrechtsverkehr, die rechtstechnisch durch die förmliche Verleihung der (Voll-) Rechtsfähigkeit im Gründungsakt zum Ausdruck kommt, eine besondere Bedeutung zu. Das hängt damit zusammen, dass durch diesen Akt die schutzwürdigen Interessen der übrigen, vorwiegend privaten Teilnehmer am Privatrechtsverkehr nachhaltig tangiert werden. Versucht man, die Anforderung an einen solchen Akt genauer zu bestimmen, so erscheint vor allem die Zuweisung bzw. Zuordnung eines im Verhältnis zu den zugewiesenen Aufgaben und den dafür zu tätigenden Geschäften angemessenes

Vermögen als wesentliche Bedingung. Diese Bedingung kann bei öffentlichrechtlichen Funktionssubjekten in verschiedener Form erfüllt werden. So können dem Funktionssubjekt Befugnisse zur Erhebung von Abgaben verliehen oder Zuweisungen aus dem Haushalt der gründenden staatlichen Stelle verbindlich zugewiesen werden. Auch die Zuweisung eines Vermögens (hier kommt neben Kapital auch die Zuweisung von Liegenschaften etc. in Betracht) sowie die ergänzende Übernahme einer Haftungsverantwortung (z. B. in Gestalt einer Anstaltslast oder Gewährträgerhaftung; siehe dazu *Masloff,* Konstruktion einer Ausfallhaftung des Staates für zahlungsunfähige juristische Personen des öffentlichen Rechts, 2000) sind denkbar. Soweit das gegründete Funktionssubjekt sich unternehmerisch betätigt, sind jedoch bei der Übernahme von Haftungs- und Zuschussgarantien die besonderen europarechtlichen beihilfenrechtlichen Vorgaben der Art. 86 ff. EG zu beachten (dazu u. a. *Bonkamp,* Die Bedeutung des gemeinschaftsrechtlichen Beihilfeverbots für die Beteiligung der öffentlichen Hand an einer Kapitalgesellschaft, 2001; *Kluth,* Jahrbuch Bitburger Gespräche 2002, 109 ff.).

3. Analyse und Einordnung der in Wissenschaft und Praxis verwendeten Begriffe und Kategorien für die Funktionssubjekte der öffentlichen Verwaltung

a) Träger öffentlicher Verwaltung

Die allgemeinste juristische Kategorie zur Erfassung der öffentlichen Verwaltung wird durch den Begriff **Träger öffentlicher Verwaltung** geleistet, der auf Grund seines staatsrechtlichen Ursprungs die Gesamtheit der der Exekutive zuzurechnenden Rechtsträger bezeichnet, ohne eine nähere Aussage über ihre Struktur und einzelnen Bestimmungsmerkmale zu leisten. In einem ausdrücklich nicht dem Verwaltungsorganisationsrecht zuzuordnenden Sinne spricht *Maurer* vom „Staatsvolk als Verwaltungsträger“ (*Maurer,* § 21, Rdnr. 18). Derartige begriffliche Doppelungen verwirren allerdings mehr, als dass sie zu einer auch nur in Ansätzen erkennbaren begrifflichen Klarheit beitragen und sollten deshalb vermieden oder in anderer terminologischer Form im Zusammenhang mit den verfassungsrechtlichen Grundlagen der Verwaltungsorganisation behandelt werden. Der Begriff Träger öffentlicher Verwaltung ist damit im Ergebnis für das Verwaltungsorganisationsrecht ohne dogmatische Bedeutung und für dieses Rechtsgebiet (nicht aber für das Staatsrecht) eine normativ belanglose Kategorie. 88

b) Verwaltungseinheit und Verwaltungsstelle

Der in der jüngeren Literatur am häufigsten verwendete Begriff zur Bezeichnung von Funktionssubjekten der öffentlichen Verwaltung dürfte der Terminus **Verwaltungseinheit** sein, der zuweilen gleichbedeutend mit 89

Verwaltungsstelle verwendet wird. So verwendet etwa Krebs diesen Begriff als Oberbegriff für die Beschreibung und Klassifizierung der verschiedenen öffentlich-rechtlichen Funktionssubjekte (*Krebs,* § 69, Rdnr. 30; ähnlich verfahren *Burgi,* § 52, Rdnr. 6; *Püttner,* Verwaltungslehre, § 7 I 2; *Schnapp,* AöR 105 [1980], 250ff.; *Rupp,* Grundfragen der heutigen Verwaltungsrechtslehre, 1975, 34).

90 Soweit eine **Definition** erfolgt (oft wird der Begriff ohne definitorische Klärung verwendet), wird unter einer Verwaltungseinheit „im Rechtssinne jede Stelle, der durch organisationsrechtliche Rechtssätze Verwaltungsaufgaben zur Erledigung zugewiesen sind“, verstanden (*Krebs,* § 69, Rdnr. 30). Die Spannweite der Anwendung dieses Begriffs wird deutlich, wenn anschließend ausgeführt wird, dass als kleinste Verwaltungseinheit „der auf einen einzelnen Menschen zugeschnittene Aufgabenkreis“, d.h. in herkömmlicher Terminologie das Amt, anzusehen ist (auch Beliehene können demnach als Verwaltungseinheit qualifiziert werden). Am anderen Ende der Skala stehen z.T. vielfach untergliederte rechtsfähige Verwaltungseinheiten wie etwa die Ministerialverwaltungen, die Verwaltungen großer Städte und Kreise, sowie bundesweit agierende verselbstständigte Verwaltungseinheiten wie die Bundesanstalt für Arbeit oder die öffentlich-rechtlichen Versicherungen. Anzumerken ist zudem, dass zumindest einige Autoren auch **privatrechtlich verfasste Organisationen,** die Verwaltungsaufgaben wahrnehmen, zu den Verwaltungseinheiten rechnen (*Krebs,* § 69, Rdnr. 30, enger aber Rdnr. 38 in Bezug auf ihre Qualifizierung als Verwaltungsträger).

91 Der Vorzug des Begriffs der Verwaltungseinheit liegt darin, dass er enger an die organisatorischen Strukturen anknüpft. Dabei ist das Merkmal „Einheit“ zugleich offen für ganz unterschiedliche Anknüpfungen. Zur Bestimmung der „Einheit“ kann sowohl ein formal-juristisches Kriterium wie die Rechtsfähigkeit als auch ein materiales Kriterium wie die Zuständigkeit für einen bestimmten Aufgabenbereich verwendet werden. Diese Offenheit ist aber aus dogmatischer Sicht zugleich der Nachteil des Konzepts, da eine eindeutige Zuordnung dadurch nicht möglich ist. Letztlich wird nur die Existenz einer von anderen Bereichen getrennten und insoweit selbstständigen Verwaltungsstruktur zum Ausdruck gebracht.

92 Da von einer Verwaltungseinheit nur dann gesprochen werden kann, wenn sie nach innen wie nach außen abgegrenzt und dadurch als Einheit identifizierbar ist, wird die Anwendungsreichweite des Begriffs durch die Bestimmung der **Merkmale zur Kennzeichnung** dieser Selbstständigkeit maßgeblich beeinflusst. In der Literatur wird in diesem Zusammenhang teils auf die rechtliche (neben der Rechtsfähigkeit geht es dabei vor allem um die selbstständige Leitungsmacht; eine nicht weisungsgebundene teilrechtsfähige Verwaltungseinheit verfügt unter Umständen über eine größere Selbstständigkeit als eine vollrechtsfähige, aber weisungsgebundene Verwaltungseinheit) und wirtschaftliche (Teil-) Selbstständigkeit (die wirtschaftliche Selbstständigkeit äußert sich z.B. in einem eigenen Haushalt, dem

Recht zur Erhebung von Abgaben oder einer Ermächtigung zum Abschluss von privatrechtlichen Rechtsgeschäften) abgestellt. Nach Frido Wagener können als wesentliches Kennzeichen der Verselbstständigung die so genannten **„Einflussknicke"** angesehen werden. Darunter versteht er die Minderung der Ausübung der Leitungsmacht gegenüber den Verwaltungseinheiten durch die zentralen staatlichen oder kommunalen Stellen (*Wagener,* 40ff.). Noch weiter geht *Schuppert,* der auch den weiten Bereich der zusammen mit Privaten unterhaltenen Organisationen sowie private Organisationen, die staatlichem Einfluss (z.B. durch finanzielle Steuerung) ausgesetzt sind, in den Kreis der verselbstständigten Verwaltungseinheiten mit aufnimmt (*Schuppert,* passim; zu den von ihm geprägten Kategorien siehe Rdnr. 100).

c) Verwaltungsträger

Als **Verwaltungsträger** werden ganz überwiegend rechtlich in der Regel 93
binnendifferenzierte Verwaltungseinheiten verstanden, die die Eigenschaft einer juristischen Person haben (*Burgi,* § 52, Rdnr. 6; *Krebs,* § 69, Rdnr. 30; *Maurer,* Allgemeines Verwaltungsrecht, § 21, Rdnr. 2; *Loeser,* § 10, Rdnr. 28). Insoweit besteht weitgehende Einigkeit. Das Begriffsverständnis variiert jedoch, sobald es um weitere Einzelheiten geht. So wird einerseits die Qualifizierung als juristische Person verlangt und damit nach der herkömmlichen Terminologie die Vollrechtsfähigkeit vorausgesetzt (*Krebs,* § 69, Rdnr. 30). Andererseits wird nur ganz allgemein auf die Rechtsfähigkeit abgestellt (*Maurer,* § 21, Rdnr. 2) oder es werden juristische Person und Teilrechtsfähigkeit nebeneinander gestellt (*Burgi,* § 52, Rdnr. 6). Begriffsbestimmungen, die nicht auf die Qualifizierung als juristische Person bzw. die Vollrechtsfähigkeit abstellen, heben indes die Unterschiede zum Begriff der Verwaltungseinheit auf mit der Folge, dass man nicht von einer selbstständigen dogmatischen Kategorie sprechen kann.

Ein bedeutender Teil der Literatur rechnet auch **privatrechtliche Orga-** 94
nisationen, die mit der Wahrnehmung von Verwaltungsaufgaben betraut sind, zu den Verwaltungsträgern, (*Maurer,* § 21, Rdnr. 15ff.; die Definition von *Burgi,* § 52, Rdnr. 6 enthält keine Bezugnahme auf die Rechtsform und schließt demnach auch privatrechtliche rechtsfähige Organisationsformen ein; offen für diese Erweiterung *Krebs,* § 69, Rdnr. 38) also Eigengesellschaften und gemischt-öffentliche Gesellschaften (siehe dazu näher § 91).

Ähnlich, wenn auch nicht so weitgehend wie beim Begriff der Verwal- 95
tungseinheit, fehlt es dem Begriff des Verwaltungsträgers an einer klaren dogmatischen Funktion. Auf Grund der Verständnisunterschiede in Bezug auf die tatbestandlichen Voraussetzungen (voll- oder auch teilrechtsfähige Organisationen) und die Einbeziehung privatrechtsförmiger Organisationen, vor allem aber wegen der weitgehend fehlenden Aussagen über die rechtliche Bedeutsamkeit im System des Verwaltungsorganisationsrechts

kommt dem Begriff des Verwaltungsträgers ebenfalls nur eine deskriptive Funktion zu.

d) Verwaltungsbehörde

96 Als vierter Begriff wird in zahlreichen Zusammenhängen „Verwaltungsbehörde" verwendet. Das **Wort** „Behörde" ist aus dem mittelhochdeutschen „behoeren" (= zugehören, zukommen) hervorgegangen und wird seit dem 18. Jh. im Sinne von „zuständige Stelle" („behoerigen Orts") gebraucht. Es wurde damit also genau das bezeichnet, was heute unter Behörde im Sinne von Organ verstanden wird. Abgestellt wurde dabei auf das Handeln im Außenrechtskreis. Dementsprechend wird unter Behörde ieS ein **Organ** des Staates oder eines anderen Trägers öffentlicher Verwaltung verstanden, das **mit Außenzuständigkeiten** zu konkreten Rechtshandlungen auf dem Gebiet der Verwaltung ausgestattet ist (*Burgi,* § 52, Rdnr. 29; *Wallerath,* § 5, Rdnr. 7; siehe auch Band 2, § 45, Rdnr. 20).

97 Neben dem Verständnis der Behörde im Sinne eines Organs, das im Außenrechtskreis tätig wird, das vor allem im Verfahrens- und Prozessrecht dominiert, findet sich sowohl im gesetzlichen als auch wissenschaftlichen Sprachgebrauch ein Verständnis, bei dem unter einer Behörde eine Verwaltungseinheit verstanden wird. Behörde wird dabei verstanden als eine für einen fest umrissenen Aufgabenkreis zuständige Organisationseinheit.

98 Im Ergebnis ist demnach von einem **kontextgebundenen Behördenbegriff** auszugehen, wobei die verfahrensrechtliche Prägung überwiegt. Je nachdem, ob ein Außen-Organ oder eine Verwaltungseinheit gemeint ist, sind die für diese geltenden Begriffe heranzuziehen.

e) Weitere Begriffe und Kategorien

99 Im Schrifttum aber auch in der Gesetzgebung finden sich neben den vorstehend erläuterten Begriffen weitere Bezeichnungen, die teilweise aus anderen Wissenschaftsbereichen, insbesondere der Verwaltungswissenschaft, übernommen wurden und teilweise nur den Zweck verfolgen, bestimmte Funktionssubjekte aus einer anderen rechtlichen Perspektive zu erfassen.

100 Aus dem Bereich der Verwaltungswissenschaften ist der Begriff der verselbstständigten Verwaltungseinheit mit einem sehr weiten, rechtlich wenig geprägten Verständnis übernommen worden. Dabei wird für die Zuordnung weniger auf das Funktionssubjekt als solches, sondern vielmehr auf die wahrgenommenen Aufgaben abgestellt, wobei auch mittelbare, z.B. finanzielle Steuerungsvorgänge ausreichen, um von einer Verwaltungseinheit sprechen zu können. Vor allem *Gunnar Folke Schuppert* hat diesen Bereich sehr stark ausdifferenziert und die herkömmlichen Organisationsformen durch Kategorien wie Quagos (quasi governmental organisations) und Quangos (quasi non governmental organisations) ergänzt (*Schuppert,* 150ff.; *Schmidt-Aßmann,* Das allgemeine Verwaltungsrecht als Ordnungsidee,

1998, 231ff. spricht auch von intermediären Organisationen). Diese Begriffsbildungen stehen in engem Zusammenhang mit dem Verständnis der Verwaltung als auch in die Gesellschaft hineinreichendes bzw. private Akteure einbeziehendes Netzwerk (dazu näher *Dreier,* Die hierarchische Verwaltung im demokratischen Staat, 1991, 211ff.; *Schuppert,* Verwaltungswissenschaft, 2000, 384ff.).

Aus dem Blickwinkel der Wahrnehmung bestimmter Aufgaben, nämlich 101 der Bereitstellung von Gütern und Dienstleistungen, werden der Exekutive zurechenbare Funktionssubjekte als **öffentliche Unternehmen** bzw. als **öffentliche Einrichtungen** qualifiziert. Beide Zuordnungen sind in vielen Fällen zugleich gegeben (das gilt insbesondere für die kommunalen Unternehmen, die in der Regel zugleich kommunale öffentliche Einrichtungen sind).

4. Begründung eines normativen Verwaltungsträgerbegriffs

Angesichts der terminologischen Uneinheitlichkeit sowie der dogmati- 102 schen Folgenlosigkeit sowohl des Verwaltungsträgerbegriffs als auch des Begriffs der Verwaltungseinheit stellt sich die Frage, ob es als sinnvoll, nützlich und möglich erscheint, die Orientierungskraft des Verwaltungsorganisationsrechts in diesem grundlegenden Bereich durch die Herausbildung eines normativen, d.h. mit einer konkreten rechtlichen Aussage verknüpften Verwaltungsträgerbegriff zu verbessern. Für eine solche Aufwertung und die Entwicklung eines normativen Verwaltungsträgerbegriffs sprechen mehrere Gründe. Zum einen kann ein solcher Begriff zur Systematisierung im Bereich der Verwaltungsorganisation in der Weise beitragen, dass die Beziehung zwischen materiellrechtlicher Bindung und organisatorischer Zuordnung transparenter gemacht wird. Zum anderen stellt ein solcher Begriff einen einheitlichen Bezugspunkt für die Entwicklung weiterer eindeutiger systematischer Zusammenhänge dar, die bislang wegen des Fehlens klarer Grundkategorien nicht oder nur in sehr beschränktem Umfang entwickelt werden können.

Ausgehend von der verfassungsrechtlichen Prägung der Dogmatik des 103 Verwaltungsorganisationsrechts sollte die Neukonzeption des Verwaltungsträgerbegriffs sich an den beiden zentralen Kategorien von **Leitungsmacht** als Ausdruck der demokratischen Legitimation einerseits und der **Rechtsbindung** als Ausdruck der aus rechtsstaatlichen Gründen funktionsbeschränkten Konstitution der öffentlichen Verwaltung andererseits orientieren, wobei als spezifischer Anknüpfungspunkt die **Verbandskompetenz** dient. Daraus lassen sich folgende Bestimmungs- und Unterscheidungsmerkmale für den Verwaltungsträgerbegriff ableiten:

Sollen sich in Konzeption und Begriff des Verwaltungsträgers die Vorga- 104 ben des Demokratieprinzips strukturell widerspiegeln, so muss es sich um eine Organisationseinheit handeln, in der die für das Demokratieprinzip in vieler Hinsicht prägende Wechselwirkung zwischen personeller und sachlicher demokratischer Legitimation prägnant zum Ausdruck kommt. In einem Verwaltungsträger muss deshalb eine personell – so weit wie möglich originäre – legitimierte Leitungsmacht der Verantwortlichkeit für einen ebenfalls nach möglichst klaren Kriterien umrissenen Aufgabenkomplex vorhanden sein. Es kommt demnach auf einen **Sach-, Gestaltungs- und Verantwortungszusammenhang** an, in dem sich der Legitimationsvorgang verwirklicht. Eine strikte Orientierung an der formal-rechtlichen Struktur (Rechtsfähigkeit) kommt deshalb nicht in Betracht. Mit dem Begriff Verwaltungsträger wird vielmehr eine Grundeinheit der Legitimationsvermittlung und Aufgabenwahrnehmung erfasst, die über die heute anzutreffende Vielfalt der Untergliederung und Schachtelung der Verwaltungsorganisation hinweg die zugrunde liegenden Steuerungs- und Verantwortungsbeziehungen deutlich werden lässt. Die Qualifikation als Verwaltungsträger kommt damit vergleichsweise wenigen Funktionssubjekten zu.

105 Durch die Orientierung an der Leitungsmacht wird verdeutlicht, dass es sich bei einem Verwaltungsträger nicht um ein beliebiges Funktionssubjekt handelt, sondern um eine organisatorische Einheit, der Entscheidungsmacht zur selbstständigen, d. h. eigen- und letztverantworteten Ausübung anvertraut worden ist. Es muss sich deshalb bei einem Verwaltungsträger um ein selbstständiges und d. h. **binnengesteuertes Funktionssubjekt** handeln, dem zwar nicht notwendig eine originäre, wohl aber eigenständige, durch einen thematisch abgrenzbaren und zusammenhängenden eigenen Wirkungskreis spezifizierte Entscheidungszuständigkeit verliehen bzw. zugewiesen ist.

106 Daraus ergeben sich eindeutige Zuordnungen im Falle der Gebietskörperschaften, d. h. der unmittelbaren Bundes- und Landesverwaltungen, sowie der kommunalen Selbstverwaltung. Eindeutig zuzuordnen sind auch die zahlreichen Träger funktionaler Selbstverwaltung (siehe dazu § 97). Bei allen diesen Funktionssubjekten handelt es sich um Verwaltungsträger im normativen Sinne.

107 Die rechtlich verselbstständigten Funktionssubjekte der so genannten **mittelbaren Staatsverwaltung** auf Bundes- und Länderebene (dazu näher § 86) bilden grundsätzlich keine eigenen Verwaltungsträger. Sie sind vielmehr wegen ihrer Steuerung durch die Ministerialverwaltung und die Wahrnehmung von Bundes- bzw. Landesaufgaben dem Bund bzw. Land als Verwaltungsträger ebenfalls zugeordnet (zu Ausnahmen siehe Rdnr. 109). Klarzustellen ist insoweit, dass Träger kommunaler und funktionaler Selbstverwaltung nach dem hier zugrunde gelegten Verständnis nicht der mittelbaren Staatsverwaltung zugeordnet werden (siehe dazu bereits § 81, Rdnr. 257 ff.).

108 Aus den gleichen Gründen sind auch die Funktionssubjekte der **mittelbaren Kommunalverwaltung,** zu denen neben den öffentlich-rechtlichen Unternehmen (dazu gehören auch die Sparkassen) und privatrechtlich orga-

nisierten Funktionssubjekten auch die Organisationseinheiten der kommunalen Gemeinschaftsarbeit gehören, nicht als eigenständige Verwaltungsträger zu qualifizieren. Im Falle der kommunalen Gemeinschaftsarbeit erfolgt eine Zuordnung zu mehreren Verwaltungsträgern.

Neben den großen Verwaltungsstrukturen, die zumindest in den meisten Fällen eine eindeutige Zuordnung ermöglichen, gibt es im deutschen Verwaltungssystem eine Vielzahl von **besonderen Formen verselbstständigter Funktionssubjekte,** deren Zuordnung nicht mit der gleichen Eindeutigkeit vorgenommen werden kann. Das gilt zum einen für die weisungsfrei agierenden Funktionssubjekte, die nicht zugleich als binnengesteuerte Selbstverwaltungsträger zu qualifizieren sind. Es gilt zum anderen für die vielfältigen Formen der Kooperation zwischen verschiedenen Stufen angehörenden Verwaltungsträgern sowie für die Kooperation mit Privaten. 109

Weisungsfrei gestellte Funktionssubjekte sind nur dann als Verwaltungsträger zu qualifizieren, wenn sich die Selbstständigkeit auf einen gesamten, thematisch abgeschlossenen Aufgabenkomplex bezieht (Bsp. Bundes- und Landesbanken, Bundes- und Landesrechnungshof). Punktuelle Freistellungen von der Weisungsgebundenheit reichen nicht aus. 110

Gemischt-öffentliche Funktionssubjekte (z.B. kommunale Zweckverbände) sind nicht als eigene Verwaltungsträger zu qualifizieren. Vielmehr liegt hier ein gemeinschaftliches Agieren mehrerer Verwaltungsträger vor. 111

Staatlich-private Kooperationen sind ebenfalls nicht als Verwaltungsträger sondern ebenfalls als gemeinsame Aufgabenwahrnehmung zu qualifizieren. 112

Die als zweiter Orientierungspunkt angesprochene Verbandskompetenz liefert die Grundlage für die Konkretisierung der rechtlichen Folgen, die aus einem normativen Verwaltungsträgerbegriff abzuleiten sind. Die zentrale Folgerung ist darin zu erblicken, dass alle dem Verwaltungsträger zugeordneten Funktionssubjekte, seien sie rechtlich selbstständig oder nicht, an die Verbandskompetenz gebunden sind. Dabei handelt es sich um eine unmittelbare Rechtsbindung, die auch dann besteht, wenn rechtlich selbstständige Untergliederungen geschaffen werden. 113

Umgekehrt folgt als zweite Rechtsfolge, dass die zentralen Leitungsorgane des Verwaltungsträgers für die Steuerung und Kontrolle aller zugehörigen Funktionssubjekte die **Letztverantwortung** tragen. Sie müssen deshalb die entsprechenden organisatorischen und informatorischen Vorkehrungen treffen, um diese Verantwortung wahrnehmen zu können. 114

Aus der Rechtsbindung und Letztverantwortung folgt jedoch keine Maßgeblichkeit für jede einzelne materielle Zurechnung des Verhaltens der einzelnen Funktionssubjekte. Die Zurechnung muss vielmehr nach den oben (siehe Rdnr. 41ff.) entwickelten Grundsätzen unter Berücksichtigung der materiellrechtlichen Besonderheiten des Einzelfalles erfolgen. 115

II. Bildung von Verwaltungsträgern und anderen Funktionssubjekten

1. Bildung, Errichtung und Einrichtung von Funktionssubjekten

116 Bei der Schaffung von Verwaltungsträgern und anderen Funktionssubjekten ist zwischen der (abstrakten) Bildung und der (konkreten) Errichtung zu unterscheiden.

117 Abstrakt, d.h. als durch allgemeine Merkmale bestimmter **Typus,** entsteht eine organisatorische Einheit durch organisatorische Rechtssätze, die im Einzelnen bestimmen, welche Rechtsform und Struktur sie besitzt. Man spricht insoweit häufig von der **Bildung einer Verwaltungseinheit** (bzw. eines Funktionssubjekts). Nicht für alle Funktionssubjekte existieren abstrakte organisatorische Rechtssätze. In der Praxis ist dies nur dann der Fall, wenn es sich um häufig wiederkehrende Erscheinungsformen handelt, wie dies vor allem auf der kommunalen Ebene der Fall ist.

118 **Beispiele:** Die Bildung von Gemeinden und Gemeindeverbänden ist bundeseinheitlich durch Art. 28 Abs. 1 und Abs. 2 vorgeprägt und im Einzelnen durch die Gemeinde- und Kreisordnungen, die Gesetze über kommunale Gemeinschaftsarbeit, die Verordnungen oder Gesetze über die Eigenbetriebe sowie weitere landesspezifische Gesetze im Einzelnen geregelt. Weitere die Bildung von Verwaltungseinheiten betreffende Regelungen finden sich in den Landesorganisationsgesetzen (siehe dazu § 82 Rdnr. 75ff.). In einigen Fällen wird die Bildung von Funktionssubjekten auch durch Bundesgesetz vorgeschrieben und strukturiert, die nähere Ausgestaltung und Durchführung dann aber den Ländern überlassen; so sind z.B. für die Hochschulen die rahmenrechtlichen Vorgaben der §§ 36ff. (für die interne körperschaftliche Struktur) und 58f. (für die Rechtsform) HRG von den Ländern zu beachten.

119 Unter **Errichtung eines Funktionssubjekts** versteht man die konkrete Schaffung des individuellen Funktionssubjekts durch organisatorische Rechtssätze oder Einzelrechtsakt. Dazu gehören die Bestimmung (bzw. Verleihung) der Rechtsfähigkeit (bzw. ihrer Reichweite), die Festlegung der Organe, ihrer Bildung bzw. Besetzung und Struktur, die Zuweisung der wahrzunehmenden Aufgaben sowie die Finanzierung und Beaufsichtigung (jedenfalls soweit diese Punkte nicht bereits durch eine abstrakte Regelung vorgegeben sind). Auch die **Fusion** von bestehenden Funktionssubjekten (wie bei einer Gebietsreform oder der Zusammenlegung von Universitäten oder Sparkassen, siehe dazu *Burmeister/Becker,* Die Fusion öffentlicher Banken als Akt der Verwaltungsorganisation, 2000) ist formal ebenfalls als Errichtung eines neuen Funktionssubjekts zu qualifizieren, da der damit verbundene neue räumliche Zuschnitt und die neue personale Zuordnung konstitutiv für die Identität des Funktionssubjektes sind.

120 **Beispiele:** Gründung einer Gemeinde, eines Kreises, einer Universität, eines öffentlich-rechtlichen Versicherungsträgers, einer öffentlich-rechtlichen Anstalt (z.B. Sparkasse oder Landesbank) oder Stiftung (z.B. Bundeskulturstiftung).

121 Die **Einrichtung** eines Funktionssubjekts umfasst schließlich die konkrete Zuweisung von Personal- und Sachmitteln, d.h. die Stellenbesetzung

und die Bereitstellung von Gebäuden und den übrigen für den Arbeitsablauf erforderlichen Instrumenten und Materialien. Die Einrichtung kann zumindest bezüglich der ersten Akte nur durch ein bereits existierendes und funktionstüchtiges Funktionssubjekt erfolgen. Diese Funktion kann entweder der gründende Verwaltungsträger durch eigene Organe wahrnehmen oder es kann ein Funktionsträger kommissarisch mit dieser Aufgabe betraut werden. Sobald eine Mindestfunktionsfähigkeit des neuen Funktionssubjekts erreicht ist, können die Einrichtungsakte eigenständig wahrgenommen werden.

Beispiel: Bei der Gründung einer neuen Universität wird nach dem Erlass des Gründungsrechtsaktes, d. h. der Errichtung, in der Regel zunächst durch das Ministerium ein Gründungsrektor extern bestellt, dessen Aufgabe es ist, zusammen mit weiteren für die Gründungsphase bestellten Personen (z. B. den Gründungsdekanen der einzurichtenden Fakultäten) die ersten Stellen zu besetzen und damit die Bildung der Organe der neuen Universität zu ermöglichen. Sobald die Organe gebildet sind, endet die Funktion des Gründungsrektors bzw. der Gründungsdekane und ihre Aufgaben gehen auf ordentlich gewählte Amtsinhaber über, die für die weiteren Einrichtungsakte zuständig sind. **122**

Das Gegenstück zur Einrichtung ist die **Abwicklung** eines Funktionssubjekts. Bei ihr ist zwischen den organisationsrechtlichen und den dienstrechtlichen Aspekten zu unterscheiden. Die Abwicklung spielte vor allem im Zusammenhang mit der Wiedervereinigung und derzeit im Zusammenhang mit den vielfältigen Maßnahmen der formellen und materiellen Privatisierung eine bedeutsame Rolle. Dabei stehen Fragen des jeweils anwendbaren materiellen Rechts sowie des verfassungsrechtlichen Status des abzuwickelnden Funktionssubjekts im Vordergrund (siehe dazu *Kluth*, Funktionale Selbstverwaltung, 511 ff.). **123**

2. Form- und Zulässigkeitsfragen

Die Frage, wer für die Bildung eines neuen Funktionssubjektes zuständig ist und welche Handlungsformen dabei zu wählen sind (Parlamentsgesetz, Rechtsverordnung, Verwaltungsakt, Innenrechtsakt) kann nicht pauschal, sondern jeweils nur für den konkret zu schaffenden Typus sowie unter Berücksichtigung der vorgesehenen Leitungsstrukturen sowie zugewiesenen Aufgaben beantwortet werden. Die insoweit maßgeblichen Kriterien richten sich nach der Zuweisung der **Organisationsgewalt** für die jeweilige Maßnahme. Dabei sind die einschlägigen verfassungsrechtlichen Vorgaben zu berücksichtigen (dazu § 82). **124**

3. Die Organisations-Rechtsformen

a) Kein numerus-clausus der Organisations-Rechtsformen

Anders als bei den zivil-, handels- und gesellschaftsrechtlichen Organisationsrechtsformen, die der Gesetzgeber in abschließender und typisierter Form mit begrenzten Gestaltungsmöglichkeiten zur Nutzung durch Private **125** und staatliche Stellen bereitstellt, gibt es bei den öffentlich-rechtlichen Organisationsrechtsformen keinen vergleichbaren numerus-clausus der Organisations-Rechtsformen (siehe auch § 81, Rdnr. 37ff.). Vielmehr besitzt jedenfalls der Gesetzgeber innerhalb der verfassungsrechtlichen Vorgaben einen sehr weitgehenden Gestaltungsspielraum, den er in der Praxis auch immer wieder nutzt. Öffentlich-rechtliche Organisationsformen sind sehr viel stärker als privatrechtliche durch den jeweiligen Betätigungszweck und die Steuerungsstrukturen geprägt. Es ist deshalb auch außerordentlich schwer, sie in einzelne Typen bzw. Organisationsformen zu untergliedern. Soweit dies geschieht, geht es mehr um eine typologische Zuordnung als um eine strenge Klassifizierung.

126 Dem Vorteil der weitreichenden Gestaltungsfreiheit des Gesetzgebers steht indes der Nachteil einer sehr geringen Flexibilität beim Gebrauch der öffentlich-rechtlichen Organisationsformen durch die Exekutive gegenüber. Soweit die einzelnen Funktionssubjekte ausnahmsweise in vorgeprägter Form der Verwaltung zur Nutzung zur Verfügung gestellt werden, wie dies z.B. bei der kommunalen Gemeinschaftsarbeit und neuerdings auch bei den öffentlich-rechtlichen Unternehmen der Fall ist, werden kaum Gestaltungsspielräume eröffnet. Vielmehr sind in der Regel sowohl die Rechtsform als solche wie auch die internen Strukturen (Organe sowie ihre Bildung, Aufgabenverteilung zwischen den Organen) durch das Gesetz verbindlich vorgegeben. Darin dürfte einer der Gründe liegen, dass in sehr vielen Fällen die Organisationsformen des Privatrechts, hier vor allem die GmbH, als Organisationsrechtsform bevorzugt wird, soweit es nicht um die Wahrnehmung strikt hoheitlicher Aufgaben geht.

b) Grundtypen der Organisations-Rechtsformen

127 Wie bereits im Zusammenhang mit der Analyse der verschiedenen Formen der Zuordnung von Leitungsmacht gezeigt wurde (§ 81, Rdnr. 24f.), sind die klassischen Grundtypen der öffentlich-rechtlichen Organisations-Rechtsformen durch die unterschiedliche Art der Steuerung geprägt. Dabei erscheint die mitgliedschaftlich verfasste **Körperschaft** des öffentlichen Rechts als Idealtypus einer basis- oder binnengesteuerten Organisationsform. Die **Anstalt** des öffentlichen Rechts ist demgegenüber durch die Steuerung von Außen bzw. von Oben, durch den so genannten Anstaltsträger in ihrer Eigenart bestimmt. Weitaus weniger deutlich ausgeprägt ist schließlich das Profil der **Stiftung** des öffentlichen Rechts als drittem Typus. Aus der Perspektive der Leitungsmacht und Steuerung lassen sich bezüglich der Stiftung keine tragfähigen allgemeinen Charakterisierungen treffen. Auch der Stiftungszweck hilft zur Charakterisierung wenig weiter, da er durchaus weit gefasst werden kann. Das zeigt z.B. das niedersächsische Modell der Überführung der Universitäten in eine Stiftung des öffentlichen Rechts, bei der die körperschaftliche Binnenstruktur für die Bereiche von Forschung und Lehre beibehalten wurde (siehe dazu *Ipsen,* NdsVBl. 2000, 240ff.).

Die begrenzte Eindeutigkeit der Zuordnung eines Funktionssubjekts zu einem der Grundtypen zeigt sich in der Praxis an den oft fließenden Übergängen innerhalb der einzelnen Grundtypen. So ist bei Personalkörperschaften, wie z.B. den Universitäten oder berufsständischen Kammern, aber auch bei den Kommunen, von einer echten Binnensteuerung auszugehen. Es sind die „Mitglieder", die die Organisation lenken und ihr Handeln (zusammen mit den gesetzlichen Vorgaben) legitimieren. Bei einer so genannten Verbandskörperschaft sind es zwar auch die Mitglieder, die die Organisation steuern. Doch kann in diesem Fall die Binnensteuerung durch das Hauptorgan, in dem die einzelnen Mitglieder, wie z.B. die Gemeinden in einem Zweckverband, vertreten sind, zugleich als Außensteuerung interpretiert werden, da die Vertreter der Mitgliedsgemeinden ihrerseits weisungsgebunden sind und durch die Gemeindeorgane gesteuert werden. Umgekehrt kann in einer Anstalt ein repräsentatives Leitungsorgan geschaffen werden, mit dessen Hilfe eine weitreichende Binnensteuerung erfolgt, wie dies z.B. bei den als Anstalten des öffentlichen Rechts organisierten Rundfunkanstalten der Fall ist. Aus diesen Gründen bedarf es immer einer genauen Analyse des konkreten Funktionssubjekts. Allgemeine Aussagen und rechtliche Schlussfolgerungen alleine auf Grund des Namens bzw. der Zuordnung zu einem Grundtypus sind im Verwaltungsorganisationsrecht nicht bzw. nur sehr begrenzt möglich. 128

III. Organe öffentlich-rechtlicher Funktionssubjekte

1. Definition

Das **Wort** „Organ" bedeutete ursprünglich so viel wie „Werkzeug" im mechanischen Sinne. Seitdem dient es in allen übertragenen Bedeutungen zur Bezeichnung eines Mittels zur Versehung von Funktionen. 129

Im **biologischen Sinne,** den auch Sozial-, Staats- und Rechtslehren gelegentlich verwendet haben, ist das Organ ein Glied einer lebendigen Ganzheit, eines Organismus, das in funktioneller Wechselbeziehung zu anderen (gleichen, idR aber verschiedenen) Gliedern eben jene Ganzheit bildet. 130

Organ **im sozialen Sinne** ist ein Mensch oder eine Menschengruppe, insofern sie eine (hoheitliche oder private) Geschäftsbesorgung bzw. Vertretung einer Organisation tatsächlich leistet und deshalb mit einem sachlichen Apparat ausgestattet ist. Dies geschieht meist institutionell und in Funktionsteilung mit anderen Menschen oder Menschengruppen. Das Organ ist daher typischerweise eine **relativ selbstständige Wirkeinheit einer Organisation.** 131

Organ im juristischen Sinne ist ein durch Rechtssatz gebildetes, selbstständiges institutionelles Subjekt durch das eine (teil-) rechtsfähige Organisation ihre Aufgaben derart wahrnimmt, dass die Handlungen des Organs ihr zugerechnet werden. Zwischen Organ und Organisation besteht 132 also ein Zurechnungsverhältnis: die Organisation handelt durch ihre Organe.

133 Mit dem **juristischen Organbegriff** wird die rechtstechnische Seite organisatorischen Handelns dadurch erfasst, dass das Handeln von Menschen (als Organwaltern) dem Organ und durch dieses als einer Wirkeinheit der Organisation nicht nur derart zugeordnet wird, dass die Rechtsfolgen des Organwalterverhaltens das Organ und die des Organverhaltens die Organisation (wie die des Vertreters den Vertretenen) treffen, sondern dass Organwalterverhalten Organverhalten und dieses Organisationsverhalten ist, d.h. dass das Verhalten zugerechnet und deshalb zugeordnet wird. Zurechenbar sind dabei nicht nur Willenserklärungen, sondern auch sonstige Rechts- und Realakte insofern durch sie Aufgaben einer Organisation erfüllt werden.

134 Als **institutionelles Subjekt** von Wahrnehmungszuständigkeiten ist das Organ unabhängig von der Individualität und vom Wechsel seiner Walter beständig und identifiziert. Als Subjekt von Wahrnehmungszuständigkeiten ist das Organ zwar Rechtssubjekt, aber idR nicht (im Außenrechtskreis) rechtsfähig.

135 Das bedeutet konkret, dass z.B. die Identität des Ministerpräsidenten eines Landes oder des Bürgermeisters einer Gemeinde, aber auch des Leiters des Bauamtes oder der Denkmalschutzbehörde nicht dadurch geändert wird, dass ein neuer Amtsinhaber gewählt bzw. ein neuer Organwalter bestellt wurde. Der „neue" Stelleninhaber muss sich die Handlungen (und auch Fehler, soweit sie sich in Entscheidungen niedergeschlagen haben) seines Vorgängers zurechnen lassen. Etwas anderes gilt natürlich für die dienstrechtliche Verantwortlichkeit, die nur auf den jeweiligen handelnden Amtsinhaber bezogen ist.

136 Unter den Organbegriff sind nicht nur Organe, die im Außenrechtsverhältnis tätig werden, zu subsumieren, sondern auch **reine Innenorgane,** die Aufgaben der Willensbildung, Entscheidungsvorbereitung, Beratung oder Kontrolle (z.B. Haushalts- und Datenschutzkontrolle) wahrnehmen. Der Umstand, dass im Gesetz die Innenorgane in einer reinen Aufzählungsnorm („Organe sind …") nicht mit angeführt werden, ändert an ihrer Qualifizierung nichts. Derartige gesetzliche Regelungen stehen der rechtlichen Qualifikation nicht im Wege, da sie lediglich eine Orientierungsfunktion besitzen. Nur ausnahmsweise ist aus ihnen ein Verbot zur Bildung weiterer Organe ohne Entscheidungsfunktion abzuleiten.

137 Außenorgane sind oft zugleich **Behörde** im Sinne des Verfahrens- und Prozessrechts. So ist der Bürgermeister wegen seiner Zuständigkeit für die Umsetzung von Beschlüssen des Gemeinderates und die eigenständige Ausführung der ihm zur selbstständigen Wahrnehmung zugewiesenen Aufgaben in den meisten Fällen die gemeindliche Behörde. In einigen Fällen, in denen Ratsbeschlüsse keiner Umsetzung bedürfen, sondern self-executing ausgestaltet sind, wie z.B. bei der Benennung oder Umbenennung sowie der Widmung und Umwidmung von Straßen, ist der Rat handelnde Behörde. Der Bürgermeister nimmt nur noch die Bekanntgabe vor.

In **verschachtelten Organisationsstrukturen** kann es schwierig sein, die Organfunktionen eindeutig zuzuordnen und abzugrenzen. Ist z.B. das Hauptorgan eines Verwaltungsträgers als Kollegialorgan mit Repräsentationsfunktion ausgestaltet, wie etwa der Gemeinderat, so ist dieses Organ zum einen Organ des Verwaltungsträgers. Da Kollegialorgane aber in der Regel ihrerseits ein Mitglied mit der internen Leitung beauftragen, stellt sich die Frage, ob z.B. der Vorsitzende des Gemeinderates oder der Bundestagspräsident als Organ des jeweiligen Kollegialorgans zu bezeichnen sind. Sie wären dann Organ eines Organs. Ihr Handeln würde zunächst dem Kollegialorgan und über dieses dem Verwaltungsträger zugerechnet. Schließlich können dem Leiter eines Kollegialorgans durch Rechtsvorschrift zusätzliche Aufgaben zur eigenständigen Wahrnehmung zugewiesen sein, wie z.B. dem Bundestagspräsidenten durch das Parteiengesetz. Sprachlich ist es in diesen Fällen nicht möglich, durch die Bezeichnung als Organ eine eindeutige Zuordnung zu ermöglichen. Vielmehr muss in diesen Fällen der rechtliche Kontext des Handelns offen gelegt werden. Nur so können die richtigen Zurechnungen des Handelns erfolgen. 138

2. Die einzelnen Arten von Organen

a) Unterscheidung nach der Struktur der Organe

aa) Monistische und monokratische Organe

Monistische Organe sind solche, deren Zuständigkeit von nur einem Organwalter allein wahrgenommen wird. Sein Wille ist der Organwille. 139

Beispiele: Bundespräsident, Bundeskanzler, Ministerpräsident. Dem Organwalter beigegebene Amtswalter (Sekretäre, Assistenten, Referenten) können dessen Zuständigkeit nicht wahrnehmen, sondern nur vorbereiten oder durchführen. 140

Monokratische Organe sind solche, deren Zuständigkeiten von einem leitenden Organwalter (dem Chef) oder für diesen funktionsteilig von mehreren, von ihm koordinierten und weisungsabhängigen Organwaltern wahrgenommen werden. Der Chef kann jede Sache an sich ziehen und wieder abgeben. Sein Wille dominiert. Die Stellung der untergeordneten Organwalter kann durch Gesetz oder Geschäftsordnung aufgewertet werden, indem innerhalb des zugewiesenen Ressorts bestimmte Zuständigkeiten und Freiräume geschaffen werden, die nur unter bestimmten Voraussetzungen dem Zugriff des Chefs unterliegen. 141

Beispiele: Der Minister des Innern, Der Regierungspräsident, Der Landrat, Der Bürgermeister. 142

Der Vorzug der monokratischen gegenüber der monistischen Organstruktur besteht vor allem in der größeren fachlichen Spezialisierung und Qualifizierung, der ständigen und auch parallelen Aktionsbereitschaft in allen Ressortbereichen. Gegenüber dem Kollegialorgan besitzt die monokratische Organstruktur den Vorzug der leichteren Lenkbarkeit, der deutli- 143 chen Verantwortungszuweisung sowie der größeren Wirkungsmöglichkeiten für aktive Einzelpersönlichkeiten.

bb) Kollegialorgane

144 Kollegialorgane sind solche, deren Zuständigkeiten von mehreren gleichberechtigten Organwaltern wahrgenommen werden. Der Wille des Organs bildet sich durch Mehrheitsbeschlüsse, weshalb eine Mindestzahl von drei Mitgliedern erforderlich ist.

145 **Beispiele:** Bundestag, Bundesrat, Bundesregierung, Landtage, Landesregierungen, Kreistag, Gemeinderat, Ausschüsse, Senate in Universitäten, Vollversammlungen in Kammern.

146 Kollegialorgane eignen sich besonders zur Wahrnehmung von Repräsentationsfunktionen, wie bei den verschiedenen Vertretungskörperschaften zur Vermittlung demokratischer Legitimation (Parlament, Kreistag und Gemeinderat, Vertretungskörperschaften bei den Trägern funktionaler Selbstverwaltung), aber auch zur Repräsentation gesellschaftlicher Gruppen (gruppenplural besetzte Gremien wie z. B. die Rundfunkräte) oder besonderer Sachkunde (wie z. B. Hochschulräte oder Ausländerbeiräte).

147 Nach der **Struktur ihrer Zusammensetzung** können vor allem verschiedene Arten der Kollegialorgane unterschieden werden. So wird zwischen einem pluralistischen, einem professionellen und einem kooperativen Typus unterschieden (*Groß*, 61 ff.).

148 Bei den **pluralistischen Gremien** oder Kollegialorganen wird zwischen **partizipativen,** d. h. demokratische Mitwirkungsrechte vermittelnden Gremien (z. B. Gemeinderäte, Kreistage, Selbstverwaltungsgremien der Kammern und Universitäten), sowie **korporativen,** bestimmte gesellschaftliche Gruppen repräsentierenden Gremien (z. B. Rundfunkräte, Jugendhilfeausschüsse, Bundesprüfstelle) differenziert (*Groß*, 63 ff.).

149 Als **professionelle Gremien** oder Kollegialorgane lassen sich Sachverständigengremien (Verwaltungsräte von Sparkassen, Ethik-Kommissionen), Justizähnliche Gremien (Prüfungsausschüsse, Ausschüsse für Kriegsdienstverweigerung) sowie Leitungsgremien (Direktorien und Vorstände von öffentlichen Banken, Rektorate oder Präsidien von Universitäten) qualifizieren (*Groß*, 87 ff.).

150 Als **kooperative Gremien** oder Kollegialorgane, in denen in der Regel gleichrangige Interessen koordiniert werden, können Verbandsversammlungen in Zweckverbänden sowie verschiedene Formen von gemeinsamen Planungsausschüssen qualifiziert werden (*Groß*, 102 ff.).

151 Kollegialorgane sind auf ein besonderes **Verfahrensrecht** angewiesen das in den Grundzügen in den jeweiligen Gesetzen, in den Einzelheiten aber in den **Geschäftsordnungen** geregelt ist, die sich die Kollegialorgane im Rahmen ihres Selbstorganisationsrechts erlassen (*Groß*, 280 ff.). Exemplarisch ist es im Recht der Parlamente sowie der kommunalen Vertretungskörperschaften (Kreistag und Gemeinderat) entfaltet. Von besonderer Bedeutung

ist dabei die Sicherung der Mitwirkungsrechte der einzelnen Organwalter bzw. Mandatsträger. Ihnen muss vor allem ein ausreichender Zugang zu den für die Aufgabenwahrnehmung erforderlichen Informationen ermöglicht werden. Hinzu kommen Regelungen über die Beratung und das Rederecht, die einen vernünftigen und gerechten Ausgleich zwischen den Mitwirkungsrechten und der Funktionsfähigkeit des Organs (dafür sind vor allem zeitliche Begrenzungen der Redebeiträge sowie die Verlagerung auf Ausschüsse wichtig) sicherstellen. Im Einzelnen werden diese Fragen im Zusammenhang mit der Erörterung der Kommunalverwaltung untersucht, da den Fragen in diesem Bereich die größte praktische Bedeutung zukommt und in den Kommunalgesetzen die Mitwirkungs- und Verfahrensfragen vergleichsweise intensiv geregelt sind.

b) Unterscheidung nach der Stellung zur Organisation

Nach ihrer **Stellung zur Organisation** werden **unmittelbare Organe,** 152
die wiederum in eigene und geliehene unterschieden werden können, sowie **mittelbare Organe** angeführt. Mittelbare Organe sind vor allem die Organe von rechtlich verselbstständigten Verwaltungsträgern, die übertragene Aufgaben wahrnehmen.

Es kann in diesem Zusammenhang auch zu Mehrfachfunktionen von Or- 153
ganen kommen, wenn diese sowohl für die Wahrnehmung eigener als auch übertragener Aufgaben zuständig sind.

c) Unterscheidung nach der funktionellen Zuständigkeit

Nach ihrer funktionellen Zuständigkeit werden Trägerorgane, Repräsen- 154
tativorgane und Direktionsorgane unterschieden. Im **Trägerorgan** einer Organisation (idR einer Körperschaft) sind die rechtsfähigen Träger selbst zusammengefasst und können so die Betätigung der Organisation steuern. Man kann deshalb auch vom Vertretungsorgan oder Mitgliederorgan sprechen. Die Vertreter der Träger in diesem Organ sind idR weisungsgebunden. Im **Repräsentativorgan** einer Organisation (idR einer Körperschaft) sind die Träger (Mitglieder) idR ohne Vorliegen einer Weisungsbefugnis vertreten. Das Organ und seine Organwalter besitzen deshalb eine größere Eigenständigkeit. Von den Träger- bzw. Repräsentationsorganen wird ein **Direktionsorgan** gebildet, das als Lenkungs- und Geschäftsführungsorgan fungiert.

Ein Trägerorgan ist beispielsweise die Verbandsversammlung der Zweckverbände. 155
Beispiele für Repräsentativorgane sind der Gemeinderat, der Kreistag, die Vollversammlung einer Industrie- und Handelskammer.
Beispiele für Direktionsorgane sind der Bürgermeister, der Landrat, der Präsident und der Hauptgeschäftsführer einer Industrie- und Handelskammer.

In der neueren Entwicklung sind im Bereich der funktionalen Selbstver- 156
waltung zudem **unabhängige Kontrollorgane** sowie **unabhängige Beratungsorgane** als weitere Erscheinungsformen anzutreffen (siehe z.B. § 57e WPO – unabhängige Kommission für Qualitätskontrolle und § 57f WPO –

unabhängiger Qualitätskontrollbeirat; näher dazu *Kluth,* DStR 2000, 1927 [1931 f.]).

d) Unterscheidung nach der Selbstständigkeit zur Sachentscheidung

157 Nach dem Grad ihrer **Selbstständigkeit** im Bereich der Sachentscheidung werden **unabhängige** (nicht weisungsunterworfene) und **abhängige** (weisungsunterworfene) **Organe** unterschieden. Darin spiegelt sich die Bauform der Verwaltung wider. Im klassischen hierarchischen Bürokratiemodell überwiegen im nachgeordneten Bereich die unabhängigen Organe, während das Neue Steuerungsmodell dazu tendiert, auch den nachgeordneten Bereichen größere Unabhängigkeit einzuräumen.

158 Innerhalb der Ministerialverwaltung ist die volle Weisungsunterworfenheit die Regel. Weisungs- oder ministerialfreie Räume bedürfen einer besonderen Rechtfertigung (siehe dazu auch § 96).

159 Im Bereich der kommunalen und funktionalen Selbstverwaltung besteht im Bereich des eigenen Wirkungskreises (Selbstverwaltungsangelegenheiten im Gegensatz zum übertragenen Wirkungskreis) für die Hauptorgane keine Einbindung in eine Weisungshierarchie.

e) Weitere Unterscheidungen

160 Nach der **Vertretungsberechtigung** kann zwischen Vertretungs- oder Außenorganen sowie internen Geschäftsführungsorganen unterschieden werden.

161 Nach der **räumlichen Zuständigkeit** ist zwischen zentralen, regionalen und lokalen Organen zu differenzieren.

162 Nach ihrer **zeitlichen Wirksamkeit** stehen die Dauerorgane den Gelegenheitsorganen (z. B. nicht ständige Ausschüsse wie Wahl- oder Untersuchungsausschüsse) gegenüber.

163 Nach der **Vertretbarkeit** bei der Wahrnehmung der Organkompetenzen kann zwischen höchstpersönlich wahrzunehmenden Organen (wie z. B. Bundespräsident, Mandate in Bundestag, Landtag und auf kommunaler Ebene, Richteramt) und vertretbar wahrnehmbaren Organen (so fast alle Ämter in der Verwaltung) differenziert werden.

3. Organteile und Unterorgane

164 Vor allem bei den Kollegialorganen ist zwischen dem Organ als solchem und seinen Teilen, den **einzelnen Organwaltern,** zu unterscheiden. Das ist vor allem – aber nicht nur – dann von Bedeutung, wenn organisatorische Untergliederungen gebildet werden, die als **Organteile** selbstständige Rechte innehaben können. Bekanntestes Beispiel dafür sind die Fraktionen.

165 Die Rechte des einzelnen Organwalters ergeben sich neben den in der Regel nur punktuellen gesetzlichen Regelungen vor allem aus den Geschäftsordnungen.

166 Von den Organteilen sind die **Unterorgane** zu unterscheiden. In den meisten Fällen werden sie als **Ausschüsse** bezeichnet. Unterorgane setzen

sich idR aus Mitgliedern des Hauptorgans zusammen (Ausnahmen finden sich vor allem bei beratenden Unterorganen; Bsp.: sachverständige Einwohner), besitzen eine eigene Leitungsstruktur und haben vor allem die Aufgabe, die Entscheidungen des (Kollegial-) Organs vorzubereiten. Teilweise sind ihnen eigenständige Entscheidungszuständigkeiten übertragen. Ob dies im Wege der echten oder unechten Delegation erfolgt, ist Frage des Einzelfalls.

Bei der Bildung von Unterorganen ist im Falle von Repräsentativorganen das sogenannte **Spiegelbildlichkeitsprinzip** zu beachten, soweit eine Gruppenstruktur besteht. Das gilt z. B. für Kommunen und Universitäten. 167

4. Die Bildung von Organen

a) Bildung und Errichtung eines Organs

Ein Organ kann durch einen einaktigen oder zweiaktigen Organisationsvorgang entstehen. Wird zunächst eine abstrakte, modellhafte Regelung durch organisatorische Rechtssätze getroffen, durch die die Organe bestimmter Verwaltungsträger generell bestimmt und näher ausgestaltet werden, so spricht man von der **Bildung des Organs.** Es bedarf dann zusätzlich einer konkreten **Errichtung der Organe** für die jeweiligen einzelnen Verwaltungsträger. Fehlt es an einer abstrakten Regelung, etwa weil es sich um einen singulären Verwaltungsträger handelt, so liegt nur eine Errichtung des Organs vor. 168

Beispiele: Eine abstrakte Regelung über die Bildung der Organe findet sich z. B. in den verschiedenen Kommunalgesetzen (Gemeindeordnungen, Kreisordnungen etc.). Demgegenüber wird bei der Errichtung von singulären Verwaltungsträgern durch Gesetz oder Rechtsverordnung nur eine konkrete Errichtung vorgenommen, die zudem in der Regel mit der Errichtung des Verwaltungsträgers selbst zusammenfällt (so z. B. die Wirtschaftsprüferkammer gem. §§ 57 ff. WPO). 169

Die Errichtung eines Organs umfasst demnach die Anordnung alles dessen, was notwendig ist, damit ein Funktionssubjekt (idR ein Verwaltungsträger) nach außen als organisatorische Einheit wirksam werden kann (insbes. Verfahren zur Gewinnung der Organwalter und zur Bildung des Organwillens, Zuständigkeiten und Sitz). Vom Tage seiner Errichtung an besteht das konkrete Organ mit seinen Zuständigkeiten. 170

Gegenteil (actus contrarius) der Bildung ist die **Abschaffung** und Gegenteil der Errichtung die **Aufhebung** eines Organs. 171

b) Einrichtung eines Organs

Organe sind auch nach ihrer Errichtung zunächst lediglich normative Einheiten und als solche noch nicht in der Lage, ihre Aufgaben zu erfüllen. Dazu bedarf es noch der Zuweisung von konkreten Menschen, die als Organwalter die Organfunktionen tatsächlich wahrnehmen. Diese Zuweisung nennt man auch **Einrichtung** eines Organs, ihr Gegenteil die **Abwicklung.** 172

5. Organkompetenz und Organrechte

a) Organkompetenz

173 Als Organkompetenz bezeichnet man den **Inbegriff aller Zuständigkeiten eines Organs.** In der Regel stellt die Organkompetenz einen Ausschnitt der Verbandskompetenz des zugehörigen Verwaltungsträgers dar. In Einzelfällen kann einem Organ aber auch eine nicht in die Verbandskompetenz des Verwaltungsträgers fallende Zuständigkeit einer anderen staatlichen Stelle zur Wahrnehmung zugewiesen sein. In diesem Fall geht die Organkompetenz punktuell über die Verbandskompetenz hinaus. Ob in einem solchen Fall das Organhandeln dennoch dem Verwaltungsträger zugerechnet wird oder der beauftragenden Stelle, ist eine Frage der Regelungsmodalitäten im Einzelfall.

174 Im Fall der **Organleihe** wird das Organhandeln nicht dem eigenen Verwaltungsträger, sondern dem jeweiligen Aufgabenträger zugerechnet, dessen Aufgaben wahrgenommen werden. **Beispiel:** Die Zuweisung einer staatlichen Aufgabe an den Landrat, wie z. B. in § 38 Abs. 4 Hess. JagdG sowie die Aufgaben der Landräte und Bürgermeister im Bereich der Landesverteidigung (siehe auch *BVerwG* NVwZ-RR 1990, 44 [46]; *Gern,* Deutsches Kommunalrecht, 2. Aufl. 1997, Rdnr. 240; *Wallerath,* § 5, Rdnr. 35).

175 Davon zu unterscheiden ist der Fall der besonderen **gesetzlichen Regelung einer Organkompetenz,** bei dem nicht die Aufgabe, die eine Aufgabe des Verwaltungsträgers ist und diesem zugerechnet wird, sondern nur ihre Wahrnehmung einem bestimmten Organ zugewiesen wird. **Beispiel:** Betätigung des Landrats bzw. Bürgermeisters im übertragenen Wirkungskreis (das entspricht der Rechtslage in den meisten Bundesländern, in denen im übertragenen Wirkungskreis das Handeln der Kommune und nicht dem Land zugerechnet wird; siehe dazu auch *Krüger,* LKV 2000, 189 f.).

b) Rechte von Organen und Organteilen

176 Organe können Subjekte bzw. **Träger eigener Rechte** und damit jedenfalls im **Innenrechtsverhältnis teilrechtsfähig** sein. Das Gleiche gilt für einzelne Organwalter, insbesondere soweit sie Mitglieder von Kollegialorganen sind wie etwa Gemeinderatsmitglieder oder die Mitglieder einer Kammervollversammlung. Voraussetzung dafür ist, dass dem Organ bzw. Organwalter bestimmte Befugnisse zur Wahrnehmung bzw. Ausübung im eigenen Interesse und nicht (lediglich) im Interesse der Organisation zugewiesen sind. Das ist insbesondere bei mitgliedschaftlichen Mitwirkungsrechten, Informationsansprüchen und Kontrollbefugnissen der Fall. Ob man diese Rechte als subjektive Rechte oder als wehrfähige Rechte bezeichnet, ist in erster Linie eine terminologische Frage.

177 Hintergrund des Streites um die Anerkennung von subjektiven öffentlichen Rechten von staatlichen Organisationen bzw. in ihnen ist die inzwischen überwundene Ansicht, dass im Innenrechtskreis keine Rechtsbeziehungen existieren. Nach dem diese Ansicht überholt ist, geht es heute um die weitere Frage, ob die Bezeichnung subjektives Recht aus historischen und dogmatischen Gründen dem Bürger-Staat-Verhältnis vorbehalten bleiben soll (siehe dazu *Erichsen,* in: Erichsen/Ehlers, § 11, Rdnr. 47). Dadurch soll unter anderem verdeutlicht werden, dass subjektive Rechte der Bürger in den meisten Fällen auf grundrechtliche Positionen zurück geführt wer-

den können, während dies im Bereich der Staats- und Verwaltungsorganisation nicht möglich ist. In funktioneller Hinsicht unterscheiden sich die Rechte der Bürger und der Organe bzw. Organwalter nur wenig. Deshalb erscheint es sinnvoll, sie jedenfalls auf der Ebene des Verwaltungsrechts auch als subjektive Rechte zu bezeichnen. Als terminologische Alternative steht die Bezeichnung als wehrfähige Rechte zur Verfügung.

IV. Organwaltersphäre und Privatsphäre

1. Abgrenzung von Organwaltersphäre und Privatsphäre

„Das Amt ist demokratisches Instrument des Volkswillens, nicht grundrechtliches Medium der Freiheit seines Inhabers" (Isensee). Mit dieser plakativen Formulierung wird verdeutlicht, dass die für das Organisationsrecht grundlegende Qualifizierung des Verhaltens einer natürlichen Person als Handeln einer Organisation von der handelnden natürlichen Person einen in einigen Bereichen sehr anspruchsvollen Rollenwechsel verlangt. Der Amts- oder Organwalter (bzw. Mandatsinhaber) muss seine persönlichen Ansichten und Präferenzen bei der Ausübung seiner öffentlichen Funktion ruhen lassen und sich die Interessen und Kriterien des wahrzunehmenden Amts bzw. der jeweiligen Aufgabe zu eigen machen. Damit tritt die grundrechtlich geschützte Privatsphäre zurück. Der Amtswalter ist (als solcher) integraler Teil der Staatsorganisation und somit Adressat der Grundrechte, nicht deren Träger. 178

So greift etwa eine amtliche Weisung nicht in die eigenen Rechte des Beamten ein, sondern allenfalls in eine staatliche Kompetenz, die er treuhänderisch zum Wohl der Allgemeinheit wahrzunehmen hat. Die amtliche Stellungnahme ist nicht durch die Meinungsfreiheit des Art. 5 Abs. 1 GG gedeckt (*BVerwG* NVwZ 1988, 837; *Geis,* BayVBl. 1992, 41; *Gern,* Deutsches Kommunalrecht, 2. Aufl. 1997, Rdnr. 348). Das Dienstzimmer genießt nicht den Grundrechtsschutz des Art. 13 GG und der amtliche Gebrauch des Diensttelefons ist nicht durch Art. 11 GG geschützt (*OVG Bremen,* NJW 1981, 268). 179

Daraus ergeben sich auch **Folgerungen im Außenverhältnis:** Äußert sich z.B. ein Bürgermeister in einer Pressekonferenz beleidigend gegenüber einem Bürger, so muss gefragt werden, ob er insoweit als Amtswalter gehandelt hat und in dieser Funktion in Anspruch genommen werden muss, oder ob er als Privatperson gehandelt hat. In beiden Fällen unterscheidet sich der rechtliche Rahmen sowie die rechtliche Begründung etwaiger Abwehransprüche sowie des Anspruchsgegners. 180

Das Dienstverhältnis des Beamten ist eine persönliche Rechtsstellung, aus der dem Beamten subjektive öffentliche Rechte erwachsen, für die der reguläre Rechtsschutz besteht. Aus der Strukturgarantie des Art. 33 Abs. 5 GG ergeben sich nach h.M. und Rspr. Beamtengrundrechte, die den Schutzbereich der allgemeinen staatsbürgerlichen Grundrechte berufsspezi- 181 fisch erweitern (dazu näher *Behrens,* Beamtenrecht, 2. Aufl. 2001, § 1, Rdnr. 15ff.).

182 Soweit das Dienstrecht nicht durch hergebrachte Grundsätze vorgeprägt ist und dem Gestaltungsermessen des Gesetzgebers unterliegt, gelten die allgemeinen Grundrechte (*Behrens,* a.a.O., § 1, Rdnr. 25ff.). Insoweit ist eine Grundrechtsbeschränkung nur zulässig, wenn sie geeignet, notwendig und angemessen ist, um legitime Ziele der Verwaltung zu erreichen. Es ist aber zu beachten, dass hier als die Einschränkung rechtfertigender Maßstab die (optimale) Funktionsfähigkeit der Verwaltung zugrunde zu legen ist.

183 Grundsätzlich hat der Beamte außerhalb des Dienstes als Privatperson und als Staatsbürger die gleiche grundrechtliche Freiheit wie jedermann. Trotzdem ist er im außerdienstlichen Bereich nicht völlig freigestellt. Dies zeigt sich u.a. in der Einschränkung von Nebentätigkeiten, der Residenzpflicht, dem Gebot zu politischer Mäßigung sowie der Pflicht zu achtungswürdigem Verhalten (dazu näher *Scheerbarth/Höffken/Bauschke/Schmidt,* Beamtenrecht, 6. Aufl. 1992, §§ 15, 16).

184 Zur Abgrenzung der verschiedenen Bereiche wurde in der Literatur die Unterscheidung zwischen **Grundverhältnis** und **Betriebsverhältnis** entwickelt (dazu *Schnapp,* 119ff.). Das Grundverhältnis bezieht sich auf die Rechtsbeziehungen zwischen der natürlichen Person und dem Dienstherren bzw. der Organisation. Man kann insoweit auch vom Statusverhältnis sprechen. Das Betriebsverhältnis bezieht sich auf die Ausübung des Amtes bzw. Mandats.

2. Statusrechte der Organwalter und Zuweisung eines Amtes

a) Statusrechte von Organwaltern

185 Mit jeder Zuordnung eines Mandats oder einer sonstigen Organwalterfunktion ist die Begründung von Statusrechten verbunden, die dem Inhaber des jeweiligen Mandats bzw. Amtes zustehen. Auch dieser Aspekt ist dogmatisch vor allem für das Beamtenrecht intensiv entfaltet, wobei die Grundzüge auch für die anderen Formen der Wahrnehmung eines Amtes gelten.

186 Im öffentlichen Dienstrecht werden die Statusrechte durch die dogmatische Figur des **Amtes im statusrechtlichen Sinne** (auch dienstrechtliches Amt, vgl. *Behrens,* a.a.O., § 2, Rdnr. 18) umschrieben. Diese Statusrechte werden bestimmt durch die Zugehörigkeit des Beamten zu einer bestimmten Laufbahn oder Laufbahngruppe mit einem bestimmten Endgrundgehalt sowie die zugehörige Amtsbezeichnung. Die so definierten Ämter finden sich im Bundes- und Landesbesoldungsrecht.

187 Das Amt im statusrechtlichen Sinne bildet den rechtlichen Besitzstand eines Beamten. Dieser Besitzstand kann ohne Zustimmung des Beamten nur nach Maßgabe der besonderen gesetzlichen Regelungen über die Entlassung und das Disziplinarrecht entzogen werden.

188 Die Ämter im statusrechtlichen Sinne sind Teil des sog. Laufbahnsystems des deutschen Beamtenrechts. Ihm liegt die Vorstellung zugrunde, dass die in der Verwaltung zu erledigenden Aufgaben nach bestimmten qualitativen Anforderungen zu bestimmen, zu ordnen und zu bewerten sind. Damit ist zugleich eine bestimmte Besoldung verknüpft (A, B, C bzw. W, R – Besoldung).

189 Der Zugang zu einer bestimmten Laufbahn wird grundsätzlich durch einen bestimmten Bildungsstandard bestimmt und differenziert. Der Wechsel in eine höhere Laufbahngruppe wird Aufstieg genannt.

190 Das Amt im statusrechtlichen Sinne begründet vor allem **3 Rechte:** (1) auf statusgemäße Besoldung; (2) auf eine dem Amt entsprechende Amtsbezeichnung; (3) auf ein dem Amt entsprechendes Betätigungsfeld.

191 In ähnlicher Weise können auch die Statusrechte anderer Amts- oder Organwalter bestimmt werden. Das gilt auch für Ehrenämter und Ehrenbeamte. Vor allem in den Kommunalgesetzen finden sich allgemeine Vorschriften, die für diesen Bereich die Rechte (z.B. Entschädigungs- und Freistellungsansprüche) und Pflichten (Verschwiegenheitspflichten, Befangenheitstatbestände) regeln.

b) Zuweisung eines Amtes

192 Das Amt im statusrechtlichen Sinne enthält noch keine Aussage über die konkrete Eingliederung eines Amtswalters in die Verwaltungsorganisation. Dies erfolgt durch die Zuweisung eines Amtes, wobei vom Amt im funktionellen Sinne gesprochen wird.

193 Das Amt im funktionellen Sinne ist zunächst ein Sammelbegriff, der den konkreten Aufgabenkreis des Beamten kennzeichnet. Dabei wird weiter danach unterschieden, ob es um die abstrakte Umschreibung des Aufgabenkreises oder um seine konkrete Ausgestaltung geht (*Behrens,* a.a.O., § 2, Rdnr. 19f.).

194 Beim **Amt im funktionell-abstrakten Sinne** ist ein dem statusrechtlichen Amt entsprechender abstrakter Aufgabenkreis bei einer bestimmten Dienststelle gemeint, z.B. Dezernent bei der Bezirksregierung Oberbayern.

195 Das **Amt im funktionell-konkreten Sinne** bezieht sich auf den konkreten Aufgabenkreis bei einer bestimmten Dienststelle: z.B. Dezernent für Raumordnung im Dezernat III bei der Bezirksregierung Oberbayern. Es handelt sich demnach um den konkreten Dienstposten, der einen durch die Geschäftsverteilung bestimmten Aufgabenkreis besitzt.

196 Die Unterscheidung zwischen den verschiedenen Amtsformen ist für den Rechtsschutz und in materiellrechtlicher Hinsicht wichtig. Der Beamte ist gegen eine Änderung des konkreten Amtes im funktionellen Sinne in erheblich geringerem Maße geschützt als gegen eine Entziehung oder Änderung des Amtes im statusrechtlichen oder abstrakt-funktionellen Sinne. Der Beamte hat zwar aus dem statusrechtlichen Amt einen Anspruch auf amtsgemäße Verwendung und damit ein angemessenes Amt in abstrakt-funktionel-

lem Sinne. Er hat jedoch kein Recht auf unveränderte und ungeschmälerte Ausübung des ihm einmal übertragenen Amtes im konkret-funktionellen Sinne. Der Beamte muss deshalb eine Änderung seines Dienstpostens nach Maßgabe seines Amtes im statusrechtlichen Sinne hinnehmen. Der Dienstherr kann insoweit nach pflichtgemäßem Ermessen entscheiden.

c) Abordnung, Umsetzung, Versetzung

197 In der öffentlichen Verwaltung sind wie in der Privatwirtschaft aus den verschiedensten Gründen immer wieder Änderungen in der Organisationsstruktur und der Aufgabenzuweisung erforderlich. Die Gründe dafür sind vielfältig. Der Arbeitsanfall kann sich ändern, einem Amtswalter kann ein anderes Sachgebiet anvertraut werden, damit er neue Erfahrungen sammelt oder seinen Sachverstand besser einsetzen kann usw. Aus diesen und anderen Gründen kann es erforderlich werden, dass einem Amtswalter eine andere Aufgabe an einer anderen Stelle der Verwaltungsorganisation zugewiesen wird. Dabei wird zwischen drei Arten von Maßnahmen unterschieden: der Abordnung, der Umsetzung und der Versetzung (siehe auch *Behrens*, a.a.O., § 3, Rdnr. 38ff.).

198 Die Abordnung definiert das Bundesverwaltungsgericht als vorübergehende Zuweisung einer dem Amt des betroffenen Beamten entsprechenden Tätigkeit bei einer anderen Dienststelle desselben oder eines anderen Dienstherrn, wobei die Zugehörigkeit zur bisherigen Stammdienststelle erhalten bleibt. (*BVerwGE* 69, 303 [307]). Das Schwergewicht der Abordnung liegt in der Änderung der Behördenzuordnung.

199 Die **Abordnung** ist primär eine organisatorische Maßnahme; sie ist Ausdruck der Organisationsgewalt der beteiligten Dienstherren. Der Gesetzgeber hat aber aus Fürsorgegründen die Interessen des betroffenen Beamten berücksichtigt und deshalb in seinem Interesse die Organisationsgewalt rechtlich gebunden, indem die Maßnahme an ein dienstliches Bedürfnis oder die Zustimmung des Beamten gebunden ist. Insoweit wird durch eine Abordnung auch die Rechtssphäre des Beamten berührt und ist diese als Verwaltungsakt zu qualifizieren. (*BVerwGE* 60, 144 [147]). In bestimmten Fällen muss der Personalrat bei einer Abordnung mitwirken.

200 Folgende Einzelpunkte müssen bei der Abordnung beachtet werden: (1) Sie muss vorübergehend ausgestaltet sein, d.h. der Beamte hat ein Recht darauf, dass nach Ablauf einer gewissen Zeit die Ungewissheit seiner weiteren Beschäftigung/Tätigkeit beseitigt wird. (2) Es muss ein dienstliches Bedürfnis bestehen (dabei handelt es sich um einen unbestimmten Rechtsbegriff ohne Beurteilungsspielraum; Bspe: starker Arbeitsanfall, sofortiger Ersatz bei Tod oder Erkrankung; Erprobung). Die Abordnung muss wieder aufgehoben werden, wenn das Bedürfnis wegfällt. (3) Es bedarf der Zustimmung bei Abordnung zu einem anderen Dienstherrn.

201 Bei der **Versetzung,** die wie die Abordnung als Verwaltungsakt zu qualifizieren ist, unterscheidet man zwei Arten: Erstens die organisationsrecht-

liche Versetzung, bei der der Beamte seinen Dienstherrn oder seine Behörde wechselt. Wesentlich ist, dass die Beziehung zur bisherigen Behörde bzw. zum bisherigen Dienstherrn endgültig gelöst wird. Zweitens die statusberührende Versetzung. Darunter ist die Übertragung eines anderen statusrechtlichen Amtes ohne Änderung der Behördenzugehörigkeit zu verstehen.

Eine Versetzung ist an folgende Voraussetzungen gebunden: (1) Es muss 202
die Befähigung für das neue Amt gegeben sein; (2) bei einem Dienstherrenwechsel bedarf es der Zustimmung des Beamten; (3) es muss Einvernehmen von aufnehmender und abgebender Behörde bei Versetzung in den Bereich einer anderen obersten Dienstbehörde oder zu einem anderen Dienstherrn bestehen; (4) das neue Amt muss zu derselben oder einer gleichwertigen Laufbahn bei Änderung des Amtes im statusrechtlichen Sinne gehören, mindestens muss das gleiche Endgrundgehalt erreicht werden können; (5) es bedarf eines Versetzungsantrags oder eines dienstlichen Bedürfnisses; (6) im Übrigen bedarf es der pflichtgemäßen Ermessensausübung.

Die dritte Form, die so genannte **Umsetzung,** wird von der Recht- 203
sprechung nicht als Verwaltungsakt qualifiziert. Sie ist nach pflichtgemäßem Ermessen zulässig und an keine weiteren Voraussetzungen gebunden (siehe dazu auch *Erichsen,* Die Umsetzung von Beamten, DVBl. 1982, 95ff.).

§ 84 Zuständigkeits- und Leitungsordnung

Schrifttum: *Achterberg,* Verwaltungsorganisationsrecht, JA 1980, 701; *Adami,* Zuständigkeit, Unzuständigkeit und Unzuständigkeitsfolgen in der staatlichen Verwaltung, Diss. Würzburg, 1971; *Barbey,* Rechtsübertragung und Delegation, Diss. Münster, 1962; *Bettermann,* Zuständigkeitsfragen in der Rechtsprechung des Bundesverwaltungsgerichts, Festschrift BVerwG, 1978, 61; *Bonk/Schmitz,* Kommentierung § 3 VwVfG, in: Stelkens/Bonk/Sachs, VwVfG, 6. Aufl. 2001; *Eiselstein,* Verwaltungsaufgaben und Zuständigkeiten, JuS 1987, 30; *Foerster,* Die örtliche Zuständigkeit der Verwaltungsbehörde, SKV 1976, 162; *Groschupf,* Wohnsitzwechsel und örtliche Behördenzuständigkeit, DVBl. 1963, 661; *Heinz,* Delegation und Mandat, Der Staat 36 (1997), 495; *Horn,* Das organisationsrechtliche Mandat, NVwZ 1986, 808; *Lipski,* Die örtliche Zuständigkeit im Staatsangehörigkeitsrecht, StAZ 1998, 6; *Lisken/Mokros,* Richter- und Behördenvorbehalte im neuen Polizeirecht, NVwZ 1991, 609; *Louis/Abry,* Wechsel der örtlichen Zuständigkeit einer Behörde während des Widerspruchs- oder Klageverfahrens, DVBl. 1986, 331; *Lücke,* Behördliche und gerichtliche Notkompetenzen im Lichte der Verfassung, in: Festschrift Thieme, 1993, 539; *Mussgnug,* Das Recht auf den gesetzlichen Verwaltungsbeamten?, 1970; *Obermayer,* Die Regelung der örtlichen Zuständigkeit durch § 3 VwVfG, RiA 1976, 225; *ders.,* Die Übertragung von Hoheitsbefugnissen im Bereich der Verwaltungsbehörden, JZ 1956, 625; *Oebbecke,* Mehrfachzuständigkeiten in der Verwaltung als Verfassungsproblem, in: Festschrift Wessels, 1993, 119; *Oldiges,* Verbandskompetenz, DÖV 1989, 873; *Rasch,* Die Festlegung und Veränderung staatlicher Zuständigkeiten, DÖV 1957, 337; *Redeker,* Behördlicher Zuständigkeitswechsel während anhängigen Verwaltungsprozesses, NVwZ 2000, 1223; *Ringe,* Zur funktionellen Zuständigkeit der übergeordneten Behörde, DVBl. 1957, 676; *Schenke,* Delegation und Mandat im Öffentlichen Recht,

VerwArch. 68 (1977), 118; *ders.*, Urteilsanmerkung, DÖV 1985, 452; *Schmidt*, Der Verlust der örtlichen Zuständigkeit während des Verwaltungsverfahrens, DÖV 1977, 774; *Schmidt-Jortzig/Wolffgang*, Strukturen einer Einbeziehung kreisangehöriger Gemeinden in den Vollzug von Kreiszuständigkeiten, VerwArch. 75 (1984), 107; *Schnapp*, Dogmatische Überlegungen zu einer Theorie des Organisationsrechts, AöR 105 (1980), 243; *Schwabe*, Zum organisationsrechtlichen Mandat, DVBl. 1974, 69; *Stettner*, Grundfragen einer Kompetenzlehre, 1983; *Triepel*, Delegation und Mandat im öffentlichen Recht, 1942.

I. Die Zuständigkeitsordnung

1. Bedeutung, Begriff und Arten der Zuständigkeit

a) Bedeutung der Zuständigkeitsordnung

1 Jede Organisation verfolgt einen oder mehrere Zwecke. Aus ihnen ergeben sich Aufgaben, zu deren arbeitsteiliger Erfüllung Menschen bestellt werden müssen. Innerhalb der Verwaltungsorganisation gibt es eine Vielzahl von Subjekten (siehe dazu § 83), denen die Gesetze die verschiedenen Aufgaben und Befugnisse zuweisen und denen sie mit Rücksicht auf die Art und Bedeutung ihrer Aufgaben eine bestimmte Struktur und Ausstattung geben. Zuständigkeitsregelungen beinhalten zugleich eine Entscheidung darüber, dass ein bestimmtes Organ von ihm zugewiesenen Befugnissen Gebrauch machen darf und soll (*Lücke*, S. 544).

2 Die Wechselwirkung zwischen zugewiesener Aufgabe, Behördenstruktur sowie der Ausstattung der Behörde mit adäquaten Sachmitteln und fachlich geeignetem Personal ist nicht nur praktisch bedeutsam und ein Gebot sachgerechter Verwaltungsorganisation. Das Bundesverfassungsgericht mißt der Aufgabenerfüllung durch **funktionsgerechte Organe** vielmehr auch verfassungsrechtliche Bedeutung bei. So zielt die in Art. 20 Abs. 2 GG normierte Gewaltenteilung nach Ansicht des Gerichts darauf ab, „dass staatliche Entscheidungen möglichst richtig, das heißt von den Organen getroffen werden, die dafür nach ihrer Organisation, Zusammensetzung, Funktion und Verfahrensweise über die besten Voraussetzungen verfügen“ (*BVerfGE* 68, 1 [86]). Daraus kann das an den Gesetzgeber und die Verwaltungsspitze adressierte Postulat einer **funktionsgerechten Zuständigkeitsbestimmung** abgeleitet werden. Die Zuständigkeitsordnung ist zudem mit dem Demokratieprinzip insoweit verbunden, als nur kompetenzgemäße Akte der Staatsgewalt **demokratischer Legitimation** zugänglich sind. Sowohl die personelle als auch die sachliche demokratische Legitimation knüpft an die Zuständigkeitsordnung an (*Oebbecke*, S. 1127; *Schmidt-Aßmann*, AöR 116 [1991], 329 [339]).

3 Eine möglichst eindeutige und **transparente Regelung der Zuständigkeit** ist angesichts der Vielfalt der Staatsaufgaben und der Vielzahl der Behörden sowohl für die Staats- und Verwaltungsleitung als auch für den Bürger unerlässlich, der die Verwaltung zur Durchsetzung eigener Rechte und

Interessen immer wieder in Anspruch nehmen muss. Aus der Sicht der Verwaltung vermeiden klare Zuständigkeitsregelungen Zeit- und Reibungsverluste, die mit Kompetenzstreitigkeiten verbunden sind. Die Berücksichtigung der **Interessen des Bürgers** bei der Zuständigkeitszuweisung wird vor allem durch das **Neue Steuerungsmodell** betont, indem gefordert wird, die Behördenzuständigkeiten so zu bündeln, dass der Bürger sich für die Durchführung eines Vorhabens möglichst nicht an mehrere Stellen wenden muss.

Dieser **Prozess der Aufgabenzuweisung** begründet die Zuständigkeit der einzelnen Subjekte der Verwaltungsorganisation und erzeugt damit zugleich die übergreifende **Zuständigkeitsordnung.** Dies spiegelt sich auch in den Begriffen der **Verbands-** und **Organkompetenz** wider, worunter die Summe und Grenze der Zuständigkeiten eines Verwaltungsträgers oder seiner Organe zu verstehen ist. 4

b) Begriff der Zuständigkeit

Zuständigkeit überhaupt ist die idR ausschließliche Zuordnung eines Gegenstandes (iS einer Aufgabe) zu einem Subjekt. Präziser ist es insoweit, von **Wahrnehmungszuständigkeit** zu sprechen. Diese Terminologie macht deutlich, dass es um die Wahrnehmung einer (staatlichen) **Aufgabe** geht, deren Zuweisung zu einer bestimmten Verwaltungseinheit deren **Kompetenz** bzw. im Falle einer Ermächtigung zu Eingriffen in Rechte Dritter deren **Befugnis** begründet. 5

Die Begriffe (Wahrnehmungs-) Zuständigkeit, Aufgabe, Kompetenz und Befugnis werden in Rechtsprechung und Literatur nicht einheitlich verstanden und verwendet. Vor allem die Begriffe Zuständigkeit und Kompetenz werden häufig synonym verwendet (Einzelheiten bei *Stettner,* S. 31 ff.). Damit ist die Gefahr der Vermischung materieller und organisationsrechtlicher Fragen verbunden. Da beide Aspekte aber in der Tat eng miteinander verknüpft sind und es nicht immer angebracht und erforderlich ist, diesen Unterschied explizit zum Ausdruck zu bringen, ist dies hinnehmbar. Dennoch ist es erforderlich, zumindest im Rahmen einer grundsätzlichen Behandlung der Thematik die einzelnen Ebenen auch terminologisch präzise zu unterscheiden. Das unvermeidliche Zusammenspiel zwischen organisatorischer und materiellrechtlicher Ebene kann dabei in der Differenzierung zwischen einem organisationsrechtlichen und einem materiellrechtlichen Bedeutungsgehalt der Wahrnehmungszuständigkeit zum Ausdruck gebracht werden. 6

Die **organisationsrechtliche Wahrnehmungszuständigkeit** betrifft (alleine) die Zuständigkeit zur Ausführung eines Gesetzes bzw. zur Wahrnehmung einer Aufgabe „nach außen", d.h. gegenüber dem Bürger und anderen staatlichen Stellen. Sie alleine begründet weder eine umfassende materielle Leitungsmacht noch subjektive bzw. wehrfähige Rechte im prozessualen Sinne. Letztere können aber im Einzelfall auf Grund von Ein- 7 richtungsgarantien (Bsp.: Selbstverwaltungsrecht der Kommunen) oder auf Grund der Anerkennung von wehrfähigen Organrechten (dazu § 83, Rdnr. 176ff.) anzuerkennen sein.

8 Als **materiellrechtliche Wahrnehmungszuständigkeit** oder Sachkompetenz (*BVerfGE* 81, 310 [331ff.]) wird die inhaltliche Entscheidungsbefugnis darüber bezeichnet, wie ein Gesetz auszuführen bzw. eine Aufgabe wahrzunehmen ist. Dabei sind auch Zweckmäßigkeitserwägungen einbezogen. Die materiellrechtliche Wahrnehmungszuständigkeit knüpft (je nach Betrachtungsweise) an die Leitungsmacht an bzw. begründet diese.

9 Fallen organisationsrechtliche und materiellrechtliche Wahrnehmungszuständigkeit auseinander, so bestehen regelmäßig **Weisungsrechte** zwischen der im Außenverhältnis tätigen ausführenden Stelle und dem Inhaber der materiellrechtlichen Leitungsmacht oder Sachkompetenz. Dies kann innerhalb eines Verwaltungsträgers (z.B. innerhalb der Landesverwaltung) aber auch im Verhältnis zwischen rechtlich selbstständigen Verwaltungsträgern der Fall sein, wie z.B. bei Ausführung von staatlichen Aufgaben durch die Kommunen oder der Bundesauftragsverwaltung gem. Art. 87 GG.

10 In Fällen einer Divergenz von organisationsrechtlicher und materiellrechtlicher Wahrnehmungszuständigkeit können sich Folgeprobleme bei der Ermittlung der **haftungsrechtlichen Verantwortlichkeit** und des richtigen **Klagegegners** ergeben. Die Entscheidung der Frage, auf welche Zuständigkeit maßgeblich abzustellen ist, hängt vom Sinn und Zweck der anspruchsbegründenden Norm ab. Überwiegend wird aus Gründen der Klarheit und Transparenz für den Bürger, der in der Regel keinen Einblick in die verwaltungsinterne Zuständigkeitsverteilung hat und nicht nachprüfen kann, ob von Weisungsrechten Gebrauch gemacht wurde, auf die organisationsrechtliche Wahrnehmungszuständigkeit abgestellt (siehe dazu Bd. 2, § 67, Rdnr. 129ff.).

11 Zuständigkeitsregelungen werden in der Staatspraxis regelmäßig durch **Rechtssatz** getroffen und geändert. Einige Landesverfassungen schreiben zudem vor, dass bestimmte Grundfragen der Zuständigkeitsordnung, insbesondere die räumliche Ordnung der Verwaltungsorganisation, durch besondere Organisationsgesetze zu regeln ist (dazu § 82, Rdnr. 75ff.). Eine allgemeine Regelung der örtlichen Zuständigkeit treffen § 3 VwVfGe des Bundes und der Länder im Rahmen des beschränkten Anwendungsbereichs des Gesetzes. Darüber hinaus haben Bund und Länder besondere Gesetze und Verordnungen erlassen, die getrennt nach Aufgabenbereichen die Zuständigkeitsfragen regeln. Der Bund kann im Anwendungsbereich des Art. 84 Abs. 1 GG Regelungen über die zuständigen ausführenden Landesbehörden nur mit Zustimmung des Bundesrats treffen (*Hermes,* in: Dreier [Hrsg.], Grundgesetz Kommentar, Bd. 3, 2000, Art. 84, Rdnr. 25; kritisch *Schmidt,* JuS 1999, 861 [863 m.w.N.]).

12 Auf verfassungsrechtlicher Ebene ist die Frage der Reichweite der Geltung des **Vorbehalts des Gesetzes** bei Zuständigkeitsentscheidungen indes

nach wie vor umstritten. Das gilt insbesondere für den Bereich des leistenden Verwaltungshandelns (dazu *Stettner,* S. 349ff.). Das Bundesverfassungsgericht hat sich gegen einen allgemeinen Gesetzesvorbehalt und für die Bestimmung der Behördenzuständigkeit ausgesprochen (*BVerfGE* 40, 237 [250]). Als Orientierungspunkt wird die Wesentlichkeitslehre herangezogen und vor allem gefragt, inwieweit eine Zuständigkeitsregelung sich auf die Rechtsstellung des Bürgers auswirken kann. Als **Grundregel** kann nach heutigem Diskussionsstand festgehalten werden, dass die Bestimmung der sachlichen Zuständigkeit nur durch oder auf Grund eines Gesetzes erfolgen darf (*Wallerath,* § 5, Rdnr. 24), während die örtliche Zuständigkeit auch durch Verwaltungsanordnung erfolgen kann, soweit es sich um den Innenbereich des anordnenden Verwaltungsträgers handelt (*BVerwGE* 36, 327 [329]; *Wallerath,* § 5, Rdnr. 24).

c) Arten der Zuständigkeit

aa) Sachliche Zuständigkeit

Durch die Zuweisung einer bestimmten Verwaltungsaufgabe zu einem Verwaltungsträger und einem seiner Organe wird die sachliche Zuständigkeit begründet **(Zuweisung einer Sachaufgabe).** Damit ist die sachliche Zuständigkeit die grundlegendste Kategorie der Zuständigkeit, an die alle anderen anknüpfen; ohne sachliche Zuständigkeit gibt es keine örtliche etc. Zuständigkeit. 13

Es entspricht bundesdeutscher Regelungstradition, dass die sachliche Zuständigkeit anknüpfend an die entsprechenden fachgesetzlichen Regelungen in diesen selbst oder durch auf ihrer Grundlage erlassene (Sammel-) Verordnungen und nicht in den VwVfGen bestimmt wird. Im **Prozessrecht** entspricht der Rechtsweg, d.h. die Zuweisung zu einer bestimmten Gerichtsbarkeit, der sachlichen Zuständigkeit. 14

Werden die sachlichen Zuständigkeiten mehrerer Behörden im Interesse einer einheitlichen und zügigen Entscheidung bei einer der zuständigen Behörden zusammengefasst, liegt ein Fall der **Verfahrenskonzentration** vor (siehe dazu Bd. II, § 62, Rdnr. 47ff.). 15

bb) Örtliche Zuständigkeit

Die örtliche Zuständigkeit bestimmt den **räumlichen Tätigkeitsbereich,** der einer Verwaltungseinheit zugewiesen ist. Bei der Zuweisung von Aufgaben an Gebietskörperschaften bezieht sich die örtliche Zuständigkeit auf deren Gebiet. Es ist dann Aufgabe dieser Körperschaft, weitere Untergliederungen vorzunehmen, soweit diese nicht gesetzlich vorgegeben sind. Werden Körperschaften oder Anstalten des öffentlichen Rechts zur Wahrnehmung bestimmter Aufgaben gegründet, so wird die örtliche Zuständigkeit in aller Regel im Gründungsakt bestimmt. 16

Für die Bestimmung des räumlichen Tätigkeitsbereichs gibt es zwar keine zwingenden verfassungsrechtlichen Vorgaben. Wie bei der Neuordnung des Gebiets von Kommunen sowie der Bundesländer (Art. 29 GG) sollte aber 17 vor allem auf die Verkehrsinfrastruktur, den wirtschaftlichen, historischen und kulturellen Zusammenhang sowie die Erreichung von vernünftigen Betriebsgrößen abgestellt werden.

18 Mit der örtlichen Zuständigkeit ist ein Anspruch auf **Alleinzuständigkeit** zwar regelmäßig, aber nicht notwendigerweise verbunden. Das gilt insbesondere gegenüber den mit einem Selbsteintrittsrecht ausgestatteten Aufsichtsbehörden. Außerhalb des zugewiesenen Raumes besteht ein **Handlungsverbot.** Über das eigene Gebiet hinausgehende Maßnahmen können im Wege der **Amtshilfe** erfolgen. Dazu treffen die §§ 4ff. VwVfGe eine allgemeine Regelung (eingehend zur Amtshilfe unten Rdnr. 82ff.).

19 Die örtliche Zuständigkeit einer Behörde ist durch die Zuweisung eines räumlichen Tätigkeitsbereiches noch nicht abschließend und vollständig bestimmt. Es bedarf zudem der Bestimmung von hinreichend bestimmten Merkmalen, an die bei der Bestimmung die Behördenzuständigkeit angeknüpft werden kann. Wohnt z.B. der Eigentümer eines Grundstücks in einer anderen Gemeinde als derjenigen, in der das Grundstück gelegen ist, so kommt theoretisch für den Erlass von Maßnahmen, die auf das Grundstück bezogen sind, die Anknüpfung an die Lage des Grundstücks selbst als auch den Wohnsitz des Eigentümers in Betracht. Ähnliches gilt bei des Bestimmung des zuständigen Finanzamtes für einen Pendler. Eine exemplarische, gleichwohl nicht verallgemeinerungs- und analogiefähige Regelung findet sich in § 3 Abs. 1 VwVfG. Dort knüpft der Gesetzgeber die örtliche Zuständigkeit im Sinne einer Rangfolge an die Belegenheit der Sache (Nr. 1), den Ort der Berufs- oder Erwerbstätigkeit (Nr. 2) und den gewöhnlichen Aufenthalt einer natürlichen bzw. den Sitz einer juristischen Person (Nr. 3). Dabei ist jeweils die Sachnähe der zuständigen Behörde der leitende Gesichtspunkt. Als Auffangtatbestand wird in Nr. 4 dann noch der Ort des Ereignisses, das Anlass zu der behördlichen Maßnahme gibt, angeführt.

20 Regelungen zur örtlichen Zuständigkeit finden sich auch in §§ 2ff. SGB X (dort zusammen mit Regelungen zur Amtshilfe) sowie in §§ 17 und 25 AO.

cc) Instanzielle Zuständigkeit

21 Im Rahmen eines **mehrstufigen Verwaltungsaufbaus** kann sich die sachliche Zuständigkeit innerhalb eines Verwaltungsträgers oder zwischen mehreren Verwaltungsträgern nach festgelegten prozeduralen Regelungen erstrecken. Dabei reicht in der Regel bei gleicher sachlicher Zuständigkeit die örtliche Zuständigkeit der übergeordneten Stellen weiter als die der unteren Behörden. Die entsprechend der prozeduralen Regeln feststellbare Zuständigkeit der einzelnen Ebenen nennt man instanzielle Zuständigkeit. Die instanzielle Zuständigkeit begründet ein Erstentscheidungsrecht und regelt auch die zeitlich nachfolgende Zuständigkeit der übergeordneten Behörden. Diese Reihenfolge kann nur auf der Grundlage von Ausnahmevorschriften (Selbsteintrittsrecht, Gefahr im Verzug) durchbrochen werden.

dd) Funktionelle Zuständigkeit

Von funktioneller Zuständigkeit spricht man, wenn innerhalb eines Verwaltungsträgers bestimmte Aufgaben bzw. Entscheidungen durch Rechtssatz zwingend einem bestimmten Organ zugewiesen sind. Fehlt es an einer solchen speziellen Zuweisung, steht es dem Verwaltungsträger grundsätzlich frei, die interne Zuständigkeit selbst zu bestimmen. Es kann dann auch nicht von einer funktionellen Zuständigkeit gesprochen werden. Ihr kommt deshalb ein Ausnahmecharakter zu. Beispiele für eine funktionelle Zuständigkeit sind etwa die dem Rat vorbehaltenen Aufgaben in den Gemeindeordnungen und die Entscheidungszuständigkeiten der Behördenleiter nach den Polizeigesetzen bei Überwachungsmaßnahmen nach Art. 13 Abs. 4 S. 2 GG (dazu *Lisken/Mokros,* NVwZ 1991, 609). 22

ee) Verbands- und Organzuständigkeit

Auf einer anderen Ebene als die bislang angeführten Zuständigkeitsarten bewegt sich die Unterscheidung zwischen Verbands- und Organkompetenz. Die **Verbandskompetenz** bezeichnet dabei die Summe der Aufgaben iSv sachlichen Zuständigkeiten eines Verwaltungsträgers (*Oldiges,* DÖV 1989, 874). Mit dem Begriff der **Organkompetenz** wird demgegenüber die innerorganisatorische Zuordnung angesprochen. Im Verhältnis zu den einzelnen Zuständigkeitskategorien weist die Verbandskompetenz enge Beziehungen zur örtlichen Zuständigkeit auf, da vor allem bei Gebietskörperschaften das Verbandsgebiet die äußerste Grenze der örtlichen Zuständigkeit markiert. Bei den Trägern funktionaler Selbstverwaltung besteht demgegenüber eine besonders enge Beziehung der Verbandskompetenz zur sachlichen Zuständigkeit. Die Unterscheidung beider Ebenen ist auch insoweit von Bedeutung, als sie auf die Unterschiede der Bestimmung von Zuständigkeiten im Außen- oder Innenrechtskreis verweist. So ist die Bestimmung als auch die Einhaltung der Organkompetenz vorrangig eine Frage des Innenrechts. 23

d) Allgemeine Pflicht zu Beachtung der Zuständigkeitsordnung

Die Pflicht zur Beachtung der Zuständigkeitsordnung folgt aus dem **Gebot gesetzmäßiger Verwaltung,** das u.a. in Art. 20 Abs. 3 GG verankert ist. Es besteht daher eine objektive Rechtspflicht der Behörden zur Einhaltung der Zuständigkeitsordnung in jeder Phase eines Verwaltungsverfahrens (dazu *Bonk/Schmitz,* § 3, Rdnr. 4) oder sonstigen Entscheidungsvorgangs. Darüber besteht Einigkeit. 24

Aus dieser Prämisse folgt, dass es im Verwaltungsrecht vorbehaltlich expliziter abweichender gesetzlicher Regelungen **keine Zuständigkeitsvereinbarung** zwischen Behörde und Bürger und zwischen Verwaltungsträgern geben kann (*Bonk/Schmitz,* § 3, Rdnr. 11). Auch eine Heilung von Zuständigkeitsmängeln im Wege der aus dem Zivilprozessrecht bekannten **rügelosen Einlassung** wird mit Recht allgemein abgelehnt (*BSGE* 70, 133; *Bonk/Schmitz,* § 3, Rdnr. 4). 25

26 Der in der älteren Literatur postulierte **Anspruch des Bürgers** auf ein Handeln des **zuständigen Verwaltungsbeamten** (*Mußgnug*, passim; Überblick und Nachweise bei *Stettner*, S. 355 ff.) entspricht nicht der heutigen Rechtslage. Anders als im Bereich des Prozessrechts, für das auf Grund des Art. 101 Abs. 1 S. 2 GG ein Recht auf den gesetzlichen Richter und damit auch die Einhaltung der gerichtsinternen Geschäftsverteilung besteht, ist die Rechtsstellung des Bürgers im Hinblick auf die Beachtung verwaltungsrechtlicher Zuständigkeitsvorschriften durch § 46 VwVfG und vergleichbare Vorschriften in Spezialgesetzen erheblich relativiert (zu verfassungsrechtlichen Aspekten *Redeker*, NVwZ 1996, 126 [131]; *Sachs*, in: Stelkens/Bonk/Sachs, § 46, Rdnr. 5 ff.). Es bedarf deshalb einer zwischen einzelnen Zuständigkeitsarten und Handlungsformen differenzierenden Betrachtungsweise.

e) Folgen von Zuständigkeitsmängeln

aa) Erlass von Verwaltungsakten durch eine unzuständige Stelle

27 Die Regelung in **§ 46 VwVfG** bezieht sich nur auf die **örtliche Zuständigkeit.** Sie besagt, dass ein Verwaltungsakt, der unter Verletzung der Vorschriften über die örtliche Zuständigkeit zustande gekommen und nicht nach § 44 VwVfG nichtig ist, nicht alleine wegen dieses Mangels aufgehoben werden kann, wenn offensichtlich ist, dass die Verletzung die Entscheidung in der Sache nicht beeinflusst hat. Damit hat der Gesetzgeber die anders lautende frühere Rechtsprechung (*BVerwG* NJW 1963, 1324; DÖV 1969, 140) korrigiert (*BVerwGE* 61, 45; 65, 287). Die formelle Rechtswidrigkeit des Verwaltungsaktes als solche bleibt grundsätzlich bestehen, doch wird auch insoweit für einige Fallkonstellationen angezweifelt, ob der Zuständigkeitsfehler den Verwaltungsakt als solchen infiziert (in diesem Sinne *BVerwGE* 56, 230 [233 m. w. N.].

28 Ein von der örtlich nicht zuständigen Behörde erlassener **Verwaltungsakt** ist gem. § 44 Abs. 2 Nr. 3 VwVfG nichtig, wenn er von einer Behörde außerhalb ihrer durch § 3 Abs. 1 Nr. 1 VwVfG begründeten örtlichen Zuständigkeit erlassen wurde. Für die übrigen Fälle der Verfehlung der örtlichen Zuständigkeit folgt aus § 44 Abs. 3 Nr. 1 VwVfG, dass der Verwaltungsakt nicht schon deshalb nichtig ist. Dies gilt selbst dann, wenn der Fehler im Sinne des Absatzes 1 schwerwiegend und offenkundig ist (*Sachs*, in: Stelkens/Bonk/Sachs, § 44, Rdnr. 143; *Kopp/Ramsauer*, § 44, Rdnr. 51).

29 Während § 46 VwVfG bis zu seiner Neufassung im Jahre 1996 auf die materielle Rechtslage abstellte und es darauf ankam, ob eine andere Entscheidung in der Sache möglich war, kommt es nach der jetzt geltenden Fassung alleine auf die tatsächlich getroffene Entscheidung und die Frage an, ob die Zuständigkeitsverfehlung offensichtlich keinen Einfluss auf die Entscheidung in der Sache hatte. Das ist auch bei der Neufassung bei tatsächlicher oder rechtlicher Alternativlosigkeit der Fall, wobei rechtliche Alternativlosigkeit insbesondere bei gebundenen Entscheidungen vorliegen soll (*Kopp/Ramsauer*, § 46, Rdnr. 26; *Sachs*, in: Stelkens/Bonk/Sachs, § 46,

Rdnr. 57ff.). Ihnen gegenüber kann im Anwendungsbereich des § 46 VwVfG nur die materielle Unrichtigkeit geltend gemacht werden. Dies genügt auch den Anforderungen des Art. 19 Abs. 4 GG. Im Falle von Ermessensentscheidungen erweitert die neue Fassung des § 46 VwVfG den Anwendungsbereich. In diesen Fällen muss eine hypothetische Beurteilung des behördlichen Verhaltens für den Fall des verfahrensfehlerfreien Vorgehens vorgenommen werden. Wegen des Erfordernis der Offensichtlichkeit erscheint es jedoch im Falle der Entscheidung einer unzuständigen Behörde als ausgeschlossen, den Nachweis zu führen, dass es an jeglicher Kausalität fehlt. Deshalb wirkt sich die Erstreckung des Anwendungsbereichs des § 46 VwVfG auf Ermessensentscheidungen bei Verstößen gegen die örtliche Zuständigkeit nicht aus. Es bleibt dabei, dass eine Ermessensentscheidung der unzuständigen Behörde aus diesem Grunde angegriffen werden kann.

Die Fälle der Verletzung der **sachlichen Zuständigkeit** und der dieser 30 zugeordneten instanziellen Zuständigkeit werden nach zutreffender Ansicht von § 46 VwVfG schon auf Grund des eindeutigen Wortlauts, der nur von der örtlichen Zuständigkeit spricht, nicht erfasst (*Kopp/Ramsauer,* § 46, Rdnr. 23; *Sachs,* in: Stelkens/Bonk/Sachs, § 46, Rdnr. 46). Diese Fälle führen ebenso wie die fehlende funktionelle Zuständigkeit und die fehlende Verbands- und – mit Einschränkungen – Organkompetenz zur Rechtswidrigkeit und Aufhebbarkeit des Verwaltungsakts und sind im Übrigen nach § 44 Abs. 1 VwVfG zu beurteilen, was auch bedeutet, dass die angeführten Mängel nicht automatisch zur Nichtigkeit führen, d.h. keinen absoluten Nichtigkeitsgrund darstellen. Dem steht der abschließende Charakter des § 44 Abs. 2 VwVfG entgegen (*Sachs,* in: Stelkens/Bonk/Sachs, § 44, Rdnr. 155ff.). **Nichtig** ist ein Verwaltungsakt nach der neueren Rechtsprechung nach § 44 Abs. 1 VwVfG insbesondere dann, wenn von einer „absoluten sachlichen Unzuständigkeit" auszugehen ist, d.h. die handelnde Behörde nach keinem denkbaren Gesichtspunkt zuständig sein konnte (*BVerwG* NJW 1974, 1961 [1963]; *Schiedeck,* JA 1994, 483 [486]; *Sachs,* in: Stelkens/Bonk/Sachs, § 44, Rdnr. 164).

bb) Abschluss von verwaltungsrechtlichen Verträgen durch eine unzuständige Stelle

Zuständigkeitsmängel beim Abschluss eines **verwaltungsrechtlichen** 31 **Vertrags** sind in der Praxis selten anzutreffen. Das gilt vor allem für Vergleichsverträge nach § 55 VwVfG, die ein bestehendes Rechtsverhältnis voraussetzen. Wird ein verwaltungsrechtlicher Vertrag mit einer unzuständigen Stelle geschlossen, so ist er aber in jedem Fall rechtswidrig. Ob er darüber hinaus nichtig ist, bestimmt sich nach Maßgabe des § 59 VwVfG. Dabei ist zwischen koordinationsrechtlichen und subordinationsrechtlichen Verträgen sowie den verschiedenen Zuständigkeitsarten zu unterscheiden.

Ein **koordinationsrechtlicher Vertrag** ist gem. § 59 Abs. 1 VwVfG dann 32 nichtig, wenn sich die Nichtigkeit aus der entsprechenden Anwendung der

Vorschriften des BGB ergibt. Im BGB stellt ein Zuständigkeitsmangel aber keinen Nichtigkeitsgrund dar.

33 Ein **subordinationsrechtlicher Vertrag** nach § 59 Abs. 2 VwVfG ist weitergehend auch dann nichtig, wenn einer der dort angeführten vier Nichtigkeitsgründe vorliegt. Relevant sind im vorliegenden Zusammenhang die Ziffern 1 und 2. Nach Ziffer 1 ist ein subordinationsrechtlicher Vertrag nichtig, wenn ein Verwaltungsakt mit entsprechendem Inhalt nichtig wäre. Somit sind die unter Rdnr. 30 angeführten Kriterien auch hier maßgeblich. Nach Ziffer 2 ist ein Vertrag auch bei Kollusion nichtig, näherhin dann, wenn „ein Verwaltungsakt mit entsprechendem Inhalt nicht nur wegen eines Verfahrens- oder Formfehlers im Sinne des § 46 rechtswidrig wäre und dies den Vertragsschließenden bekannt war".

cc) Schlicht-hoheitliches Handeln unzuständiger Stellen

34 Zuständigkeitsmängel bei **schlicht-hoheitlichem Handeln** führen zur Rechtswidrigkeit. Die Kategorie der Nichtigkeit ist auf Realakte nicht anwendbar.

dd) Rechte der zuständigen Stelle

35 Unabhängig von den Auswirkungen einer Zuständigkeitsverfehlung auf den Bürger stellt sich weiter die Frage, wie sich die **Kompetenzusurpation** auf die zuständige Stelle auswirkt und ob ihr ein Anspruch auf Unterlassung und Folgenbeseitigung zusteht.

36 Bei **rechtlich selbstständigen Funktionssubjekten** kommt es darauf an, ob ihnen die Zuständigkeit als subjektives Recht im Außenverhältnis zugewiesen ist. Davon ist im Verhältnis der Bundes- zur Landesverwaltung nach herrschender Meinung nicht auszugehen (*BVerfGE* 84, 25 [31]; 81, 310 [383]; a.A. *Pauly*, DÖV 1989, 884ff.; *Winter*, DVBl. 1985, 995ff.). Die Zuständigkeiten der Träger kommunaler Selbstverwaltung im eigenen Wirkungskreis sind auf Grund ihrer verfassungsrechtlichen Absicherung durch Art. 28 Abs. 2 GG sowie die entsprechenden Vorschriften der Landesverfassungen als eigenständige Rechtspositionen ausgestaltet und entsprechende Abwehransprüche materiell und prozessual abgesichert.

37 Bei **Organen** ist schließlich entscheidend, ob die ihnen zustehenden Kompetenzen den Charakter eines wehrfähigen Rechts besitzen, dessen Beachtung sie im Innenrechtsstreit durchsetzen können (siehe dazu § 83, Rdnr. 176ff.)

2. Mehrfache Zuständigkeit

a) Grundsätzliche Fragen

38 Das Postulat einer transparenten, jede Überlagerung und jeden Widerspruch ausschließenden Zuständigkeitsordnung kann aus verschiedenen Gründen nicht erreicht werden. So kann es zu **thematischen Überschneidungen** kommen, wenn etwa in einem Gefahrenfall gleichzeitig mehrere Umweltmedien bedroht sind, zu deren Schutz verschiedene Behörden zu-

ständig sind. Auch in **örtlicher Hinsicht** sind Mehrfachzuständigkeiten denkbar, wenn z.B. ein Unternehmen Betriebsstätten in mehreren Bezirken unterhält. Schließlich sind nicht alle Behörden jederzeit einsatzbereit. So kommt es in der Praxis in vielen Bereichen und Fällen zu Mehrfachzuständigkeiten, für die besondere Konfliktlösungsregeln bereitgestellt werden müssen.

Mehrfachzuständigkeiten sind als solche verfassungsrechtlich unbedenk- 39
lich, soweit es sich um **klare Mehrfachzuständigkeiten** handelt und das Recht wirksame Konfliktlösungsregeln bereitstellt. Unter diesen Voraussetzungen werden weder das Demokratie- noch das Rechtsstaatsprinzip verletzt (*Oebbecke,* S. 1126ff.). Auch aus der verwaltungswissenschaftlichen Perspektive sind Mehrfachzuständigkeit nicht generell bedenklich, etwa weil sie gegen den allgemeinen Grundsatz der „guten Ordnung der Verwaltung“ verstoßen oder unnötigen Aufwand verursachen. So führen Mehrfachzuständigkeiten nicht notwendig zu Doppelarbeit, da sie nicht gleichbedeutend mit der gleichzeitigen Tätigkeit mehrerer Behörden sind. Auch insoweit kann durch wirksame Konfliktlösungsregeln unnötiger und damit unwirtschaftlicher Aufwand vermieden werden (*Oebbecke,* S. 1123ff.).

b) Arten der Mehrfachzuständigkeit

aa) Notkompetenz und Gefahr im Verzuge

Die Fälle besonderer **Eilbedürftigkeit** staatlichen Handelns werden unter 40
dem Begriff der Notkompetenz behandelt. Dabei ist zwischen materiellen und formellen sowie geschriebenen und ungeschriebenen Notkompetenzen zu unterscheiden (*Lücke,* S. 539f.). Problematisch ist dabei vor allem die Begründung ungeschriebener Notkompetenzen, soweit diese durch Behörden aber auch Gerichte in Anspruch genommen werden.

Besonders im Bereich der Gefahrenabwehr ist ein schnelles und unver- 41
zügliches Handeln geboten. Nur so kann eine effektive Gefahrenabwehr und damit eine sinnvolle Aufgabenerfüllung gewährleistet werden. Aus diesen Gründen ist bei **Gefahr im Verzug** nach der allgemeinen Regelung in § 3 Abs. 4 VwVfG jede Behörde örtlich zuständig, in deren örtlichem Zuständigkeitsbereich der Anlass für die Amtshandlung hervortritt. Die Regelung setzt die detaillierte Bestimmung der örtlichen Zuständigkeit in Absatz 1 außer Kraft. Die sachliche Zuständigkeit der Behörde, die das Verwaltungsverfahrensgesetz selbst nicht thematisiert, wird durch die Regelung unausgesprochen als gegeben vorausgesetzt (*Bonk/Schmitz,* § 3, Rdnr. 40). Eine Begründung der sachlichen Behördenzuständigkeit durch eine analoge Anwendung des § 3 Abs. 4 VwVfG (dafür *Kopp/Ramsauer,* § 3, Rdnr. 54) scheidet aus, weil örtliche und sachliche Zuständigkeit sich thematisch nicht auf einer Ebene bewegen und das VwVfG insgesamt keine Regelungen zur sachlichen Zuständigkeit trifft (*Lücke,* S. 546ff.).

Ähnliche Vorschriften über die Zuständigkeit bei Gefahr im Verzuge fin- 42
den sich in zahlreichen **Spezialgesetzen,** vor allem soweit es um Maßnah-

men der Gefahrenabwehr geht (Übersicht bei *Denninger,* in: Lisken/Denninger, Handbuch des Polizeirechts, 3. Aufl., 2001, E, Rdnr. 218 ff.). Neben der Verlagerung bzw. Erweiterung der Zuständigkeit geht es bei ihnen teilweise auch darum, verfahrensmäßige Anforderungen zumindest vorübergehend ganz oder teilweise aufzuheben.

43 Gegenüber der Annahme **ungeschriebener Notzuständigkeiten** bestehen angesichts der inzwischen erreichten Zuständigkeitsdichte und der Pflicht zur Beachtung des Gesetzesvorbehalts bei der Abweichung von gesetzlich begründeten Zuständigkeiten durchgreifende verfassungsrechtliche Bedenken.

bb) Selbsteintrittsrecht

Schrifttum: *Brunner,* Das Selbsteintrittsrecht der höheren Behörde, DÖV 1969, 773; *Boettcher,* Ein Federstrich des Gesetzgebers, BayVBl. 1990, 202; *Gillmaier,* Das Selbsteintrittsrecht in Bayern nach Art. 3 a BayVwVfG, Diss. Passau, 1994; *Guttenberg,* Weisungsbefugnisse und Selbsteintritt, 1992; *Herdegen,* Der Selbsteintritt von Aufsichtsbehörden im Verwaltungsrecht, DÖV 1990, 183; *Kaup,* Das subjektive Recht der regelrecht zuständigen Behörde auf den selbsteintrittsfreien Funktionsbereich, BayVBl. 1990, 193; *Mußgnug,* Das Recht auf den gesetzlichen Verwaltungsbeamten?, 1970; *Rasch,* Festlegung und Veränderung staatlicher Zuständigkeiten, DÖV 1957, 337; *Ringe,* Zur funktionellen Zuständigkeit der übergeordneten Behörde, DVBl. 1957, 676; *Schenke,* Rechtmäßigkeit der Mittagspausenregelung der Landesregierung?, VBlBW 1990, 326; *Schneider,* Zum Selbsteintritt der höheren Behörde in Angelegenheiten der unteren Verwaltungsstelle, DVBl. 1950, 702; *Süß,* Zur gesetzlichen Verankerung des Selbsteintrittsrechts im BayVwVfG, BayVBl. 1987, 1; *Völker,* Das Selbsteintrittsrecht der übergeordneten Behörde, Diss. Tübingen, 1970; *Wilhelm,* Kein Selbsteintrittsrecht der übergeordneten Behörde, BayVBl. 1964, 277.

44 Der Notzuständigkeit ähnlich, aber dennoch in vieler Hinsicht von ihr zu unterscheiden ist das Selbsteintrittsrecht. Ein **Selbsteintrittsrecht** liegt vor, wenn eine ressortmäßig und instanziell zur Aufsicht berufene und mit entsprechenden Weisungsbefugnissen ausgestattete Stelle die Aufgabe, die Gegenstand der Aufsicht ist, extern gegenüber dem Bürger (oder einer staatlichen Stelle) wahrnimmt, also in Überspringung der instanziellen Aufgabenverteilung die Funktion der sachlich (erst-) zuständigen Behörde/Stelle ausübt (*Guttenberg,* 19). In der rechtsdogmatischen Zuordnung ist es schwierig, das Selbsteintrittsrecht genau zuzuordnen. Es kann sowohl als Instrument der Verlagerung der sachlichen Zuständigkeit als auch als Sanktion zur direkten Durchsetzung von Weisungen und damit als Vollstreckungsmittel charakterisiert werden.

45 Beim Selbsteintrittsrecht muss zwischen verschiedenen Konstellationen unterschieden werden, was auch für die rechtliche Qualifizierung von Bedeutung ist. Die erste Unterscheidung bezieht sich auf die geschriebenen, d.h. gesetzlich ausdrücklich verankerten, und die ungeschriebenen, lediglich aus allgemeinen Rechtsgrundsätzen bzw. der Überordnung einer Stelle über eine andere, abgeleiteten Selbsteintrittsrechte. Die zweite Unterscheidung knüpft an den äußeren rechtlichen Rahmen an und differenziert zwischen einem Selbsteintritt gegenüber einem rechtlich selbstständigen Funktions-

subjekt und einer rechtlich unselbstständigen, nachgeordneten Stelle. Teilweise wird auch der Eingriff des Behördenleiters in die innerbehördliche Geschäftsverteilung als Selbsteintritt qualifiziert (*Guttenberg*, 191ff.). Eine dritte Unterscheidung stellt darauf ab, ob die Zuständigkeitsordnung, von der mit dem Selbsteintritt abgewichen wird, durch Außenrechtssatz oder nur durch interne Anordnung begründet ist.

Rechtlich am wenigsten problematisch sind **explizit geregelte Selbsteintrittsrechte.** Sie finden sich vor allem in Bereichen der Gefahrenabwehr und zielen darauf ab, in besonders gelagerten Konstellationen ein schnelles und einheitliches behördliches Handeln zu ermöglichen. Besondere **verfassungsrechtliche Grenzen** des gesetzlich geregelten Selbsteintrittsrechts ergeben sich aus zwei Gesichtspunkten. Zum einen kann bei rechtlich selbstständigen Verwaltungsträgern, vor allem wenn sie über einen verfassungsrechtlich abgesicherten Aufgabenbereich verfügen wie die Kommunen, die Ausübung des Selbsteintrittsrechts als Eingriff in die garantierten Eigenzuständigkeiten zu qualifizieren und deshalb dem Grundsatz der Verhältnismäßigkeit unterworfen sein. Dies ist jedenfalls bei der Ausübung des Ermessens im Zusammenhang mit der Entscheidung über einen Selbsteintritt zu berücksichtigen (*Guttenberg*, 244ff.; siehe auch *Süß*, BayVBl. 1987, 1ff.; *Kaup*, BayVBl. 1990, 193ff. zu weiteren Schranken vgl. *VGH Mannheim*, NuR 1988, 191). Zum anderen muss die mit der Ausübung des Selbsteintrittsrechts verbundene Zuständigkeitsveränderung am Maßstab des allgemeinen **Gleichheitssatzes** gemessen werden, soweit durch die jeweilige Maßnahme die Rechtssphäre des Bürgers tangiert wird (dazu *Guttenberg*, 230ff.). 46

Ganz überwiegend auf Ablehnung stößt heute die Annahme eines **ungeschriebenen Selbsteintrittsrechts** (*Guttenberg*, 32ff., 107; *OVG Weimar*, LKV 1993, 428; *VGH Mannheim*, NVwZ-RR 1992, 602; *VGH München*, NJW 1982, 460). Ausnahmen von diesem Grundsatz werden nur für den Fall der rechtlichen (z.B. wegen Befangenheit) oder tatsächlichen Verhinderung der zuständigen Stelle diskutiert (*Guttenberg*, 108ff.). 47

Bei der Bestimmung der **Rechtsfolgen** im Falle eines fehlerhaften Selbsteintritts ist zwischen den Auswirkungen auf die eigentlich zuständige Stelle und den durch die Maßnahme betroffenen Bürger zu unterscheiden. Dabei ist auf die Grundsätze zurückzugreifen, die beim Handeln der instanziell unzuständigen Stelle zur Anwendung kommen (vgl. oben Rdnr. 27ff.; siehe zu weiteren Einzelheiten auch *Guttenberg*, 198ff.). 48

cc) Mehrheit von Anknüpfungspunkten

Ein weiterer Fall der Mehrfachzuständigkeit kann durch das Vorliegen einer Mehrheit von Anknüpfungspunkten bei **komplexen Sachverhalten** begründet werden. Dafür gibt es zahlreiche Beispiele aus der Praxis. So können mehrere Behörden für die Entgegennahme von Meldungen, Anträgen und Äußerungen des Bürgers zuständig sein. Auch bezüglich der Aus- 49 wertung von Informationen und der Abwehr von Gefahren gibt es oft mehrere zuständige Behörden, um nur einige Bereiche herauszugreifen (weitere Beispiele bei *Oebbecke,* S. 1121 ff.).

c) Konfliktlösungsregeln

aa) Prioritätsregel

50 Nach § 3 Abs. 2 S. 1 VwVfG wird im Falle einer Mehrfachzuständigkeit in erster Linie die **Prioritätsregel** zur Konfliktlösung herangezogen. Danach ist die Behörde zuständig, „die zuerst mit der Sache befasst worden ist". Eine Befassung liegt nicht erst dann vor, wenn die Behörde bereits Maßnahmen ergriffen oder in ähnlicher Weise nach außen erkennbar tätig geworden ist. Vielmehr reicht der objektive Nachweis aus, dass eine Verfahrenshandlung vorgenommen wurde (*OVG Münster,* BauR 1990, 336; *Bonk/Schmitz,* § 3, Rdnr. 28). Die erstbefasste Behörde ist fortan alleine zuständig. Sie muss jedoch die Belange der anderen zuständigen Behörden wahren (*OVG Münster,* BauR 1990, 336). Sie kann sich ihrer Zuständigkeit auch nicht mehr durch Abgabe an eine andere zuständige Behörde entledigen. Die Vorschrift dient demnach der Rechtssicherheit und Verfahrensbeschleunigung. Sie hat eine beschränkte verfahrenskonzentrierende Wirkung.

51 Die in § 3 Abs. 2 S. 1 VwVfG getroffene Regelung ist, vorbehaltlich spezialgesetzlicher Regelungen, über ihren Wortlaut hinaus als allgemeine Regel auch auf Kompetenzkonflikte anwendbar, die sich auf Vorgänge beziehen, die nicht in den Anwendungsbereich des VwVfG fallen (*BVerwG* DVBl. 1998, 1023; *Bonk/Schmitz,* § 3, Rdnr. 27).

52 Die Prioritätsregel kann durch Intervention der für alle zuständigen Behörden gemeinsam fachlich zuständigen Aufsichtsbehörde nach Halbsatz 2 durchbrochen werden. Dabei kann die Zuständigkeit einer anderen als der erstbefassten Behörde bestimmt werden. Zeitlich ist dieses Interventionsrecht nur insoweit beschränkt, als die erstbefasste Behörde noch keine Entscheidung in der Sache getroffen hat. Diese Begrenzung ist im Wege der Auslegung abzuleiten, da im Falle einer bereits getroffenen Entscheidung keine Entscheidung einer anderen Behörde mehr erforderlich und zulässig ist (*Bonk/Schmitz,* § 3, Rdnr. 29).

bb) Bestimmungsrecht der Aufsichtsbehörde

53 Neben dem Interventionsrecht nach Satz 1 besitzt die gemeinsame fachlich zuständige Aufsichtsbehörde nach Satz 2 ein **Bestimmungsrecht** in Fällen, in denen eine gleiche Angelegenheit sich auf mehrere Betriebsstätten oder Unternehmen bezieht, für die unterschiedliche Behörden zuständig sind. Wenn es unter Wahrung der Interessen der Beteiligten zur Sicherung einer einheitlichen Entscheidung geboten ist, kann die Aufsichtsbehörde eine der zuständigen Behörden als gemeinsame zuständige Behörde bestimmen. Damit wird eine Sonderregelung zu § 3 Abs. 1 Nr. 2 getroffen. Eine „gleiche Angelegenheit" liegt bei völliger oder weitreichender sachlicher

und/oder rechtlicher Gleichheit der zu treffenden Einzelentscheidungen vor. Eine Zustimmung der Beteiligten ist nicht erforderlich, doch müssen deren Interessen gewahrt werden.

cc) Streitentscheidung durch die Aufsichtsbehörde

Für weitere Zuständigkeitsstreitigkeiten, insbesondere die Fälle, in denen sich mehrere Stellen für zuständig oder unzuständig halten oder die Zuständigkeit aus sonstigen Gründen zweifelhaft ist, sieht § 3 Abs. 2 S. 3 VwVfG ein Entscheidungsrecht der gemeinsamen fachlich zuständigen Aufsichtsbehörde vor. Fehlt eine gemeinsame Aufsichtsbehörde, so entscheiden nach Satz 4 die einzelnen fachlich zuständigen Aufsichtsbehörden gemeinsam. Dies ist in der Praxis zumeist dann der Fall, wenn die einzelnen zuständigen Behörden verschiedenen Rechtsträgern angehören. **54**

Die Entscheidung der Aufsichtsbehörde stellt aus der Sicht des Bürgers einen innerbehördlichen Vorgang ohne Verwaltungsaktqualität dar und kann deshalb gem. § 44a VwGO nicht selbstständig, sondern nur zusammen mit der Sachentscheidung angefochten werden (*BVerwGE* 21, 352; *Bonk/Schmitz,* § 3, Rdnr. 34; *Kopp/Ramsauer,* § 3, Rdnr. 38). **55**

3. Zuständigkeitsverlagerungen

a) Übersicht und Bedeutung

Eine Verlagerung der Zuständigkeit kann auf verschiedene Art und Weise und aus ganz unterschiedlichen Gründen erfolgen. Die Verlagerung kann innerhalb eines Verwaltungsträgers als Verlagerung auf andere Organe oder zwischen Verwaltungsträgern erfolgen (interne oder externe Zuständigkeitsverlagerung). Es kann sich um eine zwingende, weil durch Rechtsnormen verbindlich angeordnete, oder um eine gewillkürte, im Ermessen der beteiligten Stellen stehende Maßnahme handeln. Schließlich kann zwischen endgültigen oder vorübergehenden Zuständigkeitsverlagerungen unterschieden werden. **56**

Anlass für eine Zuständigkeitsverlagerung können sowohl Veränderung im organisatorischen Bereich, wie die Neuordnung der Verwaltungsorganisation (Verwaltungsstruktur- und Gebietsreformen), als auch die Neuordnung des Zuschnitts von Sachgebieten aus anderen Gründen (z.B. als Folge eines geänderten Ressortzuschnitts auf Regierungsebene oder der Zusammenführung von bislang getrennt verwalteten Bereichen) sein. **57**

Ob eine Zuständigkeitsverlagerung dem **Gesetzesvorbehalt** unterliegt, hängt insbesondere davon ab, ob es sich um eine interne oder externe Verlagerung handelt, wie sich die Verlagerung im Außenverhältnis auswirkt und welchen normativen Rang die bisherige Regelung hat. Ist die bestehende Zuständigkeitsregelung gesetzlich geregelt, so bedarf es schon aus diesem Grunde zur Änderung ebenfalls eines Gesetzes. Das Gleiche gilt, wenn in die Zuständigkeit eines Verwaltungsträgers eingegriffen werden soll, der über einen besonderen Kompetenzschutz verfügt, wie es vor allem bei den **58**

Trägern kommunaler Selbstverwaltung im eigenen Wirkungskreis der Fall ist.

b) Zuständigkeitsänderung im laufenden Verfahren

59 § 3 Abs. 3 VwVfG trifft eine besondere Regelung für den Fall, dass während eines laufenden Verwaltungsverfahrens die Zuständigkeit geändert wird. Im Interesse der Vereinfachung und Beschleunigung des Verfahrens hat sich der Gesetzgeber für die Fortführung des Verfahrens durch die bislang zuständige Stelle entschieden. Diese steht aber unter dem dreifachen Vorbehalt, dass die neu zuständige Behörde zustimmt, die Interessen der Beteiligten gewahrt bleiben und die einfache und zweckmäßige Durchführung des Verfahrens gefördert wird. Zudem haben abweichende spezialgesetzliche Regelungen wie z.B. in § 45 BAföG (dazu *BVerwGE* 90, 25), § 97 BSHG (dazu *BVerwGE* 85, 60) und § 24 WpflG (dazu *BVerwGE* 71, 63) Vorrang. Weitere vorrangig anwendbare Sonderregelungen finden sich in § 48 Abs. 5, § 49 Abs. 5 und § 51 Abs. 4 VwVfG.

60 Eine **ausdrückliche Regelung** ist erforderlich, weil aus dem Grundsatz der Gesetzmäßigkeit der Verwaltung grundsätzlich abzuleiten ist, dass sich bei einer Änderung der tatsächlichen oder rechtlichen Gegebenheiten (wie z.B. einem Wohnsitzwechsel des Antragstellers) die Zuständigkeit auf die nach den neuen Merkmalen zuständige Behörde übergeht (*OVG Münster,* DÖV 1980, 803; *OVG Hamburg,* NVwZ-RR 1999, 481).

61 Der Anwendungsbereich des § 3 Abs. 3 VwVfG bezieht sich auf ein **laufendes Verfahren.** Dabei ist der Begriff des Verwaltungsverfahrens weiter zu verstehen als in § 9 VwVfG, so dass auch das Vorverfahren gem. § 71 VwVfG einbezogen wird (*BVerwG* NVwZ 1987, 224). Zunächst muss die bislang zuständige Behörde prüfen, ob die Beibehaltung der ursprünglichen Zuständigkeit der einfachen und zweckmäßigen Durchführung des Verfahrens dient. Dafür kann insbesondere der Umstand sprechen, dass das Verfahren aufwändig und schon sehr weit gediehen ist, so dass es Zeit und Arbeit spart, wenn es durch die bislang befassten Sachbearbeiter zu Ende geführt wird. Wird eine vereinfachende und beschleunigende Wirkung bejaht, so müssen die Auswirkungen auf die Interessen der Beteiligten ermittelt werden. Dabei ist nicht nur auf einen etwaigen Antragsteller, sondern auf alle Beteiligten i.S.d. § 13 VwVfG abzustellen. Die Interessen der Beteiligten sind gewahrt, wenn die Geltendmachung ihrer Rechte und Interessen nicht wesentlich erschwert wird (*Kopp/Ramsauer,* § 3, Rdnr. 50). Eine Anhörung oder gar Zustimmung der Beteiligten ist nicht vorgesehen und auch nach allgemeinen Regeln nicht erforderlich (*Bonk/Schmitz,* § 3, Rdnr. 37).

62 Kommt die bislang zuständige Behörde zu dem Ergebnis, dass eine Fortführung des Verfahrens durch sie angezeigt erscheint, so hat sie die nach der neuen Rechtslage zuständige Behörde zu unterrichten und um ihre Stellungnahme zu ersuchen. Nur wenn diese zustimmt, bleibt es bei der

alten Zuständigkeit. Durch dieses Zustimmungserfordernis trägt § 3 Abs. 3 VwVfG vor allem denjenigen Fällen Rechnung, in denen die neu zuständige Behörde einem Rechtsträger angehört, der nicht in den Anwendungsbereich des jeweiligen Verwaltungsverfahrensgesetzes fällt und für den deshalb auch eine die Zuständigkeit entziehende Regelung getroffen werden konnte. Aus Gründen der Klarheit ist den Beteiligten die Fortführung des Verfahrens durch die bisher zuständige Behörde aber mitzuteilen (*Bonk/Schmitz*, § 3, Rdnr. 37). Die Zustimmung kann auch rückwirkend und mit heilender Wirkung bis zum Abschluss des Widerspruchsverfahrens erklärt werden (*BVerwG* NVwZ 1987, 224f.). Auch eine Ersetzung durch die Aufsichtsbehörde ist bei Vorliegen der entsprechenden Voraussetzungen des aufsichtlichen Einschreitens möglich.

Ergeht keine Zustimmung, so wird das Verfahren bei der neu zuständigen 63
Behörde fortgeführt. Das bedeutet insbesondere, dass die neu zuständige Behörde sich alle Verfahrenshandlungen und Entscheidungen der bislang zuständigen Behörde wie eigene zurechnen lassen muss. Das gilt insbesondere für die Bestimmung des Zeitpunkts der Kenntnisnahme von Tatsachen sowie den Lauf von Fristen. Im Außenverhältnis ist die neu zuständige Behörde aber an Rechtsauffassungen der bislang zuständigen Behörde nur gebunden, wenn insoweit ausnahmsweise Bindungen erzeugt und Vertrauenstatbestände geschaffen wurden.

Die Entscheidung über die Fortführung steht auch bei Vorliegen der Vor- 64
aussetzungen im Ermessen der Behörde. Es handelt sich nicht um einen Verwaltungsakt sondern um eine Verfahrenshandlung innerhalb eines Verwaltungsverfahrens (*Kopp/Ramsauer*, § 3, Rdnr. 51).

Ein **Zuständigkeitswechsel nach Abschluss des Verfahrens,** d.h. bei 65
Unanfechtbarkeit eines Verwaltungsaktes oder Wirksamwerden eines verwaltungsrechtlichen Vertrages, wirkt sich nicht mehr aus. Die Zuständigkeit für weitere Verfahren wie ein Vollstreckung oder die auf Rücknahme oder Widerruf gerichteten Verfahren, richten sich wegen der Selbstständigkeit nach der neuen Rechtslage (*Kopp/Ramsauer*, § 3, Rdnr. 52; *Schmidt*, DÖV 1977, 777).

Im **verwaltungsgerichtlichen Verfahren** kann sich eine Veränderung der 66
örtlichen Zuständigkeit je nach Klageart und Begehren ganz unterschiedlich auswirken (Übersicht bei *Redeker*, NVwZ 2000, 1223ff.). Dabei ist es in den meisten Fällen Aufgabe des Klägers, dies bereits bei Klageerhebung etwa im Wege einer subjektiven Klagehäufung zu berücksichtigen oder im laufenden Verfahren durch eine Klageänderung zu reagieren (zu Einzelheiten vgl. die Kommentierungen zu § 91 und § 113 VwGO). Entscheidend ist, ob die beantragte Entscheidung noch gegenüber der bislang zuständigen Behörde ergehen kann. Das ist bei Verpflichtungs- und Leistungsbegehren regelmäßig nicht der Fall. Im Falle von Anfechtungsklagen kommt es vor allem bei Dauerverwaltungsakten zu Abgrenzungsschwierigkeiten.

c) Delegation

67 Die praktisch bedeutsamste Form der Zuständigkeitsverlagerung ist die **Delegation.** Darunter versteht man die Übertragung einer Zuständigkeit (Kompetenz) auf ein anderes Subjekt (dabei kann es sich um einen anderen Rechtsträger, ein anderes Organ oder ein Unterorgan handeln) durch die zuständige Stelle. Typisch für die Delegation ist demnach die durch einen Rechtsakt erfolgende Weitergabe **eigener** Zuständigkeiten bzw. Kompetenzen. Die auf Grund der Delegation zuständige Stelle (sog. Delegatar) nimmt die ihm übertragene Aufgabe **im eigenen Namen** wahr. Eine ausdrückliche Delegationsermächtigung kann sich sowohl auf die zuständige Stelle als auch auf eine ihr übergeordnete Stelle beziehen.

68 Die Delegation ist ein wichtiges Instrument zur Dekonzentration und Dezentralisierung in Staat und Verwaltung. Dies gilt sowohl für die administrative Rechtsetzung, für den Art. 80 GG wichtige Vorgaben vermittelt, als auch für die Verwaltungstätigkeit im Übrigen. Neben der Entlastung der zentralen Organe dient die Delegation auch der Ermöglichung einer effektiven, sach- und bürgernahen Verwaltung.

69 Fehlt es an einer ausdrücklichen Regelung, so hängt die **Zulässigkeit** einer Delegation davon ab, in welcher Form und mit welcher Bindungswirkung die Zuständigkeit der übertragenden Stelle begründet worden ist, um welche Art von Aufgabe es sich handelt und auf welches Subjekt die Übertragung erfolgen soll (eingehend dazu *Schenke,* VerwArch. 68 [1977], 118 [136ff.]). Soweit Zuständigkeitsbestimmungen dem Gesetzesvorbehalt unterliegen, kann auch eine Delegation nur bei entsprechender gesetzlicher Ermächtigung erfolgen. Außerhalb der Geltung des Gesetzesvorbehalts, insbesondere bei der Verlagerung der Zuständigkeit auf ein anderes Organ innerhalb eines Verwaltungsträgers, kann grundsätzlich eine Delegation auch ohne ausdrückliche gesetzliche Ermächtigung erfolgen. Eine gesetzliche Ermächtigung zur Bildung von Unterorganen schließt regelmäßig auch ein Delegationsrecht ein. Doch ergeben sich auch insoweit Schranken aus Regelungen, in denen einem Organ bestimmte Aufgaben zwingend in der Art und Weise zugewiesen sind, so dass eine Übertragung ausgeschlossen ist. Ein Beispiel dafür sind die sog. Vorbehaltsaufgaben des Rates in den Gemeindeordnungen. Fehlt es an einer ausdrücklichen Regelung eines Delegationsverbotes, so kann ein solches auch direkt aus dem Verfassungsrecht, insbesondere dem Demokratieprinzip abgeleitet werden. Auch schließt eine explizite gesetzliche Zuweisung von Aufgaben in der Regel eine Übertragung auf andere Behörden und Verwaltungsträger aus. Dies folgt aus dem Vorrang des Gesetzes gem. Art. 20 Abs. 3 GG und der mit der Aufgabenzuweisung ebenfalls verbundenen demokratischen Legitimation, die sich nicht auf andere Stellen bzw. Amtswalter erstreckt. Im Bereich der gesetzesfreien Leistungsverwaltung ist eine Delegation auch durch Verwaltungsanordnung zulässig (vgl. *OVG Koblenz,* NVwZ 1986, 843).

70 Die durch eine Delegation bewirkte Zuständigkeitsverlagerung sowie das dadurch begründete Rechtsverhältnis zwischen delegierender Stelle (Delegat) und Delegatar kann unterschiedlich ausgestaltet werden. Das gilt insbesondere hinsichtlich der Einwirkungs- und Entscheidungsmöglichkeiten der delegierenden Stelle. Verzichtet sie vollständig auf ein eigenes Entscheidungsrecht solange die Delegation aufrechterhalten bleibt, so spricht man von einer **echten** oder **überwälzenden Delegation** oder von einer **Abtretung.** Behält sich die delegierende Stelle jedoch den jederzeitigen Zugriff auf die Sachentscheidung vor (sog. Rückholrecht), so handelt es sich um eine **unechte** oder **bewahrende Delegation.** In diesen Fällen liegt zugleich eine Mehrfachzuständigkeit vor. Die unechte Delegation wird wegen der mit ihr verbundenen Zufälligkeit der Entscheidungszuständigkeit teilweise im Hinblick auf das Willkürverbot des Art. 3 Abs. 1 GG für verfassungsrechtlich bedenklich gehalten (*Schenke,* VerwArch. 68 [1977], 118 [142f.]).

71 Welche Art der Delegation vorliegt ist bei mangelnder Eindeutigkeit des Delegationsaktes im Wege der Auslegung zu ermitteln. Dabei kann von der Regel ausgegangen werden, dass im Falle der Delegation auf ein Unterorgan eine unechte Delegation vorliegt. Etwas anderes ist dann anzunehmen, wenn das Unterorgan auf Grund seiner Zusammensetzung über besondere Sachkunde verfügt oder besonderen Verfahrens- oder Geheimhaltungsvorschriften unterliegt. Im Falle der Delegation auf einen anderen Verwaltungsträger (wie z.B. bei der kommunalen Gemeinschaftsarbeit) ist demgegenüber mangels gegenteiliger Anhaltspunkte davon auszugehen, dass es sich um eine echte Delegation handelt.

72 Je nachdem, ob die Delegation auf einen konkreten Fall beschränkt ist oder ohne derartige Einschränkung erfolgt, spricht man von **Singular-** oder **Generaldelegation.** Letztere stellt den Normalfall dar. Eine Singulardelegation ist jedenfalls bei Außenkompetenzen wegen Art. 3 Abs. 1 GG nur ausnahmsweise zulässig und wird nicht durch eine Ermächtigung zu einer Generaldelegation legitimiert. Wird nur ein Teil einer zusammenhängenden Kompetenz übertragen, spricht man von **Spezialdelegation** (*Schenke,* VerwArch. 68 [1977], 118 [122]).

73 Wird eine delegierte Kompetenz durch den Delegatar seinerseits weitergeleitet, so spricht man von einer **Subdelegation.** Beispiele dafür finden sich etwa in Art. 80 Abs. 1 S. 4 GG und in zahlreichen spezialgesetzlichen Zuständigkeitsregeln in Bundesgesetzen, die die Länder zur Bestimmung der Behördenzuständigkeit ermächtigen.

74 Mit der Delegation ist nicht automatisch die Begründung von **Weisungsmöglichkeiten** verbunden. Soweit sich aus anderen Rechtsvorschriften keine Weisungsbefugnisse ableiten lassen oder diese im Delegationsakt nicht ausdrücklich verankert sind, kann der Delegatar nur durch die Ausübung eines Rückholrechts bei der unechten Delegation oder die Aufhebung der Delegation Einfluss auf die Aufgabenerfüllung nehmen. **Staatshaftungs-**

rechtlich wirkt sich die Delegation nur dann aus, wenn es zu einer Aufgabenübertragung auf einen anderen Rechtsträger kommt.

d) Mandat

75 Von der Delegation zu unterscheiden ist das organisationsrechtliche Mandat. Es ist dadurch gekennzeichnet, dass der Inhaber einer Zuständigkeit (der Mandant) ein anderes Verwaltungssubjekt (den Mandatar) für einen oder mehrere Fälle beauftragt, eine Kompetenz **im Namen des Mandanten** auszuüben bzw. zu erledigen. Ob durch ein Mandat die Zuständigkeitsordnung als solche nicht berührt wird, da das Handeln des Beauftragten vergleichbar der zivilrechtlichen Stellvertretung dem Mandanten zugerechnet wird, ist umstritten (bejahend: *Schenke,* VerwArch. 68 [1977], 118 [153]; verneinend: *Heinz,* Der Staat 36 [1997], 495 [508]; differenzierend: *Wallerath,* Allgemeines Verwaltungsrecht, 5. Aufl., 2000, § 5, Rdnr. 37, zwar keine Zuständigkeitsverlagerung, aber Verschiebung der tatsächlichen Entscheidungsmacht; siehe auch *BVerwG* DVBl. 1962, 372; *BVerwGE* 63, 258; *BDizG,* NVwZ 1986, 866).

76 Nach ihrem Anwendungsbereich und rechtlichen Anforderungen sind das **innerbehördliche Mandat,** das sich in der Praxis hinter der Zeichnungsbefugnis verbirgt, und dem **zwischenbehördlichen** oder **externen Mandat** zu unterscheiden. Letzteres betrifft den Fall, dass ein anderer Rechtsträger bzw. eine andere Behörde beauftragt wird. Ähnlich wie bei der Delegation wird weiter zwischen einem generellen und dem Einzel- oder Singularmandat sowie dem Submandat unterschieden.

77 Das **innerbehördliche Mandat,** d.h. die Vertretung des Behördenleiters durch einen Mitarbeiter, dem nach innerdienstlichen Vorschriften die Zeichnungsberechtigung übertragen wurde, unterliegt nur geringen Zulässigkeitsanforderungen. Grundsätzlich indiziert die Zuweisung einer Kompetenz an eine Behörde die stillschweigende Zulassung des innerbehördlichen Mandats. Etwas anderes gilt nur dann, wenn ausdrücklich das Handeln des Behördenleiters verlangt ist.

78 Ein **zwischenbehördliches Mandat** unterliegt weitergehenden Anforderungen. Dabei spielt die genaue Qualifizierung der Auswirkungen dieser Form der Zuständigkeitsverlagerung eine zentrale Rolle. Folgt man der Ansicht, dass trotz der formalen Zurechnung an des Handelns des Mandatars auf den Mandanten eine Veränderung der Zuständigkeitsordnung vorliegt, so sind die gleichen Anforderungen zu stellen, die auch für eine Delegation gelten. Zum gleichen Ergebnis gelangt man, wenn man mit der differenzierenden Ansicht zwar einen Eingriff in die Zuständigkeitsordnung verneint, aber auf die tatsächliche Verlagerung der Entscheidungsmacht abstellt und insoweit eine Gleichbehandlung mit der Delegation verlangt. Die Gegenansicht, die alleine auf die Zurechnung der Handlungen des Mandatars zum Mandaten abstellt, vermag deshalb nicht zu überzeugen, weil damit die rechtliche und faktische Eigenständigkeit des Mandatars verkannt bzw.

ignoriert wird (ebenso *Horn,* NVwZ 1986, 811). Aus diesem Grunde bedarf ein generelles zwischenbehördliches Mandat im Geltungsbereich des Gesetzesvorbehalts, d. h. bei der Übertragung von Handlungsbefugnissen mit Außenwirkung, einer gesetzlichen Grundlage (*BDiszG,* DÖV 1985, 450; *Schenke,* VerwArch. 68 [1977], 118 [153 ff.]). Bei der Erteilung eines generellen Mandats außerhalb des Gesetzesvorbehalts muss die Mandatserteilung auf eine Rechtsgrundlage gestützt werden, die zumindest den gleichen Rang hat wie die Bestimmung der ursprünglichen Zuständigkeit. Für das Singularmandat gelten die gleichen Differenzierungen und Anforderungen. Auch hier ist besonders auf die Einhaltung des Willkürverbots zu achten. Die Erteilung eines zwischenbehördlichen Singularmandats ist als Verwaltungsakt zu qualifizieren.

Eine spezielle Regelung hat das zwischenbehördliche Mandat für den Be- 79
reich der Zusammenarbeit von Leistungsträgern der Sozialversicherung in den §§ 88 ff. SGB X unter dem Oberbegriff des Auftrags erfahren (*Boecken,* DB 1983, 2034 ff.; *Pickel,* SGb 1984, 1 ff.).

Zwischen Mandant und Mandatar besteht in der Regel ein Weisungsver- 80
hältnis, doch ist dies nicht begriffsnotwendig und auch nicht die zwingende Folge der Mandatserteilung. Ebenfalls ist es denkbar, dass dem Mandanten die eigene Entscheidungsbefugnis genommen wird. Es kommt insoweit auf die rechtliche Ausgestaltung im Einzelfall an.

Im Fall eines zwischenbehördlichen generellen oder **Singularmandats** 81
steht ein Amtshaftungsanspruch im Falle einer Amtspflichtverletzung im Bereich des Mandatars nach den vom BGH entwickelten Grundsätzen der Anvertrauenstheorie gegenüber der ausführenden Körperschaft zu (siehe Band II, § 67, Rdnr. 132 ff.). Etwas anderes gilt im Falle einer abweichenden gesetzlichen Regelung (zum Fall des § 89 Abs. 2 SGB X näher *Grüneberg,* NVwZ 1990, 621 ff.).

e) Amtshilfe

Schrifttum: *App,* Die Praxis der Finanzämter bei der Mitteilung steuerrechtlicher Pflichtverletzungen, GewArch. 1990, 10; *Barbey,* Amtshilfe durch Informationshilfe und „Gesetzesvorbehalt", in: FS zum 125 jährigen Bestehen der Juristischen Gesellschaft zu Berlin, 1984, 25; *Breer/Kohler,* Amtshilfe – Umfang und Grenzen der zwischenbehördlichen Hilfeleistungspflicht, VR 1987, 114; *Bull,* Datenschutz contra Amtshilfe, DÖV 1979, 689; *Denninger,* Einführung in die Probleme des Amtshilferechts insbesondere im Sicherheitsbereich, JA 1980, 280; *ders.,* Das Recht auf informationelle Selbstbestimmung und Innere Sicherheit, KJ 1985, 215; *Dreher,* Die Amtshilfe, 1959; *Hentschel,* Die innerstaatliche Rechts- und Amtshilfe, 1958; *Kähler,* Die Amtshilfe nach dem Verwaltungsverfahrensgesetz, Diss. jur. Berlin 1977; *Kopp/Kopp,* Die länderübergreifende Amtshilfe und Verwaltungsvollstreckungshilfe, BayVBl. 1994, 229; *Leinius,* Zum Verhältnis von Sitzungspolizei, Hausrecht, Polizeigewalt, Amts- und Vollzugshilfe, NJW 1973, 448; *Martens,* Polizeiliche Amts- und Vollzugshilfe, JR 1981, 353; *Meyer-Teschendorf,* Amtshilfe durch den Verfassungsschutz, ZBR 1979, 261; *ders.,* Die Amtshilfe, JuS 1981, 187; *Moll,* Das Problem der Amtshilfe, DVBl. 1954, 697; *Nisipeanu,* Die Amtshilfe – dargestellt an §§ 111–115 AO, 1989; *Pickel,* Durchführung und Kosten der Amtshilfe im Sozialrecht, NZA 1985, 416;

Pitschas, Die Amtshilfe für und durch Sozialhilfeträger, SGb 1990, 233; *Prost,* Die Amtshilfe nach Bundesrecht, DÖV 1956, 80; *Roll,* Amtshilfe für den Verfassungsschutz?, JuS 1979, 239; *Schlink,* Die Amtshilfe, Berlin 1982; *ders.,* Datenschutz und Amtshilfe, NVwZ 1986, 249; *Schmidt, J.,* Die Amtshilfe nach dem Verwaltungsverfahrensgesetz, FS Boorberg Verlag, 135; *Schmidt, W.,* Amtshilfe durch Informationshilfe, ZRP 1979, 185; *Schnapp,* Amtshilfe, behördliche Mitwirkungspflichten und Geheimhaltung, NJW 1980, 2165; *ders.,* Grenzen der Amtshilfe in der Sozialversicherung, in: Im Dienst des Sozialrechts, FS Wannagat, 449; *ders.,* Zum Anwendungsbereich der Amtshilfevorschriften, insbes. im „ressortüberschreitenden" Amtshilfeverkehr, DVBl. 1987, 561; *Schnapp/Friehe,* Prüfungskompetenz und Rechtsschutz bei Streitigkeiten über Amtshilfeverpflichtungen, NJW 1982, 1422; *Simitis,* Von der Amtshilfe zur Informationshilfe, NJW 1986, 2795; *Steinbömer,* Amtshilfe und Geheimhaltungspflichten, DVBl. 1981, 340; *Stüer,* Amtshilfeersuchen zwischen Sozialleistungsträgern und allgemeinen Verwaltungsbehörden, DÖV 1985, 720; *Tubies,* Amtshilfe und Datenschutz, DuD 1979, 75; *dies.,* Datenübermittlung innerhalb von Behörden, DuD 1979, 157; *Wessel,* Verfassungs- und verfahrensrechtliche Probleme der Amtshilfe im Bundesstaat, 1983; *Wilde,* Amtshilfe und Datenschutz im Lichte des Volkszählungsurteils des Bundesverfassungsgerichts, BayVBl. 1986, 230.

aa) Begriff und Funktion der Amtshilfe

82 Die Verfassungsnorm des **Art. 35 Abs. 1 GG** bestimmt, dass sich alle Behörden des Bundes und der Länder gegenseitig Rechts- und Amtshilfe leisten. Aus dieser sowohl konkretisierungsfähigen als auch konkretisierungsbedürftigen Vorschrift (so *Seifert/Hömig,* Art. 35, Rdnr. 1, 3; *Jarass/Pieroth,* GG, 5. Aufl., Art. 35, Rdnr. 1) ergeben sich unmittelbare verfassungsrechtliche Rechte und Pflichten der Behörden von Bund, Ländern und Kommunen sowie deren Rechtsträger in ihrem Verhältnis zueinander (*Maunz/Dürig,* Art. 35, Rdnr. 1 ff.; *Seifert/Hömig* a. a. O.). Das verfassungsrechtlich gewährleistete Amtshilfegebot soll einerseits dem mit einer föderalistischen Grundordnung einhergehenden Problem der Trennung der Staatsgewalten von Bund und Ländern begegnen; darüber hinaus soll es über das Verhältnis von Bund und Ländern hinweg ein Mindestmaß an Unterstützungsrechten und den damit korrespondierenden Pflichten unter Behörden und Gerichten auf und unter allen staatlichen Ebenen gewährleisten (*Bonk/Schmitz* in: Stelkens/Bonk/Sachs, § 4, Rdnr. 2; zur Abgrenzung der Amtshilfe gegenüber der Rechtshilfe *dies.* a. a. O., Rdnr. 38).

83 Im Übrigen regelt Art. 35 Abs. 1 GG lediglich den Grundsatz einer im Gegenseitigkeitsverhältnis bestehenden Unterstützungspflicht, nicht aber deren Voraussetzungen, Inhalt und Grenzen. Diese sind der Konkretisierung durch einfaches Gesetz vorbehalten und finden ihre gesetzliche Grundlage für die Hilfeleistung zwischen Verwaltungsbehörden nunmehr in den §§ 4 ff. VwVfG, welche die Länder nahezu inhaltsgleich in ihre VwVfGe übernommen haben (für den Bereich der Rechtshilfe vgl. die gesetzliche Konkretisierung in §§ 156 ff. GVG, § 14 VwGO). Auch in den §§ 111 ff. AO wie auch in den §§ 3, 68 ff. SGB X finden sich inhaltsgleiche Regelungen, weswegen §§ 4 ff. VwVfG als Ausdruck eines allgemeinen Rechtsgrundsatzes des Verwaltungsverfahrensrechts angesehen werden können (*Bonk/Schmitz* in: Stelkens/Bonk/Sachs, § 4, Rdnr. 3).

Auf der anderen Seite scheinen die genannten gesetzlichen Regelungen von einem zumindest nicht einheitlichen Begriff der Amtshilfe auszugehen: Während die §§ 4 ff. VwVfG den Begriff der Amtshilfe auf die Hilfeleistung unter Verwaltungsbehörden beschränken, geht § 111 Abs. 1 S. 1 AO seinem Wortlaut nach davon aus, dass auch Gerichte Amtshilfe leisten können. Dieser scheinbaren Begriffsverwirrung kann mit der Differenzierung begegnet werden, dass auch Gerichte als Behörden Amtshilfe leisten können, wenn es sich um die Vornahme nichtrichterlicher Handlungen handelt. Werden im Rahmen der Hilfeleistung jedoch Handlungen vorgenommen, die dem Richter vorbehalten sind, ist von Rechtshilfe im Sinne von §§ 156 ff. GVG, § 14 VwGO auszugehen (vgl. die Abgrenzung bei *Bonk/Schmitz* in: Stelkens/Bonk/Sachs, § 4, Rdnr. 38). Gleichwohl soll den folgenden Ausführungen der Begriff der Amtshilfe, *wie ihn das VwVfG verwendet,* zugrunde gelegt werden. 84

Im Grundsatz hat jede Behörde die ihr zugewiesenen Aufgaben durch Einsatz ihrer persönlichen und sächlichen Ressourcen auf der Grundlage der ihr zugewiesenen gesetzlichen Befugnisse selbst zu erfüllen. Falls die betreffende Behörde hierzu ausnahmsweise auf Grund *technischen* oder *rechtlichen* Unvermögens nicht in der Lage ist, steht ihr zur Überwindung dieses Hindernisses das Institut der Amtshilfe zur Verfügung. Auf der Grundlage und in den Grenzen der §§ 4 ff. VwVfG ist sie befugt, eine andere Behörde zu *ersuchen,* die entsprechende Handlung durchzuführen. Diese als *Amtshilfehandlung* zu bezeichnende Handlung nimmt die *ersuchte* Behörde auf das Ersuchen der Behörde hin vor, die der Wortlaut der §§ 4 ff. VwVfG als die *ersuchende* Behörde umschreibt. Das durch ein Ersuchen im obigen Sinne eingeleitete Amtshilfeverfahren, dessen Ziel die Durchführung der Amtshilfehandlung durch die ersuchte Behörde ist (hierzu näher unter cc), ist abzugrenzen vom Grundverfahren, welches von der ersuchenden Behörde durchgeführt wird und in dessen Zentrum die Verwirklichung der Grundmaßnahme steht. 85

Amtshilfe in diesem Sinne ist die **ergänzende Hilfe,** die eine Verwaltungsbehörde einer anderen Verwaltungsbehörde auf deren Ersuchen hin leistet, welches als Aufforderung, Hilfe zu leisten sowohl begriffliche als auch Zulässigkeitsvoraussetzung der Amtshilfe darstellt. Amtshilfe kann weder im Verhältnis zwischen einer Behörde und einer Privatperson noch zwischen Teilen ein und derselben Behörde vorliegen. Amtshilfe ist im weiteren nicht gegeben, wenn Behörden einander innerhalb eines bestehenden Weisungsverhältnisses Hilfe leisten (§ 4 Abs. 2 Nr. 1 VwVfG). Dies leuchtet zunächst für den Fall ein, in dem die übergeordnete Behörde eine ihr nachgeordnete Behörde auf eine Hilfeleistung in Anspruch nehmen will. Denn dies kann sie bereits im Rahmen ihres bestehenden Weisungsrechts tun, so dass es eines Rückgriffs auf die Amtshilfe, deren ergänzende Funktion sich an dem genannten Beispiel verdeutlichen lässt, nicht bedarf. Problematisch ist, ob im umgekehrten Falle, in dem die nachgeordnete die übergeordnete 86

Behörde um Hilfe angeht, von einem Amtshilfeersuchen auszugehen ist. Dies ist jedoch mit dem insofern eindeutigen Wortlaut des § 4 Abs. 2 Nr. 1 VwVfG zu verneinen. Im Übrigen ließe sich ein gegebenenfalls vorliegender Amtshilfeanspruch der nachgeordneten Behörde nur schwerlich mit der Weisungsbefugnis der übergeordneten Behörde vereinbaren. Überflüssig und in der Folge gemäß § 4 Abs. 2 Nr. 2 VwVfG ausgeschlossen ist der Rückgriff auf die Amtshilfe auch in den Fällen, in denen die vorzunehmende Handlung der ersuchten Behörde als eigene Aufgabe obliegt. Amtshilfe ist demnach nur dann gegeben, wenn die hilfeleistende Behörde ihre Befugnisse nicht zur Erfüllung eigener, ihr kraft Gesetzes zukommender, sondern fremder Aufgaben, nämlich solcher der ersuchenden Behörde ausübt (vgl. die Definition bei *Ule/Laubinger,* VwVfR, § 11, Rdnr. 10). Überschreitet die Amtshilfe leistende Behörde damit auch begriffsnotwendig die Grenzen ihres eigenen Aufgabenbereichs, so kann sie dennoch ausschließlich im Rahmen ihrer sachlichen und örtlichen Zuständigkeit sowie ihrer Befugnisse tätig werden: Das Amtshilfeersuchen führt nicht etwa zu einer Verschiebung der bestehenden Kompetenzordnung. Der ersuchten Behörde wachsen daher auf diesem Wege keine weitergehenden als die ihr ohnehin zustehenden Befugnisse sowie Zuständigkeiten zu. Dabei wird im Rahmen der oftmals nicht einfach vorzunehmenden Abgrenzung, ob eine Behörde eine Handlung im Rahmen der Erfüllung eigener oder fremder Aufgaben vornimmt, zu fragen sein, ob die Behörde die entsprechende Handlung auch ohne Ersuchen von Seiten einer anderen Behörde von Amts wegen vornehmen müsste oder nur auf Grund des Ersuchens vornimmt und ohne dieses nicht vorgenommen hätte (Abgrenzungsformel nach *Dreher,* S. 30).

87 Die Grenzen der Amtshilfe als ergänzender Hilfe sind dann überschritten, wenn die für das Hauptverfahren zuständige Behörde die Durchführung der Hauptmaßnahme einer anderen Behörde überträgt. Im Falle einer solchen Kompetenzübertragung liegt eine Delegation bzw. ein Mandat vor (*Ule/Laubinger,* VwVfR, § 11, Rdnr. 12). Der ergänzende Charakter der Amtshilfe als Verwirklichung von Teilmaßnahmen in fremdem Interesse ist als Tatbestandsmerkmal nicht zu restriktiv auszulegen und kann nach *Bonk/Schmitz* (in: Stelkens/Bonk/Sachs, § 4, Rdnr. 27) unter Umständen selbst dann noch gegeben sein, wenn Behörden im Rahmen ihrer Organisationsgewalt gemeinsame Einrichtungen zur Erledigung von Aufgaben betreiben. Allerdings scheidet Amtshilfe in diesen Fällen dann aus, wenn keine zwischenbehördliche Hilfe vorliegt, da im Sinne von § 4 Abs. 2 Nr. 2 VwVfG eigene Aufgaben mit eigenen, jedoch gemeinsam mit anderen errichteten und genutzten Einrichtungen erfüllt werden. Ebenfalls keine Amtshilfe im Sinne der §§ 4ff. VwVfG stellt die sogenannte Spontanhilfe dar, die eine Behörde einer anderen ohne deren vorheriges Ersuchen leistet: Dieses ist bereits in begrifflicher Hinsicht Voraussetzung der Amtshilfe (ganz h.M. vgl. nur *Bonk/Schmitz* in: Stelkens/Bonk/Sachs, § 4, Rdnr. 32; *Dreher* S. 32f.; *Ule/Laubinger,* § 11, Rdnr. 11). Ein unaufgefordertes Tätigwerden

in einem einer anderen Behörde zugeordneten Aufgabenbereich widerspricht der staatlichen Kompetenzordnung und ist daher ohne gesetzliche Grundlage grundsätzlich unzulässig. Ein anderes Ergebnis kommt nur in den Fällen einer bestehenden Notzuständigkeit (§ 3 Abs. 4 VwVfG) in Betracht, in denen die betreffende, an sich unzuständige Behörde berechtigt ist, unaufschiebbare Maßnahmen durchzuführen (*Bonk/Schmitz* a.a.O.). Da Amtshilfe grundsätzlich als Hilfe für den Einzelfall erbeten und gewährt werden muss, kann eine auf längere Zeit angelegte Zusammenarbeit mit dem Ziel der Erledigung bestimmter Verwaltungsaufgaben zwischen verschiedenen Behörden den „Unterstützungscharakter" überschreiten und damit aus dem Regelungsbereich der §§ 4ff. VwVfG herausfallen (*Bonk/Schmitz* a.a.O., Rdnr. 30). Auch in den Fällen des „generellen Ersuchens", einer Aufforderung an eine, mehrere oder alle Behörden, in erst künftig möglicherweise eintretenden Fällen bestimmte Maßnahmen zu ergreifen, liegt keine Amtshilfe im Sinne des Verwaltungsverfahrensrechts vor, da auch hier das Merkmal der einzelfallbezogenen Hilfe nicht mehr vorliegt (*Ule/Laubinger,* VwVfR, § 11, Rdnr. 11).

Nach alledem kann Amtshilfe im verwaltungsverfahrensrechtlichen Sinne **88** als ergänzende Hilfe bezeichnet werden, die gleich- oder nebengeordnete Behörden im Einzelfall einander auf Ersuchen gewähren, sofern die Hilfeleistung nicht in Handlungen besteht, mit denen die ersuchte Behörde eigene Aufgaben erfüllt (so im Wesentlichen *Ule/Laubinger,* VwVfR, § 11, Rdnr. 14).

Als typische Beispiele für Amtshilfehandlungen lassen sich z.B. nennen **89** die Übersendung von Akten zum Zwecke der Einsichtnahme, die Mitteilung oder Ermittlung von Tatsachen durch die ersuchte Behörde, die Bereitstellung von Sachmitteln oder Personal sowie die Erstattung von Gutachten (vgl. die Aufzählungen bei *Schlink,* S. 214; *Lässig* in: Finkelnburg/Lässig, VwVfG, § 4, Rdnr. 16; *Nisipeanu,* S. 139f.; *Kähler,* S. 42; *Ule/Laubinger,* VwVfR, § 11, Rdnr. 40). Von besonderem Interesse ist seit *BVerfGE* 65, 1 die unter dem Stichwort der Informationshilfe diskutierte Übermittlung von Tatsachen im Wege der Amtshilfe (*Ule/Laubinger* a.a.O.; hierzu unter bb)).

Nach dem allgemeinen Subsidiaritätsprinzip des § 1 VwVfG kommen die **90** Regelungen der §§ 4–8 VwVfG nur in den Fällen zur Anwendung, in denen inhaltsgleiche oder entgegenstehende Rechtsvorschriften des Bundes oder der Länder fehlen. Liegen spezialgesetzliche Teilregelungen der Amtshilfe vor, sind diese durch die §§ 4ff. VwVfG ergänzungsfähig und -bedürftig (*Bonk/Schmitz* in: Stelkens/Bonk/Sachs, § 4, Rdnr. 12). Auch auf den in verschiedenen Gesetzen geregelten Bereich der Amtshilfe (vgl. oben) wirken sich die unterschiedlichen Anwendungsbereiche der VwVfGe von Bund und Ländern wie auch ihr Verhältnis zu den spezielleren Amtshilferegelungen in SGB X und AO aus. Dies führt zu Meinungsverschiedenheiten hinsichtlich der auf das Handeln der jeweiligen Behörde anwendbaren Rechtsgrundlage. Keine Probleme wirft diesbezüglich die sogenannte gesetzeskongruente bzw. behördenhomogene Amtshilfe auf, bei der sowohl für ersuchende als auch für ersuchte Behörde einheitlich das gleiche Amtshilferecht (VwVfG des Bundes oder eines Landes bzw. SGB X oder AO) gilt. In diesen Fällen richten sich Rechte und Pflichten der beteiligten Behörden allein nach dem einheitlich geltenden Regelwerk (*BVerwGE* 78, 363; *Stuer,* DÖV 1985, S. 720 ff.).

91 Problematisch sind demgegenüber die Fälle der gesetzesinkongruenten oder grenzüberschreitenden Amtshilfe, in denen für die ersuchende und die ersuchte Behörde unterschiedliches Verfahrensrecht gilt, also zum Beispiel auf der einen Seite das VwVfG, auf der anderen Seite SGB X oder AO, bzw. das VwVfG des Bundes und andererseits das VwVfG eines Landes. Einige Stimmen wollen hier einheitlich das Recht der *ersuchenden* Behörde für maßgeblich erklären (so *Schleicher,* DÖV 1976, S. 550 [S. 551 f.]; *Schnapp* in: GK SGB X, § 3, Rdnr. 10). Mit *Ule/Laubinger,* VwVfR, § 11, Rdnr. 5 spricht für diese Ansicht zwar der Umstand, dass amtshilferechtliche Spezialvorschriften regelmäßig der das Hauptverfahren betreibenden Behörde gegen alle in Betracht kommenden Behörden ohne Rücksicht auf das für diese geltende Verfahrensrecht einen Amtshilfeanspruch zuerkennen. Dieser Umstand ist jedoch nicht auf die amtshilferechtlichen Vorschriften der Verwaltungsverfahrensgesetze übertragbar. Das Bundesland, welchem die ersuchende Behörde angehört, kann zwar festlegen, unter welchen Voraussetzungen seine eigenen Behörden, nicht aber auch, wann die Behörden anderer Länder oder des Bundes zur Amtshilfe verpflichtet sein sollen (*Ule/Laubinger* a. a. O.). Gleichermaßen kritikwürdig ist die Ansicht, die für jede der beiden beteiligten Behörden das Amtshilferecht des für sie geltenden Verfahrensgesetzes anwenden will (so z. B. *Lässig* in: Finkelnburg/Lässig, VwVfG, § 4, Rdnr. 7; *Kähler,* S. 7 ff.; noch einmal differenzierend *Bonk/Schmitz* in: Stelkens/Bonk/Sachs, § 4, Rdnr. 21: Befugnis für das Amtshilfeersuchen nach dem Recht der ersuchenden Behörde, Zulässigkeit und Grenzen der Amtshilfeleistung nach dem für die ersuchte Behörde geltenden Recht), da sich die Rechtspflicht der ersuchten Behörde zur Hilfeleistung nicht nach anderen Regelungen richten kann als der Rechtsanspruch der ersuchenden Behörde auf Gewährung von Amtshilfe (so auch *Ule/Laubinger* a. a. O. mit der weiterführenden Bemerkung, dies gelte selbstverständlich auch dann, wenn die für die jeweilige Behörde anwendbaren Rechtsvorschriften inhaltlich oder gar wörtlich übereinstimmten). Daher kann in den genannten Fällen nur das Amtshilferecht der *ersuchten* Behörde anwendbar sein (vgl. *Ule/Laubinger* a. a. O.).

92 In der Folge richtet sich auch der Rechtsweg bei einem gesetzesinkongruenten oder grenzüberschreitenden Amtshilfeersuchen nach dem für die ersuchte Behörde geltenden Recht (*BVerwG* NVwZ 1986, 467; *Ule/Laubinger,* VwVfR, § 4, Rdnr. 37). Für die Klage einer AOK gegen eine Industrie- und Handelskammer wegen einer im Wege der Amtshilfe erbetenen Auskunft ist daher nicht der Rechtsweg zu den Sozialgerichten, sondern der für

die IHK eröffnete Verwaltungsrechtsweg gegeben (*BVerwGE* a.a.O., Beispiel bei *Bonk/Schmitz* in: Stelkens/Bonk/Sachs, § 4, Rdnr. 22).

Umstritten ist des Weiteren die Frage, ob und inwiefern die Anwendbarkeit der §§ 4ff. VwVfG von der Rechtsnatur des Hauptverfahrens abhängt. **93** Eine (enge) Auffassung besagt, §§ 4–8 VwVfG seien nur anwendbar, wenn das Hauptverfahren ein Verwaltungsverfahren nach § 9 VwVfG ist, also auf den Erlass eines Verwaltungsaktes oder auf den Abschluss eines öffentlich-rechtlichen Vertrags abzielt (so z.B. *Schleicher,* DÖV 1976, 550 [S. 551]; *Lässig* in: Finkelnburg/Lässig, § 4, Rdnr. 6, der außerhalb eines Verwaltungsverfahrens im Sinne des § 9 VwVfG die §§ 4–8 VwVfG nur entsprechend anwenden will). Auf der anderen Seite wird die Amtshilfe von einer weit gefassten Auffassung auch dann für möglich gehalten, wenn das Hauptverfahren auf einen Rechtsakt privatrechtlicher Natur abzielt (*Foerster,* Amtshilfepflicht bei privatrechtlichen Tätigkeiten der Verwaltung, SKV 1975, 271ff.; *Bonk/Schmitz* in: Stelkens/Bonk/Sachs, § 4, Rdnr. 14, die insoweit bemerken, es sei kein hinreichender Grund ersichtlich, die *im öffentlichen Interesse liegende* privatrechtliche bzw. verwaltungsprivatrechtliche Tätigkeit der Behörden von einer jedenfalls analogen Anwendung der §§ 4–8 VwVfG generell auszunehmen). Mit *Ule/Laubinger* (VwVfR, § 11, Rdnr. 6) sprechen vor allem praktische Gründe für eine Ausdehnung der Amtshilfe auch auf die privatrechtliche Behördentätigkeit. So sei es unverständlich, dass die Anstellungsbehörde zwar dann Amtshilfe in Anspruch nehmen könne, wenn sie per Verwaltungsakt einen Beamten einstellen will, dass sie hingegen auf Amtshilfe verzichten solle, wenn es um die Einstellung eines Angestellten oder Arbeiters auf der Grundlage eines privatrechtlichen Vertrags geht (*Ule/Laubinger,* VwVfR, § 11 Fn. 21). Allerdings lässt sich mit der genannten Meinung kaum vereinbaren, dass das Verwaltungsverfahrensgesetz nach seinem § 1 nur für die öffentlich-rechtliche Tätigkeit der Behörden gilt. Insofern kommt nach alledem tatsächlich eine allenfalls analoge Anwendung der Vorschriften über die Amtshilfe auf eine behördliche Hauptmaßnahme, die auf die Vornahme eines Privatrechtsaktes gerichtet ist, in Betracht. (Die gleich lautende Ansicht von *Ule/Laubinger,* VwVfR, § 11, Rdnr. 6 stimmt insofern mit der oben aufgeführten Auffassung von *Bonk/Schmitz* in: Stelkens/Bonk/Sachs, § 4, Rdnr. 14 überein.) Die vermittelnde h.M. geht in der Folge von einer Anwendbarkeit der §§ 4–8 VwVfG in allen Fällen öffentlich-rechtlichen Verwaltungshandelns im Sinne des § 1 VwVfG aus, also neben auf den Erlass von Verwaltungsakten bzw. den Abschluss von öffentlich-rechtlichen Verträgen gerichteten Verfahren nach § 9 VwVfG insbesondere auch auf die planende, rechtssetzende oder interne öffentlich-rechtliche Verwaltungstätigkeit sowie auf Verfahren zum Erlass von Realakten (*Lässig* in: Finkelnburg/Lässig, VwVfG, § 4, Rdnr. 11; *Kähler,* S. 33f.; *Nisipeanu,* S. 141f.). Dieser Meinung ist unabhängig von einer analogen Anwendung der Amtshilfevorschriften auf ein privatrechtliches bzw. verwaltungsprivatrechtliches Hauptverfahren gegenüber der oben zitierten engen Auffassung, die §§ 4–8 VwVfG (zumindest unmittelbar) nur auf Verwaltungsverfahren nach § 9 VwVfG anwenden will, bereits auf Grund der systematischen Stellung der §§ 4–8 VwVfG innerhalb des Gesetzes der Vorzug zu geben (*Ule/Laubinger*, VwVfR, § 11, Rdnr. 6).

94 Nicht mit dem soeben dargestellten Problem ist die noch nicht abschließend beantwortete Frage (*Ule/Laubinger*, VwVfR, § 11, Rdnr. 44) zu verwechseln, ob die von der ersuchten Behörde vorzunehmende Amtshilfehandlung in einem privatrechtlichen Akt bestehen kann. Dies wird mit dem Hinweis auf den Umstand verneint, dass sich der Regelungsbereich der VwVfGe gemäß § 1 auf die öffentlich-rechtliche Verwaltungstätigkeit der Behörden beschränkt. Des Weiteren verwenden die Amtshilfevorschriften der §§ 4ff. VwVfG auch für die Amtshilfehandlung gelegentlich (vgl. § 5 Abs. 1 Nr. 1, 2, 5 sowie § 8 Abs. 2 VwVfG) den Begriff der Amtshandlung (*Meyer* in: Meyer/Borgs, VwVfG, 2. Aufl., 1982, § 4, Rdnr. 14).

bb) Voraussetzungen und Reichweite der Amtshilfe

95 Die Vorschrift des § 5 VwVfG regelt, unter welchen Voraussetzungen die ersuchte Behörde verpflichtet ist, Amtshilfe zu leisten (Abs. 1), die Leistung von Amtshilfe verweigern darf (Abs. 3) oder gar verweigern muss (Abs. 2). Die Grenzen des Ablehnungsrechts zeigt Abs. 4 auf. Abs. 5 bestimmt den Verfahrensweg, den die ersuchte Behörde zu beschreiten hat, wenn sie sich nicht zur Amtshilfe verpflichtet hält.

96 Damit enthält § 5 VwVfG die das Amtshilfegebot des Art. 35 Abs. 1 GG konkretisierende, der Rechtsstaatlichkeit des Verwaltungsverfahrens Rechnung tragende Kernregelung der Amtshilfe (*Bonk/Schmitz* in: Stelkens/Bonk/Sachs, § 5, Rdnr. 1): Die in Abs. 1, 2 statuierten Zulässigkeitsvoraussetzungen bzw. Hilfeverbote tragen so insbesondere dem Prinzip der Gesetzmäßigkeit der Verwaltung Rechnung. Die hilfeleistende Behörde wird durch die Leistung von Amtshilfe von dem für sie geltenden Recht nicht freigestellt. Die als Amtshilfe durchgeführte Amtshandlung muss den Anforderungen derjenigen Vorschriften genügen, die die Rechtmäßigkeit gerade dieser Amtshandlung bestimmen. Dies schlägt sich in der „Amtshilfefestigkeit“ neuerer, dem Schutz des Rechts auf informationelle Selbstbestimmung dienender gesetzlicher Regelungen insbesondere datenschutzrechtlicher Art nieder (vgl. die einschlägigen Bestimmungen in BDSG, BVerfSchG, MADG, BNDG; grundlegend zum aus Art. 2 in Verbindung mit Art. 1 Abs. 1 GG hergeleiteten Recht auf informationelle Selbstbestimmung *BVerfGE* 65, 1). Durch den Vorrang der genannten Regelungen vor den allgemeinen Amtshilferegelungen der VwVfGe (vgl. z.B. § 1 Abs. 5 BDSG) wird sichergestellt, dass auf dem Wege der Amtshilfe kein unzulässiger Informationsaustausch stattfindet. Werden die Voraussetzungen der Leistung von Amtshilfe damit auch verschärft, so bleibt die Amtshilfe als Institut doch unberührt: Auch nach *BVerfGE* 65, 1 sind Amtshilfe und Datenschutz nicht schlechthin unvereinbar (*Bonk/Schmitz* in: Stelkens/Bonk/Sachs, § 5, Rdnr. 3, 18).

Die Eingangsformel des § 5 („kann ... ersuchen") sieht sich auf Grund ihrer mißverständlichen Formulierung verschiedenen Interpretationen ausgesetzt. Auf der einen Seite wird darin ein der ersuchenden Behörde zukommendes Ermessen gesehen: Die Behörde könne ein Amtshilfeersuchen stellen, müsse dies aber nicht tun (*Bonk/Schmitz* in: Stelkens/Bonk/Sachs, § 5, Rdnr. 5). Die Vorschrift regelt jedoch nicht, unter welchen Voraussetzungen die ersuchende Behörde um Amtshilfe nachsuchen kann, sondern in welchen Fällen vorbehaltlich der Abs. 2 und 3 ein *Anspruch auf Amtshilfe* (*Schnapp/Friehe,* NJW 1982, 1422ff.) gegen die ersuchte Behörde gegeben ist. Die Vorschrift eröffnet demnach keinen Ermessensspielraum der ersuchenden Behörde dahingehend, ob sie Amtshilfe in Anspruch nehmen will oder nicht: Durch das Institut der Amtshilfe soll gerade keine Verschiebung bestehender Amtspflichten herbeigeführt werden. § 5 VwVfG kann daher keine Amtspflichten aufheben, die sich bereits aus anderen Vorschriften ergeben. Ob eine Behörde des Hauptverfahrens verpflichtet ist, eine andere um Amtshilfe zu ersuchen, oder ob ihr diesbezüglich ein Ermessensspielraum zur Verfügung steht, kann sich daher nicht aus den Amtshilfevorschriften selbst, sondern ausschließlich aus sonstigen für die ersuchende Behörde geltenden Vorschriften ergeben (*Ule/Laubinger,* VwVfR, § 11, Rdnr. 16). 97

Die ersuchende Behörde kann gemäß § 5 Abs. 1 Nr. 1 VwVfG von der ersuchten Behörde die Leistung von Amtshilfe verlangen, wenn sie selbst eine bestimmte Amtshandlung aus rechtlichen Gründen überhaupt nicht (bei fehlender Befugnis) bzw. im konkreten Fall (bei fehlender Zuständigkeit) nicht vornehmen kann, wobei „können" als „dürfen" zu interpretieren ist *(rechtliches Unvermögen).* 98

Amtshilfe kann nach § 5 Abs. 1 Nr. 2 VwVfG des Weiteren dann beansprucht werden, wenn die ersuchende Behörde insbesondere auf Grund fehlender Dienstkräfte oder nicht vorhandener Einrichtungen aus tatsächlichen Gründen nicht in der Lage ist, die im Wege der Amtshilfe vorzunehmende Amtshandlung selbst durchzuführen *(tatsächliches Unvermögen).* 99

Gemäß § 5 Abs. 1 Nr. 3 VwVfG kann darüber hinaus Amtshilfe verlangt werden, wenn die ersuchende Behörde zur Erledigung ihrer Aufgaben auf die Kenntnis von Tatsachen angewiesen ist, die ihr unbekannt sind und die sie selbst nicht ermitteln kann. Aufgrund ihres eindeutigen Wortlauts kann auf der Grundlage der Vorschrift des § 5 Abs. 1 Nr. 3 VwVfG lediglich die Mitteilung von Tatsachen, nicht aber die Erteilung von Rechtsauskünften im Wege der Amtshilfe beansprucht werden (ganz h.M.; vgl. nur *Finkelnburg/Lässig,* VwVfG, § 5, Rdnr. 8; *Bonk/Schmitz* in: Stelkens/Sachs/Bonk, § 5, Rdnr. 9; *Ule/Laubinger,* VwVfR, § 11, Rdnr. 19). Die Vorschrift kann demnach nicht als Rechtsgrundlage für die zwischenbehördliche Erstattung von Rechtsgutachten dienen (*Ule/Laubinger,* VwVfR, § 11, Rdnr. 19, die in Fn. 62 darauf hinweisen, dass sich ein Anspruch auf Erteilung eines Rechtsgutachtens aber u.U. aus § 5 Abs. 1 Nr. 2 VwVfG ergeben könne). 100

101 Die ersuchende Behörde kann weiterhin Amtshilfe von einer anderen Behörde beanspruchen, wenn sie zur Durchführung ihrer Aufgaben Urkunden oder sonstige Beweismittel benötigt, die sich im Besitz der ersuchten Behörde befinden (§ 5 Abs. 1 Nr. 4 VwVfG). Wichtigster Anwendungsfall der Nr. 4 ist die Übersendung von Akten der ersuchten an die ersuchende Behörde. Nicht unter Nr. 4, sondern unter Nr. 3 fällt ein Amtshilfeersuchen, mit welchem die ersuchte Behörde zur Überlassung von Urkunden oder sonstiger Beweismittel aufgefordert wird, die sie sich erst verschaffen muss.

102 Die das Hauptverfahren betreibende Behörde kann schließlich die Unterstützung der ersuchten Behörde im Wege der Amtshilfe verlangen, wenn sie die betreffende Amtshandlung zwar vornehmen könnte, hierzu jedoch einen wesentlich größeren Aufwand betreiben müsste als die ersuchte Behörde (§ 5 Abs. 1 Nr. 5). Neben die bereits aufgeführten Varianten rechtlichen bzw. tatsächlichen Unvermögens tritt hier ein Fall, in dem die ersuchende Behörde im Unterschied zu den bisherigen Konstellationen sowohl rechtlich als auch tatsächlich in der Lage wäre, die Hauptmaßnahme durchzuführen. Aus Gründen der Wirtschaftlichkeit und Effektivität ist sie dennoch nach Nr. 5 berechtigt, von der ersuchten Behörde die Vornahme der entsprechenden Amtshandlung zu verlangen (*Bonk/Schmitz* in: Stelkens/Bonk/Sachs, § 5, Rdnr. 11).

103 Aus der Eingangsformel des § 5 Abs. 1 VwVfG ergibt sich zwanglos, dass die Vorschrift keine abschließende Aufzählung der Tatbestände enthält, auf deren Grundlage die ersuchende Behörde Hilfeleistung im Wege der Amtshilfe beanspruchen kann („… insbesondere …"). Auch sonstige triftige Gründe können einen Anspruch auf Amtshilfe begründen. Dabei ist ein strenger Maßstab anzulegen, da die Amtshilfe als Ausnahme von der Regelzuständigkeit keiner Verschiebung der Kompetenzordnung Vorschub leisten darf. So ist z.B. denkbar, dass die Interessen der Beteiligten (§ 13 VwVfG) oder Betroffenen (§ 73 VwVfG) eines Verwaltungsverfahrens ein Amtshilfeersuchen rechtfertigen können (*Bonk/Schmitz* in: Stelkens/Bonk/Sachs, § 5, Rdnr. 13). Nach *Ule/Laubinger* (VwVfR, § 11, Rdnr. 22) kommt es entscheidend darauf an, ob die ersuchende Behörde trotz des Nichtvorliegens des Tatbestandskatalogs des § 5 Abs. 1 VwVfG auf die Amtshilfeleistung durch die ersuchte Behörde angewiesen ist, um das Hauptverfahren sachgerecht durchführen zu können.

104 Nach § 5 Abs. 2 S. 1 VwVfG darf die ersuchte Behörde die Amtshilfe nicht leisten, wenn sie hierzu aus rechtlichen Gründen nicht in der Lage ist (Nr. 1) oder durch die Hilfeleistung dem Wohl des Bundes oder eines Landes erhebliche Nachteile bereitet würden (Nr. 2). Der Weigerungsgrund des § 5 Abs. 2 S. 1 Nr. 1 wird durch S. 2 konkretisiert, nach dem die ersuchte Behörde insbesondere zur Vorlage von Akten oder Urkunden sowie zur Erteilung von Auskünften nicht verpflichtet ist, wenn die Vorgänge nach einem Gesetz oder ihrem Wesen nach geheimgehalten werden müssen.

§ 5 Abs. 2 VwVfG enthält eine abschließende Aufzählung der Amtshilfeverbote. Liegt ein Fall des § 5 Abs. 2 VwVfG vor, hat die ersuchte Behörde das Amtshilfeersuchen abzulehnen. Aufgrund des Grundsatzes der Gesetzmäßigkeit der Verwaltung kann sie in diesen Fällen Amtshilfe auch nicht im Ermessenswege erbringen (*Bonk/Schmitz* in: Stelkens/Bonk/Sachs, § 5, Rdnr. 14). Wird eine Amtshilfehandlung unter Verstoß gegen § 5 Abs. 2 VwVfG erbracht, ist auch die Hauptmaßnahme auf Grund des hierin liegenden Verfahrensfehlers rechtswidrig. Eine Aufhebung der Hauptmaßnahme kommt jedoch nur bei Vorliegen der Voraussetzungen des § 46 VwVfG in Betracht (*Ule/Laubinger,* VwVfR, § 11, Rdnr. 23; *Bonk/Schmitz* a.a.O.). Der isoliert gegen die fehlerhafte Amtshilfehandlung gerichtete Rechtsbehelf wird regelmäßig an § 44a VwGO scheitern. 105

Die ersuchte Behörde ist aus rechtlichen Gründen zur Hilfeleistung nicht in der Lage (§ 5 Abs. 2 Nr. 1 VwVfG), wenn sie die von Seiten der ersuchenden Behörde geforderte Amtshilfehandlung nicht vornehmen darf. Dies kann seine Gründe darin haben, dass ihr die Befugnis für die Vornahme der verlangten Amtshilfehandlung insgesamt fehlt oder darin, dass sie Maßnahmen dieser Art grundsätzlich vornehmen darf, ihr aber im konkreten Fall die Zuständigkeit fehlt oder sonstige Rechtsvorschriften der Vornahme der Amtshilfehandlung durch die ersuchte Behörde entgegen stehen. Die Rechtmäßigkeit der Amtshilfehandlung richtet sich insofern nach dem für die ersuchte Behörde geltenden Recht. Unerheblich ist, ob die ersuchende Behörde selbst rechtlich in der Lage wäre, die Amtshilfehandlung durchzuführen, da sie ihre Befugnisse nicht auf die ersuchte Behörde übertragen kann (*Ule/Laubinger,* VwVfR, § 11, Rdnr. 24). Ergibt die Prüfung, dass die Amtshilfehandlung der ersuchten Behörde als eigene Aufgabe obliegt, handelt es sich nach § 4 Abs. 2 Nr. 2 VwVfG nicht um Amtshilfe. 106

Rechtliche Gründe können der Leistung von Amtshilfe dann entgegen stehen, wenn die ersuchte Behörde zur Geheimhaltung von Tatsachen gesetzlich verpflichtet ist. Dies ergibt sich in Konkretisierung von § 5 Abs. 2 S. 1 Nr. 1 VwVfG insbesondere aus S. 2 der Vorschrift, der besagt, dass die ersuchte Behörde insbesondere zur Vorlage von Urkunden oder Akten nicht verpflichtet ist, wenn die Vorgänge nach einem Gesetz (oder ihrem Wesen nach, hierzu vgl. unten) geheimgehalten werden müssen. Besondere Bedeutung erlangt die Vorschrift im Hinblick auf die Beschränkung der Amtshilfe durch den Datenschutz: Die Zulässigkeit von Amtshilfeleistungen wird ausgehend von *BVerfGE* 65, 1 mit den dort aufgestellten *Weitergabeverboten,* die als Bindungswirkung erzeugende Verfassungsrechtsprechung einer der Amtshilferegelung entgegenstehenden Rechtsvorschrift gleichstehen (§ 31 BVerfGG), durch die in der Folge ergangenen neueren datenschutzrechtlichen Regelungen (BDSG, BVerfSchG, BNDG, MADG) erheblich eingeschränkt. Das hinsichtlich Inhalt und Umfang zum damaligen Zeitpunkt heftig umstrittene Grundrecht auf informationelle Selbstbestimmung fand in den genannten Regelungen seine einfachgesetzliche Konkreti- 107 sierung. Hervorzuheben ist in dieser Hinsicht nochmals der in § 1 Abs. 5 BDSG postulierte Vorrang des BDSG vor den Vorschriften der VwVfGe für die Ermittlung des Sachverhalts hinsichtlich personenbezogener Informationen. Die Übermittlung solcher Daten an öffentliche Stellen darf auch im Wege der Amtshilfe nach §§ 4ff. VwVfG demzufolge nur erfolgen, wenn die Zulässigkeitsvoraussetzungen des § 15 Abs. 1 BDSG (kumulativ) vorliegen (*Bonk/Schmitz* in: Stelkens/Bonk/Sachs, § 5, Rdnr. 19). Deutlich eingeschränkt wurden auf diesem Wege auch die Befugnisse der Verfassungsschutz- und Sicherheitsbehörden von Bund und Ländern bei der Informationsübermittlung: So legt beispielsweise § 9 Abs. 3 BVerfSchG fest, dass das Bundesamt für Verfassungsschutz von der Polizei im Wege der Amtshilfe nicht die Durchführung von Maßnahmen verlangen darf, zu deren Vornahme es selbst nicht befugt ist. Der Bundesnachrichtendienst ist nach *BVerfGE* 93, 181 nicht befugt, im Verfahren der verdachtslosen Rasterfahndung gewonnene Daten an andere Behörden weiterzugeben. In nicht aufgabenspezifischen Bereichen bestehen darüber hinaus auch zwischen Sicherheits- und anderen Behörden die allgemeinen Amtshilferechte und -pflichten. Auch diese Hilfeleistung darf nicht im Widerspruch zu den gesetzlich begrenzten Aufgabenbereichen von Polizei, Verfassungsschutz und Nachrichtendiensten und den sich daraus ergebenden Befugnissen stehen (*Bonk/Schmitz* in: Stelkens/Bonk/Sachs, § 5, Rdnr. 22).

108 Andere einfachgesetzliche Geheimhaltungspflichten finden sich u.a. in §§ 5, 6 PostG, §§ 10, 11 FernmeldeanlagenG, §§ 30, 30a AO, § 35 SGB I, §§ 67–78 SGB X, § 9 Abs. 2 KreditwesenG, § 11 Abs. 1 BundesstatistikG, § 139b Abs. 1 S. 3 GewO, §§ 90, 90a, 90d, 90g BBG, §§ 56, 56a, 56d, 56f BRRG und die entsprechenden Bestimmungen in den Landesbeamtengesetzen (Aufzählung bei *Ule/Laubinger,* § 11, Rdnr. 25). Aufgrund des innerdienstlichen Charakters der Amtshilfe stehen die allgemeine beamtenrechtliche Pflicht zur Amtsverschwiegenheit (§ 61 BBG, § 69 BRRG) sowie andere Amtsverschwiegenheitsgebote (z.B. nach § 6 BMinG, § 14 SoldG, § 18 BNotO, §§ 43, 45 Abs. 1 S. 2, 46, 71 DRiG) der Leistung von Amtshilfe nicht entgegen. Ungeklärt ist, ob § 30 VwVfG eine gesetzliche Vorschrift im Sinne des § 5 Abs. 2 S. 2 VwVfG darstellt (verneint von *Ule/Laubinger,* VwVfR, § 23, Rdnr. 10, die für den Fall der Offenbarung eines durch § 30 VwVfG geschützten Geheimnisses im Wege der Amtshilfe eine *Befugnis* zur Offenbarung nach § 5 Abs. 1 Nr. 3, 4 VwVfG annehmen; bejaht u.a. von *Kähler,* S. 89ff.; *Bonk/Schmitz* in: Stelkens/Bonk/Sachs, § 5, Rdnr. 30).

109 Ob ein Amtshilfeverbot nach § 5 Abs. 2 S. 2, 2. Alt. VwVfG besteht, weil die entsprechenden Vorgänge „ihrem Wesen nach geheimgehalten werden müssen“, ist bezogen auf den jeweils vorliegenden Einzelfall zu beurteilen. Bei Schweigen der Normen älterer Gesetze oder in nicht geregelten Bereichen bedarf es bereits auf Grund des Gesetzesvorbehalts, der in neueren Regelungen zu einer genauen Bezeichnung von Geheimhaltungsgeboten geführt hat, einer sorgfältigen Abwägung der widerstreitenden öffentlichen

und privaten Interessen. Im Rahmen eines rechtsstaatlichen Verwaltungsverfahrens ist der im Grundsatz bestehende Anspruch auf Geheimhaltung personenbezogener Informationen zu betonen, so dass im Zweifel eine Befugnis zur Weitergabe solcher Informationen zu verneinen sein wird (*Bonk/Schmitz* in: Stelkens/Bonk/Sachs, § 5, Rdnr. 32 unter Verweis auf *BVerwGE* 84, 375). Als Beispiele werden hier nach bisheriger Auffassung genannt: Personalakten (*BVerwGE* 19, 179, 185), Sicherheitsakten (*BVerwGE* 55, 186), Beratungsgeheimnisse, Geschäfts- und Betriebsgeheimnisse (*Ule/Laubinger,* VwVfR, § 11, Rdnr. 26); strittig: Prüfungsakten (bejahend: *BVerwGE* 19, 128, 130; verneinend: *VGH München,* BayVBl. 1986, 151; *Bonk/Schmitz* in: Stelkens/Bonk/Sachs, § 5, Rdnr. 32 unter Verweis auf *BVerfGE* 84, 34; 84, 57).

Nach der Staatswohlklausel des § 5 Abs. 2 S. 1 Nr. 2 VwVfG darf die 110
ersuchte Behörde Amtshilfe auch dann nicht leisten, wenn durch die Hilfeleistung dem Wohl des Bundes oder eines Landes erhebliche Nachteile bereitet würden (vgl. die Parallelregelungen in § 99 Abs. 1 S. 2 VwGO, § 62 Abs. 1 BBG, § 39 Abs. 3 S. 1 BRRG, die jeweils auf das Erfordernis der „Erheblichkeit" verzichten). Die Regelung geht über Nr. 1, deren Unterfall sie ist, insofern hinaus, als sie bei Vorliegen ihrer Voraussetzungen ein Amtshilfeverbot auch für die Fälle statuiert, in denen gerade keine anderweitige, die Amtshilfe ausdrücklich ausschließende Rechtsnorm eingreift. Nr. 2 beinhaltet für das Amtshilfeverfahren ein Weitergabe- und Verwertungsverbot. Die Vorschrift dient dem Zweck, im Interesse des Bundes oder eines Landes bestehende Dienstgeheimnisse in gewissen Grenzen auch im Amtshilfeverkehr zu schützen (*BVerfGE* 67, 100, 129ff.; *Bonk/Schmitz* in: Stelkens/Bonk/Sachs, § 5, Rdnr. 24). Die ersuchte Behörde hat bei der Prüfung eines Amtshilfeersuchens nicht nur das Wohl ihres eigenen Rechtsträgers, sondern auch das anderer im Tatbestand der Vorschrift genannter Rechtsträger zu beachten und zwischen den betroffenen unterschiedlichen Interessen abzuwägen (*Bonk/Schmitz* in: Stelkens/Bonk/Sachs, § 5, Rdnr. 25). Nachteile entstehen dem Wohl des Bundes oder eines Landes durch die Amtshilfehandlung nur dann, wenn diese geeignet ist, die Gefährdung oder Beeinträchtigung der äußeren oder inneren Sicherheit des Bundes oder eines Landes herbeizuführen, die öffentliche Ordnung (erheblich) zu stören, das Verhältnis zu anderen Staaten oder internationalen Organisationen zu beeinträchtigen oder wenn durch sie die Funktionsfähigkeit wichtiger staatlicher Einrichtungen gefährdet oder beeinträchtigt wird. Fiskalische Nachteile reichen grundsätzlich nicht aus, eine Ausnahme muss nur dann gelten, wenn die Funktionstüchtigkeit des Staates hierdurch ernstlich in Frage gestellt würde (*Bonk/Schmitz* in: Stelkens/Bonk/Sachs, § 5, Rdnr. 26). Die zu besorgenden Nachteile müssen schließlich von „einiger objektiver Bedeutung" (*Bonk/Schmitz* in: Stelkens/Bonk/Sachs, § 5, Rdnr. 27) sein, um dem Tatbestandsmerkmal der Erheblichkeit im Sinne des Abs. 2 S. 1 Nr. 2 zu genügen.

111 Liegt ein Fall des § 5 Abs. 2 VwVfG vor, *muss* die ersuchte Behörde das Amtshilfeersuchen ablehnen (Amtshilfeverbot). Bei Vorliegen der Tatbestandsalternativen des Abs. 3 *kann* sie dies tun. Abs. 3 beinhaltet demnach fakultative Weigerungsgründe: Die Ablehnung des Amtshilfeersuchens steht im Einzelfall im Ermessen der ersuchten Behörde. Im Einzelnen darf die ersuchte Behörde die Amtshilfehandlung verweigern, wenn eine andere Behörde die Hilfe wesentlich einfacher oder mit wesentlich geringerem Aufwand leisten kann (Nr. 1). Die ersuchte Behörde braucht die Amtshilfehandlung weiterhin dann nicht vorzunehmen, wenn sie die Hilfe nur mit unverhältnismäßig großem Aufwand leisten kann (Nr. 2). Schließlich braucht sie Hilfe auch dann nicht zu leisten, wenn sie unter Berücksichtigung der Aufgaben der ersuchenden Behörde durch die Hilfeleistung die Erfüllung ihrer eigenen Aufgaben ernstlich gefährden würde (Nr. 3). Die geforderte Ernstlichkeit der Gefährdung eigener Aufgabenerfüllung lässt hinsichtlich dieses Tatbestandsmerkmals auf einen strengen Prüfungsmaßstab schließen: Daraus ergibt sich, dass die ersuchte Behörde geringfügige Erschwerungen bzw. Verzögerungen bei der Erfüllung der eigenen Aufgaben hinzunehmen hat. Zudem ist sie gehalten, bei der Prüfung der Voraussetzungen einer Ablehnung der Amtshilfehandlung nach Nr. 3 die Aufgaben der ersuchenden Behörde in ihre Abwägung mit einzubeziehen. Hierbei ist auch Bedeutung und Dringlichkeit der konkreten Hauptmaßnahme zu berücksichtigen (*Bonk/Schmitz* in: Stelkens/Bonk/Sachs, § 5, Rdnr. 36).

112 Die in Abs. 3 vorgenommene Aufzählung der fakultativen Ablehnungsgründe ist abschließend (*Ule/Laubinger,* VwVfR, § 11, Rdnr. 28; *Bonk/Schmitz* in: Stelkens/Bonk/Sachs, § 5, Rdnr. 33). Diese Interpretation ergibt sich bereits aus dem Wortlaut des Abs. 3 und wird durch Abs. 4 bestätigt, nach dem die ersuchte Behörde die Hilfe nicht deshalb verweigern darf, weil sie das Ersuchen (die Durchführung der Amtshilfehandlung) aus anderen als den in Abs. 3 genannten Gründen oder weil sie die mit der Amtshilfe zu verwirklichende (Haupt-) Maßnahme für unzweckmäßig hält. Über die Frage der Zweckmäßigkeit soll allein die das Hauptverfahren betreibende Behörde befinden, welche Herrin des Verfahrens bleibt (vgl. auch § 7 Abs. 2 S. 1, dazu unten).

113 Hält die ersuchte Behörde sich zur Hilfe nicht für verpflichtet, kann sie nach Maßgabe des Abs. 5 nach erfolgter Remonstration die zuständige Aufsichtsbehörde einschalten (vgl. unten, cc)).

114 Die ersuchte Behörde kann die Vornahme der Amtshilfemaßnahme nicht mit dem Einwand ablehnen, die Hauptmaßnahme sei rechtswidrig. Dies ergibt sich aus Abs. 2 S. 1 Nr. 1 und Abs. 4 in Verbindung mit § 7 Abs. 1, Abs. 2 S. 1 VwVfG (wohl h. M., vgl. *Ule/Laubinger,* VwVfR, § 11, Rdnr. 29; *Lässig* in: Finkelnburg/Lässig, VwVfG, § 5, Rdnr. 11 ff.; *Bonk/Schmitz* in: Stelkens/Bonk/Sachs, § 5, Rdnr. 17; *VGH Mannheim,* NVwZ-RR 1990, 337; a. A. *Schlink,* Die Amtshilfe, 1982, S. 258). Gemäß § 7 Abs. 2 S. 1 VwVfG trägt die ersuchende Behörde im Innenverhältnis gegenüber der ersuchten

Behörde die volle Verantwortung für die Rechtmäßigkeit der Hauptmaßnahme. Dies rechtfertigt den Schluss, dass ausgehend von dieser Verteilung der Verantwortlichkeit auch nur die ersuchende Behörde darüber befinden soll, ob die Hauptmaßnahme rechtens ist. Insofern muss die ersuchte Behörde, auch wenn sie von der Rechtswidrigkeit der mit der Amtshilfehandlung zu unterstützenden Maßnahme überzeugt ist, diese durchführen, wenn die ersuchende Behörde die Einwände für unbegründet hält. *Ule/Laubinger* (VwVfR, § 11, Rdnr. 29) verweisen diesbezüglich auf Parallelen im Beamtenrecht: Auch hier müsse der Beamte bzw. die nachgeordnete Behörde nach fruchtloser Remonstration auf Anweisung des Vorgesetzten oder der übergeordneten Behörde im Grundsatz Maßnahmen vornehmen, gegen die von ihrer Seite rechtliche Bedenken bestehen. In Anlehnung an die für die Remonstration geltenden Grundsätze sei die ersuchte Behörde aber berechtigt und sogar verpflichtet, die Leistung von Amtshilfe zu verweigern, wenn mit der Vornahme der Hauptmaßnahme ein Straftatbestand erfüllt wird (*Ule/Laubinger* a.a.O.) Andere Stimmen in der Literatur nehmen ein über den Wortlaut des Abs. 4 hinausgehendes Ablehnungsrecht an, wenn das Amtshilfeersuchen „offensichtlich rechtsmissbräuchlich" ist und insbesondere „illegitimen, vorgeschobenen Zielen" dient (*Dreher,* S. 122; *Lässig* in: Finkelnburg/Lässig, VwVfG, § 5, Rdnr. 12; *Bonk/Schmitz* in: Stelkens/Bonk/Sachs, § 5, Rdnr. 37): Die Amtshilfe sei kein Mittel zur Herbeiführung rechtswidriger Zustände und Erfolge (*Bonk/Schmitz* a.a.O., die in, Rdnr. 17 bereits für den Fall der „offensichtlichen Rechtswidrigkeit der Gesamtmaßnahme" ein Ablehnungsrecht der ersuchten Behörde bejahen; ebenso *Kopp/Ramsauer,* VwVfG, § 5, Rdnr. 15, 28; *Bull,* DÖV 1979, 693). Offensichtlich sei die Rechtswidrigkeit der Hauptmaßnahme in den Fällen, in denen der Rechtsmangel dem Vorhaben gleichsam „auf die Stirn geschrieben ist".

Die in diesem Zusammenhang zu erörternde sogenannte *freiwillige Amtshilfe,* die im Unterschied zur ohne Ersuchen erbrachten „Spontanhilfe" (vgl. oben, aa)) auf Ersuchen erbracht wird, obwohl die ersuchte Behörde nicht zur Amtshilfe verpflichtet ist, da die Voraussetzungen des Abs. 1 nicht vorliegen, dürfte im Ergebnis zulässig sein (*Ule/Laubinger,* VwVfR, § 11, Rdnr. 30; *Kähler,* S. 101). Hierfür spricht die Kernaussage der Abs. 2 und 3, die abschließend festlegen, in welchen Fällen die ersuchte Behörde die Leistung von Amtshilfe ablehnen muss bzw. kann (vgl. oben). Aus dieser kann wiederum geschlossen werden, dass die ersuchte Behörde auch ohne rechtliche Verpflichtung nach Abs. 1 Amtshilfe leisten *darf,* wenn sie sie nicht verweigern *muss* (so *Ule/Laubinger* a.a.O.). 115

cc) Das Amtshilfeverfahren

Als Amtshilfeverfahren wird das Verfahren bezeichnet, in dem die ersuchte Behörde entscheidet, ob sie auf Ersuchen der ersuchenden Behörde die erbetene Amtshilfehandlung durchführt. Es wird durch formfreies Ersuchen der ersuchenden Behörde eingeleitet, welches eine öffentlich-rechtliche 116

Willenserklärung, nicht aber einen Verwaltungsakt darstellt (h.M. vgl. *Ule/Laubinger,* VwVfR, § 11, Rdnr. 32 m.w.N.). Bereits aus diesem Grunde scheidet eine gegen das Amtshilfeersuchen gerichtete Anfechtungsklage sowohl der ersuchten Behörde als auch von Seiten eines Dritten aus. Anderen Rechtsbehelfen steht § 44a VwGO entgegen, da das Amtshilfeersuchen eine Verfahrenshandlung im Sinne dieser Vorschrift darstellt.

117 Aus den genannten Gründen ist daher auch die Rücknahme des Ersuchens durch die ersuchende Behörde jederzeit und ohne Bindung an die 48ff. VwVfG möglich, es sei denn, diese ist verpflichtet, das entsprechende Amtshilfeersuchen zu stellen: § 5 Abs. 1 VwVfG eröffnet insofern kein Ermessen; die Beantwortung der Frage, ob die ersuchende Behörde im Rahmen eines von ihr durchzuführenden Hauptverfahrens zur Einholung von Amtshilfe verpflichtet ist, richtet sich allein nach dem sonst für die Behörde geltenden materiellen und Verfahrensrecht (vgl. oben, aa)).

118 Der am Hauptverfahren Beteiligte (§ 13 VwVfG) hat keinen Anspruch auf ein *bestimmtes* Amtshilfeersuchen. Da das Ersuchen keine Verwaltungsaktsqualität besitzt, besteht bereits aus diesem Grunde auch keine Anhörungspflicht nach § 28 VwVfG. Ist ein Beteiligter der Auffassung, der dem Hauptverfahren zugrunde liegende Sachverhalt sei auf Grund des Unterlassens eines Amtshilfeersuchens entgegen §§ 24, 26 VwVfG nur mangelhaft ermittelt worden, kann er dies im Rahmen eines Rechtsbehelfs unter Beachtung der §§ 46 VwVfG, 44a VwGO geltend machen (*Bonk/Schmitz* in: Stelkens/Bonk/Sachs, § 8, Rdnr. 11).

119 Die Frage, welche von mehreren in Betracht kommenden Behörden in Anspruch genommen werden soll, hat die ersuchende Behörde nach pflichtgemäßem Ermessen zu entscheiden. Das diesbezüglich bestehende Ermessen ist jedoch faktisch eingeschränkt (Umkehrschluss aus § 5 Abs. 3 Nr. 1 VwVfG): Nach den Grundsätzen der Wirtschaftlichkeit und Effektivität öffentlichen Verwaltungshandelns ist die Behörde zu wählen, die die Amtshilfe am einfachsten oder mit dem geringsten Aufwand zu erbringen imstande ist (*Ule/Laubinger,* VwVfR, § 11, Rdnr. 34). Auch ist die Regelung des § 6 VwVfG zu beachten, nach der für den Fall, dass für die Amtshilfe mehrere Behörden in Betracht kommen, nach Möglichkeit eine Behörde der untersten Verwaltungsstufe des Verwaltungszweiges ersucht werden soll, dem die ersuchende Behörde angehört. Die Soll-Vorschrift des § 6 VwVfG besitzt lediglich den Charakter einer der ersuchenden Behörde an die Hand gegebenen Leitlinie für den Fall, dass unter den Voraussetzungen des § 5 VwVfG mehrere Behörden für die Vornahme der Amtshilfehandlung in Betracht kommen. Dennoch ist § 6 VwVfG die Klarstellung zu entnehmen, dass das Amtshilfeersuchen aus Gründen der Sachnähe wie auch der Verfahrensökonomie im Regelfall nicht an eine obere oder oberste Behörde, sondern an die unterste Behörde des Verwaltungszweiges, dem die ersuchende Behörde angehört, zu richten ist, die für die Vornahme der erbetenen Handlung unmittelbar örtlich und sachlich zuständig ist (*Bonk/Schmitz* in:

Stelkens/Bonk/Sachs, § 6, Rdnr. 3). Durch die Worte „nach Möglichkeit" ist der ersuchenden Behörde jedoch ein weiter Spielraum eingeräumt, bei der Anwendung dieser Grundregel die Umstände des Einzelfalles zu berücksichtigen. Die Nichtbeachtung von § 6 VwVfG zieht keine rechtlichen Folgen nach sich (*Bonk/Schmitz* in: Stelkens/Bonk/Sachs, § 6, Rdnr. 6). So bleibt die Einschaltung anderer Behörden als der jeweils untersten im Wege der Amtshilfe möglich; sie wird von § 6 VwVfG nur nicht gefordert. Bei einem Konflikt der Auswahlkriterien des § 6 VwVfG mit denen, die sich aus § 5 Abs. 3 Nr. 1 VwVfG ergeben, dürfte die Ermessensausübung der ersuchenden Behörde auf Grund des Charakters des § 6 VwVfG an den Kriterien des insoweit vorrangigen § 5 Abs. 3 Nr. 1 VwVfG auszurichten sein (*Ule/Laubinger,* a.a.O.).

Die ersuchte Behörde prüft nach Eingang des Ersuchens, ob sie die Amts- 120
hilfehandlung vornehmen muss oder darf (hierzu siehe oben, bb)). Einer förmlichen Entscheidung bedarf es diesbezüglich nicht. Die Streitfrage, ob die Entscheidung über ein Amtshilfeersuchen, insbesondere dessen Ablehnung, Verwaltungsaktsqualität besitzt, ist zumindest für den Fall, dass beide Behörden demselben Rechtsträger angehören, mangels Außenwirkung im Sinne des § 35 VwVfG ohne weiteres zu verneinen (*Ule/Laubinger,* VwVfR, § 11, Rdnr. 35). Die vorherrschende Meinung verneint dies auch dann, wenn ersuchte und ersuchende Behörde unterschiedlichen Rechtsträgern angehören: Auch in diesen Fällen wird es sowohl am hoheitlichen Charakter als auch an der Regelungswirkung der Maßnahme gegenüber der ersuchenden Behörde fehlen (*Ule/Laubinger* a.a.O.; *Nisipeanu,* S. 240; *Pitschas,* SGb 1990, S. 233ff.; *Schnapp/Friehe,* NJW 1982, S. 1422ff.; a.A. für diesen Fall *Kähler,* S. 116f.; *Lässig* in: Finkelnburg/Lässig, VwVfG, § 5, Rdnr. 44). Auch die Vorschrift des § 5 Abs. 5 S. 1 VwVfG, nach der die ersuchte der ersuchenden Behörde mitzuteilen hat, aus welchen Gründen sie sich zur Hilfe nicht verpflichtet hält, spricht für die letztgenannte Auffassung: Würde es sich bei der Ablehnung eines Amtshilfeersuchens tatsächlich um einen Verwaltungsakt handeln, wäre die gesetzliche Mitteilungspflicht des § 5 Abs. 5 S. 1 VwVfG ohne eigene Funktion und damit überflüssig, da die ersuchte Behörde in diesem Fall bereits nach §§ 39 Abs. 1, 40 Abs. 1 S. 1 VwVfG zur Begründung und Bekanntgabe des Verwaltungsaktes gegenüber der ersuchenden Behörde verpflichtet wäre.

Teilt die ersuchende Behörde die Auffassung der ersuchten Behörde hin- 121
sichtlich der Ablehnung ihres Ersuchens nicht, kann sie die gemeinsame, fachlich zuständige Aufsichtsbehörde oder, sofern eine solche nicht besteht, die für die ersuchte Behörde fachlich zuständige Aufsichtsbehörde anrufen (§ 5 Abs. 2 S. 2, 1. Alt. VwVfG). Problematisch und daher umstritten ist wiederum, ob die Entscheidung der Aufsichtsbehörde Verwaltungsaktsqualität besitzt. Von der h.M. wird dies stets oder zumindest für den Fall, dass ersuchende und ersuchte Behörde verschiedenen Rechtsträgern angehören, bejaht (vgl. z.B. *Lässig* in: Finkelnburg/Lässig, VwVfG, § 5, Rdnr. 44; *Nisi-*

peanu, S. 241 f.; anders *Pitschas,* SGb 1990, S. 233 ff.). Hier ist jedoch zu differenzieren: Das Vorliegen eines Verwaltungsaktes wird mangels Außenwirkung für die Fälle auszuschließen sein, in denen ersuchende und ersuchte Behörde demselben Rechtsträger angehören. Schwieriger wird die Beantwortung der Frage, wenn beide Behörden unterschiedlichen Rechtsträgern angehören. Die Entscheidung der Aufsichtsbehörde ergeht in diesen Fällen zumindest dann als Verwaltungsakt, wenn sie die ersuchte Behörde anweist, Amtshilfe zu leisten und diese Anweisung in ein bestehendes Selbstverwaltungsrecht eingreift (*Ule/Laubinger,* VwVfR, § 11, Rdnr. 36). Ein solcher Fall liegt z. B. immer dann vor, wenn es sich bei der ersuchten Behörde um eine Gemeinde handelt. In allen anderen Fällen wird folgendes gelten: Hält die Aufsichtsbehörde die Ablehnung des Amtshilfeersuchens für rechtmäßig, stellt sie lediglich fest, dass ein Anlass zum aufsichtlichen Einschreiten nicht gegeben ist. Dem bloßen aufsichtlichen Nichteinschreiten wird eine Regelungswirkung, wie sie für einen Verwaltungsakt vorausgesetzt wird, regelmäßig nicht anhaften. Gleiches gilt im Ergebnis für die Konstellation, dass die Aufsichtsbehörde die ersuchte Behörde anweist, dem Amtshilfeersuchen nachzukommen: In diesem Falle fehlt es auf Grund des innerdienstlichen Charakters der Anweisung an einer Außenwirkung im Sinne des § 35 VwVfG (*Ule/Laubinger* a. a. O.).

122 Gehören ersuchende und ersuchte Behörde dem gleichen Rechtsträger an, erschöpft sich das Verfahren mit der Entscheidung der angerufenen gemeinsamen Aufsichtsbehörde. Wenn dies nicht der Fall ist, hat die ersuchende Behörde die Möglichkeit, eine allgemeine Leistungsklage oder, wenn es sich bei der erbetenen Amtshilfehandlung um einen Verwaltungsakt handelt, Verpflichtungsklage zu erheben. Der zu beschreitende Rechtsweg richtet sich nach dem für die ersuchte Behörde geltenden Recht (hierzu siehe bereits oben, aa)).

123 Dritten, auch soweit es sich um Beteiligte des Hauptverfahrens handelt, ist der Verfahrensweg des § 5 Abs. 2 S. 2 VwVfG versperrt. Auch gerichtlicher Rechtsschutz kann von den Beteiligten des Hauptverfahrens bezüglich der Verweigerung der Durchführung der Amtshilfehandlung durch die ersuchte Behörde nur eingeschränkt in Anspruch genommen werden, da ihnen unter keinem Gesichtspunkt ein Anspruch auf Vornahme der Amtshilfehandlung gegen die ersuchte Behörde zusteht. Demgegenüber kann u. U. ein Anspruch am Hauptverfahren Beteiligter gegen die ersuchende Behörde dahingehend bestehen, dass diese eine andere Behörde um Amtshilfe ersucht und dieses Ersuchen, falls es zu Unrecht abgelehnt wird, auf dem oben aufgezeigten Wege durch Anrufung der Aufsichtsbehörde und ggf. des zuständigen Gerichtes weiter verfolgt. Eine isolierte Geltendmachung dieses Anspruchs dürfte aber regelmäßig an § 44 a VwGO scheitern (vgl. auch oben, aa)), da das Amtshilfeersuchen der ersuchenden Behörde eine Verfahrenshandlung im Sinne der genannten Vorschrift darstellt (*Ule/Laubinger,* VwVfR, § 11, Rdnr. 38).

dd) Die Durchführung der Amtshilfe

124 Die Amtshilfehandlung kann sich auf den Innenbereich der Verwaltung beschränken. Greift sie jedoch darüber hinaus in Rechte des Bürgers ein, bedarf das Handeln der ersuchten Behörde einer besonderen gesetzlichen Ermächtigungsgrundlage, die nicht bereits im Vorliegen eines Amtshilfeersuchens gesehen werden kann. Fehlt der ersuchten Behörde im Einzelfall die Befugnis, die erbetene Amtshilfehandlung durchzuführen, so muss sie das Ersuchen nach § 5 Abs. 2 S. 1 Nr. 1 VwVfG ablehnen.

125 Die Rechtmäßigkeit der Amtshilfehandlung bestimmt sich nach dem für die ersuchte Behörde geltenden Recht. Dieser Grundsatz wird im Ergebnis durch § 7 Abs. 1, 2. Halbsatz VwVfG bestätigt, dessen Formulierung missverständlich eng ist: Die Vorschrift besagt ihrem Wortlaut nach lediglich, dass das für die ersuchte Behörde geltende Recht nur hinsichtlich der *Durchführung* der Amtshilfehandlung maßgeblich sei. Im Rahmen einer systematischen Interpretation ist jedoch davon auszugehen, dass das für die ersuchte Behörde geltende Recht nicht nur für die Art und Weise der Durchführung der Amtshilfehandlung, sondern auch für die Frage, ob die ersuchte Behörde die Amtshilfehandlung überhaupt vornehmen darf, maßgeblich ist (*Ule/Laubinger,* VwVfR, § 11, Rdnr. 45; vgl. auch oben, aa)). Insofern enthält § 7 Abs. 1, 2. Halbsatz VwVfG eine Klarstellung und Wiederholung des in § 5 Abs. 2 S. 1 Nr. 1, S. 2 VwVfG enthaltenen Grundsatzes: Durch Leistung von Amtshilfe wachsen der ersuchten Behörde keine zusätzlichen Zuständigkeiten oder Befugnisse zu (*Bonk/Schmitz* in: Stelkens/Bonk/Sachs, § 7, Rdnr. 3).

126 Demgegenüber beurteilt sich die Rechtmäßigkeit des Hauptverfahrens gemäß § 7 Abs. 1, 1. Halbsatz VwVfG nach dem für die ersuchende Behörde maßgeblichen Recht. Diese bleibt Herrin des Verfahrens und hat allein über das Vorhaben und seine Durchführung im ganzen zu entscheiden. Auch für die ersuchende Behörde ist damit in Ergänzung zu § 5 Abs. 1 Nr. 1 VwVfG klargestellt, dass die Amtshilfevorschriften weder Veränderungen der Zuständigkeit noch der Befugnisse bewirken (*Bonk/Schmitz* in: Stelkens/Bonk/Sachs, § 7, Rdnr. 2). Dem für die ersuchende Behörde geltenden Recht ist auch zu entnehmen, ob diese zum Zwecke der Vornahme der Hauptmaßnahme Amtshilfe in Anspruch nehmen darf oder sogar muss, während § 5 Abs. 1 VwVfG entgegen seinem missverständlichen Wortlaut hierüber keine Aussage trifft: § 5 Abs. 1 VwVfG regelt lediglich (im Zusammenspiel mit Abs. 2, 3), unter welchen Voraussetzungen die ersuchende Behörde einen Anspruch auf Amtshilfe hat und die ersuchte Behörde Amtshilfe leisten muss (*Ule/Laubinger,* VwVfR, § 11, Rdnr. 46).

127 Hauptmaßnahme und Amtshilfehandlung stehen jedoch hinsichtlich ihrer Vereinbarkeit mit dem für die jeweilige Behörde geltenden Recht nicht unabhängig nebeneinander. Vielmehr gilt, dass eine Amtshilfehandlung rechtswidrig ist, wenn der ersuchenden Behörde die Befugnis für die Vornahme der Hauptmaßnahme fehlte. Die Rechtswidrigkeit der Hauptmaßnahme berechtigt die ersuchende Behörde jedoch grundsätzlich nicht dazu, die Durchführung der Amtshilfehandlung zu verweigern (vgl. oben, bb)). Des Weiteren zieht die entgegen einem Amtshilfeverbot nach § 5 Abs. 2 VwVfG vorgenommene Amtshilfehandlung die Rechtswidrigkeit der Hauptmaßnahme wegen Fehlerhaftigkeit des Verfahrens nach sich (*Ule/Laubinger,* VwVfR, § 11, Rdnr. 47). Ob wegen eines solchen Verfahrensfehlers die Aufhebung der Hauptmaßnahme verlangt werden kann, richtet sich nach § 46 VwVfG (vgl. oben, bb)).

128 § 7 Abs. 2 VwVfG regelt die Verantwortlichkeit beider Behörden im Rahmen der Amtshilfe für das Innenverhältnis. Danach trägt die ersuchende Behörde die Verantwortung für die Rechtmäßigkeit der Hauptmaßnahme, während die ersuchte Behörde für die Rechtmäßigkeit der Amtshilfehandlung verantwortlich ist. Die Regelung des Abs. 2 korrespondiert insofern mit § 7 Abs. 1 VwVfG: Richtet sich die Zulässigkeit der Hauptmaßnahme gemäß Abs. 1 nach dem für die ersuchende Behörde geltenden Recht, so muss diese nach Abs. 2 S. 1 auch für die Rechtmäßigkeit dieser Maßnahme verantwortlich zeichnen. Bestimmt sich auf der anderen Seite die Rechtmäßigkeit der Amtshilfehandlung nach dem für die ersuchte Behörde maßgeblichen Recht, so ist diese gemäß Abs. 2 S. 2 der ersuchenden Behörde gegenüber für die rechtmäßige Durchführung der Amtshilfe verantwortlich. Dieses Ergebnis wird durch den Umstand gestärkt, dass die ersuchende Behörde bei Vorliegen der Voraussetzungen des § 5 VwVfG einen Anspruch auf Vornahme der Amtshilfehandlung gegen die ersuchte Behörde hat (*Bonk/Schmitz* in: Stelkens/Bonk/Sachs, § 7, Rdnr. 5, 6).

129 Im Außenverhältnis gilt der allgemeine Grundsatz, dass eine Behörde für alle Maßnahmen verantwortlich ist, die sie vorgenommen hat, und zwar unabhängig davon, ob sie aus eigenem Interesse oder aber auf Veranlassung einer anderen Behörde im Rahmen der Amtshilfe in eigenem Namen, aber in fremdem Interesse tätig geworden ist. Ist eine Behörde im Außenverhältnis selbst für Maßnahmen verantwortlich, die sie auf Weisung einer vorgesetzten Behörde vorgenommen hat, muss dieser Grundsatz auch gelten, wenn sie „nur" auf Grund eines Amtshilfeersuchens tätig geworden ist (*Ule/Laubinger,* VwVfR, § 11, Rdnr. 48). Daher muss der Bürger, wenn durch ein Amtshilfeverfahren in seine Rechte eingegriffen wurde, Rechtsbehelfe gegen die Behörde richten, die unmittelbar ihm gegenüber die belastende Maßnahme durchgeführt hat. Gegen eine Amtshilfehandlung kann er sich unmittelbar nur dann zur Wehr setzen, wenn diese Außenwirkung gerade ihm gegenüber hatte (§ 44a VwGO). Bei Vorliegen dieser Voraussetzungen trägt im Außenverhältnis die ersuchte Behörde die Verantwortung für eine rechtswidrige Amtshilfehandlung.

130 Im Regelfall wird auch im Innenverhältnis der durch eine rechtswidrige Amtshilfehandlung verursachte Schaden vom Rechtsträger der ersuchten Behörde zu tragen sein. Hat die ersuchende Behörde die Rechtswidrigkeit jedoch (mit-)verursacht, kann die ersuchte Behörde im Innenverhältnis

Rückgriff nehmen, sofern die beteiligten Behörden verschiedenen Rechtsträgern angehören (*Bonk/Schmitz* in: Stelkens/Bonk/Sachs, § 7, Rdnr. 10; *Ule/Laubinger,* VwVfR, § 11, Rdnr. 50; strittig ist in dieser Hinsicht, ob die Unzulässigkeit des Hauptverfahrens oder die Rechtswidrigkeit der Hauptmaßnahme geeignet sind, die Rechtswidrigkeit der Amtshilfehandlung herbeizuführen, bejahend *Meyer* in: Meyer/Borgs, VwVfG, § 7, Rdnr. 7; verneinend *Lässig* in: Finkelnburg/Lässig, § 7, Rdnr. 12; vgl. *Ule/Laubinger,* VwVfR, § 11 Fn. 127). Ein solcher Regressanspruch ergibt sich aus der hinter § 7 Abs. 2 S. 1 VwVfG stehenden gesetzlichen Wertung. Umstritten ist allerdings, ob diese Vorschrift eine eigenständige Rechtsgrundlage für zwischenbehördlich geltend gemachte Regressansprüche bildet (bejahend *Ule/Laubinger,* VwVfR, § 11, Rdnr. 51; verneinend *Bonk/Schmitz* in: Stelkens/Bonk/Sachs, § 7, Rdnr. 10, die für eine Innenhaftung nach allgemeinen Grundsätzen [Art. 104 Abs. 5 GG] plädieren; wiederum andere befürworten eine analoge Anwendung der §§ 662, 276, 278 BGB, so etwa *Lässig* in: Finkelnburg/Lässig, VwVfG, § 7, Rdnr. 15). Entsteht die belastende Wirkung erst durch die unter Mitwirkung der ersuchten Behörde bewirkte Hauptmaßnahme, so ist der Rechtsbehelf stets gegen die ersuchende Behörde zu richten. Denn für die Rechtmäßigkeit der Hauptmaßnahme trägt im Außenverhältnis allein die ersuchende Behörde als Herrin des Verfahrens die Verantwortung. Die entsprechenden Rechtsbehelfe sind demzufolge auch dann gegen die ersuchende Behörde zu richten, wenn die Aufhebung der Hauptmaßnahme allein auf Grund der Rechtswidrigkeit der Amtshilfehandlung begehrt wird. Für den Fall einer Außenhaftung der ersuchenden Behörde auf Schadenersatz (§ 839 BGB i.V.m. Art. 34 GG) kann diese jedoch die ersuchte Behörde bzw. deren Rechtsträger in Regress nehmen, falls diese auf Grund der Rechtswidrigkeit der Amtshilfehandlung (mit-) verantwortlich für den entstandenen Schaden ist (*Ule/Laubinger,* VwVfR, § 11, Rdnr. 51; zu der auch hier bedeutsamen [Streit-] Frage, ob § 7 Abs. 2 [hier: S. 2] VwVfG eine eigenständige Rechtsgrundlage solcher Regressansprüche bildet, vgl. oben). Kommt es insofern für die Rechtmäßigkeit der Hauptmaßnahme auf die Rechtmäßigkeit der Amtshilfehandlung an, ist die ersuchte Behörde im gerichtlichen Verfahren beizuladen (*Lässig* in: Finkelnburg/Lässig, VwVfG, § 7, Rdnr. 14; *Bonk/Schmitz* in: Stelkens/Bonk/Sachs, § 7, Rdnr. 9).

ee) Grenzüberschreitende Amtshilfe im Gemeinschaftsrechtsraum

Die Leistung von Amtshilfe, insbesondere zwischen den Behörden der Mitgliedstaaten, ist unabdingbare Voraussetzung für das Funktionieren des Europäischen Binnenmarktes. In diesem Zusammenhang sei nur auf den Vollzug transnationaler Verwaltungsakte oder die (grenzüberschreitende) zwischenbehördliche Informationsübermittlung im Bereich der Anerkennung von Berufsqualifikationen hingewiesen (dazu *Winkelmüller,* Verwaltungskooperation bei der Wirtschaftsaufsicht im EG-Binnenmarkt, 2002, 131

50ff.). In vertikaler Hinsicht kommt der Amtshilfe z.B. dann tragende Bedeutung zu, wenn nationale Behörden Verstöße gegen das Gemeinschaftsrecht verfolgen und in diesem Rahmen auf Informationen der Kommission angewiesen sind (hierzu *von Bogdandy,* in: Grabitz/Hilf, EU, Art. 10 Rdnr. 80), oder wenn, im umgekehrten Sinne, die Kommission bei der Verfolgung von Zuwiderhandlungen gegen die in Art. 81 und 82 EG niedergelegten Grundsätze Unterstützung durch mitgliedstaatliche Behörden in Anspruch nehmen muss. So gibt Art. 85 EG der Kommission gegenüber kooperationsunwilligen mitgliedstaatlichen Unternehmen keine Zwangsbefugnisse an die Hand, die mitgliedstaatlichen Behörden haben aber insofern Amtshilfe zu leisten (vgl. *Jung,* in: Calliess/Ruffert, EUV/EGV, 2. Aufl. 2002, Art. 85 EG, Rdnr. 6).

132 Im primären Gemeinschaftsrecht findet sich der Begriff der Amtshilfe dennoch nur vereinzelt, so z.B. in Art. 85 Abs. 1 S. 2 EG. Eine den §§ 4ff. VwVfG vergleichbare, ausdrückliche Regelung der Amtshilfe enthält weder das primäre, noch das sekundäre Gemeinschaftsrecht. Jedoch wird man aus Art. 10 EG eine Rechtspflicht zur (horizontalen) Amtshilfe zwischen den Behörden der Mitgliedstaaten herleiten können, wenn die Handlung, um die ein Mitgliedstaat einen anderen ersucht, für die Effektivität des Gemeinschaftsrechts erforderlich erscheint (*Kahl,* in: Calliess/Ruffert, EUV/EGV, Art. 10 EG, Rdnr. 54, a.A. *Hatje,* in: Schwarze, EU-Kommentar, 2000, Art. 10 EG, Rdnr. 55; zu Art. 5 EGV a.F. *Meier,* EuR 1989, S. 237 [244]). Die in Art. 10 EG enthaltenen allgemeinen Kooperationspflichten verdichten sich insoweit gegebenenfalls zu konkreten Rechtspflichten. Daneben enthalten zahlreiche Normen des Sekundärrechts eine (im Hinblick auf Art. 10 EG insoweit nur deklaratorische) Verpflichtung der Mitgliedstaaten zu horizontaler (grenzüberschreitender) Amtshilfe (vgl. die Umsetzung der entsprechenden Richtlinie im EG-Amtshilfegesetz betreffend die direkten Steuern und die Mehrwertsteuer vom 24. 12. 1985 [BGBl I S. 2441] und für Verbrauchssteuern vom 12. 71996 [BGBl I S. 962]; weitere Beispiele bei *Meier,* EuR 1989. S. 237 [238]).

133 Aus dem Grundsatz der loyalen Zusammenarbeit (zu seiner Herleitung aus Normen des primären Gemeinschaftsrechts vgl. *Kahl,* a.a.O., Art. 10 EG, Rdnr. 50), der mit Ausnahme der Adressaten mit Art. 10 EG identisch ist, lässt sich darüber hinaus eine Pflicht auch der Unionsorgane ableiten, die nationalen Organe zu unterstützen, soweit diese mit der Umsetzung und Durchführung des Gemeinschaftsrechts befasst sind. Insofern besteht eine primärrechtliche Verpflichtung zur (vertikalen) Amtshilfe (dazu *von Bogdandy,* a.a.O., Art. 10 EG, Rdnr. 80).

134 Die Verpflichtung der Mitgliedstaaten, auf Ersuchen der Unionsorgane (vertikale) Amtshilfe zu leisten, ergibt sich demgegenüber unmittelbar aus Art. 10 EG, der Grundlage sämtlicher Pflichten der Mitgliedstaaten gegenüber der Union ist. Eines Rekurses auf den Grundsatz der loyalen Zusammenarbeit bedarf es insoweit nicht (*von Bogdandy,* a.a.O., Art. 10 EG,

Rdnr. 79). Die Erwähnung der Amtshilfe in Art. 85 EG hat daher lediglich deklaratorischen Charakter. Gleiches gilt für die zahlreichen sekundärrechtlichen Verpflichtungen der Mitgliedstaaten zur (vertikalen) Amtshilfe (so z.B. die Art. 13, 14 Abs. 5 und 6 der VO Nr. 17 des Rates vom 6. 2. 1962 sowie Art. 7 Abs. 4 S. 1 der Richtlinie 2950/83 vom 17. 10. 1983 zur Anwendung des Beschlusses 83/56 EWG über die Aufgaben des Europäischen Sozialfonds, Beispiel bei *Meier,* EuR 1989, S. 237 [238]).

ff) Die Kosten der Amtshilfe

Die einstmals umstrittene Frage, ob und in welchem Umfang die ersu- **135**
chende Behörde die der ersuchten Behörde durch das Amtshilfeverfahren entstandenen Kosten zu tragen hat (vgl. *Moll,* DVBl. 1954, 697; *Dreher,* S. 129ff.; *BVerwGE* 31, 328, 329), regelt nunmehr § 8 VwVfG. Art. 35 Abs. 1 GG steht der durch die Vorschrift getroffenen Kostenverteilung nicht entgegen, da auch das Verfassungsrechts keine absolute Kostenfreiheit der Amtshilfe gebietet. Ziel der in § 8 VwVfG getroffenen Regelung ist es, zugunsten der Verwaltungsvereinfachung sowie im Hinblick auf die im Gegenseitigkeitsverhältnis bestehenden Amtshilfepflichten die zwischenbehördliche Abrechnung von im Amtshilfeverfahren entstandenen Kosten auf ein Mindestmaß zu beschränken (*Bonk/Schmitz* in: Stelkens/Bonk/Sachs, § 8, Rdnr. 1f.). Liegen jedoch die Voraussetzungen der Amtshilfe nach § 4 VwVfG nicht vor, greift auch die beschränkende Wirkung des § 8 nicht ein. Dies hat zur Folge, dass in diesen Fällen eine weitergehende Erhebung von Gebühren und Auslagen auf der Grundlage des für die ersuchte Behörde geltenden Rechts (welches bei gesetzesinkongruenter Amtshilfe auch für die Kostenerstattungspflicht der ersuchenden Behörde maßgeblich ist, zum Problem siehe oben, aa)) gegenüber der ersuchenden Behörde in Betracht kommt.

Nach Abs. 1 S. 1 hat die ersuchende Behörde der ersuchten Behörde für **136**
die Amtshilfe keine Verwaltungsgebühr zu entrichten, auch wenn das insoweit maßgebliche Recht der ersuchten Behörde für die vorgenommene Amtshilfehandlung die Erhebung einer Gebühr vorschreibt. Darüber hinaus verbleibt der ersuchten Behörde gegebenenfalls ein Anspruch auf Zahlung von Benutzungsgebühren (Umkehrschluss aus Abs. 1 S. 1). Voraussetzung für die Entstehung eines solchen Anspruchs ist jedoch eine spezielle Rechtsgrundlage (*OVG Koblenz,* KStZ 1985, 58; *Bonk/Schmitz* in: Stelkens/Bonk/Sachs, § 8, Rdnr. 8). Nach Abs. 1 S. 3 brauchen auch Auslagen, die der ersuchten Behörde durch die Leistung von Amtshilfe entstanden sind, für den Fall, dass sich Behörden desselben Rechtsträgers Amtshilfe leisten, nicht von der ersuchenden Behörde erstattet zu werden. Eine Erstattungspflicht besteht demgegenüber nach Abs. 1 S. 2 hinsichtlich entstandener Auslagen, wenn ersuchende und ersuchte Behörde verschiedenen Rechtsträgern angehören und die Auslagen im Einzelfall (womit das einzelne Amtshilfeersuchen, nicht etwa der einzelne Auslageposten gemeint ist, vgl. *Bonk/Schmitz*

in: Stelkens/Bonk/Sachs, § 8, Rdnr. 11) die Bagatellgrenze von 50.– DM (25.– €) übersteigen.

137 Auch im Rahmen der durch § 8 VwVfG beschränkten Kostenerstattungspflicht ist die ersuchte Behörde gehalten, die erstattungsfähigen Kosten (Auslagen) so gering wie möglich zu halten. Erstattungsfähig sind daher nur notwendige Auslagen. Da Auslagen für die Vornahme einer rechtswidrigen Amtshilfehandlung nicht in diesem Sinne notwendig sind, besteht in diesen Fällen keine Erstattungspflicht der ersuchenden Behörde (*Ule/Laubinger,* VwVfR, § 11, Rdnr. 53; *Bonk/Schmitz* in: Stelkens/Bonk/Sachs, § 8, Rdnr. 13).

138 Demgegenüber trifft Abs. 1 keine (beschränkende) Regelung hinsichtlich auf Seiten der ersuchten Behörde entstandenen allgemeinen Verwaltungskosten. Diese sind von der Behörde bzw. ihrem Rechtsträger nach dem allgemeinen Grundsatz des Art. 104a GG selbst zu tragen. Auch § 8 VwVfG bestätigt daher die grundsätzliche Aussage, dass das Verfahren der Amtshilfe keine Verschiebung der Verwaltungs- und Finanzierungszuständigkeiten nach sich zieht (*Bonk/Schmitz* in: Stelkens/Bonk/Sachs, § 8, Rdnr. 7).

139 Nimmt die ersuchte Behörde zur Durchführung der Amtshilfe eine kostenpflichtige Amtshandlung vor, so stehen ihr nach § 8 Abs. 2 VwVfG die von einem Dritten hierfür geschuldeten Kosten (Verwaltungsgebühren, Benutzungsgebühren und Auslagen) zu. Kosten, welche der ersuchten Behörde auf Grund der geleisteten Amtshilfehandlung von Seiten eines Dritten geschuldet werden, verbleiben der ersuchten Behörde also selbst und sind nicht etwa an die ersuchende Behörde abzuführen. Die Vorschrift, die wie § 8 VwVfG insgesamt nur das Innenverhältnis der am Amtshilfeverfahren beteiligten Behörden regelt, stellt keine selbstständige Rechtsgrundlage für die Erhebung von Kosten gegenüber dem Bürger dar, sondern setzt eine solche voraus (*Ule/Laubinger,* VwVfR, § 11, Rdnr. 54; *Bonk/Schmitz* in: Stelkens/Bonk/Sachs, § 8, Rdnr. 14): Ob und in welcher Höhe eine Amtshandlung für den Bürger kostenpflichtig ist, bestimmt sich nach den einschlägigen Regelungen des Verwaltungskostenrechts (*OVG Koblenz,* KStZ 1985, 58; *VGH Mannheim,* NVwZ-RR 1992, 527; *Bonk/Schmitz* a. a. O.).

f) Rechtsnachfolge im Organisationsrecht

140 Eine Zuständigkeitsveränderung besonderer Art kann durch einen Wechsel der Zuordnungssubjekte auf Grund einer Rechtsnachfolge verursacht werden. Eine organisationsrechtliche Rechtsnachfolge liegt vor, wenn das bislang zuständige Rechtssubjekt untergeht und an seine Stelle ein anderes Rechtssubjekt tritt. Dies ist bei der Auflösung von Verwaltungsträgern der Fall und wird insbesondere im Zusammenhang mit **Verwaltungs- und Gebietsreformen** (dazu Übersicht bei *Schink,* Rechtsnachfolge bei Zuständigkeitsveränderungen in der öffentlichen Verwaltung, 1984) und bei **Privatisierungsvorgängen** (dazu *Heinze,* NVwZ 1994, 748 ff.) praktisch relevant. Besondere Probleme werfen zudem die Rechtsnachfolgefragen im Zusam-

menhang mit der Herstellung der **Deutschen Einheit** auf der Grundlage des Einigungsvertrages auf (dazu Übersicht bei *Dietlein,* Nachfolge im öffentlichen Recht, 1999, 544 ff.).

Keine besondere Erscheinungsform, sondern einen möglichen Rechtsgrund für eine Rechtsnachfolge bezeichnet nach heutigem Verständnis der Begriff der **Funktionsnachfolge** (*Dietlein,* a.a.O., 499 ff.; siehe auch *BVerwGE* 102, 223 ff.; *BVerwG,* NVwZ-RR 1992, 428). Dabei wird an die Übernahme der Aufgaben eines Verwaltungsträgers durch einen anderen Verwaltungsträger angeknüpft. Die Lehre von der Funktionsnachfolge wurde vor allem in der Zeit nach dem zweiten Weltkrieg zur Lösung von Fragen der Rechtsnachfolge entwickelt (grundlegend *Reinhard,* NJW 1952, 441 ff.; *ders.*, NJW 1954, 277 ff.) und sollte „ipso-iure" einen Übergang funktionsbezüglicher Rechte und Pflichten begründen. Die Theorie verschwand nach der gesetzlichen Regelung der meisten Fragen sowie einer grundsätzlichen dogmatischen Kritik in den sechziger Jahren aus dem Argumentationsarsenal des Verwaltungsrechts (grundsätzliche Kritik insbesondere bei *Steinbömer,* Die Funktionsnachfolge, 1957; *Kaja,* Die Funktionsnachfolge, 1963; siehe auch *KG,* NJW 1969, 752). Erst im Zusammenhang mit der Wiedervereinigung wurde die Theorie neu belebt (*Dietlein,* 507 ff.; kritisch *Kothe,* LKV 1997, 73 ff.; vergleichend *Willingmann/Madaus,* NJ 1996, 505 ff.). **141**

Von der organisationsrechtlichen Rechtsnachfolge zu unterscheiden ist die bloße **Verlagerung der Zuständigkeit** auf einen anderen Rechtsträger, die je nach Ausgestaltung auch mit einer Rechtsnachfolge verbunden sein kann. **142**

Nach den für eine Rechtsnachfolge im öffentlichen Recht geltenden allgemeinen Grundsätzen bedarf es insbesondere eines **Nachfolgetatbestandes,** der die Rechtsnachfolge anordnet. Dabei ist grundsätzlich zwischen der Einzelrechtsnachfolge und der Gesamtrechtsnachfolge zu unterscheiden. Zu den einzelnen Nachfolgetatbeständen siehe Band 1, § 41. **143**

II. Interne Leitungsordnung

Schrifttum: *Behrens,* Beamtenrecht, 2. Aufl., 2001; *Böckenförde,* Die Organisationsgewalt im Bereich der Regierung, 2. Aufl., 1998; *Felix,* Das Remonstrationsrecht und seine Bedeutung für den Rechtsschutz des Beamten, 1993; *Gröpl,* Haushaltsrecht und Reform, 2001; *Guttenberg,* Weisungsbefugnisse und Selbsteintritt, 1992; *Köpp,* Öffentliches Dienstrecht, in: Steiner (Hrsg.), Besonderes Verwaltungsrecht, 6. Aufl., 1999, S. 383; *Lecheler,* Die Personalgewalt des öffentlichen Dienstherrn, 1977; *Scheerbarth/Höffken/Bauschke/Schmidt,* Beamtenrecht, 6. Aufl., 1992; *Schnapp,* Amtsrecht und Beamtenrecht, 1977.

1. Struktur der internen Leitungsordnung

a) Leitungsordnung und Leitungsgewalt

Mit der internen Leitungsordnung wird die Aufgaben- und Zuständigkeitsverteilung innerhalb eines Verwaltungsträgers in den Blick genommen. **144**

Dabei wird dessen Existenz ebenso vorausgesetzt wie die Zuweisung bestimmter Aufgaben bzw. Kompetenzen.

145 Gegenstand der internen Leitungsordnung sind Organisation und Verfahren des Prozesses der internen Willensbildung und Aufgabenwahrnehmung von Verwaltungsträgern. Im Zentrum steht dabei die **interne Leitungsgewalt,** der es zukommt, die interne Leitungsordnung im Rahmen der verfassungsrechtlichen und einfachgesetzlichen Vorgaben auszubilden und prozeßförmig zu handhaben.

146 Durch den dogmatisch bislang nicht fixierten **Begriff der Leitungsgewalt** sollen die getrennt geregelten und deshalb in der bisherigen Diskussion auch separat behandelten einzelnen Komponenten der Organisations-, Personal-, Sachentscheidungs- und Haushaltsgewalt zu einer **einheitlichen Funktion gebündelt** werden. Auf diese Art und Weise werden nicht nur die Wechselwirkungen und gegenseitigen Bedingtheiten dieser einzelnen Steuerungsmedien deutlicher herausgestellt, sondern es wird auch der Tatsache Rechnung getragen, dass die Aufgabenwahrnehmung und die entsprechende Verantwortung nur im Zusammenspiel aller dieser Komponenten erfolgen kann. Diese zwischenzeitlich (zur früheren Einheit der Leitungsgewalt *Böckenförde,* S. 21 ff.) vernachlässigte Erkenntnis ist durch das Neue Steuerungsmodell nicht nur erneut in das allgemeine Bewusstsein gehoben worden, sondern er hat sie zur Grundlage einer neuen Aufgabenverteilung gemacht. Es ist deshalb nur folgerichtig, wenn dies auch auf der dogmatischen und systematischen Ebene entsprechend berücksichtigt wird.

147 Die Herausbildung der (internen) Leitungsgewalt als gebündelter Funktion bedeutet indes nicht, dass sie einem Organ oder Amtswalter zusteht. Vielmehr ist es durchaus denkbar und mit dieser Sichtweise vereinbar, dass die Leitungsgewalt auf mehrere Stellen verteilt und von diesen nur gemeinsam ausgeübt werden kann. Durch die Bündelung wird aber in diesen Fällen die **Notwendigkeit der abgestimmten Ausübung der Leitungsgewalt** verdeutlicht und damit auf die in vielen Verwaltungsträgern bestehende Aufgaben- und **Verantwortungsteilung** zwischen den einzelnen Organen bzw. organisatorischen Ebenen (vor allem in der mehrstufigen Landesverwaltung) hingewiesen.

b) Verfassungsrechtlicher Rahmen der internen Leitungsordnung

148 Die interne Leitungsmacht knüpft an die **personelle demokratische Legitimationsordnung** an und gestaltet diese näher aus. Es wird der innere Zusammenhang zwischen der Wahl bzw. Bestellung des Amtswalters und der Übertragung bzw. Zuweisung eines Amtes und der mit diesem verknüpften Zuständigkeiten konkretisiert. Im demokratischen Verfassungsstaat sind Inhaber und Inhalt der Leitungsgewalt notwendigerweise verknüpft. Die Art der Verknüpfung kann jedoch durchaus unterschiedlich erfolgen. Sie bietet Raum für die Entfaltung der verschiedenen Organisations- und Leitungsmodelle, auf die teilweise bereits bei der Beschreibung der

verschiedenen Arten und Strukturen bei Organen eingegangen wurde (vgl. § 83, Rdnr. 139ff.).

Das lange Zeit in Theorie und Praxis dominante Leitbild einer demokratisch legitimierten Verwaltung ist durch die zentrale Leitung bzw. Steuerung über Legitimations- und Verantwortungsketten als Grundlage einer ebenfalls zentralen Leitungs- und Steuerungsordnung geprägt (*Dreier,* S. 141ff.; *Loschelder,* HStR III, § 68, Rdnr. 37ff.). Das Grundgesetz und die Landesverfassungen enthalten durch die Verankerung der kommunalen Selbstverwaltung und die Anerkennung der funktionalen Selbstverwaltung aber selbst bereits Hinweise, dass auch andere Organisationsmuster verfassungskonform sind. Dies gilt aber nicht nur für die äußere Dezentralisation, sondern auch für die innere in Gestalt z.B. des Neuen Steuerungsmodells (siehe § 81, Rdnr. 177ff.). 149

Die konkrete Verortung der internen Leitungsgewalt hat trotz der erwähnten dezentralen Strukturen von einem hierarchischen Muster auszugehen. So erfolgt die Aufgabenzuweisung an den jeweiligen Verwaltungsträger. Die Sachgewalt ist damit, vorbehaltlich einer abweichenden gesetzlichen Regelung, dem Hauptorgan des Verwaltungsträgers zugeordnet. Ihm stehen dabei in der Regel auch die übrigen Bereiche der internen Leitungsgewalt zu. Eine interne Dezentralisierung beruht deshalb auf Delegation oder Mandat (dazu Rdnr. 67ff.). 150

Ob auch in **privatrechtlich organisierten Funktionssubjekten** von Leitungsgewalt gesprochen werden kann, ist mehr eine terminologische als eine sachliche Frage. Grundsätzlich spielt es keine Rolle, in welchem organisatorischen Rahmen staatliche Leitungsmacht ausgeübt wird. Es gilt insoweit die gleiche Argumentation wie sie auch bei der Begründung der Grundrechtsbindung beim staatlichen Handeln in privatrechtlicher Rechtsform zur Anwendung kommt. 151

c) Strukturelemente und Rechtsgrundlagen der internen Leitungsgewalt

aa) Interne Organisationsgewalt

Im Bereich der **Organisation** erstreckt sich die interne Leitungsgewalt auf die Ausbildung der normativ nicht durch höherrangiges Recht fixierten Struktur der jeweiligen Verwaltungseinheit. Dazu gehört im Einzelnen die Entscheidung über den organisatorischen Aufbau (Zahl und Gliederung der Dezernate und Ämter bzw. Abteilungen und Referate, jeweils mit weiteren Untergliederungsmöglichkeiten) und die Zuweisung von Aufgaben bzw. Aufgabengruppen an die einzelnen organisatorischen Einheiten. Das Ergebnis dieses Vorgangs ist der Organisations- oder Verwaltungsgliederungsplan. Zur Organisation gehört auch die Bildung von rechtlich selbstständigen und unselbstständigen organisatorischen Einheiten in den Rechtsformen des öffentlichen oder privaten Rechts. 152

Da organisatorische Maßnahmen nur realisierbar sind, wenn die geschaffenen Einheiten auch mit Personal und Haushaltsmitteln ausgestattet wer- 153 den (können), besteht bei der Ausübung der Leitungsgewalt eine notwendige Verbindung der Organisations- zur Personal- und Haushaltsgewalt. Die Bereitstellung des Personals und der Sach- und Geldmittel gehört als solche zur Organisationsgewalt (*Köpp,* Rdnr. 7), ist jedoch in den Einzelheiten der Ausübung durch die Personal- und Haushaltsgewalt überlagert und in zahlreichen Einzelheiten determiniert.

bb) Personalgewalt

154 Die **Personalgewalt** umfasst das Recht zur Schaffung und (Um-) Besetzung einer (Plan-) Stelle, zur Auswahl der Bewerber und zur dienstlichen Leitung und Beaufsichtigung der Stelleninhaber (vgl. *Köpp,* Rdnr. 7 unterscheidet zwischen Personalplanung, Personalverwaltung und Personallenkung). Soweit die Schaffung einer (Plan-) Stelle an besondere haushaltsrechtliche Bedingungen geknüpft ist, ist die Ausübung der Personalgewalt entsprechend beschränkt bzw. bedingt.

155 Die Personalgewalt ist in ihren Einzelheiten durch das Beamtenrecht des Bundes und der Länder, das auch für andere Verwaltungsträger gilt, sowie das Tarif- und sonstige Arbeitsrecht des öffentlichen Dienstes geregelt. Beide Rechtsmaterien sind in wichtigen Punkten durch verfassungs- und europarechtliche Vorgaben geprägt (zu Einzelheiten sei auf die Literatur zum öffentlichen Dienstrecht verwiesen; neben der beamtenrechtlichen Literatur vgl. etwa *Müller,* Arbeitsrecht im öffentlichen Dienst, 4. Aufl., 1998).

cc) Haushaltsgewalt

156 Die **Haushaltsgewalt** (teilweise auch als Budgetrecht bezeichnet) bezieht sich auf die Bereitstellung und damit zugleich Verteilung der finanziellen Mittel für die Wahrnehmung von Verwaltungsaufgaben. Sie schließt nach modernem Verständnis auch die Kontrolle über die rechtmäßige und wirtschaftliche Verwendung der zugewiesenen Mittel ein (Haushalts- und Rechnungskontrolle).

157 Die Haushaltsgewalt ist ähnlich wie Organisationsgewalt auf staatlicher Ebene zwischen Parlament und Verwaltung geteilt. Die dem Deutschen Bundestag und den Landesparlamenten zustehende Budgethoheit wirkt sich bei detaillierten Haushaltsplänen, die für die einzelnen Verwaltungsbereiche Stellenpläne enthalten und auch die Finanzmittel für die einzelnen Aufgabenbereiche sehr genau und detailliert zuweisen, auf der Verwaltungsebene unmittelbar aus und entfaltet eine weitreichende Steuerungswirkung. Durch den Übergang zu globalisierten Haushalten und mehr Flexibilität bei der Mittelverwendung ist die Steuerungsintensität in den letzten Jahren jedoch in einigen Bereichen zurückgenommen worden. Dazu hat insbesondere auch das Haushaltsrechts-Fortentwicklungsgesetz vom 22. 12. 1997 (BGBl. I S. 3251) beigetragen (dazu *Gröpl,* S. 213 ff.; *ders.,* NVwZ 1998, 1251 ff.). Eine ähnliche Steuerungswirkung entfalten die Finanzzuweisungen der Länder an die Kommunen, da diese weitgehend an den Finanzbedarf für die

Erledigung bestimmter Aufgaben anknüpfen und den Kommunen nur geringe Gestaltungsspielräume lassen. Die gleichwohl vorhandenen Freiräume können die jeweiligen Verwaltungsträger im Rahmen des für sie geltenden Haushaltsrechts nutzen. Dabei entspricht es, ähnlich wie auf der staatlichen Ebene, der überkommenen, weitgehend auch gesetzlich vorgeschriebenen Praxis, dass die Mittelverausgabung durch jährliche Haushaltspläne vorprogrammiert wird. Die Vorbereitung und Verabschiedung des Haushaltsplans ist dabei in der Regel dem zentralen Leitungsorgan bzw. einem seiner Unterorgane zugewiesen. Die Organisations- und Personalplanung kann demnach nur erfolgen, wenn sie in die Aufstellung des Haushaltsplans eingeflossen ist (Prinzip der Voranmeldung).

Die Ausübung der Haushaltsgewalt wird in zahlreichen Details durch das Haushaltsrecht gesteuert, das seine rahmenrechtliche Grundlage im **Haushaltsgrundsätzegesetz** findet, das wiederum durch die Bundeshaushaltsordnungen, die Landeshaushaltsordnungen sowie das kommunale Haushaltsrecht umgesetzt und ausdifferenziert wird. **158**

dd) Sachentscheidungsgewalt

Die **Sachentscheidungsgewalt** wird in der Regel im Zusammenhang mit der Verwaltungsorganisation nicht erwähnt, sondern dem materiellen Recht zugeordnet. Gleichwohl gehört ihre Ausübung zur internen Leitungsordnung, da die Steuerung des Inhalts von verwaltungsbehördlichen Entscheidungen von größter Bedeutung für ihre Tätigkeit ist. Zusammen mit und noch vor der Personal- und Haushaltsgewalt stellt die Sachentscheidungsgewalt das gewichtigste Element der internen Leitungsordnung dar. **159**

Im Zentrum der Sachentscheidungsgewalt steht aus organisationsrechtlicher Perspektive die **innerbehördliche Willensbildung,** die jeder Sachentscheidung vorausgeht. Dabei ist die aus allgemeiner verfahrensrechtlicher Sicht bedeutsame Beteiligung von Antragstellern, Betroffenen oder sonstigen Mitwirkungsberechtigten (andere Fachbehörden, Drittbetroffene etc.) als dem behördeninternen Vorgang zugeordneter Aspekt zu betrachten. Bei der internen Willensbildung stehen die Informationsverarbeitung und die an rechtlichen Kriterien und – bei Ermessensakten – auch Zweckmäßigkeitserwägungen orientierte Entscheidung im Vordergrund der Betrachtung. **160**

Der konkrete Ablauf der innerbehördlichen Willensbildung ist davon abhängig, wie die zuständigen Organe verfasst sind (monokratisch oder kollegial; eine oder mehrere Untergliederungsebenen etc.) und wie viele andere „Stellen" der Verwaltung an der Sachentscheidung mitwirkungsbefugt sind (behördeninterne oder -externe Mitwirkungsrechte). **161**

ee) Geschäftsleitung

Mit der Geschäftsleitung oder **Geschäftsleitungsgewalt** wird ein Aspekt der internen Leitungsgewalt angesprochen, der sich auf die prozessförmige Ausgestaltung der innerbehördlichen Vorgänge in ihren vielfältigen Aspekten bezieht. Es geht dabei um Verfahrens- und (formale) Entscheidungs- **162** regeln, um die Aktenordnung, die elektronische Datenverarbeitung, die interne Informationsordnung (siehe dazu § 83, Rdnr. 58ff.) sowie weitere formale Vorgaben.

163 Die Geschäftsleitung im einzelnen Verwaltungsträger ist bei streng hierarchisch verfassten Organisationen in der Regel dem monokratischen Leitungsorgan (Minister, Landrat, Bürgermeister etc.) zugeordnet. So finden sich in den Kreis- und Gemeindeordnungen spezielle Regelungen, die die Geschäftsleitung dem Landrat bzw. Bürgermeister zuweisen und inhaltlich oft unter gleichzeitiger Bezugnahme auf andere Aspekte der Leitungsgewalt ausdifferenzieren. So heißt es etwa in § 63 Abs. 1 GO LSA: „Der Bürgermeister ist für die sachgemäße Erledigung der Aufgaben und den ordnungsgemäßen Gang der Verwaltung verantwortlich und regelt die innere Organisation der Gemeindeverwaltung“ (zu entsprechenden Regelungen anderer Kommunalgesetze vgl. *Gern,* Deutsches Kommunalrecht, Rdnr. 368).

164 Die **Maßnahmen der Geschäftsleitung** knüpfen an die organisatorischen Maßnahmen (Festlegung der Binnenstruktur der Funktionssubjekte, Zuweisung der Zuständigkeiten an die einzelnen Amtswalter bzw. Mitarbeiter) an, die in Ausübung der Organisations- und Personalgewalt erfolgen und ergänzen sie in verfahrensrechtlicher und formaler Hinsicht. Neben klassischen **Grundsätzen der Aktenordnung,** die Vorgaben für die Bearbeitung von Vorgängen vermitteln, ist in größeren Organisationseinheiten zunehmend auch die Steuerung des Informationsflusses im Rahmen der **Informationsordnung** von großer Bedeutung. Dabei geht es sowohl um die Weitergabe dezentral angefallener Informationen an andere Stellen, für die die Information von Bedeutung ist, als auch umgekehrt um die Beschränkung des Informationszugangs und der Informationsweitergabe, soweit dies aus datenschutzrechtlichen oder sicherheitsrechtlichen Gründen erforderlich ist (siehe dazu bereits § 83, Rdnr. 58ff.). Der Einfluss der **elektronischen Kommunikationsformen und Speichermedien** auf die Geschäftsabläufe erstreckt sich auch auf die Beziehung zum Bürger, dem nicht nur in immer weiterem Umgang der Online-Zugang zur Gesetzen und anderen für das Verwaltungshandeln wichtigen Dokumenten eröffnet wird. Vielmehr wird zunehmend auch das Stellen von Anträgen bis hin zur Durchführung ganzer Verwaltungsverfahren mit Hilfe der elektronischen Kommunikationsmittel möglich und praktiziert. Zu diesem Zweck wurde auch eine besondere Regelung in § 3a VwVfG eingefügt sowie zahlreiche weitere Vorschriften um entsprechende Aspekte ergänzt (Übersicht bei *Schmitz/Schlatmann,* Digitale Verwaltung? – Das Dritte Gesetz zur Änderung verwaltungsverfahrensrechtlicher Vorschriften, NVwZ 2002, 1281ff.). Auf die damit verbundenen Aspekte der Sicherheit von Dokumenten kann an dieser Stelle nur hingewiesen werden (siehe dazu näher § 103).

165 Speziell in Kollegialorganen bedarf es zur Sicherung eines ordnungsgemäßen Ablaufs der Arbeiten einer **Geschäftsordnung,** die u.a. Regelungen

über die Aufstellung der Tagesordnung, die Information der Mitglieder, das Beratungs- und Abstimmungsverfahren sowie die Rechte und Ansprüche der Mitglieder enthalten sollte (zu Einzelheiten *Rothe,* Rechtsnatur und strittige Regelungen der Geschäftsordnungen kommunaler Vertretungskörperschaften, DÖV 1991, 486ff.). Für den Erlass der Geschäftsordnung ist das Kollegialorgan in der Regel selbst zuständig (etwas anderes kann bei Unterorganen wie z.B. Ausschüssen gelten, deren Geschäftsordnungen oft vom Hauptorgan erlassen werden), womit es auch die Geschäftsleitungsgewalt selbst ausübt.

Ob eine Pflicht zum Erlass einer Geschäfts- und Aktenordnung besteht, **166** hängt davon ab, wie groß das jeweilige Funktionssubjekt ist und wie es verfasst ist. Die Kommunalgesetze schreiben für die Funktionssubjekte als solche den Erlass entsprechender Regelungen jedenfalls für die Vertretungskörperschaften vor. Bei Kollegialorganen dürfte der Erlass einer Geschäftsordnung in der Regel auch dort pflichtig sein, wo es an einer gesetzlichen Anordnung fehlt, da durch die Geschäftsordnung das Verfahren und die Beteiligungsrechte der Organmitglieder konkretisiert werden. Das gilt vor allem bei Kollegialorganen mit Repräsentativfunktion.

ff) Interne Kontrolle

In Zusammenhang mit den einzelnen Aspekten der internen Leitungsge- **167** walt steht die Befugnis zur internen Kontrolle, d.h. zur Überprüfung der Umsetzung und Beachtung der in Ausübung der Leitungsgewalt gesetzten Vorgaben. Auf diesen Aspekt wird gesondert im Zusammenhang mit der Behandlung der verwaltungs- bzw. behördeninternen Kontrolle eingegangen (siehe dazu § 102).

2. Differenzierung nach Rechtssphären und Rechtsbeziehungen

Bei der Ausübung der internen Leitungsgewalt sind die einzelnen Rechts- **168** sphären und die damit verbundenen gesonderten Rechtsbeziehungen (in der Regel Verwaltungsrechtsverhältnisse) innerhalb derer die Leitungsgewalt wirksam wird, zu unterscheiden. Das gilt sowohl bei der Bestimmung der rechtlichen Grundlagen und Maßstäbe von Leitungsmaßnahmen als auch bei der Qualifizierung der Rechtsstellung der Adressaten der Maßnahmen.

Im Zusammenhang mit der Ausübung der **Personalgewalt** wird her- **169** kömmlicherweise zwischen dem Dienst- oder Anstellungsverhältnis als **Grundverhältnis** auf der einen Seite und dem Amts- bzw. Organwalterverhältnis aus **Betriebsverhältnis** auf der anderen Seite unterschieden (*Püttner,* DVBl. 1987, 190ff.). Dabei wird der erste Bereich als Außenrechtsverhältnis und der zweite als Innenrechtsverhältnis qualifiziert.

Während beim Grundverhältnis die Rechte der Privatperson gegenüber **170** dem Dienstherrn sowie die korrespondierenden Pflichten im Vordergrund stehen, ist das Betriebsverhältnis durch die Wahrnehmung der im Rahmen der zugewiesenen Sachverantwortung übertragenen Aufgaben geprägt. In dieser Sphäre nimmt der Amtswalter grundsätzlich nicht eigene Rechte wahr, sondern erfüllt dem Verwaltungsträger zugewiesene Aufgaben. Die Verknüpfung von Statuspflichten und Sachverantwortung erfolgt durch die **Amtswahrnehmungspflicht** (*Köpp,* Rdnr. 8, 114ff. mit Hinweisen zu der Streifrage, ob es sich um eine Pflicht des Innen- oder des Außenrechtskreises handelt; *Kunig,* Rdnr. 128ff.). Diese werden ihrerseits durch das **Disziplinarrecht** sanktioniert (*Köpp,* Rdnr. 127ff.; *Kunig,* Rdnr. 140ff.). Zu Beachten sind bei der Ausübung der Personalgewalt zudem die Vorschriften über die Personalvertretung, die in zahlreichen Fällen eine Beteiligung der für die Wahrnehmung der Interessen der im öffentlichen Dienst Beschäftigten vorschreiben (Überblick bei *Köpp,* Rdnr. 140ff.; zu Einzelheiten *Ilbertz/Widmaier,* Bundespersonalvertretungsgesetz, 9. Aufl. 1999).

171 Die Ausübung der **Haushaltsgewalt** wird durch die spezifischen Vorgaben des Finanz- und Haushaltsrechts gesteuert (Übersicht zum Bundes- und Landeshaushaltsrecht bei *Piduch,* Bundeshaushaltsrecht, 2. Aufl. 1995; zum kommunalen Haushaltsrecht bei *Gern,* Deutsches Kommunalrecht, 2. Aufl. 1997, Rdnr. 399ff.). Zudem unterliegt diese Betätigung der Kontrolle durch die Rechnungshöfe und die internen zur Rechnungsprüfung zuständigen Stellen. Eine in zahlreichen Zusammenhängen bedeutsame Frage betrifft die Ableitung und Reichweite des einzelnen Amtswalters auf die Gewährleistung einer sachlichen und **finanziellen Mindestausstattung.** Vor allem im Hochschulbereich kommt diesem Aspekt in Zeiten leerer öffentlicher Kassen eine große Bedeutung zu.

172 Die arbeitsteilige Aufgabenwahrnehmung in der öffentlichen Verwaltung führt in Verbindung mit der Trennung der Rechtssphären zu einer komplexen **Verantwortungsstruktur.** Daraus ergeben sich besondere Anforderungen an die Zuordnung der Verantwortlichkeit im Rahmen einer Verantwortungsteilung. Ausgangspunkt für die Zuordnung von Verantwortung ist der Grundsatz, dass jeder Amtswalter für die von ihm im Rahmen seiner Zuständigkeit ausgeführten Handlungen dienst- und haftungsrechtlich verantwortlich ist. Aus diesem Grundsatz folgt zugleich, dass die für die Aufgabenverteilung und die Informationsordnung zuständigen Amtswalter auch dann verantwortlich sind, wenn es auf Grund von Fehlern in der Struktur der Aufgabenwahrnehmung zu Rechtsverstößen kommt. Im Zusammenhang mit der Beachtung von rechtswidrigen Weisungen eröffnet das Remonstrationsrecht den Weg zu einer Verantwortungsverlagerung vom ausführenden auf den anweisenden Amtswalter.

173 Von den Rechtsbeziehungen zwischen den Amtswaltern sind die Beziehungen zu den **Benutzern von öffentlichen Einrichtungen** zu unterscheiden. Obwohl auch hier nach der Begründung des die Benutzung betreffenden Verwaltungsrechtsverhältnisses von einigen Autoren von einem Innenrechtsverhältnis ausgegangen wird, sind die Rechtsverhältnisse von anderer Qualität, da die Benutzer eigene grundrechtliche Interessen verfolgen und keine öffentlichen Aufgaben wahrnehmen. Aus diesem

Grunde müssen auch Maßnahmen gegenüber Benutzern mit Eingriffscharakter auf eine ausreichend bestimmte Ermächtigungsnorm gestützt werden.

3. Die einzelnen Gestaltungs- und Steuerungsinstrumente

a) Delegation und Mandat

174 Die wichtigsten Instrumente zur Steuerung der innerorganisatorischen Abläufe sind Delegation und Mandat, da mit ihrer Hilfe eine arbeitsteilige und zugleich geordnete Zuständigkeits- und Verantwortungsordnung geschaffen wird (zu Eigenart und Unterschieden beider Instrumente vgl. oben Rdnr. 67ff. und 75ff.).

175 Durch die innerorganisatorische Delegation und Mandatierung wird die **Geschäftsverteilung** bzw. **Zuständigkeitsordnung** geschaffen, die den äußeren Rahmen für die Aufgabenwahrnehmung innerhalb der Verwaltungsträger determiniert.

b) Weisungen

176 Im Rahmen einer bestehenden Zuständigkeitsordnung und der damit verbundenen Arbeitsteilung kann die innerhalb der hierarchischen Ordnung jeweils höhere Ebene die nachgeordneten Ebenen durch **Weisungen** in ihrem Verhalten steuern. Weisungen sind verwaltungsrechtliche Willenserklärung (dazu näher *Kluth,* NVwZ 1990, 608ff.), besitzen also Regelungscharakter und lösen somit verbindliche Rechtsfolgen aus, die aber auf den Prozess der inneradministrativen Willensbildung bzw. das Verfahren beschränkt sind.

177 Hinter dem Phänomen der Weisung verbirgt sich in der Verwaltungspraxis und aus dogmatischer Perspektive ein breites Spektrum von Maßnahmen, mit dessen Hilfe die inneradministrativen Abläufe gesteuert werden können. Im Einzelnen kann im Hinblick auf den Gegenstand oder Inhalt zwischen dienstlichen, amtlichen, und fachlichen Weisungen unterschieden werden. Nach dem Adressatenkreis bzw. der Zahl der betroffenen Vorgänge kann zwischen Einzelweisung und allgemeiner Weisung differenziert werden. In der Verwaltungspraxis werden die allgemeinen Weisungen je nach Tradition als Richtlinie, Erlass, Runderlass oder Anordnung bezeichnet. Aus dem Blickwinkel der Rechtsquellen wird von (intrasubjektiven) **Verwaltungsvorschriften** gesprochen (*Trute,* in: v. Mangoldt/Klein/Starck, GG Kommentar, Bd. 3, 4. Aufl. 2001, Art. 84, Rdnr. 29; *Jarass,* JuS 1999, 105; siehe auch Band 1, § 24, Rdnr. 21ff.).

178 Weisungen erzeugen eine inneradministrative **Bindungswirkung** ihrer Adressaten (zu Weisungen zwischen Verwaltungsträgern vgl. unten Rdnr. 182ff.). Der Adressatenkreis ist im Wege der Auslegung zu ermitteln. Im Außenrechtsverhältnis kann eine mittelbare Bindungswirkung durch das Gebot der Gleichbehandlung aus Art. 3 Abs. 1 GG erzeugt werden (**Selbstbindung der Verwaltung,** siehe dazu Band 1, § 24, Rdnr. 27ff.). Die anweisende Stelle kann die Weisungen grundsätzlich jederzeit ändern. Das gilt

auch dann, wenn eine Selbstbindung im Außenverhältnis eingetreten ist. Es bedarf insoweit einer willkürfreien Begründung der Änderung der bisherigen Praxis (vgl. *BVerwGE* 70, 127 [136]; 104, 220 [223 f.]).

179 Weisungen sind demnach ein sehr vielseitig einsetzbares und damit zur Ausübung der internen Leitungsmacht ideales Instrument. Die für ein modernes, die Eigenverantwortlichkeit jedes einzelnen Amtswalters betonendes verfassungsstaatliches Verständnis wichtige Frage, wie sich der angewiesene Amtswalter gegenüber aus seiner Sicht rechtswidrigen Weisung zu verhalten hat, wird durch das Remonstrationsrecht gelöst. Es eröffnet dem angewiesenen Amtswalter die Möglichkeit, seine rechtlichen Bedenken gegenüber den übergeordneten Stellen geltend zu machen und damit eine Verlagerung der Letztverantwortung herbeizuführen (siehe dazu ausführlicher *BVerfG*, DVBl. 1995, 193; *Weiss*, ZfBeamtR 1994, 325 ff.; *Battis*, BBG, 2. Aufl. 1997, § 55, Rdnr. 4).

III. Externe Leitungsordnung

1. Externe Leitungsrechte im Überblick

180 Die Abgrenzung der externen Leitungsrechte von den internen ist vor dem Hintergrund der im modernen Verwaltungsaufbau anzutreffenden Verflechtungen und Verschachtelungen äußerst kompliziert. So erscheint es heute nicht mehr sinnvoll, das formale Kriterium der Rechtsfähigkeit zur Abgrenzung heranzuziehen, da es sowohl bei der Nutzung von privatrechtlichen Organisationsformen als auch in öffentlich-rechtlich geprägten Bereichen wie der kommunalen Gemeinschaftsarbeit um die Wahrnehmung eigener Aufgaben geht. Aus diesem Grunde erscheint es sinnvoller, den normativen Verwaltungsträgerbegriff als maßgebliches Abgrenzungskriterium heranzuziehen und als externe Leitungsrechte solche Maßnahmen zu qualifizieren, die auf das Verhalten eines anderen Verwaltungsträgers einwirken.

181 Die externen Leitungsrechte sind im Hinblick auf ihren Gegenstand und ihre Erscheinungsformen den Instrumenten der internen Leitungsgewalt in vielen Punkten gleichförmig, doch wirkt sich die durch den intersubjektiven Charakter der Maßnahmen bedingte Veränderung der Rahmen- und Wirkungsbedingungen auf die Reichweite, die rechtlichen Voraussetzungen, die dogmatische Zuordnung und schließlich auch die Terminologie aus. Im Vordergrund stehen einzelfallbezogene und allgemeine Weisungen, die vielfältigen Maßnahmen von Aufsicht und Kontrolle, das Kondominium sowie in jüngerer Zeit die Zielvereinbarung.

2. Externe Weisungen

182 Ähnlich wie bei der internen Leitungsgewalt, wenngleich unter strengeren rechtlichen Voraussetzungen, wird auch die externe Leitung in erster Linie

mit Hilfe von Weisungen ausgeübt. Das gilt vor allem für Bereiche, in denen Aufgaben einer Ebene durch eine andere, in der Regel nachgeordnete Ebene ausgeführt werden, wie es bei der Ausführung der Bundesgesetze durch die Länder und die Wahrnehmung staatlicher Aufgaben durch die Kommunen und die Träger funktionaler Selbstverwaltung der Fall ist (sog. übertragener Wirkungskreis).

Da externe Weisungen zwischen Verwaltungsträgern und damit zwischen 183
jeweils rechtsfähigen und mit eigenem Aufgabenbestand ausgestatteten Funktionssubjekten ergehen, sind sie rechtsdogmatisch anders einzuordnen als interne Weisungen. Das betrifft zunächst ihre Qualifizierung als verwaltungsrechtliche Willenserklärung, die auf Grund der Außenrechtswirkungen im Fall der **Einzelweisung** die spezifische Form des Verwaltungsaktes annehmen. Dabei kann an dieser Stelle dahinstehen, inwieweit diese Qualifikation auch im Bereich der Weisungen der Fach- oder Sonderaufsicht im übertragenen Wirkungskreis der Kommunen zutrifft (dazu näher § 94, Rdnr. 159ff.).

Im Bereich der externen Leitungsgewalt können auch **allgemeine Wei-** 184
sungen erlassen werden (siehe exemplarisch Art. 85 Abs. 2 S. 1 GG). Sie werden in der Praxis durchweg als Verwaltungsvorschriften erlassen, was mit der Annahme verbunden ist, dass es sich um Maßnahmen ohne Außenrechtswirkung handelt. Diese Kategorisierung steht aber in Widerspruch zum intersubjektiven Charakter der Maßnahme. Es bedarf deshalb einer dogmatischen Korrektur sowie einer terminologischen Differenzierung. Intersubjektiven Verwaltungsvorschriften eignet danach Außenwirkung mit der Folge, dass das Fehlen der Außenwirkung insoweit nicht zum konstitutiven Merkmal einer Verwaltungsvorschrift gehört. Die Außenwirkung ist in diesem Zusammenhang aber nicht als Außenwirkung im Bürger-Staat-Verhältnis, sondern als innerstaatliche Außenwirkung zu verstehen. Die aus der Perspektive des Bürgers vorgenommene herkömmliche Qualifizierung der Verwaltungsvorschriften als Rechtsnormen ohne (unmittelbare) Außenwirkung bleibt demnach von dieser Qualifizierung ebenso unberührt wie ihre Unterscheidung von den Rechtsverordnungen (vgl. *Trute,* a.a.O., Art. 84, Rdnr. 27ff.).

Ob man die Ausübung von externen Leitungsrechten gegenüber **privat-** 185
rechtlich organisierten Funktionssubjekten auch als Weisungen bezeichnet oder dafür eine andere Bezeichnung wählt, ist eine primär terminologische Frage. Entscheidend ist in diesem Zusammenhang, dass die rechtlichen Grundlagen und Grenzen in diesen Fällen durch das Privat- und Gesellschaftsrecht bestimmt sind (siehe dazu *Mann,* Die öffentlich-rechtliche Gesellschaft, 2002, S. 120ff. und 189ff.). Lediglich die Frage, ob und mit welchem Inhalt Leitungsgewalt auszuüben ist, wird durch öffentlich-rechtliche Normen determiniert (diese Frage wird unter der Überschrift Einwirkungspflicht thematisiert, siehe dazu *Püttner,* Die Einwirkungspflicht, DVBl. 1975, 535ff.).

186 Auf die rechtlichen Voraussetzungen wie die thematischen Gegenstände von Weisungen wird im Zusammenhang mit der Behandlung der einzelnen Organisationsbereiche eingegangen, innerhalb derer externe Weisungen vorgesehen sind.

3. Aufsichts- und Kontrollrechte

187 Der an der Gesetzgebungspraxis und -systematik orientierte positivrechtliche Aufsichtsbegriff ist dogmatisch alles andere als scharf und eindeutig konturiert. Das wird insbesondere deutlich, wenn es darum geht, Fach- und Rechtsaufsicht voneinander zu scheiden und mehr noch, wenn der Versuch unternommen wird, bei den Aufsichtsbefugnissen die Kontroll- von den Leitungsbefugnissen abzugrenzen. Dazu bedarf es einiger Klarstellungen, will man die Bedeutung der Aufsicht für die Selbstverwaltung und die verfassungsrechtlichen Anforderungen an ihre Einrichtung und Ausgestaltung erkennen (siehe dazu auch ausführlich *Kahl,* Die Staatsaufsicht, 2000, S. 355 ff.).

188 Die Zuordnung der Aufsicht zu den Kontrollfunktionen impliziert die Annahme, dass es bei der Aufsicht um die Überprüfung eines in fremder Primär-Sachverantwortung erfolgenden staatlichen Handelns geht. Von Kontrolle kann im Außenrechtsverhältnis nur gesprochen werden, wo eine umfassende und alleinige Sachverantwortung der ausführenden und überwachten Stelle gegeben ist. Fehlt es daran, so handelt es sich nicht mehr im strikten und eigentlichen Sinn um Kontrolle, sondern um Delegation bei geteilter Sachverantwortung mit der Möglichkeit des Zugriffs, also um eine unechte Delegation, die die Sachverantwortung des Delegatars nicht aufhebt. Die Ausübung von Aufsichtsrechten in einem solchen Kontext stellt sich bei genauer Betrachtung nicht als Kontrollvorgang, sondern als Ausübung der Sachverantwortung und damit als Leitungstätigkeit dar. Leitungstätigkeit bezeichnet damit in diesem Zusammenhang die Ausübung der primären Sachverantwortung einer Exekutivstelle gegenüber nachgeordneten oder zugeordneten anderen Stellen der öffentlichen Verwaltung.

189 Der Grund für eine solche Unterscheidung liegt in folgendem: Kontrollfunktionen dienen der Verwirklichung der Gewaltenbalance und sind dem rechtsstaatlichen Prinzip zuzuordnen. Sie bewirken dagegen keine (demokratische) Legitimationsvermittlung, schon deshalb nicht, weil sie nur das von Kontrollakten erfasste Verhalten erreichen und die Kontrollakte nur von der Legitimation des Kontrollorgans leben, sich jedoch nicht den Akten des kontrollierten Organs mitteilen. Im Falle der Ausübung von Leitungsgewalt besteht demgegenüber eine temporär geteilte primäre Sachverantwortung, durch die zugleich auch demokratische Legitimation vermittelt wird. So wird im Falle einer Genehmigungs- oder Anzeigepflicht die demokratische Legitimation der Aufsichtsbehörde dem jeweiligen Akt des Kreationsorgans mitgeteilt. Das Gleiche gilt im Falle von Weisungsrechten. Dass

dabei, soweit dem ausführenden Organ nicht determinierbare Entscheidungsfreiräume verbleiben, keine lückenlose Legitimationsvermittlung erfolgt, steht auf einem anderen Blatt: die Legitimationsvermittlung durch die Leitungsmacht der Aufsichtsbehörde erhebt keinen Anspruch auf vollständige oder ausreichende demokratische Legitimation.

Diese Unterscheidung hat zur Konsequenz, dass aus einer staatsorganisa- 190
tionsrechtlich-dogmatischen Perspektive, die sich an der verfassungsrechtlichen Zuordnung des organisationsrechtlichen Instituts der Aufsicht orientiert, zwischen den verschiedenen einfachgesetzlich geprägten Formen der Aufsicht zu differenzieren ist: einige sind als Kontroll- andere als Leitungsbefugnisse zu qualifizieren und damit verschiedenen verfassungsrechtlichen Vermittlungsmodi (Rechtsstaatsprinzip/Demokratieprinzip) zuzuordnen (*Kluth,* Funktionale Selbstverwaltung, 1997, 271; *Kahl,* a.a.O., S. 357f.).

Im Einzelnen führt dies zu folgender **Zuordnung:** (1) Eine rein repressive 191
Rechtsaufsicht ist als reine Kontrollfunktion anzusehen; (2) eine um präventive Elemente (Anzeige- und Genehmigungspflicht) erweiterte Rechtsaufsicht ist – da sie die von den gesetzlichen Regelungen ausgehende demokratische Legitimation nicht erweitert – ebenfalls noch als Kontrollfunktion einzuordnen; (3) alle Formen der Weisungsbefugnisse und Fachaufsicht sind als Ausübung einer (geteilten) Sachverantwortung anzusehen und damit Ausübung von Leitungsmacht.

4. Gemeinsame Entscheidungszuständigkeiten

Ebenso wie innerhalb eines Verwaltungsträgers die Ausübung der Lei- 192
tungsgewalt bzw. allgemeiner gesprochen: die Entscheidungsfindung nur im Zusammenwirken mehrerer Stellen (es kann sich dabei um verschiedene Behörden eines Verwaltungsträgers, um verschiedene Organe und Organteile oder auch um andere Ressorts in einer Behörde handeln) möglich ist, so kann eine gemeinsame Entscheidungszuständigkeit auch bei der externen Ausübung der Leitungsgewalt vorgesehen sein. Dabei handelt es sich wiederum um ein vielschichtiges Phänomen, das in zahlreichen Variationen anzutreffen ist, die durch die unterschiedliche Ausgestaltung der Mitwirkungsformen und -anteile gekennzeichnet sind. Die Skala reicht von bloßen informatorischen Beteiligungen über verschiedene Formen des Kondominiums bis hin zu Genehmigungstatbeständen. Ähnlich weit ist der thematische Anwendungsbereich gespannt, der von organisatorischen und personellen Maßnahmen über haushaltsrechtliche Entscheidungen bis hin zur Entscheidung vielfältiger Sachfragen im Zusammenhang mit der Wahrnehmung von Verwaltungsaufgaben reicht.

Mitwirkungs- und Beteiligungsrechte anderer Stellen unterhalb der Mit- 193
entscheidung sind in Gestalt der Anhörungsrechte sowie der unterschiedlich weitgehenden Rechte zur Abgabe einer Stellungnahme anzutreffen. Eine besondere Form stellt das so genannte **„Benehmen“** dar, bei dem eine an-

dere Stelle zwingend am Entscheidungsverfahren zu beteiligen ist, ohne dass ihr Standpunkt inhaltlich bindet (dazu *Simnacher,* BayVBl. 1983, 103ff.; *VGH Mannheim,* NVwZ-RR 1998, 221; *VG Kassel,* NVwZ-RR 2001, 466; *VG Sigmaringen,* NVwZ-RR 2002, 280). Es handelt sich dabei um eine asymmetrisch geteilte externe Leitungsgewalt. Die verschiedenen Mitwirkungs- und Beteiligungsrechte sind einerseits oft das Resultat von **Verfahrenskonzentrationen** und beruhen andererseits im Falle der Zuständigkeitsverlagerung auf dem **Kompensationsgedanken** (dazu ausführlich *Voßkuhle,* Das Kompensationsprinzip, 1999).

194 Oberhalb der Mitwirkungsrechte sind verschiedene Formen gleichberechtigter Mitentscheidung angesiedelt. Die auch durch ihre terminologische Eigenständigkeit hervorgehobenen Erscheinungsformen sind das **Einvernehmen** und das **Kondominium.** Beide sind dadurch gekennzeichnet, dass eine positive Entscheidung nur durch das einvernehmliche Zusammenwirken von zwei Stellen getroffen werden kann. Ansonsten kommt es zu einer Handlungsblockade, die jedoch in einigen Fällen, wie z.B. nach § 36 BauGB n.F., durch die Verlagerung der Entscheidungszuständigkeit überwunden werden kann (zu derartigen Fällen *Jachmann,* BayVBl. 1995, 481; *Enders/Pommer,* SächsVBl. 1999, 173ff.; *Hellermann,* Jura 2002, 589ff.).

195 Schwierig ist die Einordnung der verschiedenen Fälle, in denen Maßnahmen eines Verwaltungsträger von der **Genehmigung** einer übergeordneten staatlichen oder supranationalen Stelle abhängig ist. Für eine genaue Klassifizierung kommt es in diesen Fällen darauf an, ob ein Anspruch auf die Erteilung der Genehmigung besteht oder ob der Genehmigungsbehörde ein eigener Gestaltungsspielraum zusteht.

5. Zielvereinbarungen

196 Die im Zusammenhang mit dem Neuen Steuerungsmodell zunächst für den verwaltungsinternen Bereich eingeführten Zielvereinbarungen (dazu *Pitschas,* DÖV 1998, 907ff.; *Wallerath,* DÖV 1997, 57ff.) werden inzwischen auch als Instrumente der externen Leitung von Verwaltungsträgern eingesetzt, vor allem im Hochschulbereich (siehe dazu Fedrowitz/Krasny/Ziegele [Hrsg.], Hochschulen und Zielvereinbarungen – neue Perspektiven der Autonomie, 1999; *Lege,* NVwZ 2001, 894ff.; *Trute,* WissR 2000, 134ff.). Damit sind zahlreiche, bislang nur in Ansätzen geklärte Rechtsfragen verbunden, die sich sowohl auf die Handlungsform als solche (Verfahren, Beteiligte, Verbindlichkeit) als auch den zulässigen Inhalt von Zielvereinbaren beziehen (Übersicht bei *Hill,* NVwZ 2002, 1059ff.; *Trute,* WissR 2000, 134ff.). Ist der Abschluss von Zielvereinbarungen, wie inzwischen in vielen Hochschulgesetzen, zwingend vorgeschrieben und der Nicht-Abschluss mit haushaltsrechtlichen oder anderen Sanktionen verbunden (vgl. etwa § 66 Abs. 4 HG LSA), so wird damit der ursprüngliche kooperative Charakter dieses Instruments konterkariert und es wird deutlicher, dass es auch bzw. vor allem um die Ausübung externer Leitungsgewalt geht.

Zweiter Abschnitt.
Die einzelnen Organisationsformen der öffentlichen Verwaltung

§ 85 Die Ministerialverwaltung

Schrifttum: *Becker, B.*, Die Öffentliche Verwaltung, 1989; *ders.*, Zentrale nichtministerielle Organisationseinheiten des unmittelbaren Bundesverwaltung, VerwArch 1989, 149 ff.; *Böckenförde*, Die Organisationsgewalt im Bereich der Regierung, 2. Aufl. 1998; *Brandt/Henning*, Die Aufsicht von Ministerien über Bundesoberbehörden, JR 1982, 181 ff.; *Dittmann*, Die Bundesverwaltung, 1983; *Hermes*, Grundlagen der Verwaltungsorganisation und des Verwaltungshandelns, in: Meyer/Stolleis (Hrsg.), Staats- und Verwaltungsrecht für Hessen, 5. Aufl. 2000, S. 71 ff.; *König*, Kodifikation des Landesorganisationsrechts. Dargestellt am Beispiel Thüringen, 2000; *Köttgen*, Der Einfluß des Bundes auf die deutsche Verwaltung und die Organisation der bundeseigenen Verwaltung, JöR n.F. 11 (1962), 173 ff.; *Loeser*, System des Verwaltungsrechts, Band 2, 1994.

I. Begriff und Eigenart der Ministerialverwaltung

Begriff und Konzeption der Ministerialverwaltung sind das Ergebnis der 1
Symbiose des mit der Entwicklung der **bürokratischen Staatsverwaltung** eng verbundenen hierarchischen Prinzips einerseits und der im **demokratischen Prinzip** verankerten Weisungsgebundenheit andererseits. Der hierarchische Verwaltungsaufbau bietet für das im Grundgesetz und den Landesverfassungen verwirklichte parlamentarische Regierungssystem ideale Voraussetzungen, um die demokratische Legitimation und Leitung der Exekutive bis an die Basis weiterzuleiten, an der sich der unmittelbare Kontakt zum Bürger vollzieht. Im Zusammenwirken der beiden Baumuster wurde das Bild der Legitimationsketten entwickelt, das zum Synonym für den demokratischen Verwaltungsaufbau stilisiert wurde.

Während das Grundgesetz die Ministerialverwaltung nur in Bezug auf 2
einzelne Bereiche der bundeseigenen Verwaltung implizit ausgestaltet, wie z.B. in Art. 86 und 87 GG, finden sich in einigen Landesverfassungen allgemeine Umschreibungen. So heißt es etwa in Art. 85 Abs. 1 Verf. LSA, dass die öffentliche Verwaltung durch die Landesregierung, die ihr nachgeordneten Behörden und die Träger der Selbstverwaltung ausgeübt wird.

Wie bereits gezeigt wurde, ist die Ministerialverwaltung aber nicht der 3
Einzige den Anforderungen des demokratischen Prinzips genügende Verwaltungstyp (siehe § 81, Rdnr. 134 ff.). Auch die verschiedenen Formen der Selbstverwaltung erfüllen die Anforderungen, die das Grundgesetz an die demokratische Legitimation des Verwaltungshandelns stellt. Deshalb bedarf es zu ihrer **Charakterisierung** und **Abgrenzung** weiterer Bestimmungsmerkmale. Diese sind in der Entscheidung für eine zentrale Aufgabensteue-

rung sowie ein damit verbundenes konkretes Verständnis der Ausübung von Leitungsmacht sowie der Rollen- und Verantwortungsverteilung innerhalb der Verwaltungsorganisation zu erblicken. Die Bedeutung der einzelnen Komponenten lässt sich folgendermaßen charakterisieren:

4 Die hierarchisch verfasste und geleitete Ministerialverwaltung ermöglicht auf Bundes- oder Landesebene eine zentral gesteuerte und damit **einheitliche Ausübung der Leitungsgewalt** in sachlicher, personeller, organisatorischer und finanzieller Hinsicht. Damit wird theoretisch die Gewähr für ein Höchstmaß an Rechtsanwendungsgleichheit sowie – damit verbunden – einheitliche Lebensverhältnisse geschaffen (vgl. bereits *Köttgen,* JöR 11 [1962], 173 [183 ff.]). Dieser Vorteil besteht nicht nur für die vor Ort vom Verwaltungshandeln betroffenen Bürger, sondern auch für mögliche Investoren, die sich nicht mit den jeweiligen örtlichen Besonderheiten der Rechtsordnung befassen müssen.

5 Der Vorteil der einheitlichen Ausübung der Leitungsgewalt könnte in sachlicher Hinsicht zwar auch in einem dezentral organisierten Verwaltungsaufbau verwirklicht werden. Der praktischen Umsetzung stünden dabei aber zumindest in Grenz- und Streitfällen mögliche „Behinderung" durch eigenständige Rechte der ausführenden Stellen im Wege. Die z.T. hochkomplexen Rechtstreitigkeiten im Zusammenhang mit Weisungen im Bereich der Bundesauftragsverwaltung zeigen dies mit aller Deutlichkeit.

6 Die Entscheidung für eine hierarchisch gegliederte Ministerialverwaltung hat den Aufbau großer, vielfach untergliederter Verwaltungsapparate mit einer großen Zahl Bediensteter zur Folge. Auch wenn Größe vor dem Hintergrund des heute favorisierten Leitbildes vom schlanken Staat als Nachteil bzw. Mangel einer Organisation wahrgenommen wird (siehe dazu den dreibändigen Abschlussbericht des Sachverständigenberichts „Schlanker Staat" aus dem Jahr 1998), so ist gleichwohl zu beachten, dass jedenfalls eine gewisse Mindestgröße die Voraussetzung für die Verwirklichung einer weit reichenden **Arbeitsteilung** ist, die ihrerseits unerlässlich für die Spezialisierung der Mitarbeiter und den Aufbau des hohen Maßes an Fachkompetenz ist, das die moderne, hochkomplexe Rechtsordnung für die **qualitätsvolle Wahrnehmung** von Verwaltungsaufgaben verlangt. Hinzu kommt, dass durch die hierarchische Gliederung und die Größe auch die internen **Aufstiegsmöglichkeiten** der Mitarbeiter erhöht werden, womit eine in der Praxis nicht zu unterschätzende Anreizfunktion verbunden ist, die sich auf die Rekrutierung des Personals in Konkurrenz zur Privatwirtschaft auswirkt.

7 Die Größe der Organisation zieht eine Vielzahl von Anwendungsfällen in allen Rechtsbereichen nach sich und bietet damit gute Voraussetzungen für das **Sammeln von Erfahrungen,** die bei entsprechender Evaluation für eine Optimierung sowohl der Rechtsanwendung als auch des Rechts selbst genutzt werden können.

8 Neben diesen Vorzügen sind mit einer mehrstufig organisierten Ministerialverwaltung aber auch verschiedene **Nachteile** verbunden, die nur teil-

weise durch organisatorische und verfahrensrechtliche Vorkehrungen relativiert werden können. So wird in der Regel die Schwerfälligkeit der Entscheidungsprozesse beklagt, die durch die Beteiligung der einzelnen Stufen der Hierarchie am Entscheidungsprozess ausgelöst wird. In der Praxis kann es bei der Vielzahl der Aufgabenbereiche auch zu widersprüchlichen Entscheidungen und Zielvorgaben kommen. Schließlich werden nicht selten an einer Stelle vorhandene Informationen nicht oder nicht umfassend für andere Entscheidungen genutzt, für die sie ebenfalls von Relevanz sind. Zahlreiche dieser Mängel hängen auch damit zusammen, dass das Machtgefüge in großen, hierarchisch verfassten Organisationen die Kooperation und den Informationsfluss hemmt.

Auch wenn diese Charakterisierungen der hierarchisch verfassten Minis- 9
terialverwaltung nur zum Teil unmittelbare rechtliche bzw. organisationsrechtliche Relevanz aufweisen, sind sie zur Kennzeichnung und zum **Verständnis dieses Typus** von grundlegender Bedeutung, da sie die wahren Gründe für die Nutzung dieser Organisationsform offen legen. Sie machen zugleich deutlich, vor welchem Hintergrund die Vorschläge zur Verwaltungsmodernisierung in der Ministerialverwaltung entwickelt worden sind.

Die Konzepte der **Verwaltungsmodernisierung,** die sich auf die Minis- 10
terialverwaltung beziehen (siehe dazu § 80, Rdnr. 287 ff. und § 81, Rdnr. 177 ff.) zielen in erster Linie darauf ab, die Schwerfälligkeit zu beseitigen, ohne dass dabei der strukturelle Rahmen als solcher in Frage gestellt wird. Dies ist in den meisten Fällen bereits auf Grund der verfassungsrechtlichen Vorgaben nicht oder nur in engen Grenzen möglich.

II. Klassische Aufbaumuster der Ministerialverwaltung

1. Mehrstufiger Verwaltungsaufbau

Das klassische Aufbaumuster der Ministerialverwaltung ist durch einen 11
mehrstufigen Verwaltungsaufbau geprägt, der die Regierung bzw. Ministerien (in Stadtstaaten: Senaten) und die ihnen nachgeordneten Behörden umfasst. Die Ministerien bilden als **Verwaltungsspitze** dabei zugleich das **Verbindungsglied** zur Gubernative und sichern die parlamentarische Kontrolle und Verantwortlichkeit der Exekutive (*Loeser,* § 10, Rdnr. 109). Die praktische Umsetzung des mehrstufigen Verwaltungsaufbaus auf Bundes- und Länderebene folgt in den meisten Fällen einer überschaubaren Anzahl von Organisationsmustern.

a) Bundesebene

Auf der Bundesebene bildet die **Bundesregierung** mit den einzelnen Mi- 12
nisterien und dem Bundeskanzleramt die Spitze der Verwaltungsorganisation. Sie können als oberste Bundesbehörden bezeichnet werden. In gleicher Weise können die Eigenverwaltungen der übrigen Verfassungsorgane (Bun-

destags- und Bundesratsverwaltung, Verwaltung des Bundesverfassungsgerichts) zugeordnet werden.

13 Den Ministerien sind jeweils die **Geschäftsbereiche** zugeordnet, die der Bundeskanzler im Rahmen der Geschäftsverteilung in der Regierung dem jeweiligen Minister zugeordnet hat. Aus diesem Grunde führt jede Neuordnung der Ressorts in der Bundesregierung auch zu neuen Zuordnungen in der Ministerialverwaltung. Der Minister als Leiter des Ressorts kann dabei bis zu drei Funktionen wahrnehmen. Er fungiert als Regierungsmitglied, als Leiter des Ministeriums und hat in vielen Fällen zudem ein Bundestagsmandat inne. Eine Inkompatibilitätsregelung, die die gleichzeitige Wahrnehmung des Abgeordnetenmandats und des Ministeramtes ausschließt, gibt es auf Bundesebene nicht (das Gleiche gilt für die parlamentarischen Staatssekretäre). Ein Verstoß gegen den Grundsatz der Gewaltenteilung ist darin nicht zu sehen.

14 Dem Bundeskanzler zugeordnet ist das **Bundeskanzleramt,** das historisch an die Reichskanzlei anknüpft (dazu *Neumann,* AöR 124 [1999], 108 ff.) und in seiner Struktur von den Ministerien deutlich abweicht. Ob es sich dabei um eine oberste Bundesbehörde oder eine dem Bundeskanzler nachgeordnete Behörde handelt, ist umstritten, aber von eher terminologischer Bedeutung (gegen die Einordnung als oberste Bundesbehörde, weil es nicht direkt vom Bundeskanzler geleitet wird z. B. *Böckenförde,* Die Organisationsgewalt im Bereich der Regierung, 2. Aufl. 1998, S. 238 f.; *Stern,* Staatsrecht Bd. 2, § 31 II 4). Die Sonderstellung des Bundeskanzleramtes resultiert aus seiner Aufgabe, den Bundeskanzler bei der Wahrnehmung seiner Richtlinienkompetenz zu unterstützen. Es ist deshalb nicht auf einzelne Sachgebiete beschränkt, sondern verfügt über so genannte Spiegelreferate zu allen Ressorts der Ministerien. Unmittelbar dem Bundeskanzler unterstellt sind das Presse- und Informationsamt sowie die Nachrichtendienste (*Stern,* Staatsrecht Bd. 2, § 41 II. 4).

15 Unterhalb der Ministerien sind die **Bundes-Oberbehörden** angesiedelt, die auch als obere Bundesbehörden oder Bundesbehörden der Oberstufe bezeichnet werden. Sie können – soweit dies durch die Art. 86 ff. GG zugelassen wird – als selbstständige Verwaltungseinheiten mit bundesweiter Zuständigkeit errichtet werden. Dabei stehen sie unter der Fach- und Dienstaufsicht einer obersten Bundesbehörde. Es handelt sich um Spezial- oder Generalbehörden, die die Ministerien fachlich entlasten und nur ausnahmsweise über einen weiteren Unterbau verfügen. In der Praxis sind sie primär mit gesetzesausführenden Aufgaben betraut. Beispiele für Oberbehörden sind aus dem Geschäftsbereich des Bundesministers der Finanzen z. B. das Bundesamt für Finanzen, die Bundeswertpapierverwaltung, die Bundesbesoldungsstelle, das Bundesamt zur Regelung offener Vermögensfragen und die Bundesanstalt für Finanzdienstleistungsaufsicht. Aus dem Geschäftsbereich des Bundesministers für Wirtschaft und Arbeit sind die Bundesagentur für Außenwirtschaft, das Bundesamt für Wirtschaft und

Ausfuhrkontrolle, die Bundesanstalt für Arbeit, die Bundesanstalt für Arbeitsschutz und Arbeitsmedizin, das Bundeskartellamt, die Regulierungsbehörde für Telekommunikation und Post sowie die Technisch-wissenschaftlichen Bundesanstalten für Geowissenschaften und Rohstoffe, für Materialforschung sowie die Physikalisch-Technische Bundesanstalt zu erwähnen. Aus den Geschäftsbereichen anderer Bundesministerien sind das Umweltbundesamt, das Bundespatentamt, das Bundessortenamt, das Kraftfahrt-Bundesamt, das Bundeskriminalamt und das Bundesgesundheitsamt zu erwähnen.

Als **Bundes-Mittelbehörden** oder Bundesbehörden der Mittelstufe oder Mittelinstanzen der Bundesverwaltung können Verwaltungseinheiten errichtet werden, die in der Regel für einen Teil des Bundesgebietes (Verwaltungsbezirke) zuständig sind und der Dienst- und Fachaufsicht einer obersten Bundesbehörde unterstellt sind. Als Beispiele sind die Wasser- und Schifffahrtsdirektionen, die Wehrbereichsverwaltungen und die Oberfinanzdirektionen zu nennen. 16

Als **Bundes-Unterbehörden** oder untere bzw. örtliche Bundesbehörde bzw. Bundesbehörde der Unterstufe fungieren in einigen Bereichen verselbstständigte Verwaltungseinheiten, die örtlich (im weiteren Sinne von regional) begrenzt tätig sind (dazu *Weber,* Der Staat in der unteren Verwaltungsinstanz, 2. Aufl. 1964; *Penthaler/Wimmer,* Die Verwaltung 15 [1982], 435ff.). Sie sind in der Regel einer Bundes-Mittelbehörde dienst- und fachaufsichtlich unterstellt und mit der unmittelbaren Ausführung befasst. Beispiele sind die Hauptzollämter mit ihren einzelnen Dienststellen, die Zollfahndungsämter, die Bundesvermögensämter und die Bundesforstämter, die Standortverwaltungen der Bundeswehr und die Grenzschutzämter. 17

Organisationsrechtlich nur schwach ausgeprägt sind die so genannten **Außenstellen,** die bei personalstarken Verwaltungseinheiten gebildet werden, ohne dabei eine eigene Untergliederung zu bilden. Durch die Bildung von Außenstellen wird zudem die Umsetzung von Personal erleichtert, da es nicht zu einem Dienststellenwechsel kommt. 18

Ebenfalls keine selbstständige Untergliederung stellen die von den verschiedenen Stufen der Bundesverwaltung unterhaltenen **Einrichtungen** dar, für deren Organisation verschiedene Rechtsformen genutzt werden können. In Betracht kommen vor allem die nicht rechtsfähige Anstalt, der wirtschaftliche Betrieb nach § 26 Abs. 1 BHO, Sondervermögen nach § 26 Abs. 2 BHO sowie privatrechtliche Organisationsformen, vor allem die Gesellschaft mit beschränkter Haftung. Soweit die Einrichtungen auf Grund entsprechender Widmung der Benutzung durch Bürger offen stehen, kann es sich um öffentliche Einrichtungen handeln. 19

Eine weitere organisatorische Sonderform stellen die **Beiräte** dar, die oft zu Beratungszwecken bei einzelnen Behörden eingerichtet werden. Sie sind der zu beratenden Stelle zugeordnet und besitzen keine eigenen hoheitlichen Entscheidungszuständigkeiten. Allerdings können ihre Vorschläge aus fach- 20 lichen Gründen die spätere Sachentscheidung erheblich prägen. Aus diesem Grunde wird teilweise eine entsprechende gesetzliche Grundlage für die Einrichtung und ihr Verfahren gefordert (siehe zu Einzelheiten *Brohm*, HStR II, 1987, § 36, Rdnr. 28f. und 41ff.).

b) Landesebene

21 Auf der Landesebene ist zunächst zwischen den Flächenstaaten und den Stadtstaaten zu unterscheiden. In den meisten **Flächenstaaten** ist die allgemeine Landesverwaltung (noch) dreistufig organisiert, wobei in kleineren Bundesländern ein Trend zur Abschaffung der mittleren Ebene zu verzeichnen ist. Hinzu kommen weitere, den verschiedenen Ebenen zu- oder beigeordnete Verwaltungsträger mit Sonderstatus. Im Einzelnen können folgende Ebenen identifiziert werden:

(1) Landes- oder Staatsregierung – oberste Landesbehörden

22 Die „Spitze“ der Landesverwaltung bildet die **Landes- oder Staatsregierung** bzw. der Senat. Ihre Zusammensetzung wird durch die Landesverfassung geregelt. Von deren Regelung hängt es auch ab, ob auch die Staatssekretäre, wie dies in Bayern der Fall ist, der Landesregierung angehören oder nur dem Minister zugeordnet sind und ihn ggf. vertreten. Jedem Minister wird durch die vom Regierungschef im Rahmen seiner Richtlinien- und Geschäftsleitungskompetenz oder durch die Landesregierung als Kollegialorgan zu bestimmende Ressortzuteilung ein eigener Geschäftsbereich zugewiesen. Damit verbunden ist zugleich die Zuordnung der Leitung des für den betreffenden Sachbereich zuständigen Verwaltungsapparats. Das einzelne Ministerium und die Staatskanzlei fungieren damit als oberste Landesbehörden. In den meisten Bundesländern werden neben der Zuweisung der einzelnen Sachaufgaben zu den einzelnen Ministerien auch die dem Ministerium zugeordneten weiteren Behörden sowie die von ihm wahrzunehmenden Aufsichtsichts- und Weisungsbefugnisse durch Beschluss der Landesregierung bestimmt. Diese Beschlüsse bilden deshalb weitgehend die Verwaltungsstrukturen des jeweiligen Bundeslandes wieder (vgl. etwa den Beschluss der hessischen Landesregierung vom 14. 1. 1999, GVBl. I, S. 295 oder den Beschluss der Landesregierung von Sachsen-Anhalt vom 23. 7. 2002, MBl. S. 779).

23 Eine dem Kanzleramt vergleichbare Sonderstellung unter den obersten Landesbehörden nimmt die **Staatskanzlei** ein. Sie ist dem Regierungschef zugeordnet und unterstützt ihn bei der Wahrnehmung seiner Richtlinienkompetenz sowie der Beziehungen des Landes zu anderen Ländern, zum Bund und auf internationaler sowie supranationaler Ebene. Zudem sind der Staatskanzlei einige Behörden nachgeordnet, oft z.B. die Landeszentralen für politische Bildung.

24 Innerhalb ihres Ressorts leiten die Minister wie auf der Bundesebene den ihnen durch die Geschäftsverteilung zugewiesenen Verwaltungsapparat.

Auch insoweit kann auf die Ausführungen zur Bundesebene verwiesen werden.

(2) Mittelinstanz

Die Mehrzahl der Flächenländer verfügt über eine Mittelinstanz, die als Regierungspräsidium oder Bezirksregierung bezeichnet wird und in der Regel eine fachliche **Bündelungsfunktion** wahrnimmt (zur Entstehungsgeschichte *Becker*, Öffentliche Verwaltung, § 18, S. 329f.). Damit ist gemeint, dass die auf der Ebene der obersten Landesbehörde getrennt in den einzelnen Ministerien wahrgenommenen Zuständigkeiten auf der mittleren Ebene durch eine einzige Behörde wahrgenommen werden. Auch auf der nachgeordneten Ebene kommt es in vielen Bereichen dann wieder zu einer Spezialisierung. 25

Die Regierungspräsidien sind für einzelne Bezirke eines Landes zuständig und führen damit auf Landesebene zur einer insoweit parallelen Aufgabenwahrnehmung. Dies wurde in einigen Bundesländern in den letzten Jahren im Rahmen der Bemühungen um eine Modernisierung und Verschlankung der Verwaltung als Nachteil bewertet. Deshalb wurden die Regierungspräsidien u.B. in Thüringen und Sachsen-Anhalt abgeschafft und durch ein landesweit zuständiges **Landesverwaltungsamt** ersetzt, das als zentrale Mittelbehörde fungiert, die zur Gewährleistung der Bürgernähe jedoch über Aussenstellen verfügt (zu Thüringen: *Kießwetter/Parzefall,* LKV 1993, 111ff.). Einen anderen Weg hat Rheinland-Pfalz beschritten. Dort wurden durch das Verwaltungsorganisationsreformgesetz vom 12. 10. 1999 (GVBl. S. 325) die drei Bezirksregierungen mit Wirkung zum 1. 1. 2000 aufgelöst. Statt dessen wurden zwei Struktur- und Genehmigungsdirektionen sowie eine Aufsichts- und Dienstleistungsdirektion als obere Landesbehörden errichtet. Zugleich wurden zahlreiche Spezialbehörden in diese neu geschaffene Behördenstruktur eingegliedert. 26

Neben den Regierungspräsidien und Landesverwaltungsämtern sind in allen Bundesländern weitere **obere Landesbehörden** als **Spezialbehörden** der Mittelinstanz anzutreffen. Beispiele sind die Landeskriminalämter, die Landesämter für Denkmalpflege, zentrale Besoldungs- und Beschaffungsstellen, die Bezirksfinanzdirektionen und statistische Landesämter (weitere Einzelheiten bei *Becker,* Öffentliche Verwaltung, § 18, S. 332f.). 27

(3) Untere Landesbehörden

Die unterste Stufe der Landesverwaltung wirft aus organisationsrechtlicher Hinsicht die meisten Zuordnungsprobleme auf. Das hängt damit zusammen, dass nur in wenigen Bereichen **eigenständige Verwaltungseinheiten der Landesverwaltung** auf Ortsebene bestehen. Vielmehr werden die Aufgaben dieser Ebene in den meisten Bundesländer durch die Kommunen im übertragenen Wirkungskreis wahrgenommen. Dabei divergieren die organisationsrechtlichen Zuordnungen in den einzelnen Ländern erheblich. Drei Hauptmodelle können unterschieden werden. 28

29 Das **erste Modell** folgt der klassischen dualistischen Unterscheidung von kommunalen und staatlichen Aufgaben (eigener und übertragener Wirkungskreis) und beschränkt diese Unterscheidung nicht nur auf der innerorganisatorischen Ebene bei der Bestimmung der Organkompetenz (Aufgaben des übertragenen Wirkungskreis werden vom Hauptverwaltungsbeamten in eigener Verantwortung wahrgenommen) sowie bei den Aufsichtsmaßstäben (Fachaufsicht im übertragenen Wirkungskreis) sondern auch auf der organisatorischen Ebene, indem für den Bereich der staatlichen Aufgabe von einer **Organleihe** ausgegangen wird (siehe dazu eingehend *Vietmeier,* Die staatlichen Aufgaben der Kommunen und ihrer Organe, 1992, S. S. 178ff.). Die kommunalen Organe handeln demnach im übertragenen Wirkungskreis als Organe des Landes mit den entsprechenden Konsequenzen für die Zurechnung einschließlich der Amtshaftung. Diese Lösung ist z.B. im Hessen für Gemeinden und Kreise (dazu näher *Hermes,* in: Meyer/Stolleis (Hrsg.), Staats- und Verwaltungsrecht für Hessen, 5. Aufl. 2000, S. 77ff.) sowie in Baden-Württemberg, Bayern, Brandenburg Nordrhein-Westfalen und Rheinland-Pfalz für die Landkreise (vgl. *Kempen,* Bayerisches Verfassungsrecht, in: Becker/Heckmann/Kempen/Manssen, Öffentliches Recht in Bayern, 2. Aufl. 2001, 1. Teil, Rdnr. 201; zu den übrigen *Schmidt-Aßmann,* Kommunalrecht, Rdnr. 149) anzutreffen. Im Bereich des übertragenen Wirkungskreises bzw. der Organleihe sind die Kommunen in diesen Fällen demnach zugleich **untere Landesbehörde.**

30 Das **zweite Modell** geht ebenfalls von einem Aufgabendualismus aus, beschränkt dessen Wirkungen aber auf die innerorganisatorische Zuständigkeit und die Aufsichtsmaßstäbe. Die Aufgabenwahrnehmung durch die Kommunen wird diesen selbst zugerechnet mit der Folge, dass es nicht zu einer Organleihe kommt. In diesem Modell können die Kommunen im organisationsrechtlichen Sinne **nicht** als **untere Landesbehörde** qualifiziert werden, da es am organisationsrechtlichen Zusammenhang zur Ministerialverwaltung fehlt. Diese Modell wird von den meisten Bundesländern verfolgt, die von einem dualistischen Aufgabenverständnis ausgehen. Allerdings finden sich insoweit auch unklare bzw. widersprüchliche Regelungen. So bestimmen § 4 Abs. 2 nds. LKO, § 140 Abs. 2, 144 Abs. 1 saarl. KSVG, § 5 Abs. 1 S. 2 LKO LSA und § 2 Abs. 2 sächs. LKO, dass der Landkreis die Aufgaben des übertragenen Wirkungskreises als untere Verwaltungsbehörde erfüllt, während eine entsprechende Regelungen in Bezug auf die Gemeinden fehlt. Daraus könnte man ableiten, dass (nur) bei den Landkreises eine Organleihe vorliegt (widersprüchlich insoweit *Wiegand/Grimberg,* 2. Aufl. 1997, § 5 GO Rdnr. 2, die auch bei den Gemeinden von einer Eingliederung in den staatlichen Verwaltungsaufbau ausgehen und diese als untere Verwaltungsbehörde bezeichnen, zugleich aber eine Institutions- oder Organleihe ablehnen). Die überwiegende Ansicht in der Rechtsprechung und Literatur geht indes davon aus, dass auch die Landkreise im übertragenen Wirkungskreis die Aufgaben eigenverantwortlich wahrneh-

men und lehnen die Annahme einer Organleihe ab (dazu und zu ähnlich gelagerten Fällen *Schmidt-Aßmann,* Kommunalrecht, Rdnr. 149). Die vom Gesetzgeber gewählte Formulierung ist bei dieser Interpretation missverständlich, zumal kein sachlicher Unterschied zur gemeindlichen Ebene besteht.

Das **dritte Modell,** dem vor allem das Kommunalrecht in Nordrhein- 31
Westfalen folgt, beruht auf dem so genannten Weinheimer Modell und geht von einem **monistischen Aufgabenverständnis** aus (dazu kritisch *Schmidt-Aßmann,* Kommunalrecht, Rdnr. 37ff.). Alle Aufgaben der kommunalen Ebene werden dabei von den Kommunen eigenverantwortlich bei unterschiedlichen Aufsichtsmaßstäben wahrgenommen. Für eine Organleihe bleibt bei einem solchen Modell kein Raum und die Kommunen können nicht als untere Landesbehörde im organisationsrechtlichen Sinne qualifiziert werden. Allerdings ist zu berücksichtigen, dass z.B. Nordrhein-Westfalen den Landräten und Kreisausschüssen auch staatliche Aufgaben zuweist, so dass insoweit der Landkreis als untere staatliche Verwaltungsbehörde tätig wird (§ 58 Abs. 1 KrO NW).

Als eigenständige **Verwaltungseinheiten der Landesverwaltung** auf der 32
unteren Ebene sind z.B. Gesundheitsämter, Schulämter, Finanzämter und Forstämter anzutreffen.

(4) Sonstige Oberste Landesbehörden

Außerhalb bzw. neben dem hierarchischen Gefüge der Ministerialver- 33
waltung sind in den Bundesländern weitere Oberste Landesbehörden anzutreffen, die z.T. auf Grund ihrer Weisungsunabhängigkeit der so genannten **ministerialfreien Verwaltung** zuzuordnen sind. Es handelt sich dabei vor allem um die Kanzlei des Landtages, den Landesrechnungshof, den (Landes-) Datenschutz Beauftragten und den Landesanwalt. Daneben sind weitere **zentrale nichtministerielle Organisationseinheiten** anzutreffen (Einzelheiten bei *Becker,* Öffentliche Verwaltung, § 18, S. 324ff.).

(5) Sonstige Einrichtungen und Stellen

Ähnlich wie auf der Bundesebene sind auch auf Landesebene im Umfeld 34
der einzelnen Verwaltungseinheiten weitere (öffentliche) Einrichtungen und „Stellen“ anzutreffen, die über einen mehr oder weniger großen Grad organisatorischer und wirtschaftlicher Selbstständigkeit verfügen und Aufgaben der jeweiligen Verwaltungseinheit wahrnehmen. Dabei stehen leistende Tätigkeiten im Vordergrund. Beispielhaft zu erwähnen sind etwa Polizei- und Finanzverwaltungsschulen, Fernmeldeleitstellen, diverse Forschungsanstalten sowie Kultureinrichtungen.

(6) Weitere landesrechtliche Besonderheiten

Außerhalb der vorstehenden Systematisierung sind in den einzelnen Bun- 35
desländern weitere Besonderheiten anzutreffen. So etwa in Nordrhein-

Westfalen die beiden Landschaftsverbände Rheinland und Westfalen-Lippe, die als höhere Gemeindeverbände wichtige staatliche Aufgaben wahrnehmen. Auch die Landesmedienanstalten sind in den einzelnen Bundesländern unterschiedlich organisiert. Sie verfügen teilweise über ein eigenes Selbstverwaltungsrecht (siehe dazu *Herrmann,* Rundfunkrecht, 1994, § 17, Rdnr. 39ff.; *Wagner,* Die Landesmedienanstalten, 1990).

2. Verwaltungsinterne Organisationsmuster

36 Die hierarchische Struktur im äußeren Aufbau der Landesverwaltung bestimmt sowohl auf Bundes- als auch auf Landesebene die **behördeninterne Organisationsstruktur.** Die Organisationsdiagramme der Ministerien, Regierungspräsidien und anderen Verwaltungseinheiten weisen eine Baumstruktur auf, die Ausdruck einer strikten Über- und Unterordnung sind. Unterhalb der Verwaltungsspitze sind Referate, Abteilungen und Sachgebiete anzutreffen. Diese auf Bundes- und Landesebene ganz überwiegend anzutreffende Struktur wird auch als klassische bürokratische Struktur bezeichnet. Sie ist im Hinblick auf ihre Leistungsfähigkeit immer wieder kritisiert worden. Diese Kritik ist vor allem vor dem Hintergrund der widerstreitenden Anforderungen an die behördeninterne Organisationsstruktur zu verstehen.

37 Die behördeninterne Organisationsstruktur kann aus drei verschiedenen Perspektiven gestaltet werden: Erstens aus dem Blickwinkel der zentralen Steuerung, zweitens aus dem Blickwinkel einer optimalen Informationsverarbeitung und Entscheidungsfindung und drittens aus dem Blickwinkel einer möglichst bürgerfreundlichen Darbietung der Verwaltungsleistungen (siehe zu weiteren Aspekten *Becker,* Öffentliche Verwaltung, § 31, S. 529ff.). Während das erste Modell vor allem der Sicherung von demokratischer Legitimation und Verantwortung dient, orientiert sich das zweite an den Erkenntnissen der Organisationswissenschaften über die optimale Gestaltung von Entscheidungsabläufen. Das dritte Modell beruht schließlich auf einer durch das Neue Steuerungsmodell propagierten outputorientierten Betrachtungsweise, bei der der Bürger als „Kunde" in den Mittelpunkt gerückt wird.

38 Da in der Bundes- und Landesverwaltung der unmittelbare Kontakt zum Bürger nicht im Vordergrund steht, spielen vor allem die beiden ersten Gesichtspunkte die dominierende Rolle bei der näheren Bestimmung der behördeninternen Organisation. Dabei ist eine Tendenz zu verzeichnen, innerhalb des unverändert hierarchischen organisatorischen Rahmens einzelne Instrumente des Neuen Steuerungsmodells zu integrieren und so die Entscheidungsabläufe zu optimieren (siehe zu Einzelheiten § 80, Rdnr. 333ff.; *Naschold/Jann/Reichard,* Innovation, Effektivität, Nachhaltigkeit – Internationale Erfahrungen zentralstaatlicher Verwaltungsreform, 1999).

III. Die Ausübung der Leitungsgewalt in der Ministerialverwaltung

1. Klassische Ministerialverwaltung

Die behördeninterne Organisation ist zugleich Rahmen als auch Abbild der Ausübung von Leitungsgewalt. Das hierarchische Aufbaumuster reflektiert die aus dem Demokratieprinzip abgeleitete Weisungshierarchie. Die allgemeine und besondere Weisung sowie die verschiedenen Formen der Ausübung der Organisations-, Personal- und Haushaltsgewalt (siehe dazu § 84, Rdnr. 144ff.) stellen die klassischen Steuerungsinstrumente dar, deren sich die Behördenspitze im klassischen bürokratischen Aufbaumuster der Ministerialverwaltung bedient. Dabei werden die Leitungsbefugnisse kaskadenförmig innerhalb der Hierarchie nach unten weitergegeben. Dies führt zu eine Machthierarchie, die sich nicht selten in einem schwerfälligen, weil viele Mitentscheidungsstufen (Mitzeichnungsbefugnisse) einbeziehenden Entscheidungsprozess niederschlägt. 39

2. Neues Steuerungsmodell

Soweit in der Ministerialverwaltung das Neue Steuerungsmodell bzw. einzelne seiner Instrumente umgesetzt werden, kommt es zu einer Veränderung der internen Organisations- und Leitungsstrukturen. Da Art und Reichweite der Veränderungen davon abhängen, welche Instrumente im konkreten Fall zur Anwendung kommen, können die damit verbundenen Auswirkungen nur exemplarisch beschrieben und bewertet werden. 40

Die größte praktische Bedeutung kommt den **Zielvereinbarungen** zu, die innerhalb der Ministerialverwaltung zwischen der Behördenspitze und den einzelnen Referaten oder Abteilungen abgeschlossen werden können. Damit ist die Frage verbunden, ob und mit welcher Reichweite durch den Abschluss von derartigen Vereinbarungen die Ausübung des rechtlich nach wie vor bestehenden Weisungsrechts beschränkt wird. Hintergrund dieser Fragestellung ist der Inhalt von Zielvereinbarungen, die der nachgeordneten Stelle in der Regel einen gewissen Gestaltungsfreiraum gewähren, mit dessen Hilfe sie innerhalb des vereinbarten Zeitraums bestimmte Vorgaben erreichen soll. Das ist aber nur dann möglich, wenn innerhalb dieses Zeitraums auch die Möglichkeit zu einer eigenverantwortlichen Steuerung der Entscheidungs- und Arbeitsabläufe gewährleistet ist. Einwirkungen auf die Abläufe über Weisungen stehen dem entgegen. 41

Da die Umsetzung der neuen Steuerungsinstrumente in der Ministerialverwaltung ohne Änderung der rechtlichen Rahmenbedingungen, sondern ihrerseits in Ausübung der bestehenden Leitungsgewalt erfolgt, ist davon auszugehen, dass die Weisungsrechte sowohl der Verwaltungsspitze als auch der nachgeordneten Stellen gegenüber den ihnen nachgeordneten Stellen als solche Fortbestehen. Im Rahmen von Zielvereinbarungen kann es deshalb 42 nur eine Bindung in Gestalt einer Selbstbindung der jeweils übergeordneten Stelle erzeugt werden. Ob und inwieweit die nachgeordneten Stellen als „Partner" dieser Vereinbarung einen Anspruch auf Einhaltung dieser Selbstbindung besitzen und ggf. verwaltungsgerichtlich geltend machen können, ist eine klärungsbedürftige Frage. Dabei ist zu beachten, dass es in diesem Fall zu einer sehr weitreichenden Subjektivierung der Beziehungen innerhalb der Behördenorganisation kommen würde.

§ 86 Die mittelbare Staatsverwaltung

Schrifttum: *Becker, B.*, Öffentliche Verwaltung, 1989; *Burgi*, Verwaltungsorganisationsrecht, in: Erichsen/Ehlers (Hg.), Allgemeines Verwaltungsrecht, 12. Aufl. 2002, § 52; *Dittmann*, Die Bundesverwaltung, 1983; *ders.*, Bundeseigene Verwaltung durch Private?, Die Verwaltung 4 [1975], 431 ff.; *Döhler*, Das Modell der unabhängigen Regulierungsbehörde im Kontext des deutschen Regierungs- und Verwaltungssystems, Die Verwaltung 34 [2001], 59 ff.; *Loeser*, System des Verwaltungsrechts, Band 2, 1994; *Jestaedt*, Demokratieprinzip und Kondominialverwaltung, 1993; *Kahl*, Die Staatsaufsicht, 2000; *Maurer*, Allgemeines Verwaltungsrecht, 14. Aufl. 2002; *Oertel*, Die Unabhängigkeit der Regulierungsbehörde nach §§ 66 ff. TKG, 2000; *Wagener* (Hg.), Verselbständigung von Verwaltungsträgern, 1976.

I. Die mittelbare Staatsverwaltung und ihr Verhältnis zur Ministerialverwaltung

1. Begriff der mittelbaren Staatsverwaltung

1 Der Begriff der mittelbaren Staatsverwaltung findet sich weder im Grundgesetz noch in den Landesverfassungen. Auch die Organisationsgesetze meiden ihn. Er ist demnach ein Gebilde der wissenschaftlichen Literatur. Dort wird er mit unterschiedlicher Bedeutung verwendet. Gemeinsam ist dabei allen Verständnisformen, dass mit ihm Verwaltungseinheiten erfasst werden, die gegenüber der Ministerialverwaltung als der unmittelbaren Staatsverwaltung rechtlich und organisatorisch verselbstständigt sind. Die Unterschiede im Verständnis betreffen die Frage, ob nur die von der unmittelbaren Bundes- oder Landesverwaltung geschaffenen und Teile „ihrer" Aufgaben wahrnehmenden Verwaltungseinheiten erfasst sind oder ob auch die mit eigenen Aufgabenbeständen versehenen Träger kommunaler und funktionaler Selbstverwaltung darunter zu subsumieren sind (so etwa *Burgi*, § 52, Rdnr. 11 ff.; *Maurer*, § 23).

2 Sowohl aus begrifflicher als auch aus dogmatischer Perspektive gibt es keine zwingenden Gründe, die für das engere oder das weitere Verständnis von mittelbarer Staatsverwaltung sprechen (vgl. auch *Kluth*, Funktionale Selbstverwaltung, 1997, S. 26 ff.). Je nach Argumentationszusammenhang können sich beide Verständnisweisen als sinnvoll erweisen. Es kommt deshalb maßgeblich darauf an, jeweils deutlich zu machen, von welchem Begriffsverständnis ausgegangen wird.

Etwas genauer aber ebenfalls mit Abgrenzungsprobleme behaftet ist die vom Grundgesetz in Art. 86ff. verwendete Terminologie der „bundesunmittelbaren Körperschaften", durch die zum Ausdruck gebracht wird, dass es sich um durch den Bund gegründete Verwaltungseinheiten handeln muss. Auf Landesebene und im Verhältnis zu bundesgesetzlich errichteten Selbstverwaltungsträgern, wie z.B. der Bundesrechtsanwaltskammer und der Bundessteuerberaterkammer, ist aber auch diese Begrifflichkeit nicht ausreichend trennscharf. 3

Häufig wird die Kategorie der mittelbaren Staatsverwaltung auch als Hülse verwendet, um die verschiedenen Organisationsrechtsformen zu ummanteln, die in diesem Bereich zur Anwendung kommen: die rechtsfähige Körperschaft, Anstalt und Stiftung des öffentlichen Rechts (so etwa *Loeser,* § 10 Rdnr. 123; ähnlich *Burgi,* § 52 Rdnr. 12ff.; *Maurer,* § 23). All dies macht Sinn und ist vor dem Hintergrund der Bemühung um eine möglichst übersichtliche Systematisierung verständlich. Gleichwohl werden damit verschiedene Kategorien unzulässig vermischt, denn auch Bund und Länder sind (Gebiets-)Körperschaften. Es ist deshalb besser, eine solche Zuordnung zu vermeiden. 4

Sinnvoller erscheint deshalb ein **Begriffsverständnis,** das unter mittelbarer Staatsverwaltung diejenigen von Bund oder Länder errichteten und beaufsichtigten öffentlich-rechtlichen **Verwaltungseinheiten** versteht, die **(ausschließlich) staatliche Aufgaben wahrnehmen** und damit auch von ihren Aufgaben her der unmittelbaren Bundes- bzw. Landesverwaltung zuzuordnen sind. **Nicht erfasst** sind damit die Träger kommunaler und funktionaler **Selbstverwaltung** sowie vergleichbare Verwaltungseinheit mit eigenem Aufgabenbestand (in diesem Sinne auch *Kahl,* S. 442ff. mit eingehender Begründung). Die nachstehenden Ausführungen gehen von diesem engen Verständnis aus, beziehen sich also insbesondere nicht auf die Träger kommunaler und funktionaler Selbstverwaltung sowie weitere Funktionssubjekte mit besonderem Rechtsstatus. 5

2. Abgrenzung und Erscheinungsformen der mittelbaren Staatsverwaltung

Unabhängig davon, wie weit oder eng man die mittelbare Staatsverwaltung begrifflich fasst, bedarf es der **Bestimmung des Abgrenzungsmerkmals** im Verhältnis zur unmittelbaren Staatsverwaltung. Ganz überwiegend wird insoweit auf die Rechtsfähigkeit im Sinne der Vollrechtsfähigkeit abgestellt (*Loeser,* § 10, Rdnr. 122). Obwohl durch die zunehmende Relativierung der Rechtsfähigkeit (siehe dazu oben § 82, Rdnr. 11ff.) in Bezug auf die Aussagekraft dieses Merkmals eine gewisse Unsicherheit zu verzeichnen ist und vor allem bei Anstalten trotz der rechtlichen Eigenständigkeit eine sehr weitreichende Steuerung möglich ist, erscheint es sinnvoll, wegen der damit verbundenen formalen Sicherheit und grundsätzlichen typologischen 6

Richtigkeit (die Vollrechtsfähigkeit indiziert nach wie vor ein hohes Maß an Eigenständigkeit, vor allem auf Grund der damit verbundenen haushalts- und vermögensrechtlichen Eigenständigkeit) an diesem Abgrenzungsmerkmal festzuhalten.

7 Bei der näheren Bestimmung der **Erscheinungsformen** der mittelbaren Staatsverwaltung (siehe dazu *Dittmann,* Die Bundesverwaltung, S. 243 ff.; sowie § 80, Rdnr. 192 ff.) stellt sich angesichts des tatsächlichen Befundes (es gib sowohl auf Bundes- als auch auf Landesebene nahezu genau so viele wenn nicht mehr „privatrechtliche Trabanten" als öffentlich-rechtliche Organisationen) mit besonderer Dringlichkeit die Frage, ob auch die **privatrechtlichen Organisationsformen** einzubeziehen sind. Dies wird z.T. explizit mit der Begründung abgelehnt, dass private Organisationen in aller Regel keine Hoheitsgewalt ausüben und nicht über eine eigene Verbandskompetenz verfügen, wie es für einen Verwaltungsträger kennzeichnend ist. Diese Argumentation verkennt jedoch, dass jedenfalls für den Bereich der Leistungsverwaltung, die bei der mittelbaren Staatsverwaltung dominiert, die Ausübung von Hoheitsgewalt nicht von zentraler und prägender Bedeutung ist. Hinzu kommt, dass auch die öffentlich-rechtlich verfassten Organisationen der mittelbaren Staatsverwaltung Aufgaben von Bund oder Land und nicht im strikten Sinne eigene Aufgaben wahrnehmen. Dies erweist sich als eines der Bestimmungsmerkmale, das auch die Abgrenzung zu Selbstverwaltungsträgern ermöglicht. Es gibt demnach keine zwingenden Gründe, die privatrechtlich verfassten Organisationen, die Aufgaben des Bundes oder der Länder wahrnehmen, aus der mittelbaren Staatsverwaltung auszuschließen. Will man ihre besondere Stellung gleichwohl auch terminologisch betonen, so bietet es an, den von *Loeser* geprägten Begriff der unmittelbaren Bundes- oder Landesprivatverwaltung zu benutzen (*Loeser,* § 10, Rdnr. 136).

3. Maßstäbe und Instrumente der Steuerung der mittelbaren Staatsverwaltung durch die Ministerialverwaltung

8 Die Verselbstständigung der mittelbaren Staatsverwaltung gegenüber der Ministerialverwaltung löst die in diesem Bereich angesiedelten Verwaltungseinheiten aus der Leitungsmacht der Regierung und stellt damit zugleich ihre demokratische Legitimation zumindest partiell in Frage. Deshalb kommt der Ausgestaltung der Instrumente und Maßstäbe zur Steuerung der verselbstständigten Verwaltungseinheiten erhebliche Bedeutung zu. Dabei kann anknüpfend an die verschiedenen Formen der Leitungsmacht zwischen der normativen, der institutionellen, der personellen und der haushaltsrechtlichen Steuerung unterschieden werden (vgl. auch *Loeser,* § 10, Rdnr. 132–135).

9 Die **normative Steuerung** der mittelbaren Staatsverwaltung durch materiell-rechtliche Vorgaben des Gesetz- und Verordnungsgebers unterscheidet

sich grundsätzlich nicht von den Vorgaben im Bereich der unmittelbaren Staatsverwaltung. Jedoch können sowohl durch das Parlament als auch durch den Verordnungsgeber die Handlungsspielräume der mittelbaren Staatsverwaltung enger oder weiter gefasst werden. Dem entsprechend ist auch die sachlich-inhaltliche demokratische Legitimation (dazu § 81, Rdnr. 152ff.) der einzelnen Organisationen anders zu beurteilen. Welche Intensität der normativen Steuerung gewählt wird, hängt maßgeblich davon ab, welcher Zweck mit der Verselbstständigung verfolgt wird. Steht der Vollzug eines vorgegebenen Normprogramms im Vordergrund, wie bei Verwaltungseinheiten, die vorwiegend leistend tätig werden, so kann eine detaillierte normative Steuerung gewählt werden. Soll hingegen ein in der Organisation vorhandener besonderer Sachverstand für die Aufgabenwahrnehmung genutzt werden, so spricht dies für wenige genaue normative Vorgaben. In diesem Fall bedarf es eines Ausgleichs durch andere Steuerungsinstrumente, soll es nicht zu einem rechtfertigungsbedürftigen Fall ministerialfreier Verwaltung kommen (dazu unten Rdnr. 14ff.).

An der Grenze zwischen normativer und **institutioneller Steuerung** sind 10 die vielfältigen Möglichkeiten der Einflussnahme durch den Erlass von **Verwaltungsvorschriften** und **Einzelweisungen** einzuordnen. Da die Funktionssubjekte der mittelbaren Staatsverwaltung gegenüber der Ministerialverwaltung grundsätzlich nicht über eigene schutzwürdige Rechte verfügen, kann sich die Ministerialverwaltung bei der Gründung das Recht zur externen institutionellen Steuerung durch Verwaltungsvorschriften auch außerhalb materiell-rechtlicher Vorgaben vorbehalten. Wie im Zusammenhang mit der Analyse der einzelnen Organisationsrechtsformen in den §§ 87 bis 89 gezeigt werden wird, sind die Möglichkeiten zur institutionellen Steuerung bei Körperschaften, Anstalten und Stiftungen im Einzelnen unterschiedlich ausgestaltet. Während bei den Anstalten eine Einflussnahme über den Verwaltungsrat als demjenigen Organ, das der Anstaltsträger besetzt, möglich ist, ist bei den Körperschaften eine Einflussnahme über die mitgliedschaftlichen Rechte möglich. Die öffentlich-rechtlichen Stiftungen sind so wenig einheitlich vorgeprägt, dass bei ihnen die unterschiedlichsten Formen der Einflussnahme möglich und anzutreffen sind.

Ein zentrales Instrument der institutionellen Steuerung stellt die Auf- 11 sicht über die Funktionssubjekte der mittelbaren Staatsverwaltung dar. Sie umfasst immer die Rechtsaufsicht, schließt in den meisten Fällen aber auch die Fachaufsicht ein. Der Unterschied zwischen beiden Aufsichtsarten ist in diesem Bereich indes eher gering zu veranschlagen, da in den meisten Fällen eine intensive normative Steuerung gegeben ist, die über ermessensdirigierende Verwaltungsvorschriften auch die Zweckmäßigkeit erfasst, so dass für eine Fachaufsicht kaum noch zusätzliche Anknüpfungspunkte bestehen.

Die **personelle Steuerung** der mittelbaren Staatsverwaltung ist zunächst 12 im Kontext der Vermittlung personeller demokratischer Legitimation zu verorten (dazu § 81, Rdnr. 142 ff.). Auf diese Weise wird durch die externe Bestellung der zentralen Leitungsorgane der öffentlich-rechtlichen Anstalten und Stiftungen sowie die Bestellung der Leitungsorgane der öffentlich-rechtlichen Körperschaften durch die Mitglieder zugleich deren demokratische Legitimation gesichert. Darüber hinaus bestehen vielfältige Möglichkeiten, auch das nachgeordnete Personal der Funktionssubjekte der mittelbaren Staatsverwaltung extern zu bestimmen, etwa indem Mitarbeiter der unmittelbaren Staatsverwaltung versetzt, abgeordnet oder in sonstiger Weise „ausgeliehen" werden.

13 Die **haushaltsrechtsrechtliche Steuerung** ist im Vergleich zu den anderen Steuerungsinstrumenten schwach ausgebildet. Das hängt damit zusammen, dass die einzelnen Funktionssubjekte über eigene Haushalte verfügen und allenfalls über Zuweisungen aus den Bundes- oder Landeshaushalten mit deren Haushalten und den diesbezüglichen Steuerungsmöglichkeiten verbunden sind. Die Kontrolle durch den Bundesrechnungshof und Landesrechnungshöfe unterliegt ebenfalls einigen Beschränkungen. Die Einzelheiten dazu folgen aus §§ 105–112 BHO sowie den entsprechenden Regelungen der Landeshaushaltsordnungen (zu Einzelheiten: *Knöpfle,* Die Zuständigkeit der Rechnungshöfe für die Prüfung der Körperschaften des öffentlichen Rechts, 1988).

II. Sonderformen weisungsfreier Verwaltung

Schrifttum: *Brosius-Gersdorf,* Deutsche Bundesbank und Demokratieprinzip, 1997; *Fichtmüller,* Die Zulässigkeit ministerialfreien Raums in der Bundesverwaltung, AöR 91 [1966], 297 ff.; *Füßlein,* Ministerialfreie Verwaltung, diss. iur., 1972; *Jestaedt,* Demokratieprinzip und Kondominialverwaltung, 1993; *Klein, E.,* Die verfassungsrechtliche Problematik des ministerialfreien Raums, 1974; *Loening,* DVBl. 1954, 173 ff.; *Oebbecke,* Weisungs- und unterrichtungsfreie Räume in der Verwaltung, 1986; *Roller,* Weisungsfreie Ausschüsse in der Verwaltung und Ministerverantwortlichkeit, diss. iur., 1966; *Sobota,* Die Ethik Kommission – Ein neues Institut des Verwaltungsrechts?, AöR 121 [1996], 229 ff.; *Waechter,* Geminderte demokratische Legitimation staatlicher Institutionen im parlamentarischen Regierungssystem, 1994.

14 Der mittelbaren Staatsverwaltung werden auch Funktionssubjekte zugeordnet, denen gegenüber die Ministerialverwaltung keine Weisungsrechte besitzt. Sie werden aus diesem Grunde als **ministerialfreie Verwaltung** oder **weisungsfreier Raum** bezeichnet. Nicht gemeint sind damit jedoch die Träger kommunaler und funktionaler Selbstverwaltung, die definitionsgemäß jedenfalls im eigenen Wirkungskreis ebenfalls weisungsfrei agieren, dafür aber über einen alternativen internen Legitimationsmechanismus verfügen.

15 Die Zuordnung der weisungsfreien Verwaltung zur mittelbaren Staatsverwaltung ist nur unter der ausdrücklichen Bedingung sinnvoll, dass es sich um eine **Sonderform** handelt, da die mittelbaren Staatsverwaltung im Normalfall gerade durch ihre Steuerung durch die Ministerialverwaltung geprägt

ist (zu der damit verbundenen verfassungsrechtlichen Problematik vgl. § 81, Rdnr. 273).

Als bekannteste und von ihrem Aufgabenzuschnitt gewichtigste **Beispiele** für ministerialfreie Verwaltung sind die Bundesbank (dazu *Brosius-Gersdorf*) und der Bundesrechnungshof sowie die Landesrechnungshöfe (dazu *Waechter,* S. 217ff.) anzusehen. Weisungsfreie Räume sind weiterhin in der Bundesschuldenverwaltung (dazu *Waechter,* S. 268ff.), in staatlichen Prüfungsämtern, in der Bundesprüfstelle für jugendgefährdende Schriften, dem Bundes- und den Landespersonalausschüssen, den staatlichen Ethik-Kommissionen (dazu *Sobota,* AöR 121 [1996], 229ff.) sowie zahlreichen Beiräten anzutreffen, soweit diesen (Mit-)Entscheidungsbefugnisse zukommen. 16

Wie eine Analyse der Beispiele ergibt, tritt das Phänomen der Weisungsfreiheit in Abstufungen in Erscheinung. Am weitesten reicht die **institutionelle Weisungsfreiheit,** die sich auf eine ganze Verwaltungseinheit oder doch zumindest ihre zentralen Zuständigkeitsbereiche bezieht. Beispiele dafür sind vor allem die Bundesband und die Rechnungshöfe. Dazwischen liegen einzelne Organe, wie z.B. die Ethik-Kommissionen, die für bestimmte Fachfragen zuständig und (nur) insoweit weisungsfrei gestellt sind. Am anderen Ende ist das Phänomen der **Einzelweisungsfreiheit,** bei dem sich die Weisungsfreiheit nur auf einzelne Entscheidungsgegenstände bezieht. So ist etwa der Bundesminister der Finanzen bei der Aufstellung des Haushalts und bei einigen Fragen des Haushaltsvollzugs weisungsfrei gestellt (*Waechter,* S. 279ff.). 17

Soweit weisungsfreie Räume bestehen sind die Steuerungsmöglichkeiten der Ministerialverwaltung gegenüber den selbstständigen Verwaltungsträgern in der Regel auf eine Rechtsaufsicht beschränkt. Teilweise, wie etwa bei den Rechnungshöfen, fehlt es selbst daran (vgl. Art. 114 Abs. 2 GG i.V.m. § 1 BRHG; zu Einzelheiten *Schwarz,* in: v. Mangoldt/Klein/Starck, Grundgesetz Kommentar, Bd. 3, 4. Aufl. 2001, Art. 114 Abs. 2, Rdnr. 75ff.). 18

Im Erscheinungsbild eng mit den weisungsfreien Räumen verwandt, in der Konstruktion und Ausgestaltung von diesen aber zu unterscheiden ist die **Kondominialverwaltung,** bei der Private an staatlichen Entscheidungen beteiligt werden (zur Abgrenzung *Jestaedt,* S. 102ff.). 19

Die Kondominialverwaltung wird sowohl bei **Leitungsgremien** (vor allem bei Verwaltungsräten mit Personalbeteiligung) als auch bei **Bewertungsgremien** praktiziert. Bei den Bewertungsgremien ist zwischen gruppenplural besetzten Gremien, bei denen der Gedanke der Repräsentanz im Vordergrund steht, und justizähnlich organisierten Prüfungs- und Kontrollgremien (Beschlusskammern, Widerspruchs- und Kontrollausschüsse) zu unterscheiden, bei denen die Sachkunde im Vordergrund steht. 20

§ 87 Die öffentlich-rechtlichen Körperschaften

Schrifttum: *Bachof,* Teilrechtsfähige Verbände des öffentlichen Rechts: AöR 83, 1958, 208 ff.; *Bieback,* Die öffentliche Körperschaft; 1975; *Bogs,* Die Sozialversicherung im Staat der Gegenwart, 1970, § 1; *Brohm,* Selbstverwaltung in wirtschafts- und berufsständischen Kammern: ebd. 777 ff.; *Dittmann,* Die Bundesverwaltung, 1983; *Endrös,* Entstehung und Entwicklung des Begriffs „Körperschaft des öffentlichen Rechts", 1985; *Erichsen/Knoke,* Organisation bundesunmittelbarer Körperschaften durch die Länder?: DÖV 1985, 53 ff.; *Forsthoff,* Die öffentliche Körperschaft im Bundesstaat, 1931; *Frotscher,* Selbstverwaltung und Demokratie: FS v. *Unruh* 127 ff.; *Hauschildt,* Selbstverwaltung als Organisationsprinzip in Staat und Wirtschaft: ebd. 79 ff.; *Hendler,* Selbstverwaltung als Ordnungsprinzip, 1984; *Hoppe,* Die Begriffe Gebietskörperschaft und Gemeindeverband, 1958; *Huber, E. R.,* Die Selbstverwaltung der Wirtschaft, 1958; *Jäkel,* Voraussetzungen und Grenzen der Zwangsmitgliedschaft in öffentlich-rechtlichen Körperschaften: DVBl. 1983, 1133 ff.; *Jung,* Rechtsfragen der Mitgliedschaft in öffentlich-rechtlichen Zwangsverbänden: JA 1984, 467 ff.; *Klein, H.-H.,* Demokratie und Selbstverwaltung: FS *Forsthoff* 1972, 165 ff.; *Kloss,* Typen der Selbstverwaltung: Schmollers Jhb. 1961, 325 ff.; *Kluth,* Funktionale Selbstverwaltung, 1997; *ders.,* Demokratische Legitimation in der funktionalen Selbstverwaltung, in: Schnapp (Hg.), Funktionale Selbstverwaltung und Demokratieprinzip – am Beispiel der Sozialversicherung, 2001, 27 ff.; *Köttgen,* Die rechtsfähige Verwaltungseinheit, 1939: VerwArch. 44, 1939, 1 ff.; *Knöpfle,* Die Körperschaften des öffentlichen Rechts im formellen Sinne, in: FS Ule, 1987, S. 93 ff.; *Krüger,* Juristische Personen des öffentlichen Rechts: DÖV 1951, 263 ff.; *Lerche,* Selbstverwaltungsangelegenheiten kraft Bundesrechts: BayVBl. 1965, 145 ff.; *Martens,* Öffentlich als Rechtsbegriff, 1969, 110 ff.; *Oberndorfer,* Interessenvertretung durch Körperschaften des öffentlichen Rechts als gesellschaftliche Selbstverwaltung, 1979, 129 ff.; *Pernthaler,* Die verfassungsrechtlichen Schranken der Selbstverwaltung in Österreich, 1967; *Peters,* Arbeitnehmerkammern in der Bundesrepublik Deutschland, 1973; *Rasch,* Zur Entstehung und Auflösung von Körperschaften des öffentlichen Rechts: DVBl. 1970, 765 ff.; *Scheuner,* Voraussetzungen und Formen der Errichtung öffentlicher Körperschaften: Gschr. H. Peters, 1967, 811 ff.; *Schnapp,* Grundbegriffe des öffentlichen Organisationsrechts: Jura 1980, 68 ff.; *Schuppert,* Die Erfüllung öffentlicher Aufgaben durch verselbständigte Verwaltungseinheiten, 1981; *Steinbach,* Grundzüge der Organisation in der öffentlichen Verwaltung: DÖD 1985, 7 ff.; *Stern,* Das Selbstverwaltungsrecht der Gemeinden in der Rechtsprechung des Bundesverwaltungsgerichts, JR 1963, 202 ff.; *Stober,* Der Ehrenbeamte in Verfassung und Verwaltung, 1981; *Thiemeyer,* Selbstverwaltung im Gesundheitsbereich: *Helmut Winterstein* (Hg.), Selbstverwaltung als ordnungspolitisches Problem des Sozialstaates II. 1984; *Weber, W.,* Die Körperschaften, Anstalten und Stiftungen des öffentlichen Rechts, 2. Aufl., 1943; *Weber W.,* Staats- und Selbstverwaltung in der Gegenwart, 2. Aufl. 1967; *Weber, W.,* Der nicht staatsunmittelbare öffentliche Organisationsbereich: Jvb 8, 1967/68, 137 ff.; *Weber, W.,* Die bundesunmittelbaren juristischen Personen des öffentlichen Rechts: FS *Reinhardt* 499 ff.; *Weber, W.,* Selbstverwaltungskörperschaften in der Rechtsprechung des Bundesverfassungsgerichts: FS BVerfG II. 331 ff.; *Zacher,* Arbeitskammern im demokratischen und sozialen Rechtsstaat, 1971.

I. Geschichte, Begriff, Erscheinungsformen und Errichtung

1. Historische Entwicklung

1 Die historische Entwicklung der Körperschaften reicht bei Zugrundelegung eines weiten Begriffsverständnisses bis in das 13. Jahrhundert zurück,

in dem die Stadt als Korporation, d.h. vom Wechsel ihrer Mitglieder unabhängige, rechts- und handlungsfähige juristische Person auftritt. Die relative Eigenständigkeit der Korporationen wurde mit dem Übergang zum neuzeitlichen Territorialstaat vor allem in der Zeit des Absolutismus wieder in Frage gestellt. Im Rechtssystem des späten Absolutismus waren die juristischen Personen einer weitreichenden staatlichen Kontrolle und Konzessionierung unterworfen. Beispielhaft kann insoweit auf die Vorschriften über die Korporation in §§ 25–202 II 6 ALR verwiesen werden (*Bieback*, Die öffentliche Körperschaft, S. 52ff.)

Eine **Neuorientierung** wurde dann zu Beginn des 19. Jahrhunderts durch 2
die Gründung von Körperschaften des öffentlichen Rechts im Zuge der Kommunal- und Universitätsreform sowie der kaufmännischen Korporationen vorgenommen. Dieser Neuansatz wurde durch eine zweite Reformgesetzgebungswelle ab 1870 für den Bereich der gewerblichen und beruflichen Kammern, der Realkörperschaften und der Sozialversicherung auf weitere Bereiche ausgedehnt (*Bieback*, Entwicklungsgeschichte, S. 861). Die Körperschaft des öffentlichen Rechts war dabei Bestandteil einer staatlichen Politik, die einerseits den Bürger mehr Einfluss auf die Politikgestaltung gewährte (so vor allem im kommunalen Bereich), andererseits aber auch gestaltend und modernisierend in die Gesellschaft hineinwirken wollte (so bei den Kammern und der Sozialversicherung). Mit Hilfe der Körperschaft des öffentlichen Rechts wurde auf diese Weise entsprechend dem dualistischen Charakter des Konstitutionalismus die Realisation staatsbürgerlicher Freiheit und Partizipation in eng umgrenzten Bereichen eröffnet und dadurch zugleich ein neues Handlungspotential für die staatliche Verwaltung erschlossen (*Bieback*, Entwicklungsgeschichte, S. 862f.). Verstärkt wurde diese Entwicklung durch den zu dieser Zeit populären genossenschaftlichen Gedanken, den vor allem *Otto von Gierke* und *Hugo Preuß* mit der Idee der Selbstverwaltung verbanden, indem sie mehr Mitwirkungsrechte für die Mitglieder der jeweiligen Körperschaften einforderten (*Bieback*, Die öffentliche Körperschaft, S. 430ff.).

Die öffentliche Körperschaft eröffnete im **konstitutionellen Verfassungssystem** den Weg zur bürgerschaftlichen Partizipation und damit zu 3
einem demokratisch-alternativen Legitimationsmodus innerhalb der monarchisch geprägten Staatsordnung. Es ist insoweit historisch berechtigt, vor allem die Gemeinden als Grundlage des demokratischen Staatsaufbaus zu bezeichnen. Mit dem Übergang des Gesamtstaates zur Form des demokratischen Verfassungsstaates verloren die Körperschaften jedoch ihre Sonderstellung. Sie mussten nunmehr ihre partielle Eigenständigkeit gegenüber dem Anspruch des herrschenden Gesamtstaatsvolkes und seiner Repräsentanten behaupten. Die neue, spannungsgeladene Lage hat *Theodor Heuss* 1921 in der Warnung zum Ausdruck gebracht, Demokratie und (körperschaftliche) Selbstverwaltung als aufeinander bezogene, harmonisch miteinander verbundene Erscheinungen zu betrachten. Vielmehr seien zwischen

den Belangen des Staatsvolkes als ganzem und den Belangen einzelner seiner Teile Unterschiede und Gegensätze unvermeidbar (*Heuss*, Demokratie und Selbstverwaltung, 1921; *v. Unruh*, DÖV 1972, S. 16 [18]).

4 Das nicht zu leugnende **Spannungsverhältnis** zwischen einem am Willen des Gesamtstaatsvolkes orientierten demokratischen Zentralismus und einem auf eine möglichst weitreichende und unmittelbare bürgerliche Partizipation abzielenden dezentralen und pluralen Demokratieverständnis haben die Weimarer Reichsverfassung, das Grundgesetz und die Landesverfassungen moderat zugunsten des zweiten Ansatzes entschieden, indem die kommunale und funktionale Selbstverwaltung nicht nur anerkannt, sondern als grundlegende Bestandteile der Staatsorganisation verbindlich verankert wurden (*Kluth*, Demokratische Legitimation in der funktionalen Selbstverwaltung, S. 25 ff.). Zugleich wurde die Organisationsform der Körperschaft für die gesamtstaatliche Ebene adaptiert, ohne dass dies aber für den Organisationstypus in dogmatischer Hinsicht von besonderer Bedeutung gewesen wäre. Gleichwohl zeigt die historische Entwicklung, dass die Rechtsform der öffentlich-rechtlichen Körperschaft im Kontext des demokratischen Verfassungsstaats weiter an Bedeutung gewonnen hat.

2. Begriff der öffentlichen Körperschaft

5 Der (moderne) Begriff der **öffentlich-rechtlichen** oder auch **öffentlichen Körperschaft** wird sowohl im Verfassungsrecht als auch im Verwaltungsrecht verwendet. Eine Definition findet sich in den Vorschriften, die den Begriff Körperschaft verwenden, in aller Regel nicht. Das gilt auch für die spezifisch organisationsrechtlichen Regelungen. Vielmehr wird die Kenntnis der inhaltlichen Bedeutung des Begriffs vorausgesetzt. Dabei ist zu beachten, dass die deutsche Rechtstradition den Begriff nicht auf allen Ebenen einheitlich verwendet.

6 Das Grundgesetz und auch einige Landesverfassungen verwenden den Begriff der Körperschaft teilweise als Oberbegriff für verselbstständige Organisationsformen der Exekutive, ohne dass es dabei auf die genaue organisationsrechtliche Ausgestaltung ankommt, so etwa in Art. 34 und 87 Abs. 2 GG. Auch § 133 BRRG versteht unter Körperschaft alle juristischen Personen des öffentlichen Rechts mit Dienstherrenfähigkeit. In Art. 59 Abs. 2 GG wird zudem von den „für die Bundesgesetzgebung zuständigen Körperschaften“ gesprochen und damit auf teilrechtsfähige Organe Bezug genommen.

7 Das Organisationsrecht versteht unter einer Körperschaft die organisatorische Zusammenfassung einer kraft Zurechnung willens- und handlungsfähigen Personenmehrheit, die unabhängig vom Wechsel der einzelnen Mitglieder eine rechtliche Einheit bildet. Körperschaften werden demnach durch die Mitglieder und damit „von unten“ gesteuert („bottom up“-Struktur) und eignen sich damit in besonderer Weise für demokratisch ver-

fasste Organisationsformen sowie die verschiedenen Formen der Selbstverwaltung. Die Mitglieder sind i.d.R. zur Teilhabe an der Bestimmung der Leitungsorgane und der Tätigkeitsziele der Körperschaft berechtigt oder sogar verpflichtet.

Zu einer **öffentlichen Körperschaft** wird eine den vorstehenden Merk- 8
malen entsprechende Organisation dadurch, dass sie nicht privatautonom, sondern durch Hoheitsakt, in der Regel ein Gesetz oder einen auf einer gesetzlichen Ermächtigung beruhenden hoheitlichen rechtsgestaltenden Akt (Verordnung, Satzung oder Verwaltungsakt) errichtet wird.

Von den **Mitgliedern,** die als Träger die Organisation personell und sach- 9
lich steuern sowie in der Regel auch ihre Finanzierung durch Beiträge tragen, sind die **Bediensteten** zu unterscheiden, die, ohne Mitglieder zu sein, als Organ- oder Amtswalter die Körperschaft verwalten. Bei den meisten Körperschaften können auch Aufgaben in Führungspositionen im Wege der **Fremdorganschaft** wahrgenommen werden. So lässt das Kommunalrecht der meisten Bundesländer es zu, dass zum Beigeordneten – anders als zum Bürgermeister – auch Personen gewählt werden können, die nicht in der betreffenden Kommune über das passive Wahlrecht verfügen. Bei den wirtschaftlichen und berufsständischen Kammern werden die Geschäftsführerpositionen in der Regel mit Externen besetzt. Auf diese Art und Weise soll ein ausreichender Sachverstand in der Verwaltung sichergestellt werden.

Neben den Mitgliedern, die die Organisation tragen und steuern, können 10
in den Körperschaften auch **außerordentliche** oder **fördernde Mitglieder** mitwirken, wobei die Bezeichnungen stark voneinander abweichen. So können etwa die sachverständigen Bürger in kommunalen Ausschüssen als außerordentliche Mitglieder qualifiziert werden. Ihnen stehen keine oder nur beschränkte Mitwirkungs- und Bestimmungsrechte zu. Oft haben sie eine beratende oder fördernde Funktion. Soweit sie vorgesehen sind, werden die Vollmitglieder auch als ordentliche Mitglieder bezeichnet.

Als **Nutznießer** können diejenigen natürlichen und juristischen Personen 11
bezeichnet werden, die Dienstleistungen der Körperschaften oder deren Einrichtungen in Anspruch nehmen dürfen, wie z.B. Gasthörer einer Hochschule oder die auswärtige Benutzer kommunaler öffentlicher Einrichtungen. In den meisten Fällen ist diese Rechtsbeziehung aber anstaltsrechtlich ausgebildet.

Körperschaften des öffentlichen Rechts dienen stets **öffentlichen Zwe- 12
cken,** soweit es sich bei ihnen um Verwaltungsträger oder Teile der Verwaltungsorganisation handelt. Sie können dabei zugleich auch privaten Interessen dienen, wie es vor allem bei der Interessenvertretung der Fall ist, die zu den Aufgaben der wirtschaftlichen und berufsständischen Kammern gehört. Die faktische oder reflexhafte Förderung auch privater Interessen durch eine öffentliche Körperschaft ändert aber nichts an dem öffentlichrechtlichen Status der jeweiligen Körperschaft bzw. der wahrgenommenen Aufgabe.

13 Eine Sonderstellung nehmen jedoch die sogenannten **Formalkörperschaften** ein, die in die Rechtsform einer öffentlich-rechtlichen Körperschaft gekleidet sind, ohne jedoch staatliche Aufgaben wahrzunehmen oder öffentlichen Zwecken zu dienen. Das wichtigsten Beispiele dafür sind Religionsgesellschaften, die über den Status einer Körperschaft des öffentlichen Rechts verfügen (weitere Beispiele bei *Di Fabio,* BayVBl. 1999, 449ff.). Es handelt sich dabei um Relikte aus dem 19. Jahrhundert, die auf Grund eines fehlenden Gestaltungswillens bei der Beratung der Weimarer Reichsverfassung und auch des Grundgesetzes tradiert wurden und heute einen Fremdkörper im Rechtssystem darstellen. Der Status der Körperschaft des öffentlichen Rechts erlaubt aus diesem Grund keine automatische und vorbehaltlose Zurechnung zum staatlichen Bereich. Vielmehr muss jeweils geprüft werden, ob ein Ausnahmefall vorliegt.

14 Öffentliche Körperschaften besitzen i.d.R. **hoheitliche Befugnisse.** Ohne besondere gesetzliche Ermächtigung besitzt jede öffentliche Körperschaft das Recht zum Erlass der für ihr Wirken erforderlichen Innenrechtsakte. Grundrechtsrelevante Rechtsetzungsakte gegenüber ihren Mitgliedern bedürfen einer ausreichend bestimmten gesetzlichen Ermächtigung.

15 Das gilt erst Recht für Rechtsetzungsakte gegenüber Externen. Die Errichtungsgesetze enthalten deshalb in der Regel entsprechend bestimmte Ermächtigungen zum Erlass von Rechtsakten, die sich an Außenstehende richten. Zum Erlass von Verwaltungsakten sind die öffentlich-rechtlichen Körperschaften im Übrigen im Rahmen des jeweils einschlägigen materiellen Rechts befugt. Dienstherrenfähigkeit besitzen sie jedoch nur unter den in § 121 Nr. 2 BRRG genannten Voraussetzungen.

3. Erscheinungsformen und Arten der öffentlichen Körperschaft

16 Die Vielfalt der Erscheinungsformen der öffentlichen Körperschaften kann nach verschiedenen Merkmalen geordnet werden.

17 a) Nach dem Ausmaß ihrer **Rechtsfähigkeit** kann zwischen (voll) rechtsfähigen, teilrechtsfähigen und nicht-rechtsfähigen Körperschaften unterschieden werden.

18 In der Regel wird der Begriff der öffentlichen Körperschaft für **rechtsfähige Körperschaften** verwendet. Teilweise wird die Rechtsfähigkeit auch als Begriffsmerkmal angesehen (so etwa bei *Forsthoff,* VwR I, S. 491; *Maurer,* AllgVwR, § 23, Rdnr. 37, 39). Wegen der faktischen Dominanz der rechtsfähigen Körperschaften können diese auch als Körperschaften i.e.S. bezeichnet werden. Wenn der Begriff ohne weitere Zusätze verwendet wird, sind diese gemeint.

19 Zu den rechtsfähigen Körperschaften gehören in erster Linie die Gebietskörperschaften, also Bund, Länder und Kommunen. Auch die Träger funktionaler Selbstverwaltung sind rechtsfähig. Hinzu kommen zahlreiche öf-

fentliche Körperschaften, die der mittelbaren Staatsverwaltung auf Bundes- und Landesebene zuzuordnen sind. Weiter sind die kommunalen Zweckverbände zu erwähnen.

Der Begriff der Rechtsfähigkeit oder Voll-Rechtsfähigkeit bezieht sich traditionell auf die Fähigkeit zur Teilnahme am Privatrechtsverkehr. Er besagt jedoch nicht, dass ein Rechtssubjekt in jeder Hinsicht Träger von Rechten und Pflichten sein kann. Das gilt vor allem für juristische Personen des öffentlichen Rechts, die nur im Rahmen ihrer Verbandskompetenz tätig werden dürfen. Aus diesem Grunde wird in der Literatur seit den grundlegenden Arbeiten von *Bachof* und *Fabricius* darauf hingewiesen, dass es im Grunde nur eine Teilrechtsfähigkeit geben kann (siehe dazu Bd. 1, § 32 Rdnr. 5). Gleichwohl ist die Bezeichnung rechtsfähig beibehalten worden, um eine Angrenzung von solchen Körperschaften bzw. juristischen Personen zu ermöglichen, die nur punktuell rechtsfähig sind und in der Regel auch nicht selbstständig am Privatrechtsverkehr teilnehmen können. 20

Die Rechtsfähigkeit von Körperschaften des öffentlichen Rechts endet in der Regel durch **Auflösung.** Mit der Aufhebung fällt das Vermögen, soweit nichts anderes vorgesehen ist, an den Hoheitsträger, der die Körperschaft errichtet hat. 21

Eine Beendigung durch **Insolvenz,** die angesichts der angespannten Finanzlage vieler öffentlicher Körperschaften von durchaus nahe liegender praktischer Bedeutung wäre, ist nach § 12 Abs. 1 Nr. 1 InsO für Bund und Länder vollständig ausgeschlossen. Für sonstige juristischen Personen des öffentlichen Rechts, die der Aufsicht eines Landes unterstehen, kann die Insolvenzfähigkeit nach § 12 Abs. 1 Nr. 2 InsO durch Landesrecht ausgeschlossen werden (die Länder haben entsprechende Gesetze zur Gesamtvollstreckungsunfähigkeit juristischer Personen des öffentlichen Rechts erlassen, vgl. dazu die Nachweise bei *Hirte,* in: Uhlenbruck, Insolvenzordnung, Kommentar, 12. Aufl. 2003, § 12, Rdnr. 7ff.; zu weiteren Einzelheiten *Engelsing,* Zahlungsunfähigkeit von Kommunen und anderen juristischen Personen des öffentlichen Rechts, 1998, S. 125ff.; *Lehmann,* Die Konkursfähigkeit juristischer Personen des öffentlichen Rechts, 1999; *Masloff,* Konstruktion einer Ausfallhaftung des Staates für zahlungsunfähige juristische Personen des öffentlichen Rechts, 2000). Für diesen Fall sieht § 12 Abs. 2 InsO jedoch eine Gewährhaftung des Landes zu Gunsten der betroffenen Arbeitnehmer vor. 22

Als **teilrechtsfähige Körperschaft des öffentlichen Rechts** sind z.B. Technische Ausschüsse nach § 24 Abs. 2 GewO und die Fachbereiche von Hochschulen einzustufen. Bei den **nicht-rechtsfähigen Körperschaften** handelt es sich in der Regel um Kollegialorgane oder Untergliederungen von Verwaltungsträgern. Zu erwähnen sind neben Bundestag und Bundesrat u.a. die Landesparlamente, die kommunalen Vertretungskörperschaften sowie die gemeindlichen Bezirke und Ortschaften. 23

24 b) Nach dem **Grad ihrer Selbstständigkeit** können folgende Arten von Körperschaften unterschieden werden:

25 Den größten Grad an Selbstständigkeit besitzen naturgemäß Bund und Länder auf Grund der mit ihrer Staatlichkeit verbundenen (relativen) Souveränität und Autonomie. Die staatliche Ebene wird aber bei der Behandlung der öffentlichen Körperschaften durch das Verwaltungsorganisationsrecht in der Regel ausgeblendet, so dass die mit einem **Selbstverwaltungsrecht** ausgestatteten öffentlichen Körperschaften über das größte Maß an Selbstständigkeit verfügen. Dabei ist nach der Quelle des Selbstverwaltungsrecht zwischen verfassungsrechtlich verankerten und einfachgesetzlich gewährleisteten Selbstverwaltungsrechten einerseits und **grundrechtlich** oder **demokratisch begründeten Selbstverwaltungsrechten** andererseits zu unterscheiden. Grundrechtlich begründet sind etwa die Selbstverwaltungsrechte der Hochschullehrer an den Universitäten. Ganz überwiegend liegt der Selbstverwaltung jedoch die Zuweisung demokratischer Partizipationsrechte zugrunde, wie z.B. nach Art. 28 Abs. 1 GG in der kommunalen Selbstverwaltung und bei den meisten Trägern funktionaler Selbstverwaltung.

26 Über eine besonders weitgehende Selbstständigkeit verfügen auf Grund ihres grundrechtlichen Status die Religionsgesellschaften, und zwar unabhängig davon, ob sie als öffentliche Körperschaften verfasst sind oder nicht. Ihr Selbstverwaltungsrecht kann sowohl aus Art. 140 GG i.V.m. Art. 137 Abs. 3 WRV als auch aus Art. 4 Abs. 1 und 2 GG abgeleitet werden.

27 Eine besondere Selbstständigkeit kann außer der Zuweisung von Selbstverwaltungsrechten auch durch eine partielle **Freistellung** einer Körperschaft **von Weisungen** herbeigeführt werden, ohne dass es um die Regelung eigener Angelegenheit der Mitglieder geht. Eine solche auch als ministerialfreier Raum bezeichnete Verwaltung ist jedoch wegen der damit verbundenen Minderung der personellen demokratischen Legitimation nur bei Vorliegen besonderer sachlicher Rechtfertigungsgründe zulässig. Sie ist bei Körperschaften nur selten anzutreffen.

28 Im Rahmen der **mittelbaren Bundes-, Landes- und Kommunalverwaltung** sind zahlreiche öffentliche Körperschaften anzutreffen, die zwar formell nicht den Weisungen einer einzelnen staatlichen Stelle unterliegen; soweit Mitglieder dieser Körperschaften aber Bund, Länder oder Kommunen sind, unterliegen diese Körperschaften auf Grund der Weisungsgebundenheit der Repräsentanten der Mitglieder in den Leitungsorganen der Körperschaften mittelbar sehr wohl einer **weisungsähnlichen Steuerung.** Der Unterschied zu einem formellen Weisungsrecht besteht aber darin, dass bei einer Mehrheit von Mitgliedern nicht jedes einzelne Mitglied seinen Willen durchsetzen kann. Vielmehr ist dies nur im Rahmen der Abstimmungsregeln und damit regelmäßig nur unter den Bedingungen des Mehrheitsprinzips möglich.

29 So gilt z.B. für die kommunalen Zweckverbände eine strikte Bindung der entsandten Vertreter an die Beschlüsse der Vertretungskörperschaft. Auch

müssen die Stimmen eines Verbandsmitglieds nach den meisten Gesetzen einheitlich abgegeben werden. Für Abstimmungen gilt das Mehrheitsprinzip.

c) Nach den **Bedingungen oder Anknüpfungskriterien der Mitgliedschaft** unterscheidet man vor allem Gebiets-, Personal- und Realkörperschaften. 30

Bei den **Gebietskörperschaften** knüpft die Mitgliedschaft kraft Gesetzes für natürliche Personen an den Wohnsitz und für juristische Personen an ihren Sitz an. Beispiele sind Bund, Länder und Kommunen. Auf staatlicher Ebene wird durch die Gebietskörperschaften der Gedanken der demokratischen Herrschaftslegitimation durch die unbestimmte Allgemeinheit der Staatsbürger verwirklicht. Auf der kommunalen Ebene sind nach der europarechtlich ausgelösten Reform des Art. 28 Abs. 2 GG auch die Unionsbürger mit Wohnsitz im jeweiligen Territorium in die Herrschaftslegitimation eingebunden (dazu *Kluth,* in: Calliess/Ruffert, EUV/EGV Kommentar, 2. Aufl. 2002, Art. 19, Rn. 10ff.). 31

Die **Personalkörperschaften** sind zwar ebenfalls territorial gegliedert, knüpfen aber nicht direkt an den Wohnsitz oder Sitz an, sondern an eine bestimmte Eigenschaft der – natürlichen oder juristischen – Person, insbesondere an den von ihr ausgeübten Beruf. Personalkörperschaften sind vor allem wirtschaftliche und berufsständische Kammern (siehe dazu im Einzelnen unter § 97). 32

Bei den **Realkörperschaften** knüpft die Mitgliedschaft an das Eigentum oder ein qualifiziertes Nutzungsrecht an Grundstücken an, die mit bestimmten Pflichten belastet sind. Beispiele sind die Wasser- und Bodenverbände, die Jagdgenossenschaften sowie die Waldwirtschafts- und Fischereigenossenschaften. Man spricht auch von Liegenschaftskörperschaften. Realkörperschaften verfügen häufig über eine genossenschaftliche Struktur. 33

Besteht eine Körperschaft ausschließlich oder doch ganz überwiegend aus juristischen Personen des öffentlichen Rechts, so spricht man von **Bund- oder Verbandskörperschaften.** Beispiele dafür sind die kommunalen Zweckverbände, die öffentlich-rechtlichen Dachorganisationen der Kammern (Bundesrechtsanwaltskammer, Bundessteuerberaterkammer, nicht dagegen DIHK und DHKT, die mangels gesetzlicher Grundlage als eingetragene Vereine organisiert sind). 34

Die Zuordnung der verschiedenen Organisationen zu den einzelnen Anknüpfungskriterien erfolgt nicht immer einheitlich. So wird bei den Industrie- und Handelskammern teilweise eine Zuordnung zu den Realkörperschaften anstatt zu den Personalkörperschaften vorgenommen, weil an die Innehabung eines Betriebes und nicht an die Gewerbeausübung als Beruf angeknüpft wird. Da es sich lediglich um Ordnungsbegriffe handelt, kommt diesem Streit keine weiterreichende Bedeutung zu. Außerdem existieren einzelne Körperschaften, wie z.B. der Abfallentsorgungs- und Altlastensa- 35 nierungsverband Nordrhein-Westfalen, die nicht eindeutig einer der angeführten Typen zugeordnet werden können.

4. Errichtung von öffentlichen Körperschaften

36 Öffentlich-rechtliche Körperschaften können nur **durch staatlichen Hoheitsakt** errichtet werden. Eine Gründung durch Private und in Ausübung der durch Art. 9 Abs. 1 GG grundrechtlich gewährleisteten privatautonomen Gründung von Vereinigungen scheidet mithin aus.

37 Die formalen Anforderungen an den Hoheitsakt können sich zwar für rechtsfähige, teilrechtsfähige und nicht-rechtsfähige Körperschaften des öffentlichen Rechts unterscheiden. Rechtsfähige und teilrechtsfähige Körperschaften können nach allgemeiner Ansicht aber nur **durch oder auf Grund eines Gesetzes** errichtet werden. Dieser Grundsatz spiegelt sich auch in den entsprechenden Regelungen der Landesorganisationsgesetze sowie in den Gesetzen über die kommunale Gemeinschaftsarbeit wieder.

38 Bei einer **Errichtung durch Gesetz** sind zwei Varianten zu unterscheiden. Zum einen kann eine einzelne Körperschaft durch Gesetz errichtet werden. Es handelt sich dann um ein Maßnahmegesetz, das auf Grund seiner nicht diskriminierenden Eigenart auch mit Art. 19 Abs. 1 GG vereinbar ist.

39 Zum anderen kann durch Gesetz die Bildung einer Mehrzahl von Körperschaften nach Maßgabe von im Gesetz geregelten Merkmalen angeordnet werden. So ist es z.B. bei den Industrie- und Handelskammern, den Handwerkskammern, den Rechtsanwaltskammern und anderen Trägern funktionaler Selbstverwaltung der Fall. Die gesetzliche Anordnung muss in diesen Fällen aber noch durch ein weiteres ausführendes Gesetz oder einen Exekutivakt konkretisiert werden. Erst dieser ausführende Akt führt dann zur Errichtung der einzelnen Körperschaft.

40 Bei einer **Errichtung auf Grund eines Gesetzes,** wie sie z.B. bei kommunalen Zweckverbänden erfolgt, bedarf es in der Regel neben dem Errichtungsakt in Form eines Verwaltungsaktes oder einer Vereinbarung zwischen den Gründungsmitgliedern einer Genehmigung durch eine staatliche (Aufsichts-)Behörde, wenn die Errichtung durch eine nachgeordnete Stelle der Staatsverwaltung oder einen Selbstverwaltungsträger erfolgt.

41 Die gesetzliche Regelung muss sich auf die für eine Körperschaft **wesentlichen Merkmale** erstrecken. Das sind (1) die wahrzunehmenden Aufgaben (Verbandskompetenz), (2) die Mitglieder, (3) die pflichtigen Organe und ihre Bildung, (4) die Grundzüge der Aufgabenverteilung zwischen den Organen und (5) die Finanzierung. Die Regelungen können optional ausgestaltet sein und der errichtenden Stelle oder den Leitungsorganen der Körperschaft verschiedene Gestaltungsmöglichkeiten eröffnen.

42 Die **Verbandskompetenz,** d.h. die von der Körperschaft eigenverantwortlich oder nach Weisung wahrzunehmenden Aufgaben, müssen hinrei-

chend bestimmt zugewiesen werden. Dabei ist zu beachten, dass unterhalb der staatlichen Ebene keine Kompetenz-Kompetenz besteht. Auch das Aufgabenfindungsrecht der Gemeinden ist durch den örtlichen Bezug an klare Grenzen gebunden. Bei Körperschaften mit Selbstverwaltungsrecht ist zwischen eigenem und übertragenem Wirkungskreis zu unterscheiden. Auch die Frage, ob und unter welchen Voraussetzungen einer öffentlichen Körperschaft weitere staatliche Aufgaben zur Wahrnehmung übertragen werden können, sollte geregelt werden.

Ebenso wichtig ist eine genaue **Bestimmung der Mitglieder** bzw. der 43
Mitgliedschaft, vor allem dann, wenn eine gesetzliche Pflichtmitgliedschaft vorgesehen oder im Einzelfall eine Gründung auch gegen den Willen der Betroffenen angeordnet werden kann, wie dies im Bereich der kommunalen Gemeinschaftsarbeit der Fall ist. Dabei sind die verfassungs- und europarechtliche Vorgaben für die Bestimmung des Personenkreises sowie die sachlichen Voraussetzungen für die Einführung einer Pflichtmitgliedschaft zu berücksichtigen (siehe dazu im Einzelnen Kluth, Funktionale Selbstverwaltung, S. 275 ff.).

Das Gesetz muss auch die **Finanzierung** der Körperschaft regeln. Ist – 44
wie im Regelfall – eine Finanzierung durch Beiträge der Mitglieder vorgesehen, so muss der Abgabentatbestand hinreichend differenziert und im Einklang mit den besonderen Grundsätzen des Abgaben- und Beitragsrechts insbesondere zur Beitragsgerechtigkeit geregelt werden. Da die Gründung von Körperschaften und die Übertragung von (staatlichen) Aufgaben auf sie aus gesamtstaatlicher Sicht auch zur Entlastung des Staatshaushalts instrumentalisiert werden kann, sind bei der Übertragung von Aufgaben, die nicht zu den eigenen Angelegenheiten der Mitglieder der Körperschaft zu rechnen sind, besonders strenge Anforderungen an die Regelung der Finanzierung zu stellen. Es ist in diesen Fällen in der Regel eine Finanzierung aus dem allgemeinen Steueraufkommen geboten und damit eine finanzielle Ausgleichsregelung zusammen mit der Aufgabenübertragung erforderlich. Die Landesverfassungen enthalten derartige Regelung für den Fall der Übertragung neuer staatlicher Aufgaben auf die Kommunen (vgl. etwa Art. 87 Abs. 3 Verf. LSA). Das darin zum Ausdruck kommende Konnexitätsprinzip ist aber auch bei anderen Selbstverwaltungsträgern zu beachten, da ansonsten die Finanzierung der übertragenen Aufgaben nicht gesichert ist.

II. Das Mitgliedschaftsverhältnis in öffentlich-rechtlichen Körperschaften

Schrifttum: *Groß,* Das Kollegialprinzip in der Verwaltungsorganisation, 1999; *Kluth,* Schutz individueller Freiheit in und durch öffentlich-rechtliche Körperschaften, DVBl. 1986, 716 ff.; *ders.*, Mitgliederklagen in so genannten Zwangskörperschaften, Jura 1989, 408 ff.; *ders.*, Funktionale Selbstverwaltung, 1997; *Stober,* Rechtsfragen bei Mitgliederklagen auf Einhaltung des Aufgaben- und Zuständigkeitsbereichs innerhalb der Handwerksorganisation, 1984.

1. Allgemeine Einordnung

45 Das Mitgliedschaftsverhältnis in Körperschaften des öffentlichen Rechts stellt ein **verwaltungsrechtliches Dauerrechtsverhältnis** dar, dessen Inhalt in erster Linie durch das Statusrecht der jeweiligen Körperschaft, ergänzend durch das allgemeine Körperschaftsrecht, die für Kollegialorgane geltenden Grundsätze sowie überlagernd durch einzelne Rechtssätze des Verfassungsrechts, insbesondere die Grundrechte und das Demokratieprinzip, geprägt wird.

46 Für den Bereich der **staatlichen Gebietskörperschaften** stehen die an den Bürgerstatus anknüpfenden staatsrechtlichen Regelungen im Vordergrund. Auf sie wird in dieser Darstellung nicht näher eingegangen und auf die einschlägigen staatsrechtlichen Werke verwiesen. Das Mitgliedschaftsrecht in den **kommunalen Gebietskörperschaften** ist ebenfalls verfassungsrechtlich und seit 1992 auch europarechtlich geprägt, doch treten hier zahlreiche durch das Kommunalrecht geprägte Besonderheiten hinzu. Auf sie wird im Zusammenhang mit der Erörterung des Kommunalverfassungsrechts näher eingegangen. Bei den **Trägern funktionaler Selbstverwaltung** ist die nähere Ausgestaltung des Mitgliedschaftsverhältnisses stärker an die Besonderheiten des jeweiligen Trägers, die verfassungsrechtliche Verankerung des Selbstverwaltungsrechts sowie die Struktur der Binnenverfassung gebunden. Darauf wird bei der Erörterung dieses Typus eingegangen. Die nachfolgende allgemeine Darstellung beschränkt sich aus diesem Grunde auf den **gemeinsamen Rahmen der verschiedenen Mitgliedschaftsverhältnisse** und eine **Systematisierung** der anzutreffenden Ausgestaltungen.

2. Begründung und Beendigung der Mitgliedschaft

47 Das körperschaftliche Mitgliedschaftsverhältnis kann durch Gesetz, Verordnung, Verwaltungsakt, öffentlich-rechtlichen Vertrag (Vereinbarung) oder verwaltungsrechtliche Willenserklärung(en) **begründet** werden. Dabei ist zwischen **freiwilliger Mitgliedschaft** und **Pflichtmitgliedschaft** zu unterscheiden. Damit zusammen hängt die Unterscheidung zwischen freiwilliger und pflichtiger Gründung einer Körperschaft. Schließlich ist danach zu differenzieren, ob ein Anspruch auf Mitgliedschaft besteht (dazu unten Rdnr. 55) oder ob die Begründung der Mitgliedschaft in das Ermessen der Körperschaft oder einer anderen staatlichen Stelle gestellt ist.

48 Bei den **Gebietskörperschaften** wird das Mitgliedschaftsverhältnis anknüpfend an den (ersten) Wohnsitz oder Sitz im Territorium kraft Gesetzes begründet. Es liegt also eine gesetzliche **Pflichtmitgliedschaft** vor. Das Gleiche gilt für die meisten **Träger funktionaler Selbstverwaltung** für diejenigen natürlichen und juristischen Personen, die den jeweiligen Anknüpfungstatbestand für die Mitgliedschaft erfüllen.

Lassen sich die tatbestandlichen Voraussetzungen einer gesetzlichen Pflichtmitgliedschaft nicht zweifelsfrei ermitteln oder bedarf es dazu einer besondere fachliche Anforderungen voraussetzenden Sachverhaltsklärung, wie dies z. B. teilweise bei Wasser- und Bodenverbänden und im Grenzbereich von Handwerk und Gewerbe nicht selten der Fall ist, so kann die Pflichtmitgliedschaft auch **durch Verwaltungsakt festgestellt** werden. Inzident erfolgt eine solche Feststellung oft durch den Erlass eines Beitragsbescheides. 49

Vor allem im Bereich der **kommunalen Gemeinschaftsarbeit** kann die grundsätzlich freiwillige Gründung eines Zweckverbandes in der Rechtsform einer Körperschaft des öffentlichen Rechts von der Aufsichtsbehörde angeordnet und damit auch gegen den Wille der Mitglieder erzwungen werden, wenn eine ordnungsgemäße Aufgabenwahrnehmung durch die einzelnen Kommunen nicht gewährleistet ist. Man spricht in diesen Fällen von einem **Pflichtverband** (siehe dazu auch § 96, Rdnr. 48). 50

In einigen Fällen sehen die Gesetze auch die Möglichkeit eines freiwilligen Beitritts zu einem (Pflicht-) Zweckverband vor, wenn dadurch der Verbandszweck gefördert wird. Derartige Regelung sind in den meisten Gesetzen über die kommunale Gemeinschaftsarbeit anzutreffen, die die Mitgliedschaft von Privaten in den ansonsten kommunalen Körperschafen vorbehaltenen Zweckverbänden zulassen. 51

Die Mitgliedschaft wird im Falle einer gesetzlichen Pflichtmitgliedschaft durch **Wegfall der sachlichen Voraussetzungen,** im Falle einer freiwilligen Mitgliedschaft durch Austrittserklärung **beendet.** Weitere Varianten können durch Gesetz vorgesehen werden. Auch insoweit ist in Zweifelsfällen eine Klärung durch feststellenden Verwaltungsakt möglich und unter Umständen angebracht. 52

3. Status der Mitglieder

Im Hinblick auf ihren rechtlichen Status können sowohl natürliche und juristische Personen des Privatrechts als auch juristische Personen des öffentlichen Rechts Mitglieder von Körperschaften des öffentlichen Rechts sein. Dabei hängen vom Status der Mitglieder maßgeblich der Charakter und die verfassungsrechtliche Funktion der öffentlichen Körperschaft ab. Die ausschließlich oder doch ganz überwiegend von natürlichen und juristischen Personen des Privatrechts getragenen Körperschaften sind in der Regel als Selbstverwaltungsträger konzipiert und dienen in der Regel der Vermittlung demokratischer oder grundrechtlicher Partizipationsrechte. Durch juristische Personen des öffentlichen Rechts dominierte Körperschaften sind entweder ein Instrument der gemeinsamen, gleichrangigen Aufgabenwahrnehmung (so z. B. bei der kommunalen Gemeinschaftsarbeit) oder der dezentralen Wahrnehmung staatlicher Aufgaben (so bei der funktionalen Selbstverwaltung). 53

54 Hinsichtlich der Art und Weise der Begründung der Mitgliedschaft kann zwischen gesetzlichen und freiwilligen Mitgliedern, Gründungs- und Beitrittsmitgliedern sowie sonstigen Beteiligten unterschieden werden.

4. Mitgliedschaftliche Rechte

a) Anspruch auf Mitgliedschaft

55 Den mitgliedschaftlichen Rechten vorgelagert ist die Frage, ob und unter welchen Voraussetzungen ein **Anspruch auf Mitgliedschaft** in einer öffentlichen Körperschaft bestehen kann. Auf staatlicher Ebene wird diese Frage durch das Staatsangehörigkeitsrecht geregelt. Bei den kommunalen Gebietskörperschaften wird hinsichtlich der Eingliederung als Bürger ebenfalls an die Staatsangehörigkeit angeknüpft und zusätzlich auf den Wohnsitz, d.h. den tatsächlichen Aufenthalt abgestellt. Durch die partielle Verleihung von Rechten an die Einwohner und die Gleichstellung der Unionsbürger mit den deutschen Staatsangehörigen wird der Kreis der Anspruchsberechtigten aber deutlich erweitert.

56 Bei den Trägern funktionaler Selbstverwaltung steht zwar die Abwehr der gesetzlichen Pflichtmitgliedschaft im Vordergrund der wissenschaftlichen Diskussion und der Rechtsprechung. Doch spielt auch hier die Frage nach einem Anspruch auf Mitgliedschaft eine Rolle. So gebietet die in Art. 43 EG gewährleistete Niederlassungsfreiheit die Gleichbehandlung von Unionsbürgern mit deutschen Staatsangehörigen auch im Hinblick auf die Rahmenbedingungen ihrer wirtschaftlichen Betätigung. Ist die Mitgliedschaft in Berufsorganisationen Voraussetzung für eine solche Gleichstellung, weil von ihre bestimmte Rechte abhängen, so muss sie zu gleichen Bedingungen gewährt werden (vgl. EuGH Slg. 1983, 2727ff. – Auer; dazu auch *Kluth,* Funktionale Selbstverwaltung, S. 334ff.). Indirekt wirkt sich dabei auch die Pflicht zur Anerkennung von in anderen Mitgliedstaaten erworbenen beruflichen Qualifikationen aus. Aus der Sicht des deutschen Verfassungsrechts kann sich ein Anspruch auf Mitgliedschaft unter Umständen aus dem Gleichbehandlungsgebot des Art. 3 Abs. 1 GG ableiten. So ist z.B. umstritten, ob den Lehrlingen nicht ein Anspruch auf vollwertige Mitgliedschaft in den Handwerkskammern zusteht (*Kluth,* Funktionale Selbstverwaltung, S. 463f.).

b) Einzelne Rechte der Mitglieder

57 Bei den **mitgliedschaftlichen Rechten** im engeren Sinne stehen die mit der Mitgliedschaft verbundenen **Bewirkungsrechte** im Vordergrund. Es handelt sich dabei um Wahlrechte einerseits, die sich vor allem auf die Bestimmung der Repräsentations- und Leitungsorgane beziehen, und Abstimmungsrechte andererseits, die die Mitwirkung an der Entscheidung von Sachfragen zum Gegenstand haben.

Im Falle von Selbstverwaltungskörperschaften sind die Bewirkungsrechte, soweit sie natürlichen Personen zustehen, als **demokratische Partizipationsrechte** i.S.d. Art. 20 Abs. 2 S. 2 GG qualifiziert worden. Dies folgt für die Kommunen direkt aus Art. 28 Abs. 1 S. 2 GG sowie den entsprechenden Vorschriften der Landesverfassungen, gilt aber auch für die Träger funktionaler Selbstverwaltung (siehe dazu *BVerfG*, DVBl. 2003, 923ff.). In einigen Fällen, wie z.B. bei den Professoren innerhalb der Hochschulgremien, werden die demokratischen Partizipationsrechte durch **grundrechtlich verankerte Partizipationsrechte** ergänzt und überlagert (*Kluth*, Funktionale Selbstverwaltung, S. 451ff.). Die grundsätzlich egalitäre Ausgestaltung demokratischer Partizipationsrechte kann dadurch modifiziert werden. Modifikationen sind auch dann zulässig, wenn dies zur Sicherung eines angemessenen Interessenausgleichs erforderlich ist (*BVerfG*, DVBl. 2003, 923 [926]; *Groß*, S. 251f.). 58

Soweit Partizipationsrechte sich auf die Bestimmung der Besetzung von Repräsentations- und Leitungsorganen beziehen, handelt es sich um das **aktive und passive Wahlrecht.** Im Falle der Sachentscheidung durch Mitgliedervollversammlungen oder vergleichbare basisnahe Organe (wie z.B. Bürgerbegehren und Bürgerentscheid) handelt es sich um **Abstimmungsrechte.** 59

Je nach Verbandszweck und Betätigungsfeld können den Mitgliedern darüber hinaus Ansprüche auf **(Be-)Nutzung** oder Zulassung zu öffentlichen Einrichtungen der Körperschaft sowie sonstige besondere **Leistungsrechte** zustehen. Diese Rechte können jedoch in der Regel nicht unmittelbar aus dem Mitgliedschaftsstatus abgeleitet werden, sondern bestehen nur im Rahmen der der näheren rechtlichen Ausgestaltung durch Gesetze oder Satzungsrecht der Körperschaft (Widmungszweck). Innerhalb dieses Rahmen besteht jedoch ein Anspruch auf gleichberechtigte bzw. chancengleiche Teilhabe (zu den rechtlichen Problemen bei der Bestimmung der Auswahlkriterien vgl. *Voßkuhle,* Die Verwaltung 32 [1999], 21ff.). 60

Öffentliche Einrichtungen werden vor allem durch die Kommunen, aber auch von den Trägern funktionaler Selbstverwaltung, von den Ländern und zahlreichen Organisationen der mittelbaren Staatsverwaltung unterhalten. Besonders ausgestaltet sind die öffentlich-rechtlichen Versicherungssysteme, vor allem die Sozialversicherungsträger. Bei ihnen stehen Leistungsrechte im Vordergrund. 61

Eine wachsende Bedeutung kommt den **Informationsrechten** der Mitglieder von Körperschaften zu. Dabei ist zwischen verschiedenen Konstellationen und Begründungsformen zu unterscheiden. Besonders weit reichend sind die Informationsrechte, die den Mitglieder von **Kollegialorganen** zustehen, besonders dann, wenn es sich um Repräsentativorgane handelt, wie bei den Gemeinderäte und Vollversammlungen. In diesen Fällen ist das Informationsrecht Bestandteil und Voraussetzung der übrigen Mitwirkungsrechte, vor allem des Rechts auf Beratung und Abstimmung 62 (dazu Rdn. 95). Davon zu unterscheiden sind Informationsrechte der Mitglieder auf Grund von **spezifischen Informationsgesetzen,** wie sie in einigen Bundesländern bestehen (siehe dazu *Axler,* Das Informationsfreiheitsgesetz Nordrhein-Westfalen (IFG NRW), Computer und Recht 2002, 847 ff.; *Stollmann,* Das Informationsfreiheitsgesetz NRW (IFG NRW), NWVBl. 2002, 216 ff.; *Friedersen/Lindemann,* Informationsfreiheitsgesetz für das Land Schleswig-Holstein, Kommentar, 2000; zur Anwendung dieser Gesetze auf Kammern vgl. *Grütters,* GewArch. 2002, 270 ff.; *ders.,* GewArch. 2003, 271 ff.). Eine dritte Variante bilden schließlich Informationsrechte, die unmittelbar als **mitgliedschaftliches Recht** begründet werden. Diese Rechte spielen vor allem bei Personal- und Realkörperschaften eine Rolle (siehe dazu § 98, Rdnr. 4 ff.).

63 Eine erhebliche Stärkung der Rechtsstellung der Mitglieder bewirkt schließlich das mitgliedschaftlich begründete **Klagerecht** auf Einhaltung der Verbandskompetenz, das die Verwaltungsgerichtsbarkeit für Personalkörperschaften mit Pflichtmitgliedschaft entwickelt hat (vgl. *BVerwGE* 34, 69 [74]; zuletzt *BVerwGE* 112, 69 ff.). Dadurch wird den Mitgliedern ein Kontrollrecht eingeräumt, mit dessen Hilfe sie jede unzulässige Aufgabenwahrnehmung durch die Kammern unabhängig von einer Betroffenheit in eigenen subjektiven Rechten gerichtlich untersagen lassen können (zur dogmatischen Kritik der Begründung des Klagerechts vgl. *Kluth,* DVBl. 1986, 716 ff.; zur praktischen Bedeutung für die Legitimation des Kammerwesens vgl. *Kluth,* Verwaltungskultur, 2001, 81 ff.).

5. Mitgliedschaftliche Pflichten

64 Es gibt in der gesamten Rechtsordnung kaum eine Mitgliedschaft, die nicht auch mit Pflichten verbunden ist, vor allem mit der Pflicht zur Beteiligung an den finanziellen Lasten. Auf der staatlichen Ebene spiegelt sich dies in der **allgemeinen Steuer- und Abgabenpflicht** wider, die jeden Bürger bzw. Einwohner trifft, der über Einkommen oder sonstigen Vermögen verfügt und dadurch seine Leistungsfähigkeit zeigt. Die verfassungsrechtliche Grundentscheidung für die Steuerfinanzierung des Staates lässt sich aus Art. 105 ff. GG ableiten (*Kirchhof,* in: Isensee/ders. [Hrsg.], HStR IV, 1990, § 88, Rdnr. 45 ff.). In den übrigen Körperschaften des öffentlichen Rechts werden an Stelle von Steuern zur Sicherung ihrer Finanzierung **Beiträge** oder **Umlagen** erhoben (*Kirchhof,* a. a. O., Rdnr. 181 ff., 277 ff.). In allen diesen Fällen muss als materieller Maßstab der Grundsatz der Lasten- oder Belastungsgleichheit beachtet werden (*Kirchhof,* a. a. O., Rdnr. 104 ff.).

65 Die Einzelheiten der Abgabenpflicht sind Gegenstand des Finanz- und Haushaltsrechts. Dabei ist zu beachten, dass die Modalitäten der Erhebung von Abgaben für die Finanzierung und damit die Handlungsfähigkeit der Körperschaften von grundlegender und weitreichender Bedeutung ist. Für

die Kommunen erstreckt sich deshalb die Verfassungsgarantie ihres Selbstverwaltungsrechts nach Art. 28 Abs. 2 S. 3 GG sowie den entsprechenden Vorschriften der Landesverfassungen auch auf die Gewährleistung einer aufgabenangemessenen Finanzausstattung.

Neben der Finanzierungspflicht ist auf der staatlichen und kommunalen Ebene die Pflicht zur Übernahme und Ausübung von **Ehrenämtern** als zweiter Pflichtentatbestand, der aus der Mitgliedschaft folgt, zu erwähnen. Eine ausführliche Regelung hat diese Pflicht in den Gemeindeordnungen erfahren (dazu *Gern,* Deutsches Kommunalrecht, 2. Aufl. 1997, Rdnr. 568ff.). Die praktische Bedeutung der Inanspruchnahme für ein Ehrenamt gegen den Willen des Betroffenen ist als gering einzustufen. In den meisten Fällen werden für ehrenamtliche Tätigkeiten nur Personen vorgeschlagen, die sich zuvor auch bereit erklärt haben, das Amt auszuüben. Mit der Ausübung des Ehrenamtes sind auch dann, wenn es freiwillig übernommen wurde, weitere Pflichten, wie die Pflicht zur uneigennützigen und verantwortungsbewussten Geschäftsführung sowie zur Verschwiegenheit, verbunden. Auch insoweit kann exemplarisch auf die Regelungen der Gemeindeordnungen (*Gern,* a.a.O., Rdnr. 571) sowie die §§ 20, 21 VwVfG (dazu Band 2, § 59, Rdnr. 10ff.) verwiesen werden. 66

Darüber hinaus sind mit der Mitgliedschaft als solcher i.d.R. keine weiteren Pflichten verbunden. Insbesondere besteht keine Pflicht zur Kandidatur für die Leitungsämter oder zur sonstigen Amtsübernahme oder persönlichen Mitwirkung. 67

Keine mitgliedschaftlichen Pflichten im engeren Sinne stellen Regelungen dar, die Verhaltenspflichten begründen, die vor allem an eine bestimmte berufliche Betätigung anknüpfen, die zugleich Anknüpfungspunkt für die Mitgliedschaft in einer Körperschaft ist. So knüpft das von den wirtschafts- und berufsständischen Kammern erlassene Berufsrecht nicht an die Mitgliedschaft in der Körperschaft als solche, sondern an die Ausübung des jeweiligen Berufes an. 68

III. Leitungsorgane und Leitungsstrukturen

1. Zentrales Kollegialorgan

Als mitgliedschaftlich verfasste, von den Mitgliedern getragene und gesteuerte Organisation benötigt die Körperschaft als zentrales Organ ein kollegial verfasstes Leitungsorgan. In ihm sind bei einer überschaubaren Mitgliederzahl alle Mitglieder unmittelbar vertreten. Bei einer größeren Mitgliederzahl wählen die Mitglieder Repräsentanten in das Kollegialorgan. Häufig trägt das Organ den Namen **Mitglieder-** oder **Vollversammlung.** Andere übliche Bezeichnungen sind Vertreter-, Kammer- und Verbandsversammlung. Im Folgenden wird der Begriff Mitgliederversammlung verwendet. 69

70 Bei Abstimmungen in der Mitgliederversammlung sowie im Falle ihrer Ausgestaltung als Repräsentationsorgan bei ihrer Wahl, ist grundsätzlich der streng egalitäre Grundsatz demokratischer Wahlrechtsgleichheit zu beachten. Er ist grundsätzlich auch bei nicht parlamentarischen Wahlakten zu beachten (*BVerfGE* 47, 253 [276]; 51, 222 [235]). Allerdings lassen Bundesverfassungsgericht und herrschende Lehre auch Ausnahmen und Modifikationen zu, wenn dies sachlich gerechtfertigt ist und insbesondere der Eigenart der Organisation oder der von ihr wahrzunehmenden Aufgaben entspricht (*BVerfGE* 39, 247 [254]; *Kluth,* Funktionale Selbstverwaltung, S. 460ff.).

71 Folgende Beispiele lassen sich für differenzierende Mitwirkungsrechte anführen: das Gruppenwahlrecht bei Industrie- und Handelskammern (§ 5 Abs. 3 IHKG) und Handwerkskammern (§ 93 Abs. 1 HwO); die Stimmgewichtung bei den verschiedenen Realkörperschaften (u.a. Wasserverbände und Jagdgenossenschaften); die Gewährleistung eines Übergewichts der Professorengruppe bei Entscheidungen im Bereich der durch Art. 5 Abs. 3 GG geschützten Wissenschaftsfreiheit in Hochschulgremien (§ 37 HRG).

71a Die Mitgliederversammlungen können, soweit dies nicht ohnehin gesetzlich ausdrücklich vorgesehen oder sogar vorgeschrieben ist, zur eigenen Entlastung **Unterorgane** in der Form von beschließenden und beratenden **Ausschüssen** bilden. Je nach Funktion des Ausschusses ist bei der Bildung eine strenge Spiegelbildlichkeit der Besetzung wie beim Hauptorgan zu beachten oder es bestehen größere Gestaltungsspielräume, etwa wenn es darum geht, besonders sachverständige Mitglieder zu rekrutieren.

2. Vorstand oder Präsidium

72 Bei Körperschaften mit einer geringen Mitgliederzahl können die **Leitungsaufgaben** theoretisch durch die Mitgliederversammlung wahrgenommen werden. Dieser Fall ist aber in der Praxis kaum anzutreffen. Selbst bei Jagdgenossenschaften ist die Bildung eines Vorstandes vorgesehen. In der Regel wird diese Aufgabe durch einen von der Mitgliederversammlung zu wählenden **Vorstand** (oft auch Präsidium genannt) wahrgenommen. Dabei handelt es sich in der Regel ebenfalls um ein **Kollegialorgan,** bei dem die Rechtsstellung des Vorsitzenden durch die Zuweisung besonderer Geschäftsleitungsrechte hervorgehoben ist. Theoretisch denkbar ist aber auch die Ausgestaltung des Vorstandes als Einzelorgan.

73 Bei der näheren Ausgestaltung der Regeln zur Bildung von Vorstand oder Präsidium ist die **Eigenorganschaft,** d.h. die Wahl eines Mitglieds der Körperschaft bzw. der Mitgliederversammlung, die oft gewählte Regel. Das hat in vielen Fällen wiederum zur Folge, dass die Aufgabe als Ehrenamt wahrgenommen wird, wie z.B. bei den Trägern funktionaler Selbstverwaltung. Im kommunalen und staatlichen Bereich sowie bei Verbandskörperschaften

ist dem gegenüber die **Fremdorganschaft** und die Wahrnehmung als Hauptamt häufiger anzutreffen.

3. Weitere Organe der Körperschaften

Wird die Aufgabe des Vorstandes oder Präsidiums hauptamtlich wahrge- 74
nommen, so obliegt diesem Organ zugleich die **Leitung der Verwaltung** der jeweiligen Körperschaft. Es kann insoweit auf das Leitbild der Kommunen verwiesen werden, wo der Bürgermeister bzw. Landrat die Verwaltung organisiert und leitet.

Bei ehrenamtlich amtierenden Vorständen und Präsidien, die größere 75
Körperschaften leiten, wird zur Wahrnehmung der laufenden Verwaltungstätigkeit und zur Leitung des Verwaltungsapparates dem gegenüber eine **hauptamtlich tätige Geschäftsführung** bestellt, die wiederum je nach Größer der Organisation als Einzel- oder Kollegialorgan verfasst sein kann. Vor allem bei den z.T. sehr mitgliederstarken und mit großen Verwaltungsapparaten arbeitenden wirtschafts- und berufsständischen Kammern ist die Bestellung einer solchen Geschäftsführung gesetzlich vorgeschrieben (dazu *Kluth/Goltz,* GewArch. 2003, 265ff.). Wo dies nicht der Fall ist, verfährt die Praxis auf der Grundlage entsprechender Regelungen in den Satzungen der Organisationen ebenso.

Ob es sich bei der hauptamtlichen Geschäftsführung um ein Organ han- 76
delt, hängt zum einen von der gesetzlichen Ausgestaltung, zum anderen vom zugrunde gelegten Organbegriff ab. Wird der Geschäftsführung, wie im Falle der Hauptgeschäftsführer nach § 7 Abs. 2 IHKG, die Vertretung der Körperschaft (mit) übertragen, zu liegt zweifelsohne eine Organstellung vor. Fehlt es an einer gesetzlichen Regelung, so liegt gleichwohl häufig eine Vertretungsbefugnis auf Grund der Satzung vor, was für eine Qualifizierung als Organ ebenfalls ausreicht. In den übrigen Fällen ist von einer Qualifizierung als Innenorgan auszugehen.

Zur Unterstützung und externen Beratung können auch bei öffentlich- 77
rechtlichen Körperschaften **Beiräte** gebildet werden, in die sachverständige Personen oder Repräsentanten gesellschaftlich relevanter Gruppen berufen werden können.

4. Vorgaben für die Aufgabenverteilung zwischen den Organen

Die Zuständigkeitsverteilung zwischen den einzelnen Organen der Kör- 78
perschaften richtet sich ähnlich wie auf der staatlichen Ebene nach dem Entscheidungsgegenstand und dem Grad der demokratischen Legitimation des jeweiligen Organs. Deshalb ist von dem Grundsatz auszugehen, dass vor allem die Entscheidungen, die von besonderem Gewicht sind oder Grundrechtsrelevanz aufweisen, dem zentralen Kollegialorgan, d.h. der Mitgliederversammlung vorbehalten sind (zu Einzelheiten *Kluth,* Funktionale Selbstverwaltung, S. 474ff.).

79 Für den kommunalen Bereich weisen die Gemeinde- und Landkreisordnungen dem entsprechend bestimmte Aufgabenbereiche zwingend den demokratisch unmittelbar legitimierten Vertretungskörperschaften vor (*Gern*, a.a.O., Rdnr. 315 spricht von Vorbehaltsaufgaben). Für die meisten anderen Körperschaften fehlt es an entsprechend detaillierten gesetzlichen Vorgaben. Häufig findet sich aber zumindest ein nicht abschließender Katalog von Entscheidungen, die der Mitgliederversammlung vorbehalten sind.

IV. Aufsicht über öffentlich-rechtliche Körperschaften

Schrifttum: *Binder*, Staatsaufsicht über Wirtschaftskammern, WiVerw 1979, 175 ff.; *Di Fabio*, Staatsaufsicht über formelle Körperschaften des öffentlichen Rechts, BayVBl. 1999, 449 ff.; *Erichsen*, Kommunalaufsicht – Hochschulaufsicht, DVBl. 1985, 943 ff.; *Fröhler*, Die Staatsaufsicht über die Handwerkskammern, 1957; *Grupp*, Eisenbahnaufsicht nach der Bahnreform, DVBl. 1996, 591 ff.; *Hailbronner*, Rechtsfragen der staatlichen Aufsicht über die Hochschulen, JZ 1985, 864 ff.; *Kahl*, Die Staatsaufsicht, 2000; *Knemeyer*, Rechtsaufsicht als Vertrauensaufsicht, BayVBl. 1999, 183 ff.; *Lühmann*, Von der Staatsaufsicht zur Unionsaufsicht?, DVBl. 1999, 752 ff.; *Pitschas*, Struktur- und Funktionswandel der Staatsaufsicht im Neuen Verwaltungsmanagement, DÖV 1998, 907 ff.; *Salzwedel*, Staatsaufsicht in der Verwaltung, VVDStRL 22 (1965), 206 ff.; *Schnapp*, Zum Funktionswandel der Staatsaufsicht, DVBl. 1971, 480 ff.; *Schröder*, Grundfragen der Aufsicht in der öffentlichen Verwaltung, JuS 1986, 371 ff.; *Schuppert*, Staatsaufsicht im Wandel, DÖV 1998, 831 ff.

80 Die Aufsicht über die öffentlich-rechtlichen Körperschaften hat unabhängig von ihrer weitgehend unveränderten gesetzlichen Verankerung in den letzten Jahrzehnten einen systematischen und dogmatischen **Bedeutungs- und Verständniswandel** durchlaufen (dazu instruktiv und ausführlich *Kahl*, S. 284–320). Dabei ging und geht es um die Frage, ob durch die Staatsaufsicht die „Anbindung" der Körperschaften an den möglichst als Einheit zu bewahrenden Staat gesichert werden, verliehene Autonomie auf die Einhaltung eines rechtlich vorgegebenen Rahmen beschränkt oder in einem Kooperationsverhältnis der gemeinsame Zweck der Gemeinwohlverwirklichung verfolgt werden soll. Monistisch-etatistische Vorstellungen (u.a. *Forsthoff, Köttgen, Krüger*) stehen dabei einem dezentral-pluralen (u.a. *Salzwedel, Becker, E., Gönnenwein*) sowie einem kooperativen Verständnis von Staat und Körperschaft (u.a. *Knemeyer, Schuppert, Pitschas, Kahl*) gegenüber. Exemplarisch kommt das heutige Verständnis in der Formulierung zum Ausdruck, die zahlreiche Gemeindeordnung zur Beschreibung der Aufgabe der Kommunalaufsicht verwenden: „Die Aufsicht ist so auszuüben, dass die Rechte der Gemeinden geschützt und die Erfüllung ihrer Pflichten gesichert werden. Sie hat die Entschlusskraft und Verantwortungsbereitschaft der Gemeinden zu fördern sowie Erfahrungen bei der Lösung kommunaler Aufgaben zu vermitteln" (§ 133 Abs. 1 GO LSA).

81 Die Staatsaufsicht kann aus verschiedenen Blickwinkeln **systematisiert** werden. Nach dem anzuwendenden **Kontrollmaßstab** ist zwischen Rechtsaufsicht und Fachaufsicht zu unterscheiden. Die Fachaufsicht erstreckt sich

auch auf die fachliche Zweckmäßigkeit des in Frage stehenden Handelns. Nach dem **Zeitpunkt** der Aufsichtsmaßnahme wird zwischen der präventiven und der repressiven Aufsicht unterschieden. Zu den **präventiven Aufsichtsmitteln** werden das Informationsrecht, das Recht zur Teilnahme an Sitzungen, die informelle Beratung sowie die Anzeige- und Genehmigungspflicht gerechnet. Als **repressive Aufsichtsmittel** werden die Beanstandung und die Anordnung qualifiziert. Zu ihrer Durchsetzung sehen die Gesetze in der Regel die **Instrumente** der Ersatzvornahme (die vom Selbsteintrittsrecht abzugrenzen ist), der Bestellung eines Beauftragten sowie der Amtsenthebung (vorzeitige Beendigung der Amtszeit) vor.

Mit der Aufsicht gegenüber öffentlich-rechtlichen Körperschaften übt der Staat sowohl eine **Kontroll-** als auch eine **Leitungsfunktion** aus (*Kluth,* Funktionale Selbstverwaltung, S. 271; *Kahl,* 357 ff.), wobei letzter vor allem in den Fällen der präventiven Aufsicht verwirklicht wird. Soweit es sich dabei zudem um Fachaufsicht handelt, kann sich die Aufsicht bis hin zu einer geteilten Sachverantwortung entwickeln. Die Kontrollfunktion dient der Wahrung der Rechtmäßigkeit des Handelns der durch den Staat gegründeten Organisationen und kann insoweit als eine Art von Folgeverantwortung qualifiziert werden.

Die konkret anwendbaren **Maßstäbe, Verfahren und Instrumente der Staatsaufsicht** gegenüber Körperschaften des öffentlichen Rechts variieren erheblich je nach Status der betroffenen Körperschaften. So besteht gegenüber Selbstverwaltungskörperschaften – jedenfalls soweit es um ihren eigenen Wirkungskreis geht – regelmäßig nur eine Rechtsaufsicht. In diesem Bereich ist die Ausübung der Aufsicht in der Regel auch an den Grundsatz der **Verhältnismäßigkeit** (*Heusch,* Der Grundsatz der Verhältnismäßigkeit im Staatsorganisationsrecht, diss. iur, 2003) bzw. spezifische Ausprägungen wie den Grundsatz der **selbstverwaltungsfreundlichen Verhaltens** (*Stern,* Staatsrecht Bd. 1, 2. Aufl. 1984, S. 418 f.) oder den Grundsatz der **abgestuften Intervention** (vgl. *Kahl,* S. 552) gebunden. Nehmen Körperschaften staatliche Aufgaben wahr, so ist regelmäßig eine Fachaufsicht vorgesehen. 82

Die Abhängigkeit der Aufsicht vom Status der jeweiligen Körperschaft und den jeweiligen gesetzlichen Regelungen steht einer ins Detail gehenden Darstellung eines allgemeinen Rechts der Körperschaftsaufsicht entgegen. Zu den Einzelheiten ist deshalb auf die Ausführungen zu dem Kommunen (§ 94, Rdnr. 124 ff.) und zur funktionalen Selbstverwaltung (§ 97) zu verweisen. 83

Soweit eine staatliche **Aufsicht gegenüber formellen Körperschaften** des öffentlichen Rechts gesetzlich vorgesehen ist, handelt es sich um eine Staatsaufsicht gegenüber statusrechtlich Privaten, die dem entsprechenden anderen Rechtfertigungsanforderungen unterliegt (dazu *Di Fabio,* BayVBl. 1999, 449 ff.: „Wirtschaftsaufsicht über Private“). 84

§ 88 Grundlagen des öffentlichen Anstaltsrechts

Schrifttum: S. Vorauflage zu § 98; *Becker,* Öffentliche Verwaltung, 1989, §§ 14ff.; *Berg,* Die öffentliche Anstalt, NJW 1985, 2294ff.; *Bethge,* Grundrechtsschutz für die Medienpolizei? Zur Grundrechtsfähigkeit der Landesmedienanstalten, NJW 1995, 557ff.; *Bezzenberger/Schuster,* die öffentliche Anstalt als abhängiges Konzernunternehmen, ZGR 1996, 481ff.; *Bostedt/Fehling,* Der Zugriff des Muttergemeinwesens auf Einnahmen und Vermögen einer Anstalt des öffentlichen Rechts, BwVBl. 1998, 247ff.; *Breuer,* Die öffentlich-rechtliche Anstalt, VVDStRL 44 [1986], 211ff.; *Budäus* (Hg.) Organisationswandel öffentlicher Aufgabenwahrnehmung, 1998; *Bühler,* Begriff und Formen der öffentlich-rechtlichen Anstalt als verwaltungsrechtliches Institut (Diss. jur. Zürich), 1928; *Chen,* Öffentliche Anstalten und ihre Nutzung, 1994; Ehlers, Die Lehre von der Teilrechtsfähigkeit juristischer Personen des öffentlichen Rechts und die ultra-vires-Doktrin des öffentlichen Rechts, 2000; *Hecker,* Privatisierung unternehmenstragender Anstalten öffentlichen Rechts, VerwArch 92 (2001), 261ff.; *Henneke* (Hg.), Aufgabenerfüllung in Anstaltsform, 2000; *Herbig,* Die öffentlichen Einrichtungen im sozialen Rechtsstaat der Gegenwart, 1970; *Heuterkes,* Rechtsfähige Organisationseinheiten in der Verwaltungsstruktur Frankreichs, Deutschlands und der Europäischen Gemeinschaften: eine rechtsvergleichende Untersuchung anhand des etablissement public, der Anstalt des öffentlichen Rechts sowie der gemeinschaftsrechtlichen Ausgliederungen, 1998; *Hood/Schuppert,* Verselbständigte Verwaltungseinheiten in Westeuropa – Die Erfüllung öffentlicher Aufgaben durch Para-Government Organizations (PGOs), 1988; *Jecht,* Die öffentliche Anstalt, 1963; *Kahl,* Europäisches und nationales Verwaltungsorganisationsrecht, Verw. 29 [1996], 341ff.; *Kemmler,* Die Anstaltslast, 2001; *Kluth,* Funktionale Selbstverwaltung, 1997; *Köttgen,* Gemeindliche Daseinsvorsorge und gewerbliche Unternehmerinitiative im Bereich der Wasserversorgung und Abwässerbeseitigung, 1961; *ders.* u.a., Verwaltungsrecht der öffentlichen Anstalt: VVDStRL 6 [1929], 105ff.; *Krebs,* Die öffentliche Anstalt, NVwZ 1985, 611ff.; *Lange,* Die öffentlichrechtliche Anstalt, VVDStRL 44 [1986], 169ff.; *Laurich,* Benutzungsregeln als Recht, 1997; *Lehnert,* Institutionen und Institute. Gebietskörperschaften und Anstalten, Die Eigenart der Institutionen 1994, 125ff.; *Löer,* Körperschafts- und anstaltsinterne Rechts- und Zweckmäßigkeitskontrolle, 1999; *Löwer,* Die öffentliche Anstalt, DVBl. 1985, 928ff.; *Loschelder,* Vom besonderen Gewaltverhältnis zur öffentlich-rechtlichen Sonderverbindung, 1982; *Mann,* Die Entwicklung vom Eigenbetrieb zur rechtsfähigen öffentlichen Anstalt für kommunale Unternehmen, ZögU 1996, 53ff.; *ders.,* Die Kommunalunternehmen – Rechtsformenalternative im kommunalen Wirtschaftsrecht Bayerns, NVwZ 1996, 557ff.; *Maurer,* § 23 Rdnrn. 46ff.; *Müller, N.,* Rechtsformenwahl bei der Erledigung öffentlicher Aufgaben, 1993; *Papier,* in: Erichsen, §§ 40ff.; *ders.,* Recht der öffentlichen Sachen, 3. Aufl. 1998; *Püttner,* Die öffentlichen Unternehmen, 2. Aufl. 1985; *ders.,* Grund- und Betriebsverhältnis, DVBl. 1987, 190ff.; *ders.,* Zur Leistungsfähigkeit der öffentlich-rechtlichen Anstalt als Organisationsform öffentlicher Aufgabenwahrnehmung, in: *Budäus* (Hg.) Organisationswandel öffentlicher Aufgabenwahrnehmung, 1998, S. 223ff.; *Riedmayer/Schraml,* Das Kommunalunternehmen – Anstalt des öffentlichen Rechts, 2000; *Rudolf,* in: Erichsen, §§ 51ff.; *Rüfner,* Die Nutzung öffentlicher Anstalten, DV 1984, 19ff.; *ders.,* Zur Lehre von der öffentlichen Anstalt: DÖV 1985, 605ff.; *Schmidt-Aßmann/Hoffmann-Riem* (Hg.), Verwaltungsorganisationsrecht als Steuerungsressource, 1997; *Schulz,* Neue Entwicklungen im kommunalen Wirtschaftsrecht Bayerns, BayVBl. 1996, 97ff. und 129ff.; *Schuppert,* Die Erfüllung öffentlicher Aufgaben durch verselbständigte Verwaltungseinheiten, 1981; *Siekmann,* Die verwaltungsrechtliche Anstalt – eine Kapitalgesellschaft des öffentlichen Rechts?, NWVBl. 1993, 361ff.; *Starck* (Hg.), Erledigung von Verwaltungsaufgaben durch Personalkörperschaften und Anstalten des öffentlichen Rechts, 1992; *Stern,* Der rechtliche Standort der Gemeindewirtschaft: AfK 1964, 81ff.; *Stober,* Allgemeines Wirtschaftsverwaltungsrecht, 13. Aufl. 2002; *ders.,* Die privatrechtlich organisierte öffentliche Verwaltung, NJW 1984, 449ff; *ders.* (Hrsg.), Privatisierung im Strafvollzug, 2001; *Thode/Peres*, Anstalten des öffentlichen Rechts im Spannungsfeld zwischen deutschem und europäischem Recht, VerwArch. 89 [1998], 439ff.; *dies.*, Die Rechtsform Anstalt nach dem kommunalen Wirtschaftsrecht des Freistaates Bayern, BayVBl. 1999, 6ff.; *Wallerath*, Allg. VwR, 4. Aufl. 1992, 66ff.; *Wolf*, Anstalt des öffentlichen Rechts als Wettbewerbsunternehmen, 2002.

I. Begriff und Wesen der öffentlichen Anstalten

1. Zur Problematik der Begriffsbestimmung der öffentlichen Anstalten

a) Entwicklung des Anstaltsbegriff

Im allgemeinen Sinne bezeichnet das Wort „Anstalt" irgendwelche Zusammenfassungen von Sachen und persönlichen Kräften zur dauerhaften Verfolgung eines bestimmten Zwecks, dh einen Betrieb (z. B. Studienanstalt, Druckereianstalt, Wäschereianstalt). 1

Auch in der Rechtssprache ist das Wort zunächst ohne spezifische Bedeutung verwendet worden.

Beispiele: § 10 II 17 ALR iSv Maßnahmen: „Die nötigen Anstalten zur Erhaltung der öffentlichen Ruhe, Sicherheit und Ordnung ... zu treffen, ist das Amt der Polizei"; § 111 I 2 ALR: „Schulen und Universitäten sind Veranstaltungen des Staates ..." Noch unschärfer werden im französischen Begriff des *service public* öffentliche Anstalten mit öffentlichen Sachen und öffentlichem Dienst zusammengefasst.

Daran anknüpfend wurde von *Mayer, O.*, ein **juristischer Anstaltsbegriff** geprägt, der heute noch vielfach Verwendung findet. *Mayer, O.*, definierte die Anstalt als einen „Bestand von Mitteln, sächlichen und persönlichen, welche in der Hand eines Trägers öffentlicher Verwaltung einem besonderen öffentlichen Zweck dauernd zu dienen bestimmt sind", dh als einen **Betrieb** durch den Aufgaben öffentlicher Verwaltung erfüllt werden. Als solcher wäre die Anstalt lediglich eine leistungstechnische Einheit, nicht aber eine rechtlich subjektivierte Einheit, als welche sie gleichwohl von *Mayer, O.*, und von denen, die seine Definition übernommen haben, wie auch in der Gesetzessprache verstanden wird (Art. 86, 87 III, 87f III, 130 III, 135 II GG; § 570 BGB; Art. 114, 118, 121 EGBGB; §§ 910, 1006 III ZPO; § 2 I GKG; § 111 KostO; s. *Mayer, O.*, Theorie des Französischen Verwaltungsrechts, 1886, 225; *ders.*, Deutsches Verwaltungsrecht, 1. Aufl. Bd. II, 1896, 318). Aus rechtlicher Sicht kann man den Anstaltsbegriff aus unterschiedlichen Richtungen bestimmen. Er lässt sich etwa aus verfassungsrechtlichen, verwaltungsrechtlichen (z.B. Handlungsformen), sachenrechtlichen, haushaltsrechtlichen, organisationsrechtlichen und aufgabenbezogenen Vorgaben konkretisieren (zu eng daher *Breuer*, VVDStRL 44 [1986], 216ff., der die Anstalt lediglich in einer Doppelrolle zwischen Organisation und Handlungsform sieht. 2

b) Organisationsrechtlicher Anstaltsbegriff

3 Hier geht es um die **Organisation** der öffentlichen Verwaltung. Das betrifft die Frage, welche organisationsrechtlichen Institute zur Erledigung von Verwaltungsaufgaben zur Verfügung stehen und welche Rechtsfolgen sich aus der Wahl der jeweiligen Organisationsform ergeben. Deshalb liegt es nahe, den Anstaltsbegriff aus diesem Blickwinkel zu fassen und im Anschluss daran die anstaltlichen Rechtsverhältnisse darzustellen. Die organisationsrechtliche Betrachtung ist umso dringlicher, je mehr dieser traditionelle Verwaltungstyp gemieden und durch privatrechtlich organisierte Verwaltungstypen (s. *Stober,* NJW 1984, 449) substituiert wird. Sie bedeutet nicht zwingend eine Vernachlässigung der anderen oben genannten Dimensionen der Anstalt, weil das Organisationsrecht **dienende Funktion** hat und deshalb z.B. die Grundrechte der Betroffenen beachten muss, die auf vielfältige Weise und immer mehr in die Organisationsform der Anstalt eingebunden werden (z.B. Entsorgung, Umweltschutz, Bildung, Freizeit). Angesichts der dienenden Funktion ist auch der Hinweis prinzipiell zutreffend, aus der Existenz der Verwaltungseinheit Anstalt als solcher ergäben sich noch keine besonderen Rechte, die das Anstaltsverhältnis als besonderes Verwaltungsverhältnis legitimieren (*Rüfner,* DÖV 1985, 605 und im Anschluss daran *Berg,* NJW 1985, 2295). Diese Betrachtung entspricht im Übrigen der geschichtlichen Entwicklung der Anstalt. Denn sie wurde geschaffen, um dem einzelnen in besonderem Maße die Möglichkeit zu vermitteln, seine Freiheit zu entfalten (*Erichsen,* in: FS Wolff, S. 222). Auch heute kommt der Anstalt in vielen Fällen die Aufgabe zu, die Staatsbürger zum Grundrechtsgebrauch zu befähigen (z.B. Schule; s.u. IX.).

4 Die hier zu behandelnde Kategorie der Anstalt meint ein Organisationsgebilde, das unterhalb der Staatsebene steht und verwaltungsrechtlich, d.h. öffentlich-rechtlich strukturiert ist. An diesem Merkmal fehlt es seit den Privatisierungen im Infrastruktur- und Verkehrsbereich insb. bei der Deutschen Post AG, der Deutschen Telekom AG und der Deutschen Postbank AG (ursprünglich Bestandteile des Sondervermögens Deutsche Bundespost, nach der Postreform I im Jahre 1989 dann zunächst als drei Teilsondervermögen der Deutschen Bundespost geführt) sowie bei der Deutschen Bahn AG (vormals: Deutsche Bundesbahn). Die in der Vergangenheit insgesamt als Anstalten zu qualifizierenden Sondervermögen haben mit der im Zuge der Privatisierung erfolgten Überführung in Aktiengesellschaften des Zivilrechts ihren Anstaltscharakter eingebüßt. Nur dort, wo einzelne Organisationseinheiten ausdrücklich als Anstalt (z.B. Bundesanstalt für Post und Telekommunikation) oder zumindest als öffentlich-rechtliche Sondervermögen fortgeführt werden (z.B. Bundeseisenbahnvermögen), handelt es sich weiterhin um Anstalten. Die Anstalt wird organisationsrechtlich traditionell **zwischen** der Körperschaft und der Stiftung angesiedelt.

Ein für Wissenschaft und Praxis brauchbarer, spezifischer Anstaltsbegriff lässt sich im Übrigen nur gewinnen, wenn man die Anstalt als eine sowohl von der Körperschaft als auch von der Stiftung eindeutig unterschiedene Organisationsform auffasst. Anstalt ist dann eine von einer oder mehreren, ihr nicht mitgliedschaftlich angehörigen Personen getragene und idR ständig beeinflusste, rechtlich subjektivierte Organisation zur Wahrnehmung eigener oder gesetzlich auferlegter Angelegenheiten der Träger. Im Unterschied vom Betrieb ist die Anstalt eine **Unternehmensform für Betriebe,** die in gleicher Weise auch durch eine natürliche Person, eine Körperschaft oder eine Stiftung privaten oder öffentlichen Rechts ohne organisatorische Absonderung unterhalten werden könnten.

Anstalten gibt es im deutschen Recht dem Namen nach nur als öffentlich-rechtliche, der Sache nach aber auch als **privatrechtliche** (z.B. Freie Sparkassen, Privatschulen (s.u. VIII.10.). Ebenso existieren privatrechtliche Körperschaften und Stiftungen, die öffentlichen Zwecken dienen (z.B. Stadtwerke-AG, Stadthallen-GmbH [BGH NJW 1990, 134] oder Blindenstiftung). Sie sind keine Anstalten, also auch keine halböffentlichen Anstalten (s. *Pohle,* VerwArch. 1962, 206ff.) jedoch möglicherweise Beliehene (s.u. § 90). Andererseits können Anstalten – wie alle Subjekte des öffentlichen Rechts – auch Subjekte von Privatrechtssätzen sein; die Organe rechtsfähiger Anstalten können z.B. kaufen oder Dienst- oder Grundstücksverträge für diese abschließen. 5

Die durch Sätze des öffentlichen Rechts gebildete und von ihnen als Subjekt besondersartiger Verpflichtungen und Berechtigungen angesprochene **Anstalt des öffentlichen Rechts** wird meist „öffentliche Anstalt" genannt. Sie ist auch gemeint, wenn schlechthin von „Anstalt" gesprochen wird. Dabei unterscheidet man die öffentlich-rechtlichen von den übrigen Anstalten etwa nach der Gemeinnützigkeit des Zwecks, der Entfaltung hoheitlicher Gewalt, der öffentlich-rechtlichen Gestaltung des Nutzungsverhältnisses, der Ausstattung mit eigenen Mitteln personeller und sachlicher Natur oder dem Kreationsakt, wobei ein Rechtssatz verlangt wird.

c) Eigene Begriffsbestimmung

Die hier zu behandelnde öffentliche Anstalt ist eine von einer Hoheitsperson gemeinschaftlich getragene, idR mit Hoheitsgewalt ausgestattete, rechtlich subjektivierte und institutionalisierte, d.h. mit eigenen Personal- und Sachmitteln versehene, Organisation, durch die der Träger (Anstaltsherr) eigene oder ihm gesetzlich auferlegte fremde, sachlich zusammenhängende öffentliche Angelegenheiten wahrnimmt und auf die er daher – soweit dies nicht gesetzlich ausgeschlossen ist – dauernd maßgebenden Einfluss ausübt. Dieser Begriff ist noch sehr weit. Er umfasst alle organisierten Subjekte öffentlicher Verwaltung, die nicht Körperschaften und nicht Stiftungen sind. Dem entspricht die vielfältige und vielartige Verwendung dieser Rechtsform im Bereich der ordnenden und erst recht der leistenden Verwaltung. An- 6 stalten sind zumeist – rechtsfähige oder nicht rechtsfähige – Organisationsformen von **Leistungsapparaturen** zur Verwaltung besonderer Zweckvermögen oder zum wirksamen Einsatz technischer Einrichtungen und Fertigkeiten. Ihre Organisation ist teils generell, teils individuell geregelt.

Diese Begriffsbestimmung wird teilweise mit der Begründung kritisiert, sie sei inhaltsleer, konturenlos, zu offen und nur eine Negativabgrenzung gegenüber anderen Verwaltungsträgern. Diese Argumentation übersieht, dass der Anstaltsbegriff ein **Sammelbegriff** für unterschiedliche organisationsrechtliche Erscheinungen ist und in dieser Eigenschaft eine Art **Auffangfunktion** gegenüber anderen Organisationstypen besitzt. Außerdem gibt es zahlreiche Mischformen, die sowohl anstaltliche wie körperschaftliche Züge haben. Deshalb darf der Negationscharakter dieses Organisationstyps nicht heruntergespielt und durch die unerfüllbare Forderung nach einer trennscharfen, subsumtionsfähigen Definition unterlaufen werden (ebenso im Ergebnis *Bachof,* VVDStRL 44 [1986], 266 – Diskussionsbeitrag; *Berg,* NJW 1985, 2294; *Krebs,* NVwZ 1985, 613). Zudem ist der Anstaltsbegriff aus organisatorischer Sicht weder verfassungs- noch verwaltungsrechtlich in einer bestimmten Richtung abschließend determiniert. Er wird im Gegenteil vom Gesetzgeber gelegentlich in unterschiedlicher Weise gebraucht (s. *Rüfner,* DÖV 1985, 608).

7 Eine begrenzte begriffliche Offenheit dient der **Flexibilität** der zuständigen Stellen bei Organisationsentscheidungen (zutr. *Kemmler,* a.a.O., S. 33; *Folz,* in: FS v. Unruh, S. 901, 908; *Bachof,* VVDStRL 44 [1986], 266 – Diskussionsbeitrag), ohne dass mögliche Benutzer dadurch zwingend einen Schaden erleiden. Würde man mit einem Teil des Schrifttums ferner Voll- oder Teilrechtsfähigkeit als Voraussetzung für die Anerkennung als Anstalt verlangen, dann könnte der überwiegende Teil der überkommenen und als Anstalten qualifizierten Gebilde nicht mehr dem Anstaltsbegriff untergeordnet werden, ohne dass eine Ersatzorganisationsform zur Verfügung, stünde (zu eng daher *Rüfner,* DÖV 1985, 609). Im Übrigen ist die Rechtsfähigkeit kein zwingendes Erfordernis von Körperschaften und Stiftungen. Ebenso verhält es sich mit dem teilweise begrifflich vorausgesetzten Erfordernis des Rechtssatzes (aM *Rüfner* a.a.O.), weil das Kriterium des Rechtssatzes weder ein zuverlässiges Definitions- noch ein Abgrenzungsmerkmal gegenüber anderen Organisationsformen enthält. Der Anstaltsbegriff verlangt mithin nicht rechtliche Selbstständigkeit, sondern lediglich ein **bestimmtes Maß** an organisationsrechtlicher Verselbstständigung. Allerdings darf man die Anforderungen nicht allzu hoch ansetzen (ebenso *Folz,* in: FS v. Unruh, S. 901, 908), weil andernfalls zahlreiche Erscheinungsformen nicht erfassbar bzw. systematisierbar sind und Rechtsfolgen nicht mehr diskutiert werden können. Vor allem würde durch eine zu enge Sichtweise der eigentliche Wirkungs- und Aufgabenbereich der öffentlichen Anstalten empfindlich beschnitten, ohne dass hierfür ein überzeugender Grund ersichtlich ist. Das Verwaltungsorganisationsrecht und die Verwaltungspraxis gehen von

der Vielfalt der Verwaltungstypen aus. Das gilt auch für Untertypen bestimmter Organisationsformen, so dass Begriffsbestimmungen nicht von vornherein bestimmte Institute ausklammern dürfen, wenn sie nicht die unterschiedlichen Bedürfnisse der Verwaltung bei der Schaffung von Anstalten missachten wollen. Die organisationsrechtliche Verselbstständigung kann unterschiedlich beschaffen sein. Sie kann sich ergeben aus z. B. eigener Haushaltsführung, eigener Organbildung, eigener Willensbildung, Beeinflussung der Personalrekrutierung, Selbstverwaltung, begrenzter Aufsicht, eigener Zuständigkeiten, eigener Beurteilungsspielräume, Inkompatibilitäten, eigener Mitwirkungsrechte der Benutzer. Der Begriff der öffentlichen Anstalt ist enger als der der „öffentlichen **Einrichtung**", der nicht eine eigene Organisation erfordert, und als der der „öffentlichen **Unternehmung**", der auch privatrechtliche Organisationen erfasst. Die meisten öffentlichen Einrichtungen und Untemehmungen sind aber öffentliche Anstalten.

Die Rechtsform der öffentlichen Anstalt wird zunehmend wieder als Organisationsform entdeckt (vgl. *Püttner,* in Budäus (Hg.), Organisationswandel, S. 223, 227; *Wolf,* a.a.O., S. 2ff.). Den Anfang machte die noch von der DDR zum 1. 7. 1990 gegründete Treuhandanstalt (GBl.-DDR 1990 I 300), umbenannt zum 1. 1. 1995 in Bundesanstalt für vereinigungsbedingte Sonderaufgaben (BGBl. 1994 I 3913). Jüngst wurden auf Bundesebene im Rahmen der Diskussion um Reformen der Verwaltungsorganisation die bisherigen Aufgaben des Bundesamtes für das Kreditwesen, des Bundesaufsichtsamtes für das Versicherungswesen und des Bundesaufsichtsamtes für den Wertpapierhandel zum 1. 5. 2002 in einer neu gegründeten **Bundesanstalt für Finanzdienstleistungsaufsicht** zusammengeführt (s. BGBl. 2002 I 1310). Auf Landesebene können in NW die medizinischen Einrichtungen der Universitäten **(Universitätskliniken)** seit dem 1. 1. 2001 in Anstalten des öffentlichen Rechts umgewandelt werden, um eine stärkere Ausrichtung an Wirtschaftlichkeitskriterien zu ermöglichen und ihnen mehr Eigenständigkeit und Flexibilität einzuräumen. Zudem gewinnt die rechtsfähige öffentliche Anstalt vor allem auch im kommunalen Bereich wieder zunehmend an Bedeutung. Den Anfang machten Bln und Hbg, wo bereits existierende (Eigen-)Betriebe kraft Gesetzes in Anstalten umgewandelt wurden. In Bln hat man zudem im Jahre 1999 die nunmehr in der Rechtsform einer Anstalt geführten Wasserbetriebe teilprivatisiert (zur grundsätzlichen Zulässigkeit s. *blnVerfGH,* NVwZ 2000, 794). Bay ging noch einen Schritt weiter und etablierte mit der Reform der bayGO im Jahre 1995 einen abstrakten Rechtsrahmen, der es den Kommunen gestattet, Unternehmen selbstständig als Anstalten des öffentlichen Rechts zu errichten (sog. **Kommunalunternehmen;** die traditionelle Unterscheidung in wirtschaftliche und nichtwirtschaftliche Unternehmen wurde mit der weiteren Reform der bayGO im Jahre 1998 aufgehoben, s. *Schulz,* BayVBl. 1997, 518ff.); darüber hinaus können bereits existierende Regiebetriebe wie auch Eigenbetriebe im Wege der Gesamtrechtsnachfolge in Anstalten umgewandelt werden (vgl. Art. 89 8 bayGO; *Mann,* NVwZ 1996, 557 ff.; *Knemeyer,* BayVBl. 1999, 1 ff.; *Schulz,* a. a. O.; *Thode/Peres,* BayVBl. 1999, 6 ff.). Zwischenzeitlich wurden ähnliche kommunalrechtliche Ermächtigungen in NW (§ 114 a nwGO; dazu instruktiv *Ehlers,* in: Henneke, S. 47 ff.) und RP (§§ 86 a f. rpGO) etabliert.

d) Gemeinschaftsrechtliche Dimension des Anstaltsbegriffs

9 Im Zuge der fortschreitenden **Europäisierung** des Rechts stellt sich die Frage nach der Existenz und – bejahendenfalls – dem Inhalt eines gemeinschaftsrechtlichen oder gemeinschaftsrechtlich vorgeprägten Anstaltsbegriffs. Dabei ist zwischen dem gemeinschaftseigenen (direkten) Verwaltungsvollzug und dem mitgliedstaatlichen (indirekten) Verwaltungsvollzug zu unterscheiden.

10 Was die Organisation des **direkten Verwaltungsvollzugs** durch die Organe der Gemeinschaft oder durch auf Grund des Primär- oder Sekundärrechts geschaffene verselbstständigte Verwaltungseinheiten anbetrifft (s. o. Band 1, § 4 I), so ergibt sich folgender Befund: Das primäre Gemeinschaftsrecht verwendet den Terminus Anstalt selbst nur in Art. 9 III EAGV, der die Kommission u. a. zur Gründung einer Anstalt im Range einer Universität ermächtigt. Darüber hinaus ermächtigen die Gründungsverträge an verschiedenen Stellen entweder den Rat oder die Kommission politikfeldbezogen zur Einrichtung verselbstständigter Einrichtungen (s. z. B. Art. 234 I c EGV), gemeinsamer Unternehmen (s. z. B. Art. 171 EGV) oder allgemein anderer Strukturen (s. z. B. Art. 171 EGV). Diese Einrichtungen und Unternehmen können ebenfalls die Rechtsqualität einer Anstalt iS der vorstehend gegebenen eigenen Begriffsbestimmung (s. o. I.1.c) haben. Zusätzlich zu diesen Ermächtigungen mit noch klar erkennbarem organisationsrechtlichen Charakter enthält das Gemeinschaftsrecht aber auch solche, die lediglich eine Befugnis zum Erlass aller sonstigen zweckdienlichen Vorschriften (s. z. B. Art. 71 I d EGV, s. auch Art. 175, 308 EGV) oder zum Erlass von Maßnahmen zur Rechtsangleichung mit dem Ziel der Errichtung oder Funktionssicherung des Binnenmarktes zum Gegenstand haben (s. z. B. Art. 95 EGV). Zu diesen sonstigen zweckdienlichen Vorschriften und zielorientierten Maßnahmen kann im Einzelfall auch die Errichtung einer öffentlich-rechtlichen Anstalt gehören (so zu Art. 71 I d EGV *EuGHE* 1977, 741, 756; ferner *EuGHE* 1958, 3, 51 ff.; *Pipkorn,* in: Starck (Hg.), S. 227, 234 f.).

Im Übrigen wird der Begriff der Anstalt nicht in einer dem deutschen Recht vergleichbaren dogmatischen Trennschärfe verwendet und abgegrenzt. So existieren beispielsweise verschiedene verselbstständigte Gemeinschaftseinrichtungen, welche etwa die Bezeichnung Stiftung im Namen tragen (z. B. Stiftung Dublin, Stiftung Berlin, Stiftung zur Berufsbildung), ohne dass es sich hierbei um Stiftungen iS des deutschen Verwaltungsrechtsverständnisses handeln würde. Die Bezeichnung als Stiftung dient insoweit nur als Hinweis auf einen gemeinnützigen Zweck, ohne dass notwendigerweise auch ein Stiftungsvermögen existiert (s. *Pipkorn* a.a.O. S. 255f.). Vor diesem Hintergrund verbietet es sich, einzelne europäische Organe oder Institutionen unter Zugrundelegung mitgliedstaatlicher (hier: deutscher) Begriffe, Kategorien oder Maßstäbe zu systematisieren. Vielmehr handelt es sich um gemeinschaftseigene Einrichtungen, Unternehmen und Strukturen sui generis. Sie unterliegen der gemeinschaftseigenen Organisationsgewalt und Organisationsstruktur. Auch wenn sie jeweils einzelne Parallelen zum Recht der verschiedenen Mitgliedstaaten aufweisen, entziehen sie sich insgesamt einer klaren Zuordnung (so auch *Pipkorn* a.a.O. S. 266ff., der zu Recht auf die je nach Vertragssprache bereits unterschiedlichen Termini in den Vertragstexten verweist).

Hiervon zu trennen ist der **indirekte Vollzug** von Gemeinschaftsrecht 11 durch die Verwaltungen der Mitgliedstaaten und das Problem der Gemeinschaftskonformität auch hinsichtlich der Strukturen der mitgliedstaatlichen Verwaltungsorganisation (s.o. Band 1, § 17 IV 1). So steht auch die öffentliche Anstalt nach deutschem Recht insgesamt und ihre jeweilige Ausgestaltung im konkreten Einzelfall zum einen unter dem Vorbehalt der Gemeinschaftstreue (Art. 10 EGV) und erfordert zum anderen eine Beachtung der gemeinschaftsrechtlichen Grundfreiheiten, -prinzipien und Diskriminierungsverbote. Zunehmende Bedeutung für die Prüfung der Gemeinschaftskonformität kommt auch dem **europäischen Beihilferecht** der Art. 87ff. EGV zu. Umstritten ist etwa die Einordnung der Gebührenfinanzierung des öffentlich-rechtlichen Rundfunks als Beihilfe (ablehnend Kommission, Beihilfeentscheidung Nr. NN 70/98, Az. IV/36522; statt vieler *Eberle*, in: Henneke (Hg.), S. 72ff. mwN), ebenso bestand bis Anfang 2002 Streit über die Qualifizierung der Gewährträgerhaftung (s.u. I.2.b). Neben diesen materiellen Vorgaben des Primärrechts kommen zudem auch solche des sekundären Rechts in Betracht, soweit das Gemeinschaftsrecht vor dem Hintergrund des Prinzips der enumerativen Einzelermächtigung hierzu entsprechende Grundlagen enthält. Das gilt sowohl für den Bereich des unmittelbaren Vollzugs von Gemeinschaftsrecht durch die Mitgliedstaaten wie aber auch für den mittelbaren Vollzug.

Die umfassendste gemeinschaftsrechtlich bedingte Umgestaltung der 12 bundesdeutschen Verwaltungsorganisation unter Aufgabe der bisherigen Anstaltsform stellen die in den Jahren 1993/94 erfolgten Privatisierungen und Liberalisierungen in den Bereichen Eisenbahnwesen, Post und Telekommunikation dar. Die vormaligen Sondermögen Deutsche Bundesbahn und Deutsche Bundespost (zuletzt aufgeteilt in die drei Teilsondervermögen Deutsche Bundespost Postdienst, Deutsche Bundespost Telekom und Deutsche Bundespost Postbank) sind seinerzeit in einem ersten Schritt in privatrechtliche Aktiengesellschaften überführt worden (sog. Organisationsprivatisierung), sie sollen und werden zT auch bereits darüber hinaus materiell privatisiert (sog. Aufgabenprivatisierung). Schon mit der Organisationsprivatisierung haben aber die vormals als Anstalten zu qualifizierenden Sondervermögen ihren Anstaltscharakter verloren. Die Aufgabenprivatisierung mit dem endgültigen Entlassen der vormaligen Verwaltungsaufgabe in den Markt setzt insoweit nur den konsequenten Schlusspunkt der Entwicklung (s. *Müller, M.*, DVBl. 1998, 1256ff.). Parallel zu dieser Entwicklung hat der Bund andererseits aber auch neue Anstalten geschaffen (z. B. die Bundesanstalt für Post und Telekommunikation, Bundeseisenbahnvermögen).

2. Anstaltsträger

a) Zum Begriff Anstaltsträger

13 **Anstaltsträger** ist regelmäßig diejenige Hoheitsperson, welche die Anstalt errichtet hat, deren Aufgaben sie zu ihrem Teil wahrnimmt und deren Wille durch sie und in ihr zur Geltung kommt. Anstaltsträger und Errichtungskörperschaft sind damit im Normalfall identisch, notwendig ist dies aber nicht (s. *Thode/Peres*, BayVBl. 1996, 8). Anstaltsträger ist meist eine Gebietskörperschaft (Bundes-, Landes-, Kreis-, Gemeindeanstalt). Doch kann auch z. B. eine Handwerkskammer oder sogar eine beliehene Privatperson Träger einer Anstalt (z. B. Schule) sein. Es können auch mehrere Hoheitspersonen eine Anstalt gemeinsam tragen – so z. B. die Länder als Träger der gemeinsamen Länderanstalt „Zweites Deutsches Fernsehen" (§ 1 ZDFStV und *BVerfGE* 22, 299) – oder sich zu einer Körperschaft (z. B. einem Zweckverband) zwecks Errichtung und Betreibung einer Anstalt zusammenschließen.

b) Verhältnis Anstaltsträger-Anstalt

14 Die Anstalt ist **Organ** oder **Glied** ihres externen Trägers (des „Anstaltsherrn"), welcher selbst (z. B. mittels einer beliehenen Privatperson) oder durch sein hierfür zuständiges Organ (z. B. Werkausschuss der Gemeinde) idR ständigen Einfluss auf die Anstalt ausübt (s. *BVerfGE* 93, 37 = NVwZ 1996, 574; *blnVerfGH*, NVwZ 2000, 794; rpfVerfGH, OVGE 24, 321ff.). Soweit die Kompetenzen und die Organisation der Anstalt nicht durch Gesetz geregelt sind, werden sie durch den Anstaltsträger bestimmt. Dieser setzt idR die Geschäfts- und Wirtschaftspläne fest und bestellt die Organwalter, die jedoch nicht schon dadurch, sondern erst auf Grund von **Weisungen** dem Einfluss des Trägers unterliegen. Der Anstaltsträger sorgt auch idR für den Finanzbedarf, soweit er nicht von den Benutzern aufgebracht wird, und kontrolliert idR laufend die im Übrigen selbstständig verwaltenden Anstaltsorgane, z. B. anlässlich der Genehmigung wichtiger Geschäfte. Anstaltsträger, welche für die Verbindlichkeiten (rechtsfähiger) öffentlicher Anstalten gegenüber deren Gläubigern haften, heißen „Gewährträger", so z. B. eine Gemeinde oder ein Gemeindeverband als Haftungsträger ihrer Sparkasse (zu den insoweit Mitte 2005 in Kraft tretenden Änderungen s. u. VIII.). Die subsidiäre, aber unbeschränkte Haftung des Anstaltsträgers wird auch als **Gewährträgerhaftung** bezeichnet. Hiermit verbunden, aber

gleichwohl begrifflich zu trennen, ist die **Anstaltslast,** die den Anstaltsträger verpflichtet, die Funktionsfähigkeit der Anstalt während ihres Bestehens zu erhalten und auftretende finanzielle Defizite auszugleichen. Die zur Anstaltslast entwickelten Grundsätzen haben dabei nicht die Qualität von Rechtsnormen und lassen sich auch nicht als Rechtssätze unmittelbar aus dem Verfassungsrecht herleiten (vgl. zu den Begriffen und zur Rechtsqualität *BVerwG* NJW 1987, 3017, 3019; *Kemmler,* a.a.O, passim; *Thode/Peres,* BB 1997, 1749ff.; ferner *Oebbecke,* DVBl. 1981, 960; s. auch Rdnr. 125).

15 Über den Bereich der öffentlichen Kreditinstitute stehen Gewährträgerhaftung und Anstaltslast grundsätzlich überall dort auf dem Prüfstand, wo öffentliche Anstalten am Markt im Wettbewerb mit Privaten stehen (s.o. Rdnr. 8; *Wolf,* a.a.O., passim, der insoweit von „Wettbewerbsanstalten" spricht). Beide Rechtsinstitute sind zunächst am Maßstab des europäischen Wettbewerbs- (Art. 81ff. EGV; s. *Wolf,* a.a.O., S. 349ff.) und Beihilferechts (Art. 87ff. EGV) zu messen, wobei die aus dem Streit um die öffentlichen Kreditinstitute bekannten Argumentationslinien (s. *Kemmler,* a.a.O., S. 119ff.; *Kruse,* NVwZ 2000, 721ff.; *Schmidt, D.,* ZfK 2000, 1050ff., 1142ff.) übertragbar sind und letztlich das gleiche Ergebnis zeitigen müssen, wie es dort gefunden wurde (s.u. Rdnrn. 125ff.; *Wolff,* a.a.O., passim, weist ergänzend nach, dass auch sonstige Privilegierungen etwa im Steuer-, Sozialversicherungs- und Zwangsvollstreckungsrecht rechtswidrig und korrekturbedürftig sind).

c) Zur Beteiligung Privater an Anstalten

16 Bestimmt der Anstaltsträger durch Gesetz oder in sonstiger Weise die Organisation der Anstalt, so obliegt auch die Entscheidung über Zulässigkeit und Form einer **kapitalmäßigen Beteiligung Privater** seiner Organisationsgewalt. Eine solche Partizipation ist gekennzeichnet durch die Beibehaltung der Organisationsform Anstalt bei gleichzeitiger Beteiligung privaten Kapitals. Rechtstechnisch geschieht die Beteiligung Privater regelmäßig in Gestalt der Gründung einer Holding (typischerweise als AG) und dem Abschluss eines Beherrschungsvertrages zwischen der Holding und der öffentlich-rechtlichen Anstalt (zur Konstruktion am Beispiel der Berliner Wasserbetriebe s. *Hecker,* VerwArch. 92 (2001), 261ff.; zu den verschiedenen Konstruktionen bei den Landesbanken s.u. Rdnrn. 132ff.). Ihre rechtliche Zulässigkeit beurteilt sich insbesondere anhand des aus dem Demokratieprinzip abgeleiteten Gebots demokratischer Legitimation (s. dazu *BVerfGE* 93, 37 = NVwZ 1996, 574). Danach ist die gemischt staatlich-private Trägerschaft einer Anstalt des öffentlichen Rechts verfassungsrechtlich unbedenklich, solange es sich um eine rein finanzielle Beteiligung von privater Seite handelt. Darüber hinaus ist auch die Einräumung unternehmerischer Mitgestaltungsrechte an Private möglich, solange die eigenverantwortliche Erfüllung der ihr gesetzlich zugewiesenen Aufgaben durch die Anstalt sichergestellt ist (*blnVerfGH,* NVwZ 2000, 794 und dazu *Wolfers,*

NVwZ 2000, 765 ff.; kritisch *Hecker* a. a. O.; *Kirchhof,* in: Henneke, S. 44 f.). Auch die Übertragung der Leitung einer Anstalt auf eine juristische Person des Privatrechts ist zulässig, sofern Vorkehrungen getroffen sind, dass die öffentlichen Aufgaben der Anstalt und des Anstaltsträgers sowie etwaige, sich aus dessen Gewährträgerhaftung und Anstaltslast ergebende Anforderungen beachtet werden (*blnVerfGH* a. a. O.).

d) Zur Sonderstellung einzelner Anstalten

Das Merkmal der Weisungsgebundenheit der Anstalt gegenüber dem Anstaltsträger erfährt verschiedene Ausnahmen:

aa) Bundesbank

17 Die **Bundesbank,** die verpflichtet ist, die allgemeine Wirtschaftspolitik der Bundesregierung unter Wahrung ihrer Aufgabe als Bestandteil des ESZB zu unterstützen, ist allerdings bei Ausübung der ihr nach dem BBankG zustehenden Befugnisse, aber auch nur insoweit von Weisungen der Bundesregierung unabhängig (§ 12 BbankG; zur Unabhängigkeit bei der Wahrnehmung gemeinschaftsrechtlicher Kompetenzen s. Art. 108 EGV). Diese schlägt zwar dem Bundespräsidenten die Bestellung der Mitglieder des Direktoriums auf acht Jahre vor, hat aber lediglich ein Auskunftsrecht, und ihre Mitglieder besitzen zwar das Recht, an den Sitzungen des Zentralbankrates teilzunehmen und Anträge zu stellen, nicht aber Stimmrecht (§ 13 II BBankG). Das Erfordernis der besonderen fachlichen Eignung der Funktionsträger (§§ 7 II, 8 III BBankG) schränkt ferner die Einflussmöglichkeit der Vorschlagsinstanz ein (s. *Kaiser,* ZfK 1980, 324). Die Bundesbank unterliegt einer Rechtsaufsicht der Bundesregierung. Zweifelhaft ist, ob sie auch ihren Weisungen unterfällt, sofern sie sich nicht an die gesetzlichen Befugnisse hält oder den ihr auferlegten Pflichten nicht nachkommt (s. *BVerwGE* 41, 334; *Clausen/Willms,* WiSt 1993, 605 ff.; *Weickert,* NVwZ 1993, 834 ff.; *Galahn,* Die Deutsche Bundesbank im Prozess der europäischen Währungsintegration, 1996; *Brosius-Gersdorf,* Deutsche Bundesbank und Demokratieprinzip, 1997; *Stober,* WiVerwR, § 14 I 2).

bb) Öffentlich-rechtliche Rundfunkanstalten

18 Eine besondere, „eigenständige“ Stellung nehmen auch die **öffentlich-rechtlichen Rundfunkanstalten** des Bundes und der Länder ein. Soweit nicht bereits gesetzliche Bestimmungen bzw. Staatsverträge die Aufsicht begrenzen (vgl. §§ 54 nwWDRG, 41 saRundfG, 37 NDR-Staatsvertrag, 25 ZDFStV), besteht unstreitig weder ein Weisungsrecht noch ein Recht zur Fachaufsicht. Art. 5 I GG verbietet die politische Kontrolle der Anstaltsorgane und fordert Unabhängigkeit sowie Neutralität. Folglich sehen die Rundfunkgesetze die Errichtung besonderer Rundfunk- und Verwaltungsräte idR aus Vertretern der Landtage, kultureller, religiöser, wirtschaftlicher ua Verbände vor, denen Beaufsichtigungs- und Mitverwaltungsrechte zustehen. Dies entspricht der vom *BVerfG* im Ersten Fernsehurteil aufgestellten

Forderung nach einer Rundfunkorganisation, die allen in Betracht kommenden Kräften der Öffentlichkeit Einfluss in den maßgebenden Organen sichert (s. *BVerfGE* 12, 205, 262). Für die Programmgestaltung gilt demnach das Prinzip der Ausgewogenheit (sog. **Binnenpluralität**). Es besteht ferner eine zT in den Rundfunkgesetzen normierte, sonst aus allgemeinen Grundsätzen folgende Rechtsaufsicht des Staates zur Beanstandung von Verstößen gegen die Rundfunk- und allgemeinen Gesetze (s. z.B. § 53 nwWRFG, § 25 ZDF-Staatsvertrag). Hier sind Einzelheiten jedoch umstritten. Das Meinungsspektrum reicht von der völligen Ablehnung der Rechtsaufsicht als mit der Rundfunkfreiheit unvereinbar (s. etwa *Krüger,* Allgemeine Staatslehre, 1966, 877ff.) bis hin zur Bejahung der Rechtsaufsicht als unabdingbare Voraussetzung zur Wahrung des objektiven Rechts (hM, vgl. *Fromm,* Zur Frage der Staatsaufsicht über Rundfunkanstalten, Film und Recht 1980, 414ff.; *Hoffmann-Riem,* Selbstverwaltung des Rundfunks und im Rundfunk: FS v. Unruh, S. 951, 967ff.; einschränkend *ders.,* in: Schmidt (Hg), Öffentliches Wirtschaftsrecht, Bd. 1, 1995, § 6 Anm. 62). Die prinzipielle Anerkennung der Rechtsaufsicht ist zutreffend, weil **Staatsfreiheit** die rechtliche Verantwortung des Staates als Gewährleistungsträger der Rundfunkfreiheit nicht gänzlich ausschließt, sondern allenfalls begrenzt (*BVerfGE* 12, 205, 261; s. ferner *VG Mchn,* BayVBl. 1986, 346).

Da mit der fortlaufenden kommunikationstechnischen Entwicklung die 19
öffentlich-rechtlichen Anbieter nicht mehr allein die Medienlandschaft bestimmen, muss der Gesetzgeber sicherstellen, dass das Gesamtangebot der inländischen Programme der bestehenden Meinungsvielfalt im Wesentlichen entspricht – sog. **Außenpluralität** (s. *BVerfGE* 57, 295; 73, 118; 83, 238; 90, 60; *Ricker,* ZRP 1983, 124ff.; *W. Schmidt,* Rundfunkvielfalt, Beiträge zum Rundfunkrecht, Bd. 31, 1984). Zur Überwachung der privaten Anbieter haben sämtliche Landesgesetzgeber zwischenzeitlich **Landesmedienanstalten** als ebenfalls öffentlich-rechtliche Anstalten errichtet, die im Rahmen der Wahrnehmung des staatlichen Ausgestaltungsauftrags gem. Art. 5 I 2 GG lediglich einer begrenzten staatlichen Aufsicht unterfallen (s. *Hoffmann-Riem,* in: Schmidt (Hg), § 6 Anm. 70f. – auch zur bay Sonderregelung; *Breuer,* VVDStRL 44 [1986], 237ff.).

Beispiel: Niedersächsische Landesmedienanstalt für privaten Rundfunk, Landesanstalt für Rundfunk NRW; sächs Landesanstalt für privaten Rundfunk und neue Medien.

3. Abgrenzung

Die öffentliche Anstalt ist zu unterscheiden von öffentlich-rechtlichen Körperschaften und Stiftungen sowie von öffentlichen Sachen:

a) Körperschaft

Die **Körperschaft** wird im Gegensatz zur Anstalt von einer Vielheit von 20
Mitgliedern getragen, ist also ein Personenverband oder auch eine Kapital-

gesellschaft. Freilich gibt es auch bei den meisten Anstalten eine Personenvielheit, der die Wirksamkeit der Anstalt zugute kommt. Es sind die **Benutzer.** Im Unterschied zu den Mitgliedern einer Körperschaft wird ihnen die Wirksamkeit der Organe der Organisation aber nicht rechtselementar zugerechnet. Sie tragen mithin nicht (aktiv) die Organisation, sondern sind nur passiv von deren Wirksamkeit betroffen. Die Förderung ihrer Interessen ist nicht Inhalt, sondern nur Gegenstand des Organisationszwecks, so wie etwa die der von einem Wohltätigkeitsverein Betreuten (ebenso *BVerfGE* 10, 354 und *BayVfGHE* 4, 240; *Kluth,* Funktionale Selbstverwaltung, S. 234). Die Anstalt ist also eine eigenständige Organisationsform **neben** derjenigen der Körperschaft (und der Stiftung).

Ob die Organisation eine Körperschaft oder eine Anstalt ist, hängt dann davon ab, ob ihre Träger in einem (primären) Trägerschafts(Kreations-)organ zusammengefasst oder nur in einem (sekundären) Repräsentativorgan lediglich vertreten sind. Erst recht kann eine privatrechtliche Organisationsform, etwa eine AG oder eine GmbH, welche Zwecken öffentlicher Verwaltung dient und deren Anteile sich ganz oder zur Mehrheit in der Hand einer juristischen Person des öffentlichen Rechts befinden, allenfalls dem Typus einer Anstalt als eines Leistungsapparats dieser Person, nicht aber dem klassifikatorischen Begriff einer Anstalt des öffentlichen Rechts als einer eigenartigen Organisationsform unterfallen (s. a. *Stober,* NJW 1984, 449).

b) Stiftung

21 Die **Stiftung** wird von einer Person oder einer Gesamthand, dem Stifter oder den Stiftern, getragen, die einer von ihnen verschiedenen Person (der rechtsfähigen Stiftung selbst oder dem Treunehmer einer nicht-rechtsfähigen Stiftung) ein Vermögen zur Erfüllung eines fremdnützigen Zwecks übergeben und deren Einfluss sich daher idR in der die Organisation konstituierenden Willensanordnung (dem Stiftungsgeschäft) erschöpft. Bei der Stiftung steht also das **zweckgebundene Vermögen** im Vordergrund, bei der Anstalt die Erledigung ständiger Verwaltungsaufgaben. Ein weiterer Unterschied zwischen Anstalt und Stiftung besteht in der verschieden starken Bindung des oder der Träger an die einmal gewählte Organisationsform.

Die Unterscheidung zwischen Anstalt und Stiftung bereitet erhebliche Schwierigkeiten (s. *Wolff,* AfK 1963, 154f.; *Leisner,* Stiftungen in der Rechtsprechung, Bd. I, 1980, 14, 15, 32; zur Begriffsunschärfe auch europäischer Ebene s.o. I.1.d). Auch gibt es atypische Anstalten – wie die Bundesbank und die Rundfunkanstalten -, deren Aufgabe es erfordert, den Einfluss des oder der Träger nach Errichtung auf ein Mindestmaß zu beschränken, und die daher der Rechtsform der Stiftung nahekommen. Andererseits gibt es Stiftungen (des öffentlichen Rechts), bei denen der Einfluss des Stifters sich nicht im Stiftungsakt erschöpft, sondern unmittelbare Einwirkungsmöglichkeiten auf die laufende Stiftungsverwaltung umfasst (s. *BVerfGE* 15, 46ff.). Das Vorkommen solcher Mischtypen macht es einstweilen unvermeidlich, in die Definitionen der Anstalt und der Stiftung neben dem Merkmal der trägerschaftlichen Einflussnahme das weitere (unbestimmte) der Aufgabenwahrnehmung aufzunehmen. Die unterschiedliche Bindung des Trägers an die von ihm gewählte Organisationsform besteht darin, dass der Anstaltsherr die von ihm errichtete Anstalt jederzeit aufheben und -sofern er zur Erfüllung der durch sie wahrgenommenen Aufgabe rechtlich verpflichtet ist – sie durch eine andere, etwa zweckmäßigere Organisationsform ersetzen kann, die Aufhebung einer Stiftung durch den Stifter im Privatrecht aber überhaupt nicht und im öffentlichen Recht nur unter besonderen, eng umgrenzten Voraussetzungen (z.B. Unmöglichkeit der Zweckerfüllung, Gefährdung des Gemeinwohls) möglich ist (s. § 87 I BGB und *BVerfGE* 10, 20, 46).

c) Öffentliche Sache

Eine **öffentliche Sache** oder ein Inbegriff von öffentlichen Sachen sind im Unterschied zu den Anstalten nicht rechtssubjektive Organisationen, sondern Rechtsobjekte. Die öffentlichen Anstalten **haben** zwar öffentliche Sachen und können auch (wie die öffentliche Bibliothek) um ihrer Verwaltung willen bestehen, sie sind aber nicht öffentliche Sachen oder Sachgesamtheiten (aM *Rüfner, DÖV* 1985, 609; s. ferner *Papier*, Recht der öffentlichen Sachen, 3. Aufl. 1998, 27ff.; *Kromer*, Sachenrecht des öffentlichen Rechts, 1985, 64ff., 140ff.). 22

II. Mögliche Typisierungen

1. Trägerschaft

Nach dem Träger werden unterschieden: **Bundes**anstalten gem. Art. 86 GG (z.B. Bundesbank) oder gem. Art. 87 III GG (z.B. Bundesanstalt für vereinigungsbedingte Sonderaufgaben), **Landes**anstalten (z.B. Strafanstalten), **kommunale** Anstalten (z.B. Stadtwerke), **Kammer**anstalten (z.B. Kammerschulen) ua, auch Anstalten von Anstalten (z.B. Bundesbahn-Sozialwerk; s.u. Rdnr. 25). Auch **zwischenstaatliche Einrichtungen** können Träger einer Anstalt sein (hiervon zu unterscheiden sind Anstalten des zwischenstaatlichen Rechts, z.B. Europ. Schule für die Bediensteten des Europ. Patentamtes in München; dazu *BayVGH* EuR 1989, 359). Ferner gibt es Landesanstalten, die auch von den anderen Ländern genutzt werden. So ist z.B. die Zentrale Datenstelle der Landesfinanzminister gem. Verwaltungsvereinbarung v. 29. 4. 1971 (z.B. SGV NW 2000) eine Anstalt des Landes Berlin. 23

2. Rechtliche Selbstständigkeit

a) Vollrechtsfähige Anstalten

24 **Vollrechtsfähige Anstalten** bilden eine dem Anstaltsträger wie jedem Dritten gegenüber selbstständige rechtliche Zurechnungs-, Zuordnungs-, Vermögens- und Haftungseinheit mit eigenem Namen. Sie sind durch Gesetz geschaffene oder zugelassene (normativ bestimmte) juristische Personen des öffentlichen Rechts und als Träger öffentlicher Verwaltung Glieder der staatlichen oder (wie die Sparkassen) der kommunalen Dezentralisation. Sie haben eigene Satzungsgewalt (Autonomie) und können partielle **Selbstverwaltungsrechte** genießen, weil sich der Selbstverwaltungsbegriff grundsätzlich auch auf Anstalten erstreckt (s. *Hendler,* Selbstverwaltung als Ordnungsprinzip, 1984, 288) und es in der Regel lediglich dem Organisationsermessen des Gesetzgebers bzw. der dazu ermächtigten Stelle obliegt, ob und in welchem Umfang Selbstverwaltung eingeführt wird (s. auch *Folz,* in: FS v. Unruh, S. 901, 908 ff.). Ihre rechtliche Selbstständigkeit ist zumindest insoweit relativiert, als der Anstaltsträger alle oder einige Walter der Hauptorgane bestellen und in gesetzlich vorgesehener Weise Einfluss auf die Leitung der Anstalt nehmen kann.

Beispiele: Bundesbank, die meisten öffentlichen Banken (z. B. Deutsche Ausgleichsbank, Kreditanstalt für Wiederaufbau), die BAA (s. u. Rdnrn. 102 ff.), Deutsche Bibliothek, Bundesanstalt für Materialforschung, Bundesanstalt für vereingungsbedingte Sonderaufgaben (vormals 1990–1994: Treuhandanstalt), Bundesanstalt für Post und Telekommunikation, Physikalisch-Technische Bundesanstalt, Absatzförderungsfonds der deutschen Land-, Forst- und Ernährungswirtschaft, Solidarfonds Abfallrückführung, Stabilisierungsfonds für Wein, Anstalt zur Wahrnehmung der Aufgaben des „Entschädigungsfonds für Schäden aus Kraftfahrzeugunfällen", Filmförderungsanstalt, Landesanstalten für das Rundfunkwesen, Provinzialfeuersozietäten, Provinziallebensversicherungsanstalten, Studentenwerke (s. *Folz,* in: FS v. Unruh, S. 901, 908; *v. Mutius,* in: FS Bachmann, 1997, S. 11 ff.), Sparkassen (s. u. Rdnrn. 112 ff.), Datenzentralen (z. B. in BW und in SH; zum Begriff s. *BGHZ* 24, 88), bay Landesanstalt für Aufbaufinanzierung (*Flessa,* BayVBl. 1989, 395 ff.).

25 Anstalten besitzen prinzipiell keine **Grundrechtsfähigkeit,** weil sie regelmäßig staatliche oder kommunale Verwaltungsaufgaben erledigen und allein die verselbstständigte Organisation bzw. Auslagerung einer Aufgabe auf eine Anstalt noch nicht jene Voraussetzungen erfüllen, die zur Bejahung der Grundrechtsfähigkeit führen. Eine **grundrechtstypische Gefährdungslage** ist nur bei freiheitssichernden Anstalten zu bejahen, deren Zweck gerade darin besteht, dass die Betroffenen ihre Rechte gegenüber dem Staat wahren. Das gilt insbesondere für die **Rundfunkanstalten** (*Hoffmann-Riem,* a. a. O., Anm. 62, spricht insoweit von „grundrechtssichernden Anstalten") und die **Forschungsanstalten** gem. Art. 5 III GG, nicht hingegen für die **Landesmedienanstalten** (*Bethge,* NJW 1995, 557; differenzierend *Hoffmann-Riem,* a. a. O, Anm. 71).

b) Teilrechtsfähige Anstalten

Teilrechtsfähige Anstalten sind nur vermögensrechtlich und nur Dritten, nicht dem Anstaltsträger gegenüber Zurechnungs-, Zuordnungs-, Vermögens- und Haftungseinheiten. 26

Sie sind nicht juristische Personen des öffentlichen Rechts, jedoch selbstständige Subjekte der staatlichen Verwaltung mit eigener Verordnungsgewalt und eigener Verwaltungsbefugnis, die allerdings Eingriffen der Anstaltsherren ausgesetzt ist. Ihre Organwalter werden – zT mit Mitwirkungsrechten anderer – von Organen des Anstaltsträgers berufen, ihre Behörden und Beamten sind Behörden bzw. unmittelbare Beamte des Anstaltsträgers (s. *BVerwG,* DVBl. 1960, 68). Ihr Vermögen ist ein nichtrechtsfähiges Sondervermögen des Anstaltsträgers, jedoch mit eigener Wirtschafts- und Rechnungsführung durch die Anstaltsorgane. Die Anstalt kann unter ihrem Namen klagen und verklagt werden (z.B. §§ 1, 4 BundeseisenbahnneugliederungsG – betr. Bundeseisenbahnvermögen). Die Haftung ist auf ihr Vermögen beschränkt. Umstritten ist, ob kommunale Eigenbetriebe teilrechtsfähig sind (so *Breuer,* VVDStRL 44 [1986], 224ff.).

Von der vorstehend dargestellten organisationsrechtlichen Unterscheidung zwischen Voll- und Teilrechtsfähigkeit streng zu unterscheiden ist die handlungsbezogene Lehre von der Teilrechtsfähigkeit juristischer Personen des öffentlichen Rechts, basierend auf dem angloamerikanischen **Ultra-Vires-Prinzip.** Nach dieser Lehre führt eine Überschreitung des gesetzlichen Wirkungskreises bei juristischen Personen des öffentlichen Rechts stets zur Unwirksamkeit der Handlung wegen insoweit fehlender (Teil-)Rechtswidrigkeit. Die Ultra-Vires-Doktrin hat sich in Deutschland nicht durchgesetzt (vgl. Band 1, 11. Aufl., § 32 Rdnr. 9 m.w.N.; *Ehlers,* a.a.O., passim; *Wolf,* a.a.O., S. 234ff.). 27

c) Nicht-rechtsfähige Anstalten

Nicht-rechtsfähige Anstalten sind Funktionseinheiten einer Hoheitsperson, von der sie sich trotz ihres eigenen Namens im Außenverhältnis rechtlich nicht unterscheiden. So die weitaus meisten, insbes. die kommunalen (Versorgungs-)Anstalten und Hochschulinstitute (*BGH,* NJW 1978, 2548). Sie sind dekonzentrierte oder dezentralisierte Organe des Anstaltsträgers und nur transitorische Zuordnungseinheiten ohne eigenständige Verpflichtungen und Berechtigungen, also auch ohne eigenes Vermögen. Im Innenverhältnis zum Anstaltsträger verfügen sie aber idR über ein Sondervermögen, eigenen Wirtschaftsplan, eigene Buchführung und eigenes Personal **(beschränktes Selbstverwaltungsrecht).** Ihre Organe sind Unterorgane des Anstaltsträgers. Die nicht-rechtsfähige öffentliche Anstalt wird auch „öffentliche Einrichtung" genannt und findet vornehmlich in der kommunalen Leistungsverwaltung (dort auch „Eigenbetrieb" genannt) vielfältige Verwendung (z.B. § 10 II bwGO, § 19 I heGO, § 8 I nwGO, § 14 II mvKV, § 10 II sächsGO sowie *VGH Freiburg,* DVBl. 1955, 745; *Becker,* VerwArch. 28

69 [1978], 149, kritisch *Kromer* a.a.O. 64ff.; s. ferner Bundesanstalt für Straßenwesen – *BGH*, DVBl. 1983, 1058; Kindertagesstätte – bwVGH, NVwZ-RR 1989, 267; Musikschule – *nwOVG*, NVwZ 1995, 814; zur Einordnung deutscher Wertpapierbörsen s. *Claussen/Hoffmann*, ZBB 1995, 68ff.).

3. Anstaltszweck

29 Nach dem **Anstaltszweck** gibt es außer den Behörden u.a.

a) kulturelle und Bildungsanstalten,

Beispiele: Schulen (s.u. IX.), Kunsthochschulen, Hochschulen für Musik, Bibliotheken, Museen, Archive, Theater, Rundfunkanstalten, Anstalt für Kabelkommunikation Ludwigshafen, Institut für Sportwissenschaft, die Bundeszentrale und die Landeszentralen für politische Bildung;

b) Forschungsanstalten,

Beispiele: Deutscher Wetterdienst, Bundesanstalt für Landeskunde und Raumforschung, Physikalisch-Technische Bundesanstalt, die nds Forschungsanstalt für Landwirtschaft;

c) Versorgungs- und Entsorgungsanstalten,

Beispiele: Kranken- und Pflegeanstalten sowie Anstalten zur Unterhaltung von Wasser-, Gas- und Kraftwerken, von Verkehrsbetrieben, Kindergärten, Altenheimen, Friedhöfen, Schlachthäusern; auch zur Abwässerbeseitigung, Studentenwerke, Tierkörperbeseitigung (s. *BVerwG*, DÖV 1985, 64m. Anm. v. *Fertig; ders.*, VR 1995, 407ff.; *Bauer/Schink* (Hg.), Organisationsformen für die öffentliche Abfallwirtschaft, 1993; *Bodanowitz*, Organisatonsformen für die kommunale Abwasserbeseitigung, 1993; *Schink*, VerwArch. 85 (1994), 251ff.)

d) Altersversorgungsanstalten,

Beispiele: für freie Berufe, Schornsteinfeger, öffentliche Angestellte;

e) Gewahrsams- bzw. Eingriffsanstalten,

Beispiele: Fürsorge- und Strafanstalten, Geschlossene Krankenanstalten;

f) Bankanstalten u. ä.,

Beispiele: Bundesbank, Landeszentralbanken, Kreditanstalt für Wiederaufbau (im Gesetz irrig als „Körperschaft" bezeichnet), Deutsche Ausgleichsbank, Landwirtschaftliche Rentenbank, Deutsche Kommunalbank, Landesbanken und Girozentralen, öffentliche Sparkassen und Bausparkassen, öffentliche Lebens- und Feuerversicherungsanstalten, Klassenlotterien, Pfandbriefanstalt Berlin;

g) wirtschaftslenkende und wirtschaftsfördernde Anstalten,

Beispiele: Filmförderungsanstalt, Stabilisierungsfonds, Bundesanstalt für Landwirtschaft und Ernährung;

h) Datenzentralen,

Beispiele: §§ 5, 6, 7, 8, 9 nwADVG: Landesdatenverarbeitungszentrale, Gebietsrechenzentralen, Fachrechenzentralen, Hochschulrechenzentren und kommunale Datenverarbeitungszentralen z.B. bei den Kreisen, die zu einem Landesinformationssystem verbunden sind;

i) Versicherungsanstalten,

Beispiele: bestimmte Schadens- und Feuerversicherungen. Die Sozialversicherung zählt nicht hierzu, weil sie körperschaftlich organisiert und mitgliedschaftlich verfasst ist (§ 29 I SGB IV), wenngleich die faktische Lage eher auf eine anstaltliche Organisationsform hindeutet;

j) freiheitssichernde Anstalten,

Beispiele: öffentlich-rechtliche Rundfunkanstalten, die staatsunabhängig und von jeder Beeinflussung freigehalten werden sollen (BVerfGE 12, 205, 261; 31, 314, 322, 327; 57, 295, 320) sowie Anstalten zur Überwachung der Freiheitssicherung durch private Anbieter (s. im Einzelnen *Gross,* DVBl. 1985, 353; kritisch *Breuer,* VVDStRL 44 [1986], 237ff.; *Lange,* ebd., 192ff.) bezeichnet sie unzutreffend als „staatsfreie Anstalten", weil diese Anstalten der Aufsicht des Staates unterfallen;

k) verwaltungsinterne Hilfsanstalten,

Beispiele: Aufgaben der inneradministrativen Dokumentation, Information, Ermittlung, Forschung und Schulung wahrnehmen und in denen sich eine begrenzte technokratische Eigenregie eines spezialisierten Verwaltungsapparates entfaltet (s. *Becker,* VerwArch. 69 [1978], 154, 174, 180);

l) ferner die Bundesanstalt für Flugsicherung, die Bundesanstalt für Post und Telekommunikation, die Bundesanstalt für zivilen Luftschutz und das Technische Hilfswerk (s. THW-HelfRG).

4. Organisationsart

Eine weitere Unterscheidung ergibt sich aus der **Organisationsart,** insofern die Organisation bestimmter Anstalten oder Anstaltsarten gesetzlich vorgeschrieben oder üblich ist (so z.B. generell die der Sparkassen (s.u. Rdnrn. 112ff.), die der Schulen (s.u. Rdnrn. 136ff.) und die der kommunalen Eigenbetriebe, speziell die der BAA (s.u. Rdnrn. 102ff.) und die der sonstigen durch Gesetz oder kommunale Satzung geschaffenen besondersartigen Anstalten. 30

a) Die Abhängigkeit der Anstalt von ihrem Zweck kommt u.a. darin zum Ausdruck, dass auch die durch je besonderes Gesetz errichteten **rechtsfähigen** Anstalten, sofern sie ähnlichen Zwecken dienen, einander ähnlich organisiert sind. So gibt es neben einzigartigen Organisationen wie der Bundesbank **Typen** von Rundfunkanstalten, Bankanstalten, Datenzentralen, rechtsfähigen Forschungsanstalten und behördenähnlichen Lenkungsanstalten. 31

b) Wenn für einen Betrieb des Bundes oder eines Landes ein Wirtschaften nach kameralistischen Einnahme- und Ausgabesätzen des Haushaltsplans nicht zweckmäßig ist, kann für ihn eine **kaufmännische** Buchführung eingerichtet werden. Als reiner **Regiebetrieb** erscheint er mit allen Ausgaben und Einnahmen im Haushalt (sog. Bruttobetrieb) und ist voll in die Verwaltung eingegliedert. 32

Beispiele: Schulen, Theater, Museen, Bibliotheken, Archive, Friedhöfe, Tierkörperverwertungsanstalten, aber auch Strafanstalten.

Sofern für die Verwaltung eines solchen Betriebes überhaupt eine besondere, ihn subjektivierende Organisation besteht, ist das eine **einfache Regieanstalt.** Diese ist ein dekonzentriertes (nicht-rechtsfähiges) Organ des Anstaltsträgers. Sie hat oft nur ein eigenes Organ, den Anstaltsleiter mit seinem Stab, der die der Anstalt überlassenen Vermögensgegenstände des Anstaltsträgers für diesen zweckentsprechend verwaltet. Die Funktionen des Anstaltsträgers werden von seinem Kanzleiorgan, dem zuständigen Ausschuss seines Repräsentativorgans und von diesem selbst wahrgenommen. Bei den verselbstständigten Regiebetrieben geht nur das Endergebnis in den öffentlichen Haushalt ein (so – abgesehen von den **verselbstständigten Nettobetrieben** – z.B. der Bundesschleppdienst und die Verwertungsstelle der Branntweinmonopolverwaltung; s. *Karehnke,* DVBl. 1973, 167ff.). Mangels eigener Rechtspersönlichkeit bleiben die Regiebetriebe nicht-rechtsfähige Anstalten (s. § 26 BHO).

33 c) Kommunalrechtlich entsprechen ihnen die durch einen Beschluss der Gemeindevertretung eingerichteten **Eigenbetriebe** z.B. zur Versorgung mit Wasser, Gas, Strom, öffentlichen Verkehrsmitteln, Bädern u.ä. (soweit sie nicht privatrechtlich organisiert sind; vgl. *Schraffer,* Der kommunale Eigenbetrieb, 1993). Ihre Organisation ist in ihren Grundzügen in den Gemeindeordnungen und dem jeweiligen **Eigenbetriebsrecht** – hier in Form eines Gesetzes oder einer Rechtsverordnung – geregelt. Speziellere Regelungen erlässt der Anstaltsträger – dh die Gemeinde – durch gesetzlich vorgesehene Betriebssatzungen.

Danach sind die sog. Eigenbetriebe – oder vielmehr, weil es sich um eine **Unternehmensform** für je meist mehrere Betriebe handelt, die Eigenbetriebsanstalten – nicht-rechtsfähige, lose dekonzentrierte, von der Verwaltung ihres Trägers deutlich abgesetzte Unterorganisationen (also Organe) ihres Trägers mit einem Sondervermögen und eigenem Namen. Sie verfügen über ein nach außen nicht verselbstständigtes Sondervermögen, über einen eigenen haushaltsrechtlich selbstständigen Wirtschaftsplan (Erfolgsplan und Finanzplan), einen Stellenplan sowie über eine eigene **kaufmännische** Buchführung mit Selbstkosten-, Gewinn- und Verlustrechnung (s. *BGH,* DVBl. 1983, 1061).

Die meisten Vorschriften der Gemeindehaushaltsverordnung gelten nicht, so dass eine größere Beweglichkeit des Eigenbetriebs ermöglicht wird. Im ordentlichen Gemeindehaushalt erscheint nur sein Gewinn oder Verlust (sog. Nettoprinzip). Wirtschaftsführung, Vermögensverwaltung und Rechnungslegung müssen eine gesonderte Beurteilung der Verwaltung und des wirtschaftlichen Ergebnisses ermöglichen.

34 Die vom Anstaltsträger bestellte **Werkleitung** (auch Betriebsleitung s. § 2 I heEBetrG), die sowohl monokratisch als auch kollegial organisiert sein kann – je nach Betriebsgröße) ist für die wirtschaftliche Führung des Unternehmens verantwortlich. In Angelegenheiten des Eigenbetriebs vertritt sie den Träger nach außen. Die Beamten oder Angestellten der Gemeinde un-

terstehen disziplinarisch dem Hauptverwaltungsbeamten. Welche Aufgaben der Werkleitung (meist durch Vorbehalt einer Entscheidung durch ein anderes Organ) wieder entzogen werden können, ist umstritten (s. *Rademacher,* Die Selbstständigkeit der Werkleitung in kommunalen Eigenbetrieben, GemHlt 1984, 179ff.; allg. zur Rechtsstellung der Werkleitung s. *Decker,* StGRt 1977, 20ff.).

Leitende und kontrollierende Funktionen des Anstaltsherren werden in der Regel von einem **Werksausschuss** des kommunalen Repräsentativorgans wahrgenommen (z.B. Entscheidung über Anschluss- und Benutzungszwang, s. *nwOVG,* DÖV 1989, 594). Seine Einrichtung ist überwiegend gesetzlich vorgeschrieben. Er bereitet auch die dem Repräsentativorgan selbst vorbehaltenen Beschlüsse über die Festsetzung des Wirtschaftsplans, des Jahresabschlusses, der Tarife, etwaiger Darlehensaufnahmen und die Rückzahlung von Eigenkapital vor. Weiteres regeln die als Verwaltungsvorschriften erlassenen sog. Dienstanweisungen des Gemeindevorstehers und die sog. Dienstordnungen der Werkleitung. Dem Werksausschuss gehören die gewählten Mitglieder der Gemeindevertretung, zT sachkundige Bürger und mit beratender Stimme die Werkleitung an (s. *Zeiss,* Eigenbetriebe: KomHdB V, S. 153ff.; *ders.,* Das Eigenbetriebsrecht der gemeindlichen Betriebe [Loseblattwerk]).

d) Für **Krankenhäuser** haben z.B. §§ 33 bis 39 nwKHG besondere orga- 35
nisatorische Bedingungen ihrer staatlichen Förderung vorgeschrieben. Danach wird eine Betriebsleitung aus dem Leitenden Arzt, der Leitenden Pflegekraft und dem Leiter des Wirtschafts- und Verwaltungsdienstes gebildet. Im Übrigen enthält das Gesetz – wie auch das bwKHG, das bayKHG, das bbg KHG, das heKHG, das mv LKHG, ndsKHG, das sächsKHG und das thür KHG – Vorschriften über die Krankenhaus-Planung, -Förderung, -Finanzierung und -Datenverarbeitung unter Berücksichtigung des KHG des Bundes und der Bundespflegesatzverordnung, derzufolge kaufmännische Buchführung und Betriebsabrechnung geboten sind.

e) Einfache Regiebetriebe und Anstalten im formellen Sinne sind auch die 36
eingerichteten **Behörden,** insoweit sie Unterorganisationen zur Wahrnehmung von Konkretisierungsfunktionen des Behördenträgers mit dem dazu erforderlichen Betrieb sind. Dem ist ihre Organisationsart angepasst. Von den anderen Anstalten unterscheiden sie sich funktional dadurch, dass ihr Betrieb der Herstellung konkreter Rechtsakte dient, während bei den übrigen Anstalten die konkreten Rechtsakte ihrer Unterorgane idR anderen Zwecken, z.B. einem Versorgungsbetrieb, dienen.

Sofern Anstalten lediglich behördliche Funktionen versehen, sind sie deshalb Anstalten, weil sie anormal, etwa – wie jene – unter Beteiligung von Interessenten, organisiert oder weil sie rechtsfähig sind; wegen ihrer Rechtsfähigkeit sind sie nicht Behörden, sondern haben sie Behörden. – Der vielfach (z.B. von wüEVRO, *Köttgen* und *Jecht*) behauptete Gegensatz zwischen Behörden und Anstalten besteht also nicht. Persönliche Arbeitsleistung und Aktenbetrieb gibt es nicht nur bei Behörden; und auch diese erbringen reale Leistungen (z.B. Sozialhilfe) mit speziellem Sachverstand und mit dem Einsatz technischer Mittel (z.B. Polizeibehörden). Man kann aber mit *Oettle* (MittKGSt Mai 1974) zwischen Behörden als „Gewährleistungsbetrieben" und „Einzelleistungsbetrieben" für je besondere Sach- oder Dienstleistungen unterscheiden. Wenn man von „Anstalten" spricht, werden die Behörden jedoch meist nicht mitgemeint.

5. Ausgabendeckung

Nach der **Ausgabendeckung** des Unternehmens sind unterschieden:

37 a) **Gemeinnützige Einrichtungen** des Unterrichts-, Erziehungs- und Bildungswesens, der körperlichen Ertüchtigung, der Kranken-, Gesundheits- und Wohlfahrtspflege, Abwasser- und Abfallbeseitigung u.ä., die um ihres gemeinnützigen Zweckes willen unterhalten werden, auch wenn sie ihre Kosten nicht aus eigenen Einnahmen zu decken vermögen (Zuschuss-Anstalten). Zu ihnen gehören auch andere Unternehmen, zu deren Betrieb die Gemeinde gesetzlich verpflichtet ist (z.B. Tierkörperbeseitigungsanstalten). Sie sind zwar wirtschaftlich, dh sparsam zu verwalten, gelten aber nicht als „wirtschaftliche Unternehmen" iSd Kommunalrechts. Sie können als verselbstständigte Regiebetriebe oder als Eigenbetriebe geführt werden, sind aber meist einfache Regieanstalten oder einfache Einrichtungen (z.B. § 102 III bwGO, § 108 III ndsGO, § 107 II nwGO; § 97 sächsGO). Sie sind nicht „wirtschaftliche Unternehmen" iS erwerbswirtschaftlicher Gewinnerzielung, müssen aber insofern „wirtschaftlich" betrieben werden, als ihr vorgegebener Zweck mit geringstmöglichem Mitteleinsatz zu erreichen bzw die gegebenen Mittel sparsam, dh möglichst ergiebig einzusetzen sind (s. *Mülhaupt* und *Gornas,* KKZ 1973, 104ff., 121ff. – zur Gemeinnützigkeit s. *BFH,* JZ 1972, 742 und ferner nw*OVG,* DÖV 1986, 339 – Sauna).

38 b) **Gemeinschaftliche Unternehmungen** zur Daseinsvorsorge, wie z.B. Verkehrs-, Versorgungs-, Hafenunternehmen, sofern sie in Anstaltsform geführt werden. Auch sie werden um ihres gemeinnützigen Zweckes willen unterhalten, wirtschaften aber nicht nur sparsam, sondern mit der Absicht, mindestens ihre Kosten zu decken oder soviel Ertrag abzuwerfen, wie das mit der Befriedigung sozialer Bedürfnisse der Leistungsempfänger, der Bildung von Rücklagen und mit der Marktlage vereinbar ist (gewinnmitnehmende Anstalten). Sie werden idR als verselbstständigte Regieanstalten bzw. als kommunale Eigenbetriebe geführt. Dieselben Zwecke können auch und werden nicht selten durch Unternehmen in privatrechtlicher Form, z.B. einer GmbH oder einer AG mit und sogar ohne Beteiligung von Trägem öffentlicher Verwaltung verfolgt werden. Auch wenn sie als öffentliche Anstalt geführt werden, kann das Leistungsverhältnis privatrechtlich sein.

c) **Erwerbswirtschaftliche Unternehmungen** zur Befriedigung öffentlicher Interessen einschl. der Erzielung von Überschüssen für den Haushalt ihres Trägers, sofern sie, wie öffentliche Sparkassen, Versicherungsanstalten und Banken, in Anstaltsform geführt werden (gewinnerstrebende Anstalten). Ihr Gewinnstreben ist aber idR durch ihren öffentlichen Zweck, um dessen willen sie von einem Träger öffentlicher Verwaltung unterhalten werden, beschränkt (s. – auch zu b – *Bettermann,* in: FS Hirsch, S. 1ff.; *Püttner,* Das Recht der kommunalen Energieversorgung, 1967; *Klein,* Die Teilnahme des Staates am wirtschaftlichen Wettbewerb, 1968; *Emmerich,* Das Wirtschaftsrecht der öffentlichen Unternehmen, 1969; *Hidien,* Die positive Konkretisierung öffentlicher Zweckbindung kommunaler Wirtschaftsunternehmen, 1984). 39

Die **Staaten** sind in der Unterhaltung erwerbswirtschaftlicher Unternehmen nicht unmittelbar, sondern nur durch ihren eigenen öffentlichen Zweck beschränkt (*BVerwGE* 7, 405; 9, 82; 10, 102, 363; 14, 111; 15, 241; 21, 145ff., 248f., 271ff.), führen sie aber nur selten – wie z.B. Strafanstalten, staatliche Brauereien (Münchener Hofbräu) – in Anstaltsform (wegen ihrer Beteiligung an privatrechtlichen Unternehmen s. § 65 BHO u. LHOen und *Stober,* NJW 1984, 449). Den **Gemeinden und Gemeindeverbänden** ist eine erwerbswirtschaftliche Betätigung – mit Ausnahme der Sparkassen, Landesbanken und Forstverwaltungen – idR verwehrt, weil ihr Zweck von Privatpersonen besser und wirtschaftlicher erfüllt werden kann (s.u. §§ 97ff.). Wegen ihrer uneingeschränkten Beteiligung am Wirtschaftsleben sind nicht nur ihre Leistungs-, sondern auch ihre Nutzungsverhältnisse privatrechtlich. Hoheitsrechtliche Zuständigkeiten sind ihnen nur ausnahmsweise verliehen. Die rein erwerbswirtschaftlich ausgerichtete untemehmerische Betätigung der öffentlichen Hand wird weder durch Art. 12 I GG noch durch andere Grundrechte oder Verfassungsprinzipien gedeckt. Vielmehr will das Abgabenprivileg Staat und Gemeinden von der Teilnahme am allgemeinen privaten gewerblichen Wettbewerb zur Finanzierung seiner Aufgaben freistellen (s. zum Meinungsstand *Stober,* WiVerwR, 13. Aufl. 2002, § 24 mwN).

6. Nutzbarkeit

Nach der **Nutzbarkeit** unterscheidet man: 40

a) **Nicht nutzbare** Anstalten, die, wie z.B. Forschungs- und Versuchsanstalten, zwar eigene Amtswalter, aber keine Benutzer haben (z.B. Bundesanstalt für das Straßenwesen, s. *BGH,* DVBl. 1983, 1058);

b) **Nutzbare** Anstalten, die von Dritten, dh der Anstaltsorganisation und ihrem Träger nicht angehörenden Personen, benutzt werden. Die meisten Anstalten – auch die Behörden – sind zum Zwecke derartiger Benutzung geschaffen.

Die Benutzung kann **freiwillig** sein (z.B. Schulen nach Erfüllung der Schulpflicht, Bibliotheken, Museen, Theater, Krankenanstalten, Mobiliarversicherung bei öffentlicher Feuerversicherungsanstalt, s. *BVerwGE* 17, 306). Soweit solche Anstalten ein örtliches Monopol haben, sind die Interessenten freilich tatsächlich genötigt, sie zu benutzen. Die Benutzung kann auch **unfreiwillig** sein (Benutzungspflicht; z.B. Schule bei Schulpflicht, Schlachthaus bei Schlachthauszwang, Haftanstalten, zwangsweise Benutzung einer Irrenanstalt, bisweilen die Immobiliarversicherung bei öffentlicher Feuerversicherungsanstalt, Zugehörigkeit zur Versorgungsanstalt der deutschen Bezirksschornsteinfeger, zur (anstaltlichen) bay Ärzteversorgung, s. *BVerfGE* 10, 362), örtlicher kommunaler oder kirchlicher Friedhof, s. *OVG Münster,* DVBl. 1966, 836 und BVerwGE 25, 364; s.u. Rdnr. 68).

7. Benutzungsart

41 Nach der **Benutzungsart** können Anstalten

a) nur **vorübergehend** *(*z.B. Verkehrsbetriebe, Sportplätze, Theater, Museen, Bibliotheken)

b) oder **andauernd** benutzt werden (z.B. Schulen, Kurbetriebe). Dauerbenutzungen können auf **Sachleistungen** beschränkt sein (z.B. Versorgung und Entsorgung), eine Integration des Benutzers in die Anstalt erfordern (z.B. Krankenhäuser, Sanatorien, Altenheime).

c) **offen** sein, wenn sie von jedem Interessenten benutzt werden können (z.B. Verkehrsanstalten, Theater, Sparkassen, staatliche und kommunale Krankenanstalten, s. *RGZ* 92, 204);

d) **geschlossen** sein, wenn sie nur von einem bestimmten, nach sachlichen Merkmalen oder persönlichen Voraussetzungen abgegrenzten Personenkreis benutzt werden können (z.B. BAA, Schule, Schlachthaus, Lastenausgleichsbank; Studentenwerke, s. dazu *Folz,* in: FS v. Unruh, S. 906ff.);

e) **abgeschlossen** sein, wenn ihre Benutzer von der Umwelt abgesondert sind (z.B. Geschlossene Abteilung eines Krankenhauses, Haftanstalt. Fürsorgeanstalt). Wegen Art. 104 GG bedarf die Unterbringung in einer geschlossenen Anstalt der Einwilligung des Betroffenen oder seines gesetzlichen Vertreters *(s. Schmidt-Futterer,* DÖV 1967, 334ff.) oder richterlicher Anordnung.

8. Rechtsform der Nutzung

42 Nach der **Rechtsform der Nutzung** sind unterschieden

a) Anstalten mit **privatrechtlicher** Nutzung, nämlich
   - **fiskalische** (z.B. Forstbetrieb, staatliche Brauerei),
   - **beschaffende,**
   - **verwaltungsprivatrechtliche** (z.B. öffentliche Banken, Sparkassen, Staatstheater – *BayVGH,* VerwRspr. 23, 17);

b) Anstalten mit **öffentlich-rechtlicher** Nutzung, d.h. öffentlich-rechtlicher Zulassung, ggf. Nutzungspflicht oder -anspruch und Unterworfenheit unter öffentlich-rechtliche Anstaltsgewalt (hoheitliche Anstalten), und

- **verwaltungsprivatrechtlichem Leistungsverhältnis** (Zweistufigkeit, z.B. Personenverkehrs- und Energielieferungsanstalten, meist kommunale Anstalten, zu deren Benutzung die Einwohner, Grundeigentümer und Gewerbetreibenden zwar öffentlich-rechtlich berechtigt und zugelassen (s.u. Rdnr. 93) sind, die ihre Leistungen jedoch privatrechtlich abgeben;
- **verwaltungsrechtlichem Leistungsverhältnis ohne Begründung eines Sonderstatus** (z.B. bei Anschluss- und Benutzungszwang; zu kirchlichen Friedhöfen s. *BVerwGE* 25, 364) und andere Anstalten, für deren Benutzung eine öffentlich-rechtliche Gebühr erhoben wird sowie kraft Anstaltsgewalt erlassene kommunale Benutzungsordnungen, die nicht eindeutig privatrechtliche Leistungsbeziehungen vorsehen (*bwVGH,* BwVPr. 1975, 227; s.a. *bayVGH,* BayVBl. 1958, 284 und wegen der Abgrenzung der Gebühr von privatrechtlichem Entgelt *Frotscher,* Die Ausgestaltung kommunaler Nutzungsverhältnisse bei Anschluss- und Benutzungszwang, 1974, S. 30ff.);
- Begründung eines verwaltungsrechtlichen **Sonderstatus** ihrer Benutzer (z.B. Schulen, Strafanstalten). Die Anstaltsbenutzung (das Leistungsverhältnis) kann konkret begründet werden durch **Gesetz** oder Satzung (so z.B. die Pflichtschule, die Arbeitslosenversicherung und bei Anschluss- und Benutzungszwang), durch **Staatsakt** (z.B. abgeschlossene Anstalten), durch **öffentlich-rechtlichen** Vertrag (§ 54 VwVfG, z.B. bei Erbbegräbnissen und Sonderbelieferung mit Wasser – dann muss aber auch die Schriftform gem. § 57 VwVfG gegeben sein – s. zu einem Kooperationsvertrag *BGH,* DVBl. 1983, 1058), durch **Verwaltungsakt** (§ 35 VwVfG, z.B. Zulassung zur Benutzung einer Bücherei mit öffentlich-rechtlicher Benutzungsordnung, soweit das Merkmal der Regelung vorliegt; anders bei unentgeltlicher tatsächlicher Inanspruchnahme), durch **(verwaltungs-)privatrechtlichen** Vertrag (z.B. Krankenanstalten, Sparkassen) oder durch **tatsächliche** Inanspruchnahme (z.B. Verkehrsmittel). Einige dieser verschiedenen möglichen Eigenschaften von Anstalten sind häufig zusammen anzutreffen.

Beispiele: Produktionsanstalten sind oft rechtsfähige anstaltliche Unternehmen mit offener, freiwilliger, privatrechtlicher Nutzung. Gewahrsamsanstalten sind häufig nicht-rechtsfähige Regiebetriebe mit abgeschlossener, einen Sonderstatus begründender unfreiwilliger Nutzung.

III. Entstehung und Auflösung

1. Zur Rechtsgrundlage

Entstehung und Auflösung **rechtsfähiger** öffentlicher Anstalten erfordern ein formelles Gesetz (Art. 87 III 1 GG; s. aber *BVerwGE* 102, 119, 43

126), eine Rechtsverordnung, einen Verwaltungsakt auf der Grundlage eines Gesetzes (vgl. § 18 nwLOG), eine Satzung, teilweise auch einen öffentlich-rechtlichen Vertrag (s. *bayVGH,* VerwRspr 23, 400; *Berg,* NJW 1985, 2295; mißverständlich *Püttner,* a.a.O., S. 228). Entstehung und Auflösung **nichtrechtsfähiger** öffentlicher Anstalten bedürfen lediglich eines bloßen Organisationsaktes des Anstaltsträgers. Kraft seiner Organisationsgewalt bestimmt er die Aufgaben und gestaltet die Organisation (s. THW-Erlass v. 25. 8. 1953 – GMBl. 507; *Becker,* VerwArch. 69 [1978], 154). Umstritten ist, ob eine gesetzliche Grundlage notwendig ist, wenn Mitverwaltungskompetenzen bzw. Partizipationsrechte eingeräumt werden sollen (s. *Breuer,* VVDStRL 44 [1986], 235).

Durch den Entstehungsakt wird die Anstalt einem oder mehreren bestimmten Zwecken gewidmet. Dem Benutzer steht – außer im Falle eines gesetzlichen oder vertraglichen Rechtstitels – ein klagbarer Anspruch auf Errichtung und Fortbestand einer öffentlichen Anstalt nicht zu (s. *nwOVG,* DÖV 1971, 277; *heVGH,* NJW 1979, 866; *bwVGH,* NVwZ-RR 1990, 502; *nwOVG,* NVwZ-RR 1993, 318; *Frotscher,* KomHdB I., S. 152). Eine Ausnahme bildet hier z.B. die Errichtung einer Bekenntnisschule in NW (s. *nwOVG,* DVBl. 1961, 525ff.). Von der Auflösung ist die Überführung einer Anstalt in eine **privatrechtliche Organisationsform** zu trennen (s. *Dittmann,* Die Bundesverwaltung, 1983, 170; *Püttner,* Die öffentlichen Unternehmen, 2. Aufl. 1985, 87).

2. Verfassungsgarantie der Organisationsform

44 Während man die **verfassungsrechtliche Garantie** der Organisationsform Anstalt auf Grund der verfassungsrechtlichen Erwähnung dieses Verwaltungstyps bejahen muss, ist eine verfassungsrechtliche Bestandsgarantie für bestimmte Anstalten bzw. für eine bestimmte organisatorische Anstaltsausgestaltung zu verneinen. Insoweit hat sich der Verfassungsschöpfer nicht ausdrücklich festgelegt. Das gilt auch für Rundfunkanstalten, deren Aufgaben auch rechtsfähigen Gesellschaften des Privatrechts übertragen werden können. Die öffentlich-rechtliche Anstalt ist in diesen wie anderen Fällen lediglich eine mögliche Organisationsalternative (s. *BVerfGE* 12, 205, 262; *Breuer,* VVDStRL 44 [1986], 235). Deshalb kann auch die Selbstverwaltung im bisher praktizierten Sinne nicht geschützt sein (aM ohne nähere Begründung *Hendler,* Selbstverwaltung als Ordnungsprinzip, 1984, 330). Dementsprechend ist auch die Weisungsunabhängigkeit der Deutschen Bundesbank nicht garantiert. Insbesondere postuliert der im Jahre 1992 neu angefügte Art. 88 S. 2 GG allein die Unabhängigkeit der Europäischen Zentralbank und lässt mithin den Status der Deutschen Bundesbank unverändert (s. *BVerfGE* 89, 155, 208; *Häde,* NJW 1994, 3214ff.; *Janzen,* Der neue Artikel 88 Satz 2 des Grundgesetzes, 1996; *Stober,* WiVerwR, 13. Aufl. 2002, § 14 I 2).

Gewährt die Verfassungsgarantie der Organisationsform Anstalt nicht zugleich auch eine Bestandsgarantie, ist demgemäß eine Beteiligung Privater (s.o. Rdnr. 16) und sogar eine (Voll-)Privatisierung von Anstalten zulässig. **Privatisierung** bezeichnet die Überführung der bislang öffentlich-rechtlichen Anstalt in eine privatrechtliche Organisationsform (z.B. AG, GmbH). Der Staat kann alleiniger Eigentümer (z.B. Alleinaktionär, Alleingesellschafter) der Gesellschaft bleiben (sog. Organisationsprivatisierung) oder seine Eigentümerstellung ganz oder teilweise aufgeben (sog. Aufgabenprivatisierung). Letztere ist streng zu unterscheiden von der zum Zwecke der Beschaffung privaten Kapitals erfolgenden Gründung einer zusätzlichen privatrechtlichen Holding-Gesellschaft bei gleichzeitiger Etablierung einer Konzernstruktur (s.o. Rdnr. 14). Die Umwandlung einer Anstalt in eine Gesellschaft des Privatrechts führt zum Verlust des Anstaltscharakters. 45

Beispiel: Verkauf der vormals als Anstalt betriebenen Bundesdruckerei zum 1. 1. 2001 an eine private Investorengruppe.

Ob und in welcher Form eine Privatisierung zulässig ist, lässt sich nicht allgemein beantworten, sondern beurteilt sich anhand der verfassungsrechtlichen Vorgaben insb. in Gestalt der Grundrechte und Staatsprinzipien (zur Problematik im Bereich des Strafvollzugs s. die Beiträge in *Stober* (Hrsg.), Privatisierung im Strafvollzug, 2001).

IV. Organe

Die Kompetenzen der öffentlichen Anstalt werden von ihren **Organen** wahrgenommen. 46

1. Kreationsakt

Organe werden als Zuständigkeitssubjekte durch Gesetz (z.B. BAA), Rechtsverordnung (z.B. §§ 1ff. nwEBetrVO; §§ 1ff. ndsEBetrVO), Vereinbarung oder kommunale Satzung (z.B. Stadtbibliothek) gebildet und für einzigartige Anstalten auch errichtet. Ergänzt werden solche heteronomen Regelungen durch autonome Satzungen oder (und) idR Sonderverordnungen der leitenden Anstaltsorgane **(Anstaltsordnungen)**. Auch sie sind Rechtsquellen, soweit sie sich nicht in abstrakten amtlichen Weisungen an Organe oder Ämter (Verwaltungsvorschriften) erschöpfen, sondern Zuständigkeitssubjekte mit Außenwirkung konstituieren oder die Benutzung der Anstalt regeln (Benutzungsordnungen; s.u. Rdnr. 51). Insoweit besteht eine sog. Anstaltsgewalt, die sich erstreckt und beschränkt ist auf die Herstellung, Erhaltung und Verbesserung widmungsgemäßer Wirksamkeit der Anstalt (s. *bwVGH*, DVBl. 1961, 523; *BVerwG*, DVBI. 1973, 807; E 45, 10f. – „Sonderverordnung“. *Schmidt, W.*, Gesetzesvollziehung durch Rechtsetzung, 1969, 182ff., 231ff. spricht von „gesetzauslegender Rechtsverordnung“ zur Vollziehung gesetzlich begründeter Anstaltsverhältnisse. S. ferner 47

Hansen, Fachliche Weisung und materielles Gesetz, 1971, 306ff.; *Maurer,* § 23 Rdnr. 53; *Becker,* BayVBl. 1984, 582ff.). Autonome **Satzungen** können nur rechtsfähige Anstalten mit gesetzlicher Ermächtigung erlassen. Ihre Satzung bedarf idR der Genehmigung des Anstaltsträgers oder einer davon verschiedenen staatlichen Behörde (z.B. der Sparkassenaufsichtsbehörde). Satzungen müssen als solche förmlich verkündet werden im Unterschied zu den Sonderverordnungen, zu deren Wirksamkeit formlose Bekanntgabe an die Betroffenen genügt. Ein Organ des Anstaltsträgers (z.B. des Staates) kann zugleich geliehenes Organ der Anstaltsselbstverwaltung sein und in dieser Eigenschaft über Satzungsänderungen entscheiden, so z.B. die staatliche bay Versicherungskammer als Organ der (anstaltlichen) bay Ärzteversorgung (s. *bayVfGH,* DÖV 1963, 266).

2. Anzahl, Art und Zusammensetzung

48 Die **Anzahl, Art und Zusammensetzung** der Organe ist je nach der Vielfalt und dem Ausmaß der zu erledigenden Angelegenheiten recht verschieden. Jede Anstalt muss mindestens einen kollegialen Vorstand oder einen monokratischen Vorsteher haben. Eines Repräsentativorgans bedarf es dagegen nicht. Nicht selten wird aber ein Kuratorium oder ein Beirat vorgesehen, in dem politische Parteien, Sozialpartner, sonstige Interessierte oder auch Benutzer der Anstalt repräsentiert sind.

Beispiele: Organe der Bundesbank sind der aus dem Direktorium und den Vorständen der Landeszentralbanken gebildete Zentralbankrat, der die Währungs- und Kreditpolitik bestimmt und weisungsberechtigt ist (§ 6 BBankG) sowie das vom Bundespräsidenten auf Vorschlag der Bundesregierung bestellte Direktorium mit Präsident, Vizepräsident und bis zu acht Direktoren, das die Geschäfte führt und die Bundesbank nach außen vertritt (§§ 7, 11 BBankG). Bei den Landeszentralbanken, die die Geschäfte der Bundesbank in ihrem Bereich durchführen, sind Beiräte aus Repräsentanten des Kreditgewerbes und der sonstigen Wirtschaft gebildet (§ 8, 9 BBankG). Wegen der **Rundfunkanstalten** s.o. I.2.d, wegen der **Bundesanstalt für Arbeit** und der **Sparkassen** s.u. Rdnrn. 102ff., 112ff., wegen der **Eigenbetriebe** s.o. Rdnr. 33.

Bei **nicht-rechtsfähigen** öffentlichen Anstalten mit quantitativ geringfügigem Geschäftskreis verzichtet man oft aus Gründen der Kostenersparnis auf die Bildung und Einrichtung eines besonderen Anstaltsorgans (so z.B. bei Friedhöfen). Die notwendigen Funktionen werden dann einem Organ des Anstaltsträgers (z.B. dem Gemeindevorstand) zugewiesen.

49 Die **Organwalter iwS** mancher Anstalten, z.B. der Schulen, sind Beamte. In anderen Anstalten sind nur die Organwalter ieS Beamte. Viele Anstalten haben keine Beamten, sondern nur Angestellte.

V. Staatsaufsicht

50 Als Funktionseinheit für öffentliche Aufgaben unterliegt die öffentliche Anstalt der **Staatsaufsicht.** Die Aufsichtsmaßnahmen sind entweder gegen

die rechtsfähige öffentliche Anstalt selbst oder – sofern die öffentliche Anstalt nicht rechtsfähig ist – gegen den Anstaltsträger zu richten. Die Aufsicht kontrolliert die Verwaltungstätigkeit der öffentlichen Anstalt mindestens darauf, ob sie mit den Gesetzen, der Anstaltssatzung und der Anstaltsordnung in Einklang steht. Soweit die Anstalt fremde Kompetenzen wahrnimmt, kann auch die Zweckmäßigkeit der Anstaltshandlungen überprüft werden. Bundesanstalten unterstehen der Bundesaufsicht, alle übrigen Anstalten der Landes-, die kommunalen der Kommunalaufsicht (näher *Löer,* S. 1ff. – passim). Die Zuständigkeit zur Ausübung der Aufsicht ist häufig gesetzlich besonders geregelt. Bundesrecht steht der Fachaufsicht nicht entgegen (s. *BVerwG,* VerwRspr. 30, 907).

VI. Die anstaltlichen Rechtsverhältnisse

Schrifttum: S. Vorauflage zu §§ 98, 99; *Bleckmann,* Staatsrecht II – Allgemeine Grundrechtslehren, 4. Aufl. 1997; *Brehm,* Benutzungsregelungen gemeindlicher öffentlicher Einrichtungen, 1975; *Büchner,* Die rechtliche Gestaltung kommunaler öffentlicher Unternehmen, 1982; *Chen,* Öffentliche Anstalten und ihre Nutzung, 1994 (Diss. jur.); *v Danwitz,* Die Benutzung kommunaler öffentlicher Einrichtungen, JuS 1995, 1ff.; *Ehlers,* Verwaltung in Privatrechtsform, 1984; *Evers,* Das besondere Gewaltverhältnis, 1972; *Fischedick,* Die Wahl der Benutzungsformen kommunaler Einrichtungen, 1986; *Forsthoff* I. § 22 II; *Frotscher,* Die Ausgestaltung kommunaler Nutzungsverhältnisse bei Anschluß- und Benutzungszwang, 1974; *ders.,* Die öffentlichen Einrichtungen der Kommunen, KomHdb III. § 52 A; *Gries/Willebrand,* Entstehung und Beendigung der auf Leistung oder Nutzung gerichteten verwaltungsrechtlichen Schuldverhältnisse, JuS 1990, 193ff.; *Hange,* Anschluß- und Benutzungszwang aufgrund Ortssatzung, NJW 1989, 17ff.; *Ipsen/Koch,* Öffentliches und privates Recht – Abgrenzungsprobleme bei der Benutzung öffentlicher Einrichtungen, JuS 1992, 809ff.; *Knemeyer,* Die öffentlichen Einrichtungen der Gemeinden, 1973; *v. Lange,* Öffentliche Einrichtungen im Gemeingebrauch: KomHdb III § 52 B; *v. Mangoldt/Klein/Starck,* 4. Aufl. 1999, Art. 1, Rdnr. 255ff.; *Merten* (Hg.), Das besondere Gewaltverhältnis, 1985; *Mittermeier,* Haftung und Haftungsbeschränkungen der Gemeinden für ihre öffentlichen Einrichtungen, 1984; *v. Münch,* in: ders./Kunig, GG Art. 1–19 Vorb. Rdnr. 59ff.; *Papier,* in: Erichsen, §§ 40ff.; *Püttner,* Die öffentlichen Unternehmen, 2. Aufl. 1985, 242ff.; *ders.,* Grund- und Betriebsverhältnis, DVBl. 1987, 190ff.; *ders./Lingemann,* Aktuelle Probleme der Zulassung zu öffentlichen Einrichtungen: JA 1984, 121ff. und 274ff.; *Ronellenfitsch,* Das besondere Gewaltverhältnis, DÖV 1981, 933; *ders.,* Das besondere Gewaltverhältnis im Verwaltungsrecht, DÖV 1984, 781ff.; *ders.,* Entwicklungstendenzen in der Rechtsprechung zum besonderen Gewaltverhältnis, VerwArch. 73 [1982], 245ff.; *Schmidt-Aßmann,* Die kommunale Rechtsetzung im Gefüge der administrativen Handlungsformen und Rechtsquellen, 1981, 40ff.; *Stober,* Die Benutzung kommunaler Einrichtungen, JA 1975, 737; *ders.,* Einführung in das Satzungsrecht, JA-Übungsblätter, 1979, 65ff.; *ders.,* Kommunalrecht, 3. Aufl. 1996, § 18.

1. Benutzungsordnung

Die Rechtsbeziehungen zwischen der öffentlichen Anstalt und ihrem Benutzer oder Betreuten sind abstrakt in der **Benutzungsordnung** geregelt. Während die Anstaltsordnung(-satzung) (s.o. Rdnr. 47) die äußere (Zweck, Umfang, Gliederung, Trägerschaft) und innere (Organe, Bestellung der **51**

Organwalter, Zuständigkeiten) Verfassung der Anstalt regelt, trifft die Benutzungsordnung die sich aus der Anstaltsordnung ergebenden Bestimmungen über den Gegenstand und das Maß der Anstaltsleistungen, die Voraussetzungen und das Maß der Benutzung sowie die Verpflichtungen und Berechtigungen der Benutzer gegenüber der Anstalt (*nwOVGE* 23, 236 und *BVerwGE* 45, 10f.) Sie regelt damit auch die Beziehung der Anstalt zu den Benutzern „eingebrachter Sachen" (s.u. Rdnr. 83). Die Regelung der Benutzung durch Rechtssätze (statt durch Vertrag) hat zur Folge, dass die Benutzungsbedingungen, insbes. die Benutzungsgebühren, ohne Kündigung geändert werden können (s. *BVerwG*, DÖV 1974, 390 und *nwOVGE* 28, 93 mwN). *Rüfner* (DV 1984, 19; DÖV 1985, 605) schlägt vor, auf das Institut der **Anstaltsnutzung** zu verzichten. Das ist kaum möglich, weil das Anstaltsverhältnis Folge der Inanspruchnahme der Nutzung ist und die Ausgestaltung des Anstaltsnutzungsverhältnisses nicht zwingend mit anderen Nutzungen übereinstimmen muss. Erinnert sei nur daran, dass die körperschaftliche Selbstverwaltung in der Regel durch die Selbstverwaltung der Beteiligten gekennzeichnet ist und die Stiftungen durch die Verwaltung der Vermögensmasse, während die Beteiligung der Betroffenen bei Anstaltsnutzungen entfallen kann, aber nicht muss. Würde man die Anstaltsnutzung in ein allgemeines öffentlich-rechtliches Sonderverhältnis einbeziehen, dann könnte den unterschiedlichen Gründungsmotiven und Interessenlagen der heterogenen öffentlichen Anstalten bei der Ausgestaltung des Nutzungsverhältnisses nicht angemessen Rechnung getragen werden.

52 Die Benutzungsordnung kann in der Anstaltsordnung enthalten sein, kann aber auch selbstständig vom Anstaltsträger oder von Organen der Anstalt erlassen werden. Oft beschränkt sich der Anstaltsträger auf die Genehmigung der Benutzungsordnung. Diese ist – wenn nicht höherrangige Rechtsquelle – eine **Sonderverordnung** mit materiellem Gesetzescharakter. Sie ist idR geschrieben, kann jedoch auch gewohnheitsrechtlich gelten und kann stets durch konkrete Anordnungen ergänzt werden (s. *bwVGH*, BwVwPr. 1975, 227; *BVerfGE* 41, 252, 263; *Dürig:* M/D, Art. 19 IV, Rdnr. 30; *Schmidt-Aßmann,* Die kommunale Rechtsetzung, 1981, 42ff.; kritisch *Krebs,* VerwArch. 70 [1979], 259; *Ehlers* a.a.O. S. 182). *Maurer* (§ 8 Rdnr. 31 mwN) lehnt das Rechtsinstitut der SonderVO ab und befürwortet eine Allgemeinverfügung gem. § 35 S. 2 VwVfG (a.a.O. § 9 Rdnr. 34); kritisch *Rasch,* DVBl. 1983, 621f.).

2. Anstaltsgewalt

a) Zum Begriff der Anstaltsgewalt

53 Die Benutzungsordnung ist Äußerung der sog. **Anstaltsgewalt** zur Ermöglichung und Verwirklichung der anstaltlichen Zwecke innerhalb der allgemeinen Rechtsordnung (Zwecksicherungsrecht). Die Unterworfenheit unter sie entspricht dem Genuss der Anstaltsleistungen. Die Anstaltsgewalt

ist nicht etwa eine eigenständige Staatsgewalt, sondern nur ein Ausdruck für die abstrakte und konkrete Regelungsbefugnis des Anstaltsträgers und der Anstaltsorgane auf Grund und im Rahmen der Gesetze.

Anstaltsgewalt bedeutet jedoch weder **Grundrechtsverzicht** oder 54
Grundrechtsausschluss noch ein Fehlen rechtsstaatlicher Sicherungen wie etwa das prinzipielle Erfordernis des Gesetzesvorbehalts und der Geltung des Verhältnismäßigkeitsgrundsatzes (s. *BVerfGE* 33, 337, 346; 41, 251; 47, 46; *BVerwGE* 56, 155; *Erichsen*, in: FS Wolff, S. 241; *Ronellenfitsch,* DÖV 1984, 781). Insbesondere ergeben sich aus der Existenz der Verwaltungseinheit Anstalt und der daraus fließenden Anstaltsgewalt für sich betrachtet noch keine besonderen Rechte zur Einschränkung im Benutzungsverhältnis (s. etwa *Starck*, in: v. Mangoldt/Klein, Art. 1 Rdnr. 257; *Rüfner,* DÖV 1985, 605). Deshalb rechtfertigt die Erreichung und Sicherung des Zwecks der rechtmäßig errichteten Anstalt nicht Eingriffe ohne spezielle oder generelle Ermächtigungsgrundlage. Das heißt jedoch nicht, dass die Anstaltsgewalt bzw. das „besondere Gewalt- oder Sonderverwaltungsverhältnis" nicht mehr existiert. Seine Aufrechterhaltung ist schon zur Erhaltung der anderweitig nicht zu gewährleistenden Funktionsfähigkeit der öffentlichen Anstalt erforderlich (s. auch u. Rdnr. 84). Deshalb kann im Einzelfall eine durch den Anstaltszweck umrissene ungeschriebene *Generalklausel* ausreichen (s. *Schmidt-Aßmann,* Die Kommunale Rechtsetzung, 1981, 42) oder mindestens vorübergehend hinnehmbar sein (*BVerwGE* 56, 155).

b) Inhaber der Anstaltsgewalt

Die Anstaltsgewalt wird vom Träger der Anstalt und von Anstaltsorga- 55
nen ausgeübt. Diese können im Rahmen höherrangigen Rechts eine (abstrakte) Benutzungsordnung (z.B. Schulordnung) und (konkrete) Anordnungen erlassen, durch welche die der Gewalt unterworfenen Personen zu bestimmtem Tun, Dulden oder Unterlassen verpflichtet werden, soweit es zur Erfüllung des widmungsgemäßen Zwecks der Anstalt geeignet, erforderlich und nicht unverhältnismäßig ist.

Beispiel: Eine Bibliotheksbenutzungsordnung darf zwar das Rauchen und das Essen von Butterbroten im Lesesaal, nicht aber im Vestibül verbieten und einen Verstoß zwar mit sofortiger Verweisung aus dem Saale, nur aber nach mehrfacher Wiederholung mit Ausschluss von der Anstaltsbenutzung ahnden. Wegen Friedhofsbenutzung s. *bayVGH*, VerwRspr. 24, 1007, nwOVGE 30, 12 betr. verbotene Eigenmacht. – Ein nicht judikables „Betreiberhältnis" (*Ule,* VVDStRL 15 [1957], 133 ff.) gibt es nicht (s. a. *Schmidt, W.*, Gesetzesvollzug durch Rechtssetzung, 1969, 184 ff.; *BVerwG*, VerwRspr. 7, 925 ff.).

c) Gewaltunterworfene

Der Anstaltsgewalt **unterliegen** die (zugelassenen) **Benutzer,** d. s. dieje- 56
nigen, für welche die Leistungen der Anstalt bestimmt sind. Die Benutzer gebrauchen die sachlichen Einrichtungen der Anstalt oder sind dazu – wie z.B. ein schwänzender Schüler – verpflichtet oder werden – wie z.B. ein Arbeitsloser – von ihr sonstwie betreut. Die Rechtsstellung des Benutzers

ist idR von tatsächlicher Benutzung nicht abhängig (s. aber den – inzwischen aufgehobenen – § 7 PostG in der vor der Postreform I des Jahres 1989 geltenden Fassung und dazu *BVerwG,* DÖV 1977, 64). Soweit es auf sie ankommt, ist teilweise Einsichtsfähigkeit und teilweise Geschäftsfähigkeit erforderlich. Der privatrechtliche **Minderjährigenschutz** (§§ 105 bis 108 BGB) wird nicht in jedem Fall automatisch durch die Zulassung ersetzt (*BVerwG,* JZ 1985, 675 zu § 8 I PostG a.F. m. krit. Anm. *Ehlers; ders.*, Verwaltung in Privatrechtsform, 1984, 256ff.; *Stober,* JA 1975, 739). Insb. unterliegen die Benutzer innerhalb des räumlichen Bereichs der Anstalt einer **Ordnungsgewalt** der Anstaltsorgane.

Beispiele: Ordnungsgewalt des Bundestagspräsidenten gem. §§ 40ff. GeschO-BT; Ordnungsrecht des Vorsitzenden des Gemeinderats gem. § 36 I 2 bwGO (dazu *bwVGHE* 19, 210 – „Hausrecht"), § 44 I ndsGO und a. Gemeindeordnungen; Ordnungsgewalt des vorsitzenden Richters gem. § 176 GVG (sog. Sitzungspolizei – s. dazu *Stober,* DRiZ 1980, 3ff.); Ordnungsgewalt der Schulbehörde, der Hochschulbehörde, des Leiters einer Lehrveranstaltung (*bwVGH*; BwVwPr. 1975, 57) und des Gerichtspräsidenten (*bayVGH,* DVBl. 1981, 1010).

57 Notfalls kann **Vollzugshilfe** der Polizei angefordert werden (s. *Knoke,* AöR 94 [1969], 388ff.; *Knemeyer,* DÖV 1970, 600f.; *Götz,* Allgemeines Polizei- und Ordnungsrecht, 12. Aufl., Rdnr. 479; *BayVGH,* NJW 1980, 2722; kritisch *Greifeld,* DÖV 1981, 906ff.). Sofern die Anstalt (wie z.B. Museen und Theater) lediglich auf die **Ermöglichung** ihres Zweckes angelegt ist, erschöpft sich die Anstalts- und Sachgewalt in diesem betrieblichen Ordnungsrecht. Bei Anstalten, die darüber hinaus Zwecke zu verwirklichen haben – wie z.B. Schulen und Krankenhäuser – geht die Anstaltsgewalt darüber hinaus und fordert eine (meist aktive) Beteiligung der Benutzer, die sogar, sofern sie in einem Sonderstatus stehen, auf die Zweckverwirklichung zu disziplinieren sind.

Das **Personal** einer öffentlichen Anstalt untersteht dienstrechtlich (z.B. disziplinarrechtlich, aber auch unmittelbar) erzwingbarer Weisungsgewalt, nicht jedoch der Anstaltsgewalt (s. z.B. *bayOLG,* DÖV 1967, 173).

d) Rechtsnatur von Akten der Anstaltsgewalt

58 Die konkreten Anordnungen der Anstaltsgewalt sind Verwaltungsakte (s.o. § 46 I; aM *VG Mchn,* BayVBl. 1971, 195 und *Krause,* Rechtsformen des Verwaltungshandelns, 1974, 278ff., 286f., der „schlichte Gebote" ohne vorläufige Verbindlichkeit und ohne Anfechtbarkeit annimmt. Diese seien nur ausnahmsweise durch unmittelbaren Zwang – z.B. Schulstrafen – durchsetzbar).

Beispiele: behördliches Hausverbot wegen Ordnungsstörung durch Benutzer (*nwOVG,* DVBl. 1963, 450; s. ferner *nwOVG,* NJW 1998, 1425); Umquartierung im Obdachlosenheim (*bayVGH,* ZMR 1966, 347).

Verwaltungsaktqualität können auch Benutzungsregelungen gem. § 35 S. 2 VwVfG besitzen. Dieses Institut der **Allgemeinverfügung** kann vielfach die – teilweise angezweifelte Sonderverordnung ersetzen (s. *Maurer,* § 9 Rdnr. 34). Sie können von den Anstaltsorganen auf Grund des Bundes- bzw. Landesverwaltungsvollstreckungsgesetzes **durchgesetzt** werden. Reichen die Machtmittel der Anstaltsorgane nicht aus, so ist um polizeiliche **Vollzugshilfe** zu ersuchen (s. *Knoke,* AöR 94 [1969], 407ff.; *Greifeld,* DÖV 1981, 906, 908ff.).

Ob bei Rechtsverstößen eines Anstaltsbenutzers anderen Nutzern auf Grund ihrer Anstaltsnutzung ein subjektiv-öffentliches Recht iS eines Anspruchs gegen die Anstalt auf Einschreiten gegen den Konkurrenten zusteht, beurteilt sich nach den jeweiligen Ermächtigungsgrundlagen der Anstaltsbefugnisse. Insoweit gelten die allgemeinen Regeln (vgl. *VG Mchn,* ZUM 1995, 896 m. Anm. *Gersdorf* ebda 841).

e) Anstaltsgewalt und verwaltungsrechtliches Hausrecht

Nicht mehr zur Anstaltsgewalt gehört das verwaltungsrechtliche **Hausrecht** der Anstalts- oder Trägerschaftsorgane zur Abwehr von Störungen des Anstaltsbetriebs oder Beschädigung von Anstaltseinrichtungen durch **Besucher,** welche die Anstaltsräume **nicht** widmungsgemäß benutzen. 59

Beispiele: Hinausweisung eines Fotografen aus dem Standesamt (*BGHZ* 33, 230), eines Landstreichers aus dem Rathaus, in dem er sich wärmt (*hmbOVG,* MDR 1957, 188), des Besuchers einer Obdachlosen-Siedlung (*nwOVG,* DVBl. 1975, 587; StTg 1976, 89) oder der Sozialfürsorgestelle eines Bahnhofes (*bayObLG,* DÖV 1977, 107 und dazu *Stober,* StKV 1977, 147), Vergabe privatrechtlicher Aufträge (*bayVGH,* BayVBl. 1981, 657), Untersagung von Büchertischen und Plakatwänden in der Mensa (*bwVGH,* BwVBl. 1993, 227; 1995, 314).

Ein Benutzer wird zu einem Besucher im hiesigen Sinne, wenn ihm – z.B. wegen ordnungswidrigen Verhaltens – das Benutzungsrecht entzogen worden ist. Einschlägig ist insoweit § 123 StGB, nicht aber §§ 859 f., 903, 1004 BGB, weil das Abwehrrecht zur Sicherung des Betriebes einer Anstalt des öffentlichen Rechts ein Annex der öffentlich-rechtlichen Sachkompetenz von Subjekten öffentlicher Verwaltung ist (s. Band 1, 11. Aufl., § 22 III 4), von ihnen nicht nach Belieben ausgeübt werden darf und vom Eigentum an den Anstaltsräumen unabhängig ist (aM *BGH,* DVBl. 1961, 46; 1968, 145; *BVerwGE* 35, 103 = DVBl. 1971, 111 m. Anm. v. *Bettermann* und *Bahls,* ebda 275 = JZ 1971, 96 m. abl. Anm. v. *Stürner* und abl. *Knemeyer,* DÖV 1971, 303, die mindestens dann zivilgerichtliche Zuständigkeit annehmen, wenn ein Privatrechtsgeschäft den abgewiesenen Besuch veranlasst hat; s.a. *Stürner,* Privatrechtliche Gestaltungsformen bei der Verwaltung öffentlicher Sachen, 1969, 104ff.). Andererseits gehört dieses Hausrecht nicht mehr zur Anstaltsgewalt, weil diese sich nur den Benutzern gegenüber rechtfertigen lässt. Für Anordnungen an Dritte fehlt die Ermächtigungsgrundlage. Daher sind Hausverbote gegen Besucher nicht Verwaltungsakte, sondern verwaltungsrechtliche Willenserklärungen, deren Durchsetzung den Polizeibehörden zu überlassen ist (s. z.B. § 17 II hmbSOG; so *Knemeyer,* DÖV 1970,

596ff. und *Lenies,* NJW 1973, 448f.; s. ferner zum Problem *Ehlers,* DÖV 1977, 737ff.; *ders.,* Verwaltung in Privatrechtsform, 1984, 439ff.; *Bethge,* DV 1977, 313ff.; *Zeiler,* DVBl. 1981, 1000ff.; *Berg,* JuS 1982, 260ff.; *Ronellenfitsch,* VerwArch. 73 [1982], 465ff.; *Knemeyer,* BwVBl. 1982, 249ff.; *bayVGH,* NJW 1982, 1717.

60 Personen, welche den Anstaltsbetrieb **von außen** stören, unterliegen der Gewalt der Anstaltsorgane nur auf Grund besonderer gesetzlicher Ermächtigung (aM *Fleiner* 330ff. – „Anstaltspolizei"; *Krüger,* in: FS Wacke, S. 15 nimmt eine „Amtsgewalt" an, die jeden Amtswalter ermächtigt, unabhängig von seinen persönlichen Grundrechten – dazu *blnVG,* DÖV 1974, 495 – und von einem Hausrecht jedwede Störung seiner Amtstätigkeit abzuwehren). Sonst sind die Polizei- oder die Ordnungsbehörden – ggf. auf Anregung der Anstaltsleitung – verpflichtet, Störungen des Anstaltsbetriebes von außen als Gefährdungen der öffentlichen Sicherheit oder Ordnung in eigener Zuständigkeit abzuwehren (s. *Pappermann/Löhr,* JuS 1981, 269ff. mwN – differenzierend nach der Form der Sachherrschaft *Greifeld,* DÖV 1981, 906ff.). Erst recht können Personen außerhalb des Anstaltsbereiches, welche **nicht stören,** nur auf Grund besonderer gesetzlicher Ermächtigung durch die Anstaltsgewalt zu bestimmtem Tun, Dulden oder Unterlassen verpflichtet werden (s. z.B. Art. 118 bayEUG). Das Verbot, Gefangenen Feilen und a. zu senden, wehrt innere Störungen des Anstaltsbetriebes oder -zwecks ab.

f) Abwehransprüche Dritter

61 Weil der Betrieb der öffentlichen Anstalt rechtlich notwendig ist, haben Außenstehende **keinen Abwehranspruch** gegen einen sie störenden zweckgemäßen Anstaltsbetrieb. Er ist in den Grenzen der §§ 906, 1004 BGB zu dulden. Der Gestörte hat jedoch einen Anspruch auf Vornahme geeigneter und zumutbarer Schutzvorkehrungen (s. *BGHZ* 48, 104; 60, 122f.). Darüber hinausgehende Störungen können einen Ersatzanspruch wegen enteignungsgleichen Eingriffs (s. Band 2, 6. Aufl., § 72 II), einen Folgenbeseitigungsanspruch (a.a.O. § 52 II) oder einen privatrechtlichen Aufopferungsanspruch (a.a.O. § 72 III) auslösen. Privatrechtliche Beseitigungs- und Änderungsansprüche sind jedoch ausgeschlossen, wenn die Anstalt nach einem Verfahren unter Beteiligung der Betroffenen genehmigt worden ist (z.B. gem. § 14 BImSchG, §§ 9 III, 11 LuftVG, § 7 VI AtomG; s. *Papier,* NJW 1974, 1797ff. mwN und zur Störung von Anwohnern durch Postbetrieb nach altem Recht *ndsOVGE* 12, 340).

3. Zulassung

a) Rechtsqualität und Wirkung

62 Die Benutzung setzt – anders als der Gemeingebrauch an öffentlichen Sachen – idR eine Zulassung voraus, und zwar auch dann, wenn ein subjekti-

ves Benutzungsrecht (s.u. Rdnrn. 63ff.) besteht. Die Zulassung ist Verwaltungsakt und begründet das idR höchstpersönliche öffentlich-rechtliche Benutzungsverhältnis. Sie muss demjenigen erteilt werden, der zur Anstaltsnutzung verpflichtet ist, darf aber auch anderen nicht ermessensmissbräuchlich versagt werden. Sie kann jedoch – je nach Art der Anstalt – von subjektiven Voraussetzungen abhängig gemacht werden, z.B. die Aufnahme in ein Krankenhaus von ernster Erkrankung, in eine Schule vom Bestehen einer Aufnahmeprüfung. Ferner können die Zahlung einer Gebühr oder andere Leistungen verlangt werden. Die Zulassung kann formgebunden (z.B. Bibliotheks-Ausweis) oder formfrei sein und wird häufig konkludent erteilt (z.B. anstaltlich betriebene Versorgungsunternehmen). Die Zulassung hat die Rechtsfolge, dass die Benutzungsordnung ohne Rücksicht auf einen etwaigen abweichenden Willen als objektives Recht verbindlich ist und das tarifliche Entgelt geschuldet wird, wenn der Benutzer nur über eine hinlängliche Einsichtsfähigkeit verfügt.

Eine Zulassung durch Verwaltungsakt erübrigt sich, wenn die Benutzung durch verwaltungsrechtlichen oder verwaltungsprivatrechtlichen Vertrag zugelassen wird (s.o. Band 2, 6. Aufl., § 44 II). Die Ausführung gewerblicher Arbeiten auf Friedhöfen durch Steinmetzen kann zwar von einer Zulassung (Berechtigungskarte) abhängig gemacht werden. Sie ist jedoch keine Zulassung zur Anstaltsbenutzung, sondern dient der Verwirklichung des Anstaltszwecks. Da sie insofern überwiegend im öffentlichen Interesse erfolgt, kann für sie weder eine Benutzungs- noch eine Verwaltungsgebühr erhoben werden (s. *nwOVGE* 22, 89 mwN).

b) Destination und Anspruch auf Zulassung

Der Bestand einer Anstalt begründet für Interessenten ohne weiteres nur einen Rechtsreflex, insbes. für solche, die nicht zu dem Personenkreis gehören, für den die Anstalt bestimmt ist (*BVerwGE* 39, 325; a.A. *Axer,* NVwZ 1996, 114, der bereits aus der Widmung den Nutzungsanspruch herleitet). Eine widmungsgemäße Anstaltsbenutzung wird idR als **Destination** gewährt, liegt also im Ermessen des zuständigen Anstaltsorgans, darf aber nicht ermessensfehlerhaft versagt werden (s.o. § 43 II und *BVerwG,* GewArch. 1961, 188; E 39, 235; *nwOVG,* NJW 1980, 901; *Stober,* JA 1975, 737). Danach ist eine Nichtzulassung z.B. dann rechtmäßig, wenn der Bewerber etwaige subjektive Anforderungen an die Anstaltsbenutzung (z.B. Bildungsstand für die Zulassung zu weiterführender Schule) nicht erfüllt oder wenn die Kapazität der Anstalt erschöpft ist (z.B. im Altenheim ist kein Zimmer frei). Ein Rechtsanspruch der Presse auf Auskunft gegenüber einer Rundfunkanstalt besteht nicht (*BVerwG,* JZ 1985, 624 m. Anm. *Hoffmann-Riem*). 63

Ein **Anspruch** auf Zulassung (zur Benutzung) und auf Benutzung öffentlicher Anstalten besteht nur, soweit er durch materielles objektives Recht gewährt wird, so z.B. nach den Gemeindeordnungen für die nichtrechtsfä- 64 higen gemeindlichen Anstalten oder zur BAA, nach *BVerfGE* 33, 303 wegen Art. 12 I 1 GG auch zu Ausbildungsstätten, wenn die objektiv-rechtlichen Benutzungsbedingungen erfüllt sind (a.A. *Axer* a.a.O.). Außerdem erwächst er als Korrelat eines Anschluss- und Benutzungszwanges. Benutzungsrechte können auch gewohnheitsrechtlich entstehen. Ihr Bestand lässt sich jedoch nicht vermuten (s. Band 1, 11. Aufl., § 43 II – volle Einräumungsberechtigung; *OLG Mchn,* DVBl. 1952, 529; *rpOVG,* DÖV 1967, 169; VerwRspr. 21, 431; *bwVGH,* DÖV 1968, 179; *bayVGHE* 22, 20 mwN; *nwOVGE* 21, 191; 24, 175). Benutzungsberechtigt sind seit der kommunalen Gebietsreform für die öffentlichen Einrichtungen der Unter-, Mittel- und Oberzentren nicht mehr nur die Einwohner, Grundbesitzer und Gewerbetreibenden der sie unterhaltenden Gemeinde, sondern auch die Einwohner des Einzugsbereichs der Anstalt, sofern das ausdrücklich vorgesehen ist (z.B. durch Gesetz oder auf Grund einer Vereinbarung, s. *Ehlers* a.a.O. 179). Fehlt es an einer ausdrücklichen Regelung oder handelt es sich um sonstige Gebietsfremde, bestehen ihre Benutzungsmöglchkeiten grundsätzlich nur in Gestalt der Destination (*Wirth,* Marktverkehr, Marktfestsetzung, Marktfreiheit, 1985, 60). Allerdings gebieten die Entwicklung der Kommunen zu Versorgungsgemeinschaften, die grenzüberschreitende Leistungsinanspruchnahme der Bürger sowie das auch die Kommunen bindende gemeinschaftsrechtliche Diskriminierungsverbot (*Spannowsky,* GewArch. 1995, 265ff.; *Hösch,* GewArch. 1996, 402ff.) eine Erstreckung des Zulassungsanspruchs auf alle im Einzugsbereich der Anstalt wohnenden oder geschäftsansässigen Personen (so insb. *Stober,* KommR, § 8 I; vgl. auch *BVerwG,* BayVBl. 1995, 349; *BayVGH,* BayVBl. 1995, 112). Der Anspruch steht aber nur den Personen zu, die ihn selbst und unmittelbar wahrnehmen. **Aufgepfropfte Benutzungen** für eigene Vorhaben Dritter werden nicht erfasst (*nwOVG,* DÖV 1984, 946). Auch Art. 3 I–III GG und § 5 I ParteienG können einen Anspruch auf Benutzung gewähren (*BVerwGE* 31, 368; *BVerwG,* VerwRspr. 29 [1978], 739; *BVerwG,* DVBl. 1985, 123; *bwVGH,* NJW 1979, 1844; *Vollmer,* DVBl. 1989, 1087).

Beispiel: Die Benutzung städtischer Säle darf einer politischen Partei nicht mit der Begründung versagt werden, die Partei oder die vorgesehene Veranstaltung seien unerwünscht oder es sei eine Beschädigung der Einrichtung durch Gegendemonstranten zu befürchten, sondern nur mit der Begründung, die Versammlung selbst sei unfriedlich (*BVerwG* a.a.O. und *E* 32, 332; *bwVGH,* DÖV 1968,179; *nwOVG,* DVBI. 1968, 842 m. Anm. v. *Jülich* und JZ 1969, 512; *bwVGH,* BwVBI. 1969, 10; *bayVGH,* BayVBl. 1984, 246; *OVG Lbg,* NJW 1985, 2347; *heVGH,* NJW 1993, 2331 und *OLG Hmb,* MDR 1969, 677; *Schöndorf,* BayVBl. 1984, 234). Das gilt auch dann, wenn der Saal von der Stadt durch eine GmbH oder KG betrieben wird (s.o. Rdnr. 38).

Es kann aber eine Kaution (*nwOVG,* NVwZ-RR 91, 508) oder Haftpflichtversicherung (*bwVGH,* NJW 1987, 2689; *bwVGH,* DÖV 1990, 792; *Zundel,* JuS 1991, 472ff.) zur Abdeckung etwaiger Beschädigung von Anstaltssachen verlangt werden. Mangels andersartiger Widmung sind *Schul-*

höfe kommunaler Schulen keine öffentlichen Einrichtungen, auf deren Benutzung politische Parteien einen Anspruch haben (*nwOVG,* NJW 1980, 901; *VG Schleswig,* Die Gemeinde SH 1979, 386; s. zur Archivbenutzung *bayVGH,* BayVBl. 1985, 366; *rpOVG,* NJW 1984,1134).

Auch wenn ein abstrakter Anspruch auf Zulassung besteht, muss sie konkret versagt werden, wenn die **Kapazität** der Anstalt nicht ausreicht (*bayVGH,* GewArch 1988, 245ff.). Die Reihenfolge der Zulassung richtet sich dann nach dem Anstaltszweck oder anderen sachlichen Gesichtspunkten, der Priorität oder besonderer gesetzlicher Regelung (s. *BVerwG,* DVBl. 1973, 805; *bayVGH,* NJW 1969, 1078; *nwOVGE* 24, 175; *bwVGH,* NJW 1972, 1295; *nwOVG,* DVBl. 1976, 398; NJW 1980, 901; *bwVGH,* NJW 1979, 1844; *heVGH,* NJW 1979, 997; *bayVGH,* NVwZ 1982, 120ff.; *BVerwGE* 56, 3 1; *Ossenbühl,* AöR 98 [1973], 384ff.; *ders.,* DVBI. 1973, 289ff.; *Püttner/Lingemann,* JA 1984, 121ff., 274ff.; *Stober,* WiVerwR § 46 III 1). Bei der Einräumung von Sendezeiten der politischen Parteien bei Rundfunkanstalten gilt das Prinzip der abgestuften Chancengleichheit (vgl. hierzu *VG Stgt.,* BwVBl. 1984, 31; *Neumann,* DVBl. 1984, 914; *Franke,* ZParl. 1980, 521ff.; zur Grundrechtsverpflichtung der Anstalten s. *BVerfG,* JZ 1985, 837 m. Anm. *H.P. Schneider;* zu den Grenzen der Prüfung von Wahlsendungen pol. Parteien durch die Anstalt *BVerfGE* 47, 198). Der Rundfunkteilnehmer hat als Anstaltsbenutzer idR keinen Anspruch auf die Ausstrahlung eines bestimmten Programms (vgl. *BVerwG,* DÖV 1979, 102). 65

In einer Nichtzulassung oder im Widerruf einer Zulassung kann ein nach allgemeinen Grundsätzen (z.B. Ermessensmissbrauch), Gesetz oder Anstaltsordnung rechtswidriger Verwaltungsakt liegen, der durch Widerspruch und Klage im Verwaltungsrechtsweg angegriffen werden kann. Der Streit um die Zulassung zur Benutzung einer öffentlichen Anstalt (oder öffentlichen Sache) gehört dem Verwaltungsrecht an, auch wenn die Benutzung nicht durch Satzung geregelt ist und die Leistung dem privaten Recht unterliegt (s. *bayVGHE* 22, 20; *nwOVG,* DVBl. 1968, 842 und VerwRspr. 20, 460 und *heVGH,* heVGRspr. 1974, 69; *bayVGH,* GewArch. 1982, 98; *OVG Lbg,* NJW 1985, 2346). Insoweit besteht keine Wahlfreiheit zwischen öffentlichem und privatem Recht (*heVGH,* NJW 1977, 452 – s. zur Rechtsnatur des Versicherungsverhältnisses bei der öffentl. bay. Gebäudebrandversicherung *bayVGH,* NJW 1978, 2410 m. Anm. *Badura*). 66

Mit der Zulassung erlangt der Anstaltsbenutzer **kein Recht auf Offenhaltung** (tatsächlichen Betrieb) der Anstalt oder eines Teiles davon (s.*heVGH,* DVBl. 1951, 1145 und *heVGH,* NJW 1979, 886; *bwVGH,* NVwZ-RR 1990, 502; *nwOVG,* NVwZ-RR 1993, 318; ferner *Ossenbühl,* KomHdb I, 384; *Frotscher,* KomHdb II, 152; zu weitgehend *Lässig,* NVwZ 1983, 18). Bei Streitigkeiten über die Bereitstellung oder Fortführung einer kommunalen Einrichtung ist auch dann der Verwaltungsrechtsweg gegeben, wenn das Benutzungsverhältnis privatrechtlich geregelt ist (*heVGH,* NJW 1979, 886). 67

c) Anstaltsbenutzungspflicht

68 Meist steht es jedem frei, von der Einrichtung einer nutzbaren öffentlichen Anstalt nach Zulassung bestimmungsgemäßen Gebrauch zu machen. Jedoch gibt es auch gesetzliche Anstaltsbenutzungspflichten wie die Schulpflicht, die Sozialversicherungspflicht und die Pflicht zum Aufenthalt in einer Krankenanstalt oder in einer Strafanstalt (s. u. Rdnrn. 102 ff., 112 ff., 136 ff.). Ob Flugplätze auf Grund der Regelungen der §§ 25 I, 29 II LuftVG iVm §§ 43, 45 LuftVZO öffentliche Monopolanstalten und deren privatrechtliche Unternehmer Beliehene sind, ist umstritten (bejahend *Ossenbühl*, DVBl. 1974, 541 ff.; verneinend *BGH*, ebda 558; zum Status der Flughäfen allgemein *Borst*, KomHdb V, § 103 I; *Hofmann/Grabherr*, LuftVG (Losebl.), § 6 Rdnr. 1 ff.). Zur verfassungsrechtlichen Problematik der Zwangsversicherung und der Monopolanstalten für Gebäudefeuerversicherung s. *Bogs*, Die Sozialversicherung im Staat der Gegenwart, 1973, 339 ff., 516 ff. mwN.

d) Anschluss- und Benutzungszwang

aa) Zum Begriff des Anschluss- und Benutzungszwangs

69 Ein dringendes öffentliches Bedürfnis rechtfertigt zudem die Einführung eines Anschluss- und (oder) eines Benutzungszwanges für bestimmte, insbes. der Volksgesundheit dienende Anstalten, z. B. zur Trinkwasserversorgung, Kanalisation, Straßenreinigung, Abfallbeseitigung sowie für Schlachthöfe, oft auch für Bestattungseinrichtungen und unter bestimmten Voraussetzungen für Fernwärmeversorgung durch kommunale Satzung. Der **Anschlusszwang** sichert die Schaffung der technischen Vorrichtungen zur Ermöglichung der Entgegennahme der anstaltlichen Leistungen, z. B. zur Trinkwasserversorgung oder zur Abwässerbeseitigung. Der **Benutzungszwang** bezweckt den Gebrauch der Anstaltsleistung und verbietet die Benutzung anderer, demselben Zweck dienender Mittel, z. B. privater Brunnen oder Schlachtanlagen. Das verstößt nicht gegen Art. 2 I GG (*BVerwG*, StTg 1976, 90; *BayObLG*, BayVBl. 1985, 218; *bayVfGH*, BayVBl. 1985, 78).

bb) Voraussetzungen

70 Die Einführung eines Anschluss- und (oder) Benutzungszwangs ist nur bei **dringendem** öffentlichen Bedürfnis zulässig (*nwOVG*, UPR 1995, 456). „Gründe des öffentlichen Wohls“ (Art. 24 I 2 bayGO) sind in diesem Sinne eng auszulegen (*BVerwG*, DÖV 1970, 823 aE; *OVG Lbg*, DÖV 1991, 610). Erforderlich ist der Schutz besonders wichtiger Gemeinschaftsgüter. Eine Gefahr im polizeilichen Sinne braucht nicht bevorzustehen; die Abwehr erheblicher Nachteile genügt. Verbesserung der Wirtschaftlichkeit einer Anlage reicht aber nicht aus (s. *BVerwG*, NVwZ 1986, 754; *badVGH*, DVBl. 1953, 636; *heVGH*, ebd., S. 638; VerwRspr. 23, 98; DVBl. 1975, 913; *nwOVGE* 24, 219; *bayVGHE* 26, 40; BayVBl. 1973, 380; *Giesen*, KommStZ 1990, 83 ff.).

AuB-Zwang haben **monopolisierende** Wirkung. Sie weisen die vom Monopol erfasste Tätigkeit – z.B. Trinkwasserversorgung, Müllabfuhr (verfassungsmäßig: *BayVfGH,* VerwRspr. 19, 607) – der Anstalt zu ausschließlicher Wahrnehmung zu und enthalten das Verbot an alle, diese Tätigkeit auszuüben, z.B. eine private Müllabfuhr zu betreiben. Das ist nur zum Schutz besonders wichtiger Gemeinschaftsgüter zulässig und auch bzgl. der Preise (Gebühren) und der Haftungsbeschränkung strenger zu beurteilen als privatrechtliche Monopole (s. *Schick,* DÖV 1962, 931ff.; *Badura,* Das Verwaltungsmonopol, 1963, 120ff.; *Fiedler,* DÖV 1977; *Stober,* Allgemeines Wirtschaftsverwaltungsrecht, 12. Aufl. 2000, § 21 III 7). Insbesondere auf Grund gemeinschaftsrechtlicher Vorgaben und in dem Bestreben nach Deregulierung haben Bund, Länder und Kommunen in den letzten Jahren jedoch zahlreiche Monopole aufgegeben und zumindest eine parallele privatwirtschaftliche Aufgabenerledigung zugelassen (*Stober* a.a.O.).

Beispiele: Aufhebung des Arbeitsvermittlungsmonopols der Bundesanstalt für Arbeit in 2 Stufen; Lizensierung der Beförderung von Infopost; Duales System Deutschland; private Feuerbestattungsanlagen (*BayVerfGH,* GewArch 1996, 466).

Gemeinden und Gemeindeverbände dürfen den Anschluss an und die Be- 71
lieferung durch Unternehmen, für die – mit oder ohne AuB-Zwang – kein Wettbewerb besteht, nicht von der Abnahme anderer Leistungen oder Lieferungen abhängig machen (s. z.B. § 102 V bwG0, Art. 95 bayGO, Art. 83 bayLKO, § 108 bbgGO, § 127c heGO, § 68 mvKV, § 112 ndsGO, § 110 nwGO, § 120 sanhGO, § 77 thürGO). Es ist daher rechtswidrig, einem Straßenbahnbenutzer wegen wiederholter Schwarzfahrt die Stromzufuhr zu sperren (sog. **Verbot sachwidriger Koppelung von Verwaltungsobliegenheiten**; s. *BGH,* VerwRspr. 32 [1981], 793 und ferner *Alexander v. Jacobs,* Der öffentlich-rechtliche Benutzungszwang in der Verwaltungsordnung, 1963; *Knemeyer* a.a.O. 23ff.; *Frotscher,* KomHdb III, § 52).

Der Anschluss- und Benutzungszwang ist durch (Gesamt-)Gemeinde- 72
oder Kreissatzung (nicht mehr durch Polizeiverordnung; *bayVGHE* 7, 140; *nwOVG,* DVBl. 1960, 860) anzuordnen (sog. **Satzungsvorbehalt**). Die gesetzliche Ermächtigung zu solchen Satzungen enthalten § 11 I bwGO, Art. 24 bayGO, § 15 bbgGO, breG v. 16. 6. 1964 (SaBl. 978), § 16 brhStVf, § 19 11 heGO idF v. 2. 11. 1971, § 15 mvGO, § 8 S. 2 ndsGO, § 9 nwGO, § 26 rpGO, § 21 saKSVG, § 14 sächsGO, § 8 sanhGO, § 17 shGO, § 20 thürGO und die Abfallgesetze der Länder (zB Art. 7 I bayAbfwG, § 9 nwAbfG, § 3 II sächsEGAG; vgl. auch *VG Aachen,* NWVBl. 1998, 251). Die Satzung bedarf aufsichtlicher Genehmigung nur gem. § 21 I 2 saKSVG, § 17 shGO.

Da der AuB-Zwang auf öffentlichem Recht beruht, ist das durch ihn begründete Rechtsverhältnis des Verpflichteten zur Gemeinde ein **öffentlichrechtliches** (nicht nur verwaltungsprivatrechtliches) auch dann, wenn die Gemeinde sich eines privaten Untenehmers als Erfüllungsgehilfen bedient

(s. *OVG LbgE* 25, 345; *Frotscher,* Die Ausgestaltung kommunaler Nutzungsverhältnisse bei Anschluss- und Benutzungszwang, 1974; *Kauther,* Private als Träger öffentlicher Einrichtungen mit AuB-Zwang (Diss. jur. Bochum) 1975 und *Püttner,* DVBl. 1975, 353f. mwN wegen der Einwirkungspflicht. AM *BGHZ* 52, 325; *heVGH,* VerwRspr. 27, 64 u.a., die einen privatrechtlichen, sowie *Ossenbühl* u.a., die einen öffentlich-rechtlichen Anspruch gegen den Unternehmer annehmen; s. ferner *Stober,* NJW 1984, 449ff. auch zur Problematik bei formeller Organisationsprivatisierung).

cc) Befreiung vom AuB-Zwang

73 Für Ausnahmefälle kann (und soll) die Satzung **Befreiung** vom Anschluss- und Benutzungszwang vorsehen. Solche Ausnahmen in Einzelfällen sind von der Beschränkung des Wirkungsbereichs der Satzung zu unterscheiden (*bayVerfGHE* 20, 189; *nwOVG,* NWVBl. 1998, 482 = NVwZ 1999, 91). Die Voraussetzungen einer Befreiung dürfen nicht dem Ermessen der Verwaltungsbehörde anheimgestellt, sondern müssen in der Satzung selbst umrissen sein, wobei jedoch eine Festlegung auf bestimmte Ausnahmetatbestände nicht erforderlich ist (*heVGHE* 2, 125; *bayVGHE* 7, 12; *bayVfGHE* 20, 190). Eine Satzungsbestimmung, die Befreiung allgemein zulässt, wenn und soweit der Anschluss- und Benutzungszwang „aus schwerwiegenden Gründen, auch unter Berücksichtigung des Gemeinwohls, nicht zugemutet werden kann", ist wirksam. Ihre Anwendung kann im Einzelfall verwaltungsgerichtlich nachgeprüft werden (s. *nwOVGE* 14, 170). Ein solcher schwerwiegender Grund liegt nicht schon darin, dass mit dem Bezug des Wassers aus einer öffentlichen Wasserleitung höhere Kosten verbunden sind, weil diese idR alle Benutzer gleichmäßig treffen (*bayVGHE* 7, 12; 8, 21; *rpOVG* E 16, 1981, 1ff.; s. aber auch *BVerwG,* NVwZ 1986, 754; *bwVGH,* DÖV 10990, 624; *rpOVG,* NVwZ-RR 1996, 193; für den vergleichbaren Fall der Fernwärme *bayVGH,* NVwZ 1983, 167). Bei Vorliegen der satzungsmäßigen Voraussetzungen besteht ein Anspruch auf Befreiung (*nwOVG,* NWVBl. 1996, 14; NWVBl. 1998, 482 = NVwZ 1999, 91).

74 Ein satzungsmäßiger Ausschluss der Haftung für Schäden infolge mangelhafter oder gestörter Wasserlieferung kann einen Anspruch auf Befreiung dann begründen, wenn der Benutzer hierdurch wegen der in seinem Betrieb bestehenden erhöhten Schadensempfindlichkeit (z.B. Gefahr des Verderbs von Milcherzeugnissen einer Molkerei) ungleich schwerer betroffen wird (s. *bayVGHE* 19, 165; *heVGH,* GemTg 1974, 249). Ein schwerwiegender, zu einem Anspruch auf Befreiung führender Grund ist auch das Interesse einer Brauerei an der Nutzung eigenen, wegen seiner besonderen und gleich bleibenden Beschaffenheit zur Bierherstellung besser geeigneten Brunnenwassers (*bayVGH,* BayVBl. 1966, 248; *nwOVGE* 24, 226). – Voraussetzung für den Anspruch auf Befreiung vom AuB-Zwang bei einer gemeindlichen Müllabfuhr ist das begründete Interesse des Anschlusspflichtigen an der privaten Beseitigung und Verwertung des Mülls z.B. bei überwiegend land-

wirtschaftlich oder gärtnerisch genutzten Grundstücken. Zur Befreiung vom Anschlusszwang vgl. auch § 3 Abs. 1 AVB WasserV v. 20. 6. 1980 (BGBl. I S. 750), hierzu *VG Minden*, AgrarR 1982, 194 ff. m. Anm. *Köhler*, AgrarR 1982, 264 f.; *bayVGH*, BayVBl. 1985. 152; *bayVGH*, NVwZ-RR 1994, 412; *shOVG*, NVwZ-RR 1994, 686. Eine Satzung, die abstrakt gebotene Befreiungen nicht vorsieht, ist insoweit rechtswidrig, weil sie dem Betroffenen ein unzumutbares Opfer auferlegt und damit enteignende Wirkung hat (*bayVGHE* 7, 26; *BayObLG*, NVwZ 1986, 1055).

dd) AuB-Zwang und Grundrechte

Der Anschluss- und Benutzungszwang bestimmt für die Grundstückseigentümer, die vordem die Anstaltsleistungen selbst erbracht haben (**Selbstversorger** z. B. von Trinkwasser aus Brunnen) idR nur den Inhalt ihres Eigentums. Sie haben also idR **keinen Entschädigungsanspruch**. (s. *BGHZ* 40, 358 ff. – Müllabfuhr; JZ 1979, 132 – Abwasseranlage; *BVerwG*, DÖV 1969, 431 – Müllverbrennung; DVBl. 1960, 725 – Sondergrabstätte; s. aber o. § 48 II b; NVwZ-RR 1990, 96 – öffentliche Wasserversorgungsanlage; *bayVerfGH*, BayVBl. 1985, 78 – Abfallbehältnisse; *nwOVGE* 14, 177 – Wassergewinnung; *bayVfGHE* 16, 132 – desgl.; *OVG LbgE* 25, 345 – desgl.; *bwVGH*, JZ 1972, 436 – desgl.; *heVGH*, VerwRspr. 23, 96 – Entwässerung. – Insofern die Einführung eines AuB-Zwangs die Berufsausübung beeinträchtigt, muss sie ebenfalls hingenommen werden. Das gilt auch von einer Beeinträchtigung der Freiheit der Berufswahl, wenn diese den o. genannten strengen Anforderungen genügt und als Mittel zur Abwehr von Gefahren (!) unentbehrlich ist (*BVerfGE* 21, 251; *BVerwG*, DÖV 1970, 823; *BVerwGE* 62, 224; *bayVGH*, BayVBl. 1982, 594; ablehnend *Weiß*, VerwArch. 90 [1999], 415). 75

Zweifelhaft ist, ob den durch Einführung des Benutzungszwanges beeinträchtigten **Gewerbetreibenden** (z. B. Schlachter mit eigener Schlachtanlage, privater Müllabfuhrunternehmer), sofern eine Umstellung ihres Betriebes nicht ohne erhebliche Einbußen möglich ist, ein Opfer abverlangt wird, das eine Entschädigung erfordert. Denn die Position des Gewerbetreibenden ist mit der potentiellen Verwirklichung des AuB-Zwangs behaftet (*BGH*, DÖV 1964, 349; *BVerwGE* 62, 224). Die ganz hM verneint jedoch auch hier eine Enteignung und wertet den AuB-Zwang lediglich als Inhalts- und Schrankenbestimmung iSv Art. 14 I 2 GG (*bayVGH*, BayVBl. 1989, 753). Auch löst die Aufhebung des Benutzungszwangs eines Schlachthofs keinen Entschädigungsanspruch aus (*BGH*, MDR 1969, 912). Unterstellt man eine Enteignung, ist folgendes zu berücksichtigen: Da die (nachkonstitutionellen) gesetzlichen Ermächtigungen zur Einführung des Benutzungszwanges in den Gemeindeordnungen Art und Ausmaß der Entschädigung (wie Art. 14 III 2 GG verlangt) nicht vorsehen, wäre eine Satzung, durch die Gewerbetreibende **voraussehbar** wesentlich beeinträchtigt werden, verfassungswidrig. Eine Entschädigungsregelung in der Satzung genügt nicht, weil Art. 14 76

III 2 GG ein formelles Gesetz meint. Lediglich unvorhersehbare Beeinträchtigungen dürfen als enteignungsgleiche Eingriffe angesehen und entschädigt werden (s. Band 2, 6. Aufl., § 72 II). Sonst muss die höhere Verwaltungsbehörde die Anlage gem. § 51 GewO vor Inkrafttreten der Satzung gegen Entschädigung (durch die Gemeinde) untersagen (s. *Badura,* DÖV 1964, 539; *Schick,* Untergesetzliche Rechtssätze als Enteignungsnormen: DVBl. 1962, 774ff.; *Hartmut Soehn,* Eigentumsrechtliche Probleme des gemeindlichen Anschluss- und Benutzungszwanges (Diss. jur. Mchn) 1965, 116ff. (126); *Hoffmann-Becking,* in: FS Wolff, S. 454ff.; *Erler,* Maßnahmen der Gefahrenabwehr und verfassungsrechtliche Eigentumsgarantie, 1977, 217; *Wolny,* GewArch. 1978, 8; *Kloepfer,* VerwArch. 70 [1979], 195, 213).

ee) Einzelne Fallgruppen

77 Nicht einheitlich geregelt ist der Anschlusszwang an die **Fernwärmeversorgung** (s. näher *Wagener,* Anschluss- und Benutzungszwang für Fernwärme, 1989). Teilweise wird der AuB-Zwang ausdrücklich aus Umweltschutzgründen, insb wegen der Luftreinhaltung, angeordnet (Art. 24 I Nr. 3 bayGO, § 11 II bwGO, § 14 I sächsGO, § 17 II 1 shGO, § 20 II 3 thürKO). Derartige Regelungen sind verfassungsrechtlich unbedenklich (s. *Stober,* KommR, § 16 III 5 b). Andere Bestimmungen lassen hingegen die Voraussetzungen und Anforderungen nicht klar erkennen (§ 16 II 1 heGO, § 15 I mvKO, § 8 Nr. 2 ndsGO, § 9 S. 1 nwGO, § 26 I 1 rpGO, § 22 I saKSVG, § 8 Nr. 2 sanhGO). Hier ist zu verlangen, dass die Volksgesundheit (Immissionsschutz) den AuB-Zwang erfordert; energiepolitische Erwägungen kommen wohl kaum in Betracht (*Wichardt,* DVBl. 1980, 31). Insoweit ist zweifelhaft, ob der Gesetzgeber die Eingriffsgrundlagen auch auf solche Erwägungen ausdehnen und damit die klassische Grundlage des gesamten Instituts verlassen kann (a. A. *Cronauge,* StGRt 1982, 296; *ders.,* StGR 1984, 318; zurückhaltend *Schmidt-Aßmann,* DV 1983, 277; *ders.,* in: FS v. Unruh, S. 607, 621 – s. wegen Abwassersatzungen *Barocka,* DÖV 1968, 188ff., wegen Fernheizung *bayVGH,* VwRspr. 26, 997; *heVGH,* VwRspr. 27, 64; *bwVGH,* DÖV 1980, 846; *bayVGH,* NVwZ 1983, 167; *BayObLG,* BayVBl. 1985, 285; *Färber,* DÖV 1971, 181ff.; *Ackermann,* DVBl. 1974, 332ff.; *Börner,* Einführung eines Anschluss- und Benutzungszwangs für Fernwärme durch kommunale Satzung, 1978; *Peine,* JZ 1984, 869, 876; *Haase,* BB 1984, 1268). Als mögliche Alternative kommt die Etablierung eines AuB-Zwanges in – noch zu schaffenden – **Landesenergiegesetzen** in Betracht (*Stober,* KommR, § 16 III 5 b aE). Der Zwang kann und muss ggf. auf Teile des Gemeindegebiets oder auf bestimmte Gruppen von Grundstücken beschränkt werden (s. o. die §§ der Gemeindeordnungen und *BVerwG,* VerwRspr. 15, 862; *bayVGHE* 8, 20; E 20,189 – s. zum AuB-Zwang bei Wochenendgrundstücken *rpOVG,* NVwZ 1985, 436).

78 Da nicht die Nutzung der Anlage, sondern diese selbst der Volksgesundheit dienen muss, ist AuB-Zwang auch für technisches **Gebrauchswasser**

zulässig (*bayVGHE* 19, 163; *nwOVGE* 24, 219; *rpOVG E* 16, 1ff.; *bayVGH,* BayVBl. 1985, 152; im Hinblick auf weitere Beschränkungsanträge *heVGH,* AgrarR 1984, 284; *OVG LbgE* 26, 414 und *bwVGH, JZ* 1972, 436).

AuB-Zwang für eine Kanalisation kann auch den durch sie erschlossenen **Hinterliegern** auferlegt werden (*nwOVGE* 26, 105; *Olschewsky,* KommStZ 1990, 107ff.; wegen Müllabfuhr s. *bayVGHE* 8, 183). Ältere Rechte auf Freiwasserbezug oder zur Einleitung von Abwässern in einen Wasserlauf stehen dem AuB-Zwang nicht entgegen (*bayVGH,* VwRspr. 22, 980; *BGHZ* 54, 293), ebenso nicht eine vormals von der Gemeinde freiwillig, nicht als öffentliche Anlage betriebene Gebietswasserversorgungseinrichtung (*BVerwG,* NVwZ-RR 1990, 96; *shOVG,* NVwZ-RR 1997, 47). 79

Wegen der **Friedhofsbenutzung** s. *BVerwGE* 45, 224; *nwOVG,* NVwZ-RR 1998, 431 = NWVBl. 1997, 395 (wie schon *nwOVG,* DVBl. 1966, 836: für gemeindlichen Friedhof nur, wenn kein anderer am Ort besteht; ebd. auch für Urnenbestattung; wie schon *heVGH,* VerwRspr. 18, 822, *bayVGHE* 22, 53; *BVerfGE* 50, 256; insbes. betr. die Gestaltung von Grabmälern s. *BVerwGE* 17, 119; DÖV 1968, 847; *bwVGHE* 8, 164; BwVBl. 1961, 14; DVBl. 1969, 44; *bayVGHE* 12, 21; 13, 52; *VerwRspr.* 24, 1007; *rpOVGE* 10, 60; *saOVGE* 11, 239; *bayVGH,* BayVBl. 1982, 594; *nwOVG,* DÖV 1991, 613; – wegen Bestattungswesen s. ferner *BVerwG,* DÖV 1970, 823; E 39, 329; *badVGH,* 1953, 634; *rpOVG,* VerwRspr. 23, 229; wegen Leichentransport *bayVGH,* BayVBl. 1985, 463; wegen Urnenbeisetzung auf privatem Grundbesitz *bwVGH,* BwVwPr 1979, 135. *Wietkamp,* Probleme des Anschluss- und Benutzungszwanges unter bes. Berücksichtigung des Bestattungswesens (Diss. jur. Mstr) 1962; *Gaedke,* Hdb des Friedhofs- und Bestattungsrechts, 8. Aufl. 2000; *ders.,* BayVBl. 1972, 290; *ders.,* DÖV 1985, 355ff.; *Grempel,* EvStL, 768ff.; *Renck,* DÖV 1993, 517ff.; *Engelhardt,* Bestattungswesen, Friedhofsrecht, HdbStKiR II, 2. Aufl. 1995, § 41; *Zimmermann,* ZEV 1997, 440ff.) 80

e) Pflichten der Anstaltsbenutzer

Verpflichtet sind die Benutzer 81

- zur **Benutzung,** sofern Benutzungszwang besteht,
- zur Befolgung der **Benutzungsordnung,**
- zur Befolgung rechtmäßiger konkreter **Anordnungen** von Amtswaltern der Anstalt,
- bei Aufnahme in eine **Hausgemeinschafit** zu positiver Einfügung in diese (z.B. in Krankenanstalten, Altersheime),
- zur **Duldung** von Eingriffen in ihr Eigentum, die durch den Anstaltszweck erfordert werden (z.B. Desinfektion von Kleidern),
- zur Zahlung des privatrechtlichen **Entgelts** oder der öffentlich-rechtlichen **Benutzungsgebühr;**

– zur Zahlung einer **Verwaltungsgebühr** für nicht allgemeine, also für eine vom Benutzer veranlasste **besondere** Inanspruchnahme der Anstalt (z.B. Mahngebühr der Bibliotheken).

4. Beendigung des Anstaltsnutzungsverhältnisses

82 Das Anstaltsbenutzungsverhältnis endet entweder aus rechtlichen oder aus tatsächlichen Gründen; nämlich wegen

- **Beseitigung** der Zulassung (Ausschluss);
- **Entlassung** des Benutzers, sofern es sich um ein öffentlich-rechtfiches Leistungsverhältnis handelt;
- **Kündigung** des Leistungsverhältnisses, sofern es durch privatrechtlichen Leistungsvertrag entstanden ist (z.B. der Benutzer einer öffentlichen Sparkasse löst sein Konto auf);
- **Tod** des Benutzers, wenn die Zulassung von persönlichen Eigenschaften oder Fähigkeiten abhängt;
- **Auflösung** der Anstalt. Der Untergang des Sachbestandes einer öffentlichen Anstalt (z.B. Schul- oder Sparkassenbrand) beendet idR nicht das Anstaltsbenutzungsverhältnis, es sei denn, dass dieses sich, wie z.B. bei der Schlachthausbenutzung, notwendig auf den vernichteten Sachbestand bezieht.

5. Sonderbenutzungen

83 Sondernutzungen öffentlicher Anstalten können bei Bedarf durch verwaltungsrechtliche Erlaubnis, Verleihung, verwaltungsrechtlichen oder auch privatrechtlichen Vertrag auf Widerruf, auf Zeit oder unbefristet eingeräumt werden.

Beispiele: Bevorzugte Parkgelegenheit auf Anstaltsgelände; Sonderrechte von Professoren bei Benutzung der Universitätsbibliothek; Recht zum Kopieren von Gemälden in Museen; Sondernutzung einer Badeanstalt durch Verein für Freikörperkultur (sa*OVG*, JZ 1961, 673f. m. Anm. v. *Wacke*); ungewöhnliche Strom-, Wasser- oder Gasentnahme; Sondergrabstätten und Erbbegräbnisse (s. *Bachof*, in: GS H. Peters, S. 642ff. [anpassende Nachforderung einer Gebühr ist zulässig, Entziehung aber nur gegen Entschädigung]; s. ferner *nwOVG*, NJW 1980, 901 und DÖV 1984, 946).

6. Verwaltungsrechtliches Sonderverhältnis und Anstaltsrecht

a) Grundrechte und Gesetzesvorbehalt im Anstaltsrecht

84 Der Anstaltsgewalt entspricht auf Seiten der Anstaltsbenutzer ein über die allgemeinen staatsbürgerlichen Pflichtverhältnisse hinausgehendes verwaltungsrechtliches Sonderverhältnis, das einen Sonderstatus begründen kann (s.o. Band 1, 11. Aufl., § 32 IV). Die zu seiner abstrakten und konkreten Gestaltung ergehenden Anordnungen wurden bis zur Einführung der verwaltungsgerichtlichen Allzuständigkeit als nicht justiziable, rein tatsächliche Maßnahmen angesehen, die dem Gesetzesvorbehalt nicht unterlagen

(s.o. Band 1, 11. Aufl., §§ 25 IX, 30 III, 46 VII). Davon ging auch noch das GG aus. Auch wenn, wie bei wirtschaftlich nutzbaren Anstalten ohne Benutzungszwang die Annahme einer Anstaltsgewalt entbehrlich sein mag, weil die Benutzung vertraglich geregelt wird und das allgemeine Hausrecht ausreicht (s. *Rüfner* a.a.O. 312ff.), bleibt die Zulassung öffentlich-rechtlich gebunden und besteht ein Sonderverhältnis, freilich ohne die Probleme des sog. besonderen Gewaltverhältnisses.

Inzwischen ist anerkannt, dass auch der einer Anstaltsgewalt Unterworfene nicht etwa Objekt des Anstaltsbetriebes, sondern Träger eigener (Grund-)Rechte (Person) ist, dass die Benutzungsordnung als Satzung oder als Sonderverordnung Quelle objektiven Rechts ist und dass die im Einzelfall ergehenden anstaltlichen Anordnungen **Verwaltungsakte** sind, gegen die Rechtsschutz vor den Verwaltungsgerichten gegeben ist. Maßnahmen im Sonderverhältnis unterliegen dem **Vorbehalt des Gesetzes** in demselben Maße wie Anordnungen im allgemeinen Gewaltverhältnis; doch beruht diese Ermächtigung zT noch auf Gewohnheitsrecht und bezieht sich meist nicht unmittelbar auf die anstaltsrechtlichen Maßnahmen, sondern auf die Zulässigkeit des anstaltsrechtlichen Sonderverhältnisses. Zulässig sind danach nur solche Anordnungen, die ausdrücklich gesetzlich geregelt oder durch den gesetzlichen Zweck des Sonderverhältnisses gerechtfertigt sind (s.a. *Thieme*, JZ 1964, 81ff.; *Ronellenfitsch*, DÖV 1981, 933ff.; *ders.*, VerwArch. 73 [1982], 245ff.; *ders.*, DÖV 1984, 781, 782ff.; *Merten* (Hg.), Besonderes Gewaltverhältnis, 1985; *Löwer*, DVBl. 1985, 928, 938f.; *Krebs*, NVwZ 1985, 609, 611f.; *Luthe*, DVBl. 1986, 440ff.).

b) Abgestufte Gewaltunterworfenheit im Anstaltsrecht

Wegen ihrer Abhängigkeit vom zweckgemäßen Funktionieren der Anstalt sind den Befugnissen der Organe der verschiedenen Anstaltsarten und entsprechend den Rechten der ihnen Unterworfenen recht **unterschiedliche Schranken** gezogen. 85

Bei rein **privatrechtlich genutzten** Anstalten, deren Benutzer einer Zulassung nicht bedürfen und deren Anstaltsgewalt sich auf die Regelung der Zuständigkeiten der Organe und die Abwehr etwaiger Störungen beschränkt, fehlt es überhaupt an einem besonderen Gewaltverhältnis der Benutzer.

Beispiele: Öffentliche Banken und Sparkassen, deren „Geschäftsbedingungen" sich hinsichtlich ihres Rechtscharakters von denen privater Banken nicht unterscheiden, sowie bei den Theatern und Museen.

Bei den sonstigen Anstalten **ohne Sonderstatus** beschränkt sich die Besonderheit des Gewaltverhältnisses auf die Abhängigkeit der Benutzung von der öffentlich-rechtlichen Zulassung. Materiell besteht dieses Gewaltverhältnis einerseits in der Unterworfenheit unter die Leistungsbedingungen der Anstalt sowie dem Störungsverbot, andererseits aber auch in den Sicherungen, welche die Gebundenheit der Anstaltsorgane an Gesetz und Recht, einschließlich des Anstaltszwecks, deren Benutzern gewährt. Die Benutzer sind nicht der Privatautonomie des Anstaltsherrn ausgeliefert, sondern nur denjenigen Schranken unterworfen, deren allgemeine und gleiche Beachtung ihnen allererst die Vorteile einer zweckentsprechenden Benutzung ermöglicht. Dafür kommt es weder auf die Freiwilligkeit oder Gezwungenheit zur Benutzung noch auf die privatrechtliche oder öffentlich-rechtliche Gestaltung des Leistungsverhältnisses an. Die allgemeine Handlungsfreiheit, die Gleichheit und das Eigentum werden nicht anders eingeschränkt, als es auch im allgemeinen Gewaltverhältnis erforderlich sein kann und zulässig ist. Die Benutzer solcher Anstalten stehen also nicht so sehr in einem „besonderen Gewaltverhältnis" als in einer je besonderen Art des „allgemeinen Gewaltverhältnisses".

Beispiele: Wer die Leistungen einer Anstalt freiwillig in Anspruch nimmt oder kraft Gesetzes oder auch nur durch die Umstände dazu gezwungen ist, übernimmt die damit rechtmäßig verknüpften Bedingungen. Wer im Lesesaal arbeiten will, muss auf das Rauchen, wer lieber rauchen will, muss auf die Benutzung des Lesesaals verzichten, wie der Besitzer eines Brunnens auf dessen Benutzung verzichten muss, soweit er objektiv-rechtlich zur Benutzung einer Wasserleitung gezwungen ist.

Die allerdings „besondere", aber nicht nur gegenüber den Benutzern bestehende anstaltsrechtliche Ordnungsbewahrungspflicht ähnelt der allgemeinen materiell-polizeilichen Ordnungsbewahrungspflicht. Beide werden abstrakt und unbestimmt durch gesetz- oder gewohnheitsrechtliche Generalklauseln begründet, teilweise durch Satzungen oder (Polizei- oder Ordnungs- bzw. Anstalts-)Verordnungen näher bestimmt und durch Verwaltungsakte vollends aktualisiert. An Stelle der materiell-polizeilichen Abwehr von Störungen der allgemeinen öffentlichen Ordnung tritt jedoch die anstaltsrechtliche Abwehr von Störungen der besonderen Anstaltsordnung zur Gewährleistung einer zweckgemäßen Funktionserfüllung, so z.B. das an die Stelle eines statusbedingten Disziplinarrechts getretene Ordnungsrecht für Studierende oder auch das Tierhalteverbot in einer Obdachlosenunterkunft (*nwOVGE* 14, 15). So sehr die Anstalten, ihr Betrieb und ihre Benutzungsweise entsprechenden privaten Unternehmen und Betrieben ähneln, ist ihre Rechtslage sogar bei privatrechtlicher Gestaltung des Leistungsverhältnisses mindestens insofern eine andere, als die Benutzung nicht uneingeschränkter Privatautonomie einschließlich des privaten Hausrechts, sondern der rechtlich gebundenen hoheitlichen Anstaltsgewalt unterliegt (s. *BVerwG,* DVBl. 1986, 291 betr. Art. 5 II GG).

86 Es gibt aber auch Anstalten, wie die Schulen, geschlossenen Krankenanstalten und Haftanstalten, deren – erzwungene oder auch freiwillige – Benutzung ein wesentlich gesteigertes Gewaltverhältnis begründet, weil sie ihrer Zweckbestimmung nach die Persönlichkeit ihrer Benutzer nicht nur mit einzelnen Leistungs- und Ordnungspflichten und entsprechenden Rechten, sondern fast in ihrer Gesamtheit erfassen. Es sind dies also die Anstalten, deren Benutzer – ähnlich wie die Beamten und wie die Mitglieder

gewisser, z. B. ständischer Körperschaften - in einem durch den verfassungsgemäßen Anstaltszweck bestimmten je besonderen Lebensverhältnis stehen, das der Gesetzgeber nur näher gestalten, nicht aber in seinem Wesen verändern kann. Kennzeichnend für einen solchen öffentlich-rechtlichen **Sonderstatus** (s. o. Band 1, 11. Aufl., § 32 IV) ist eine enge zweckhafte Verbindung zur öffentlichen Gewalt und die Unaufzählbarkeit der mit dieser Rechtsstellung gegebenen (potentiellen) Rechte und Pflichten, die weder hinsichtlich der Erforderlichkeit noch hinsichtlich der Intensität der Vergünstigungen oder der Eingriffe im Voraus genau vorherzusehen und festzulegen sind. Fest stehen nur die Ziele, auf die hin die Angehörigen eines bestimmten Sonderstatus zu disziplinieren sind. Weil und soweit dies nur unter Hintansetzung der Grundrechte oder doch ihrer Ausübbarkeit möglich ist, begründen solche Sonderstatus auch insofern echte besondere, den allgemeinen gegenüber gesteigerte Gewaltverhältnisse.

c) Einzelne Fallgruppen

Rechtsgrund und Tragweite der in statusbegründenden Anstalten zulässigen Grundrechts-Einschränkungen sind freilich je nach Art der Anstalt verschieden (s. *Merten,* in: FS Carstens, S. 721 ff.):

- Die der Absonderung gemeingefährlicher Geisteskranker und Süchtiger oder der Seuchenbekämpfung dienenden meist **abgeschlossenen Abteilungen** von **Krankenanstalten** sowie die **Fürsorge- und Arbeitsanstalten** können ihre Zwecke nur erfüllen, wenn ihren Insassen die konkrete Ausübung derjenigen Grundrechte versagt bleibt, die ihre Bewegungsfreiheit (Art. 2 II GG) außerhalb der Anstalt voraussetzen, wie Teilnahme an Gottesdiensten, an Ehe- und Familienleben, an Vereinen und Versammlungen, Freizügigkeit und Arbeitsplatzwahl. Sie müssen auch innerhalb der Anstalt Freiheits- und Eigentumsbeschränkungen sowohl im Interesse ihrer Gesundung bzw. Erziehung als auch zur Aufrechterhaltung der Anstaltsordnung unterworfen werden. Erforderlichenfalls muss auch in das Brief-, Post- und Femmeldegeheimnis eingegriffen oder die Verfügung über eigene Sachen versagt werden (s. a. § 37 III BSeuG, *BGH,* JZ 1973, 128 und *Hans,* DÖV 1963, 256 ff.). Die insofern notwendigen Einschränkungen der Grundrechte der Art. 3–14 GG sind zulässig, weil derartige Anstalten dazu beitragen, die verfassungsmäßige Ordnung zu erhalten, die Grundrechte aber gem. Art. 2 I GG selbstverständlich nur im Rahmen dieser verfassungsmäßigen Ordnung als der Voraussetzung jeder staatlichen Geordnetheit gewährleistet sind. Durch die besondere Disziplinargewalt solcher ordnungserhaltenden Anstalten werden daher lediglich sachliche (nicht auf einen bestimmten Personenkreis gemünzte), immanente (hinsichtlich des eingeschränkten Grundrechts in der verfassungsrechtlichen Gewährleistung bereits enthaltene) oder systematische (hinsichtlich anderer Grundrechte unumgängliche), intransitive (zugunsten aller Dritten gezogene) und reflexive (auch zur Funktionsfähigkeit der 87

Anstalt erforderliche) Schranken geltend gemacht, die allen Grundrechtsgewährleistungen innewohnen. Die Benutzer solcher Anstalten gehen ihrer Grundrechte insoweit verlustig, als es erforderlich ist, um die von ihnen selbst drohende Ordnungsstörung abzuwehren.

88 – Auch die **Haftanstalten** müssen selbstverständlich die Freiheitsrechte ihrer Insassen erheblich einschränken. Auch sie gehören zu den ordnungserhaltenden Anstalten, da sie der Aufrechterhaltung der Ordnung im Staate dienen. Die ihrem Zwecke entsprechenden Einschränkungen der Art. 3–14 GG dienen außerdem der Vergeltung für geschehenes Unrecht. Daher machen sie insofern nicht eine Gewährleistungsschranke, sondern eine generelle (auf alle Freiheitsrechte bezogene), verfassungsunmittelbare, intransitive und reflexive Vorbehaltsschranke geltend. Diese ergibt sich aus Art. 2 I iVm Art. 12 III und 104 GG, in denen das Haftverhältnis - und damit die mit ihm notwendig verbundenen Freiheitsbeschränkungen – „institutionalisiert", d.h. anerkannt sind (s. *Ronellenfitsch,* VerwArch. 73 [1982], 245ff.; zur umstrittenen Zwangsernährung von Gefangenen gem. § 101 StrVollzG s. *Geppert,* Jura 1982 mwN und allgemein *Bleckmann,* DVBl. 1984, 991).

89 – Die Schüler **öffentlicher Schulen** stehen ebenfalls in einem Sonderstatus und unterliegen einer besonderen Anstaltsdisziplin, die sowohl ihre Erziehung als auch die Aufrechterhaltung der Ordnung in der Anstalt zum Ziele hat. Die Schulen dienen jedoch nicht der Erhaltung, sondern vielmehr der Gestaltung der von der Verfassung gewollten Ordnung. Einschränkungen der Grundrechtsausübung der Schüler sind daher nur zulässig, weil mit dem Institut der Schule die damit üblicher- und notwendigerweise verbundenen Freiheitsbeschränkungen vom Grundgesetz in Art. 7 anerkannt sind. Die Ausübung der Grundrechte der Schüler findet deshalb nur eine generelle (auf alle Freiheitsrechte bezogene), verfassungsunmittelbare, transitive (auf die Schüler selbst bezogene) und reflexive (auch zur Funktionsfähigkeit der Schule erforderliche) Vorbehaltsschranke (s.u. Rdnrn. 136ff.).

d) Grenzen der Anstaltsgewalt

90 Aus diesen **Begrenzungen** folgt, dass keine Anstaltsdisziplin weitergehende Duldungs- oder Leistungspflichten auferlegen darf, als durch den jeweiligen Zweck des besonderen Statusverhältnisses, der funktionalen Stellung des Betroffenen in ihm und um der zweckgemäßen Funktionsfähigkeit der Anstalt willen notwendig ist. Darüber hinausgehende übermäßige und unverhältnismäßige – wenn auch zur Verwirklichung des Anstaltszwecks geeignete – Maßnahmen sind rechtswidrig und wegen Art. 19 IV GG iVm § 40 VwGO idR verwaltungsgerichtlich justiziabel.

In **allen** Fällen, auch bei freiwilliger Anstaltsbenutzung, finden die durch die Anstaltsgewalt ermöglichten Grundrechtsbeschränkungen außerdem eine Grenze in der unverletzlichen **Würde** jedes Menschen (Art. 1 GG), im

Verhältnismäßigkeits- und im **Gleichheitsgebot** (Art. 3 GG), das auch in besonderen Gewaltverhältnissen unterschiedliche Behandlung der Unterworfenen nur aus sachlich gerechtfertigten Gründen gestattet. Grenzen ziehen der Anstaltsgewalt ferner das **Mißhandlungsverbot** des Art. 104 I 2 GG, das selbstverständlich erst recht für Schüler gilt, und die **Wesensgehaltssperre** des Art. 19 II GG. Die lebenslängliche Unterbringung gemeingefährlicher Kranker und die lebenslängliche Freiheitsstrafe sind durch den Art. 19 II GG gleichwertigen, rechtsstaatlich absichernden Art. 104 GG ermöglicht. Der Wesensgehalt eines Grundrechts kann im Übrigen begrifflich nicht weiter reichen als die verfassungsrechtliche Gewährleistung des Grundrechts.

e) Korrespondierende Fürsorgepflicht

Der Anstaltsgewalt entspricht eine **Fürsorgepflicht** der Anstaltsorgane, 91
die umso weiter geht, je größer die Abhängigkeit des Anstaltsbenutzers ist. Das **Fürsorgerecht** der Anstaltsbenutzer gegenüber der Anstaltsverwaltung ist dem der Beamten gegenüber ihrem Dienstherrn (s. o. § 84) vergleichbar, entspricht jedoch idR nicht dessen Umfang, weil es an einem besonderen gegenseitigen Treueverhältnis – wie im Beamtenrecht – zumeist fehlt (s. *Papier,* Die Forderungsverletzung im öffentlichen Recht, 1970, 56, 66 ff.).

Der Anspruch des Anstaltsbenutzers auf Fürsorge **verlangt** negativ, dass die Anstaltsorgane im Verhältnis zum Benutzer die gesetzlichen Bestimmungen einhalten, von der Anstaltsordnung nicht zu seinem Nachteil abweichen und bei Ermessensentscheidungen gerecht und wohlwollend verfahren. Positiv ist die Anstaltsleitung gegenüber ihren Benutzern zum Schutze der Person, insbes. Gesundheit und Vermögen, sofern dies in den Anstaltsbereich gelangt, verpflichtet und hat entsprechende, z. B. bauliche oder organisatorische Veränderungen zu treffen (s. *Stober,* BwVBl. 1972, 164; *ders.,* RdJB 1974, 186; *Lange,* VVDStRL 44 [1986], 184; *OVG Bln,* DVBl. 1975, 732; *LG Wiesb,* NVwZ 1983, 179).

Bei schuldhafter Verletzung der Fürsorgepflicht **haftet** die Anstalt (bei 92
nichtrechtsfähigen Anstalten der Anstaltsherr) für den dem Benutzer **daraus** entstehenden Schaden in entsprechender Anwendung der Vorschriften des vertraglichen **Schuldrechts** insbes. der §§ 276, 278 BGB, die Ausdruck eines allgemeinen Rechtsgedankens und daher auf die öffentlich-rechtlichen Verhältnisse dort anzuwenden sind, wo ein besonders enges Sonderverhältnis besteht (s. *BGHZ* 21, 218 ff.; 54, 303; 59, 305 ff.; 61, 7; NJW 1974, 1816; VerwRspr. 26, 474; NJW 1977, 197; *Menger,* VerwArch. 56 [1965], 90 ff.). Bei Integrationsverhältnissen (s. o. Rdnr. 41) ist ein Haftungsausschluss auch für leichte Fahrlässigkeit des Anstaltsorganwalters unzulässig (s. *Tiemann,* VerwArch. 65 [1974], 433; s. ferner *BGH,* NJW 1978, 1430). – Ein besonderes Fürsorgepflichtverhältnis zwischen Schule (dem Schulträger) und Schüler wird abgelehnt vom *BGH,* DVBl. 1964, 584, wonach die Fürsorgepflicht lediglich allgemeine Amtspflicht des Lehrers ist. Andererseits wird jedoch

(zu Lasten des Schülers) ein schuldrechtsähnliches Verhältnis angenommen, aus dem heraus sich der Schüler ein Mitverschulden seiner Eltern bei Entstehung des Schadens soll anrechnen lassen, s. *BGH,* DVBl. 1964, 813. Wegen des Versicherungsschutzes s. § 2 I insbes. Nr. 8 (Kinder, Schüler, Studenten) und § 2 II 2 (Gefangene) SGB VII. Bei Verletzung der allgemeinen Verkehrssicherungspflicht bestimmt sich die Haftung nach §§ 823, 836, 831, 31, 89 BGB (s. *BGHZ* 20, 57; *BGH,* DÖV 1974, 533 und NVwZ 1983, 571). Darüber hinaus kommt eine Haftung nach dem Haftpflichtgesetz in Betracht (s. *BGH,* NVwZ 1983, 511), ferner eine solche aus Amtshaftung, wenn die Voraussetzungen des § 839 BGB iVm Art. 34 GG vorliegen (s.o. Rdnrn. 23ff.).

7. Öffentlich-rechtliches oder privatrechtliches Leistungsverhältnis

a) Abgrenzungskriterien

93 Das **Leistungsverhältnis** der Anstalten zu ihren Benutzern kann entweder dem öffentlichen oder dem privaten Recht unterstehen. Es unterliegt dem **öffentlichen Recht,** sofern nicht nur die Zulassung (Nutzung ieS; s.o. Rdnrn. 62ff.), sondern auch die Leistungen der Anstalt auf Grund eines Rechtssatzes gewährt werden, der nicht jedermann, sondern nur einen Träger öffentlicher Verwaltung berechtigt oder verpflichtet. Es besteht dann ein einheitliches verwaltungsrechtliches Benutzungsverhältnis.

Beispiele: Schulverhältnis (s.u. Rdnr. 204), das Arbeitslosenversicherungsverhältnis (s.u. Rdnr. 102), die Flugplatzbenutzung, bestimmte Versicherungsverhältnisse (bayVGH: NJW 1978, 2410 m. Anm. *Badura;* s. auch *BGH,* NJW 1977, 198; DÖV 1980, 171 m. Anm. *Bickel.*

Wechselbezügliche Pflichten und Rechte sind öffentlichrechtlich, wenn eine Pflicht (z.B. Gebührenzahlung), nicht aber schon, wenn das Recht zur Benutzung es ist (s. Band 1, 11. Aufl., § 22 III). Eine Leistung auf Grund öffentlich-rechtlicher Satzung hat für den Verwaltungsträger die Vorteile leichter Abänderbarkeit der Leistungen und der Gebühren (s.o. I Abs. 2), deren prinzipielle Geltung auch für Jugendliche und Kinder und die Subsidiarität gem. § 839 I 2 BGB (s.o. § 67 und *Püttner,* Die öffentlichen Unternehmen, 2. Aufl. 1985, 249f.).

94 Fehlt es an solchem idR zu vermutendem öffentlichen Leistungs-Sonderrecht, dann sind die anstaltlichen Leistungsverhältnisse **privatrechtlich,** und zwar meist verwaltungsprivatrechtlich. Die Öffentlichrechtlichkeit der Zulassung des Nutzungsverhältnisses ieS schließt eine privatrechtliche Gestaltung des Leistungsverhältnisses nicht aus. Das Leistungsverhältnis kann sogar zu einer Privatperson, z.B. einem Müllabfuhrunternehmer, bestehen, wenn dieser nicht nur Erfüllungsgehilfe ist (s. Band 1, 11. Aufl., §§ 22f.; ferner o. II und *BGH,* NJW 1977, 197m. Anm. *Palder* S. 954; *OVG Lbg,* NJW 1977, 450; *bwVGH,* NJW 1979, 1900 und dazu *Schmidt-Aßmann,* Die kommunale Rechtsetzung, 1981, 40ff.; *BGH,* BayVBl. 1985, 27).

Beispiele: Rechtsverhältnisse der Kunden einer Sparkasse und der Theaterbesucher (*bayVfGH*, VerwRspr. 23, 17), der Patienten einer Universitätsklinik (*nwOVG*, ZBR 1975, 54).

Auch bei (verwaltungs-)privatrechtlichem Leistungsverhältnis besteht meist ein öffentlich-rechtliches Nutzungs-(Grund-)Verhältnis, z.B. zwischen dem Benutzer einer öffentlichen gemeindlichen Einrichtung und der Gemeinde, wenn diese die Benutzung durch Satzung ohne oder mit Benutzungszwang regelt (Zweistufigkeit; bedenklich wegen des Gemenges von öffentlich-rechtlicher Regelung und privatrechtlichem Leistungsverhältnis *Bethge*, SKV 1972, 123–128; *Lukas*, BayVBl. 1973, 314ff.; s. ferner *Frotscher*, KomHdb III § 52; *Ehlers*, Verwaltung in Privatrechtsform, 1984, 174ff., 186ff., 519ff.; *Püttner*, Die öffentlichen Unternehmen, 2. Aufl. 1985, 242ff.; *Fischedick* a.a.O., S. 11ff.).

b) Wahlfreiheit der Verwaltung

Den Anstalten bzw. ihren Trägern ist mithin die Gestaltung des Leistungsverhältnisses insoweit freigestellt, als sie diesbezüglich gesetzlich nicht verpflichtet sind. Insbesondere die Gemeinden und Gemeindeverbände können für die Leistungen ihrer Anstalten idR eine öffentlichrechtliche **Gebühr** auf Grund des Kommunalabgabenrechts erheben; sie können aber auch statt dessen ein (verwaltungs-)privatrechtliches **Entgelt** fordern und tun dies meistens z.B. für Versorgungsleistungen ohne Benutzungszwang (s. *prOVGE* 103, 26; *bayVfGH*, DÖV 1956, 499; *nwOVG*, StTg 1957,122; *OVG LbgE* 12, 385; *OVG Lbg*, NJW 1977, 450). Der öffentlich-rechtliche AuB-Zwang schließt jedoch eine privatrechtliche Entgeltregelung nicht aus (*BGH*, MDR 1984, 558). 95

Ermächtigungen zur Gebührenerhebung finden sich z.B. in § 9 bwKAG, Art. 8 bayKAG, § 10 heKAG, § 5 ndsKAG, § 4 nwKAG, § 4 prKAG, § 7 I rpKAG, § 6 shKAG; s.o. § 42 II (zu den Maßstäben für die Gebührenhöhe s. *nwOVG*, NWVBl. 1990, 367 und 445; *OVG Lbg*, RdL 1988, 301; bw*VGH*, BWVwPr. 1993, 19). Im Zweifel ist bei zweiseitiger Begründung und bei privatrechtlich möglichen Anstaltsleistungen auf das Vorliegen eines verwaltungsprivatrechtlichen Leistungsverhältnisses zu schließen (*heVGH*, VerwRspr. 10, 115 – für kommunale Eigenbetriebe). Teilweise können Gebühren auch bei privatrechtlicher Benutzung gefordert werden (*hmbOVG*, NJW 1984, 682).

Durch die Benutzung einer öffentlichen Anstalt können also öffentlich-rechtliche und privatrechtliche Rechtsverhältnisse **nebeneinander** entstehen. Es ist auch möglich, dass kraft Anstaltsordnung bestimmte Personengruppen eine Anstalt (z.B. ein Städtisches Krankenhaus auf Grund obrigkeitlicher Einweisung) öffentlich-rechtlich, andere aber privatrechtlich benutzen (s. *BGHZ* 4, 138; 9, 145; *BGH*, JZ 1962, 217 – öffentlich-rechtliche Schlachthofnutzung neben privatrechtlicher Eislieferung; *BVerwG*, NJW 1986, 2387).

96 Das Leistungsverhältnis zwischen Anstalt und Benutzer – bei nichtrechtsfähigen Anstalten zwischen Anstaltsträger und Benutzer – entsteht bei öffentlich-rechtlichen Nutzungsverhältnissen durch Verwaltungsakt oder verwaltungsrechtlichen Vertrag, bei privatrechtlichen Nutzungsverhältnissen – ggf. nach vorausgegangener, meist konkludenter hoheitlicher Zulassung – durch verwaltungsprivatrechtlichen Vertrag. Art und Modalität mancher Anstaltsleistungen erfordern besondere Formen für die Begründung des Rechtsverhältnisses. An die Stelle der Erklärungen treten oft das tatsächliche Leistungsangebot und die **sozialtypische Inanspruchnahme** der Leistung, z.B. bei der Benutzung öffentlicher Verkehrsmittel (s. *BGH,* NVwZ 1983, 58 und wegen der Beendigung s. o. Rdnr. 82).

c) Benutzungstarif

97 Die öffentlich-rechtliche Benutzungsgebühr und das privatrechtliche Benutzungsentgelt müssen idR im Voraus in einem allgemeingültigen Tarif, der ein Teil der Anstaltsordnung ist, festgesetzt sein. Die tarifliche Staffelung muss sachlich gerechtfertigt sein. Die Gebührenordnung kann jederzeit mit sofortiger Wirkung, das privatrechtliche Entgelt für eine laufende privatrechtliche Benutzung aber nur nach fristgemäßer Kündigung geändert werden (wegen der Gebühren s.o. § 42 II und *BVerwG,* DÖV 1974, 390 mwN). Auch verwaltungsprivatrechtlich muss das Äquivalenzprinzip beachtet werden (zum Gebührenabschlag für ortsansässige Benutzer kommunaler Einrichtungen vgl. *BVerwG,* DVBl. 1997, 1062; *bwVGH,* BwVBl. 1996, 180; zur Staffelung von Kindergartenbeiträgen vgl. *BVerfG,* NJW 1998, 2128; *BVerwG,* NVwZ 1995, 173; zur sozialen Staffelung von Benutzungsgebühren vgl. *heVGH,* NJW 1977, 452; *Chen*, S. 60ff.; *Quaas,* Kommunales Abgabenrecht, 1997, Rdnr. 73).

Die Anstaltsleistungen, die den Benutzern gewährt werden, sollen bei gleichen Verhältnissen gleichmäßig sein und dürfen nicht aus Gründen versagt werden, die mit dem Anstaltszweck nicht zusammenhängen (s. *bayVGH,* DÖV 1985, 628f.) Es können nur diejenigen Anstaltsleistungen erwartet werden, die die Anstalt bei ordnungsmäßigem Betrieb zu erbringen imstande ist (s. *heVGH,* DVBl. 1951, 145; *bayObLG,* BayVBl. 1968, 286).

d) Öffentlich-rechtliches Verwahrungsverhältnis

98 Die auf Grund öffentlich-rechtlicher Benutzung eingebrachten Sachen werden Gegenstand eines öffentlich-rechtlichen **Verwahrungsverhältnisses** zwischen dem Benutzer einerseits und der rechtsfähigen Anstalt bzw. dem Anstaltsträger andererseits. Die Dauer ihres Verbleibs im Anstaltsbereich richtet sich weniger nach einer Vereinbarung als nach dem Anstaltszweck und ist dementsprechend für die einzelnen Gegenstände unterschiedlich bemessen.

Beispiel: Kleidungsstücke verbleiben, solange sie sich tatsächlich in der Aufbewahrung der Anstalt (z.B. Garderobe) befinden. Die Anstalt hat sie vor Verlust oder Beschädigung zu schützen (*BGH,* DÖV 1974, 70; *Stober,* BwVBl. 1972, 164; *ders.,* RdJB 1974, 186).

Einzelne Gegenstände können zur Gewährleistung des Anstaltszwecks kraft Anstaltsgewalt zwangsweise in Verwahrung genommen werden (z.B. Kleidung von Kranken oder Gefangenen, Messer, Sägen von Strafgefangenen sowie an diese adressierte Briefsendungen, wenn deren Inhalt dem Anstaltszweck zuwiderläuft, unerlaubte Hilfsmittel von Schülern). Sie sind bei Beendigung des Anstaltsnutzungsverhältnisses idR ebenso wieder auszuhändigen wie z.B. Schularbeitshefte und Schülerzeichnungen, nicht aber Prüfungsarbeiten.

e) Leistungsstörungen

Bei Leistungsstörungen gelten bei öffentlich-rechtlicher oder verwal- 99
tungsprivatrechtlicher Gestaltung des Leistungsverhältnisses die diesbezüglichen Vorschriften des vertraglichen Schuldrechts nicht uneingeschränkt. Es kommt vielmehr darauf an, wie sehr die jeweilige Art des Benutzungsverhältnisses (s.o. Rdnr. 42) derjenigen gleicht, die das BGB geregelt hat oder wie das öffentliche Interesse sie modifiziert (s. Band 2, 6. Aufl., § 44 III). So können auf Dauerrechtsverhältnisse die aus §§ 275, 280, 285, 323ff., 276 und 278 BGB entwickelten Rechtssätze bzgl. Unmöglichkeit sowie § 311 II BGB (pVV) und §§ 286, 326 BGB auf Vollzugsfolgen – zT in ihrer besonderen Ausprägung für Gattungs- und Wiederkehrschuldverhältnisse – bei Anstaltsbenutzungsverhältnissen angewendet werden (s. z.B. *BGH,* NJW 1974, 1816). Ein Zulassungsanspruch (s.o. Rdnr. 63) und ein bloß tatsächliches Nutzungsverhältnis reichen dazu aber nicht aus. Bei Anschluss- und Benutzungszwang ist ein Rücktritt des Benutzers ausgeschlossen. Bei kaufähnlichen Leistungen, wie z.B. bei der Wasser- und Fernwärmeversorgung, können auch §§ 37ff. BGB (s. *BGHZ* 59, 303; 61, 7; *bwVGH,* KStZ 1976, 172); bei mietähnlichen, wie z.B. bei Altenheimen, §§ 535, 536d, 543 III BGB (s. *LG Gött,* ZfS 1978, 80 m. Anm. *Stober; ders.,* NJW 1979, 97 mwN); bei werkvertragsähnlichen, wie z.B. bei der Müllabfuhr, §§ 634ff. BGB und bei kostenloser Benutzung, z.B. einer öffentlichen Bibliothek, §§ 598ff. BGB zur Begründung von Gewährleistungsansprüchen herangezogen werden. Dabei muss jedoch das beteiligte öffentliche Interesse mitberücksichtigt werden, demzufolge z.B. ein Verschulden des Benutzers eines Monopolbetriebes einen Rücktritt der Anstalt nur bei Gefährdung der anstaltlichen Zweckerreichung zu rechtfertigen vermag. Wegen der Schuzbedürftigkeit des Anstaltsbenutzers als Verbraucher sind auch das AGB-Regelungen der §§ 305ff. BGB für das Anbieten von Leistungen der juristischen Personen des öffentlichen Rechts analog anwendbar (s. *Stober,* DÖV 1977, 398ff.; *Danner,* BB 1979, 76ff.; *Schulze-Hagen,* AgrarR 1980, 10; *Wagner,* Die Anwendbarkeit des AGB-Gesetzes auf Benutzungsregelungen kommunaler Einrichtungen, 1982; *Ehlers,* Verwaltung in Privatrechtsform, 1984, 354ff.; *Püttner,* Die öffentlichen Unternehmen, 2. Aufl.

1985, 252; *BVerfG,* NVwZ 1982, 306 und dazu *Stober,* NVwZ 1982, 294; *BGH,* NJW 1985, 197 und *BGH,* WM 1985, 576). Ein Ausschluss der schuldrechtlichen Haftung (sog. Freizeichnung) bei Vorsatz und grober Fahrlässigkeit ist unwirksam (s. z. B. *bayVfGH,* DÖV 1970, 488; *BGH,* NJW 1978, 1430), bei leichter Fahrlässigkeit nicht leitender Amtswalter sind Haftungsbegrenzungen idR zulässig, bei Benutzungszwang aber nur bzgl. Nebenpflichten, wie z. B. Garderobenaufbewahrung (s. *Stober,* BwVBI. 1972, 164; *ders.,* RdJB 1974, 186; *bayVGH,* DVBl. 1985, 903) bzgl. *Mangelfolgeschäden oder* bei (fast) unentgeltlicher Leistung. Mitverschulden des Benutzers kann berücksichtigt werden. Ihm kann aber nicht (z. B. von Bibliotheken) eine unverschuldete Haftung, sondern allenfalls nur die Beweislast für sein Nichtverschulden auferlegt werden (s. *Rüfner,* DÖV 1973, 808; *Tiemann,* VerwArch. 65 [1974], 381 ff.; *Fischedick* a. a. O. 74 ff.).

f) Verwaltungszwang

100 Die Erfüllung der Verpflichtungen der Benutzer und Beteiligten kann von den Anstaltsorganen – bei nichtrechtsfähigen öffentlichen Anstalten von dem zuständigen Organ des Anstaltsherrn – als Behörde durch **Verwaltungszwang** erwirkt werden. Insbesondere kann die Benutzung der Anstalt erzwungen werden, wenn sie Inhalt einer Rechtspflicht ist (s. die Verwaltungsvollstreckungsgesetze). Schadensersatzansprüche gegenüber einem Benutzer muss die Anstalt aber erforderlichenfalls durch Leistungsklage geltend machen (s. *Dietlein,* NJW 1962, 1946 ff.). Den zuständigen Organen stehen dabei außer den allgemeinen **Zwangsmitteln** der Verwaltung (Ersatzvornahme, Zwangsgeld, unmittelbarer Zwang, Beitreibung von Geldbeträgen im Verwaltungsvollstrekkungsverfahren) besondere dem Anstaltszweck angepasste Anstaltspönen (s. Band 2, 6. Aufl., § 65 III 4 b) zur Verfügung. Im Rahmen ihrer Zwangsbefugnisse kann die öffentliche Anstalt einen Benutzer aus der Anstalt ausschließen, allerdings bei bestehendem Benutzungs- oder (für die Anstalt) Kontrahierungszwang nur kraft besonderer gesetzlicher Ermächtigung, im Übrigen, sofern ein Recht auf Anstaltsbenutzung besteht, nur bei Unerlässlichkeit des Ausschluss zur Sicherung des Anstaltszweckes oder des ordnungsmäßigen Betriebes der Anstalt (s. z. B. *BVerwGE 7,* 137; *OVG Lbg,* DVBl. 1956, 238; *bwVGH,* RWS 1963, 300; *rpOVG* 1967, 169). Die lebensnotwendige Belieferung mit Trinkwasser darf nie eingestellt werden.

101 Zur Durchführung unmittelbaren Zwanges kann die Anstalt die **Amtshilfe** der Polizeibehörden in Anspruch nehmen. Sie kann z. B. ein überfälliges Buch bei einem Bibliotheksbenutzer abholen lassen.

VII. Die Bundesanstalt für Arbeit

Schrifttum: S. Vorauflage zu § 100 I; *BMA* (Hg.) Moderne Dienstleistungen am Arbeitsmarkt, 2002; *Gagel* u. a., SGB III – Arbeitsförderung, 2000 (Losebl.); *Henning/Henke/Schlegel/Theuerkauf,* SGB III (Losebl.); *Niesel,* Sozialgesetzbuch/Arbeitsförderung – SGB III, 1998.

1. Entwicklung, rechtliche Grundlagen

Den Folgen der Arbeitslosigkeit begegnete die öffentliche Verwaltung zunächst nur mit der gemeindlichen Armenfürsorge. Während des ersten Weltkrieges wurde dann eine besondere Erwerbslosenfürsorge eingerichtet, zu deren Finanzierung man 1923 auch die Sozialpartner heranzog. Mit dem Gesetz über Arbeitsvermittlung und Arbeitslosenversicherung von 1927 übernahm eine neuerrichtete rechtsfähige Reichsanstalt für Arbeitsvermittlung und Arbeitslosenversicherung beide Aufgaben. 1939 kamen diese in die unmittelbare Zuständigkeit des Reichsarbeitsministers. Die Reichsanstalt blieb allerdings unter der Bezeichnung „Reichsstock für Arbeitseinsatz" bestehen, hatte aber nur noch für die Finanzierung zu sorgen. 102

Die nach dem Zweiten Weltkrieg eingetretene zonale und landesrechtliche Zersplitterung wurde in der Bundesrepublik 1952 durch die Errichtung einer Bundesanstalt für Arbeitsvermittlung und Arbeitslosenversicherung beendet. An ihre Stelle trat mit dem Arbeitsförderungsgesetz (AFG) vom 25. 6. 1969 die Bundesanstalt für Arbeit (BAA). In der Planwirtschaft der DDR gab es offiziell keine Arbeitslosigkeit und damit auch keine Organisation der Arbeitslosenversicherung. Erst nach der Maueröffnung wurden Arbeitsämter eingerichtet, die sich in Aufgaben und Organisaton am bundesdeutschen System orientierten. Mit Inkrafttreten des Einigungsvertrages gingen diese Dienststellen in den Verantwortungsbereich der BAA über. Zum 1. 1. 1998 wurde das AFG durch das SGB III abgelöst (s. *Gaul,* NJW 1997, 1465 ff.; *Haupt/Welslau,* ZAP 1997, Fach 18; *Niesel,* NZA 1997, 580 ff.). Zunehmende Kritik hinsichtlich Zweck und Nutzen der BAA haben im Jahre 2002 zu einer Verschlankung der Organe geführt. Die von der Bundesregierung im Februar 2002 eingesetzte Kommission „Moderne Dienstleistungen am Arbeitsmarkt" (kurz: Hartz-Kommission) hat in ihrem Abschlussbericht vom 16. 8. 2002 insgesamt 13 Innovationsmodule formuliert, die zu einem erheblichen Teil auf die organisatorische wie aufgabenbezogene Neuausrichtung der öffentlichen (aber auch privaten) Arbeitsvermittlung und -verwaltung abzielen (s. *BMA* (Hg.) Moderne Dienstleistungen am Arbeitsmarkt, S. 12 ff.). Verschiedene Forderungselemente sind bereits zum 1. 1. 2003 umgesetzt worden (vgl. Erstes und Zweites Gesetz für moderne Dienstleistungen am Arbeitsmarkt, BGBl. 2002 I S. 4607 ff., 4621 ff.). 103

2. Organisation

a) Zum Anstaltscharakter

Die BAA ist eine rechtsfähige Verwaltungseinheit; entgegen der irreführenden Bezeichnung in § 367 SGB III (und der Vorgängernorm des § 189 I AFG) ist sie nicht eine Körperschaft, sondern eine vom Bunde getragene **Anstalt** zur Mitwirkung bei der Durchführung der Wirtschafts- und Ar- 104 beitsmarktpolitik der Bundesregierung. Zwar sind die von der BAA betreuten Arbeitnehmer in den kollegialen Organen der Anstalt repräsentiert, neben ihnen zu je einem Drittel aber auch die Arbeitgeber und Gebietskörperschaften (der Bund, Länder, Gemeinden und Gemeindeverbände; s. § 380 I SGB III – sog. **Drittelparität** oder **Dreigleisigkeit**). Diese Repräsentanten werden jedoch im Gegensatz zu den Mitgliedern der Selbstverwaltungsorgane in der Sozialversicherung nicht gewählt, sondern auf Vorschlag der Gewerkschaften, der Arbeitgeberverbände, der Spitzenvereinigung der kommunalen Selbstverwaltungskörperschaften oder von Landesbehörden, vom BMWA bzw. von Organen der Anstalt berufen und können von ihnen auch abberufen werden. Die Arbeitnehmer und die Arbeitgeber sind also nicht „Mitglieder", sondern lediglich Benutzer (s. §§ 390–392 SGB III; s. zum Anstaltscharakter *Henke,* VVDStRL 28 [1970], 168; *Bley/Kreikebohm,* Sozialrecht, 7. Aufl. 1993, S. 155; *Isensee,* DB 1985, 2681, 2684f.; *Baltzer,* JuS 1985, 508, 511; *Ruland,* in: v. Münch 435ff.; *Hendler,* Selbstverwaltung als Ordnungsprinzip, 1984, 223 mwN).

b) Organe

105 **Kollegialorgane** der BAA sind der Verwaltungsrat und der Vorstand sowie die Verwaltungsausschüsse der dekonzentrierten 10 Landesarbeitsämter und der nachstufig dekonzentrierten 181 Arbeitsämter mit rund 660 Nebenstellen. Die Mitgliedschaft in diesen Organen ist ehrenamtliche Tätigkeit. Die Amtsdauer beträgt bei Verwaltungsrat und Verwaltungsausschüssen sechs Jahre, beim Vorstand fünf Jahre. Die Erledigung einzelner Aufgaben kann Ausschüssen übertragen werden (s. §§ 376–389 SGB III). Der **Verwaltungsrat** besteht nunmehr aus 21 Mitgliedern (vormals 51 Mitgliedern). Er erlässt die Satzung, stellt den Haushaltsplan fest und nimmt den Rechnungsabschluss ab. Der **Vorstand** besteht aus 3 Mitgliedern (vormals 9 Mitglieder). Er erlässt Anordnungen und Verwaltungsvorschriften und vertritt die Anstalt, soweit die außergerichtliche oder gerichtliche Vertretung nicht in der Satzung delegiert worden ist. Er stellt Richtlinien für die Geschäftsführung auf. Der Verwaltungsrat hat somit mehr parlamentarischen und der Vorstand mehr gubernativen Charakter. Die **Verwaltungsausschüsse** der Landesarbeitsämter bestehen aus höchstens 27, die der Arbeitsämter aus höchstens 21 Mitgliedern. Sie lenken die bezirkliche bzw. örtliche Verwaltung in Bindung an die Anordnung des Vorstandes. Die Hauptbeteiligten am Arbeitsmarktgeschehen arbeiten auf diese Weise ständig in einer Institution zusammen, wodurch ein Interessenausgleich und ein wirkungsvoller Einsatz arbeitsmarktpolitischer Instrumente und Maßnahmen ermöglicht wird.

Die **laufenden Geschäfte** der Hauptstelle und der Landesarbeitsämter werden von je einem Präsidenten, die der Arbeitsämter von je einem Direktor geführt. Der Vorstand kann ihnen Befugnisse delegieren. Ihnen sind mittelbare Bundesbeamten und Angestellte beigegeben (s. §§ 394–400

SGB III). Der **Präsident** und der Vizepräsident der BAA werden nach Anhörung des Verwaltungsrats auf Vorschlag der Bundesregierung vom Bundespräsidenten ernannt. Vor dem Vorschlag zur Ernennung eines Präsidenten und Vizepräsidenten eines Landesarbeitsamtes sind die beteiligten Landesregierungen und der Verwaltungsausschuss des Landesarbeitsamtes zu hören. Die Direktoren der Arbeitsämter werden auf Vorschlag des Präsidenten der BAA nach Anhörung der Verwaltungsausschüsse der Landesarbeitsämter und Arbeitsämter vom Vorstand bestellt.

Die BAA hat **Selbstverwaltungsrecht,** das nicht nur auf die Hauptstelle 106
beschränkt ist. Es ist jedoch schwach ausgeprägt, weil die BAA in zahlreichen Aufgabenbereichen eng an den Staat angebunden ist. Entgegenstehende landesverfassungsrechtliche Bestimmungen (z.B. Art. 53 IV rpLV) sind obsolet. So sind dem BMWA neben der allgemeinen Rechtsaufsicht wichtige Rechtsverordnungs-, Genehmigungs- und sogar Anordnungszuständigkeiten vorbehalten (s. z.B. §§ 151f., 206, 216, 283 II, 292, 301, 321af., 352, 375 II, IV SGB III; s. *Hendler* a.a.O. 225f.). Die Arbeitslosenhilfe und die Kindergeldkasse werden als Auftragsangelegenheiten des Bundes verwaltet (§§ 205, 363 I SGB III).

Seit dem 1. 1. 2003 ist die BAA verpflichtet, in jedem Arbeitsamtsbezirk 107
oder auch bezirksübergreifend mindestens eine sog. **Personal-Service-Agentur** (PSA) einzurichten (vgl. § 37c SGB III). Ihre Aufgabe ist es, auf der Grundlage von Verträgen mit den Arbeitsämtern Arbeitslose einzustellen, um sie dann zu verleihen. In verleihfreien Zeiten soll die PSA diese Personen bei der Beschäftigungssuche unterstützen, insb. durch Qualifizierung und Weiterbildung. Für andere Organisationsmodelle wie z.B. die sog. **Job-Center** bestehen zurzeit aspektive Regelungen, ohne dass jedoch derartige Organisationseinheiten bereits existieren (s. § 402 I 2 Nr. 12 SGB III).

3. Ziele und Aufgaben

Gemäß §§ 1, 3 SGB III und Art. 109 II GG iVm § 1 StabG hat die BAA 108
ihre Maßnahmen im Rahmen der Sozial-, Wirtschafts- und Finanzpolitik der Bundesregierung darauf einzurichten, dass ein hoher Beschäftigungsstand erzielt und aufrechterhalten, die Beschäftigungsstruktur ständig verbessert und das Wachstum der Wirtschaft gefördert wird. Insbesondere obliegen ihr die Berufsberatung, die Arbeitsvermittlung (zur Vermittlung Selbstständiger s. BSG, Urt. v. 11. 5. 1999 – B 11 AL 45/98R –), die Gewährung von Leistungen zur Erhaltung und Schaffung von Arbeitsplätzen und die Gewährung von Arbeitslosengeld, ferner die Förderung beruflicher Bildung und die Arbeits- und Berufsförderung Behinderter, soweit sie ihr im SGB III übertragen ist, sowie die Gewährung von Arbeitslosenhilfe im Auftrage des Bundes. Ferner hat die BAA Arbeitsmarkt- und Berufsforschung zu betreiben (s. § 282 SGB III). Hierzu wurde ein eigenes Institut gegründet. Die Bundesregierung kann ihr durch Rechtsverordnung bzw.

Verwaltungsvereinbarung weitere Aufgaben übertragen, die mit dem SGB III im Zusammenhang stehen. Zweifelhaft ist, ob hierher die sog. „Kindergeldkasse“ gehört, wonach die BAA und ihre nachgeordneten Behörden das (allgemeinversorgungsrechtliche) Bundeskindergeldgesetz auf Kosten und nach Weisung des Bundes durchführen (s. *Pirkl,* Die Aufgaben der BAA im Rahmen der allgemeinen Staatsverwaltung, BayVBl. 1970, 1ff.; *Loschelder,* ZBR 1977, 265, 266f.).

109 Das ursprünglich für verschiedene Tätigkeitsbereiche bestehende sog. Verwaltungsmonopol der BAA wurde im Jahre 1994 für die Arbeitsvermittlung und im Jahre 1998 für die Vermittlung in berufliche Ausbildungsstellen (vgl. § 35 SGB III) sowie die Berufsberatung aufgehoben (vgl. § 28 SGB III; s. auch *EuGH,* EuZW 1991, 349 = NJW 1991, 2891). Andererseits stellt das SGB III der BAA und den ihr zugeordneten Arbeitsämtern verschiedene neue Handlungsinstrumente zur Verfügung, z.B. den Eingliederungsvertrag, die verstärkte Förderung Arbeitsloser bei der Existenzgründung sowie Mittel der aktiven Arbeitsmarktförderung.

4. Finanzierung

110 Die Leistungen der BAA und der ihr zugeordneten Arbeitsämter sind prinzipiell gebührenfrei (§ 43 I SGB III). Ferner ist die BAA Leistungsträger von Förderungsmaßnahmen und Arbeitslosenunterstützung (s. §§ 116ff; 240ff. SGB III). Die BAA wird finanziert durch Beiträge der Versicherten und ihrer Arbeitgeber in gleicher Höhe, durch Umlagen, Ersatz- und Erstattungsansprüche, sowie erforderlichenfalls durch Zuschüsse des Bundes (Art. 120 GG) und Zuwendungen aus dem Europäischen Sozialfonds (s. § 340 SGB III).

5. Neutralitätsgebot

111 Da die BAA Verwaltungstätigkeit ausübt, sind Beratungs-, Vermittlungs- und sonstige Leistungen der BAA unparteiisch zu erbringen. Darüber hinaus darf die BAA wegen Art. 9 III GG nicht durch die Gewährung von Arbeitslosengeld, Arbeitslosenhilfe oder Kurzarbeitergeld Arbeitskämpfe beeinflussen (s. *BSGE* 40, 190; *Säcker, F.-J.,* Gruppenparität und Staatsneutralität als verfassungsrechtliche Prinzipien des Arbeitskampfrechts, 1974; *Schwerdtfeger,* Arbeitslosenversicherung und Arbeitskampf, 1974; *Krause,* DB 1974, Beilage 14; *Kreuzer,* Die Neutralität der Bundesanstalt für Arbeit, 1975; *Bogs, VSSR* 1973, 526; *ders.,* SGb 1979, 349; *Thieme,* in: FS Bogs, 1979, S. 285; *Jüliche,* in: Brox/Rüthers, Arbeitskampfrecht, 1982, 503ff.; *ders.,* DB 1973, 720; *Raiser,* Die Neutralitätspflicht der BAA im Arbeitskampf: NZA 1984, 369ff.; *Schulin,* Arbeitskampf und Neutralität der Bundesanstalt für Arbeit, DB Beilage Nr. 32 zu Heft 50, 1985; *Isensee,* DB 1985, 2684ff.; *Kreßel,* NZA 1995, 1121ff.; *Lieb,* JZ 1995, 1174ff.; vgl. auch §§ 146, 393 SGB III).

VIII. Die Sparkassen

Schrifttum: S. Vorauflage zu § 100 II; *Ahrens,* Eine Bank ohne Eigentümer: Die Hamburger Sparkasse, Recht und Juristen in Hamburg 1994, 185 ff.; *Ashauer,* Von der Ersparniscasse zur Sparkassenfinanzgruppe, 1991; *Becker,* Die landesrechtliche Kapitalgesellschaft des öffentlichen Rechts in der bundesstaatlichen Kompetenzordnung, DÖV 1998, 97 ff.; *ders.,* Zu den verfassungs- und verwaltungsrechtlichen Problemen eines staatlich-kommunalen Kondominiums: Der Sachsen-Finanzverband, SächsVBl. 2001, 109 ff.; *Berger,* Sparkassengesetz für das Land Nds, 2000; *Claussen,* Teilprivatisierung kommunaler Sparkassen?, 1990; *Dette,* Veränderungen im Sparkassenrecht einschließlich der Entwicklung in den neuen Bundesländern, Spk 1991, 566 ff.; *Eichhorn/Kirchhoff,* Öffentliche Banken, ZögU Beiheft 27, 2001; *Fett,* Öffentlich-rechtliche Anstalten als abhängige Konzernunternehmen. Dargestellt unter Berücksichtigung des Berliner Modells zur Konzernierung der Landesbank Berlin, 2000; *Fröhlings,* Auswirkungen des EG-Binnenmarktes auf die kommunalen Sparkassen, StGBd 1989, 106 ff.; *Gerick,* Die Beteiligung der Sparkassen- und Giroverbände an den Landesbanken: dargestellt am Beispiel der WestLB, 1996; *ders.,* Nochmals: Anstaltslast und Gewährträgerhaftung bei kommunalen Sparkassen und Landesbanken, BB 1998, 494 ff.; *Ges. für öffentliche Wirtschaft* (Hg.), Sparkassen und Landesbanken in der Wettbewerbs- und Privatisierungsdiskussion, 1998; *Giese,* Kommunale Neugliederung und Sparkassenstrukturen in Ostdeutschland, Spk 1993, 450 ff.; *Gimple,* Das Regionalprinzip der deutschen kommunalen Sparkassen bei der Zweigstelleneinrichtung im Ausland, 1990; *Gramlich,* Stellung und Aufgaben öffentlicher Banken am Beispiel der Sächsischen Landesbank, SächsVBl. 1993, 241 ff. und 271 ff.; *Hafke,* Freie und öffentliche Sparkassen, ZfK 1988, 174 ff.; *Hauser,* Das sparkassenrechtliche Regionalprinzip in der jüngeren Rechtsprechung des Oberverwaltungsgerichts Rheinland-Pfalz, in: FS Gitter, S. 73 ff.; *Heinevetter u. a.,* SparkassenG NW, 3. Aufl. 1999 (Losebl.); *Heinrichs,* Grundprinzipien des Sparkassenwesens sind unverzichtbar, StGBd 1989, 111 ff.; *Henneke,* Kommunale Sparkassen in Deutschland unter dem Einfluß der europäischen Entwicklung, in: FS Brohm, 2002, S. 81 ff.; *ders.,* Sparkasse – quo vadis?, NdsVBl. 2000, 129 ff.; *Horn,* Sparkassen privatisieren?, Spk 1999, 187 ff.; *Impelmann,* Abgrenzung der Gesetzgebungskompetenzen zwischen Bund und Ländern auf dem Gebiet des Kredit- und Sparkassenwesens unter besonderer Berücksichtigung der Eigenkapitalregelung, 1990 (Diss.jur.); *Immenga/Rudo,* Die Beurteilung von Gewährträgerhaftung und Anstaltslast der Sparkassen und Landesbanken nach dem EU-Beihilferecht, 1997; *Ipsen* (Hg.), Sparkassen im Wandel, 1993; *Jakob,* Die Sparkassen und der Einfluß des Bundesgesetzgebers insb auf Vorstandsbesetzungen, 1990; *Jarass,* Zur Subsidiarität der Gewährträgerhaftung bei öffentlich-rechtlichen Banken, WM 2002, 941 ff.; *Kemmler,* Die Anstaltslast, 2001; *dies.,* Keine Anstalt ohne Anstaltslast, DVBl. 2003, 100 ff.; *Keßler,* Aufsichtskonkurrenz im Sparkassenwesen, 1989 (Diss.jur.); *ders.,* Künftige Aufgaben der Sparkassen, StGRt 1994, 35 ff.; *Kirchhof/Henneke,* Entwicklungsperspektiven kommunaler Sparkassen in Deutschland, 2000; *Klüpfel/Gaberdiel,* Kommentar zum Sparkassengesetz, 4. Aufl. 1992; *Koenig,* Begründen Anstaltslast und Gewährträgerhaftung unabhängig von ihrer Kodifizierung tragfähige Kreditmerkmale öffentlicher Finanzinstitute?, WM 1995, 821 ff.; *ders.,* Zur Anwendbarkeit der Ultra-vires-Lehre im Falle des Überschreitens der gesetzlich begrenzten Aufgaben öffentlicher Kreditanstalten am Beispiel einer Landesbank, WM 1995, 317 ff.; *ders./Sander,* Zur Beihilfeaufsicht über Anstaltslast und Gewährträgerhaftung nach Art. 93 EG-Vertrag, EuZW 1997, 363 ff; *Kohlhof,* Perspektiven zur Privatisierung öffentlich-rechtlicher Sparkassen, 1997; *Krebs/Dulp,* Bay. Sparkassenrecht (Losebl.); *Kruse,* Kommunale Sparkassen und europäisches Beihilferecht, NVwZ 2000, 721 ff.; *Löwer,* Privatisierung von Sparkassen, ZBB 1993, 108 ff.; *Lützenkirchen,* Unterschiede zwischen öffentlich-rechtlichen und freien Sparkassen vor dem Hintergrund des Frankfurter Zusammenschlusses, ZögU 1989, 222 ff.; *Lutter,* Pflichten und Haftung von Sparkassenorganen, 1991; *Martin-Ehlers,* Anstaltslast und Gewährträgerhaftung – Much ado about nothing?, EWS 2001, 263 ff.; *Meyer-Horn,* EG-Binnenmarkt 1992: Auswirkungen auf die Kommunen und ihre Sparkassen, StGB 1988, 588; *Möschel*, Anstaltslast bei öffentlichrechtlichen Kreditinstituten, WM 2001, 1895ff.; *ders.*, Privatisierung von Sparkassen, WM 1993, 93ff.; *Obermann*, Die kommunale Bindung der Sparkassen: Verfassungsrechtliche Möglichkeiten und Grenzen ihrer Ausbildung, 2000; *Prautzsch*, Geschäftsgebiet und Geschäftstätigkeit der kommunalen Sparkassen im europäischen Binnenmarkt, Kommunale Selbstverwaltung und europäische Integration 1990, 137ff.; *Purbach*, Die Auswirkungen des Binnenmarktes auf die Sparkassen und ihre öffentlich-rechtliche Verankerung, Privatisierung der Sparkassen, 1991 (Diss.jur); *ders.*, Das Sparkassenrecht in Deutschland, ZfK 1994, 840ff.; *Rehm*, Diskussion über Sparkassenprivatisierung – Eine Herausforderung, Spk 1993, 173ff.; *ders.*, Öffentlich-rechtliche Sparkassen: Privatisierung, weil erfolgreich im Wettbewerb?, WM 1993, 133ff.; *Reinelt*, Der Beitrag der Sparkassen zum kommunalen Gemeinwohl, 1990 (Diss.jur.); *Schäfer/Girpka/Zehnder*, Bausparkassengesetz und Bausparkassenverordnung, 5. Aufl. 1999; *Schladebach*, Die Neuordnung des sächsischen Sparkassenrechts, LKV 2000, 389ff.; *Schlierbach/Püttner*, Das Sparkassenrecht in der Bundesrepublik Deutschland, 4. Aufl. 1998; *ders.*, Hess. Sparkassenrecht (Losebl.); *Siebelt*, Der Zugang der Sparkassen zum Verfassungsgericht, BayVBl. 1989, 521ff.; *Stern*, Anstaltslast und Gewährträgerhaftung im Sparkassenrecht, in: FS Maurer, 2001, S. 815ff.; *ders.*, Die institutionellen Grundlagen der Sparkassenorganisation, Spk 1999, 470ff.; *Stern/Dietlein*, Zur Problematik vertraglicher Regelungen über die Besetzung der Verwaltungsratsmandate einer kommunalen Sparkasse, NWVBl. 1995, 361ff.; *Stern/Nierhaus*, Das Regionalprinzip im öffentlich-rechtlichen Sparkassenwesen, 1991; *dies.*, Regionalprinzip und Sparkassenhoheit im europäischen Bankenbinnenmarkt, 1992; *Thode*, Zur Gewährträgerhaftung und Anstaltslast bei Banken und Sparkassen, Spk 1994, 134ff.; *Thode/Peres*, Anstaltslast und Gewährträgerhaftung bei kommunalen Sparkassen und Landesbanken, BB 1997, 1749ff.; *dies.*, Anstalten des öffentlichen Rechts im Spannungsfeld zwischen deutschem und europäischem Recht, VerwArch. 96 [1999], 439ff. *Tiedeken*, Öffentlicher Auftrag kommunaler Sparkassen, Lkr 1989, 323ff.; *Völter*, Aufgaben und Pflichten von Verwaltungsräten, 1993; *Weber, B.*, Die Begründung und Beendigung der Rechtsverhältnisse zwischen den Sparkassen bzw. den Landesbanken und ihren Vorstandsmitgliedern in Nordrhein-Westfalen, 1988 (Diss.jur.); *Weber, B.*, Öffentliche Unternehmen unter besonderer Berücksichtigung kommunaler Sparkassen, 1990; *Wolff, E.*, Wieviel Freiheit vom Staat? – Sparkassenorgane zwischen Managerhaftung und öffentlichem Dienstrecht, WM 1992, 1469ff.; *Wünsch/Hoch/Wittlinger*, Sparkassenrecht in BW (Losebl.); *Ziegler*, Die Sparkasse und ihre Zukunft, Der Bürger im Staat 1997, 27ff.

1. Entwicklung, rechtliche Grundlagen

112 Das deutsche Sparkassenwesen ist aus privaten wohltätigen Gründungen entstanden; 1778 wurde in Hamburg von der „Patriotischen Gesellschaft zur Beförderung der Künste und des Unterrichts" eine „Ersparniskasse" errichtet, 1786 folgte die „Oldenburger Ersparniskasse", 1796 die „Spar- und Leihkasse" in Kiel, eine Gründung der dortigen „Gesellschaft freiwilliger Armenfreunde". Verwandte Einrichtungen waren die älteren süddeutschen Waisenkassen. Nach dem Verfall der Gilden und Zünfte schufen auch die Städte (zuerst Göttingen 1801) rechtlich unselbstständige „Einrichtungen, die auf das Bedürfnis der ärmeren Klasse berechnet sind, welcher Gelegenheit zur Anlegung kleiner Ersparnisse gegeben werden soll" (prSparkassenreglement v. 12. 12 1838). Seit Anfang des 20. Jh. wuchsen die Sparkassen auch ins eigentliche Bankgeschäft hinein; 1908/09 erhielten sie die Berechtigung zu Depositen und Kontokorrentgeschäften sowie die passive

Scheckfähigkeit. 1934 wurden sie mit eigener Rechtspersönlichkeit ausgestattet und organisatorisch von den Kommunalverwaltungen getrennt. Außerdem wurde eine wirtschaftsaufsichtlich organisierte Bankenaufsicht geschaffen, der auch die Sparkassen unterliegen. Seitdem ist ihre Abhängigkeit von ihren kommunalen Gewährträgern gelockert (s. *saOVG*, DÖV 1970, 610). Gleichzeitig wurde mit diesen Maßnahmen die Grundlage für die Diskussion um die Gleichbehandlung von Sparkassen und privatrechtlich organisierten Kreditinstituten bis hin zur Privatisierung gelegt. – Neben den kommunalen blieben noch etliche freie Sparkassen bestehen (s. u. Rdnr. 134). Hinzu traten seit 1928 die öffentlichen Bausparkassen, von denen nur drei rechtsfähige öffentliche Anstalten sind (s. u. Rdnr. 135) und 1938 die nichtrechtsfähige Postsparkasse. Gem. Art. 9 II EV blieb das DDR-SparkassenG auch nach der Vereinigung in Kraft, wobei es zu Landesrecht wurde (vgl. Art. 9 I EV). Zwischenzeitlich haben sämtliche neuen Bundesländer eigene Sparkassengesetze verabschiedet. Mit der Postreform II ist die Postsparkasse in eine Aktiengesellschaft unter dem Namen Deutsche Postbank AG umgewandelt worden (zu ihren Ursprüngen s. Vorauflage, § 101 Rn. 28). Das Recht der Sparkassen und Landesbanken unterliegt hinsichtlich Anstaltslast und Gewährträgerhaftung einer gemeinschaftsrechtlich vorgegebenen Neustrukturierung Die hierzu notwendigen Gesetzesänderungen als Landesebene sind bereits erfolgt, treten jedoch erst zum 19. 7. 2005 in Kraft (s. u. Rdnr. 126). Die Regelung gilt sinngemäß auch hinsichtlich der gleichgelagerten Problematik bei den deutschen Förderbanken des Bundes (insb. die Kreditanstalt für Wiederaufbau).

Das Recht der Bausparkassen ist heute materiell bundesrechtlich, das der übrigen öffentlichen Sparkassen landesrechtlich (Sparkassenorganisationsrecht), ansonsten bundesrechtlich (Sparkassenwirtschaftsrecht, vgl. Art. 74 Abs. 1 Nr. 11 GG, KWG) geregelt. Die **Leistungsverhältnisse** der öffentlich-rechtlichen Sparkassen sind allermeist (verwaltungs)privatrechtlicher Art. Öffentlich-rechtlich ist nur die Anwendung die Kraftloserklärung von Sparbüchern (s. z. B. § 33 bwSpkG, § 16 nwSpkO, § 2 mvSpkVO, § 2 sächsSpkVO).

2. Organisation

a) Zum Anstaltscharakter kommunaler Sparkassen

Die **kommunalen Sparkassen** sind gemeinnützige rechtsfähige Anstalten des öffentlichen Rechts der sie tragenden und für sie Gewähr leistenden kommunalen Körperschaften (Gemeinde, Gemeindeverband, Zweckverband; vgl. z. B. § 1 bwSpkG, Art. 3, 32 baySpkG, § 1 bbg SpkG, § 1 heSpkG, § 3 ndsSpkG und ndsSpkZwVbV0, § 2 nwSpkG, § 1 saSpkG, § 1 sächsSpkG, § 1 thürSpkG und u. Rdnrn. 125 f.). Ergänzt werden diese Gesetze durch Verordnungen und kommunale Sparkassensatzungen. 113

Am 31. 12. 2002 gab es 519 kommunale Sparkassen. Infolge der kommunalen Neugliederung ist die Zahl der Sparkassen seit 1976 stark zurückgegangen (zum Vergleich: 31. 12. 1973 = 726 kommunale Sparkassen). Auch die Vereinigung der beiden deutschen Staaten im Jahre 1990 konnte hieran nichts ändern. Wegen der Gewährträgerschaft mussten die kommunalen Sparkassen in den 1970-er Jahren der Gebietsreforrn angepasst werden. Dies geschah durch Fusion oder durch Übertragung von Zweigstellen. Probleme folgten aus der Parallelität von Kreis- und Gemeindesparkassen. Die Absicht, diese Frage durch die zwangsweise Bildung von Zweckverbänden zu lösen, ist im Wesentlichen an Art. 28 II GG gescheitert, der übermäßige Eingriffe bei Lebensfähigkeit der beteiligten Sparkassen verbietet (s. *Weides,* Die Sparkasse des Zweckverbandes in der kommunalen Neugliederung; *ders.,* Kreissparkassen und Gebietsreform; *Nierhaus,* DÖV 1984, 694; *Rost-Haigis/Hohmann,* Auswirkungen der Gebietsreform auf das Sparkassenwesen, 1981; *Weides,* Eildienst 1981, 258; *Kirchhof,* DVBl. 1983, 921 ff.; *Merten,* DVBl. 1983, 1140 ff.; *Hoppe,* in: FS v. Unruh, S. 496 ff.; *VG Köln,* DÖV 1980, 530 ff. m. Anm. *Winters; bayVGH,* BayVBl. 1980, 22; *nwVfGH,* DÖV 1980, 691 ff. m. Anm. v. *Blümel; nwOVG,* DVBl. 1982, 504 ff. m. Anm. *Bosse; BVerwG,* DÖV 1983, 73 ff. m. Anm. *Bosse; bayVfGH,* BayVBl. 1986, 461).

114 Das sächs Sparkassenrecht kennt seit der Neuordnung im Jahre 1999 neben den kommunalen Sparkassen die sog. **Verbandssparkassen.** Bislang kommunale Sparkassen werden danach zu Verbandssparkassen, wenn sie von der Möglichkeit Gebrauch machen, dem landesweiten Sparkassenverband (Sachsen-Finanzverband) beizutreten. Der Finanzverband ist eine rechtsfähige Anstalt des öffentlichen Rechts, die ihm beitretenden Sparkassen behalten diesen Rechtsstatus ebenfalls (näher *Schladebach,* LKV 2000, 389 ff.; *Becker,* SächsVBl. 2001, 109 ff.).

b) Organe

Organe der Sparkasse sind der Verwaltungsrat, der Vorstand und der Kreditausschuss.

aa) Verwaltungsrat

115 Der **Verwaltungsrat** stellt die Verbindung zum Gewährträger her, bestimmt die Richtlinien der Geschäftspolitik einschl. der Errichtung von Zweigstellen, bestellt den Vorstand, beaufsichtigt ihn und beruft ihn ab (*bwVGH,* NVwZ-RR 1990, 320). Der Verwaltungsrat hat gegenüber dem Vorstand zudem ein innerorganisatorisches Auskunfts- und Akteneinsichtsrecht (*nwOVG,* NVwZ-RR 1990, 101). Er ist nicht an Weisungen gebunden (*OVG Weimar,* LKV 1998, 281; ferner *bwVGH,* NVwZ-RR 1990, 320). Mitglieder des Verwaltungsrats sind idR der Vorsitzende des kommunalen Repräsentativorgans oder der Gemeinde(Kreis-) Vorsteher oder der zuständige Beigeordnete des Gewährträgers als Vorsitzender, drei bis zwölf weitere Mitglieder, die meist von dem Repräsentativorgan des Gewährträgers zT

aus seinen Mitgliedern, zT aus sachkundigen Bürgern gewählt werden, und Bedienstete der Sparkasse (s. z.B. §§ 11ff. bwSpkG, Art. 5ff. baySpkG, §§ 20ff. baySpkO, §§ 8ff. bbgSpkG, §§ 5ff. heSpkG, §§ 10ff. ndsSpkG [der gekorene Vorsitzende kann abgewählt werden; *OVG Lbg* E 29, 386], §§ 8ff. mvSpkG, §§ 9ff. nwSpkG, §§ 8ff. saSpkG, §§ 8ff. sächsSpkG, §§ 8ff. thürSpkG). Die Mitgliedschaft ist mit einem Richteramt unvereinbar (*BVerwGE* 41, 195). Der Vorsitzende hat rechtswidrige Beschlüsse zu beanstanden (s. z.B. § 19 I bwSpkG iVm § 43 II bwGO, § 15 bbgSpkG, § 11 heSpkG, § 14 nwSpkG: Vorsteher des Gewährträgers, § 13 saSpkG; § 15 sächsSpkG, § 15 thürSpkG; s. *Heinz aus der Fünften,* Der Verwaltungsrat der Sparkasse, 1969);

bb) Vorstand

Der **Vorstand** ist kollegiales oder monokratisches Organ und hat Behördeneigenschaft. Er vertritt die Sparkasse nach außen und führt die laufenden Geschäfte. Seine Mitglieder sind z.B. in Bay, Bln, Brh und RP Beamte oder Angestellte des Gewährträgers (*BayObLGZ* 1998, 261), deren Dienstbezüge und Versorgung die Sparkasse trägt, sonst die Sparkasse selbst. – Bei der Verwaltungsratsverfassung in Bay werden die Funktionen des Vorstandes vom Verwaltungsrat versehen, soweit nicht die Geschäftsleitung zuständig ist (s. z.B. §§ 22ff. bwSpkG – mehrere Angestellte der Sparkasse, Art. 5 II, IV, V, 11 baySpkG, §§ 25, 26 baySpkO, §§ 18ff. bbgSpkG, §§ 7, 8 heSpkG, §§ 18, 19 ndsSpkG, §§ 18, 19 nwSpkG, §§ 14ff. saSpkG – vom Repräsentativorgan des Gewährträgers berufene und abberufbare Angestellte der Sparkasse, §§ 18ff. sächsSpkG, §§ 15ff. thürSpkG; wegen der Behördeneigenschaft s. *Rothe,* Städte- und Gemeinderat 1972, 118ff.; zur Rechtsstellung der Mitglieder des Vorstandes s. *Hauschka,* Die Dienstrechtsstellung der Vorstandsmitglieder der öffentlich-rechtlichen Sparkassen, 1981, 11, 36ff.; zu deren Haftung s. *Berg,* BayVBl. 2000, 385ff.; zur Stellung stellvertretender Vorstandsmitglieder s. *OLG Brandenburg,* NZA-RR 1996, 404). Die vom Vorstand ausgestellten Urkunden, wie z.B. die Sparkassenbücher, sind öffentliche Urkunden (*BGH,* NJW 1963, 1630). Seine Löschungsbewilligungen bedürfen keiner öffentlichen Beglaubigung (§ 29 1, 111 GBO). Er erlässt Verwaltungsakte, wie z.B. bei den Entscheidungen gem. § 15 I ASpG und § 9 WAG sowie bei der Kraftloserklärung von Sparkassenbüchern (s.o. 2) und kann zT auch Beamte ernennen. Die Besoldung der Vorstandsmitglieder unterliegt idR dem freien Dienstvertragsrecht (s. zur Tantiemengewährung *nwOVG,* DVBl. 1980, 70). Angesichts dieser, dem Aktienrecht angenäherten Organverfassung wird teilweise die materielle Verwaltungsqualität der Sparkassentätigkeit bezweifelt. Unbeschadet dieser und anderer Lockerungen der kommunalen Bindung wird man noch nicht von einer Entkommunalisierung der Sparkassen sprechen können (s. *Oebbecke,* Zweckverbandsbildung, 18 mwN; *Fischer,* in: FS v. Unruh, S. 836ff.; skeptisch *Hoppe,* Eildienst 1985, 240; aM *Winters,* NJW 1980, 2686). 116

cc) Kreditausschuss

117 Der **Kreditausschuss** ist meist gesetzlich, sonst durch Mustersatzung vorgesehen. Er beschließt über Kreditanträge, für die er nach der Satzung zuständig ist, und über solche, die ihm vom Vorstand zur Entscheidung vorgelegt werden. Mitglieder des Kreditausschusses sind der Vorsitzende des Verwaltungsrats, eine bestimmte Anzahl weiterer Mitglieder des Verwaltungsrats und der Vorstand der Sparkasse bzw. der Sparkassenleiter (s. z.B. §§ 20f. bwSpkG, §§ 16f. bbgSpkG, § 6 heSpkG, § 21 ndsSpkG, §§ 16f. nwSpkG, §§ 17f. saSpkG, §§ 16f. sächsSpkG, § 14 thürSpkG).

3. Ziele und Aufgaben

118 **Aufgabe** der Sparkassen ist es, einerseits den Sparsinn, die Spartätigkeit und die Vermögensbildung durch sichere und verzinsliche Annahme auch kleiner Einlagen zu fördern, andererseits den Mittelstand und die Träger öffentlicher Verwaltung mit Krediten zu versorgen (*BVerfG,* WM 1994, 1971). Deshalb betreiben sie zwar Bankgeschäfte, dienen dabei aber in erster Linie den wirtschaftlich schwächeren Bevölkerungskreisen und der Kommunalpolitik sowie der gesamten Volkswirtschaft in einer Weise, die durch private, gewinnmaximierende Kreditinstitute (die ihrerseits auch das Sparkassengeschäft aufgegriffen haben) nicht gewährleistet ist, nicht zuletzt durch die Unterhaltung von ca. 17700 Zweigstellen (Stand: 31. 12. 2002). Die Sparkassen haben den Spielraum für ihre Tätigkeit weitgehend ausgeschöpft. In der Vielfalt ihrer Aktivitäten am Markt unterscheiden sie sich kaum noch von anderen Universalbanken (s. *Oebbecke,* Zweckverbandsbildung, S. 17; zu den verfassungsrechtlichen Grundlagen der Aufgabenstruktur der Sparkassen gem. Art. 28 II GG s. *Nierhaus,* DÖV 1984, 662, 665f.; s. ferner z.B. § 6 bwSpkG, Art. 2 baySpkG, § 2 bbg SpkG, § 2 heSpkG, § 4 ndsSpkG, § 3 nwSpkG, § 2 sächsSpkG, § 2 thürSpkG und *BVerwG,* DVBl. 1972, 781; *BVerwGE* 69, 11, 22; *nwVfGH,* DÖV 1980, 691 und Eildienst 1986, 286).

119 Um ihrer **öffentlichen Aufgabe** willen genießen die Sparkassen die Privilegien ihrer öffentlich-rechtlichen Organisiertheit, der Verluste auffangenden Gewährträgerschaft einer Körperschaft des öffentlichen Rechts (s.u. Rdnr. 125), deshalb der sog. Mündelsicherheit und der Zulassung zum Schulsparen sowie der Bevorzugung bei der Anlage und Verwaltung von Geldmitteln öffentlicher Hände. Hier stellt sich angesichts der beschriebenen Entwicklung der Sparkassen die Frage, ob die Sparkassentätigkeit der Kommune eine öffentliche Aufgabe oder **erwerbswirtschaftliche Betätigung** der öffentlichen Hand ist. Die Antwort hierauf wirkt sich auf die rechtliche Behandlung der Sparkassen aus (Rechtsform, Haftung, Besteuerung). Zunächst unterliegen sie Beschränkungen ihrer Tätigkeit auf ihren Bezirk, einem Spekulationsverbot, Höchstkreditgrenzen und Regelungen der Geschäftstätigkeit. Darüber hinaus ist die Stellung der Sparkassen im

Rechtssystern äußerst umstritten, da sie zugleich öffentlich-rechtliche Anstalten und privatrechtlich handelnde Kreditinstitute, autonome Wettbewerbsunternehmen und Teil der kommunalen Selbstverwaltung sind (vgl. hierzu *Oebbecke,* Zweckverbandsbildung, 17; *Kirchhof,* DVBl. 1983, 921 ff.; *Weides,* DÖV 1984, 41 ff.; *ders.,* StGRt 1978, 86; *Nierhaus,* DÖV 1984, 662, 663 f.).

Die Sparkassen führen ihre **Geschäfte „nach wirtschaftlichen Grundsätzen"**, dh wettbewerblich und Verluste vermeidend. Sie haben einen umfassenden Wettbewerbsauftrag und sollen den Markt zugunsten der Bevölkerung und der Wirtschaft korrigieren. Ihre Absicht, Gewinne zu erzielen, ist durch den gemeinnützigen Zweck, ihr Geschäftsgebaren durch Gesetz oder Rechtsverordnung begrenzt. Erzielte Überschüsse sind nach Speisung ihres Kapitalfonds (Sicherheitsrücklagen) gemeinnützigen Zwecken ihres Gewährträgers zuzuführen (s. z.B. §§ 27 ff. bwSpkG, §§ 1 ff. baySpkO, §§ 5 ff. bbgSpkVO, § 16 heSpkG, § 27 ndsSpkG, §§ 6 ff. nwSpkO, § 24 saSpkG, §§ 1 ff. sächs SpkVO. §§ 5 ff. thürSpkAO; s. ferner BT-Ds V/3500). 120

Wegen ihrer sozialwirtschaftlichen Aufgabenstellung wird im **Passivgeschäft** der Sparkassen besonderes Gewicht auf das Kleinsparwesen (Schulsparen, Klubsparen, Prämiensparen etc.) und auf das Zwecksparen (Heiratssparen, Junghandwerkersparen, Versicherungssparen u.ä.) und auf Anlageformen im Rahmen der staatlichen Sparförderungsund Vermögensbildungspolitik gelegt. Das Bausparen ist ein infolge seiner praktischen Bedeutung verselbstständigter Zweig im Bereich des Zwecksparens (s.u. Rdnr. 125). Die Sparkassen dürfen die Gelder im **Aktivgeschäft** nur bis zu einem bestimmten Vielfachen ihres haftenden Eigenkapitals vergeben (s. § 10 I KWG). Insofern stellt sich die Frage nach der angemessenen Eigenkapitalausstattung der Sparkassen bzw. nach einem Haftungszuschlag für die Gewährträger. Hier wird u.a. diskutiert, ob privates Kapital nicht qua Genussschein beteiligt bzw. ob nicht durch einen Haftungszuschlag das haftende Eigenkapital ohne Zuführung weiteren Kapitals erhöht werden soll (s. *Hoppe,* DVBl. 1982, 45 ff.; *Weides,* NVwZ 1984, 337). Der Zuschlag würde die kreditwirtschaftlichen Grenzen für die Tätigkeit der Sparkassen erweitern. 121

4. Rechtsstellung

Die Sparkassen sind also beschränkt erwerbswirtschaftliche Unternehmen (s.o. Rdnr. 39). Sie sind Kaufmann iSv § 1 HGB. Für die Sparkassen gelten die Vorschriften des Kartellrechts (s. *BVerwG,* DÖV 1983, 73 ff. m. Anm. *Bosse; Weides,* DÖV 1984, 41, 42). Die Sparkassen haben zudem die Vorschriften des RBerG zu beachten (vgl. zur Zulässigkeit der Übernahme von Testamentsvollstreckungen *OLG Karlsruhe,* NJW-RR 1994, 236 (verneinend); a.A. *Leverenz,* ZBB 1995, 156; *Bork,* WM 1995, 255). Obwohl öffentlich-rechtliche Kreditinstitute, genießen sie nicht die Vollstreckungs- 122 privilegien des § 882a I, II ZPO (§ 882a III 2 ZPO) oder des § 170 I–III VwGO (§ 170 IV VwGO). Nach § 33 I AO 1977 sind die Sparkassen steuerpflichtig. Sie werden als „Betriebe gewerblicher Art" eingeordnet (s. *BFH*, BStBl. II 1971, 818, 820f.). Im Rahmen des Subventionsabbaugesetzes vom 26. 6. 1981 (BGBl. I S. 537) wurden die bisherigen Steuervergünstigungen der öffentlich-rechtlichen Sparkassen mit der Begründung aufgehoben, dass sich die Geschäftstätigkeiten von Sparkassen und der Geschäftsbanken immer mehr angeglichen haben (s. BT-Dr. 9/92, S. 23 und den Beschluss des *BVerfG*, NJW 1983, 2811f.; *Kirchhof*, DVBl. 1983, 921; *Weides*, DÖV 1984, 41, 44). Umstritten ist seit langem die **Grundrechtsfähigkeit** von Sparkassen (s. *BVerwG*, DVBI. 1972, 780; *Dürig*, in: M/D Art. 19 III Rdnr. 49 (verneinend); aM *saOVG*, DÖV 1970, 610; *Stern/Burmeister*, Die kommunalen Sparkassen, 1972, S. 199f., 217, 231ff.; *Volkram Gebel*, Die Grundrechtssubjektivität selbstständiger Anstalten unter besonderer Berücksichtigung von Rundfunkanstalten und kommunalen Kreditinstituten (Diss. jur. Kiel) 1974 (bejahend); *v. Mutius*, in: FS v. Unruh, S. 473f.; differenzierend *ders.*, in: BK Art. 19 III GG Rdnr. 135; s. auch *Weides*, NVwZ 1983, 527, 529; *ders.*, NVwZ 1984, 337, 340 Fn. 51; *Bleckmann*, Staatsrecht II, 4. Aufl. 1997, S. 130ff.; *BVerwGE* 69, 11, 22.

123 Die meisten Sparkassen sind **dienstherrnfähig** (nicht in BW, in NW, im Sa, in Bln, im RP) und ihre Vorstandsmitglieder zT Beamte (in RP des Gewährträgers). Sie müssen fachlich geeignet sein. Bei ihrer Ernennung ist die Aufsichtsbehörde zu beteiligen. Das übrige Personal wird vom Vorstand angestellt (s. z.B. §§ 24, 26 bwSpkG, Art. 12 baySpkG, § 24 bbgSpkG, §§ 8, 9 heSpkG, § 22 ndsSpkG, §§ 23f. nwSpkG, § 20 saSpkG, § 24 sächsSpkG, § 17 thürSpkG). Die Angestellten sind Arbeitnehmer im öffentlichen Dienst (*BVerwGE* 30, 81). Ihr Besoldungsrahmen ist in § 22 BBesG geregelt.

124 Hinsichtlich der **Mitbestimmung** bei Sparkassen sehen einige Ländergesetze eine Urwahl der Arbeitnehmervertreter der Sparkasse in den Verwaltungsrat vor. Sie verstößt gegen das kommunale Selbstverwaltungsrecht iVm dem Demokratieprinzip (Art. 20, 28 I, II GG), weil die demokratische Legitimation nicht gewährleistet ist. Insofern sind Gruppen- oder Bedienstetenvertretungen weder Volk noch eine vom Volk legitimierte Vertretung (s. *nwVfGH*, Eildienst 1986, 286; *Püttner*, DVBl. 1984, 165, 169; *Stüer*, StGBd 1986, 19ff. mwN; s. ferner *Schmitt-Glaeser*, VVDStRL 31 [1973], 233ff.; *Rudolf*, VVDStRL 37 [1979], 209f.; *Ossenbühl*, Grenzen der Mitbestimmung im öffentlichen Dienst 1986).

5. Gewährträgerhaftung und Anstaltslast

125 Die die Sparkasse tragende kommunale Körperschaft (ihr Anstaltsherr) wird **Gewährträger** genannt; sie haftet für die Verbindlichkeiten der Sparkassen nach dieser, also subsidiär, aber unbeschränkt (Ausfallgarantie; s.

z.B. § 8 I, IV bwSpkG, Art. 4 baySpkG, § 3 I bbgSpkG, § 3 heSpkG, § 3 I mvSpkG, § 5 ndsSpkG, § 6 nwSpkG, § 5 saSpkG, § 3 I sächsSpkG, § 3 I thürSpkG). Hierauf beruht die Mündelsicherheit der Spareinlagen iSd § 1807 I 5 BGB (s. *Nierhaus,* DÖV 1984, 662). Streitig ist, ob der Sparkassenträger wie jeder Anstaltsherr rechtlich verpflichtet ist, die Anstalt während ihres Bestehens zur Erfüllung ihrer Aufgaben im Innenverhältnis zu schützen, indem z.B. eine etwaige Unterbilanz durch Zuschüsse ausgeglichen werden muss, um damit ihre wirtschaftliche Basis und Funktionsfähigkeit zu sichern bzw. zu erhalten, sog. Anstaltslast (s. hierzu *prOVG,* PrVwBl. 19, 280; *Nierhaus,* DÖV 1984, 662, 669f. – bejahend; *Oebbecke,* Rechtsfragen der Eigenkapitalausstattung der kommunalen Sparkassen, 1980, S. 23ff.; *ders.,* DVBl. 1981, 960ff. – keine Rechtspflicht; *ders.;* Zweckverbandsbildung, 1982, 18 mwN; zweifelnd *Hoppe,* DVBl. 1982, 49 mwN).

Gewährträgerhaftung und Anstaltslast waren Gegenstand eines **Beschwerdeverfahrens** vor der EG-Kommission (s. Beschwerdeschreiben der Bankenvereinigung der EU vom 21. 12. 1999, abgedr. u.a. bei *Henneke* (Hg.), Aufgabenerfüllung, Anhang S. 231; ferner ABl. EG v. 11. 3. 2000, 71/14; Erklärung der Regierungskonferenz von Amsterdam, Ziff. 37, abgedr. im Bull. der Bundesregierung, Nr. 94 v. 27. 11. 1997, S. 1145 und dazu *Beyer,* NVwZ 1999, 1085ff.; *Wieland,* in: Henneke, S. 122f.). Streitig war, ob die hierin zum Ausdruck kommende Staatsgarantie zugunsten der Sparkassen und Landesbanken eine unzulässige Beihilfe iS von Art. 87 I EGV darstellt (zur seinerzeitigen Diskussion s. *Kemmler,* a.a.O., S. 123ff.; *Kruse,* NVwZ 2000, 721ff.; *D. Schmidt,* ZfK 2000, 1050ff. und 1142ff.; *Martin-Ehlers,* EWS 2001, 263ff.; ferner die Entschließung des Bundesrates, BR-Ds. 656/99). Ergänzend ging es um die Reichweite der Vorbehaltsklausel des Art. 295 EGV zugunsten der Eigentumsordnung der einzelnen Mitgliedstaaten (dazu *Wieland,* a.a.O., S. 117f.). Am 17. 7. 2001 kam es zu einer „Verständigung über Anstaltslast und Gewährträgerhaftung" (abgedr. SächsLT-Drs. 3/558), am 28. 2. 2002 wurden „Schlussfolgerungen über Anstaltslast und Gewährträgerhaftung betreffend die Verständigung über Landesbanken und Sparkassen vom 17. 7. 2001" verabschiedet, am 27. 3. 2002 hat die EU-Kommission zweckdienliche Maßnahmen vorgeschlagen, welche die Bundesregierung in der Folgezeit vorbehaltlos akzeptierte (s. *Henneke,* NdsVBl. 2002, 113ff.; *Möschel,* WM 2001, 1895ff.). Danach muss spätestens zum Ablauf einer Übergangsfrist am 18. 7. 2005 an die Stelle der Anstaltslast eine normale **marktwirtschaftliche Eigentümerbeziehung** treten, die Gewährträgerhaftung entfällt (kritisch *Kemmler,* DVBl. 2003, 100ff.); für in dieser Übergangszeit begründete Verbindlichkeiten bleibt die Gewährträgerhaftung noch bis zum 31. 12. 2015 bestehen (sog. Grandfathering). Sparkassen und Landesbanken müssen darüber hinaus bis zum Ablauf der Übergangsfrist insolvenzfähig werden; entsprechende Ausnahmebestimmungen der Länder auf Grund von § 12 InsO sind abzuschaffen. Soweit die Eigentümer von Sparkassen und Landesbanken diesen zukünftig Kapital

126 (margin number beside the paragraph beginning "Gewährträgerhaftung und Anstaltslast")

zur Verfügung stellen, handelt es sich um Beihilfen, die dem Rechtsregime der Art. 87ff. EGV unterfallen. Die notwendigen Änderungen im Recht der Sparkassen und Landesbanken haben die Bundesländer noch im Jahre 2002 vorgenommen, sie treten jedoch sämtlich erst zum 19. 7. 2005 in Kraft.

127 Im Zusammenhang mit der zunehmenden Ausweitung des Geschäftskreises der öffentlich-rechtlichen Sparkassen und der allmählichen Lockerung der kommunalen Bindungen wird auch seit längerem und aus unterschiedlichen Blickwinkeln eine **Privatisierung** der öffentlich-rechtlichen Sparkassen diskutiert (zuletzt *Kemmler,* DVBl. 2003, 106). Es wird argumentiert, eine Privatisierung könne die Wettbewerbssituation der Sparkassen verbessern und vor allem das Problem der Eigenkapitalausstattung lösen, da privates Eigenkapital eingebracht werden könnte (s. *Oebbecke,* a.a.O.; *Püttner,* Zur Eigenkapitalausstattung der Sparkassen, 1983). Andererseits stellt sich die Frage nach den Grenzen der Privatisierung, die aus der Gemeinwohl- und Daseinsvorsorgeaufgabe der kommunalen Sparkassen resultieren könnten und bei der ordnungspolitischen Diskussion nicht übersehen werden dürfen (s. *BVerfGE* 64, 229, 234ff.; 75, 192, 199; WM 1994, 1971). Ob aber der so umrissene öffentliche Auftrag der Sparkassen ihre Sonderstellung auch in der Zukunft zu rechtfertigen vermag, erscheint vor dem Hintergrund der andauernden Deregulierungs- und Privatisierungsdebatte (eine Privatisierung des öffentlichen Bankensektors befürworten z.B. *Monopolkommission,* IX. Hauptgutachten 1990/91, Tz. 43ff.; *Schlanker Staat,* Band 1, S. 64) und des bevorstehenden Wegfalls von Anstaltslast und Gewährträgerhaftung offen.

6. Errichtung und Auflösung

128 Die Vertretungskörperschaft des Gewährträgers beschließt über Errichtung und Auflösung der Sparkasse und erlässt idR auch ihre Satzung. Solche Beschlüsse sowie die Zusammenlegung von Sparkassen und (oder) die Errichtung von Zweigstellen bedürfen oft ministerieller Genehmigung, die Satzung aber nur, wenn sie von der staatlichen Mustersatzung abweicht (s. z.B. §§ 2ff. bwSpkG, Art. 1, 13ff., 21 baySpkG, §§ 1, 4, 29 bbgSpkG, §§ 1, 10, 19 heSpkG, §§ 1, 4, 29 mvSpkG, §§ 1, 2, 6 ndsSpkG, §§ 1, 5, 32 nwSpkG, §§ 1, 28 saSpkG, §§ 1, 4, 29 sächsSpkG, §§ 1, 4, 29 thürSpkG). Aus der Zugehörigkeit der Sparkasse zu ihrem Gewährträger folgt, dass ihr Geschäftsbereich idR auf dessen Gebiet beschränkt ist (**Regionalprinzip;** s. auch *rpOVG,* NVwZ-RR 1992, 241). Die Aufsichtsbehörde kann aber zT Ausnahmen zulassen. Die Rechtslage ist in den Ländern verschieden (s. z.B. § 2 II bwSpkG, § 2 III, IV 2 baySpkO, § 5 bbgSpkG, § 1 III heSpkG und *heVGH,* DÖV 1967, 207, § 5 mvSpkG, § 1 II nwSpkG, § 1 III, IV saSpkG, § 5 sächsSpkG, § 6 thürSpkG). Die Errichtung einer Sparkasse gehört zur Allzuständigkeit der Gemeinden bzw. der Landkreise, weil es sich um einen essentiellen Teil der **Daseinsvorsorgeverwaltung** handelt (*BVerfGE* 75,

192, 196; *BVerwGE* 41, 195; *bayVfGH,* BayVBl. 1986, 39; *nwOVG,* DVBl. 1986, 1196). Teilweise wird jedoch die Zugehörigkeit der Sparkassentätigkeit zum kommunalen Aufgabenkreis angezweifelt (*Broska,* Die öffentlich-rechtlichen Sparkassen zwischen Staat und Kommunen, 1976, 72; *P. Kirchhof,* DVBl. 1983, 521; *Weides,* StGRt 1978, 85). Hier wird zu wenig die wirtschaftsfördernde, sozialpolitische, kommunalpolitische und infrastrukturelle Bedeutung der Sparkassen gesehen *(Stern/Burmeister,* Die kommunalen Sparkassen, 1972, 94; *Stern/Nierhaus* a.a.O. 18; *Nierhaus,* DÖV 1984, 662ff.; *Fischer,* in: FS v. Unruh, S. 840ff.; v. *Mutius,* KomHdb. III, 458; *Stober,* WiVerwR, 12. Aufl. 2000, §§ 31 I 2, 39 I, IV; *BGH,* WM 1984, 691; *nwVfGH,* Spk 1980, 270 und DÖV 1981, 780); s. zu den Ordnungsprinzipien im Sparkassenrecht (Regionalprinzip, Subsidiaritatsprinzip, Prioritätsprinzip, Verbot der Doppelverwaltung) *Oebbecke,* Zweckverbandsbildung, 20ff.; *Weides, NVwZ* 1983, 527f.; *OVG Lbg,* DÖV 1978, 98; *bayVGH,* BayVBl. 1981, 530; *nwOVG,* DVBl. 1982, 504 m. Anm. *Bosse;* BVwG: DÖV 1983, 73; vgl. *OVG Koblenz,* NVwZ 1983, 562; *bayVfGH,* DVBl. 1986, 39ff.

7. Aufsicht

Die Aufsicht über die kommunalen Sparkassen führen die höheren und obersten staatlichen Verwaltungsbehörden als **Sparkassenaufsichtsbehörden.** Über Rechtsnatur, Umfang und Grenzen der Sparkassenaufsicht herrscht weitgehend Unsicherheit. Es handelt sich nach h.M. um eine besondere Kommunalaufsicht, so dass sie auf eine reine Rechtmäßigkeitskontrolle beschränkt ist. Diese ist auf Einzelaufsichtsmaßnahmen wie die Genehmigung der Aufnahme langfristiger, nicht zweckgebundener Darlehen oder die Gewährung von Darlehen an den eigenen Gewährträger beschränkt. Die Aufsichtsbehörde kann sich jederzeit über die Angelegenheiten der Sparkasse unterrichten, kann Beschlüsse und Anordnungen, die das geltende Recht verletzen, aufheben und Weisungen erteilen, falls die Sparkasse die ihr obliegenden Pflichten nicht erfüllt (s. z.B. §§ 24 II, 32, 53 bwSpkG, Art. 13 baySpkG und *bayVGHE* 22, 98, VerwRspr. 25, 366, §§ 30f. bbgSpkG, § 20 heSpkG, §§ 28ff. nwSpkG, §§ 30f. nwSpkG, §§ 29ff. saSpkG, §§ 30f. sächsSpkG, § 24 thürSpkG; *OVG Lbg* E 24, 387: kondominiales Ermessen bei der Genehmigung zur Errichtung auswärtiger Zweigstellen; s.a. *BVerwG,* Spk 1973, 35. *Baumeister,* Die Staatsaufsicht über die Personalhoheit der Sparkassen, DVBl. 1967, 801ff.; *Weides/Bosse* a.a.O. 402, 405f. und *v. Mutius* a.a.O. 475f. mwN zum Streitstand; *Keßler,* Aufsichtskonkurrenz, S. 124ff.). 129

Außerdem unterliegen die Sparkassen wie alle Kreditinstitute hinsichtlich der Geschäftspolitik der Aufsicht durch die zum 1. 5. 2002 neu errichtete **Bundesanstalt für Finanzdienstleistungsaufsicht** (BGBl. 2002 I 1310) als Nachfolger des Bundesaufsichtsamts für das Kreditwesen nach dem KWG, 130 weil die Sparkassenaufsicht Mängel in der Anlagepolitik und Liquidität der Sparkassen nicht verhindern konnte. Die Aufsicht über die Sparkassen ist somit aufgespalten (s. §§ 6, 40, 52 KWG).

8. Sparkassen- und Giroverbände

131 Die Sparkassen und ihre Gewährträger sind regional in 9 **Sparkassen- und Giroverbänden** zusammengeschlossen. Diese sind (mit Ausnahme des Hanseatischen Sparkassen- und Giroverbandes) Bundkörperschaften des öffentlichen Rechts. Ihre Aufgaben sind die gemeinsame Förderung des Sparkassenwesens, die Prüfungen der Mitgliedssparkassen. und die Beteiligung an der Gewährträgerschaft der Girozentralen. Organe sind die Mitglieder- (Verbands-)Versammlung, der Vorstand und der Vorsteher, der – nicht in NW – mit dem Vorstandsvorsitzenden personaluniert sein kann. Die Regionalverbände unterliegen ebenfalls der Rechtsaufsicht durch die oberste Verwaltungsbehörde. Sie sind zusammengeschlossen im Deutschen Sparkassen- und Giroverband e.V. mit Sitz in Bonn (s. z.B. §§ 35ff. bwSpkG, Art. 22f. baySpkG, § 1 heBankG, §§ 32ff. ndsSpkG, §§ 47ff. nwSpkG, §§ 40ff. saSpkG, und RG v. 6. 4. 1933 – RGBl. I 166).

9. Girozentralen (Landesbanken)

132 Die z. Zt. noch 11 (auf Grund Staatsvertrag vom 4. 2. 2003 haben die hmb Landesbank und die Landesbank SH fusioniert) regionalen **Girozentralen** (Landesbanken) sind die zentralen Kreditinstitute und Verrechnungsstellen der Sparkassen. Außerdem führen sie **alle** Bankgeschäfte aus. Sie sind rechtsfähige Anstalten. Ihre Gewährträger sind die regionalen Sparkassen- und Giroverbände, in He, Nds, NW und RP auch das Land, in NW außerdem die Landschaftsverbände. Organe sind Verwaltungsrat und Vorstand. Die Aufsicht liegt bei der obersten staatlichen Verwaltungsbehörde. Spitzeninstitut für die Girozentralen ist die Deutsche Girozentrale – Deutsche Kommunalbank – in Berlin und Frankfurt a.M. (s. §§ 39–46 bwSpkG – auch Bausparkassen und Badische Versicherungsanstalt, Art. 24 baySpkG, §§ 3ff. heBankG – auch Versammlung der beiden gleichberechtigten Gewährträger, §§ 31 ndsSpkG, §§ 1ff. NordLB-Gesetz, §§ 36ff. nwSpkG – auch Gewährträgerversammlung, §§ 32ff. saSpkG; s. hierzu *Fries*, VerwArch. 67 [1976], 241ff.; *Fischer*, in: FS v. Unruh, S. 850ff.; *Oberbeckmann*, KomHdb III, § 105 D).

133 Die Landesbanken sind ähnlich den Sparkassen von der gemeinschaftsrechtlich veranlassten Reform der Haftungsstrukturen betroffen (s.o. Rdnr. 126). Zur Umgestaltung der Anstaltslast und Aufhebung der Gewährträgerhaftung werden unterschiedliche Modelle gewählt. Waren Eigentümer der bayLandesbank bislang zu je 50 Prozent der Freistaat und der bay Sparkassenverband, so ist Eigentümer nunmehr eine neue Aktiengesellschaft, die BayernLB Holding AG, deren Aktien zu je 50 Prozent die bisher

unmittelbaren Eigentümer halten (sog. **Finanzholding-Modell;** zur Problematik der demokratischen Legitimation s. o. I.2.c.; zu den konzernrechtlichen Aspekten am Beispiel der – nicht europarechtlich determinierten – Umstrukturierung der Berliner Landesbank vgl. *Raiser,* ZGR 1996, 459ff.; *Schuster,* ZGR 1996, 481ff.). In NW erfolgt eine Aufspaltung der Tätigkeitsfelder in einen öffentlich-rechtlichen Teil, die Landesbank NW, und in eine private Geschäftsbank, die WestLB AG, deren Aktien die Landesbank NW vollständig hält (sog. **Mutter-Tochter-Modell**).

10. Freie Sparkassen

Die **Freien Sparkassen** werden von privatrechtlichen Gesellschaften 134
(Verein, GmbH, AG) oder Stiftungen getragen. Auch sie dienen dem öffentlichen Kreditverkehr und haben einen unbeschränkten Einlegerkreis. Sie sind nicht nur als gemeinnützig, sondern landesrechtlich auch als „öffentliche Sparkassen" iSd § 40 I KWG anerkannt und dem regionalen Sparkassen- und Giroverband angeschlossen. Die heute noch bestehenden 7 Freien Sparkassen haben zT einen beträchtlichen Geschäftsumfang. Sie sind zusammengeschlossen im Verband der Deutschen Freien Öffentlichen Sparkassen eV von 1920. Es gibt sie vornehmlich in Norddeutschland (s. §§ 34ff. shSpkG). In Hmb und in der Stadt Bre (also abgesehen von Bremerhaven) gibt es nur Freie Sparkassen. Auch die Frankfurter Sparkasse (hervorgegangen aus einer Verschmelzung der Frankfurter Sparkasse von 1822 und der Stadtsparkasse Frankfurt am 1. 1. 1989; dazu *Lützenkirchen,* ZögU 1989, 222) hat keinen öffentlich-rechtlichen Gewährträger, sondern wird von einem gem. § 22 BGB rechtsfähigen Verein betrieben. Das Regionalprinzip gilt für sie nicht. Sie können also überall Zweigstellen einrichten und sind **grundrechtsfähig** (*BVerwGE* 69, 11). Sie unterliegen aber der Sparkassenaufsicht wie eine öffentliche Sparkasse (ausführlich zu den Freien Sparkassen im Rechtssystem *Ossenbühl,* Grundfragen zum Rechtsstatus der Freien Sparkassen, 1979; *Wolfgang Schmitt-Wellbrock,* Freie Sparkassen und Regionalprinzip, 1979).

11. Bausparkassen

Bausparkassen sind Zwecksparunternehmen zur Wohnungsbaufinanzie- 135
rung, bei denen die Kreditgeber im Laufe des Geschäftsganges idR auch Kreditnehmer werden. Dieses Gemeinschaftssparen wird von privaten und öffentlichen Bausparkassen betrieben. Unter den im Bundesgebiet bestehenden 11 öffentlichen Bausparkassen sind fünf rechtlich selbstständig, davon zwei als rechtsfähige Anstalten (NordLBS, LBS BW), die übrigen sind unselbstständige Abteilungen der Landesbanken.

IX. Die Schulen

Schrifttum: S. Vorauflage zu § 101 und ferner *Avenarius/Heckel*, Schulrechtskunde, 7. Aufl. 2000; *Bader*, Ist ein verpflichtender Ethikunterricht zulässig, DÖV 1999, 452 ff.; *ders.*, Zur Verfassungsmäßigkeit des obligatorischen Ethikunterrichts, NVwZ 1998, 256 ff.; *Bärmeier*, Das Verfassungsprinzip der Verhältnismäßigkeit und die Unverhältnismäßigkeit staatlichen Schulehaltens, RdJB 1993, 80 ff.; *ders.*, Über die Legitimität staatlichen Handelns unter dem Grundgesetz der Bundesrepublik Deutschland. Die Unvereinbarkeit staatlichen Schulehaltens mit den Verfassungsprinzipien der „Staatsfreiheit" und der „Verhältnismäßigkeit", 1992; *Beyerlin*, Schulische Integration und der Handlungsauftrag des Staates aus Art. 3 Abs. 3 Satz 2 GG; RdJB 1999, 157 ff.; *Bothe*, Erziehungsauftrag und Erziehungsmaßstab der Schule im freiheitlichen Verfassungsstaat, VVDStRL 54 [1995], S. 7 ff.; *Bott*, Der Übergang auf weiterführende Schulen, ThürVBl. 1998, 273 ff.; *ders.*, Schule und Schulaufsicht im Rechtsstaat, LKV 1992, 221 ff.; *Czermak*, Das Pflicht-Ersatzfach Ethik-Unterricht als Problem der Religionsfreiheit, des Elternrechts und der Gleichheitsrechte, NVwZ 1996, 450 ff.; *ders.*, Erziehungsauftrag und Erziehungsmaßstab der Schule im freiheitlichen Verfassungsstaat, VVDStRL 54 [1995], S. 47 ff.; *Ebel*, Ein erster Schritt zu mehr Teilhabemöglichkeiten des Schulträgers: Sicherung des kommunalen Informationsrechts, VR 1991, 91 ff.; *Erichsen*, Elternrecht und staatliche Verantwortung für das Schulwesen, in: FS Scupin 1983, S. 721 ff.; *ders.*, Elternrecht – Kindeswohl – Staatsgewalt, 1985; *ders.*, Schule und Parlamentsvorbehalt, in: FS zum 125 jährigen Bestehen der Jur. Ges. zu Berlin, 1984, S. 113 ff.; *Friesecke/Friesecke*, Rechtliche Grenzen emanzipatorischer Erziehung im Staatlichen Schulwesen, DÖV 1996, 639 ff.; *Geiger*, Kirchen und staatliches Schulsystem, HdbStKirchR II, 2. Aufl., 483 ff.; *Glotz/Faber*, Richtlinien und Grenzen des Grundgesetzes für das Bildungswesen, HdbVerfR, 2. Aufl. 1994, § 28; *Geis*, Möglichkeiten und Grenzen schulischer Partizipationsregelungen am Beispiel der sog. Schulkonferenz, in: FS J. P. Vogel, S. 31 ff.; *Goerlich*, Krieg dem Kreuz in der Schule, NVwZ 1995, 1185 ff; *Greiwe*, Wettbewerb zwischen Schulen, 2001; *Heintzen*, Erziehung, Wissenschaft, Kultur und Sport, in: HdbStR IX, § 218; *Hennecke*, Schule und Selbstverwaltung: Selbstverwaltung im Staat der Industriegesellschaft, in: FS v. Unruh, S. 931 ff.; *Hobe*, Gibt es ein Grundrecht auf begabungsgerechte Einschulung?, DÖV 1996, 190 ff.; *Höfling*, Demokratiewidrige Schulautonomie, RdJB 1997, 361 ff.; *ders.*, Öffentliches Schulwesen und pädagogische Autonomie, DÖV 1988, 416 ff.; *Hoegg*, Sind Schulausschlußmaßnahmen verfassungskonform?, RdJB 1998, 352 ff.; *Hönig*, Übernahme der Schulträgerschaft bei Gymnasien durch die Landkreise, LKV 1996, 265 ff.; *Hoffmann*, Die Beteiligungsrechte kommunaler Schulträger an Personalentscheidungen des Landes, NWVBl. 1992, 45 ff.; *ders.*, Zur Änderung des kommunalen Vorschlagsrechts bei Personalentscheidungen des Landes, NWVBl. 1995, 241 ff.; *Huber*, Erziehungsauftrag und Erziehungsmaßstab der Schule im freiheitlichen Verfassungsstaat, BayVBl. 1994, 545 ff.; *Hufen*, Verfassungsrechtliche Möglichkeiten und Grenzen schulischer Selbstgestaltung, in: FS J. P. Vogel, 1998, S. 31 ff.; *Jach* u. a. (Hg), Fünfzig Jahre Grundgesetz und Schulverfassung, 2000; *ders.*, Schulvielfalt als Verfassungsgebot, 1991; *Jarass*, Zum Grundrecht auf Bildung und Ausbildung, DÖV 1995, 674 ff.; *Ladeur*, Elternrecht, kulturstaatliches Vielfaltgebot und gesetzliche Regelung der Schulschließung, DÖV 1990, 945 ff.; *ders.*, Schulvielfalt und staatliche Schulaufsicht, RdJB 1991, 263 ff.; *Langenfeld*, Integration und kulturelle Identität zugewanderter Minderheiten: Eine Herausforderung für das deutsche Schulwesen – Einführung in einige grundrechtliche Fragestellungen, AöR 123 (1998), 375 ff.; *Leppin*, Schulentwicklungspläne – Rechtsnatur und Justiziabilität, NordÖR 1999, 90 ff.; *Link*, Religionsunterricht, HdbStKirchR II, 2. Aufl. 1995, S. 439 ff.; *ders.*, Gestaltungsfreiheit des Lehrers und Schulaufsicht des Staates, in: FS Dürig, S. 269 ff.; *Mevissen*, Kampf um schulische Mitbestimmung, 2001; *Niehues, K.*, Die Entwicklung des Schulrechts in den Jahren 1999–2000; *Niehues, N. N.*, Schul- und Prüfungsrecht, Bd. 1: Schulrecht, 3. Aufl. 2000; *Nishihara*, Gewissensfreiheit in der Schule, Der Staat 32 [1993], 569ff.; *Oebbecke,* Reichweite und Voraussetzungen der grundgesetzlichen Garantie des Religionsunterrichts, DVBl. 1996, 336ff.; *ders.,* Öffentlicher Erziehungsauftrag, Gespräche zum Thema Staat und Kirche, 1998; *ders.,* Schule und berufliche Ausbildung, HdbStR VI, 1989, 329ff.; *ders.,* Erziehungs- und Ordnungsmaßnahmen im Schulrecht, 1991 (Diss.jur. Göttingen); *Petermann,* Die Genehmigung für Lehrkräfteim Privatschulwesen, NVwZ 1987, 205ff.; *Peters,* Erziehungs- und Ordnungsmaßnahmen im Schulrecht, 1991 (Diss. Jur Gött); *Pieroth,* Die staatliche Ersatzschulfinanzierung und der Schulhausbau, DÖV 1992, 14ff.; *ders.,* Erziehungsauftrag und Erziehungsmaßstab der Schule im freiheitlichen Rechtsstaat, DVBl. 1994, 949ff.; *ders./Schuppert* (Hg.), Die staatliche Privatschulfinanzierung vor dem *BVerfG,* 1998, *v. Pollern,* Schulreform in BW, BwVBl. 1997, 209ff. und 250ff.; *Poscher,* Entscheidungs-, aber nicht ergebnislos: Das verfassungsgerichtliche Verfahren um das Lehrfach Lebensgestaltung-Ethik-Religionskunde (LER), RdJB 2002, 380ff.; *Püttner/Rux,* Schulrecht, in: Achterberg/Püttner (Hg.), Bes. Verwaltungsrecht, 2. Aufl. 2000; *Reichenbach,* Art. 3 Abs. 3 S. 2 GG als Grundrecht auf Chancengleichheit, RdJB 2001, 53ff.; *Renck,* Bekenntnisunterricht und Ethikunterricht, NVwZ 1999, 713ff.; *ders.,* Nochmals: Die Rechtsstellung der Bekenntnisgemeinschaften im Schulrecht, BayVBl. 1994, 713ff.; *ders.,* Rechtsfragen des Religionsunterrichts an den öffentlichen Schulen der neuen Bundesländer, ThürVBl. 1993, 102ff.; *ders.,* Religionsunterricht in den neuen Bundesländern, LKV 1993, 88ff.; *ders.,* Gestaltungsspielräume der kommunalen Schulträger beim Schulangebot, DÖV 1992, 144ff.; *Roellecke,* Grundrecht auf richtiges Deutsch? Zur Unwesentlichkeit der Rechtsschreibung, NJW 1997, 2500ff.; *ders.,* Zum Verhältnis von Recht und Erziehung, in: FS Geiger, S. 342ff.; *Reuter,* Schulrechtliche und schulpraktische Fragen der schulischen Betreuung von Kindern und Jugendlichen nichtdeutscher Erstsprache, RdJB 1999, 26ff.; *Scheydt,* Die Musikschule – eine Bildungs- und Kultureinrichtung im rechtsfreien Raum?, DÖV 1994, 249ff.; *Schmidt,* „Schulprogramm" und pädagogische Eigenverantwortung der Schule, NVwZ 1997, 456ff.; *ders.,* In hoc signo – Bemerkungen zum Schulkreuz-Erkenntnis des *BVerfG,* in: FS Friauf, 1996, S. 343ff.; *Stein/Roell,* Hdb. des Schulrechts, 2. Aufl. 1992; *Erwin Stein,* Elterliches Erziehungsrecht und Religionsfreiheit, HdbStKirchR II 455ff.; *Stern,* Autonomie der Schule?, in: FS Knöpfle, S. 333ff.; *Theuersbacher,* Die Entwicklung des Schulrechts in den Jahren 1984 bis 1997, NVwZ 1988, 886ff; 1988 bis 1990, NVwZ 1991, 125ff.; 1991 und 1992, NVwZ 1993, 631ff.; 1993 und 1994, NVwZ 1995, 1178ff.; 1995 und 1996, NVwZ 1997, 744ff.; 1997 und 1998, NVwZ 1999, 838ff.; *ders.,* Ersatz- und Ergänzungsschule, DÖV 1992, 505ff.; *ders.,* Zur Errichtung von Grundschulen in freier Trägerschaft, DÖV 1995, 587ff.; *Vogel, J. P.,* Das Recht der Schulen und Heime in freier Trägerschaft, 3. Aufl. 1997; *Wegge,* Mitwirkungsrechte bei der Bestellung von Schulleitern, BwVBl. 1993, 168ff.; de Wall, Das Grundrecht auf Religionsunterricht, NVwZ 1997, 465ff.; *Weiler,* Erziehungs- und/oder Bildungsauftrag der staatlichen Schule?, RdJB 1993, 452ff.; *Zacher,* Elternrecht, in: HdbStR VI, § 134.

Zum Landesschulrecht: *Anders,* Die Schulgesetzgebung in den neuen Bundesländern, 1995; *Hanßen,* Zur Entwicklung der Schulgesetzgebung in den fünf neuen Bundesländern, RdJB 1991, 289ff.; *Kühne,* Neue Länder – neue Erziehungsziele, RdJB 1994, 39ff.; *Schmitt* (Hg.), Fünf Jahre Neugestaltung des Bildungssystems in den Neuen Bundesländern, 1996; *Wege,* Zum Religionsunterricht in den neuen Ländern, LKV 1996, 191ff.; **BW:** *Elser,* Entwicklung des Schulrechts in BW von 1988–1993, RdJB 1995, 82ff; *Holfelder,* SchulG für BW, 12. Aufl. 1998; *ders./Bosse,* Schulgesetz für BW, 12. Aufl. 1998; *Lambert,* Die Entwicklung des Schulrechts in BW von 1993–1998, RdJB 1998, 384; *von Pollern,* Schulreform in BW, BwVBl. 1997, 250ff.; **Bay:** *Amberg,* Die Entwicklung des Schulrechts in Bayern seit 1985, RdJB 1995, 85ff.; – von 1995–1997, RdJB 1998, 115ff.; *Czermak,* Das bay Kruzifix-Gesetz und die Entscheidung des BayVGH vom 1. 8. 1997, DÖV 1998, 107ff.; *Dirnaichner,* Bay Schulrecht: Keine Benachteiligung Behinderter, BayVBl. 1997, 545ff.; *Falkenberg,* Grundriß des Schulrechts in Bay, 2. Aufl. 1995; **Bln:** *Heinrich,* Grundriß des Schulrechts in Bln, 3. Aufl. 1991; *Meyer,* Die Entwicklung des Schulrechts in Bln von 1989–

1997, RdJB 1997, 312 ff.; **Bbg:** *Hanßen,* Due Entwicklung des Schulrechts in Bbg von 1991–1995, RdJB 1996, 492 ff.; – von 1995–2000, RdJB 2000, 340 ff.; *ders./Glöder,* Bbg Schulgesetze (Losebl.), 1997; *Heckel,* Religionsunterricht in Brandenburg, 1998; *Krzyweck/Benstz,* Schulrecht Bbg, 3. Aufl. 1998; *de Wall,* Das Grundrecht auf Religionsunterricht: Zur Zulässigkeit der Verfassungsbeschwerden gegen das Bbg Schulgesetz, NVwZ 1997, 465 ff.; *ders.,* Zum Verfassungsstreit um den Religionsunterricht in Brandenburg, ZevKR 1997, 353 ff.; **Hmb:** *Gleim,* Eigenständigkeit der Schulen und staatliche Aufsicht, Entwicklung des Schulrechts in der Freien und Hansestadt Hamburg von 1998–2001, RdJB 2001, 112 ff.; *Rickert,* Die Entwicklung des Schulrechts in Hmb von 1986–1997, RdJB 1997, 441 ff.; **He:** *Köller,* Die Entwicklung des Schulrechts in He 1994 und 1995, RdJB 1996, 277 ff.; von 1996–2000, RdJB 2001, 106 ff.; **MV:** *Bley,* Das Schulrecht in MV, 1996; *Freese,* Das Schulgesetz des Landes Mecklenburg-Vorpommern, LKV 1997, 109 ff.; **Nds:** *Barth/Habermals/Kieslich,* Grundriss des Schulrechts in Nds, 5. Aufl. 1997; *Berger,* Sparkassengesetz für das Land Nds, 2000; *Galas/Habermalz/Schmidt,* NdsSchulG, 3. Aufl. 1998; *Radtke,* Die Entwicklung des Schulrechts in Nds von 1988 bis 1994, RdJB 1995, 90 ff.; – von 1995 bis 1998, RdJB 1999, 120 ff.; *Woltering,* Nds SchulG, 4. Aufl. 1998; **NW:** *Bertrams,* Aus der neueren Rechtsprechung des OVG NW zum Schulorganisationsrecht und Recht der Ersatzschulen, NWVBl. 1989, 8 ff.; *ders.,* Schulrechtliche Entscheidungen des OVG Münster, NWVBl. 1990, 181 ff.; *van den Hövel,* Die Entwicklung des Schulrechts in NW von 1990–1994, RdJB 1995, 96 ff.; *Jülich,* Grundriß des Schulrechts in NW, 2. Aufl. 1998; *Klenke,* Zur Errichtung und Auflösung von Gesamtschulen in NW, NWVBl. 1999, 445 ff.; *Packwitz,* Die Entwicklung des Schulrechts in NW vom März 1995 bis August 1998, RdJB 1998, 496; *Schlaf,* Das Recht der Schülerfahrkosten in NW, NWVBl. 1991, 366 ff.; **RP:** Grumbach, Die Entwicklung des Schulrechts in RP von 1991–1995, RdJB 1996, 282 ff.; **Sa:** *Lang,* Die Entwicklung des Schulrechts im Sa von 1985–1996, RdJB 1996, 383 ff.; *Mohr,* Die Entwicklung des Schulrechts im Sa von 1996–1999, RdJB 2000, 449 ff.; **Sachs:** *Friedrich/Anders,* Zur Entwicklung der Schulgesetzgebung in den neuen Bundesländern: Sachsen, RdJB 1992, 251 ff.; *Holfelder* u. a., Sächs SchulG, 4. Aufl. 1995; *Musall,* Die Neustrukturierung der Schulaufsicht im Freistaat Sachsen, SächsVBl. 1998, 301 ff.; *Niebes,* Die Entwicklung des Schulrechts im Freistaat Sachs von 1991–1994, RdJB 1996, 348 ff.; – von 1994–1998, RdJB 1998, 390 f.; *ders.,* Schulgesetz und Schulordnungen im Freistaat Sachsen, 2. Aufl. 1996; *Schütz,* Zur Entwicklung der Schulgesetzgebung in den neuen Bundesländern: Sachsen, RdJB 1992, 253 ff.; **Sanh:** *Kramer,* Zur Entwickung des Landesschulrechts in Sanh von 1994–1998, RdJB 1999, 498 ff.; *Reich,* SchulG Sanh, 1997; **SH:** *Pfautsch,* Entwicklung des Schulrechts in SH 1995–1998, RdJB 1999, 255 ff.; *ders.,* Neues Schulgesetz in SH, NordÖR 1999, 93 ff.; *ders./Lorenzen,* Grundriss des Schulrechts und der Schulverwaltung in SH, 2. Aufl. 1996; **Thür:** *Strobel,* Das Thür Schulgesetz vom 6. 8. 1993, ThürVBl. 1994, 73 ff.; *Duchene,* Entwicklung des Schulrechts in Thür von 1992–1996, RdJB 1997, 200.

1. Entwicklung, rechtliche Grundlagen

136 Bis ins 17. Jh. hinein sind Schulen fast ausschließlich von nichtstaatlichen Korporationen (Orden, Städten) errichtet und unterhalten, ihr Besuch privater Initiative überlassen worden. Erst mit der Aufklärung erwachte das Interesse des Staates an Unterricht und Erziehung. Die Monarchen erkannten zunehmend die Bedeutung einer elementaren Schulbildung für die wirtschaftliche Leistungsfähigkeit der Bevölkerung. Im ALR (§ 1 Teil II Titel 12) sind die Volksschulen per definitionem „Veranstaltungen des Staates“. In dieser Zeit setzt sich auch die allgemeine Schulpflicht als verfassungsrechtliche Grundpflicht (Art. 21 prVf v. 31. 1. 1850) durch, die den Bürger

im Interesse der Allgemeinheit zum richtigen Grundrechtsgebrauch befähigen soll. Der moderne Staat regelt und kontrolliert das Schulwesen umfassend (Art. 144 WRV, Art. 7 GG), lässt aber auch kirchlichen und anderen privaten Schulen zahlreiche Entfaltungsmöglichkeiten (s. zur Entwicklung des Schulrechts *v. Unruh,* Deutsche Verwaltungsgeschichte I, 1983, 383 ff.; *Rüfner,* Deutsche Verwaltungsgeschichte II, 1983, 487 ff.; *Burchardt,* Deutsche Verwaltungsgeschichte III, 1984, 466 ff.; zur Entwickung in der ehemaligen DDR *Anweiler* u.a. (Hg), Bildungspolitik in Deutschland 1945–1990, 1992).

Bundesrechtlich sind nur einzelne Grundfragen des Schulrechts geregelt. Art. 7 GG unterwirft das gesamte Schulwesen **staatlicher Aufsicht** (s. u. IX.7) und enthält institutionelle Garantien der Privatschule und des Religionsunterrichts. Das **Elternrecht** des Art. 6 II GG (s.u. Rdnr. 212) sichert die freie Wahl zwischen den Schularten und die Mitbestimmung bei schulischen Entscheidungen. Schulrechtsrelevate Aussagen zu einzelnen Problemfeldern lassen sich auch aus anderen Grundrechten wie insb Art. 2 I, 3 I-III, 4 I und 5 I GG gewinnen. Darüber hinausgehend umreißt das Grundgesetz und hier insb die Verfassungsprinzipien aber lediglich einen äußeren Rahmen und mögliche schulische Erziehungsziele (vgl. *Dittmann,* VVDStRL 54 [1995], 59). Das BAföG regelt die finanzielle Förderung (auch) von Schülern. Art. 12 VO (EWG) Nr. 1612/68 v. 15. 10. 1968 (ABl. der Europäischen Gemeinschaft Nr. L 257/2, 1968) gewährt Kindern ausländischer Arbeitnehmer die Möglichkeit, „unter den gleichen Bedingungen wie die Staatsangehörigen“ am Unterricht teilzunehmen. Dazu gehört auch eine gleiche Ausbildungsförderung (*EuGH,* BayVBl. 1974, 526). – Zum Recht auf Bildung und zur religiösen und weltanschaulichen Freiheit finden sich Regelungen in Art. 9 MRK und Art. 2 des Zusatzprotokolls zur MRK vom 20. 3. 1952 (BGBl. II 1956, 1880; BGBl. II 1957, 226). Bundesrecht ist auch das Gesetz über die religiöse Kindererziehung, da es eine spezielle Frage des elterlichen Personensorgerechts regelt. Ebenfalls Bundesrecht sind z.B. das Fernunterrichtsschutzgesetz (s. dazu *Barth,* NJW 1976, 1993), das BerufsbildungsG bzw. BerufsausbildungsförderungsG. 137

Im Übrigen ist das Schulwesen Sache der **Länder** (s. Art. 70 GG und *BVerfGE* 6, 354; 98, 218). Die Ländergesetzgebung zum Schulrecht war und ist noch immer im Fluss. Da die Rechtsfigur des „besonderen Gewaltverhältnisses“ eine gesetzliche Ermächtigungsgrundlage für staatliche Eingriffe nicht mehr ersetzen kann (*BVerfGE* 33, 10; 34, 165; 41, 251; 47, 46; 58, 257; *BVerwGE* 56, 155) und das Rechtsstaatsprinzip die Festlegung der wesentlichen Merkmale auch des Schulverhältnisses durch den Gesetzgeber selbst gebietet (*BVerfGE* 34, 192 f.), wurde eine weitgehende Durchnormierung des Schulrechts erforderlich (im Einzelnen s.u. Rdnr. 205). Die früher lückenhaften, in zahlreiche Einzelgesetze aufgesplitterten Regelungen wurden zusehends durch neue Schulgesetze ersetzt, in denen die im Rahmen der Bildungsplanung entwickelten Reformvorstellungen deutlich sichtbar wer- 138 den. Zudem hat die Wiedervereinigung eine Neuausrichtung des Schulrechts der früheren DDR erforderlich gemacht. Art. 3 Abschn. 33 der Ergänzungsvereinbarung zum EV sah zunächst eine befristete Fortgeltung des alten DDR-Schulrechts bis zum 30. 6. 1991 vor. Nach Art. 37 IV 3 EV bildete das Hamburger Abkommen und die bestehenden Vorschriften der KMK die Grundlage für die Umgestaltung des Schulwesens in den neuen Bundesländern. Während Sachs nahezu fristgerecht bereits ein Schulgesetz verabschiedete, erließen die vier anderen neuen Bundesländer zunächst Vorschaltgesetze, die in der Folgezeit von Schulgesetzen abgelöst wurden. Bln erstreckte das Recht des Westteils der Stadt (einschließlich des Schulrechts) durch entsprechendes Gesetz mit dem Tag der Wiedervereingung auf die gesamte Stadt (s. zur Entwicklung im Einzelnen *Heintzen,* in: HdbStR IX, § 218 Rdnr. 25 ff. mwN).

139 Bei der **Bildungsplanung** wirken der Bund und die Länder zusammen, allerdings ohne dass Art. 91 b GG dazu verpflichtet (s. das Verwaltungsabk. über die Errichtung einer gemeinsamen Kommission für Bildungsplanung v. 25. 6. 1970 (C-L 1200/3)). Um eine die Freizügigkeit erleichternde und Gleichwertigkeit der Bildungsziele in der gesamten BRD gewährleistende Übereinstimmung zu erreichen, trifft die Ständige Konferenz der Kultusminister Abkommen, z.B. Hamburger Abk. v. 28. 10. 1964/ 14. 10. 1971 (SchVereinAbk.: C-L 1210). Teilweise haben die Länder auch das Übereinkommen der UNESCO gegen Diskriminierung im Unterrichtswesen v. 14. 12. 1960 (ÜDiskU) transformiert, s. z.B. bwG v. 10. 3. 1964 (s. ferner auch die Konvention über die Rechte der Kinder, BGBl. 1992 II, S. 122).

2. Der Schulbegriff

a) Aufgabe der Schule

140 Während noch das ALR der Schule nur „den Unterricht der Jugend in nützlichen Kenntnissen" zuschrieb, hat sie heute neben der Wissensvermittlung auch die Erziehung der jugendlichen Schüler, ihre Bildung zu verantwortungsfähigen Menschen und Bürgern zur Aufgabe (s. z.B. Art. 28 bbgVf; Art. 12 bwVf und § 1 bwSchG, Art. 131 bayVf und Art. 1 bayEUG, § 1 blnSchG, § 2 hmbSchG, Art. 51 heVf und § 2 II heSchG, Art. 22 mvVf und § 2 mvSchG; § 2 ndsSchG, Art. 7 nwVf und § 1 nwSchOG, Art. 33 rpVf und § 1 II rpSchG; Art. 27 I sanhVf und § 1 I sanhSchG; Art. 101 sächsVf und § 1 sächsSchG, § 4 shSchG, Art. 15 thürVf und § 2 thürSchG). Der staatliche Erziehungsauftrag in der Schule umfasst damit – bei durchaus unterschiedlichen Akzentuierungen – insbesondere die Erziehung zum Sozialverhalten (s. *BVerwG,* NVwZ 1982, 104; s. zur Entwicklung in den neuen Bundesländern *Kühne,* RdJB 1994, 39 ff.). Nach Art. 5 I a ÜDiskU (s.o. Rdnr. 139) ist „die Erziehung darauf auszurichten, die menschliche Persönlichkeit voll zu entfalten, die Achtung vor den Menschenrechten und

Grundfreiheiten zu stärken, Verständnis, Duldung und Freundschaft zwischen allen Völkern, allen rassischen und religiösen Gruppen zu pflegen und die Tätigkeit der Vereinten Nationen zur Wahrung des Friedens zu fördern". Dieser erweiterte Auftrag stellt die Schule stärker als früher in das Spannungsfeld gesellschaftlicher Kräfte und weltanschaulicher Gegensätze; er wirft deshalb das Problem der Sicherung der „ideologischen Neutralität" der Schule auf (s.u. Rdnr. 226). Hinzugetreten ist in den letzten Jahren das Erziehungsziel einer Erhaltung der natürlichen Umwelt als Existenzgrundlage (dazu *Bothe,* VVDStRL 54 [1995], 35f.). Lediglich vereinzelt existent, im Übrigen noch im Entstehen befindlich ist das weitere Erziehungsziel einer Erziehung zur Unionsbürgerschaft (s. § 2 ndsSchG, § 1 II sanhSchG und wohl auch § 4 shSchG; vgl. Kommission der EG, Grünbuch zur Europäischen Dimension des Bildungswesens, Kom. (93) 457 endg, S. 5; s. dazu *Dittmann,* VVDStRL 54 [1994], 69f.)

b) Definition von Schule

141 Zur Erfüllung dieser Aufgabe bedarf es einer auf Dauer angelegten, unter einer weisungsbefugten Leitung stehenden, aber gleichwohl auf Zusammenarbeit aller an ihr Beteiligten angewiesenen Einrichtung. Schule im Rechtssinne kann bezeichnet werden als eine Anstalt, die durch gemeinschaftliche, planmäßige Wissensvermittlung in einer Mehrzahl von Fächern der Erziehung und Bildung Jugendlicher dient und (oder) den Erwerb weiterführender Berechtigungen ermöglicht. Weiterführende Berechtigungen sind insb.: Fachschulreife (mittlere Reife), Fachhochschulreife, fachgebundene und allgemeine Hochschulreife (s. auch die Definitionsversuche in § 2 Nr. 1 bbgSchG, § 1 II ndsSchG, §§ 1, 6 nwSchVG, § 127 heSchG sowie *bayVGH,* NVwZ-RR 1995, 38f.; *Avenarius/Heckel,* S. 4ff.; *Niehues, N.,* Rdnrn. 4 f.).

142 Auch **Privatschulen** (s.u. Rdnrn. 232ff.) unterfallen dem Schulbegriff. Insbesondere sind auch sie Anstalten, und zwar öffentliche Anstalten, wenn sie von einer juristischen Person des öffentlichen Rechts, z.B. einer Kirche, getragen werden. Von Privatpersonen getragene Schulen sind private nichtrechtsfähige Anstalten (s.o. Rdnr. 28). Schulen im Rechtssinn sind auch die überwiegend von **Erwachsenen** besuchten Fachschulen, Abendschulen und Kollegs. Weiterführender **Fernunterricht** kann bei entsprechender Zweckrichtung und organisatorischer Gestaltung Schule sein. Die ständige örtliche Zusammenfassung der Anstaltsbenutzer ist kein notwendiges Merkmal des Anstaltsbegriffs. Ihr Fehlen schließt die Gemeinschaftlichkeit der Wissensvermittlung nicht aus (s. auch *Gern,* Die Rechtsnatur des Fernunterrichts, GewArch. 1980, 253ff.; anders z.B. *Avenarius/Heckel,* S. 225ff.; s. u. Rdnr. 168).

143 **Nicht** Schule ist dagegen die unorganisierte Erteilung von **Privatunterricht** und jede Bildungsarbeit, die auf einzelne Schüler beschränkt ist. Ferner sind Unterrichtseinrichtungen **ohne Erziehungsziel,** die auch nicht den

Erwerb weiterführender Berechtigungen ermöglichen (z.B. die sog. Freien Einrichtungen wie Reit-, Fahr- oder Tanzschulen sowie zahlreiche Fernkurse), keine Schulen im Rechtssinne (*BFHE* 112, 313 bzgl. Fahrschulen). Die Zulässigkeit überwachungsrechtlicher Beaufsichtigung und nötigenfalls Beschränkung oder gar Auflösung derartiger Unterrichtseinrichtungen ist daher nicht an Art. 7, sondern an Art. 12 I 2 GG und damit an gewerberechtlichen Vorgaben zu messen (s. *Heckel,* RdJB 1965, 85ff.; s. auch *Avenarius/Heckel,* S. 5f.; zur Frage der Anwendbarkeit der GewO (§ 6 GewO) auf private Unterrichtsveranstaltungen, z.B. Nachhilfe, Lehrgänge, freie Unterrichtseinrichtungen, s. *v. Ebner,* GewArch. 1985, 17ff. und *nwOVG,* GewArch. 1985, 372 mit abl. Anm. von v. *Ebner,* 376ff.). Die von den Kommunen finanziell, technisch und organisatorisch unterstützten sog. **„Sing- und Musikschulen"** unterfallen zwar z.B. in Bay gem. Art. 114 I Nr. 5f bayEUG der staatlichen Schulaufsicht, sie unterrichten aber nicht in einer Mehrzahl allgemeinbildender oder berufsbildender Fächer. Daher zählen sie nicht zu den Schulen im schulrechtlichen Sinn. Es handelt sich vielmehr um Lehrgänge (s. z.B. § 54 blnSchG; allgemein *Scheydt,* DÖV 1994, 249ff.). Die **Volkshochschulen** als Einrichtungen der Erwachsenenbildung sind nur ausnahmsweise Schulen, soweit sie besondere Lehrgänge einrichten, die mit einer den berufs- oder allgemeinbildenden Schulen entsprechenden Prüfung abschließen (s. § 53 blnSchG), denn grundsätzlich verleiht die Volkshochschule keine Berechtigungen (s. *Vesper,* KomHdb IV. 195ff.). Die Einrichtungen der **Jugendweiterbildung** sind keine Schulen. Die außerschulische Jugendbildung ist eigenständiger Teil der Jugendhilfe (s. z.B. § 1 bwJugendbildungsG, § 1 ndsJugendbildungsG; zur Weiterbildung (auch Erwachsener) s. ferner z.B. bayG z. Förderung der Erwachsenenbildung; breG über die Weiterbildung; nw erstes WeiterbildungsG; *Beckel,* in: FS Hefermehl, S. 487ff.; *Keim,* Geschichte der Erwachsenenbildung, 1981; *Vesper,* a.a.O.; *Schmitz/Tietgens* (Hg.), Erwachsenenbildung, 1984; zur Abgrenzung der Schule von der Hochschule s. *BVerfGE* 37, 313 m. Anm. *v. Dittmann,* DÖV 1974, 744).

3. Gliederung des Schulwesens und Schularten

144 Das Schulwesen ist so organisiert, dass es viele sehr unterschiedliche Bildungsweisen und -wege ermöglicht. Diese führen aber nicht unvermittelt nebeneinander her, sondern weisen mannigfache Quer- und Anschlussverbindungen auf. Die Folge hiervon ist eine Vielzahl von Schularten.

a) Öffentliche und private Schulen

145 Der Tradition entsprechend unterscheiden Art. 7 GG und die Gesetzgebung der Länder öffentliche und private Schulen. **Öffentlich** sind diejenigen Schulen, deren gesamte Bildungs- und Erziehungsarbeit vom Staat bestimmt wird (s. z.B. § 2 I bwSchG, Art. 3 bayEUG, § 1 III ndsSchG, § 3 II

sächsSchG). Sie werden getragen, dh eingerichtet und unterhalten idR vom **Land,** von einer **Gemeinde,** einem **Gemeindeverband** oder einem kommunalen **Zweckverband,** seltener von einer berufsständischen öffentlichen Körperschaft (z.B. Industrie- und Handelskammer) oder von einer sonstigen (natürlichen oder juristischen) Person (s. u Rdnrn. 187f. **„Privat"** sind diejenigen Schulen, die idR **nicht** von einer Juristischen Person des öffentlichen Rechts (mit Ausnahme der Kirchen) getragen werden und deren Bildungsarbeit von ihrem Träger selbst bestimmt wird (s. z.B. Art. 3 II bayEUG, § 36 nwSchOG).

Daneben gibt es Schulen, die – unabhängig davon, ob sie materiell öffent- **146**
lich oder privat sind – als öffentlich anerkannt worden sind und auch fernerhin als solche gelten, dh **formell** als öffentliche Schulen behandelt werden (s. z.B. § 108 bwSchG, 3 III nwSchVG).

b) Primarbereich, Sekundarbereich I, Sekundarbereich II

Das traditionelle dreigliedrige Schulsystem legt den Schüler durch früh- **147**
zeitige Ausleseverfahren auf einen der weitgehend voneinander abgeschlossenen Bildungsgänge (Volksschulabschluss, Mittlere Reife, Hochschulreife) fest (z.B. Art. 7ff. bayEUG). Parallel dazu wurde in einigen Bundesländern zwecks größerer Bildungsgerechtigkeit (zum Recht auf Bildung s.u. Rdnr. 200) und besserer Ausschöpfung der Begabtenreserven ein breit gefächertes durchlässiges Schulsystem etabliert, in dem die Bildungsweisen und -wege nicht isoliert nebeneinander herführen, sondern durch mannigfache Quer- und Anschlussverbindungen Möglichkeiten zur ständigen Fortbildung offen halten (insb. Orientierungsstufen, Aufbauzüge, Gesamtschulen). In Teilbereichen (z.B. bei der Orientierungsstufe) wird jedoch verschiedentlich bereits wieder eine Rückkehr zum klassischen Aufbau angestrebt.

Der Durchlässigkeit des Schulsystems entspricht seine horizontale **148**
Gliederung nach drei Altersstufen in den Schulgesetzen. Sie unterscheiden den **Primarbereich** (Grundschule und Sonderschule bis zum 4. Schuljahrgang), den **Sekundarbereich I** (Orientierungsstufe, Hauptschule, Realschule; Gymnasium, Sonderschule und Gesamtschule jeweils bis zum 10. Schuljahrgang; vgl. Vereinbarung der KMK über die Schularten und Bildungsgänge in der Sekundarstufe I vom 3. 12. 1993 idF v. 27. 9. 1996) und den **Sekundarbereich II** (Gymnasium, Sonderschule und Gesamtschule jeweils vom 11. Schuljahrgang an; Abendgymnasium, Kolleg, wohl auch die Abendrealschule und die Telekollegs; berufsbildende Schulen; also alle Schulen, die auf dem Sekundarbereich I unmittelbar aufbauen; s. z.B. § 4 II bwSchG, § 11 mvSchG, § 4 III–V nwSchVG, § 4 II sächsSchG; s. auch *Keim,* Sekundarstufe 1, 1978; *ders.,* Schulische Differenzierung, 1979).

c) Weitere klassische Einteilungen

149 Hinsichtlich des Bildungszieles wurden die Schulen bislang eingeteilt in **allgemeinbildende** und **berufsbildende.** Diese Unterscheidung ist auch heute noch in einigen Gesetzen zu finden (s. z.B. Art. 6 II bayEUG; § 4 I sächsSchG). Andere, früher übliche Unterscheidungen sind neben der Gliederung nach Altersstufen nur noch beschränkt verwendbar:

150 Da die Schulpflicht auch z.B. auf Gymnasien und Realschulen erfüllt werden kann und heute möglichst jede Schule vom Bildungsminimum weiterführen soll, ist die Unterscheidung von **Pflicht-** und **Wahlschulen** nur sinnvoll, wenn unter Pflichtschulen diejenigen Schularten und -zweige verstanden werden, auf denen die Schulpflicht bei fehlender anderweitiger Willenskundgabe zu erfüllen ist. Pflichtschulen in diesem Sinne sind demnach Grundschule, Orientierungsstufe, Hauptschule, Berufsschule sowie die entsprechenden Sonderschulen. Wahlschulen sind alle anderen Schulen. Der Begriff **„weiterführende Schule"** hat keine Aussagekraft mehr, weil mit der Durchlässigkeit des Schulsystems jede Schule zur potentiell weiterführenden wird. Da möglichst alle Schularten das Ziel der fachgebundenen oder der allgemeinen Hochschulreife offenhalten sollten, ist auch der Begriff **„höhere Schule"** nicht mehr sinnvoll. Schließlich beruht die traditionelle Unterscheidung von **drei Bildungswegen** auf der überholten Dreigliedrigkeit des Schulsystems. Mit der Integration der Berufsausbildung in ein umfassendes Bildungs- und Berechtigungssystem wird die Trennung von „normalem" und „zweitem" (über die Berufsausbildung führenden) Bildungsweg aufgehoben (s. aber § 14 sächsSchG). – Als dritter Bildungsweg wird vielfach der Zugang zum fachgebundenen Studium über eine Eignungsprüfung (sog. Begabtenprüfung) bezeichnet. Kennzeichen der Begabtenprüfung ist es aber, dass sie gerade unabhängig vom Durchlaufen eines bestimmten Bildungsweges abgelegt werden kann (s. Beschl. d. KMK, GMBl. 1959, 264).

4. Die Schularten im Einzelnen

a) Grundschule

151 Die **Grundschule** umfasst in den meisten Bundesländern als Unterbau des gesamten Bildungswesens die ersten vier Schuljahre nach Beginn der Schulpflicht (vollendetes 6. Lebensjahr, s.u. VII 1), in Bln und Bbg die ersten sechs Schuljahre (§ 19 II bbgSchG, § 26 I, 28 blnSchG). In Bln besteht zudem die Besonderheit der Zwiegliedrigkeit, d.h. mit dem 7. Schuljahr gehen alle Schüler in die Oberschule über und haben hier die Wahl zwischen den Zweigen Hauptschule, Realschule oder Gymnasium (§ 29 blnSchG).

Die Grundschule ist oft mit der Hauptschule zu einer organisatorischen Einheit verbunden, die Tendenz geht jedoch im Interesse der Betonung einer Eigenständigkeit der Hauptschule im Schulsystem in stärkerem Maße in Richtung Trennung von Grund- und Hauptschule (s. §§ 5f. bwSchG). Eltern und Schüler haben keinen Anspruch darauf, dass in den Grundschulklassen 1 und 2 Zeugnisse mit Noten erteilt werden. Dem **Informationsanspruch der Eltern und Schüler** wird in den Grundschulklassen 1 und 2 auch durch **verbalisierende Zeugnisse** genügt, weil der Staat als Träger der Schulhoheit nach seiner pädagogischen Gestaltungsfreiheit darüber zu entscheiden hat, wie der Informationsanspruch der Eltern und Schüler zu erfüllen ist (s. *BVerwG,* DÖV 1981, 681; Deutscher Juristentag, Schule im Rechtsstaat, Bd I, Entwurf für ein Landesschulgesetz, 1981). Der Grundschule organisatorisch angegliedert ist in den meisten Ländern die **Vorklasse** bzw. der **Schulkindergarten,** wo die Kinder teils allgemein nach Vollendung des 5. Lebensjahres, teils nur bei Förderungsbedürftigkeit oder Verzögerung der Schulreife auf den Besuch der Grundschule vorbereitet werden (s. z.B. § 20 bwSchG, § 18 heSchG, § 14 I mvSchG, § 6 III ndsSchG, § 5 III sächsSchG). Die Vorklasse wird dem sog. **Elementarbereich** zugeordnet, der alle Bildungseinrichtungen für Kinder nach Vollendung des dritten Lebensjahres bis zum Eintritt in die Schule umfasst. Nach § 18 II heSchVG, § 14 mvSchG ist der Schulkindergarten bzw. die Vorklasse Teil der Grundschule und gehört zur Primarstufe.

b) Orientierungsstufe

Die **Orientierungsstufe** (auch Förder- oder Beobachtungsstufe) umfasst 152
als schulformunabhängige pädagogische Einheit die Klassen 5 und 6 und ist idR der Haupt- oder Gesamtschule organisatorisch angegliedert. Sie dient der Entwicklung der Lernfähigkeit und der Vorbereitung auf die spätere Wahl eines geeigneten Bildungsweges. Unter Beibehaltung eines für alle gemeinsamen Unterrichts in bestimmten Kernfächern werden die Schüler nach Interessen und Leistungsfähigkeit verschiedenen Kursen zugeteilt. Die Orientierungsstufe muss ihrem Wesen nach **Differenzierungsmöglichkeiten** bieten, die dem Anschluss an die weiterführenden Schulen entsprechen. Die **Ziele** der Orientierungsstufe sollen erreicht werden z.B. durch Förderungsmaßnahmen zum Beheben von Lernmängeln, differenzierte Anforderungen, Formen des Unterrichts, die die Selbstständigkeit ebenso wie die Kooperationsfähigkeit des Schülers fördern und Beobachtung der Lernprozesse des Schülers, insbesondere im Hinblick auf die Anforderung in den folgenden Schulstufen (s. dazu Vereinbarung über die Orientierungsstufe, Beschl. d. KMK v. 28. 2. 1974 (GMBl. 165) (C-L 1211 [2]). Die Einführung der **obligatorischen** Orientierungsstufe (z.B. §§ 16 II, 17 II hmbSchG; § 22 heSchG, § 15 mvSchG, § 7 ndsSchG) verletzt an sich nicht das Elternrecht. Soweit aber Schulen ohne Orientierungsstufe vorhanden sind, darf ihr Besuch den Schülern nicht untersagt werden. Die wesentlichen Merkmale einer obligatorischen Orientierungsstufe müssen durch Gesetz bestimmt sein (*BVerfGE* 34, 165; s. auch *heStGH,* DÖV 1972, 285, *heStGH,* NJW 1982, 1381 und NVwZ 1984, 784; s. auch unten Rdnrn. 205ff.).

c) Hauptschule

153 In der **Hauptschule** werden Schüler des 5. bis 9. (soweit keine Orientierungsstufe eingerichtet ist) bzw. des 7. bis 9. Schuljahrgangs unterrichtet (s. z.B. § 6 bwSchG, Art. 5 VII bayEUG). Die Hauptschule ist teilweise durch die Einführung eines 10. freiwilligen Schuljahres (s. z.B. § 6 III bwSchG, § 9 ndsSchG) oder eines 10. Pflichtschuljahres fortentwickelt worden. Damit ist eine Aufspaltung der Bildungsgänge in Klasse 10 in Typ A (Erwerb des Sekundarabschlusses I) und Typ B (Erwerb der Fachoberschulreife) verbunden. Auch nach Einführung der Gesamtschule ist die Hauptschule in NW als eigenständiger Bildungsgang **institutionell gewährleistet** (s. *nwVerfGH,* NVwZ 1984, 781). Sa, Sanh und Thür haben Haupt- und Realschule zusammengefasst. Dort können in der Mittelschule (§ 6 sächsSchG), der Sekundarschule (§ 5 sanhSchG) und der Regelschule (§ 6 thürSchG) beide Abschlüsse erreicht werden (vgl. auch das Modell der sog. Kooperativen Haupt- und Relaschule gem. § 10a ndsSchG).

d) Realschule

154 In der **Realschule** (oder Mittelschule) werden idR die Schüler des 7. (oder – insb. bei Fehlen einer Orientierungsstufe – des 5.) bis 10. Schuljahrgangs unterrichtet. Doch kann zT noch durch den erfolgreichen Abschluss der Hauptschule im 9. Schuljahrgang die Berechtigung zum Besuch der Realschule im 10. Schuljahrgang erworben werden (s. z.B. § 16 III mvSchG). Nach Maßgabe ihrer Abschlüsse erwerben die Schüler mit der Fachschulreife (mittlere Reife) die Berechtigung, jede Schule des Sekundarbereichs II zu besuchen.

e) Gymnasium

155 Das **Gymnasium** schließt an den 4. Schuljahrgang (Grundschule), den 6. Schuljahrgang (der Orientierungsstufe oder Hauptschule, in Bln nach der Grundschule), in der Aufbauform an den 7. (z.B. § 8 II S. 2 bwSchG) oder den 8. (§ 32 II blnSchG) Schuljahrgang (der Haupt- oder Realschule) und den 10. Schuljahrgang (der Haupt- oder Realschule) an. Früher wurden je nach Schwerpunkten des Unterrichtsstoffes humanistische (altsprachliche), neusprachliche, mathematisch-naturwissenschaftliche, musische, wirtschaftswissenschaftliche und sozialwissenschaftliche Gymnasien unterschieden. Nach Einführung der sog. **„reformierten Oberstufe“** in den alten Bundesländern lässt sich diese bisherige Typengliederung in der Oberstufe nicht mehr aufrechterhalten (vgl. aber Art. 9 III bay EUG, § 4c nwSchVG). Die reformierte gymnasiale Oberstufe (Jahrgangsstufen 11 bis 13) besteht aus der **Einführungsphase** und dem nachfolgenden **Kurssystem** (s. z.B. § 4c nwSchVG). Das System der Jahrgangsklassen wurde in ein System von Grund- und Leistungskursen umgewandelt. In den neuen Bundesländern wurde nach der Vereinigung sogleich das Kurssystem etabliert. Die Leistungsbewertung erfolgt nach einem **Punktsystem.** Durch die

Einführung von sog. **„Pflichtkursen“** sollte einem zunehmenden Nachlassen der Allgemeinbildung bei Abiturienten entgegengewirkt werden (s. z.B. § 12 nwAPO.OSt). Die reformierte Oberstufe ist grundsätzlich verfassungsmäßig (s. dazu *BVerfGE* 45, 400ff. zum sog. he„Vorschaltgesetz“). Ausgehend von der Gestaltungsfreiheit der Länder im Schulwesen liegt es grundsätzlich in der demokratischen Mehrheitsentscheidung des Landesparlaments, welche Schulform eingeführt werden soll (s. auch *BVerfGE* 41, 88ff., 106f.; 53, 185ff.; s. allgemein *Westphalen,* Gymnasialbildung und Oberstufenreform, 1979; *Lohe/Reinhold/Haller,* Bildung in der BRD, Bd. 2, 1980, 1077ff.; *Grzesik,* Perspektiven für die weitere Entwicklung der gymnasialen Oberstufe, 1984). Die Reifeprüfung (Abitur) nach dem 12. (s. z.B. § 21 mvSchG, § 7 II sächsSchG, § 7 III thürSchG) bzw. nach dem 13. Schuljahrgang berechtigt zum Hochschulstudium (Hochschulreife). Diese Berechtigung ist aber durch den numerus clausus erheblich entwertet.

f) Gesamtschule

Die **Gesamtschule** ist innerhalb des Sekundarbereichs I und II jeweils eine organisatorische und zT auch pädagogische Einheit. Sie ist, zT nach umfangreichen Schulversuchen, in vielen Bundesländern eingeführt (z.B. He, MV, Nds, NRW; s. dazu *nwVerfGH,* NVwZ 1984, 781; *Dietze,* NVwZ 1984, 773ff.; *Roters,* StGRt 1982, 14ff., SAnh; zur Entwicklung s. Vorauflage, § 101 Rdnr. 24 mwN; noch als Schulversuch in Sachs und Thür). Es muss unterschieden werden zwischen der **additiven, kooperativen** und **integrierten** Gesamtschule. Die additive Gesamtschule führt herkömmlicherweise getrennte Schulformen räumlich in einen gemeinsamen Schulkomplex (meist als „Schulzentrum“ bezeichnet) zusammen. Soweit sie Kooperationsformen zwischen den verschiedenen Schulformen (z.B. durch gemeinsame Konferenzen, Einsatz der Lehrer in den unterschiedlichen Schularten usw.) aufweist, wird sie als „kooperative Gesamtschule“ bezeichnet (s. z.B. § 26 heSchG, § 17 mvSchG, § 5a sanhSchG). Als integrierte (oder differenzierte) Gesamtschulen werden solche Schulsysteme bezeichnet, in denen die Klassen 5 bis 10 der drei Schulformen in einem Unterrichtssystem zusammengefasst werden (s. z.B. § 27 heSchG, § 18 mvSchG, § 5a sanhSchG). Die Kinder dürfen nicht zeitlich unbeschränkt zum Besuch einer Schule mit undifferenziertem Unterricht verpflichtet werden (s. *BVerfGE* 34, 187, dazu *Falckenberg,* RdJB 1973, 314; *Dietze,* RdJB 1973, 189; ferner *ndsStGH,* NJW 1997, 1506). Wo die Grenzen im Einzelnen liegen, hat das *BVerfG* a.a.O. offengelassen (zu den Begriffen s. *Büchner,* Schulreforrn durch Bürgerinitiative, 1972, 191ff.; *Höhne,* Neuaufbau, S. 54ff.; *Harnischfeger/Heimann/Siewert,* Rechtsfragen, passim; *Ossenbühl,* Verfassungsrechtliche Probleme der kooperativen Schule, 1977; *Stüer,* Bestandsgarantie für die Hauptschule, Rechtsgutachten zur Verfassungsmäßigkeit des Gesamtschulgesetzes NW, 2. Aufl. 1985). In BW und Bay sind Gesamtschulen keine 156

Regelschulen, sondern besitzen den Status von „Schulen besonderer Art" (vgl. z.B. § 107 bwSchG).

g) Sonderschule

157 In der **Sonderschule** (in einigen Ländern: Förderschule) werden Schüler aller Schuljahrgänge unterrichtet, die wegen körperlicher, geistiger oder seelischer Schädigung oder Entwicklungsstörungen für längere Zeit einer besonderen pädagogischen Förderung bedürfen (vgl. Empfehlungen der KMK zur sonderpädagogischen Förderung in den Schulen der Bundesrepublik vom 6. 5. 1994). Sonderschulen sind meist besondere Formen des Grund- und Hauptschulwesens, sie können aber auch den allgemeinen Schulen angegliedert werden. Die **Überweisung in eine Sonderschule** ist ein **Verwaltungsakt mit Dauerwirkung** (s. *nwOVG,* DÖV 1976, 141; s.u. Rdnr. 209); s. auch *Muth,* RdJB 1980, 184ff.; *ders.,* RdJB 1985, 162ff.; *Sander/Christ,* RdJB 1985, 170ff.; *Füssel,* RdJB 1985, 187ff. Vgl. z.B. § 15 bwSchG, Art. 19 bayEUG, § 4 VI nwSchVG, § 15 sächsSchG; zum verwaltungsgerichtlichen Kontrollumfang s. *bwVGH,* NVwZ-RR 1991, 479; kritisch *Theuersbacher,* NVwZ 1993, 633f.). Für das Schulrecht relevant ist auch das im Jahre 1994 in Gestalt des Art. 3 III S. 2 GG in die Verfassung eingefügte **Verbot der Benachteiligung Behinderter.** Wo das Landesrecht dem behinderten Schüler trotz bestehenden sonderpädagogischen Förderbedarfs die Möglichkeit zum Unterrichtsbesuch gemeinsam mit nichtbehinderten Schülern in einer anderen Schule (s. z.B. § 15 IV bwSchG, Art. 21 bayEUG, § 4 ndsSchG, § 39 sanhSchG), kann dessen Überweisung in eine Sonderschule eine unzulässige Benachteiligung darstellen (*BVerfG,* NJW 1998, 131; NJW 1997, 1062 = JZ 1996, 1073m. Anm. v. *Dietze; sanhOVG,* NVwZ 1999, 898m. Anm. v. *Jürgens/Römer,* NVwZ 1999, 847; *Beyerlin,* RdJB 1999, 157ff.; *Füssel,* RdJB 1998, 250; kritisch *Reichenbach,* RdJB 2001, 53ff.; *Theuersbacher,* NVwZ 1997, 745; s. aber auch *bayVGH,* BayVBl. 1997, 561; zur Integration behinderter Schüler in private Ersatzschulen s. *bayVGH,* BayVBl. 1998, 180).

h) Berufsbildende Schulen

158 Die **berufsbildenden Schulen** (die den allgemeinbildenden Schulen gegenübergestellt werden) dienen der Vorbereitung auf bestimmte Berufe und der Verbesserung der Allgemeinbildung. Soweit die praktische Ausbildung außerhalb der Schule erfolgt, sind sie Teilzeitschulen (s. *Schannewitzky,* Organisation des beruflichen Schulwesens, 1972).

aa) Berufsschule

159 Die dreijährige **Berufsschule** schließt an die Hauptschule an. Sie ist nach Wirtschaftszweigen und Berufen differenziert und begleitet als Teilzeitschule (zT in zusammenhängenden Abschnitten als „Blockunterricht") die praktische Ausbildung des Schülers in dem von ihm gewählten Berufe. In einigen Ländern kann im ersten Jahr (Grundstufe, Berufsgrundschule, Be-

rufsgrundbildungsjahr) der Unterricht in Vollzeitform auf Berufsfeldbreite erteilt werden (s. z.B. § 10 bwSchG, Art. 11 bayEUG, § 4e nwSchVG, § 8 sächsSchG). Die Einführung eines **Berufsgrundbildungsjahres** verletzt das Elternrecht und Art. 12 GG nicht (*BVerfG*, RdJB 1983, 255; zum Berufsgrundbildungsjahr s. *Bergbahn*, RdJB 1985, 100ff.; zur Rechtmäßigkeit des sog. „Blockunterrichts" s. *BVerwG* v. 27. 6. 1977, SPE I D IX 3). In Umsetzung eines KMK-Beschlusses vom 25./26. 6. 1992 besteht zudem in einigen Ländern die Möglichkeit, bei einem überdurchschnittlichen schulischen oder beruflichen Abschluss und gleichzeitig zumindest befriedigenden Englischkenntnissen eine dem Realschulabschluss gleichwertige Berechtigung zu erreichen (s. z.B. Art. 11 II bayEUG).

bb) Berufsaufbauschule

Neben oder nach der Berufsschule kann in den meisten Ländern in der 160
Berufsaufbauschule durch eine weitergehende allgemein und fachtheoretische Bildung die Fachschulreife und die Berechtigung zum Besuch aller Schulen des Sekundarbereichs II erworben werden (s. z.B. § 13 bwSchG, § 4e nwSchVG).

cc) Berufsfachschule

In der **Berufsfachschule** werden Schüler durch Vermittlung fachtheoreti- 161
scher und fachpraktischer Kenntnisse und einer vertieften Allgemeinbildung durch mindestens einjährigen Vollzeitunterricht auf die Berufstätigkeit vorbereitet. In einigen Ländern kann nach zweijährigem Unterricht eine dem Realschulabschluss gleichwertige Berechtigung erworben werden (s. z.B. § 11 bwSchG, Art. 13 bayEUG, § 16 II ndsSchG, § 4e nwSchVG, § 9 sächsSchG). Eine Unterart der Berufsfachschule ist die in Bay ebenfalls existierende **Wirtschaftsschule** (Art. 14 bayEUG).

dd) Fachschule

Der Besuch einer **Fachschule** (zum Begriff s. *BayVGH* DÖV 1995, 79) 162
setzt eine praktische Tätigkeit, idR eine abgeschlossene Berufsausbildung voraus und dient der vertieften Aus- und Weiterbildung durch einen mindestens halbjährigen Vollzeitunterricht. Der Fachschulabschluss kann dem Realschulabschluss gleichwertig sein. In einigen Ländern ist auch die Erlangung der Fachhochschulreife möglich (s. z.B. § 14 bwSchG, Art. 15 bayEUG, § 10 sächsSchG). In Nds besteht zudem seit 1996 die Möglichkeit der Erlangung einer fachgebundenen Hochschulreife durch den Besuch einer **Berufsoberschule** im Anschluss an eine berufliche Erstausbildung.

ee) Fachoberschule

Die **Fachoberschule** führt Schüler mit Realschulabschluss durch die 163
Vermittlung fachtheoretischer und fachpraktischer Bildung in zweijährigem Vollzeitunterricht zur Fachhochschulreife (in BW entspricht ihr im Wesentlichen das Berufskolleg, vgl. § 12 bwSchG). Die Fachbereiche der Fachoberschule (z.B. in Bre mit Fachschwerpunkt Technik, Wirtschaft, Gestal-

tung, Sozialpädagogik/Sozialökonomie) sind verschiedenen Richtungen der Fachhochschule zugeordnet (s. z.B. Art. 16 bayEUG, § 4e nwSchVG, § 11 sächsSchG).

ff) Berufsvorbereitungsjahr

164 Der Berufsschule zugeordnet ist in einigen Ländern das sog. **Berufsvorbereitungsjahr,** das als Vollzeitschuljahr zur Vorbereitung auf die Berufswahl dient und deshalb für Jugendliche ohne Ausbildungsplatz gedacht ist (s. z.B. §§ 10 V, 78a bwSchG, § 25 V mvSchG, wonach das Berufsvorbereitungsjahr Bestandteil der Grundstufe ist, die dann 2 Jahre dauert, § 4e IV nwSchPG; § 8 III sächsSchG).

i) Schulversuche

165 Die Durchführung von **Schulversuchen** ist gesetzlich vorgesehen (s. z.B. § 22 bwSchG, Art. 81ff. bayEUG, § 4b nwSchVG, § 15 sächsSchG und zur rechtlichen Problematik dieser „Experimentierklauseln" s. *Pirson,* in: FS Jahrreiss, 1974, S. 181ff.; *Säcker,* DVBl. 1972, 312ff.; *ders.,* RdJB 1972, 13–17; *Stober,* RdJB 1976, 54ff.; *BVerwG,* DVBl. 1976, 635 m. Anm. *Voigt* – Beendigung eines Schulversuchs kein VA; *Lassahn/Stach,* Geschichte der Schulversuche, 1979). Schulversuche dienen der Erprobung neuer pädagogischer und organisatorischer Inhalte und Formen. In Nordrhein-Westfalen z.B. können insbesondere **Schulversuche mit Kollegschulen** durchgeführt werden, in denen Schülern in einem differenzierten Unterrichtssystem ohne Zuordnung zu unterschiedlichen Schulformen studien- und berufsbezogene Bildungsgänge zu Abschlüssen der Sekundarstufe II ermöglicht werden. Schulversuche können als Teilversuche (nur in bestimmten Fächern) in normalen Schulen oder als Gesamtversuche in Versuchsschulen durchgeführt werden.

j) Abendschule

166 **Abendschulen** geben Berufstätigen Gelegenheit, neben der Berufsausübung weiterführende Berechtigungen zu erwerben. Der Unterricht wird in Abendlehrgängen erteilt. **Abendgymnasien** und **Abendrealschulen** führen zur Hochschulreife bzw. zur mittleren Reife. Voraussetzung für die Aufnahme ist idR eine abgeschlossene Berufsausbildung oder eine mehrjährige praktische Tätigkeit. Unter dieser Art der Erlangung der Hochschul- bzw. sog. „mittleren Reife" wird gemeinhin der sog. **„zweite Bildungsweg"** verstanden (s. §§ 6 II, 7 II SchVereinhAbk und z.B. Art. 10 bayEUG, § 14 sächsSchG, bwAbendgymnasienVO, bayVO über die Abendgymnasien für Berufstätige, bre Richtlinien für die Abendmittelschule, hmb Schulordnung für das Abendgymnasium, das Abendwirtschaftsgymnasium und die Abendrealschule). ZT werden auch berufsbildende Schulen als Abendschulen geführt, z.B. die Fachschule (§ 14 bwSchG). Auch die **Volkshochschulen** sind Abendschulen, soweit sie ausnahmsweise unter den Schulbegriff fallen (s. o. Rdnr. 142).

k) Kolleg

Auf den **Kollegs** (d. s. Institute zur Erlangung der Hochschulreife, z.B. Bayernkolleg, Berlinkolleg, Hansakolleg, Hessenkolleg, Saarkolleg) werden Erwachsene in grundsätzlich drei- bis vierjährigem Vollzeitunterricht auf die Reifeprüfung vorbereitet. Die Aufnahme in das Kolleg hängt idR von der besonderen Eignung des Bewerbers ab (z.B. Begabung, berufliche Bewährung, eigene Weiterbildung) und ist häufig mit besonderen Ausbildungsbeihilfen verbunden (s. z.B. Art. 18 III bayEUG, § 46 heSchVG, § 13 ndsSchG). Der Unterricht an einem Kolleg gliedert sich in einen **Vorkurs,** die **Einführungsphase** und das **Kurssystem.** Die als Ordnungsmaßnahme verhängte Verweisung von einem Kolleg greift in das Grundrecht aus Art. 12 I GG ein und bedarf einer gesetzlichen Grundlage (s. *BVerwG,* DÖV 1976, 416ff. m. Anm. *Hennecke;* s. auch Rdnrn. 205ff.). 167

l) Fernschule

Die **Fernschulen** setzen statt des persönlich unterrichtenden Lehrers andere Medien ein (z.B. sog. Fern- oder Studienbriefe, Schallplatten, Filme, sonstiges Bild- und Tonmaterial). Der Fernunterricht wird zT durch Direktunterricht in Kurzzeitlehrgängen und Wochenendseminaren ergänzt. Die Fernschulen können Schulen mit Direktunterricht organisatorisch angegliedert sein. Fernunterricht iSd Fernunterrichtsschutzgesetzes (FernUSG v. 4. 12. 2000, BGBl. 1670; *Schachtsiek,* RdJB 1989, 197ff.; *Storm,* RdJB 1989, 188) ist die auf vertraglicher Grundlage erfolgende entgeltliche Vermittlung von Kenntnissen und Fähigkeiten, bei der der Lehrende und der Lernende ausschließlich oder überwiegend räumlich getrennt sind und der Lehrende oder sein Beauftragter den Lernerfolg überwachen. Das FernUSG bezweckt den Schutz der Fernunterrichtsschüler vor unseriösen Fernschulangeboten privater Anbieter und nachteiliger Vertragsgestaltung. Es hat also primär eine verbraucher- bzw wirtschaftsrechtliche Zielsetzung. Der Zulassungspflicht unterliegen alle entgeltlich angebotenen Fernlehrgänge, soweit sie nicht auf Freizeitbeschäftigung oder Unterhaltung gerichtet sind. Der von der öffentlichen Hand betriebene Fernunterricht fällt nicht unter das Gesetz (s. dazu *Bartl,* NJW 1976, 1993ff.). Staatsvertraglich wurde die **Zentralstelle für Fernunterricht** in Köln errichtet, deren wesentliche Aufgaben in der Beobachtung der Entwicklung des Fernunterrichts, der Beratung der Länder und Überprüfung und Zulassung von Fernlehrgängen liegen (s. Art. 2 des Staatsvertrages über das Fernunterrichtswesen v. 12. 3. 1979 (GVBl. NW 102) und Staatsverträge v. 30. 10. 1969, 20. 12. 1973 und 16. 2. 1978). Fernunterricht **kann** Schule sein (s. o. Rdnr. 142), obwohl dies aus den Staatsvertägen nicht ersichtlich wird (s. dazu ausführlich *Gern,* GewArch. 1980, 253ff.). Eine **staatliche** Fernschule ist z.B. das „Telekolleg". Dem Telekolleg kommt ebenfalls Schulqualität zu (s. *Gern,* a.a.O.). Inzwischen ist das Telekolleg eine besondere Unterrichtseinrichtung, die von den Ländern BW, Bay, Bbg, NW, RP und Sa zusammen mit dem Baye- 168 rischen Rundfunk, dem Ostdeutschen Rundfunk Brandenburg, dem Südwestrundfunk und dem Westdeutschen Rundfunk getragen wird.

5. Organisation (Schulverfassung)

a) Zum Anstaltscharakter öffentlicher Schulen

169 Die öffentlichen Schulen sind heute bis auf einige wenige historisch bedingte Ausnahmen nichtrechtsfähige öffentliche Anstalten der die Schule tragenden Körperschaft (s. z.B. § 23 I bwSchG, Art. 3 I bayEUG, § 6 nwSchVG, § 32 sächsSchG. S. auch *Hennecke,* in: FS v. Unruh, S. 931 ff.; *Ebel,* VR 1985, 43 ff.; *Häberle,* Politik und Zeitgeschichte 1985, 11 ff.).

b) Organe

170 Die sog. **Schulorgane** sind Unterorgane des Schulträgers, dh in Verwaltungsangelegenheiten (äußere Schulangelegenheiten) des Anstaltsherrn (z.B. der Gemeinde), in Bildungsangelegenheiten (innere Schulangelegenheiten) des Staates (zu dieser Unterscheidung s.u. 4.). Beim Erlass von Verwaltungsakten in inneren Schulangelegenheiten ist die Schule, nicht eines ihrer „Organe", Behörde (s.o. I.2. und z.B. § 23 III bwSchG; *nwOVGE* 18, 194 und RWS 1964, 277). Schulorgane sind:

aa) Schulleiter

171 Der **Schulleiter** führt die Amtsbezeichnung Rektor (bei Grund- und – je nach Landesrecht – auch bei Realschulen) oder Direktor (bei allen anderen Schulen). In wenig gegliederten oder einklassigen Grundschulen heißt er Erster oder Hauptlehrer. Bei der Bestellung des Schulleiters sind in den meisten Ländern den Lehrern und dem Schulträger Mitwirkungsrechte eingeräumt, die von Anhörungs- und Vorschlagsrechten bis zur Schulleiterwahl durch die Gesamtkonferenz (Hmb, Bln) oder einen Schulleiterwahlausschuss (SH) reichen (s. z.B. § 39 bwSchG, Art. 57 bayEUG, § 20 nwSchVG, § 41 sächsSchG und *ndsOVG* E 28, 459, § 41 f. sächsSchG; *Leisner,* Vorgesetztenwahl?, 1974; *Böhmer-Pfeiffer,* ZBR 1975, 37 ff.; zur Frage der Schulleiterwahl auf Zeit s. *BVerfG,* DÖV 1985, 1058, m. Anm. v. *Siedentopf; ders.,* DÖV 1985, 1033; zu den Anforderungen auf Grund des Prinzips der Bestenauslese s. nw*VerfGH,* NWVBl. 1993, 460). In Nds kann gem. § 44 ndsSchG die Schulleitung auch einem aus drei oder fünf Mitgliedern bestehenden Leitungskollegium übertragen werden (s. dazu auch *Zwirner,* RdJB 1977, 324 ff. S. auch *Heckel,* RdJB 1972, 1 ff.; zur Befristung gem. § 44 V ndsSchG s. *ndsStGH,* NVwZ 1997, 267). Der Schulleiter ist den Lehrern gegenüber unmittelbarer Vorgesetzter; der Schulaufsicht gegenüber weisungsabhängiger Beamter und im Verhältnis zum Schulträger Leiter der Anstalt (s. *Avenarius/Heckel,* S. 123 f.; *Lawenstein/Wunder,* RdJB 1977, 344 ff.: danach steht der Schulleiter im Spannungsverhältnis der Ansprüche des Staates und der Behörde auf der einen Seite und der Ansprüche der Schüler, Eltern und Lehrer und ihrer Schulgremien auf

der anderen Seite; *K. Nevermann,* Der Schulleiter 1982, 261; *Ebel* a.a.O.; s. auch *Tümmler/Cossmann/Berg:* Schulrecht – Schulpraxis, 1984, 229ff.). Der Aufgabenkreis der Schulleitung umfasst die unmittelbare Führung im Unterrichts- und Erziehungs-, Verwaltungs- und Ordnungsbereich sowie die Vertretung der Schule nach außen.

bb) Konferenzen

Die **Konferenzen,** namentlich die Schulkonferenz, die Gesamtkonferenz und verschiedene Teilkonferenzen. Die **Schulkonferenz,** die in vielen Bundesländern besteht (s. z.B. § 47 bwSchG, § 5 nwSchumG, § 43 sächsSchG), repräsentiert die Gesamtheit der in der Schule Tätigen und an ihr unmittelbar Interessierten, also Lehrer, Schüler und Eltern. Die Schulkonferenz will den Grundgedanken verwirklichen, Vertreter von Lehrern, Schülern und Eltern zu gemeinsamer Verantwortung für die Schule, ihre Unterrichts- und Erziehungsarbeit zusammenzuführen (s. dazu *Avenarius/Heckel,* S. 128ff.; *Rickert,* RdJB 1997, 392ff.; *Tiebel/Mombaur,* Die Schulmitwirkung in NW, 1980, 63ff.; wesentlich restriktiver für das dortige Schulforum Art. 69 III bayEUG). Die **Gesamtkonferenz** ist eine **Lehrerkonferenz,** an der der Schulleiter als Vorsitzender und alle Lehrer der Schule als Mitglieder teilnehmen (zT auch Eltern- und Schülervertreter). Die Gesamtkonferenz ist dasjenige Organ der Schule, das ihr in der Bildungs- und Erziehungsarbeit das Gepräge gibt, weil sie Maßnahmen für die Lehr- und Erziehungsarbeit an der Schule beschließt (s. auch *Tiebel/Mombaur* a.a.O. § 6 Rdnr. 102ff.). Der **Schulleiter** ist für den Vollzug der Beschlüsse der Gesamtkonferenz verantwortlich und hat ein Beanstandungsrecht. **Teilkonferenzen** sind die Klassenkonferenz und die Fachkonferenz. Die **Klassenkonferenz** (auch Stufen- und Jahrgangskonferenz; Gruppenkonferenz an Berufsschulen) ist für Jede einzelne Klasse bzw. Jahrgangsstufe die Konferenz aller dort unterrichtenden Lehrer. Die **Fachkonferenz** ist für Fachfragen aller in dem betreffenden Fach unterrichtenden Lehrer zuständig. Einzelne Zuständigkeiten der Konferenzen werden zT von **Ausschüssen** wahrgenommen (s. z.B. § 39 ndsSchG, §§ 7ff. saSchumG). 172

cc) Prüfungsausschüsse

Die **Prüfungsausschüsse** entscheiden über die Aufnahme von Schülern in eine Wahlschule. Sie bestehen aus den die Prüfung abnehmenden Lehrern der Wahlschule – zT unter gleichberechtigter Mitwirkung von Lehrern der zubringenden Volksschulen – unter dem Vorsitz des Leiters der Wahlschule. Der **Reifeprüfungsausschuss** besteht idR aus einem Beauftragten der Schulaufsichtsbehörde als Vorsitzendem, dem Schulleiter und den Lehrern, die in der Abschlussklasse planmäßig Unterricht erteilt haben. 173

c) Zuordnung der Schulorgane

In welcher Weise diese Schulorgane einander zugeordnet sind, hängt von der Verfassung der Anstalt ab. Diese ergibt sich aus den Schulgesetzen, den 174

Anordnungen der Schulaufsichtsbehörden, der vom Schulträger gegebenen Satzung und den von den Konferenzen selbst beschlossenen Konferenzordnungen.

Die **monistisch** verfasste Schule wird von dem Schulleiter geführt; die Lehrerkonferenz ist lediglich Beratungsorgan (s. z. B. § 87 heSchVG, § 20 II, III nwSchVG). Lenkungsorgan der **kollegial** verfassten Schule ist die Lehrerkonferenz; Leitungs- und Konkretionsorgan ist der Schulleiter (so z. B. § 4 bwSchG, § 44 II sächsSchG). In der Praxis sind beide Formen meist einander angenähert (vgl. Art. 58 bayEUG). Durchweg vertritt der Schulleiter die Anstalt nach außen, und auch bei kollegialer Verfassung obliegt ihm oft die „äußere" Schulverwaltung. Andererseits kann auch in der monokratischen Verfassung die Lehrerkonferenz als Selbstverwaltungsorgan über ihre Beratungsfunktion hinaus gewichtige Beschlussrechte hinsichtlich der Bildungsarbeit haben.

d) Aufgaben der Schulorgane

175 Aufgaben der Schulorgane (Leiter, Konferenzen) und der Lehrer sind zunächst – edukativ – die **Bildungsarbeit** (auch Verwaltung der inneren Angelegenheiten genannt) und erst danach – administrativ – die damit zwangsläufig verbundene **Verwaltungsarbeit** (auch als Verwaltung der äußeren Angelegenheiten oder Bedarfsverwaltung bezeichnet). Hinsichtlich der Bildungsarbeit unterliegen die Schulorgane der staatlichen Schulaufsicht (s. u. IX.7), hinsichtlich der Verwaltung der Verwaltungsaufsicht des Schulträgers. Die Unterscheidung von „inneren" und „äußeren" Schulangelegenheiten findet sich zuerst in § 179 prStO v. 1808. Sie ist von Wissenschaft und Praxis zunächst in dem Sinne verwendet worden, dass die den Schulbesuch und die Schulzucht, den Lehrplan, die Lehrmethoden und den Unterricht betreffenden „inneren" Angelegenheiten der **staatlichen „Schulaufsicht"** obliegen, dem Schulträger (z. B. der Gemeinde) dagegen nur die „äußeren" Angelegenheiten der Errichtung, Unterhaltung und Bereitstellung der für die Lehrtätigkeit erforderlichen Mittel zustehen. Die (insb. bei staatlich-kommunalen Schulen) mehrfach durchbrochene Unterscheidung wird immer fragwürdiger. In äußeren Angelegenheiten zeigt sich ein zunehmender staatlicher Einfluss (z. B. finanzielle Fördermaßnahmen; staatliche Richtlinien etwa bei Bau und Ausstattung von Schulen, Anschaffung von Lehr- und Lernmitteln), der aber nicht durch eine Beteiligung der Gemeinden an den inhaltlich-strukturellen Zielsetzungen ausgeglichen wird. Zu weiteren Kompetenzverlusten der Gemeinden führen die Partizipationsbestrebungen mit Ansätzen zu schulischer Selbstverwaltung und die Entwicklung einer staatlichen Bildungs- und Finanzplanung (s. hierzu *v. Campenhausen,* Erziehungsauftrag, S. 92ff.; *Richter,* RdJB 1972, 8ff.; *Deutscher Bildungsrat* (Hg.), Bericht der Bildungskommission zur Reform von Organisation und Verwaltung, 1974, 39f.; *Kloepfer,* DÖV 1971, 838; s. auch *Peters,* Die Grundrechte IV/1, 411; *nwOVGE* 19, 145; *Denzer,*

Schulträgerschaft – Schulentwicklung. KomHdb IV. 145 ff.; *Pieroth,* Staat, 1985, 101 ff.).

e) Zusammenwirken mit Erziehungsträgern

176 Die Schulorgane werden bei ihrer Bildungsarbeit zur Koordinierung von Schule, Elternhaus und sonstigen Erziehungsträgern sowie bei der Verwaltung von Interessenten unterstützt, in den allgemeinbildenden Schulen von den Erziehungsberechtigten, also idR von den Eltern, in den berufsbildenden Schulen vornehmlich von den Sozialpartnern; in einigen Bundesländern werden auch Vertreter der Kirchen beteiligt (s. z.B. H 55 ff. bwSchG, Art. 64 ff. bayEUG, §§ 1 ff. nwSchMG, §§ 45 ff. sächsSchG; s. auch *Heckel,* RdJB 1974, 33; *Nevermann,* RdJB 1975, 200 ff.; *Avenarius/Heckel,* S. 140 ff.; *Gampe,* Das neue Schulmitwirkungsgesetz NW: Bildung und Politik 1978, 196 ff.; *Tiebel/Mombaur,* Die Schulmitwirkung in NW, 1980; *Boppel/ Kottenberg,* Mitbestimmung in der Schule, 1981; *Hennecke,* in: FS v. Unruh, S. 931 ff.). Ein sinnvoll aufeinander bezogenes **Zusammenwirken** von Eltern und Schule ist durch die Verfassung (Art. 7 I, 6 III GG) geboten. Der gemeinsame, gleichgeordnete Erziehungsauftrag von Eltern und Schule zur Bildung der einen Persönlichkeit des Kindes lässt sich nicht in einzelne Kompetenzen zerlegen (*BVerfGE* 34, 183). – Zum Elternrecht s. auch u. IX.8.e.

177 Die Interessenten bilden entweder allein oder zusammen mit Schulorganen Beratungsgremien **(Elternvertretungen** oder **-beiräte, Pflegschaften).** Sie werden für jede Klasse (bzw. Klassenstufe oder Unterrichtsgruppe) und für die ganze Schule errichtet. Die Mitwirkung erfolgt somit in repräsentativer Form. In den Landesgesetzen ist im Einzelnen geregelt, ob und bei welchen Themen Elternvertreter an Lehrerkonferenzen teilnehmen können und wieweit ihre Beteiligungsrechte gehen (s. z.B. § 57 bwSchG; zu § 49 bwSchG s. *Ruder,* BwVwPr 1985, 194 ff. Ferner *Mickel,* RdJB 1974, 363 ff.; *Barschel,* SHAnz. 1972, 97 ff.; *Dietze,* RdJB 1975, 36 ff.; s. ferner *BVerwG,* BayVBl. 1986, 311). Es gibt auch von allen Elternbeiräten eines Schulträgers gebildete **Gesamtelternbeiräte** sowie **Bezirks-** und **Landeselternbeiräte** und **Landesschulbeiräte** (s. z.B. §§ 58, 60 bwSchG, Art. 73 bayEUG, §§ 48 f. sächsSchG; ferner *Bergmann,* RWS 1961, 225 ff., 274 ff.; *Seipp,* RWS 1961, 247 ff.; *Wimmer,* DVBI. 1967, 809 ff.; *Avenarius/Heckel,* S. 148 f.; *Tiebel/Mombaur,* Die Schulmitwirkung in NW, 1980, 115 ff.). Die Eltern volljähriger Schüler können sich nur noch auf freiwilliger Basis außerhalb der schulischen Elternvertretungen treffen, denn mit Wegfall der Vertretungsbefugnis der Eltern entfällt auch grundsätzlich die Befähigung, Elternvertreter zu sein (anders nur in Bay, BW, Sa; s. dazu *Avenarius/Heckel,* S. 145 f. Zu einzelnen Entscheidungen zu Anhörungs- und Beteiligungsrechten s. *N. Niehues* Rdnrn. 155 ff.; s. auch *ndsOVG* E 36, 441 ff.: danach ist der Schulelternrat in Nds nicht befugt, schulorganisatorische (die Klassenzusammenlegung betreffende) Anord-

nungen der oberen Schulbehörde anzufechten, weil Prozessstandschaft nicht anzuerkennen ist).

f) Schülermitverwaltung

178 Der politischen Erziehung und Hinlenkung auf demokratische Selbstverwaltung dient die **Schülermitverwaltung** durch Klassensprecher und Schülerparlamente sowie auch durch Schülervertretungen in Beratungs- und Entscheidungsgremien der Schule und der Schulverwaltung. Durch sie beteiligen sich die Schüler freiwillig am Schulbetrieb und an schulischen Entscheidungen. Die Mitwirkung der Schüler am Schulgeschehen ist ständig weiter ausgebaut worden. Die von den Klassen bzw. den Jahrgängen gewählten Klassensprecher bilden die Schülervertretung (z.B. **Schülerrat, Schülerparlament**), die den Vorsitzenden **(Schülersprecher, Stufensprecher)** und die Stellvertreter wählt (s. z.B. §§ 62ff. bwSchG, Art. 62f. bayEUG, § 12 nwSchumG, §§ 51ff. sächsSchG; s. auch *Mess,* Das Recht der hessischen Schülervertretung, 1971; *Stober,* Schüler als Amtshelfer, 1972; *Berkemann,* RdJB 1974, 8ff.; *Kell,* Schulverfassung, S. 47ff.; *Meyer* (Hg.), Demokratie in der Schule, 1973; *Otto Wenger,* Schülerleistung und Mitverantwortung in der Schule, 1977; *Tiebel/Mombaur,* Die Schulmitwirkung in NW, 1980; *Hennecke,*: FS v. Unruh, S. 931ff.). Von der fünften Klasse an sind die Schüler z.B. in NW (§ 12 IV nwSchumG) im Rahmen der Lehrplanrichtlinien bei der Auswahl der Unterrichtsinhalte zu beteiligen. Die Schülervertretungen haben die Aufgabe, die Interessen der Schüler bei der Gestaltung der Bildungs- und Erziehungsarbeit zu vertreten und die fachlichen, kulturellen, sportlichen, politischen und sozialen Interessen der Schüler zu fördern (so z.B. § 12 I nwSchumG). Den Schülervertretungen steht aber **kein allgemeines politisches Mandat** zu.(s. dazu *Avenarius/Heckel,* S. 136; *nwOVG* Urt. v. 19. 9. 1977 – A 879/76; *Tiebel/Mombaur,* Die Schulmitwirkung in NW, 1980, S. 135). So werden z.B. in NW die Organisation und Durchführung einer Schülerfahrt zu einer Demonstration durch das schulpolitische Mandat einer Schülervertretung nicht gedeckt (s. *VG Minden,* NVwZ 1985, 679). Zur politischen Meinungsäußerung in der Schule s.u. Rdnr. 208. Der **Schülerrat** wählt ebenfalls (unter Berücksichtigung der Größe der Schule) **Vertrauenslehrer** (Verbindungslehrer), die die Schülervertretungen bei der Planung und Durchführung der Aufgaben unterstützen (s. z.B. § 12 VIII nwSchumG, § 68 sächsSchG).

179 Die Schülervertretungen bedienen sich auch des Mittels der Herausgabe von **Schülerzeitungen,** wobei es sich nicht um ein spezifisches Recht nur der Schülervertretungen, sondern aller Schüler handelt. Schülerzeitungen und Schulzeitungen sind in den Landesgesetzen geregelt (s. z.B. Art. 63 bayEUG; §§ 3, 37 nwASchO; § 56 sächsSchG; s. auch *Leuschner,* Das Recht der Schülerzeitungen, 1966; *Stolorz/Prautzsch,* Schülerpressefreiheit und Schulrechtsverhältnis, VR 1979, 297ff.: *Tiernann,* Der Vertrieb von Schülerzeitungen auf dem Schulgelände: Kulturverwaltungsrecht im Wandel, 1981,

143ff.; *Rieger,* VR 1983, 60ff.). **Schulzeitungen** sind Einrichtungen der Schule. Diese trägt die Verantwortung und nimmt auf die inhaltliche Gestaltung Einfluss. **Schülerzeitungen** sind periodische Druckschriften, die von Schülern für Schüler einer oder mehrerer Schulen redigiert werden und ohne verantwortliche Beteiligung der Lehrer hergestellt werden (s. z. B. § 63 bayEUG, § 37 nwASchO; ferner *N. Niehues,* Rdnrn. 415ff.; *Jarass,* DÖV 1983, 609ff.). **Schülerzeitungen** sind als Ausdruck des Grundrechts der freien Meinungsäußerung und der Pressefreiheit **keine schulischen Einrichtungen.** Die Grenzen finden sich in Art. 5 II GG und den immanenten Schranken (*bayVerfGH,* DVBl. 1995, 419).

Problematisch ist die Frage, ob die Schule **präventiv** eingreifen darf, um die Schülerzeitungen inhaltlich zu kontrollieren, z.B. durch Pflicht der Schüler zur Vorlage der Manuskripte. Die Lit. hält zT ein präventive Kontrolle als mit der Pressefreiheit oder dem Zensurverbot für unvereinbar (so z.B. *Löffler,* AfP 1980, 184; *ders.,* Presserecht, Bd. I. 4. Aufl. 2000, Rdnr. 367; *Niehues, N.,* Rdnr. 419; *Rieger,* VR 1983, 60ff.; *Jarass,* DÖV 1983, 614, 615). Anders aber einige Schulgesetze, die eine Ablieferung von Exemplaren zur Kontrolle und Verbote vorsehen (z.B. § 67 ndsSchG, § 13a saASchO; vgl. auch *bayVerfGHE* 47, 276). Nach § 37 IV nwASchO soll lediglich eine Beratung mit einem Lehrer erfolgen, wenn Zweifel bestehen. Andererseits darf die Schülerzeitung dem Einflussbereich der Schule nicht völlig entzogen werden, weil Schüler zum größten Teil noch nicht zivil-, straf- oder presserechtlich voll verantwortlich sind (vgl. *Niehues, N.,* Rdnr. 418: *Löffler,* a.a.O., § 1 Rdnr. 359ff., § 9 Rdnr. 86ff). Der **Inhalt** von Schulzeitungen wird von vornherein gemeinsam mit der Schule gestaltet, so dass insoweit keine Grundrechtskollisionen auftreten (s. dazu *VG Koblenz,* DÖV 1981, 67 m. Anm. *Ott; rpOVG,* DVBl. 1981, 1015 m. Anm. *Hage; Niehues, N.,* Rdnr. 416).

6. Schulträger und Schulverwaltung

Errichtung, Einrichtung, Unterhaltung und Verwaltung der öffentlichen Schulen sind unterschiedlich geregelt; sie hängen insb. davon ab, wer die Schule trägt. **Schulträger** ist, wer die unmittelbare rechtliche Verantwortung für die Ausstattung der einzelnen Schule mit Schulpersonal und Fachmitteln trägt und zu ihrer Unterhaltung eigene finanzielle Leistungen erbringt (s. z.B. § 2 nwSchVG und *nwOVG* E 29, 311; *Oppermann,* Kulturverwaltungsrecht, 251f.; *Heckel,* RdJB 1972, 6f.) Die Terminologie ist nicht einheitlich. Fällt die Verantwortung für Sachmittel und Personal auseinander (z.B. bei den staatlich-kommunalen Schulen, s.u. Rdnr. 185), so wird idR nur der für die Sachmittel Verantwortliche als Schulträger bezeichnet (§ 27 I bwSchG, § 21 I sächsSchG; anders aber Art. 6 baySchFG: Schulträger ist der Dienstherr der Lehrer. Zur Schulverwaltung und Schulträgerschaft s. auch *Baumert,* Aspekte der Schulorganisation und Schulverwal- 180 tung: Bildung in der BRD, Bd. 1, 1980, S. 589ff.; *Avenarius,* RdJB 1981, 443ff.; *Hössel,* Schulrecht und Schulverwaltung, 1981; *Denzer,* Schulträgerschaft Schulentwicklung: KomHdb IV. 145ff.; *Ebel,* VR 1985, 43ff.; *Oppermann,* in: v. Münch, S. 722f. Def. von Schulträgerschaft auch bei *Staupe,* Strukturen der Schulträgerschaft und Finanzierung: Bildung in der BRD, Bd. 2, 1980, S. 869).

a) Staatliche Schulen

181 **Träger** der staatlichen (staatseigenen) Schulen ist das **Land;** es bringt die gesamten dazu erforderlichen Mittel auf und ist Dienstherr des lehrenden und nichtlehrenden Schulpersonals. Staatseigene Schulen sind alle öffentlichen Schulen in den Stadtstaaten Bln, Bre und Hmb, ein Teil der Schulen des Sekundarbereichs II in He (nur Hessenkolleg und landwirtschaftliche Fachschulen) sowie in den übrigen Bundesländern, soweit ihnen keine überregionale Bedeutung zukommt (s. die Übersicht bei *Avenarius/Heckel,* S. 171ff.). Der Staat ist idR auch der Träger von Versuchs- und Modellschulen sowie von Schulen besonderer pädagogischer Prägung (s. z.B. § 29 II bwSchG, §§ 4 VII, 10 VIII nwSchVG). ZT können auch die Gemeinden und Gemeindeverbände Träger von Versuchsschulen sein.

182 Die **Schulverwaltung** der Bundesländer besteht in Bre und Hmb nur aus einer Schulbehörde (Senator), in den übrigen Ländern ist sie in der Regel zweistufig gegliedert. Drei Instanzenfinden sich nur noch in BW, Bay und NW. **Untere** Instanz sind entweder die Schulämter oder Bezirksregierungen (sog. untere Schulbehörden) in Bln das Landesschulamt. Bei einem dreigliedrigen Verwaltungsaufbau sind **Mittelinstanz** in Bay und NW die Bezirksregierungen, in BW die Oberschulämter. **Oberste** Instanz ist jeweils der Bildungs-, Kultus- bzw. Schulministerium bzw. der -senator (vgl. Übersicht bei *Avernius/Heckel,* S. 259ff.).

b) Kommunale Schulen

183 Die kommunalen (z.B. gemeinde-, kreiseigenen) Schulen werden von einer **Gemeinde,** einem **Gemeindeverband** oder einem zur Unterhaltung der Schule gegründeten gemeindlichen **Zweckverband** (sog. Schulverband) im Wesentlichen allein errichtet, verwaltet und zumindest zu einem erheblichen Teil finanziert. Zuständig ist innerhalb der großstädtischen Gesamtverwaltung meistens ein Stadtschulrat o.ä. als Abteilung des Gemeindevorstandes oder des Gemeindevorstehers. Das staatliche Schulorganisationsrecht kann auch den zwangsweisen Anschluss einer Gemeinde an einen Schulzweckverband rechtfertigen (*BVerfGE* 26, 228). Die Schließung einer kommunalen Schule durch die Landesschulbehörde kann das Selbstverwaltungsrecht beeinträchtigen (*ndsOVG,* DÖV 1974, 285). Kommunaleigene Schulen sind alle öffentlichen Schulen im Lande Bre (Schulträger sind die Städte Bre und Brh) sowie viele Real-, berufsbildende und höhere Schulen (s. z.B. Art. 3, 27 bayEUG; s. auch *Richter,* RdJB 1972, 8ff.; *Neukamm,* BwVBI. 1973, 52ff.).

Die vom Land nicht mitgetragenen Schulen in BW sind Privatschulen (s. § 2 II bwSchG; s. auch *Schwandt,* ZBR 1977, 301 ff.; *Dittmann,* Schulträgerschaft zwischen Kreisen und Gemeinden, 1978; *Vesper,* VR 1981, 37 ff.).

Die kommunale Schulverwaltung gehört zur kommunalen **Selbstverwaltung.** Dienstherr des gesamten Schulpersonals ist der kommunale Schulträger; das Land trägt oder erstattet einen mehr oder minder großen Teil der Kosten des Lehrpersonals oder leistet Zuschüsse. Der kommunale Schulträger hat das Recht, die Schule zu benennen (s. § 24 bwSchG, Art. 29 bayEUG; *ndsOVG,* DVBl. 1973, 928) und über ihren konfessionellen Charakter zu entscheiden, wobei allerdings den Eltern Bestimmungsrechte zustehen können (s. *nwOVG* E 29, 311 und DÖV 1973, 249). **Pflichtige,** aber idR weisungsfreie Selbstverwaltung ist die gesetzlich übertragene Schulträgerschaft (vornehmlich bei den Pflichtschulen; s. z. B. § 48 I bwSchG, § 10 I–IV, VII, IX nwSchVG, § 23 sächsSchG). Die Verpflichtung der kommunalen Schulträger, Pflichtschulen nach Maßgabe des Bedürfnisses zu errichten, zu erhalten und zu erweitern, besteht auch gegenüber den Interessenten (s. *ndsOVG,* DÖV 1961, 793 f.). **Freie** Selbstverwaltung ist die freiwillig übernommene Schulträgerschaft (vornehmlich bei den Wahlschulen; z. B. § 28 II 1 bwSchG, § 10 VI nwSchVG), ferner bei gesetzlich übertragener Schulträgerschaft der über den gesetzlich vorgeschriebenen Umfang hinaus übemommene zusätzliche Verwaltungsaufwand (Einrichtung zusätzlicher Lehrplanstellen, Maßnahmen der Schülerbetreuung u. ä.; zur kommunalen Selbstverwaltung s. auch *Hennecke,* in: FS v. Unruh, S. 946; *Ebel,* VR 1985, 44. Zur Übernahme einer kommunalen Schule s. *BayVGH,* DÖV 1985, 494). Danach hat die Gemeinde keinen Anspruch auf Übernahme ihrer kommunalen Realschule durch den Staat bei Übersteigen der finanziellen Leistungsfähigkeit. 184

c) Staatlich-kommunale Schulen

Die meisten öffentlichen Schulen sind **staatlich-kommunale** Schulen, die vom Land und einer Gemeinde, einem Gemeindeverband oder einem Zweckverband in der Weise gemeinsam getragen werden, dass dem Land die Kosten des Lehrpersonals, dem kommunalen Schulträger die übrigen personellen und die sachlichen Kosten obliegen (s. z. B. §§ 28, 38 I bwSchG, §§ 15 ff. bwFAG, Art. 27 bayEUG, Art. 6 baySchFG, § 10 nwSchVG iVm §§ 2, 3 nwSchFG, § 22 sächsSchG). Die Schulleiter und **Lehrer** werden also als Staatsbeamte angestellt, besoldet und versetzt, was von erheblicher beamtenpolitischer und schulpolitischer Bedeutung ist. Die kommunalen Schulträger können durch Vorschlags- oder Auswahlrechte bei der Anstellung und Versetzung mitwirken (s. z. B. § 21 a nwSchVG und dazu *Hoffmann,* NWVBl. 1995, 241 ff.; s. auch *ndsOVG* E 18, 316). Der Vorschlag des Schulträgers, einen Bewerber zum Schulleiter zu ernennen, ist kein Verwaltungsakt (*nwOVG* E 29, 293). 185

186 Der idR als „Schulträger“ bezeichnete kommunale Träger des **Sachbedarfs** bestimmt Art und Ort des Schulbaus, finanziert ihn und trägt die Einrichtungs-, Lehrmittel- und Verwaltungskosten. Er stellt auch das sonstige Personal (Schreibkräfte, Hausmeister u.ä.). Bei den staatlichen Gymnasien in Bay stellt der Staat nur einen Hausmeister, nicht das übrige Hauspersonal: bayVGHE 27, 21 (zum Sachaufwand s. ferner *bayVGHE* 26, 203; *BSGE* 36, 206; *nwOVG,* DÖV 1974, 753; *Avenarius/Heckel,* S. 167f.; *Denzer,* KomHdb IV. 157ff., *Ebel,* a.a.O. 45; zu Haftungsfragen s. *Stober,* BwVBl. 1972,164; *Gaisbauer,* ZBR 1974, 9ff.; *BGH,* DVBI. 1974, 157 und 594; *BGH,* RdJB 1974,186 m. Anm. *Stober; BVerwG,* NVwZ 1985, 904).

Modifiziert wird diese Kostenverteilung durch ein kompliziertes System wechselseitiger **Erstattungen, Zuschüsse u.ä.** (s. z.B. bwFAG, baySchFG, bayFAG; *ndsOVG* E 28, 369; s. auch *Staupe,* Strukturen der Schulträgerschaft und Finanzierung: Bildung in der BRD, Bd. 2, 1980, 867ff., Übersichten 889ff. und 903ff.; *Denzer* a.a.O. 169ff.; *Weiss,* RdJB 1983, 20ff.).

d) Kammerschulen

187 Die sog. **Kammerschulen** (nur in Norddeutschland) werden von einer berufsständischen öffentlichen Körperschaft, z.B. einer Innung, einer Landwirtschafts-, Forstwirtschafts- oder Industrie- und Handelskammer unterhalten und verwaltet. Die Lehrer sind Bedienstete der Kammer. Das Land leistet nur Zuschüsse (s. §§ 3 II und 22 II nwSchVG).

e) Sonstige Schulträger

188 Vereinzelt werden öffentliche Schulen auch von sonstigen natürlichen oder juristischen Personen getragen.

f) Schulträgerwechsel

189 Bei einem Wechsel des Schulträgers tritt der neue Schulträger in die vermögensrechtlichen Rechte und Pflichten des bisherigen Schulträgers ein. Da es sich hierbei um eine Verlagerung in der Erfüllung öffentlicher Aufgaben handelt, kann sich der öffentliche Schulträger nicht auf Art. 14 III 2 GG berufen. Wegen der Zweckbindung des Schulvermögens ist auch aus wirtschaftlicher Sicht kein Raum für eine Entschädigung. Im Übrigen sind die vermögensrechtlichen Folgen des Schulträgerwechsels gar nicht oder mit unterschiedlichem Inhalt geregelt (s. auch *Dittmann,* Schulträgerschaft zwischen Kreisen und Gemeinden, 1978, 51ff. Zur **Auflösung** kommunaler Schulen s. *Erbel,* DV 1972, 173ff. und *ndsOVG,* DÖV 1974, 285).

7. Schulaufsicht

a) Begriff der Schulaufsicht

190 Die Schulaufsicht (besser: „innere Schulhoheit“) ist ein historischer Sammelbegriff für die Gesamtheit der Rechte und Pflichten des **Staates** zur Organisation, Planung, Leitung und Beaufsichtigung des Schulwesens; sie

schließt die inhaltliche Festlegung der Ausbildungsgänge, der Unterrichtsziele und des Unterrichtsstoffes ein. Die Schulaufsicht bedeutet aber kein „umfassendes staatliches Bestimmungsrecht über die Schulen; vielmehr ist sie insb. durch Art. 6 II und Art. 7 IV 2 GG modifiziert" (so *BVerfGE* 27, 201; IX.7. Zum Begriff der Schulaufsicht s. *BVerfGE* 34, 165, 182; 47, 46, 71; *BVerwGE* 18, 39; *bayVerfGH,* DVBl. 1995, 419; *blnOVG,* DVBl. 1973, 273 und z.B. § 32 I bwSchG; kritisch *Fuss,* VVDStRL 23 [1966], 206ff.; *Jach,* Schulvielfalt als Verfassungsgebot, 1991, S. 22ff.; *Bärmeier,* RdJB 1993, 80ff.; dagegen *Weiler,* RdJB 1993, 452ff.). Zur Schulaufsicht gehört z.B. auch die Auswahl von Schulbüchern (*BVerwG,* VerwRspr. 25, 400; zur Schulbuchzulassung s. auch *Birk,* Schulbuchzulassung – Rechtsfragen der Praxis: Kulturverwaltungsrecht im Wandel, 1981, S. 47ff.; *Rehborn, M.,* Rechtsfragen der Schulbuchprüfung, 1986; *BVerwG,* DVBl. 1982, 1004; *nwOVGE* 36, 401ff.). Der Begriff der Schulaufsicht reicht damit weit über die sonst übliche Wortbedeutung von „Aufsicht" hinaus (*BayVerfGH,* DVBl. 1995, 419; s. auch *Otto Wenger,* Aufsichtspflicht, Haftung, Rechtsschutz im bay. Schulrecht, 1975; *v. Campenhausen,* Die staatliche Schulaufsicht, Verfassung und Verwaltung der Schule; *Nevermann/Richter,* 1979, 279ff.; *Oppermann,* Zum Rechtsstaatsgebot, ebd., 307f.; *Baumert,* Aspekte der Schulorganisation und Schulverwaltung: Bildung in der BRD, Bd. 1, 1980, 629ff.; *Hopf/Nevermann/Richter,* Schulaufsicht und Schule, 1980; *Eiselt,* Schulaufsicht im Rechtsstaat, DÖV 1981, 821ff.; *Siebenborn,* Schulaufsicht und kommunale Selbstverwaltung: KomHdb IV. 177ff.; *Clemens,* NVwZ 1984, 65ff.; *Schlie,* Elterliches Erziehungsrecht und staatliche Schulaufsicht im Grundgesetz, 1986).

b) Arten der Schulaufsicht

Schulaufsicht ist: 191

aa) **Gesetzgebung** auf schulischem Gebiet, z.B. der Erlass von Schul- und Schulverwaltungsgesetzen;

bb) sonstige **Rechtsetzung** in Schulangelegenheiten, z.B. Durchführungsverordnungen zu den Schulgesetzen, Ferien- und Schulordnungen. Aus der Schulaufsicht des Staates lässt sich aber eine eigenständige Rechtsetzungsbefugnis der Exekutive nicht ableiten. Art. 7 I GG vermag eine gesetzliche Ermächtigung nicht zu ersetzen (s. *Wimmer,* DVBl. 1966, 846ff.; *Hennecke,* Staat und Unterricht 117; *Löhning,* Der Vorbehalt des Gesetzes im Unterricht, S. 146ff.; *BVerwG,* DÖV 1975, 347, 349 m. insoweit zust. Anm. *Bosse;* aM *bayVerfGE,* DÖV 1974, 672 m. abl. Anm. *Hennecke;* s. auch BVerfGE 34, 165; 41, 251; 47, 46; 58, 257 und u. Rdnr. 205ff. – zu den Einzelheiten des Gesetzesvorbehalts im Schulrecht);

cc) **administrative Leitung** des Schulwesens durch zentrale Richtlinien und Weisungen (Verwaltungsverordnungen), insb. durch Festsetzung von Lehr- und Bildungsplänen, Stoffkatalogen und Curricula, soweit derartige Regelungen nicht dem Gesetzesvorbehalt unterfallen (dazu s.u. Rdnr. 203ff.). IdR wird die zentrale Leitung des Schulwesens mit unter den Begriff der Fachaufsicht gebracht. Das ist jedoch missverständlich, denn Aufsicht bedeutet die Beeinflussung und Kontrolle nachgeordneter Organe, nicht die eigene gestaltende Tätigkeit des Zentralorgans. Beides geht freilich ineinander über (s. auch *Binder, R.*, Die Schulschließung als Planungsentscheidung, 1985; *Rehborn,* Rechtsfragen der Schulbuchprüfung, 1986);

192 dd) **echte Aufsicht** (Aufsicht ieS) in Gestalt der Fachaufsicht und der Dienstaufsicht. Als **Fachaufsicht** ohne Beschränkung auf Rechtmäßigkeitskontrolle beeinflusst und überwacht sie die Bildungsarbeit aller öffentlichen Schulen. Die Schulaufsichtsbehörde kann die Errichtung nicht-staatseigener Schulen oder Schulklassen (*BVerwG,* DÖV 1966, 502 m. abl. Anm. v. *Schröder,* DÖV 1967, 20ff.; *nwOVG,* RWS 1964, 118 m. Anm. *Schäffer*) oder neuer Klassenzüge in ihnen (*BVerwGE* 23, 351; s. *Menger/Erichsen,* VerwArch. 58 [1967], 375ff.) oder die Bildung eines Schulverbandes (*VG Minden,* DVBl. 1966, 48) oder den zwangsweisen Anschluss einer Gemeinde an einen solchen (*BVerwGE* 26, 228) oder die Schließung einer Schule (*BVerwGE* 18, 41) anordnen. Sie darf selbst pädagogisch entscheiden oder Entscheidungen der Schulorgane aufheben und deren erneute Beschlussfassung herbeiführen. Allerdings hat sie – insb. bei der Unterrichtsgestaltung – die pädagogische Selbstverantwortung des Lehrers zu achten und zu fördern.

193 Unter dem Begriff der **„pädagogischen Freiheit des Lehrers“** wird immer häufiger diskutiert, inwieweit Unterrichtsinhalte und Erziehungsziele normiert werden dürfen, bzw. wieweit die Kompetenzen der Schulaufsicht hinsichtlich inhaltlicher Gestaltung des Unterrichts gehen dürfen. Der Lehrer ist zwar als Beamter dienstrechtlich in die Schulverwaltung eingegliedert und damit grundsätzlich weisungsgebunden (*bwVGH,* BwVBl. 1998, 108; *ndsOVG,* NVwZ 1998, 94; NVwZ-RR 2000, 161). Seiner Funktion als Erzieher kann er jedoch weitgehend nur individuell aus der Eigendynamik seiner Persönlichkeit heraus gerecht werden, die von gewissen Freiräumen lebt, welche Einwirkungen Dritter – auch der Schulaufsichtsbehörden – notwendigerweise begrenzen (s. *Niehues, N.* Rdnrn. 506ff.). Die pädagogische Freiheit des Lehrers wird jedoch nicht von Art. 5 III GG erfasst, der nur für Hochschullehrer gilt (s. *BVerwG,* NVwZ 1994, 583; *bwVGH,* NVwZ-RR 1989, 305; *Maunz,* in: M/D, Art. 7, Rdnr. 61; *Pieroth,* DVBl. 1994, 958f.; aA wohl *Kopp,* DÖV 1979, 890ff.; *Perschel,* Die Lehrfreiheit des Lehrers: Verfassung und Verwaltung der Schule, 1979, 373ff.). Es ist aber stets abzuwägen, ob eine staatliche Maßnahme, die die pädagogische Freiheit beschränkt, die Grundrechte des Lehrers nicht etwa stärker beschneidet (z.B. Art. 2 I, 4 I, 5 I, 12 I, 33 V GG), als dies im Hinblick auf die geschützten Bereiche der Schüler bzw. Eltern oder anderer Belange gerechtfertigt er-

scheint (so *Maunz,* in: M/D, Art. 7, Rdnr. 62a; zur Diskussion der pädagogischen Freiheit des Lehrers s. auch *Mampe,* Rechtsprobleme, 183ff.; *Heckel/Pöttgen,* ZBR 1965, 129ff.; 1966, 48ff., 84f.; *Staff,* DÖV 1969, 627ff.; *Perschel,* DÖV 1970, 34ff.; *Stock,* Pädagogische Freiheit, 243ff. und passim; *Eiselt,* DÖV 1981, 821, 824ff.; Schule im Rechtsstaat, Bd. 1, Bericht der Kommission Schulrecht des Deutschen Juristentages, 1981; *Bryde,* DÖV 1982, 661, 671; *Ossenbühl,* DVBl. 1982, 1157ff.; *Sendler,* DVBl. 1982, 381, 388f.; *Niehues, N.* Rdnr. 303ff.; *Geiger,* Zur pädagogischen Freiheit des Lehrers, in: Sievering (Hg.), Schulrecht – Schulpraxis, 1984, 92ff.; zur Bestimmung des Unterrichtsstoffes durch den Staat s. *BVerwG,* NJW 1981, 1056; zum Einsatz schulfremder Personen im Unterricht s. *heVGH,* NVwZ-RR 1993, 483; s. auch z.B. § 3 II 1 nwSchumG zur pädagogischen Freiheit des Lehrers). Bedenklich sind auch die Bestrebungen in Hessen, die Schulen zur Entwicklung von für die Lehrer verbindlichen sog. Schulprogrammen zu verpflichten, die zum einen Schwerpunkte und besondere Aufgabenfelder festlegen, in einem zweiten Schritt aber auch der Selbstkontrolle dienen sollen (instruktiv *Schmidt,* NVwZ 1997, 456ff.; zur Verpflichtung des Lehrers auf Vorlage seiner Unterrichtsplanung s. *ndsOVG,* NVwZ-RR 2000, 161).

ee) Um echte Aufsicht handelt es sich auch bei der **Dienstaufsicht** über die staatlichen Lehrer. Sie wird ergänzt durch einzelgesetzlich festgelegte Mitwirkungsbefugnisse (z.B. Bestätigung) bei der Verwaltung der Personalangelegenheiten der nichtstaatlichen Lehrer (zur Dienstaufsicht s. z.B. *ndsOVG,* DVBl. 1974, 278). Sie ist (idR **Rechts-**)**Aufsicht** über die Schulträger hinsichtlich der Erfüllung der diesen obliegenden Aufgaben. Um bloße Rechtsaufsicht handelt es sich immer dann, wenn und soweit gesetzlich keine besonderen Weisungsrechte gegenüber dem Schulträger begründet sind (zweifelnd *BVerwGE* 18, 38; *nwOVG,* DÖV 1970, 607). Hier besteht idR eine **Doppelzuständigkeit** von Kommunalaufsichts- und Schulaufsichtsbehörden. Die **Schulaufsichtsbehörde** hat ein Auskunftsrecht gegenüber dem Schulträger. Zur Durchsetzung von Anordnungen ist aber nur die **Kommunalaufsichtsbehörde** (zT im Einvernehmen mit der Schulaufsichtsbehörde) zuständig (s. z.B. § 36 bwSchG, s. ferner *BVerwGE* 21, 289. Zur Rechtsaufsicht s. auch *Eiselt,* RdJB 1981, 169ff.). 194

c) Schulaufsichtsorgane

Schulaufsichtsorgane sind idR die **staatlichen Schulverwaltungsbehörden** (s.o. Rdnr. 180). Das hat zur Folge, dass staatliche Schulverwaltung und Schulaufsicht nicht immer auseinandergehalten werden. Beim zweigliedrigen Aufbau der Schulaufsicht ist **oberste** Schulaufsichtsbehörde das Bildungs-, Kultus- oder Schulministierum, **untere** Schulaufsichtsbehörde das Schulamt bzw. Regionalschulamt (s. z.B. § 59 sächsSchG idF vom 1. 1. 1999 und dazu *Musall,* SächsVBl. 1998, 301ff.). Beim dreigliedrigen Aufbau be- 195 steht der Unterschied nur darin, dass als **obere** Schulaufsichtsbehörde die Bezirksregierung dazwischen tritt (s. z.B. §§ 33ff. bwSchG; Art. 114 bayEUG; § 15 nwSchVG).

Durch das staatliche Schulaufsichtsrecht wird grundsätzlich das **gemeindliche Selbstverwaltungsrecht** aus Art. 28 II GG eingeschränkt, ohne dass jedoch der Kern der Selbstverwaltungsgarantie angetastet wird (*BVerwGE* 18, 38). Der unantastbare **Kern der Selbstverwaltung** wird nur dann berührt, wenn durch Einschränkungen des Aufgabenbereichs oder durch übermäßige Einschränkung der eigenverantwortlichen Führung der Geschäfte die Gefahr einer Aushöhlung der Selbstverwaltung herbeigeführt würde (*BVerwGE* 23, 351, 352f.). Art. 28 II 1 GG schützt die Gemeinden auch vor einem sachlich nicht gerechtfertigten Aufgabenentzug nach Maßgabe des Verhältnismäßigkeitsgrundsatzes (so *BVerwG,* DVBl. 1983, 1152ff.).

In einzelnen Ländern können die **Gemeinden** zT an der Schulaufsicht **beteiligt** werden. Dies entspricht der überlieferten pr. Verwaltungspraxis (s. *Görg,* Demokratie und Verwaltung (Speyerer Schr. 50 [1972], 594; zum Verhältnis von staatlicher Schulaufsicht und gemeindlicher Schulhoheit s. *Kloepfer,* DÖV 1971, 837ff.; *nwOVG,* VerwRspr. 21, 699; *BVerwGE* 21, 289; vgl. z.B. Art. 116 bayEUG).

In den meisten Ländern werden Eltern und andere **sachkundige Bürger** zur Mitwirkung bei der Schulverwaltung herangezogen, so z.B. in Schulbeiräten, Bezirks- und Landesausschüssen, Schulausschüssen, Gemeinde- und Kreiselternräten u. ä. (s. z.B. § 12 nwSchVG, §§ 54f. sächsSchG und o. Rdnr. 176f.).

8. Das Schulverhältnis als Rechtsverhältnis

a) Schulpflicht

196 Noch bis 1919 war zum Schulbesuch nur verpflichtet, wer sich das vorausgesetzte Wissensminimum nicht auf andere Weise, z.B. durch Privatlehrer, verschaffte (sog. Unterrichtspflicht). Erst Art. 145 WRV statuierte die grundsätzliche Pflicht, eine Schule zu besuchen (Schulpflicht), von der heute auch die Länder ausgehen. Bei der Schulpflicht handelt es sich um eine sog. **Grundpflicht.** Hierunter versteht man verfassungsrechtliche Pflichten des Einzelnen gegenüber dem Staat. Eine Grundpflicht liegt aber nur dann vor, wenn die Verfassung über den allgemeinen Schranken- oder Gesetzesvorbehalt hinaus eine bestimmte Pflicht selbst regelt oder eine Wertentscheidung erkennen lässt (Art. 6 II, 7 GG iVm den Landesverfassungen; s. *Stober,* Grundpflichten und Grundgesetz, 1979; *ders.,* NVwZ 1982, 473ff. mwN; *ders.,* in: FS Scupin, 1983, S. 643, 656; *Götz* und *Hofmann,* VVDStRL 41 [1983], 7ff.; *Bethge,* JA 1985, 249).

197 Die Schulpflicht beginnt nach Vollendung des 6. Lebensjahres. Dass vor Vollendung des 6. Lebensjahres nur in zeitlich eng begrenzten Fällen die

Möglichkeit zum Schulbesuch eröffnet wird, verstößt nicht gegen das GG (*BVerwGE* 35, 111; *BVerwG*, NVwZ-RR 1994, 91; *bayVfGH*, VerwRspr. 22, 513; aM *bwStGH*, JZ 1970, 287; zur Schulpflicht ausländischer Kinder s. *nwOVG*, NJW 1976, 341). Diskutiert wird in jüngerer Zeit eine vorzeitige Einschulbarkeit hochbegabter Kinder. Insoweit stellt sich die Frage, ob aus Art. 2 I iVm 3 I GG und dem Sozialstaatsprinzip ein Teilhaberecht in Gestalt eines Anspruchs auf begabungsgerechte, aber altersunabhängige Einschulung folgt (so insb *Hobe*, DÖV 1996, 190ff.; aA *shOVG*, NVwZ-RR 1995, 664; s. zu Mindestalterregelungen *BVerwG*, NVwZ-RR 1994, 91; *BayVerfGH*, NJW 1999, 402). Jedenfalls besteht kein Anspruch für Frühbegabte auf unmittelbare Einschulung in die zweite Klasse (*bwVGH*, NVwZ-RR 1993, 29; *bayVerfGH*, NVwZ 1999, 402). Die **Vollzeitschulpflicht** dauert in den meisten Ländern neun Jahre, sonst zehn Jahre. Die Verlängerung der Schulpflicht bei Wohnsitzwechsel in ein anderes Bundesland ist verfassungsrechtlich unbedenklich (*BayObLG*, VerwRspr. 24, 144). An die Vollzeitschulpflicht schließt die dreijährige **Berufsschulpflicht** an (*BayObLG*, NVwZ-RR 1994, 397), idR als **Teilzeitschulpflicht** (s. o. Rdnr. 158). Unabhängig vom Fortbestand der Schulpflicht ist jeder Schüler auf Grund des Schulrechtsverhältnisses grundsätzlich zur Teilnahme am Unterricht verpflichtet (s. dazu *VG Bln*, NVwZ 1999, 907).

Die Schüler, die nicht eine Wahlschule (s.o. Rdnr. 150) besuchen, müssen **198** ihre Schulpflicht in derjenigen **Pflichtschule** erfüllen, in deren Schulbezirk („Einzugsbereich", „Schulsprengel") sie wohnen (s. z.B. §§ 76 II, 25 bwSchG, Art. 35, 42 bayEUG und *bayVGHE* 26, 158, § 6 II nwSchPG, §§ 25 III, 26 sächsSchG). Die geltenden Schulgesetze oder die sie ergänzenden Rechtsverordnungen lassen jedoch, um die Grundrechte aus Art. 6 II 1 und Art. 2 I GG nicht übermäßig einzuschränken, Ausnahmegenehmigungen zu (s. dazu *Niehues, N.* Rdnr. 341 und *BVerwG*, MDR 1975, 605; *ndsOVG*, DVBl. 1981, 872 und NJW 1982, 1246). Die Schulpflicht kann auch durch den Besuch einer **Wahlschule** erfüllt werden (s. z.B. § 76 bwSchG, § 6 I, V nwSchPG). Zur Schulbesuchspflicht von Wahlschulen s. *Grupp*, DÖV 1974, 661ff.; zum Recht auf differenzierten Unterricht s.o. IX.3.b). Die Schulpflicht **ruht** für **bildungsunfähige Kinder** (s. z.B. § 74 II bwSchG und bw*VGH*, BwVPr. 1974, 229; Art. 41 bayEUG, § 4 nwSchPG; § 27 III sächsSchG; *ndsOVG* E 27, 361; s. auch *Walleratz*, RdJB 1972, 129–136). Eine Schülerin ist vor und nach der **Niederkunft** mindestens entsprechend den im MuSchG bestimmten Fristen vom Schulbesuch befreit.

Mit Rücksicht auf die religiöse Überzeugung von Schülem und deren Er- **199** ziehungsberechtigten kann **Befreiung** von der Schulpflicht an bestimmten Tagen, aber nicht allgemein gewährt werden (z.B. wegen Sabbatheiligung, s. *BVerwGE* 42, 128; s. auch *nwOVG*, NJW 1976, 341). Ähnliches gilt für die Befreiung hinsichtlich bestimmter Unterrichtsfächer (z.B. bei koedukativem Sportunterricht zugunsten eines islamischen Mädchens, s. *BVerwGE* 94, 82 = NVwZ 1994, 578 = DVBl. 1994, 163 m. Anm. v. *Wesel*, NJW 1994, 1389;

differenzierend *nwOVG,* NWVBl. 1992, 136; kritisch *Bothe,* VVDStRL 54 [1995], 38f.; vgl. auch *Spies,* NVwZ 1993, 637). Jedoch gibt Art. 6 II 1 GG den Eltern kein Recht, ihre schulpflichtigen Kinder vom Besuch der Grundschule fernzuhalten, wenn sie die Struktur der Grundschule für unzulänglich halten (s. *BVerwG,* DVBl. 1975, 428; *BayObLG,* BayVBl. 1984, 90). Die Pflicht der Eltern, für den Schulbesuch zu sorgen, endet mit der Volljährigkeit der Kinder, nicht schon mit Vollendung des 14. Lebensjahres (s. *OLG Zweibrücken,* NStZ 1985, 179).

b) Recht auf Bildung

200 Der Pflicht, sich bilden und erziehen zu lassen, steht das **„Recht auf Bildung"** gegenüber, das in einige Landesverfassungen ausdrücklich aufgenommen ist (s. z.B. Art. 11 I bwVf und dazu *bwStGH,* JZ 1970, 287; Art. 128 bayVf, Art. 19 bbgVf; Art. 27 breVf; Art. 8 mvVf; Art. 4 I ndsVf; Art. 8 I nwVf; Art. 29 II sächsVf; s. auch Art. 13 d.G. zu dem Internationalen Pakt v. 19. 12. 1966 über wirtschaftliche, soziale und kulturelle Rechte – BGBl. 1973 II 1569). Das Recht auf Bildung wird von der h.M. grundsätzlich **nicht** als **subjektiv-öffentliches Recht** verstanden, das konkrete Zugangs- (s. bbg*VerfGH,* Besch.v. 25. 2. 1999 – VfGBbg 41/98) oder Leistungsansprüche vermitteln könnte. Es findet insbesondere Ausdruck in der Öffentlichkeit der Bildungseinrichtungen, der Zugangsgleichheit und der Förderung finanziell bedürftiger Bildungswilliger (s. *BVerfGE* 33, 331; *Martens,* VVDStRL 30 [1972], 34; *Häberle,* ebd., 114ff.; *Maunz,* in: FS Küchenhoff, S. 605ff.; *Meder,* in: FS bay*VfGH,* S. 231f.; *Richter,* Bildungsverfassungsrecht 186ff. mwN; wohl auch *bwVGH,* DVBl. 1975, 438, 441; ein Recht auf Bildung als anspruchsbegründendes soziales Grundrecht wird dagegen bejaht von *Heymann* und *Stein,* AöR 97 [1972] 192ff. mwN). Das *BVerwG* hat das Grundrecht auf Bildung aus Art. 2 I GG hergeleitet. Dieses Grundrecht auf Bildung kann aber nicht auf mehr als auf einen Minimalstandard der Bildungseinrichtungen gerichtet sein (*BVerwGE* 47, 201, 206; 56, 155, 158; *BVerwG,* DÖV 1979, 911f.; weitergehend bejaht *nwOVGE* 34, 211, 213 einen begrenzten Anspruch auf Kapazitätserweiterung). Das *BVerfG* hat die Frage bisher offen gelassen (s. z.B. *BVerfGE* 53, 185, 203). Es kann daher nicht zu einem Anspruch auf Zurverfügungstellung einer den individuellen Wünschen der Eltern und Schüler entsprechenden Schule führen, sondern in erster Linie lassen sich in Verbindung mit dem Gleichheitssatz Teilhaberechte an vorhandenen öffentlichen Bildungseinrichtungen herleiten (s. *Niehues, N.* Rdnr. 364ff.; *Evers,* JZ 1982, 459ff.; *Sendler,* DVBl. 1982, 381, 383; *v. Münch,* in: ders./Kunig, Art. 2, Rdnr. 29; umfassend zuletzt *Jarass,* DÖV 1995, 674ff.; s. zum verfassungspolitischen Stand auf Bundesebene *Oppermann,* in: Bundesminister des Innern u.a. (Hg), Staatszielbestimmungen, Gesetzesaufträge, 1983, S. 122ff. und zur Gleichberechtigung von Mädchen und Knaben beim Zugang zu einem Gymnasium *BayVfGH,* BayVBl. 1986, 77).

c) Gebühren-, Lernmittel- und Fahrtkostenfreiheit

Gebühren (Schulgeld) werden nur noch vereinzelt von berufsbildenden, insb. Fachschulen erhoben (s. Art. 4 (a) ÜDiskU; *Kahlert,* RdJB 1974, 38ff.). 201

Die meisten Länder haben außer Schulgeld- auch **Lernmittelfreiheit** eingeführt (s. KMK-Beschl. v. 16./17. 1. 1964; und z.B. §§ 93ff. bwSchG). Der Staat hat das Recht zu entscheiden, welche Gegenstände als Lernmittel eingeführt werden (*BVerwG,* SPE 702 Nr. 6, S. 14, 18f.). Ein Schulbuchzulassungsverfahren ist nicht verfassungswidrig (*BVerwG,* VerwRspr. 25, 400). Lernmittelfreiheit bedeutet, dass die öffentliche Hand dem Schüler die Lernmittel, insbesondere Schulbücher kostenlos zur Verfügung stellt (zur Einordnung von Arbeitsblätter s. *bayVGH,* NVwZ-RR 1995, 86). Die tatsächliche Ausgestaltung der Lernmittelfreiheit in den einzelnen Ländern ist unterschiedlich (Übereignung oder Leihe; zur Haftung der Eltern für die Beschädigung von Schulbüchern s. *ndsOVG,* NJW 1996, 2947).

Die **Schülerbeförderung** zum und vom Unterricht ist in allen Bundes- 202
ländern den **kommunalen Körperschaften** auferlegt worden. Aufgabenträger ist entweder der Schulträger, der Landkreis/die kreisfreie Stadt des Wohnsitzes oder der Landkreis/die kreisfreie Stadt des Schulsitzes. Die Leistungen werden entweder durch Übernahme der Fahrtkosten im öffentlichen Linienverkehr oder besondere Schulbusse erbracht (s. auch *bayVerfGH* (Entsch. v. 15. 12. 1976) SPE I A 111, 31; *BVerwG,* VerwRspr. 28, 21–23; *nwOVG* (Urt. v. 2. 10. 1979) SPE IV B IX, 10 1 und (Urt. v. 4. 6. 1980) SPE IV B IX, 103 – zum Begriff der nächstgelegenen Schule iSd der nwVO; *nwOVG,* NVwZ-RR 1990, 197 – zur Beförderungspflicht zwischen Wohnung und Schule; *OVG Magdeburg,* DVBl. 1999, 562 – zur Kostenbegrenzung nach Entfernung und Zumutbarkeit; *nwOVG,* NJW 2000, 3800 – zur besonderen Gefährlichkeit des Schulweges; *bayVGH,* BayVBl. 1982, 599 – zur Schulwegkostenfreiheit für Berufsschüler innerhalb einer zweiten Berufsausbildung; *heStGH,* NVwZ 1984, 788 zu § 34 hessSchVG und *heVGH,* NVwZ 1984, 811; *ndsOVG,* NVwZ 1984, 812; *ndsOVG,* NdsVBl. 1996, 237; *rpOVG,* NVwZ-RR 1990, 199 und *VG Ffm,* NVwZ-RR 1990, 25 – jeweils zur Erstattung der Schülerbeförderungskosten zu einer Waldorfschule; *bayVfGH,* BayVBI. 1985, 14 – zur Verfassungsmäßigkeit unterschiedlicher Regelungen für Schüler der unteren Jahrgangsstufen und der Oberstufe; *BVerwG,* NVwZ-RR 1991, 197 – zur Vereinbarkeit einer Eigenbeteiligung mit Art. 3 I GG und dem Sozialstaatsprinzip; *shOVG,* SchlHA 1996, 249 – zum Anspruch auf Kostenübernahme für Schulbegleiter behinderter Kinder; *BVerwG,* DVBI. 1985, 1084 – zur Nichterstattung von Schulwegkosten einer im Ausland gelegenen Schule; ferner *Denzer,* KomHdb IV. 159f.).

d) Die Rechtsstellung des Schülers

aa) Schüler als Grundrechtsträger

203 Der Schüler ist grundsätzlich Grundrechtsberechtiger und damit Träger aller Grundrechte. Das ergibt sich aus Art. 1 III GG, der auch die das Schulverhältnis normierenden Gewalten bindet. Außerdem gelten alle in der Verfassung vorgesehenen Grundrechtseinschränkungen auch für das Schulverhältnis.

bb) Schulverhältnis als verwaltungsrechtliches Sonderverhältnis

204 Zweifelhaft ist allein, ob und in welchem Umfange im Rahmen des als Sonderstatusverhältnis ausgestalteten Schulverhältnisses neben den allgemeinen Grundrechtsbeschränkungen darüber hinausgehende Grenzen bestehen und wie sie zu legitimieren sind. Die früher h.M. glaubte aus dem traditionellen Institut des besonderen Gewaltverhältnisses (besser: besonderen Pflichtverhältnisses oder verwaltungsrechtlichen Sonderverhältnisses; s.o. Band I, 11. Aufl., § 32 Rdnrn. 25ff.) eine verminderte Grundrechtsgeltung im Schulverhältnis folgern zu können (*Wenninger,* Zur Geschichte der Lehre vom besonderen Gewaltverhältnis, 1982; *Loschelder,* Vom besonderen Gewaltverhältnis zur öffentlich-rechtlichen Sonderverbindung, 1982; *ders.*, in: Merten (Hg), Das besondere Gewaltverhältnis, 1985, 9ff.). Diese Rechtsauffassung erfuhr erst durch die Spruchpraxis des *BVerfG* einen Wandel, welche die Grundrechtsgeltung prinzipiell auch für besondere Gewaltverhältnisse bejahte (s. hierzu *Ronellenfitsch,* DÖV 1981, 933; *ders.*, VerwArch. 73 [1982], 245; *ders.*, DÖV 1984, 781; *ders.*, in: Merten (Hg), Das besondere Gewaltverhältnis, 1985, 33ff.).

Allerdings kann der Sache nach vom verwaltungsrechtlichen Sonderverhältnis auch im Bereich der Schule nicht Abschied genommen werden. Das ergibt sich schon aus Art. 7 GG und dem einschlägigen Landesverfassungsrecht, die Grundrechtseinschränkungen erlauben. Außerdem kann der Staat nicht auf die Existenz des besonders verdichteten Schulverhältnisses verzichten, das neben dem allgemeinen Rechtsverhältnis zum Bürger besteht und von diesem zu unterscheiden ist. Auch im Interesse der Funktionsfähigkeit der Einrichtung Schule ist die Aufrechterhaltung eines Sonderstatusverhältnisses erforderlich. Gleichzeitig sind aus der prinzipiellen Grundrechtsgeltung sowie dem Rechtsstaatsphinzip zahlreiche Folgerungen zu ziehen. Insbesondere dürfen die Grundrechtsschranken nicht enger gezogen werden, als es dem Auftrag der Schule und der Funktionsfähigkeit dieser Einrichtung entspricht und als es der Grundsatz der Verhältnismäßigkeit erlaubt (s. *Merten,* in: ders. (Hg), Das besondere Gewaltverhältnis, 1985, 53ff.). Daraus ergeben sich im Einzelnen folgende Konsequenzen:

cc) Gesetzesvorbehalt im Schulverhältnis

205 Während die frühere h.M. davon ausging, dass im Schulverhältnis als einem verwaltungsrechtlichen Sonderverhältnis eine gesetzliche Ermächtigung für Maßnahmen, die dem Schulzweck dienen, entbehrlich sei, kann

nach heutigem Verfassungsverständnis die Rechtsfigur des besonderen Gewaltverhältnisses eine gesetzliche Ermächtigungsgrundlage nicht mehr ersetzen (s. *BVerfGE* 33, 10f. und 34, 192f.; seither ständige Rspr. so z.B. *BVerfGE* 58, 257ff.; *bayVerfGHE* 47, 276). Gerade im Bildungsbereich stellt die Beteiligung an staatlichen Leistungen die notwendige Voraussetzung für die Verwirklichung von Grundrechten dar und bedarf deshalb gesetzlicher Regelung (s. *BVerfGE* 33, 337; s. statt aller *Ehlers,* in: Erichsen, § 3 IV 3). Zudem sind Regelungen des Schulverhältnisses nicht nur pflegende, sondern auch eingreifende Verwaltung. Auch deshalb unterfallen sie dem **Gesetzesvorbehalt** (s. *BVerwG,* DÖV 1975, 347m. insoweit zust. Anm. v. *Bosse; VG Hmb,* DÖV 1973, 54 [aM *hmbOVG,* DÖV 1973, 547]; *rpOVGE* 13, 1 und 264; *ndsOVG,* VerwRspr. 25, 158; *nwOVGE* 30, 86; *Hennecke,* Staat und Unterricht 132ff.; *Franke,* Grundrechte, S. 34; *Löhning,* Vorbehalt; *Erichsen,* in: FS Wolff, S. 219ff.; *Evers,* VVDStRL 23 [1966], 147ff.; *Fuss,* ebd. 199ff.; *Sturm,* RdJB 1974, 1ff.; *Donner,* RdJB 1974, 101ff.; *Hofmeister,* BayVBl. 1975, 324ff.; einschränkend: *Hansen,* Fachliche Weisung und materielles Gesetz, 1971, 315).

Auch im Schulverhältnis müssen die grundlegenden Entscheidungen – innerhalb des jeweils von der Landesverfassung vorgegebenen Rahmens – vom Gesetzgeber selbst, dh durch **formelles Gesetz** getroffen werden (s. z.B. *BVerfGE* 34, 165, 192). Bei der Abgrenzung der grundlegenden von den nicht grundlegenden Entscheidungen ist auf die Tragweite einer Regelung und die Intensität der (möglichen) Eingriffe bzw. der Grundrechtsberührung abzustellen (*BVerwG,* DÖV 1975, 347). Unergiebig ist dagegen die Frage, ob es sich um bloß „schulorganisatorische Maßnahmen" handelt (s. *BVerwGE* 18, 40 und *Bachof* II, 315; aM *BVerwG,* DÖV 1975, 349 m. abl. Anm. v. *Bosse;* vgl. auch *Weber,* JuS 1975, 598f. und *Erichsen,* VerwArch. 67 [1976], 93ff.).

Beispiele: Festlegung der Grundzüge der Erziehungs- und Bildungsziele, zumal im Bereich der Sexualerziehung (*BVerfGE* 47, 46 *BVerwG,* DÖV 1975, 347; *BVerwGE* 57, 360ff.; aM *blnOVG,* JZ 1973, 551m. abl. Anm. v. *Evers;* s. auch *VG Bln,* NVwZ 1999, 907); Vorschriften über die Schulverweisung (s. *nwOVG,* DVBl. 1975, 445), über die Versetzung (*BVerwGE* 56, 155; s. aber auch *BVerfGE* 58, 257, 273; NVwZ 1998, 859) und Entlassung (*BVerfGE* 58, 257, 268; NVwZ-RR 1998, 859; *nwOVG,* JZ 1976, 273), über Zeugnisse (*BVerwG,* NJW 1982, 250; s. aber auch *bayVGH,* NVwZ 1998, 859), über eine Pflichtfremdsprache (*BVerwGE* 64, 308; *breOVG,* NVwZ-RR 1989, 413 [Bremer Orientierungsstufe]), über die Reform der gymnasialen Oberstufe (*BVerfGE* 45, 400, 418; *nwOVG,* NJW 1977, 826; s. aber auch *HessStGH,* StAnz. 1995, 3391, 3416), über die Auflösung einer Schule (*nwOVG,* DVBl. 1978, 278; NVwZ-RR 1996, 90), über die Einführung einer Förderstufe (*heStGH,* NVwZ 1984, 784ff.; dazu *Dietze,* NVwZ 1984, 773ff. *Niehues, N.,* Referat zum DJT, Sitzungsbericht, 1976, 40ff.), über die Einführung der sog. „Verlässlichen Halbtagsgrundschule" gem. § 14 hmbSchG (*hmbOVG,* NordÖR 1999, 112). Zum Gesetzesvorbehalt beim Schulversuch s. *Stober,* DÖV 1976, 518ff.

Die Frage der Notwendigkeit einer gesetzlichen Grundlage und damit Reichweite des Gesetzesvorbehaltes wurde zuletzt im Zusammenhang mit **206** der **Rechtschreibreform** (eingeführt auf Grund Beschluss der KMK vom 30. 11./1. 12. 1995 und ihn umsetzender Erlasse der Länder) kontrovers diskutiert (bejahend z.B. *ndsOVG*, NJW 1997, 3456; *sächsOVG*, DÖV 1998, 118; verneinend *OVG Schleswig*, NJW 1997, 2536; *nwOVG*, NJW 1998, 1240; *Roellecke*, NJW 1997, 2500ff.; s. auch *Menzel*, NJW 1998, 1177ff.). Nach *BVerfG* (E 98, 218 = NJW 1998, 2515; s. auch BVerwGE 108, 355 = NJW 1999, 3503) bedurfte die Neuregelung keines formellen Gesetzes; die Rechtschreibung sei vorrangig dem Bereich Schule zuzuordnen, die Grundrechte der Eltern und Schüler würden jedenfalls nicht unverhältnismäßig eingeschränkt.

Nicht grundlegende Regelungen können durch **untergesetzliche** Vorschriften getroffen werden. Eine lückenlose gesetzliche Regelung des Schulverhältnisses ist weder erforderlich noch bei dem Wesen der Schule sinnvoll möglich (*BVerwG*, DÖV 1975, 347). Solche Regelungen bedürfen einer **gesetzlichen Ermächtigung;** ein originäres Rechtsetzungsrecht der Exekutive kann insoweit nicht mehr anerkannt werden. Die gesetzliche Ermächtigung kann zwar auch durch eine **Generalklausel** erteilt werden, doch darf dabei der Grundsatz hinreichender **Bestimmtheit** nicht preisgegeben werden (so *BVerwG* a.a.O.; s. auch *BVerfGE* 33, 11; bedenklich *BVerwG*, DÖV 1975, 349 m. abl. Anm. v. *Bosse;* s. auch *BVerfGE* 58, 257ff.; *BVerwGE* 56, 155ff.; *nwVerfGH*, NVwZ 1994, 158; *Heussner* a.a.O. 75ff.; *Staupe* a.a.O.). Einer gesetzlichen Ermächtigung bedürfen nicht nur **Rechtsverordnungen** (Gemeinverordnungen), sondern auch **Sonderverordnungen** sowie solche **Verwaltungsvorschriften,** die das Recht auf Bildung maßgeblich konkretisieren oder das Elternrecht begrenzen und daher Außenwirkung haben. Sonderverordnungen sind z.B. die von der einzelnen Schule als Anstalts(benutzungs)ordnungen erlassenen „Schulordnungen". Einer Ermächtigung bedürftige Verwaltungsvorschriften sind z.B. die zur Konkretisierung der gesetzlich festgelegten Bildungs- und Erziehungsziele erlassenen Richtlinien der Kultusministerien über Lehr- und Stoffpläne (*BVerwG*, DÖV 1975, 347f.; *Hofmeister*, BayVBl. 1975, 324ff.; *Dietze*, Verfassungsfragen lernzielorientierter Curricula, DVBl. 1975, 389ff.; aM z.B. *hmbOVG*, DÖV 1973, 574; *bayVfGH*, DÖV 1974, 672 m. abl. Anm. v. *Hennecke*.) Gesetzlicher Ermächtigung bedürfen auch Prüfungsordnungen.

dd) Umfang und Grenzen der Grundrechtsausübung

207 Das Schulrecht in Gestalt der staatlichen Schulhoheit beschränkt vornehmlich die in Art. 2 I GG verankerte allgemeine Handlungsfreiheit des Schülers. Sie äußert sich in der Schulorganisation, der Schulgestaltung und der Stellung der Lehrer. Da Gemeinwohl und Individualinteressen in Einklang zu bringen sind, verletzen schulorganisatorische Maßnahmen nur dann Art. 2 I GG, wenn sie dem Schüler keine Wahl lassen, seiner Begabung und seinem Interesse entsprechend Schulen oder Klassen zu besuchen oder wenn die Schullaufbahnentscheidung allein in die Hand der Lehrer gelegt

wird. Neben der Abwehrfunktion besitzt Art. 2 I GG auch eine **teilhaberechtliche** Dimension. Er räumt jedem Kind das Recht auf eine möglichst ungehinderte Entfaltung seiner Persönlichkeit und damit seiner Anlagen und Befähigungen ein (Recht auf Bildung, s.o. Rdnr. 200). Dementsprechend verbietet Art. 2 I GG, dass die Persönlichkeit des Kindes nach einem bestimmten Muster geprägt wird (sog. Indoktrination). Der Gesetzgeber und die Schulverwaltung haben daher bei der Festlegung von Unterrichtsrichtlinien, Rahmenrichtlinien, Curricula ebenso Zurückhaltung zu üben wie der konkretisierende Lehrer (s. im Einzelnen *Starck,* in: v. Mangoldt/Klein, Art. 1 Rdnr. 102ff. mwN). Ein **Züchtigungsrecht** des Lehrers (außerhalb von Notwehr- und Nothilfesituationen) lässt sich auch übergangsweise - insb. mit Gewohnheitsrecht – nicht mehr begründen, da es im Widerspruch zu Art. 2 II GG steht (s. z.B. *Dürig,* in: M/D Art. 2 II Rdnrn. 42ff.; *Avenarius/Heckel,* S. 567f.; Albrecht, RdJB 1994, 198ff.; aM *BGHSt* 11, 241; *OLG Zweibrücken,* NJW 1974, 1772 m. abl. Anm. v. *Wilstrich* ebd. 2289). In den meisten Ländern ist die körperliche Züchtigung inzwischen durch Gesetz (s. z.B. § 90 III bwSchG, Art. 86 II bayEUG, § 60 II mvSchG, § 39 II sächsSchG; wohl auch § 61 ndsSchG, da die Aufzählung der Straftaten für abschließend zu halten ist), Rechtsverordnung oder Verwaltungsvorschriften ausdrücklich untersagt worden.

Dem Schüler sind politische, gesellschaftskritische und weltanschauliche 208 Meinungsäußerungen nicht verwehrt. Das Grundrecht des Art. 5 GG findet jedoch seine Schranken in dem durch Art. 7 I GG gesicherten allgemeinen Auftrag der Schule, der ihr im politisch-weltanschaulichen Bereich Neutralität gebietet. Ob Flugblätter oder andere Druckschriften im Bereich der Schule verteilt oder Wandzeitungen angeklebt werden dürfen, kann – auf der Grundlage einer gesetzlichen Generalermächtigung zur Ordnung des Schulbetriebs – von einer Zustimmung der Schulleitung abhängig gemacht werden (s. auch *VG Hannover,* NJW 1991, 100). Der Erziehungs- und Bildungsauftrag der Schule gebietet es, durch eine Vorkontrolle zu verhindern, dass die Meinungsfreiheit in der Schule missbraucht wird (s. *Niehues, N.* Rdnr. 419. Zum Tragen von Plakaten s. *bwVGH,* DVBl. 1976, 638; *BVerwG,* NJW 1990, 2265 und *VG Hmb,* NJW 1979, 2164 – Tragen einer Plakette durch Lehrer; *bayVGH,* NVwZ 1994, 922 – zur Unzulässigkeit politischer Werbung in Bay; E 47, 276; *Suhr,* NJW 1982, 1065ff.; s. auch *Niehues, N.* Rdnr. 412). Unterrichtsboykott in der Form eines **Schülerstreiks** ist kein zulässiges Mittel, um die Interessen der Schüler durchzusetzen (s. *Avenarius/Heckel,* S. 550f.; *Niehues, N.* Rdnr. 349; *Grupp,* DÖV 1974, 661). Schüler haben durch Art. 5 I, 8 I GG grundsätzlich Teilnahmerechte an öffentlichen Demonstrationen. Problematisch ist die Teilnahme während der Unterrichtszeit. Sie ist wegen der verfassungsrechtlich niedergelegten Schul(besuchs)pflicht grundsätzlich zu verneinen (str.: *Avenarius/Heckel,* S. 552 stellen bei der Zulässigkeit auf die Ziele der Demonstration ab, während *Niehues, N.* Rdnr. 348f. grds. die Pflicht zur Teilnahme am

Unterricht für vorrangig hält und nur einzelne Ausnahmen z.B. unaufschiebbare kurze Spontandemonstrationen zulassen will; s. auch *VG Hannover,* NJW 1991, 1000).

ee) Zur Rechtsqualität von Maßnahmen im Schulverhältnis

209 Die von einem Schulorgan innerhalb dieser normativen Regelungen zu treffenden Entscheidungen sind **Verwaltungshandlungen.** Inwieweit es sich dabei um **Verwaltungsakte** handelt, hängt von der Art der Maßnahmen, insb. davon ab, ob sie die **persönliche Rechtsstellung** des Schülers betreffen. Die persönliche Betroffenheit des Schülers kann auch bei zahlreichen sog. schulinternen Maßnahmen, die das „Grundverhältnis" unberührt lassen, nicht verneint werden. Jedoch wird der gerichtliche Rechtsschutz durch das Rechtsschutzbedürfnis angemessen begrenzt, für dessen Bejahung die Intensität des Eingriffs und die Tragweite der Regelung entscheidend sind (zur Fragwürdigkeit der Unterscheidung zwischen „Grundverhältnis" und „Betriebsverhältnis" als Abgrenzungskriterium für Verwaltungsakte s. *Rupp,* DÖV 1976, 90; aM wohl *bwVGH,* DVBl. 1975, 438).

Beispiele: Verwaltungsakte sind insb. die Entscheidung über Aufnahme oder Nichtaufnahme in eine Schule (*BVerwGE* 5, 153); die Zuweisung zu einer anderen als der bisher besuchten Schule (*bwVGH,* BwVBI. 1967, 105; *N. Niehues,* Rdnr. 635); die Überweisung in eine Sonderschule (*nwOVG,* DÖV 1976, 141); die Entscheidung über die Bildungsfähigkeit eines Kindes auf Grund einer pädagogisch-psychologischen Prüfung (*bwVGH,* BwVwPr. 1974, 229); die Schließung einer Schule (BVerwGE 18, 40 und *Bachof* II, 315; *BVerwG,* DVBl. 1978, 640; *OVG Hmb,* DÖV 1980, 384; *nwOVG,* DVBI. 1985, 73; *Ladeur,* DÖV 1990, 945; zur Unzulässigkeit der Schließung durch Gesetz s. *OVG Hmb,* NVwZ 1985, 51ff.); die Verlegung einer Schule (*nwOVG,* DVBI. 1979, 563ff.); die Zusammenlegung weiterführender Schulen (*bwVGH,* NVwZ-RR 1991, 73); die Eingliederung in additive Gesamtschule (*BVerwG,* DVBl. 1979, 354); nicht die Auflösung einer Klasse (*ndsOVG,* DVBI. 1981, 54); der Abbruch eines Schulversuchs (aM *bwVGH,* DÖV 1974, 858 m. krit. Anm. v. *Arndt* und *bwVGH,* DVBI. 1975, 438; *BVerwG,* DVBl. 1976, 635 m. Anm. *Voigt;* Schulstrafen (s. dazu *Hesselberger,* RdJB 1974, 17ff.; *Franke,* Grundrechte, 42ff.; *BayVerfGH,* BayVBI. 1980, 368) wie z.B. der schriftliche Verweis (*ndsOVG,* VerwRspr. 25, 158); die Anordnung von Arrest (*bayVfGH,* VerwRspr. 18, 902; 21, 642; heute nicht mehr vorgesehen, s. Art. 86 bayEUG); die Verweisung von der Schule (*rpOVGE* 13, 264; *nwOVG,* DVBl. 1975, 44 und *BVerwG,* DÖV 1976, 416); Anordnung des Nachsitzens (gem. *bwVGH,* NVwZ 1984, 808 kein Eingriff in die durch Art. 2 II 2 GG geschützte körperliche Bewegungsfreiheit, nur Beschr. der allgemeinen Handlungsfreiheit; s. dazu *Dietze,* RdJB 1985, 145ff.); die Umsetzung in eine Parallelklasse als Schulstrafe (*bwVGH,* NVwZ 1984, *bayVGH,* BayVBl. 1985, 631; *rpOVG,* NVwZ 1993, 480); die Schrägversetzung (*shOVG,* SchHA 1995, 49); zum befristeten Schulausschluss s. *Stober,* RdJB 1972, 46ff.; zum Ausschluss von der bisherigen Schule s. *bayVGH,* NVwZ-RR 1998, 239; *VG Mainz,* NVwZ 1998, 876; zum Ausschluss von allen Schulen des Landes s. bw*VGH,* JZ 1964, 627 und *Baumann,* ebd. 612ff.; die Ablehnung der Wiederaufnahme in die Schule (*nwOVG,* DVBl. 1975, 443); die Nichtversetzung (*BVerwGE* 1, 260); Einführung der 5-Tage-Woche (*nwOVG,* DVBl. 1976, 948); Zeugnisnoten (fraglich; nach *heVGH,* DVBI. 1974, 469 und *blnOVG,* DÖV 1975, 571 jedenfalls in Abgangszeugnissen, s. auch *rpOVGE* 13, 1: Gesamtabschlussnote; verneinend *nwOVG,* DÖV 1975, 358m. Anm. v. *Vehse* ebd. 754 und dazu *Rupp* ebd. 1976, 90; s. auch *Löwer,* DVBl. 1980, 952ff. und *N. Niehues,* a.a.O. Rdnr. 481); Prüfungsentscheidungen (s. *BVerwG,* VerwRspr. 25, 272; *Oldiges,* JurA

1970, 612–634; *Neufelder*, BayVBl. 1973, 113, 151; *Stüer*, JR 1974, 445 ff.; *Pietzcker*, Verfassungsrechtliche Anforderungen, passim; *Seebass*, NVwZ 1985, 521 ff.). Zu Schulorganisationsakten s. auch *Martens*, NVwZ 1982, 481; die Schulbuchgenehmigung ist ein VA mit Beurteilungsspielraum gegenüber dem Verlag (*ndsOVG* E 36, 401 ff.).

Die Erziehungs- und Ordnungsmaßnahmen der Schule dienen der Erziehung und Gewährleistung einer geordneten Unterrichts- und Erziehungsarbeit der Schule sowie dem Schutz von beteiligten Personen und Sachen (s. z. B. § 60 mvSchG, § 61 ndsSchG, § 14 nwASchO, § 39 sächsSchG). 210

Beispiele: Ordnungsmaßnahmen sind Aufruf zur Ordnung, Tadeln eines Fehlverhaltens bis hin zum schriftlichen Verweis, zeitweiligen Ausschluss vom Unterricht, Überweisung in eine Parallelklasse oder andere Schule (Umschulung, s. *VG Berlin*, NJW 1997, 1522), Androhung der Entlassung (*OLG Hamm*, NJW 1997, 1512), Entlassung (*bayVGH*, NVwZ-RR 1998, 239), sogar Ausschluss von allen Schulen des Landes (s. *Avenarius/Heckel*, S. 561 und z. B. § 61 III ndsSchG, § 26 a nwSchVG, §§ 13 ff. nwASch0; zum befristeten Schulausschluss s. *Stober*, RdJB 1972, 46 ff.).

Pädagogische Maßnahmen haben Vorrang vor Ordnungsmaßnahmen. Desweiteren ist bei der Auswahl von Ordnungsmaßnahmen stets der Grundsatz der **Verhältnismäßigkeit** zu beachten (s. *BayVGH*, BayVBl. 1982, 562; BayVBl. 1994, 346; *bwVGH*, NVwZ-RR 1996, 441; *nwOVG*, NVwZ-RR 2001, 36; *Niehues, N.* Rdnr. 457; zur körperlichen Züchtigung s. o. VII.4 c.). Streitig ist, ob **Nachsitzen** ohne gesetzliche Ermächtigung zulässig ist (vgl. *Niehues, N.* Rdnr. 449; *Avenarius/Heckel*, S. 566 f.; Schulrechtskommission d. DJT, 292 (1981). S. auch *bwVGH*, NVwZ 1984, 808).

Gegen schulische Verwaltungsakte sowie gegen deren Ablehnung oder Unterlassung können die **Rechtsbehelfe** der VwGO (Widerspruch beim Schulleiter, Anfechtungs- oder Verpflichtungsklage) ergriffen werden (zum Rechtsschutz im Schulverhältnis allgemein und insb. gegen schulische Verwaltungsakte s. *Holland*, DVBI. 1968, 245 ff.; *Oldiges* a. a. O.; *Zimmermann*, VerwArch. 62 [1971], 48 ff.; *Avenarius/Heckel*, S. 633 ff.; *Graulich*, Schulrecht – Schulpraxis (Hg. *Sievering*), 1984, 32 ff., *Rupp*, JuS 1983, 351 ff.; *Schenke*, in: Merten (Hg.), Das Besondere Gewaltverhältnis, 1985, 83 ff. und zu § 123 VwGO *BayVGH*, BayVBl. 1986, 247). Der Rechtsschutz ist aber nicht vom Vorliegen eines Verwaltungsakts abhängig. Gegenüber **tatsächlichen Verwaltungshandlungen** oder deren Überlassung kann, Rechtschutzbedürfnis vorausgesetzt, Rechtsschutz durch allgemeine Leistungsklage oder durch Feststellungsklage gewährt werden. Soweit die angefochtenen Maßnahmen auf fachlichen, pädagogischen und charakterlichen Beurteilungen beruhen, sind sie als **höchstpersönliche** Bewertungen der zuständigen Lehrer, der Konferenz oder der Aufsichtsführenden vom Gericht nur beschränkt nachprüfbar (s. *bwVGH*, NVwZ-RR 1993, 358; *bayVGH*, BayVBl. 1994, 346; *shOVG*, SchlHA 198, 309; aA *heVGH*, NVwZ-RR 1991, 125; *Schramm*, Beurteilungen im Prüfungs-, Schul- und Beamtenrecht, 1975; *Ossenbühl*, DÖV 1977, 801 ff.; *Pieske*, RiA 1980, 103 ff.; *Bryde*, DÖV 211

1981, 193ff.; *Graulich,* Schulrecht Schulpraxis (Hg. *Sievering*) 1984, 32ff.; *Seebass,* NVwZ 1985, 521ff.; s. auch *BVerwG,* DVBl. 1985, 1082f.).

e) Elternrecht

aa) Elternrecht und staatlicher Erziehungsauftrag

212 Schulische und schulaufsichtliche Regelungen und Verwaltungshandlungen betreffen nicht nur die Rechtsstellung der Schüler, sondern auch diejenige der **Eltern** als der „zuvörderst" zur Erziehung Berechtigten und Verpflichteten (Art. 6 II GG). Andererseits ist der **staatliche Erziehungsauftrag** in der Schule, von dem Art. 7 I GG ausgeht, in seinem Bereich dem elterlichen Erziehungsrecht nicht nach-, sondern **gleichgeordnet** (*BVerfGE* 34, 183; 52, 223; *ndsStGH,* NVwZ 1997, 267). Wenngleich die gemeinsame Erziehungsaufgabe in einem sinnvoll aufeinander bezogenen Zusammenwirken zu erfüllen ist (*BVerfG* a.a.O.), so besteht doch ein dauerndes Spannungsverhältnis zwischen staatlich-schulischem und elterlichem Erziehungsanspruch (zum Elternrecht und seinem Verhältnis zum staatlichen Erziehungsauftrag s. *BVerfGE* 59, 360 – Informationsanspruch der Eltern – m. Anm. v. *Starck,* JZ 1982, 329; *heStGH,* DÖV 1983, 546; *Ossenbühl,* DÖV 1977, 801, 805ff.; *Fehnemann,* DÖV 1978, 489ff.; *dies.,* AöR 105 [1980], 529ff.; *Eiselt,* DÖV 1979, 845ff.; *Starck,* DÖV 1979, 269ff.; *Erichsen,* in: FS Scupin 1983, S. 721ff.; *Schmitt-Kammler,* Elterliches und schulisches Erziehungsrecht nach dem GG, 1983; *Kohl,* in: FS Faller S. 201ff.; *Schlie,* Elterliches Erziehungsrecht und staatliche Schulaufsicht im Grundgesetz, 1986; zum Kriterium der Personensorge als Voraussetzung der Inhaberschaft von Elternrechten bei geschiedenen Eltern und unehelichen Vätern s. *bwVGH,* NVwZ-RR 1993, 481; *Bothe,* VVDStRL 54 [1995], 12f.).

bb) Elternrecht und Kindesrecht

213 Das Elternrecht steht außerdem in einem (weitgehend vernachlässigten) Spannungsverhältnis zum **Kindesrecht** Mit zunehmendem Alter des Kindes und dadurch bewirktem Eintritt der Grundrechtsmündigkeit gehen die Bestimmungsrechte der Eltern auf das Kind über, sie erlöschen vollständig mit der Volljährigkeit. Auf die generelle Altersgrenze kann nur dort abgestellt werden, wo überwiegende öffentliche Interessen eine solche Beschränkung der Kindesgrundrechte erfordern. Ein solches Interesse ist die Sicherheit im allgemeinen Rechtsverkehr. Im Innenverhältnis zwischen Kindern und Eltern kann und muss dagegen auf den **individuellen Reifegrad** des Kindes abgehoben werden. Einzelne Grundrechte verlangen wiederum eine von der allgemeinen Altersgrenze abweichende Grundrechtsmündigkeit (s. *Bleckmann,* Staatsrecht II, 4. Aufl. 1997, § 17; s. auch *Richter,* Referat zum DJT, 1976, 20; *Fehnemann,* Die Handhabung und Wahrnehmung von Grundrechten im Kindesalter, 1983; *Niehues, N.* Rdnr. 28; *Roell,* Die Geltung der Grundrechte für Minderjährige, 1984; *ders.,* RdJB 1988, 381. Zum Verhältnis von Elternrecht und Kindesrecht s. z.B. *OLG Klrh,* FamRZ

1974, 661; *Schwerdtner,* Kindeswohl oder Elternrecht?: AcP 173 [1973], 227ff.; *Dietze,* DVBl. 1975, 396; *Münder,* JuS 1976, 74ff.; *BVerfGE* 59, 360, 388 – zur eigenständigen Ausübung der Rechte der jugendlichen gegenüber den Eltern; *Coester-Waltjen,* in: v. Münch/Kunig, Art. 6 Rdnr. 81).

cc) Pädagogisches Elternrecht

214 Wurde das Elternrecht früher vornehmlich in seiner weltanschaulich-konfessionellen Komponente als Recht auf Errichtung und Unterhaltung bestimmter konfessioneller Schulen erörtert (dazu u. 6), so steht heute das in die Schulen hineinreichende **pädagogische** Elternrecht im Vordergrund (grundlegend: *Erwin Stein,* Elterliche Mitbestimmung im deutschen Schulwesen, JZ 1957, 11ff.; S. auch *ders.,* Die Vf des Landes He, 285f.; *Wimmer,* Das pädagogische Elternrecht, DVBl. 1967, 809ff.; *Avenarius/Heckel,* S. 435ff.; *Bryde,* DÖV 1982, 661, 664ff.).

Das pädagogische Elternrecht umfasst insb.:

215 (1) das Recht, innerhalb der vom Staat zur Verfügung gestellten Schulformen zu wählen. Dieses Recht darf vom Staat nicht mehr als notwendig begrenzt werden (s. *BVerfGE* 34, 182ff. mwN). Der Staat darf danach durch schulorganisatorische Maßnahmen nie den ganzen Werdegang des Kindes regeln wollen. Zulässig sind Zulassungsvoraussetzungen, welche die für eine bestimmte Schulform ungeeigneten Kinder in ihrem eigenen Interesse, insb. aber zur Vermeidung einer Hemmung ihrer Mitschüler fernhalten sollen („negative Auslese"; s. *BVerwGE* 5, 153); überwiegend für unzulässig gehalten wird die „positive Auslese", bei der dem Staat die Auswahl der von Neigungen und Fähigkeiten des Kindes am besten entsprechenden Schulform zugestanden wird (*hmbOVG,* DVBl. 1953, 506; *Bachof* I. 58; unklar insoweit *BVerwG* a.a.O. 160).

Weder Art. 2 I noch Art. 6 GG räumen den Eltern einen Anspruch auf Zurverfügungstellung einer ihren Wünschen entsprechenden Schule ein (*BVerwGE* 35, 112; s. auch *BVerfGE* 6, 339f. und *BVerfG,* DÖV 1977, 721 – gymnasiale Oberstufe: Elternrecht nicht verletzt; *BVerwG,* DÖV 1979, 911 – kein Recht auf Erweiterung der Realschule um ein gymnasiales Angebot; *BVerwG* (22. 8. 1980): SPE I C 1/31; *heVGH,* NVwZ 1991, 189 – grds. kein Anspruch der Eltern und Schüler auf Fortführung eines bestimmten Schultyps: hier Gymnasium statt additiver Gesamtschule; *nwOVG,* NVwZ-RR 1996, 90; *ndsStGH,* NVwZ 1997, 267; s. auch *Ladeur,* DÖV 1990, 949; a.A. *Richter,* NVwZ 1991, 138). Das Interesse der Eltern am Fortbestand der Schule (oder auch an der Zusammenlegung von Schulen, s. dazu *nwOVG,* NVwZ-RR 1996, 90) wird in den Schulgesetzen der Bundesländer häufig durch die Voraussetzung des Wegfalls eines Bedürfnisses am Fortbestand der Schule berücksichtigt (s. z.B. § 23 I heSchVG u. dazu *heVGH,* NVwZ-RR 1989, 247; § 106 ndsSchG; § 8 VIa nwSchVG u. dazu *nwOVG,* NVwZ-RR 1996, 90; *Niehues, N.* Rdnr. 168). Die Verletzung einer solchen Vorschrift führt aber nicht sofort zu einer Elternrechtsverletzung (s.

BVerwG, DÖV 1979, 410), sondern nur dann, wenn das Elternrecht im Einzelfall schwer und unerträglich getroffen wird, z.B. wegen unzumutbarer Schulwegverlängerung (s. dazu *BVerwGE* 18, 44; *BVerwG,* NVwZ 1997, 781; *bwOVG,* NVwZ 1996, 89; *nwOVG,* NVwZ-RR 1996, 90). Im Übrigen ist die Schulform Gymnasium weder grundgesetzlich garantiert noch bundesrechtlich einheitlich festgelegt (vgl. *BVerwG,* SPE I C 1/53 v. 26. 2. 1980), so dass grds. eine Umwandlung in eine als Regelschule eingeführte Gesamtschule möglich ist (s. *BVerwG,* SPE I C 1/31; *BVerwG,* DÖV 1982, 362 und *breOVG,* DÖV 1980, 384 – bre Orientierungsstufe: kein Anspruch auf Latein als Pflichtfremdsprache; anders *heStGH,* NJW 1982, 1381 – gymnasiale Oberstufe: Elternrecht nicht nur Wahlrecht, sondern Recht auf umfassende Allgemeinbildung, also auf inhaltliche Ausgestaltung der Schulerziehung; dazu *Dietze,* NJW 1982, 1353; *heStGH,* NVwZ 1984, 784 – obligatorische Förderstufe: keine Verletzung des Elternrechts; dazu *Ladeur,* Demokratie und Recht, 1984, S. 444ff.). Das Elternrecht gibt kein Recht auf Zuweisung zu bestimmen Klassen, Gebäuden und Schulen (*BVerfG,* NVwZ 1984, 781 – Wahl einer bestimmten Schule – Schulsprengel; dazu *Füssel,* NVwZ 1984, 775; s. auch *nwOVG,* NVwZ 1984, 804; *bwVGH,* NVwZ 1984, 112 – kein Anspruch auf bestimmte Schulklasse und bestimmte Gebäude). Das elterliche Erziehungsrecht schließt keinen Anspruch auf Erstattung von Schülerbeförderungskosten ein (*heStGH,* NVwZ 1984, 788), und das Elternrecht gewährt den Eltern keinen Anspruch auf Schulgeldersatz oder Schulgeldfreiheit beim Besuch einer privaten Ersatzschule (*bayVfGH,* NVwZ 1984, 97). Es begründet ferner keinen Einfluss hinsichtlich der Stundenplangestaltung für den Religions- oder Ethikunterricht (*bayVGH,* BayVBl. 1993, 185). Das Elternrecht gewährt aber einen Informationsanspruch über Vorgänge im Bereich der Schule, deren Verschweigen die den Eltern obliegende individuelle Erziehung des Kindes beeinträchtigen könnte (*BVerfGE* 59, 360; s. auch *BVerwG,* DÖV 1981, 681 – Erfüllung des Informationsanspruchs der Eltern durch verbalisierende Zeugnisse in der 1. Und 2. Klasse). Das umfasst jedoch nicht einen allgemeinen Rechtsanspruch auf Mitteilung der Leistungen des Kindes (s. *ndsOVG,* NVwZ 1984, 809).

216 (2) **Mitwirkungsbefugnisse** bei der Bildungsarbeit und zT auch bei der Schulverwaltung, wie sie in den Elternvertretungen und -beiräten bzw. in den Schulbeiräten und ähnlichen Einrichtungen wahrgenommen werden (s.o. IX.5 und z.B. *Mickel,* RdJB 1974, 363ff.; *Wimmer,* DVBI. 1974, 809ff.). Ob die gegenwärtigen Regelungen den verfassungsrechtlichen Mindestanforderungen durchweg entsprechen, ist sehr fraglich (vgl. *Wimmer* a.a.O.; *Schwitzke,* VR 1978, 248ff.; *Fehnemann,* AöR 105 [1980], 529ff.).

217 (3) einen **Abwehranspruch** gegen ungerechtfertigte Eingriffe des Staates in das elterliche Sorge- und Erziehungsrecht; besonders umstritten war das Verhältnis von Elternrecht und schulischer Sexualerziehung (s. z.B. *blnOVG,* JZ 1973, 555 m. Anm. v. *Evers* ebd. und v. *Pakuscher,* DVBl. 1974,

43; *hmbOVG,* DÖV 1973, 574; *Stober,* DÖV 1973, 554ff.; *Scholzen,* RdJB 1974, 216ff.; *BVerfGE* 47, 46; *BVerwGE* 57, 360; *EuGHMR,* NJW 1977, 487; *bayVGH,* BayVBl. 1981, 430; *heStGH,* DVBl. 1985, 682; *Brauburger/Hufen,* RdJB 1978, 378 (zu *BVerfG*); *Oppermann, JZ* 1978, 289ff.; *Kentler,* RdJB 1980, 177ff.; *Lohse,* VR 1980, 231ff. (zu *BVerwGE* 57, 360); *Lecheler,* BayVBl. 1981, 329ff.; *Bernt,* Konfliktfeld Sexualerziehung in der Schule, 1983; *Niehues, N.* Rdnr. 563ff.; *Schmitt-Kammler,* Elternrecht und schulisches Erziehungsrecht nach dem GG, 1983, S. 78ff.).

Es fragt sich, ob die gegenständlich begrenzten Mitwirkungsbefugnisse **218** bisheriger Art und die punktuellen Abwehrrechte dem Elternrecht noch genügen. Angesichts der zunehmenden Bedeutung, welche die (vornehmlich zentral erarbeiteten und von den Schulaufsichtsbehörden für verbindlich erklärten) Lehr- und Bildungspläne, Stoffkataloge und Curricula gewinnen, und angesichts des weltanschaulichen Spannungsfeldes, in dem sie oft stehen (s.u. Rdnr. 226), müssen die Beteiligungsrechte der Eltern (aber auch der Lehrer und der älteren Schüler) effektiven Einfluss auf jene Pläne haben (s. z.B. *Dietze,* DVBl. 1975, 389ff. und – vornehmlich unter organisationsrechtlichem Aspekt – *Stock,* AöR 96 [1971], 392ff.). Unabhängig davon besteht das verfassungsrechtliche Gebot, grundlegende Entscheidungen über Bildungs- und Erziehungsziele u. ä. durch **formelles Gesetz** zu treffen (s.o. Rdnr. 205). Teilweise wird dieser Forderung nach effektiverer Beteiligung dadurch Rechnung getragen, dass die Eltern durch die Landesgesetze an der Schaffung der Pläne und Bildungsziele beteiligt werden, z.B. in Landesschulbeiräten (s. z.B. § 71 bwSchG, Art. 73 bayEUG, § 169 ndsSchG, §§ 16, 2 IV S. 2 nwSchumG, § 49 sächsSchG; s. auch *Niehues, N.* Rdnr. 52ff.; *Kohl,* in: FS Faller, S. 209). Ihre Grenzen finden die Mitwirkungsrechte der Erziehungsberechtigten (aber auch der Schüler und Schülerinnen) bei Entscheidungen über Zeugnisse, Versetzungen, Abschlüsse und Übergänge (*ndsStGH,* NdsVBl. 1996, 184). Neben den nach Schulrecht bestehenden Mitwirkungsbefugnissen kommen znehmend auch andere Formen und Instrumente der Einflussnahme in den Blick. Hierzu zählt insbesondere das **Bürgerbegehren.** Problematisch ist insoweit, ob und bis zu welchem Zeitpunkt ein solches Bürgerbegehren gegen schulorganisatorische Entscheidungen oder Maßnahmen statthaft ist (s. dazu *nwOVG,* NVwZ 1997, 816 m. Anm. v. *Kingreen,* NVwZ 1997, 756; *ndsOVG,* NdsVBl. 1998, 240).

9. Religion und Weltanschauung

a) Konfessionelles Elternrecht

Das **konfessionelle** Elternrecht (zum Begriff s.o. IX.8.e) hat seine Aus- **219** prägung in Art. 7 GG gefunden. Danach ist der Religionsunterricht an den öffentlichen Schulen – mit Ausnahme der bekenntnisfreien – ordentliches Lehrfach (Art. 7 III 1), haben die Erziehungsberechtigten über die Teilnahme des Kindes am Religionsunterricht zu bestimmen (Art. 7 II), und ist das

Recht zur Errichtung privater Bekenntnisschulen (auch Volksschulen) gewährleistet (Art. 7 IV und V; s. *BVerfGE* 6, 355f.; *Keim*, Schule und Religion, 2. Aufl. 1969; *Müller*, Schulgesetzgebung und Reichskonkordat, 1966; *Podlech*, Das Grundrecht der Gewissensfreiheit und die besonderen Gewaltverhältnisse, 1969, §§ 12–16; *Gross*, Die wichtigsten Gerichtsurteile zum Problem Religion und Schule, 1975; *Hirschmann*, Elternrecht, EvStL 538ff.; *Hollerbach*, Die Kirchen unter dem Grundgesetz: Verfassung und Verwaltung der Schule (Hg. *Nevermann/Richter*) 1979, S. 339ff.; *Listl*, Der Religionsunterricht als bekenntnisgebundenes Lehrfach, 1983; *Maunz*, in: FS Faller, S. 175ff.). Auch das konfessionelle Elternrecht steht in einem Spannungsverhältnis nicht nur zum staatlichen Erziehungsrecht, sondern zugleich zum Kindesrecht (s. o. Rdnr. 137).

b) Bekenntnisgebundene und bekenntnisfreie Schulen

220 Das Grundgesetz unterscheidet **bekenntnisgebundene** und **bekenntnisfreie** Schulen. Art. 7 III 1 GG geht erkennbar von der bekenntnisgebundenen Schule als Regelschule aus. „Bekenntnisgebunden" sind die Bekenntnisschule und die christliche Gemeinschaftsschule. Die Abgrenzung zur bekenntnisfreien Schule ist aber nicht eindeutig (s. u. cc). Fraglich ist, ob die Länder bei Beibehaltung des staatlichen Religionsunterrichts die bekenntnisfreie Schule als Regelschule einführen könnten (bejahend z. B. *Hemmrich*, in: v. Münch/Kunig, Art. 7 Rdnr. 23; aM *Maunz*, in: M/D, Art. 7, Rdnr. 26f. und der amtl. Bericht zu den Übergangs- und Schlussbestimmungen, s. BK, Art. 141 Erl. II 1b. Eingehend zu den landesrechtlichen Regelungen *Geiger*, HdbStKirchR II, § 32).

221 aa) Die **Bekenntnisschule** ist einer bestimmten Konfession verpflichtet; personelle Folge ist, dass Schüler und Lehrer zum überwiegenden Teil demselben Bekenntnis angehören; sachliche Folge ist die Ausrichtung des gesamten Unterrichts an den Lehren der betreffenden Konfession (Bekenntnisschulen sind fast durchweg evangelische oder römisch-katholische, vereinzelt auch jüdische Schulen. Zahlreiche Privatschulen sind Bekenntnisschulen (s. z. B. §§ 17–27 nwSchOG und *nwOVGE* 16, 128; 39, 311). Bekenntnisschulen in diesem materiellen Sinne sind **verfassungsmäßig** (*BVerfGE* 6, 309; *BVerwGE* 6, 101; 10, 136); auf die Errichtung einer Bekenntnisschule haben weder die Eltern einen Rechtsanspruch (*BVerwGE* 41, 46, *BVerwG*, DÖV 1972, 617) noch die Kirchen (*nwOVGE* 29, 310); die Eltern haben jedoch nach Länderrecht (z. B. in NW) die Möglichkeit, die Umwandlung einer Grundschule in eine Gemeinschafts-, Bekenntnis- oder Weltanschauungsschule zu erreichen, wenn sie dies beantragen – vgl. § 17 III nwSchOG; *Niehues*, *N.* Rdnr. 179ff.; zu den Bestimmungsrechten der Eltern bei Zusammenlegung von Bekenntnisschulen s. *nwOVG*, DÖV 1973, 249. S. auch *Link/Becker/Schimansky*, Bekenntnisschule, EvStL. 158ff.; *Weber*, Die Konfessionalität der Lehrerbildung in rechtlicher Betrachtung, 1965; *ders.*, in: FS Ruppel, S. 354ff.; *Böckenförde*, Rechtsgutach-

ten zur Neuordnung von Grundschule und Hauptschule (in NW), 1969; *Kraegeloh,* VR 1981, 119ff. (zum Begriff der Bekenntnisschule in NW); *Josef Listl,* Der Religionsunterricht als bekenntnisgebundenes Lehrfach, 1983; ferner die Übersicht bei *Avenarius/Heckel,* S. 104f.). Über die Zulassung eines bekenntnisfremden Schülers zum Unterricht haben die Religionsgemeinschaften gemäß Art. 7 III 2 GG zu entscheiden (s. *BVerwGE* 68, 16 m. Anm. *Link,* JZ 1985, 38f.; s. auch *BVerwG,* DÖV 1982, 248; *rpOVG,* NJW 1979, 941 – Beschränkung des Teilnahmeanspruchs; *nwOVG,* NJW 1979, 942 – ev. Kinder in katholischer Bekenntnisgrundschule; *bayVGH,* DVBl. 1981, 44 – Zustimmung zur Teilnahme an fremdem Religionsunterricht; dazu auch *Türke,* DVBI. 1979, 903ff.; *Geiger,* Die Einschulung von Kindern verschiedenen Bekenntnisses in eine öffentliche Bekenntnisschule, 1980; *Maunz,* Schule und Religion a.a.O. 180ff.. Zur Frage des Anspruchs auf Errichtung islamischer Konfessionsschulen in NW s. *Eiselt,* DÖV 1981, 205ff.).

bb) In den **christlichen Gemeinschaftsschulen** (auch christliche Simul- 222
tanschulen genannt) werden die Schüler auf den christlichen Grundlagen der abendländischen Kultur, jedoch ohne Bindung an eine bestimmte Konfession unterrichtet (s. z.B. Art. 16 bwVf, Art. 135 bayVf, Art. 32 I breVf, § 19 nwSchOG; s. auch *Friedrich Müller,* Christliche Gemeinschaftsschule und weltanschauliche Neutralität des Staates, DÖV 1969, 441–445). Das *BVerfG* (E 41, 29; 41, 65; 41, 88) hat die Verfassungsmäßigkeit der christl. Gemeinschaftsschulen als einziger Form der öffentl. Volksschulen in BW und in Bay sowie als bevorzugter Schulform in NW bestätigt (zur Verfassungsmäßigkeit s. ferner *v. Campenhausen,* BayVBl. 1970, 153ff.; *Scheuner,* in: FS Maunz, S. 307ff.; s. auch *Brauburger,* RdJB 1976, 356ff.). Ein **Schulgebet** zu Beginn und bei Beendigung des Unterrichts an christlichen Gemeinschaftsschulen ist zulässig. Den Ländern ist es freigestellt, ob sie ein freiwilliges, überkonfessionelles Schulgebet außerhalb des Religionsunterrichts zulassen (s. BVerfGE 52, 223–225; BVerwGE 44,196 und VerwRspr. 21, 385; *ndsOVG* E 25, 418; *Lorenze,* JuS 1974, 436ff.; *Maurer,* DVBl. 1974, 663ff.; *Hollerbach,* JZ 1974, 578ff.; *Böckenförde,* DÖV 1980, 323ff.; *Link,* JZ 1980, 564ff.; *Scheuner,* DÖV 1980, 513ff.; *Niehues, N.* Rdnr. 440; *Schmitt-Kammler,* Elternrecht und schulisches Erziehungsrecht nach dem GG, 1983, 77f.; *Hesse,* Zur Frage der Vereinbarkeit eines Schulgebetes an öffentlichen Volksschulen mit Art. 4 I und 11 GG: Ausgewählte Schriften, 1984, 548ff.; *Maunz,* Schule und Religion, in: FS Faller, S. 183ff.; *Hemmrich,* in: v. Münch, GG, Art. 7, Rdnr. 17; aM für die he Schulen unter Verneinung von deren Eigenschaft als christliche Gemeinschaftsschulen *heStGH,* heVGHE 16, 1).

cc) In den **sonstigen Gemeinschaftsschulen** werden die Schüler – mit 223
Ausnahme ggf. des Religionsunterrichts – ohne Ausrichtung auf eine bestimmte (insb. die christliche) Religion oder Weltanschauung unterrichtet. Keine praktische Bedeutung haben bisher die **Weltanschauungsschulen**

erlangt, in denen die Kinder „nach den Grundsätzen der betreffenden Weltanschauung unterrichtet und erzogen werden" (§ 21 I nwSchOG). Da an ihnen Religionsunterricht nicht erteilt wird (§ 21 II nwSchOG), sind auch sie „bekenntnisfrei" iSv Art. 7 III 1 GG (aM *v. Mangoldt/Klein,* Art. 7 Erl. VII 4: Unterfall der Bekenntnisschule).

c) Religionsunterricht und Ersatzunterricht

224 Der **Religionsunterricht** ist – ggf. konfessionell getrennt – in allen Bundesländern mit Ausnahme von Bln, Bre und Bbg (s. Art. 141 GG) ordentliches Lehrfach der allgemeinbildenden, zT auch der berufsbildenden öffentlichen Schulen (s. z.B. Art. 18 bwVf, §§ 96ff. bwSchG, Art. 136 II bayVf, § 4 hmbSchG, Art. 14 nwVf, Art. 27 III sanhVf, Art. 25 thürVf, zur Situation in den fünf neuen Bundesländen *Schwerin,* RdJB 1992, 311ff.). In Bln und Bre bleibt er den Kirchen, Religions- und Weltanschauungsgemeinschaften überlassen (Art. 32 III breVf, § 23 blnSchG). In Bre wird aber ein bekenntnismäßig nicht gebundener Unterricht in Biblischer Geschichte auf allgemein christlicher Grundlage erteilt (dazu *breStGH,* DÖV 1965, 812; s. auch *Link,* in: HdbStKirchR II, § 32; *v. Drygalski,* Die Einwirkung der Kirchen auf den Religionsunterricht an öffentl. Schulen, 1967; *Toews,* Die Schulbestimmungen des nds Konkordats, 1967; *Weber, H.,* Staat 1969, 493ff. Zu den verfassungsrechtlichen Gestaltungsanforderungen an den Religionsunterricht s. *Ehlers,* RdJB 1975, 136ff.; zum Entzug der kirchlichen Lehrbevollmächtigung (missio canonica) s. *VG Aachen,* DVBl. 1974, 57 m. Anm. v. *Eiselt.* In Bbg wurde im Jahre 1996 der Religionsunterricht als ordentliches Unterrichtsfach abgeschafft (GVBl. 1996 I, S. 102). An seine Stelle trat das bekenntnisneutrale Lehrfach „Lebensgestaltung, Ethik und Religionskunde" (LER), der Religionsunterricht wurde daneben zu einem freiwilligen Wahlfach (§ 9 II, III bbgSchG). Da Art. 141 GG nach richtiger Auffassung aber für die neuen Bundesländer nicht gilt, verstößt die Neuregelung gegen Art. 7 III 1 GG und ist verfassungswidrig (vgl. *Kremser,* JZ 1995, 928ff.; *Uhle,* DÖV 1997, 409ff. aA *Schmitt-Kammler,* in: Sachs, Art. 141 Rn. 10ff.). Der Rechtsstreit um das Fach LER wurde durch eine vom *BVerfG* vorgeschlagene „Vereinbarung" (abgedruckt in NVwZ 2002, 980) erledigt (s. umfassend *Poscher,* RdJB 2002, 380ff.), nachdem § 9 bbgSchulG neu gefasst worden war (bbgGVBl. I, 11. 7. 2002, S. 55). Die Religionsnote soll nach *BVerwGE* 42, 346, versetzungserheblich sein dürfen (bedenklich; abl. *Obermayer.* NJW 1973, 1815 ff.; zust. *Scheuner* ebd. 2315). Gegen die Versetzungserheblichkeit bestehen deshalb keine Bedenken, weil die Verwirklichung der Religions- und Weltanschauungsfreiheit durch Art. 7 II GG abschließend dadurch gewährleistet ist, dass der Schüler jederzeit die Teilnahme verweigern darf (s. *Müller/Pieroth,* Religionsunterricht als ordentliches Lehrfach, 1974). Ob und unter welchen Voraussetzungen der Staat verpflichtet ist, auch islamischen Religionsunterricht anzubieten, ist bislang nicht abschließend geklärt (ablehnend *VG Düsseldorf,* NVwZ-

RR 2000, 789; zum Meinungsstand *Avenarius/Heckel,* S. 98f. m.w.N.). Obligatorischer Ersatzunterricht in Philosophie für die am Religionsunterricht nicht teilnehmenden Schüler ist verfassungsmäßig (*BVerwG,* VerwRspr. 25, 415), ebenso die Pflicht zur ersatzweisen Teilnahme an einem Ethikunterricht (*BVerwG,* NVwZ 1999, 769; kritisch dazu *Bader,* DÖV 1999, 452; *bayVGH,* BayVBl. 1990, 244; BayVBl. 1996, 405; *BayObLG,* NJW 1996, 2317; *bwVGH,* NVwZ 1998, 316; *Heintzen,* HdbStR IX, S. 818f.; s. aber auch *VG Hannover,* NVwZ 1998, 316 = DVBl. 1997, 1186 m. Anm. *Wimmer; Albers,* DVBl. 1994, 948ff.; *Mückl,* BwVBl. 1998, 86; *Werner,* NVwZ 1998, 816). Eine Verletzung von Schüler- oder Eltern (grund-)rechten kommt lediglich bei Unzumutbarkeit in Betracht (*bayVGH,* BayVBl. 1990, 244). Die Stundenplangestaltung hinsichtlich des Religions- und des Ethikunterrichts unterliegt dem schulischen Gestaltungsbereich (*BVerwG,* NVwZ-RR 1993, 355).

Die ausnahmslose staatliche Anordnung der Anbringung eines Kreuzes 225
oder **Kruzifixes** in einem Klassenzimmer stellt nach Auffassung des *BVerfG* in den Unterrichtsräumen einer staatlichen Pflichtschule, die nicht Bekenntnisschule ist, einen Verstoß gegen die negative Religionsfreiheit von nicht dem christlichen Glauben angehörenden Schülern und deren Eltern dar (*BVerfG,* NJW 1995, 2477; a.A *BayVGH* NVwZ 1991, 1099 = BayVBl. 1991, 751; *nwOVG,* NVwZ 1994, 597; dazu *Groerlich,* NVwZ 1995, 1184ff.; *Ipsen,* in: FS Kriele, 1997, S. 301ff.; *Rozek,* BayVBl. 1996, 22; *Schmitt-Kammler,* in: FS Friauf, S. 343ff.; *Avenarius/Heckel,* S. 76f. mwN). Dem trägt der neue Art. 7 bayEUG (GVBl. 1995, 850) Rechnung, der vom Grundsatz her an der Anbringung eines Kreuzes in jedem Klassenraum festhält und für den Fall des ernsthaften und nachvollziehbaren Widerspruchs eines Erziehungsberechtigten eine gütliche Einigung oder – falls diese scheitert – einen gerechten Interessenausgleich vorsieht (s. dazu *bay-VerfGH* NJW 1997, 3175 und *BVerfG,* NJW 1999, 1020; *bayVGH,* NJW 1999, 1045). Ebenso widerspricht das Tragen eines islamischen Kopftuches dem staatlichen Gebot der religiös-weltanschaulichen Neutralität (vgl. *BVerwG,* NJW 2002 3344; *ndsOVG,* NdsVBl. 2002, 212; *Böckenförde,* NJW 2001, 723ff.).

d) Weltanschauungsfragen

Weltanschauungsfragen wirken unabhängig vom Schultyp in die Be- 226
stimmung der Bildungs- und Erziehungsziele und der daraus entwickelten Lehrpläne und Curricula unvermeidlich hinein. Um eine einseitige Ausrichtung der Schule, eine Indoktrination der Schüler und einen Konflikt mit dem Elternrecht zu vermeiden, wird deshalb mit zunehmenden Nachdruck die „ideologische Neutralität" der Schule gefordert (s. dazu insb.. *Stein,* Recht des Kindes 53–62; *Schlaich,* Neutralität als verfassungsrechtliches Prinzip, 1972, S. 91ff.; *Oppermann,* Gutachten C zum DJT 1976, 92ff.; *ders.,* RdJB 1977, 44ff.; *Preuss,* RdJB 1976, 267ff.; *Eiselt,* DÖV 1978, 866ff.;

Häberle, Erziehungsziele und Orientierungswerte im Verfassungsstaat, 1981; *Niehues, N.* Rdnr. 535ff.; *Schmitt-Kammler,* Elternrecht und schulisches Erziehungsrecht nach dem GG, 1983, S. 35ff.; *Hesse,* Grundzüge des Verfassungsrechts der BRD, 1984, Rdnr. 382; *Roellecke,* Erziehungsziele und Auftrag der Staatsschule, in: FS Faller, S. 187ff.). Der Streit um die Neutralität hat sich besonders an den he „Rahmenrichtlinien für Gesellschaftslehre" (2. Aufl. 1973) und den nw „Richtlinien für den politischen Unterricht" (jetzt in „entschärfter" Fassung als „Richtlinien für den Politik-Unterricht", 2. Aufl. 1974) entzündet, denen der Verstoß gegen das Toleranzprinzip und Verfassungswidrigkeit vorgeworfen wird (s. z.B. *Püttner,* DÖV 1974, 656ff.; *Frowein,* in: FS Geiger, S. 579ff.; aM *Dietze,* Die Reform der Lerninhalte als Verfassungsproblem, 1976; s. auch *ders.,* DVBl. 1975, 389ff.). Gegenüber dem Vorwurf mangelnder Neutralität ist freilich zu fragen, ob Lehrpläne in der Vergangenheit jemals wirklich „neutral" waren (und ob sie es überhaupt sein können). Mit der Erweiterung der Bildungs- und Erziehungsziele (s.o. Rdnrn. 137ff.) gewinnt die Forderung nach „Neutralität der Schule in (zwischen) Staat und Gesellschaft" *(Schlaich)* eine früher nicht gekannte Aktualität und Brisanz. Ihr kann u.a. durch stärkere Beteiligung von Lehrern, Eltern und Schülern an der Erarbeitung der einschlägigen Richtlinien Rechnung getragen werden.

10. Ausländische Schüler im deutschen Bildungssystem

a) Rechtliche Grundlagen

227 Spezielle **bundesrechtliche Regelungen** für ausländische Schulkinder existieren nicht, weil die Schulen Ländersache sind. Aber auch bildungspolitische Leitentscheidungen der **Landesparlamente** zum Schulkonzept für ausländische Kinder und Jugendliche fehlen fast durchgängig. Richtungweisend für die unterschiedlichen Länderkonzeptionen war die **Empfehlung der KMK** (Neufassung der Vereinbarung „Unterricht für Kinder ausländischer Arbeitnehmer", Beschl. d. KMK v. 8. 4. 1976 idF v. 26. 10. 1979, Nr. 899; s. auch Empfehlung „Interkulturelle Bildung und Erziehung in der Schule", Beschl. d. KMK v. 25.1. 0. 1996, Nr. 671.1). **Ziel** dieser Empfehlung ist es, die ausländischen Schüler zu befähigen, die deutsche Sprache zu erlernen und die deutschen Schulabschlüsse zu erreichen sowie die Kenntnisse in der Muttersprache zu erhalten und zu erweitern. Gleichzeitig sollen die Bildungsmaßnahmen einen Beitrag zur sozialen Eingliederung der ausländischen Schüler für die Dauer des Aufenthalts in der BRD leisten. Außerdem dienen sie der Erhaltung ihrer sprachlichen und kulturellen Identität (s. *Langenfeld,* AöR 123 [1998], 375ff.; *Reuter,* RdJB 1998, 26ff.). Die Grundzüge der schulischen Ausbildung sind in den Ländern durch eine Vielzahl von **Richtlinien** und **Erlassen** der einzelnen Kultusminister geregelt.

228 Bei den unterschiedlichen Länderregelungen kann man grob zwei Richtungen unterscheiden: das sog. **„Berliner Modell"** zu dem wohl die meisten

Länder tendieren (s. *Hage,* RdJB 1982, 29), das eine frühzeitige Unterrichtung in deutschen Regelklassen bevorzugt (sog. **Integrationsprinzip** und dazu *Kischkewitz/Reuter,* Bildungspolitik zweiter Klasse?, 1980, 52) und das sog. **„Bayerische Modell"**, das von getrenntem Unterricht ausgeht und einen Übergang in Regelklassen nur bei ausreichenden Deutschkenntnissen und nur auf Antrag der Eltern zulässt (sog. **Rotationsprinzip,** das von einer Rückkehr der Ausländer in die Heimat ausgeht). Den unterschiedlichen Modellen liegen wesentliche ausländerpolitische Entscheidungen zugrunde, so dass mit Recht in der Literatur gesetzliche Grundlagen verlangt worden sind, die in der Zukunft noch geschaffen werden müssen (s. *Schwerdtfeger,* Gutachten zum DJT 1980, 99/100; *Bryde,* DÖV 1982, 667; *Hage,* RdJB 1982, 30; *Gramlich,* Jura 1985, 665). Das sog. **„Grundrecht auf Bildung"** gilt heute für ausländische Schüler ebenso wie für deutsche (s. dazu o. VII 2; s. auch z.B. Art. 11 I bwVf („jeder junge Mensch … ohne Rücksicht auf Herkunft"); Art. 4 I ndsVf („jeder Mensch"); Art. 8 I nwVf („jedes Kind"); Art. 33 rpVf: problematisch für Ausländer ist hier das Ziel der Erziehung zur Liebe zu Volk und Heimat (= Deutschland). Vgl. auch *Schwerdtfeger* a.a.O. 29ff. und *Hage,* RdJB 1982, 27; *Gramlich,* Jura 1985, 666). Auch Art. 2, 3, 4 und 6 GG gelten für Ausländer (zur Reichweite s. *Bothe,* VVDStRL 54 [1995], 36f.)

Im **Gemeinschaftsrecht** finden sich allgemeine Zielvorgaben insb in den 229 Art. 149ff. EGV sowie konkrete Regelungen in der auf Art. 40 EGV gestützen Richlinie 77/486/EWG über die schulische Betreuung von Wanderarbeitnehmern vom 25. 7. 1977 (Abl. EG Nr. L 199/32). Zusätzlich sind in mehreren **internationalen Abkommen** für das Schulwesen relevante Fragen, z.B. inhaltliche Anforderungen an Schulbildung u. ä. festgelegt (z.B. Art. 26 der Allgemeinen Erklärung der Menschenrechte v. 1948; UNESCO-Übereinkommen von 1960, Art. 2 des Zusatzprotokolles zur Europäischen Menschenrechtskonvention; EG-Richtlinie v. 25. 7. 1977 und dazu *Wittek,* RdJB 1982, 40ff.).

b) Rechte der ausländischen Eltern

Das **Elternrecht** (Art. 6 GG) gilt auch für Ausländer. Ausländische El- 230 tern haben (ebenso wie deutsche Eltern) keinen Anspruch auf Errichtung einer bestimmten z.B. ihrer Religion angepassten Schule auf Grund des Elternrechts (s. BVerfGE 41, 46; *Hage,* RdJB 1982, 34 und o. IX.8.e; zum Religionsunterricht (insbes. islamisch) s. *Schwerdtfeger* a.a.O. 100f.; *Eiselt,* DÖV 1981, 205ff.; *Füssel,* RdJB 1985, 74ff.; *Füssel/Nagel,* EuGRZ 1985, 497ff.).

c) Lehrerqualifikationen

Deutsche Lehrer sind früher nicht auf die Arbeit mit ausländischen 231 Schülern vorbereitet worden. Inzwischen bestehen aber Ergänzungsstudiengänge, mit denen in „Ausländerpädagogik" und „Deutsch als Fremdsprache“ ausgebildet wird (s. *Engelhard,* RdJB 1982, 56; *Leckebusch/Walter,* RdJB 1982, 73).

11. Privatschulrecht

a) Zum Begriff der Privatschule

232 **Privatschulen** (Freie Schulen, Schulen in freier Trägerschaft) sind **alle nichtöffentlichen** (dh weder materiell noch formell öffentlichen; s.o. Rdnrn. 142, 145 Schulen. Sie bestimmen ihre Bildungsarbeit, wenngleich unter staatlicher Aufsicht, im Wesentlichen selbst. IdR werden nur solche Schulen als privat angesehen, die **nicht** vom Lande, einer Gemeinde, einem Gemeindeverband, einem Zweckverband (Schulverband), einer Kammer oder einer sonstigen juristischen Person des öffentlichen Rechts (mit Ausnahme der Kirchen) getragen werden. Neuerdings gibt es aber auch Gemeindeschulen als Privatschulen (s. z.B. § 1 PSchAbk, Art. 2 (c), 5 (b) und (c) ÜDiskU, §§ 1, 2 bwPSchG, § 2 II bwSchG, Art. 3 II bayEUG, § 1 I hePSchG, § 36 I nwSchOG, § 3 IV nwSchVG; zu Gemeindeschulen als Privatschulen s. *Maunz:* M/D, Art. 7, Rdnr. 72; zu Privatschulen allgemein s. *Frowein,* Zur verfassungsrechtlichen Lage der Privatschulen, 1979; *Nevermann,* Gesetzesvorbehalt und Privatschulfreiheit: Alternative Schulen? (Hg. *Gold-Schmidt/Roeder*) 1979; *Avenarius,* Gesetzesvorbehalt und Privatschulrecht: Schule im Rechtsstaat, Bd. II (DJT), 1981; *Lemper/ Graf v. Westphalen,* Privatschulen im öffentlichen Schulwesen, 1982; *Müller,* Das Recht der Freien Schule nach dem GG, 2. Aufl. 1982; *Richter,* RdJB 1983, 220ff.; *Blau,* JA 1994, 463ff.; *Müller, F./Jean d'Heur,* Zukunftsperspektiven der freien Schule, 2. Aufl. 1995; *Vogel,* Das Recht der Schulen und Heime in freier Trägerschaft, 3. Aufl. 1997).

b) Institutionelle Garantie

233 Art. 7 IV 1 GG gewährleistet jedermann das Grundrecht, Privatschulen zu errichten **(Gründungsfreiheit),** und enthält für diese Schulen zugleich eine **institutionelle Garantie.** Die Vorschrift will Freiheit im Schulwesen verwirklichen (s. *BVerfGE* 27, 195, 200f. m. Anm. v. *Link,* JZ 1971, 551). Angesichts der hohen Kosten eines modernen Schulwesens ist diese Garantie freilich ohne staatliche Subventionen (s.u. IX.11.g) nur noch von geringem Wert (s. auch *BayVfGH,* NVwZ 1985, 481, wonach auch Art. 134 bayVf die Privatschule als Institution garantiert). Die Errichtungsfreiheit erstreckt sich nicht auf private Fachhochschulen; und zwar nach Ansicht des *BVerfG* (E 37, 313) auch dann nicht, wenn die einer Privatschule entsprechenden staatlichen Schulen in Fachhochschulen umgewandelt werden (bedenklich; s. Anm. v. *Dittmann,* DÖV 1974, 744; s. auch he*VGH,* DVBl. 1973, 276). Art. 7 IV GG enthält aber keine Bestandsgarantie für die Einzelne private Schule, sondern nur für den Fortbestand des als Institution garantierten privaten Schulwesens insgesamt (s. *BVerwG,* NVwZ 1985, 111

und dazu *Hoffmann,* JA 1985, 359ff.; *Vogel,* DVBl. 1985, 1214ff.). Dieses Problem ist bedeutsam für die Privatschulfinanzierung (s.u. Rdnr. 243). Inhalt der Privatschulfreiheit ist nicht nur die Errichtung, sondern auch das **Betreiben** privater Schulen.

Die Eltern haben das Recht, ihre Kinder in eine private Ersatzschule zu schicken, die den Voraussetzungen des Art. 7 IV 3 entspricht. Deshalb ist eine Regelung, die den Kindern die Möglichkeit nimmt, anstelle der Förderstufe einer staatlichen Schule eine private Ersatzschule zu besuchen, mit Art. 7 IV GG nicht vereinbar (*BVerfGE* 34, 197f.). Aus dem Recht der Eltern, den Bildungsweg ihres Kindes zu bestimmen, ergibt sich ein Wahlrecht zwischen den vom Staat zur Verfügung gestellten oder zugelassenen (privaten) Schulformen (*bayVerfGH,* NVwZ 1984, 97). Ausfluss dieses Wahlrechts ist auch die gegenseitige Anerkennung von Versetzungszeugnissen der jeweils anderen Schulform (*hmbOVG,* NordÖR 1999, 112) Den Eltern steht aber nicht zugleich ein Anspruch gegen den Staat auf Schulgeldersatz für die Kosten der privaten Schule zu. 234

c) Arten der privaten Schulen

Die Privatschulen werden unterschieden in **Ersatzschulen,** für die es Entsprechungen im öffentlichen Schulwesen gibt (§ 3 S. 1 PSchAbk.; *BVerfGE* 90, 128 = NVwZ 1994, 889; *BVerwGE* 104, 1; *BVerwG,* NVwZ 1998, 60; kritisch *Vogel,* S. 33), und **Ergänzungsschulen,** die als durchweg spezialberufsbildende Schulen, z.B. Konservatorien, Schauspiel-, Ballettschulen u.ä. keine Entsprechungen im öffentlichen Schulwesen finden (kritisch *Vogel,* DÖV 1992, 505). 235

aa) Ersatzschulen

Ersatzschulen sind genehmigungspflichtig. Die Genehmigung **ist** unter den in Art. 7 IV 3 aufgestellten Voraussetzungen zu erteilen, insb. wenn sie den öffentlichen Schulen gleichwertig (nicht: gleichartig!) sind (zur Gleichwertigkeit s. *BVerwGE* 104, 1; 105, 20; *bayVGH,* BayVBl. 1998, 180; *Niehues, N.* Rdnr. 228; *Maunz,* in: M/D, Art. 7, Rdnr. 75; *Schröder,* RdJB 1998, 110ff.; *Vogel,* SchulR 1999, 53ff.; zur Genehmigung s. auch *Kromer,* RdJB 1983, 184ff.; *Vogel,* DÖV 1984, 541ff.; s. ferner *BVerwG,* NVwZ 1998, 60 – zur Relevanz des Landesrechts für die Begriffsbestimmung). Gleichwertigkeit muss bestehen im Hinblick auf die Lehrziele (nicht den Ausbildungs- und Leistungsstand der jeweiligen Jahrgangsstufe am Schuljahrsende, s. *BVerwG,* NVwZ 2001, 919), die Einrichtungen und die Ausbildung der Lehrkräfte. Die Zulassung privater **Volksschulen** unterliegt darüber hinaus auch den Beschränkungen des Art. 7 V GG. Nach der ersten Alternative ist Voraussetzung, dass die Unterrichtsverwaltung ein **bes. pädagogisches Interesse** (dazu *BVerfGE* 88, 40 = NVwZ 1993, 66; *BVerwG,* NVwZ 1998, 60; NJW 2000, 1280; *bayVGH,* DVBl. 1997, 1189; *heVGH,* RdJB 1983, 235 m. Anm. *Vogel* – Ersatzgrundschule Frankfurt – und *OVG Bln,* RdJB 1985, 149 m. Anm. *Vogel; Jeand'Heur,* in: FS Vogel, S. 105ff.; zur gerichtlichen 236

Kontrolldichte *BVerfG* a. a. O. gegen *BVerwGE* 75, 275 = NVwZ 1987, 318; *Geis,* DÖV 1993, 22; *Pieroth/Kemm,* JuS 1995, 780; *Vogel,* DÖV 1995, 5787 ff.) anerkennt. Die zweite Alternative sieht vor, dass die Schule auf Antrag von Erziehungsberechtigten als Gemeinschaftsschule, als Bekenntnis oder Weltanschauungsschule errichtet werden soll und eine öffentliche Volksschule dieser Art in der Gemeinde nicht besteht (dazu *BVerwGE* 90, 1 = NVwZ 1992, 1187 m. Anm. v. *Richter; hbgOVG,* DVBl. 1991, 777).

237 Ersatzschulen können durch staatlichen Beleihungsakt den öffentlichen Schulen hinsichtlich der von ihnen zu verleihenden Berechtigungen gleichgestellt werden (sog. **Anerkennung,** s. z. B. § 5 PschAbk, § 10 bwPSchG, § 173 hePSchG, Art. 8 IV 2 nwVf, § 37 V nwSchOG; zu den Voraussetzungen der Anerkennung einer Ersatzschule s. *BVerwGE* 17, 236; OVG Bln, DVBl. 1966, 45 m. Anm. v. *Jessen* und *Heckel* ebd. 869 f.; *BVerfGE* 27, 195 mit Anm. v. *Link,* JZ 1971, 551; *Plümer,* DVBl. 1971, 540 ff.; *Säcker,* DVBl. 1971, 537 ff.; *BVerwG,* VerwRspr. 21, 403; *Niehues, N.* Rdnr. 277; *Hemmrich,* in: v. Münch/Kunig, Art. 7, Rdnr. 46 ff.). Solcher Anerkennung bedürfen auch die Kirchen und andere Personen des **öffentlichen Rechts,** wenn und soweit sie nicht berechtigt sind, öffentliche Schulen zu tragen, für jede von ihnen zu errichtende Ersatzschule. Den Ersatzschulen steht mit dem Anspruch auf Genehmigung aber nicht gleichzeitig ein Anspruch auf Anerkennung zu (s. *BVerwGE* 27, 195). Einige Bundesländer, darunter Bay (s. dazu *bayVGH,* NVwZ-RR 1996, 88), Nds und RP gewähren jedoch einen Rechtsanspruch auf Anerkennung (s. dazu *bayVGH,* NVwZ-RR 1996, 88); in NW werden alle Ersatzschulen mit der Genehmigung mit den gleichen Berechtigungen wie die entsprechenden öffentlichen Schulen ausgestaltet (s. Art. 8 IV 2 nwVf und s. dazu auch *Müller, F.,* Das Recht der Freien Schule nach dem GG, 1982, 281 L; *Hemmrich* a. a. O. Rdnr. 44). In den übrigen Ländern steht die Anerkennung im Ermessen der Unterrichtsverwaltung.

238 Folge der dem Schulträger gewährten Anerkennung ist für die Schüler die Befreiung von der Pflicht zum Besuch einer öffentlichen Schule, für die Schule die Beleihung mit dem Recht, Versetzungszeugnisse auszustellen und (nicht stets, und wenn, dann idR unter Beteiligung eines Vertreters der Aufsichtsbehörde) Prüfungen abzunehmen, die denen der entsprechenden öffentlichen Schulen gleichwertig sind. Allerdings birgt diese Eingliederung der Privatschulen in das staatliche Berechtigungswesen auch Gefahren für die Privatschulfreiheit (s. hierzu *Gallwas,* Privatschulfreiheit, passim). Insoweit üben die Privatschulen hoheitliche Funktionen aus, erlassen ihre Organe Verwaltungsakte (s. z. B. *BVerfGE* 27, 203 f.; *BVerwGE* 17, 41; *rpOVG,* VerwRspr. 17, 671 mwN; aM z. B. *BGH,* DÖV 1961, 787; *Link,* JZ 1971, 552 mwN). Eine verwaltungsgerichtliche Klage ist gegen den im eigenen Namen handelnden beliehenen Träger zu richten, nicht gegen den Staat (*BVerwG* a. a. O.; zum Rechtsweg bei Aufnahme in eine staatlich anerkannte Ersatzschule s. *bwVGH,* NJW 1980, 2597, bei Entlassung aus staatl. Anerkannter Ersatzschule s. *bayVGH,* RdJB 1983, 245; *nwOVG,* JZ 1979, 677).

Ohne solche Anerkennung sind die Ersatzschulen lediglich „staatlich genehmigte“ Privatschulen, deren Rechtsverhältnisse sich ausschließlich nach Privatrecht richten (s. *BverwGE* 45, 117 und *bayVGHE* 27, 32). Schüler von genehmigten Ersatzschulen (und als gleichwertig anerkannten Ergänzungsschulen) können gem. § 2 I, 11 BAföG **Ausbildungsförderung** erhalten. Den anerkannten Ersatzschulen können jedoch **nicht größere Befugnisse** als den staatlichen Schulen zugebilligt werden (s. *BVerwGE* 68, 185).

bb) Ergänzungsschulen

Ergänzungsschulen sind anzeige- und informations-, jedoch idR nicht 239
genehmigungspflichtig (s. aber § 12 III hePSchG; s. dazu *Friedrich Müller* a.a.O. 55f.). Ergänzungsschulen mit staatlich gebilligtem Lehrplan können anerkannt werden mit der Folge, dass Prüfungen nach einer staatlich genehmigten Prüfungsordnung abgenommen und entsprechende Zeugnisse ausgestellt werden dürfen (s. z.B. § 5 PSchAbk, § 15 bwPSchG, §§ 161 ndsSchG). Nach z.B. § 141 ndsSchG, § 45 II nwPSchG ruht die Schulpflicht bzw. kann vom Besuch einer öffentlichen (Berufs-)Schule befreit werden.

d) Schulleiter und Lehrer

Leiter und **Lehrer** einer Privatschule müssen zuverlässig sein. Sie werden 240
vom Schulträger ausgewählt und angestellt. Ersatzschullehrer bedürfen meist einer Unterrichtserlaubnis (s. z.B. § 11 I b PSchAbk, §§ 8, 14 bwPSchG, § 174 hePSchG, § 38 I, 41 II nwSchOG und *nwOVG* E 24, 23; 25, 10; *BVerwG,* DÖV 1970, 566; NVwZ 1990, 864; *nwOVG,* NWVBl. 1993, 206; *Pieroth,* NWVBl. 1993. 201 ff.).

e) Rechtsverhältnisse an Privatschulen

Soweit nicht eine Beleihung mit hoheitlichen Befugnissen (bei anerkann- 241
ten Ersatzschulen hinsichtlich des Prüfungs- und Berechtigungswesens (s.o. a) vorliegt (s.u. § 90), unterliegen die Rechtsverhältnisse der Schüler bzw. ihrer Eltern zum Privatschulträger, insb. die Aufnahme und Entlassung, sowie Maßnahmen bei Prüfungen lediglich dem **Privatrecht** (s. *Wienands,* Der Unterrichtsvertrag, 1996, S. 2ff., 6ff.). Das gilt auch für das Rechtsverhältnis der Privatschulträger zu den von ihnen angestellten Lehrern (s. auch *Pfau,* Die verfassungsrechtlichen Anforderungen an Ersatzzschullehrer, (Diss. jur. HH) 1995). Soweit den Privatschulen staatliche Lehrer zugewiesen werden, bleiben diese jedoch Staatsbeamte; ihre Rechtsverhältnisse für die Zeit ihrer Zuweisung (Besoldung, Beurlaubung, Anrechnung auf Ruhegehalt und Besoldungsdienstalter) sind unterschiedlich geregelt (z.B. § 11 bwPSchG und *bwVGH,* NJW 1980, 2597; *nwOVG,* JZ 1979, 677; zur Geltung des BetrAVG s. *BVerwG,* NVwZ-RR 1991, 249).

f) Schulaufsicht über Privatschulen

Auch Privatschulen unterliegen der staatlichen Schulaufsicht. Noch weni- 242
ger als bei öffentlichen Schulen bedeutet diese aber gegenüber den Privat-

schulen ein umfassendes staatliches Bestimmungsrecht, da das Grundgesetz sich – mit gegenüber der WRV verstärkten Garantien – zum „System der begrenzten Unterrichtsfreiheit" der Privatschulen bekennt (s. *BVerfGE* 27, 201 m. zT krit., dem BVerfG Verformung des Gleichwertigkeitserfordernisses zum Gleichartigkeitserfordernis vorhaltender Anm. v. *Link,* JZ 1971, 551). Die Stellung der anerkannten Ersatzschule rechtfertigt eine **engere Kontrolle** durch die Schulaufsicht, welche bis in die Einzelheiten des Prüfungsstoffes und des Prüfungsablaufs hineinreichen kann, damit die Berechtigungen nur solchen Schülern zuerkannt werden, welche die Voraussetzungen erfüllen (*Niehues, N.* Rdnr. 281; s. auch *Frowein,* Zur verfassungsrechtlichen Lage der Privatschulen, 1979, 21ff.; *Müller* a.a.O. 283; *Müller/Kromer,* NVwZ 1984, 77ff. – zur Verfassungsmäßigkeit staatlicher Prüfungsordnungen für anerkannte Ersatzschulen). Im Übrigen muss sich die Schulaufsicht aber auf die Einhaltung der Anforderungen des Art. 7 IV und V GG beschränken sowie auf die Gefahrenabwehr nach der überwachungsrechtlichen Generalklausel bzw. den Spezialermächtigungen des Landes(privat)schulrechts, das sich jedoch seinerseits eine Prüfung am Maßstab der Art. 6 II und 7 IV und V gefallen lassen muss (s. z.B. §§ 4, 11 PSchAbk, §§ 4f., 13f. bwPschG, 0 4, 6, 9 blnPSchG, §§ 37, 45 nwSchOG; *BVerwGE* 17, 236; *nwOVG* E 25, 88; *BVerwG,* DÖV 1970, 566; *Gallwas,* Privatschulfreiheit, S. 63ff.; *Heckel,* DÖV 1964, 595ff. und RdJB 1974, 33 (krit. zur Handhabung der Aufsicht); *Link* a.a.O.; *Vogel,* RdJB 1974, 37f.; zur Frage der Zulässigkeit von Schulaufsicht über Koranschulen s. *Stempel,* RdJB 1982, 58ff.).

g) Subventionierung von Privatschulen

243 Angesichts der hohen Investitions- und Betriebskosten, die Privatschulen heute erfordern, ist die Frage ihrer öffentlichen **Subventionierung** fortwährend aktuell. Weitgehend geklärt ist inzwischen, dass aus Art. 7 IV GG, ggfs. iVm Art. 3 I GG und/oder dem Sozialstaatsprinzip, ein Rechtsanspruch auf Subventionierung privater Ersatzschulen hergeleitet werden kann. Da die institutionelle Garantie des Privatschulwesens ebenso wie das den Privatschulbesuch einschließende Elternrecht ohne staatliche Subventionierung praktisch zum Erliegen kämen, muss ein solcher Anspruch im Grundsatz, unter Anerkennung weitgehender Gestaltungsfreiheit des Gesetzgebers im Einzelnen, bejaht werden (so für die Erhaltung anerkannter und genehmigter Ersatzschulen *BVerwGE* 23, 347 – unter später aufgegebener Abstützung auf Art. 3 GG; *BVerwGE* 27, 360, *BVerwG,* DÖV 1969, 395 und RdJB 1969, 315), soweit die Schule ohne staatliche Hilfe in ihrem wirtschaftlichen Bestand gefährdet ist. Das *BVerfG* hat dazu festgestellt, dass sich aus Art. 7 IV GG keine Bestandsgarantie für die Einzelne private Ersatzschule herleiten lässt, sondern nur in dem Maße Anspruch auf staatliche Hilfe besteht, wie dies zur Erhaltung der Institution als solcher erforderlich ist (E 75, 40; so auch *bayVfGH,* NVwZ 1985, 481 zu Art. 134 II bayVf; *bwVGH,* BwVBl. 1992, 226; *Gramlich,* BayVBl. 1997, 490ff.; *Hemmrich,* in: v. Münch/Kunig, Art. 7 Rdnr. 45; *Peschke,* RdJB 1994, 129ff.; *Pieroth/Schuppert* (Hg.), Die staatliche Privatschulfinanzierung vor dem *BVerfG,* 1988; *Müller, F./Jeand'Heur* (Hg.), Zukunftsperspektiven der Freien Schule, 2. Aufl. 1996; *shOVG,* SchlHA 1998, 162 [zur Berechnung der Höhe staatlicher Zuschüsse]; *sächsVerGH,* DÖV 1997, 205 [Anrechenbarkeit eines fiktiven Schulgeldes]). Ein Vorrang einer **Anfangsförderung** für neu gegründete bzw. noch im Aufbau befindliche Privatschulen besteht nicht. Wenn auch Neugründungen weiterhin möglich sein müssen, so verlangt doch das Gebot einer effektiven Verwendung knapper Mittel vom Staat in der Regel, seine Fördermittel bereits bestehenden Privatschulen zukommen zu lassen (*BVerfGE* 90, 107 und 128 m. Anm. v. *Theuersbacher,* RdJB 1994, 497; *BVerwGE* 79, 154).

Problematisch ist der **Subventionsabbau bei Privatschulen** und dabei insbesondere die Frage der Heranziehung z.B. der Kirche zur Bedarfsdeckung bzgl. der Eigenleistungen, wenn die Schule in die „kirchliche Sphäre eingebettet" ist, die Kirche aber nicht Träger der Schule ist (s. dazu *Kloepfer/Messerschmidt,* DVBl. 1983, 193ff.; *BVerwG,* NVwZ 1985, 111f. und dazu *Hoffmann,* JA 1985, 359ff.). Das *BVerwG* entschied auf eine Revision auf ein Urt. des *nwOVG* (DVBl. 1983, 358ff.), das mit der sog. *„Sphärentheorie"* den Durchgriff auf das Vermögen Dritter (hier der Kirche) rechtfertigt. (Die Revision blieb aber aus anderen Gründen erfolglos). Diese Entscheidung des *nwOVG* hat heftige Kritik, vor allem von Seiten der Kirche ausgelöst (*Avenarius/Kämpfer,* Darf sich der Staat an den Kirchen schadlos halten?, 1982; *Müller* a.a.O. 457ff.; *Meinck,* ZevKR 1984, S. 463ff.). Nach der Rspr. des *BVerwG* (NVwZ 1985, 111) können die Kirchen oder bestimmte Rechtsträger innerhalb einer Kirche im Einzelfall für eine private Ersatzschule eine nahe liegende Hilfsquelle iSv *BVerwG* (E 27, 360, 366) darstellen. Das *BVerfG* (SPE 236 Nr. 28) erstreckt die Notwendigkeit der Erbringung von Eigenleistungen seitens der Träger freier Schulen auf die hinter der Schue stehenden und sie in einem weiteren Sinne tragenden finanzstarken Kräfte (zu Recht kritisch *Niehues, N.* Rdnr. 303). 244

Die Länder haben in unterschiedlichem Umfange und unter unterschiedlichen Voraussetzungen mindestens den staatlich anerkannten Ersatzschulen eine Finanzhilfe gesetzlich zugestanden oder dazu ermächtigt, dass diese Schulen Aufgaben des Staates erfüllen und ihm dadurch Kosten ersparen (Beleihungskomponente; s. z.B. § 10 PSchAbk., Art. 14 II bwVf, § 17 bwPSchG, Art. 38 baySchFG und dazu *bayVGHE* 27, 67 und *bayObLGZ* 1975, 23, §§ 149ff. ndsSchG, Art. 8 IV nwVf iVm nwEFG (s. *nwOVGE* 28, 29 und *nwVfGH,* NVwZ 1984, 95; s. auch *Staupe* a.a.O. 921ff.). Davon ist die Freiheitskomponente zu unterscheiden, die als Freiheit durch den Staat zu begreifen ist und die Vielfalt des Schulangebotes sichern.

Gegen manche Voraussetzungen, von denen staatliche Hilfe in einigen der genannten Gesetze abhängig gemacht wird, müssen verfassungsrechtliche

Bedenken erhoben werden, so z.B. gegen die Differenzierung zwischen anerkannten und genehmigten Privatschulen, gegen die Forderung der Gleichartigkeit statt der Gleichwertigkeit, gegen die Beschränkung der Trägerschaft auf juristische Personen (s. dazu *Link* a.a.O. 7f.) oder der Gewährung von Finanzhilfen nur im Rahmen sog. Landeskinderklauseln (vgl. *Jach,* DÖV 1995, 925ff.). Unzulässig als Voraussetzung ist die Gemeinnützigkeit iS des Steuerrechts (*BVerwG,* DÖV 1969, 395f.). Allgemein tendieren die Subventionsregelungen zur – dem verfassungsrechtlichen Sinn der Privatschulfreiheit zuwiderlaufenden – finanziellen Prämierung einer „Imitation der Staatsschule“ (s. *Vogel,* RdJB 1993, 443 – teilweise überholt; *Avenarius/Heckel,* S. 219).

§ 89 Die öffentlich-rechtlichen Stiftungen

Schrifttum: *Adloff/Rembarz/Strachwitz,* Unselbständige Stiftungen in kommunaler Trägerschaft, 2000; *Andrick,* Stiftungsrecht und Staatsaufsicht unter besonderer Berücksichtigung der nordrhein-westfälischen Verhältnisse, 1990; *Belleza/Kilian/Vogel,* Der Staat als Stifter, 2003; *Burgi,* Verwaltungsorganisationsrecht, in: Erichsen/Ehlers (Hrsg.), Allgemeines Verwaltungsrecht, 12. Aufl. 2002, § 52; *Ebersbach,* Die Stiftung des öffentlichen Rechts, 1961; *Fehling,* Hochschulen in Rechtsformen des öffentlichen Rechts, in: Kämmerer/Rawert (Hrsg.), Hochschulstandort Deutschland, 2003, S. 83ff.; *Fiedler,* Staatliches Engagement im Stiftungswesen – zwischen Formenwahlfreiheit und Formenmissbrauch, diss. iur. Dresden, 2003; *Forsthoff,* Lehrbuch des Verwaltungsrechts, Erster Band: Allgemeiner Teil, 10. Auflage 1973; *Gölz,* Der Staat als Stifter. Stiftungen als Organisationsform mittelbarer Bundesverwaltung und gesellschaftlicher Selbstverwaltung, 1999; *Heintzen/Kruschwitz* (Hrsg.), Die Freie Universität Berlin als Stiftungsuniversität, 2002; *Ipsen,* Hochschulen als Stiftungen des öffentlichen Rechts?, NdsVBl. 2000, 240ff.; *ders.,* Die neue niedersächsische Hochschulverfassung, NdsVBl. 2002, 257ff.; *ders.,* Hochschulen in Trägerschaft von Stiftungen öffentlichen Rechts, NdsVBl. 2003, 1ff.; *Kilian,* Nebenhaushalte des Bundes, 1993; *Loeser,* System des Verwaltungsrechts, Bd. 2, 1994; *Mecking/Schulte* (Hrsg.), Grenzen der Instrumentalisierung von Stiftungen, 2003; *Pleimes,* Die Rechtsproblematik des Stiftungswesens, 1938; *Puhl,* Budgetflucht und Haushaltsverfassung, 1996; *Schulte,* Staat und Stiftung, 1989; *ders.,* Der Staat als Stifter. Die Errichtung von Stiftungen durch die öffentliche Hand, in: Kötz/Rawert/Schmodt/Waltz (Hrsg.), Non Profit Law Yearbook 2001, 2002, S. 127ff.; *Seifart/v. Campenhausen,* Handbuch des Stiftungsrechts, 2. Auflage 1999; *Scholz/Langer,* Stiftung und Verfassung, 1990; *Totenhöfer-Just,* Öffentliche Stiftungen – Ein Beitrag zur Theorie der intermediären Finanzgewalten, 1973; *Weber, W.,* Die Körperschaften, Anstalten und Stiftungen des öffentlichen Rechts, 2. Auflage 1943; *Wolff/Bachof/Stober,* Verwaltungsrecht, Bd. 2, 5. Auflage 1987.

I. Begriff und Arten der öffentlich-rechtlichen Stiftungen

1. Historische Entwicklung und Bedeutung des Stiftungsrechts

1 Das Stiftungswesen bezeichnet eine Rechtstradition insbesondere der europäischen Kulturgeschichte, in der sich sowohl die politischen Hauptströmungen als auch die kulturelle Ausrichtung der verschiedenen aufeinander folgenden Epochen widerspiegeln.

Der Stiftungsgedanke tritt uns bereits in der **griechisch-römischen Antike** in zunächst (toten-) kultischer Einkleidung entgegen. Insbesondere aus der römischen Kaiserzeit sind stiftungsähnliche Rechtsgeschäfte überliefert, die den Charakter einer fiduziarischen Stiftung tragen. Diese auf Inschriften beruhenden Überlieferungen weisen jedoch keinerlei Verbindungen mit dem modernen Stiftungsrecht heutiger Prägung auf, da sie von den klassischen römischen Juristen nicht aufgegriffen wurden und somit außerhalb der im Corpus Iuris Civilis niedergelegten offiziellen Rechtstradition standen, mithin nicht Gegenstand der Rezeption römischen Rechts in das ius commune waren (*Coing* in: Seifart/v. Campenhausen, § 5, S. 73 Rdnr. 2, 3). 2

Mit der Christianisierung des oströmischen Reiches verschwand der heidnische Totenkult, der Anlass der erwähnten stiftungsähnlichen Geschäfte war. Aber auch im **Christentum** waren Vorstellungen vorhanden, die zu ihrer Ausführung ähnlicher Rechtsformen bedurften. Der Christ war nach der damaligen Lehre gehalten, *pro salute animae* Teile seines Vermögens mit seinem Tode gemeinnützigen Zwecken *(pia causa)* zur Verfügung zu stellen. Im Codex des oströmischen Kaisers Justinian sind in der Folge Regelungen enthalten, die derartige Verfügungen *ad pias causas* erleichtern sollten, indem sie die zum Teil strengen Erfordernisse des römischen Erbrechts für die entsprechenden Fälle abmilderten. Den kirchlichen Autoritäten wurde das Recht eingeräumt, die Ausführung solcher letztwillentlichen Verfügungen zu überwachen. Auch die durch Verfügungen solcher Art geschaffenen Einrichtungen gemeinnütziger Art unterstanden der Aufsicht der Ortsbischöfe. Aus den Regelungen des Codex ist ersichtlich, dass diese Einrichtungen Eigentum halten, Vermächtnisse annehmen und Verträge abschließen konnten, insoweit also mit Rechtsfähigkeit ausgestattet waren. Die genannten Regelungen sind Grundlage einer Rechtstradition, die sich bis in das heutzutage geltende Stiftungsrecht fortsetzt. 3

Im **Mittelalter** stand das Stiftungswesen unter kirchlicher Ägide. Da diese an der Vorstellung der Notwendigkeit von Verfügungen *pro salute animae* festhielt und das kirchliche Leben sich weitestgehend am römischen Recht ausrichtete, blieben auch die justinianischen Regelungen über die *pia causa* anwendbar und wurden auf diesem Wege in das sich entwickelnde kanonische Recht eingebracht. Nach den Grundsätzen der *pia causa* umfasste das kirchliche Stiftungswesen im Mittelalter daher neben kultischen in erster Linie Wohltätigkeitszwecke (*Totenhöfer-Just*, S. 29). Bis in das Hochmittelalter nahmen die Kirchen und ihre Organisationen auf dieser Grundlage sowohl Trägerschaft als auch Aufsicht über die bestehenden Stiftungen wahr (*Coing* in: Seifart/von Campenhausen, § 5, S. 80 Rdnr. 30). 4

Mit dem beginnenden 13. Jahrhundert setzte in den aufstrebenden **Städten** auf Grund zunehmenden bürgerlichen Selbstbewusstseins und einer damit einhergehenden Emanzipation von der wirtschaftlichen Vorherrschaft der Kirchen einerseits und der politischen Bevormundung durch Fürsten 5 und Adel andererseits die Entwicklung eines außerkirchlichen, durch Laien verwalteten Stiftungswesens ein. Konsequenterweise waren diese Stiftungen unter Zurückdrängung der Kirchen der Aufsicht städtischer Behörden unterstellt, während sich der Zweck der Stiftungen nach wie vor an dem durch das kanonische Recht vorgegebenen Prinzip der *pia causa* orientierte.

6 Im Zeitalter der Reformation und **Aufklärung** nahm die Verweltlichung des Stiftungswesen ihren Fortgang: Die sich herausbildenden Nationalstaaten versuchten, dem Beispiel der Städte folgend, die Stiftungsaufsicht an sich zu ziehen sowie bestehende Stiftungen zu zentralisieren (*Coing,* in: Seifart/von Campenhausen, § 5, S. 81 Rdnr. 34) Die mit der Epoche der Aufklärung einhergehende Säkularisation brachte eine grundsätzliche Stiftungsfeindlichkeit mit sich. Sie führte zu einer zwangsweisen Überführung kirchlicher Einrichtungen und kirchlicher Besitztümer auf staatliche Hoheitsträger (*Andrick,* S. 22). Das von der Kirche dominierte Stiftungswesen wurde von diesen Bestrebungen stark erschüttert: Zahlreiche kirchliche Stiftungen wurden unter Einziehung ihres Kapitals aufgelöst bzw. in weltliche Stiftungen umgewidmet. Auch die Gemeinnützigkeit der nach dem Grundsatz der *pia causa* errichteten Stiftungen konnte diese Tendenz der Aufklärung nicht eindämmen: Was für das Gemeinwesen von Nutzen war, sollte allein vom Staat bestimmt und ausgeführt werden. Die Übernahme der Stiftungsaufsicht durch den Staat verbunden mit der Schwächung des kirchlichen Stiftungswesens markierte im Ergebnis den Übertritt des Stiftungsrechts vom kanonischen Recht in das Verwaltungsrecht des Staates (*Coing* in: Seifart/von Campenhausen, § 5, S. 81 Rdnr. 34). Das Stiftungsrecht des preußischen ALR entspricht insofern dem stiftungsfeindlichen Geist der Aufklärung, indem es die Stiftung als eigenständige Institution grundsätzlich nicht anerkennt und die stiftungsrechtlichen Vorschriften im Übrigen unter den für die Aufklärung charakteristischen Nützlichkeitsgedanken stellt: Nützliche Stiftungen wurden vom Staat gefördert, während solche, die nicht nützlich waren, vom Staat ohne weiteres aufgelöst werden konnten (*Andrick,* S. 24).

7 Das liberale **19. Jahrhundert** zeigte sich für das Stiftungswesen wieder offener. Obgleich sich diese Entwicklung zunächst nicht auf die Gesetzgebung auswirkte, führte sie doch zu einer dogmatischen Klärung der Eigenart der selbstständigen Stiftung. Auf der Grundlage des Wirkens von *Heise* und *Savigny* wurde eine Dogmatik der eigenständigen Rechtspersönlichkeit der Stiftung in Abgrenzung zum Begriff der Korporation geschaffen. Ebenso begründete *Savigny* das Prinzip der Konzessionsbedürftigkeit der Stiftung zur Erlangung von Rechtsfähigkeit: Als Anhänger der Fiktionstheorie war er der Auffassung, dass allein der Staat die Stiftung als künstliches, mit Rechtsfähigkeit ausgestattetes Gebilde schaffen könne. Da die Stiftung in Folge der mit der Aufklärung einhergehenden Säkularisation nicht mehr *pia causa* sein musste, hielt er ein Stiftungswesen, welches jedem beliebigen Zweck dienen konnte, rechtspolitisch für gefährlich. Dem Staat sollte mit

der Konzessionsbedürftigkeit der Stiftung die Möglichkeit eingeräumt werden, Stiftungen mit staatsgefährdenden Zielen zu verhindern. Das Prinzip der Stiftungsgenehmigung auf der Grundlage der Auffassung *Savignys* genießt bis zum heutigen Tag allgemeine Anerkennung und ist in der Folge von den Stiftungsgesetzen der Länder auch aufgegriffen worden (*Andrick,* S. 28). Demgegenüber hat die Kodifizierung des privatrechtlichen Stiftungsrechts in den §§ 80ff. BGB mit ihrer Beschränkung auf die selbstständige Stiftung als Einheitsstiftung dem Stiftungswesen keine neuen Impulse zu verleihen vermocht (*Totenhöfer-Just,* S. 33). Aufgrund der verfassungsmäßigen Kompetenzverteilung wurden die öffentlich-rechtlichen Fragen der Stiftungsgenehmigung und der Aufsicht den Landesgesetzgebern überlassen. Regelungen hierzu finden sich daher in den jeweiligen Ausführungsgesetzen der Länder zum BGB, die teilweise bis zum Inkrafttreten der aktuellen Stiftungsgesetze wirksam waren (vgl. hierzu *Andrick,* S. 30).

Die traditionell hohe wirtschaftliche Bedeutung der Stiftungen wurde 8
durch die **Inflationen** und Weltkriege des 20. Jahrhunderts stark geschmälert, die verheerende Auswirkungen insbesondere auf die Hauptgeldstiftungen hatten. Im Gegensatz hierzu überstanden die Anstaltsstiftungen die Geldentwertung besser, da ihr Vermögen sich in erster Linie aus Sachwerten zusammensetzte. Dennoch war ein noch weiteres Vordringen des Staates in das Stiftungswesen die Folge. Dies beruhte auch auf dem Umstand, dass dem Staat in seiner Eigenschaft als „Dauerperson“ (*Pleimes,* Die Rechtsproblematik des Stiftungswesens, S. 15; zitiert bei *Totenhöfer-Just,* S. 34) immer wieder Stiftungen des Privatrechts im Wege der Rechtsnachfolge anheimfielen, oder der Staat auf Grund stetig wachsender Aufgaben und zunehmender finanzieller Belastung der Stiftungen, die von ihren privaten Trägern nicht mehr wahrgenommen oder getragen werden konnten, einspringen musste, um die jeweilige Stiftung fortzuführen. Daher beschränkt sich die historische Entwicklung des Stiftungswesen nicht auf die Herauslösung der Stiftungen aus dem kirchlichen Bereich und ihre Überführung in den weltlichen Sektor. Es tritt vielmehr ein drittes Element hinzu: Ehemals kirchliche und in der Folge private Stiftungszwecke sind mittlerweile zu öffentlichen, durch den Staat zu befriedigenden Bedürfnissen geworden. Insofern ist nach der Verweltlichung des Stiftungswesens in der jüngeren Vergangenheit eine Verstaatlichung desselben eingetreten. Diese Tendenz der institutionellen Verselbstständigung staatlicher Aufgaben in Stiftungsform hat sich unter dem Stichwort der mittelbaren Staatsverwaltung in der Zeit nach dem zweiten Weltkrieg verstärkt. Der Staat lagerte öffentliche Aufgaben aus der unmittelbaren Staatsverwaltung aus und verselbstständigte diese insbesondere in der Form der öffentlich-rechtlichen Stiftung (*Totenhöfer-Just,* S. 34f.). Diese sind zwar im Vergleich zu öffentlich-rechtlichen Stiftungen des Privatrechts zahlenmäßig seltener, dafür aber von erheblicher Bedeutung (z.B. die Stiftung Preußischer Kulturbesitz, geschaffen durch Bundesgesetz vom 25. 7. 1957).

9 Das Stiftungsrecht hat auch unter der Geltung des Grundgesetzes keine bundeseinheitliche Kodifikation erfahren. Es ist nach wie durch ein Nebeneinander von Bundesrecht und Landesrecht gekennzeichnet (*von Campenhausen* in: Seifart/von Campenhausen, § 1, S. 2 Rdnr. 5). Die §§ 80ff. BGB regeln auf Grund der Kompetenzverteilung zwischen Reich und Bundesstaaten bzw. Bund und Ländern nur die privatrechtlichen Aspekte des Stiftungsrechts. Die ursprünglich in den AGBGB enthaltenen öffentlich-rechtlichen Regelungen der einzelnen Bundesstaaten betreffend die Genehmigung und die Stiftungsaufsicht wurden durch die Landesgesetzgeber der alten Bundesländer in die Stiftungsgesetze dieser Länder überführt. Damit wurde gleichzeitig das bislang vielfach stark zersplitterte Stiftungsrecht der Länder bereinigt und an die moderne Entwicklung angepasst. Sofern die Stiftungsgesetze der Länder nur die Stiftungen des Privatrechts regeln, finden sich für die Stiftungen öffentlichen Rechts Regelungen in anderen Landesgesetzen (z.B. im nw LOG, im saarl LOG und im sh LVwG). Die ehemalige DDR hatte noch im Jahre 1990 ein eigenes Stiftungsgesetz verabschiedet, das in verschiedenen neuen Bundesländern fortgilt. Nur Brandenburg und Mecklenburg-Vorpommern haben sich bislang nach dem Vorbild der alten Bundesländer eigene Stiftungsgesetze gegeben. Parallel zu den Regelungsbemühungen der einzelnen Länder wurde in den sechziger und siebziger Jahren ausgehend von den Reformvorschlägen des 44. Deutschen Juristentages eine Reform des Stiftungsrechts auf der Grundlage einer bundesgesetzlichen Kodifikation angeregt. Der Bundesgesetzgeber hat die Forderung nach einem bundeseinheitlichen Stiftungsrecht jedoch nicht aufgegriffen: Seiner Auffassung nach ist der Zustand der Rechtszersplitterung durch den Erlass der relativ einheitlichen Landesstiftungsgesetze beseitigt worden. Für eine bundeseinheitliche Regelung bestehe daher keine Notwendigkeit.

10 Das **Grundgesetz** selbst spricht die Stiftung nicht ausdrücklich an. Allerdings erklärt es in Art. 140 die einschlägigen Bestimmungen der Weimarer Reichsverfassung (Art. 137, 138 WRV) zum Bestandteil des Grundgesetzes und erkennt damit die verfassungsrechtliche Sonderstellung der Kirchen und damit auch der kirchlichen Stiftungen an (*von Campenhausen* in: Seifart/von Campenhausen, § 3, S. 13 Rdnr. 1). Insbesondere gilt nach Art. 123 Abs. 2 GG das Konkordat zwischen dem Heiligen Stuhl und dem Deutschen Reich vom 20. Juli 1933 fort, nach dem sowohl der Erwerb der Rechtsfähigkeit durch kirchliche Stiftungen als auch deren Vermögen gewährleistet sind (*Andrick*, S. 32).

2. Begriff der öffentlich-rechtlichen Stiftung

11 Weder dem BGB noch den Stiftungsgesetzen der Länder kann eine Legaldefinition der Stiftung entnommen werden. Der juristische Stiftungsbegriff bezieht sich daher auf das Ergebnis des Stiftungsvorgangs, indem er die

Stiftung im Rechtssinne definiert als „die vom Stifter geschaffene Institution", nämlich die rechtsfähige Organisation, die die Aufgabe hat, mit Hilfe des der Stiftung gewidmeten Vermögens den festgelegten Stiftungszweck dauernd zu verfolgen (*von Campenhausen* in: Seifart/von Campenhausen, § 1, S. 2 Rdnr. 6; *bayObLG,* NJW 1973, S. 249). Tragende Bestandteile des Stiftungsbegriffes sind somit Stiftungszweck, Stiftungsvermögen und Stiftungsorganisation.

12 Die Erscheinungsformen der Stiftung sind vielfältig. Im Rahmen dieses Kapitels soll es in der Folge allein um die öffentlich-rechtlichen Stiftungen gehen. Zunächst ist daher gerade im Hinblick auf bestehende terminologische Unschärfen (hierzu vgl. *Totenhöfer-Just,* S. 17 f.) der Begriff der öffentlich-rechtlichen Stiftung in seiner hier maßgeblichen Bedeutung zu präzisieren. Im Allgemeinen taucht der Begriff der öffentlich-rechtlichen Stiftung im Zusammenhang mit dem Abgrenzungskriterium des personellen Wirkungsbereichs der verfolgten Zwecke auf (vgl. *Wolff/Bachof/Stober,* VerwR, Band 2, 5. Aufl., § 102 III 2). Öffentliche Stiftungen sind nach dieser Einteilung solche des öffentlichen wie auch des Privatrechts, die ausschließlich die Allgemeinheit begünstigen. Im Gegensatz hierzu steht die private Stiftung, deren Zweck nur einem abgegrenzten Kreis von Privatpersonen zugute kommen soll. Im hier abzuhandelnden Zusammenhang soll der Begriff der öffentlich-rechtlichen Stiftung demgegenüber nicht lediglich als Oberbegriff für gemeinnützige Stiftungen privat- oder öffentlich-rechtlicher Natur dienen. Die öffentliche Stiftung soll hier vielmehr als Stiftung des öffentlichen Rechts verstanden werden, die per definitionem nur öffentliche Zwecke verfolgen kann.

13 Einzelne Länder haben versucht, dem Begriff der Stiftung des öffentlichen Rechts in den Landesgesetzen eine Definition zu geben. So heißt es in § 2 Abs. 4 rpStiG: „Stiftungen des öffentlichen Rechts im Sinne des Absatzes 3 sind Stiftungen, die ausschließlich öffentliche Zwecke verfolgen und zum Staat, einer Gemeinde, einem Gemeindeverband oder einer sonstigen Körperschaft des öffentlichen Rechts in einer solchen Beziehung stehen, dass die Stiftung als eine öffentliche Einrichtung erscheint." Aus diesem Definitionsversuch ergibt sich, dass es sich auch bei Stiftungen des öffentlichen Rechts um Organisationen zur Verwaltung eines ihnen vom Stifter endgültig anvertrauten, im Substanzwert zu erhaltenden Vermögens, mit dessen Erträgen ein bestimmter Zweck gefördert werden soll, handelt. Auch die Stiftung des öffentlichen Rechts beinhaltet somit die stiftungstypischen Elemente Vermögen, Zweck und Organisation. Auch hier soll sich der Einfluss des Stifters auf das Stiftungsleben auf den Stiftungsakt beschränken. Insofern wird deutlich, dass es zwischen öffentlich-rechtlichen Stiftungen und solchen des Privatrechts zahlreiche Parallelen gibt. Diesen wird in der Folge durch das positive Recht Rechnung getragen, wenn das bayStiG beispielsweise vorsieht, dass eine Stiftung des öffentlichen Rechts ihren öffentlich-rechtlichen Charakter verliert, wenn die Voraussetzungen für ihre Geneh-

migung als öffentlich-rechtliche Stiftung entfallen sind (§ 10 bayAVStiG; *von Campenhausen* in: Seifart/von Campenhausen, § 15, S. 443 Rdnr. 1; *Ebersbach,* S. 423). Umgekehrt kann eine Stiftung des Privatrechts nach § 20 rpStiG in eine öffentlich-rechtliche Stiftung umgewandelt werden, wenn sie die erforderliche öffentliche Bedeutung erlangt hat. Es liegt auf der Hand, dass die Abgrenzung der öffentlich-rechtlichen Stiftung von gemeinnützigen Stiftungen des Privatrechts schon aus diesem Grunde oftmals Probleme bereitet. Ist die öffentlich-rechtliche Natur der Stiftung durch den Gründungsakt (Verwaltungsakt oder Gesetz) festgelegt, entstehen solche Abgrenzungsschwierigkeiten nicht. Zuordnungsprobleme tauchen jedoch regelmäßig bei älteren Stiftungen auf, wo es häufig an einem solchen ausdrücklichen staatlichen Willensakt fehlt. Die Nachholung einer ausdrücklichen staatlichen Anerkennung ist für die Qualifizierung einer solchen Stiftung als öffentlich-rechtlich jedoch nicht erforderlich. In diesen Fällen ist vielmehr ausreichend, dass die Stiftung mit öffentlich-rechtlichen Strukturmerkmalen ausgestattet und in den Bereich der öffentlichen Ordnung eingegliedert worden ist (*von Campenhausen* in: Seifart/von Campenhausen, § 16, S. 449, Rdnr. 5; *heStGH,* VwRspr. Bd. 2, S. 136 (S. 141 ff.); *BVerfGE* 15, 46 (66 f.). Als solche Strukturmerkmale kommen insbesondere in Betracht der öffentliche Zweck der Stiftung wie auch eventuell gegebene hoheitliche Befugnisse. Für die Eingliederung der Stiftung in den Bereich der öffentlichen Ordnung ist der organisatorische Zusammenhang mit dem Staat oder einer anderen juristischen Person des öffentlichen Rechts maßgeblich. Ob bei Fehlen einer ausdrücklichen entsprechenden Bezeichnung gleichwohl eine Stiftung öffentlichen Rechts vorliegt, muss „im Einzelfall aus dem Gesamtbild, insbesondere einer staatlichen Anerkennung oder unvordenklicher Verjährung erschlossen werden" (*von Campenhausen* in: Seifart/von Campenhausen, § 16, S. 450 Rdnr. 6; *Ebersbach,* S. 186; vgl. auch *BVerfGE* 6, 257; 15, 46; 46, 73). Insofern ist, wenn möglich, auf den Entstehungsakt zurückzugreifen. Die Auswertung des Gründungsaktes dürfte die wohl zuverlässigste Aussage dahingehend liefern, ob eine Stiftung öffentlich-rechtlichen Charakter besitzt (*von Campenhausen* in: Seifart/von Campenhausen, § 16, S. 451 Rdnr. 9; *Forsthoff,* § 25 II 4).

14 Die mit ihrer Eingliederung in das staatliche Verwaltungssystem vorliegende funktionelle Verortung der öffentlich-rechtlichen Stiftung im Bereich zwischen Gesellschaft und Staat markiert somit einen entscheidenden Unterschied zwischen der öffentlich-rechtlichen Stiftung und der gemeinnützigen Stiftung des Privatrechts. Die (rechtsfähige) Stiftung öffentlichen Rechts ist Institution der mittelbaren Staatsverwaltung. Mittelbare Staatsverwaltung liegt vor, wenn der Staat Verwaltungsaufgaben nicht unmittelbar durch eigene Behörden erfüllt, sondern diese zum Zwecke der Erfüllung auf rechtlich selbstständigen Organisationen überträgt. Der Begriff der mittelbaren Staatsverwaltung beinhaltet auf der einen Seite die Eigenverantwortung des selbstständigen Trägers bei der Erfüllung der ihm übertragenen Aufgaben;

andererseits macht er die dennoch bestehende Zugehörigkeit des selbstständigen Trägers zum System der staatlichen Verwaltung deutlich. Gemeinsame Eigenart aller Einrichtungen der mittelbaren Staatsverwaltung ist, dass sie nicht in die Behördenhierarchie der unmittelbaren Staatsverwaltung eingeordnet sind. Da eine solche dienstliche Nachordnung fehlt, besteht gegenüber den Institutionen der mittelbaren Staatsverwaltung auch kein Weisungsrecht, wie es im Bereich der unmittelbaren Staatsverwaltung gegenüber untergeordneten Behörden gegeben ist. Die Träger der mittelbaren Staatsverwaltung unterliegen bei der Erfüllung der ihnen zugewiesenen Aufgaben vielmehr nur einer als Rechtsaufsicht ausgestalteten Staatsaufsicht. Für alle im Bereich der mittelbaren Staatsverwaltung anzusiedelnden Institutionen besteht daher ein Spannungsverhältnis zwischen eigenverantwortlicher Aufgabenerfüllung und durch Staatsaufsicht gewährleisteter Einbindung in das System der öffentlichen Verwaltung. Im Bereich des öffentlichrechtlichen Stiftungswesen bestimmt der Stiftungsakt (Gesetz oder Verwaltungsakt) die Ausgestaltung dieses Spannungsverhältnisses, indem er schwerpunktmäßig die eine oder die andere Seite betont (vgl. *von Campenhausen* in: Seifart/von Campenhausen, § 15, S. 444 Rdnr. 2). Die öffentlichrechtliche Stiftung zielt als Organisation der mittelbaren Staatsverwaltung auf den „rechtsförmigen Einbau institutioneller Ingerenzen aus der (privaten) Gesellschaftssphäre in den Verbandskörper" (*Loeser,* § 10 XI 2. (3) d, Rdnr. 131). Die auf diesem Wege auch über die Stiftung öffentlichen Rechts vermittelte gesellschaftliche Teilhabe an der Steuerung von Verwaltungseinheiten bewirkt aus staatlicher Sicht jedoch nicht etwa eine Entsteuerung der Leitungskraft staatlicher Verwaltung. Denn auch die Organisationen der mittelbaren Staatsverwaltung sind „bewusst und konsequent organisatorisch wie funktionell einheitlich geformt, ... auf die staatliche Verwaltung ausgerichtet und dieser gleichsam ‚angeschlossen" (*Weber,* S. 21 ff.; so zitiert bei *Loeser,* Fn. 522): Das für die Rechtsformen der mittelbaren Staatsverwaltung maßgebliche Normengefüge ist mit dem für die Träger unmittelbarer staatlicher Verwaltung weitgehend identisch. Auch die staatliche Steuerung gegenüber den Institutionen der mittelbaren Staatsverwaltung besitzt, auch wenn sie sich auf eine Rechtsaufsicht beschränkt sieht, in der Praxis nahezu die gleiche Wirksamkeit wie im Bereich der durch die Fachaufsicht geprägten unmittelbaren Staatsverwaltung. Hinzu kommt, dass die Aufgabenerledigung durch Organisationen der mittelbaren Staatsverwaltung in den Errichtungsgesetzen und den hierzu ergangenen Rechtsverordnungen präzise und abschließend geregelt ist, so dass durch Rechtsaufsicht und gerichtliche Kontrolle der notwendige Standard demokratisch-parlamentarischer Steuerung auch für den Bereich der mittelbaren Staatsverwaltung gesichert ist. Des Weiteren stehen den Aufsichtsbehörden zahlreiche haushaltsrechtliche Steuerungsvorbehalte zu (zum Ganzen vgl. *Loeser,* Rdnr. 131 ff.).

Die Stiftung öffentlichen Rechts ist von den anderen Organisationsfor- 15
men der mittelbaren Staatsverwaltung zu unterscheiden. Körperschaften

werden intern von einer Vielheit von Mitgliedern getragen, während Stiftungen keine Mitglieder haben. Der Träger der Stiftung gehört der Organisation gerade nicht an. Zwischen der Stiftung öffentlichen Rechts und der öffentlich-rechtlichen Anstalt besteht demgegenüber eine nähere Verwandtschaft, da beide dem Oberbegriff einer herrschaftlich verfassten Organisation unterliegen und es sogenannte atypische Anstalten gibt, bei denen der Einfluss des Trägers nach Errichtung der Anstalt auf ein Mindestmaß beschränkt wird, was aber gerade typische Eigenschaft auch der Stiftung ist (hierzu und zu den historischen Gründen der Abgrenzungsproblematik: *von Campenhausen* in: Seifart/von Campenhausen, § 16, S. 451 Rdnr. 11ff.). Die daraus resultierende Unschärfe der Abgrenzung einer Organisationsform von der anderen macht neben dem insofern nur begrenzt tauglichen Unterscheidungsmerkmal der Einflussnahme durch den Träger die Einführung des Gesichtspunktes der Aufgabenwahrnehmung erforderlich: Danach ist es für die öffentlich-rechtliche Stiftung charakteristisch, dass das Vermögen der Stiftung anders als das der Anstalt von vornherein abschließend an einen durch den Gründungsakt festgesetzten Zweck zugunsten Dritter gebunden ist. Aus diesem Grunde lässt sich eine Stiftung nur bei Vorliegen besonderer, eng umrissener Voraussetzungen (Gefährdung des Gemeinwohls, Unmöglichkeit der Zweckerfüllung; vgl. § 87 BGB) aufheben. Demgegenüber kann der Anstaltsherr die Anstalt grundsätzlich auch nach deren Gründung durch eine andere Organisationsform ersetzen. Der Stifter ist daher im Unterschied zum Anstaltsherr bei der Zweckerfüllung an die von ihm gewählte Organisationsform gebunden (*von Campenhausen* in: Seifart/von Campenhausen, § 16, S. 452 Rdnr. 13).

16 Als Träger öffentlicher Verwaltung sind die öffentlich-rechtlichen Stiftungen den für die Verwaltung allgemein geltenden Vorschriften des öffentlichen Rechts unterworfen. So gilt für die Stiftung des öffentlichen Rechts der Grundsatz der Gesetzmäßigkeit der Verwaltung (Art. 20 Abs. 3 GG) sowie die Grundrechtsbindung (Art. 1 Abs. 3 GG). Darüber hinaus ist jedoch auch das Muttergemeinwesen bei der Bildung neuer öffentlich-rechtlicher Stiftungen an die Verfassung gebunden: Da öffentlich-rechtliche Stiftungen Verwaltungsaufgaben wahrnehmen, dürfen sie nur geschaffen werden, soweit dem Muttergemeinwesen auf diesem Gebiet die verfassungsrechtliche Kompetenz zur Einrichtung von Verwaltungen zusteht. Hierbei ist insbesondere die grundgesetzliche Kompetenzverteilung zwischen Bund und Ländern zu beachten. Des Weiteren wird bei der Bildung öffentlich-rechtlicher Stiftungen der Vorbehalt des Gesetzes zu berücksichtigen sein: Auf Bundesebene ist der Gesetzesvorbehalt durch Art. 87 Abs. 3 GG vorgegeben; umstritten ist die Reichweite des Gesetzesvorbehalts bei der Organisation der Landesverwaltung in den einzelnen Ländern. Diesbezüglich bietet sich ein Rückgriff auf die vom Bundesverfassungsgericht entwickelte Wesentlichkeitstheorie an (*von Campenhausen* in: Seifart/von Campenhausen, § 18, S. 459, Rdnr. 7).

In diesem Zusammenhang ist im Kontrast zur Grundrechtspflichtigkeit der öffentlich-rechtlichen Stiftungen auch die Frage nach ihrer Grundrechtsfähigkeit aufzuwerfen. Hierbei ist zunächst zu berücksichtigen, dass gerade auch die Stiftung öffentlichen Rechts durch ihre Eingliederung in das System staatlicher Verwaltung definiert wird, als Teil der Staatsgewalt die Grundrechte also gerade zu beachten hat. Verglichen mit der Stiftung des Privatrechts kann die öffentlich-rechtliche Stiftung bereits aus diesem Grunde nur einen geringeren Grundrechtsschutz beanspruchen. Auf der anderen Seite erscheint gerade die Stiftung öffentlichen Rechts auf Grund ihrer Eigenschaft als zweckgebundenes Sondervermögen mit dauerhafter organisatorischer Verselbstständigung gegenüber der eigentlichen staatlichen Organisation als „Prototyp" des Grundrechtsträgers im Sinne des Art. 19 Abs. 3 GG. Die öffentlich-rechtliche Stiftung kann sich danach immer dann auf Grundrechte berufen, wenn ihre Einbindung in den Funktionsbereich öffentlicher Verwaltung durch ihre Verselbstständigung in einem grundrechtlich geschützten Bereich partiell aufgehoben ist und hierdurch eine grundrechtstypische Gefährdungslage gegenüber Eingriffen von Seiten des Staates entsteht. Dies wird nicht zuletzt durch ihre organisatorische Eigenart für den Geltungsbereich verschiedener Grundrechte indiziert (*Hof* in: Seifart/von Campenhausen, § 4, S. 64 Rdnr. 199ff. mit Ausführungen zu den Grundrechten im Einzelnen). 17

Da bei der Errichtung von Stiftungen notwendigerweise die Zuordnung von Vermögensgegenstände verändert wird, die in der Regel bis zu diesem Zeitpunkt von einem staatlichen Haushalt erfasst wurden, ist mit der Errichtung einer öffentlich-rechtlichen Stiftung zugleich die Schaffung eines **Nebenhaushaltes** verbunden (*Puhl,* S. 50f.). Dabei spielt es keine entscheidende Rolle, ob die errichtende bzw. stiftende Stelle einen maßgeblichen Einfluss auf die weitere Verwendung der Mittel, insbes. die Vergabe von Zuwendungen, besitzt (*Puhl,* S. 51; a.A. *Kilian,* S. 289). 18

3. Arten der öffentlich-rechtlichen Stiftung

Die rechtsfähigen Stiftungen des öffentlichen Rechts sind als Organisationsform der mittelbaren Staatsverwaltung in die Verwaltungssysteme des Staates (Bund oder Länder), der Kommunen sowie – als Sonderform – der als Körperschaften des öffentlichen Rechts verfassten Kirchen bzw. Religionsgesellschaften eingebunden. 19

Die öffentlich-rechtlichen Stiftungen des Staates lassen sich nach dem jeweiligen Träger in bundes- und landesunmittelbare Stiftungen des öffentlichen Rechts einteilen. Sie sind dem öffentlichen Recht des Bundes oder des betreffenden Landes unterstellt. 20

Nach dem in Art. 30 GG niedergelegten Prinzip kommt die Bildung von **bundesunmittelbaren Stiftungen** nur in den Ausnahmefällen in Betracht, in denen dem Bund eine eigene Kompetenz zur Errichtung einer bundesei- 21 genen Verwaltung zukommt: Die ausgehend von Art. 30 GG getroffene Kompetenzverteilung zwischen Bund und Ländern darf auch nicht durch die Bildung öffentlich-rechtlicher Stiftungen unterlaufen werden. Besteht aber eine Kompetenz zur Errichtung einer Bundesverwaltung, hat der Bund grundsätzlich ein Wahlrecht, ob er diese als unmittelbare oder mittelbare Staatsverwaltung ausgestalten will. Als verfassungsrechtliche Ermächtigungen für die Errichtung von Stiftungen durch den Bund sind insbesondere Art. 87 Abs. 3 S. 1 GG sowie die Sonderregel des Art. 135 Abs. 4 GG zu nennen, auf deren Grundlage der Bund die Stiftung Preußischer Kulturbesitz errichten konnte (*von Campenhausen* in: Seifart/von Campenhausen, § 15, S. 446, Rdnr. 7). Weitere Beispiele für bundesunmittelbare Stiftungen des öffentlichen Rechts des Bundes aus dem Sozial- und Kulturbereich sind etwa die Bundeskanzler Willy Brandt-Stiftung, die Stiftung Denkmal für die ermordeten Juden Europas, die Deutsch-Britische Stiftung zum Studium der Industriegesellschaft, die Stiftung Erinnerung, Verantwortung und Zukunft, die Heimkehrerstiftung, das Hilfswerk für behinderte Kinder, die Stiftung Jüdisches Museum Berlin, Museumsstiftung Post- und Telekommunikation, die Otto von Bismarck-Stiftung, die Stiftung zur Aufarbeitung der SED-Diktatur, die Stiftung Bundeskanzler Adenauer-Haus, die Stiftung Bundespräsident Theodor Heuss, die Stiftung für ehemalige politische Häftlinge, die Stiftung Haus der Geschichte der Bundesrepublik Deutschland, die Stiftung Mutter und Kind – Schutz des ungeborenen Lebens, die Stiftung Reichspräsident Friedrich Ebert Gedenkstätte, die Stiftung Topographie des Terrors (*Kilian,* in: Belleza/Kilian/Vogel, S. 110f., 128f.; vgl. auch *Puhl,* S. 90).

22 Im Übrigen ist die Errichtung von Stiftungen des öffentlichen Rechts grundsätzlich Sache der Länder. Für den Fall, dass der Erfüllung von Aufgaben der öffentlichen Verwaltung durch landesunmittelbare Stiftungen des öffentlichen Rechts keine Vorschriften des Bundesrechts entgegenstehen, richtet sich deren Zulässigkeit im Einzelfall nach der Landesverfassung in Verbindung mit dem Stiftungsgesetz des entsprechenden Landes. Auch den Ländern ist es verwehrt, auf Sachgebieten, für die ihnen die Zuständigkeit fehlt, öffentlich-rechtliche Stiftungen zu errichten.

23 Auch **kommunale Stiftungen** können öffentlich-rechtlich ausgestaltet sein. Sie nehmen in organisatorischer Hinsicht eine Sonderstellung ein, da sie im Hinblick auf ihren räumlichen Wirkungsbereich auf das Gebiet einer Gemeinde oder eines Gemeindeverbandes beschränkt sind: Für sie ist charakteristisch, dass sie einer kommunalen Gebietskörperschaft zugeordnet sind, ihre Zweckbestimmung im Rahmen öffentlicher Aufgaben liegt und dass sie in der Regel durch Organe der Gebietskörperschaft verwaltet werden. Die kommunale Stiftung ist in das Gefüge der kommunalen Verwaltung eingebunden. Die Aufsicht über kommunale Stiftungen folgt den Regelungen über die Kommunalaufsicht, auf welche die Stiftungsgesetze der Länder verweisen (*von Campenhausen* in: Seifart/von Campenhausen, § 2,

S. 9 Rdnr. 9). In der Regel werden kommunale Stiftungen jedoch nicht als öffentlich-rechtliche Stiftungen errichtet, sondern kommen dadurch zustande, dass eine Privatperson eine Stiftung bürgerlichen Rechts errichtet und die Verwaltung dieser Stiftung derjenigen Gebietskörperschaft überträgt, in deren Aufgabenbereich sie ihrem Zweck nach fällt (*Andrick,* S. 58). Wenn aber beispielsweise eine Privatperson einer Gemeinde Vermögenswerte mit der Auflage überträgt, eine rechtsfähige Stiftung für einen im Rahmen kommunaler Aufgabenerfüllung liegenden Zweck zu gründen (*Andrick,* a. a. O.), kann die Gemeinde zur Erfüllung dieses Zwecks grundsätzlich auch eine kommunale Stiftung des öffentlichen Rechts errichten. Die in den Stiftungsgesetzen verschiedener Länder enthaltenen Legaldefinitionen der Stiftung öffentlichen Rechts erwähnen die Gemeinde bzw. den Gemeindeverband als in Betracht kommendes Muttergemeinwesen teilweise ausdrücklich (vgl. z. B. Art. 1 Abs. 2 bayStiG).

Auch die von den Stiftungen weltlichen Charakters abzugrenzenden **kirchlichen Stiftungen** können als Stiftung öffentlichen Rechts errichtet werden. Kirchliche Stiftungen staatlichen Rechts sind nach den Vorschriften der Landesstiftungsgesetze Stiftungen, deren Zweck ausschließlich oder überwiegend dazu bestimmt ist, kirchliche Aufgaben zu erfüllen und die organisatorisch mit einer Kirche verbunden sind. Von den kirchlichen Stiftungen staatlichen Rechts sind die kirchlichen Stiftungen kirchlichen Rechts zu unterscheiden, die die Kirchen als Körperschaften des öffentlichen Rechts im Rahmen der ihnen durch das Grundgesetz zugesicherten Organisationsgewalt (Art. 140 GG i. V. m. Art. 137 Abs. 3 WRV) zur Regelung innerkirchlicher Angelegenheiten ebenfalls als rechtsfähige Stiftungen des öffentlichen Rechts errichten können (*Andrick,* S. 43; zur Abgrenzung *BVerwGE* 46, 73 ff.). 24

Die Stiftung öffentlichen Rechts kommt sowohl als **selbstständige juristische Person** des öffentlichen Rechts als auch als **nicht-rechtsfähige, unselbstständige Einrichtung** vor. Im Gegensatz zu den fiduziarischen Stiftungen des Privatrechts, die nicht dem Stiftungsrecht, sondern dem Schuld- und Erbrecht des Bürgerlichen Gesetzbuches unterliegen, werden die nicht-rechtsfähigen Stiftungen des öffentlichen Rechts mit den rechtsfähigen Stiftungen öffentlichen Rechts grundsätzlich gleichbehandelt, wenn für die Verwaltung eines zur Erfüllung eines Zwecks an eine juristische Person des öffentlichen Rechts endgültig hingegebenen Stiftungsvermögens eine besondere Organisation besteht und das Stiftungsvermögen von dem sonstigen Vermögen der empfangenden juristischen Person des öffentlichen Rechts getrennt bleibt. Auf diese auch als unselbstständige staatliche Sondervermögen bezeichneten Einrichtungen finden die Rechtssätze Anwendung, die für das jeweilige Muttergemeinwesen maßgeblich sind. Auch die nicht-rechtsfähigen Stiftungen des öffentlichen Rechts unterliegen daher den Normen des Verwaltungsrechts. Sie sind mit der öffentlichen Verwaltung eng verbunden, auch wenn sie, im Unterschied zu den rechtsfähigen Stiftun- 25 gen des öffentlichen Rechts, keine eigenständigen Verwaltungsträger sind: Die Aufgaben und Interessen der nicht-rechtsfähigen Stiftung öffentlichen Rechts werden mangels eigener Rechtspersönlichkeit nicht von ihr selbst, sondern von dem jeweiligen Muttergemeinwesen wahrgenommen, in dessen Verwaltung die Stiftung trotz Abtrennung ihres Vermögens einbezogen ist (*von Campenhausen* in: Seifart/von Campenhausen, § 16, S. 453 Rdnr. 14f.).

4. Neuere Entwicklungen – insbesondere im Hochschulbereich

26 In den neunziger Jahren hat die öffentlich-rechtliche Stiftung einen **Wandel** vollzogen. Dieser ist dadurch gekennzeichnet, dass Gesetzgeber und Verwaltungen öffentlich-rechtliche Stiftungen errichtet haben, bei denen der Kapitalstock nur noch eine untergeordnete Rolle spielt. Die Stiftung wird in diesen Fällen als Rechtsträger benutzt, um verschiedene Zweckprogramme vor allem im kulturellen Bereich durch eine verselbstständigte Organisationseinheit umzusetzen. Man spricht deshalb in diesem Zusammenhang von einer **Instrumentalisierung der öffentlich-rechtlichen Stiftung** und fragt nach den Grenzen eines solchen Vorgehens (vgl. die Beiträge in *Mecking/Schulte*).

27 Besonders deutlich wird dieser Wandel am Beispiel des niedersächsischen Modells der **Stiftungs-Universität.** Es wird ermöglicht durch die Öffnungsklausel des § 58 Abs. 1 S. 2 HRG, die neben der klassischen, janusköpfigen Organisation der Universitäten als Körperschaften des öffentlichen Rechts und staatlicher Einrichtung auch die Nutzung anderer Rechtsformen zulässt. Auf dieser Grundlage hat der niedersächsische Landesgesetzgeber in §§ 1, 55ff. des niedersächsischen Gesetzes zur Hochschulreform (NHG) die Möglichkeit der Umwaltung der Universitäten in Stiftungen des öffentlichen Rechts eröffnet (dazu *Ipsen,* NdsVBl. 2003, 1ff.). Bei diesem Modell fungiert die rechtsfähige Stiftung des öffentlichen Rechts als Rechtsträger der Universität, die zugleich ihre körperschaftliche Binnenverfassung und damit die auch von §§ 36f. HRG nach wie vor geforderte mitgliedschaftliche Struktur beibehält, wie sich auch aus § 55 Abs. 2 NHG ergibt (sog. Trennungsmodell; zum alternativen Modell der vollständigen Umwandlung in eine Stiftung, sog. Einheitsmodell vgl. *Fehling,* S. 91ff.). Die Umwandlung in eine öffentlich-rechtliche Stiftung geht einher mit der Übertragung des Grundvermögens vom Land an die Universität, doch ändert dies nicht daran, dass über 90% des Haushalts der Universitäten, die diesen Wandel vollziehen, weiterhin aus dem Landeshaushalt zufließt. Auch die Anreize für private Zu-Stiftungen sind gering zu veranschlagen (*Fehling,* S. 101ff.) und lassen sich zudem auch in der herkömmlichen Rechtsform realisieren. Daran wird deutlich, dass der ursprüngliche Leitgedanke der Stiftung einer funktionalen Betrachtungsweise gewichen ist, bei der die Schaffung einer wirtschaftlich und rechtlich eigenständigen und eigenverantwortlichen Ver-

waltungseinheit im Vordergrund steht. Damit stellt sich zugleich die Frage, ob von der öffentlich-rechtlichen Stiftung als einer eigenständigen Rechtsform noch gesprochen werden kann, denn eine solche Rechtskonstruktion kann ohne Abstriche auch durch eine entsprechende gesetzliche Ausgestaltung der Anstalt und der Körperschaft des öffentlichen Rechts erreicht werden (siehe zu diesem Aspekt auch *Schulte,* Yearbook, S. 138). Es ist deshalb zu Recht betont worden, dass Vorteile einer solchen Rechtskonstruktion nicht oder kaum ersichtlich sind (*Fehling,* S. 93ff.).

II. Entstehung von öffentlich-rechtlichen Stiftungen

Die Entstehung einer rechtsfähigen Stiftung des Verwaltungsrechts setzt 28 zunächst die Errichtung der Stiftung durch einen schriftlichen **Stiftungsakt** voraus. Stifter kann jede natürliche oder juristische Person des privaten oder, was wohl am häufigsten zutreffen dürfte, des öffentlichen Rechts sein. Der Stiftungsakt, der insofern das Gegenstück zu dem auf die Errichtung einer Stiftung des Privatrechts abzielenden Stiftungsgeschäft ist, kann in einer rechtsgeschäftlichen Willenserklärung bestehen. Falls der Stifter eine juristische Person des öffentlichen Rechts ist, kann der Stiftungsakt auch als Verwaltungsakt oder in Form eines Gesetzes ergehen. Die neueren bundes- oder landesunmittelbaren Stiftungen des öffentlichen Rechtes wurden zum großen Teil durch Gesetz oder auf Grund eines Gesetzes (vgl. z.B. die Ermächtigung in § 10 rpStiG) errichtet.

In der Stiftungsurkunde müssen Zweck, Namen, Vertretung und Sitz der 29 Stiftung sowie Verwaltung und Verwendung des Stiftungsvermögens benannt werden (vgl. z.B. § 19 S. 1 bwStiG i.V.m. § 6 Abs. 1 bwStiG; § 10 Abs. 2 rpStiG i.V.m. § 5 Abs. 2 rpStiG). Dies ist auch dann erforderlich, wenn das Landesrecht diesbezüglich keine ausdrücklichen Regelungen enthält (*von Campenhausen* in: Seifart/von Campenhausen, § 18, S. 457 Rdnr. 3, Ebersbach, S. 193). Nach den Vorschriften einzelner Stiftungsgesetze muss (vgl. z.B. Art. 4 Abs. 2 bayStiG) bzw. soll (vgl. z.B. § 11 Abs. 1 rpStiG) die Stiftung in ihr ausdrücklich als Stiftung öffentlichen Rechts bezeichnet werden. Sowohl Vermögensausstattung als auch Stiftungsorganisation müssen von Anbeginn verbindlich festgelegt sein. Bei größeren Stiftungen, die hinsichtlich Organisation und Verwaltung einer umfangreicheren Regelung bedürfen, können diese der Regelung durch **Satzung** vorbehalten bleiben. Falls diese nicht gleichzeitig mit dem Stiftungsakt erlassen wird, reicht es aus, wenn der Stiftungsakt Organisations- und Verwaltungsgrundsätze sowie die Stelle bestimmt, welche die Satzung erlässt (*von Campenhausen* in: Seifart/von Campenhausen, § 18, S. 458 Rdnr. 3; *Ebersbach,* S. 193f.). Wird die Stiftung durch Gesetz errichtet, sind im Rahmen eines solchen Vorgehens Art. 80 Abs. 1 S. 2 GG bzw. die entsprechenden Bestimmungen der Landesverfassungen zu beachten (*BVerfGE* 10, 20 [49ff.]; *von Campenhausen* in: Seifart/von Campenhausen, § 18, S. 458 Rdnr. 3).

30 Neben der Errichtung der Stiftung bedarf es regelmäßig eines **staatlichen Hoheitsaktes** (der in den meisten Bundesländern als Genehmigung bezeichnet wird, vgl. z.B. Art. 4 bay StiG; § 10 Abs. 1 rpStiG), durch den die Stiftung als juristische Person des öffentlichen Rechts entsteht. Die staatliche Genehmigung wird als Verwaltungsakt erteilt; in der Genehmigung ist die Stiftung ausdrücklich als solche des öffentlichen Rechts zu erklären. Die Erteilung der Genehmigung steht im Ermessen der Behörde und ist zu versagen, wenn die nachhaltige Erfüllung des Stiftungszweckes aus dem Ertrag des Stiftungsvermögens nicht gesichert erscheint oder die Stiftung das Gemeinwohl gefährden würde (vgl. z.B. Art. 5 Abs. 1 bayStiG; § 3 Abs. 2 hessStiG). Zuständige Genehmigungsbehörde ist die Landesregierung oder derjenige Minister, zu dessen Geschäftsbereich der Stiftungszweck gehört oder die Bezirksregierung.

31 Einer besonderen Genehmigung bedarf es nicht, wenn die Stiftung durch Gesetz oder unter maßgeblicher Beteiligung der für die Genehmigung zuständigen Behörde errichtet wurde (vgl. § 18 Abs. 1 S. 2 bwStiG; Art. 4 S. 2 bayStiG; § 10 Abs. 1 rpStiG). Insbesondere im Falle der Errichtung der Stiftung durch Gesetz fallen Stiftungsakt und Verleihung der öffentlich-rechtlichen Rechtsfähigkeit dergestalt zusammen, dass der Stiftung bereits durch Erlass des Errichtungsgesetzes der Status einer juristischen Person des öffentlichen Rechts zuerkannt wird (*von Campenhausen* in: Seifart/von Campenhausen, § 18, S. 458 Rdnr. 4).

32 Schließlich kann eine öffentlich-rechtliche Stiftung auch dadurch entstehen, dass eine Stiftung des Privatrechts, die überragende Bedeutung für die Öffentlichkeit erlangt hat, durch staatlichen Hoheitsakt in eine Stiftung des öffentlichen Rechts umgewandelt wird. Dieser Sonderfall ist in § 20 rpStiG besonders geregelt.

33 Im Übrigen gilt für die **Umwandlung** wie auch für die **Aufhebung** einer Stiftung des öffentlichen Rechts § 87 BGB entsprechend, soweit diese nicht durch Landesgesetz besonders geregelt sind (so z.B. § 9 heStiG; Art. 15 bayStiG; § 21 bwStiG). Mit dem Erlöschen einer Stiftung öffentlichen Rechts fällt das Stiftungsvermögen im Wege der Gesamtrechtsfolge an die durch Gesetz oder Satzung festgelegte Person. Fehlt eine solche Bestimmung, ist das Muttergemeinwesen anfallsberechtigt (*Wolff/Bachof/Stober*, VerwR, Bd. 2, 5. Auflage 1987, § 103 VII., Rdnr. 9; *von Campenhausen* in: Seifart/von Campenhausen, § 18, S. 460 Rdnr. 11).

III. Leitungsorgane und Leitungsstrukturen von öffentlich-rechtlichen Stiftungen

34 Jede rechtsfähige Stiftung des öffentlichen Rechts muss eine **Stiftungsordnung** haben, die ihre Verfassung festlegt. Diese Stiftungsordnung ergeht als Stiftungsverfassung oder (Stiftungs-)Satzung.

Die Stiftungssatzung wird durch den Stiftungsakt bestimmt, sofern sie nicht auf der Grundlage spezieller Regelungen ergeht, und wird in diesem Falle in der Regel durch den Stifter selbst mit dem Stiftungsakt erlassen. Die Satzung kann auch zeitlich nachfolgend durch ein im Stiftungsakt bestimmtes, vom Stifter verschiedenes Subjekt erlassen werden (vgl. oben, II.) Bei Unvollständigkeit oder Fehlen kann die Aufsichtsbehörde die Stiftungssatzung im Rahmen des Genehmigungsverfahrens ergänzen bzw. selbst erlassen. Die Satzung kann im Rahmen des Stiftungsaktes und der einschlägigen gesetzlichen Bestimmungen nach Entstehung der Stiftung durch deren Organe geändert werden; hierfür ist im Grundsatz die Genehmigung der Aufsichtsbehörde erforderlich (vgl. nur Art. 8 Abs. 3 S. 1 bayStiG, § 21 rpStiG, § 49 Abs. 2 S. 3, Abs. 3 sh LVwG, während in Hessen nach § 9 Abs. 1 heStiG nur die Aufsichtsbehörde selbst die Stiftungsordnung nachträglich ändern kann, vgl. *von Campenhausen* in: Seifart/von Campenhausen, § 19, S. 461 Rdnr. 2). 35

Auch in der Satzung müssen Namen, Sitz, Zweckbestimmung und Vermögen der Stiftung angegeben sein. Die Satzung muss außerdem regeln, welche Organe für die Stiftung zu handeln berufen sind. Jede Stiftung muss zumindest einen Vorstand haben. Daneben können weitere Organe bestellt werden, z. B. ein Kuratorium (Stiftungsrat), ein Beirat und ein Geschäftsführer. Die Satzung kann auch vorsehen, dass Staats- oder kommunale Organe als Organe der Stiftung tätig werden. Organe kommunaler Stiftungen sind in der Regel die Gemeindeorgane (zur kommunalen Stiftung siehe oben, I.3.) Für die nicht-rechtsfähige Stiftung des Verwaltungsrechts werden, sofern nicht z. B. ein besonderes Kuratorium vorgesehen ist, die Organe der empfangenden Person im Wege der Institutionsleihe tätig. 36

Die dem Ziel der nachhaltigen Verwirklichung des Stiftungszwecks dienende Stiftungsverwaltung richtet sich in erster Linie nach den Regelungen des objektiven Rechts. Vorschriften über die Verwaltung der Stiftungen finden sich in einigen Stiftungsgesetzen und -betreffend die kommunalen Stiftungen- in den Gemeindeordnungen. Im Übrigen sind für die Verwaltung der Stiftung die Vorschriften der Stiftungsordnung maßgeblich. Fehlt eine ausdrückliche Regelung, entscheidet das zuständige Stiftungsorgan nach pflichtgemäßem Ermessen unter Beachtung der Grundsätze des allgemeinen Verwaltungs- und Stiftungsrechts (*von Campenhausen* in: Seifart/von Campenhausen, § 20, S. 465 Rdnr. 1). 37

Allgemeine Geltung beansprucht der Grundsatz, dass das Stiftungsvermögen gesondert zu verwalten und ungeschmälert zu erhalten ist. Es dürfen in der Folge nur seine Erträgnisse (Zinsen, Einnahmen aus Grundeigentum usw.) sowie Zuwendungen des Stifters oder von dritter Seite dem Stiftungszweck entsprechend verwendet werden (*Wolff/Bachof/Stober,* VerwR, Bd. 2, 5. Auflage 1987, § 103 IV, Rdnr. 5). Bloße Veränderungen des Grundstockvermögens sind jedoch oftmals unvermeidlich und daher unter der Voraussetzung zulässig, dass sie weder die Erfüllung des Stiftungszwecks 38 gefährden noch den Wert des Stiftungsvermögens mindern (*von Campenhausen* in: Seifart/von Campenhausen, § 20, S. 466 Rdnr. 5).

39 Für die Vermögensverwaltung der Stiftungen öffentlichen Rechts sind im weiteren insbesondere die speziell für diese Stiftungen geltenden Vorschriften maßgeblich, die sich z.B. aus dem Errichtungsgesetz ergeben. Fehlen solche Sonderregelungen, ist auf das allgemeine Haushaltsrecht der Bundeshaushaltsordnung bzw. der Landeshaushaltsordnungen zurückzugreifen. Aufgrund ihrer Verpflichtung zu sparsamer und wirtschaftlicher Haushaltsführung haben die Organe einer rechtsfähigen Stiftung des öffentlichen Rechts für jedes Rechnungsjahr einen Haushaltsplan aufzustellen. Dieser bedarf der Genehmigung durch die zuständige Behörde (so § 108 BHO für bundesunmittelbare Stiftungen, auf Länderebene z.B. Art. 24 bayStiG i.V.m. § 51 bayAVStiG, § 19 S. 2 bwStiftG i.V.m. § 108 bw LHO).

IV. Aufsicht über die öffentlich-rechtlichen Stiftungen

40 Im Grundsatz unterliegen alle Stiftungen einer staatlichen Stiftungsaufsicht. Diese soll gewährleisten, dass die Betätigung der Stiftung dem geltenden Recht und dem öffentlichen Interesse entspricht. Hierbei hat sie insbesondere darüber zu wachen, dass die Verwaltung der Stiftung im Einklang mit dem im Stiftungsgeschäft oder Stiftungsakt zum Ausdruck kommenden Stifterwillen steht. Die allgemeine Stiftungsaufsicht ist insofern auf Rechtsaufsicht beschränkt. Weiterreichende Maßnahmen aufsichtlicher Art können die jeweilige Stiftung in ihren (Grund-) Rechten verletzen: Staatliche Eingriffe in das Stiftungsleben dürfen nur insoweit erfolgen, als sie durch das öffentliche Interesse an der Erfüllung des Stiftungszwecks gerechtfertigt sind (*BVerwGE* 40, 347 (351). Die genannten Grundsätze der Beschränkung staatlicher Aufsicht auf Rechtsaufsicht gelten zumindest für alle öffentliche Zwecke verfolgenden Stiftungen, somit auch für solche des öffentlichen Rechts. Für private Stiftungen ist die Reichweite staatlicher Aufsicht zum Teil noch weiter eingeschränkt (*von Campenhausen* in: Seifart/von Campenhausen, § 21, S. 467 Rdnr. 1). Bei nicht-rechtsfähigen Stiftungen des Verwaltungsrechts tritt an die Stelle der Stiftungsaufsicht die Aufsicht über die empfangende juristische Person des öffentlichen Rechts.

41 Die **Staatsaufsicht** über Stiftungen des öffentlichen Rechts ist gesetzlich uneinheitlich geregelt. Die Stiftungsgesetze, welche die wesensmäßige Übereinstimmung der privatrechtlichen und der öffentlich-rechtlichen Stiftungen betonen, regeln die Aufsicht für beide Stiftungsarten (vgl. z.B. Art. 18ff. bayStiG, §§ 10ff. heStiG, §§ 26, 29ff. rpStiG). Ordnen die Landesgesetze die Stiftung öffentlichen Rechts dem Gefüge der (mittelbaren) Staatsverwaltung zu, regeln sie die Aufsicht als Unterfall der allgemeinen Staatsaufsicht über juristische Personen des öffentlichen Rechts (vgl. § 21 nrw LOG, § 28 bln AZG, § 21 saar LOG, §§ 50ff sh LVwG). Fehlen aufsichtsrechtliche Regelungen, müssen die entsprechenden Bestimmungen im Stiftungsakt

bzw. in der Stiftungsordnung getroffen werden. Doch auch ohne solche Bestimmungen gilt der Grundsatz, dass die Stiftung öffentlichen Rechts wesensnotwendig staatlicher Aufsicht unterworfen ist (*Ebersbach,* S. 210, *von Campenhausen* in: Seifart/von Campenhausen, § 21, S. 468 Rdnr. 2). Stellenweise werden die Vorschriften über die allgemeine Stiftungsaufsicht im Hinblick auf die Aufsicht über Stiftungen des öffentlichen Rechts durch Sonderregelungen ergänzt oder modifiziert: Einige Landesgesetze verweisen diesbezüglich auf die Regelungen der Gemeindeordnungen über die Kommunalaufsicht (so z.B. § 20 Abs. 2 bwStiG, § 52 S. 2 sh LVwG, § 21 i.V.m. § 20 Abs. 1 S. 2 saar LOG). Darüber hinaus treffen einige Landesgesetze spezielle Regelungen hinsichtlich der Aufsicht über behördlich verwaltete öffentlich-rechtliche Stiftungen: Danach ist die der verwaltenden Behörde vorgesetzte staatliche Behörde auch für die Aufsicht über die betreffende Stiftung zuständig, ohne dass sich am materiellen Gehalt der Stiftungsaufsicht als Rechtsaufsicht etwas ändern würde (§ 31 rpStiG, § 20 Abs. 5 S. 1 i.V.m. § 3 Abs. 3 bwStiftG). Die zuständige Aufsichtsbehörde hat Informations-, Beanstandungs- und Anordnungsrechte. Diese können gegebenenfalls mit Hilfe von Zwangsmitteln durchgesetzt werden.

Stiftungen des öffentlichen Rechts unterliegen außerdem einer **Finanzaufsicht** (vgl. für bundesunmittelbare Stiftungen §§ 104ff. BHO). Die Finanzaufsicht erfolgt durch die Aufstellung eines Haushaltsplanes, welcher der zuständigen Behörde zum Zwecke der Prüfung vorzulegen ist. Die Prüfung der Haushalts- und Wirtschaftsführung einer öffentlich-rechtlichen Stiftung erfolgt bei Fehlen anderweitiger Regelungen durch den jeweils zuständigen Rechnungshof (*von Campenhausen* in: Seifart/von Campenhausen, § 21, S 471 Rdnr. 13). 42

Aufsichtsbehördliche Maßnahmen besitzen für die betroffene öffentlich-rechtliche Stiftung Verwaltungsaktsqualität. Hat die Maßnahme belastenden Charakter, kann die Stiftung sich daher mit Hilfe einer verwaltungsgerichtlichen Anfechtungsklage gegen diese zur Wehr setzen (§ 42 Abs. 1, 1. Alt. VwGO). Begehrt sie von der Aufsichtsbehörde eine Genehmigung, kann diese mit der Verpflichtungsklage erstritten werden (§ 42 Abs. 1, 2. Alt. VwGO). 43

Dritter Abschnitt. Kooperation mit Privaten und Privatisierung

Vor § 90 Kooperations- und Privatisierungsformen

Schrifttum: *v. Arnim,* Rechtsfragen der Privatisierung, 1995; *Bauer, H.,* Privatisierung von Verwaltungsaufgaben, VVDStRL 54 [1995], 243 ff.; *Baumann, K.,* Private Luftfahrtverwaltung, 2002; *Biernat/Hendler* u.a. (Hg.), Grundfragen des Verwaltungsrechts und der Privatisierung, 1994; *Blanke/Trümmer* (Hg.), Handbuch Privatisierung, 1998; *Brede,* Grundzüge der öffentlichen Betriebswirtschaftslehre, 2001; *Büllesbach/Rieß,* Outsourcing in der öffentlichen Verwaltung, NVwZ 1995, 444 ff.; *Budäus* (Hg.), Organisationsmodelle öffentlicher Aufgabenwahrnehmung, 1998; *Burgi,* Funktionale Privatisierung und Verwaltungshilfe, 1999; *ders.,* Kommunales Privatisierungsfolgenrecht, NVwZ 2001, 601 ff.; *Däubler,* Privatisierung als Rechtsproblem, 1980; *Di Fabio,* Privatisierung und Staatsvorbehalt, JZ 1999, 585 ff.; *Dreier, H.,* Die drei Staatsgewalten im Zeichen der Europäisierung und Privatisierung, DÖV 2002, 537 ff.; *Ederer/Schuller,* Geschäftsbericht Deutschland AG, 1999; *Frank,* Umweltrecht und Wirtschaft, 2000, S. 106 ff.; *Ehlers,* Empfiehlt es sich, das Recht der öffentlichen Unternehmen im Spannungsfeld von öffentlichem Auftrag und Wettbewerb national und gemeinschaftsrechtlich neu zu regeln?, Gutachten E zum 64. DJT, 2002; *Frenz,* Liberalisierung und Privatisierung der Wasserwirtschaft, ZHR 2002, 307 ff.; *Gädeke,* Öffentliche und private Entsorgungsverantwortung, 2002; *Gramm,* Privatisierung und notwendige Staatsaufgaben, 2001; *Groß, C.,* Die Privatisierung ordnungsrechtlicher Genehmigungs- und Aufsichtsverfahren, 2000; *Gusy,* (Hg.), Privatisierung von Staatsaufgaben, 1998; *Häfelin/Müller,* Grundriss des Allgemeinen Verwaltungsrechts, 3. Aufl., 1998, § 21; *Hecker,* Wahrnehmung staatlicher Aufgaben durch Kapitalgesellschaften in privatem Anteilbesitz, DÖV 2001, 119 ff.; *Heimburg,* Verwaltungsaufgaben und Private, 1982; *Helm,* Rechtspflicht zur Privatisierung, 1999; *Hermes,* Staatliche Infrastrukturverantwortung, 1998; *Hoffmann-Riem/Schneider, J. P.* (Hg.), Verfahrensprivatisierung im Umweltrecht, 1996; *Hünnekens,* Rechtsfragen der wirtschaftlichen Infrastruktur, 1995; *Hufnagel/Dahlhoff,* Leasing: Sonderform der komm. Außenfinanzierung, VR 2002, 50 ff.; *Immenga,* in: Kreuzer (Hg.), Privatisierung von Unternehmen, 1995; *Ipsen, I.* (Hg.), Privatisierung öffentlicher Aufgaben, 1994; *Jacob/Kochendörfer,* Effizienzgewinne bei privatwirtschaftlicher Realisierung von Infrastrukturvorhaben, 2002 (Bundesanzeiger Beilage Nr. 124 a); *Jessen,* Die Privatisierung der Abwasserbeseitigung aus gebührenrechtlicher Sicht, 2001; *Kämmerer,* Privatisierung, 2001; *Knauss* (Hg.), Privatisierungs- und Beteiligungspolitik in der Bundesrepublik Deutschland, 1993; *König/Benz, B.,* (Hg.), Privatisierung und staatliche Regulierung, 1997; *Köster, B.,* Die Privatisierung der Bauleitplanverfahren und der Einsatz von Mediation, 2002; *Kreuzer* (Hg.), Privatisierung von Unternehmen, 1995; *Krölls,* Rechtliche Grenzen der Privatisierungspolitik, GewArch 1995, 129 ff.; *Kunert,* Vergaberecht und öffentliches Recht, 2003; *Lee,* Privatisierung als Rechtsproblem, 1998; *Löwer,* Der Staat als Wirtschaftssubjekt und Auftraggeber, VVDStRL 60 [2001], 416 ff.; *Lorse J.,* Ist die Bundeswehr privatisierbar?, RiA 2002, 16 ff.; *Mann,* Kritik am Konzept des Verwaltungsgesellschaftsrechts, Die Verwaltung 35 [2002], 463 ff.; *ders.,* Die öffentlichrechtliche Gesellschaft, 2002; *Mayen,* Privatisierung öffentlicher Aufgaben – Rechtliche Grenzen und Möglichkeiten, DÖV 2001, 110 ff.; *Mehde,* Ausübung von Staatsgewalt und Public-Private-Partnership, VerwArch 91 [2000], 540 ff.; *Michaelis, P.,* Wasserwirtschaft zw. Markt und Staat – zur Diskussion um die Liberalisierung der deutschen Wasserversorung ZögU 2001, 432, 447 ff.; 2001; *Möschel,* Notwendigkeit und Potentiale einer Aufgabenprivatisierung, in: FS für J. Schmidt, 1997, S. 351 ff.; *Müller, N.,* Rechtsformwahl bei der Erfüllung öffentlicher Aufgaben, 1993;

v. Münch, Staatsrecht II, 5. Aufl., 2002, S. 477 ff.; *Niklisch*, BOT-Projekte: Vertragsstrukturen, Risikoverteilung und Streitbeilegung, BB 1998, 2 ff.; *Oldiges* (Hg.), Daseinsvorsorge durch Privatisierung, 2001; *Paulweber/Weinand*, Europäische Wettbewerbspolitik und liberalisierte Märkte, EuZW 2001, 232 ff.; *Peine*, Grenzen der Privatisierung – verwaltungsrechtliche Aspekte, DÖV 1997, 353 ff.; *Pielow*, Grundstrukturen öffentlicher Versorgung, 2001; *Ronellenfitsch*, Staat und Markt, DÖV 1999, 705 ff.; *Schlette*, Die Verwaltung als Vertragspartner, 2000; *Schmehl*, Teilprivatisierung der Daseinsvorsorge, Demokratieprinzip und Gewinnerzielungsmaxime, JuS 2001, 232 ff.; *Schmidt, R.*, Privatisierung und Gemeinschaftsrecht, Die Verwaltung 28 [1995] S. 281 ff.; *ders*, Die Reform von Verwaltung und Verwaltungsrecht, VerwArch 91 [2000], S. 149 ff.; *Schmidt-Aßmann*, Verwaltungsrecht, S. 27 und 205 ff.; *Schmidt-Aßmann/Hofmann-Riem* (Hg.), Verwaltungsorganisationsrecht als Steuerungsressource, 1997; *Schmidt-Preuß*, Verwaltung und Verwaltungsrecht zwischen gesellschaftlicher Selbstregulierung und staatlicher Steuerung, VVDStRL 56 [1997], 160 ff.; *Schoch*, Privatisierung von Verwaltungsaufgaben, DVBl. 1994, 962 ff.; *Scholz*, Schlanker Staat tut not!, in: FS für Zacher, 1998, 987 ff.; *Schroeder*, Die Privatisierung öffentlicher Unternehmen und das EG-Beihilferecht, EWS 2002, 174 ff.; *Schuppert*, Verwaltungswissenschaft, 2000; *ders*, Innovationssteuerung im Verwaltungsorganisationsrecht, in: Hoffmann-Riem/Schneider (Hg.), Rechtswissenschaftliche Innovationsforschung, 1998, 171 ff.; *ders.*, Rückzug des Staates, DÖV 1995, 761 ff.; *ders.*, Die Privatisierungsdiskussion in der deutschen Staatsrechtslehre, StWiss 1994, 541 ff.; *ders.*, Die öffentliche Verwaltung im Kooperationsspektrum staatlicher und privater Aufgabenerfüllung, Die Verwaltung 31 [1998], S. 415 ff.; *ders.*, (Hg.), Jenseits von Privatisierung und „schlankem" Staat, 1999; *Stober*, Neuregelung des Rechts der öffentlichen Unternehmen, NJW 2002, 2357 ff.; *ders.*, Rückzug des Staates im Wirtschaftsverwaltungsrecht, 1997; *ders.*, in: Tettinger (Hg.) Rechtlicher Rahmen für Public-Private-Partnerships auf dem Gebiet der Entsorgung, 1994, 25 ff.; *Tettinger*, Die rechtliche Ausgestaltung von Public-Private-Partnerships, DÖV 1996, 764 ff.; *ders.*, Privatisierungskonzepte für Abfallwirtschaft, in: FS Friauf 1996, 569 ff.; *Theobald C.*, Zur Ökonomik des Staates, 2000; *Weiß*, Privatisierung und Staatsaufgaben, 2002; *Witte*, Privatisierung städtischer Aufgaben, Der Städtetag 1994, 523 ff.; *dies.*, Kriterien für die Privatisierbarkeit, in: Forschungsinstitut für Wirtschaftsverfassung und Wettbewerb (Hg.), Sicherung des Wettbewerbers im kommunalen Bereich, 1995, S. 71 ff.; *Wolfers*, Privatisierung und Verwahrung der öffentlich-rechtlichen Rechtsform: Der Modellfall Berliner Wasserbetriebe, NVwZ 2000, 765 ff.; *Wolff, H. A.*, Die Wahrung der Rechtsstellung von Beamten, die bei den privatisierten Unternehmen von Bahn und Post beschäftigt sind, AöR 127 [2002], 72 ff.; *Ziekow* (Hg.), Wirtschaft und Verwaltung vor den Herausforderungen der Zukunft, 2000.

I. Kooperation und Privatisierung als Ausdruck optionellen Verwaltungsorganisationsrechts

1. Verwaltungsorganisationsrecht als Optimierungs- und Steuerungsressource

1 Das Verwaltungsorganisationsrecht des kooperativ-arbeitsteilig ausgerichteten Staates (s.o. § 4 I 3 und § 34 I 2 und *Schuppert*, Verwaltungswissenschaft, 2000, S. 443 ff.) beschränkt sich nicht auf die Vorhaltung öffentlich-rechtlicher Organisationsformen (s. auch *Schmidt-Preuß*, VVDStRL 56 [1997], 160, 166 ff.). Vielmehr kommt der Gedanke des Gesamtrechtssystems als wechselseitige Auffangordnung (s. o. § 22 I m. w. N.) auch im Organisationsrecht zum Tragen (s. jüngst *R. Schmidt*, VerwArch 91 [2000], 149, 152 f.). Der Staat besitzt weitgehend **Kooperations- und Organisations-**

wahlfreiheit (s. auch o. § 22 II 1 und § 23 und jüngst *Mann,* Die öffentlich-rechtliche Gesellschaft, 2002, S. 39ff.), die sich vor dem Hintergrund eines permanenten Wandels öffentlicher Aufgaben an der **Funktionsfähigkeit und Optimierung der Verwaltungstätigkeit** orientieren muss (*Brede,* Grundzüge der öffentlichen Betriebswirtschaftslehre, 2001, S. 21ff. und 39ff.; *Schmidt-Aßmann* (Hg.), Verwaltungsorganisationsrecht als Steuerungsressource, 1997; *Budäus* (Hg.), Organisationsmodelle öffentlicher Aufgabenwahrnehmung, 1998; *Schmidt-Aßmann,* Verwaltungsrecht, S. 27 und 217).

2 Aus diesem Blickwinkel kann das Verwaltungsorganisationsrecht zugleich einen Beitrag zur Erneuerung und Fortentwicklung von Kooperations- und Organisationsformen leisten (*Schuppert,* in: Hoffmann-Riem/Schneider (Hg.), Rechtswissenschaftliche Innovationsforschung, 1998, S. 171ff.). Es ist außerdem Ausdruck der jeweiligen Diskussion um den Umfang der **Staats- und Verwaltungsaufgaben,** der rechts- und ordnungspolitisch nach unterschiedlichen Prinzipien organisiert sein kann. Legt man etwa das Subsidiaritätsprinzip (s. o. § 3 IV 4 und § 18 III 7) als Maßstab zugrunde, dann beschränkt sich die Verwaltung nur noch auf Kernaufgaben. Aber auch unabhängig davon bewirken Kooperation und Privatisierung einen **Rückzug des Staates** und anderer Verwaltungsträger aus bestimmten Aktivitäten, ohne dass dadurch Einfluss und Verantwortung zwingend geschmälert werden (ebenso *v. Münch,* Staatsrecht II, 5. Aufl., 2002, S. 478f.). Die neuen Begriffe lösen die traditionellen **Sammelbezeichnungen Daseinsvorsorge und öffentliche Unternehmen** weitgehend ab, denen wegen ihrer Heterogenität und Unbestimmtheit kaum mehr Abgrenzungsfunktion beizumessen ist (s. *Stober,* NJW 2002, S. 2357ff.; a. M. wohl *Mann,* Die öffentlich-rechtliche Gesellschaft, 2002, S. 5ff.). Angesichts dieser offenen Ausgangslage und der dargelegten großen rechtspolitischen Relevanz verwundert es nicht, dass sich die Themen Kooperation und Privatisierung großer juristischer Beliebtheit erfreuen und inzwischen eine Literaturflut ausgelöst haben, die fast inflationäre Züge annimmt (ähnlich *Di Fabio,* JZ 1999, 585; *Schlette,* Die Verwaltung als Vertragspartner, 2000, S. 131).

3 Im auf Reform und Modernisierung angelegten Verwaltungsstaat ist das **Organisationsrecht eine zentrale Steuerungsressource** und ein zentraler Baustein für eine **gute Verwaltung** im Sinne von **Good Governance** (*C. Theobald,* Zur Ökonomik des Staates, 2000, S. 231ff.). Das moderne Organisationsrecht eröffnet zahlreiche Optionen, die ihren Niederschlag in vielfältigen Kooperations- und Privatisierungstypen finden können. In diesem Gesamtzusammenhang sollen auch organisationsrechtliche Kooperationen dazu beitragen, staatliche Leistungsfähigkeit bei zunehmender Komplexität gesellschaftlicher Prozesse, Unsicherheiten von Entwicklungen und Ressourcenknappheit sicherzustellen (s. dazu *A. Benz,* Kooperative Verwaltung, 1994, 59; *Schuppert,* in: Budäus (Hg.), Organisationswandel öffentlicher Aufgabenwahrnehmung, 1998, S. 19ff.).

2. Zur Privatisierungsfähigkeit des Verwaltungsorganisationsrechts

Das relativ flexibel und gestaltungsoffen formulierte Verfassungsrecht steht 4
einer Zusammenarbeit mit Privaten und einer Privatisierung von Verwaltungsangelegenheiten grundsätzlich nicht entgegen (s. auch *Helm,* Rechtspflicht zur Privatisierung, 1999, S. 61; *H. Dreier,* DÖV 2002, 537 ff. m. w. N. S. 495). Ähnlich verhält es sich mit dem Gemeinschaftsrecht, dem eine allgemeine Kompetenz für die Verwaltungsorganisation fehlt und das deshalb nur punktuell staatliche Organisationsentscheidungen hinsichtlich einer Privatisierung beeinflusst (s. *v. Danwitz,* System, S. 200 ff.; *Weiß,* Privatisierung und Staatsaufgaben, 2002, S. 348 ff.) und im Übrigen nur ausnahmsweise **Privatisierungsschranken** im Sinne einer **Privatisierungsunfähigkeit** aufrichtet. Die Kooperations- und Privatisierungsdiskussion erfasst sämtliche Staats- und Verwaltungsfunktionen, weil sich die Rechtsproblematik der richtigen Verteilung der Staats-, Mit- und Eigenverantwortung nicht auf bestimmte Sektoren reduzieren lässt (s. dazu auch *Bauer,* VVDStRL 54 [1995], 255, 266; *H. Dreier,* DÖV 2002, 537 ff.).

3. Kooperation und Privatisierung als globale Entwicklung

Die Kooperation des Staates mit Privaten ist keine typisch deutsche oder 5
europäische Erscheinung (s. zur Schweiz *Häfelin/Müller,* Grundriss des Allgemeinen Verwaltungsrecht, 3. Aufl., § 21; zu Österreich *Raschauer,* Allgemeines Verwaltungsrecht, 1998, S. 66 ff.; *Stolzlechner/Stober* (Hg.), Übertragung von Aufgaben der staatlichen Gefahrenabwehr auf private Sicherheitsunternehmen, 2002 und zu Frankreich *Chapus,* Droit administratif général 1, 15. Aufl., 2001, S. 627 ff., 641 ff.; *Laubadère/Venezia/Gaudamet,* Droit administratif, 17. Aufl., 2002, S. 309 ff.; *Pielow,* Grundstrukturen öffentlicher Versorgung, 2001, S. 165 ff.). Es handelt sich vielmehr um eine globale Entwicklung (s. exemplarisch *Won-Woo Lee,* Privatisierung als Rechtsproblem, 1997; *Yih-nan Liaw,* in: Stober/Vogel (Hg.), Wirtschaftliche Betätigung der öffentlichen Hand, 2000, S. 267 ff., die durch WTO- und Gemeinschaftsrecht (s. etwa *Paulweber/Weinand,* EuZW 2001, 232 ff.) sowie die Auflösung der Sowjetunion zahlreiche Impulse erhalten hat (*C. Theobald,* Zur Ökonomik des Staates, 2000, S. 156 ff. m. w. N.).

II. Privatisierungsbegriff und Privatisierungsregeln

Auf den ersten Blick ist zweifelhaft, ob dem Begriff **Privatisierung** juris- 6
tische und verwaltungsrechtliche Relevanz beigemessen werden kann. Denn dieser Ausdruck ist relativ unbestimmt und nicht eindeutig gegenüber anderen Bezeichnungen klar abgrenzbar (s. jüngst *Gramm,* Privatisierung und notwendige Staatsaufgaben, 2001, S. 27). Deshalb wird in der Literatur teilweise angenommen, der Begriff Privatisierung habe keine rechtsdogmati-

sche, sondern lediglich heuristische Funktion (*Bauer,* VVDStRL 54 [1995], 243, 251; *Kämmerer,* Privatisierung, 2001, S. 36). Dieser Ansicht ist jedoch entgegenzuhalten, dass das Wort „Privatisierung" inzwischen Eingang in die Gesetzgebung gefunden hat (§ 7 I 2 BHO; § 123a BRRG) und es auch in den Nachbarwissenschaften Abgrenzungsfunktion besitzt (s. näher die Beiträge von *Budäus, Grande* und *Kißler,* in: Gusy (Hg.) Privatisierung von Staatsaufgaben, 1998, S. 12ff.). Insoweit handelt es sich um einen typischen **unbestimmten Rechtsbegriff,** der rechtsdogmatisch zu analysieren und zu bewerten ist (s. auch *J.-H. Arndt,* Die Privatisierung von Bundesfernstraßen, 1998, S. 4; *Di Fabio,* JZ 1999, 585; *Kämmerer,* Privatisierung, 2001, S. 8ff.). In diesem Zusammenhang kommt dem Verwaltungsrecht die Aufgabe zu, die unterschiedlichen Typen und Ziele herauszuarbeiten sowie nach allgemeinen Regeln und Abwägungsmechanismen zu suchen, die bei Privatisierungsvorgängen anwendbar sind (s. zusammenfassend *Lee,* Privatisierung als Rechtsproblem, 1997, S. 4ff.; *Burgi,* Funktionale Privatisierung und Verwaltungshilfe, 1999, 12ff.; *ders.*, NVwZ 2001, 601ff.).

7 Es ist allerdings rechtssystematisch wenig gewonnen, wenn der Privatisierungsbegriff so allgemein gefasst wird, dass Abgrenzungen und Rechtsfolgen kaum mehr ableitbar sind, gleichzeitig aber wichtige Erscheinungsformen ausgeklammert werden. Das ist etwa bei der Definition von *Kämmerer* (Privatisierung, 2001, S. 37) der Fall, der unter Privatisierung jede Form der Abgabe von Rechtsmacht durch den Staat zugunsten von Personen des Privatrechts versteht, wobei unter diese natürliche Personen und jede Art von privatrechtlich organisierten Rechtssubjekten ohne Rücksicht auf den Anteilseigner fallen sollen. An dieser Umschreibung ist zu kritisieren, dass sie einerseits zu sehr auf die Abgabe von Rechtsmacht an Privatpersonen abstellt, die etwa bei der formellen Privatisierung entfällt (kritisch auch *Weiß,* Privatisierung und Staatsaufgaben, 2002, S. 30, Rn. 128 und S. 48ff.). Andererseits ist die Definition problematisch, weil etwa die verwaltungsreal besonders relevanten Public-Private-Partnerships nicht unter diese Formel subsumiert werden (*Kämmerer,* a.a.O., S. 57f.). Der stattdessen verwendete Generalabgrenzungsbegriff Popularprivatisierung (*Kämmerer,* a.a.O., S. 38 und 44ff.) ist wegen seiner inhaltlichen Unbestimmtheit und irreführenden Richtungsweisung im Sinne einer Volksbeteiligung abzulehnen, die allenfalls bei wenigen materiellen Privatisierungen relevant wird, wobei der Beteiligungsaspekt aber nicht im Vordergrund steht.

8 Konturen kann der Privatisierungsbegriff zunächst dadurch gewinnen, dass man die einschlägigen Rechtsregeln für Privatisierungssachverhalte ermittelt. Angesicht der Komplexität der Thematik verwundert es nicht, dass neben **gemeinschaftsrechtlichen und verfassungsrechtlichen Bestimmungen** zahlreiche **verwaltungs- und privatrechtliche Materien** einschlägig sind, die in einem Gesamtzusammenhang gesehen werden müssen und mit **strafrechtlichen Normen** abzustimmen sind. Im Einzelnen tangiert das **Privatisierungsrecht** folgende Rechtsmaterien:

- EU-Recht (Primär- und Sekundärrecht),
- Grundgesetz und Landesverfassungen,
- Wettbewerbsrecht (§§ 97ff. GWB),
- Dienstvertragsrecht (§ 613a BGB),
- Haushaltsrecht (§ 7 BHO),
- Kommunalrecht,
- Haftungsrecht,
- Steuer- und Abgabenrecht,
- Arbeits- und Personalvertretungsrecht,
- Allgemeines Verwaltungsrecht (Behördenbegriff),
- Datenschutzrecht,
- Vertragsrecht (Verwaltungskooperationsrecht),
- Gesellschaftsrecht (Verwaltungsgesellschaftsrecht),
- Umwandlungsrecht,
- Verbraucherrecht,
- Besonderes Verwaltungsrecht (gesetzliche Regelung der Einschaltung Dritter in Verwaltungsaufgaben),
- Strafrecht (Amtsträgerbegriff – § 11 StGB, BayOLG, NJW 1996, 268; BGH, NJW 1996, 3158 und BGH, NJW 1999, 2378f.).

III. Erscheinungsformen der Kooperation und Privatisierung

1. Allgemeine Erscheinungsformen

Gesetzgebung, Literatur, Rechtsprechung und Verwaltungspraxis unter- 10
scheiden zahlreiche Privatisierungsalternativen. Sie stehen aber mangels einheitlicher Begriffsbildung (s. auch *Schmidt-Preuß,* VVDStRL 56 [1997], 160, 168) nicht überschneidungsfrei nebeneinander, sondern differenzieren nach verschiedenartigen Kriterien, die auch kombiniert werden können und als Mischformen in Erscheinung treten (s. auch *Bauer,* VVDStRL 54 [1995], 252; *Brede,* Grundsätze der öffentlichen Betriebswirtschaftslehre, 2001, S. 39ff.). Teilweise kommt in den gewählten Bezeichnungen die Nähe oder Distanz zu den traditionellen öffentlich-rechtlichen Organisationserscheinungen zum Ausdruck. Angesichts des gegenwärtigen Forschungsstandes ist eine abschließende Typisierung und verwaltungsrechtliche Systematisierung nicht möglich (s. auch *Stober,* in: Tettinger (Hg.), Rechtlicher Rahmen für Public-Private-Partnerships auf dem Gebiet der Entsorgung, 1994, 25, 28). Deshalb besitzt die nachfolgende Übersicht und Kategorisierung zunächst informierenden und empirischen Charakter (s. näher Monopolkommission, Hauptgutachten 1990/91, 1992, S. 22ff.; *Lee,* Privatisierung als Rechtsproblem, 1997, 20ff. und 148ff.; Sachverständigenrat „Schlanker Staat“ (Hg.) Leitfaden zur Modernisierung von Behörden 1997; S. 131; *Gramm,* Privatisierung und notwendige Staatsaufgaben, 2001, S. 107ff.; *Helm,* Rechtspflicht zur Privatisierung, 1999, S. 27ff.).

Formelle Privatisierung oder Organisationsprivatisierung

11 Hier bedient sich die öffentliche Hand der Organisationsformen des Privatrechts. Sie wechselt also lediglich das Rechtskleid, weshalb auch von „unechter" oder **„Scheinprivatisierung"** die Rede ist (s. u. § 91). Diese Privatisierungsform wird gewählt, um die Flexibilität der Aufgabenerfüllung zu verbessern (*Weiß,* Privatisierung und Staatsaufgaben, 2002, S. 30). Ordnungspolitisch findet keine Veränderung statt, sondern Verwaltungsrecht wird lediglich in Privatrechtsform ausgeführt, wobei **Verwaltungsprivatrecht** gilt (s. o. § 23 V 2). Die formelle Privatisierung kann Zwischenziel einer geplanten materiellen Privatisierung sein. Privatrechtlich organisierte Verwaltungsunternehmen (s. u. § 91) sind typischerweise sogenannte **öffentliche Unternehmen** (s. näher *Mann,* Die öffentlich-rechtliche Gesellschaft, 2002) und gemischtwirtschaftliche Unternehmen, die teilweise in von öffentlich-rechtlichen Mutterträgern beherrschten **Konzernen** und **Holdinggesellschaften** eingebunden sind (*Held,* WiVerw 1998, 264; *Leonhardt,* in: Eichhorn/Reichard/Schuppert (Hg.), Kommunale Wirtschaft im Wandel, 2000, S. 61, 70ff; *Gersdorf,* Öffentliche Unternehmen im Spannungsfeld zwischen Demokratie- und Wirtschaftlichkeitsprinzip, 2000, S. 334 ff.; BerlVerfGH DVBl. 2000, 51 und dazu *Schmehl,* JuS 2001, 233; *Wolfers,* NVwZ 2000, 765; *Schuppert,* Verwaltungswissenschaft, 2000, S. 842 ff.). Gelegentlich wird auch die Beleihung unter den Begriff formelle Privatisierung subsumiert (so *Weiß,* Privatisierung und Staatsaufgaben, 2002, S. 39 ff.). Diese Zuordnung ist abzulehnen, weil bei einer Beleihung keine privatrechtliche Form vorliegt, da auch der Beleihungsakt öffentlich-rechtlich ist.

Vermögensprivatisierung

12 Sie betrifft den Verkauf von Vermögenswerten öffentlich-rechtlicher Verwaltungsträger an Private (*Bauer,* VVDStRL 54, 243, 251) und wird teilweise als Erscheinungsform der materiellen Privatisierung qualifiziert (*Weiß,* Privatisierung und Staatsaufgaben, 2002, S. 35 f.).

Beispiele: Veräußerung von Beteiligungen an Industrie-, Handels-, Bank- und Dienstleistungsunternehmen (s. näher *Kämmerer,* Privatisierung, 2001, S. 418 ff.).

Materielle Privatisierung oder Aufgabenprivatisierung

13 Dabei handelt es sich um eine Übertragung bestimmter Aufgaben auf einen privaten Träger, der zugleich die volle Verantwortung für die Aufgabenerledigung übernimmt (s. u. § 93). In diesem Zusammenhang wird auch von **Entstaatlichung** oder **Entkommunalisierung** oder „echter" bzw. einer „Privatisierung im engen Sinne" gesprochen (s. näher *Schoch,* DVBl. 1994, 962; *Bauer,* VVDStRL 54, 243), weil eine Verlagerung der staatlichen Betätigung in den privaten Sektor erfolgt. Die Entstaatlichung führt zur Entlassung in den wettbewerblich strukturierten Markt, wobei im Einzelfall auch eine Volksteilhabe im Sinne einer **Aktienprivatisierung** beabsichtigt sein kann.

Beispiel: Ein Verwaltungsträger gründet eine AG, deren Aktien von dem Verwaltungsträger gehalten werden. Nach Aufgabe der Kapitalmehrheit liegt eine materielle Privatisierung vor (s. für die Deutsche Post AG, G v. 18. 1. 2002, BGBl. I, S. 416ff.)

Eigentumsprivatisierung

Die Bezeichnung Eigentumsprivatisierung wird verwendet im Sinne der **Treuhandprivatisierung** nach Art. 25 EV oder der Übertragung von kommunalem Eigentum auf Private (*Weiss,* Erwerb, Veräußerung und Verwaltung von Vermögensgegenständen durch die Gemeinden, 1991). Diese Privatisierungsform wird auch als Vermögensprivatisierung qualifiziert. 14

Handlungsformprivatisierung

Der Begriff Handlungsformprivatisierung ist eine andere Formulierung für privatrechtliches Verwaltungshandeln (s. o. §§ 22 und 23), wobei sich die öffentliche Hand teilweise Privater bedient, um ihre Verwaltungsaufgaben zu erfüllen. Insoweit liegt eine bestimmte Nähe zur funktionalen Privatisierung vor (s. näher *Burgi,* Funktionale Privatisierung und Verwaltungshilfe, 1999, 100ff.; *ders.,* Die Verwaltung 33 [2000], 183ff.). 15

Funktionale Privatisierung

Dieser Ausdruck bedeutet, dass einem Privaten die zur öffentlich-rechtlichen Aufgabenerfüllung notwendigen Realhandlungen übertragen werden, ohne dass die Aufgabenträgerschaft und die Leistungsverantwortung wechselt. Der Private erbringt lediglich einen vorbereitenden oder durchführenden Teilbeitrag mit funktionalem Bezug zu einer öffentlich-rechtlichen Aufgabe, wobei der Teilbeitrag ausgelagert wird. Wegen dieser begrifflichen Besonderheiten ist folgerichtig auch von **Teilprivatisierung, Durchführungs- oder Erfüllungsprivatisierung, Dienstleistungsprivatisierung** oder von **„contracting out“** sowie **„outsourcing“** die Rede (Monopolkommission, BT-Ds. 12/3031, Tz. 44; *Schoch,* DVBl. 1994, 961, 963; *Immenga,* in: Kreuzer (Hg.), Privatisierung von Unternehmen, 1995; *Büllesbach/Rieß,* NVwZ 1995, 445ff.; *Bauer,* VVDStRL 54 [1995], 243, 252; *ders.,* in: FS Knöpfle, 1996, 11ff., 22; *Burgi,* Funktionale Privatisierung und Verwaltungshilfe, 1999, 71ff., 100ff., 145ff.; *ders.,* in: Stober (Hg.), Public-Private-Partnerships und Sicherheitspartnerschaften, 2000, 65, 72ff.; *Brede,* Grundzüge der öffentlichen Betriebswirtschaftslehre, 2001, S. 42f.). Teilweise wird die funktionale Privatisierung auch als Spielart der materiellen Teilprivatisierung betrachtet. Die funktionale Privatisierung ist zunächst **Verwaltungshilfe** (*Weiß,* Privatisierung und Staatsaufgaben, 2002, S. 36ff.). Sie erfasst aber auch den Terminus **Public-Private-Partnerships** (*Burgi,* Die Verwaltung 33 [2000], 183, 185; *Mehde,* VerwArch 91 [2000], 540, 543). 16

Beispiele: Fremdvergabe von Neben- oder Hilfstätigkeiten wie Grünflächenpflege bei Bundesfernstraßen; Erschließung von Baugebieten; Erhebung und Aufbereitung von Daten (*Büllesbach/Rieß,* NVwZ 1995, 445ff.); Einsatz von Abschleppunternehmern; Überwachung staatlicher Gebäude und Verkehrsanlagen; § 16 I KrW/AbfG; Flottenmanagement der Bundeswehr (s. näher *Kunert,* Vergaberecht und öffentliches Recht, 2003; *Lorse,* RiA 2002, 16ff.); § 18a II 3 WHG (*Zacharias,*

DÖV 2001, 545 ff.; *Jessen,* Die Privatisierung der Abwasserbeseitigung, 2001, S. 61 f.; BGH, NVwZ 2002, 893 f.).

Finanzierungsprivatisierung

17 Bei dieser Form handelt es sich um die Bereitstellung privater Geldmittel zur Realisierung öffentlicher Vorhaben (s. *Grupp,* DVBl. 1994, 140 ff.; *Püttner,* in: FS Friauf 1996, 729 ff; *J.-H. Arndt,* Die Privatfinanzierung von Bundesfernstraßen, 1998; Sachverständigenrat „Schlanker Staat", (Hg.), Materialband, 1997, S. 247 ff.; *Zeiss,* NVwZ 1998, 467 ff.; *Niklisch,* BB 1998, 2 ff.; *Hufnagel/Dahlhoff,* VR 2002, 50 ff. und zu den haushaltsverfassungsrechtlichen Grenzen RPVerfGH NVwZ-RR 1998, 145 ff.; BVerwG UPR 1999, 355). Neben der Kapitalbeschaffung können auch Überlegungen einer Kostenverlagerung vom Steuer– auf den Gebührenzahler im Vordergrund stehen (*C. Theobald,* Zur Ökonomik des Staates, 2000, S. 158 m. w. N.).

Beispiele: Leasing, Mauterhebung (*Kämmerer,* Privatisierung 2001, S. 342 ff.).

Verfahrensprivatisierung

18 Dabei handelt es sich um die Beteiligung Privater an einem Verwaltungsverfahren oder die Übertragung einzelner oder sämtlicher Verfahrensschritte eines Verwaltungsverfahrens auf Privatpersonen (*Hoffmann-Riem,* DVBl. 1996, 225 ff.; *Hoffmann-Riem/Schneider* (Hg.), Verfahrensprivatisierung im Umweltrecht, 1996; *Schmidt-Preuß,* VVDStRL 56 [1997], 160, 168; *Burgi,* Funktionale Privatisierung und Verwaltungshilfe, 1999, S. 96 f.; *C. Groß,* Die Privatisierung ordnungsrechtlicher Genehmigungs- und Aufsichtsverfahren, 2000; *B. Köster,* Die Privatisierung des Bauleitplanverfahrens und der Einsatz von Mediation, 2002; *Kämmerer,* Privatisierung, 2001, S. 408 ff.; *Gramm,* Privatisierung und notwendige Staatsaufgaben, 2001, S. 164 ff.; unzutreffend *Di Fabio,* JZ 1999, 585, 589). Sie ist von der Bürgerbeteiligung bei Verwaltungsverfahren zu unterscheiden (kritisch *Weiß,* Privatisierung und Staatsaufgaben, 2002, S. 43).

Beispiele: Einschaltung privater Konfliktmittler (Mediatoren), Projektmanager.

Soziale Privatisierung

19 Diese Privatisierungsform betrifft die Übertragung öffentlicher Aufgaben auf gemeinnützige Organisationen, die nicht gewinnorientiert, sondern gemeinwohlorientiert arbeiten.

Beispiele: Krankenhäuser, Kindergärten.

Personalprivatisierung

20 Eine Personalprivatisierung liegt dann vor, wenn der Rückzug des Staates darin besteht, weniger Personal einzusetzen, das in einem öffentlich-rechtlichen Dienst- und Treueverhältnis steht (s. *Gramm,* VerwArch 90 [1999], 329 ff.; *ders.,* Privatisierung und notwendige Staatsaufgaben, 2000, S. 420 ff.; *H. A. Wolff,* AöR 127 [2002], 72 ff.; *Böhm/H. P. Schneider,* „Beamtenprivatisierung" bei der Deutschen Bahn AG, 2002).

2. Weitere Privatisierungsformen

21 Eine weitere Abschichtung der Erscheinungsformen der Kooperation mit Privaten und der Privatisierung kann danach erfolgen, ob es sich um eine **verwaltungsintern oder verwaltungsextern wirkende Privatisierung** handelt (s. zu dieser Differenzierung schon *Stober* in: Tettinger (Hg.), Rechtlicher Rahmen, a.a.O., S. 28; *O. Schmidt,* Das DSL-Bank-Modell, 1992, S. 22). Eine verwaltungsinterne Privatisierung ist gegeben, wenn die Aufgaben- und Entscheidungsverantwortung bei dem öffentlichen Aufgabenträger verbleibt.

Beispiele: Formelle Privatisierung oder Organisationsprivatisierung, „Park"-Privatisierung als Zwischenlösung, um eine beabsichtigte materielle Privatisierung vorzubereiten (Veräußerung von Bundesvermögen an eine privatrechtlich organisierte staatliche Bank); Beihilfeoutsourcing (s. *Battis,* ZBR 2000, 145ff.).

22 Ferner ist eine rechtliche Vorordnung danach möglich und hinsichtlich der gesetzlichen Zulässigkeit notwendig, ob eine **Teil- oder Vollprivatisierung** vorliegt. Die Teilprivatisierung erschöpft sich als Variante der funktionalen Privatisierung in der Erbringung klar abgrenzbarer Teilbeträge zur Erfüllung öffentlicher Aufgaben (s. zu dieser Abgrenzung auch *Stober,* in: Tettinger (Hg.), Rechtlicher Rahmen, a.a.O., S. 25, 33; *O. Schmidt,* Das DSL-Bank-Modell, 1992; S. 28; *Tettinger,* DÖV 1996, 764ff.; *Bauer,* in: FS Knöpfle, 1996, S. 11, 22f.; BerlVerfGH NVwZ 2000, 794ff. und dazu *Wolfers,* NVwZ 2000, 765ff. sowie *Schmehl,* JuS 2001, 232ff.). Sie liegt darüber hinaus dann vor, wenn die öffentliche Hand gesellschaftsrechtlich mit Privaten kooperiert (s. auch *Helm,* Rechtspflicht zur Privatisierung, 1999, 31). Eine Teilprivatisierung kommt vornehmlich in Betracht, wenn eine Vollprivatisierung aus verfassungsrechtlichen Gründen ausscheidet oder politisch unerwünscht ist.

Beispiele: Statt einer unzulässigen Vollprivatisierung des Strafvollzugs ist eine Teilprivatisierung im Strafvollzug möglich (*Bonk,* JZ 2000, 435, 437; *Stober* (Hg.), Privatisierung im Strafvollzug, 2001; *Kulas,* Privatisierung hoheitlicher Verwaltung, 2001). Statt einer Privatisierung der Bundeswehrverwaltung ist eine Teilprivatisierung einzelner Verwaltungssektoren (Beschaffung, Gebäude- und Flottenmanagement) denkbar, wie sie von der als Holding fungierenden Gesellschaft für Entwicklung, – Beschaffung und Betrieb – GEBB – praktiziert wird – (s. näher *Lorse,* RiA 2002, 16ff.; *Kunert,* Vergaberecht und öffentliches Recht, 2003). Statt einer Vollprivatisierung der Luftverkehrsverwaltung ist eine Delegation von Hoheitsrechten zulässig (*K. Baumann,* Private Luftfahrtverwaltung, 2002). Teilprivatisierung der juris GmbH, um die technologische Kompetenz und Wettbewerbsfähigkeit zu steigern.

IV. Rechtstatsächliche Kooperations- und Privatisierungspotentiale

23 Um besser ermessen zu können, welche Verwaltungssegmente bei der Beteiligung von Privaten und der Privatisierung von Verwaltungsaufgaben auf der Bundes-, Landes- und Kommunalebene zur Diskussion stehen, listet die nachfolgende Übersicht die potentiellen Sektoren auf (*Knauss* (Hg.) Privatisierungs- und Beteiligungspolitik in der Bundesrepublik Deutsch-

land, 1993; *Puhl,* Budgetflucht und Haushaltsverfassung, 1996, S. 92 ff.; s. näher Sachverständigenrat „Schlanker Staat" (Hg.), Abschlußbericht Band 2, Materialband, 1997, S. 229 ff.; Bund der Steuerzahler (Hg.), Durch Einsparungen die Lasten mindern, Heft 89, 1998, S. 337 ff., *Hermes,* Staatliche Infrastrukturverantwortung. 1998, S. 162 ff.; *Helm,* Rechtspflicht zur Privatisierung, 1999, S. 41 ff.; *Gramm,* Privatisierung und notwendige Staatsaufgaben, 2001, S. 114 ff.; Bundesministerium der Finanzen (Hg.), Beteiligungsbericht 2002).

24

Privatisierungsfeld	**Klassische Zuordnung**	**Aktuelle Zuordnung**
Versorgung und Entsorgung		
Stromnetz	Staat/Privat	Staat/Privat
Stromproduzenten	Staat/Privat	Staat/Privat
Erdgasnetz	Privat	Privat
Erdgasproduzenten	Privat	Privat
Erdölpipelines	Privat	Privat
Erdölproduzenten	Privat	Privat
Wassernetz	Staat/Privat	Staat/Privat
Abfallentsorgung	Kommunal	Kommunal/Privat
Abwasserentsorgung	Kommunal	Kommunal/Privat
Verkehrswege		
Straßen	Staat	Staat/Privat
Nebenanlagen/Notruf	Staat	Privat
Schienen	Staat	Privat
Flughafen	Staat	Privat
Wasserwege	Staat	Staat/Privat
Verkehrsleitsysteme	Staat	Staat/Privat
Verkehrsträger		
Pkw/Lkw	Privat	Privat
ÖPNV	Staat/Privat/Komm.	Staat/Privat/Komm.
Bahn	Staat	Privat
Fluggesellschaften	Staat	Privat
Schifffahrt	Privat	Privat
Kommunikation		
Datenleitung	Staat	Privat
Datenübertragung	Staat	Privat
Paketdienste	Staat	Privat
Briefdienst	Staat	Privat
Rundfunk/Fernsehen	Staat	Staat/Privat

Privatisierungsfeld	Klassische Zuordnung	Aktuelle Zuordnung
Betriebe und Einrichtungen		
Sporteinrichtungen	Kommunal	Kommunal/Privat
Bildungseinrichtungen	Staat/Privat	Staat/Privat
Kultureinrichtungen	Staat/Privat	Staat/Privat
Messeeinrichtungen	Staat/Privat	Staat/Privat
Bankeinrichtungen	Staat/Privat	Staat/Privat
Sozialeinrichtungen	Kommunal/Privat	Kommunal/Privat
Versicherungseinrichtungen	Staat/Privat	Privat
Wohnungsunternehmen	Staat/Privat	Privat
Verkehrseinrichtungen	Staat/Privat	Privat

V. Kooperations- sowie Privatisierungsmotive und Gegenargumente

1. Kooperations- und Privatisierungsmotive

Privatisierungen sind Folge unterschiedlicher Motive, die teilweise bereits angeklungen sind (s. etwa *Lee,* Privatisierung als Rechtsproblem, 1997, S. 51 ff.):

- **Haushaltspolitisch** steht die Entlastung öffentlicher Haushalte (*E. Wais,* DÖV 1982, 181 ff.) im Interesse der Haushaltskonsolidierung (Abbau von Staatsdefiziten) und der Zurückgewinnung finanzpolitischer Handlungsspielräume im Vordergrund (sog. „Diktat der leeren Kassen"). Teilweise wird die Finanzpolitik und die Notwendigkeit privater Kapitalbeschaffung auch durch die Beteiligung von Aktionären als wahre Antriebskraft der Privatisierung charakterisiert (*Osterloh,* VVDStRL 54 [1995] 204, 213; *Brede,* Grundzüge der öffentlichen Betriebswirtschaftslehre, 2001, S. 47). 25
- **Ordnungspolitisch** geht es um die Kernfrage Staat oder Markt, die gegenwärtig vornehmlich unter den Direktiven **„Schlanker Staat"** und **„Aktivierender Staat"** (s. näher Sachverständigenrat „Schlanker Staat" (Hg.) Abschlussbericht, Band 1, Materialband, Band 2 und Leitfaden zur Modernisierung von Behörden, Band 3, 1997; Bundesregierung (Hg.), Moderner Staat – Moderne Verwaltung, Kabinettsbeschluss v. 1. 12. 1999) steht und auf eine **Rückführung staatlicher Monopole** (s. dazu *Langer,* Monopole als Handlungsinstrumente der öffentlichen Hand, 1998) und staatlicher Verwaltungstätigkeit nach dem Motto **„The state is rolling back"** gerichtet ist (s. näher *Stober,* Allgemeines Wirtschaftsverwaltungsrecht, 13. Aufl., § 2 VIII 2b; *Gramm,* Privatisierung und notwendige Staatsaufgaben, 2001, 92 ff.). Dabei ist Privatisierung nicht isoliert, sondern 26

im Kontext mit den Themen **Deregulierung und Entbürokratisierung** zu sehen, die gleichfalls die Grenzziehung zwischen Staat und Markt betreffen (s. näher *Stober,* Allgemeines Wirtschaftsverwaltungsrecht, § 2 VIII 2 b m.w.N.; *Helm,* Rechtspflicht zur Privatisierung, 1999, S. 33ff.; *Burgi,* Funktionale Privatisierung und Verwaltungshilfe, 1999, S. 2.). Die ordnungspolitische Debatte leidet aber unter dem von der ökonomischen Theorie entwickelten **Gefangenen-Dilemma.** Während einzelne Gruppen stets bestrebt sein werden, für sich Monopole und öffentliche Aufgaben zu reklamieren, fordern sie für andere Sektoren eine Privatisierung. Denn bei dieser Konstellation bleibt die Antiprivatisierungsgruppe in einer vorteilhaften Position, weil sie die öffentlich-rechtlichen Privilegien behält.

27 – **Gesellschaftspolitisch** wird zum einen die **Stärkung der Eigenverantwortung** von Wirtschaft und Bürgern bezweckt (§ 7 III UGB-KomE; *Scholz,* in: FS Zacher 1998, S. 987, 1016), die als Ausdruck einer **neuen Verantwortungsteilung** bezeichnet wird (s. näher zur Eigenverantwortung *Stober,* Allgemeines Wirtschaftsverwaltungsrecht, § 2 I 5 m.w.N.; *Lee,* Privatisierung als Rechtsproblem, 1997, S. 56ff.). Zum anderen sollen Privatisierungen und Kooperationen dem gewaltigen Innovationsbedarf der Verwaltung in der Dienstleistungs- und Informationsgesellschaft angemessen Rechnung tragen.

28 – Aus dem Blickwinkel der **Wirtschaftlichkeit und Sparsamkeit** im Sinne der §§ 6f. BHO bietet sich eine Kooperation oder eine materielle Privatisierung an, wenn die Aufgabe durch Privatpersonen kostengünstiger erledigt und die Einrichtung preiswerter betrieben werden kann (s. *v. Arnim/Lüder* (Hg.), Wirtschaftlichkeit in Staat und Verwaltung, 1993). Ob dies zutrifft, hängt von Kalkulationsvergleichen ab, die alle wesentlichen Entscheidungskriterien berücksichtigen müssen. Hierzu wurde in Großbritannien ein sog. **Public-Service-Comparator** entwickelt, dessen methodische Ansätze inzwischen auch in Deutschland angewendet werden (*Jacob/Kochendörfer,* Effiziensgewinne bei privatwirtschaftlicher Realisierung von Infrastrukturvorhaben, 2002, S. 107ff.).

29 – Vor dem Hintergrund einer **effizienten Produktion von Waren und Diensten** können Effizienzvorteile auf Grund **Nutzung privaten Sachverstandes** für eine Privatisierung sprechen (s. näher *Schmidt-Aßmann,* in: ders./Hoffmann-Riem (Hg.), Verwaltungsorganisationsrecht als Steuerungsressource, 1997, S. 40f.; *Siekmann,* in: Stober/Vogel (Hg.), Wirtschaftliche Betätigung der öffentlichen Hand, 2000, 103, 129ff.). Sie können sich ferner in Zeitvorteilen (Einkauf von Zeit) niederschlagen, da die private Leistungseinbringung eine schnellere Realisierung als bei einem staatlichen Vorlauf gestattet (Sachverständigenrat zur Begutachtung der gesamtwirtschaftlichen Entwicklung, Jahresgutachten 1990/91, BT-Ds. 11/8472, S. 251ff. und 1991/92, BT-Ds. 12/1618, S. 222ff.; Sachverständigenrat „Schlanker Staat“ (Hg.), Materialband, 1997, S. 248ff.; BVerwG UPR 1999, 355f.; *P. Michaelis,* ZögU 2001, 432, 447ff.).

Beispiele: Bau und Betrieb von Vollzugsanstalten und Bundesfernstraßen (*Jacob/Kochendörfer,* Effizienzgewinne bei privatwirtschaftlicher Realisierung von Infrastrukturvorhaben, 2002). Übertragung der Betreuung von Notrufsäulen an Autobahnen auf die Versicherungswirtschaft; private Abwasserbeseitigung (*Zacharias,* DÖV, 2001, 545 ff.).

- **Globalwirtschaftlich** wird Privatisierung als Argument zur Sicherung und Stärkung der internationalen Standortwettbewerbsfähigkeit verwendet (*R. Schmidt,* Die Verwaltung 28 [1995], 281 ff.; *Helm,* Privatisierung als Rechtspflicht, 199, S. 65 ff.). 30
- **Technikpolitisch** verlieren früher als **„natürliche Monopole"** bezeichnete Verwaltungsaufgaben auf Grund moderner technologischer Entwicklung ihre ursprüngliche staatliche Aufgabenerledigungsberechtigung, weil die ehedem angenommene Bedingung eines **„Marktversagens"** entfallen ist. 31

Beispiel: Entbehrlichkeit von Telekommunikationsnetzen.

- **Verwaltungsethisch** (s. o. § 13 I 2) wird angenommen, dass Privatisierungen die Anfälligkeit für Korruption, Zweckenfremdung öffentlicher Mittel und Interessenbeeinflussung vermindern könnten (*C. Theobald,* Zur Ökonomik des Staates, 2000, S. 161). 32

2. Antiprivatisierungsargumente

Gegen eine Privatisierung werden vor allem folgende Argumente angeführt: Gefahr der privaten Monopolbildung (Monopolkommission, Hauptgutachten 1994/95, S. 27), Ausdünnung öffentlich-rechtlicher Steuerung und Kontrolle, Verwässerung der Verantwortungszuordnung, verminderte Qualität der Leistungserbringung, Ungewissheit über Kostenvorteile für die Betroffenen (s. etwa Sachverständigenrat „Schlanker Staat" (Hg.) Leitfaden zur Modernisierung von Behörden, 1997, S. 130 f.; *Bauer,* in: Stober (Hg.), Police-Private-Partnerships und Sicherheitspartnerschaften, 2000, S. 27), mangelnde Regional-, Sozial- oder Umweltverträglichkeit, politische Risiken sowie Verschleierung von Staatlichkeit (*Leisner,* Der unsichtbare Staat, 1994, S. 258). Insofern kommt eine **Reverstaatlichung,** eine **Rekommunalisierung** bzw. ein erneutes **„Insourcing"** in Betracht (s. auch *Hoffmann-Riem,* JZ 1999, 421, 427). 33

§ 90 Grundlagen der Beleihung

Schrifttum: s. Vorauflage § 104, hier vor § 90 und ferner *Berkemann,* Juris als öffentlich-rechtlich „beliehener" Unternehmer, VerwArch 87 [1996], 362 ff.; *Brüning,* Der Private bei der Erledigung kommunaler Aufgaben insbesondere der Abwasserbeseitigung und der Wasserversorgung, 1996; *ders.,* Steht das Rechtsinstitut der Beleihung vor einer neuen Zukunft? Zu den Regelungen der §§ 18 a WHG, 16 Abs. 2 KrW-/AbfG und des FStrPrivFinG, SächsVBl. 1998, 201 ff.; *ders.,* Der Verwaltungsvermittler – eine neue Figur bei der Privatisierung kommunaler Aufgaben, NW-VBl. 1997, 286 ff.; *Burgi,* Funktionale Privatisierung und Verwaltungshilfe, 1999, *ders.,*

Finanzieller Ausgleich für Bürokratielasten – ein Verfassungsgebot, GewArch 1999, 393 ff.; *ders.*, Möglichkeiten und Schranken der Zusammenarbeit im Rahmen von Sicherheitspartnerschaften, in: Stober (Hg.), Public-Private-Partnerships und Sicherheitspartnerschaften, 2000, S. 65 ff.; *ders.*, Der Beliehene – ein Klassiker im modernen Verwaltungsrecht, in: FS Hartmut Maurer, 2001, S. 581 ff.; *ders.*, Vergaberechtliche Fragen bei Privatisierungsvorgängen: Das Beispiel Zusammenarbeit mit dem Sicherheitsgewerbe, GewArch. 2001, 217 ff.; *ders.*, Kommunales Privatisierungsfolgenrecht: Vergabe, Regulierung, Folgenrecht, NVwZ 2001, 601 ff.; *Dagtoglou*, Die Beleihung Privater mit Verwaltungsaufgaben, DÖV 1970, 532 ff.; *Di Fabio* und *Schmidt-Preuß*, Verwaltung und Verwaltungsrecht zwischen gesellschaftlicher Selbstregulierung und staatlicher Steuerung, VVDStRL 56 [1997], S. 235 ff., 160 ff.; *Dreher*, Public-Private-Partnership und Kartellvergaberecht, NZBau 2002, 245 ff.; *Faber*, Öffentliche Aufträge an kommunalbeherrschte Unternehmen – in-house-Geschäfte oder Vergabe im Wettbewerb, DVBl. 2001, 248 ff.; *Fehling*, Zur Abgabenerhebung des Sicherheitsgewerbes, in: Jachmann/Stober (Hg.), Finanzierung der inneren Sicherheit unter Berücksichtigung des Sicherheitsgewerbes, 2003; *Frenz*, Die Staatshaftung in den Beleihungstatbeständen, 1992; *Fuchs*, „Beauftragte" in der öffentlichen Verwaltung, 1985, S. 50 ff.; *Gramm*, Schranken der Personalprivatisierung bei der inneren Sicherheit. Zugleich ein Beitrag zur Rechtsdogmatik des Art. 33 Abs. 4 GG, VerwArch 90 [1999], 329 ff.; *Grüb*, Europäische Niederlassungs- und Dienstleistungsfreiheit für Private mit hoheitlichen Befugnissen, 1999; *v. Heimburg*, Verwaltungsaufgaben und Private, 1982; *Heyen*, Das staatstheoretische und rechtstheoretische Problem des Beliehenen, 1973; *Ipsen*, Gesetzliche Indienstnahme Privater für Verwaltungsaufgaben, in: FS Kaufmann, S. 141 ff.; *Krautzberger*, Die Erfüllung öffentlicher Aufgaben durch Private, 1971; *Krepold*, Der öffentlich-rechtliche Beauftragte, 1992; *Kumanoff/Schwarzkopf/Fröse*, Die Verwaltungshilfe als Variante der Hoheitsverwaltung durch die Gemeinde, SächsVBl. 1997, 73 ff.; *Lange, M.*, Privatisierungspotentiale im Strafvollzug, DÖV 2001, S. 898 ff.; *ders.*, Privates Sicherheitsgewerbe in Europa, 2002; *Ossenbühl, Gallwas* u. a., Die Erfüllung von Verwaltungsaufgaben durch Private, VVDStRL 29 [1971], 137–276; *Peine*, Organisation und Finanzierung der Sonderabfallentsorgung – neuere Entwicklung UPR 1996, 161 ff.; *ders.*, Grenzen der Privatisierung – verwaltungsrechtliche Aspekte, DÖV 1997, 353 ff.; *Pitschas*, Duale Umweltverantwortung von Staat und Wirtschaft, in: Lüder (Hg.), Staat und Verwaltung, 1997, S. 269 ff.; *Ronellenfitsch*, Allgemeine Betrachtungen zur Verkehrsüberwachung durch Private, DAR 1997, 147 ff.; *Rupp*, Privateigentum an Staatsfunktionen, 1963; *Schmidt, T. J.*, Gesetzliche Regelung der Rechtsverhältnisse der Beliehenen, ZG 17 [2002], 353 ff.; *Scholz*, Verkehrsüberwachung durch Private?, NJW 1997, 14 ff.; *Schröder, H.*, Vergaberechtliche Probleme bei der Public-Private-Partnership in Form der gemischtwirtschaftlichen Unternehmung, NJW 2002, 1831 ff.; *Schuppert*, Verwaltungswissenschaften, 2000; *ders.*, Die Erfüllung öffentlicher Aufgaben durch verselbstständigte Verwaltungseinheiten, 1981; *Steiner*, Öffentliche Verwaltung durch Private, 1975; *Stober*, Staatliche Gefahrenabwehr und private Sicherheitsunternehmen, in: Stolzlechner/Stober (Hg.), Übertragung von Aufgaben der staatlichen Gefahrenabwehr auf private Sicherheitsunternehmen, 2002, S. 61 ff.; *ders.*, Private Sicherheitsdienste als Dienstleister für die öffentliche Sicherheit, ZRP 2001, 260 ff.; *Traeger*, Die Haftung des Staates bei der Einschaltung privater Kräfte zur Erfüllung öffentlicher Aufgaben, 1998; *Vogel*, Öffentliche Wirtschaftseinheiten in privater Hand, 1959, S. 46 ff.; *Waechter*, Die Organisation der Verkehrsüberwachung, NZV 1997, 329 ff.; *Wolfers/Kaufmann*, Private als Anstaltsträger, DVBl. 2002, 507 ff.

I. Begriff und Bedeutung der Beleihung

1 Vor der Entstehung des modernen Staates wurde öffentliche Verwaltung vielfach durch Privat-Personen ausgeübt, die mit hoheitlicher Gewalt beliehen waren (s. o. § 6 III). Nach der Entwicklung des modernen Staates, der

die öffentliche Verwaltung durch eigene Behörden wahrnahm oder zu diesem Zwecke juristische Personen des öffentlichen Rechtes schuf, ist eine **Beleihung von Privatpersonen mit Hoheitsgewalt** wesentlich seltener geworden, aber doch nie völlig ausgestorben. So waren z. B. die frühkapitalistischen privaten Kolonialgesellschaften noch in großem Stil mit staatlicher Hoheitsgewalt ausgestattet. In der inneren Verwaltung bediente und bedient sich der Staat noch gelegentlich „beliehener Unternehmer" (*Otto Mayer,* Band II, S. 431 ff.), „beliehener Verbände" (*E. R. Huber,* Band I, §§ 46 f.) und bestimmter anderer Personen, um einzelne Verwaltungsaufgaben unter **Staatsaufsicht** ohne eigene Behörden wahrnehmen zu lassen. Daraus resultiert ihre organisatorische Nähe zu den Verwaltungsträgern des öffentlichen Rechts (*Krebs,* HdBStR § 69 Rn. 39).

2 Im modernen, auf **Kooperation, Verantwortungs- und Arbeitsteilung** angelegten Verwaltungsstaat (s. auch *Schmidt-Preuß* VVDStRL 56 [1997], 160, 166 ff.) gewinnt das Rechtsinstitut Beleihung zunehmend quantitativ und qualitativ an Bedeutung (s. auch *Voßkuhle,*VerwArch 92 [2001], 184, 215). Denn je mehr der Staat Private in Verwaltungsaufgaben einbezieht, umso größer ist die Nachfrage nach geeigneten Rechtssicherheit gewährenden Rechtsfiguren. Bei der Beleihung handelt es sich inzwischen um eine häufig eingesetzte **Organisationsalternative,** die sich, unbeschadet vereinzelt vorgebrachter Kritik, zu einem wichtigen Instrument zur Erledigung zahlreicher Verwaltungsaufgaben entwickelt hat. Zutreffend wird in diesem Rechtsinstitut ein Klassiker im modernen Verwaltungsrecht erblickt (*Burgi,* in: FS Maurer, 2001, S. 581).

3 Die Beleihung hat den Zweck, die öffentliche Verwaltung zu dezentralisieren, die Personen des öffentlichen Rechts zu entlasten sowie private Initiative, Finanzmittel, technische und andere Sachkenntnis auch im Dienste einer bürgernahen, effektiven Verwaltung nutzbar zu machen, (s. auch *Peine,* DÖV 1997, 353, 361). Meistens wären staatliche Organe gar nicht in der Lage, die Beliehenen anvertrauten besonderen Kompetenzen und Befugnisse wahrzunehmen. Die **Dezentralisierung** durch Beleihung ist deshalb gleichzeitig eine denkbare Alternative zur vollständigen Privatisierung im Sinne einer **Aufgabenprivatisierung,** Entstaatlichung oder Entkommunalisierung (s. u. § 93 und *Peine,* DÖV 1997, 353 ff.; *P. M. Huber,* DVBl. 2001, 489 ff.; *T. J. Schmidt,* ZG 17 [2002], 353 f.).

4 Träger öffentlicher Verwaltung sind folglich außer den juristischen Personen des öffentlichen Rechts auch diejenigen natürlichen oder juristischen **Personen des Privatrechts,** denen die Zuständigkeit eingeräumt ist, bestimmte einzelne öffentlich-rechtliche Aufgaben und Befugnisse im eigenen Namen und in den Handlungsformen des öffentlichen Rechts wahrzunehmen (Beliehene, s. zur Definition auch BVerwG DVBl. 1990, 712). Zutreffend wird vorgeschlagen, diese bewährte Form der Zusammenarbeit mit Privaten ausdrücklich im **Verwaltungsverfahrensrecht** zu verankern (*J. Becker,* ZRP 2002, 303, 308).

Dieser Definitionsrahmen wird gesprengt, wenn nicht einzelne Aufgaben und Befugnisse, sondern **öffentlich-rechtliche Organisationen** durch Beleihung privatisiert werden sollen. Das wird gegenwärtig für die Umstrukturierung der öffentlich-rechtlichen Landesbanken und Sparkassen praktiziert und diskutiert.

Beispiel: Beleihung der Bay. Finanzholding AG mit der Anstaltsträgerschaft der Bay. Landesbank (s. *Wolfers/Kaufmann,* DVBl. 2002, 507 ff.).

5 Einerseits verbirgt sich hinter einer Organisationsbeleihung lediglich eine Zusammenfassung einzelner Aufgaben und Befugnisse. Andererseits darf diese Beleihungsform nicht zu einer Rechtsumgehung führen (z. B. Sicherung des Demokratieprinzips; s. näher *Wolfers/Kaufmann,* DVBl. 2002, 507, 510 ff.). Das ist u. a. der Fall, wenn die öffentlich-rechtliche Organisation überhaupt keine öffentlich-rechtlichen Befugnisse besitzt und nicht öffentlich-rechtlich handelt. Eine Beleihung kommt aber in Betracht, wenn die Privatperson mit Aufgaben der Subventionsverwaltung nach § 44 a BHO beliehen wird.

II. Erscheinungsformen

Die vielfältigen Erscheinungsformen der Beleihung kann man nach unterschiedlichen Kriterien differenzieren. Zur Typisierung bieten sich u. a. die Rechtsgebiete des Verwaltungsrechts, die Art des öffentlich-rechtlichen Handelns sowie eine Einteilung danach an, ob die Beliehenen auch ermächtigt sind, Sanktionen auszusprechen.

1. Differenzierung nach Rechtsgebieten des Verwaltungsrechts:

6 – **Infrastrukturelle Beleihung:** § 62 TKG; § 4 EisenbahnverkehrsverwaltungsG, s. *Pielow,* Grundstrukturen öffentlicher Versorgung, 2001, 339 f.; § 33 PostG für förmliche Zustellung von Poststücken, BGH NJW 2001, 832; FGNds BB 1997, 302; Private Straßenunternehmer nach § 2 FstrPrivFinG i. d. F. v. 20. 1. 2003, BGBl. I, S. 99 und dazu *Steiner,* NJW 1994, 3150 sowie BR-Ds. 1091/01 vom 21. 12. 2001 zum Entwurf eines Gesetzes zur Änderung des FstrBauPrivFinG und straßenverkehrsrechtlicher Vorschriften; Wahrnehmung von Aufgaben der Konformitätsbewertung nach § 5 des Gesetzes über die elektromagnetische Verträglichkeit von Geräten nach § 5 Beleihungs- und AnerkennungsVO (v. 7. 6. 2002, BGBl. I, S. 1792). Die juristische Datenbank Juris (s. hierzu *Berkemann,* VerwArch 87 [1996], 362 ff.).

7 – **Polizei- und sicherheitsrelevante Beleihung:** Flugsicherheit (§§ 31 a, b und d LuftVG; *Trampler,* Verfassungs- und unternehmensrechtliche Probleme der bundesdeutschen Flugsicherung, 1993); Luftfahrzeugführer (§ 29 III LuftVG); Tierkörperbeseitigungsanstalten (BGH UPR 2002, 67; *Fertig,* DÖV 1994, 99 ff.). Diskutiert wird die Übertragung auf das Si-

cherheitsgewerbe (*Steiner,* DAR 1996, 272ff.; *Stober,* NJW 1997, 889ff., *ders.*, ZRP 2001, 260ff.; *ders.,* in: Stolzlechner/Stober (Hg.), Übertragung von Aufgaben der staatlichen Gefahrenabwehr auf private Sicherheitsunternehmen, 2002, S. 61, 85f.; *Burgi,* in: FS Maurer, 2001, S. 581ff.: *Weiner,* Privatisierung von staatlichen Sicherheitsaufgaben, 2001).

- **Wirtschaftsverwaltungsrechtliche Beleihung:** Seeschifffahrtskapitäne; 8 Fischereiaufseher; Lebensmittelsachverständige; Notare; Bezirksschornsteinfeger hinsichtlich der Feuerstättenschau, der Bauabnahme und des Immissionsschutzes (§ 3 II SchfG; s. dazu BVerwGE 84, 244, 246; BFH, BB 1997, 561; VGH Mannheim, VBlBW 1994, 67; VG Stuttgart, GewArch 1999, 166); öffentlich bestellte Vermessungsingenieure (VGH Mannheim, NVwZ-RR 1998, 152); Prüfungsingenieure für Baustatik; Deutsches Zentrum für Luft- und Raumfahrt (G.v. 22. 8. 1998, BGBl. I, S. 2510); Wäger an öffentlichen Waagen (§ 10 EichG); Subventionsverwaltung (§ 44 III BHO sowie landesrechtliche Entsprechungen); *Fricke,* NWVBl. 1988, 328, 331); TÜV-Sachverständige nach § 21 StVZO (BGHZ 122, 85ff.); Werkstätten anlässlich der KFZ-Abgasuntersuchungen (OLG Schleswig, NJW 1996, 1218); § 7 Einlagensicherungs- und Anlegerentschädigungsgesetz; § 5 BinnenschifffahrtsaufgabenG (v. 5. 7. 2001, BGBl. I, S. 2026ff. für die Untersuchung und Zulassung von Wasserfahrzeugen, die für Sport- und Erholungszwecke verwendet werden); § 7 SeeaufgabenG (G.v. 26. 7. 2002, BGBl. I, S. 2876) hinsichtlich der Anerkennung der Schiffe, der Abnahme von Prüfungen und der Erteilung von Befähigungszeugnissen.
- **Umweltrechtliche Beleihung:** Zulassung als ÖKO-Audit-Gutachter nach 9 § 28 UAG (i.V.m. BeleihungsVO v. 18. 12. 1995, BGBl. I, S. 2013); *Frank,* Umweltrecht und Wirtschaft, 2000, S. 108ff. Beleihung mit Aufgaben der Abfallentsorgung (§ 16 II KrW-/AbfG; s. hierzu auch u. § 90a; *Kahl,* DVBl. 1995, 1327ff.; *Schmitz,* NVwZ 1997, 345ff.; *Kummer/Giesberts,* NVwZ 1996, 1166ff.; *Queitsch,* Der Städtetag 1998, 272ff.; *Weidemann,* DVBl. 1998, 661ff.; *Pippke,* Öffentliche und private Abfallentsorgung, 1999, S. 129ff.; *Kotzea/Franz,* UPR 2000, 5; *Kiefer,* DVBl. 2001, 1109ff.; s. aber auch *Burgi,* NVwZ 2001, 601, 603, der von einer Aufgabenprivatisierung ausgeht; a.M. *Brüning,* Sächs. VBl. 1998, 201ff.; *Pielow,* Grundstrukturen öffentlicher Versorgung, 2001, 441f.); Sachverständige für Altautoverwertung (*Numberger,* UPR 2000, 11ff.); Privatisierung der atomaren Endlagerung (*Menzer,* DVBl. 1998, 820ff.; *Schmidt-Preuß,* NVwZ 1998, 555, 557).
- **Dienstrechtliche Beleihung** durch Übertragung von Dienstherrnbefug- 10 nissen auf Post- und Telekommunikationsunternehmen nach Art. 143b III 2 GG (s. näher *Kämmerer*, Privatisierung, 2001, 336ff.); § 4 ZDG (BVerwGE 106, 273).
- **Baurechtliche Beleihung** anlässlich der Verfahrensprivatisierung nach 11 § 4b BauGB (*Reidt,* NVwZ 1998, 592ff.).

12 – **Bildungsrechtliche Beleihung** für Schulen (BVerwG, DVBl. 1988, 587 ff.).
13 – **Vergaberechtliche Beleihung** mit Aufgaben einer Vergabeprüfstelle (Hmb BeleihungG v. 20. 1. 1997, HmbGVBl. 1997, S. 8).

2. Differenzierung nach obrigkeitlichen und schlicht-hoheitlichen Befugnissen

14 Mit **obrigkeitlichen** Kompetenzen (s. o. § 23 VI, Rdnr. 39) beliehen sind z. B. Seeschifffahrtskapitäne (§§ 75 I SeemG – s. dazu *Mayer-Abich,* RiA 1999, 122; *Dieter Hauses,* Die rechtliche Stellung des Kapitäns auf deutschen Seeschiffen, 1983; BVerwG, DÖV 1984, 1025), Luftfahrzeugführer (§ 29 III LuftVG – heVGH, NJW 1976, 1990; OLG Celle, NJW 1982, 770 m. w. N.; BGH, NJW 1983, 448 f.; *Ungerbieler,* DVBl. 1983, 409), Privatpersonen, die die Luftaufsicht (§ 29 LuftVG; vgl. BGH, NJW 1999, 2373) oder die Flugkoordination und die Flugsicherung (§ 31 a, b und d LuftVG) wahrnehmen, Jagdaufseher (§ 25 II B JagdG), Feld- und Forstaufseher (z. B. §§ 12 f. ndsFFOG, §§ 16 ff. nwFFSchG), Fischereiaufseher (§ 54 nwFischG), Lebensmittelsachverständige (§ 44 LMBG), zugezogene private Tierärzte (§ 2 II 2 TierSG), Börsenvorstände, Versammlungsleiter (§ 11 VersG), Frachtenausgleichsstellen im Bereich der Binnenschifffahrt (§ 32 BinnenschifffahrtverkehrsG – BVerwG, VwRspr. 28 [1977], 215 ff.), die jedoch keine Rechtsetzungsbefugnis haben (BVerfG, NJW 1981, 1087). In Notstandssituationen können Verbänden bestimmte behördliche Befugnisse übertragen werden (§ 21 VerkehrssicherstellungsG; § 14 ErnährungssicherstellungsG), Beleihung der Post AG mit Dienstherrnbefugnissen (Art. 143 b III GG, zur Zulässigkeit vgl. *Battis,* Beleihung anlässlich der Privatisierung der Postunternehmen, in: Schmidt/Schwark (Hg.), FS für Raisch 1995, 355 f.

15 Mit **schlicht-hoheitlichen** Kompetenzen (s. o. § 23 VI 2, Rdnr. 40) beliehen sind außer den Vorgenannten z. B. Notare (§§ 1, 20–25 BNotO, soweit sie nicht Beamte sind), öffentlich bestellte Vermessungsingenieure (z. B. § 11 bwVermG, §§ 1 nwVermkatG; s. OLG Klrh, BwVBl. 1983, 218; OLG Bautzen, NVwZ 2000, 708), Prüfingenieure für Baustatik (BVerwG, DÖV 1972, 500; OLG Hamm, NVwZ 1989, 502; rpOVG, VwRspr. 22, 550), denen die Prüfung in eigener Verantwortung und Sachkompetenz übertragen ist (s. *Herding-Schmalz,* Der Prüfingenieur für Baustatik, seine Tätigkeit und Haftung, 2. Aufl. 1974; *Steiner/Westermann,* DB 1975, 533; *Steiner,* Öffentliche Verwaltung durch Private, 1975, 129 ff.), während Zivilingenieure, die lediglich zur statischen Prüfung von Bauanträgen als Sachverständige herangezogen werden, nur vorbereitend gutachtlich eingeschaltet werden und nicht im eigenen Namen eine abschließende Entscheidung treffen (s. BVerwGE 57, 55 ff.; *v. Heimburg,* Verwaltungsaufgaben und Private, 1982, 179 f.), anerkannte Sachverständige gemäß Kraftfahrsachverständigengesetz v. 22. 12. 1971 bei der Prüfung von Kraftfahrzeugen (§§ 21, 29 StVZO; BGH, NJW 1993, 1784, zur Abgrenzung hoheitl. Tätigkeiten des TÜV zu

sonstigen Verkehrssicherungspflichten, vgl. JuS 1991, 420), sowie bei der Abnahme von Kraftfahrzeugprüfungen gem. § 69 FeV (a.M. *Götz/Lukes,* Zur Rechtsstruktur der Technischen- Überwachungs-Vereine, 2. Aufl.; s. zum Meinungsstand *Steiner,* Öffentliche Verwaltung durch Private, 121ff.; *ders.*, Staatliche Gefahrenvorsorge und Technische Überwachung, 1984; *Joachim Maurer,* Aufgaben, Rechtsstellung und Haftung der Technischen Überwachungsvereine, 1978, passim), KFZ-Werkstätten für die Ausführung der Abgassonderuntersuchung gem. § 47a, b StVZO (OLG Schleswig, NJW 1996, 1218) Bezirksschornsteinfeger (§ 3 II SchfG, BVerwGE 84, 244, 246; BFH BB 1997, 561), bei der Feuerstättenschau, der Bauabnahme und im Rahmen des Immissionsschutzes; Deutsches Zentrum für Luft- und Raumfahrt e.V. (§ 1 RaumfahrtaufgabenübertragungsG); Personen, die die Endlagerung von radioaktiven Abfällen durchführen (§ 9a IV AtomG); „beauftragte Dritte“, denen die Pflichten der öffentlich-rechtlichen Entsorgungsträger übertragen wurden (§ 16 II KrW-/AbfG; Wäger an öffentlichen Waagen nach § 10 EichG; Eichprüfstelle nach § 47 Eichordnung; anerkannte Privatschulen einschl. der Fachhochschulen und wissenschaftlichen Hochschulen in privater Trägerschaft (s. Art. 30 rpVf; offengelassen bei BVerwG, DÖV 1979, 750 für den Hochschulbereich) bezüglich ihrer Aufnahme-, Versetzungs-, Prüfungs- und Abschlussentscheidungen (bwVGH, NJW 1980, 2597 und NJW 1971, 2091; BVerwG, DÖV 1984, 384; a.M. *Link,* JZ 1971, 352), während disziplinäre Maßnahmen wegen der vom Staat nicht übertragenen eigenständigen erzieherischen Aufgabe privatrechtlich zu qualifizieren sind (bayVGH, NVwZ 1982, 562) – genehmigte Privatschulen besitzen keine Hoheitsbefugnisse (s. BVerwGE 45, 117; zweifelnd OVG Mstr., JZ 1979, 677) milch- und fettwirtschaftliche Landesvereinigungen (BGH, NJW 1957, 1597). S.a. z.B. ndsG v. 2. 12. 1974 betr. Einbeziehung und Verwendung von Kurtaxen durch die Nds Bädergesellschaft mbH, Arbeitsvermittler; Museumsvereine die an Stelle einer Kommune kulturelle Aufgaben wahrnehmen (*Hans-Peter Ipsen,* Der „beliehene“ Museumsverein: FS Maunz, 145ff.).

3. Differenzierung nach Sanktions- und Abgabenbefugnissen

Beliehenen kann die Befugnis übertragen werden, **Ordnungswidrigkeiten** zu ahnden (s. dazu näher o. § 65 Rdnr. 38 und Rdnr. 31a f.), da das in Art. 92 GG normierte Rechtsprechungsmonopol nicht tangiert wird. Insbesondere das BVerfG (E22, 49, 79) bejaht die Möglichkeit, die Sanktionskompetenz auf die Exekutive zu verlagern (s.o. § 65 Rdnr. 31aff.; *Scholz,* NJW 1997, 16f.; *Krölls,* GewArch 1997, 453; *Waechter,* NZV 1997, 331; *Stober,* DÖV 2000, 261ff.; *Burgi,* Funktionale Privatisierung und Verwaltungshilfe, 1999, S. 122; *ders.,* in: Stober (Hg.), Public-Private-Partnerships und Sicherheitspartnerschaften, 2000, S. 65, 88; *Fehling,* in: Jachmann/Stober (Hg.), Finanzierung der inneren Sicherheit, 2003, S. 115, 118ff.). 16

Beliehene können ferner ermächtigt werden, **Abgaben zu erheben,** um damit den Staat von der Abgabenverwaltung zu entlasten und im Einzelfall die Tätigkeit des Beliehenen zu finanzieren.

Beispiele: § 25 SchfG; § 4 II AutobahnmautG (v. 5. 4. 2002, BGBl. I, S. 1234); § 2 FstrPrivFinG (v. 20. 1. 2003, BGBl. I, S. 98); § 31 b III i. V. m. § 32 IV Nr. 6 LuftVG.

Hinter dieser Befugnis verbirgt sich eine neue verwaltungsrechtliche Tendenz, Bau-, Betreiber-, Überwachungs- und Durchsetzungskosten immer mehr vom Staat auf Nutzer und Betroffene zu verlagern (*Schuppert,* Innovationssteuerung im Verwaltungsorganisationsrecht, in: Hoffmann-Riem/ Schneider (Hg.), Rechtswissenschaftliche Innovationsforschung, 1998, 171, 197 f.; *Jachmann/Stober* (Hg.), Finanzierung der inneren Sicherheit unter Berücksichtigung des Sicherheitsgewerbes, 2003, 115 ff.).

4. Beleihung und privatrechtlich organisierte Verwaltung

17 Teilweise werden formelle Privatisierungen und Beleihungen kombiniert. Das ist im Gegensatz zu einer Ansicht im Schrifttum (*Peine,* UPR 1996, 161 ff.) nicht unzulässig, um dem Organisationsermessen Optionen zu ermöglichen (OVG Frankfurt/Oder, NVwZ 1997, 604, 608).

Beispiel: Flugsicherung nach §§ 31 b I LuftVG.

5. Beleihung und Funktionenteilung

18 Es können nur **Verwaltungskompetenzen,** nicht aber solche der Rechtsetzung, der Regierung oder der Rechtsprechung beliehen werden, da das GG diese Funktionen dem Staat und z. T. autonomen juristischen Personen des öffentlichen Rechts vorbehalten hat. Notare und Schiedsmänner sind zwar in der Regel Beliehene (§ 14 III Unterlassungsklagengesetz für Schlichtungsstellen), üben aber nur Rechtspflege, nicht Rechtsprechung im materiellen oder gar formellen Sinne aus (s. o. § 20 IV). Vergabeprüfstellen üben keine Rechtsprechung aus; sie sind eher einer Widerspruchsinstanz vergleichbar. Rechtsprechung wird lediglich von den Vergabekammern und den Vergabesenaten der OLG ausgeübt. Die parallel neben der staatlichen Gerichtsbarkeit und Rechtsetzung bestehende private Schiedsgerichtsbarkeit und Satzungsmacht beruht nicht auf einer Beleihung, sondern auf einer vom Staat verliehenen Privatautonomie (s. *Stober,* NJW 1979, 2001 ff.).

III. Der Beliehene als Glied einer juristischen Person des öffentlichen Rechts

19 Der Beliehene ist Glied derjenigen juristischen Person des öffentlichen Rechts, die ihn ermächtigt hat, öffentlich-rechtliche Kompetenzen als eigene Angelegenheit wahrzunehmen. Er steht in einem sonstigen **öffentlich-rechtlichen Amtsverhältnis** i. S. d. § 11 I StGB (vgl. BGH, NJW 1999, 2378 ff.;

Schramm, JuS 1999, 333ff.). Die Beliehenen sind aber nicht, wie z.B. die Gemeinden, der staatlichen Organisationen ein–, sondern ihr nur angegliedert. Beliehene natürliche Personen sind auch keine institutionellen Subjekte (s. aber z.B. §§ 38ff. BNotO Notarvertreter und Notariatsverweser).

IV. Abgrenzung der Beleihung von anderen Rechtsinstituten

Die Beleihung ist zu unterscheiden:

- von der polizeilichen oder sonstigen **Erlaubnis,** die einer Privatperson den Betrieb eines Unternehmens gestattet, das nicht einen Zweig der öffentlichen Verwaltung bildet und das nicht mit der Wahrnehmung hoheitlicher Kompetenzen verbunden ist (s. dazu *Wirth,* Marktverkehr, Marktfestsetzung, Marktfreiheit, 1985, 46ff., 213ff.); 20
- von der Erteilung einer **Konzession,** durch die jemand berechtigt und verpflichtet wird, eine Tätigkeit auszuüben, für die sich der Staat ein Verleihungsrecht vorbehalten hat. Die Konzession vermittelt keine Wahrnehmungszuständigkeit; mit der konzessionierten Tätigkeit werden keine öffentlich-rechtlichen Kompetenzen wahrgenommen. Daher liegt keine Beleihung vor, wenn z.B. Privatpersonen oder privaten Unternehmen die Konzession zum Eisenbahnbetrieb, Flughafenbetrieb (BGH: DVBl. 1974, 558) oder zur Energieversorgung verliehen wird (so aber *Ruhwedel,* BB 1965, 1093 und *Ossenbühl,* DVBl. 1974, 542); 21
- von der **Zulassung** zur Rechtsanwaltschaft und des Rechtsanwalts bei einem bestimmten Gericht; 22
- von der **Bestallung** zum Betreuer, Testamentvollstrecker, Nachlass- oder Insolvenzverwalter aus entsprechenden Gründen; 23
- von der **Verleihung** des Eigentumsrechts; denn die Enteignung wird von einer staatlichen Behörde (zugunsten des Berechtigten) angeordnet; oder eines Rechts auf gesteigerten Sondergebrauch einer öffentlichen Sache, die dem Berechtigten keine Zuständigkeit zur Wahrnehmung hoheitlicher Kompetenzen, sondern nur die Befugnis zur besonderen Einwirkung auf die Sache gewährt; 24
- von der **Privilegierung,** d.h. der Einräumung der Zuständigkeit zur Wahrnehmung nicht-hoheitlicher Rechte, die durch ausdrücklichen Gesetzesvorbehalt dem Staat zugewiesen sind (z.B. Bergregal). Da diese Regale ihrem Rechtsinhalt nach auch Privatpersonen zustehen können und ihnen lediglich durch Gesetz vorenthalten sind, stellen sie privatrechtliche Kompetenzen dar. Sie unterscheiden sich von den sonstigen fiskalischen Rechten nur durch die Art ihrer Begründung; 25
- von der Einräumung der Zuständigkeit zur Wahrnehmung öffentlicher Gewalt auf einen **Beamten** oder Angestellten, da sie die Befugnisse nicht in eigenem Namen, sondern als Amtswalter einer juristischen Person des öffentlichen Rechts ausüben und in dieser Eigenschaft in die juristische Person des öffentlichen Rechts eingegliedert sind (z.B. beamtete Notare, 26

Schiedsmänner als Ehrenbeamte – s. *Stober,* Der Ehrenbeamte, a.a.O., 27ff.);

27 – von der Bestellung privater **Verwaltungshelfer, Amtshelfer** oder **Erfüllungsgehilfen** (s.u. § 90 a);

28 – von der **Akkreditierung von Prüfstellen** etwa im Sinne von § 9 GSG, § 11 BauProdG, § 4 SigG. Diese gemeinschaftsrechtlich veranlassten Prüfinstitutionen nehmen anstelle staatlicher Einrichtungen Kontrollaufgaben wahr, indem sie Produkte prüfen, Personen zertifizieren und Qualitätssicherungssysteme bewerten. Hier handelt es sich nach der rechtlichen Ausgestaltung lediglich um die Einräumung staatlicher Befähigungen, die verwaltungsrechtliche Voraussetzung für die Prüftätigkeit Privater im Rahmen staatlich initiierter und gesteuerter privater Selbstverantwortung ist (*Schmidt-Preuß,* VVDStRL 56 [1997], 160, 167, Fn. 18; s. auch *H.-C. Röhl,* Akkreditierung und Zertifizierung im Produktsicherheitsrecht, 2000). Teilweise wird aber vertreten, dass die Prüfstellen dem Beleihungsrecht unterstellt werden sollten (*Scheel,* DVBl. 1999, 442ff.; *Burgi,* in: FS Maurer, 2001, S. 581, 586);

29 – von der **Inpflichtnahme** Privater zu sachlichen und persönlichen Leistungen zugunsten eines Hoheitsträgers, weil hier nur besondere Pflichten auferlegt aber keine hoheitlichen Zuständigkeiten eingeräumt werden (s. näher u. § 90a VI);

30 – von den **Betriebs- und Umweltschutzbeauftragten** (§§ 53ff. BImSchG; § 54 KrW-/AbfG; §§ 21a ff., 38 BDSG, §§ 6, 14f. GenTG; *Krepold,* Der öffentlich-rechtliche Beauftragte, 1995);

31 – von den öffentlich-rechtlichen **Mandaten,** bei denen der Beauftragte im Namen des Auftraggebers hoheitlich tätig wird (s. *Schenke,* Delegation und Mandat im öffentlichen Recht, VerwArch. 68, [1977], 118, 148ff.), während es sich bei der Beleihung um die Delegation hoheitlicher Befugnisse zur Erledigung im eigenen Namen handelt;

32 – von der **Partizipation** an Verwaltungsentscheidungen, die vornehmlich demokratisch, sozial- und rechtsstaatlich motiviert ist;

33 – von den **technischen Normierungsausschüssen;**

34 – von staatlich anerkannten **Selbstverwaltungsentscheidungen** im Bereich des Privatrechts (BVerwGE 61, 222 und *Udo Steiner,* NJW 1981, 2452; *Deselaers,* AgrarR 1981, 245ff.; *Bändel,* ebd. 248; *Pelhak/Weber,* AgrarR 1982, 113, 141).

V. Gegenstand der Beleihung

35 Gegenstand der Beleihung können – wie dargelegt – sowohl schlichthoheitliche (z.B. Notar) als auch obrigkeitliche Zuständigkeiten sein (s.o. § 90 II 2). Es dürfen jedoch jeweils nur einzelne enumerierte, allenfalls spezielle, nicht aber Regel-Zuständigkeiten eingeräumt werden, da sonst gegen Art. 33 IV GG verstoßen werden würde. Es ist weder erforderlich, dass der

beliehene Zwangsgewalt hat, noch dass er Verwaltungsakte zu setzen befugt ist. Unerheblich ist auch, ob er öffentlich-rechtliche Zuständigkeiten ausschließlich oder nur beiläufig wahrnimmt.

VI. Rechtsrahmen der Beleihung

1. Das anzuwendende Rechtsregime

Da die Beleihung nur spezialgesetzlich und häufig lückenhaft geregelt ist (s. auch *T.J. Schmidt,* ZG 17 [2002], 353 ff.), bleibt zu klären, welche Rechtsregeln bei offenen Fragen anwendbar sind. Beispielhaft sei auf die Heranziehung des Art. 137 I GG verwiesen, der die Beliehenen nicht ausdrücklich einbezieht. Angesichts der zahlreichen Erscheinungsformen, der unterschiedlichen Aufgabenstellung der Beliehenen sowie ihrer Sonderstellung in der Verwaltungsorganisation ist eine einheitliche Antwort kaum möglich. Deshalb ist im Zweifelsfalle darauf abzustellen, ob die mit einer Vorschrift bezweckte Zielsetzung auch die Beliehenen einbeziehen soll. Das ist für das Beispiel des Art. 137 I GG zu verneinen. Diese Bestimmung will lediglich die in die öffentliche Verwaltung eingegliederten Amtsträger erfassen, da dort Interessenkollisionen am ehesten vorkommen (*s. Stober/ Lackner,* in: BK, 3. Bearb., 2004 Erl. zu Art. 137 I GG, Rn. 285). **36**

2. Gemeinschaftsrechtliche Vorgaben

Aus gemeinschaftsrechtlicher Sicht könnten Beliehene **Unternehmen im Sinne von Art. 86 I EGV** sein, weil ihnen besondere Rechte gewährt werden. Diese Vorschrift greift aber nur dann ein, wenn sie neben öffentlich-rechtlichen Befugnissen gleichzeitig am Markt tätig werden (s. *Kadelbach,* Allgemeines Verwaltungsrecht unter europäischem Einfluss, 1999, S. 365 f.).

Ferner ist Art. 39 IV EGV als Bereichsausnahme von der **Arbeitnehmerfreizügigkeit** (Art. 39 EGV) zu beachten. Gemäß Art. 39 IV EGV besteht die Arbeitnehmerfreizügigkeit nicht bei einer Beschäftigung in der öffentlichen Verwaltung, d.h. bei unmittelbarer oder mittelbarer Teilnahme an der Ausübung hoheitlicher Befugnisse bzw. der Wahrnehmung von Aufgaben, die auf die Wahrung der allgemeinen Belange des Staates gerichtet sind *(Brechmann,* in: Callies/Ruffert (Hg.), EUV/EGV, 2. Aufl. 2002, Art. 39 Rdnr. 101, m.w.N.). Weil Beliehene auch als Beschäftigte in der öffentlichen Verwaltung qualifiziert werden können, unterfallen sie deshalb dem **Verwaltungsvorbehalt** (s. auch v. *Danwitz,* Verwaltungsrechtliches System und Europäische Integration, 1996, S. 194 f.) **37**

Da die Beleihung mit der Ausübung **öffentlicher Gewalt** verbunden ist, findet auch die Schranke des Art. 45 i.V.m. Art 55 EGV für die **Dienstleistungsfreiheit** bzw. Art. 45 EGV für die **Niederlassungsfreiheit** Anwendung *(Burgi,* JuS 1996, 958 ff.; a.A. bei Beleihung mit schlichthoheitlichen Kompetenzen, *Grüb,* 1999, S. 101 ff.*).*

3. Bundesverfassungsrechtliche Vorgaben

38 Bund und Ländern kommt im Rahmen der in Art. 83 ff. GG vorgesehenen Organisationskompetenz zur Errichtung und Einrichtung von Behörden ein weites **Organisationsermessen** zu, das den Staat zu der Entscheidung ermächtigt, eine Verwaltungsaufgabe selbst oder durch Beliehene auszuüben (*Burmeister,* Herkunft, Inhalt und Stellung des institutionellen Gesetzesvorbehalts, 1991, S. 218). Dieses Ermessen ist jedoch durch verfassungsrechtliche Vorgaben begrenzt (zur Begrenzung von Beleihungen von Strafvollzugsaufgaben vgl. *Burgi,* in: Stober (Hg.), Privatisierung im Strafvollzug, 2001, S. 43 ff.; *Lange,* DÖV 2001, 898, 901 ff.). Neben den Vorgaben über die Ausführung der Bundesgesetze und die Bundesverwaltung der Art. 83 ff. GG ist besonders der sog. **Beamtenvorbehalt** gem. Art. 33 IV GG zu berücksichtigen. Nach dem Leitbild dieser Bestimmung ist die Ausübung hoheitsrechtlicher Befugnisse in der Regel Angehörigen des öffentlichen Dienstes zu übertragen, die in einem öffentlich-rechtlichen Dienst- und Treueverhältnis stehen. Art. 33 IV GG lässt von dieser Regel ausdrücklich Abweichungen zu (s. näher *Burgi,* in: Stober (Hrsg.), Public Private Partnership und Sicherheitspartnerschaften, 2000, S. 65, 84 ff.; *ders.,* in FS Maurer, 2001, S. 581, 590 f.). Ob eine zulässige Ausnahme vorliegt, lässt sich nicht allein anhand eines zahlenmäßigen Vergleichs der mit Hoheitsaufgaben befassten Stellen beurteilen **(quantitative Betrachtung).** Vielmehr müssen sich sachliche Gründe für eine Beteiligung Privater mit Hoheitsbefugnissen finden **(qualitative Betrachtung).** Weiterhin können sich Einschränkungen durch das **Sozialstaatsprinzip** (Art. 20 I GG) und das in erster Linie aus dem Rechtsstaatsprinzip folgende **Gewaltmonopol** ergeben. Auch das **Demokratieprinzip** (Art. 20 II GG) ist bei der Schaffung von Beleihungstatbeständen zu beachten (vgl. *Britz,* VerwArch. 2000, 418, 432 ff.; *Lange,* DÖV 2001, 898, 903; *Wolfers/M. Kaufmann,* DVBl. 2002, 507, 510 ff.). Solange der Beliehene jedoch in die Verwaltungsorganisation eingebunden ist und der Staat die Aufgabenerfüllung überwacht, um bei Nicht- bzw. Schlechterfüllung der Privaten einzugreifen, liegt kein Verstoß gegen diese Prinzipien vor.

4. Einfachgesetzliche Beleihungsvoraussetzungen

a) Sachgerechte Aufgabenerfüllung im öffentlichen Interesse

39 Wegen der Heterogenität der Rechtsverhältnisse, der unterschiedlichen Aufgaben und der Beleihungszwecke handelt es sich bei der Beleihung nicht um eine einheitlich zu beurteilende Rechtsfigur. Vielmehr besitzt der Gesetzgeber einen weiten Regelungsspielraum bei der Ausgestaltung der einzelnen **Beleihungsverhältnisse,** der hinsichtlich des Gegenstandes sowie der Pflichten- und Rechtsstellung nachfolgend nur punktuell erörtert werden kann. Typischerweise sind die gesetzlichen **Beleihungstatbestände** sehr kurz gefasst und beschränken sich regelmäßig auf die Ermächtigung der Verwal-

tung zur Beleihung, ohne das Beleihungsverhältnis näher zu normieren (s. dazu *T. J. Schmidt*, ZG 17 [2002], 353 ff. mit einem Regelungsvorschlag).

Teilweise legen die Beleihungstatbestände die Voraussetzungen fest, unter denen eine Beleihung zulässig ist. Sie können dahin standardisiert werden, dass eine Beleihung nur in Betracht kommt, wenn

- die **Gewähr für eine sachgerechte Aufgabenerfüllung** besteht (s. auch § 7 III UGBKomE) und
- die Beleihung im **öffentlichen Interesse** liegt (s. etwa § 44 III BHO).

Diese gesetzlichen **Übertragungsvoraussetzungen** sind jedoch nur de- 40 klaratorisch, weil sie selbstverständliche Bedingungen für die Übertragung öffentlich-rechtlicher Befugnisse an Privatpersonen sind. Der Hinweis auf das öffentliche Interesse belegt, dass nicht nur Berufsausübungs- und subjektive Berufszulassungs-, sondern auch objektive **Berufszulassungsregelungen** aufgestellt werden können und dass ein rechtlich durchsetzbarer Anspruch (s. o. § 43 I 3 Rdnr. 6) auf Übertragung von öffentlich-rechtlichen Kompetenzen nicht besteht (s. BVerfGE 17, 371 und *Leisner*, AöR 93 [1968], 192–197; a. A. *W. Martens*, Öffentlich als Rechtsbegriff, 1969, S. 105 ff.; s. ferner *Steiner*, Öffentliche Verwaltung durch Private, S. 277 ff.; BVerfG, NJW 1980, 2133; BVerwG, DÖV 1984, 384). Allerdings hat die übertragende Verwaltung den **Gleichheitssatz** zu beachten.

b) Beleihung und öffentliche Auftragsvergabe

In diesem Zusammenhang ist ungeklärt, ob und wenn ja inwieweit das 41 Recht der **öffentlichen Auftragsvergabe** auch für Beleihungen bei Überschreiten der Schwellenwerte im Sinne der §§ 100 I, 127 Nr. 1 GWB in Verbindung mit § 2 VgV gilt. Diese liegen für Dienstleistungsaufträge bei 200 000 Euro (§ 2 Nr. 3 VgV) bzw. 130 000 Euro für entsprechende Aufträge des Bundes (§ 2 Nr. 2 VgV) sowie bei 5 Millionen Euro für Bauaufträge (§ 2 Nr. 4 VgV) und können bei den mit Beleihungen verknüpften Leistungen durchaus erreicht werden. Die §§ 97 ff. GWB wären aber nur einschlägig, wenn man die Beleihung als Beschaffungsauftrag eines öffentlichen Auftraggebers qualifizieren könnte. Nach dem Katalog des § 100 II GWB sind Beleihungen nicht von der Auftragsvergabe ausgeschlossen (s. auch *Opitz*, ZVgR 2000, 97, 106; *Dreher*, NZBau 2002, 245, 254 ff.). Angesichts der verbreiteten **Gebührenfinanzierung** der Beliehenen ist zweifelhaft, ob der **Grundsatz der Wirtschaftlichkeit** hier eine primäre Rolle spielen kann. Der Beleihungsakt selbst unterfällt deshalb nicht der Ausschreibungspflicht, da es sich dabei regelmäßig nicht um einen entgeltlichen Vertrag im Sinne des § 99 I GWB handelt, mit dem eine Leistung eingekauft, sondern eine hoheitliche Befugnis auf einen Privaten übertragen werden soll.

Wenn allerdings die Beleihung dergestalt Bestandteil eines öffentlich- 42 oder privatrechtlichen Vertrages zwischen der öffentlichen Hand und dem zu beleihenden Privaten sein sollte, dass sie in die Erbringung von Dienst- oder Bauleistungen einbezogen ist, die in der Vereinbarung näher ausgestaltet wird, so kann die Beleihung als Bestandteil des öffentlichen Auftrags im Einzelfall ausschreibungspflichtig sein. Dies gilt aber wiederum nur dann, wenn in dieser Vereinbarung für den Beliehenen ein Entgelt geregelt ist. Wird ihm als Gegenleistung lediglich das im Rahmen des Beleihungsverhältnisses geregelte Recht zur Gebührenerhebung eingeräumt, liegt – im Falle von Dienstleistungen – eine **Dienstleistungskonzession** vor, die – anders als die **Baukonzession** unter den Voraussetzungen der § 98 Nr. 6 GWB, § 6 VgV und § 32a VOB/A-Abschnitt 2 – nicht ausschreibungspflichtig ist (vgl. zu allem ausführlich *Dreher,* NZBau 2002, 245, 254ff.).

Beispiel: Unter den Voraussetzungen des § 32a Nr. 1 VOB/A-Abschnitt 2 i.V.m. § 99 III GWB, § 6 S. 1, 2 VgV ausschreibungspflichtig wären somit Betreibermodelle im Bundesfernstraßenbau auf der Grundlage des FStrPrivFinG, bei denen private Unternehmer mit dem Bau, der Erhaltung, dem Betrieb und der Finanzierung von Bundesfernstraßen oder -autobahnen beauftragt werden.

43 Die Ausschreibungspflicht ist bei der vorgenannten Konstellation ebenfalls zu verneinen, wenn es sich bei der mit der Beleihung zusammen hängenden Tätigkeit um die **Ausübung öffentlicher Gewalt** im Sinne der Artt. 45, 55 EGV handelt, mithin um die Ausübung von Befugnissen im Rahmen der **Eingriffsverwaltung** (vgl. *Dreher,* NZBau 2002, 245, 256f.; *Opitz,* ZVgR 2000, 97, 106; s. auch näher *Bröhmer* in: Calliess/Ruffert (Hg.), EU/EGV, 2. Aufl. 2002, Erl. zu Art. 45). Allerdings dürfte ein solcher Fall der Beleihung, der mit der vertraglich ausgestalteten Vereinbarung zur Erbringung von Dienstleistungen verknüpft ist, zur Ausübung von Eingriffsbefugnissen eher selten sein.

Beispiel: De lege lata könnte ein solcher nicht ausschreibungspflichtiger Verbund von Beleihung und Dienstleistungsvertrag denkbar sein im Fall einer Beleihung ziviler Wachpersonen, die mit der Bewachung von militärischen Einrichtungen der Bundeswehr nach § 1 III UZwGBw beauftragt werden.

c) Beleihung und Gesetzesvorbehalt

44 Die Beleihung steht unter institutionellem Gesetzesvorbehalt. Beliehen wird also durch Gesetz (z.B. Schiffs- und Flugkapitän), durch Rechtsverordnung (Öko.-AuditG. v. 18. 12. 1995; BGBl. I, S. 2015) oder durch Verwaltungsakt auf Grund Gesetzes (z.B. Bestellung zum Notar) oder verwaltungsrechtlichen Vertrag (z.B. Tierarzt gem. § 2 II TierSG; S. § 24 shlVwG; BVerwG, NJW 1955, 1203; BVerwG, DÖV 1984, 1025; BVerwGE 98, 280; BVerwG, NJW 1987, 2501; *Ossenbühl;* VVDStRL 29, 173f.; *Burmeister,* VVDStRL 52, 190, 229f.).

VII. Die Beleihung als Auftrags- und Treuhandverhältnis

1. Die Pflichten der Beliehenen

45 Die Beleihung begründet zwischen dem Beliehenen und der beleihenden juristischen Person des öffentlichen Rechts ein öffentlich-rechtliches **Auftrags- und Treuhandverhältnis** (s.o. § 35 I, IV), dessen Rechte und Pflich-

ten sich aus den jeweiligen Rechtssätzen, aus dem Inhalt der Bestallungsurkunde oder aus dem Vertrag ergeben.

Beispiel: Grundsätze der Beauftragung nach § 31 d LuftVG.

Unter den **Pflichten** des Beliehenen ist am wichtigsten die **Betriebspflicht,** der er stets unterliegt, weil er hoheitliche, d.h. rechtlich notwendige Aufgaben wahrzunehmen hat. Er darf also weder untätig bleiben noch – solange das Beleihungsverhältnis währt – den Betrieb ohne Zustimmung der Beleihungsbehörde einstellen (s. etwa § 1 FstrPrivFinG).

Als Glied öffentlicher Verwaltung im Sinne des Art. 1 III GG muss der Beliehene die **Rechtsgebundenheit** der Verwaltung, insbes. die Grundrechte beachten (s. o. § 30 und BVerfGE 17, 371). **46**

Soweit der Beliehene öffentlich-rechtliche Zuständigkeiten wahrnimmt, unterliegt er einer **Aufsicht,** die wegen des verschiedenen Gehalts der von den Beliehenen wahrzunehmenden Kompetenzen verschieden geregelt ist (s. etwa VGH Mannheim, NVwZ-RR 1998, 152f.). Sie ist i.d.R. Fachaufsicht, zuweilen jedoch auf eine Rechtmäßigkeitskontrolle beschränkt, die dann – wie z.B. gegenüber den Privatschulen – als präventive Aufsicht im Zusammenhang mit der Genehmigung von Prüfungsordnungen (s. bwVGH DVBl. 1983, 593; *Blau,* JA 1984, 466) oder wie – z.B. gegenüber den Notaren – als repressive Aufsicht geführt wird (s. z.B. § 93 BNotO und BGH, DÖV 1973, 829, Nr. 338 o. Gr. und wegen der Garantenstellung des Staates *Gallwas,* VVDStRL 29 [1971], 225–232 sowie § 7 III UGB-KomE). Im Rahmen der Aufsicht hat die zuständige Behörde sicherzustellen, dass zur eigenverantwortlichen Wahrnehmung übertragene Aufgaben ordnungsgemäß durchgeführt werden. Fehlt es hieran, dann besteht eine **Rückübertragungspflicht.**

2. Die Rechte der Beliehenen

Da der Beliehene als Glied der öffentlichen Verwaltung die Grundrechte beachten muss, scheint er sich nicht auf die **Grundrechte** berufen zu können. Angesichts der Sonderstellung des Beliehenen ist hier jedoch eine differenzierende Betrachtungsweise geboten. Soweit der Beliehene nicht öffentlich-rechtlich handelt, bleibt er Privatperson. Er kann sich deshalb auch gegen Eingriffe in diesen Status gegen fachaufsichtliche Weisungen wehren (BVerwG, NVwZ-RR 1989, S. 351ff.; s. im Einzelnen *Schnapp/Kaltenborn,* JuS 2000, S. 937ff.). **47**

Der Beliehene hat das **Recht,** bestimmte öffentlich-rechtliche Zuständigkeiten wahrzunehmen (sog. **Betriebsrecht**), wobei er sich der Handlungsform des öffentlichen Rechts bedienen kann. Das Gebührenerhebungsrecht entfällt, wenn die Finanzierung einer Aufgabe zwingend über Steuern erfolgen muss. Außerdem kann das Betriebsrecht nur dann eingeschränkt oder dem Beliehenen entzogen werden, wenn er die gesetzlichen Voraussetzungen einer Beleihung nicht mehr erfüllt oder soweit das im Beleihungsakt vorgesehen ist. Dieses subjektive öffentliche Recht des Beliehenen ist nicht oder nur mit Zustimmung der Beleihungsbehörde übertragbar. **48**

49 Dem Beliehenen können **finanzielle Ansprüche** gegen den Träger öffentlicher Verwaltung eingeräumt werden, der ihn beliehen hat. Sie können gerichtet sein auf staatliche Subventionen oder auf staatliche Gegenleistungen zur Vergütung oder Deckung von Aufwendungen (vgl. zur staatlichen Förderung von Privatschulen BVerwG, DVBl. 1983, 587).

Gegen die Auferlegung von Pflichten und gegen behördliche Maßnahmen im Wege der Beleihungsaufsicht genießt der Beliehene, soweit er nicht weisungsgebunden ist, verwaltungsrechtlichen **Rechtsschutz.**

VIII. Ende der Beleihung

50 Die Beleihung endet durch Erlöschen, nämlich

- durch **Tod** einer beliehenen natürlichen Person bzw. Vollbeendigung einer juristischen Person;
- **Beendigung des Tatbestandes,** an den das Gesetz die Beleihung knüpft (z. B. Schiffskapitäne an Land; wegen der Notare s. § 47 BNotO);
- **Verurteilung** zu einer Freiheitsstrafe von mindestens einem Jahr (§ 45 StGB); gem. besonderer Rechtssätze auch bei andersartigen Verurteilungen (z. B. §§ 49, 97 BNotO);
- Eintritt von **gewillkürten** Erlöschungsgründen, z. B. Fristablauf (z. B. Schiedsmann nach fünf Jahren) oder Eintritt einer Bedingung (z. B. Altersgrenze).

51 Ein **einseitiger Verzicht** der Beliehenen ist wegen der Betriebspflicht unzulässig. Vielmehr ist ein Antrag auf Entlassung zu stellen (s. z. B. § 48 BNotO).

Die Beleihung endet ferner durch Verwaltungsakt durch **Beseitigung** nach den allgemeinen Regeln für den Widerruf oder die Rücknahme begünstigender Verwaltungsakte, sofern nicht Sonderschriften bestehen (s. o. § 51). Ein Widerruf ist zulässig insbes. bei Nicht- oder Schlechterfüllung der Verpflichtungen des Beliehenen, oder bei einem Widerrufsvorbehalt (s. z. B. § 50 BNotO, § 9 nwSchmO). Ein Widerruf kann dann eine enteignungsrechtliche Entschädigung auslösen, wenn er den Ertrag eigener Leistung (z. B. eines Notars, technischen Prüfers [BGHZ 25, 266] oder eigenen Kapitalaufwandes (z. B. eines Privatschulträgers) ohne Verschulden der Betroffenen vereitelt (*Nicolaysen,* FS Schack 108 ff. und *Ossenbühl,* VVDStRL 29, [1971], 189 ff.; s. auch BGH, UPR 2002, 67).

IX. Das Rechtsverhältnis zwischen Beliehenem und Dritten

1. Allgemeine Rechtsstellung

52 Die **Rechtsverhältnisse zwischen Beliehenem und Dritten** sind öffentlich-rechtlich, soweit sie auf einem öffentlich-rechtlichen Rechtssatz beruhen, im Übrigen privatrechtlich (s. BVerwG, DÖV 1968, 429; ebd. 1984, 1025; OLG Klrh, BwVBl. 1983, 218 und o. § 22 III). Insbes. kann der Belie-

hene berechtigt sein, auf Grund gesetzlicher Vorschriften **Gebühren** zu erheben, die dann mangels anderweitiger Vorschriften im Verwaltungszwangsverfahren beitreibbar sind (s. § 2 I FStrPrivFinG; OVG Mstr, DÖV 1955, 704; VGH BW, VBl.BW 1994, 67; *Sauthoff*, DÖV 1989, 1ff.). Das SchfG enthält keine Bestimmung darüber, dass der Schornsteinfeger die Gebühren selbst durch VA festsetzen darf. Dies kann nur die zuständige Behörde (VGH BW, NVwZ 1994, 1135).

Der Beliehene ist nicht Behörde im privat- und strafrechtlichen Sinne 53
(s. BGHZ 3, 121). Er ist Vollstreckungsbehörde nur, soweit er befugt ist, Handlungen, Duldungen oder Unterlassungen zu erzwingen, oder gesetzlich ermächtigt ist, wegen Geldforderungen zu vollstrecken (so z.B. die Kapitäne, nicht aber die Notare). Beliehene sind nicht dienstherrnfähig im beamtenrechtlichen Sinne.

Da der Beliehene öffentlich-rechtliche Zuständigkeiten wahrnimmt, ist er 54
aber Subjekt öffentlicher Verwaltung und **Verwaltungsbehörde** im funktionalen, verfahrensrechtlichen Sinne. Ist er mit obrigkeitlichen Aufgaben betraut, kann er **Verwaltungsakte** setzen, die vom Betroffenen nach Widerspruch mit der Verwaltungsklage angefochten werden können. Das **Verwaltungsverfahrensrecht** findet auf ihn Anwendung. Er ist Behörde im Sinne des § 1 IV VwVfG (s. *Kopp/Ramsauer*, VwVfG, 7. Aufl. § 1, Rn 58; *Meyer*, in: Knack, VwVfG, 7. Aufl. § 1, Rn. 16 u. 18). Zur Eröffnung des Verwaltungsrechtswegs bei Streitigkeiten mit Beliehenen vgl. LG Mühlhausen LKV 1997, 383; BGH, NJW 2000, 1042; BVerwG, DÖV 1990, 614).

Umstritten ist, wer über Widersprüche gegen Verwaltungsakte des Beliehenen zu entscheiden hat. Teilweise wird die Ansicht vertreten, es sei § 73 I Nr. 5 VwGO entsprechend anzuwenden.

Die Klage ist grundsätzlich gegen den Beliehenen als Rechtsperson oder 55
als Behörde zu richten. Im Einzelfall ist aber umstritten, ob der Beliehene selbst oder ein hinter ihm stehender Rechtsträger Klagegegner im Sinne des § 78 VwGO ist. Entscheidend dürfte sein, ob der Beliehene eine Entscheidung in eigener Verantwortung trifft, so dass sie ihm mit der Folge zuzurechnen ist, dass er auch Klagegegner ist. Als Beliehener ist er einer Körperschaft im Sinne des § 78 VwGO gleichzustellen (*Steiner*, Öffentliche Verwaltung durch Private, 123ff.; *ders.*, NJW 1975, 1798; *v. Heimburg*, Verwaltung und Private, 121f.; *Ehlers*, FS Menger, 379, 388).

Beschränkt sich die hoheitliche Tätigkeit des Beliehenen jedoch auf bloße Beteiligung an behördlichen Akten, wie z.B. die der Prüfingenieure für Baustatik (BGH, JZ 1963, 707 m. Anm. *v. Rupp*) und meist die der Sachverständigen der Technischen Überwachungsvereine (OVG Lbg., DÖV 1968, 135), sind seine Entscheidungen nicht (außenwirksame) Verwaltungsakte.

2. Amtshaftung

Soweit der Beliehene oder einer seiner Angestellten öffentliche Gewalt 56
ausübt, ist er **Beamter im haftungsrechtlichen Sinne** und Amtsträger i.S.d.

§ 11 Abs. 1 2c StGB. Verletzt er einem Dritten gegenüber schuldhaft seine Amtspflicht, so haftet für den verursachten Schaden nach § 839 BGB, Art. 34 GG die Person des öffentlichen Rechts, die ihn beliehen hat, i.d.R. also das Land (sog. **Anvertrauungstheorie**), soweit die Haftung nicht kraft Gesetzes ausgeschlossen ist (s.o. § 67 III 2c; *Frenz,* Die Staatshaftung in den Beleihungstatbeständen, 1993).

57 Das gilt auch z.B. für die Sachverständigen der Technischen Überwachungsvereine, da diese nicht Körperschaften i.S.d. Art. 34 GG sind (BGH, NJW 1968, 444; JZ 1968, 298 m. abl. Anm. *v. Rupp,* BGH, GewArch. 1993, S. 371 ff.) oder Werkstätten, die Abgasuntersuchungen nach § 47 StVO durchführen (OLG Schleswig, NJW 1996, 1218); nicht aber, soweit sie nicht beliehen sind (BGH, DÖV 1973, 243 und NJW 1978, S. 2548 ff.; s. ferner zum Streitstand *Maurer,* Aufgaben, Rechtsstellung und Haftung der technischen Überwachungsvereine, S. 175 ff.; *Papier,* MüKo, 2. Aufl, § 839, Rn. 113). Diese Regeln gelten ferner für Zivildienstleistende, die in einer anerkannten Beschäftigungsstelle nach § 4 ZDG beschäftigt sind (BGH, DVBl., 2000, S. 1290 ff.) sowie für Beauftragte nach §§ 31 a–c LuftVG. Sie gelten nicht für den Notar und den Notariatsassessor, die nur persönlich haften (BGHZ 9, 289; st. Rspr.); ebenso für den Bezirksschornsteinfeger, da auch sie auf den Bezug von Gebühren angewiesen sind (s. BGH, NJW 1974, S. 1507; OLG Hamm, NVwZ-RR, 1990, 228 ff.; s.a. *Papier,* MüKo, 2. Aufl., § 839, Rn. 297) sowie Beliehene, die Konformitätsbewertungen hinsichtlich der elektromagnetischen Verträglichkeit vornehmen (§ 5 II Beleihungs- und AnerkennungsVO v. 7. 6. 2002, BGBl. I, S. 1792).

§ 90 a Grundlagen der Verwaltungshilfe und der Inpflichtnahme

Schrifttum: S.o. vor § 90 und zu § 90.

Der Verwaltungshilfe ist ein eigener Abschnitt gewidmet, weil sie immer mehr aus dem Schatten einer untergeordneten Rechtsfigur heraustritt und in jüngerer Zeit einen beachtlichen Aufschwung und dogmatischen Wandel erlebt. Die einzelnen Erscheinungsformen überschneiden sich zwar gelegentlich mit anderen Formen der Zusammenarbeit der öffentlichen Hand mit Privaten. Gleichwohl besitzt die Verwaltungshilfe eine eigenständige Bedeutung im organisationsrechtlichen Spektrum des Verwaltungsrechts.

I. Die unselbstständige Verwaltungshilfe

1. Der Verwaltungshelfer als Verwaltungswerkzeug

1 Die klassische Form der Verwaltungshilfe als typischer Anwendungsfall einer **funktionalen Privatisierung** (s.o. vor § 90 III; *Schuppert,* Verwal-

tungswissenschaft, S. 371 f.) ist dadurch gekennzeichnet, dass eine Privatperson als **außerordentlicher Organwalter** iwS einer Behörde für diese unselbstständig als **Hilfsorgan** tätig und lediglich in die Erledigung hoheitlicher Aufgaben eingeschaltet wird. Diese Privatpersonen stehen nicht in einer unmittelbaren Rechtsbeziehung zu Dritten, wie das für die Beliehenen typisch ist, sondern sie handeln im Auftrag und nach Weisung der Behörde. Sie werden deshalb auch als private **Vollzugshelfer** bezeichnet (sog. **unselbstständige Verwaltungshilfe**). Diese Form der unselbstständigen Verwaltungshilfe beruht auf der sogenannten **Werkzeugtheorie,** wonach der Private dann Verwaltungshelfer sein soll, wenn er als verlängerter Arm der Verwaltung agiert, insofern also lediglich wie ein Werkzeug von der Verwaltung unter deren Aufsicht eingesetzt wird (vgl. o. § 67 Rdnr. 25; kritisch *Traeger,* Die Haftung des Staates, 1998).

2. Anwendungsfelder unselbstständiger Verwaltungshilfe

- **Schulhelfer und Schülerlotsen,** durch welche die Schule ihre Fürsorgepflicht für ihre Schüler erfüllt. Die Helfer bekleiden zwar ein öffentliches Amt i.S.d. Art. 34 GG i.V.m. § 839 BGB mit der Haftungsfolge zu Lasten des Schulträgers, erlassen aber keine anstalts- oder verkehrsrechtlichen Verwaltungsakte, sondern geben nur Hinweise auf die Anstaltsordnung bzw. die Verkehrslage (s.o. § 67 Rdnr. 22 m.w.N.; *Ossenbühl,* Staatshaftungsrecht, 5. Auflage 1998, S. 18 ff.; *Stober,* Schüler als Amtshelfer, 1972). 2
- **Programmierung und Überwachung von Verkehrsampelanlagen** durch private Unternehmer (vgl. OLG Hamm, NVwZ-RR 1999, 223 f. mit differenzierter Begründung zum Betrieb einer Baustellenampel). 3
- **Abwicklung technischer Fragen der Gebührenverwaltung** durch private Unternehmer (vgl. VG Leipzig, LKV 1999, 241; s. ferner *Kumanoff/Schwarzkopf/Fröse,* SächsVBl. 1997, 73, 75 f.) 4
- **Erhebung, Verarbeitung und Nutzung personenbezogener Daten** durch Private im Auftrag der Verwaltung, z.B. sog. Letter-Shops, im Auftrag öffentlicher Stellen nach § 11 BDSG (s. *Gola/Schomerus,* BDSG, 6. Aufl. 1997, Anm. 1.4 und 2 zu § 11). Ein Anwendungsfall ist auf kommunaler Ebene die Durchführung von **Hundebestandsaufnahmen** von Gemeinden durch Private (s. *Ehlers,* Die Erledigung von Gemeindeaufgaben durch Verwaltungshelfer, 1997, S. 18, 21). 5
- **Fluggast- und Gepäckkontrolle** durch geeignete private Hilfspersonen, deren sich die Luftfahrtbehörden gem. § 29c I LuftVG als Hilfsorgane bedienen können und die unter behördlicher Aufsicht tätig werden (allerdings ist umstritten, ob es sich dabei nicht doch um eine Beleihung handelt. Für Beleihung: *Hofmann/Grabherr,* LuftVG, 2. Aufl., Stand: November 1997, § 29c, Rdnr. 24 m.w.N.; BGH NJW 1999, 2378 f.; a.A. *Gramm,* VerwArch. 90 [1999], 329 (334 f.); ausdrücklich gegen die Beleihung auch VG München, Urteil v. 23. 10. 1991, Az. M 17 K 91 3419 und 6

M 17 K 91 3610, S. 22; ohne ausdrückliche Klassifizierung: BVerwGE 95, 189, 197).

7 – **Hilfspolizisten** (vgl. *Ungerbieler,* DVBl. 1980, 409), die bei **Unfällen, Notfällen oder Naturkatastrophen unter Aufsicht und Anleitung der Polizei** herangezogen werden (vgl. § 29 I hmbSOG). Auszuschließen ist es allerdings nicht, dass Hilfspolizisten auch unmittelbar in Rechtsbeziehungen zu Dritten treten können, wann sie selbst befugt sind, polizeiliche Standardmaßnahmen zu erlassen (vgl. § 99 II heSOG, § 29 II hmbSOG). In Betracht kommen insofern vor allem die Fälle, in denen Private durch die zuständige Behörde zu Hilfspolizisten bestellt und nach spezieller Schulung mit besonderen Befugnissen ausgestattet werden, die bis zur Anwendung unmittelbaren Zwangs durch Hilfsmittel der körperlichen Gewalt oder durch Waffen reichen können (so § 99 II 2 heSOG). Solchen Tätigkeiten von Hilfspolizisten ist ein höherer Grad an Selbstständigkeit eigen, als in den zunächst genannten unselbstständigen Fällen.

8 – **Einrichtungen der freien Wohlfahrtspflege** als Helfer des Sozialleistungsträgers (*Unger,* SozSich. 1985, 199 ff.); private Dritte im Falle ihrer Beauftragung mit der **Wahrnehmung von Aufgaben des öffentlichen Gesundheitsdienstes** (zum Beispiel des § 5 III 2 nwÖGDG s. *Stollmann,* DÖV 1999, 183, 186 f.).

9 – **Seelotsen,** die die Lotsung freiberuflich in eigener Verantwortung durchführen und dafür Lotsabgaben erhalten. Sie können zwar den Kapitän bei der Führung des Schiffes beraten, jedoch bleibt dieser alleinverantwortlich für das Schiff (s. §§ 21 ff. SeelotsenG v. 13. 9. 1984, BGBl. I S. 1213.; *Steiner,* Verwaltung durch Private, S. 106 ff., S. 233 ff.; *P. Kirchhof,* Verwalten durch mittelbares Einwirken, 1977, S. 10 f., *von Heimburg,* Verwaltung und Private, S. 130 ff.). Untersuchungsbeauftragte der Bundesstelle für **Seeunfalluntersuchung** nach § 12 IV 2 Seesicherheitsuntersuchungsg v. 16. 1. 2002, BGBl. I S. 1815, 1820).

10 – **Abwasserbeseitigung** durch Private nach § 18 a II 3 WHG (BGH, NVwZ 2002, 893 f.); anders dagegen der Fall des § 18 a II WHG, der eine Beleihungsbefugnis enthält (s. *Stober,* in: Tettinger (Hg.), Rechtlicher Rahmen für die Public-Private-Partnerships auf dem Gebiet der Entsorgung, 1994, 31; a. A. *Brüning,* NVWBl. 1997, 286, 291; *ders.,* SächsVBl. 1998, 201 ff.; *Zacharias,* DÖV 2001, 454 ff.). **Private Abfallwirtschaftsunternehmen** gem. § 16 I 1, 17 I KrW-/AbfG (BGH, NVwZ 2002, 893 f.; *Queitsch,* UPR 2000, 247, 250; *Pielow,* Grundstrukturen öffentlicher Versorgung, 2001, 443, 448); § 9 a III AtomG (*Huber,* DVBl. 2001, 239, 240; s. auch bayVGH, DÖV 1998, 693 f.; § 134 II UGB-KomE).

11 – **Einschaltung von privaten Abschleppunternehmen durch die Polizei** beim Umsetzen oder der Sicherstellung ordnungswidrig geparkter Kraftfahrzeuge (BGHZ 121, 161 ff.; zu dieser Entscheidung *Würtenberger,* JZ 1993, 1003 ff.; *ders.,* DAR 1983, 155, 160; LG Frankfurt/Main, DAR 2000,

268f.; bayVGH, BayVBl. 1984, 559; nwOVG, NJW 1980, 1974; s. aber auch OLG Hamm, NJW 2001, 375f.; *Kreissl,* NVwZ 1994, 349ff.).

– Die **Klassifizierung von Verwaltungshelfern,** die – wie Abschleppunternehmer – nach außen gegenüber dem Bürger in eine unmittelbare Rechtsbeziehung treten, obgleich sie im Innenverhältnis für die Verwaltung tätig werden, ist allerdings umstritten. Da der von der Polizei beauftragte Abschleppunternehmer nach außen gegenüber dem Bürger selbstständig agiert und zu ihm unmittelbar in Rechtsbeziehungen eintritt, wenn er dessen Kraftfahrzeug auf Anweisung der Polizei abschleppt, wurde, was insbesondere im Amtshaftungsrecht relevant werden könnte, teilweise angenommen, der Abschleppunternehmer werde nicht hoheitlich tätig und übe kein öffentliches Amt aus (LG München, NJW 1978, 48f. m.w.N.; vgl. auch BGHZ 121, 161, 164 m.w.N. aus der älteren Rspr. und Literatur). Bei funktionaler Betrachtungsweise, die den Sachverhalt im Rahmen einer Gesamtbetrachtung würdigt, werden allerdings die Sachnähe der dem Abschleppunternehmer übertragenen Tätigkeit zur öffentlichen Aufgabe (hier: Beseitigung einer Störung der öffentlichen Sicherheit durch Abschleppen des ordnungswidrig geparkten Kfz) und der Grad der Einbindung des privaten Abschleppunternehmers in den behördlichen Pflichtenkreis als für die Zuordnung des Privaten zur Verwaltung als deren Verwaltungshelfer bzw. Erfüllungsgehilfe maßgebende Kriterien erkennbar (s.o. ausführlich o. § 67 Rdnr. 23ff.; BGHZ 121, 161ff., zu dieser Entscheidung *Würtenberger,* JZ 1993, 1003ff.). Dementsprechend stellt die Durchführung polizeilich angeordneter Abschleppmaßnahmen auf der Grundlage eines privatrechtlichen Dienstvertrags zwischen dem Unternehmer und der öffentlichen Hand eine neue Form selbstständiger Verwaltungshilfe dar. Denn auch der Abschleppunternehmer wird bei der gebotenen Gesamtbetrachtung des Sachverhalts nur unterstützend für die Verwaltung bei Erfüllung der von ihr ausgeübten und ihr allein zustehenden hoheitlichen Befugnisse tätig. Die Differenzierung zwischen unselbstständiger und selbstständiger Verwaltungshilfe löst sich also zugunsten einer funktionalen Betrachtungsweise auf (s. sogleich ausführlich unter II m.w.N.). 12

II. Die selbstständige Verwaltungshilfe

1. Die modifizierte Werkzeugtheorie

Wie soeben beschrieben weitet sich die herkömmliche Sichtweise der Verwaltungshilfe aus. In Literatur und Rechtsprechung ist sie dementsprechend zu einer **modifizierten Werkzeugtheorie** ausgebaut worden. Danach kommt es nicht auf das privatrechtlich geregelte Innenverhältnis zwischen Verwaltung und Privatperson an, was gegen die Annahme einer Werkzeugstellung sprechen könnte. Vielmehr ist darauf abzustellen, dass der Staat sich 13 nicht durch eine **Flucht ins Privatrecht** seinen öffentlich-rechtlichen Bindungen entziehen darf (vgl. o. § 23 Rdnr. 32). Das gilt insbesondere für die **Amtshaftung** für von ihm eingesetzte Private, die im Außenverhältnis als Erfüllungsgehilfen anzusehen und insofern als Werkzeug der Verwaltung zuzurechnen sind (hierzu insbesondere BGHZ 121, 161, 164; zu dieser Entscheidung *Würtenberger,* JZ 1993, 1003ff.; ferner ausführlich zur Entwicklung der Werkzeugtheorie unter Berücksichtigung der neueren Rechtsprechung s.o. § 67 Rdnr. 23ff. sowie *Traeger,* Die Haftung des Staates bei der Einschaltung privater Kräfte zur Erfüllung öffentlicher Aufgaben, 1998, S. 29ff., 35ff., 41ff.).

14 Rechtsprechung und Literatur dehnen danach also den Anwendungsbereich des Rechtsinstituts der Verwaltungshilfe dahin aus, dass der Verwaltungshelferbegriff auch dann erfüllt ist, wenn der Helfer selbstständig handelt **(selbstständige Verwaltungshilfe).** Danach kommt es also auf das bisher prägende Merkmal der Unselbstständigkeit nicht mehr an (s.o. I). Vielmehr ist entscheidend, dass öffentliche Aufgaben bis zur Entscheidungsreife vorbereitet werden (*Di Fabio,* VVDStRL 56 [1997], 235, 273; *Burgi,* Funktionale Privatisierung und Verwaltungshilfe, 1999, S. 155f.; *Brüning,* NWVBl. 1997, 286, 287, 292f.).

2. Anwendungsfelder der selbstständigen Verwaltungshilfe

15 – Die Tätigkeit privater **Konzessionäre** sowie **gemischt-wirtschaftlicher Unternehmen,** deren Anteile sowohl von Privaten als auch der öffentlichen Hand gehalten werden, stellt eine Form der selbstständigen Verwaltungshilfe dar, die im Zuge zunehmender Kooperationen zwischen Staat und Privaten von wachsender Bedeutung ist (vgl. *Burgi,* GewArch. 2001, 217, 218f.; *ders.,* NVwZ 2001, 601ff.; *Faber,* DVBl. 2001, 248, 256ff.; *Dreher,* NZBau 2002, 245, 247ff., 253ff.). Hervorzuheben ist insofern die Einschaltung privater Unternehmer in die **Abwasserbeseitigung** nach § 18a II 3 WHG (vgl. *Zacharias,* DÖV 2001, 454ff.) sowie in die **Abfallbeseitigung** gem. §§ 16 I 1, 17 I KrW-/AbfG; § 9a III 2 AtomG; *P. M. Huber,* DVBl. 2001, 239, 240 zum AtomG; s. auch bayVGH, DÖV 1998, 693f.). Ebenso sind Konzessionsnehmer der **kommunalen Wasserversorgung** zu nennen durch überwiegend und rein private Unternehmen auf der Grundlage von Konzessionsverträgen (BGH, NJW 1985, 197, 200; *Brüning,* NWVBl. 1997, 286, 292).

16 – **Weiterleitung sicherheitsrelevanter Informationen,** die **private Wachleute** im Rahmen ihrer privaten Auftragserfüllung erlangen, an polizeiliche Ansprechstellen, soweit diese Informationshilfe zwischen Polizei und Wachdienst in einer Kooperationsvereinbarung näher unter dem Motto „Beobachten, Erkennen, Melden“ ausgestaltet und entsprechende Informationen an die Polizei zu melden sind – **informationelle Verwaltungshilfe** (s. *Stober,* ZRP 2001, 260, 265f.; *Brauser-Jung,* in: Stober (Hg.), Jahrbuch des Sicherheitsgewerberechts 1999/2000, 2000, S. 55, 84f., 87f.).

- Selbstständig agierende **Abschleppunternehmen** (OLG Hamm, NJW 2001, 375f.). 17
- **Auferlegung von Bürokratielasten** auf Private, wie den Einzug der Lohnsteuer durch den Arbeitgeber (str., da hier eine Inpflichtnahme vorliegt – s. u. § 90a VI; vgl. *Burgi*, GewArch. 1999, 393, 396). 18
- **Anerkannte Sehteststellen** nach § 67 FeV, die den nach § 12 FeV für den Erwerb einer Fahrerlaubnis beizubringenden Sehtest vornehmen. Sie arbeiten zwar selbstständig, ihre Entscheidung ist jedoch für die zuständige Behörde nur von vorbereitender Natur. Gleiches gilt grundsätzlich auch für die **anerkannten Begutachtungsstellen** für die Fahreignung i. S. d. § 66 FeV, die mit der Erstellung medizinisch-psychologischer Gutachten i. S. d. § 11 III FeV befasst sind (s. auch § 11 II, der ausdrücklich vom vorbereitenden Charakter entsprechender Gutachten über die Fahreignung ausgeht). Die Regelung über die Versagung der Anerkennung für Begutachtungsstellen, wenn diese in ausreichender Zahl vorhanden sind (§ 66 II 2 FeV), verstößt jedoch mangels ausreichender gesetzlicher Grundlage in § 6 I Nr. 1 lit. k i. V. m. § 2 XIII StVG gegen Art. 12 I 2 GG (BVerwG, NVwZ 2001, 324f.). Das BVerwG bemängelt damit jedoch lediglich das Fehlen einer auf die Berufsrelevanz abgestimmten Ermächtigungsgrundlage zum Erlass einer der aktuell in § 66 II 2 FeV geregelten Versagungsbefugnis entsprechenden Rechtsgrundlage. Die generelle Unzulässigkeit des Einsatzes auch privater Stellen als selbstständige Verwaltungshelfer der Fahrerlaubnisbehörden geht aus dieser Entscheidung dagegen nicht hervor. 19
- Die Einordnung der Zulassung von **Umweltgutachtern** durch private Zulassungsstellen nach §§ 9 I, 28 UAG ist unklar (vgl. ferner *Pitschas*, Duale Umweltverantwortung von Staat und Wirtschaft, 1999, S. 269, 280f.; *Köck*, VerwArch. 87 [1996], 644, 662). 20

III. Abgrenzung von der Beleihung, der Verwaltungssubstitution und der regulierten Selbstregulierung

1. Abgrenzung zur Beleihung

Unbeschadet dieses neuen Anwendungsbereichs ist die Verwaltungshilfe nach wie vor klar von der Beleihung abgrenzbar. Denn sie unterscheidet sich dadurch von ihr, dass der Verwaltungshelfer stets nur vorbereitend und durchführend, nicht aber entscheidend handelt (vgl. auch *Burgi*, JuS 1997, 1106, 1107). Der Einsatzbereich der Verwaltungshilfe endet also dort, wo öffentlich-rechtliche Befugnisse abschließend wahrgenommen werden. 21

Beispiele: Feststellung und Ahndung von Verkehrsordnungswidrigkeiten (s. zur Differenzierung *Stober*, ZRP 2001, 260ff., *Scholz*, NJW 1997, 14ff.; *Ronellenfitsch*, DAR 1997, 147ff. und *Waechter*, NZV 1997, 329ff.). **Erlass und Durchsetzung von Abgabenbescheiden** (*VG Leipzig*, LKV 1999, 241; vgl. auch *Kumanoff/Schwarzkopf/Fröse*, SächsVBl. 1997, 73, 75f.). 22

2. Abgrenzung zur Verwaltungssubstitution

23 Teilweise wird als eigenständige Zwischenform von der Beleihung und der Verwaltungshilfe die **Verwaltungssubstitution** unterschieden (*Brüning*, SächsVBl. 1998, 201, 203 m.w.N.). Das Verwaltungssubstitut soll dabei einerseits an der Durchführung staatlicher Aufgaben beteiligt sein und andererseits die schlicht-hoheitliche Wahrnehmung auf der Vollzugsebene selbstständig ersetzen, soweit der Verwaltungsträger darauf verzichtet hat (*Klowait*, Die Beteiligung Privater an der Abfallentsorgung, 1995, S. 102; *Brüning*, a.a.O.). Geht man jedoch, wie hier, davon aus, dass eine Beleihung auch schlicht-hoheitliche Befugnisse umfassen kann (s.o. § 90 II 2), so verbleibt für die Verwaltungssubstitution als eigenständige Kategorie kein Anwendungsbereich mehr.

24 Unklar ist vor diesem Hintergrund die Einordnung der **Übertragung öffentlich-rechtlicher Abwasserbeseitigungs- bzw. Abfallentsorgungspflichten (Pflichtenübertragung)** auf Dritte gem. § 18a IIa WHG und § 16 II KrW-/AbfG als Beleihung (so *Stober*, in: Tettinger (Hg.), Rechtlicher Rahmen für die Public-Private-Partnerships auf dem Gebiet der Entsorgung, 1994, S. 31, noch zu den Vorschriften des AbfG) oder als Form der unechten, selbstständigen Verwaltungshilfe in Gestalt der Konzession (so *Burgi*, NVwZ 2001, 601, 603) bzw. der Verwaltungssubstitution (*Brüning*, SächsVBl. 1998, 201, 202; *ders*, NWVBl. 1997, 286, 291). Eine Beleihung wird im Wesentlichen mit der Begründung abgelehnt, die §§ 18a IIa WHG, 16 II KrW-/AbfG vermittelten keine hoheitliche Rechtsstellung, weil sie nicht zum Erlass von Beitrags- oder Gebührensatzungen bzw. Gebührenbescheiden ermächtigten (*Brüning*, a.a.O.; *Burgi*, a.a.O.).

25 Allerdings ist es zweifelhaft, ob der Pflichtenübertragung wirklich der hoheitliche Charakter fehlt. Das lässt sich an den Vorschriften des KrW-/AbfG zeigen. Betrachtet man nämlich den Wortlaut des § 13 II KrW-/AbfG, so fällt auf, dass die in § 13 I 1 KrW-/AbfG grundsätzlich statuierte obrigkeitliche Überlassungspflicht für Haushaltsabfälle gegenüber den öffentlich-rechtlichen Entsorgungsträgern nicht besteht, soweit die Pflicht zur Verwertung und Beseitigung von Abfall nach §§ 16, 17, 18 KrW-/AbfG auf Dritte übertragen wurde. Hieraus könnte zwar gefolgert werden, dass auch im Fall der Übertragung der Abfallbeseitigungspflicht nach § 16 II KrW-/AbfG die Überlassungspflicht gegenüber den Dritten nicht bestehen soll. Diese Ansicht ließe sich stützen durch § 17 VI 2 und § 18 II 2 KrW-/AbfG, wonach die obrigkeitliche Überlassungspflicht der Abfallerzeuger/-besitzer gerade gegenüber solchen Verbänden oder Einrichtungen der Selbstverwaltungskörperschaften der Wirtschaft, denen die Abfallbeseitigungspflicht übertragen wurde, ausdrücklich angeordnet wurde, während eine entsprechende Anordnung in § 16 KrW-/AbfG fehlt. Allerdings war dies für den Fall des § 16 II KrW-/AbfG nicht notwendig, weil hierfür bereits – anders als für die §§ 17, 18 KrW-/AbfG – ein gesetzlich geregeltes Vorbild bestand.

Dieses findet sich in § 4 II TierKBG, worin die Übertragung der Beseitigungspflicht von Tierkörpern auf Inhaber einer Tierkörperbeseitigungsanstalt geregelt ist, die nach § 4 I TierKBG grundsätzlich bei den zuständigen Körperschaften des öffentlichen Rechts liegt (vgl. zu allem ausführlich *Kiefer,* NVwZ 2001, 1109, 1110 m.w.N.). Soweit im Übrigen in § 11 TierKBG eine Ablieferungspflicht gegenüber dem Beseitigungspflichtigen ausdrücklich normiert wird, stellt dies eine Ausnahme zu der Regel des § 10 TierKBG dar, worin eine Abholungspflicht durch den Beseitigungspflichtigen statuiert wird, die die Überlassungspflicht des Tierkörperbesitzers grundsätzlich voraussetzt. Da § 16 II KrW-/AbfG an das Vorbild des § 4 II TierKBG anknüpft, kann insgesamt aus der Regelungssystematik des TierKBG auch im Fall der Abfallbeseitigungspflichtenübertragung auf die vorausgesetzte Überlassungspflicht der Abfallerzeuger/-besitzer gegenüber den Dritten im Sinne von § 16 II KrW-/AbfG geschlossen werden (vgl. *Kiefer,* NVwZ 2001, 1109, 1110 m.w.N. aus entsprechenden Verwaltungsanweisungen der bayerischen Landesverwaltung: Überlassungspflicht als „funktional notwendige Kehrseite" der übertragenen Entsorgungspflicht). § 13 II KrW-/AbfG bestimmt also lediglich, dass die Überlassungspflicht der Abfallerzeuger/-besitzer im Fall des § 16 II KrW-/AbfG nicht mehr gegenüber den öffentlich-rechtlichen Entsorgungsträgern besteht, soweit die Pflichtenübertragung reicht. Dementsprechend besteht insoweit auch gegenüber den öffentlich-rechtlichen Entsorgungsträgern kein Entsorgungsanspruch der Abfallerzeuger/-besitzer.

Der Dritte tritt mithin im Falle der Pflichtenübertragung nach § 16 II KrW-/AbfG in eine hoheitlich determinierte Stellung ein und nimmt entsprechende Kompetenzen wahr, er ist also Beliehener und kein selbstständiger Verwaltungshelfer. Die staatliche Verantwortung reduziert sich gegenüber dem Dritten auf die Gewährleistung ihrer Aufsichts- bzw. Leitfunktion (vgl. schon o. Rdnr. 20; *Stober,* in: Tettinger, a.a.O., S. 31). Gleiches gilt auch für die von § 18a IIa WHG dem Landesgesetzgeber eingeräumte Möglichkeit zur Pflichtenübertragung im Bereich der Abwasserbeseitigung. Danach bleibt es dem Landesgesetzgeber überlassen, eine Beleihung privater Dritter zu regeln (*Czychowski,* WHG, 7 Aufl. 1998, § 18a Rdnr. 23a; s. ferner *Zacharias,* DÖV 2001, 454, 458ff.). 26

Auch die Vorschriften der § 18a II 3 WHG, 16 I KrW-/AbfG, die die Verantwortlichkeiten der öffentlich-rechtlichen Entsorgungsträger unberührt lassen und die Einschaltung Privater nur als Erfüllungsgehilfen ermöglichen, belegen im Übrigen, dass es sich bei den Pflichtenübertragungen um mehr als bloße Verwaltungssubstitution handelt. Die Pflichtenübertragungen im Entsorgungsbereich ermöglichen eine Stärkung und Förderung der Eigenverantwortlichkeit der Abfallerzeuger/-besitzer und können Innovationen im Bereich der privatwirtschaftlich betriebenen Abfallentsorgung ermöglichen bzw. fördern. Dieser Intention stünde die Übertragung unmittelbarer obrigkeitlicher Befugnisse entgegen. Das bedeutet aber nicht, 27 dass der schlicht-hoheitliche Rahmen, den der Dritte selbstständig und eigenverantwortlich ausfüllen soll, entfällt, „soweit" die öffentlich-rechtlichen Entsorgungsträger nicht mehr zuständig sind, weil die Pflichten gem. § 16 II KrW-/AbfG oder auf Grund einer § 18a IIa WHG entsprechenden landesrechtlichen Regelung „übertragen" worden sind. Diese Pflichtenübertragung stellt keinen „Verzicht" im Sinne einer eigenständigen Verwaltungssubstitution der Entsorgungsträger dar, auch wenn sie der Übertragung auf Dritte gem. § 16 II 2 KrW-/AbfG zustimmen müssen. Denn die Übertragung erfolgt konstitutiv durch behördlichen Verwaltungsakt. Eine rechtswidrig verweigerte Zustimmung kann zudem im verwaltungsgerichtlichen Prozess als unselbstständiger Bestandteil des nach § 16 II–IV KrW-/AbfG durchzuführenden Übertragungsverfahrens ersetzt werden.

28 Die Verwaltungshilfe nähert sich allerdings durch die Option der selbstständigen Erledigung der Beleihung an, weshalb sie eine Mischfigur ist, die der Verwaltung eine **neue Variante der Privatisierung** eröffnet. In der Literatur wird der Verwaltungshelfer deshalb als vorzugswürdige Privatisierungsform angesehen, weil **exekutive Gewährleistungs- und privatwirtschaftliche Erfüllungsfunktionen** klar abgegrenzt werden (*Ehlers,* DÖV 1998, 497, 506).

3. Abgrenzung zur regulierten Selbstregulierung

29 Gleichzeitig eröffnet die Verwaltungshilfe Spielraum für das **Institut der regulierten Selbstregulierung,** weil die Erledigung öffentlich-rechtlicher Aufgaben die Einbeziehung einzelner selbstregulativer Elemente nicht ausschließt (*Schmidt-Aßmann,* in: W. Berg u.a. (Hg.). Regulierte Selbstregulierung als Steuerungskonzept des Gewährleistungsstaates, 2001, 252, 259), sondern eher fördert.

4. Unklare rechtliche Ausgestaltung der Verwaltungshilfe

30 Mangels rechtlicher Ausgestaltung ist allerdings weitgehend ungeklärt, ob die Verwaltungshilfe dem **Gesetzesvorbehalt** unterfällt (s.u. § 90a IV 2 und *Burgi,* Funktionale Privatisierung und Verwaltungshilfe, S. 283ff.), welches **Rechtsregime** für die Verwaltungshilfe gilt (s. *Brüning,* NVWBl. 1997, 286, 291, 292f.) und wie die **vertraglichen Vereinbarungen** zwischen der Verwaltung und ihrem privaten Erfüllungsgehilfen auszugestalten sind.

IV. Gemeinschafts-, verfassungs- und verwaltungsrechtliche Grenzen der Verwaltungshilfe

1. Gemeinschaftsrechtliche Grenzen?

31 Für den Einsatz von Verwaltungshelfern aus den Mitgliedstaaten der EU durch deutsche Verwaltungsbehörden kann hinsichtlich der **Arbeitnehmerfreizügigkeit** die Bereichsausnahme des Art. 39 IV EG bedeutsam sein,

soweit es sich um den grenzüberschreitenden Einsatz von Angestellten von europäischen Unternehmen im Rahmen der Arbeitnehmerüberlassung handelt, die sich um entsprechende Aufträge bewerben. Betrachtet man den 32 Sinn und Zweck des Art. 39 IV EG, wonach die Arbeitnehmerfreizügigkeit keine Anwendung auf die Beschäftigung in der öffentlichen Verwaltung findet, so lässt sich argumentieren, dass Verwaltungshelfer von dieser Norm nicht erfasst werden. Schon die Gesamtsystematik des Art. 39 EG ergibt, dass Art. 39 IV EG als Ausnahmeklausel eng auszulegen ist, so dass zur Beschäftigung in der öffentlichen Verwaltung allein solche Tätigkeiten zählen, die sich als unmittelbare oder mittelbare Teilnahme an der Ausübung hoheitlicher Befugnisse bzw. als Wahrnehmung von Aufgaben darstellen, die auf die Wahrung der allgemeinen Belange des Staates gerichtet sind (*Brechmann,* in: Calliess/Ruffert (Hg.), EUV/EG, 2. Aufl. 2002, Art. 39 Rdnr. 101 f. m. w. N. aus der Rspr. des EuGH). Auch wenn Verwaltungshilfe von ihrem Wesen her immer nur vorbereitender Natur im Hinblick auf die unmittelbar behördliche Wahrnehmung ihr zeitlich nachfolgender hoheitlicher Befugnisse ist, steht sie, von eventuellen unbenannten Einzelfällen speziell selbstständiger Verwaltungshilfe möglicherweise abgesehen, dadurch jedenfalls grundsätzlich nicht automatisch in einem mittelbaren Zusammenhang mit hoheitlichen Belangen, wie sie von Art. 39 IV EG vorausgesetzt werden. Denn die für Art. 39 IV EG erforderliche Teilnahme oder Teilhabe an der Ausübung hoheitlicher Befugnisse setzt bei teleologischer Betrachtung ein spezifisches Treue- bzw. Verbundenheitsverhältnis zwischen der zu besetzenden Stelle und dem Mitgliedstaat voraus, wie sie nur Beamten- und Angestelltenstellen, aber nicht untergeordneten und unselbstständigen Verwaltungshelfern eigen ist (*Brechmann,* a. a. O., Rdnr. 101).

Die Schranke des Art. 45 i. V. m. Art. 55 EG für die **Niederlassungs- und** 33 **die Dienstleistungsfreiheit** findet für sämtliche Arten der Verwaltungshilfe keine Anwendung. Die nach diesen Normen mögliche Ausnahme von Tätigkeiten aus dem Anwendungsbereich der beiden genannten Verkehrsfreiheiten, soweit Tätigkeiten in einem Mitgliedstaat dauernd oder zeitweise mit der Ausübung öffentlicher Gewalt verbunden sind, gilt ebenfalls nur für die unmittelbare und spezifische Teilnahme an der Ausübung öffentlicher Gewalt und erfasst von ihrem Sinn und Zweck her nicht Tätigkeiten rein technischer, untergeordneter oder vorbereitender Natur (EuGHE 1989, 4035, 4060). Beides ist für die unselbstständige, aber auch die selbstständige Verwaltungshilfe prägend.

2. Geltung des Gesetzesvorbehalts im Bereich der Verwaltungshilfe?

Unklar ist im Hinblick auf die Verwaltungshilfe, inwieweit der **Vorbehalt** 34 **des Gesetzes** für die Einschaltung von Verwaltungshelfern Geltung beansprucht oder lediglich das Prinzip vom **Vorrang des Gesetzes** Anwendung findet. Hinsichtlich unselbstständiger Verwaltungshilfe ist anerkannt, dass wegen der hierzu vorausgesetzten kaum nennenswerten Entscheidungsbefugnisse keine spezielle Ermächtigungsgrundlage erforderlich sein soll (*Steiner,* Öffentliche Verwaltung durch Private, S. 238f.; *Ehlers,* Die Erledigung von Gemeindeaufgaben durch Verwaltungshelfer, 1997, S. 30; *Peine,* DÖV 1997, 353, 357). Zweifelhaft ist jedoch, ob der **institutionelle Gesetzesvorbehalt** bei der selbstständigen Verwaltungshilfe anzuwenden ist. Insofern ist umstritten, ob es ausreicht, wenn bereits ein Gesetz existiert, das lediglich eine Aufgabe staatlicher Wahrnehmung bzw. Verantwortung im Sinne eines partiellen „Staatsaufgabengesetzes" überantwortet (*Burgi,* Funktionale Privatisierung und Verwaltungshilfe, S. 287ff.; krit. *Erbguth,* UPR 1995, 369, 375ff.).

35 Legt man die Grundsätze der **Wesentlichkeitslehre** zugrunde, wie sie in der Rechtsprechung des BVerfG und der Literatur entwickelt wurden, wonach für grundrechtlich und staatsorganisationsrechtlich relevante Angelegenheiten zumindest eine grundlegende parlamentsgesetzliche Regelung existieren muss, deren Regelungsdichte in Tatbestand und Rechtsfolge umso größer sein muss, je komplexer der zu regelnde Sachverhalt ist und je gravierender Grundrechte oder staatliche Aufgaben und Kompetenzen betroffen sind (vgl. *Ossenbühl,* in: HdbStR III, 2. Aufl. 1996, § 62 Rdnr. 41ff.), dürfte ein Gesetz, in dem eine staatliche Wahrnehmung einer Aufgabe bestimmt wird, in der Regel ausreichen, um den Einsatz selbstständiger Verwaltungshelfer zu legitimieren. Nach dem Grundsatz der Wahlfreiheit der Verwaltung in organisatorischer Hinsicht (s.o. § 23 Rdnr. 4ff.) wird dem Staat mit einem solchen „Aufgabengesetz" auch die Möglichkeit eröffnet, sich zur Erfüllung seiner Aufgabe privater Verwaltungshelfer zu bedienen.

36 **Beispiele:** § 155 I 2 StVollZG für den Einsatz privater Sicherheitskräfte in Strafvollzugsanstalten als Verwaltungshelfer (str., hierzu *Lange,* DÖV 2001, 898, 903f.) und Abschiebehaftanstalten (*Gusy,* in: Stober (Hg.), Privatisierung im Strafvollzug?, 2001, S. 5ff.; *Burgi,* ebenda, S. 43ff.; krit. *Gramm,* VerwArch. 90 [1999], 329, 339ff.).

37 Entsprechend den Grundsätzen der Wesentlichkeitslehre wird bei überragender Bedeutung einer staatlichen Aufgabe für die Allgemeinheit für eine planvolle Kooperation von Staat und Privaten jedoch eine eigenständige gesetzliche Grundlage zumindest in Gestalt einer Rahmenregelung gefordert.

38 **Beispiele:** Einbindung Privater in die Aufgaben der Kriminalprävention und Gefahrenabwehr iwS im Rahmen sogenannter Sicherheitspartnerschaften bzw. Police-Private-Partnerships (*Pitschas,* DÖV 1997, 393, 398ff.; zu Modellen der Police-Private-Partnerships. *Stober,* NJW 1997, 889ff.; *ders.,* ZRP 2001, 260ff.; *Peilert,* DVBl. 1998, 282ff.).

39 Im Bereich unselbstständiger wie auch selbstständiger Verwaltungshilfe kann sich im Einzelfall aber auch die Frage stellen, ob spezielle, insbesondere **grundrechtliche Gesetzesvorbehalte,** eingreifen.

40 **Beispiele:** Diese Problematik wird insbesondere anhand der Schaffung sog. Informations- und Ansprechstellen bei der Polizei für private Wachdienste aus datenschutz-

rechtlicher Sicht diskutiert, die auf Grund von Informationskooperationsvereinbarungen zwischen Polizei und privaten Wachdiensten stellenweise eingerichtet worden sind (s. *Pitschas,* in: Stober (Hg.), Public-Private-Partnerships und Sicherheitspartnerschaften, 2000, S. 91, 106ff.; *Winkler,* NWVBl. 2000, 287, 291ff.; *Brauser-Jung,* in: Stober (Hg.), Jahrbuch des Sicherheitsgewerberechts 1999/2000, 2000, S. 55, 84ff., 88ff.; *Stober* in: Stolzlechner/Stober (Hg.), Übertragung von Aufgaben der staatlichen Gefahrenabwehr auf private Sicherheitsunternehmen, 2002, 61, 82ff.); allgemein zu Aufbau und Struktur solcher Informationskooperationen s. *Bülow,* in: Stober (Hg.), Kriminalprävention durch Sicherheitspartnerschaften, 2000, S. 103ff.; *ders./Hohnen,* Die Polizei 1999, 65ff.; s. allgemein zum informationellen Gesetzesvorbehalt für den Einsatz von Verwaltungshelfern: *Ehlers,* Die Erledigung von Gemeindeaufgaben durch Verwaltungshelfer, 1997, S. 32f.).

Fest steht nur, dass der Verwaltungshelfer selbst auf der Ebene des Privatrechts agiert und rechtlich nicht gegenüber **privaten Dritten im Außenverhältnis** in Erscheinung tritt. Das bedeutet, dass das Handeln des Verwaltungshelfers nicht als unmittelbarer Grundrechtseingriff gegenüber Betroffenen qualifiziert werden kann. Das Handeln ist vielmehr dem öffentlich-rechtlichen Auftraggeber im Sinne der bereits erwähnten modifizierten Werkzeugtheorie zuzurechnen und kann einen **Amtshaftungsanspruch** auslösen (s.o. § 67 Rdnr. 23ff. und näher BGHZ 121, 161, 164ff.; OLG Hamm NJW 2001, 375f.; LG Frankfurt, DAR 2000, 268f.; *Burgi,* Funktionale Privatisierung und Verwaltungshilfe, S. 343ff., 388ff.). **41**

3. Sonstige verfassungsrechtliche Grenzen

Der Beamtenvorbehalt des Art. 33 IV GG findet auf die Verwaltungshilfe keine Anwendung. Denn sowohl die unselbstständige als auch die selbstständige Verwaltungshilfe hat – wie gezeigt – nur vorbereitenden Charakter, ohne dass hoheitsrechtliche Befugnisse im Sinne des Art. 33 IV GG ausgeübt werden. **42**

4. Verwaltungsrechtliche Grenzen

Auf der einfachgesetzlichen Ebene lassen sich eine Vielzahl von Gesetzen nennen, die beim Einsatz von Verwaltungshelfern durch die öffentliche Verwaltung zu beachten sind. **43**

Im Einzelnen handelt es sich um folgende verwaltungsrechtliche Vorgaben: **44**

- Die **Anwendung des Umweltinformationsrechts** im Sinne von § 2 Nr. 2 UIG auf Verwaltungshelfer von Behörden (zur Problematik vgl. *Fluck/Theuer,* GewArch. 1995, 96, 98f.).
- Die Bindung des Auftragsnehmers nach § 11 BDSG an die **datenschutzrechtlichen Vorschriften** (unklar für den Bereich der selbstständigen Verwaltungshilfe im Bereich der Kriminalprävention, vgl. *Brauser-Jung,* in: Stober (Hg.), Jahrbuch des Sicherheitsgewerbes 1999/2000, 55, 88ff.).
- Die Berücksichtigung des **haushaltsrechtlichen Wirtschaftlichkeitskonzeptes** bei der Einschaltung von Verwaltungshelfern (s. *Peine,* DÖV 1997, 353, 358ff.; *Kumanoff/Schwarzkopff/Fröse,* Sächs. VBl. 1997, 73, 77; zur

Frage der Ansatzfähigkeit von Kosten privater Verwaltungshelfer in der staatlichen Gebühren- und Beitragskalkulation s. auch shOVG, Eildienst LKT NW 1999, 227, 230f. und BVerwG, NVwZ 1999, 653).

- Die Vorschriften über die **öffentliche Auftragsvergabe,** (s. *Opitz,* ZVgR 2000, 97, 106; vgl. ferner shOVG, Eildienst LKT NW 1999, 227, 230f. und BVerwG, NVwZ 1999, 653).
- Die **Einwirkungs- und Überwachungspflichten** der öffentlichen Hand (BGH, NVwZ 2002, 893f.).

a) Informationsrechtliche Grenzen

45 Einige Bundesländer haben zwischenzeitlich sogenannte **Informationsfreiheitsgesetze** verabschiedet, die es jedermann ermöglichen, Einsicht in behördliche Akten zu nehmen bzw. Zugang zu behördlichen Informationen zu erhalten, soweit nicht überwiegende öffentliche oder private Interessen entgegenstehen.

46 **Beispiele:** Akteneinsichts- und Informationsgesetz des Landes Brandenburg – bbgAIG – v. 10. 3. 1998, GVBl. I, S. 46; Gesetz zur Förderung der Informationsfreiheit im Land Berlin – Berliner Informationsfreiheitsgesetz – blnIFG – v. 15. 10. 1999, GVBl. S. 561; Gesetz über die Freiheit des Zugangs zu Informationen für das Land Schleswig-Holstein – Informationsfreiheitsgesetz für das Land Schleswig-Holstein – shIFG – v. 9. 2. 2000, GVBl. S. 166; Gesetz über die Freiheit des Zugangs zu Informationen für das Land Nordrhein-Westfalen – Informationsfreiheitsgesetz Nordrhein-Westfalen – nwIFG – v. 27. 11. 2001, GVBl. S. 806.

47 Das Akteneinsichts- bzw. Informationsrecht besteht regelmäßig gegenüber den Behörden und Verwaltungseinrichtungen, wird aber auch auf natürliche und juristische Personen des Privatrechts erstreckt, wenn und soweit die aktenführende Behörde sich dieser Privaten „zur Erfüllung öffentlich-rechtlicher Aufgaben bedient oder dieser Person die Erfüllung öffentlich-rechtlicher Aufgaben übertragen wird." (§ 3 IV shIFG). Von dieser Formulierung sind sowohl Verwaltungshelfer als auch Beliehene erfasst, die daher dem allgemeinen Akteneinsichts- bzw. Informationsrecht unterliegen.

Formulierungen anderer Gesetze sind dagegen nicht eindeutig. Teils wird das allgemeine Akteneinsichts- bzw. Informationsrecht eingeräumt, „soweit sich die aktenführende Behörde zur Erledigung hoheitlicher Aufgaben Privater bedient" (§ 2 IV bbgAIG) bzw. „sofern eine natürliche oder juristische Person des Privatrechts öffentlich-rechtliche Aufgaben wahrnimmt" (§ 2 IV nwIFG). Teils werden Informationsrechte eingeräumt „gegenüber Privaten, die mit der Ausübung hoheitlicher Befugnisse betraut sind", die zusammen mit Behörden und Verwaltungsstellen als „öffentliche Stellen" definiert werden (§ 2 I 1 blnIFG). Zwar sprechen diese Formulierungen auf den ersten Blick dafür, dass das allgemeine Akteneinsichts- und Informationsrecht nicht auf Verwaltungshelfer von Behörden anwendbar ist, sondern nur auf unmittelbar hoheitlich tätige Beliehene. Es ist allerdings fraglich, ob eine solch restriktive Auslegung mit dem Sinn und Zweck dieser die Informationsfreiheit effektuierenden Gesetze (vgl. insbesondere § 1 blnIFG, shIFG) vereinbar ist. Denn zum einen sind Beliehene bereits unmittelbar Behörden im Sinne des § 1 IV VwVfG. Zudem ergibt es keinen Sinn, wenn lediglich die mit hoheitlichen Befugnissen betrauten Beliehenen dem Akteneinsichtsrecht unterfallen sollen, deren Akten bzw. Informationen auf Grund ihrer unmittelbaren hoheitlichen Befugnisse die Persönlichkeitsrechte Dritter wesentlich deutlicher und intensiver betreffen dürften, als es bei Verwaltungshelfern der Fall sein dürfte. Ein sachlicher Grund für die Ausnahme von Verwaltungshelfern lässt sich nicht finden. Dementsprechend sind die jeweiligen Vorschriften (§ 2 IV bbgAIG, § 2 I 1 blnIFG) im Wege eines Erst-Recht-Schlusses auch auf Verwaltungshelfer anzuwenden. Im Übrigen (§ 2 IV nwIFG) sind die Formulierungen selbst durchaus noch auslegungsfähig („...öffentlich-rechtliche Aufgaben wahrnimmt ..."), so dass Verwaltungshelfer in den Anwendungsbereich schon auf diese Weise einbezogen werden können. Auch soweit spezielle Informationsgesetze existieren, sind Verwaltungshelfer neben Beliehenen von dem jeweiligen Anwendungsbereich erfasst.

Beispiel: Anwendung des **Umweltinformationsrechts** im Sinne von § 2 Nr. 2 UIG 48
auf Verwaltungshelfer von Behörden (zur Problematik vgl. *Fluck/Theuer,* GewArch. 1995, 96, 98f.). Natürliche und juristische Personen des Privatrechts, die öffentlich-rechtliche Aufgaben im Bereich des Umweltschutzes wahrnehmen und der Aufsicht von Behörden unterstellt sind (§ 2 Nr. 2 UIG), sind erst recht solche, die nur vorbereitend bzw. unterstützend für Behörden tätig werden.

b) Datenschutzrechtliche Grenzen

Nur nach Maßgabe des § 11 BDSG wird die **Datenverarbeitung** im 49
Auftrag einer anderen Stelle ermöglicht. Insofern können auch private Dienstleistungsunternehmen die **Auftragsdatenverarbeitung** geschäftsmäßig für öffentliche Stellen als Verwaltungshelfer erbringen (arg. e § 11 IV Nr. 2 BDSG). Der Auftragnehmer ist im Rahmen des § 11 II 2, I 1 und III BDSG vertraglich auf die Einhaltung der **datenschutzrechtlichen Vorschriften** zu verpflichten. Denn der Auftraggeber ist nach § 11 I 1 BDSG für die Einhaltung des BDSG verantwortlich. Berichtigungs-, Löschungs- und Sperrungs- sowie Schadensersatzansprüche sind ihm gegenüber geltend zu machen (§ 11 I 2 BDSG). Mit dieser Regelung behebt das BDSG eine Regelungslücke, die in der Fassung des BDSG bis zu seiner Änderung durch das Gesetz vom 18. Mai 2001 (Art. 1 des Gesetzes zur Änderung des BDSG, BGBl. I S. 904), mit dem das BDSG an die Vorgaben der Richtlinie 95/46/EG zum Schutz natürlicher Personen bei der Verarbeitung personenbezogener Daten und zum freien Datenverkehr vom 24. Oktober 1995 (ABlEG Nr. L 281 v. 23. 11. 1995, S. 31ff.) angepasst wurde, vorhanden war (vgl. zur Problematik nach der vorigen Rechtslage des § 11 BDSG im Hinblick auf Informationskooperationsvereinbarungen zwischen Polizei und privaten Sicherheitsdiensten *Brauser-Jung,* in: Stober (Hg.), Jahrbuch des Sicherheitsgewerberechts 1999/2000, S. 55, 84ff., 91). Gegenüber der bisherigen Fassung ermöglicht § 11 BDSG die Auftragsdatenverarbeitung nicht

nur hinsichtlich der Bearbeitung und Nutzung, sondern auch hinsichtlich der Erhebung (vgl. *Brauser-Jung,* a. a. O.). Dies bedeutet – stellt man auf den Wortlaut ab – eine Flexibilisierung und Erweiterung datenschutzrechtlicher Eingriffsmöglichkeiten durch die beauftragenden und verantwortlichen öffentlichen Stellen, die dem Gesetzgeber möglicherweise nicht bewusst gewesen ist (vgl. den Beitrag von *Peilert* zur Ordnungspartnerschaft zwischen dem Bundesgrenzschutz und der Deutschen Bahn AG, in: Stober (Hg.), Der Beitrag des Sicherheitsgewerbes zur Kriminalprävention, 2003, 27 ff.).

50 Der Auftragnehmer darf die Daten nach § 11 III BDSG zwar nur im Rahmen der Weisungen des Auftraggebers erheben, verarbeiten oder nutzen. Gleichwohl ist insbesondere fraglich, ob dadurch alle Formen insbesondere der Datenerhebung vor allem gegenüber den Personen, von denen sie Daten erheben, durch selbstständig handelnde Verwaltungshelfer zulässig sind. § 11 BDSG bzw. seine landesrechtlichen Entsprechungen sind vielmehr im datenschutzrechtlichen Bereich im Hinblick auf die Verwaltungshilfe insofern als abschließende Regelungen anzusehen, als Formen informationeller Verwaltungshilfe oder Indienstnahme, die über die von § 11 BDSG bezweckte Auftragsdatenverarbeitung hinausgehen, unzulässig sind. Trotz der in seinem Wortlaut enthaltenen Datenerhebung im Auftrag regelt § 11 BDSG seiner Intention nach lediglich Formen unselbstständiger, gleichsam technischer Verwaltungshilfe. Das folgt schon aus der alten Fassung des § 11 BDSG bis zu seiner Änderung im Zuge der Anpassung an die EG-Datenschutzrichtlinie, die bis dato ohnehin nur die Auftragsdatenverarbeitung im Hinblick auf Datenverarbeitung und -nutzung gestattete. § 11 BDSG ist also hinsichtlich der Datenerhebung teleologisch zu reduzieren auf Formen unselbstständiger Verwaltungshilfe, die keine Entscheidungsspielräume bei der Erhebung der Daten enthalten und voraussetzen, sondern sich auf das Abarbeiten von genau vorgegebenen Erhebungsmustern beschränken.

Beispiel: Durchführung von Hundebestandsaufnahmen im Auftrag von Kommunen.

51 Weitergehende Formen selbstständiger Verwaltungshilfe zur Datenerhebung sind von § 11 BDSG deshalb nicht gedeckt, weil die Vorschrift nicht dem datenschutzrechtlichen Grundsatz der ausdifferenzierten bereichsspezifischen Regelung von Eingriffen in das **allgemeine Persönlichkeitsrecht** der informationellen Selbstbestimmung aus Art. 2 I GG in Verbindung mit Art. 1 I GG entspricht (vgl. BVerfGE 65, 1 – Leitsatz 2 sowie S. 44).

52 **Beispiel:** Kooperationsvereinbarungen zwischen **Polizei** bzw. Innenministerien und Verbänden bzw. Unternehmen des privaten Sicherheitsgewerbes, in denen beide Parteien vereinbaren, unter dem Motto „Beobachten, Erkennen, Melden“ sicherheitsrelevante Informationen, die die **privaten Sicherheitsdiensten** bei ihrer gewerblichen Tätigkeit erlangen, an die Polizei weiterzuleiten, bezwecken die Verbesserung der Kriminalprävention (vgl. *Pitschas,* in: Stober (Hg.), Public-Private-Part-

nerships und Sicherheitspartnerschaften, 2000, S. 91, 106 ff.; *Stober,* ZRP 2001, 260, 265 f.; *Winkler,* NWVBl. 2000, 287, 291 ff.; *Brauser-Jung,* in: Stober (Hg.), Jahrbuch des Sicherheitsgewerberechts 1999/2000, 2000, S. 55, 84 ff.; *Bülow,* in: Stober (Hg.), Kriminalprävention durch Sicherheitspartnerschaften, 2000, S. 103 ff.; *ders./Hohnen,* Die Polizei 1999, 65 ff.). Soweit in diesem Rahmen personenbezogene Daten durch Mitarbeiter privater Sicherheitsdienste erhoben werden können, ist diese Tätigkeit materiell dem polizeilichen Datenschutzrecht der Polizeigesetze der Länder zuzurechnen, die eine Form der **informationellen Verwaltungshilfe** nicht vorsehen. Personenbezogene Datenerhebungen im Rahmen solcher informationeller Verwaltungshilfen bzw. Indienstnahmen sind somit datenschutzrechtlich nicht zulässig (*Brauser-Jung,* a. a. O., S. 55, 85 ff.; ähnlich *Winkler,* NWVBl. 1997, 287, 292; keine Bedenken in datenschutzrechtlicher Hinsicht hat *Jungk,* Police-Private-Partnerships – eine Untersuchung anhand von Modellen, 2002, S. 103 ff., 231 ff., 275 ff.). Es kommt hinzu, dass die EG-Datenschutzrichtlinie, in deren Umsetzung die Datenerhebung im Auftrag erst in § 11 BDSG eingefügt wurde, gem. Art. 3 II ohnehin nicht auf die Verarbeitung personenbezogener Daten Anwendung findet, die den Bereich der öffentlichen Sicherheit betrifft. Auch daraus kann man ableiten, dass polizeirechtlich relevante informationelle Verwaltungshilfen nicht dem Anwendungsbereich des BDSG unterfallen.

c) Haushalts- und Abgabenrecht

In **haushaltsrechtlicher Hinsicht** ist zu beachten, dass die Auftragsver- 53
hältnisse für Verwaltungshelfer unter Beachtung des § 55 II BHO bzw. den entsprechenden Vorschriften des Landesrechts in der Regel unter Beachtung der Vorschriften über die **öffentliche Auftragsvergabe** zu vergeben sind. Da es sich regelmäßig um Dienstleistungsaufträge handeln dürfte, sind die Vorgaben der VOL/A-Abschnitt 1, sofern die Schwellenwerte im Sinne von §§ 100 I, 127 Nr. 1 GWB, § 2 Nr. 2, 3 VgV nicht überschritten sind bzw. bei Überschreiten der Schwellenwerte, nach § 4 VgV die Vorgaben der VOL/A-Abschnitt 2 anzuwenden.

Beispiel: Vergabe von Dienstleistungsaufträgen durch die Verwaltungsträger von Polizei- oder Ordnungsbehörden an Abschleppunternehmer.

In **abgabenrechtlicher Hinsicht** ist der Einsatz von Verwaltungshelfern 54
bei der Kalkulation zu erhebender Verwaltungsgebühren berücksichtigungsfähig (BVerwG, NVwZ 1999, 653; shOVG, Eildienst LKT NW 1999, 227 ff.). Wegen des haushaltsrechtlichen **Wirtschaftlichkeitsprinzips** sind die der Verwaltung entstehenden Kosten insoweit in die Vergütung des Verwaltungsaufwands einzubeziehen (zur Anwendung des Wirtschaftlichkeitsprinzips s. *Peine,* DÖV 1997, 353, 358 ff.; *Kumanoff/Schwarzkopf/Fröse,* SächsVBl. 1997, 73, 77).

Gebühren müssen zudem im Hinblick auf die damit finanzierten Ein- 55
richtungen und die hierfür anfallenden Kosten erforderlich sein. Zu beachten ist deshalb, dass nach dem **gebührenrechtlichen Erforderlichkeitsprinzip** sowie dem **Gleichheitssatz** des Art. 3 I GG die Kosten für beauftragte private Verwaltungshelfer auch wirklich erwirtschaftet werden, da ansonsten kein gebührenfähiger Kalkulationsposten vorliegt (hierzu *Wilke,* Vergaberecht und öffentliches Recht, in: Institut für Deutsches und Internationales Vergaberecht e. V. (Hg.), Deutscher Vergaberechtstag 2002 in Neckarstei-

nach, Seminarunterlagen, S. 204, 231; *Wiesemann,* Aktuelle Rechtsfragen der Gebühren und Entgelte für Entsorgungsleistungen, in: Tettinger (Hg.), Rechtlicher Rahmen für Public-Private-Partnerships auf dem Gebiet der Entsorgung, 1994, S. 81, 87ff.; s. ferner *Quaas,* NVwZ 2002, 144ff.). Ein auf solchen nicht gebührenfähigen Kalkulationsposten beruhender **Gebührenbescheid** ist daher rechtswidrig (vgl. BVerwG, NVwZ 1999, 653; shOVG, Eildienst LKT NW 1999, 227ff.).

56 Gebührenbescheide für Verwaltungsleistungen, zu deren Erfüllung die Verwaltung von ihr beauftragte und bezahlte Verwaltungshelfer eingesetzt hat, können ebenfalls rechtswidrig sein, wenn die Verträge mit privaten Verwaltungshelfern, deren Kosten in die **Gebührenkalkulation** einbezogen worden sind, nicht nach den Vorschriften des **öffentlichen Vergaberechts** zustande gekommen sind. Das kann vor allem der Fall sein, wenn die von den Verwaltungshelfern erbrachten Leistungen nicht vergaberechtsgemäß nach § 3 VOL/A-Abschnitt 1 bzw. § 101 GWB, § 4 I VgV, § 3a VOL/A-Abschnitt 2 ausgeschrieben wurden oder die vereinbarten Entgelte übermäßig hoch sind, was wiederum auf einer fehlenden Ausschreibung oder fehlerhaften Wertung von Angeboten nach § 25 VOL/A basieren kann (vgl. BVerwG, NVwZ 1999, 653; shOVG, Eildienst LKT NW 1999, 227ff.; ferner *Ax,* Behörden-Spiegel v. April 2002, S. 22). In solchen Fällen liegt ein Verstoß gegen das gebührenrechtliche Erforderlichkeitsprinzip und den Gleichheitssatz vor, wenn der Vergabefehler zu einem überhöhten und unangemessenen Verwaltungsaufwand geführt hat und dadurch das Gebot der Wirtschaftlichkeit verletzt wurde (*Wilke,* a.a.O., S. 231f. m.w.N.; *Wiesemann,* a.a.O., S. 81, 88 m.w.N.; *Ax,* a.a.O.). Zum Teil wird auch der bloße Verstoß gegen Vergaberecht als ausreichend für eine Verletzung des gebührenrechtlichen Erforderlichkeitsprinzips angesehen (ndsOVG, NdsVBl. 2000, 173ff.).

5. Verwaltungshilfe und Vergaberecht

57 Soweit der Einsatz von Verwaltungshelfern auf der Basis eines entgeltlichen Dienstleistungsvertrages erfolgt, ist er – wie soeben näher dargelegt – nach den Regeln des **öffentlichen Auftragswesens** zu behandeln. Besonderes Augenmerk gilt dabei der Einschaltung **gemischt-wirtschaftlicher Unternehmen** als Verwaltungshelfer. Dieser Themenkomplex demonstriert die „Karriere des Vergaberechts von einem Regime des Ankaufs von Bleistiften und Panzerfahrzeugen zu einer zentralen Materie des Privatisierungsfolgenrechts und damit zugleich des Verwaltungsorganisationsrechts“ (*Burgi,* NVwZ 2001, 601, 604).

58 Angesichts des in §§ 100 I, 127 Nr. 1 GWB, § 2 Nr. 2, 3 VgV für öffentliche Dienstleistungsaufträge mit 130000 bzw. 200000 Euro relativ niedrig angesetzten Schwellenwertes dürfte in den Fällen der Verwaltungshilfe durch gemischt-wirtschaftliche Unternehmen regelmäßig der Anwendungs-

bereich der Vorschriften des Kartellvergaberechts der §§ 97ff. GWB in Verbindung mit den Vorschriften der VgV zwar eröffnet sein. Unklar ist allerdings, ob und inwieweit eine Ausschreibungspflicht bei der Gründung und Einrichtung gemischt-wirtschaftlicher Unternehmen und ihrer Beauftragung mit Dienstleistungen durch die öffentliche Hand besteht. Unumstritten ist insofern lediglich, dass der bloße **Verkauf von Gesellschaftsanteilen** an bzw. die Suche nach privaten Mitgesellschaftern nicht ausschreibungspflichtig ist, da es sich bei diesem Fall nicht um einen öffentlichen Einkauf in Gestalt eines entgeltlichen Vertrages über den Einkauf einer Dienstleistung durch einen öffentlichen Auftraggeber im Sinne des § 99 I GWB handelt (*Dreher,* NZBau 2002, 245, 247f.; *Schröder,* NJW 2002, 1831, 1832). Gleichwohl gebieten Vorschriften des Gemeinschaftsrechts, insbesondere in Gestalt des Diskriminierungsverbots (Art. 12 EG) der Grundfreiheiten in Art. 28, 49 EG, der Beihilfevorschriften sowie des allgemeinen Gleichheitssatzes (Art. 3 I GG) ebenfalls eine gewisse Strukturierung und Formalisierung des Verkaufsverfahrens (vgl. *Eggers/Malmendier,* Behörden-Spiegel v. Juni 2002, S. 21).

Umstritten ist dagegen der Fall, dass der Verkauf von Gesellschaftsanteilen an einen privaten Mitgesellschafter einen **„eingekapselten Beschaffungsbezug"** (so *Dreher,* NZBau 2002, 245, 248) hat, also erfolgt, um die zu gründende Gesellschaft als Dienstleister für den Verwaltungsträger einzusetzen, der die Anteile der öffentlichen Hand an dem gemischt-wirtschaftlichen Unternehmen hält. Hierbei ist unklar, ob diese Tatsache der indirekten Beschaffung wegen der kommunalen Organisationshoheit aus Art. 28 II GG irrelevant ist und deshalb grundsätzlich keine Ausschreibungspflicht besteht (*Schröder,* 2002, NJW 1831, 1834; kritisch *Faber,* DVBl. 2001, 248, 251f.), oder ein Beschaffungsbezug zur Ausschreibungspflicht führt, wenn ein Zusammenhang wirtschaftlicher, rechtlicher oder zeitlicher Art zwischen dem Anteileverkauf und den zu erbringenden Dienstleistungen besteht (so bbgOLG, NZBau 2001, 645ff.; s. auch *Schröder,* NJW 2002, 1831, 1833 m.w.N.), oder aber, ob dieser Sachverhalt nach den vom EuGH aufgestellten Grundsätzen (vgl. EuGHE 1999, I-8121, 8154 Rdnr. 50f. s. auch BGH, DVBl. 2001, 1607ff.) über die ausnahmsweise ausschreibungsfreie **In-House-Vergabe** zu behandeln ist (*Dreher,* NZBau 2002, 245, 247ff.; s. ferner *Faber,* DVBl. 2001, 248, 250ff.; *Opitz,* ZVgR 2000, 97ff. je m.w.N.). Danach läge bei einem Beschaffungsbezug der Einrichtung gemischt-wirtschaftlicher Unternehmen nur dann kein ausschreibungspflichtiger öffentlicher Auftrag vor, wenn ein öffenlicher Auftraggeber im Sinne von § 98 GWB eine Gesellschaft mit Dienstleistungen betraut, über die er eine Kontrolle ausübt wie über eine eigene Dienststelle und diese Gesellschaft im Wesentlichen für den öffentlichen Auftraggeber tätig ist (EuGHE 1999, I-8121, 8154 Rdnr. 50). Wie diese Kriterien im Einzelnen auszulegen sind, ist umstritten (vgl. *Faber,* DVBl. 2001, 248, 253ff.; *Dreher,* NZBau 2002, 245, 247ff.). 59

V. Abgrenzung zur Amtshilfe

60 Die Verwaltungshilfe ist ferner abzugrenzen von der **Amtshilfe,** deren Begriff und Anwendungsbereich in §§ 4 ff. VwVfG und in anderen Verfahrensgesetzen abschließend normiert ist. Danach ist Amtshilfe die auf Ersuchen geleistete ergänzende Hilfe zwischen Behörden (so die Legaldefinition des § 4 I VwVfG, s. hierzu *Clausen,* in: Knack (Hg.), VwVfG, 7. Aufl. 2000 Anm. 2ff.; vgl. ferner *Bauer,* in: H. Dreier (Hg.), GG, Band 2, 1998, Art. 35, Rdnr. 11ff.).

VI. Inpflichtnahme

1. Begriff und Abgrenzung

61 Die sog. **Inpflichtnahme** oder **Indienstnahme** zur Erfüllung öffentlicher Aufgaben ist ein schillerndes Rechtsinstitut, das sich einer klaren begrifflichen Umschreibung, Systematisierung und Typisierung entzieht. Teilweise handelt es sich um berufsbezogene, eigentums- bzw. unternehmensbezogene und um staatsbürgerliche Pflichten, die auf Privatpersonen überbürdet werden, um eine ordnungsgemäße **Erfüllung von Verwaltungsaufgaben** einschließlich einer Abwehr von eventuellen Gefahren zu gewährleisten. Die Inpflichtnahme erfolgt durch Heranziehung zu sachlichen oder persönlichen Dienstleistungen zugunsten eines Hoheitsträgers, während die Abgabepflicht als solche nicht unter diese Verwaltungskategorie fällt (s. o. § 42). Allenfalls sind die Inpflichtgenommenen als „Hilfsorgan der Steuerverwaltung" tätig (*Ipsen,* Öffentliches Wirtschaftsrecht, 1986, 232, 236). Die Inpflichtnahme weist bestimmte Gemeinsamkeiten mit der **Beleihung** und der Verwaltungshilfe auf, ist jedoch von diesen Rechtsfiguren zu unterscheiden (s. o. § 90 und *Burgi,* Funktionale Privatisierung und Verwaltungshilfe, 1999, 252ff.). Wegen der unterschiedlichen Zielsetzungen kann man die Träger von Bürokratiekosten nicht als Verwaltungshelfer bezeichnen (*J. Lücke,* DVBl. 2000, 1469; a.M. *Burgi,* GewArch. 1999, 393ff.; *J. Lücke,* DVBl. 2001, 1469, 1474). Die Abgrenzung kann allerdings im Einzelfall problematisch sein, weil Überschneidungen denkbar sind. So sehen Gesetze teilweise ein Nebeneinander von Beleihung, Verwaltungshilfe und Inpflichtnahme ausdrücklich vor.

Beispiel: § 29 III LuftVG enthält einen Beleihungstatbestand, § 29 II LuftVG gestattet eine Verwaltungshilfe und §§ 19b, 20a LuftVG erlauben eine Inpflichtnahme.

62 Die Indienstnahme erfolgt zwar regelmäßig im Rahmen einer gesetzlichen Aufgabenüberbürdung (*Ipsen,* Öffentliches Wirtschaftsrecht, 1986, 232ff.). Das schließt jedoch eine vertragliche Indienstnahme nicht aus (*Kirchhof,* DVBl. 1984, 657, 659).

Der Indienstgenommene übt keine öffentlich-rechtlichen Befugnisse aus. Er unterliegt aus Gründen des öffentlichen Interesses bestimmten Pflichten, welche die staatliche Verwaltung erleichtern und die Wahrnehmung von Grundrechten beschränken (*Halldorn,* Der Unternehmer als Erfüllungsgehilfe des Staates, 1997). Die Inpflichtnahme dient nicht zwingend der **Wirtschaftsüberwachung** oder der Wirtschaftsaufsicht und darf deshalb nicht mit ihr gleichgesetzt werden (s. näher *Stober,* Allgemeines Wirtschaftsverwaltungsrecht, 13. Aufl., 2002, § 29). Vor allem ist es nicht zutreffend, den Wirkungsbereich der Inpflichtnahme anhand der wirtschaftsverwaltungsrechtlichen Ordnungswidrigkeitenkataloge zu bestimmen (so aber *Berg* in: FS für Scupin, 1983, 523), weil diese Aufzählungen alle denkbaren Verstöße ohne Rücksicht auf die Zielsetzungen enthalten. **Zweck der Inpflichtnahme** ist nicht die Kontrolle der ordnungsgemäßen Betriebsführung (z.B. durch Auskunftspflichten), sondern die **Nutzung der betrieblicherseits vorhandenen Sach- und Personalkapazitäten für öffentliche Bedürfnisse.** Sie erleichtert und ergänzt allenfalls die Wirtschaftsüberwachung. Gleichwohl handelt es sich prinzipiell um berufs-, eigentums- oder unternehmensbezogene Pflichten, deren Auferlegung im öffentlichen Interesse liegt. Eine andere Frage ist, ob die hoheitliche Verpflichtung von Wirtschaftsbürgern stets unentgeltlich sein oder ob der Staat **Aufwendungsersatz** leisten muss.

Die Rechtslage ist unterschiedlich. Teilweise müssen die Betroffenen der 63 Inpflichtnahme unentgeltlich nachkommen (vgl. § 10 BundesstatistikG). Teilweise sind Zuschüsse und andere finanzielle Hilfen vorgesehen (§ 4 Abs. 2 WirtschaftssicherstellungsG) oder es werden die Selbstkosten vergütet (§ 19 III LuftVG). Bei Fehlen einer ausdrücklichen Regelung ist eine Entschädigung abzulehnen, sofern es dem Unternehmen zumutbar ist, die Kosten auf Dritte abzuwälzen und soweit es sich um eine Pflicht handelt, die allen Unternehmern bzw. einer umrissenen Gruppe von Unternehmern auferlegt wird (vgl. hierzu BVerfGE 54, 251, 271 – Anwaltsvormund). Insoweit verlangt das BVerfG eine „Verantwortungsbeziehung“ der belasteten Unternehmer zu der übertragenen Aufgabe (BVerfGE 77, 308, 377; BVerfG, NJW 1999, 1621; BGH, NJW 1997, 574, 578). In der Regel wird auch ein staatlicher Eingriff in das Eigentumsrecht bzw. in den eingerichteten und ausgeübten Gewerbebetrieb zu verneinen sein, weil derartige Pflichten die **Sozialgebundenheit** oder **Umweltpflichtigkeit** betreffen und ansonsten die Abgaben erhöht werden müssten. Aus wettbewerbspolitischen Gründen wäre es allerdings angemessen, kleinere oder mittlere Betriebe von Indienstnahmen weitgehend zu befreien oder sie als Ausgleich zu entschädigen (vgl. zu diesem Problemkreis *Berg* in: FS für Scupin, 1983, 519ff.).

2. Erscheinungsformen der Inpflichtnahme

Die Rechtsfigur der Inpflichtnahme ist vornehmlich auf nahezu allen Fel- 64 dern des **Wirtschaftsverwaltungsrechts** anzutreffen. Ihr hauptsächliches

Anwendungsfeld liegt auf den Gebieten der Wirtschaftslenkung, Wirtschaftsüberwachung, Wirtschaftssicherung und Wirtschaftsstatistik.

65 Die Indienstnahme erfolgt vornehmlich durch die Auferlegung von **Bevorratungspflichten** (z.B. Mindestvorrat an Erdölerzeugnissen, § 25 ErdölbevorratungsG v. 8. 12. 1987; vgl. *Ipsen,* AöR 90 [1965], 393ff.; BVerfGE 30, 292ff.) oder **Abgabeneinzugspflichten** (z.B. Einbehaltung und Abführung der Vergnügungssteuer, Kurabgabe, Kupon-, Lohn- und Kirchensteuer – § 43 Satz AO; BVerfGE 22, 360; 44, 103). In zunehmenden Maße werden Private verpflichtet, bestimmte **Statistiken** für Behörden zu erstellen (z.B. Material- und Wareneingangserhebungen), die für den Staat Grundlage wirtschaftspolitischer Entscheidungen sind (vgl. allgemein *Ossenbühl,* VVDStRL 29 [1971], 147ff.; *Steiner,* Öffentliche Verwaltung durch Private, 1975, 184ff.; *Berg, Hilfsdienste der Wirtschaft an den Staat:* FS für Scupin, 1983, 519ff.). Als Inpflichtnahme wird ferner die Heranziehung von Straßenbauunternehmen hinsichtlich der **Absperrung und Kennzeichnung von Straßenbaustellen** einschließlich der Bedienung der Lichtzeichenanlagen qualifiziert (§ 45 Abs. 6 Satz 2 StVO), weil aus dem Gesetzestext nicht klar ersichtlich ist, ob dem Unternehmen öffentlich-rechtliche Kompetenzen zur Erledigung im eigenen Namen übertragen werden sollen. Eher ist davon auszugehen, dass sie nur zahlreiche Pflichten, aber keine eigenständigen Rechte haben, weil sie die Anordnungen der Behörde zu befolgen haben. Das Bedienen der Lichtzeichenanlagen erfolgt lediglich als technische Durchführung der anordnenden Behörde (BGH, NJW 1974, 433f.). Die Befolgungspflicht der Straßenverkehrsteilnehmer besteht nicht gegenüber dem Bauunternehmer, sondern gegenüber der in dem Wechsellichtzeichen enthaltenen Regelung, das der Bauunternehmer nur aufstellt (so auch BVerwGE 35, 334; BVerwG NJW 1970, 2075 und dazu *v. Mutius,* VerwArch. 62 [1971], 300ff.). In diesem Zusammenhang ist auch die Pflicht von Versorgungsunternehmen zur **Abnahme von Strom** nach dem Gesetz über erneuerbare Energien zu nennen.

66 In jüngerer Zeit gewinnt vornehmlich die Indienstnahme Privater als Pflicht zur Sicherung des eigenen Betriebs bzw. einer Anlage im Rahmen der Gefahrenabwehr und Gefahrenvorsorge an Bedeutung. Es handelt sich hierbei um eine Form der **Eigenüberwachung,** die aber gleichzeitig dem Gemeinwohl dient, weil sie die staatliche Überwachung erleichtert und den Staat von Überwachungsaufgaben entlastet, ohne dass dem Inpflichtgenommenen zusätzliche Recht eingeräumt werden (BT-Ds. 8/3431, 10). In diesem Zusammenhang ist auch teilweise von einer Mitwirkung bei der Gefahrenabwehr, von einer **Gefahrenabwehr durch Private** (so *Bracher,* Gefahrenabwehr durch Private, 1987, 47ff.), von einer Privatisierung der Gefahrenabwehr (s. *Ronellenfitsch,* VerwArch. 77 [1986], 435, 440ff.) sowie von gesellschaftlicher Selbstregulierung die Rede, welche die Eigenverantwortung fördern soll (s. etwa *Weiß,* Privatisierung und Staatsaufgaben, 2002, 44ff.; *Burgi,* Funktionale Privatisierung und Verwaltungshilfe, 1999,

252 ff.; *ders.,* GewArch. 1999, 393 ff.; *Pielow,* Grundstrukturen öffentlicher Versorgung, 2001, 451 ff.; *Stober,* Allgemeines Wirtschaftsverwaltungsrecht, 13. Aufl. 2002, § 29 IV und § 40 II) die Rede.

Beispiele: Eigenüberwachung nach § 29 a BImschG; Produktverantwortung und Rücknahmepflichten nach §§ 22 ff. KrW-/AbfG; Pflicht der Kreditinstitute zur Zahlung der Überweisungskosten nach § 16 FinDAG.

§ 91 Die privatrechtlich organisierte Verwaltung

Schrifttum: Vgl. Vorauflage § 104 a und vor § 90 sowie ferner *Altmeppen,* Die Einflussrechte der Gemeindeorgane in einer kommunalen GmbH, NJW 2003, 2561 ff.; *Badura,* Verwaltungskompetenz und Organisationsrecht des Bundes (Art. 87 I GG) im Hinblick auf eine Beteiligung an Unternehmen in einer Rechtsform des privaten Rechts, betrachtet am Beispiel der Postreform von 1989, in: FS Lorenz, 1991, 3 ff.; *ders.,* Das öffentliche Unternehmen im europäischen Binnenmarkt, ZGR 26 [1997], 291 ff.; *ders.,* Die Erfüllung öffentlicher Aufgaben und die Unternehmenszwecke bei der wirtschaftlichen Betätigung der öffentlichen Hand, in: FS Schlochauer, 1981, 3 ff.; *Ballerstedt,* Zur Frage der Rechtsform gemeindlicher Wirtschaftsunternehmen, DÖV 1951, 449 ff.; *Bauer,* Privatisierung von Verwaltungsaufgaben, VVDStRL 54 [1995], 243 ff.; *Becker,* Mitbestimmung in organisationsprivatisierten Unternehmen der öffentlichen Hand, ZögU 2001, 1 ff.; *ders.,* Die landesrechtliche „Kapitalgesellschaft des öffentlichen Rechts" in der bundesstaatlichen Kompetenzordnung, DÖV 1998, 97 ff.; *Bethge,* Grundrechtsträgerschaft juristischer Personen – Zur Rechtsprechung des Bundesverfassungsgerichts –, AöR 104 [1979], 265 ff.; *Brenner,* Gesellschaftsrechtliche Ingerenzmöglichkeiten von Kommunen auf privatrechtlich ausgestaltete kommunale Unternehmen, AöR 127 [2002], 222 ff.; *Boergen,* Die Gründung privatrechtlich organisierter bundesabhängiger Nicht-Wirtschaftsunternehmen, DVBl. 1971, 869 ff.; *Britz,* Die Mitwirkung Privater an der Wahrnehmung öffentlicher Aufgaben durch Einrichtungen des öffentlichen Rechts, VerwArch. 91 [2000], 418 ff.; *dies.,* Funktion und Funktionsweise öffentlicher Unternehmen im Wandel: Zu den jüngsten Entwicklungen im Recht der kommunalen Wirtschaftsunternehmen, NVwZ 2001, 380 ff.; *Brüning,* Der Private bei der Erledigung kommunaler Aufgaben, 1997; *Burgi,* Verwalten durch öffentliche Unternehmen im europäischen Institutionenwettbewerb, VerwArch 93 [2002], 255 ff.; *Burmeister,* Die privatrechtlichen Handlungsformen der Verwaltung aus verfassungsrechtlicher Sicht, WiR 1972, 312 ff.; *ders.,* Die verfassungsrechtliche Stellung der Verwaltung in Frankreich und in der Bundesrepublik Deutschland, 1991, 77 ff.; *von Danwitz,* Vom Verwaltungsprivat- zum Verwaltungsgesellschaftsrecht – Zu Begründung und Reichweite öffentlich-rechtlicher Ingerenzen in der mittelbaren Kommunalverwaltung, AöR 1995, 595 ff.; *Dickersbach,* Die wirtschaftliche Betätigung der öffentlichen Hand im Verhältnis zur Privatwirtschaft aus öffentlichrechtlicher Sicht, WiVerw. 1983, 187 ff.; *Ehlers,* Die Entscheidung der Kommunen für eine öffentlich-rechtliche oder privatrechtliche Organisation ihrer Einrichtungen und Unternehmen, DÖV 1986, 897 ff.; *ders.,* Interkommunale Zusammenarbeit in Gesellschaftsform, DVBl. 1997, 137 ff.; *ders.,* Verwaltung in Privatrechtsform, 1984; *Emmerich,* Das Wirtschaftsrecht der öffentlichen Unternehmen, 1969; *Erbguth/Stollmann,* Erfüllung öffentlicher Aufgaben durch private Rechtssubjekte? – Zu den Kriterien bei der Wahl der Rechtsform –, DÖV 1993, 798 ff.; *Erichsen/Ebber,* Die Grundrechtsbindung des privatrechtlich handelnden Staates, Jura 1999, 373 ff.; *Di Fabio,* Verwaltung und Verwaltungsrecht zwischen gesellschaftlicher Selbstregulierung und staatlicher Steuerung, VVDStRL 56 [1997], 235 ff.; *Gersdorf,* Öffentliche Unternehmen im Spannungsfeld zwischen Demokratie- und Wirtschaftlichkeitsprinzip, 2000; *Gerstlberger/Kneissler,* Die Eigendynamik ausgegliederter Verwaltungseinheiten: Theoretische Überlegungen und empirische Befunde, Die Verwaltung 1998, 193 ff.; *Gogos,* Verselbständigte Verwaltungseinheiten als Adressaten staatlicher Sonderbindungen, 1997; *Gratzel,* Zur konzernrechtlichen Haftung der Gebietskörperschaften aus Ingerenz, BB 1998, 175 ff.; *Gundlach/Frenzel/Nikolaus Schmidt,* Das kommunale Aufsichtsratsmitglied im Spannungsfeld zwischen öffentlichem Recht und Gesellschaftsrecht, LKV 2001, 246 ff.; *Gusy,* Die wirtschaftliche Betätigung des Staates, JA 1995, 166 ff. und 253 ff.; *Habersack,* Private Public Partnership: Gemeinschaftsunternehmen zwischen Privaten und der öffentlichen Hand, ZGR 25 [1996], 544 ff.; 1996, 309 ff.; *Hefekäuser,* Die Deutsche Telekom AG –Von der öffentlichrechtlichen zur privatrechtlichen Zielsetzung in Unternehmen der öffentlichen Hand-, ZGR 1996, 385 ff.: *Hoffmann-Riem,* Telekommunikationsrecht als europäisiertes Verwaltungsrecht, DVBl. 1999, 125 ff.; *Kahl,* Das öffentliche Unternehmen im Gegenwind des europäischen Beihilferegimes, NVwZ 1996, 1082 ff.; *Köttgen,* Gemeindliche Daseinsvorsorge und gewerbliche Unternehmerinitiative im Bereiche der Wasserversorgung und Abwässerbeseitigung, AöR 1962, 118 ff.; *Kluth,* in: Bunte/Stober (Hg.) Lexikon des Rechts der Wirtschaft, Abfallwirtschaftsrecht, 2000, 1 ff.; *Lange,* Die öffentlichrechtliche Anstalt, VVDStRL 44 (1986), 169 ff.; *Laux,* Die „verselbständigten Verwaltungsträger" in der wissenschaftlichen Diskussion, DÖV 1981, 861 ff.; *Lecheler,* Die Umwandlung einer Körperschaft des öffentlichen Rechts in eine Aktiengesellschaft, in: FS Maurer, 2001, 665 ff.; *Leisner,* Der Vorrang des Gesellschaftsinteresses bei den Eigengesellschaften der öffentlichen Hand, WiVerw 83, 212 ff.; *Lux,* Das neue kommunale Wirtschaftsrecht in Nordrhein-Westfalen, NwVBl. 2000, 7 ff.; *Merten,* Mischunternehmen als Grundrechtsträger, in: FS Krejci, 2001, 2003 ff.; *ders.,* Die „Kommunalunternehmen" – Rechtsformalternative im kommunalen Wirtschaftsrecht, NVwZ 1996, 557 ff.; *B. Möller,* Die rechtliche Stellung und Funktion des Aufsichtsrats in öffentlichen Unternehmen und Kommunen, 1999; *Möstl,* Grundrechtsbindung öffentlicher Wirtschaftstätigkeit, 1999; *M. Müller,* Zur verfassungsrechtlichen Problematik kommunaler Unternehmen auf dem Telekommunikationsmarkt, DVBl. 1998, 1256 ff.; *Noch,* Ausschreibungspflicht privater Unternehmen, DÖV 1998, 623 ff.; *Oebbecke,* Das Europarecht als Katalysator der Sparkassenpolitik, VerwArch. 93 [2002], 278 ff.; *Ossenbühl,* Rechtliche Probleme der Zulassung zu öffentlichen Stadthallen – Zu Dogmatik der Gewährung öffentlicher Leistungen –, DVBl. 1973, 289 ff.; *ders.,* Die Erfüllung von Verwaltungsaufgaben durch Private, VVDStRL 29, 1971, 137 ff.; *Oster,* Organisationsprivatisierung, DVP 2000, 350 ff.; *Osterloh,* Privatisierung von Verwaltungsaufgaben, VVDStRL 54 (1995), 204 ff.; *Pabst/Schwartmann,* Privatisierte Staatsverwaltung und staatliche Aufsicht – Ein Beitrag zu den Schranken der Organisationsprivatisierung am Beispiel der 10. Novelle zum LuftVG –, DÖV 1998, 315 ff.; *Park,* Die Steuerpflicht von Daseinsvorsorgeeinrichtungen der öffentlichen Hand, 2001; *Paschke,* Die kommunalen Unternehmen im Lichte des GmbH-Konzernrechts, ZHR 152 [1988], 263 ff.; *Puhl,* Budgetflucht und Haushaltsverfassung, 1996; *Püttner,* Die öffentlichen Unternehmen, Stuttgart 1985; *ders./Losch,* Verwaltung durch Private und in privatrechtlicher Form, in: Jeserich/Pohl/von Unruh, Deutsche Verwaltungsgeschichte Band V, 1987; *ders.,* Öffentliche Unternehmen als Instrument staatlicher Politik, DÖV 1983, 697 ff.; *ders.,* Die Einwirkungspflicht – Zur Problematik öffentlicher Einrichtungen in Privatrechtsform –, DVBl. 1975, 353 ff.; *Salzwedel,* Staatsaufsicht in der Verwaltung, VVDStRL 22, 206 ff.; *Schenke,* Delegation und Mandat im Öffentlichen Recht, VerwArch. 68, 1977, 118 ff.; *Schön,* Der Einfluss öffentlich-rechtlicher Zielsetzungen auf das Statut privatrechtlicher Eigengesellschaften der öffentlichen Hand, ZGR 1996, 429 ff.; *Schorr/Schlär,* Steuersenkungsgesetz: Handlungsbedarf für die kommunale Wirtschaft durch die Abschaffung des Anrechnungsverfahrens, DB 2000, 2553 ff.; *Schuppert,* Die Erfüllung öffentlicher Aufgaben durch verselbständigte Verwaltungseinheiten, 1981; *ders.,* Zur Anatomie und Analyse des Dritten Sektors, Die Verwaltung 1995, 137 ff.; *ders.,* „Quangos" als Trabanten des Verwaltungssystems, DÖV 1981, 153 ff.; *Spannowsky,* Der Einfluss öffentlich-rechtlicher Zielsetzungen auf das Statut privatrechtlicher Eigengesellschaften in öffentlicher Hand, ZGR 25 [1996],

400ff.; *ders.*, Öffentlich-rechtliche Bindungen für gemischt-wirtschaftliche Unternehmen, ZHR 160 [1996], 560ff.; *Stober,* Rein gewerbliche Betätigung der öffentlichen Hand und Verfassung, ZHR 145 [1981], 565ff. *ders.*, Die privatrechtlich organisierte öffentliche Verwaltung, NJW 1984, 449ff.; *ders.*, in: Pitschas/Stober (Hg.) Quo vadis Sicherheitsgewerberecht?, 1999, 1ff.; *ders.*, Wirtschaftsverwaltungsrecht. Ein Rechtsgebiet zwischen staatlicher Steuerung und unternehmerischer Verantwortung, in: FS für Hartmut Maurer, 2001, 827ff.; *ders.*, Staat und Stadt als Konzern, NordÖR 2001, 333ff.; *ders.,* Neuregelung des Rechts der öffentlichen Unternehmen, NJW 2002, 2357ff.; *Stober/Vogel* (Hg.), Wirtschaftliche Betätigung der öffentlichen Hand, 2000; *Storr,* Der Staat als Unternehmer, 2001; *Thieme,* Die Privatisierung öffentlicher Aufgaben als verwaltungswissenschaftliches Problem, Abh. Braunschw. WissGes. 47 [1996], 231ff.; *Vitzthum,* Gemeinderechtliche Grenzen der Privatisierung kommunaler Wirtschaftsunternehmen, AöR 104 [1979], 586ff.; *Vogel,* Öffentliche Wirtschaftseinheiten in privater Hand, 1959; *Waffler,* Formalprivatisierung kommunaler Aufgaben zwischen Hierarchie, Kooperation und Vertrauen, 2002; *Wahl,* Die Einschaltung privatrechtlich organisierter Verwaltungseinrichtungen in den Straßenbau, DVBl. 1993, 518ff.; *ders.*, Privatorganisationsrecht als Steuerungsinstrument bei der Wahrnehmung öffentlicher Aufgaben, in: Schmidt-Aßmann/Hoffmann-Riem (Hg.), Verwaltungsorganisationsrecht als Steuerungsressource, 1997, 301ff.; *Wais,* Ist die „Privatisierung" eine sinnvolle Lösung für öffentliche Unternehmen? – Untersuchung über die vier Stufen der Privatisierung –, DÖV 1977, 268ff.; *Zeidler,* Schranken nichthoheitlicher Verwaltung, VVDStRL 19 [1961], 208ff.; *Zugmaier,* Gemeindliche Unternehmen in Privatrechtsform, BayVBl. 2001, 233ff.; *Zuleeg,* Die Anwendungsbereiche des öffentlichen Rechts und des Privatrechts, VerwArch. 73 [1982], 384ff.

I. Begriff, Entwicklung und Abgrenzung

1. Verwaltung in Privatrechtsform als Erscheinung des Verwaltungsorganisationsrechts

a) Rechtstatsächlicher Befund

Der Staat als organisiertes Gemeinwesen nimmt die öffentliche Verwaltung nicht nur durch eigene Behörden, durch die überkommenen und bereitstehenden juristischen Personen des öffentlichen Rechts (Körperschaften, Anstalten, Stiftungen) oder durch Beliehene wahr. Daneben bedient sich die öffentliche Hand zur Aufgabenerfüllung **privatrechtlicher Organisationsformen.** Sie gründet in eigener Regie oder in Zusammenarbeit mit gleichberechtigten Privatrechtssubjekten juristische Personen des Privatrechts. Sie kann sich durch den Erwerb von Mitgliedsrechten (Mitgliedschaftsrechten, Anteilen) an bestehenden privatrechtlichen Vereinigungen beteiligen oder solche vollständig auf sich überführen. Schließlich ist sie in der Lage, durch Entwicklung von außen (Finanzierung, Personalausleihe) einen beherrschenden Einfluss auf privatrechtliche Vereinigungen auszuüben, ohne sich selbst an diesen zu beteiligen. (S. o. § 23 I und *Ehlers,* Verwaltung in Privatrechtsform, 1984, 7ff.). 1

Diese Gebilde werden gelegentlich ausschließlich oder unter anderem als **„privatrechtliche Verwaltungstrabanten"** (*Köttgen,* AöR [1962], 290ff.; *Schuppert,* Die Erfüllung öffentlicher Aufgaben durch verselbstständigte Verwaltungseinheiten, 1981, 72ff.; *Spannowsky,* ZHR 160 [1996], 560, 569; 2

Ehlers, 1984, 155, Fn. 254). **„Verwaltungsgesellschaften“** (*Köttgen*, AöR 11 [1962], 298; *Ossenbühl*, VVDStRL 29 [1971], 147), **„öffentliche Kapitalgesellschaften“** (*Boelsen*, Kapitalgesellschaften in öffentlicher Hand, 1929; *Vogel*, 187 ff.), **„privatrechtliche Tochtergesellschaften** öffentlich-rechtlich organisierter Unternehmen“ (*Püttner*, Verwaltungslehre, 1982, 266) und in der angelsächsischen Verwaltungswissenschaft als **„Quagos“** (quasi-governmental-organizations) bzw. als **„Quangos“** (quasi-non-governmental-organizations; s. *Schuppert*, Die Verwaltung, 137 ff.; *ders.*, Die Erfüllung öffentlicher Aufgaben durch verselbstständigte Verwaltungseinheiten, S. 165 ff.; *ders.*, DÖV 1981, 153 ff.) bezeichnet.

b) Rechtshistorischer Befund

3 Die Aufgabenerledigung durch Inanspruchnahme juristischer Personen des Privatrechts anhand einer (ausschließlich bzw. partiellen) Verwaltungsbeteiligung und/oder einer externen Einflusssicherung ist eine in der Staats- und Verwaltungspraxis seit längerem bekannte Erscheinung.

aa) Ursprungstypen

4 Historische Ursprungstypen einer staatlichen Inanspruchnahme privatrechtlicher Organisationsformen durch **Beteiligung** sind vor allem die so genannten **Kriegs-** und **Nachkriegsgesellschaften.** Als Reaktion auf die Unfähigkeit der bürokratisch-hierarchisch organisierten öffentlichen Verwaltung, die während des ersten Weltkrieges und nach Kriegsende anfallenden außerordentlichen Verwaltungsaufgaben angemessen zu lösen, bediente sich der Staat in weitgehendem Maße der Grundsätze und Formen der Privatwirtschaft und des Privatrechts. So wurden nach Kriegsbeginn zur Erfassung und Verteilung der Rohstoffe und Bedarfsgüter Kapitalgesellschaften gegründet, die teilweise noch heute existieren. Erinnert sei an die VIAG-Tochter VAW, die ursprünglich das Heer mit Aluminium zu versorgen hatte (s. *Heymann*, Die Rechtsformen der militärischen Kriegswirtschaft als Grundlage des neuen Industrierechts, 1921; *Below*, Mittelalterliche Stadtwirtschaft und gegenwärtige Kriegswirtschaft, 1917; *Vogel*, 1959, 166 ff.; *Rüfner*, Formen öffentlicher Verwaltung im Bereich der Wirtschaft, 1969, 179; *Badura*, Das Verwaltungsmonopol, 1963, 245 ff.; *Emmerich*, Das Wirtschaftsrecht der öffentlichen Unternehmen, 1969, 30; *Ossenbühl*, VVDStRL 29, [1971], 146 ff.; *Huber*, Deutsche Verfassungsgeschichte VI., 1981, § 68 III; *Mann*, Die öffentlich-rechtliche Gesellschaft, 2002, 149 ff.).

Nach Ende des ersten Weltkrieges wählten Länder und Gemeinden (manche Großstädte schon vor dem Krieg) für ihre wirtschaftlichen Unternehmen häufig privatrechtliche Organisationsformen (z.B. Gas-, Wasser-, Elektrizitätswerke, Gemeindebanken in Form einer AG; *Büsch*, Geschichte der Berliner Kommunalwirtschaft in der Weimarer Epoche, 1960, 40 ff.; *Gönnenwein*, Gemeinderecht, 1963, 489; *Ambrosius*, Die öffentliche Wirtschaft in der Weimarer Republik, 1984) und das Reich beteiligte sich an Aktiengesellschaften, um groß angelegte öffentliche Unternehmungen durchzuführen (z.B. Mittellandkanal, Rhein-Main-Donau-Wasserstraße, Neckarkanalisierung), bzw. an Industrieunternehmen, um die Versorgung mit Rohstoffen sicherzustellen (z.B. Gründung des deutschen reichseigenen Industriekonzerns VIAG; *Vogel,* 1959, 152f.; *Emmerich,* 1969, 30).

Diese Entwicklung hin zur **„Privatisierung der Rechtsform“** setzte sich 5 im Bereich der öffentlichen Unternehmen kontinuierlich fort und hatte zur Folge, dass am Ende des zweiten Weltkrieges 1945 eine beträchtliche Anzahl von staatlichen und kommunalen Gesellschaften (vor allem in den Bereichen Industrie, Verkehr, Versorgung und Kreditwesen) vorhanden war. Aus Verwaltungssicht wird diese Betätigungsform bis heute als „Beteiligung“ an Unternehmen des privaten Rechts bezeichnet (vgl. § 65 BHO), auch wenn außer der öffentlichen Hand niemand sonst beteiligt ist, also eine Allein-Inhaberschaft vorliegt (*Püttner/Lösch,* in: Jeserich/Pohl/von Unruh (Hg.), Deutsche Verwaltungsgeschichte Band V, 1987, S. 368ff.).

Auch durch Einwirkung von außen auf Privatrechtssubjekte hat die öffentliche Hand während der Weimarer Epoche für die öffentlichen Interessen gesorgt. So hat das Reich durch Gewährung von Zuschüssen an private Unternehmen und durch an diese Zuschüsse geknüpfte Bedingungen öffentliche Zwecke erreicht (s. *Fleiner,* Verwaltungsrecht, 2. Aufl., 1980, § 8 II 1 m.w.N.).

bb) Entwicklung nach 1945

Unmittelbar nach dem Ende des 2. Weltkriegs wurden die vorhandenen 6 öffentlichen Unternehmen in ihrer bisherigen Rechtsform weiterbetrieben. In der Zeit der allmählichen Konsolidierung zeigte sich zumindest bei den großen Staatsunternehmen ein Trend hin zur öffentlich-rechtlichen Rechtsform. So erhielten Bundesbahn und Bundespost auf der Grundlage von Art. 87 I GG a.F. durch Gesetze von 1951 und 1953 eindeutig einen öffentlich-rechtlichen Status. Diese Tendenz schlug jedoch um, als zunehmend Klagen über die vielen Fesseln des öffentliche Haushalts- und Dienstrechts laut wurden. Ab etwa 1960 kam es auf der kommunalen Ebene zu einer regelrechten **Umgründungswelle** vom Eigenbetrieb in die Form der Kapitalgesellschaft (*Janson,* Rechtsformen öffentlicher Unternehmen in der europäischen Gemeinschaft, 1980; *Scholz/Pitschas,* Gemeindewirtschaft zwischen Verwaltungs- und Unternehmensstruktur, 1982; *dies.,* in: KomHdb. V, S. 128ff.). Als Folge der Umgründungen war ein Einflussschwund der Gemeinden zu beobachten, was wiederum zu Gegenströmungen führte. In späterer Zeit zeigten sich Bestrebungen zum Übergang in die Privatrechtsform immer nur vereinzelt. Als wichtiges Beispiel sind die Krankenhäuser zu nennen, die sich aus kleinen oder mittleren Pflegeanstalten infolge des Fortschritts von Medizin und Technik sowie im Zuge der Professionalisierung der Pflegeberufe zu Großbetrieben entwickelt haben. Vielfach wurde hierfür die private Rechtsform (GmbH) als adäquat betrachtet und deshalb gewählt (*Laux,* in: KomHdb. IV, S. 422ff.). Ein anderes Beispiel bilden die

Forschungseinrichtungen des Bundes und der Länder. Ihnen wollte man eine besondere Unabhängigkeit einräumen, wofür die Rechtsform der GmbH am geeignetsten erschien. Aus ähnlichen Gründen sind zahlreiche Orchester und Festspiele (z.B. Berliner Festspiele GmbH) als Gesellschaften organisiert (*Püttner/Losch,* in: Jeserich/Pohl/von Unruh (Hg.), Deutsche Verwaltungsgeschichte V, S. 368, 381).

cc) Die infrastrukturellen Privatisierungen am Ende des 20. Jahrhunderts

7 Eine enorme Dynamik und Bedeutung hat das Phänomen der privatrechtlich organisierten Verwaltung durch die **infrastrukturellen Privatisierungen** am Ende des 20. Jahrhunderts erfahren. So löste die Privatisierung der staatlichen Verwaltungszweige Bahn und Post eine epochale Veränderung aus (*Spannowsky,* ZHR 160 [1996], 560, 565; *Gramm,* Privatisierung und notwendige Staatsaufgaben, 2001, 134ff. und s.u. IV.). Die Infrastrukturbereiche der Bahn wie der Post galten bis dahin als natürliche Monopole. Die rasante technische Entwicklung und die sich zunehmend schneller verändernden Anforderungen des Marktes führten dazu, dass für beide Staatsunternehmen die Erfüllung ihres Versorgungsauftrags mehr und mehr zum Problem wurde. Die Akzeptanz der staatlichen Tätigkeit in diesen Bereichen war im Schwinden. Hinzu kam der Einfluss des Gemeinschaftsrechts. So wurden nach einer Änderung des Art. 87e GG zum 1. 1. 1994 die Deutsche Bundesbahn und die Deutsche Reichsbahn zusammengeführt und in die **Deutsche Bahn AG** umgewandelt. Aus staatlichem Sondervermögen und Behörden wurde ein wirtschaftlicher Unternehmenszusammenhang, der in privatrechtlicher Rechtsform zu führen ist. Dieser verfassungsrechtlich induzierte **Rechtsform-Wandel** ging mit einem grundlegenden Wechsel der Handlungsmaximen einher (*Hommelhoff/Schmidt-Aßmann,* ZHR 160 [1996], 521ff.). Ebenso vollzog sich in den Bereichen Post und Telekommunikation ein Wandel von der öffentlich-rechtlichen zur privatrechtlichen Zielsetzung. Während die Postreform I von 1989 zunächst nur eine Neustrukturierung des öffentlich-rechtlichen Post- und Fernmeldewesens zum Gegenstand hatte, insbesondere durch Ausgliederung des Sondervermögens der Deutschen Bundespost in drei teilrechtsfähige „öffentliche Unternehmen" Deutsche Bundespost POSTDIENST, POSTBANK und TELEKOM, erfolgte auf der Grundlage des Art 87f GG zum 1. 1. 1995 mit der Postreform II die formelle Privatisierung dieser drei Staatsunternehmen. Seitdem sind die **Deutsche Post AG,** die **Deutsche Postbank AG** und die **Deutsche Telekom AG** privatwirtschaftlich geführte Unternehmen in der Form von Aktiengesellschaften (s. § 2 I 1 i.V.m. § 1 II 1 PostUmwG und dazu *Lerche,* in: Maunz/Dürig, GG, Art. 143b Rdnr. 6ff.; *Hefekäuser,* ZGR 1996, 385ff.). Die Luftverkehrsverwaltung wird zwar in bundeseigener Verwaltung geführt. Art. 87d GG gestattet aber die Übertragung auf eine privatrechtliche Organisationsform. Davon wurde mit der Schaffung des § 31b LuftVG Gebrauch gemacht. Er ermächtigt dazu, eine GmbH zu gründen,

die mit den **Aufgaben der Flugsicherung** beauftragt wird. Insbesondere die Veränderungen in den Bereichen Bahn und Post zeigen, dass die formelle Privatisierung – mit dem Ergebnis einer Verwaltung in Privatrechtsform – ein notwendiger Zwischenschritt zur materiellen Privatisierung von Einrichtungen und Aufgaben sein kann (s. u. § 93). Das ist vor allem dann der Fall, wenn der ursprüngliche Verwaltungsträger alleiniger Aktionär und der Verkauf von Aktienanteilen an Private beabsichtigt ist (vgl. dazu weiter unter IV).

Vorgeprägt ist diese Entwicklung u.a. durch die weiter **fortschreitende Privatisierung des Luftverkehrs.** Bei der Gründung der Deutsche Lufthansa AG hielt der Bund 75% der Kapitalanteile. Veranlasst durch weltweite Deregulierungstendenzen im kommerziellen Luftverkehr reduzierte er seinen Anteil an der Lufthansa AG durch Nichtausübung seiner Bezugsrechte bis 1991 auf 56,32% des stimmberechtigten Kapitals und ließ ihn im Rahmen der Privatisierung von 1994 unter die 50%-Grenze absinken. 8

Aus mehreren großen **Industriekonzernen** zog sich der Staat vollständig zurück. So sind die Konzerne VEBA, VIAG und Volkswagen seit 1987/88 ohne Bundesbeteiligung. Auch die Salzgitter AG, die Deutsche Pfandbrief- und Hypothekenbank u.a.m. wurden vollprivatisiert (*Waigel,* Neue Spielräume durch Privatisierung, FAZ v. 26. 6. 1990, Nr. 145, 1; *R. Schmidt,* Die Verwaltung 1995, 281). Die privatrechtlich organisierte Verwaltung ist damit in zwei Richtungen dynamisch: Auf der einen Seite bedient sich die öffentliche Hand zunehmend derartiger Organisationsformen, andererseits entlässt der Staat Unternehmen, an denen er beteiligt ist, aus seiner Trägerschaft gänzlich in die Privatwirtschaft. 9

dd) Kommunal- und öffentliche Wettbewerbsunternehmen in Anstaltsform als Gegentendenz

Unbeschadet zahlreicher Organisationsprivatisierungen auf der Bundes- und Landesebene zeichnet sich in jüngerer Zeit auf dem kommunalen Sektor eine Gegentendenz ab. Als Alternative und Antwort zu dieser Privatisierungsform wird eine Restrukturierung öffentlich-rechtlicher Organisationsformen erprobt. Das gilt vornehmlich für die Umgestaltung der klassischen Anstalt des öffentlichen Rechts, die nunmehr den kommunalen Bedürfnissen angepasst als Kommunalunternehmen fungiert. So wird darauf hingewiesen, die neugeschaffenen Kommunalunternehmen enthielten Regelungen, die auch privatwirtschaftliche Erkenntnisse aufnähmen und damit die Vorteile privater und öffentlich-rechtlicher Unternehmensformen verbänden (*Mann,* NVwZ 1996, 557ff.; *Knemeyer,* Das Kommunalunternehmen, 1997; *Henneke* (Hg.), Kommunale Aufgabenerfüllung in Anstaltsform, 2000; *Oebbecke,* VerwArch 93 [2002], 278ff.; *Wolf,* Die Anstalt des öffentlichen Rechts als Wettbewerbsunternehmen, 2002). 10

c) Wahlfreiheit der Verwaltung

Die öffentliche Verwaltung durch juristische Personen des Privatrechts, an denen sich die öffentliche Hand ganz oder z.T. beteiligt bzw. auf die sie 11 extern einen beherrschenden Einfluss ausübt, ist letztlich eine Folge davon, dass der Staat und die sonstigen verselbstständigten Verwaltungsträger nach allgemeiner Ansicht zur Erledigung von Verwaltungsaufgaben grundsätzlich auf die gesamte Rechtsordnung und damit auch auf das organisatorische Instrumentarium des Privatrechts zurückgreifen können **(Grundsatz der Wahlfreiheit).** Die öffentliche Verwaltung kann dem Bürger also nicht nur in privatrechtlichen Handlungsformen (s. o. § 23 I und II), sondern auch in privatrechtlichen Organisationsformen gegenübertreten (*Mann,* Die öffentlich-rechtliche Gesellschaft, 2002, 39ff.) so dass zu Recht von **Substitutionsorganisationen** oder von „Ersatzformen" staatlicher Organisation die Rede ist (s. *Erbguth/Stollmann,* DÖV 1993, 798, 799; kritisch zur Wahlfreiheit *Burmeister,* WiR 1972, 312ff.; *Ossenbühl,* DVBl. 1973, 292f.; *Pestalozza,* Formenmissbrauch des Staates, 1973, 166ff.).

2. Charakterisierung der privatrechtlich organisierten Verwaltung

a) Rechtswissenschaftliche Bearbeitung

12 Monographisch findet diese Rechtsfigur erst in jüngerer Zeit Beachtung (*Engelhardt,* Die Einflussnahme der Kommunen auf ihre Kapitalgesellschaften über das Anteilseignerorgan, 1995; *Gogos,* Verselbstständigte Verwaltungseinheiten als Adressaten staatlicher Sonderbindungen, 1997; *N. Müller,* Rechtsformenwall bei der Erfüllung öffentlicher Aufgaben, 1993; *v. Hagemeister,* Die Privatisierung öffentlicher Aufgaben, 1992; *Pabst,* Verfassungsrechtliche Grenzen der Privatisierung im Fernstraßenplan; *Kämmerer,* Privatisierung, 2001; *Gramm,* Privatisierung und notwendige Staatsaufgaben, 2001, 110ff.). Gleichwohl wird sie in weiten Teilen des Schrifttums noch unter den übergreifenden aber kaum abzugrenzenden Gesichtspunkten der **„öffentlichen Unternehmen"** (so etwa *Mann,* Die öffentlich-rechtliche Gesellschaft, 2002, 5ff.) und der „Erfüllung von Verwaltungsaufgaben durch Private" oder unter dem engen Aspekt der wirtschaftlichen Betätigung von Staat und Gemeinden betrachtet mit der Folge, dass den **öffentlich-rechtlichen Besonderheiten dieser Organisationsformen** zu wenig Beachtung geschenkt wird. Diese Sichtweise sowie die prinzipielle Vernachlässigung dieses Rechtsinstitutes beruht vornehmlich auf der herkömmlichen Systematisierung der Verwaltungsorganisation in Staats- und Selbstverwaltung oder auf der Vorstellung, öffentliche Verwaltung werde vorzugsweise in öffentlich-rechtlichen Organisationsformen abgewickelt. Diese oder ähnliche Betrachtungsweisen verstellen zum einen den Blick auf die Gestaltungsmöglichkeiten und die Vielfalt organisatorischer Entwicklungen innerhalb der öffentlichen Verwaltung. Zum anderen kann sich das Verwaltungsrecht kaum der zunehmenden praktischen Bedeutung der öffentlichen Zwecken dienenden juristischen Personen des Privatrechts in der Verwaltungswirklichkeit entziehen. Sie nehmen im Verhältnis zur selbstständigen Ausübung von öffentlich-rechtlichen Verwaltungskompetenzen

durch Beliehene ein wesentlich größeres Terrain der öffentlichen Verwaltung ein (s. *Steiner,* Verwaltung durch Private, 1975, 208, 271; *Vogel,* 1959, 152; *Emmerich,* 1969, 41 f.; *Janson,* Rechtsformen öffentlicher Unternehmen in der Europäischen Gemeinschaft, 1980, 140). Auch das positive Recht setzt die Existenz der privatrechtlich organisierten Verwaltung voraus, wie etwa ein Blick auf § 2 Nr. 2 i.V.m. § 4 UIG zeigt. Danach kann der Umweltinformationsanspruch auch gegenüber juristischen Personen des Privatrechts, die öffentlich-rechtliche Aufgaben des Umweltschutz wahrnehmen, geltend gemacht werden.

Einen erheblichen Bedeutungszuwachs hat die Verwaltung in Privat- 13
rechtsform durch die **Privatisierungskonjunktur** erfahren. Die in diesem Kapitel vornehmlich interessierende **Organisationsprivatisierung** tritt häufig in Kombination mit anderen Privatisierungsformen auf, was zu einer stärkeren rechtswissenschaftlichen Fokussierung geführt hat. Insgesamt gehen die Kommunen immer mehr dazu über, unselbstständige gemeindliche Einrichtungen in juristische Personen des bürgerlichen Rechts umzuwandeln (BVerfGE 38, 326, 344; *Püttner,* DÖV 1983, 697, 703; *Scholz/Pitschas,* Gemeindewirtschaft zwischen Verwaltungs- und Unternnehmensstruktur, 1982, 20), und der Staat bedient sich bei der Verfolgung seiner Zwecke in steigendem Maße privatrechtlicher Organisationsformen (*Schuppert,* 1981, 76). Nach den jährlich vorgelegten Beteiligungsberichten des Bundesministers der Finanzen ist z.B. der Bund mit Abstand die größte juristische Person des privaten Gesellschaftsrechts.

Im Schrifttum wird dieser aufgabenbedingte Organisationswandel deshalb als die vermutlich „wichtigste Änderung des Erscheinungsbildes öffentlicher Leistungsdarbietung“ angesehen (s. *K. Laux,* DÖV 1981, 861 ff.). Hinzu kommt, dass die Aufgabenverschiebungen im modernen Staat eine Kehrseite haben: Die Kommunen fühlen sich im „Würgegriff von Privatisierung und Wettbewerb“ (*Steckert,* Städtetag 1996, 282). Sie fordern wirtschaftliche Freiheit für öffentliche Unternehmen auch über die Gemeinde- und Stadtgrenzen hinaus und das Recht, neue Geschäftsfelder zu Lasten der Privatwirtschaft zu erschließen (*Stober,* in: Pitschas/Stober (Hg.), Quo vadis Sicherheitsgewerberecht?, 1999 1 ff.). Auch dieser Entwicklung ist in der Literatur bislang zu wenig Beachtung geschenkt worden (s. näher *Stober,* NJW 2002, 2357 ff.).

b) Rechtfertigung der eigenständigen Kategorisierung

Trotz der – im Zuge von vielfältigen Organisationsprivatisierungen – ge- 14
wachsenen Bedeutung ließe sich gegen die eigenständige Behandlung der von der öffentlichen Hand gegründeten, beeinflussten und gesteuerten juristischen Personen des Privatrechts als Formen der **Verwaltungsorganisation** einwenden, es handle sich überhaupt nicht um Träger der öffentlicher Verwaltung im Sinne von Gliedern der staatlichen Organisation. Zum einen könnte es am Merkmal Verwaltung (s.o. § 2), zum anderen an eigener Verwaltungsträgerschaft fehlen, um solche privatrechtlichen Vereinigungen als

personifizierte verselbstständigte Organisationseinheiten der öffentlichen Verwaltung im organisatorischen Sinne einzugliedern (s. o. §§ 2 IV und 4 I). Ob und wann diese Voraussetzungen vorliegen, ist eine Definitionsfrage. Keinesfalls darf man die Anforderungen zu hoch ansetzen, weil andernfalls zahlreiche Erscheinungsformen der öffentlichen Verwaltung und ihrer Organisation nicht erfassbar und systematisierbar sind sowie die besonderen Bedingungen, Verantwortlichkeiten und möglicher Formenmissbrauch nicht unter verwaltungsrechtlichen Gesichtspunkten diskutiert werden könnten.

aa) Das Kriterium der Verwaltung

15 Da die öffentliche Hand bei der Erfüllung ihrer Aufgaben grundsätzlich die Organisationsform wählen darf, ist es zur Bejahung des begrifflich umstrittenen Merkmals Verwaltung als formales Kriterium ausreichend, wenn öffentlich-rechtliche Verwaltungsträger Privatrechtsvereinigungen gründen, an solchen Anteile erwerben bzw. Mitglieder stellen oder lediglich (durch Zuschüsse) den finanziellen Unterhalt tragen bzw. Personal (Beamte, Angestellte) zur Verfügung stellen (s. BGHZ 52, 325, 328: Verkehrsbetrieb einer Stadtgemeinde und im Ergebnis ebenso *Badura,* FS Schlochauer, 1981, 11). Materielle Voraussetzung ist die Absicht des Mutterträgers, in den herkömmlichen privatrechtlichen Handlungs- und Organisationsformen tätig zu werden, die privatrechtliche Organisation zu beherrschen bzw. zu kontrollieren und sie damit letztlich dem Regime der öffentlichen Hand zu unterstellen.

bb) Das Kriterium der Verwaltungsträgerschaft

16 Die Beherrschung oder Beeinflussung durch öffentlich-rechtlich organisierte Verwaltungseinheiten spricht einerseits dagegen, die in Anspruch genommenen Privatrechtsvereinigungen als eigenständige Träger öffentlicher Verwaltung anzuerkennen. Andererseits wird für die organisatorische Gleichbehandlung mit den typischen öffentlich-rechtlichen Verwaltungsträgern im Allgemeinen auf die Rechtsfähigkeit bzw. die Selbstständigkeit abgestellt. Diese Voraussetzungen sind bei den ausschließlich von der öffentlichen Hand getragenen privatrechtlichen Organisationen (öffentliche bzw. verwaltungseigene Privatrechtsvereinigungen: diese können sich im Besitz einer – etwa die Eigengesellschaften – oder auch mehrerer juristischer Personen des öffentlichen Rechts befinden – Gemeinschaftsgesellschaften z. B. Flughafengesellschaften) ohne weiteres erfüllt. Hinzu kommt, dass etwa auch die Anstalten des öffentlichen Rechts grundsätzlich von Körperschaften beherrscht oder beeinflusst werden, ohne dass man ihnen allein deshalb die Qualität als organisatorisches Glied der Verwaltung abspricht. Problematisch ist das Merkmal Trägerschaft lediglich bei denjenigen privatrechtlichen Vereinigungen, die sowohl von Privatpersonen als auch von einer oder mehreren juristischen Personen des öffentlichen Rechts getragen werden (gemischt-öffentliche Privatrechtsvereinigungen) oder die durch Einwirkung von außen von der öffentlichen Hand beherrscht werden (sog. „Quangos“; in der Verwaltungswissenschaft spricht man von „fast“ staatli-

chen Organisationseinheiten. (Die von der angelsächsischen Literatur übernommene Differenzierung nach staatlichen, quasi-, fast- und nicht-staatlichen Organisationseinheiten (*Schuppert,* Die Verwaltung, 1995, 137ff.] ist aber schon deshalb zu unscharf, weil sie nur den staatlichen Bereich erfasst und sich kaum auf Selbstverwaltungsträger übertragen lässt. Denn es ist nicht immer eindeutig feststellbar, ab welchen Beteiligungs- bzw. externen Einflusssicherungsverhältnissen die Verwaltungsträgerschaft anzunehmen ist (s. *Becker,* ZögU 1, 1978, H. 4, 2; Merten, in: FS Kejci, 2003, 2014 ff.).

Das Ausmaß der Verwaltungsbeteiligung oder etwa der Anteil bzw. die Höhe des regelmäßig getragenen finanziellen Unterhalts geben keine zuverlässige Auskunft über die tatsächlichen Herrschaftsverhältnisse (*Spannowsky,* ZHR 160 [1996], 560, 568ff.). Eine sichere Abgrenzung ist hier nicht möglich. Anhaltspunkt dürfte sein, ob die öffentliche Hand in der Lage ist, zielstrebig das Handeln solcher Privatrechtsvereinigungen zu bestimmen, und ob sie die Verantwortung für dieses Handeln übernehmen muss. Stellte man weitere Anforderungen auf, dann würde man dieser Organisationsform aus der Sicht des Verwaltungsrechts nicht gerecht werden.

3. Definition

Definitorisch handelt es sich demnach bei der privatrechtlich organisier- 17
ten öffentlichen Verwaltung um von der öffentlichen Hand durch Innehabung, partielle Beteiligung oder externe Einflusssicherung beherrschte selbstständige Rechtssubjekte, die unmittelbar oder mittelbar bestimmte öffentliche Verwaltungsaufgaben in **privatrechtlichen Organisations-** und **Handlungsformen** erledigen. Mittelbar etwa auch deshalb, weil die öffentlichen und gemischt-öffentlichen Privatrechtsvereinigungen ihrerseits neue Privatrechtssubjekte errichten lassen bzw. sich an bestehenden Privatrechtssubjekten beteiligen können (so kann z.B. eine verwaltungseingene Gesellschaft Tochtergesellschaften gründen und diese wiederum Enkelgesellschaften). Da die jeweils wahrzunehmende Verwaltungsaufgabe im Einflussbereich öffentlich-rechtlich organisierter Verwaltungsträger verbleibt und nur die Organisation der Aufgabe, nicht aber die Aufgabe selbst privatisiert wird, spricht man auch von **„formeller Privatisierung“** (*Ballerstedt,* DÖV 1951, 449f.; *Klein,* Die Teilnahme des Staates am wirtschaftlichen Wettbewerb, 1968, 87ff., 93f., 203ff.; *Ossenbühl,* VVDStRL 29, [1971], 144) oder von **„Organisationsprivatisierung“** (*Vitzhum,* AöR 104, 1979, 586ff.; *Ehlers,* Verwaltung, 1984, 21, 266, 276, 293, Fn. 3, 374f.) und im staatlichen Bereich von **„quasi- bzw. fast staatlichen Organisationen“** (vergl. Vor § 90).

4. Abgrenzung von anderen Erscheinungsformen der Verwaltung

a) Beleihung

Von der **Beleihung** als der materiellen öffentlichen Verwaltung durch 18
Private (s.o. § 90) ist die privatrechtlich organisierte öffentliche Verwaltung

dadurch abzugrenzen, dass es hier nicht um die Einbeziehung Privater in die Verwaltung, sondern um Verwaltung in privatrechtlichen Organisationsformen der öffentlichen Hand geht, ohne dass hoheitliche Zuständigkeiten übertragen werden. Das schließt nicht aus, dass Hoheitsträger zur Wahrnehmung bestimmter Verwaltungsaufgaben Gesellschaften des Privatrechts gründen, um ihnen spezielle Hoheitsbefugnisse zu übertragen, wodurch sie dann die Eigenschaft als Beliehener erhalten (*Triepel,* Delegation und Mandat im öffentlichen Recht, 1942, 100f.). Prominente Beispiele hierfür sind die Deutsche Akkreditierungs- und Zulassungsgesellschaft für Umweltgutachter mbH (DAU) gemäß § 28 MAG sowie die Deutsche Flugsicherung GmbH (DFS) nach § 31b LuftVG (s. dazu *Frank,* Umwelt und Wirtschaft, 2001, 286).

b) Verwaltungshelfer und unselbstständige privatisierte Einrichtungen

19 Die eigenständigen öffentliche Aufgaben wahrnehmenden Privatrechtsvereinigungen sind vom staatsentlastenden Privathandeln durch (unselbstständige) **privatisierte öffentliche Einrichtungen** zu trennen, weil die öffentliche Hand hier nur eine privatrechtliche Handlungs- bzw. Organisationsform wählt, aber die Aufgabe selbst wahrnimmt. So werden gemeindliche Theater oder Rechenanlagen gelegentlich durch die keine rechtliche Selbstständigkeit gewährende Organisationsform der Gesellschaft bürgerlichen Rechts geführt. Die privatrechtlich organisierte Verwaltung ist insbesondere nicht mit der Erscheinung identisch, dass sich öffentlich-rechtliche Körperschaften zur technischen Durchführung bzw. Erfüllung einer Aufgabe Privater bedienen können (sog. **Verwaltungshelfer,** s.o. § 90a).

c) Finanzwirtschaftliche und rein erwerbswirtschaftliche Betätigung

20 Die privatwirtschaftlich organisierte Verwaltung unterscheidet sich ferner von Beteiligungen einzelner Verwaltungsträger an juristischen Personen des Privatrechts, die weder mit dem Ziel der unmittelbaren oder mittelbaren Wahrnehmung von Verwaltungsaufgaben noch der mitwirkenden Teilhabe, sondern ausschließlich zum Zweck der **Kapitalanlage,** also aus rein finanzwirtschaftlichen Gründen gehalten werden (*Gönnenwein,* Gemeinderecht, 1963, S. 499; weitergehend *Becker,* ZögU 1, 1978, 7; BGHZ 69, 334; *Leisner,* Wirtschaftsverwaltung, 1983, 215). Generell ist die formelle oder Organisationsprivatisierung von einer rein erwerbswirtschaftlichen Betätigung der öffentlichen Hand zu trennen, ungeachtet der Zulässigkeit einer solchen Betätigung. Von Privatisierung kann sinnvoll nur gesprochen werden, wenn es sich um öffentliche Aufgaben handelt. Für die Teilnahme des Staates am wirtschaftlichen Wettbewerb ist dieser Begriff demgegenüber verfehlt (s.o. § 23 II 3b).

d) Staatlich geschützte Organisationen

21 Nicht zu verwechseln ist die privatrechtlich organisierte Verwaltung mit juristischen Personen des Privatrechts, die im Gemeinwohl liegende Aufgaben erfüllen und zu diesem Zweck **Zuwendungen aus Haushaltsmitteln**

erhalten. Hier wird die öffentliche Verwaltung nicht dezentralisiert, sondern private Organisationen ergänzen die öffentliche Aufgabenerfüllung durch Eigeninitiative mit finanzieller Unterstützung der öffentlichen Hand (z.B. Stiftungen der politischen Parteien zur Begabtenförderung usw.). Aber auch diese Gesellschaften können sich allmählich zur privatrechtlich organisierten öffentlichen Verwaltung entwickeln, wenn die öffentliche Hand Anteile erwirbt oder auf andere Weise beherrschenden Einfluss auf die Tätigkeit der Gesellschaft gewinnt (z.B. Carl-Duisberg-Gesellschaft e.V., Goethe-Institut/Inter Nationes e.V., mit denen die Bundesrepublik Deutschland finanziell und personell eng verbunden ist; *Köttgen,* JöR, n.F. 11, 1962, 291 und 294; *Boergen,* DVBl. 1971, 869ff.).

e) Government by contract

Abzugrenzen ist die privatrechtlich organisierte Verwaltung auch vom sog. **„government by contract"**. Hier bedient sich die öffentliche Hand durch partnerschaftliche Zusammenarbeit lediglich des Sachverstandes und der Spezialkenntnisse von Privaten für staatliche Zwecke (z.B. Militärentwicklung), während es an einer organisatorischen Verfestigung und Beeinflussung in derartigen Verträgen fehlt. Allerdings verlässt die von dem Bundesverteidigungsministerium gegründete Gesellschaft für Entwicklung, Beschaffung und Betrieb m.b.H. (GEBB) das „government by contract"-Konzept, weil über die Vertragskooperation hinaus eine eigene privatrechtliche Organisation geschaffen wurde. 22

f) Musterbetriebe

Die Einrichtung privatrechtlich organisierter Musterbetriebe der öffentlichen Hand erfüllt nicht die Voraussetzungen einer verwaltungseigenen juristischen Person des Privatrechts, weil es am Merkmal der Verwaltung fehlt. 23

g) Öffentliche Unternehmen

Ähnlichkeiten besitzen die ausschließlich von der öffentlichen Hand getragenen (öffentlichen) Privatrechtsvereinigungen mit den in der Literatur als öffentliche Unternehmen bezeichneten verwaltungsrechtlichen Organisationseinheiten. Eine sichere Abgrenzung ist allerdings nicht möglich, weil weder der Begriff des Unternehmens, noch der des **öffentlichen Unternehmens** feste Konturen hat und als Sammelbezeichnung für unterschiedliche Erscheinungsformen verwendet wird (s. *Püttner,* Die öffentlichen Unternehmen, 2. Aufl. 1985, 23ff.; *Janson,* Rechtsformen öffentlicher Unternehmen in der Europäischen Gemeinschaft, 1980, 19ff. m.w.N.; *Backhaus,* Öffentliche Unternehmen, 2. Aufl. 1980, 91ff.; *Stober,* NJW 2002, 2359ff.; *Ehlers,* Gutachten E zum 64. DJT, 2002, 24ff.; *Storr,* Der Staat als Unternehmer, 2001, 35ff.; *Mann,* Die öffentlich-rechtliche Gesellschaft, 2002, 5ff.). Vor allem scheidet eine Differenzierung nach privat- oder öffentlich-rechtlichen Organisationsformen, Aufgabenbereichen oder der 24

Absicht der Gewinnerzielung aus, weil diese Kriterien die öffentlichen Unternehmen nicht eindeutig und stets kennzeichnen. Hingegen stimmt die in Artikel 2 der Richtlinie 80/723/EWG der Kommission der Europäischen Gemeinschaften (v. 25. 6. 1980, ABl. L 195/35 i.d.F. v. 26. 7. 2000) zu Art. 86 EGV n.F. gegebene Definition des öffentlichen Unternehmens weitgehend mit der hier für die privatrechtlich organisierte Verwaltung gefundenen Begriffsbestimmung überein, da von einer institutionellen, am Eigentum und am beherrschenden Einfluss orientierten Betrachtungsweise ausgegangen wird: Öffentliche Unternehmen sind danach solche, auf die „die öffentliche Hand auf Grund Eigentums, finanzieller Beteiligung, Satzung oder sonstigen Bestimmungen, die die Tätigkeit des Unternehmens regeln, unmittelbar einen beherrschenden Einfluss ausüben kann" (s. *Spannowsky,* ZHR 160 [1996] 560, 563; *Püttner,* DÖV 1983, 697ff.).

25 Der gemeinschaftsrechtliche Begriff des „öffentlichen Unternehmens", wie er in Art. 2 der Transparenzrichtlinie definiert ist, reicht aber über den Bereich der privatrechtlich organisierten Verwaltung hinaus, weil er auch verselbstständigte Organisationseinheiten umfasst, die in öffentlicher Rechtsform organisiert sind (vgl. *Kluth,* Öffentliche Unternehmen, in: Bunte/Stober (Hg.), LdWR, 1). So geht etwa die Anstalt – als Bestand von Sachmitteln und Dienstkräften, die in der Hand eines Trägers öffentlicher Verwaltung einem besonderen öffentlichen Zweck dauernd zu dienen bestimmt sind – im Begriff des „öffentlichen Unternehmens" auf. Dies gilt auch für solche Phänomene wie etwa die **„Kapitalgesellschaft öffentlichen Rechts".** Hierbei handelt es sich um eine als Anstalt geführte juristische Person des öffentlichen Rechts, die rechtstechnisch einer privaten Kapitalgesellschaft nachempfunden ist: Die Gesamtheit der ihr zugewiesenen Verwaltungsmittel (auch „Anstaltskapital") wird durch den Gesetzgeber in handelbare Anteile aufgespaltet, die dann an dritte, zumeist öffentliche Rechtspersonen übertragen werden können. Anwendung findet diese Konstruktion vornehmlich im Bereich der anstaltlich organisierten Landesbanken/Girozentralen, den Instituten im regionalen Mittelbau der Sparkassenorganisation (*F. Becker,* Die Vernetzung der Landesbanken, 1997, 185ff.). Allerdings ist die „Kapitalgesellschaft des öffentlichen Rechts" als bedenklicher Grenzfall zur Verwaltung in Privatrechtsform kritisiert worden: So bewege sich der Kapitaleigner einer derartigen öffentlichen Anstalt zwar in gewisser Nähe zum Aktionär des Aktienrechts oder zum Gesellschafter einer GmbH, von der Aufgabenkompetenz der Anstalt sei er aber abgekoppelt. Dies laufe auf ein „öffentliches Kapitalgesellschaftsrecht" hinaus, bei dem diejenigen Bestandteile des privaten Gesellschaftsrechts entfernt seien, die im konkreten Fall als „störend" erscheinen (vgl. dazu *F. Becker,* DÖV 1998, 97ff.).

h) Gemischt-wirtschaftliche Unternehmen

26 Sind an einem öffentlichen Unternehmen mehrere staatliche Aufgabenträger beteiligt, ist das Unternehmen gemischt-öffentlich. Ist neben dem Staat

mindestens ein Privater beteiligt, handelt es sich um ein **gemischtwirtschaftliches Unternehmen** (dazu *Storr,* Der Staat als Unternehmer, 2001, 49ff.). Solche Unternehmen haben grundsätzlich die privatrechtliche Organisationsform einer GmbH oder Aktiengesellschaft. Der Staat ist Inhaber eines mehr oder weniger bedeutsamen Kapitalanteils, er übt seine Einflussrechte über die Gesellschaftsorgane aus. Gleichwohl stellt sich bei den gemischt-wirtschaftlichen Unternehmen die Frage, ob sie rechtlich eher wie ein öffentliches Unternehmen oder eher wie ein privates Wirtschaftsunternehmen zu behandeln sind. Einerseits können sie den rechtlichen Status eines rein privaten Wirtschaftsunternehmens wegen der staatlichen Beteiligung nicht erlangen (s. näher unter V–VIII). Andererseits sollen sie nur dann zu den öffentlichen Unternehmen und damit auch zur privatrechtlich organisierten Verwaltung zählen, wenn die öffentliche Hand die Mehrheit der Stimmrechte hält (die Kapitalbeteiligungsverhältnisse können davon abweichen) oder das Unternehmen – etwa kraft Gesetzes – einem besonderen aufgabengebundenen öffentlich-rechtlichen Einfluss unterliegt (*Gusy,* JA 1995, 166, 168).

i) Dritter Sektor

Erhebliche Probleme bereitet die Abgrenzung der Verwaltung in Privat- 27
rechtsform zu den **Organisationen des sog. Dritten Sektors.** Die Schwierigkeit resultiert allein schon daraus, dass es keine allgemein anerkannte Definition und auch kein positives Kriterium für die juristische Erfassung dessen gibt, was man als Dritten Sektor bezeichnet. Die Charakterisierung erfolgt negativ: Es handelt sich um Organisationen, die sich weder den öffentlichen Behörden, noch den privaten Unternehmen zuordnen lassen, die also zwischen Staat und Markt angesiedelt sind und in dieser intermediären Stellung öffentlich bedeutsame Leistungen anbieten. Diese Beschreibung erstreckt sich auf öffentliche Unternehmen, Genossenschaften, verselbstständigte Verwaltungsträger, Non-Governmental und Quasi-Nongovernmental Organizations (NGO's, Quangos), Kirchen, Wohlfahrtsverbände, gemeinnützige Vereine, Stiftungen etc. NGO's sind im Bereich der staatlichen Entwicklungshilfepolitik willkommene Partner der staatlichen Verwaltung.

Angesichts der vielfältigen Erscheinungsformen werden in der Literatur unterschiedliche Varianten der Klassifizierung angeboten (vgl. dazu *Schuppert,* Die Verwaltung 1995, 137, 141ff.). So wird der intermediäre Sektor u.a. aufgegliedert in:

- **verselbstständigte öffentliche Einrichtungen:** Hochschulen, Rundfunk- 28
  anstalten, Theater, Museen, Krankenhäuser, Sozialversicherungen, nonprofit-orientierte öffentliche Unternehmen (NPO's);
- **staatsergänzende Einrichtungen:** Institutionen der Forschungsförderung (DFG), kulturpolitische Mittlerorganisationen (z.B. Goethe-Institute), bestimmte Entwicklungshilfe-Organisationen, Prüfeinrichtungen (TÜV), Standesorganisationen (z.B. Ärztekammer);

- **konventionelle gemeinnützige Einrichtungen:** Gewachsene Hilfsdienste der Kirchen, Gewerkschaften oder Vereine, Einrichtungen der Wohlfahrtspflege (Rotes Kreuz), Genossenschaften und andere non-profit-Unternehmungen z. B. von Parteien oder Gewerkschaften;
- **alternative Einrichtungen:** Selbsthilfegruppen (vgl. zu dieser Differenzierung *Schuppert,* Die Verwaltung 1995, 137, 141 f.).

29 Diese lediglich punktuelle Aufstellung zeigt, dass sich der Dritte Sektor mit der privatrechtlich organisierten Verwaltung überschneidet, darüber hinaus aber noch eine Fülle weiterer Organisationen der gesellschaftlichen Wirklichkeit umfasst, die sich nicht als Verwaltung einordnen lassen, wohl aber mit ihren spezifischen Leistungen und Funktionen die Leistungen der öffentlichen Verwaltung ergänzen und damit den staatlichen und den privaten Sektor miteinander verschränken. So gehören auch die gemeinnützigen Organisationen zwar zum Dritten Sektor, nicht aber zur Verwaltung in Privatrechtsform. Vielfach verschwimmen die Grenzen, so dass die abschließende Einordnung einer Organisationsgruppe nicht möglich ist. Zudem ist das Verhältnis der Sektoren (Staat, Markt, Dritter Sektor) einer ständigen Dynamik ausgesetzt, wobei in aller Regel nicht nur zwei Sektoren Aufgaben austauschen, sondern mehrere Bereiche betroffen sind und neue organisatorische Mischformen entstehen. Namentlich bei der Privatisierung und Deregulierung werden die Gewichte im Verhältnis von Markt und Staat absichtsvoll neu verteilt; zugleich wachsen dem Dritten Sektor neue Aufgaben und Organisationen zu (*Schuppert,* Die Verwaltung 1995, 137, 193).

II. Erscheinungsformen

30 Die Erscheinungsformen der privatrechtlich organisierten Verwaltung lassen sich nach verschiedenen Richtungen systematisieren. Man kann sie nach Rechtsformen, Aufgabenbereichen, Handlungsformen und dem Grad der verwaltungspolitischen Einwirkungsmöglichkeiten gliedern.

1. Rechtliche Erscheinungsformen

31 Die **rechtlichen Erscheinungsformen** der privatrechtlich organisierten Verwaltung sind so vielfältig wie die vorhandenen gesellschaftsrechtlichen Gestaltungsmöglichkeiten des Privatrechts. Bund, Ländern, Gemeinden und anderen verselbstständigten Verwaltungsträgern stehen im Einzelnen zur Verfügung: Aktiengesellschaft, Kommanditgesellschaft auf Aktien, Gesellschaft mbH, Kapitalgesellschaft & Co. KG (insbesondere GmbH & Co. KG), (s. *Volker Loidl,* Die GmbH ohne erwerbswirtschaftliche Zielsetzung, 1970; *Becker,* ZögU 1, 1978, H. 4 9 ff.; *N. Müller,* Rechtsformenwahl bei der Erfüllung öffentlicher Aufgaben, 72 ff.; *Mann,* Die öffentlich-rechtliche Gesellschaft, 2002, 173 ff.) eingetragener Verein (s. *Frank Müller-Thoma,* Der halbstaatliche Verein, 1974), Genossenschaft, Stiftung, (s. *Dittmann,*

Die Bundesverwaltung, 1983, 139ff.), und unter Umständen OHG und KG. Häufig werden mehrere verwaltungseigene juristische Personen des Privatrechts oder sonstige Beteiligungen zu einem Konzern oder einer Holding zusammengefasst, wofür ein weiterer privatrechtlich organisierter Verwaltungsträger gebildet wird. Prominente Beispiele hierzu bilden die großen Konzerne Vereinigte Elektrizitäts- und Bergwerks-AG (VEBA), Vereinigte Industrie Unternehmungen AG (VIAG), die durch die Privatisierungen seit 1987/88 nunmehr ohne Bundesbeteiligung sind. Oft begegnet man den Konstellationen des **Konzerns** oder der **Holding** auch in kommunalen Verkehrs- und Versorgungsbetrieben. Sinn der Konzernierung bestand bislang vornehmlich in der Vermeidung von Doppelbesteuerung sowie der Möglichkeit einer Saldierung von Gewinnen und Verlusten (s. *Ahrens*, Die Holding in der Gemeinschaft (Diss. Jur. Mstr.) 1984, *Schneider*, Die Gebietskörperschaft als Konzernspitze (Diss. Jur. Bre), 1985). Hinsichtlich dieser steuerrechtlichen Modalitäten haben sich durch die zum 1. 1. 2001 in Kraft getretene **Unternehmenssteuerreform** (vgl. BGBl. I 2000, S. 1433) gravierende Änderungen ergeben, die eine Neuorientierung der kommunalen Wirtschaft verlangen (vgl. dazu unter IX).

2. Aufgabenbezogene Erscheinungsformen

In der Verwaltungspraxis dient die organisatorische Inanspruchnahme ju- 32
ristischer Personen des Privatrechts und ihre Beeinflussung vornehmlich der Erfüllung wirtschaftlicher, sozialer, kultureller, planerischer, technischer und kooperativer **Aufgaben.** Ein fester Aufgabenkatalog bzw. eine Schwerpunktbildung lässt sich jedoch nicht eindeutig nachweisen. Denn zum einen unterliegen Staatsaufgaben qualitativ und quantitativ einem politischen, sozialen, wirtschaftlichen und technischen Wandel (s. *Bull,* Die Staatsaufgaben nach dem Grundgesetz, 2. Aufl. 1977; *Ellwein/Zoll,* Zur Entwicklung der öffentlichen Aufgaben in der Bundesrepublik Deutschland: Studienkommission für die Reform des öffentlichen Dienstrechts, Bd. 8, 1973; *Schuppert,* in: HdbVerfR § 31, Rdnr. 42ff.). Zum anderen kann man die mit einer Verwendung privatrechtlicher Organisationsformen verfolgten Ziele nicht nach einheitlichen Maßstäben beurteilen. Während etwa bei der historischen Urform der privatrechtlich organisierten öffentlichen Verwaltung, den Kriegsgesellschaften, das Bedürfnis nach flexibler Wirtschaftslenkung im Vordergrund stand, misst der moderne Industriestaat auch der Informationsbeschaffung (JURIS-GmbH), der Wirtschaftsförderung (Bestandserhaltung, Bestandsanpassung), dem Umweltschutz, der technologischen Grundlagenforschung sowie der auswärtigen Kultur- und Entwicklungspolitik große Bedeutung bei (s. *Knauss,* Die Beteiligung des Bundes, 1978, 14ff. und zu den einzelnen Phasen der Einflussnahmen *Wagener,* Neue staatswirtschaftliche Funktionen bundeseigener Industriebetriebe, 1972, 29; *Becker,* ZöGU 1, 1978, H. 4, 8). In Deutschland hat sich zudem mit der Deut-

schen Einheit eine „Sonderwelle" an Aufgaben in den Bereichen der Wirtschaftsförderung, der Planung und der Infrastrukturentwicklung ergeben, die zur Einschaltung zusätzlicher privatrechtlich organisierter Verwaltungseinrichtungen geführt hat. Als Beispiel sei die Deutsche Einheit Fernstraßenplanungs- und Baugesellschaft mbH (DEGES) genannt, die mit der Planung und Baudurchführung der Bundesfernstraßenprojekte in den neuen Bundesländern betraut wurde (*Wahl,* DVBl. 1993, 517ff.). Parallelgesellschaften zur DEGES finden sich im Bereich der Bahnplanung. Auch für die Schienenprojekte „Deutsche Einheit" sind private Planungsgesellschaften gegründet worden, z.B. die PG Schnellbahnbau Hannover-Berlin mbH.

a) Wirtschaftliche Aufgaben

33 Mit der Erledigung wirtschaftlicher Aufgaben in Privatrechtsform werden strukturpolitische, konjunkturpolitische, wettbewerbspolitische, bedarfsdeckende, wirtschaftsfördernde, wirtschaftsleitende und auf Gewinnerzielung gerichtete Ziele verfolgt (*Kropff,* Auftrag und Führung öffentlicher Unternehmen, 1977, 179ff.). Hierher gehören Wirtschaftsförderungsgesellschaften der Länder, Kreise und Gemeinden, (*Schiefer,* Kommunale Wirtschaftsförderungsgesellschaften, 1989), staatliche Bankinstitute (s. *Schulz,* Kreditinstitute des Bundes, 1960), Gesellschaften zur Ausfuhrförderung (Gesellschaft für Außenhandelsinformation mbH, Berliner Absatz-Organisations GmbH, Hermes Kreditversicherungs-AG; s. *Schuppert,* Verwaltungsrecht, 1995, 49ff.), Messe- und Ausstellungsgesellschaften (s. *Wirth,* Marktverkehr, Marktfestsetzung, Marktfreiheit, 1985, 75ff.), die Deutsche Revisions- und Treuhand AG – Treuarbeit, Industriebeteiligungen Saarbergwerke AG, Industrieverwaltungsgesellschaft mbH Bad Godesberg [IVG], die für den Bund als Instrument für besondere Aufgaben wie etwa für die Rohölreserve und die Entsorgung radioaktiver Abfälle zur Verfügung steht, Verkehrsvereine, Brauereien, Ratskeller, Kiesbetriebe, Werbefernsehgesellschaften der Landesrundfunkanstalten (*N. Müller,* 1993, 71ff.) und die Nürburgring GmbH (s. *Bartlsperger,* BK Art. 90, 69ff.). Seit der Privatisierung der Bereiche Bahn, Post und Telekommunikation gehören hierher auch die Deutsche Bahn AG mit ihren Untergesellschaften sowie die Deutsche Post AG und die Deutsche Telekom AG. Diese Unternehmen bieten zwar wichtige Versorgungsleistungen an, sind aber dennoch eher den wirtschaftlichen als den sozialen Aufgaben zuzuordnen, da ihre Ausrichtung primär privatwirtschaftlich und gewinnorientiert ist (vgl. dazu unter IV).

b) Soziale Aufgaben

34 Soziale Aufgaben in einem weit verstandenen Sinne nehmen Versorgungsbetriebe (Gas, Wasser, Wärme, Strom – z.B. Bayernwerke AG, Hamburgische Elektricitäts-Werke AG), die Entsorgungsgesellschaften (Straßenreinigung, Abfallbeseitigung; s), Krankenhausgesellschaften, Verkehrsbetriebe (Straßenbahn, Hafenbahnen, Omnibusgesellschaften, Flug-

hafengesellschaften, Fähren, die Rhein-Main-Donau AG, die den gleichnamigen Kanal baut, Staatsbäder (s. *Wais,* DÖV 1977, 217) sowie Wohnungsunternehmen. Gemeinnützige Wohnungsbaugenossenschaft eG, Gesellschaft für Wohnungs- und Siedlungswesen e.V. (s. *Janson,* ZögU, 1987, 53ff.; *N. Müller,* 1993, 76) wahr. Für das Gebiet der Jugend, Familie und Gesundheit lassen sich die Deutsche Gesellschaft für Freizeit e.V., das Deutsche Zentrum für Altersfragen e.V., der Deutsche Frauenrat e.V. und der Deutsche Verein für öffentliche und private Fürsorge e.V. nennen.

c) Kulturelle und wissenschaftliche Aufgaben

Unter den kulturellen Aufgabenbereich fallen die privatrechtlich organi- 35
sierte Bildungs-, Kunst-, Musik-, Theater-, Forschungs-, Wissenschafts- und Entwicklungshilfeverwaltung auf örtlicher, regionaler, nationaler und internationaler Ebene. Das sind im Einzelnen folgende Bereiche:

aa) Allgemeine Kulturverwaltung

Zur allgemeinen Kulturverwaltung gehören Volkshochschulen, Musik- 36
schulen, Kunstvereine, Museumsvereine, Symphonieorchester, Festspielgesellschaften, Stadthallenbetriebe, Theaterbetriebe (*Oppermann,* Kulturverwaltungsrecht, 1969, 450; *Uhde,* GmbH-Theater o. Regietheater, StTg **1955,** 438ff.).

bb) Auswärtige Kulturverwaltung

In den Bereich der **auswärtigen Kulturverwaltung** fallen: Das Goethe- 37
Institut zur Pflege der deutschen Sprache im Ausland und zur Förderung der internationalen kulturellen Zusammenarbeit e.V. einschließlich Inter Nationes, der Deutsche Akademische Austauschdienst e.V. (DAAD), die Alexander von Humboldt-Stiftung (s. *Dittmann,* Die Bundesverwaltung, 1983, 124; *Schuppert,* 1995,176ff.).

cc) Entwicklungshilfeverwaltung

Zum Bereich der **Entwicklungshilfeverwaltung** gehören die Deutsche 38
Gesellschaft für wirtschaftliche Zusammenarbeit mbH, die Otto-Bennecke-Stiftung e.V., der Deutsche Entwicklungsdienst GmbH, die Carl-Duisberg-Gesellschaft e.V., die Deutsche Stiftung für Entwicklungsländer, die Deutsche Finanzierungsgesellschaft für Beteiligungen in den Entwicklungsländern (DEG), die Deutsche Eisenbahn Consulting GmbH (als Tochtergesellschaft der Deutschen Bahn AG zu Planung und Beratung von Verkehrsprojekten im Ausland).

dd) Forschungs- und Wissenschaftsförderung

Unter dem Bereich der **Forschungs- und Wissenschaftsförderung** fallen 39
die Deutsche Forschungsgemeinschaft e.V., die Max-Planck-Gesellschaft zur Förderung der Wissenschaften e.V., die Frauenhofer-Gesellschaft zur Förderung der angewandten Forschung e.V., die Stiftung Deutsches Elektronen-Synchotron (DESY), die Stiftung Volkswagenwerk, die Deutsche Forschungs- und Versuchsanstalt für Luft und Raumfahrt e.V., die Gesell-

schaft für Kernforschung GmbH, Kernforschungsanlage Jülich GmbH, das Kernforschungszentrum Karlsruhe, das Hahn-Meier-Institut für Kernforschung Berlin, das Institut für wissenschaftlichen Film GmbH Göttingen, die Gesellschaft für Strahlen- und Umweltforschung mbH, die Gesellschaft für molekularbiologische Forschung mbH (s. *Schuppert,* 1995, 137f.; *Letzelter,* HdbWissR II., 1180ff.), Hochschulfinanzierungsgesellschaften (vgl. nwG v. 30. 9. 1969, GVBl. 1969, S. 703), Technologieparks (*Eichhorn,* Eildienst 1985, 415ff.).

d) Wehrverwaltungsaufgaben

40 **Wehrverwaltungsaufgaben** nimmt die Gesellschaft für Entwicklung, Beschaffung und Betrieb mbH (GEBB) als privatwirtschaftliches Tochterunternehmen des Bundesverteidigungsunternehmens vor. Sie befasst sich vornehmlich mit dem Management des Fuhrparks, des Bekleidungswesens, der Reparaturleistungen sowie der IT-Leistungen für die Bundeswehr (s. näher *Lorse,* RiA 2002, 16ff.; *Kunert,* Vergaberecht und Öffentliches Recht, 2003).

e) Aufgaben der öffentlichen Sicherheit

41 Aufgaben der **Verkehrssicherheit** nimmt das in GmbH-Form geführte sog. Flugsicherungsunternehmen nach § 31b LuftVG wahr, das insbesondere mit der Flugsicherung beauftragt ist (s. näher *Baumann,* Private Luftfahrtverwaltung, 2002; *Pabst/Schwartmann,* DÖV 1998, 315ff.; *Kämmerer,* Privatisierung, 2001, 283ff.).

f) Planungsaufgaben

42 **Planungsaufgaben** nehmen staatliche und kommunale Entwicklungsgesellschaften für Städtebau- und Wohnungswesen, **technische** Aufgaben die Gesellschaft für Mathematik und Datenverarbeitung mbH sowie das Heinrich-Hertz-Institut für Nachrichtentechnik GmbH wahr. Teilweise überschneiden sich die Planungsaufgaben mit wirtschaftsfördernden oder sozialen Aufgaben. Dies ist beispielweise bei der Deutsche Einheit Fernstraßenplanungs- und Baugesellschaft mbH (DEGES) der Fall.

g) Kooperations- und Koordinationsaufgaben

43 Zur Überbrückung organisationsrechtlicher Schwierigkeiten, die sich aus dem föderalistischen Verwaltungsaufbau der Bundesrepublik Deutschland ergeben, besteht ein großes Bedürfnis nach **Kooperation und Koordinierung von Verwaltungsaufgaben** in privatrechtlichen Organisationsformen (*Schuppert,* 1995, 126). So haben sich nahezu alle in größerer Zahl auftretenden Körperschaften, Anstalten und Stiftungen des Öffentlichen Rechts, die Städte und Gemeinden, die Industrie- und Handelskammern, die Handwerkskammern, die Rundfunkanstalten und die Sozialversicherungsträger zu privatrechtlichen Dach- und Spitzenorganisationen zusammengeschlossen. Damit sollen gemeinsame Aufgaben – vor allem im verwaltungspolitischen Bereich – gefördert, koordiniert und zentralisiert werden, um eine einheitliche Verwaltungspraxis zu ermöglichen oder den Gedanken

der kommunalen, wirtschaftlichen oder sozialen Selbstverantwortung zu stärken. Hier wären vornehmlich zu nennen: Die Wissenschaftliche Gesellschaft der Bundesländer zur Herstellung von Filmen für den Schul- und Hochschulbereich, Verkehrsverbund-Gesellschaften, der Deutsche Städtetag e.V., der Deutsche Landkreistag e.V., der Deutsche Industrie- und Handelskammertag e.V., der Zentralverband des Deutschen Handwerks e.V., sowie der Verband Deutscher Rentenversicherungsträger (s. *Püttner,* JA 1980, 220).

3. Differenzierung nach Art der privatrechtlichen Handlungsformen

Teilweise orientieren sich die Erscheinungsformen der privatrechtlich organisierten öffentlichen Verwaltung an der Art der privatrechtlichen Handlungsformen (s.o. § 23 II), in denen der Verwaltungsträger dem Bürger gegenübertreten will. Hierzu ist vorab zu bemerken, dass die verwaltungsgesteuerten juristischen Personen des Privatrechts weder nur Aufgaben im Vorfeld der Verwaltungskompetenzen wahrnehmen noch sich weitgehend auf die Ausführung von Aufgaben der Leistungsverwaltung in Form des Verwaltungsprivatrechts beschränken, wie gelegentlich behauptet wird. Schwerpunkte ergeben sich allenfalls durch die Tradition oder Konvention, nicht aber durch die Organisationsform. 44

a) Mittelbare Erfüllung von Verwaltungsaufgaben

Im Bereich der mittelbaren Erfüllung von Verwaltungsaufgaben **(fiskalische Verwaltung i.e.S.),** wobei die Verwaltung durch die von ihr beherrschten Privatrechtsvereinigungen am wettbewerblichen Wirtschafts- und Erwerbsleben teilnimmt, um das Finanz- und Verwaltungsvermögen zu erhalten oder zu vermehren (s.o. § 23 II), ist vor allem das Beschaffungswesen zu erwähnen, das allerdings regelmäßig von Ministerien und anderen Verwaltungsträgern selbst erledigt wird. Als Beispiel seien die Bundesanzeiger Verlagsgesellschaft mbH, die amtliches Schrifttum druckt, und die Rhein-Main-Donau AG als Bauträgerin des gleichnamigen Kanals genannt. Teilweise werden zur Kapitalbeschaffung für bestimmte Bauvorhaben der öffentlichen Hand Finanzierungsgesellschaften gegründet, (z.B. Olympiabaugesellschaft München, s. auch nwG v. 30. 9. 1969, nwGBl. 1969, S. 703.) Hierher gehört auch die Finanzierung öffentlicher Einrichtungen durch Leasing (vgl hierzu *Becker,* ZögU, 1978, 7f.). **Erwerbswirtschaftlich,** also mit der vorrangigen Absicht der Gewinnerzielung, werden privatrechtlich organisierte Ratskeller, Kiesbaggereien, Brauereien und Porzellanmanufakturen betrieben. Teilweise sind hierzu sogenannte Hilfsbetriebe zu rechnen (Werbegesellschaften der Rundfunkanstalten sowie Industriebeteiligungen der öffentlichen Hand, soweit keine anderen öffentlichen Zwecken verfolgt werden, *Stober,* ZHR 145 [1981], 567ff.; *Püttner,* Die öffentlichen Unternehmen, 2. Aufl., 1985, S. 53). 45

b) Unmittelbare Aufgaben der Leistungsverwaltung

46 Privatrechtlich organisierte selbstständige Verwaltungsträger nehmen in zahlreichen Fällen unmittelbare Aufgaben der **Leistungsverwaltung** wahr (fiskalische Verwaltung i.w.S.; s.o. § 23 II). Das gilt insbesondere für öffentliche Einrichtungen der Kommunen, die wirtschaftliche, kulturelle und soziale Aufgaben durch verwaltungseigene privatrechtliche Gesellschaften erledigen lassen (Versorgungs-, Entsorgungs-, und Verkehrsgesellschaften). Erfolgt eine Industriebeteiligung zur Stützung eines notleidenden Unternehmens, dann werden unmittelbare Aufgaben der **Wirtschaftsförderung-** und **lenkung** erledigt.

4. Differenzierung nach Einwirkungs- und Einflussmöglichkeiten

47 Differenziert man die privatrechtlich organisierte Verwaltung nach dem Grad der verwaltungspolitischen Entwicklungs- und Einflussmöglichkeiten bzw. nach der herkömmlich verwendeten verwaltungs- und haushaltsrechtlichen Terminologie, dann kann man zunächst trennen zwischen **Beteiligungen,** zu denen die öffentliche Hand eine auf Dauer gerichtete mitgliedsschaftliche Beziehung pflegt, und sonstigen verwaltungsbeherrschten privatrechtlichen Vereinigungen, denen sich die öffentliche Hand durch externe Einflusssicherung bedient, ohne sich selbst an ihnen zu beteiligen (s.o. I 1a und 4d). Je nach Ausmaß der Verwaltungsbeteiligung lassen sich ferner die Ersteren in **öffentliche (verwaltungseigene)** und **gemischt-öffentliche Privatrechtsvereinigungen** einteilen (s.o. I 2b bb). Bei den öffentlichen Privatrechtsvereinigungen können sich z.B. bei Kapitalgesellschaften alle Kapitalanteile in der Hand eines einzigen Verwaltungsträgers befinden (Eigengesellschaften) oder mehrere juristische Personen des öffentlichen Rechts können an ihnen beteiligt sein (Gemeinschaftsgesellschaften: Österreichisch-Bayrische Kraftwerke AG, Deutsche Bau- und Bodenbank AG). Gleichfalls können die in den übrigen bürgerlich-rechtlichen Organisationsformen auftretenden Verwaltungseinheiten (z.B. Stiftungen, Vereine) im Besitz einer oder mehrerer juristischer Personen des öffentlichen Rechts sein. Die gemischt-öffentlichen Privatvereinigungen, an denen sich ein oder mehrere öffentliche Verwaltungsträger gemeinsam mit Privatpersonen beteiligen, kann man an dem Beteiligungsgrad der öffentlichen Hand entsprechend in **verwaltungsbeherrschte** (die öffentliche Hand ist mehrheitlich beteiligt) und **verwaltungskontrollierte** (die öffentliche Hand ist nur zur Minderheit beteiligt) **Organisationen** unterteilen. Schließlich muss man zwischen unmittelbaren und mittelbaren Beteiligungen (z.B. Konzerne, in denen Beteiligungen der öffentlichen Hand organisiert werden sowie Tochtergesellschaften oder Schwestergesellschaften eines von der öffentlichen Hand beherrschten Unternehmens- s.o. I 3) unterschieden werden (s. hierzu *Ehlers,* 1984, 10 m.w.N. und *Ahrens,* Die Holding in der

Gemeindewirtschaft, (Diss. Jur. Mstr.), 1984; ferner *Mann,* Die öffentlich-rechtliche Gesellschaft, 189ff.).

III. Organisationsmotive

1. Verwaltungswissenschaftliche Motive

Die Typologie der privatrechtlich organisierten Verwaltung hat gezeigt, 48
dass die Inanspruchnahme juristischer Personen des Privatrechts auf zahlreichen Erwägungen beruht. Teilweise handelt es sich hier um die Aufrechterhaltung historisch gewachsener Beteiligungsstrukturen. Im Vordergrund stehen jedoch **verwaltungswissenschaftliche,** insbesondere **verwaltungsökonomische** Überlegungen. Zum einen wird – ähnlich wie bei der Schaffung von Körperschaften und Anstalten und bei der Beleihung – das Ziel verfolgt, die Verwaltung zu dezentralisieren und spezielle, abtrennbare Verwaltungsaufgaben zur Bildung eigener Verantwortungsbereiche oder wegen der Natur der Sachmaterie (z.B. Forschung) auszulagern (s.o. § 23 I, vor § 90).

Zum anderen soll die Verwaltung von den starren **Fesseln des öffentlichen Organisations- und Vergaberechts** befreit werden, um ein flexibleres, transparenteres, effizienteres und unbürokratischeres Verwaltungshandeln zu ermöglichen. Im Einzelnen geht es darum, die **Haftung zu begrenzen**, die Formstrenge, die Zuständigkeitsordnung und die haushaltsrechtlichen Bindungen des öffentlichen Rechts zu überwinden, den Verwaltungsablauf zu straffen, die **Personalbeschaffung** (Gewinnung hochqualifizierter Mitarbeiter und Führungskräfte) und den Personalaustausch zu ermöglichen bzw. zu vereinfachen, marktwirtschaftliche Prinzipien anzuwenden, eine andere **Finanzierung und Kapitalbeschaffung** zu ermöglichen, **Abgaben zu sparen,** parteipolitische Verwaltungseinflüsse zu reduzieren, Bürgerferne abzubauen, Partizipation, Akzeptanz, Konsens zu erreichen, privaten Sachverstand und private Initiative zu nutzen sowie die **Zusammenarbeit zwischen** verschiedenen **Verwaltungsträgern und Privaten** auf regionaler, nationaler und internationaler Ebene zu nutzen und zu verbessern (*Wais,* DÖV 1977, S. 268ff., 271; *Engel,* Grenzen und Formen der mittelbaren Kommunalverwaltung, 1981, 38ff.; *Leisner,* Wirtschaftsverwaltung. 1983, S. 215f.; *Schuppert,* 1995, 125ff.; *Erbguth/Stollmann,* DÖV 1993, 798ff.; *Mann,* Die öffentlich-rechtliche Gesellschaft, 2002, 157ff.). 49

2. Nachteile privatrechtlicher Ausgliederungen

Neben den Vorteilen einer Ausgliederung privatrechtlicher Organisa- 50
tionsformen stehen die Nachteile, die nicht verschwiegen werden dürfen. Die Wahl der privatrechtlichen Organisationsform kann alleine noch keine Garantie für eine bessere Verwaltung bieten, sondern kompliziert zunächst

den Verwaltungsaufbau. Darüber hinaus kann die Einschaltung verselbstständigter juristischer Personen des Privatrechts die demokratische Kontrolle des Mutterträgers reduzieren, als Organisationsprivatisierung Verwaltungsferne erzeugen und die Einheitlichkeit der Verwaltung gefährden. Privatrechtlich organisierte Verwaltungsträger können nicht auf ausgebildete Berufsbeamte zurückgreifen und sie können sich als Hemmschuh bei der Kapitalbeschaffung erweisen, falls der Mutterträger auf Grund einer angespannten Haushaltssituation benötigte Finanzmittel nicht bereitstellen kann. Schließlich können die ursprünglichen Gründungs- und Beteiligungseffekte verloren gehen, wenn sich die privatrechtlich organisierte Verwaltung durch Druck des Mutterträgers oder der Rechnungshöfe der öffentlich-rechtlichen Organisationsstruktur anpasst (*Erbguth/Stollmann,* DÖV 1993, 798ff., 808f.; *Becker,* ZögU 1978, 10; *ders.,* DV 1979, 179; *Däubler,* Privatisierung als Rechtsproblem, 1980; kritisch auch *Lange,* VVDStRL 44, [1986], 175ff.; BVerwGE 69, 303 zu § 121 BRRG).

3. Materielle Privatisierung als Alternative

51 Angesichts dieser Bilanz drängt sich die Überlegung auf, ob man die durch verwaltungsgesteuerte juristischen Personen des Privatrechts wahrgenommen Aufgaben nicht nur formell, sondern auch materiell privatisieren und damit ganz aus dem Einflussbereich des öffentlichen Rechts herausnehmen sollte (s.u. § 93).

IV. Privatrechtlich organisierte Verwaltung zwischen Gewährleistungsverantwortung und Wirtschaftstätigkeit – die Beispiele Bahn und Post

52 Privatisierungen erschöpfen sich nicht in einem einmaligen Akt. Regelmäßig handelt es sich um mehrschichtige Prozesse, die mit einem Wandel der Verantwortungsmuster verknüpft sind. Dies zeigt sich besonders auf Gebieten der Infrastruktur. Die Bereiche der Bahn, Post und Telekommunikation sind hierfür repräsentativ, weil sie vor der Privatisierung durch eine dichte staatliche Verantwortung geprägt waren. Der Staat beherrschte öffentlich-rechtlich organisierte Monopole, die als Infrastruktur- und Diensteanbieter zugleich auftraten. Durch die **Bahnreform** und die **Postreform** sind Prozesse in Gang gesetzt worden, in deren Verlauf sich der Staat nach und nach von seiner ursprünglichen **Erfüllungsverantwortung** auf eine **Gewährleistungsverantwortung** zurückzieht. Die privatrechtlich organisierte Verwaltung ist hierbei ein notwendiger Zwischenschritt von einiger Dauer.

1. Die Deutsche Bahn AG als Wirtschaftsunternehmen

a) Zustand vor der Bahnreform

53 Bis zum 1. 1. 1994 wurden die Deutsche Bundesbahn und die Deutsche Reichsbahn als Sondervermögen des Bundes gemäß Art. 87 I GG a.F. in

bundeseigener Verwaltung mit eigenem Verwaltungsunterbau geführt. D. h. der Bund war auf eine öffentlich-rechtliche Organisationsform verpflichtet, ohne dass damit ein bestimmter Bestand an Bundesschienenwegen oder ein bestimmter Leistungsumfang garantiert war. Die Behördenstruktur, die Bindung an das öffentliche Dienst- und Haushaltsrecht sowie die Verpflichtung zur Durchführung unwirtschaftlicher, im Interesse des Gemeinwohls liegender Verkehrsleistungen hatten die Bahn in eine finanzielle Krise gebracht (1988 stieg die Verschuldung auf 43,0 Mrd. DM, bis zur Bahnreform schließlich auf fast 70 Mrd. DM; *Dürr,* Bahnreform, 1994, 8).

b) Die Grundentscheidung des Art. 87e III GG

Mit der Einfügung der Art. 87e und 143a GG durch das 40. Änderungsgesetz vom 20. 12. 1993 (BGBl. I S. 2089) wurde das verfassungsrechtliche Fundament für eine tiefgreifende Bahnreform gelegt. Das Konzept der Zentralnorm Art. 87e GG ist durch einen gesellschaftsrechtlichen Ansatz, die Trennung von Verwaltung und Dienstleistung sowie das Regel-Ausnahme-Modell geprägt, nach dem Eisenbahnunternehmen allgemein und Schienenwegeunternehmen im Besonderen behandelt werden. Das **Dienstleistungskonzept** des Art. 87e GG ist dadurch gekennzeichnet, dass an die Stelle der administrativen eine wirtschaftliche Tätigkeit tritt. 54

Art. 87e III GG statuiert für die Eisenbahnen des Bundes eine modale Vorgabe – sie sind als **Wirtschaftsunternehmen** zu führen – und eine organisatorische Vorgabe – sie sind in privatrechtlicher Form zu führen. Die Vorgabe **„Führung in privatrechtlicher Form"** gebietet eine Organisationsprivatisierung. Sie erschließt dem Bund die Möglichkeit, seine Eisenbahnen als Aktiengesellschaften, Gesellschaften mbH oder als Kapitalgesellschaften & Co. KG zu strukturieren. Damit sind zugleich die gesellschaftsrechtlichen Freiheiten eröffnet. Hierzu zählen:

- die **Gründungsfreiheit** (Der Bund hat zwar nicht die Freiheit, von einer Gründung abzusehen, sog. „negative" Gründungsfreiheit, er kann aber darüber befinden, ob er seine Eisenbahnen in einer oder mehreren Gesellschaften organisieren will.) 55
- die **Typenfreiheit** (Angesichts des werthaltigen Bahnvermögens und der hohen Arbeitnehmerzahl lag die Wahl der Rechtsform AG nahe.)
- die **Ausgestaltungsfreiheit** (In dem Gesellschaftsstatut kann der Träger des Eisenbahnunternehmens ganz auf dessen Besonderheiten zugeschnitten werden.)
- die **Beteiligungs- und Konzernierungsfreiheit** (Diese Freiheit wurde insofern eingeschränkt, als die „Deutsche Bahn AG" gemäß § 2 I DBGrG bis Ende 1999 mindestens die Bereiche „Personennahverkehr", „Personenfernverkehr", „Güterverkehr" und „Fahrweg" in einzelne Tochtergesellschaften ausgliedern musste.)
- die **Devestitionsfreiheit** als die Freiheit der Gesellschafter, Mittel, die für Zwecke der Gesellschaft einmal zur Verfügung gestellt wurden, wieder

abzuziehen und für andere Zwecke zu verwenden (vgl. §§ 222ff. AktG, §§ 58ff. GmbHG).

56 Darüber hinaus wird durch die privatrechtliche Organisationsform mittelbar zwischen den Ebenen der Unternehmensleitung und der des Bahn-Eigentümers eine kompetenzielle Distanz hergestellt, die es ermöglicht, die Eisenbahnen Erfolg versprechend gemäß Art. 87e III 1 GG als Wirtschaftsunternehmen zu führen.

Die Vorgabe „Führung als Wirtschaftsunternehmen" richtet sich primär an den Bund: Er hat durch geeignete Schritte der Gesetzgebung (vgl. Art. 143a GG), des Regierungs- und Verwaltungshandelns etc. sicherzustellen, dass sich seine Eisenbahnen wie normale Wirtschaftsunternehmen etablieren. Daneben ist auch die „Deutsche Bahn" angesprochen. Sie ist verpflichtet, aktiv am **Wettbewerb** auf den Verkehrsmärkten teilzunehmen, ihre Ressourcen **marktorientiert** und effizient einzusetzen sowie **gewinnorientiert** zu wirtschaften. Die Unternehmensleitung unterliegt damit nicht mehr dem Auftrag, die Bahn zum Wohle der Allgemeinheit zu führen. Diese alte Zielsetzung ist grundstürzend umgekehrt worden; die „Deutsche Bahn" hat in erster Linie Gewinne zu erwirtschaften.

Der Bundesrepublik steht es als Eigentümerin frei, sich von ihren Eisenbahnverkehrsunternehmen ganz oder teilweise zu trennen. Hinsichtlich der Veräußerung von Schienenwegeunternehmen sind dem Bund Schranken gesetzt (**Schienenwege- bzw. Netz-Vorbehalt** nach Art. 87e III 3 GG).

c) Schienenwege-Vorbehalt und Gewährleistungsauftrag

57 Das **Schienennetz** wird wie die Eisenbahnverkehrsunternehmen nicht in administrativer Kompetenz, sondern als Wirtschaftsunternehmen in privater Rechtsform geführt. Der so genannte Schienenwege-Vorbehalt verbietet es dem Bund und seinen Eisenbahnen auch nicht, Schienenwegeunternehmen auszugliedern und auf rechtlich selbstständige Gesellschaften in privater Rechtsform zu übertragen. Insoweit unterliegen Eisenbahnverkehrs- und Schienenwegeunternehmen einem einheitlichen Konzept. Eine Asymmetrie kommt für die **Veräußerung** lediglich durch zwei Sonderregelungen zustande: Gemäß Art. 87e III 3, 1. Hs. GG dürfen Bundesanteile an Schienenwegeunternehmen nur auf der Grundlage eines Gesetzes veräußert werden. Ferner müssen diese Infrastrukturunternehmen zumindest mehrheitlich im Eigentum des Bundes verbleiben (2. Hs.). Ihnen dürfen auch nicht Aktivitäten und Gegenstände in einem solchen Umfang entzogen werden, dass sie ihre spezifischen Aufgaben nicht mehr wahrnehmen können (Aushöhlungsschutz).

58 Die Sonderregelungen für Schienenwege dienen dazu, dass der Bund seiner **infrastrukturellen Gewährleistungsverantwortung** nachkommen kann. Eine weitere Direktive enthält Art. 87e IV GG, wonach der Bund gewährleistet, dass dem Wohl der Allgemeinheit [...] beim Ausbau und Erhalt des Schienennetzes sowie bei Verkehrsangeboten [...] Rechnung

getragen wird. Dieser neue Gewährleistungsauftrag bleibt inhaltlich deutlich unterhalb derjenigen Verpflichtungen, die dem aufgabenrechtlichen Gehalt des Art. 87 I GG a.F. entsprachen. Da die Eisenbahnen des Bundes selbst nicht an die Gewährleistungsklausel gebunden sind, kann der Bund diese nur mittelbar umsetzen. D.h. Verkehrsdienstleistungen, die der Bund im öffentlichen Interesse für unverzichtbar hält, die jedoch die Bahn-Unternehmensleitung nicht von sich aus auf dem Markt anbieten will – etwa weil sie unternehmerische Ressourcen binden, die andernorts gewinnbringender eingesetzt werden könnten – solche Verkehrsdienstleistungen muss der Bund u.U. einfach „kaufen". Ebenso kann er diese Verkehrsleistungen öffentlich ausschreiben in der Hoffnung, dass sie und ihre Bedingungen auch für andere Eisenbahnunternehmen interessant sind und diese anderen Unternehmen mit den Eisenbahnen des Bundes in Wettbewerb um den Angebotszuschlag treten (§ 15 II AEG). Als weitere Instrumente zur Umsetzung des Gewährleistungsauftrags stehen dem Bund die Finanzierung der Schienenwege sowie jene Einflussmechanismen zur Verfügung, die das Gesellschafts- und Konzernrecht ihm als herrschenden Unternehmen im Rahmen der §§ 311 ff. AktG einräumt (vgl. *Hommelhoff/Schmidt-Aßmann*, ZHR 160 [1996], 521 ff.; *Uerpmann*, in: von Münch/Kunig (Hg.), GG, Bd. 3, 3. Aufl. 1996, Art. 87 e; *Windthorst*, in: Sachs (Hg.), GG, Art. 87 e; *Dürr*, Bahnreform, 1994; *G. Schulz*, Das Eisenbahnwesen des Bundes und die Stellung der Deutschen Bahnen auf dem Europäischen Binnenmarkt, 1995).

2. Postwesen und Telekommunikation in privatrechtlicher Zielsetzung

Die Privatisierungen der Eisenbahnen des Bundes und der Deutschen 59
Bundespost sind in weiten Teilen parallel angelegt. Dementsprechend verläuft auch die Entwicklung weitgehend parallel: Postreform und Bahnreform finden ihren Ausgangspunkt in staatlichen Sondervermögen des Bundes und zielen über die Umwandlung in Aktiengesellschaften und mit dem Gang an die Börse final auf eine erhebliche Reduzierung der staatlichen Beteiligung ab.

a) Zustand vor den Postreformen und der Postreform I

Die **Deutsche Bundespost** war eine Behörde, die der Verwaltung des 60
alten Postministeriums angehörte. Durch den Behördenaufbau waren lange und starre Entscheidungswege vorgegeben. Eine individuelle Ergebnisverantwortung gab es nicht. Der Gewinn oder Verlust aus einem bestimmten Marktsegment konnte keinem Verantwortlichen direkt zugeordnet werden. Das Produktspektrum war namentlich im Telekommunikationsbereich sehr klein, wenig differenziert und beschränkte sich im Wesentlichen auf den Telefonhauptanschluss. Der Telekommunikationsmarkt bestand in Deutschland wie fast überall auf der Welt als Monopolmarkt. Schließlich galt das öffentliche Recht bei der Deutschen Bundespost nicht nur im Innenverhältnis, sondern auch im Kontakt zum Kunden – Fernmelderechnung

als Verwaltungsakt, Benutzungsrecht als Verordnungsrecht (*Hefekäuser*, ZGR 1996, 385f.).

Durch die **Postreform I** (1989) wurde zum 1. 1. 1990 das Sondervermögen der Deutschen Bundespost in drei teilrechtsfähige „öffentliche Unternehmen" Deutsche Bundespost **POSTDIENST, POSTBANK** und **TELEKOM** gegliedert. Jedes dieser drei Unternehmen war für seinen Teil am Sondervermögen selbst verantwortlich und wurde von einem Vorstand und einem Aufsichtsrat als Kontrollgremium geführt. Allerdings bestand unter den „Schwestern" die Verpflichtung, einen Finanzausgleich vorzunehmen (§ 37 III PostVerfG v. 8. 6. 1989, BGBl. I S, 1026ff.). Mit der Postreform I fand zudem ein Paradigmenwechsel statt: Der Wettbewerb wurde zur Regel, das Monopol zur Ausnahme erklärt. Gleichwohl verfügte der Bund immer noch über erhebliche „ausschließliche Rechte". So blieben etwa der TELEKOM zunächst noch das Sprachtelefondienst- und das Netzmonopol erhalten (§ 1 II, IV FAG i.d.F. v. 3. 7. 1989, BGBl. I S. 1455). Unverändert blieb auch das Unternehmensziel, die drei Bundespost-Unternehmen waren primär auf das Gemeinwohlinteresse der Bedarfsdeckung ausgerichtet (*Badura*, Verwaltungskompetenz und Organisationsrecht des Bundes, in: FS Lorenz, 1991, S. 3, 8ff.; *Hefekäuser*, ZGR 1996, 385, 386ff.).

b) Postreform II

61 Fünf Jahre nach der Postreform I erfolgte zum 1. 1. 1995 im Rahmen der **Postreform II** die formelle Privatisierung der drei Staatsunternehmen. Das entsprechende Sondervermögen des Bundes wurde in die **Deutsche Post AG, die Deutsche Postbank AG** und die **Deutsche Telekom AG** umgewandelt. Verfassungsrechtliche Grundlage für diesen Schritt bildeten die Art. 87f und 143b GG, eingefügt durch das 41. Änderungsgesetz vom 30. 8. 1994 (BGBl. I S. 2245). Während Art. 143b GG die Umwandlung selbst regelt, bestimmt Art. 87f II 1 GG, dass Post- und TK-Dienstleistungen von den privatrechtlich organisierten Nachfolgeunternehmen der Deutschen Bundespost sowie durch andere Anbieter erbracht werden. Damit steht zum einen fest, dass ein **Postmonopol** nicht mehr zulässig ist (Ausnahme: Übergangsregelung nach Art. 143b II 1 GG), zum anderen ist es Hoheitsträgern nach dieser Bestimmung verwehrt, selbst Dienstleistungen im Post- und TK-Bereich anzubieten.

Wie für die Eisenbahnen des Bundes, verlangt das GG für die Nachfolgeunternehmen der Deutschen Bundespost, dass diese wettbewerbs- und gewinnorientiert geführt werden. Der Gemeinwohlauftrag ist damit zurückgetreten. Diese Entwicklung entspricht den Zielen der Postreform II. Insbesondere im Bereich der Telekommunikation ging es darum, die Grundlage zu schaffen, dass sich die Deutsche Telekom AG den ständig wachsenden Anforderungen des expandierenden internationalen TK-Sektors mit guten Erfolgsaussichten stellen kann. Eine Betätigung im gesamten TK-Bereich und in verwandten Bereichen im In- und Ausland, ist für Behörden, die Gemeinwohlbindungen unterliegen, so gut wie unmöglich. Internationale Kooperationen vollziehen sich häufig in der Form gesellschaftsrechtlicher Beteiligungen, nicht selten im Wege des Aktientauschs (*Hefekäuser,* ZGR 1996, 385, 390f.).

Das GG sagt nichts darüber, ob und in welchem Umfang die Aktien der drei privatisierten Unternehmen beim Bund verbleiben sollen. Von Verfassungs wegen könnte daher der Bund mit der Folge einer Aufgabenprivatisierung seine Aktien übertragen. Für eine Veräußerung gab lediglich Art. 143b II 2 GG eine zeitlich und sachlich eng umrissene Begrenzung. Danach musste die Kapitalmehrheit der Deutsche Post AG fünf Jahre nach der Umwandlung beim Bund verbleiben. Nach Ablauf dieser Frist wurde nunmehr auch einfachgesetzlich der Weg zum Verkauf der Postanteile freigemacht (G.v. 27. 7. 2001).

Personalrechtlich stellte sich bei der Postreform II die Frage, in welcher Weise der Status jener Personen gewahrt werden kann, die zuvor bei der Bundespost als **Beamte** beschäftigt waren. Als Lösung enthält Art. 143b III GG das sog. **Beleihungsmodell** (s. auch o. § 90), das bereits Art. 143a I 3 GG für die Beamten der Bundeseisenbahnen angeboten hat: Danach werden die bisherigen Bundespostbeamten unter Wahrung ihres Status bei den privatrechtlichen Nachfolgeunternehmen beschäftigt. Sie werden also dauerhaft an diese Unternehmen „ausgeliehen". Zugleich werden die Unternehmen mit der Dienstherrenbefugnis „beliehen" (*Lerche,* in: Maunz/Dürig, GG, Art. 143b, Rdnr. 26).

c) **Gewährleistungsauftrag** im Post und TK-Sektor

Der privatwirtschaftlichen Freiheit im Post- und Telekommunikationssektor können durch den Infrastruktursicherungsauftrag des Art. 87f I GG Schranken gesetzt werden. Dieser Gewährleistungsauftrag trifft wiederum nur den Bund, nicht die Postunternehmen. Die Wahl der Mittel obliegt dem Gesetzgeber. In Betracht kommt vor allem eine Marktregulierung mit Instrumenten des Wirtschaftsverwaltungsrechts. Insoweit enthalten das Postgesetz (für den Postdienst) und das Telekommunikationsgesetz (für TK-Dienstleistungen) weitgehend parallele Regelungen: **Anzeigepflicht** (§ 36 PostG, § 4 TKG), **Lizenzpflicht** (§§ 5ff. PostG, §§ 6ff. TKG), Auferlegen von **Universaldienstleistungspflichten** (§§ 11ff. PostG, §§ 17ff. TKG), **Entgeltregulierung** (§§ 19ff. PostG, §§ 23ff. TKG), Die Regulierung selbst nimmt gemäß § 66 TKG, § 44 PostG die **Regulierungsbehörde für Telekommunikation und Post** (RegTP) wahr, die als Bundesoberbehörde im Geschäftsbereich des BMWi angesiedelt ist. Will die Deutsche Post AG Universaldienstleistungen – das ist ein Mindestangebot an Dienstleistungen, die flächendeckend in einer bestimmten Qualität und zu einem erschwinglichen erbracht werden – künftig nicht mehr im bisherigen Umfang erbringen, so muss sie dies gemäß § 56 PostG sechs Monate vor Beginn der Einschränkung der RegTP mitteilen (vgl. *Hefekäuser,* ZGR 1996, 385ff.; *Hoffmann-Riem,* 62

DVBl. 1999, 125 ff.; *Lerche,* in: Maunz/Dürig, GG, Art. 143 b; *Uerpmann,* in: von Münch/Kunig (Hg.), GG Bd. 3, 3. Aufl. 1996, Art. 87 e).

V. Europarechtliche Vorgaben

1. Der Einfluss der Europäischen Gemeinschaft auf die nationale Rechtsordnung

63 Mit den Bereichen Bahn, Post und Telekommunikation ist nur ein Bruchteil des Spektrums der zurückliegenden und noch im Fluss befindlichen Privatisierungen erfasst. Im gleichen Atemzug können die Privatisierung der Lufthansa und der Flugsicherung, des Fernstraßen- oder Wasserstraßenbaus, die Liberalisierung der Arbeitsvermittlung und Energieversorgung und die Öffnung der Abfallwirtschaft genannt werden. Nicht zu übersehen ist dabei, dass wesentliche Impulse für diese Entwicklung von der Europäischen Union ausgegangen sind und weiterhin ausgehen (*Stober,* in: FS Maurer, S. 827, 840 f.). So wurde etwa die Liberalisierung auf dem Telekommunikationssektor 1988 durch die „Richtlinie 88/301/EWG über den Wettbewerb auf dem Markt der Telekommunikations-Endgeräte" eingeleitet und in der Folgezeit durch eine Reihe weiterer Rechtsakte motiviert (*Stober,* Besonderes Wirtschaftsverwaltungsrecht, 12. Aufl. 2001, § 55 III 1 c; zur Energiewirtschaft s. ebenda, § 54 II 1, und zur Abfallwirtschaft § 56 I). Erinnert sei auch an die Entscheidung des EuGH zum Arbeitsvermittlungsmonopol (Rs. C-41/90, Slg. 1991, I-1979) u. a. m. Angesichts dieser Entwicklung stellt sich die Frage, inwieweit die Privatisierungen und Liberalisierungen im öffentlichen Bereich europarechtlich gefordert sind, aber auch, welche Grenzen und Vorgaben dem Staat hinsichtlich einer privatrechtlichen Organisation seiner Verwaltung gesetzt sind.

64 Die Europäische Gemeinschaft geht vom Leitbild einer **„offenen Marktwirtschaft mit freiem Wettbewerb"** aus (Art. 4 I, II, Art. 98 S. 2, Art. 105 I 3 EGV). Ein rechtlicher Rahmen für die Verwaltung in Privatrechtsform lässt sich daraus aber nicht ableiten. Wichtige Aussagen lassen sich dagegen Art. 86 und Art. 295 EGV entnehmen (dazu *Mann,* Die öffentlich-rechtliche Gesellschaft, 2002, 30 ff.).

2. Art. 86 EGV als Grundentscheidung für die Behandlung öffentlicher Unternehmen

65 Gemäß Art. 295 EGV (ex-Art. 222) lässt die Wirtschaftsverfassung der Gemeinschaft die „Eigentumsordnung" in den verschiedenen Mitgliedstaaten unberührt. D. h. die Mitgliedstaaten können grundsätzlich frei über den Bestand und die Ausgestaltung ihrer öffentlichen Unternehmen entscheiden. Sie sind nicht daran gehindert, die privatwirtschaftliche Ordnung mit einem öffentlichen Sektor der Wirtschaft zu verbinden. Diese Neutralität darf aber

nicht mit einer wirtschaftspolitischen Neutralität des EGV gleichgesetzt werden. Die Freiheit der Mitgliedstaaten wird durch das übergeordnete Prinzip des **Gemeinsamen Marktes** mit seinen Grundfreiheiten, dem **Diskriminierungsverbot** und der Konstituierung des unverfälschten Wettbewerbs beschränkt. Der nationale Vorbehalt muss sich somit der Klarstellung des Art. 86 I EGV beugen. Ziel der Vorschrift ist es zu verhindern, dass der Einfluss der öffentlichen Hand im Hinblick auf das Funktionieren des Gemeinsamen Marktes zu versteckten Diskriminierungen oder Wettbewerbsverfälschungen missbraucht wird (EuGH, verb. Rs. 188–190/80, Slg. 1982, 2545 (2579), 2583 (2596)). Die öffentlichen Unternehmen im europäischen Binnenmarkt sind somit wie die privaten Unternehmen den Wettbewerbsregeln des Gemeinschaftsrechts unterworfen. Von daher beschneidet das Gemeinschaftsrecht die Möglichkeiten der Mitgliedstaaten, ihre öffentlichen Unternehmen als Werkzeug des nationalwirtschaftlichen Vorteils einzusetzen.

a) Anwendungsbereich des Art. 86 EGV

Art. 86 I EGV (ex-Art. 90 I) regelt nicht selbst, ob öffentliche Unternehmen errichtet oder aufrechterhalten und ob ihnen besondere oder ausschließliche Rechte eingeräumt werden dürfen. Diese Fragen beantworten sich aus den Wirtschaftsfreiheiten und aus den **Wettbewerbsregeln,** auf die Art. 86 I EGV verweist. Für die Verweisung ist aber nur Raum, soweit ein Sachverhalt in den Anwendungsbereich der Vorschrift fällt: Der Begriff des „öffentlichen Unternehmens" wird von der sog. Transparenzrichtlinie (RL 80/723/EWG über die Transparenz der finanziellen Beziehungen zwischen den Mitgliedstaaten und den öffentlichen Unternehmen v. 25. 6. 1980), die auf der Grundlage von ex-Art. 90 III EWGV erlassen wurde, weit gefasst. Danach fällt unter den Terminus jede Einheit, die eine wirtschaftliche Tätigkeit ausübt und worauf „die öffentliche Hand auf Grund Eigentums, finanzieller Beteiligung, Satzung oder sonstiger Bestimmungen, die die Tätigkeit des Unternehmens regeln, mittelbar oder unmittelbar einen beherrschenden Einfluss ausüben kann" (s. o. § 91 I 4 g, dazu auch *Storr,* Der Staat als Unternehmer, 2001, 270 ff.). 66

Die Vertragsbestimmungen kommen ferner nur zum Zug, wenn die fragliche Tätigkeit wirtschaftlichen Charakter hat und nicht Ausübung öffentlicher Verwaltung ist. Diese Eigenschaft öffentlicher Unternehmen ist zu verneinen, wenn es sich um „typischerweise hoheitliche Vorrechte", wie etwa die Überwachung des Luftraums handelt. Für die Abgrenzung ist demnach nicht die Rechtsform der Organisation und der Leistungserbringung maßgebend, sondern die Art der Tätigkeit und das Vorliegen einer Sonderbeziehung zur öffentlichen Hand.

b) Missbrauch einer marktbeherrschenden Stellung

Als Spezialausprägung zu Art. 10 II EGV verpflichtet Art. 86 I EGV die Mitgliedstaaten, keine Maßnahmen zu treffen oder beizubehalten, welche 67 die praktische Wirksamkeit des Vertrages, insbesondere der Art. 81ff. EGV, gefährden könnten. Die zentrale wettbewerbsrechtliche Vorschrift stellt hierbei Art. 82 EGV (ex-Art. 86) dar. Danach ist die missbräuchliche Ausnutzung einer beherrschenden Stellung auf dem Gemeinsamen Markt oder auf wesentlichen Teilen dann verboten, soweit dies den Handel zwischen den Mitgliedstaaten beeinträchtigen kann.

Eine **marktbeherrschende Stellung** hat ein Unternehmen u.a. dann, wenn es auf einem wesentlichen Teil des Gemeinsamen Marktes über ein gesetzliches Monopol verfügt – wie dies etwa in den Bereichen Post, Bahn und Arbeitsvermittlung der Fall war (EuGH, Rs. C-41/90, Slg. 1991, I-1979; Rs. C-320/91, Slg. 1993, I-2533, EuZW 1993, 422). Derartige Monopole sollen im Lichte der Art. 86 i.V.m. Art. 82 EGV (ex-Art. 90, 86) nur zulässig sein, wenn und soweit dies aus Gründen nicht-wirtschaftlicher Art, die im öffentlichen Interesse liegen, gerechtfertigt ist.

68 Wann ein **„Missbrauch"** i.S.d. Art. 82 EGV vorliegt, ist im EG-Vertrag selbst nicht definiert. Wichtige Anhaltspunkte geben jedoch die Fallgruppen des Art. 82 II EGV. Sie reichen von der Erzwingung unangemessener Geschäftsbedingungen (a) über die Anwendung unterschiedlicher Bedingungen bei gleichwertigen Leistungen (c) bis hin zu Koppelungsgeschäften (d). Ein Missbrauch soll auch dann vorliegen, wenn die Erzeugung, der Absatz oder technische Entwicklung zu Lasten der Verbraucher eingeschränkt wird (b). Die Einschätzung, ob ein Missbrauch vorliegt, hat am konkreten Einzelfall zu erfolgen. Auf einen subjektiven Verschuldensvorwurf kommt es dabei nicht an. Das missbräuchliche Verhalten ist vielmehr rein objektiv zu bestimmen.

Schafft nun ein Mitgliedstaat durch die Einrichtung oder Aufrechterhaltung einer Monopolstellung eine Lage, in der das jeweilige Unternehmen durch die bloße Ausübung des ihm übertragenen ausschließlichen Rechts zwangsläufig – allein schon nach der ökonomischen Rationalität – dazu veranlasst oder begünstigt wird, seine beherrschende Stellung missbräuchlich auszunutzen, also gegen Art. 82 EGV verstoßen muss, so verstößt der Mitgliedstaat damit selbst gegen Art. 86 EGV. Diese Vertragsauslegung stellt Dienstleistungsmonopole von vornherein unter einen Rechtfertigungszwang und entfaltet tendenziell eine deregulierende Wirkung. Die Prüfung verlagert sich damit auf die Ausnahmeklauseln des Vertrages, insbesondere auf Art. 86 II EGV (s. hierzu *Pernice,* in: Grabitz/Hilf (Hg.), Kommentar zur EU, ex-Art. 90, Rdnr. 1; *R. Schmidt,* Die Verwaltung 1995, 281, 312f.; *Badura,* ZGR 26 [1997], 291, 297f.).

c) Die Vorbehaltsnorm des Art. 86 II EGV

69 Art. 86 II EGV enthält einen Befreiungsvorbehalt für Unternehmen, die mit Dienstleistungen von allgemeinem wirtschaftlichen Interesse betraut sind oder den Charakter eines Finanzmonopols haben (dazu *Mann,* Die öffentlich-rechtliche Gesellschaft, 2002, 33ff.; *Storr,* Der Staat als Unter-

nehmer, 2001, 321 ff.). Grundsätzlich gelten die Vorschriften des EG-Vertrages, namentlich die Wettbewerbsregeln, auch für diese Unternehmen. Eine Freistellung soll aber erlaubt sein, soweit eine Anwendung dieser Vorschriften die Erfüllung der ihnen übertragenen besonderen Aufgabe rechtlich oder tatsächlich verhindert. Die Freistellung darf allerdings nicht soweit gehen, dass die Entwicklung des Handelsverkehrs in einem Ausmaß beeinträchtigt wird, das dem Interesse der Gemeinschaft zuwiderläuft.

Unter **„Dienstleistungen von allgemeinem wirtschaftlichen Interesse"** fallen öffentliche Dienstleistungsbetriebe wie die Bahn, die Post, Elektrizitäts-, Gas- und Wasserwerke. Dass vom Unternehmen eine solche Aufgabe der Daseinsvorsorge wahrgenommen wird, genügt jedoch nicht. Zu diesem materiellen Kriterium muss ein formelles Merkmal hinzukommen. Das Unternehmen muss durch staatlichen Hoheitsakt „betraut" worden sein. Es muss also eine normative oder sonstige staatliche Entscheidung identifiziert werden können, durch die eine Bindung des Unternehmens im Interesse des Gemeinwohls selbst für den Fall bewirkt wird, dass mit der Erfüllung dieser Aufgabe das unternehmerische Eigeninteresse kollidieren würde.

Der Befreiungstatbestand des Art. 86 II EGV ist an die Vorraussetzung der Verhältnismäßigkeit i. w. S., insbesondere an das Kriterium der **Erforderlichkeit** gebunden („soweit"). Die Darlegungs- und Beweislast trägt der das Monopol einräumende Staat. Im Übrigen wird die Frage einer Rechtsharmonisierung der Dienstleistungen von allgemeinem Interesse aus dem Blickwinkel der EU-Rechtssetzungspolitik diskutiert (dazu *Stober*, NJW 2002, 2357, 2368 ff.).

d) Absicherung der Wettbewerbsregeln durch die Transparenzrichtlinie

Die Anwendung der gemeinschaftsrechtlichen Wettbewerbsregeln kann 70 nur gewährleistet werden, wenn der Europäischen Kommission ausführliche Informationen über die Organisation und Wirtschaftstätigkeit öffentlicher Unternehmen zugänglich sind. Um dies zu ermöglichen, enthält die Transparenzrichtlinie (RL 80/723/EWG) in ihrer Neufassung vom 12. 7. 2000 mehrere Vorschriften, die insbesondere die Buchführung betreffen (vgl. ABl. EG C 377 v. 29. 12. 1999). Danach müssen in den öffentlichen – d. h. auch in den gemischten – Unternehmen die operativen Konten künftig getrennt nach Geschäftsfeldern geführt werden. Kosten und Erlöse sind nach einheitlichen Kostenrechnungsgrundsätzen den jeweiligen Gebieten zuzuordnen. Damit können Produkte und Dienstleistungen von Allgemeininteresse gegenüber den Waren getrennt werden, die den normalen Regeln des Marktes unterliegen. Die Vorschriften gelten aber nur für Unternehmen, deren Umsatz mehr als 40 Mio. Euro beträgt und deren Dienstleistungen den Handel zwischen den Mitgliedstaaten „merklich beeinträchtigen" könnten. Aufgabe der Mitgliedstaaten ist es nicht nur, für die Transparenz der Finanz- und Organisationsstruktur solcher Unternehmen zu sorgen, sondern sie müssen auch die Verwendung der öffentlichen Mittel offen legen.

3. Gleichbehandlung öffentlicher und privater Unternehmen

71 In Art. 86 EGV kommt der Leitgedanke zum Ausdruck, dass grundsätzlich alle Bestimmungen des EG-Vertrages gleichermaßen für alle Unternehmen zur Anwendung kommen müssen, unabhängig davon, ob es sich dabei um private oder öffentliche Unternehmen handelt. Diese Maxime ist auch hinsichtlich des grundsätzlichen **Verbots staatlicher Beihilfen** gemäß Art. 87, 88 (ex-Art. 92, 93) EGV zu beachten. „Beihilfen" in diesem Sinne sind Subventionen und Maßnahmen gleicher Wirkung. Hierunter können auch Kapitalzuführungen der öffentlichen Hand an ein Beteiligungs- oder Tochterunternehmen fallen. Ob derartige Maßnahmen als staatliche Beihilfen einzustufen sind, bemisst sich danach, ob das Unternehmen die fraglichen Mittel auch auf dem privaten Kapitalmarkt hätte aufbringen können. Stellt der Staat einem Unternehmen Kapital unter Umständen bereit, die für einen privaten Investor unter normalen wirtschaftlichen Bedingungen nicht annehmbar wären, so spricht dies für das Vorliegen einer Beihilfe. Nach diesem **„market economy investor principle"**, dem Prinzip eines kaufmännischen, d.h. marktwirtschaftlich handelnden Kapitalgebers ist also zu prüfen, ob ein privater Gesellschafter in vergleichbarer Lage unter Zugrundelegung der Rentabilitätsaussichten und unabhängig von allen sozialen oder regionalpolitischen Überlegungen eine solche Kapitalzuführung gegeben hätte (Mitteilung der Kommission 91/C 273/02; *Kahl*, NVwZ 1996, 1082, 1084).

72 Der Grundsatz der Gleichbehandlung öffentlicher und privater Unternehmen hat noch eine weitere, den öffentlichen Unternehmen günstige Wirkung: Sie genießen ebenso wie private Unternehmen die vier **Grundfreiheiten** des Gemeinschaftsrechts. Dies ist anders als im System des nationalen Grundrechtsschutzes. Entgegen einer vielfach vertretenen Auffassung (vgl. dazu unter VI 5) kann die Unternehmenstätigkeit der öffentlichen Hand den Grundrechtsschutz des Grundgesetzes auch dann nicht beanspruchen, wenn sie mit Hilfe einer Handelsgesellschaft ausgeübt wird, selbst wenn diese eine Minderheit privater Anteilseigner aufweist (BVerfG, NJW 1990, 1783; *Badura*, ZGR 26 [1997], 291, 298f.).

VI. Verfassungsrechtliche Beurteilung

1. Maßstab der verfassungsmäßigen Ordnung

73 Die Verwaltung als staatliches Organisations- und Handlungswesen (vgl. Art. 20 II GG) wird durch das Grundgesetz bzw. die Landesverfassungen konstituiert. Daher darf jede Verwaltungstätigkeit – auch das organisatorische Eindringen der Verwaltung in den privatrechtlichen Bereich – zunächst nicht der verfassungsmäßigen Ordnung in Bund und Ländern widersprechen (s.o. §§ 18ff. und BGH, NJW 1985, 197, 200).

a) Widerspruchsfreiheit zur Verwaltungskonzeption des Grundgesetzes

Der Wortlaut des **Grundgesetzes** gibt, abgesehen von den diskutierten Sonderregeln, keine Auskunft darüber, ob und inwieweit gegen die Erfüllung öffentlicher Aufgaben durch verwaltungsbeherrschte juristische Personen des Privatrechts Bedenken bestehen. Der vorgebliche **Grundsatz der Subsidiarität** der Staatstätigkeit (s.o. § 18 III 7) greift schon deshalb nicht, weil hier öffentliche Aufgaben weiterhin durch die öffentliche Hand erledigt werden. Verfassungssystematisch geht es vielmehr um die Frage, ob der Staat dem Bürger gegenüber überhaupt privatrechtlich handeln kann. Bejaht man dies, dann ist nichts gegen die dieser Betätigung vorgelagerte privatrechtliche Organisation einzuwenden, (differenzierend *Burmeister* WiR 1972, 350; s. ferner *Ehlers*, 1984, 98ff.). Das **öffentliche Dienstrecht** (Art. 33 IV, V GG) verbietet die Erfüllung von Verwaltungsaufgaben durch Verwaltungsträger des Privatrechts nicht, weil dort nur von hoheitsrechtlichen Befugnissen die Rede ist und die Aufgabenerledigung auch durch privatrechtliche Angestellte des öffentlichen Dienstes zulässig ist. Formelle Privatisierungsschranken könnten sich hier aber etwa im Bildungsbereich ergeben, der traditionell von beamteten Lehrkräften bedient wird. Außerdem ist die Zuweisung von Beamten zur Dienstleistung an juristischen Personen des Privatrechts (Ausleihe) grundsätzlich unzulässig (vgl. aber die Ausnahmen in Art. 143a III, Art. 143b III GG und dazu oben IV 2c, s. BVerwGE 69, 303). 74

Die Art. 83ff. GG befassen sich in erster Linie mit der Verteilung der **Organisationsgewalt** auf Bund und Länder. Die Erwähnung von Körperschaften und Anstalten des öffentlichen Rechts ist keine abschließende Aufzählung möglicher Verwaltungsträger (s. *Götz*, Das Recht der Wirtschaftssubventionen, 1966, 313; *Dittmann*, Die Bundesverwaltung, 1983, 87ff.). Die Formulierung der **„bundeseigenen Verwaltung“** schließt ferner nicht aus, Einrichtungen ohne Änderung des Grundgesetzes als selbstständige Personen des Privatrechts zu organisieren. Sie müssen aber Bundesunternehmen bleiben (s. *Püttner*, Die öffentlichen Unternehmen, 2. Aufl. 1985, 8887; *Dittmann*, a.a.O. 170; a.M. *Maunz*, FS Scupin, 615ff.), weil der Bund die bundesstaatliche Zuständigkeitsordnung nicht durch die Gründung privatrechtlicher Gesellschaften umgehen darf (s. allgemein *Zeidler*, VVDStRL 19, [1961], 215; *Boergen*, DVBl. 1971, 876f.; *Stern*, Staatsrecht I, § 19 III 3m; Fn. 121; *Bartlsperger*, BK Art. 90, 70; *Bethge*, AöR 104, 1979, 265 m.w.N.; *Dickersbach*, Wirtschaftsverwaltungsrecht 1983, 192ff. und BVerfGE 12, 205ff.). Der Bund kann deshalb ein organisatorisches Gestaltungsrecht nur dann in Anspruch nehmen, wenn er eine eigene Verwaltungskompetenz besitzt. Ausdrücklich wurde die Möglichkeit bzw. die Pflicht zur Konkretisierung in jüngerer Zeit für die Bereiche Luftverkehrsverwaltung, Bahn, Post und Telekommunikation verfassungsrechtlich verankert (Art. 87d–f GG). Die Verfassungsbestimmungen der Art. 87e und f 75

GG erschöpfen sich dabei nicht in einer Privatisierungsanweisung, sondern normieren auch Handlungsmaximen (zur Führung als Wirtschaftsunternehmen, vgl. IV 1b und IV 2b) und verbieten gleichzeitig eine Re-Verstaatlichung des Bahnbetriebs, des Postdienstes und der Telekommunikation. Diese Aussagen sind aber auch richtungsweisend für die wirtschaftliche Betätigung der öffentlichen Hand. So ist es aus Sicht des Art. 87f GG problematisch, dass die Kommunen zunehmend den Telekommunikationsmarkt als neues Betätigungsfeld entdecken mit dem Argument, es handele sich um die Erfüllung von Aufgaben der Daseinsvorsorge. Art. 87f GG zeigt aber gerade, dass die Daseinsvorsorge in diesem Bereich dem Bund überantwortet ist. Dies schließt also aus, dass der Sektor parallel der Selbstverwaltungsgarantie der Gemeinde unterfallen kann. Vielmehr folgt aus Art. 28 I i.V.m. Art. 87f I GG ein Tätigkeitsverbot der Gemeinden für diesen Sektor (ausführlich *Müller,* DVBl. 1998, 1256, 1262f.) Auch den Begriff des **Organs** in Art. 20 II GG kann man nicht lediglich in dem technisch engen Sinne interpretieren, dass damit nur öffentlich-rechtliche Organe gemeint sind. Diese Norm ist im Kontext mit dem Demokratiegebot zu sehen, lässt aber im Übrigen die Organisationsstruktur offen.

76 Schließlich ist zu berücksichtigen, dass die Wahrnehmung öffentlicher Aufgaben durch verwaltungsgesteuerte juristische Personen des Privatrechts schon vor Inkrafttreten des Grundgesetzes eine vertraute Erscheinung war (vgl. Art. 156 I 2 WRV). Das folgt aus der Entstehungsgeschichte des Grundgesetzes, weil bei den Beratungen auch von den ehemaligen Beteiligungen des Staates an wirtschaftlichen Unternehmen die Rede war. Hätte der Verfassungsgeber insoweit eine von der Staatspraxis und Verfassungstradition abweichende Regelung treffen wollen, dann hätte er dies im Grundgesetz zum Ausdruck bringen müssen. Die Übernahme des Altbesitzes (Art. 134, 135 GG) sowie das Schweigen der Verfassung im Übrigen sprechen insoweit für die Zulässigkeit der öffentlichen Verwaltung durch privatrechtlich organisierte Einrichtungen.

b) Gewinnerzielungszweck versus Steuerstaat

77 Verfassungsrechtlich zweifelhaft ist allerdings die Gründung von juristischen Personen des Privatrechts bzw. die Beteiligung an solchen Rechtsgebilden zum ausschließlichen Zweck der Gewinnerzielung bzw. der **rein gewerblichen Betätigung des Staates,** weil in einem Steuerstaat eigentlich kein öffentliches Interesse an der Unternehmerschaft der öffentlichen Hand reduziert auf genannte Gründe bestehen kann.

Ein ausdrückliches Verfassungsverbot bzw. eine besonders geregelte Privatisierungspflicht besteht zwar nicht (s. *Berkemann,* Die staatliche Kapitalbeteiligung zu Aktiengesellschaften, 1966, 135ff.; *Zeidler,* VVDStRL19, 1961, 213f.; *Köttgen,* AöR nF 11, 1962, 291; *Stober,* ZHR 145, 1981, 565ff.; *ders.,* Allgemeines Wirtschaftsverwaltungsrecht, 13. Aufl. 2002, § 24 V 7; *ders.,* in: FS Maurer, 827, 836ff.; *ders.,* NordÖR 2001, 333ff.; *ders.,* NJW

2002, 2357, 2363f.; *Papier,* HdVR 609ff.; *Püttner,* DÖV 1983, 699; BVerfGE 61, 82, 107; *Scholz/Pitschas,* KomHdb V. § 95 B).

Das schließt aber nicht aus, elementare verfassungsrechtliche Bestimmungen – wie etwa das Grundrecht der Berufsfreiheit – vor dem Hintergrund der rechtstatsächlichen Entwicklung neu zu interpretieren. Denn öffentliche Unternehmen verhalten sich zunehmend wie private Unternehmen. Sie beteiligen sich am Markt und konkurrieren mit Handwerk, Handel und freien Berufen.

Zwar schützt das Grundgesetz nach allgemeiner Ansicht grundsätzlich nicht vor Konkurrenz. Dieser kaum hinterfragte Denkansatz muss jedoch auf den verfassungsrechtlichen Prüfstand. Denn die Situation, dass die öffentliche Hand durch eigene erwerbswirtschaftliche Aktivitäten in den Wettbewerb eingreift, ist der typische Anwendungsfall der klassischen Abwehrfunktion der Grundrechte. Der gewinnorientierte Eingriff unterscheidet sich von hoheitlichen nur dadurch, dass die Unternehmen mittelbar faktisch getroffen werden. Permanent wachsende Konkurrenz kann jedoch in Eingriffsqualität umschlagen (*Stober* in: FS Maurer, 827ff., 836; *ders.,* NJW 2002, 357ff., 2362f.).

Auch die **kommunale Selbstverwaltungsgarantie** legitimiert das Aus- 78
greifen öffentlicher Unternehmen in privatwirtschaftliche Felder nicht. Art. 28 II GG ist eine staatsgerichtete Kompetenz- und keine wirtschaftsorientierte Befugnisnorm. Er betrifft nur die Aufgabenverteilung innerhalb der Staatsorganisation und enthält keine Verteilungsregeln zwischen Staat und Privatwirtschaft (*Stober,* NJW 2002, 2357, 2363).

c) Kein Ausnahmecharakter

Die öffentliche Verwaltung durch verwaltungsbeherrschte juristische Per- 79
sonen des Privatrechts muss ferner kein Ausnahmefall bleiben, wie das für die Ausgliederungen durch die Beleihung vertreten wird (*Stern,* Staatsrecht II, § 41 IV 10 und a.A. *Ehlers,* 1984, 374) Immerhin ist zu bedenken, dass durch die privatrechtliche Organisation die administrative Kapazität des Staates wirkungsvoll ausgebaut werden kann (*Köttgen,* AöR nF 11, 1962, 291). Die für eine Begrenzung der Beleihung im Einzelnen angeführten Gründe, insbesondere der Hinweis auf die Regel des Art. 33 IV GG können außerdem hier nicht greifen. Denn es macht einen Unterschied, ob eine Privatperson hoheitliche Kompetenzen wahrnimmt oder ob der Staat privatrechtlich zu erledigende Verwaltungsaufgaben durch verwaltungsbeherrschte juristische Personen des Privatrechts ausführt. Im zuletzt genannten Falle besteht weder die Gefahr, dass öffentlich-rechtliche Befugnisse missbraucht werden noch kommt es zu Interessenkonflikten, weil sich die von der öffentlichen Hand gesteuerte juristische Person des Privatrechts nicht in der für Beliehene typischen Zwittersituation befindet, hoheitliche Aufgaben und privatrechtliche Geschäfte nebeneinander erledigen zu müssen.

2. Gesetzesvorbehalt und Organisationsgewalt

80 Während die Dezentralisierung bzw. Delegation öffentlich-rechtlicher Verwaltungstätigkeit nur auf Grund spezieller gesetzlicher Ermächtigungen zulässig ist (Art. 87 III GG; §§ 19, 21 nwLG), besteht Streit, ob auch die privatrechtliche Ausgliederung dem **Gesetzesvorbehalt,** z.B. förmliches Organisationsgesetz, das den Aufgabenkreis, die Verwaltungskontrolle, die Finanzierung sowie die Geschäftsführung umreißt (*Ossenbühl,* VVDStRL 29, [1971], 167, 172; *Boergen,* DVBl. 1971, 877), gesetzliche Globalermächtigung oder haushaltsgesetzliche Zustimmung durch Einstellung von Zuschüssen für privatrechtlich organisierte Verwaltungen oder der **Organisationsgewalt** des jeweiligen Hoheitsträgers unterfällt (*Köttgen* AöR nF 11, 1962, 291; *Püttner,* Die öffentlichen Unternehmen, 2. Aufl. 1985, 86; und differenzierend *Ehlers,* 1984, 153f.; ferner *Schenke,* VerwArch 68 [1977], 118, 124ff.).

a) Staatlicher Bereich

81 Die Berufung auf die **Organisationsgewalt** ist mindestens für den staatlichen Bereich problematisch. Wenn Art. 87 III GG für die Errichtung juristischer Personen des öffentlichen Rechts ein Bundesgesetz fordert, dann muss dies ebenfalls für die Gründung juristischer Personen des Privatrechts gelten, weil andernfalls eine privatrechtlich organisierte Gesellschaft zum Zwecke der Umgehung des Gesetzesvorbehaltes gegründet werden könnte. Diese Auslegung ergibt sich ferner aus dem Zusammenhang des Gesetzesvorbehaltes mit dem Demokratiegebot, weil auch privatrechtlich organisierte Einrichtungen der öffentlichen Hand einer demokratischen Legitimation bedürfen (*Schuppert,* DÖV 1981, 159). Außerdem macht es aus dem Blickwinkel der Aufgabenerledigung keinen Unterschied, ob Verwaltungsaufgaben durch öffentlichrechtliche oder privatrechtliche Organisationen der öffentlichen Hand erledigt werden. Deshalb ist prinzipiell an dem Gesetzesvorbehalt festzuhalten, wobei es entscheidend auf die Mitwirkung des Parlaments und zur Erhaltung eines flexiblen Regierungs-und Verwaltungshandelns nur dann auf eine bestimmte Form des Gesetzesvorbehaltes ankommt, wenn die Verfassung dies – wie etwa in Art. 87 III GG – für die Verwaltungsorganisation ausdrücklich vorschreibt (s. auch § 65 VII BHO und vgl. *Lerche/Pestalozza,* Die Deutsche Bundespost als Wettbewerber, 1985, 104).

82 Im landesverfassungsrechtlichen Bereich ist ebenfalls von einem organisatorischen Gesetzesvorbehalt für die Errichtung von Privatsubjekten durch die Verwaltung auszugehen. Wenn es für die Organisation der allgemeinen Verwaltung in den meisten Ländern eines Gesetzes bedarf (Art. 77 nw Verf.; Art. 77 bay Verf.; Art. 43 II Verf.; Art. 116 sa Verf.; Art. 70 bw Verf.; Art. 57 hmb Verf.; Art. 38 shLS Verf.; Art. 96 bbgVerf; Art. 70 Verf M-V; Art. 83 I sächs. Verf; Art. 86 II Verf. SA, Art. 90 S. 1 thür Verf.) spricht

eigentlich kein besonderer Grund dafür, deren privatrechtliche Erscheinungsform von dem Organisationsvorbehalt völlig auszuschließen.

b) Kommunaler Bereich

Die Befugnis der **Gemeinden** zur Gründung privatrechtlicher Einrichtungen folgt aus dem Selbstverwaltungsrecht (Art. 28 II GG) und aus dem **Selbstorganisationsrecht** im eigenen Wirkungskreis, das sie instandsetzt, auch ohne ausdrückliche Regelung juristische Personen des Privatrechts in Anspruch zu nehmen (*Scholz,* Das Wesen und die Entwicklung der gemeindlichen öffentlichen Einrichtungen, 1967, 92; *Scholz/Pitschas,* Gemeindewirtschaft zwischen Verwaltungs- und Unternehmensstruktur, 1982, 21 m.w.N.; *dies.,* KomHdb V. § 95 B). Die demokratische Legitimation und Kontrolle wird hier durch die Beteiligung der Gemeindevertretung gewährleistet (s. z.B. § 28 I nwGO und NwVerfGH, NJW 1979, 1201; OVG Lbg., NJW 1979, 581; *Schmidt-Jortzig,* Kommunale Organisationshoheit, 1979, 81ff., 123ff., 161ff.). Aus Sicht der verfassungsrechtlichen Selbstverwaltungsgarantie ist kommunales Wirtschaftsengagement niemals privatautonomes Handeln, sondern zweckgebundene Verwaltungstätigkeit. Die öffentliche (kommunale) Verwaltung bleibt auch dann Verwaltung, wenn sie wirtschaftet. Damit entfällt der Schutz der Selbstverwaltungsgarantie aber von vorneherein für erwerbswirtschaftlich-fiskalische Betätigungen, die von öffentlichen Aufgaben gelöst sind und bei denen das Gewinnstreben Selbstzweck ist (Rhpf VerfG, NVwZ 2000, 801). 83

Die kommunalrechtlichen Bestimmungen verbieten den kommunalen Unternehmen indes nicht, Gewinne zu erzielen. Regelmäßig werden die Kommunen sogar verpflichtet, ihre Unternehmen wirtschaftlich zu betreiben, so dass diese möglichst einen Gewinn abwerfen sollen (z.B. § 109 NWGO). Die Gemeindeordnungen verlangen jedoch ausdrücklich, dass dabei zugleich ein **öffentlicher** oder sogar ein **„dringender" öffentlicher Zweck** verfolgt wird (s.u. § 91 VII sowie *Britz,* NVwZ 2001, 380, 382). In diesem Zusammenhang sind **Randnutzungen** gestattet, während diese Grenze bei dem Aufbau neuer Geschäftsfelder verlassen wird (*Stober,* NJW 2002, 2357, 2361f.) 84

3. Rechtsstaatsprinzip

Die Wahl einer privatrechtlichen Organisationsform darf weder zu einem **rechtsstaatlichen Defizit** oder Minus gegenüber öffentlich-rechtlicher Organisationstypen oder zur Umgehung von Formvorbehalten führen noch zur **Rechtsunsicherheit** beitragen (s. *Mann,* Die öffentlich-rechtliche Gesellschaft, 2002, 68ff.). Insoweit ist jedoch zu beachten, dass allein durch die Wahl der Organisationsform noch kein besonderer Rechtsnachteil entsteht, weil der Bürger nach ganz herrschender Meinung die rechtliche Konsequenzen aus dem privatrechtlichen Handeln der Verwaltung (z.B. anderer Rechtsweg, andere Haftung) in Kauf nehmen muss. Im Übrigen wirkt der 85

Grundsatz, dass die Grundrechte auch im Bereich des Verwaltungsprivatrechtes gelten (s.o. § 23 V 2), auf das vorgelagerte Organisationsrecht durch, so dass die öffentliche Hand bei privatrechtlichen Organisationsgründungen zur späteren Erledigung von Aufgaben der Leistungsverwaltung und Daseinsvorsorge schon in diesem Stadium als vollziehende Gewalt im Sinne des Art. 1 III GG zu qualifizieren ist. Schließlich darf man ein mögliches rechtsstaatliches Defizit nicht isoliert betrachten, weil die geschilderten Vorzüge privatrechtlich organisierter Verwaltung die Nachteile dieser Organisationsformen mehr als kompensieren können. Grenzen ergeben sich allenfalls aus dem Verhältnismäßigkeitsgrundsatz.

4. Demokratieprinzip

86 Zu den grundlegenden Strukturprinzipien des Grundgesetzes gehört auch das **Demokratieprinzip**. Aus dem Wesen dieses Gebots hat das BVerfG in st. Rspr. gefolgert, dass die Wahrnehmung staatlicher Aufgaben und die Ausübung staatlicher Befugnisse einer Legitimation bedürfen, die sich auf das Volk selbst zurückführen lässt (BVerfGE 93, 37, 66ff.). Im Bereich der Verwaltung ist die Ausübung von Staatsgewalt demokratisch legitimiert, wenn sich die Bestellung der Amtsträger auf das Volk zurückführen lässt **(personelle Legitimation)** und die Amtsträger im Auftrag und nach Weisung der Regierung handeln können **(sachlich-inhaltliche Legitimation)**.

Die Reichweite des Demokratieprinzips ist umfassend, denn es gilt gemäß Art. 20 II GG für „alle Staatsgewalt". Demgemäß bedarf auch die privatrechtlich organisierte Verwaltung einer demokratischen Legitimation. Allerdings bewirkt die formelle Privatisierung tendenziell eine Schwächung der Einwirkungsmöglichkeiten der Regierung auf das öffentliche Unternehmen. Probleme können sich namentlich bei der Wahrnehmung von Entscheidungs- und Kontrollbefugnissen ergeben (s. näher *Brenner,* AöR 127 [2002], 222ff.; *Gersdorf,* 2000; *Storr,* Der Staat als Unternehmer, 2002, 68ff.; *Mann,* Die öffentlich-rechtliche Gesellschaft, 2002, 55ff.).

a) Entscheidung und Mitbestimmung in öffentlichen Unternehmen

87 Ausübung von Staatsgewalt stellt sich regelmäßig als amtliches Handeln mit Entscheidungscharakter dar. Gewendet auf das Demokratieprinzip bedeutet dies für den Bereich der Exekutive, dass sich die demokratische Verantwortung der Regierung in der letzten Entscheidungskompetenz niederschlagen muss. So ist z.B. die gesetzliche Ermächtigung einer Anstalt des öffentlichen Rechts, im Rahmen eines Vertrages ihre Leistung einer juristischen Person des Privatrechts zu unterstellen, mit dem Demokratieprinzip nur vereinbar, wenn sichergestellt ist, dass die Entscheidung über die Erteilung von Weisungen an die Anstalt letztlich in der Hand des öffentlichen Gewährträgers verbleibt. Die demokratisch legitimierten Vertreter des Gewährträgers müssen die letztentscheidende Einflussmöglichkeit behalten

(vgl. zur Teilprivatisierung der Berliner Wasserbetriebe blnVerfGH, NVwZ 2000, 794 ff. und dazu *Schmehl,* JuS 2002, 233 ff.).

Die Frage der demokratisch legitimierten Entscheidungsbefugnis stellt sich auch im Zusammenhang der **Mitbestimmung in öffentlichen Unternehmen**. Die Mitbestimmung richtet sich regelmäßig nach den Gesetzen, welche für die jeweilige Organisationsform anwendbar sind (näher dazu unter VIII). Demnach unterliegen juristische Personen des Handelsrechts ab einer bestimmten Größe dem Mitbestimmungsgesetz, das eine unterparitätische Mitbestimmung der Arbeitnehmer vorsieht. Daneben tritt die betriebliche Mitbestimmung durch den Betriebsrat nach dem BetrVG. Nach dem Demokratieprinzip darf aber das Letztverantwortungsrecht der Regierung für die Exekutive durch die Mitbestimmung nicht beeinträchtigt werden. Die demokratische Legitimation ist gerade keine Legitimation der Exekutive durch ihre Mitarbeiter. Dieser Gedanke rechtfertigt jedoch nicht den völligen Ausschluss jeglicher Mitbestimmung. Denn die an der Entscheidung eines Kollegialorgans Beteiligten bedürfen nicht notwendig alle einer individuellen demokratischen Legitimation. Vielmehr reicht es aus, wenn so viele Mitglieder über eine solche Legitimation verfügen, dass dadurch die Entscheidung des Organs als solche ihre demokratische Legitimation erhält. Die demokratische Verantwortung schlägt sich eben nur in einer **Letzt-** und nicht in einer **Alleinentscheidungskompetenz** nieder. Des Weiteren kann die Durchsetzung des Letztentscheidungsrechts nicht nur über den Aufsichtsrat erfolgen, sondern durch Gesellschafterbeschluss direkt gegenüber dem Geschäftsführer. Im Übrigen wird man auf die öffentlich-rechtlichen Vorgaben hinsichtlich des Unternehmenszwecks und seiner Verwirklichung abzustellen haben. Ist dieser durch Normen des öffentlichen Rechts geprägt, so dass keine Dispositionsfreiheit mehr bleibt, so verliert die unternehmerische Mitbestimmung ihren Sinn und ist dann unzulässig. Besteht dagegen noch Dispositionsfreiheit, so kann eine unternehmerische Mitbestimmung stattfinden. Das gilt auch für gemischt-wirtschaftliche Unternehmen (vgl. hierzu *Böckenförde,* in: HdbStR I, 879 ff.; *Ehlers,* DVBl. 1997, 137, 143 ff.; *Gusy,* JA 1995, 166, 173). 88

b) Wandel der parlamentarischen Kontrolle durch Privatisierung

Mit dem – durch formelle Privatiserungen ausgelösten – Schwund an herkömmlichen Einwirkungsmöglichkeiten der Regierung auf öffentliche Unternehmen mindert sich notwendigerweise auch die Reichweite der **parlamentarischen Kontrolle**. Weniger negativ ausgedrückt kann man von einem Wandel dieser Kontrolle sprechen. Sie umfasst nach der formellen Aufgabenübertragung sämtliche Handlungen der staatlichen Eigentümervertreter gegenüber dem Privatunternehmen, insbesondere in den Aufsichtsgremien. Genauer: Da die Eigentümerrechte nach wie vor von der öffentlichen Hand selbst wahrgenommen werden, unterliegt diese Ausübung auch nach wie vor der besonderen Verantwortung der Regierung. 89

Die parlamentarische Kontrolle des Unternehmens selbst ist dagegen nur noch in Ausnahmefällen möglich. So erfasst die parlamentarische Kontrolle etwa die Handlungen eines Unternehmens selbst, die in Erfüllung besonderer gesetzlicher Verpflichtung ausgeübt werden. Derartige Verpflichtungen bestehen z.B. dann, wenn besondere Infrastrukturaufträge (vgl. Art. 87f I GG) statuiert oder öffentliche Mittel verwendet werden und der öffentlichen Hand besondere Einwirkungsrechte eingeräumt sind.

5. Grundrechtsfähigkeit

Die Verselbstständigung der öffentlichen Verwaltung in juristische Personen des Privatrechts unterliegt nicht nur verfassungsrechtlichen Bindungen, sondern wirft auch die Frage nach deren **Grundrechtsfähigkeit** auf.

a) Zur Problematik der Grundrechtsfähigkeit

90 Da es den Verwaltungsträgern in der Regel freisteht, in welcher Rechtsform sie sich organisieren, spricht gegen die Gewährung der Grundrechtsfähigkeit einerseits die Erwägung, dass die öffentliche Hand den ihr speziell aberkannten Grundrechtsschutz nicht durch Umwandlung in juristische Personen des Privatrechts erschleichen darf. Immerhin wird die Verwaltungsaufgabe nur formell ausgegliedert, während sie materiell weiterhin im Einflussbereich der öffentlichen Hand verbleibt. So stellt ein Betrieb, der sich in der Hand eines öffentlich-rechtlichen Verwaltungsträgers befindet, eigentlich nur eine besondere Erscheinungsform dar, in der öffentliche Verwaltung ausgeübt wird mit der Folge, dass er hinsichtlich des Grundrechtsschutzes nicht anders als der öffentlich-rechtliche Mutterträger behandelt wird (s. BVerfGE 45, 63, 80 = NJW 1977, 1960; *Bethge,* Die Grundrechtsberechtigung juristischer Personen nach Art. 19 III GG, 1985, 87ff.; BVerfG, NJW 1980, 1093; BVerfGE 68, 193).

b) Differenzierung nach Aufgaben und dem Grad der Abhängigkeit vom Staat

91 Andererseits wird der Grundrechtsschutz für juristische Personen des öffentlichen Rechts u.a. danach differenziert, welche Aufgaben sie erfüllen und inwieweit ihnen rechtliche Unabhängigkeit vom Staat eingeräumt ist (s.o. § 34 I, II und *v. Mutius,* BK, Art. 19 III, Rdnr. 78ff. m.w.N.). Hier kommt es bei der Interpretation darauf an, ob und inwieweit eine **grundrechtstypische Gefährdungslage** gegeben ist (s.o. § 34 II 2b).

So können sich Rundfunkanstalten und wissenschaftliche Hochschulen auf das Grundrecht des Art. 5 I bzw. Art. 5 III 1 GG berufen. Angesichts dieser differenzierenden Betrachtungsweise stehen privatrechtlich organisierten Verwaltungsträgern in gleichem Umfang wie öffentlich-rechtlichen Mutterträgern Grundrechte zu. Das gilt sowohl für privatrechtliche Institute der Universitäten, für privatrechtliche Tochtergesellschaften der Rundfunkanstalten, für Forschungseinrichtungen, die von der öffentlichen

Hand getragen werden, als auch für Eigengesellschaften von Gemeinden (s. hierzu auch aus der Sicht des Werbefernsehens aber *Bachof,* Verbot des Werbefernsehens durch Bundessgesetz, 1966, 37f.; bzgl. des Grundrechts der Koalitionsfreiheit s. BVerfGE 22, 28, 38 = NJW 1967, 1603 und *Bethge,* AöR 104 [1979], 272). Greift für die privatrechtlichen Verwaltungseinheiten diese Sonderstellung nicht, dann ist zunächst von einer Grundrechtsunfähigkeit auszugehen.

c) Differenzierung nach Handlungsformen

Im Übrigen ist aus Gründen der Einheit der Rechtsordnung und der 92
Rechtssicherheit auch auf die Art der Handlungsformen abzustellen, in welchen die privatrechtlich organisierte Verwaltung dem Bürger gegenüber auftritt (s. o. § 90 II 3). Bei der **unmittelbaren** Erfüllung von Aufgaben der Leistungsverwaltung oder Daseinsvorsorge, also für den gesamten Sektor des **Verwaltungsprivatrechts,** in dem Bürger vollen Grundrechtsschutz genießen (s. o. § 23 V 2), ist freilich den privatrechtlich organisierten Verwaltungsträgern keine Grundrechtsfähigkeit zuzuerkennen (*Badura,* FS Schlochhauer 11; BGHZ 33, 230, 233; BGHZ 52, 325, 328; BVerfGE 45, 63, 72ff.; NJW 1977, 1960; BVerfG, NJW 1980, 1093 BVerfGE 68, 193).

Hingegen können sich die Bürger im Bereich der mittelbaren Erledigung von Verwaltungsaufgaben etwa wie bei der Gründung von juristischen Personen des Privatrechts zu Beschaffungszwecken und zur Teilnahme des Staates am wirtschaftlichen Wettbewerb nach h. M. allenfalls eingeschränkt auf die Grundrechte berufen (s. o. § 23 V 1). Deshalb erscheint hier insoweit ein Grundrechtsschutz zugunsten der privatrechtlich organisierten Verwaltung möglich zu sein (s. *Dickersbach,* WiVerw. 1983, 206f.), wenn man nicht die erwerbswirtschaftliche Betätigung der öffentlichen Hand überhaupt ablehnt oder die grundrechtstypische Gefährdungslage verneint (s. dazu BVerfGE 61, 82, 108). Eine im Vordringen befindliche Meinung lehnt bei privatrechtlichen Hilfsgeschäften und bei der erwerbswirtschaftlichen Tätigkeit die Grundrechtsfähigkeit ab (*Dreier,* in: Dreier, Grundgesetz-Kommentar, Art. 19 III Rdnr. 47f.; *Krüger,* in: Sachs, Grundgesetz-Kommentar, Art. 19 Rdnr. 110f.).

d) Grundrechtsschutz gemischtwirtschaftlicher Unternehmen

Umstritten ist die Grundrechtsfähigkeit hingegen bei gemischtwirt- 93
schaftlichen Unternehmen mit öffentlichem Mehrheitseigner, denen das BVerfG den Grundrechtsschutz insgesamt verweigert, soweit originär öffentliche Aufgaben der Daseinsvorsorge wahrgenommen werden (BVerfG, NJW 1990, 1783; dazu *Storr,* Der Staat als Unternehmer, 2001, 238ff.). In der Literatur wird dieser Ansatz kritisiert, da er insbesondere den grundrechtlichen Belangen der privaten Minderheitsaktionäre, denen jedenfalls Grundrechtsschutz zukommen muss, widerspricht. Die Problematik ist bisher aber nicht endgültig geklärt (*Krüger,* in: Sachs, Grundgesetz-

Kommentar, Art. 19 Rdnr. 112). Letztlich handelt es sich um eine Einzelfallentscheidung, wobei es auf eine Abwägung der jeweils betroffenen öffentlich-rechtlichen und privatrechtlichen Positionen ankommt (s.o. § 34 II 2).

6. Grundrechtspflichtigkeit

94 Im Falle der Erledigung unmittelbar öffentlicher Verwaltungsaufgaben im Rahmen der privatrechtlichen Handlungs- und Organisationsform folgt die Überlagerung des privaten Rechts durch Normen des öffentlichen Rechts und damit die **Grundrechtspflichtigkeit** i.S.d. Verwaltungsprivatrechts aus Art. 1 III und 20 GG (*Dreier,* in: ders., [Hg.], Grundgesetz-Kommentar, Bd. 1, Art. 1 III Rdnr. 48, 51; vgl. Bd. 1, § 34 I 2).

Soweit die privatrechtlich organisierte Verwaltung fiskalische Hilfsgeschäfte im **Beschaffungswesen** als mittelbar öffentliche Aufgabe tätigt, lehnt die Rechtsprechung die Grundrechtsbindung ab (BGHZ 36, 91, 95; 97, 312, 316). Im Gegensatz dazu wird in der Literatur die Bindung vielfach bejaht, denn Art. 3 I GG, um den es im Sinne einer gerechten Auftragsvergabe geht, eröffnet der Verwaltung ausreichende Möglichkeiten sachgerechter Differenzierung (dazu Bd. 1, § 23 V 1b); *Höfling,* in: Sachs, Grundgesetz-Kommentar, Art. 1 Rdnr. 95; *Pieroth/Schlink,* Staatsrecht II, 18. Aufl. 2002, Rdnr. 171).

Bei der **erwerbswirtschaftlichen Betätigung** wird, soweit man die Tätigkeit überhaupt als verfassungsrechtlich zulässig ansieht, eine grundsätzliche Erwägung angeführt, die überdies auf die privatrechtlichen Hilfsgeschäfte ebenso wie auf den Bereich der Erledigung unmittellbar öffentlicher Aufgaben zutrifft: Der Grundrechtsbefehl des Art. 1 III GG gelte alleine schon deshalb, da diese Norm unabhängig von der Rechtsform im Falle jeglichen Verwaltungshandelns Anwendung finde (*Dreier,* in: Dreier, Grundgesetz-Kommentar, Bd. 1, Art. 1 III Rdnr. 50; Bd. 1, § 23 V 1b) bb); *Höfling,* in: Sachs, Grundgesetz-Kommentar, Art. 1 Rdnr. 96).

Handelt es sich im Übrigen um ein gemischt-wirtschaftliches Unternehmen, an dem sowohl Private als auch die Verwaltung beteiligt sind, erstreckt sich die Grundrechtsverpflichtung nach umstrittener Ansicht allein auf den öffentlichen Anteilseigner (*Ehlers,* Gutachten E zum 64. DJT, 39f.; a.A. BGHZ 91, 84, 97f.).

VII. Verwaltungsrechtliche Zulässigkeitsvoraussetzungen und Bindungen

Die Zulässigkeit der Nutzung organisatorischer Gestaltungsmöglichkeiten des Privatrechts ist im Verwaltungsrecht nicht einheitlich normiert.

1. Kommunalrechtliche Bindungen

Bestimmungen, welche die Zulässigkeit der Verwendung privatrechtlicher Organisationsformen betreffen, können sich zunächst aus dem Kommunalrecht ergeben. Diesem Bereich gebührt ein besonderes Interesse, denn die kommunale Wirtschaftstätigkeit ist gegenwärtig in starken Veränderungen begriffen: Einerseits verlieren Staat und Kommunen sowie deren Unternehmen durch die Liberalisierungstendenzen mehr und mehr ihre einstige Monopolstellungen; sie teilen die Aufgaben zunehmend mit privaten Unternehmen. Andererseits legt die öffentliche Wirtschaft ihrer Tätigkeit verstärkt unternehmerische Verhaltensmaximen zugrunde. Spar- und Rationalisierungszwänge veranlassen kommunale Unternehmen, wie privatwirtschaftliche Unternehmen zu agieren. Sie versuchen ihre Kapazitäten gewinnbringend auszulasten und erschließen sich zwecks Effizienzsteigerung und Gewinnmaximierung neue Geschäftsfelder. 95

a) Kommunale Kategorien wirtschaftlicher Unternehmen

Die Gemeindeordnungen behandeln die wirtschaftlichen Unternehmen nicht nach einem einheitlichen Muster. Vielmehr kann man von einer Unterteilung in drei Kategorien ausgehen, die mit unterschiedlichen Rechtsfolgen verbunden sind, und zwar in: 96

- **ausdrücklich verbotene** wirtschaftliche Unternehmen, wie z.B. Bankunternehmen (§ 97 IV 1 sächsGO);
- **ausdrücklich gestattete,** fiktiv nicht als wirtschaftliche Unternehmen geltende Einrichtungen und Unternehmen (darunter fallen solche, zu deren Errichtung und Betrieb die Gemeinden gesetzlich verpflichtet sind oder die als Hilfsbetriebe ausschließlich der Deckung des gemeindlichen Eigenbedarfs dienen, § 97 II sächsGO);
- **eingeschränkt gestattete** wirtschaftliche Unternehmen.

Handelt es sich weder um ein verbotenes noch um ein fiktiv privilegiertes wirtschaftliches Unternehmen einer Gemeinde, also um eines der dritten Gruppe, so muss es den Zulässigkeitsvoraussetzungen der Gemeindeordnung genügen. Allerdings sind die Gemeindeordnungen in diesem Bereich nicht einheitlich ausgestaltet.

b) Erfordernis eines öffentlichen Zwecks

Als Zulässigkeitsvoraussetzung sehen die Gemeindeordnungen ausdrücklich vor, dass die Gemeinde privatrechtliche Vereinigungen bzw. wirtschaftliche Unternehmen nur dann errichten, übernehmen oder wesentlich erweitern dürfen, wenn ein **öffentlicher Zweck** dies erfordert – teilweise wird sogar ein **dringender öffentlicher Zweck** verlangt – und wenn das Unternehmen nach Art und Umfang in einem angemessenen Verhältnis zur Leistungsfähigkeit der Gemeinde und zum voraussichtlichen Bedarf steht. Diese Vorschriften gelten sinngemäß auch für die partielle Beteiligung an solchen privatrechtlich organisierten Gesellschaften (s. z.B. § 97 I sächsGO). 97

Das Erfordernis des öffentlichen Zwecks in den kommunalrechtlichen Bestimmungen wird auch verfassungsrechtlich begründet (s. etwa *Mann*, Die öffentlich-rechtliche Gesellschaft, 2002, 88ff.) und überwiegend dahin gedeutet, dass ein Zweck bestehen muss, der über die Erzielung von Einnahmen hinausgeht. Dabei reicht es eben nicht aus, dass mit der Verwendung des Ertrages mittelbar dem Wohl der Allgemeinheit gedient wird, sondern das Unternehmen muss unmittelbar durch seine Leistung den Gemeindebürgern dienen (ausdrücklich ist dies in Art. 87 I 2 bayGO festgehalten). Allerdings sind die per Gesetz privilegierten Unternehmen von diesem Erfordernis befreit. Nach den Gemeindeordnungen einiger Länder trifft dies für ein weites Spektrum von Einrichtungen zu. Aufgrund der Fiktion ihrer Nichtwirtschaftlichkeit bedarf es einer Prüfung des öffentlichen Zwecks nicht, da dieser gerade unterstellt wird. Andererseits werden auch die privilegierten Unternehmen in den Gemeindeordnungen auf die Grundsätze wirtschaftlicher Verwaltung verpflichtet und sollen daher – soweit möglich – Erträge abwerfen (z.B. § 102 III 2 bwGO, § 107 II 2 nwGO, § 85 III 2 rpGO). D.h. die gesetzliche Fiktion der Nichtwirtschaftlichkeit entfällt nicht durch die Gewinnerzielung eines Unternehmens (OLG Düsseldorf, NVwZ 2000, 111f.; NVwZ 2000, 714f.).

Ferner dürfte es den Gemeinden nicht schwer fallen, den Zweckbegriff über die traditionellen Bereiche kommunaler Aufgabenerfüllung hinaus auszudehnen. Ihnen wird bei der Festlegung der Zweckbestimmung im Einzelfall eine **Einschätzungsprärogative** zuerkannt, die der Überprüfung durch Rechtsaufsichtsbehörden und Gerichte weitgehend entzogen ist (BVerwGE 39, 329, 334). Hinzu tritt der **Bestandsschutz** für zeitlich „vornormative“ Unternehmen, deren Neueinrichtung heute wohl unzulässig wäre (z.B. Hotels und Brauereien).

c) Subsidiarität kommunaler Wirtschaftstätigkeit

98 Neben dem Erfordernis des öffentlichen Zwecks enthalten mehrere Gemeindeordnungen den **Grundsatz der Subsidiarität.** Danach sind wirtschaftliche Unternehmen der Gemeinden „außerhalb der kommunalen Daseinsvorsorge“ nur dann zulässig, wenn der Zweck nicht besser und wirtschaftlicher durch einen anderen Unternehmer erfüllt werden kann (Art. 87 I 1 Nr. 4 bayGO, § 107 I Nr. 3 nwGO, § 102 I Nr. 3 bwGO). Teilweise besteht sogar eine qualifizierte – d.h. **verschärfte – Subsidiaritätsklausel**, die den Nachrang des kommunalen Unternehmens bereits für den Fall anordnet, dass ein Privater die Aufgabe nur „ebenso gut und wirtschaftlich“ erfüllen kann (§ 85 I Nr. 3 rpGO), und die auch keine Ausnahmen für kommunale Daseinsvorsorgeaufgaben vorsieht (§ 97 I Nr. 3 sächsGO).

Die Klauseln sollen erreichen, dass sich die öffentliche Hand auf ihre eigentlichen Aufgaben konzentriert **(kommunalpolitische Komponente)** und keine mit der Unternehmertätigkeit am Markt verbundenen Risiken eingeht **(haushaltspolitische Komponente)**. Die Einschränkung entspricht sachlich einer **Privatisierungsprüfpflicht.** Zudem soll eine ungehemmte wirtschaftliche Betätigung der Gemeinden zu Lasten der Privatwirtschaft verhindert werden **(wirtschaftspolitische Komponente).** Die Rechtsprechung hat bereits mehrfach den Kommunen unter Hinweis auf den Subsidiaritätsgrundsatz Restriktionen auferlegt.

Beispiele: Verneint wurde der Bedarf für ein gemeindlich betriebenes Recycling-Unternehmen für Altautos (LG Wuppertal, DVBl. 1999, 939, aufgehoben durch OLG Düsseldorf, NVwZ 2000, 111), der Bedarf für ein kommunales Nachhilfeangebot (OLG Düsseldorf, NWVBl. 1997, 353), der Bedarf für einen kommunalen landschaftsgärtnerischen Betrieb (LG Offenburg, NVwZ 2000, 717 f.).

d) Tätigkeitserweiterungen kommunaler Unternehmen

Problematisch – auch im Hinblick auf das Subsidiaritätsprinzip – ist die 99
Frage, ob Kommunen ihre Unternehmensführung im Rahmen von **Annextätigkeiten** über den kommunalrechtlich geforderten öffentlichen Zweck hinaus ausdehnen dürfen. Dabei sind mehrere Konstellationen zu unterscheiden:

aa) Kapazitätsauslastende Tätigkeitserweiterungen

Aus dem Blickwinkel der Rentabilität wird diskutiert, inwieweit Kom- 100
munen freie Kapazitäten ihrer Unternehmen, die zur Verfolgung des öffentlichen Zwecks nicht (mehr) benötigt werden, zu rein erwerbswirtschaftlichen Zwecken auslasten dürfen, um weitere Einnahmen zu erzielen. Nationale Bekanntheit hat der Fall Gelsengrün erlangt, bei dem die Stadt Gelsenkirchen Privatpersonen gärtnerische Dienste anbot. Das OLG Hamm (NJW 1998, 3504 = DVBl. 1998, 792) führte hierzu aus, dass die bessere **Kapazitätsauslastung gemeindlicher Einrichtungen** durch zusätzliche privatwirtschaftliche Betätigung keinen rechtfertigenden öffentlichen Zweck darstelle, weil sich das Bedürfnis zu einer solchen Betätigung von außen ergeben müsse und nicht durch die Dimensionierung der Einrichtung selbst geschaffen werden dürfe. Dem ist entgegengehalten worden, dass in den Gemeindeordnungen ein effizienter Umgang mit Ressourcen ausdrücklich vorgeschrieben sei und die Randnutzung damit am öffentlichen Zweck der Haupttätigkeit partizipiere (*Britz,* NVwZ 2001, 380, 384). Diese Argumentation ignoriert aber gerade den Einwand des OLG Hamm, nämlich, dass die Gemeinde mit einer bestimmten Dimensionierung ihres Unternehmens die Notwendigkeit unternehmerischer Auslastung selbst herbeiführen kann und der Rahmen der aus Wirtschaftlichkeitsgründen zulässigen Randnutzung verlassen wird (s. auch *Stober,* NJW 2002, 2357, 2361 f.).

bb) Kapazitätserweiterndes Tätigkeitswachstum

Eng verwandt mit dem Problem der Kapazitätsauslastung ist die Frage, ob 101
Gemeinden ihre Unternehmen über den eigentlichen öffentlichen Zweck hinaus erweitern dürfen, etwa indem sie Zusatzleistungen zur eigentlichen öffentlichen Aufgabe anbieten und neue Geschäftsfelder aufbauen. Eine solche Erweiterung ist unzulässig, wenn mit der Zusatzleistung vorwiegend

ein kommerzielles Interesse verfolgt wird. Stellt sich die Zusatzleistung jedoch als sachliche Ergänzung oder Abrundung der einen öffentlichen Zweck dienenden Hauptleistung dar – z.B. Beratung zur Umwelt- und Ressourcenschonung –, dient die Leistung insgesamt schwerpunktmäßig einem öffentlichen Zweck.

cc) Tätigkeitserweiterungen über den örtlichen Bereich hinaus

102 Die Suche der unter Wettbewerbsdruck geratenen kommunalen Unternehmen nach neuen Absatzmärkten wirft insbesondere die Frage nach der Zulässigkeit einer wirtschaftlichen Betätigung außerhalb der eigenen Gemeindegrenzen auf. Eine solche Erweiterung des Aktionsradius ist aber problematisch, weil sowohl Art. 28 II 1 GG als auch die meisten Landesverfassungen und Gemeindeordnungen dem **Territorialprinzip** verhaftet sind, das auch im Verhältnis der Kommunen untereinander Schutzwirkung entfaltet (*Stober,* NJW 2002, 2357, 2364f.). D.h. den Gemeinden wird lediglich garantiert, die Angelegenheiten der örtlichen Gemeinschaft eigenverantwortlich zu regeln. Ihre Tätigkeit ist damit zunächst auf den örtlichen Wirkungskreis beschränkt. Einige Gemeindeordnungen gestatten eine Unternehmenstätigkeit außerhalb des Gemeindegebiets unter der zusätzlichen Bedingung, dass die berechtigten Interessen der betroffenen kommunalen Gebietskörperschaften gewahrt sind (§ 107 III nwGO, § 87 II bayGO). Teilweise bedürfen derartige Betätigungen einer Genehmigung (§ 71 IV ThürKO). Diese Schranken reichen nicht aus, um dem Grundgedanken des Art 28 II GG gerecht zu werden. Diese Vorschriften sind deshalb aufzuheben (s. auch *Ehlers,* Gutachten zum 64. DJT, 100f.).

In der Literatur ist – wie bei der Frage der kapazitätsauslastenden Tätigkeitserweiterung – umstritten, ob ein bloß mittelbarer Dienst im Sinne von Synergie- oder Rentabilitätseffekten für die eigene Gemeinde ausreicht, um eine Tätigkeit außerhalb der Gemeinde zu rechtfertigen. Teilt man die Auffassung des OLG Hamm in der Gelsengrün-Entscheidung, so kann die Erhaltung oder Steigerung der Rentabilität kommunaler Anlagen erst recht kein erlaubter Selbstzweck sein, wenn es um Gebietsüberschreitungen geht (*Lux*, NwVBl., 2000, 7, 10). Etwas anderes gilt freilich für Bereiche der freiwilligen interkommunalen Zusammenarbeit (s. *Stober,* NJW 2002, 2357, 2365 m.w.N.).

Beispiel: Zusammenarbeit im Bereich des ÖPNV (s. auch *Burgi*, VerwArch 93 [2002], 255, 264).

2. Haushaltsrechtliche Bindungen

a) Subsidiaritätsklauseln

103 Die Zulässigkeit staatlicher Gesellschaften und Beteiligungen ist an den Bestimmungen des Haushaltsrechts zu messen. Dabei ist der Blick zunächst auf die Haushaltsordnungen des Bundes und der Länder zu richten. Nach

§ 65 I BHO – und den gleich lautenden landesrechtlichen Bestimmungen – soll sich der Bund (das Land) an der Gründung eines Unternehmens in einer Rechtsform des privaten Rechts oder an einem bestehenden Unternehmen in einer solchen Rechtsform nur beteiligen, wenn ein wichtiges Interesse vorliegt und sich der vom Bund (Land) angestrebte Zweck nicht besser und wirtschaftlicher auf andere Weise erreichen lässt.

Wie die Subsidiaritätsklauseln für den kommunalen Bereich bezwecken diese Vorschriften, dass sich die öffentliche Hand auf ihre eigentlichen Aufgaben konzentriert und keine mit der Unternehmertätigkeit am Markt verbundenen Risiken eingeht. Ferner soll ein ungehindertes und fiskalisch unvernünftiges Ausweichen der Verwaltung in privatrechtliche Gestaltungsformen vermieden werden. Die wirtschaftliche Betätigung von Staat und Gemeinden müsste demnach im Wesentlichen auf die Leistungsverwaltung und das Beschaffungswesen beschränkt bleiben (*Stober,* ZHR 145 [1981], 565ff.; *Erbguth/Stollmann,* DÖV 1993, 798, 800). Eine Kontrolle ist aber kaum möglich, zumal subjektive Klagerechte fehlen, die aber dringend erforderlich sind (*Stober,* NJW 2002, 2357, 2365f.).

b) Wahl der Rechtsform, Steuerung und Kontrolle

Das Haushaltsrecht beeinflusst aber auch die Wahl der Rechtsform selbst. 104
Da die Einzahlungs- und Haftungsverpflichtungen des Staates und der Kommunen auf einen bestimmten Betrag begrenzt sein müssen, kommen in der Regel nur die Aktiengesellschaft und die Gesellschaft mit beschränkter Haftung in Betracht (§ 65 I Nr. 2 BHO, § 65 I Nr. 2 LHO, § 103 I Nr. 4 bwGO, § 96 I Nr. 3 sächsGO).

Nicht zuletzt enthält das Haushaltsrecht Vorgaben zur Steuerung und Kontrolle von privatrechtlich organisierten Verwaltungseinheiten. So sind Bund, Länder und Kommunen hinsichtlich ihrer wirtschaftlichen Unternehmen gehalten, die Beachtung der jeweiligen Wirtschaftsgrundsätze sicherzustellen. Der Jahresabschluss und der Lagebericht sind nach den Bestimmungen des Handelsrechts aufzustellen und zu prüfen. Ferner haben sich die öffentlich-rechtlichen Gesellschafter die Informations- und Prüfungsrechte der §§ 53, 54 HGrG vorzubehalten.

c) Haushaltsverfassungsrechtliche Grundsätze

Schließlich sind – namentlich bei der Vorfinanzierung öffentlicher In- 105
vestitionen – die Grundsätze des Haushaltsverfassungsrecht zu beachten. Haushaltsgesetz und Haushaltsplan müssen nach dem Gebot der Vollständigkeit des Haushalts die Entwicklung der Finanzlage transparent machen. Aus Art. 110 und 115 GG – sowie den entsprechenden landesverfassungsrechtlichen Bestimmungen – folgt, dass die bei privater Vorfinanzierung von Projekten typischerweise einzugehenden Verpflichtungen zur Leistung von Ausgaben in künftigen Haushaltsjahren, soweit sie über laufende Geschäfte hinausgehen, nur mit parlamentarischer Ermächtigung

eingegangen werden dürfen. Das Gebot der Wirtschaftlichkeit, das sich mittelbar aus Art. 114 II GG ergibt, verpflichtet auch den Haushaltsgesetzgeber zu zweckmäßigem Mitteleinsatz (rpVerfGH, DÖV 1997, 246ff.).

3. Aufgabenstellung des Verwaltungsträgers

106 Zulässigkeitsverbote oder -beschränkungen können mittelbar auch aus der **Aufgabenstellung des Verwaltungsträgers** folgen. So darf etwa eine Handwerkskammer ein wirtschaftliches Unternehmen in Form einer GmbH weder selbst noch mit Hilfe einer Beteiligung betreiben, deren Gegenstand die Übernahme und Durchführung von Bauleistungen aller Art ist. Das Gründungs- oder Beteiligungsverbot folgt hier aus dem Umstand, dass die Kammer mit den Mitgliedern in Wettbewerb tritt, deren wirtschaftliche Interessen sie unter Einhaltung der Neutralität und Gleichbehandlung wahrzunehmen hat (s. rpOVG, GewArch. 1980, 339f.; *Starck,* Festg. Gesell. Rechtspolitik 1984, 433ff.).

4. Öffentlich-rechtliche Monopole

107 In den Fällen, bei denen sich eine Körperschaft zur Erfüllung ihrer Aufgaben und Pflichten „Dritter bedienen“ kann, lassen Wortlaut und Zielsetzung dieser Bestimmungen keinen Zweifel daran, dass eine Volldelegation der Aufgabe auf private Gesellschaften ausscheiden soll. Hier wurden Monopole zugunsten öffentlich-rechtlicher Verwaltungsträger geschaffen, die wegen fehlender gesetzlicher Ermächtigung nicht zur Wahrnehmung im eigenen Namen auf private Dritte übertragen werden dürfen. Vielmehr muss die eigentliche Zuständigkeit, Aufgabenverantwortung und Weisungsbefugnis bei der übertragenen Körperschaft bleiben. Die privatrechtlich organisierte Gesellschaft kann daher nur als Erfüllungsgehilfe zur technischen Durchsetzung im Namen der öffentlich-rechtlichen Mutterkörperschaft handeln (BGH, NJW 1985, 197, 200). Bewusst aufgehoben wurde das staatliche Monopol z.B. im Bereich der Abfallwirtschaft. Hier ist neben die Option, zur Erfüllung der Entsorgungspflichten einen privaten Dritten einzuschalten (§ 16 I KrW-/AbfG, Vorgängernorm: § 3 AbfG), die Möglichkeit getreten, die Entsorgungspflichten selbst im Sinne einer Aufgabenprivatisierung auf private Dritte, Verbände oder Einrichtungen der wirtschaftlichen Selbstverwaltung zu übertragen (§§ 16 II, 17 III, 18 III KrW-/AbfG, s. näher o. § 90 und u. § 92).

5. Vergaberechtliche Bindungen

108 Neben den Einschränkungen hinsichtlich der Zulässigkeit privatrechtlich organisierter Verwaltungseinheiten bestehen auch verwaltungsrechtliche Bindungen für deren Handeln, die eben aus ihrer besonderen Stellung als Teil der Verwaltung resultieren. Problematisch ist dies besonders im euro-

parechtlich determinierten Bereich der **Auftragsvergabe.** Hier geht es vor allem darum, ob Unternehmen, an denen der Staat beteiligt ist oder die in anderer Weise seinem Einfluss unterliegen, bei ihrer Auftragsvergabe an die öffentlich-rechtliche **Ausschreibungspflicht** gebunden sind. Die Privatisierung von Unternehmen hat in der Vergangenheit zunehmenden Einfluss auf die Anwendung der Richtlinien über die Vergabe öffentlicher Aufgaben ausgeübt. Sie hat dazu geführt, dass das klassische Verständnis des „öffentlichen Auftraggebers" – im Sinne einer ziemlich engen Definition staatlicher Tätigkeit – nicht mehr ausreicht, um dem Geltungsanspruch der EG-Vergaberichtlinien zu genügen. In vielen Fällen schlüpft der Staat in die Rolle eines Privatunternehmens, ohne dass sich jedoch im Kern am staatlichen Charakter seines Handelns etwas ändert.

Die jüngeren EG-Richtlinien sind dieser Entwicklung mit einem grundle- 109
genden Wandel des Begriffs des **„öffentlichen Auftraggebers"** begegnet, ohne ihn quantitativ auszuweiten. Danach fallen hierunter nicht nur staatliche Institutionen **(institutioneller Auftraggeberbegriff),** sondern nach einem **funktionalen** Verständnis auch alle Einrichtungen, die zu dem Zweck gegründet wurden, im Allgemeininteresse liegende Aufgaben nichtgewerblicher Art zu erfüllen, und die überwiegend durch die öffentliche Hand im Wege von Beteiligungen und Aufsichtsfunktionen etc. beherrscht werden (s. die Aufzählung der Typen öffentlicher Auftraggeber in § 98 GWB und die VergabeVO und vgl. dazu *Stober,* Besonderes Wirtschaftsverwaltungsrecht, § 61 III 2). Damit wird genau der Fall einer reinen **Organisationsprivatisierung** erfasst: Rein formal gesehen entsteht mit der organisatorischen Auslagerung einer Verwaltungseinheit in den privaten Sektor ein rein privatrechtlicher Rechtsteilnehmer, der sich dem Reglement der Vergaberichtlinien entziehen könnte. In materieller Hinsicht jedoch steht der Staat in diesem Fall so maßgeblich hinter diesem scheinprivatisierten Rechtsteilnehmer, dass man vergaberechtlich hierin einen öffentlichen Auftraggeber sehen muss. Hinsichtlich der **Zweiteilung des Vergaberegimes** ist zu beachten, dass privatrechtlich organisierte Auftraggeber bei einer Beschaffung unterhalb der Schwellenwerte im Sinne des § 2 VergabeVO den Verdingungsordnungen nur unterfallen, wenn entsprechende Verpflichtungen bestehen (s. *Puhl,* VVDStRL 60 [2001], 456, 475).

Weniger klar verhält sich die Zuordnung bei einer **Aufgabenprivatisie-** 110
rung. Der wirkliche Privatisierungsgrad reicht hier über den einer reinen Organisationsprivatisierung hinaus. Er betrifft nicht nur die äußere Organisationsform, sondern auch die vom Unternehmen ausgeführten Aufgaben (vgl. vor § 90). Allerdings können insoweit Einschränkungen bestehen, als diese Aufgaben unter staatlichen Einfluss in Form von Beaufsichtigungsfunktionen, Garantien, Kapitalbeteiligungen und finanziellen Zuwendungen ausgeführt werden. Es handelt sich dann um sog. **unechte Aufgabenprivatisierungen.** Ein Beispiel hierfür ist die Deutsche Bahn AG, wenn man isoliert auf den Unternehmensbereich „Fahrweggesellschaft" abstellt. Denn

dieser unterliegt in erheblichem Maße den staatlichen Garantien für eine ausreichende Schienenwegeversorgung (Art. 87e IV GG und s. dazu oben unter IV 1c) und ist zudem einer der größten Zuwendungsempfänger des Bundes. Bei unechten Aufgabenprivatisierungen steht der Staat also noch in einem hohen Maße hinter dem Privatrechtssubjekt. Diese Konstellation rechtfertigt es, das jeweilige Unternehmen als öffentlichen Auftraggeber anzusehen (s. auch u. § 93 VI).

Anders verhält es sich dagegen bei der **echten Aufgabenprivatisierung.** Das betreffende Unternehmen ist in der Weise privatisiert worden, dass kein Rest staatlicher Monopole, Garantien oder regelmäßiger finanzieller Zuwendungen mehr festgestellt werden kann. Als Beispiel kann hier die Deutsche Bahn AG „Betriebsgesellschaft" genannt werden. Es ist ihre rein unternehmerische Entscheidung, wie sie Schienenverkehrsleistungen erbringt, d.h. welche Waggons sie kauft und welches Streckenmanagement sie betreibt. Dies muss vergaberechtlich zu einer anderen Behandlung als bei der Deutsche Bahn AG „Fahrweggesellschaft" führen (ausführlich *Noch,* DÖV 1998, 623ff.).

6. Beschränkungen bei der Wahl der Organisationsform

111 Staat und Kommunen sind teilweise auch bei der Wahl der konkreten privatrechtlichen Organisationsform beschränkt. Hat der Gesetzgeber die öffentliche Hand nicht auf eine bestimmte Rechtsform festgelegt, soll sie sich an einem privatrechtlichen Unternehmen nur beteiligen, wenn die Haftung und die Einzahlungspflicht auf einen bestimmten (z.B. § 65 I Nr. 2 BHO, § 108 I Nr 3 nwGO) bzw. einen der Leistungsfähigkeit des Verwaltungsträgers entsprechenden (z.B. § 103 I Nr 4 bwGO) Betrag begrenzt ist. Für nichtwirtschaftliche Unternehmen insbesondere im kommunalen Bereich gilt die Haftungsbeschränkung nicht (§ 107 II nwGO, *Hörr,* GemHVO 1984, 282).

7. Organisationsermessen

112 Im Übrigen steht die Errichtung von juristischen Personen des Privatrechts und die partielle Bindung an solchen Gesellschaften im pflichtgemäßen **Organisationsermessen** des jeweiligen Hoheitsträgers. Deshalb darf weder die Entscheidung über die Inanspruchnahme des privatrechtlichen Organisationsrechts noch der Beschluss über die zu wählende Rechtsform willkürlich sein (OVG Lbg. NJW 1977, 450).

a) Die Frage des „Ob" der Auslagerung

113 Vor- und Nachteile einer **organisatorischen Aufgabenauslagerung** müssen gegeneinander abgewogen werden und vor einer Ausgliederung sollte eine Wirtschaftlichkeitsanalyse durchgeführt werden, vor allem dann, wenn die Verwendung privatrechtlicher Organisationsformen unter dem Vorbe-

halt steht, dass sich der angestrebte Zweck nicht wirtschaftlicher auf andere Weise erreichen lässt (s. auch § 6 BHO). In die Überlegungen sind ferner Gründungskosten und Übernahmeverpflichtungen einzubeziehen (*Püttner,* Verwaltungslehre, 3. Aufl. 2000, 46ff.; *Wais,* DÖV 1977, 271).

b) Die Frage des „Wie" der Auslagerung

Hinsichtlich der **Wahl der Rechtsform** ist zu bedenken, dass im Gesell- 114
schaftsrecht die Kompetenzen und Entscheidungsspielräume in der Gesellschaft ebenso wie zwischen Gesellschaft und Mutterträger unterschiedlich festgelegt und einzelne Gesellschaftsformen teilweise austauschbar sind. Zur Verwirklichung der mit der öffentlichen Verwaltung durch verwaltungsgesteuerte juristische Personen des Privatrechts verfolgten Ziele und aus Gründen der Einheitlichkeit der Verwaltungsführung ist es erforderlich, dass die zuständigen Stellen bei der Bildung privatrechtlicher Verwaltungsträger auf die prinzipielle Gleichwertigkeit dieser Organisationen mit der körperschaftlichen und anstaltlichen Eignung und bezüglich der Ausstattung in sachlicher, personeller und finanzieller Hinsicht achten. Außerdem ist der Grundsatz der Verhältnismäßigkeit zu berücksichtigen.

8. Beschränkungen bezüglich der Wahl von Angestellten und strafrechtliche Haftung

Die Angestellten der verwaltungsgesteuerten juristischen Personen des 115
Privatrechts zählen zwar nicht zum öffentlichen Dienst (s. BAG, DÖV 1960, 349). Das schließt jedoch nicht aus, dass sie materiell wie Angestellte des öffentlichen Dienst behandelt werden und ebenfalls unter staatliche sowie kommunale Inkompatibilitäts- oder Befangenheitsvorschriften fallen. So gehören nach der Entscheidung des BVerfG auch die leitenden Angestellten eines privaten Unternehmens, das von der öffentlichen Hand beherrscht wird, zu den Angestellten des öffentlichen Dienstes i.S.d. Art. 137 I GG, deren Wählbarkeit gesetzlich beschränkbar ist (s. z.B. Art 31 IV Nr. 1 bayGO; § 13a nwKWahlG; BVerfGE 38, 326, 339). Diese Entscheidung ist zu begrüßen, weil es für das Vorliegen eines Interessenkonfliktes zwischen der dienstlichen Tätigkeit und einem Mandat nicht auf den formalen Unterschied zwischen der Organisationsform ankommen kann. Sie ist aber nicht weitgehend genug, da auch bei Angestellten in nicht herausgehobenen Positionen ein echtes Bedürfnis gegeben sein kann, ihnen in der Ausübung des Mandats Beschränkungen aufzuerlegen (*Stober,* BK Zweitbearb. Art. 137, Rn 326ff., m.w.N.)

Hinsichtlich der Befangenheit kommt es darauf an, ob eine Kapitalgesellschaft, deren Anteile ganz oder überwiegend in öffentlicher Hand sind, von Beratungen und Entscheidungen der Vertretungskörperschaft einen unmittelbaren Vor- oder Nachteil hat. Hieraus kann sich für einzelne Mitglieder der Vertretungskörperschaft die Möglichkeit eines Interessenkonfliktes ergeben (s. heStGH, NJW 1977, 2307) mit der Folge, dass sie in derartigen Entscheidungen nicht mitwirken dürfen.

116 Probleme hat wiederholt die Frage bereitet, wann ein Angestellter privatrechtlich organisierter Verwaltungseinheiten unter den **strafrechtlichen Begriff des Amtsträgers** gemäß § 11 I Nr. 2c) StGB fällt. In einer zurückliegenden Entscheidung aus dem Jahr 1992 hatte der BGH die Ansicht vertreten, dass im Bereich der Daseinsvorsorge die Wahl privatrechtlicher Organisationsformen gegen die Annahme der „Amtsträger"-Eigenschaft spräche, und hatte sich damit deutlich für eine organisationsrechtliche und gegen eine funktionale Betrachtungsweise ausgesprochen (BGHSt 38, 199ff.). Die Entscheidung stieß zu Recht auf Kritik (*Ossenbühl,* JR 1992, 473) und veranlasste den Gesetzgeber, in § 11 I Nr. 2c) StGB die Worte „unbeschadet der zur Aufgabenerfüllung gewählten Organisationsform" einzufügen und damit klarzustellen, dass es auf die gewählte Organisationsform gerade nicht ankommt.

In darauf folgenden Entscheidungen hat der BGH sich darauf verlegt, dass es – unbeschadet der zum 2. 8. 1997 in Kraft getretenen neuen Gesetzesfassung des § 11 I Nr. 2c) StGB – kumultativ auf beide Voraussetzungen ankomme; nämlich, dass der Betreffende (1) „Aufgaben der öffentlichen Verwaltung" wahrzunehmen habe und (2) dafür von einer Behörde oder sonstigen Stelle „bestellt" sei (BGHSt 43, 96, 105; 43, 370, 377). Diese Interpretation hat der BGH in seinem Urteil v. 3. 3. 1999 (DVBl. 1999, 918f.) unterstrichen. Danach ist ein Mitarbeiter in der Bauabteilung der Flughafen Frankfurt/Main AG kein Amtsträger, weil die Flughafengesellschaft keine „sonstige Stelle" i.S. des § 11 I Nr. 2c) StGB sei. Der Senat sah zu Recht in den von der Frankfurter Flughafen AG wahrgenommenen Aufgaben nicht solche der öffentlichen Verwaltung: Die AG unterliege keiner staatlichen Steuerung, sie sei ausschließlich marktwirtschaftlich, d.h. auf Gewinnerzeilung ausgerichtet und gehe auch weit über das Unterhalten der notwendigen Infrastruktureinrichtungen hinaus. Zudem stehe die AG im unternehmerischen Wettbewerb, auch mit privaten Konkurrenten, und erhalte für ihren laufenden Geschäftsbetrieb keinerlei finanzielle Mittel aus öffentlichen Haushalten. Daher ergäbe sich allein aus der Inhaberschaft der öffentlichen Hand noch keine staatliche oder kommunale Steuerung der Gesellschaft.

VIII. Überlagerung von Verwaltungs- und Gesellschaftsrecht

117 Will die öffentliche Hand durch eine juristischen Person des Privatrechts handeln, stellt sich neben der Frage nach den Gründungsmodalitäten vor allem das Problem, in welcher Weise die Gesellschaft durch den oder – etwa im Fall einer interkommunalen Zusammenarbeit – die öffentlichen Gesellschafter zu steuern ist (s. näher *Mann,* Die öffentlich-rechtliche Gesellschaft, 2002, 182ff.).

1. Gründung

a) Geltung des Privatrechts

Bei der Gründung juristischer Personen des Privatrechts durch die öffentliche Hand richten sich die erforderlichen Rechtsakte prinzipiell nach den für die jeweilige Organisationsform geltenden allgemeinen **Privatrechtsvorschriften.** Diese lassen in der Regel ausreichend Spielraum für eine entsprechende Fassung der Satzung oder des Gesellschaftsvertrages und können einen angemessenen Einfluss des Mutterträgers sicherstellen. Denkbar sind etwa Genehmigungsvorbehalte für wichtige Angelegenheiten wie z. B. Tarife und Leistungsprogramme, Weisungsrechte zugunsten des Aufsichtsorgans sowie das Recht, eine bestimmte Anzahl von Vertretern in den Aufsichtsrat zu senden (§ 101 II AktG) oder die Mitglieder der Geschäftsführung bzw. des Vorstandes zu bestellen. **118**

b) Personale Voraussetzungen

Das private Organisationsrecht setzt in einigen Fällen voraus, dass mehrere Personen an der Gründung mitwirken; z. B. an der Gründung einer Gesellschaft des bürgerlichen Rechts mindestens zwei Gesellschafter (§ 705 BGB), an der eines Vereins oder einer Genossenschaft mindestens sieben Mitglieder (§ 56 BGB) bzw. Genossen (§ 4 GenG). Gesellschaften mbH und Stiftungen können dagegen von einer oder mehreren Personen gegründet werden (§ 1 GmbHG, § 80 BGB). Auch für die Gründung von Aktiengesellschaften ist die frühere Mindestzahl von fünf Gesellschaftern durch das Gesetz für kleine Aktiengesellschaften und zur Deregulierung des Aktienrechts vom 2. 8. 1994 (BGBl. I S. 1961) weggefallen, so dass nunmehr auch die Gründung einer AG als Einmanngesellschaft zulässig ist (§ 2 AktG). **119**

Durch die Lockerungen im Aktienrecht sind für die öffentliche Hand Gründungsschwierigkeiten ausgeräumt worden. Wollte zuvor ein einziger Verwaltungsträger eine privatrechtliche Vereinigung in eigener Regie gründen, so musste er sich unter Umständen zum Erreichen der Gründer-Mindestzahl damit helfen, dass er private Dritte (z. B. Ministerial- oder Kommunalbeamte als Strohmänner hinzuzog (vgl. hierzu in der Vorauflage § 104a Rdnr. 29). Diese Hilfslösung wird jetzt nur noch in Ausnahmefällen in Betracht kommen, da es zur Gründung der in der Praxis favorisierten Gesellschaftstypen GmbH und AG eines solchen „Kunstgriffs“ nicht bedarf. Ungeachtet dessen kann sich die öffentliche Hand auch durch mehrere juristische Personen des öffentlichen Rechts oder in Zusammenarbeit mit gleichberechtigten Privatpersonen als Gründer einer privatrechtlichen Vereinigung betätigen.

2. Verwaltungsrechtliche Bindungen

Nach der Gründung oder einem sonstigen Beteiligungsvorgang oder auch **120**
nach dem Erschließen einer Möglichkeit externer Einflussnahme besitzt die

verwaltungsgesteuerte juristische Person nicht dieselbe Rechtsstellung wie andere privatrechtliche Organisationen, weil sie unbeschadet ihrer organisatorischen Eigenständigkeit Glied der staatlichen Organisation bleibt und in diese eingebunden ist. Die öffentliche Hand kann sich also durch eine organisatorische Flucht in das Privatrecht nicht der verfassungsrechtlichen und einfachgesetzlichen Bindungen und Schranken entziehen. Die Normen des Privatrechts werden durch Bestimmungen des öffentlichen Rechts ergänzt, überlagert und modifiziert (s.o. § 23 II).

121 **Beispiele:** Einbindung in die staatliche **Konjunkturpolitik,** sofern die privatrechtliche Vereinigung zugleich den Status eines (wirtschaftlichen) Unternehmens besitzt (s. §§ 13ff. StabG und *Püttner,* DÖV 1983, 697, 702), vor allem aber die Wahrnehmung der sog. **Kontroll- und Einwirkungspflichten** – hierzu gehören die Prüfung der Ordnungsgemäßheit der Geschäftsführung im Rahmen der Abschlussprüfung, besondere Darstellungen im Rahmen des Prüfungsberichtes, das Recht der unmittelbaren Unterrichtung für die Rechnungsprüfungsbehörde sowie eine ausreichende Einflusssicherung (vgl. §§ 53f. HGrG, § 99 sächsGO und *Ehlers,* DVBl. 1997, 137, 142).

122 Die privatrechtlich organisierte Verwaltung ist für die **Aufsichtsinstanzen** allerdings nur in dem Maße beeinflussbar, in dem sich der öffentlich-rechtliche Mutterträger nach den Normen des privaten Organisationsrechts bzw. des Gesellschaftsvertrages oder der Satzung auf entsprechende Rechte berufen kann. D.h. der Träger muss dafür sorgen, dass er den Eigentumsverhältnissen und seiner verwaltungsrechtlichen Verantwortung gemäß mindestens die in §§ 53f. HGrG vorgesehenen Einwirkungsbefugnisse und zugleich einen ausreichenden personellen und inhaltlichen Einfluss auf die Tochtergesellschaft erhält. Gerade hierbei eröffnen sich aber Probleme.

3. Öffentlich-rechtliche und gesellschaftsrechtliche Inkongruenzen

123 Ausgehend von den verfassungsrechtlichen Anforderungen der öffentlichen Zwecksetzung (s.o. § 91 VII), ihrer Sicherstellung und der entsprechenden Einwirkungs- und Kontrollverantwortung der öffentlichen Hand **(Ingerenzpflicht)** existieren für den öffentlichen Träger einer privatrechtlichen Gesellschaft im Rahmen der gesellschaftsrechtlichen Steuerungs- und Kontrollmöglichkeiten Einwirkungsdefizite (dazu *Mann,* Die öffentlich-rechtliche Gesellschaft, 2002, 189ff., 265ff.). Sie basieren auf Inkongruenzen zwischen öffentlich-rechtlichen Anforderungen und gesellschaftsrechtlichen Möglichkeiten. Zu nennen ist etwa der Widerspruch zwischen der aktienrechtlichen Unzulässigkeit eines imperativen Mandats von Aufsichtsratsmitgliedern und der im kommunalen Wirtschaftsrecht postulierten Weisungsbindung entsandter Aufsichtsratsmitglieder (s. dazu auch *v. Danwitz,* AöR 120 [1995], 595, 625; *Gundlach/Frenzel/Schmidt,* LKV 2001, 246ff.; *Altmeppen,* NJW 2003, 2561ff.). Probleme bei der Steuerung durch nachträgliche Kontrolle stellen sich beispielsweise im Spannungsfeld zwischen öffentlich-rechtlichen Berichtspflichten und gesellschaftsrechtlichen Ver-

schwiegenheitspflichten, etwa bei § 93 I 2 AktG (siehe näher *Mann,* Die öffentlich-rechtliche Gesellschaft, 2002, 228, 241).

Zur Lösung dieser öffentlich-rechtlichen und gesellschaftsrechtlichen Inkongruenzen wird zum Teil unter Hinweis auf Art. 31 GG der Vorrang des Gesellschaftsrechts präferiert, da es sich um eine Kollision zwischen bundesrechtlichem Gesellschaftsrecht und Kommunalrecht handele (dazu bereits *Püttner*, Die öffentlichen Unternehmen, 2. Aufl. 1985, 234 ff.). Aufgrund der Erwägung, dass nur vordergründig eine Kollision zwischen Gesellschafts- und Kommunalrecht vorliege, im Kern aber ein Widerspruch zwischen verfassungsrechtlichen Anforderungen (Sicherung der öffentlichen Zwecksetzung, Ingerenzpflichten) und Gesellschaftsrecht bestehe, wird nach anderer Ansicht Art. 31 GG als unanwendbar angesehen. Danach seien Normwidersprüche nach der sog. Lehre vom Verwaltungsgesellschaftsrecht – in Anlehnung an die Lehre vom Verwaltungsprivatrecht – im Wege verfassungskonformer Auslegung der Normen des einfachen Gesellschaftsrechts aufzulösen (*v. Danwitz,* AöR 120 [1995], 595, 616 f.). Dieser Lehre wird allerdings eine unzureichende Rechtsfolgenklarheit der konkreten Überlagerungen vorgeworfen. Deshalb sei der Gesetzgeber gefordert (dazu *Mann,* Die öffentlich-rechtliche Gesellschaft, 2002, 297 ff.). Die diesbezüglichen Gestaltungsvorschläge reichen von der Schaffung eines **Sondergesellschaftsrechts** für öffentliche Unternehmen durch Änderungen des Gesellschaftsrechts (z. B. Ausnahmetatbestände), über Modifikationen des geltenden Eigenbetriebsrechts bis hin zur Entwicklung einer eigenen **öffentlich-rechtlichen Rechtsform für öffentliche Unternehmen** (*Mann,* Die öffentlich-rechtliche Gesellschaft, 2002, 297 ff., 305 ff.). Die Diskussion um den richtigen Lösungsweg erlebt derzeit eine Renaissance. 124

IX. Steuerrechtliche Aspekte

Die Erscheinungsformen der privatrechtlich organisierten Verwaltung haben verdeutlicht, dass kommunale Wirtschaftsunternehmen häufig einen Konzern bilden, vor allem um eine steuerlich günstige Lage zu erreichen. Durch die – u. a. europarechtlich motivierte – Unternehmenssteuerreform hat sich hier für die kommunale Wirtschaft ein Handlungsbedarf ergeben: 125

1. Das Steuersenkungsgesetz

Zum 1. 1. 2001 trat in überwiegenden Teilen das **Steuersenkungsgesetz** als Herzstück der Unternehmenssteuerreform in Kraft. Hierdurch wurden insbesondere das körperschaftsteuerliche Anrechnungsverfahren abgeschafft und das Halbeinkünfteverfahren eingeführt. Der zuvor gesplittete Körperschaftsteuersatz von 40% bei Thesaurierung und 30% bei Ausschüttung ist durch einen einheitlichen Definitivsteuersatz von 25% ersetzt worden. Die- 126 ser gilt auch für Betriebe gewerblicher Art, soweit sie Gewinne erzielen. Um eine Mehrfachbelastung zu vermeiden, bleiben die Ausschüttungen von Dividenden von Kapitalgesellschaften an andere Kapitalgesellschaften oder Betriebe gewerblicher Art ertragssteuerfrei. Allerdings sind Aufwendungen, die mit Dividenden von inländischen Gesellschaften in unmittelbarem wirtschaftlichem Zusammenhang stehen, nach § 3c I EStG n.F. steuerlich nicht mehr abzugsfähig (ausführlich *Blaas u. a.,* Unternehmenssteuerreform, NJW 2000, Beilage zu Heft 51).

2. Handlungsbedarf für die kommunale Wirtschaft

127 Gerade die kommunale Wirtschaft hatte von dem körperschaftssteuerlichen Anrechnungsverfahren in besonderem Maße profitiert. Insbesondere war eine Verrechnung von Gewinnen und Verlusten verschiedener Körperschaftsteuer-Subjekte im kommunalen Bereich (z.B. Eigengesellschaften, Eigenbetriebe) auch ohne Vorliegen der Voraussetzungen einer steuerlichen Organschaft möglich. Das Körperschaftsteuer-Guthaben konnte im Rahmen von Verlustverrechungsmodellen durch gewinnbringende Gesellschaftsanteile als gewillkürtes Betriebsvermögen oder im Rahmen eines kommunalen Querverbundes (Einlagemodell) genutzt werden. Ein weiteres Modell der Verlustverrechnung war die Teilwertabschreibung auf Beteiligungen nach vorherigem Verlustausgleich. D.h. der Gesellschafter einer defizitären Eigengesellschaft hatte einen Zuschuss in Höhe der Jahresverluste gewährt, in dieser Höhe dem Beteiligungsansatz zugeschrieben und wegen der nachhaltigen Verlustsituation der Eigengesellschaft steuerwirksam wieder abgeschrieben (*Littmann/Bitz/Hellwig,* § 6 EStG, Rdnr. 257ff.). Damit konnten Gewinne ertragbringender Beteiligungen (i.d.R. Stadtwerke) steuerlich wirksam mit Verlusten aus anderen Bereichen der Gemeinde (z.B. Parkhausbetriebe, Verkehrsbetriebe) verrechnet werden. Diese Varianten der Verlustrechnung sind auf Grund des Steuersenkungsgesetzes nicht mehr möglich, da die Körperschaftsteuer künftig zu einer Definitivbelastung führt und Teilwertabschreibungen auf Beteiligungen steuerlich nicht mehr anerkannt werden. Dies zwingt zu einer Anpassung der bestehenden Beteiligungsstrukturen.

3. Gestaltungsmöglichkeiten

128 Kein Handlungsbedarf besteht in den Fällen, in denen ertragsreiche und defizitäre Bereiche im Rahmen der wirtschaftlichen Betätigung einer Gemeinde steuerlich wirksam in einem Einheitsunternehmen (z.B. Eigengesellschaft) zusammengefasst sind. Ist dies nicht der Fall, so bieten sich für die Aufrechterhaltung der körperschaftssteuerlichen Verlustverrechnung mehrere Grundmodelle an; allen ist gemeinsam, dass sie die Entstehung einer Definitiv-Körperschaftsteuer bei dem Gewinnbetrieb vermeiden (*Schorr/Schlär,* DB 2000, 2553, 2555ff.).

– **Umwandlung in ein Einheitsunternehmen** 129
Durch die Bildung eines Einheitsunternehmens (z.B. durch die Ausgliederung eines verlustträchtigen Parkhaus-Eigenbetriebs und dessen Aufnahme in eine gewinnbringende Stadtwerke GmbH) können die Ergebnisse des Verlustbetriebes steuerlich wirksam mit denen des Gewinnbetriebes verrechnet werden. Dies ist aber nur möglich, soweit es sich um einen querverbundfähigen Betrieb handelt (z.B. Versorgungsbetrieb: Elektrizität, Wasser, Gas, Fernwärme) oder um eine enge technisch-wirtschaftliche Verflechtung (z.B. Blockheizkraftwerk in einem Hallenbad).
– **Einseitige Organschaft** 130
Zur Herstellung einer körperschaftlichen Organschaft ist neben dem Abschluss eines Ergebnisabführungsvertrags nur noch die finanzielle Eingliederung, also die eine Stimmenmehrheit vermittelnde Anteilsmehrheit, erforderlich. Soll darüber hinaus eine gewerbesteuerliche Organschaft geschaffen werden, ist ferner die organisatorische und wirtschaftliche Eingliederung erforderlich. Kommunalrechtlich ist zu beachten, dass Gemeinden im Rahmen ihrer wirtschaftlichen Betätigung auf die Begrenzung ihrer Haftung achten müssen. Um einer unbeschränkten Verlustübernahme (§ 302 AktG) zu entgehen, bietet es sich an, den Verlustbetrieb aus dem Bereich der Gemeinde in eine GmbH einzubringen und mit dieser den Ergebnisabführungsvertrag abzuschließen.
– **Weitere Modelle** 131
Als weitere Möglichkeiten kommen die Bildung einer Mehrmütterorganschaft oder die Umwandlung des Gewinnbetriebes in eine GmbH & Co. KG in Betracht. Unter einer Mehrmütterorganschaft wird ein Zusammenschluss mehrerer gewerblicher Unternehmen zu einer Gesellschaft bürgerlichen Rechts mit dem Zweck der einheitlichen Willensbildung gegenüber einer Kapitalgesellschaft verstanden, wobei die Voraussetzungen für eine Organschaft geschaffen werden. Die GmbH & Co. KG ist selbst nicht Körperschaftssteuersubjekt, sondern es erfolgt eine direkte Zurechnung des ertragsteuerlichen Einkommens mittels einer einheitlichen und gesonderten Gewinnfeststellung zu den Gesellschaftern, die mit diesem Ergebnis ihrerseits zur Körperschaftssteuer veranlagt werden. Dies bedeutet etwa für einen kommunalen Verlustbetrieb als Kommanditist, dass ihm der Gewinn der Stadtwerke GmbH & Co. KG ohne körperschaftssteuerliche Vorbelastung als Verlustverrechnungspotential zur Verfügung gestellt wird (*Schorr/Schlär*, DB 2000, 2553, 2556f.).

X. Aufsicht

Da die privatrechtlich organisierte Verwaltung im Eigentum bzw. Miteigentum (oder Quasi-)Eigentum der öffentlichen Hand steht, von dieser zur Erledigung von Verwaltungsaufgaben eingesetzt wird, in die allgemeine Verwaltungsorganisation einbezogen und damit letztlich dem Staat zuzu- 132 rechnen ist, unterfällt sie auf mehrfache Weise der Aufsicht der Volksvertretungen, öffentlich-rechtlicher Verwaltungsträger und unabhängiger Kontrollinstanzen. Die Aufsicht erfolgt allerdings nicht nach einheitlichen Grundlagen und Maßstäben. Inhaltlich kann es sich um die Wahrnehmung von Rechts-, Fach-, Sonder-, Rechnungs- und Wirtschaftsprüfungsaufsicht handeln (*Salzwedel*, VVDStRL 22, 210).

Die Aufsichtszuständigkeiten- und befugnisse sind von der Einwirkungspflicht des Mutterträgers bei dem Vorgang des Sich-Beteiligens bzw. der Einflussnahme (Ausgestaltung der Satzung oder des Gesellschafttsvertrages) und beim Betrieb (Bestellung der Organe, Wahrnehmung von Mitwirkungsrechten in entscheidenden oder beratenden Gremien) zu trennen, weil die Aufsicht regelmäßig durch eine andere Instanz wahrgenommen wird (zur Abgrenzung auch *Püttner*, DVBl. 1975, 355f.).

1. Gründungs-, Änderungs- und Auflösungsphase

a) Ministerielle Kontrolle und Rechtsaufsicht

aa) Gründung

133 Die **Gründung von und die partielle Beteiligung an Gesellschaften des Privatrechts** (wie auch die Veräußerung von Gesellschaftsanteilen und die Änderung des Einflusses) unterfallen auf Bundes- und Landesebene der Einwilligung des Finanzministers, der ebenso für das Vermögen zuständige Minister an den jeweiligen Verhandlungen zu beteiligen ist (§ 65 II, III, VI BHO; § 65 nwLHO). Die Genehmigungspflicht, auf die in Bagatellfällen verzichtet werden kann, bezweckt, dass der Finanzminister finanzwirtschaftliche Bedenken soll geltend machen und eine Beurteilung aus haushaltsrechtlichen Gründen soll ablehnen können. Aus dem Regelungszusammenhang des Haushaltsrechts ergibt sich, dass der Finanzminister andere Gesichtspunkte nicht prüfen darf. Die Rechtslage im kommunalen Bereich weicht hiervon ab, weil teilweise nur eine Anzeigepflicht gegenüber der Aufsichtsbehörde (s. z.B. § 96 nwGO) besteht (s. zur Genehmigungspflicht z.B. Art. 91 II bayGO; § 92 V rpGO). Die Anzeige soll die Aufsichtsbehörde in die Lage versetzen, zu prüfen, ob die gesetzlichen Voraussetzungen erfüllt sind. Eine Beanstandung ist vor allem möglich, wenn es an dem öffentlichen Zweck der geplanten Gesellschaft fehlt. Das ist etwa der Fall, wenn das einzige Ziel der Betätigung die Gewinnerzeilung bzw. die Kapitalanlage ist (vgl. BVerfGE 39, 329, 334; BVerfGE 61, 82, 107) oder wenn eine Finanzierungsgesellschaft zum Zwecke der Umgehung haushaltsrechtlicher Vorschriften gegründet wird (*Piduch*, Bundeshaushaltsrecht, § 65 Anm. 8).

bb) Veräußerung

134 Bei der **Veräußerung einer Gesellschaft** oder einer Einflussminderung muss die Aufsichtsbehörde feststellen, ob dadurch nicht die Aufgabenerfül-

lung beeinträchtigt wird (z.B. § 91 I i.V.m. § 96 nwGO). Soweit die Aufsicht auf eine Anzeigepflicht beschränkt ist, kann man annehmen, dass es dem Gesetzgeber nicht mehr – wie etwa bei der kommunalen Vorgängerbestimmung des § 75 DGO darum geht, den Anreiz zur Schaffung rechtlicher selbstständiger Gesellschaften und zur Abwanderung in die Formen des Privatrechts zu verringern.

Das Vorgehen der Aufsichtsbehörde richtet sich nach den einschlägigen Vorschriften über die Rechtsaufsicht. Der Rechtsschutz der Gemeinde ergibt sich aus §§ 40, 42, 68ff. VwGO. Bei den Ausdrücken „öffentlicher Zweck" und „dringender öffentlicher Zweck" und „wichtiges Interesse" handelt es sich um unbestimmte Rechtsbegriffe, die nach h.M. einen Beurteilungsspielraum einräumen (s. oben § 31 III 2d) und deshalb nicht voller gerichtlicher Nachprüfung unterliegen (s. zur Kritik *Stober,* NJW 2002, 2357, 2365f.).

b) Parlamentarische Kontrolle

Neben der Minister- und Rechtsaufsichtskontrolle besteht bei der Gründung von Gesellschaften des Privatrechts und ähnlichen Vorgängen eine **parlamentarische Kontrolle,** soweit der Grundsatz des Gesetzesvorbehaltes reicht, bzw. soweit die Gemeindevertretung beschließen muss (z.B. § 28 I nwGO). Hervorzuheben ist, dass die Veräußerung von besonders bedeutsamen Gesellschaftsanteilen, die im Haushaltsplan nicht vorgesehen ist, grundsätzlich nur mit Einwilligung des Bundestages und des Bundesrates zulässig ist (§ 64 VII BHO). 135

2. Betriebsphase

a) Parlamentarische Kontrolle

Der Betrieb der privatrechtlich organisierten Verwaltung unterliegt der allgemeinen **parlamentarischen Kontrolle.** Das bedeutet, dass auf **Bundes- und Landesebene** die Abgeordneten Beteiligungsrechte (als Ergänzung zum Finanzbericht gem. § 31 BHO) verlangen, eine eventuelle mangelnde Publizität privatrechtlichen Engagements des Bundes oder des Landes aufdecken und Anfragen an die Regierung richten können. Angesichts der Vielzahl staatlicher Unternehmen und anderer Beteiligungen sowie sonst herrschender Privatrechtsvereinigungen wäre aus Gründen der Transparenz und der allgemeinen Zweckmäßigkeitskontrolle angebracht, einen ständigen Parlamentsausschuss nur für die privatrechtlich organisierte Verwaltung zu schaffen (s. auch *Schuppert,* DÖV 1981, 159) oder einen Ombudsmann zu bestellen der gleichzeitig den Haushaltsausschuss und den Rechnungsprüfungsausschuss entlasten könnte. 136

Auf der Kommunalebene wird die Kontrolle der Volksvertretung darüber hinaus dadurch ausgeübt, dass die Vertreter der Gemeinde an die Beschlüsse des Rates bzw. der Ausschüsse gebunden sind und jederzeit abberufen werden können (s. z.B § 55 II 3 nwGO).

b) Kommunalaufsicht

137 Unabhängig davon unterliegt die Geschäftsführung gemeindlicher Unternehmen der **Kontrolle der Kommunalaufsichtsbehörden,** die sich darauf erstreckt, dass die privatrechtlich organisierte Verwaltung der Gemeinden im Einklang mit den Gesetzen verwaltet wird. Gegenstand dieser Rechtskontrolle können Beschlüsse der Gemeindevertretung, die die Vertreter der Gemeinden in einem Organ der Gesellschaft mit Weisungen versehen, die Beachtung der Grundrechte sowie die Wahrnehmung der Einwirkungspflicht sein (*Starck,* JuS 1977, 736; BVerfGE 22, 28, 38, *Gönnenwein,* Gemeinderecht, 447).

c) Sonderaufsichtsbefugnisse

138 In bestimmten Bereichen, namentlich in solchen der infrastrukturellen Betätigung, unterliegen die Unternehmen der privatrechtlich organisierten Verwaltung auch der dortigen **Sonderaufsicht.** Für den Postsektor bemisst sich die Aufsicht nach den §§ 6, 13ff., 19ff., 44 PostG und für den Telekommunikationssektor nach den §§ 6, 19ff., 23ff. 66 TKG. Die Eisenbahnaufsicht ist in den §§ 5ff. AEG geregelt.

d) Wirtschaftskontrolle

139 Die in Kapitalgesellschaften organisierten öffentlichen Verwaltungsträger sind einer **Wirtschaftskontrolle** unterworfen.

aa) Kontrolle durch die Wirtschaftsprüfer

140 Sie werden von **Wirtschaftsprüfern** zunächst nach den Regeln des Gesellschaftsrechts überprüft, grundsätzlich aber darüber hinaus nach den Bestimmungen der §§ 53, 54 HGrG, die zugleich den Rechnungsprüfungsbehörden die Arbeit erleichtern sollen.

bb) Kontrolle durch die Rechnungshöfe

141 Eine weitere Aufsicht erfolgt durch die Rechnungskontrolle. **Rechnungshöfe** können auch gegenüber privatrechtlichen Organisationen der Verwaltung Kontrollinstanzen sein.

Nach § 92 BHO prüft der Rechnungshof die **Betätigung des Bundes** bei Unternehmen in einer Rechtsform des privaten Rechts, an denen der Bund unmittelbar beteiligt ist. Entgegen dem Wortlaut des § 92 BHO, der sich an der Formulierung des § 65 BHO orientiert, ist eine Rechnungsprüfung auch möglich, wenn der Bund Alleingesellschafter einer von ihm gegründeten juristischen Person des Privatrechts ist, da anderenfalls die Rechnungskontrolle umgangen werden könnte (s. auch *Zeichner,* AG 1985, 61ff.). § 44 HGrG ordnet die Anwendung dieser Bestimmung auch für die Länder an. Der Grund für diese staatlichen Rechnungshofkontrolle ist, dass die Prüfung der Unternehmen nach Gesellschaftsrecht nicht ausreicht, soweit nur eine formale Abschlussprüfung vorgesehen ist. Sachlich hat der Rechnungshof bei der privatwirtschaftlich organisierten Verwaltung die Betätigung unter der Beachtung kaufmännischer Grundssätze zu prüfen. Aus § 46 III HGrG ist die Befugnis eines Rechnungshofes abzuleiten, über die bei seiner Prüfung gewonnenen Erkenntnisse auch gegenüber dem Landtag und der Landesregierung zu berichten (BVerwGE 101, 20). Denn die Unterrichtung stellt kein eigenes, vom Prüfungsrecht abkoppelbares Recht des Rechnungshofes dar, sondern ist Bestandteil des Verfahrens selbst.

Die **kommunale Rechnungsprüfung** für verwaltungseigene Gesellschaften des Privatrechts und sonstige Beteiligungen ist unterschiedlich ausgestaltet. Teilweise entspricht sie der BHO (s. Art. 106 IV bayGO). Teilweise kann die Gemeindevertretung dem Rechnungsprüfungsamt die Prüfung der Gemeinden als Gesellschafter, Aktionär oder Mitglied in privatrechtlichen Vereinigungen übertragen (s. § 102 II Nr. 5 nwGO). Diese Regelung ist unbefriedigend, weil weder eine ersatzweise überörtliche Überprüfung eingreift, noch die Wirtschaftlichkeit solcher Gesellschaften geprüft werden muss. Außerdem stehen derartige Bestimmungen im Widerspruch zu den Kommunalnormen, welche eine Einbeziehung der Rechnungsbehörden vorsehen (z. B. § 90 nwGO). 142

XI. Rechtsstellung Dritter

1. Grundsätzliche Beeinträchtigungsfreiheit

Da die Gründung und der Betrieb juristischer Personen des Privatrechts nicht nur Privatpersonen vorbehalten ist, tangiert die Organisation der Verwaltung in Privatrechtsform als solche die Rechtsstellung privater Dritter grundsätzlich nicht. Das gilt insbesondere, soweit der Staat oder andere Hoheitsträger durch privatrechtliche Vereinigungen typische Verwaltungsaufgaben im Rahmen ihres Zuständigkeitsbereiches wahrnehmen (z. B. Wirtschaftsförderungsgesellschaften, Abfallbeseitigungsgesellschaften) oder mit der Schaffung privater Gesellschaften überhaupt erst Verwaltungstätigkeit ermöglichen wollen (z. B. Beschaffungsgesellschaften). In diesen Bereichen macht es gegenüber privaten Dritten keinen Unterschied, ob die Verwaltung privat oder öffentlich-rechtlich organisiert ist (*Wais*, DÖV 1977, 271). 143

Beispiel: Errichtet, verwaltet und unterhält die Gemeinde z. B. ein Hallenbad durch von ihr beherrschte privatrechtliche Unternehmen, liegt eine „öffentliche Sport-, Spiel-, und Freizeitanlage“ etwa i. S. d. § 15 II, 1 rp SportFG vor. Die Benutzung eines solchen Hallenbades durch die Schulen ist gem. § 15 II, IV rpSportFG stets kostenfrei. Dieser gesetzlich zugunsten der Schulträger angeordneten Kostenbefreiung kann sich die Gemeinde nicht dadurch entziehen, dass sie das Hallenbad nicht selbst, sondern durch von ihr beherrschte juristische Personen des Privatrechts betreibt (BGH, UPR 2000, 345 f.). 144

Im Übrigen hat der Bürger keinen Anspruch darauf, dass sich die Verwaltung in einer bestimmten Form organisiert (*Ossenbühl*, VVDStRL 29, 164).

2. Konkurrenzsituation

145 Rechte Dritter können deshalb nur berührt sein, wenn öffentlichrechtliche Verwaltungsträger juristische Personen des Privatrechts bilden oder sich an solchen Gesellschaften beteiligen und dadurch gleichzeitig eine **Konkurrenzsituation mit der Privatwirtschaft** oder eine sonstige unzumutbare Benachteiligung entsteht.

a) Organisationsakt als Streitgegenstand

146 Insoweit stellt sich, wenn überhaupt, die Frage, ob mögliche Rechte Dritter schon durch Organisationsmaßnahmen berührt sind. Da es kaum vertretbar wäre, die dem Betrieb vorgelagerte Organisation zuzulassen, wenn der Betrieb möglicherweise aus rechtlichen Gründen nicht gestattet wäre, können Betroffene schon gegen den **Organisationsakt** vorgehen (BVerwGE 39, 329, 331; BGH, NJW 1974, 1333; *Lindner,* Verwaltungsgerichtliche Klagemöglichkeiten gegen private kommunale Wirtschaftsbeteiligung, 1974).

b) Drittschützende Norm

147 Eine Klage kann jedoch nur Erfolg haben, wenn die **jeweilige Norm auch den Schutz privater Dritter, der Konkurrenz, bezweckt.** Nach h.M. wollen die Vorschriften über die Zulässigkeit wirtschaftlicher Unternehmen und privatrechtlicher Beteiligungen die öffentliche Hand davor schützen, dass sie sich finanziell übernimmt, unübersehbare Risiken eingeht und ihre eigentliche Aufgaben vernachlässigt (bayVGH, BayVBl. 1976, 628ff.; BGH, DVBl. 1977, 177 m. Anm. *Bettermann; Gönnenwein,* Gemeinderecht, 447; *Badura,* in: Schmidt-Aßmann, Bes VerwR, 11. Aufl. 1999, 3. Abschn., Rdnr. 122; *Dickersbach,* WiVerw. 1983, 210). Nach anderer Meinung (*Püttner,* DVBl. 1979, 353) kann die Klage nur Erfolg haben, wenn es sich um einen privat (*Leisner,* WiVwerw. 1983, 224) bzw. öffentlich-rechtlichen Anspruch (*Ossenbühl,* DVBl. 1973, 249) gegen die Gesellschaft selbst handelt. Die Rechtsprechung bejaht einen öffentlich-rechtlichen Anspruch gegenüber der Gesellschaft nur, wenn sich dieser aus Bestimmungen des öffentlichen Rechts ergibt (s. BGHZ 52, 325 – Gleichbehandlung bei der Schülermonatskartenvergabe gegen eine kommunale Verkehrsgesellschaft; BVerwGE 37, 243ff. – Anspruch auf unentgeltliche Beförderung Schwerbeschädigter durch kommunale Verkehrs-AG; BGH, UPR 2000, 354f. – Anspruch eines Schulträgers auf kostenfreie Benutzung eines kommunalen, von einer GmbH betriebenen Hallenbades durch die Schule). Das ist die zutreffende Konsequenz aus der oben dargelegten Grundrechtsbindung der juristischen Personen des Privatrechts im Bereich des Verwaltungsprivatrechts (s.o. § 23 II). Folglich entfällt insoweit ein Durchgriff auf den hinter der Gesellschaft stehenden Mutterträger (s. hierzu auch OVG Koblenz, DÖV 1986, 153).

3. Haftungsbeschränkungen

Problematisch sind schließlich die **Haftungsbeschränkungen,** wenngleich sie meistens Zulassungsvoraussetzung für die Errichtung von bzw. die Beteiligung an Gesellschaften des Privatrechts sind. Nach dem Willen des Gesetzgebers soll nur das Gesellschaftsvermögen haften und zwischen Gläubigern der Gesellschaft und den Gesellschaftern der öffentlichen Hand keine unmittelbar Rechtbeziehungen bestehen, so dass auf das Vermögen der Mutterträger nicht zurückgegriffen werden kann. Derartige Haftungsbeschränkungen sind zwar dem öffentlichen Recht nicht unbekannt und sinnvoll, weil anderenfalls bei übermäßigen Haftungsrisiko keine öffentlichen Einrichtungen betrieben werden könnten oder das Benutzerentgelt drastisch erhöht werden müsste (s. *Stober,* JA 1973, 742 m.w.N.). Weder diese noch die Gründe, welche bei der Normierung der Haftungsbeschränkungen im Haushalts- und Kommunalrecht, maßgebend waren, können jedoch eine Haftungsbeschränkung rechtfertigen, wenn die öffentliche Hand durch eine juristische Person des Privatrechts etwa Wissenschafts- und Forschungsaufgaben erledigen lässt und in diesem Zusammenhang erhebliche Schäden entstehen. Hier ist es unbillig, Gläubiger etwa auf das in der Regel nur in Höhe von € 25 000 bestehende Stammkapital der Gesellschaft zu verweisen, weil der Staat aus Gründen der Zukunftsvorsorge technologische Grundlagenforschung betreiben muss und nicht in die privatrechtliche Organisationsform schlüpfen darf, um seine Haftung zu begrenzen (s. o. § 34 II 3). Die Durchgriffshaftung ist hier die haftungsrechtliche Entsprechung zur Einwirkungspflicht und damit Folge der Letztverantwortlichkeit der Verwaltung. Sie ergibt sich schließlich aus dem Kriterium Verwaltungsprivatrecht, bei dem es letztlich nicht auf die Rechtsbeziehung Gemeinde/Staat-Gesellschaft, sondern Verwaltung/Bürger ankommt (s. kritisch zu diesem Abgrenzungskriterium *Zuleeg,* VerwArch. 73, 1982, 384; *Böckstiegel,* Der Durchgriff auf den Staat, 1972). Die Rechtsfigur der Durchgriffshaftung muss nicht bemüht werden, wenn die juristische Person des Privatrechts im Namen und im Auftrage des Mutterträgers handelt, wie das etwa bei den Wirtschaftsförderungsgesellschaften, bei Stadtwerken und Abfallbeseitigungsanlagen der Fall ist, die lediglich als Erfüllungsgehilfen tätig werden. Sie entfällt, wenn der Mutterträger eine angemessene Schadensversicherung abschließt (s. ferner *Fischedick,* Die Wahl der Benutzungsform kommunaler Einrichtungen, 1986). 148

§ 92 Public-Private-Partnerships

Schrifttum: S. vor § 90 und ferner: *Arndt, J-H,* Die Privatisierung von Bundesfernstraßen, 1999; *Bauer,* Verwaltungsrechtliche und verwaltungswissenschaftliche Aspekte der Gestaltung von Kooperationsverträgen bei Public-Private-Partnerships,

DÖV 1998, 89ff.; *ders.;* Privatisierungsimpulse und Privatisierungspraxis in der Abwasserentsorgung, VerwArch 90 [1999], 561ff.; *ders.,* Zur notwendigen Entwicklung eines Verwaltungskooperationsrechts, in: Schuppert (Hg.), Jenseits von Privatisierung und „schlankem" Staat, 1999, 251ff.; *J. Becker,* Rechtsrahmen für Public-Private-Partnerships, ZRP 2002, 303ff.; *Bodanowitz,* Organisationsformen für die kommunale Abwasserbeseitigung, 1995; *Bonk,* Rechtliche Rahmenbedingungen einer Privatisierung im Strafvollzug, JZ 2000, 435; *Böhm,* Öffentlich-Private Partnerschaften in der kommunalen Stadtverwaltung, 1999; *Budäus/Eichhorn* (Hg.), Public-Private-Partnerships, 1997; *Budäus* (Hg.), Organisationswandel öffentlicher Aufgabenwahrnehmung, 1998; *Bundesregierung* (Hg.), Moderner Staat-Moderne Verwaltung, 1999; *Fulbright Kommission* (Hg). Education and Change, Public-Private-Partnership, 1998; *Gerstlberger,* Public-Private-Partnerships in: Killian/Kneissler (Hg.), Demokratische und partizipative Verwaltung, 1999, 333ff.; *Greiling,* Public-Private-Partnerships, WiSt 2002, 339ff.; *Grziwotz,* Einführung in die Vertragsgestaltung im Öffentlichen Recht, JuS 1999, 245; *Gröning,* Public-Private-Partnerships unter den Zwängen des Vergabe-, Gemeindewirtschafts- und Wettbewerbsrechts, ZIP 2001, 497ff.; *Grupp,* Rechtsprobleme der Privatfinanzierung von Verkehrsprojekten, DVBl. 1994, 140; *Habersack,* Public-Private-Partnership: Gemeinschaftsunternehmen zwischen Privaten und öffentlicher Hand, ZGR 1996, 544ff.; *Heinz,* Public-Private-Partnership – ein neuer Weg der Stadtentwicklung, 1993; *Hermanns,* „Energiepartnerschaften zwischen privaten Versorgungsunternehmen, Stadtwerken und Kommunen", NWVBl. 2002, 298; *Hoffmann-Riem,* Das Grundgesetz – zukunftsfähig?, DVBl. 1999, 657; *ders.,* Justizdienstleistungen im kooperativen Staat, JZ 1999, 421; *Höftmann,* Public-Private-Partnership als Instrument der kooperativen und sektorübergreifenden Leistungsbereitstellung, 2001; *ders.,* Public-Private-Partnerships als Instrument der Verwaltungsmodernisierung in: Budäus/Küpper/Streitferdt (Hg.), Neues öffentliches Rechnungswesen, 2000, 799ff.; *Huber, P.M.,* Weniger Staat im Umweltschutz, DVBl. 1999, 489; *Jacob/Kochendörfer,* Private Finanzierung öffentlicher Bauinvestitionen, 2000; *Jahndorf,* Alternative Finanzierungsformen des Staates, NVwZ 2001, 620; *Jungk,* Police-Private-Partnerships und Sicherheitsgewerbe, 2002; *Kahl,* Das Kooperationsprinzip im Städtebaurecht, DÖV 2000, 793; *Kämmerer,* Privatisierung, 2001; *Koenig/Kühling,* EG-beihilfenrechtliche Beurteilung mitgliedstaatlicher Infrastrukturförderung im Zeichen zunehmender Privatisierung, DÖV 2001, 881ff.; *König,* „Neue" Verwaltung oder Verwaltungsmodernisierung: Verwaltungspolitik in den 90er Jahren, DÖV 1995, 349; *Konegen-Grenier/Winde,* Public Private Partnerships in der Hochschullehre, 2000; *Kruis,* Haftvollzug als Staatsaufgabe, ZRP 2000, 1; *Kulas,* Privatisierung hoheitlicher Aufgaben, 2001; *Kyrein,* Baulandentwicklung in Public-Private Partnerships, 2000; *Lange,* Privatisierungspotentiale im Strafvollzug, DÖV, 2001; *Ludwig,* Privatisierung staatlicher Aufgaben im Umweltschutz, 1998; *Lüers,* Die Bauleitplanung nach dem BauROG, DVBl. 1998, 433; *Mehde,* Ausübung von Staatsgewalt und Public Private Partnership, VerwArch 91 [2000], 540ff.; *Nibbeling,* Die Privatisierung im Strafvollzug, 2001; *Peilert,* Police-Private-Partnership, DVBl. 1999, 283; *Pippke,* Öffentliche und private Abfallentsorgung, 1999; *Pitschas/Stober* (Hg.), Kriminalprävention durch Sicherheitspartnerschaften, 2000; *Pünder,* Aktuelle Fragen der Sparkassenpolitik: Kommunen als Akteure der Arbeitsmarktpolitik, in: Eildienst LKT NW 2000, 407; *Reidt,* § 4b BauGB – Die Einschaltung Dritter in die Bauleitplanung, NVwZ 1998, 592; *Roggenkamp,* Public-Private-Partnership, Entstehung und Funktionsweise kooperativer Arrangements zwischen öffentlichem Sektor und Privatwirtschaft, 1999; *Sachverständigenrat „Schlanker Staat" (Hg.),* Leitfaden zur Modernisierung von Behörden, 1997; *Salzwedel,* Optionen, Chancen und Rahmenbedingungen einer Marktöffnung für eine nachhaltige Wasserversorgung- Rechtsfragen, NordÖR 2001, 185; *Schlette,* Die Verwaltung als Vertragspartner, 2000; *H. Schmitz,* Moderner Staat – Modernes Verwaltungsverfahren, NVwZ 2000, 1238, 1242f.; *Schoch,* Privatisierung der Abfallentsorgung, 1994; *Scholz,* Privatisierung im Baurecht, 1997; *Schröder,* Die Informationspflicht nach § 13 VgV im Spiegel der aktuellen Rechtsprechung, NVwZ 2002, 1440; *Schuppert,* Grundzüge eines zu entwickelnden

Verwaltungskooperationsrechts, Gutachten im Auftrage des Bundesministeriums des Innern, 2001; *Späth/Michels/Schily* (Hg.), Das PPP-Prinzip, Die Privatwirtschaft als Sponsor öffentlicher Interessen, 1998; *Steiner*, Straßenbau durch Private, NJW 1994, 3150; *Stifterverband für die Deutsche Wissenschaft* (Hg.), Mehr Innovation fürs Geld, Thesen und Empfehlungen zur Zukunft von Public-Private-Partnerships in der Wissenschaft, 2002; *Stober* (Hg.), Privatisierung im Strafvollzug, 2001; *ders.* (Hg.), Jahrbuch des Sicherheitsgewerberechts 1999/2000; *ders.* (Hg.), Public-Private-Partnerships und Sicherheitspartnerschaften, 2000; *ders.*, Public-Private-Partnerships: Zukunfts- oder Auslaufmodell?, in: *Teichmann/Wolff*, (Hg.), Qualität als Antwort, 2000, 103 ff.; *ders.*, Private Sicherheitsdienste als Dienstleister für die öffentliche Sicherheit, ZRP 2001, 260 ff.; *Stollmann*, Verwaltung und Wirtschafts-Kooperationsformen, WiVerw 2000, 126; *Teichmann/Wolf*, Police-Private-Partnerships aus juristischer Sicht, DÖV 2000, 261 ff.; *Tettinger* (Hg.), Rechtlicher Rahmen für Public-Private-Partnerships auf dem Gebiet der Entsorgung, 1994; *ders.*, Die rechtliche Ausgestaltung von Public-Private-Partnerships, DÖV 1996, 764 ff.; *Vogel/Stratmann*, Public-Private-Partnerships in der Forschung, 2000; *Wagner*, Privatisierung im Justizvollzug-Ein Konzept für die Zukunft, ZRP 2000, 169; *Weiner*, Privatisierung von staatlichen Sicherheitsaufgaben, 2001; *Zacharias*, Privatisierung der Abwasserbeseitigung, DÖV 2001, 454 ff.; *Ziekow*, Verankerung verwaltungsrechtlicher Kooperationsverhältnisse (Public-Private-Partnerships) im Verwaltungsverfahrensgesetz, Gutachten im Auftrage des Bundesministeriums des Innern, 2001.

I. Begriff, Bedeutung und Abgrenzung

1. Alte und neue Kooperationsformen

Beleihung, Verwaltungshilfe und privatrechtlich organisierte Verwaltung 1
erfassen nur bestimmte, fest abgrenzbare Facetten der Beteiligung Privater an der öffentlichen Verwaltung. Während sich die Beleihung auf die im eigenen Namen erfolgende Ausübung öffentlich-rechtlicher Befugnisse und die Verwaltungshilfe auf die vorbereitende und durchführende Tätigkeit für öffentliche Verwaltungsträger konzentriert, steht bei der privatrechtlich organisierten Verwaltung die formelle Privatisierung bzw. die Organisationsprivatisierung im Vordergrund. Abgesehen davon, dass die erwähnten Erscheinungsformen miteinander kombiniert werden können, haben sich neben der in langer Verwaltungstradition gewachsenen Beleihung und der in jüngerer Zeit gebräuchlichen Organisationsprivatisierung weitere Kooperationsformen zwischen der öffentlichen Hand und Privaten herausgebildet, die man mit dem **Oberbegriff Public-Private-Partnerships** kennzeichnen kann (s. auch *Mehde*, VerwArch 91 [2000], 540 ff.).

Public-Private-Partnerships sind der Sache nach weder eine neuartige noch eine modische Erscheinung des Verwaltungsrechts. Vielmehr arbeiten Verwaltung und Privatpersonen seit langem auf unterschiedlichen Ebenen und in verschiedenartigen Rechtsverhältnissen zusammen. Das belegen etwa die klassische Einteilung in privatrechtliche, verwaltungsprivatrechtliche und hoheitliche Verwaltung (s. o. § 23) und exemplarisch folgende **Urformen** einer **Public-Private-Partnership:**

- **öffentliche Auftragsvergabe** zur Eigenversorgung der Verwaltung **(outsourcing)** in Verbindung mit einer organisationsrechtlichen Komponente, 2

- Auslagerung der Leistungserstellung an Private (**contracting out** – *J. Becker*, ZRP 2002, 303f.),
- **Private Normierungsausschüsse** zur Entwicklung von Technikrecht,
- **Zusammenarbeit der öffentlichen Hand mit privatrechtlich organisierten Tarifvertragsparteien** und
- **Arbeitsgemeinschaften** zwischen Verwaltungen und Bürgern.

3 Gleichzeitig steht fest, dass die Public-Private-Partnership als Ausprägung vornehmlich funktionaler Verwaltungshilfe durch zahlreiche in jüngster Zeit entwickelte Anwendungsfelder eine neue quantitative und qualitative Dimension besitzt (s. auch *Greiling*, WiSt 2002, 339ff.) und insoweit einen wichtigen Beitrag zur **Reorganisation und Restrukturierung der öffentlichen Verwaltung** leisten kann (*Höftmann*, in: Budäus u.a. (Hg.), a.a.O., 801, 803). Deshalb knüpfen Literatur, Verwaltungspraxis und Rechtsprechung hohe Erwartungen an die Leistungsfähigkeit des Institutes Public-Private-Partnership, das wegen seiner typischen Kombination von staatlicher Aufgabenverantwortung und privater Aufgabenerfüllung vielfältige Optionen zwischen den Alternativen to make im Sinne einer **Leistungs- oder Bereitstellungsverwaltung** und to buy im Sinne einer **Bereitstellungsgarantie- und Gewährleistungsverwaltung** eröffnet.

2. Public-Private-Partnership als verwaltungswissenschaftlicher Sammelbegriff

4 Zwar wird in der Literatur gelegentlich geäußert, diese Bezeichnung besitze nicht den Rang einer juristisch verwertbaren Kategorie. Sie sei eine Leerformel (*Bauer*, DÖV 1998, 89; *ders.*, in: Stober (Hg.), Public-Private-Partnerships und Sicherheitspartnerschaften, 2000, 24) und tauge nicht als Grundlage für juristische Ableitungen (*Burgi*, Funktionale Privatisierung und Verwaltungshilfe, 1999, 98f.; *ders.*, NVwZ 2001, 601ff.; *Kämmerer*, Privatisierung, 2001, 58). Dieser Meinung ist jedoch entgegenzuhalten, dass der Ausdruck Public-Private-Partnership mindestens aus verwaltungssystematischen und verwaltungswissenschaftlichen Gründen ein notwendiger Schlüssel- und Sammelbegriff ist, mit dessen Hilfe unterschiedlich strukturierte verwaltungsrechtliche Institute und **Ausprägungen des auf Mitverantwortung angelegten kooperativen Staates** und der **kooperativ agierenden Verwaltung** eingefangen werden können (s. auch *Schmitz*, NVwZ, 2000, 1238, 1241). Die verwaltungsrechtliche Verortung dieser Mischformen jenseits der trennscharfen Abgrenzung Staat-Privat ist ferner deshalb erforderlich, weil dem auch in Nachbarwissenschaften üblichen Standardbegriff (s. näher *Höftmann*, in: Budäus u.a. (Hg.), a.a.O., 801ff.; *Brede*, Grundzüge der öffentlichen Betriebswirtschaftslehre, 2001, 39ff.) in der Gesetzgebung (s. dazu Public Private Partnership in der auswärtigen Kulturpolitik – BT-Ds 14/5963 v. 9. 5. 2001), der modernen Verwaltung und in der Rechtsprechung (KG Berlin GewArch 2002, 25f.) große Praxisbedeutung zu-

kommt. Insoweit kann **Public-Private-Partnership als Kontakt- oder Brückenbegriff** fungieren (s. auch *Bauer,* in: Stober (Hg.), Public-Private-Partnership und Sicherheitspartnerschaften, 2000, 24), der eine Vielzahl von Typen aus dem Bereich der funktionalen Privatisierung erfasst. Schließlich darf diese Rechtsfigur verwaltungsjuristisch nicht ignoriert oder stiefmütterlich behandelt werden, weil sie Ausgangspunkt für rechtliche Lösungen der Voraussetzungen und Rechtsfolgen von Public-Private-Partnerships sein muss, die gegenwärtig noch nicht existieren.

Die Vielfältigkeit der Erscheinungsformen und der weite Einsatzbereich 5
von Public-Private-Partnerships (s. *Tettinger,* DÖV 1996, 764ff.; *Mehde,* VerwArch 91 [2000], 540ff.) verbietet eine abschließende Umschreibung dieses Begriffs (s. aber *Budäus/Grüning,* in: Budäus/Eichhorn (Hg.), Public-Private-Partnerships, 1997, 25, 46ff.; *Höftmann,* in: Budäus u.a. (Hg.), a.a.O. 801ff.; *Brede,* a.a.O., 39; *Greiling,* WiSt 2002, 339), der auch für neue Varianten entwicklungsoffen sein muss. Denn gerade die multidimensionale Zusammenarbeit zwischen Verwaltung und Privatpersonen eröffnet zahlreiche Optionen, die nicht durch eine Definition verkürzt werden dürfen. Allenfalls ist eine Typisierung und Erklärung der einzelnen Partnerschaftsformen oder ein Rückgriff auf wirtschaftswissenschaftliche Begriffsbildungen möglich, die einen ersten Anhaltspunkt über die Weite dieses Rechtsinstitutes vermitteln können. So charakterisiert *B. Wolff* Public-Private-Partnerships als Kooperationen zwischen öffentlich- und privatwirtschaftlichen Aufgabenträgern, bei denen beide Vertragspartner spezifische Investitionen, das heißt nicht nur monetäre oder sonstige austauschbare Beiträge, in einem gemeinsamen Leistungsprozess einbringen (*B. Wolff* in: Jahrbuch für Neue Politische Ökonomie, Bd. 15, [1996], 243ff.). Diese Erläuterung ist jedoch sehr allgemein gehalten, weshalb sie für die juristische Arbeit kaum brauchbar ist. Als negativer Arbeitsbegriff muss es deshalb ausreichen, dass öffentliche Hand und Privatpersonen außerhalb von Beleihung, formeller und materieller Privatisierung zusammenwirken (ähnlich *Di Fabio,* JZ 1999, 585, 588).

3. Public-Private-Partnerships und New Public Management

Public-Private-Partnerships sind zu unterscheiden von **New Public Ma-** 6
nagement (s.o. § 1 IV 3e und § 2 IV). Während Public-Private-Partnerships das Verhältnis zwischen Staat, Verwaltungsträgern und Privaten betrifft, meint der Begriff New Public Management die interne Ökonomisierung der Verwaltung im Sinne der Anwendung in Privatunternehmen erprobter Managementlösungen (s. *König,* DÖV 1995, 349ff.). Das heißt, dass anstelle eines privaten Unternehmens weiterhin die öffentliche Hand tätig bleibt, die aber soweit wie möglich als Unternehmen agiert, dem der Bürger als „Kunde" gegenübersteht. Insofern ist der zu beobachtende Organisationswandel öffentlicher Aufgabenwahrnehmung Bestandteil eines New Public Mana-

gement (s. näher *Budäus,* in: *ders.* [Hg.], Organisationswandel öffentlicher Aufgabenwahrnehmung, 1998, 99ff.; *Greiling,* WiSt 2002, 339ff.) und das neue Steuerungsmodell kann als Innovationsimpuls für das Verwaltungsorganisationsrecht fungieren (*J. P. Schneider,* in: Schmidt-Aßmann/Hoffmann-Riem (Hg.), Verwaltungsorganisationsrecht als Steuerungsressource, 1997, 103ff.).

II. Erscheinungsformen der Public-Private-Partnerships

7 Public-Private-Partnerships sind in zahlreichen verwaltungsrechtlichen Feldern zu finden, die nur teilweise gesetzlich vorgeprägt sind (s. zur Typologie auch *Wahl,* in: Schmidt-Aßmann/Hoffmann-Riem (Hg.) Verwaltungsorganisationsrecht als Steuerungsressource, 1997, 303, 322ff.; *Tettinger,* DÖV 1996, 764ff.; *Brede,* a.a.O., 40ff.; *Greiling,* WiSt 2002, 339ff.; s. ferner die empirischen Befunde bei *Mehde,* VerwArch 91 [2000], 540ff.) und vielfach **verwaltungsinfrastrukturelle Bedeutung** besitzen (*Koenig/Kühling,* DÖV 2001, 881, 886; *Greiling,* WiSt 2002, 339ff.).

1. Allgemeines Verwaltungsrecht

8 Auftragsvergabepartnerschaften, Verfahrenspartnerschaften, Gebäudemanagementpartnerschaften, Bewirtschaftungspartnerschaften für Instandsetzungsmaterialien der Bundeswehr, Flottenmanagementpartnerschaften.

2. Besonderes Verwaltungsrecht

9 – **Straßenpartnerschaften** im Rahmen der Finanzierung von Bundesfernstraßen (*Steiner,* NJW 1994, 3150ff.; Sachverständigenrat „Schlanker Staat“ (Hg.), Materialband, 1997, 248f.; *J.-H. Arndt,* Die Privatisierung von Bundesfernstraßen, 1999; *Jacob/Kochendörfer,* 2000; *dies.*, Effizienzgewinne bei privatwirtschaftlicher Realisierung, 2002; *Gramm,* 2001, 152ff.; *Kämmerer,* Privatisierung, 2001, 343ff.; § 4 II und § 6 AutobahnmautG).

10 – **Bau-, Planungs- und Stadtentwicklungpartnerschaften** (s. näher, *E.-H. Ritter,* in: Schmidt-Aßmann/Hoffmann-Riem (Hg.), Verwaltungsorganisationsrecht als Steuerungsrecource, 1997, 206ff.; *Scholz,* Privatisierung im Baurecht, 1997; *Luers,* DVBl. 1998, 433, 444; *Stollmann,* Natur und Recht 1998, 578ff.; *Reidt,* NVwZ 1998, 592ff.; *Böhm,* Öffentlich-Private Partnerschaften in der kommunalen Stadtentwicklung, 1999; *Grziwotz,* JuS 1999, 245ff.; *Kyrein,* Baulandentwicklung in Public-Private-Partnerships, 2000; *Kahl,* DÖV 2000, 793ff.; *Stollmann,* WiVerw. 2000, 126ff.; *Schlette,* Die Verwaltung als Vertragspartner, 2000, 263ff.; *Köster,* Die Privatisierung von Bauleitplanverfahren, 2002):
   – Einschaltung eines Dritten zur Beschleunigung des Bauleitverfahrens (§ 4b BauGB)

– Städtebaulicher Vertrag (§ 11 BauGB)
– Vorhaben- und Erschließungsplan (§ 12 BauGB)
– Erschließungsvertrag (§ 124 BauGB)
– Sanierungsvertrag (§ 157 BauGB)
– Entwicklungsvertrag (§ 167 BauGB).

– **Kommunalpartnerschaften**
Wasserversorgung (*Salzwedel,* NordÖR 2001, 185 ff.), Personennahverkehr, Kinder- und Jugendhilfe, Museumspartnerschaften (*Pünder,* Eildienst LKTNW 2000, 407 ff.), Entsorgungspartnerschaften, Sportpartnerschaften, Energiepartnerschaften (*Hermanns,* NWVBl. 2002, 298 ff.). 11

– **Umweltpartnerschaften**
Abfallentsorgungspartnerschaften nach §§ 16 ff. KrW-/AbfG (*Tettinger* [Hg.] Rechtlicher Rahmen für Public-Private-Partnerships auf dem Gebiet der Entsorgung, 1994; *Schoch,* Privatisierung der Abfallentsorgung, 1994; *Bodanowitz,* Organisationsformen für die kommunale Abwasserbeseitigung, 1995; *Engel,* Gemischtwirtschaftliche Abfallentsorgung, 1995; *Ludwig,* Privatisierung staatlicher Aufgaben im Umweltschutz, 1998; *Pippke,* Öffentliche und private Abfallentsorgung, 1999; *P. M. Huber,* DVBl. 1999, 489 ff.; *Burgi,* Funktionale Privatisierung und Verwaltungshilfe, 1999, 108 ff.; die Beiträge von *Wahl, Steenken und Laskowski,* in: Gusy (Hg.), Privatisierung von Staatsaufgaben, 1998, 260 ff.; *Frank,* Umweltrecht und Wirtschaft, 2000, 106 ff.; *Höftmann,* Public-Private-Partnerships als Instrument der kooperativen und sektorübergreifenden Leistungsbereitstellung 2000; *Gramm,* Privatisierung und notwendige Staatsaufgaben, 2001, 157 ff.) sowie Abwasserentsorgungspartnerschaften nach § 18 a II 3 WHG (*Zacharias,* DÖV 2001, 454 f.; *Kämmerer,* Privatisierung, 2001, 378 ff.; *Jessen,* Die Privatisierung der Abwasserbeseitigung, 2001, 56). 12

– **Wirtschaftsverwaltungspartnerschaften**
Beteiligung an Messe- und Ausstellungsgesellschaften auf Grund von § 1 II IHKG (s. zu den Grenzen BVerwG DVBl. 2001, 139). Beteiligung Privater bei der Subventionsabwicklung (*Burgi,* Funktionale Privatisierung und Verwaltungshilfe, 1999, 117 ff.). 13

– **Hochschul- und Bildungspartnerschaften**
Drittmittelforschung, Institutspartnerschaften, Stiftungslehrstühle, Hochschulsponsoring, Technologieparks, Forschungsstellenpartnerschaften, Institute, Hochschulbaufinanzierung und Hochschulbau (s. näher *Tettinger,* in: Stober (Hg.) Public-Private-Partnerships und Sicherheitspartnerschaften, 2000, 51 ff.; *Schmidt-Aßmann,* in: *ders.;* Hoffmann-Riem (Hg.), Verwaltungsorganisationsrecht als Steuerungsrecource, 1997, 11, 30 f.; *Stifterverband für die Deutsche Wissenschaft* (Hg.), Mehr Innovation fürs Geld, Thesen und Empfehlungen zur Zukunft von Public Private Partnerships in der Wissenschaft, 2002; *Vogel/Stratmann,* Public-Private-Partnerships in der Forschung, 2000). 14

15 **Beispiele:** Northern Institute of Technology GmbH, Hamburg; Stuttgart Institute of Management and Technology, Betrieb des Cooperative Computing and Communication Laboratory an der Universität Paderborn, Neubau der Fakultät für Maschinenwesen an der TU München mit Untersützung von BMW.

– **Sicherheitspartnerschaften**

16 einschließlich Police-Private-Partnerships, weil es kein Sicherheitsmonopol des Staates gibt (s. *Stober,* NJW 1997; *ders.,* DÖV 2000, 261 ff.; *Peilert,* DVBl. 1999, 282 ff.; *Hoffmann-Riem,* DVBl. 1999, 657, 663 und ferner die Beiträge von *Stober, Bernhardt, Seilert* und *Hammer,* in: Stober (Hg.), Jahrbuch des Sicherheitsgewerberechts 1999/2000, 1 ff., 23 ff., 99 ff. und 123 ff.; *Pitschas/Stober* (Hg.), Kriminalprävention durch Sicherheitspartnerschaften, 2000; *Bauer* und *Burgi,* in: Stober (Hg.) Public-Private-Partnerships und Sicherheitspartnerschaften, 2000, 21, 28 f., 65 ff.; *Stober,* ZRP, 2001, 260 ff.; *Gramm,* Privatisierung und notwendige Staatsaufgaben, 2001, 39, 114 ff.; *Weiner,* Privatisierung von staatlichen Sicherheitsaufgaben, 2001; *Kämmerer,* Privatisierung, 2001, 388 ff.; *Jungk,* Police-Private-Partnerships und Sicherheitsgewerbe, 2002).

– **Strafvollzugspartnerschaften**

17 (Penal-Private-Partnerships), weil es kein Justizgewährleistungs- oder Strafvollzugsmonopol des Staates gibt (*Kulas,* Privatisierung hoheitlicher Aufgaben, 2001; *Hoffmann-Riem,* in: Schuppert (Hg.), Jenseits von Privatisierung und „schlankem" Staat, 1999, 159, 184 ff.; *Hoffmann-Riem,* JZ 1999, 421 ff., 427; *Wagner,* ZRP, 2000, 169 ff.; *Bonk,* JZ 2000, 435 ff.; *Kruis,* ZRP 2000, 1 ff.; *Gramm,* Privatisierung und notwendige Staatsaufgaben, 2001, 119 f.; *Stober* (Hg.), Privatisierung im Strafvollzug, 2001; *ders.,* ZRP 2001, 260 ff.; *Nibbeling,* Die Privatisierung des Strafvollzugs, 2001; *Kämmerer,* Privatisierung, 2001, 388 ff.; *Jacob/Kochendörfer,* Effizienzgewinne bei privatwirtschaftlicher Realisierung, 2002).

– **Bundeswehrpartnerschaften**

18 Privatisierung im Sinne eines outsourcings von Fuhrpark und Bekleidungswesen, von Reparaturleistungen und IT-Leistungen über die Gesellschaft für Entwicklung, Beschaffung und Betrieb mbH (GEBB), die mit Privatunternehmen kooperiert (s. näher *Lorse,* RiA 2002, 16 ff.; *Kunert,* Vergaberecht und öffentliches Recht, 2003).

– **Kulturpartnerschaften**

19 **Beispiel:** Public Private Partnership in der auswärtigen Kulturpolitik (BT-Ds 14/5963 v. 9. 5. 2001).

– **Arbeitsverwaltungspartnerschaften**

20 Vereinbarung zwischen der Arbeitsverwaltung, Arbeitsvermittlungs- und Zeitarbeitsunternehmen hinsichtlich der Vermittlung und Qualifizierung von Arbeitssuchenden.

– **Finanzierungspartnerschaften**

21 **Beispiel:** Sponsoring der A 31 zwischen Ochtrup und Geeste durch Unternehmen.

- **Verkehrspartnerschaften**
  Zusammenarbeit im Rahmen des öffentlichen Nahverkehrs, der Neukonzeption von Bahnhöfen und der Bodenabfertigung auf Flughäfen (OVG Lüneburg, GewArch 2000, 158; VGH München, GewArch 2000, 159). 22
- **Sozialpartnerschaften.** 23

III. Modellformen der Public-Private-Partnerships

1. Einzelne Modelle:

(S. auch Sachverständigenrat „Schlanker Staat (Hg.), Leitfaden zur Modernisierung von Behörden, 1997, 133 ff.; zu weiteren Differenzierungen *Tettinger*, DÖV 1996, 764 ff.; *Höftmann*, in: Budäus u. a. (Hg.), a. a. O., 801). 24

- **Betriebsführungsmodell**
  Im Rahmen einer öffentlichen Ausschreibung wird ein Privater ermittelt, der auf vertraglicher Basis gegen Entgelt Einrichtungen des öffentlichen Auftraggebers in dessen Namen und auf dessen Rechnung und Risiko betreibt. Bei diesem sog. Betriebsführungsmodell bleibt der öffentliche Aufgabenträger (meistens eine Kommune) Betreiber der Einrichtung. Die vereinbarten Leistungen werden nur gegenüber dem Auftraggeber und nicht gegenüber den Nutzern der Einrichtung erbracht. 25

Beispiel: Betriebsführung eines städtischen Krankenhauses.

- **Betreibermodell**
  Im Rahmen einer öffentlichen Ausschreibung wird ein Privater ermittelt, der bestimmte Teilaufgaben wie Planung, Entwicklung, Finanzierung, Bau oder Betrieb einer öffentlichen Einrichtung gegen Entgelt des zuständigen Verwaltungsträgers übernimmt (sog. **BOT-Modell-Build-Operate-Transfer = Bauen-Betreiben-Übergeben**). Das Betreibermodell betrifft lediglich das Innenverhältnis zu dem öffentlich-rechtlichen oder privatrechtlich organisierten Verwaltungsträger und erstreckt sich nicht auf das Außenverhältnis zum Bürger **(Unselbstständiges Betreibermodell),** innerhalb dessen ein unterschiedlich strukturiertes Rechtsverhältnis besteht, das u. a. einen Leistungsanspruch und eine Zahlungsverpflichtung enthält. Diese Konstruktion wird deshalb auch als **technische Erfüllungshilfe durch Verwaltungshelfer** bezeichnet (*Schoch*, DVBl. 1994, 962 f.), die zugleich die Voraussetzungen einer funktionalen Privatisierung (s. o. vor § 90 III) und einer typischen Public-Private-Partnership erfüllt. 26

Beispiel: Bau und Betrieb von Flughäfen, Unterhaltung von Abwasserentsorgungsanlagen (*J. Becker*, ZRP 2002, 303 f.).

- **Konzessionsmodell**
  Davon ist das **selbstständige Betreibermodell** zu unterscheiden, das etwa dem FStrPrivFinG v. 20. 1. 2003 (BGBl. I S. 98 ff.) zugrunde liegt. Danach 27

tritt der eingeschaltene Betreiber auch im Außenverhältnis dem Bürger gegenüber in Erscheinung und ist im Wege der Beleihung berechtigt, **Gebühren (Maut)** bei dem Nutzer zu erheben (s. auch AutobahnmautG v. 5. 4. 2002, BGBl. I, 1234). Da die Haushaltsfinanzierung durch die Nutzerfinanzierung abgelöst wird, ist auch von **Konzessionierung** die Rede (§ 3 V FStrPrivFinG; *Schoch,* DVBl. 1994, 962, 974; *Grupp,* DVBl. 1994, 140ff.; Sachverständigenrat „Schlanker Staat" (Hg.), Materialband, 1997, 248ff.). Die EG-Kommission favorisiert insbesondere im Zusammenhang mit der Durchführung europäischer Infrastrukturobjekte das Konzessionsmodell, bei dem öffentliche Vorhaben durch private Unternehmen abgewickelt werden. Der Unterschied zu einem öffentlichen Auftrag besteht darin, dass der Konzessionär als privater Investor das Nutzungsrisiko trägt. Als Gegenleistung erhält der Auftragnehmer ein Nutzungsrecht, das ihm gestattet, durch die Erhebung von Abgaben seine Kosten zu decken (s. auch Mitteilung der Kommission ABL.EG Nr. C 94/4 v. 7. 4. 1999; Beilage Nr. III/2000 zu Heft 7/2000 der NVwZ). Das Konzessionsmodell hat unter der Bezeichnung **„Baukonzession"** auch Eingang in § 98 Nr. 6 GWB gefunden, die in § 6 VergabeVO in dem dargelegten Sinne definiert wird.

Beispiele: Warnow-Querung in Rostock; Trave-Querung in Lübeck (*Jacob/Kochendörfer,* Effizienzgewinne bei privatwirtschaftlicher Realisierung, 2002, 85ff.); Nahverkehrskonzessionen.

– **Leasingmodell**

28 Ein öffentlich-rechtlicher Verwaltungsträger beauftragt eine Leasinggesellschaft mit der Planung, dem Bau und der Finanzierung eines Vorhabens, wobei die Leasinggesellschaft Eigentümerin des von ihr erstellten Objektes bleibt oder durch Übertragung wird, und das sie dem öffentlich-rechtlichen Verwaltungsträger gegen Zahlung einer Leasingrate zur Nutzung überlässt (s. näher *J.-H. Arndt,* Die Privatfinanzierung von Bundesfernstraßen, 1998, 69ff.), meistens mit der Option des späteren Ankaufs (s. zur haushaltsverfassungsrechtlichen Beurteilung RPVerfGH NVwZ-RR 1998, 145ff. und dazu *Jahndorf,* NVwZ, 2001, 620ff.). Von dem reinen Leasingmodell ist das **Fondsleasing** zu unterscheiden, in dessen Mittelpunkt eine indirekte Verbindung zwischen der Leasinggesellschaft und der öffentlichen Hand über eine zwischengeschaltete Objektgesellschaft steht (s. auch *Hufnagel/Dahlhoff,* VR 2002, 50ff.).

Beispiel: Fuhrparkmanagement, Vollzugsanstalten, Stromversorgung.

– **Beteiligungsmodell oder Kooperationsmodell**

29 Das Beteiligungsmodell ist dann gegeben, wenn die öffentliche Hand zur Erfüllung öffentlicher Aufgaben mit Privaten eine **Beteiligungsgesellschaft** gründet, die den Mitgesellschafter oder Dritte mit der tatsächlichen Durchführung beauftragt und bei der die öffentliche Hand mehrheitlich

am Gesellschaftseigentum beteiligt ist. Es handelt sich um eine Abwandlung des Betreibermodells dahin, dass an die Stelle des privatwirtschaftlichen ein gemeinwirtschaftliches Unternehmen **(Öffentliches Unternehmen)** tritt (s. näher *Jessen,* Die Privatisierung der Abwasserbeseitigung, 2001, 70ff.).

2. Graphische Modelldarstellung

BETREIBERMODELL 30

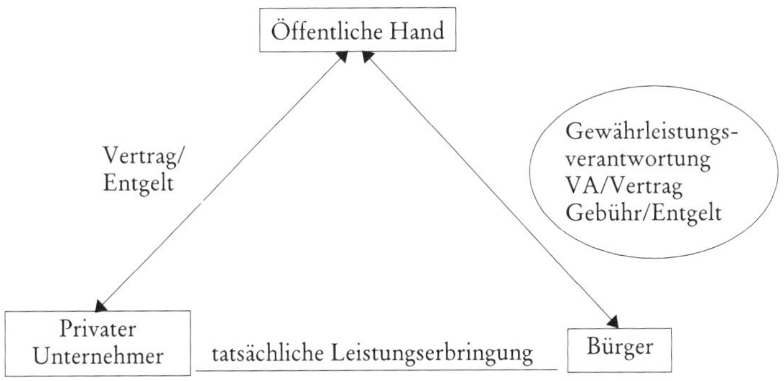

BETEILIGUNGSMODELL

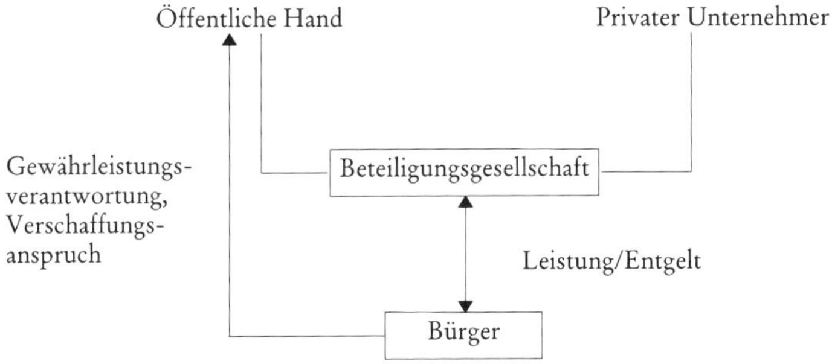

IV. Typisierung der Public-Private-Partnerships

Versucht man die Erscheinungsformen und Modellformen der Public Pri- 31
vate Partnership zu typisieren, dann lassen sich im Wesentlichen drei Kategorien feststellen, die auch Anhaltspunkte für die rechtliche Beurteilung liefern können (s. auch *J. Becker,* ZRP 2002, 303ff.; *Greiling,* WiSt 2002, 339ff.).

- **Informelle Public-Private-Partnerships**
- **Vertragliche Public Private Partnerships** (*Schlette,* Die Verwaltung als Vertragspartner, 2000, 363f.)
- **Gesellschaftsrechtliche Public-Private -Partnerships.**

V. Motive für Public-Private-Partnerships

32 Die Kooperation zwischen der Verwaltung und Privaten durch Public-Private-Partnerships beruht auf unterschiedlichen Motiven, die bereits vor § 90 V abgehandelt wurden (s. auch *Bauer,* in: Stober (Hg.), Public-Private-Partnerships und Sicherheitspartnerschaften, 2000, 27; *Stober,* ZRP, 2001, 260ff.; *Mehde,* VerwArch 91 [2000], 540, 542; *Koenig/Kühling,* DÖV 2001, 881, 885; *Brede,* a.a.O., 46ff.).

VI. Rechtliche Ausgestaltung von Public-Private-Partnerships

1. Public-Private-Partnerships in der Grauzone des Rechts

33 Public-Private-Partnerships sind nicht nur begrifflich, dogmatisch und systematisch, sondern auch einfachgesetzlich eine Grauzone des Rechts. Zwar betont die EG-Kommission die Eignung dieser **Rechtsfigur für die Realisierung europäischer Infrastrukturprojekte.** Sie räumt aber selbst ein, dass es an einem einheitlichen Rechtsrahmen fehlt und die beihilferechtliche Beurteilung nicht abschließend geklärt ist (*Koenig/Kühling,* DÖV 2001, 881ff.). Auch das deutsche Verwaltungsrecht ist lückenhaft, weil keine Kodifikation existiert, das **Verwaltungskooperationsrecht** noch entwicklungsbedürftig ist (*Schuppert,* Verwaltungswissenschaft, 2000, 443ff.; *Schmitz,* NVwZ 2000, 1238, 1241f.) und der Anwendungsbereich von Public-Private-Partnerships nicht auf bestimmte Rechtssektoren beschränkt ist. Gegenwärtig werden unterschiedliche Lösungsmodelle vor dem Hintergrund diskutiert, dass wegen der beschriebenen Heterogenität der Kooperationen einheitliche Regelungsmuster ausscheiden. Im Einzelnen werden Sondernormen für informelle, vertragliche und gesellschaftsrechtliche Public-Private-Partnerships vorgeschlagen (s. näher zu dieser Einteilung *J. Becker,* ZRP 2002, 303ff.; *Greiling,* WiSt 2002, 339ff.).

Angesichts dieses juristischen Flickenteppichs besteht Rechtsunsicherheit über die Zulässigkeit und die Grenzen von Public-Private-Partnerships. Mangels ausdrücklicher Regelungen von Public-Private-Partnerships und nichts sagender Ermächtigungsformeln, wonach sich die Verwaltung zur Aufgabenerfüllung Dritter oder geeigneter Personen als Hilfsorgane bedienen kann (§ 16 I KrW-/AbfG; § 18a II 3 WHG, § 9a III AtG, § 29c I LuftVG; § 158 BauGB, § 134 II UGBKomE), bestehen weder klare Zulässigkeits- noch Begrenzungsmaßstäbe. Ihre Erarbeitung ist umso dringlicher, je mehr Public Private Partnerships Ausübung von Staatsgewalt sind (s. näher *Mehde,* VerwArch 91 [2000], 540ff.) und je intensiver Grundrechte tangiert werden.

2. Mindeststandards für Public-Private-Partnerships

34 Allerdings lassen sich bei einer Querschnittsanalyse sämtlicher einschlägiger Rechtsvorschriften bestimmte Mindeststandards erkennen, die für jede

Zusammenarbeit zwischen der öffentlichen Hand und Privaten gelten. Sie sind teilweise gemeinschaftsrechtlich oder verfassungsrechtlich begründet und im Übrigen an verschiedenen Stellen in gesetzlichen Normierungen enthalten.

Aus Gründen der **Gleichbehandlung,** des **Diskriminierungsverbots** und der **Transparenz** sind geplante Public-Private-Partnerships regelmäßig öffentlich auszuschreiben und in einem Vergabeverfahren zu verhandeln, sofern der Schwellenwert gemäß § 100 I GWB i.V.m. § 2 VergabeVO erreicht ist (ebenso *Burgi,* NVwZ 2001, 601, 603f.). Nach § 97 III GWB setzt die Vergabe an Private **Fachkunde, Leistungsfähigkeit** und **Zuverlässigkeit** voraus (s. näher *Schröder,* NVwZ 2002, 1831ff.). Diese typischen **Zulassungsbedingungen** sind teilweise auch Gegenstand fachspezifischer Ausgestaltung und dadurch zu ergänzen, dass stets zu überprüfen ist, ob die Erfüllung der übertragenen Aufgaben sichergestellt ist und nicht öffentliche Interessen einer Public-Private-Partnership entgegenstehen (s. etwa § 16 II KrW-/AbfG, § 18a IIa WHG; s. ferner *Tettinger,* DÖV 1996, 764, 770; *Bauer,* in: Stober (Hg.), Public-Private-Partnerships und Sicherheitspartnerschaften, 2000, 30f.; *Zacharias,* DÖV 2001, 454ff.). In diesem Zusammenhang kommt die **staatliche und kommunale Gewährleistungs- und Kontrollverantwortung** in den Blick. Sie ist insbesondere dann zu aktivieren, wenn auf Grund der Einschaltung Privater in die öffentliche Aufgabenerledigung zwischen der öffentlichen Hand und dem Bürger keine unmittelbaren Rechtsbeziehungen mehr bestehen, wie das bei dem Beteiligungsmodell der Fall ist. Hier hat die öffentliche Hand auf den Kooperationspartner dahin einzuwirken, dass die Leistungen tatsächlich erbracht werden (sog. **Einwirkungspflicht,** s. auch *Burgi,* NVwZ 2001, 601, 606).

Neben der Zulässigkeit ist auch die **rechtliche Ausgestaltung von Public-Private-Partnerships** von juristischem Nebel umhüllt, weil abgesehen von Ausnahmen – wie etwa § 11 BauGB – gesetzliche Vorgaben fehlen und die Verwaltungsgestaltungslehre als Ausprägung des Verwaltungskooperationsrechts noch keine hinreichend brauchbaren Vertragstypen und Vertragsklauseln entwickelt hat (s. dazu *Schuppert,* Verwaltung 31 [1998], 415ff.; *Bauer,* DÖV 1998, 89ff.; *ders.,* in: Schuppert (Hg.), Jenseits von Privatisierung und „Schlankem Staat“ 1999, 251ff.; *ders.,* in: Stober (Hg.), Public-Private-Partnerships und Sicherheitspartnerschaften, 2000, 35 und 45; *Schmitz,* NVwZ 2000, 1238, 1241f.). 35

Soweit gesetzliche Vorprägungen fehlen und ein Rückgriff auf allgemeine Vertragsregeln (s.o. § 54) wegen der Spezialität der Rechtsmaterie nicht möglich ist, kann sich die wechselseitige **Rechtsstellung der Kooperationspartner** an folgenden Maßstäben orientieren (s. näher *Bauer,* in FS Knöpfle, 1996, 11, 23ff.; *ders.,* DÖV 1998, 89ff.; *Grziwotz,* JuS 1999, 245ff.), die gleichzeitig **„Best Practice“-Empfehlungen** sein können (*Schuppert,* Verwaltungswissenschaft, 2000, 448f. m.w.N.). 36

– Verpflichtung zur Einhaltung gesetzlicher Bestimmungen 37

- Leistungs- und Betriebspflicht
- Preisfestlegungen
- Haftungsregeln
- Weisungsrechte
- Qualitätsanforderungen (output specifications)
- Kontrollrechte
- Informationspflichten
- Befristungen
- Sanktionen (Vertragsstrafen)
- Kündigungsmodalitäten bzw. Rückübertragungspflichten (§ 7 III UGB-KomE).
- Verbraucherschutzregeln.

38 Da das Instrumentarium des öffentlich-rechtlichen Vertrages für eine weiterführende Zusammenarbeit mit Privaten im Sinne des aktivierenden Staates und der Gestaltung einer neuen Verantwortungsteilung nicht mehr ausreicht, plant die Bundesregierung im Rahmen des Programms „Moderner Staat – Moderne Verwaltung" rechtliche Rahmenbedingungen für kooperative Verwaltungsverhältnisse zu schaffen und im Verwaltungsverfahrensrecht zu verankern (Bundesregierung (Hg.), Moderner Staat – Moderne Verwaltung, 1999, 15). Dieses Vorhaben deckt sich mit der in der Literatur erhobenen Forderung, wonach dem Grundgesetz eine **Strukturverschaffungspflicht** zu entnehmen sei, welche die Legitimationsgrundlage staatlichen Handelns gegenüber privaten Entscheidungsvorbereitern bilde und über das Medium des Verwaltungsvertrages zu entfalten sei (*Burgi,* Die Verwaltung 33 [2000], 183 ff.).

VII. Grenzen der Public-Private-Partnerships

39 Die verfassungsrechtlichen Schranken einer Privatisierung von Verwaltungsaufgaben im Wege einer Public-Private-Partnerships ergeben sich im Wesentlichen aus denselben Rechtsgrenzen, die für die materielle Privatisierung gelten (s. u. § 93 und näher aus dem Blickwinkel der funktionalen Privatisierung *Burgi*, Funktionale Privatisierung und Verwaltungshilfe, 1999, 175 ff.).

§ 93 Materielle Privatisierung

Schrifttum: S. vor § 90, §§ 91, 92 und ferner: *Berg* u. a. (Hg.), Regulierte Selbstregulierung als Steuerungskonzept des Gewährleistungsstaates, Die Verwaltung Beiheft 4, 2002; *Bull,* Privatisierung öffentlicher Aufgaben, VerwArch 1995, 621 ff.; *Burgi,* Die öffentlichen Unternehmen im Gefüge des primären Gemeinschaftsrechts, EuR 1997, 261; *Cannivé,* Infrastrukturgewährleistung in der Telekommunikation zwischen Staat und Markt, 2001; *Chan,* Staatliche Regulierung des konkurrentennützigen Netzzugangs im Bereich der Telekommunikation, 2001; *Däubler,* Privatisierung als

Rechtsproblem, 1980; *Doefert,* Urteilsanmerkungen zum EuGH, JA 2003, 16; *Dreier,* Die drei Staatsgewalten im Zeichen von Europäisierung und Privatisierung, DÖV 2002, 537; *Emmerich,* Verweigerung des Zugangs zu wesentlichen Einrichtungen, in: FS Söllner 2000, 273; *Fehling,* Mitbenutzungsrechte Dritter bei Schienenwegen, Energieversorgungs- und Telekommunikationsleitungen vor dem Hintergrund staatlicher Infrastrukturverantwortung, AöR 121 (1996), 60; *Grabbe,* Verfassungsrechtliche Grenzen der Privatisierung kommunaler Aufgaben, 1979; *Gramm,* Privatisierung und notwendige Staatsaufgaben, 2001; *Gröpl,* Privatisierung von Messen, Märkten und Volksfesten, GewArch 1995, 367; *Groß,* Die Schutzwirkung des Brief-, Post- und Fernmeldegeheimnisses nach der Privatisierung der Post, JZ 1999, 326; *Grupp,* Eisenbahnaufsicht nach der Bahnreform, DVBl. 1996, 591; *Gutachten des Wissenschaftlichen Beirats beim Bundesminister für Finanzen,* in: Bulletin der Bundesregierung, 1975; *Hailbronner,* Öffentliche Unternehmen im Binnenmarkt – Dienstleistungsmonopole und Gemeinschaftsrecht, NJW 1991, 593; *Helm,* Rechtspflicht zur Privatisierung, 1999; *Hermes,* Staatliche Infrastrukturverantwortung, 1998; *Hetzer,* Ökonomisierung der Inneren Sicherheit, ZRP 2000, 20; *Hösch,* Anmerkung zu BVerwG, Urteil v. 28. 2. 1997 – 1 C 29.95 (Münster), JZ 1997, 946; *Kahl,* Die Staatsaufsicht, 2000; *ders.,* Das öffentliche Unternehmen im Gegenwind des europäischen Beihilferegimes, NVwZ 1996, 1082; *Kluth,* Öffentlich-rechtliche Zulässigkeit gewinnorientierter staatlicher und kommunaler Tätigkeit, in: Stober/Voger (Hg.), Wirtschaftliche Betätigung der öffentlichen Hand, 2000; *Knauss* (Hg.), Privatisierungs- und Beteiligungspolitik in der Bundesrepublik Deutschland, 1993; *Kühling,* Verfassungs- und kommunalrechtliche Probleme grenzüberschreitender Wirtschaftsbetätigung der Gemeinden, NJW 2001, 177; *Kulas,* Privatisierung hoheitlicher Verwaltung, 2001; *Kund,* Nachwirkende Pflichten der Gemeinde bei der Ausgliederung öffentlicher Aufgaben auf Private, 1988; *Lee,* Privatisierung als Rechtsproblem, 1999; *v. Loesch,* Privatisierung öffentlicher Unternehmen, 1983; *Menz/Andriof/Kohler/Teufel,* Erneuerung der Führungsstruktur im Land Baden-Württemberg, DÖV 1987, 457; *Möstl,* Grundrechtsbindung öffentlicher Wirtschaftstätigkeit, 1999; *ders.,* Zur Zulässigkeit kommunaler Telekommunikationsdienstleistungen, BayVBl. 1999, 547; *Oldiges* (Hg.), Daseinsvorsorge durch Privatisierung; *Peine,* Grenzen der Privatisierung- verwaltungsrechtliche Aspekte, DÖV 1997, 353; *Püttner,* Die öffentlichen Unternehmen, 2. Aufl., 1985; *C. Picht,* Möglichkeiten einer verstärkten Verlagerung öffentlicher Dienstleistungen auf freiberuflich Tätige, 1984; *Pielow,* Grundstrukturen öffentlicher Versorgung, 2001; *Pitschas/Stober* (Hg.), Kriminalprävention durch Sicherheitspartnerschaften, 2000; *Ruffert,* Regulierung im System des Verwaltungsrechts, AÖR 124 (1999), 237; *Ruge,* Goldene Aktien und EG-Recht, EuZW 2002, 421 ff.; *Pappermann,* Privatisierung kommunaler Aufgaben: Möglichkeiten und Grenzen, in: Bitburger Gespräche 1984, 103; *Sachverständigenrat „Schlanker Staat"* [Hg.], Abschlussbericht, 1997; *Salzwedel,* Optionen, Chancen und Rahmenbedingungen einer Markteröffnung für eine nachhaltige Wasserversorgung, NordÖR 2001, 185 ff.; *Schoch,* Öffentlich-rechtliche Rahmenbedingungen einer Informationsordnung, VVDStRL, 57 (1998), 158; *Schuppert,* (Hg.), Jenseits von Privatisierung und „schlankem" Staat, 1999; *ders.,* Staatsaufsicht im Wandel, DÖV 1998, 831; *Siekmann,* Die verwaltungsrechtliche Anstalt- eine Kapitalgesellschaft des öffentlichen Rechts?, NWVBl. 1993, 361. *Sodan,* Vorrang der Privatheit als Prinzip der Wirtschaftsverfassung, DÖV 2000, 361; *Stober,* Zum Sanierungsauftrag der Treuhandanstalt, 1993; *ders.,* Allgemeines Wirtschaftsverwaltungsrecht, 13. Aufl, 2002; *ders.,* Deregulierung im Wirtschaftsverwaltungsrecht, DÖV 1995, 125; *ders.,* Police-Private-Partnership aus juristischer Sicht, DÖV 2000, 261; *ders.,* Neuregelung des Rechts der öffentlichen Unternehmen?, NJW 2002, 2357; *ders.,* Staatliches Gewaltmonopol und privates Sicherheitsgewerbe, NJW 1997, 889; *Studenroth,* Aufgaben und Befugnisse des Eisenbahn-Bundesamtes, VerwArch, 87 (1996), 97; *Teubner,* Nach der Privatisierung? in: Meier-Schatz (Hg.), Die Zukunft des Rechts, 1999, 128 ff.; *Tiemann,* Verfassungsrechtliche und finanzwirtschaftliche Aspekte der Entstaatlichung öffentlicher Leistungen, Der Staat 1977, 176; *Weidemann,* Die materielle Privatisierung der Hausmüllentsorgung nach § 16 Abs. 2 des

KrW-/AbfG, DVBl. 1998, 661 ff.; *Weiß,* Privatisierung und Staatsaufgaben, 2002; *Wieland,* Ausdehnung wirtschaftlicher Betätigung, in: Henneke [Hg.], Stärkung der kommunalen Handlungs- und Entfaltungsspielräume, 1996, 17; *H. A. Wolff,* Die Wahrung der Rechtsstellung von Beamten, die bei den privatisierten Unternehmen von Bahn und Post beschäftigt sind, AöR 127 [2002], 72; *Zilkens,* Kommunalwirtschaftliche Bestätigiung nach der Reform des Gemeindewirtschaftsrechts am Beispiel der Stadt Düsseldorf, NWVBl. 2002, 294.

I. Begriff

1 Am Ende der breiten Skala einer Zusammenarbeit zwischen Verwaltung und Privatpersonen steht die völlige Privatisierung von Einrichtungen, öffentlichen Unternehmen und Aufgaben sowie die Übertragung von Gesellschaftsanteilen an Private. Diese Form der Privatisierung wird deshalb auch als **materielle Privatisierung** oder als **Aufgabenprivatisierung** (s. auch o. § 4 I 3 und vor § 90 III) bezeichnet, weil die Verwaltungsaufgabe in den Markt entlassen wird. Teilweise wird vertreten, man solle auf den Ausdruck Aufgabenprivatisierung verzichten, da der Begriff der öffentlichen Aufgabe diffus sei (s. auch *Siekmann,* NWVBl. 1993, 364). Das ist schon deshalb zutreffend, weil dem Grundgesetz das Konzept der **offenen Staats- und Verwaltungsaufgaben** zugrunde liegt (s. auch Sachverständigenrat „Schlanker Staat“ [Hg.], Abschlussbericht, 1997, 59; *Scholz,* in: FS Zacher, 1998, 987, 993 m. w. N.; *Helm,* Rechtspflicht zur Privatisierung, 1999, 61; *Di Fabio,* JZ 1999, 585 ff.; *Hermes,* Infrastrukturverantwortung, 1998, 128 ff.; *Gramm,* Privatisierung und notwendige Staatsaufgaben, 2001, 41 ff.; *H. Dreier,* DÖV 2002, 537, 541 m. w. N.; kritisch *Ronellenfitsch,* DÖV 1999, 705 ff.) und die öffentliche Hand auch nach einer materiellen Privatisierung im Sinne einer **Entstaatlichung, Entkommunalisierung** oder **Entkammerung** eine öffentlich-rechtlich fundierte **Steuerungs- und Restverantwortung** besitzt, die immer mehr an die Stelle der Staatsaufgabenlehre tritt und zu einem Umbau der Verwaltung führt (*H. Dreier,* DÖV 2002, 537, 542 f.).

2 Die Frage nach dem Ob und dem Inwieweit einer materiellen Privatisierung ist nicht nur ein ordnungspolitisches Problem. Sie ist zugleich in mehrfacher Hinsicht von erheblichem juristischen Gewicht. Denn zum einen geht es im Kern um die partielle oder totale Herauslösung von Verwaltungseinrichtungen und Verwaltungsaufgaben aus dem Organisations- und Verantwortungsbereich der öffentlichen Hand, die mit einem **Wechsel des Rechtsregimes vom öffentlichen zum privaten Recht** verbunden ist. Zum anderen werfen materielle Privatisierungen zahlreiche Rechtsfragen auf, die von der Zulässigkeit **(Privatisierungsfähigkeit)** und den Grenzen einer **Teil- oder Vollprivatisierung** bis zur Normierung eines **Privatisierungsfolgenrechts** reichen. Insoweit sind materielle Privatisierungen von gemeinschafts- und verfassungsrechtlicher Relevanz.

II. Zur Privatisierungsdiskussion

1. Privatisierung als Daueraufgabe

Die Privatisierungsdiskussion ist nicht neu. Sie wird vielmehr ständig, wenn auch unter verschiedenen Vorzeichen und unter wechselnden Begriffen (Entstaatlichung, Entkommunalisierung) geführt (s. zur Entwicklung etwa *Däubler,* Privatisierung als Rechtsproblem, 1980; *N. Müller,* Rechtsformenwahl bei der Erfüllung öffentlicher Aufgaben, 1993, 111f.). Die teilweise vorgenommene Aufspaltung in eine „ältere", vornehmlich wirtschafts- und ordnungspolitisch geprägte und in eine „jüngere", mehr finanz- und hauspolitisch motivierte Debatte (so *Püttner,* Die öffentlichen Unternehmen, 2. Aufl., 1985, 15) ist schon deshalb verfehlt, weil eine derart scharfe Trennung sachlich kaum zutrifft. So wird die gegenwärtige Situation sowohl durch **ordnungspolitische** als auch durch **haushaltspolitische Gesichtspunkte** bestimmt. Eine zentrale Rolle spielt der Wunsch nach **Liberalisierung, Deregulierung** und **Entbürokratisierung** (s.o. vor § 90 V m.w.N.). Er betrifft zum einen die **Privatisierung öffentlicher Unternehmen** (*Stober,* NJW 2002, 2357ff.) einschließlich des Abbaues von **Monopolen** und **Beteiligungen** und zum anderen die Forderung nach einer **Privatisierung gewerblicher und öffentlicher Dienstleistungen** (Gutachten des Wissenschaftlichen Beirats beim Bundesminister für Finanzen, in: Bulletin der Bundesregierung, 1975, Nr. 103, 1001ff.; *C. Picht,* Möglichkeiten einer verstärkten Verlagerung öffentlicher Dienstleistungen auf freiberuflich Tätige, 1984; BT-Ds. 9/2385). Sowohl Schriffttum (s. *Tiemann,* Der Staat 1977, 176; *Pappermann,* in: Bitburger Gespräche 1984, 103, 111ff. m.w.N.), Bundesregierung (Jahreswirtschaftsbericht 1983, Ziffer 18 und Jahreswirtschaftsbericht 1988, Ziffer 51) sowie zahlreiche Verbände (z.B. Karl-Bräuer-Institut der Steuerzahler, Privatisierung öffentlicher Dienstleistungen, 1978) haben umfangreiche **Privatisierungskataloge** vorgelegt, die Aufgaben, Einrichtungen und Beteiligungen auf Bundes-, Landes- und Kommunalebene einbeziehen und teilweise abgearbeitet sind. 3

Beispiele: Volkswagenwerk AG, Lufthansa AG, Deutsche Post AG (s. zuletzt G v. 18. 1. 2002, BGBl. I, 416ff.), Deutsche Telekom AG; Übertragung der Abfallentsorgung nach §§ 16 II KrW-/AbfG (*Weidemann,* DVBl. 1998, 661ff.); Juris GmbH (s. näher *Weis,* Bundesanzeiger 1996, Beilage 82a), Vereinigte Industrieunternehmen VIAG AG, Deutsche Industrieanlagen GmbH, Deutsche Pfandbriefanstalt, Deutsche Siedlungs- und Landesrentenbank, Industrieverwaltungsgesellschaft mbH, Autobahn- Tank- und Rast, Transportunternehmen Schenker, Deutsche Verkehrs-Kredit-Bank AG, Übertragung der Gebäudereinigung kommunale, Wohnugsvermittlungsstellen, Übertragung von Parkflächen und Druckaufträgen, Übertragung der Kfz-Überwachung (BT-Ds. 10/3433) und von Umweltprüfungen, -untersuchungen und -überwachungen an freie Ingenieure und Chemiker, Abbau von Vermessungsämtern, Übertragung des Eichwesens auf Private (*Menz* u.a., DÖV 1987, 457, 462), Privates Gebäudemanagement. 4

2. Antiprivatisierungstendenz

5 In jüngerer Zeit ist vornehmlich auf der Kommunalebene ein deutlicher **Antiprivatisierungstrend** zu beobachten, der hauptsächlich ordnungs- und haushaltspolitisch motiviert ist (s. *Wieland,* in: Henneke [Hg.], Stärkung der kommunalen Handlungs- und Entfaltungsspielräume, 1996, 17ff.). Da die Kommunen auf Grund europäischer Liberalisierungsvorgaben überkommene Verwaltungsmonopole verlieren, drängen sie darauf, verlorenes Terrain durch die Ausweitung kommunaler Aktivitäten zurückzugewinnen (s. näher *Kühling,* NJW 2001, 177ff.), u.a. um nicht ausgelastete Verwaltungskapazitäten zu nutzen. In diesem Zusammenhang entstehen neue kommunale Organisationen und öffentliche Unternehmen (s. näher Bund der Steuerzahler (Hg.), durch Einsparungen die Lasten mindern, Heft 89, 1998, 332f.), die über ihren bisherigen Aufgabenbereich neue privatwirtschaftlich orientierte Aufgaben wahrnehmen und die Erbringung von Leistungen gegenüber Privaten anbieten (s. näher *Stober,* NJW 2002, 2357ff.).

Beispiele: Energieplanung und -beratung, Entsorgung- und Umwelt-Consulting, Planungsaufgaben, Multimedia, Facility-Management, Gartenpflege (*Zilkens,* NWVBl. 2002, 294ff.).

III. Erscheinungsformen der materiellen Privatisierung

6 Die einzelnen Erscheinungsformen kann man nicht abschließend aufführen. Die nachfolgenden Beispiele lassen den Facettenreichtum materieller Privatisierungen nur schemenhaft erahnen:

- Grundstücks- und Flächenprivatisierung
- Wohnungsprivatisierung (z.B. Eisenbahnerwohnungen, BVerwG, DVBl. 2001, 128ff.)
- Beteiligungsprivatisierung durch Verkauf von Anteilen
- Einrichtungsprivatisierung (Flughäfen, Häfen, Eisenbahnen, Post, Telekommunikation, Notrufsäulen an Bundesautobahnen, Banken, Volksfesten – *Gröpl,* GewArch 1995, 367; BayVGH, GewArch 1999, 197; VG Freiburg, GewArch 2001, 244)
- Dienstleistungsprivatisierung (Bundesdruckerei, Bundesanzeiger, Juris)
- Vermögensprivatisierung (z.B. Treuhandvermögen gemäß Art. 25 EV).
- Entsorgungsprivatisierung nach § 18a II a WHG (*Zacharias,* DÖV 2001, 454ff.).
- Versorgungsprivatisierung der Wasserwirtschaft (*Salzwedel,* NordÖR 2001, 185ff.; *Oldiges* (Hg.), Daseinsvorsorge durch Privatisierung).

IV. Zulässigkeit der Privatisierung und Privatisierungspflicht

1. Gemeinschafts- und verfassungsrechtliche Privatisierungsvorgaben

7 Weder das Gemeinschaftsrecht noch das Grundgesetz kennt ein allgemeines **Privatisierungsgebot** (s. auch Sachverständigenrat „Schlanker Staat“

(Hg.), Abschlussbericht, 1997, 60) im Sinne einer generellen **Rechtspflicht zur Privatisierung** (s. auch *Kämmerer,* Privatisierung, 2001, 175). Allerdings wurde in der Vergangenheit erfolglos die Aufnahme einer **Privatisierungsklausel** in das Grundgesetz diskutiert (s. etwa Bund der Steuerzahler (Hg.), Durch Einsparungen die Lasten mindern, Heft 89, 1998, 41). Lediglich aus Art. 25 EV ergibt sich ein klares Bekenntnis zur **Privatisierung des volkseigenen Vermögens,** die jedoch inzwischen abgeschlossen ist (s.o. § 12 IV und näher *Stober,* Zum Sanierungsauftrag der Treuhandanstalt, 1993; *Helm,* Rechtspflicht zur Privatisierung, 1999, 199ff.). Nichts anderes folgt aus Art. 87f I GG für den **Post- und Telekommunikationssektor,** der auf eine Aufgabenprivatisierung dieses Marktsegments zielt (s. auch BT-Ds 12/6717, 3 und 12/7269, 4f.). Diese klare verfassungsrechtliche Entscheidung schließt eine **verdeckte Rückverstaatlichung** durch Zulassung von Kommunen zwingend aus (s. etwa *Gersdorf,* AfP 1998, 470ff.; *M. Müller,* DVBl. 1998, 1256ff.; *Helm,* Rechtspflicht zur Privatisierung, 1999, 186). Da die Gemeinden auf Grund des früheren Bundesmonopols bislang auf diesem Markt keine Aktivitäten entfallen konnten, steht diese Bestimmung auch im Einklang mit Art. 28 II GG (s. etwa *Möstl,* BayVBl. 1999, 547, 552; *Stober,* NJW 2002, 2357ff.; *Weiß,* Privatisierung und Staatsaufgaben, 2002, 250).

Im Übrigen folgt aus dem in Art. 5 II EGV und Art. 23 I GG verankerten 8
Subsidiaritätsprinzip (s. näher *Stober,* Allgemeines Wirtschaftsverwaltungsrecht, 13. Aufl., 2002, § 12) keine unmittelbare juristisch relevante und durchsetzbare Privatisierungspflicht (unklar *Weiß,* Privatisierung und Staatsaufgaben, 2002, 128ff.). Die **offene Wirtschaftsverfassung des EGV und des Grundgesetzes** verlangen gleichfalls keinen Vorrang Privater (ebenso *Burgi,* Funktionale Privatisierung und Verwaltungshilfe, 1999, 229ff.; anders *Sodan,* DÖV 2000, 361ff.). Art. 295 EGV lässt die Eigentumsordnung der Mitgliedstaaten unberührt und schützt damit auch die **Eigentumsverhältnisse öffentlicher Unternehmen;** (unklar *Mann,* Die öffentlich-rechtliche Gesellschaft, 2002, 31f.). Die Art. 31 und 86 EGV gehen von der Existenz öffentlicher Unternehmen aus und nehmen lediglich zur wettbewerbsrechtlichen Seite und damit nicht zur Privatisierungfrage Stellung. Art 86 EGV verbietet lediglich Unternehmen, die nicht in der Lage sind, die Nachfrage auf dem Markt zu befriedigen (EuGHE 1991, 1979). Deshalb ist auch von der Neutralität des EGV gegenüber dem öffentlichen Sektor die Rede (*Hailbronner,* NJW 1991, 593ff.; kritisch *R. Schmidt,* Die Verwaltung 28 [1995], 281ff.; *Kahl,* NVwZ 1996, 1082f.), die auch nach der in Art. 4 I EGV normierten **Systementscheidung für eine offene Marktwirtschaft mit Wettbewerb** fortbesteht. Gleichwohl wird in jüngerer Zeit die **Legitimation zur Daseinsvorsorge** durch öffentliche Unternehmen vor dem Hintergrund der Durchsetzung der Verkehrsfreiheiten im Binnenmarkt angezweifelt und Art. 86 EGV wird gelegentlich als die erfolgreichste Privatisierungsnorm bezeichnet (s. *Helm,* Privatisierung als Rechtspflicht, 1999, 82ff., 128), weil der Privatisierungsdruck stärker wird (*Lee,* Privatisie-

rung als Rechtsproblem, 1997, 66) und das Gemeinschaftsrecht **faktisch einen Privatisierungszwang** auslöst (s. auch *Paulweber/Weinand,* EuZW 2001, 232ff.; *Kämmerer,* Privatisierung, 2001, 80, 93ff.; *Weiß,* Privatisierung und Staatsaufgaben, 2002, 348ff.). Die Interpretation des EuGH konzentriert sich auf eine systematische Betrachtung der Art. 86 I und II EGV. Aus diesem Gesamtzusammenhang leitet das Gericht ab, dass der Ausschluss des Wettbewerbs zugunsten eines Monopols sich rechtfertigen lassen muss und nur insoweit zulässig ist, wie diese Rechtfertigung reicht, wobei der Mitgliedstaat bzw. das jeweilige öffentliche Unternehmen die Beweislast trägt (EuGH EuZW 2000, 281, 283ff.). Fehlt es an einer Rechtfertigung, dann sind besondere oder ausschließliche Rechte aufzuheben. In der Konsequenz kann das zu einer materiellen Privatisierung führen. **Mittelbarer Privatisierungsdruck** wird ferner durch das Beihilfeverbot der Art. 87ff. EGV ausgeübt (Mitteilung der Kommission zur Daseinsvorsorge in Europa, ABl. EG Nr. C 281 v. 26. 9. 1996, 5 und vom 20. 9. 2000 Kom (2000) 580, endgültig 3; *Badura,* ZGR 1997, 291, 298; *Burgi,* EuR 1997, 261, 271; *Kämmerer,* Privatisierung, 2001, 90ff. und 129ff.; *Stober,* Allgemeines Wirtschaftsverwaltungsrecht, 13. Aufl. 2002, § 24 V). Sie verlangen, das staatliche Kapitalmaßnahmen keinen Subventionscharakter aufweisen, der die öffentlichen Unternehmen im Wettbewerb privilegiert. Ist das der Fall, müssen die Vergünstigungen gestrichen werden. Deshalb kann auch das Beihilfeverbot Privatisierungen auslösen.

Beispiel: Privatisierung von Teilen von Landesbanken und Sparkassen nach Wegfall von Anstaltslast und Gewährträgerhaftung.

9 Die ungeklärte Diskussion um das Verhältnis zwischen Wettbewerb und staatlicher bzw. kommunaler Daseinsvorsorge hat zur Aufnahme des Art. 16 EGV geführt, der wegen seiner prominenten Verortung im Teil „Grundsätze" zu den Grundpfeilern des Primärrechts zählt und ein **neues Gemeinschaftstrukturprinzip** enthält (*Pielow,* Grundstrukturen öffentlicher Versorgung, 2001, 100). Diese Vorschrift ist allerdings nicht eindeutig formuliert. Denn nach dem Wortlaut dieser Bestimmung bleibt Art. 86 EGV zwar unberührt. Das soll nach den Materialien auch für die ergangene Rechtsprechung gelten. Gleichzeitig erstreckt sich die Vorschrift auf **Dienste von allgemeinen wirtschaftlichen Interesse,** deren Funktionieren gewährleistet werden soll. Diese Dienste sind dadurch gekennzeichnet, dass ihre Tätigkeit unabhängig vom Ziel der Kostendeckung und losgelöst von Rentabilitätserwägungen durchgeführt wird. Der Funktionsfähigkeit dieser Unternehmen wird damit Vorrang vor dem Wettbewerbsschutz eingeräumt. Das bedeutet – wie auch der Wortlaut bekräftigt, dass die Gewinnerzielung nicht im Vordergrund stehen darf. Stattdessen geht es um die Förderung des sozialen und territorialen Zusammenhalts (s. auch *Jung,* in: Calliess/Ruffert (Hg.), Kommentar zum EU- und EGV, 2. Aufl. 2002, Art. 16, Rdnr. 1ff.). Diese sozialstaatlich motivierte Ausrichtung belegt, dass sich die öffentli-

chen Unternehmen auf ihre Kernaufgabe, die Sicherstellung der Grundversorgung und Daseinsvorsorge beschränken müssen. Teilweise wird die Privatisierung gesetzlich ausdrücklich gestattet.

Beispiel: § 18 a II a WHG (und dazu *Zacharias,* DÖV 2001, 454 ff.).

2. Abgabenstaat und Privatisierungspflicht

10 Unabhängig von diesen gemeinschafts- und grundgesetzlichen Überlegungen scheint sich die Ansicht durchzusetzen, dass die öffentliche Hand im **Abgabenstaat** stets einen **öffentlichen Zweck** verfolgen muss, um privatwirtschaftliche Aktivitäten zu rechtfertigen (*R. Schmidt,* Die Verwaltung, 28 [1995], 281, 284 ff.). Fehlt es daran, dann sind die einschlägigen Aufgaben und Einrichtungen zu privatisieren (s. *Stober,* DÖV 1995, 125, 131; *ders,* NJW 2002, 2357 ff.; *Hösch,* JZ 1997, 948, 950; *Helm,* Rechtspflicht zur Privatisierung, 1999, 153; *Kluth,* in: Stober/Vogel (Hg.), Wirtschaftliche Betätigung der öffentlichen Hand, 2000, 23 ff.; *Weiß,* Privatisierung und Staatsaufgaben, 2002, 227 ff.). In diese Richtung zielt auch § 7 I 2 BHO, der eine **Privatisierungsprüfpflicht** aufrichtet. Danach verpflichten die Grundsätze der Wirtschaftlichkeit und Sparsamkeit zur Prüfung, inwieweit staatliche Aufgaben oder öffentlichen Zwecken dienende wirtschaftliche Tätigkeiten durch Ausgliederung und Entstaatlichung oder Privatisierung erfüllt werden können. Ferner sieht § 7 II BHO vor, dass in geeigneten Fällen privaten Anbietern die Möglichkeit zu geben ist, darzulegen, ob und inwieweit sie staatliche Aufgaben oder öffentlichen Zwecken dienende wirtschaftliche Tätigkeiten nicht ebenso gut oder besser erbringen können **(Interessenbekundungsverfahren).** Diese Vorschriften verpflichten allerdings nur den Bund. Sie sind nicht Bestandteil des HGrG, weshalb die Bundesländer lediglich durch parallele landeshaushaltsrechtliche Bestimmungen gehalten sind, Privatisierungsprüfpflichten einzuhalten und Interessenbekundungsverfahren durchzuführen. Schließlich kann § 65 BHO für eine Privatisierung fruchtbar gemacht werden (s. näher *Helm,* Privatisierung als Rechtspflicht, 1999, 254 ff.).

V. Privatisierungsgrenzen

11 Von der Zulässigkeit sind die Grenzen der Privatisierung zu unterscheiden (s. näher *N. Müller,* Rechtsformenwahl bei der Erfüllung öffentlicher Aufgaben, 1993, 211 ff.; *Lee,* Privatisierung als Rechtsproblem 1997, 67 ff.; *v. Arnim,* Rechtsfragen der Privatisierung, 1995, 25 ff.; *Di Fabio,* JZ 1999, 585, 590 ff.). Ausdrückliche **Privatisierungsverbote oder -schranken** enthält das Grundgesetz nicht. Die teilweise vertretene Ansicht, die Konzeption der Art. 87 ff. GG stünden einer Privatisierung entgegen, ist in dieser Allgemeinheit nicht haltbar (s. näher vor § 90 I). Das zeigen schon die Ver-

fassungsänderungen zu Art. 87d–f GG, die unterschiedliche Privatisierungsmodelle gestatten. Deshalb sind weitere Privatisierungen auch in Gestalt von Teilprivatisierungen durch Auslagerung bestimmter Verwaltungstätigkeiten etwa der Bundesverwaltung durchaus möglich. Auch Art. 33 Abs. 4 GG enthält keine allgemein formulierte Privatisierungssperre (s. näher vor § 90 I und ferner *Bauer,* VVDStRL 54 [1997], 263ff.). Vielmehr liegt dem Grundgesetz das **Konzept offener Staats- und Verwaltungsaufgaben** zugrunde (s. auch *Kämmerer,* Privatisierung, 2001, 152ff.; *H. Dreier,* DÖV 2002, 537, 541 m.w.N.).

12 Soweit spezielle Verfassungsbestimmungen fehlen, sind materielle Privatisierungen an den Staatsprinzipien zu messen (s. auch Sachverständigenrat „Schlanker Staat" (Hg.), Leitfaden zur Modernisierung der Behörden, 1997, 124ff.). Aus rechtsstaatlicher Sicht sind bestimmte klassische Staatsaufgaben nur in beschränktem Umfang privatisierungsfähig. Man denke nur an das sog. **staatliche Gewaltmonopol.** Aber selbst im Bereich des **Rechts der öffentlichen Sicherheit und der Gefahrenabwehr** ist eine neue Sicherheitsphilosophie und ein Umdenken dahin zu beobachten, dass die Eigenverantwortung der Bürger mehr gestärkt werden soll (s. auch *Hoffmann-Riem,* in: ders./Schmidt-Aßmann (Hg.), Öffentliches Recht und Privatrecht als wechselseitige Auffangordnungen, 1996, 261, 282). Dieser Wandel gipfelt in der Aussage, dass es **kein Sicherheitsmonopol des Staates** gibt (s. näher *Stober,* NJW 1997, 889ff.; *ders.,* DÖV 2000, 261ff.; *ders.,* ZRP 2001, 260ff.; *Pitschas/Stober* (Hg.), Kriminalprävention durch Sicherheitspartnerschaften, 2000; *Gramm,* Privatisierung und notwendige Staatsaufgaben, 2001, 114ff., 395ff.; *Wagner,* ZRP 2000, 169ff.; *Hetzer,* ZRP 2000, 20ff.; *Kulas,* Privatisierung hoheitlicher Verwaltung, 2001; *Stolzlechner/Stober* (Hg.), Übertragung von Aufgaben der staatlichen Gefahrenabwehr auf private Sicherheitsunternehmen, 2002; *Kämmerer,* Privatisierung, 2001, 166ff.).

13 Ferner sind bei geplanten Privatisierungsentscheidungen sozialstaatliche Erwägungen zu berücksichtigen. Einerseits muss der Staat dafür sorgen, dass existenznotwendige infrastrukturelle Einrichtungen und Produkte in ausreichende Maße, flächendeckend und zu angemessenen Preisen zur Verfügung stehen. Deshalb sind genaue Prüfungen und Abwägungen erforderlich, bevor eine Privatisierung stattfindet. Andererseits steht der Sozialstaat einer **Privatisierung von Infrastrukturleistungen** nicht entgegen, weil nur das „Was", aber nicht das „Wie" vorgegeben ist und die Sozialstaatsklausel keinen Staatsvorbehalt kennt (*Isensee,* HdBStR, § 57 Rdnr. 168; *v. Arnim,* Rechtsfragen der Privatisierung, 1995, 28ff.; *Peine,* DÖV 1997, 353ff.; *Kämmerer,* Privatisierung, 2001, 177ff.; BVerwGE 95, 188, 203f.).

VI. Privatisierungsfolgenrecht

1. Das Prinzip der Gewährleistungsverantwortung

14 Soweit sich die öffentliche Hand für eine Privatisierung entschieden hat, stellt sich die Frage nach den sich daraus ergebenden Rechtsfolgen. Zwar

können die juristischen Konsequenzen wegen der Unterschiedlichkeit der Regelungsbereiche, der Heterogenität der Verwaltungsrechtsverhältnisse und der verschiedenartig ausgestalteten verfassungsrechtlichen Vorgaben nicht nach einheitlichen Maßstäben festgelegt werden. Generalisierend lässt sich jedoch festhalten, dass der Rückzug des Staates im Bereich des Verwaltungsorganisationsrechts auch die Pflicht einschließt, die materielle Privatisierung durch ein entsprechendes **Privatisierungsfolgenrecht** aufzufangen und durch geeignete **„Regulierungen"** zu begleiten (*Hoffmann-Riem,* Die Verwaltung 33 [2000] 155, 168ff.). Es ist Folge der staatlichen **Infrastruktur-, Gewährleistungs- und Privatisierungsfolgenverantwortung** (s. auch *Bauer,* VVDStRL 54 [1995] 243, 277ff.; *Schuppert,* DÖV 1995, 761, 767; *ders.,* Verwaltungswissenschaft 2000, 917ff.; *Pielow,* Grundstrukturen öffentlicher Versorgung, 2001, 625ff.; *Ruffert,* AöR 124 [1999], 237ff.; *Hermes,* Staatliche Infrastrukturverantwortung, 1998, 334f.; *Kämmerer,* Privatisierung 2001, 423ff., 474ff.; *Weiß,* Privatisierung und Staatsaufgaben, 2002, 291f.), die im Einzelfall auf eine **Gewährleistungsverwaltung** (s.o. § 3 II 2b und § 4 I 3 m.w.N.) gerichtet sein kann. Teilweise ist deshalb von **„nachwirkenden Pflichten"** die Rede (*Kund,* Nachwirkende Pflichten der Gemeinde bei der Ausgliederung öffentlicher Aufgaben auf Private, 1988). Lediglich wenn das Funktionieren ehemaliger staatlicher Einrichtungen und Aufgaben auf Grund der Marktsituation keine Rolle spielt, reduziert sich die staatliche Verantwortung auf eine **Marktbeobachtung** in dem Sinne, dass der private Markt wettbewerblich funktioniert und an Stelle früherer Verwaltungsmonopole keine neuen Monopole entstehen (**Beobachtungsverantwortung,** auch *Bauer,* VVDStRL 54 [1995] 243, 277ff.; *H. Dreier,* DÖV 2002, 537, 543 m.w.N.).

2. Regulierungs-, Einwirkungs- und Kontrollpflichten

Im Übrigen umfasst die staatliche Gewährleistungsverantwortung vornehmlich **Regulierungs-, Einwirkungs- und Kontrollpflichten,** wie man exemplarisch am Regelungsmuster des Post- und Telekommunikationssektors demonstrieren kann (s. näher *Kämmerer,* Privatisierung, 2001, 508ff.). Hier wurde aus infrastrukturellen Gründen keine Vollprivatisierung der Post- und Telekommunikationsaufgaben und Einrichtungen vorgenommen. Vielmehr sieht sich der Bund nach Art. 87f. I GG nach wie vor in der Pflicht, flächendeckend angemessene und ausreichende Dienstleistungen zu gewährleisten (staatliche Infrastrukturverantwortung; s. dazu *Fehling,* AöR 121 [1996], 60ff., 80f.; *Cannivé,* Infrastrukturgewährleistung in der Telekommunikation zwischen Staat und Markt, 2001, 49ff.). Ferner trennt Art. 87f. II GG zwischen der Erbringung von Dienstleistungen, die als privatwirtschaftliche Tätigkeit qualifiziert und Hoheitsaufgaben, die auch nach der Entlassung der Post- und Telekommunikationsdienste in den Markt organisatorisch in bundeseigener Verwaltung durch die **Regulie-** 15

rungsbehörde (§§ 66ff. TKG; § 44 Post G; Eisenbahn-Bundesamt nach § 5 AEG und dazu *Grupp,* DVBl 1996, 59ff.) erledigt werden (s. näher *Schoch,* VVDStRL 57 [1998], 158, 198f.). Die fortbestehende staatliche Gewährleistungsverantwortung besteht unter Berücksichtigung grundrechtlicher Erwägungen u. a. darin, den **Netzzugang** und die **Erhaltung des Post- und Fernmeldegeheimisses** im Sinne des Art. 10 GG auch gegenüber privaten Anbietern durch geeignete Maßnahmen (s. etwa die Verpflichtung in § 85 II TKG) sicherzustellen (s. näher *Groß,* JZ 1999, 326ff.; *Fehling,* AöR 121 [1996], 60ff.; *Stober,* Allgemeines Wirtschaftsverwaltungsrecht, 13. Aufl., § 17 III 2; *Chan,* Staatliche Regulierung des konkurrentennützigen Netzzugangs im Bereich der Telekommunikation, 2001). Dazu gehört ein sachgerechtes Auswahlverfahren durch **öffentliche Ausschreibung** oder es sind andere geeignete Instrumente einzusetzen, die diskriminierungsfreien Wettbewerb und Transparenz sichern. Darüberhinaus versucht § 19 IV Nr. 4 GWB die Zugangsproblematik zu lösen (s. näher *Emmerich,* in: FS Söllner, 2000, 273ff.). Unabhängig davon sind Regulierungen zu schaffen, die sich mit der Rechtsstellung von Bediensteten befassen, die in privatisierte Unternehmen übergeleitet werden (s. etwa Art. 143a und b GG, § 123a BRRG; *Kämmerer,* Privatisierung, 2001, 331ff.; *H. A. Wolff,* AöR 127 [2002], 72ff.).

16 Betrachtet man das Privatisierungsfolgenrecht aus dem Blickwinkel einer **Vollprivatisierung der Wasserversorgung,** dann kann ein Regulierungsrahmen u. a. folgende Normierungen enthalten (s. auch *Salzwedel,* NordÖR 2002, 185f.):

- Allgemeine Regulierungsziele
- Ausschreibungspflichten und Ausschreibungsverfahren (Konzessionierung)
- Versorgungspflicht der Versorgungsunternehmen
- Preiskontrolle
- Anforderungen an Zuverlässigkeit und Fachkunde
- Grundsätze der Versorgungsbedingungen
- Grundsätze über Unterhaltung und Ausbau von Versorgungsanlagen
- Maßstäbe für die Vorhaltung von Wasserreserven und
- Regelung der Wegenutzung.

3. Wegfall der Grundrechtsbindung

17 Unbeschadet der nachwirkenden staatlichen Gewährleistungsverantwortung für das künftige Funktionieren der Aufgabe und Einrichtung entfällt mit der Entlassung aus dem Verwaltungssektor auch grundsätzlich die **Grundrechtsbindung** (s. o. § 18 I und § 23 V 1) der privatisierten Unternehmen. Sie besteht nur noch insoweit fort, als die materiell privatisierten Einrichtungen gleichzeitig öffentlich-rechtliche Befugnisse ausüben, im Monopolbereich tätig werden oder soweit Beteiligungen der öffentlichen Hand bestehen.

Beispiel: Zustellungsdienstleistungen der Deutschen Post AG nach § 33 Post G (s. näher *Möstl,* Grundrechtsbindung öffentlicher Wirtschaftstätigkeit, 1999, 131 ff.; *Badura,* in: ders. u. a. (Hg.), Beck'scher Post G-Kommentar, 2000, Erl. zu § 33).

Umgekehrt können sich die materiell privatisierten Unternehmen auf die Grundrechte berufen, sie besitzen **Grundrechtsfähigkeit** (s. o. § 34 II 2 – etwa VG Köln, NVwZ 2002, 372; differenzierend *Möstl,* a. a. O., 177 ff.; *Kämmerer,* Privatisierung, 2001, 469 ff.), die aber **grundrechtliche Schutzpflichten** gegenüber den betroffenen Leistungsempfängern nicht ausschließen (*Kämmerer,* Privatisierung, 2001, 450 ff.).

4. Zur aktienrechtlichen Stellung der öffentlichen Hand

18 Im Zuge materieller Privatisierungen kann bei der abgebenden öffentlichen Hand der Wunsch bestehen, aus politischen Erwägungen auch künftig Einfluss auf das vollprivatisierte Unternehmen auszuüben. Ein praktiziertes Instrument sind die sog. **goldenen Aktien** (special shares, Sonderaktien, actionne spècifique), deren Besitz besondere Rechte begründen. Es ist allerdings zweifelhaft, ob und inwieweit diese Aktienpolitik mit der Kapitalverkehrsfreiheit vereinbar ist (*Ruge,* EuZW 2002, 421 ff.; *Doerfert,* JA 2003, 16 ff.; EuGH, EuZW 2002, 429 ff., 433 ff., 437 ff.).

VII. Wirtschaftsüberwachung statt Staatsaufsicht

19 Ähnlich verhält es sich mit der **Staatsaufsicht über materiell privatisierte Aufgaben und Einrichtungen.** Denn der Status der privatrechtlich organisierten Verwaltung (s. o. § 91) und das Verwaltungsprivatrecht (s. o. §§ 22 f.) greifen nicht mehr, soweit nicht öffentlich-rechtliche Befugnisse im Rahmen einer Beleihung wahrgenommen werden. Im Übrigen ist die **Regulierungs- und Kontrollaufsicht** (z. B. der Regulierungsbehörde und des Eisenbahn-Bundesamtes) wirtschaftsverwaltungsrechtlich geprägt und daher der **Wirtschaftsüberwachung** (s. *Stober,* Allgemeines Wirtschaftsverwaltungsrecht, § 29 und Besonderes Wirtschaftsverwaltungsrecht, § 55) zuzurechnen (ebenso *Grupp,* DVBl. 1996, 591, 595 f.; *Studenroth,* VerwArch 87 [1996], 97, 110 ff.; *Kahl,* Die Staatsaufsicht, 2000, 382, der allerdings von „Wirtschaftsaufsicht" spricht; ebenso *Weiß,* Privatisierung und Staatsaufgaben, 2002, 313; *Badura,* in: ders., u. a. (Hg.), Beck'scher Post G-Kommentar, 2000, § 2 Rdnr. 1; *Kämmerer,* Privatisierung 2001, 481; allgemein *Schuppert,* DÖV 1998, 831 ff.). Das bedeutet, dass wirtschaftsverwaltungsrechtliche Zulassungs- und Ausübungsmaßstäbe einschlägig sind (s. auch *Wahl,* in: Schmidt-Aßmann/Hoffmann-Riem [Hg.], Verwaltungsorganisationsrecht als Steuerungsressource, 1997, 301 ff., 336 f.) und im Übrigen das Instrument der **regulierten Selbstregulierung** greift (*Berg* u. a. (Hg.), Regulierte Selbstregulierung als Steuerungskonzept des Gewährleistungsstaates, Die Verwaltung Beiheft 4, 2002).

20 **Beispiel:** Die Privatisierung der Abfallverwertung durch das KrW-/AbfG führt zu einer Erweiterung der behördlichen Überwachungsaufgaben und der Überwachungsbefugnisse, weil der Überwachungsbedarf durch die Verlagerung von Aufgaben vom öffentlichen auf den privaten Sektor gestiegen ist (VGH Mannheim, VBl. BW 2002, 26 ff.).

21 Davon ist die **Wettbewerbsaufsicht** über die privatisierten Unternehmen zu trennen, die wegen Art. 16 und 86 EGV gemeinschaftsrechtlich geprägt ist (s. näher *Paulweber/Weinand,* EuZW 2001, 233 ff.; *Kämmerer,* Privatisierung, 2001, 517).

Vierter Abschnitt.
Grundlagen des Rechts der kommunalen Selbstverwaltung

§ 94 Die kommunale Selbstverwaltung und ihre verfassungsrechtliche Garantie

Schrifttum: *Berg,* Grundfragen kommunaler Kompetenzen, BayVBl. 1990, 33; *Bovenschulte,* Gemeindeverbände als Organisationsformen kommunaler Selbstverwaltung, 2000; *Burmeister,* Verfassungstheoretische Neukonzeption der kommunalen Selbstverwaltungsgarantie, 1977; *Clemens,* Kommunale Selbstverwaltung und institutionelle Garantie, NVwZ 1990, 834; *Ehlers,* Die verfassungsrechtliche Garantie der kommunalen Selbstverwaltung, in: Ehlers/Krebs (Hrsg.), Grundfragen des Verwaltungsrechts und des Kommunalrechts, 2000, S. 59 (auch DVBl. 2000, 1301); *Erichsen,* Kommunalrecht des Landes Nordrhein-Westfalen, 2. Aufl., 1997; *Frenz,* Gemeindliche Selbstverwaltungsgarantie und Verhältnismäßigkeit, Die Verwaltung 28 [1995], 33; *Gern,* Deutsches Kommunalrecht, 3. Aufl., 2003; *Groß,* Selbstverwaltung angesichts von Europäisierung und Ökonomisierung, DVBl. 2002, 1182; *Grupp,* Rechtsfragen der abschließenden Überprüfung prognostischer Entscheidungen bei der kommunalen Gebietsreform, in: FS Stern, 1997, 1099; *Heberlein,* Kommunale Außenpolitik als Rechtsproblem, 1989; *Henneke,* Kommunale Eigenverantwortung bei zunehmender Normdichte, ZG 1994, 212; *ders.* (Hrsg.), Stärkung der kommunalen Handlungs- und Entfaltungsspielräume, 1996; *ders.* (Hrsg.), Verantwortungsteilung zwischen Kommunen, Ländern, Bund und EU, 2001; *Heusch,* Der Grundsatz der Verhältnismäßigkeit im Staatsorganisationsrecht, 2003; *Hübner,* Normative Auswirkungen des Grundsatzes der Subsidiarität gemäß Art. 23 Absatz 1 Satz 1 GG auf die Verfassungsposition der Kommunen, 2000; *Ipsen,* Schutzbereich der Selbstverwaltungsgarantie und Einwirkungsmöglichkeiten des Gesetzgebers, ZG 1994, 194; *ders.,* Niedersächsisches Kommunalrecht, 2. Aufl., 1999; *Jestaedt,* Selbstverwaltung als „Verbundbegriff", Die Verwaltung 35 (2001), 293; *Kenntner,* Zehn Jahre nach Rastede, DÖV 1998, 701; *Kronisch,* Aufgabenverlagerung und gemeindliche Aufgabengarantie, 1993; *Knemeyer* (Hrsg.), Die Europäische Charta der kommunalen Selbstverwaltung, 1989; *ders./Wehr,* Die Garantie der kommunalen Selbstverwaltung nach Art. 28 Abs. 2 GG in der Rechtsprechung des Bundesverfassungsgerichts, VerwArch. 92 (2001), 317; *Kronisch,* Aufgabenverlagerung und gemeindliche Aufgabengarantie, 1993; *Lissack,* Das kommunale Selbstverwaltungsrecht nach bayerischem Verfassungs- und verfassungsprozessrecht, 2000; *Martini,* Gemeinden in Europa, 1992; *Maurer,* Verfassungsrechtliche Grundlagen der kommunalen Selbstverwaltung, DVBl. 1995, 1037; *Meis,* Verfassungsrechtliche Beziehungen zwischen Bund und Gemeinden, 1989; *Mückl,* Finanzverfassungsrechtlicher Schutz der kommunalen Selbstverwaltung, 1998; *Nierhaus* (Hrsg.), Kommunale Selbstverwaltung – Europäische und Nationale Aspekte, 1996; *Oebbecke,* Gemeindeverbandsrecht Nordrhein-Westfalen, 1984; *ders.,* Die verfassungsrechtlich gewährleistete Planungshoheit der Gemeinde, FS Hoppe, 2000, 239; *Schäfer,* Die deutsche kommunale Selbstverwaltung in der Europäischen Union, 1998; *Schaffarzik,* Handbuch der Europäischen Charta der Grundrechte, 2002; *Schmidt-Aßmann,* Kommunale Selbstverwaltung „nach Rastede", in: FS Sendler, 1991, 121; *ders.,* Die Garantie der kommunalen Selbstverwaltung, FS BVerfG, Bd. 2, 2001, 803; *Schmidt-Jortzig,* Die Einrichtungsgarantien der Verfassung, 1979; *Schoch,* Zur Situation der kommunalen Selbstverwaltung nach der Rastede-Entscheidung des Bundesverfassungsgerichts, VerwArch. 81 [1990], 18; *ders.* (Hrsg.), Selbstverwaltung der Kreise in Deutschland, 1996; *ders.,* Verfassungsrechtlicher Schutz der kommunalen Finanzautonomie, 1997; *ders.,* Der verfassungsrechtliche Schutz der kommunalen Selbstverwaltung, Jura 2001, 121; *Schröder,* Kommunalverfassungsrecht, in: Achterberg/Püttner/Würtenberger (Hrsg.), Besonderes Verwaltungsrecht, Bd. 2, 2. Aufl., 2000, S. 1; *Stern,* Das Staatsrecht der Bundesrepublik Deutschland, Bd. 1, 2. Aufl., 1984, § 12; *Stober,* Kommunalrecht in der Bundesrepublik Deutschland, 3. Aufl., 1996; *v. Mutius,* Kommunalrecht, 1996; *v. Unruh,* Demokratie und kommunale Selbstverwaltung, DÖV 1986, 217; *ders.,* Kommunale Selbstverwaltung – ein verpflichtendes Recht, BayVBl. 1996, 225; *v. Zimmermann-Wienhues,* Kommunale Selbstverwaltung in der Europäischen Union, 1997; *Weber,* Staats- und Selbstverwaltung in der Gegenwart, 2. Aufl. 1967; *Widera,* Gewährleistung gemeindlicher Planungshoheit, 1985; zur älteren Literatur wird ergänzend auf das Schrifttumsverzeichnis zu § 86 in Band 2 der 5. Auflage des Lehrbuchs verwiesen. Weitere Nachweise zu den allgemeinen Darstellungen des Kommunalrechts (Gesamtdarstellungen und Darstellungen des Kommunalrechts der einzelnen Bundesländer) finden sich bei § 95.

I. Die Entwicklung des Rechts der kommunalen Selbstverwaltung vom Beginn des 19. Jahrhunderts bis zum Grundgesetz

1. Die Ursprünge des Rechts der kommunalen Selbstverwaltung in Preußen

1 Sprachlich ist der **Begriff Kommune** auf die mittelalterlichen „gemeinsamen Lasten“ (eine Form der Abgaben) zurückzuführen, die die Angehörigen eines kirchlichen Pfarrbezirks zu entrichten hatte. Das hängt damit zusammen, dass die kirchlichen Strukturen jedenfalls in rechtlicher Hinsicht älter sind und sich aus ihnen die häufig die städtischen und dörflichen Gemeinden entwickelten (*v. Unruh,* HdkWP I, 2. Aufl., S. 59).

2 Der ebenso wichtige **Begriff Gemeinde** bezieht sich ursprünglich auf ein bestimmtes Gebiet, die Allmende, eine Gemarkung, an der eine Gruppe von Personen gemeinsame Rechte und Pflichten besaß. Von diesem Anknüpfungspunkt aus übertrug sich die Bezeichnung auf die als „Einheit“ verstandenen, auf dem Gebiet ansässigen Personen (nach damaligem Sprachgebrauch: Rechtsgenossen). Hieraus entwickelte sich ab dem 12. Jh. die mit einem besonderen Rechtsstatus versehene **Stadt.**

3 Damit ist auch bereits auf den historischen Aspekt übergeleitet, dem für das Verständnis des deutschen Kommunalrechts und seiner Institutionen eine sehr große Bedeutung zukommt.

4 Das Dorf als Vorläufer der Gemeinde entwickelte sich in Deutschland als Genossenschaft auf der Grundlage des sesshaften Ackerbaus. Ausschlaggebend war dabei der Gedanke bzw. das Interesse, die gemeinsame Heimat vor Eindringlingen zu schützen und zu diesem Zweck eine nachbarliche Selbsthilfe zu begründen. Die Leitung erfolgte durch die Vollversammlung der stimmberechtigten Bauern, die aus ihrer Mitte einen Vorsteher wählte.

5 Durch die Stärkung der Stellung der Fürsten und die Einführung des **Grundherrentums** und des **Lehenswesens** ging um 1200 jedoch die Freiheit der Dorfgemeinschaften weitgehend verloren und die Bauern (und mit ihnen die Dörfer) gerieten in die Abhängigkeit von den Grundherren.

6 Nur in den **Städten,** die sich ab dem 10. Jh. besonders entwickelten, und in denen sich vor allem Handwerker und Kaufleute ansiedelten, meist im

Schutz einer Burg oder eines Klosters, wurde die Freiheit gewahrt, weshalb den Städten auch eine besondere Bedeutung zukam. Die Stadtbürger hatten das Privileg des freien Grundbesitzes und der Freizügigkeit (daher kommt auch der Spruch: Stadtluft macht frei). Hier übten in der Regel die Bürger auch die Herrschaft (Stadtmagistrate) und die Gerichtsbarkeit aus, wobei die Stadtordnungen in den Einzelheiten sehr verschieden waren. Als besonders modern galt etwa das Magdeburger Stadtrecht, das vor allem in Osteuropa in vielen Städten rezipiert wurde. Zu dieser Zeit entwickelten sich auch die Ursprünge der kommunalen Daseinsvorsorge. So wurden etwa städtische Spitäler und Alten- und Armenheime eingerichtet.

Nach dem 30-jährigen Krieg – also ab 1648 (Westfälischer Friede) – gerieten die Gemeinden weitgehend unter die „Kuratel" der Landesfürsten, d.h. sie wurden zu Befehlsempfängern des Landesherrn und die Stadt- und Dorfrechte wurden weitgehend beschnitten. Nur die Wahl der Gemeindevorsteher blieb ihnen als Recht erhalten. Im Übrigen erließen die Landesfürsten **„Communeordnungen"**, die handbuchartig die Organisation der Gemeinden und ihre Verwaltungsführung regelten. Von Selbstverwaltung war nicht mehr die Rede. 7

Erst zu Beginn des 19. Jh. kam es dann, ausgehend von Preußen, zu einer Neubelebung des Gedankens der kommunalen Selbstverwaltung und zu seiner modernen, bis in die Gegenwart andauernden Ausgestaltung. 8

Anlass für die Erneuerungsbewegung war der Niedergang Preußens infolge der Niederlage gegen Napoleon bei Jena und Auerstedt im Jahre 1806 sowie die zur gleichen Zeit zu beobachtende „Staatsmüdigkeit" des Bürgertums, die durch den Absolutismus ausgelöst worden war. In dieser Situation entwickelte **Freiherr vom Stein** eine Konzeption zur **Reform des Städtewesens,** die durch die **preußische Städteordnung** vom 19. November 1808 umgesetzt wurde (GS 8, 324). 9

Ziel dieser Reform war es, durch eine **Dezentralisation der Verwaltung** das bürgerliche Engagement zu verbessern und so auch den Gegensatz zwischen Obrigkeit und Untertan abzumildern. Dabei wurde auf das Leitbild des **Ehrenamtes** und des **Gemeinsinns** abgestellt, das seinerseits im altdeutschen Genossenschaftsgedanken verwurzelt ist. 10

Es ist natürlich zu beachten, dass es vom Stein bei seiner Reform vor allem um eine Stärkung des Staates und nicht allein um das Eigeninteresse der Gemeinden und Städte oder gar der Bürger ging. Ähnlich wie später bei Bismarck, als er die Selbstverwaltung im Bereich der Handelskammern und der Sozialversicherung einführte bzw. stärkte, ging es aus der staatlichen Perspektive um durchaus eigennützige Ziele. Von vom Stein stammt auch der in diese Richtung zielende Satz: „Die Nation sollte daran gewöhnt werden, ihre eigenen Geschäfte zu verwalten." Das ändert aber nichts daran, dass im Zentrum die Stärkung der Rechte der Bürger in den Gemeinden und Städten, also die Selbstverwaltung, stand. 11

12 Die Städteordnung verlieh den preußischen Städten das Recht, ihre Angelegenheiten „in eigener Verantwortung und in eigenem Namen" zu erledigen (§ 108). Im Weiteren wurden u.a. folgende Regelungen getroffen: (1) Das Bürgerrecht bestand gem. § 15 in der Befugnis, städtische Gewerbe zu betreiben und Grundstücke zu besitzen sowie gem. § 24 das Wahlrecht auszuüben. (2) Frauen konnten das Bürgerrecht nach § 5 nur erlangen, wenn sie unverheiratet waren. (3) Die Stadtverordnetenversammlung fungierte gem. § 108 als Beschlussorgan. (4) Sie wählte den Magistrat, der für die Ausführung der Beschlüsse der Stadtverordnetenversammlung und die Geschäfte der laufenden Verwaltung zuständig war. (5) Vorsitzender des Magistrats war der Bürgermeister, der ebenfalls von der Stadtverordnetenversammlung zu wählen war.

13 Anders als in den Städten galt in den preußischen **Landgemeinden** bis zum Jahr 1891 das Preußische Allgemeine Landrecht sowie partikulares Gemeinderecht fort, das vom Dreiklassenwahlrecht und weitreichendem Einfluss der Gutsherren ausging. Erst die preußische **Landgemeindeordnung vom 3. 6. 1891** löste in diesem Bereich die absolutistische Rechtsordnung ab.

2. Die Entwicklung bis zur Weimarer Reichsverfassung

14 Die Konzeption und Garantie der Selbstverwaltung wurde im 19. Jh. auch von einzelnen (Landes-) Verfassungen aufgenommen. So erklärte die Verfassung des Königreichs Württemberg von 1819 die Gemeinden in § 62 „zur natürlichen Grundlage des Staatsvereins" und nach § 65 sollten die Gemeinden „durch die Gemeinderäte unter gesetzmäßiger Mitwirkung der Bürgerausschüsse nach Vorschrift des Gesetzes unter der Aufsicht der Staatsbehörden verwaltet werden." Eine ähnliche Regelung findet sich in der Verfassung von Kurhessen aus dem Jahr 1831 (siehe zum Ganzen näher *Müthling*, Die Geschichte der deutschen Selbstverwaltung, 1966).

15 Die **Paulskirchenverfassung** von 1849 gestaltete in § 184 in Anlehnung an die belgische Verfassung die Gemeinden mit einem grundrechtlichen Abwehrrecht aus (dazu näher *Kühne*, Die Reichsverfassung der Paulskirche, 2. Aufl. 1998, S. 426ff.).

16 Die **Verfassung von Preußen** von 1850 gewährte den Gemeinden in Art. 105 die selbstständige Verwaltung der Gemeindeangelegenheiten unter gesetzlich geordneter Oberaufsicht des Staates. Die **Reichsverfassung** von 1871 traf keine diesbezügliche Regelung.

3. Die Gewährleistung des Rechts der kommunalen Selbstverwaltung in Art. 129 WRV

17 Die **Weimarer Reichsverfassung** von 1919 folgte dem Vorbild der Paulskirchenverfassung und garantierte im Grundrechtsteil in Art. 127 den Gemeinden und Gemeindeverbänden „das Recht der Selbstverwaltung inner-

halb der Schranken der Gesetze“. Diese Regelung im Grundrechtsteil hat sich auf die Dogmatik des Selbstverwaltungsrechts ausgewirkt und ist auch heute noch bemerkbar, etwa wenn von der kommunalen Verfassungsbeschwerde gesprochen wird und damit die Gemeinden sprachlich den Bürgern und nicht den anderen Gebietskörperschaften gleichgestellt werden.

4. Die kommunale Selbstverwaltung im Nationalsozialismus

In der Zeit zwischen 1933 und 1945 wurde die kommunale Selbstverwaltung rechtlich und praktisch bis auf wenige Reste beseitigt. Durch die reichseinheitliche **Deutsche Gemeindeordnung** vom 30. 1. 1935 wurden die Gemeindevertretungen in Vollzug des Führerprinzips zu reinen Beratungsgremien ohne gewichtige eigene Befugnisse. Bürgermeister und Gemeinderat wurden durch Staat und Partei ernannt (zu Einzelheiten vgl. *Pagenkopf,* Kommunalrecht, Bd. 2, S. 145 ff.; *Matzerath,* Nationalsozialismus und kommunale Selbstverwaltung, 1970; *Löw,* Kommunalgesetzgebung im NS-Staat am Beispiel der DGO 1935, 1993). Eine wichtige Neuerung, die – da sie nicht auf nationalsozialistischem Gedankengut beruhte – bis heute fortwirkt, stellten die neu eingeführten Vorschriften über die wirtschaftliche Betätigung dar, mit denen auf die Misswirtschaft und ihre finanziellen Folgen in einigen Städten reagiert wurde. **18**

5. Erneuerung der kommunalen Selbstverwaltung in der Bundesrepublik

Nach 1945 wurde in den westlichen Besatzungszonen an die Standards der Weimarer Reichsverfassung angeknüpft und der Gedanke einer bürgerschaftlichen, dezentralen kommunalen Selbstverwaltung neu belebt. Sowohl die Landesverfassungen als auch das 1949 erlassene Grundgesetz enthielten Gewährleistungen des Rechts der kommunalen Selbstverwaltung. Die Bundesländer erließen Kommunalgesetze, bei denen in einigen Fällen der Einfluss der Besatzungsmächte deutlich zu spüren war. So beruhte in Nordrhein-Westfalen die Etablierung der bis 1994 praktizierten Doppelspitze (ehrenamtlicher Bürgermeister und hauptamtlicher Stadtdirektor) bei den größeren Gemeinden auf dem englischen Vorbild und Einfluss. In den meisten Fällen wurde jedoch an die jeweiligen regionalen Traditionen angeknüpft, so dass die historisch gewachsenen verschiedenen Kommunalverfassungstypen (zu ihnen § 95, Rdnr. 1 ff.) neu belebt wurden. **19**

In den fünfziger und sechziger Jahren blieben die Gemeinden, Städte und Kreise zunächst in ihrem historischen Zuschnitt unverändert erhalten. Zu dieser Zeit gab es in den westlichen Bundesländern ungefähr 24 000 Gemeinden, von denen mehr als 10 000 über weniger als 500 Einwohner verfügten. Entsprechend verfügten sie nur über sehr kleine Verwaltungsapparate, die den steigenden Anforderungen an die Verwaltungskraft in Folge des Ausbaus der Leistungsverwaltung (Daseinsvorsorge) und der wachsen Zahl normativer Vorgaben (z. B. im Bereich der Bauleitplanung) nicht mehr **20** gewachsen waren. Aus diesem Grunde wurde in den alten Bundesländern zwischen 1967 und 1978 eine verschiedenen Leitbildern folgende Funktional- und Territorialreform durchgeführt, die insgesamt zur Bildung größerer kommunaler Einheiten führte (siehe dazu *Stüer*, Funktionalreform und kommunale Selbstverwaltung, 1980; v. Oertzen/Thieme (Hrsg.), Die Kommunale Gebietsreform, 1981; *Gern*, Rdnr. 211 ff.). Die Zahl der Gemeinden ging in Folge dieser Reform auf 8505 und damit auf ein Drittel der Ausgangszahl zurück. Bei den kreisfreien Städten ging die Zahl von 139 auf 92, bei den Landkreisen von 425 auf 235 zurück. Dabei ist jedoch zu beachten, dass die einzelnen Bundesländer verschiedenen Modellen folgten. Während z.B. Nordrhein-Westfalen große Einheitsgemeinden bildete, bei denen durch entsprechende Binnenstrukturen (Ortschaftsverfassung) den historischen Gegebenheiten Rechnung getragen wurde, führte Rheinland-Pfalz Verbandsgemeinden als dritte Ebene der kommunalen Selbstverwaltung zwischen Gemeinden und Landkreisen ein und konnte auf diese Weise die meisten kleinen Gemeinden weiter fortbestehen lassen.

6. Die kommunale Selbstverwaltung in der DDR und die Änderungen nach der Wiedervereinigung

21 In der sowjetischen Besatzungszone wurde 1946 die „Demokratische Gemeindeordnung“ erlassen, die im Hinblick auf das Selbstverwaltungsrecht den Gemeindeordnungen in den westlichen Besatzungszonen, die an den Stand der Zeit vor 1933 anknüpften, zu vergleichen war. In der Praxis wurde das Selbstverwaltungsrecht mit dem Aufbau der SED-Diktatur aber beseitigt. Dies wurde dann formal durch das „Gesetz über die örtlichen Organe der Staatsmacht“ von 1957 bestätigt. Durch dieses Gesetz wurde auch für die Kommunen das **Prinzip des demokratischen Zentralismus** verwirklicht. Die Gemeinden wurden zu unteren staatlichen Verwaltungsbehörden ohne eigenen Wirkungskreis und ohne Rechtsfähigkeit. Das „Gesetz über die örtlichen Volksvertretungen in der DDR“ von 1985 verfestigte diesen Zustand.

22 Nach der Öffnung der Mauer und den ersten freien Wahlen zur Volkskammer wurde noch vor der Neubildung der Länder mit dem Gesetz vom 17. Mai 1990 eine neue **Kommunalverfassung der DDR** eingeführt, auf deren Grundlage im gesamten Gebiet der DDR Gemeinden und Landkreise anknüpfend an den alten Rechtszustand gebildet wurden (vgl. zu Einzelheiten *Bretzinger*, Die Kommunalverfassung der DDR, 1994).

23 Nach der Neubildung der Bundesländer im Gebiet der DDR erließen diese ab 1991 eigene Kommunalgesetze (bis auf Mecklenburg-Vorpommern, das ein einheitliches Kommunalverfassungsgesetz besitzt, und Thüringen, das eine einheitliche Kommunalordnung erlassen hat, wurden getrennte Gemeinde- und Landkreisordnungen erlassen sowie Gesetze über die kommunale Gemeinschaftsarbeit).

Da bei der Neubildung der Gemeinden und Kreise an historische Strukturen aus der Zeit vor dem zweiten Weltkrieg angeknüpft wurde, stellt sich auch in den neuen Bundesländern das Problem der Notwendigkeit einer Gebietsreform, da von den rund 7500 Gemeinden viele weniger als 500 Einwohner besitzen und über eine nicht ausreichende Verwaltungskraft verfügen. Ähnlich verhält es sich bei den Landkreisen. Aus diesem Grunde ist in den meisten neuen Bundesländern in den letzten Jahren eine Funktional- und Gebietsreform durchgeführt worden oder derzeit im Gange. 24

7. Neuere Entwicklungen der kommunalen Selbstverwaltung

Die aktuelle Lage der kommunalen Selbstverwaltung ist in den meisten Bundesländern durch eine neue Welle der **Funktionalreform** gekennzeichnet, in deren Rahmen versucht wird, die Landesverwaltungen zu straffen und gleichzeitig weitere (staatliche) Aufgaben auf die Kommunen, insbesondere die Landkreise und kreisfreien Städte, zu übertragen. In den neuen Bundesländern ist diese Funktionalreform z. T. mit einer Gebietsreform gekoppelt, die zur Schaffung leistungsfähigerer Verwaltungseinheiten im Hinblick auf den neuen Aufgabenbestand führen soll. Unabhängig von den damit verbundenen neuen finanziellen Belastungen der Kommunen, die entsprechend ausgeglichen werden müssen, hat diese Entwicklung auch zur Folge, dass das Verhältnis von Selbstverwaltungsaufgaben und staatlichen Aufgaben in den Kommunen weiter zu Lasten der Selbstverwaltungsaufgaben verschoben wird. Das bedeutet zugleich, dass die Bedeutung des Hauptverwaltungsbeamten im Verhältnis zur Vertretungskörperschaft weiter zunimmt und auch der Einfluss der Fach- oder Sonderaufsicht gesteigert wird. Man kann und muss deshalb von einer weiteren **„Verstaatlichung"** der kommunalen Selbstverwaltung sprechen. 25

In den Kommunen prägen die Umsetzung des **Neuen Steuerungsmodells** mit ihren verschiedenen Komponenten (siehe dazu § 80, Rdnr. 309ff.) sowie die stärkere Nutzung der **elektronischen Kommunikationsformen** (e-government) die aktuelle Entwicklung. Während sich das Neue Steuerungsmodell vor allem auf die interne Führungsstruktur, insbesondere das Verhältnis von Vertretungskörperschaft und „ausführender" Verwaltung sowie die bürgerfreundlichere Bündelung der Aufgaben und Zuständigkeiten der einzelnen Stellen auswirkt, sind mit der vermehrten Nutzung des e-government auch übergreifende Veränderungen verbunden. So ermöglicht diese Form der Aufgabenwahrnehmung die Bildung von „Kompetenzzentren" in der Form, dass eine Kommune bestimmte Aufgaben auch für (viele) andere Kommunen wahrnimmt. Vor allem im Bereich des übertragenen Wirkungskreis mit strikter Rechtsbindung eröffnen sich so neue Möglichkeiten rationeller Aufgabenwahrnehmung (Bsp. Kfz-Zulassung). 26

Kaum noch als Neuerung zu bezeichnen, gleichwohl von hoher Aktualität ist der Einfluss des **Europarechts** auf die kommunale Selbstverwaltung. 27

Dass die Vorgaben des primären und sekundären Gemeinschaftsrecht von der Kommunalverwaltung ständig zu beachten sind (u.a. in Gestalt der Pflicht zur europarechtskonformen Auslegung und ggf. der unmittelbaren Anwendung von EU-Richlinien), ist eine Normalität des Gemeinschaftsrechtsraumes, die alle Bereiche der Verwaltung gleichermaßen betrifft. Auch die Einführung des Kommunalwahlrechts für Unionsbürger ist inzwischen ein auch im Verfassungsrecht verankerter Standard, der durch die Landesgesetzgeber umfassend bewältigt ist (siehe dazu näher *Schunda,* Das Wahlrecht von Unionsbürgern bei Kommunalwahlen in Deutschland, 2003, 181 ff.). Anders verhält es sich bei den Auswirkungen des EU-Wettbewerbsrechts sowie der Beihilfenaufsicht auf die **kommunale Daseinsvorsorge.** In diesem Bereich gibt es noch eine Vielzahl offener Einzelfragen, die im Laufe der kommenden Jahre einer Klärung bedürfen. Aus der Perspektive der EU-Kommission soll dazu das Grünbuch zu Dienstleistungen von allgemeinem Interesse vom 21. Mai 2003 (KOM [2003] 270 endgültig) beitragen, mit dessen Hilfe u.a. der Erlass von Richtlinien für den Bereich wichtiger Leistungen der Daseinsvorsorge vorbereitet werden sollen (siehe zu diesem Thema auch *Pielow,* Grundstrukturen öffentlicher Versorgung, 2001).

28 Ebenso wenig neu, aber von zunehmender Brisanz erweist sich der Kampf der Kommunen um eine ausreichende Finanzausstattung. In Zeiten leerer öffentlicher Kassen und bei gleichzeitiger Verlagerung weiterer staatlicher Aufgaben von der Landes- auf die Kommunalverwaltung befinden sich immer mehr Kommunen am Rande der finanziellen Überlebensfähigkeit. Die Suche nach Möglichkeiten einer Reform der Finanzverfassung mit dem Ziel, die finanzielle Eigenständigkeit der Kommunen zu stärken, gehört deshalb zu den wichtigsten Themen der aktuellen Kommunalpolitik (siehe dazu etwa *Kluth,* Lastenverteilung – Ansatzpunkte für eine Stärkung der Finanzautonomie von Ländern und Kommunen, in: Henneke (Hrsg.), Verantwortungsteilung zwischen Kommunen, Ländern, Bund und Europäischer Ebene, 2001, 151 ff.).

8. Übersicht zu den geltenden Kommunalgesetzen

29 Die Bundesländer haben folgende Kommunalgesetze (berücksichtigt werden die Gemeinde- und Landkreisordnungen sowie Regelungen zu weiteren Gebietskörperschaften sowie die besonderen Regelungen in den Stadtstaaten, die der kommunalen Ebene entsprechen; auf die Gesetze zur kommunalen Gemeinschaftsarbeit wird unter § 96 eingegangen) erlassen (es wird jeweils auf die letzte vollständige Verkündung sowie die letzte Änderung Bezug genommen):

30 **Baden-Württemberg:** Gemeindeordnung idF v. 24. 7. 2000 (GBl. 582), zuletzt geändert durch G. v. 28. 5. 2003 (GBl. 271); Landkreisordnung idF v. 19. 6. 1987 (GBl. 289), zuletzt geändert durch G. v. 8. 11. 1999 (GBl. 435).

Bayern: Gemeindeordnung idF v. 22. 8. 1998 (GVBl. 796), zuletzt geändert durch G.v. 24. April 2001 (GVBl. 140); Landkreisordnung idF v. 22. 8. 1998 (GVBl. 826), Bezirksordnung idF v.22. 8. 1998 (GVBl. 850). **31**

Berlin: Gesetz über die Zuständigkeiten in der allgemeinen Berliner Verwaltung idF v. 22.7. 1996 (GVBl. 302); Bezirksverwaltungsgesetz idF v. 28. 2. 2001 (GVBl. 61), zuletzt geändert durch G.v. 6. 10. 2001 (GVBl. 521). **32**

Brandenburg: Gemeindeordnung idF v. 10. 10. 2001 (GVBl. I 154), zuletzt geändert durch G.v. 10. 6. 2003 (GVBl. I Nr. 9 4. 6. 2003); Landkreisordnung idF v. 15. 10. 1993 (GVBl. I 433), zuletzt geändert durch G.v. 10. 6. 2003 (GVBl. I Nr. 9 4. 6. 2003); Amtsordnung idF v. 10. 10. 2001 (GVBl. I 188), zuletzt geändert durch G.v. 10. 6. 2003 (GVBl. I Nr. 9 4. 6. 2003). **33**

Bremen: Ortsgesetz über Beiräte und Ortsämter v. 20. 6. 1989 (GBl. 241). **34**

Hamburg: Bezirksverwaltungsgesetz idF v. 14. 9. 1988 (GVBl. 179). **35**

Hessen: Gemeindeordnung idF v. 1. 4. 1993 (GVBl. I 1992, 534), zuletzt geändert durch G.v. 20. 6. 2002 (GVBl. I 2002, 342); Landkreisordnung idF v. 01.04.1993 (GVBl. I 1992, 569), zuletzt geändert durch G.v. 22. 12. 2000 (GVBl. I 2000, 588). **36**

Mecklenburg-Vorpommern: Kommunalverfassung idF v. 13. 1. 1998 (GVOBl. 29), zuletzt geändert durch G.v. 9. 8. 2000 (GVOBl. 360). **37**

Niedersachsen: Gemeindeordnung idF v. 22. 8. 1996 (GVBl. 382), zuletzt geändert durch G.v. 27. 1. 2003 (GVBl. 36); Landkreisordnung idF v. 22. 8. 1996 (GVBl. 365), zuletzt geändert durch G.v. 20. 11. 2001 (GVBl. 701). **38**

Nordrhein-Westfalen: Gemeindeordnung idF v. 14. 7. 1994 (GV 666), zuletzt geändert durch G.v. 30. 4. 2002 (GV 160); Kreisordnung idF v. 14. 7. 1994 (GV 646), zuletzt geändert durch G.v. 30. 4. 2002 (GV 160). **39**

Rheinland-Pfalz: Gemeindeordnung idF v. 31. 1. 1994 (GVBl. 153), zuletzt geändert durch G.v. 6. 2. 2001 (GVBl. 29); Landkreisordnung idF v. 31. 1. 1994 (GVBl. 188), zuletzt geändert durch G. v 6. 2. 2001 (GVBl. 29). **40**

Saarland: Kommunalselbstverwaltungsgesetz idF v. 27. 6. 1997 (ABl. 682), zuletzt geändert durch G.v. 7. 11. 2001 (ABl. 2158). **41**

Sachsen: Gemeindeordnung idF v. 14. 6. 1999 (GVBl. 345), zuletzt geändert durch G.v. 14. 2. 2002 (GVBl. 86); Landkreisordnung idF v. 19. 7. 1993 (GVBl. 577), zuletzt geändert durch G.v. 6. 6. 2002 (GVBl. 168). **42**

Sachsen-Anhalt: Gemeindeordnung idF v. 5. 10. 1993 (GVBl. 568), zuletzt geändert durch G.v. 19. 3. 2002 (GVBl. 130); Landkreisordnung idF v. 5. 10. 1993 (GVBl. 598), zuletzt geändert durch G.v. 19. 3. 2002 (GVBl. 130). **43**

Schleswig-Holstein: Gemeindeordnung idF v. 28. 2. 2003 (GVBl. 57); Kreisordnung idF v. 28. 2. 2003 (GVBl. 94); Amtsordnung idF v. 28. 2. 2003 (GVBl. 112). **44**

Thüringen: Gemeinde- und Landkreisordnung (Kommunalordnung) idF v. 14. 4. 1998 (GVBl. 73). **45**

II. Die Verfassungsgarantie der kommunalen Selbstverwaltung im Grundgesetz und in den Landesverfassungen

1. Die Vorgaben des Grundgesetzes für die kommunale Selbstverwaltung

a) Funktionen der Selbstverwaltungsgarantie des Grundgesetzes

46 Die kommunale Selbstverwaltung nimmt im Grundgesetz und den Landesverfassungen eine historisch begründete Sonderstellung ein. Dies gilt auch im internationalen Vergleich. Nur wenige andere Staaten garantieren die kommunale Selbstverwaltung in ihren Verfassungen und messen ihr eine derart zentrale Bedeutung zu. Bevor im Einzelnen auf den Regelungs- und Gewährleistungsgehalt der Selbstverwaltungsgarantie eingegangen wird, bedarf es der Verortung der Kommunen im Staatsaufbau. Das Grundgesetz macht mit seinen Regelungen in der so genannten **Homogenitätsklausel** des Art. 28 Abs. 1 und 2 GG im Abschnitt über den Bund und die Länder vor allem zwei Dinge deutlich: Erstens, dass die Kommunen der **Länderebene** zuzuordnen sind und zweitens, dass die Länder die Kommunen mit dem **Recht der Selbstverwaltung** und einer **direkten demokratischen Legitimation** des kollegialen Leitungsorgans ausstatten müssen.

47 Diese Vorgaben muss auch der **Bundesgesetzgeber** beachten, so dass er nur unter sehr engen Voraussetzungen auf die kommunale Ebene „durchgreifen" darf, indem er den Kommunen bestimmte Aufgaben zuweist oder sie bei der Aufgabenzuweisung seinen Weisungen unterwirft.

48 Das Grundgesetz hat (anders als einige Landesverfassungen) die Selbstverwaltungsgarantie für die Gemeinden und Gemeindeverbände bzw. Kreise unterschiedlich ausgestaltet, so dass beide gesondert zu betrachten sind.

b) Die dogmatische Struktur der Selbstverwaltungsgarantie

49 Gewährleistet wird als erstes, dass es überhaupt Gemeinden und Gemeindeverbände als Elemente des Verwaltungsaufbaus geben muss. Kommune in dem von der Verfassung vorausgesetzten Sinne ist „ein auf personaler Mitgliedschaft zu einem bestimmten Gebiet beruhender Verband, der die Eigenschaft einer rechtsfähigen Körperschaft des öffentlichen Rechts besitzt" (*Stern,* Staatsrecht Band I, § 12 II 4 b). Die Garantie bezieht sich also nicht auf eine beliebig zugeschnittene Verwaltungseinheit, sondern auf einen bestimmten Typus. Dazu gehören eine gewisse Überschaubarkeit des gemeindlichen bzw. kommunalen Raumes, sowie die Rechtsfähigkeit und die Gebietshoheit.

50 Gemeinden und Gemeindeverbände sind **rechtsfähige Einheiten,** so genannte Verwaltungsträger. Es muss ihnen also von der Rechtsordnung allgemein die Fähigkeit zuerkannt sein, Träger von Rechten und Pflichten zu sein. Die Rechtsfähigkeit schafft Bewegungsfähigkeit im Rechtsverkehr und ist so rechtstechnisch der Garant einer Selbstständigkeit gegenüber dem Staat.

Gemeinden und Gemeindeverbände besitzen ferner Gebietshoheit, weil ihr Verhältnis als Verband zu ihren Verbandsmitgliedern nicht wie bei anderen Körperschaften auf punktuellen, funktionalen Zuordnungskriterien, sondern kraft Gesetzes umfassend durch den Wohnsitz begründet wird. Gemeinden und Gemeindeverbände sind Körperschaften in dem qualifizierten Sinne einer **Gebietskörperschaft.** 51

Die Garantie eines derart geformten Verwaltungsträgers gilt nicht der einzelnen Kommune, sondern grundsätzlich nur institutionell: Dem Staat ist es durch Art. 28 Abs. 2 Satz 1 GG nicht verwehrt, eine Kommune aufzulösen und sie mit einer anderen zusammenzuführen. Verwehrt ist es ihm aber, die gemeindliche und kreisliche Verwaltungsebene ganz oder überwiegend zu beseitigen oder an die Stelle der Gemeinden und Kreise einen anderen Typ von Verwaltungseinheiten zu setzen. 52

Nicht garantiert sind demgegenüber die gemeindlichen Binnengliederungen, z. B. die Bezirke und Ortschaften. 53

Daneben enthält Art. 28 Abs. 2 Satz 1 GG indirekt aber auch eine **beschränkt individuelle Rechtssubjektsgarantie.** Gegen ihren Willen darf die einzelne Kommune nämlich nicht beliebig, sondern nur nach vorheriger Anhörung und nur aus Gründen öffentlichen Wohles aufgelöst oder in ihrem Gebietszuschnitt geändert werden. Es war diese beschränkt individuelle Bestandsgarantie, die in der kommunalen Gebietsreform vor den Verfassungsgerichten vielfach bemüht worden ist und in einigen Fällen zur Nichtigkeit einer Neugliederungsmaßnahme geführt hat. 54

Zur Rechtssubjektsgarantie rechnet auch der **Schutz des Gemeindenamens** als eines Statuselements, das der Individualisierung und der bürgerschaftlichen Integration dient (*BVerfGE* 59, 216, 225 ff.). Der Name ist vielfach historisch überkommen. Zusätze wie Bad und Markt gehören zwar nicht direkt dazu, genießen aber, wenn sie rechtens geführt werden, den gleichen Rechtsschutz. Der rechtens geführte Name ist gegen Beeinträchtigungen nicht nur im Zivilrechtsverkehr gemäß § 12 BGB, sondern auch im Rechtsverkehr mit anderen Hoheitsträgern geschützt (*BVerwGE* 44, 351, 355). 55

Die **Rechtsinstitutionsgarantie** ist für die Gemeinden und Gemeindeverbände bzw. Landkreise vor allem im Aufgabenbereich unterschiedlich ausgestaltet, so dass es einer Einzelbetrachtung bedarf. 56

Zum Schutz dieser Garantien können die Gemeinden auch Rechtsschutz in Anspruch nehmen **(subjektive Rechtsstellungsgarantie).** Allerdings gewährt Art. 28 Abs. 2 GG den Gemeinden kein Grundrecht. Nach dem Verständnis des Grundgesetzes sind die Gemeinden Teil des Staatsaufbaus. Damit ist zwischen die kommunale Selbstverwaltungsgarantie und die bürgerlichen Grundrechtsgewährleistungen eine klare Zäsur gelegt. Ein Rückgriff auf das frühere Gedankengut der Paulskirchenverfassung und der Weimarer Reichsverfassung ist nicht mehr möglich. 57

Andererseits belässt es Art. 28 Abs. 2 Satz 1 GG für die Gemeinden nicht beim objektiven Konstitutionsprinzip, sondern gewährt eine subjektive 58

Rechtsstellung. Die einzelne Gemeinde kann vom Garantieverpflichteten (insbesondere dem Land) die Einhaltung der Gewährleistung verlangen. Art. 28 Abs. 2 GG wird folglich von einer Reihe von Unterlassungs-, Beseitigungs-, Teilhabe- und gegebenenfalls auch Leistungsansprüchen begleitet.

59 Dazu zählt auch ein Anspruch auf Gerichtsschutz, der unmittelbar aus der materiellen Garantienorm des Art. 28 Abs. 2 GG folgt. Ob sich die Gemeinden außerdem auf Art. 19 Abs. 4 stützen können, ist streitig (Nachweise dazu bei *Schmidt-Aßmann,* in: Maunz/Dürig, GG Art. 19 IV Rn. 43). Die Frage kann jedoch dahingestellt bleiben. Jedenfalls auf der Ebene des derzeit geltenden einfachgesetzlichen Prozessrechts werden die aus Art. 28 Abs. 2 GG folgenden subjektiven Rechte der Gemeinden mit den subjektiven Rechten der Bürger gleichbehandelt.

60 Ergänzt wird der gemeindliche Rechtsschutz durch die **kommunale Verfassungsbeschwerde,** Art. 93 Abs. 1 Nr. 4b GG; § 91 BVerfGG. Das Institut dient der Verteidigung speziell der Rechte aus Art. 28 Abs. 2 Satz 1 GG gegen Verletzungen durch Gesetze. Gesetze im Sinne dieser Vorschrift sind auch Rechtsätze unterhalb des förmlichen Gesetzes. Bei der Verletzung durch ein Landesgesetz ist die Subsidiaritätsklausel zugunsten der Landesverfassungsgerichte zu beachten.

c) Die Selbstverwaltungsgarantie der Gemeinden

61 Nach der ständigen Rechtsprechung des Bundesverfassungsgerichts ergibt sich für die Gemeinden folgendes Bild: Art. 28 Abs. 2 Satz 1 GG gewährleistet den Gemeinden das Recht, alle Angelegenheiten der örtlichen Gemeinschaft im Rahmen der Gesetze in eigener Verantwortung zu regeln. Die Gewährleistung kommunaler Selbstverwaltung sichert den Gemeinden einen grundsätzlich alle Angelegenheiten der örtlichen Gemeinschaft umfassenden **Aufgabenbereich** sowie die **Befugnis zu eigenverantwortlicher Führung der Geschäfte** in diesem Bereich (vgl. *BVerfGE* 21, 117 [128f.]; 23, 353 [365]; 26, 228 [237f.]; 50, 195 [201]; 56, 298 [312]; 59, 216 [226]; 79, 127 [143]; 83, 363 [382]; 91, 228 [236]).

62 Der **Gesetzgeber** hat bei der Ausgestaltung und Formung der Garantie gemeindlicher Selbstverwaltung die grundgesetzliche Entscheidung für eine dezentral organisierte und bürgerschaftlich getragene Verwaltung zu berücksichtigen. Art. 28 GG konstituiert die Gemeinden als einen **wesentlichen Bestandteil der staatlichen Gesamtorganisation;** sie sind selbst ein Teil des Staates, in dessen Aufbau sie integriert und innerhalb dessen sie mit eigenen Rechten ausgestattet sind. Indem der Verfassungsgeber die Institution gemeindlicher Selbstverwaltung in den Aufbau des politischen Gemeinwesens eingefügt hat, hat er ihr eine spezifische Funktion beigemessen. Für die örtliche Ebene der Gemeinden fordert Art. 28 Abs. 2 Satz 1 GG eine mit **wirklicher Verantwortlichkeit** ausgestattete Einrichtung der Selbstverwaltung, durch die den Bürgern eine wirksame Teilnahme an den Angelegenheiten des Gemeinwesens ermöglicht wird (vgl. *BVerfGE* 79, 127

[150]; 91, 228 [238]). Hierfür gewährleistet Art. 28 Abs. 2 Satz 1 GG den Gemeinden einen eigenen Aufgabenbereich sowie die Eigenverantwortlichkeit ihrer Aufgabenwahrnehmung und sichert so die notwendigen Wirkungsbedingungen einer gemeindlichen Selbstverwaltung.

Beide Garantieelemente des gemeindlichen Selbstverwaltungsrechts unterliegen dem **Gesetzesvorbehalt** des Art. 28 Abs. 2 Satz 1 GG (vgl. *BVerfGE* 22, 180 [204ff.]; 23, 353 [365f.]; 50, 195 [201]; 79, 127 [146]). Aufgabenkreis und Organisationsbefugnisse, die den Gemeinden zustehen, werden durch die Vorgaben des Gesetzgebers bestimmt. Die Gewährleistungsbereiche des Art. 28 Abs. 2 Satz 1 und 3 GG stellen je nach Art und Umfang ihrer gesetzlichen Gestaltung unterschiedliche Anforderungen an die Verfassungsmäßigkeit staatlicher Regelungen. Dabei setzt zunächst der **Kernbereich** des Art. 28 Abs. 2 Satz 1 GG dem Gesetzgeber eine Grenze (vgl. *BVerfGE* 1, 167 [175]; 22, 180 [205]; 26, 172 [180]; 79, 127 [146]). Dieser darf die identitätsbestimmenden Merkmale gemeindlicher Selbstverwaltung weder faktisch noch rechtlich beseitigen (vgl. *BVerfGE* 17, 172 [182]; 23, 353 [366]; 59, 216 [226]; 76, 107 [118]; 83, 363 [381]). Zum Kernbereich des gemeindlichen Selbstverwaltungsrechts in seiner Ausprägung als Recht auf einen grundsätzlich alle Angelegenheiten der örtlichen Gemeinschaft umfassenden Aufgabenbereich gehört kein gegenständlich bestimmter oder nach feststehenden Merkmalen bestimmbarer Aufgabenkatalog. Zu ihm gehört aber die Befugnis, sich aller Angelegenheiten der örtlichen Gemeinschaft, die nicht durch Gesetz bereits anderen Trägern öffentlicher Verwaltung übertragen sind, ohne besonderen Kompetenztitel anzunehmen – sog. **Aufgabenfindungsrecht** (vgl. *BVerfGE* 79, 127 [146]). 63

Das Recht zur **eigenverantwortlichen Führung der Geschäfte** im gegebenen Aufgabenbereich bedeutet allgemein die Freiheit vor staatlicher Reglementierung hinsichtlich der Art und Weise der Aufgabenerledigung (vgl. *BVerfGE* 83, 363 [382]). Die Gemeinden sind befugt, für die Wahrnehmung ihrer Aufgaben Abläufe und Entscheidungszuständigkeiten im Einzelnen festzulegen. Zum Kernbereich dieser Befugnis gehört allerdings nicht die grundsätzlich freie Bestimmung über die Organisation der Gemeinden überhaupt. Insbesondere die Entscheidung über die äußeren Grundbedingungen der Gemeindeverwaltung wurde in allen Ländern stets als Sache des Gesetzgebers angesehen. Art. 28 Abs. 2 GG verpflichtet ihn, auch insoweit der verfassungsrechtlichen **Verbürgung einer mit wirklicher Verantwortlichkeit ausgestatteten dezentralen Verwaltungsebene** Rechnung zu tragen und die Gemeinden zur Wahrnehmung ihrer Aufgaben zu befähigen. Art. 28 Abs. 2 Satz 1 GG verbietet daher Regelungen, die eine eigenständige organisatorische Gestaltungsfähigkeit der Kommunen im Ergebnis ersticken würden (vgl. *BVerfGE* 91, 228 [238f.]). Dies wäre etwa der Fall bei einer Regelungsdichte, die den Gemeinden die Möglichkeit nähme, eigenverantwortlich eine Hauptsatzung zu erlassen. Eine umfassende Steuerung der kommunalen Organisation durch staatliche Instanzen widerspräche der 64 durch Art. 28 Abs. 2 GG gesicherten dezentralen und eigenverantwortlichen Wahrnehmung kommunaler Aufgaben.

65 Dem Gesetzgeber ist nicht nur durch den Kernbereich der Selbstverwaltungsgarantie eine Grenze gesetzt. Art. 28 Abs. 2 Satz 1 GG enthält hinsichtlich der Angelegenheiten der örtlichen Gemeinschaft auch außerhalb seines Kernbereichs ein **verfassungsrechtliches Aufgabenverteilungsprinzip zugunsten der Gemeinden,** das der zuständigkeitsverteilende Gesetzgeber zu berücksichtigen hat (vgl. *BVerfGE* 79, 127 [152ff.]; 83, 363 [382]). Der Vorrang einer dezentralen Aufgabenverteilung verbürgt den Gemeinden einen Aufgabenbereich, der grundsätzlich alle Angelegenheiten der örtlichen Gemeinschaft umfasst (vgl. *BVerfGE* 26, 228 [237f.]; 56, 298 [312]; 59, 216 [226]; 79, 127 [150]). Eine Aufgabe mit relevantem örtlichen Charakter darf der Gesetzgeber den Gemeinden nur aus Gründen des Gemeininteresses entziehen (vgl. *BVerfGE* 79, 127 [153]).

66 Auch hinsichtlich der Befugnis zu eigenverantwortlicher Führung der Geschäfte muss der Gesetzgeber den **prinzipiellen Vorrang einer dezentralen vor einer zentralen und damit staatlich determinierten Aufgabenwahrnehmung** berücksichtigen (vgl. *BVerfGE* 83, 363 [382]). Die Gemeinden sind keine beliebigen dezentralen Verwaltungsuntergliederungen, sondern selbstständige Gemeinwesen, die auch in der Eigenverantwortlichkeit ihrer Aufgabenerfüllung ihren Bürgern ein überzeugender Anlass für ihre lokale politische Identifikation sein sollen. Für den Umkreis der örtlichen Angelegenheiten schützt Art. 28 Abs. 2 Satz 1 GG die Gemeinden vor staatlichen Reglementierungen, die die Art und Weise der Aufgabenerledigung betreffen. Darüber hinaus gilt das Recht zur Organisation der Gemeindeverwaltung nicht nur bezüglich bestimmter Sachaufgaben, sondern für die gesamte Verwaltung (vgl. *BVerfGE* 83, 363 [382]). Die Garantie der Eigenverantwortlichkeit schützt die Gemeinden auch in einem der Aufgabenerfüllung vorgelagerten gemeindeinternen Bereich.

67 Die Befugnis zu eigenverantwortlicher Führung der Geschäfte besteht **nur nach Maßgabe der Gesetze,** wobei der Gesetzgeber durch Art. 28 Abs. 2 Satz 1 GG gebunden ist. Inhaltliche Vorgaben müssen durch Gründe des gemeinen Wohls gerechtfertigt sein, etwa durch das Ziel, eine ordnungsgemäße Aufgabenwahrnehmung sicherzustellen (vgl. *BVerfGE* 79, 127 [153]; 83, 363 [382]). Sie sind auf dasjenige zu beschränken, was der Gesetzgeber zur Wahrung des jeweiligen Gemeinwohlbelangs für geboten halten darf. Dabei steht ihm ein weiter Einschätzungs- und Beurteilungsspielraum zu (vgl. *BVerfGE* 79, 127 [152ff.]; 83, 363 [383]). Die unterschiedliche Ausdehnung und Einwohnerzahl sowie voneinander abweichende Sozial- und Wirtschaftsbedingungen der Gemeinden können zu differenzierten Lösungen bei der Gestaltung der für eine ordnungsgemäße Aufgabenerfüllung notwendigen Strukturen führen. Insoweit darf der Gesetzgeber typisieren. Er braucht nicht der spezifischen Situation jeder einzelnen Gemeinde und grundsätzlich auch nicht der jeder unbedeutenden Gruppe von Gemeinden

Rechnung zu tragen. Dies folgt schon aus dem notwendigerweise generellen Charakter seiner Regelung (vgl. *BVerfGE* 79, 127 [154]; 83, 363 [382f.]; 91, 228 [241]). Die gesetzgeberische Entscheidung für einen bestimmten Organisationstyp gemeindlicher Aufgabenwahrnehmung muss aber eine vertretbare Ausfüllung des Rahmens darstellen, den das in Art. 28 Abs. 2 Satz 1 GG normierte Prinzip einer eigenverantwortlichen gemeindlichen Verwaltungsebene vorgibt. Indem Art. 28 Abs. 2 GG den Gemeinden eine eigenverantwortliche Aufgabenerledigung verbürgt, verpflichtet er den Gesetzgeber, bei der Ausgestaltung des Kommunalrechts den Gemeinden eine Mitverantwortung für die organisatorische Bewältigung ihrer Aufgaben einzuräumen. Seine Vorgaben dürfen die Gemeinden aus der ihnen von der Verfassung zugewiesenen Verantwortung nicht verdrängen (vgl. *BVerfGE* 91, 228 [241]).

Die einzelnen Gewährleistungen der Selbstverwaltungsgarantie werden 68 aus Gründen der besseren Handhabung und Anschaulichkeit auch in einzelne **Gemeindehoheiten** ausdifferenziert (vgl. auch *Schoch,* Jura 2001, 131ff.). Damit sind keine neuen Rechtsgehalte verbunden. Vielmehr wird die praktische Bedeutung einzelnen Komponenten des Selbstverwaltungsrechts für die wichtigsten Tätigkeitsbereiche der Gemeinden zusammenfassend dargestellt. In der Regel wird in der Praxis auf die einzelnen Gemeindehoheiten und nicht auf das Selbstverwaltungsrechts insgesamt Bezug genommen.

Unter der **Gebietshoheit** versteht man die Befugnis, im Gemeindegebiet 69 Hoheitsgewalt auszuüben. Sie ist nicht nur bei Veränderungen des Gemeindegebiets, sondern auch bei der Begründung gemeindeübergreifender Kompetenzen betroffen.

Die **Organisationshoheit** umfasst das Recht, die interne Organisation 70 auszugestalten. Zu ihr gehört z.B. die Einrichtung von Ämtern, die Regelung des verwaltungsinternen Geschäftsgangs und der Zuständigkeiten, die Schaffung von Einrichtungen und anderen organisatorischen Untereinheiten sowie der (freiwillige) Zusammenschluss zu Verwaltungsgemeinschaften oder Zweckverbänden (vgl. auch *BVerfGE* 91, 228 [236]; *sanhVerfG* NVwZ 1999, 760 und LKV 2000, 32 [33]).

Die **Personalhoheit** ist die Befugnis zur Auswahl, Einstellung, Beförde- 71 rung und Entlassung von Beamten, Angestellten und Arbeitern der Gemeinde sowie deren Leitung. Dieser Bereich ist in seinen rechtlichen Rahmenbedingungen jedoch weitgehend durch Bundes- und Landesrecht sowie Tarifvertragsrecht determiniert (zu Einzelheiten *Gemein,* Die Personalhoheit der Gemeinden, diss. jur. Bonn, 1998; vgl. auch *BVerfGE* 91, 228ff. zu kommunalen Gleichstellungsbeauftragten; *BayVGH* DVBl. 1989, 212 sowie DVBl. 1992, 442).

Unter **Planungshoheit** versteht man die Befugnis, die eigenen Angele- 72 genheiten nicht nur von Fall zu Fall zu erledigen, sondern auf Grund von Analyse und Prognose erkennbarer Entwicklungen ein Konzept zu erarbeiten, das den einzelnen Verwaltungsvorgängen Rahmen und Ziel weist (vgl. *BVerfGE* 90, 96 [100]; 100, 388 [392]; *Widera,* passim). Dies gilt insbesondere im Bereich der Raumplanungshoheit (dazu *BVerfGE* 76, 107 [117]). Aus der Planungshoheit folgt ein Recht der Gemeinde auf Anhörung bei Planungen anderer Verwaltungsträger, die das Gemeindegebiet betreffen (siehe dazu Band 2, § 62, Rdnr. 63). Ebenso kann die Gemeinde bei einer Berührung ihres Selbstverwaltungsbereichs eine ermessensfehlerfreie Abwägung ihrer Belange beanspruchen (*BVerwG,* NVwZ 1988, 731 f.). Auch das sog. interkommunale Abstimmungsgebot des § 2 Abs. 2 BauGB ist Teil der Planungshoheit. Verstöße hiergegen können von der betroffenen Nachbargemeinde gerügt werden (*BVerwG,* NVwZ 1990, 464 [466]).

73 Von weitreichender Bedeutung ist die **Rechtsetzungshoheit,** als die Befugnis, in eigenen Angelegenheiten allgemeinen Regelungen durch Satzung zu erlassen, so genannte Satzungsautonomie, sowie zum Erlass von Einzelfallregelungen durch Verwaltungsakt (vgl. *BVerwG,* NJW 1993, 411, 412). Sie erstreckt sich nicht auf das Satzungs- und Verordnungsrecht im übertragenen Wirkungskreis (dem entsprechend differenzieren die Gemeinde- und Kreisordnungen bei den allgemeinen Vorschriften über das kommunale Satzungsrecht zwischen beiden Bereichen).

74 Die **Finanzhoheit** garantiert das Recht auf eigene Einnahmen sowie die Befugnis, über die Ausgaben selbst zu bestimmen, ferner das Recht zur Verwaltung des eigenen Vermögens (*BVerfG,* NVwZ 1986, 289; *Hoppe,* DVBl. 1992, 117 ff.).

75 Der Bewegungsspielraum der Kommunen bei der Wahrnehmung ihres Selbstverwaltungsrechts hängt maßgeblich von ihrer finanziellen Absicherung bzw. Unabhängigkeit ab. Deshalb kommt der Garantie der kommunalen Finanzen eine sehr große Bedeutung zu. Ursprünglich wurde die Garantie der Kommunalfinanzen aus Art. 28 Abs. 2 GG abgeleitet, ohne dass sie im Wortlaut besonders hervorgehoben wurde. Sie ist auf Grund einer Verfassungsänderung nunmehr ausdrücklich in Art. 28 Abs. 2 Satz 3 GG erwähnt. Damit wollte der verfassungsändernde Gesetzgeber die Bedeutung der **kommunalen Finanzgarantie** noch einmal bekräftigen.

76 Neben dieser allgemeinen Garantie der kommunalen Finanzen sind die **speziellen Regelungen in der Finanzverfassung,** insbesondere in Art. 106 GG, von größter Bedeutung. Dazu gehören vor allem die so genannte Realsteuergarantie, die Ertragshoheit der örtlichen Verbrauchs- und Aufwandsteuern, die Beteiligung der Gemeinden am Aufkommen der Einkommensteuer und die Aussicht auf einen Prozentsatz am Länderanteil des Aufkommens der Gemeinschaftsteuern. Die Art und Weise der Beteiligung der Kommunen am allgemeinen Steueraufkommen ist seit vielen Jahren Gegenstand kontroverser Beratungen zwischen Bund, Ländern und den kommunalen Spitzenverbänden.

77 Im Übrigen ist es **Aufgabe der Länder,** die Kommunen mit ausreichenden Finanzen auszustatten. Dies geschieht durch gezielte staatliche Finanz-

zuweisungen, die in jährlichen Gesetzen über die Finanzierung der Gemeinden und Gemeindeverbände festgelegt werden. Dabei ist zwischen allgemeinen Finanzzuweisungen, die sich in Schlüsselzuweisungen, Bedarfszuweisungen, Kopfbeträgen und Sonderlasten untergliedern, und den zweckgebundenen Finanzzuweisungen zu unterscheiden.

Neben der Beteiligung am Steueraufkommen und den Finanzzuweisungen der Länder stehen den Kommunen im Rahmen ihrer **Finanzhoheit** als weitere kommunale Finanzquellen insbesondere Gebühren und Beiträge sowie teilweise Sonderabgaben zur Verfügung. Hinzu kommen privatrechtliche Erträge und Entgelte sowie Kreditaufnahmen. 78

d) Die Selbstverwaltungsgarantie der Gemeindeverbände und Kreise

Schrifttum: *Blümel,* Das verfassungsrechtliche Verhältnis der kreisangehörigen Gemeinden zu den Kreisen, VerwArch. 75 (1984), 197; *Bovenschulte,* Gemeindeverbände als Organisationsformen kommunaler Selbstverwaltung, 2000; *Brenner,* Die Kostentragung bei der Erfüllung staatlicher Aufgaben durch Bedienstete der Landkreise in Thüringen, LKV 1999, 481; *Eberl,* Kommunale Kulturförderung, BayVBl. 1994, 399; *Ehlers,* Die Ergänzungs- und Ausgleichsaufgaben der Kreise und ihre Finanzierung, DVBl. 1997, 225; *Henneke,* Aufgabenzuständigkeit im kreisangehörigen Raum, 1992; *ders.,* Gerichtliche Kontrolle der Kreisumlagenfestsetzung, LKV 1998, 1; *ders.* (Hrsg.), Optimale Aufgabenerfüllung im Kreisgebiet?, 1998; *ders.,* Der Zusammenhang von Gemeindestruktur und Aufgabenzuordnung im kreisangehörigen Raum, ThürVBl. 1999, 25; *ders.,* Verfassungsrechtlicher Schutz der Gemeindeverbände vor gesetzlichem Aufgabenentzug im dualistischen und monistischen Aufgabensystem, ZG 2002, 72; *Henneke/Maurer/Schoch,* Die Kreise im Bundesstaat, 1994; *Hönig,* Übernahme der Schulträgerschaft bei Gymnasien durch Landkreise, LKV 1996, 265; *Kirchhof F.,* Die Rechtsmaßstäbe der Kreisumlage, 1995; *Kneip,* Abgrenzung und Koordination von Staats- und Kommunalverwaltung auf Kreisebene in Hessen, VerwArch. 91 (2000), 566; *Knöpfle,* Zur Zulässigkeit freiwilliger Zuwendungen bayerischer Landkreise an kreisangehörige Gemeinden, BayVBl. 1994, 385; *Krüger,* Untere Verwaltungsbehörde durch Organleihe?, LKV 2000, 189; *Lang,* Kommunale Selbstverwaltung und staatliche Genehmigungsvorbehalte, DVBl. 1995, 657; *Lusche,* Die Selbstverwaltungsaufgaben der Landkreise, 1998; *Northoff,* Die Beteiligung des Kreises an Aufsichtsentscheidungen, NVwZ 1990, 141; *Oebbecke,* Gemeindeverbandsrecht Nordrhein-Westfalen, 1984; *Papier,* Interkommunaler Kompetenzkonflikt, DVBl. 1984, 453; *Pinksi,* Der Gemeindeausschuss im „Gemeindeverband Landkreis", 2001; *Schink,* Kommunale Selbstverwaltung im kreisangehörigen Raum, VerwArch. 81 (1990), 385; *Schmidt-Aßmann,* Perspektiven der Selbstverwaltung der Landkreise, DVBl. 1996, 533; *Schmidt-Jortzig,* Die Selbstverwaltungsbereiche von Kreisen und kreisangehörigen Gemeinden nach der Verfassung, DÖV 1984, 821; *ders.,* Gemeinde- und Kreisaufgaben, DÖV 1993, 973; *Schoch,* Aufgaben und Funktionen der Landkreise, DVBl. 1995, 1047; *Schoch* (Hrsg.), Selbstverwaltung der Landkreise in Deutschland, 1996; *Schwarz,* Zum Verhältnis der Landkreise und der kreisangehörigen Gemeinden, NVwZ 1996, 1182; *Seele,* Der Kreis aus europäischer Sicht, 1991; *Sponer,* Die sächsische Landkreisordnung, LKV 1995, 101; *Stern,* Die Kreise in Nordrhein-Westfalen, NWVBl. 1997, 361; *von Unruh,* Gemeinsamkeit und Unterschiede der verfassungsrechtlichen Stellung von kommunalen Selbstverwaltungsträgern, DVBl. 1980, 903; *Wimmer,* Administrative und finanzielle Unterstützung kreisangehöriger Gemeinden und Verbandsgemeinden durch die Landkreise, 1990; *ders.,* Ausgleichs- und Ergänzungsaufgaben der Kreise, NVwZ 1998, 28; *Wolff,* Bedarfsgerechte Struktur der Kreiseinnahmen, 1990.

Das Grundgesetz garantiert neben den Gemeinden und ihrem Selbstverwaltungsrecht auch die Gemeindeverbände und unter ihnen insbesondere 79 die Kreise. Die Gewährleistung des Selbstverwaltungsrechts der Gemeindeverbände und Kreise unterscheidet sich zwar nicht strukturell, wohl aber inhaltlich in einigen zentralen Punkten vom Selbstverwaltungsrecht der Gemeinden. Hinzu kommt, dass Art. 28 GG in seinem Absatz 1 S. 2 (nur) von den Kreisen spricht, während in Absatz 2 von den Gemeindeverbänden die Rede ist. Insoweit besteht Klärungsbedarf nicht nur in tatbestandlicher Hinsicht, nicht zuletzt deshalb, weil einige Landesverfassungen terminologisch und systematisch andere Wege gehen. Um unnötige Wiederholungen zu vermeiden wird an dieser Stelle nur auf diejenigen Aspekte des Selbstverwaltungsrechts der Gemeindeverbände und Kreise vertiefend eingegangen, bei denen Abweichungen vom gemeindlichen Selbstverwaltungsrecht zu verzeichnen sind.

80 Die Vorgabe des Art. 28 Abs. 1 S. 2 GG, nach der eine unmittelbar vom Volk gewählte Vertretungskörperschaft als Hauptorgan zu bilden ist, beschränkt sich auf die (Land-)Kreise. Die Garantie einer dezidiert bürgerschaftlichen Struktur der kommunalen Selbstverwaltung wird damit auf die Gemeinden und Kreise beschränkt und nicht auf sonstige Erscheinungsformen der Gemeindeverbände erstreckt. Die Regelung beschränkt vor allem die Gestaltungsfreiheit der Landesgesetzgeber. Zudem garantiert sie in den Gemeinden und Kreisen demokratische Partizipationsrechte der Bürger.

81 Der für die Bestimmung der Reichweite der Selbstverwaltungsgarantie wesentliche **Begriff des Gemeindeverbands** in Art. 28 Abs. 2 S. 2 GG umfasst als Minimum die Landkreise. Insoweit besteht Einvernehmen. Welche weiteren Gemeindeverbände erfasst werden, ist dagegen umstritten. Die überwiegende Ansicht stellt darauf ab, dass es sich um eine Gebietskörperschaft handelt, deren Eigenart nicht durch die Zuweisung einer oder mehrerer Aufgaben, sondern durch die Zuständigkeit für ein mehr oder weniger umfassendes Aufgabenbündel innerhalb eines bestimmten Gebiets bestimmt wird. Auf diese Weise würden z.B. in einigen Bundesländern anzutreffende höheren Kommunalverbände erfasst, soweit sie über einen ausreichend weit gefassten Aufgabenkatalog verfügen. Auch diese Abgrenzung ist im Einzelnen aber durch Unschärfen gekennzeichnet. Das Bundesverfassungsgericht versteht unter Gemeindeverbänden „kommunale Zusammenschlüsse, die entweder zur Wahrnehmung von Selbstverwaltungsaufgaben gebildete Gebietskörperschaften sind oder die diesen … nahe kommen“ (*BVerfGE* 52, 95 [109]).

82 Identisch sind beide Garantien in ihrer **Struktur.** Auch für die Landkreise, auf die sich die nachfolgende Darstellung wegen ihrer herausragenden Bedeutung konzentriert, wirkt die Selbstverwaltungsgarantie als **Rechtssubjektsgarantie, Rechtsinstitutionsgarantie** und **subjektive Rechtsstellungsgarantie** (*Schmidt-Aßmann,* Rdnr. 137f.). Insoweit kann im grundsätzlichen auf die obigen Ausführungen verwiesen werden (siehe Rdnr. 49ff.).

83 Gewichtige Unterschiede bestehen in Bezug auf die Rechtsinstitutionsgarantie bei den garantierten **Aufgaben.** Während den Gemeinden mit den

Angelegenheiten der örtlichen Gemeinschaft ein thematisch umrissener fester Aufgabenbestand auch gegenüber dem Gesetzgeber garantiert ist, wird den Landkreisen nur die eigenverantwortliche Wahrnehmung der gesetzlich zugewiesenen Aufgaben (gemeint sind damit die Selbstverwaltungsaufgaben) garantiert. Damit stellt sich die Frage, ob und in welcher Art und Weise ein genuiner Bestand kreislicher Aufgaben definiert werden kann.

Einigkeit besteht insoweit, als auch den Landkreisen und sonstigen von 84
Art. 28 Abs. 2 S. 2 GG erfassten Gemeindeverbänden ein **Grundbestand an Selbstverwaltungsaufgaben** garantiert sein muss (*BVerwG* NVwZ 1992, 365 [367]; *Gern,* Rdnr. 866; *Schmidt-Aßmann,* Rdnr. 138; *Maurer,* DVBl. 1995, 1037 [1046]). Wie dieser im Einzelnen aussieht und in welchem Verhältnis dieser Aufgabenbestand zu den übertragenen staatlichen Aufgaben steht, ist jedoch umstritten und auch durch die verfassungsgerichtliche Rechtsprechung kaum thematisiert und geklärt. Das hängt damit zusammen, dass bislang immer ein ausreichender Bestand von Selbstverwaltungsaufgaben vorhanden war (auf der Kreisebene ist zudem die Tendenz zu beobachten, bislang staatliche Aufgaben als Selbstverwaltungsaufgaben auf die Landkreise zu übertragen; vgl. zu diesem Konzept der „echten" Kommunalisierung *Wollmann,* „Echte Kommunalisierung" der Verwaltungsaufgaben: Innovatives Leitbild für umfassende Funktionalreform, LKV 1997, 105; damit wird an die ältere Figur der formalen Selbstverwaltungsaufgaben angeknüpft).

Unter den zahlreichen Versuchen, die Selbstverwaltungsaufgaben der 85
Kreise zu strukturieren bzw. definieren, kann die Unterscheidung zwischen originären oder überörtlichen Kreisaufgaben, Ergänzungsaufgaben und Ausgleichsaufgaben inzwischen als vorherrschend und bestimmend angesehen werden. Diese Unterscheidung hat auch Eingang in die Aufgabenbeschreibung der Landkreisordnungen gefunden, wobei Bayern, Nordrhein-Westfalen und das Saarland die Ergänzungs- und Ausgleichsaufgaben ausgeklammert haben.

Bei den **originären Kreisaufgaben** (auch als übergemeindliche oder 86
überörtliche Aufgaben bezeichnet), die auf den ersten Blick als thematischer Kern der Kreisaufgaben aufgefasst werden könnten, handelt es sich bei genauerer Betrachtung in den meisten Fällen nicht um Zweckaufgaben, sondern um diejenigen Aufgaben und Angelegenheiten, die an Funktion und Bestand der Kreise anknüpfen und diese sichern (sog. **Existenzaufgaben**). Genannt werden die Organisations- und Personalverwaltung, die Vermögensverwaltung und die Selbstrepräsentation (*Gern,* Rdnr. 868; *Beckmann,* DVBl. 1990, 1193 [1195]). Als Beispiele für Zweckaufgaben werden Bau und Unterhaltung von Kreisstraßen sowie die Überwachung der Luftverschmutzung genannt (*Schmidt-Aßmann,* Rdnr. 141). Der Bestand der originären Aufgaben ist damit vergleichsweise schmal.

Als zweite Kategorie werden die **Ergänzungsaufgaben** angesehen. Es 87
geht dabei um Aufgaben, durch die die Landkreise die gemeindliche Aufga-

benerfüllung ergänzen, wo die Gemeinden nicht ausreichend leistungsfähig sind und deshalb aus eigener Kraft die Aufgaben nicht sachgerecht wahrnehmen können. Die Problematik dieser Aufgabenart liegt darin, dass die ihr zugrunde liegende Feststellung, dass Gemeinden nicht ausreichend leistungsfähig sind, in der Regel nicht pauschal für alle kreisangehörigen Gemeinden getroffen werden können, so dass es einer differenzierenden Betrachtung bedarf. Deshalb begründen Ergänzungsaufgaben keine allgemeine Zuständigkeit des Kreises, sondern nur im Bereich derjenigen Gemeinden, die selbst nicht ausreichend leistungsfähig sind. Zusätzliche Probleme entstehen dann, wenn die Begründung der Kreiszuständigkeit zusätzlich davon abhängig gemacht wird, dass die betreffende Aufgabe nicht im Wege der kommunalen Gemeinschaftsarbeit von den betreffenden Gemeinden wahrgenommen werden kann. Einige Länder haben entsprechende einfachgesetzliche Subsidiaritätsklauseln in ihre Landkreisordnungen aufgenommen (§ 2 Abs. 1 bbgKO; § 89 Abs. 2 S. 1 mvKommV; § 2 Abs. 1 S. 2 nwKO).

88 Als dritte Kategorie firmieren die **Ausgleichsaufgaben.** Bei ihnen steht der Gedanke im Vordergrund, dass es Aufgabe der Landkreise ist, unterschiedliche Leistungsfähigkeiten zwischen Gemeinden auszugleichen, indem weniger leistungsfähigen Gemeinden gezielt Unterstützung gewährt wird. Dabei kann es sich um technische Verwaltungshilfen, aber auch um sonstige Formen der Unterstützungen handeln. Problematisch wird diese Form der praktischen Solidarität dann, wenn zur Finanzierung auf die Kreisumlage und damit auf Mittel der anderen Gemeinden zurückgegriffen wird, was in der Praxis häufig der Fall ist. Das Bundesverwaltungsgericht hat eine solche Vorgehensweise in einem konkreten Fall nicht beanstandet (*BVerwGE* 101, 99; vgl. auch *BVerwG* NVwZ 1998, 63 und 66; *BVerfG,* DVBl. 1999, 840). Gleichwohl ist sie nach wie vor heftig umstritten (vgl. dazu einerseits *Ehlers,* DVBl. 1997, 225; *Henneke,* NVwZ 1996, 1181; andererseits *Schwarz,* NVwZ 1996, 1182; *Schmidt-Aßmann,* Rdnr. 143).

89 Sowohl bei den Ergänzungs- als auch den Ausgleichsaufgaben muss der Landkreis die in Art. 28 Abs. 2 S. 2 GG verankerte **Subsidiaritätsklausel** zu Gunsten der gemeindlichen Aufgabenwahrnehmung beachten. Diese Klausel hat das Bundesverfassungsgericht in seiner Rastede-Entscheidung im Sinne eines gemeindespezifischen Aufgabenverteilungsprinzips interpretiert und dabei zugleich deutlich gemacht, dass einer Verlagerung von Aufgaben auf die Kreise nicht pauschal mit einer mangelnden Leistungsfähigkeit der Gemeinden sowie Kostenvorteilen begründet werden kann (*BVerfGE* 79, 127 [158]). Das gilt sowohl für die gesetzliche Aufgabenzuweisung als auch die eigeninitiative Aufgabenwahrnehmung durch die Landkreise (*Gern,* Rdnr. 869; *Schmidt-Aßmann,* Rdnr. 142). Insoweit bedarf es auch einer kritischen Überprüfung und verfassungskonformen Auslegung mancher älterer Aufgabenzuweisungen zugunsten der Landkreise (*Schmidt-Aßmann,* FS Sendler, 1991, 121 [130]; *Schoch,* VerwArch 81 [1990]43 [47]).

Einige Landkreisordnungen sehen ein besonderes Verfahren zur Klärung der Zuständigkeitsabgrenzung zwischen Gemeinden und Kreisen sowie der Konkretisierung der Subsidiaritätsklausel vor, das als **Kompetenz-Kompetenz-Verfahren** bezeichnet wird (vgl. § 2 Abs. 2 bwKO; § 4 Abs. 2 bbgKO; § 19 heKO; § 3 Abs. 2 ndsKO; § 2 Abs. 3 rpKO; § 143 Abs. 3 u. 4 saKomm VG; § 21 shKO). Zum Schutz der Gemeinden ist in der Regel eine qualifizierte Mehrheit für die Beschlussfassung erforderlich. Zudem darf ein solcher Beschluss gegen den Willen der betroffenen Gemeinden in der Regel nur aus besonderen Gründen (außer Verhältnis stehender Kostenanstieg bei gemeindlicher Wahrnehmung) gefasst werden (kritisch dazu *Schoch,* DVBl. 1995, 1047 [1053]). 90

Vor dem Hintergrund einer neuen Welle der Funktionalreform stellt sich die Frage, ob dem Grundgesetz eine Verfassungsgarantie der Kreisebene zu entnehmen ist oder ob es ausreicht, wenn in einem Bundesland Gemeinden und eventuell andere Gemeindeverbände (etwa Verbandsgemeinden oder Bezirke) als Träger kommunaler Selbstverwaltung existieren. Die Frage lässt sich am besten beantworten, wenn Art. 28 Abs. 1 S. 2 GG in die Betrachtung einbezogen wird. Dort wird angeordnet, dass das Volk auch auf der Ebene der Kreise eine Vertretungskörperschaft direkt zu wählen hat. Daraus wird man folgern können, dass es in den Flächenländern zwischen der staatlichen und der gemeindlichen Ebene Kreise geben muss (ähnlich *Löwer,* in: v. Münch/Kunig, GG, Bd. 2, 5. Aufl. 2001, Art. 28, Rdnr. 83; *Schmidt-Aßmann,* Rdnr. 137). 91

e) Die Zuordnung der Verbands- und Samtgemeinden

Einer besonderen Betrachtung und Zuordnung bedürfen die **Verbandsgemeinden** in Rheinland-Pfalz und die **Samtgemeinden** in Niedersachsen. Sie werden in der kommunalpolitischen Praxis als organisatorische Alternative zur Bildung großer Einheitsgemeinden einerseits und von Verwaltungsgemeinschaften oder Ämtern andererseits eingestuft. Damit ist aber noch nicht die Frage beantwortet, ob sie im Rahmen des Art. 28 Abs. 2 GG als Gemeindeverband zu qualifizieren oder den Gemeinden gleichzustellen sind. 92

Da die Verbands- und Samtgemeinden ausschließlich gemeindliche Aufgaben wahrnehmen und anders als die Verwaltungsgemeinschaft über **direkt** von den Bürgern **gewählte Organe** (Vertretungskörperschaft und Hauptverwaltungsbeamte) verfügen, sind sie sowohl in Bezug auf ihre Binnenverfassung als auch ihren Aufgabenbestand den Gemeinden gleichzusetzen. Deshalb können sie sich gegenüber dem Staat und anderen Kommunen uneingeschränkt auf die Selbstverwaltungsgarantie der Gemeinden berufen. Lediglich gegenüber den Gemeinden, deren Aufgaben die Verbands- bzw. Samtgemeinde wahrnimmt, ist die Lage anders, da ihre Gründung in deren Selbstverwaltungsrecht eingreift. 93

2. Die kommunale Selbstverwaltung in den Landesverfassungen

a) Funktionen und Regelungsgehalte der Vorschriften zur kommunalen Selbstverwaltung in den Landesverfassungen

94 Die Regelungen zur kommunalen Selbstverwaltung in den Landesverfassungen der Flächenländer (Art. 71 bwVerf.; Art. 83 bayVerf.; Art. 97 bbgVerf.; Art. 137 heVerf.; Art. 72 mvVerf.; Art. 57 ndsVerf.; Art. 78 nwVerf.; Art. 49 rpVerf.; Art. 11 saVerf.; Art. 82 Abs. 2 sächsVerf.; Art. 87 sanhVerf.; Art. 48 shVerf.; Art. 91 thürVerf.) erfüllen eine dreifache Funktion: Sie setzen erstens die Vorgaben des Grundgesetzes um (dies zusammen mit dem in der Normhierarchie nachgeordneten Kommunalgesetzen), sie enthalten zweitens über die Garantien des Art. 28 GG hinaus gehende Garantien und Ausgestaltungen der kommunalen Selbstverwaltung (insbesondere für den Bereich der Finanzgarantien, der Gebietreformen und der Einbeziehung der Gemeindeverbände; vgl. auch *Gern,* Rdnr. 89ff.) und ordnen drittens die kommunale Selbstverwaltung in die Landesverwaltung ein.

95 Aufgrund der Mindestvorgaben des Art. 28 GG für die Garantie und Ausgestaltung der kommunalen Selbstverwaltung kann von einer um einen **einheitlichen Kern** rankenden Vielfalt des Landesverfassungsrechts gesprochen werden. Dabei wiegt der einheitliche Kern insgesamt schwerer als die anzutreffenden Unterschiede, in denen sich vor allem die unterschiedlichen historischen Entwicklungen der Kommunalverfassungssysteme widerspiegeln.

96 Die praktische Bedeutung der landesverfassungsgerichtlichen Garantien der kommunalen Selbstverwaltung ist auf Grund der inzwischen in allen Bundesländern möglichen kommunalen Verfassungsbeschwerde zu den Landesverfassungsgerichten (wobei für Schleswig-Holstein diese Aufgabe durch das Bundesverfassungsgericht gem. Art. 99 GG wahrgenommen wird). Vor allem im Bereich der Finanzgarantien und der finanziellen Ausgleichspflichten bei der Übertragung neuer Aufgaben auf die Kommunen hat sich eine umfang- und facettenreiche Rechtsprechung entwickelt, die durchaus verschiedene Sichtweisen erkennen lässt (siehe dazu den instruktiven Überblick bei *Henneke,* Der Landkreis 2003, 190ff.), wobei zugleich ein intensiver „Dialog“ zwischen Landesverfassungsgerichten zu verzeichnen ist.

b) Stellung der Kommunen im Verwaltungsaufbau

97 Die meisten Landesverfassungen besitzen an der Spitze des Abschnitts, der der Verwaltung gewidmet ist, eine allgemeine Norm zum Aufbau der Landesverwaltung. Dabei wird in den meisten Fällen auch die kommunale Selbstverwaltung einbezogen (siehe dazu näher § 81, Rdnr. 125ff.). Daraus alleine können keine rechtlichen Garantien abgeleitet werden.

98 Besondere Aufmerksamkeit verlangen jedoch diejenigen Landesverfassungen, die darüber hinausgehend eine Regelung enthalten, nach der die

Kommunen in ihrem Gebiet die alleinigen Träger öffentlicher Verwaltung bzw. der öffentlichen Aufgaben sind (so Art. 71 Abs. 2 bwVerf, Art. 57 Abs. 3 ndsVerf, Art. 78 Abs. 2 nwVerf., Art. 84 Abs. 1 sächsVerf., Art. 87 Abs. 2 sanhVerf., Art. 46 Abs. 1 shVerf.). Der Bedeutungsgehalt dieser nicht ganz einheitlichen Regelungen gilt als noch nicht vollständig geklärt (*Schmidt-Aßmann,* Rdnr. 31). Einerseits wird ein über Art. 28 Abs. 2 GG hinausgehender Garantiegehalt geleugnet (*Mauer,* in: Maurer/Hendler, Staats- und Verwaltungsrecht BW, 1990, 189f.), andererseits von einem erweiternden Garantiegehalt ausgegangen (*Erichsen,* Kommunalrecht NW, 322; vgl. auch *ndsStGH* NVwZ 1997, 58f.). Die besseren Gründe sprechen für die zweite Ansicht. Der Wortlaut der einzelnen Vorschriften geht erkennbar weiter als die nur auf den eigenen Wirkungskreis begrenzte Garantie des Art. 28 Abs. 2 GG.

Die Regelungen differenzieren nicht zwischen Selbstverwaltungsaufgaben 99
und staatlichen Aufgaben und begründen insoweit eine grundsätzliche Zuständigkeit der Kommunen auch für solche staatliche Aufgaben die ihrer natur nach örtlich oder auf Kreisebene wahrgenommen werden können. Daraus folgt strukturell ein besonderer verfassungsrechtlicher Rechtfertigungsbedarf für den Aufbau der untersten Stufe der Landesverwaltung. Es muss insoweit begründet und nach den meisten Verfassungen mit entsprechenden Aussagen durch Gesetz angeordnet werden, dass und warum die Kommunen nicht zuständig sind.

c) Verfassungsgarantie des Selbstverwaltungsrechts der Kommunen

In Bezug auf die **Gemeinden** unterscheiden sich die allgemeinen Garan- 100
tien der Landesverfassungen nicht von Art. 28 Abs. 2 GG. Insoweit kann für ihren Regelungsgehalt auf die obigen Ausführungen verwiesen werden (Rdnr. 49ff.). Anzumerken ist lediglich, dass einige Landesverfassungen die Gemeinden zusätzlich auch im Rahmen ihrer Leistungsfähigkeit zur Aufgabenwahrnehmung verpflichten (vgl. Art. 87 Abs. 2 sanhVerf. und Art. 46 Abs. 1 shVerf.). In Bayern wird in Art. 83 Abs. 1 bayVerf. der garantierte eigene Wirkungskreis der Gemeinden thematisch konkretisiert.

In Bezug auf die **Landkreise** und **Gemeindeverbände** beschreiten die 101
Landesverfassungen in einigen Punkten unterschiedliche Wege. Zunächst ist zu beachten, dass in einigen Ländern anders als in Art. 28 Abs. 2 S. 2 GG zwischen Landkreisen und Gemeindeverbänden differenziert wird. Auch in Bezug auf die gegenständliche Reichweite der Aufgabenzuweisung gibt es einige Unterschiede.

Die **gleiche Rechtsgarantie** wie in Art. 28 Abs. 2 S. 2 GG (also in Bezug 102
auf die gesetzlich zugewiesenen Aufgaben) wird den Gemeindeverbänden bzw. Landkreisen in Art. 71 Abs. 2 S. 2 bwVerf., Art. 83 Abs. 6 bayVerf., Art. 137 Abs. 2 heVerf., Art. 72 Abs. 1 S. 2 mvVerf., Art. 57 Abs. 1 ndsVerf. (ohne expliziten Aufgabenbezug), Art. 49 Abs. 2 rpVerf., Art. 118 saVerf., Art. 84 Abs. 1 sächsVerf., Art. 91 Abs. 2 thürVerf. eingeräumt.

103 Eine davon **abweichende Regelung** treffen Art. 97 Abs. 2 bbgVerf., Art. 78 Abs. 2 nwVerf. und Art. 87 Abs. 2 sanhVerf., indem eine allgemeine Zuständigkeit für die Aufgaben der örtlichen Gemeinschaften in ihrem Gebiet auch für die Gemeindeverbände bzw. Kreise begründet wird. Diese Regelungen sind aber insoweit problematisch, als sie keine Verteilungsregelung im Verhältnis der Gemeindeverbände und Landkreise zu den Gemeinden enthalten. Insoweit ist deshalb im Wege einer grundgesetzkonformen Auslegung der Landesverfassungen auf die Subsidiaritätsklausel des Art. 28 Abs. 2 GG zurückzugreifen, soweit es um den eigenen Wirkungskreis geht. In Bezug auf die staatlichen Aufgaben bzw. den übertragenen Wirkungskreis ist auf die gesetzgeberische Zuordnung abzustellen. Damit reduziert sich der auf den ersten Blick bestehende Unterschied zu den übrigen Regelungen beträchtlich.

104 Neben den allgemeinen Regelungen zur Selbstverwaltungsgarantie enthalten die Landesverfassungen diese **konkretisierenden Regelungen,** die sich auf folgende Bereiche beziehen, wobei nicht alle Landesverfassungen Regelungen zu allen Punkten aufweisen: (1) die grundsätzliche Zulässigkeit sowie die Anforderungen (Gesetzesvorbehalt) an die Übertragung staatlicher Aufgaben auf die Kommunen; (2) die Anforderungen an die Umwandlung von freiwilligen in pflichtige Selbstverwaltungsaufgaben; (3) Regelungen zu den Maßstäben und Instrumenten der Kommunalaufsicht; (4) Konkretisierung der Maßstäbe und des Verfahrens zur Durchführung von Gebietsreformen bzw. zur Veränderung des Gebiets von einzelnen Kommunen; (5) Konkretisierungen zum Wahlrecht (Wahlrechtsgrundsätze) bei Kommunalwahlen.

d) Regelungen zur Finanzausstattung der Kommunen

105 Die Aufgabe der Länder und der Landesverfassungen betrifft bei der Lastenverteilung zwei Bereiche: Erstens die Zuweisung der Finanzierungslast für die Durchführung der Landesgesetz und zweitens die Zuweisung der Finanzierungslasten, die im Zusammenhang mit der Ausführung der Bundesgesetze nach Art. 104 a Abs. 1 und 3 GG entstehen. Im Vordergrund steht dabei die Frage, in welcher Art und Weise materiell- und verfahrensrechtlich die Interessen der kommunalen Haushalte zu berücksichtigen sind.

106 Die Verfassungen der meisten Bundesländer sehen heute eine zweigliedrige Regelung für die kommunale Finanzausstattung vor, die auf der einen Seite den Kommunen einen allgemeinen Anspruch auf angemessene Finanzausstattung durch das Land gewähren und andererseits bei der Übertragung neuer Aufgaben vom Land auf die Kommunen in Einzelheiten divergierende **Konnexitätsregelungen** vorsehen, die das Land zu einem Ausgleich der zusätzlichen Kosten verpflichten (dabei wirkt sich auch die unterschiedliche Aufgabenstruktur (monistisches oder dualistisches Modell) in den Ländern aus. Zu Einzelheiten siehe *Henneke,* Der Landkreis, 2001, 120 [123 mit Abb. 17]). Im Einzelnen stellt sich die Rechtslage in den Bundesländern folgendermaßen dar:

Bayern „verzichtet“ in seiner Verfassung auf eine ausdrückliche allgemeine Regelung über den kommunalen Finanzausgleich, so dass die Regelung des Art. 106 Abs. 7 GG durchgreift. In Art. 83 Abs. 1 bayVerf. wird jedoch angeordnet, dass im Falle der Übertragung staatlicher Aufgaben auf die Gemeinden gleichzeitig die notwendigen Finanzmittel zu erschließen sind. 107

Die Verfassungen der Länder Rheinland-Pfalz (Art. 49 Abs. 5 rpVerf.) und Hessen (Art. 137 Abs. 5 heVerf.) sehen ein so genanntes **monistisches Finanzierungsmodell** vor, nach dem das Land den Gemeinden und Gemeindeverbänden die zur Durchführung ihrer eigenen und der übertragenen Aufgaben erforderlichen Mittel im Wege des Lasten- und Finanzausgleichs zu sichern hat. 108

Die Verfassungen der Länder Baden-Württemberg (Art. 73 und 71 Abs. 3 bwVerf. – für Mehrbelastungen bei der Übertragung „öffentlicher Aufgaben“ ist ein „entsprechender finanzieller Ausgleich“ zu schaffen.), Brandenburg (Art. 99 und 97 Abs. 3 bbgVerf. – bei der Übertragung von „Angelegenheiten des Landes“ auf die Kommunen muss „gleichzeitig eine Festlegung über die Deckung der Kosten getroffen werden“), Mecklenburg-Vorpommern (Art. 73, 72 Abs. 3 mvVerf. – den Kommunen können „Aufgaben der Landesverwaltung zur Erfüllung nach Weisung übertragen werden, wenn gleichzeitig über die Deckung der Kosten entschieden wird“), Niedersachsen (Art. 58, 57 Abs. 4 ndsVerf. – im Falle der Übertragung von staatlichen Aufgaben zur Erfüllung nach Weisung müssen gleichzeitig „Bestimmungen über die Deckung der Kosten“ getroffen werden), Nordrhein-Westfalen (Art. 79, 78 Abs. 3 nwVerf. – bei der Übertragung pflichtiger „öffentlicher Aufgaben“ ist gleichzeitig eines Bestimmung über die Deckung der Kosten zu treffen. Der VerfGH NW akzeptiert jedoch, dass diese Regelung im Rahmen des allgemeinen kommunalen Finanzausgleichs nach Art. 79 nwVerf. getroffen wird. Siehe *nwVerfGH* DVBl. 1985, 785 (686); dazu kritisch *Schoch/Wieland,* Finanzierungsverantwortung für gesetzgeberisch veranlasste kommunale Aufgaben, 1995, S. 168ff.), Saarland (Art. 119 Abs. 2, 120 saVerf. – das Land sichert bei der Übertragung von Aufgaben auf die Kommunen die „zur Durchführung der übertragenen Aufgaben erforderlichen Mittel“), Sachsen (Art. 87, 85 sächsVerf. – führt die Übertragung von Aufgaben zu einer Mehrbelastung, so ist ein „entsprechender finanzieller Ausgleich zu schaffen“), Sachsen-Anhalt (Art. 88, 87 Abs. 3 sanhVerf. – bei der Übertragung von Pflichtaufgaben und staatlichen Aufgaben auf die Kommunen ist die Deckung der Kosten zu regeln und im Falle einer Mehrbelastung der Kommune ein „angemessener Ausgleich zu schaffen“), Schleswig-Holstein (Art. 49 shVerf. – bei der Übertragung öffentlicher Aufgaben auf die Kommunen sind Bestimmungen über die Deckung der Kosten zu treffen) und Thüringen (Art. 93 thürVerf. – für Mehrbelastungen bei der Übertragung von staatlichen Aufgaben ist ein angemessener finanzieller Ausgleich zu schaffen.) sehen eine dualistische Finanzgarantie vor, bei der zwischen der allgemeinen aufgabenangemessenen Finanzausstattung und 109 dem Ausgleich von Mehrbelastungen bei der Übertragung neuer Aufgaben unterschieden wird.

110 Auch auf Landesebene ist in der Praxis eine Dominanz der höheren Ebene mit einer Tendenz zur Verlagerung von Finanzierungslasten vom Land auf die Kommunen festzustellen.

e) Anforderungen an Gebietsänderungen und sonstige Eingriffe in den Bestand von Kommunen

111 Zu den besonders intensiven Eingriffen in das Selbstverwaltungsrecht der Kommunen gehören die verschiedenen Arten der Gebietsänderung bis hin zu Eingriffen in den Bestand von Kommunen in den diversen Erscheinungsformen von Fusionen, wie sie vor allem im Rahmen von Gebietsreformen anzutreffen sind.

112 Bei den **Gebietsänderungen i.e.S.** wird ein Teil des Gebiets einer Gemeinde einer anderen Gemeinde zugeordnet. Dies kann freiwillig oder auf Anordnung des Gesetzeber oder der Aufsichtsbehörde geschehen. Von Bedeutung ist zudem, ob die Zuordnung innerhalb eines Landkreises oder über seine Grenzen hinweg erfolgt.

113 Bei den **Fusionen,** die teilweise auch als Gebietsänderungen (dann i.w.S.) bezeichnet werden, werden eine oder mehrere Kommunen in ihrer selbstständigen Existenz aufgehoben und entweder einer anderen Kommune zugeordnet (Fall der **Fusion durch Anschluss** oder Zuordnung) oder zusammen mit anderen Kommunen zu einer neuen Kommune vereinigt (Fall der **Fusion durch Neubildung**). Dies kann freiwillig oder durch Anordnung erfolgen, wobei im letzteren Fall eine gesetzliche Grundlage erforderlich ist, die in bestimmten Fällen auch durch eine Rechtsverordnung der Aufsichtsbehörde konkretisiert werden kann.

114 Die **Landesverfassungen** konkretisieren teilweise die sachlichen und verfahrensrechtlichen Voraussetzungen für Gebietsänderungen und Fusionen (vgl. Art. 74 bwVerf., Art. 98 bbgVerf., Art. 59 ndsVerf., Art. 88 sächsVerf., Art. 90 sanhVerf., Art. 92 thürVerf.). Die inhaltlich sehr homogenen Regelungen, die auch in den übrigen Bundesländern von der Landesverfassungsgerichtsbarkeit der Sache nach auf entsprechende Maßnahmen angewendet werden, enthalten im Wesentlichen folgende Anforderungen, die durch die jeweiligen Kommunalgesetze umgesetzt werden:

115 Eingriffe in das Gebiet und den Bestand einer Kommune sind nur aus **Gründen des öffentlichen Wohls** zulässig. Im Einzelnen sind folgende Zielsetzungen als Gründe des öffentlichen Wohls anerkannt: (1) die Stärkung der kommunalen Leistungs- und Verwaltungskraft durch die Schaffung größerer Verwaltungseinheiten; (2) die Schaffung einer einheitlichen Lebens- und Umweltqualität; (3) der Abbau des Leistungs- und Ausstattungsgefälles zwischen Verdichtungsraum und dünn besiedeltem Gebieten; (4) die Steigerung der Wirtschaftlichkeit der Kommunalverwaltung; (5) die Wahrung der örtlichen Verbundenheit der Einwohner; (6) die Schaffung von

Bürgernähe der Verwaltung; (7) die Stärkung der gesamtstaatlichen Einbindung der Kommunen, speziell der Förderung der Ziele der Raumordnung und Landesplanung.

Die meisten der angeführten Zielsetzungen stehen in enger Verbindung mit den heutigen Anforderungen an eine qualitätsvolle Verwaltung, die eine bestimmte Mindestgröße der Verwaltungseinheiten verlangt, damit diese arbeitsteilig und mit spezialisiertem Personal die hohen Anforderungen an modernes Verwaltungshandeln erfüllen können (in der verwaltungswissenschaftlichen Literatur wird die Mindestgröße zwischen 5000 und 8000 Einwohnern gesehen). Auch aus dem Blickwinkel der ortsnahen bürgerschaftlichen Selbstverwaltung ist die Schaffung von ausreichend leistungsfähigen Verwaltungseinheiten eine unabdingbare Voraussetzung und kein Gegensatz zu diesem Leitbild. Kommunen, die die ihnen übertragenen Aufgaben nicht qualitätsvoll wahrnehmen können, stehen nicht mit Einklang mit dem Leitbild einer dezentralen Verwaltungsorganisation, da dieses Leitbild als unausgesprochene Voraussetzung die Gewähr der Leistungsfähigkeit enthält. Vor diesem Hintergrund ist auch die Alternative der Bildung von Einheitsgemeinden und der Nutzung der Formen kommunaler Gemeinschaftsarbeit (dazu § 96) zur Leistungssteigerung zu bewerten. Durch die Bildung von Zweckverbänden und Verwaltungsgemeinschaften kann zwar eine Leistungssteigerung der Verwaltungsapparate erreicht werden, doch erfolgt dies auf Kosten eines Abbaus der bürgerschaftlichen Elemente, da in diesen Fällen der Einfluss der Vertretungskörperschaften vermindert und z.T. schwerer steuer- und kontrollierbare Zwischenebenen geschaffen werden. Der institutionelle Schutz der bürgerschaftlichen Selbstverwaltung kann deshalb unter Umständen für die Auflösung einzelner Kommunen und für die Bildung von Einheitsgemeinden oder größeren Landkreisen und damit gegen den individuellen Bestandsschutz sprechen. 116

Das Vorliegen der Gründe des öffentlichen Wohls unterliegt der **verwaltungs- und verfassungsgerichtlichen Kontrolle,** wobei im Falle einer gesetzgeberischen Maßnahme ein angemessener Beurteilungsspielraum zu respektieren ist (*BVerfG* DVBl. 1992, 961; siehe auch *Gern,* DÖV 1986, 462). Der Entscheidung muss eine ausreichende **Sachverhaltsermittlung** zugrunde liegen (*sanhVerfG* LKV 1995, 75). Auf dieser Grundlage muss eine umfassende **Abwägung** der Vor- und Nachteile der Maßnahme aus dem Blickwinkel der Selbstverwaltungsgarantie und ihrer einzelnen Garantiefunktionen vorzunehmen. Das Verfassungsgericht darf dabei seine eigenen Wertungen nicht an die Stelle der Wertungen des Gesetzgebers setzen, sondern diese nur auf die Einhalt der verfassungsrechtlichen Vorgaben hin überprüfen. Ansatzpunkt für die Überprüfung kann insbesondere die Beachtung der vom Gesetzgeber seiner Entscheidung zugrunde gelegten Kriterien sein (Systemtreue). Der Gesetzgeber kann sich demnach für unterschiedliche Systeme der Durchführung von Gebietsreformen entscheiden, muss diese dann aber konsequent und systemkonform durchführen (*sanh-* 117

VerfG LKV 1995, 75). Maßstab ist dabei das im Rechtsstaatsprinzip verankerte Willkürverbot. Zudem ist der Grundsatz der **Verhältnismäßigkeit** zu beachten (*bwStGH* ESGVH 25, 2; *sanhVerfG* LKV 1995, 75; *Gern,* Rdnr. 204).

3. Der Einfluss des europäischen Gemeinschaftsrechts auf die Verfassungsgarantie der kommunalen Selbstverwaltung

Schrifttum: *Berg,* Bayern im Europa der Regionen, BayVBl. 2001, 257; *Blanke,* Die kommunale Selbstverwaltung im Zuge fortschreitender Integration, DVBl. 1993, 819; *Heberlein,* Maastricht II – Einstieg in das Europa der Kommunen?, BayVBl. 1996, 1; *Henneke* (Hrsg.), Kommunen und Europa – Herausforderungen und Chancen, 2000; *ders.* (Hrsg.), Verantwortungsteilung zwischen Kommunen, Ländern, Bund und EU, 2001; *Hoppe/Schink* (Hrsg.), Kommunale Selbstverwaltung und europäische Integration, 1990; *Ipsen/Rengeling* (Hrsg.), Gemeinden und Kreise in einem vereinten Europa, 1999; *Knemeyer,* Die Europäische Charta der kommunalen Selbstverwaltung, DÖV 1998, 997; *ders.* (Hrsg.), Die Europäische Charta der kommunalen Selbstverwaltung, 1989; *ders.,* Kommunale Selbstverwaltung in Europa, BayVBl. 2000, 449; *Martini,* Gemeinden in Europa, 1992; *Schäfer,* Die deutsche kommunale Selbstverwaltung in der Europäischen Union, 1998; *Schaffarzik,* Handbuch der Europäischen Charta der kommunalen Selbstverwaltung, 2002; *Schmahl,* Europäisierung der kommunalen Selbstverwaltung, DÖV 1999, 852; *Stern,* Europäische Union und kommunale Selbstverwaltung, in: FS Friauf, 1996, 75; *v. Zimmermann-Wienhues,* Kommunale Selbstverwaltung in einer Europäischen Union, 1997.

118 Die Kommunen sind wie alle anderen Verwaltungsträger in den Gemeinschaftsrechtsraum einbezogen. Sie sind – z.T. unmittelbare – Adressaten gemeinschaftsrechtlicher Normen des primären und sekundären Rechts und zu seiner (unmittelbaren) Anwendung und Respektierung verpflichtet (vgl. dazu *Jarass/Beljin,* Unmittelbare Anwendung des EG-Rechts und EG-rechtskonforme Auslegung, JZ 2003, 768ff.). Daraus ergeben sich zunächst einmal keine Auswirkungen auf die Rechtsstellung der Kommunen, die sich von der Lage in Bezug auf das Bundes- und Landesrecht unterscheiden. Besondere Auswirkungen ergeben sich erst, wenn das Gemeinschaftsrecht durch inhaltliche Vorgaben in Bereiche eingreift, die nach deutschem Recht der eigenverantwortlichen Gestaltung durch die kommunale Selbstverwaltung vorbehalten sind. Da weder Art. 28 Abs. 2 GG noch die Selbstverwaltungsgarantien der Landesverfassungen den europäischen Gesetzgeber unmittelbar binden und auch Art. 23 Abs. 1 GG sowie Art. 79 Abs. 3 GG insoweit keine Wirkung entfalten (zur davon zu unterscheidenden Pflicht der Gemeinschaftsorgane zur Rücksichtnahme auf diese Verfassungsbestimmungen später im Text), kann es auf diese Weise zu einer Aushöhlung des Selbstverwaltungsrechts kommen.

119 Gegenüber diesem Befund und den damit verbundenen Gefährdungen der Gestaltungsfreiräume, die die kommunale Selbstverwaltung nicht nur prägen, sondern ohne die sie auch verfassungsrechtlich jedenfalls im herkömmlichen Verständnis nicht mehr in gleicher Weise gerechtfertigt wäre, können Schutzvorkehrungen nur auf der gemeinschaftsrechtlichen oder einer den

gemeinschaftsrechtlichen Gesetzgeber bindenden internationalrechtlichen Ebene gesucht bzw. installiert werden.

Innerhalb des **primären Gemeinschaftsrechts** sind verschiedene Versuche unternommen worden, anknüpfend an dort verankerte allgemeine (Verfassungs-) Grundsätze wie das Demokratieprinzip, das Prinzip der bürgernahen Verwaltung und vor allem das Subsidiaritätsprinzip einen Schutz der kommunalen Selbstverwaltung durch ihre Entfaltung als allgemeinen Rechtsgrundsatz des Gemeinschaftsrechts zu erzeugen (vgl. dazu etwa *Faber,* DVBl. 1991, 1126 [1133]; *Martini,* Gemeinden in Europa, 143 ff.; *Rengeling,* ZG 1994, 277). Es handelt sich dabei aber auch dann, wenn man den vorgetragenen Ableitungen folgt, durchweg um „schwache" Rechtspositionen, die bei weitem nicht an die Wirksamkeit des Art. 28 Abs. 2 GG heranreichen. 120

Einen zweiten Ansatzpunkt bietet die auf eine Initiative des Europarates zurück gehende **Europäische Charta der kommunalen Selbstverwaltung** (in deutsches Recht transformiert durch G. v. 22. 1. 1987, BGBl. II, 65). Sie soll, da sie von allen EU-Mitgliedstaaten gezeichnet wurde, im Gemeinschaftsrecht als allgemeiner Rechtsgrundsatz wirken (dazu ausführlich *Schaffarzik,* 604 ff.). Eine subjektive Rechtsgarantie zu Gunsten der einzelnen Gemeinden lässt sich auf diesem Weg aber ebenfalls nicht begründen. 121

Keine Rechtsgarantie, sondern nur einen Weg der Vertretung kommunaler Interessen bietet schließlich der **Ausschuss der Regionen** gem. Art. 263–265 EG. In ihn entsenden die deutschen Gemeinden und Gemeindeverbände auf Grund einer entsprechenden Absprache drei Mitglieder. 122

Zu erwähnen ist schließlich, dass sich das Gemeinschaftsrecht punktuell mit direkten Vorgaben auf Regelungsgegenstände des Kommunalrechts auswirkt. Das gilt z. B. für das Wahlrecht der Unionsbürger gem. Art. 19 Abs. 1 EG, den Zugang zu sonstigen kommunalen Ämtern und Einrichtungen sowie die Gestaltung der kommunalen Daseinsvorsorge (vor dem Hintergrund der Art. 16, 86 und 87 f. EG). 123

III. Das Recht der Kommunalaufsicht

Schrifttum: *Becker,* Die Analyse kommunaler Haushalte im Rahmen der Rechtsaufsicht, SächsVBl. 1997, 18; *Benedens,* Die Sonderaufsicht über kommunale Körperschaften in Brandenburg, LKV 2000, 89; *Bracker,* Theorie und Praxis der Kommunalaufsicht, FG von Unruh, 1983, 459; *Cromme,* Staatshaftung der Kommunalaufsichts- und Fachaufsichtsbehörden gegenüber Gemeinden, DVBl. 1996, 1230; *Dehmel,* Übertragener Wirkungskreis, Auftragsangelegenheiten und Pflichtaufgaben nach Weisung, 1970; *Ehlers,* Kommunalaufsicht und europäisches Gemeinschaftsrecht, DÖV 2001, 412; *Erichsen,* Kommunalaufsicht – Hochschulaufsicht, DVBl. 1985, 943; *Groß,* Was bedeutet „Fachaufsicht"?, DVBl. 2002, 793; *Hasselbach,* Subsidiaritätsprinzip und Kommunalaufsicht, DVBl. 1985, 697; *Humpert,* Genehmigungsvorbehalte im Kommunalverfassungsrecht, 1990; *Kaden,* Passivlegitimation bei Amtspflichtverletzungen im Rahmen der Kommunalaufsicht, LKV 2002, 362; *Kahl,* Die Staatsaufsicht, 2000; *Kallerhoff,* Das kommunalaufsichtliche Beanstandungs- und Aufhebungsrecht in der Rechtsprechung des OVG NW, NWVBl. 1996, 53; *Keller,*

Die staatliche Genehmigung von Rechtsakten der Selbstverwaltungsträger, 1976; *Knemeyer,* Staatsaufsicht über Kommunen, JuS 2000, 521; *Lübking/Vogelsang,* Die Kommunalaufsicht, 1998; *Mögele,* Das Zusammenspiel von Gemeinderecht und Verwaltungsverfahrensrecht bei der rechtsaufsichtlichen Beanstandung gemeindlicher Verwaltungsakte, BayVBl. 1985, 519; *Müller,* Zum Prüfungsmaßstab der Kommunalaufsicht bei Genehmigungsvorbehalten im Haushaltswesen, ZKF 1991, 151; *Oebbecke,* Kommunalaufsicht – nur Rechtsaufsicht oder mehr?, DÖV 2001, 406; *Schmidt-Jortzig,* Rechtsschutz der Gemeinden gegenüber fachaufsichtlichen Weisungen bei der Fremdverwaltung, JuS 1979, 488; *Schnapp,* Die Ersatzvornahme in der Kommunalaufsicht, 1972; *Schoch,* Soll das kommunale Satzungsrecht gegenüber staatlicher und gerichtlicher Kontrolle gestärkt werden?, NVwZ 1990, 801; *Schrapper,* Kommunale Selbstverwaltungsgarantie und staatliches Genehmigungsrecht, 1992; *ders.,* Zweckmäßigkeitskontrolle in der Kommunalaufsicht, NVwZ 1990, 931; *Schwerdtner,* Die Weisung – innerdienstlicher Rechtsakt oder anfechtbarer Verwaltungsakt?, VBlBW 1996, 209; *Schwokowski,* Kommunalverfassung und Kommunalaufsicht, LKV 1991, 69; *Vietmeier,* Die staatlichen Aufgaben der Kommunen und ihrer Organe, 1992; *Wehr,* Das Ermessen der Rechtsaufsicht über Kommunen, BayVBl. 2001, 705; *Weiß,* Erwerb, Veräußerung und Verwaltung von Vermögensgegenständen, 1991; *Zacharias,* Rücknahme und Widerruf von Vertragsgenehmigungen, NVwZ 2002, 1306.

1. Allgemeines

a) Begriff, Gegenstand und Grundlage der Kommunalaufsicht

124 Die staatliche Aufsicht hinsichtlich kommunaler Aufgabenerfüllung wird im vorliegenden Zusammenhang als **umfassende Staatsaufsicht** über das Verwaltungshandeln der Kommunen verstanden und nicht etwa von vornherein auf den Bereich der weisungsfreien Rechtsaufsicht beschränkt. Der Begriff der Kommunalaufsicht bezeichnet insofern die Summe der staatlichen Überwachungs- und Einwirkungsbefugnisse auf das Verwaltungshandeln kommunaler Gebietskörperschaften im eigenen wie auch im übertragenen Wirkungskreis.

125 Die Staatsaufsicht über die Kommunen wird ausschließlich **durch die Länder ausgeübt,** denen nach den Vorgaben der jeweiligen Landesverfassung die Überwachung der Gesetzmäßigkeit gemeindlichen Verwaltungshandelns obliegt (vgl. z.B. Art. 87 Abs. 4 sanhVerf.). Dem Bund kommt nach der Kompetenzverteilung des Grundgesetzes kein unmittelbares Recht zur Verhängung von Aufsichtsmaßnahmen gegenüber den Gemeinden zu: Eine Bundeskommunalaufsicht kennt das deutsche Recht nicht (*BVerfGE* 8, 122 [137]; 26, 172 [181]). Hiervon unberührt bleibt die eventuelle Verpflichtung eines Landes zum aufsichtlichen Einschreiten gegenüber einer Gemeinde aus dem Prinzip der Bundestreue (*BVerfGE* a.a.O.; *OVG Lüneburg* NVwZ 1988, 464).

126 Die staatliche Aufsicht über die Kommunen wird in der Rechtsprechung des Bundesverfassungsgerichts als **„Korrelat"** gemeindlicher Selbstverwaltung aufgefasst (*BVerfGE* 6, 104 [118]). In der Folge wurde die Kommunalaufsicht in der Literatur häufig als „notwendiges Gegenstück" zum Selbstverwaltungsrecht der Gemeinden bezeichnet, welches als Eingriff in die verfassungsrechtlich gewährleistete Selbstverwaltungsgarantie seinerseits

durch den Gesetzesvorbehalt des Art. 28 Abs. 2 GG gedeckt sei (*Gern*, Rdnr. 802). *Erichsen* weist demgegenüber darauf hin, dass die dezentrale Ausübung von Staatsgehalt keinesfalls a priori eine Staatsaufsicht bedinge. Das Institut der Kommunalaufsicht sei vielmehr eine Folge verfassungsrechtlicher und gesetzlicher Entscheidungen über die Verteilung der Staatsgewalt und ihrer Kontrolle (*Erichsen*, § 15 A, S. 311).

Kahl vertritt die Auffassung, bei der über die Kommunen auszuübenden 127
Staatsaufsicht handele es sich nicht lediglich um ein Korrelat, sondern um ein **„Essentiale"** der Selbstverwaltung. Die grundsätzliche Notwendigkeit einer Verknüpfung zwischen der Gesamtheit der Selbstverwaltungsträger und der Staatsaufsicht folge nach geltendem Verfassungsrecht aus dem Vorrang der Verfassung und des Gesetzes (Art. 20 Abs. 3 GG) sowie aus dem Demokratieprinzip (Art. 20 Abs. 2 GG). Im Unterschied zu den Trägern funktionaler Selbstverwaltung im Bereich der mittelbaren Staatsverwaltung sei bei der Staatsaufsicht speziell über die Kommunen jedoch lediglich auf Art. 20 Abs. 3 GG Bezug zu nehmen, da das Demokratieprinzip keine Staatsaufsicht über gemeindliches Handeln einfordere: Die kommunalen Repräsentationsorgane können sich ihrerseits auf volle demokratische Legitimation stützen, wodurch eine durch Staatsaufsicht zu erreichende Rückanbindung an übergeordnete, demokratisch legitimierte Autoritäten für diesen Bereich obsolet erscheint (*Kahl*, Staatsaufsicht, § 11 I 2., S. 498ff.).

b) Arten der Kommunalaufsicht

In Abhängigkeit von dem jeweiligen Typus kommunaler Aufgabener- 128
füllung unterscheidet das Kommunalrecht zwischen **zwei Arten der Aufsicht:** Die **Rechtsaufsicht,** die für Selbstverwaltungsangelegenheiten (dualistische Sichtweise: eigener Wirkungskreis; monistisches Aufgabenmodell: weisungsfreie Angelegenheiten) besteht, sowie die **Fachaufsicht,** die für die Aufgabenerfüllung für übertragene staatliche Aufgaben (dualistische Sichtweise: übertragener Wirkungskreis; monistisches Modell: Erfüllung von Pflichtaufgaben nach Weisung) gegeben ist. Beide Aufsichtstypen unterscheiden sich durch unterschiedliche Kontrollmaßstäbe, die eine abgestufte Intensität der Beaufsichtigung nach sich ziehen. Kontrollmaßstab der Rechtsaufsicht ist allein das Recht (Rechtmäßigkeitskontrolle), während die kommunalaufsichtliche Einflussnahme im Bereich der Fachaufsicht über die Rechtmäßigkeitskontrolle hinaus auf eine Steuerung und Kontrolle kommunalen Verwaltungshandelns unter Zweckmäßigkeitsgesichtspunkten ausgedehnt wird.

Herkömmlich wird zwischen präventiver und repressiver Ausübung bei- 129
der Aufsichtsarten unterschieden. Der präventiven Aufsicht zuzurechnen sind die Beratung und Betreuung der Gemeinden im Vorfeld von Verwaltungsentscheidungen wie auch die Genehmigung gemeindlichen Handelns bei Vorliegen von Genehmigungsvorbehalten.

c) Allgemeine Grundsätze aufsichtlichen Handelns

130 Der **Zweck staatlicher Aufsicht** über die kommunale Aufgabenerfüllung geht dahin, die Gemeinden unter Beachtung der Selbstverwaltungsgarantie des Art. 28 Abs. 1 GG bei der Erfüllung ihrer Aufgaben zu unterstützen und gleichzeitig durch aufsichtliches Handeln die Erfüllung kommunaler Verwaltungsaufgaben sicherzustellen. Entgegen einer zunächst nahe liegenden Interpretation des Begriffes „Aufsicht" stehen die Kommunen zu den Aufsichtsbehörden daher zuvörderst in einem **Kooperationsverhältnis.** Die Kommunalaufsicht ist entsprechend ihrer Zweckrichtung als ein Institut kooperativen Zusammenwirkens zwischen beaufsichtigter Gemeinde und beaufsichtigender Behörde zu begreifen (grundlegend hierzu *Kahl,* Staatsaufsicht, § 11, S. 472ff.). Diese sich sowohl aus den Schutzgarantien des Art. 28 Abs. 1 GG wie auch aus dem pragmatischen Argument einer effizienten Aufgabenerfüllung durch die Gemeinden erschließende Merkmal der Kommunalaufsicht konkretisiert sich auf der einen Seite in dem die Gemeinde verpflichtenden Prinzip der Staatstreue, auf der anderen Seite in dem die Aufsichtsbehörde bindenden Grundsatz gemeindefreundlichen Verhaltens (vgl. hierzu *OVG Münster,* OVGE 19, 192). Um auf dieser Grundlage eine konstruktive Zusammenarbeit mit der Folge effizienter Aufgabenerfüllung durch die Kommunen zu gewährleisten, richtet sich aufsichtliches Handeln nach dem Opportunitätsprinzip: Ob und inwieweit eine Behörde im Rahmen ihrer aufsichtsrechtlichen Befugnisse einschreiten will, liegt in ihrem pflichtgemäßen Ermessen (*Gern,* Rdnr. 804; *VGH Mannheim,* NJW 1990, 136). Jegliche Aufsicht ist so auszuüben, dass die Selbstverwaltung der Gemeinden gefördert sowie die Entschlusskraft und Verantwortungsfreude der Gemeinden nicht beeinträchtigt werden (vgl. nur § 133 Abs. 1 sanhGO). Die Anwendung des Legalitätsprinzips erscheint daher ungeeignet, die Ziele einer aus den oben genannten Gründen als kooperatives Zusammenwirken auszugestaltenden Kommunalaufsicht zu erreichen. Als Zugeständnis in diesem Sinne ist auch die Neufassung der Art. 112, 113 bayGO zu verstehen, in deren Zuge das bislang im Rahmen der bayerischen Kommunalaufsicht zur Anwendung gekommene Legalitätsprinzip durch das Opportunitätsprinzip ersetzt wurde (vgl. Art. 112, 113 bayGO, geändert durch G. v. 26. 7. 1997, GVBl. S. 344 [345]).

131 Ein **Einschreiten** bei Rechtsverstößen sowie bei Verstoß gegen (zulässige) Weisungen auf dem Gebiet der Fachaufsicht setzt als ungeschriebenes Tatbestandsmerkmal einer pflichtgemäßen Ermessensausübung voraus, dass das Einschreiten im öffentlichen Interesse geboten ist (*Gern,* Rdnr. 804; *VGH Mannheim* a.a.O.). Das öffentliche Interesse am Einschreiten der Kommunalaufsicht wird nicht bereits dadurch ausgeschlossen, dass dem von einer belastenden kommunalen Maßnahme Betroffenen Rechtsmittel zustehen (*VGH Mannheim* a.a.O.; *Kahl,* Staatsaufsicht, § 11 VI 2., S. 549f.).

132 Die **Ermessensausübung** wird allgemein durch die Verfassung, hier insbesondere durch den Verhältnismäßigkeitsgrundsatz eingeschränkt. So ist unter dem Gesichtspunkt der Geeignetheit von einer Aufsichtsmaßnahme abzusehen, wenn auch durch sie rechtmäßige Zustände nicht wieder hergestellt werden können. Eine förmliche Aufsichtsmaßnahme ist nicht erforderlich und daher unverhältnismäßig i.w.S., wenn eine Beratung oder Information der Gemeinde zur Herstellung rechtmäßiger Zustände ausreicht. Eine Ermessensverdichtung kann bei entsprechender Schwere der Rechtsverletzung durch die Gemeinde angenommen werden (*OVG Lüneburg* NVwZ 1988, 464). Eine Ermessensreduzierung auf Null und damit eine Pflicht zum Einschreiten kann sich beispielsweise aus dem die Länder bindenden Grundsatz der Bundestreue ergeben: So kann die Rechtsaufsichtsbehörde zur Beanstandung eines Gemeinderatsbeschlusses verpflichtet sein, in dem sich die Gemeinde ein außenpolitisches Mandat anmaßt und damit in die ausschließliche Kompetenz des Bundes zur Pflege auswärtiger Beziehungen nach Art. 32 GG eingreift (vgl. *Gern,* a.a.O.; *Dauster,* NJW 1990, 1084 [1089].

133 Die Kommunalaufsicht dient allein der Durchsetzung des **objektiven staatlichen Interesses** an der Rechtmäßigkeit gemeindlichen Verwaltungshandelns. Die kommunalaufsichtlichen Befugnisnormen begründen insofern keine verletzungsfähigen subjektiven Rechte. Aus den aufsichtsrechtlichen Vorschriften lassen sich daher weder für den Bürger noch für die Gemeinde, ihre Organe oder Organteile ein Rechtsanspruch auf Einschreiten der Aufsichtsbehörden herleiten (*Erichsen,* § 15 A, S. 311; *BVerwG* DÖV 1972, 723; *OVG Koblenz* DÖV 1986, 152; *VGH Mannheim* ESVGH 25, 193). Hiervon unberührt bleibt eine eventuell bestehende Amtspflicht der Aufsichtsbehörde, eine Beanstandung des Bürgers zu bescheiden (*Gern,* Rdnr. 804; *BGH* NJW 1971, 1699 [1700].

2. Die Rechtsaufsicht

a) Kontrolle der Rechtmäßigkeit kommunalen Verwaltungshandelns

134 Kontrollmaßstab aufsichtlicher Tätigkeit im Bereich gemeindlicher Selbstverwaltungsangelegenheiten, ob pflichtiger oder freiwilliger, ist allein das Recht: Die Gemeinde braucht in diesem, durch Art. 28 Abs. 2 GG verfassungsrechtlich abgesicherten Bereich staatliche Korrekturen nur im Falle von Gesetzesverstößen und nur innerhalb der gesetzlich geregelten Verfahren und in Gestalt bestimmter, gesetzlich abschließend festgelegter Maßnahmen hinzunehmen (*VGH Mannheim,* ESVGH 20, 141): Da Maßnahmen der Kommunalaufsicht im Bereich der gemeindlichen Selbstverwaltungsangelegenheiten Eingriffe in den Schutzbereich des Art. 28 Abs. 2 GG darstellen, sind in dem genannten Bereich die Grundsätze vom Vorrang und vom Vorbehalt des Gesetzes zu beachten. Aufgrund der Beschränkung aufsichtlicher Tätigkeit auf die Gewährleistung gesetzmäßigen gemeindlichen

Handelns dürfen Anordnungen der Rechtsaufsichtsbehörde auch nur soweit gehen, als es die Erreichung dieses Ziels unbedingt erfordert (*VGH Mannheim,* DÖV 1973, 534).

135 Im Rahmen **gemeindlicher Ermessensentscheidungen** hat die Aufsichtsbehörde in entsprechender Anwendung des § 114 VwGO (lediglich) zu prüfen, ob die gesetzlichen Grenzen des Ermessens eingehalten wurden. Die Reichweite der Rechtsaufsicht auf dem Gebiet der unbestimmten Rechtsbegriffe richtet sich danach, ob der jeweilige unbestimmte Rechtsbegriff einen Beurteilungsspielraum enthält. Ist dies nicht der Fall, ist die von der Gemeinde vorgenommene Auslegung des unbestimmten Rechtsbegriffs durch die Kommunalaufsicht voll überprüfbar. Vom Vorliegen eines Beurteilungsspielraumes ist auf der anderen Seite immer dann auszugehen, wenn der Gesetzgeber ausdrücklich oder nach dem offensichtlichen Zweck einer Regelung die Zuordnung eines Lebenssachverhaltes zu dem unbestimmten Rechtsbegriff der Alleinentscheidung der Gemeinde überantworten will (*BVerwGE* 59, 215; DVBl. 1982, 534): In diesen Fällen ist von einer beschränkten Überprüfbarkeit der gemeindlichen Entscheidung auszugehen, die sich in ihrer Reichweite nach den Maßstäben der gerichtlichen Überprüfung von Ermessensentscheidungen richtet (*Gern,* Rdnr. 806).

136 Die **Zuständigkeit** der (Rechts-) Aufsichtsbehörden bestimmt sich nach der konkreten Ausgestaltung des einschlägigen Landesorganisations- und Kommunalrechts sowie nach dem jeweiligen Gemeindetyp (*Stober,* § 9 III 1b, S. 151).

b) Präventive Aufsicht

(1) Beratung der Gemeinden

137 Die in der Praxis wichtigste Form präventiver Kommunalaufsicht ist die nicht in allen Gemeindeordnungen ausdrücklich (vgl. aber z.B. § 133 Abs. 1 GO LSA) geregelte **Beratung.** Eine Pflicht zur präventiven Beratung und Betreuung der Gemeinden durch die Aufsichtsbehörden ergibt sich aber auch ohne ausdrückliche Regelung aus der Einbettung der Gemeinde in das Staatsgefüge und ihrer Stellung als Teil des Landes (vgl. *BVerfGE* 58, 177 [195]). Die beratende und betreuende Tätigkeit der Aufsichtsbehörden fördert das Zusammenwirken der Beteiligten mit dem Ziel einer effizienten, gesetzestreuen Kommunalverwaltung mit der Folge, dass in vielen Fällen förmliche (repressive) Mittel der Aufsicht nicht mehr zum Einsatz kommen müssen und ist daher Ausfluss einer als Kooperation verstandenen Staatsaufsicht. Die auf diesem Wege gerade für kleinere Gemeinden verfügbar gemachten Spezialkenntnisse verbunden mit einer besseren überörtlichen Koordination führen darüber hinaus oftmals zu einer Ersparnis öffentlicher Mittel. Auf der anderen Seite besteht jedoch gerade bei anlässlich der Beratungstätigkeit getroffenen informellen Absprachen zwischen Gemeinde und Aufsichtsbehörde die Gefahr einer unterschwelligen Bevormundung der

Kommune und damit der Aushöhlung ihres Selbstverwaltungsrechts (*Erichsen,* § 15 B 2b, S. 313).

(2) Genehmigungsvorbehalte

Ebenfalls zum Bereich der präventiven Aufsicht gehört die Genehmigung gemeindlichen Handelns bei Bestehen von **Genehmigungsvorbehalten.** Aufgrund der Vielzahl kommunalrechtlicher Genehmigungsvorbehalte und der Forderung nach weitgehender Deregulierung und Entbürokratisierung der Verwaltung, verbunden mit einer Stärkung der kommunalen Selbstverwaltung ist derzeit eine Tendenz erkennbar, Genehmigungsvorbehalten abzubauen. Diese Entwicklung wird durch eine in zahlreichen Gemeindeordnungen enthaltene Regelung verdeutlicht, nach der die Innenministerien ermächtigt werden, von der Genehmigungspflicht freizustellen oder statt dessen eine Anzeigepflicht vorzusehen (*Stober,* § 9 III 3c, S. 159, vgl. z.B. die Regelungen in § 140 Abs. 4 sanhGO, § 128 nwGO). 138

Die Mehrzahl dieser staatlichen Genehmigungsvorbehalte beschränkt sich auf eine Rechtskontrolle des zu beaufsichtigenden kommunalen Rechtsaktes. Die Genehmigung kann in diesen Fällen als **rechtliche Unbedenklichkeitserklärung** bezeichnet werden. Vorschriften, die eine rechtliche Unbedenklichkeitserklärung der Aufsichtsbehörde vorsehen, finden sich meist dort, wo der in Rede stehende gemeindliche Rechtsakt typischerweise mit besonderen rechtlichen Risiken verbunden ist oder weitreichende rechtliche Folgen hat (*Stober,* § 9 III 3c aa., S. 162). Von den rechtlichen Unbedenklichkeitserklärungen zu unterscheiden sind die zum traditionellen Bestand kommunalrechtlicher Normen auf den Gebieten des gemeindlichen Haushaltswesens, der erwerbswirtschaftlichen Betätigung der Gemeinde sowie bei der Kontrolle kommunaler Steuersatzungen zählenden Genehmigungsvorbehalte, die den Aufsichtsbehörden bei der Entscheidung über die Genehmigung Ermessen einräumen. Da es sich bei den genannten Aufgabengebieten um ein Tätigwerden der Gemeinden im eigenen Wirkungskreis handelt und jegliche Aufsichtstätigkeit in diesem Bereich auf die Kontrolle der Rechtmäßigkeit gemeindlichen Verwaltungshandelns beschränkt ist, begegnet die Praxis, die Genehmigung von Ermessenserwägungen der Aufsichtsbehörde abhängig zu machen, durchgreifendem Bedenken: Aufgrund der verfassungsrechtlichen Vorgaben ist aufsichtliches Handeln im Bereich gemeindlicher Selbstverwaltung auf die Überprüfung der Einhaltung der maßgeblichen Gesetze beschränkt (vgl. *Kahl,* Staatsaufsicht, § 11 VI 6.b, S. 557f.; *Gönnenwein,* in: Gedächtnisschrift für W. Jellinek, 1955, S. 511 [S. 519, 527]). Aufgrund der insofern eindeutigen verfassungsrechtlichen Verbürgungen gelingt es nicht, ermessensgesteuerte Genehmigungsvorbehalte im Bereich der kommunalen Selbstverwaltung allein aus normgenetischen Gesichtspunkten heraus zu rechtfertigen (vgl. etwa *rpVerfGH,* VwRspr. Bd. 3, S. 529 [530f.]), auch wenn mit der Verwerfung der genannten Befugnisse der Aufsichtsbehörden zugegebenerweise eine Vernachlässi- 139 gung traditioneller kommunalaufsichtsrechtlicher Strukturen zu besorgen ist (*Erichsen,* § 15 B 2a, S. 312f.). Teilweise wurde versucht, diesem Dilemma zu entgehen, indem der Bereich der präventiven Genehmigungsvorbehalte gänzlich dem Bereich der Staatsaufsicht und damit dem Gewährleistungsgehalt der entsprechenden Verfassungsvorschriften zu entziehen. Nach anderer Auffassung sollte für diesen Bereich ein spezieller, sich zwischen eigenem und übertragenem Wirkungskreis befindender Aufgabenbereich eines staatlich-kommunalen Kondominiums („res mixtae") bestehen, der durch gemeinsame Verantwortungs- und Entscheidungszuständigkeiten von Gemeinde und Staat gekennzeichnet und einer dahingehenden „Sonderaufsicht" als dritter, sich gleichsam zwischen Rechts- und Fachaufsicht befindlicher Aufsichtskategorie unterworfen sei (vgl. etwa *Korte,* VerwArch. Bd. 61 (1970), S. 141 [157]; *Köttgen,* in: Peters (Hrsg.), HkWP, Bd. 1, 1. Aufl. 1956, S. 219; *VG Köln* DVBl. 1986, S. 737). Eine **gemeinsame Entscheidungszuständigkeit** von Kommune und Staat ist jedoch nur in Bereichen anzunehmen, die der verfassungsrechtlich gewährleisteten Selbstverwaltungszuständigkeit der Gemeinde von vornherein nicht unterliegen. Dabei ist es dem Staat innerhalb des Schutzbereichs dieser Verfassungsgarantie des Art. 28 Abs. 2 GG verwehrt, per Gesetz bestimmte Aufgabenbereiche als „Kondominium" gemeinsamer Verantwortung von Kommune und Staat festzulegen. Diese sind dem „hochzonenden" gesetzgeberischen Zugriff auf Grund der verfassungsrechtlichen Gewährleistung der kommunalen Selbstverwaltung gerade entzogen (*Erichsen,* § 15 B 2a, S. 313). Demzufolge kann es eine dritte Kategorie staatlicher Aufsicht im Grenzbereich zwischen Rechts- und Fachaufsicht nicht geben. Jegliche als „Sonderaufsicht" bezeichnete aufsichtliche Tätigkeit ist vielmehr der Kategorie der Fachaufsicht zuzuordnen und beschränkt sich daher auf den übertragenen Wirkungskreis bzw. den Bereich der Erfüllung von Pflichtaufgaben nach Weisung (so auch *Kahl,* Staatsaufsicht, § 11 VI 6.a, S. 555f.).

140 Daraus folgt auch, dass **Genehmigungsvorbehalte im Weisungsbereich** den Aufsichtsbehörden im Unterschied zum aufsichtlichen Tätigwerden im eigenen Wirkungskreis auch Freiräume zugunsten von Zweckmäßigkeits- (bzw. Ermessens-) Erwägungen eröffnen. Im übertragenen Wirkungskreis bzw. bei der Erfüllung von Pflichtaufgaben nach Weisung bestehen gegen die Verfassungsmäßigkeit eines gesetzlichen Genehmigungsvorbehalts, durch den die Genehmigung gemeindlichen Handelns durch die (Fach-)Aufsichtsbehörde zu einem „kondominialen", gleichberechtigten Mitwirkungsakt ausgestaltet wird, regelmäßig keine Bedenken (vgl. *Gern,* Rdnr. 803).

c) Repressive Aufsicht

141 Von der präventiv gehandhabten Kommunalaufsicht ist die repressive Aufsicht (auch **Eingriffsaufsicht** genannt) zu unterscheiden: Im Rahmen der repressiven Aufsicht wird mit belastenden Aufsichtsmaßnahmen auf vorangegangenes kommunales Verwaltungshandeln reagiert. Da Maßnahmen der repressiven Rechtsaufsicht sich gegenüber der betroffenen Gemeinde als Eingriff in ihre Rechte aus Art. 28 Abs. 2 GG darstellen, ist das Handeln der Aufsichtsbehörde insbesondere an den Vorbehalt des Gesetzes gebunden. Die Gemeindeordnungen halten daher einen speziellen gesetzlichen Kanon repressiver Aufsichtsmittel bereit.

(1) Das Informationsrecht

Das Informations- oder Unterrichtungsrecht kann als **schwächstes Mittel** 142
der repressiven Aufsicht bezeichnet werden. Es gestattet der Rechtsaufsichtsbehörde, sich in geeigneter Weise über *einzelne* Angelegenheiten der Gemeinde zu unterrichten, soweit dies zur Erfüllung ihrer Aufgaben, also zur sachgerechten Wahrnehmung der Aufsicht, erforderlich ist. Das Informationsrecht besteht dabei nur bezüglich einzelner gemeindlicher Angelegenheiten; einer generellen Vorlagepflicht steht in systematischer Hinsicht bereits das ausdifferenzierte System spezieller kommunalrechtlicher Anzeige- und Vorlagepflichten entgegen, darüber hinaus darf die Aufsichtsbehörde auch im Rahmen ihrer Unterrichtungsbefugnisse nur tätig werden, wenn sie zumindest Anhaltspunkte dafür hat, dass durch gemeindliches Handeln das Recht verletzt wurde oder eine solche Rechtsverletzung bevorsteht (*Erichsen,* § 15 B 3a, S. 314). Die zu wählenden Informationsmittel stehen im Ermessen der Aufsichtsbehörde. In Betracht kommen in diesem Zusammenhang etwa schriftliche Anfragen, die Gewährung von Akteneinsicht, die Aufforderung zu dienstlichen Äußerungen nebst Übersendung von Beschlüssen, eine Gemeindebesichtigung, die Teilnahme an Gemeinderatssitzungen sowie die Einberufung von Organen der Gemeinde (*Gern,* Rdnr. 811).

(2) Das Beanstandungs- und Aufhebungsrecht

Die Rechtsaufsichtsbehörde kann Beschlüsse, Anordnungen oder sonstige 143
Maßnahmen der Gemeinde sowie Bürgerentscheide, die das Gesetz verletzen, **beanstanden** und verlangen, dass diese von der Gemeinde binnen einer angemessenen Frist aufgehoben bzw. geändert werden. Beanstandung bedeutet in diesem Sinne die Rüge der Gesetzeswidrigkeit der genannten Handlungen der Gemeinde (*OVG Münster* NVwZ-RR 1992, 449). Die Aufsichtsbehörde kann, quasi als Annex der Beanstandung, weiterhin verlangen, dass Maßnahmen, die auf Grund der beanstandeten Handlungen getroffen worden sind, rückgängig gemacht werden.

Die Beanstandung hat auf Grund der in fast allen Gemeindeordnungen 144
enthaltenen gesetzlichen Anordnung **aufschiebende Wirkung.** Damit ist zwar noch nicht die Frage beantwortet, ob die beanstandete Maßnahme wirksam bleibt (so *Gern,* Rdnr. 812) oder aber infolge der Beanstandung schwebend unwirksam wird; jedenfalls darf sie wegen der aufschiebenden Wirkung der Beanstandung nicht ausgeführt werden (*Erichsen,* § 15 B 3b, S. 314). Bei Anfechtung der Beanstandung entfällt die aufschiebende

Wirkung. Dies gilt nicht, wenn die Aufsichtsbehörde gemäß § 80 Abs. 2 Nr. 4 VwGO die sofortige Vollziehbarkeit der Beanstandung angeordnet hat.

145 Die Beanstandung und das auf Rückgängigmachung bzw. Aufhebung des beanstandeten gemeindlichen Rechtsaktes gerichtete Verlangen liegen im **Ermessen** der Aufsichtsbehörde. Danach ist eine Beanstandung unzulässig, wenn die Wiederherstellung eines rechtmäßigen Zustandes auf Grund irreversiblen Vollzuges einer (rechtswidrigen) gemeindlichen Maßnahme nicht mehr erreicht werden kann (*VGH München* NVwZ-RR 1993, 373). In einem solchen Fall wäre die Einleitung einer Aufsichtsmaßnahme ermessensfehlerhaft, da sich Beanstandung bzw. Aufhebung als ungeeignet erweisen, den Aufsichtszweck zu erreichen, und somit unverhältnismäßig in das Selbstverwaltungsrecht der Gemeinde eingreifen (*Erichsen,* § 15 B 3c, S. 315). Das Aufhebungsverlangen der Aufsichtbehörde darf darüber hinaus nur gemeindliche Maßnahmen umfassen, zu deren Aufhebung die Gemeinde selbst berechtigt und in der Lage ist: So darf die Rücknahme eines Verwaltungsaktes nur verlangt werden, wenn die gesetzlichen Rücknahmevoraussetzungen vorliegen (*OVG Münster* NVwZ 1987, 155). Geht die Aufsichtsmaßnahme auf die Rückgängigmachung eines Vertrages, müssen entsprechende Kündigungs- bzw. Auflösungsgründe gegeben sein. Ist dies nicht der Fall, kann im Wege der Aufsicht nur verlangt werden, dass die Kommune darauf hinwirkt, auf einvernehmlichem Wege eine Vertragsauflösung zu erreichen (*Gern,* Rdnr. 812).

146 Eine im Rahmen präventiver Aufsicht erteilte, denselben Gegenstand betreffende Genehmigung macht die spätere Einleitung repressiver Aufsichtsmaßnahmen nicht ermessensfehlerhaft (*Erichsen,* § 15 B 3c, S. 315). Bei Rechtsverletzungen entsprechenden Ausmaßes kann sich das **Entschließungsermessen** der Aufsichtsbehörde auf eine Pflicht zum Einschreiten reduzieren. Ein solcher Fall wird z.B. anzunehmen sein, wenn das gemeindliche Repräsentationsorgan Beschlüsse fasst, welche nicht mehr von der Verbandskompetenz der Gemeinde umfasst werden (*Erichsen,* § 15 B 3b, S. 315; vgl. auch die Pflicht zum Einschreiten aus dem Prinzip der Bundestreue bei Anmaßung eines außenpolitischen Mandats durch die Gemeinde; oben Rdnr. 132).

147 Kommt die Gemeinde einem den genannten Grundsätzen entsprechenden Aufhebungsverlangen der Aufsichtsbehörde binnen angemessener Frist nicht nach, kann diese die beanstandete Maßnahme **selbst aufheben.** Maßnahmen, die sich im Nachgang als inhaltsgleiche Wiederholung einer bereits beanstandeten Maßnahme erweisen, können ohne erneute Beanstandung aufgehoben werden (*Erichsen,* § 15 B 3b, S. 315; *OVG Münster* DVBl. 1985, 172 [173]). Die Aufsichtsbehörde unterliegt bei der Aufhebung einer beanstandeten gemeindlichen Maßnahme gegenüber Dritten denselben rechtlichen Bindungen wie die Gemeinde selbst (*Erichsen,* § 15 B 3b, S. 315; *OVG Münster* OVGE 14, 7 [11]).

(3) Anordnung und Ersatzvornahme

Die Anordnung der **Vornahme** eines bestimmten gemeindlichen Verwaltungshandelns durch die Kommunalaufsicht kommt als aufsichtsrechtliche Maßnahme in Betracht, wenn die Aufsichtsbehörde nicht wie im Falle der Beanstandung auf ein rechtswidriges aktives Handeln, sondern auf ein pflichtwidriges Unterlassen der Gemeinde reagieren will. Die Gemeinde kann auf diesem Wege allerdings nur zur Erfüllung ihrer öffentlich-rechtlichen Pflichten angehalten werden (*Erichsen,* § 15 B 3c, S. 315). Hierzu gehören neben auf Grund gesetzlicher Vorschriften bestehenden Verpflichtungen auch solche, die sich aus einem Verwaltungsakt oder einem öffentlich-rechtlichen Vertrag für die Gemeinde ergeben (*VGH Mannheim* VBlBW 1993, 338). Das Handeln der Aufsichtsbehörde wird auch im hiesigen Zusammenhang durch den Verhältnismäßigkeitsgrundsatz beschränkt. Eine Anordnung darf insbesondere insoweit nicht ergehen, als der Gemeinde ein weniger belastender Weg zur Beseitigung des Gesetzesverstoßes offen steht (vgl. *VGH Mannheim* DÖV 1973, 534). 148

Im Falle **fortwährenden pflichtwidrigen Unterlassens** kann die Aufsichtsbehörde nach Ablauf einer angemessenen Frist die vorzunehmende Handlung im Wege der Ersatzvornahme selbst ausführen oder durch einen Dritten ausführen lassen. Die Behörde der Kommunalaufsicht erlangt mit der Durchführung der Ersatzvornahme, die für und gegen die Gemeinde wirkt, die Stellung eines gesetzlichen Vertreters der Gemeinde. Sie darf allerdings nur dann anstelle der Gemeinde handeln, wenn zuvor eine Anordnung im obigen Sinne ergangen ist, der die Gemeinde nicht oder nicht vollständig Folge geleistet hat. Die Anordnung muss zudem in Folge ihrer Bestandskraft oder einer besonderen behördlichen Anordnung (§ 80 Abs. 2 Nr. 4 VwGO) vollziehbar sein (*Gern,* Rdnr. 814). Aus dem Vorgesagten ergibt sich, dass sämtliche öffentlich-rechtliche Verpflichtungen der Gemeinde, deren Erfüllung im Wege der Anordnung verlangt werden kann, bei Vorliegen der genannten Voraussetzungen im Wege der Ersatzvornahme durchgeführt werden können. Neben dem Erlass von Verwaltungsakten betrifft dies beispielsweise auch den Erlass gemeindlicher Satzungen (*BVerwG* DVBl. 1993, 886) oder die Einberufung des Gemeinderats. Bei der Durchführung der Ersatzvornahme ist die Aufsichtsbehörde gegenüber betroffenen Dritten gleich der Gemeinde berechtigt und verpflichtet (*Erichsen,* § 15 B 3c, S. 315). Die Kosten der Ersatzvornahme fallen der Gemeinde zur Last. 149

(4) Die Bestellung eines Beauftragten

Entspricht die Verwaltung der Gemeinde in **erheblichem Umfang** nicht den Erfordernissen einer ordnungs- bzw. gesetzmäßigen Verwaltung und reichen die vorgenannten Befugnisse der Behörde der Kommunalaufsicht nicht aus, um die Gesetzmäßigkeit des Verwaltungshandelns der Gemeinde zu gewährleisten, kann die Aufsichtsbehörde einen **Beauftragten bestellen,** der die zu erfüllenden Aufgaben im Namen und auf Kosten der betroffenen 150

Gemeinde wahrnimmt. Erheblich ist der Umfang der Abweichung von den Erfordernissen einer gesetzmäßigen Verwaltung, wenn der gesetzwidrige Zustand zu schweren Erschütterungen des Gemeindelebens oder besonders intensiver Beeinträchtigung des Wohls der Einwohner geführt hat oder voraussichtlich führen wird. Der Aufsichtsbehörde kommt hinsichtlich der Interpretation des unbestimmten Rechtsbegriffs der Erheblichkeit ein Beurteilungsspielraum nicht zu (*Gern,* Rdnr. 815).

151 Die Bestellung eines Beauftragten ist als **gravierender Eingriff** in die gemeindliche Selbstverwaltung nach Maßgabe des auch und gerade hier zu beachtenden Verhältnismäßigkeitsgrundsatzes die ultima ratio, um die Gesetzmäßigkeit der gemeindlichen Verwaltung zu gewährleisten. Daher kommt sie auch nur dann in Betracht, wenn mildere Aufsichtsmittel keinen Erfolg haben oder voraussichtlich wirkungslos bleiben werden (vgl. *VG Dresden* SächsVBl. 1996, 284).

152 Der Beauftragte wird nicht für die Gemeinde insgesamt, sondern stets nur für ein Gemeindeorgan oder für einen sonstigen Beschäftigten bestellt. Auf der anderen Seite ist die Bestellung eines Beauftragten für ein Organteil (z.B. Gemeinderatsmitglied) nicht möglich (*OVG Saarlouis* DÖV 1967, 794). Mit der Bestellung verliert der Ersetzte seine Rechtsstellung innerhalb der Gemeinde (*Gern,* Rdnr. 815).

153 Die Beauftragung stellt sich als ein **öffentlich-rechtliches Rechtsverhältnis** mit doppelter Rechtsnatur dar: Auf der einen Seite ist der Beauftragte Vertreter der Aufsichtsbehörde, die ihm auf Grund dieses Vertretungsverhältnisses Weisungen erteilen kann, wenn und soweit ihm auf Grund seiner Stellung Beurteilungsspielräume oder ein Ermessen zukommen. Auf der anderen Seite erhält der Beauftragte zugleich die Rechtsstellung des ersetzten Gemeindeorgans oder Bediensteten mit dessen Vertretungsbefugnissen und Kompetenzen. Die Handlungen des Beauftragten werden in diesem Verhältnis daher der Gemeinde zugerechnet. Daraus ergibt sich, dass die Gemeinde für Pflichtverletzungen des Beauftragten in dem Rahmen haftet, in dem sie für das ersetzte Organ bzw. für den ersetzten Bediensteten haften würde. Ansprüche aus Amtshaftung sind daher gegen die Gemeinde geltend zu machen (vgl. *BGHZ* 87, 22).

Erteilt die Kommunalaufsichtsbehörde dem Beauftragten eine fehlerhafte Weisung, so trägt die Kosten (im Innenverhältnis) das Land. Die Kosten der Beauftragung selbst trägt die betroffene Gemeinde (vgl. zum Ganzen *Gern,* Rdnr. 815, 816).

(5) Auflösung des Gemeinderats

154 Verschiedene Gemeindeordnungen halten als **allerletztes Aufsichtsmittel** zur Herstellung rechtmäßiger Zustände in einer Kommune die Auflösung des Gemeinderats bzw. gleichgestellter Organe bereit und ordnen für den Fall ihrer Auflösung ihre Neuwahl (teilweise verbunden mit einer Neuwahl auch des Bürgermeisters) an. Zulässig ist die Auflösung allerdings nur dann,

wenn die Erledigung der kommunalen Aufgaben auf Grund dauernder Beschlussunfähigkeit des Repräsentationsorgans nicht mehr gesichert erscheint oder ähnliche, gleichgewichtige Gründe vorliegen und andere (mildere) Aufsichtsmittel erfolglos sind bzw. keinen Erfolg versprechen.

(6) Vorzeitige Beendigung der Amtszeit des Bürgermeisters

Andere Gemeindeordnungen sehen als Aufsichtsmittel die vorzeitige Beendigung der Amtszeit des Bürgermeisters vor, wenn dieser den Anforderungen seines Amts nicht gerecht wird und dadurch erhebliche Missstände in der Verwaltung eintreten. **155**

(7) Geltendmachung von Ansprüchen gegen Gemeindeorgane durch die Kommunalaufsicht

Eine besondere Form der Rechtsaufsicht kennen die Gemeindeordnungen Sachsen-Anhalts, Sachsens und Baden-Württembergs (vgl. § 142 Abs. 1 sanhGO; § 126 Abs. 1 bwGO; § 121 Abs. 1 sächsGO). Ansprüche der Gemeinde gegen Gemeinderäte sowie gegen den Bürgermeister werden von der Rechtsaufsichtsbehörde geltend gemacht, wobei die Kosten der Rechtsverfolgung die Gemeinde trägt. Die Aufsichtsbehörde wird hierbei als gesetzlicher Vertreter der Gemeinde tätig. **156**

Die entsprechenden Regelungen verfolgen in erster Linie das Ziel, Interessenkollisionen, die bei einer innergemeindlichen Auseinandersetzung möglicherweise auftreten, weitestgehend auszuschließen. Danach kann die Aufsichtsbehörde sowohl zur Durchsetzung von Ansprüchen, die sich aus Aufgaben des eigenen Wirkungskreises ergeben, als auch von solchen, die mit Weisungsaufgaben korrespondieren, tätig werden. Dabei ist unerheblich, ob sich der gegen einen Gemeinderat bestehende Anspruch aus dessen kommunalverfassungsrechtlichen Status oder aber aus seiner Stellung als Staatsbürger ergibt (*VGH Mannheim* VBlBW 1989, 27). Ansprüche im Sinne der genannten Vorschriften sind vielmehr alle auf öffentlichem oder privatem Recht beruhenden Forderungen der Gemeinde gegen *amtierende* Gemeinderäte oder Bürgermeister (*Gern,* Rdnr. 819). Die Geltendmachung eines Schadensersatzanspruches gegen einen früheren Bürgermeister oder gegen ein sich nicht mehr im Amt befindliches Mitglied des Gemeinderates obliegen nicht der Kommunalaufsicht, sondern dem amtierenden Bürgermeister, da der Schutzzweck der einschlägigen Aufsichtsnormen (Vermeidung von Interessenkollisionen innerhalb der Gemeindeverwaltung) hier nicht einschlägig ist (vgl. *VGH Mannheim* NVwZ 1983, 482). **157**

Die Aufsichtsbehörde entscheidet nach ihrem pflichtgemäß auszuübenden Ermessen, ob und inwieweit sie den Anspruch geltend macht. Ermessensleitend wirken in diesem Zusammenhang die betroffenen Interessen der Gemeinde. **158**

3. Die Fachaufsicht (Sonderaufsicht)

a) Allgemeines

159 Die **Fachaufsicht** dient dem Zweck, die Gemeinden im Bereich des übertragenen Wirkungskreises bzw. der Weisungsaufgaben in die Hierarchie der allgemeinen Staatsverwaltung einzubinden, indem sie speziell für diesen Bereich ein erweitertes Steuerungsvermögen des Staates gegenüber den Gemeinden sicherstellt und damit die Letztverantwortung für eine Verwaltungshandlung dem Staat überträgt (*Gern,* Rdnr. 821). Insofern unterscheidet sie sich sowohl hinsichtlich ihres Umfanges als auch im Hinblick auf die für die Ausübung der aufsichtsrechtlichen Befugnisse zuständige Behörde von der Rechtsaufsicht.

160 Hinsichtlich ihres Umfanges geht die Fachaufsicht über die auf eine Kontrolle der Rechtmäßigkeit kommunalen Handelns beschränkte Rechtsaufsicht hinaus, indem sie den Maßstab der Kontrolle und Steuerung auf Gesichtspunkte der **Zweckmäßigkeit** ausdehnt. Daher kann eine fachaufsichtliche Weisung Rechtmäßigkeits- oder Zweckmäßigkeitsweisung sein.

161 Die Fachaufsicht ist in den Gemeindeordnungen nur teilweise umfassend geregelt. Die entsprechenden Konkretisierungen lassen sich den einschlägigen Fachgesetzen entnehmen, die auch die für die Ausübung der Fachaufsicht zuständige Behörde bestimmen (vgl. z.B. §§ 133 Abs. 3, 145 Abs. 1 sanhGO).

162 Nach allen Gemeindeordnungen kommt der Fachaufsichtsbehörde neben dem Weisungsrecht ein **Informationsrecht** zu (vgl. nur § 145 Abs. 2 S. 1 sanhGO). Die weiteren in den Gemeindeordnungen enthaltenen Mittel der Kommunalaufsicht sind ihr grundsätzlich versagt. Leistet die angegangene Gemeinde einer Weisung keine Folge, muss sich die Fachaufsichtsbehörde zur Durchsetzung ihrer Weisung daher an die zuständige Rechtsaufsichtsbehörde wenden (vgl. § 145 Abs. 2 S. 2 sanhGO). Diese schreitet mit den ihr zur Verfügung stehenden Befugnissen ein, wenn die gesetzlichen Voraussetzungen für die jeweilig angestrebte Aufsichtsmaßnahme gegeben sind (vgl. *VGH Kassel* NVwZ 1997, 304; *VGH München* DÖV 1978, 100): Die Rechtsaufsichtsbehörde prüft sämtliche Rechtsvoraussetzungen für ihr Einschreiten, wozu auch die Frage gehört, ob die Weisung der Fachaufsichtsbehörde gegenüber der Gemeinde objektiv rechtmäßig ist. Eine Überprüfung der Zweckmäßigkeit der Maßnahme der Fachaufsicht findet demgegenüber nicht statt (*Gern,* Rdnr. 823; *Erlenkämper* NVwZ 1990, 122; *VGH Kassel* NVwZ-RR 1988, 111).

b) Dualistisches Modell

163 Nach dem **dualistischen Modell** kommunaler Aufgabenstruktur, welches ein Tätigwerden der Gemeinde im übertragenen Wirkungskreis dem Handeln einer unteren Staatsbehörde gleichsetzt, ist das mit der hier klassisch organisationsrechtlich zu verstehenden Fachaufsicht einhergehende Wei-

sungsrecht grundsätzlich unbeschränkt Eine Ausnahme hierzu bildet Art. 109 Abs. 2 S. 2 Ziff. 1, 2 bayGO, wonach Eingriffe in das gemeindliche Verwaltungsermessen nur dann vorgenommen werden dürfen, wenn das Gemeinwohl oder öffentlich-rechtliche Ansprüche (Ziff. 1) oder der Vollzug einer Weisung des Bundes nach Art. 84 Abs. 5 GG oder Art. 85 Abs. 3 GG (Ziff. 2).dies erforderlich machen.

c) Monistisches Modell

Folgt die Kommunalverfassung eines Landes dem Modell einer monistischen Aufgabenstruktur, erledigt die Gemeinde alle auf ihrem Gebiet anfallenden Verwaltungsaufgaben (freiwillige und Pflichtaufgaben) zunächst als eigene Angelegenheiten, ist also hinsichtlich der Erfüllung der Gesamtheit ihrer Verwaltungsaufgaben nicht bereits a priori Bestandteil staatlicher Behördenhierarchie. Insofern fehlt es an einem bereits aus organisationsrechtlicher Sicht bestehenden staatlichen Recht zur Ausübung der Fachaufsicht. Ein Weisungsrecht besteht daher nach monistischer Sichtweise nur, wenn und soweit es zur näheren Regelung einer *Pflichtaufgabe zur Erfüllung nach Weisung* im Rahmen eines Gesetzes besonders angeordnet ist (vgl. beispielsweise Art. 78 Abs. 4 S. 2 nwVerf.). Inhalt und Umfang der so verstandenen Fachaufsicht werden auf diesem Wege durch das die speziellen Weisungsrechte regelnde Gesetz bestimmt. Diese insofern schon von ihrer grundsätzlichen Ausrichtung her beschränkte Art der Weisungsaufsicht wird wegen der dargelegten Unterschiede zur klassischen organisationsrechtlichen Fachaufsicht (s.o.) häufig begrifflich von dieser unterschieden und als *Sonderaufsicht* bezeichnet (vgl. *Erichsen,* § 15 C, S. 316; gleichwohl ist zu beachten, dass der so verstandene Begriff der Sonderaufsicht sich als Unterfall der Fachaufsicht auf den Bereich der Weisungsaufgaben beschränkt und nicht etwa eine dritte Art der Aufsicht darstellt, die staatliche Genehmigungsvorbehalte im weisungsfreien Aufgabenbereich (eigener Wirkungskreis) zu rechtfertigen im Stande wäre: Eine solche Kategorie der Aufsicht ist mit der verfassungsrechtlichen Garantie kommunaler Selbstverwaltung nach Art. 28 Abs. 2 GG unvereinbar und daher abzulehnen [vgl. *Kahl,* Staatsaufsicht, § 11 VI 6.a, S. 555f.]). 164

d) Weisungsrecht im Bereich der Bundesauftragsverwaltung

Führen die Länder Bundesgesetze im Auftrag des Bundes aus **(Bundesauftragsverwaltung),** üben sie zwar landeseigene Verwaltung aus, unterliegen aber dennoch gemäß Art. 85 Abs. 4 GG der Aufsicht durch den Bund. Da die Gemeinden gemäß Art. 85 Abs. 1 GG in den Vollzug von Bundesgesetzen einbezogen werden können, werden sie (indirekt) ebenfalls von der Bundesaufsicht erfasst, wobei ausschließlich die in den Vollzug der Bundesaufsicht eingeschalteten Landesbehörden den betroffenen Gemeinden Weisungen erteilen können. Eine Durchgriffsaufsicht des Bundes gegenüber den Kommunen existiert jedoch auch im Bereich der Bundesauftragsverwaltung nicht. 165

166 Die Bundesaufsicht erstreckt sich gemäß Art. 85 Abs. 4 S. 1 GG verfassungsunmittelbar auf die Kontrolle und Steuerung von Recht- und Zweckmäßigkeit. Für Länder, deren Kommunalverfassungen die monistische Sichtweise pflegen, ist diese grundgesetzliche Fixierung des Kontrollumfanges bei der Ausführung von Bundesgesetzen durch die Länder auch insofern von Belang, als die in den Vollzug der Bundesaufsicht eingeschalteten Landesbehörden nach den Landesverfassungen ansonsten nur eine fachgesetzlich begründete und beschränkte Fachaufsicht gegenüber den Kommunen ausüben dürften (*Erichsen,* § 15 D, S. 317).

167 Verschiedene Länder haben in ihre Gemeindeordnungen zusätzlich **spezielle Regelungen** für das Weisungsrecht im Bereich der Bundesauftragsangelegenheiten aufgenommen: Soweit nach Art. 85 GG ein Bundesgesetz vom Land unter Einschaltung der Gemeinden im Auftrag des Bundes ausgeführt wird, können die Fachaufsichtsbehörden nach § 129 Abs. 3 bwGO, § 145 Abs. 3 S. 1 sanhGO auch im Einzelfall Weisungen erteilen.

168 In den Fällen des Art. 84 Abs. 5 GG (Bundesaufsicht über die Länderverwaltung für den Vollzug von Bundesgesetzen als *eigene* Angelegenheit der Länder) können die Fachaufsichtsbehörden insoweit Weisungen erteilen, als dies zum Vollzug von Einzelweisungen der Bundesregierungen erforderlich ist; ein durch Landesgesetz begründetes weitergehendes Weisungsrecht bleibt unberührt (vgl. § 145 Abs. 3 S. 2 sanhGO).

169 In Bayern gilt mit Art. 109 Abs. 2 S. 2 Ziff. 2 bayGO die einschränkende Regelung, dass Weisungen, die in das **Verwaltungsermessen** der Gemeinden eingreifen, auf die Fälle zu beschränken sind, in denen die Bundesregierung bei der Erfüllung von Bundesauftragsangelegenheiten nach Art. 85 Abs. 3 GG oder für die Ausführung von Bundesgesetzen als eigene Angelegenheit der Länder nach Art. 84 Abs. 5 GG eine Weisung erteilt (*Gern,* Rdnr. 825).

170 Werden den Gemeinden auf Grund eines Bundesgesetzes durch Rechtsverordnung staatliche Aufgaben zur Erfüllung nach Weisung auferlegt, können durch diese Rechtsverordnung die Zuständigkeit zur Ausübung der Fachaufsicht und der Umfang des Weisungsrechts geregelt sowie bestimmt werden, dass für die Verpflichtung zur Leistung von Gebühren sowie Umfang und Höhe der Gebühren die für die staatlichen Behörden maßgebenden Vorschriften gelten, ohne dass es hierfür einer speziellen Ermächtigung durch ein förmliches Gesetzes bedürfte (vgl. beispielsweise § 145 Abs. 4 sanhGO; § 129 Abs. 4 bwGO; hierzu *VGH Mannheim* ESVGH 19, 123 [130]).

4. Rechtsfolgen fehlerhaft ausgeübter Aufsicht

a) Rechtsaufsicht

171 Wird die Rechtsaufsicht über die Gemeinden nicht entsprechend den bestehenden Befugnisnormen ausgeübt, kommt eine Verletzung der dem je-

weiligen Amtsträger gegenüber der beaufsichtigten Gemeinde obliegenden Amtspflicht in Betracht, aus der sich für den Fall einer Schädigung der Gemeinde eine **Haftung des Landes** nach § 839 BGB i.V.m. Art. 34 GG ergeben kann.

b) Fachaufsicht

172 Aufwendungen, die einer Gemeinde anlässlich der Erfüllung von Aufgaben des übertragenen Wirkungskreises (Pflichtaufgaben zur Erfüllung nach Weisung) auf Grund fehlerhafter Weisungen entstehen, sind vom Land zu erstatten.

5. Rechtsschutz der Gemeinde gegen Aufsichtsmaßnahmen

a) Maßnahmen der weisungsfreien Aufsicht

173 Maßnahmen der weisungsfreien (Rechts-) Aufsicht beziehen sich auf den Bereich der Selbstverwaltungsangelegenheiten. Die Gemeinden stehen dem Staat insoweit als Träger eigener Rechte aus Art. 28 Abs. 2 GG in Verbindung mit den entsprechenden Verbürgungen der jeweiligen Landesverfassung (z.B. Art. 87 sanhVerf.) gegenüber. Maßnahmen der Rechtsaufsicht sind daher in diesen Rechtskreis eingreifende, belastende Verwaltungsakte. Will sich die Gemeinde gegen belastende Maßnahmen der Rechtsaufsichtsbehörde zur Wehr setzen, steht ihr die Anfechtungsklage nach § 42 Abs. 1 VwGO zur Verfügung. Soweit die Gemeindeordnungen auf eine Klagemöglichkeit vor den Verwaltungsgerichten verweisen (so z.B. § 141 sanhGO) kommt diesen Normen des Landesrechts angesichts der §§ 40ff. VwGO lediglich deklaratorische Bedeutung zu (*Stober,* § 9 III 1f, S. 156). Die Gemeindeordnungen verschiedener Ländern schließen für den gemeindlichen Rechtsschutz gegen Maßnahmen der Kommunalaufsicht die Durchführung des Widerspruchsverfahrens aus (vgl. z.B. § 123 nwGO; § 140 Abs. 2 S. 1 sanhGO für Klagen auf Erteilung einer Genehmigung nach § 140 Abs. 1 sanhGO), so dass die betroffene Gemeinde in diesen Fällen gemäß § 68 Abs. 1 S. 2, 1. Alt. VwGO unmittelbar das zuständige Verwaltungsgericht anrufen kann.

b) Maßnahmen der Fachaufsicht

174 Hinsichtlich der Frage, ob gegen **fachaufsichtliche Weisungen** gerichtlicher Rechtsschutz beansprucht werden kann, dürfte heutzutage zumindest dahingehend Einigkeit bestehen, dass den Gemeinden auch diesbezüglich der Weg zu den Verwaltungsgerichten nicht von vornherein versperrt bleibt. Denn auch bei Weisungen der kommunalen Fachaufsicht handelt es sich nicht lediglich um innerbehördliche Vorgänge im engen Sinne, die dem auf Gewährung subjektivierten Rechtsschutzes angelegten System der Verwaltungsgerichtsbarkeit von vornherein entzogen wären.

175 Umstritten ist im Hinblick auf die **statthafte Klageart** jedoch die Rechtsnatur fachaufsichtlicher Weisungen. Teilweise wird die Verwaltungsakts-

qualität der Weisung mit dem Argument verneint, diese besitze nur dann unmittelbare Rechtswirkung nach außen, wenn die Gemeinde als selbstständiges Rechtssubjekt in einer eigenen geschützten Rechtsstellung verletzt werde (vgl. *BVerwG* NVwZ 1983, 610; NVwZ 1995, 165; 1995, 910; *VGH München* BayVBl. 1979, 305). Dies sei nur dann der Fall, wenn die Maßnahme der Fachaufsicht den Rahmen der Weisungsaufgaben überschreite und damit in das kommunale Selbstverwaltungsrecht eingreife. In allen anderen Fällen sei das Merkmal der Außenwirkung nicht gegeben, da die Gemeinde im übertragenen Wirkungskreis (Pflichtaufgaben zur Erfüllung nach Weisung) lediglich als nachgeordneter Träger staatlicher Verwaltung tätig werde; einer Weisung der Fachaufsicht daher lediglich Innenrechtswirkung zukomme. Dieser Auffassung wird unter anderem entgegnet, im Verhältnis zwischen Staat und Gemeinde komme einer Regelung stets Außenwirkung zu; auf einer zweiten Stufe sei zu prüfen, ob im Einzelfall die Möglichkeit einer Verletzung der Kommune in ihren Rechten gegeben sei (vgl. *Erichsen* DVBl. 1985, 947; *Widtmann* BayVBl. 1978, 723). Dieser Auffassung ist mit *Stober* entgegenzuhalten, dass sie die besondere Stellung der Gemeinden bei der Wahrnehmung staatlicher Aufgaben im übertragenen Wirkungskreis vernachlässigt (*Stober,* § 9 III 3a, S. 158). Hinsichtlich der Frage, ob die Gemeinde als Adressat einer fachaufsichtlichen Weisung überhaupt verwaltungsgerichtlichen Rechtsschutz beanspruchen kann, kann die Beantwortung der eben aufgeworfenen Frage jedoch dahinstehen: Qualifiziert man die fachaufsichtliche Weisung als Verwaltungsakt, ist eine gemeindliche Klage als Anfechtungsklage nach § 42 Abs. 1 VwGO statthaft; neigt man der Gegenmeinung zu, stünde grundsätzlich immer noch die allgemeine Leistungsklage zur Verfügung (*Stober* a. a. O.).

176 Allerdings setzt auch die allgemeine Leistungsklage in entsprechender Anwendung des § 42 Abs. 2 VwGO zumindest die Möglichkeit einer Verletzung eigener Rechte der Gemeinde als Klagebefugnis voraus. Für das monistische Modell der kommunalen Aufgabenstruktur lässt sich die Klagebefugnis noch relativ einfach konstruieren: Nach dieser Sichtweise erledigt die Gemeinde sämtliche auf ihrem Gebiet anfallenden Verwaltungsaufgaben (freiwillige und Pflichtaufgaben) als eigene Aufgaben. Weisungsrechte im Bereich der **Pflichtaufgaben zur Erfüllung nach Weisung** existieren nur, wenn das Land sich diese nach näherer gesetzlicher Regelung vorbehält. Für den Fall, dass sich die Weisung im konkreten Fall außerhalb dieses gesetzlich vorgesehenen Rahmens bewegt, ginge damit auch eine Verletzung der Gemeinde in ihrem Selbstverwaltungsrecht einher. Jedoch ist auch nach der dualistischen Sichtweise eine Verletzung der Gemeinde in eigenen Rechten durch eine fachaufsichtliche Weisung nicht von vornherein ausgeschlossen: Die Gemeinden bleiben auch hier, obwohl sie sich im übertragenen Wirkungskreis in die allgemeine Staatsverwaltung eingebunden sehen, Körperschaften mit eigener Verwaltungsorganisation: Das Weisungsrecht darf auch dann nicht in den Organisationsvorbehalt der Gemeinde eingreifen, wenn

die zu erfüllende Verwaltungsaufgabe eine staatliche Angelegenheit ist. Die Gemeinde besitzt auch beim Tätigwerden im übertragenen Wirkungskreis eine wehrfähige subjektive Rechtsposition gegen Maßnahmen der Staatsaufsicht, wenn diese eine gemeindliche Planungs-, Beurteilungs- oder Ermessensentscheidung zum Gegenstand haben (*Stober,* § 9 III 2b, S. 158; vgl. auch *VGH München* BayVBl. 1985, 368). Die Zulässigkeit von Zweckmäßigkeitserwägungen im übertragenen Wirkungskreis bedeutet lediglich eine Einschränkung des in Art. 28 Abs. 2 GG in Verbindung mit den jeweiligen Verbürgungen der Landesverfassungen garantierten Rechts auf eigenverantwortliche Aufgabenerledigung, nicht aber dessen Beseitigung (*Erichsen,* § 15 E 2., S. 318). Die Möglichkeit einer Verletzung der Gemeinde in ihren Rechten scheidet nur dann von vornherein aus, wenn eine Weisung der Fachaufsicht allein auf rechtlich nicht überprüfbaren Zweckmäßigkeitserwägungen beruht (*Stober* a. a. O.).

§ 95 Das Recht der internen Organisation der Gemeinden und Gemeindeverbände – Kommunalverfassungsrecht

I. Die einzelnen Typen der Kommunalverfassung im Überblick

Schrifttum: *Becker,* Kommunalrecht, in: Becker/Heckmann/Kempen/Manssen, Öffentliches Recht in Bayern, 2. Aufl. 2000, S. 65; *Birkenfeld-Pfeiffer/Gern,* Kommunalrecht Hessen, 3. Aufl. 2001; *Böttcher,* Kommunalrecht Schleswig-Holstein, 1999; *Borchmann/Breithaupt/Kaiser,* Kommunalrecht in Hessen, 2. Aufl. 1997; *Bovenschulte/Buß,* Plebiszitäre Bürgermeisterverfassungen, 1996; *Bretzinger,* Die Kommunalverfassung der DDR, 1994; *Buhren,* Allgemeines Kommunalrecht Nordrhein-Westfalen, 6. Aufl. 2000; *Cronauge/Lübking/Tadayon,* Gemeindeordnung und Amtsordnung für das Land Brandenburg, 2000; *Dieckmann/Heinrichs,* Gemeindeordnung für das Land Nordrhein-Westfalen, Köln 1996; *Eckhardt/Kleerbaum/Klieve,* Kommunalverfassung NW, Bonn, 1999; *Gern,* Deutsches Kommunalrecht, 3. Aufl. 2003; *ders.,* Kommunalrecht Baden-Württemberg, 8. Aufl. 2001; *ders.,* Sächsisches Kommunalrecht, 2. Aufl. 2000; *Henneke* (Hrsg.), Aktuelle Entwicklungen der inneren Kommunalverfassung, 1999; *Hölz/Hien/Huber,* Gemeindeordnung, Verwaltungsgemeinschaftsordnung, Landkreisordnung und Bezirksordnung für den Freistaat Bayern, 2003; *Ihnen/Weißhaar,* Kommunalrecht Niedersachsen, 5. Aufl. 1998; *Ipsen,* Niedersächsisches Kommunalrecht, 2. Aufl. 1999; *Jaeckel/Jaeckel,* Kommunalrecht in Sachsen, 2. Aufl. 2003; *Klang/Gundlach,* Gemeindeordnung und Landkreisordnung für das Land Sachsen-Anhalt, 2. Aufl. 1999; *Kleine/Kolb/Nissle/Fenzel,* Kommunalverfassungsrecht Sachsen-Anhalt, Loseblatt, Stand 5. Lieferung, 2002; *Knemeyer,* in: Wollmann/Roth (Hrsg.), Kommunalpolitik, 2. Aufl., S. 104; *ders.,* Bayerisches Kommunalrecht, 10. Aufl. 2000; *Lissack,* Bayerisches Kommunalrecht, 2. Aufl., München, 2001; *Lübking/Beck,* Gemeindeordnung für das Land Sachsen-Anhalt, 16. EGL, Stand Oktober 2001; *Meyer,* Kommunalrecht Mecklenburg-Vorpommern, 2. Aufl. 2002; *Meyer,* Kommunalrecht, in: Meyer/Stolleis (Hrsg.), Staats- und Verwaltungsrecht für Hessen, 5. Aufl. 2000, S. 169; *Musil/Kirchner,* Das Recht der Berliner Verwaltung, 2002; *Nierhaus/Gebhardt,* Kommunale Selbstverwaltung zur gesamten Hand, 2000; *Püttner,* Kommunalrecht Baden-Württemberg, 2. Aufl. 1999; *Schefold/Neumann,* Entwicklungstendenzen der Kommunalverfassungen in Deutschland, 1996; *Schmidt-Aßmann,* Kommunalrecht, in: ders., (Hrsg.), Besonderes Verwaltungsrecht, 12. Aufl. 2003, Abschnitt 1; *Schmidt/Kneip,* Hessische Gemeindeordnung, München, 1995; *Schnell,* Freie Meinungsäußerung und Rederecht der kommunalen Mandatsträger, 1998; *Schröder,* Kommunalverfassungsrecht, in: Achterberg/Püttner/Würtenberger (Hrsg.), Besonderes Verwaltungsrecht, Bd. 2, 2. Aufl. 2000, S. 1; *Seidel/Reimer/Möstl,* Allgemeines Verwaltungsrecht mit Kommunalrecht, 2003; *Stober,* Kommunalrecht in der Bundesrepublik Deutschland, 3. Aufl. 1996; *Sundermann,* Kommunalrecht Brandenburg, 1995; *ders.,* Kommunalrecht Mecklenburg-Vorpommern, 1998; *Tettinger,* Besonders Verwaltungsrecht Bd. 1, 7. Aufl. 2003; *Thiele,* Niedersächsische Gemeindeordnung, 4. Aufl. 1997; *Thomalla/Glaser,* Kommunalverfassung für das Land Mecklenburg-Vorpommern, 2. Aufl. 1995; *von Arnim,* Demokratie vor neuen Herausforderungen, ZRP 1995, 340ff; *von Mutius/Rentsch,* Kommunalverfassungsrecht Schleswig-Holstein, 5. Aufl. 1998; *Vietmeier,* Die staatlichen Aufgaben der Kommunen und ihrer Organe, 1992; *Waibel,* Gemeindeverfassungsrecht Baden-Württemberg, 3. Aufl. 1995; *Widtmann/Grasser,* Bayerische Gemeindeordnung mit Verwaltungsgemeinschaftsordnung und Landkreisordnung, 12. EGL, Stand Mai 2001; *Wiegand/Grimberg,* Gemeindeordnung Sachsen-Anhalt, 3. Aufl. 2003; *Wohlfahrt,* Saarländisches Landesrecht, Kommunalrecht, 3. Aufl. 2003; *Wüstenbecker,* Kommunalrecht nach dem Landesrecht von Nordrhein-Westfalen, 7. Aufl. 2002.

1. Die Entwicklung der einzelnen Kommunalverfassungen

1 Das Kommunalverfassungsrecht hat sich als Landesrecht in Deutschland von Beginn an in verschiedenen Grundtypen entwickelt. Dabei standen sich vor allem die preußische, die norddeutsche und die süddeutsche Kommunalverfassung gegenüber. Am Anfang der Entwicklung waren die Divergenzen nicht auf organisatorische Aspekte beschränkt, sondern bezogen sich auch auf die Grundkonzeption der bürgerschaftlichen Selbstverwaltung. Diese Unterschiede spielen nach dem Übergang zum demokratischen Verfassungsstaat und dem In Kraft Treten der neuen Landesverfassungen und des Grundgesetzes nach 1945 keine tragende Rolle mehr. Die (kommunale) Selbstverwaltungsidee ist durch ihre verfassungsrechtliche Ausgestaltung von ihren ideengeschichtlichen Grundlagen gelöst und juristisch verselbstständigt worden. Anders sieht es bei den Grundstrukturen der Organisation der Kommunalverwaltungen sowie den ihnen zugeordneten Regelungen, wie z.B. dem Wahlrecht, aus. Hier spiegeln sich bis heute die regionalen Besonderheiten wider und lassen das Kommunalverfassungsrecht zu einer sehr unübersichtlichen Rechtsmaterie werden. Durch die Wiedervereinigung ist dieser Zustand vor allem deshalb nicht besonders stark beeinflusst worden, weil die neuen Bundesländer ganz überwiegend das Kommunalverfassungsrecht ihrer so genannten Partnerländer übernommen haben. Zudem ist seit Beginn der neunziger Jahre eine stärkere Konvergenz der Regelungen festzustellen. So wurden etwa schrittweise in allen Bundesländern neue Regelungen über die unmittelbare Bürgerbeteiligung eingeführt. So wurde in Nordrhein-Westfalen 1994 die von der britischen Besatzungszone oktroyierte doppelte Spitze durch eine Bürgermeisterverfassung ersetzt und zugleich die Direktwahl eingeführt.

2 Trotz dieser Konvergenzen lässt sich das Kommunalverfassungsrecht der Flächenstaaten nur bedingt einheitlich darstellen. Das gilt erst recht für die Stadtstaaten, soweit diese über eigene kommunale Strukturen verfügen. Die nachfolgenden Ausführungen bemühen sich gleichwohl um eine systemati-

sierende Darstellung, die die einzelnen Regelungen so weit wie möglich in Gruppen zusammenfasst umso eine größere Transparenz zu ermöglichen. Die Darstellung der Sonderlage in den Stadtstaaten wurde auf ein Minimum beschränkt. Insoweit wird auf die Spezialdarstellungen verwiesen.

2. Unterscheidung nach den Organstrukturen

Bis zu den Kommunalverfassungsreformen der 90er Jahre wurden Kommunalverfassungen im Allgemeinen vier Gruppen zugeordnet: der norddeutschen Ratsverfassung, der süddeutschen Ratsverfassung, der Magistratsverfassung und der Bürgermeisterverfassung. 3

a) Die norddeutsche Ratsverfassung

Das Schwergewicht der Erledigung kommunaler Aufgaben liegt hier bei der unmittelbar vom Volk gewählten Gemeindevertretung. Der ehrenamtlich tätige Bürgermeister ist nur Vorsitzender dieses Gremiums, aus dessen Mitte er gewählt wird, und Repräsentant der Gemeinde. In der norddeutschen Ratsverfassung untersteht die Verwaltung selbst dem Gemeinde- bzw. Stadtdirektor, der als kommunaler Wahlbeamter auf Zeit hauptamtlich und als Vertretungs- und Vollzugsinstanz nicht kraft eigener Kompetenz, sondern im Auftrag des Rates tätig ist. Es sollte ursprünglich die monistische Organisationsform verwirklicht, das heißt sämtliche Kompetenzen – zum Zwecke der Stärkung des demokratischen Elements – bei der Gemeindevertretung konzentriert werden. Im Ergebnis wurden jedoch dualistische bzw. trialistische Organisationsformen gesetzlich verankert, da dem Gemeinde- bzw. Stadtdirektor und teilweise auch dem Verwaltungsausschuss vom Rat unabhängige eigene Kompetenzen zustehen (z.B. Beanstandungsrecht). 4

Das Modell der norddeutschen Ratsverfassung lag bis 1994 der Gemeindeordnung von Nordrhein-Westfalen und bis 1996 Niedersachsen zugrunde, wobei aber der monistische Ansatz durch Übertragung eigener Kompetenzen speziell auf den Gemeindedirektor weitgehend aufgegeben war. In Nordrhein-Westfalen wurde die Ratsverfassung 1994 durch ein modifiziertes Süddeutsches System abgelöst. Bürgermeister und Stadträte werden hiernach ab 1999 für fünf Jahre direkt gewählt (§§ 65 Abs. 1, 42 Abs. 1 nwGO). Gleichzeitig wurde dem Bürgermeister der Vorsitz im Rat sowie die Verwaltungsleitung übertragen (§§ 40 Abs. 2 S. 3, 62 Abs. 1 nwGO). Entsprechendes gilt seit 1996 für Niedersachsen. Allerdings kann hier der Vorsitz im Rat auch einem Ratsmitglied übertragen werden (§§ 61 Abs. 1, 33 Abs. 1, 43 Abs. 1 ndsGO). 5

b) Die süddeutsche Ratsverfassung

Die süddeutsche Ratsverfassung entstand während des 19. Jh. in Bayern, Württemberg und Baden. Der für die grundlegenden Entscheidungen und Planungen sowie Kontrolle zuständige Rat ist das Hauptorgan der in seiner organschaftlichen Kompetenzzuordnung dualistisch geprägten süddeut- 6 schen Ratsverfassung. Daneben bildet der für die Lenkung, vorbereitende und durchführende Verwaltung sowie Außenverwaltung und Aufgabenerledigung im übertragenen Wirkungskreis zuständige, unmittelbar vom Volk gewählte und hierdurch unmittelbar demokratisch legitimierte Bürgermeister ein zweites Organ. Beide Organe sind organisatorisch, personell und funktionell sehr stark miteinander verzahnt. So ist der Bürgermeister Vorsitzender des Rates mit Widerspruchsrecht und Eilentscheidungsbefugnis. Er führt die Geschäfte der laufenden Verwaltung und vertritt die Gemeinde nach außen.

7 In der Literatur wird dieses Kommunalverfassungssystem teilweise (*Gern,* Rdnr. 45) als beste Lösung bezeichnet und von einem „Siegeszug der süddeutschen Kommunalverfassung" gesprochen, der eine Reduzierung der Grundtypen der Gemeindeverfassungen bedingt (*Knemeyer,* S. 109; *von Arnim,* ZRP 1995, 340 [351]). Heute besteht das Modell der süddeutschen Ratsverfassung in Bayern, Baden-Württemberg und seit 1993 in Sachsen. Mit Abwandlungen ist es zu finden in Brandenburg, Sachsen-Anhalt, Thüringen und Rheinland-Pfalz, seit 1994 im Saarland und Nordrhein-Westfalen mit Wahl des Bürgermeisters ab 1999 durch das Volk, ab 1996 in Niedersachsen, ab 1998 in Schleswig-Holstein und ab 1999 in Mecklenburg-Vorpommern. Exemplarisch soll die Ausgestaltung dieses Kommunalverfassungssystems anhand der Gemeindeordnungen von Baden-Württemberg und Bayern veranschaulicht werden.

8 aa) Nach der das Modell der süddeutschen Ratsverfassung verwirklichenden und für alle Gemeinden geltenden Gemeindeordnung des Landes **Baden-Württemberg** in der Fassung vom 24. Juli 2000 gibt es zwei unmittelbar gewählte Hauptorgane: den Gemeinderat (§ 26 Abs. 1 bwGO) und den Bürgermeister (§ 45 Abs. 1 bwGO).

9 Der für fünf Jahre gewählte *Gemeinderat* (30 Abs. 1 bwGO) besteht aus dem Bürgermeister und den ehrenamtlichen Gemeinde- bzw. Stadträten. Zur Repräsentation getrennter Ortsteile kann die unechte Teilortswahl eingeführt werden (§ 27 bwGO). Der Gemeinderat legt die Grundsätze für die Verwaltung fest und entscheidet über alle Angelegenheiten der Gemeinde, soweit nicht der Bürgermeister kraft Gesetzes zuständig ist oder ihm der Gemeinderat bestimmte Angelegenheiten überträgt (§ 24 Abs. 1 bwGO). Er kann aus seiner Mitte beschließende und beratende Ausschüsse bilden und ersteren bestimmte Aufgabengebiete zu dauernder Erledigung oder einzelne Angelegenheiten zur Entscheidung übertragen, sofern sie nicht ihm selbst gesetzlich vorbehalten sind (§§ 39–41 bwGO). Für geheimzuhaltende Angelegenheiten ist ein kleiner Beirat zu bilden (§ 55 bwGO). Ferner beschließt er im Einvernehmen mit dem Bürgermeister oder allein mit Zweidrittelmehrheit über die Ernennung, Einstellung und Entlastung der Gemeindebediensteten (§ 24 Abs. 2 bwGO). Auf Verlangen eines Viertels der Gemeinderäte hat der Bürgermeister den Rat zu unterrichten und Akteneinsicht zu gewähren (§ 24 Abs. 3 bwGO). Der Gemeinderat hat durch den

Bürgermeister die Einwohner über allgemein bedeutsame Angelegenheiten zu unterrichten (§ 20 bwGO). Wichtige sollen in Bürgerversammlungen erörtert werden. Dort vorgebrachte Anregungen sind von dem zuständigen Organ zu behandeln (§ 20a bwGO). Der Bürgermeister wird unmittelbar von den Bürgern nach den Grundsätzen der Mehrheitswahl für acht Jahre gewählt und ist hauptamtlicher besoldeter Wahlbeamter auf Zeit. In Gemeinden bis zu 2000 Einwohnern kann er auch Ehrenbeamter sein (§§ 42 Abs. 2, 3; 45–47 bwGO). Wird er den Anforderungen seines Amtes nicht gerecht und treten dadurch erhebliche Missstände in der Verwaltung ein, so kann in einem förmlichen, dem Disziplinarverfahren ähnlichen Verfahren seine Amtszeit für beendet erklärt werden. Er behält jedoch seine vollen Bezüge (§ 128 bwGO).

Der Bürgermeister ist geborener, stimmberechtigter Vorsitzender des 10 Gemeinderates und der Ausschüsse (§§ 40 Abs. 3, 41 Abs. 2 S. 1, 42 Abs. 1 S. 1 bwGO). Er bereitet die Sitzungen des Gemeinderates und der Ausschüsse vor und vollzieht die Beschlüsse (§ 43 Abs. 1 bwGO). Er muss gesetzwidrigen und kann nachteiligen Beschlüssen des Gemeinderates oder eines entscheidungsbefugten Ausschusses widersprechen (§ 43 Abs. 2 bwGO). Er hat ein Eilentscheidungsrecht (§ 43 Abs. 4 bwGO) und erledigt in eigener Zuständigkeit die Geschäfte der laufenden Verwaltung sowie die ihm sonst durch Gesetz oder vom Gemeinderat übertragenen Aufgaben, ferner auch die Weisungsaufgaben, soweit gesetzlich nichts anderes bestimmt ist (§ 44 Abs. 2, 3 bwGO). In den Stadtkreisen und in den großen Kreisstädten nimmt er deren Aufgaben, ferner auch die Weisungsaufgaben wahr, soweit gesetzlich nichts anderes bestimmt ist, wahr. In den Stadtkreisen und in den großen Kreisstädten nimmt er deren Aufgaben als untere (staatliche) Verwaltungsbehörde in ausschließlicher Zuständigkeit wahr (§ 13 Abs. 2 bwLVG). Er vertritt die Gemeinde nach außen (§ 42 Abs. 1 S. 2 bwGO) und ist als Leiter der Gemeindeverwaltung (§§ 42 Abs. 1 S. 1, 44 Abs. 1 bwGO) für den ordnungsmäßigen Gang der Verwaltung verantwortlich. Daher regelt er auch die innere Organisation der Gemeindeverwaltung und grenzt im Einvernehmen mit dem Gemeinderat die Geschäftskreise der Beigeordneten ab. Er ist Vorgesetzter, Dienstvorgesetzter und oberste Dienstbehörde der Gemeindebediensteten (§ 44 bwGO).

In Gemeinden mit mehr als 10000 Einwohnern wählt der Gemeinderat 11 unter Berücksichtigung der Fraktionsstärke je acht Jahre hauptamtliche Beigeordnete als ständige, weisungsabhängige Vertreter des Bürgermeisters. In kleineren Gemeinden bestellt der Gemeinderat aus seiner Mitte einen oder mehrere ständige allgemeine Vertreter des Bürgermeisters (§§ 48–52 bwGO).

In wichtigen Gemeindeangelegenheiten sind Bürgeranträge, Bürgerbegeh- 12 ren und Bürgerentscheide zulässig. Ein *Bürgerantrag* iwS kann auf Einberufung einer Bürgerversammlung (§ 20a Abs. 2 bwGO), ieS auf Behandlung eines begründeten Antrags (§ 20b bwGO) gerichtet sein. Ein *Bürgerbegeh-*

ren kann von mindestens 15 v.H., höchstens 3–24 Tausend Bürgern gestellt werden (§ 21 Abs. 3, 4 bwGO). Es kann wichtige Angelegenheiten iSd § 21 Abs. 1 bwGO betreffen, aber weder ein Normenkontrollverfahren beantragen, noch die Gemeinde vor Gericht vertreten (*bwStGH*, DÖV 1975, 62 m. Anm. v. *Katz*). Ein *Bürgerentscheid* über eine der in § 21 Abs. 1 bwGO genannten oder zugelassenen Angelegenheiten nebst Vorschlag für die Aufbringung der erforderlichen Mittel (nicht über Weisungsaufgaben, die Haushaltssatzung, Personalien, u.a.) kann von zwei Dritteln der Mitglieder des Gemeinderats oder durch Bürgerbegehren herbeigeführt werden. Er ist im Sinne der Mehrheit zustande gekommen, wenn diese 30 v.H. der Stimmberechtigten beträgt. Ein Bürgerentscheid kann beanstandet, sonst aber innerhalb von drei Jahren nur durch einen neuen Bürgerentscheid aufgehoben werden (§ 21 bwGO).

13 bb) Auch in **Bayern** statuiert die GO das System der süddeutschen Ratsverfassung. Die Hauptorgane Gemeinderat und Erster Bürgermeister werden unmittelbar gewählt.

14 Der von den Bürgern für sechs Jahre gewählte *Gemeinde- (Stadt-)rat* besteht aus dem Ersten Bürgermeister und den ehrenamtlichen Gemeinderatsmitgliedern (Art. 31 bayGO). Er kann in Gemeinden mit mehr als 10000 Ew berufsmäßige Gemeinderatsmitglieder hinzuwählen, die in den Angelegenheiten ihres Aufgabengebietes beratende Stimme haben (Art. 40 bayGO).

15 Der Gemeinderat verwaltet alle Angelegenheiten des eigenen und des übertragenen Wirkungskreises, soweit nicht ein entscheidungsbefugter Ausschuss oder der erste Bürgermeister zuständig ist (Art. 29, 30 Abs. 2, 59). Er kann aus seiner Mitte vorberatende und in Gemeinden mit mehr als 3000 Ew auch beschließende Ausschüsse (Gemeindesenate) bilden und letzteren die Verwaltung bestimmter Geschäftszweige oder die Erledigung einzelner Angelegenheiten übertragen (Art. 32 und wegen personeller Entscheidungen Art. 43).

16 Der *Erste Bürgermeister* wird ebenfalls für sechs Jahre von den Bürgern unmittelbar gewählt. In kreisfreien Gemeinden und in Gemeinden mit mehr als 10000 Ew ist er Berufsbeamter, sonst idR Ehrenbeamter (Art. 17, 34). Der Erste Bürgermeister ist geborener, stimmberechtigter Vorsitzender des Gemeinderates. Er bereitet die Beratungsgegenstände vor, beruft die Sitzungen ein und vollzieht die rechtmäßigen Beschlüsse (Art. 36, 46 Abs. 2). Rechtswidrige Beschlüsse hat er zu beanstanden (Art. 59 Abs. 2). Er hat ein Eilentscheidungsrecht in Notfällen (Art. 37 Abs. 3), besorgt im eigenen und übertragenen Wirkungskreis die einfachen Geschäfte der laufenden Verwaltung, der Verteidigung, des Zivilschutzes und Geheimsachen sowie die Angelegenheiten des übertragenen Wirkungskreises, die ihm der Rat übertragen hat, nach den Richtlinien des Gemeinderates (Art. 37, 59 Abs. 1). Er vertritt die Gemeinde nach außen (Art. 38 Abs. 1). Im Rahmen der Geschäftsordnung des Gemeinderates leitet und verteilt er die Verwaltungsge-

schäfte an die Gemeindebediensteten, über die er die Dienstaufsicht führt (Art. 46 Abs. 1, 37 Abs. 4). Er hat jährlich mindestens eine Bürgerversammlung zur Erörterung gemeindlicher Angelegenheiten einzuberufen, die auch von Bürgern beantragt werden kann (Art. 18). Der Erste Bürgermeister kann einzelne seiner Befugnisse einem oder zwei vom Gemeinderat aus seiner Mitte gewählten ehrenamtlichen oder berufsmäßigen Bürgermeistern, einem sonstigen Gemeinderatsmitglied sowie Angelegenheiten der laufenden Verwaltung auf einen Gemeindebediensteten übertragen (Art. 35, 39–42).

c) Die Magistratsverfassung

Die Magistratsverfassung geht auf die preußische Städteordnung zurück. 17
Die Gemeindevertretung (Stadtverordnetenversammlung, Stadtvertretung) ist Haupt- und Beschlussorgan und bildet die vom Volk gewählte erste Kammer. Kollegiales Vollzugsorgan ist der von der Gemeindevertretung gewählte Magistrat, der die zweite Kammer bildet. Mitunter auch als Verwaltungsvorstand bezeichnet, erledigt er als wichtigstes Verwaltungsorgan die Geschäfte der laufenden Verwaltung, nimmt Aufgaben der Außenvertretung wahr, ist für die vorbereitende und vollziehende Verwaltung sowie das Beanstandungsrecht zuständig. Er besteht aus dem grundsätzlich von der Gemeindevertretung gewähltem Bürgermeister und haupt- und ehrenamtlich tätigen Stadträten (Beigeordneten). Der Bürgermeister ist drittes Organ mit einzelnen Organkompetenzen. Er ist Vorsitzender des Kollegialorgans Magistrat, nicht jedoch der Gemeindevertretung, in der ein ehrenamtlicher Vorsteher oder Präsident den Vorsitz führt. Die Funktionen des Bürgermeisters geben dieser Verfassungsform einen trialistischen Kompetenzeinschlag. Bei der echten Magistratsverfassung, die es heute in der BRD nicht mehr gibt, bedürfen die Beschlüsse der Gemeindevertretung der Zustimmung des Magistrats; bei der dualistisch-trialistisch ausgeformten unechten Magistratsverfassung entfällt dieses Erfordernis.

Die (unechte) **Magistratsverfassung** ist in Hessen und in Bremerhaven 18
verwirklicht, wobei allerdings seit 1993 in Hessen der Bürgermeister vom Volk gewählt wird (§ 39 Abs. 1 hessGO). Schleswig-Holstein kannte einst vier Kommunalverfassungssysteme: für Städte die (unechte) Magistratsverfassung, die Bürgermeisterverfassung für Gemeinden und die Gemeindeversammlungsverfassung für die Zwerggemeinden. Mit Einführung der süddeutschen Ratsverfassung 1998 wurde somit auch die bestehende Magistratsverfassung abgeschafft. Im Folgenden wird das Kommunalverfassungssystem anhand der hessGO konkreter erläutert. Nach der für alle Gemeinden des Landes Hessen geltenden GO i.d.F. vom 1. April 1993 gibt es drei Hauptorgane: die Gemeindevertretung, den Gemeindevorstand und den Bürgermeister.

Die **Gemeindevertretung** besteht nur aus den von den Bürgern für vier 19
Jahre gewählten Gemeindevertretern. Der aus ihrer Mitte gewählte Vorsit-

zende ist als primus inter pares auf die typischen Befugnisse eines Vorsitzenden beschränkt (Einberufung der Sitzungen, Verhandlungsleitung, Ordnungsgewalt, Hausrecht, Ausführung der die innere Organisation der Gemeindevertretung betreffenden Beschlüsse; §§ 57, 58 hessGO).

20 Die Gemeindevertretung ist das oberste Organ der Gemeinde (§ 9 Abs. 1). Sie wählt die Beigeordneten (§ 39a). Die Gemeindevertretung beschließt weiterhin über alle wichtigen Angelegenheiten, auch über die Weisungsaufgaben soweit die GO nichts anderes bestimmt (§§ 50 Abs. 1, 149) und überwacht die gesamte Verwaltung (§§ 9 Abs. 1, 50 Abs. 2). Dabei ist sie befugt, bestimmte Angelegenheiten oder bestimmte Arten von Angelegenheiten auf andere Gemeindeorgane, insbesondere auf Ausschüsse und auf den Gemeindevorstand zur endgültigen Beschlussfassung zu übertragen (§§ 51, 62).

21 Der **Gemeindevorstand** (in den Städten „Magistrat" genannt) besteht aus dem Bürgermeister als Vorsitzenden, dem Ersten Beigeordneten und weiteren ehrenamtlichen und, soweit erforderlich, auch hauptamtlichen Beigeordneten (Stadträten), die alle der Gemeindevertretung nicht angehören dürfen (§ 65). Der Gemeindevorstand nimmt an den Sitzungen der Gemeindevertretung beratend teil (§ 59). Er besorgt die laufende Verwaltung im eigenen und übertragenen Wirkungskreis und vertritt die Gemeinde nach außen (§§ 9 Abs. 1 S. 2, 71, 149). Soweit jedoch weder das Gesetz noch eine Weisung des Bürgermeisters noch die Bedeutung der Sache eine Kollegialentscheidung fordern, werden die laufenden Verwaltungsgeschäfte vom Bürgermeister und von den zuständigen Beigeordneten je selbstständig erledigt (§ 70 Abs. 2). Der Gemeindevorstand hat ein Widerspruchsrecht gegen rechtswidrige oder das Wohl der Gemeinde gefährdende Beschlüsse der Gemeindevertretung (§ 63). Er kann zur dauernden Verwaltung oder Beaufsichtigung einzelner Geschäftszweige sowie zur Erledigung vorübergehender Aufträge Kommissionen bilden, die aus dem Bürgermeister, weiteren Beigeordneten, aus Gemeindevertretern und, soweit tunlich, aus sonstigen sachkundigen Bürgern bestehen (§ 72). Ferner stellt er die Gemeindebediensteten an, befördert und entlässt sie (§ 73 Abs. 1).

22 Der *Bürgermeister* wird gem. § 39 Abs. 1 von den Gemeindebürgern in allgemeiner, unmittelbarer, freier, gleicher und geheimer Wahl nach den Grundsätzen der Mehrheitswahl gewählt. Er ist i.d.R. haupt-, in Gemeinden unter 1500 Ew ehrenamtlich tätig (§ 44). Der hauptamtliche Bürgermeister wird für sechs Jahre, bei Wiederwahl auch für zwölf Jahre gewählt. Er kann nach zweimaliger Beschlussfassung mit qualifizierter Mehrheit vorzeitig abberufen werden, allerdings nur unter Belassung der vollen Bezüge bis zum regulären Ablauf der Amtszeit (§ 76).

23 Der Bürgermeister und die Beigeordneten erledigen die laufenden Geschäfte, bereiten die Beschlüsse der Kollegialorgane vor und führen sie aus (§§ 69, 70 Abs. 1, 2). In Eilfällen kann der Bürgermeister an Stelle des Gemeindevorstandes entscheiden (§ 70 III). Rechtswidrigen und das Wohl der

Gemeinde gefährdenden Beschlüssen des Gemeindevorstandes hat er zu widersprechen und ggf. die Entscheidung der Gemeindevertretung herbeizuführen. Auch entsprechenden Beschlüssen der Gemeindevertretung hat er zu widersprechen, falls der Gemeindevorstand dies unterlässt (§ 74). Der Bürgermeister ist Dienstvorgesetzter aller Beamten, Angestellten und Arbeiter der Gemeinde mit Ausnahme der Beigeordneten, die der Dienstaufsicht der Aufsichtsbehörde unterliegen (§ 2 Abs. 1 VO zu § 73 hessGO).

In bestimmten Gemeindeangelegenheiten sind *Bürgerbegehren* zulässig. **24** Ein solches muss von mindestens 20 v. H., in Gemeinden mit mehr als 100 Tausend Ew von mindestens 10 v. H. der bei der letzten Gemeindewahl amtlich ermittelten Zahl der wahlberechtigten Ew gestellt werden (§ 8b Abs. 2). Es kann auf Beratung und Entscheidung einer bestimmten Angelegenheit in dem zuständigen Organ der Gemeinde gerichtet sein.

d) Die Bürgermeisterverfassung

Die von napoleonisch-französischen sowie auch rheinischen Einflüssen **25** geprägte Bürgermeisterverfassung ist durch eine besonders starke Stellung des Bürgermeisters als Leiter der Verwaltung gekennzeichnet und in ihrer organschaftlichen Kompetenzzuordnung ebenfalls dualistisch ausgestaltet. Im Unterschied zur süddeutschen Ratsverfassung wird der Bürgermeister nicht durch Volkswahl, sondern vom Gemeinderat gewählt. Er ist nicht nur Vorsitzender des Gemeinderates, sondern hat auch eine Vielzahl eigener, vom Rat unabhängiger Kompetenzen. In der echten Bürgermeisterverfassung ist der Bürgermeister kraft Gesetzes Vorsitzender der Gemeindevertretung mit Stimmrecht, wohingegen er im System der unechten Bürgermeisterverfassung, wie es in den Landgemeinden vorzufinden ist, nur zum Vorsitzenden des Rates gewählt werden kann.

Dieses Verfassungssystem war bis 1993 in Rheinland-Pfalz (für die Ge- **26** meinden und kleineren Städte), bis 1994 im Saarland und bis 1998 in den (nichtstädtischen) Gemeinden Schleswig-Holsteins verwirklicht.

3. Unterscheidung nach den Aufgabenstrukturen

a) Klassischer Aufgabendualismus

Die Theorie des Aufgabendualismus beruht auf dem im 19. Jh. entwi- **27** ckelten Verhältnis zwischen Staat und Gemeinde und gliedert den Aufgabenbereich der Gemeinde in Selbstverwaltungsaufgaben und Aufgaben des übertragenen Wirkungskreises. Selbstverwaltungsaufgaben bilden den eigenen Wirkungskreis der Gemeinden, wohingegen Aufgaben des übertragenen Wirkungskreises nur als Auftragsangelegenheiten wahrgenommen werden und der Staat den Gemeinden lediglich die Ausführung überträgt (vgl. Art. 11 Abs. 3 bayVerf., Art. 6 Abs. 2, 7, 8 bayGO, §§ 2, 3 mvKV, Art. 57 Abs. 4 ndsVerf., §§ 4, 5 ndsGO, Art. 49 Abs. 4 rpVerf., § 2 Abs. 2 rpGO, Art. 120 Abs. 1 sächsVerf., §§ 4, 6 sächsKSVG, Art. 87 Abs. 3 sanhVerf., §§ 4, 5 sanhGO, Art. 91 Abs. 3 thürVerf., §§ 2, 3 thürKO).

28 Umstritten ist die Zuordnung der Weisungsaufgaben, die unter dem Vorbehalt eines Weisungsrechts übertragen werden, zu den echten Selbstverwaltungsaufgaben oder Auftragsangelegenheiten. Nach dualistischem Ansatz handelt es sich um eine Zwischenform, deren dogmatische Konsequenzen nur durch eine genaue Analyse der Gesetzeslage im Einzelfall ermittelt werden können.

b) Moderner Aufgabenmonismus

29 Der Weinheimer Entwurf von 1948 geht von einheitlichem Begriff öffentlicher Aufgaben aus, wonach Gemeinden in ihrem Gebiet Erfüllung aller öffentlicher Aufgaben allein und in eigener Verantwortung obliegt, soweit die Gesetze nichts anderes bestimmen (monistisches Modell – vgl. Art 75 Abs. 2 bwVerf.; § 2 Abs. 1, 3 bwGO, § 3 Abs. 1, 6 und 7 bbgGO, Art. 137 Abs. 4 heVerf., § 4 heGO, Art. 78 Abs. 4 nwVerf., §§ 2, 3 Abs. 1, 3 nwGO, § 2 Abs. 1, 3 sächsGO, Art. 46 Abs. 1, 4 shVerf., §§ 2 Abs. 1, 3 Abs. 1 shGO). Dieses Gliederungsmodell unterscheidet zwischen freien Aufgaben, Pflichtaufgaben und Pflichtaufgaben zur Erfüllung nach Weisung.

4. Erfüllung staatlicher Aufgaben und Organleihe

30 Von dem übertragenen Wirkungskreis nochmals zu unterscheiden ist die Zuweisung von weiteren staatlichen Aufgaben an kommunale Organe, insbesondere den Hauptverwaltungsbeamten. Entsprechende Zuweisungen sind in den meisten Bundesländern anzutreffen. Ihre Besonderheit liegt darin, dass nicht die Kommune als solche für die Aufgabenwahrnehmung zuständig ist, sondern sich das Land (oder der Bund) das betreffende Organ im Wege der Organleihe für die eigene Aufgabenwahrnehmung nutzbar macht. In diesem Bereich bestehen weitreichende Aufsichts- und Weisungsmöglichkeiten, die nicht Teil der allgemeinen Kommunalaufsicht sind (siehe zu Einzelheiten *Vietmeier*, S. 276ff.).

II. Die kommunalen Vertretungskörperschaften

Schrifttum: *v. Arnim*, Ausschluss von Ratsmitgliedern wegen Interessenkollisionen, JA 1986, 1; *ders.*, Werden kommunale Wählergemeinschaften im politischen Wettbewerb diskriminiert?, DVBl. 1999, 417; *Barley*, Das Kommunalwahlrecht für Ausländer nach der Neuordnung des Art. 28 Abs. 1 S. 3 GG, 1999; *Behnel*, Die fehlerhafte Ladung zu Sitzungen gemeindlicher Gremien, NWVBl. 1993, 406; *Bernhard*, Richteramt und Kommunalmandat, 1983; *Bick*, Die Ratsfraktion, 1989; *Blum*, Zur Zulässigkeit abgekürzter Abstimmungsverfahren im Gemeinderat, NdsVBl. 1996, 232; *Buchner*, Zum Verbot des Doppelauftretens im Kommunalwahlrecht, BayVBl. 1990, 321; *Dach*, Die Fraktionsmindeststärke, DVBl. 1982, 1080; *de Lobkowicz*, Ein europäisches Kommunalwahlrecht für alle EG-Bürger, DÖV 1989, 519; *Deubert*, Gedanken zum Kommunalwahlrecht in Deutschland. Für ein personalisiertes Verhältniswahlrecht nach freien Listen, LKV 1993, 331; *Dickert*, Mehrfachkandidaten und Chancengleichheit bei den Kommunalwahlen 1990, BayVBl. 1990, 326; *Ehlers*, Die Klagearten und besonderen Sachentscheidungsvoraussetzungen im Kommunalverfassungsstreitverfahren, NVwZ 1990, 105; *Engelken,* Verfassungsmaßstäbe für Unvereinbarkeits- und andere Hinderungsvorschriften bei kommunalen Mandaten, DÖV 1996, 853; *Erichsen/Biermann,* Der Kommunalverfassungsstreit, Jura 1997, 157; *Erle/Becker,* Der Gemeinderat als Gesellschafterversammlung der GmbH, NZG 1999, 58; *Fischer,* Kommunalwahlrecht für Unionsbürger, NVwZ 1995, 455; *Fröhlinger,* Die Festsetzung der Fraktionsmindeststärke im Gemeinderat, DVBl. 1982, 682; *Gern,* Die Befugnis des Bürgermeisters zur Einberufung des Gemeinderats, VBlBW 1984, 64; *Glage,* Mitwirkungsverbote in den Gemeindeordnungen, 1995; *Gramlich,* Zur Öffentlichkeit von Gemeinderatssitzungen, DÖV 1982, 139; *Grasser,* Zur Einberufung und Abhaltung einer außerordentlichen Sitzung des Gemeinderats, BayVBl. 1991, 42; *ders.,* Freiwilliger Ehrenkodex für ehrenamtliche Gemeinderatsmitglieder, BayVBl. 1991, 360; *ders.,* Zur Zulässigkeit von Empfehlungen und Dringlichkeitsanträgen im Gemeinderat, BayVBl. 1992, 129; *Groh,* Der verfassungsrechtliche Anspruch von Gemeinderatsgruppen auf Sitz und Stimme in den Hauptausschüssen, NWVBl. 2001, 41; *Gundel,* Probleme der Umsetzung des EG-Kommunalwahlrechts und ihrer gerichtlichen Kontrolle in Deutschland und Frankreich, DÖV 1999, 353; *Hager,* Grundfragen zur Befangenheit von Gemeinderäten, VBlBW 1994, 263; *Hansen/Schmidt-Jortzig,* Rechtsschutz gegen Fraktionsausschlüsse im Gemeinderat, NVwZ 1994, 116; *Heermann,* Der Gemeinderatsbeschluss. Rechtsnatur und Verfahren, 1975; *Henneke* (Hrsg.), Aktuelle Entwicklungen der inneren Kommunalverfassung, 1996; *Hobe,* Alte und neue Probleme der Wahlrechtsgleichheit, JA 1998, 50; *Hochstadt/Noack,* Falsche Werbeaussagen um Wahlkampf als Unregelmäßigkeit der Wahl, VR 2000, 128; *Hofmann-Hoeppel/Weible,* Bürgerbegehren und Bürgerentscheid, BayVBl. 2000, 617; *Horn,* Das sogenannte Mehrfachlistenverbot im bayerischen Kommunalwahlrecht, BayVBl. 1995, 353; *Junker,* Verhältniswahlrecht im bayerischen Kommunalrecht, BayVBl. 1990, 129; *Karpen,* Kommunalwahlrecht für Ausländer, NJW 1989, 1012; *Karst,* Der rechtswidrige Gemeinderatsbeschluss, 1994; *Kleindiek,* Reihenfolge der Wahlvorschläge bei Kommunalwahlen, NVwZ 1996, 131; *v. Kodolisch,* Miteinander oder gegeneinander? Zum schwierigen Verhältnis von Rat und Verwaltung, AfK 39 (2000), 199; *Mader,* Zur Amtshaftung der Gemeinde für rechtswidrige Beschlüsse des Gemeinderats, BayVBl. 1999, 168; *Meyer,* Kommunales Parteien- und Fraktionsrecht, 1990; *Molitor,* Die Befangenheit von Ratsmitgliedern, 1993; *Müller,* Spezielle Probleme der Befangenheit von Architekten als Ratsmitgliedern bei der Beratung und Entscheidung über Bebauungspläne im Gemeinderat, BauR 1984, 437; *ders.,* Das aktionsfreudige Gemeinderatsmitglied, JuS 1990, 997; *Müller-Franken,* Bestimmung der Veröffentlichungsform gemeindlicher Satzungen in der Geschäftsordnung oder durch Beschluss des Gemeinderats?, BayVBl. 1998, 683; *ders.,* Der unberechtigte Ausschluss eines Mitgliedes des Gemeinderats wegen persönlicher Beteiligung, BayVBl. 2001, 136; *Nettesheim,* Können sich Gemeinderäte der Untreue schuldig machen?, BayVBl. 1989, 161; *Ott,* Der Parlamentscharakter der Gemeindevertretung, 1994; *Pernice,* Öffentlichkeit und Medienöffentlichkeit, 2000; *Pfeiffer/Quecke,* Die Prüfung und Anfechtung der Kommunalwahlen, VBlBW 1989, 401, 441; *Raum,* Das Recht auf Rücknahme von Vorschlägen von der Tagesordnung der Gemeinderatssitzung, NVwZ 1990, 144; *Rausch,* Beteiligtenfähigkeit und Passivlegitimation bei der Kommunalverfassungsstreitigkeit, JZ 1994, 696; *Rothe,* Verpflichtungen des Hauptverwaltungsbeamten einer Gemeinde zur schriftlichen Beantwortung aller Anfragen von Ratsfraktionen?, NVwZ 1990, 936; *ders.,* Die Rechte und Pflichten des Vorsitzenden des Gemeinderats, NVwZ 1992, 529; *Saftig,* Kommunalwahlrecht in Deutschland, 1990; *Schildt,* Kommunalwahlrecht für Ausländer?, DÖV 1985, 664; *Schink,* Kommunalwahlrecht für Ausländer?, DVBl. 1988, 417; *Schliesky,* Der ehrenamtliche Bürgermeister im Spannungsverhältnis von Amt und Gemeinde in Schleswig-Holstein, 2000; *Schmitz,* Die vorrangige Abstimmung über den weitestgehenden Antrag – zur Auslegung der Geschäftsordnung des Gemeinderats, NVwZ 1992, 547; *Schnapp,* Der Streit um die Sitzungsöffentlichkeit im Kommunalrecht, VerwArch. 78 (1987), 407; *Schnell,* Freie Meinungsäußerung und Rederecht der kommunalen Mandatsträger, 1998; *Schröder,* Grundlagen und Anwendungsbereich des Parlamentsrechts, 1979; *Schoch,*

Das kommunale Vertretungsverbot, 1981; *ders.*, Verfassungsmäßigkeit und personeller Geltungsbereich des kommunalen Vertretungsverbots, JuS 1989, 531; *Scholtis*, Minderheitenschutz in kommunalen Vertretungskörperschaften, 1986; *Schunda*, Das Wahlrecht von Unionsbürgern bei Kommunalwahlen in Deutschland, 2003; *Schwerdtner*, Chancengleichheit und Minderheitenschutz in der Kommunalpolitik, DÖV 1990, 14; *Sieverking*, Europäisches Gemeinschaftsrecht und Stadtstaaten, DÖV 1993, 449; *Stühler*, Sind kommunale Grundstücksangelegenheiten in öffentlicher oder nichtöffentlicher Sitzung des Gemeinderats zu behandeln?, VBlBW 1997, 288; *von Kodolitsch*, Miteinander oder gegeneinander? Das schwierige Verhältnis von Rat und Verwaltung, AfK 39 (2000), 199; *Wacker*, Sachkundige Bürger und Einwohner in gemeindlichen Ausschüssen, 2000; *Wurzel*, Usurpation parlamentarischer Kompetenzen durch Stadt- und Gemeinderäte, BayVBl. 1986, 417; *Zinell/Dorn*, Personalauswahl und Gemeinderat, VBlBW 1999, 361.

1. Verfassungs- und europarechtliche Vorgaben für die Organbildung

a) Pflicht zur Bildung einer Vertretungskörperschaft

31 Aus Art. 28 Abs. 1 S. 2 GG folgt die **Pflicht der Länder,** in den Gemeinden und Kreisen in allgemeinen, unmittelbaren, freien, geheimen und gleichen Wahlen eine Vertretungskörperschaft wählen zu lassen. Dabei kann nach Satz 4 in den Gemeinden an die Stelle der gewählten Körperschaft die Gemeindeversammlung treten. Die Bundesländer haben diese Pflicht teilweise in den Landesverfassungen und sämtlich durch die Kommunal- und Kommunalwahlgesetze umgesetzt und im Rahmen des ihnen zustehenden Gestaltungsspielraums näher ausgestaltet. Die Bezeichnungen für die Organe sind nicht einheitlich. Bei den Gemeinden und Städten sind die Bezeichnungen Gemeinde- und Stadtrat, Rat, Gemeindevertretung, Stadtverordnetenversammlung und Stadtvertretung anzutreffen.

32 Darüber hinaus steht es im **Ermessen** der Landesgesetzgeber, auch für sonstige Gebietskörperschaften und Gemeindeverbände die unmittelbare Wahl einer Vertretungskörperschaft vorzuschreiben. Entsprechende Regelungen finden sich vor allem in denjenigen Bundesländern, die Verbandsgemeinden eingeführt haben.

33 Die Ersetzung der Vertretungskörperschaft durch eine **Gemeindeversammlung,** die vor den Gebietsreformen in den meisten Flächenstaaten möglich war, ist heute nur noch in § 53 der brandenburgischen Gemeindeordnung für Gemeinden mit weniger als 100 Einwohnern vorgesehen.

34 Bei den kommunalen Vertretungskörperschaften handelt es sich nicht um Parlamente, sondern um direkt gewählte, repräsentative Kollegialorgane innerhalb der Exekutive (*BVerfGE* 57, 43 [59]; NVwZ 1989, 46; *BVerwG* NJW 1993, 411; *BayVGH,* NVwZ 1985, 823; *Wurzel,* BayVBl. 1986, 417; *Gern,* Rdnr. 314; mit anderer Tendenz *Bick,* S. 32ff.). Die nicht nur in der Praxis weit verbreitete Rede von Kommunalparlamenten ist daher nur untechnisch zu verstehen (tendenziell weitergehend *Ott,* Der Parlamentscharakter der Gemeindevertretung, 1994; *Wollmann,* in: Wollmann/Roth, Kommunalpolitik, 2. Aufl. 1998, S. 50ff.). Die Grundsätze des Parlaments-

rechts sind nur eingeschränkt übertragbar. Das gilt insbesondere für den Status der Ratsmitglieder und das Recht der Fraktionen.

b) Aktives und passives Wahlrecht

Ebenfalls durch Art. 28 Abs. 2 GG sowie zusätzlich durch Art. 19 EGV und eine dazu erlassene Richtlinie determiniert ist das aktive und passive Kommunalwahlrecht. Auch hier nimmt das Landesverfassungsrecht eine weitere Ausgestaltung vor. 35

Art. 28 Abs. 2 S. 2 GG bindet die Wahl der Vertretungskörperschaft an die dort angeführten Wahlrechtsgrundsätze, die weitgehend mit den Vorgaben der in Art. 38 Abs. 1 GG normierten Wahlrechtsgrundsätze für die Bundestagswahl übereinstimmen. Aus ihnen folgen konkrete Vorgaben für das aktive und passive Wahlrecht. 36

Für die Ausgestaltung des **aktiven Wahlrechts** folgt aus dem Grundsatz der **Allgemeinheit der Wahl,** dass die Zulassung zur Wahl allen Bürgern nach den gleichen Voraussetzungen gestattet werden muss. Zulässig ist die Einführung von formalen Zulassungsvoraussetzungen, wie die Eintragung in das Wählerverzeichnis und eine nicht zu lange Mindestwohndauer. Das Mindestwahlalter muss nicht notwendig 18 Jahre betragen. Der Grundsatz der **Unmittelbarkeit der Wahl** schließt es aus, dass nur Parteien kandieren und gewählt werden, ohne dass die zu wählenden Kandidaten in Form einer Liste mit fester Rangfolge bestimmt sind. 37

Der Grundsatz der **Wahlrechtsgleichheit** ist im staatlichen Bereich streng formal anzuwenden. Dabei wird zwischen dem gleichen Zählwert und Erfolgswert unterschieden. Während eine Abweichung vom gleichen Zählwert in der Praxis nicht mehr vorkommt, stellt sich bei der Einführung von **Sperrklauseln** die Frage, ob der mit ihnen verbundene Verlust des Erfolgswertes derjenigen Stimmen, die für Parteien oder Listen abgegeben wurden, die unterhalb der Sperre bleiben, gerechtfertigt werden kann. Die Rechtsprechung hat teilweise Sperrklauseln von bis zu 5% akzeptiert, soweit diese zur Sicherung der Funktionsfähigkeit der Vertretungskörperschaft für erforderlich gehalten wurden (*nwVerfG,* NVwZ 1995, 579). Dahinter steht der Gedanke, dass bei einer zu großen Anzahl von Parteien und Fraktionen die Arbeitsfähigkeit und die Bildung (stabiler) Mehrheiten in Frage gestellt werden kann. Dies muss angesichts der sich wandelnden Verhältnisse (Zahl der sich bewerbenden Parteien und Wählervereinigungen und deren Erfolge) immer wieder neu beurteilt werden. Auch die **Bildung von Stimmkreisen** kann sich auf die Wahlrechtsgleichheit auswirken, wenn die Zahl der für ein Mandat erforderlichen Stimmen in den einzelnen Stimmbezirken zu stark voneinander abweicht (vgl. *BayVerfGH* NVwZ-RR 1994, 537). 38

Im Hinblick auf das **passive Wahlrecht** können die Grundsätze der Allgemeinheit und Gleichheit der Wahl durch formelle Zulassungsvoraussetzungen beeinträchtigt werden. Umstritten ist vor allem, ob zur Sicherung der Funktionsfähigkeit des Rates von erstmalig auftretenden Parteien oder 39

Wählervereinigungen die Vorlage einer ausreichenden Zahl von **Unterstützungsunterschriften** verlangt werden kann und wie hoch die Zahl der vorzulegenden Unterschriften maximal sein darf (dazu ausführlich *Lege,* Unterschriftenquorum zwischen Parteienstaat und Selbstverwaltung, 1997). Die verfassungsgerichtliche Rechtsprechung hält die Einführung eines Unterschriftenquorums zur Sicherung der Funktionsfähigkeit des Rates grundsätzlich für mit den Grundsätzen der Allgemeinheit und Gleichheit der Wahl vereinbar (*BVerfGE* 6, 84 [92]; 24, 300 [341]; 47, 198 [227]; 95, 408 [420]; *sanhVerfG* LKV 2001, 363 [365]). Die in Rechtsprechung und Literatur gleichfalls anzutreffende alternative Begründung, dass durch Unterschriftenquoren aussichtslose Kandidaturen ausgeschlossen und die Konzentration der Wähler auf ernsthafte Wahlbewerber gesichert werden soll, vermag dagegen nicht zu überzeugen. Es ist nicht Aufgabe des Gesetzgebers, den Wähler zu einer politisch sinnvollen Stimmabgabe anzuhalten bzw. zu verhindern, dass er seine Stimme „wegwirft", indem er einen aussichtslosen Kandidaten wählt (*sanhVerfG* LKV 2001, 363 [365 f.]).

40 Das passive Wahlrecht zu den kommunalen Vertretungskörperschaften wird durch den Verlust der Wählbarkeit infolge Richterspruchs nach § 45 Abs. 5 StGB und vergleichbare Maßnahmen zur Beschränkung der bürgerlichen Rechte, wie bei Bestellung eines Betreuers oder bei Psychiatrieaufenthalt, ausgeschlossen. Daneben wird das passive Wahlrecht mittelbar auch durch **Inkompatibilitätsvorschriften** eingeschränkt. Sie finden sich in allen einschlägigen Gesetzen und sind zur Vermeidung von Interessenkonflikten nicht nur gerechtfertigt sondern auch erforderlich (im Einzelnen dazu *Bernhard,* Richteramt und Kommunalmandat, 1983; *Engelken,* DÖV 1996, 853). Die entsprechenden Regelungen in den Gemeinde- und Kreisordnungen schließen das passive Wahlrecht in der Regel nicht nur für hauptamtliche Beamte und Angestellte der betreffenden Kommune aus (wobei teilweise gewisse Einschränkungen für Bereiche der Sozial- und Kulturverwaltung gemacht werden), sondern erstrecken sich auch auf der Kommune übergeordnete Verwaltungsträger, wie Verwaltungsgemeinschaften, Verbandsgemeinden, Zweckverbände, Landkreise und von der betreffenden Kommune verwaltete Stiftungen. Auch leitende Beamte und Angestellte sonstiger juristischer Personen des öffentlichen oder privaten Rechts, die von der betreffenden Kommune beherrscht werden, sind ausgeschlossen. Das Gleiche gilt für Beamte und Angestellte, die unmittelbar Aufgaben der Kommunal- oder Fachaufsicht wahrnehmen oder für die Rechnungsprüfung zuständig sind. Eine bundesgesetzliche Grundlage finden diese Regelungen in Art. 137 Abs. 1 GG, der eine gesetzliche Beschränkung der Beamten und Angestellten in den Gemeinden ausdrücklich zulässt (dazu *BVerfGE* 40, 296 [321]). Die entsprechenden Regelungen wirken sich nicht auf die Wählbarkeit aus, verlangen aber vom Gewählten, dass er sich nach der Wahl für eine der zwei Betätigungen entscheidet. Der gewählte leitende Beamte einer Kommune muss sich also von seiner Beamtentätigkeit beurlauben lassen,

wenn er die Wahl in die kommunale Vertretungskörperschaft annehmen will. Anderenfalls kann er das Mandat nicht ausüben (*BVerfGE* 48, 64 [88]; *bwVGH* BWGZ 1992, 726).

Einzelheiten zu den Hinderungsgründen sind in § 29 bwGO, Art. 31 Abs. 3, 4 bayGO, § 65 hessGO, § 26 mvKV, § 35a ndsGO, § 13 nwKWahlG, §§ 5, 55 Abs. 1, 63 Abs. 5 rpKWahlG, § 17 saKWahlG, § 32 sächsGO, § 40 sanhGO, § 31a shGO und § 23 thürKO geregelt. 41

Das konkrete **Vorliegen eines Hinderungsgrundes** ist je nach Gesetzeslage durch den Gemeinderat, den Wahlleiter oder die Kommunalaufsicht festzustellen. Es kann ein feststellender Verwaltungsakt erlassen werden. Entsteht ein Hinderungsgrund während der Amtszeit eines gewählten Mitglieds der Vertretungskörperschaft, so scheidet es kraft Gesetzes aus (vgl. dazu § 31 Abs. 1 bwGO, Art. 31 Abs. 3, 4 bayGO, § 37 ndsGO; § 37 nwKWahlG, § 34 Abs. 1 sächsGO, § 40 Abs. 1 Nr. 3 sanhGO, § 23 Abs. 4 thürKO). 42

Sowohl das aktive als auch das passive Wahlrecht zu kommunalen Vertretungskörperschaften sind nach durch Art. 19 EGV und die auf der Grundlage dieser Vorschrift erlassene Richtlinie 94/80/EG (ABl.EG Nr. L 368/38, geändert durch RL 96/30/EG vom 30. 5. 1996, ABl.EG Nr. L 122/14; dazu eingehend *Schrapper,* DVBl. 1995, 1167ff.) auch denjenigen **Unionsbürgern** aus anderen Mitgliedstaaten zu gewähren, die sich in einer deutschen Kommune niedergelassen haben (dazu *Kluth,* in: Calliess/Ruffert, EUV/EGV Kommentar, 2. Aufl. 2002, Art. 19, Rdnr. 10ff.). Zur Umsetzung dieser Vorgaben musste zunächst in Art. 28 Abs. 1 GG der neue Satz 3 eingefügt werden, da ansonsten eine Beteiligung von Ausländern an der Ausübung von Staatsgewalt mit dem Grundgesetz nach der Rechtsprechung des Bundesverfassungsgerichts nicht vereinbar ist (*BVerfGE* 83, 37ff. und 60ff.; *Barley,* S. 24ff.). Entsprechende Änderungen waren auch in den Landesverfassungen erforderlich. Auf dieser Grundlage wurden schließlich die einschlägigen Vorschriften der Gemeinde- und Kreisordnungen sowie der kommunalen Wahlgesetze in den Bundesländern den Vorgaben der Richtlinie angepasst (dazu *Pieroth/Schmülling,* DVBl. 1998, 365ff.; *Barley,* S. 108ff.). 43

Durch die Einbeziehung der Unionsbürger ändert sich der Charakter der Vertretungskörperschaft und auch der kommunalen Selbstverwaltung insofern, als beide auch auf der Legitimationsebene und nicht nur bei der Rechtsanwendung und Rechtsbindung in den europäischen Integrationsprozess einbezogen werden. Weitergehende Auswirkungen für den rechtlichen Status der Kommunalverwaltungen sind damit jedoch nicht verbunden. 44

Ein über den Kreis der Unionsbürger hinausgehendes **Ausländerwahlrecht** auf kommunaler Ebene ist nach Ansicht des Bundesverfassungsgerichts mit dem Grundgesetz deshalb nicht vereinbar, weil die Ausübung von Staatsgewalt nach Art. 20 Abs. 2, 28 Abs. 1 GG auf Grund des systematischen Zusammenhangs mit Art. 116 GG grundsätzlich deutschen Staatsan- 45 gehörigen vorbehalten ist (*BVerfGE* 83, 37ff. und 60ff.; s. auch *Quaritsch, HStR* V, § 120, Rdnr. 93, 110; *Barley,* S. 33ff.). Die Gegenansicht macht geltend, dass zumindest auf der kommunalen Ebene bei der Konkretisierung des Begriffs der örtlichen Gemeinschaft auf die tatsächliche Betroffenheit und nicht auf ein abstraktes Konzept von Volk und Nation abgestellt werden müsse. Bei der Auslegung der Verfassung müsse auch die erhebliche Zunahme der Zahl der in Deutschland lebenden Ausländer berücksichtigt werden. Es sei durchaus möglich, die Regelung in Art. 28 Abs. 1 S. 2 GG als Mindestgarantie zu verstehen, die es dem Landesgesetzgeber nicht verwehre, auch Ausländern, die in gleicher Weise wie deutsche Staatsbürger der kommunalen Hoheitsgewalt unterworfen sind, ein Wahlrecht einzuräumen. Der Volksbegriff sei offen und dürfe nicht auf das deutsche Volk verengt werden (*Rittstieg,* Wahlrecht für Ausländer, 1981; *Bryde,* StWStP 5 [1994], 305 [317ff.]; *Rinken,* KritV 79 [1996], 282 [298f.]).

46 Die **Wahlperiode** und damit die Amtszeit der Rats- und Kreistagsmitglieder betragen in den einzelnen Bundesländern zwischen vier (Schleswig-Holstein) und sechs (Hessen) Jahren. Die Mehrzahl der Bundesländer sieht eine fünfjährige Amtszeit vor.

47 Nach den meisten Kommunalgesetzen sind die gewählten Bewerber in der Ersten (konstituierenden) Sitzung der jeweiligen Vertretungskörperschaft auf die gewissenhafte Erfüllung ihrer Amtspflichten zu **verpflichten** oder zu **vereidigen** (letzteres nur nach Art. 31 Abs. 5 bayGO, wo Eid oder Gelöbnis vorgesehen sind; nach *BVerfG* NJW 1989, 827 kann eine Eidesleistung nicht gefordert werden). Die Verpflichtung hat zwar keine konstitutive Wirkung für die Amtspflichten; ihre Verweigerung führt aber gleichwohl zum Amtsverlust.

48 Die Kommunalgesetze statuieren zugunsten der Bewerber und Amtsinhaber **Behinderungs**- und **Benachteiligungsverbote,** die an öffentliche und private Arbeitsgeber gerichtet sind (vgl. § 32 Abs. 2 bwGO; § 37 Abs. 2 bbgGO; § 35a heGO; § 27 Abs. 5 mvKV; § 39 Abs. 2 ndsGO; § 44 nwGO; § 18a rpGO; § 35 Abs. 2 saKSVG; § 42 Abs. 2 sanhGO; § 32 Abs. 3 shGO; § 12 Abs. 1 S. 3 thürKO). Sowohl Kündigungen als auch Versetzungen, Entlassungen und andere berufliche Benachteiligungen auf Grund der Bewerbung oder Amtsausübung sind nicht gestattet.

c) Wahlsysteme

49 Art. 28 Abs. 1 S. 2 GG schreibt den Landesgesetzgebern kein bestimmtes Wahlsystem für die Wahlen zu den Vertretungskörperschaften vor (*BVerfGE* 4, 31 [44f.]; *BVerwG* NVwZ 1986, 756). Insbesondere kann er sich zwischen Mehrheits- und Verhältniswahl frei entscheiden. Es kommt bei der näheren Ausgestaltung vor allem auf die Beachtung der einzelnen Wahlrechtsgrundsätze, insbesondere der Wahlrechtsgleichheit an.

50 Von gewichtiger praktischer Bedeutung für ein Wahlsystem ist auch der Modus der Sitzzuweisung bei Listenwahlen. Hierzu haben sich das

d'Hondtsche Verfahren und das **Hare-Niemeyer-System** etabliert. Beide Vorgehensweisen werden von den Bundesländern benutzt und bedürfen deshalb einer kurzen Erläuterung. Beim ersten Verfahren werden zunächst die Stimmen, die insgesamt auf die einzelnen Wahlvorschläge (Listen) entfallen sind, ermittelt. Die Ergebnis-Zahlen werden dann der Reihe nach durch 1, 2, 3 usw. geteilt. Die auf diesem Weg ermittelten Zahlenwerte (sog. Höchstzahlen) werden in der Reihenfolge ihrer Größe geordnet. In dieser Reihenfolge werden dann die zu vergebenden Sitze zugeordnet (zur Verfassungsmäßigkeit des Verfahrens *BVerwG* NVwZ-RR 1989, 496; *BayVerfGH* BayVBl. 1994, 656; *OVG Münster,* NWVBl. 1996, 436). Beim zweiten, dem Hare-Niemeyer-Verfahren wird anders vorgegangen (dazu auch *VGH München,* BayVBl. 1986, 366). Die Gesamtzahl der Sitze wird mit Stimmenzahl der einzelnen Parteien (Listen) multipliziert und das Produkt durch die Gesamtzahl der Stimmen aller Parteien (Listen) dividiert. Jede Partei erhält zunächst so viele Sitze, wie ganze Zahlen sich aus dem Ergebnis ergeben. Verbleibende Sitze werden in der Reihenfolge der höchsten Zahlenbruchteile vergeben.

In der Gesetzgebungspraxis wird aber durchgehend das am Erfolgsrecht orientierte und daher in stärkerer Weise dem Minderheitenschutz dienende Verhältniswahlrecht bevorzugt. Im Einzelnen haben sich die Landesgesetzgeber für folgende Wahlsysteme entschieden: 51

In **Baden-Württemberg** werden die Gemeinderäte auf Grund von Wahlvorschlägen, die von politischen Parteien, sonstigen Wählervereinigungen und Wählergruppen eingereicht werden können, gem. § 26 Abs. 2 bwGO, § 8 bwKWahlG nach den Grundsätzen der Verhältniswahl gewählt. Die einzelnen Wahlvorschläge dürfen nur so viele Bewerber wie Gemeinderatsplätze enthalten. Wahlvorschläge können auch miteinander verbunden werden. Die Wahlberechtigten, die so viele Stimmen haben, wie es Gemeinderatsplätze gibt, können einzelne Vorschläge aus anderen Wahlvorschlägen übernehmen (sog. **panaschieren**) aber auch einem Bewerber bis zu drei Stimmen geben (sog. **kumulieren**). Dadurch wird die Bindung des Wählers an die Listenvorschläge gelockert. Die Sitzverteilung erfolgt nach der Wahl in zwei Schritten. Zunächst werden die Sitze auf die einzelnen Listen nach der auf sie entfallenden Gesamtstimmenzahl unter Anwendung des d'Hondtschen Auszählungsverfahrens verteilt. Innerhalb der einzelnen Listen bestimmt sich die Reihenfolge nach der Zahl der Stimmen, die die einzelnen Bewerber erreicht haben. 52

In **Bayern** kommt ebenfalls ein personalisiertes Verhältniswahlsystem zur Anwendung, das die Möglichkeiten des Panaschierens und Kumulierens vorsieht (Art. 7f., 23 bayGWG). Die Sitzverteilung erfolgt nach dem d'Hondtschen Auszählungsverfahren. Das Gleiche gilt für **Brandenburg** (§ 43 bbgKWahlG). 53

In **Hessen** ist ein an Listen gebundenes Wahlverfahren vorgesehen (§§ 1, 18 heGKWahlG). Die Listen werden von Parteien oder Wählergruppen auf- 54 gestellt. Der Wähler kann kumulieren und panaschieren. Die Sitzvergabe erfolgt nach dem Hare-Niemeyer-System.

55 **Mecklenburg-Vorpommern** hat sich ähnlich wie Brandenburg für ein Verhältniswahlrecht nach Listen mit der Möglichkeit des Kumulierens und Panaschierens entschieden. Zudem ist eine 5%-Sperrklausel vorgesehen. Die Berechnung der Sitzverteilung erfolgt nach dem Hare-Niemeyer-System.

56 In **Niedersachen** hat der Wähler die Möglichkeit, seine drei Stimmen für einen oder zwei Kandidaten eines oder verschiedener Wahlvorschläge abzugeben. Das Wahlgebiet wird dabei in Wahlbereiche eingeteilt, so dass die Wahl stärker personalisiert ist. Die Sitzverteilung erfolgt nach dem Hare-Niemeyer-System.

57 In **Nordrhein-Westfalen** hat der Wähler eine Stimme, mit der er nach den Grundsätzen der Mehrheitswahl einen Direktkandidaten in einem Wahlkreis wählen kann. Handelt es sich um einen Bewerber, der von einer Partei oder Wählergruppe aufgestellt wurde, so wird zusätzlich die zugehörige Reserveliste für das Wahlgebiet gewählt. Die Sitze werden auf die an der Listenwahl teilnehmenden Parteien oder Wählergruppen entsprechend ihrem jeweiligen Anteil an der Gesamtzahl der abgegebenen gültigen Stimmen unter Anrechung der in den Wahlbezirken direkt errungenen Sitze verteilt. Zur Verteilung wird das d'Hondtsche Verfahren genutzt. Es handelt sich folglich um eine Mischung aus Mehrheits- und Verhältniswahl.

58 In **Rheinland-Pfalz** hat sich der Gesetzgeber für ein personalisiertes Verhältniswahlsystem entschieden (§§ 32f., 41f. rpKWahlG). Der Wähler hat so viele Stimmen, wie Mandate zu vergeben sind. Diese Stimmen kumuliert (bis zu drei Stimmen pro Kandidat) und auch panaschiert werden. Die Sitzverteilung erfolgt anschließend nach dem Hare-Niemeyer-System.

59 Das **Saarland** gewährt jedem Wähler eine Stimme, mit der er sich für einen Kandidaten der von ihm favorisierten starren Liste entscheiden muss (§§ 2 f., 36f. saKWahlG). Das Gemeindegebiet kann in Wahlbezirke eingeteilt werden. Die Sitzverteilung erfolgt nach dem d'Hondtschen Verfahren.

60 In **Sachsen** werden die Gemeinde- und Kreisräte auf der Basis von Listen unter Berücksichtigung der Grundsätze der Verhältniswahl bestimmt (§ 30 Abs. 2 saKSVG). Auch hier sind kumulieren (bis zu drei Stimmen für einen Kandidaten) und panaschieren zugelassen.

61 In **Sachsen-Anhalt** wird gem. § 37 sanhGO, § 26 sanhKO auf Grund von Wahlvorschlägen, die Parteien und Wählervereinigungen aufstellen können, nach den Grundsätzen der Verhältniswahl gewählt. Wird bei einer Gemeinderatswahl nur ein gültiger Wahlvorschlag eingereicht, findet eine Mehrheitswahl statt. In kreisfreien Städten wird das Wahlgebiet in mehrere Wahlbereiche eingeteilt (§ 7 sanhKWahlG). Bei der Sitzzuweisung wird das Verfahren Hare-Niemeyer verwendet.

62 Bei den Kommunalwahlen in **Schleswig-Holstein** findet – wie in Nordrhein-Westfalen – eine gemischte Mehrheits- und Verhältniswahl statt (§§ 7ff. shKWahlG). Zum einen wird ein Kandidat direkt gewählt, daneben

eine Stimme für eine Liste abgegeben. Kumulieren und Panaschieren sind nicht zugelassen. Die Sitzzuweisung erfolgt nach dem Verfahren d'Hondt.

63 In **Thüringen** hat der Wähler drei Stimmen, die er einem oder mehreren (bis zu drei) Bewerbern verschiedener Wahlvorschläge geben kann (§§ 20, 22 thürKWahlG). Die Sitzverteilung erfolgt nach dem d'Hondtschen Verfahren. Es besteht eine 5%-Sperrklausel.

2. Organisation und Verfahren der Vertretungskörperschaften

a) Mitglieder und Vorsitz

64 Die in die Vertretungskörperschaft gewählten Vertreter der wahlberechtigten (Unions-) Bürger bilden ein **Kollegialorgan,** das üblicherweise den Namen Stadt- oder Gemeinderat, teilweise auch Gemeindevertretung oder Rat bzw. auf der Kreisebene Kreistag trägt. Es handelt sich dabei um eine teilrechtsfähige, da mit eigenen Organrechten ausgestattete Körperschaft des öffentlichen Rechts.

65 Alle Gemeindeordnungen (und entsprechend die Landkreisordnungen) enthalten Bestimmungen über den Vorsitz im Gemeinderat, gestalten die Bestimmung des Vorsitzenden und seine Funktionen aber unterschiedlich aus. Das Gleiche gilt für den Stellvertreter.

66 In **Baden-Württemberg** ist der Bürgermeister Vorsitzender des Gemeinderats. Er hat zudem im Gemeinderat Stimmrecht (§ 42 bwGO). Die gleiche Rechtslage ist in **Bayern** mit der Präzisierung anzutreffen, dass es sich um den Ersten Bürgermeister handelt (Art. 36 bayGO). In **Brandenburg** führt der ehrenamtliche Bürgermeister den Vorsitz im Gemeinderat (§ 41 bbgGO). Eine andere Regelung gilt für amtsfreie und geschäftsführende Gemeinden, in denen der Gemeinderat den Vorsitzenden aus seiner Mitte wählt. In beiden Fällen hat der Bürgermeister Stimmrecht. In **Hessen** wird der Vorsitzende aus der Mitte der Gemeindevertretung gewählt (§ 57 heGO). In **Mecklenburg-Vorpommern** wird in Gemeinden, die einen hauptamtlichen Bürgermeister besitzen, der Vorsitzende aus der Mitte des Gemeinderats gewählt; in den übrigen Gemeinden führt der ehrenamtliche Bürgermeister den Vorsitz (§ 28 mvKV). Er hat Stimmrecht im Gemeinderat. In **Niedersachsen** ist der Bürgermeister aus der Mitte des Gemeinderats zu wählen (§ 43 ndsGO). In **Nordrhein-Westfalen** führt der direkt gewählte Bürgermeister den Vorsitz im Gemeinderat; er hat Stimmrecht (§ 40 nwGO). In **Rheinland-Pfalz** gilt die gleiche Rechtslage (§§ 36, 53 rpGO). Im **Saarland** führt der direkt gewählte Bürgermeister ebenfalls den Vorsitz, hat aber kein Stimmrecht (§ 42 saKSVG). In **Sachsen** ist der direkt gewählte Bürgermeister Vorsitzender des Gemeinderats und hat Stimmrecht (§ 36 sächsGO). In **Sachsen-Anhalt** führen ehrenamtliche Bürgermeister den Vorsitz im Gemeinderat und haben Stimmrecht, während in Gemeinden mit einem hauptamtlichen Bürgermeister der Vorsitzende aus der Mitte des Gemeinderats gewählt wird (§§ 36 Abs. 2, 54 sanhGO). In Schleswig-

Holstein wählt die Gemeindevertretung den Vorsitzenden aus ihrer Mitte und er hat Stimmrecht (§ 33 shGO). In **Thüringen** führt der direkt gewählte Bürgermeister den Vorsitz und hat Stimmrecht (§ 23 thürKO).

67 Der Vorsitzende des Gemeinderats ist nach den Gemeindeordnungen **zuständig** für die **Einberufung** der Sitzungen, die Aufstellung der **Tagesordnung,** die **Sitzungsleitung** (Eröffnung und Beendigung der Sitzung, Bestimmung der Reihenfolge sowie Erteilung und Entzug des Rederechts) und die Ausübung der (internen) **Ordnungsgewalt** bzw. des (extern wirkenden) **Hausrechts,** die Ausübung des Widerspruchs- oder **Beanstandungsrechts** gegenüber rechtswidrigen oder gemeinwohlwidrigen Beschlüssen des Gemeinderats. Auf die Ausübung dieser Befugnisse wird im Zusammenhang mit der Darstellung des Verfahrens in der Vertretungskörperschaft eingegangen.

68 Einige Bundesländer sehen besondere Regelungen für die **Abwahl** des Vorsitzenden des Gemeinderats vor, wenn dieser nicht mit dem Bürgermeister identisch ist.

b) Unterorgane und Aufgabendelegation

69 Die kommunalen Vertretungskörperschaften besitzen das Recht, **Ausschüsse** als Unter- oder Hilfsorgane zu bilden, die in erster Linie eine **Entlastungsfunktion** besitzen. Die Bildung einiger Ausschüsse, wie etwa des Finanzausschusses, ist durch die Gemeindeordnungen zwingend, die Bildung anderer Ausschüsse bedingt, d. h. bei Vorliegen bestimmter Voraussetzungen, vorgeschrieben. Auch andere Gesetze können die Bildung von Ausschüssen in den Gemeinden vorschreiben. So regelt z. B. § 192 BauGB die Bildung von Gutachterausschüssen und § 46 Abs. 2 Nr. 1 BauGB die Bildung von Umlegungsausschüssen. Im Übrigen steht die Bildung von Ausschüssen im Ermessen der Vertretungskörperschaft.

70 Die Gemeindeordnungen unterscheiden zwischen **beschließenden** und **beratenden Ausschüssen** (§§ 39f. bwGO; Art. 32 bayGO; §§ 50f., 55f., bgGO; § 62 heGO; §§ 35f. mvKV; §§ 51, 56 ndsGO; § 57 nwGO; § 44 rpGO; §§ 41f. sächsGO; § 45 saKSVG; § 45 shGO; § 26 thürKO). Rein terminologisch abweichend bezeichnet Art. 32 bayGO die beschließenden Ausschüsse als Gemeindesenate.

71 Die sachliche **Zuständigkeit der Ausschüsse** wird in den meisten Fällen durch eine gesetzliche oder im Ermessen des Rates stehende Delegation begründet. Bei spezialgesetzlich geregelten (Pflicht-) Ausschüssen begründen die entsprechenden gesetzlichen Vorschriften die Zuständigkeit unmittelbar.

72 Bei beschließenden Ausschüssen ist eine **Grenze der Zuständigkeit** bzw. Delegation in erster Linie durch die Vorbehaltsaufgaben des Rates gezogen. Darüber hinaus können weitere Grenzen aus einer adaptierten Wesentlichkeitslehre abgeleitet werden. Dabei ist davon auszugehen, dass die Vorbehaltsaufgaben nicht als abschließende, sondern als Mindestregelung zu verstehen sind. Auch in anderen Bereichen kann es Entscheidungen von er-

heblicher rechtlicher und kommunalpolitischer Bedeutung geben, die der Entscheidung durch den Rat vorbehalten sind.

Die Einsetzung von beschließenden Ausschüssen ist in einigen Bundesländern an eine entsprechende Regelung in der Hauptsatzung gebunden (so in Baden-Württemberg, Sachsen, Sachsen-Anhalt, Schleswig-Holstein). In den übrigen Bundesländern genügt ein schlichter Gemeinderatsbeschluss. Beratende Ausschüsse können mit Ausnahme von Sachsen-Anhalt, wo alle ständigen Ausschüsse gem. § 45 Abs. 1 sanhGO in der Hauptsatzung verankert sein müssen, durch schlichten Gemeinderatsbeschluss gebildet werden. 73

Die **Besetzung der Ausschüsse** erfolgt grundsätzlich nach der Sitzverteilung im Rat, damit die Entscheidungen in den Ausschüssen nach dem gleichen repräsentativen politischen Kräfteverhältnis getroffen werden, wie im Rat. Soweit die geringere Zahl der Sitze im Ausschuss eine getreue Spiegelbildlichkeit nicht zulässt, ist in einigen Gemeindeordnungen als kompensatorische Regelung für **nicht berücksichtige Fraktionen** das Recht zur Entsendung eines Mitglieds mit beratender Stimme vorgesehen (so etwa § 46 Abs. 2 saKSVG). **Fraktionslose Ratsmitglieder** besitzen keinen Anspruch auf einen Sitz in einem Ausschuss und können nur als Zuhörer an den Sitzungen teilnehmen und so ihr Informationsrecht wahrnehmen (vgl. bw*VGH,* VBlBW 1988, 409 [410]). Sie haben jedoch kein Mitsprache- und Antragsrecht (*BVerwG,* NVwZ-RR 1994, 109; *OVG Schleswig,* NVwZ-RR 1994, 459; *bwVGH,* NVwZ 1990, 893; kritisch *Schwerdtner,* VBlBW 1993, 328 ff.). 74

c) Verfahren und Verfahrensgrundsätze

Für das Verfahren im Rat, dem Kreistag und den Ausschüssen gelten neben den ausdrücklich in den Kommunalgesetzen getroffenen Regelungen, auf die in den folgenden Absätzen im Einzelnen eingegangen wird, die allgemeinen Grundsätze des Verfahrensrechts für Kollegialorgane, wie es in § 88 ff. VwVfG eine partielle allgemeine Regelung gefunden hat. Da diese Regelungen selbst Ausdruck allgemeiner Rechtsgrundsätze sind, kann auf sie auch außerhalb des Anwendungsbereichs der Verwaltungsverfahrensgesetze zurückgegriffen werden (*Groß,* S. 281). 75

d) Rechtsstellung der einzelnen Ratsmitglieder

(1) Grundsatz des freien Mandats

Auch wenn die Ratsmitglieder keine Parlamentarier sind, sondern ein Mandat eigener Prägung innehaben (*Schmidt-Aßmann,* Rdnr. 59), gelten für sie und ihre Tätigkeit auf Grund der einfachgesetzlichen Regelungen die Grundsätze des freien Mandats (*BVerfGE* 11, 266 [273]; *BVerwGE* 90, 104 ff.; *Frowein,* DÖV 1976, 44). Demnach sind sie nicht an Weisungen der Wähler und der Partei gebunden und entscheiden im Rahmen der Gesetze nach ihrer freien, nur durch das öffentliche Wohl bestimmten Überzeugung. 76

77 Mit dem freien Mandat ist ein **Fraktionszwang** unvereinbar, nicht aber jegliche Bindung an Fraktionsinteressen **(Fraktionsdisziplin)** und die Sanktionierung von abweichenden oder schädigenden Verhaltensweisen durch einen Ausschluss aus einer Fraktion (dazu *Meyer*, Kommunales Parteien- und Fraktionsrecht, S. 260ff.).

(2) Teilnahmepflicht

78 Gewählte Gemeinderats- und Kreistagsmitglieder sind verpflichtet, an den Sitzungen der Vertretungskörperschaft teilzunehmen. Es handelt sich abgesehen von der expliziten Regelung dieser Pflicht in den Kommunalgesetzen um eine Folge des Ehrenamtes. In Einzelfällen kann eine Nichtteilnahme entschuldigt und damit gerechtfertigt werden (Krankheit, zwingende berufliche und gewichtige private Pflichten etc.).

79 Nicht geregelt ist die Frage, ob ein gewählter Mandatsträger vorübergehend von seiner Pflicht zur Teilnahme und Mitarbeit in der Vertretungskörperschaft **beurlaubt** werden kann, wenn dies durch einen wichtigen Grund (beruflich bedingte längere Abwesenheit, vorübergehende besondere familiäre Belastung) gerechtfertigt ist. Maßgebliches Kriterium ist insoweit die Funktions- und Arbeitsfähigkeit der Vertretungskörperschaft. Ist diese nicht gewährleistet, so steht als Alternative der Mandatsverzicht zur Verfügung (vgl. auch *Gern*, Rdnr. 353).

(3) Antrags- und Initiativrecht

80 Zur Wahrnehmung des Mandats wird den gewählten Mitgliedern der Vertretungskörperschaft ein Bündel von mitgliedschaftlichen Rechten eingeräumt, die sämtlich der wirksamen Ausübung des zugewiesenen Amtes und seiner demokratischen Repräsentations- und Kontrollfunktion dienen. Es handelt sich dabei nicht um Rechte der gewählten Personen, damit auch nicht um grundrechtlich begründete Positionen, sondern um Rechte aus dem übertragenen Amt, also Amtswalterrechte (*BVerwG*, NVwZ 1994, 56 [57]). Dies ist sowohl für die genaue Bestimmung des Inhalts dieser Rechte, als auch für die Zurechnung ihrer Ausübung sowie die Klärung prozessualer Fragen im Streit um sie und ihre Ausübung von Belang.

81 Im Zentrum der Rechte der Mandatsträger steht das Antrags- und Initiativrecht. Es ist in einem Kollegialorgan das Erste und unverzichtbare Instrument, um eine Willensbildung und anschließende Beschlussfassung herbeizuführen. Beschränkungen dieses Rechts unterliegen deshalb hohen Rechtfertigungsanforderungen.

82 Das Antragsrecht umfasst sowohl Sach- als auch Geschäftsordnungsanträge. Es schließt auch das Recht ein, den Antrag zu erläutern (*OVG Münster*, NVwZ-RR 1989, 380). **Sachanträge** sind auf den jeweils zur Verhandlung anstehenden Tagesordnungspunkt bezogen und betreffen seine inhaltliche Behandlung. **Geschäftsordnungsanträge** beziehen sich dem gegenüber auf den verfahrensrechtlichen Ablauf.

Eine Bindung des Antragsrechts an bestimmte **Quoren** ist dort anzutreffen, wo das Antragsrecht den Fraktionen vorbehalten wird, da diese nur ab einer gewissen Mindestzahl von Amtsträgern gebildet werden können. In anderen Fällen wird eine numerische oder prozentuale Mindestzahl von Antragstellern verlangt. Derartige Beschränkungen können und werden nur mit der Sicherung der Arbeitsfähigkeit des Kollegialorgans gerechtfertigt, die durch ein atomisiertes Antragsrecht gefährdet wäre. Dabei beziehen sich die Quoren in der Regel aber nur auf Fälle, in denen mit dem Antrag unmittelbar bestimmte Handlungspflichten verbunden sind (wie z. B. die Einberufung einer Sitzung). Grundsätzlich steht das Antragsrecht trotz dieser Beschränkungen dem einzelnen Amtswalter zu. **83**

Eine Sonderstellung nehmen in einigen Bundesländern die **Bürgermeister** ein, insoweit ihnen im Gemeinderat ebenfalls ein Antragsrecht eingeräumt wird. Das Gleiche gilt für die **hautberuflichen Gemeinderäte** gem. Art. 42 bayGO in Bayern. **84**

(4) Rede- und Abstimmungsrecht

Eng mit dem Antragsrecht verbunden sind das **Rede-** und das **Abstimmungsrecht.** Beide Rechte entfalten und vervollständigen das mit dem Antrag verbundene Gestaltungsbegehren, beziehen sich aber auch auf Anträge, die von anderen Ratsmitgliedern initiiert worden sind. **85**

Das **Rederecht** ist unverzichtbarer Bestandteil kollegialer Entscheidungsfindung. Es dient dem Austausch von Informationen und Standpunkten zwischen den einzelnen Mandatsträgern. Es bildet die Grundlage des für die Demokratie unerlässlichen und sie prägenden Wettstreits um die richtige Entscheidung und Überzeugung (vgl. dazu *BVerfGE* 60, 374 [379]; *BVerwG,* DVBl. 1988, 792). Da der Austausch der Argumente und Standpunkt die Basis für die Entscheidungsfindung jedes einzelnen Mandatsträgers ist, handelt es sich um ein wesentliches Element demokratischer Mehrheitsbildung. Das Rederecht ist Ausdruck der Offenheit und der Absage an die grundsätzliche Überlegenheit des einen oder anderen Standpunktes. **86**

Ähnlich wie beim Antragsrecht verlangt die Gewährleistung der Funktionsfähigkeit der Vertretungskörperschaft auch hinsichtlich der Ausübung des Rederechts gewisse **Beschränkungen.** So muss durch den Vorsitzenden die Reihenfolge der Redebeiträge bestimmt werden. Grundsätzlich können dazu in der Geschäftsordnung auch allgemeine Bestimmungen getroffen werden (etwa in dem Sinne, dass bei allgemeinen Aussprachen das Rederecht den Fraktionen in der Reihenfolge ihrer Größe zusteht). Damit möglichst viele Mandatsträger zu Wort kommen und die Tagesordnung in der zur Verfügung stehenden Zeit abgearbeitet werden kann, ist es auch zulässig, dass für die einzelnen Redebeiträge ein Zeitlimit bestimmt und die Rednerliste geschlossen wird (vgl. auch *OVG Lüneburg,* DVBl. 1990, 159). **87**

Durch die **Abstimmung** wird die Meinungsbildung abgeschlossen und in die Entschlussfassung überführt. Es handelt sich dabei um den zentralen **88**

Akt der Ausübung von Herrschaftsgewalt, zu der die einzelnen Mandatsträger berufen und durch ihre Wahl demokratisch legitimiert sind. Eng verwandt mit Abstimmungen sind die **Wahlen,** bei denen es nicht um Sach-, sondern um Personalentscheidungen geht.

(5) Informations-, Auskunfts-, Akteneinsichts- und Kontrollrechte

89 Voraussetzung für die Ausübung des Mandats und der damit verbundenen Rechte ist die **ausreichende Information der Mandatsträger** über die zur Entscheidung anstehenden Vorhaben. Auch für die Ausübung ihrer Kontrollfunktionen gegenüber dem Hauptverwaltungsbeamten sind sie auf ausreichende Informationen angewiesen. Da sie sich die Informationen in der Regel aber nicht selbst beschaffen können, sind sie für die Wahrnehmung ihres Amtes auf entsprechende Informationsrechte angewiesen. Diese können als Auskunfts- oder Akteneinsichtsrechte ausgestaltet sein.

90 Um die ausreichende Information der Mandatsträger grundsätzlich zu gewährleisten, sehen die Kommunalgesetze vor, dass der Hauptverwaltungsbeamte die Vertretungskörperschaft laufend über die wichtigen Vorgänge informiert. Er verfügt sowohl auf Grund der Befassung der einzelnen Mitarbeiter der Kommunalverwaltung mit den zahlreichen Verwaltungsvorgängen, aber auch wegen des dort in stärkerem Maße vorhandenen spezialisierten Sachwissens und Bürgerkontakts über die besten und umfangreichsten Informationen. Diese fließen in die Beschlussvorlagen für die Vertretungskörperschaft und ihre Ausschüsse ein, sollen aber auch unabhängig davon der Vertretungskörperschaft und den einzelnen Mandatsträgern zugänglich gemacht werden. So können sie selbst darüber entscheiden, ob und welche Maßnahmen erforderlich sind. Diese allgemeine Informationspflicht des Hauptverwaltungsbeamten bezieht sich nach dem Wortlaut der gesetzlichen Vorschriften sowohl auf den eigenen als auch den übertragenen Wirkungskreis. Es ist aber zu beachten, dass im übertragenen Wirkungskreis die Zuständigkeiten der Vertretungskörperschaft sehr begrenzt sind. Für diesen Bereich liegt die Organkompetenz regelmäßig beim Hauptverwaltungsbeamten und der Vertretungskörperschaft stehen nur allgemeine Kontrollrechte zu. Deshalb geht auch der Informationsanspruch in diesem Bereich nicht so weit wie im eigenen Wirkungskreis.

91 Der Anlass, Zeitpunkt und Umfang der Information der Vertretungskörperschaft stehen grundsätzlich im **Verfahrensermessen** des Hauptverwaltungsbeamten. Dieses muss er jedoch so ausüben, dass die Vertretungskörperschaft die ihre zugewiesenen Aufgaben wirksam wahrnehmen kann. Er muss deshalb bei der Einschätzung der Entscheidungserheblichkeit einen großzügigen Maßstab anlegen und von einer möglicherweise abweichenden Bewertung in der Vertretungskörperschaft ausgehen. Vor allem in politisch umstrittenen Bereichen darf er nicht alleine die Einschätzung der Mehrheitsmeinung bzw. derjenigen Fraktionen zugrunde legen, mit der er selbst übereinstimmt. Die Informationspflicht muss auch im Übrigen politisch

neutral ausgeübt werden. Einzelne Fraktionen dürfen nicht bevorzugt informiert werden.

Maßstab für den Umfang und Inhalt der Information ist nicht nur die 92
Rechtmäßigkeit der zu treffenden Entscheidung. Es müssen vielmehr alle für die Ausübung des politischen Gestaltungsermessens in der Vertretungskörperschaft bedeutsamen Aspekte mitgeteilt werden.

Ergänzend zu dieser allgemeinen Informationspflicht sehen die Kommu- 93
nalgesetze fall- und anlassbezogen ausgestaltete Informations- und **Auskunftsansprüche** einzelner Mandatsträger sowie von Fraktionen und Gruppen von Mandatsträgern vor. Sie sind als **Fragerechte** ausgestaltet und richten sich an den Hauptverwaltungsbeamten und damit an den gesamten ihm zugeordneten Bereich der Kommunalverwaltung einschließlich der mittelbaren Verwaltungsbereiche und privatrechtlichen Organisationen. Ausgenommen vom Fragerecht sind Scheinfragen und die missbräuchliche Nutzung, etwa zur Verzögerung von Entscheidungen oder im Zusammenhang mit haltlosen Unterstellungen. Das Fragerecht kann durch die Geschäftsordnung näher geregelt werden. Es darf dadurch aber nicht ausgeschlossen oder wesentlich erschwert werden.

Ergänzend zum Auskunftsanspruch gewähren die Kommunalgesetze 94
weiterhin ein Recht auf **Akteneinsicht.** Dieses Recht folgt nicht automatisch aus dem Fragerecht (*BVerwG* NVwZ-RR 1990, 208) und wird in den meisten Kommunalgesetzen den Fraktionen bzw. einer Mindestzahl von Mandatsträgern eingeräumt. Es ist in seiner Reichweite durch die Vorschriften des Datenschutzes und der Geheimhaltung aus Gründen der Sicherheit beschränkt (dazu *Ehlers/Heydemann,* DVBl. 1990, 1 ff.; *Knirsch,* Information und Geheimhaltung im Kommunalrecht, 1987).

Die Akteneinsicht ist so zu gewähren, dass eine ausreichende und wirk- 95
same Information ermöglicht wird. Bei komplexen Sachverhalten schließt dies auch die **Fertigung von Kopien** ein. Die Kosten für die Kopien hat grundsätzlich die Verwaltung zu tragen, es sei denn, dass im Haushalt der Fraktionen ausdrücklich ein Ansatz für diesen Zweck vorgesehen ist. In diesem Fall kann eine Übernahme der Kosten durch die Antragsteller verlangt werden.

(6) Entschädigungsansprüche

Den Mitgliedern der Vertretungskörperschaften steht, wie allen ehren- 96
amtlich Tätigen, ein Anspruch auf Ersatz ihrer Auslagen und ihres Verdienstausfalles zu, wobei für den letzteren Anspruch Höchstbeträge festgelegt werden können (zur Bemessung bei Selbstständigen *BVerwG* NVwZ 1990, 162). Soweit kein Verdienstausfall entsteht, kann für den Zeitaufwand durch Satzung eine Entschädigung gewährt werden (vgl. auch *Heuvels,* Diäten für Ratsmitglieder, 1986; *Christner,* DVBl. 1992, 943 ff.).

(7) Haftungsrückgriff

Durch rechtswidrige Entscheidungen aber auch Unterlassungen der Ver- 97
tretungskörperschaft kann eine Haftung der Gemeinde auf Grund der

Amtshaftung oder anderer haftungsrechtlicher Institute begründet werden (siehe dazu Band 2, § 67, Rdnr. 73; *Ossenbühl,* Staatshaftungsrecht, 5. Aufl. 1998, S. 107ff.). Soweit das Verhalten aller Mitglieder oder von Teilen der Vertretungskörperschaft maßgeblich war, kommt ein Haftungsrückgriff grundsätzlich in Betracht. Diese Frage haben nur wenige Bundesländer ausdrücklich geregelt (Art. 20 Abs. 3, i.V.m. 51 Abs. 2 bayGO; § 30 Abs. 2 nwGO; § 22 Abs. 2 nwKO; § 39 Abs. 4 ndsGO). In den übrigen Ländern stellt sich die Frage der entsprechenden Anwendung allgemeiner beamtenrechtlicher Rückgriffsvorschriften, die jedoch überwiegend abgelehnt wird (*Henneke,* Jura 1992, 130ff.; *Hüttenbrink,* DVBl. 1981, 989; *Gärtner,* VR 1992, 433ff.; ausführlich *Teschner,* Die Amtshaftung der Gemeinden nach rechtswidrigen Beschlüssen ihrer Kollegialorgane, 1990, S. 284ff., 297f.).

e) Rechtsstellung der Fraktionen

(1) Funktionen und Rechtsnatur der Fraktion

98 Unter einer **Fraktion** versteht man den Zusammenschluss von politisch gleichgesinnten Mandatsträgern in einer Vertretungskörperschaft mit dem Ziel der arbeitsteiligen und damit effizienteren Wahrnehmung ihrer Aufgaben. Aus der Sicht der Vertretungskörperschaft dienen die Fraktionen der Vorberatung und Vorklärung der Fragen, über die in der Vertretungskörperschaft zu beraten und zu entscheiden ist. Zudem dienen die Fraktionen der Vereinfachung und Erleichterung der Funktionsabläufe in der Vertretungskörperschaft (*Meyer,* Kommunales Parteien- und Fraktionsrecht, S. 259f.), indem bestimmte Rechte, wie z.B. das Rederecht, bestimmte Antragsrechte oder das Recht zur Besetzung von Ausschüssen etc., den Fraktionen zugewiesen werden.

99 Die **Rechtsnatur der Fraktionen** ist durch die Überlagerung von zwei Funktionsbereichen geprägt (vgl. auch *Meyer,* a.a.O., S. 245ff.; *Gern,* Rdnr. 420). Zum einen beruht das Zusammenwirken der Mandatsträger in der Fraktion auf ihrer freien Entscheidung, ihre Arbeit zu koordinieren und dafür ggf. auch einen Apparat (Geschäftsstelle mit Büro und Mitarbeitern) zu schaffen. Sie handeln insoweit als Privatrechtssubjekte und die von ihnen geschaffene Organisation ist, soweit keine andere förmliche Verfassung beschlossen wurde, als **nichtrechtsfähiger Verein** oder **Gesellschaft bürgerlichen Rechts** zu qualifizieren (dazu *VGH München,* NVwZ-RR 1993, 503). Zum anderen werden den Fraktionen durch die Kommunalgesetze und die Geschäftsordnungen eigene Rechte zugewiesen, teilweise werden auch die Anforderungen an ihre Bildung sowie Ansprüche auf finanzielle Zuwendungen aus dem Haushalt der Kommunen geregelt. Insoweit handelt es sich bei den Fraktionen um **teilrechtsfähige Körperschaften des öffentlichen Rechts** (dazu *Schmidt-Jortzig/Hansen,* NVwZ 1994, 116ff.), die im Hinblick auf die ihnen zustehenden Rechte zugleich als **Organteil** der Vertretungskörperschaft qualifiziert werden können (dazu *BVerwG,* DÖV 1992, 832).

(2) Gründung und Rechte der Fraktion

Das Recht zur Gründung einer Fraktion ist Teil der Amtswalterrechte, die den Mandatsträgern zustehen. Dies folgt aus der Überlegung, dass zu dem Mandat das Recht zu seiner wirksamen Wahrnehmung und der dazu erforderlichen Arbeitsorganisation gehört (**Annexrecht** zum Mitgliedschaftsrecht). Man kann insoweit von einem **Recht der Mandatsträger auf Fraktionsbildung** sprechen. Die Regelungen der Kommunalgesetze über die Fraktionsbildung besitzen insoweit lediglich deklaratorischen Charakter. Auf Grund der Verankerung der kommunalen Mandat in Art. 28 Abs. 1 S. 2 GG sowie den entsprechenden Regelungen der Landesverfassungen ist das Fraktionsbildungsrecht verfassungsrechtlich gewährleistet. Eines Rückgriffs auf Art. 9 Abs. 1 GG und der damit verbundenen grundrechtlichen Absicherungen bedarf es aus diesem Grunde nicht. 100

Die Gründung der Fraktion erfolgt durch eine **öffentlich-rechtliche Vereinbarung,** die zwischen mindestens zwei Mandatsträgern getroffen wird. Die **Mindestzahl** der zur Gründung einer Fraktion erforderlichen Mandatsträger kann von der Vertretungskörperschaft auch anders bestimmt werden, wenn eine verbindliche gesetzliche Vorgabe fehlt. Die Bestimmung muss den Zweck der Fraktionsbildung im Hinblick auf die Gesamtzahl der Mitglieder der Vertretungskörperschaft und die Sicherung ihrer Arbeitsfähigkeit berücksichtigen und darf das Recht der Fraktionsbildung nicht unverhältnismäßig erschweren (vgl. *VGH Mannheim,* DÖV 1989, 596; *OVG Koblenz,* NVwZ-RR 1991, 506). 101

Die an der Fraktionsgründung beteiligten Mandatsträger müssen derselben Partei bzw. Wählervereinigung oder Liste angehören. Dies ist erforderlich, um die Repräsentationsfunktion zu gewährleisten. Da eine Reihe von wichtigen Rechten in der Vertretungskörperschaft den Fraktionen zusteht, würde die Repräsentation des Wählerwillens verfälscht, wenn die Fraktionen sich aus politisch gegensätzlich orientierten Mitgliedern zusammensetzen würden. In einigen Kommunalgesetzen finden sich ausdrückliche Regelungen zur Konkretisierung des Merkmals der politischen Gleichgesinntheit. 102

Eine besondere Rechtslage herrscht Hessen, wo auf Grund der Regelung in § 36a heGO die Mandatsträger der gleichen Partei oder Wählerliste von Gesetzes wegen eine Fraktion bilden (dazu *VGH Kassel,* DÖV 1996, 928). 103

Die Lebensdauer der Fraktionen ist an die Existenz der Vertretungskörperschaft geknüpft und endet deshalb mit dem Ablauf der Wahlperiode. Es gilt insoweit der Grundsatz der Diskontinuität (*OVG Münster,* NVwZ-RR 1990, 505). Etwas anderes kann jedoch für eine von den Fraktionsmitgliedern unter Umständen parallel zur öffentlich-rechtlichen Körperschaft begründete privatrechtliche Organisation gelten, da deren Existenz nicht automatisch mit Ablauf der Wahlperiode aufgehoben ist, sondern nur nach den jeweils geltenden Grundsätzen des Privatrechts herbeigeführt werden kann. 104

105 Die Einzelnen **Rechte der Fraktionen** ergeben sich teilweise direkt aus den Kommunalgesetzen, teilweise aus den Satzungen und Geschäftsordnungen der Vertretungskörperschaft. Es handelt sich dabei vor allem und Antrags-, Informations- und sonstige Mitwirkungsrechte, wie z.B. die Bestimmung der Mitglieder von Ausschüssen. Sie können diese Rechte als eigene im Kommunalverfassungsstreitverfahren geltend machen.

(3) Innere Ordnung

106 Die innere Ordnung der Fraktionen als Organteil der Vertretungskörperschaft muss grundlegenden Anforderungen des Demokratie- und des Rechtsstaatsprinzips sowie den für die Mandatsträger geltenden Verhaltensgrundsätzen entsprechen (ausdrücklich § 39b ndsGO, § 56 Abs. 2 nwGO; vgl. auch *OVG Lüneburg*, DÖV 1993, 1101).

(4) Fraktionsausschluss

107 Der Fraktionsausschluss ist das stärkste den Fraktionen gegenüber ihren Mitgliedern zur Verfügung stehende Disziplinierungsmittel. Er wirkt kurzfristig und unmittelbar. Die Befugnis der Fraktionen resultiert aus den autonomen Rechten der Fraktionen selbst (*Meyer*, a.a.O., S. 262). Dies entspricht auch dem Wesen der Fraktionen als Gesinnungs- und Konsensgemeinschaft zur Durchsetzung der politischen Zielvorgaben in den Parlamenten.

108 Die notwendige Machtbalance zwischen den Parteien und Fraktionen auf der einen und den Abgeordneten auf der anderen Seite kann nur dann funktionieren, wenn beiden Partnern eigene Sanktionsmittel zur Verfügung stehen.

109 An einen wirksamen Fraktionsausschluss werden auf Grund der politischen Tragweite für den Abgeordneten (ihm wird zwar nicht sein Mandat aberkannt, aber als fraktionsloser Abgeordneter ist ihm die Mitarbeit in Ausschüssen verwehrt) strenge Anforderungen gestellt (siehe dazu umfassend m. w. N. *VGH München* NVwZ 1989, 494). Zunächst ist der Betroffene zur Wahrung des Grundsatzes auf rechtliches Gehör zu der zugrunde liegenden Angelegenheit anzuhören. Der Ausschluss darf nur auf der Grundlage einer Mehrheitsentscheidung der Fraktion während einer Fraktionsversammlung erfolgen und der Antrag auf Ausschluss des Abgeordneten muss rechtzeitig und bestimmt genug als Tagesordnungspunkt für die Fraktionsversammlung bekannt gegeben worden sein.

110 Auf welche sachliche Grundlage ein Fraktionsausschluss zu stellen ist, ist nicht klar definiert. Nach *Zuleeg* (JuS 1978, 243) genügt jede grobe ordnungswidrige Schädigung der Fraktion, was nach Ansicht der h.M. aber einen zu weiten Spielraum öffnet (ähnlich *Schuegraf*, BayVBl. 1969, 118). Der Fraktionsausschluss darf nur nicht offensichtlich gesetzeswidrig, sittenwidrig oder sonst grob unbillig sein.

111 Die h.M. (*Erdmann*, DÖV 1988, 912; *VGH München* a.a.O.; *OVG Münster*, NJW 1989, 1105; *VGH Kassel*, NVwZ 1990, 391) stellt auf den auch im Zivilrecht bekannten unbestimmten Rechtsbegriff des wichtigen

Grundes ab. Der Beitritt zu einer kommunalen Fraktion begründet ein Rechtsverhältnis und ist von der persönlichen Zusammenarbeit zwischen den einzelnen Fraktionsmitgliedern geprägt. Ein wichtiger Grund liegt also immer dann vor, wenn das Vertrauensverhältnis zwischen Abgeordnetem und Fraktion so nachhaltig gestört ist, weil der Abgeordnete die gewählte Linie der Fraktion bewusst verlässt und in zentralen Bereichen von den Zielsetzungen der Fraktion abweicht, dass eine weitere Zusammenarbeit unzumutbar erscheint. Weitere Leitlinien, die bei solchen Ausschlussverfahren zu beachten sind, sind die Grundsätze der Verhältnismäßigkeit und der ultima ratio, da ein Ausschluss auch der Fraktion selbst schadet. Ein Fraktionsausschluss kann nicht auch zum Mandatsverlust führen, dies wäre mit Art. 38 Abs. 1 GG nicht vereinbar. Damit bleibt es der Fraktion verwehrt, den ausgeschlossenen Abgeordneten zu ersetzen, weil dies zu einer unrechtmäßigen Vergrößerung der Parlamente führen würde.

Als Rechtsschutz gegen den Fraktionsausschluss stehen einstweilige Anordnung gem. § 123 Abs. 1 VwGO bzw. die daraus resultierenden Klageverfahren, speziell das Kommunalverfassungsstreitverfahren zur Verfügung. Insbesondere ist auch der Verwaltungsrechtsweg eröffnet, da es sich nach h.M. zwar um eine zivilrechtliche Frage handelt, die aber auf einer öffentlich-rechtlichen organinternen Rechtshandlung beruht und so als Vorfrage entscheidungserheblich ist (so *Kopp/Schenke,* VwGO, § 40, Rdnr. 42). 112

3. Zuständigkeiten der Vertretungskörperschaften

a) Allgemeine und zwingende Zuständigkeiten

Vertretungskörperschaften (Rat und Kreistag) nehmen auf Grund ihrer unmittelbaren demokratischen Legitimation auch innerhalb der Kommunen die zentrale Stellung bei der Aufgabenzuweisung ein. Viele Kommunalgesetze konstruieren deshalb eine **interne Allzuständigkeit,** indem formuliert wird, dass der Rat bzw. Kreistag für alle Aufgaben zuständig sind, die nicht einem anderen Organ (d.h. dem Hauptverwaltungsbeamten) zugewiesen oder durch Delegation übertragen sind. Diese zentrale Stellung haben die Gesetzgeber dadurch untermauert, dass die Kommunalgesetze einen Katalog **zwingender Zuständigkeiten** oder **Vorbehaltsaufgaben** enthalten, die Rat und Kreistag nicht auf andere Organe übertragen dürfen. Dahinter steht in der Regel die besondere Bedeutung der jeweiligen Aufgaben die die Kommune oder die Grundrechtsrelevanz der zu treffenden Entscheidungen bzw. Maßnahmen. Ausnahmen sind nur in Fällen der Dringlichkeit zugelassen. Im Vorbehaltsbereich ist auch eine Beschlussfassung durch Ausschüsse ausgeschlossen. 113

Einzelnen gehören bei Unterschieden in den Einzelheiten **folgende Aufgaben** bzw. Aufgabenbenkomplexe zum Vorbehaltsbereich von Rat bzw. Kreistag: 114

– Erlass, Änderung und Aufhebung von Satzungen und anderem Ortsrecht;

- Änderungen des Gemeindegebiets;
- Besetzung der Ausschüsse (soweit nicht gesetzlich anders geregelt);
- Regelung der allgemeinen Rechtsverhältnisse der Gemeindebediensteten;
- Beschlussfassung über den Gemeindehaushalt;
- Festlegung allgemein geltender Abgaben und Tarife;
- Beschlussfassung über die Errichtung, wesentliche Erweiterung oder Beschränkung sowie Auflösung kommunaler Einrichtungen und Unternehmen.

115 Die zentrale Stellung von Rat und Kreistag, die in vielen Kommunalgesetzen durch die Attributierung als Hauptorgan unterstrichen wird, ist indes auf den **eigenen Wirkungskreis** beschränkt. Vor dem Hintergrund des seit einigen Jahren zu beobachtenden Trends, immer mehr staatliche Aufgaben auf die Kommunen, vor allem auf die Kreise, zu übertragen, nehmen Bedeutung und Einfluss der Vertretungskörperschaften innerhalb der Kommunen deutlich ab. Dies wirkt sich auch auf das Leitbild der kommunalen Selbstverwaltung aus, da die durch Ehrenamt und Repräsentanz geprägte bürgerschaftliche Selbstverwaltung ihre Grundlage in der Arbeit der Mandatsträger in Rat und Kreistag findet.

b) Delegation und Rückholrecht

116 Soweit eine **Delegation von Aufgaben** außerhalb des Vorbehaltsbereichs an die Ausschüsse oder den Hauptverwaltungsbeamten grundsätzlich zulässig ist, muss gleichwohl im Einzelfall geprüft werden, ob die Bedeutung der Angelegenheit einer solchen Delegation nicht im Wege steht. Die auf der verfassungsrechtlichen Ebene unter dem Stichwort **Wesentlichkeitslehre** entwickelten Kriterien sind insoweit entsprechend anzuwenden. So darf die Entscheidung von Fragen, die von grundsätzlicher Bedeutung für die zentralen Bereiche der kommunalen Angelegenheiten im Bereich der einzelnen Gemeindehoheiten sind oder die sich auf die Grundrechte der Einwohner oder Dritter auswirken, nicht auf Ausschüsse oder den Hauptverwaltungsbeamten übertragen werden.

117 Das Delegationsrecht ist in den einzelnen Kommunalgesetzen unterschiedlich ausgestaltet. Zunächst ist festzustellen, dass alle Kommunalgesetze die Möglichkeit der Aufgabendelegation an Ausschüsse und Hauptverwaltungsbeamten vorsehen. Unterschiedlich geregelt ist die Möglichkeit des späteren Zugriffs auf die delegierten Aufgaben.

118 Einige Kommunalgesetze sehen vor, dass der Rat oder Kreistag die einem anderen Organ zugewiesene Aufgaben **an sich ziehen** oder **zurückholen** kann (so z.B. § 39 Abs. 3 bwGO; § 22 Abs. 2 mvKV; § 27 Abs. 1 shGO; § 45 Abs. 2 sanhGO). In anderen Gesetzen kann sich der Rat eine **Letztentscheidung vorbehalten** oder die ein anderes Organ getroffene Entscheidung bis zu deren Umsetzung **ändern** oder **aufheben** (§ 35 Abs. 3 bbgGO; § 40 Abs. 2 ndsGO; § 41 Abs. 3 nwGO; § 22 Abs. 3 thürKO). All dies unterschiedliche Ausgestaltungen einer **unechten Delegation.**

c) Verhältnis zur Verwaltungsspitze

Die rechtlichen und praktischen Beziehungen zwischen der Vertretungskörperschaft und der Verwaltungsspitze sind in den Kommunalgesetzen auf mehreren Ebenen in einer engen Wechselbezüglichkeit geregelt. Diese Regelungen zeigen in aller Deutlichkeit die strukturelle Angewiesenheit beider Organe aufeinander und illustrieren das arbeitsteilige Muster moderner Kommunalverwaltung. 119

Von einer **konstruktiven Arbeitsteilung** kann bei den zahlreichen Entscheidungsprozessen auf kommunaler Ebene gesprochen werden, die eine Beteiligung von Rat oder Kreistag verlangen. Hier wird dem Hauptverwaltungsbeamten und seinem Stab die Aufgabe zugewiesen, die **Entscheidungen sachkundig vorzubereiten,** wobei entsprechende politische Vorgaben aus der Vertretungskörperschaft bereits in diesem Stadium zu berücksichtigen sind. Nach Beschlussfassung ist es dann wiederum Aufgabe des Hauptverwaltungsbeamten, die Beschlüsse entsprechend umzusetzen (dazu unten Rdnr. 126ff.). 120

Wie bereits erwähnt wurde (oben Rdnr. 89f.), ist der Hauptverwaltungsbeamte auch unabhängig von konkreten Aufträgen oder Anfragen verpflichtet, Rat bzw. Kreistag über alle wichtigen Angelegenheiten der Kommune zu informieren, soweit in seinem Bereich entsprechende Erkenntnisse vorliegen. Diese Pflicht ist teil einer übergreifenden internen **Informationsordnung,** für die der Hauptverwaltungsbeamte die Letztverantwortung trägt (vgl. auch *Knirsch,* Information und Geheimhaltung im Kommunalrecht, 1987). 121

In einem gewissen Kontrast zu den Bereichen der Kooperation stehen die Felder **gegenseitiger Kontrolle** von Vertretungskörperschaft und Verwaltungsspitze (vgl. auch *v. Kodolitsch,* AfK 39 [2000], 199). Dabei ist in den Kommunalgesetzen folgendes **Grundmuster** anzutreffen: 122

Die **Vertretungskörperschaft** fungiert als Dienstvorgesetzter des Hauptverwaltungsbeamten und überwacht die Ausführung der Beschlüsse durch ihn sowie die sonstige Amtswaltung in seinem Bereich, d.h. den einzelnen Ämtern und übrigen selbstständigen kommunalen Verwaltungsbereichen (*Gern,* Rdnr. 316). 123

Der **Hauptverwaltungsbeamte** übt seinerseits eine umfassende Rechtmäßigkeits- und beschränkte Zweckmäßigkeitskontrolle gegenüber der Vertretungskörperschaft und ihren Unterorganen aus. Es handelt sich dabei um einen Fall der internen Selbstkontrolle der Verwaltung (siehe dazu auch § 102). Die Wahrnehmung dieser Kontrollfunktion gehört zu den zentralen Amtspflichten des Hauptverwaltungsbeamten und ist eng mit der Kommunalaufsicht verknüpft (vgl. § 94, Rdnr. 143ff.). 124

Die vorstehende Beschreibung der Aufgabenverteilung und Beziehungen zwischen Vertretungskörperschaft und Verwaltungsspitze gilt **uneingeschränkt** nur für den **eigenen Wirkungskreis.** Im **übertragenen Wir-** 125

kungskreis ist zu beachten, dass der Hauptverwaltungsbeamte weitgehend alleine über die Organkompetenz verfügt, so dass auch die Kooperation mit der Vertretungskörperschaft weniger bedeutsam ist. So verfügt die Vertretungskörperschaft in diesem Bereich nur bei ausdrücklicher gesetzlicher Zuweisung über Rechtsetzungsbefugnisse. Auch die Reichweite der Informationspflicht dürfte wegen der geminderten Organzuständigkeiten anders zu bestimmen sein. Einige Kommunalgesetze regeln zudem ausdrücklich, dass der Hauptverwaltungsbeamte im übertragenen Wirkungskreis der Fachaufsichtsbehörde gegenüber verantwortlich ist (vgl. §§ 38 Abs. 5, § 115 Abs. 4 mvKommVerf.).

4. Beschlüsse und ihre Umsetzung

a) Beschlussverfahren

126 Abstimmungen in kommunalen Vertretungskörperschaften erfolgen grundsätzlich **offen.** Dadurch soll die öffentliche Kontrolle der Tätigkeit der Vertretungskörperschaft ermöglicht werden. Es wird auf diese Weise auch ein widersprüchliches Verhalten in Rede und Abstimmung verhindert. Eine besondere Form der offenen Abstimmung ist die **namentliche** Abstimmung.

127 In besonderen Fällen ist eine **geheime** Abstimmung zulässig. Sie setzt einen entsprechenden Antrag einer qualifizierten Minderheit und den Nachweis eines berechtigten Interesses Einzelner oder von Gründen des öffentlichen Wohls voraus. Geheim ist eine Abstimmung, wenn der eigentliche Vorgang der Meinungskundgabe unbeobachtet und von dritter Seite unbeeinflusst stattfindet. Wird dagegen verstoßen, so ist der Beschluss rechtswidrig. Die nachträgliche **Offenlegung** ihres Abstimmungsverhaltens durch einzelne Mandatsträger ist unschädlich.

128 Abgestimmt werden darf in Schleswig-Holstein nur über schriftlich festgelegte Anträge (§ 39 Abs. 3 shGO). Im Übrigen dürfen Beschlüsse nur zu förmlichen Tagesordnungspunkten gefasst werden. Es bedarf bei spontanen Beschlüssen deshalb zumindest einer vorherigen Ergänzung der Tagesordnung.

129 Bei der Feststellung des **Ergebnisses** einer Abstimmung bleiben die **Stimmenthaltungen** außer Betracht. In Bayern sind gem. Art. 48 Abs. 1 bayGO Stimmenthaltungen unzulässig. Bei Stimmengleichheit ist ein Antrag abgelehnt. Eine dem Demokratieprinzip genügende Mehrheitsentscheidung setzt nicht voraus, dass mehr als die Hälfte der abgegebenen Stimmen gültig ist (*BVerwG* NVwZ 1993, 378).

130 Grundsätzlich nicht zulässig sind **En-bloc-Abstimmungen** über mehrere Anträge, da dadurch in unzulässiger Weise in die Abstimmungsfreiheit zu den einzelnen Sachgegenständen eingegriffen wird.

131 Die Reihenfolge, in der über die einzelnen Anträge abgestimmt wird, bestimmt der Vorsitzende im Rahmen seines Leitungsermessens. Dabei sind die Vorgaben der Tagesordnung zu beachten. Grundsätzlich ist über die

sachlich weitergehenden Anträge zuerst abzustimmen (vgl. *Schmitz*, NVwZ 1992, 547).

132 Der Beschluss stellt das Ergebnis der Abstimmung dar. Sie sind nach ihrem objektiven Erklärungsgehalt auszulegen. Für die Auslegung ist in erster Linie die Vertretungskörperschaft selbst zuständig, die den Beschluss gefasst hat. Willensmängel einzelner Mandatsträger sind grundsätzlich unbeachtlich. Etwas anderes gilt, wenn ein Beschluss auf Grund einer strafbaren Handlung (Nötigung, Erpressung, Bestechung) zustande gekommen ist. Ein solcher Beschluss ist nichtig. Zu beachten sind auch die Folgen von Verstößen gegen Mitwirkungsverbote wegen Befangenheit.

b) Umsetzung von Beschlüssen

133 Beschlüsse sind in derselben oder einer folgenden öffentlichen Sitzung bekannt zu geben. Soweit es sich um Entscheidungen handelt, die zusätzlich besonderen gesetzlichen Bekanntgabevorschriften unterfallen, muss die Bekanntgabe zusätzlich nach diesen Vorgaben erfolgen. Das gilt z.B. für Beschlüsse, die Verwaltungsaktqualität besitzen.

134 Vom jeweiligen Entscheidungsgegenstand hängen auch die sehr unterschiedlichen Rechtswirkungen von Beschlüssen ab. Unterschieden werden Beschlüsse mit und ohne Außenwirkung sowie Beschlüsse die unmittelbar Rechtswirkungen zeitigen und Beschlüsse, die eines konkretisierenden Vollzuges durch den Hauptverwaltungsbeamten bedürfen.

c) Kontrolle von Beschlüssen

135 Die Beschlüsse der Vertretungskörperschaft unterliegen zunächst der internen Kontrolle durch den Vorsitzenden bzw. Hauptverwaltungsbeamten. Diese erstreckt sich auf die Recht- und Zweckmäßigkeit der Maßnahme, wobei die Zweckmäßigkeitskontrolle auf das Wohl der Gemeinde bzw. des Kreises gefährdende Beschlüsse begrenzt ist (in Bayern, dem Saarland und Thüringen ist eine Zweckmäßigkeitskontrolle nicht vorgesehen).

136 Als weitere Kontrollformen sind der Widerspruch durch den Bürger mit anschließendem Vorverfahren und der Möglichkeit einer externen verwaltungsgerichtliche Kontrolle zu erwähnen (siehe dazu auch § 102).

III. Die monokratisch oder kollegial verfasste Verwaltungsspitze

Schrifttum: *Henneke*, Rechtsfragen zu Status und Kompetenzen des Hauptverwaltungsbeamten, in: ders. (Hrsg.), Aktuelle Entwicklungen der inneren Kommunalverfassung, 1996, 35; *Püttner*, Formvorschriften für Erklärungen des Bürgermeisters, JZ 2002, 197; *Schliesky*, Der ehrenamtliche Bürgermeister im Spannungsfeld von Amt und Gemeinde in Schleswig-Holstein, 2000; *von Kodolitsch*, Miteinander oder gegeneinander? Das schwierige Verhältnis von Rat und Verwaltung, AfK 39 (2000), 199.

1. Die einzelnen Organisationsmodelle

137 Trotz einiger Unterschiede, haben sich die Modelle heute stark angeglichen. Mit Ausnahme Hessens ist in allen Bundesländern die Verwaltungs-

spitze nunmehr monokratisch aufgebaut (vgl. die Zusammenstellung von *Gern,* Rdnr. 357 ff.).

138 Beim **monokratischen Modell** auf Gemeindeebene ist der Bürgermeister das Verwaltungsorgan der Gemeinde und steht der Gemeindeverwaltung vor. Hingegen steht bei der sog. **Magistratsverfassung** das Kollegialorgan Magistrat bzw. Gemeindevorstand als Verwaltungsorgan der Gemeindeverwaltung vor (vgl. §§ 9 Abs. 2, 66 Abs. 1, 71 heGO). In Schleswig-Holstein wurde das Modell der Magistratsverfassung im Jahre 1998 aufgegeben. Abgeschafft wurde Ende der neunziger Jahre auch das Modell der sog. Doppelspitze in Niedersachsen (Gemeinde-, Stadt- bzw. Oberstadtdirektor als Hauptverwaltungsbeamter neben Bürgermeister bzw. Oberbürgermeister und Oberkreisdirektor neben Landrat – hierzu *Henneke,* Landkreis 1995, 227; *Hoffmann,* DÖV 1994, S. 627; *Ipsen,* in: FS Thieme, 1993, S. 829). Soweit in Rheinland-Pfalz dem sog. Stadtvorstand aus Bürgermeister und Beigeordneten bestimmte Entscheidungsrechte eingeräumt sind oder in Nordrhein-Westfalen ein sog. Verwaltungsvorstand aus Bürgermeister, hauptamtlichen Beigeordneten und Kämmerer als Kollegialorgan Zuständigkeiten wahrnimmt (vgl. § 70 nwGO), ändert dies nichts an der grundsätzlichen Entscheidung zugunsten des monokratischen Modells.

139 Bis in die neunziger Jahre wurde in einigen Bundesländern der Bürgermeister vom Gemeinderat gewählt. Mittlerweile sehen alle Gemeindeordnungen bzw. Kommunalwahlgesetze eine Direktwahl des Bürgermeisters durch das Volk vor. Nur wenige Gemeindeordnungen regeln eine ausnahmsweise Wahl durch den Rat in besonderen Fällen (vgl. § 65 Abs. 2 nwGO; § 49 Abs. 2 shGO). In den meisten Gemeindeordnungen ist die Möglichkeit einer vorzeitigen Abwahl des Bürgermeisters durch die wahlberechtigten Einwohner vorgesehen (vgl. etwa § 61 Abs. 1 sanhGO; § 66 shGO).

140 Nur in den Bundesländern Niedersachsen, Nordrhein-Westfalen und im Saarland sind ausschließlich hauptamtliche Bürgermeister vorgesehen (vgl. § 61 Abs. 5 ndsGO; § 62 nwGO; § 56, 59 Abs. 2 saKSVG). Hingegen sehen die Gemeindeordnungen der übrigen Bundesländern für Gemeinden unterhalb einer – unterschiedlich festgelegten – Mindestgröße einen ehrenamtlichen Bürgermeister vor (vgl. § 44 Abs. 1 heGO; § 28 Abs. 2 thürKO; vgl. auch § 57 Abs. 1 sanhGO, wonach in Mitgliedsgemeinden von Verwaltungsgemeinschaften, mit Ausnahme von Trägergemeinden, der Bürgermeister Ehrenbeamter ist).

141 In kreisfreien Städten bzw. nach Maßgabe des Landesrechts in Städten ab einer bestimmten Größe, führt der Bürgermeister die Bezeichnung Oberbürgermeister (vgl. etwa § 45 Abs. 1 he; § 40 Abs. 2 nwGO; § 57 Abs. 3 sanhGO; § 28 Abs. 1 thürKO). In diesem Falle tragen nach näherer Maßgabe des Landesrechts einer, u. U. auch mehrere Beigeordnete die Amtsbezeichnung Bürgermeister. Eine Ausnahme bildet insoweit das bayerische Gemeinderecht, nach dem – unabhängig von der Existenz eines Oberbür-

germeisters – jeder Gemeinderat aus seiner Mitte einen oder zwei weitere „Bürgermeister" wählt (Art. 35 bayGO).

Auf Kreisebene ist die Verwaltungsspitze beim monokratischen Modell der Landrat (vgl. §§ 24, 46 sanhKO). Beim hessischen Modell der kollegialen Verwaltungsspitze ist hingegen der Kreisausschuss das Verwaltungsorgan und der Landrat ist lediglich Vorsitzender des Kreisausschusses (vgl. §§ 8, 36 Abs. 1 heKO). Nach dem nordrhein-westfälischen Modell handeln auf Kreisebene neben dem Kreistag sowohl der Landrat als auch der Kreisausschuss als selbstständige Verwaltungsorgane (vgl. §§ 8, 50 Abs. 1 nwKO: Kreisausschuss zuständig, soweit nicht der Kreistag zuständig ist oder ein Geschäft der laufenden Verwaltung vorliegt). Das Kreisrecht der Länder hat sich insoweit angeglichen, als die Landräte heute durch Volkswahl unmittelbar gewählt werden (§ 47 Abs. 1 sanhKO). 142

2. Die Aufgaben und Zuständigkeiten der Verwaltungsspitze

Die Verwaltungsleitung besorgt die innere Organisation der Gemeindeverwaltung und überwacht die Ausführung der den Dezernaten, Abteilungen und Ämtern im Wege der Geschäftsverteilung oder durch Einzelweisung übertragenen Verwaltungsaufgaben (vgl. etwa § 62 Abs. 1 nwGO). Dabei können sie u.a. allgemeine oder individuelle Weisungen erteilen, Amtshandlungen an Stelle des institutionell zuständigen Amtswalters ausführen (Selbsteintrittsrecht) und auf arbeitsvertraglicher bzw. beamtenrechtlicher Grundlage Fehlverhalten sanktionieren. Der Bürgermeister ist Vorgesetzter bzw. Dienstvorgesetzter der Beigeordneten, Beamten, Angestellten und Arbeiter der Gemeinde (vgl. § 73 Abs. 2 nwGO; § 63 Abs. 5 sanhGO; § 29 Abs. 3 thürKO). Gegenüber Dritten steht der Verwaltungsspitze das Hausrecht zu. In den meisten Gemeindeordnungen ist vorgesehen, dass der Bürgermeister zugleich geborener Vorsitzender des Gemeinderates mit Stimmrecht im Rat ist (§ 40 Abs. 2 S. 4 nwGO; § 36 Abs. 1 S. 1 sanhGO; § 23 Abs. 1 thürKO). Dies gilt insbesondere nicht für Hessen. 143

Die Verwaltungsspitze besorgt die laufende Verwaltung der Gemeinde (vgl. § 9 Abs. 2 HeGO; § 63 Abs. 1 S. 2 sanhGO) unter Ausführung der Beschlüsse des Rates (vgl. § 66 Abs. 1 Satz 1 heGO; § 29 Abs. 1 thürKO). Im Gegensatz zur sog. Ratsverfassung besitzt der Bürgermeister bei der sog. Bürgermeisterverfassung bereits kraft der Kommunalverfassung einige vom Rat unabhängige Kompetenzen. Die Gemeindeordnungen sehen vor, dass der Rat der Verwaltungsspitze (Selbstverwaltungs-)Aufgaben zur eigenverantwortlichen Wahrnehmung übertragen kann (vgl. § 66 Abs. 1 Nr. 3 heGO; § 62 Abs. 2 S. 3 nwGO; § 63 Abs. 3 sanhGO). Hiervon zu unterscheiden sind vor allem kraft Gesetzes auf die Verwaltungsspitze übertragene (staatliche) Fremdverwaltungsangelegenheiten (vgl. § 63 Abs. 4 sanhGO; § 29 Abs. 2 Nr. 2 thürKO). 144

145 Die Verwaltungsspitze vertritt die Gemeinde nach außen (vgl. etwa § 31 Abs. 1 ThürKO). Mit Ausnahme der bayerischen Rechtslage ist die Vertretungsmacht der Verwaltungsspitze nach außen grundsätzlich unbeschränkt (vgl. *BGH,* DVBl. 1979, S. 515; *bwVGH,* NVwZ 1990, S. 892; *Gern,* Rdnr. 369; *v. Mutius,* Rdnr. 790; *Schmidt-Aßmann,* Rdnr. 78; a.A. zu Art. 39 bayGO: *BayObLG,* NJW-RR 1986, S. 1080). Rechtsgeschäfte der Verwaltungsspitze sind daher grundsätzlich ohne Rücksicht auf die Geschäftsführungsbefugnis nach innen wirksam, es sei denn, der Dritte wusste (insbes. Kollusion) oder hat grob fahrlässig nicht erkannt, dass die Verwaltungsspitze gegen Bindungen im Innenverhältnis verstößt (vgl. *Heinrichs,* in Palandt, § 164, Rdnr. 13f. m.w.N.). Überdies müssen die formalen Anforderungen nach Maßgabe der Gemeindeordnungen erfüllt sein (Schriftform für Verpflichtungserklärungen, Unterschrift, u.U. Siegel etc. – vgl. § 71 Abs. 2 heGO; § 64 Abs. 1 nwGO; § 70 sanhGO).

3. Der kommunale Verwaltungsunterbau

146 Für den kommunalen Verwaltungsunterbau ist vor allem die Bestellung von Beigeordneten sowie die Ämterverwaltung charakteristisch.

a) Beigeordnete

147 Während bei der Magistratsverfassung die sog. Beigeordneten selbst Bestandteil der Verwaltungsspitze (als Verwaltungsorgan) sind, gehören die Beigeordneten beim monokratischen Modell nicht zur Verwaltungsspitze im organschaftlichen Sinne. Sie sind unmittelbar dem Bürgermeister „beigeordnet“ und ihm nachgeordnet. Oft werden sie als „Dezernenten“ und ihr Aufgabenbereich nach der jeweiligen Geschäftsverteilung als „Dezernat für (...)“ bezeichnet. Wahl und Stellung der Beigeordneten sind in den Gemeindeordnungen unterschiedlich geregelt (vgl. die Zusammenstellung bei *Gern,* Deutsches Kommunalrecht, Rdnr. 389ff.). Die Amtszeit der Beigeordneten deckt sich in der Regel mit der des Bürgermeisters. Meist ist der erste Beigeordnete ständiger allgemeiner Stellvertreter des Bürgermeisters (vgl. etwa § 49 Abs. 4 bwGO; § 47 heGO) oder bestimmt der Rat den Beigeordneten, der Vertreter ist (§ 68 Abs. 1 nwGO) bzw. die Reihenfolge der Vertreter (vgl. § 64 Abs. 2 sanhGO). I.d.R. werden die Beigeordneten vom Rat gewählt und können auch vom Rat vorzeitig abberufen werden (vgl. § 66 Abs. 1 und 3 sanhGO; § 32 Abs. 4 S. 4 thürKO). Zu unterscheiden sind hauptamtliche und ehrenamtliche Beigeordnete (abw. § 71 Abs. 2 nwGO: nur hauptamtliche). Einige Gemeindeordnungen gehen vom Grundmodell der ehrenamtlichen Beigeordneten aus, lassen aber die Bestellung hauptamtlicher Beigeordneter zu (vgl. § 44 Abs. 2 heGO; § 32 Abs. 3 thürKO). Der Bürgermeister kann trotz des „Ressortprinzips“ Weisungen an Beigeordnete erteilen oder vom Recht auf Selbsteintritt Gebrauch machen (vgl. § 65 Abs. 3 sanhGO). Beigeordnete handeln bei monokratischer Kommunalverfassung im Namen des Bürgermeisters.

b) Gliederung in Ämter

148 Die Gemeindeverwaltung ist Herkömmlicherweise unterhalb der Dezernatsebene in Ämter gegliedert. Die Ämterverwaltung ist nicht ausdrücklich vorgegeben, ergibt sich jedoch aus dem sachlichen Bedürfnis nach der Bildung spezialisierter Organisationseinheiten. Welche Ämter geschaffen werden, liegt grundsätzlich in der Organisationsgewalt des Bürgermeisters (bzw. Gemeindevorstands/Magistrats). Das einzelne Amt ist kein (Außen-)-Organ und nicht rechtsfähig. Es handelt vielmehr im Namen der Verwaltungsspitze. Die Unterscheidung zwischen Ämtern, die Selbstverwaltungsaufgaben und solchen die Fremdverwaltungsaufgaben besorgen, wird i.d.R. nach außen nicht deutlich.

c) Mittelbare Gemeindeverwaltung

149 Neben die unmittelbare Gemeindeverwaltung durch Bürgermeister, Beigeordnete und Ämter tritt die mittelbare Gemeindeverwaltung insbesondere durch privatrechtlich organisierte Einrichtungen der Gemeinde in Gestalt von kommunalen Eigengesellschaften und Mehrheitsgesellschaften mit Verwaltungsaufgaben. Zur unmittelbaren Gemeindeverwaltung können nichtselbstständige Organisationseinheiten mit einer gewissen organisatorischen und haushaltsrechtlichen Selbstständigkeit gerechnet werden, wie z.B. Sondervermögen in Gestalt von Eigenbetrieben.

d) Gemeinden ohne Verwaltungsunterbau

150 Nach einigen Gemeindeordnungen können – oder müssen – Gemeinden unterhalb einer bestimmten Größe auf einen eigenen Verwaltungsunterbau weitgehend verzichten, soweit sie Mitglied einer Verwaltungsgemeinschaft bzw. eines Verwaltungsamtes sind, ohne Trägergemeinde zu sein. Hier entfällt die Pflicht Beigeordnete zu bestellen (vgl. §§ 64 Abs. 1, 65 Abs. 1 sanhGO) und u.U. auch die praktische Notwendigkeit, Ämter zu bilden.

IV. Gemeindebezirke und Ortschaften

151 Im Interesse der Bürgernähe der Verwaltung und der Stärkung der eigenverantwortlichen Teilnahme der Bürgerschaft am kommunalen Geschehen, sehen die deutschen Gemeindeordnungen nochmalige Innengliederungen in den Gemeinden vor. Die Regelungen dafür sind teilweise fakultativ, teilweise obligatorisch, auch ist ihnen sowohl Dezentralisations- (organisatorische Verteilung von Funktionen und Aufgaben) als auch Dekonzentrationswirkung (Zersplitterung) zu Eigen. Ebenso unterschiedlich sind die jeweiligen Bezeichnungen in den Gemeindeordnungen sowie Organisation und Zuständigkeit.

152 Gemeinsam ist diesen Verwaltungsformen aber, dass sie alle keine rechtsfähigen Körperschaften des öffentlichen Rechts sind und damit auch **nicht Träger der Selbstverwaltungsgarantie** des Art. 28 GG sein können. Zuläs-

sig ist jedoch die Beteiligung an Kommunalverfassungsstreitigkeiten, bei denen es um die Verletzung von ihnen zukommenden Innenrechtspositionen geht.

153 Die Grenzen dieser Innengliederungen sind jedoch in der verfassungsrechtlich festgelegten Konstruktion der Einheitsgemeinde zu sehen. Aus Art. 28 Abs. 1 S. 2 GG geht hervor, dass nur die Einheitsgemeinde der Rechtsträger sein kann, durch den sich das Gemeindevolk legitimiert. Daraus folgt, dass die selbstständige Übertragung von Zuständigkeiten in den Gemeinden die Legitimationskette zum Gemeindevolk *nicht* unterbrechen darf.

154 In den Gemeindeordnungen der Bundesrepublik finden sich im Wesentlichen zwei Organisationsmodelle, die Einteilung in Stadtbezirke und Ortschaften oder die Einteilung in Ortsbezirke.

1. Das Modell der Stadtbezirke und Ortschaften

155 Bei dieser besonderen Verwaltungsform sieht die Gemeindeordnung des jeweiligen Bundeslandes eine Bezirksverfassung *und/oder* eine Ortschaftsverfassung vor. Einführung und auch Aufhebung dieser besonderen Verwaltungsformen liegt im Ermessen der Gemeinde selbst. Erklären lässt sich dieses Modell am besten am Beispiel von Baden-Württemberg, wo sich den §§ 64 bis 73 GO die am stärksten ausgeprägten Regelungen finden. Ähnlich strukturiert sind die gesetzlichen Regelungen auch in Niedersachsen, Nordrhein-Westfalen, im Saarland, in Sachsen, Sachsen-Anhalt und Thüringen.

a) Die Bezirksverfassung

156 § 64 bwGO sieht vor, dass in Gemeinden mit mehr als 100 000 Einwohnern oder in Gemeinden, die sich aus räumlich getrennten Ortsteilen zusammensetzen, durch eine Hauptsatzung Gemeindebezirke (Stadtbezirke) eingerichtet werden können. Diese könne aber auch aus einzelnen benachbarten Ortsteilen entstehen, die sich zu solch einem Bezirk zusammenschließen. Die Bildung der Gemeindebezirke hat zur Folge, dass die betreffenden Gebiete nunmehr die Möglichkeit haben, eine gewisse Eigenständigkeit zu entwickeln, indem ihnen die Möglichkeit eröffnet wird, Bezirksbeiräte zu wählen und eine örtliche Verwaltung einzurichten. Ebensolche Regelungen finden sich auch in den §§ 55, 55 a ndsGO, 70, 77 saKSVG, 70 I–III sächsGO, 86 sanhGO.

157 Die **Wahl der Bezirksbeiräte** obliegt dem Gemeinderat. Sie erfolgt nach jeder regelmäßigen Gemeinderatswahl aus dem Kreis der im Gemeindebezirk wohnenden und wählbaren Bürger. Gefordert ist nur die Berücksichtigung des in der Gemeinderatswahl erzielten Parteiergebnisses. In Gemeinden mit einer Bevölkerung von mehr als 100 000 Er ist es auch möglich, den Bezirksbeirat nach den für die Wahl der Gemeinderäte geltenden Vorschriften direkt zu bestimmen. Anders ist die Regelung bspw. in Nieder-

sachsen. Gem. § 55b Abs. 1 ndsGO erfolgt hier eine unmittelbare Wahl durch die Bezirksbürger. Der Bezirksbeirat hat die Aufgabe, die örtliche Verwaltung zu beraten und es besteht für die anderen Gemeindeorgane die Pflicht, den Bezirksbeirat bei allen wichtigen Gemeinwohlbelangen zu hören. Als Vorsitzender fungiert der Bürgermeister, sofern dieser selbst nicht dieses Amt ablehnt und einen Bezirksvorsteher ernennt. Er wird zumeist vom Stadt- oder Gemeindebezirksrat gewählt. Die **Bezirksverwaltung** ist eine Außenstelle der Stadtverwaltung.

Weitreichend sind auch die Befugnisse und Rechte der Bezirksbeiräte/ 158
Stadtbezirksräte. Ihnen obliegen teils unmittelbar kraft Gesetzes, teils durch Übertragung in der Hauptsatzung die Erledigung bezirksbezogener Aufgaben mit den durch den Gemeinderat zur Verfügung gestellten Mitteln. Auch hat er ein jederzeitiges Anhörungs- und Rederecht gegenüber dem Gemeinderat und kann Vorschläge und Anregungen geben, §§ 55c ndsGO, 37 nwGO, 71 Abs. 2 sächsGO.

b) Die Ortschaftsverfassung

Gem. §§ 67, 68 Abs. 1 bwGO können Ortschaften (Niedersachsen be- 159
nutzt die Bezeichnung Gemeindebezirk) in Gemeinden mit räumlich getrennten Ortsteilen eingerichtet werden, was in der Hauptsatzung verankert sein muss, so auch § 86 I sanhGO, die aber im Gegensatz zu anderen Bundesländern nur die Errichtung einer Ortschaftsverfassung vorsieht. Ortschaft kann dabei auch der Hauptort einer Gemeinde sein. Die Errichtung einer Ortschaft ist jedoch ausgeschlossen, wenn zwar Orts*teile* existieren, diese aber auf Grund zusammenhängender Bebauung optisch nicht mehr voneinander abzugrenzen sind. Dies widerspräche der Forderung nach räumlicher Abgrenzbarkeit seitens der Hauptsatzung.

Die Ortschaften sind ihrer Rechtsnatur nach nicht rechtsfähige Körper- 160
schaften des öffentlichen Rechts. Ihnen steht keine eigene Rechtspersönlichkeit zu.

Wie auch in den Bezirken werden in den Ortschaften Ortschaftsräte ge- 161
bildet, § 68 Abs. 2 bwGO, und ein Ortsvorsteher bestellt, § 68 Abs. 2 bwGO. Gem. § 68 Abs. 4 bwGO steht den Gemeinden auch die Bildung einer örtlichen Verwaltung offen, die dann aber nur ein unselbstständiger Teil der gesamten Gemeindeverwaltung ist. Soweit für die Ortschaften in der bwGO keine speziellen Regelungen für Organisation und Verfahren getroffen wurden, finden gem. § 72 bwGO die entsprechenden Vorschriften für den Gemeinderat Anwendung. Die Wahl der Ortschaftsräte erfolgt nach den für die Wahl der Gemeinderäte geltenden Vorschriften und gleichzeitig mit diesem. Die Mitgliederzahl wird durch die Hauptsatzung festgelegt. Der Vorsitzende des Ortschaftsrates ist der Ortsvorsteher, der auch nach der Wahl weiterhin ein Ortschaftsrat bleibt und den Posten als Vorsitzender ehrenamtlich bekleidet – es gelten die Regelungen über die ehrenamtliche Tätigkeit, §§ 15 bis 19 bwGO, 75 saGO. Für den Ortschaftsrat aktiv und

passiv wahlberechtigt sind alle in der Ortschaft wohnenden Bürger. Der Bürgermeister kann an den Sitzungen des Ortschaftsrates teilnehmen. Auf sein Verlangen hin hat ihm der Vorsitzenden das Wort zu erteilen. Ein Stimmrecht hat der Bürgermeister jedoch nicht. Dieses Teilnahmerecht haben auch die Gemeinderäte. Sie haben in den Sitzungen eine beratende Stimme, §§ 69 Abs. 4 bwGO, 86 Abs. 7 sanhGO, 55e–h ndsGO, 65 Abs. 3, 4 sächsGO.

162 Dem Ortschaftsrat kommen insbesondere folgende Aufgaben, Rechte und Pflichte zu: (1) Beratung der örtlichen Verwaltung, (2) Anhörungsrecht bei wichtigen Gemeinwohlbelangen, (3) Entscheidung von ortsbezogenen Angelegenheiten, die ihm vom Gemeinderat mittels Hauptsatzung übertragen worden sind, (4) gesetzlich geregelte Mitwirkungsbefugnisse. Diese Rechte und Pflichten hat der Ortschaftsrat nicht nur in Hinblick auf die Belange der Ortschaft, sondern zum Wohl der Gesamtgemeinde wahrzunehmen, §§ 73 Abs. 3, 4 saGO, 87 Abs. 1, 2 sanhGO, 67 Abs. 1–4 sächsGO.

163 Vorsitzender des Ortschaftsrates ist gem. § 79 Abs. 3 bwGO der Ortsvorsteher. Hierin unterscheiden sich die Regelungen in den Bundesländer. In Sachsen-Anhalt schreibt § 86 Abs. 6 sanhGO vor, dass der Ortsbürgermeister der Vorsitzende des Ortschaftsrates ist. In Nordrhein-Westfalen ist die Einsetzung eines Ortsvorstehers sogar fakultativ, § 39 Abs. 6, 7 nwGO. In Sachsen wählt der Ortschaftsrat selbst den Ortsvorsteher, § 68 Abs. 1, 2 sächsGO.

164 Der Ortsvorsteher arbeitet selbstständig und weisungsunabhängig gegenüber dem Bürgermeister der Gesamtgemeinde. Die Wahl des Ortsvorstehers erfolgt aus dem Kreis der in den Ortschaftsrat wählbaren Bürger der Gemeinde, aber erst, nachdem die Wahl des Ortschaftsrates abgeschlossen ist und auf Vorschlag des neu gewählten Ortschaftsrates, § 71 Abs. 1 S. 3, 5 bwGO. Dadurch ist es möglich, dass auch ein Mitglied des Ortschaftsrates zum Ortsvorsteher gewählt werden kann. Ist dies nicht der Fall, steht dem Ortsvorsteher im Ortschaftsrat *kein* Stimmrecht zu, § 72 bwGO. Auch ein Gemeinde*beamter* oder ein Mitglied des Gemeinderates können für die Dauer der Amtszeit der Ortschaftsräte zum Ortsvorsteher ernannt werden, §§ 71 Abs. 1, 2 bwGO, nicht jedoch der Bürgermeister selbst oder dessen Beigeordnete. Abgeschlossen ist die Wahl mit der Ernennung zum Ortsvorsteher durch den Bürgermeister. Der Gewählte wird zum Ehrenbeamten ernannt. Damit gelten auch für den Ortsvorsteher die Vorschriften über die ehrenamtliche Tätigkeit. Die Ernennung stellt einen Akt mit Außenwirkung dar, ist damit auch ein VA. Der Ortsvorsteher ist an die Amtszeit der Ortschaftsräte gebunden. Eine Altersgrenze für die Ausübung der ehrenamtlichen Tätigkeit gibt es nicht, §§ 71 Abs. 1, 72 bwGO.

165 Der Ortsvorsteher kann auch an den Verhandlungen des Gemeinderates teilnehmen. Dort hat er eine beratende Stimme ohne anderweitiges Abstimmungsrecht, §§ 71 Abs. 4 bwGO, 68 Abs. 2, 3 sächsGO. Darüber hinaus vertritt der Ortsvorsteher den Bürgermeister bei dem Vollzug der Be-

schlüsse des Ortschaftsrates und der Leitung der örtlichen Verwaltung. Er ist also eine ständige Sonder*vertretung*, was ihn gesetzlich dazu ermächtigt, im Rahmen seiner Befugnisse, die Gemeinde im Außenverhältnis bindende öffentlich-rechtliche und privatrechtliche Willenserklärungen abzugeben. Dieses Recht kann er auch gem. § 53 bwGO auf Beamte und andere Angestellte delegieren. In Ausübung dieser Rechte ist der Ortsvorsteher gegenüber dem Bürgermeister und den Beigeordneten weisungsgebunden und hat kein Selbsteintritts- oder Rückholrecht. Ebenso wenig ergibt sich aus dem Vertretungsrecht die Befugnis zu einer selbstständigen Sachentscheidungszuständigkeit. Der Ortsvorsteher ist beschränkt auf die sachgerecht Erledigung und den Ablauf der Aufgaben der örtlichen Verwaltung sowie auf die Regelung der inneren Organisation der Ortsverwaltung, § 44 Abs. 1 S. 2 bwGO. Jedoch kann der Bürgermeister nach seinem Ermessen den Ortsvorsteher mit eigenverantwortlicher und selbstständiger Erledigung bestimmter Aufgabebereiche betrauen, § 44 Abs. 2, 3 bwGO.

Bayern ähnelt diesem System. Eine Gliederung in Stadtbezirke erfolgt **166** hier nach vergleichbaren Grundsätzen, Art. 60ff. bayGO, aber bei der Bildung von Ortschaften kommt es darauf an, ob eine Gemeinde bis zu einem bestimmten Stichtag selbstständig war, um dann auf Antrag eines Drittels der Gemeindebürger eine Ortsversammlung einzuberufen, die aus ihrer Mitte heraus einen Ortssprecher wählt. Dieser kann dann mit beratender Stimme an den Gemeinderatssitzungen teilnehmen und zum Wohle der Gemeinde auch Anträge stellen, Art. 60a bayGO. Eine Institution wie den Ortschaftsrat gibt es aber nicht.

2. Das Modell der Ortsbezirke/Ortsteile

Dieses Modell findet sich in den Gemeindeordnungen und Kommunal- **167** verfassungen der übrigen Bundesländer Brandenburg, Hessen, Mecklenburg-Vorpommern, Rheinland-Pfalz und Schleswig-Holstein. Es sieht als gemeindliche Innengliederungen Ortsbezirke oder Ortsteile vor. Schleswig-Holstein verwendet auch den Begriff der Dorfschaft. Die Einrichtung erfolgt jeweils auf Beschluss der Gemeindevertretung hin. Eine Abgrenzung wird in der Hauptsatzung vorgenommen, §§ 54 Abs. 1 bbgGO, 81f. heGO, 74 rpGO, 47a shGO. Das Land Mecklenburg-Vorpommern sieht die Einrichtung von Ortsteilen nur durch die Stadtvertretung in den kreisfreien Städten vor, § 42 I mvKV.

a) Der Ortsbeirat

Die Bildung und die Zahl der Mitglieder des Ortsbeirates (auch: Ortsteil- **168** vertretung) erfolgt in den meisten Ländern durch Wahl. Das Wahlverfahren ist zumeist in einer Hauptsatzung geregelt, §§ 54 Abs. 1 bbgGO, 42 Abs. 5 mvKV, 47b shGO. Die Wahlverfahren sind unterschiedlich gestaltet. Während bspw. in Hessen die Wahl durch die Bürger des Ortsbezirkes zeitgleich mit der Wahl der Gemeindevertretung stattfindet, wird der Ortsbeirat in Rheinland-Pfalz durch den Gemeinderat aus der Masse der wahlberechtigten Bürger des Ortsbezirkes entsprechend der Ergebnisse der Wahl zum Gemeinderat bestimmt. Einem ähnlichen System folgt auch Schleswig-Holstein.

169 Nahezu gleich ist in allen Bundesländern mit diesem Gliederungsmodell die Art und Weise der Aufgabenverteilung an die Ortsteilvertretung. Der Ortsbeirat hat in allen Fällen ein gesetzlich verankertes Vorschlags-Anhörungsrecht und ein Unterrichtungsrecht in allen Angelegenheiten des Ortsbezirkes, §§ 54 Abs. 3. 4 bbgGO, 42 Abs. 2 mvKV. Dem Ortsbeirat können durch die Gemeinde bestimmte einzelne oder Gruppen von Angelegenheiten widerruflich zur endgültigen Entscheidung übertragen werden, wenn dadurch die Einheit der Verwaltung der Gemeinde nicht gefährdet wird. Das heißt, die Gemeindevertretung kann auf den Ortsbeirat Teile eigener Verantwortung delegieren, hat aber gleichzeitig auch das Rückholrecht, wenn es in ihrem Ermessen liegt, §§ 82 Abs. 4 heGO, 47 a-c shGO.

b) Der Ortsvorsteher

170 An dieser Stelle kann zum größten Teil auf die Ausführungen zur Institution des Ortsvorstehers im Modell 1 verwiesen werden. Das Wahlverfahren ist zumeist in den Hauptsatzungen geregelt. In Hessen bspw. bestimmt der Ortsbeirat den Ortsvorsteher aus seiner Mitte, während er in Rheinland-Pfalz durch den Ortsbeirat aus allen wahlberechtigten und im Ortsbezirk wohnenden Bürgern bestimmt wird, § 76 Abs. 1 rpGO. Der Ortsvorsteher hat ein Vorschlag-Anhörungsrecht und Unterrichtungsrecht bei allen wichtigen Fragen, die das Wohl des Ortsbezirkes betreffen und er kann die anderen Gemeindeorgane beratend und anregend unterstützen, §§ 54 Abs. 3, 4 bbgGO, 42 Abs. 2 mvKV, 76 Abs. 1 rpGO, 47 a–c shGO. Darüber hinaus kann der Ortsvorsteher an allen Sitzungen und Ausschüssen der Gemeinde teilnehmen, wenn darin die Belange seines Ortsbezirkes berührt werden. Er hat dort auch ein Rederecht, aber *kein* Stimmrecht, §§ 54 Abs. 5 bbgGO, 42 Abs. 2 mvKV. Die Ortsvorsteher üben ehrenamtliche Tätigkeiten aus.

V. Weitere kommunale Organe und Einrichtungen

1. Organe mit Beratungsfunktion

a) Ortsbeiräte und Ausländerbeiräte

171 Die Rechtsstellung der sog. Ortsbeiräte mit dem Ortsbürgermeister als Vorsitzendem wird durch die jeweilige Ortschaftsverfassung geregelt (vgl. etwa §§ 45 ff. thürKO; vgl. auch die Stadtbezirke in Nordrhein-Westfalen gem. § 35 nwGO). Die Ortsbeiräte sind nicht unmittelbar Bestandteil des Verwaltungsorgans der Gemeinde. Ihre Aufgabe liegt u.a. in der Beratung der örtlichen Verwaltung in Angelegenheiten der Ortschaft (vgl. etwa § 82

Abs. 3 heGO; § 87 Abs. 1 sanhGO). Auch die in einigen Bundesländern vorgesehenen Ausländerbeiräte beraten die Verwaltungsspitze und können zur Verwaltung i. w. S. gerechnet werden (vgl. § 88 Abs. 1 heGO).

b) Beauftragte und Kommissionen

Eine Sonderstellung innerhalb der Gemeindeverwaltung nehmen auch 172
Beauftragte ein. Einige Gemeindeordnungen enthalten die Pflicht zur Bestellung bestimmter Beauftragter, wie dem kommunalen Gleichstellungsbeauftragten (§ 52 nwGO; § 74 sanhGO) oder Behindertenbeauftragten (gem. § 74b sanhGO ab 1. 1. 2005 in kreisfreien Städten). Ihre Interessenvertretung ist nach der Gesetzessystematik sowohl auf den Gemeinderat wie die Verwaltungsspitze ausgerichtet.

In einigen Gemeindeordnungen ist vorgesehen, dass die Verwaltungsspit- 173
ze zur dauernden Verwaltung oder Beaufsichtigung einzelner Geschäftsbereiche sowie zur Erledigung vorübergehender Aufträge Kommissionen bilden kann, die ihr unterstehen (vgl. § 72 heGO).

2. Das organisierte kommunale Bürgerbegehren

Schrifttum: *Blanke/Hufschlag,* Kommunale Selbstverwaltung im Spannungsfeld zwischen Partizipation und Effizienz, JZ 1998, 653; *Deubert,* Bürgerbegehren, Bürgerentscheid und die Problematik der Stichfrage, BayVBl. 1997, 619; *Dressel,* Bürgerbegehren und Bürgerentscheid in den Hamburger Bezirken, 2003; *Dustmann,* Die Regelung von Bürgerbegehren und Bürgerentscheid in den Kommunalverfassungen der Flächenstaaten, 2000; *Eiding/Hannich,* Bürgerbegehren und Bürgerentscheide in Bayern nach dem Wegfall der gesetzlichen Sperrwirkung, BayVBl. 1998, 551; *Engelken,* Einbeziehung der Unionsbürger in kommunale Abstimmungen?, NVwZ 1995, 432; *Fischer,* Bürgerbegehren und Bürgerentscheid – ein neues Element unmittelbarer Demokratie in der Kommunalverfassung von Nordrhein-Westfalen, NWVBl. 1995, 366; *ders.,* Rechtsschutz der Einwohner bei Einwohneranträgen sowie Bürgerbegehren und Bürgerentscheid, DÖV 1996, 181; *Gebhardt,* Direkte Demokratie im parlamentarischen System. Bürgerbegehren und Bürgerentscheid in Bayern, 2000; *Hager,* Effektiver Rechtsschutz oder richterliche Rechtsetzung? Zum Vollzugsverbot für Gemeinderatsbeschlüsse bei Bürgerbegehren, NVwZ 1994, 766; *Hofmann,* Erfolgsquote von Bürgerbegehren, VR 2001, 51; *Hofmann-Hoepel/Weible,* Bürgerbegehren und Bürgerentscheid – Rechtstradition und Rechtspraxis eines plebiszitären Elements unter besonderer Berücksichtigung der Rechtslage in Bayern, BayVBl. 2000, 577; *Huber,* Die Vorgaben des Grundgesetzes für kommunale Bürgerbegehren und Bürgerentscheide, AöR 126 (2001), 165; *Humpert,* Bürgerantrag, Bürgerentscheid und Bürgerbegehren in der Kommunalverfassung der neuen Bundesländer, DÖV 1990, 999; *Jaroschek,* Formen des Rechtsschutzes bei kommunalen Bürgerbegehren, BayVBl. 1997, 39; *Kingreen,* Schulvielfalt, Elternwille und Bürgerwille, NVwZ 1997, 756; *Klenke,* Rechtsfragen zum Bürgerbegehren nach dem nordrhein-westfälischen Kommunalverfassungsrecht, NWVBl. 2002, 45; *Knemeyer,* Bürgerbegehren und Bürgerentscheid, BayVBl. 1996, 545; *Kurbjuhn,* Bleibt ein Bürgerbegehren zulässig, wenn die gewünschte Sachentscheidung nicht mehr erreichbar ist?, NdsVBl. 1998, 230; *Looman,* Bürgerbegehren auf Aufstellen oder Unterlassen von Bebauungsplänen, NVwZ 1998, 1271; *Meyer,* Rechtsschutz bei kommunalen Bürgerbegehren und -entscheidungen, NVwZ 2003, 183; *Muckel,* Bürgerbegehren und Bürgerentscheid – wirksame Instrumente unmittelbarer Demokratie in den Gemeinden?, NVwZ 1997, 223; *Neusinger,* Bürgerbegehren und Bürgerentscheid, 1999; *Oebbecke,* Die rechtlichen Grenzen amtlicher Einflussnahme auf Bürgerbegehren und Bürgerentscheid, BayVBl. 1998,

641; *Ritgen*, Bürgerbegehren und Bürgerentscheid, 1997; *ders.*, Zu den thematischen Grenzen von Bürgerbegehren und Bürgerentscheid, NVwZ 2000, 129; *Sapper*, Rechtliche Probleme bei Bürgerbegehren und Bürgerentscheid in der kommunalen Praxis Baden-Württembergs, VBlBW 1983, 89; *Schliesky*, Bürgerbegehren und Bürgerentscheid in Schleswig-Holstein, 1998; *ders.*, Aktuelle Rechtsprobleme bei Bürgerbegehren und Bürgerentscheid, DVBl. 1998, 169; *ders.*, Die Weiterentwicklung von Bürgerbegehren und Bürgerentscheid, ZG 1999, 91, *Seckler*, Vertreter-Demokratie in statt Bürgermitwirkung?, BayVBl. 1997, 232; *dies.*, Das Gebot der Wirtschaftlichkeit und Sparsamkeit in Bürgerbegehren und Bürgerentscheid, 2000; *Seewald/Rassow*, Bürgerbegehren und Bürgerentscheid im Zweckverband, 1997, 609; *Spies*, Bürgerversammlung – Bürgerbegehren – Bürgerentscheid, 1999; *Thum*, Bürgerbegehren und Bürgerentscheide im kommunalen Verfassungsgefüge, BayVBl. 1997, 225; *von Danwitz*, Bürgerbegehren in der kommunalen Willensbildung, DVBl. 1996, 134; *Wefelmeier*, Probleme des Rechtsschutzes bei Bürgerbegehren und Bürgerentscheid, NdsVBl. 1997, 31; *ders.*, Unzulässige Gegenstände eines Bürgerbegehrens – zur Auslegung des § 22b Abs. 3 Satz 2 NGO, NdsVBl. 2000, 261; *Wehr*, Rechtsprobleme des Bürgerbegehrens – Art. 18a BayGO, BayVBl. 1996, 549.

a) Entwicklung und rechtliche Ausgestaltung des kommunalen Bürgerbegehrens

174 Das Bürgerbegehren mit anschließendem Bürgerentscheid gilt als deutlichster Ausdruck unmittelbarer demokratischer Mitwirkung der Bürger an der Ausübung von Staatsgewalt auf der kommunalen Ebene. Nicht nur die Auswahl von Personen, die repräsentativ über Sachfragen entscheiden, sondern die Entscheidung der Sachfragen selbst wird hier den Bürgern anvertraut. Nach lange kritischer Distanz haben sich Bürgerbegehren und Bürgerentscheid in den achtziger und neunziger Jahren bundesweit als besondere Form der demokratischen Mitwirkung durchgesetzt. Ursprüngliche Befürchtungen, geordnete Entscheidungsabläufe auf der kommunalen Ebene würden dadurch gestört, haben sich nicht bewahrheitet. Überwiegend wird heute davon ausgegangen, dass von der Möglichkeit des Bürgerbegehrens eine disziplinierende Wirkung auf die Arbeit in den Vertretungskörperschaften ausgeht.

175 Die Bürgerentscheidungsfähigkeit ist in den einzelnen Bundesländern sehr unterschiedlich geregelt. Die stärksten Einschränkungen sieht die Gemeindeordnung von Nordrhein-Westfalen vor. Die geringsten Einschränkungen finden sich in der Gemeindeordnung von Bayern.

176 Die Verfassungsgemäßheit des Bürgerbegehrens (mit anschließendem Bürgerentscheid) ist in früherer Zeit durchaus angezweifelt worden, da den Gemeinderäten eine Repräsentativfunktion zukommt. Heute ist es vor dem Hintergrund von Art. 28 Abs. 1 GG als Möglichkeit zur Herrschaftsausübung durch das Volk und damit unmittelbare Legitimation neben den Repräsentationsorganen anerkannt, solange dieses Repräsentativsystem einen hinreichenden Stellenwert behält.

b) Organisationsrechtliche Einordnung des Bürgerbegehrens

177 Zu fragen ist, wie das Bürgerbegehren organisationsrechtlich einzuordnen ist. Es ergibt sich aber schon aus der der Gleichstellung von Wahlen und

Abstimmungen in Art. 20 Abs. 2 Satz 2 GG, dass der am Bürgerbegehren teilnehmende Bürger seine wesentlichen staatsbürgerlichen Rechte und Pflichten ausübt und damit auch Hoheitsgewalt ausübt (so *BVerfGE* 60, 175 [201]; 96, 139 [148]). Mit der h.M. sind die Denkansätze einer Mindermeinung, aus diesem Handeln ein Organ oder Quasi-Organ zu konstruieren, abzulehnen (so *OVG Greifswald,* DVBl. 1997, 1282; *VGH Kassel,* DVBl. 1997, 1280; *VGH München,* BayVBl. 1998, 24; *von Danwitz,* DVBl. 1996, 134 [141]; *Schliesky,* ZG 1999, 91 [110]). Begründen lässt sich dies damit, dass es sich bei den Plebisziten lediglich um eine Rückverlagerung der Willensbildungs- und Entscheidungsverantwortung durch eine Durchbrechung des Systems (Wahl und Legitimation von Volksvertretern) handelt. Ein Bürgerbegehren stellt nur eine zusätzliche Möglichkeit dar, die Beratungsphase für die Abwägung der verschiedenen beteiligten Interessen zu einem organschaftlichen Willen einzuleiten. Die Gemeindevertretung wird durch ein Bürgerbegehren in keiner Weise daran gehindert auch noch aus eigenem Antrieb tätig zu werden und eine für die Gemeinde verbindliche Entscheidung zu treffen. Nur wenn sie davon keinen Gebrauch macht, kann der Bürger*entscheid* die Gemeindevertretung als zuständiges Organ ablösen. Der Konstruktion des Bürgerbegehrens als Gemeinde-Organ bedarf es mithin nicht. Der Grundsatz der funktionsgerechten Organstruktur wird durch das Bürgerbegehren nicht beeinträchtigt.

Konsequenz daraus ist, dass jeder Mitunterzeichner oder später Abstim- **178**
mungsberechtigte die ihm zustehenden demokratischen Mitwirkungsmöglichkeiten als eigenes Recht auch gerichtlich geltend machen kann, sofern die Landesgesetzgeber die Geltendmachung der Rechtspositionen durch gesetzliche Regelungen auf einen bestimmten Personenkreis, wie etwa Vertrauens- oder Vertretungspersonen begrenzen.

3. Kommunale Einrichtungen

Schrifttum: *Axer,* Die Widmung als Schlüsselbegriff des Rechts der öffentlichen Sachen, 1994; *ders.,* Die Widmung als Grundlage der Nutzung kommunaler öffentlicher Einrichtungen, NVwZ 1996, 114; *Bartels,* Die rechtliche Ordnung der Benutzung öffentlicher Einrichtungen, 2000; *Brand,* Zur Gleichbehandlung von Parteien bei der Überlassung kommunaler Einrichtungen auf der vertraglichen Ausgestaltungsstufe, BayVBl. 2001, 104; *Britz,* Die Mitwirkung Privater an der Wahrnehmung öffentlicher Aufgaben durch Einrichtungen des öffentlichen Rechts, VerwArch 2000, 418; *Brüning,* Die Benutzungsverhältnisse an öffentlichen Einrichtungen unter Einbeziehung allgemeiner Geschäftsbedingungen, LKV 2000, 54; *Burgi,* Die Legitimität von Einheimischenprivilegien im globalen Dorf, JZ 1999, 873; *Dietlein,* Rechtsfragen des Zugangs zu kommunalen Einrichtungen, Jura 2002, 445; *Erichsen,* Die kommunalen öffentlichen Einrichtungen, Jura 1986, 148 und 196; *Gassner,* Grenzen des Zulassungsanspruchs politischer Parteien zu kommunalen öffentlichen Einrichtungen, VerwArch 1994, 533; *Hauser,* Die Wahl der Organisationsform kommunaler Einrichtungen, 1987; *Herdegen,* Die Zulassung zu kommunalen Einrichtungen in privatrechtlich ausgestalteter Regie, DÖV 1986, 906; *Hidien,* Zur rechtlichen Zulässigkeit wirtschaftlicher Nebentätigkeiten kommunaler Einrichtungen, GewArch. 1983, 177; *Lässig,* Die Vergabe von Standplätzen auf kommunalen Volksfesten, NVwZ 1983, 18;

Machura, Von der Problemlösung zur Problemverschiebung: Privatisierung kommunaler Einrichtungen, VR 2001, 79; *Otting,* Wirtschaftliche Betätigung im Gewande nichtwirtschaftlicher Einrichtungen, NWVBl. 2000, 206; *Roth,* Die kommunalen öffentlichen Einrichtungen, 1998; *Schmidt,* Der Anspruch der Nichteinwohner auf Nutzung kommunaler Einrichtungen, DÖV 2002, 696; *Scholz,* Das Wesen und die Entwicklung der gemeindlichen öffentlichen Einrichtungen, 1967; *von Danwitz,* Die Benutzung kommunaler öffentlicher Einrichtungen – Rechtsformenwahl und gerichtliche Kontrolle, JuS 1995, 1; *Zundel,* Die Zulassung politischer Parteien zu kommunalen öffentlichen Einrichtungen, JuS 1991, 472.

a) Begriff der kommunalen Einrichtung

179 Moderne Kommunalverwaltungen mittlerer und größerer Gemeinden, Städte und Kreise sind **hochkomplexe Verwaltungs- und Dienstleistungseinrichtungen,** in denen sich die thematische Vielfalt der modernen Leistungsverwaltung auch organisatorisch widerspiegelt. Die organisatorische Differenzierung hat deshalb im kommunalen Bereich eine lange Tradition und gehört vor allem unter dem Stichwort der **kommunalen Einrichtung,** das eng mit dem schillernden und auf Grund europarechtlicher Einflüsse im Umbruch befindlichen Thema der **Daseinsvorsorge** verbunden ist (dazu *Pielow,* Grundstrukturen öffentlicher Versorgung, 2001; Cox [Hrsg.], Daseinsvorsorge und öffentliche Dienstleistungen in der Europäischen Union, 2000), zu den Kernthemen des Kommunalverfassungsrechts. Dabei ist zu beachten, dass diese Thematik zwei ganz unterschiedlich ausgerichtete Themenkreise miteinander verbindet: Einerseits die organisatorische bzw. organisationsrechtliche Ausgestaltung und andererseits die Ansprüche (vor allem) der Einwohner auf Zugang und Nutzung. Letzterer Aspekt gehört thematisch zum Recht der Leistungsverwaltung und wird hier nur insoweit behandelt, als dies für die Klärung der vorrangig interessierenden organisationsrechtlichen Fragen erforderlich ist.

180 Der **Begriff** der kommunalen Einrichtung ist ebenfalls facettenreich und bedarf in mehrfacher Hinsicht der Konkretisierung und Abgrenzung. Durch den Begriffsteil Einrichtung wird das organisatorische Substrat erfasst, das aus sächlichen und personellen Faktoren bestehen kann und die Basis für die mittels der Einrichtung zu erbringende Dienstleistung liefert. Dabei ist das Spektrum denkbar weit. Es reicht von einem schlichten Grundstück, das für Versammlungen oder Messen und Märkte genutzt werden kann bis hin zu hochkomplexen Einrichtungen wie Multi-Media-Bibliotheken, Krankenhäusern, Stadthallen und neuerdings Telekommunikations- und Internetangeboten.

181 Da kommunale Einrichtungen in den meisten Fällen von der Kommunalverwaltung für die **Nutzung durch die Einwohner** und z. T. auch ortsfremde Dritte bereitgestellt werden, besitzen sie unabhängig von ihrer organisationsrechtlichen Ausgestaltung im Einzelnen immer eine **anstaltliche Prägung** (so zutreffend *Gern,* Rdnr. 528; *Axer,* S. 140f.): die Kommune stellt die Einrichtung (selbst oder durch Einschaltung Privater) zur Verfügung und steuert sie; die Einwohner und etwaige Dritte treten als Benutzer

auf, ohne dass sie einen direkten Einfluss auf die erbrachten Leistungen und die Leitung der Einrichtung besitzen (ausnahmsweise kann ein solcher Einfluss mit Hilfe von Bürgerbegehren geltend gemacht werden).

Die Einrichtung wird als **zweckformierte,** d. h. zur Erbringung bzw. Be- 182
reitstellung einer bestimmten Dienstleistung ausgerichtete, **Personen- und/ oder Sachgesamtheit** definiert (*Erichsen,* Kommunalrecht, § 10 B; *Gern,* Rdnr. 528). Rein sächlich geprägt sind z. B. Festwiesen oder ein Marktplätze. In den meisten Fällen werden aber auch Personen zur Erbringung der Dienstleistungen benötigt. Erst durch die Zweckformierung, d. h. die Entscheidung, die Personen- und Sachgesamtheit für einen bestimmten Zweck einzusetzen, wird die Einrichtung als „Einheit" konstituiert, an den die weitere rechtliche Ausgestaltung anknüpfen kann.

Diese weitere Ausgestaltung ist zunächst durch die Entscheidung darüber 183
bestimmt, ob die Einrichtung lediglich **intern,** d. h. durch die Verwaltung genutzt werden soll (so etwa im Falle einer internen Bibliothek oder eines internen Rechenzentrums), oder ob auch die Einwohner und etwaiger andere Dritte zur Benutzung zugelassen werden sollen. Im letzten Fall handelt es sich um eine **öffentliche Einrichtung,** die entsprechende Benutzungsansprüche der Einwohner begründet. Voraussetzung dafür ist ein entsprechender Widmungsakt.

Die kommunale öffentliche Einrichtung stellt als solche **keine organisa-** 184
tionsrechtliche Kategorie im engeren Sinne dar, sondern beschreibt nur einen spezifischen Modus der Nutzung von Organisationen zur Erbringung von Leistungen in einem gesetzlich typisierten Rahmen. Sie ist deshalb in sich vielgestaltig und erfährt ihre Einheit vor allem aus der Perspektive der Nutzungsberechtigten und ihrer Ansprüche. Eine Schlüsselfunktion kommt insoweit der Verleihung des Status als öffentliche Einrichtung zu, der nach herkömmlicher Ansicht durch eine Widmung verliehen wird.

Die Bedeutung der Widmung lenkt den Blick auch auf eine weitere im 185
Schrifttum verwendete Kategorie: die **private Einrichtung** (*Erichsen,* Kommunalrecht, § 10 B; *Axer,* NVwZ 1996, 114 [116]). Dabei soll es sich um Einrichtungen handeln, die auch durch Private genutzt werden können, ohne als öffentliche Einrichtungen gewidmet zu sein. Dies soll etwa bei erwerbswirtschaftlich ausgerichteten Einrichtungen sowie bei Sachen im Gemeinbebrauch der Fall sein (*Gern,* Rdnr. 531). Die Kategorie der privaten Einrichtung ist aber irreführend. Zunächst gibt es bei Kommunen keine „private" Sphäre. Auch die privatrechtliche Rechtsform hilft hier nicht weiter. Vor allem aber sind die Gemeinden und Kreise nur zur Errichtung und Unterhaltung der für die wirtschaftliche, soziale und kulturelle Betreuung und Versorgung der Einwohner erforderlichen öffentlichen Einrichtungen ermächtigt. Auch wirtschaftliche Betätigungen sind nur zur Verfolgung eines (dringenden) öffentlichen Zwecks zulässig. Für die private Einrichtung als dogmatische Kategorie bleibt insoweit kein Raum. Es sollte deshalb nur zwischen internen und öffentlichen Einrichtungen unterschieden werden

(diese Unterscheidung entspricht in etwa der Unterscheidung von öffentlichen Sachen im Verwaltungsgebrauch [= intern] und öffentlichen Sachen im Anstalts- oder Gemeingebrauch).

186 Eine andere Frage ist es jedoch, ob eine von der Kommune formierte Personen- und Sachgesamtheit durch einen wirksamen **Widmungsakt** der Status einer öffentlichen Einrichtung verliehen wurde. Fehlt es an einem Widmungsakt und kann er auch nicht aus konkludentem Verhalten abgeleitet werden, so liegt ein rechtlich fehlerhafter Zustand vor, dem entsprechend abzuhelfen ist.

187 Die **Widmung** stellt als solche eine verwaltungsrechtliche Willenserklärung dar (*nwOVG,* DVBl. 1971, 218; *Axer,* NVwZ 1996, 114; *Erichsen,* Kommunalrecht, § 10, B) die aber unterschiedlich eingekleidet werden kann. Dafür kommen sowohl ein Verwaltungsakt nach § 35 S. 2 VwVfG als auch eine Regelung in einer Satzung, die zugleich die Benutzung regelt, in Betracht (*Axer,* S. 145 ff.; *Erichsen,* Kommunalrecht, § 10 D; *Gern,* Rdnr. 529). Durch die Widmung werden normativ verbindlich der **Betätigungszweck** der Einrichtung sowie der **Nutzerkreis** bestimmt (*Axer,* NVwZ 1996, 114 f.; *Gern,* Rdnr. 529). Nur in diesem Rahmen können auch von den Einwohnern Ansprüche auf Zulassung zur Nutzung geltend gemacht werden. Dies wird durch entsprechende Formulierung in den Kommunalgesetzen verdeutlicht, nach denen ein Zulassungsanspruch zu öffentlichen Einrichtungen nur im Rahmen der gesetzlichen Bestimmungen und damit im Rahmen von Widmung und Benutzungsordnung besteht. Ein **Anspruch** der Einwohner auf Schaffung einer öffentlichen Einrichtung oder **Erweiterung der Widmung** besteht nach allgemeiner Ansicht nicht (*Gern,* Rdnr. 534; *Roth,* S. 67 ff.; *OVG Koblenz,* DVBl. 1985, 176; *nwOVG,* NVwZ-RR 1993, 318). Es ist aber denkbar, dass eine Kommune durch gesetzliche oder kommunalaufsichtliche Vorgaben zur Schaffung einer öffentlichen Einrichtung als pflichtige Selbstverwaltungsaufgabe verpflichtet ist oder wird. Soweit die gesetzlichen Vorgaben auch dem Interesse des Einzelnen dienen, kann er ausnahmsweise die Bereitstellung der entsprechenden Leistungen und die Schaffung der dazu erforderlichen öffentlichen Einrichtung verlangen (*VGH Mannheim,* VBlBW 1994, 147).

188 In den meisten Kommunalgesetzen gehört die Entscheidung über die Errichtung, wesentliche Erweiterung oder Einschränkung sowie Auflösung kommunaler Einrichtungen zu den **Vorbehaltsaufgaben** des Vertretungsorgans. Die Widmung bzw. Um- oder Entwidmung wird auf Grund des engen sachlichen Zusammenhangs mit der zu treffenden Entscheidung deshalb in den meisten Fällen ebenfalls durch den Rat bzw. Kreistag vorgenommen. Erfolg dies isoliert, so liegt ein Verwaltungsakt gem. § 35 S. 2 VwVfG vor. Wird zugleich eine Satzung mit den Benutzungsregelungen erlassen, so kann die Widmung in diese einbezogen werden.

189 Fraglich ist, ob die Regelungen der Kommunalgesetze für alle Arten von kommunalen öffentlichen Einrichtungen gelten oder ob punktuelle Maß-

nahmen, wie die Bereitstellung einer Festwiese oder Maßnahmen von geringer wirtschaftlicher Bedeutung davon auszunehmen sind. Gegen eine solche beschränkende Auslegung spricht indes, dass auch bei der Bereitstellung eines Festwiese und ähnlichen auf den ersten Blick weniger bedeutsamen Maßnahmen durchaus gewichtige Entscheidungen und Rechtsfolgen ausgelöst werden können, die für die Beibehaltung der Rats- bzw. Kreistagszuständigkeit sprechen. So müssen Richtlinien für das grundrechtsrelevante Vergabeverfahren von Standplätzen an die Anbieter von sonstigen Dienstleistungen beschlossen werden. Auch sind mit der Ausrichtung von Veranstaltungen unter Umständen weitreichende Haftungsrisiken verbunden. Die Annahme eines Bagatellvorbehalt ist insoweit nicht gerechtfertigt.

Anders gelagert ist die Problematik der **faktischen, vermuteten** oder 190
konkludenten Widmung. Mit Hilfe dieser Konstruktionen soll bei Fehlen eines förmlichen Widmungsaktes aus der tatsächlichen Bereitstellung einer Einrichtung für die Nutzung durch die Einwohner auf ihren Status als öffentliche Einrichtung geschlossen werden (*Erichsen,* Kommunalrecht, § 10 D). Dabei sind zwei Aspekte zu unterscheiden: Zum einen kann eine Widmung, wie auch andere verwaltungsrechtliche Willenserklärungen, auch durch schlüssiges Verhalten und damit konkludent erklärt werden. Eine ständige Praxis, nach der eine Einrichtung durch die Einwohner genutzt werden kann, reicht demnach für die Annahme einer konkludenten Widmung aus (*BayVGH,* BayVBl. 1969, 102; *VG Gera,* LKV 2002, 39; *Erichsen,* Kommunalrecht, § 10 D 1). Zum anderen ist die Frage der Organkompetenz zu beachten. Der Vorbehalt zugunsten von Rat und Kreistag bezieht sich auch auf die Widmung, also die Bereitstellung der Einrichtung zur Nutzung durch die Einwohner. Die Kommunalgesetze erwähnen zwar die Widmung nicht ausdrücklich, doch kann die Entscheidung darüber, wer nutzungsberechtigt ist, nicht von der Frage über die Errichtung etc. getrennt werden. Im Falle einer konkludenten Widmung müsste deshalb die Praxis auf einen Beschluss der Vertretungskörperschaft zurückführbar sein. Dann wäre der Weg zur Annahme einer expliziten Widmung aber nicht weit. Fehlt es an einem entsprechend zu interpretierenden Beschluss der Vertretungskörperschaft, so kommt die Annahme einer konkludenten Widmung aber noch aus einem anderen Gesichtspunkt in Betracht. Beruht die Nutzungspraxis auf einer Entscheidung des Hauptverwaltungsbeamten, so liegt ein Fall der Verletzung der Organkompetenz vor. Dieser Mangel führt jedoch im Außenverhältnis nicht zur Nichtigkeit der Widmung gem. § 44 VwVfG, sondern lediglich zur Rechtswidrigkeit. Im Ergebnis kann es deshalb durchaus zu einer Widmung kommen, ohne dass diese ausdrücklich von der Vertretungskörperschaft erklärt wurde.

Denkbar ist auch die **teilweise Widmung** einer Einrichtung für die Nut- 191
zung durch die Einwohner. So kann z.B. ein Schulhof oder eine Schulaula, die grundsätzlich nur intern genutzt werden, für genau bezeichnete sport-

liche oder wohltätige Veranstaltungen zur Verfügung gestellt werden (*OVG NW,* NJW 1980, 901).

192 Die Widmung eine kommunalen öffentlichen Einrichtung muss **nicht** auf die **Nutzung durch Einwohner beschränkt** werden. Die Tatsache, dass nach den Kommunalgesetzen nur die Einwohner sowie in begrenztem Umfang die örtlichen Gewerbetreibenden und Grundstückseigentümer einen Zulassungsanspruch besitzen, bedeutet nicht, dass der Kreis der Nutzer durch die Widmung nicht weiter gefasst werden kann. Bei monopolartigen Einrichtungen (das gilt vor allem für kulturelle Einrichtungen wie Theater, Opern etc., die nur in größeren Städten vorgehalten werden können) mit Bedeutung für das Umland kann eine solche Öffnung auch grundrechtlich geboten sein.

193 Davon zu unterscheiden ist die Frage, ob eine Widmung durch eine **abweichende Vergabepraxis** verändert wird (Bsp.: die Widmung ist auf Einwohner beschränkt, in die Vergabe werden aber auch Ortsfremde einbezogen). Soweit die Vergabepraxis nicht auf einem Beschluss der Vertretungskörperschaft beruht ist jedoch nicht von einer Erweiterung der Widmung auszugehen (anders *VGH Mannheim,* NVwZ 1998, 540: erweiterte Widmung durch Vergabepraxis). Bindungen können sich aus der abweichenden Vergabepraxis aber über Art. 3 Abs. 1 GG nach den Grundsätzen der Selbstbindung der Verwaltung ergeben. Diese entfaltet ihrerseits, anders als eine rechtsförmliche Widmung, aber keine strikte Bindung für die Zukunft, sondern kann durch entsprechende Ermessensbetätigung wieder geändert und auf den ursprünglichen Widmungsumfang zurückgeführt werden (so auch *VGH Mannheim,* a. a. O.).

194 Besondere Regelungen haben die Zulassungs- und Nutzungsansprüche für Parteien in § 5 PartG erfahren (dazu näher *Zundel,* JuS 1991, 472ff.). Dabei ist zu beachten, dass kommunale Wählervereinigungen nicht vom Parteiengesetz erfasst werden. Sie können deshalb Zulassungsansprüche nur als örtliche juristische Personen geltend machen.

195 Der Schaffung einer öffentlichen Einrichtung durch Widmung wird von der herrschenden Meinung für den Fall der gleichzeitigen Entscheidung für eine öffentlich-rechtliche Ausgestaltung Organisationsform und eine öffentlich-rechtliche Ausgestaltung des Benutzungsregimes die weitere Rechtswirkung beigemessen, dass die der Einrichtung zugehörigen Sachen den Status einer **öffentlichen Sachen** erlangen (*Erichsen,* Kommunalrecht, § 10 B; *Papier,* Recht der öffentlichen Sachen, 3. Aufl. 1998, S. 12; *Pappermann/Löhr/Andriske,* Recht der öffentlichen Sachen, 1987, S. 9). Eine solche Wirkung kann einer Widmung aber allenfalls dann beigemessen werden, wenn es sich um eine Einrichtung handelt, die nur aus einer oder wenigen Sachen besteht. Bei komplexen Einrichtungen genügt die Widmung nicht den Anforderungen, die der Vorbehalt des Gesetzes an die Begründung eine neuen sachenrechtlichen Status stellt (*Axer,* S. 150ff.).

b) Trägerschaft von kommunalen Einrichtungen und tatsächliche Bereitstellung der Dienstleistungen

196 Organisationsrechtlich ist die **Unterscheidung zwischen der Trägerschaft** einer öffentlichen Einrichtung und ihrer **tatsächlichen Unterhaltung und Bereitstellung** von großer Bedeutung. Da Träger einer kommunalen öffentlichen Einrichtung nur eine kommunale Gebietskörperschaft oder ein kommunaler Zweckverband sein kann, ist die Trägerschaft – sieht man einmal von der nur selten anzutreffenden Möglichkeit der Beleihung einmal ab – auf die Kommunen selbst beschränkt. Das bedeutet aber nicht, dass sie die für die Einrichtung wesentliche Personen- und Sachgesamtheit selbst bzw. unmittelbar bereitstellen müssen. Vielmehr können sie das organisatorische Substrat der kommunalen Einrichtung auch durch Dritte, auch Private bereitstellen lassen. Voraussetzung ist insoweit lediglich, dass die Bereitstellung und Nutzung nach den Vorgaben der Kommunen und des Kommunalrechts vertraglich oder auf sonstige Weise gesichert ist (sog. **Einwirkungsrecht;** siehe dazu *Spannowsky,* ZGR 1996, 400ff.; *Püttner,* DVBl. 1973, 353ff.). Dabei stellt die Rechtsprechung auf das Letztentscheidungsrecht (*VG Augsburg,* NVwZ-RR 2001, 468), den maßgeblichen Einfluss (*VG Freiburg,* GewArch 2001, 244) und die tatsächliche Kontrolle (*OVG Koblenz,* DÖV 1986, 153) der Kommune ab. Durch die Trennung von Trägerschaft und Bereitstellung des organisatorischen Substrats werden zugleich die organisationsrechtlichen Gestaltungsmöglichkeiten für die Bereitstellung kommunaler Einrichtungen erheblich erweitert.

197 Fallen die Trägerschaft und die tatsächliche Bereitstellung der Dienstleistungen bei einer kommunalen öffentlichen Einrichtung auseinander, so bedarf es der genauen Unterscheidung der **verschiedenen Rechtsbeziehungen,** die in einem solchen Fall zwischen den Nutzern, der Kommune und dem Betreiber entstehen.

198 Die Beziehung zwischen der **Kommune** und dem **Betreiber** der Einrichtung ist durch einen privatrechtlichen Vertrag bestimmt. Darin verpflichtet sich der Betreiber, die in Frage stehende Leistung nach den vertraglich konkretisierten inhaltlichen Vorgaben der Kommune den Nutzern gegenüber zu erbringen. In diesem Vertrag müssen der Kommune auch Weisungsrechte eingeräumt sein, mit deren Hilfe sie kommunalrechtlich begründete Zulassungsansprüche gegenüber dem Betreiber durchsetzen kann.

199 Auch die Rechtsbeziehung zwischen dem privaten **Betreiber** und den **Benutzern** sind privatrechtlicher Natur. Eine öffentlich-rechtliche Ausgestaltung des Nutzungsverhältnisses würde eine Beleihung voraussetzen, die in der Praxis nur selten anzutreffen ist. Das gilt selbst dann, wenn als privatrechtliche Betreiber eine Eigengesellschaft der Kommune oder eine gemischt-wirtschaftliche Organisationseinheit mit kommunaler Mehrheitsbeteiligung tätig wird.

200 Die Einwohner können einen **kommunalrechtlichen Zulassungsanspruch** nicht direkt gegenüber dem privaten Betreiber geltend machen, da dieser nicht direkt an die Vorschriften der Kommunalgesetze gebunden ist und diese die Kommune als Anspruchsverpflichteten ausweisen. Wird einem Einwohner zu Unrecht die Zulassung verweigert, muss er sich an die Kommune als Träger der Einrichtung mit dem Begehren wenden, dass sie auf Grund des mit dem privaten Betreiber geschlossenen Vertrages auf diesen einwirkt und ihn zur Zulassung des Einwohners verpflichtet.

201 Bei der **Widmung** der Einrichtung eines **privaten Trägers** ist nach überwiegender Ansicht dessen Zustimmung erforderlich aber auch ausreichend (*BVerwG* NJW 1980, 2538 [2540]). Die Zustimmung liegt regelmäßig in dem privatrechtlichen Vertrag, der vor der Widmung mit dem privaten Betreiber geschlossen wird. Die vertragliche Regelung reicht indes nicht aus, um die zur Einrichtungen gehörenden Sachen den Status einer **öffentlichen Sache** zu verleihen und es ist in den meisten Fällen fraglich, ob sich der Wille der Vertragsparteien überhaupt auf diesen Aspekt bezieht (*Axer,* S. 155ff.; *Erichsen,* Kommunalrecht, § 10 D 4).

c) Organisationsformen kommunaler Einrichtungen

202 Wenn in der Literatur von den zahlreichen Möglichkeiten der Organisationsrechtlichen Ausgestaltung von öffentlichen Einrichtung die Rede ist, so muss dies vor dem Hintergrund des bereits Gesagten differenziert verstanden werden. Die öffentliche Einrichtung als Rechtskonstrukt der Organisation der Leistungserbringung gegenüber den Einwohnern und Dritten ist als solche neutral gegenüber der organisatorischen Ausgestaltung der tatsächlichen Leistungserbringung. Insoweit steht den Kommunen das gesamte Spektrum der für die Aufgabenerfüllung auch ansonsten zur Verfügung stehenden Gestaltungsformen zur Verfügung. Zu beachten ist jedoch, dass eine Qualifizierung als öffentliche Einrichtung einen ausreichenden Einfluss der Kommune auf die Leistungserbringung voraussetzt.

d) Kommunale Einrichtungen und kommunale Unternehmen

203 Eine partielle Überschneidung besteht in den Kommunalgesetzen zwischen den Regelungen zu den öffentlichen Einrichtungen sowie den kommunalen Unternehmen. Die enge thematische Beziehung zwischen Einrichtungen und Unternehmen wird daran erkennbar, dass die meisten Kommunalgesetze bei der Regelung der Vorbehaltsaufgaben der Vertretungskörperschaften Einrichtungen und Unternehmen gemeinsam erfassen. Dies entspricht auch der Praxis, nach der die meisten kommunalen Unternehmen zugleich den Status einer öffentlichen Einrichtung besitzen (*Kluth,* Grenzen kommunaler Wettbewerbsteilnahme, 1988, S. 44ff.; *Gern,* Rdnr. 725).

204 Die getrennte Regelung beider Themenkreise in den Kommunalgesetzen hängt damit zusammen, dass die jeweiligen Regelungen unterschiedliche Zielsetzungen verfolgen. Während die Regelungen, die sich ausdrücklich auf

die öffentlichen Einrichtungen beziehen, vor allem die Rechtsstellung der Einwohner als Nutzer sowie die Benutzungsbedingungen ausgestalten, geht es bei den Regelungen zu den kommunalen Unternehmen bzw. der wirtschaftlichen Betätigung in erster Linie um haushaltsrechtliche Aspekte (vor allem die Begrenzung der finanziellen Risiken) sowie die Sicherung der Kontrolle der Unternehmen durch die kommunalen Organe. Beide Regelungskomplexe ergänzen sich insoweit und stehen nicht in Widerspruch zueinander.

§ 96 Das Recht der kommunalen Gemeinschaftsarbeit

Schrifttum: *Anders,* Die fehlerhafte Zweckverbandsgründung in der Rechtsprechung des Sächsischen Oberverwaltungsgerichts, LKV 1999, 50; *Bogner,* Stärkung der Verwaltungs- und Leistungskraft kreisangehöriger Gemeinden durch ergänzende Verbände, ThürVBl. 1992, 217; *Borchmann,* Zweckverbände und Selbstverwaltungsgarantie, HSGZ 1980, 236; *Cromme,* Kommunalrechtlicher Rahmen für die Sanierung von Zweckverbänden, LKV 1998, 161; *ders.,* Nachträgliche Heilung ungewollter Zweckverbände?, LKV 1999, 122; *Cronauge,* Kommunale Unternehmen, 3. Aufl., 1997; *Damkowski,* Ländergrenzen überschreitende Regionalverbände, NVwZ 1988, 297; *Darsow,* Gründung von Zweckverbänden, LKV 1999, 308; *Dierksmeier,* Nichtrechtsfähige Zusammenschlüsse des öffentlichen Rechts zur Förderung der kommunalen Gemeinschaftsarbeit, Jur. Diss. Münster 1966; *Dieckmann,* Zur Organisation kommunaler Spitzenorganisationen auf europäischer und internationaler Ebene, DÖV 2000, 457; *Dietlein,* Wege aus dem Zweckverband, LKV 1999, 41; *Dittmann,* Kommunalverbandsrecht, in: Achterberg/Püttner/Würtenberger (Hrsg.), Besonderes Verwaltungsrecht, Bd. 2, 2. Aufl., 2000, S. 105; *Drefahl,* Möglichkeiten zur effektiven kommunalen Aufgabenwahrnehmung, DNV 2000, 11; *Ehlers,* Interkommunale Zusammenarbeit in Gesellschaftsform, DVBl. 1997, 137; *Foerstemann,* Sitzungen der Zweckverbandsversammlung – nichtöffentlich ?, HSGZ 1988, 189; *Fromm,* Zweckverbände für den öffentlichen Personennahverkehr, DVBl. 1977, 271; *Funke/Schroer,* Selbstverwaltungsgarantie und gemeindliche Zusammenarbeit bei der Bauleitplanung, ZG 1986, 256; *Geißelmann,* Die Kommunalen Spitzenverbände, Interessenvertretung und Verwaltungsreform, 1975; *Gern,* Deutsches Kommunalrecht, 3. Aufl., 2003; *Grawert,* Mitwirkungsverbote in kommunalen Zweckverbänden und Gesellschaften, NWVBl 1998, 209; *Hänsel,* Zweckverbände während ihrer Gründungsphase und fehlerhaft gegründete Zweckverbände, 1998; *Hambusch,* Die Begriffe „Gemeindeverband" und „Zweckverband" im Kommunalrecht Nordrhein-Westfalens, DVBl. 1968, 836; *Hatzfeld/Janning,* Ansiedlung großflächiger Einzelhandelsbetriebe, StGB 1990, 109; *Hauth/Hillermeier/Bonengel,* Verwaltungsgemeinschaften und Zweckverbände. Kommentar für die Praxis der kommunalen Zusammenarbeit in Bayern, 1997; *Heberlein,* Grenznachbarschaftliche Zusammenarbeit auf kommunaler Basis, DÖV 1996, 100; *Hoppe/Beckmann,* Juristische Aspekte einer interkommunalen Zusammenarbeit beiderseits der deutsch-niederländischen Grenze, DVBl. 1986, 1; *Jestaedt,* Kommunale Gemeinschaftsarbeit im Spannungsfeld der Gemeinde und Gemeindeverbände, Jur. Diss. 1966; *Just,* Die „Heilung" der Gründungsfehler bei Zweckverbänden in Sachsen-Anhalt, LKV 1999, 113; *Kamischke,* Kreisaufgaben in der Erledigung durch Ämter und Gemeinden, DNV 1998, 23; *Kiepe,* Die Städte und ihre Regionen, Zur Notwendigkeit einer verbesserten kommunalen Zusammenarbeit auf regionaler Ebene, Städtetag 1996, 2; *ders.,* Thesen zur Notwendigkeit von Stadtregionen, Städtetag 2000, 10; *Kirchberg,* Kommunale Zusammenarbeit auf dem Gebiet der Abfallwirtschaft, VBlBW 1994, 469; *Kirchmer,* Abgaben- und Finanzhoheit der Gemeinden in Verwaltungsgemeinschaften und Zweckverbänden, FiWi 1995, 111; *ders.,* Vollstreckungsbefugnis für Zweckverbände ?, FiWi 1997, 66; *Klöck*, Rechtsschutz für Kirchturmpolitik? Kommunale Aufgabenwahrnehmung und Wahrung kommunalen Vermögens in regionalen Verbänden und Institutionen, NWVBl 2000, 45; *Klügel*, Gesetz zur Änderung des Gesetzes über kommunale Gemeinschaftsarbeit des Landes Sachsen-Anhalt vom 4. 7. 1996, LKV 1997, 197; *ders.*, Rückwirkende Heilung von Gründungsfehlern bei der Bildung von Zweckverbänden in Sachsen-Anhalt, LKV 1998, 168; *Kollhosser*, Fehlerhafte Zweckverbände und allgemeine Grundsätze des Verbandsrechts, NJW 1997, 3265; *Kumanoff/Schwarzkopf*, Zulässigkeit und Grenzen der kommunalen Zusammenarbeit in Zweckverbänden, SächsVBl. 1995, 145; *Mandelartz*, Recht des Landes bei länderübergreifenden Zweckverbänden, NVwZ 1995, 1190; *Millgramm*, Der Handlungsrahmen des Gesetzgebers bei Heilungsgesetzen, SächsVBl. 1998, 125; *Mombauer*, Kommunalpolitik in der Europäischen Union, 1992; *Müllers*, Die Stadt-Umland-Problematik, Diss. Halle 1996; *Oebbecke*, Zweckverbandsbildung und Selbstverwaltungsgarantie, 1982; *ders.*, Zweckverbände und kommunale Gebietsreform in Nordrhein-Westfalen, DÖV 1983, 99; *Oppenländer/Dolde*, Auswirkungen veränderter Verhältnisse auf den Zweckverband als Freiverband, DVBl. 1995, 637; *Pencereci/Bluhm*, Die rechtliche und wirtschaftliche Situation unwirksam gegründeter Zweckverbände, LKV 1998, 172; *Pinski*, Die kommunalen Spitzenverbände in den neuen Bundesländern, LKV 2002, 124; *Prahl*, Zur Unzulässigkeit von Zweckverbänden der Weiterbildung in NW, VR 1994, 347; *Püttner*, HdkWP, Band 2, 1982, § 40 – Höhere Gemeindeverbände; *Rapior*, Interkommunale Zusammenarbeit. Eine empirische Untersuchung über die Stadt-Umland-Beziehungen in der Stadtregion Freiburg, 1984; *Rengeling*, in: Püttner, Handbuch der kommunalen Wissenschaft und Praxis, Band 2, 1982, 385ff. m.w.Nachw. der älteren Lit.; *Riederle*, Kommunale Spitzenverbände im Gesetzgebungsverfahren, 1995; *Rhein*, Interkommunale Zusammenarbeit, Städtetag 1994, 725; *Rothe*, Selbsthilfe der Gemeinden durch interkommunale Zusammenarbeit, StG 1991, 420; *Schink*, Formen und Grenzen interkommunaler Zusammenarbeit durch öffentlich-rechtliche Vereinbarungen, DVBl. 1982, 769; *Seewald/Rassow*, Bürgerbegehren und Bürgerentscheid im Zweckverband, BayVBl. 1997, 609; *Sönke*, Die fehlerhafte Zweckverbandsgründung in der Rechtsprechung des Sächsischen Oberverwaltungsgerichts, LKV 1999, 50; *Spannowsky*, Die Verantwortung der öffentlichen Hand für die Erfüllung öffentlicher Aufgaben und die Reichweite ihrer Einwirkungspflicht auf Beteiligungsunternehmen, DVBl. 1992, 1072; *ders.*, Abfindungsanspruch eines Verbandsmitglieds beim Ausscheiden aus einem Zweckverband, DÖV 1993, 600; *ders.*, Übungen im öffentlichen Recht für Fortgeschrittene – das Ausscheiden aus einem Zweckverband und das Gesetz über die kommunale Zusammenarbeit (GKZ), VBlBW 1995, 294 und 332; *Stuible-Treder*, Vorverband oder -körperschaft im öffentlichen Recht, DÖV 1987, 58; *Taeger*, Personalkosteneinsparung durch kommunale Zusammenarbeit, FiWi 1993, 209; *Theobald*, Probleme des Zweckverbandsrechts als Grundlage kommunaler Gemeinschaftsarbeit, Jur. Diss., Köln 1968; *Tomerius*, Zur Haftung der Kommunen bei unwirksamer Gründung eines Zweckverbandes, LKV 1997, 404; *Vierhaus*, Abgabenerhebungsrecht von Zweckverbänden in den neuen Bundesländern?, LKV 1996, 322; *v. Mutius/Rentsch*, Kommunalverfassungsrecht Schleswig-Holstein, 5. Aufl., 1998; Komm. der §§ 1–23 GkZ; *Wagener*, in: Püttner, HdkWP, Band 2, 1982, § 39 – Stadt-Umland-Verbände; *Wellmann*, Was ist ein Zweckverband, der keiner ist?, LKV 1997, 402; *Weyl*, Der Verband Großraum Hannover, AfK 1977, 178; *Wohlfahrt*, Neue Gesetze zur kommunalen grenzüberschreitenden Zusammenarbeit in Frankreich und im Saarland, NVwZ 1994, 1072; *Zielke*, Zwischengemeindliche Zusammenarbeit, 1993.

I. Begriff, Erscheinungsformen, Rechtsgrundlagen

1. Begriff der kommunalen Gemeinschaftsarbeit

1 Unter kommunaler Gemeinschaftsarbeit oder interkommunaler Zusammenarbeit werden verschiedene Formen der gemeinsamen Aufgabenwahr-

nehmung durch Kommunen verstanden. Dabei kann zwischen kommunaler Gemeinschaftsarbeit i. e. S., bei der auf die gesetzlich ausdrücklich für diesen Zweck bereitgestellten Handlungs- und Organisationsformen zurück gegriffen wird und kommunaler Gemeinschaftsarbeit i. w. S., die auch sonstige Form kommunaler Zusammenarbeit, insbesondere in privater Rechtsform, einbezieht, unterschieden werden.

Fraglich ist, ob auch Kommunalverbände, die als Gebietskörperschaften mit gesetzlich bestimmten eigenen Wahrnehmungszuständigkeiten und demokratisch unmittelbar legitimierten Organen ausgestattet sind, wie die **Landkreise** und **Verbandsgemeinden,** der kommunalen Gemeinschaftsarbeit zuzuordnen sind oder als Gemeindeverbände davon zu unterscheiden sind. Sieht man es als ein bestimmendes Merkmal der kommunalen Gemeinschaftsarbeit an, dass einzelne Kommunen die ihnen zugewiesenen Aufgaben gemeinschaftlich wahrnehmen, so schließt dies eine Einbeziehung der Landkreise und Verbandsgemeinden aus, da es sich dabei um eigenständig agierende und legitimierte Verwaltungsträger mit eigenem Aufgabenbestand handelt (siehe zu den Landkreisen § 94, Rdnr. 79 ff. und zu den Verbandsgemeinden § 94, Rdnr. 92 ff.). 2

Weder zu den Kommunalverbänden noch zur kommunalen Gemeinschaftsarbeit gehören die Wasser- und Bodenverbände (anders *Dittmann,* § 18, Rdnr. 78). Bei ihnen handelt es sich vielmehr um Realkörperschaften und Träger funktionaler Selbstverwaltung, an denen die Kommunen neben Privaten beteiligt sind. Der Umstand, dass in vielen Wasser- und Bodenverbänden die Gemeinden eine gewichtige Rolle spielen, ändert an der Zuordnung nichts, da Anknüpfungspunkt nicht die Angelegenheit der örtlichen Gemeinschaft, sondern das Grundeigentum und die damit zusammenhängenden Aufgaben im Zusammenhang mit der Wasserwirtschaft sind. 3

2. Einfachgesetzliche Rechtsgrundlagen

Schrifttum: *Kunze/Hekking,* Gesetz über kommunale Gemeinschaftsarbeit in Baden-Württemberg, 1981; *Schauwecker,* Zweckverbände in Baden-Württemberg, 1990; *Schön/Schneider,* Kommentar zum hessischen KGG, 1970; *Seydel,* Die kommunalen Zweckverbände, 1955.

a) Entwicklung des Rechts der kommunalen Gemeinschaftsarbeit

Die kommunale Gemeinschaftsarbeit und damit auch ihre rechtlichen Grundlagen lassen sich bis in die Mitte des 19. Jahrhunderts und damit in die frühe Zeit der modernen Kommunalverwaltung zurückverfolgen. Als frühe Erscheinungsform kann § 7 des preußischen Gesetzes über die Verpflichtung zur Armenpflege vom 31. 12. 1842 (GS 1843, S. 8) angeführt werden, der die gemeinschaftliche Wahrnehmung dieser Aufgabe vorsah (weitere Beispiele bei *Dittmann,* § 18, Rdnr. 2). Bereits zu dieser Zeit wurde als Alternative die Zuweisung der Aufgabe an eine höhere Körperschaft angesehen, womit zugleich ein zentraler Gedanke des Rechts der kommunalen 4

Gemeinschaftsarbeit hervortritt: es handelt sich um eine Möglichkeit, auch solche Aufgaben auf der gemeindlichen Ebene wahrzunehmen und damit zu belassen, die die Verwaltungskraft und Leistungsfähigkeit der einzelnen Gemeinde überschreiten. Damit dient das Recht der kommunalen Gemeinschaftsarbeit auch der Umsetzung des **Subsidiaritätsgedankens** (vgl. *Kamischke,* DNV 1998, 23ff.; zu den gleichwohl bestehenden Gefahren, die von der kommunalen Gemeinschaftsarbeit für die bürgerschaftliche Selbstverwaltung ausgehen können vgl. unten Rdnr. 101ff.). Zugleich eröffnet diese Form der Kooperation für die einzelne Gemeinde durch die damit erzielten Größenvorteile die Möglichkeit zu Kosteneinsparungen (dazu *Taeger,* FiWi 1993, 209ff.).

5 Die erste zusammenhänge Regelung fand das Recht der kommunalen Gemeinschaftsarbeit im **preußischen Zweckverbandsgesetz** vom 19. 7. 1991 (GS S. 115), das aber wegen der darin vorgesehenen Bildung von Pflichtverbänden auf erheblichen Widerstand der Kommunen stieß. Durch dieses Gesetz wurde der thematische Anwendungsbereich der Gemeinschaftsarbeit im Vergleich zu den bis dahin bestehenden Einzelregelungen erheblich erweitert. Auch wurde das Erfordernis der direkten Nachbarschaft der zusammenwirkenden Gemeinden aufgegeben. Auch die innere Verfassung und die Finanzierung fanden eine ausführliche Regelung. Für das Jahr 1937 wird für Preußen die Existenz von 8893 Zweckverbänden angegeben, von denen sich 5747 auf das Volksschulwesen und 1602 auf das Feuerlöschwesen bezogen (*Seydel,* S. 61). Ähnliche Regelungen wie in Preußen entwickelten sich auch in anderen deutschen Staaten (weitere Einzelheiten zur geschichtlichen Entwicklung bei *Rengeling,* in: Püttner, HdkWP, Band 2, S. 388ff.).

6 Eine reichseinheitliche Regelung des Zweckverbandsrechts erfolgte – insoweit die ebenfalls reichseinheitliche Regelung des Kommunalrechts durch die Deutsche Gemeindeordnung von 1935 ergänzend – durch das **Reichszweckverbandsgesetz** vom 7. 6. 1939 (RGBl. I S. 979). Die Bedeutung dieses von den Nationalsozialisten erlassenen, aber nur in einigen Punkten ideologisch geprägten Gesetzes lag weniger in seiner unmittelbaren praktischen Auswirkung, die wegen des kurze Zeit später folgenden Kriegsausbruchs gering blieb, ist in seiner Leitbildfunktion für die nach 1949 erlassenen und in ihrer Systematik bis heute fort geltenden Landesgesetzen zur kommunalen Gemeinschaftsarbeit zu erblicken. Als Neuerungen gegenüber den bestehenden Regelungen wies dieses Gesetz unter anderem die Möglichkeit der Mitgliedschaft von rechtsfähigen Anstalten und Stiftungen des öffentlichen Rechts auf. Die innere Verfassung konnte flexibler gestaltet werden. Nach 1949 galt das Gesetz zunächst gem. Art. 123 Abs. 1 GG i.V.m. Art. 70 GG als Landesrecht fort, wobei zuvor bereits einzelne nationalsozialistisch gefärbte Regelungen auf Anordnung der Besatzungsmächte aufgehoben worden waren. Beginnend mit dem Zwecksverbandsgesetz des Landes Rheinland-Pfalz vom 3. 12. 1954 erließen die Flächenländer dann

aber nach und nach neue Regelungen, die sich durchweg am Vorbild des Reichszweckverbandsgesetzes orientierten, in Einzelheiten aber eigene Wege beschritten.

b) Die Landesgesetze über kommunale Gemeinschaftsarbeit

Baden-Württemberg hat das Gesetz über kommunale Zusammenarbeit (GKZ) i.d.F. vom 16. 9. 1974 (GBl. S. 408), zuletzt geändert durch G. vom 16. 7. 1998 (GBl. S. 418) erlassen, das nur zwei Formen der Zusammenarbeit (öffentlich-rechtliche Vereinbarung und Zweckverband) vorsieht. Die Verwaltungsgemeinschaften sind in der Gemeindeordnung geregelt. 7

In **Bayern** wurde mit dem Gesetz über die kommunale Zusammenarbeit (KommZG) vom 1. 7. 1966, heute gültig i.d.F. vom 20. 6. 1994 (GVBl. S. 555) eine sehr ausführliche Regelung erlassen, die mit der besonderen Arbeitsgemeinschaft und dem Gemeindeaufgabenverband neue Formen der Zusammenarbeit enthält. 8

Brandenburg hat als erstes der neuen Bundesländer am 31. 12. 1991 das Gesetz über kommunale Gemeinschaftsarbeit im Land Brandenburg (GKG) erlassen, das inzwischen i.d.F. vom 28. 5. 1999 (GVBl. I S. 194) gültig ist. Den Kommunen werden als Handlungsformen die kommunale Arbeitsgemeinschaft, der Zweckverband und die öffentlich-rechtliche Vereinbarung zur Verfügung gestellt. 9

In **Hessen** wurde das Gesetz über kommunale Zusammenarbeit (KGG) vom 16. 12. 1969 (GVBl. I S. 307) erlassen. Es folgt dem Vorbild des Reichszweckverbandsgesetzes und sieht darüber hinaus den Gemeindeverwaltungsverband und die Verwaltungsgemeinschaft als weitere Organisationsformen vor. 10

Am 26. 4. 1961 verabschiedete **Nordrhein-Westfalen** das Gesetz über kommunale Gemeinschaftsarbeit, das inzwischen i.d.F. vom 1. 10. 1979 (GV NW S. 621), zuletzt geändert durch G. v. 26. 6. 1984 (GV NW S. 362) gilt. 11

Das **Saarland** hat das Gesetz über die kommunale Gemeinschaftsarbeit als Gesetz Nr. 1021 vom 26. 2. 1975 i.d.F. vom 27. 6. 1997 (ABl. S. 490) erlassen, das sich auf die herkömmlichen Formen der Gemeinschaftsarbeit beschränkt. 12

Sachsen das sehr ausführliche Gesetz über kommunale Zusammenarbeit (SächsKomZG) v. 19. 8. 1993 (GVB. S. 815), zuletzt geändert durch G. v. 25. 6. 1999 (GVB S. 398) erlassen, das neben den klassischen Handlungsformen die Verwaltungsgemeinschaft und die Zweckvereinbarung vorsieht. 13

In **Sachsen-Anhalt** gilt das Gesetz über kommunale Gemeinschaftsarbeit (GKG LSA) i.d.F. vom 26. 2. 1998 (GVBl. I S. 82), das die klassischen Handlungsformen vorsieht. Es wird ergänzt durch die Regelungen zur Verwaltungsgemeinschaft in den §§ 75–85 sanhGO. 14

Für **Schleswig-Holstein** wurde am 20. 3. 1974 das Gesetz über kommunale Zusammenarbeit (GkZ) erlassen, das i.d.F. vom 1. 4. 1996 (GVOBl. 15

S. 381) gilt. Dieses Gesetz führte als neue Kooperationsform den Nachbarschaftsausschuss ein, der eine lose Form der Zusammenarbeit ermöglicht.

16 Das für **Thüringen** erlassene Gesetz über die kommunale Gemeinschaftsarbeit vom 11. 6. 1992 (GVBl. S. 232), geändert durch G. v. 10. 11. 1995 (GVBl. S. 346), sieht als Aktionsformen die einfache und besondere Arbeitsgemeinschaft, die Zweckvereinbarung und den Zweckverband vor.

17 Ergänzend zu diesen allgemeinen Gesetzes über die kommunale Gemeinschaftsarbeit haben einige Bundesländer **zusätzliche Zweckverbandsgesetze** erlassen. So ist in **Niedersachsen** ein Zweckverbandsgesetz anzutreffen, bei dem es sich um das als Landesrecht fortgeltende Reichszweckverbandsgesetz handelt (*Rosenzweig*, Kommunalrecht, in: Brandt/Schinkel [Hrsg], Staats- und Verwaltungsrecht für Niedersachsen, 2002, S. 265 [346]). Hinzu kommt die Verordnung über Sparkassenzweckverbände (SpZwVerbVO) vom 8. 10. 1962 (GBl. S. 203), zuletzt geändert durch G. vom 18. 12. 1989 (GBl. S. 431). In **Rheinland-Pfalz** sind das Zweckverbandsgesetz (ZwVG) vom 22. 12. 1982 (GVBl. S. 476) sowie das Realverbandsgesetz vom 4. 11. 1969 (GVBl. S. 187), zuletzt geändert durch G. v. 3. 6. 1982 (GVBl. S. 157) zu erwähnen.

18 Die Gesetze über die kommunale Gemeinschaftsarbeit beschränken sich, selbst bei den ausführlicheren Gesetzen, auf die Bereitstellung der einzelnen Organisations- und Handlungsformen, die Bestimmung der Binnenverfassung sowie wichtige Verfahrensregelungen. Soweit Regelungslücken bestehen, kommt grundsätzlich eine entsprechende Anwendung der Normen des zugehörigen Kommunalverfassungsrechts in Betracht. Dies ist teilweise durch entsprechende Verweisungsnormen ausdrücklich geregelt. So finden sich entsprechende Verweisungen z.B. in § 2 Abs. 4, § 16 Abs. 1 sanhGKG.

19 Zudem sind wird bisweilen die unmittelbare Geltung der Vorschriften über die Wirtschaftsführung und Rechnungswesen der Eigenbetriebe bei Zweckverbänden, die der Wasserversorgung oder der Abfall- oder Abwasserentsorgung dienen angeordnet (so z.B. in § 16 Abs. 3 sanhGKG). In ähnlicher Weise wird z.T. bei Betrieb eines Eigenbetriebs durch einen Zweckverband das Eigenbetriebsrecht für anwendbar erklärt (vgl. § 16 Abs. 2 sanhGKG).

3. Die grenzüberschreitende Zusammenarbeit

20 Sowohl bei den Gemeinden als auch bei den Landkreisen können die äußeren Voraussetzungen für sinnvolle Kooperationen bei der Aufgabenwahrnehmung eine Zusammenarbeit mit anderen Kommunen nahe legen, die einer anderen höheren politischen Körperschaft zugeordnet sind. Das gilt etwa für den Gewässerschutz sowie andere Bereiche des Umwelt- und Naturschutzes, aber auch für den Personennahverkehr. Im Falle von kreisangehörigen Gemeinden kann es sich um eine die Kreisgrenzen, die Landesgrenzen und die Bundesgrenzen überschreitende Zusammenarbeit handeln.

Bei kreisfreien Städten und Landkreisen kommen nur die beiden letzteren Varianten in Betracht.

21 Die Regelungen in den Gesetzen über die kommunale Gemeinschaftsarbeit können eine abschließende Regelung aus Kompetenzgründen nur für die Kreisgrenzen überschreitende **Zusammenarbeit innerhalb des jeweiligen Bundeslandes** treffen. Entsprechende Regelungen finden sich auch in allen Gesetzen. In Bezug auf Kooperationen, die die Landesgrenzen überschreiten können die einzelnen Länder nur Zuständigkeits- und Verfahrensregelungen treffen. Die Zusammenarbeit selbst Bedarf der Regelung durch **Staatsverträge** oder **Verwaltungsabkommen.** In der Praxis ist eine Vielzahl derartiger Abkommen anzutreffen.

22 Eine dritte Variante der grenzüberschreitenden Zusammenarbeit bezieht sich auf die Kooperation mit **ausländischen Kommunen** (dazu *Schlögel,* Grenzüberschreitende interkommunale Zusammenarbeit, 1982; *Oehm,* Rechtsprobleme Staatsgrenzen überschreitender interkommunaler Zusammenarbeit, 1982; *Beyerlin,* Rechtsprobleme der lokalen grenzüberschreitenden Zusammenarbeit, 1988; Knemeyer [Hrsg.], Europa der Regionen – Europa der Kommunen, 1994; *Cramer,* Empirische Untersuchungen zu grenzüberschreitenden Kooperationen, 1995; *Dittmann,* Rdnr. 79ff.). Diese Form der Zusammenarbeit wird in drei Landesverfassungen sogar als Staatsziel ausgewiesen (Art. 11 mvVerf.; Art. 12 sächsVerf.; Art. 60 Abs. 2 saVerf.). Sie findet in der spezifischen Form der **grenznachbarschaftlichen Einrichtung** auch eine besondere rechtliche Grundlage in Art. 24 Abs. 1a GG (dazu *Lott,* Neue Formen der grenzüberschreitenden Zusammenarbeit, 1999). Zudem sind die Länder in diesem Bereich nach Art. 32 Abs. 3 GG in der Lage, mit Zustimmung der Bundesregierungen völkerrechtliche Verträge abzuschließen.

23 Eine besondere Form der grenzüberschreitenden Zusammenarbeit stellen die **Städtepartnerschaften** dar. Sie knüpfen nicht an die benachbarte Lage an und auch die gemeinsame Aufgabenwahrnehmung steht nicht im Vordergrund. Sie dienen in der Regel anderen Zielen, wie z.B. der Völkerverständigung. In diesem Rahmen werden sie für zulässig gehalten (zu Einzelheiten *Gern,* NVwZ 1991, 685ff.; *Heberlein,* DÖV 1990, 374f.; *Wohlfahrth,* NVwZ 1994, 1072ff.).

24 Für die grenzüberschreitende interkommunale Zusammenarbeit wurde eine Reihe von internationalen Sonderregelungen geschaffen. Zu erwähnen sind das Europäische Rahmenübereinkommen über die grenzüberschreitende Zusammenarbeit zwischen Gebietskörperschaften und Behörden aus dem Jahr 1980 (BGBl. II 1981, S. 965) sowie spezielle Übereinkommen zwischen der Bundesrepublik Deutschland und Frankreich, Luxemburg, der Schweiz. Hinzu kommen Verträge der einzelnen Bundesländer (z.B. EUREGIO als Kooperation im Grenzgebiet zwischen Deutschland, Belgien und den Niederlanden; ähnliche Kooperationen gibt es an der Grenze mit Polen).

4. Systematisierung der Erscheinungsformen kommunaler Gemeinschaftsarbeit

25 Das Recht der kommunalen Gemeinschaftsarbeit ist heute durch eine große Formenvielfalt geprägt, die in den einzelnen Ländern unterschiedlich weit reicht. Dabei ist auf Grund einer gewissen terminologischen Uneinheitlichkeit zwischen abweichenden Bezeichnungen und abweichenden Rechtslagen zu unterscheiden. Hinzu kommt, dass die Struktur der geschaffenen Rechtsbeziehungen und Organisationen auch innerhalb einer Rechtsform nicht immer einheitlich ist. Mit Hilfe einer Systematisierung können diese Besonderheiten leichter kenntlich gemacht werden.

26 An erster Stelle ist zwischen der **förmlichen,** durch die gesetzlich bereitgestellten Handlungs- und Organisationsformen bestimmten, und der **nicht-förmliche Zusammenarbeit** zu unterscheiden. Diese Unterscheidung basiert auf der rechtlichen Annahme, dass die formlose Zusammenarbeit, wie etwa in „Interessengemeinschaften", durch die Gesetze über die kommunalen Gemeinschaftsarbeit nicht untersagt oder eingeschränkt werden (darauf wird z. B. in § 2 Abs. 3 sanhGKG ausdrücklich hingewiesen).

27 Eine zweite Unterscheidung kann zwischen **öffentlich-rechtlichen** und **privatrechtlichen Formen** der Zusammenschlüsse erfolgen. Auch insoweit geht von den Gesetzen über die kommunale Gemeinschaftsarbeit keine Sperrwirkung aus (vgl. insoweit die klarstellende Regelung in § 2 Abs. 2 sanhGKG). Beide Feststellungen erlauben die Aussage, dass es keinen numerus clausus der Formen kommunaler Gemeinschaftsarbeit i. w. S. gibt.

28 Nach dem Grad der **organisatorischen und institutionellen Verfestigung** ist zwischen Form der Gemeinschaftsarbeit mit und ohne eigenständiger rechtsfähiger Organisation zu unterscheiden. Dabei indiziert ein höheres Maß an institutioneller Eigenständigkeit zum einen die größere Dauerhaftigkeit der Zusammenarbeit und zum anderen die größere Verselbstständigung der Aufgabenwahrnehmung im Verhältnis zu den beteiligten Kommunen und ihren Organen. Die damit verbundenen Minderungen der demokratischen Legitimation sind eine Achillesferse der kommunalen Gemeinschaftsarbeit.

29 Nach dem Verhältnis der Größe und Leistungsfähigkeit der an einer Gemeinschaftsarbeit beteiligten Partner kann zwischen **gleichgewichtigen** und **ungleichgewichtigen Partnerschaften** unterschieden werden. Damit einher geht in der Regel auch der Vorrang der **Ergänzungs-** oder **Ausgleichsfunktion** als Hauptzweck der Zusammenarbeit. Beispiele für ungleichgewichtige Partnerschaften mit Ausgleichsfunktion sind vor allem die Stadt-Umland-Verbände.

30 Nach dem zugewiesenen Aufgabenbestand kann zwischen **allgemeinen** und **besonderen** oder **spezialisierten Formen der kommunalen Gemeinschaftsarbeit** unterschieden werden. Im Falle der besonderen Formen stellt der Gesetzgeber speziell für eine Aufgabe oder einen Aufgabentyp eine be-

sonderen Organisationsform bereit, wie dies z.B. bei den Regelungen zu den Sparkassenverbänden der Fall ist. Bei den allgemeinen Formen, wie etwa den Verwaltungsgemeinschaften, ist es zudem möglich, dass eine Vielzahl höchst unterschiedlicher Aufgaben übertragen und wahrgenommen wird.

Nach der **Art der übertragenen Aufgabe** kann zwischen Gemeinschaftsarbeit im Bereich des **eigenen** oder des **übertragenen Wirkungskreises** unterschieden werden. Grundsätzlich ist es unerheblich, ob Selbst- oder Fremdverwaltungsangelegenheiten Gegenstand der Gemeinschaftsarbeit sind. Es ist aber zu beachten, dass sich die Auswirkungen der Aufgabenübertragung auf das Leitbild der bürgerschaftlichen Selbstverwaltung unterscheiden. Während im übertragenen Wirkungskreis auch im Falle der Wahrnehmung durch die Kommune selbst der Hauptverwaltungsbeamte (Bürgermeister, Landrat) zuständig ist, der regelmäßig auch bei der gemeinschaftlichen Wahrnehmung die Interessen der Kommune wahrnimmt, wird bei Aufgaben des eigenen Wirkungskreis zudem in die Zuständigkeit der Vertretungskörperschaften eingegriffen, die durch punktuelle Weisungsrechte nur unvollständig ausgeglichen werden. Aus diesem Grund sind an die Übertragung von Aufgaben des eigenen Wirkungskreises insbesondere auf Verwaltungsgemeinschaften höhere Anforderungen zu stellen (vgl. auch *BVerfG,* 2 BvR 329/97 vom 19. 11. 2002, www.bverfg.de/Entscheidungen/rs 20021110_2bvr032997.html, Absatz-Nr. 59ff.). 31

Es ist bundesrechtlich nicht zu beanstanden, wenn Landesgesetzgeber bestimmten Formen der Gemeinschaftsarbeit **Vorrang** vor anderen einräumt (vgl. *BVerwG,* Urt. v. 24. 4. 1981; *Buchholz,* 415.1 AllgKommR Nr. 36 zu § 67 rpGO). 32

5. Verfassungsrechtliche Grundlagen und Rechtsfragen

a) Bundesverfassungsrecht

Die kommunale Gemeinschaftsarbeit wirft aus der Perspektive des Grundgesetzes vor allem unter drei Gesichtspunkten Probleme auf: Erstens stellt sich die Frage nach der Reichweite bzw. den Grenzen einer Verlagerung von Aufgaben auf Organisationen der kommunalen Gemeinschaftsarbeit. Dabei geht es vor allem um die Wahrung eines ausreichenden Einflusses der Bürger und der Vertretungskörperschaften auf die kommunalen Aufgaben. Zweitens ist zu klären, inwieweit der (Landes-) Gesetzgeber eine Pflicht zur kommunalen Gemeinschaftsarbeit bzw. die Übertragung von Aufgaben auf entsprechende Organisationen regeln darf. Drittens ist zu klären, ob und mit welcher Reichweite die zum Zwecke der kommunalen Gemeinschaftsarbeit geschaffenen Organisationen von der verfassungsrechtlichen Selbstverwaltungsgarantie des Art. 28 Abs. 2 GG erfasst werden. 33

Die grundsätzliche Zulässigkeit der Erfüllung von kommunalen Aufgaben im Wege der Gemeinschaftsarbeit steht schon deshalb außer Zweifel, weil 34 sie in Ausübung der durch das Selbstverwaltungsrecht gewährleisteten eigenverantwortlichen Regelungsbefugnis erfolgt (zum Streit, ob es eine so genannte **„Kooperationshoheit"** der Gemeinden gibt, vgl. bejahend *Gern,* Rdnr. 922; *Rengeling,* S. 394 „Wesensgehalt der Selbstverwaltungsgarantie"; *Borchmann,* HSGZ 1980, 236; a.A. *Oebbecke,* Zweckverbandsbildung, S. 70). Allerdings ist der für die Gemeinschaftsarbeit neben anderen Aspekten angeführte Grund der Subsidiarität zugleich auch als Grenze der gemeinsamen Aufgabenerfüllung anzusehen, insbesondere wenn es um die Verlagerung der Aufgaben auf rechtsfähige Organisationseinheiten wie Verwaltungsgemeinschaften und Zweckverbände geht. Dieser Verlagerungsvorgang darf nicht zu einer Aushöhlung des bürgerschaftlichen Kerns der kommunalen Selbstverwaltung führen, der sich in der maßgeblichen Steuerung der Aufgabenwahrnehmung durch die repräsentative Vertretungskörperschaft widerspiegelt. Vor allem Aufgaben des eigenen Wirkungskreises dürfen deshalb nur punktuell und nicht weitreichend oder gar flächendeckend dem gestalterischen Zugriff des Gemeinderates bzw. Kreistages entzogen werden, denn sie sind ein Problem der gemeindlichen Letztverantwortung bzw. der Grenzen der Delegationsbefugnis (siehe dazu auch *bwStGH*, DÖV 1976, 599). Dabei ist zu beachten, dass auch die Einräumung von Weisungsrechten der Repräsentativorgane gegenüber den Vertretern der Kommune in den Leitungsorganen der Gemeinschaftsarbeit nur eine unvollkommene Kompensation für die vom Leitbild des Art. 28 Abs. 1 S. 2 GG geforderte Art der Ausübung von Staatsgewalt durch die Bürger darstellt.

35 Das damit angesprochene **Spannungsverhältnis** wird besonders deutlich, wenn man das Verhältnis von Verwaltungsgemeinschaft und Verbandsgemeinde als alternativen Modellen der Wahrnehmung von Angelegenheiten der örtlichen Gemeinschaft in den Blick nimmt. Während bei einer Verwaltungsgemeinschaft Aufgaben des eigenen und übertragenen Wirkungskreises auf eine als Körperschaft des öffentlichen Rechts verselbstständigte Organisationseinheit übertragen werden, die die beteiligten Gemeinden mittelbar steuern und kontrollieren, wird bei einer Verbandsgemeinde eine strukturell den Gemeinden bzw. Landkreisen entsprechende Gebietskörperschaft geschaffen, die durch ihre Organe eigenständig gesteuert wird, zugleich aber auch über eine unmittelbare demokratische Legitimation verfügt. Der damit verbundene Nachteil, dass die Gemeinden die auf die Verbandsgemeinde n übertragenen Aufgaben verlieren, wird dadurch aufgewogen, dass sie in der Verbandsgemeinde in unmittelbarer bürgerschaftlicher Selbstverwaltung wahrgenommen werden. Es geht deshalb um die Alternative, vielen kleinen Gemeinden auf dem Papier einen möglichst großen Aufgabenbestand zu belassen, der jedoch weitgehend nur mittelbar durch die Gemeinden selbst verwaltet wird, oder die Aufgaben auf eine Gebietskörperschaft zu übertragen, die sie in vollwertiger Selbstverwaltung wahrnimmt. Aus dem Blickwinkel des Leitbildes der bürgerschaftlichen Selbst-

verwaltung, das vor allem in Art. 28 Abs. 1 S. 2 GG zum Ausdruck kommt und in Art. 28 Abs. 2 S. 1 GG hineingelesen werden muss, ist das Modell der Verbandsgemeinde vorzuziehen. Das bedeutet nicht, dass eine verfassungsrechtliche Pflicht besteht, sich für das Modell der Verbandsgemeinde zu entscheiden (*sanhVerfG,* LVerfGE 10, 413 [426 f.]). Im Bereich des eigenen Wirkungskreises sind dem Modell der Verwaltungsgemeinschaft aber aus den genannten Gründen enge Grenzen gezogen (vgl. in diesem Zusammengang auch *BVerfG* 2 BvR 329/97 vom 19. 11. 2002, www.bverfg.de/Entscheidungen/rs20021110_2bvr032997.html, Absatz-Nr. 59 ff.).

Verfassungsrechtliche Vorgaben sind zweitens bei der Begründung einer gesetzlichen **Pflicht zur Gemeinschaftsarbeit** zu beachten, wobei es keine Rolle spielt, ob diese Pflicht durch das Gesetz unmittelbar begründet wird oder das Gesetz die Kommunalaufsichtsbehörden zu entsprechenden Anordnungen im Einzelfall ermächtigt, wie es in den meisten Fällen vorgesehen ist. Auch hierbei ist zwischen dem eigenen und dem übertragenen Wirkungskreis zu differenzieren (vgl. *sanhVerfGH,* LKV 1999, 324; *BVerfG* a. a. O.). Eine solche Pflicht stellt auch dann keine der von Personalhoheit der betroffenen Gemeinden dar, wenn ihnen im Falle der pflichtigen Gründung einer Verwaltungsgemeinschaft ganz oder teilweise untersagt wird, eigenes Verwaltungspersonal zu beschäftigen (siehe dazu *sanhVerfGH,* LKV 2000, 32). 36

Der dritte Aspekt betrifft die Frage der Anwendbarkeit der **grundgesetzlichen Selbstverwaltungsgarantie** auf die Organisationen der kommunalen Gemeinschaftsarbeit mit eigener Rechtspersönlichkeit. Es kommt insoweit zunächst darauf ab, wie der von Art. 28 Abs. 2 S. 2 GG verwendete Begriff des „Gemeindeverbandes“ zu interpretieren ist. Das Bundesverfassungsgericht versteht darunter „kommunale Zusammenschlüsse, die entweder zur Wahrnehmung von Selbstverwaltungsaufgaben gebildete Gebietskörperschaften sind oder diesen […] nahe kommen (*BVerfGE* 52, 95 [109]). In der Literatur wird darauf abgestellt, dass Aufgaben gebietsbezogen universal zugewiesen sind (*Erichsen,* NWVBl. 1995, 1 [3]). Von diesen Merkmalen ausgehend besteht weitgehende Einigkeit, dass die Zweckverbände nicht erfasst werden, da sie nicht über einen eigenen Aufgabenbestand verfügen (*Dreier,* in: ders. [Hrsg.], Grundgesetz Kommentar, Bd. 2, Art. 28, Rdnr. 157; *Stern,* Staatsrecht Bd. 1, S. 417, Fn. 111). Das ist auch deshalb konsequent, weil einerseits die zusammenwirkenden Kommunen durch Art. 28 Abs. 2 GG geschützt sind und auch die Gefahr bestünde, dass die Zweckverbände im Verhältnis zu den sie tragenden Kommunen eine dem Zweck der Gemeinschaftsarbeit nicht entsprechende Eigenständigkeit erreichen könnten. Den Zweckverbänden gleichzustellen sind die Verwaltungsgemeinschaften und Ämter (*BVerfGE* 52, 95 [109]). Anders sind demgegenüber die Bezirke, Verbandsgemeinden und Landschaftsverbände zu beurteilen, da ihnen für ihr jeweiliges Gebiet gesetzlich ein bestimmter Aufgabenbestand universal zugewiesen ist (*Zielke,* S. 36 ff.). 37

38 Die Möglichkeit, dass eine Aufgabe, die die Leistungsfähigkeit von kreisangehörigen Gemeinden übersteigt, im Wege der kommunalen Gemeinschaftsarbeit wahrgenommen werden kann, steht einer gesetzlichen Übertragung der Aufgabe auf die Landkreise nach überwiegender, aber umstrittener Ansicht nicht im Wege. Das aus Art. 28 Abs. 2 S. 2 GG abgeleitete Subsidiaritätsprinzips soll hier nicht greifen.

39 Sollen Aufgaben, die der Gesetzgeber der Ortsebene entzogen hat, wieder auf diese zurück übertragen werden, so stellt auch dies einen Eingriff in das Selbstverwaltungsrecht der Gemeinden dar, so dass eine entsprechende Rechtfertigung durch Belange des Gemeinwohls vorliegen muss (vgl. dazu *BVerwG*, DÖV 1985, 635).

b) Landesverfassungsrecht

40 Obwohl die aus Art. 28 Abs. 1 und 2 GG abgeleiteten Maßgaben für die kommunalen Gemeinschaftsarbeit im Kern auch aus den landesverfassungsrechtlichen Garantien der kommunalen Selbstverwaltung abgeleitet werden können, liegt kein vollständiger Gleichklang der Verfassungslagen vor. Das hängt vor allem damit zusammen, dass einige Landesverfassungen von einer anderen Systematik bei der Gewährleistung der kommunalen Selbstverwaltung ausgehen, insbesondere bezüglich der Reichweite der Garantien für die Gemeindeverbände.

41 An erster Stelle ist insoweit auf Art. 71 Abs. 1 S. 1 bwVerf. hinzuweisen, die ausdrücklich auch den Zweckverbänden ein Selbstverwaltungsrecht im Rahmen des gesetzlich zugewiesenen Aufgabenbereichs garantiert. Aus dieser Vorschrift wird zugleich eine institutionelle Garantie abgeleitet, wonach der Landesgesetzgeber verpflichtet ist, die Bildung von Zweckverbänden zu ermöglichen.

42 Soweit andere Landesverfassungen eine allgemeine Gewährleistung des Selbstverwaltungsrechts von Gemeindeverbänden vorsehen, wie z. B. Art. 87 Abs. 1 sanhVerf., ist im Einzelfall im Wege der Auslegung zu ermitteln, ob Zweckverbände darunter zu subsumieren sind. Das zu Art. 28 Abs. 2 GG gewonnene (negative) Auslegungsergebnis (siehe oben Rdnr. 37) ist insoweit nicht bindend.

6. Aufsicht

43 Soweit im Rahmen der kommunalen Gemeinschafsarbeit rechtsfähige Organisationen gegründet werden, unterliegen diese der staatlichen Kommunalaufsicht in Gestalt der Rechtsaufsicht. Zur näheren Ausgestaltung wird in der Regel auf die Vorschriften über die Kommunalaufsicht in den Gemeindeordnungen bzw. Kommunalverfassungsgesetzen verwiesen. Weitergehende fachaufsichtliche Rechte können sich aus spezialgesetzlichen Vorschriften ergeben, wenn Aufgaben des übertragenen Wirkungskreises wahrgenommen werden.

II. Zweckverband

1. Begriff und organisationsrechtliche Einordnung

Bei einem Zweckverband handelt es sich um eine **rechtsfähige Verbandskörperschaft,** deren Mitglieder in erster Linie und überwiegend, aber nicht ausschließlich, Kommunen sind. Zweck des Verbandes ist die **gemeinsame Erfüllung** einzelner, den zusammenwirkenden Kommunen zugewiesener und die sonstigen Mitglieder betreffender Aufgaben. Über Gebietshoheit verfügen Zweckverbände nicht. 44

Zweckverbände können sowohl zur Wahrnehmung freiwilliger als auch pflichtiger Selbstveraltungsaufgaben sowie den Kommunen übertragener staatlicher Aufgaben gegründet werden. Ausgeschlossen ist die Übertragung von Aufgaben, für die spezialgesetzlich andere Organisationsformen vorgesehen sind oder die einem Delegationsverbot unterliegen. 45

Spezialgesetzliche **Sonderformen** sind z.B. der Sparkassenzweckverband (vgl. z.B. § 1 Abs. 2 sanhSpkG), der Zweckverband zur Waldbewirtschaftung (vgl. z.B. § 45 I heForstG; *Borchers,* Den Kommunalwald in Eigenregie bewirtschaften – auch in Hessen eine Alternative?, HSGZ 1998, 170); die Wasser- und Bodenverbände im Sinne des Wasserverbandsgesetzes (*BVerfGE* 58, 45); die Unterhaltungsverbände (vgl. z.B. §§ 104–106 sanhWG); der Zweckverband zur Tierkörperbeseitigung (Bsp.: sächsAG-TierKBG – hierzu sächsOVG, SächsVBl. 1998, 269); der Versorgungsverband (Bsp.: Gesetz über den kommunalen Versorgungsverband Baden-Württemberg [GKV] i.d.F. vom 16.4. 1996 [GBl. S. 394]); der Schulverband (Bsp. §§ 73–75 shSchulG; § 66 sanhSchulG); die Regionale Planungsgemeinschaft (vgl. § 17 I 2 sanhLPlG). 46

Das Landesrecht kann den Zweckverbänden Dienstherrenfähigkeit verleihen (§ 7 sanhGKG). 47

2. Gründung

a) Das Verfahren der Gründung von Zweckverbänden

Zweckverbände können als **Freiverbände** durch die Kommunen oder als **Pflichtverbände** durch den Gesetzgeber (so § 22 nwGKG) bzw. die Aufsichtsbehörde gegründet werden. Das Gründungsverfahren unterscheidet sich entsprechend (siehe im Einzelnen: §§ 6–8 bwGKG; Art. 19–22 bayGKG; §§ 9–11 bbgGKG; §§ 9–11 heGKG; § 152 mvKommV; §§ 7–11 ndsGKG; §§ 9–11 nwGKG; §§ 3–5 rpGKG; §§ 5–8 saGKG; §§ 48, 49, 13 sächsGKG; §§ 8, 8 a sanhGKG; § 5 shGKG; §§ 17–19 thürGKG). 48

Bei der **Gründung eines Freiverbandes** bedarf es zunächst einer Einigung der beteiligten Kommunen, dass und für welchen Zweck ein Zweckverband gegründet werden soll. Auf dieser Grundlage ist zwischen den Beteiligten ein **öffentlich-rechtlicher Vertrag** zu schließen, der die Grundlage 49 der Verbandssatzung darstellt. Diese **Verbandssatzung** ist für die Gründung unverzichtbar (*VG Dessau,* LKV 1997, 466) und muss einen gesetzlich festgelegten **Mindestinhalt** an Regelungen aufweisen (Namen der Verbandsmitglieder, zugewiesene Aufgaben, Namen und Sitz des Zweckverbandes, Form der öffentlichen Bekanntmachung von Beschlüssen etc., Art und Maßstäbe der Finanzierung). Sie unterliegt einem Genehmigungsvorbehalt durch die Kommunalaufsicht und muss anschließend verkündet werden (die Bekanntmachung erfolgt in der Regel durch die Aufsichtsbehörde). Durch die **Bekanntmachung** sollen die betroffenen Bürger über den Zuständigkeitswechsel informiert werden. Im Falle der Übertragung von Aufgaben des **übertragenen Wirkungskreises** kommt eine Beteiligung der **Fachaufsichtsbehörde** an der Genehmigung in Betracht. In diesem Fällen sind bei der Genehmigung auch Zweckmäßigkeitserwägungen zugelassen. Die Genehmigung beseitigt etwaige Rechtsmängel der Verbandssatzung nicht. Soweit die gesetzlichen Voraussetzungen vorliegen, besteht– jedenfalls bei Aufgaben des eigenen Wirkungskreises – ein Rechtsanspruch auf Erteilung der Genehmigung (*Dittmann,* § 18, Rdnr. 45). Da die Genehmigung als Verwaltungsakt zu qualifizieren ist, steht die Verpflichtungsklage als statthafte Klageart zur Verfügung. Für wesentliche Änderungen der Verbandssatzung (z.B. Erweiterung des Aufgabenkreises) ist in den meisten Ländern eine Zweidrittelmehrheit erforderlich.

50 Bei der **Gründung eines Pflichtverbandes** (vorgesehen in § 11 bwGKG; Art. 28 bayGKG; § 13 bbgGKG; § 13 heGKG; § 150 Abs. 3 mvKommV; § 15 ndsGKG; § 13 nwGKG; § 4 Abs. 3 rpGKG; § 2 saGKG; § 7 shGKG; § 50 sächsGKG; § 15 thürGKG) geht die Initiative von der Aufsichtsbehörde aus. Sie muss in der Regel die betroffenen Kommunen zunächst erfolglos zur freiwilligen Gründung eines Zweckverbandes aufgefordert haben. Dabei ist eine Frist zu setzen. Läuft die Frist ergebnislos ab, so kann die Aufsichtsbehörde bei Vorliegen eines dringenden öffentlichen Bedürfnisses bzw. von dringenden Gründen des öffentlichen Wohls die zur Gründung erforderliche Verbandssatzung erlassen. Dringend bedeutet in diesen Fällen, dass ohne die Gründung des Zweckverbandes eine ordnungsgemäße Aufgabenerfüllung im Rahmen der Leistungsfähigkeit der einzelnen Kommunen nicht gesichert ist. Umstritten ist, ob die Gründung eines Pflichtverbandes auf den übertragenen Wirkungskreis beschränkt ist (so etwa *Seidel,* S. 111 f.) oder auch bei pflichtigen oder gar freiwilligen Aufgaben des eigenen Wirkungskreises erfolgen kann (vgl. dazu § 22 Abs. 1 nwGKG: es bedarf bei freiwilligen Aufgaben einer besonderen gesetzlichen Anordnung). Da durch die Pflichtgründung in das Selbstverwaltungsrecht der betroffenen Kommunen eingegriffen wird, müssen sich die Regelungen im Rahmen des Gesetzesvorbehalts halten (*BVerfGE* 26, 288 ff.). Bei der Gründung von Pflichtverbänden, die Aufgaben des eigenen Wirkungskreises wahrnehmen, sind strengere Maßstäbe anzulegen.

b) Mitgliedschaft in Zweckverbänden

Neben den **Kommunen** kommt auch die (Gründungs- oder Beitritts-) Mitgliedschaft anderer **juristischer Personen des öffentlichen Rechts** und in bestimmten Fällen auch von **Privatrechtssubjekten** in Betracht, wenn dadurch der verfolgte Zweck gefördert wird oder ihre Mitgliedschaft für die Zweckerreichung von besonderer Bedeutung ist. Die kommunalen Mitglieder müssen die Mehrheit der Mitglieder stellen und in den Organen auch über die Stimmenmehrheit in den Organen verfügen. Andere Zweckverbände sind von der Mitgliedschaft ausgeschlossen. 51

Jede **Erweiterung** des Kreises der Mitglieder bedingt eine Änderung der Verbandssatzung, da diese notwendigerweise die Verbandsmitglieder bestimmen muss. Damit ist automatisch auch die Genehmigung der Aufsichtsbehörde erforderlich. 52

c) Gründungsfehler und ihre Heilung

Schrifttum: *Anders,* Die fehlerhafte Zweckverbandsgründung in der Rechtsprechung des Sächsischen Oberverwaltungsgerichts, LKV 1999, 50; *Burrack,* Die Verfassungsmäßigkeit von Heilungsgesetzen, 2001; *Cromme,* Nachträgliche Heilung ungewollter Zweckverbände?, LKV 1999, 122; *Degenhart,* Die Heilung fehlerhafter Zweckverbände, SächsVBl. 2001, 85; *Grunert,* Zweckverbände für Wasserversorgung und Abwasserbeseitigung in den neuen Bundesländern, 2001; *Just,* Die Heilung der Gründungsfehler bei Zweckverbänden in Sachsen-Anhalt, LKV 1999, 113; *Klügel,* Rückwirkende Heilung von Gründungsfehlern bei der Bildung von Zweckverbänden in Sachsen-Anhalt, LKV 1998, 168; *Kollhosser,* Fehlerhafte Zweckverbände und allgemeine Grundsätze des Verbandsrechts, NJW 1997, 3265; *Millgramm,* Der Handlungsrahmen des Gesetzgebers bei Heilungsgesetzen, SächsVBl. 1998, 125; *Naumann,* Der Streit um die Heilung von Gründungsfehlern der Abwasserzweckverbände in Sachsen-Anhalt, NVwZ 2002, 175; *Pencereci/Bluhm,* Die rechtliche und wirtschaftliche Situation unwirksam gegründeter Zweckverbände, LKV 1998, 172; *Saugier,* Der fehlerhafte Zweckverband, 2001; *Stuible-Treder,* Vorverband oder -körperschaft im öffentlichen Recht, DÖV 1987, 58; *Tomerius,* Zur Haftung der Kommunen bei unwirksamer Gründung eines Zweckverbandes, LKV 1997, 404; *Wellmann,* Was ist ein Zweckverband, der keiner ist?, LKV 1997, 402.

Das Verfahren zur Gründung von Zweckverbänden unterliegt wegen der damit verbundenen Gründung einer rechtsfähigen Organisation strengen formalen Anforderungen. Die Verletzung dieser Vorgaben führt grundsätzlich zur Unwirksamkeit des Gründungsaktes, soweit das Gesetz keine besonderen Heilungsmöglichkeiten vorsieht. Die meisten Gesetze über die kommunale Gemeinschaftsarbeit enthalten keine besonderen Heilungsvorschriften. Anders verhält es sich jedoch in den neuen Bundesländern. Dort hat die Heilung von Gründungsfehlern eine besondere praktische Bedeutung erlangt. In den ersten Jahren nach der Wiedervereinigung wurden hunderte von Zweckverbänden unter Verletzung der strengen Form- und Verfahrensvorschriften gegründet. Im Mittelpunkt standen dabei Fehler bei der Bekanntmachung sowie fehlende oder fehlerhafte Ratsbeschlüsse über die Verbandssatzung (Übersichten bei *Burrack,* S. 32ff.; *Grunert,* S. 84ff.; *Millgramm,* SächsVBl. 1998, 125ff.; *Saugier,* S. 58ff.). Um die geschaffenen 53

Strukturen sowie die getätigten Investitionen zu schützen, haben die Landesgesetzgeber in die Gesetze über die kommunale Gemeinschaftsarbeit z. T. sehr weitreichende Heilungsvorschriften aufgenommen, deren verfassungsrechtliche Zulässigkeit umstritten ist.

54 Im Einzelnen wurden folgende Heilungsvorschriften erlassen: In **Brandenburg** wurden das Zweckverbandssicherungsgesetz vom 4. 12. 1996 (GVBl. S. 314) sowie das diese Regelung ergänzende Zweckverbandsstabilisierungsgesetz vom 6. 7. 1998 (GVBl. S. 162) erlassen (dazu *Burrack,* S. 42 ff.; siehe dazu auch BbgVerfG, LKV 2000, 199; *Cromme,* LKV 1999, 122). Die Heilungsvorschriften beziehen sich vor allem auf Verstöße gegen Vertretungsvorschriften. Die im ersten Gesetz ausgeklammerten materiellen Mängel wurden im zweiten Gesetz aufgegriffen, das auch fehlerhafte und lückenhafte Verbandssatzungen sanierte. Als Ausgleich dafür wurden für die Verbandsmitglieder zusätzliche Austrittsmöglichkeiten geschaffen.

55 In **Mecklenburg-Vorpommern** wurden Heilungsvorschriften durch das zweite Gesetz zur Änderung der Kommunalverfassung für das Land Mecklenburg-Vorpommern vom 22. 1. 1998 (GVOBl. S. 78) eingefügt. In den Absätzen 2 bis 9 des veränderten § 170 a werden Rechtsfehler bei der Bildung eines Zweckverbandes sowie bei der Aufnahme und dem Ausscheiden von Verbandsmitgliedern geheilt. Die Regelung galt nur für den Zeitraum vor In-Kraft-Treten der Kommunalverfassung und war mit der Landesverfassung vereinbar (*OVG Greifswald,* LKV 2002, 380). Durch eine weitere Regelung vom 10. 7. 1998 (GVBl. S. 634) wurden die Heilungsregelungen erweitert, insbesondere auch auf die Heilung bestimmter materieller Mängel in den Verbandssatzungen erstreckt und fehlende Willenserklärungen von Gemeindeorganen ersetzt (dazu *Grunert,* S. 104, 107).

56 Der **Freistaat Sachsen** hat mit dem Artikelgesetz zur Ordnung der Rechtsverhältnisse der Verwaltungsverbände, Verwaltungsgemeinschaften und Zweckverbände im Freistaat Sachsen vom 15. 1. 1998 (GVBl. S. 2) auf die Gründungsfehler reagiert. Artikel 2 des Gesetzes enthält Heilungsvorschriften, die die Verletzung von Verfahrens- und Formvorschriften bei der Bildung von Zweckverbänden für unbeachtlich erklären. Eine weitere Besonderheit besteht darin, dass nach Artikel 2 Abs. 1 Satz 3 die Eigenschaft einer juristischen Person auch für den Zeitraum der Geltung der DDR Kommunalverfassung rückwirkend begründet wird (siehe auch *OVG Bautzen,* LKV 1999, 61 ff.; *Degenhart,* SächsVBl. 2001, 85).

57 Besonders umstritten waren die beiden Heilungsgesetze für **Sachsen-Anhalt.** Das erste Heilungsgesetz vom 4. 7. 1996 (GVBl. S. 730) wurden zunächst weitreichende Heilungsregelungen für Form- und Verfahrensfehler getroffen. Für den Fall der Heilung wurde den Gemeinden ein zeitlich befristetes besonderes Austrittsrecht eingeräumt. Das Gesetz hatte indes den Mangel, dass die Heilungsregelungen nicht auf diejenigen Zweckverbände anwendbar war, die bereits unter Geltung der DDR Kommunalverfassung gegründet worden waren. Auch Fehler bei der Anpassung an die neue

Rechtslage waren nicht erfasst (zu beiden Aspekten *sanhVerfG;* LKV 1997, 411; vgl. auch *Grunert,* S. 105ff.; *Naumann,* NVwZ 2002, 175). Deshalb bedurfte es eines zweiten Heilungsgesetzes, das am 6. 10. 1998 erlassen wurde (GVBl. S. 878). Einen Vorlagebeschluss des *VG Halle* (LKV 1999, 80), mit dem dieses die Verfassungswidrigkeit der Heilungsregelungen geltend machte, hat das Bundesverfassungsgericht als unzulässig zurückgewiesen (*BVerfG,* LKV 2002, 569; zur inhaltlichen Würdigung vgl. ausführlich *Grunert,* S. 116ff., der die Regelungen für verfassungskonform hält). Eine Heilung materieller Fehler ist nicht vorgesehen (*VG Dessau,* LKV 1999, 330).

In **Thüringen** wurden Heilungsvorschriften durch das erste Gesetz zur Änderungen des Gesetzes über die kommunale Gemeinschaftsarbeit vom 10. 11. 1995 (GVBl. S. 436) eingeführt. Dabei wurde insofern ein besonderer Weg beschritten, als lediglich die Möglichkeit der Geltendmachung von Form- und Verfahrensfehlern eingeschränkt wurde. Sie können nur für die Zukunft und nicht rückwirkend geltend gemacht werden. Auch das Fehlen oder die fehlerhafte Ausfertigung der Verbandssatzung werden für unbeachtlich erklärt (*Grunert,* S. 94). 58

Die sehr weitgehenden Heilungsregelungen in den neuen Bundesländern sind im Wesentlichen durch die besonderen Umständen in der Nachwendezeit bedingt und gerechtfertigt. Sie stellen deshalb für die Zukunft keinen gültigen Orientierungsmaßstab dar. Insbesondere die weitreichende Ersetzung von Beschlüssen sowie die Heilung materieller Fehler in den Verbandssatzungen dürfte unter normalen Umständen mit der Verfassung nicht zu vereinbaren sein. 59

3. Organe des Zweckverbands

Als zwingende Organe des Zweckverbandes sehen die Landesgesetz durchweg die Verbandsversammlung und den Verbandsvorsitzenden vor. Als fakultatives Organ wird zudem der Verbandsausschuss geregelt. Die Bezeichnungen divergieren leicht. 60

a) Die Verbandsversammlung

Die **Verbandsversammlung** stellt als Mitgliederversammlung und Repräsentationsorgan das „oberste" oder Hauptorgan des Zweckverbandes dar, die „wichtigen" Entscheidungen vorbehalten sind. Dabei ist allerdings zu berücksichtigen, dass die Verbandsversammlung nicht auf eine Stufe mit dem Gemeinderat bzw. Kreistag zu stellen ist, da sie nicht auf einer originären demokratischen Legitimation beruht. Auch handelt es sich bei ihren Mitgliedern aus diesem Grunde nicht um nicht an Weisungen gebundene Repräsentanten des Volkes, sondern um weisungsgebundene Vertreter der Mitgliedskommunen bzw. der sonstigen Mitglieder. 61

Die **Regeln über die Zusammensetzung** variieren und räumen den Kommunen einen gewissen Gestaltungsspielraum ein. Als Mindestbedingung ist 62 jedem Mitglied die Entsendung eines Vertreters in die Verbandsversammlung gestattet. Soweit keine anderen Regelungen vorgesehen sind, ist es Aufgabe des Hauptverwaltungsbeamten, die mitgliedschaftlichen Rechte wahrzunehmen. Die Verbandssatzung kann auch die Entsendung mehrerer Vertreter und ein mehrfaches Stimmrecht vorsehen. In diesem Fall muss jedoch einheitlich abgestimmt werden. Soweit die einzelnen Vertreter unterschiedliche Ansichten vertreten, muss vor der Stimmabgabe eine Abstimmung erfolgen. Für diesen Zweck kann die entsendende Gemeinde auch eine Stimmführerschaft eines Vertreters begründen (das ist vor allem ratsam, wenn es sich um zwei oder vier Vertreter handelt, so dass Mehrheitsentscheidungen schwierig sind). Die Auswahl der Vertreter muss bei der Entsendung mehrerer Vertreter nicht notwendig den politischen Mehrheitsverhältnissen entsprechen, da es sich bei der Verbandsversammlung nicht um ein Repräsentativorgan handelt. Eine Beteiligung der politischen Minderheit ist nicht zwingend erforderlich. Es kann auch auf die persönliche Fachkunde der zu entsendenden Vertreter abgestellt werden. Die weiteren Vertreter müssen auch nicht notwendigerweise Amtsträger der Kommune sein.

63 Der Status der Mitglieder in den Zweckverbänden im Allgemeinen und der Verbandsversammlung im Besonderen unterscheidet sich von der Rechtslage in den Kommunen und ihren Repräsentativorganen insoweit, als es nicht um eine originäre sondern lediglich um eine mittelbare demokratische Legitimationsvermittlung geht. Daraus ergeben sich einige Folgerungen für das Binnenrecht und die Verfahrensgrundsätze. So kann durch Gesetz vorgesehen werden, dass die Vertreter der Kommunen den Weisungen des Rates bzw. Kreistages unterliegen. Auch können ihnen bestimmte Pflichten zur Berichterstattung auferlegt werden. Inwieweit eine Weisungsgebundenheit auch ohne ausdrückliche gesetzliche Regelung besteht, ist umstritten (ablehnend *VG Kassel,* HSGZ 1984, 230; *Stargardt,* Hessisches Kommunalverfassungsrecht, 1987, S. 610). Die besseren Gründe sprechen aber für die Zulässigkeit von Weisungen, soweit die übertragenen Aufgaben bei ihrer Erfüllung innerhalb der Kommune nicht in die alleinige Zuständigkeit des Hauptverwaltungsbeamten fallen und damit durch die Rat gesteuert werden könnten.

64 Die Beschlüsse in der Verbandsversammlung werden mit Stimmenmehrheit gefasst. Die Einzelheiten des Beschluss- und Abstimmungsverfahrens können durch die Verbandssatzung und eine Geschäftsordnung geregelt werden, die die Verbandsversammlung sich geben kann. Für die Beschränkung der Mitwirkung wegen Befangenheit und andere allgemeine verfahrensrechtliche Bestimmungen kann auf die allgemeinen Grundsätze des jeweiligen Kommunalverfassungsrechts zurückgegriffen werden.

65 Die Möglichkeit der **Bildung von Unterorganen** (beratende und beschließende Ausschüsse) ist in einigen Ländern gesetzlich vorgesehen. Soweit es an einer solchen Regelung fehlt, dürfte wegen der geringeren Organisationsautonomie der Zweckverbände und wegen der Einflussminderung

aus der Perspektive der Mitglieder, die durch die Verlagerung bewirkt wird, nur die Bildung von beratenden Ausschüssen zulässig sein.

Die **Organkompetenz** der Verbandsversammlung bezieht sich auf alle Verbandsaufgaben, soweit keine ausdrückliche Zuweisung an ein anderes Organ besteht. Der Erlass von Satzungen sowie die Festlegung des Beitragssatzes der Mitglieder ist der Verbandsversammlung vorbehalten. 66

b) Der Verbandsvorsitzende

Zweites Organ der Zweckverbände ist der **Verbandsvorsitzende,** der zugleich als Vorsitzender der Verbandsversammlung fungiert, so dass eine enge Verbindung zwischen den beiden Organen besteht. Daneben leitet der die Verbandsverwaltung und vertritt der Verband in Rechtsverkehr (gerichtlich und außergerichtlich). 67

Der Verbandsvorsitzende wird durch die Verbandsversammlung gewählt. In den meisten Fällen kommt es zu seiner Wahl aus der Mitte der Verbandsversammlung, d.h. zur Eigenorganschaft sowie zur nebenamtlichen Amtsausübung. Bei größeren Zweckverbänden ist aber auch die Fremdorganschaft verbunden mit der hauptamtlichen Tätigkeit denkbar, wie dies auch bei größeren Kommunen der Fall und in der Praxis die Regel ist. 68

In den Gesetzen über die kommunale Gemeinschaftsarbeit finden sich keine Bestimmungen über Bürgerbegehren und Bürgerentscheid in Bezug auf den Zweckverband. Wollen die Bürger in den an einem Zweckverband beteiligten Kommunen auf dessen Tätigkeit Einfluss nehmen, so müssen sie in den jeweiligen Kommunen Bürgerbegehren und Bürgerentscheide mit dem Ziel initiieren, den Vertretern der Kommune in der Verbandsversammlung entsprechende Weisungen zu erteilen (dazu näher *Seewald/Rassow,* BayVBl. 1997, 609). 69

4. Auflösung von Zweckverbänden und Austritt einzelner Mitglieder

a) Auflösung von Zweckverbänden

Ähnlich wie bei der Gründung von Zweckverbänden ist auch bei ihrer Auflösung zwischen zwei Varianten zu unterscheiden (siehe dazu die entsprechenden Regelungen in §§ 21ff. bwGKG; Art. 44ff. bayGKG; §§ 20f, bbgGKG; §§ 21f. heGKG; § 163 mvKommV; §§ 20ff. nwGKG; §§ 61ff. sächsGKG; §§ 14f. sanhGKG; §§ 13f. thürGKG). Die Erste stellt die **Selbstauflösung** dar, die mit der freiwilligen Gründung korrespondiert. Es bedarf in diesem Fall aber keiner Einstimmigkeit. Vielmehr reicht nach den Bestimmungen der Landesgesetze eine **qualifizierte Mehrheit.** Zudem bedarf es der **Genehmigung** durch die Aufsichtsbehörde sowie der **Bekanntmachung.** 70

Die zweite Variante stelle die **Auflösung durch die Aufsichtsbehörde** dar, die mit der Gründung eines Pflichtverbandes korrespondiert. Als Gründe für eine solche, im Falle der Auflösung von Freiverbänden in das 71 kommunale Selbstverwaltungsrecht eingreifende Maßnahme, kommen die mangelnde Leistungsfähigkeit des Verbandes und die geplante anderweitige Zuordnung der Aufgabe in Betracht.

72 Im Falle der Auflösung eines Zweckverbandes haften die Mitglieder auf Grund ihrer Nachschusspflicht weiter für noch bestehende Schulden (*sächsOLG,* LKV 2000, 223).

b) Austritt einzelner Mitglieder

73 Von der Auflösung zu unterscheiden ist der Austritt einzelner Mitglieder. Die Gründe für einen solchen Wunsch können vielfältiger Natur sein. So ist es denkbar, dass sich eine beteiligte Gemeinde mit anderen, nicht am Zweckverband beteiligten Gemeinden zu einer Einheitsgemeinde zusammengeschlossen hat und damit ausreichend leistungsfähig für die eigenständige Aufgabenwahrnehmung ist. Um diesen und ähnliche Konstellationen Rechnung zu tragen, sehen die gesetzlichen Regelungen die Möglichkeit eines **Austritts aus wichtigem Grund** vor (zu diesem Erfordernis *OVG Koblenz,* NVwZ-RR 1994, 685). Hinzu kommen die besondere Regelungen im Falle des Eingreifens von **Heilungsvorschriften** (siehe dazu bereits oben Rdnr. 53ff.).

74 Das Verfahren des Austritts ist in den einzelnen Ländern ausdrücklich geregelt. Umstritten ist, unter welchen Voraussetzungen ausscheidenden Mitgliedern ein **Abfindungsanspruch** zusteht (dazu näher *Spannowsky,* DÖV 1993, 600ff.).

75 Liegen die materiellen Voraussetzungen für ein Ausscheiden vor, so hat das betreffende Mitglied gegenüber dem Verband und den übrigen Mitgliedern einen Anspruch auf Erlass der für das Ausscheiden erforderlichen Rechtsakte bzw. das Unterlassen von Maßnahmen, die dies verhindern (*OVG Koblenz,* NVwZ-RR 1994, 685).

c) Rechtsnachfolge in die Mitgliedschaft

76 Denkbar ist auch der Fall, dass eine oder mehrere an einem Zweckverband beteiligte Kommunen zu einer Einheitsgemeinde verschmolzen werden und die Mitgliedschaft im Zweckverband fortgeführt werden soll. Dies ist aber wegen der geänderten Rechtspersönlichkeiten (je nach Konstellation Wegfall einzelner oder aller Gemeinden und Bildung einer neuen Gemeinde oder Aufgehen einiger Gemeinden in einer anderen, sog. Zuwachsung) in der bisherigen Form nicht möglich. In diesem Fall kommt bei entsprechender gesetzlicher Anordnung eine Rechtsnachfolge in die Mitgliedschaft im Zweckverband in Betracht (vgl. z.B. § 15 sanhGKG, auch mit der Möglichkeit des Ausschlusses des neuen Mitglieds).

5. Die Aufgaben und Befugnisse von Zweckverbänden

77 Die Zweckverbände haben das Recht und die Pflicht zur Wahrnehmung der ihnen durch die der Verbandssatzung zugrunde liegende Vereinbarung

oder Anordnung übertragenen Aufgaben des eigenen oder übertragenen Wirkungskreises. Es handelt sich damit um eine echte Kompetenzverlagerung (bzw. echte Delegation) mit Kompetenzverlust bei Mitgliedern. Ein Rückholrecht für einzelne Aufgaben bzw. Entscheidungen besteht nicht. Der Einfluss der Mitglieder beschränkt sich auf die Weisungsrechte gegenüber den Vertretern in der Verbandsversammlung.

In Bezug auf die ihnen übertragenen Aufgaben steht den Zweckverbän- 78
den kein eigenes Selbstverwaltungsrecht aus Art. 28 Abs. 2 GG zu. Das Landesverfassungsrecht kann jedoch abweichende Regelungen treffen und hat dies im Falle des Art. 71 Abs. 1 S. 1 bwVerf. auch getan. Im Übrigen müssen gegenüber Eingriffen des Gesetzgebers und der Ministerialverwaltung, die sich auf die übertragenen Aufgaben beziehen (z.B. Vorgabe von Standards, wie die Aufgaben wahrzunehmen sind), die Mitgliedskommunen eine Verletzung ihres Selbstverwaltungsrechts geltend machen.

Infolge der Aufgabenübertragung haben die Mitgliedskommunen gegen- 79
über dem Zweckverband einen **Anspruch auf angemessene Aufgabenwahrnehmung** (vgl. *OVG Bautzen,* LKV 1997, 420), der auch verwaltungsgerichtlich geltend gemacht werden kann.

Die Übertragung von Aufgaben auf einen Zweckverband beschränkt bei 80
den delegierenden Kommunen das (allgemeine) Fragerecht des Gemeinderates, das sich auf diesen Aufgabenbereich bezieht, auf die Person des Vertreters der Gemeinde sowie auf die Erteilung von möglichen Weisungen an ihn (*OVG Magdeburg,* VwRR MO 1999, 134). Umgekehrt kann es auch zu einer Diskrepanz zwischen Einwirkungsmöglichkeiten und Einwirkungspflichten kommen (dazu *Spannowsky,* DVBl. 1992, 1072ff.).

Durch die Aufgabenwahrnehmung wird auch die eigenständige Haftung 81
des Zweckverbandes in jeder Hinsicht begründet. Das gilt sowohl für die Amtshaftung und andere öffentlich-rechtliche Haftungsinstitute wie auch für die zivilrechtliche Haftung auf Grund der Teilnahme am Privatrechtsverkehr. Für den Fall eines Handelns auf Grund von Weisungen der Mitglieder kommt im Falle der Amtshaftung eine Haftungsverlagerungen in Betracht, wenn die Rechtswidrigkeit auf der Weisung beruht (vgl. dazu allgemein BGH NVwZ-RR 1991, 171). Die Haftung ist unbeschränkt, insbesondere nicht auf das Verbandsvermögen beschränkt. Soweit das Verbandsvermögen zur Befriedigung von Forderungen nicht ausreicht, muss es, soweit keine anderen Möglichkeiten der Beschaffung von Finanzmitteln zur Verfügung stehen, durch eine entsprechende Anpassung der Beiträge bzw. der Umlage erhöht werden (*Gern,* Rdnr. 943). Eines Rückgriffs auf eine ungeschriebene und in ihrer Begründung problematische Einstandspflicht nach dem Vorbild der Anstaltslast (siehe dazu *Masloff,* 15ff.) der Mitgliedskommunen bedarf es aus diesem Grunde nicht.

In Bezug auf die konkrete Art und Weise der Aufgabenwahrnehmung 82
stehen den Zweckverbänden grundsätzlich die gleichen Gestaltungsmöglichkeiten in Bezug auf die **Wahl der Organisations- und Handlungsfor-**

men zur Verfügung wie den Kommunen. Sie können deshalb im Rahmen der Gesetze sowohl öffentlich-rechtliche als auch privatrechtliche Handlungs- und Organisationsformen nutzen. Auch eine **wirtschaftliche Betätigung** ist nach Maßgabe des Gemeindewirtschaftsrechts möglich.

83 Das Recht, Satzungen und Verordnungen zu erlassen, steht den Zweckverbänden im Rahmen der gesetzlichen Zuweisung, nicht aber auf Grund ihres Status als Körperschaft des öffentlichen Rechts zu. Die Kommunen können sich das Recht zum Erlass von Satzungen über die Erhebung von Beiträgen und Gebühren im Zuge der Aufgabenübertragung vorbehalten (*VGH München*, NVwZ-RR 1996, 110). Dadurch wird die Arbeit der Zweckverbände allerdings erheblich erschwert. Auch die Anordnung von Anschluss- und Benutzungszwang durch Verband ist grundsätzlich zulässig. Die Zweckverbände sind auch Verfolgungs- und Ahndungsbehörde für Ordnungswidrigkeiten, soweit dies gesetzlich bestimmt ist.

6. Die Finanzierung der Verbandsaufgaben

84 Nach Maßgabe der landesgesetzlichen Regelungen verfügen die Zweckverbände auch über eine begrenzte **Finanz-** und **Abgabenhoheit,** d.h. das Recht, **Gebühren** und **Beiträge** für die von ihnen erbrachten Leistungen von den Begünstigten zu erheben. Hinzu kommt das Recht, eine **Verbandsumlage** von den Mitgliedern zu erheben, soweit die übrigen Einnahmen für die Finanzierung der Verbandsaufgaben nicht ausreichen.

85 Eng mit der Finanzhoheit verbunden ist die **Haushaltshoheit** der Zweckverbände. Es umfasst das Recht und die Pflicht zur Aufstellung eines Haushaltsplanes und damit zur Konkretisierung der Ausgaben. Es kommen insoweit die Vorschriften des Gemeindehaushaltsrechts zur Anwendung.

86 Die grundsätzlich subsidiäre **Verbandsumlage** ist der Kreisumlage nachgebildet und wird wie diese als Abgabe eigener Art qualifiziert (*Dittmann*, § 18, Rdnr. 59). Es handelt sich um einen besonderen Anwendungsfall des **Konnexitätsprinzips.** Die Verbandsumlage ist für das jeweilige Wirtschafts- und Haushaltsjahr in der Haushaltssatzung festzulegen. Es handelt sich um einen Rechtsetzungsakt, der grundsätzlich im Wege der Normenkontrolle nach § 47 VwGO überprüft werden kann, soweit das Landesrecht dies ermöglicht. In der Verbandssatzung sind die Maßstäbe zu bestimmen, nach denen die einzelnen Mitglieder zur Finanzierung über die Verbandsumlage herangezogen werden. Bei des Bestimmung des Maßstabes besteht ein gewisser Gestaltungsspielraum. Grundlegende Prinzipien der Abgabengerechtigkeit, wie das Äquivalenzprinzip und der Kostendeckungsgrundsatz, sind aber zu beachten. Grundsätzlich muss eine Orientierung am Vorteil der einzelnen Mitglieder erfolgen. Als konkretisierende Kriterien kommen u.a. die Einwohnerzahl, die Fläche sowie die Steuer- und Finanzkraft der Mitglieder in Betracht. Einige Landesgesetz sehen die Möglichkeit einer Begrenzung der Beitragspflicht auf einen Höchstbetrag sowie den Ausgleich

von Nachteilen vor, die durch die Bildung des Zweckverbandes entstanden sind (vgl. § 9 bwGKG; § 12 heGKG; §§ 153, 162 mvKV).

7. Aufsicht über Zweckverbände

Die Zweckverbände unterstehen wie ihre Mitglieder der **staatlichen Aufsicht.** Die zuständige Aufsichtsbehörde bestimmt sich nach dem „ranghöchsten" kommunalen Mitglied. Für den Fall, dass ein Zweckverband sich auf den Zuständigkeitsbereich mehrerer Aufsichtsbehörden erstreckt, enthalten die Landesgesetze passende Abstimmungsregelungen. Die Aufsicht erfolgt nach den gleichen Grundsätzen wie gegenüber den Kommunen (siehe dazu § 94, Rdnr. 124ff.). Es handelt sich demnach grundsätzlich um eine reine **Rechtsaufsicht,** die jedoch bei Aufgaben des übertragenen Wirkungskreises durch eine **Fachaufsicht** ergänzt werden kann. 87

III. Verwaltungsgemeinschaft, Amt, Gemeindeverwaltungsverband

Schrifttum: *Beck,* Zur Lage der Verwaltungsgemeinschaft in Sachsen-Anhalt, LKV 1996, 46; *Fischer-Heidlberger,* Die Rechtsstellung der Mitgliedsgemeinden in der Verwaltungsgemeinschaft, 1983; *Gern,* Deutsches Kommunalrecht, 3. Aufl. 2003, Rdnr. 948ff.; *Hauth/Hillermeier/Bonengel,* Verwaltungsgemeinschaften und Zweckverbände. Kommentar für die Praxis der kommunalen Zusammenarbeit in Bayern, 1997; *Kahl,* Das Innenverhältnis von Verwaltungsgemeinschaft und Mitgliedsgemeinde, BayVBl. 1997, 298; *Kirchmer,* Abgaben- und Finanzhoheit der Gemeinden in Verwaltungsgemeinschaften und Zweckverbänden, FiWi 1995, 111; *Oehler,* Die Verwaltungsgemeinschaft als Alternative zur Einheitsgemeinde in den neuen Bundesländern, LKV 1992, 72.

1. Begriff der Verwaltungsgemeinschaft

Bei der Verwaltungsgemeinschaft (in einigen Bundesländern auch Amt oder Gemeindeverwaltungsverband genannt) handelt es sich um eine in sich vielgestaltige Form der institutionalisierten Zusammenarbeit von Gemeinden bei der Wahrnehmung von Verwaltungsaufgaben durch einen gemeinsamen Verwaltungsapparat. Dabei steht der verwaltungstechnische Aspekt im Vordergrund. Zweck der Verwaltungsgemeinschaft ist es, die Leistungsfähigkeit kleiner und mittlerer Gemeinden bei gleichzeitiger Beibehaltung ihrer institutionellen und politischen Identität und Integrität so zu steigern, dass sie den modernen Anforderungen an eine qualitätsvolle und bürgernahe Verwaltung entspricht (vgl. *BVerfG,* 2 BvR 329/97 vom 19. 11. 2002, www.bverfg.de/Entscheidungen/rs20021110_2bvr032997.html, Absatz-Nr. 58). 88

2. Erscheinungsformen der Verwaltungsgemeinschaft

Die Verwaltungsgemeinschaft ist von den Landesgesetzgebern in **mehreren Varianten** ausgestaltet worden, wobei die Gemeinden in einigen Ländern zudem zwischen mehreren Ausgestaltungsformen wählen können. Den 89

Regelfall bildet die Verwaltungsgemeinschaft mit eigener Rechtspersönlichkeit und eigenständigem Verwaltungsapparat. Daneben sind Verwaltungsgemeinschaft mit eigener Rechtspersönlichkeit anzutreffen, bei denen der (für diesen Zweck erweiterte) Verwaltungsapparat einer der beteiligten Gemeinden genutzt wird sowie die Kooperation ohne eigene Rechtspersönlichkeit (diese Form gibt es nur in Baden-Württemberg).

90 Die differenzierteste Regelung zur Verwaltungsgemeinschaft findet sich in **Baden-Württemberg.** § 59 bwGO sieht vor, dass benachbarte Gemeinden eines Landkreises entweder eine Verwaltungsgemeinschaft als **Gemeindeverwaltungsverband** bilden können, oder sie vereinbaren, dass eine Gemeinde (für alle Beteiligten) die Aufgaben eines Gemeindeverbands erfüllt, sog. **vereinbarte Verwaltungsgemeinschaft.** Zwischen beiden Konstuktionen bestehen erhebliche Unterschiede.

91 Der **Gemeindeverwaltungsverband** stellt eine mitgliedschaftlich organisierte Körperschaft des öffentlichen Rechts dar. Die Gründung kann freiwillig oder zwangsweise erfolgen. Auf die Gründung sind die Regeln des Zweckverbandes entsprechend anzuwenden. Zudem gelten gem. § 60 bwGO subsidiär die Regeln der Gemeindeordnung und des Gesetzes über die kommunale Gemeinschaftsarbeit. Aufgabe des Verbandes ist es, die Mitgliedsgemeinden bei der Wahrnehmung ihrer Aufgaben zu beraten und durch eigene Bedienstete zu unterstützen sowie die ihnen übertragenen Aufgaben zu erledigen oder zu erfüllen (§ 61 bwGO). Bei den sog. **Erledigungsaufgaben** bleiben die einzelnen Gemeinden Aufgabenträger und ihre Gemeinderäte können Anordnungen (Weisungen) in Bezug auf die Art der Aufgabenwahrnehmung erteilen. Bei den **Erfüllungsaufgaben** geht die Aufgabenträgerschaft auf den Gemeindeverwaltungsverband über und er führt sie in eigener Verantwortung aus. Der Gemeindeverwaltungsverband kann zudem gem. § 14 bwLVG zur Unteren Verwaltungsbehörde erklärt werden. Als **Organe** sieht das Gesetz – wie beim Zweckverband – die Verbandsversammlung und den Verbandsvorsitzenden vor. Dabei wird der Verbandsvorsitzende aus der Mitte der Verbandsversammlung gewählt (Eigenorganschaft). Er leitet die Verwaltung und vertritt den Gemeindeverwaltungsverband im Rechtsverkehr.

92 Die **vereinbarte Verwaltungsgemeinschaft** unterliegt den Vorschriften über die öffentlich-rechtliche Vereinbarung und führt nicht zur Bildung eines selbstständigen Rechtsträgers. Die Bildung bedarf der Genehmigung durch die Aufsichtsbehörde, wobei dieser ein Ermessen im Hinblick auf die politische Zweckmäßigkeit und die Vereinbarkeit der Maßnahme mit landesplanerischen Gesichtspunkten eingeräumt wird, so dass ein Fall kondominialer Organisationsverwaltung vorliegt (*Gern,* Rdnr. 949; *VGH Mannheim,* ESVGH 25, 47). Bei Vorliegen der gesetzlichen Voraussetzungen soll gleichwohl ein Anspruch auf Genehmigung bestehen. Die **erfüllende Gemeinde** führt in der vereinbarten Verwaltungsgemeinschaft die Erfüllungsaufgaben anstelle der übrigen Gemeinden in eigener Zuständigkeit aus. Als

Organ ist die Bildung eines **gemeinsamen Ausschusses** vorgeschrieben, auf den die Vorschriften über die Verbandsversammlung entsprechend anzuwenden sind. Den Vorsitz führt der Bürgermeister der erfüllenden Gemeinde. Die Zusammensetzung und die Stimmrechte regelt die Vereinbarung. Aus Gründen der Ausgewogenheit darf die erfüllende Gemeinde nicht über mehr als 60% der Stimmen im Ausschuss verfügen. Jede einzelne beteiligte Gemeinde kann gegen Beschlüsse des Ausschusses Einspruch einlegen, der aufschiebende Wirkung hat. Der Einspruch kann nur mit einer zwei Drittel Mehrheit zurückgewiesen werden. Vereinbarte Verwaltungsgemeinschaften können aus Gründen des öffentlichen Wohls durch Gesetz oder Rechtsverordnung aufgelöst werden (§ 62 bwGO).

In **Bayern** ist die Verwaltungsgemeinschaft in Art. 1 Abs. 2 VGemO le- 93
galdefiniert als „Zusammenschluss benachbarter kreisangehöriger Gemeinden unter Aufrechterhaltung des Bestands der beteiligten Gemeinden". Sie hat den Status einer rechtsfähigen Körperschaft des öffentlichen Rechts mit Dienstherrenfähigkeit. Bildung und Auflösung und Entlassung einzelner Mitglieder erfolgen gem. Art. 2 Abs. 3 und Art. 9 VGemO durch Gesetz. **Aufgabe** der Verwaltungsgemeinschaft ist gem. Art. 4 VGemO die Wahrnehmung aller Aufgaben des übertragenen Wirkungskreises der Mitgliedsgemeinden mit Ausnahme des Erlasses von Satzungen und Verordnungen. Im eigenen Wirkungskreis ist die Verwaltungsgemeinschaft für Vorbereitungs- und Vollzugsaufgaben (also an Stelle des Bürgermeisters) zuständig und besorgt die laufenden Verwaltungsangelegenheiten. Als **Organe** der Verwaltungsgemeinschaft sieht das Gesetz die **Gemeinschaftsversammlung** und den aus ihrer Mitte gewählten **Gemeinschaftsvorsitzenden** vor. Für die Einzelheiten wird auf das Zweckverbandsrecht verwiesen. Der Verwaltungsgemeinschaft steht die Finanz- und Haushaltshoheit zu. Sie erhebt zur Finanzierung ihrer Aufgaben eine Umlage, soweit die sonstigen Einnahmen nicht ausreichen.

In **Brandenburg** wurde durch Erlass der Amtsordnung die Tradition des 94
Amtes übernommen. Es handelt sich wie bei den Verwaltungsgemeinschaften um rechtsfähige Verbandskörperschaften, die die Aufgaben des übertragenen Wirkungskreises für die Mitgliedsgemeinden sowie die ihnen freiwillig übertragenen Aufgaben des eigenen Wirkungskreises wahrnehmen. Hinzu kommt die Vorbereitung der nicht übertragenen Aufgaben des eigenen Wirkungskreises. Als **Organe** sind der **Amtsausschuss** und der **Amtsdirektor** vorgesehen. Er ist hauptamtlich tätig und wird auf acht Jahre gewählt. Er erledigt die Geschäfte der laufenden Verwaltung des Amtes und der amtsangehörigen Gemeinden sowie der ihm vom Amtsausschuss übertragenen Aufgaben. Für das Verfahren und die Haushalts- und Wirtschaftsführung geltend im Wesentlichen die Vorschriften der Gemeindeordnung. Die **Finanzierung** erfolgt, soweit eigene Einnahmen nicht ausreichen, durch eine Amtsumlage, die von den Gemeinden nach dem jeweiligen Vorteil erhoben wird.

95 Die Rechtslage in **Hessen** folgt weitgehend dem Vorbild von Baden-Württemberg (vgl. oben Rdnr. 89ff.). Es ist sowohl die Bildung eines **Gemeindeverwaltungsverbands** (§ 30 heGKG) als Sonderform des Zweckverbands, als auch einer **Verwaltungsgemeinschaft** als Form der Zusammenarbeit ohne eigene Rechtspersönlichkeit (§ 33 heGKG; es finden die Grundsätze über die öffentlich-rechtliche Vereinbarung Anwendung) vorgesehen. Beide Formen können freiwillig gewählt oder als Pflichtgemeinschaft begründet werden. Die Organe und Strukturen entsprechen im Übrigen weitgehend der Lage in Baden-Württemberg.

96 In **Mecklenburg-Vorpommern** hat der Landesgesetzgeber die Möglichkeit zur Schaffung von **Ämtern** (mit eigener Rechtspersönlichkeit und eigenen, übertragenen Aufgaben, §§ 126ff. mvKommV) eröffnet und zudem die Bildung von **Verwaltungsgemeinschaften** (ohne eigene Rechtspersönlichkeit, vgl. § 167 mvKommV) eröffnet. An letzteren können sich auch Ämter beteiligen. Es besteht nur die Möglichkeit, dass ein Mitglied die Verwaltungsaufgaben für alle anderen wahrnimmt.

97 Die Rechtslage in **Sachsen** unterscheidet, ähnlich wie in Baden-Württemberg, zwischen zwei Formen: der **Verwaltungsgemeinschaft** ohne eigene Rechtspersönlichkeit (§ 36 sächsGKG), bei der eine (erfüllende) Gemeinde die Aufgaben auch für die anderen Mitgliedsgemeinschaft wahrnimmt und dem **Verwaltungsverband** (§ 3f. sächsGKG), der als besondere Form des Zweckverbandes mit eigener Rechtspersönlichkeit die ihm übertragenen Aufgaben für die Mitgliedsgemeinschaft erfüllt. Die Aufgaben- und Organstruktur entspricht weitgehend, bis auf einige Feinheiten, der Rechtslage in Baden-Württemberg.

98 In **Sachsen-Anhalt** hat sich der Landesgesetzgeber für das Modell der **Verwaltungsgemeinschaft** entschieden, dabei aber mehrfach Modifikationen vorgenommen. Die zunächst in das Gesetz über die kommunale Gemeinschaftsarbeit eingebundenen Regelungen (§§ 4ff. sanhGKG) wurden im Rahmen der Reform von 1993 in die Gemeindeordnung verlagert (§§ 75ff. sanhGO). Die im Rahmen einer Funktions- und Gebietsreform vorgesehene Umwandlung der Verwaltungsgemeinschaften in **Verbandsgemeinden** nach dem Vorbild von Rheinland-Pfalz (Gesetz zur Einführung der Verbandsgemeinde v. 26. 10. 2001, GVBl. 434) wurde nach einem Regierungswechsel gestoppt (Gesetz zur Stärkung der kommunalen Selbstverwaltung v. 7. 8. 2002, GVBl. 336). Derzeit wird ein weiteres Gesetz zur Reform der Verwaltungsgemeinschaften vorbereitet. Die Verwaltungsgemeinschaften sind auch in Sachsen-Anhalt rechtsfähige Körperschaften des öffentlichen Rechts. Sie können **freiwillig** oder durch **Anordnung** der Aufsichtsbehörde durch Rechtsverordnung gebildet werden (zur Bildung bzw. Zuordnung auf Grund einer Rechtsverordnung vgl. *BVerfG* 2 BvR 329/97 vom 19. 11. 2002, www.bverfg.de/Entscheidungen/rs20021110_2bvr032997.html). Nach § 75a sanhGO ist auch eine rückwirkende Bildung von Verwaltungsgemeinschaften zur Behebung von Gründungsfehlern möglich.

Von der Heilung werden auch die erlassenen Rechtsakte erfasst. Das Gesetz stellt zwei Modelle für die Organisation bereit: Erstens die Bildung eines gemeinsamen Verwaltungsamtes, zweitens die Erledigung der Verwaltungsaufgaben durch eine Trägergemeinde. Organe der Verwaltungsgemeinschaften sind – soweit gebildet – der Leiter des gemeinsamen Verwaltungsamts sowie der Gemeinschaftsausschuss. Im Falle der Entscheidung für das Modell der Trägergemeinde nimmt deren Bürgermeister gem. § 82 sanhGO die Funktion des Leiters des gemeinsamen Verwaltungsamtes wahr. Die Verwaltungsgemeinschaft nimmt die Aufgaben des übertragenen Wirkungskreises der ihr angehörenden Gemeinden im eigenen Namen wahr. Im eigenen Wirkungskreis handelt sie im Namen und Auftrag der Gemeinden und „besorgt" damit diese Aufgabe, soweit diese nicht von der Möglichkeit Gebrauch macht, auch diese Aufgaben zu übertragen. Soweit die Aufgaben der Gemeinden durch die Verwaltungsgemeinschaft besorgt werden, ist sie gem. § 77 Abs. 7 sanhGO an Weisungen der Gemeindeorgane gebunden. Die Finanzierung erfolgt gem. § 83 sanhGO durch eine Umlage, die vorbehaltlich einer abweichenden einstimmigen Regelung durch den Gemeinschaftsausschuss nach dem Verhältnis der Einwohnerzahlen berechnet wird.

In **Schleswig-Holstein** besteht eine Doppelstruktur von Ämtern 99
und Verwaltungsgemeinschaften. Die **Verwaltungsgemeinschaften** werden durch öffentlich-rechtlichen Vertrag begründet und haben zur Folge, dass eine Gemeinde die Verwaltungsaufgaben der anderen beteiligten Gemeinde erfüllt, ohne dass eine eigene Rechtspersönlichkeit geschaffen wird. Die beteiligten Gemeinden können fachliche Weisungen in Bezug auf die Ausführung der sie betreffenden Aufgaben erteilen. Eigene Organe werden nicht gebildet. Bei den **Ämtern** handelt es sich dem gegenüber um Organisationseinheiten mit eigener Rechtspersönlichkeit, die die ihnen übertragenen Aufgaben der Mitgliedsgemeinden eigenverantwortlich wahrnehmen und im Rahmen ihrer Zuständigkeit auch Satzungen erlassen können (vgl. § 1 shAmtsO, § 24a shGO). Über die Bildung, Änderung und Auflösung entscheidet der Innenminister nach Anhörung der beteiligten Gemeinden und Landkreise durch Verwaltungsakt. Bei den **Aufgaben der Ämter** sind verschiedene Gruppen zu unterscheiden. Von Gesetzes wegen ist es Aufgabe der Ämter, die Beschlüsse der Gemeinden im Einvernehmen mit dem Bürgermeister vorzubereiten und anschließend auszuführen. Zudem sind die Aufgaben zur Erfüllung nach Weisung der Mitgliedsgemeinden, die Kassen- und Rechnungsprüfung, die Erhebung von Kommunalabgaben und die gerichtliche Vertretung wahrzunehmen. Zusätzlich können die Mitgliedsgemeinden auch einzelne Selbstverwaltungsaufgaben in vollem Umfang auf die Ämter übertragen. Organe der Ämter sind der **Amtsausschuss** und der **Amtsvorsteher.** Der Amtsausschuss kann zur Vorbereitung seiner Beschlüsse selbst Ausschüsse bilden. Für das Verfahren sind die Vorschriften der Gemeindeordnung entsprechend anzuwenden. Der Amtsvorsteher wird aus der Mitte des Amtsausschusses gewählt und in ein Ehrenbeamten-

verhältnis berufen. Er führt den Vorsitz im Amtsausschuss und leitet die Verwaltung des Amtes. Die **Finanzierung** der Ämter erfolgt durch die Erhebung einer Amtsumlage von den beteiligten Gemeinden nach Maßgabe ihres Vorteils, soweit die sonstigen Einnahmen zur Deckung des Aufwandes nicht ausreichen.

100 Der Landesgesetzgeber in **Thüringen** hat sich für das Modell der rechtsfähigen Verwaltungsgemeinschaft entschieden. Das **Gründungsverfahren** ist zweistufig ausgestaltet. Zunächst einigen sich die beteiligten Gemeinden und treffen eine Vereinbarung als öffentlich-rechtlichen Vertrag über die Errichtung einer Verwaltungsgemeinschaft. Sie beantragen sodann beim Innenminister die Anerkennung dieser Gründung. Diese erfolgt – bei Vorliegen der Voraussetzungen – durch Rechtsverordnung und verleiht der Verwaltungsgemeinschaft den Status einer rechtsfähigen Körperschaft des öffentlichen Rechts. Gegen den Willen der betroffenen Gemeinden können zur Steigerung der Leistungsfähigkeit der Verwaltung Verwaltungsgemeinschaften nur durch Gesetz geschaffen werden. Die Verwaltungsgemeinschaften sind von Gesetzes wegen für alle **Aufgaben** des übertragenen Wirkungskreises, alle Weisungsaufgaben sowie im eigenen Wirkungskreis für die Flächennutzungsplanung zuständig. Weiterhin obliegen ihnen die Vorbereitung und der Vollzug der Beschlüsse der Mitgliedsgemeinden. Zudem können einzelne Gemeinden auch weitere Aufgaben des eigenen Wirkungskreises auf die Verwaltungsgemeinschaften übertragen. **Organe** der Verwaltungsgemeinschaften sind die **Gemeinschaftsversammlung** sowie der hauptamtlich tätige und auf fünf Jahre gewählte **Gemeinschaftsvorsitzende.** Er erledigt auch die Geschäfte der laufenden Verwaltung. Zur **Finanzierung** erhebt die Verwaltungsgemeinschaft von den beteiligten Gemeinden eine Umlage, soweit die sonstigen Einnahmen nicht ausreichen.

3. Verfassungsmäßigkeit der Pflicht zur Bildung von Verwaltungsgemeinschaften

101 Stärker und grundsätzlicher als bei den Pflicht-Zweckverbänden stellt sich bei den pflichtigen Verwaltungsgemeinschaften die Frage nach der verfassungsrechtlichen Zulässigkeit einer zwangsweisen Zuordnung von Gemeinden zu Verwaltungsgemeinschaften und den inhaltlichen und verfahrensmäßigen Anforderungen, die an eine pflichtige Zuweisung zu stellen sind. Die Beschäftigung mit dieser Frage trägt zudem zu einer Klärung der Eigenart der Verwaltungsgemeinschaften und ihres Verhältnisses zur Konzeption der kommunalen Selbstverwaltung als einer bürgerschaftlichen Selbstverwaltung bei. Als Orientierungspunkt eignet sich in besonderer Weise der Beschluss des Zweiten Senats des Bundesverfassungsgerichts vom 19. 11. 2002 in Bezug auf die Zuordnung von Gemeinden zu Verwaltungsgemeinschaften durch Rechtsverordnung in Sachsen-Anhalt (*BVerfG,* 2

BvR 329/97 vom 19. 11. 2002, www.bverfg.de/Entscheidungen/rs20021110_2bvr032997.html).

Das Bundesverfassungsgericht ist der Ansicht, dass die identitätsbestimmenden Merkmale gemeindlicher Selbstverwaltung durch die Zuordnung einzelner Gemeinden zu Verwaltungsgemeinschaften nicht beseitigt werden. Die Verwaltungsgemeinschaft ist keine der Mitgliedsgemeinde übergeordnete Organisationsstufe im Verwaltungsaufbau der Länder, weil sie nicht über ein eigenes Aufgabenzugriffsrecht im Bereich der Angelegenheiten der örtlichen Gemeinschaft verfügen. Die Mitgliedsgemeinden von Verwaltungsgemeinschaften bleiben eigenständige Gebietskörperschaften. Die Bildung einer Verwaltungsgemeinschaft wird sich in erster Linie auf die administrative und nicht auf die bürgerschaftlich-demokratische Dimension kommunaler Selbstverwaltung aus. Die Universalität des gemeindlichen Wirkungskreises bleibt den Mitgliedsgemeinden einer Verwaltungsgemeinschaft erhalten. Der Gesetzgeber gibt den Mitgliedsgemeinden für die Erfüllung ihrer Verwaltungsaufgaben vielmehr einen neuen Rechtsrahmen vor (BVerfG, a.a.O., Absatz-Nr. 57). Das strukturbestimmende Merkmal der Verwaltungsgemeinschaft besteht darin, dass sie eine Steigerung der Leistungsfähigkeit bei gleichzeitigem Erhalt der Existenz kleiner Gemeinden ermöglichen und so die Bildung größerer Einheitsgemeinden vermieden werden kann. Dabei liegt nach dem Leitbild, das von den meisten Ländern verfolgt wird, das Schwergewicht ihrer Zuständigkeiten auf verwaltungstechnischem Gebiet und auf den ihnen kraft Gesetzes übertragenen staatlichen Aufgaben. Im Bereich der Selbstverwaltungsangelegenheiten nehmen sie neben der verwaltungstechnischen Abwicklung lediglich im Fall der freiwilligen Übertragung durch die Mitgliedsgemeinden Aufgaben des eigenen Wirkungskreises wahr (*BVerfG*, a.a.O., Absatz-Nr. 58). 102

Handelt es sich bei der Verwaltungsgemeinschaft um einen „Dienstleister" im Namen und im Auftrag der Mitgliedsgemeinden und ist sie dabei an die Beschlüsse und Weisungen der Organe der Mitgliedsgemeinden gebunden, so begründet die zwangsweise Zuordnung einzelner Gemeinden für sich genommen keine Verletzung des Kernbereichs eigenverantwortlicher Aufgabenerledigung. Art. 28 Abs. 2 Satz 1 GG berechtigt den Gesetzgeber, den Gemeinden Vorgaben zu ihrer Organisation zu machen, und verschafft ihm daher mittelbar auch Einfluss auf die Aufgabenerledigung. Dies ist mit der Regelungskompetenz des Gesetzgebers zur Organisation der Gemeinden unausweichlich verbunden und auch gewollt. Durch die Möglichkeit organisatorischer Rahmensetzung soll der Gesetzgeber auf eine effektive Aufgabenerledigung durch die Gemeinden hinwirken können (vgl. *BVerfGE* 91, 228 [240f.]; *BVerfG*, a.a.O., Absatz-Nr. 63). Soweit den Gemeinden auf Grund ihrer Einbindung in die Verwaltungsgemeinschaft das Vorhalten einer eigenen hauptamtlichen Verwaltung verwehrt ist, liegt hierin keine Aushöhlung des Selbstverwaltungsrechts, die in ihren Auswirkungen einer von Art. 28 Abs. 2 Satz 1 GG untersagten staatlich gesteuerten Verwaltung 103 gleichkäme und die Gemeinden nur noch als bloße Verwaltungseinheiten ohne substantielle Spielräume erscheinen ließe. Eine eigene Gemeindeverwaltung ist nur ein Aspekt der eigenverantwortlichen Aufgabenwahrnehmung unter vielen. Gemindert ist in erster Linie die Kompetenz des nur noch ehrenamtlichen Bürgermeisters, dessen umfassende Kontroll- und Gestaltungsfunktion als Leiter der Gemeindeverwaltung im engeren Sinne durch ein Stimmrecht im Gemeinschaftsausschuss – einem der beiden Organe der Verwaltungsgemeinschaft – ersetzt wird. Er hat jedoch weiterhin das Recht und die Pflicht, seine Gemeinde nach außen rechtlich wie repräsentativ zu vertreten sowie die Sitzungen des Gemeinderats und seiner Ausschüsse zu leiten. Die Kompetenzen des Gemeinderats bleiben unberührt (*BVerfG,* a.a.O., Absatz-Nr. 64). Ein Eingriff in den Kernbereich des kommunalen Selbstverwaltungsrechts liegt in dieser Verlagerung der Verwaltungsaufgaben im engeren Sinne auf Verwaltungsgemeinschaften vor allem deshalb nicht, weil gerade sie es ermöglicht, die politisch-demokratische Eigenständigkeit und Identität kleiner Gemeinden im Übrigen zu bewahren. Zudem wird der Verlust einer eigenständigen Aufgabenerfüllung im Bereich der örtlichen Angelegenheiten durch effektive Weisungs- und Mitwirkungsrechte der Gemeinden auf der Ebene der Verwaltungsgemeinschaft kompensiert (*BVerfG,* a.a.O., Absatz-Nr. 65).

104 Aus diesen Gedankengängen wird aber zugleich deutlich, wo die verfassungsrechtlichen Grenzen für die pflichtige Bildung von Verwaltungsgemeinschaften sowie die freiwillige Delegation von Aufgaben verlaufen. Im Bereich des eigenen Wirkungskreises darf die örtliche Zuständigkeit des Gemeinderates als zentralem Element der bürgerschaftlichen Selbstverwaltung nicht ausgehöhlt und auf Kontroll- und Weisungsrechte reduziert werden. Eine weitreichende zwangsweise aber auch freiwillige Übertragung von Aufgaben des eigenen Wirkungskreises auf Verwaltungsgemeinschaften ist deshalb mit Art. 28 Abs. 1 S. 2 und Abs. 2 GG nicht vereinbar.

IV. Zweckvereinbarung und öffentlich-rechtliche Vereinbarung

105 Bei der Zweckvereinbarung oder öffentlich-rechtlichen Vereinbarung handelt es sich um einen **öffentlich-rechtlichen Vertrag** zwischen zwei Körperschaften darüber, das eine Aufgaben zugleich für übrige erfüllt. Es kommt weder zur Bildung eines neuen Rechtsträgers noch zu einer Aufgabenverlagerung (*v. Mutius,* Kommunalrecht, Rdnr. 329; *Gern,* Rdnr. 946). Es geht nur die **Aufgabenerfüllungspflicht** über. Zweckvereinbarungen sind im eigenen und übertragenen Wirkungskreis zulässig. Die Geltung der Vereinbarung kann befristet werden und es besteht zudem ein außerordentliches Kündigungsrecht aus wichtigem Grund (z.B. für den Fall der Einbeziehung einer beteiligten Gemeinde in eine neue Einheitsgemeinde). Den nicht ausführenden Beteiligten können **Mitwirkungsrechte** eingeräumt

werden (*Schink*, DVBl. 1982, 769ff.). Der Abschluss einer Zweckvereinbarung unterliegt einen **Genehmigungsvorbehalt.** Besteht ein dringendes Bedürfnis, eine Aufgabe durch eine Zweckvereinbarung wahrzunehmen, so kann die Aufsichtsbehörde die betroffenen Gemeinden zur Zusammenarbeit zwingen (sog. **Pflichtvereinbarung**).

Zweckvereinbarungen werden typischerweise für die Errichtung und den Betrieb von **öffentlichen Einrichtungen** und Betrieben getroffen, die sinnvoll nur in einer bestimmten Mindestgröße betrieben werden können, damit das eingesetzte Kapital rentabel genutzt wird. Ob die verpflichtete Körperschaft auch zur Regelung der Benutzung und Beiträge in den anderen Gemeinden zuständig ist, ihr insoweit also eine **Rechtsetzungshoheit** zusteht, ist von dem genauen Inhalt der Vereinbarung und der jeweiligen gesetzlichen Regelung abhängig (für die Zulässigkeit der Übertragung des Satzungsrecht *Gern,* Rdnr. 947; a.A. *OVG Lüneburg,* NVwZ-RR 1989, 383). In Bayern, Schleswig-Holstein, Sachsen-Anhalt und Thüringen kann der zur Erfüllung verpflichteten Körperschaft unter bestimmten Voraussetzungen auch ein **Verordnungsrecht** für das ganze Gebiet der beteiligten Gemeinden eingeräumt werden. 106

In Baden-Württemberg und Sachsen kann bei der beauftragten Körperschaft ein **gemeinsamer Ausschuss** gebildet werden, die die Beschlüsse des Gemeinderats der beauftragten Körperschaft in Bezug auf den Gegenstand der Zweckvereinbarung vorbereitet. 107

V. Kommunale Arbeitsgemeinschaft

Eng mit der Zweckvereinbarung verwandt ist die nur in einem Teil der Bundesländer (Bayern, Brandenburg, Hessen, Nordrhein-Westfalen, Rheinland-Pfalz, Saarland, Thüringen) ausdrücklich geregelte kommunale Arbeitsgemeinschaft (in den übrigen Ländern greifen die Vorschriften über die Zweckvereinbarung). Es handelt sich um eine **nicht-rechtsfähige Organisation** mit geringem Organisationsgrad und ohne Befugnisse zur eigenverantwortlichen Wahrnehmung kommunaler Aufgaben auf der Grundlage koordinationsrechtlichen Verwaltungsvertrags. 108

Einige Länder (Bayern, Hessen, Thüringen) unterscheiden zwischen **einfachen** und **besonderen Arbeitsgemeinschaften,** deren Unterschied darin besteht, dass bei den besonderen Arbeitsgemeinschaften die Beteiligten an die Beschlüsse der Arbeitsgemeinschaft gebunden sind, wenn die zuständigen aller Beteiligten diesen Beschlüssen zugestimmt haben. Die Bildung bestimmter **Organe** ist gesetzlich nicht vorgesehen und damit der Gestaltung der Beteiligten überlassen. In der Regel wird eine Geschäftsführung eingerichtet. Ähnliche Gestaltungsfreiheit besteht in Bezug auf die **Finanzierung.** Hier ist in der Praxis die Erhebung einer Umlage die Regel. 109

VI. Stadt-Umland-Verband

Schrifttum: *Kiepe,* Städtetag 1996, 2; *Müllers,* Stadt-Umland Planung: Möglichkeiten und Grenzen der rechtlichen Einbindung von Stadt-Umland-Problemen, diss. jur. Halle 1996; *Wagener,* in: Püttner, HdkWP, § 39.

1. Bedeutung und Begriff

110 Stadt-Umland-Verbände sind eine typische Erscheinungsform in städtischen Ballungsräumen. Sie zielen auf die Bewältigung der Probleme einer räumlich-wirtschaftlichen Einheit, insbesondere der Suburbanisierung. Während der 1911 ins Leben gerufene Zweckverband Groß-Berlin als erster wichtiger Stadt-Umland-Verband noch eine Vorstufe zur Eingemeindung darstellte, zielen die heutigen Verbände dieser Art eher darauf, größere Eingemeindungen zu vermeiden.

2. Die einzelnen Stadt-Umland-Verbände

111 Ziel des mit der Gebiets- und Verwaltungsreform im Saarland 1974 geschaffenen **Stadtverbandes Saarbrücken** ist es, die Leistungskraft im Wege der Zusammenarbeit zu steigern und eine fortschreitende Integration der Gemeinden des Großraums Saarbrücken herbeizuführen. Die Aufgaben des Verbandes erstrecken sich auf alle Bereiche, die im Saarland auf Kreisebene wahrgenommen werden sowie auf eine eigenständige Entwicklungsplanung als großräumige und übergemeindliche Planung innerhalb des Verbandsgebiets. Die Organe des Verbandes sind der Stadtverbandstag, der Stadtverbandsausschuss, der Stadtverbandspräsident sowie der Planungsrat. Letzter beschließt über die Aufstellung, Änderung oder Aufhebung des Flächennutzungsplanes.

112 Im **Umlandverband Frankfurt** waren die kreisfreien Städte Frankfurt und Offenbach sowie drei Landkreise und drei Landkreisteile mit dem Anliegen einer dauerhaften Sicherung und Verbesserung der Lebensqualität in der Rhein-Main-Region zusammengeschlossen. Mit Wirkung vom 31. März 2001 wurde das Gesetz über den Umlandverband Frankfurt von 1974 durch Art. 4 des Gesetzes zur Stärkung der kommunalen Zusammenarbeit und Planung (BallraumG) vom 19. Dezember 2000 (GVBl. I S. 542) aufgehoben und im Zuge der Verbandsreform der **Planungsverband Ballungsraum Frankfurt/Rhein-Main** mit Wirkung zum 1. April 2001 als Rechtsnachfolger des Umlandverbandes Frankfurt in der Rechtsform einer Körperschaft des öffentlichen Rechts gegründet. Zu seinen Aufgaben zählen unter anderem die Aufstellung des regionalen Flächennutzungsplanes im Zusammenwirken mit der Regionalversammlung Südhessen, die Aufstellung eines Landschaftsplanes sowie die Mitwirkung bei der interkommunalen Zusammenarbeit. Mitglieder sind die Kommunen im Ballungsraum Frankfurt/Rhein-Main; zusammen mit den kreisfreien Städten Frankfurt am Main und

Offenbach sind dies insgesamt 75 Städte und Gemeinden. Die Verbandskammer und der Verbandsvorstand bilden die Organe des Verbandes.

Dem von 1962 bis 1980 existierenden **„Verband Großraum Hannover"** gehörten die niedersächsische Landeshauptstadt Hannover, drei Landkreise und insgesamt 20 kreisangehörige Städte und Gemeinden an. (Hierzu *Weyl*, AfK 1977, 178.) Im ausschließlichen Zuständigkeitsbereich des anschließend bestehenden Kommunalverbandes **Großraum Hannover** lagen der öffentliche Personennahverkehr und die Regionalplanung. Darüber hinaus übertrugen die Mitglieder des Verbandes diesem die Wirtschaftsförderung und Naherholung als Aufgaben. Die seit der zweiten Hälfte der 90er Jahre unterbreiteten Diskussionsvorschläge für den Ballungsraum Hannover zielten auf eine Entwicklung neuer Organisationsstrukturen. Es sollte neben den Städten und Gemeinden nur noch eine Selbstverwaltungskörperschaft – die Region Hannover – geben, in der Landkreis und Kommunalverband aufgehen. 113

Der niedersächsische Landtag beschloss daraufhin am 16. Mai 2001 das Gesetz über die Region Hannover vom 5. 6. 2001 (ndsGVBl. S. 348). Die **Region Hannover** wurde zum 1. November 2001 als öffentlich-rechtliche Körperschaft gegründet. Die neue Region ist Rechtsnachfolgerin des aufgelösten Landkreises Hannover und Kommunalverbandes Großraum Hannover und umfasst das Gebiet des ehemaligen Landkreises und der Landeshauptstadt Hannover. Die Eigenständigkeit der 20 kreisangehörigen Gemeinden blieb erhalten. Die Region Hannover übernahm die Aufgaben, die zuvor vom Kommunalverband und dem Landkreis wahrgenommen wurden. Einige der zuvor wahrgenommenen Aufgaben wurden auf die Gemeinden übertragen. Darüber hinaus erhielt die Region die Zuständigkeit für verschiedene Aufgaben, die zuvor bei Bezirksregierung oder Landesämtern lagen. Organe der Region Hannover sind die Regionsversammlung, der Regionsausschuss und Regionspräsident. 114

Der Zweckverband **Großraum Braunschweig** wurde 1991 durch das Gesetz über die Bildung des Zweckverbandes Großraum Braunschweig vom 1. November 1996 gegründet. Er umfasst das Gebiet der kreisfreien Städte Braunschweig, Salzgitter und Wolfsburg sowie fünf weiterer Landkreise. Die beiden Hauptaufgaben des Verbandes liegen in der Regionalplanung für den Verbandsbereich (§ 7 Nds. Gesetz über Raumordnung und Landesplanung) sowie im öffentlichen Personennahverkehr. Weitere Aufgaben können mit Zustimmung aller Verbandsmitglieder übertragen werden. Die Ausgaben werden durch eine Verbandsumlage sowie Zuweisungen des Bundes und des Landes finanziert. Zu den Gremien des Verbandes gehören die Verbandsversammlung mit 59 ehrenamtlich tätigen Mitgliedern aus allen Teilen des Verbandsgebietes, der Verbandsdirektor und Verbandsausschuss. Die Verbandsversammlung trifft alle wichtigen Entscheidungen, legt beispielsweise das regionale Raumordnungsprogramm und den Nahverkehrsplan fest. 115

VII. Höhere Gemeindeverbände und Bezirksverbände

Schrifttum: *Burgi/Ruhland,* Regionale Selbstverwaltung durch die Landesverbände in Nordrhein-Westfalen, 2003; *Erichsen,* Die Landschaftsverbände, NWVBl. 1995, 1; *Merk,* Reform der Bezirke?, BayVBl. 1999, 545; *Simnacher,* Die Bezirke zu Zweckverbänden reformieren?, BayVBl. 2000, 357.

116 Die spezialgesetzlich geregelten höheren Gemeindeverbände decken ein größeres Gebiet zum Zwecke der Selbstverwaltung bestimmter Landschaften ab. Sie erfüllen auch einzelne überörtliche Aufgaben, die sich dem Aufgabenfeld der Kommunen zuordnen lassen und von diesen gesteuert werden. Die Strukturen und Aufgaben sind sehr vielfältig. Systematisch wird zwischen den an einer historisch gewachsenen Landschaft ausgerichteten Landschaftsverbänden und den Regionalverbänden unterschieden. Letztere haben im Vergleich zu den als Körperschaften des öffentlichen Rechts mit Selbstverwaltungsrecht und eigenem Wirkungskreis ausgestalteten Landschaftsverbänden geringere Kompetenzen. Sie bilden meist lediglich planerische Koordinationsgremien ohne eigene Rechtspersönlichkeit.

1. Die Landschaftsverbände

117 In **Bayern** bestehen die Bezirke Oberbayern, Niederbayern, Oberpfalz, Oberfranken, Mittelfranken, Unterfranken und Schwaben. In jedem Kreis oder Bezirk besteht ein Gemeindeverband als Selbstverwaltungskörperschaft, dem ein eigener Wirkungskreis nach Maßgabe der Gesetze zugewiesen ist und dem durch Gesetz weitere Aufgaben zugewiesen werden können, Art. 10 bayVerf. Die Verfassung der Gemeindeverbände regelt die Bezirksordnung des Freistaates Bayern (bayBezO). Die Aufgaben werden selbstständig oder nach Weisung wahrgenommen. Nach Art. 48 Abs. 1 bayBezO ist der Bezirk im eigenen Wirkungskreis in den Grenzen seiner Leistungsfähigkeit für die Errichtung von für das Wohl seiner Einwohner erforderlichen Einrichtungen zuständig. Überdies ist er gem. Art. 48 Abs. 2 bayBezO für die ihm gesetzlich übertragenen Angelegenheiten zuständig, die nach Art. 6 bayBezO Weisungsaufgaben sind.

118 Hauptorgan eines Bezirks ist der Bezirkstag (Art. 21 bayBezO). Er bestellt als ständigen Ausschuss den Bezirksausschuss sowie bei Bedarf weitere vorberatende und beschließende Ausschüsse. Der Bezirkspräsident repräsentiert den Bezirkstag. Er führt als Ehrenbeamter den Vorsitz im Bezirkstag und Bezirksausschuss, vollzieht deren Beschlüsse, erledigt die Angelegenheiten der laufenden Verwaltung, vertritt den Bezirk nach außen, führt die Dienstaufsicht über die Bediensteten des Bezirks und ist deren Dienstvorgesetzter. Das Bayerische Staatsministerium des Inneren führt als Rechtsaufsichtsbehörde nach Art. 91, 92ff. bayBezO die Aufsicht über den Bezirk in Angelegenheiten des eigenen Wirkungskreises. Im übertragenen Wirkungskreis ist Aufsichtsbehörde die nach den besonderen Vorschriften zuständige Fachaufsichtsbehörde, Art. 91, 97 bayBezO. Der Haushalt wird

über Entgelte für die Benutzung seiner Einrichtungen, die Bezirksumlage, Investitionszuschüssen und Bedarfszuweisungen im Rahmen des Finanzausgleichs sowie Ausgleichsleistungen des Landes finanziert.

Art. 49 Abs. 3 Satz 1, 78 Abs. 2 rpVerf. und die Bezirksordnung für den 119
Bezirksverband Pfalz (BezO) enthalten die Rechtsgrundlagen für den **Bezirksverband Pfalz** als nach § 1 BezO kommunaler Gebietskörperschaft und Gemeindeverband. Das Verbandsgebiet umfasst 8 kreisfreie Städte und 8 Landkreise des Regierungsbezirks Rheinhessen-Pfalz. Die Aufgaben des Bezirksverbandes liegen primär in den Bereichen des Gesundheitswesens, Schulwesens, der Brauchtums- und Heimatpflege, der Kulturpflege und Wirtschaftsförderung. Seine Aufgaben erfüllt der Verband insbesondere durch die Verwaltung der von ihm unterhaltenen Einrichtungen und Anstalten sowie seines Vermögens. Er ist auch Leistungsträger für Anstalten, Unternehmen und Einrichtungen, deren Unterhaltung die Leistungsfähigkeit der Gemeinden und Landkreise übersteigt oder deren Übergang auf den Bezirksverband auf Grund besonderer Verhältnisse geboten ist, § 3 rpBezO. Finanziert werden die Aufgaben durch die Entgelte für die Benutzung der Einrichtungen, die Dividenden der Pfalzwerke AG, Landeszuweisungen gem. § 15 rpBezO und die Bezirksverbandsumlage nach § 12 rpBezO. Organe des Verbandes sind der Bezirkstag und dessen Vorsitzender. Der Bezirkstag besteht aus 29 Mitgliedern, die in unmittelbarer Wahl auf fünf Jahre vom Volk gewählt werden, § 5 Abs. 1 rpBezO. Er beschließt über alle Angelegenheiten des Bezirksverbandes, die ihrer Bedeutung nach einer solchen Entscheidung bedürfen. Der ehrenamtlich tätige Vorsitzende des Bezirkstages tritt an die Stelle des bisherigen Kollegialorgans Bezirksausschuss und leitet die Verwaltung, vertritt den Bezirksverband nach außen, führt die laufenden Geschäfte des Verbandes und ist Vorgesetzter der Bediensteten des Bezirksverbandes. Er bereitet die Beschlüsse des Bezirkstages und der Ausschüsse vor und führt sie aus. In dringenden Fällen hat der Vorsitzende ein Eilentscheidungsrecht, § 10 Abs. 5 rpBezO.

Die Kreise und kreisfreien Städte in **Nordrhein-Westfalen** bilden nach 120
der Landschaftsverbandsordnung für das Land Nordrhein-Westfalen die **Landschaftsverbände Rheinland bzw. Westfalen-Lippe,** § 1 nwLVerbO. Diese sind öffentlich-rechtliche Körperschaften mit Selbstverwaltungsrecht, § 2 nwLVerbO. Organe sind die Landschaftsversammlung, der Landschaftsausschuss sowie der Direktor des Landschaftsverbandes. Die in mittelbarer Wahl durch die Vertretungen der Mitgliedskörperschaften gewählten Mitglieder der Landschaftsversammlung sind zuständig in Angelegenheiten von grundsätzlicher Bedeutung. Dem Landschaftsausschuss gehören der Vorsitzende der Landschaftsversammlung und höchstens 16 weitere Mitglieder der Landschaftsversammlung an. Ihm obliegt die Beschlussfassung über alle nicht der Landschaftsversammlung vorbehaltenen Aufgaben. Bestimmte Aufgaben kann er zur selbstständigen Erledigung auf Fachausschüsse übertragen. Der Direktor des Landschaftsverbandes bereitet die Be-

schlüsse des Landschaftsausschusses und seiner Fachausschüsse vor und vollzieht sie. Überdies leitet er die Geschäfte der laufenden Verwaltung. Der Direktor des Landschaftsverbandes wird, ebenso wie die ihn unterstützenden Landesräte, auf acht Jahre gewählt. Sie können aber unter bestimmten Voraussetzungen jederzeit abberufen werden. Nach der enumerativen Aufzählung in § 5 nwLVerbO zählen das Gesundheits-, Sozial- und Straßenwesen, Jugendhilfe, Landschaftliche Kulturpflege, Landes- und Landschaftspflege sowie Kommunalwirtschaft zu den Zuständigkeitsbereichen der Landschaftsverbände. Neue Aufgaben können nur durch Gesetz übertragen werden. Finanziert werden die Aufgaben aus Zuweisungen des Bundes und des Landes Nordrhein-Westfalen, eigenen Einnahmen aus der Benutzung von Einrichtungen, der Landschaftsumlage sowie allgemeinen Zuweisungen des Landes.

121 Der aus sechs Landkreisen und drei kreisfreien Städten bestehende **Bezirksverband Oldenburg** ist öffentlich-rechtliche Körperschaft mit Selbstverwaltungsrecht und Dienstherreneigenschaft. Die Regelungen der niedersächsischen Landkreisordnung gelten sinngemäß für die Tätigkeit von Verbandsausschuss, Verbandsvorstand und Verbandsgeschäftsführer als Organe des Bezirksverbandes Oldenburg. Der Bezirksverband verwaltet Fonds und milde Stiftungen des öffentlichen und privaten Rechts, unterhält Pflegeheime und Einrichtungen der Behindertenhilfe. Er ist Träger der Versorgungskasse für die Beamten der Gemeinden und Gemeindeverbände. Der Haushalt wird durch Eigenmittel, Verbandsumlagen und Landeszuschüsse aufgebracht.

122 Die Aufgaben der **Ostfriesischen Landschaft** umfassen die Erfüllung heimatlicher Aufgaben. Diese werden von der Landschaftsversammlung in verschiedenen Arbeitsgruppen wahrgenommen. Zu diesem Zwecke werden unter anderem auch eine wissenschaftliche Regionalbibliothek, archäologische Forschungsstelle und Kulturagentur unterhalten. Neben der Landschaftsversammlung existieren das ebenfalls der Landschaftsversammlung angehörende Landschaftskollegium sowie der Landschaftsdirektor als Organe des Verbandes. Das Landschaftskollegium besteht aus sieben Landschaftsräten und dem Präsidenten der Landschaft. Der vom Landschaftskollegium gewählte Landschaftsdirektor vertritt die Ostfriesische Landschaft gerichtlich und außergerichtlich, führt die Geschäfte der laufenden Verwaltung und ist Vorgesetzter aller Bediensteten der Ostfriesischen Landschaft.

123 Der **Kommunalverband Ruhrgebiet** hat seinen historischen Vorgänger im Siedlungsverband Ruhrkohlenbezirk. Er besteht heute aus 11 kreisfreien Städten und 4 Landkreisen und ist nach § 2 KVRG öffentlich-rechtliche Körperschaft mit Selbstverwaltungsrecht und Gemeindeverband. Verbandsversammlung, Verbandsausschuss sowie Verbandsdirektor bilden die Organe des Kommunalverbandes. Der Verband hat als Aufgaben, die Grünflächen zu sichern, Freizeitanlagen zu errichten und zu betreiben, Naturparks zu

unterhalten und Landschaftspläne auszuarbeiten. Weiterhin umfasst sind die Bereiche Öffentlichkeitsarbeit, Landschaftspflege, vermessungstechnische und kartographische Arbeiten, überörtliche Abfallbeseitigung. Die Finanzierung erfolgt mittels der erzielten Einnahmen und notfalls durch Erhebung einer Verbandsumlage.

2. Die Landeswohlfahrtsverbände

Landeswohlfahrtsverbände existieren in Baden-Württemberg, Hessen 124
und Sachsen. In **Baden-Württemberg** gibt es die Landeswohlfahrtsverbände Baden und Württemberg-Hohenzollern. Sie haben als öffentlich-rechtliche Körperschaften im Sinne des Art. 71 Abs. 1 Satz 3 i.V.m. 1 bwVerf. ein verfassungsrechtlich gewährleistetes Selbstverwaltungsrecht. Ihre Aufgabenbereiche umfassen die Sozialhilfe, Einrichtungen der Jugend, Behinderten- und Erholungsheime, Schulen, Jugendberatungen und Kliniken. Die Verbände unterliegen der Rechtsaufsicht des Innenministeriums in weisungsfreien Angelegenheiten und der Fachaufsicht des Landes in Weisungsaufgaben. Organe der Landeswohlfahrtsverbände in Baden-Württemberg sind die Verbandsversammlung, der Verbandsdirektor sowie der aus Vorsitzendem der Verbandsversammlung, Verbandsdirektor und neun bis elf weiteren Mitgliedern bestehende Verbandsausschuss. Die ehrenamtlich tätigen, von Kreistagen und Gemeinderäten des Verbandsbezirkes für fünf Jahre gewählten Mitglieder der Verbandsversammlung entscheiden über grundsätzliche und besonders wichtige Angelegenheiten. Der Verbandsausschuss entscheidet über Angelegenheiten, soweit nicht die Verbandsversammlung oder der Verbandsdirektor zuständig ist. Darüber hinaus obliegt ihm die Überwachung der Ausführung seiner Beschlüsse und derjenigen der Verbandsversammlung. Er hat das Recht, Fachausschüsse zu bilden. Der als Beamter auf Zeit von der Verbandsversammlung für eine Amtszeit von 8 Jahren ernannte Verbandsdirektor erledigt die Geschäfte der laufenden Verwaltung. Die Finanzierung erfolgt durch Landeswohlfahrtsumlagen, Investitionszuschüsse, Gebühren und Sozialhilfeersätze.

Der **hessische Landeswohlfahrtsverband** ist nicht auf eine bestimmte 125
Region begrenzt, sondern auf das ganze Land bezogen. Das Selbstverwaltungsrecht ist landesverfassungsrechtlich nach Art. 137 Abs. 2 heVerf. verbürgt. Organe sind die Verbandsversammlung und der Verwaltungsausschuss. Während erstere über alle Angelegenheiten beschließt, soweit nicht der Verwaltungsausschuss zuständig ist, und die gesamte Verwaltung und Geschäftsführung des Verwaltungsausschusses überwacht, obliegen dem Verwaltungsausschuss die Geschäfte der laufenden Verwaltung, die Pflichtaufgaben nach § 13 des hessischen MVLWG. Der Innenminister des Landes ist allgemeine Aufsichtsbehörde, die Fachaufsicht für Sozial- und Gesundheitsangelegenheiten übt der Landessozialminister aus. Die Finanzierung erfolgt über die von den Mitgliedskörperschaften erhobene Verbandsumla-

ge, laufende Beiträge des Landes und Zuwendungen durch Beteiligung beispielsweise am Schullastenausgleich. (Vgl. weitergehend zum Landeswohlfahrtsverband in Hessen *Stargardt,* Hessisches Kommunalverfassungsrecht, 1987, S. 617f.; *Meyer,* in: Meyer/Stolleis, S. 241.)

126 Rechtsgrundlage des von allen zum sächsischen Freistaat gehörenden Landkreisen und kreisfreien Städten gebildeten **Landeswohlfahrtsverbandes Sachsen,** ist das Gesetz über den Landeswohlfahrtsverband Sachsen (sächsLWVG) vom 22. Januar 1993 (sächsGVBl. S. 69). Die Aufgaben des Verbandes erstrecken sich auf das Sozial- und Gesundheitswesen. Weitere Aufgaben können durch Gesetz übertragen werden, das zugleich Aussagen zur Aufbringung der Mittel treffen muss. Zusammensetzung, Aufgaben und Befugnisse der auch beim Landeswohlfahrtsverband Sachsen bestehenden Organe Verbandsversammlung, Verbandsausschuss und Verbandsdirektor sind in Anlehnung an die baden-württembergischen Regelungen normiert. Der Haushalt wird durch Gebührenerhebung für Einrichtungen des Verbandes, einen jährlichen Beitrag des Landes Sachsen und Erhebung einer Landeswohlfahrtsumlage von den Landkreisen und kreisfreien Städten bestritten.

3. Regionalverbände

127 Die Regionalplanung wurde in vielen Bundesländern über regionale Planungsgemeinschaften realisiert. Im Laufe der Zeit wurde die Regionalplanung in allen Bundesländern mit Ausnahme Baden-Württembergs auf die etablierten Einrichtungen (Kreise, Regierungsbezirke) überführt. So existieren heute im Wesentlichen nur noch die Stadt-Umland-Verbände und Kommunalverbände. Bei den Ballungsgebieten Hamburg, Bremen und Rhein-Neckar sind koordinierte Planungen festzustellen gewesen. In Rheinland-Pfalz wurden Nachbarschaftsbereiche errichtet. Diese sind jedoch auch lediglich Koordinierungskonferenzen ohne Durchführungskompetenzen. In Baden-Württemberg wurden verschiedene Städte jeweils mit ihrem Umland zu Nachbarschaftsverbänden ohne eigene Verwaltung zusammengeschlossen; daneben existieren elf Regionalverbände als öffentlich-rechtliche Körperschaften, die zum Beispiel durch Aufstellung von Regionalplänen an der Landesplanung mitwirken, § 22 Abs. 1 LPlG.

VIII. Sonstige Formen öffentlich-rechtlicher Gemeinschaftsarbeit

128 Zusätzlich zu den allgemein für die kommunale Zusammenarbeit bereitgestellten Handlungs- und Organisationsformen existieren weitere Sonderformen für die Zusammenarbeit in bestimmten Sachbereichen, die bundes- oder landesrechtlich ausgestaltet sind. Bereits erwähnt wurden die **Sparkassenverbände** als Sonderform der Zweckverbände. Praktisch bedeutsam sind zudem die **Schulverbände,** die **gemeinsame Flächennutzungsplanung**

gem. § 204 BauGB sowie die **Planungsverbände** i.S.d. § 205 BauGB (hierzu: *Kilian/Müllers,* VerwArch 1998, 25; *Funke/Schroer,* ZG 1986, 256).

IX. Privatrechtliche Zusammenarbeit

Neben den gesetzlich ausgestalteten öffentlich-rechtlichen Formen der kommunalen Zusammenarbeit werden von den Kommunen in vielen Bereichen auch die Organisationsformen des Privatrechts genutzt (allgemein zur Nutzung privatrechtlicher Organisationsformen vgl. § 90). Der Schwerpunkt liegt dabei im Bereich der Interessenvertretung sowie der wirtschaftlichen Betätigung sowie der Zusammenarbeit mit Privaten, insbesondere wenn es darum geht, privates Kapital für die Durchführung kommunaler Aufgaben zu nutzen. 129

Besondere Bedeutung kommt den **kommunalen Spitzenverbänden** auf Landes- und Bundesebene zu (dazu *Geißelmann,* Die Kommunalen Spitzenverbände, 1975; *Pinski,* LKV 2002, 124). Es handelt sich dabei um den **Deutschen Städtetag,** den **Deutschen Städte- und Gemeindebund** sowie den **Deutschen Landkreistag,** jeweils mit den zugehörigen Organisationen auf Landesebene in den Flächenstaaten. Ihre Aufgabe besteht vor allem darin, die kommunalen Interessen auf Bundes- und Landesebene zu koordinieren und im Rahmen der ihnen durch die Landtage und den Deutschen Bundestag eingeräumten **Anhörungs- und Beteiligungsrechte** im Gesetzgebungsverfahren sowie gegenüber den Regierungen zur Geltung zu bringen. Weiterhin haben sie die Aufgabe, den **Erfahrungsaustausch** zwischen den Kommunen zu fördern und diese sachverständig zu **beraten.** Zu diesem Zweck werden u.a. Mustersatzungen für die gängigen Bereiche der kommunalen Rechtsetzung entwickelt, bei denen die in einigen Bereichen sehr weitgehenden Vorgaben der Rechtsprechung aufgearbeitet und berücksichtigt werden, was der einzelnen Kommune nicht in gleicher Weise möglich ist. 130

Weiterhin gibt es eine Reihe von **kommunalen Fachverbänden,** die für spezielle Beratungsaufgaben gegründet wurden. Besonders zu erwähnen sind die kommunale Gemeinschaftsstelle für Verwaltungsvereinfachung (KGSt), der Verband kommunaler Unternehmen e.V. (VkU), die Vereinigung der Kommunalen Arbeitgeberverbände sowie der Deutsche Sparkassen- und Giroverband. 131

Auf der zunehmend bedeutsamen **internationalen Ebene** werden die Interessen der Kommunen durch folgende Verbände vertreten (dazu auch *Dieckmann,* DÖV 2000, 457;): (1) Der **internationale Gemeindeverband** (IULA) ist eine weltweite Konferenz mit beratendem Status bei der UNO, die sich aus Delegierten der nationalen kommunalen Spitzenverbände zusammensetzt; (2) Der **Rat der Gemeinden und Regionen Europas** (RGRE) dient der Interessenvertretung auf der Ebene der Europäischen Union (dazu *Mombauer,* S. 15, 46); (3) die **Europäische Kommunalkonferenz** (Ständige 132

Konferenz der Gemeinden und Regionen Europas), ein 1957 vom Europarat eingerichtetes beratendes Gremium; (4) der **Ausschuss der Regionen** der Europäischen Union (AdR) gem. Art. 263 ff. EG-Vertrag.

Fünfter Abschnitt. Grundlagen des Rechts der funktionalen Selbstverwaltung

§ 97 Begriff, Erscheinungsformen und rechtliche Grundlagen der funktionalen Selbstverwaltung

Schrifttum: *Axer,* Normsetzung der Exekutive in der Sozialversicherung, 2000; *Brohm,* Selbstverwaltung in wirtschafts- und berufsständischen Kammern, in: FS v. Unruh, 1983, 779; *Burgi,* Selbstverwaltung angesichts von Europäisierung und Ökonomisierung, in: VVDStRL 62, 2003, 405; *Emde,* Die demokratische Legitimation der funktionalen Selbstverwaltung, 1991; *Hendler,* Selbstverwaltung als Ordnungsprinzip, 1986; *ders.,* Die wirtschaftliche Selbstverwaltung im Staat der Gegenwart, DÖV 1986, 675; *Jestaedt,* Demokratieprinzip und Kondominialverwaltung, 1993; *ders.,* Selbstverwaltung als Verbundbegriff, Die Verwaltung 35 (2002), 293; *Kelber,* Grenzen des Aufgabenbereichs einer Körperschaft des öffentlichen Rechts unter verfassungsrechtlichen Gesichtspunkten, 1998; *Kleine-Cosack,* Berufsständische Autonomie und Grundgesetz, 1986; *Kluth,* Funktionale Selbstverwaltung. Verfassungsrechtlicher Status – verfassungsrechtlicher Schutz, 1997; *ders.,* Verfassungsfragen der Privatisierung von Industrie- und Handelskammern, 1997; *ders.,* Funktionale Selbstverwaltung, Die Verwaltung 35 (2002), 349; *ders.* (Hrsg.), Jahrbuch des Kammerrechts 2002, 2003; *Kluth/Goltz,* Kammern der berufsständischen Selbstverwaltung in der EU, 2004; *Mronz,* Körperschaften und Zwangsmitgliedschaft, 1973; *Oebbecke,* Demokratische Legitimation nichtkommunaler Selbstverwaltungen, VerwArch 1990, 349; *ders.,* Selbstverwaltung angesichts von Europäisierung und Ökonomisierung, in: VVDStRL 62, 2003, 366; *Schmidt-Trenz,* Die Logik kollektiven Handelns bei Delegation, 1996; *Sodan,* Berufsständische Zwangsvereinigung auf dem Prüfstand des Grundgesetzes, 1991; *Thieme,* Subsidiarität und Zwangsmitgliedschaft, 1962; *Tettinger,* Kammerrecht, 1997.

I. Begriff der funktionalen Selbstverwaltung

Anknüpfend an die Überlegungen zu den verfassungsrechtlichen Vorgaben für das Verwaltungsorganisationsrecht können die staatsrechtlichen Mindestanforderungen an den Begriff der Selbstverwaltung durch das Vorliegen eigener Entscheidungsbefugnisse bezüglich eigener Angelegenheiten eines rechtsfähigen Verwaltungsträgers umschrieben werden. Daran anknüpfend kann die funktionale Selbstverwaltung als demokratische Betroffenen-Selbstverwaltung spezifiziert werden, die durch folgende Merkmale bestimmt ist: (1) Die Zuweisung von demokratischen Partizipationsrechten an (2) ein kollektiv legitimiertes Verbandsvolk (3) das zur eigenverantwortlichen Erledigung der sachlich und personell eigenen Angelegenheiten berufen ist und (4) deshalb über letztverantwortliche Entscheidungsfreiräume verfügt, die (5) durch eine Beschränkung der staatlichen Aufsicht auf eine Rechtsaufsicht gesichert sind. Die einzelnen Aussagen dieser Begriffsbestimmungen werden in dem nachfolgenden Abschnitt näher erläutert. 1

2 Stellt man die funktionale Selbstverwaltung der kommunalen Selbstverwaltung gegenüber, so werden folgende **Unterschiede** deutlich: Anknüpfungspunkt für die Konstituierung der Körperschaft ist bei den Kommunen die Ansässigkeit im Gebiet, bei der funktionalen Selbstverwaltung die Ausübung eines bestimmten Berufs (so bei den wirtschaftlichen und berufsständischen Kammern) oder einer bestimmten Funktion (so etwa bei den Hochschulen) bzw. die Betroffenheit von einer bestimmten Aufgabe (so etwa bei den Realkörperschaften und der sozialen Selbstverwaltung). Mit diesem Unterschied ist auch ein zweiter Aspekt verknüpft: Während bei der kommunalen Selbstverwaltung der allgemeine Bürgerstatus die Grundlage für die ehrenamtliche Mitwirkung darstellt, wird bei der funktionalen Selbstverwaltung an den spezifischen Sachverstand angeknüpft, der durch die Zugehörigkeit zu einem Berufsstand oder die Betroffenheit von einer Aufgabe vorausgesetzt wird. Bei den Trägern funktionaler Selbstverwaltung kann auch nicht von einer wie immer gearteten Allzuständigkeit ausgegangen werden. Ihre Verbandskompetenz ist grundsätzlich thematisch eng gefasst. Umgekehrt ist ihr Gebietszuschnitt in den meisten Fällen (anders bei den Realkörperschaften und Hochschulen) weiter als bei den Kommunen, regelmäßig auf ein ganzes Land oder bei großen Flächenstaaten einen Teil des Landes bezogen.

3 Das Bundesverfassungsgericht hat sich in seinen frühen Entscheidungen, in denen es über die Verfassungsmäßigkeit der **Pflichtmitgliedschaft** in Wasser- und Bodenverbänden (*BVerfGE* 10, 89 – Großer Erftverband) sowie Industrie- und Handelskammern (*BVerfGE* 15, 235) zu befinden hatte, nur am Rande zur organisationsrechtlichen Struktur der Kammern geäußert. In der Entscheidung zum Erftverband wird näher darauf eingegangen, dass „bei der Ausgestaltung eines öffentlich-rechtlichen Verbandes dessen Organisation und die Rechtsstellung seiner Mitglieder entsprechend den Besonderheiten der zu ordnenden Lebens- und Wirtschaftsverhältnisse und der von ihm abzuschätzenden Gemeingefahr" zu regeln ist. Die Besonderheiten eines Sachgebietes könnten auch „einen Zusammenschluss legitimieren, in dem Mitglieder mit verschiedenen Interessen vereinigt werden, es sei denn, dass ersichtlich ein wirklicher Ausgleich der Interessen auf diesem Weg nicht erreicht werden kann. Dabei dürfen allerdings schutzwürdige Interessen der Verbandsmitglieder nicht willkürlich vernachlässigt werden, das Ermessen der Verbandsorgane muss hinreichend begrenzt sein und seine Ausübung der richterlichen Nachprüfung zugänglich sein" (*BVerfGE* 10, 89 [102f.]). In der drei Jahre später ergangenen Entscheidung zu den Industrie- und Handelskammern wird hervorgehoben, dass es am zweckmäßigsten ist, die Aufgabe der Vertretung der Gesamtinteressen der gewerblichen Wirtschaft einem Selbstverwaltungsorgan der Wirtschaft zu übertragen. Dem Gesetzgeber stehe eine solche Delegation grundsätzlich frei. Gerade dort, wo der Staat bei eigener Aufgabenwahrnehmung auf die Einholung sachverständigen Rates angewiesen sei, erleichtere die unmittelbare Erledigung

durch die Kammern den Geschäftsgang und erspare Kosten. Zudem wird darauf hingewiesen, dass für die Erfüllung der den Industrie- und Handelskammern zugewiesenen Aufgaben das Prinzip der Pflichtzugehörigkeit „sinnvoll, ja notwendig" war bzw. ist (*BVerfGE* 15, 235 [242]).

Aus einem anderen Blickwinkel hat sich das Bundesverfassungsgericht in seiner **Facharzt-Entscheidung** (*BVerfGE* 33, 125) der Struktur der (freiberuflichen) Kammern genähert. In dieser Entscheidung stand die Frage nach der Reichweite der autonomen Regelungsbefugnis der Kammern vor allem bei Maßnahmen, die den Berufszugang regeln, im Vordergrund. Hier findet sich zunächst der Hinweis, dass die Grundlagen für das moderne Berufsbild des Arztes und die Entwicklung des Facharztwesens teils durch gesetzliche Regelungen, teils durch die Tätigkeiten der ärztlichen Standesorganisationen, also kooperativ, entstanden sind. Die zu diesem Zweck erfolgende Verleihung von Satzungsgewalt an Selbstverwaltungskörperschaften hat nach Ansicht des Bundesverfassungsgerichts „ihren guten Sinn darin, gesellschaftliche Kräfte zu aktivieren, den entsprechenden gesellschaftlichen Gruppen die Regelung solcher Angelegenheiten, die sie selbst betreffen und die sie in überschaubaren Bereichen am sachkundigsten beurteilen können, eigenverantwortlich zu überlassen und dadurch den Abstand zwischen Normgeber und Normadressat zu verringern. Zugleich wird der Gesetzgeber davon entlastet, sachliche und örtliche Verschiedenheiten berücksichtigen zu müssen, die für ihn oft schwer erkennbar sind und auf deren Veränderung er nicht rasch genug reagieren könnte" (*BVerfGE* 33, 125 [156f.]). An einer späteren Stelle der Entscheidungsgründe wird ergänzend darauf hingewiesen, dass ein Grundgedanke der (funktionalen) Selbstverwaltung darin besteht, „die in den gesellschaftlichen Gruppen lebendigen Kräfte in **eigener Verantwortung** zur Ordnung der sie besonders berührenden Angelegenheiten heranzuziehen und ihren **Sachverstand** für die Findung „richtigen" Rechts zu nutzen" (*BVerfGE* 33, 125 [159]). 4

Ein dezenter, aber gleichwohl weiterführender Gedanke zur organisationsrechtlichen Verortung der Träger funktionaler Selbstverwaltung findet sich in einem zur Frage der Pflichtmitgliedschaft in den Industrie- und Handelskammern ergangenen **Kammerbeschluss** vom 7. Dezember 2001 (*BVerfG* NVwZ 2002, 335; dazu *Kluth,* NVwZ 2002, 298ff.; *Hatje/Terhechte,* NJW 2002, 1849ff.). Im Anschluss an die Bestätigung der bisherigen Rechtsprechung und ihrer Wertungen wird darauf hingewiesen, dass die „Pflichtmitgliedschaft den Kammerzugehörigen zum einen die **Chance zur Beteiligung und Mitwirkung** an staatlichen Entscheidungsprozessen eröffnet, dabei aber zum anderen offen lässt, sich nicht zu betätigen". Weiter wird betont, dass „die Pflichtmitgliedschaft eine **freiheitssichernde und legitimatorische Funktion**" besitzt, „weil sie auch dort, wo das Allgemeininteresse einen gesetzlichen Zwang verlangt, die unmittelbare Staatsverwaltung vermeidet und statt dessen auf die Mitwirkung der Betroffenen setzt" (*BVerfG* NVwZ 2002, 335 [337]). 5

6 Schließlich ist auf die Entscheidung des zweiten Senats vom 15. Dezember 2002 (*BVerfG* DVBl. 2003, 923) zu verweisen, in der es zwar in erster Linie um die Verfassungsmäßigkeit der Arbeitnehmermitbestimmung in zwei **Wasserverbänden** ging, die das Gericht aber nutzte, um sich grundsätzlich zur demokratischen Legitimation und organisatorischen Struktur der funktionalen Selbstverwaltung insgesamt zu äußern. Aus organisationsrechtlicher Perspektive ist insoweit die Aussage interessant, dass im Falle der gesetzgeberischen Entscheidung für die Organisationsform der funktionalen Selbstverwaltung keine Ausgestaltung vorgeschrieben werden darf, die mit dem **Grundgedanken autonomer interessengerechter Selbstverwaltung** einerseits und effektiver öffentlicher Aufgabenwahrnehmung andererseits unvereinbar wäre (*BVerfG* DVBl. 2003, 923 [926]).

7 Die Aussagen in der Rechtsprechung des Bundesverfassungsgerichts lassen deutlich erkennen, dass das Prinzip der Selbstverwaltung in der funktionalen Selbstverwaltung vor allem an den besonderen Sachverstand der Angehörigen von Berufsgruppen oder anderweitig von konkreten Aufgaben betroffenen Personen und Organisationen anknüpft und durch ihre eigenverantwortliche Einbeziehung in die Aufgabenerfüllung zu einer bürgerfreundlichen Staatsentlastung führt. Zugleich wird an vielen Stellen deutlich, dass daraus bestimmte Anforderungen an die innere Struktur der Organisationen abzuleiten sind. Es kann deshalb von einer **spezifischen, aufgaben- und interessengerechten Organisationsstruktur** der Träger funktionaler Selbstverwaltung gesprochen werden, die es im Einzelnen zu entfalten gilt.

II. Typen der funktionalen Selbstverwaltung

1. Funktionen- und Typusvielfalt

8 Anders als die kommunale Selbstverwaltung, die allenfalls eine Unterscheidung zwischen Gemeinden und Gemeindeverbänden zulässt, ist die funktionale Selbstverwaltung durch eine **große Typen- und Funktionenvielfalt** gekennzeichnet, wobei beide Aspekte sich gegenseitig insoweit bedingen, als die unterschiedlichen Typen die unterschiedlichen Funktionen der einzelnen Selbstverwaltungsträger widerspiegeln.

9 Bereits der Blick in die **Entstehungsgeschichte** der ersten Träger funktionaler Selbstverwaltung lässt eine Mehrzahl von Funktionen erkennen, die als Entstehungsgründe ausgewiesen werden können (dazu näher *Kluth,* Funktionale Selbstverwaltung, 220ff.). Im Einzelnen können dabei **folgende Entstehungsgründe** nachgewiesen werden, die in Bezug auf die einzelnen Organisationen in der Regel kumulativ und nicht nur alternativ die Gründung begleitet haben:

10 **Formierung gesellschaftlicher Kräfte:** Die Gründung von Trägern funktionaler Selbstverwaltung ging einher mit dem Erlass eines die Mitglieder betreffenden Berufsrechts und wurde teilweise durch die Überantwor-

tung der Berufsaufsicht und die Einrichtung einer Berufsgerichtsbarkeit (vor allem bei den freien Berufen) ergänzt.

Staatsentlastung durch Aufgabenauslagerung: Durch die Gründung 11
der Selbstverwaltungsträger wurde der Aufbau bzw. die Erweiterung der Staatsverwaltung vermieden und dadurch der Staat organisatorisch und infolge der weit gehenden Beitrags- und Gebührenfinanzierung der Selbstverwaltungsaufgaben finanziell entlastet.

**Politikentlastung durch Verselbstständigung von Entscheidungspro- 12
zessen:** Durch die Zuweisung von eigenverantwortlichen Entscheidungs- und Gestaltungsspielräumen an die Träger funktionaler Selbstverwaltung wurde es möglich, die betreffenden Sachbereiche ganz oder teilweise aus dem allgemeinen Politikprozess, insbesondere der parteipolitischen Prägung, herauszulösen. Dies führte einerseits zur Entlastung des allgemeinen politischen Diskurses und andererseits auch zu einer Versachlichung der Entscheidungsvorgänge.

Demokratisierung von Lebensbereichen: Aus der verfassungsstaatlichen 13
Perspektive kann als spezifische Funktion der Einführung von Selbstverwaltung die damit verbundene Demokratisierung von Lebensbereichen in einem weit verstandenen Sinne hervorgehoben werden. Ähnlich wie zu Beginn des 19. Jahrhunderts die Einführung der kommunalen Selbstverwaltung die Demokratisierung auf der staatlichen Ebene vorwegnahm, können auch die Träger funktionaler Selbstverwaltung als Vorläufer bzw. Träger der Demokratisierung von Lebensbereichen eingeordnet werden. Dass dabei gewisse Modifikationen der demokratisch-egalitären Mitwirkungsrechte zu gewärtigen sind, ist ein Aspekt, der zwar genauerer Betrachtung bedarf (siehe dazu auch *Kluth,* Funktionale Selbstverwaltung, 458 ff.), der grundsätzlichen Aussage aber nicht im Wege steht.

Rechtsstaatliche Ordnung von Lebensbereichen: Von ebenso weit rei- 14
chender wie grundsätzlicher Bedeutung ist die mit der Gründung von Selbstverwaltungskörperschaften verbundene rechtsstaatliche Ordnung von Lebensbereichen. Die einzelnen Momente der rechtsstaatlichen Ordnung sind (1) die strikte Bindung an die gesetzlich bestimmte Verbandskompetenz; (2) die ebenso strikte Grundrechts- und Gesetzesbindung bei Aufgaben, Befugnissen und Verfahren; (3) die grundsätzliche Eröffnung verwaltungsgerichtlichen Rechtsschutzes. Vor allem im Vergleich zu privaten Verbänden werden damit deutlich höhere rechtsstaatliche Standards gewährleistet. Das gilt vor allem im Hinblick auf den in der Begründung umstrittenen mitgliedschaftlichen Anspruch auf Einhaltung der gesetzlichen Aufgabenzuweisung (dazu näher *Kluth,* Funktionale Selbstverwaltung, 291 ff.; *Messerschmidt,* passim).

Sicherung grundrechtlicher Freiräume: Besonders für den Bereich der 15
staatlichen Hochschulen hat sich die funktionale Selbstverwaltung als geeignete organisatorische Form der Sicherung grundrechtlicher Freiheit (insbesondere der Freiheit von Forschung und Lehre gem. Art. 5 Abs. 3 GG)

erwiesen. Aber auch bei anderen Trägern funktionaler Selbstverwaltung sind Bereiche der Sicherung grundrechtlicher Freiheit anzutreffen (siehe dazu die Ausführungen zu den einzelnen Organisationsformen).

16 Dass es sich bei den in der Gründungsphase maßgeblichen Motiven um nach wir vor aktuelle Leitgedanken handelt, zeigen die **jüngeren Entwicklungen.** So wurden im Zuge der Verschlankung der Bundes- und Landesverwaltungen in den letzten Jahren weitere bislang staatlich wahrgenommene Aufgaben auf die Träger funktionaler Selbstverwaltung übertragen. Beispiele dafür sind die Übertragung der Berufszulassung auf die Ärzte-, Rechtsanwalts- und Wirtschaftsprüferkammern sowie die zahlreichen neuen Aufgaben, die den Ärztekammern im großen Prozess der Gesundheitsreform u.a. im Bereich der Qualitätssicherung zugewiesen wurden. Noch nicht abgeschlossen ist die Entscheidung, ob die Handelsregister den Kammern der wirtschaftlichen Selbstverwaltung übertragen werden sollen.

17 Die inhaltlichen Bezüge zu aktuellen Reformprozessen erlauben ihrerseits eine Verortung der funktionalen Selbstverwaltung mit Hilfe der für das heutige Denken maßgeblichen Leitbegriffe. Naheliegend erscheint insoweit eine gedankliche und konzeptionelle Nähe zum **Kooperationsgedanken,** zum **Subsidiaritätsprinzip** sowie dem Postulat der **aufgabengerechten Organstruktur.** Zudem erscheint eine Beschreibung vor allem der wirtschaftlichen und berufsrechtlichen Kammern als **joint venture** zwischen dem Staat und den jeweiligen Berufsgruppen zum gegenseitigen Vorteil und Nutzen als angebracht.

18 Der **Kooperationsgedanke** hat ausgehend vom Umweltrecht (dort als Kooperationsprinzip entfaltet, vgl. *Kloepfer,* Umweltrecht, 2. Aufl. 1998, § 4, Rdnr. 45ff.) in vielen Bereichen des Verwaltungsverfahrens und der Verwaltungsorganisation Niederschlag gefunden. Mit ihm ist die materielle Zielsetzung verbunden, den Bürger stärker in die Verantwortung für gemeinwohlorientierte Aufgabenfelder einzubeziehen (zu weiteren Anwendungsfeldern vgl. *Schuppert,* Verwaltungswissenschaft, 2000, S. 277ff.). Diese Verantwortungsverteilung kann als Leitgedanke der funktionalen Selbstverwaltung bis in ihre Anfänge nachgezeichnet werden.

19 Das **Subsidiaritätsprinzip** ist zwar nicht als Verfassungsgrundsatz anerkannt, spielt in der deutschen Verwaltungsorganisation aber gleichwohl eine bedeutsame Rolle, da die Aufgabenzuweisung an die Selbstverwaltungsträger der Sache nach seinen Grundsätzen weitgehend entspricht. Damit eng verbunden ist der für die funktionale Selbstverwaltung vor allem aus der Perspektive des Gemeinschaftsrechts bedeutsame Grundsatz einer **dezentralen und bürgernahen Verwaltung,** den die EU-Kommission in ihrem Weißbuch Europäisches Regieren entfaltet hat (siehe dazu *Kluth/Goltz,* Kammern der berufsständischen Selbstverwaltung in der EU, 2003).

20 Der Gedanke der **aufgabengerechten Organ- und Organisationsstruktur** gehört zu den oft unausgesprochenen Grundsätzen der Verwaltungs-

wissenschaft und des Organisationsrechts. Er findet sich jedoch, wie die Analyse der Leitentscheidungen gezeigt hat (siehe oben Rdnr. 3–7), bereits in der frühen Rechtsprechung des Bundesverfassungsgerichts. Im Zuge der Orientierung an den Leitbildern des New Public Management hat dieser Gedanke neue Aktualität gewonnen, da für die Betriebswirtschaft die Suche nach den sachlich angemessenen Organ- und Leitungsstrukturen von großer Bedeutung ist. Für die funktionale Selbstverwaltung können diese Gedanken vor allem aus dem Blickwinkel der Nutzung des besonderen Sachverstandes der Angehörigen bestimmter Berufsgruppen fruchtbar gemacht werden. Durch die Einbeziehung eines Berufsstandes in Normsetzungs- und Beratungsprozesse (die eng mit der Interessenvertretung verbunden sind) mit Hilfe der Selbstverwaltungskörperschaften wird eine organisatorische Struktur geschaffen, die für die Wahrnehmung dieser Aufgaben ideal geeignet ist.

Wie das Bundesverfassungsgericht bereits in seinem Facharzt-Beschluss 21 verdeutlicht hat, muss vor allem bei der beruflichen Selbstverwaltung und ihrer Befugnis zur Reglementierung des Berufsrechts auch auf kritische Momente wie die Gefahr der Abschottung gegenüber Außenstehenden die entweder in den Berufsstand drängen oder konkurrierende Waren oder Dienstleistungen anbieten, geachtet werden. Im Facharzt-Beschluss wird deshalb betont, dass statusbildende und den Zugang regelnde Vorschriften eine ausreichend konkrete Grundlage im Parlamentsgesetz finden müssen. Die Grundrechte dienen insoweit auch als Schutz gegenüber dem Missbrauch der Regelungsmacht zum Zwecke der Bestandssicherung und der Abwehr von Wettbewerb. Als weiteres Korrektur- und Überwachungsinstrument in Bezug auf diese Gefahrenquelle beruflicher funktionaler Selbstverwaltung hat in den letzten Jahren das EU-Wettbewerbsrecht an Bedeutung gewonnen (vgl. dazu exemplarisch *EuGH* Rs. C-309/99, NJW 2002, 877 – Wouters; *Burgi,* in: Jahrbuch des Kammerrechts 2002, 23 ff.; *Nuckelt,* in: Jahrbuch des Kammerrechts 2002, 145 ff.).

Das Organisationsmuster der funktionalen Selbstverwaltung erfreut sich 22 einer **stetigen Funktionsnachfrage** bis in die jüngste Gegenwart hinein. Seine Qualifizierung als überholtes ständestaatliches Modell wird deshalb auch durch die Praxis widerlegt. Als Beispiele können aus der neueren Entwicklung – neben der Einführung der klassischen Organisationsform in den neuen Bundesländern nach der Wiedervereinigung – etwa die bundesweite Einrichtung der Ingenieurkammern in den achtziger und der Psychotherapeutenkammern in den späten neunziger Jahren sowie die Gründung des Entsorgungsverbandes in Nordrhein-Westfalen angeführt werden (Nachweise zu diesen Organisationen finden sich unter III.).

Aus der staatlichen Perspektive ist es sinnvoll, die beschriebenen Funk- 23 tionen der funktionalen Selbstverwaltung in **Binnen- und Außenfunktionen** zu unterscheiden. Dabei fallen unter die Binnenfunktionen vor allem die Aufgaben, die von den Trägern funktionaler Selbstverwaltung in den

Bereichen Berufsrecht, Berufsaufsicht, Berufsbildung, Interessenausgleich und Interessenförderung sowie Versorgungsleistungen jeweils in Bezug auf ihre Mitglieder wahrgenommen werden. Zu den Außenfunktionen gehören die staatsgerichteten Aktivitäten, wie die sachverständige Beratung, die Abgabe von Stellungnahmen und Gutachten und die Interessenvertretung aber auch die Staatsentlastung. Die Träger funktionaler Selbstverwaltung erzeugen damit an Stelle des Staates eine Binnenordnung für zum Teil sehr umfassende soziale Gruppen (etwa die freien Berufe) und nehmen zudem als selbstständige Akteure wichtige Aufgabe im Staatsganzen wahr.

2. Thematische Gliederung der funktionalen Selbstverwaltung

24 Angesichts der thematischen und strukturellen Vielfalt der Träger funktionaler Selbstverwaltung hat es sich eingebürgert, zwischen einzelnen thematischen Bereichen zu unterscheiden, die durch gleichartige Aufgabenstellungen oder Rahmenbedingungen gekennzeichnet sind. Die dabei gewählten Abgrenzungen sind dabei nicht zwingend, können aber die Wahrnehmung des Typus in seiner Vielfalt und Einheit erleichtern.

a) Die wirtschaftlichen und freiberuflichen Kammern

25 Die nach Zahl (alleine 82 IHKn) und Größe (über 3 Mio. Mitglieder bei den IHKn) bedeutendste und in den meisten Fällen auch am stärksten mit dem Typus funktionale Selbstverwaltung identifizierte Gruppe von Organisationen stellen die wirtschaftlichen und freiberuflichen Kammern dar. Sie repräsentieren entweder ein nach allgemeinen Merkmalen bestimmtes breites Spektrum von Berufen (so verhält es sich bei den Industrie- und Handelskammern und Handwerkskammern) oder dienen der Organisation eines einzigen (so z.B. die Rechtsanwalts- und Ärztekammern) oder eng verwandten Berufen (so die Wirtschaftsprüfer- und die Steuerberaterkammern).

b) Die Realkörperschaften

26 Weniger präsent ist die Zugehörigkeit der so genannten Realkörperschaften zur funktionalen Selbstverwaltung. Diese Gruppe ist dadurch gekennzeichnet, dass eine Realie, also Grundbesitz oder mit ihm verbundene Nutzungsrechte, zum Anknüpfungspunkt für die Organisation von Selbstverwaltungsträgern genommen wird. Dieser Bereich ist sehr stark durch genossenschaftliche Leitbilder geprägt. Dazu gehören vor allem die Wasser- und Bodenverbände, die Waldwirtschaftsgenossenschaften, die Forstwirtschaftsverbände, die Fischereiwirtschaftsgenossenschaften und die Jagdgenossenschaften.

c) Die soziale Selbstverwaltung

27 Von der erfassten Personenzahl an erster Stelle, im Hinblick auf die Reichweite der Selbstverwaltungsrechte aber weniger stark ausgeprägt ist

der Bereich der sozialen Selbstverwaltung, zu dem vor allem die Sozialversicherungsträger und die Kassenärztlichen Vereinigungen zählen. Auch die Versorgungswerke der freien Berufe sowie die Studentenwerke können hier zugeordnet werden. Auf eine Darstellung dieses sehr umfangreichen und derzeit in einem grundlegenden Wandel begriffenen Organisationsbereichs muss aus Raumgründen verzichtet werden. Insoweit kann auf die zahlreichen Einzeldarstellungen zu diesem Bereich verwiesen werden (vgl. zu Einzelheiten auch *Kluth,* Funktionale Selbstverwaltung, S. 189ff.).

d) Die Hochschul-Selbstverwaltung

Eine dogmatische Sonderstellung nehmen die Hochschulen ein, da sich bei ihnen grundrechtlich verankerte und institutionell-demokratisch geprägte Selbstverwaltungsrechte überlagern und ergänzen. Daraus ergibt sich für diesen Typus eine besonders komplexe Bereichsdogmatik (dazu eingehend *Kluth,* Funktionale Selbstverwaltung, 419ff.). 28

3. Strukturelle Unterscheidungs- und Einteilungsmöglichkeiten

Im Hinblick auf die jeweilige Binnenstruktur kann bei den Trägern funktionaler Selbstverwaltung zwischen drei Typen unterschieden werden: 29

Gehören die Mitglieder alle der gleichen oder sehr eng verwandten Berufsgruppen an, so spricht dies für weitgehend gleichartige Interessen und damit eine **homogene** oder **monistische Struktur.** Beispiele dafür sind vor allem die freiberuflichen Kammern. 30

Vereint ein Träger funktionaler Selbstverwaltung ein breites Spektrum von Berufen in sich, die über zwar gleichartige aber in den Einzelheiten auch divergierende Interessen verfügen, so kann von einer **gruppenpluralen Struktur** gesprochen werden. In diesen Fällen muss die Binnenverfassung die plurale Struktur berücksichtigen und für einen ausreichenden Interessenausgleich sorgen. Beispiele für diesen Typus sind vor allem die Industrie- und Handelskammern sowie die Handwerkskammern. 31

Schließlich ist es denkbar, dass in einer Organisation gegensätzliche oder widerstreitende Interessen zusammengefasst werden. In diesem Fall kann von einer **gruppenantagonistischen Struktur** gesprochen werden. Bekanntestes Beispiel dafür sind die Wasser- und Bodenverbände (dazu bereits *BVerfGE* 10, 89ff.). Bei dieser Organisationsform steht die Gewährung eines gerechten Interessenausgleichs im Vordergrund. 32

Die Organisationsform funktionale Selbstverwaltung ist damit für eine Vielzahl sehr unterschiedlicher Aufgabentypen einsetzbar, denen gemeinsam ist, dass staatliche Aufgaben dezentral und bürgernah unter Nutzung des Sachverstandes und der Verwaltungskraft der Betroffenen unter Wahrung rechtsstaatlicher Anforderungen und unter Bindung an Gemeinwohlbelange erledigt werden. 33

III. Erscheinungsformen der funktionalen Selbstverwaltung

1. Die Hochschulen

Schrifttum: *Battis/Grigoleit,* Die Universität als privatrechtliche Stiftung, ZRP 2002, 65; *Becker,* Rechtsfragen zu Gründung und Betrieb privater Universitäten, DVBl. 2002, 92; *Bethge,* Wissenschaftsrecht, in: Achterberg/Püttner/Würtenberger (Hrsg.), Besonderes Verwaltungsrecht, Bd. 1, 2. Aufl. 2000, 1042; *Blasius,* Zur Kooperation staatlicher Hochschulen mit Dritten, NWVBl. 1989, 225; *Bullinger,* Finanzierung der Universität nach ihren Leistungen, JZ 1998, 109; *Denninger* (Hrsg.), Hochschulrahmengesetz, 1984; *Epping,* Der Dekan und sein Fachbereich, NWVBl. 1997, 92; *Erichsen,* Kommunalaufsicht – Hochschulaufsicht, DVBl. 1985, 943; *ders.,* Zulässigkeit, Grenzen und Folgen der Hochschulprivatisierung, 2000; *ders./Scherzberg,* Verfassungsrechtliche Determinanten staatlicher Hochschulpolitik, NVwZ 1990; 8; *Fehling,* Neue Herausforderungen an die Selbstverwaltung in Hochschule und Wissenschaft, Die Verwaltung 35 (2002), 399; *Flämig* u. a. (Hrsg.), Handbuch des Wissenschaftsrechts, 2 Bde., 2. Aufl. 1996; *Freund,* Hochschulrecht – Hochschulrahmengesetz – Landeshochschulgesetzgebung, 2002; Hailbronner/Geis (Hrsg.), Kommentar zum Hochschulrahmengesetz, Loseblatt, Stand 2003; *Heintzen/Kruschwitz* (Hrsg.), Die Freie Universität Berlin als Stiftungsuniversität, 2002; *Horst,* Das Vorschlagsrecht der Hochschule für die Bestellung des Kanzlers nach nordrhein-westfälischem Hochschulrecht, NWVBl. 1996, 201; *Hufeld,* Rechtsfragen zur Schließung von Studiengängen und Fakultäten, DÖV 1997, 1025; *ders.,* Staatlicher Schutz der Universitas litterarum, DÖV 2002, 309; *Ipsen,* Hochschulen als Stiftungen des öffentlichen Rechts?, NdsVBl. 2000, 240; *Kämmerer/Rawert* (Hrsg.), Hochschulstandort Deutschland, 2003; *Karpen,* Die Entwicklung der Rechtsprechung zum Wissenschaftsrecht seit 1976, JZ 1983, 926; *ders./Maasch,* Die Entwicklung der Rechtsprechung zum Wissenschaftsrecht seit 1984, JZ 1990, 626; *ders./Hillermann,* Die Entwicklung der Rechtsprechung zum Hochschulrecht seit 1990, JZ 1997, 234; *Karpen/Freund,* Hochschulgesetzgebung und Hochschulautonomie, 1992; *Kempen,* Bayerische Hochschulräte, BayVBl. 1999, 454; *Kirchhof,* Rechtliche Grundsätze der Universitätsfinanzierung, JZ 1998, 275; *Kluth,* Nachfrageorientierte Steuerung der Studienangebote, 2001; *Löwer, R.,* Gesetz-loses Hochschulrecht. Die Geschichte des Hochschulrechts in Nordrhein-Westfalen bis zum Inkrafttreten des Hochschulrahmengesetzes, 1998; *Meyer/Müller-Böling* (Hrsg.), Hochschulzugang in Deutschland, 1996; *Möller,* Rahmenbedingungen der Hochschulzulassung, 2001; *Muckel,* Die Rechtsstellung der Kirche bei der Errichtung eines theologischen Studiengangs an einer staatlichen Universität, DVBl. 1997, 873; *Oebbecke,* Die Genehmigung von Prüfungsordnungen durch den Rektor, NWVBl. 1995, 243; *Oppermann,* Kulturverwaltungsrecht, 1969; *ders.,* Deutsche Universität und Wissenschaft im ausgehenden 20. Jahrhundert, DVBl. 1983, 857; *ders.,* Freiheit von Forschung und Lehre, in: Isensee/Kirchhof (Hrsg.), HStR Bd. VI, 1989, § 147; *Pasternack* (Hrsg.), Flexibilisierung der Hochschulhaushalte, 2001; *Pokorny,* Die Bedeutung des Verwaltungsverfahrensgesetze für die Wissenschaftlichen Hochschulen, 2002; *Reich,* Kooperationsabkommen mit ausländischen Universitäten, DVBl. 1997, 19; *ders.,* Hochschulrahmengesetz, Kommentar, 8. Aufl. 2002; *Roellecke,* Rechtsaufsicht und informelle Steuerung am Beispiel der Universitäten, DÖV 1985, 854; *Röger,* Forschungsfolgenverantwortung und politisches Mandat an Hochschulen, 1998; *Schmidt-Aßmann,* Die Wissenschaftsfreiheit nach Art. 5 Abs. 3 GG als Organisationsgrundrecht, in: FS Thieme, 1993, 697; *Stifterverband für die Deutsche Wissenschaft,* Qualität durch Wettbewerb und Autonomie. Landeshochschulgesetze im Vergleich, 2002; *Thieme,* Deutsches Hochschulrecht, 2. Aufl. 1986; *Trute,* Die Forschung zwischen grundrechtlicher Freiheit und staatlicher Institutionalisierung, 1994; *Uerpmann,* Rechtsfragen von Vereinbarungen zwischen Universität und Staat, JZ 1999, 644; *Uhle,* Fundamentaländerung in der Hochschulbinnenstruktur: Abschied vom Kollegialitätsprinzip?, NVwZ 1996, 661; *Weise,* Die Hochschule der Bundeswehr Hamburg, 1979; *Wolff,* Die Rechtsgestalt der Universität, 1956.

a) Entwicklung und aktuelle Rechtsgrundlagen

Die **ersten Universitäten** wurden in Mitteleuropa im 12. und 13. Jahrhundert als Gelehrtenkorporationen begründet. Sie wurden durch kaiserliche oder päpstliche Stiftungsbriefe errichtet und mit zahlreichen Schutzprivilegien ausgestattet. 34

Die **Universität modernen Typus** entwickelte sich seit dem 17. Jahrhundert. Als erste deutsche Gründungen, die dem neuen Ideal der (von kirchlichem Einfluss emanzipierten) Wissenschaftsfreiheit verpflichtet waren, sind die Gründungen von Halle (1694) und Göttingen (1737) zu nennen. Entscheidend geprägt wurde die moderne deutsche Universitätsidee jedoch in der preußischen Reformzeit nach 1806 durch die **Humboldtsche Bildungsreform,** die in erster Linie eine Reform der amtlichen Kulturverwaltung und nicht Selbstreform der Universität war. Für Wilhelm v. Humboldt war die Wissenschaftsfreiheit eine kulturstaatliche Handlungsmaxime, aus der er **keine institutionsrechtlichen Konsequenzen** zog. Dazu gelangte erst Friedrich Schleiermacher, in dessen Reformvorstellungen sich das Konzept einer juristisch verselbstständigten, im Sinne eines wissenschaftlichen Vereins organisierten Universität abzeichnet. Er entwickelte auch das Konzept einer auf die **Rechtsaufsicht** beschränkten staatlichen Kontrolle der Universitäten. Aufgrund der nach 1815 einsetzenden Restauration kam es jedoch nicht zu einer praktischen Umsetzung dieser Gedanken. 35

In der Phase des nach 1848 einsetzenden voll entwickelten Konstitutionalismus entfaltete sich in den Hochschulen ein **neues Selbstverständnis.** Sie verstanden sich fortan als Repräsentanten eines die Nation zur Einheit bildenden Wissenschaftsgeistes. Es kam auch zu einer weitgehenden Angleichung des der Landeshoheit zufallenden Hochschulrechts, dessen wichtigste Prinzipien die Freiheit der Forschung und Lehre, die akademische Selbstverwaltung und die staatliche Hochschulverwaltung wurden. Im Hochschulbereich entstand auf diese Art und Weise eine **„gemischte Verfassung“**, die in der Formel von der Universität als einer Institution mit **anstaltlichen und zugleich körperschaftlichen Elementen** ihren Niederschlag fand. 36

Die **grundrechtliche Gewährleistung** der Freiheit der Wissenschaft und ihrer Lehre durch Art. 20 der preußischen Verfassung von 1850 entfaltete nach damaligem Stand der Dogmatik keine Wirkungen auf der organisatorischen Ebene im Sinne der Begründung einer Gewährleistung von „Staatsferne“. Die Freiheit der Wissenschaft wurde auch nicht, wie in den westlichen romanischen Nachbarländern, im Sinne einer Gewährleistung der Gründungsfreiheit von Hochschulen durch Private verstanden oder gedeutet. Vielmehr begriffen die deutschen Länder und vor allem Preußen die Freiheit der Wissenschaft regelmäßig als eine Autonomie im Rahmen von staatlichen Institutionen. Die einzige wesentliche Ausnahme galt bezeichnenderweise gegenüber den Kirchen, denen in verschiedenen Konkor- 37 daten die wissenschaftliche Ausbildung ihrer Geistlichen in eigenen Hochschulen zugebilligt wurde.

38 Die **Weimarer Reichsverfassung** brachte den Universitäten neben wichtigen organisatorischen und verwaltungstechnischen Neuerungen eine wesentliche Vertiefung und Neuorientierung ihrer verfassungsrechtlichen Rechtsstellung. Die wichtigsten organisatorischen Reformen gehen in dieser Periode auf das Wirken von Carl Heinrich Becker zurück, der bereits 1919 ein auf dem Gedanken der universitären Selbstverwaltung beruhendes Reformkonzept für die Universitätsverfassung vorlegte und dieses später als Staatssekretär und Minister im preußischen Kultusministerium durchsetzte. Auf seinen Vorschlag hin verabschiedete das preußische Staatsministerium am 20. 3. 1923 „Grundsätze einer Neuordnung der preußischen Universitätsverfassung", in denen zum ersten Mal offiziell von **„Selbstverwaltung"** gesprochen wurde. Sie wurden durch Erlass vom 30. 3. 1923 in Kraft gesetzt. Auf ihrer Grundlage erhielten die preußischen Universitäten zwischen 1928 und 1931 im Wesentlichen gleich lautende neue Statuten.

39 Eine zweite bedeutsame Entwicklung betraf die verfassungsrechtliche Verankerung der universitären Selbstverwaltung im **Grundrecht der Freiheit von Wissenschaft und Lehre.** War bis dahin nur die individualrechtliche Gewährleistung der freien Wissenschaft und Lehre in Art. 142 WRV anerkannt, so wurde diese durch die Referate von Rothenbücher und Smend auf der Staatsrechtslehrertagung des Jahres 1927 um eine institutionelle Garantieebene ergänzt und damit für die Universität als Organisation wirksam gemacht. Smend griff bei der Auslegung des Art. 142 WRV auf die von ihm favorisierte hermeneutische Auslegung zurück und machte zunächst deutlich, dass Wortlaut und Entstehungsgeschichte den Sinn der Vorschrift nicht hinreichend erschließen. Er entwickelte die rechtstechnischen Wirkungen deshalb – unter Rückgriff auf Gedanken von E. Kaufmann, K. Japsers und M. Weber – aus einer Sinnerschließung des Grundrechts. Nach einer tour d'horizon zum deutschen Verständnis akademischer Freiheit kommt Smend dann recht unvermittelt unter Hinweis auf die systematische Stellung der Regelung im Abschnitt über die öffentlichen Institutionen zum dem Schluss, das Grundrecht bedeute „vor allem die angemessene Rechtsstellung einer großen öffentlichen Institution". Die von Rudolf Smend in diesem Zusammenhang im Anschluss an Friedrich Paulsen gebrauchte Formulierung vom **„Grundrecht der deutschen Universitäten"**, brachte fortan die institutionelle Garantie der Wissenschaftsfreiheit auch im Verhältnis zur Legislative zum Ausdruck. Damit fand Smend breite Gefolgschaft, und die akademische Selbstverwaltung besaß fortan den Rang eines grund- und verfassungsrechtlich geschützten Rechtsgutes.

40 Zusammenfassend kann die **Entwicklung bis 1933** dahingehend beschrieben werden, dass das Hochschulwesen in der deutschen Entwicklung trotz aller inneren Lockerung durch die Wissenschaftsfreiheit und die organisatorische Ausgliederung der Universitäten **Teil der staatlichen Kulturord-**

nung in einem ausschließlichen Sinne geblieben ist und insofern selbst das Volksschulwesen übertraf. Für die Entwicklung der Hochschulverwaltung im deutschen Rahmen war in diesem Zeitraum die Präponderanz des staatlichen Gestaltungswillens bei gleichzeitiger Einsicht in gewisse Grenzen des Zugriffs kennzeichnend. Der Kern der akademischen Selbstverwaltung lag dort, wo der Staat sich in eigener Erkenntnis seiner sachlichen Unzuständigkeit von selbst zurückzog, nämlich in jenem Teil personaler Ausgestaltung der Hochschule, der am engsten mit ihrer eigentlichen Aufgabenstellung verbunden war und ist.

Nach der Phase der Gleichschaltung der Universitäten zwischen 1933 und 1945 wurden die Hochschulen **nach 1945** auf ein neues verfassungsrechtliches und organisatorisches Fundament gestellt. Als verfassungsrechtlicher Eckpfeiler fungierte neben einzelnen Regelungen in den Landesverfassungen vor allem die Gewährleistung der Freiheit von Forschung und Lehre in Art. 5 Abs. 3 GG. Obwohl damit dem Wortlaut nach die Garantie des Art. 142 WRV fortgeschrieben wurde, kam der Gewährleistung vor dem Hintergrund der staatlichen Gleichschaltung der Universitäten im Dritten Reich sowie auf Grund der durch Art. 1 Abs. 3 GG erweiterten Bindungswirkung der Grundrechte tatsächlich eine sehr viel größere Bedeutung zu. Im **Parlamentarischen Rat** lag das Schwergewicht der Diskussion bei den Möglichkeiten und Notwendigkeiten eines Schutzes des Staates vor einem Missbrauch der individuellen Forschungs- und Lehrfreiheit. Der Vorschlag der Aufnahme einer institutionellen Garantie der Universitäten fand keine Gefolgschaft. 41

Die Interpretation der in Art. 5 Abs. 3 GG garantierten Wissenschaftsfreiheit knüpfte nach 1949 an die Lehren der Weimarer Zeit an, ohne jedoch Herleitung und Inhalt der institutionellen Garantie näher zu hinterfragen. Erst mit dem Einsetzen der Reformdiskussion Mitte der 60er Jahre rückte die Exegese des Art. 5 Abs. 3 GG in den Brennpunkt der wissenschaftlichen Diskussion. Dabei kam es vor allem infolge der Aussagen des den Streit weitgehend abschließenden Hochschulurteils des Bundesverfassungsgerichts vom 29. Mai 1973 (*BVerfGE* 35, 79ff.), zu einer partiellen Neuorientierung. 42

Die Umgestaltung der Ordinarien- in eine **Gruppenuniversität** wurde in den Bundesländern zwischen 1968 und 1973 vollzogen (*Thieme*, S. 47f.) und auch auf Bundesebene durch das HRG übernommen. Hier bilden insbesondere die in §§ 36ff. HRG gewährleisteten Mitwirkungsrechte der einzelnen Gruppen die Grundlage für die Garantie der Gruppenuniversität und ihre körperschaftliche Struktur. 43

Ein noch nicht abgeschlossener **zweiter grundlegender Reformprozess** erfasst die Hochschulen seit Ende der 90er Jahre. Er ist durch neue Rahmenbedingungen für das Agieren der Hochschulen in Staat und Gesellschaft, drastische Finanzverknappungen und die Einführung des Wettbewerbsgedankens in die Hochschulpolitik geprägt (Übersicht bei *von Trotha*, Die Beweglichkeit der Unbeweglichen, in: Kämmerer/Rawert, S. 3ff.). Die 44

Diskussion ist durch die partielle Übernahme von Gedanken des Neuen Steuerungsmodells bestimmt und sucht nach Möglichkeiten, die Arbeit der Hochschulen ökonomisch effizienter und organisatorisch flexibler zu gestalten. Die Qualität der Leistungen der Hochschulen in Forschung und Lehre soll durch internen und externen Wettbewerb, die Förderung der Suche nach neuen Formen der Forschung und Lehre sowie die diesem Prozess dienende Öffnung für neue Binnenstrukturen und Organisationsformen gesteigert werden. Der Stifterverband der Deutschen Wissenschaft hat diese Entwicklungen in einem komplexen, 9 Hauptbereiche erfassenden Leitbild zusammengefasst, mit dessen Hilfe er zudem ein Benchmarking der Hochschulgesetze der Ländern vorgenommen hat. All dies sind Entwicklungen, die noch vor wenigen Jahren undenkbar waren.

45 Die aktuelle Rechtslage nach dem HRG eröffnet im organisatorischen Bereich größere Spielräume, hält aber an der körperschaftlichen Binnenverfassung ebenso fest wie am Gruppenprinzip. Eine Analyse der neueren Landesgesetzgebung zeigt allerdings, dass die eröffneten Spielräume in sehr unterschiedlicher Art und Weise genutzt wurden und werden. Es ist auf diese Weise in den letzten Jahren zu einer deutlichen **Ausdifferenzierung der Organisationsstrukturen** der Hochschulen gekommen, die im Rahmen dieses Überblicks nur grob skizziert werden kann (siehe zu Einzelheiten *Kluth,* Der Ordnungsrahmen des Hochschulrechts, in: Kämmerer/Rawert, S. 35 ff.; *Stifterverband für die Deutsche Wissenschaft,* Qualität durch Wettbewerb und Autonomie, passim).

b) Organisationsstrukturen

46 Für die Bestimmung der **Rechtsform** und Rechtsstellung der Hochschulen wird den Landesgesetzgebern durch § 58 HRG seit 1999 ein größerer Gestaltungsspielraum eingeräumt. Zwar geht § 58 Abs. 1 S. 1 HRG weiterhin davon aus, dass die Hochschulen in der Regel Körperschaften des öffentlichen Rechts und zugleich staatliche Einrichtungen sind, also aus einer Mischform körperschaftlicher und anstaltlicher Prägung komponiert sind (kritisch zu dieser Charakterisierung *Lüthje,* in: Denninger, § 58, Rdnr. 25). Nach Satz 2 können sie aber auch in anderer Rechtsform errichtet werden. Das **Recht der Selbstverwaltung** im Rahmen der Gesetze steht ihnen nach Satz 3 unabhängig von der Bestimmung der Rechtsform zu.

47 Das **klassische Organisationsmodell** der Hochschulen führt zu einer bereichsdifferenzierten Organisationsform. Auf der einen Seite wird der „akademische Bereich“ in Form einer teilrechtsfähigen Körperschaft des öffentlichen Rechts organisiert. Er konstituiert sich aus den ebenfalls teilrechtsfähigen Fakultäten und der zentralen Ebene, die durch Rektorat bzw. Präsidium sowie den Senat als zentralen Organen in Erscheinung tritt. An diesen Bereich knüpft die Verwaltung an, die durch den Kanzler geleitet wird und Teil der Landesverwaltung ist, insoweit also auch in die Weisungshierarchie eingebunden ist. Ihr ist nicht nur die dem akademischen

Bereich dienende Verwaltung, sondern auch die Wahrnehmung staatlicher Aufgaben mit Bezug zum akademischen Bereich, wie etwa die Zulassung zum Studium und die finanzielle Förderung, zugewiesen (Übersicht zum Katalog staatlicher Aufgaben bei *Oppermann,* in: Flämig, Bd. 1, S. 1028ff.). Dabei sind die Abgrenzungen zwischen den Bereichen und die Art der Anbindung an die Landesverwaltung in den einzelnen Bundesländern in den Einzelheiten unterschiedlich ausgestaltet.

Der Sinn und Zweck der rechtlichen Doppelkonstruktion der Hochschulen, die sich auf allen Ebenen bis hin zu den Fakultäten und Instituten bemerkbar macht, soweit sie Verwaltungsfunktionen ausüben, lag ursprünglich darin, die Akademiker und die akademischen Gremien von der Last der Verwaltung freizustellen und ihnen eine Konzentration auf die rein akademischen Fragen zu ermöglichen (zu Einzelheiten *Oppermann,* in: Flämig, Bd. 1, S. 1010ff., 1026ff.). Zugleich wurde auch eine weitgehende Steuerung der Haushalts- und Wirtschaftsgebarens durch das Land ermöglicht. In Folge der stärkeren Verbindung der akademischen Bereiche mit ökonomischen Aspekten, indem die Mittelzuweisungen an den Erfolg in Forschung und Lehre geknüpft werden, aber auch indem vor dem Hintergrund der knapper werdenden Ressourcen den unteren Bereichen mehr Gestaltungsfreiräume bei der Verwendung der Gelder zugewiesen werden, ist die herkömmliche Trennung der Bereiche zunehmend in Frage gestellt worden. Die in Zeiten des Überflusses weniger merklichen Einwirkungen von Finanz- und Verwaltungsentscheidungen auf Forschung und Lehre hat deutlich zugenommen und verlangt nach einer neuen Bestimmung der Beziehung zwischen beiden Sphären. Diese Notwendigkeit besteht unabhängig davon, welche Rechtsform für die Hochschule gewählt wird. Die Wahl der Rechtsform stellt jedoch eine wichtige Vorentscheidung für die zur Verfügung stehenden Gestaltungsmöglichkeiten dar. 48

Die **Wahl anderer Rechtsformen** ist ebenso wie die Neugestaltung der Beziehungen zwischen dem akademischen Bereich und der Verwaltung durch § 58 Abs. 1 HRG nicht positiv determiniert. Da auch die früher in §§ 60 bis 69 HRG geregelten Vorgaben für den Aufbau der Universitätsverwaltung (als Einheitsverwaltung, dazu *Oppermann,* in: Flämig, Bd. 1, S. 1013f.) aufgehoben wurden, sind den Landesgesetzgebern weitreichende Gestaltungsspielräume eröffnet, deren Grenzen sich einerseits aus den allgemeinen Vorgaben für die Wahl öffentlich-rechtlicher und privatrechtlicher Organisationsformen (siehe dazu § 83, Rdnr. 125ff.) und andererseits aus den Vorgaben zur Mitwirkung der Mitglieder nach Maßgabe der §§ 36ff. HRG ableiten lassen. 49

Als zwingende Vorgabe ist insoweit zunächst zu beachten, dass auf Grund der §§ 36ff. HRG die körperschaftliche Struktur der Binnenverfassung im akademischen Bereich auch bei der Entscheidung für andere öffentliche und private Rechtsformen beibehalten werden muss. Es dürfen deshalb nur Organisationsformen gewählt werden, die sich intern mitgliedschaftlich 50 ausgestalten lassen. Da bei den **öffentlich-rechtlichen Rechtsformen** ohnehin eine (landes-)gesetzgeberische Ausgestaltung erforderlich ist, bestehen insoweit keine grundsätzlichen konstruktiven Probleme (zu Einzelheiten *Fehling,* in: Kämmerer/Rawert, S. 83ff.). Die **Organisationsformen des Privatrecht** stehen dem gegenüber nur als vorgefertigte Typen zur Verfügung. Es bedarf deshalb der Prüfung, inwieweit die gesetzlichen Rahmenvorgaben für die Aktiengesellschaft, die GmbH und die Stiftung privaten Rechts, die in erster Linie in Betracht kommen, eine körperschaftliche Binnenstruktur zulassen. In der wissenschaftlichen Literatur sind hierzu das Einheitsmodell, bei dem die Mitwirkungsrechte sich direkt auf die Gesellschaft beziehen, und das Trennungsmodell, bei der die körperschaftliche Struktur innerhalb eines Rechtsträgers ausgestaltet wird, entwickelt worden (*Schmidt,* in: Kämmerer/Rawert, S. 105ff.). Dabei wird das Trennungsmodell, das am besten auf einer GmbH aufbaut, bevorzugt (siehe zu weiteren Aspekten *Erichsen,* Zulässigkeit, Grenzen und Folgen der Hochschulprivatisierung).

51 Die **Landesgesetzgeber** haben bislang von den neuen Gestaltungsmöglichkeiten in sehr unterschiedlicher Art und Weise Gebrauch gemacht. Einige Länder (Berlin, Hessen, Baden-Württemberg, Rheinland-Pfalz) lassen auch die Wahl der privaten Rechtsform zu, verlangen dafür aber meist ein besonderes Gesetz. In Niedersachsen wird die Möglichkeit eröffnet, dass Hochschulen auf eigenen Antrag durch Verordnung der Landesregierung in die Rechtsform einer rechtsfähigen Stiftung des öffentlichen Rechts überführt werden (dazu *Ipsen,* NdsVBl. 2000, 240; *Fehling,* in: Kämmerer/Rawert, S. 83ff.). Die übrigen Länder haben die herkömmliche dualistische Rechtsgestalt beibehalten.

52 Eine Sonderstellung nehmen seit jeher die **Medizinischen Fakultäten** ein, da sie neben Forschung und Lehre auch die Aufgabe der Krankenversorgung wahrzunehmen haben (dazu ausführlich *Sandberger,* Das Recht der Hochschulmedizin, in: Flämig, Bd. 1, S. 929ff.). Ihre besondere Rechtsstellung wird in den meisten Ländern durch besondere Gesetze zur Hochschulmedizin geregelt (vgl. auch *Leuze,* MedR 1996, 493ff.; *Heintzen,* DÖV 1997, 530ff.). In diesem Bereich wirken sich in jüngerer Zeit zudem die Maßnahmen zur Gesundheitsreform aus. Vereinzelt ist es bereits zu Privatisierungen gekommen.

53 Weitgehend unabhängig von der jeweiligen Rechtsform hat sich in den meisten Ländern die Nutzung von **Zielvereinbarungen** zur Steuerung der Hochschulen etabliert (dazu *Trute,* WissR 33 [2000], 134ff.). Im Rahmen von allgemeinen Vorgaben für die Hochschulstruktur, die z.T. von der Landesregierung vorgegeben oder ebenfalls durch Zielvereinbarungen mit den Hochschulen gestaltet wird, soll mit Hilfe der Zielvereinbarungen ein **anreizgesteuertes Verfahren** der Schwerpunktbildung und Leistungssteigerung in Gang gesetzt werden. In den meisten Zielvereinbarungen werden einen Zeitraum von mehreren Jahren umfassende Entwicklungsvorgaben vereinbart. Innerhalb dieser Vorgaben wird den einzelnen Hochschulen als

Gegenleistung finanzielle Sicherheit sowie eine **größere Gestaltungsfreiheit** gewährleistet. Zu diesem Zweck wird in der Regel auch auf **Globalhaushalte** umgestellt.

Die **Mitgliedschaft** in den Hochschulen bezieht sich in erster Linie auf den körperschaftlich ausgestalteten akademischen Bereich. Da rahmenrechtlich nach wie vor die Gruppenuniversität als Leitbild zwingend vorgegeben ist, handelt es sich um eine **gruppenplurale Binnenverfassung.** Der Umstand, dass den Hochschullehrern nach der Rechtsprechung des Bundesverfassungsgerichts zu Art. 5 Abs. 3 GG in Fragen der Forschung und Lehre ein Übergewicht bei den Entscheidungen zustehen muss, führt dazu, dass es zu Differenzierungen bei den Mitgliedschaftsrechten im akademischen Bereich kommt. Dies spiegelt sich in § 37 Abs. 2 S. 5 HRG wider. Es handelt sich bei den mitgliedschaftlichen Rechten in den Hochschulen dabei zugleich um Überlagerung grundrechtlich und demokratisch begründeter Partizipationsrechte (*Kluth,* Funktionale Selbstverwaltung, S. 406 ff., 451 ff.). 54

In Bezug auf die **Untergliederung** und die **Organe** der Hochschulen eröffnet das HRG den Ländern nach der Streichung der §§ 60 bis 69 HRG a. F. nunmehr ebenfalls einen erheblichen Gestaltungsspielraum. Als verbindlich Vorgabe sieht § 58 Abs. 2 HRG nur noch vor, dass die Hochschulen sich Grundordnungen geben, die der Genehmigung des Landes bedürfen. 55

Bei Hochschulen, die nicht ausnahmsweise auf einen Fachbereich spezialisiert sind (wie dies bei Kunst- oder Wirtschaftshochschulen der Fall sein kann), findet sich in der Regel eine Untergliederung in einen **zentralen Bereich** und in **Fachbereiche** oder **Fakultäten.** Dabei können Fakultäten auch noch einmal in Fachbereiche (oder umgekehrt) und Institute oder Sektionen bzw. Abteilungen untergliedert sein. Es kann also eine zwei- oder dreistufige Struktur geben (vertiefend *Thieme,* Organisationsstrukturen der Hochschulen, in: Flämig, Bd. 1, S. 813 [821 ff.]). 56

Der **zentrale Bereich** ist in die akademischen Leitungsorgane sowie die zentralen Einrichtungen (Bibliothek, Rechenzentrum und weitere Dienstleistungseinrichtungen mit Relevanz für alle Bereiche; dazu vertiefend *Janson,* Zentrale Wissenschaftliche Einrichtungen, in: Flämig, Bd. 1, S. 883 ff.) und die Verwaltung (Personal- und technische Verwaltung) ausdifferenziert. Organe des akademischen Bereichs sind der in allen Hochschulen anzutreffende **Senat** als Vertretungsorgan der Mitgliedergruppen sowie der **Rektor** bzw. der **Präsident** als monokratisch oder kollegial verfasstes zweites Leitungsorgan (es kann bei Rektor bzw. Präsident Eigen- oder Fremdorganschaft vorgeschrieben sein; zu Einzelheiten *Thieme,* a. a. O., S. 829 ff.). In einigen Ländern existiert als drittes Organ ein **Konzil.** Seine Aufgabe ist teilweise auf die Wahl des Rektors bzw. Präsidenten beschränkt. In neuerer Zeit sehen viele Landesgesetze zudem die Einrichtung von **Hochschulräten** oder **Kuratorien** vor, die z. T. nur beratende, z. T. aber auch mitentscheidende Funktionen besitzen (dazu *Fittschen,* WissR 30 [1997], 325 ff.; *Kersten,* DVBl., 1999, 1704). 57

58 Die **Fakultäten** oder **Fachbereiche** stellen die Basiseinheiten der Hochschulen dar, in denen ein Fach oder mehrere thematisch verwandte Fächer organisatorisch zusammengefasst sind. Als **Hauptorgan** fungiert hier ein kollegial und repräsentativ verfasster Fakultäts- oder Fachbereichsrat. Er wählt einen **Sprecher,** der auch die Bezeichnung **Dekan** führen kann. Der Dekan führt die Geschäfte der Fakultät und nimmt auch die auf dieser Ebene anfallenden Verwaltungsaufgaben wahr.

59 Neben diesen wichtigsten Organisationseinheiten sind an den Hochschulen vielfältige Sonderformen anzutreffen, die an dieser Stelle nur kurz und ohne Anspruch auf Vollständigkeit erwähnt werden können. Dazu gehören Institute, die im Falle ihrer externen Finanzierung auch als An-Institute bezeichnet werden. Vor allem im naturwissenschaftlichen Bereich werden in Kooperation mit Privaten und der Wirtschaft von den Hochschulen auch Unternehmen betrieben.

60 Zu erwähnen ist zudem die Sonderstellung der Studierenden im Rahmen der von § 41 HRG vorgegebenen **verfassten Studentenschaft,** die eine selbstständige Körperschaft darstellt, der das Landesrecht auch Rechtsfähigkeit verleihen kann, aber nicht muss.

c) Aufgaben und Finanzierung

61 Die **Aufgaben** der Hochschulen werden in § 2 HRG grob umrissen. Die Landeshochschulgesetze knüpfen daran an und enthalten z. T. noch weiter ins Detail gehende Regelungen. Die wichtigsten Aufgaben werden in § 2 HRG folgendermaßen umschrieben: „(1) Die Hochschulen dienen entsprechend ihrer Aufgabenstellung der Pflege und der Entwicklung der Wissenschaften und der Künste durch Forschung, Lehre, Studium und Weiterbildung in einem freiheitlichen, demokratischen und sozialen Rechtsstaat. Sie bereiten auf berufliche Tätigkeiten vor, die die Anwendung wissenschaftlicher Erkenntnisse und wissenschaftlicher Methoden oder die Fähigkeit zu künstlerischer Gestaltung erfordern. (2) Die Hochschulen fördern entsprechend ihrer Aufgabenstellung den wissenschaftlichen und den künstlerischen Nachwuchs. … (7) Die Hochschulen fördern den Wissens- und Technologietransfer. …“.

62 Das weite Spektrum der den Hochschulen gestellten Aufgaben bedarf der ständigen Konkretisierung und der Schwerpunktsetzung. Dies ist Aufgabe der **Hochschulplanung,** die sowohl (und in erster Linie) Aufgabe der einzelnen Hochschulen, aber auch der jeweiligen Landesregierungen ist.

63 Viele Landeshochschulgesetze führen auch die **Hochschulreform** als (ständige) Aufgabe der Hochschulen an. Dabei geht es um die ständige Anpassung der Zielsetzungen, Strukturen sowie Forschungs- und Lehrformen an die sich mit zunehmender Geschwindigkeit wachsenden Rahmenbedingungen in Staat, Gesellschaft und Wirtschaft.

64 Vergleichsweise neu ist auch, dass einige Hochschulgesetze ausdrücklich die unternehmerische Betätigung der Hochschulen zulassen. Die Koopera-

tion mit privaten Einrichtungen gehört schon seit langer Zeit zum Hochschulalltag.

Für die **Finanzierung der Hochschulen** enthält § 5 HRG folgende allgemeine Vorgaben: „Die staatliche Finanzierung der Hochschulen orientiert sich an den in Forschung und Lehre sowie bei der Förderung des wissenschaftlichen Nachwuchses erbrachten Leistungen. Dabei sind auch Fortschritte bei der Erfüllung des Gleichstellungsauftrages zu berücksichtigen". Diese Formulierung setzt die ausreichende Bereitstellung von Haushaltsmitteln für die Hochschulen durch die sie tragenden **Ländern** (Hochschulen des Bundes werden vom HRG als private Hochschulen klassifiziert) voraus und stellt sie damit zugleich in das Ermessen der Landesgesetzgeber und Landesregierungen. Der **Bund** beteiligt sich im Rahmen der Art. 91a Abs. 1 Nr. 1 und 91b GG an der Finanzierung der Hochschulen, vor allem an Baumaßnahmen und Forschungsprojekten (dazu näher *Schuster,* Finanzen, Haushalt und Haushaltskontrolle, in: Flämig, Bd. 1, S. 1061 ff.). 65

Im Bereich der Finanzierung sind in den letzten Jahren zahlreiche **neue Entwicklungen** zu verzeichnen. Die Erhebung von Studiengebühren für grundständige Studiengänge ist durch das HRG nicht untersagt (zur verfassungsrechtlichen Problematik einer entsprechenden Regelung vgl. *Degenhart,* DVBl. 1998, 1309 ff.). In vielen Landesgesetzen findet sich aber ein entsprechendes, an die Hochschulen gerichtetes Verbot. Durch die Einrichtung von Studienkonten und die Begründung von besonderen Zahlungspflichten für Langzeitstudenten ist aber die finanzielle Verantwortung der Studierenden erhöht worden (vgl. dazu auch *BVerfG* DVBl. 2003, 993). 66

Von besonderer Bedeutung für das Finanzwesen der Hochschulen ist die Einführung von **Globalhaushalten** und zwar sowohl im Verhältnis Land-Hochschule als auch innerhalb der Hochschulen. Zudem wird auch in diesem Bereich die Steuerung mit Hilfe von Zielvereinbarungen praktiziert. 67

Anknüpfend an die dualistische Struktur der Hochschulen als Körperschaften des öffentlichen Rechts und staatliche Einrichtung divergiert auch der Maßstab der **staatlichen Aufsicht** je nach betroffenem Sachbereich. Während bei den akademischen Angelegenheiten vom Grundsatz der Rechtsaufsicht auszugehen ist, finden sich in den übrigen Bereichen auch Weisungsrechte und damit eine Fachaufsicht (vertiefend *Oppermann,* Staatliche Aufsicht, in: Flämig, Bd. 1, S. 1107 ff.; *Erichsen,* DVBl. 1985, 943 ff.). 68

2. Die Ärztekammern und weiteren Heilberufskammern

Schrifttum: *Borchmann,* Das Ärztekammerurteil des Bundesverwaltungsgerichts, MedR 1983, 18; *Dettmeyer,* Verfassungsrechtliche Anforderungen an Zwangsmitgliedschaft und Ärztekammerbeitrag, NJW 1999, 3367; *Laufs/Reiling,* Ethik-Kommissionen – Vorrecht der Ärztekammern?, MedR 1991, 1; *Pietzcker,* Kein allgemeinpolitisches Mandat von Berufskammern, JuS 1985, 27; *Schenke,* Rechtliche Grenzen der Rechtsetzungsbefugnisse von Ärztekammern, NJW 1991, 2313; *Vogt,* Ärztliche Selbstverwaltung im Wandel, 1998.

a) Entwicklung und aktuelle Rechtsgrundlagen

69 Die **ersten Kammern für Heilberufe** entstanden Mitte des 19. Jahrhunderts zur Wahrung der Standesinteressen und der Standesehre. Sie besaßen deshalb auch eine eigenständige Disziplinargewalt. Im preußischen Gebiet wurden die entsprechenden Organisationsvorschriften erst im Jahr 1887 erlassen und zwar in Gestalt der „Verordnung betreffend die Einrichtung einer ärztlichen Standesvertretung" vom 25. 5. 1887. Die Verordnung sah in § 1 vor, dass für jede Provinz eine Ärztekammer zu errichten sei und zwar regelmäßig am Sitz des Oberpräsidenten. Der Geschäftskreis der Kammern umfasste nach § 2 „die Erörterung aller Fragen und Angelegenheiten, welche den ärztlichen Beruf oder das Interesse der öffentlichen Gesundheitspflege betreffen, oder auf die Wahrnehmung und Vertretung der ärztlichen Standesinteressen gerichtet sind." Bereits damals waren die Ärztekammern befugt, „innerhalb ihres Geschäftskreises Vorstellungen und Anträge an die Staatsbehörden zu richten", wobei letztere ihnen geeignetenfalls Gelegenheit zu gutachterlichen Stellungnahmen geben sollten. Die Wahl der „Kammer" als des Repräsentationsgremiums erfolgte gem. § 4 durch alle im Bezirk ansässigen Ärzte getrennt nach Wahlbezirken, die mit den Regierungsbezirken übereinstimmten.

70 Die ärztliche **Ehrengerichtsbarkeit** wurde durch das Gesetz vom 25. 11. 1899 einer gesonderten Regelung unterworfen. Bedeutsam war in diesem Zusammenhang die nähere gesetzliche Ausgestaltung der ärztlichen Pflichten in § 3 des Gesetzes. Die vor allem als Prüfungsmaßstab für die Ehrengerichtsbarkeit fungierende Regelung positivierte zugleich ein wichtiges Element der ärztlichen Berufsordnung. Nach dieser Vorschrift war der Arzt verpflichtet, „seine Berufstätigkeit gewissenhaft auszuüben und durch sein Verhalten in Ausübung des Berufs sowie außerhalb desselben sich der Achtung würdig zu zeigen, die sein Beruf erfordert."

71 Während der Zeit der **Weimarer Republik** kam es nur zu geringfügigen Wandlungen im ärztlichen Berufsrecht. Unter dem **Nationalsozialismus** wurden, nachdem die bundesstaatliche Struktur des Reichs beseitigt worden war, die bisher geltenden landesrechtlichen Regelungen durch den Erlass der Reichsärzteordnung vom 13. 12. 1935 ersetzt. Dabei flossen zahlreiche, der nationalsozialistischen Ideologie entstammende Grundsätze in das ärztliche Berufsrecht ein. So war die deutsche Ärzteschaft nach § 19 RÄO berufen, „zum Wohle von Volk und Reich für die Erhaltung und Hebung der Gesundheit, des Erbguts und der Rasse des deutschen Volks zu wirken". Zum Leiter der Reichärztekammer wurde in § 21 ein Reichsärzteführer bestimmt, der vom Führer und Reichskanzler zu berufen und abzuberufen war. Ihm oblag es gem. § 22 RÄO, einen Beirat zu berufen, der ihn bei der Wahrnehmung seiner Aufgaben zu beraten und zu unterstützen hatte. Damit waren die Ärztekammern und über sie der Berufsstand weitgehend gleichgeschaltet.

Nach 1945 wurde das Ärztekammerwesen, im Anschluss an die Rechtslage vor 1933, auf Landesebene auf eine neue Grundlage gestellt. In den meisten Bundesländern wurden **Heilberufsgesetze** (HeilBerG) erlassen, die eine einheitliche Rechtsgrundlage für die Ärzte-, Zahnärzte-, Tierärzte- und Apothekerkammern bereitstellen. Bundesweit bestehen derzeit 17 Ärztekammern mit ungefähr 330 000 Mitgliedern. Hinzu kommen seit Mitte der 90er Jahre die Psychotherapeutenkammern. Parallel zu den Heilberufskammern agieren die Kassenärztlichen und Kassenzahnärztlichen Vereinigungen, die ihre rechtliche Grundlage in den § 77 SGB V finden (dazu näher *Kluth,* Funktionale Selbstverwaltung, S. 200 ff.; zu den Auswirkungen der Gesundheitsreform auf die Kassenärztlichen Vereinigungen *Kluth,* MedR 2003, 123 ff.). 72

b) Organisationsstrukturen

Den Kammern gehören alle Ärzte als **Mitglieder** an, die im jeweiligen Kammerbezirk, der mit Ausnahme von Nordrhein-Westfalen, das aus historischen Gründen zwei Kammerbezirke besitzt, mit dem Bundesland identisch ist, ihren Beruf ausüben oder, falls sie ihren Beruf nicht ausüben, ihren gewöhnlichen Aufenthalt haben. Freigestellt sind die beamteten Berufsangehörigen innerhalb der Aufsichtsbehörde. Eine Sonderregelung treffen die Gesetze für die Staatsangehörigen anderer EG-Mitgliedstaaten, die von der Mitgliedschaft freigestellt sind, wenn sie ihren Beruf im Kammerbezirk nur gelegentlich oder vorübergehend ausüben (EU-Dienstleistungsfreiheit gem. Art. 49, 50 EG) und ihren gewöhnlichen Aufenthalt in einem anderen Mitgliedstaat der Europäischen Union haben. Sie sind lediglich verpflichtet, die beabsichtigte Berufsausübung der zuständigen Kammer anzuzeigen. Hinsichtlich der Berufsausübung haben sie die gleichen Rechte und Pflichten wie Kammerangehörige. Im Übrigen, d. h. bei einer Niederlassung, ist die Pflichtmitgliedschaft nicht von der Staatsangehörigkeit abhängig. 73

Organe der Kammern sind die Kammerversammlung, der Kammervorstand und der Präsident. Die **Kammerversammlung** wird durch die Mitglieder in unmittelbarer, freier, gleicher und geheimer Wahl gewählt. Die Wahl erfolgt nach den Grundsätzen der Verhältniswahl auf Grund von Listen- und Einzelwahlvorschlägen innerhalb des Kammerbezirks getrennt nach Wahlkreisen. Jeder Wahlberechtigte hat eine Stimme. Geht in einem Wahlkreis nur ein gültiger Wahlvorschlag ein, so ändert sich das Wahlverfahren. In diesen Fällen ist eine Wahl unter den Bewerbern des einzigen Wahlvorschlags nach den Grundsätzen der relativen Mehrheitswahl durchzuführen. 74

Der **Kammervorstand** wird von der Kammerversammlung nach den Bestimmungen der Hauptsatzung gewählt. Er setzt sich meist aus dem Präsidenten, dem Vizepräsidenten und mindestens drei Beisitzern zusammen. Eine Neuwahl des Vorstandes ist auf Verlangen der absoluten Mehrheit der Kammerversammlung schon vor Ablauf der Wahlperiode vorzunehmen. 75

76 Die Rechte und Pflichten der Kammerorgane werden durch die Hauptsatzung näher bestimmt, soweit das jeweilige Heilberufsgesetz keine Regelung vorsieht. Angesichts der recht ausführlichen gesetzlichen Bestimmungen ist der für Satzungsregelungen verbleibende Spielraum nicht allzu groß.

77 Der **Kammerversammlung** weisen die Heilberufsgesetze in der Regel die Beschlussfassung über die Hauptsatzung, die Geschäfts-, Gebühren- und Beitragsordnung sowie über den Haushaltsplan zu. Außer für den Haushaltsplan ist dazu jeweils die Genehmigung der Aufsichtsbehörde einzuholen. Die Kammerversammlung wählt außerdem die Delegierten zu den Beschlussgremien der beruflichen Vertretung auf Bundesebene. Sie bildet zur Vorbereitung ihrer Beratungen Ausschüsse.

78 Dem **Kammervorstand** ist die Führung der Geschäfte der Kammer nach Maßgabe der Hauptsatzung zugewiesen. Die gerichtliche und außergerichtliche Vertretung ist in der Regel dem Präsidenten übertragen. Er „erledigt" auch die laufenden Geschäfte der Kammer und führt die Beschlüsse der Kammerversammlung aus. Dazu bedient er sich der Geschäftsführung, über deren Organisation die Heilberufsgesetze keine näheren Bestimmungen treffen.

c) Aufgaben und Finanzierung

79 Die **Aufgaben** der Kammern werden in einer **Katalogvorschrift** sowie einzelnen weiteren Normen teilweise allgemein umschrieben, teilweise detailliert geregelt. Der Katalog bestimmt den für den Selbstverwaltungsbereich maßgeblichen Rahmen der Aufgaben und Befugnisse der Kammer, die sog. Verbandskompetenz.

80 Als erste **Hauptaufgabe** der Ärztekammern statuieren die HeilBerGe die Unterstützung des öffentlichen Gesundheitsdienstes bei der Erfüllung seiner Aufgaben. Unter öffentlichem Gesundheitsdienst sind dabei nicht nur die einzelnen Verwaltungsbehörden, namentlich die Gesundheitsämter, zu verstehen. Vielmehr fallen darunter alle staatlichen Stellen, die im Bereich der Gesundheitspflege als öffentlicher und staatlicher Aufgabe tätig sind.

81 Die Heranziehung der Ärztekammern und damit des in ihnen organisierten Ärztestandes beruht auf dem für die Selbstverwaltung schon seit jeher normleitenden Gedanken, die mit einer besonderen fachlichen Befähigung versehenen gesellschaftlichen Gruppen in die Erfüllung staatlicher Aufgaben einzubeziehen, umso zugunsten der Allgemeinheit ihren besonderen Sachverstand nutzbar zu machen.

82 Die Vorschrift erläutert nicht im Einzelnen, in welcher Weise die Ärztekammern den **öffentlichen Gesundheitsdienst** zu unterstützen haben. Konkretisierungen ergeben sich insoweit aus einzelnen Bestimmungen des Heilberufsgesetzes.

83 Die Abgabe von **Stellungnahmen** und **Fachgutachten** sowie die Benennung von Sachverständigen zur Erstattung von Fachgutachten ist eine spezielle Form der Inanspruchnahme des besonderen Sachverstandes des in der Ärztekammer organisierten Berufsstandes.

Die Heranziehung der Ärzte zum sog. **Notfalldienst** in den sprechstundenfreien Zeiten findet ihre gesetzliche Grundlage z.B. in § 6 Abs. 1 Nr. 3 i.V.m. § 30 Nr. 2 nwHeilBerG. Sie bedeutet eine Berufsausübungsregelung, die je nach örtlich/regionalen Gegebenheiten zu erheblichen Inanspruchnahmen des einzelnen Arztes führen kann. Im Hinblick auf ihre Grundrechtsrelevanz war die langjährige Praxis, die Einteilung des Notfalldienstes der Kammerverwaltung zu überlassen, umstritten. Die in den Aufgabenkatalog aufgenommene Pflicht der Kammer, eine Notdienstordnung zu erlassen, kommt diesen Bedenken entgegen. 84

Qualitätssicherung und **berufliche Fortbildung** zielen auf die Garantie einer sach- und fachgerechten, dem aktuellen Kenntnisstand entsprechenden Gesundheitspflege. Der hohe Technisierungsgrad der modernen Medizin und die schnelle Erweiterung des Wissens in Bezug auf Therapiemöglichkeiten, besonders wenn sie aufwändig und kompliziert sind, verlangt eine ständige berufliche Fortbildung. Der Einsatz leistungsfähiger, zugleich aber auch „gefährlicher" Apparate, wie etwa der Röntgengeräte, muss durch eine fortlaufende Qualitätssicherung begleitet werden. In beiden Bereichen ist der einzelne Arzt überfordert. Er ist insoweit auf die Unterstützung durch die Kammer angewiesen. 85

Zur **Qualitätssicherung** gehören insbesondere die Überwachungsmaßnahmen nach der Röntgenverordnung sowie die Vermittlung und Überprüfung der Fachkunde und Kenntnisse nach der Röntgenverordnung und der Strahlenschutzverordnung. Beide Aufgaben sind den Kammern als Auftragsangelegenheiten mit Weisungsrecht der Aufsichtsbehörde übertragen. 86

Die berufliche Fortbildung ist in den Heilberufsgesetzen detailliert geregelt. Die Kammern haben nach diesen Vorschriften insbesondere eine **Weiterbildungsordnung** zu erlassen und einzelne Ärzte zur Weiterbildung zu ermächtigen und durch von ihnen gebildeten Prüfungsausschüsse Prüfungen für die Anerkennung von Fachgebietsbezeichnungen durchführen zu lassen. 87

Die Heilberufsgesetze weisen den Ärztekammern die Aufgabe zu, „für die Erhaltung eines hochstehenden Berufsstandes zu sorgen und die Erfüllung der Berufspflichten der Kammerangehörigen zu überwachen". Zudem wird den Kammern erlaubt, auch hierzu Verwaltungsakte zu erlassen. 88

Die als Maßstab der Berufsaufsicht fungierenden Vorschriften finden sich in den Heilberufsgesetzen sowie in der Berufsordnung, die von der Kammerversammlung zu erlassen ist. Sie bedarf der Genehmigung durch den zuständigen Fachminister. 89

Die Berufsordnungen enthalten **Berufsausübungsregelungen.** Sie sind insoweit grundrechtsrelevant. Die Heilberufsgesetze enthalten deshalb gesetzliche Ermächtigungen, die umreißen, in welchen Themenbereichen die Kammern Regelungen treffen können. Die entsprechenden Regelungen genügen damit den Anforderungen des Parlamentsvorbehaltes. 90

Im Einzelnen regeln die Berufsordnungen die Grundsätze des ärztlichen Berufsethos (gewissenhafte Berufsausübung nach den Geboten der ärztli- 91 chen Sitte), die Verpflichtung auf den Lebensschutz, die Beratung durch Ethikkommissionen bei der Durchführung von Forschungsvorhaben, die Beachtung der ärztlichen Aufklärungspflicht, die Konkretisierung der ärztlichen Schweigepflicht, die Verpflichtung zur Weiter- und Fortbildung sowie zur Qualitätssicherung, die Beachtung der besonderen Richtlinien für die Durchführung der In-vitro-Fertilisation und des Embryotransfers. Ein weiterer Komplex von Regelungen betrifft den Abschluss und Inhalt von Anstellungsverträgen von Ärzten, die Anfertigung und der Umgang mit ärztlichen Aufzeichnungen, die Ausbildung von Mitarbeitern, das kollegiale Verhalten und die Werbung. In der Praxis ist der Inhalt der Berufsordnungen nicht eigentlich das Ergebnis einer individuellen Rechtsetzung der einzelnen Kammern, sondern vielmehr ein Akt der (weitgehenden) Übernahme der von der Bundesärztekammer entwickelten Musterberufsordnung.

92 Kammerangehörige, die ihre Berufspflichten verletzen, unterliegen der **Berufsgerichtsbarkeit.** Es handelt sich dabei um eine organisatorisch bei den Verwaltungsgerichten angegliederte besondere Gerichtsbarkeit, für die zugleich besondere Verfahrensvorschriften gelten.

93 Das Berufsgericht ist auf die in den Heilberufsgesetzen geregelten Maßnahmen beschränkt. Zulässig ist danach der Ausspruch einer Warnung oder eines Verweises, die Entziehung des passiven Berufswahlrechts, die Verhängung einer Geldbuße von bis zu 100000 DM sowie die Feststellung, dass ein Beschuldigter unwürdig ist, seinen Beruf auszuüben.

94 Die **Wahrnehmung der beruflichen Belange** der Kammerangehörigen steht bei den Ärztekammern nicht an erster Stelle, wie es etwa bei Handwerkskammern und Industrie- und Handelskammern der Fall ist. Daraus lassen sich indes keine rechtlich relevanten Schlussfolgerungen ableiten. Die Interessenwahrnehmung gehört vielmehr auch bei den Ärztekammern zu den wichtigsten Aufgaben, weil sie in besonderer Weise Integrationseffekte erzeugt: einmal Integration der Kammerangehörigen als Interessengruppe; zum anderen Integration der ärztlichen Standesinteressen in den Prozess der Staatswillensbildung und Entscheidungsfindung.

95 Wie eine ausgedehnte Rechtsprechungspraxis zeigt, gehört das Arzt-Patient-Verhältnis zu den besonders konfliktträchtigen Bereichen. Durch die Errichtung von Stellen zur Begutachtung von Behandlungsfehlern als unselbstständigen Einrichtungen nach § 8 HeilBerG NW soll in diesem Bereich die vorgerichtliche Streitschlichtung verbessert und damit zugleich die Inanspruchnahme der staatlichen Gerichte vermindert werden. Die Ärztekammer Nordrhein weist in ihrem Jahresbericht 1992 pro Jahr ca. 1000 Anträge auf Begutachtung aus. Das Vorliegen eines Behandlungsfehlers wurde in ca. $1/3$ der Fälle bestätigt.

96 Daneben sind die Kammern berufen, **Streitigkeiten** zwischen Kammerangehörigen zu schlichten und auf diese Weise für ein gedeihliches Verhältnis zwischen den Kammerangehörigen zu sorgen.

Die Angehörigen der sog. freien Berufe müssen für ihre **soziale Absicherung** selbst sorgen und aufkommen. Die Heilberufsgesetze ermächtigen deshalb die Kammern, Fürsorgeeinrichtungen und, mit Genehmigung der Aufsichtsbehörde, Versorgungseinrichtungen für die Kammermitglieder und ihre Familienmitglieder zu schaffen. 97

Fortschritte in der Reproduktionsmedizin haben die In-vitro-Fertilisation zu einer beinahe routinemäßigen medizinischen Dienstleistung werden lassen. Indes indiziert die technische Beherrschbarkeit des Vorgangs keineswegs seine beliebige Verfügbarkeit. Besonders in den Fällen der sog. heterologen IvF, bei der Samen- oder Eizellen von einem Spender kommen, der später keine soziale Elternrolle übernehmen soll, stößt das Verfahren auf schwerwiegende Bedenken. Zudem gebietet auch die Verantwortung für das Kindeswohl eine eingehende Prüfung. 98

Der Bundesgesetzgeber hat im Zusammenhang mit der Regelung der Finanzierung der IvF in § 121a SGB V diese von der Erteilung einer Genehmigung durch die zuständige Stelle abhängig gemacht. Der Landesgesetzgeber hat diese Aufgabe in § 9 Abs. 1 Nr. 1 HeilBerG NW den Ärztekammern übertragen. Diese hatten bereits vorher berufsrechtliche Richtlinien über die Durchführung der IvF erlassen, die auch den Genehmigungen nach § 121a SGB V zugrunde gelegt werden können. 99

Die meisten Heilberufsgesetze treffen selber keine Bestimmungen über die Finanzierung der Kammerarbeit, sondern überlassen dies den von der Kammerversammlung zu erlassenden Beitrags- und Gebührenordnungen. 100

Die **Beiträge** werden nach dem Einkommen bemessen und sind entsprechend gestaffelt. Der niedrigste Beitrag wird u.a. von nicht praktizierenden Mitgliedern erhoben. 101

Die Ärztekammern unterstehen der allgemeinen Körperschaftsaufsicht. Diese liegt beim zuständigen Fachminister. Die grundsätzlich als **Rechtsaufsicht** ausgestaltete Körperschaftsaufsicht umfasst präventive und repressive aufsichtliche Befugnisse. Zu den präventiven gehören insbesondere die Genehmigungserfordernisse, vor allem beim Erlass der Hauptsatzung, Gebühren-, Beitrags- und Geschäftsordnung. Die Verfahrensweisen und Befugnisse bei der repressiven Aufsicht folgen in vielen Ländern aus den entsprechend anwendbaren Vorschriften zur Kommunalaufsicht. 102

3. Die Rechtsanwaltskammern und die Bundesrechtsanwaltskammer

Schrifttum: *Benda,* Hundert Jahre Rechtsanwaltskammern, 1981; *Boecken,* Die Pflichtaltersversorgung der verkammerten freien Berufe und der Bundesgesetzgeber, 1986; *Domcke,* Verfassungsrechtliche Fragen einer autonomen Satzungskompetenz der Bundesrechtsanwaltskammer, ZRP 1988, 348; *Feuerich,* Zum Umfang der Auskunftspflicht des Rechtsanwalts gegenüber dem Vorstand der Rechtsanwaltskammer, AnwBl. 1992, 61; *Graf Lambsdorf,* Zur Klagebefugnis der Rechtsanwaltskammern, WRP 1998, 1151; *Hahn,* Die öffentlich-rechtliche Alterssicherung der verkammerten freien Berufe, 1974; *Heinrich,* Hundert Jahre Rechtsanwaltskammer München, 1979; *Knopp,* Rechtsanwaltskammer Frankfurt a. M.: Ständiges Schiedsgericht, NJW 1996,

442; *Stern,* Anwaltschaft und Verfassungsstaat, 1980; *Reich,* Die Pflicht der Vorstandsmitglieder der Rechtsanwaltskammer zur Verschwiegenheit, MDR 1991, 385; *Tettinger,* Zum Tätigkeitsfeld der Bundesrechtsanwaltskammer, 1985.

a) Entwicklung und aktuelle Rechtsgrundlagen

103 Die **Geschichte der Rechtsanwaltskammern** ist in ihren historischen Wurzeln eng mit der Emanzipation des Rechtsanwaltsberufes aus der staatlichen Bevormundung verbunden (*Stern,* S. 5ff.). Die Geburtsstunde der freien Advokatur kam mit dem Inkrafttreten der ersten Rechtsanwaltsordnung, die am 1. Juli 1878 eingeführt wurde (RGBl. I, S. 177). Mit ihr wurde auch die berufliche Selbstverwaltung der Rechtsanwälte begründet. Gem. § 41 der Rechtsanwaltsordnung 1878 (RAO) bildeten die innerhalb des Bezirks eines Oberlandesgerichts zugelassenen Rechtsanwälte eine Anwaltskammer. Diese hatte gem. § 42 Abs. 1 RAO einen Vorstand von neun Mitgliedern, der gem. § 43 Abs. 1 RAO durch die Kammer, d.h. die Mitgliederversammlung, gewählt wurde. Zu den Aufgaben der Kammer gehörten gem. § 49 RAO die Berufsaufsicht, die Ehrengerichtsbarkeit, die Streitschlichtung unter den Mitgliedern sowie zwischen Mitgliedern und Auftraggebern, die Erstellung von Gutachten für die Landesjustizverwaltung sowie gem. § 50 RAO die Kundgabe von Vorstellungen und Anträgen in Angelegenheiten, welche das Interesse der Rechtspflege betreffen, gegenüber der Landesjustizverwaltung. Die Kammern finanzierten sich durch Beiträge der Mitglieder, deren Höhe gem. § 48 Nr. 2 RAO die Kammerversammlung zu bestimmen hatte. Die Aufsicht über die Kammern führte gem. § 59 RAO der Präsident des Oberlandesgerichts als Rechtsaufsicht.

104 Unter der Herrschaft der **Nationalsozialisten** wurde durch Verordnung des Reichspräsidenten vom 18. 3. 1933 (RGBl. I, S. 109) eine Reichsrechtsanwaltskammer errichtet (§ 61a RAO). Einen tiefen Einschnitt in die selbstverwaltete Organisation des Berufsstandes bewirkte das zweite Gesetz zur Änderung der Rechtsanwaltsordnung vom 13. 12. 1935 (RGBl. I, S. 1470). Die Rechtsanwaltskammern wurden in § 44 RAO zu bloßen Organen und Untergliederungen der Reichs-Rechtsanwaltskammer umfunktioniert. Den Präsidenten der Reichs-Rechtsanwaltskammer ernannte gem. § 45 Abs. 2 RAO der Reichsminister der Justiz im Einvernehmen mit dem Reichsführer des Bundes Nationalsozialistischer Deutscher Juristen. Das Gleiche galt gem. § 50 Abs. 1 RAO für die Präsidenten der Rechtsanwaltskammern. Die Kammern selbst standen dem jeweiligen Präsidenten gem. § 50 Abs. 2 RAO nur noch „beratend zur Seite". Es fand mithin eine vollständige Gleichschaltung nach dem sog. Führer-Prinzip statt.

105 Nach dem Ende des Zweiten Weltkrieges ordneten zunächst die **Länder** das Berufsrecht der Rechtsanwälte neu. Dabei knüpften sie an den Rechtszustand vor 1933 bzw. 1935 an. In der britischen Zone wurde 1949 eine besondere Rechtsanwaltsordnung erlassen. Auf Bundesebene wurde sogleich in der ersten Wahlperiode des Deutschen Bundestages mit den Vorarbeiten für eine neue Rechtsanwaltsordnung begonnen. Dazu hatte die Arbeitsgemeinschaft

der Anwaltskammervorstände, die sich bereits privatrechtlich organisiert hatte, umfangreiche Vorarbeiten geleistet (*Hummel,* in: 25 Jahre Bundesrechtsanwaltskammer, 1 [3]). Die endgültige Ausarbeitung und Verabschiedung der **Bundesrechtsanwaltsordnung** (BRAO) zog sich hin bis zum 1. August 1959 (BGBl. I, S. 565). Die lange Dauer des Gesetzgebungsverfahrens gab immerhin Anlass zu einem tieferen Nachdenken über den Berufsstand und seine Stellung im neu konstituierten Staat (*Stern,* S. 11). Derzeit bestehen bundesweit 28 Rechtsanwaltskammern mit ungefähr 80000 Mitgliedern.

Die Rechtsanwaltskammern **entstehen kraft Gesetzes** ohne besonderen 106
Gründungsakt (*Feuerich,* BRAO Kommentar, § 62, Rdnr. 10). Wird ein neues Oberlandesgericht errichtet, so entsteht damit automatisch eine neue Rechtsanwaltskammer. Die Rechtsanwaltskammern sind gem. § 62 Abs. 1 BRAO Körperschaften des öffentlichen Rechts. Ihre **Selbstverwaltungsrecht** ist nicht ausdrücklich geregelt sondern ergibt sich aus dem Fehlen von Weisungsrechten (§ 62 Abs. 2 BRAO ordnet eine reine Rechtsaufsicht der Landesjustizverwaltung an) und den gesetzlich zugewiesenen eigenverantwortlichen Regelungsbefugnissen.

b) Organisationsstrukturen

Mitglieder der Rechtsanwaltskammern sind gem. § 60 Abs. 1 BRAO alle 107
im Oberlandesgerichtsbezirk zugelassenen Rechtsanwälte. Es besteht gesetzliche Pflichtmitgliedschaft.

Organe der Rechtsanwaltskammern sind die Kammerversammlung, der 108
Vorstand und der Präsident. Der **Kammerversammlung** gehören alle Kammermitglieder an. Einer gesonderten Organbildung bedarf es demnach nicht. Die Einberufung der Kammerversammlung ist gem. § 85 Abs. 2 Aufgabe des Präsidenten.

Die Wahl der – regelmäßig sieben – Mitglieder des **Vorstandes** weist § 64 109
Abs. 1 BRAO der Kammerversammlung zu. Neben der Mitgliedschaft in der betreffenden Kammer sind gem. § 65 BRAO weitere Voraussetzungen der Wählbarkeit die Vollendung des 35. Lebensjahres sowie eine mindestens fünfjährige Berufserfahrung.

Die Geschäftsordnung kann dem Vorstand gem. § 77 Abs. 1 BRAO ge- 110
statten, sog. **Abteilungen** zu bilden. Diesen Abteilungen, die gem. § 77 Abs. 2 BRAO aus mindestens drei Vorstandsmitgliedern bestehen müssen und einen Abteilungsvorsitzenden, -schriftführer und Stellvertreter zu bestimmen haben, können einzelne Geschäfte zur selbstständigen Führung übertragen werden. Den Abteilungen kommen gem. § 77 Abs. 5 BRAO innerhalb des ihnen übertragenen Aufgabenbereichs die Rechte und Pflichten des Vorstandes zu. Der (Gesamt-)Vorstand verfügt gem. § 77 Abs. 6 BRAO über ein jederzeit durch Beschluss auszuübendes Rückhol- und Entscheidungsrecht. Der Vorstand wählt gem. § 78 Abs. 1 BRAO aus seiner Mitte ein **Präsidium,** das mindestens aus dem Präsidenten, dem Vizepräsidenten, dem Schriftführer und dem Schatzmeister besteht.

111 Die Bundesrechtsanwaltsordnung **verteilt die Aufgaben** zwischen Kammerversammlung, Vorstand und Präsidium nach dem klassischen Grundsatz, dass die Versammlung als Rechtsetzungs- und Kontrollorgan, der Vorstand und das Präsidium dagegen als Vollzugsorgane ausgebildet sind.

c) Aufgaben und Finanzierung

112 Eine **regelungstechnische Besonderheit** weist die Bundesrechtsanwaltsordnung insoweit auf, als die Kammeraufgaben, aus denen sich der gesetzliche Wirkungskreis der Kammer, also ihre Verbandskompetenz bestimmt, organbezogen geregelt werden. So sind in § 73 BRAO die Aufgaben des Vorstandes und in § 89 BRAO die Aufgaben der Kammerversammlung bestimmt. Aus beiden zusammen erschließt sich das Aufgabenfeld der Rechtsanwaltskammer, ihre Verbandskompetenz.

113 Gem. § 73 Abs. 1 BRAO hat der Vorstand – und damit die Kammer – die ihm „durch Gesetz zugewiesenen Aufgaben zu erfüllen. Er hat die Belange der Kammer zu wahren und zu fördern". In § 73 Abs. 2 BRAO wird das so global umschriebene Aufgabenfeld in 10 Einzeltiteln näher, allerdings nicht abschließend, bestimmt. Danach kommt es den Rechtsanwaltskammern zu, ihre **Mitglieder zu beraten** und **zu belehren**, **streitschlichtend** unter ihnen sowie zwischen ihnen und den Auftraggebern tätig zu werden, die **Berufsaufsicht** und das Rügerecht sowie das Vorschlagsrecht für die Besetzung der Anwaltsgerichte auszuüben, den Haushalt zu führen, auf Antrag der Landesjustizverwaltung **Gutachten zu erstatten** und bei der Referendarausbildung mitzuwirken. Daneben weist § 89 Abs. 2 der Kammerversammlung die Aufgaben zu, über die Errichtung von **Fürsorgeeinrichtungen** für Rechtsanwälte und deren Hinterbliebene zu entscheiden, Richtlinien über die Höhe der Aufwandsentschädigung zu erlassen sowie Ausbildungs- und **Prüfungsordnungen** für Lehrlinge zu verabschieden. Hinzu kommen weitere gesetzlich zugewiesene Einzelaufgaben.

114 Der Verweis in § 73 Abs. 1 BRAO auf die „durch Gesetz zugewiesenen Aufgaben", könnte dahingehend gedeutet werden, dass die Rechtsanwaltskammern nur zur Wahrnehmung ausdrücklich gesetzlich zugewiesener Aufgaben befugt seien. Zu Recht weist *Tettinger* (Zum Tätigkeitsfeld der Bundesrechtsanwaltskammer, S. 20ff.; vgl. auch *BGHZ* 33, 381 [384]) jedoch daraufhin, dass der in § 73 Abs. 2 BRAO formulierte Aufgabenkatalog nicht abschließend ist („insbesondere"). Die Kammern können deshalb im Rahmen des Verbandszweckes auch **weitere Aufgaben** als Selbstverwaltungsangelegenheiten erfüllen, besitzen insoweit also ein begrenztes Aufgabenerfindungsrecht.

115 Die Bundesrechtsanwaltsordnung regelt die **Beitragspflicht der Mitglieder** nicht ausdrücklich, sondern setzt sie als Ausfluss des Mitgliedschaftsstatus voraus. Sie begnügt sich deshalb damit, die Kammerversammlung in § 89 Abs. 2 Nr. 2 BRAO zur Festsetzung der Beitragshöhe und den Schatzmeister in § 84 BRAO zur Einziehung rückständiger Beiträge zu

ermächtigen. Diese Regelungstypik ist rechtsstaatlich hinnehmbar, da die gesetzlichen Bestimmungen hinreichend deutlich das Bestehen einer Beitragspflicht zum Ausdruck bringen, wenngleich eine ausdrückliche Regelung, etwa im Zusammenhang mit den Vorschriften über die Mitgliedschaft, wünschenswert wäre.

d) Die Bundesrechtsanwaltskammer

Die **Bundesrechtsanwaltskammer** (BRAK) wurde am 1. 10. 1959 gem. § 175 Abs. 1 BRAO als Zusammenschluss der Rechtsanwaltskammern im Bundesgebiet in der Rechtsform einer Körperschaft des öffentlichen Rechts (§ 176 Abs. 1) begründet. Sie trat gem. § 233 BRAO förmlich die Rechtsnachfolge der Reichs-Rechtsanwaltskammer an, folgte indes historisch der nach 1945 als privatrechtlicher Zusammenschluss gegründeten „Arbeitsgemeinschaft der Anwaltskammervorstände im Bundesgebiet“ (zu Einzelheiten *Hummel,* in: 25 Jahre Bundesrechtsanwaltskammern, S. 1 ff.). Sie fungiert als Dachverband der Rechtsanwaltskammern, nicht als vorgesetzte Stelle oder Behörde. Demzufolge stehen ihr keine Weisungs- oder sonstige Direktivrechte gegenüber den Mitgliedskammern zu. Nur die Rechtsetzung der BRAK schafft verbindliche Vorgaben für das Handeln der Rechtsanwaltskammern. 116

Organe der Bundesrechtsanwaltskammer (BRAK) sind die Hauptversammlung, die Satzungsversammlung und das Präsidium. Die **Hauptversammlung** setzt sich gem. § 188 Abs. 1 BRAO aus den Präsidenten der Rechtsanwaltskammern bzw. deren Vertretern nach § 188 Abs. 2 BRAO zusammen. Im Anschluss an das Urteil des Bundesverfassungsgerichts vom 14. 7. 1987 (*BVerfGE* 76, 171) hat das Gesetz v. 2. 9. 1994 den § 191 a BRAO neu eingeführt. Er sieht eine **Satzungsversammlung** vor, deren zu den Mitgliedern der Hauptversammlung hinzutretende weitere Mitglieder gem. § 191 b Abs. 1 BRAO von den Versammlungen der Rechtsanwaltskammern gewählt werden. Dabei entsendet jede Kammer gem. § 191 b Abs. 2 für je 1000 angefangene Mitglieder einen weiteren Vertreter in die Satzungsversammlung. 117

Das **Präsidium der BRAK,** bestehend aus dem Präsidenten, drei Vizepräsidenten und dem Schatzmeister, wird gem. § 180 BRAO von der Hauptversammlung aus ihrer Mitte gewählt. 118

Die in § 177 BRAO umschriebene **Verbandskompetenz der BRAK** ist durch ihren Status als Dachorganisation auf Bundesebene geprägt. Ihrer Struktur nach ist sie Verbandskörperschaft. Sie steht in einer mitgliedschaftlichen Beziehung deshalb nur zu den örtlichen Rechtsanwaltskammern, nicht dagegen zu den einzelnen Rechtsanwälten. 119

Im Vordergrund der **Tätigkeit der BRAK** stehen Fragen, die die Gesamtheit der Rechtsanwaltskammern und Rechtsanwälte angehen. Es ist die Aufgabe der BRAK, die Auffassung der einzelnen Kammern zu ermitteln und dabei im Wege der gemeinschaftlichen Aussprache die Mehrheitsauffas- 120 sung festzustellen. Auf dieser Grundlage ist die BRAK zur Interessenvertretung insbesondere gegenüber den Bundesbehörden berufen. Dazu erstattet sie unter anderem auf Antrag der an der Gesetzgebung des Bundes beteiligten Stellen oder eines Bundesgerichts Gutachten. Weitere wichtige Aufgaben des BRAK sind der Erlass von Richtlinien für die Fürsorgeeinrichtungen der Rechtsanwaltskammern sowie der Erlass einer Berufsordnung in der Rechtsform einer Satzung. Hinzu kommen gesetzlich zugewiesene Einzelaufgaben.

121 Zur **Finanzierung** ihrer Arbeit erhebt die BRAK gem. § 178 Abs. 1 BRAO von den Rechtsanwaltskammern Beiträge, die den Charakter einer Umlage haben. Ihre Höhe wird nach § 178 Abs. 2 BRAO durch die Hauptversammlung bestimmt.

122 Die BRAK untersteht gem. § 176 Abs. 2 BRAO der **Rechtsaufsicht** durch den Bundesminister der Justiz. Der Präsident der BRAK erstattet dem Bundesminister der Justiz jährlich einen Bericht über die Tätigkeit der Kammer.

4. Die Patentanwaltskammer

Schrifttum: *Hiersemenzel,* Patentanwaltsordnung, 2. Aufl. 1982; *Feuerich,* Patentanwaltsordnung, Kommentar, 1997.

123 Die Patentanwälte sind neben den Rechtsanwälten gem. § 1 Patentanwaltsordnung (PAO) vom 7. 9. 1966 (BGBl. I, S. 557) als unabhängiges Organ der Rechtspflege freiberuflich als Berater und Vertreter in Patentangelegenheiten tätig. Patentanwälte sind – jedenfalls in der Regel – keine Volljuristen. Voraussetzung für ihre Zulassung ist gem. §§ 5–7 PAO der Nachweis einer technischen Befähigung, in der Regel durch ein naturwissenschaftliches oder technisches Studium, und der Ausbildung auf dem Gebiet des gewerblichen Rechtsschutzes. Die Befähigung ist gem. § 8 PAO durch eine Prüfung nachzuweisen, die vor einer gem. § 9 PAO bei dem Bundespatentamt zu bildenden Prüfungskommission abzulegen ist.

124 Die zur Berufsausübung zugelassenen Patentanwälte bilden gem. § 53 Abs. 1 PAO die **Patentanwaltskammer als bundesunmittelbare Körperschaft** des öffentlichen Rechts mit Sitz in München. Sie hat gem. § 54 PAO die Aufgabe, „die Belange des Berufsstandes zu wahren und zu fördern sowie die Einhaltung der Berufspflichten zu überwachen". **Organe** der Patentanwaltskammer sind gem. § 55 PAO der **Vorstand** und die **Kammerversammlung.** Einzelheiten über die Tätigkeit, Zuständigkeitsverteilung und das Verfahren regelt die Satzung. Die Kammer steht gem. § 57 PAO unter der **Rechtsaufsicht** des Staates, die durch den Präsidenten des Bundespatentamtes ausgeübt wird.

125 Organisatorischer Aufbau und Aufgabenkreis der Patentanwaltskammer erweisen sich als getreues Abbild der Rechtsanwaltskammern. Sie geben insoweit keinen Anlass zu einer vertieften Erörterung von weiteren Einzelfragen.

5. Die Notarkammern und die Bundesnotarkammer

Schrifttum: *Bohrer,* Das Berufsrecht der Notare, 1991; *Eylmann/Vaasen* (Hrsg.), Bundesnotarordnung, Beurkundungsgesetz, Kommentar, 2. Aufl. 2001; *Lerch/Sandkühler* (Hrsg.), Bundesnotarordnung, Kommentar, 5. Aufl. 2003; Notarkammer Koblenz (Hrsg.), Fünfzig Jahre Notarkammer Koblenz – 1949–1999, 1999; *Rheinische Notarkammer* (Hrsg.), Notar und Rechtsgestaltung, 1998; *Schüler,* Die Entstehungsgeschichte der Bundesnotarordnung, 2000; *Schultze-v. Lasaulx,* Geschichte des Hamburger Notariats, 2. Aufl. 1980; *Seybold/Schippel* (Hrsg.), Bundesnotarordnung, Kommentar, 7. Aufl. 2000.

a) Entwicklung und aktuelle Rechtsgrundlagen

Bis zur Rezeption des französischen Notariatsrechts zu Beginn des 126
19. Jahrhunderts gab es in Deutschland keine berufsständischen Zusammenschlüsse der Notare. Die in den französisch besetzten Gebieten West- und Nordwestdeutschlands eingeführten Notarkammern wurden im Rheinland durch die rheinische Notariatsordnung vom 18. 12. 1815 wieder aufgehoben. Eine Wiederaufnahme fand das Notarkammerwesen dann in den Entwürfen zur Reichsnotarordnung von 1937. Diese sah in § 44ff. eine Reichsnotarkammer vor. Dagegen wurden in den OLG-Bezirken keine rechtlich selbstständigen Notarkammern errichtet, sondern lediglich unselbstständige Dienststellen der Reichsnotarkammer. Nach 1945 wurden im Zuge des Wiederaufbaus der Justiz in den einzelnen Bundesländern höchst unterschiedliche Wege beschritten. Erst der Erlass der Bundesnotarordnung (BNotO) vom 24. 2. 1961 (BGBl. I, S. 98) führte zu einer bundeseinheitlichen Regelung, die seit der Wiedervereinigung auch die neuen Bundesländer erfasst. Derzeit bestehen bundesweit 21 Notarkammern mit ungefähr 10000 Mitgliedern.

Die Notarkammern und die Bundesnotarkammer werden durch Gesetz 127
gem. § 66 Abs. 1 BNotO als **Körperschaften des öffentlichen Rechts** errichtet. **Mitglieder** der Notarkammern sind gem. § 65 Abs. 1 Satz 1 BNotO alle Notare, die im Bezirk der Notarkammer bestellt sind. Die Mitgliedschaft beginnt mit der Bestellung zum Notar. Sie endet mit der Beendigung der Amtsstellung. **Mitglieder der Bundesnotarkammer** sind gem. § 76 BNotO die einzelnen Notarkammern. Es handelt sich demnach um eine reine Verbandskörperschaft.

b) Organisationsstrukturen

Organe der Notarkammer sind gem. § 68 BNotO der **Vorstand** und die 128
Kammerversammlung. In Ausübung ihrer allgemeinen körperschaftlichen Organisationsgewalt können die Notarkammern darüber hinaus Ausschüsse mit beratender Funktion einrichten. Selbstständige Entscheidungsbefugnisse dürfen den Ausschüssen nur insoweit übertragen werden, als eine Aufgabe nicht ausdrücklich oder auf Grund allgemeiner rechtsstaatlicher Grundsätze einem anderen Organ vorbehalten ist.

Die **Kammerversammlung** besteht kraft Gesetzes aus den Mitgliedern der 129
Notarkammern. Sie bedarf insoweit zu ihrer Konstituierung keines weiteren

Wahl- oder Organisationsaktes. Die Aufgaben der Kammerversammlung konzentrieren sich in der Praxis – trotz ihrer theoretischen Allzuständigkeit – auf die Beschlüsse und Wahlen, die kraft Gesetzes zwingend in ihre Zuständigkeit fallen. Es handelt sich dabei um die Aufstellung und Änderung der Satzung, § 66 Abs. 1 BNotO, die Wahl des Vorstandes, § 69 Abs. 2 BNotO, sowie die in § 71 Abs. 4 BNotO aufgezählten Obliegenheiten.

130 Der **Vorstand** besteht gem. § 69 Abs. 2 BNotO aus dem **Präsidenten,** seinem Stellvertreter und – durch die Satzung zahlenmäßig zu bestimmenden – weiteren Mitgliedern. Er wird von der Kammerversammlung auf vier Jahre gewählt. Sind in einem Kammerbezirk zugleich Nur-Notare und Anwaltsnotare vorhanden, so müssen gem. § 69 Abs. 3 BNotO der Präsident und mindestens die Hälfte der übrigen Vorstandsmitglieder der Gruppe der Nur-Notare angehören.

131 Die Kammer wird durch den Präsidenten gem. § 70 Abs. 1 BNotO gerichtlich und außergerichtlich vertreten. Dem Präsidenten obliegt zudem die Geschäftsführung, bei der er sich eines oder mehrerer Geschäftsführer sowie weiterer Bediensteter bedienen kann.

132 **Organe der Bundesnotarkammer** sind gem. § 79 BNotO das **Präsidium** und die **Vertreterversammlung.** Letzterer steht das Recht zu, in Ausübung ihrer körperschaftlichen Organisationsgewalt Ausschüsse zu bilden. Die Vertreterversammlung setzt sich aus je einem Vertreter der Notarkammern zusammen. Sie werden durch den Präsidenten oder ein anderes Vorstandsmitglied vertreten.

133 Das Präsidium der Bundesnotarkammer wird gem. § 81 BNotO von der Vertreterversammlung mit einfacher Mehrheit auf vier Jahre gewählt. Wählbar ist jedes Mitglied der Vertreterversammlung, also die Präsidenten der Notarkammern oder andere bestellte Vertreter.

c) Aufgaben und Finanzierung

134 Die **Zuständigkeiten der Notarkammern,** die in § 67 BNotO sowie zahlreichen weiteren Vorschriften normiert sind, lassen sich in vier Gruppen einteilen. Zur ersten, vor allem in § 67 Abs. 1 BNotO geregelten Gruppe gehört die sog. **Standesvertretung** als Spezifikum aller berufsständischen Kammern. Die zweite Gruppe umfasst die **Berufsaufsicht** sowie die damit in Zusammenhang stehenden, die Aufsichtsbehörden unterstützenden Tätigkeiten. Auch die **Förderung des Notarrechts** kann hier noch zugeordnet werden, insofern es den Maßstab der Berufsaufsicht bildet. Das dritte Aufgabenfeld bilden die Angelegenheiten der beruflichen **Förderung der Notare.** Schließlich hat die Kammern als viertes Aufgabenfeld die **soziale Fürsorge** für die Berufsangehörigen und deren Familien sowie Hinterbliebenen wahrzunehmen. Der genaue Zuschnitt der einzelnen Aufgaben unterscheidet sich kaum von demjenigen der Rechtsanwaltskammern. Deshalb kann auf die dortigen Ausführungen zu den einzelnen Aufgabengruppen und -typen verwiesen werden.

Die der **Bundesnotarkammer** in § 78 BNotO zugewiesenen Aufgaben beschränken sich im Vergleich zum Aufgabenkreis der Notarkammern vor allem auf **Fragen der Gesamtheit des Berufsstandes.** Das gilt sowohl für die Interessenvertretung gegenüber den (Bundes-)Behörden und die vorgängige Ermittlung der Meinungen der Mitgliederkammern, als auch für die Reglementierung des Berufsrechts. Hierfür sah man früher bloße Richtlinien als ausreichend an. Seitdem der Gesetzgeber dem Urteil des Bundesverfassungsgerichts zum Berufsrecht der Rechtsanwälte Rechnung getragen hat, ergeht die entsprechende Regelung im Wege einer förmlichen Satzung. 135

Zur **Finanzierung** ihrer Aufgaben erhebt die Notarkammer gem. § 73 Abs. 1 BNotO Beiträge. Ihre Höhe wird durch das Kostendeckungsprinzip begrenzt. Damit decken die Mitglieder den gesamten Finanzbedarf der Körperschaft. 136

Die Bundesnotarkammer finanziert sich durch Beiträge, die sie gem. § 91 Abs. 1 BNotO zur Deckung ihres persönlichen und sächlichen Bedarfs von den Notarkammern erhebt. Die Höhe der Beiträge setzt gem. § 91 Abs. 2 BNotO die Vertreterversammlung fest. 137

Die Landesjustizverwaltung führt gem. § 66 Abs. 2 BNotO die Aufsicht über die Notarkammern als **Rechtsaufsicht.** Über die Bundesnotarkammern führt gem. § 77 Abs. 2 der Bundesminister der Justiz die Rechtsaufsicht. 138

6. Die Wirtschaftsprüferkammer

Schrifttum: *Kluth,* Zukunftsperspektiven der Selbstverwaltung in der Wirtschaftsprüferkammer, WPK-Mitteilungen 1997, 266; *ders.,* Peer Review auf dem verfassungsrechtlichen Prüfstand, DStR 2000, 1927; *Kragler,* Wirtschaftsprüfung und externe Qualitätskontrolle, 2003; *Taupitz,* Die Entwicklung von Grundsätzen ordnungsgemäßer Buchführung durch die Wirtschaftsprüferkammer, BB 1990, 2367; Wirtschaftsprüferkammer (Hrsg.), Berufsaufsicht in der Wirtschaftsprüferkammer über WP/vBP, 2002; dies. (Hrsg.), Die Wirtschaftsprüferkammer, 2003.

a) Entwicklung und aktuelle Rechtsgrundlagen

Die Prüfung kaufmännischer Unternehmen durch geschulte Kräfte ist so alt wie die Buchführung selbst und reicht in ihren Anfängen insbesondere in Italien bis in das 12. Jahrhundert zurück. In Deutschland sind gerichtlich beeidigte Bücherrevisoren erstmals im 16. Jahrhundert nachweisbar. Die Entwicklung zu einem freiberuflichen Berufsstand heutigen Zuschnitts erfolgte indes erst zu Beginn des 20. Jahrhunderts. Durch die Neufassung des § 36 GewO durch Änderungsgesetz vom 30. Juni 1900 wurde der Stand der Bücherrevisoren gesetzlich geregelt und als Gewerbe bezeichnet, das von den Staatsbehörden auf die Beachtung bestehender Vorschriften beeidigt und öffentlich angestellt werden kann. 139

Im Jahre 1930 entstand als freiwilliger Zusammenschluss von Wirtschaftsprüfern das „Institut für das Revisions- und Treuhandwesen“, aus dem am 15. 2. 1932 das **Institut der Wirtschaftsprüfer** (IDW) mit Sitz in 140

Berlin hervorging. Dieser private Verband nahm in starkem Ausmaß Einfluss auf die Entwicklung des Berufsrechts und erhielt im Dritten Reich vorübergehend den Status einer öffentlich-rechtlichen Körperschaft, bevor er in die Reichskammer der Wirtschaftstreuhänder übergeleitet wurde. Nach seiner Rekonstruktion als privatrechtliche Vereinigung nach dem Kriegsende gingen vom IDW weiterhin wichtige Impulse aus. Vor allem die von seinen Fachausschüssen verabschiedeten Richtlinien für die Berufsausübung erlangten erhebliche Bedeutung.

141 Nach 1945 entwickelte sich unter dem Einfluss der Besatzungsmächte das Berufsrecht der Wirtschaftsprüfer in den einzelnen Ländern unterschiedlich. Das Zentralamt für Wirtschaft in der britischen Zone erließ u. a. für Nordrhein-Westfalen am 20. Dezember 1946 eine Verordnung über eine Berufsordnung für die Angehörigen des wirtschaftlichen Prüfungs- und Treuhandwesens, die unter anderem die Errichtung von berufsständischen Landeskammern für das wirtschaftliche Prüfungs- und Treuhandwesen vorsah.

142 Die auch nach Ende der Besatzungszeit trotz der Entwicklung der Bundesrepublik zu einem einheitlichen Wirtschaftsraum fortbestehenden unterschiedlichen Regelungen in den einzelnen Ländern veranlassten den Bundesgesetzgeber im Jahre 1961 zu einer vereinheitlichten Regelung. Dabei waren die gleichen Gründe ausschlaggebend, die schon in der Weimarer Zeit die Errichtung der Hauptstelle beim DIHT veranlasst hatten: die Notwendigkeit einer Buchprüfung im ganzen Bundesgebiet nach einheitlichen Grundsätzen.

143 Die schließlich als Gesetz über eine **Berufsordnung der Wirtschaftsprüfer** am 24. Juli 1961 (BGBl. I, S. 1049) verabschiedete Regelung sah unter anderem die Ordnung und Besorgung der eigenen Angelegenheiten des Berufsstandes und die Aufsicht über die Berufstätigkeit in Selbstverwaltung vor. Dazu wurde eine **bundesweite Wirtschaftsprüferkammer** in der Rechtsform einer Körperschaft des öffentlichen Rechts errichtet.

144 Das Gesetz über eine Berufsordnung der Wirtschaftsprüfer wurde 1975 neu verkündet (BGBl. I, S. 2804). Seither wurde das Gesetz mehrfach geändert. Durch Gesetz v. 15. 7. 1994 (BGBl. I, S. 1569) wurde die WPO an die geänderte Rechtsprechung des Bundesverfassungsgerichts zu den Anforderungen an die gesetzliche Ermächtigung der berufsständischen Kammern zum Erlass von Standesrecht (*BVerfGE* 76, 171 ff., 196 ff.) angepasst. Dazu wurden in den §§ 43 a, 44 und 44 b die Regeln der Berufsausübung neu gefasst und in § 57 eine Ermächtigung zum Erlass einer Berufssatzung als neuer Absatz 3 angefügt, deren zulässiger Regelungsbereich in dem ebenfalls neu angefügten Absatz 4 bestimmt wird.

145 Die Wirtschaftsprüferkammer wurde durch § 4 Abs. 1 WPO gegründet. Sie hat die Rechtsform einer **Körperschaft des öffentlichen Rechts** und nach § 1 Abs. 1 Satz 2 ihrer Satzung ihren Sitz in Berlin.

b) Organisationsstrukturen

Mitglieder der Wirtschaftsprüferkammer sind gem. § 58 Abs. 1 WPO i.V.m. § 2 der Satzung zunächst die Wirtschaftsprüfer, die nach der WPO bestellt (§§ 15ff. WPO) oder als solche anerkannt sind. Weiter sind die Mitglieder des Vorstandes, Geschäftsführer oder vertretungsberechtigte persönlich haftende Gesellschafter von Wirtschaftsprüfungsgesellschaften (§§ 27ff. WPO), die nicht in Person Wirtschaftsprüfer sind, sowie die anerkannten Wirtschaftsprüfungsgesellschaften Mitglieder der Wirtschaftsprüferkammer. Sind die bislang genannten Pflichtmitglieder, so können gem. § 58 Abs. 2 WPO genossenschaftliche Prüfungsverbände, die Sparkassen- und Giroverbände für ihre Prüfungseinrichtungen sowie die überörtlichen Prüfungseinrichtungen für öffentliche Körperschaften freiwillig die Mitgliedschaft bei der Wirtschaftsprüferkammer erwerben. **146**

Mitglieder der Wirtschaftsprüferkammer sind weiter gem. § 131b Abs. 2 i.V.m. § 128 Abs. 1 u. 2 WPO und § 2 der Satzung die vereidigten Buchprüfer, Buchprüfungsgesellschaften, die Mitglieder des Vorstandes, Geschäftsführer und vertretungsberechtigte persönlich haftende Gesellschafter von Buchprüfungsgesellschaften, die nicht vereidigte Buchprüfer sind sowie vorläufig bestellte Personen nach § 131b Abs. 2 WPO. **147**

Organe der Wirtschaftsprüferkammer sind gem. § 59 Abs. 1 WPO die **Wirtschaftsprüferversammlung,** der **Beirat** und der **Vorstand.** Die Landesvertretungen nach § 9 der Satzung und die Ausschüsse nach § 10 der Satzung besitzen keine Organqualität. **148**

Zusammen mit dem Deutschen Industrie- und Handelskammertag bildet die Wirtschaftsprüferkammer gem. § 65 WPO die Arbeitsgemeinschaft für das wirtschaftliche Prüfwesen als nicht rechtsfähige Organisation. Auch dieser Arbeitsgemeinschaft kommt keine Organfunktion zu. **149**

Aufgrund der verhältnismäßig kleinen Zahl der Kammermitglieder (ca. 7000 Wirtschaftsprüfer und 1300 Wirtschaftsprüfungsgesellschaften im Bundesgebiet) besteht die **Versammlung** der Wirtschaftsprüferkammer nicht aus gewählten Vertretern, sondern aus den Kammermitgliedern selbst. Besonderer Vorschriften zur Organbildung bedarf es insoweit nicht, da diese sich bereits aus den Bestimmungen über die Mitgliedschaft ergeben. **150**

Der **Beirat** wird gem. § 59 Abs. 2 WPO i.V.m. § 6 Abs. 1 lit. a der Satzung nach den Maßgaben der Wahlordnung von der Wirtschaftsprüferversammlung gewählt. Er entspricht in seiner Funktion als Repräsentativorgan den Vertreterversammlungen der anderen berufsständischen Körperschaften. **151**

Stimmberechtigt zur Wahl des Beirates sind gem. § 6 Abs. 4 der Satzung alle Mitglieder, außer den vorläufig bestellten Personen sowie denjenigen, deren Mitgliedschaft ruht. Die Wahl findet gem. § 7 Abs. 2 der Satzung in zwei Gruppen statt. Dabei bilden gem. § 6 Abs. 4 der Satzung die nach der WPO bestellten und anerkannten Wirtschaftsprüfer sowie die anerkannten **152**

Wirtschaftsprüfergesellschaften die erste, die übrigen Mitglieder die zweite Gruppe. Ein Stimmrecht kann zur Ausübung nur auf Mitglieder der gleichen Gruppe übertragen werden.

153 Die Gruppen wählen für je 175 Mitglieder je ein Beiratsmitglied. Die erste Gruppe muss jedoch gem. § 59 Abs. 3 Satz 4 WPO i.V.m. § 7 Abs. 2 der Satzung mindestens ein Beiratsmitglied mehr wählen als die zweite Gruppe.

154 Der Beirat wählt gem. § 7 Abs. 1 der Satzung aus seiner Mitte (Selbstorganschaft) den **Präsidenten,** seine beiden Stellvertreter, sowie nach den näheren Maßgaben des § 8 Abs. 3 weitere Mitglieder. Auch dabei gilt der Gruppenproporz bei Wahrung eines Übergewichts der ersten Gruppe um mindestens ein Vorstandsmitglied.

155 Die atypische Konstellation von Mitgliederversammlung, Beirat und Vorstand führt bei der Wirtschaftsprüferkammer auch zu einer von dem Standard anderer berufsständischer Kammern abweichenden Aufgabenverteilung. Dabei nimmt der Beirat eine Mittelstellung ein, in der er Wahl-, Rechtsetzungs- und Exekutivfunktionen wahrnimmt. Die Mitgliederversammlung ist demgegenüber auf die Wahl des Beirates, die Verabschiedung von Satzungsänderungen sowie die Kontrolle von Beirat und Vorstand beschränkt. Keine Besonderheiten weist demgegenüber der Aufgabenkreis des Vorstandes auf, der gem. § 8 Abs. 1 der Satzung die Wirtschaftsprüferkammer leitet und insbesondere im Rahmen der Berufsaufsicht nach § 63 WPO das Rügerecht ausübt. Der Präsident vertritt die Kammer gerichtlich und außergerichtlich. Der Vorstand stellt gem. § 13 Abs. 1 der Satzung einen an seine Weisungen gebundenen Geschäftsführer ein, der wiederum gem. § 13 Abs. 6 der Satzung weitere Mitarbeiter der Geschäftsstelle einstellt.

c) Aufgaben und Finanzierung

156 Die Wirtschaftsprüferkammer hat gem. § 57 Abs. 1 WPO die Aufgabe, die **beruflichen Belange** der Gesamtheit der Mitglieder zu wahren und die Erfüllung der beruflichen Pflichten zu überwachen **(Berufsaufsicht).** Das auf diese Weise global umrissene Aufgabengebiet wird in Abs. 2 der Vorschrift durch die nähere Bezeichnung von 13 Aufgabenfeldern konkretisiert. Danach obliegt es den Wirtschaftsprüferkammern insbesondere:

1. die Mitglieder in Fragen der Berufspflichten zu beraten und zu belehren;
2. auf Antrag bei Streitigkeiten zwischen den Mitgliedern zu vermitteln;
3. auf Antrag bei Streitigkeiten zwischen Mitgliedern und ihren Auftraggebern zu vermitteln;
4. die Erfüllung der den Mitgliedern obliegenden Pflichten zu überwachen und das Recht der Rüge zu handhaben;
5. die allgemeine Auffassung über Fragen der Ausübung des Berufs des Wirtschaftsprüfers und des vereidigten Buchprüfers in Richtlinien nach Anhörung der Arbeitsgemeinschaft für das wirtschaftliche Prüfungswesen festzustellen;

6. in allen die Gesamtheit der Mitglieder berührenden Angelegenheiten, die Auffassung der Wirtschaftsprüferkammer den zuständigen Gerichten, Behörden und Organisationen gegenüber zur Geltung zu bringen;
7. Gutachten zu erstatten, die ein Gericht oder eine Verwaltungsbehörde oder eine an der Gesetzgebung beteiligte Körperschaft des Bundes oder des Landes anfordert;
8. die durch Gesetz zugewiesenen Aufgaben im Bereich der Berufsbildung wahrzunehmen;
9. die berufsständischen Mitglieder der Zulassungs- und Prüfungsausschüsse vorzuschlagen;
10. die berufliche Fortbildung der Mitglieder und Ausbildung des Berufsnachwuchses zu fördern;
11. die Vorschlagsliste der ehrenamtlichen Beisitzer bei den Berufsgerichten den Landesjustizverwaltungen und dem Bundesminister der Justiz einzureichen;
12. das Berufsregister zu führen;
13. Fürsorgeeinrichtungen für Wirtschaftsprüfer und vereidigte Buchprüfer sowie deren Hinterbliebene zu schaffen.

Des Weiteren kann die Wirtschaftsprüferkammer nach § 57 Abs. 3 WPO **157** nach Anhörung der Arbeitsgemeinschaft für das wirtschaftliche Prüfungswesen eine **Satzung** über die Rechte und Pflichten bei der Ausübung der Berufe des Wirtschaftsprüfers und des vereidigten Buchprüfers (Berufssatzung) erlassen, die gem. § 57 Abs. 4 WPO allgemeine und besondere Berufspflichten statuieren kann.

Die Wirtschaftsprüferkammer kann zur Deckung ihres **Finanzbedarfs** **158** neben der Erhebung von Verwaltungsgebühren nach § 61 Abs. 2 WPO von ihren Mitgliedern gem. § 61 Abs. 1 WPO nach Maßgabe einer vom Beirat zu beschließenden Beitragsordnung von ihren Mitgliedern Beiträge erheben.

Gem. § 66 WPO führt der Bundesminister für Wirtschaft die Aufsicht **159** über die Wirtschaftsprüferkammer als **Rechtsaufsicht.**

7. Die Steuerberaterkammern und die Bundessteuerberaterkammer

Schrifttum: *Gehre,* Steuerberatungsgesetz, Kommentar, 4. Aufl. 1999; *Schulte,* Der Aufgabenbereich der Steuerberaterkammern, 1987.

a) Entwicklung und aktuelle Rechtsgrundlagen

Bis zum Jahre 1945 gab es in Deutschland keine Steuerberaterkammern. **160** Nach dem Krieg richteten einige Länder Steuerberaterkammern mit unterschiedlichem Mitglieder- und Aufgabenkreis ein. Erst das Steuerberatungsgesetz (StBerG) vom 16. 8. 1961 (BGBl. I, S. 1301) führte eine bundeseinheitliche Regelung herbei. Nach § 31 StBerG wurden indes getrennte Berufskammern der Steuerberater und der Steuerbevollmächtigten gebildet, die jeweils den Bereich einer Oberfinanzdirektion erfassten. Durch eine Gesetzesnovelle vom 11. 8. 1972 (BGBl. I, S. 1401; dazu *Luther,* DStR 1974, 331) wurden mit Wirkung zum 1. 1. 1975 beide Kammern in der einheitlichen Steuerberaterkammer zusammengeführt. Die Steuerberaterkammern finden heute ihre Rechtsgrundlage in den §§ 73ff. StBerG. Derzeit bestehen bundesweit 21 Steuerberaterkammern mit ungefähr 60000 Mitgliedern.

161 Die **Gründung** der Steuerberaterkammern erfolgt gem. § 73 StBerG unmittelbar durch Gesetz. Sie haben ihren Sitz am Ort der Oberfinanzdirektion und erstrecken sich – außer im Falle der Errichtung einer gemeinsamen Berufskammer nach § 75 StBerG – räumlich auf deren Bezirk. Die Kammern sind gem. § 73 Abs. 2 Satz 2 StBerG Körperschaften des öffentlichen Rechts.

b) Organisationsstrukturen

162 § 73 Abs. 1 StBerG bestimmt, dass die Steuerberater und Steuerbevollmächtigten, die in einem Oberfinanzbezirk ihre berufliche Niederlassung haben, eine Berufskammer bilden. § 74 StBerG bestimmt darüber hinaus, dass auch Steuerberatungsgesellschaften, insbesondere ihre Vorstände, Geschäftsführer und persönlich haftenden Gesellschafter Mitglieder der Kammer sind, auch wenn sie nicht als Steuerberater oder Steuerbevollmächtigter tätig sind.

163 Da für die **Mitgliedschaft** in der Kammer die Bestellung ausschlaggebend ist, haben die Kammern das Recht, bei Vorliegen entsprechender Anhaltspunkte die Nichtigkeit einer Bestellung gerichtlich feststellen zu lassen. Mit dem Erlöschen einer Bestellung erlischt auch die Kammermitgliedschaft. Eine weitere, freiwillige Mitgliedschaft ist nicht möglich.

164 Das StBerG regelt nur ein **Organ**, nämlich in § 77 den **Vorstand.** Dennoch gibt es daneben als weiteres Organ die **Kammerversammlung** und als weitere organisatorische Untergliederungen die **Ausschüsse,** die nach den Satzungsbestimmungen der Kammern gebildet werden können. Zudem eröffnet das StBerG mit der Möglichkeit der Schaffung sog. Arbeitsgemeinschaften in Zusammenarbeit mit anderen Berufskammern in § 84 StBerG eine weitere organisatorische Gestaltung.

165 Die Existenz der Kammerversammlung als Organ der Steuerberaterkammern kann dem Gesetz nur im Wege der Schlussfolgerung entnommen werden. Indem § 77 StBerG bestimmt, dass der Kammervorstand von den Mitgliedern gewählt wird, konstituiert er mittelbar die Mitglieder- oder Kammerversammlung als Organ der Kammer, durch das sie handelt.

166 Die **Kammerversammlung** besteht aus den stimm- bzw. wahlberechtigten Mitgliedern der Kammer. Eine Satzungsbestimmung, die das Wahlrecht einschränkt, ist grundsätzlich ungültig. Eine Ausnahme ist nur insoweit möglich, als Steuerberatungsgesellschaften vom Wahlrecht ausgeschlossen werden können, da ihre vertretungsberechtigten Organe bereits ein persönliches Stimmrecht besitzen.

167 Der **Vorstand** wird gem. § 77 StBerG durch die Mitglieder der Kammer gewählt. Mangels weiterer gesetzlicher Bestimmungen besitzt die Kammer-

versammlung bei der Ausgestaltung des Wahlverfahrens einen gewissen Spielraum. So ist es nach Ansicht des BGH nicht zwingend erforderlich, dass die Wahl geheim durchgeführt wird. Zulässig dürfte auch eine Stellvertretung bei der Stimmrechtsausübung sein. Wählbar sind gem. § 77 Satz 2 StBerG nur persönliche Kammermitglieder (Selbstorganschaft). Die Satzung kann jedoch weitere Bedingungen der Wählbarkeit bestimmen, soweit diese als sachlich gerechtfertigt angesehen werden können. So kann z.B. eine Mindestzeit der Berufsausübung gefordert werden.

Wird ein gewähltes Vorstandsmitglied in das Amt eines ehrenamtlichen Richters gem. § 100 Abs. 2 StBerG berufen, so muss es entscheiden, ob es das Vorstandsamt beibehält und die Berufung ins Richteramt ablehnt oder umgekehrt auf das Vorstandsamt verzichtet. **168**

Der Umstand, dass das StBerG von den Organen nur den Vorstand ausdrücklich regelt, führt dazu, dass die Kompetenzen der Mitgliederversammlung nur mittelbar erschlossen werden können. Ihr kommt neben der Wahl des Vorstandes nach § 77 StBerG auch die Aufgabe zu, die Satzung der Kammer zu erlassen. Zwar enthält § 78 StBerG auch insoweit nur den Hinweis, dass sich die Berufskammer selbst ihre Satzung gibt. Es entspricht aber nicht nur der gesetzlichen Typik der übrigen Kammergesetze, dass die Aufgabe der Satzungsgebung den Mitgliederversammlungen obliegt. Auch aus dem Gesichtspunkt der Selbstverwaltung liegt es nahe, die grundlegenden Rechtsetzungsakte demjenigen Organ vorzubehalten, das am wirksamsten die Mitglieder der Organisation repräsentiert. **169**

Dem Vorstand – dessen Größe und Zusammensetzung ebenfalls die Satzung zu bestimmen hat – fallen die übrigen Aufgaben zu, insbesondere die Geschäftsführung und die gesetzliche Vertretung der Kammer. Zuständig ist grundsätzlich der Vorstand als Kollegialorgan. § 76 Abs. 3 StBerG sieht für einige Aufgaben jedoch die Möglichkeit vor, diese auf einzelne Mitglieder des Vorstandes zu übertragen. Dagegen muss das Rügerecht nach § 81 StBerG durch den Vorstand als Kollegialorgan ausgeübt werden. **170**

c) Aufgaben und Finanzierung

Die Steuerberaterkammern haben gem. § 76 Abs. 1 StBerG die **Aufgabe,** die beruflichen Belange der Gesamtheit ihrer Mitglieder zu wahren und die Erfüllung ihrer beruflichen Pflichten zu überwachen. § 76 StBerG beschreibt nach Ansicht des Bundesverwaltungsgerichts den Aufgabenbereich der Steuerberaterkammern umfassend und abschließend. **171**

Persönlich sind die Aufgaben der Kammern insoweit begrenzt, als Maßnahmen der Berufsaufsicht nur gegenüber den eigenen Mitgliedern durchgeführt werden können. Insbesondere können Mitglieder anderer Kammern oder Dritte weder zur Anhörung noch zur Auskunft (§ 80) aufgefordert werden. **172**

Räumlich sind die Steuerberaterkammern u.a. für den Kontakt mit Behörden ihres Bezirkes bzw. den für ihren Bezirk zuständigen Behörden **173** zuständig. Geht es um den Kontakt mit Landesbehörden, so ist i.d.R. eine Abstimmung mit den anderen Steuerberaterkammern des Landes erforderlich. Für den Kontakt zu Bundesbehörden ist entsprechend die Bundessteuerberaterkammer zuständig. Die einzelne Berufskammer kann jedoch vorbereitende Maßnahmen für die Meinungsbildung auf Bundesebene bilden.

174 Im Einzelnen erfüllt sie diese Aufgabe nach den näheren Maßgaben des § 76 Abs. 2 bis 5 StBerG durch folgende Maßnahmen:

a) Beratung und Belehrung der Kammermitglieder in Fragen ihrer Berufspflichten gem. § 57 StBerG.
b) Vermittlung bei Streitigkeiten zwischen Mitgliedern auf deren Antrag hin;
c) Vermittlung bei Streitigkeiten zwischen Mitgliedern und deren Auftraggebern auf Antrag hin;
d) Überwachung der Erfüllung der Berufspflichten durch die Mitglieder und Handhabung des Rügerechts gem. § 81 StBerG;
e) Erstellen und Einreichen von Vorschlagslisten mit Kandidaten für das Amt der ehrenamtlichen Beisitzer bei Gericht;
f) Schaffung von Fürsorgeeinrichtungen für Steuerberater und Steuerbevollmächtigte sowie deren Hinterbliebene;
g) Erstattung von Gutachten auf Anforderung eines Gerichts oder einer Verwaltungsbehörde des Landes;
h) Wahrnehmung der gesetzlich zugewiesenen Aufgaben im Bereich der Berufsbildung;
i) Vorschlag der berufsständischen Mitglieder der Zulassungs- und Prüfungsausschüsse für die steuerberatenden Berufe;
j) Führung des Berufsregisters;
k) Förderung der Ausbildung des Berufsnachwuchses.

175 Weitere Aufgaben sind den Steuerberaterkammern in §§ 44 Abs. 1, 46 Abs. 4 Satz 5, 47 Abs. 2, 50 Abs. 3 Satz 1, 67 Abs. 2, 69 Abs. 1, 70 und 71 StBerG übertragen.

176 Spezielle **Befugnisse** der Kammer ergeben sich, z.T. im Zusammenhang mit der Ausführung der vorstehend aufgelisteten Aufgaben, aus § 80 (Pflicht zum Erscheinen vor der Berufskammer) und § 81 (Rügerecht).

177 Gem. § 79 Abs. 1 StBerG sind die Kammermitglieder zur Entrichtung von **Beiträgen** nach näherer Maßgabe der Beitragsordnung verpflichtet. Diese bedarf der Genehmigung durch die Aufsichtsbehörde. Die Höhe der Beiträge legt die Mitgliederversammlung fest.

178 Für die Inanspruchnahme von besonderen Einrichtungen oder Tätigkeiten der Kammer können nach Maßgabe einer Gebührenordnung gem. § 79 Abs. 2 StBerG Gebühren erhoben werden.

179 Die Steuerberaterkammern unterstehen der **Rechtsaufsicht** der für die Finanzverwaltung zuständigen obersten Landesbehörde.

d) Die Bundessteuerberaterkammer

Die einzelnen Steuerberaterkammern bilden gem. § 85 Abs. 1 StBerG eine Bundeskammer, die **Bundessteuerberaterkammer.** Sie ist gleichfalls eine Körperschaft des öffentlichen Rechts. Ihre einzigen **Mitglieder** sind die Steuerberaterkammern. **180**

Organe der Bundessteuerberaterkammer sind die **Mitgliederversammlung** und der **Vorstand.** Der Mitgliederversammlung gehören die Vertreter der einzelnen Steuerberaterkammern an. Sie wählen den Vorstand, erlassen die Satzung sowie die Beitrags- und Gebührenordnung. **181**

In Ausübung ihrer Organisationshoheit kann die Bundessteuerberaterkammer Ausschüsse ohne Organqualität einrichten. Diese besitzen auf Grund der fachlichen Qualifikation ihrer Mitglieder hohes Ansehen, so dass ihre Beschlüsse und Stellungnahmen, obwohl sie rechtlich nicht binden, dennoch Einfluss haben. **182**

Die **Aufgaben** der Bundessteuerberaterkammer ergeben sich insbesondere aus § 86 Abs. 2 StBerG. Danach hat die Bundessteuerberaterkammer in Fragen, welche die Gesamtheit der Berufskammern angehen, die Auffassung der einzelnen Kammern, insbesondere die Mehrheitsmeinung, zu ermitteln, die allgemeine Auffassung über Fragen der Ausübung des Steuerberaterberufs in Richtlinien festzustellen (wird demnächst geändert), Richtlinien für die Fürsorgeeinrichtungen der Berufskammern aufzustellen, in allen die Gesamtheit der Berufskammern berührenden Angelegenheiten die Auffassung der Bundessteuerberaterkammer den zuständigen Gerichten und Behörden gegenüber zur Geltung zu bringen, die Gesamtheit der Berufskammern gegenüber Behörden und Organisationen zu vertreten, Gutachten zu erstellen, die eine an der Gesetzgebung beteiligte Behörde oder Körperschaft des Bundes oder ein Bundesgericht anfordert sowie die berufliche Fortbildung in den steuerberatenden Berufen zu fördern. **183**

Die Bundessteuerberaterkammer finanziert sich durch **Beiträge,** die sie gem. § 87 von den einzelnen Kammern nach Maßgabe einer Beitragsordnung erhebt, die der Genehmigung durch die Aufsichtsbehörde bedarf. Die Höhe der Beiträge legt die Mitgliederversammlung fest. Die Aufsicht über die Bundessteuerberaterkammer führt gem. § 88 Abs. 2 StBerG der Bundesminister der Finanzen als Rechtsaufsicht. **184**

8. Die Architektenkammern und die Ingenieurkammern

a) Entwicklung und aktuelle Rechtsgrundlagen am Beispiel Nordrhein-Westfalen

Am 26. 11. 1969 (GV NW S. 888) verabschiedete der nordrhein-westfälische Landtag das Architektengesetz NW und begründete damit zugleich erstmalig eine **Architektenkammer.** Durch Gesetz vom 15. 12. 1992 (GV NW S. 534ff.) wurde die Organisation der Architektenkammern auf eine neue Rechtsgrundlage gestellt. Zugleich wurden nach den gleichen **185** rechtlichen Grundsätzen **Bauingenieurkammern** eingeführt. Bundesweit bestehen derzeit 16 Architektenkammern mit ungefähr 114 000 Mitgliedern. Sie haben sich auf Bundesebene durch die Gründung der **Bundesarchitektenkammern** in der Rechtsform des eingetragenen Vereins organisiert (Informationen über die Bundesarchitektenkammer und die vergleichbaren Rechtslagen der Architektenkammern in den übrigen 15 Bundesländern finden sich unter www.bundesarchitektenkammer.de über die links zu den einzelnen Landesarchitektenkammern). Parallel zu den Architektenkammern bestehen bundesweit ebenfalls 16 **Landesingenieurkammern,** deren rechtliche Verfassung gleichfalls weitgehend homogen ist. Sie haben sich in einem privatrechtlichen Spitzenverband, der **Bundesingenieurkammer e. V.,** organisiert (Informationen zur Bundesingenieurkammer und zu den übrigen Landeskammern finden sich unter www.bundesingenieurkammer.de).

186 Die Architektenkammer wird unmittelbar durch die gesetzliche Regelung in § 7 nwBauKaG gegründet und besitzt gem. § 7 Abs. 2 nwBauKaG die Rechtsform einer **Körperschaft des öffentlichen Rechts.** Das Gleiche gilt für die Ingenieurkammer-Bau gem. § 27 nwBauKaG.

b) Organisationsstrukturen

187 Der **Architektenkammer** gehören gem. § 8 nwBauKaG alle in der Architekten- und Stadtplanerliste eingetragenen Architekten als **Pflichtmitglieder** an.

188 Bei der **Ingenieurkammer-Bau** unterscheidet das Gesetz zwischen den **Pflichtmitgliedern** und den **freiwilligen Mitgliedern.** Nach § 28 Abs. 1 nwBauKaG sind Pflichtmitglieder die im Bauwesen tätigen Ingenieure, die in der Liste der Beratenden Ingenieure nach § 23 Abs. 1 Satz 2 nwBauKaG eingetragen sind. Weiter gehören der Kammer als Pflichtmitglieder die öffentlich bestellten Vermessungsingenieure an. Als freiwillige Mitglieder können der Ingenieurkammer-Bau die in der Liste der Beratenden Ingenieure Eingetragenen beitreten, die nicht im Bauwesen tätig sind bzw. die nicht eingetragenen Ingenieure, die im Bauwesen tätig sind, ihre Hauptwohnung oder ihre überwiegende berufliche Beschäftigung in Nordrhein-Westfalen haben und eine einschlägige praktische Tätigkeit von mindestens zwei Jahren vorzuweisen haben. Die nachfolgenden Ausführungen gelten entsprechend für die Ingenieurkammer-Bau.

189 **Organe** der Architektenkammern sind gem. § 10 Abs. 1 nwBauKaG die Vertreterversammlung und der Vorstand. Die Mitglieder der **Vertreterversammlung** werden gem. § 11 Abs. 1 nwBauKaG von den Mitgliedern der Architektenkammer auf die Dauer von fünf Jahren in allgemeiner, gleicher, geheimer und direkter Wahl nach den Grundsätzen der Verhältniswahl bestellt. § 11 Abs. 2 nwBauKaG gibt weiter vor, dass auf höchstens 200 Kammermitglieder mindestens ein Mitglied in die Vertreterversammlung zu wählen ist. Die Einzelheiten des Wahlverfahrens bestimmt eine von

der Kammer zu erlassende Wahlordnung. Die Wahlordnung hat auch zu regeln, wie die vier, in § 1 Abs. 1–4 nwBauKaG differenzierten Fachrichtungen und Tätigkeitsarten bei der Zusammensetzung der Vertreterversammlung zu berücksichtigen sind.

Der **Vorstand** der Architektenkammer wird gem. § 13 nwBauKaG von 190 der Vertreterversammlung für die Dauer von fünf Jahren gewählt. Er besteht aus dem Präsidenten, zwei Vizepräsidenten und mindestens sechs, höchstens zehn Beisitzern. Auch bei der Zusammensetzung des Vorstandes sind die verschiedenen Tätigkeitsarten zu berücksichtigen. Deshalb muss jeweils ein Vizepräsident der Gruppe der eigenverantwortlich tätigen bzw. der angestellten/verbeamteten Kammermitglieder angehören.

Das Baukammergesetz weist in § 12 Abs. 1 der **Vertreterversammlung** 191 die **Rechtsetzungsfunktion** (Erlass der Satzung, Wahl-, Beitrags- und Gebührenordnung), die Festlegung und Kontrolle des Kammerhaushalts und die Wahl der anderen Kammerorgane zu. Weitere Zuständigkeiten, die nicht Geschäfte der laufenden Verwaltung sind, kann die Vertreterversammlung nach § 12 Abs. 2 nwBauKaG an sich ziehen.

Der **Vorstand** ist demgegenüber gem. § 13 Abs. 2 nwBauKaG als **Exekutivorgan** 192 zur Führung der Geschäfte der Architektenkammer berufen. Die gerichtliche und außergerichtliche Vertretung obliegt gem. § 12 Abs. 3 nwBauKaG dem Präsidenten. Die Geschäfte der laufenden Verwaltung können dem Vorstand nicht entzogen werden.

c) Aufgaben und Finanzierung

Die Architektenkammer hat an erster Stelle die Aufgabe, die beruflichen 193 Belange der Gesamtheit der Kammermitglieder zu wahren und die Erfüllung der beruflichen Pflichten, wie sie in § 15 nwBauKaG geregelt sind, zu **überwachen** (§ 9 Abs. 1 Nr. 1). Sie hat weiter die Baukultur und das Bauwesen zu **fördern** (Nr. 2), die Architekten- und die Stadtplanerliste sowie die in § 6 Abs. 2 Satz 3 nwBauKaG bestimmten **Verzeichnisse** zu führen sowie die für die Berufsausübung notwendigen **Bescheinigungen** zu erteilen (Nr. 3). Weitere Aufgaben der Kammer sind die Förderung der beruflichen Aus- und Weiterbildung mitsamt der Schaffung der dafür erforderlichen Einrichtungen (Nr. 4), die Unterstützung der Behörden und Gerichte durch **Gutachten, Stellungnahmen** und auf sonstige Weise (Nr. 5), die **Streitschlichtung** zwischen den Mitgliedern sowie zwischen Mitgliedern und Dritten (Nr. 6), die Förderung und Mitwirkung bei **Wettbewerben** (Nr. 7) sowie schließlich die Bestellung und Vereidigung von **Sachverständigen** (Nr. 8).

Im Bereich der **sozialen Vor- und Fürsorge** ermächtigt § 9 Abs. 2 194 nwBauKaG die Architektenkammern dazu, Fürsorge- und Versorgungseinrichtungen für die Mitglieder und deren Familien zu schaffen.

Die **Kosten** der Tätigkeit der Architektenkammer werden, soweit sie 195 nicht anderweitig, insbesondere durch Verwaltungseinnahmen aus Gebühren und durch Staatszuschüsse gedeckt sind, gem. § 16 Abs. 1 nwBauKaG durch Beiträge der Kammermitglieder aufgebracht. Höhe und Bemessung des Beitrages regelt die von der Vertreterversammlung zu erlassende Beitragsordnung. Die Kammer hat gem. § 16 Abs. 3 nwBauKaG für jedes Geschäftsjahr einen Haushaltsplan und eine Jahresrechnung aufzustellen.

196 Gem. § 85 nwBauKaG wird die **Aufsicht** über die Architektenkammer durch das für das Bauberufsrecht zuständige Ministerium geführt. Die in § 86 nwBauKaG geregelte Durchführung der Aufsicht bestimmt lediglich, dass zu den Sitzungen der Vertreterversammlungen die Aufsichtsbehörde einzuladen ist. Dem Vertreter der Aufsichtsbehörde ist auf Verlangen das Wort zu erteilen. Zudem kann die Aufsichtsbehörde verlangen, dass eine Vertreterversammlung unverzüglich einberufen wird. Da die Vorschrift keine nähere Regelung über den Aufsichtsmaßstab enthält, handelt es sich nach dem insoweit anwendbaren § 20 nwLOG um Rechtsaufsicht.

d) Die Zusammenarbeit von Architektenkammer und Ingenieurkammer-Bau

197 Aufgrund des engen sachlichen Zusammenhangs, der zwischen dem beruflichen Betätigungsbereich der Architekten und Bauingenieure besteht, sind auch die Arbeitsbereiche der Architektenkammer und der Ingenieurkammer-Bau eng miteinander verbunden. Das Baukammergesetz regelt deshalb in seinem fünften Teil Bereiche und institutionelle Formen der Zusammenarbeit zwischen beiden Kammern. Dabei geht das Gesetz in § 87 Abs. 1 von dem Grundsatz aus, dass beide Kammern in „allen vergleichbaren Aufgabenbereichen vertrauensvoll mit dem Ziel einheitlicher Aufgabenerfüllung zusammenarbeiten" sollen, soweit „gleichgerichtete Interessen der jeweiligen Mitgliederschaft bestehen oder das öffentliche Interesse dies erfordert". § 87 Abs. 2 nwBauKaG benennt dazu einzelne Sachbereiche, auf die sich diese Zusammenarbeit insbesondere erstrecken soll.

198 Institutionelle Basis dieser Zusammenarbeit sind die gem. § 88 nwBauKaG einzurichtenden gemeinsamen Ausschüsse, Arbeitskreise und Einrichtungen. Leitungsorgan der Zusammenarbeit ist dabei der gemeinsame Ausschuss, der aus den Präsidenten und Vizepräsidenten der beteiligten Kammern sowie je zwei weiteren, von den Vertreterversammlungen für die Dauer von fünf Jahren zu wählenden Mitgliedern besteht. Der Gemeinsame Ausschuss entscheidet gem. § 88 Abs. 3 nwBauKaG darüber, für welche konkreten Aufgabenbereiche gemeinsame Arbeitskreise und Einrichtungen geschaffen werden.

9. Die Lotsenbrüderschaften

Schrifttum: *Spelde,* Die Geschichte der Lotsenbrüderschaft an Außenweser und der Jade, 1986.

a) Entwicklung und aktuelle Rechtsgrundlagen

199 Die (See-)Lotsenbrüderschaften finden ihre rechtliche Grundlage im Gesetz des Bundes über das Seelotsenwesen (BGBl. I 1984, S. 1214). Derzeit

bestehen bundesweit 7 Lotsenbrüderschaften (Elbe, Emden, Weser I, Weser II/Jade, NOK I, NOK II, Wismar/Rostock/Stralsund) mit ungefähr 750 Mitgliedern. Die Lotsenbrüderschaften sind in der Bundeslotsenkammer als Dachorganisation zusammengefasst, die ihren Sitz in Hamburg hat.

b) Organisationsstrukturen

Die **Gründung** der Lotsenbrüderschaften erfolgt von Gesetzes wegen gem. § 27 Abs. 1 S. 1 SeelG. Danach bilden die für ein Seelotsrevier bestellten Seelotsen eine Lotsenbrüderschaft. Nach Satz 2 der Vorschrift ist diese eine Körperschaft des öffentlichen Rechts. Gem. § 3 Abs. 2 SeelG obliegt die Selbstverwaltung des Seelotswesens in den Seelotsrevieren den Lotsenbrüderschaften und der Bundeslotsenkammer. 200

Organe der Lotsenbrüderschaft sind gem. § 30 Abs. 1 SeelG der **Ältermann** und die **Mitgliederversammlung.** Die Satzung kann zudem gem. Abs. 2 vorsehen, dass neben dem Ältermann für bestimmte Aufgabengebiete besondere Beauftragte zu bestellen sind. 201

Der Ältermann und sein Stellvertreter werden gem. § 31 Abs. 2 SeelG durch die Mitgliederversammlung auf die Dauer von fünf Jahren gewählt. Die Wahl bedarf der Bestätigung durch die Aufsichtsbehörde, wobei die Bestätigung nur aus wichtigem Grunde versagt werden darf. Aufsichtsbehörde und Mitgliederversammlung können in gegenseitigem Einvernehmen gem. § 31 Abs. 5 SeelG aus wichtigem Grund den Ältermann oder seinen Stellvertreter vorzeitig abberufen. Kommt in einem solchen Fall ein Einvernehmen nicht zustande, so entscheidet nach Anhörung der Bundeslotsenkammer der Bundesminister für Verkehr. 202

Der Ältermann vertritt die Lotsenbrüderschaft gem. § 31 Abs. 1 SeelG gerichtlich und außergerichtlich, wobei der Umfang seiner Vertretungsmacht durch die Satzung mit Wirkung gegenüber Dritten beschränkt werden kann. 203

Die Mitgliederversammlung ist neben der Wahl des Ältermannes gem. § 29 Abs. 2 SeelG für die Beschlussfassung über die Satzung sowie gem. § 32 SeelG zur Besorgung aller Geschäfte zuständig, die nicht vom Ältermann oder einem anderen satzungsgemäß berufenen Vertreter zu besorgen sind. 204

c) Aufgaben und Finanzierung

Gem. § 27 Abs. 2 SeelG hat die Lotsenbrüderschaft die ihr durch Gesetz und Verordnung übertragenen Aufgaben zu erfüllen. In § 28 SeelG werden den Lotsenbrüderschaften insbesondere folgende Aufgaben übertragen: (1) die Erfüllung der **Berufspflichten** zu überwachen; (2) die **Ausbildung** und **Fortbildung** der Seelotsen zu fördern; (3) durch eine **Börtordnung** die Dienstfolge zu regeln; (4) Bestimmungen über den **inneren Dienstbetrieb** zu treffen; (5) auf Antrag bei **Streitigkeiten** zwischen Mitgliedern zu vermitteln; (6) Maßnahmen zu treffen, die eine ausreichende **Versorgung** der Seelotsen und ihrer Hinterbliebenen für den Fall des Alters, der Berufsunfähigkeit und Todes gewährleisten, und die Durchführung dieser Maßnahmen zu überwachen; (7) die **Aufsichtsbehörde** bei der Erfüllung ihrer Aufgaben 205 auf dem Gebiet des Seelotswesens zu **beraten** und durch die notwendige Berichterstattung zu unterstützen; (8) die **Lotsgelder** für Rechnung der Seelotsen einzunehmen; (9) davon die **Versorgungsbeträge** einzubehalten und den Rest nach einer Verteilungsordnung an die Seelotsen zu verteilen.

206 Die Ausgaben der Lotsenbrüderschaften werden gem. § 27 Abs. 3 SeelG von den Mitgliedern anteilsmäßig getragen. Die Einzelheiten regelt die Satzung.

207 Aufsichtsbehörde über die Lotsenbrüderschaften sind gem. § 3 Abs. 3 SeelG die vom Bundesminister für Verkehr bestimmten Behörden der Wasser- und Schifffahrtsverwaltung des Bundes. Neben den bereits erwähnten Befugnissen ergeben sich die weiteren aus § 41 SeelG, die die Aufsichtsmaßnahmen bestimmt. Danach kann die Aufsichtsbehörde die Lotsenbrüderschaft zur Erfüllung ihrer Aufgaben unter Fristsetzung anhalten. Es handelt sich dabei um die Aufgabenerfüllung betreffende eine **Rechtsaufsicht.** Nach Fristablauf steht der Aufsichtsbehörde ein Selbsteintritts- oder Ersatzvornahmerecht zu.

208 Werden Vorhaltung, Unterhaltung und Betrieb von Lotseinrichtungen auf die Lotsenbrüderschaften oder die Bundeslotsenkammer übertragen, so unterstehen diese insoweit gem. § 6 Abs. 3 SeelG der Fachaufsicht der Aufsichtsbehörden.

d) Die Bundeslotsenkammer

209 Die Lotsenbrüderschaften bilden gem. § 34 Abs. 1 SeelG die Bundeslotsenkammer als Körperschaft des öffentlichen Rechts. Sie unterliegt gem. § 34 Abs. 2 SeelG der Rechtsaufsicht des Bundesministers für Verkehr sowie im Bereich des § 6 Abs. 3 SeelG der Fachaufsicht der zuständigen Aufsichtsbehörde.

210 **Organe** der Bundeslotsenkammer sind gem. § 37 Abs. 1 SeelG der **Vorsitzende** und die **Mitgliederversammlung.** Die Lotsenbrüderschaften werden gem. § 37 Abs. 2 SeelG in der Mitgliederversammlung durch ihre Ältermänner vertreten. Sie haben im Prinzip eine Stimme, jedoch ausnahmsweise zwei Stimmen, wenn sie mehr als einhundert Mitglieder haben.

211 Der Vorsitzende und sein Stellvertreter werden gem. § 38 Abs. 1 SeelG aus der Reihe der Seelotsen von der Mitgliederversammlung auf die Dauer von fünf Jahren gewählt. Die Wahl bedarf der Bestätigung durch den Bundesminister für Verkehr, der sie nur aus wichtigem Grunde versagen kann. Ebenfalls ist eine Abberufung aus wichtigem Grunde möglich.

212 Die Angelegenheiten der Bundeslotsenkammer werden gem. § 39 Abs. 1 SeelG durch Beschluss der Mitgliederversammlung geordnet, soweit sie nicht vom Vorsitzenden oder einem satzungsmäßig berufenen Vertreter zu besorgen sind.

213 **Aufgaben der Bundeslotsenkammer** sind gem. § 35 Abs. 2 SeelG insbesondere (1) in Fragen, welche die Gesamtheit der Lotsenbrüderschaften angehen, deren Auffassung zu ermitteln; (2) die Gesamtheit der Lotsenbrü-

derschaften gegenüber Behörden und Organisationen zu vertreten; (3) auf Antrag bei Streitigkeiten zwischen Lotsenbrüderschaften oder Mitgliedern verschiedener Lotsenbrüderschaften zu vermitteln; (4) Gutachten zu erstatten, die eine Verwaltungsbehörde oder ein Gericht in Angelegenheiten des Seelotswesens anfordert; (5) an der Gesetzgebung, soweit das Seelotswesen berührt wird, gutachtlich mitzuarbeiten; (6) Mindereinnahmen zwischen den einzelnen Lotsenbrüderschaften auszugleichen.

Zur **Finanzierung** stellt die Mitgliederversammlung gem. § 40 SeelG den **214**
Betrag fest, der zur Deckung des persönlichen und sachlichen Bedarfs erforderlich ist. Die Lotsenbrüderschaften haben im Verhältnis ihrer Mitgliederzahl die hierfür erforderlichen Beiträge zu leisten.

10. Die Industrie- und Handelskammern

Schrifttum: *Adam,* Der Einfluß der Industrie- und Handelskammern auf politische Entscheidungsprozesse, 1979; *Axer,* Die Finanzierung der Industrie- und Handelskammern durch Abgaben, GewArch. 1996, 453; *Binder,* Staatsaufsicht über Wirtschaftskammern, WiVerw 1979, 175; *Bremer,* Kammerrecht der Wirtschaft, 1960; *Erdmann,* Aktuelle Fragen zu den Wirtschaftskammern in Niedersachsen, NdsVBl. 1997, 4; *Frentzel/Jäkel/Junge,* Industrie- und Handelskammergesetz, Kommentar, 6. Aufl. 1999; *Fröhler,* Interessenvertretung durch Körperschaften des öffentlichen Rechts, GewArch. 1972, 33; *ders./Oberndorfer,* Körperschaften öffentlichen Rechts und Interessenvertretung, 1974; *Gornig,* Pflichtmitgliedschaft in den Industrie- und Handelskammern. Verfassungsrechtliche und europarechtliche Aspekte, WiVerw 1998, 157; *Groß,* Die Wahl der Vollversammlung der Industrie- und Handelskammern, 2002; *Grütters,* Informationsfreiheit – auch gegenüber Industrie- und Handelskammern, GewArch. 2002, 270; *ders.,* Nochmals zur Informationsfreiheit gegenüber Industrie- und Handelskammern, GewArch. 2003, 271; *Hatje/Terhechte,* Das Bundesverfassungsgericht und die Pflichtmitgliedschaft, NJW 2002, 1849; *Jäkel/Junge,* Die deutschen Industrie- und Handelskammern und der Deutsche Industrie- und Handelstag, 3. Aufl. 1986; *Jahn,* Grundlagen wirtschaftlicher Selbstverwaltungskörperschaften am Beispiel der Industrie- und Handelskammern, JA 1995, 972; *ders.,* Zur Entwicklung des Beitragsrechts der Industrie- und Handelskammern, GewArch. 1997, 177; *ders.,* Vom Bekenntnis zur IHK-Pflichtmitgliedschaft, GewArch 1998, 453; *ders.,* Zur Verfassungsmäßigkeit der Pflichtmitgliedschaft in öffentlichrechtlichen Körperschaften, JuS 2000, 129; *ders.,* IHK-Wirtschaftsförderung durch Beteiligung an Anlagen und Einrichtungen, GewArch. 2001, 146; *ders.,* Wirtschaftskammer statt Staat: Zur Verfassungsmäßigkeit der IHK-Pflichtmitgliedschaft, JuS 2002, 434; *ders.,* IHK statt Staat – Das Bundesverfassungsgericht und die IHK-Pflichtmitgliedschaft, GewArch. 2002, 98; *Junge,* Wirtschaftliche Selbstverwaltung als öffentliche Aufgabe, 1973; *ders.,* Das Kammergutachten, WiVerw 1987, 195; *Kaltenhäuser,* Möglichkeiten und Perspektiven einer Reform der Organisation der Wirtschaftsverwaltung – eine rechtshistorische, rechtsvergleichende und rechtspolitische Betrachtung des Industrie- und Handelskammerwesens, 1998; *Kannegießer,* Zulässigkeit und Grenzen wirtschaftlicher Betätigung der Industrie- und Handelskammern, WiVerw 1998, 182; *Karsten,* Zur Pflichtmitgliedschaft in Wirtschaftskammern, NJ 2002, 405; *Kluth,* Verfassungsfragen der Privatisierung von Industrie- und Handelskammern, 1997; *ders.,* IHK-Pflichtmitgliedschaft weiterhin mit dem Grundgesetz vereinbar, NVwZ 2002, 298; *ders./Voigt,* Rechtliche Rahmenbedingungen für die Betätigung von Kammern im Bereich von Bildungsdienstleistungen, in: Kluth (Hrsg.), Jahrbuch des Kammerrechts 2002, 2003, 351; *Knemeyer,* Wettbewerbsrelevante Dienstleistungen der Industrie- und Handelskammern – Zulässigkeit und Grenzen, WiVerw 2001, 1; *Knöpfle,* Die Zuständigkeit der Rechnungshöfe für die Prüfung der Körperschaften öffentlichen Rechts, 1988; *Korinek,* Wirtschaftliche Selbstverwaltung, 1979; *Kormann,* Änderungen in der Gebietsstruktur von Wirtschaftskammern, GewArch. 1979, 281; *Leisner,* Die gesetzlichen Aufgaben der Industrie- und Handelskammern, BayVBl. 2001, 609; *Löwer,* Verfassungsrechtsdogmatische Grundprobleme der Pflichtmitgliedschaft in Industrie- und Handelskammern, GewArch 2000, 89; *Möllering,* Die Auslandshandelskammern, WiVerw 1998, 214; *ders.,* Vertretung des Gesamtinteresses der gewerblichen Wirtschaft durch die Industrie- und Handelskammern, WiVerw 2001, 25; *ders.,* Industrie- und Handelskammern in den neuen Marktwirtschaften, in: Kluth (Hrsg.), Jahrbuch des Kammerrechts 2002, 2003, 335; *Oberndorfer,* Interessenvertretung durch Körperschaften öffentlichen Rechts als gesellschaftliche Selbstverwaltung, WiVerw 1979, 129; *Röger,* Die Anwendbarkeit der Informationsfreiheitsgesetze der Länder auf Kammern der wirtschaftlichen und berufsständischen Selbstverwaltung, in: Kluth (Hrsg.), Jahrbuch des Kammerrechts 2002, 2003, 65; *Soltmann,* Zur Interessenwahrnehmung der gewerblichen Wirtschaft durch Kammern und Verbände, WiVerw 1998, 224; *Stober,* Die Industrie- und Handelskammer als Mittler zwischen Staat und Wirtschaft, 1992; *ders.,* Wirtschaftliche Selbstverwaltung durch Handelskammern in Deutschland und Europa, DÖV 1993, 333; *ders.,* Kammern der Wirtschaft: Mehr als Pflichtmitgliedschaft, GewArch. 2001, 393; *Stober/Kluth,* Zur Rechnungsprüfung von Kammern, 1989.

a) Entwicklung und aktuelle Rechtsgrundlagen

215 Die Suche nach den ersten Erscheinungsformen des Kammerwesens im Bereich von Industrie und Handel führt in das **Frankreich** der Wende vom 16. zum 17. Jahrhundert. Es war König Heinrich IV. (1589–1610), der im Zuge seiner erfolgreichen Förderung von Handel und Gewerbe im Jahr 1596 eine „Chambre supérieure du commerce" gründete, die als zentrale Instanz die den Handel betreffenden Gesetze zu beraten und zu begutachten hatte. Drei Jahre späte folgt in Marseille die Gründung einer mit ähnlichen Aufgaben betrauten Handelskammer mit örtlich-regionalem Wirkungskreis. Obwohl diesen ersten Gründungen selbst kein langes Leben beschieden war, beginnt mit ihnen doch eine Tradition, die in Frankreich und von dort aus nach Deutschland, insbesondere das Rheinland und Preußen übergreift und bis in die heutige Zeit verfolgt werden kann.

216 Das französische Handelskammersystem fand während der Besetzung der linksrheinischen deutschen Gebiete durch Frankreich bis zum Jahr 1814 Einzug in den späteren **preußischen Rechtsraum.** Auf der Grundlage des Gesetzes vom 24. 12. 1802 errichtete die französische Regierung in Köln eine Handelskammer. In 6 weiteren Städten wurden sog. Ratskammern errichtet, die als Dienststellen der Gemeinden bzw. Städte Aufgaben der Wirtschaftsförderung wahrnahmen.

217 Mit der Rückgabe der linksrheinischen Gebiete an Preußen trat das französische Kammermodell, da die Kölner Handelskammer fortbestand, in den preußischen Rechtsraum ein. Dort konnte sich das französische Modell indes nicht sofort durchsetzen. Vielmehr kam es in den so genannten altpreußischen Gebieten zwischen 1820 und 1825 zur Bildung von sog. „privilegierten kaufmännischen Korporationen". Sie waren gleichfalls als Körperschaften verfasst und beruhten formal auf freiwilliger Mitgliedschaft. Der Umstand, dass nach Teil II Titel 8 Abschnitt 7, 8 des preußischen Allgemeinen Landrechts von 1794 wichtige kaufmännische Rechte, wie z.B. die

Wechselfähigkeit, von der Zugehörigkeit zur Korporation abhängig gemacht wurde, erzeugte jedoch einen faktischen Betrittszwang. Die Korporationen beruhten auf dem Prinzip der Selbstverwaltung, das zu jener Zeit in Preußen zu den ordnungspolitischen Neuentdeckungen zählte und große Popularität genoss. Dem entsprach es auch, dass die Mitglieder ein Leitungsorgan wählten, das sehr oft als „Älteste der Kaufmannschaft" bezeichnet wurde. Ihm kamen weitreichende Handlungs- und Entscheidungsrechte zu. Der in den jeweiligen Statuten umschriebene Auftrag und Aufgabenkreis war einerseits darauf gerichtet, „das Interesse des hiesigen Handwerks in allen seinen Zweigen" wahrzunehmen. Andererseits betrieben die Korporationen zahlreiche dem Handel dienende Einrichtungen, wie Börsen, Speicher, Waaganstalten, Stapelplätze, Versicherungsgesellschaften und vereinzelt wirtschaftliche Unternehmen. Der teilweise erhebliche Ertrag aus dem Betrieb dieser Einrichtungen verhalf den Korporationen zu einem beachtlichen Vermögensbestand, der durch Stiftungen der Mitglieder für wohltätige und Bildungszwecke noch weiter erhöht wurde.

Parallel zu dieser Entwicklung kam es in den ehemals französisch okkupierten linksrheinischen Gebieten auf der Grundlage des königlich preußischen Statuts vom 22. 6. 1830 zwischen 1830 und 1840 zur Neugründung von 10 weiteren Handelskammern. Die diesen Kammern verordnete Verfassung ahmt in vielen Bestimmungen das französische Vorbild nach, geht in zwei zentralen Punkten jedoch **eigene Wege.** So wird der Vorsitz einem gewählten Kammermitglied übertragen (Selbstorganschaft) und die Mitglieder der Kammer werden von der Gesamtheit der Kaufmannschaft gewählt. Diese Grundsätze werden durch königliche Verordnung vom 16. 6. 1831 auf die aus französischer Zeit stammenden Kammern übertragen. **218**

Der anfänglichen Konkurrenz zwischen Handelskammern und Korporationen wurde unter Wilhelm I. ein Ende bereitet und beschlossen, auch in den östlichen Provinzen Handelskammern zu errichten. Durch die Königliche Verordnung über die Errichtung von Handelskammern vom 11. 2. 1848 (GS S. 63) wurde das Kammerwesen im gesamten Gebiet des Königreichs Preußen auf eine **einheitliche Grundlage** gestellt. § 3 der Verordnung sah vor, dass die bestehenden Korporationen und Innungen bei der Gründung einer Handelskammer im gleichen Bereich eine „geeignete Berücksichtigung" finden. Aufgaben und Befugnisse der Kammern regelte § 4 in Fortführung der französischen Praxis. Neben der Erstattung von Berichten und Gutachten sowie der Einbringung von Vorschlägen, wie Handel und Gewerbe zu fördern sind, konnten die Kammern danach auch mit Aufsichtsaufgaben betraut werden. Nach § 7 sind wahlberechtigt sämtliche im Bezirk der Kammer ansässigen Handel- und Gewerbetreibenden, die die in der Steuerklasse der Kaufleute mit kaufmännischen Rechten zu entrichtende Gewerbesteuer – zunächst 12, ab 1836 20 Taler – bezahlt haben. Dadurch wurden die Kammern faktisch nur zu Repräsentanten (der Interessen) der mittleren und großen Betriebe. **219**

220 Auf der Grundlage der Verordnung vom 11. 2. 1848 hatte sich das Kammerwesen weiter ausgebreitet. Dennoch gab es, vor allem in nach 1866 neu erworbenem Gebiet, Abweichungen und Problemlagen, die eine Neufassung des Kammerrechts erforderlich erscheinen ließ. Dies führte zum **preußischen Gesetz über die Handelskammern** vom 24. 2. 1870 (GS S. 134), das sowohl in grundsätzlichen als auch praktischen Fragen zu Veränderungen führte. Programmatisch heißt es nun in § 1 – auf den § 31 zur Bestimmung des Geschäftskreises der Kammer Bezug nimmt – zur Zweckbestimmung der Handelskammern, dass sie „die Gesamtinteressen der Handel- und Gewerbetreibenden ihres Bezirk wahrzunehmen, insbesondere die Behörden in der Förderung des Handels und der Gewerbe durch thatsächliche Mittheilungen, Anträge und Erstattung von Gutachten zu unterstützen“ haben. Zur Errichtung einer Kammer ist nach § 2 nur noch die Genehmigung des Handelsministers erforderlich. Umfangreicher und detaillierter wurden die Wahlvorschriften gefasst. Insbesondere wurde in § 10 die Einteilung des Kammerbezirks in verschiedene Wahlbezirke ermöglicht, „insofern sich aus den örtlichen Verhältnissen hierzu ein Bedürfnis ergibt“. Hervorzuheben ist die Senkung des für das passive Wahlrecht maßgeblichen Alters von 30 auf 25 Jahre. Die Aufsicht über die Handelskammern führte der Minister für Handel und Gewerbe.

221 Die weiteren Novellen des Handelskammerrechts bauten auf dieser Regelung auf und führten nur zu punktuellen Korrekturen, wie etwa der Verlängerung der Wahlperioden. Von grundlegender Bedeutung ist indes die den Kammern 1897 in § 35 zuerkannte Rechtsfähigkeit.

222 Die Entwicklung des preußischen Handelskammerrechts führt damit den französischen Ansatz einer öffentlich-rechtlichen Körperschaft mit Pflichtmitgliedschaft fort, ergänzt ihn jedoch um die – sachlich korrespondierenden – Gedanken der Selbstorganschaft, Selbstverwaltung und (finanzielle) Selbstverantwortung, wie es dem zu dieser Zeit in Preußen vorherrschenden ordnungspolitischen Denken entspricht. Neben der Übertragung von staatlichen Aufsichtsbefugnissen ist der Aufgabenkreis der Kammern – jedenfalls seit 1870 – durch die Wahrnehmung der Gesamtinteressen des im Bezirk ansässigen Handels und Gewerbes geprägt.

223 In den **übrigen deutschen Staaten** kam es im Laufe des 19. Jahrhunderts gleichfalls zur Errichtung von Handelskammern, wobei deren Vorgeschichte und Verfassung z.T. erheblich voneinander abwichen. Auf sie kann im Rahmen dieser überblicksartigen Darstellung nicht näher eingegangen werden, was angesichts der am preußischen Modell orientierten späteren Rechtsentwicklung jedoch vertretbar erscheint.

224 Nach dem ersten Weltkrieg und dem Übergang zur **Weimarer Republik** kam es zu einer Reihe wichtiger Veränderungen. So wurde durch Gesetz vom 14. 1. 1921 (GS S. 223) das Wahlverfahren geändert. Ohne besondere Bestimmung durch die Kammer sollten die Wahlen danach nach fachlichen Wahlgruppen abgehalten werden. In Abkehr von der bisherigen Regelung

wurde zudem ein allgemeines und gleiches Wahlrecht eingeführt. Durch ein weiteres Änderungsgesetz vom 1. 4. 1924 (GS S. 194) wurde das Verbot der Wählbarkeit von Personen weiblichen Geschlechts aufgehoben, die Bezeichnung „Industrie- und Handelskammern" eingeführt sowie das Recht des Handelsministers erweitert, benachbarte Kammern zusammenzulegen oder ihre Zusammenarbeit im Rahmen von Zweckverbänden anzuordnen.

Unter der **nationalsozialistischen Herrschaft** wurde durch Gesetzesnovelle vom 28. 12. 1933 (GS 1934, S. 6) eine Änderung im Bereich des Finanzwesens eingeführt. Zudem wurden die Kammern durch Verordnung vom 20. 8. 1934 der Reichsaufsicht unterstellt (RGBl. I, S. 790). Zugleich wurden sie dem sog. Führergrundsatz unterstellt und infolgedessen die Vorsitzenden und ihre Stellvertreter vom Reichswirtschaftsminister ernannt und abberufen. Der Vorsitzende und sein Stellvertreter hatten einen Beirat zu berufen, der gleichfalls der Bestätigung durch den Reichswirtschaftsminister bedurfte. Damit hatten die Kammern aufgehört, als Selbstverwaltungsorgane zu fungieren. Durch Verordnung vom 20. 4. 1942 (RGBl. I, S. 189) wurden die Industrie- und Handelskammern im Zuge der Straffung der Kriegswirtschaft aufgelöst und in die neu gegründeten **Gauwirtschaftskammern** integriert. **225**

Nach dem zweiten Weltkrieg zerfiel die Gauwirtschaftskammer. In den einzelnen westlichen **Besatzungszonen** wurden übergangsweise verschiedene Organisationstypen mit der Aufgabe der Interessenvertretung von Handel und Industrie betraut. Während in der französischen Besatzungszone an das preußisch-französische Modell angeknüpft wurde, entschieden sich die Engländer für eine in ihren Befugnissen beschränkte Körperschaft und die US-Amerikaner entsprechend ihrem eigenen Verständnis, das öffentlich-rechtliche Kammern nicht kennt, für freiwillige privatrechtliche Zusammenschlüsse. **226**

Mit dem Ende der Besatzungszeit und der Gründung der Bundesrepublik stellte sich die Frage, welcher Konzeption bei der **Neubegründung** der Organisation der Interessen von Industrie und Handel zu folgen sei. Dabei spielte insbesondere die schon in der Weimarer Zeit diskutierte Frage eine bedeutsame Rolle, in welcher Weise die Arbeitnehmerinteressen zu berücksichtigen sind. Vor allem die Gewerkschaften wandten sich gegen die bisherige Konzeption einer reinen Arbeitgeberkammer. Solle das Konzept einer öffentlich-rechtlichen Körperschaft beibehalten werden, so fordere die damit verbundene Verpflichtung auf das Gesamtinteresse der zugehörigen Unternehmen eine wirksame Vertretung der Arbeitnehmerinteressen in den Kammern. **227**

Der Bundesgesetzgeber ist dieser Ansicht nicht gefolgt, hat indes durch die ausdrückliche Bezeichnung des am 18. 12. 1956 (BGBl. I, S. 920) verabschiedeten **IHK-Gesetzes** als „vorläufige Regelung" verdeutlicht, dass die ordnungspolitische Diskussion nicht als abgeschlossen angesehen wird. **228**

Indes ist es bis heute bei dieser Regelung geblieben. Die Gesetzgebungskompetenz des Bundes zum Erlass des IHKG folgt aus Art. 74 Nr. 11 GG (Recht der Wirtschaft). Dabei hat der Bundesgesetzgeber Raum für ausführendes Landesrecht gelassen, durch das den jeweiligen historischen, wirtschaftlichen und räumlichen Besonderheiten ausreichend Rechnung getragen werden kann.

229 Es gibt im Bundesgebiet 82 Industrie- und Handelskammern, davon 14 in den neuen Bundesländern, mit insgesamt ca. 3,25 Mio. pflichtzugehörigen Unternehmen. Als Dachverband wurde der Industrie- und Handelskammertag (DIHK, früher DIHT) mit Sitz in Berlin als eingetragener Verein gegründet (zu seiner Rechtsstellung näher *Kluth,* Funktionale Selbstverwaltung, S. 478 ff.).

230 Die **Gründung** von Industrie- und Handelskammern ist gem. § 12 Abs. 1 Nr. 1 IHKG durch die Länder zu regeln. Das Land Nordrhein-Westfalen hat in seinem Ausführungsgesetz vom 23. 7. 1957 in § 1 den Minister für Wirtschaft, Mittelstand und Technologie ermächtigt, Industrie- und Handelskammern nach Anhörung des Landtagsausschusses für Wirtschaft, Mittelstand und Technologie durch Rechtsverordnung zu errichten. Das Gleiche gilt nach dieser Vorschrift für die Auflösung und die Änderungen der Bezirksgrenzen. Die Rechtslage in den übrigen Ländern ist ähnlich.

231 Die Industrie- und Handelskammern sind gem. § 3 Abs. 1 IHKG Körperschaften des öffentlichen Rechts. Sie besitzen damit zugleich die Fähigkeit zur Teilnahme am Privatrechtsverkehr.

b) Organisationsstrukturen

232 § 2 Abs. 1 IHKG regelt die **Mitgliedschaft** bei den IHKn. Danach gehören, sofern sie zur Gewerbesteuer veranlagt sind, natürliche Personen, Handelsgesellschaften, andere nicht rechtsfähige Personenmehrheiten und juristische Personen des privaten und des öffentlichen Rechts, welche im Bezirk der Kammer entweder eine gewerbliche Niederlassung oder eine Betriebsstätte oder Verkaufsstelle unterhalten, der Kammer als Mitglieder an. In den Absätzen 2 bis 5 der Vorschrift werden nähere Regelungen für Sonderfälle getroffen. Hervorzuheben sind dabei die Ausnahmevorschriften für gemeindliche Eigenbetriebe (Abs. 5), landwirtschaftliche Genossenschaften (Abs. 4), handwerkliche bzw. handwerksähnliche Betriebe (Abs. 3) sowie die Land- und Forstwirtschaft (Abs. 2). Die Kammerzugehörigkeit wird damit an drei Kriterien angeknüpft: die Gewerbesteuerpflicht, die Rechtsform und das Vorhandensein einer Betriebsstätte im Kammerbezirk.

233 Die Feststellung, dass die Voraussetzungen einer Kammerzugehörigkeit im Einzelfall vorliegen, erfolgt in der Praxis im Zusammenhang mit der Heranziehung zum Kammerbeitrag. Ist der Herangezogene der Meinung, er erfülle die Voraussetzungen einer Kammermitgliedschaft nicht, so ist dies inzident im Widerspruchs- und Anfechtungsverfahren gegen den Beitragsbescheid zu prüfen.

234 Das Gesetz trennt zutreffend zwischen der Kammerzugehörigkeit, die als Pflichtmitgliedschaft ausgestaltet ist, und der Mitgliedschaft in der Vollversammlung, die auf Wahl beruht. Mitglieder können nach den im Gesetz genannten Kriterien In- und Ausländer sein.

235 **Organe** der Industrie- und Handelskammern sind die Vollversammlung (§§ 5, 6 IHKG), der Präsident (§§ 6, 7 Abs. 2), das Präsidium (§ 6), der Hauptgeschäftsführer (§ 7), der Berufsbildungsausschuss nach §§ 56ff. Berufsbildungsgesetz sowie die Prüfungsausschüsse nach §§ 36ff., 46, 47 des Berufsbildungsgesetzes.

236 Die **Vollversammlung** wird gem. § 5 Abs. 1 IHKG von den Kammerzugehörigen gewählt. Wahlberechtigt sind alle Kammerzugehörigen, auch die nach § 2 Abs. 3 IHKG freiwillig Beigetretenen, unabhängig von ihrer Staatsangehörigkeit.

237 Die **Rahmenvorschrift** des § 5 IHKG gewährt den einzelnen Kammern weite Spielräume zur Ausgestaltung des **Wahlsystems.** Insoweit müssen in der Wahlordnung die entsprechenden Grundsatzentscheidungen getroffen werden. Zu bestimmen ist insbesondere die Größe der Vollversammlung, die Dauer ihrer Amtszeit, eine einheitliche Wahl aller Mitglieder der Vollversammlung oder eine turnusmäßige Wahl eines Bruchteils nach dem Modus der Ergänzungswahl und die Einführung einer Listen- oder Persönlichkeitswahl. Aus der Entscheidung für Listen- oder Persönlichkeitswahl ergeben sich Vorgaben für die weitere Ausgestaltung des Wahlmodus. Teilweise wird auch eine Zuwahl (Kooptation) weiterer Mitglieder durch die (direkt) gewählten Mitglieder der Vollversammlung für zulässig gehalten mit der Folge, dass es zu einer Mischung von direkter und indirekter Wahl kommen kann (zugelassen von *BVerwG,* DVBl. 1963, 929; ablehnend *Kleine-Cosack,* Berufsständische Autonomie, S. 204).

238 Zu den **Besonderheiten** des von § 5 IHKG umrissenen Wahlsystems gehört die Wahl in **Wahlgruppen** (dazu ausführlich *Groß,* Die Wahl der Vollversammlung, 2002). Sie wird von § 5 Abs. 3 Satz 2 zwingend vorgeschrieben und verlangt, dass die Wahlordnung Wahlgruppen bildet und ihnen die Kammerzugehörigen zuordnet. Dabei müssen die wirtschaftlichen Besonderheiten des Kammerbezirks sowie die gesamtwirtschaftliche Bedeutung der Gewerbegruppen berücksichtigt werden. Die Kammerpraxis geht dahin, die Wahl getrennt nach Wirtschaftsgruppen (Branchen) und – in großen Kammerbezirken – nach weiterer räumlicher Untergliederung durchzuführen. Die unterschiedliche Größe der Gruppen hat Auswirkungen auf den Erfolgswert der abgegebenen Stimmen.

239 Die **Einteilung der Wahlgruppen** ist eine in hohem Maße politische Entscheidung, die nicht nach rein formalen Gesichtspunkten erfolgen soll. Die Kammern besitzen insoweit ein weites Ermessen bzw. eine Einschätzungsprärogative (*BVerwGE* 81, 12 [17]). So kann es z.B. die gesamtwirtschaftliche Bedeutung eines im Kammerbezirk nur schwach repräsentierten Wirtschaftszweiges – etwa Computertechnologie – rechtfertigen, ihm in der

Vollversammlung eine stärkere Stellung zu verschaffen, als dies bei rein zahlenmäßiger (Gewerbesteuer, Arbeitnehmerzahlen etc.) Betrachtung gerechtfertigt wäre. In der **Praxis** hat sich eine Aufteilung in 8 bis 10 Wahlgruppen eingebürgert, wobei es auf Grund räumlicher Untergliederungen zu entsprechenden Vervielfachungen kommen kann. Da für jede Untergliederung eigene Wahlvorschläge einzureichen sind, liegen in den meisten Kammern bis zu 30 Wahlvorschläge vor.

240 Wahlen setzen nach allgemeinem Verständnis Auswahlmöglichkeiten voraus. Dass dies nicht begriffsnotwendig der Fall sein muss, beweisen Wahlen von Amtswaltern, für die nur ein Kandidat zur Verfügung steht. Auch in einem solchen Fall erfüllt der Wahlakt seine Legitimations- und Bestellungsfunktion. Einen Schritt weiter geht indes die Praxis der sog. **Friedenswahl,** die über Jahre hinweg in zahlreichen Industrie- und Handelskammern praktiziert wurde. Dem liegt folgende, in manchen Wahlordnungen vorgesehene Praxis zugrunde: wird nur ein Wahlvorschlag mit einer Zahl von Bewerbern eingereicht, die den zu wählenden Mitgliedern der Vollversammlung entspricht, so gelten diese als gewählt, ohne dass es zu einem (bestätigenden) Wahlakt kommt. Nach den Bedenken, die das Bundesverwaltungsgericht in seinem Beschluss vom 27. 3. 1980 (GewArch. 1980, 296) an diesem Verfahren mit dem Hinweis geäußert hat, dass von Wahl nur dort die Rede sein könne, wo tatsächlich abgestimmt werde, ist die Friedenswahl aus den Wahlordnungen verschwunden.

241 Für den **Präsidenten** sieht § 6 Abs. 1 IHKG Selbstorganschaft vor: er muss aus der Mitte der Mitglieder der Vollversammlung gewählt werden. Das Gleiche gilt für die übrigen Präsidiumsmitglieder, deren Zahl die Satzung festlegt.

242 Der **Hauptgeschäftsführer** wird gem. § 7 Abs. 1 IHKG von der Vollversammlung bestellt. Der abweichende Wortlaut (das Präsidium wird gewählt, der Hauptgeschäftsführer bestellt) weist nur indirekt auf den Unterschied zwischen beiden Akten hin, der darin liegt, dass es sich beim Hauptgeschäftsführer um eine Fremdorganschaft handelt. Das ergibt sich schon daraus, dass diese Tätigkeit hauptberuflichen Charakter besitzt. Die Bestellung wird in der Literatur als Verwaltungsakt eingeordnet auf dem das Organverhältnis und das (privatvertragliche) dienstrechtliche Anstellungsverhältnis beruhen soll.

243 Dem Hauptgeschäftsführer ist in § 7 Abs. 2 IHKG eine im Vergleich zu anderen Kammern hervorgehobene organschaftliche Stellung zugewiesen worden, da er zusammen mit dem Präsidenten die Kammer rechtsgeschäftlich und gerichtlich vertritt. In der Praxis ist dies zwar auch in anderen Kammern auf der Grundlage entsprechender Satzungsregelungen üblich, jedoch nicht gesetzlich verankert.

244 Gem. § 8 IHKG können bei den Kammern **Ausschüsse** gebildet werden, die sog. Fachausschüsse. Die näheren Einzelheiten, insbesondere die Eröffnung der Möglichkeit, nicht nach § 5 Abs. 2 IHKG wählbare Personen zu

berufen, sind in der Satzung zu regeln. Die Fachausschüsse sind, anders als die Berufsbildungsausschüsse, selbst keine Organe der Kammer, sondern werden lediglich beratend für Vollversammlung, Präsidium und Geschäftsführung tätig. In der Praxis wird von der Möglichkeit, Fachausschüsse zu bilden und die Wahl von nicht nach § 5 Abs. 2 IHKG wählbaren Personen (z.B. leitenden Angestellten mit besonderer Sachkenntnis) zuzulassen, reger Gebrauch gemacht.

Innerhalb der Kammerorganisation kommt den Ausschüssen nach dem Berufsbildungsgesetz eine Sonderstellung zu. Ihre rechtliche Grundlage finden die Berufsbildungsausschüsse im Berufsbildungsgesetz (BBilG) vom 14. 8. 1969, das die Einrichtung solcher Gremien auf Bundes- und Länderebene sowie bei zahlreichen mit Ausbildungsaufgaben befassten Selbstverwaltungsträgern angeordnet hat. Die Berufsbildungsausschüsse bei den Industrie- und Handelskammern finden ihre besonderen gesetzlichen Grundlagen in den §§ 56–59, 75 BBilG. Das besondere der Regelung liegt darin, dass auch die Errichtung des Ausschusses in § 56 BBilG im Einzelnen geregelt ist. Nach dieser Vorschrift ist der Berufsbildungsausschuss durch die „zuständige Stelle“, als die nach § 75 BBilG auch die Industrie- und Handelskammern fungieren, zu errichten. Er setzt sich zwingend aus je sechs Beauftragten der Arbeitgeber und Arbeitnehmer sowie sechs Lehrern an berufsbildenden Schulen zusammen, die jedoch nur Mitglieder mit beratender Stimme sind. Die Beauftragten der Arbeitgeber werden durch die Kammer vorgeschlagen, die der Arbeitnehmer auf Vorschlag der im Kammerbezirk bestehenden Gewerkschaften und selbstständigen Vereinigungen von Arbeitnehmern mit sozial- oder berufspolitischer Zwecksetzung gem. § 5 LIHKG NW vom Minister für Wirtschaft, Mittelstand und Technologie berufen. Die Lehrer werden direkt durch den Minister berufen. Da der Minister an die Vorschläge der Kammer und Arbeitnehmervertretungen gebunden ist und ein Auswahlermessen nur besteht, soweit mehr als sechs Bewerber vorgeschlagen werden, liegt die Organbildung im Wesentlichen bei der Kammer und den Arbeitnehmervertretungen. Im Hinblick auf die Beteiligung der Arbeitnehmervertretungen handelt es sich damit um den seltenen Fall einer Organbildung unter zwingender und verbindlicher Mitwirkung nichtstaatlicher Stellen. **245**

Die **Aufgabenverteilung** zwischen den Organen ergibt sich aus den Regelungen des IHKG und der jeweiligen Kammersatzung. § 4 IHKG nennt als nicht delegierbare Zuständigkeiten der Vollversammlung die Beschlussfassung über die Satzung, die Wahl-, Beitrags-, Sonderbeitrags- und Gebührenordnung, die Feststellung des Haushaltsplans, die Festsetzung des Maßstabes für die Beiträge und Sonderbeiträge sowie die Erteilung der Entlastung. Die Vollversammlung wählt zudem das Präsidium, bestellt den Hauptgeschäftsführer und setzt Fachausschüsse ein. Der Vollversammlung obliegen damit die wesentlichen Rechtsetzungs- und Organisationsakte. Hinzu kommen die Regelungen im Bereich der Berufsord- **246** nung, durch die die Kammern ergänzende Berufsausübungsregelungen erlassen.

247 Präsidium und Präsident bereiten demgegenüber die Beschlüsse der Vollversammlung vor und führen sie – unterstützt durch die Geschäftsführung – aus. Präsident und Hauptgeschäftsführer kommt gem. § 7 Abs. 2 IHKG die gerichtliche und außergerichtliche Vertretung der Kammer zu. Für die Geschäfte der laufenden Verwaltung ist der Hauptgeschäftsführer zuständig. Als Leiter der Geschäftsstelle ist er der Vorgesetzte der übrigen Kammermitarbeiter und Dienststellenleiter im Sinne des Personalvertretungsrechts.

248 Die bereits bei der Organbildung erwähnte Sonderstellung des Berufsbildungsausschusses erweist sich auch bei der Aufgabenverteilung. Anders als bei den Fachausschüssen ist der Berufsbildungsausschuss nämlich zur Rechtsetzung befugt. Gem. § 58 Abs. 2 Satz 1 BBilG obliegt ihm die Beschlussfassung über die für die Durchführung der Berufsbildung zu erlassenden Rechtsvorschriften. Es handelt sich dabei vor allem um die Prüfungsordnungen für anerkannte Ausbildungsberufe sowie für Fortbildungs- und Umschulungsprüfungen.

249 Zwischen den einzelnen Organen besteht kein Verhältnis der Über- oder Unterordnung und es gibt auch keine Weisungsrechte. Behörde im Sinne des Verwaltungsverfahrens- und Verwaltungsprozessrechts ist nach den für Nicht-Gebietskörperschaften geltenden allgemeinen Grundsätzen die Kammer selbst und nicht das einzelne Organ.

c) Aufgaben und Finanzierung

250 Das weit gefasste Aufgabenspektrum der Industrie- und Handelskammern ist in § 1 IHKG allgemein und teilweise sehr abstrakt umschrieben. In der Praxis sind zudem in den letzten Jahren wichtige Schwerpunktverlagerungen festzustellen. Es bedarf deshalb einer möglichst genauen Bestandsaufnahme bei gleichzeitigem Bemühen um Systematisierung.

251 **Interessenwahrnehmung:** § 1 Abs. 1 IHKG nennt als erste Aufgabe der Kammern, das **Gesamtinteresse** der ihnen zugehörigen Gewerbetreibenden ihres Bezirks wahrzunehmen. Dieser kurz Interessenvertretung genannte Auftrag wird auch als „erste Hauptaufgabe" der Kammern bezeichnet. Er prägt ihr Selbstverständnis, doch verweist er zugleich auf die Schwierigkeiten, die sich daraus für die Einordnung der Kammern im Spannungsfeld der Verfolgung von Partikular(gruppen)interesse und Gemeinwohl, von Gesellschaft und Staat und den damit verbundenen rechtlichen Folgerungen, wie etwa ihrer Grundrechtsträgerschaft, ergeben. Die Verpflichtung auf das Gesamtwohl aller Kammermitglieder bzw. ihrer gewerblichen Interessen weist darauf hin, dass der Interessenvertretung nach außen ein auf den gruppenpluralen Innenbereich gerichteter Interessenausgleich vorzuschalten ist (zu Einzelheiten *Möllering,* WiVerw 2001, 25ff.; *Stober,* Die Industrie- und Handelskammern als Mittler zwischen Staat und Wirtschaft, S. 90f.).

Die **Meinungsbildung in der Kammer** wird vor allem durch Umfragen unter den Kammerangehörigen vorbereitet. Die dort ermittelten Erkenntnisse werden der Willens- und Meinungsbildung durch Präsidium und Vollversammlung zugrunde gelegt. Auch die Stellungnahmen der Fachausschüsse fließen ein und haben erhebliches Gewicht. Es dient dem auch für die Kammern verbindlichen Grundsatz des Minderheitenschutzes, wenn abweichende Meinungen bedeutender Minderheiten bei der Bildung und Darstellung der Kammermeinung ausdrücklich berücksichtigt bzw. dokumentiert werden. **252**

Die Verpflichtung der Kammern auf das **Gesamtinteresse** ihrer Mitgliedergruppen kann dazu führen, dass die Interessen einzelner Branchen anders gewichtet und berücksichtigt werden, als dies bei einer freien, auf die Branche beschränkten Interessenvertretung der Fall wäre (dazu auch *OVG Koblenz,* GewArch. 1993, 289). Hier erweist sich die Besonderheit einmal der gruppenpluralen Binnenstruktur und zum anderen der öffentlich-rechtlichen, gemeinwohlverpflichteten Verfassung und Aufgabenstellung der Kammern. Wie oben bereits ausführlich dargelegt wurde, unterliegt die Kammer bei der Wahrnehmung der Interessenvertretung keinen besonderen Bindungen an Handlungsformen. **253**

Wirtschaftsförderung: Die Förderung der gewerblichen Wirtschaft im Kammerbezirk stellt zunehmend den Tätigkeitsschwerpunkt der Kammern dar. Sie erfüllen diese Aufgabe vor allem durch eigene Service-Angebote, die den Bedürfnissen der verschiedenen Mitgliedergruppen entsprechen. Information, Auskunft, Beratung sowie Empfehlungen und Warnungen gehören zu den wichtigsten Instrumenten der Wirtschaftsförderung. **254**

Die Art und Weise der Wirtschaftsförderung bleibt der einzelnen Kammer überlassen. Die Regelung in 1 Abs. 2 IHKG stellt jedoch klar, dass dazu auch „Anlagen und Einrichtungen" errichtet und betrieben werden können. Entscheidend ist, dass der Zweck der Anlage oder Einrichtung zum gesetzlichen Kammerauftrag, dem sog. Verbandszweck gehört (*BVerwG,* NJW 1987, 338). **255**

Probleme können sich bei Service-Angeboten bzw. **Dienstleistungen** ergeben, durch die eine Kammer in **Konkurrenz zu gleichartigen Leistungen kammerzugehöriger Unternehmen** tritt, zumal dann, wenn sie die Serviceleistung in Kooperation mit einem anderen privaten Unternehmen anbietet (dazu eingehend *Kluth/Voigt,* Jahrbuch des Kammerrechts 2002, 351 ff.). Die Grenze wird hier von der Praxis erst bei der Existenzgefährdung der kammerzugehörigen Anbieter gezogen (ruinöser Wettbewerb; dazu *OVG Lüneburg,* GewArch. 1986, 201; *OLG Karlsruhe,* GewArch. 1989, 208). Dieses aus der allgemeinen Rechtsprechung zur wirtschaftlichen Betätigung von Kommunen und anderen Verwaltungsträgern abgeleitete Kriterium ist jedoch speziell für den Bereich der Industrie- und Handelskammern zu großzügig. Es berücksichtigt zu wenig den besonderen Konflikt der sich daraus ergibt, dass speziell die gewerblichen Interessen der **256**

Mitglieder zu fördern sind. Grundsätzlich zulässig ist die Ausgründung von Gesellschaften, d.h. die Verlagerung von Serviceleistungen auf rechtlich verselbstständigte privatrechtliche Gesellschaften, in der Regel GmbHs. Gleiches gilt für die Beteiligung an Gesellschaften und den Beitritt zu Vereinen. Unzulässig erscheint alleine eine rein gewerbliche Tätigkeit ohne Förderzweck.

257 **Gutachtertätigkeit:** Die hier angesprochene Gutachtertätigkeit der Kammern meint nicht die teilweise auch als Gutachten bezeichneten Stellungen zu allgemeinen Fragen der Wirtschaftspolitik, die dem Aufgabenbereich der Interessenvertretung zuzuordnen sind, sondern die Erstellung von Gutachten in Einzelfällen auf Antrag von Gerichten und Verwaltungsbehörden. In ihr kommt in besonderer Weise der zur Rechtfertigung von Selbstverwaltungseinrichtungen angeführte Gesichtspunkt der Nutzung des besonderen Sachverstandes gesellschaftlicher Gruppen durch den Staat zum Vorschein.

258 Schwerpunkte der Kammergutachten sind einerseits die Feststellung von Verkehrsauffassungen, wie Handelsbräuchen nach § 346 HGB und Verkehrsauffassungen im Bereich des UWG, sowie andererseits gesamtwirtschaftliche Beurteilungen von Einzelfällen. Während der erstgenannte Fragenkomplex primär von Gerichten angeforderte Gutachten betrifft, fällt der zweite Tätigkeitsschwerpunkt in den Bereich der für Verwaltungsbehörden zu erstellenden Gutachten.

259 **Pflege von Standesrecht und -sitte:** Eine weitere spezifische Aufgabe der Kammern im beruflichen Binnenbereich ihrer Mitglieder betrifft die Wahrung von Sitte und Anstand des ehrbaren Kaufmanns. Hinter dieser altertümlich klingenden Formel verbirgt sich insbesondere die Bekämpfung unlauterer Wettbewerbspraktiken sowie – minder bedeutsam – die Möglichkeit der Einrichtung eines Ehrenausschusses.

260 Die Industrie- und Handelskammern führen, anders als die Kammern der freien Berufe, **keine Standesaufsicht** und besitzen auch nicht die Möglichkeit, eine eigene Ehrengerichtsbarkeit einzurichten. Allenfalls die Einrichtung sog. Ehrenausschüsse erscheint nach derzeitiger Rechtslage zulässig. Die Praxis macht davon – soweit ersichtlich – keinen Gebrauch.

261 **Berufsbildung und Prüfungswesen:** Im Bereich der beruflichen Aus-, Um- und Fortbildung haben die Kammern, namentlich auf der Grundlage des Berufsbildungsgesetzes, eine ständig wachsende Tätigkeit entfaltet. Dazu wurde ein umfangreiches Prüfungswesen eingeführt, das die Überprüfung des Bildungserfolges ermöglicht.

262 Die einzelnen Tätigkeiten der Kammern in diesem Bereich haben inzwischen ein solches Ausmaß erreicht, dass selbst eine knappe Skizzierung den Rahmen dieser Darstellung sprengen würde. Deshalb kann an dieser Stelle nur auf die erhebliche Grundrechtsrelevanz dieses Tätigkeitsbereiches verwiesen werden, da insbesondere vom Bestehen oder Nichtbestehen einer Prüfung direkt die Möglichkeiten der Berufswahl und -ausübung abhängen.

Sachverständigenbestellung, Benennung sachkundiger Personen, Sachkundeprüfungen: Die Gewerbeordnung regelt in § 36 die Bestellung des öffentlich bestellten Sachverständigen. Diese Aufgabe ist durch § 6 LIHKG NW den Industrie- und Handelskammern übertragen worden, die diese nach näherer Maßgabe der von der Vollversammlung zu erlassenden Sachverständigenverordnung durchzuführen ist. Die Satzung regelt die Voraussetzungen der Bestellung, ihre Vornahme, die Pflichten des bestellten und vereidigten Sachverständigen sowie das Erlöschen der Bestellung. **263**

Nach §§ 108–110 GVG obliegt den Kammern die Benennung von Handelsrichtern an den Landgerichten. Ingesamt sind auf diese Weise ca. 2500 Handelsrichter benannt. **264**

In zahlreichen Fällen (z.B. Rundfunkräte, Bezirksplanungsräte) sind die Industrie- und Handelskammern verpflichtet, sachkundige Vertreter in Räte, Ausschüsse und Sachverständigenkommissionen zu entsenden. Die Tätigkeit der Kammer beschränkt sich dabei auf Auswahl und (rechtlich unverbindlichen aber faktisch bindenden) Vorschlag. **265**

Erteilung von Zeugnissen und Bescheinigungen: Die Industrie- und Handelskammern sind nach zahlreichen gesetzlichen Vorschriften zur Ausstellung von Ursprungszeugnissen und anderen dem Wirtschaftsverkehr dienenden Bescheinigungen zuständig. Auch dabei macht sich der Gesetzgeber die besondere Sachkunde der Kammern zunutze. **266**

Die **Finanzierung** der Kammertätigkeit beruht auf mehreren Einnahmequellen. Zu erwähnen sind Entgelte, Gebühren und sonstige Einnahmen aus Pacht, Miete und Zinsen. Der dadurch nicht gedeckte Finanzbedarf wird nach § 3 IHKG durch die Beitrage der Kammerzugehörigen finanziert. Die Einzelheiten sind durch den jährlich aufzustellenden Haushaltsplan unter Beachtung der Grundsätze einer sparsamen und wirtschaftlichen Finanzgebarung zu regeln. **267**

Die Beiträge des 3 IHKG sind als sog. **Verbandslasten** nicht an das Vorliegen eines unmittelbaren Vorteils gebunden (dazu ausführlich *Merkt,* Die mitgliedschaftsbezogene Abgabe des öffentlichen Rechts, 1990, S. 35ff.; kritisch zu dieser Einordnung *Kluth,* Funktionale Selbstverwaltung, S. 312ff.). Es reicht vielmehr ein mittelbarer Vorteil, der sich bis zu einer gesetzlichen Vermutung oder Fiktion verflüchtigen kann. Da die Umlage als Haupteinnahmequelle hauptsächlich von der kleinen Gruppe leistungsstarker Mitglieder aufgebracht wird, beruht das Beitragssystem des IHKG in einem weiten Bereich auf einer Umverteilung, die teilweise durch den Hinweis auf den Gedanken der Solidargemeinschaft gerechtfertigt wird. **268**

Das Finanzgebaren der Kammern unterliegt nach § 12 Abs. 1 Nr. 7 IHKG i.V.m. VO v. 18. 1. 1958 der Rechnungsprüfung durch die vom DIHK eingerichtete Prüfungsstelle Bielefeld. **269**

Die Industrie- und Handelskammern unterliegen gem. § 11 Abs. 1 IHKG der Aufsicht des Landes und zwar der **Rechtsaufsicht.** Diese gliedert sich in die allgemeine Rechtsaufsicht und die präventive Rechtsaufsicht nach § 11 **270**

Abs. 2 IHKG, die durch die Institutionalisierung von Genehmigungsvorbehalten verwirklicht wird.

271 Ob bei nach § 1 Abs. 4 IHKG zusätzlich übertragenen Aufgaben die Einführung einer weitergehenden Fachaufsicht zulässig ist, war bislang nicht Gegenstand ernsthafter Erörterungen.

11. Die Handwerkskammern

Schrifttum: *Degenhart,* Strukturwandel im Handwerk, Handwerksbegriff und Kammerzugehörigkeit, DVBl. 1996, 551; *Detterbeck/Will,* Die Handwerksinnung in der staatlichen dualen Ordnung des Handwerks, 2003; *Eyermann,* Staatsaufsicht über Handwerkskammern, GewArch. 1992, 209; *Fröhler/Kormann,* Gebietsreform und Handwerksorganisation, 1976; *dies.,* Haushaltsaufsicht über die Handwerkskammern – eine erweiterte Rechtsaufsicht?, 1983; *Fröhler/Oberndorfer,* Die Beteiligung der Handwerkskammern an den Spitzenverbänden des Handwerks als Rechtsproblem, WiVerw 1981, 137; *Hoffmann-Riem,* Interessenvertretung im Handwerk, NVwZ 1984, 286; *Kelber,* Grenzen des Aufgabenbereichs einer Körperschaft des öffentlichen Rechts unter verfassungsrechtlichen Gesichtspunkten – das Beispiel der Handwerkskammer, 1998; *Kluth/Goltz,* Führungsteam statt Hauptgeschäftsführer, GewArch. 2003, 265; *Kopp,* Die Staatsaufsicht über die Handwerkskammern, 1992; *ders.,* Die Regelung der Rechnungsprüfung der Handwerkskammern durch die Handwerksordnung, WiVerw 1994, 20; *Kormann,* Steuerberatung als Service-Leistung der Handwerkskammern, GewArch. 1988, 249; *ders.,* Statthafte Aufsichtsinstrumente der Handwerkskammer, GewArch. 1989, 105; *Kormann/Fröhler,* Staatliche Rechnungsprüfung bei den Handwerkskammern, GewArch. 1984, 1; *Kormann/Lutz/Rührmair,* Beteiligung von Handwerksorganisationen an privatrechtlichen juristischen Personen, 2002; *Kormann/Schinner-Stör,* Zulässigkeit von Rechtsdienstleistungen der Handwerksorganisationen, 2003; *Kormann/Tröller,* Die Handwerkskammer als Unternehmer, GewArch. 1984, 177; *Leisner,* Handwerksrecht und Handwerksorganisation in Deutschland und Frankreich – ein Vergleich, GewArch. 2001, 51; *Pietzcker,* Die Mitgliedschaft der Handwerkskammer beim Deutschen Handwerkskammertag und beim Zentralverband des Deutschen Handwerks ist nicht rechtswidrig, NJW 1987, 305; *Stober,* Handelsregister und Kammern, ZRP 1998, 224.

a) Entwicklung und aktuelle Rechtsgrundlagen

272 Organisationsformen des Handwerks haben sich bereits im Mittelalter herausgebildet und zeitweise, im Ständestaat, über das **Zunftwesen** sogar erheblichen Einfluss auf das politische Leben ausgeübt. Auch die Einführung der Gewerbefreiheit im 19. Jahrhundert konnte die Zünfte nicht vollständig verdrängen. Sie verloren indes ihren Zwangscharakter und wandelten sich zu freiwilligen Zusammenschlüssen, die die Interessen ihrer Mitglieder vertreten.

273 Die erste **förmliche gesetzliche Anerkennung** unter den neuen Rahmenbedingungen fanden die Handwerksorganisationen in der preußischen „Allgemeinen Gewerbeordnung“ vom 17. 1. 1845 (GS S. 41). Die Handwerkerschaft bewahrte indes weiterhin eine oppositionelle Haltung zur Gewerbefreiheit, zumal die zunehmende Industrialisierung für manche Handwerker existentielle Bedrängnisse mit sich brachte. Gefordert wurde deshalb die Einführung der Pflichtmitgliedschaft in den Handwerksorganisationen sowie eines besonderen Befähigungsnachweises als Voraussetzung der Be-

rufstätigkeit. Bereits 1849 kam es daraufhin zu einer Reform, die den Forderungen des Handwerks weitgehend Rechnung trug. Es war die Geburtsstunde des Befähigungsnachweises, um dessen Berechtigung und verfassungsrechtliche Zulässigkeit bis heute gestritten wird.

Im engeren Sinne beginnt die Vorgeschichte der Handwerkskammern in- **274**
des erst mit der Novelle der Gewerbeordnung vom 26. 7. 1897 (GS S. 663), die das Handwerk dem Gesetzgeber durch beharrliche Forderungen abtrotzte. Durch die §§ 103ff. dieser Neufassung wurden die Handwerkskammern „Zur Vertretung der Interessen des Handwerks ihres Bezirks" eingeführt. Die Kammer repräsentierte jedoch nicht unmittelbar die Handwerker, sondern vielmehr die in ihrem Bezirk ansässigen Innungen und sonstigen Gewerbevereine. Diese wählten nach den Bestimmungen einer von der Landeszentralbehörde zu erlassenden Wahlordnung die Handwerkskammer, womit das Gesetz die Vertreter- oder Vollversammlung bezeichnete. Die Kammerversammlung konnte sich nach § 103d GewO 1897 bis zu einem Fünftel ihrer Mitglieder durch Zuwahl von sachverständigen Personen ergänzen, sog. Kooptation. Überdies war es ihr gestattet, zu Beratungen Sachverständige mit beratender Stimme heranzuziehen. Weitere organisatorische Untergliederungen waren die Ausschüsse, wobei nach § 103i GewO 1897 eine Pflicht zur Bildung eines Gesellenausschusses bestand, dem verschiedene Mitwirkungsrechte in § 103k GewO 1897 eingeräumt wurden.

Die Aufgaben der Handwerkskammern lagen in der näheren Regelung **275**
des Lehrlingswesens und seiner Überwachung, der Unterstützung des Behörden in der Förderung des Handwerks durch Mitteilungen und Gutachten, der Abfassung von Jahresberichten über die Verhältnisse des Handwerks, der Bildung von Prüfungsausschüssen zur Abnahme der Gesellenprüfung sowie der Einrichtung von Beschwerdeausschüssen. Weiter sollten die Handwerkskammern in allen wichtigen, das Gesamtinteresse des Handwerks oder einzelner seiner Zweige berührenden Angelegenheiten gehört werden. Schließlich wurde es ihnen gestattet, „Veranstaltungen" zur Förderung der gewerblichen, technischen und sittlichen Ausbildung der Meister, Gesellen und Lehrlinge zu treffen, sowie Fachschulen zu errichten und zu unterstützen.

Die Kosten der Errichtung und Tätigkeit der Kammern war gem. § 103l **276**
GewO 1897 durch die Gemeinden des Bezirks zu tragen, die sie wiederum auf die Handwerksbetriebe umlegen konnten. Die höheren Verwaltungsbehörden übten gem. § 103o GewO 1897 schließlich die (Rechts-)Aufsicht über die Kammern aus. Zudem war nach § 103h GewO 1897 bei jeder Kammer ein Staatskommissar zu bestellen, der zu jeder Vorstands- und Ausschusssitzung einzuladen war und auf Verlangen jederzeit gehört werden musste.

Das Bild des durch die GewO 1897 organisierten Handwerks wäre aber **277**
verfälscht, würde man nicht die Innungen mit in die Betrachtung einbeziehen. Sie stellen nach der Konzeption des Gesetzes die unmittelbaren Verei-

nigungen der Handwerker dar. Sie werden in der Regel als freiwillige Verbände begründet, §§ 81ff. GewO 1897, können jedoch auch als Zwangsinnungen begründet werden, §§ 100ff. GewO 1897. Bezeichnend ist in allen Fällen, dass die Lehrlinge in den Organen der Innungen und Handwerkskammer gar nicht, die Gesellen nur über den Gesellenausschuss repräsentiert waren.

278 In der **Weimarer Republik** kam es zu mehreren wichtigen organisatorischen Änderungen in der Handwerksorganisation. Durch Gesetz vom 16. 12. 1922 wurde der „Deutsche Handwerks- und Gewerbekammertag" als öffentlich-rechtliche Spitzenorganisation des Handwerks geschaffen.

279 Bedeutsame Änderungen im Recht der Handwerkskammern brachte dann die Novelle vom 11. 2. 1929, die zugleich mit der Einführung der Handwerksrolle eine Umstellung des Wahlrechts vorsah. An die Stelle der bisherigen Wahl durch die Innungen und Verbände trat die unmittelbare und allgemeine Wahl durch die selbstständigen Handwerker. Zudem wurde die umstrittene Vorschrift des § 103h GewO 1897 über den Staatskommissar aufgehoben.

280 Im **Dritten Reich** wurden die Handwerkskammern wie die Industrie- und Handelskammern aufgelöst und in die Gauwirtschaftskammern integriert.

281 Nach Interimsregelungen durch die **Besatzungsmächte** wurde das Handwerksrecht durch das Gesetz zur Ordnung des Handwerks **(Handwerksordnung)** vom 17. 9. 1953 (BGBl. I, S. 1411) auf eine neue, bundeseinheitliche Rechtsgrundlage gestellt. Das organisierte Handwerk wird in Teil IV des Gesetzes geregelt und erfasst die Handwerkskammern, Handwerksinnungen, Innungsverbände und Kreishandwerkerschaften. Die Bestimmungen sind im Wesentlichen bis heute unverändert beibehalten worden. Derzeit existieren bundesweit 55 Handwerkskammern mit mehr als 800000 Mitgliedern. Als Dachorganisation fungiert der Deutsche Handwerkskammertag mit Sitz in Berlin (dazu *Kluth*, Funktionale Selbstverwaltung, S. 482ff.).

b) Organisationsstrukturen

282 Handwerkskammern werden gem. § 90 Abs. 3 HwO durch die obersten Landesbehörden errichtet. Dabei wird der örtliche Wirkungsbereich bestimmt, der regelmäßig mit demjenigen einer höheren Verwaltungsbehörde übereinstimmen soll. Die oberste Landesbehörde ist zur Errichtung der Handwerkskammer verpflichtet.

283 Die Handwerkskammern werden gem. § 90 Abs. 1 HwO als **Körperschaften des öffentlichen Rechts** errichtet. Sie besitzen damit zugleich die zivilrechtliche Rechtsfähigkeit.

284 **Mitglieder** der Handwerkskammern sind gem. § 90 Abs. 2 HwO die im Kammerbezirk ansässigen selbstständigen Handwerker, die Inhaber handwerksähnlicher Betriebe sowie deren Gesellen und Lehrlinge. Es handelt

sich um eine Pflichtmitgliedschaft. Die Lehrlinge verfügen nur über einen abgestuften Status, da ihnen kein Wahlrecht zusteht.

Gem. § 92 HwO sind **Organe** der Handwerkskammer die Mitglieder- 285
oder Vollversammlung, der Vorstand und die Ausschüsse. Weitere Organe können nicht eingeführt werden, auch nicht durch die Kammersatzung. Da dic Satzung der Handwerkskammer gem. § 105 Abs. 1 HwO von der obersten Landesbehörde erlassen wird, besitzt diese erheblichen Einfluss auf die Kammerorganisation. Nur für die Änderung der Satzung ist nach § 106 Abs. 1 Nr. 12 HwO die Vollversammlung zuständig, dabei jedoch gem. § 106 Abs. 2 HwO auf die Genehmigung der Aufsichtsbehörde angewiesen. Die organisationsrechtliche Selbstständigkeit der Handwerkskammern ist insoweit erheblich eingeschränkt.

Die Handwerksordnung knüpft das Wahlrecht zur **Vollversammlung** in 286
§ 96 Abs. 1 HwO an die Eintragung in der Handwerksrolle bzw. im Verzeichnis des handwerksähnlichen Gewerbes. Daraus ergibt sich indes nur ein Wahlrecht der selbstständigen Handwerker.

Die **Wahl** erfolgt – theoretisch – gem. § 95 Abs. 1 HwO durch Listen in 287
allgemeiner, gleicher und geheimer Wahl nach den verfahrensrechtlichen Maßgaben der dem Gesetz beigefügten Wahlordnung. Diese verlangt Wahlvorschläge, in denen die Bewerber nach den verschiedenen Berufsgruppen gesondert aufgeführt sind. Der mit dem Kammerbezirk gem. § 3 WahlO identische Wahlbezirk kann gem. § 4 WahlO in Teilbezirke (Stimmbezirke) untergliedert werden. Es ist Aufgabe der Satzung, die Verteilung der Mitglieder der Vollversammlung auf die einzelnen Gewerbegruppen zu bestimmen. Diese Verteilung ist gem. § 8 Abs. 3 WahlO auch den Wahllisten zugrunde zu legen.

Die Wahl ist eine **Listen-Mehrheitswahl.** Ein Wahlvorschlag muss, um 288
erfolgreich zu sein, im ersten Wahlgang gem. § 19 Abs. 1 WahlO mehr als die Hälfte aller abgegebenen Stimmen erhalten. Erlangt keine Liste im ersten Wahlgang die erforderliche Mehrheit, so findet eine „engere Wahl" zwischen den zwei erfolgreichsten Wahllisten statt. Für den zweiten Wahldurchgang genügt die relative Mehrheit der Stimmen.

Wird für einen Wahlbezirk nur ein Wahlvorschlag zugelassen, so gelten 289
nach § 20 WahlO die darauf enthaltenen Bewerber als gewählt, ohne dass es einer Wahlhandlung bedarf, sog. Friedenswahl (dazu kritisch *VGH Mannheim,* GewArch. 1976, 193 und GewArch. 2001, 422; vgl. auch *BVerfG* GewArch. 2001, 74). Entgegen dem Anschein des Gesetzeswortlautes, der die Friedenswahl als Ausnahme behandelt, ist die Friedenswahl und damit der faktische Verzicht auf eine Wahlhandlung in der Praxis die Regel.

Die **Gesellen,** die gem. § 93 Abs. 1 HwO ein Drittel der Mitglieder der 290
Vollversammlung stellen, werden demgegenüber nicht mit einem selbstständigen, unmittelbaren Wahlrecht bedacht. Sie wählen ihre Vertreter vielmehr mittelbar über Wahlmänner nach Maßgabe der §§ 98, 99 HwO. Die Wahlmänner werden in den Betrieben gewählt. Auf ein bis fünf Gesellen entfällt

dabei je ein Wahlmann. Das Wahlverfahren bestimmt im Einzelnen § 13 WahlO.

291 Den **Lehrlingen,** die auch zu den Mitgliedern der Kammern gehören, räumt die Handwerksordnung kein Wahlrecht ein. Sie haben auch keine Vertreter in der Vollversammlung (dazu näher *Kluth,* Funktionale Selbstverwaltung, 463f.; für rechtswidrig hält diese Regelung *Kleine-Cosack,* Berufsständische Autonomie, S. 209f.).

292 Die Zahl der Mitglieder der Vollversammlung ist durch die Satzung festzulegen. Nach § 93 Abs. 4 HwO kann sich die Vollversammlung nach näherer Bestimmung der Satzung bis zu einem Fünftel der Mitgliederzahl durch Zuwahl von sachverständigen Personen ergänzen. Die so kooptierten Mitglieder haben die gleichen Rechte und Pflichten wie die (direkt) gewählten Mitglieder. Auch dabei ist der Gesellenproporz zu wahren.

293 Der **Vorstand** wird gem. § 108 Abs. 1 HwO von der Vollversammlung aus der Reihe ihrer Mitglieder gewählt (Selbstorganschaft). Ein Drittel seiner Mitglieder müssen Gesellen sein. Die Zahl der neben dem Präsidenten und seinen zwei Stellvertretern – von denen einer der Gruppe der Gesellen zugehören muss – zu wählenden Mitglieder ist durch die Satzung festzulegen.

294 Die Einrichtung und Besetzung der **Ausschüsse** ist nach § 106 Abs. 1 Nr. 1 HwO Aufgabe der Vollversammlung. Es können ständige und besondere Ausschüsse gebildet werden. Die ständigen Ausschüsse werden regelmäßig durch die Satzung bestimmt. Zu ihnen gehören auf Grund der gesetzlichen Anordnung der §§ 43ff. HwO der Berufsbildungsausschuss sowie auf Grund der §§ 33ff. der Gesellenprüfungsausschuss.

295 Keine Organe der Kammern sind schließlich die nach § 47 HwO bei den Handwerkskammern durch die höheren Verwaltungsbehörden zu errichtenden Meisterprüfungsausschüsse. Es handelt sich bei ihnen vielmehr um staatliche Behörden. Der Handwerkskammer obliegt nur die Geschäftsführung und ein Vorschlagsrecht für die Ausschussmitglieder.

296 Die Aufgabenverteilung zwischen Vollversammlung, Vorstand und Ausschüssen ist durch die Handwerksordnung weitgehend vorgegeben. Die gesetzlichen Regelungen lassen nur wenig Spielraum für Satzungsregelungen, wobei zu berücksichtigen ist, dass die Satzung von der obersten Landesbehörde erlassen wird.

297 Im Einzelnen ist der Vollversammlung die Beschlussfassung über den in § 106 Abs. 1 Nr. 1–12 HwO angeführten Themenkatalog vorbehalten. Dazu gehören Wahl-, Bestellungs-, Rechtsetzungs- und Prüfungsakte.

298 Der Vorstand führt gem. § 109 Abs. 1 HwO die Verwaltungsgeschäfte der Kammer und vertritt sie zusammen mit dem gem. § 106 Abs. 1 Nr. 3 zu bestimmenden (Haupt-) Geschäftsführer gerichtlich und außergerichtlich nach den näheren Maßgaben der Satzung. Für die Führung der Geschäfte der laufenden Verwaltung, zu denen vor allem die Eintragung in die Handwerksrolle gehört, kann sich der Vorstand durch die Geschäftsführung ver-

treten lassen. Überdies können zur Durchführung von Feststellungen, Ermittlungen und Betriebsbesichtigungen nach § 111 Abs. 2 HwO besondere Beauftrage bestellt werden.

Der Hauptgeschäftsführer und die Geschäftsführer werden nicht förmlich als Organe der Handwerkskammer qualifiziert, nehmen in der Praxis aber den größten Teil der laufenden Verwaltungsaufgaben weitgehend eigenständig wahr. Werden mehrere Geschäftsführer bestellt, so muss einer von ihnen zum Hauptgeschäftsführer bestimmt werden. Die Einrichtung kollegial verfasster Führungsteams ist nicht zulässig (*Kluth/Goltz*, GewArch. 2003, 265 ff.). 299

Die Aufgaben der Ausschüsse sind durch das Gesetz nicht allgemein geregelt. Nur die Aufgaben des Berufsbildungsausschusses sowie der Prüfungsausschüsse ergibt sich aus den diese betreffenden speziellen gesetzlichen Regelungen. Im Übrigen ist es nach § 110 HwO Aufgabe der Vollversammlung, die Ausschüsse mit konkreten Aufgaben zu betrauen. 300

c) Aufgaben und Finanzierung

Die **Aufgaben** der Handwerkskammern sind in § 91 HwO sowie weiteren Einzelbestimmungen der Handwerksordnung sehr detailliert geregelt. Für die Erschließung weiterer Aufgabenfelder bleibt daneben wenig Raum. Auch daran zeigt sich die im Vergleich zu den Industrie- und Handelskammern weitergehende staatliche Reglementierung der Handwerkskammern. Bei den Aufgaben der Kammer ist zwischen Pflichtaufgaben und freiwilligen Aufgaben zu unterscheiden. Die in § 91 Abs. 1 HwO angeführten Aufgaben sind als Pflichtaufgaben charakterisiert. Dazu kommen an anderen Stellen des Gesetzes geregelte pflichtige Aufgaben. Die freiwilligen Aufgaben finden ihre Grundlage regelmäßig in Beschlüssen der Vollversammlung. 301

Interessenförderung und -ausgleich: Als erste Hauptaufgabe weist § 91 Abs. 1 Nr. 1 HwO den Handwerkskammern zu, „die Interessen des Handwerks zu fördern und für einen gerechten Ausgleich der Interessen der einzelnen Handwerke und ihrer Organisationen zu sorgen". Damit hebt der Gesetzgeber die Verklammerung des Außen- und Binnenaspekts der den Handwerkskammern aufgegebenen Interessenvertretung hervor. Nicht das atomisierte Interesse einzelner Handwerke, sondern das vor dem Hintergrund des Gesamtgruppeninteresses geläuterte Interesse fungiert als Maßstab der von der Kammer durchzuführenden Interessenvertretung. Dabei verlangt die gegenüber gesellschaftlichen und – vor allem – staatlichen Instanzen zu entfaltende Tätigkeit eine vorgängige kammerinterne Abgleichung mit möglichen divergierenden Interessen anderer Handwerkszweige. Dies wird vor allem durch eine gute Zusammenarbeit mit den im Kammerbezirk vertretenen Innungen und sonstigen Berufsvertretungen erreicht. 302

Berichte und Vorschläge: Geeignete Instrumente der Interessenvertretung sind insbesondere die regelmäßigen Berichte sowie Vorschläge und 303 (förmliche und formlose) Anträge nach § 91 Abs. 1 Nr. 2 HwO. Auch die Mitgliedschaft in den privatrechtlich organisierten Spitzenverbänden – etwa des Deutschen Handwerkskammertags oder des Zentralverbands des Deutschen Handwerks – dient dieser Zielsetzung. Einen gegenüber der Handwerkskammer durchsetzbaren subjektiven Rechtsanspruch auf eine bestimmte Form oder einen bestimmten Inhalt der Interessenvertretung haben weder der einzelne Handwerker noch die Innungen oder sonstigen Organisationen.

304 **Führung der Handwerksrolle:** Die den Handwerkskammern nach 91 Abs. 1 Nr. 3 HwO anvertraute Führung der Handwerksrolle (§ 6) markiert die umfangreichste einzelne Verwaltungsaufgabe der Kammern. Materiellrechtlich betrifft die Führung der Handwerksrolle die Berufswahl- und Ausübungsfreiheit, bewegt sich also im grundrechtsrelevanten Raum. Die Erfüllung dieser Aufgabe ist, besonders im Bereich der in § 8 HwO geregelten Ausnahmebewilligungen, mit zahlreichen Beurteilungen verbunden und verlangt nach einem rechtstaatlich einwandfreien Verfahren. Insbesondere dürfen keine sachfremden, etwa protektionistischen Erwägungen in die Entscheidungsfindung einfließen.

305 **Ausbildungsbezogene Zuständigkeiten:** Ein weiterer umfangreicher Aufgabenbereich, der in den Kammern in der Regel ein ganzes Dezernat belegt, sind die in § 91 Abs. 1 Nr. 4, 4a, 5, 6 und 7 HwO zugewiesenen aus- und fortbildungsbezogenen Aufgabenfelder. Zu ihrer Wahrnehmung unterhalten die Kammern moderne Bildungseinrichtungen (Berufsbildungs- und Technologiezentren). Gerade in Zeiten des technischen Wandels, wie er zurzeit durch das Vordringen der Computertechnologie im Handwerk zu beobachten ist, kommt der Fortbildung erhebliche Bedeutung in der Förderung des Handwerks zu.

306 Bezüglich der Tätigkeit der Handwerkskammern im Bereich der Berufsbildung kann auf die entsprechenden Ausführungen zu den Industrie- und Handelskammern verwiesen werden (oben Rdnr. 261ff.).

307 **Sachverständigenbestellung:** Auch im Bereich der Sachverständigenbestellung nach § 91 Abs. 1 Nr. 8 HwO unterscheidet sich die Tätigkeit der Handwerkskammern nicht von der der Industrie- und Handelskammern.

308 **Förderung der wirtschaftlichen Interessen des Handwerks** und der ihnen dienenden Einrichtungen, insbes. des Genossenschaftswesens: Die in § 91 Abs. 1 Nr. 9 HwO formulierte Aufgabenstellung knüpft an den in Nr. 1 statuierten allgemeinen Auftrag der Interessenförderung an und konkretisiert ihn für den Teilbereich der spezifisch wirtschaftlichen Interessen des Handwerks. Wie der Verweis auf die „Einrichtungen“ und insbesondere die Genossenschaften deutlich macht, geht es hier nicht um die Interessenförderung im Außenverhältnis Handwerk-Staat bzw. Handwerk-Gesellschaft, sondern um eine Binnenförderung, die unter anderem auf die vom Handwerk selbst geschaffenen Fördereinrichtungen, insbesondere die Genossenschaften, abzielt.

Die Förderung des Genossenschaftswesens zielt darauf ab, unter den Kammermitgliedern Kenntnisse über die Möglichkeiten der Zusammenarbeit in (privatrechtlichen) Genossenschaften (Einkaufs-, Produktions- und Verkaufsgenossenschaften) sowie die damit verbundenen Vor- und Nachteile zu vermitteln. 309

Streitschlichtung: Die von den Handwerkskammern nach § 91 Abs. 1 Nr. 10 HwO einzurichtenden Vermittlungsstellen dienen der gütlichen Einigung zwischen Handwerkern und ihren Auftraggebern. Ihnen stehen weder Zwangsmittel noch selbstständige Entscheidungsgewalt zu. Die streitenden Parteien können jedoch durch Abschluss eines Schiedsvertrages den Spruch der Vermittlungsstelle für sich verbindlich machen. 310

Erteilung von Zeugnissen und Bescheinigungen: Die Handwerkskammern stellen – außer nach erfolgreicher Prüfung – nur in seltenen, hier zu vernachlässigenden Fällen Ursprungszeugnisse und sonstige Bescheinigungen aus. 311

Soziale Maßnahmen: § 91 Nr. 12 HwO überträgt den Handwerkskammern ein sozialstaatliches Mandat, das indes sehr unbestimmt bleibt und zudem sachlich begrenzt ist. Nur die Unterstützung „notleidender" Handwerker und Gesellen berechtigt die Handwerkskammern, Maßnahmen zu ihrer Unterstützung zu treffen. 312

Der Umfang zulässiger Maßnahmen erschließt sich aus einem Vergleich mit den Befugnissen, die die Handwerksordnung in diesem Bereich den Innungen zugewiesen hat. Diese sind nach § 54 Abs. 3 Nr. 2 i.V.m. § 57 HwO zur Einrichtung von Unterstützungskassen befugt. Ihre Errichtung erfolgt auf der Grundlage einer sog. Nebensatzung, die ihrerseits genehmigungsbedürftig ist. Eine Ermächtigung der Handwerkskammern zur Errichtung solcher Kassen hätte eine dem § 57 HwO vergleichbare Regelung vorausgesetzt. Zudem macht es auch keinen Sinn, dass die Handwerkskammern neben den für die (teilweise) gleiche Klientel arbeitenden Innungen selbstständige Unterstützungskassen einrichten. Demnach können die Handwerkskammern nur bestimmte Haushaltsmittel zur direkten finanziellen Unterstützung Not leidender Handwerker und Gesellen einsetzen. 313

Sonstige Pflichtaufgaben: Weitere Pflichtaufgaben der Handwerkskammern ergeben sich aus verstreuten Einzelzuweisungen. Dazu zählen die abzugebenden Stellungnahmen nach §§ 8 Abs. 3, 21 Abs. 3, 24 Abs. 3 und weiteren Vorschriften der HwO. Zu erwähnen sind weiter die Genehmigung der Satzung der Innungen nach § 56, von Beschlüssen der Innungsversammlung nach § 61 Abs. 3, zudem die Einberufung und Leitung der Innungsversammlung nach § 62 Abs. 3, die Ausstellung der Bescheinigung über den Innungsvorstand nach § 66 Abs. 3 sowie die Aufsicht über die Innung und ihre Auflösung, §§ 75, 76. 314

Weitere freiwillige Aufgaben: Neben diesen pflichtigen Aufgaben können die Kammern im Rahmen der durch §§ 90, 91 HwO vorgegebenen 315

Verbandskompetenz auch freiwillige Aufgaben wahrnehmen. Voraussetzung ist insofern, dass die Wahrnehmung dieser Aufgaben in der Satzung vorgesehen ist. Allerdings ist die Erweiterung der Aufgaben auf diesem Weg insoweit beschränkt, als der Kammer hoheitliche Befugnisse nur nach Maßgabe der insoweit erforderlichen gesetzlichen Ermächtigungen zustehen und eine Regelung alleine durch Satzung in diesen Fällen den Anforderungen des grundrechtlichen Gesetzesvorbehaltes nicht genügt. Da der Schwerpunkt freiwilliger Maßnahmen im Bereich der Interessenförderung und Leistungsverwaltung liegt, entstehen in der Praxis insoweit jedoch keine Probleme.

316 Zu den Aufgaben, die einzelne Handwerkskammern als freiwillige zusätzlich ausführen, gehören u.a. die Rechtsberatung und Betreuung ihrer Mitglieder, Steuerberatung, die Einrichtung von Inkassostellen sowie die Herausgabe einer Kammerzeitung.

317 Die **Finanzierung** der Handwerkskammern ist in § 113 HwO geregelt. Sie folgt dem Grundsatz, dass die Tätigkeit der Kammer durch Beiträge der Mitglieder zu finanzieren ist, soweit sie nicht anderweitig, insbesondere durch Gebühren, gedeckt sind. In der Praxis machen die Verwaltungseinnahmen (Gebühren) zusammen mit den Beiträgen regelmäßig ca. 80% der Einnahmen aus. Dazu kommen staatliche, in der Regel zweckgebundene Zuwendungen sowie Einnahmen aus Verpachtung u.ä. und Zinserträge aus der vorübergehenden Festgeldanlage der Mitgliedsbeiträge.

318 Beitragspflichtig sind gem. § 113 Abs. 2 HwO die selbstständigen Handwerker sowie die Inhaber handwerksähnlicher Betriebe, nicht dagegen die Gesellen und Lehrlinge, obwohl auch sie Mitglieder der Kammern sind und von ihren Leistungen profitieren. Die Höhe des Beitrages ist von der Kammer durch Festsetzung eines genehmigungspflichtigen Beitragsmaßstabes zu bestimmen. In der Regel unterscheiden die Beitragssatzungen zwischen einem Grundbeitrag und einem an dem Gewerbesteuermessbetrag orientierten Zusatzbeitrag. Eine Staffelung der Beiträge ist zulässig.

319 Die **Staatsaufsicht** über die Handwerkskammern führt gem. § 115 HwO die oberste Landesbehörde. Sie ist – soweit durch besondere gesetzliche Regelungen nichts anderes bestimmt ist – als **Rechtsaufsicht** ausgestaltet. Als besonderes Aufsichtsmittel sieht § 115 Abs. 2 HwO die Auflösung der Vollversammlung vor.

320 Eine Haushaltsaufsicht ist zwar von der Handwerksordnung nicht ausdrücklich vorgesehen. Eine entsprechende Befugnis ergibt sich – soweit die Haushaltsaufsicht über eine reine Rechtsaufsicht hinausgeht – in beschränktem Umfang, nämlich soweit die Handwerkskammern staatliche Gelder verausgaben, aus den Landeshaushaltsordnungen (dazu näher *Stober/Kluth*, Zur Rechnungsprüfung von Kammern). Ob auch für die Verausgabung der Eigenmittel der Kammern eine Kontrollzuständigkeit der Landesrechnungshöfe besteht, ist umstritten.

12. Die Landwirtschaftskammern

Schrifttum: *Botermann/Botermann,* Landwirtschaft und Landwirtschaftskammer in der Rheinprovinz am Vorabend des ersten Weltkriegs, 1994; *Brandt,* Die Neuordnung der landwirtschaftlichen Staats- und Selbstverwaltung in Schleswig-Holstein, AgrarR 1974, 114, *Braun,* Die historische Entwicklung der deutschen Landwirtschaftskammern bis zur Gegenwart unter besonderer Berücksichtigung der Landwirtschaftskammer Rheinland, Diss. Köln 1952; *Erdmann,* Die verfassungspolitische Funktion der Wirtschaftsverbände in Deutschland 1815–1871, 1968; *Ewert,* Den Fortschritt der Landwirtschaft fördern. 100 Jahre Landwirtschaftskammer Hannover, 1999; *van Eyll,* Berufsständische Selbstverwaltung, in: Jeserich/Pohl/von Unruh (Hrsg.), Deutsche Verwaltungsgeschichte, Band 3, 1984, S. 80; *Franz,* Die deutschen Landwirtschaftskammern, in: Kluth (Hrsg.), Jahrbuch des Kammerrechts 2002, 2003, 123; *Hessler,* Betrachtungen zum Recht der landwirtschaftlichen Selbstverwaltung in Niedersachsen, AgrarR 1975, 346; *Hohenstein,* Bauern und Landwirtschaftskammern in Niedersachsen 1945–1954, 1990; *von Koeller,* Die pommersche Landwirtschaftskammer, 1999; *Langkopf,* Die Landwirtschaftskammern und die landwirtschaftskammerähnlichen Organisation in der Bundesrepublik Deutschland, Diss. Göttingen, 1960; *Oberg,* Über die Organisation und Zuständigkeit der preußischen Landwirtschaftskammern, Diss. Greifswald, 1913; *Scholz,* Die Organisation der landwirtschaftlichen Selbstverwaltung in Rheinland-Pfalz, AgrarR 1977, 2; *Steding;* Landwirtschaftskammern – Alternative zur staatlichen Landwirtschaftsverwaltung?, LKV 1991, 325; *Steinbeck,* Bürokratisierung und betriebliche Rationalisierung. Die preußischen Landwirtschaftskammern und die Entwicklung der Agrarverfassung im wilhelminischen Kaiserreich, 1997; *Thyssen,* Bauer und Standesvertretung, 1958.

a) Entwicklung und aktuelle Rechtsgrundlagen

Die Landwirtschaftskammern finden ihren Ursprung im **preußischen** **321**
Landwirtschaftskammergesetzes vom 30. 6. 1894 (GS S. 126), durch das eine öffentlich-rechtliche Berufsvertretung der Landwirte geschaffen wurde. Diese hatten nach § 2 Abs. 1 die Bestimmung, „die Gesamtinteressen der Land- und Forstwirtschaft ihres Bezirkes wahrzunehmen, zu diesem Behufe alle auf die Hebung der Lage des ländlichen Grundbesitzes abzielenden Einrichtungen, insbesondere die weitere korporative Organisation des Berufsstandes der Landwirthe, zu fördern.“ Zudem konnten sie selbstständige Anträge stellen. Als weitere Aufgaben war ihnen die Information und Unterstützung der Verwaltungsbehörden, sowie die Förderung des technischen Fortschritts der Landwirtschaft und die Schaffung zweckentsprechender Einrichtungen zugewiesen.

Das landwirtschaftliche Organisations- und Vereinswesen verlor in den **322**
20er Jahren in der **Weimarer Republik** auf Grund einer starken Zersplitterung in zahlreiche politische Richtungen an Wirksamkeit, obwohl angesichts der andauernden Agrarkrise eine starke Interessenvertretung erforderlich und wünschenswert gewesen wäre.

Als die NSDAP nach der Machtergreifung am 30. 1. 1933 mit ihren Gau-, **323**
Kreis- und Ortsfachberatern einen schlagkräftigen agrarpolitischen Apparat installierte, hatte sie damit sogleich großen Erfolg und konnte nach ihrem Konzept der sog. Gleichschaltung die Führung der Bauernschaft übernehmen. Da die **Nationalsozialisten** zugleich das Reichsministerium für Ernährung und Landwirtschaft übernahmen, gelang es ihnen, mit dem Reichnähr-

stand eine bis dahin einmalige ständische Einheitsorganisation zu schaffen. Als Selbstverwaltungskörperschaft des öffentlichen Rechts war der Reichsnährstand die Vertretung der deutschen Landwirtschaft des gesamten Reichsgebietes, einschließlich der landwirtschaftlichen Genossenschaften, des Landhandels und der Be- und Verarbeiter landwirtschaftlicher Erzeugnisse. Seine Aufgabe war es, „seine Angehörigen in die Verantwortung für Volk und Reich zu einer lebenskräftigen Stütze für den Aufbau, die Erhaltung und die Kräftigung des deutschen Volkes zusammenzuschließen". Gesetzlicher Vertreter des Reichsnährstandes war der Reichsbauernführer, der vom Reichskanzler ernannt wurde und seine Befugnisse auf nachgeordnete Dienststellen delegieren konnte. Seine Finanzierung war durch Zuschüsse des Staates, Mitgliederbeiträge sowie sonstige Einnahmen gesichert.

324 **Nach 1945** setzten sich auch bei der Reorganisation des Landwirtschaftskammerwesens in den verschiedenen Besatzungszonen unterschiedliche Konzeptionen durch. Insbesondere die Vereinigten Staaten hatten kein Verständnis für öffentlich-rechtlich organisierte Berufsvertretungen. Anders als bei den Industrie- und Handelskammern sowie Handwerkskammern führten diese Divergenzen bei den Landwirtschaftskammern jedoch zu bis heute fortwirkenden unterschiedlichen Konzeptionen. Lediglich in sieben Bundesländern wurden Landwirtschaftskammern neu errichtet. Nach der Auflösung der Landwirtschaftskammern in Hessen im Jahr 1970 gibt es zur Zeit nur in sieben Bundesländern Landwirtschaftskammern mit ungefähr 200000 Mitgliedern. In den neuen Bundesländern wurden bislang keine Landwirtschaftskammern errichtet. Die nachfolgende Darstellung beschränkt sich auf die Rechtslage in Nordrhein-Westfalen (siehe vertiefend zur Rechtslage in den übrigen Bundesländer *Franz,* Jahrbuch des Kammerrechts 2002, 123 ff.).

325 In Nordrhein-Westfalen beruhen die Landwirtschaftskammern auf dem Gesetz über die Errichtung von Landwirtschaftskammern im Lande Nordrhein-Westfalen vom 11. 2. 1949 (GV. NW) und dem ergänzenden Gesetz über eine Umlage der Landwirtschaftskammern im Lande Nordrhein-Westfalen vom 17. 7. 1951.

326 Nach § 20 Abs. 1 Satz 1 sind die Landwirtschaftskammern rechtsfähig. Nähere Hinweise auf ihre Rechtsform lassen sich dem Landwirtschaftskammergesetz nicht entnehmen. Aus der Errichtung der Kammern durch Gesetz und dem Verweis auf die Regelungen der §§ 20, 23 Abs. 4 LOG NW folgt jedoch, dass es sich um eine juristische Person des öffentlichen Rechts handelt. Ob sie als Körperschaft oder Anstalt einzuordnen ist, hängt davon ab, ob sie im Innenbereich eine mitgliedschaftliche Verfassung besitzt, die den Einzelnen Mitwirkungsrechte einräumt, oder ob sie Benutzer hat.

b) Organisationsstrukturen

327 Das nwLwKammerG regelt – auffälligerweise – die **Mitgliedschaft** in der Körperschaft nicht ausdrücklich. Das Gesetz spricht zwar in § 4 Abs. 1

nwLwKammerG von den Mitgliedern der Landwirtschaftskammer, meint mit Landwirtschaftskammer an dieser Stelle aber in überkommener Terminologie die Voll- oder Hauptversammlung. Das bedeutet indes nicht, dass im Rechtssinne nur die gewählten Vertreter der Vollversammlung Mitglieder der Landwirtschaftskammer als Personalkörperschaft sind. Eine systematische Analyse unter Berücksichtigung der allgemeinen Typik von Personalkörperschaften zeigt, dass als Mitglieder derselben diejenigen Personen anzusehen sind, denen insbes. durch Wahlrecht und Beitragspflicht die Rechte und Pflichten letztzugerechnet werden.

Mitglieder der Landwirtschaftskammer sind demnach die nach § 5 mit 328 aktivem Wahlrecht ausgestatteten natürlichen und juristischen Personen ohne Beachtung der Ausschlussmöglichkeit nach § 5 Abs. 4. Es handelt sich dabei im Einzelnen um natürliche Personen, die als Eigentümer, Nutznießer oder Pächter einen landwirtschaftlichen Betrieb oder in ähnlicher Weise ein landwirtschaftliches Grundstück, das den weiteren Maßgaben des § 5 Abs. 1 nwLwKammerG entspricht, bewirtschaften. Wahlberechtigt sind auch die mittätigen Ehegatten der nach den vorstehenden Kriterien Wahlberechtigten sowie die „voll mitarbeitenden“ Familienangehörigen. Schließlich sind wahlberechtigt die hauptberuflich in landwirtschaftlichen Betrieben tätigen Arbeitnehmer einschließlich der Auszubildenden. Juristische Personen sind wahlberechtigt, soweit sie seit mindestens drei Monaten im Wahlbezirk einen landwirtschaftlichen Betrieb bewirtschaften. Da die Vorschriften nicht auf die Staatsangehörigkeit abstellen, kommt auch Ausländern, die die genannten Kriterien erfüllen, das Wahlrecht zu.

Nach dem Kammergesetz sind als **Organe** die Landwirtschaftskammer 329 bzw. Hauptversammlung, die Ausschüsse, darunter der Hauptausschuss, der Präsident und der Direktor vorgesehen.

Die terminologische Doppelung von „Landwirtschaftskammer“ und 330 „Hauptversammlung“ in §§ 4, 13 nwLwKammerG, die ihren plastischen Ausdruck in der Formulierung des § 13 Abs. 1 findet, nach dem „die Hauptversammlung … aus den Mitgliedern der Landwirtschaftskammer“ besteht, ist die Folge einer inkonsequenten gesetzestechnischen Konstruktion. Im Folgenden wird aus Gründen der terminologischen Eindeutigkeit in Bezug auf das Organ nur von Hauptversammlung gesprochen und der Begriff Landwirtschaftskammer für die Körperschaft benutzt.

Die **Hauptversammlung** wird durch die wahlberechtigten Mitglieder der 331 Kammer in zwei Wahlgruppen gewählt. In Wahlgruppe 1 sind die Eigentümer und ihre in der Landwirtschaft tätigen Familienangehörigen, in Wahlgruppe 2 die abhängig Beschäftigten zusammengefasst.

Die Einzelheiten des **Wahlverfahrens** sind in der vom Minister für Um- 332 welt, Raumordnung und Landwirtschaft des Landes Nordrhein-Westfalen erlassenen Landwirtschaftskammer-Wahlordnung vom 28. 12. 1989 geregelt. Danach sind Wahlvorschläge einzureichen, aus denen je eine Bewerberliste für die Wahlgruppe 1 und die Wahlgruppe 2 zusammengestellt wird.

Jeder Wähler erhält nur die Bewerberliste seiner Wahlgruppe, jedoch nicht als Listenwahl. Vielmehr muss der Wähler die von ihm gewählten Bewerber kennzeichnen. Auf jedem Stimmzettel dürfen gem. § 20 WahlVO höchstens so viele Bewerber und müssen mindestens halb so viele Bewerber angekreuzt werden, wie Mitglieder der betreffenden Gruppe zur Hauptversammlung zu wählen sind. Die Wahl erfolgt gem. § 4 Abs. 1 nwLwKammerG mittels Brief als unmittelbare und geheime Wahl. Die Zahl der Mitglieder der Hauptversammlung wird durch die Hauptsatzung festgelegt. Der Wahlgruppe 1 müssen gem. § 4 Abs. 2 nwLwKammerG zwei Drittel der Gewählten, der Wahlgruppe 2 ein Drittel angehören.

333 Der **Präsident** ist gem. § 16 Abs. 1 nwLwKammerG der Hauptvorsitzende der Hauptversammlung und des Hauptausschusses. Er wird von der Hauptversammlung auf die Dauer von drei Jahren gewählt und muss der Wahlgruppe 1 angehören und – wie insbes. § 17 Abs. 1 nwLwKammerG zeigt – Mitglied der Hauptversammlung sein (Selbstorganschaft).

334 Die Hauptversammlung wählt den **Direktor** gem. § 18 Abs. 1 nwLwKammerG auf die Dauer von zwölf Jahren. Es liegt in der Praxis ein Fall der Fremdorganschaft vor. Die Berufung des Direktors bedarf der Bestätigung, seine Amtsführung des Vertrauens des Ministers für Umwelt, Raumordnung und Landwirtschaft, insoweit Aufgaben nach Weisung des Ministers durchzuführen sind.

335 Gem. § 15 kann die nwLwKammerG soll die Satzung die Einrichtung von Ausschüssen vorsehen. Nur der Hauptausschuss muss eingerichtet werden. Insoweit es sich nicht um Aufgaben von vorübergehender Natur handelt, sind die Ausschüsse als ständige Ausschüsse einzurichten. Die Hauptversammlung bestimmt, welche Ausschüsse gebildet werden und wählt die Ausschussmitglieder. Nach einigen Hauptsatzungen ist es auch zulässig, die Wahl der Ausschussmitglieder auf den Hauptausschuss zu übertragen.

336 § 15 Abs. 2 nwLwKammerG ermöglicht nach näherer Maßgabe der Satzung die Zuwahl von weiteren Ausschussmitgliedern durch den Ausschuss selbst. Diese müssen nicht Mitglied der Landwirtschaftskammer sein. Ihre Wahl bedarf der Bestätigung durch den Hauptausschuss.

337 Die Satzungen der Landwirtschaftskammern sehen regelmäßig vor, dass neben den Ausschüssen Beiräte, Fachbeiräte und Kommissionen zu einzelnen Sachfragen gebildet werden können. Dabei handelt es sich um Gremien, die ihre fach- und verwaltungsaufgabenbezogenen Beschlüsse dem Hauptausschuss zur Entscheidung vorlegen. Ihr Handeln selbst hat demnach nur beratende und anregende Funktion, führt aber nicht zu Rechtsbindungen.

338 Wichtigstes Organ der Landwirtschaftskammern ist die Hauptversammlung. Sie sorgt gem. § 14 Abs. 1 nwLwKammerG dafür, dass die der Landwirtschaftskammer gestellten Aufgaben verwirklicht werden, fasst die dazu erforderlichen Beschlüsse, überwacht ihre Durchführung und versieht die übrigen Organe mit den entsprechenden Weisungen. Ihr obliegt zumal die organisationsrechtliche Konstituierung der Kammer durch Erlass der Sat-

zung und Geschäftsordnung und der übrigen Ordnungen sowie die Wahl bzw. Einsetzung der übrigen Organe, insbesondere des Präsidenten und des Direktors.

Der **Präsident** führt gem. § 16 Abs. 1 nwLwKammerG den Vorsitz in der Hauptversammlung und im Hauptausschuss. Er übt gem. § 16 Abs. 4 nwLwKammerG die oberste Dienstaufsicht aus und vertritt gem. § 20 Abs. 1 nwLwKammerG die Kammer gerichtlich und außergerichtlich. **339**

Der **Direktor** führt gem. § 18 Abs. 2 nwLwKammerG die laufenden Geschäfte der Kammer nach den Weisungen, die ihm der Präsident gemäß den Beschlüssen der Hauptversammlung erteilt. Er ist zudem Dienstvorgesetzter der Beamten, Angestellten und Arbeiter der Landwirtschaftskammer. **340**

Daneben fungiert der Direktor als Organ des Staates, indem er gem. § 20 Abs. 4 nwLwKammerG die Aufgabe eines Landesbeauftragten gem. § 7 Abs. 2 nwLOG wahrnimmt. In dieser Eigenschaft ist er insbesondere für Fördermaßnahmen, umweltbezogene Aufgaben und Pflanzenschutz zuständig und erledigt die Aufgaben der höheren Forstbehörde. Er ist insoweit dem Landesamt für Agrarordnung nachgeordnet. Das Gewicht dieser Funktion stellt sich aus finanzieller Perspektive so dar, dass auf die Erfüllung der Aufgaben eines Landesbeauftragten – je nach Kostenzuweisung – zwischen 42 und 48% der Finanzlasten der Kammertätigkeit entfallen. **341**

Die Aufgaben des **Hauptausschusses** und der übrigen Ausschüsse sind gesetzlich nicht im Einzelnen festgelegt und ergeben sich aus der Aufgabenzuweisung, wie sie in der Satzung und einzelnen Beschlüssen der Hauptversammlung konkretisiert wird. Vor allem dem Hauptausschuss können auf diesem Wege zahlreiche Aufgaben übertragen werden. **342**

c) Aufgaben und Finanzierung

Das Selbstverständnis des Sachbereiches Landwirtschaft ergibt sich aus der Legaldefinition des § 3. Danach umfasst Landwirtschaft den Acker- und Pflanzenbau, die Tierzucht, den Garten-, Gemüse-, Obst- und Weinbau, die Forstwirtschaft, die Fischerei in den Binnengewässern und die Imkerei. Weiter gehören zur Landwirtschaft auch Unternehmen, die zwar diese Voraussetzungen nicht erfüllen, aber in wirtschaftlicher Abhängigkeit von einem Betrieb dieser Art durch denselben Unternehmer betrieben werden, die sog. landwirtschaftlichen Nebenbetriebe. **343**

Gem. § 2 Abs. 1 Satz 1 nwLwKammerG haben die Landwirtschaftskammern die Aufgabe, die Landwirtschaft und die in ihr Berufstätigen zu fördern und zu betreuen. Dieser Auftrag wird in der nachfolgenden Aufzählung von einzelnen Aufgabenbereichen spezifiziert. Danach haben die Landwirtschaftskammern **344**

„a) die Wirtschaftlichkeit und die Umweltverträglichkeit bei der landwirtschaftlichen Erzeugung durch geeignete Einrichtungen und Maßnahmen zu fördern und auf eine flächenbezogene und artgerechte Tierhaltung hinzuwirken;

b) die nicht pflichtschulmäßige Aus- und Fortbildung sowie die praktische Berufsausbildung des landwirtschaftlichen Nachwuchses und die Wirtschaftsberatung durchzuführen;
c) den Bau von Landarbeiterwohnungen zu fördern und für eine einwandfreie Unterbringung der Landarbeiter einzutreten;
d) in Fragen der Bewirtschaftung, der Verwertung und Regelung des Absatzes landwirtschaftlicher Erzeugnisse beratend mitzuwirken und das landwirtschaftliche Genossenschaftswesen zu fördern;
e) die Behörden und Gerichte in Fragen der Landwirtschaft, vor allem durch die Erstattung von Gutachten und die Bestellung von Sachverständigen zu unterstützen;
f) Richtlinien über das Sachverständigen- und Buchführungswesen herauszugeben;
g) in rechtlichen Angelegenheiten der Landwirtschaft nach den besonderen gesetzlichen Vorschriften mitzuwirken, insbesondere Vorschläge zu machen und Beisitzer für die in Landwirtschaftssachen zuständigen Gerichte zu benennen;
h) bei der Verwaltung und den Preisnotierungen der Produktenbörsen sowie der Märkte, insbesondere der Viehmärkte nach den für die Behörden und Märkte zu erlassenden Bestimmungen teilzunehmen."

345 Zu diesem Aufgabenkernbereich kommen **weitere Aufgaben,** die den Landwirtschaftskammern gem. § 2 Abs. 2 zur Erfüllung nach Weisung übertragen werden können. Nach § 2 Abs. 3 haben die Kammern weiter bei Behörden das Antragsrecht „in allen die Landwirtschaft berührenden Angelegenheiten". Zudem sollen sie bei der Vorberatung einschlägiger gesetzlicher Vorschriften angehört werden. Schließlich sind sie auskunftsberechtigte Stelle im Sinne der Verordnung über die Auskunftspflicht vom 13. 7. 1923.

346 Die **Finanzierung** der Landwirtschaftskammern ist in einem eigenen Umlagegesetz geregelt. Nach § 1 Abs. 1 Umlagegesetz erheben die Landwirtschaftskammern zur Bestreitung ihrer Ausgaben von den landwirtschaftlichen Betrieben eine **Umlage,** soweit ihre Ausgaben nicht durch andere Einnahmen, insbesondere durch Staatszuschüsse gedeckt sind. Die Umlage wird gem. § 2 Umlagegesetz für jede Landwirtschaftskammer entsprechend ihres Beschlusses durch den zuständigen Minister festgesetzt. Die Höhe der vom einzelnen Betrieb zu leistenden Umlage ist in den §§ 3ff. des Umlagegesetzes näher geregelt.

347 Die zweite Haupteinnahmequelle der Landwirtschaftskammern bilden die **Staatszuweisungen.** Die für die Wahrnehmung der Aufgaben eines Landesbeauftragten nach § 7 Abs. 2 LOG NW durch den Direktor gezahlte Verwaltungskostenerstattung bildet dabei den mit Abstand größten Einzelposten. Daneben erhalten die Landwirtschaftskammern Finanzzuweisungen des Landes zur Erfüllung ihrer Selbstverwaltungsaufgaben.

348 Neben den Umlagen und Staatszuweisungen sind die Abgaben und Gebühren nach § 21 nwLwKammerG eine weitere wichtige Einnahmequelle.

Die Einnahmen teilen sich in der Regel folgendermaßen auf: ca. 40% Verwaltungskostenerstattung, ca. 23% Finanzzuweisungen zu den Selbstverwaltungsaufgaben, ca. 13% Verwaltungseinnahmen, ca. 10% Umlage und ca. 14% sonstige Einnahmen. 349

Die Landwirtschaftskammern unterliegen nach § 23 Abs. 1 nwLwKammerG der **Aufsicht** des Ministers für Umwelt, Raumordnung und Landwirtschaft. Der Aufsichtsmaßstab ergibt sich aus § 23 Abs. 4 nwLwKammerG i. V. m. § 20 nwLOG. Danach ist die Aufsicht auf die Rechtsaufsicht beschränkt, soweit nicht durch Gesetz etwas anderes bestimmt ist. Solche abweichenden Bestimmungen folgen für die Tätigkeit des Direktors als Landesbeauftragtem aus § 18 Abs. 4 nwLwKammerG i. V. m. §§ 11–13 nwLOG. Weitere Befugnisse der Aufsichtsbehörde ergeben sich aus §§ 18 Abs. 1 und 5, 19 Abs. 1, 21, 22 Abs. 1, 23 Abs. 2 und 3 sowie 28 nwLwKammerG. 350

13. Die Arbeitnehmerkammern

Schrifttum: *Mronz,* Körperschaften und Zwangsmitgliedschaft. Die staatsorganisations- und grundrechtliche Problematik aufgezeigt am Beispiel von Arbeitnehmerkammern, 1973; *Peters,* Arbeitnehmerkammern in der Bundesrepublik Deutschland?, 1973; *Zacher,* Arbeitnehmerkammern im demokratischen und sozialen Rechtsstaat, 1971.

a) Entwicklung und aktuelle Rechtsgrundlagen

In Bremen und dem Saarland sind als besonderer Kammertyp **Arbeitnehmer- bzw. Arbeiterkammern** anzutreffen (eingehend zur Entstehungsgeschichte *Mronz,* S. 30ff.). Bis zu ihrer Aufhebung im Jahr 1996 gab es in Bremen zudem auf der Grundlage von Art. 46 bremVerf. eine **Wirtschaftskammer.** 351

In **Bremen** bildet das Gesetz über die Arbeitnehmerkammer im Lande Bremen vom 28. März 2000 die aktuelle Rechtsgrundlage, der als Körperschaft des öffentlichen Rechts verfassten Arbeitnehmerkammer, die seit dem Jahr 1956 besteht. Im **Saarland** liegt der ebenfalls als Körperschaft des öffentlichen Rechts organisierten Arbeiterkammer des Saarlandes das Gesetz vom 8. April 1992, berichtigt am 15. Juli 1999, zugrunde. Diese Kammer existiert seit 1967 und findet ihre verfassungsrechtliche Grundlage in Art. 59 Abs. 1 saarVerf. 352

Die Errichtung von Arbeitnehmerkammern wurde wegen der damit verbundenen partiellen Konkurrenz zur Betätigung der Gewerkschaften teilweise im Hinblick auf Art. 9 Abs. 3 GG als verfassungsrechtlich bedenklich eingestuft. Das **Bundesverfassungsgericht** hat diese Bedenken jedoch mit dem Hinweis zurückgewiesen, dass die eine Verletzung von Art. 9 Abs. 3 GG nur dann in Betracht kommt, wenn durch die Errichtung der Kammern die Wirkungsmöglichkeiten oder sogar der Bestand der Gewerkschaften beeinträchtigt würden (*BVerfGE* 38, 281 [306ff.]). Eine entsprechende Feststellung konnte indes nicht getroffen werden. 353

b) Organisationsstrukturen

354 **Mitglieder** der beiden Kammern sind die im jeweiligen Bundesland tätigen Arbeitnehmer und Arbeitnehmerinnen sowie die zu ihrer Berufsausbildung Beschäftigten. Die Gesetze enthalten genauere Bestimmungen, mit deren Hilfe die Beschäftigung im jeweiligen Land definiert wird sowie eine Reihe von Abgrenzungs- und Ausnahmetatbeständen.

355 **Organe** der Kammern sind die Voll- bzw. Vertreterversammlung und der Vorstand. In Bremen wird als drittes Organ die Rechnungsprüfungskommission angeführt.

356 In **Bremen** besteht die **Vollversammlung** aus 35 gewählten Mitgliedern, die nach näherer Maßgabe der Wahlordnung in allgemeiner, unmittelbare, freier, gleicher und geheimer Wahl auf Grund von Listenwahlvorschlägen gewählt werden. Die Listen werden von Gewerkschaften und anderen Arbeitnehmervereinigungen eingereicht.

357 Im **Saarland** besteht die **Vertreterversammlung** aus 42 Mitgliedern, die auf Vorschlag der Gewerkschaften oder von Arbeitnehmern und Arbeitnehmerinnen nach Listen gewählt werden.

358 Die Bestimmung des **Vorstandes** folgt in beiden Kammern unterschiedlichen Leitbildern. Gemeinsam ist zunächst, dass der Vorstand aus der Mitte der Voll- bzw. Vertreterversammlung bestimmt wird. In **Bremen** erfolgt die Zusammensetzung dann aber nach einem Proporz, der dem Stimmenverhältnis der in der Vollversammlung vertretenen Organisationen entspricht. Der Vorstand ist somit ein machtpolitisches Spiegelbild der Vollversammlung. Im **Saarland** fehlt es an einer solchen Vorgabe. Dafür muss die Wahl aber mit einer zweidrittel Mehrheit erfolgen.

359 In beiden Kammergesetzen ist die Einsetzung von Ausschüssen sowie eines hauptamtlichen **Hauptgeschäftsführers** und weiterer Geschäftsführer vorgesehen. Ihre Aufgabe ist es die Beschlüsse von Voll- bzw. Vertreterversammlung und Vorstand auszuführen sowie die laufenden Geschäfte eigenständig zu führen. Ihnen unterstehen zudem die weiteren Kammerbediensteten.

c) Aufgaben und Finanzierung

360 **Aufgabe** der Arbeitnehmerkammern ist in erster Linie die Wahrnehmung und Förderung des Gesamtinteresses der Kammermitglieder. Die davon betroffenen Bereiche werden in beiden Gesetzen durch eine Auflistung von Sachgebieten konkretisiert. Erwähnt werden in **Bremen** die wirtschaftlichen, beruflichen, sozialen und die Gleichberechtigung der Geschlechter fördernden Belange. Die Aktivitäten müssen im Einklang mit dem Allgemeinwohl stehen. Im **Saarland** werden zusätzlich die ökologischen und kulturellen Interessen angeführt. Zudem wird explizit erwähnt, dass die Kammer die wissenschaftliche Forschung zur Unterstützung heranziehen kann.

361 Beide Gesetze sehen weiter vor, dass die Kammern Anregungen, Vorschläge, Stellungnahmen und Gutachten erstellen bzw. abgeben, um auf

diese Weise die Arbeit der öffentlichen Stellen des Landes zu unterstützen. Schließlich können Fördermaßnahmen ergriffen und diesem Zweck dienende Einrichtungen begründet werden.

Die Kammern finanzieren sich durch **Beiträge** ihrer Mitglieder, deren Erhebung durch spezielle Beitragsordnungen in Detail geregelt wird. In Bremen ist zudem ausdrücklich die Erhebung von Gebühren vorgesehen. Im Saarland ist diese auf der Grundlage besonderer Rechtsgrundlagen möglich. **362**

Die Kammern unterstehen der **Rechtsaufsicht,** die in Bremen durch den Senator für Wirtschaft und Häfen, im Saarland durch das Ministerium für Frauen, Arbeit, Gesundheit und Soziales ausgeübt wird. **363**

14. Die Wasserverbände nach dem WVG 1991

Schrifttum: *Ebbing,* Die Abwälzung wasserverbandlicher Kosten nordrhein-westfälischer Gemeinden auf Dritte, 2003; *Klüppel,* Das neue Wasserverbandsgesetz, LKV 1991, 125; *Lindemann,* Neues Gesetz über Wasser- und Bodenverbände, NVwZ 1991, 449; *Piens,* Die Fortentwicklung des Rechts der Wasserverbände und Abwasserzweckverbände in 25 Jahren, ZfWassR 1999, 349; *Rapsch,* Wasserverbandsrecht, 1993; *ders.,* Verbandsprozessrecht, ZfWassR 1995, 65; *Schulz,* Wasserverbandsbeiträge: Solidarprinzip oder Einzelabrechnung rechtlich geboten?, ZfWassR 1999, 148; *Stober,* Wasserverbandsrecht und Arbeitnehmermitbestimmung, 1989; *Tettinger/Mann/Salzwedel,* Wasserverbände und demokratische Legitimation, 2000.

a) Entwicklung und aktuelle Rechtsgrundlagen

Die Regulierung der Wasserläufe, der Be- und Entwässerung, am Meer und an Binnengewässern ist bereits im Mittelalter als institutionalisierte Gemeinschaftsaufgabe nachweisbar. An den Küsten entstanden die **Deich- und Sielverbände,** die für die Errichtung der Deiche, Siele und Schleusen und den Schutz der Landflächen an den Deichen verantwortlich waren. Hauptfunktion der von ihnen errichteten Anlagen waren der Schutz der Siedlungen und Wirtschaftsflächen vor den vom Wasser ausgehenden Gefahren sowie die Be- und Entwässerung als Voraussetzung der Bodenverbesserung. Für die Deichverbände galt eine Zwangsmitgliedschaft nach dem Realprinzip, d. h. anknüpfend an das Eigentum an im Gebiet des Verbandes gelegenes Grundeigentum. Sie regelten ihre Aufgaben in organisatorischer und fachlicher Selbstverwaltung ohne obrigkeitliche Unterstützung und besaßen gegenüber ihren Mitgliedern auch Beitragshoheit. **364**

Die Be- und Entwässerungsgenossenschaften, die neben Aufgaben der Gefahrenabwehr (Hochwasser) vor allem bodenwirtschaftliche Ziele verfolgten, setzten sich zunächst aus den Dorfmitgliedern zusammen, spalteten sich jedoch später von den politischen Gemeinden ab und entwickelten sich ebenfalls zu **Realgenossenschaften** der unmittelbar betroffenen Grundstückseigentümer. **365**

Eine weitreichende und grundlegende Reform erfuhr das Recht der Wasserverbände im hier interessierenden Bereich durch die preußische Gesetzgebung im 19. Jahrhundert. Als Grundlage der modernen Wasserverbände in Preußen kann insbesondere das Gesetz über die Benutzung der Privat- **366** flüsse vom 28. 2. 1843 (GS S. 182) mit seinen Bestimmungen über die Genossenschaften zu Bewässerungsanlagen angesehen werden. Eine weitaus detaillierte Regelung erfolgte zwischenzeitlich durch das Gesetz über das Deichwesen vom 28. 1. 1848 (GS S. 54) für die Deichverbände. Insbesondere verbürgte § 15 den Deichgenossen das Recht, persönlich oder durch Abgeordnete bei der Verwaltung der Deichangelegenheiten mitzuwirken. Das Selbstverwaltungsrecht zeigte hier seine subjektive, genossenschaftliche Wurzel besonders deutlich.

367 Durch Erlass vom 14. 11. 1853 über „Allgemeine Bestimmungen für künftig zu erlassende Deichstatute" (GS S. 935) wurden die Organisation, aber auch die Befugnisse und Pflichten innerhalb der Deichverbände einer umfassenden, uniformen Regelung unterworfen.

368 Durch das „Gesetz betreffend die Bildung von Wassergenossenschaften" (WGG) vom 1. 4. 1879 (GS S. 297) wurde gut zwanzig Jahre später auch das übrige Wasserverbandsrecht auf eine neue, auch für andere deutsche Staaten wegweisende Rechtsgrundlage gestellt. Das Gesetz sah gem. § 4 WGG freie, durch Vertrag begründete und öffentliche, durch staatlichen Beschluss begründete Wassergenossenschaften vor. Allerdings spielten in der Praxis nur die öffentlichen Genossenschaften eine Rolle und der größte Teil der freien Genossenschaften wurde nachträglich in die öffentliche Rechtsform überführt. Mitglieder der Genossenschaften konnten gem. § 5 WGG neben den Eigentümern bzw. Nutzungsberechtigten der betroffenen Grundstücke auch die Gemeinde-, Amts-, Kreis- und Kommunalverbände sein, deren Interessen durch die Genossenschaftsgeschäfte betroffen wurden. Die Gründung der in den §§ 45ff. WGG geregelten öffentlichen Genossenschaften erforderte den Nachweis eines „öffentlichen oder gemeinwirtschaftlichen Nutzens", der im Falle einer Beförderung der „Landeskultur" gem. § 65 WGG zugleich die Anordnung einer Pflichtmitgliedschaft rechtfertigte. Die wesentlichen inhaltlichen und organisatorischen Bestimmungen wie die Stimmrechtszuteilung, die Lastenhöhe, die Wahl des Vorstandes, seine Verwaltungsbefugnisse etc. war gem. § 56 WGG der Regelung durch das Genossenschafts-Statut überlassen.

369 Das am 10. 2. 1937 erlassene **Wasserverbandgesetz** (RGBl. I, S. 188) beseitigte – abgesehen von den sondergesetzlichen Wasserverbänden – die im Reichsgebiet bestehenden Rechtsunterschiede bei den Wasserverbänden und ermächtigte in § 1 den Reichsminister für Ernährung und Landwirtschaft, im Einvernehmen mit den beteiligten Reichsministern „das Recht der Wasser- und Bodenverbände, insbesondere ihre Selbstverwaltung, ihre Ordnungs- und Polizeigewalt, die Aufsicht und Polizei über sie, das Spruchverfahren und die Umgestaltung bestehender und die Gründung neuer Verbände durch Verordnung nach den Grundsätzen des nationalsozialistischen Staates neu zu gestalten".

370 Der Reichsminister für Ernährung und Landwirtschaft erließ auf der Grundlage dieser gesetzlichen Ermächtigung am 3. 9. 1937 (RGBl. I, S. 933)

die Erste Verordnung über Wasser- und Bodenverbände (WVVO), die – mit gewissen bereinigenden Modifizierungen nach 1945 – bis zum Jahr 1991 die einheitliche Rechtsgrundlage aller nicht sondergesetzlich (landesrechtlich) geregelten Wasser- und Bodenverbände in Deutschland bildete.

Die WVVO unterschied in § 1 nach ihrer Entstehung zwischen **drei Arten** von Wasser- und Bodenverbänden: den bei ihrem Inkrafttreten nach Reichs- oder Landesrecht bzw. Herkommen bestehenden Verbänden, den früheren privatrechtlichen Verbänden sowie den nach der WVVO gegründeten Verbänden. Die §§ 174ff. WVVO sahen die Möglichkeit einer Überführung alter Verbände in die neue Rechtsform vor, wobei die auf Landesrecht beruhenden Sonderverbände fortbestehen blieben. Die nach der WVVO errichteten Verbände besitzen die Rechtsform einer Körperschaft des öffentlichen Rechts ohne jedoch, wie § 4 Abs. 3 WVVO ausdrücklich bestimmt, Gebietskörperschaften zu sein. Gem. § 4 Abs. 1 WVVO verwaltet sich jeder Verband „selbst unter eigener Verantwortung“ und unterliegt gem. § 111 WVVO der Staatsaufsicht. Diese ist nach dem Wortlaut keine bloße Rechtsaufsicht, sondern erstreckt sich auch auf die Verwaltung entsprechend den „Zielen der Staatsführung“. Die Fortgeltung dieses, den nationalsozialistischen Gepflogenheiten (Führerprinzip) entsprechenden Zusatzes wird in der Literatur teilweise als „offensichtlich heute nicht mehr gültig“ in Abrede gestellt bzw. als gestrichen behandelt. 371

Aufgrund der zunehmend ins Bewusstsein tretenden rechtsstaatlich-demokratischen Defizite der WVVO entschloss sich der Bundesgesetzgeber in der 11. Wahlperiode nach eingehenden Beratungen zum Erlass eines neuen Wasserverbandsgesetzes. Er verfolgte dabei mehrere Ziele: eine Straffung des Regelwerkes von 192 auf 82 Bestimmungen, eine bundeseinheitliche Regelung bei gleichzeitiger Erhaltung ausreichender Gestaltungsspielräume für die Länder, die Stärkung der Selbstverwaltung in den Verbänden durch eine Modifikation des Errichtungsmodus, der Organgestaltung und Abbildung sowie der Aufgabenverteilung zwischen den Organen. Das neue **Wasserverbandsgesetz** trat am 1. Mai 1991 in Kraft (G.v. 12. 2. 1991, BGBl. I, S. 405). 372

Die Zahl der Wasserverbände im Bundesgebiet beträgt ca. 12000, wobei die weitaus meisten landwirtschaftlich orientiert sind. Sie erfassen rund dreieinhalb Millionen Hektar Land und dabei fast ein Drittel der landwirtschaftlichen Nutzfläche des Bundesgebietes. 373

Wasser- und Bodenverbände können nach § 7 Abs. 1 WVG auf dreierlei Art und Weise errichtet werden: (1) durch einen einstimmigen Beschluss der Beteiligten sowie die aufsichtsbehördliche Genehmigung der Errichtung und der Satzung, (2) durch einen Mehrheitsbeschluss der Beteiligten, die aufsichtsbehördliche Genehmigung der Errichtung und der Satzung sowie die Heranziehung nicht einverstandener und anderer Beteiligter als Verbandsmitglieder in dem Genehmigungsakt, oder (3) von Amts wegen. In allen diesen Fällen entsteht der Verband mit der öffentlichen Bekanntma- 374 chung der Satzung, es sei denn, diese sieht ausdrücklich einen späteren Zeitpunkt vor.

375 Das Errichtungsverfahren ist in seinen Einzelheiten in den §§ 11ff. WVG geregelt. Es weist im Vergleich zu anderen Selbstverwaltungsträgern erhebliche Besonderheiten auf, insofern hier die Initiative zur Gründung einer öffentlich-rechtlichen Körperschaft von Privaten ausgehen kann. Der Gesetzgeber war dabei vom dem Wunsch geleitet, das Recht der Wasser- und Bodenverbände an die heutigen demokratischen und rechtsstaatlichen Verhältnisse anzupassen und in diesem Zusammenhang den Beteiligten stärkere Mitwirkungsmöglichkeiten bei der Errichtung und in den Organen der Verbände einzuräumen. Dass die endgültige Entscheidung über die Errichtung des Verbands staatlicher Mitwirkung in Form einer Genehmigung bedarf, versteht sich angesichts der Tatsache, dass es sich um eine Körperschaft mit hoheitlichen Befugnissen handelt, von selbst.

376 Das WVG enthält überdies auch spezielle Vorschriften über die Umgestaltung (§§ 60f. WVG) und Auflösung (§§ 62ff. WVG) von Verbänden.

377 Der Verband besitzt gem. § 1 Abs. 1 WVG die Rechtsform einer rechtsfähigen Körperschaft des öffentlichen Rechts. Der Gesetzgeber sah sich veranlasst ausdrücklich hervorzuheben, dass die Wasser- und Bodenverbände keine Gebietskörperschaften sind. Er besitzt gem. § 1 Abs. 2 S. 1 HS 2 WVG das Recht der Selbstverwaltung.

b) Organisationsstrukturen

378 Das WVG unterscheidet terminologisch zwischen Mitgliedern und Beteiligten. Es beschreibt den Kreis der möglichen Verbandsmitglieder in § 4, die Mitgliedschaft in § 22 sowie die möglichen Beteiligten in § 8. Der Rechtsfigur des Beteiligten stellt speziell auf das Initiativrecht zum Gründungsakt und die damit verbundenen hoheitlichen Maßnahmen ab. Ausschlaggebendes Kriterium ist dabei gem. § 8 Abs. 1 WVG das Vorliegen eines Vorteils im Sinne des im Wasserverbandsrecht seit langem geläufigen konkret-individuell geprägten Vorteilsprinzips.

379 Mögliche Verbandsmitglieder sind nach § 4 WVG (1) die jeweiligen Eigentümer von Grundstücken und Anlagen, die jeweiligen Erbbauberechtigten sowie die Inhaber von Bergwerkseigentum (sog. dingliche Verbandsmitglieder), (2) Personen, denen der Verband im Rahmen seiner Aufgaben Pflichten abnimmt oder erleichtert, (3) Körperschaften des öffentlichen Rechts, (4) andere Personen, wenn die nach Landesrecht zuständige Behörde (Aufsichtsbehörde) sie zulässt sowie (5) der Träger der Baulast einer Verkehrsanlage, soweit er nicht unter Nr. 1 fällt.

380 Die Mitgliedschaft in einem konkreten Verband kann auf verschiedenen Wegen begründet werden. Zunächst werden gem. § 22 WVG Mitglieder alle jenen Beteiligten, die im Falle einer Errichtung des Verbandes durch Beschluss diesem zugestimmt haben. Die Mitgliedschaft der weiteren Beteiligten wird durch eine Heranziehung zur Mitgliedschaft nach § 9 WVG be-

gründet. Schließlich können „andere Personen" i.S.d. § 4 Abs. 1 Nr. 4 WVG die Verbandsmitgliedschaft erlangen.

Die §§ 23, 24 WVG treffen darüber hinaus besondere Bestimmungen über die Begründung und Erweiterung der Mitgliedschaft bei bestehenden Verbänden sowie die Aufhebung der Mitgliedschaft. **381**

Organe des Verbands sind gem. § 46 Abs. 1 WVG die Verbandsversammlung und der Vorstand. An die Stelle der Verbandsversammlung kann – das bietet sich vor allem bei größeren Verbänden an – ein Verbandsausschuss als Vertreterversammlung der Verbandsmitglieder treten. Nicht zum Kreis der Verbandsorgane gehört der Geschäftsführer, den der Verband gem. § 57 WVG bestellen kann und dem in der Regel die sog. einfachen Geschäfte der laufenden Verwaltung zur Erledigung übertragen werden. **382**

Für die **Verbandsversammlung** bedarf es keiner besonderen Regeln über die Bildung, da sie aus sämtlichen Verbandsmitgliedern besteht. **383**

Entscheiden sich die Verbandsmitglieder für die Einrichtung eines **Verbandsausschusses,** der an die Stelle der Verbandsversammlung tritt, so sind seine Mitglieder gem. § 49 Abs. 2 WVG durch die Verbandsmitglieder aus ihrer Mitte in einer Mitgliederversammlung zu wählen. Dabei kann die Satzung auch ein anderes Wahlverfahren vorsehen. Sowohl die Verbandsversammlung als auch der Verbandsausschuss können zur Vorbereitung ihrer Arbeit **Ausschüsse** einrichten. **384**

Der Vorstand, der gem. § 52 Abs. 1 Satz 1 WVG aus einer oder mehreren Personen bestehen kann, wird gem. § 47 Abs. 1 Nr. 1 WVG durch die Verbandsversammlung bzw. den Verbandsausschuss gewählt. In der Satzung kann gem. § 52 Abs. 2 WVG der Personenkreis, aus dem der Vorstand zu wählen ist, näher bestimmt werden. Das Gesetz schreibt keine Selbstorganschaft vor, so dass auch fachlich qualifizierte verbandsfremde Personen zu Vorstandsmitgliedern bestellt werden können. **385**

Leitungsorgan des Verbandes ist die **Verbandsversammlung** bzw. der an ihre Stelle tretende Verbandsausschuss. Dem Vorstand kommt daneben nach dem Willen des Gesetzgebers nur eine sog. Lückenkompetenz zu. Das zeigt sich vor allem daran, dass die für die Verbandstätigkeit wesentlichen Entscheidungen in § 47 Abs. 1 WVG der Verbandsversammlung zugewiesen sind. **386**

Daneben ist der **Vorstand** gem. § 54 Abs. 1 Satz 2 WVG für alle Aufgaben zuständig, zu deren Erledigung nicht durch Gesetz oder Satzung die Verbandsversammlung berufen ist. In diesem Rahmen kommt dem Vorstand eine Leitungsfunktion zu. Er vertritt zudem gem. § 55 Abs. 1 Satz 1 WVG den Verband gerichtlich und außergerichtlich. **387**

c) Aufgaben und Finanzierung

Das Wasserverbandsgesetz ist ein **reines Organisationsgesetz.** Aufgaben und Befugnisse des Verbandes regelt es nur insofern, als organisatorische Fragen wie die Errichtung, Leitung und Finanzierung des Verbandes betroffen sind. Doch trifft § 2 WVG eine offene Rahmenregelung, aus der sich **388**

Hinweise auf die materiellen Aufgaben des Verbandes ableiten lassen, ohne dass die Vorschrift den Verband zu den jeweiligen Maßnahmen ermächtigt oder diese materiell regelt. Insofern ist auf die spezialgesetzlichen Regelungen, insbesondere im Wasserhaushaltsgesetz des Bundes sowie den Landeswassergesetzen und das Wasserwegerecht abzustellen.

389 Die wichtigsten im WVG geregelten Befugnisse betreffen neben der Heranziehung zur Verbandsmitgliedschaft und der **Beitragserhebung** die Benutzung von Grundstücken gem. §§ 33ff. WVG, Enteignungen gem. §§ 40ff. WVG sowie die mit der sog. Verbandsschau gem. 44f. WVG verbundenen Kontrollrechte.

390 Bei den Wasser- und Bodenverbänden ist zwischen der verbandlichen Eigen- und der staatlichen Fremdfinanzierung zu unterscheiden.

391 Die Eigenfinanzierung durch Beiträge ist in den §§ 28ff. WVG geregelt. Beitragspflichtig sind gem. § 28 Abs. 1 WVG die Verbandsmitglieder, soweit dies zur Erfüllung der Verbandsaufgaben erforderlich ist.

392 Die Höhe des zu leistenden Beitrages richtet sich gem. § 28 Abs. 4 WVG nach dem Vorteilsprinzip, das im Hinblick auf die Beitragserhebung in § 30 WVG näher geregelt wird. Neben den Verbandsmitgliedern können unter den besonderen Voraussetzungen des § 28 Abs. 3 WVG auch Außenstehende zu Beitragszahlungen herangezogen werden, insoweit sie Nutznießer der Verbandstätigkeiten sind.

393 Für den Haushalt, die Rechnungslegung sowie deren Prüfung erklärt § 65 WVG die landesrechtlichen Vorschriften der LHO für anwendbar. Für die staatlichen Zuschüsse trifft das WVG keine besonderen Regelungen.

394 Wasser- und Bodenverbände unterstehen gem. § 72 Abs. 1 WVG der Rechtsaufsicht. Die Aufsichtsbefugnisse ergeben sich aus den Regelungen der §§ 74–77 WVG. Danach steht der Aufsichtsbehörde ein Informationsrecht zu (§ 74 WVG), sind eine Reihe von Geschäften des Verbandes an die Zustimmung der Aufsichtsbehörde gebunden. Kommt der Verband Anweisungen der Aufsichtsbehörde nicht nach, so steht dieser gem. § 76 WVG das Recht der Ersatzvornahme zu. Als ultima ratio kann die Aufsichtsbehörde für den Fall, dass eine ordnungsgemäße Verwaltung des Verbandes nicht gewährleistet ist, gem. § 77 WVG einen Beauftragten bestellen, der alle oder einzelne Geschäfte des Verbandes oder eines Verbandsorgans erledigt.

15. Die Waldwirtschaftsgenossenschaften

a) Entwicklung und aktuelle Rechtsgrundlagen

395 Die Waldwirtschaftsgenossenschaften finden heute ihre rechtliche Grundlage in den Bestimmungen der §§ 14ff. des Landesforstgesetzes NW. Zurzeit bestehen im Gebiet des Landes Nordrhein-Westfalen 18 Waldwirtschaftsgenossenschaften.

396 Eine Waldwirtschaftsgenossenschaft kann gem. § 15 Abs. 1 nwLForstG freiwillig auf Antrag aller Eigentümer einer genügend großen, im Wesent-

lichen zusammenhängenden Waldfläche oder unter den Voraussetzungen des Abs. 2 durch staatlichen Oktroi gegründet werden. Das Gründungsverfahren regelt 16. Die Genossenschaft entsteht gem. § 17 S. 1 nwLForstG mit der Genehmigung der Satzung durch die Aufsichtsbehörde.

Stimmen zwei Drittel der Mitglieder für die Auflösung der Genossenschaft und repräsentieren sie zugleich zwei Drittel der erfassten Grundfläche, so kann die Genossenschaft nach § 30 mit Genehmigung der Aufsichtsbehörde aufgelöst werden. **397**

b) Organisationsstrukturen

Mitglieder sind gem. § 18 nwLForstG die jeweiligen Eigentümer der zusammengeschlossenen Grundstücke, doch kann die Satzung auch den Beitritt von Mitgliedern anderer Grundstücke regeln. Die Stelle des Eigentümers kann gem. § 18 Abs. 2 LForstG NW von einem Nutzungsberechtigten eingenommen werden. **398**

Organe der Waldwirtschaftsgenossenschaft sind gem. 19 nwLForstG die Genossenschaftsversammlung, der Vorstand und, soweit es die Satzung vorsieht, der Genossenschaftsausschuss. **399**

Die **Genossenschaftsversammlung** wählt den Vorstand und dessen Vorsitzenden. Sie beschließt ferner über die Satzung und die in § 20 Abs. 1 und 2 enumerativ angeführten Sachthemen. Das Stimmrecht der Mitglieder ist gem. § 21 Abs. 3 Satz 2 nwLForstG nach der Größe ihrer Grundstücke in der Satzung festzulegen. Jedes Mitglied muss mindestens eine Stimme haben und kein einzelnes Mitglied darf über mehr als zwei Fünftel der Gesamtstimmen verfügen. **400**

Der **Vorstand** besteht gem. § 22 Abs. 1 nwLForstG aus dem Vorsitzenden und mindestens zwei weiteren Mitgliedern. Er führt die laufenden Geschäfte und vertritt die Genossenschaft im Rechtsverkehr. **401**

Wird ein **Genossenschaftsausschuss** gebildet, so hängt dessen Zuständigkeit von den Regelungen der Satzung ab, die ihm Aufgaben zuweisen kann. **402**

c) Aufgaben und Finanzierung

Die **Aufgaben** der Waldwirtschaftsgenossenschaften werden in § 14 Abs. 2 und 3 nwLForstG aufgezählt. Sie zielen in ihrem Kern auf eine gemeinsame wirtschaftliche Verwaltung der Waldbestände ab. Dazu werden unter anderem gemeinsame Betriebspläne erstellt, Samen und Pflanzen gemeinsam beschafft, Wege gebaut und unterhalten sowie Waldarbeiter eingestellt. **403**

Gem. § 27 nwLForstG deckt die Genossenschaft ihren **Finanzbedarf** durch Umlagen von den Mitgliedern sowie Beiträge und Gebühren nach Maßgabe der Satzung, § 20 Abs. 1 Nr. 1 nwLForstG. **404**

Die **Aufsicht** über die Waldwirtschaftsgenossenschaften richtet sich gem. § 28 Abs. 1 Satz 3 nwLForstG nach den Maßgaben des § 20 nwLOG. § 28 Abs. 2 statuiert für zentrale Aufgabenbereiche Genehmigungsvorbehalte. **405**

16. Die Forstbetriebsverbände

a) Entwicklung und aktuelle Rechtsgrundlagen

406 Kooperation hat in der Forstwirtschaft eine lange, bis in die markgenossenschaftlichen Dorfgemeinschaften des Mittelalters zurückreichende Tradition. In der neueren Zeit sind forstwirtschaftliche Zusammenschlüsse vor allem durch die schwierige Marktentwicklung begünstigt worden. Sie dienen von daher vorrangig einer Verbesserung der Bewirtschaftung des Waldes.

407 Ihre rechtliche Grundlage finden die Forstbetriebsverbände in den Regelungen der § 21 ff. BWaldG. Im Gebiet des Landes Nordrhein-Westfalen bestehen zurzeit 17 Forstbetriebsverbände.

408 Forstbetriebsverbände können für forstwirtschaftlich besonders ungünstig strukturierte Gebiete nach den näheren Voraussetzungen des § 22 BWaldG gegründet werden. Sie erhalten gem. § 21 BWaldG die Rechtsform einer Körperschaft des öffentlichen Rechts. – Abgrenzung zur privaten Forstbetriebsgemeinschaft.

409 Zur **Bildung** eines Forstwirtschaftsverbandes hält gem. § 23 BWaldG die zuständige Behörde eine einleitende Versammlung ab, stellt einen Satzungsentwurf und ein vorläufiges Verzeichnis der beteiligten Grundstücke und ihrer Eigentümer auf und beruft eine Gründungsversammlung ein, § 23 Abs. 1 BWaldG. Der Verband entsteht mit der öffentlichen Bekanntmachung der zuvor zu genehmigenden, von den Mitgliedern beschlossenen Satzung.

410 Gem. § 36 Abs. 1 BWaldG kann die **Verbandsversammlung** mit einer Mehrheit von mindestens drei Vierteln der Stimmen aller Mitglieder die Auflösung des Forstbetriebsverbandes beschließen. Dieser Beschluss bedarf gem. Abs. 2 der Genehmigung der zuständigen Landesbehörde.

b) Organisationsstrukturen

411 **Mitglieder** eines Forstbetriebsverbandes sind gem. § 24 Abs. 1 BWaldG die Eigentümer oder – ausnahmsweise – Nutzungsberechtigten der beteiligten Grundstücke. Die Satzung kann überdies gem. Abs. 2 den Beitritt weiterer Mitglieder zulassen.

412 **Organe** des Verbandes sind gem. § 26 BWaldG die Verbandsversammlung, der Vorstand und – nach Maßgabe der Satzung – der Verbandsausschuss.

c) Aufgaben und Finanzierung

413 § 21 BWaldG verweist zur Bestimmung der Verbandsaufgaben auf die §§ 16, 17 BWaldG, die für freiwillig gegründete Forstbetriebsgemeinschaften gelten. Zweck des Zusammenschlusses ist es danach, die Bewirtschaftung der betroffenen Grundstücke zu verbessern, insbesondere die mit geringer Größe und ähnlichen Strukturmängeln verbundenen Nachteile auszugleichen. Dazu werden gemeinsame Betriebs- und Wirtschaftspläne sowie Betriebsgutachten erstellt, diverse forstwirtschaftliche Maßnahmen

gemeinschaftlich und abgestimmt durchgeführt, Wege gebaut und unterhalten sowie Maschinen und Geräte beschafft.

Der Forstbetriebsverband erhebt gem. § 33 Abs. 1 BWaldG von seinen 414
Mitgliedern eine Umlage, soweit seine sonstigen Einnahmen – aus Beiträgen und Gebühren – nicht ausreichen, um seinen **Finanzbedarf** zu decken. Die Höhe der jeweiligen Umlage soll regelmäßig nach der Größe der zugehörigen Grundstücke bemessen werden. Für bestimmte Zwecke oder Leistungen kann der Verband gem. § 33 Abs. 2 BWaldG von seinen Mitgliedern Beiträge erheben.

Gem. § 34 BWaldG unterliegen die Forstbetriebsverbände der **Aufsicht** 415
der nach Landesrecht zuständigen Behörde. Nach Abs. 2 Satz 2 ist die Landesregierung ermächtigt, durch Rechtsverordnung die Befugnisse der Aufsichtsbehörde im Einzelnen zu regeln bzw. diese Befugnis auf oberste Landesbehörden zu übertragen.

17. Die Fischereiwirtschaftsgenossenschaften

a) Entwicklung und aktuelle Rechtsgrundlagen

Das bis 1973 landesweit gültige preußische Fischereirecht sah drei For- 416
men des Zusammenschlusses von Fischereirechten in offenen Gewässern durch Hoheitsakt vor: die Schutzgenossenschaften, die Wirtschaftsgenossenschaften sowie die Fischereibezirke. Sie dienten der geregelten Aufsichtsführung, gemeinschaftlichen Maßnahmen zum Schutz des Fischbestandes sowie den wirtschaftlichen Interessen der Fischereiberechtigten.

Die **rechtliche Grundlage** der Fischereiwirtschaftsgenossenschaften bil- 417
den die §§ 21 ff. des Fischereigesetzes für das Land Nordrhein-Westfalen (nwLFischG) durch das sie erstmalig eingeführt wurden, um eine wirtschaftlich sinnvolle Nutzung der Fischereirechte zu ermöglichen. Das Bundesverfassungsgericht hat die Vereinbarkeit der entsprechenden Regelungen des nwLFischG mit dem Grundgesetz, insbesondere mit Art. 14 Abs. 1 und 3 GG auf Grund eines Vorlagebeschlusses des OVG NW hin bestätigt (*OVG NW,* DVBl. 1980, 423 ff.; *BVerfGE* 70, 191 ff.; siehe dazu auch *Leisner,* DVBl. 1984, 697 ff.).

Zur Rechtfertigung der Einschränkungen des Eigentumsrechts, die mit 418
dem Zusammenschluss der Fischereiberechtigten in der Genossenschaft verbunden sind, führt das BVerfG die im Vergleich zu anderen Sachbereichen gesteigerte wechselseitige Abhängigkeit der Fischereirechtsinhaber an, die im Interesse einer gesicherten und sinnvollen Nutzung ihre organisatorische Einbindung in eine Genossenschaft rechtfertige. Der Umstand, dass den Fischereiberechtigten die freie und selbstständige Verwaltung ihrer Fischereirechte genommen und durch Beteiligungsrechte an der Genossenschaft ersetzt werden, sei durch ausreichend gewichtige Gemeinwohlziele gerechtfertigt: die Erweiterung der vorhandenen Möglichkeiten erholsamer Freizeitbeschäftigung (Sportangler) und die Stabilisierung des ökologischen

Gleichgewichts sowie die Landschaftspflege. Zudem bestehe in den Genossenschaften auch nicht die Gefahr einer Majorisierung einzelner Fischereiberechtigter. Insoweit gelte nichts anderes als in den vergleichbaren genossenschaftlich geregelten Sachbereichen.

419 Gem. § 21 Abs. 1 nwLFischG bilden in einer Gemeinde alle Fischereirechte an fließenden Gewässern einen gemeinschaftlichen Fischereibezirk. Benachbarte Bezirke können gem. Abs. 2 zusammengelegt werden. Dies geschieht durch Verwaltungsakt. Nach § 22 Abs. 1 nwLFischG bilden die einem Fischereibezirk zugehörigen Fischereiberechtigten eine Fischereigenossenschaft. Sie ist gem. § 22 Abs. 1 Satz 2 nwLFischG Körperschaft des öffentlichen Rechts und gilt hinsichtlich der Wahrnehmung der Fischereirechte als Fischereiberechtigte.

b) Organisationsstrukturen

420 Der Stimmanteil der Mitglieder sowie ihr Anteil an Nutzungen und Lasten bestimmt sich gem. § 22 Abs. 2 nwLFischG anteilig nach dem Wert ihrer Fischereirechte. Diese werden in der Praxis nach der Gewässerlänge bemessen. In der Genossenschaftsversammlung hat jedes Mitglied mindestens eine Stimme. Die konkrete Zahl der Stimmen richtet sich nach dem Wert des Fischereirechts. Einzelheiten regelt die Satzung.

421 **Organe** der Genossenschaft sind gem. § 26 nwLFischG die Genossenschaftsversammlung und der Vorstand. In der Genossenschaftsversammlung sind gem. § 27 Abs. 3 nwLFischG alle Mitglieder vertreten. Sie können sich durch Bevollmächtigte vertreten lassen. Ihr Stimmrecht bemisst sich nach dem Wert ihrer jeweiligen Fischereirechte. Bei Abstimmungen muss nach § 27 Abs. 2 nwLFischG jeweils die Mehrheit der anwesenden und vertretenen Genossen und zugleich die Mehrheit der bei der Beschlussfassung vertretenen Werte der Fischereirechte erreicht werden.

422 Die **Genossenschaftsversammlung** wählt gem. § 27 Abs. 1 LFischG NW den Vorstand, dessen Zusammensetzung § 28 Abs. 1 LFischG NW regelt. Er führt gem. § 28 Abs. 2 LFischG NE die laufenden Geschäfte und erfüllt die Aufgaben, die ihm überdies durch die Satzung oder Beschlüsse der Genossenschaftsversammlung zugewiesen werden.

c) Aufgaben und Finanzierung

423 Die Fischereigenossenschaft nimmt gem. § 22 Abs. 1 Satz 3 LFischG NW die ihren Mitgliedern zustehenden Befugnisse hinsichtlich der Wahrnehmung der Fischereirechte sowie die ihnen im Interesse der Fischerei obliegenden Verpflichtungen nach Maßgabe des geltenden Rechts unter Berücksichtigung der Interessen der Mitglieder und allgemeiner Belange wahr.

424 Im Einzelnen ist die Genossenschaft zuständig für den Verkauf der Fischereischeine sowie für Maßnahmen zur Erhaltung und Förderung des Fischbestandes. In letzterem Zusammenhang ist sie auch an raumplanerischen und wasserrechtlichen Planungsverfahren und Entscheidungen zu beteiligen, soweit Rechte oder Interessen der Mitglieder betroffen sind bzw.

sein können. Schließlich ist es Aufgabe der Genossenschaft, die Interessen ihrer Mitglieder gegenüber staatlichen und privaten Institutionen sowie in der Öffentlichkeit zu vertreten.

Die Genossenschaft finanziert sich, soweit die Satzung dies gem. § 25 **425**
Abs. 2 Nr. 4 nwLFischG vorsieht, durch eine **Umlage.** In der Praxis ist jedoch eine Finanzierung aus den Erträgen des Verkaufes von Fischereischeinen üblich. Der in der Regel beträchtliche Überschuss wird an die Mitglieder ausgeschüttet.

Gem. § 30 nwLFischG untersteht die Fischereigenossenschaft der Auf- **426**
sicht des Staates. Aufsichtsbehörde sind der Oberkreisdirektor als untere staatliche Verwaltungsbehörde, wenn die Genossenschaft ihren Sitz im Gebiet eines Kreises hat, bzw. die kreisfreie Stadt, so sie in einer solchen ihren Sitz hat. Da das Landesfischereigesetz in § 30 keine nähere Bestimmung bezüglich der Aufsichtsmaßstäbe enthält, gilt die Regelung des § 20 LOG NW. Danach gilt, dass die Aufsicht als **Rechtsaufsicht** zu führen ist, soweit es nicht um Auftragsangelegenheiten geht oder besondere gesetzliche Vorschriften einen anderen Aufsichtsmaßstab vorschreiben.

18. Die Jagdgenossenschaften

Schrifttum: *Dietlein,* Die Klagebefugnis des Jagdgenossen, JuS 1996, 593; *Heermann,* Die Stimme der Gemeinde in der Jagdgenossenschaft, BayVBl. 1983, 748; *Ihnen,* Verfassungswidrigkeit von Abstimmungsverboten in der Versammlung der Jagdgenossen, wenn ein Jagdgenosse Pachtbewerber ist, ThürVBl. 2002, 77; *Scholz,* Jagdgenossenschaft und Jagdrecht in Deutschland und den Europäischen Nachbarländern, 1996.

a) Rechtsgrundlagen

Die Eigentümer der Grundflächen, die zu einem gemeinschaftlichen **427**
Jagdbezirk gem. § 8 BJagdG gehören, bilden gem. § 9 Abs. 1 BJagdG eine Jagdgenossenschaft. Diese ist gem. § 7 Abs. 1 LJagdG NW als Körperschaft des öffentlichen Rechts verfasst.

b) Organisationsstrukturen

Organe der Genossenschaft sind gem. § 9 BJagdG die Jagdgenossen- **428**
schaftsversammlung und der Vorstand. Der Vorstand ist gem. § 9 Abs. 2 Satz 2 BJagdG durch die Genossen zu wählen. Er vertritt die Jagdgenossenschaft gerichtlich und außergerichtlich. Für das Beschlussverfahren der Genossenschaftsversammlung bestimmt § 9 Abs. 3 BJagdG, dass für einen positiven Beschluss sowohl die Mehrheit der anwesenden und vertretenen Jagdgenossen als auch die Mehrheit der bei der Beschlussfassung vertretenen Grundflächen gegeben sein muss. Dieser Beschlussgrundsatz ist auch bei Wahlen zu beachten.

Gem. § 7 Abs. 2 LJagdG NW hat jede Jagdgenossenschaft eine Satzung **429**
aufzustellen. Diese bedarf der Genehmigung durch die Aufsichtsbehörde und ist öffentlich auszulegen.

c) Aufgaben und Finanzierung

430 Wichtigste und zentrale Aufgabe der Jagdgenossenschaften ist die Ordnung der Jagdnutzung nach § 10 BJagdG. Dabei sind die inhaltlichen Anforderungen der § 19ff. BJagdG zu beachten.

431 Nach Abs. 1 nutzt die Jagdgenossenschaft die Jagd in der Regel durch Verpachtung. Sie kann nach Abs. 2 die Jagd aber auch für eigene Rechnung durch angestellte Jäger ausüben lassen. Ein Ruhenlassen der Jagd ist dagegen nur mit Zustimmung der zuständigen Behörde zulässig. Der Reinertrag aus der Jagdnutzung ist nach den näheren Maßgaben des § 10 Abs. 3 BJagdG zu verteilen.

432 Die Jagdgenossenschaft kann gem. § 7 Abs. 3 Nr. 3 LJagdG NW in ihrer Satzung zur Finanzierung ihrer Tätigkeit die Erhebung von Umlagen vorsehen.

433 Gem. § 47 Abs. 1 LJagdG NW unterstehen die Jagdgenossenschaften der Aufsicht des Staates. Aufsichtsbehörde ist bei Jagdgenossenschaften, die ihren Sitz in einem Kreis haben, der Oberkreisdirektor als untere staatliche Verwaltungsbehörde, ansonsten die kreisfreie Stadt. Da der Aufsichtsmaßstab nicht näher bestimmt ist, kommt § 20 LOG NW zur Anwendung.

19. Der Abfallentsorgungs- und Altlastensanierungsverband Nordrhein-Westfalen (Entsorgungsverband)

a) Rechtsgrundlagen

434 Der Abfallentsorgungs- und Altlastensanierungsverband Nordrhein-Westfalen ist durch Gesetz vom 21. 6. 1988 in der Rechtsform einer Körperschaft des öffentlichen Rechts gegründet worden. Die Körperschaft verwaltet sich gem. § 6 Abs. 1 EVERBG selbst und gibt sich eine Satzung.

435 Der Entsorgungsverband wurde gegründet, um Probleme im Zusammenhang mit der Entsorgung von Abfällen, die nach § 3 Abs. 3 AbfG von der Entsorgung ausgeschlossen sind, sowie Probleme im Bereich der Altlastensanierung zu lösen. Dabei stand die Unterstützung mittelständischer Unternehmen sowie die Schließung von Finanzierungslücken bei der Altlastensanierung im Vordergrund. Besonderes Anliegen des Gesetzgebers war es zudem, entsprechend dem Verursacherprinzip die für die Abfallentsorgung Verantwortlichen an der Aufgabenerfüllung neben den kommunalen und staatlichen Stellen zu beteiligen.

b) Organisationsstrukturen

436 Die Mitglieder des Entsorgungsverbandes werden durch § 5 EVERBG bestimmt und in drei Gruppen untergliedert. Mitglieder der ersten Gruppe sind die Betreiber der Unternehmen, die nach § 3 Abs. 3 AbfG ausgeschlossenen Abfälle als Dritte im Sinne von § 3 Abs. 4 Satz 2 AbfG behandeln oder ablagern oder in Anlagen des Entsorgungsverbandes behandeln oder ablagern lassen. Sie werden als Fremdentsorger bezeichnet. Mitglieder der

zweiten Gruppe sind die Betreiber derjenigen Unternehmen, die als Abfallerzeuger nach § 3 Abs. 3 AbfG ausgeschlossene Abfälle in eigenen Anlagen behandeln oder ablagern. Sie werden Eigenentsorger genannt. Die dritte Gruppe bilden schließlich die kreisfreien Städte, Kreise und kreisangehörigen Gemeinden des Landes. Die Mitgliedschaft der Fremd- und Eigenentsorger wird in Satz 2 davon abhängig gemacht, dass sie mit einem in der Satzung zu bestimmenden Mindestbeitrag zu den Verbandslasten veranlagt werden können.

§ 6 Abs. 2 EVERBG nennt als **Verbandsorgane** die Delegiertenversammlung und den Vorstand. Diese Aufzählung ist indes unvollständig, denn darüber hinaus kommt – wie zu zeigen sein wird – auch dem Geschäftsführer und dem Widerspruchsausschuss eine Organstellung zu. **437**

Die Delegiertenversammlung besteht gem. § 8 Abs. 1 EVERBG aus 100 Delegierten. Diese werden nach den näheren Bestimmungen der §§ 9 bis 12, 14, 15 und 46 getrennt nach Gruppen gewählt. Dabei entfallen auf die drei Mitgliedergruppen jeweils 25 Delegierte. Weitere 25 Delegierte werden durch die Industrie- und Handelskammern (20) sowie die Handwerkskammern (5) als Repräsentanten der Abfallerzeuger bestimmt. **438**

Die Wahl der Delegierten ist für die einzelnen Mitgliedergruppen unterschiedlich geregelt. Für die Fremd- und Eigenentsorger ist das Wahlverfahren in §§ 10 bis 12 EVERBG geregelt. Das Stimmrecht ist dabei von der Erreichung eines bestimmten Jahresbeitrages abhängig (sog. Stimmeinheit) und vervielfältigt sich bei Vervielfältigung dieses Betrages. Die den Stimmeinheiten zugrundeliegenden Beiträge können für Fremd- und Eigenentsorger unterschiedlich festgesetzt werden. Nach § 10 Abs. 3 EVERBG besteht die Möglichkeit, dass einzelne Mitglieder Bruchteile von Beiträgen bei gleichzeitiger Verpflichtung zu gemeinsamer Stimmabgabe zu einer Stimmeinheit verbinden können. Die Delegierten der Kommunen werden gem. § 14 Abs. 2 EVERBG von den kommunalen Spitzenverbänden gewählt. Die Wahl der Delegierten der Kammern wird schließlich in § 15 EVERBG geregelt. **439**

Die **Delegiertenversammlung** wählt gem. § 18 Abs. 1 EVERBG die Vorstandsmitglieder und ein Mitglied des Vorstandes zum Verbandsvorsitzenden sowie ein weiteres Mitglied des Vorstandes zum stellvertretenden Verbandsvorsitzenden. Beide müssen unterschiedlichen Mitgliedergruppen angehören. Die Delegiertenversammlung wählt ferner die zu wählenden Mitglieder des Widerspruchsausschusses und deren Stellvertreter. Die Beschlusskompetenzen der Delegiertenversammlung ergeben sich aus § 18 Abs. 2 EVERBG. **440**

Der **Vorstand** besteht gem. § 19 Abs. 1 EVERBG aus acht Mitgliedern, von denen jeweils zwei auf Vorschlag der drei Mitgliedergruppen und der Kammern gewählt werden. An den Vorstandssitzungen nimmt ein von den Dienstkräften des Entsorgungsverbandes gewählter Vertreter ohne Stimmrecht teil. Vorstandsmitglied kann nicht sein, wer Mitglied der Dele- **441** giertenversammlung ist. Die Aufgaben des Vorstandes regelt im Einzelnen § 20 EVERBG, den Modus seiner Sitzungen und Beschlussfassung § 21 EVERBG.

442 Dem vom Vorstand zu wählenden **Geschäftsführer** obliegen gem. § 22 Abs. 2 EVERBG die laufenden Geschäfte des Entsorgungsverbandes, die in den Ziffern 1 bis 5 näher bestimmt werden. In Abs. 3 wird dem Geschäftsführer zudem eine Eilkompetenz eingeräumt. Gem. § 23 Abs. 1 EVERBG vertritt der Geschäftsführer zudem im Rahmen seiner Zuständigkeiten den Verband gerichtlich und außergerichtlich. Aus alledem ergibt sich eine Organfunktion des Geschäftsführers, handelt der Verband doch durch ihn im Außenverhältnis. Die Aufzählung des § 6 Abs. 2 EVERBG ist insoweit unvollständig, gleichzeitig aber auch nicht in der Lage, die Organstellung des Geschäftsführers in Frage zu stellen, da ihr allenfalls deklaratorische Bedeutung zukommt, bestimmt sich doch die Organstellung nach der Art der gesetzlich zugewiesenen Aufgaben.

443 In §§ 35 ff. EVERBG wird die Einrichtung eines **Widerspruchsausschusses** geregelt, dessen Mitglieder gem. 35 Abs. 1 EVERBG teilweise von der Delegiertenversammlung gewählt, teilweise von der obersten Abfallwirtschaftsbehörde bestellt werden. Er ist gem. § 36 Abs. 1 EVERBG ausschließlich zur Entscheidung über Widersprüche gegen Beitragsbescheide zuständig. Die organisatorische Zuordnung dieses Ausschusses wird durch das Gesetz nicht explizit geregelt. Wie bereits der Fall des Geschäftsführers gezeigt hat, kommt dabei dem Umstand, dass § 6 Abs. 2 EVERBG ihn nicht als Organ des Entsorgungsverbandes anführt, keine tragende Bedeutung sondern allenfalls eine Indizfunktion zu. Maßgeblich ist alleine, welcher juristischen Person das Handeln des Widerspruchsausschusses zugerechnet wird. Dabei kommen nur der Entsorgungsverband und das Land NRW in Betracht. Bereits der Umstand, dass der Widerspruchsausschuss im Verbandsgesetz geregelt und damit Teil des ihn betreffenden staatlichen Organisationsaktes ist, indiziert seine Zuordnung zum Verband. Dies wird bestärkt durch die in § 36 Abs. 4 und § 37 Abs. 1 EVERBG begründete Kostentragungspflicht des Entsorgungsverbandes. Wäre eine Institutionalisierung als Organ des Landes beabsichtigt gewesen, so hätte dies entweder mit einer Zuordnung zu einer organisatorischen Einheit der Landesverwaltung oder einer expliziten Regelung verbunden werden müssen, aus der sich eine solche Zuordnung ableiten lässt. Der Umstand alleine, dass zwingend zwei Landesbeamte als Mitglieder des Widerspruchsausschusses figurieren, vermag eine organisationsrechtliche Zuordnung nicht zu begründen. Der Widerspruchsausschuss ist demnach als viertes Organ des Entsorgungsverbandes einzustufen.

c) Aufgaben und Finanzierung

444 Die Aufgaben des Entsorgungsverbandes regelt § 2 EVERBG. Dabei werden zunächst in Abs. 1 drei Hauptbereiche unterschieden. Zum einen

hat der Verband die gegenwärtige und künftige Entstehung von Reststoffen und Abfällen sowie Möglichkeiten ihrer Vermeidung und Entsorgung zu ermitteln. Zum anderen übernimmt er nach eigenem Ermessen für mittelständische Unternehmen betreibende Mitglieder Planungs- und Verfahrenskosten als Vorlaufkosten bei der Errichtung von Entsorgungsanlagen. Schließlich ist es seine Aufgabe, allgemein zugängliche Entsorgungsanlagen zu errichten und zu betreiben, soweit Abfallerzeuger oder Entsorgungsunternehmer nicht selbst diese Anlagen errichten und betreiben.

Gem. § 2 Abs. 2 EVERBG hat der Entsorgungsverband weiter unbeschadet der ordnungsrechtlichen Befugnisse der zuständigen Behörden sowie ordnungsrechtlicher Verantwortlichkeiten Maßnahmen der Gefahrenabwehr aus Altlasten zu erfüllen, soweit er sich dazu bereit erklärt. Es muss sich dabei um Maßnahmen handeln, die von den zuständigen Behörden im Wege der Ersatzvornahme durchgeführt werden müssen oder zu deren Durchführung ein Ordnungspflichtiger nicht festgestellt werden kann oder finanziell nicht in der Lage ist. 445

Schließlich ist der Entsorgungsverband gem. § 4 EVERBG berechtigt, weitere Maßnahmen und Arbeiten durchzuführen, die mit den Verbandsaufgaben in Zusammenhang stehen, soweit dadurch die Erfüllung der sonstigen Verbandsaufgaben nicht beeinträchtigt wird. 446

Der Entsorgungsverband finanziert sich durch Beiträge der Mitglieder der beiden ersten Mitgliedergruppen (Fremd- und Eigenentsorger) nach §§ 28ff. EVERBG und gem. § 34 EVERBG durch Mittel aus dem Lizenzentgeltaufkommen gem. §§ 10ff. nwLAbfG. 447

Die Beiträge bestehen gem. § 28 Abs. 2 EVERBG in Geldleistungen und werden nach den von der Delegiertenversammlung zu beschließenden Veranlagungsrichtlinien erhoben, wobei die näheren Maßgaben des § 29 EVERBG zu beachten sind. Die Beitragspflicht ist gem. § 33 Abs. 1 EVERBG eine öffentliche Last und gem. Abs. 2 durch den Geschäftsführer als Vollstreckungsbehörde beizutreiben. 448

Die zweite Finanzierungsquelle des Entsorgungsverbandes, das sog. Lizenzentgelt gem. §§ 10 ff. nwLAbfG, ist im Hinblick auf seine Rechtmäßigkeit umstritten. Unter Verweis darauf, dass es an einer Gesetzgebungszuständigkeit des Landes für eine solche Abgabe fehlt und das Fehlen ihrer Rechtfertigungsvoraussetzungen als Sonderabgabe bzw. ihre verfassungsrechtliche Unzulässigkeit als Verleihungsgebühr, wird die Verfassungswidrigkeit des Lizenzentgeltes behauptet. 449

Der Entsorgungsverband steht gem. § 39 Abs. 1 der Aufsicht des Ministers für Umwelt, Raumordnung und Landwirtschaft, wobei es sich gem. Abs. 2 um eine Rechtsaufsicht handelt, die ausdrücklich auch die Erfüllung der gesetzlichen Aufgaben des Verbandes sicherzustellen hat. Die weiteren Vorschriften räumen der Aufsichtsbehörde Unterrichtungsrechte (§ 40), Anordnungs- und Aufhebungsbefugnisse (§ 41) sowie das Recht zur Einsetzung eines Beauftragten (§ 42) ein. In § 43 EVERBG sind schließlich einzel- 450 ne Verbandsgeschäfte geregelt, die der Genehmigung der Aufsichtsbehörde bedürfen. Der Gesetzeswortlaut lässt offen, inwieweit der Aufsichtsbehörde ein Ermessen zusteht und sie auch die Zweckmäßigkeit der geplanten Maßnahmen beurteilen darf. Die Genehmigung ist ein Instrument der präventiven Aufsicht und als solches nicht notwendig mit der Zuweisung von Ermessen verbunden. Vielmehr können Genehmigungsvorbehalte auch im Rahmen einer Rechtsaufsicht zum Einsatz kommen. Es kommt deshalb darauf an, ob das Gesetz der Aufsichtsbehörde im Rahmen ihrer Entscheidungskompetenz ein solches Ermessen einräumt. Da § 43 EVERBG dazu keinerlei Anhaltspunkte liefert, ist auch insoweit die allgemeine Regelung des § 39 Abs. 1 EVERBG maßgeblich und nur eine Rechtskontrolle zugelassen. Die Erteilung der Genehmigung darf also nicht von bloßen Zweckmäßigkeitsüberlegungen abhängig gemacht werden.

§ 98 Einzelfragen der inneren Verfassung der Träger funktionaler Selbstverwaltung

Schrifttum: *Groß, Chr.*, Die Wahl zur Vollversammlung der Industrie- und Handelskammer, 2002; *Groß, T.*, Das Kollegialprinzip in der Verwaltungsorganisation, 1999; *Kluth*, Funktionale Selbstverwaltung Verfassungsrechtliche Status – verfassungsrechtlicher Schutz, 1997; *ders.*, (Hrsg.), Jahrbuch des Kammerrechts 2002, 2003; *Messerschmidt*, Rechtsschutz gegenüber Zwangsverbänden, VerwArch. 81 (1990), 55; *Tettinger*, Kammerrecht, 1997; *Unruh*, Demokratie und Mitbestimmung in der funktionalen Selbstverwaltung, VerwArch. 92 (2201), 531; *Wirtz*, Das Haushaltsrecht der Kammern, 1999.

I. Die grundsätzliche Anwendbarkeit körperschaftlicher Grundsätze

1 Die Träger funktionaler Selbstverwaltung sind wie die Kommunalverwaltungen körperschaftlich verfasst. Das hat für ihre innere Verfassung zur Folge, dass für sie grundsätzlich die **Rechtsgrundsätze des allgemeinen Körperschaftsrechts** gelten, die bereits an früherer Stelle behandelt worden sind (siehe § 86). Ähnlich wie bei der kommunalen Selbstverwaltung, deren innere Verfassung auf Grund der dichten gesetzlichen Vorgaben einer eingehenden Behandlung bedurfte (siehe § 95) sind auch bei den Trägern funktionaler Selbstverwaltung einige Besonderheiten anzutreffen, die ergänzend zu den allgemeinen Grundsätzen des Körperschaftsrechts und teilweise abweichend von den für das Kommunalverfassungsrecht geltenden Regelungen im Folgenden darzustellen sind. Das Ergebnis dieser Untersuchung stellt zugleich die Grundlage für die Herausbildung einer dem Kommunalverfassungsrecht vergleichbaren Bereichsdogmatik der funktionalen Selbstverwaltung dar, eine Aufgabe, die an anderer Stelle durchzuführen sein wird und hier nur in groben Zügen umrissen werden kann.

Die Besonderheiten der Träger funktionaler Selbstverwaltung gegenüber den Gebietskörperschaften im Allgemeinen und der kommunalen Selbstverwaltung im Besonderen beruhen vor allem darauf, dass die **Gebietskörperschaften** nicht an spezifische Merkmale der als Mitglieder erfassten Personen und Organisationen anknüpfen. Sie knüpfen vielmehr rein formal an den Bürgerstatus und die Gebietsansässigkeit an und begründen auf dieser Grundlage eine körperschaftliche Struktur nach den leitenden Grundsätzen des demokratischen Verfassungsstaates. Bei den **Trägern funktionaler Selbstverwaltung** wird – mit Ausnahme der sozialen Selbstverwaltung – dem gegenüber nicht nur formal an spezifische Merkmale wie die Ausübung eines Berufs oder das Grundeigentum angeknüpft. Vielmehr stellen die mit dem Anknüpfungsmerkmal verbundenen Eigenschaften und Eigenheiten zugleich die Grundlage für die Einbeziehung in die Selbstverwaltung, d.h. die eigenverantwortliche Erledigung öffentlicher Aufgaben, dar. Die Mitgliedschaft ist insoweit sehr viel stärker personalisiert und thematisch differenziert als dies bei den Gebietskörperschaften der Fall ist, deren Mitglieder auch als „unbestimmte Allgemeinheit“ und damit als Subjekt ohne spezifische Eigenschaften außer ihrem Bürgerstatus beschrieben werden können. 2

Diese allgemeine Charakterisierung der Besonderheiten der funktionalen Selbstverwaltung stellen indes nicht mehr als eine grobe Skizze dar, aus der rechtliche Schlussfolgerungen für die Lösung von Einzelfragen nicht oder doch nur sehr bedingt abgeleitet werden können. Es bedarf deshalb einer schritt- und **stufenweisen Entfaltung** bzw. Konkretisierung dieser allgemeinen Aussagen. Diese muss bei der genaueren Charakterisierung des mitgliedschaftlichen Rechtsverhältnisses als eines verwaltungsrechtlichen Dauerrechtsverhältnisses ansetzen und dessen einzelne Inhalte untersuchen und inhaltlich konkretisieren (dazu unter II.). In einem zweiten Schritt gilt es, aus der personalen Prägung folgende Besonderheiten der Organbildung und der sonstigen Binnenverfassung zu untersuchen (dazu unter III.). Schließlich sind besondere Ausprägungen der Aufgaben der Träger funktionaler Selbstverwaltung in den Blick zu nehmen, die mit ihrer starken personalen Prägung zusammenhängen (dazu unter IV.). 3

II. Besonderheit der Rechtsstellung der Mitglieder

1. Die personale Prägung der funktionalen Selbstverwaltung

Die spezifische personale Prägung der funktionalen Selbstverwaltung wird bereits bei ihrer allgemeinen Charakterisierung als **Betroffenen-Selbstverwaltung** deutlich (dazu § 97, Rdnr. 1ff.): es geht bei den einzelnen Organisationen um die Erledingung von Aufgaben, die die Mitglieder thematisch und persönlich in besonderer, d.h. über ihre allgemeine Betroffenheit als Staatsbürger hinausgehenden Weise betreffen. Deshalb muss an Merkmale angeknüpft werden, die nicht rein situationsbezogen vorliegen, 4 sondern an einen Status dieser Personen anknüpfen. Wie die ausführliche Darstellung der einzelnen Erscheinungsformen der Träger funktionaler Selbstverwaltung gezeigt hat, dominieren dabei zwei Anknüpfungspunkte: einerseits die berufliche bzw. wirtschaftliche Betätigung und andererseits die Inhaberschaft von Grundeigentum oder auf das Eigentum bezogenen Rechten und Pflichtenstellungen. In beiden Fällen handelt es sich um Anknüpfungspunkte, die in besonderer Art und Weise durch einen intensiven Gemeinschaftsbezug geprägt sind.

5 Die starke soziale Einbindung der freien Berufs aber auch des Handwerks und der gewerblichen Betätigung lässt sich aus zwei sich ergänzenden Blickwinkeln aufzeigen. Zum einen werden durch die **berufliche und wirtschaftliche Betätigung** komplexe Austauschprozesse (in Bezug auf Waren und Dienstleistungen) ausgelöst, die eine Vielzahl von ökonomischen und rechtlichen Folgen mit sich bringen und deren Ergebnisse zugleich die ökonomische Basis des Sozialstaates darstellen. Zur Steuerung dieser Abläufe bedarf es einer stabilen **rechtlichen und sozialen Rahmenordnung,** die in der deutschen Rechts- und Kulturtradition nicht alleine durch staatliche Rechtsetzung und gesellschaftlich Selbstorganisation sondern auch durch die Einrichtung von öffentlich-rechtlich verfassten Selbstverwaltungsorganisationen verwirklicht worden ist. Die Träger funktionaler Selbstverwaltung nehmen somit komplexe soziale Steuerungsfunktionen in der modernen Staats- und Gesellschaftsordnung wahr (dazu näher *Kluth/Goltz,* Kammern der berufsständischen Selbstverwaltung in der EU, 2004). Dabei ist zu beachten, dass neben den normativen Verhaltenssteuerungen durch das berufsbezogene Recht gerade auch die Verkammerung als Einbeziehung in eine personal geprägte Organisation mit eigenen Wertmaßstäben und einem unterschiedlich stark ausgeprägten Bereichsethos zu den wesentlichen, wenngleich nicht immer sichtbaren Leistungen des Organisationstypus funktionale Selbstverwaltung gehört.

6 Eine von ihrem Ansatzpunkt andere, aber in ihren Konsequenzen durchaus vergleichbare soziale Dimensionen ist mit dem Grundeigentum verbunden. Bereits Art. 14 Abs. 2 GG lässt erkennen, dass hier die soziale Einbindung wesenstypisch ist. Die an das Grundeigentum anknüpfen **Realkörperschaften** sind im Kern deshalb auch Organisationen, bei denen die gemeinschaftliche Wahrnehmung von aus der Sozialpflichtigkeit des Eigentums erwachsenden Aufgaben im Vordergrund steht. Zugleich wird durch den Anknüpfungspunkt auch der Charakter dieser Organisationen in anderer Weise geprägt. Sie sind im Gegensatz zu den regional oder landes- bzw. bundesweit verfassten beruflichen und wirtschaftlichen Kammern enger an die überschaubare Örtlichkeit gebunden. Lediglich bei den Wasserverbänden kommt es bei der Anknüpfung an Flussläufe zu räumlich weiter ausgreifenden Organisationsformen.

7 Der damit skizzierte äußere Anlass für eine körperschaftliche Organisation in der funktionalen Selbstverwaltung ist nicht auf diese Funktion be-

schränkt, sondern wirkt in der Körperschaft insoweit prägend fort, als er die **Rechtsbeziehung der Organisation zu ihren Mitgliedern** in zweifacher Hinsicht prägt:

Zum einen sind die Mitglieder in der Selbstverwaltungskörperschaft die eigentlichen Träger und Gestalter der Organisation. Ihnen werden aktive Gestaltungsrechte eingeräumt, mit deren Hilfe sie den zugewiesenen Sachbereich personell und thematisch innerhalb des gesetzlich vorgegeben Rahmens eigenverantwortlich gestalten können. Dieses Gestaltungsrecht realisiert sich innerhalb einer verwaltungsrechtlichen Dauerrechtsbeziehung, dem **öffentlich-rechtlichen Mitgliedschaftsverhältnis.** Aus ihm erwachsen weitere mitgliedschaftliche Rechte, auf die anschließend näher einzugehen ist. 8

Zum anderen wird durch die Zusammenfassung in einer Körperschaft auch die **Beziehung zwischen den Mitgliedern** in mehrfacher Hinsicht näher ausgestaltet. Dabei sind wieder verschiedene Aspekte zu unterscheiden: Im Hinblick auf die Außenbeziehungen zum Staat und zu anderen Organisationen werden die Mitglieder zu einer **Interessengemeinschaft** zusammengefasst. Im Binnenbereich muss aus diesem Grunde ein **Interessenausgleich** stattfinden, soweit in einzelnen Fragen nicht von vornherein eine Interessengleichheit besteht. Es kommt insoweit zu einer innerorganisatorischen Ausgleichsfunktion. Schließlich greift innerhalb der Organisation in mehreren Beziehungen auch das **Solidarprinzip.** Das gilt vor allem dort, wo die soziale Versorgung und Absicherung zu den Aufgaben gehört, wie dies vor allem bei den freiberuflichen Kammern der Fall ist (dazu näher *Kluth*, Funktionale Selbstverwaltung, S. 208ff.). Abgeschwächt kommt das solidarische Prinzip auch bei der Finanzierung nach Maßgabe der Leistungsfähigkeit zum Ausdruck. 9

Die wichtigsten mitgliedschaftlichen Rechte, vor allem das aktive und passive Wahlrecht sowie die Mitwirkungsrechte in den Organen sind – mit unterschiedlicher Regelungsdichte – in den einzelnen Organisationsgesetzen explizit geregelt. Insoweit kann auf die Darstellungen zu den einzelnen Organisationsformen in § 97 verwiesen werden. In den folgenden Abschnitten wird auf weitere Rechte und Rechtspositionen eingegangen, die sich nicht unmittelbar aus dem Gesetz ableiten lassen. 10

2. Der allgemeine mitgliedschaftliche Anspruch auf Einhaltung der Verbandskompetenz

Den Mitgliedern der Träger funktionaler Selbstverwaltung stehen weitreichende Kontrollmöglichkeiten zu, die über den sonstigen staatlichen Bereich hinausgehen. An erster Stelle sind hier die **Kontrollrechte** zu erwähnen, die den Mitgliedern durch die Wahl und Abwahl der Leitungsorgane sowie durch die Vertretungskörperschaften gegenüber dem Vorstand und der Geschäftsführung zustehen. Auch wenn die Rechte nicht in allen Fällen gesetzlich ausdrücklich verankert sind, folgen sie aus allgemein anwendba- 11 ren Vorschriften und Grundsätzen des Verwaltungsorganisationsrechts (vgl. zu Einzelheiten *Groß,* S. 280 ff.; als Referenzgebiet für die Konkretisierung der mitgliedschaftlichen Rechte in den Vollversammlungen etc. können die Regelungen des Kommunalrechts zu den Ratsmitgliedern herangezogen werden).

12 Diese demokratischen Kontrollrechte werden ergänzt und in ihrer Wirksamkeit erweitert durch das von der Verwaltungsgerichtsbarkeit entwickelte allgemeine **mitgliedschaftliche Klagerecht** auf Einhaltung der Verbandskompetenz (grundlegend *BVerwGE* 34, 69 ff. – seither st. Rspr.; vgl. zuletzt *BVerwGE* 112, 69 ff.; Übersichten zur Rechtsprechung bei *Laubinger,* VerwArch. 74, [1983], 263 ff.; *Messerschmidt,* VerwArch. 81 [1990], 55 ff.; *Kluth,* Jura 1989, 408 ff). Auch wenn man dieses prozessual und materiellrechtlich systemfremde, weil nicht auf eine konkrete individuelle Betroffenheit abstellende Klagerecht in seiner Begründung für nicht überzeugend hält (so u. a. *Ress,* WiVerw. 1979, 157 ff.; *Laubinger,* VerwArch. 74, (1983), 263 ff.; *Kluth,* DVBl. 1986, 716 ff.; *ders.,* (Fn. 10), S. 306 ff.; *Leisner, W.,* BayVBl. 2001, 609 ff.), ist doch ausgehend vom faktischen Bestand festzustellen, dass es dem Mitglied eine Kontrollbefugnis in die Hand gibt, wie sie ihm bei keiner anderen öffentlich-rechtlich oder privatrechtlich verfassten Organisation zusteht. Dies wird leicht übersehen, wenn private Interessenverbände mit freiwilliger Mitgliedschaft als Alternative zum Körperschaftsmodell mit Pflichtmitgliedschaft vorgeschlagen und damit begründet werden, dadurch werde die Rechtstellung der Mitglieder verbessert. Der Trugschluss liegt in diesen Fällen darin, dass die Vorschläge nicht mit einem Abbau der Aufgaben verbunden sind. Diese werden lediglich in anderen rechtlichen Formen wahrgenommen, gegenüber denen die Betroffenen weniger weitreichende Klage- und Kontrollrechte zustehen (zu Einzelheiten *Kluth,* Verfassungsfragen der Privatisierung von Industrie- und Handelskammern, 1997; *Stober,* GewArch. 2001, 393 ff.).

13 Die **grundsätzliche Bedeutung** des allgemeinen mitgliedschaftlichen Klagerechts erschließt sich dann, wenn man bedenkt, dass dem einzelnen Mitglied damit Kontrollrechte eingeräumt werden, die weiter gehen als die Rechte, die etwa im kommunalen Bereich den Mandatsträgern in Rat und Kreistag zustehen. Darin liegt eine bedeutsame Aufwertung der Rechtsstellung des einzelnen Mitglieds und eine stärkere Betonung des Zusammenschlusses zur Erfüllung eines thematisch begrenzten Aufgabenbereichs im Gegensatz zur Mitwirkung in einem Verwaltungsträger mit einem weitreichenden Aufgabenfindungsrecht, wie es auf der kommunalen Ebene der Fall ist.

3. Weitere besondere mitgliedschaftliche Rechte

14 Das für die funktionale Selbstverwaltung prägende mitgliedschaftliche Rechtsverhältnis bietet über die auf Partizipation und Kontrolle abzielenden

geregelten oder gerichtlich herausgebildeten Rechte hinausgehend eine Basis für die Entwicklung weiterer bereichsspezifischer mitgliedschaftlicher Rechte, deren Begründung und Konturierung noch nicht abgeschlossen ist.

15 Einen ersten Bereich stellen die **mitgliedschaftlichen Informations- und Auskunftsrechte** dar, soweit diese unabhängig von der Innehabung eines Amtes geltend gemacht bzw. begründet werden. Dazu finden sich in der verwaltungsgerichtlichen Rechtsprechung bislang nur erste Ansätze, die einer weiteren Vertiefung bedürfen (OVG NW, Urt. v. 12. 6. 2003, Az. 8A 4282/02). Abzuwarten bleibt insoweit, inwieweit die Entwicklung derartiger Rechte durch den Erlass von allgemeinen Informationsfreiheitsgesetzen an Bedeutung verliert (zur Anwendung der Informationsfreiheitsgesetze auf Träger funktionaler Selbstverwaltung *Röger,* in: Jahrbuch des Kammerrechts 2002, S. 65 ff.).

16 Einen zweiten Bereich markieren besondere **mitgliedschaftliche Rücksichtnahmepflichten,** die vor allem dann entstehen können, wenn eine wirtschaftliche Kammer Dienstleistungen in Konkurrenz zu eigenen Mitgliedern erbringt. Diese Problematik ist vor allem für die Industrie- und Handelskammern von großer praktischer Bedeutung, etwa im Bereich von Bildungsdienstleistungen (dazu näher *Kluth/Voigt,* Jahrbuch des Kammerrechts 2002, S. 351 ff.).

4. Pflichten der Mitglieder

17 Neben allgemeinen Finanzierungs- und punktuellen Auskunftspflichten sind in den meisten Trägern funktionaler Selbstverwaltung nur wenige weitere mitgliedschaftliche Pflichten anzutreffen (zu den rechtlichen Anforderungen an diese Pflichten vgl. näher *Kluth,* Funktionale Selbstverwaltung, S. 308 ff.).

18 Anders ist die Lage bei den **Realkörperschaften,** da bei ihnen neben z. T. sehr weitreichenden finanziellen Belastungen auf Grund der Besonderheit der ihnen zugewiesenen Aufgaben auch echte Mitwirkungspflichten entstehen können. Es handelt sich dabei jedoch nicht im engeren Sinne um mitgliedschaftliche Pflichten, sondern um Belastungen durch die Aufgaben, zu deren gemeinsamer Wahrnehmung die Realkörperschaften gebildet wurden.

III. Besonderheiten bei der Bildung der Organe

19 Eine ganze Reihe von Besonderheiten sind – wie die Darstellungen unter § 97 bereits gezeigt haben – im Bereich des **Wahlrechts** der Träger funktionaler Selbstverwaltung anzutreffen. Im Vordergrund stehen dabei Modifikationen des Grundsatzes der Gleichheit der Wahl und der Allgemeinheit der Wahl. Da es sich dabei um verfassungsrechtlich im Demokratieprinzip verankerte Grundsätze handelt, bedürfen diese Abweichungen einer besonderen Rechtfertigung.

20 Modifikationen in Bezug auf den Grundsatz der Gleichheit der Wahl sind vor allem bei gruppenplural strukturierten Kammern anzutreffen, bei denen in verschiedenen **Wahlgruppen** gewählt wird. Es handelt sich dabei um eine durch den Organisationszweck gerechtfertigte Abweichung, denn die von den Kammern zu leistende gerechte Interessenvertretung kann nur bei einer solchen Untergliederung erreicht werden. Dabei handelt es sich um eine auch mit dem Demokratieprinzip vereinbare Abweichung vom Grundsatz der Wahlrechtsgleichheit in seiner streng formalen Variante (vgl. auch *Kluth,* Funktionale Selbstverwaltung, S. 460 ff.; *Groß, Chr.,* S. 21 ff.).

21 Bei gruppenantagonistischen **Realkörperschaften** sind in vergleichbarer Weise unterschiedlich gewichtete Mitgliedschafts- bzw. Stimmrechte anzutreffen. In diesem Fall sind es die unterschiedlichen finanziellen Belastungen, die zu einer Modifikation der Stimmrechte zwingen, da ansonsten eine Mehrheit von weniger stark finanziell betroffenen Mitgliedern erhebliche Kostenbelastungen einer Minderheit beschließen könnte.

IV. Besonderheiten der Aufgaben der Träger funktionaler Selbstverwaltung

1. Die Einordnung der (Gesamt-)Interessenvertretung

22 Zu den Aufgaben mit besonderem Charakter, die immer wieder Verständnis- und Einordnungsschwierigkeiten verursachen, gehört die vor allem von den wirtschaftlichen und freiberuflichen Kammern wahrzunehmende Aufgabe der (Gesamt-)Interessenvertretung. Dabei sind verschiedene Aspekte bzw. Ebenen zu unterscheiden.

23 Zunächst bedarf es der Klärung, dass es sich bei der Interessenvertretung nicht um eine von den Kammern wahrgenommene „gesellschaftliche" Aufgabe oder sogar um Grundrechtsgebrauch handelt (dazu näher *Kluth,* Funktionale Selbstverwaltung, 322 ff.). Nicht die Aufgabe der Interessenvertretung bestimmt ihre rechtliche Zuordnung, sondern der rechtliche Status der handelnden Organisation. Es ist deshalb auch weder möglich noch erforderlich, die Betätigung der Kammern in einen hoheitlichen und gesellschaftlichen Bereich zu untergliedern. Auch im Bereich der Interessenvertretung nehmen die Kammern eine ihnen zugewiesene öffentlichen Aufgabe wahr.

24 Eine besondere Ausgestaltung erfährt die Interessenvertretung in gruppenplural verfassten Kammern, da in diesen Fällen das Gesetz zur Ermittlung und Vertretung des **Gesamtinteresses** verpflichtet (dazu ausführlich *Möllering,* WiVerw. 2001, 25 ff.). Den Kammern wird dabei als Vorstufe zur externen Interessenvertretung eine interne Ausgleichsfunktion zugewiesen.

25 Schließlich unterliegen die Träger funktionaler Selbstverwaltung bei der Interessenvertretung einer grundsätzlichen Gemeinwohlbindung, d.h. sie

dürfen nicht egoistisch Gruppeninteressen vertreten, wenn diese erkennbar in Widerstreit zu übergeordneten Belangen stehen.

2. Gruppensolidarisch geprägte Aufgaben

Ebenfalls einen besonderen Charakter besitzen die gruppensolidarisch **26**
geprägten Aufgaben, die vor allem bei den freiberuflichen Kammern in der Gestalt von **Versorgungswerken** und **sozialen Fonds** anzutreffen sind. In diesen Fällen wird das ansonsten auf der gesamtstaatlichen Ebene aktivierte Solidarprinzip innerhalb einer Berufsgruppe verwirklicht. Das Verhältnis der Solidarität innerhalb von kleinen und besonders leistungsfähigen Gruppen zur Solidarität auf der gesamtstaatlichen Ebene ist nicht unproblematisch und im Zusammenhang mit der Krise der sozialen Sicherungssysteme durchaus umstritten. Es bedarf deshalb einer vertieften Untersuchung und Begründung auch aus dieser übergeordneten Perspektive.

Sechster Abschnitt.
Grundlagen der Verwaltungsorganisation der Europäischen Union

§ 99 Die Stellung der mitgliedstaatlichen Verwaltung bei der Ausführung des Gemeinschaftsrechts

Schrifttum: *Bünten,* Staatsgewalt und Gemeinschaftshoheit bei der innerstaatlichen Durchführung des Rechts der Europäischen Gemeinschaften durch die Mitgliedstaaten, 1977; *Di Fabio,* Richtlinienkonformität als ranghöchstes Auslegungsprinzip? Überlegungen zum Einfluß des indirekten Gemeinschaftsrechts auf die nationale Rechtsordnung, NJW 1990, 489; *Ehlers,* Die Einwirkungen des Rechts der Europäischen Gemeinschaften auf das Verwaltungsrecht, DVBl. 1991, 605; *ders.,* Die Einwirkungen des Rechts der Europäischen Gemeinschaften auf das Verwaltungsrecht, in: Erichsen (Hg.), Allgemeines Verwaltungsrecht, 11. Aufl., 1998, § 3; *Engel,* Die Einwirkungen des Europäischen Gemeinschaftsrechts auf das deutsche Verwaltungsrecht, DV 1992, 437; *Everling,* Elemente eines europäischen Verwaltungsrechts, DVBl. 1983, 649; *Gornig/Trüe,* Die Rechtsprechung des EuGH zum europäischen allgemeinen Verwaltungsrecht – Teil 2, JZ 1993, 934; *Götz,* Probleme des Verwaltungsrechts auf dem Gebiet des gemeinsamen Agrarmarktes, EuR 1986, 29; *ders.,* Europäische Gesetzgebung durch Richtlinien – Zusammenwirken von Gemeinschaft und Staat, NJW 1992, 1849; *Grabitz,* Europäisches Verwaltungsrecht – Gemeinschaftsrechtliche Grundsätze des Verwaltungsverfahrens, NJW 1989, 1776; *ders.,* Die Rechtsetzungsbefugnisse von Bund und Ländern bei der Durchführung von Gemeinschaftsrecht, AöR 111 [1986], 1; *Hailbronner,* Die deutschen Bundesländer in der EG, JZ 1990, 149; *Hilf,* Möglichkeiten und Grenzen des Rückgriffes auf nationale verwaltungsrechtliche Regeln bei der Durchführung von Gemeinschaftsrecht, in: Schwarze (Hg.), Europäisches Verwaltungsrecht im Werden, 1982, S. 67; *Ipsen,* Europäisches Gemeinschaftsrecht, 1972; *Jamrath,* Normenkontrolle der Verwaltung und Europäisches Gemeinschaftsrecht, 1993; *Jarass,* Voraussetzungen der innerstaatlichen Wirkung des EG-Rechts, NJW 1990, 2420; *ders.,* Richtlinienkonforme bzw. EG-rechtskonforme Auslegung nationalen Rechts, EuR 1991, 211; *ders.,* Grundfragen der innerstaatlichen Bedeutung des EG-Rechts, 1994; *Klein,* Vereinheitlichung des Verwaltungsrechts im europäischen Integrationsprozeß, in: Starck (Hg.), Rechtsvereinheitlichung durch Gesetz – Bedingungen, Ziele, Methoden –, 1992, S. 117; *ders.,* Der Einfluß des europäischen Gemeinschaftsrechts auf das Verwaltungsrecht der Mitgliedstaaten, Der Staat 1994, 39; *Koenig,* Bedürfen die Bundesländer einer institutionalisierten Hilfestellung beim Verwaltungsvollzug von Europäischem Gemeinschaftsrecht?, DVBl. 1997, 581; *Kössinger,* Die Durchführung des Europäischen Gemeinschaftsrechts im Bundesstaat. Bund/Länder-Verhältnis und Europäisches Gemeinschaftsrecht, 1989; *Langenfeld,* Zur Direktwirkung von EG-Richtlinien, DÖV 1992, 955; *Metallinos,* Die europarechtskonforme Auslegung, 1994; *Mögele,* Neuere Entwicklungen im Recht der Europäischen Gemeinschaften, BayVBl. 1993, 129; *Oebbecke,* Die europäische Integration und die Organisation der Verwaltung, in: FS Heymanns, 1995, S. 607; *Pache,* Der Schutz der finanziellen Interessen der Europäischen Gemeinschaften, 1994; *Pieper,* Die Direktwirkung von Richtlinien der Europäischen Gemeinschaft, DVBl. 1990, 684; *Rengeling,* Nationaler Verwaltungsvollzug von Gemeinschaftsrecht, EuR 1974, 216; *ders.,* Rechtsgrundsätze beim Verwaltungsvollzug des Europäischen Gemeinschaftsrechts, 1977; *ders.,* Die Entwicklung verwaltungsrechtlicher Grundsätze durch den Gerichtshof der Europäischen Gemeinschaften, EuR 1984, 331; *ders.,* Das Zusammenwirken von Europäischem Gemeinschaftsrecht und nationalem, insbesondere deutschem Recht. – Zu verwaltungsrechtlichen und prozeßrechtlichen Fragen, DVBl. 1986, 306; *ders.*, Quellen des Verwaltungsrechts, in: Schweitzer (Hg.), Europäisches Verwaltungsrecht, 1991, S. 29; *ders.*, Deutsches und europäisches Verwaltungsrecht, VVDStRL 53 (1994), 202; *ders.*, Europäische Normgebung und ihre Umsetzung in nationales Recht, DVBl. 1995, 945; *Rengeling/Middeke/Gellermann,* Rechtsschutz in der Europäischen Union. Durchsetzung des Gemeinschaftsrechts vor europäischen und deutschen Gerichten, 1994; *Ress,* Die richtlinienkonforme „Interpretation" innerstaatlichen Rechts, DÖV 1994, 489ff.; *Ruffert,* Kommentierung Art. 249 EG, in: Calliess/Ruffert (Hg.), EUV/EGV, 2. Aufl. 2002; *Scherer,* Das Rechnungsabschlußverfahren – Ein Instrument zur Durchsetzung des europäischen Verwaltungsrechts?, EuR 1986, 52; *Scherzberg,* Innerstaatliche Wirkung von EG-Richtlinien, Jura 1993, 225; *Scheuing,* Rechtsprobleme bei der Durchsetzung des Gemeinschaftsrechts in der Bundesrepublik Deutschland, EuR 1985, 229; *ders.*, Europarechtliche Impulse für innovative Ansätze im deutschen Verwaltungsrecht, in: Hoffmann-Riem/Schmidt-Aßmann (Hg.), Innovation und Flexibilität des Verwaltungshandelns, 1994, S. 289; *Schiller,* Weisungsrechte der EG nach dem EWG-Vertrag bei nationalem Verwaltungsvollzug von EG-Recht?, RIW 1985, 36; *Schmidt,* Kommentierung Art. 189 EGV, in: Groeben/Thiesing/Ehlermann (Hg.), Kommentar zum EU-/EG-Vertrag, 5. Aufl., 1997; *Schmidt-Räntsch,* Zur Behandlung EG-widriger Beihilfen, EuZW 1990, 376; *Schwan,* Die deutschen Bundesländer im Entscheidungssystem der Europäischen Gemeinschaften. Beschlußfassung und Durchführung, 1982; *Schwarze,* Europäisches Verwaltungsrecht, Bd. I, 1988; *Schwarze/Becker/Pollak,* Die Implementation von Gemeinschaftsrecht. Untersuchungen zur Gesetzgebungs- und Verwaltungspolitik der Europäischen Gemeinschaft und ihrer Mitgliedstaaten, 1993; *Schweitzer,* Die Verwaltung der Europäischen Gemeinschaften, Die Verwaltung 17 (1984), 137; *Schweitzer/Hummer,* Europarecht, 5. Aufl., 1996; *Selmer,* Zur bundesstaatlichen Lastenverteilung bei der Anwendung von Geldleistungsvorschriften der Europäischen Gemeinschaft, GS Sasse, 1981, S. 229; *Siedentopf/Hauschild,* Europäische Integration und die öffentliche Verwaltung der Mitgliedstaaten, DÖV 1990, 445; *Steindorff,* Rückabwicklung unzulässiger Beihilfen nach Gemeinschaftsrecht, ZHR 152 [1988], 474; *Streinz,* Der „effet utile" in der Rechtsprechung des Gerichtshofs der Europäischen Gemeinschaften, FS Everling, 1995, S. 1491; *ders.*, Der Einfluß des Europäischen Verwaltungsrecht auf das Verwaltungsrecht der Mitgliedstaaten – dargestellt am Beispiel der Bundesrepublik Deutschland, in: Schweitzer, Europäisches Verwaltungsrecht, 1991, S. 241; *ders.*, Der Vollzug des Europäischen Gemeinschaftsrechts durch deutsche Staatsorgane, in: Isensee/Kirchhof (Hg.), Handbuch des Staatsrechts der Bundesrepublik Deutschland, Bd. VII, § 182; *ders.*, Europarecht, 4. Aufl., 1999; *Suerbaum,* Die Kompetenzverteilung beim Verwaltungsvollzug des Europäischen Gemeinschaftsrechts in Deutschland, 1998; *Teske,* Die Sanktion von Vertragsverstößen im Gemeinschaftsrecht, EuR 1992, 265; *Voss,* Nationale Vorschriften zur Durchführung des EWG-Rechts im Bereich des Zoll- und Agrarverwaltungsrechts, RIW 1979, 657; *Triantafyllou,* Zur „Europäisierung" des Vertrauensschutzes (insbesondere § 48 VwVfG) – am Beispiel der Rückforderung staatlicher Beihilfen, NVwZ 1992, 436; *Weber,* Rechtsfragen der Durchführung des Gemeinschaftsrechts in der Bundesrepublik Deutschland, 1987; *Zuleeg,* Das Recht der Europäischen Gemeinschaften im innerstaatlichen Bereich, 1969; *ders.*, Deutsches und Europäisches Verwaltungsrecht, VVDStRL 53 (1994), 154.

I. Die einzelnen Vollzugstypen des Gemeinschaftsrechts

Der Vollzug des Gemeinschaftsrechts (die Terminologie in der Literatur 1
ist nicht einheitlich. Zum Teil ist vom „Vollzug von Gemeinschaftsrecht" die Rede [so *Streinz,* in: HdbStR, Bd. VII, § 182 Rdnr. 2 m.w.N.], häufig bedient man sich auch des Begriffs der „Durchführung von Gemeinschafts-

recht“ als Oberbegriff [so *Zuleeg*, Das Recht der Europäischen Gemeinschaften im innerstaatlichen Bereich, S. 48; *Rengeling*, EuR 1974, 216 (217)]. Teilweise wird der Vollzugsbegriff auch nur in Verbindung mit dem entsprechenden Handeln der Verwaltung gebraucht [vgl. nur *Ipsen*, S. 220 m.w.N.]) kann durch die Gemeinschaftsorgane selbst oder durch die Mitgliedstaaten erfolgen (zu Mischformen vgl. *Everling*, DVBl. 1983, 649 [650]; *Scheuing*, in: Hoffmann-Riem/Schmidt-Aßmann, Innovation und Flexibilität des Verwaltungshandelns, S. 289 [295]). Daran anknüpfend lassen sich verschiedene Typen des Vollzugs von Gemeinschaftsrecht feststellen. Steht die Verwaltungszuständigkeit den Gemeinschaftsorganen zu, spricht man vom „direkten Vollzug“ bzw. wird diese auch als „gemeinschaftsunmittelbare Vollziehung“ (*Schweitzer/Hummer*, Rdnr. 425ff.; *Schweitzer*, Die Verwaltung 17 [1984], 137 [139]; *Oebbecke*, FS Heymanns, S. 607 [608]) bezeichnet.

2 Das Gegenstück dazu bildet der Vollzug des Gemeinschaftsrechts durch die nationalen Stellen der Mitgliedstaaten, der als „indirekter Vollzug“ (vgl. zur Unterscheidung zwischen „direktem“ und „indirektem Vollzug: *Schwarze*, Europäisches Verwaltungsrecht, Bd. I, S. 25ff.; *Pache*, S. 74ff.; *Kössinger*, S. 16 bzw. 18ff.; *Schwarze/Becker/Pollak*, S. 34f.) bezeichnet wird.

II. Zum mitgliedstaatlichen Vollzug von Gemeinschaftsrecht

3 Die Ausführung des Gemeinschaftsrechts durch die Mitgliedstaaten (indirekter Vollzug) stellt den Regelfall dar (*Schwarze*, Europäisches Verwaltungsrecht, Bd. I, S. 33; *Streinz*, in: Schweitzer, Europ. VerwR, S. 241 [242] m.w.N.; *Pache*, S. 76f.; *Jamrath*, S. 72f.). Sie entspricht der Grundkonstruktion des EG-Vertrages, der grundsätzlich keinen eigenen Verwaltungsunterbau der Gemeinschaft vorsieht (*Siedentopf/Hauschild*, DÖV 1990, 445 [446]; *Pache*, S. 77 m.w.N.). Zwar ist eine solche ausdrückliche Verpflichtung für die Mitgliedstaaten zum Vollzug des Gemeinschaftsrechts im EG-Vertrag nicht ausdrücklich enthalten, sie ergibt sich aber mittelbar aus Art. 10 EG (so EuGH v. 21. 9. 1983, verb. Rs.-en C-205–215/82, *Deutsche Milchkontor*, Slg. 1983, 2633 [2665] Tz. 17; vgl. auch *Rengeling*, EuR 1974, 216 [227]; *ders.*, DVBl. 1986, 306 [307] jeweils m.w.N.; *Streinz*, in: HdbStR, Bd. VII, § 182, Rdnr. 10). Danach sind die Mitgliedstaaten bzw. ihre Organe verpflichtet, „alle geeigneten Maßnahmen allgemeiner oder besonderer Art zur Erfüllung der Verpflichtungen, die sich aus dem Vertrag oder aus den Handlungen der Organe der Gemeinschaft ergeben“, zu treffen (Art. 10 Abs. 1 Satz 1 EG). Darüber hinaus haben sie alle Maßnahmen zu unterlassen, „welche die Verwirklichung der Ziele des Vertrages gefährden könnten“ (Art. 10 Abs. 2 EG).

4 Der mitgliedstaatliche Gemeinschaftsrechtsvollzug wird durch alle drei Staatsgewalten (Legislative, Exekutive und Judikative) der Mitgliedstaaten

bewirkt (vgl. *Streinz,* in HdbStR, Bd. VII, § 182, Rdnr. 1 m.w.N.). Ein „legislatives" Handeln ist in den Fällen gegeben, in denen ein Mitgliedstaat ganz allgemein „Ausführungsvorschriften" zum Gemeinschaftsrecht erlässt (*Kössinger,* S. 21f.; *Zuleeg,* Das Recht der Europäischen Gemeinschaften im innerstaatlichen Bereich, S. 47f. m.w.N.). Beziehen sich diese auf die Ergänzung von Verordnungen i.S.d. Art. 249 Abs. 2 EG, so spricht man von „Durchführungsnormen". Als „Umsetzungsnormen" werden dagegen die allgemeinen Ausführungsvorschriften bezeichnet, die der Umsetzung von Richtlinien i.S.d. Art. 249 Abs. 3 EG dienen.

Ein „administratives" Handeln liegt dann vor, wenn ein mitgliedstaatli- 5
ches Organ Verordnungen oder mitgliedstaatliche Gesetze, die ihrerseits Richtlinien umsetzen, mittels einzelner Verwaltungsmaßnahmen „anwendet" (*Zuleeg,* Das Recht der Europäischen Gemeinschaften im innerstaatlichen Bereich, S. 47f. m.w.N.). Solche einzelnen Verwaltungsmaßnahmen werden als "Vollzugsakte" bezeichnet (*Streinz,* in: HdbStR, Bd. VII, § 182, Rdnr. 2 m.w.N.). Der Begriff „Anwendung" bezeichnet also insoweit die Konkretisierung von Gemeinschaftsrecht im Einzelfall durch eine Verwaltungsinstanz (*Rengeling,* EuR 1974, 216 [217] m.w.N.).

Auch die Gerichte der Mitgliedstaaten werden beim Vollzug des Gemein- 6
schaftsrechts involviert, da der Rechtsschutz gegen Akte der mitgliedstaatlichen Legislative oder Exekutive vor den mitgliedstaatlichen Gerichten wahrgenommen wird. Werden die Gerichte der Mitgliedstaaten tätig, haben sie zu beachten, dass sie „unmittelbar anwendbares" Gemeinschaftsrecht zu berücksichtigen und dessen Geltungsanspruch durchzusetzen haben (*Ipsen,* S. 218ff.). Unter Umständen ist es darüber hinaus notwendig, dass das Recht der Mitgliedstaaten durch die Gerichte und die Verwaltungsbehörden innerhalb gewisser Grenzen gemeinschaftsrechtskonform ausgelegt wird (*Zuleeg,* VVDStRL 53 [1994], 154 [165ff.]; *Metallinos,* S. 1ff.).

III. Formen des indirekten (mitgliedstaatlichen) Vollzugs des Gemeinschaftsrechts

Bei der Ausführung des Gemeinschaftsrechts durch die Mitgliedstaaten 7
lassen sich unmittelbare mitgliedstaatliche Vollziehung und die mittelbare mitgliedstaatliche Vollziehung unterscheiden (*Ehlers,* in: Erichsen, Allg. VerwR, § 3 Rdnr. 57; *Jarass,* Grundfragen, S. 98; *Scheuing,* in: Hoffmann-Riem/Schmidt-Aßmann, Innovation und Flexibilität des Verwaltungshandelns, S. 289 [295f.]; *Weber,* S. 45).

Egal, ob es sich um einen Fall der unmittelbaren mitgliedstaatlichen Voll- 8
ziehung oder der mittelbaren mitgliedstaatlichen Vollziehung des Gemeinschaftsrechts handelt, alle Akte des mitgliedstaatlichen („indirekten") Vollzugs sind den mitgliedstaatlichen Organen und nicht etwa der Gemeinschaft zuzurechnen (*Streinz,* in: HdbStR, Bd. VII, § 182, Rdnr. 5 m.w.N.), da es sich dabei nicht um eine Form des Tätigwerdens der Gemeinschaft, sondern

um die Ausübung der originären Verwaltungshoheit, die den Mitgliedstaaten auf Grund ihrer Souveränität zusteht, handelt (*Suerbaum*, S. 122). Die Frage der Zurechnung hat insbesondere Auswirkungen auf den gegen diese Akte wahrzunehmenden Rechtsschutz. Im Falle des indirekten Vollzugs richtet sich dieser nach nationalem Recht (*Streinz*, in: HdbStR, Bd. VII, § 182, Rdnr. 5).

1. Unmittelbarer mitgliedstaatlicher Vollzug

9 Von unmittelbarem mitgliedstaatlichen Vollzug des Gemeinschaftsrechts spricht man, wenn die Mitgliedstaaten unmittelbar geltendes Gemeinschaftsrecht anwenden und vollziehen (*Schweitzer/Hummer*, Rdnr. 427), d.h. Normen, die ohne vorherige Umsetzung durch die Mitgliedstaaten in deren Hoheitsbereich verbindlich wirken (*Rengeling*, VVDStRL 53 [1994], 202 [206]). Anknüpfungspunkt des Begriffs der „Unmittelbarkeit" ist demnach nicht die Art des Vollzugs, sondern die Geltungswirkung des zu vollziehenden Gemeinschaftsrechts. Unmittelbar geltendes Gemeinschaftsrecht, welches von den Mitgliedstaaten unmittelbar zu vollziehen ist, können folgende Rechtsquellen des Gemeinschaftsrecht sein: das Primärrecht, Verordnungen, Richtlinien oder Entscheidungen.

a) Primärrecht

10 Das Primärrecht der Gemeinschaft, insbesondere der Vertrag über die Europäische Gemeinschaft (EG-Vertrag) kann eine taugliche Grundlage des unmittelbaren mitgliedstaatlichen Vollzugs sein. (*Streinz*, EuropaR, Rdnr. 467). Voraussetzung dafür ist allerdings, dass die Bestimmungen des Primärrechts vollzugsfähige Berechtigungen oder Verpflichtungen für die Mitgliedstaaten normieren, die weiterer Durchführungsvorschriften nicht bedürfen. Eine solche unmittelbare Wirkung einzelner Normen des Primärrechts ist nach der Rechtsprechung des EuGH dann zu bejahen, wenn es sich um eine „rechtlich vollkommene", d.h. klar und hinreichend genau formulierte und ohne weitere Konkretisierung anwendbare, inhaltlich unbedingte und den Mitgliedstaaten Handlungs- und Unterlassungspflichten auferlegende Norm handelt.

b) Verordnungen

11 Ausgangspunkt für den unmittelbaren mitgliedstaatlichen Vollzug von Gemeinschaftsrecht können auch Verordnungen der Gemeinschaft i.S.d. Art. 249 Abs. 2 EG sein. Diese Fallgruppe stellt den Regelfall des unmittelbaren mitgliedstaatlichen Vollzugs dar. Gemäß Art. 249 Abs. 2 EG entfaltet die Verordnung allgemeine Geltung, ist in allen ihren Teilen verbindlich und gilt unmittelbar (*Streinz*, EuropaR, Rdnr. 380) in jedem Mitgliedstaat. Soweit Verordnungen unmittelbar anwendbar und vollzugsbedürftig sind, sind sie aber, soweit eine Zuständigkeit der Gemeinschaft nicht besteht, auf den Vollzug durch die Mitgliedstaaten angelegt und angewiesen.

Der Grundsatz der unmittelbaren Geltung der Verordnung bedeutet aber nicht, dass eine Verordnung stets Regelungen enthalten muss, die für jeden Mitgliedstaat von Bedeutung sind (vgl. z.B. die der Entscheidung EuGH v. 30. 10. 1975, Rs. C-23/75, *Rey Soda*, Slg. 1975, 1279 zugrundeliegende Verordnung). So finden sich in der Praxis u.a. Verordnungen, die weiterer Maßnahmen durch den Rat, die Kommission oder die Mitgliedstaaten bedürfen, weil sie die konkreten Rechtsfolgen nicht bezeichnen (EuGH v. 24. 10. 1973, Rs. C-9/73, *Schlüter*, Slg. 1973, 1135 [1158] Tz. 31). Diese Verordnungen sind dann nicht unmittelbar anwendbar und können folglich keine taugliche Grundlage des unmittelbaren mitgliedstaatlichen Verwaltungsvollzugs darstellen. 12

Erfolgt jedoch eine Ergänzung oder Konkretisierung dieser sog. hinkenden Verordnungen, so ist hinsichtlich des Vollzugs folgende Differenzierung zu beachten. Im Fall, dass nationale Vorschriften zu ihrer Ergänzung oder Konkretisierung erlassen werden, die ihrerseits ausführungsbedürftig oder -fähig sind, gelten die Regelungen des mittelbaren mitgliedstaatlichen Vollzugs. Die Kompetenznormen des unmittelbaren mitgliedstaatlichen Vollzugs sind dagegen für die Bestimmungen anzuwenden, die ohne das weitere Dazwischentreten einer nationalen Durchführungsbestimmung bereits vollzugsfähig sind. 13

c) Richtlinien

Bei den Richtlinien i.S.d. Art. 249 Abs. 3 EG handelt es sich grundsätzlich nicht um unmittelbar geltendes Gemeinschaftsrecht. Unmittelbare Adressaten einer Richtlinie können nur die Mitgliedstaaten sein. Ihnen obliegt die Pflicht, den Regelungsgehalt der Richtlinie innerhalb einer darin bestimmten Frist in nationales Recht zu transformieren. Die Richtlinie erfordert folglich ein zweistufiges Rechtssetzungsverfahren, auf dessen erster Stufe der Erlass der Richtlinie durch die Gemeinschaft und auf dessen zweiter Stufe deren Durchsetzung durch eine nationale Rechtsvorschrift steht. Richtlinien sind daher ohne vorherige Umsetzung durch die Mitgliedstaaten in deren Hoheitsbereich nicht verbindlich und können folglich nicht angewandt und vollzogen werden. 14

Nach ständiger Rechtsprechung des Gerichtshofes (EuGH v. 4. 12. 1974, Rs. C-41/74, *van Duyn*, Slg. 1974, 1337 [1348f.] Tz. 9ff.; EuGH v. 19. 1. 1982, Rs. C-8/81, *Becker*, Slg. 1982, 53 [70f.] Tz. 21ff.), der herrschenden Lehre sowie auch der nationalen Rechtsprechung, insbesondere des *BVerfG* (BVerfGE 75, 223 [235ff.]) können in Ausnahmefällen auch einzelne Bestimmungen einer Richtlinie zugunsten des einzelnen unmittelbar anwendbar sein. Die Folge der unmittelbaren Anwendbarkeit einer Richtlinie ist, dass alle Träger öffentlicher Gewalt verpflichtet sind, die betreffende Richtlinienbestimmung als nationales Recht zu beachten (EuGH v. 22. 6. 1989, Rs. C-103/88, *Fratelli Costanzo*, Slg. 1989, 1839 [1870f.] Tz. 30ff.; *Jarass*, NJW 1990, 2420 [2421] Fn. 20; kritisch *Pieper*, 15

DVBl. 1990, 684 [688]). Begründet wird diese Auffassung zur unmittelbaren Anwendbarkeit von Richtlinienbestimmungen zunächst mit dem Gedanken, dass die praktische Wirksamkeit („effet utile") einer Richtlinie nicht unerheblich beeinträchtigt wäre, wenn es jeder Mitgliedstaat in der Hand hätte, den Eintritt der in der Richtlinie beabsichtigten Rechtswirkung ganz oder zum Teil zu vereiteln, indem er die Umsetzung der Richtlinie in innerstaatliches Recht hinauszögert bzw. ganz unterlässt (*Scherzberg,* Jura 1993, 225 [226]; *Streinz,* FS Everling, S. 1491 [1496f.]). Die zweite Erwägung, die eine unmittelbare Anwendbarkeit der Richtlinie rechtfertigt, ist das „Verbot widersprüchlichen Verhaltens". Dieser Erwägung liegt die Ansicht zugrunde, dass es den Mitgliedstaaten verwehrt sein muss, dem einzelnen durch die Richtlinie Begünstigten deren Nichtumsetzung in innerstaatliches Recht entgegenzuhalten (*Scherzberg,* Jura 1993, 225 [226]). Nicht ausreichend wäre es dagegen, die unmittelbare Anwendbarkeit einer Richtlinie deshalb abzulehnen, weil es möglich ist, den Vertragsverstoß durch ein Vertragsverletzungsverfahren nach Art. 226 EG zu sanktionieren. Hiergegen spricht zum einen, dass ein derartiges Vorgehen das Verstreichenlassen der Umsetzungsfrist nicht verhindern könnte und zum anderen, dass lediglich ein Feststellungsurteil des EuGH ergehen würde (*Streinz,* EuropaR, Rdnr. 398).

16 Voraussetzung für die unmittelbare Anwendbarkeit einzelner Bestimmungen einer Richtlinie ist, dass: 1.) die Frist zur Umsetzung der Richtlinie abgelaufen ist (EuGH v. 5. 4. 1979, Rs. C-148/78, *Ratti,* Slg. 1979, 1629 [1645] Tz. 43ff.) und die Richtlinie nicht oder nur unzureichend in innerstaatliches Recht transformiert wurde; 2.) die Bestimmungen der Richtlinie inhaltlich unbedingt und hinreichend genau gefasst sind, so dass daraus unmittelbar anwendbares Recht abgeleitet werden kann (sog. „self- executing"-Charakter der Richtlinie; vgl. auch *Ruffert,* in: Calliess/Ruffert, EUV/EGV, Art. 249, Rdnr. 75 m.w.N.); 3.) der Bürger durch die Richtlinienbestimmungen nicht belastet werden darf (EuGH v. 26. 2. 1986, Rs. C-152/84, *Marshall,* Slg. 1986, 723 [749] Tz. 48).

d) Entscheidungen

17 Unmittelbar geltendes Gemeinschaftsrecht, welches Voraussetzung für den unmittelbaren mitgliedstaatlichen Vollzug ist, können auch Entscheidungen i.S.d. Art. 249 Abs. 4 EG sein. Nach Art. 249 Abs. 4 EG ist die Entscheidung in allen ihren Teilen für diejenigen verbindlich, die sie bezeichnet. Adressaten einer Entscheidung können die Mitgliedstaaten, z.B. Entscheidung gemäß Art. 88 Abs. 2 EG im Verfahren der Beihilfeaufsicht, sowie natürliche und juristische Personen, z.B. kartellrechtliche Entscheidung gemäß Art. 3 Abs. 1 Kartell-VO wegen Verstoßes gegen Art. 81 oder 82 EG, sein. Soweit eine Entscheidung an einen Mitgliedstaat ergeht, bindet sie alle Organe dieses Staates (EuGH v. 21. 5. 1987, Rs. C-249/85, *Albako,* Slg. 1987, 2345 [2360] Tz. 17).

Zwei Voraussetzungen müssen erfüllt sein, damit eine Entscheidung Grundlage des unmittelbaren mitgliedstaatlichen Vollzugs sein kann. Zunächst muss sie an einen oder mehrere Mitgliedstaaten adressiert sein. Darüber hinaus muss diese sich an einen Mitgliedstaat richtende Entscheidung unmittelbar anwendbar sein. Ebenso wie im Rahmen des Primärrechts oder bei den Richtlinien erkennt der EuGH die unmittelbare Anwendbarkeit von an Mitgliedstaaten adressierten Entscheidungen an (EuGH v. 6. 10. 1970, Rs. C-9/70, *Leberpfennig*, Slg. 1970, 825 [838] Tz. 5; *Rengeling*, in: Schweitzer, Europ. VerwR, S. 29 [38]). Begründet wird auch dies mit dem Gedanken der nützlichen Wirkung („effet utile"; siehe hierzu *Schmidt*, in: GTE, Art. 189, Rdnr. 45). 18

2. Mittelbare mitgliedstaatliche Vollziehung

Nicht immer ist das Gemeinschaftsrecht unmittelbar anwendbar. Zur Umsetzung des von der Gemeinschaft erlassenen Rechts in innerstaatliches Recht ist es daher notwendig, dass der nationale Gesetz- oder Verordnungsgeber tätig wird und eine mitgliedstaatliche Ausführungsvorschrift zu seinem Vollzug erlässt (vgl. *Streinz*, in: HdbStR, Bd. VII, § 182, Rdnr. 4 m.w.N.). Insoweit wird nicht das Gemeinschaftsrecht, sondern die mitgliedstaatliche Ausführungsvorschrift vollzogen (vgl. *Streinz*, in: Schweitzer, Europ. VerwR, S. 241 [242] m.w.N.). Wegen des „Dazwischentretens" einer nationalen Norm spricht man in diesem Fall auch vom mittelbaren mitgliedstaatlichen (indirekten) Vollzug des Gemeinschaftsrechts (siehe *Rengeling*, Rechtsgrundsätze, S. 11; *ders.*, EuR 1984, 331 [333]; *Schweitzer*, Die Verwaltung 17 [1984], 137 [143]; *Scheuing*, in: Hoffmann-Riem/Schmidt-Aßmann, Innovation und Flexibilität des Verwaltungshandelns, S. 289 [295]). 19

a) Richtlinien

Hauptfall dieses Vollzugstyps, der wegen seiner fehlenden unmittelbaren Geltung der Umsetzung durch die mitgliedstaatlichen Rechtsetzungsorgane bedarf, ist die Richtlinie i.S.d. Art. 249 Art. 3 EG. Wie Art. 249 Abs. 3 EG normiert, ist die Richtlinie für jeden Mitgliedstaat, an den sie gerichtet wird, hinsichtlich des zu erreichenden Ziels verbindlich, überlässt jedoch den innerstaatlichen Stellen die Wahl der Form und der Mittel der Zielverwirklichung. Die in der Richtlinie enthaltenen Regelungen treten also nicht selbstständig in einem automatischen Prozess an die Stelle der nationalen Regelungen. Vielmehr werden die jeweiligen Mitgliedstaaten verpflichtet, ihr innerstaatliches Recht an die Gemeinschaftsbestimmungen anzupassen. Dazu ist ein Umsetzungsakt durch die Mitgliedstaaten erforderlich. Erst mit diesem Umsetzungsakt der Mitgliedstaaten erlangt die Richtlinie im innerstaatlichen Recht ihre Wirksamkeit. Etwas anderes wäre nur dann anzunehmen, wenn das von den Mitgliedstaaten erlassene Recht, welches der Umsetzung nicht unmittelbar geltenden Gemeinschaftsrechts dient, als 20

Recht der Gemeinschaft zu qualifizieren wäre. Dies ist jedoch strikt abzulehnen, denn die Mitgliedstaaten handeln bei der Umsetzung von nicht unmittelbar gegenüber den Bürgern wirksamen Gemeinschaftsrecht in Ausübung ihrer originären Rechtssetzungszuständigkeit. Dies ergibt sich wiederum aus den nationalen verfassungsrechtlichen Entstehungsgrundlagen der Gemeinschaften, die gemeinschaftsrechtlich im Grundsatz der begrenzten Ermächtigung Ausdruck gefunden haben.

b) Verordnungen

21 Darüber hinaus gibt es die Konstellation, dass unmittelbar geltende Rechtsnormen des Gemeinschaftsrechts, insbesondere Verordnungen i. S. d. Art. 249 Abs. 2 EG, nach ihrer Bedeutung oder ihrem ausdrücklichen Wortlaut (siehe hierzu *Bünten,* S. 21ff.) noch der Konkretisierung durch nationale Ausführungsbestimmungen bedürfen (*Streinz,* in: HdbStR, Bd. VII, § 182, Rdnr. 3f.). Auch in diesem Bereich wird zum Teil der Begriff des „mittelbaren mitgliedstaatlichen Vollzugs“ verwendet.

22 Auf der Grundlage des Art. 10 Abs. 1 EG hat der EuGH den Mitgliedstaaten bezüglich der legislativen Ergänzung von Verordnungen verschiedene Auflagen gemacht. So besteht nach Auffassung des Gerichtshofes für die Mitgliedstaaten die Pflicht, ergänzende Durchführungsakte zu verabschieden, wenn die Voraussetzungen für die Anwendung der Verordnung in dieser nicht vollständig geregelt sind und der effektive Vollzug vom Erlass entsprechender Vorschriften abhängt (EuGH v. 17. 12. 1970, Rs. C-30/70, *Scheer,* Slg. 1970, 1197 [1208] Tz. 9ff.). Diese Vorschriften dürfen aber nicht dazu führen, dass die Bestimmungen der Verordnung eine Änderung in ihrem Regelungsgehalt oder eine Ergänzung erfahren (*Streinz,* in: HdbStR, Bd. VII, § 182, Rdnr. 18). Zu beachten ist des Weiteren, dass beim Vorliegen einer Verordnung, die keiner Ergänzung bedarf, deren rein deklaratorische Transformation unzulässig ist (EuGH v. 10. 10. 1973, Rs. C-34/73; *Variola,* Slg. 1973, 981 [990] Tz. 9 f.; siehe ferner die weiterführenden Angaben bei *Weber,* S. 11f.; *Jarass,* Grundfragen, S. 64).

IV. Verwaltungsorganisation beim indirekten (mitgliedstaatlichen) Vollzug des Gemeinschaftsrechts

1. Gemeinschaftsrechtliche Vorgaben an den mitgliedstaatlichen Verwaltungsaufbau

23 Grundsätzlich ist es der Europäischen Gemeinschaft verwehrt, in den innerstaatlichen Verwaltungsaufbau einzugreifen, da es ihr in der Regel an der Verwaltungszuständigkeit fehlt. Es gilt hier das “Prinzip der institutionellen Autonomie“ der Mitgliedstaaten (*Scherer,* EuR 1986, 52 [54]; *Kössinger,* S. 17). Damit bleibt es bei der originären Zuständigkeit der Mitgliedstaaten, die daher auch befugt sind, in ihrer Rechtsordnung die Zuständigkeit völlig

autonom zu verteilen (siehe dazu u.a. EuGH v. 11. 2. 1971, Rs. C-39/70, *Fleischkontor,* Slg. 1971, 49 [58] Tz. 4f.; *Selmer,* GS Sasse, S. 229 [232]; in Bezug auf die legislative Durchführung siehe *Zuleeg,* Das Recht der Europäischen Gemeinschaften im innerstaatlichen Bereich, S. 315). Dies bedeutet aber nicht, dass mangelnde Verwaltungsstrukturen einen Rechtfertigungs- oder Entschuldigungsgrund für die Mitgliedstaaten bei einem Vollzugsdefizit schaffen (EuGH v. 26. 2. 1976, Rs. C-52/75, *Gemüserichtlinie,* Slg. 1976, 277 [285] Tz. 14; EuGH v. 2. 2. 1982, Rs. C-68/81, *Abfallrichtlinie,* Slg. 1982, 153 [157] Tz. 5; *Zuleeg,* VVDStRL 53 [1994], 154 [184ff.]). Darüber hinaus kann sich die mitgliedstaatliche Verwaltungsorganisationsstruktur auch nicht völlig Anforderungen, die sich aus der Gemeinschaftsrechtsordnung ergeben, entziehen, wenn es um den Vollzug von Gemeinschaftsrecht geht (vgl. dazu *Pache,* S. 82ff. m.w.N.). So folgt aus Art. 10 Abs. 1 S. 1 EG, dass die Mitgliedstaaten grundsätzlich dazu verpflichtet sind, für einen einheitlichen und geordneten Verwaltungsvollzug zu sorgen (*Gornig/Trüe,* JZ 1993, 934 [938]; *Weber,* S. 46). Die Mitgliedstaaten sind daher gehalten, ihren Verwaltungsaufbau so zu strukturieren, dass ein nachhaltiger Vollzug des Gemeinschaftsrechts gewährleistet wird (EuGH v. 2. 2. 1982, Rs. C-68/81, *Abfallrichtlinie,* Slg. 1982, 153 [157] Tz. 4f.; *Engel,* DV 1992, 437 [456]; *Weber,* S. 46). In der Konsequenz kann dies bedeuten, dass ein Mitgliedstaat verpflichtet ist, auch neue Behörden zu errichten (vgl. *Klein,* Der Staat 1994, 39 [41] m.w.N.). Auch aus Art. 10 Abs. 2 EG lassen sich Anforderungen an den Gemeinschaftsrechtsvollzug durch die Mitgliedstaaten ableiten. Nach Maßgabe dieser Bestimmung sind die Mitgliedstaaten dazu verpflichtet, ihre Verwaltungsorganisation so zu gestalten, dass insbesondere nicht die Ausübung der gemeinschaftsrechtlichen Grundfreiheiten beeinträchtigt oder gefährdet wird (EuGH v. 22. 3. 1983, Rs. C-42/82, *Weineinfuhr,* Slg. 1983, 1013 [1045] Tz. 40; *Hilf,* in: Schwarze, Europäisches Verwaltungsrecht im Werden, S. 67 [71f.]). Auch sekundäres Gemeinschaftsrecht beeinflusst zum Teil den Aufbau der mitgliedstaatlichen Verwaltungsorganisation (Beispiele bei *Pache,* S. 88ff.; *Engel,* DV 1992, 437 [456]; *Scheuing,* in: Hoffmann-Riem/Schmidt-Aßmann, Innovation und Flexibilität des Verwaltungshandelns, S. 289 [319f.]; *Weber,* S. 46f.), wozu allerdings eine Ermächtigungsgrundlage im EG-Vertrag erforderlich ist (*Streinz,* EuropaR, Rdnr. 473; *ders.,* in: HdbStR, Bd. II, § 182, Rdnr. 20).

Aus dem „Prinzip der institutionellen Autonomie“ der Mitgliedstaaten 24
folgt weiterhin, dass die nationalen Vollzugsbehörden keinen Weisungen der Kommission unterliegen (vgl. *Schiller,* RIW 1985, 36ff.). Dies kann jedoch nicht darüber hinwegtäuschen, dass die Rechtstatsächlichkeit eine andere ist. So besitzt die Kommission speziell eingeräumte Mitwirkungsbefugnisse. Zu nennen sind hier zunächst Kontrollbefugnisse wie sie z.B. in Art. 88 Abs. 1 EG (Überprüfung der mitgliedstaatlichen Beihilferegelungen) und Art. 3 Abs. 2 Überwachungsrichtlinie (89/665/EWG, ABl. Nr. L 3 98, S. 33ff.) geregelt sind. Darüber hinaus steuert die Kommission die Verwal-

tungstätigkeit der Mitgliedstaaten auch faktisch, z.B. mit rechtlich nicht bindenden „Informationsvermerken“ (EuGH v. 10. 6. 1982, Rs. C-217/81, *Compagnie Interagra,* Slg. 1982, 2233 [2247] Tz. 8; EuGH v. 11. 5. 1989, Rs. C-151/88, *Italien./.Kommission,* Slg. 1989, 1255 [1261] Tz. 20), die Hinweise zur Auslegung des Gemeinschaftsrechts enthalten. Die Möglichkeit der Kommission zur faktischen Einflussnahme ergibt sich dabei vor allem aus dem sogenannten Rechnungsabschlussverfahren (*Scherer,* EuR 1986, 52 [57ff.]) für die Kontrolle der Ausgaben aus dem Gemeinschaftshaushalt für die Gemeinsame Agrarpolitik. Stellt die Kommission in diesem Verfahren fest, dass die im Vollzug von Gemeinschaftsrecht ausgezahlten Mittel nicht rechtmäßigerweise gewährt worden sind, so hat dies zur Folge, dass sie nicht von der Gemeinschaft erstattet werden. Faktisch wird mit dieser Anlastungspraxis ein Druck auf die Mitgliedstaaten erzeugt, der sie zu einem Wohlverhalten gegenüber der Kommission zwingt.

2. Unmittelbarer mitgliedstaatlicher Vollzug

25 Der unmittelbare mitgliedstaatliche Vollzug des Gemeinschaftsrechts ist im Grundgesetz nicht geregelt. Soweit durch die deutschen Behörden unmittelbar anwendbares Gemeinschaftsrecht vollzogen wird, sind daher die Art. 83ff. GG nicht direkt anwendbar, da es sich nicht um die Ausführung von Bundesrecht, sondern um den Vollzug von Gemeinschaftsrecht handelt. Zu erwägen wäre jedoch aus Gründen der Sicherstellung eines einheitlichen Gemeinschaftsrechtsvollzugs im gesamten Bundesgebiet, in diesen Fällen allein den Bund für zuständig zu erklären. Allerdings muss dies wohl abgelehnt werden. Hiergegen spricht zum einen, dass dadurch die im Grundgesetz begründete Kompetenzverteilung zwischen dem Bund und den Ländern aus dem Gleichgewicht gebracht werden würde. Zum anderen ist eine Alleinzuständigkeit des Bundes aber auch aus Praktikabilitätsgesichtspunkten zu verneinen, da es diesem an einem entsprechenden Verwaltungsunterbau fehlt (*Streinz,* in: HdbStR, Bd. VII, § 182, Rdnr. 59). In diesen Fällen müssen daher im Einklang mit der Staatspraxis der Heranziehung der Art. 30, 83ff. GG und ihrer sinngemäßen Anwendung der Vorzug gegeben werden (*Ehlers,* DVBl. 1991, 605 [610]; *Schwan,* S. 174ff.; *Weber,* S. 47ff.; a.A. *Kössinger,* S. 53ff.). Es bleibt daher bei Art. 30 GG und dem diese Zuständigkeitsvermutung konkretisierenden Art. 83 GG. Danach sind die Länder grundsätzlich für den Vollzug des Gemeinschaftsrechts zuständig. In der Praxis hat der Bund jedoch immer wieder von seiner ihm aus Art. 87 Abs. 3 GG fließenden Kompetenz zur Errichtung selbstständiger Bundesoberbehörden Gebrauch gemacht. So hat er neue bundesunmittelbare Körperschaften und Anstalten des öffentlichen Rechts, z.B. die Bundesanstalt für Landwirtschaftliche Marktordnung in Frankfurt a.M. (BALM), durch Bundesgesetz errichtet, mit der Folge, dass sich nach Art. 86 S. 1 GG die Verwaltungskompetenzen zum Teil auf den Bund verlagert haben (siehe

dazu *Kössinger,* S. 56ff.). Ein weiterer Weg, den unmittelbaren mitgliedstaatlichen Vollzug des Gemeinschaftsrechts der unmittelbaren Bundesverwaltung zuzuordnen, besteht darin, die Bundeskompetenz zur Verwaltung der Abgaben im Rahmen der Europäischen Gemeinschaften nach Art. 108 Abs. 1 S. 1 GG extensiv auszulegen (*Voss,* RIW 1979, 657 [666]). Dem Gemeinschaftsrecht und seinem effektiven Vollzug kommt diese Konzentration bei den Bundesbehörden möglicherweise entgegen, ohne dass deshalb eine stärkere Einbeziehung der Bundesländer notwendigerweise mit einer Beeinträchtigung des einheitlichen Vollzugs des Gemeinschaftsrechts verbunden sein muss. Rechtfertigen lässt sich diese Konzentration auf den Bund aber rechtspolitisch damit, dass dadurch ein einheitlicher Vollzug des Gemeinschaftsrechts durch besonders betraute Spezialbehörden im gesamten Bundesgebiet sichergestellt wird (*Scheuing,* EuR 1985, 229 [250] m.w.N.). Allein diese Motive sind jedoch nicht ausreichend, um eine Verwaltungskompetenz des Bundes zu begründen, vielmehr ist darüber hinaus eine verfassungsrechtliche Kompetenzzuweisung erforderlich.

In der Praxis verhält es sich so, dass im Bereich des Vollzugs von Gemein- 26 schaftsrecht, anders als es der Regellage nach den Art. 83ff. GG entspräche, das Schwergewicht nicht bei den Bundesländern, sondern beim Bund liegt. Sollte dennoch ein Fall vorliegen, dass die Länder mit dem unmittelbaren mitgliedstaatlichen Vollzug des Gemeinschaftsrechts betraut sind, so sind sie dem Bund gegenüber nach dem Grundsatz der Bundestreue zur korrekten Ausführung verpflichtet (*Grabitz,* AöR 111 [1986], 1 [30f.]; *Hailbronner,* JZ 1990, 149 [157]; *Koenig,* DVBl. 1997, 581; a.A. *Scheuing,* EuR 1985, 229 [242], der eine Verpflichtung der Länder aus Art. 23 Abs. 1 GG ableitet, bzw. *Streinz,* in: HdbStR, Bd. VII, § 182, Rdnr. 60; *ders.,* EuropaR, Rdnr. 472; *Ehlers,* DVBl. 1991, 605 [610], die diese Verpflichtung aus dem Prinzip des bundesfreundlichen Verhaltens i.V.m. der Binnenwirkung des Art. 23 Abs. 1 GG herleiten. Umfassende Darstellung dieses Problems bei *Suerbaum,* S. 165ff.). Sollten die Länder dieser Verpflichtung nicht nachkommen, so kann der Bund zur Sicherstellung der ordnungsgemäßen Ausführung des unmittelbar geltenden Gemeinschaftsrechts die in Art. 84 Abs. 2–5 GG eingeräumte Aufsichtsbefugnis ausüben und als ultima ratio zum Bundeszwang gem. Art. 37 GG greifen (*Streinz,* EuropaR, Rdnr. 472).

Ob neben der verfassungsrechtlichen auch eine im Gemeinschaftsrecht 27 wurzelnde Vollzugsverpflichtung für die Bundesländer besteht, ist umstritten (siehe *Suerbaum,* S. 165 m.w.N.). Das Problem resultiert daraus, dass eine explizite Regelung der Frage, ob auch Untergliederungen der Mitgliedstaaten, die wie die deutschen Bundesländer selbst Staatsqualität besitzen, zur Ausführung des Gemeinschaftsrechts verpflichtet sind, im EG-Vertrag fehlt. Eine entsprechende Verpflichtung könnte aber aus den Art. 10 EG und Art. 249 EG zu gewinnen sein. Art. 10 EG enthält eine allgemeine Loyalitätspflicht und Pflicht zur Erfüllung des Gemeinschaftsvertrages der Mitgliedstaaten gegenüber der Gemeinschaft. Diese Rechtspflichten treffen unmittelbar alle zuständigen staatlichen Stellen, entfalten also eine Durchgriffswirkung im Mitgliedstaat, und binden damit auch die Länder (*Teske,* EuR 1992, 265 [274]). Eine weitere Ausführungsverpflichtung für die Länder könnte sich auf Grund der in Art. 249 EG vorgesehenen Rechtsakte der Gemeinschaft aus dem sekundären Gemeinschaftsrecht ergeben. In Betracht kommt hier insbesondere der Erlass von Richtlinien nach 249 Abs. 3 EG. Gemäß Art. 249 Abs. 3 EG können Adressat einer Richtlinie allein die Mitgliedstaaten sein. Der Begriff des „Mitgliedstaats" erfasst auch im Rahmen dieser Norm alle zuständigen staatlichen Stellen (EuGH v. 12. 6. 1990, Rs. C-8/88, *Deutschland./.Kommission,* Slg. 1990, I-2321 [2359] Tz. 13; siehe auch *Langenfeld,* DÖV 1992, 955 [956]). Eng mit der Anerkennung einer durchgreifenden Wirkung der Richtlinie ist auch der Grundsatz der richtlinienkonformen Auslegung des nationalen Rechts verbunden (grundlegend EuGH v. 10. 4. 1984, Rs. C-14/83, *v. Colson u. Kamann,* Slg. 1984, 1891ff.; vgl. ferner *Jarass,* EuR 1991, 211ff.; *Götz,* NJW 1992, 1849 [1853f.]; *Ress,* DÖV 1994, 489ff.; *Di Fabio,* NJW 1990, 489ff.), der besagt, dass das eine Richtlinie umsetzende mitgliedstaatliche Recht sowie alle Rechtsvorschriften, die direkt vom Regelungsbereich der Richtlinie erfasst werden, richtlinienkonform auszulegen sind, wodurch der Inhalt des Gemeinschaftsrechts in den Gehalt des nationalen Rechts einfließt. Diese umfassende Bindung aller zuständigen mitgliedstaatlichen Stellen hat der Gerichtshof darüber hinaus auch auf die Fälle erstreckt, in denen einzelnen Bestimmungen einer Richtlinie ausnahmsweise unmittelbare Wirkung zuzusprechen ist. So hat er in der Rechtssache *Costanzo* eine Verpflichtung für „alle Träger der Verwaltung einschließlich der Gemeinden und der sonstigen Gebietskörperschaften" angenommen, eine Richtlinie anzuwenden, wenn die Voraussetzungen vorliegen, dass die Richtlinie ausnahmsweise unmittelbare Wirkung entfaltet (EuGH v. 22. 6. 1989, Rs. C-103/88, *Costanzo,* Slg. 1989, 1839 [1871] Tz. 31). Neben der verfassungsrechtlichen Verpflichtung gegenüber dem Bund besteht darüber hinaus daher auch eine gemeinschaftsrechtlich begründete Verpflichtung für die Bundesländer, das Gemeinschaftsrecht im Falle seiner unmittelbaren Anwendbarkeit zu vollziehen (*Rengeling,* DVBl. 1995, 945 [950]; a.A. *Streinz,* in HdbStR, Bd. VII, § 182, Rdnr. 44, der eine ausschließliche Verpflichtung des Bundes annimmt.).

3. Mittelbarer mitgliedstaatlicher Vollzug

28 Ist das Gemeinschaftsrecht nicht unmittelbar anwendbar und folglich eine nationale Rechtsnorm zu seiner Zielverwirklichung erforderlich, so handelt es sich um den Fall des mittelbaren mitgliedstaatlichen Vollzugs des Gemeinschaftsrechts. Die Zuständigkeit zum Erlass von Gesetzen, die der Umsetzung der gemeinschaftlichen Vorgaben dienen, bestimmt sich im jeweiligen Mitgliedstaat nach innerstaatlichem Recht. In der Bundesrepublik Deutschland sind für die Verteilung der Gesetzgebungskompetenz die

Art. 70ff. GG entsprechend heranzuziehen (vgl. *Kössinger,* S. 40ff.), wobei im Falle der Gesetzgebungskompetenz der Länder diese dem Bund gegenüber nach dem Grundsatz der Bundestreue zu einem Tätigwerden und zur korrekten Umsetzung des Gemeinschaftsrechts verpflichtet sind (*Ehlers,* DVBl. 1991, 605 [610]). Auch für den Vollzug dieser nationalen Gesetze, die der Umsetzung von Gemeinschaftsrecht dienen, ist das innerstaatliche Recht maßgebend. Dabei richtet sich beim mittelbaren mitgliedstaatlichen Vollzug die Kompetenzverteilung für den Verwaltungsvollzug direkt nach Art. 30, 83ff. GG. Grund hierfür ist, dass es sich um den Vollzug deutschen Rechts handelt, welches das Gemeinschaftsrecht ausführt, und zwar je nach Umsetzungskompetenz um Bundes- oder Landesrecht (*Scheuing,* EuR 1985, 229 [249]; *Streinz,* in: Schweitzer, Europ. VerwR, S. 241 [260]; *Weber,* S. 47).

V. Verwaltungsverfahren beim indirekten (mitgliedstaatlichen) Vollzug des Gemeinschaftsrechts

1. Unmittelbare mitgliedstaatliche Vollziehung

Grundsätzlich bestimmt sich das Verwaltungsverfahren im Rahmen des unmittelbaren mitgliedstaatlichen Vollzugs des Gemeinschaftsrechts nach nationalem Recht, in der Bundesrepublik Deutschland also nach den Verfahrensgesetzen des Bundes oder der Länder. Soweit jedoch im Gemeinschaftsrecht verfahrensrechtliche Vorgaben existieren, sind die Behörden der Mitgliedstaaten an diese gebunden. 29

Dass das Gemeinschaftsrecht Einfluss auf das mitgliedstaatliche Verwaltungsverfahrensrecht ausübt, ist aber nur in besonders stark „vergemeinschafteten" Rechtsbereichen (zu nennen sind hier insbesondere das Zoll- und das Agrarrecht; siehe dazu *Streinz,* in: Schweitzer, Europ. VerwR, S. 241 [263f.]) auf Grund entsprechender Ermächtigungen in den Gründungsverträgen der Fall. Existiert eine solch weitgehende Ermächtigung, wird das Verwaltungsverfahren im unmittelbaren mitgliedstaatlichen Vollzug durch sekundäres Gemeinschaftsrecht in Form von Verordnungen i.S.d. Art. 249 Abs. 2 EG geregelt, das dann allein die Vorgaben für das Verwaltungshandeln enthält (vgl. dazu *Scheuing,* in: Hoffmann-Riem/Schmidt-Aßmann, Innovation und Flexibilität des Verwaltungshandelns, S. 289 [321ff.]; *Streinz,* in: Schweitzer, Europ. VerwR, S. 241 [245 bzw. 263f.] jeweils m.w.N.). Allerdings enthält das sekundäre Gemeinschaftsrecht nur selten solche umfassenden Verfahrensregelungen (Beispiel hierfür ist der „Zollkodex der Gemeinschaft", nach dem sich das Handeln der Zollbehörden allein bestimmt). 30

Der EuGH hat darüber hinaus gemeinschaftsrechtliche Grundregeln zur Anwendung des mitgliedstaatlichen Verfahrensrechts im Hinblick auf den Vollzug von Gemeinschaftsrecht aufgestellt. Von besonderer Bedeutung in 31 diesem Zusammenhang ist das Urteil des Gerichtshofes in der Rechtssache „Deutsche Milchkontor" (EuGH v. 21. 9. 1983, verb. Rs. C-205–215/82, *Deutsche Milchkontor,* Slg. 1983, 2633 ff.). Der Gerichtshof vertritt die Position, dass sich der Verwaltungsvollzug von Gemeinschaftsrecht einschließlich seiner gerichtlichen Kontrolle nach dem Verwaltungsverfahrens- und Verwaltungsprozessrecht des jeweiligen Mitgliedstaates richtet. Dies allerdings nur soweit, wie das Gemeinschaftsrecht bzw. die vom Gerichtshof aufgestellten allgemeinen gemeinschaftsrechtlichen Grundsätze keine eigenen Regelungen enthalten (*Weber,* S. 55; *Rengeling/Middeke/Gellermann,* Rdnr. 959; *Pache,* S. 122 m. w. N.). Wird von einem Mitgliedstaat das Gemeinschaftsrecht nach eigenem Verfahrensrecht vollzogen, so hat er dabei zwei Schranken zu berücksichtigen, welche sich aus der Notwendigkeit der einheitlichen und gleichmäßigen Verwirklichung des Rechts der Gemeinschaft in allen Mitgliedstaaten ergeben (*Scheuing,* in: Hoffmann-Riem/Schmidt-Aßmann, Innovation und Flexibilität des Verwaltungshandelns, S. 289 [307 ff.]; *Rengeling/Middeke/Gellermann,* Rdnr. 965 jeweils m. w. N.). Diese Schranken bilden das Diskriminierungsverbot und das Effizienzgebot.

32 Das Diskriminierungsverbot (grundlegend *Rengeling/Middeke/Gellermann,* Rdnr. 975 ff.; *Streinz,* in: Schweitzer, Europ. VerwR, S. 241 [267 ff.] jeweils mit zahlreichen Verweisen auf die Rechtsprechung des EuGH) beinhaltet, dass das mitgliedstaatliche Recht im Vergleich zu den Verfahren, in denen über gleichartige mitgliedstaatliche Fälle entschieden wird, ohne Unterschied angewendet wird (vgl. nur EuGH v. 21. 9. 1983, verb. Rs. C-205–215/82, *Deutsche Milchkontor,* Slg. 1983, 2633 [2666] Tz. 21 ff. Zur Abgrenzung des vom EuGH im Rahmen seiner Rechtsprechung entwickelten Diskriminierungsverbots gegenüber dem in Art. 12 EG geregelten siehe *Streinz,* in: Schweitzer, Europ. VerwR, S. 241 [263]). Dieses Verbot wurde vom EuGH in der Rechtsprechung zur Rückforderung von zu Unrecht gewährten Gemeinschaftsbeihilfen entwickelt, gilt aber auch dann, wenn nationale Vollzugsbehörden unmittelbar aus dem Gemeinschaftsrecht fließende Rechte zu verwirklichen haben. Zum einen soll dadurch sichergestellt werden, dass Interessen der Gemeinschaft genauso gewissenhaft verfolgt werden wie die Interessen der Mitgliedstaaten selbst (EuGH v. 21. 9. 1983, verb. Rs. C-205–215/82, *Deutsche Milchkontor,* Slg. 1983, 2633 [2666 f.] Tz. 23; EuGH v. 21. 9. 1989, Rs. C-68/88, *Kommission./.Griechenland,* Slg. 1989, 2965 [2984 f.] Tz. 23 f.). Ein weiterhin verfolgtes Ziel ist aber auch, dass der Rechtsschutz des Bürger in Fällen des Gemeinschaftsrechts nicht geringer ausfällt als in Fällen, in denen rein nationales Recht streitig ist (EuGH v. 16. 12. 1976, Rs. C-33/76, *Rewe,* Slg. 1976, 1989 [1998] Tz. 5; EuGH v. 12. 6. 1980, Rs. C-130/79, *Dairy Foods,* Slg. 1980, 1887 [1900] Tz. 12). So muss das Gemeinschaftsrecht optimal umgesetzt werden, damit die Gemeinschaftsangehörigen ohne Wettbewerbsverzerrungen in allen Mitgliedstaaten gleichbehandelt werden. Die Schwierigkeit, die sich daraus ergibt, ist allerdings, dass die Unterschiede zwischen den Mitgliedstaaten

durch diese auf die Rechtslage innerhalb der einzelnen Mitgliedstaaten bezogene Nichtdiskriminierung nicht beseitigt, sondern im Gegenteil dadurch vielmehr verfestigt werden (*Streinz,* in: HdbStR, Bd. VII, § 182, Rdnr. 25).

Die zweite Schranke, die die Mitgliedstaaten zu beachten haben, stellt das Effizienzgebot dar (*Rengeling/Middeke/Gellermann,* Rdnr. 973f.; *Streinz,* in: Schweitzer, Europ. VerwR, S. 241 [270ff.]; *ders.* in: HdbStR, Bd. VII, § 182, Rdnr. 26; *Suerbaum,* S. 158ff.; *Jarass,* Grundfragen, S. 6f.). Diese Pflicht leitet der EuGH aus Art. 10 EG her (EuGH v. 21. 9. 1983, verb. Rs. C-205–215/82, *Deutsche Milchkontor,* Slg. 1983, 2633 [2665] Tz. 17; EuGH v. 27. 5. 1993, Rs. C-290/91, *Peter,* Slg. 1993, I-2981 [3005] Tz. 8). Demnach handelt es sich bei diesem Gebot um ein primärrechtlich verankertes Prinzip. Dieses Gebot fordert, dass die Anwendung des mitgliedstaatlichen Rechts nicht dazu führen darf, dass die Verwirklichung einer Regelung des Gemeinschaftsrechts „praktisch unmöglich“ gemacht wird. Vielmehr muss sich die „volle Wirksamkeit“ („effet utile“) der gemeinschaftsrechtlichen Norm entfalten können (EuGH v. 16. 12. 1976, Rs. C-33/76, *Rewe,* Slg. 1976, 1989 [1998] Tz. 5; EuGH v. 21. 9. 1983, verb. Rs. C-205–215/82, *Deutsche Milchkontor,* Slg. 1983, 2633 [2665f.] Tz. 19), damit die Gemeinschaftsangehörigen ohne Wettbewerbsverzerrungen in allen Mitgliedstaaten gleichbehandelt werden. Die jeweiligen Besonderheiten des nationalen Verwaltungsrechts der Mitgliedstaaten werden demnach vom Gerichtshof in großem Umfang mit Nachsicht betrachtet. Die Toleranz des EuGH endet allerdings dort, wo die gemeinschaftsrechtliche Zielsetzung durch nationales Recht nicht mehr erreicht würde (*Hilf,* in: Schwarze, Europäisches Verwaltungsrecht im Werden, S. 67 [81]; *Götz,* EuR 1986, 29 [46f.]). Zwar stellt eine so weit gefasste Kontrollformel hohe Ansprüche an diejenigen, die sie anwenden müssen, doch lassen sich aus ihr durchaus brauchbare Leitlinien entnehmen, die sich auch als effektiv erweisen, vor allem, weil der Gerichtshof die Anforderungen in jüngster Zeit unter ausdrücklicher Beachtung des Art. 10 EG verstärkt hat (siehe EuGH v. 10. 7. 1990, Rs. C-217/88, *Tafelwein,* Slg. 1990, I-2879 [2907f.] Tz. 33; *Klein,* in: Starck, Rechtsvereinheitlichung, S. 117 [136]). 33

Die für die Anwendung des mitgliedstaatlichen Verwaltungsrechts durch den EuGH aufgestellten Schranken des Diskriminierungsverbots und des Effizienzgebots machen deutlich, dass der Gerichtshof Unterschiede in den mitgliedstaatlichen Verwaltungsrechten hinnimmt und es den zur Rechtsetzung berufenen Organen der Gemeinschaft überlässt, die Unterschiede gegebenenfalls durch die Schaffung einer gemeinschaftsrechtlichen Regelung zu beseitigen (*Rengeling/Middeke/Gellermann,* Rdnr. 965; *Scheuing,* in: Hoffmann-Riem/Schmidt-Aßmann, Innovation und Flexibilität des Verwaltungshandelns, S. 289 [305ff.]; *Streinz,* EuropR, Rdnr. 485). Mitgliedstaatliche Verfahrensregelungen werden damit durch die allgemeinen Rechtsgrundsätze nicht unanwendbar, ihnen werden allenfalls durch das Gemeinschaftsrecht Grenzen gesetzt und zwar dergestalt, dass die allgemei- 34 nen Rechtsgrundsätze des Gemeinschaftsrechts als Mindeststandards zu beachten sind. Daraus folgt für die nationale (deutsche) Rechtsanwendung u.a., dass Verwaltungsakte, die eine Verordnung durchsetzen sollen, für sofort vollziehbar zu erklären sind, selbst wenn beispielsweise dic Voraussetzungen des § 80 Abs. 2 Nr. 4 VwGO nicht vorliegen, die Verordnung indes die sofortige Vollziehung normiert (EuGH v. 10. 7. 1990, Rs. C-217/88, *Tafelwein,* Slg. 1990, I-2879 [2905f.] Tz. 25ff.). Zur Lösung des sich daraus ergebenden Konflikts zwischen nationalem Recht und Gemeinschaftsrecht bietet sich eine gemeinschaftsrechtskonforme Auslegung des § 80 Abs. 2 Nr. 4 VwGO an. Beim Vollzug von Verordnungen haben die Behörden das Gemeinschaftsinteresse im Rahmen des § 80 Abs. 2 Nr. 4 ausreichend im Tatbestandsmerkmal des „öffentlichen Interesses" zu berücksichtigen (*Mögele,* BayVBl. 1993, 129 [140]). Die Behörden müssen die sofortige Vollziehung eines Verwaltungsaktes, der auf einer Verordnung beruht, daher anordnen, wenn dies im Interesse der effektiven Durchsetzung des Gemeinschaftsrechts geboten ist. Im Interesse eines effektiven Rechtsschutzes hat der EuGH gleichsam als Gegenstück zu der soeben dargestellten Rechtsprechung den nationalen Gerichten die Befugnis eingeräumt, vorläufigen Rechtsschutz bei der Vollziehung eines auf Gemeinschaftsrecht beruhenden Verwaltungsaktes durch vorläufige Aussetzung (§ 80 Abs. 5 VwGO) zu gewähren (EuGH v. 21. 2. 1991, verb. Rs. C-143/88 u. C-92/89, *Zuckerfabrik Süderdithmarschen,* Slg. 1991, I-415 [543f.] Tz. 18), wenn dies dem nationalen Gericht geboten erscheint, um die volle Wirksamkeit der späteren Gerichtsentscheidung über das Bestehen von Rechten sicherzustellen, die aus dem Gemeinschafsrecht hergeleitet werden. Eine entgegenstehende Bestimmung des nationalen Verfahrensrechts darf in einem solchen Fall vom Gericht nicht angewendet werden (EuGH v. 19. 6. 1990, Rs. C-213/89, *Factortame,* Slg. 1990, I-2433 [2473f.] Tz. 20f.).

35 Die soeben zu § 80 Abs. 5 VwGO dargestellten gemeinschaftlichen Grundsätze gelten selbstverständlich ganz entsprechend im Rahmen des einstweiligen Rechtsschutzes nach § 123 VwGO. Die Gewährung einstweiligen Rechtsschutzes durch nationale Gerichte hat der EuGH dann für zulässig erachtet, soweit das Gericht bei der von ihm vorzunehmenden Abwägung die oben genannten gemeinschaftsrechtlichen Grundsätze beachtet (EuGH v. 9. 11. 1995, Rs. C-465/93, *Atlanta,* Slg. 1995, I-3761 [3790] Tz. 30).

36 Nach der Rechtsprechung des EuGH ist bei der Anwendung des nationalen Verwaltungsverfahrensrechts weiterhin in Fällen, die eine Abwägung gebieten, wie z.B. im Rahmen des § 48 Abs. 2 VwVfG, dem Interesse der Gemeinschaft „in vollem Umfang" Rechnung zu tragen (EuGH v. 21. 9. 1983, verb. Rs. C-205–215/82, *Deutsche Milchkontor,* Slg. 1983, 2633 [2669] Tz. 32). Wurde eine gemeinschaftsrechtswidrige Beihilfe aus Gemeinschaftsmitteln gewährt und soll der dadurch geschaffene gemeinschaftsrechtswidrige Zustand beseitigt werden, ist ferner ein Ermessen, das § 48

Abs. 1 Satz 1 VwVfG („kann") einräumt, ausgeschlossen. Problematisch ist in diesen Fällen die Behandlung des Vertrauensschutzes, der in § 48 Abs. 2–4 VwVfG seinen Ausdruck gefunden hat. Bei der Rücknahme eines rechtswidrigen Verwaltungsaktes, der eine einmalige Geldleistung gewährt, kommen vollzugshemmende Vorschriften des nationalen Rechts dann zum Einsatz, wenn sie im Gemeinschaftsrecht ein entsprechendes Gegenstück haben, wie z.B. der Vertrauensschutz des § 48 Abs. 2, 3 VwVfG im entsprechenden allgemeinen Rechtsgrundsatz (vgl. EuGH v. 21. 9. 1983, verb. Rs. C-205–215/82, *Deutsche Milchkontor,* Slg. 1983, 2633 [2669] Tz. 30; *Triantafyllou,* NVwZ 1992, 436 [441]; eine Übersicht der allgemeinen Rechtsgrundsätze der Gemeinschaft findet sich bei *Schweitzer/Hummer,* Rz. 436; siehe unten § 110). Für spezielle Vorschriften des Vertrauensschutzes (etwa § 48 Abs. 4 VwVfG) besteht allerdings ein uneingeschränktes Anwendungsverbot, sofern durch sie die Herstellung des gemeinschaftsrechtlich gebotenen Zustands praktisch verhindert würde (EuGH v. 20. 9. 1990, Rs. C-5/89, *BUG-Alutechnik,* Slg. 1990, I-3437 [3458] Tz. 18; EuGH v. 20. 3. 1997, Rs. C-24/95, *Alcan,* Slg. 1997, I-1591, [1619] Tz. 34ff.). Denn eine solche Ausschlussfrist könnte durch die Verwaltungsstellen dazu missbraucht werden, eine gemeinschaftsrechtlich gebotene Rückforderung durch Verstreichenlassen der Frist zu hintertreiben. Hindern die geltend gemachten nationalen Vorschriften die Rückforderung der gemeinschaftsrechtswidrig gewährten Beihilfe, so müssen die mitgliedstaatlichen Verwaltungsstellen mit der Kommission nach einer Auflösung dieser Gemengelage suchen, die die Bestimmungen des EG-Vertrages voll beachtet (EuGH v. 2. 2. 1989, Rs. C-94/87, *Kommission./.Deutschland,* Slg. 1989, 175 [191f.] Tz. 8; EuGH v. 10. 7. 1990, Rs. C-217/88, *Tafelwein,* Slg. 1990, I-2879 [2907f.] Tz. 33).

2. Mittelbare mitgliedstaatliche Vollziehung

Ob die beim unmittelbaren mitgliedstaatlichen Vollzug geltenden Grund- 37
sätze auch im Verwaltungsverfahren des mittelbaren mitgliedstaatlichen Vollzugs gelten, oder ob sich in diesem Fall das Verwaltungsverfahren allein nach nationalem Recht richtet, ist umstritten. Grundsätzlich verhält es sich so, dass im Fall des mittelbaren mitgliedstaatlichen Vollzugs die mitgliedstaatlichen Verwaltungsstellen nicht unmittelbar Gemeinschaftsrecht, sondern mitgliedstaatliches Recht vollziehen, welches Richtlinienbestimmungen der Gemeinschaft umsetzt. Da es sich demgemäss um den Vollzug mitgliedstaatlichen Rechts handelt, richtet sich auch das Verwaltungsverfahren nach nationalem Recht (siehe hierzu *Grabitz,* NJW 1989, 1776 [1779]; *Schweitzer,* Die Verwaltung 17 [1984], 137 [143]; *Rengeling,* Rechtsgrundsätze, S. 11). Aus dem allgegenwärtigen Grundsatz der Gemeinschaftstreue folgt jedoch, dass, soweit gemeinschaftsrechtliche Vorgaben betroffen sind, auch im Rahmen dieses Vollzugstyps die allgemeinen Rechtsgrundsätze der Ge-

meinschaft als Mindeststandard bei der Auslegung des nationalen Rechts zu beachten sind. Damit soll vor allem dem effet utile und dem Ziel der Rechtsvereinheitlichung im Gemeinsamen Markt entsprochen werden. Im Fall der Rückforderung einer nach nationalem Recht gewährten Beihilfe, die gegen Gemeinschaftsrecht (Art. 87f. EG) verstößt, wird das nationale Recht daher durch selbige Grundsätze modifiziert, die für den mitgliedstaatlichen Vollzug von Gemeinschaftsrecht entwickelt worden sind (EuGH v. 20. 9. 1990, Rs. C-5/89, *BUG-Alutechnik*, Slg. 1990. I-3437 [3456f.] Tz. 13). Auch in diesen Fällen ist demnach das Rücknahmeermessen der Verwaltung nach § 48 Abs. 1 VwVfG ausgeschlossen. Im Rahmen der nach § 48 Abs. 2, 3 VwVfG zu erfolgenden Abwägung ist ebenfalls dem Interesse der Gemeinschaft in vollem Umfang Rechnung zu tragen, und auch auf die Frist des § 48 Abs. 4 VwVfG kann man sich nicht uneingeschränkt berufen (hierzu *Schmidt-Räntsch*, EuZW 1990, 376ff.; *Steindorff*, ZHR 152 [1988], 474ff.).

§ 100 Grundzüge der Eigenverwaltung der Europäischen Union

Schrifttum: *Bieber*, in: Schweitzer (Hg.), Europ. VerwR, 1991, S. 85; *Biervert*, Kommentierung Art. 249, in: Schwarze (Hg.), EU-Kommentar, 2000; *Borchardt*, Der Grundsatz des Vertrauensschutzes im Europäischen Gemeinschaftsrecht, 1988; *ders.*, Vertrauensschutz im Europäischen Gemeinschaftsrecht, EuGRZ 1988, 309; *v. Borries*, Verwaltungskompetenz der Europäischen Gemeinschaft, FS Everling, 1995, S. 127; *Breier*, Die Organisationsgewalt der Gemeinschaft am Beispiel der Errichtung der Europäischen Umweltagentur, NuR 1995, 516; *Conrad*, Formen der Vollziehung des Europäischen Staatengemeinschaftsrechts durch die Bundesrepublik Deutschland und Formen der Gemeinschaftsaufsicht, 1968; *Dreher*, Transparenz und Publizität bei Ratsentscheidungen, EuZW 1996, 487; *Ehlers*, Die Einwirkungen des Rechts der Europäischen Gemeinschaften auf das Verwaltungsrecht, DVBl. 1991, 605; *ders.*, Die Einwirkungen des Rechts der Europäischen Gemeinschaften auf das Verwaltungsrecht, in: Erichsen (Hg.), Allgemeines Verwaltungsrecht, 11. Aufl., 1998, § 3; *Engel*, Die Einwirkungen des Europäischen Gemeinschaftsrechts auf das deutsche Verwaltungsrecht, DV 1992, 437; *Gilsdorf*, Vertrauensschutz, Bestandsschutz und Rückwirkungsbegrenzung im Gemeinschaftsrecht, RIW 1983, 22; *Gilsdorf/Bardenhewer*, Das EuGH-Urteil im Fall „Crispoltoni“ und die Rückabwicklungsproblematik, EuZW 1992, 267; *Gornig/Trüe*, Die Rechtsprechung des EuGH zum europäischen allgemeinen Verwaltungsrecht – Teil 1, JZ 1993, 884; *Hatje*, Die gemeinschaftsrechtliche Steuerung der Wirtschaftsverwaltung, 1998; *Hegels*, EG-Eigenverwaltungsrecht und Gemeinschaftsverwaltungsrecht, 2001; *Hilf*, Die Organisationsstruktur der Europäischen Gemeinschaften, 1982; *Ipsen*, Zur Exekutiv-Rechtsetzung der Europäischen Gemeinschaft, FS Lerche, 1993, S. 425; *Jamrath*, Normenkontrolle der Verwaltung und Europäisches Gemeinschaftsrecht, 1993; *Kahl*, Hat die EG die Kompetenz zur Regelung des Allgemeinen Verwaltungsrechts?, NVwZ 1996, 865; *Kössinger*, Die Durchführung des Europäischen Gemeinschaftsrechts im Bundesstaat. Bund/Länder-Verhältnis und Europäisches Gemeinschaftsrecht, 1989; *Kraußer*, Das Prinzip der begrenzten Ermächtigung im Gemeinschaftsrecht als Strukturprinzip des EWG-Vertrages, 1991; *Oppermann*, Europarecht, 2. Aufl., 1999; *Rengeling*, Rechtsgrundsätze beim Verwaltungsvollzug des Europäischen Gemeinschaftsrechts, 1977; *ders.*, Die Entwicklung verwaltungsrechtlicher Grundsätze durch den Gerichtshof der Europäischen Gemeinschaften, EuR 1984, 331; *ders.*, Deutsches und europäisches Verwaltungsrecht, VVDStRL 53 (1994), 202; *Schmidt-Aßmann*, Deutsches und Europäisches Verwaltungsrecht – Wechselseitige Einwirkungen, DVBl. 1993, 924; *Schwarze*, Europäisches Verwaltungsrecht, Bd. I und II, 1988; *ders.*, Konvergenzen im Verwaltungsrecht der EU-Mitgliedstaaten, DVBl. 1996, 881; *Sedemund*, Allgemeine Prinzipien des Verwaltungsverfahrensrechts – dargestellt am Beispiel des europäischen Verwaltungsverfahrensrechts in Kartellsachen, in: Schwarze (Hg.), Europäisches Verwaltungsrecht im Werden, 1982, S. 45; *Stettner*, B. III. Verwaltungsvollzug, in: Dauses (Hg.), Handbuch des EG-Wirtschaftsrechts, 2000; *Streinz*, Der Einfluß des Europäischen Verwaltungsrecht auf das Verwaltungsrecht der Mitgliedstaaten – dargestellt am Beispiel der Bundesrepublik Deutschland, in: Schweitzer, Europäisches Verwaltungsrecht, 1991, S. 241; *ders.*, Der Vollzug des Europäischen Gemeinschaftsrechts durch deutsche Staatsorgane, in: Isensee/Kirchhof (Hg.), Handbuch des Staatsrechts der Bundesrepublik Deutschland, Bd. VII, § 182; *ders.*, Europarecht, 4. Aufl., 1999; *Triantafyllou*, Zur „Europäisierung“ des Vertrauensschutzes (insbesondere § 48 VwVfG) – am Beispiel der Rückforderung staatlicher Beihilfen, NVwZ 1992, 436; *ders.*, Vom Vertrags- zum Gesetzesvorbehalt, 1996; *Weber*, Rechtsfragen der Durchführung des Gemeinschaftsrechts in der Bundesrepublik Deutschland, 1987; *Winterfeld*, Neuere Entwicklungen bei der Vereinfachung und Beschleunigung von Kartellverwaltungsverfahren vor der EG-Kommission, RIW 1984, 929; *Zuleeg*, Deutsches und Europäisches Verwaltungsrecht, VVDStRL 53 (1994), 154.

I. Der gemeinschaftliche Eigenvollzug des Gemeinschaftsrechts als Ausnahme

Der Vollzug des Gemeinschaftsrechts durch „Stellen“ der Gemeinschaft 1
(auch „direkter“ Vollzug, gemeinschaftsunmittelbarer Vollzug, zentraler Vollzug oder gemeinschaftseigene Verwaltung genannt) stellt den Ausnahmefall dar (*Schwarze*, Europ. VerwR, Bd. I, S. 25; *Kössing*, S. 19; grundlegend zum gemeinschaftsunmittelbaren Vollzug von Gemeinschaftsrecht *Bieber*, in: Schweitzer, Europ. VerwR, S. 85ff.). Nach dem Prinzip der begrenzten Ermächtigung (Art. 7 Abs. 1 Satz 2 EG) kommt der gemeinschaftsunmittelbare Vollzug nur dann zur Anwendung, wenn das primäre Gemeinschaftsrecht es explizit vorschreibt (*Kössinger*, S. 16 bzw. 18; *Streinz*, in: HdbStR, Bd. VII, § 182, Rdnr. 4 jeweils m.w.N.). Ausreichend ist es aber auch, wenn die Gemeinschaft zum Erlass von Rechtsvorschriften für die gemeinschaftsunmittelbare Vollziehung ermächtigt wird (*Schweitzer/Hummer*, Rdnr. 425; *Jamrath*, S. 72f. m.w.N.; grundlegend zum Prinzip der begrenzten Ermächtigung *Kraußer*, S. 20ff.). Die Gemeinschaft kann aber das von ihr gesetzte Recht nur insoweit selbst vollziehen, als auf Gemeinschaftsebene behördliche Stellen errichtet wurden und diesen zulässigerweise der Vollzug von Gemeinschaftsrecht zugewiesen werden konnte (*Oppermann*, Rdnr. 636 m.w.N.). Der Ausnahmecharakter des gemeinschaftsunmittelbaren Vollzugs von Gemeinschaftsrecht beruht darauf, dass die Mitgliedstaaten kaum bereit sind, irgendwelche Verwaltungskompetenzen aus der Hand zu geben. Neben diesen politischen sind es auch praktische Schwierigkeiten in Form von finanziellen und technischen Problemen, die der vertraglichen Schaffung einer flächendeckenden Gemeinschaftsverwaltung zur Gewährleistung eines einheitlichen verlässlichen Vollzugs in

den Mitgliedstaaten entgegenstehen. Darüber hinaus darf auch nicht verkannt werden, dass die bestehenden Strukturen, wonach der mitgliedstaatliche Vollzug des Gemeinschaftsrechts den Regelfall darstellt, unter dem Aspekt der Bürgernähe der Verwaltung durchaus als wünschenswert zu bewerten sind (*Streinz*, in: HdbStR, Bd. VII, § 182, Rdnr. 4 jeweils m. w. N.).

II. Arten des gemeinschaftseigenen Vollzugs

2 Anknüpfend an die Aufgabenrichtung der wahrzunehmenden Verwaltungskompetenz kann der gemeinschaftsunmittelbare Vollzug in gemeinschaftsinternen Vollzug (*v. Borries*, FS Everling, S. 127 [132]; *Kahl*, NVwZ 1996, 865 [866]) einerseits und gemeinschaftsexternen Vollzug (*Schweitzer/Hummer*, Rdnr. 431) andererseits unterteilt werden. Entfalten die von dem jeweils zuständigen Gemeinschaftsorgan vorgenommenen Maßnahmen ihre Wirkung im Innenbereich der Gemeinschaft, so liegt ein Fall des gemeinschaftsinternen Vollzugs vor. Der Vollzug des Gemeinschaftsrechts durch die Gemeinschaftsorgane gegenüber den Mitgliedstaaten und Individuen, also Handlungen, die direkte Außenwirkung haben, werden dagegen als gemeinschaftsexterner Vollzug bezeichnet.

1. Gemeinschaftsinterner Vollzug

3 Die Europäischen Gemeinschaften sind ein bürokratisches System mit einem immensen Verwaltungsunterbau (*Hatje*, S. 44 f.). Die in einer derartigen Organisation anfallenden internen Verwaltungsaufgaben (sog. Intendanturaufgaben; zu diesem Begriff Art. 203 ff., 272, 283 EG; *Streinz*, in: Schweitzer, Europ. VerwR, S. 241 [243]) müssen gesteuert werden. Viele Vollzugsanordnungen der Gemeinschaften betreffen solche internen Belange der Gemeinschaften, insbesondere in den Bereichen der Personalverwaltung (Kompetenzgrundlage: Art. 24 Fusionsvertrag; zum europäischen Dienstrecht ausführlich *Oppermann*, Rdnr. 777 ff.), des Haushaltsvollzugs (Art. 274 EG; für Euratom: Art. 179 EAGV; für die Montanunion: Art. 78 EGKSV) sowie der inneren Organisation der Gemeinschaften, denen im Rahmen der vertraglichen Bestimmungen das Recht der Selbstorganisation zusteht (*Hilf*, S. 11 ff., 81 ff., 297 ff.). Da es im gemeinschaftsinternen Bereich um eigene Verwaltungsbelange der Gemeinschaften geht, diese sozusagen „ihr eigenes Haus bestellen“ (*Rengeling*, Rechtsgrundsätze, S. 10), steht den Gemeinschaften demnach in diesem Bereich die ausschließliche Verwaltungskompetenz zu.

2. Gemeinschaftsexterner Vollzug

4 Eine Befugnis zur Gestaltung der Rechtsbeziehungen zu Außenstehenden ist für die Gemeinschaftsorgane, kraft enumerativer Zuweisung durch die Verträge, für eine Reihe von Politikgebieten der Gemeinschaften vorgese-

hen. Dabei nehmen sie sowohl Aufgaben der Eingriffsverwaltung als auch solcher gewährender Art wahr. Der wichtigste Bereich ist dabei die Durchsetzung des gemeinschaftlichen Wettbewerbsrechts (Art. 81 ff. EG; vgl. auch Kartell-VO Nr. 17/62, v. 6. 2. 1962, ABl. L 204; Fusionskontroll-VO Nr. 4064/89, v. 21. 12. 1989, ABl. 1990 L 257, 13; Art. 65 ff. EGKSV) einschließlich der Aufsicht über die nationale Beihilfenpraxis (vgl. dazu *Bieber*, in: Schweitzer, Europ. VerwR, S. 85 [96 f.]; *Schmidt-Aßmann*, DVBl. 1993, 924 [925]). Weitere Bereiche des gemeinschaftsexternen Vollzugs sind u. a. die gemeinschaftliche Handelspolitik (Ein- und Ausfuhrkontrollen und -beschränkungen; dazu *Bieber*, in: Schweitzer, Europ. VerwR, S. 85 [97]), die Sozialpolitik (Verwaltung der Sozialfonds nach Art. 147 EG), die Erzeugungs- und Preisregeln nach dem EGKS-Vertrag (Art. 57 ff. EGKSV), die Verwaltung der Gemeinschaftsfonds (z. B. Europäischer Sozialfonds: Art. 147 EG; Europäischer Ausrichtungs- und Garantiefonds für die Landwirtschaft: Art. 34, 159 EG), die Förderung von Forschung und Wissenschaft (Art. 163 u. 165 EG) sowie nach Art. 52 EAGV die Versorgung mit spaltbaren Stoffen (weitere Bereiche bei *Stettner*, in: Dauses, B. III., Rdnr. 20). Ein weiterer Bereich hat sich im Zuge der Bemühungen um mehr Durchschaubarkeit der Gemeinschaften mit den Beschlüssen 94/90/EGKS/EG/Euratom über den Zugang der Öffentlichkeit zu den der Kommission vorliegenden Dokumenten (ABl. 1994, L 46, 58) und dem Beschluss 93/731/EG über den Zugang der Öffentlichkeit zu Ratsdokumenten (ABl. 1993, L 340, 43) entwickelt (siehe dazu EuG v. 19. 10. 1995, Rs. T-194/94, *Guardian Newspapers*, Slg. 1995, II-2765 ff.; EuG v. 5. 3. 1997, Rs. T-105/95, *WWF UK*, Slg. 1997, II-313 ff.).

3. Verwaltungsorganisation im Rahmen des gemeinschaftseigenen Vollzugs

Die Verwaltungsorganisation beim gemeinschaftseigenen Vollzug ist gemeinschaftsrechtlich geregelt und richtet sich nach primärem und sekundärem Gemeinschaftsrecht. Die gemeinschaftsinterne Vollziehung erfolgt durch die Organe und Nebenorgane der Gemeinschaften, die jeweils über einen eigenen hierarchisch aufgebauten Verwaltungsunterbau verfügen. Grundeinheit ist die Abteilung. Mehrere Abteilungen bilden eine größere Verwaltungseinheit und werden i. d. R. Direktionen oder Generaldirektionen genannt. Je ein Generalsekretariat haben der Rat, das Parlament und der Wirtschafts- und Sozialausschuss. 5

Die Vollzugskompetenzen für den gemeinschaftsexternen Vollzug sind im Wesentlichen bei der Kommission konzentriert (*Ehlers*, DVBl. 1991, 605 [609]), soweit nicht selbstständige mit zum Teil eigener Rechtspersönlichkeit ausgestattete Verwaltungseinheiten eingeschaltet sind (*Stettner*, in: Dauses, B. III., Rdnr. 19). Die Kommission deshalb als reines Verwaltungsorgan einzuordnen, wäre jedoch falsch, da sie auf einigen Gebieten auch als Ge- 6 setzgeber tätig wird (vgl. *Ipsen,* FS Lerche, S. 425 [434]; *Triantafyllou,* Vom Vertrags- zum Gesetzesvorbehalt, S. 54). Für den Fall, dass selbstständige Verwaltungsstellen zuständig sind, lässt sich auch von „mittelbarer gemeinschaftseigener Verwaltung" sprechen, die mit der mittelbaren Staatsverwaltung vergleichbar ist (*Oppermann,* Rdnr. 485). Der Verselbstständigung gemeinschaftseigener Einrichtungen sind nach dem EG-Vertrag jedoch enge Grenzen gesetzt (EuGH v. 26. 4. 1977, Gutachten 1/76, *Stilllegungsfonds für die Binnenschifffahrt,* Slg. 1977, 741 [760f.] Tz. 15f.; vgl. auch *Oppermann,* Rdnr. 452ff.).

7 Solche selbstständigen Verwaltungsstellen, die eine eigene Entscheidungsbefugnis haben, sind u.a. die Europäische Investitionsbank (Art. 9 EG; vgl. *Schweitzer/Hummer,* Rdnr. 314ff.), Europol (ABl. 1995, L 62, 1ff.), die Europäische Umweltagentur (ABl. 1990 L 120. 1ff.; siehe hierzu auch *Breier,* NuR 1995, 516ff.), die Europäische Agentur zur Beurteilung von Arzneimitteln (ABl. 1993, L 214, 1ff.), das Harmonisierungsamt für den Binnenmarkt (ABl. 1995, L 303, 33ff.) sowie die Europäische Stiftung für Berufsbildung (ABl. 1990, L 131, 1ff.).

8 Wenn die Gemeinschaften auch im Fall des gemeinschaftseigenen Vollzugs für den Vollzug von Gemeinschaftsrecht zuständig sind, so bleiben sie dennoch in der Regel auf die Unterstützung durch mitgliedstaatliche Behörden angewiesen (vgl. *Weber,* S. 52f.; *Engel,* DV 1992, 437 [446]; *Zuleeg,* VVDStRL 53 [1994], 154 [158] jeweils m.w.N.). Eine Verpflichtung der Mitgliedstaaten, die mit dem Vollzug des Gemeinschaftsrechts betrauten Stellen der Gemeinschaft zu unterstützen, besteht aber nur dann, wenn spezielle Vorschriften die generelle Unterstützungspflicht aus Art. 10 Abs. 1 Satz 1 EG konkretisieren (*Streinz,* EuropaR, Rdnr. 469; *Conrad,* S. 41ff.).

4. Verwaltungsverfahren

9 Eine dem deutschen Verwaltungs- und Verwaltungsverfahrensrecht vergleichbare Kodifizierung existiert im Gemeinschaftsrecht nicht. Im Falle des gemeinschaftseigenen Vollzugs richtet sich das Verwaltungsverfahren fast ausschließlich nach primärem und sekundärem Gemeinschaftsrecht. Zu nennen sind hier beispielsweise die Art. 12 (allgemeiner Gleichheitssatz, siehe dazu *Schweitzer/Hummer,* Rdnr. 435), 249 Abs. 4 (Handlung durch Entscheidungen), 253 (Begründungspflicht für Rechtsakte der Gemeinschaft), 256 (Vollstreckbarkeit von Entscheidungen), 284 (Auskunfts- und Nachprüferecht der Kommission) und 287 EG (Verpflichtung von Amtsverschwiegenheit), 162 bis 164 EAGV und 4b, 15 EGKSV im Primärrecht und verschiedene fachgebietsbezogene Verordnungen wie z.B. die Kartell-VO Nr. 17 (ABl. 1962 L 204) und vereinzelt auch gebietsübergreifende Regelungen (VO 1182/71 zur Festlegung der Regeln für Feste, Daten und Termine, ABl. 1971 L 124, 1) im Sekundärrecht (siehe hierzu auch *Hegels,* EG-EigenverwR u. GemeinschaftsverwR, S. 36). Darüber hinaus finden sich

vereinzelt in Geschäftsordnungen und begleitendem Gemeinschaftsrecht einschlägige Bestimmungen (z.B. Übereinkommen über das Europäische Patent für den Gemeinsamen Markt vom 12. 12. 1975, ABl. 1976, L 17, 1ff.).

Trotz aller Bestimmungen des primären und sekundären Gemeinschafts- 10 rechts hat das Verwaltungsverfahren vielfach aber keine ausdrücklich nähere Regelung gefunden. Zur Schließung dieser Lücken hat der EuGH durch die Ableitung allgemeiner Rechtsprinzipien (siehe *Rengeling,* EuR 1984, 331ff.) fallweise zahlreiche Verfahrensprinzipien und Verfahrensgrundrechte aufgestellt, an die sich alle Gemeinschaftsorgane auch im Rahmen der Exekutive halten müssen. Diese allgemeinen Rechtsgrundsätze bilden gleichsam einen Allgemeinen Teil des Verwaltungsverfahrensrechts, der die geschriebenen Regelungen (z.B. der Antidumping-VO, des Zollkodex oder der Dual-use-VO) ergänzt und auf Grund seiner Zugehörigkeit zum Primärrecht einen Zulässigkeitsmaßstab für die getroffenen Regelungen bildet (*Gornig/Trüe,* JZ 1993, 884ff.; *Ehlers,* in: Erichsen, Allg. VerwR, § 3, Rdnr. 55; *Schwarze,* DVBl. 1996, 881 [883ff.]).

Bisher wurden auf diesem Wege durch den EuGH vor allem folgende all- 11 gemeine Rechtsgrundsätze formuliert und in der Gemeinschaftsrechtsordnung anerkannt:

(1) Der Grundsatz der Gesetzmäßigkeit der Verwaltung (EuGH v. 22. 3. 12 1961, verb. Rs. C-42 u. 49/59, *SNUPAT,* Slg. 1961, 113 [172]; EuGH v. 8. 11. 1983, verb. Rs. C-96–102/82 u.a., *IAZ,* Slg. 1983, 3369 [3409] Tz. 15; EuGH v. 21. 9. 1989, verb. Rs. C.46/87 u. C-227/88, *Hoechst,* Slg. 2859 [2924] Tz. 19; BVerfGE 89, 155 [210]; *Rengeling,* VVDStRL 53 [1994], 202 [207]): Dieser Grundsatz als „principe des principes" des Verwaltungsrechts (*Rengeling,* Rechtsgrundsätze, S. 257) ist zwar vom Gerichtshof anerkannt worden, die bei der „Gesetzmäßigkeit" im deutschen Staatsrecht geläufige Ausprägung als Gesetzesvorrang und Gesetzesvorbehalt sind aber nicht umfassend gewährleistet. So dient der Gesetzesvorbehalt vorrangig nicht, wie im subjektivrechtlich geprägten deutschen Staats- und Verwaltungsrecht, dem Schutz der Individualsphäre gegenüber hoheitlichen Maßnahmen, sondern der Abgrenzung gemeinschaftlicher und mitgliedstaatlicher Regelungsbefugnisse (*Schwarze,* Europ. VerwR, Bd. I, S. 238).

(2) Der Grundsatz der Verhältnismäßigkeit (EuGH v. 5. 7. 1977, Rs. C- 13 114/76, *Bela-Mühle,* Slg. 1977, 1211 [1221] Tz. 7; EuGH v. 21. 9. 1989, verb. Rs. C-46/87 u. C-227/88, *Hoechst,* Slg. 2859 [2924] Tz. 19; siehe hierzu *Schwarze,* Europ. VerwR, Bd. II, S. 690ff.).

(3) Der Grundsatz des Vertrauensschutzes (EuGH v. 5. 7. 1973, Rs. C- 14 1/73, *Westzucker,* Slg. 1973, 723 [731] Tz. 12; vgl. hierzu auch *Borchardt,* Der Grundsatz des Vertrauensschutzes im Europäischen Gemeinschaftsrecht; *Borchardt,* EuGRZ 1988, 309ff.; *Gilsdorf,* RIW 1983, 22ff.; *Triantafyllou,* NVwZ 1992, 436ff.) und dessen besondere Ausprägung des Rückwirkungsverbots (EuGH v. 5. 7. 1973, Rs. C-1/73, *Westzucker,* Slg. 1973, 723 [729] Tz. 5; EuGH v. 11. 7. 1991, Rs. C-368/89, *Crispoltoni,* Slg. 1991,

I-3695 [3720] Tz. 17; EuGH v. 30. 11. 1983, Rs. C-235/82, *Ferriere San Carlo,* Slg. 1983, 3949 [3965] Tz. 9; EuGH v. 17. 5. 1984, Rs. C-101/83, *Brusse,* Slg. 1984, 2223 [2236f.] Tz. 12ff.; *Gilsdorf/Bardenhewer,* EuZW 1992, 267ff.).

15 (4) Der Grundsatz ne bis in idem (EuGH v. 5. 5. 1966, verb. Rs. C-18 u. 35/65, *Gutmann,* Slg. 1966, 153 [178]).

16 (5) Der Grundsatz rechtlichen Gehörs (EuGH v. 23. 10. 1974, Rs. C-17/74, *Transocean,* Slg. 1974, 1063 [1080f.] Tz. 15; EuGH v. 27. 10. 1977, Rs. C-121/76, *Moli,* Slg. 1977, 1971 [1979] Tz. 19/21; EuGH v. 13. 2. 1979, Rs. C-85/76, *Hoffmann-La Roche,* Slg. 1979, 461 [511] Tz. 9; EuGH v. 18. 10. 1989, Rs. C-347/87, *Orkem,* Slg. 1989, 3283 [3347] Tz. 15; *Hegels,* EG-EigenverwR u. GemeinschaftsverwR, S. 79f.).

17 (6) Das Recht auf Akteneinsicht (EuGH v. 10. 7. 1980, Rs. C-30/78, *Distillers,* Slg. 1980, 2229 [2264] Tz. 25f.; siehe auch *Hegels,* EG-EigenverwR u. GemeinschaftsverwR, S. 80ff.; *Sedemund,* S. 48ff.).

18 (7) Der Zugang zu Dokumenten des Rates und der Kommission (EuG v. 19. 10. 1995, Rs. T-194/94, *Guardian Newspapers,* Slg. 1995, II-2765ff.; EuGH v. 30. 4. 1996, Rs. C-58/94, *Niederlande/Rat,* Slg. 1996, I-2441ff.; siehe auch *Dreher,* EuZW 1996, 487ff.).

19 Im Rahmen des gemeinschaftseigenen Vollzugs kommt als Handlungsform hauptsächlich die (individuelle und rechtsverbindliche) Entscheidung i.S.d. Art. 249 Abs. 4 EG in Betracht, die man auch als gemeinschaftsrechtlichen Verwaltungsakt bezeichnen kann (*Biervert,* in: Schwarze, EU-Komm., Art. 249, Rdnr. 32). Die Bekanntgabe, Begründungspflicht, Bestandskraft und Vollstreckbarkeit von (individuellen) Entscheidungen sind primärrechtlich geregelt (siehe Art. 230 Abs. 5, 253, 254 u. 256 EG; zur Bestandskraft EuGH v. 9. 3. 1994, Rs. C-188/92, *TWD Textilwerk Deggendorf,* Slg. 1994, I-833 [852] Tz. 13, danach kann u.U. ein Bürger trotz Bestandskraft einer an ihn gerichteten Entscheidung deren Aufhebung im Wege des Wiederaufgreifens des Verfahrens verlangen).

20 Als weitere Handlungsformen kommen die Empfehlung und Stellungnahme, die nach Art. 249 Abs. 4 EG nicht verbindlich sind, der Vertrag (Art. 238 EG) sowie das Auskunftsverlangen und die Nachprüfung nach Art. 284 EG in Betracht. Diese Aufzählung ist keinesfalls vollständig, was vor allem daran liegt, dass vieles noch im Flusse ist (zu nennen sind z.B. die Verwaltungsschreiben [sog. Comfort letters] der Kommission; dazu *Schwarze,* Europ. VerwR, Bd. II, S. 1323ff.; *Winterfeld,* RIW 1984, 929ff.).

Zehnter Teil

Grundlagen der Verwaltungskontrolle

Erster Abschnitt. Allgemeines Verwaltungskontrollrecht

§ 101 Begriff und Instrumente der Verwaltungskontrolle

Schrifttum: *Brunner,* Kontrolle in Deutschland, 1982; *Bull,* Allgemeines Verwaltungsrecht, 6. Aufl., 2000, § 18; *Dammann,* Die Kontrolle des Datenschutzes, 1977; *Hansen,* Die Institution des Ombudsmann, 1972; *Kahl,* Die Staatsaufsicht, 2000; *Kluth,* Verwaltung und Verwaltungsgerichtsbarkeit, in: ders. (Hrsg.), Verwaltungskultur, 2001, S. 75; *Krebs,* Kontrolle in staatlichen Entscheidungsprozessen, 1984; *Masing,* Die Mobilisierung des Bürgers für die Durchsetzung des Rechts, 1997; *Matthes,* der Bürgerbeauftragte, 1981; *Meyn,* Kontrolle als Verfassungsprinzip, 1982; *Strößenreuther,* Die behördeninterne Kontrolle, 1991.

I. Begriff und Funktionen der Kontrolle

Die Existenz und die wirksame Durchführung von Kontrollen wird sowohl aus der Perspektive des Verfassungsrechts als auch unter dem Gesichtspunkt der Akzeptanz und Qualität von Verwaltung als unverzichtbar angesehen. Zum Teil wird sogar von der Annahme ausgegangen, dass jedes unkontrollierte System sich regelwidrig verhält. Unter Kontrolle wird dabei ganz allgemein die unabhängige Überprüfung des Handelns einer staatlichen Stelle durch eine andere staatliche oder private Stelle verstanden. 1

Kontrolle beruht auf einem **Ist-Soll-Vergleich.** Ein bereits vollzogenes oder geplantes Handeln bzw. Verhalten wird dabei an einem vorgegebenen **Maßstab** überprüft. Der Maßstab kann ein rein rechtlicher sein, er kann aber auch Aspekte der Zweckmäßigkeit und insbesondere der Wirtschaftlichkeit einbeziehen. Hinzu kommt die politische Kontrolle durch die Parlamente, die Öffentlichkeit und die Medien. In jüngerer Zeit spielen bei den öffentlichen Verwaltungen zunehmend auch Aspekte der Qualitätskontrolle (etwa aus dem Gesichtspunkt der Akzeptanz und Kundenzufriedenheit im Rahmen des Neuen Steuerungsmodells) eine größere Rolle. 2

Der Begriff der Kontrolle steht in einer engen Beziehung zu den Begriffen der **Staatsaufsicht** und der **Leitung.** (*Kahl,* S. 402ff.; *Kluth,* S. 271f.). Die Staatsaufsicht ist eine bestimmte Form der Kontrolle. Die Durchführung von Kontrollen stellt vor allem in den Fällen der Kontrolle zukünftiger 3

Handlungen (präventive Kontrolle) auch ein Instrument der Ausübung von Leitungsmacht dar. Es kann insoweit auch zu einer Verantwortungsteilung kommen.

4 Die **Rolle des Bürgers** bei der Durchführung von Kontrollen ist in den einzelnen Bereichen sehr verschieden ausgestaltet. Vor allem im Anwendungsbereich des Art. 19 Abs. 4 GG steht dem Bürger ein Anspruch auf die gerichtliche Kontrolle staatlichen Handelns zu. Ihm kommt dabei nicht nur das Initiativrecht zu, sondern die Kontrolle erfolgt auch maßgeblich in seinem Interesse. Die Staatsaufsicht erfolgt demgegenüber in den allermeisten Fällen ausschließlich im öffentlichen Interesse. Das Gleiche gilt für die Mehrzahl der behörden- bzw. verwaltungsinternen Kontrollen, soweit es sich nicht um ein Vorverfahren handelt. In jüngerer Zeit werden den Bürger aber auch umgekehrt Kontrollrechte in der Form von Informationsansprüchen oder Antragsrechten eingeräumt, mit deren Hilfe die defiziente staatliche Aufsicht verbessert werden soll (dazu *Masing*, passim).

5 Ein spezifisches Verständnis von Verwaltungskontrolle kann in zwei Richtungen entwickelt werden: Zum einen im Sinne einer **Kontrolle der Verwaltung,** wobei die externe Kontrolle, vor allem in der Form der verwaltungsgerichtlichen Kontrolle eine bedeutsame Rolle spielt. Zum anderen kann aber auch die **Kontrolle durch die Verwaltung** in den Blick genommen werden. Dabei geht es vor allem um Kontrollen, die innerhalb der Verwaltungsorganisation durchgeführt werden.

II. Arten der Verwaltungskontrolle

1. Selbst-, Eigen- und Fremdkontrolle

6 Als **Selbst-** oder **Eigenkontrolle** bezeichnet man die Überprüfung von Verwaltungshandlungen durch die Verwaltung selbst. Sie erfolgt durch die erlassende oder eine ihr instanziell übergeordnete Verwaltungsbehörde. Mit ihr ist die Befugnis verbunden, das kontrollierte Handeln aufzuheben oder zu ändern um die Verwaltungstätigkeit mit den vorgegebenen Normen oder der Zweckmäßigkeit in Übereinstimmung zu bringen.

7 Für eine sachverständige und zweckgerechte Kontrolle der Verwaltungstätigkeit unter besonderer Berücksichtigung der Eigenart der Verwaltung ist eine Selbstkontrolle unentbehrlich. Die in der Verwaltung Tätigen kennen die von ihnen zu beurteilenden Sachverhalte aus unmittelbarer Anschauung und sind mit der Arbeitsweise und den Eigenarten des Verwaltungsapparats am besten vertraut. Zudem verfügen die Behörden oder zumindest die Aufsichtsbehörden über rechtskundiges Personal. Selbstkontrolle kann in der Regel schneller und unbürokratischer erfolgen als Fremdkontrolle. Das setzt jedoch voraus, dass die damit betrauten Amtswalter sie ernst nehmen und im allgemeinen Interesse sowie im Interesse der möglicherweise betroffenen Bürger unvoreingenommen ausüben.

Historisch hat sich aus der Eigenkontrolle der Verwaltung, die sich schrittweise verselbstständigt und zur Ausbildung einer Verwaltungsrechtspflege geführt hat, auch die verwaltungsgerichtliche Kontrolle entwickelt (siehe dazu *Lorenz,* Verwaltungsprozessrecht, 2000, § 2 Rdnr. 2ff.). 8

Die verwaltungsgerichtliche Kontrolle stellt zusammen mit der Rechnungshofkontrolle und der parlamentarischen Kontrolle die wichtigsten Form der **Fremdkontrolle** der Verwaltung hat. Sie ist durch die Unabhängigkeit der kontrollierenden Stelle in organisatorischer und sachlicher Hinsicht gekennzeichnet. Im Falle des vorläufigen Rechtsschutzes nach §§ 80, 80a VwGO sind die Eigen- und die Fremdkontrolle besonders eng miteinander verwoben. 9

2. Selbstinitiative und fremdinitiative Kontrolle

Nach dem Initiator einer Kontrolle kann zwischen selbstinitiativer und fremdinitiativer Kontrolle unterschieden werden. Dabei dient die **selbstinitiative Kontrolle** vorrangig dem eigenen, also dem öffentlichen Interesse der Verwaltung an der Rechts- und Zweckmäßigkeit ihres Handelns und nur mittelbar oder reflexiv den Interessen der Bürger. Die Bedeutung der selbstinitiativen Kontrolle ist durch das Neue Steuerungsmodell und seine Förderung des Verwaltungscontrolling gefördert worden. Auch die Bestellung von Beauftragten (z.B. Datenschutzbeauftragten), die aus eigenere Initiative tätig werden können und sollen, hat zu einer Förderung der selbstinitiativen Kontrollen geführt. 10

Bei der **fremdinitiativen Kontrolle** können sowohl **staatliche Stellen** (Aufsichtsbehörden, Rechnungshof, auch die EU-Kommission) als auch **Private** als Initiatoren auftreten. Davon hängt es auch maßgeblich ab, ob die Kontrolle ausschließlich im öffentlichen oder (auch) im privaten Interesse erfolgt. 11

3. Formlose und förmliche Kontrolle

Nach der Art der gesetzlichen Ausgestaltung des Verfahrens kann zwischen formlosen und förmlichen Kontrollen unterschieden werden. Der Unterschied betrifft insbesondere die Einhaltung von Fristen, die Ausgestaltung des Verfahrenablaufs, den Anspruch auf eine (begründete) Entscheidung sowie die Möglichkeit der gerichtlichen Überprüfung (zu Einzelheiten siehe § 102, Rdnr. 14ff.). 12

III. Die Maßstäbe der Verwaltungskontrolle

1. Rechtskontrolle

Die größte Bedeutung kommt bei der Verwaltungskontrolle der **Rechtskontrolle** zu. Sie ist umfassend in Sinne der Beachtung aller objektiven 13

Rechtssätze zu verstehen, die auf das zu kontrollierende Verwaltungshandeln zur Anwendung kommen. Dazu gehören neben den Rechtssätzen des Außenrechtskreises (Verfassung, Gesetzes-, Verordnungs- und Satzungsrecht, ggfs. auch unmittelbar anwendbares Europarecht und sonstiges internationales Recht) auch verwaltungsintern geltende Rechtssätze, insbesondere ermessensleitende Verwaltungsvorschriften.

14 Die Reichweite der Rechtskontrolle ist unmittelbar von der Dichte der normativen Steuerung des Verwaltungshandelns abhängig. Da diese in vielen Bereichen einen sehr hohen Grad erreicht hat (z. B. in vielen Bereichen des Umwelt- und Technikrechts), erweist sich die Rechtskontrolle in vielen Fällen als eine umfassende Entscheidungs- und Verhaltenskontrolle.

2. Zweckmäßigkeitskontrolle

15 Mit der Zweckmäßigkeitskontrolle wird vor allem der weite Bereich der **Ermessensverwaltung** erfasst, in dem die rechtlichen Vorgaben auf der Rechtsfolgenseite unterschiedliche Entscheidungen zulassen. Da die Verwaltung in diesem Bereich über die größten Spielräume verfügt, spiegelt sich in der Zweckmäßigkeitskontrolle auch der politische Charakter von Verwaltungsentscheidungen wieder.

3. Wirtschaftlichkeitskontrolle

16 Die Wirtschaftlichkeitskontrolle kann vor dem Hintergrund der Vorgaben des modernen Haushaltsrecht heute weitgehend auch als Rechtskontrolle qualifiziert werden (vgl. *von Armin,* Wirtschaftlichkeit als Rechtsprinzip, 1988). Gleichwohl erscheint es sinnvoll, die Vorgaben für die sparsame und wirtschaftliche Haushaltsführung sowie die formalen Regeln des Haushaltsrechts als eigenständigen Kontrollmaßstab zu behandeln. Wirtschaftlichkeitskontrollen können sowohl verwaltungsintern als auch extern durch die Rechnungshöfe durchgeführt werden.

4. Erfolgskontrolle

17 Auf Grund der Übernahme und Anpassung von betriebswirtschaftlichen Steuerungsinstrumenten in die öffentliche Verwaltung hat sich als vierte Art der Verwaltungskontrolle die Erfolgskontrolle etabliert. Sie erweitert die Beurteilungskriterien des Verwaltungshandelns und bezieht Aspekte wie die Zufriedenheit der Kunden (Bürger), die Verbesserung des Output im Vergleich zu anderen Verwaltungen oder Referenzzeiträumen sowie die Umsetzung von Zielvereinbarungen in die Bewertung ein. Wichtige Instrumente sind dabei die Evaluierung und das Verwaltungscontrolling.

Zweiter Abschnitt. Selbstkontrolle und Datenschutzkontrolle

§ 102 Instrumente der Selbstkontrolle der Verwaltung

Schrifttum: *Battis,* Bundesbeamtengesetz-Kommentar, 1997; *Becker,* Die öffentliche Verwaltung, 1989; *Bieler,* „Die dienstliche Beurteilung", 2000; *Fuchs,* „Beauftragte" in der öffentlichen Verwaltung, 1985; *Graf Vitzthum,* Petitionsrecht und Volksvertretung, 1985; *Graf Vitzthum/ März, W.,* Das Grundrecht der Petitionsfreiheit, JZ 1985, 809; *Matthes,* Der Bürgerbeauftragte – eine rechtsvergleichende Studie, 1981; *Martens,* Die Praxis des Verwaltungsverfahrens, 1985; *Maunz/Dürig,* Kommentar zum GG, Art. 17 GG; *Monhemuis,* Beamtenrecht, 1995, Rdnr. 644f.; *v. Münch/Kunig,* Grundgesetz-Kommentar, Bd. 1, 2000, Art. 17 GG; *Plog/Wiedow/ Beck (Hrsg.),* Kommentar zum Bundesbeamtengesetz, 1995, § 171; *Rohlf,* Erweiterte Befugnisse für den Petitionsausschuss des Bundestages, JZ 1976, 359; *Scheerbarth/ Höffgen/Bauschke/Schmidt,* Beamtenrecht, 1992, § 19 II 5; *Schimanke,* Evaluierung, VerwArchiv 68 (1977), S. 361f. *Schmid,* Dienstaufsichtsbeschwerde und Petitionsrecht, BayVBl. 1981, 267; *Schneider/Zeh,* Parlamentsrecht und Parlamentspraxis, 1989; *Schnellenbach,* „Die dienstrechtliche Beurteilung der Beamten und Richter", 1995; *Schwarz,* Kontrolle von politisch-administrativen Programmen, 1983; *Seidel,* Das Petitionsrecht, 1972; *Strößenreuther,* Die behördeninterne Kontrolle, 1991; *Thieme,* Verwaltungslehre, 1984, Rdnr. 537; *ders.,* Einführung in die Verwaltungslehre, 1995; *ders.,* Binnen- und Außenkontrolle der Verwaltung in ihrer gegenseitigen Beziehung, VerwArchiv 1983, 305; *Wind/Schimana/Wallerius,* Öffentliches Dienstrecht, 1991, S. 198; *Wittrock,* Gedanken zum Petitionswesen und seiner Bedeutung, DÖV 1987, 1102; *Wolf/Draf,* Leiten und Führen in der öffentlichen Verwaltung, 1999.

I. Selbstinitiative Selbstkontrolle der Verwaltung

1. Vorgesetztenkontrolle

Die Vorgesetztenkontrolle ist die klassische Form der behördeninternen Fremdkontrolle und ergibt sich bereits aus dem Recht und der Pflicht des Vorgesetzten, seine Mitarbeiter ständig überwachen und kontrollieren zu dürfen (*Strößenreuther,* S. 113). Problematisch ist jedoch, nach welchen Grundsätzen die Kontrollen durchgeführt werden sollen. Einerseits könnte man auf das sogenannte intuitive Handeln abstellen. Andererseits hängt die Art und Weise der Kontrolle aber auch wesentlich von der Führungskonzeption insgesamt ab. Nach dem früher praktizierten autoritativ-hierarchischen Führungskonzept soll der Vorgesetzte die totale Kontrolle über seine Mitarbeiter haben und zugleich uneingeschränkt für alle Entscheidungen – auch die Fehlleistungen – einstehen. Allerdings ist dieses Modell in mittleren und großen Behörden nur sehr schwer zu praktizieren, denn hier ist es dem Vorgesetzten kaum möglich, die Übersicht über alle Vorgänge zu behalten. Hinzu kommt die wachsende Selbstständigkeit und die zuneh- 1 mend fehlende Autoritätsgläubigkeit der Verwaltungsangestellten, die dieses Konzept für die Praxis untauglich erscheinen lassen. Ein anderes Führungskonzept geht von der Notwendigkeit der Delegation von Entscheidungsbefugnissen und Verantwortung aus. Folglich ist es dem Vorgesetzten nicht gestattet, die Entscheidungen des Mitarbeiters zu beeinflussen und gegebenenfalls abzuändern. Diese Delegation entspricht im Großen und Ganzen der heutigen Verwaltungspraxis, allerdings mit der Einschränkung, dass dem Vorgesetzten in Ausnahmefällen die Möglichkeit des Eingriffes in den Delegationsbereich seiner Mitarbeiter verbleibt.

a) Funktion der Vorgesetztenkontrolle

2 Die Kontrolle durch den Vorgesetzten ist aus zwei Gründen notwendig (*Strößenreuther,* S. 123). Einerseits soll sie dem Vorgesetzten die Möglichkeit einräumen, sich über die verschiedenen Bereiche zu informieren und darauf aufbauend in der Zukunft die richtigen Entscheidungen zu treffen wie etwa beim Aufstellen von Zielen, Richtlinien, dem Einsatz der einzelnen Mitarbeiter, der Verbesserung des Informationsflusses und der Koordination bei arbeitsteiligen Aufgaben. Andererseits soll die Kontrolle eventuelle Fehlentscheidungen von Anfang an vermeiden helfen und zugleich die Haftung des Vorgesetzten ausschließen.

b) Maßstäbe für die Kontrolle

3 Bisher ist nicht abschließend geklärt, in welchen Situationen der Vorgesetzte in den Delegationsbereich seiner Mitarbeiter eingreifen darf (*Strößenreuther,* S. 119). Die Kontrolle soll allerdings dann notwendig sein, wenn sie der Erfüllung der unter a) genannten Funktionen dient (*Strößenreuther,* S. 124). Beispielsweise kann die Kontrolle Anhaltspunkte für die Leistungsfähigkeit der Mitarbeiter liefern und folglich dem Vorgesetzten die Zielsetzung erleichtern. Zudem kann die Kontrolle Mängel bei der Koordination aufdecken und damit die Möglichkeit für ein effizienteres Arbeiten eröffnen. Schließlich werden die aus der Kontrolle erlangten Informationen benötigt, um den einzelnen Mitarbeiter seinen Fähigkeiten entsprechend einzusetzen oder um eine korrekte dienstliche Beurteilung des Mitarbeiters verfassen zu können. Daraus kann man entnehmen, dass es dem Vorgesetzten generell verwehrt bleiben soll, eine sogenannte Totalkontrolle über seine Mitarbeiter auszuüben. Vielmehr sollte er sich auf Stichproben beschränken, die gleichzeitig seine Überbelastung vermeiden.

c) Kontrollinstrumente

4 Die Kontrolle der Mitarbeiter kann auf verschiedene Art und Weise erfolgen. In der heutigen Verwaltungspraxis seltener praktiziert wird die Vorlage der Ein- und Ausgangspost. Das hängt mit der Delegation der Entscheidungsbefugnisse zusammen. Des Weiteren kann sich der Vorgesetzte in bestimmten Einzelfällen, die Zeichnung von Entscheidungen vorbehalten und diese folglich nochmals auf ihre Richtigkeit überprüfen (*Thieme,* Ver-

waltungslehre, Rdnr. 507). Schließlich ist es möglich, Gespräche mit dem einzelnen Mitarbeiter oder aber sogenannte Personalführungsgespräche mit nachgeordneten Mitarbeitern zu führen.

d) Zuverlässigkeit des Kontrollinstrumente

Die Vorgesetztenkontrolle führt oftmals zu einer recht subjektiven Be- 5
wertung der Verwaltungsangestellten, insbesondere weil der Vorgesetzte häufig eigene Verhaltensweisen und eigene Leistungen als Maßstäbe bei der Beurteilung verwendet. Die Zuverlässigkeit dieses Mittels hängt somit entscheidend davon ab, wie objektiv der Vorgesetzte urteilt und ob er die Gefahren der Subjektivität erkennt und zu vermeiden versucht.

2. Kontrolle durch Querschnittseinheiten

a) Begriff der Querschnittseinheit

Querschnittseinheiten sind besondere Ämter (z.B. Umweltschutzamt), 6
die nicht nur spezielle, dem jeweiligen Fach entsprechende Aufgaben ausführen, sondern auch an der Erledigung von Aufgaben anderer Fachgebiete beteiligt werden, sofern deren Erledigung für ihr Fach relevante Fragen berührt (z.B. umweltrelevante Fragen). Sie erbringen demnach sekundäre Leistungen (z.B. Organisation der Behörde), um die Erbringung primärer Leistungen zu unterstützen und haben folglich eine dienende Funktion (*Becker*, S. 605). Werden solche fachübergreifenden Aufgaben von besonderen Ämtern ausgeführt, so spricht man von Querschnittseinheiten, die in der Regel dann Kontrollfunktionen ausüben – die Querschnittskontrollen (*Thieme*, Verwaltungslehre, Rdnr. 508).

b) Formen der Kontrolle

Die Querschnittseinheit des Organisationsamtes kontrolliert in erster Li- 7
nie die Effektivität der Arbeit des Fachamtes (Organisations- und Arbeitsuntersuchung). Es wird immer tätig, wenn die Fachämter bestimmte Anträge (z.B. Antrag auf Stellenschaffung) stellen. Andererseits kann es auch durch Anordnungen der Verwaltungsführung zu Kontrollen bestimmt werden.

Weiterhin finden Querschnittskontrollen durch Haushaltsbeauftragte (§ 9 8
BHO) statt. Diese Form der Kontrolle ist von Bedeutung, weil sie die Kontrolldefizite, die durch häufig viel zu spät stattfindende Rechnungsprüfungen entstehen, verringert (*Strößenreuther*, S. 170). Sie findet bereits statt, wenn die Behörde ihre Anmeldung des Haushaltes eingereicht hat und wirkt über die gesamte Zeit der Ausführung des Haushaltsplans fort. Dazu werden dem Kontrollierenden Vorlage-, Auskunfts-, und Mitwirkungsrechte eingeräumt.

Die dritte wichtige Querschnittskontrolle ist die Kontrolle durch das Per- 9
sonalamt. Es wirkt insbesondere bei der Personalbeschaffung und folglich der Stellenbesetzung, bei Personalbeurteilungen sowie bei den Personalentlassungen mit.

3. Kontrolle durch „behördeninterne“ Beauftragte

a) Begriff des Beauftragten

10 Die Vielfalt der Beauftragten und die Unterschiedlichkeit ihrer Aufgaben, Organisation und Befugnisse machen es kaum möglich, eine einheitliche Definition für den Begriff des Beauftragten zu finden (*Strößenreuther,* S. 215). Zudem sind, betrachtet man den Datenschutzbeauftragten und den Haushaltsbeauftragten, Überschneidungen mit den oben behandelten Querschnittseinheiten erkennbar.

b) Arten von Beauftragten und deren Aufgaben

11 Beauftragte sind auf allen Verwaltungsebenen, d.h. sowohl beim Bund, den Ländern als auch den Gemeinden zu finden (*Fuchs,* S. 56). Neben den Sicherheits-, Strahlenschutz-, Abfall- und Tierschutzbeauftragten sind die Gleichstellungsbeauftragten und die Datenschutzbeauftragten die wichtigsten, oft diskutierten behördeninternen Beauftragten.

12 Der Datenschutzbeauftragte, geregelt in §§ 4f, 4g BDSG, soll den Schutz des Bürgers vor Eingriffen in sein Recht aus Art. 1 I i.V.m. Art. 2 I GG verstärken und zudem zu wahrheitsgemäßen Aussagen der Bürger beitragen. Als Kontrollmittel steht ihm nicht nur der Zugriff auf die behördlichen Datenschutzregister und bestimmte Unterlagen zur Verfügung, sondern er kann ebenso bei den verarbeitenden Stellen sog. „Besuche vor Ort“ durchführen (*Strößenreuther,* S. 230).

13 Die Gleichstellungsbeauftragten (Frauenbeauftragten), z.B. § 3 HRG i.V.m. § 83 HSG-LSA (entsprechende Regelungen finden sich in anderen Landesgesetzen), das FrFG LSA und § 74 GemO LSA, wirken darauf hin, dass in den Behörden das Recht aus Art. 3 II GG Beachtung und Anwendung findet. Diese Kontrolle findet vorwiegend im Bereich der Personalentscheidungen (bevorzugte Einstellung von Frauen) statt. Grenzen sind den Gleichstellungsbeauftragten immer dort gesetzt, wo die Ursachen für Diskriminierungen bereits bei den entsprechenden Gesetzen selbst liegen und nicht erst in der Behörde entstehen (*Strößenreuther,* S. 246).

II. Fremdinitiative Selbstkontrolle der Verwaltung

1. Das Widerspruchsverfahren

14 Der Widerspruch ist die Fortsetzung des Ausgangsverfahrens und hat den Zweck, dass die Verwaltung ihre Entscheidung sowohl auf Zweckmäßigkeit als auch auf Rechtmäßigkeit überprüft. Folglich besteht sein Ziel sowohl in der Herbeiführung der richtigen Verwaltungsentscheidung als auch in der Sanktion von Verfahrensfehlern. Dabei ist zu beachten, dass die Behörde nur auf Antrag des Bürgers und nur im Unfang dieses Antrages tätig wird. Insofern findet eine verwaltungsinterne Kontrolle der vorhergegangenen

Entscheidung erst statt, nachdem der Bürger die Initiative ergriffen und bei der Behörde eine Kontrolle „angemahnt" hat. Es liegt daher „eine durch den Rechtsschutzantrag des Bürgers bedingte Selbstkontrolle vor" und keine „selbstinitiierte Verwaltungskontrolle" (*Martens,* Fn. 140). Jedoch steht die Selbstkontrolle trotz der Fremdinitiative neben der Entlastung der Gerichte und dem Rechtsschutz des Bürgers im Vordergrund des Widerspruchsverfahrens (*Martens,* Rdnr. 390).

15 Dafür spricht auch, dass die Behörde im Rahmen des Widerspruchsverfahrens weder ermächtigt sein soll, die fragliche Regelung auf eine andere rechtliche Grundlage zu stützen (*Eyermann,* § 68, Rdnr. 14), noch soll sie die Möglichkeit haben, der angegriffenen Ausgangsentscheidung neue Entscheidungen hinzuzufügen.

16 Abzugrenzen ist der an Frist- und Formvorschriften gebundene Widerspruch von der Gegenvorstellung, der Dienstaufsichtsbeschwerde und der Aufsichtsbeschwerde, welche formlose Rechtsbehelfe des Bürgers sind (*Becker,* S. 881). Für den Widerspruch im Beamtenrecht ist § 126 III BRRG zu beachten.

2. Die Gegenvorstellung

17 Mit der Gegenvorstellung beanstandet der Bürger oder ein Beamter die Maßnahme einer Behörde (*Becker,* S. 881). Sie wird bei der Behörde eingereicht, die diese Angelegenheit auch entschieden hat. Form- oder Fristvorschriften sind allerdings nicht zu beachten. Dafür kommt ihr auch kein Devolutiveffekt zu (*Bieler,* Rdnr. 123).

18 Im Beamtenrecht ist darauf zu achten, dass eventuelle Einwendungen, die ein Beamter während einer Anhörung vorträgt, noch nicht als Gegenvorstellung zu qualifizieren sind. Um von einer Gegenvorstellung sprechen zu können, muss der Beamte an den Entscheidungsträger herantreten und diesem gegenüber seine Bedenken unterbreiten (*Schnellenbach,* Rdnr. 396). Dazu steht dem Beamten in Ausnahmefällen die Hilfe durch den Personalrat zur Verfügung.

19 Nachdem der Beanstandende seine Gegenvorstellung vorgetragen hat, muss die Behörde bzw. der zuständige Sachbearbeiter sich damit auseinander setzen und anschließend bescheiden. Derjenige, der die Gegenvorstellung äußert hat stets einen Anspruch auf eine sachliche Entscheidung, welche allerdings nicht rechtsmittel- oder rechtsbehelfsfähig ist (*Bieler,* Rdnr. 124).

3. Die Aufsichtsbeschwerde

20 Mit der Aufsichtsbeschwerde beanstandet der einzelne Bürger oder Beamte ebenfalls eine bereits getroffene Maßnahme und rügt diese als fehlerhaft. Im Unterschied zur Gegenvorstellung wird diese Beschwerde jedoch bei der jeweiligen Aufsichtsbehörde, einer übergeordneten Instanz, einge-

legt (*Becker,* S. 881; *Monhemius,* Rdnr. 644). Wie bei der Gegenvorstellung sind auch hier weder Form- noch Fristvorschriften einzuhalten (*Plog/Wiedow/Beck,* § 171, Rdnr. 7). Häufig wird von der Aufsichtsbeschwerde Gebrauch gemacht, wenn die Gegenvorstellung nicht nach den Vorstellungen des Antragstellers beschieden wurde (*Schnellenbach,* Rdnr. 398).

4. Die Dienstaufsichtsbeschwerde

21 Die Dienstaufsichtsbeschwerde wendet sich im Unterschied zu Gegenvorstellung, Aufsichtsbeschwerde und Fachaufsichtsbeschwerde nicht gegen eine bestimmte Maßnahme der Verwaltung, sondern direkt gegen das persönliche Verhalten eines Entscheidungsträgers (*Scheerbarth/Höffken/Bauschke/Schmidt,* § 19 I). Diese Beschwerde ist gegenüber dem Dienstvorgesetzten desjenigen, dessen Verhalten beanstandet wird, vorzutragen (*Schnellenbach,* Rdnr. 399). Sie kann nicht nur von Dienstkollegen des Beamten erhoben werden, sondern auch von Bürgern, die mit dem Verhalten eines Beamten unzufrieden sind. Dabei ist es nicht notwendig, dass der Beschwerdeführer sich auf Zeugen oder andere Beweismittel berufen kann (*Schmid,* BayVBl. 1981, 267 [268]). Die Dienstaufsichtsbeschwerde durch Beamte ist auf Grund der Möglichkeit sachlich begründeter innerdienstlicher Kritik zulässig und ergibt sich unmittelbar aus dem Dienstverhältnis, insbesondere aus der Pflicht, Vorgesetzte zu beraten. Dabei gelten für die Beschwerden weder Form noch Frist. Allerdings muss gem. § 171 BBG, § 105 BG LSA der Dienstweg eingehalten werden, wobei auch hier der unmittelbare Vorgesetzte übergangen werden darf, sofern sich die Beschwerde gegen diesen richtet (*Scheerbarth/Höffken/Bauschke/Schmidt,* § 19 I; *Battis,* § 171, Rdnr. 4).

22 Richtet sich die Beschwerde gegen eine außerdienstliche Angelegenheit, so ist § 171 BBG nicht mehr anwendbar, sondern man spricht dann von einer Petition i. S. v. Art. 17 GG (*v. Münch/Kunig,* Art. 17, Rdnr. 17). Ebenso scheidet die Anwendung von § 171 BBG aus, wenn lediglich Anregungen zur Verbesserung der innerbehördlichen Organisation u. ä. gegeben werden.

23 Kritisch anzumerken bleibt, dass die Dienstaufsichtsbeschwerde nur in seltenen Fällen erfolgreich ist, obwohl – objektiv betrachtet – viele Beschwerden Aussicht auf Erfolg haben (*Thieme,* VerwArch 1983, S. 305 [311]). Dabei fehlt es häufig an der Unabhängigkeit des Aufsichtsführenden, beispielsweise wenn er von den zu Beaufsichtigenden gewählt wurde und wieder gewählt werden will (*Thieme,* Verwaltungslehre, Rdnr. 503).

5. Die Petition

a) Bedeutung und Anwendung

24 Die Petition ist das sich aus der Verfassung ergebende Recht des Bürgers, Bitten und Beschwerden an die Volksvertretung zu richten. Abgeleitet wird dieses Beschwerderecht aus Art. 17 GG, Art. 45c GG bzw. soweit vorhanden aus den entsprechenden Vorschriften der Landesverfassungen, z. B.

Art. 19 VerfLSA (*Schneider/Zeh* [Hrsg.], § 45, Rdnr. 5). Es gibt dem Bürger die Möglichkeit, außerhalb des gängigen Prozessverfahrens erfolgreich gegen Maßnahmen der Verwaltung vorzugehen (*v. Münch/Kunig,* Bd. 1, Art. 17, Rdnr. 1). Oftmals wird die Petition auch als „Spiegel der öffentlichen Meinung" angesehen (*Vitzthum/März,* JZ 1985, 809). Dabei enthält der Begriff sowohl das Bitten „um etwas" als auch die Beschwerde zu dem Zwecke, „damit" abgeholfen wird (*Seidel,* S. 18). Weiterhin problematisch ist, ob auch das bloße Auskunftsersuchen unter Art. 17 GG fällt (*Seidel,* 18). „Bitten" werden von dem Petitionsausschuss an den zuständigen Fachausschuss überwiesen, welcher sich dann sachlich mit der Beschwerde befasst. Bei Beschwerden versucht der Ausschuss (Beschwerdestelle) sofort, den gerügten Sachverhalt bei den betroffenen Stellen aufzuklären. Problematisch ist, ob die Rüge (Beschwerde) sich auf einen konkreten Fall beziehen muss (*Maunz-Dürig,* Art. 45c, Rdnr. 6), oder ob der Petitionsausschuss nicht tätig wird, sobald der konkrete Fallbezug und damit sinnvolle Anhaltspunkte für eine eventuelle Nachforschung fehlen (*Rohlf,* JZ 1976, 359 [360]). Fraglich ist zudem, ob auch das Ersuchen um eine Auskunft unter Art. 17 GG fällt (*Seidel,* S. 18). Bei bloßen Meinungsäußerungen scheidet eine Petition hingegen grundsätzlich aus.

Die Petition hat verschiedene Funktionen. Einerseits soll dem Bürger bei Fehlverhalten der jeweiligen Behörde schnell und effizient geholfen werden. Andererseits kann die Rüge aber auch Anstoß zu einer Gesetzesänderung geben. Das hat dann zwangsläufig zur Folge, dass die Verwaltung den Gesetzesvollzug und somit ihr Leistungsangebot zugunsten des Bürgers verbessern muss (*Wittstock,* DÖV 1987, 1102 [1103]). Trotz der Pflicht, dem vom Petitionsrecht Gebrauch machenden Bürger einen Bescheid zukommen zu lassen, folgt der Petition jedoch grundsätzlich kein Wiedereintreten in ein bereits abgeschlossenes Verfahren (*Vitzthum/März,* JZ 1985, S. 809 [811]). Zudem wird die für die Petition zuständige Stelle erst tätig, nachdem eine Eingabe gemacht wurde und sie darf auch nur im Rahmen dieses konkreten Begehrens entscheiden. Diese Entscheidung ist kein Verwaltungsakt i.S.v. § 35 VwVfG (BVerwG, NJW 1981, 700). 25

Das Petitionsrecht steht allen Organen des Staates zu, die nicht „Volksvertretungen" sind, so dass es auch von Angestellten und Beamten nach Erschöpfung der ihnen zur Verfügung stehenden Rechtsbehelfe (Gegenvorstellung, Aufsichtsbeschwerde, Dienstaufsichtsbeschwerde), oder bei außerdienstlichen Angelegenheiten in Anspruch genommen werden kann (*Scheerbarth/Höffken/Bauschke/Schmidt,* § 19 II 5; *Battis,* § 171, Rdnr. 2). Zu beachten ist, dass das Recht den Soldaten gem. Art. 17a GG iVm dem jeweiligen Gesetz verwehrt bleiben kann. 26

b) Der Ombudsmann (Bürgerbeauftragter)

Eine der Petition sehr ähnliche Funktion erfüllt der aus dem Schwedischen Recht (1809 eingeführt) stammende sogenannte „Ombudsmann". 27

Dieser Bürgerbeauftragter ist ein unabhängiger Parlamentsbeauftragter für die zivile Verwaltung und soll dem Bürger die Möglichkeit geben, seine Beschwerden über die Verwaltung schnell und effizient vorzutragen, ohne die häufig langen Bearbeitungszeiten des oftmals auch sehr anonymen Petitionsausschusses abwarten zu müssen (*Seidel,* S. 46). Er wird als sog. Sprachrohr der Wünsche des Bürgers bezeichnet (*Matthes,* S. 18). Das Grundgesetz kennt einen solchen Parlamentsbeauftragten jedoch nur in der Form des Wehrbeauftragten, Art. 45b GG, welcher als Hilfsorgan des Bundestages bei der Ausübung der parlamentarischen Kontrolle über die Streitkräfte tätig wird. Er ist eine legislative Behörde, ähnlich dem Untersuchungsausschuss, und soll zur Sicherung der Grundrechte und Soldatenrechte aller Soldaten der Streitkräfte beitragen (*Becker,* S. 888). Genaues ist im „Gesetz über den Wehrbeauftragten des Bundestages" (WBGes., BGBl. I 1957, S. 652) geregelt.

28 Bereits im Jahr 1968 kam man in Deutschland nach langwierigen Untersuchungen allerdings zu dem Ergebnis, dass ein Ombudsmann, wie er in Schweden eingesetzt wird, in Deutschland nicht notwendig ist. Diese Aufgabe sollte weiterhin vom Petitionsausschuss wahrgenommen werden. Notfalls sollten dessen Befugnisse gestärkt werden (*Vitzthum/März,* S. 809 [816]; *Thieme,* Rdnr. 534). Zur Begründung wurde die in Deutschland vorhandene, aber in anderen Ländern (Skandinavien, Großbritannien) fehlende Verankerung des Petitionsrechts in der Verfassung angeführt (*Seidel,* S. 57). Zudem zeige der Ombudsmann in Ländern mit vielen Einwohnern Schwächen und man befürchtete eine Doppelgleisigkeit von Petitionsausschuss und Ombudsmann (*Matthes,* S. 20). Schließlich sei die Verwaltung auf Grund von Art. 83 GG Ländersache, so dass nur dort eine verstärkte Kontrolle nötig sei und daher nur die einzelnen Bundesländer für die Einführung des Parlamentsbeauftragten geeignet seien (*Seidel,* S. 57). Bisher wurde in Deutschland einzig in Rheinland-Pfalz der Bürgerbeauftragte als eine Form des Ombudsmannes auf Länderebene eingeführt, insbesondere geregelt in Art. 11, 90, 90a LV Rheinl.-Pfalz und dem „Landesgesetz über den Bürgerbeauftragten des Landes Rheinland-Pfalz" (GVBl. 1974, S. 187).

6. Beschwerdestellen

29 Die Stellen, an denen Beschwerde eingelegt werden kann, sind abhängig von der jeweiligen Form der Beschwerde.

30 Die Gegenvorstellung wird gegenüber demjenigen geäußert, der die Maßnahme getroffen hat.

31 Ähnliches gilt für den Widerspruch. Auch hier übergibt man die Beschwerde gegen einen Akt der Verwaltung zunächst der Behörde, die die fragliche Entscheidung getroffen hat (§ 70 I S. 1 VwGO). Hilft die Ausgangsbehörde dem Widerspruch nicht ab, so übergibt sie ihn zur Entscheidung an die Widerspruchsbehörde, welche in der Regel die nächsthöhere Behörde ist.

Hingegen können die (Fach-)Aufsichtsbeschwerde und die Dienstaufsichtsbeschwerde unmittelbar bei dem aufsichtsführenden Beamten eingereicht werden (*Schnellenbach*, Rdnr. 399). 32

Die Petition wird schließlich der Volksvertretung und dort dem dafür zuständigen Petitionsausschuss oder einer der sog. „zuständigen Stellen" übergeben (*Vitzthum/März*, JZ 1985, S. 809 [811]). „Zuständig" ist dabei jede Stelle, die in der gesetzlichen Kompetenzordnung zur Gewährung des vom Petenten Geforderten berechtigt ist, wozu sowohl Organe der Gesetzgebung, der Verwaltung als auch der Justiz zählen (*Maunz/Dürig*, Art. 17, Rdnr. 63). In Ausnahmefällen ist auch die Gemeinde berechtigt, über die Petition zu entscheiden und ist daher in diesen Fällen ebenfalls eine zuständige Beschwerdestelle (*Vitzthum/März*, JZ 1985, S. 809 [811]). 33

7. Evaluation

Um die Auswirkungen einer Maßnahme der Verwaltung zu erkennen und eventuell zukünftig korrigieren zu können, muss man ein bestimmtes Verfahren, die Evaluation (ex-ante-Bewertung), anwenden. Sie dient der Feststellung, inwieweit das Handeln der Verwaltung oder Verwaltungsprogramme generell als wirksam, erfolgreich und effizient zu bewerten sind, d.h. inwieweit der erreichte Zustand mit dem angestrebten Zustand übereinstimmt. Dabei werden vordergründig Maßnahmen zur Lösung der aufgetretenen Probleme gesucht. Bedeutung erlangt die Evaluation insbesondere dort, wo die Rechnungshöfe nicht mehr in der Lage sind, die Probleme der Verwaltung über den Maßstab der Wirtschaftlichkeit zu lösen. Man versucht durch Evaluation nicht nur, das optimale Gleichgewicht von Ressourcen zu finden, sondern man versucht ebenfalls, alle auftretenden Komponenten in die Auswertung einzubeziehen (*Schwarz*, S. 5). Das Verfahren erhält sogar die Bezeichnung „Bindeglied zwischen politischer Theorie und Verwaltungspraxis" (*Schwarz*, S. 6). Fraglich ist nur, an welche Soll-Größen eine Evaluation der Verwaltung angeknüpft werden kann (*Schimanke*, S. 361 [367]). 34

Wichtig ist, dass die mit der Evaluation beauftragten Arbeitsgruppen unabhängig sind (*Thieme*, VerwArchiv 1983, 305 [320]). 35

III. Selbstkontrolle im Rahmen des Neuen Steuerungsmodells

Schrifttum: *Damkowski/Precht*, Public Management, 1995; *Lüder*, Verwaltungscontrolling, DÖV 1993, 265ff.; *Mayer/Weber* (Hrsg.), Handbuch Controlling, 1990; *Prase*, Einführung betriebswirtschaftlicher Steuerungsinstrumente in die öffentliche Verwaltung, VR 2002, 293ff.; *Schuppert*, Verwaltungswissenschaft, 2000; *Strehl* (Hrsg.), Managementkonzepte für die öffentliche Verwaltung, 1993.

Im Zusammenhang mit der Umsetzung des Neuen Steuerungsmodells und ähnlichen Bemühungen um Verwaltungsmodernisierung ist in vielen Verwaltungen als neues Instrument der begleitenden Selbstkontrolle das 36

Verwaltungscontrolling eingeführt worden (*Schuppert,* S. 712ff.). Es handelt sich dabei um ein aus der Betriebswirtschafts- und Managementlehre übernommenes Instrument der Informationsgewinnung und -verarbeitung, mit dessen Hilfe möglichst zeitnah Fehlentwicklungen und Ergebnisdefizite erkannt werden können.

37 Das Verwaltungscontrolling verbindet klassische Kontrolle mit Elementen der begleitenden Steuerung von Prozessabläufen. Es dient der **„Führungsunterstützung"** und ist vor allem geeignet, eine wirksamere Budgetsteuerung umzusetzen, da durch die frühzeitige Information über Fehlentwicklungen unnötige Ausgaben vermieden werden können (zum Verhältnis des Verwaltungscontrolling zur Rechnungshof- und Haushaltskontrolle vgl. *Gröpl,* Haushaltsrecht und Reform, 2001, S. 579ff.).

38 Allerdings ist zu beachten, dass die Einführung von Verwaltungscontrolling selbst mit nicht unerheblichen Kosten verbunden ist, da eine **gesonderte Informationsordnung** innerhalb der Verwaltungsorganisation geschaffen werden muss. Die organisatorische und die instrumentelle Komponente des Konzepts bedingen sich gegenseitig. Entsprechende Investitionen lohnen sich nur bei größeren organisatorischen Einheiten. Im Rahmen der dezentralen Aufgabenerfüllung des Neuen Steuerungsmodells ist das Verwaltungscontrolling aber insoweit notwendig, da ohne seine Leistungen die Führung und Steuerung der dezentralen organisatorischen Einheiten nicht oder kaum möglich ist.

§ 103 Datenschutzkontrolle und Geheimnisschutz

Schrifttum: *Breinlinger,* Die Kontrolle des Datenschutzbeauftragten aus Sicht der Aufsichtsbehörden, in: RDV 1995, 7; *Brunner,* Kontrolle in Deutschland, 1972; *Kloepfer,* Informationsrecht, 2002, § 8; *Lisken/Denninger,* Handbuch des Polizeirechts, 3. Aufl., 2001; *Schmidt,* Die Grenzen datenschutzrechtlicher Kontrolle in der Rechtspflege am Beispiel des Landes Rheinland-Pfalz, RDV 1995, S. 215; *Tinnefeld/Ehmann,* Einführung in das Datenschutzrecht, 3. Aufl., 1998; *Vogelgesang,* Der behördliche Datenschutzbeauftragte, CR 1993, 378; *Zöllner,* Der Datenschutzbeauftragte im Verfassungssystem – Grundsatzfragen der Datenschutzkontrolle, Schriften zum Recht des Informationsverkehrs und der Informationstechnik, Band 13, 1995.

I. Begriff und Bedeutung der Datenschutzkontrolle

1 Mit dem Begriff der Datenschutzkontrolle werden Kontrollmechanismen bezeichnet, die innerhalb der öffentlichen Verwaltung dem Schutz im Umgang mit personenbezogenen Daten dienen. In der eigenständigen Behandlung der Datenschutzkontrolle, die ihrer Natur nach eine Form der verwaltungseigenen Rechtskontrolle darstellt, spiegelt sich die große Bedeutung wider, die der Informationserhebung und -verarbeitung unter dem Aspekt des Grundrechtsschutzes im Hinblick auf das Recht auf informationelle Selbstbestimmung zukommt. Angesichts der zunehmenden Nutzung mo-

derner Formen der Datenverarbeitung und elektronischen Kommunikation nicht nur innerhalb der Verwaltung, sondern auch im Kontakt mit dem Bürger (e-Government), kommt dem Datenschutz und der wirksamen Sicherung der Beachtung seiner normativen Vorgaben eine nach wie vor wachsende Bedeutung zu.

Das Datenschutzrecht des Bundes und der Länder findet seine rechtlichen Grundlagen neben dem Verfassungsrecht (Grundrecht auf informationelle Selbstbestimmung, BVerfGE 65, 1ff.) in den Vorgaben des Gemeinschaftsrechts, insbesondere der EG-Datenschutzrichtlinie (ABl. EG Nr. L 181, S. 31; dazu *Damman/Simitis,* EG-Datenschutzrichtlinie, Kommentar, 1997; *Ehmann/Helfrich,* EG-Datenschutz-Richtlinie, Kommentar, 1999; *Kloepfer,* § 8, Rdnr. 12). Diese Richtlinie führte unter anderem zu einer weitgehenden Angleichung der Anforderungen an den Datenschutz im öffentlichen und privaten Bereich (*Kloepfer,* § 8, Rdnr. 24) sowie zur Institutionalisierung des Europäischen Datenschutzbeauftragten. 2

Die Datenschutzkontrolle ist im Bundesdatenschutzgesetz und den Datenschutzgesetzen der Länder sowie in Spezialgesetzen (insbesondere in den Polizeigesetzen) primär als objektive Kontrolle ausgestaltet. Die mit dieser Aufgabe betrauten Datenschutzbeauftragten (zu ihnen *Kloepfer,* § 8, Rdnr. 96f. sowie unten Rdnr. 9ff.) besitzen ein Selbstinitiativrecht zur Kontrolle. Ergänzt wird diese objektive Kontrolle durch die Gewährung von Betroffenenrechten (sog. Anlasskontrolle). Im Folgenden wird auf die datenschutzrechtlichen Vorschriften nur insoweit eingegangen, wie dies für die Herausarbeitung der mit ihnen verbundenen Kontrollfunktionen erforderlich ist. 3

II. Datenschutzkontrolle durch Gewährung von Betroffenenrechten

Die in den §§ 19ff. BDSG verankerten Rechte der Betroffenen (entsprechende Regelungen finden sich in den Landesdatenschutzgesetzen sowie weiteren spezialgesetzlichen Regelungen, soweit diese nicht auf die allgemeinen Datenschutzgesetzes verweisen) wurzeln im grundrechtlichen Unterlassungs- und Beseitigungsanspruch und sind – soweit es um den Auskunftsanspruch geht – zudem Ausdruck eines Grundrechtsschutzes durch Verfahren. 4

An erster Stelle steht das **Recht auf Auskunft,** § 19 BDSG, das die Behörde verpflichtet, auf Antrag eines Betroffenen Auskunft über die zu seiner Person gespeicherten personenbezogenen Daten und ihre Herkunft zu geben. Auch die etwaigen Empfänger dieser Daten und die Speicherungszwecke sind dem Betroffenen bekannt zu geben. Der Auskunftsanspruch wird in den Absätzen 2 bis 4 beschränkt. Wird auf Grund einer der dort angeführten Gründe die Auskunft verweigert, so ist dies nach Absatz 5 nur zu begründen, wenn dadurch nicht der Zweck der Informationserhebung gefährdet wird. 5

6 Da das Auskunftsrecht einen Antrag voraussetzt und dieser vom Betroffenen nur gestellt wird, wenn er Kenntnis von der Informationserhebung hat, wird ergänzend in § 19a BDSG eine **Benachrichtigungspflicht** für die Fälle einer verdeckten Informationsgewinnung (im Falle der offenen Erhebung greift insoweit bereits § 4 Abs. 3 BDSG) geregelt.

7 Soweit die Voraussetzungen für die Erhebung, Speicherung oder Verwendung von personenbezogenen Daten nicht oder nicht mehr vorliegen, ist die Behörde zur **Löschung** nach § 20 BDSG verpflichtet. Der Betroffene hat einen Anspruch darauf. Auf diese Weise wird der zentrale datenschutzrechtliche Grundsatz der **strikten Zweckbindung,** der u.a. in § 13 Abs. 1 sowie § 14 Abs. 1 BDSG verankert ist, wirksam umgesetzt.

8 Ergänzend zu diesen direkt gegenüber den die personenbezogenen Daten erhebenden oder verarbeitenden Stellen geltend zu machenden Ansprüchen wird in § 21 BDSG die Möglichkeit eröffnet, den Bundesbeauftragten für Datenschutz anzurufen (entsprechende Regelungen finden sich in den Landesdatenschutzgesetzen in Bezug auf die Landesbeauftragten für Datenschutz). Diese Regelungen stellen das Verbindungsglied zur objektiv-institutionellen Datenschutzkontrolle dar.

III. Die Datenschutzbeauftragten

9 Der **Bundesbeauftragte für den Datenschutz** hat die Aufgabe, die Einhaltung *aller* datenschutzrechtlichen Vorschriften zu kontrollieren (*Tinnefeld/Ehmann,* S. 341; *Zöllner,* S. 52 ff.). Dabei kommt es jedoch darauf an, in welcher Art und Weise die personenbezogenen Daten gespeichert sind, in elektronischen Dateien oder in Akten.

10 In **Dateien** kann und darf der Bundesbeauftragte jederzeit auch ohne einen besonderen Anlass Einsicht nehmen, § 24 Abs. 1 S. 2 1. Alt. BDSG. Für die Kontrolle von **Akten** ist dagegen notwendig, dass entweder der Betroffene selbst Anhaltspunkte vorbringt, dass er in seinen Rechten verletzt wurde oder der Bundesbeauftragte anderweit genügend Hinweise darauf erhält, dass eine Rechtsverletzung vorliegt (*Tinnefeld/Ehmann,* S. 341). Jedoch steht dem von der Kontrolle Betroffenen eine Art Widerspruchsrecht gegen die Arbeit des Bundesbeauftragten zu und schließt damit eine Kontrollbefugnis im Einzelfall zugunsten des Betroffenen aus.

11 Zum Umfang der Befugnisse des Bundesbeauftragten ist zu sagen, dass er keinerlei Weisungsbefugnisse gegenüber den von ihm kontrollierten Stellen hat, er also bspw. Änderungen in der behördlichen Praxis auf keinem Weg erzwingen kann. Das ihm zustehende Mittel ist lediglich die Beanstandung, § 25 BDSG.

12 Trotzdem steht es ihm frei, die durch seine Arbeit erzielten Ergebnisse öffentlich kund zu tun und auch Kritik zu üben. Dadurch stellt sich nachweisbar, wenn auch erst auf längere Sicht, in den meisten Fällen auch der gewünschte Erfolg ein, denn eine vom Bundesbeauftragten für den Daten-

schutz geübte Kritik findet in der Öffentlichkeit genügend Beachtung und verfehlt zumeist ihre Wirkung nicht.

Grundsätzlich gilt im öffentlichen Bereich, dass jede Stelle, die personen- **13**
bezogene Daten verarbeitet, die Beobachtung datenschutzrechtlicher Vorschriften selbst zu berücksichtigen hat. Es handelt sich dabei um eine **behördeninterne Eigenkontrolle,** die durch den behördlichen Datenschutzbeauftragten unterstützt wird, der nach § 4g BDSG zu bestellen ist.

IV. Geheimnisschutz und Sicherheitsüberprüfung

1. Geheimnisschutzrecht

Schrifttum: *Druey,* Information als Gegenstand des Rechts, 1995; *Düwel,* Das Amtsgeheimnis, 1965; *Heckel,* Behördeninterne Geheimhaltung, NVwZ 1994, 224; *Kloepfer,* Informationsrecht, 2002, § 9; *Schmidt,* Drittschutz, Akteneinsicht und Geheimnisschutz im Kartellrecht, 1992. Vgl. auch die Kommentierungen zu § 30 VwVfG.

Das Geheimnisschutzrecht überschneidet sich mit dem Datenschutzrecht, **14**
insoweit es um den Schutz von Informationen geht, die als personenbezogene Informationen zu qualifizieren sind. Es erstreckt sich darüber hinaus aber auch auf Berufsgeheimnisse, Betriebs- und Geschäftsgeheimnisse sowie Staats- und Amtsgeheimnisse (*Kloepfer,* § 9, Rdnr. 2) und bezieht sich insoweit auf einen deutlich weiter gefassten Schutzgegenstand.

Der Schutz von Geheimnissen erfolgt im Bereich der Verwaltung durch **15**
eine Kombination von materiell-rechtlichen (insbes. § 30 VwVfG) und verfahrensrechtlichen Vorkehrungen (insbes. durch die Erforderlichkeit von Aussagegenehmigungen und die Sicherheitsüberprüfung, dazu Rdnr. 20ff.) sowie den Einsatz strafrechtlicher Sanktionen (§§ 203, 353b StGB), die der Prävention dienen. Neben dem Schutz der betroffenen, geheimhaltungsbedürftigen Informationen dient der Geheimnisschutz auch der Stärkung von Vertrauensverhältnissen (das gilt vor allem für die Berufsgeheimnisse) und der Sicherung der Funktionsfähigkeit des Staates (*Kloepfer,* § 9, Rdnr. 20).

Das **Dienstgeheimnis** bezieht sich auf die einem Amtswalter bei seiner **16**
amtlichen Tätigkeit bekanntgewordenen Angelegenheiten und verpflichtet ihn insoweit zur Verschwiegenheit. Für die Beamten findet es seine Grundlage u.a. in § 39 Abs. 1 BRRG, für Angestellte aus § 9 BAT. Das Dienstgeheimnis schützt den ungestörten Verwaltungsablauf und das Vertrauen der Allgemeinheit in die Verwaltung sowie den Amtswalter selbst (*Kloepfer,* § 9, Rdnr. 23). Es verwehrt dem Beamten etwa bei rechtswidrigen Anordnungen eine Flucht in die Öffentlichkeit (BVerwGE 76, 76 [80]).

Ergänzt wird dieser Schutz durch die **amtsbezogenen Geheimnisse,** bei **17**
denen es sich um Verschwiegenheitspflichten handelt, die aus der Übertragung konkreter öffentlicher Ämter folgen. Die wichtigsten von ihnen werden in § 203 Abs. 2 StGB angeführt. Praktisch bedeutsam ist auch die Ver-

schwiegenheitspflicht der Mitglieder der Personalvertretungen nach § 10 Abs. 1 S. 1 BPersVG.

18 Bei den **Verwaltungsgeheimnissen** knüpft der Geheimnisschutz an ein laufendes Verwaltungsverfahren an und bezieht sich auf die am Verfahren Beteiligten. Eine allgemeine Regelung findet sich in § 30 VwVfG (*Kloepfer,* § 9, Rdnr. 37 ff.). Diese wird durch zahlreiche bereichsspezifische Regelungen ergänzt und z. T. erheblich verschärft. Es handelt sich dabei vor allem um das **Steuergeheimnis** (vgl. § 30 AO und § 355 StGB) und das **Statistikgeheimnis** (siehe dazu die Regelungen im BStatG).

19 **Berufsgeheimnisse** wirken sich durch die Begründung von Auskunfts- und Zeugnisverweigerungsrechten auf das Verwaltungshandeln aus (dazu Übersicht bei *Kloepfer,* § 9, Rdnr. 67 ff.).

2. Sicherheitsüberprüfungsrecht

Schrifttum: *Denneborg* (Hrsg.), Sicherheitsüberprüfungsgesetz, Kommentar, Loseblatt, Stand 14. Lieferung, 2003; *Denneborg/Eicholt,* Das Sicherheitsüberprüfungsgesetz des Landes Nordrhein-Westfalen, RDV 1997, 16; *dies.,* Das Bayerische Sicherheitsüberprüfungsgesetz, BayVBl. 1998, 646; *Ernst/Laß,* Das Brandenburgische Sicherheitsüberprüfungsgesetz, LKV 2002, 453; *Hund,* Das Gesetz über die Voraussetzungen und das Verfahren von Sicherheitsüberprüfungen des Bundes, NJW 1994, 1333; *Peilert,* Die Durchführung von Sicherheitsüberprüfungen zum Zweck des Geheimnisschutzes nach dem neuen Sicherheitsüberprüfungsgesetz NW, NWVBl. 1996, 366; *Riegel,* Licht und Schatten des Sicherheitsüberprüfungsgesetzes des Bundes, BayVBl. 1996, 358; *Schaffer,* Personeller Geheimnisschutz in Niedersachsen, NdsVBl. 1999, 131.

20 Das Recht der Sicherheitsüberprüfung regelt die Voraussetzungen und das Verfahren zur Überprüfung von Personen, die von der zuständigen Stelle mit einer **sicherheitsempfindlichen Tätigkeit** betraut werden sollen oder betraut worden sind (Wiederholungsüberprüfung). Es war lange Zeit durch Verwaltungsvorschriften geregelt (vgl. dazu *Riegel,* BayVBl. 1996, 358). Durch die gesteigerte Sensibilität für den Schutz von Persönlichkeitsrechten aber auch auf Grund der Ausdehnung der Sicherheitsüberprüfung auf private Unternehmen, die im Bereich von Infrastruktureinrichtungen (z. B. Energie- oder Wasserversorgung) tätig sind (vgl. §§ 24 ff. SÜG), wurde eine Regelung durch Gesetz erforderlich. Zu beachten ist in diesem Zusammenhang, dass die neuere Gesetzgebung des Bundes und der Länder in ihrem Kernbereich auf eine Verpflichtung zur Einhaltung von Mindestanforderungen bei der Sicherheitsüberprüfung zurückgeht, zur deren Einhaltung sich die Bundesrepublik Deutschland im Zusammenhang mit der Bekämpfung des internationalen Terrorismus gegenüber der NATO und der WEU verpflichtet hat. Dieser Verpflichtung muss innerstaatlich auch auf der Landes- und Kommunalebene Rechnung getragen werden.

21 Die erste gesetzliche Regelung erfolgte durch den Bund, der am 20. 4. 1994 das Gesetz über die Voraussetzungen und das Verfahren von Sicherheitsüberprüfungen des Bundes (SÜG) erlassen hat (BGBl. I, S. 867 zuletzt

geändert BGBl. I 2002, 3322; dazu *Hund,* NJW 1994, 1333 ff.; *Riegel,* BayVBl. 1996, 358 ff.). Diesem Vorbild sind – in der Regel auch inhaltlich – die meisten Bundesländer gefolgt. Unter anderem haben Bayern (dazu *Denneborg/Eicholt,* BayVBl. 1998, 646 ff.), Berlin, Brandenburg (dazu *Ernst/Laß,* LKV 2002, 453 ff.), Bremen, Hamburg, Mecklenburg-Vorpommern, Niedersachen (dazu *Schaffer,* NdsVBl. 1999, 131 ff.), und Nordrhein-Westfalen (dazu *Denneborg/Eicholt,* RDV 1997, 16) vergleichbare gesetzliche Regelungen zwischen 1994 und 2001 erlassen.

Die auf Bundes- und Landesebene bestehenden gesetzlichen Regelungen wurden in der rechtswissenschaftlichen Literatur vergleichsweise wenig kommentiert. Soweit Abhandlungen mit einer kritischen Grundtendenz vorliegen, wird zum einen die grundsätzliche Frage aufgeworfen, inwieweit die vorgesehene Ausweitung der staatlichen Kontrollbefugnisse ein sinnvolles Instrument der Freiheitssicherung darstellt (so insbes. *Denninger,* StV 2002, 96 ff.) und argumentiert, die neuen Eingriffsmöglichkeiten seien so weit gefasst, dass sie durch die mit der Bedrohung durch den Terrorismus verbundenen Gefahrenlage nicht mehr gerechtfertigt werden können (so *Rublack,* DuD 2002, 202 ff.). 22

Der **Anwendungsbereich** der Sicherheitsüberprüfung ist im behördlichen Bereich zunächst durch den Umgang mit so genannten Verschlusssachen bestimmt (vgl. § 1 Abs. 2 SÜG). Dabei wird in § 4 SÜG (dort finden sich auch die zugehörigen Legaldefinitionen) zwischen vier Stufen der Geheimhaltung unterschieden: (1) STRENG GEHEIM, (2) GEHEIM, (3) VS-VERTRAULICH, (4) VS-NUR FÜR DEN DIENSTGEBRAUCH. Hinzu kommen die in § 1 Abs. 3 und Abs. 4 SÜG angeführten sicherheitsempfindlichen Tätigkeiten, wie der Einsatz an lebens- oder verteidigungswichtigen Einrichtungen. 23

Die gesetzlichen Regelungen dienen dem Ausschluss bzw. der Vermeidung von **Sicherheitsrisiken.** Ein solches liegt nach § 5 SÜG vor, wenn tatsächliche Anhaltspunkte (1) Zweifel an der Zuverlässigkeit des Betroffenen bei der Wahrnehmung einer sicherheitsempfindlichen Tätigkeit begründen oder (2) eine besondere Gefährdung durch Anbahnungs- und Werbungsversuche fremder Nachrichtendienste, insbesondere die Besorgnis der Erpressbarkeit begründet oder (3) Zweifel am Bekenntnis des Betroffenen zur freiheitlichen demokratischen Grundordnung im Sinne des Grundgesetzes oder am jederzeitigen Eintreten für deren Einhaltung begründen. Ein Sicherheitsrisiko kann gem. § 5 Abs. 1 S. 2 SÜG auch auf Grund tatsächlicher Anhaltspunkte zur Person des Ehegatten, Lebenspartners oder Lebensgefährten vorliegen. Dadurch wird der Anwendungsbereich des Gesetzes erheblich ausgeweitet. 24

Anknüpfend an die einzelnen Stufen der Geheimhaltungsbedürftigkeit werden in den §§ 7 ff. SÜG drei verschiedene **Arten der Sicherheitsüberprüfung** geregelt. Die einfache Sicherheitsüberprüfung (§ 8 SÜG), die erweiterte Sicherheitsüberprüfung (§ 9 SÜG) sowie die erweiterte Sicherheits- 25 überprüfung mit Sicherheitsermittlungen (§ 10 SÜG). Für jede Form der Sicherheitsüberprüfung sind das Verfahren und die Ermächtigung zur Erhebung personenbezogener Daten ausführlich in §§ 11f. sowie §§ 13ff. SÜG geregelt.

26 Die erhobenen Daten sind in einer besonderen **Sicherheitsakte** sowie einer **Sicherheitsüberprüfungsakte** nach näherer Maßgabe der §§ 18ff. SÜG aufzubewahren. Auskünfte sind nach Maßgabe des § 23 SÜG möglich.

27 Die Notwendigkeit und die Voraussetzungen einer **Sicherheitsüberprüfung bei nicht-öffentlichen Stellen** sind in den §§ 24ff. SÜG geregelt. Die Erforderlichkeit einer solchen Regelung ergibt sich vor allem auf Grund der Privatisierung zahlreicher Einrichtungen der Daseinsvorsorge. Für den Luftverkehr finden sich spezielle Regelungen im Luftverkehrsgesetz.

Sachverzeichnis

Die Hinweise beziehen sich auf die Paragraphen und ihre Randnummern